上汽大众车系电路图

张 迪 主 编

胡克晓　张照国　副主编

韩 波 主 审

辽宁科学技术出版社

沈 阳

前　言

　　现在国产汽车种类繁多，产量、销量和保有量都很大。国产汽车普遍装备各种电控系统，结构复杂，技术先进，维修难度大。在进行汽车维修时，电路图起着举足轻重的作用，广大汽车维修人员非常需要各种国产汽车的电路图。

　　现在我们收集了销售情况好、保有量大的上汽大众车型的电路图，汇编成《上汽大众车系电路图》，希望本书能给汽车维修人员的实际工作带来方便，以满足广大读者的需要。

　　本书的特点如下：

　　(1) 车型新，车型全。书中涉及全新桑塔纳、上海大众 New Polo、全新帕萨特、凌渡、途安、途观、途昂 7 种车型，基本上都是新款车型。

　　(2) 内容全面、实用。书中介绍了每种车型的发动机系统、变速器系统、底盘系统、电气系统、基本装备等的电路图，内容非常丰富，可以说，本书是一本价值很高的汽车电路宝典。

　　本书由张迪主编，副主编为胡克晓、张照国，主审为韩波。参加编写的人员还有李宏、韩旭东、陈志军、鲁子南、胡志涛、裴海涛、路国强、孙德文、何广飞、延福标、李洪全、宁振华、钱树贵、杨正海、陈文辉、杨金和、孟研科、汪义礼、张效良、马见玲、武瑞强、赵会、徐高山、陈海新、胡正新、李辉、李德亮、徐勇、郑文资、薄令涛、白艳森、范子茜、匡运尧、李晓东、王康威、邢志盛、郑涛、陈建宏、倪红、伍小明、林可春、毛暖思、徐浩、郭倩、郭建宁、张晓尚、李宗尧、郭瞒、郝建薇、谷密晶、郝玉静、魏大光、艾明、付建、艾玉华、刘殊访、李令昌、刘芳、李红敏、李彩侠、刘兰普、张帅、王宁、富文军。

　　由于时间仓促，水平有限，书中不当或错误之处在所难免，敬请广大读者批评指正。

目　录

第一章　全新桑塔纳

第一节　发动机系统

发动机系统电路图的图号和图名对照表见表 1-1-1。

表 1-1-1　发动机系统电路图的图号和图名对照表

图号	图名
图 1-1-1 ~ 图 1-1-23	1.6L 汽油发动机（CPDA、CPD）电控系统电路图
图 1-1-24、图 1-1-25	散热器风扇电路图

蓄电池，启动机，交流发电机，电压调节器

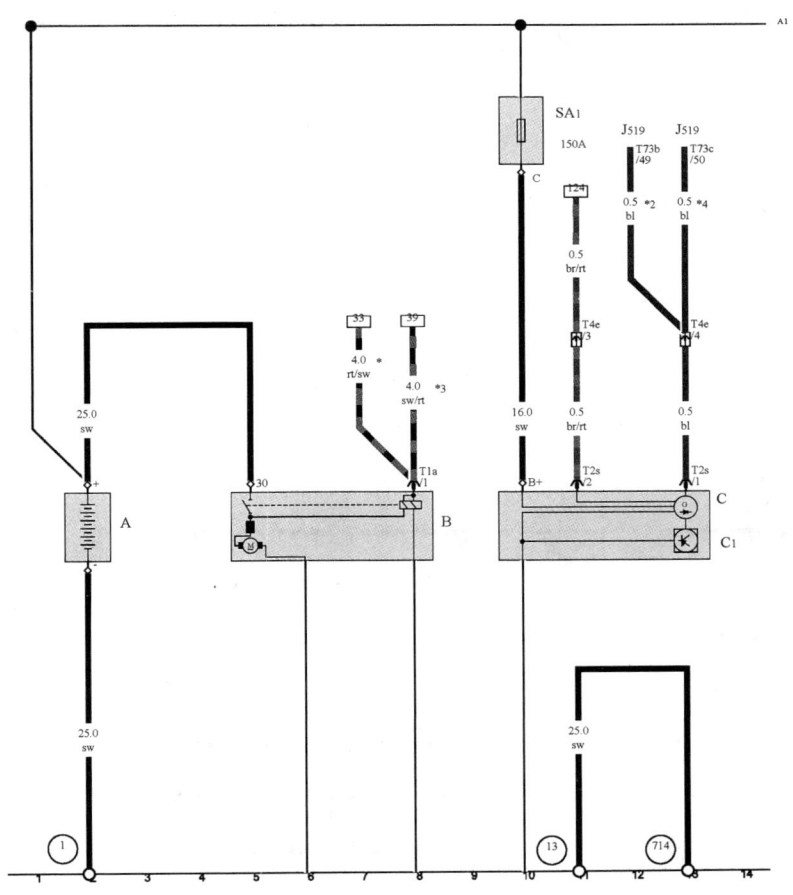

A-蓄电池　B-启动机　C-交流发电机　C1-电压调节器　J519-车载电网控制单元　SA1-保险丝架A上的保险丝1　T1a-1芯插头连接　T2s-2芯插头连接
T4e-4芯插头连接　T73b-73芯插头连接　T73c-73芯插头连接　1-接地带，蓄电池-车身　13-发动机舱内右侧的接地点　714-发动机上右侧接地点　*-用于
带手动变速器的汽车　*2-用于带车载电网控制单元BCM的汽车　*3-用于带自动变速器的汽车　*4-用于带车载电网控制单元BFM的汽车

图 1-1-1

1

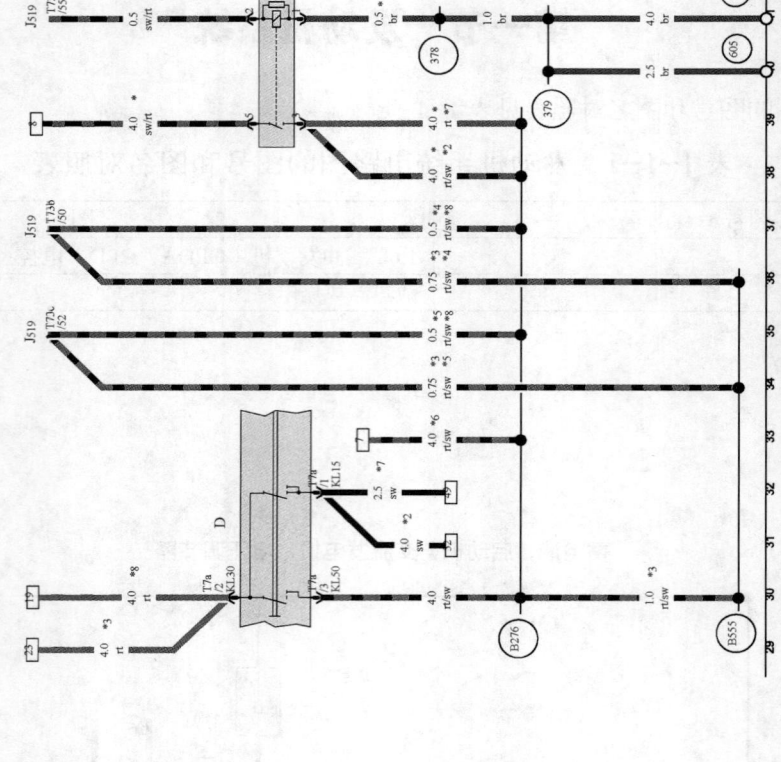

点火启动开关，供电继电器，接线端 50

D-点火启动开关 J519-车载电网控制单元 J682-供电继电器，接线端50 T7a-7芯插头连接 T73a-73芯插头连接 T73b-73芯插头连接13，在主导线束中 T73c-73芯插头连接 44-左侧A柱下部的接地点 378-接地点，在主导线束中 379-接地连接14，在主导线束中 605-上部转向柱上部的接地点 B276-正极连接（50），在主导线束中 B555-正极连接2（50），在主导线束中 *1-用于带自动变速器的汽车 *2-自2014年7月起 *3-自2016年7月起 *4-用于带车载电网控制单元BCM的汽车 *5-用于带车载电网控制单元BFM的汽车 *6-用于带手动变速器的汽车 *7-截至2014年7月 *8-截至2016年7月

图 1-1-3

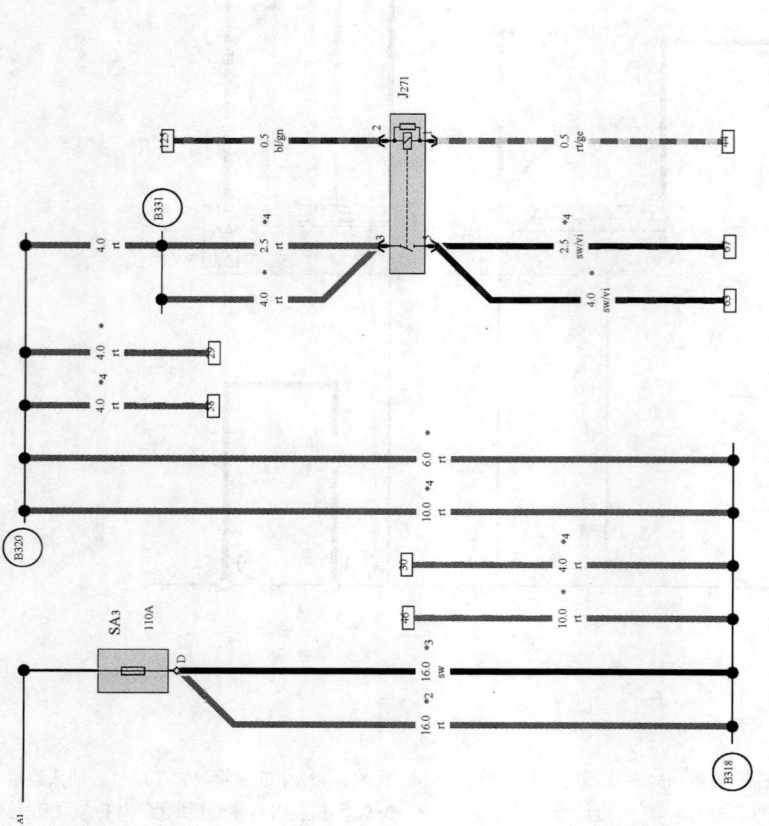

主继电器

J271-主继电器 SA3-保险丝架A上的保险丝3 B318-正极连接4（30a），在主导线束中 B320-正极连接6（30a），在主导线束中 B331-正极连接17（30a），在主导线束中 *1-自2016年7月起 *2-自2014年7月起 *3-截至2014年7月 *4-截至2016年7月

图 1-1-2

保险丝架 C

保险丝架 C

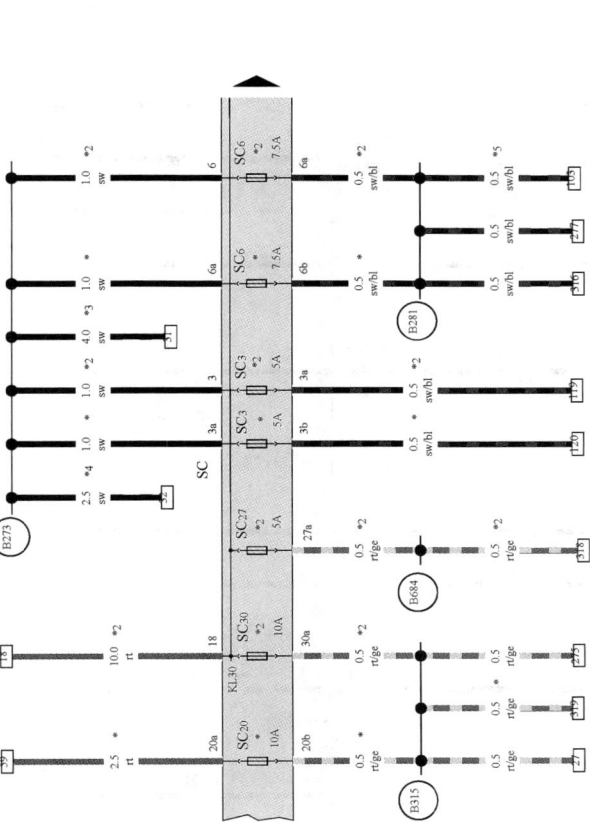

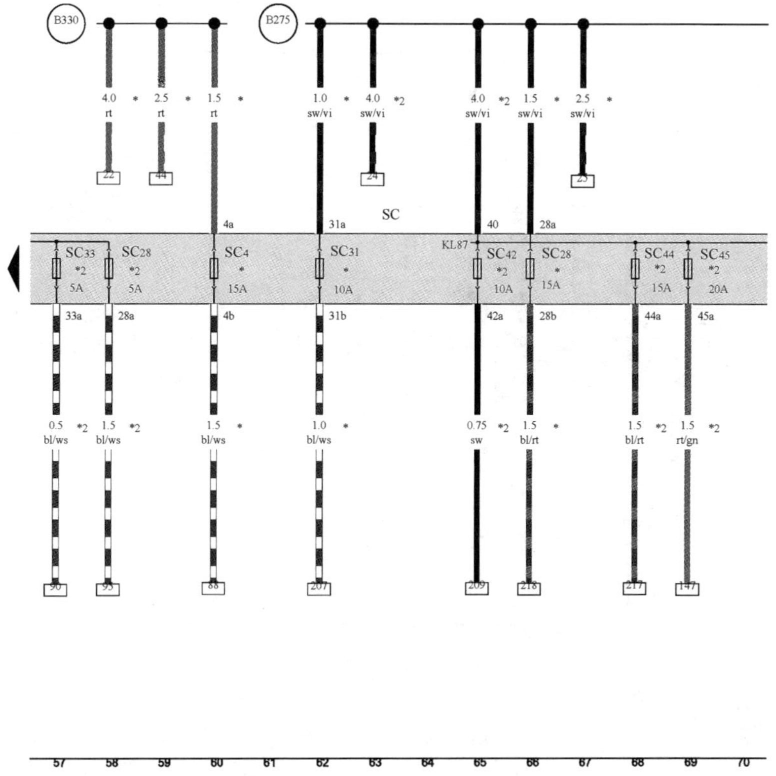

SC-保险丝架C SC4-保险丝架C上的保险丝4 SC28-保险丝架C上的保险丝28 SC31-保险丝架C上的保险丝31 SC33-保险丝架C上的保险丝33 SC42-保险丝架C上的保险丝42 SC44-保险丝架C上的保险丝44 SC45-保险丝架C上的保险丝45 B275-正极连接（87） B330-正极连接16（30a），在主导线束中 *-截至2016年7月 *2-自2016年7月起

图1-1-5

SC-保险丝架C SC3-保险丝架C上的保险丝3 SC6-保险丝架C上的保险丝6 SC20-保险丝架C上的保险丝20 SC27-保险丝架C上的保险丝27 SC30-保险丝架C上的保险丝30 B273-正极连接（15），在主导线束中 B281-正极连接1（30a），在主导线束中 B684-正极连接 B315-正极连接5（15a），在主导线束中 B281-正极连接1（30a），在主导线束中 B684-正极连接 24（30a），在主导线束中 *2-自2016年7月起 *3-自2014年7月起 *4-截至2014年7月 *-截至2016年7月
*5-用于带定速巡航装置的汽车

图1-1-4

保险丝架 C

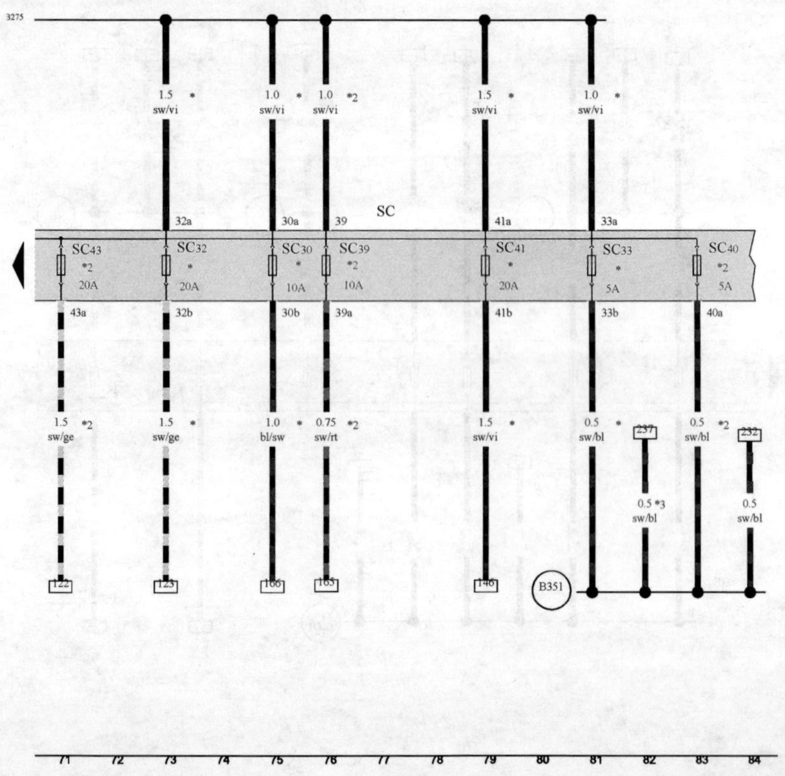

SC–保险丝架C SC30–保险丝架C上的保险丝30 SC32–保险丝架C上的保险丝32 SC33–保险丝架C上的保险丝33 SC39–保险丝架C上的保险丝39 SC40–保险丝架C上的保险丝40 SC41–保险丝架C上的保险丝41 SC43–保险丝架C上的保险丝43 B275–正极连接（87），在主导线束中 B351–正极连接2（87a），在主导线束中 *–截至2016年7月 *2–自2016年7月起 *3–用于带手动变速器的汽车

图 1–1–6

燃油泵继电器

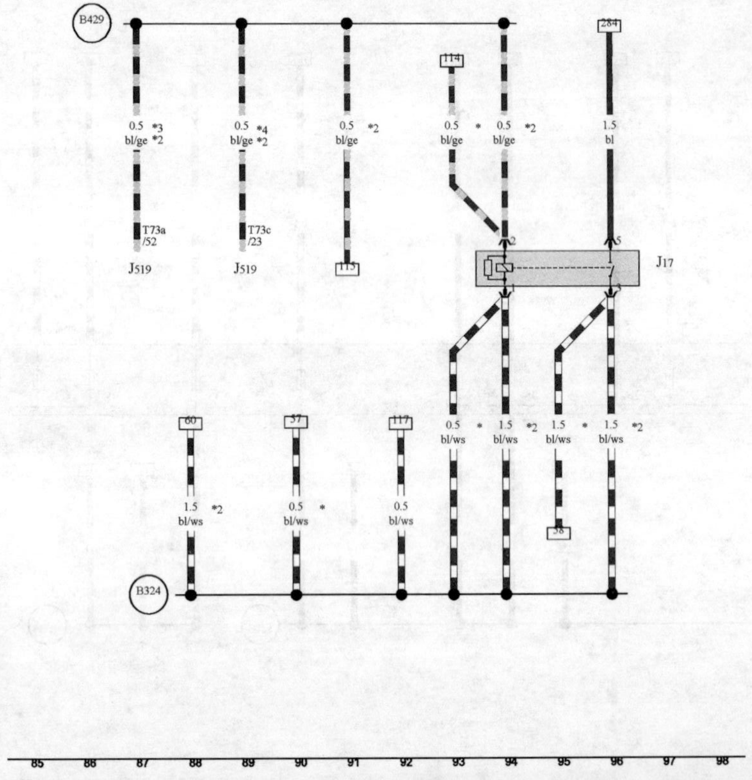

J17–燃油泵继电器 J519–车载电网控制单元 T73a–73芯插头连接 T73c–73芯插头连接 B324–正极连接10（30a），在主导线束中 B429–连接（EKPR），在主导线束中 *–自2016年7月起 *2–截至2016年7月 *3–用于带车载电网控制单元BCM的汽车 *4–用于带车载电网控制单元BFM的汽车

图 1–1–7

Motronic 控制单元

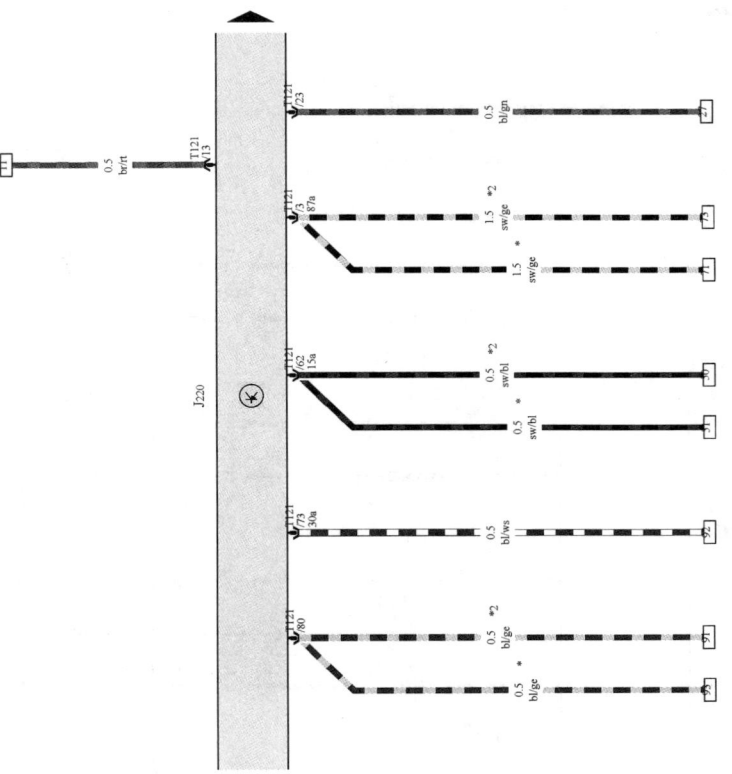

J220-Motronic控制单元 T121-121芯插头连接 *-自2016年7月起 *2-截至2016年7月

图 1-1-9

定速巡航装置开关，定速巡航装置设置按钮，Motronic 控制单元

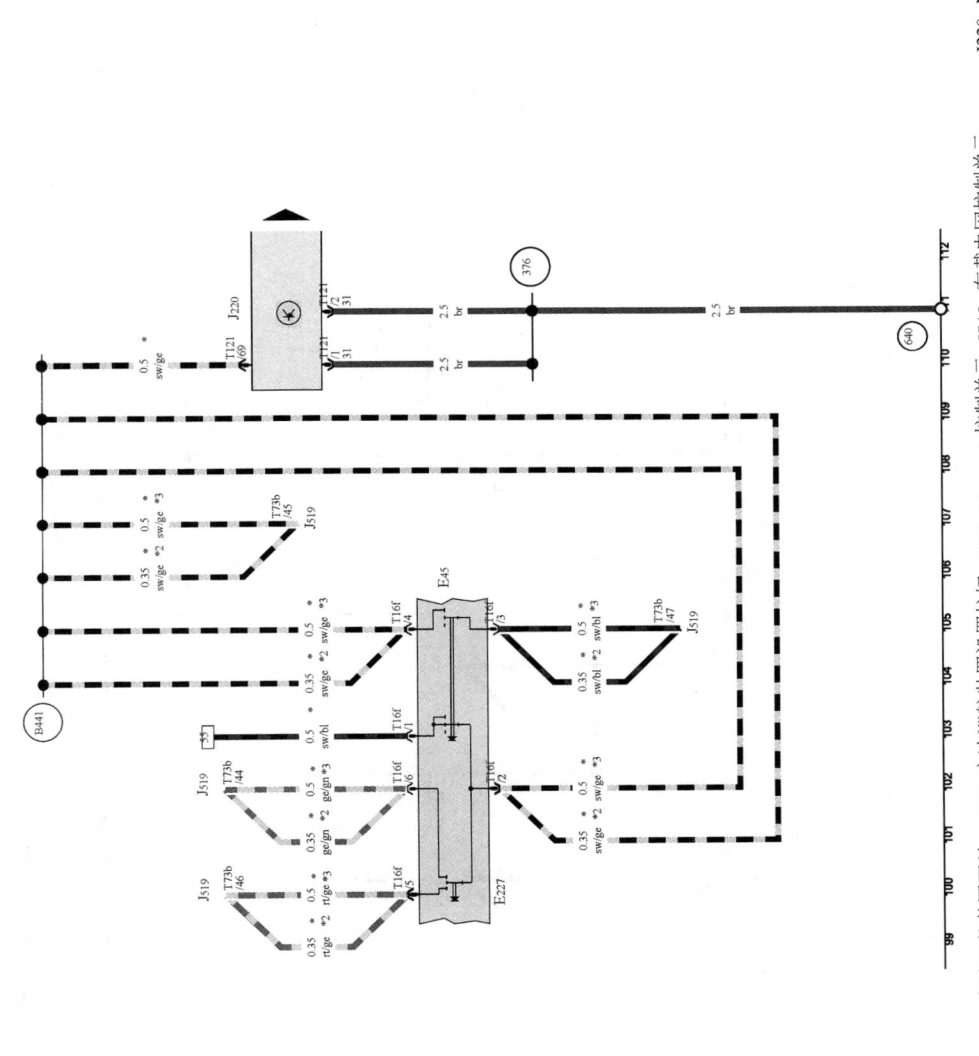

图 1-1-8

E45-定速巡航装置开关 E227-定速巡航装置设置按钮 J220-Motronic控制单元 J519-车载电网控制单元
T16f-16芯插头连接 T73b-73芯插头连接 T121-121芯插头连接 376-接地连接11，在主导线束中 640-发
动机舱内左侧接地点2 B441-连接（GRA），在主导线束中 *-用于带定速巡航装置的汽车 *2-自2016年
7月起 *3-截至2016年7月

5

Motronic 控制单元，带功率输出级的点火线圈 1，带功率输出级的点火线圈 2，带功率输出级的点火线圈 3，火花塞插头，火花塞

蒸发器出风口温度传感器，Motronic 控制单元，带功率输出级的点火线圈 4，火花塞插头，火花塞

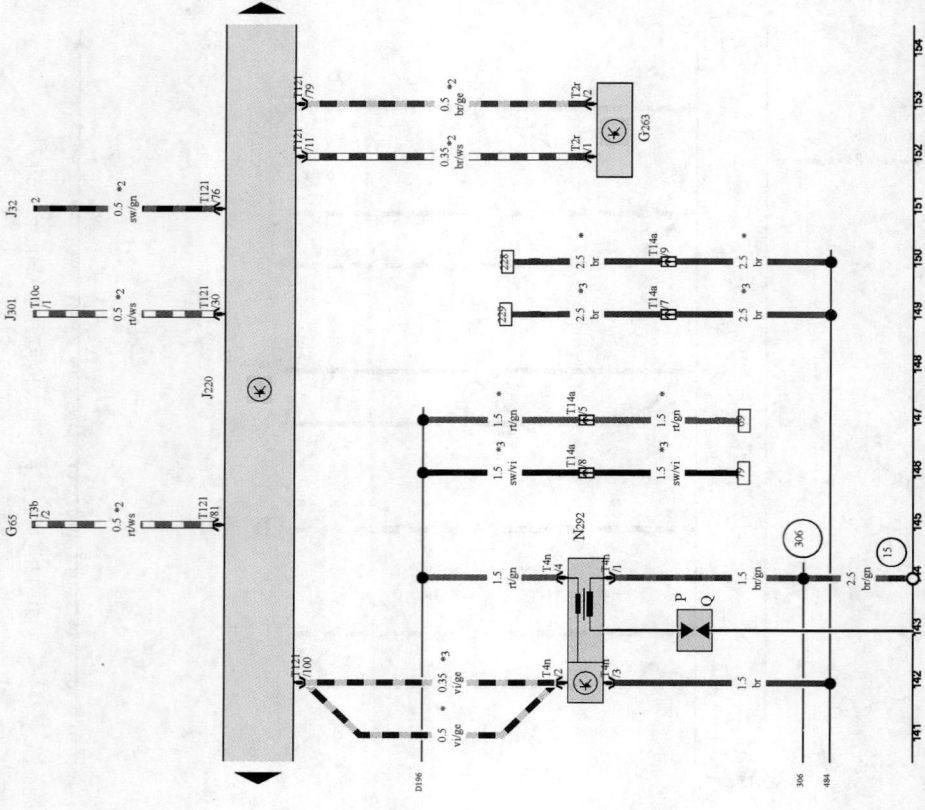

图 1-1-11

G65-高压传感器 G263-蒸发器出风口温度传感器 J32-空调器继电器 J220-Motronic控制单元 J301-空调器控制单元 N292-带功率输出级的点火线圈4 P-火花塞插头 Q-火花塞 T2r-2芯插头连接 T3b-3芯插头连接 T10c-10芯插头连接 T14a-14芯插头连接 T121-121芯插头连接2（点火线圈），在发动机预接线导线束中 306-接地连接点，306-接地连接，在发动机预接线导线束中 484-接地连接2（点火线圈），在发动机预接线导线束中 D196-连接2（87a），在发动机预接线导线束中 *-自2016年7月起 *2-用于带手动调节空调的汽车 *3-截至2016年7月

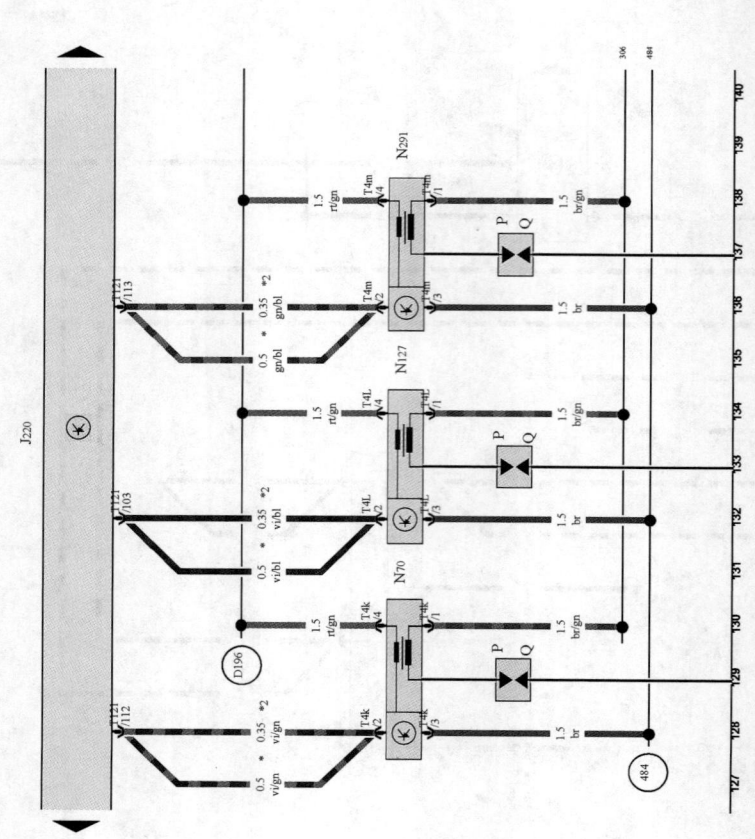

图 1-1-10

J220-Motronic控制单元 N70-带功率输出级的点火线圈1 N127-带功率输出级的点火线圈2 N291-带功率输出级的点火线圈3 P-火花塞插头 Q-火花塞 T4k-4芯插头 T4L-4芯插头连接 T4m-4芯插头连接 T121-121芯插头连接2（点火线圈），在发动机预接线导线束中 306-接地连接，在发动机预接线导线束中 484-接地连接2（87a），在发动机预接线导线束中 D196-连接2（87a），在发动机预接线导线束中 *-自2016年7月起 *2-截至2016年7月

发动机转速传感器，进气温度传感器，进气歧管压力传感器，Motronic 控制单元

电控油门操纵机构的节气门驱动装置，电控油门操纵机构的节气门驱动装置角度传感器 1，
电控油门操纵机构的节气门驱动装置角度传感器 2，Motronic 控制单元，节气门控制单元，
活性炭罐电磁阀 1

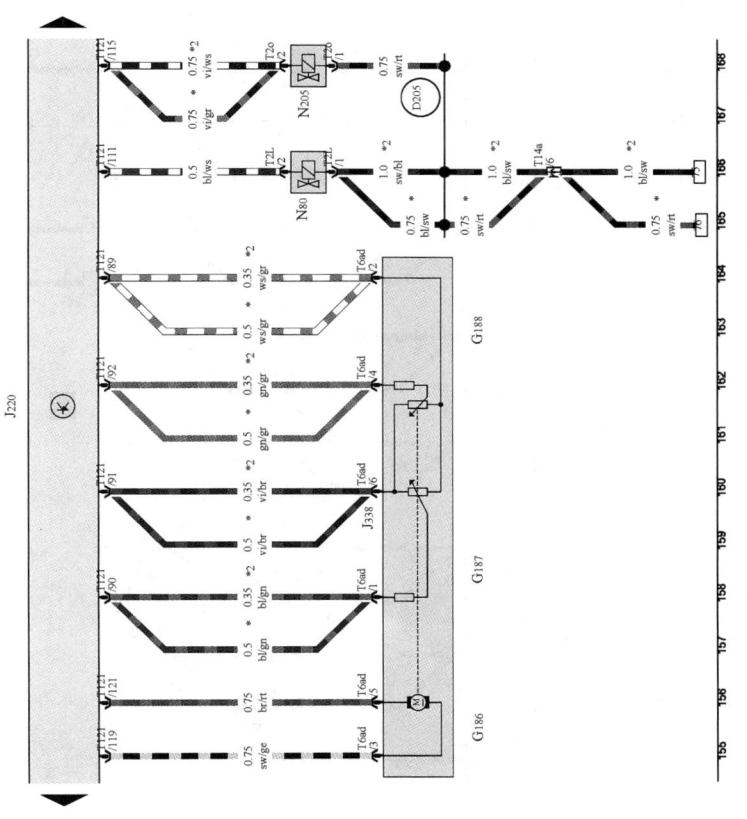

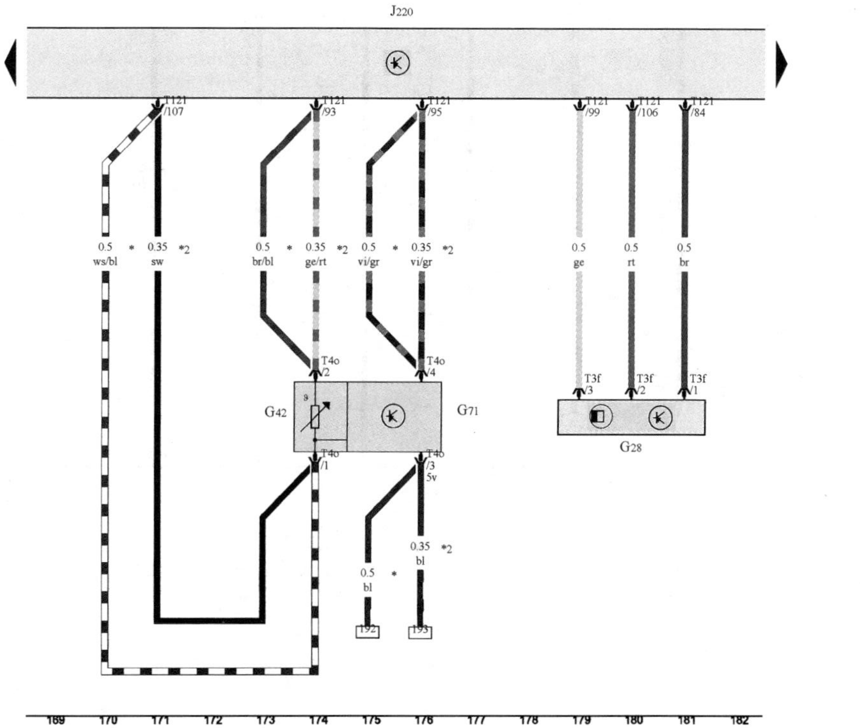

G28－发动机转速传感器　G42－进气温度传感器　G71－进气歧管压力传感器　J220－Motronic 控制单元 T3f－3
芯插头连接　T4o－4芯插头连接　T121－121芯插头连接 *－自2016年7月起 *2－截至2016年7月

图 1-1-13

G186－电控油门操纵机构的节气门驱动装置　G187－电控油门操纵机构的节气门驱动装置角度传感器1
G188－电控油门操纵机构的节气门驱动装置角度传感器2　J220－Motronic 控制单元　J338－节气门控制单元
N80－活性炭罐电磁阀1　N205－凸轮轴调节阀1　T2L－2芯插头连接　T2o－2芯插头连接　T6ad－6芯插头连接
T14a－14芯插头连接　T121－121芯插头连接　D205－连接3（87a），在发动机顶接线与束中　*－自2016年7
月起 *2－截至2016年7月

图 1-1-12

7

Motronic 控制单元，气缸 1 喷油嘴，气缸 2 喷油嘴，气缸 3 喷油嘴，气缸 4 喷油嘴

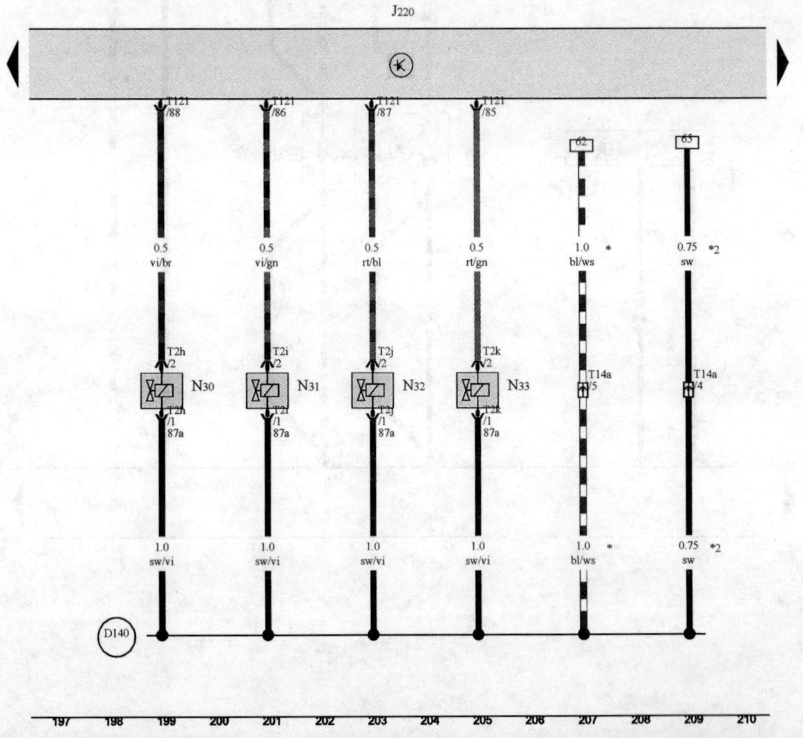

J220

J220-Motronic 控制单元　N30-气缸1喷油嘴　N31-气缸2喷油嘴　N32-气缸3喷油嘴　N33-气缸4喷油嘴
T2h-2芯插头连接　T2j-2芯插头连接　T2k-2芯插头连接　T14a-14芯插头连接　T121-
121芯插头连接　D140-连接（喷油嘴），在发动机舱预接电缆导线束中　*-截至2016年7月　*2-自2016年7
月起

图 1-1-15

霍耳传感器，爆震传感器 1，冷却液温度传感器，Motronic 控制单元

J220

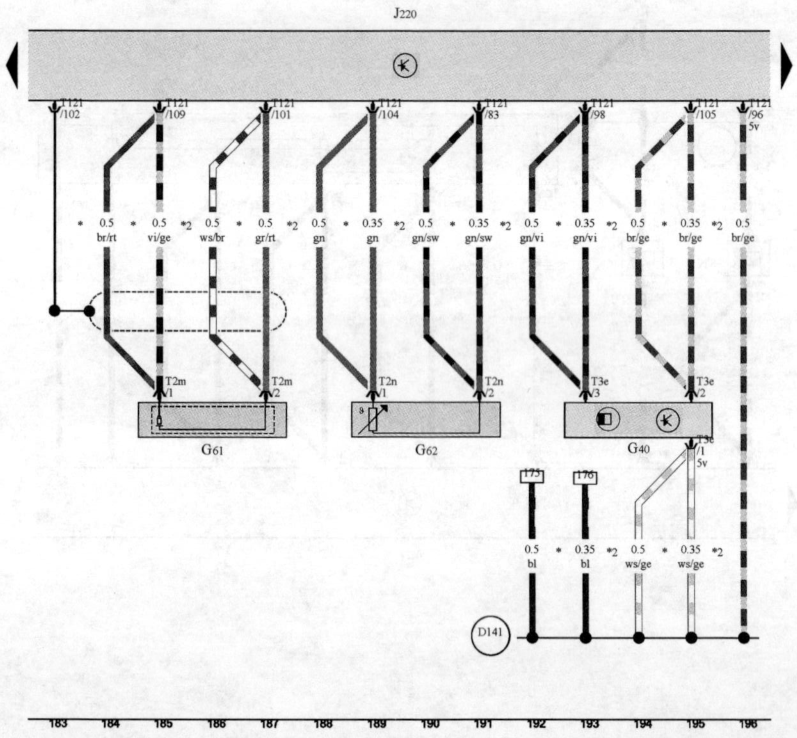

G40-霍耳传感器　G61-爆震传感器1　G62-冷却液温度传感器　J220-Motronic控制单元　T2m-2芯插头连接
T2n-2芯插头连接　T3e-3芯插头连接　T121-121芯插头连接　D141-连接（5V），在发动机前部导线束中
*-自2016年7月起　*2-截至2016年7月

图 1-1-14

8

制动信号灯开关，离合器踏板开关，制动踏板开关，Motronic 控制单元

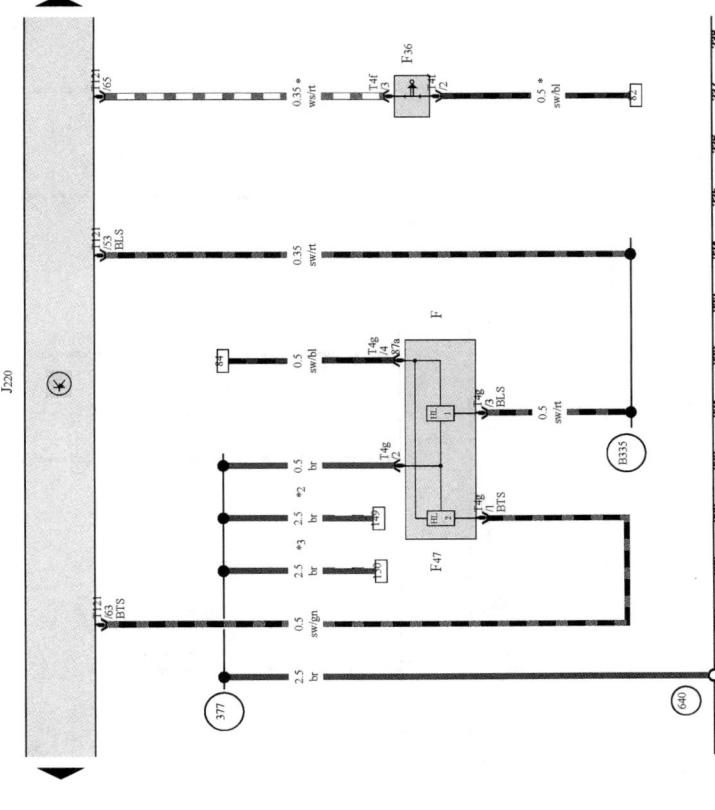

图 1-1-17

F-制动信号灯开关 F36-离合器踏板开关 F47-制动踏板开关 J220-Motronic控制单元 T4f-4芯插头连接
T4g-4芯插头连接 T121-121芯插头连接 377-接地连接12，在主导线束中 640-发动机舱内左侧接地点2
B335-连接1（54），在主导线束中 *-用于带手动变速器的汽车 *2-截至2016年7月 *3-自2016年7月起

氧传感器，尾气催化净化器后的氧传感器，Motronic 控制单元，氧传感器加热，尾气催
化净化器后的氧传感器 1 加热装置

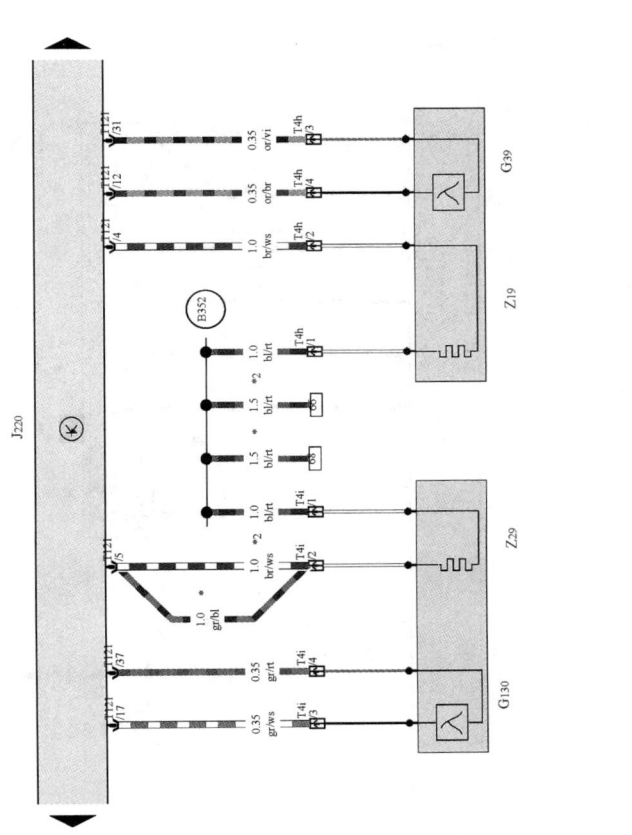

图 1-1-16

G39-氧传感器 G130-尾气催化净化器后的氧传感器 J220-Motronic控制单元 T4h-4芯插头连接 T4i-4芯
插头连接 T121-121芯插头连接 377-接地连接12，在主导线束中 640-发动机舱内左侧接地点2 B352-
正极连接3（87a），在主导线束中 *-自2016年7月起 *2-截至2016年7月

9

Motronic 控制单元

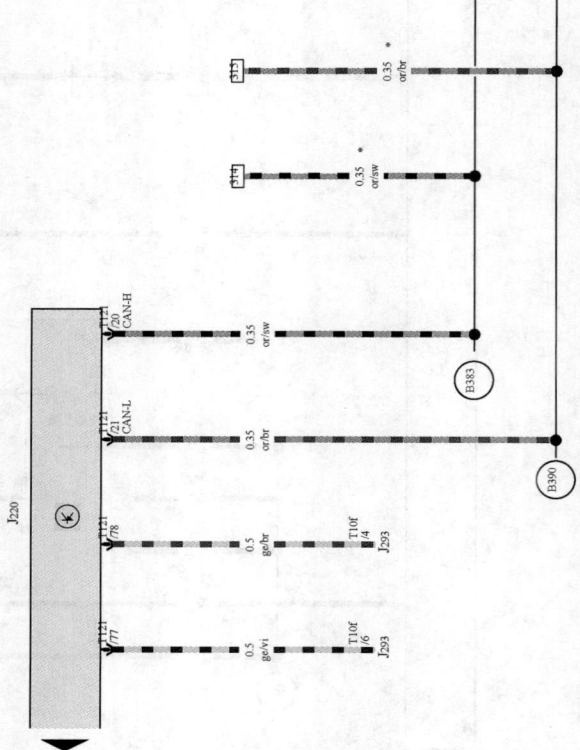

图 1-1-19

J220-Motronic控制单元 J293-散热器风扇控制单元 T10f-10芯插头连接 T121-121芯插头连接 B383-连接1（驱动CAN总线，Low），在主导线束中 *-用接1（驱动CAN总线，High），在主导线束中 B390-连接1（驱动CAN总线，Low），在主导线束中 *-用于带车载电网控制单元BFM的汽车

加速踏板位置传感器，加速踏板位置传感器 2, Motronic 控制单元

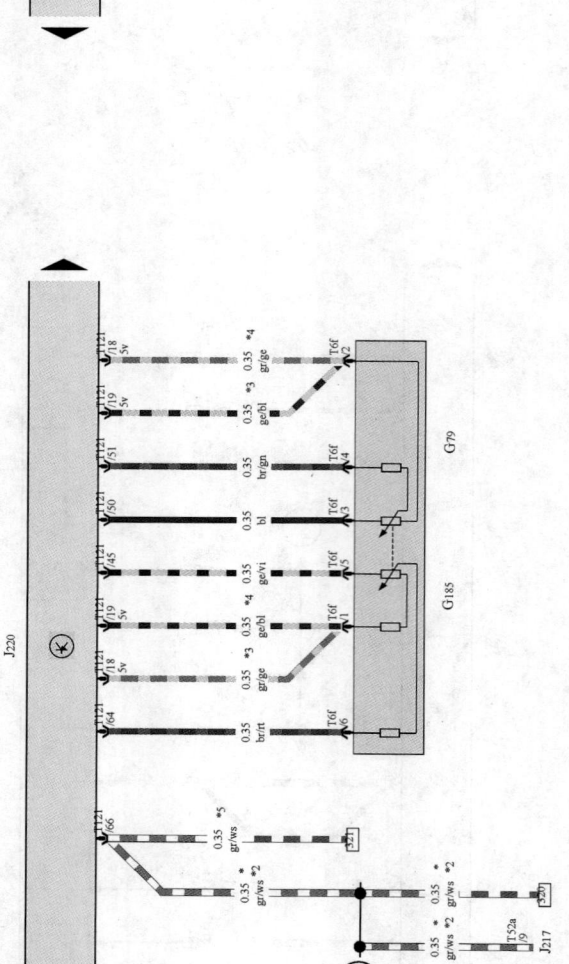

图 1-1-18

G79-加速踏板位置传感器 G185-加速踏板位置传感器2 J217-自动变速器控制单元 J220-Motronic控制单元 T52a-52芯插头连接 T6f-6芯插头连接 T121-121芯插头连接 B590-连接（K诊断导线），在车内导线束中 *-用于带自动变速器的汽车 *2-截至2014年7月 *3-自2016年7月起 *4-截至2016年7月 *5-依汽车装备而定

10

多功能显示器，组合仪表中的控制单元

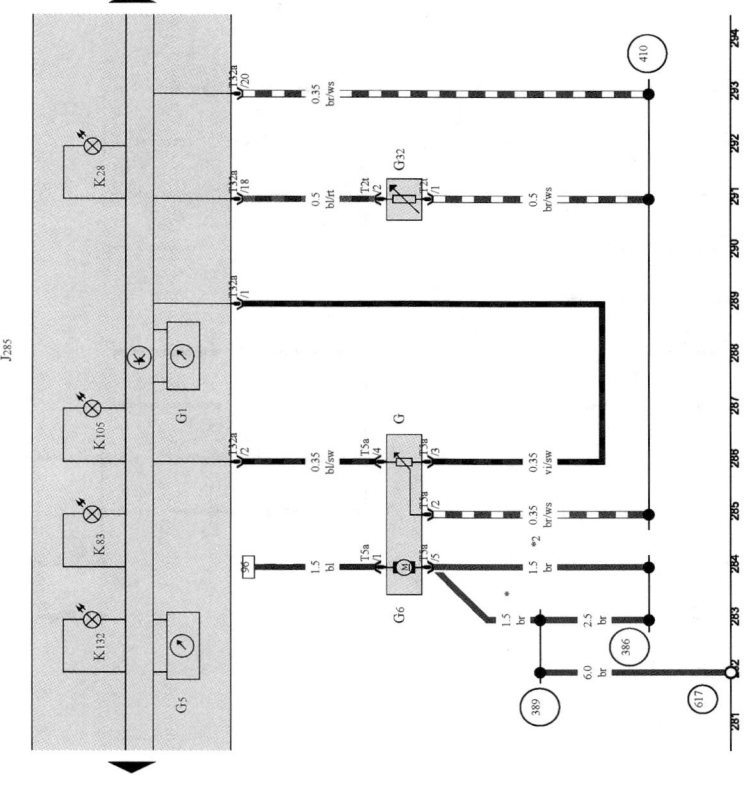

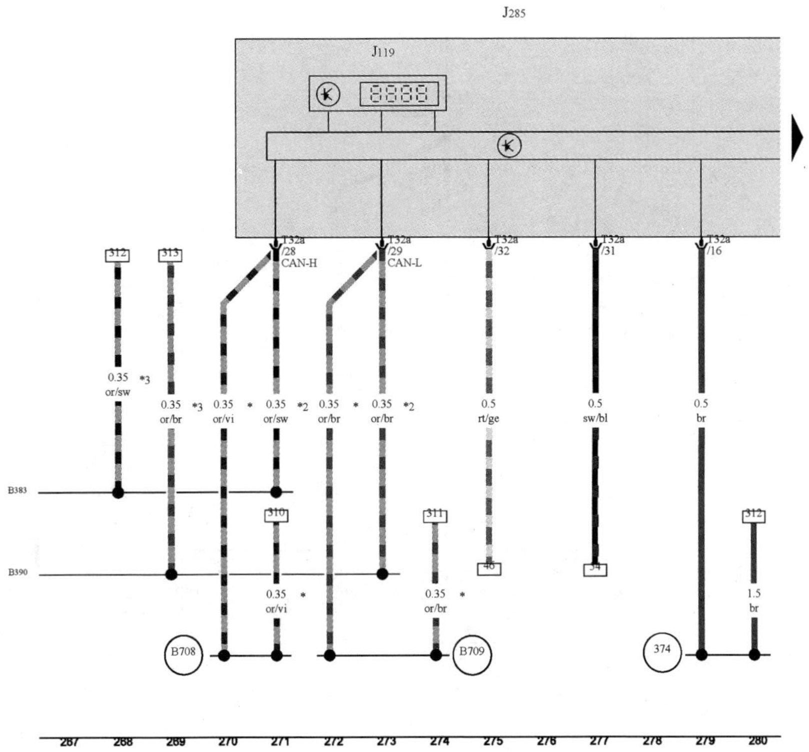

J119–多功能显示器 J285–组合仪表中的控制单元 T32a–32芯插头连接 374–接地连接9，在主导线束中 B383–连接1（驱动CAN总线，High），在主导线束中 B390–连接1（驱动CAN总线，Low），在主导线束中 B708–连接1（组合仪表CAN总线，High），在主导线束中 B709–连接1（组合仪表CAN总线，Low），在主导线束中 *–用于在车载电网控制单元上带车灯旋转开关和接口的汽车 *2–用于在车载电网控制单元上不带车灯旋转开关和接口的汽车 *3–用于带车载电网控制单元BCM的汽车

图 1–1–20

燃油表传感器，燃油表，转速表，预供给燃油泵，冷却液不足显示传感器，组合仪表中的控制单元，冷却液温度和冷却液不足显示指示灯，废气警告灯，燃油表指示灯，电子油门故障信号灯

G–燃油表传感器 G1–燃油表 G5–转速表 G6–预供给燃油泵 G32–冷却液不足显示传感器 J285–组合仪表中的控制单元 K28–冷却液温度和冷却液不足显示指示灯 K83–废气警告灯 K105–燃油表指示灯 K132–电子油门故障信号灯 T2t–2芯插头连接 T5a–5芯插头连接 T32a–32芯插头连接 386–接地连接21，在主导线束中 389–接地连接24，在主导线束中 410–接地连接1（传感器接地），在主导线束中 617–右侧A柱下部接地点2 *–自2016年7月起 *2–截至2016年7月

图 1–1–21

机油压力开关，车速表，警报蜂鸣器和警报音，组合仪表中的控制单元，发电机指示灯，机油压力指示灯，定速巡航装置指示灯，里程表

车载电网控制单元，数据总线诊断接口，诊断接口

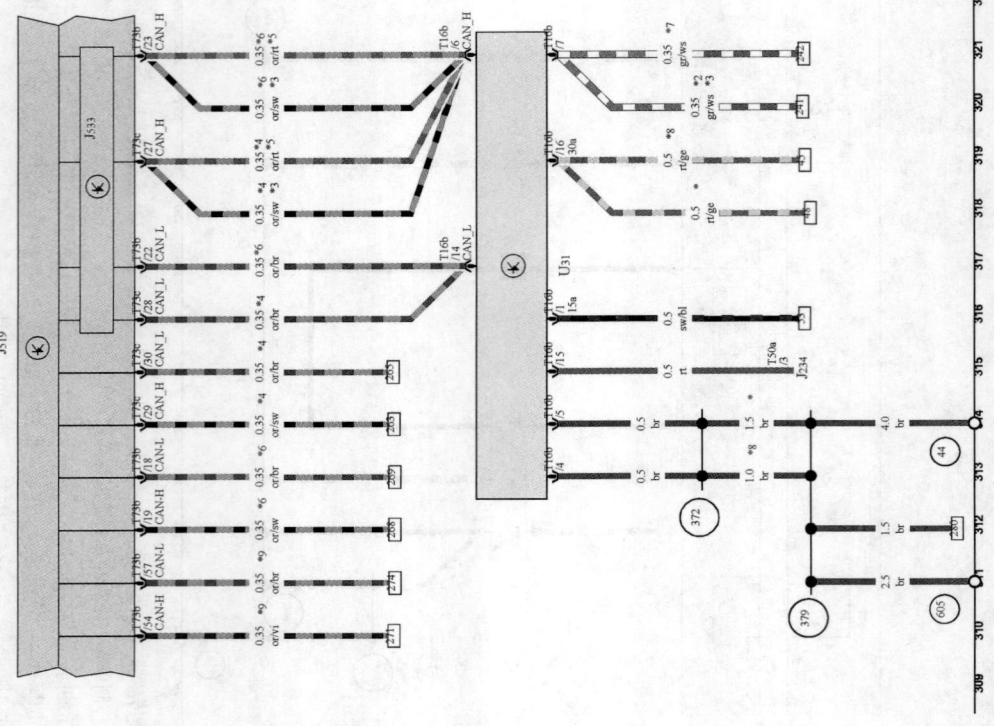

图1-1-23

J234-安全气囊控制单元 J519-车载电网控制单元 J533-数据总线诊断接口 T16b-16芯插头连接 T50a-50芯插头连接 T73b-73芯插头连接 T73c-73芯插头连接 U31-诊断接口 44-左侧A柱下部的接地点 372-接地连接7，在主导线束中 379-接地连接14，在主导线束中 605-上部转向柱上的接地点 *1-自2016年7月起 *2-用于带自动变速器的汽车 *3-截至2014年7月 *5-自2014年7月起 *4-用于带车载电网控制单元BFM的汽车 *6-用于带车载电网控制单元BCM的汽车 *7-依汽车装备而定 *8-截至2016年7月 *9-用于在车载电网控制单元上带车灯旋转开关和接口的汽车

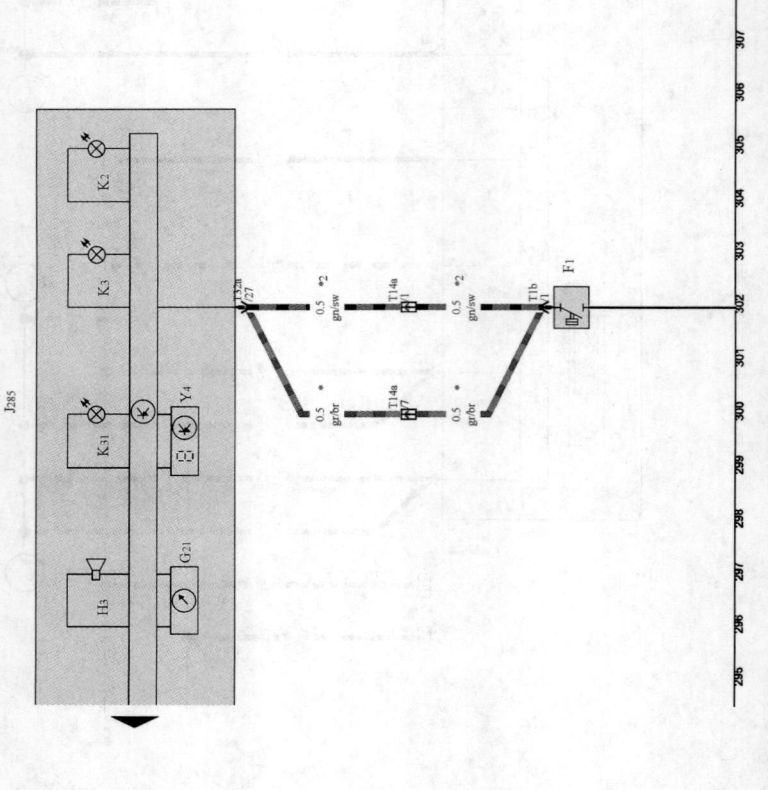

图1-1-22

F1-机油压力开关 G21-车速表 H3-警报蜂鸣器和警报音 J285-组合仪表中的控制单元 K2-发电机指示灯 K3-机油压力指示灯 K31-定速巡航装置指示灯 T1b-1芯插头连接 T14a-14芯插头连接 T32a-32芯插头连接 Y4-里程表 *1-自2016年7月起 *2-截至2016年7月

12

散热器风扇热敏开关，散热器风扇控制单元，散热器风扇

散热器风扇控制单元

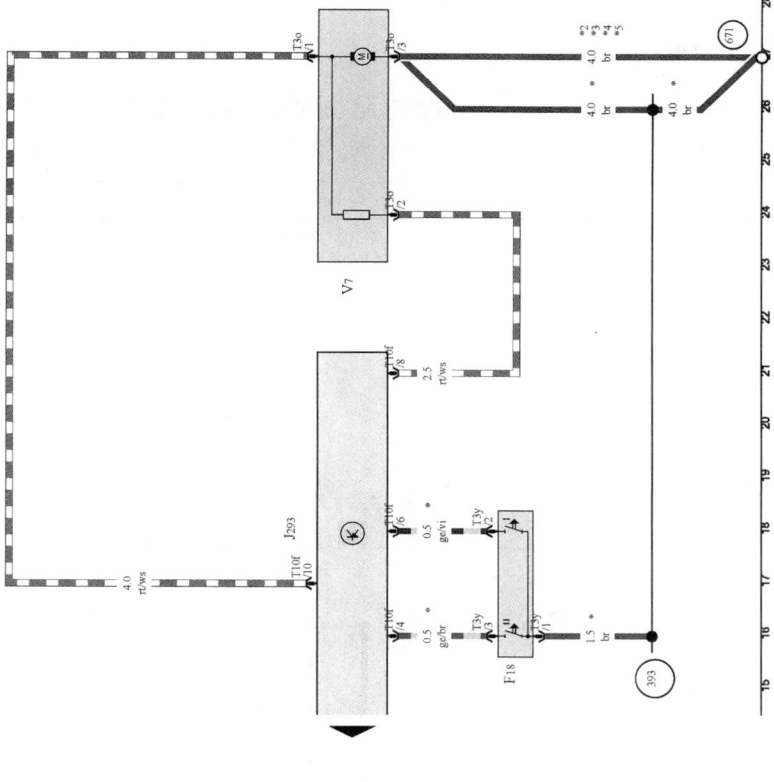

图 1-1-25

F18-散热器风扇热敏开关　J293-散热器风扇控制单元　J293-散热器风扇控制单元　T3o-3芯插头连接　T3y-3芯插头连接　T10f-10芯插头连接　V7-散热器风扇　393-接地连接28，在主导线束中　671-左前纵梁上的接地点1　*1-用于带发动机型号代码CSTA的汽车　*2-用于带1.4L发动机的汽车　*3-用于带1.6L发动机的汽车　*4-用于带双燃料发动机的汽车　*5-用于带1.5L汽油发动机的汽车

图 1-1-24

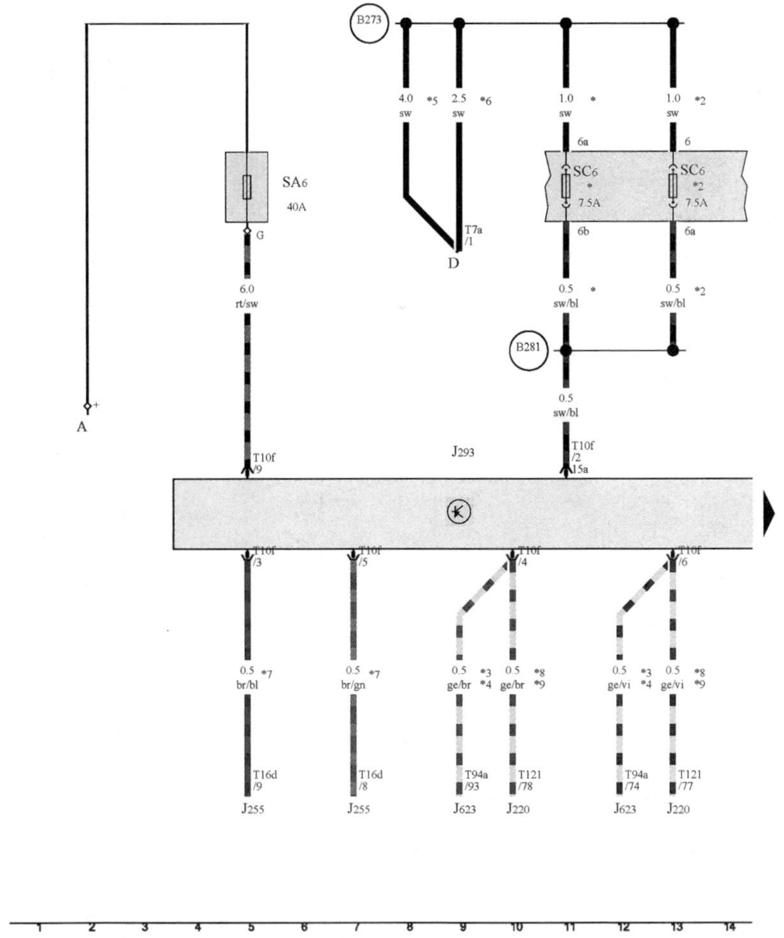

A-蓄电池　D-点火启动开关　J220-Motronic控制单元　J255-全自动空调控制单元　J293-散热器风扇控制单元　J623-发动机控制单元　SC6-保险丝架C上的保险丝6　SA6-保险丝架A上的保险丝6　T7a-7芯插头连接　T16d-16芯插头连接　T94a-94芯插头连接　T121-121芯插头连接　B273-正极连接　B281-正极连接5（15a），在主导线束中　*1-截至2016年7月　*2-自2016年7月起　*3-用于带双燃料发动机的汽车　*4-用于带1.5L汽油发动机的汽车　*5-自2014年7月起　*6-截至2014年7月　*7-用于带全自动空调的汽车　*8-用于带1.4L发动机的汽车　*9-用于带1.6L发动机的汽车

第二节 变速器系统

变速器系统电路图的图号和图名对照表见表 1-2-1。

表 1-2-1 变速器系统电路图的图号和图名对照表

图号	图名
图 1-2-1 ~ 图 1-2-7	自动变速器电路图

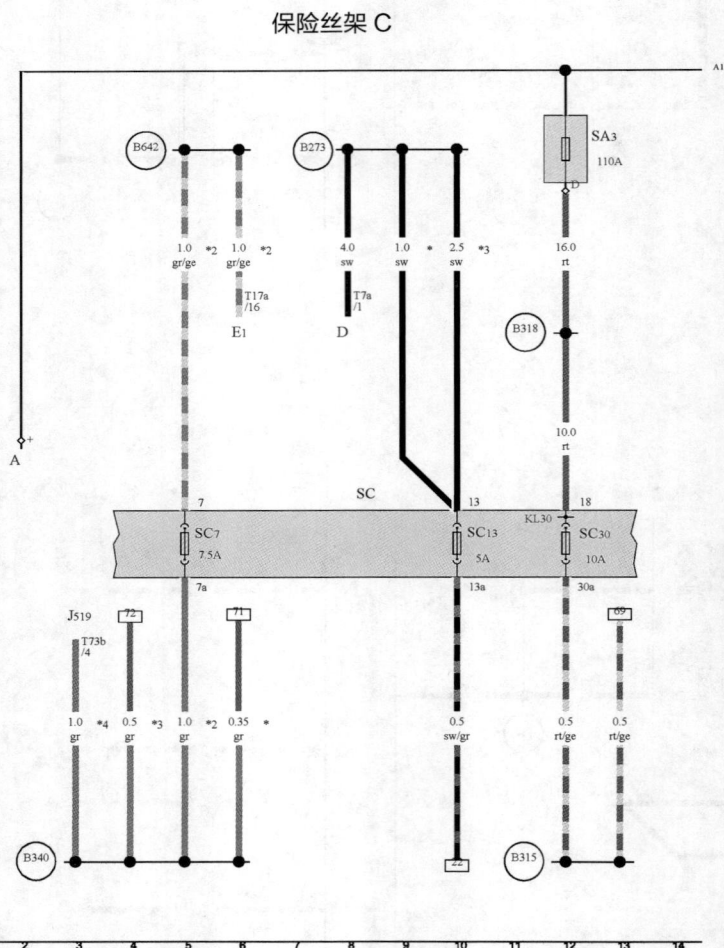

A-蓄电池 D-点火启动开关 E1-车灯开关 J519-车载电网控制单元 SA3-保险丝架A上的保险丝3 SC-保险丝架C SC7-保险丝架C上的保险丝7 SC13-保险丝架C上的保险丝13 SC30-保险丝架C上的保险丝30 T7a-7芯插头连接 T17a-17芯插头连接 T73b-73芯插头连接 B273-正极连接（15），在主导线束中 B315-正极连接1（30a），在主导线束中 B318-正极连接4（30a），在主导线束中 B340-连接1（58d），在主导线束中 B642-正极连接（58），在主导线束中 *-自2018年7月起 *2-用于在车载电网控制单元上不带车灯旋转开关和接口的汽车 *3-截至2018年7月 *4-用于在车载电网控制单元上带车灯旋转开关和接口的汽车

图 1-2-1

14

多功能开关，自动变速器控制单元，电磁阀 1，电磁阀 2，自动变速器压力调节阀 1

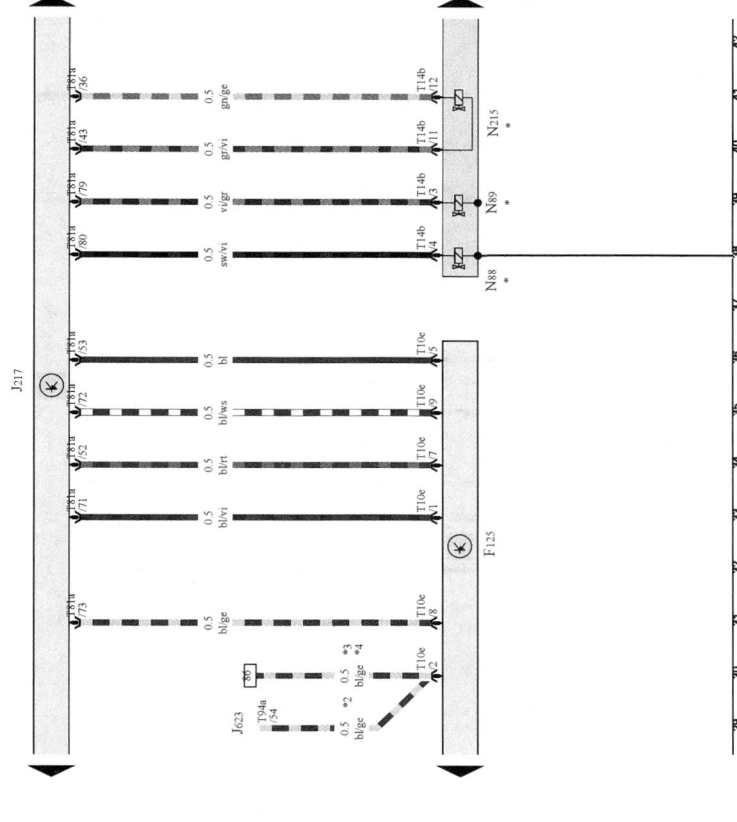

图 1-2-3

F125-多功能开关 J217-自动变速器控制单元 J623-发动机控制单元 N88-电磁阀1 N89-电磁阀2 N215-
自动变速器压力调节阀1 T10e-10芯插头连接 T14b-14芯插头连接 T81a-81芯插头连接 T94a-94芯插头
连接 *-已预先布线的部件 *2-用于带1.5L汽油发动机的汽车 *3-用于带1.6L发动机的汽车 *4-用于带
1.4L发动机的汽车

多功能开关，自动变速器控制单元

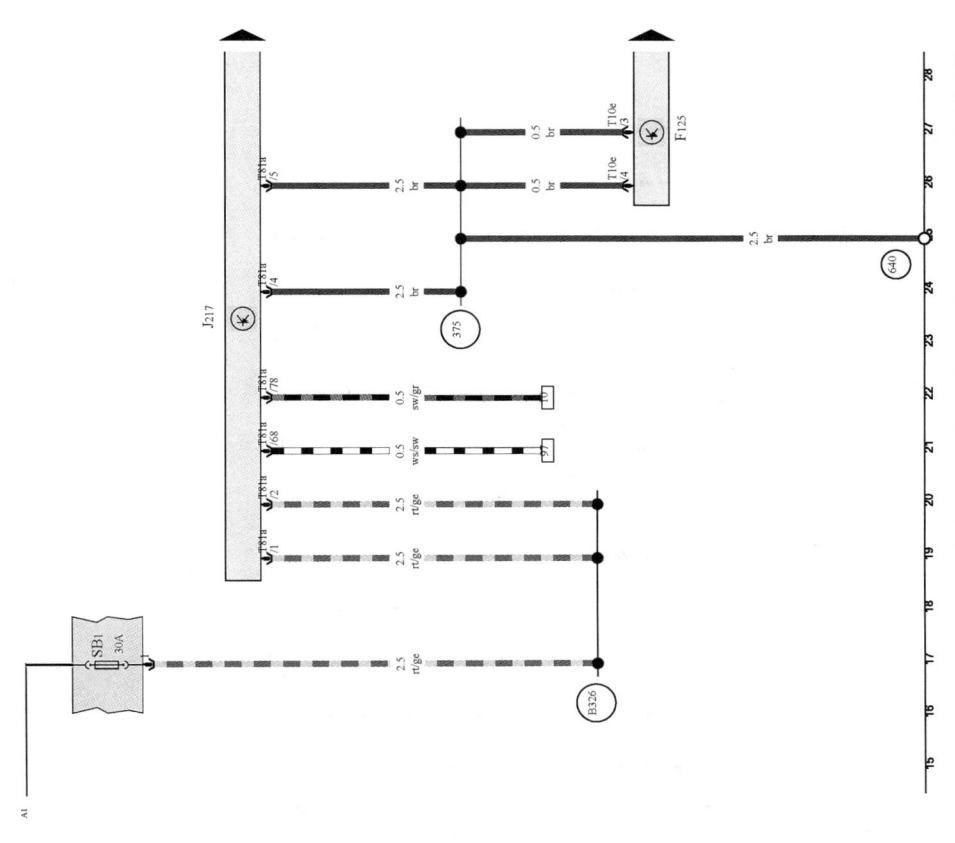

图 1-2-2

F125-多功能开关 J217-自动变速器控制单元 SB1-保险丝架B上的保险丝1 T10e-10芯插头连接 T81a-81
芯插头连接 375-接地连接10，在主导线束中 640-发动机舱内左侧接地点2 B326-正极连接12（30a），
在主导线束中

15

自动变速器控制单元，自动变速器控制
换挡杆挡位 P 锁止开关，变速器油温度传感器，变速器输入转速传感器，自动变速器控制
单元，换挡杆锁磁铁，点火钥匙防拔出锁磁铁，变速器电动泵 2

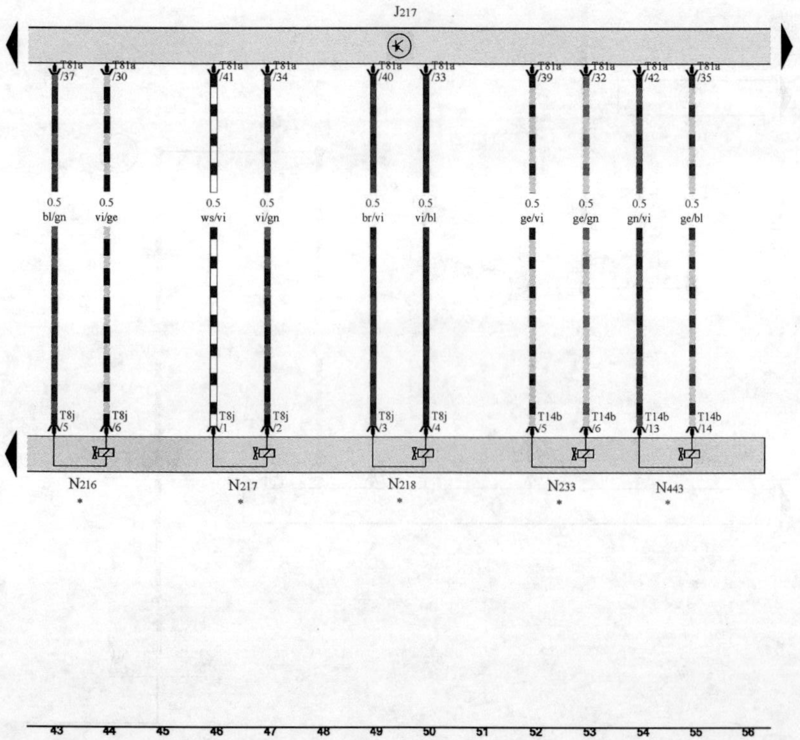

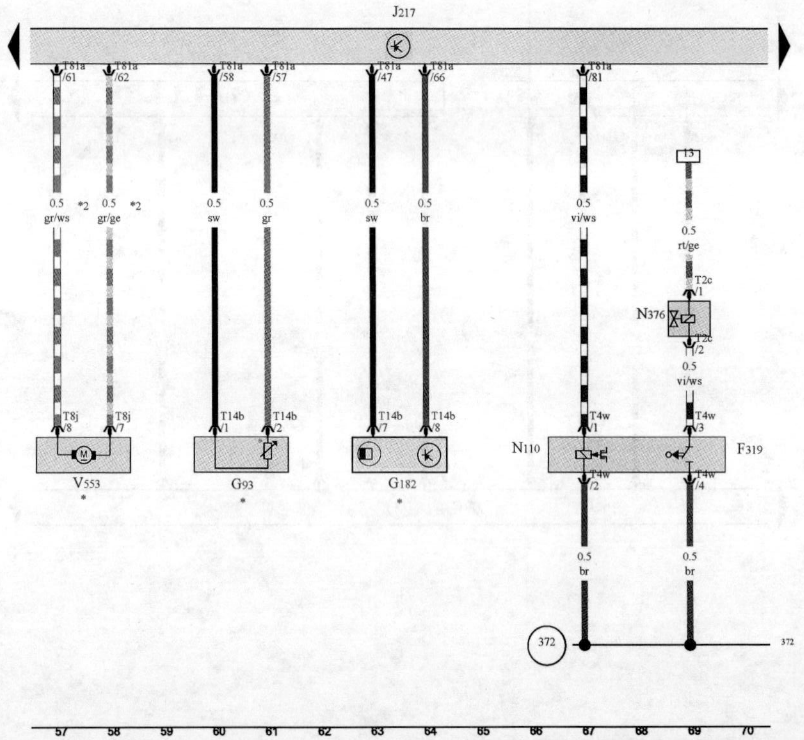

F319-换挡杆挡位P锁止开关 G93-变速器油温度传感器 G182-变速器输入转速传感器 J217-自动变速器控制单元 N110-换挡杆锁磁铁 N376-点火钥匙防拔出锁磁铁 T81a-81芯插头连接 T2c-2芯插头连接 T4w-4芯插头连接 T8j-8芯插头连接 T14b-14芯插头连接 V553-变速器电动泵2 372-接地连接7，在主导线束中 *-已预先布线的部件 *2-用于带1.5L汽油发动机的汽车

图1-2-5

自动变速器控制单元，自动变速器压力调节阀 2，自动变速器压力调节阀 3，自动变速器
压力调节阀 4，自动变速器压力调节阀 5，自动变速器压力调节阀 7

J217-自动变速器控制单元 N216-自动变速器压力调节阀2 N217-自动变速器压力调节阀3 N218-自动变速器压力调节阀4 N233-自动变速器压力调节阀5 N443-自动变速器压力调节阀7 T81a-81芯插头连接 T8j-8芯插头连接 T14b-14芯插头连接 *-已预先布线的部件

图1-2-4

组合仪表中的控制单元，车载电网控制单元，换挡杆指示灯，换挡杆位置显示

变速器输出转速传感器，自动变速器控制单元，换挡杆挡位指示照明灯

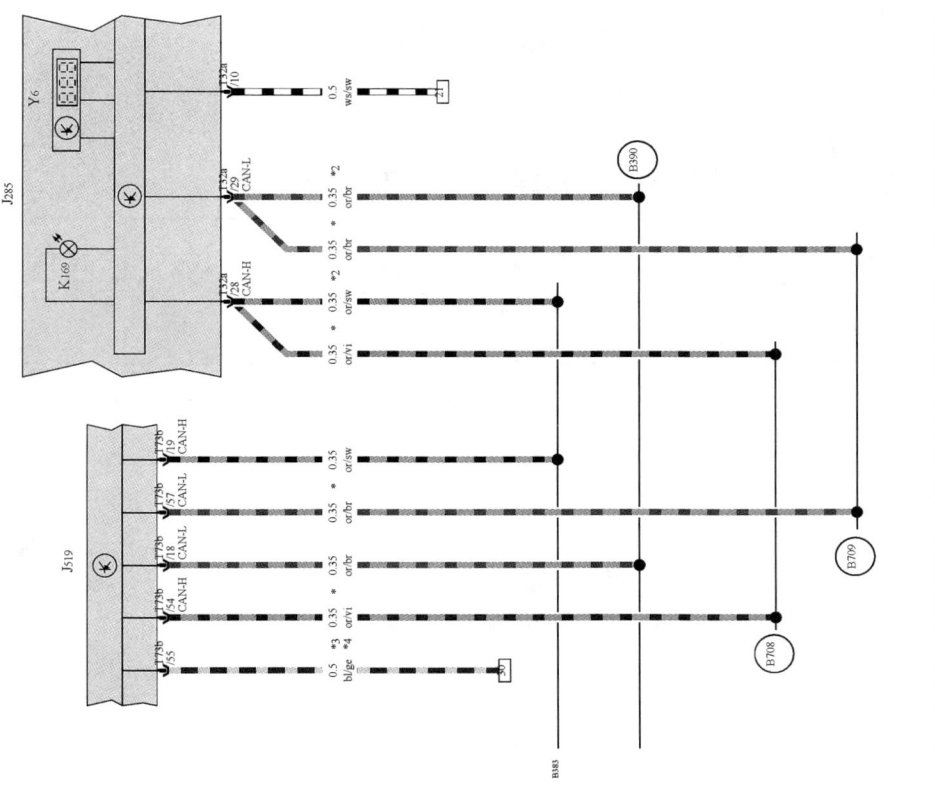

图1-2-7

J285-组合仪表中的控制单元 J519-车载电网控制单元 K169-换挡杆指示灯 Y6-换挡杆位置显示 T73b-73芯插头连接 T32a-32芯插头连接 T14b-14芯插头连接 B383-连接1（驱动CAN总线，High），在主导线束中 B390-连接1（驱动CAN总线，Low），在主导线束中 B708-连接1（组合仪表CAN总线，High），在主导线束中 B709-连接1（组合仪表CAN总线，Low），在主导线束中 *-用于在车载电网控制单元上带车灯旋转开关的汽车 *2-用于在车载电网控制单元上带车灯旋转开关和接口的汽车 *3-用于带1.6L发动机的汽车 *4-用于带1.4L发动机的汽车

图1-2-6

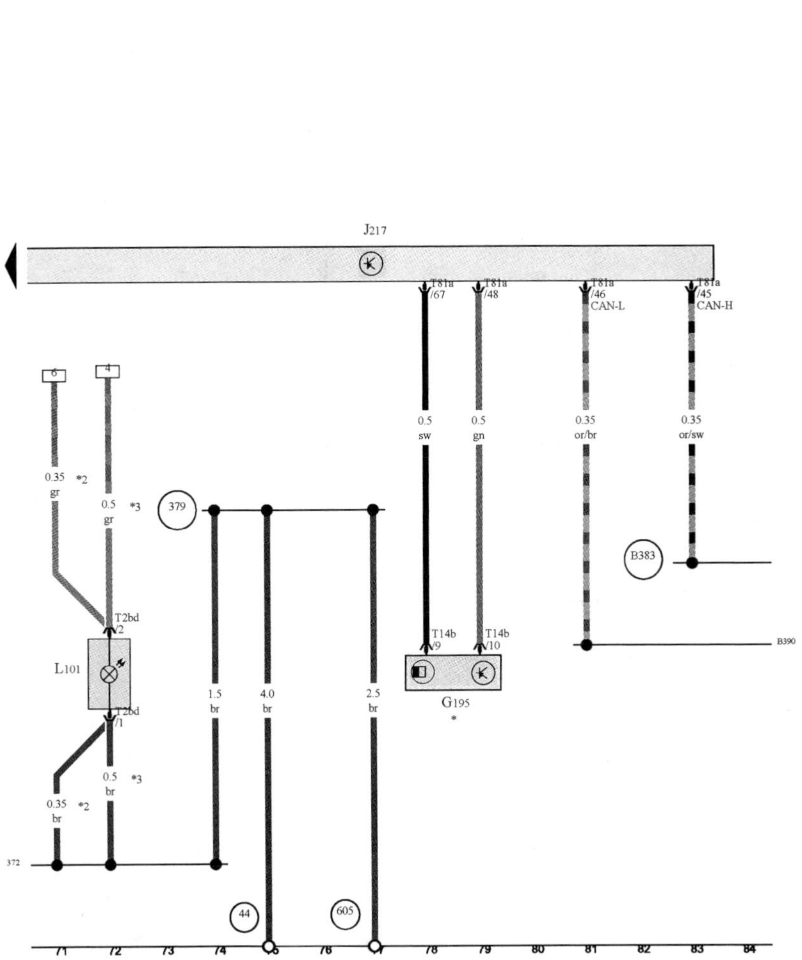

G195-变速器输出转速传感器 J217-自动变速器控制单元 L101-换挡杆挡位指示照明灯 T2bd-2芯插头连接 T14b-14芯插头连接 T81a-81芯插头连接 44-左侧A柱下部的接地点 372-接地连接7，在主导线束中 379-接地连接14，在主导线束中 605-上部转向柱上部的接地点 B383-连接1（驱动CAN总线，High），在主导线束中 B390-连接1（驱动CAN总线，Low），在主导线束中 *-已预先布线的部件 *2-自2018年7月起 *3-截至2018年7月

第三节　底盘系统

底盘系统电路图的图号和图名对照表见表 1-3-1。

表 1-3-1　底盘系统电路图的图号和图名对照表

图号	图名
图 1-3-1 ～图 1-3-9	防抱死制动系统（ABS）与电子稳定程序 (ESP) 电路图
图 1-3-10 ～图 1-3-17	防抱死制动系统 (ABS) 电路图
图 1-3-18 ～图 1-3-20	多功能方向盘电路图
图 1-3-21、图 1-3-22	助力转向器电路图

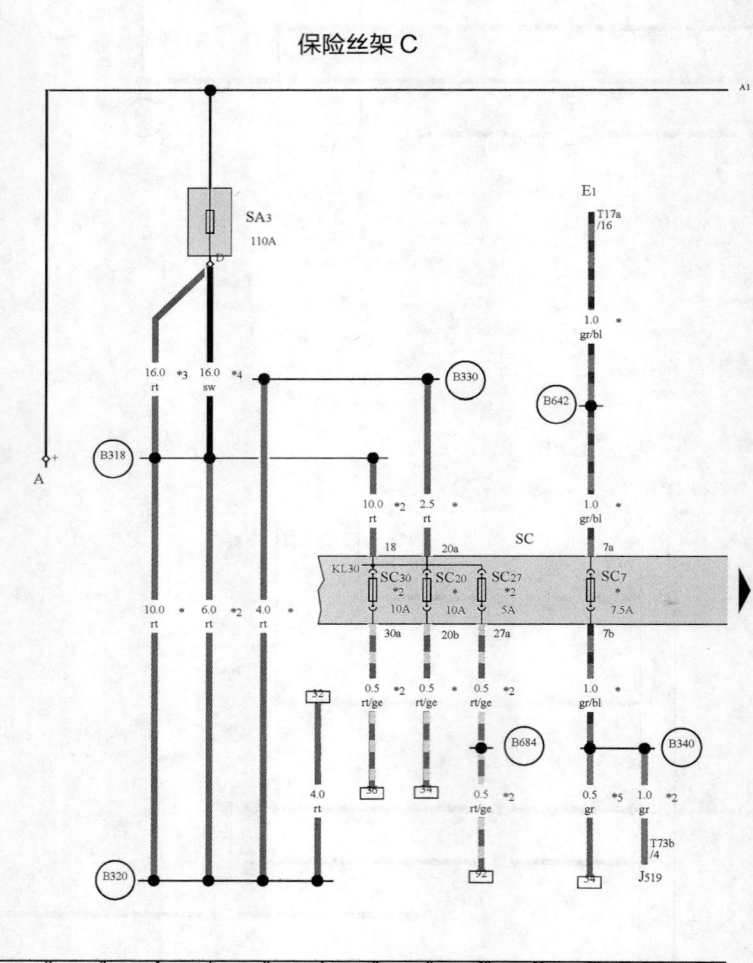

A-蓄电池　E1-车灯开关　J519-车载电网控制单元　SA3-保险丝架A上的保险丝3　SC-保险丝架C　SC7-保险丝架C上的保险丝7　SC20-保险丝架C上的保险丝20　SC27-保险丝架C上的保险丝27　SC30-保险丝架C上的保险丝30　T17a-17芯插头连接　T73b-73插头连接　B318-正极连接4（30a），在主导线束中　B320-正极连接6（30a），在主导线束中　B330-正极连接16（30a），在主导线束中　B340-连接1（58d），在主导线束中　B642-正极连接（58），在主导线束中　B684-正极连接24（30a），在主导线束中　*-截至2016年7月　*2-自2016年7月起　*3-自2014年7月起　*4-截至2014年7月　*5-用于带轮胎充气压力监控的汽车

图 1-3-1

主继电器

保险丝架 C

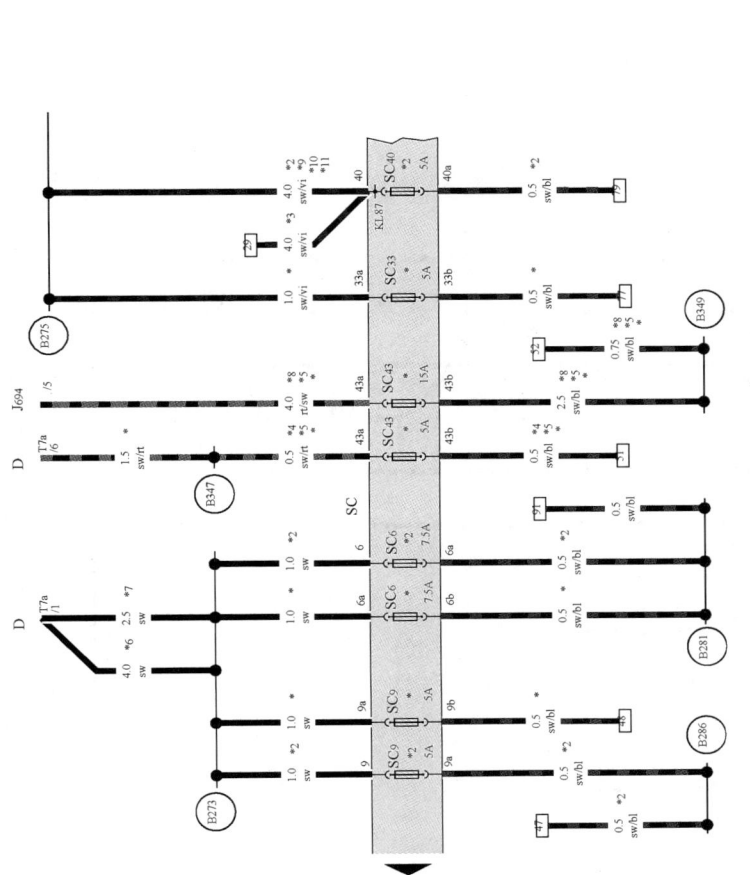

图 1-3-3

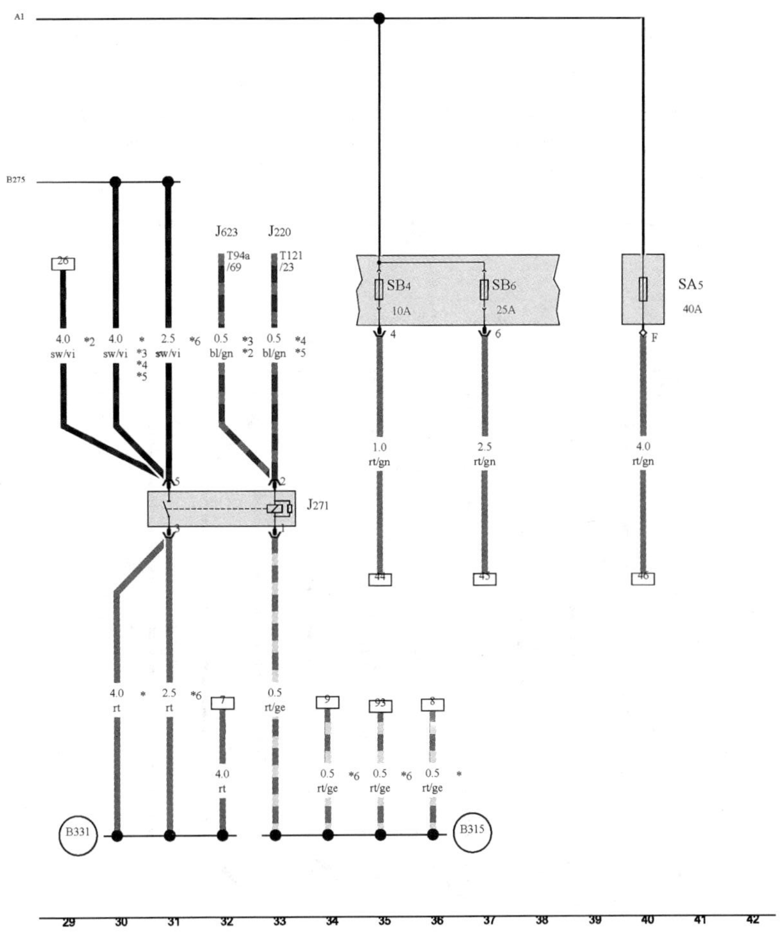

J220—Motronic控制单元 J271—主继电器 J623—发动机控制单元 SB4—保险丝架B上的保险丝4 SA5—保险丝架A上的保险丝5 SB6—保险丝架B上的保险丝6 T94a—94芯插头连接6 T121—121芯插头连接 B275—正极连接(87),在主导线束中 B315—正极连接17(30a),在主导线束中 B331—正极连接1(30a),在主导线束中 *—自2016年7月起 *2—用于带1.5L汽油发动机的汽车 *3—用于带发动机型号代码CSTA的汽车 *4—用于带1.6L发动机的汽车 *5—用于带1.4L发动机的汽车 *6—截至2016年7月

图 1-3-2

D—点火启动开关 J694—接线端75x供电继电器 SC—保险丝架C SC6—保险丝架C上的保险丝6 SC9—保险丝架C上的保险丝9 SC33—保险丝架C上的保险丝33 SC40—保险丝架C上的保险丝40 SC43—保险丝架C上的保险丝43 T7a—7芯插头连接 B273—正极连接(15),在主导线束中 B275—正极连接(87),在主导线束中 B281—正极连接5(15a),在主导线束中 B286—正极连接10(15a),在主导线束中 B347—连接2(75),在主导线束中 B349—连接2(75a),在主导线束中 *—截至2016年7月 *2—自2016年7月起 *3—用于带1.5L汽油发动机的汽车 *4—用于不带座椅加热的汽车 *5—用于带座椅加热的汽车 *6—自2014年7月起 *7—截至2014年7月 *8—用于带双燃料发动机的汽车 *9—用于带1.4L发动机的汽车 *10—用于带1.6L发动机的汽车 *11—用于带轮胎充气压力监控的汽车

19

右后转速传感器，右前转速传感器，左后转速传感器，左前转速传感器，ABS 控制单元，
右后 ABS 进气阀，左后 ABS 进气阀，右后 ABS 排气阀，左后 ABS 排气阀

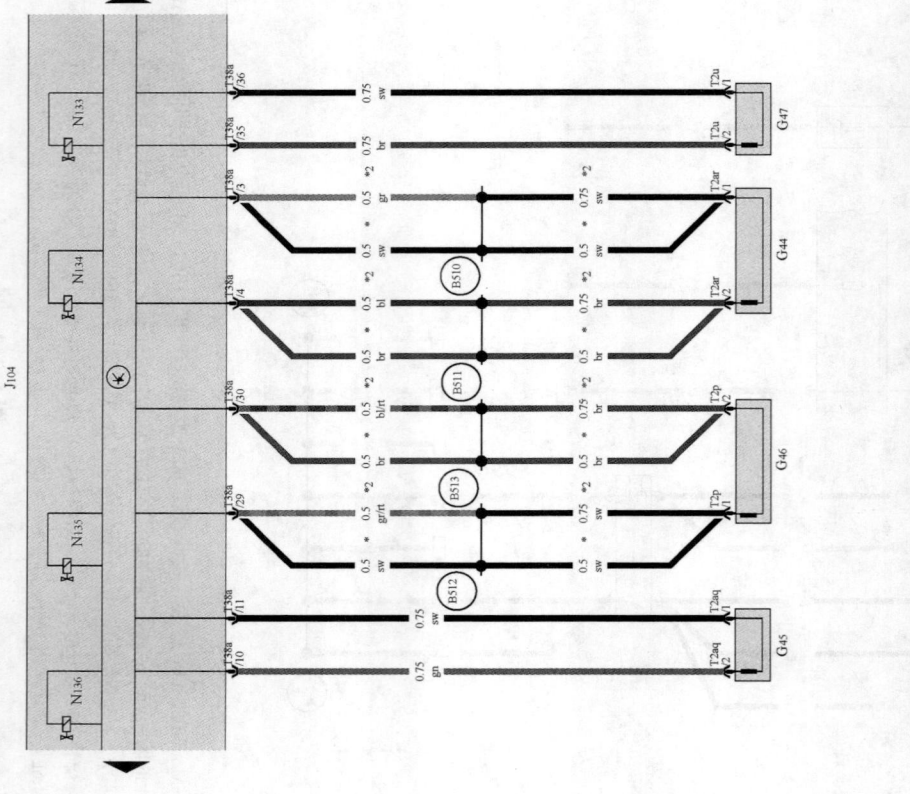

G44-右后转速传感器 G45-右前转速传感器 G46-左后转速传感器 G47-左前转速传感器 J104-ABS控制单元 N133-右后ABS进气阀 N134-左后ABS进气阀 N135-右后ABS排气阀 N136-左后ABS排气阀 T2aq-2芯插头连接 T2ar-2芯插头连接 T2u-2芯插头连接 T2p-2芯插头连接 T38a-38芯插头连接 B510-连接1（右后转速传感器），在车舱内导线束中 B511-连接2（右后转速传感器），在车舱内导线束中 B512-连接1（左后转速传感器），在车舱内导线束中 B513-连接2（左后转速传感器），在车舱内导线束中 *-自2016年7月起 *2-截至2016年7月

图 1-3-5

中控台开关模块 1，轮胎压力监控按钮，ABS 控制单元，按钮照明灯泡

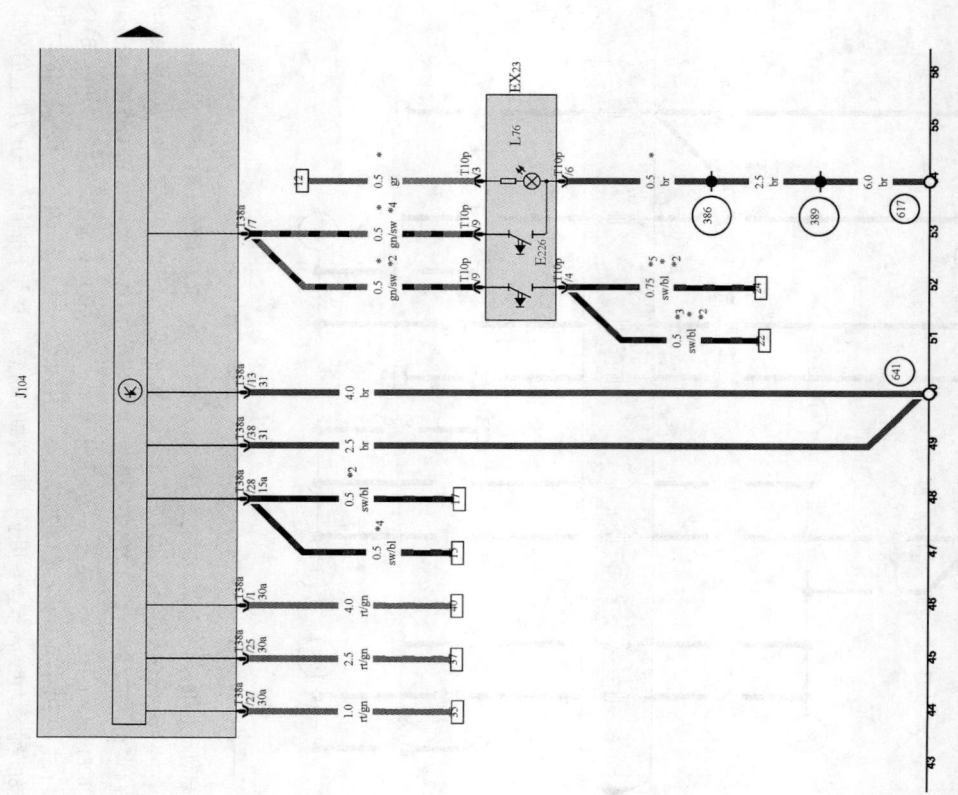

EX23-中控台开关模块1 E226-轮胎压力监控按钮 J104-ABS控制单元 L76-按钮照明灯泡 T10p-10芯插头连接 T38a-38芯插头连接 386-接地连接21，在主导线束中 389-接地连接24，在主导线束中 617-右侧A柱下部接地点2 641-发动机舱内左侧接地点3 *-用于带轮胎充气压力监控的汽车 *2-截至2016年7月 *3-用于不带座椅加热的汽车 *4-自2016年7月起 *5-用于带座椅加热的汽车

图 1-3-4

安全气囊卷簧和带滑环的复位环，转向角传感器，制动压力传感器 1，ABS 控制单元，左前 ABS 排气阀，动态行驶控制转换阀 1，动态行驶控制转换阀 2，动态行驶控制高压转换阀 1，动态行驶控制高压转换阀 2，ABS 回流泵

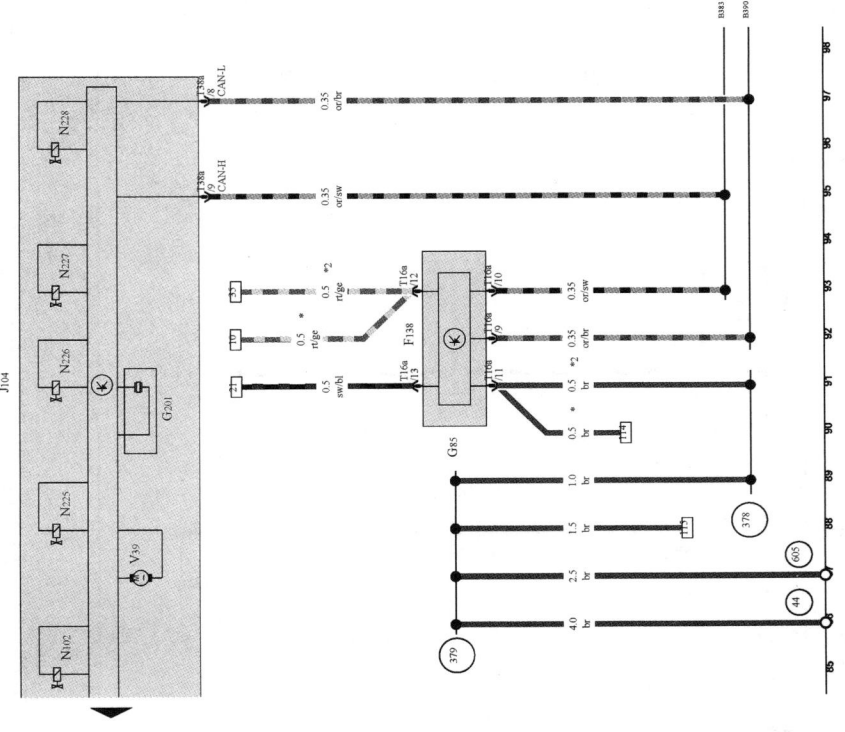

F138-安全气囊卷簧和带滑环的复位环 G85-转向角传感器 G201-制动压力传感器1 J104-ABS控制单元 N102-左前ABS排气阀 N225-动态行驶控制转换阀1 N226-动态行驶控制转换阀2 N227-动态行驶控制高压转换阀1 N228-动态行驶控制高压转换阀2 T16a-16芯插头连接 T38a-38芯插头连接 V39-ABS回流泵 44-左侧A柱下部的接地点 378-接地连接13、在主导线束中 379-接地连接14、在主导线束中 605-上部转向柱上的接地点 B383-连接1（驱动CAN总线，High），在主导线束中 B390-连接1（驱动CAN总线，Low），在主导线束中 *-自2016年7月起 *2-截至2016年7月

图1-3-7

制动信号灯开关，制动踏板开关，ABS 控制单元，纵向加速度传感器，偏转率传感器，横向加速度传感器，电子稳定程序传感器单元，车载电网控制单元，右前 ABS 进气阀，左前 ABS 排气阀，右前 ABS 进气阀

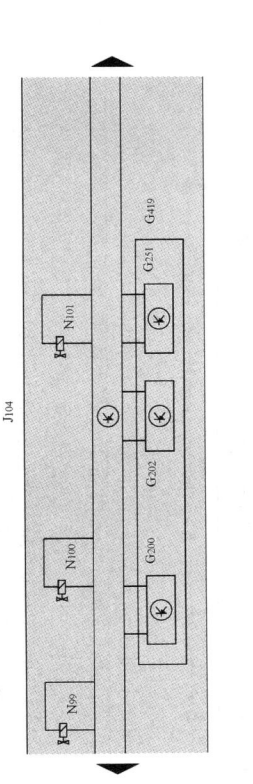
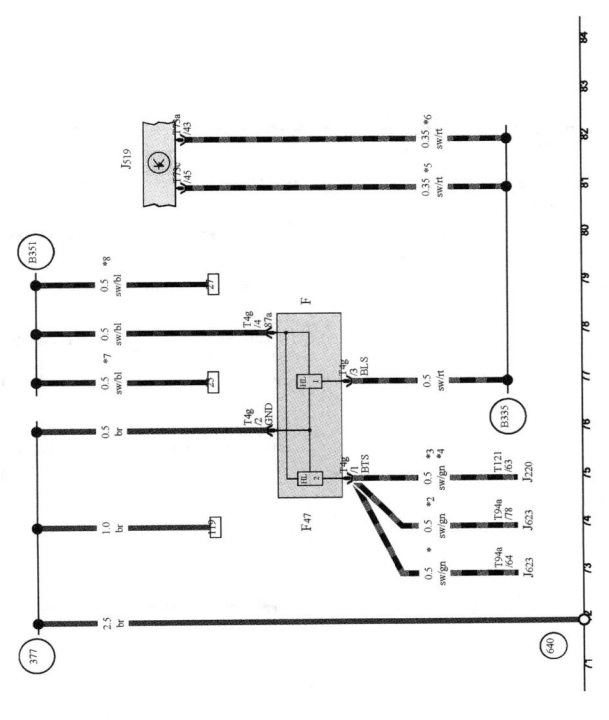

F-制动信号灯开关 F47-制动踏板开关 G200-横向加速度传感器 G202-偏转率传感器 G251-纵向加速度传感器 G419-电子稳定程序传感器单元 J104-ABS控制单元 J220-Motronic控制单元 J519-车载电网控制单元 N99-右前ABS进气阀 N100-右前ABS排气阀 N101-左前ABS进气阀 T4g-4芯插头连接 J623-发动机控制单元 T73a-73芯插头连接 T73c-73c芯插头连接 T94a-94芯插头连接 T121-121芯插头连接 377-接地连接12、在主导线束中 640-发动机舱内左侧接地点 B335-连接1（54），在主导线束中 B351-正极连接2（87a），在主导线束中 *-用于带1.5L汽油发动机的汽车 *2-用于带发动机型号代号CSTA的汽车 *3-用于带1.4L发动机的汽车 *4-用于带1.5L汽油发动机的汽车 *5-用于带车载电网控制单元J519的汽车 *6-用于带车载电网控制单元代号BFM的汽车 *7-截至2016年7月 *8-自2016年7月起 用于带车载电网控制单元BCM的汽车

图1-3-6

组合仪表中的控制单元，车载电网控制单元，电子稳定程序和 ASR 指示灯

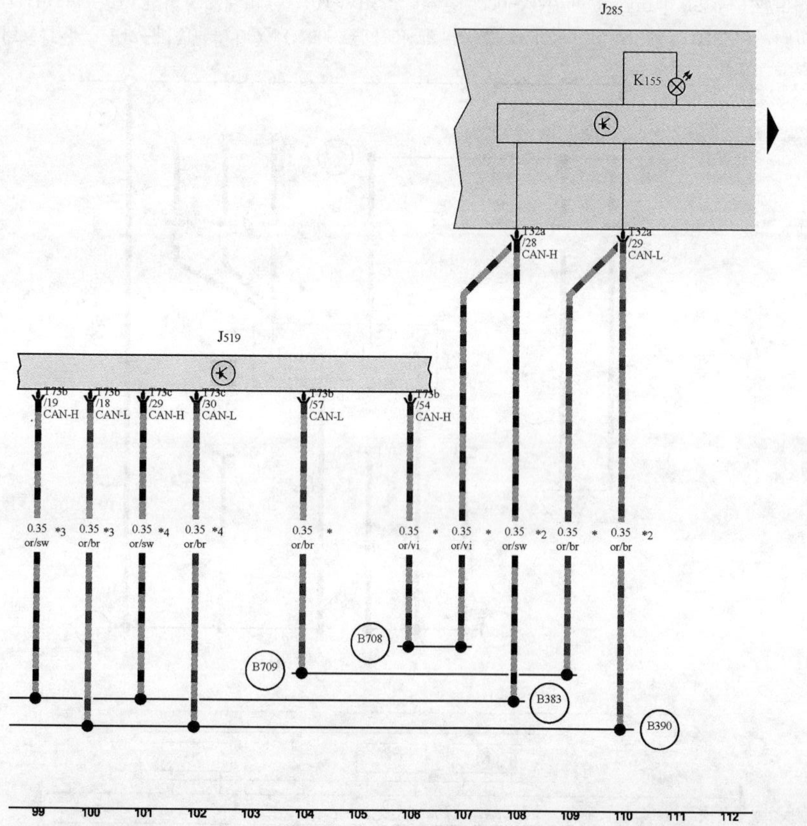

手制动器指示灯开关，制动液液位警告信号触点，警报蜂鸣器和警报音，组合仪表中的控制单元，ABS 指示灯，制动系统指示灯，轮胎压力监控显示指示灯

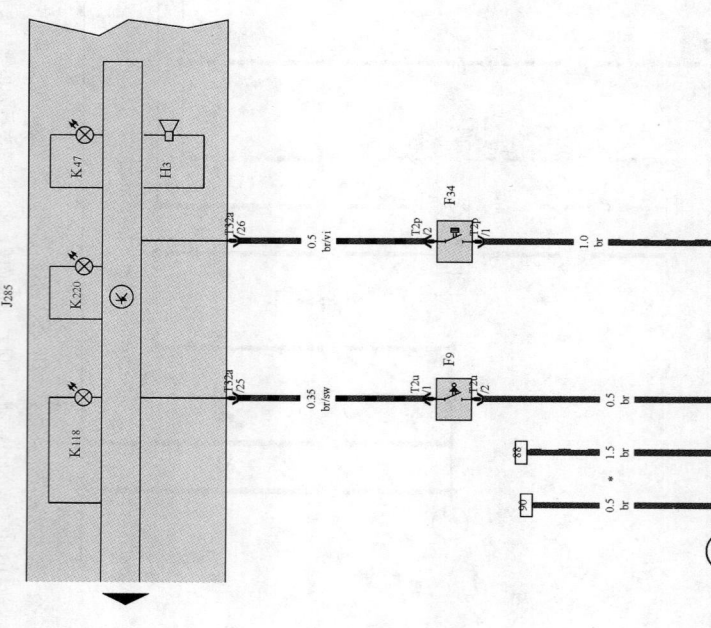

图 1-3-8

图 1-3-9

J285-组合仪表中的控制单元 J519-车载电网控制单元 K155-电子稳定程序和ASR指示灯 T32a-32芯插头连接 T73b-73芯插头连接 T73c-73芯插头连接 B383-连接1（驱动CAN总线，High），在主导线束中 B390-连接1（组合仪表CAN总线，High），在主导线束中 B708-连接1（驱动CAN总线，Low），在主导线束中 B709-连接1（组合仪表CAN总线，Low），在主导线束中 *1-用于带H7大灯的汽车 *2-用于带H4大灯的汽车 *3-用于带车载电网控制单元BCM的汽车 *4-用于带车载电网控制单元BFM的汽车

F9-手制动器指示灯开关 F34-制动液位警告信号触点 H3-警报蜂鸣器和警报音 J285-组合仪表中的控制单元 K47-ABS指示灯 K118-制动系统指示灯 K220-轮胎压力监控系统指示灯 T2p-2芯插头连接 T2u-2芯插头连接 T32a-32芯插头连接 374-接地连接9，在主导线束中 *-自2016年7月起

22

主继电器

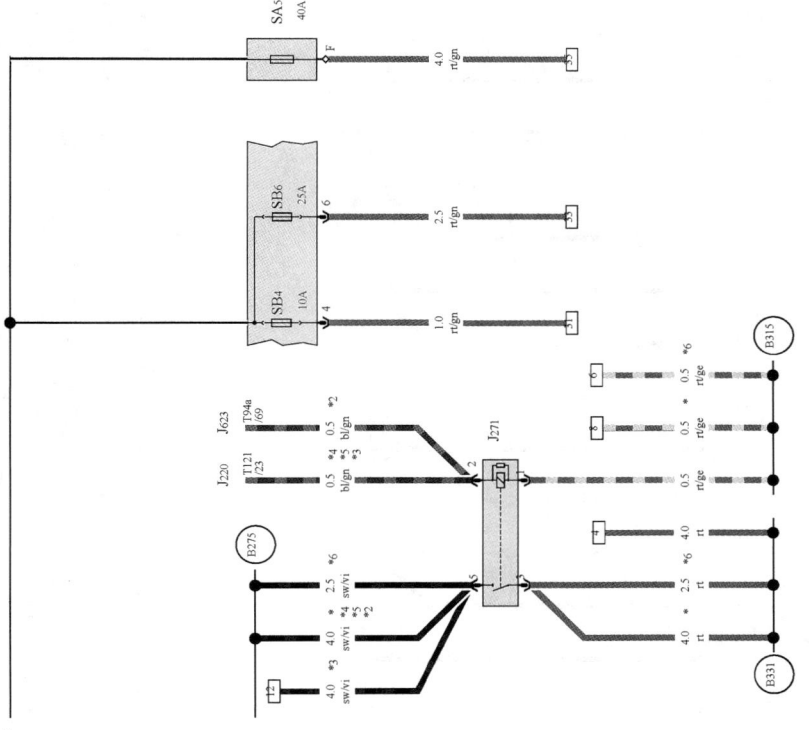

J220-Motronic控制单元 J271-主继电器 J623-发动机控制单元 SB4-保险丝架B上的保险丝4 SA5-保险丝架A上的保险丝5 SB6-保险丝架B上的保险丝6 T94~94芯插头连接 T121~121芯插头连接 B275-正极连接（87），在主导线束中 B315-正极连接1（30a），在主导线束中 B331-正极连接17（30a），在主导线束中 *-自2016年7月起 *2-用于带1.4L发动机的汽车 *3-用于带双燃料发动机的汽车 *4-用于带1.5L汽油发动机的汽车 *5-用于带1.4L发动机的汽车 *6-截至2016年7月

图1-3-11

保险丝架C

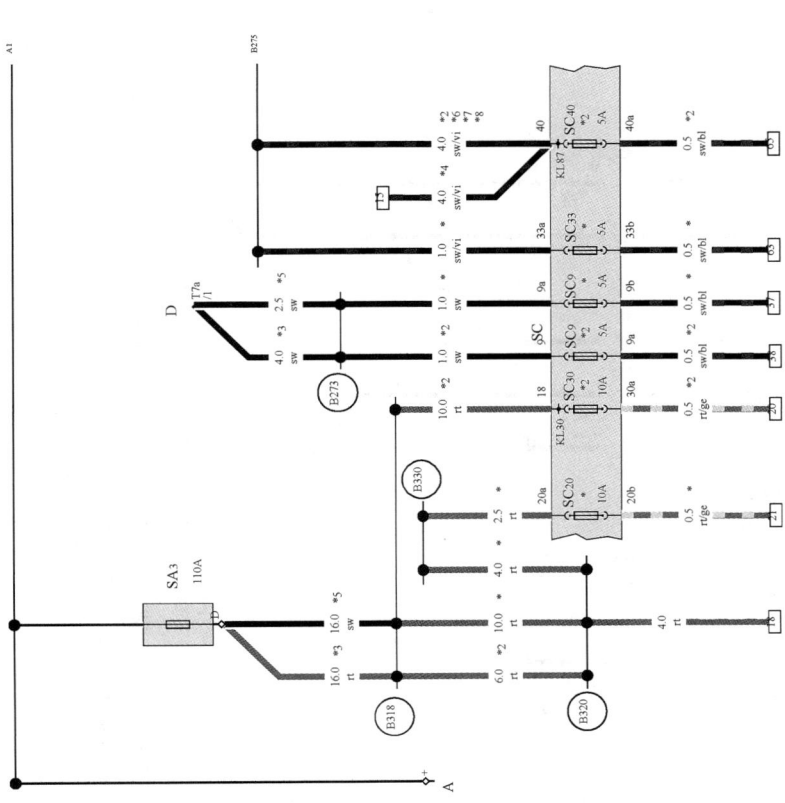

A-蓄电池 D-点火启动开关 SA3-保险丝架A上的保险丝3 SC-保险丝架C SC9-保险丝架C上的保险丝9 SC20-保险丝架C上的保险丝20 SC30-保险丝架C上的保险丝30 SC33-保险丝架C上的保险丝33 SC40-保险丝架C上的保险丝40 T7a-7芯插头连接 B273-正极连接（15），在主导线束中 B275-正极连接（87），在主导线束中 B318-正极连接4（30a），在主导线束中 B320-正极连接6（30a），在主导线束中 B330-正极连接16（30a），在主导线束中 *-截至2016年7月 *2-自2016年7月起 *3-自2014年7月起 *4-用于带1.5L汽油发动机的汽车 *5-截至2014年7月 *6-用于带双燃料发动机的汽车 *7-用于带1.4L发动机的汽车 *8-用于带1.6L发动机的汽车

图1-3-10

23

ABS 控制单元

右后转速传感器，右前转速传感器，左后转速传感器，左前转速传感器，ABS 控制单元，
右后 ABS 进气阀，左后 ABS 进气阀，左后 ABS 排气阀，右后 ABS 排气阀

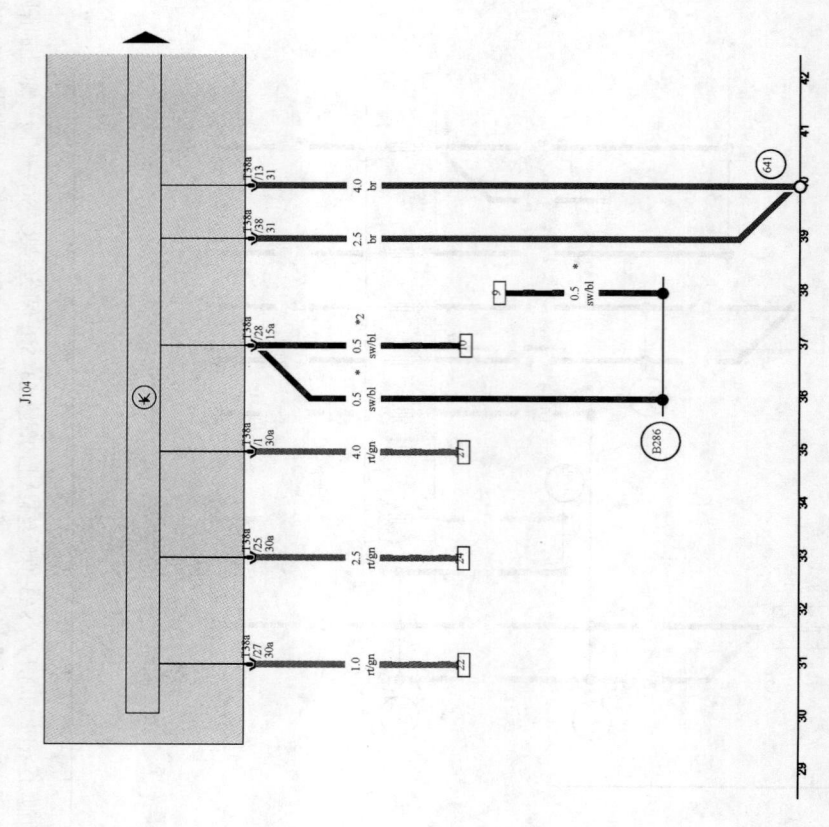

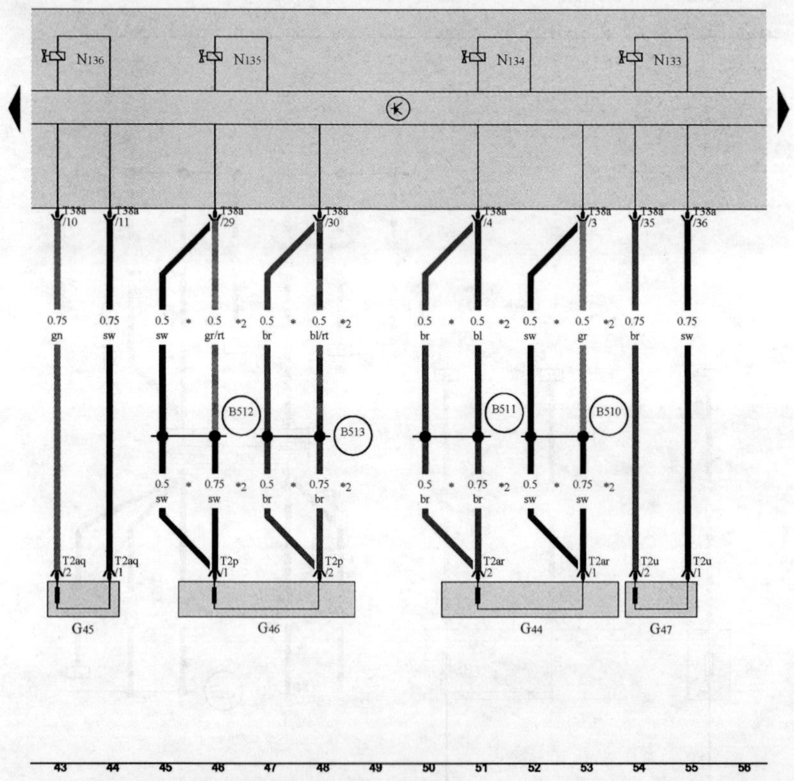

G44-右后转速传感器 G45-右前转速传感器 G46-左后转速传感器 G47-左前转速传感器 J104-ABS控制单元 N133-右后ABS进气阀 N134-左后ABS进气阀 N135-右后ABS进气阀 N136-左后ABS排气阀 J104-ABS控制单元 T2aq-2芯插头连接 T2ar-2芯插头连接 T2u-2芯插头连接 T2p-2芯插头连接 T38a-38芯插头连接 B510-连接1（右后转速传感器），在车舱内导线束中 B511-连接2（右后转速传感器），在车舱内导线束中 B512-连接1（左后转速传感器），在车舱内导线束中 B513-连接2（左后转速传感器），在车舱内导线束中 *-自2016年7月起 *2-截至2016年7月

图 1-3-13

J104-ABS控制单元 T38a-38芯插头连接 641-发动机舱内左侧接地点3 B286-正极连接10（15a），在主导线束中 *-自2016年7月起 *2-截至2016年7月

图 1-3-12

制动信号灯开关，制动踏板开关，ABS 控制单元，Motronic 控制单元，右前 ABS 进气阀，右前 ABS 排气阀，左前 ABS 进气阀，左前 ABS 排气阀

F–制动信号灯开关 F47–制动踏板开关 J104–ABS控制单元 J220–Motronic控制单元 J519–车载电网控制单元 J623–发动机控制单元 N99–右前ABS进气阀 N100–右前ABS排气阀 N101–左前ABS进气阀 N102–左前ABS排气阀 T4g–4芯插头连接 T73a–73芯插头连接 T73c–73芯插头连接 T94a–94芯插头连接 T121–121芯插头连接 377–接地连接12，在主导线束中 640–发动机舱内左侧接地点2 B335–连接1（54），在主导线束中 B351–正极连接2（87a），在主导线束中 *–用于带双燃料发动机的汽车 *2–用于带1.5L汽油发动机的汽车 *3–用于带1.4L发动机的汽车 *4–用于带1.6L发动机的汽车 *5–用于带车载电网控制单元BFM的汽车 *6–用于带车载电网控制单元BCM的汽车 *7–截至2016年7月 *8–自2016年7月起

图 1–3–14

制动压力传感器 1，ABS 控制单元，动态行驶控制转换阀 1，动态行驶控制转换阀 2，动态行驶控制高压转换阀 1，动态行驶控制高压转换阀 2，ABS 回流泵

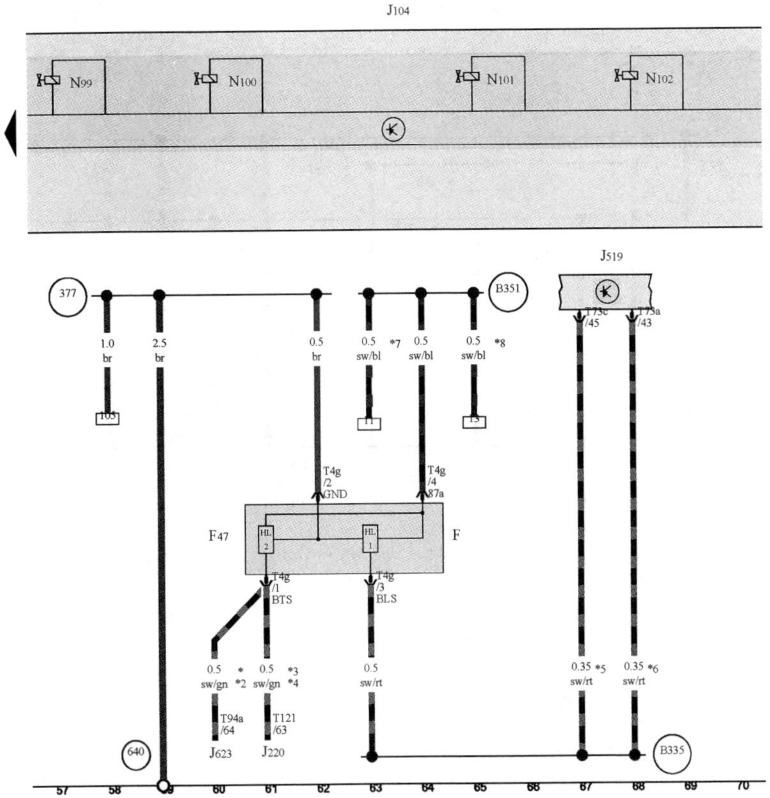

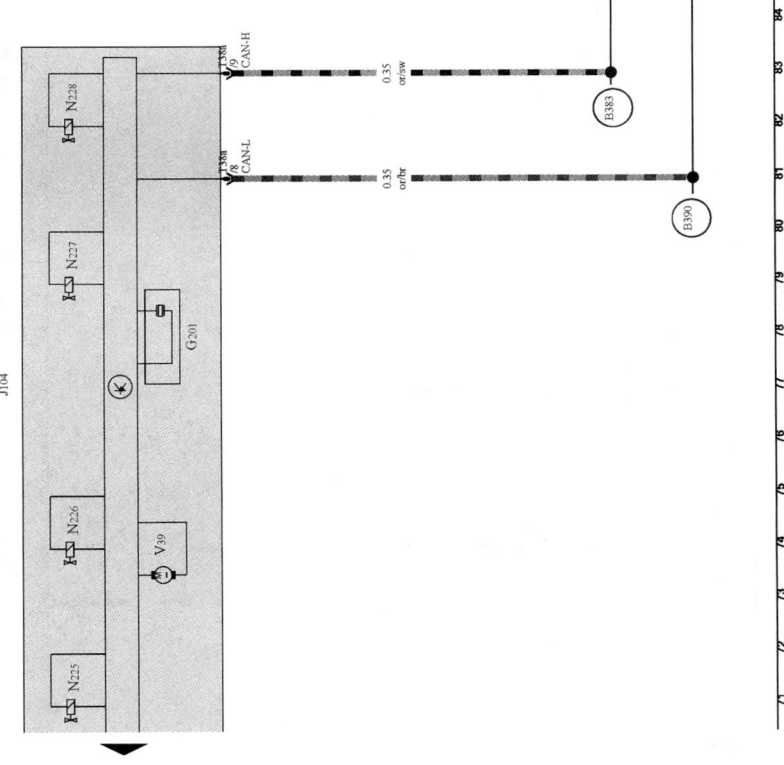

G201–制动压力传感器1 J104–ABS控制单元 N225–动态行驶控制转换阀1 N226–动态行驶控制转换阀2 N227–动态行驶控制高压转换阀1 N228–动态行驶控制高压转换阀2 T38a–38芯插头连接 V39–ABS回流泵 B383–连接1（驱动CAN总线，High），在主导线束中 B390–连接1（驱动CAN总线，Low），在主导线束中

图 1–3–15

组合仪表中的控制单元，车载电网控制单元

手制动器指示灯开关，制动液液位警告号触点，警报蜂鸣器和警报音，组合仪表中的控制单元，ABS指示灯，制动系统指示灯

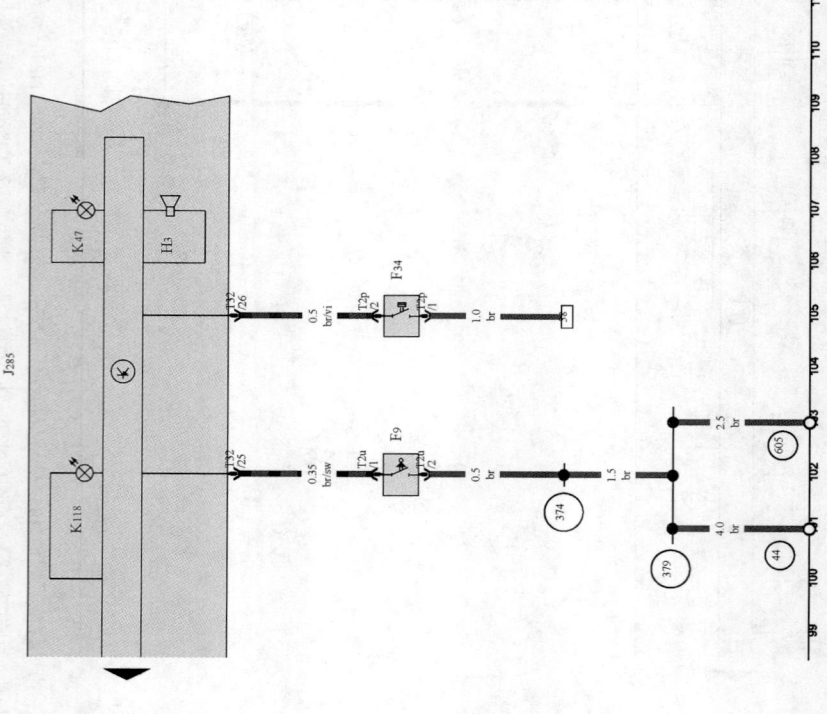

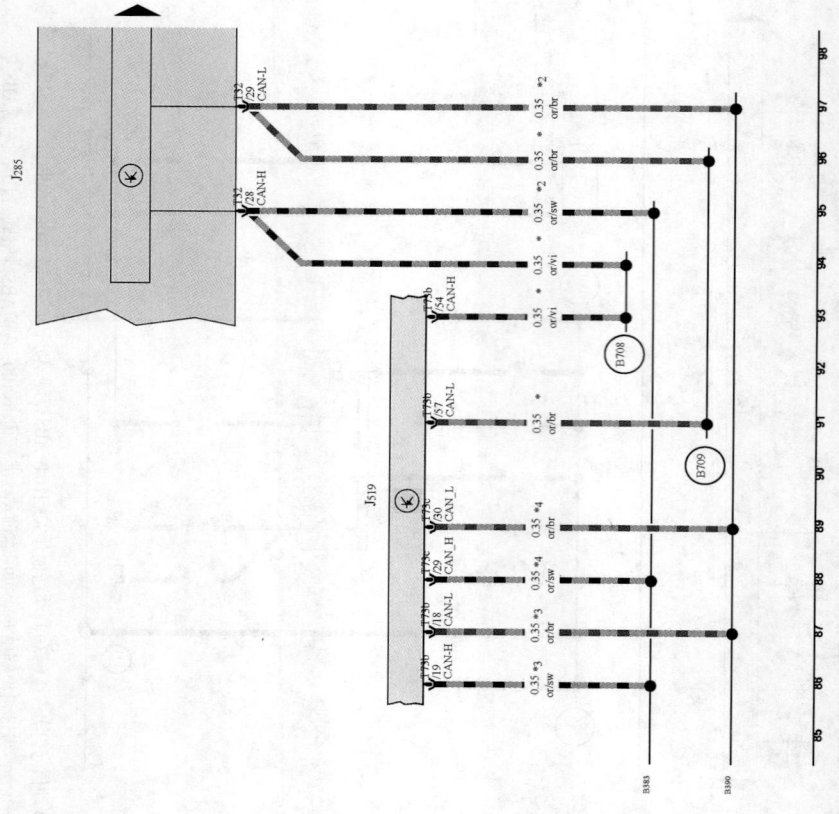

图 1-3-17

F9-手制动器指示灯开关 F34-制动液液位警告信号触点 H3-警报蜂鸣器和警报音 J285-组合仪表中的控制单元 K47-ABS指示灯 K118-制动系统指示灯 T2p-2芯插头连接 T2u-2芯插头连接 T32-32芯插头连接 接 44-左侧A柱下部的接地点 374-接地连接9，在主导线束中 379-接地连接14，在主导线束中 605-上部转向柱上的接地点

图 1-3-16

J285-组合仪表中的控制单元 J519-车载电网控制单元 T32-32芯插头连接 T73b-73b芯插头连接 T73c-73c插头连接 B383-连接1（驱动CAN总线，High），在主导线束中 B390-连接1（驱动CAN总线，Low），在主导线束中 B708-连接1（组合仪表CAN总线，High），在主导线束中 B709-连接1（组合仪表CAN总线，Low），在主导线束中 *-用于在车载电网控制单元上带车灯旋转开关和接口的汽车 *2-用于在车载电网控制单元上不带车灯旋转开关和接口的汽车 *3-用于带车载电网控制单元BCM的汽车 *4-用于带车载电网控制单元BFM的汽车

26

安全气囊卷簧和带滑环的复位环，信号喇叭控制，多功能方向盘控制单元，车载电网控制单元

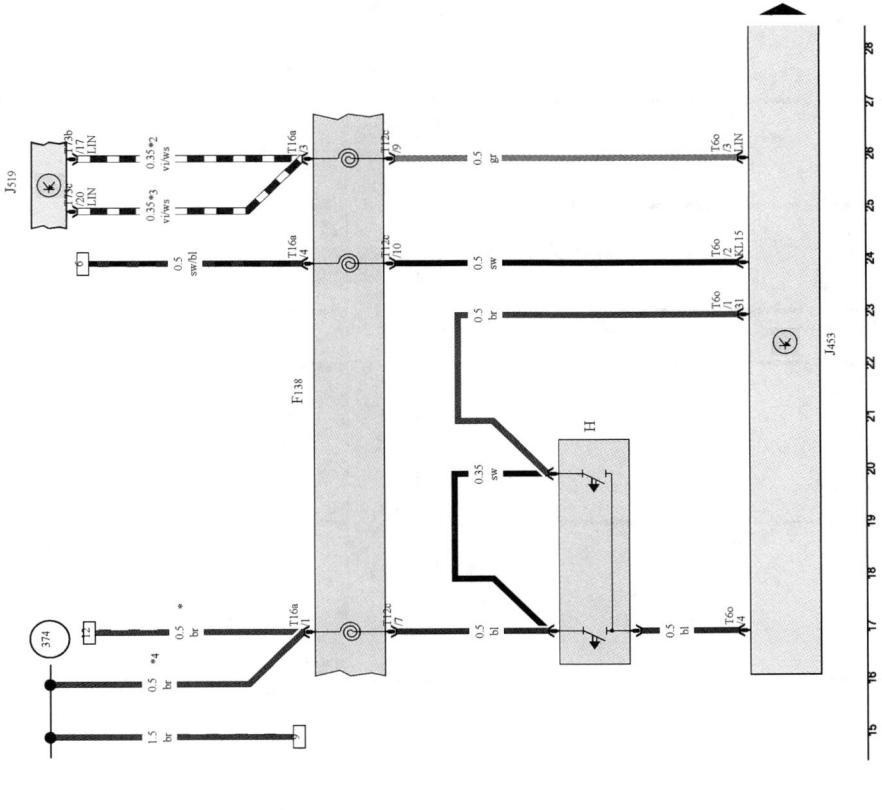

F138-安全气囊卷簧和带滑环的复位环 H-信号喇叭控制 J453-多功能方向盘控制单元 J519-车载电网控制单元 T6o-6芯插头连接 T16a-16芯插头连接 T12c-12芯插头连接 T73b-73芯插头连接 T73c-73芯插头连接 *-在主导线束中 *2-用于带车载电网控制单元BCM的汽车 *3-用于带车载电网控制单元BFM的汽车 *4-自2016年7月起

图1-3-19

保险丝架C

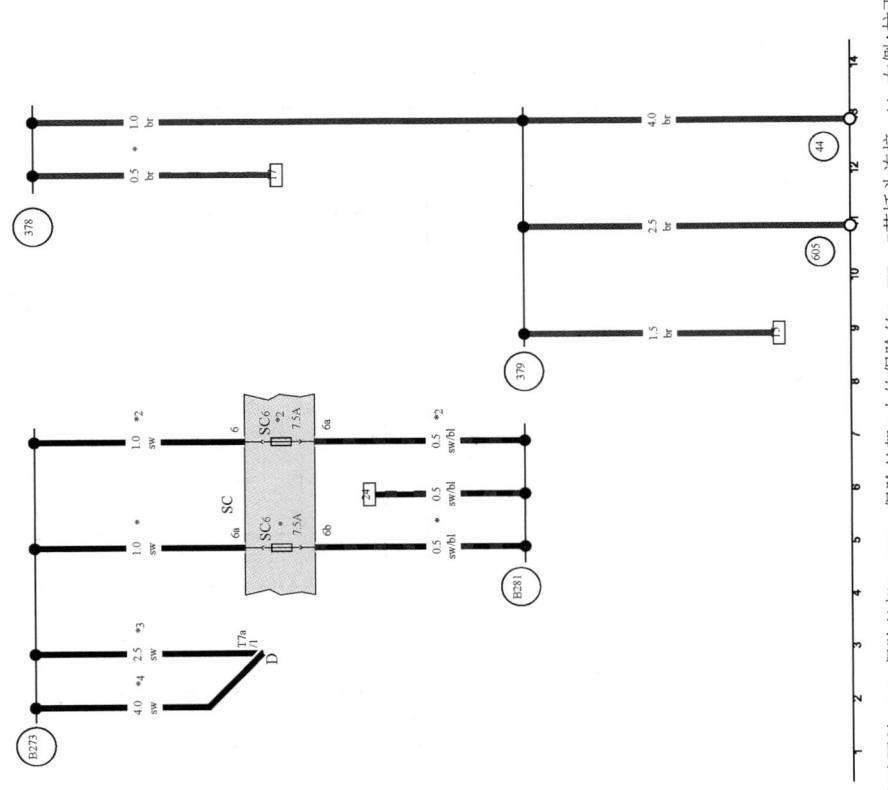

D-点火启动开关 SC-保险丝架C SC6-保险丝架C上的保险丝6 T7a-7芯插头连接 44-左侧A柱下部的接地点 378-接地连接13，在主导线束中 379-接地连接14，在主导线束中 605-上部转向柱上部的接地点 B273-正极连接 B281-正极连接5（15a），在主导线束中 *-截至2016年7月 *2-自2016年7月起 *3-截至2014年7月起 *4-自2014年7月起

图1-3-18

蓄电池，转向扭矩传感器，助力转向控制单元，机电式伺服转向电机，

方向盘中的左侧多功能按钮

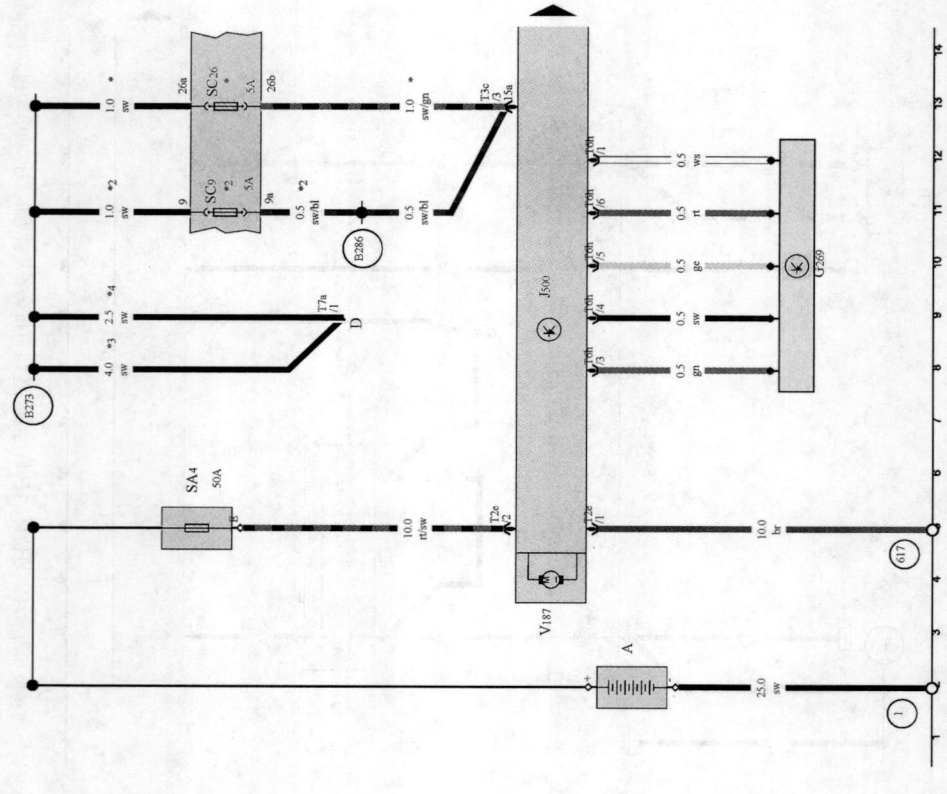

A-蓄电池 D-点火启动开关 G269-转向扭矩传感器 J500-助力转向控制单元 SA4-保险丝架A上的保险丝4 SC9-保险丝架C上的保险丝9 SC26-保险丝架C上的保险丝26 T2e-2芯插头连接 T3c-3芯插头连接 T6h-6芯插头连接 T7a-7芯插头连接 V187-机电式伺服转向电机 1-接地带，蓄电池-车身 617-右侧A 柱下部接地点2 B273-正极连接（15） B286-正极连接10（15a），在主导线束中 *2-自2016年7月起 *3-自2014年7月起至2016年7月 *4-截至2014年7月

图 1-3-21

方向盘中的左侧多功能按钮，方向盘中的右侧多功能按钮，多功能方向盘控制单元

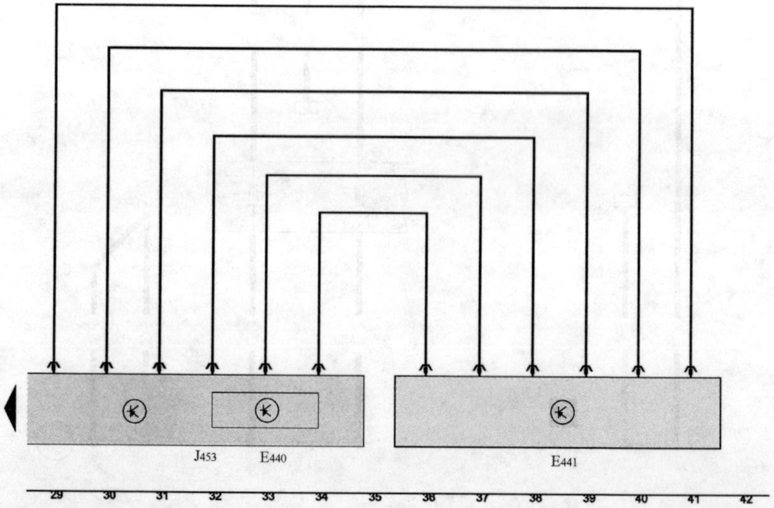

E440-方向盘中的左侧多功能按钮 E441-方向盘中的右侧多功能按钮 J453-多功能方向盘控制单元

图 1-3-20

28

转向电机转速传感器，组合仪表中的控制单元，助力转向控制单元，车载电网控制单元，机电式助力转向器指示灯

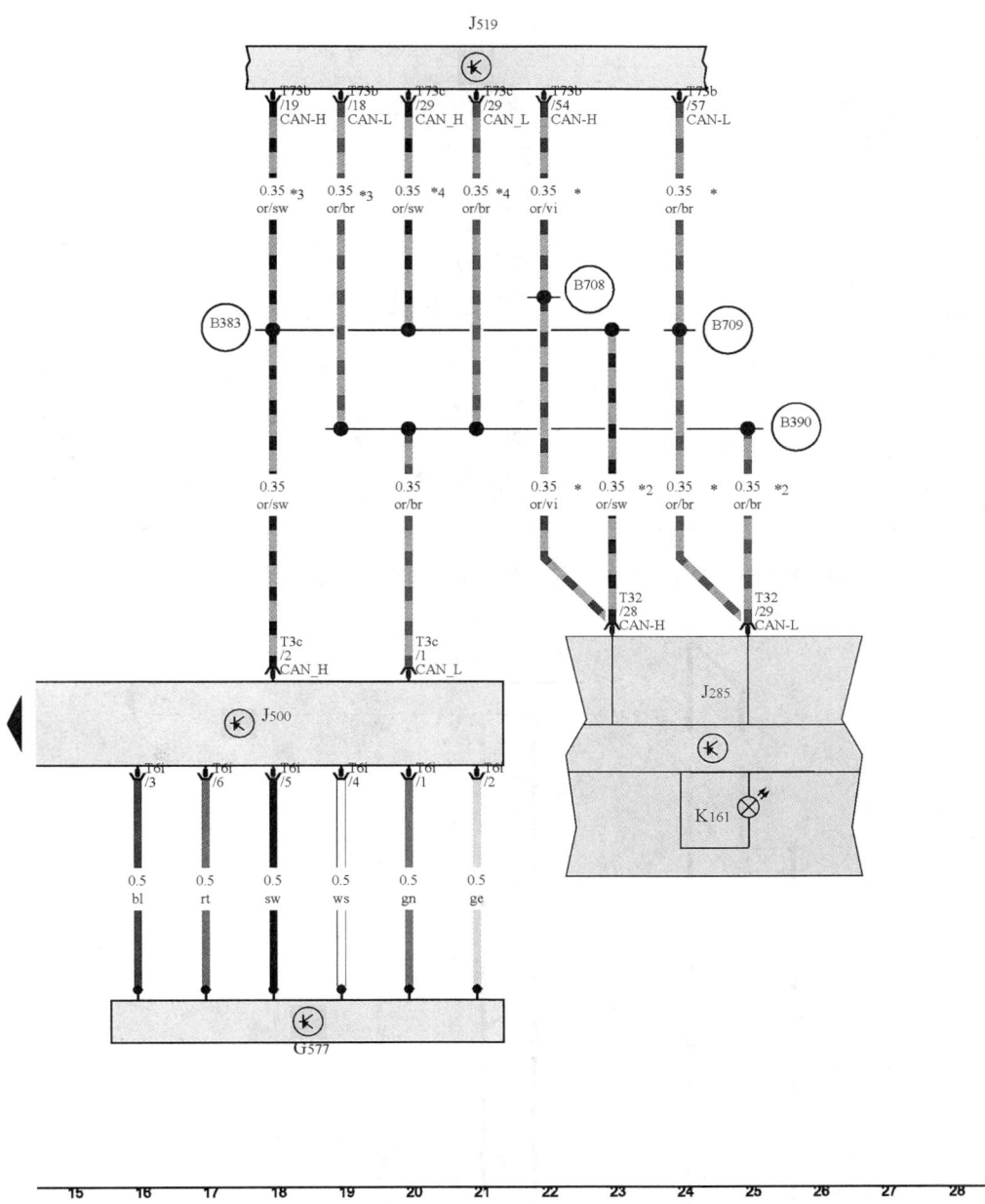

G577-转向电机转速传感器 J285-组合仪表中的控制单元 J500-助力转向控制单元 J519-车载电网控制单元 K161-机电式助力转向器指示灯 T3c-3芯插头连接 T6i-6芯插头连接 T32-32芯插头连接 T73b-73芯插头连接 T73c-73芯插头连接 B383-连接1（驱动CAN总线，High），在主导线束中 B390-连接1（驱动CAN总线，Low），在主导线束中 B708-连接1（组合仪表CAN总线，High），在主导线束中 B709-连接1（组合仪表CAN总线，Low），在主导线束中 *-用于在车载电网控制单元上带车灯旋转开关和接口的汽车 *2-用于在车载电网控制单元上不带车灯旋转开关和接口的汽车 *3-用于带车载电网控制单元BCM的汽车 *4-用于带车载电网控制单元BFM的汽车

图1-3-22

第四节 电气系统

电气系统电路图的图号和图名对照表见表 1-4-1。

表 1-4-1 电气系统电路图的图号和图名对照表

图号	图名
图 1-4-1 ～图 1-4-7	安全气囊系统电路图
图 1-4-8 ～图 1-4-16	全自动空调电路图
图 1-4-17 ～图 1-4-24	带手动调节的空调电路图
图 1-4-25 ～图 1-4-43	舒适便捷系统电路图
图 1-4-44 ～图 1-4-48	座椅加热装置电路图
图 1-4-49	电动滑动天窗电路图
图 1-4-50 ～图 1-4-52	泊车雷达系统（PDC）电路图
图 1-4-53 ～图 1-4-59	带卤素灯泡的大灯电路图
图 1-4-60 ～图 1-4-62	收音机 II+ 代电路图
图 1-4-63 ～图 1-4-68	收音机电路图
图 1-4-69 ～图 1-4-76	组合仪表电路图
图 1-4-77 ～图 1-4-106	保险丝配置电路图
图 1-4-107 ～图 1-4-113	CAN 和 LIN 总线联网、驱动 CAN、诊断 CAN、组合仪表 CAN、舒适 CAN 电路图

安全气囊卷簧和带滑环的复位环，安全气囊控制单元，驾驶员侧安全气囊引爆装置

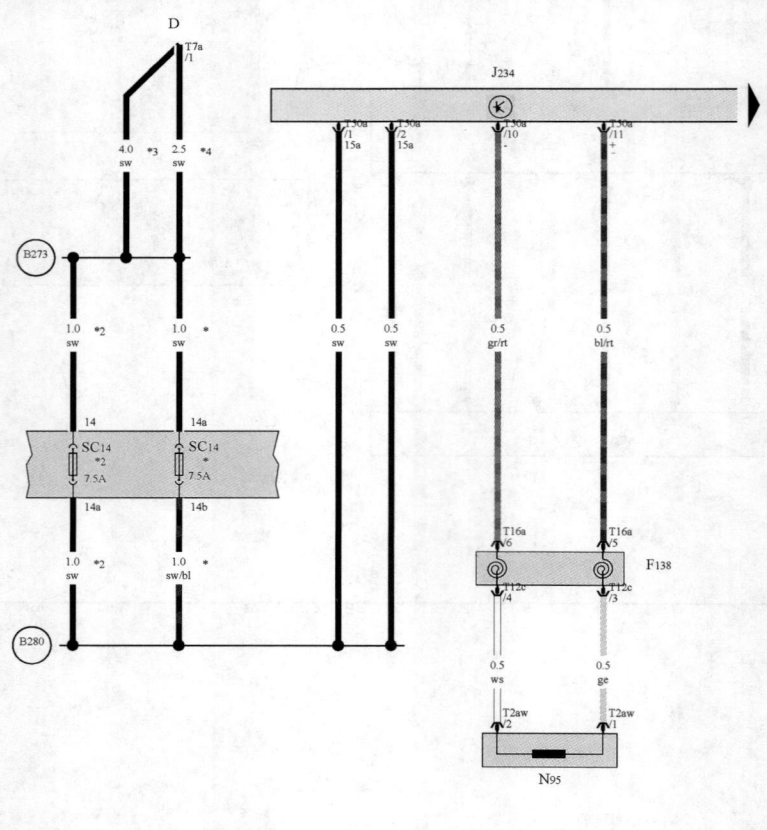

D-点火启动开关 F138-安全气囊卷簧和带滑环的复位环 J234-安全气囊控制单元 N95-驾驶员侧安全气囊引爆装置 SC14-保险丝架C上的保险丝14 T2aw-2芯插头连接 T7a-7芯插头连接 T12c-12芯插头连接 T16a-16芯插头连接 T50a-50芯插头连接 B273-正极连接（15），在主导线束中 B280-正极连接4（15a），在主导线束中 *-截至2016年7月 *2-自2016年7月起 *3-自2014年7月起 *4-截至2014年7月

图 1-4-1

驾驶员侧侧面安全气囊碰撞传感器，副驾驶员侧侧面安全气囊碰撞传感器，安全气囊控制
单元，副驾驶员侧侧面安全气囊引爆装置

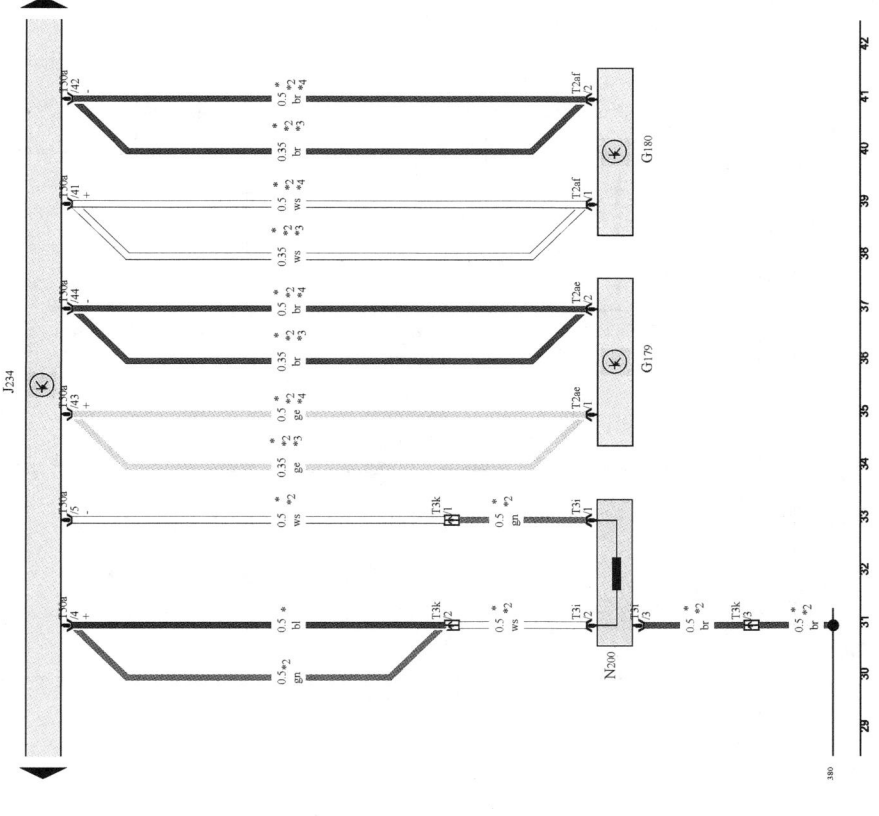

G179-驾驶员侧侧面安全气囊碰撞传感器 G180-副驾驶员侧侧面安全气囊碰撞传感器 J234-安全气囊控制
单元 N200-副驾驶员侧侧面安全气囊引爆装置 T2ae-2芯插头连接 T2af-2芯插头连接 T3i-3芯插头连接
T3k-3芯插头连接 T50a-50芯插头连接 380-接地连接15，在主导线束中 *-用于带头部侧安全气囊的车
*2-用于带侧面安全气囊的汽车 *3-自2016年7月起 *4-截至2016年7月

图1-4-3

安全气囊控制单元，副驾驶员侧安全气囊引爆装置1，驾驶员侧
侧面安全气囊引爆装置1，驾驶员侧侧面安全气囊引爆装置

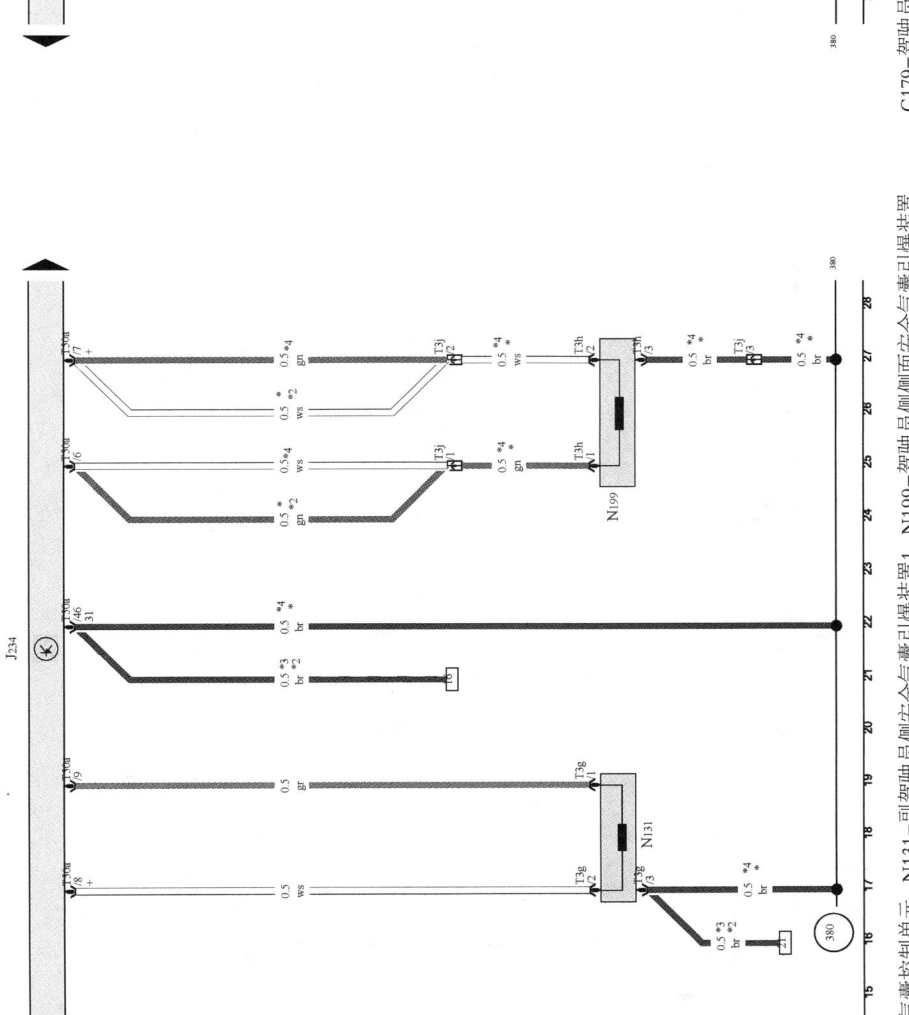

J234-安全气囊控制单元 N131-副驾驶员侧安全气囊引爆装置1 N199-驾驶员侧侧面安全气囊引爆装置
T3g-3芯插头连接 T3h-3芯插头连接 T3j-3芯插头连接 T50a-50芯插头连接 380-接地连接15，在主导线
束中 *-用于带头部侧面安全气囊的汽车 *2-用于不带头部侧安全气囊的汽车 *3-用于带侧面安全气囊的汽车
*4-用于带头部侧安全气囊的汽车

图1-4-2

31

驾驶员侧头部安全气囊碰撞传感器，副驾驶员侧头部安全气囊碰撞传感器，安全气囊控制单元，驾驶员侧头部安全气囊引爆装置，副驾驶员侧头部安全气囊引爆

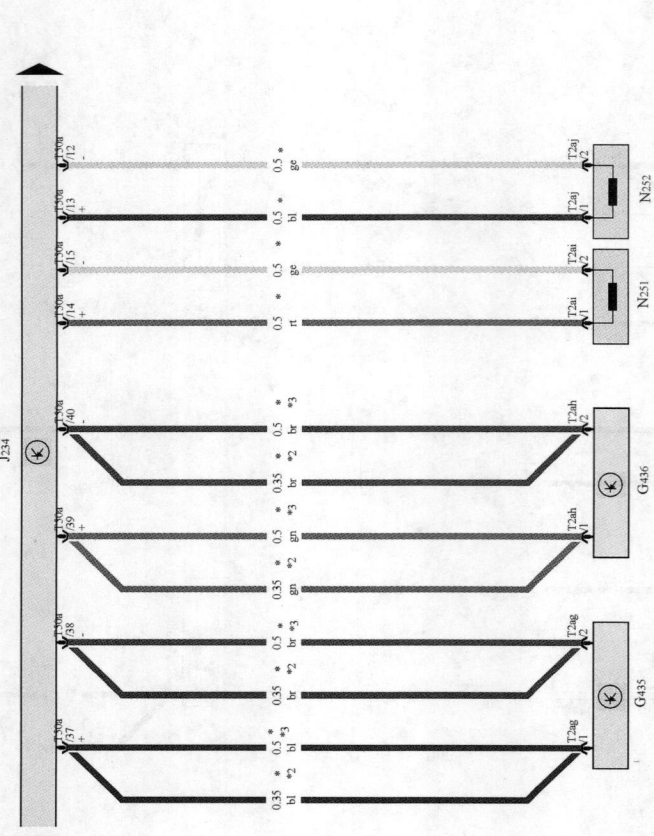

G435-驾驶员侧头部安全气囊碰撞传感器 G436-副驾驶员侧头部安全气囊碰撞传感器 J234-安全气囊控制单元 N251-驾驶员侧头部安全气囊引爆装置 N252-副驾驶员侧头部安全气囊引爆装置 T2ag-2芯插头连接 T2ah-2芯插头连接 T2ai-2芯插头连接 T2aj-2芯插头连接 T50a-50芯插头连接 *-用于带头部安全气囊的汽车 *2-自2016年7月起 *3-截至2016年7月

图 1-4-4

驾驶员侧安全带开关，副驾驶员侧安全带开关，副驾驶员侧座椅占用传感器，安全气囊控制单元

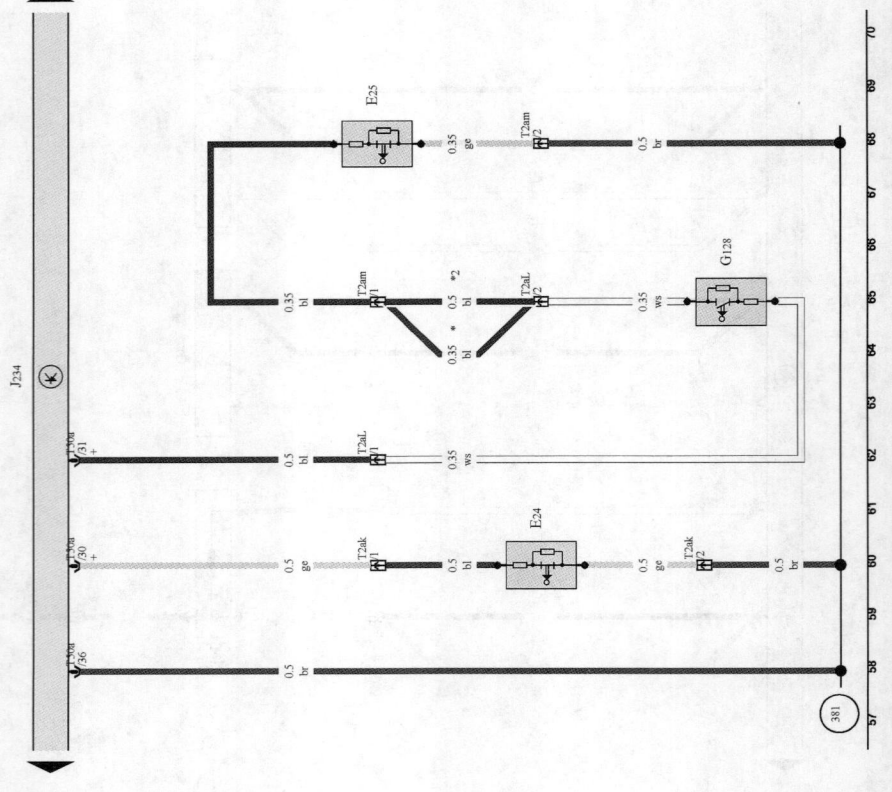

E24-驾驶员侧安全带开关 E25-副驾驶员侧安全带开关 G128-副驾驶员侧座椅占用传感器 J234-安全气囊控制单元 T2aL-2芯插头连接 T2ak-2芯插头连接 T2am-2芯插头连接 T50a-50芯插头连接 381-接地 连接16，在主导线束中 *-自2016年7月起 *2-截至2016年7月

图 1-4-5

32

安全气囊控制单元，驾驶员侧安全带拉紧器引爆装置1，副驾驶员侧安全带拉紧器引爆装置1

组合仪表中的控制单元，车载电网控制单元，安全带警告指示灯，安全气囊指示灯

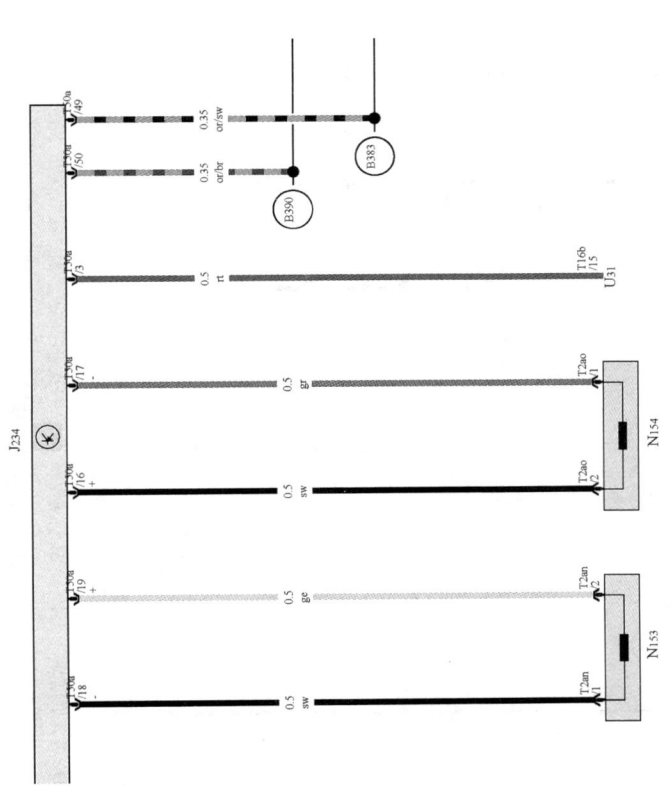

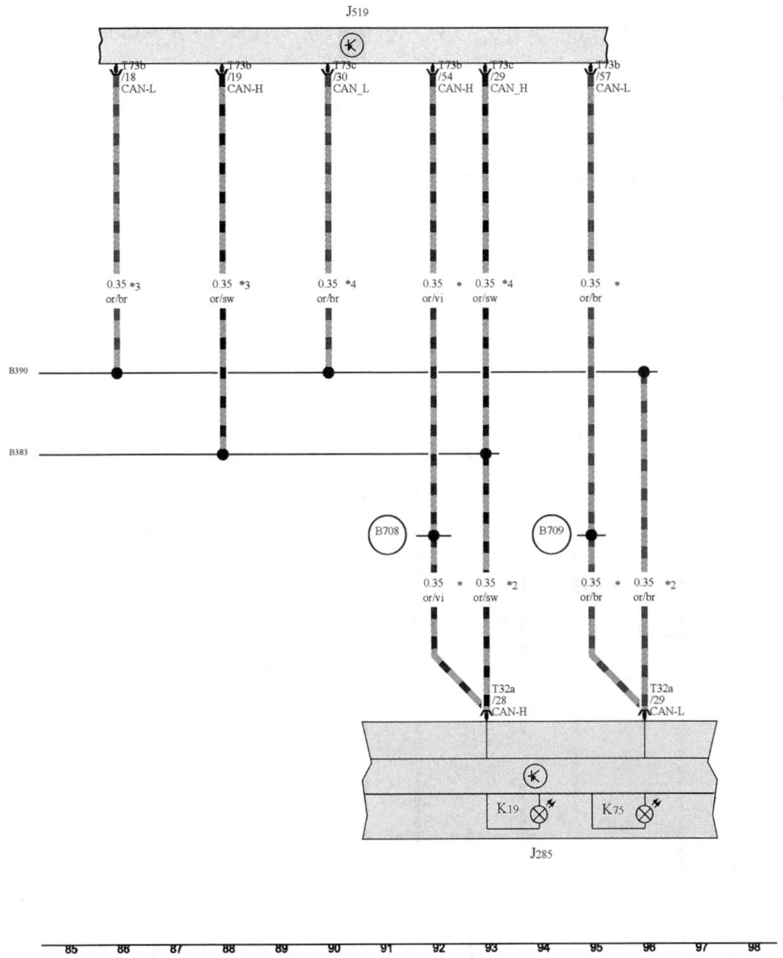

图1-4-6

J234-安全气囊控制单元 N153-驾驶员侧安全带拉紧器引爆装置1 N154-副驾驶员侧安全带拉紧器引爆装置1 T2an-2芯插头连接 T2ao-2芯插头连接 T16b-16芯插头连接 T50a-50芯插头连接 U31-诊断接口 B383-连接1（驱动CAN总线，High），在主导线束中 B390-连接1（驱动CAN总线，Low），在主导线束中

图1-4-7

J285-组合仪表中的控制单元 J519-车载电网控制单元 K19-安全带警告指示灯 K75-安全气囊指示灯 T32a-32芯插头连接 T73b-73芯插头连接 T73c-73芯插头连接 B383-连接1（驱动CAN总线，High），在主导线束中 B390-连接1（组合仪表CAN总线，High），在主导线束中 B708-连接1（组合仪表CAN总线，Low），在主导线束中 B709-连接1（组合仪表CAN总线，Low），在主导线束中 *1-用于在车载电网控制单元上带车灯旋转开关和接口的汽车 *2-用于车载电网控制单元BFM的汽车 *3-用于带车载电网控制单元BCM的汽车 *4-用于带车载电网控制单元BFM的汽车

33

保险丝架 C

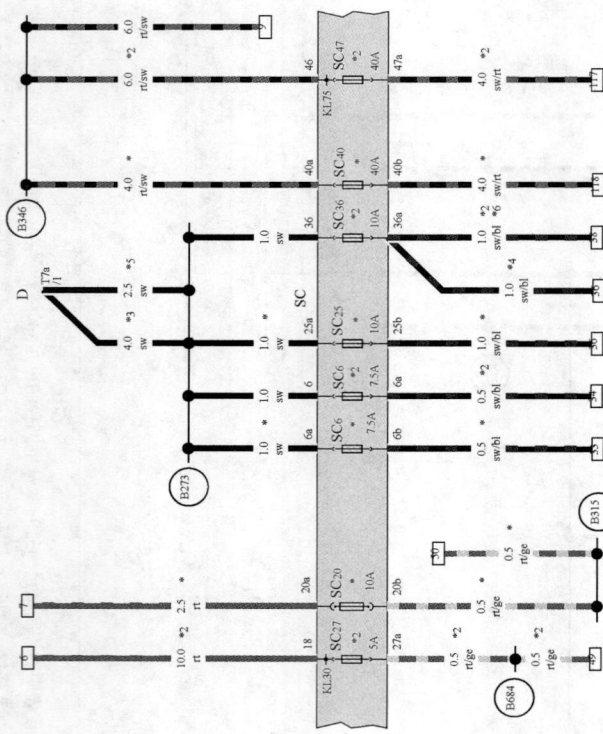

D-点火启动开关 SC-保险丝架 C SC6-保险丝架 C 上的保险丝6 SC20-保险丝架 C 上的保险丝20 SC25-保险丝架 C 上的保险丝25 SC27-保险丝架 C 上的保险丝27 SC36-保险丝架 C 上的保险丝36 SC40-保险丝架 C 上的保险丝40 SC47-保险丝架 C 上的保险丝47 T7a-7芯插头连接 (15)，在主导线束中 B273-正极连接 B273-7芯插头连接 (15)，在主导线束中 B346-连接1 (30a)，在主导线束中 B684-正极连接24 (30a)，B315-正极连接1 (30a)，在主导线束中 B346-连接1 (30a)，在主导线束中 B684-正极连接24 (30a)，*-截至2016年7月 *2-自2016年7月起 *3-自2014年7月起 *4-自2018年7月起 *5-截至2014年7月 *6-截至2018年7月

图 1-4-9

蓄电池，供电继电器 1，接线端 75

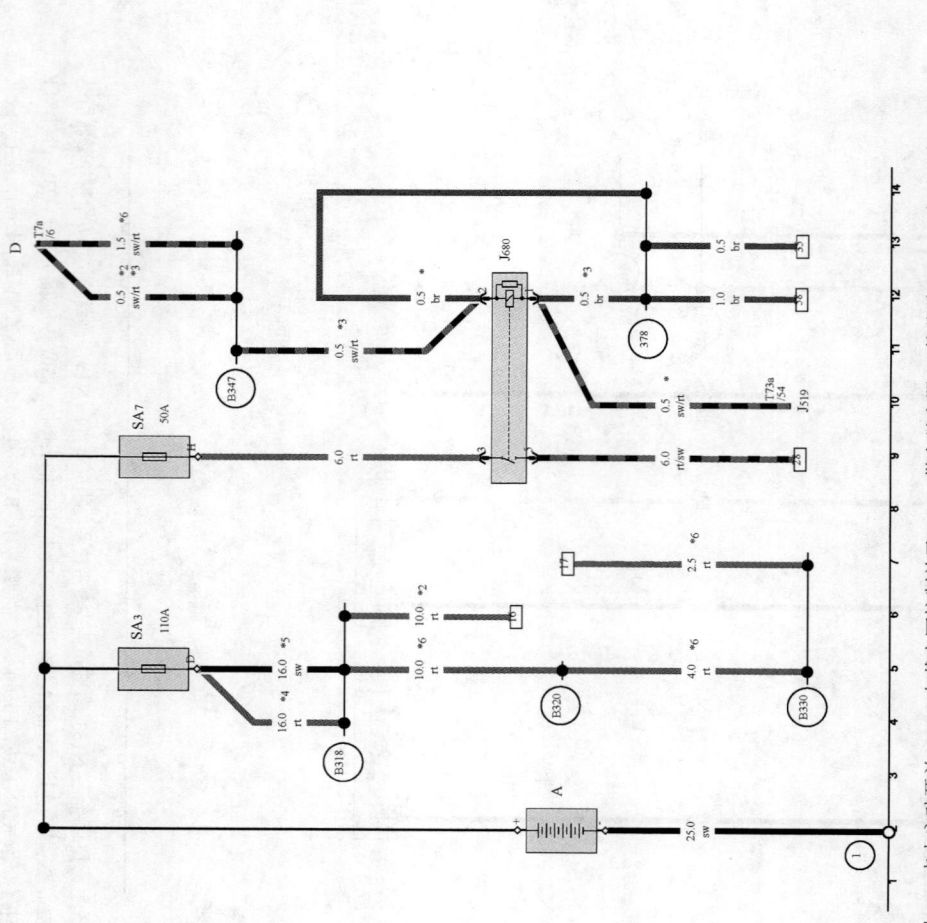

A-蓄电池 D-点火启动开关 J519-车载电网控制单元 J680-供电继电器1，接线端75 SA3-保险丝架A上的保险丝3 SA7-保险丝架A上的保险丝7 T7a-7芯插头连接7 T73a-73芯插头连接 1-接地带，蓄电池-车身 378-接地连线13，在主导线束中 B318-正极连接4 (30a)，在主导线束中 B320-正极连接6 (30a)，在主导线束中 B330-正极连接16 (30a)，在主导线束中 B347-连接2 (75)，在主导线束中 *-用于带发动机自动启停系统的汽车 *2-自2016年7月起 *3-用于不带发动机自动启停系统的汽车 *4-自2014年7月起 *5-截至2014年7月 *6-截至2016年7月

图 1-4-8

前部空调操作和显示单元，全自动空调控制单元，新鲜空气和车内空气循环式运行模式指示灯

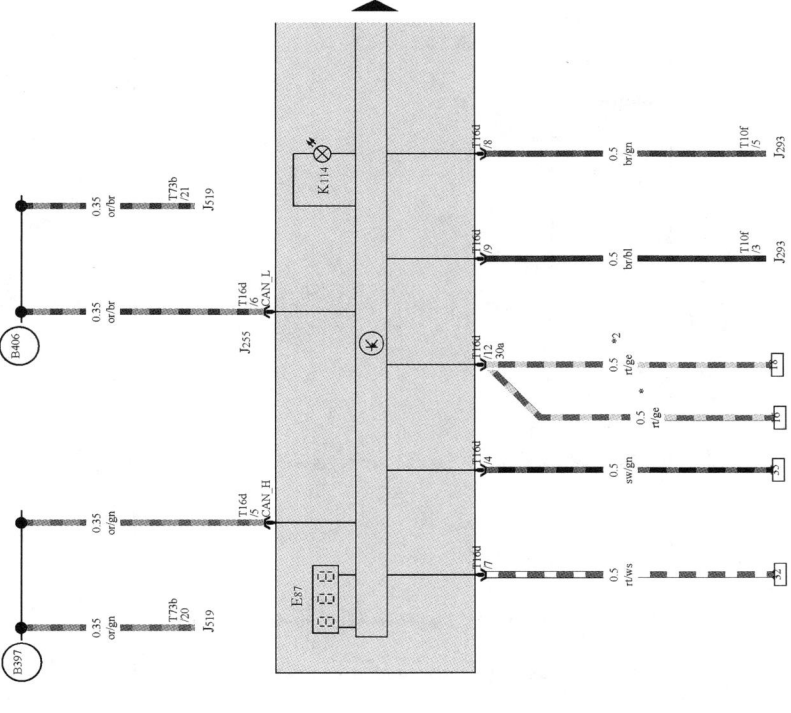

E87-前部空调操作和显示单元　J255-全自动空调控制单元　J293-散热器风扇控制单元　J519-车载电网控制单元　K114-新鲜空气和车内空气循环式运行模式指示灯　T10f-10芯插头连接　T10f-16芯插头连接　T16d-16芯插头连接　T73b-73芯插头连接　B397-连接1（舒适CAN总线，High），在主导线束中　B406-连接1（舒适CAN总线，Low），在主导线束中　*-自2016年7月起　*2-截至2016年7月

图1-4-11

高压传感器，空调器继电器，空调器电磁离合器

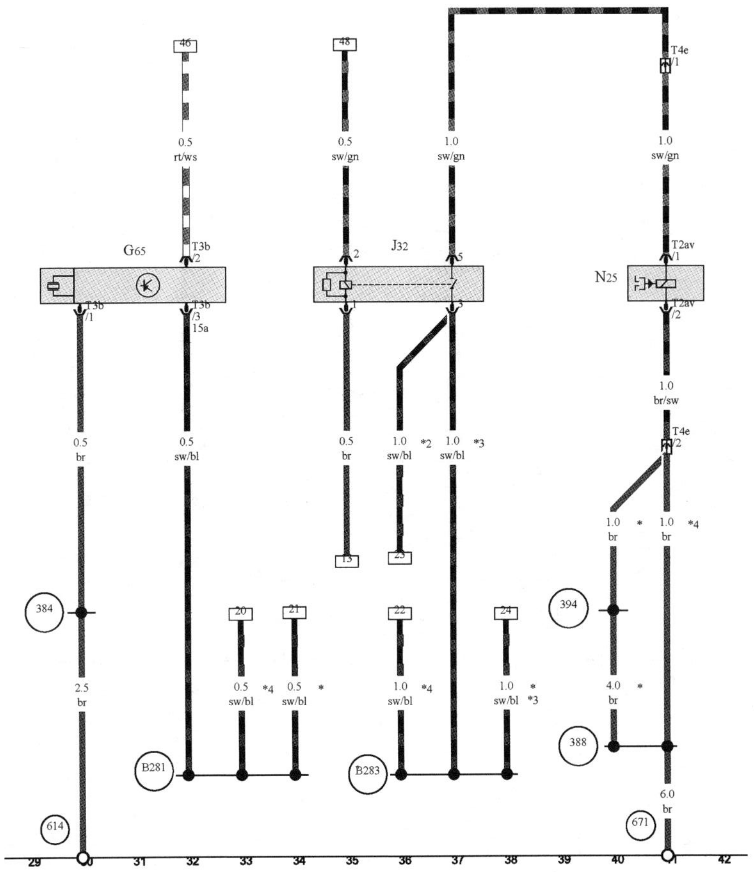

G65-高压传感器　J32-空调器继电器　N25-空调器电磁离合器　T2av-2芯插头连接　T3b-3芯插头连接　T4e-4芯插头连接　384-接地连接19，在主导线束中　388-接地连接29，394-接地连接23，在主导线束中　671-左前纵梁内右侧接地点2　B281-正极连接点1　B283-正极连接7（15a），在主导线束中　*-自2016年7月起　*2-自2018年7月起　*3-截至2018年7月　*4-截至2016年7月

图1-4-10

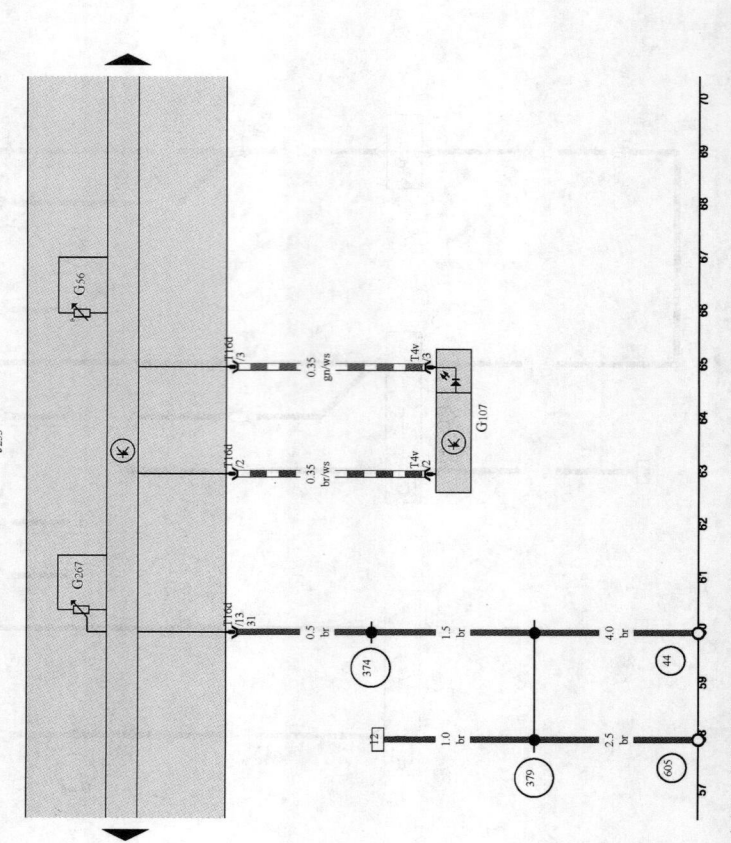

仪表板温度传感器，阳光照射光电传感器，温度选择旋钮电位计，全自动空调控制单元

空调器开关，中间出风口温度传感器，脚部空间出风口温度传感器，蒸发器出风口温度传感器，全自动空调控制单元，空调器指示灯

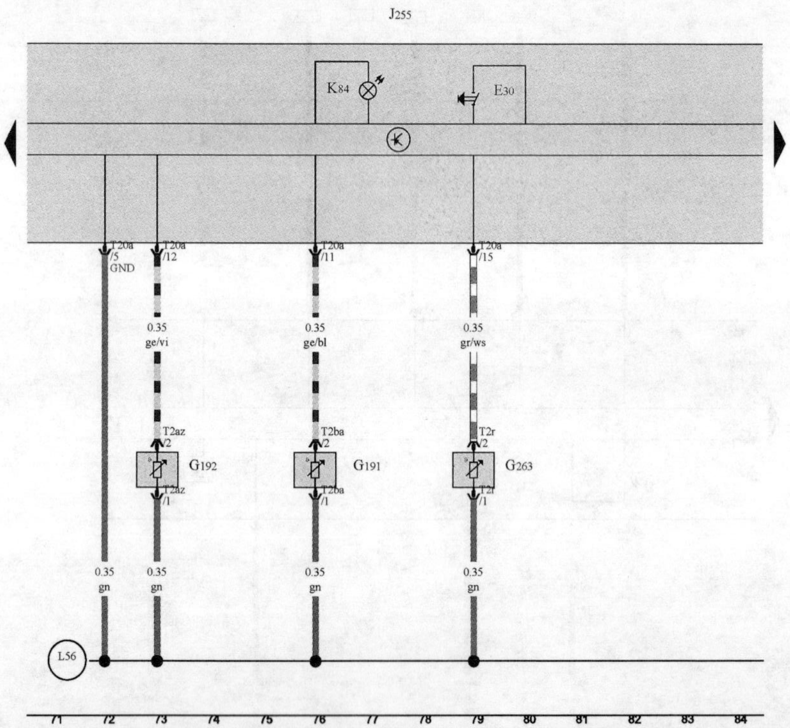

E30-空调器开关 G191-中间出风口温度传感器 G192-脚部空间出风口温度传感器 G263-蒸发器出风口温度传感器 J255-全自动空调控制单元 K84-空调器指示灯 J255-全自动空调控制单元 T2az-2芯插头连接 T2ba-2芯插头连接 T2r-2芯插头连接 T20a-20芯插头连接 L56-连接 T2r-2芯插头连接 L56-连接 T20a-20芯插头连接 L56-连接，在全自动空调操纵装置导线束中

图 1-4-13

G56-仪表板温度传感器 G107-阳光照射光电传感器 G267-温度选择旋钮电位计 J255-全自动空调控制单元 T4v-4芯插头连接 T16d-16芯插头连接 44-左侧A柱下部连接 374-接地连接 379-接地连接 605-上部转向柱上的接地点 单元 T4v-4芯插头连接 T16d-16芯插头连接 44-左侧A柱下部的接地点 374-接地连接，在主导线束中 379-接地连接14，在主导线束中 605-上部转向柱上的接地点

图 1-4-12

36

可加热后窗玻璃开关，中央风门伺服电机电位计，速滞压力风门门服电机电位计，全自动空调控制单元，新鲜空气鼓风机指示灯，可加热后窗玻璃指示灯，按钮照明灯泡，中央风门伺服电机，速滞压力风门门服电机

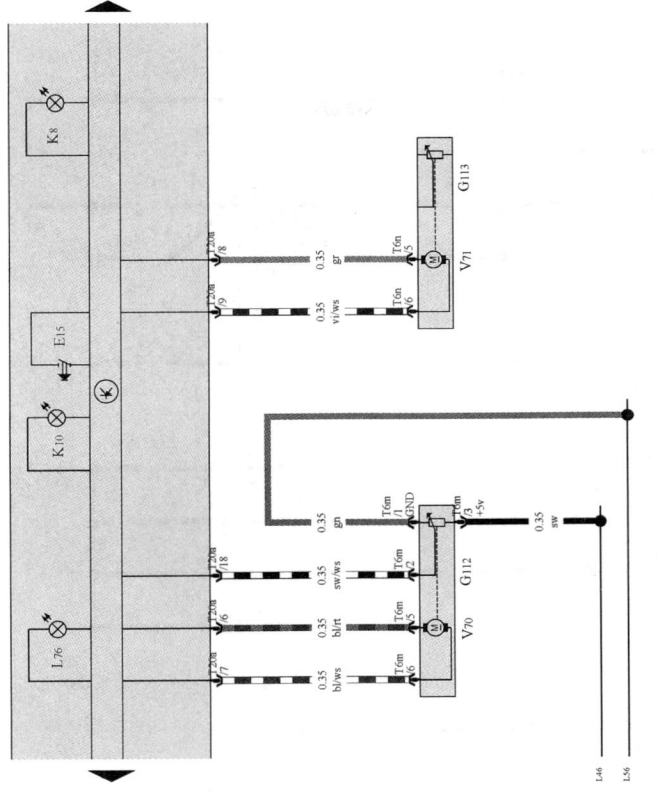

E15-可加热后窗玻璃开关 G112-中央风门伺服电机电位计 G113-速滞压力风门伺服电机电位计 J255-全自动空调控制单元 K8-新鲜空气鼓风机指示灯 K10-可加热后窗玻璃指示灯 L76-按钮照明灯泡 T6m-6芯插头连接 T6n-6芯插头连接 T20a-20芯插头连接 V70-中央风门伺服电机 V71-速滞压力风门伺服电机 L46-连接（5V），在全自动空调操纵装置导线束中 L56-连接（传感器），在全自动空调操纵装置导线束中

图1-4-15

新鲜空气和循环空气风门开关，除霜器运行开关，温度风门伺服电机电位计，除霜风门伺服电机电位计，全自动空调控制单元，温度风门伺服电机，除霜风门伺服电机

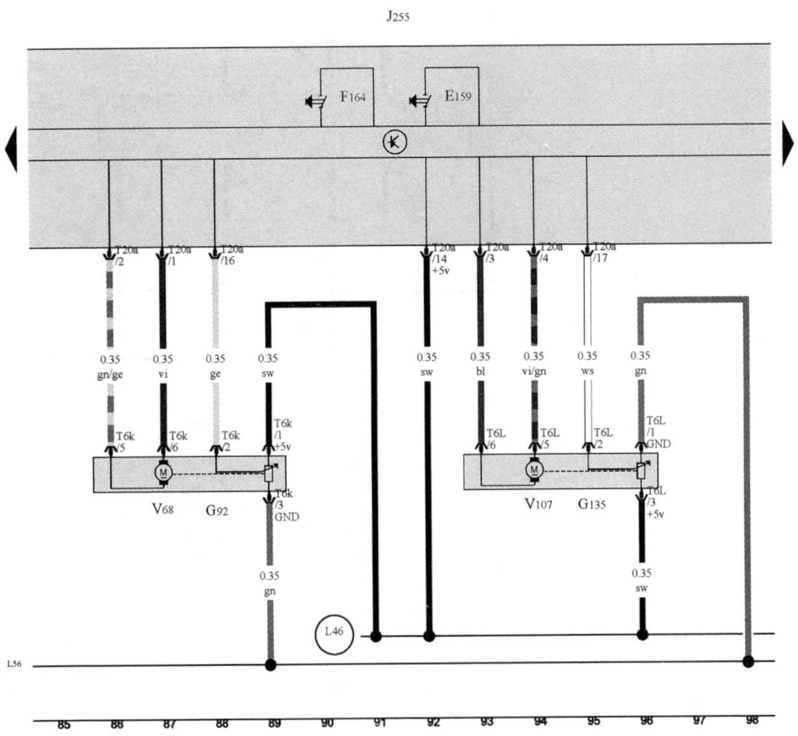

E159-新鲜空气和循环空气风门开关 F164-除霜器运行开关 G92-温度风门伺服电机电位计 G135-除霜风门伺服电机电位计 J255-全自动空调控制单元 T6k-6芯插头连接 T6L-6芯插头连接 T20a-20芯插头连接 V68-温度风门伺服电机 V107-除霜风门伺服电机 L46-连接（5V），在全自动空调操纵装置导线束中 L56-连接（传感器），在全自动空调操纵装置导线束中

图1-4-14

新鲜空气鼓风机开关，新鲜空气鼓风机控制单元，全自动空调控制单元，新鲜空气鼓风机

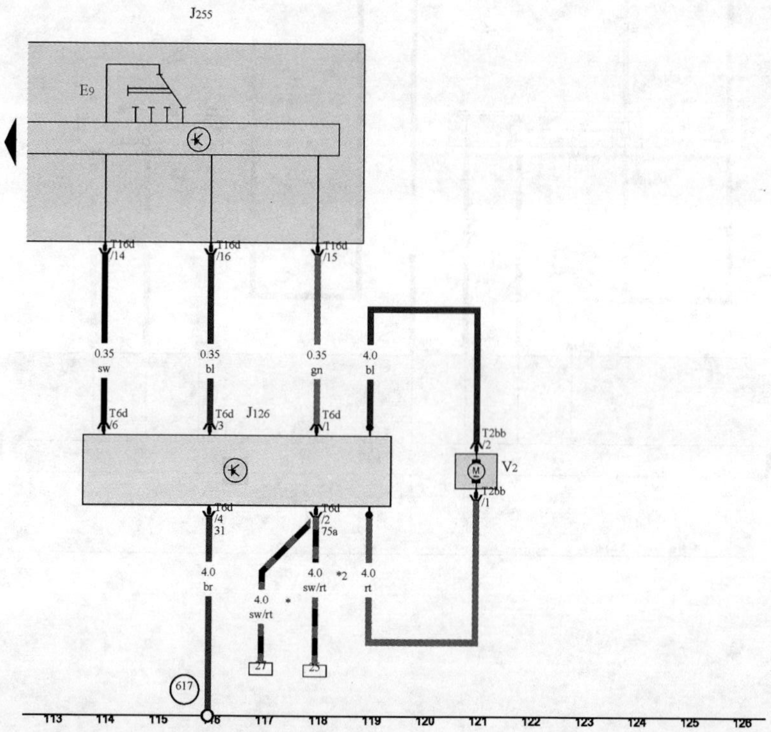

供电继电器 1，接线端 75

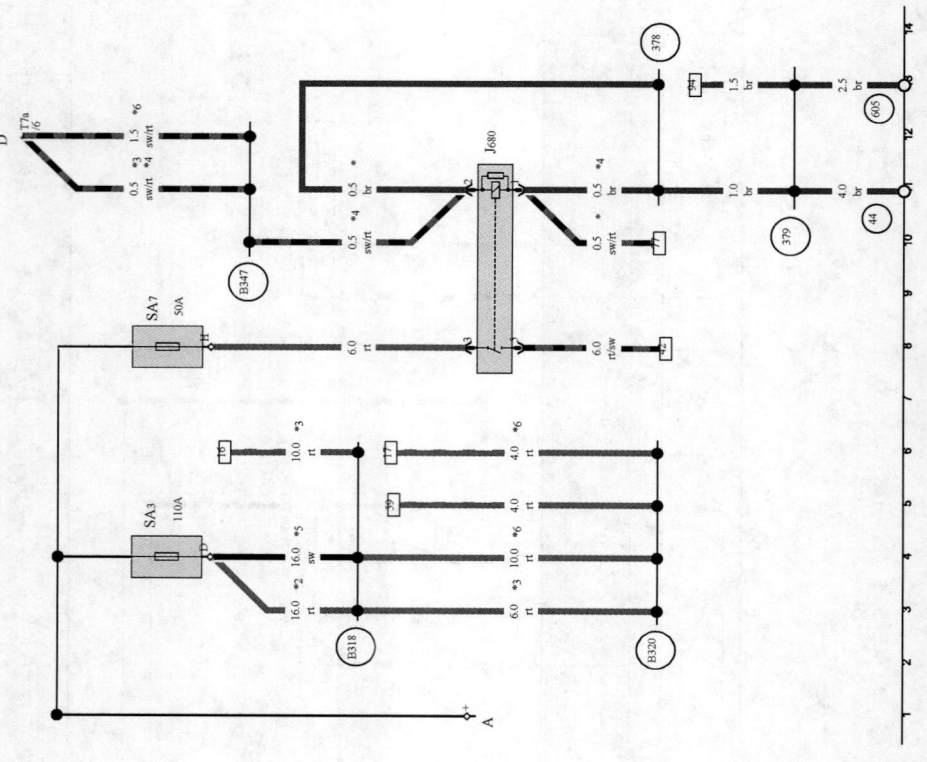

A-蓄电池 D-点火启动开关 J680-供电继电器1，接线端75 SA3-保险丝架A上的保险丝3 SA7-保险丝架A上的保险丝7 T7a-7芯插头连接 44-左侧A在下侧的接地点 378-接地连接13，在主导线束中 379-接地连接14，在主导线束中 605-上部转向柱上部的接地点 B318-正极连接4（30a），在主导线束中 B320-正极连接6（30a），在主导线束中 B347-连接2（75），在主导线束中 *2-自2014年7月起 *3-自2016年7月起 *4-用于不带发动机自动启停系统的汽车 *5-用于带发动机自动启停系统的汽车 *6-截至2014年7月 *6-截至2016年7月

图 1-4-17

E9-新鲜空气鼓风机开关 J126-新鲜空气鼓风机控制单元 J255-全自动空调控制单元 T2bb-2芯插头连接 T6d-6芯插头连接 T16d-16芯插头连接 V2-新鲜空气鼓风机 617-右侧A在下部接地点2 *-自2016年7月起 *2-截至2016年7月

图 1-4-16

保险丝架 C

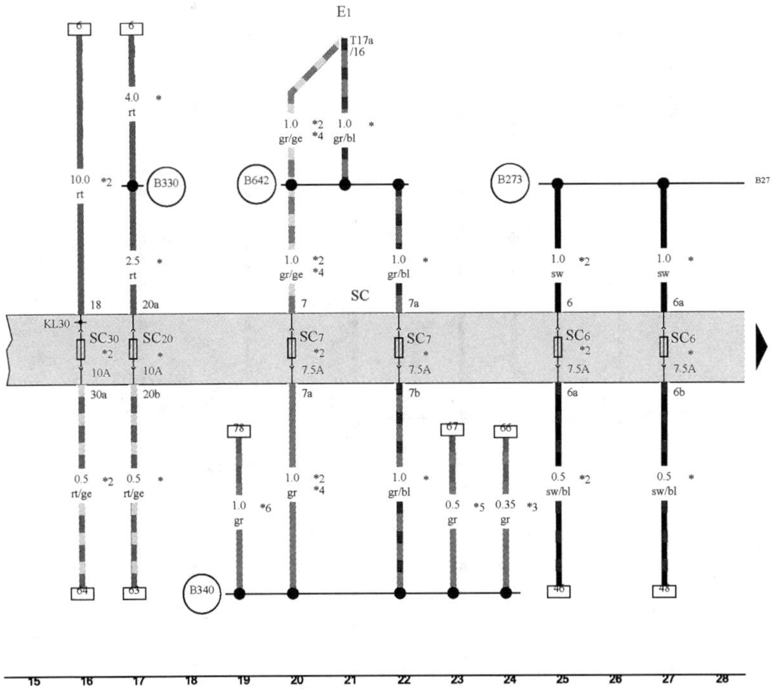

保险丝架 C

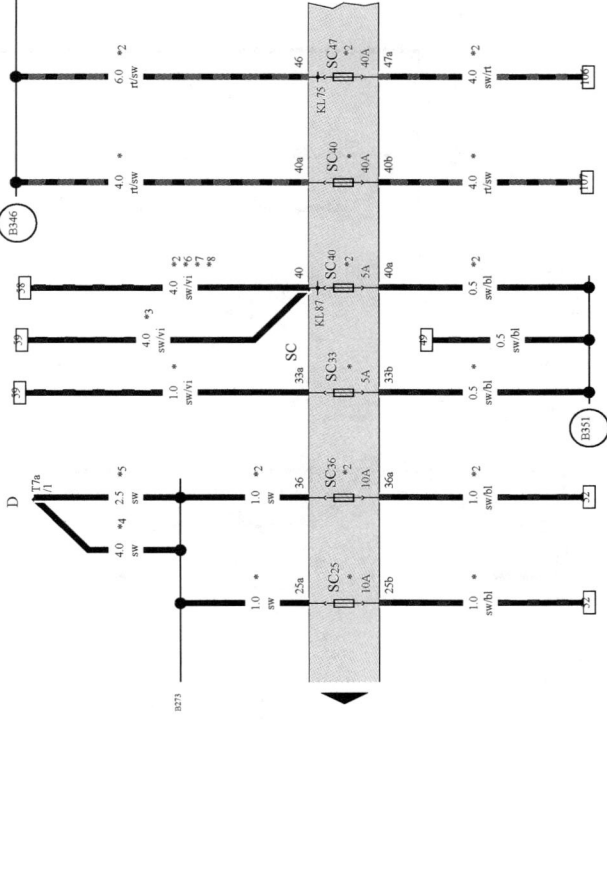

图 1-4-19

图 1-4-18

D-点火启动开关 SC-保险丝架C SC25-保险丝架C上的保险丝25 SC33-保险丝架C上的保险丝33 SC36-保险丝架C上的保险丝36 SC40-保险丝架C上的保险丝40 SC47-保险丝架C上的保险丝47 T7a-7芯插头连接 B273-正极连接 B330-正极连接 B346-连接1 (75) ,在主导线束中 B351-正极连接 B351-正极连接2 (87a) ,在主导线束中 *-截至2016年7月 *2-自2016年7月起 *3-用于带1.5L汽油发动机的汽车 *4-自2014年7月起 *5-截至2014年7月 *6-用于带1.6L发动机的汽车 *7-用于带双燃料发动机的汽车 *8-用于带1.4L发动机的汽车

E1-车灯开关 SC-保险丝架C SC6-保险丝架C上的保险丝6 SC7-保险丝架C上的保险丝7 SC20-保险丝架C上的保险丝20 SC30-保险丝架C上的保险丝30 T17a-17芯插头连接 B273-正极连接 B330-正极连接16 (30a) ,在主导线束中 B340-连接1 (58d) ,在主导线束中 B642-正极连接 (58) ,在主导线束中 *-截至2016年7月 *2-自2016年7月起 *3-自2018年7月起 *4-用于在车载电网控制单元上带车灯旋转开关和喇叭口的汽车 *5-截至2018年7月 *6-用于在车载电网控制单元上不带车灯旋转开关和喇叭口的汽车

39

主继电器，空调器控制单元

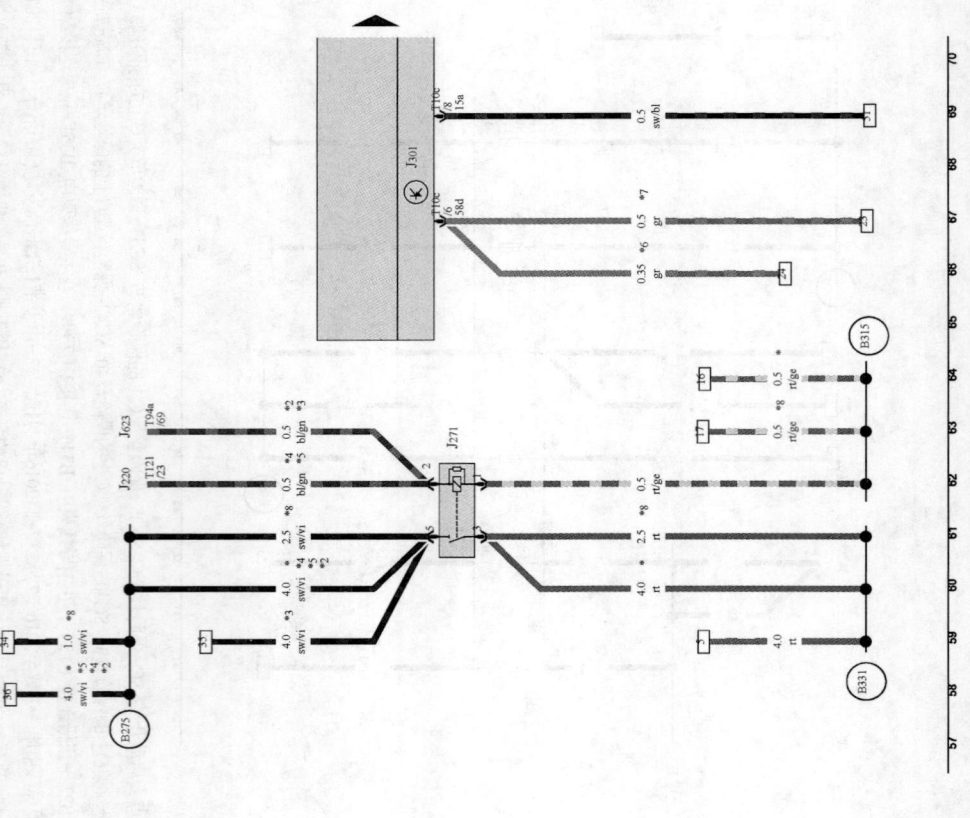

图 1-4-21

J220-Motronic控制单元 J271-主继电器 J301-空调器控制单元 J623-发动机控制单元 T10c-10芯插头连接 T94a-94芯插头连接 T121-121芯插头连接 B275-正极连接 B315-正极连接1 (30a)，在主导线束中 B331-正极连接17 (30a)，在主导线束中 *-自2016年7月起 *2-用于带双燃料发动机的汽车 *3-用于带1.5L汽油发动机的汽车 *4-用于带1.4L发动机的汽车 *5-用于带1.6L发动机的汽车 *6-自2018年7月 *7-截至2018年7月 *8-截至2016年7月

高压传感器，空调器继电器，空调器电磁离合器

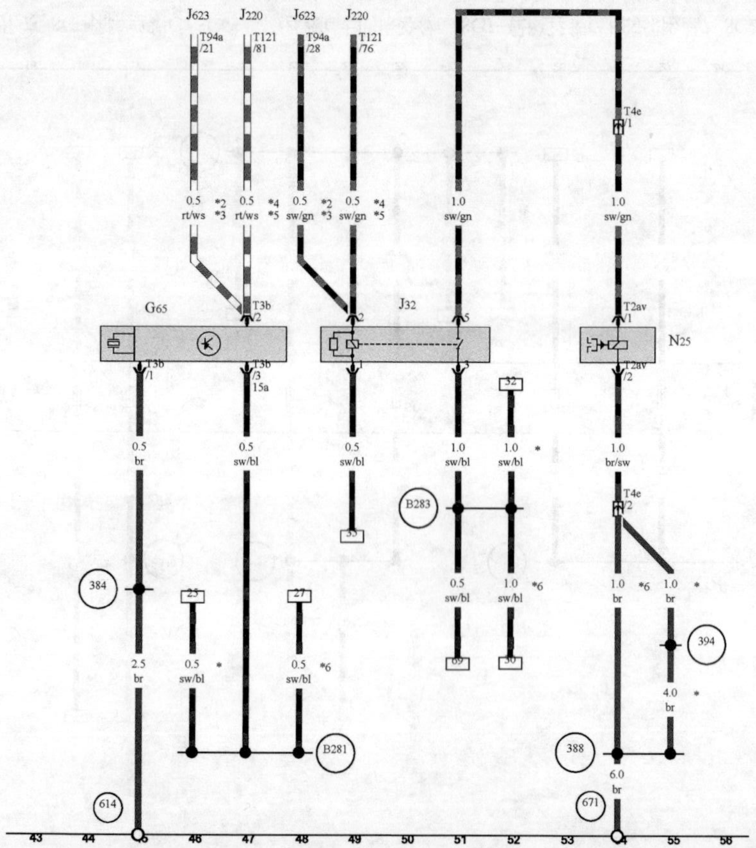

图 1-4-20

G65-高压传感器 J32-空调器继电器 J220-Motronic控制单元 J623-发动机控制单元 N25-空调器电磁离合器 T2av-2芯插头连接 T3b-3芯插头连接 T4c-4芯插头连接 T94a-94芯插头连接 T121-121芯插头连接 384-接地连接19，在主导线束中 388-接地连接23，在主导线束中 394-接地连接29，在主导线束中 614-发动机舱内右侧接地点2 671-左前纵梁上的接地点1 B281-正极连接5 (15a)，在主导线束中 B283-正极连接7 (15a)，在主导线束中 *-自2016年7月起 *2-用于带双燃料发动机的汽车 *3-用于带1.5L汽油发动机的汽车 *4-用于带1.4L发动机的汽车 *5-用于带1.6L发动机的汽车 *6-截至2016年7月

40

空调器开关，蒸发器出风口温度传感器，空调器控制单元，空调器指示灯，新鲜空气鼓风机

可加热后窗玻璃开关，空调器控制单元，车载电网控制单元，可加热后窗玻璃指示灯，新鲜空气调节系统照明灯泡

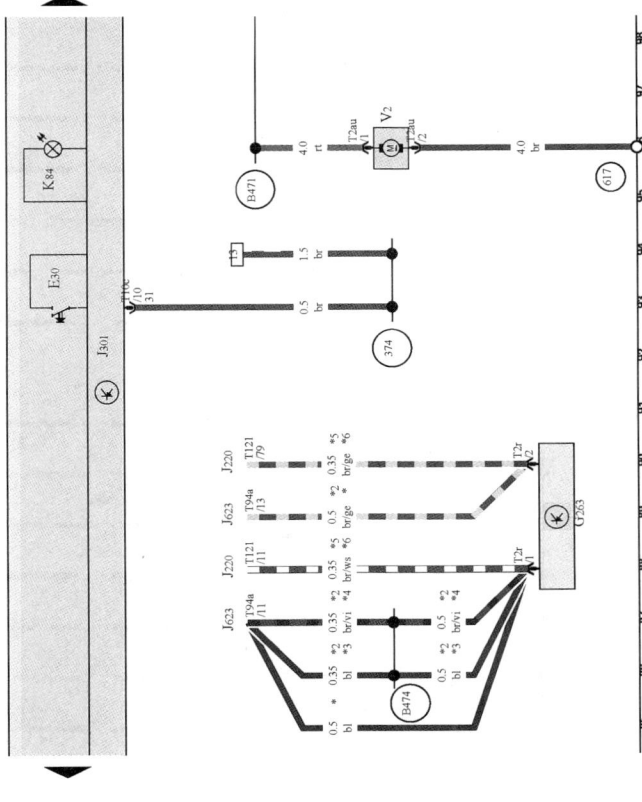

图1-4-23

E30-空调器开关 J301-空调器控制单元 G263-蒸发器出风口温度传感器 J220-Motronic控制单元 J623-发动机控制单元 K84-空调器指示灯 T2r-2芯插头连接 T2au-2芯插头连接 T10c-10芯插头连接 T94a-94芯插头连接 T121-121芯插头连接 V2-新鲜空气鼓风机 374-接地连接9，在主导线束中 617-右侧A柱下部接地点2 B471-连接7，在主导线束中 B474-连接10，在主导线束中 *-用于带1.5L汽油发动机的汽车 *2-用于带双燃料发动机的汽车 *3-自2016年7月起 *4-截至2016年7月 *5-用于带1.4L发动机的汽车 *6-用于带1.6L发动机的汽车

图1-4-22

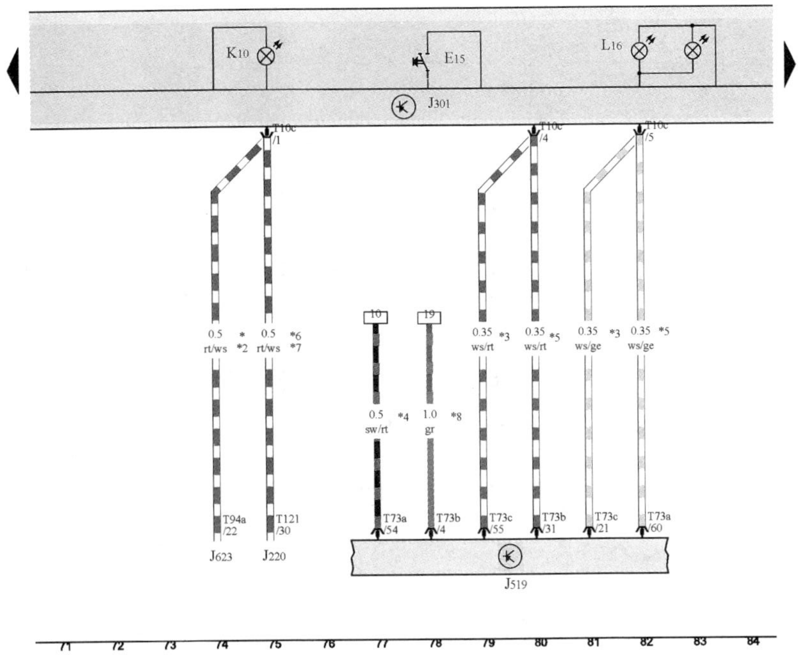

E15-可加热后窗玻璃开关 J220-Motronic控制单元 J301-空调器控制单元 J519-车载电网控制单元 J623-发动机控制单元 K10-可加热后窗玻璃指示灯 L16-新鲜空气调节系统照明灯泡 T10c-10芯插头连接 T73a-73芯插头连接 T73b-73芯插头连接 T73c-73芯插头连接 T94a-94芯插头连接 T121-121芯插头连接 *-用于带1.5L汽油发动机的汽车 *2-用于带双燃料发动机的汽车 *3-用于带车载电网控制单元BFM的汽车 *4-用于带发动机自动启停系统的汽车 *5-用于带车载电网控制单元BCM的汽车 *6-用于带1.4L发动机的汽车 *7-用于带1.6L发动机的汽车 *8-用于在车载电网控制单元上带车灯旋转开关和接口的汽车

41

车载电网控制单元，保险丝架 C

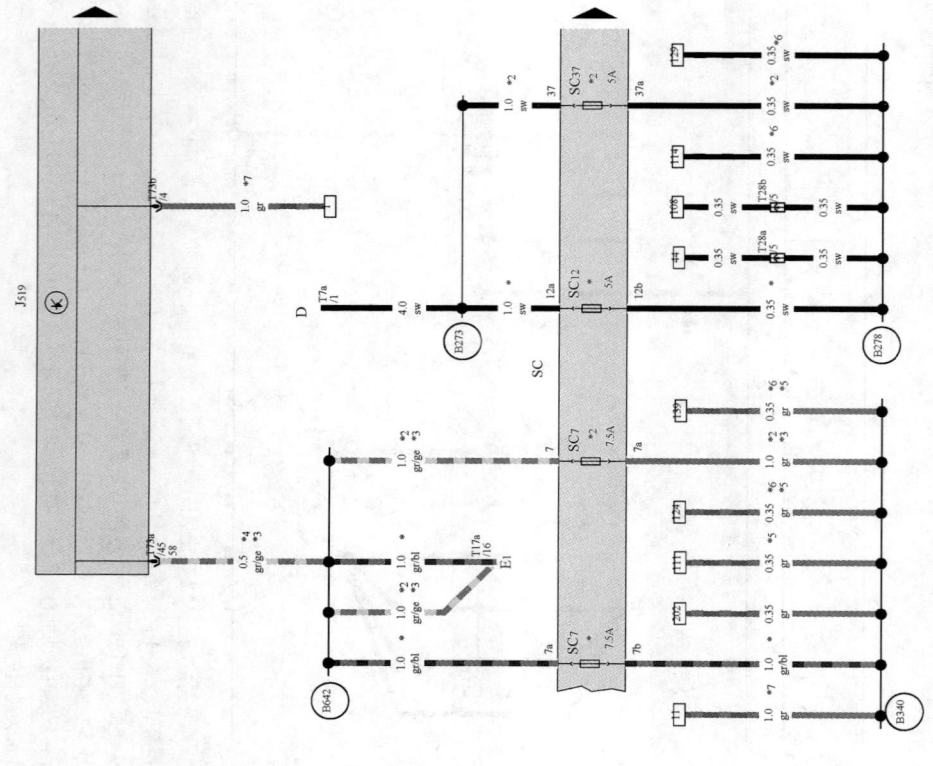

新鲜空气鼓风机开关，新鲜空气鼓风机串联电阻

图 1-4-25

D-点火启动开关 E1-车灯开关 J519-车载电网控制单元 SC-保险丝架C SC7-保险丝架C上的保险丝7 SC12-保险丝架C上的保险丝12 SC37-保险丝架C上的保险丝37 T7a-7芯插头连接 T17a-17芯插头连接 T28a-28芯插头连接1 (58d) T28b-28芯插头连接2 (15a) T73a-73芯插头连接 T73b-73芯插头连接 B273-正极连接 B278-正极连接 B340-连接 B340-连接 B642-正极连接 (58)，在主导线束中 *-在主导线束中 *2-自2016年7月起，截至2016年7月 *3-用于在车载电网控制单元上不带车灯旋转开关和接口的汽车 *4-用于带车载电网控制单元BCM的汽车 *5-依汽车装备而定 *6-用于带车灯旋转开关和接口的汽车 *7-用于前后带车窗升降器的汽车上带车灯旋转开关的汽车

图 1-4-24

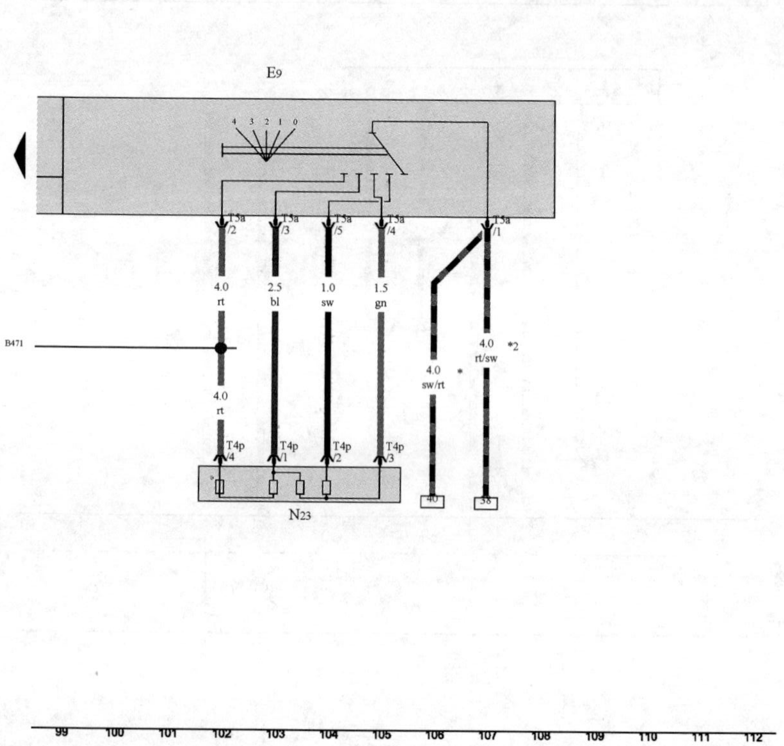

E9-新鲜空气鼓风机开关 N23-新鲜空气鼓风机串联电阻 T4p-4芯插头连接 T5a-5芯插头连接 B471-连接7，在主导线束中 *-自2016年7月起 *2-截至2016年7月

42

可加热式车外后视镜继电器，车载电网控制单元，保险丝架 C

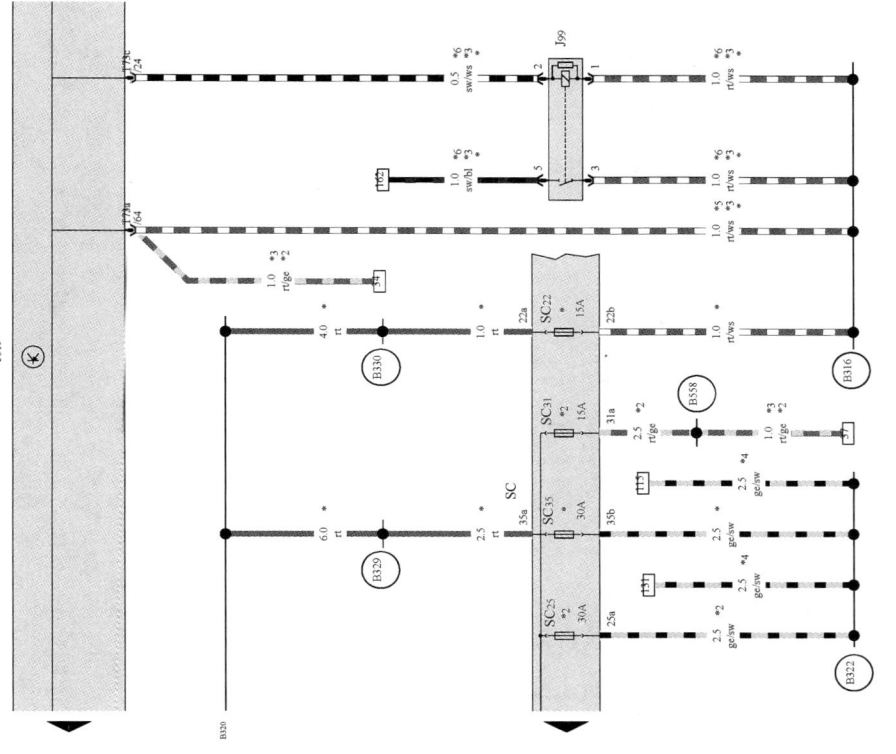

图 1-4-27

J99—可加热式车外后视镜继电器 J519—车载电网控制单元 SC—保险丝架 C SC22—保险丝架 C 上的保险丝22
SC25—保险丝架 C 上的保险丝25 SC31—保险丝架 C 上的保险丝31 SC35—保险丝架 C 上的保险丝35 T73a—73
芯插头连接 T73c—73芯插头连接 B316—正极连接2（30a），在主导线束中 B320—正极连接6（30a），在
主导线束中 B322—正极连接8（30a），在主导线束中 B329—正极连接15（30a），在主导线束中 B330—正
极连接16（30a），在主导线束中 B558—正极连接22（30a），在主导线束中 *—截至2016年7月 *2—自2016
年7月起 *3—用于带车外后视镜加热装置的汽车 *4—用于带前后车窗升降器的汽车 *5—用于带车载电网控
制单元BCM的汽车 *6—用于带车载电网控制单元BFM的汽车

车载电网控制单元，保险丝架 C

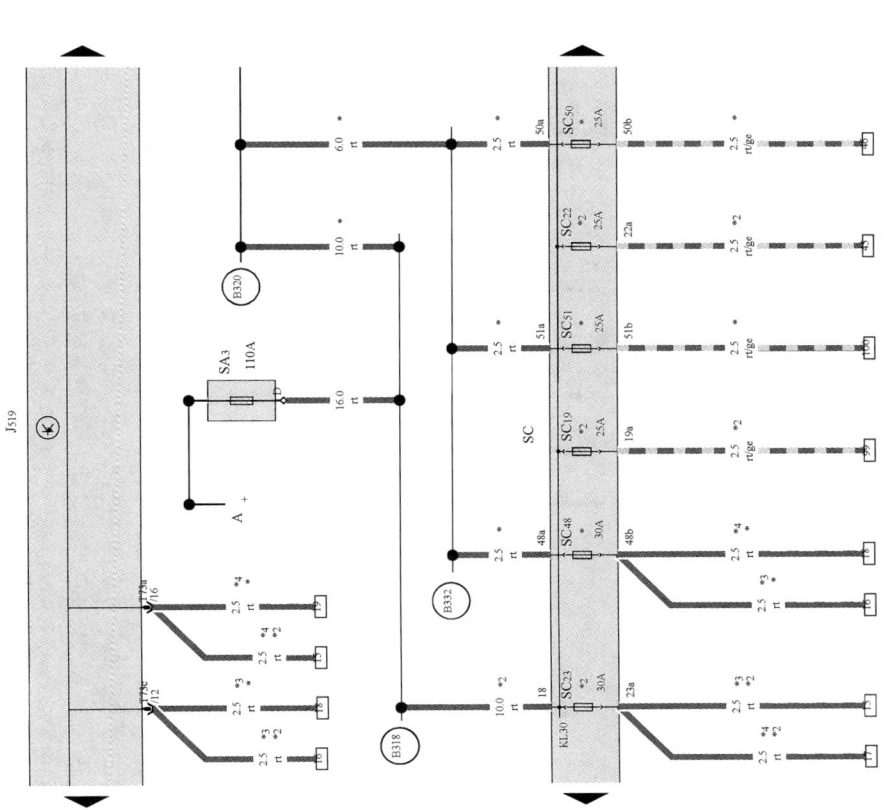

图 1-4-26

A—蓄电池 J519—车载电网控制单元 SA3—保险丝架 A 上的保险丝3 SC—保险丝架 C SC19—保险丝架 C 上的
保险丝19 SC22—保险丝架 C 上的保险丝22 SC23—保险丝架 C 上的保险丝23 SC48—保险丝架 C 上的保险丝48
SC50—保险丝架 C 上的保险丝50 SC51—保险丝架 C 上的保险丝51 T73a—73芯插头连接 T73c—73芯插头连
接 B318—正极连接4（30a），在主导线束中 B320—正极连接6（30a），在主导线束中 B332—正极连接18
（30a），在主导线束中 *—截至2016年7月 *2—自2016年7月起 *3—用于带车载电网控制单元BFM的汽车
*4—用于带车载电网控制单元BCM的汽车

43

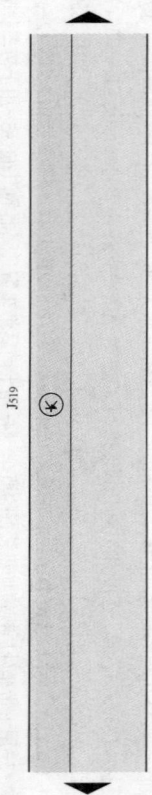
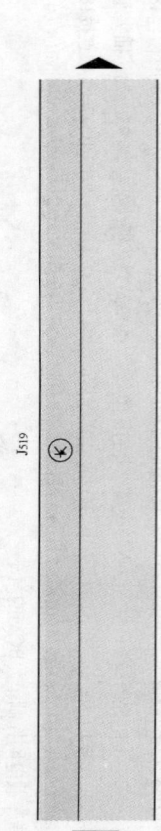
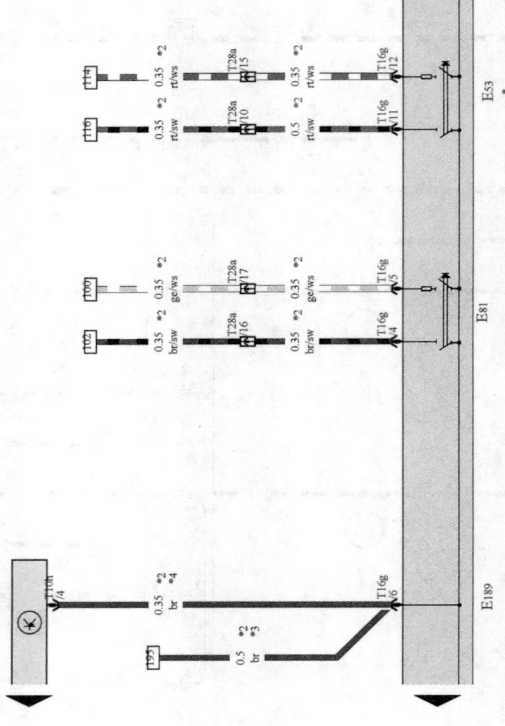
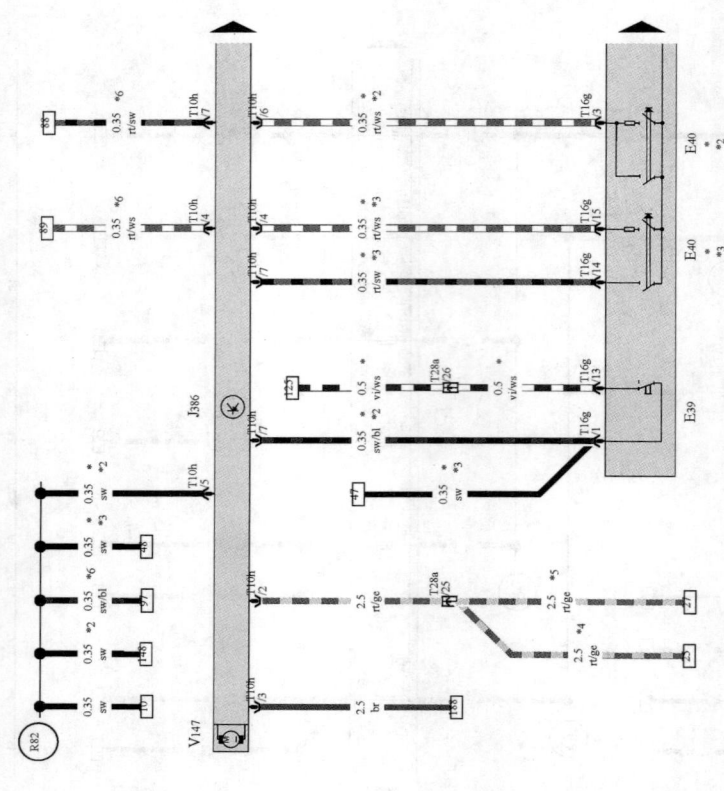

后部车窗升降器锁止开关，前左车窗升降器，驾驶员侧车门控制单元，车载电网控制单元，
驾驶员侧电动升降器电机

驾驶员车门中的后左车窗升降器开关，驾驶员车窗升降器开关，驾驶员车门
中的车窗升降器中央开关，驾驶员侧车门控制单元，车载电网控制单元
驾驶员车门中的前右车窗升降器开关，驾驶员车门

E39-后部车窗升降器锁止开关 E40-前左车窗升降器锁止开关 J386-驾驶员侧车门控制单元 J519-车载电网控制单元 R82-
元 T10h-10芯插头连接 T16g-16芯插头连接 T28a-28芯插头连接 V147-驾驶员侧电动升降器电机
正极连接1（15a），在驾驶员车门电缆导线束中 *-用于前后车窗升降器的汽车 *2-用于带电动调节
式车外后视镜的汽车 *3-用于不带电动调节式车外后视镜的汽车 *4-自2016年7月起 *5-截至2016年7月
*6-用于带前部车窗升降器的汽车

图1-4-28

E53-驾驶员车门中的后左车窗升降器开关 E81-驾驶员车窗升降器开关 E189-驾驶员车门
中的车窗升降器中央开关 J386-驾驶员侧车门控制单元 J519-车载电网控制单元 T10h-10芯插头连接
T16g-16芯插头连接 T28a-28芯插头连接 *-用于带防夹保护功能的汽车 *2-用于前后车窗升降器的汽
车 *3-用于不带电动调节式车外后视镜的汽车 *4-用于带电动调节式车外后视镜的汽车

图1-4-29

44

前左车窗升降器，驾驶员车门中的前右车窗升降器开关，驾驶员车门中的车窗升降器中央开关，车载电网控制单元，驾驶员侧车内联锁指示灯，车窗升降器开关照明灯泡

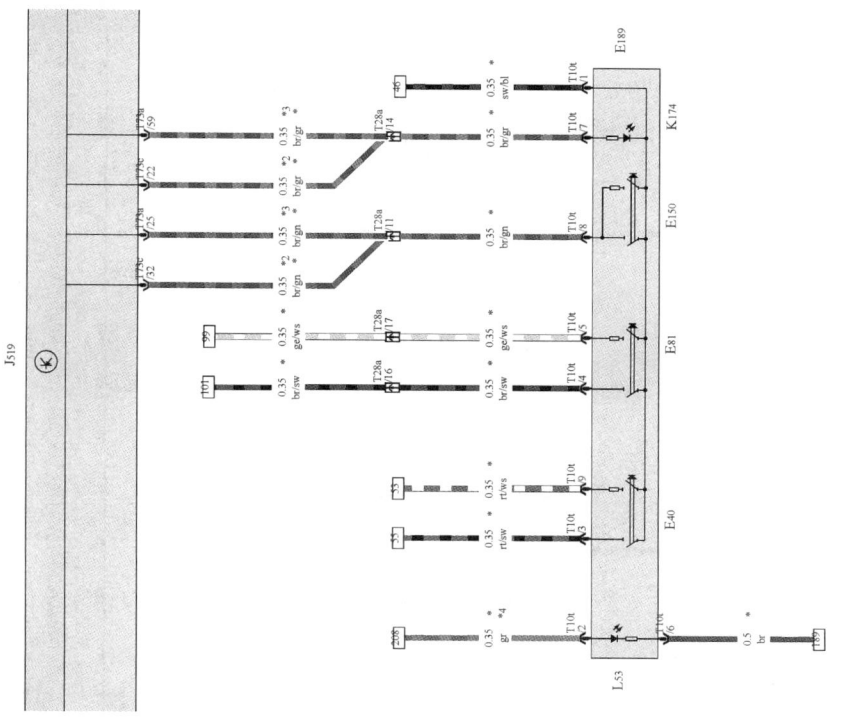

E40-前左车窗升降器 E81-驾驶员车门中的前右车窗升降器开关 E189-驾驶员车门中的前右车窗内联锁开关 E150-驾驶员侧车内联锁开关 L53-车窗升降器开关照明灯泡 K174-车载电网控制单元 J519-车载电网控制单元 T10t~10芯插头连接 T28a-28芯插头连接 T73a-73芯插头连接 T73c-73芯插头连接 *-用于带前部车窗升降器的汽车 *2-用于带车载电网控制单元BFM的汽车 *3-用于带车载电网控制单元BCM的汽车 *4-截至2016年7月

图1-4-31

驾驶员车门中的后右车窗升降器开关，驾驶员车门中的车窗升降器中央开关，车载电网控制单元，驾驶员侧车内联锁指示灯，车窗升降器开关照明灯泡

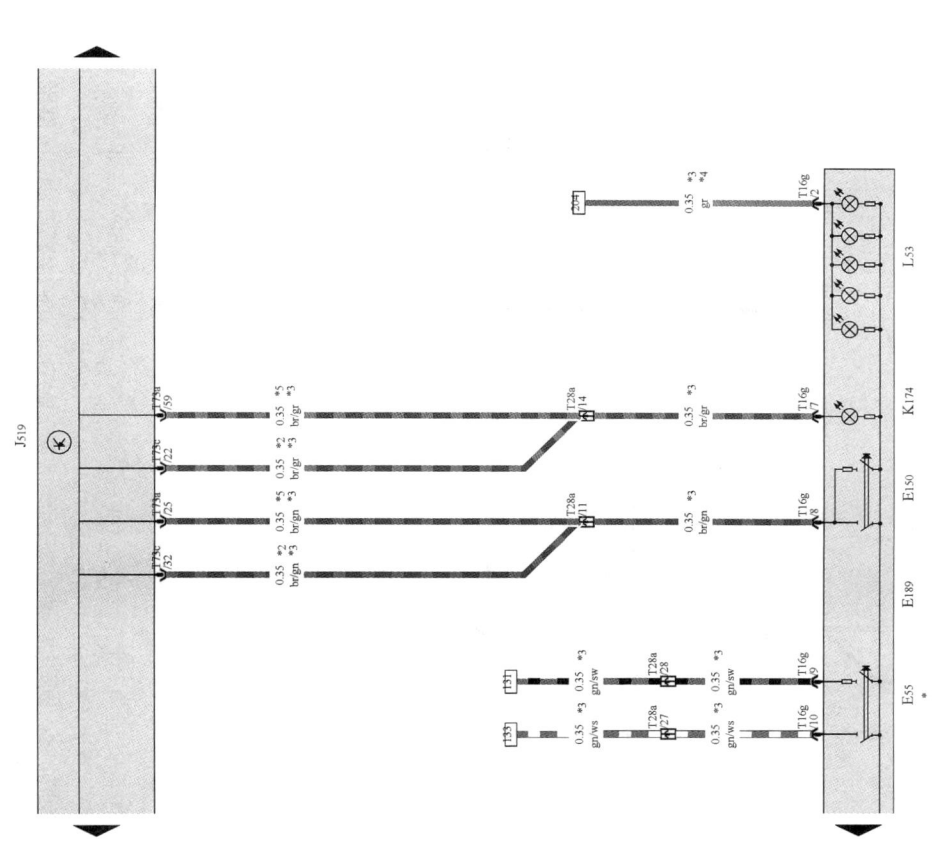

E55-驾驶员车门中的后右车窗升降器开关 E150-驾驶员车门中的车窗内联锁开关 E189-驾驶员车门中的车窗升降器开关 K174-车载电网控制单元 J519-车载电网控制单元 L53-车窗升降器开关照明灯泡 T16g-16芯插头连接 T28a-28芯插头连接 T73a-73芯插头连接 T73c-73芯插头连接 *-用于带防夹保护功能的汽车 *2-用于带车载电网控制单元BFM的汽车 *3-用于带车载电网控制单元BCM的汽车 *4-依汽车装备而定 *5-用于带后车窗升降器的汽车

图1-4-30

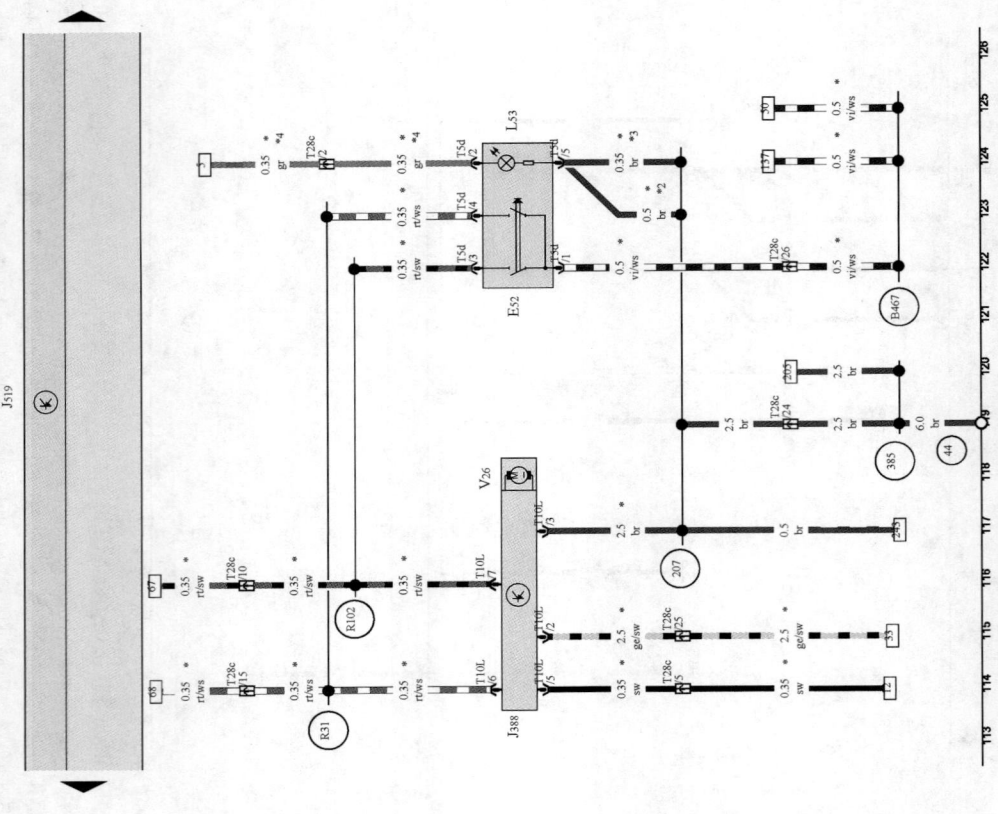

左后车门内的车窗升降器开关, 右后车门控制单元, 车载电网控制单元, 车窗升降器开关照明灯泡, 后左车窗升降器电机.

E52-左后车门内的车窗升降器开关 J388-左后车门控制单元 J519-车载电网控制单元 L53-车窗升降器开关照明灯泡 T5d-5芯插头连接 T28c-28芯插头连接 T10L-10芯插头连接 V26-后左车窗升降器电机 44-左侧A柱下部的接地点 207-接地点2 385-接地连接20, 在主导线束中 B467-左后车门电缆导线束中 R31-连接1, 在左后车门电缆导线束中 R102-连接2, 在左后车门电缆导线束中 *1-用于带后部车窗升降器的汽车 *2-自2016年7月起 *3-截至2016年7月 *4-依汽车装备而定 *-用于带前后窗升降器的汽车

图 1-4-33

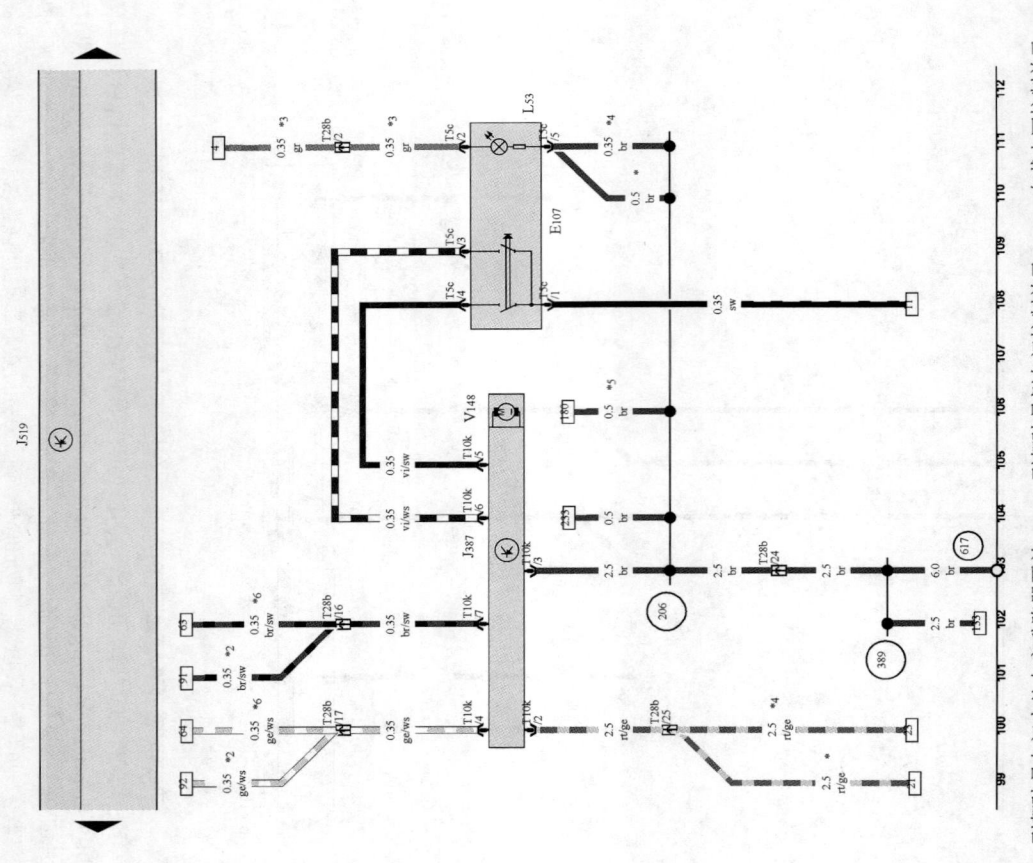

副驾驶员车门中的车窗升降器开关, 副驾驶员车门控制单元, 车载电网控制单元, 车窗升降器开关照明灯泡, 副驾驶员侧电动升降器电机.

E107-副驾驶员车门中的车窗升降器开关 J387-副驾驶员车门控制单元 J519-车载电网控制单元 L53-车窗升降器开关照明灯泡 T5c-5芯插头连接 T28b-28芯插头连接 T10k-10芯插头连接 V148-副驾驶员侧电动升降器电机 206-接地连接24, 在主导线束中 389-接地点2 617-在副驾驶员车门电缆导线束中 *1-自2016年7月起 *2-用于带前部车窗升降器的汽车 *3-依汽车装备而定 *4-截至2016年7月 *5-用于带车外后视镜加热装置的汽车 *6-用于带前后窗升降器的汽车 617-右侧A柱下部接地点2

图 1-4-32

右后车门车窗升降器开关，右后车门控制单元，车载电网控制单元，车窗升降器开关照明灯泡，后右车窗升降器电机

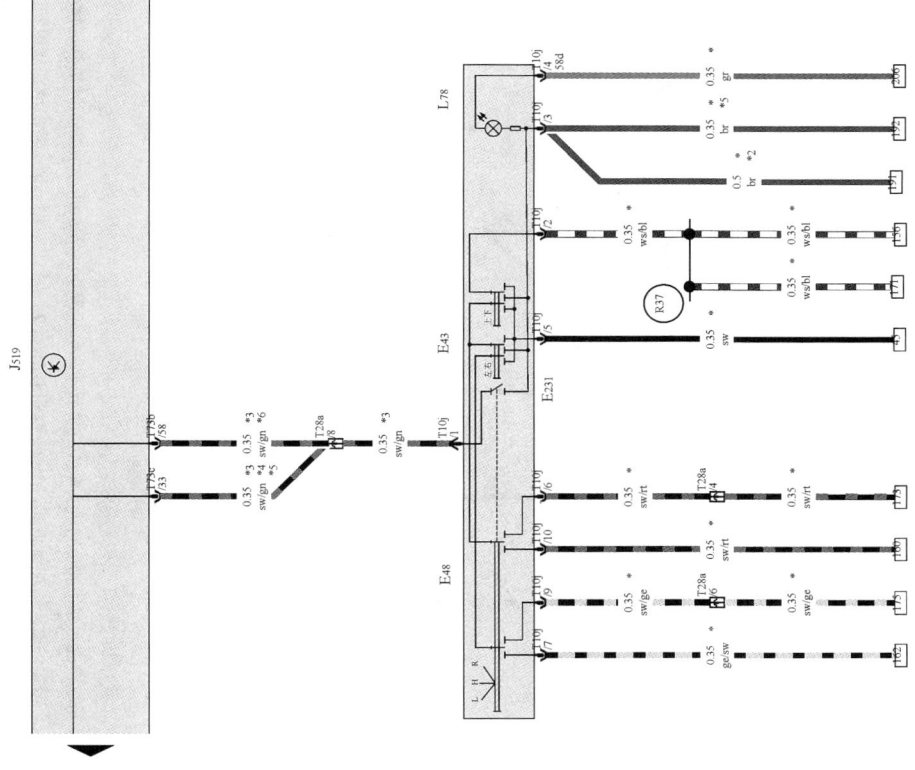

后视镜调节开关，后视镜调节转换开关，车外后视镜加热按钮，车载电网控制单元，后视镜调节开关照明灯泡

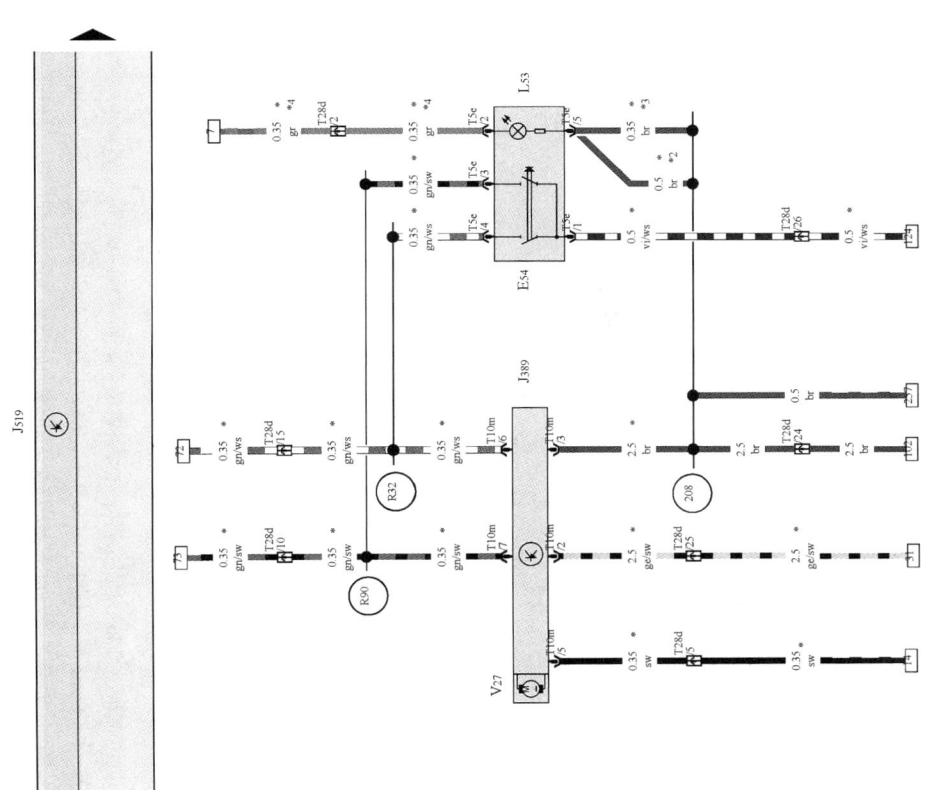

E54-右后车门车窗升降器开关 J389-右后车门控制单元 J519-车载电网控制单元 L53-车窗升降器开关照明灯泡 T5e-5芯插头连接 T10m-10芯插头连接 T28d-28芯插头连接 V27-后右车窗升降器电机 208-接地连接，在右后车门电缆导线束中 R32-连接，在右后车门电缆导线束中 R90-连接1，在右后车门电缆导线束中 *-用于前后带车窗升降器的汽车 *2-自2016年7月起 *3-截至2016年7月 *4-依汽车装备而定

图 1-4-34

E43-后视镜调节开关 E48-后视镜调节转换开关 E231-车外后视镜加热按钮 J519-车载电网控制单元 L78-后视镜调节开关照明灯泡 T10j-10芯插头连接 T28a-28芯插头连接 T73b-73芯插头连接 T73c-73芯插头连接 R37-连接 *-用于带电动调节式车外后视镜的汽车 *2-自2016年7月起 *3-用于带车外后视镜加热装置的汽车 *4-用于带车载电网控制单元BFM的汽车 *5-截至2016年7月 *6-用于带车载电网控制单元BCM的汽车

图 1-4-35

47

车载电网控制单元，驾驶员侧后视镜调节电机2，驾驶员侧后视镜调节电机，驾驶员侧可加热式车外后视镜

车载电网控制单元，副驾驶员侧后视镜调节电机2，副驾驶员侧后视镜调节电机，副驾驶员侧可加热式车外后视镜

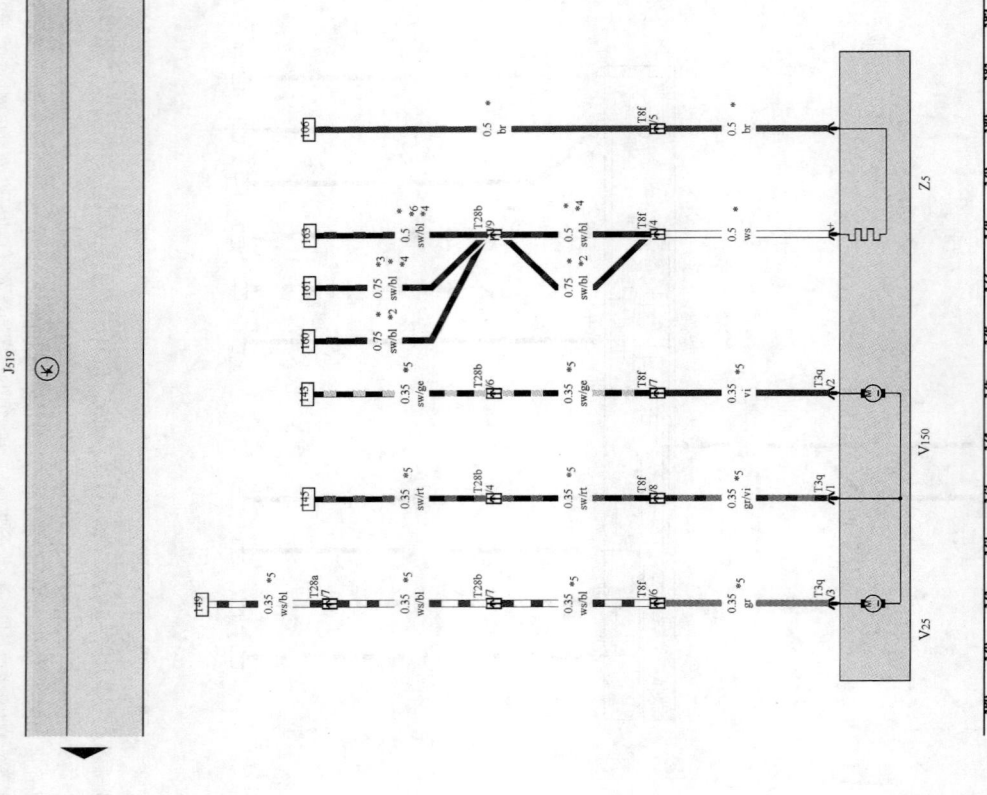

图 1-4-37

J519-车载电网控制单元 T3q-3芯插头连接 T8f-8芯插头连接 T28a-28芯插头连接 T28b-28芯插头连接 V25-副驾驶员侧后视镜调节电机 V150-副驾驶员侧后视镜调节电机2 Z5-副驾驶员侧可加热式车外后视镜 *-用于带车外后视镜加热装置的汽车 *2-自2016年7月起 *3-用于带车载电网控制单元BFM的汽车 *4-截至2016年7月 *5-用于带电动调节式车外后视镜的汽车 *6-用于带车载电网控制单元BCM的汽车

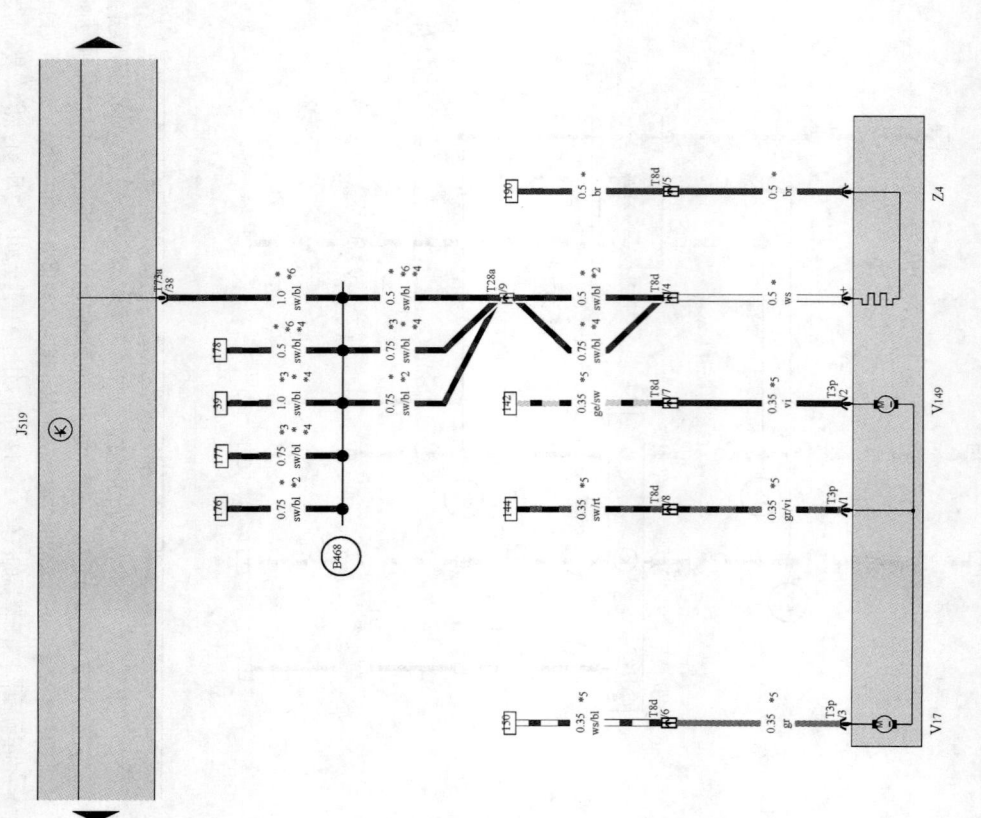

图 1-4-36

J519-车载电网控制单元 T3p-3芯插头连接 T8d-8芯插头连接 T28a-28芯插头连接 T73a-73芯插头连接 V17-驾驶员侧后视镜调节电机2 V149-驾驶员侧后视镜调节电机 Z4-驾驶员侧可加热式车外后视镜 B468-连接点 *-用于带车外后视镜加热装置的汽车 *2-自2016年7月起 *3-用于带车载电网控制单元BFM的汽车 *4-截至2016年7月 *5-用于带电动调节式车外后视镜的汽车 *6-用于带车载电网控制单元BCM的汽车

行李箱盖开锁开关，车载电网控制单元，按钮照明灯泡

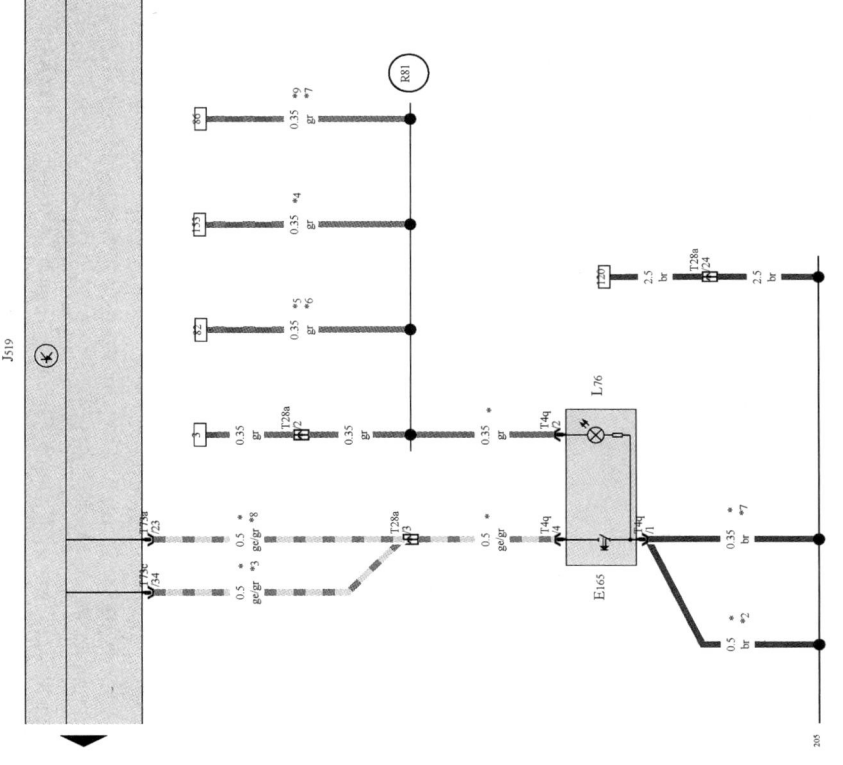

图1-4-39

E165-行李箱盖开锁开关 J519-车载电网控制单元 L76-按钮照明灯泡 T4q-4芯插头 T28a-28芯插头
连接 T73a-73芯插头连接 T73c-73芯插头连接 205-接地连接，在驾驶员侧车门电缆导线束中 R81-连接
1（58d），在驾驶员侧车门电缆导线束中 *-用于带行李箱盖开锁开关的汽车 *2-自2016年7月起 *3-用
于带车载电网控制单元BFM的汽车 *4-用于带电动调节式车外后视镜的汽车 *5-用于带前后带车窗升降器
的汽车 *6-依汽车装备而定 *7-截至2016年7月 *8-用于带车载电网控制单元BCM的汽车 *9-用于带前
部车窗升降器的汽车

车载电网控制单元，行李箱盖中央门锁电机

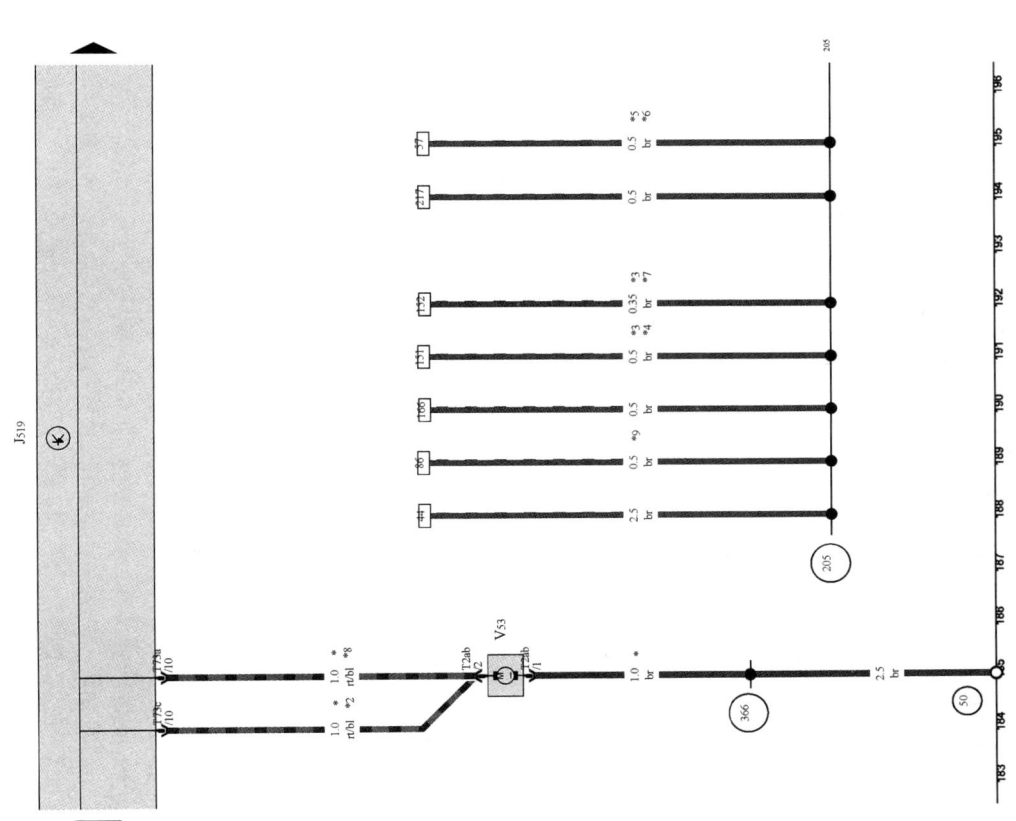

图1-4-38

J519-车载电网控制单元 T2ab-2芯插头连接 T73a-73芯插头连接 T73c-73芯插头连接 V53-行李箱盖中
央门锁电机 50-行李箱盖内左侧内接地点 205-接地连接，在驾驶员侧车门电缆导线束中 366-接地连接，
在主导线束中 *-用于带行李箱盖开锁开关的汽车 *2-用于带车载电网控制单元BFM的汽车 *3-用于带电
动调节式车外后视镜的汽车 *4-自2016年7月起 *5-用于带前后带车窗升降器的汽车 *6-用于不带车窗电
动调节式车外后视镜的汽车 *7-截至2016年7月 *8-用于带车载电网控制单元BCM的汽车 *9-用于带前部车窗
升降器的汽车

49

驾驶员侧车门接触开关，驾驶员侧中央门锁开关，驾驶员侧中央门锁闭锁单元，车载电网控制单元，驾驶员车门中央门锁电机

副驾驶员侧车门接触开关，副驾驶员侧中央门锁开关，副驾驶员侧中央门锁闭锁单元，车载电网控制单元，副驾驶员车门中央门锁电机

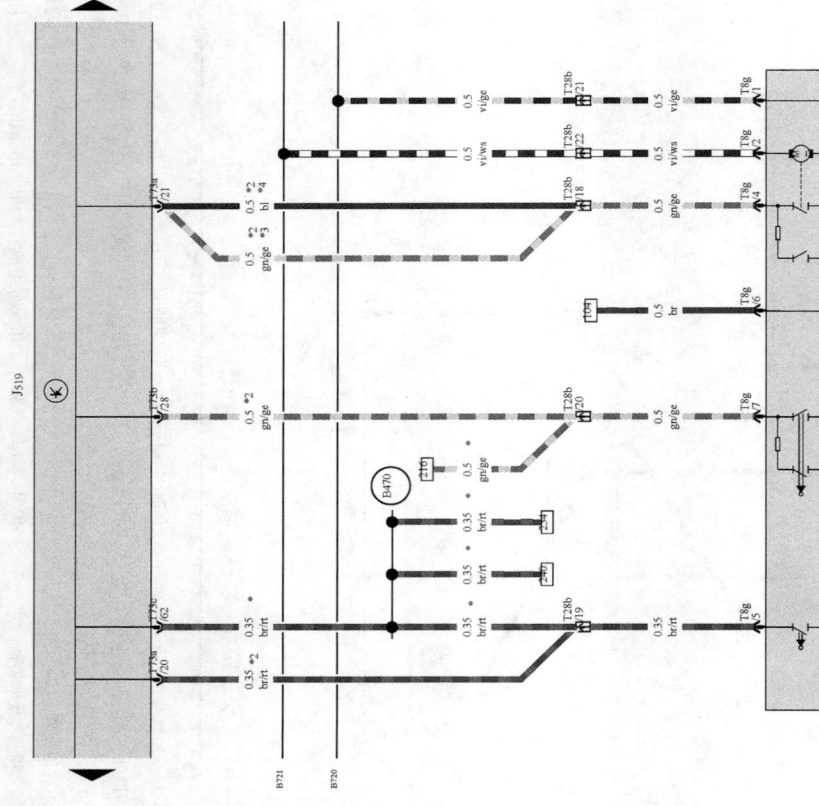

F2-驾驶员侧车门接触开关　F59-驾驶员侧中央门锁开关　F220-驾驶员侧中央门锁闭锁单元　J519-车载电网控制单元　T8f-8芯插头连接　T28a-28芯插头连接　T73a-73芯插头连接　T73c-73芯插头连接1（中央门锁）　T8f-8芯插头连接　V56-驾驶员车门中央门锁电机　B469-连接5，在主导线束中　B720-连接1（中央门锁），在主导线束中　B721-连接2（中央门锁），在主导线束中　*-用于带车载电网控制单元BFM的汽车　*2-用于带车载电网控制单元BCM的汽车

图 1-4-40

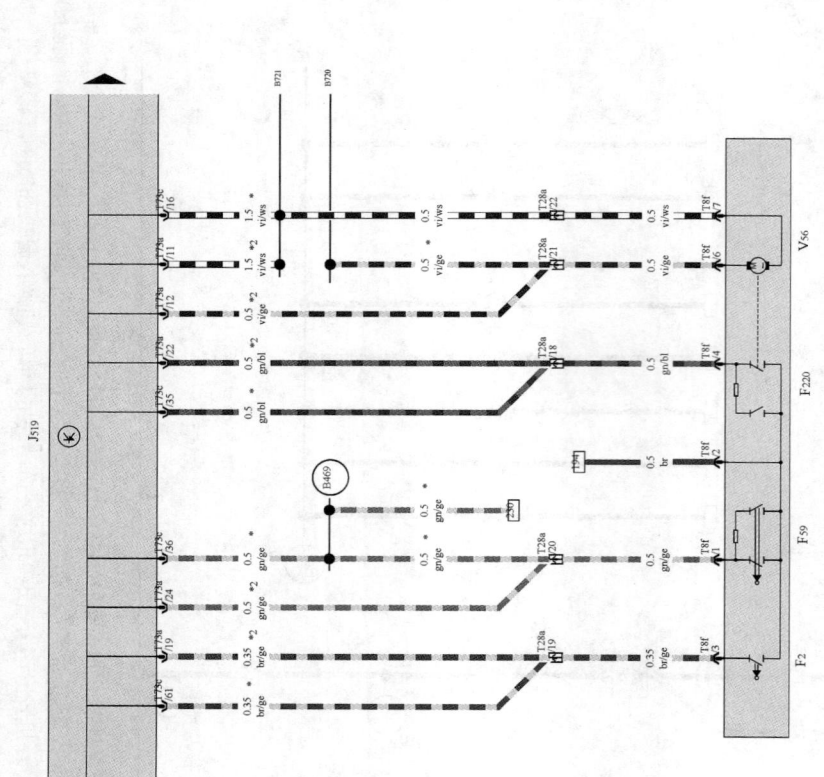

F3-副驾驶员侧中央门锁闭锁单元　F114-副驾驶员侧中央门锁开关　F221-副驾驶员侧中央门锁闭锁单元　J519-车载电网控制单元　T8g-8芯插头连接　T28b-28芯插头连接　T73b-73芯插头连接　T73a-73芯插头连接　T73c-73芯插头连接　V57-副驾驶员车门中央门锁电机　B470-连接6，在主导线束中　B720-连接1（中央门锁），在主导线束中　B721-连接2（中央门锁），在主导线束中　B720-连接1（中央门锁）　*-用于带车载电网控制单元BFM的汽车　*2-用于带车载电网控制单元BCM的汽车　*3-自2016年7月起　*4-截至2016年7月

图 1-4-41

右后车门接触开关，右后中央门锁闭锁单元，车载电网控制单元，右后车门中央门锁电机

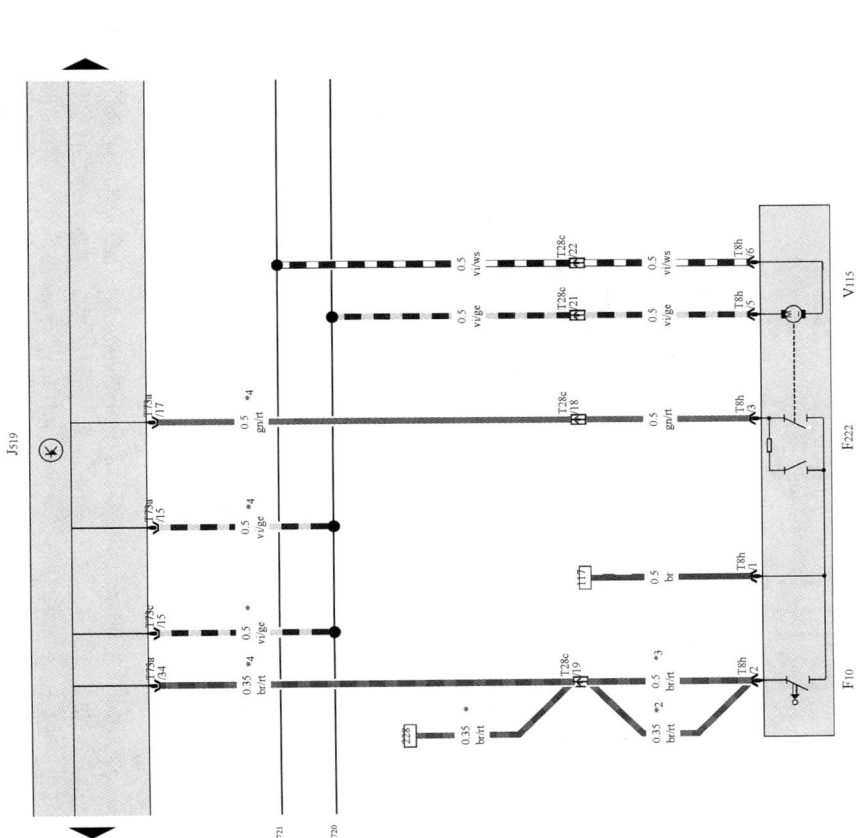

F11–右后车门接触开关 F223–右后中央门锁闭锁单元 J519–车载电网控制单元 T8h–8芯插头连接 T8i–8芯插头连接 T28d–28芯插头连接 T73a–73芯插头连接 V97–右后车门中央门锁电机 B720–连接1（中央门锁） B721–连接2（中央门锁），在主导线束中 *–用于带车载电网控制单元BFM的汽车 *2–自2016年7月起 *3–截至2016年7月 *4–用于带车载电网控制单元BCM的汽车

图1-4-43

左后车门接触开关，左后中央门锁闭锁单元，车载电网控制单元，左后车门中央门锁电机

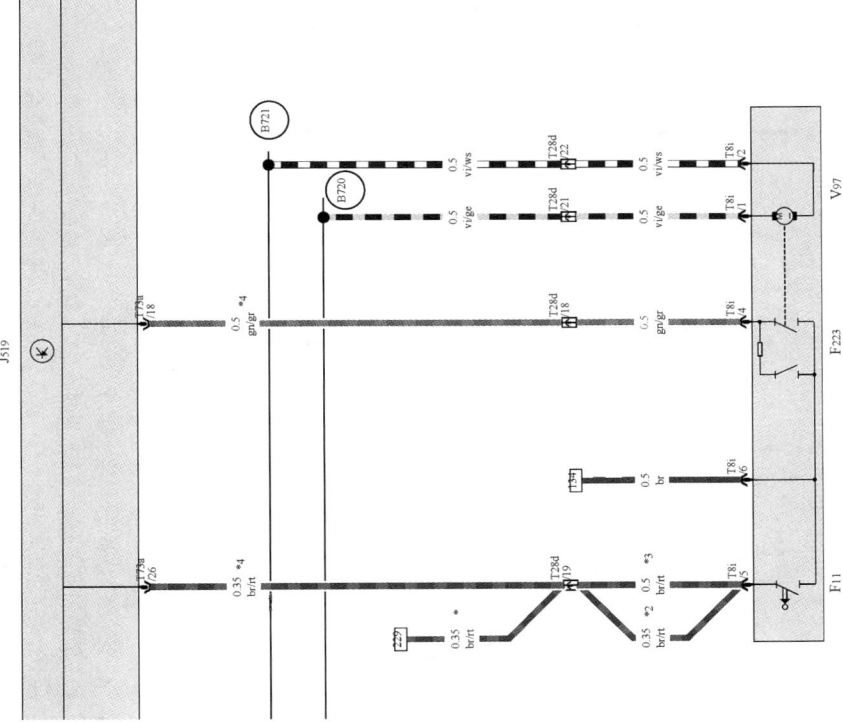

F10–左后车门接触开关 F222–左后中央门锁闭锁单元 J519–车载电网控制单元 T8h–8芯插头连接 T28c–28芯插头连接 T73a–73芯插头连接 T73c–73芯插头连接 V115–左后车门中央门锁电机 B720–连接1（中央门锁） B721–连接2（中央门锁），在主导线束中 *–用于带车载电网控制单元BFM的汽车 *2–自2016年7月起 *3–截至2016年7月 *4–用于带车载电网控制单元BCM的汽车

图1-4-42

保险丝架 C

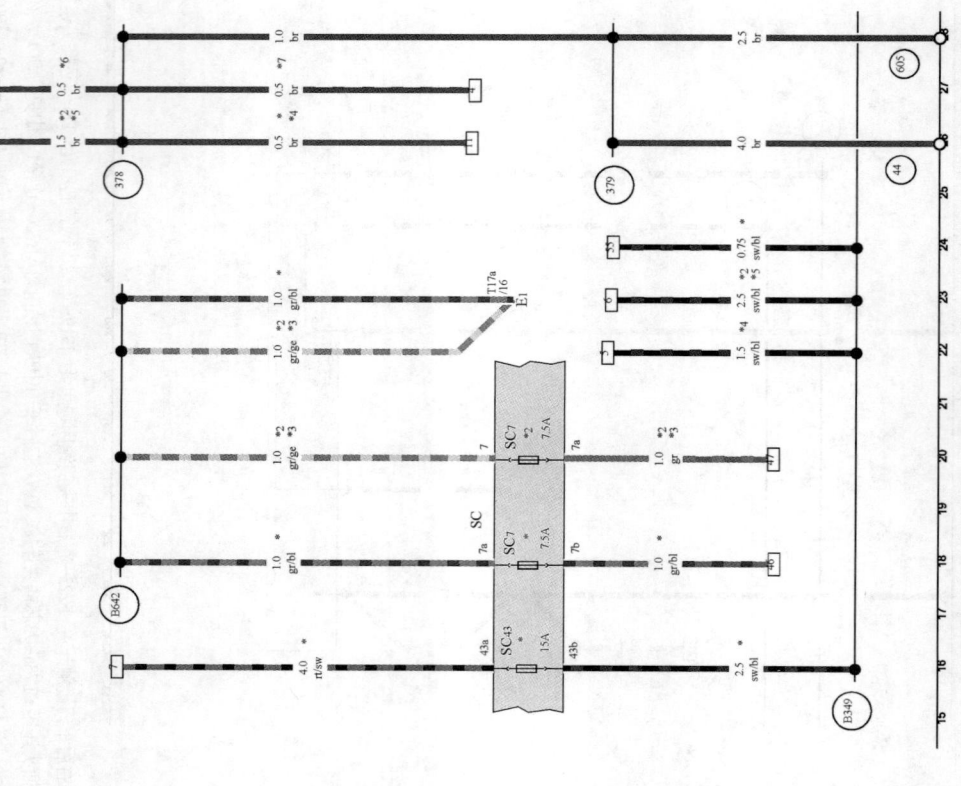

图 1-4-45

E1-车灯开关　SC-保险丝架C　SC7-保险丝架C上的保险丝7　SC43-保险丝架C上的保险丝43　T17a-17芯插头连接　44-左侧A柱下部的接地点　378-接地连接13，在主导线束中　379-接地连接14，在主导线束中　605-上部转向柱上的接地点　B349-连接2（75a），在主导线束中　B642-正极连接（58），在主导线束中　*-截至2016年7月　*2-自2016年7月起　*3-用于车载电网控制单元上不带车灯旋转开关和接口的汽车　*4-自2018年7月起　*5-截至2018年7月　*6-用于带发动机自动启停系统的汽车　*7-用于不带发动机自动启停系统的汽车

供电继电器 1，接线端 75，接线端 75x 供电继电器

图 1-4-44

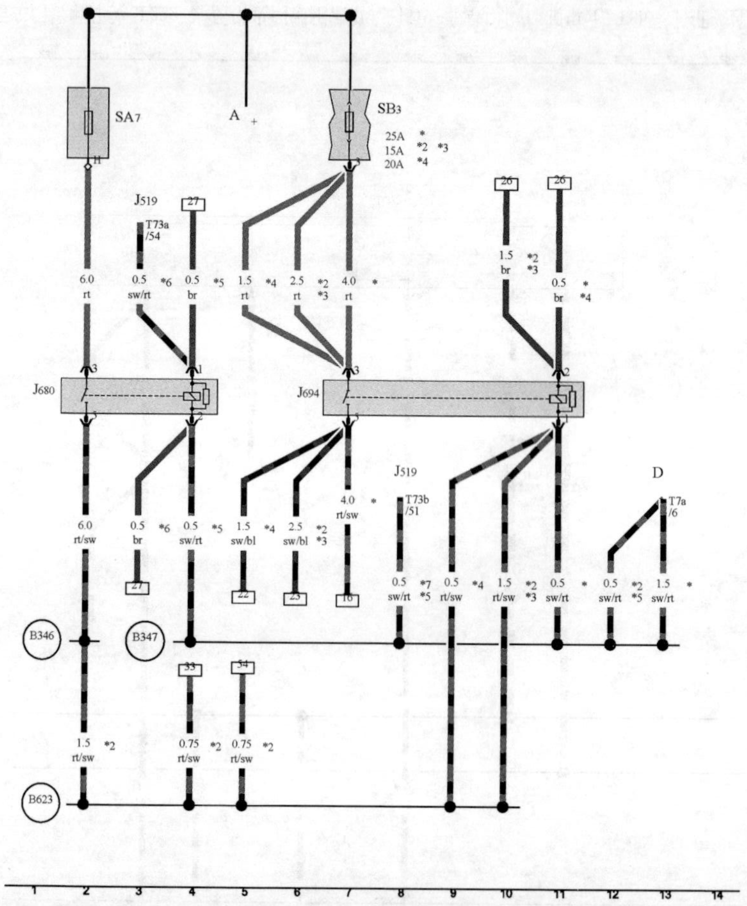

A-蓄电池　D-点火启动开关　J519-车载电网控制单元　J680-供电继电器1，接线端75　J694-接线端75x供电继电器　SB3-保险丝架B上的保险丝3　SA7-保险丝架A上的保险丝7　T73b-73芯插头连接　T73a-73芯插头连接　T7a-7芯插头连接7　B346-连接1（75），在主导线束中　B347-连接2（75），在主导线束中　B623-连接　*-截至2016年7月　*2-自2016年7月起　*3-用于不带发动机自动启停系统的汽车　*4-自2018年7月起　*5-用于不带发动机自动启停系统的汽车　*6-用于带发动机自动启停系统的汽车　*7-用于带车载电网控制单元BCM的汽车

可加热驾驶员座椅调节器，可加热前座椅控制单元，可加热驾驶员座椅指示灯，可加热驾驶员座椅2挡指示灯

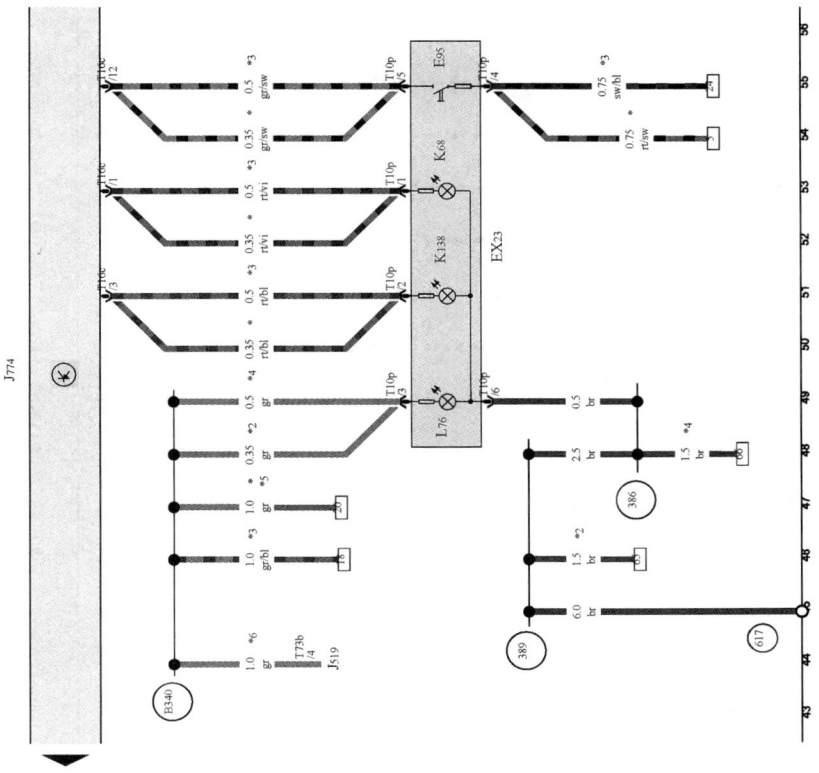

E94-可加热驾驶员座椅调节器 J519-车载电网控制单元 J774-可加热前座椅控制单元 K59-可加热驾驶员座椅指示灯 K137-可加热驾驶员座椅2挡指示灯 T6b-6芯插头连接 T16c-16芯插头连接 T73a-73芯插头连接 B349-连接2（75a），在主导线束中 *1-自2016年7月起 *2-截至2016年7月

图 1-4-46

中控台开关模块1，可加热副驾驶员座椅调节器，可加热副驾驶员座椅控制单元，可加热副驾驶员座椅指示灯，可加热副驾驶员座椅2挡指示灯，按钮照明灯泡

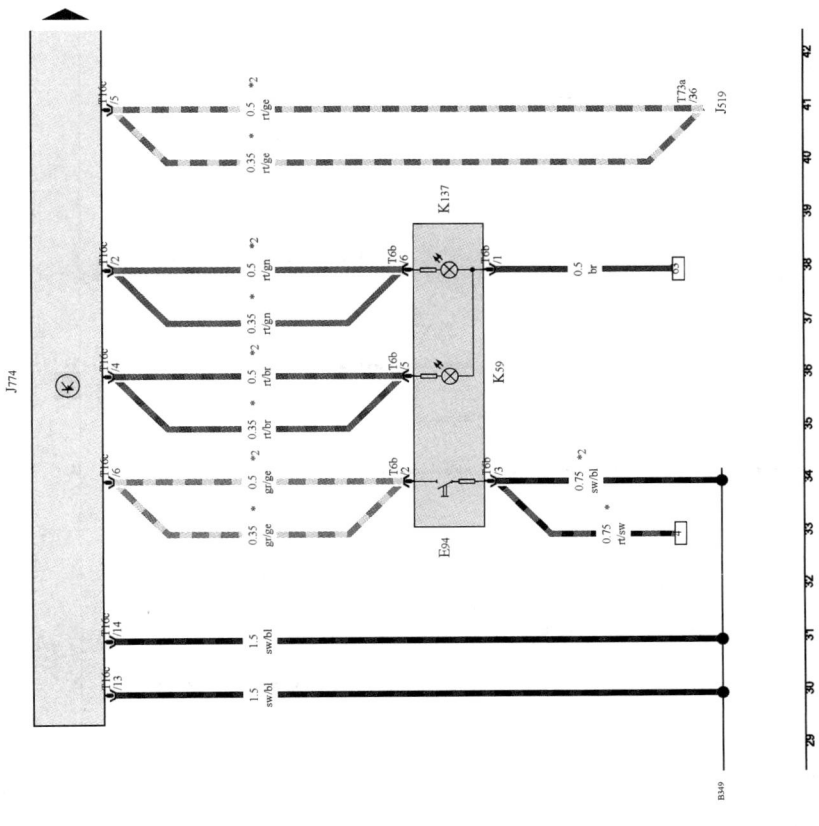

EX23-中控台开关模块1 E95-可加热副驾驶员座椅调节器 J519-车载电网控制单元 J774-可加热前座椅控制单元 L76-按钮照明灯泡 控制单元 K68-可加热副驾驶员座椅指示灯 K138-可加热副驾驶员座椅2挡指示灯 T10p-10芯插头连接 T16c-16芯插头连接 T73b-73芯插头连接 386-接地连接21，在主导线束中 389-接地连接24，在主导线束中 617-右侧A柱下部接地点 B340-连接1（58d），在主导线束中 *1-自2016年7月起 *2-自2018年7月起 *3-截至2016年7月 *4-截至2018年7月 *5-用于在车载电网控制单元上带车灯旋转开关和接口的汽车 *6-用于在车载电网控制单元上不带车灯旋转开关和接口的汽车

图 1-4-47

可加热前座椅控制单元，可加热驾驶员座椅，可加热驾驶员座椅靠背，可加热副驾驶员座椅，可加热副驾驶员座椅靠背

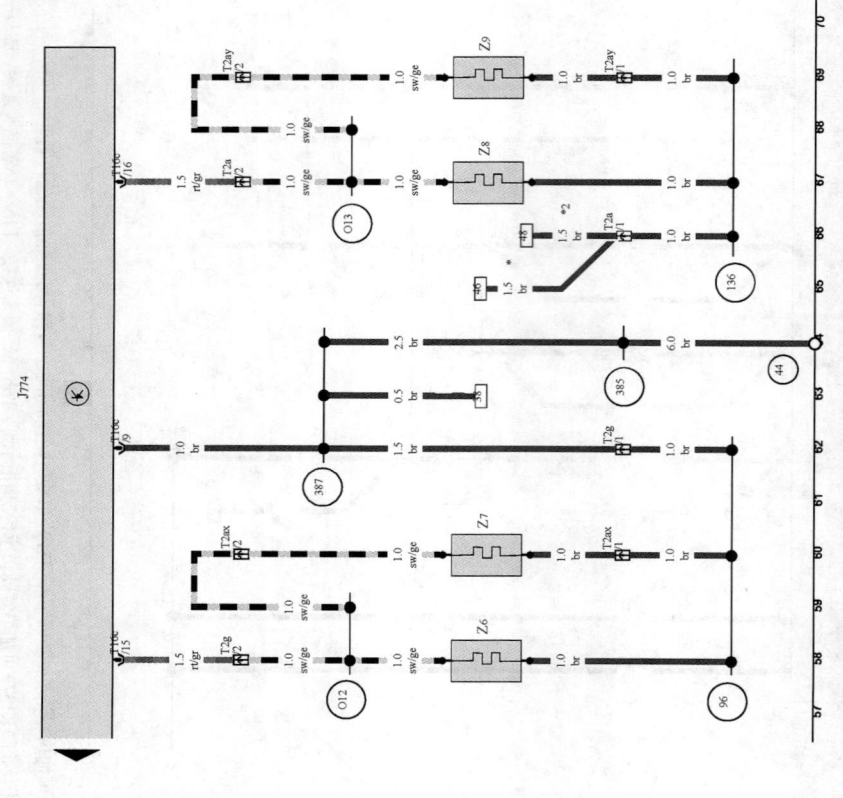

图1-4-48

J774-可加热前座椅控制单元　T2a-2芯插头连接　T2ax-2芯插头连接　T2ay-2芯插头连接　T2g-2芯插头连接　T16c-16芯插头连接　Z6-可加热驾驶员座椅　Z7-可加热驾驶员座椅靠背　Z8-可加热副驾驶员座椅　Z9-可加热副驾驶员座椅靠背　385-接地连接20，在主导线导线束中　387-接地连接22，在主导线束中　O12-连接2，在座椅加热导线束中　O13-连接1，在座椅加热导线束中　*-自2018年7月起　*2-截至2018年7月

44-左侧A柱下部的接地点　96-接地连接1，在座椅加热导线束中　136-接地连接2，在座椅加热导线束中

可加热前座椅控制单元，可加热驾驶员座椅，可加热驾驶员座椅靠背，可加热副驾驶员座椅，可加热副驾驶员座椅靠背

滑动天窗上升和下降开关，滑动天窗调节器，滑动天窗控制单元，车载电网控制单元，滑动天窗电机

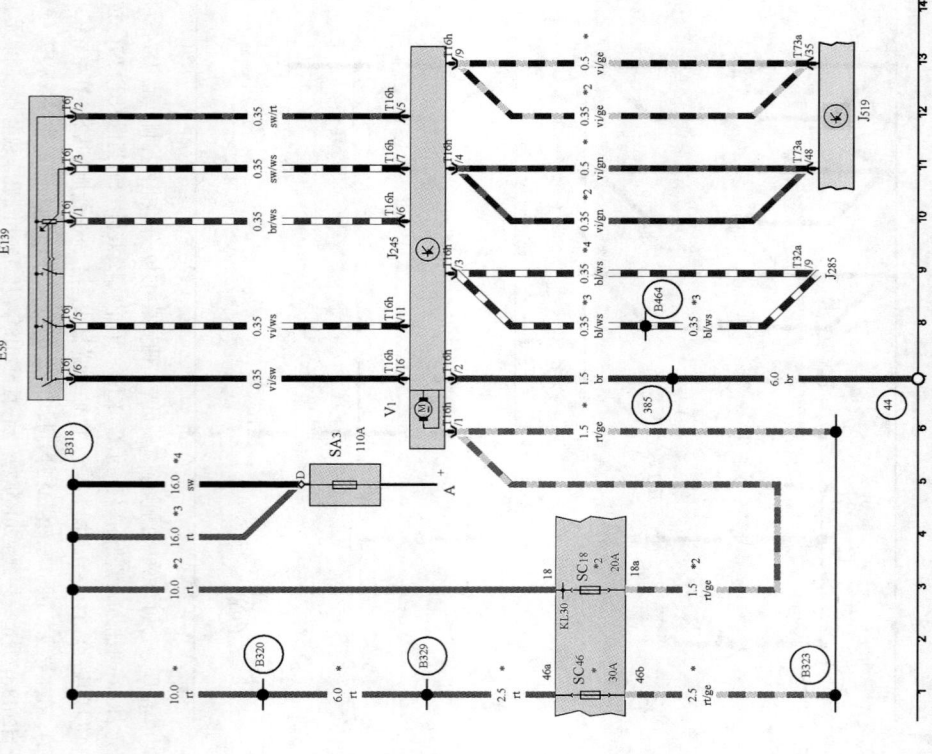

图1-4-49

A-蓄电池　E59-滑动天窗上升和下降开关　E139-滑动天窗调节器　J245-滑动天窗控制单元　J285-组合仪表中的控制单元　J519-车载电网控制单元　SA3-保险丝架A上的保险丝1的保险丝　SC18-保险丝架C上的保险丝18　SC46-保险丝架C上的保险丝46　T6j-6芯插头连接　T16h-16芯插头连接　T32a-32芯插头连接　T73a-73芯插头连接　V1-滑动天窗电机　44-左侧A柱下部的接地点　385-接地连接20，在主导线束中　B318-正极连接4（30a），在主导线束中　B320-正极连接6（30a），在主导线束中　B323-正极连接9（30a），在主线束中　B329-正极连接15（30a），在主导线束中　B464-连接（车速信号），在主导线束中　*-截至2016年7月　*2-自2016年7月起　*3-自2014年7月起　*4-截至2014年7月

倒车灯开关，泊车雷达系统控制单元，车载电网控制单元，保险丝架 C

左后泊车雷达系统传感器，中部后侧泊车雷达系统传感器，泊车雷达系统控制单元

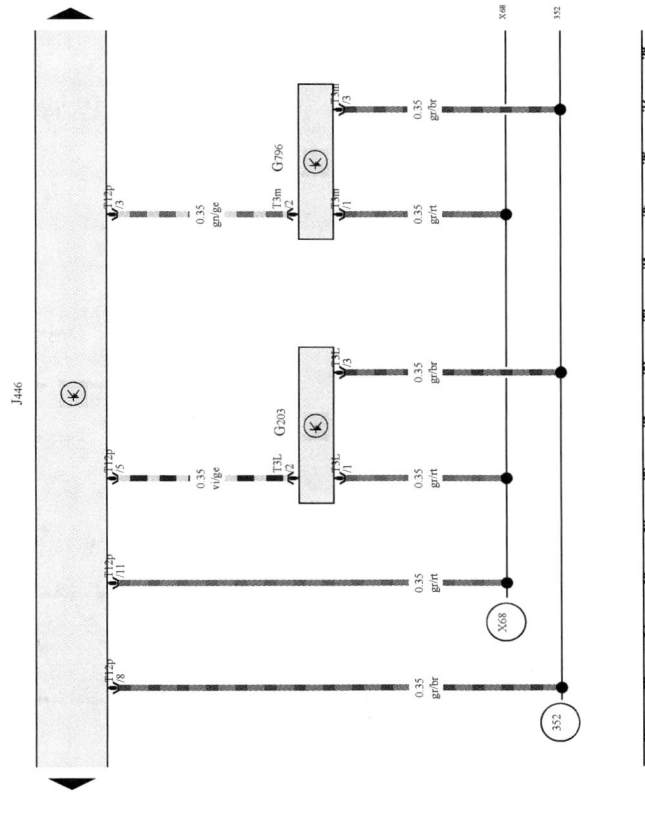

图 1-4-51

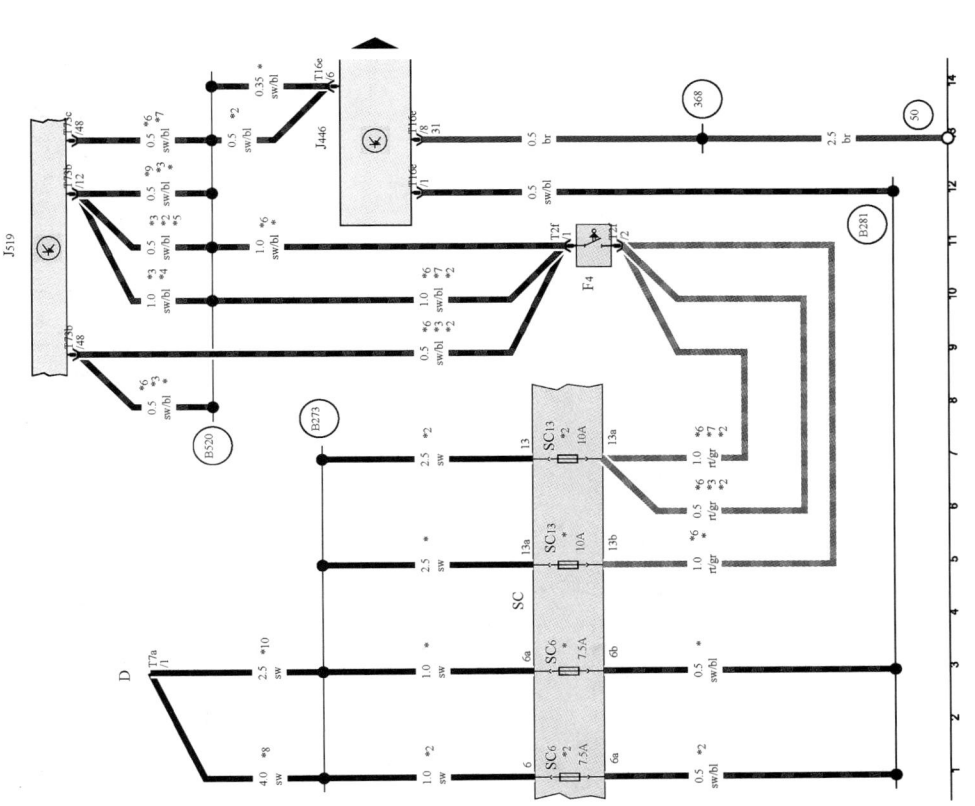

图 1-4-50

D-点火启动开关 F4-倒车灯开关 J446-泊车雷达系统控制单元 J519-车载电网控制单元 SC-保险丝架C SC6-保险丝架C上的保险丝6 SC13-保险丝架C上的保险丝13 T2f-2芯插头连接 T7a-7芯插头连接 T16e-16芯插头连接 T73b-73芯插头连接 T73c-73芯插头连接 50-行李箱内左侧的接地点 368-接地连接3，在主导线束中 B273-正极连接（15） 在主导线束中 B281-正极连接5（15a），在主导线束中 B520-连接在主导线束中 *1-截至2016年7月 *2-自2016年7月起 *3-用于车载电网控制单元BCM的汽车（RF），在主导线束中 *4-自2018年7月起 *5-截至2018年7月 *6-用于带手动变速器的汽车 *7-用于带车载电网控制单元BFM的汽车 *8-截至2014年7月 *9-用于带自动变速器的汽车 *10-自2014年7月起

G203-左后泊车雷达系统传感器 G796-中部后侧泊车雷达系统传感器 J446-泊车雷达系统控制单元 T3L-3芯插头连接 T3m-3芯插头连接 T12p-12芯插头连接（泊车雷达系统），在后保险杠导线束中 X68-连接（泊车雷达系统）352-接地连接，在后保险杠导线束中

右后泊车雷达系统传感器，后部泊车雷达系统报警蜂鸣器，泊车雷达系统控制单元

保险丝架 C

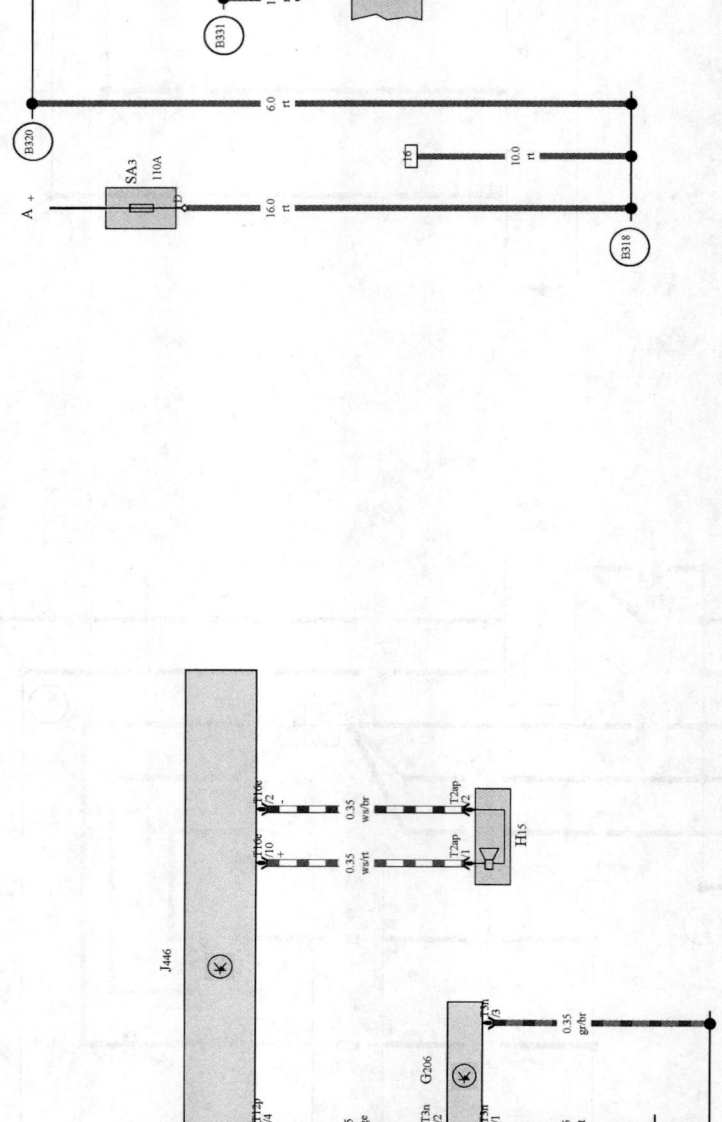

图 1-4-53

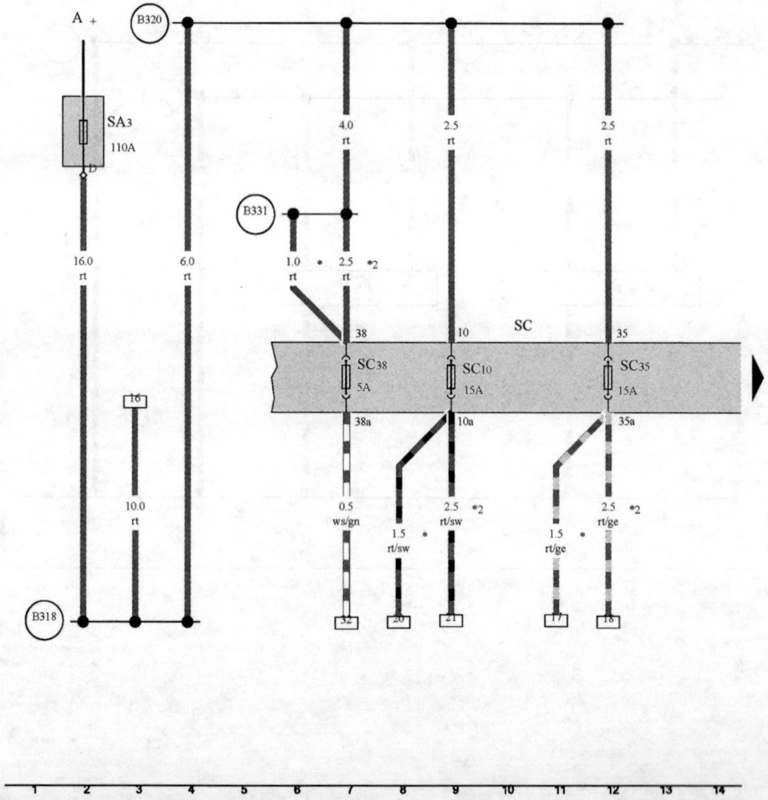

A-蓄电池 SA3-保险丝架A上的保险丝3 SC-保险丝架C SC10-保险丝架C上的保险丝10 SC35-保险丝架C上的保险丝35 SC38-保险丝38 B318-正极连接4（30a），在主导线束中 B320-正极连接6（30a），在主导线束中 B331-正极连接17（30a），在主导线束中 *-自2018年7月起 *2-截至2018年7月

图 1-4-52

G206-右后泊车雷达系统传感器 H15-后部泊车雷达系统报警蜂鸣器 J446-泊车雷达系统控制单元 T2ap-2芯插头连接 T3n-3芯插头连接 T12p-12芯插头连接 T16e-16芯插头连接 X68-连接（泊车雷达系统），在后保险杠导线束中 352-接地连接（泊车雷达系统），在后保险杠导线束中

56

车灯开关，前雾灯开关，后雾灯开关，车载电网控制单元，大灯开关照明灯泡

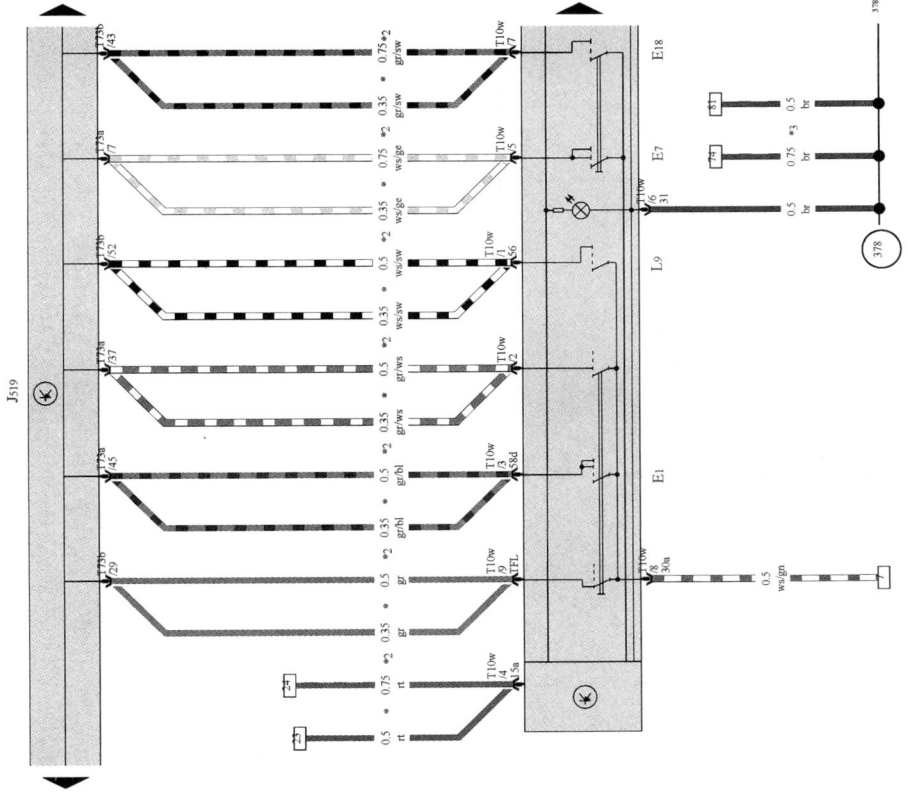

E1-车灯开关 E7-前雾灯开关 E18-后雾灯开关 J519-车载电网控制单元 L9-大灯开关照明灯泡 T10w-10芯插头连接 T73a-73芯插头连接 T73b-73芯插头连接 378-接地连接13，在主导线束中 *-自2018年7月起 *2-截至2018年7月 *3-用于带回家照明功能的汽车

图1-4-55

车载电网控制单元，保险丝架C

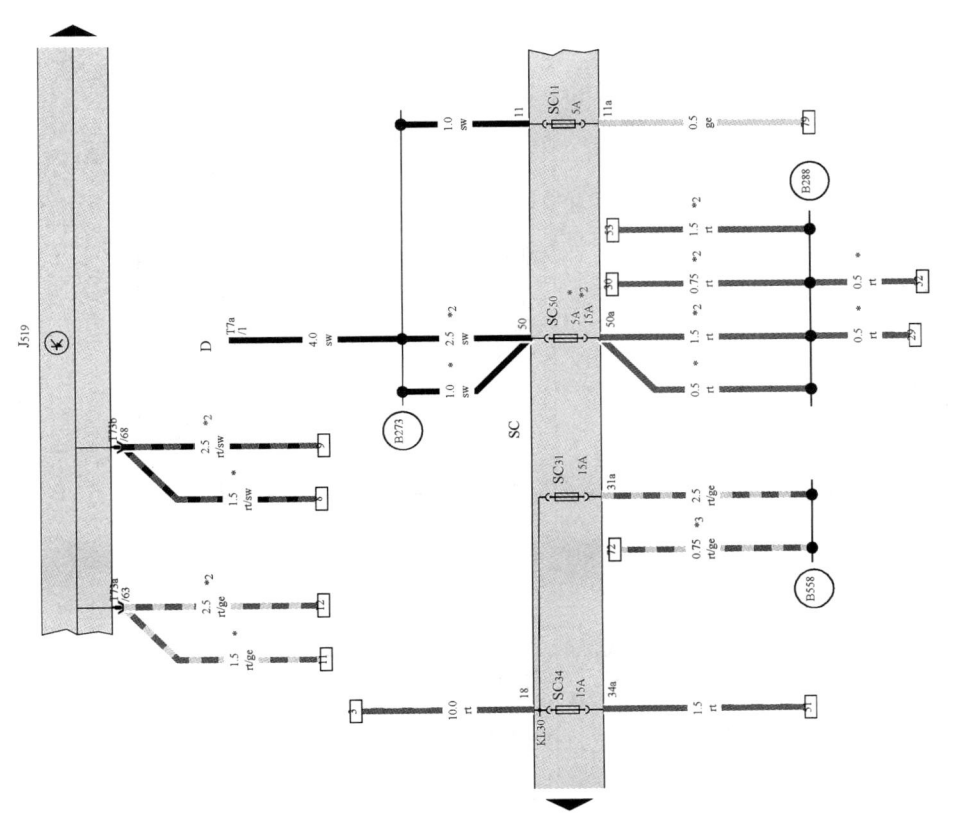

D-点火启动开关 J519-车载电网控制单元 SC-保险丝架C SC11-保险丝架C上的保险丝11 SC31-保险丝架C上的保险丝31 SC34-保险丝架C上的保险丝34 SC50-保险丝架C上的保险丝50 T7a-7芯插头连接 T73a-73芯插头连接 T73b-73芯插头连接 B273-正极连接（15），在主导线束中 B288-正极连接12（15a），在主导线束中 B558-正极连接22（30a），在主导线束中 *-自2018年7月起 *2-截至2018年7月 *3-用于带回家照明功能的汽车

图1-4-54

57

转向信号灯开关，手动远光灯功能和远光灯瞬时接通功能开关，左侧转向灯 车载电
网控制单元，大灯开关照明灯泡

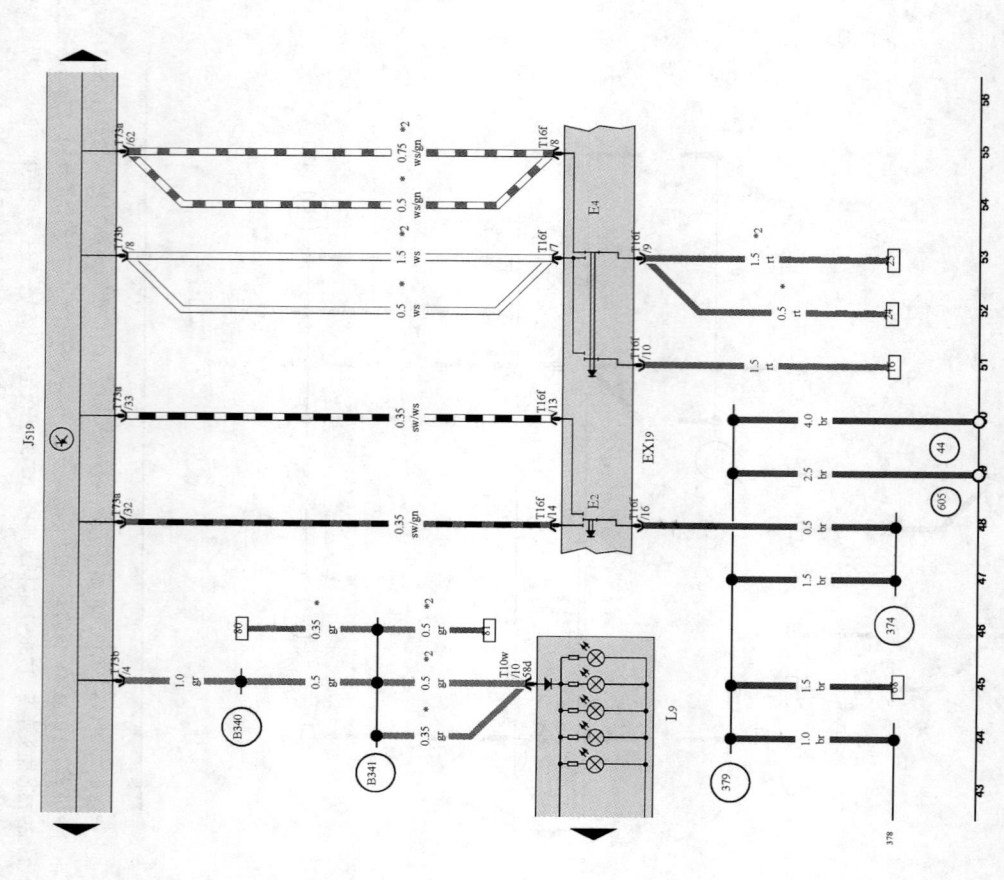

E2-转向信号灯开关　E4-手动远光灯功能和远光灯瞬时接通功能开关　EX19-左侧转向柱开关　J519-车载电网控制单元　L9-大灯开关照明灯泡　T10w-10芯插头连接　T16f-16芯插头连接　T73a-73芯插头连接　T73b-73芯插头连接　374-接地连接9，在主导线束中　378-接地连接13，在主导线束中　379-接地连接14，在主导线束中　605-上部转向柱上部的接地点　B340-连接1（58d），在主导线束中　B341-连接2（58d），在主导线束中　*-自2018年7月起　*2-截至2018年7月

图 1-4-56

车载电网控制单元，左侧驻车示宽灯灯泡，左前大灯，左前转向信号灯灯泡，左侧近光灯
灯泡，左侧远光灯灯泡，左侧大灯照明距离调节伺服电机

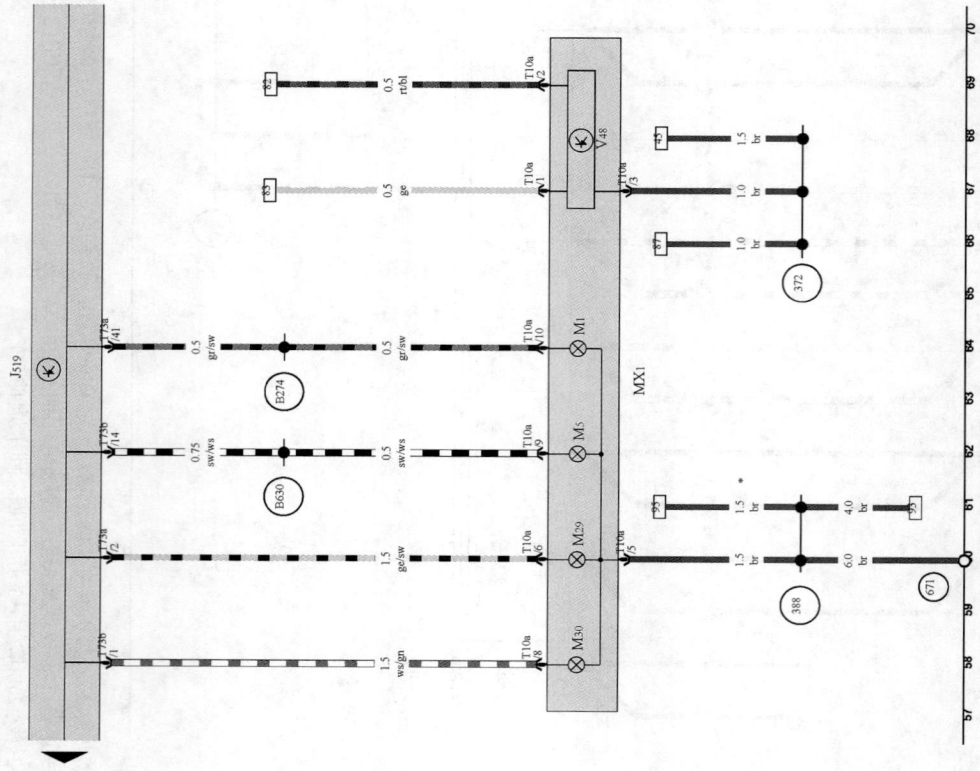

J519-车载电网控制单元　M1-左侧驻车示宽灯灯泡　M5-左前转向信号灯灯泡　M29-左侧近光灯灯泡　M30-左侧远光灯灯泡　MX1-左前大灯　T10a-10芯插头连接　T73a-73芯插头连接　V48-左侧大灯照明距离调节伺服电机　372-接地连接7，在主导线束中　388-接地连接23，在主导线束中　671-左侧纵梁上的接地点1　B274-正极连接（58L），在主导线束中　B630-正极连接（左转向信号灯），在主导线束中　*-截至2018年7月

图 1-4-57

58

右载电网控制单元，左侧前雾灯灯泡，右侧前雾灯灯泡，左侧弯道灯灯泡，右侧弯道灯灯泡，右前大灯，右侧驻车示宽灯泡，右前转向信号灯灯泡，右侧近光灯灯泡，右侧远光灯灯泡，右侧大灯照明距离调节伺服电机

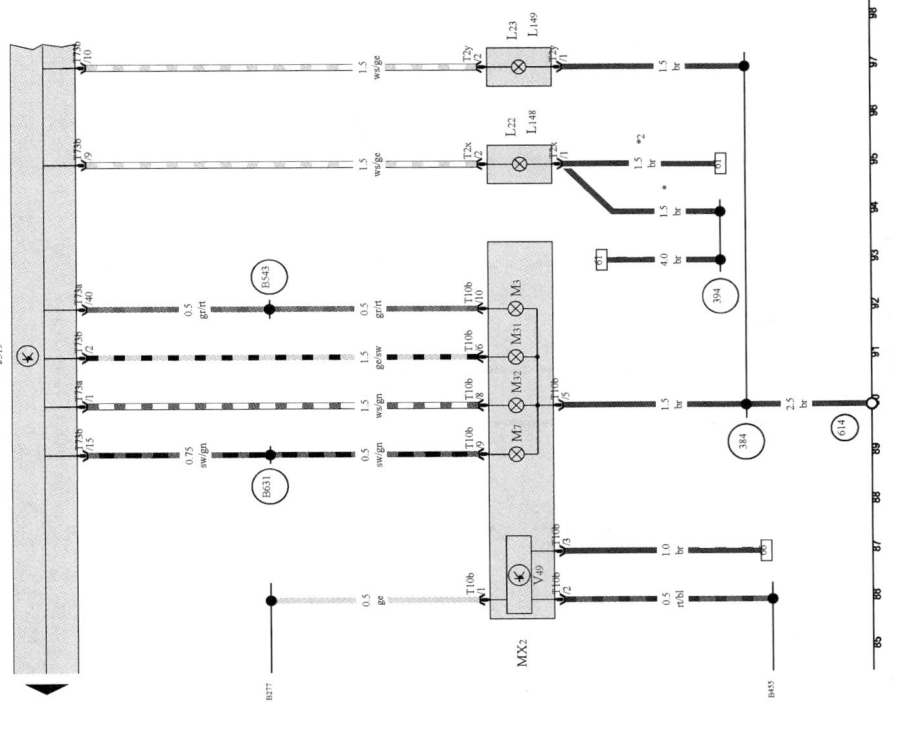

J519-车载电网控制单元 L22-左侧前雾灯灯泡 L23-右侧前雾灯灯泡 L148-左侧弯道灯灯泡 L149-右侧弯道灯灯泡 MX2-右前大灯 M3-右侧驻车示宽灯泡 M7-右侧前转向信号灯灯泡 M31-右侧近光灯灯泡 M32-右侧远光灯灯泡 T2x-2芯插头连接 T2y-2芯插头连接 T10b-10芯插头连接 T73a-73芯插头连接 T73b-73芯插头连接 V49-右侧大灯照明距离调节伺服电机 384-接地连接19，在主导线束中 394-接地连接29，在主导线束中 614-发动机舱内右侧接地点2 (15a)，在主导线束中 B277-正极连接1 (15a)，在主导线束中 B455-连接 (LWR)，在主导线束中 B543-正极连接 (58R)，在主导线束中 B631-正极连接 (右转向信号灯)，在主导线束中 *-自2018年7月起 *2-截至2018年7月

图 1-4-59

大灯照明距离调节器，雨水与光线识别传感器，车载电网控制单元，大灯照明距离调节设置器照明灯泡

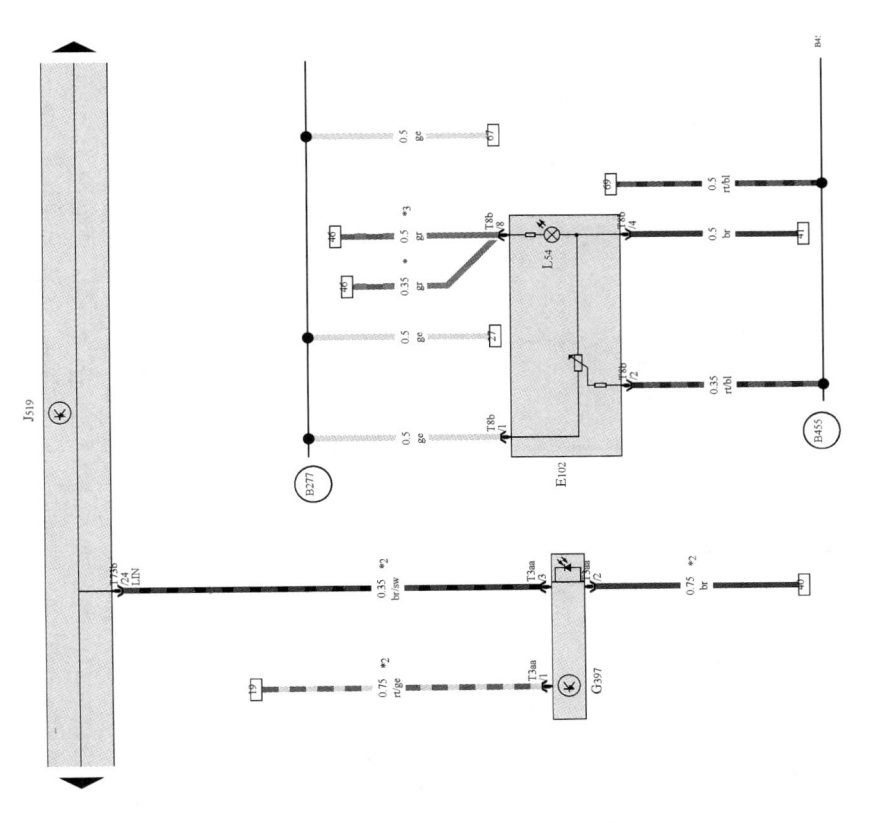

E102-大灯照明距离调节器 G397-雨水与光线识别传感器 J519-车载电网控制单元 L54-大灯照明距离调节设置器照明灯泡 T3aa-3芯插头连接 T8b-8芯插头连接 T73a-73芯插头连接 T73b-73芯插头连接 B277-正极连接 B455-连接 (LWR)，在主导线束中 *-自2018年7月起 *2-用于带回家照明功能的汽车 *3-截至2018年7月

图 1-4-58

收音机，左前扬声器，右前扬声器，左前高音扬声器，右前高音扬声器

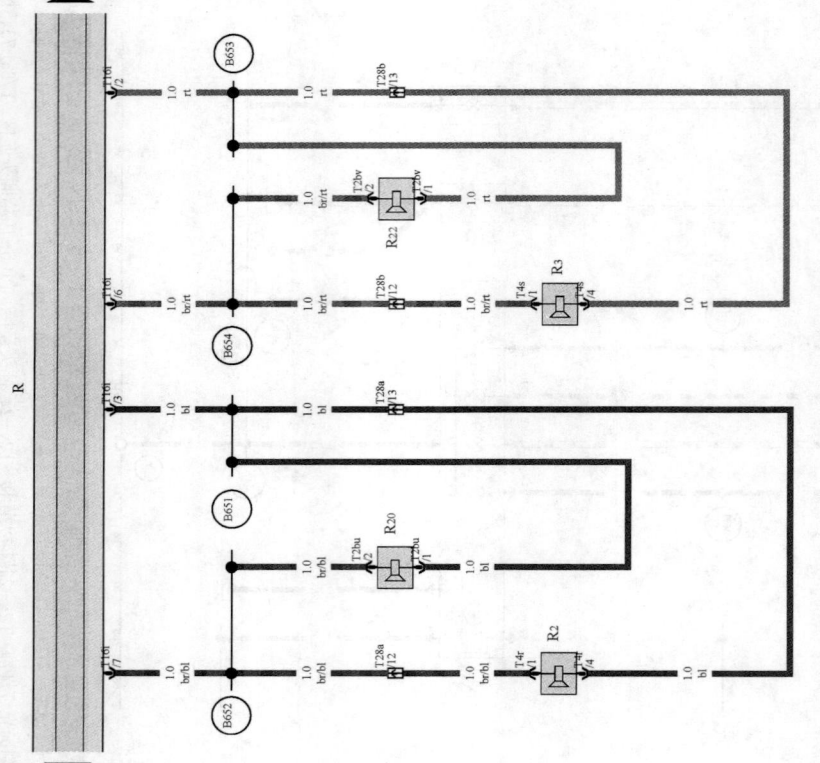

图 1-4-61

R-收音机 R2-左前扬声器 R3-右前扬声器 R20-左前高音扬声器 R22-右前高音扬声器 T2bu-2芯插
头连接 T2bv-2芯插头连接 T4s-4芯插头连接 T4r-4芯插头连接 T16i-16芯插头连接 T28a-28芯插头连
接 T28b-28芯插头连接 B651-连接1（扬声器），在主导线束中 B652-连接2（扬声器），在主导线束中
B653-连接3（扬声器），在主导线束中 B654-连接4（扬声器），在主导线束中

车载电网控制单元，收音机

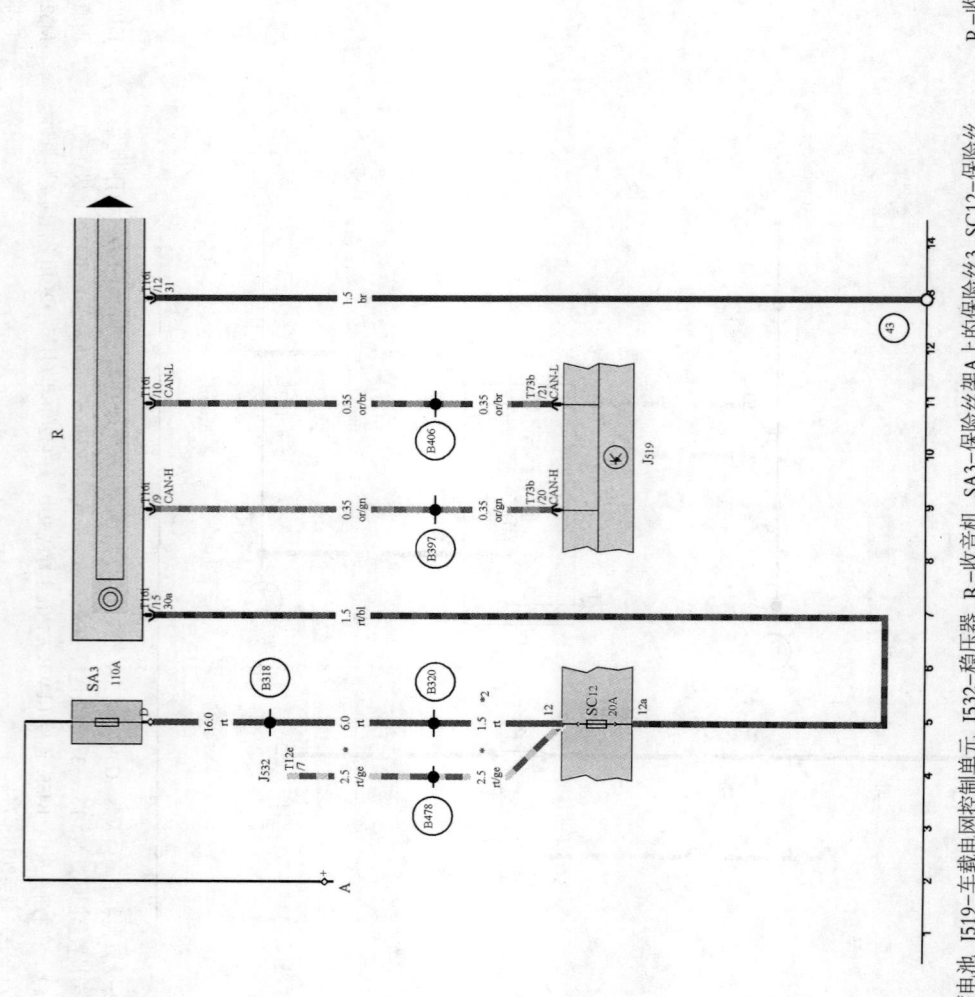

图 1-4-60

A-蓄电池 J519-车载电网控制单元 J532-稳压器 R-收音机 SA3-保险丝架A上的保险丝3 SC12-保险丝
架C上的保险丝12 T12e-12芯插头连接 T16i-16芯插头连接 T73b-73芯插头连接 43-右侧A柱下部的接地
点 B318-正极连接4（30a），在主导线束中 B320-正极连接6（30a），在主导线束中 B397-连接1（舒适
CAN总线，High），在主导线束中 B406-连接1（舒适CAN总线，Low），在主导线束中 B478-连接14，
在主导线束中 *-用于带发动机自动启停系统的汽车 *2-用于不带发动机自动启停系统的汽车

60

保险丝架 C

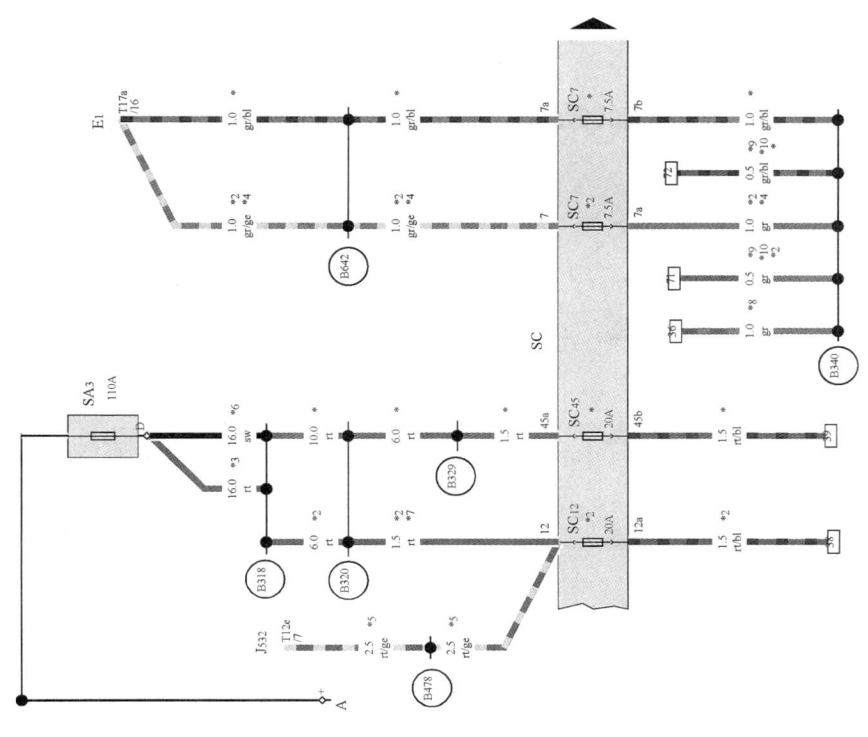

图 1-4-63

A-蓄电池 E1-车灯开关 J532-稳压器 SA3-保险丝架C上的保险丝A上的保险丝3 SC-保险丝架C SC7-保险丝架C上的保险丝7 SC12-保险丝架C上的保险丝12 SC45-保险丝架C上的保险丝45 T12e-12芯插头连接 T17a-17芯插头连接 B318-正极连接4（30a），在主导线束中 B320-正极连接6（30a），在主导线束中 B329-正极连接15（30a），在主导线束中 B340-连接1（58d），在主导线束中 B478-连接14，在主导线束中 B642-正极连接（58），在主导线束中 *-截至2016年7月 *2-自2016年7月起 *3-自2014年7月起 *4-用于在车载电网控制单元上不带车灯旋转开关和接口的汽车 *5-用于带发动机自动启停系统的汽车 *6-截至2014年7月 *7-用于不带发动机自动启停系统的汽车 *8-用于在车载电网控制单元上带车灯旋转开关和接口的汽车 *9-用于带收音机[MIB-G 1DIN]的汽车 *10-用于带收音机[MIB-G A]门型的汽车

收音机，左后扬声器，右后扬声器，天线放大器，车顶天线

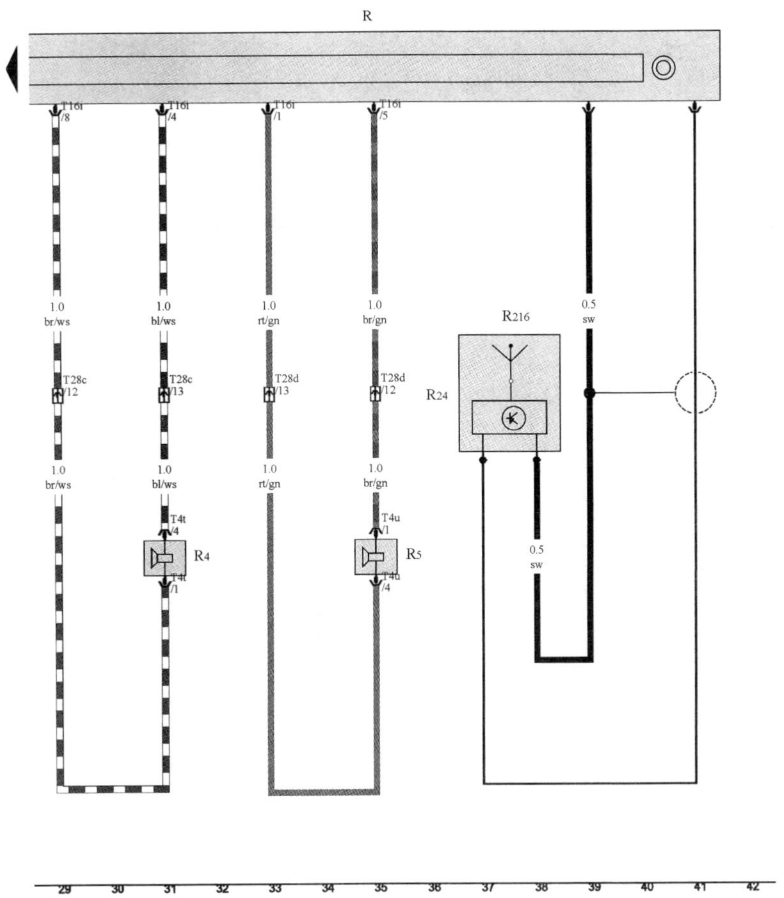

图 1-4-62

R-收音机 R4-左后扬声器 R5-右后扬声器 R24-天线放大器 R216-车顶天线 T4u-4芯插头连接 T16i-16芯插头连接 T28c-28芯插头连接 T28d-28芯插头连接

61

车载电网控制单元，收音机

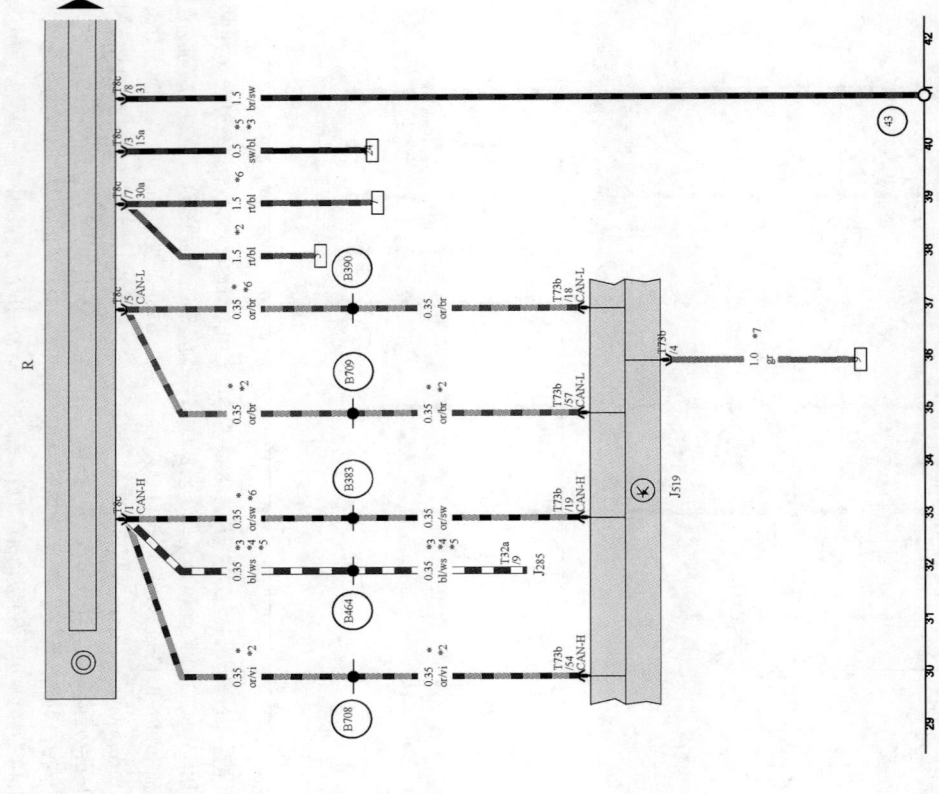

图1-4-65

J285-组合仪表中的控制单元 J519-车载电网控制单元 R-收音机 T8c-8芯插头连接 T32a-32芯插头连接 T73b-73芯插头连接 43-台侧A在下部的接地点 B383-连接1（驱动CAN总线，High），在主导线束中 B390-连接1（驱动CAN总线，Low），在主导线束中 B464-连接1（车速信号），在主导线束中 B708-连接1（组合仪表CAN总线，High），在主导线束中 B709-连接1（组合仪表CAN总线，Low），在主导线束中 *-用于带收音机[MIB-G标准型的汽车 *2-自2016年7月起的汽车 *3-用于带收音机[MIB-G入门型的汽车 *4-自2014年7月起 *5-用于带收音机[MIB-G 1DIN的汽车 *6-截至2016年7月 *7-用于在车载电网控制单元上带车灯旋转开关和接口的汽车

保险丝架C

图1-4-64

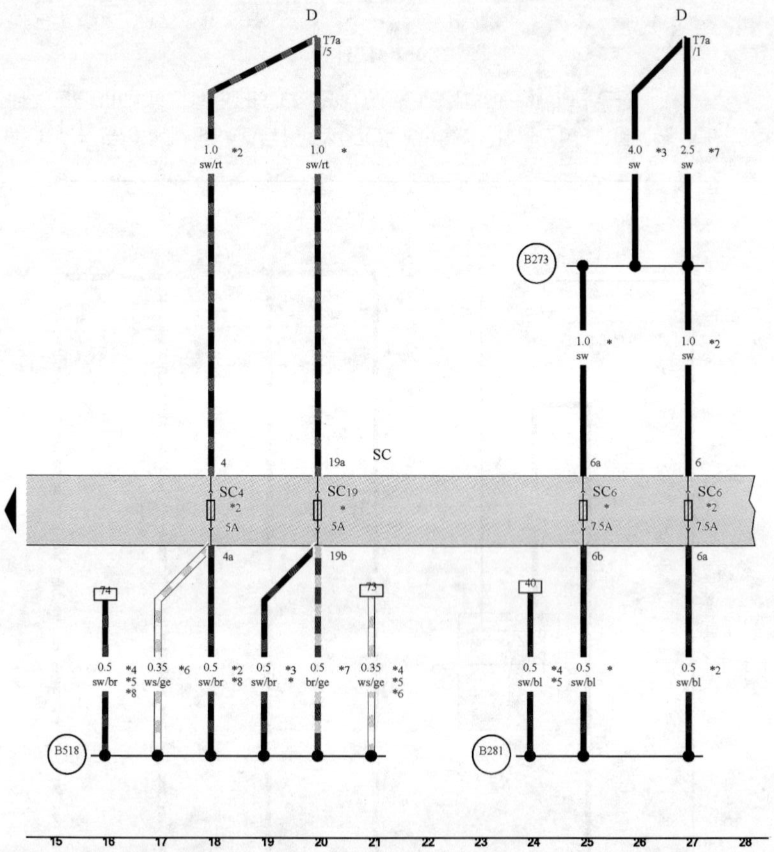

D-点火启动开关 SC-保险丝架C SC4-保险丝架C上的保险丝4 SC6-保险丝架C上的保险丝6 SC19-保险丝架C上的保险丝19 T7a-7芯插头连接 B273-正极连接（15） B281-正极连接（86s），在主导线束中 B518-连接19 *-截至2016年7月 *2-自2016年7月起 *3-自2014年7月起 *4-用于带收音机[MIB-G 1DIN的汽车 *5-用于带收音机[MIB-G入门型的汽车 *6-自2018年7月起 *7-用于带收音机[MIB-G入门型的汽车 *8-截至2018年7月

收音机，左后扬声器，右后扬声器

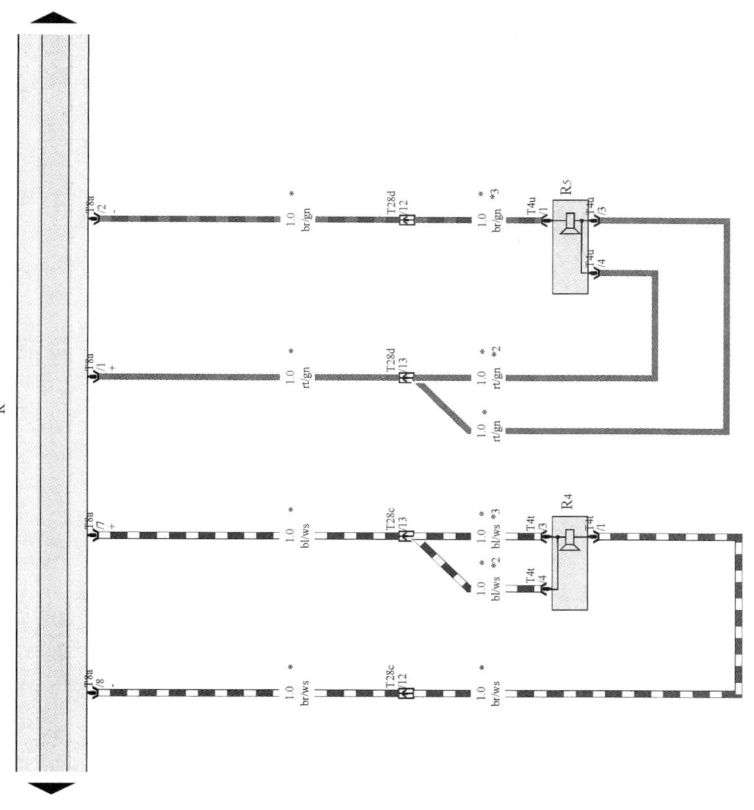

R–收音机 R4–左后扬声器 R5–右后扬声器 T4t–4芯插头连接 T4u–4芯插头连接 T8a–8芯插头连接
T28c–28芯插头连接 T28d–28芯插头连接 *–用于带前后扬声器的汽车 *2–自2016年7月起 *3–截至2016
年7月

图1-4-67

收音机，左前扬声器，右前扬声器，左前高音扬声器，右前高音扬声器

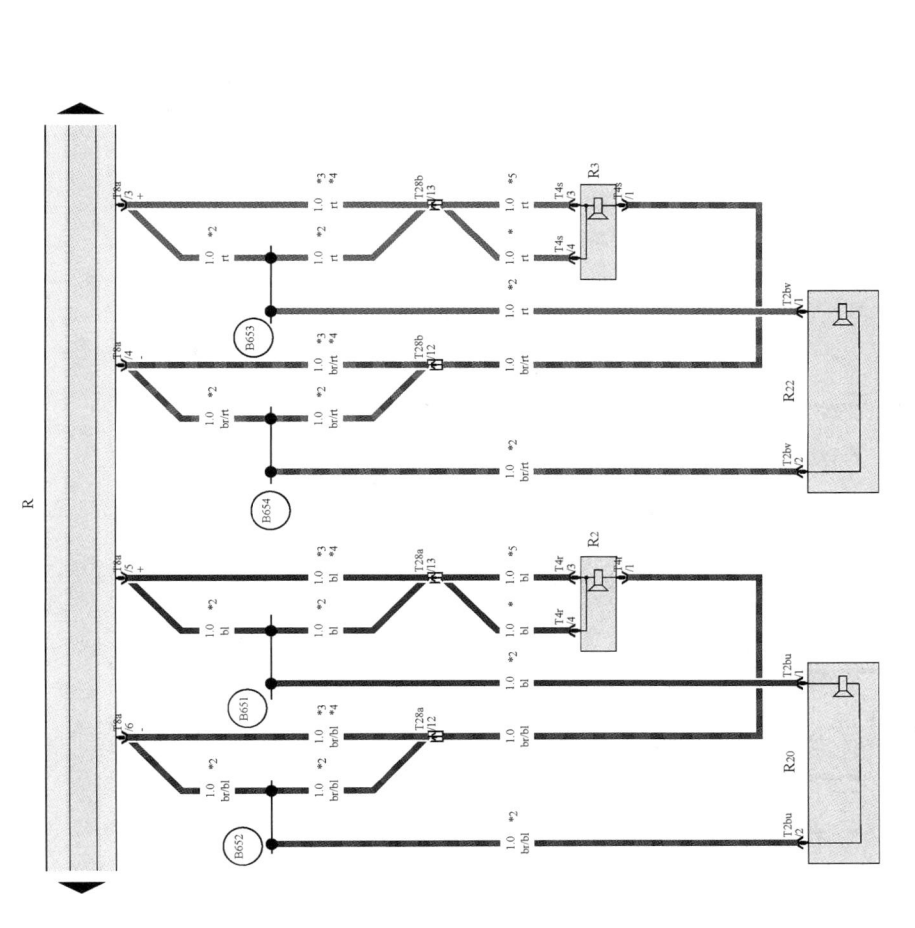

R–收音机 R2–左前扬声器 R3–右前扬声器 R20–左前高音扬声器 R22–右前高音扬声器 T2bv–2芯插
头连接 T2bw–2芯插头连接 T4r–4芯插头连接 T4s–4芯插头连接 T8a–8芯插头连接 T28a–28芯插头连
接 T28b–28芯插头连接 B651–连接1（扬声器），在主导线束中 B652–连接2（扬声器），在主导线束
中 B653–连接3（扬声器），在主导线束中 B654–连接4（扬声器），在主导线束中 *–自2016年7月起
*2–用于带6个无源扬声器装备的汽车 *3–用于带4个扬声器的汽车 *4–用于带2个扬声器的汽车
（8RD） *5–截至2016年7月

图1-4-66

63

保险丝架 C

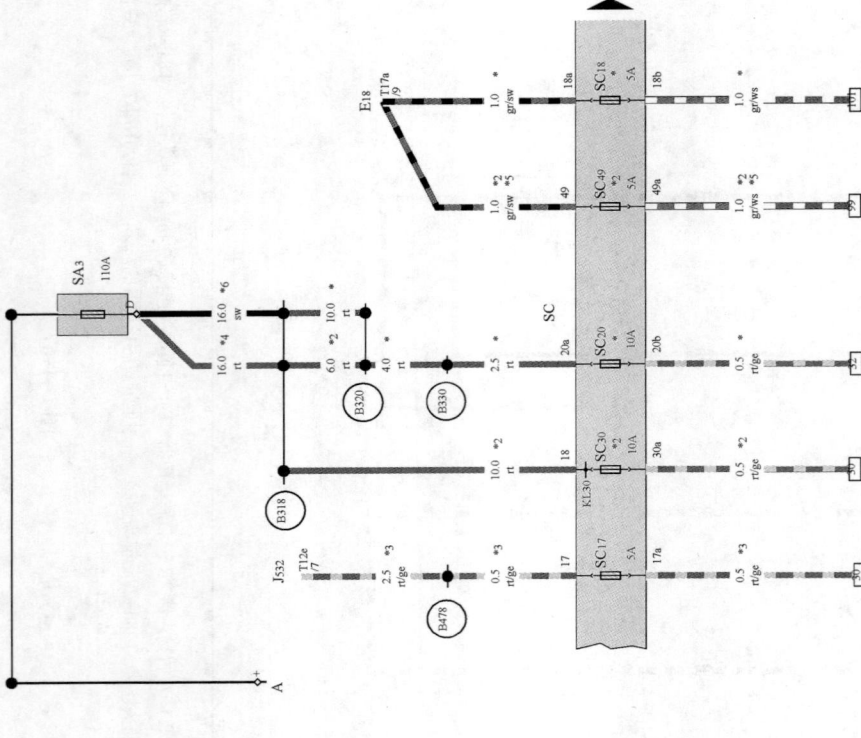

图 1-4-69

A-蓄电池 E18-后雾灯开关 J532-稳压器 SA3-保险丝架 A 上的保险丝3 SC-保险丝架 C SC17-保险丝架 C 上的保险丝17 SC18-保险丝架 C 上的保险丝18 SC20-保险丝架 C 上的保险丝20 SC30-保险丝架 C 上的保险丝30 SC49-保险丝架 C 上的保险丝49 T12c-12芯插头连接 T17a-17芯插头连接 B318-正极连接4 (30a)，在主导线束中 B320-正极连接6（30a），在主导线束中 B330-正极连接16（30a），在主导线束中 B478-连接14，在主导线束中 *-截至2016年7月 *2-自2016年7月起 *3-用于带发动机自动启停系统的汽车 *4-自2014年7月起 *5-用于在车载电网控制单元上不带车灯旋转开关和接口的汽车 *6-截至2014年7月

收音机，天线放大器，车顶天线

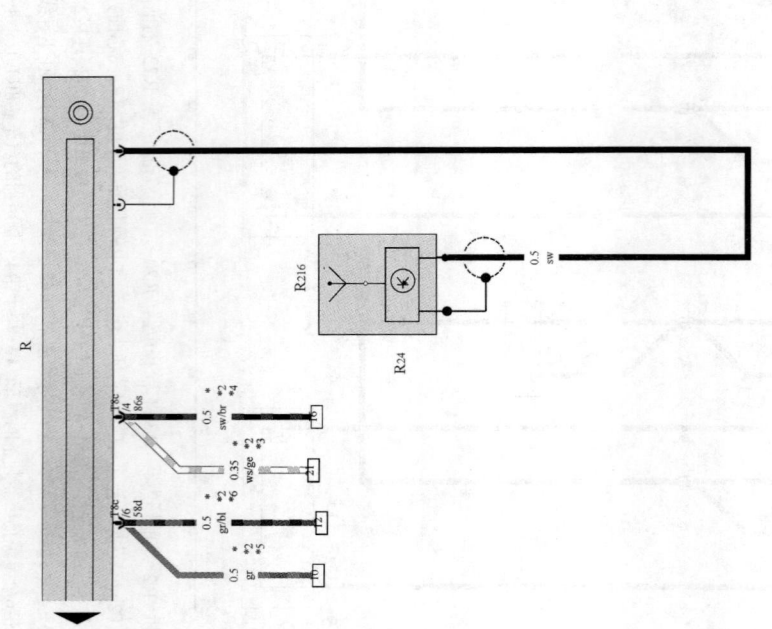

图 1-4-68

R-收音机 R24-天线放大器 R216-车顶天线 T8c-8芯插头连接 *-用于带收音机MIB-G 1DIN的汽车 *2-用于带收音机MIB-G入门型的汽车 *3-自2018年7月起 *4-截至2018年7月 *5-自2016年7月起 *6-截至2016年7月

64

冷却液不足显示传感器，组合仪表中的控制单元，冷却液温度和冷却液不足显示指示灯

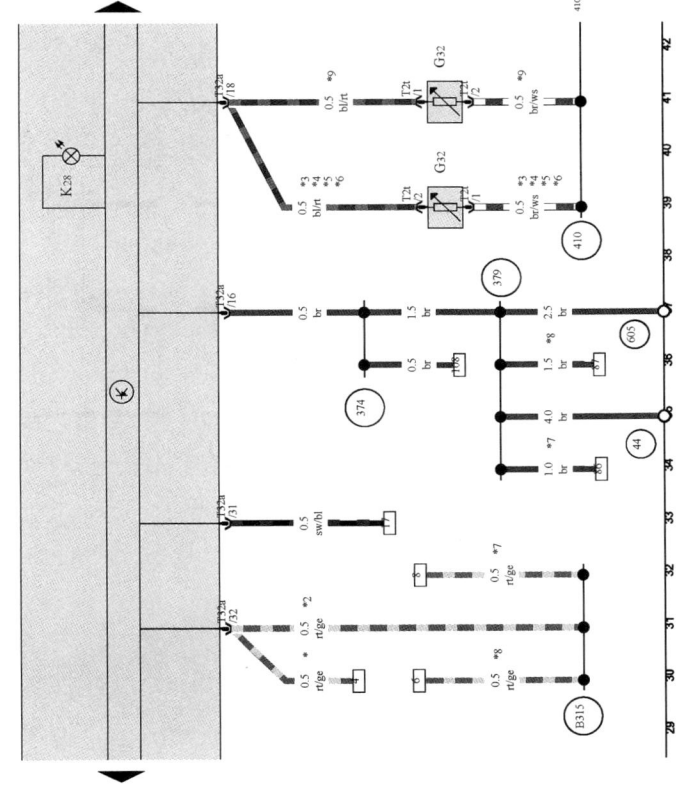

G32-冷却液不足显示传感器　J285-组合仪表中的控制单元　K28-冷却液温度和冷却液不足显示指示灯
T2t-2芯插头连接　T32a-32芯插头连接　44-左侧A柱下部的接地点　374-接地连接9，在主导线束中　379-
接地连接14，在主导线束中　410-接地连接1（传感器接地），在主导线束中　605-上部转向柱上的接地点
B315-正极连接1（30a），在主导线束中　*1-用于不带发动机自动启停系统的汽车　*2-用于不带发动机
B629-连接　*3-用于带1.6L发动机的汽车　*4-用于带发动机自动启停系统的汽车　*5-用于带发动机型号代码
CSTA的汽车　*6-用于带双燃料发动机的汽车　*7-截至2016年7月　*8-自2016年7月起　*9-用于带1.5L汽油
发动机的汽车

图1-4-71

组合仪表中的控制单元，保险丝架C

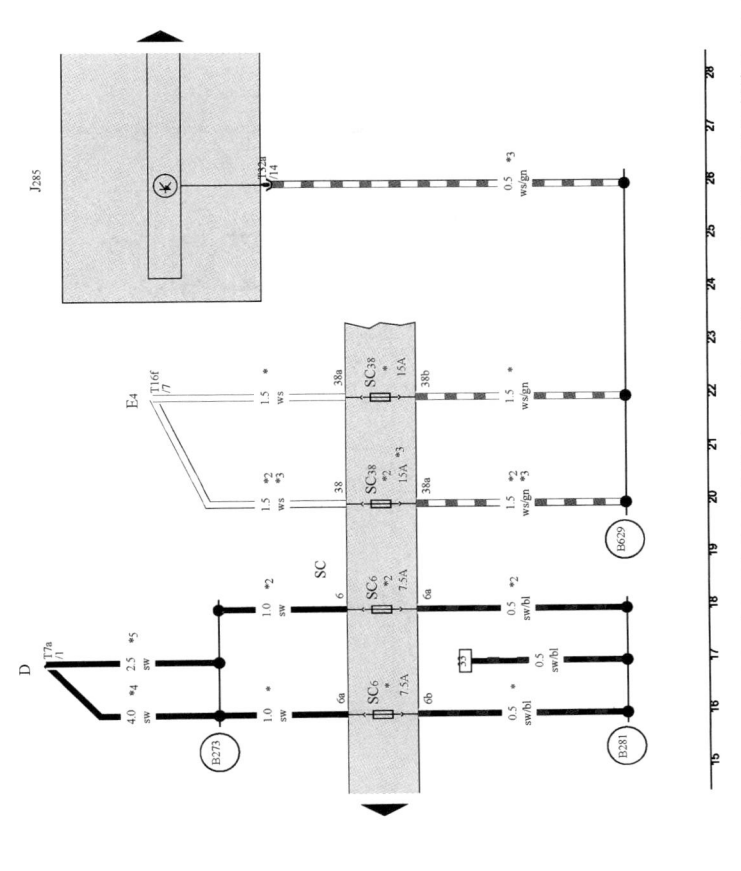

D-点火启动开关　E4-手动远光灯功能和远光灯瞬时接通功能开关　J285-组合仪表中的控制单元　SC-保险
丝架C　SC6-保险丝架C上的保险丝6　SC38-保险丝架C上的保险丝38　T16f-16芯插头连
接　T32a-32芯插头连接　B273-正极连接　B281-正极连接5（15a），在主导线束中
B629-连接（56a），在主导线束中　*-自2016年7月起　*2-自2016年7月起　*3-用于在车载电网控制单元上
不带车灯旋转开关和接口的汽车　*4-自2014年7月起　*5-截至2014年7月

图1-4-70

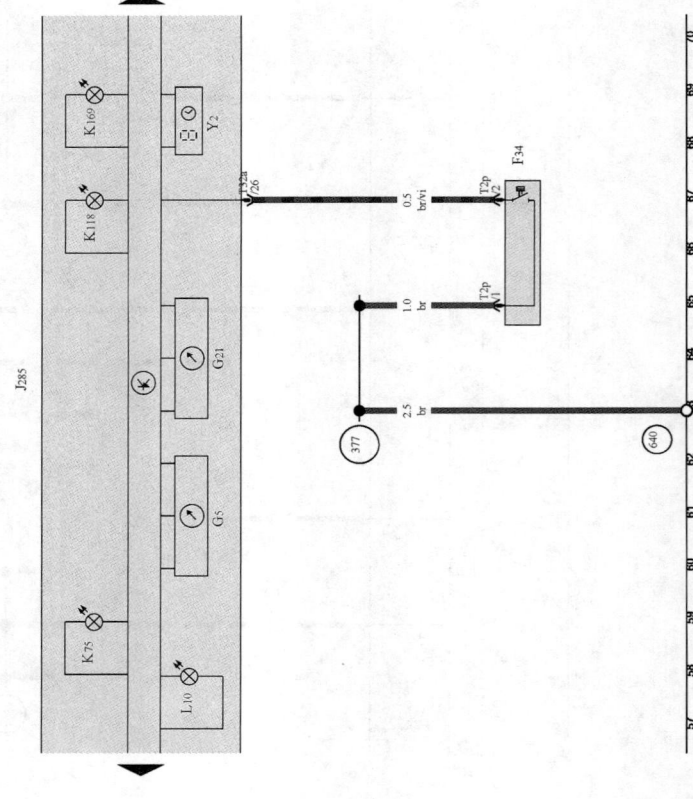

制动液液位警告信号触点，转速表，车速表，组合仪表中的控制单元，安全气囊指示灯，废气警告灯，电子油门故障信号灯，组合仪表照明灯泡，换挡杆指示灯，制动系统指示灯，组合仪表照明灯泡，数字时钟

F34-制动液液位警告信号触点　G5-转速表　J285-组合仪表中的控制单元　K75-安全气囊指示灯　K118-制动系统指示灯　K169-换挡杆指示灯　L10-组合仪表照明灯泡　T2p-2芯插头连接　T32a-32芯插头连接　Y2-数字时钟　377-接地连接12，在主导线束中　640-发动机舱内左侧接地点2

图1-4-73

燃油表传感器，车外温度传感器，组合仪表中的控制单元，燃油泵控制单元，后雾灯指示灯，废气警告灯，电子油门故障信号灯，电子稳定程序和ASR指示灯，机电式助力转向器指示灯

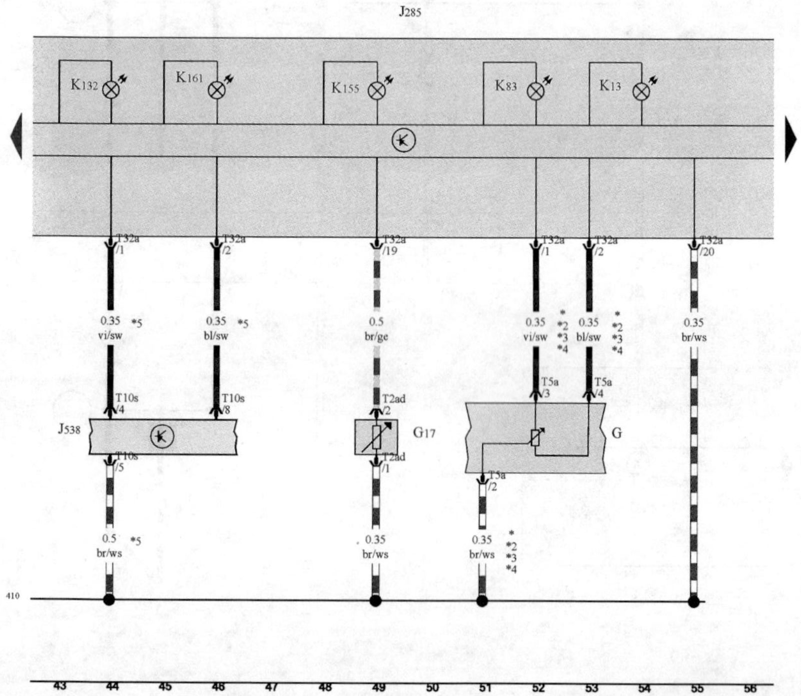

G-燃油表传感器　G17-车外温度传感器　J285-组合仪表中的控制单元　J538-燃油泵控制单元　K13-后雾灯指示灯　K83-废气警告灯　K132-电子油门故障信号灯　K155-电子稳定程序和ASR指示灯　K161-机电式助力转向器指示灯　T2ad-2芯插头连接　T5a-5芯插头连接　T10s-10芯插头连接　T32a-32芯插头连接　410-接地连接1（传感器接地），在主导线束中　*-用于带1.4L发动机的汽车　*2-用于带1.6L发动机的汽车　*3-用于带双燃料发动机的汽车　*4-用于带1.5L汽油发动机的汽车　*5-用于带发动机型号代码CSTA的汽车

图1-4-72

防盗锁止系统读出线圈，机油压力开关，警报鸣器和警报音，组合仪表中的控制单元，
防盗锁止系统控制单元，远光灯指示灯，机油压力指示灯，安全带警告指示灯，定速巡航
装置指示灯，左侧转向信号灯指示灯，右侧转向信号指示灯

多功能显示器调用按钮，多功能显示器存储开关，多功能显示器，
发电机指示灯，燃油表指示灯，车门打开指示灯，里程表

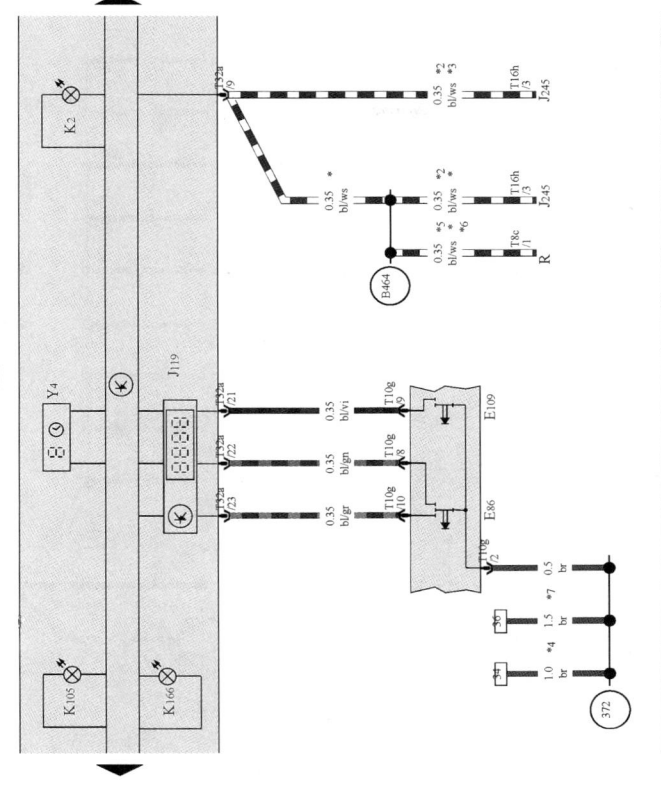

图1-4-75

E86-多功能显示器调用按钮 E109-多功能显示器存储开关 J119-多功能显示器 J245-滑动天窗控制单元
J285-组合仪表中的控制单元 K2-发电机指示灯 K105-燃油表指示灯 K166-车门打开指示灯 R-收音机
T8c-8芯插头连接 T10g-10芯插头连接 T16h-16芯插头连接 T32a-32芯插头连接 Y4-里程表 372-接地
连接7，在主导线束中 B464-连接（车速信号） *1-自2014年7月起 *2-用于带折叠头靠垫
天窗的汽车 *3-截至2014年7月 *4-截至2016年7月 *5-用于带收音机MIB-G入门型的汽车 *6-用于带收
音机MIB-G 1DIN的汽车 *7-自2016年7月

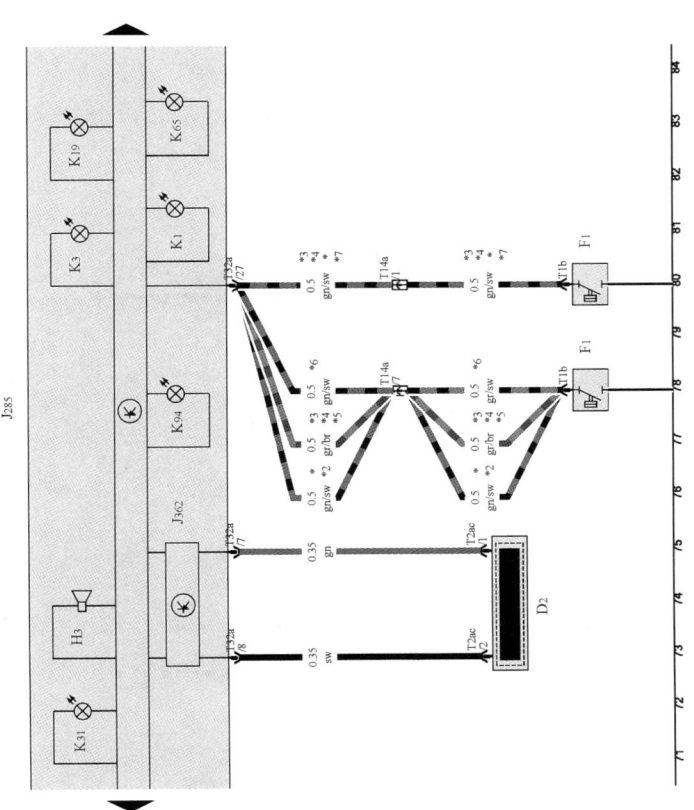

图1-4-74

D2-防盗锁止系统读出线圈 F1-机油压力开关 H3-报警蜂鸣器和警报音 J285-组合仪表中的控制单元
J362-防盗锁止系统控制单元 K1-远光灯指示灯 K3-机油压力指示灯 K19-安全带警告指示灯 K31-定速
巡航装置指示灯 K65-左侧转向信号灯指示灯 K94-右侧转向信号指示灯 T1b-1芯插头连接 T2ac-2芯插
头连接 T14a-14芯插头连接 T32a-32芯插头连接 *1-用于带双燃料发动机的汽车 *2-适用于排放标准C5
*3-用于带1.4L发动机的汽车 *4-用于带1.6L发动机的汽车 *5-自2016年7月起 *6-用于带发动机型号代码
CSTA的汽车 *7-截至2016年7月

蓄电池，交流发电机，蓄电池监控控制单元

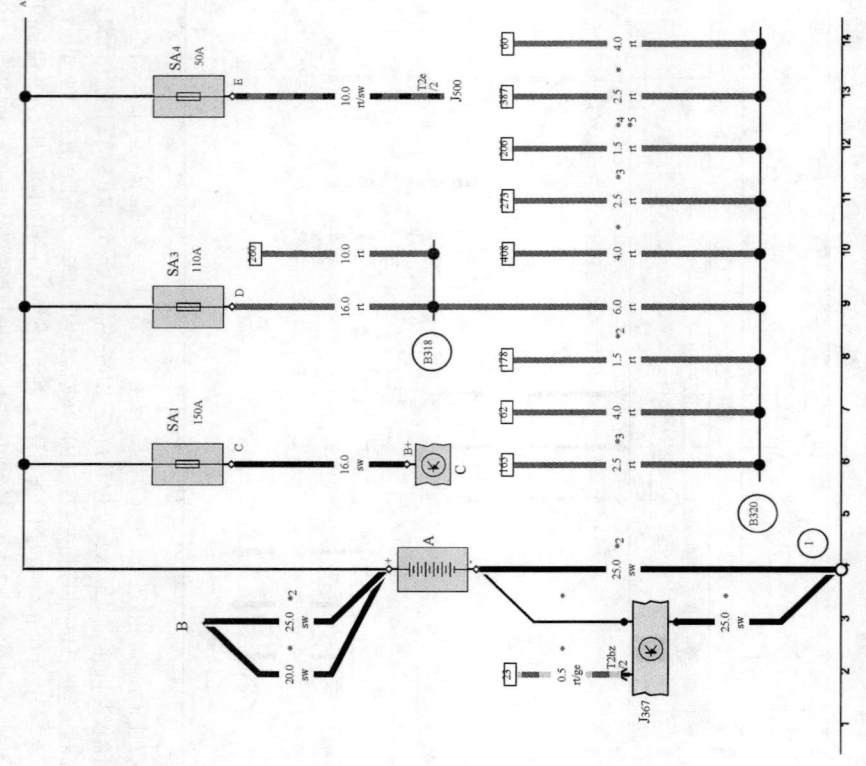

A-蓄电池 B-启动机 C-交流发电机 J367-蓄电池监控控制单元 J500-助力转向控制单元 SA1-保险丝架
A上的保险丝1 SA3-保险丝架A上的保险丝3 SA4-保险丝架A上的保险丝4 T2bz-2芯插头连接 T2c-2芯插
头连接 1-接地线 *-用于带发动机自动启停系统的汽车 *2-用于不带发动机自动启停系统的汽车 *3-用于在主
导线束中 B318-车身 B320-正极连接6（30a），在
主导线束中，蓄电池-正极连接4（30a），在主导线束中 *3-用于在车
载电网控制单元上带车灯旋转开关和接口的汽车 *5-用于带全国性出
租车装备的汽车

图1-4-77

Reset（复位）按钮，时钟调节按钮，手制动器指示灯开关，燃油表，组合仪表中的控制单元，
车载电网控制单元，ABS指示灯，换挡杆位置显示

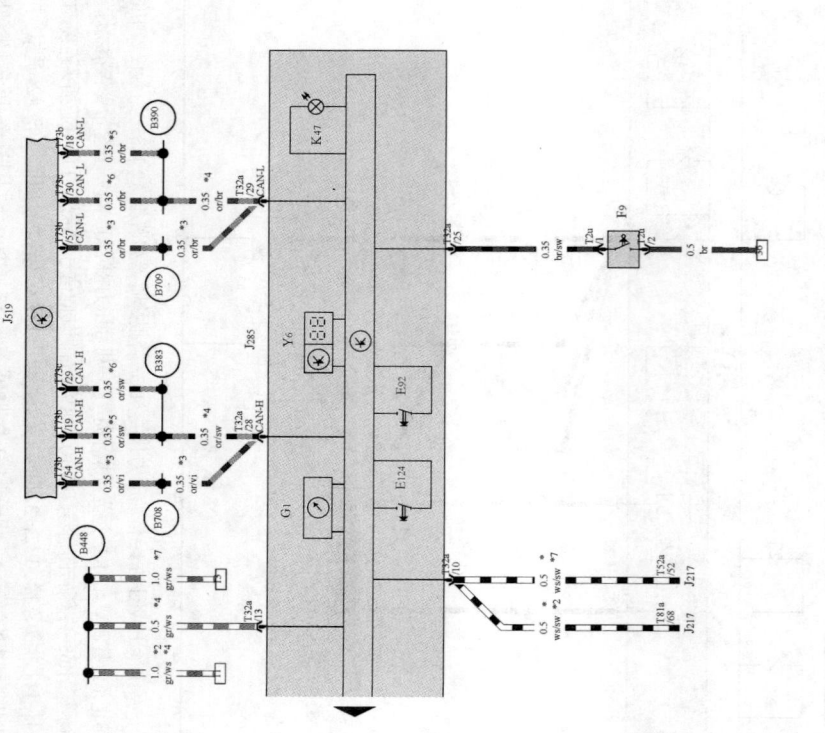

E92-Reset（复位）按钮 E124-时钟调节单元 F9-手制动器指示灯开关 G1-燃油表 J217-自动变速器
控制单元 J285-组合仪表中的控制单元 J519-车载电网控制单元 K47-ABS指示灯 T2a-2芯插头连接
T32a-32芯插头连接 T52a-52芯插头连接 T73a-81芯插头连接 T73c-73芯插头连接 T81a-81芯插头连
接 Y6-换挡杆位置显示 B383-连接1（驱动CAN总线，High），在主导线束中 B390-连接1（组合仪表CAN
总线，Low），在主导线束中 B708-连接1（组合仪表CAN总线，
High），在主导线束中 B709-连接1（组合仪表CAN总线，Low），在主导线束中 *-用于带自动变速器
的汽车 *2-自2016年7月起 *3-用于在车载电网控制单元上带车灯旋转开关和接口的汽车 *4-用于车载
电网控制单元上不带车灯旋转开关和接口的汽车 *5-用于带车载电网控制单元BCM的汽车 *6-用于带车
载电网控制单元BFM的汽车 *7-截至2016年7月

图1-4-76

68

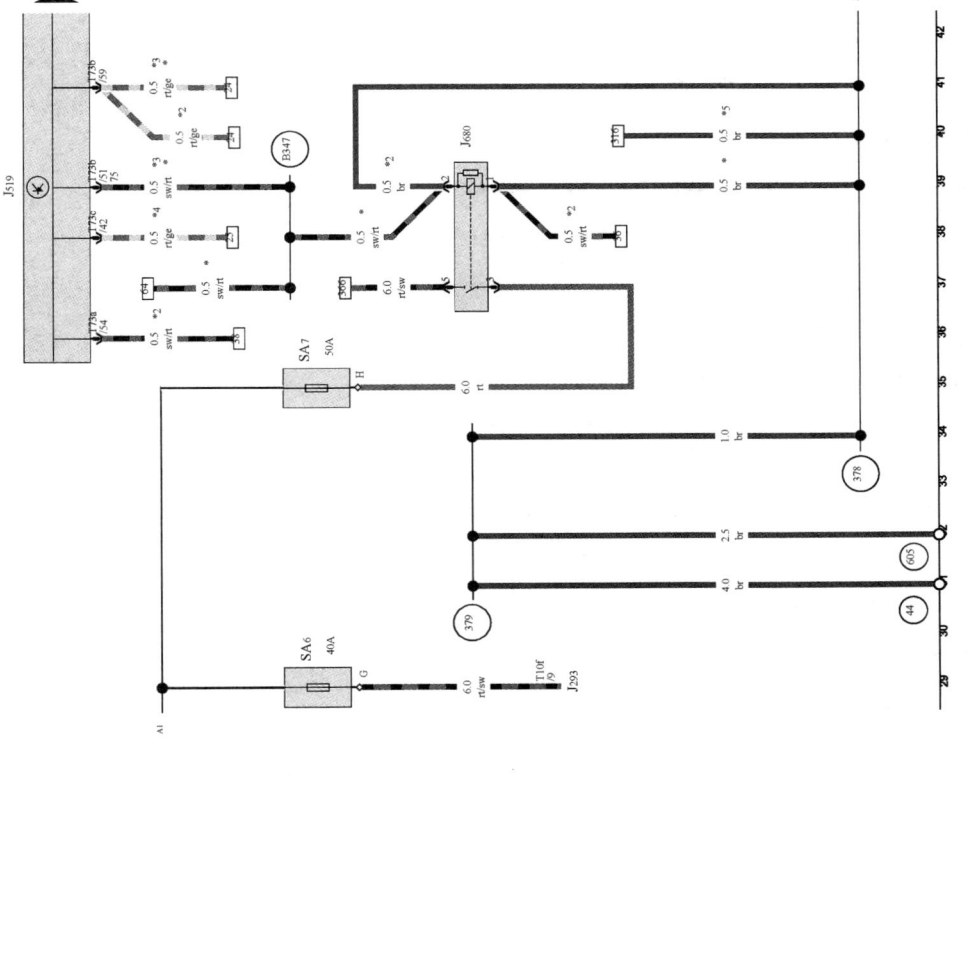

车载电网控制单元，供电继电器 1，接线端 75

保险丝架 B

图 1-4-79

图 1-4-78

J293-散热器风扇控制单元 J519-车载电网控制单元 J680-供电继电器，接线端 75 SA6-保险丝架 A 上的保险丝 6 SA7-保险丝架 A 上的保险丝 7 T10f-10 芯插头连接 T73a-73 芯插头连接 T73b-73 芯插头连接 T73c-73 芯插头连接 44-左侧 A 柱下部的接地点 378-接地连接 13，在主导线束中 379-接地连接 14，在主导线束中 605-上部转向柱上的接地点 B347-连接 2（75），在主导线束中 *-用于不带发动机自动启停系统的汽车 *2-用于带 BFM 的汽车 *3-用于带发动机自动启停系统的汽车 *4-用于带车载电网控制单元 BCM 的汽车 *5-用于带全自动空调的汽车

J104-ABS 控制单元 J217-自动变速器控制单元 SB-保险丝架 B SB1-保险丝架 B 上的保险丝 1 SB2-保险丝架 B 上的保险丝 2 SB3-保险丝架 B 上的保险丝 3 SB4-保险丝架 B 上的保险丝 4 SA5-保险丝架 A 上的保险丝 5 SB5-保险丝架 B 上的保险丝 5 SB6-保险丝架 B 上的保险丝 6 T38a-38 芯插头连接 T81a-81 芯插头连接 B326-正极连接 12（30a），在主导线束中 B557-正极连接 21（30a），在主导线束中 *-自 2018 年 7 月起 *2-截至 2018 年 7 月 *3-用于带发动机自动启停系统的汽车 *4-用于带座椅加热的汽车 *5-用于带车载电网控制单元 BFM 的汽车 *6-用于不带发动机自动启停系统的汽车 *7-用于带车载电网控制单元 BCM 的汽车 *8-用于带自动变速器的汽车

69

点火启动开关，主继电器，车载电网控制单元

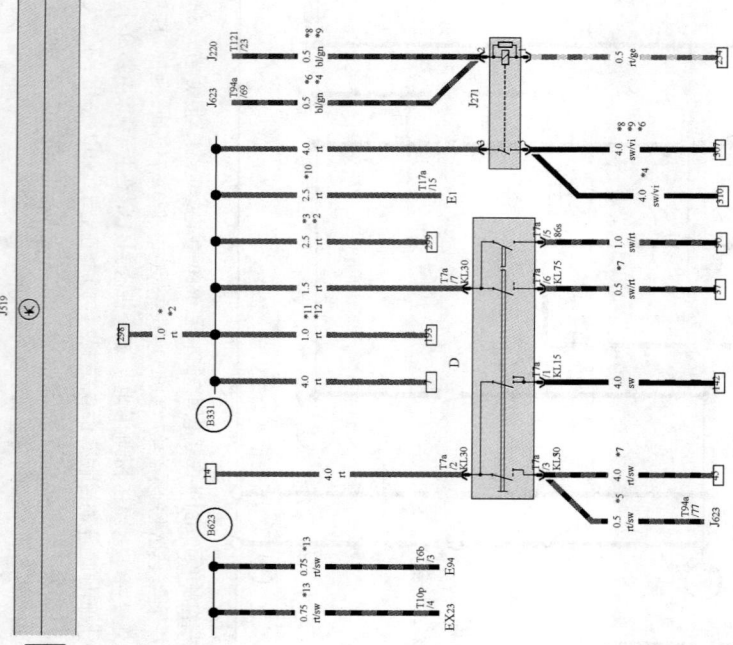

图 1-4-81

D–点火启动开关 E1–车灯开关 EX23–中控台开关模块1 E94–可加热驾驶员座椅调节器 J220–Motronic控制单元 J271–主继电器 J519–车载电网控制单元 J623–发动机控制单元 T6b–6芯插头连接 T7a–7芯插头连接 T10p–10芯插头连接 T17a–17芯插头连接 T94a–94芯插头连接 B331–正极连接 T121–121芯插头连接 T94a–94芯插头连接 B331–正极连接 接17（30a），在主导线束中 B623–连接1（75x），在主导线束中 *–自2018年7月起 *2–用于车载电网控制单元上带车灯旋转开关和接口的汽车 *3–截至2018年7月 *4–用于带1.5L汽油发动机的汽车 *5–用于带发动机自动启停系统的汽车 *6–用于带双燃料系统的汽车 *7–用于不带发动机控制的汽车 *8–用于带1.4L发动机的汽车 *9–用于带1.6L发动机的汽车 *10–用于在车载电网控制单元上不带车灯旋转开关和接口的汽车 *11–用于带上海出租车装备的汽车 *12–用于带全国性出租车装备的汽车 *13–用于带座椅加热的汽车

点火启动开关，车载电网控制单元

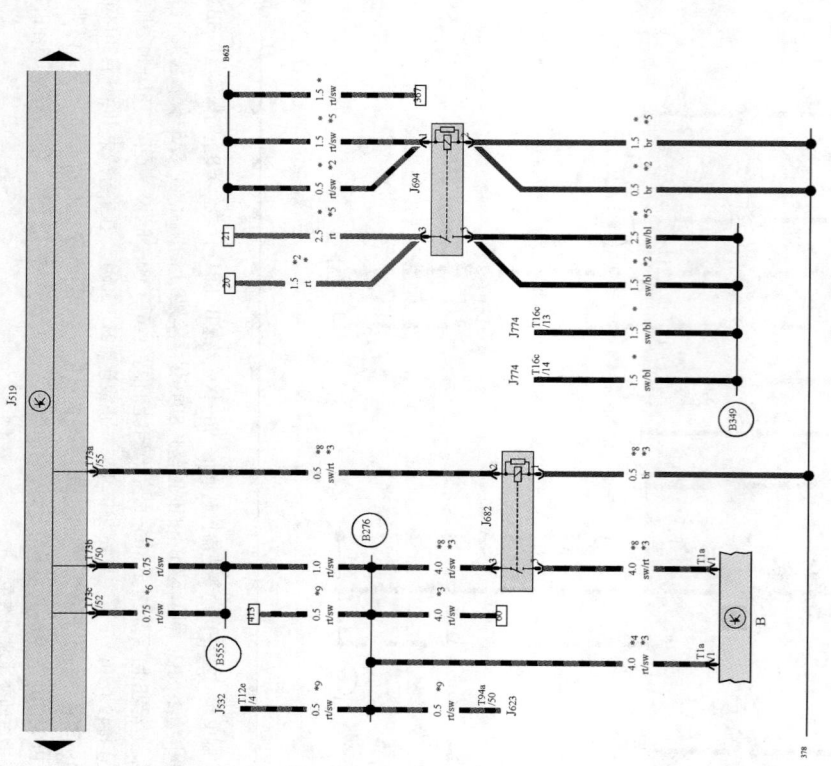

图 1-4-80

B–启动机 J519–车载电网控制单元 J532–稳压器 J623–发动机控制单元 J682–供电继电器，接线端50 J694–接线端75x供电继电器 J774–可加热前座椅控制单元 T1a–1芯插头连接 T12c–12芯插头连接 T16c–16芯插头连接 T73a–73芯插头连接 T73b–73芯插头连接 T73c–73芯插头连接 T94a–94芯插头连接 378–接地连接13，在主导线束中 B276–正极连接（50），在主导线束中 B349–连接2（75a），在主导线束中 B555–正极连接2（50），在主导线束中 B623–连接1（75x），在主导线束中 *–用于带座椅加热的汽车 *2–自2018年7月起 *3–用于不带发动机自动启停系统的汽车 *4–用于带手动变速器的汽车 *5–截至2018年7月 *6–用于车载电网控制单元BFM的汽车 *7–用于带车载电网控制单元BCM的汽车 *8–用于带自动变速器的汽车 *9–用于带发动机自动启停系统的汽车

70

车载电网控制单元，保险丝架 C

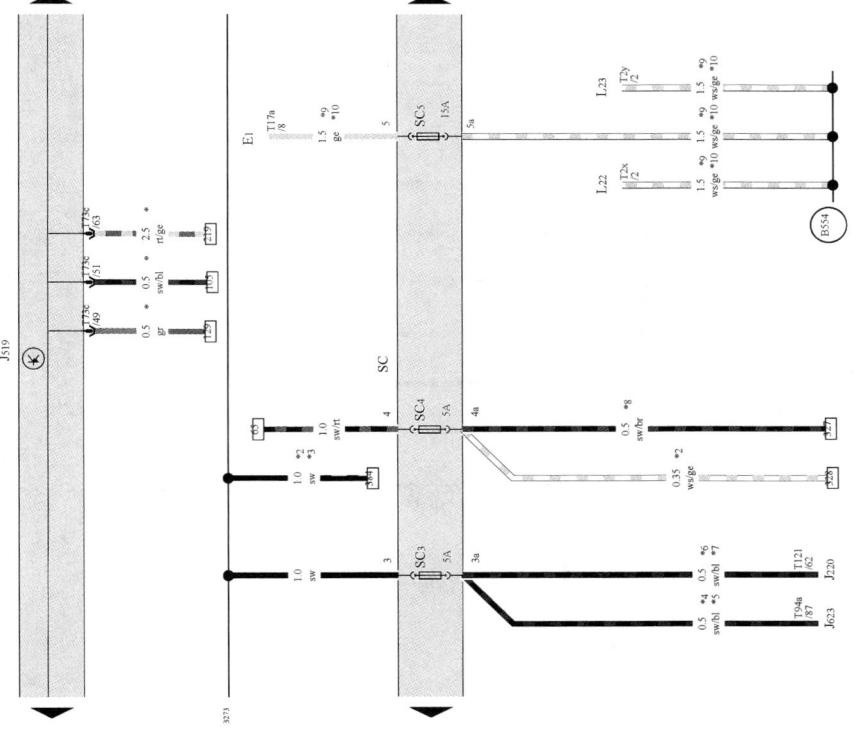

E1-车灯开关 EX20-右侧转向柱开关 J519-车载电网控制单元 M1-左侧驻车示宽灯灯泡 M21-左侧制动信号灯和尾灯灯泡 M49-左侧尾灯灯泡2 SC-保险丝架 SC1-保险丝架C上的保险丝1 SC2-保险丝架C上的保险丝2 T4c-4芯插头连接 T6s-6芯插头连接 T10a-10芯插头连接 T10a-10芯插头连接 T10g-10芯插头连接 T17a-17芯插头连接 T73a-73芯插头连接 B273-正极连接 (15)，在主导线束中 B274-正极连接 (58L)，在主导线束中 B642-正极连接 (58)，在主导线束中 *1-自2018年7月起 *2-截至2018年7月 *3-用于在车载电网控制单元上带车灯旋转开关和接口的汽车 *4-用于在车载电网控制单元上不带车灯旋转开关和接口的汽车 *5-用于带车载电网控制单元BCM的汽车

图1-4-82

车载电网控制单元，保险丝架 C

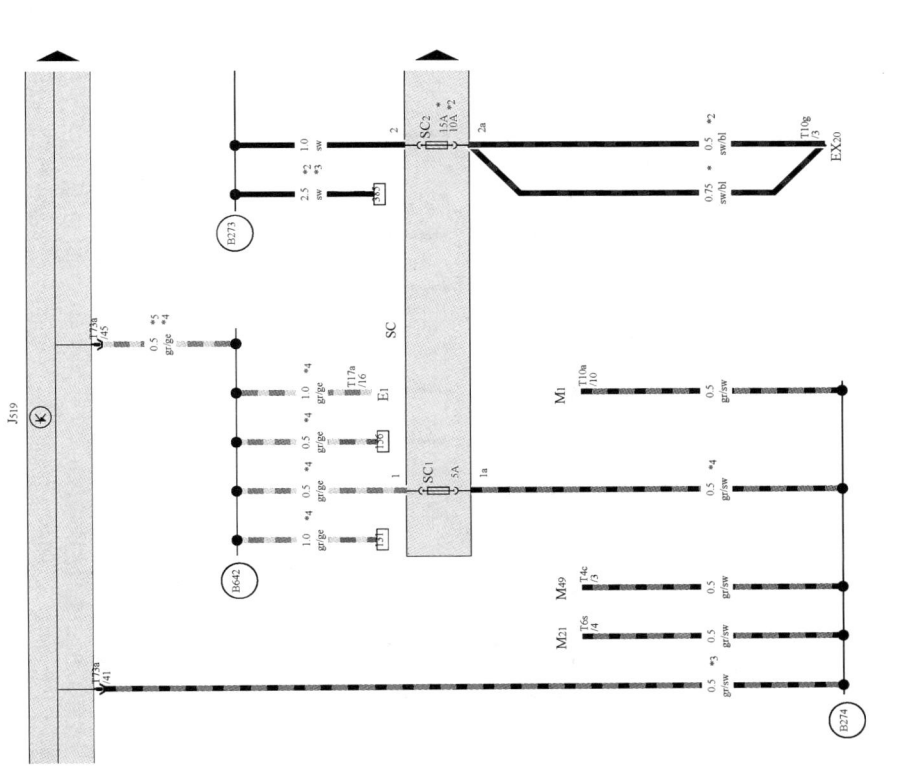

E1-车灯开关 J220-Motronic控制单元 J519-车载电网控制单元 J623-发动机控制单元 L22-左侧前雾灯灯泡 L23-右侧前雾灯灯泡 SC-保险丝架 SC3-保险丝架C上的保险丝3 SC4-保险丝架C上的保险丝4 SC5-保险丝架C上的保险丝5 T2x-2芯插头连接 T2y-2芯插头连接 T17a-17芯插头连接 T73c-73芯插头连接 T94a-94芯插头连接 T121-121芯插头连接 B273-正极连接 (15)，在主导线束中 B554-连接（前雾灯），在主导线束中 *1-用于带车载电网控制单元BFM的汽车 *2-自2018年7月起 *3-用于在车载电网控制单元上带车灯旋转开关和接口的汽车 *4-用于带双燃料发动机的汽车 *5-用于带1.5L汽油发动机的汽车 *6-用于带1.4L发动机的汽车 *7-用于带1.6L发动机的汽车 *8-截至2018年7月 *9-用于带前雾灯的汽车 *10-用于不带静态弯道灯的汽车

图1-4-83

车载电网控制单元，保险丝架 C

安全气囊卷簧和带滑环的复位环，车载电网控制单元，保险丝架 C

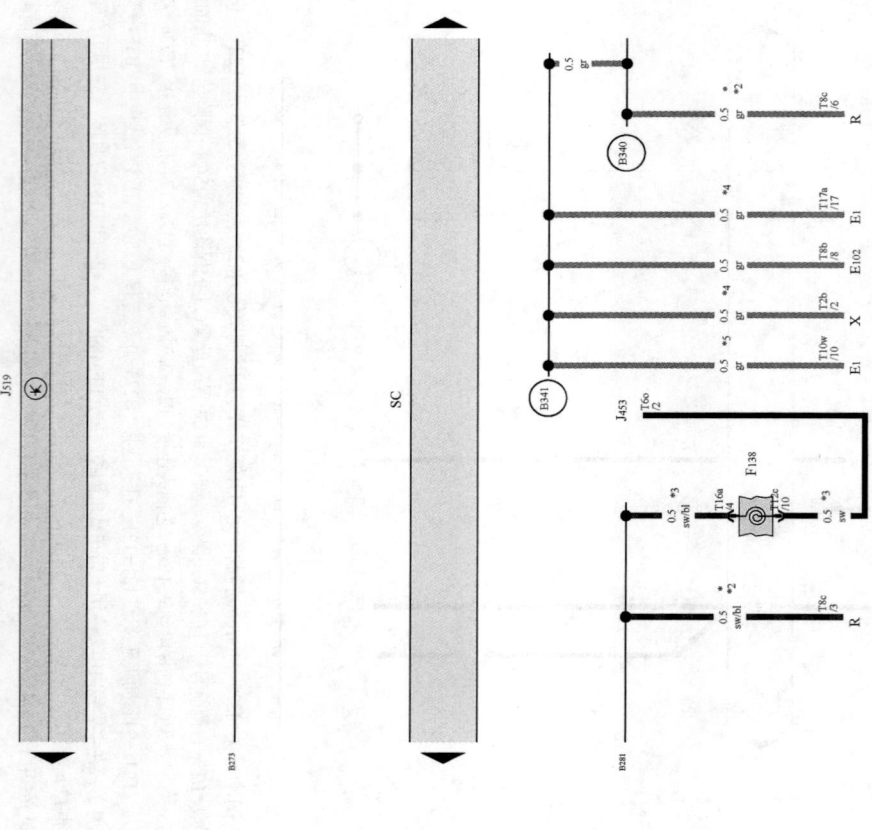

图 1-4-85

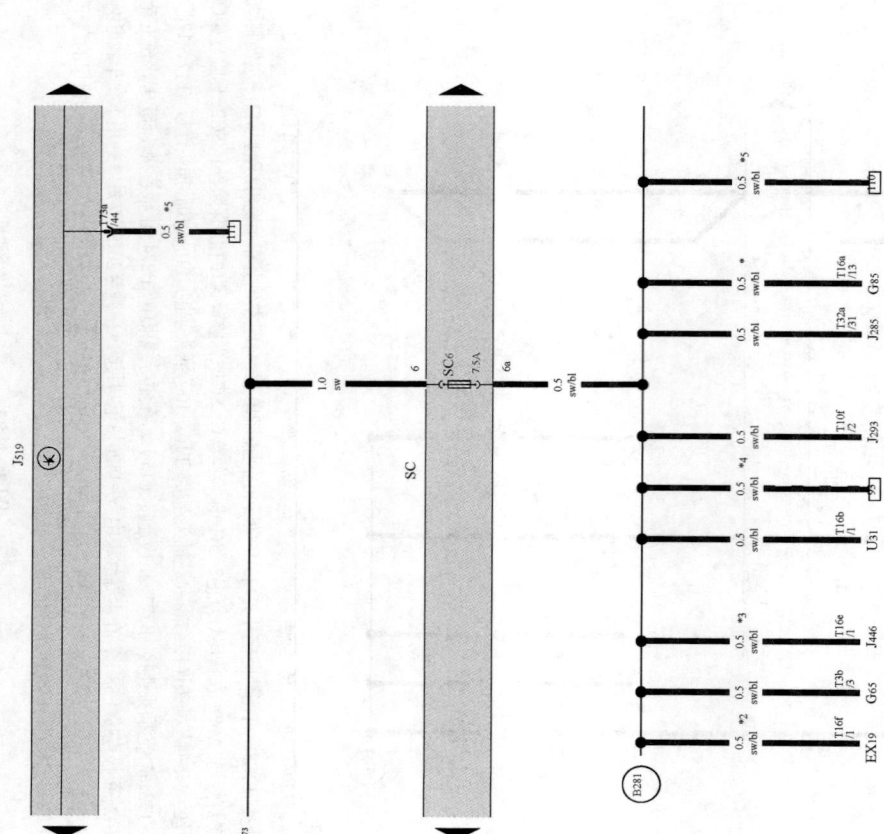

图 1-4-84

E1-车灯开关 E102-大灯照明距离调节器 F138-安全气囊卷簧和带滑环的复位环 J453-多功能方向盘控制单元 J519-车载电网控制单元 R-收音机 SC-保险丝架C T2b-2芯插头连接 T6o-6芯插头连接 T8b-8芯插头连接 T8c-8芯插头连接 T10w-10芯插头连接 T12c-12芯插头连接 T16a-16芯插头连接 T17a-17芯插头连接 B273-正极连接（15），在主导线束中 B281-正极连接5（15a），在主导线束中 B340-连接1（58d），在主导线束中 B341-连接2（58d），在主导线束中
*1-用于带收音机MIB-G 1DIN的汽车 *2-用于带收音机MIB-G入门型的汽车 *3-用于带多功能方向盘的汽车 *4-用于带在车载电网控制单元接口的汽车 *5-用于车灯旋转开关上带车灯旋转开关和接口的汽车

EX19-左侧转向柱开关 E102-大灯照明距离调节器 G65-高压传感器 G85-转向角传感器 J285-组合仪表中的控制单元 J293-散热器风扇控制单元 J446-泊车雷达系统控制单元 J519-车载电网控制单元 SC-保险丝架C上的保险丝6 T3b-3芯插头连接 T10f-10芯插头连接 T16a-16芯插头连接 T16b-16芯插头连接 T16e-16芯插头连接 T16f-16芯插头连接 T32a-32芯插头连接 T73a-73芯插头连接 U31-诊断接口 B273-正极连接（15），在主导线束中 B281-正极连接5（15a），在主导线束中
*1-用于带电子稳定程序（ESP）的汽车 *2-用于带收音机MIB-G入门型的汽车 *3-用于带泊车雷达系统（PDC）的汽车 *4-用于带车载电网控制单元BFM的汽车 *5-用于带车载电网控制单元BCM的汽车

车载电网控制单元，保险丝架 C

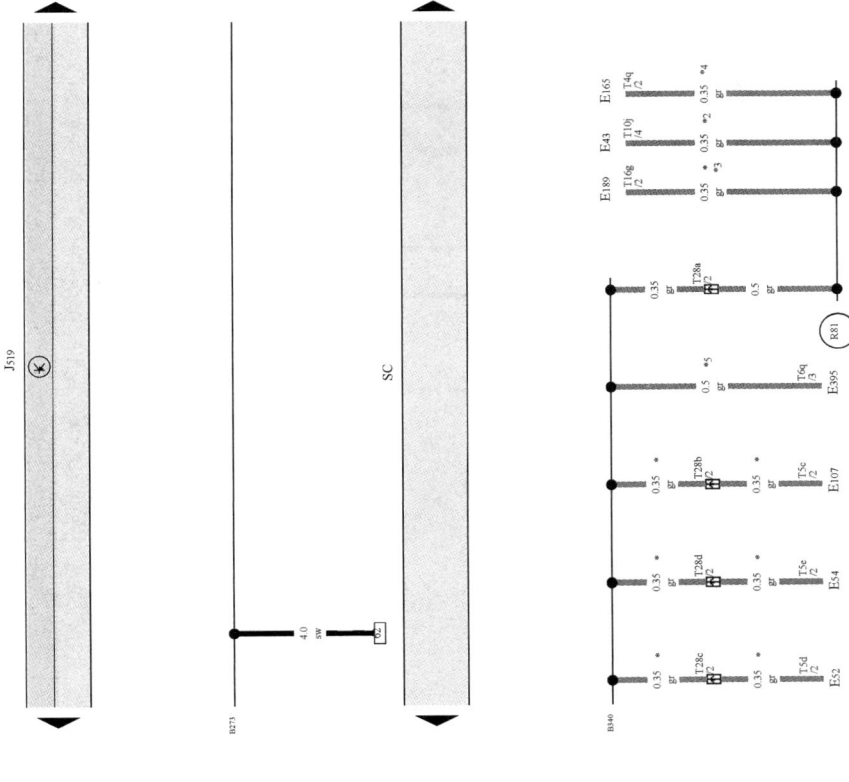

图 1-4-86

EX23-中控台开关模块1 J301-空调器控制单元 J519-车载电网控制单元 L36-出租车车顶顶标志灯泡 L101-换挡杆挡位指示照明灯 SC-保险丝架C SC7-保险丝架C上的保险丝7 T2bd-2芯插头连接 T3a-3 芯插头连接 T10c-10芯插头连接 T10p-10芯插头连接 T73b-73芯插头连接 B273-正极连接 U1-点烟器 *-自2018年7月起 *2-用于在车载电网控制 单元（15），在主导线束中 B340-连接1（58d），在主导线束中 *3-截至2018年7月 *4-用于带手动调节空调的汽车 *5-用于带轮胎 充气压力监控的汽车 *6-用于带座椅加热的汽车 *7-用于在车载电网控制单元上不带车灯旋转开关和接口 单元上带车灯旋转开关和接口的汽车 *8-用于带自动变速器的汽车 *9-用于带全国性出租车装备的汽车 *10-用于带上海出租车装备的汽 车 *11-用于带车载电网控制单元BFM的汽车 *12-用于带车载电网控制单元BCM的汽车

车载电网控制单元，保险丝架 C

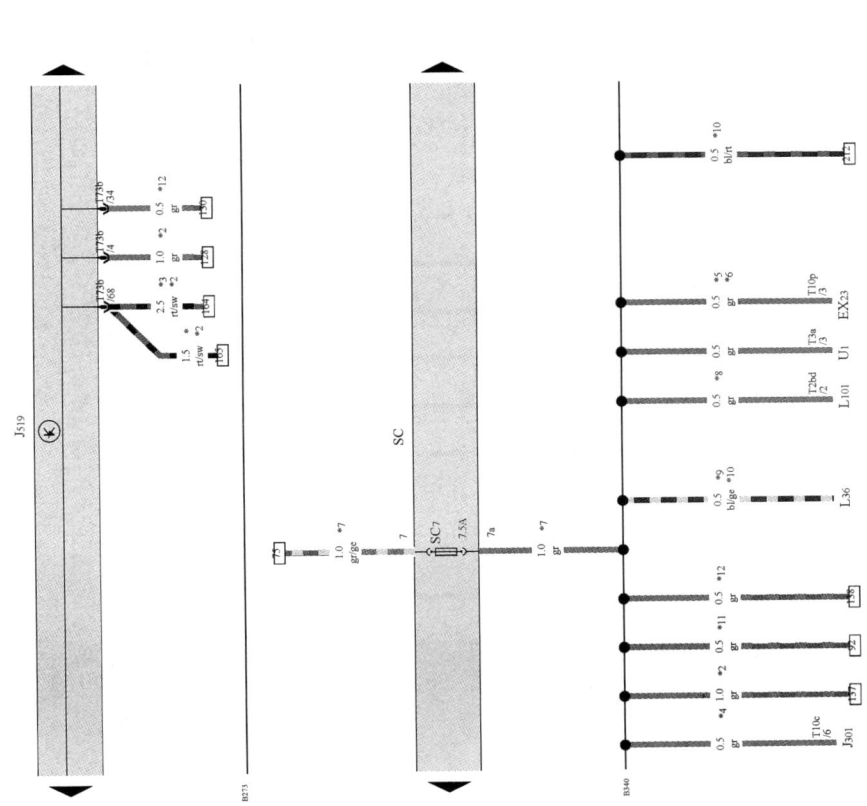

图 1-4-87

E43-后视镜调节开关 E52-左后车门内的车窗升降器开关 E54-右后车门车窗升降器开关 E107-副驾驶员车门中的车窗升降器开关 E165-行李箱盖开锁开关 E189-驾驶员车门中的车窗升降器中央开关 E395-燃料选择开关（汽油、天然气） J519-车载电网控制单元 SC-保险丝架C T4q-4芯插头连接 T5c-5芯插头连接 T5d-5芯插头连接 T5e-5芯插头连接 T6q-6芯插头连接 T10j-10芯插头连接 T16g-16芯插头连接 头连接 T28a-28芯插头连接 T28b-28芯插头连接 T28c-28芯插头连接 T28d-28芯插头连接 B273-正极连接 接 T28a-28芯插头连接 B340-连接1（58d），在主导线束中 R81-连接1（58d），在驾驶员侧车窗升降器电缆 （15），在主导线束中 B340-连接1（58d），在主导线束中 R81-连接1（58d），在驾驶员侧车窗升降器电缆 束中-依据车备而定 *2-用于带电动调节式车外后视镜的汽车 *3-用于带前后带车窗升降器的汽车 *4-用于带行李箱盖开锁开关的汽车 *5-用于带双燃料发动机的汽车

73

车载电网控制单元，保险丝架C

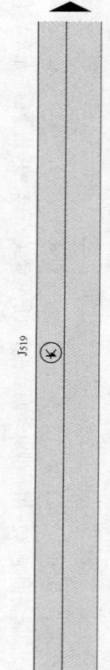

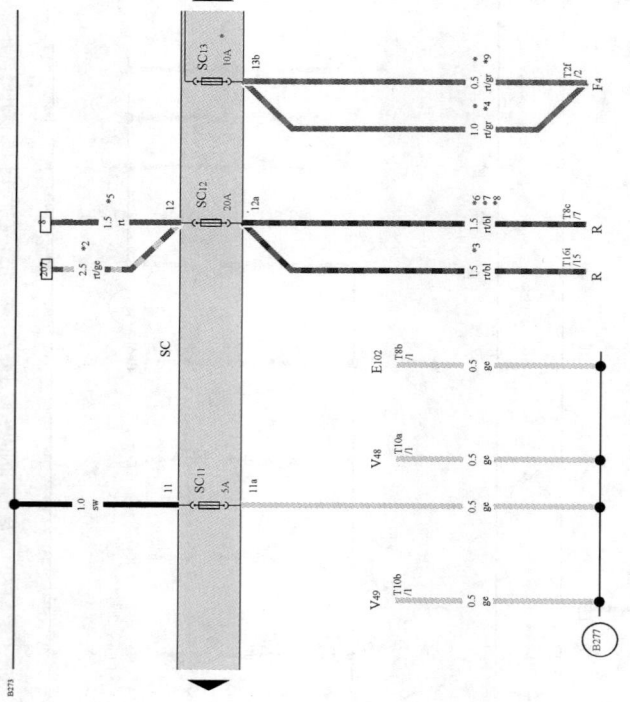

E102-大灯照明距离调节器 F4-倒车灯开关 J519-车载电网控制单元 R-收音机 SC-保险丝架C SC11-保险丝架C上的保险丝11 SC12-保险丝架C上的保险丝12 SC13-保险丝架C上的保险丝13 T2f-2芯插头连接 T10a-10芯插头连接 T10b-10芯插头连接 T16i-16芯插头连接 T16r-16芯插头连接 B273-正极连接（15），在接 T8b-8芯插头连接 T8c-8芯插头连接 V48-左侧大灯照明距离调节伺服电机 V49-右侧大灯照明距离调节伺服电机 B273-正极连接（15），在主导线束中 B277-正极连接1（15a），在主导线束中 *2-用于带发动机启停系统的汽车 *3-用于带收音机MIB-G第2代标准型增强版的汽车 *4-用于车载电网控制单元BFM的汽车 *5-用于不带发动机自动启停系统的汽车 *6-用于带收音机MIB-G 1DIN的汽车 *7-用于带收音机MIB-G入门型的汽车 *8-用于带收音机MIB-G标准型的汽车 *9-用于带车载电网控制单元BCM的汽车

图 1-4-89

车载电网控制单元，保险丝架C

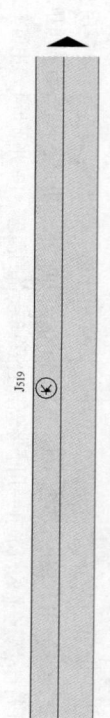

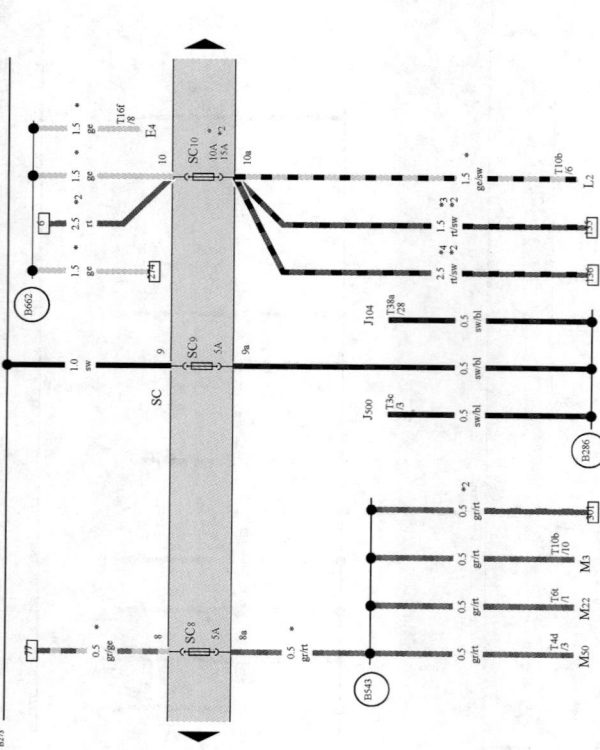

E4-手动远光灯功能和远光灯瞬时接通功能开关 J104-ABS控制单元 J500-助力转向控制单元 J519-车载电网控制单元 M3-右侧驻车示宽灯和尾灯灯泡 M22-右侧制动信号灯和尾灯灯泡 M50-右侧大灯双灯丝灯泡 L2-右侧大灯双灯丝灯泡 SC-保险丝架C SC8-保险丝架C上的保险丝8 SC9-保险丝架C上的保险丝9 SC10-保险丝架C上的保险丝10 T3c-3芯插头连接 T4d-4芯插头连接 T6r-6芯插头连接 T10b-10芯插头连接 T38a-38芯插头连接 B273-正极连接（15），在主导线束中 B286-正极连接10 接 T16f-16芯插头连接 B273-正极连接 B543-正极连接（58R），在主导线束中 B662-连接2（56b），在主导线束中 *-用于在车载电网控制单元上带车灯旋转开关的汽车 *1-用于车载电网控制单元上不带车灯旋转开关和接口的汽车 *2-用于在车载电网控制单元上带车灯旋转开关和接口的汽车 *3-自2018年7月起 *4-截至2018年7月

图 1-4-88

74

车载电网控制单元，保险丝架 C

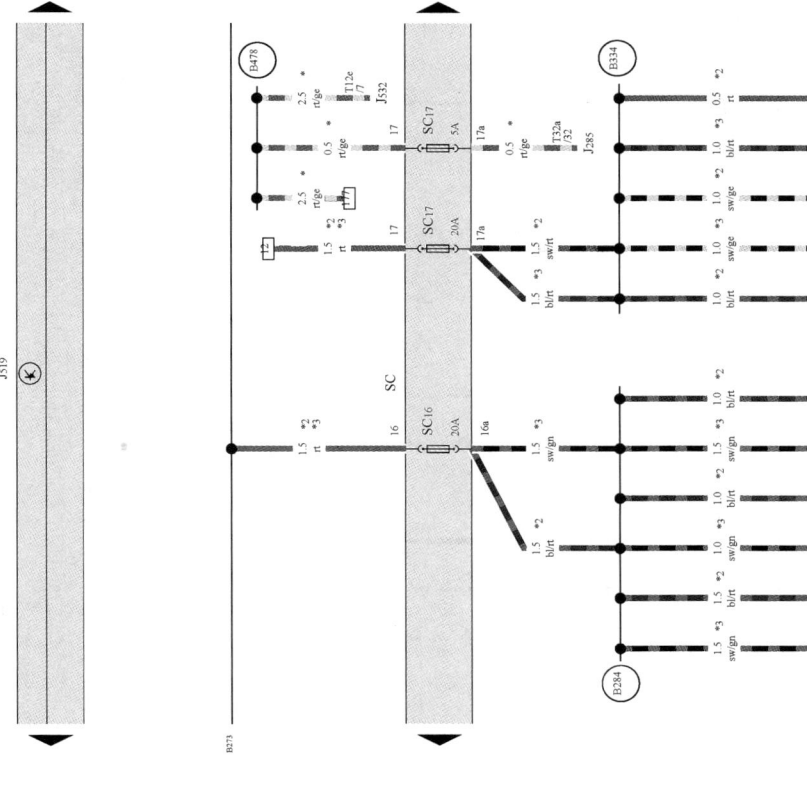

图 1-4-91

G41-出租车计价器 J285-组合仪表中的控制单元 J519-车载电网控制单元 J532-稳压器 J1066-出租车顶标志 R94-导航系统接口 SC-保险丝接口 SC16-保险丝架C上的保险丝16 SC17-保险丝架C上的保险丝17 T4x-4芯插头连接 T4z-4芯插头连接 T8L-8芯插头连接 T10n-10芯插头连接 T12e-12芯插头连接 T12e-12芯插头连接 T32a-32芯插头连接 B273-正极连接（15），在主导线束中 B284-正极连接8（15a），在主导线束中 B334-正极连接20（30a），在主导线束中 B478-连接14，在主导线束中 *-用于带发动机自动启停系统的汽车 *2-用于带上海出租车装备的汽车 *3-用于带全国性出租车装备的汽车

车载电网控制单元，保险丝架 C

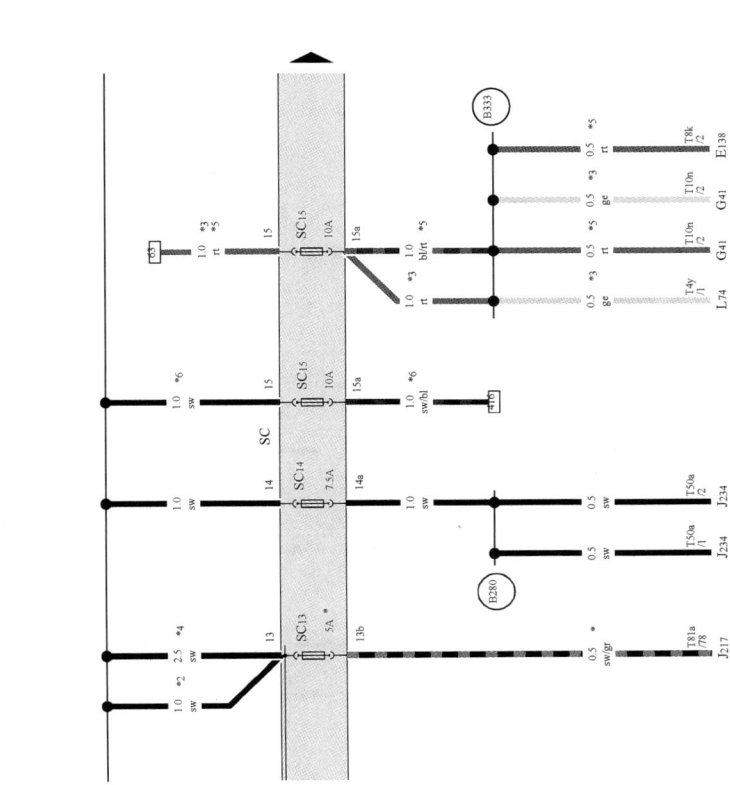

图 1-4-90

E138-出租车标志开关 G41-出租车计价器 J217-自动变速器控制单元 J234-安全气囊控制单元 J519-车载电网控制单元 L74-出租车标志开关照明灯泡 SC-保险丝接口 SC13-保险丝架C上的保险丝13 SC14-保险丝架C上的保险丝14 SC15-保险丝架C上的保险丝15 T4y-4芯插头连接 T8k-8芯插头连接 T10n-10芯插头连接 T50a-50芯插头连接 T81a-81芯插头连接 B273-正极连接（15），在主导线束中 B280-正极连接4（15a），在主导线束中 B333-正极连接19（30a），在主导线束中 *-用于带自动变速器的汽车 *2-自2018年7月起 *3-用于带上海出租车装备的汽车 *4-截至2018年7月 *5-用于带全国性出租车装备的汽车 *6-用于带发动机自动启停系统的汽车

75

车载电网控制单元，保护二极管 2，出租车车顶标志继电器，保险丝架 C

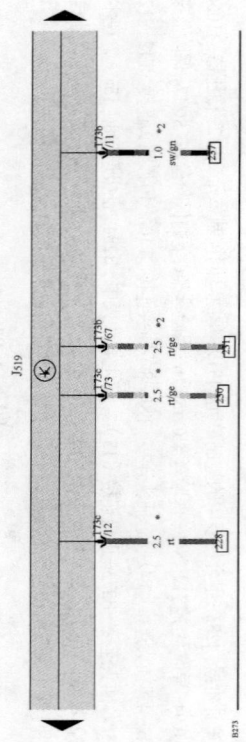

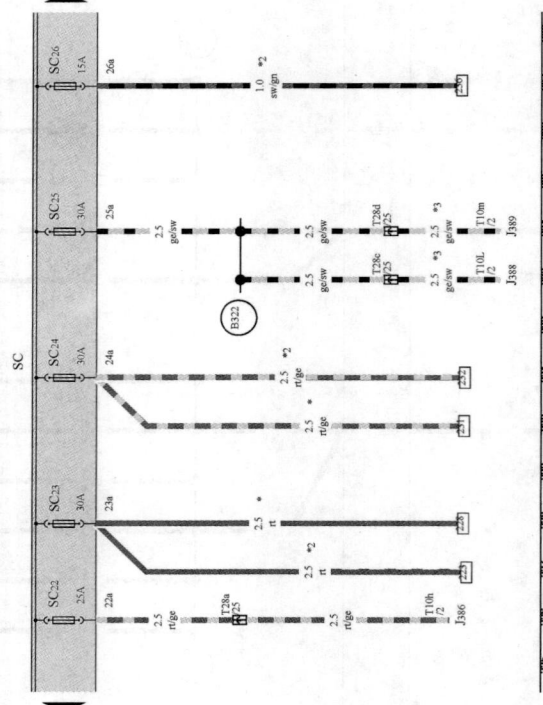

图 1-4-92

车载电网控制单元，保险丝架 C

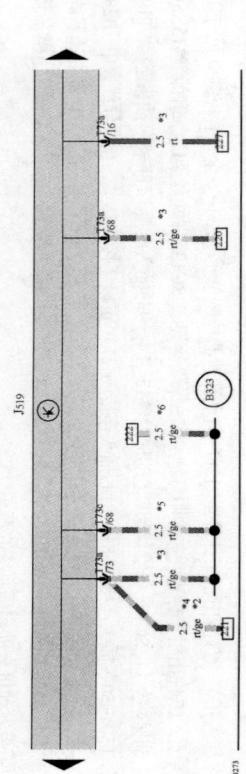

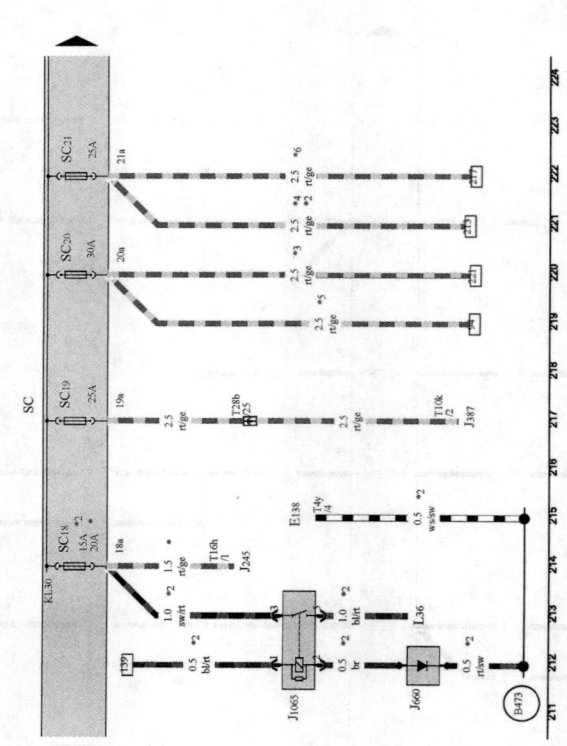

图 1-4-93

E138-出租车标志开关 J245-滑动天窗控制单元 J387-副驾驶员侧车门控制单元 J519-车载电网控制单元 J660-保护二极管2 J1065-出租车车顶标志继电器 L36-出租车车顶标志灯泡 SC-保险丝架C SC18-保险丝架C上的保险丝18 SC19-保险丝架C上的保险丝19 SC20-保险丝架C上的保险丝20 SC21-保险丝架C上的保险丝21 T4y-4芯插头连接 T10k-10芯插头连接 T16h-16芯插头连接 T28b-28芯插头连接 T73a-73芯插头连接 T73c-73芯插头连接 B273-正极连接（15），在主导线束中 B323-正极连接9（30a），在主导线束中 B473-连接9，在主导线束中 *-用于车载电网控制单元BCM的汽车 *2-用于带上海出租车装备的汽车 *3-用于带车载电网控制单元BFM的汽车 *4-自2018年7月起 *5-用于带折叠式滑动天窗的汽车 *6-截至2018年7月

J386-驾驶员车门侧车门控制单元 J388-左后车门控制单元 J389-右后车门控制单元 J519-车载电网控制单元 SC-保险丝架C SC22-保险丝架C上的保险丝22 SC23-保险丝架C上的保险丝23 SC24-保险丝架C上的保险丝24 SC25-保险丝架C上的保险丝25 SC26-保险丝架C上的保险丝26 T10h-10芯插头连接 T10L-10芯插头连接 T28a-28芯插头连接 T28c-28芯插头连接 T28d-28芯插头连接 T73b-73芯插头连接 T73c-73芯插头连接 B273-正极连接（15），在主导线束中 B322-正极连接8（30a），在主导线束中 *-用于车载电网控制单元BFM的汽车 *2-用于带车载电网控制单元BFM的汽车 *3-用于前车

76

燃油泵继电器，车载电网控制单元，保险丝架 C

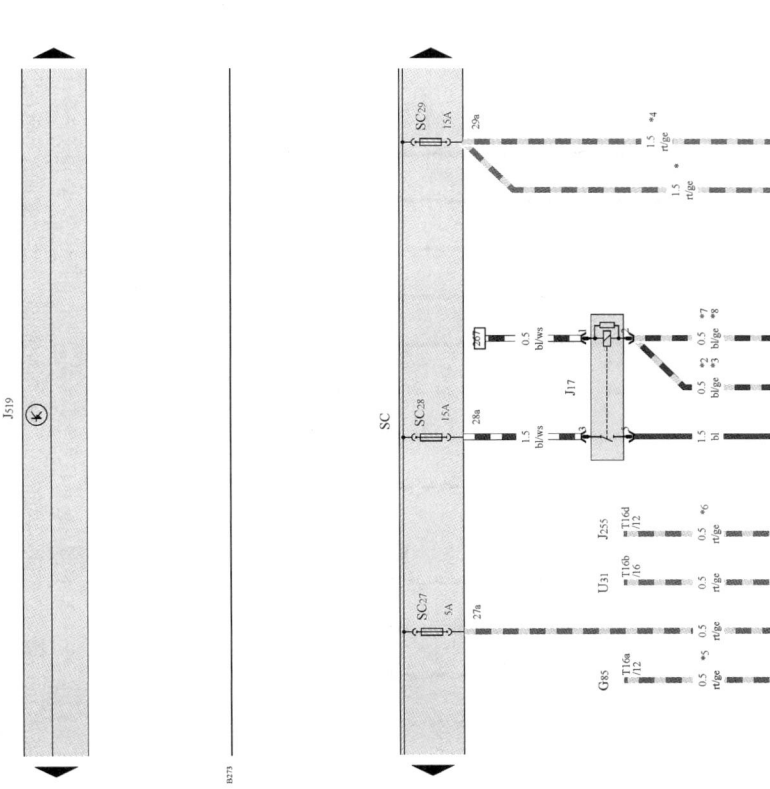

图 1-4-94

G6-预供给燃油泵 G85-转向角传感器 J17-燃油泵继电器 J220-Motronic控制单元 J255-全自动空调控制单元 J519-车载电网控制单元 SC-保险丝架C SC27-保险丝架C上的保险丝27 SC28-保险丝架C上的保险丝28 SC29-保险丝架C上的保险丝29 T5a-5芯插头连接 T16a-16芯插头连接 T16b-16芯插头连接 T16d-16芯插头连接 T94a-94芯插头连接 T121-121芯插头连接 U31-诊断接口 B273-正极连接 B684-正极连接24 (30a)，在主导线束中 *1-用于带车载电网控制单元BFM的汽车 *2-用于带双燃料发动机的汽车 *3-用于带1.5L汽油发动机的汽车 *4-用于带全自动空调的汽车 *5-用于带电子稳定程序（ESP）的汽车 *6-用于带全自动空调的汽车 *7-用于带 *8-用于带1.6L发动机的汽车 1.4L发动机的汽车

车载电网控制单元，保险丝架 C

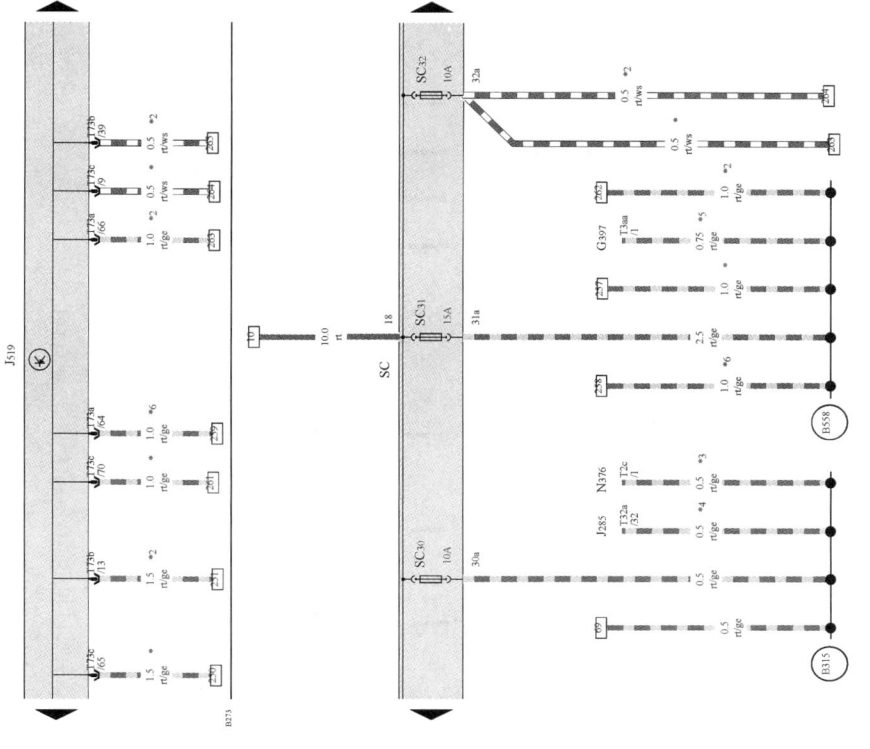

图 1-4-95

G397-雨水与光线识别传感器 J285-组合仪表中的控制单元 J519-车载电网控制单元 N376-点火钥匙防拔出锁磁铁 SC-保险丝架C SC30-保险丝架C上的保险丝30 SC31-保险丝架C上的保险丝31 SC32-保险丝架C上的保险丝32 T2c-2芯插头连接 T3a-3芯插头连接 T3aa-3芯插头连接 T32a-32芯插头连接 T73a-73芯插头连接 T73b-73芯插头连接 T73c-73芯插头连接 B273-正极连接 B315-正极连接1 B558-正极连接22 (30a)，在主导线束中 *1-用于带车载电网控制单元BFM的汽车 *2-用于带自动变速器的汽车 *3-用于带发动机自动启停的汽车 *4-用于不带发动机自动启停装置的汽车 *5-用于带车外后视镜加热系统的汽车 *6-用于带回家照明功能的汽车

车载电网控制单元，保险丝架 C

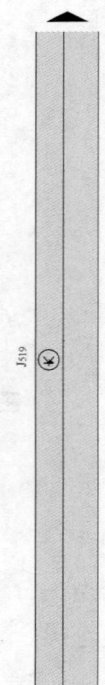
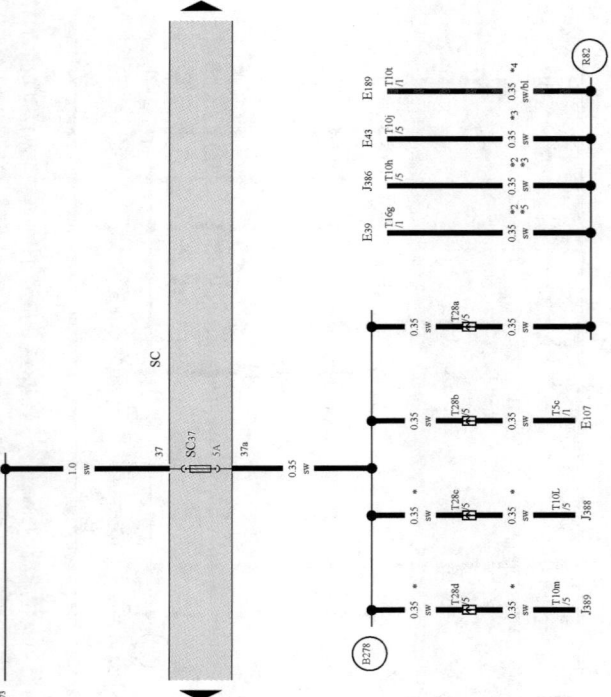

图 1-4-96

EX19-左侧转向柱开关 J220-Motronic控制单元 J301-空调器控制单元 J519-车载电网控制单元 J623-发动机控制单元 L1-左侧大灯双灯丝灯泡 SC-保险丝架C SC33-保险丝架C SC34-保险丝架C SC35-保险丝架C SC36-保险丝架C SC33-保险丝架C上的保险丝33 SC34-保险丝架C上的保险丝34 SC35-保险丝架C上的保险丝35 SC36-保险丝架C上的保险丝36 T10a~10芯插头连接 T10c~10芯插头连接 T16f~16芯插头连接 T94a~94芯插头连接 T121~121芯插头连接 B273-正极连接（15），在主导线束中 B283-正极连接7（15a），在主导线束中 B324-正极连接10（30a），在主导线束中 *-用于在车载电网控制单元上不带车灯旋转开关和接口的汽车 *2-用于带全自动空调的汽车 *3-自2018年7月起 *4-用于带手动调节空调的汽车 *5-用于带全自动空调的汽车 *6-截至2018年7月 *7-用于带双燃料发动机的汽车 *8-用于带1.5L汽油发动机的汽车 *9-用于带1.4L发动机的汽车 *10-用于带1.6L发动机的汽车

车载电网控制单元，保险丝架 C

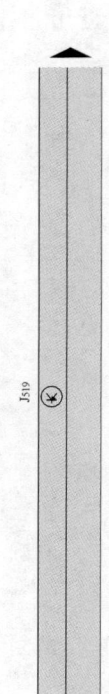
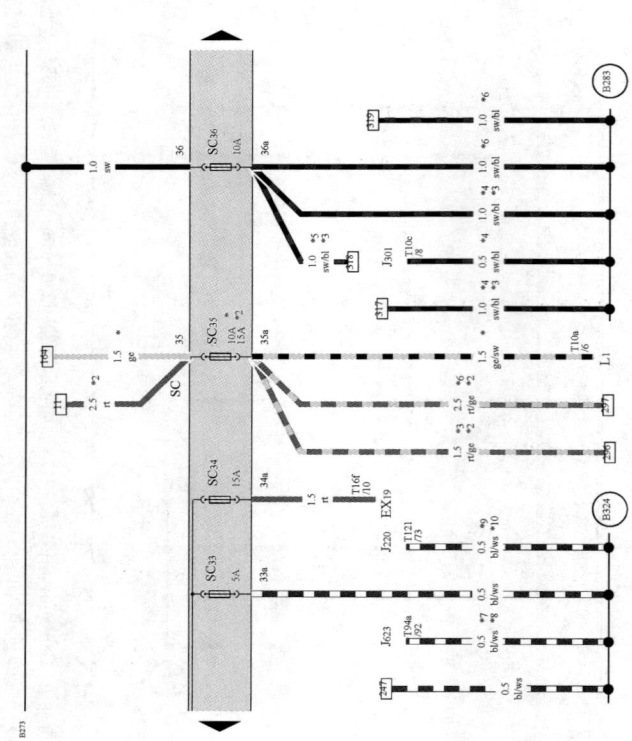

图 1-4-97

E39-后部车窗升降器锁止开关 E43-后视镜调节开关 E107-副驾驶员车门中的车窗升降器开关 E189-驾驶员车门中的车窗升降器开关 J386-驾驶员侧车门控制单元 J388-左后车门控制单元 J389-右后车门控制单元 J519-车载电网控制单元 SC-保险丝架C SC37-保险丝架C上的保险丝37 T5c-5芯插头连接 T10c~10芯插头连接 T10h~10芯插头连接 T10j~10芯插头连接 T10L-10芯插头连接 T10m~10芯插头连接 T10r-10芯插头连接 T16g~16芯插头连接 T28a~28芯插头连接 T28b~28芯插头连接 T28d~28芯插头连接 B273-正极连接1 B278-正极连接2（15a），在主导线束中 R82-正极连接1（15a），在主导线束中 *-依汽车装备而定 *2-用于前后带车窗升降器的汽车 *3-用于带电动调节式车外后视镜的汽车 *4-用于带电动调节部车窗升降器的汽车 *5-用于不带电动调节式车外后视镜的汽车

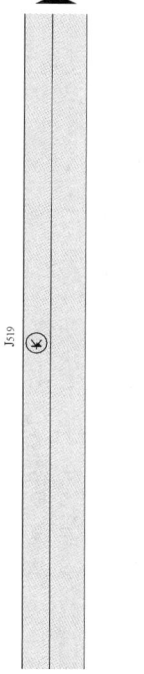
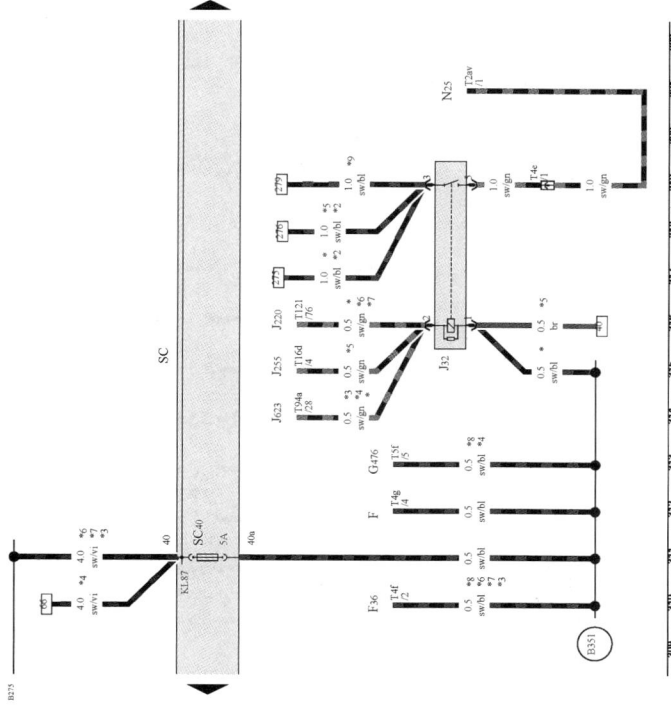
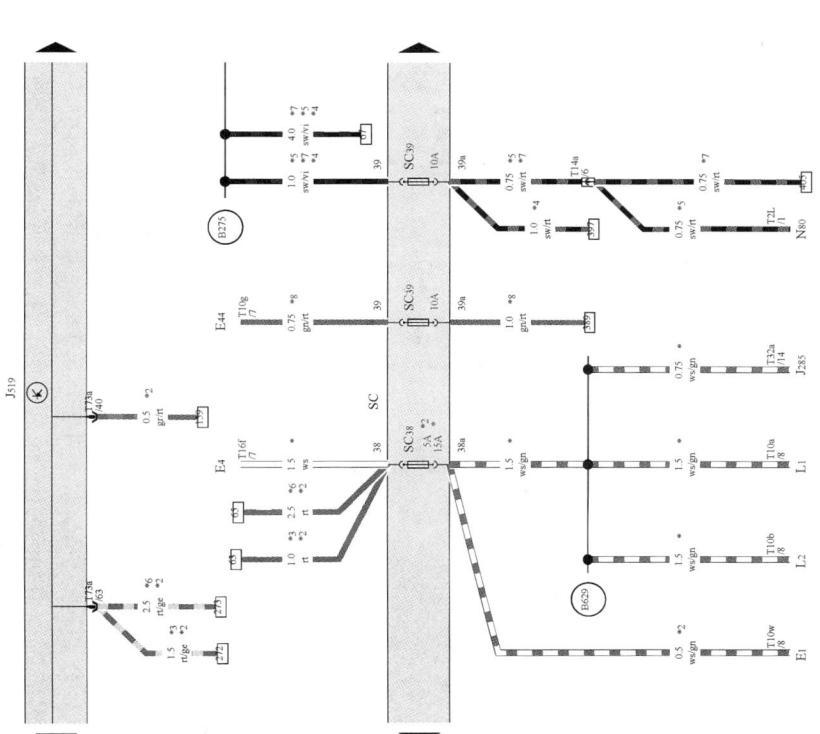

空调器继电器，车载电网控制单元，保险丝架 C

图1-4-99

F—制动信号灯开关 F36—离合器踏板开关 G476—离合器位置传感器 J32—空调器继电器 J220—Motronic控制单元 J255—全自动空调控制单元 J519—车载电网控制单元 J623—发动机控制单元 N25—空调器电磁离合器 SC—保险丝架C SC40—保险丝架C上的保险丝5 T2av—2芯插头连接 40 T4e—4芯插头连接 T4f—4芯插头连接 T4g—4芯插头连接 T5f—5芯插头连接 T16d—16芯插头连接 T16f—16芯插头连接 T94a—94芯插头连接 T121—121芯插头连接 B351—正极连接2（87a），在主导线束中 B275—正极连接（87），在主导线束中 *2—自2018年7月起 *3—用于带双燃料发动机的汽车 *4—用于带1.4L发动机的汽车 *5—用于手动调节空调的汽车 *6—用于带1.5L汽油发动机的汽车 *7—用于带手动变速器的汽车 *8—用于带手动变速器的汽车 *9—截至2018年7月

车载电网控制单元，保险丝架 C

图1-4-98

E1—车灯开关 E4—手动远光灯功能和远光灯瞬时接通功能开关 E44—车窗玻璃清洗泵开关 L1—左侧大灯双灯丝灯泡（自动刮水清洗装置） J285—组合仪表中的控制单元 J519—车载电网控制单元 L2—右侧大灯双灯丝灯泡 N80—活性炭罐电磁阀1 SC—保险丝架C SC38—保险丝架C上的保险丝38 SC39—保险丝架C上的保险丝39 T2L—2芯插头连接 T10a—10芯插头连接 T10b—10芯插头连接 T10g—10芯插头连接 T10w—10芯插头连接 T14a—14芯插头连接 T16f—16芯插头连接 T32a—32芯插头连接 T73a—73芯插头连接 B275—正极连接（87），在主导线束中 B629—连接（56a），在主导线束中 *2—用于在车载电网控制单元上带车灯旋转开关和接口的汽车 *3—自2018年7月起 *4—用于带双燃料发动机的汽车 *5—用于在车载电网控制单元上带车灯旋转开关和接口的汽车 *6—截至2018年7月 *7—用于带1.6L发动机的汽车 *8—用于带1.5L汽油发动机的汽车

车载电网控制单元，保险丝架C

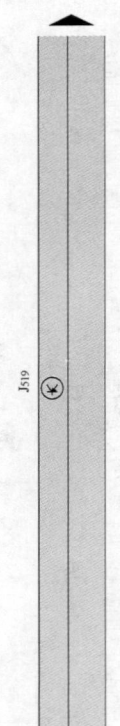

车载电网控制单元，保险丝架C

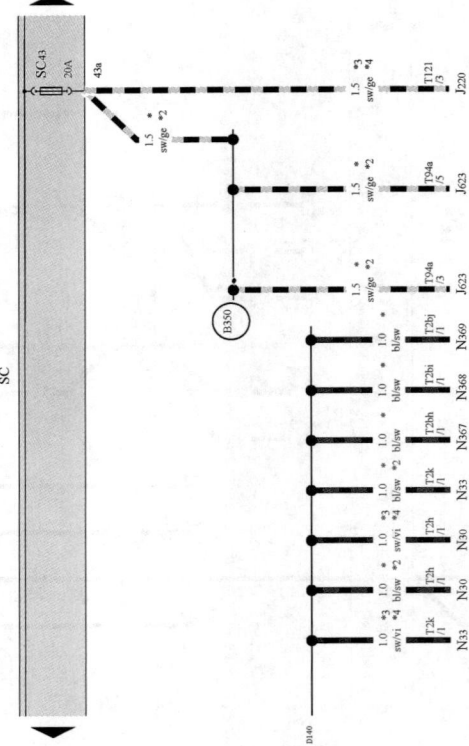

图1-4-101

J220–Motronic控制单元 J519–车载电网控制单元 J623–发动机控制单元 N30–气缸1喷油嘴 N33–气缸4喷油嘴 N367–气体喷射阀1 N368–气体喷射阀2 N369–气体喷射阀3 SC–保险丝架C SC43–保险丝架C上的保险丝43 T2bh–2芯插头连接 T2bi–2芯插头连接 T2bj–2芯插头连接 T2h–2芯插头连接 T2k–2芯插头连接 T94a–94芯插头连接 T121–121芯插头连接 B350–正极连接 B350–正极连接1（87a），在主导线束中 D140–连接（喷油嘴），在发动机舱预接电缆导线束中 *2–用于带1.5L汽油发动机的汽车 *3–用于带双燃料发动机的汽车 *4–用于带1.6L发动机的汽车

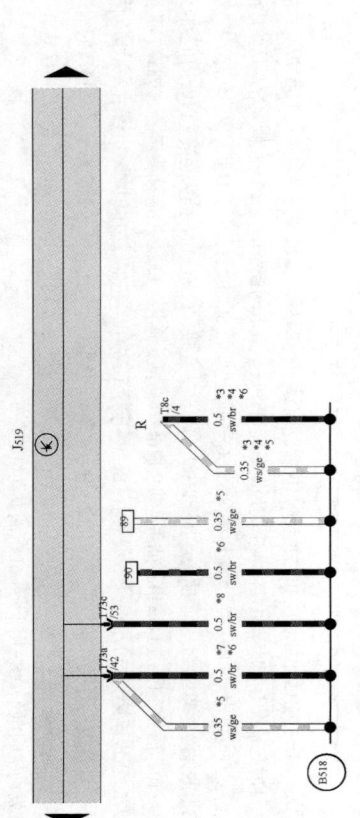

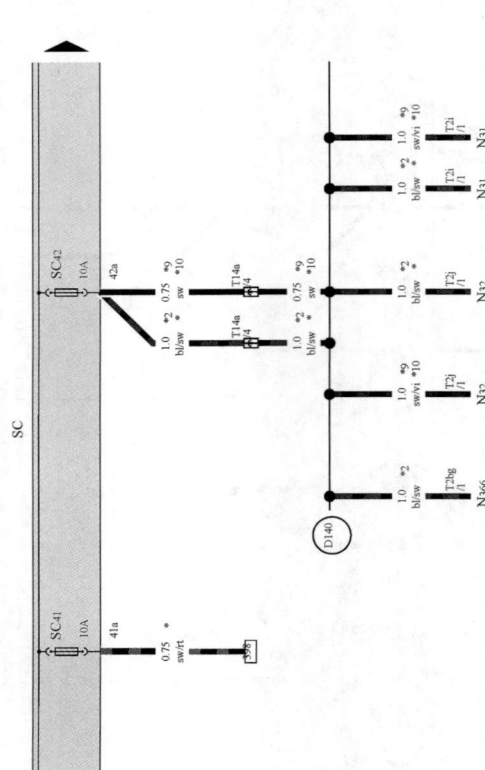

图1-4-100

J519–车载电网控制单元 N31–气缸2喷油嘴 N32–气缸3喷油嘴 N366–气体喷射阀1 R–收音机 SC–保险丝架C SC41–保险丝架C上的保险丝41 SC42–保险丝架C上的保险丝42 T2bg–2芯插头连接 T2i–2芯插头连接 T2j–2芯插头连接 T8c–8芯插头连接 T14a–14芯插头连接 T73a–73芯插头连接 T73c–73芯插头连接 *–用于带1.5L汽油发动机的汽车 B518–连接（86s），在主导线束中 D140–连接（喷油嘴），在发动机舱预接电缆导线束中 *2–用于带双燃料发动机的汽车 *3–用于带收音机MIB–G 1DIN的汽车 *4–用于带收音机MIB–G A入门型的汽车 *5–自2018年7月起 *6–截至2018年7月 *7–用于带车载电网控制单元BCM的汽车 *8–用于带车载电网控制单元BFM的汽车 *9–用于带1.4L发动机的汽车 *10–用于带1.6L发动机的汽车

80

车载电网控制单元，保险丝架 C

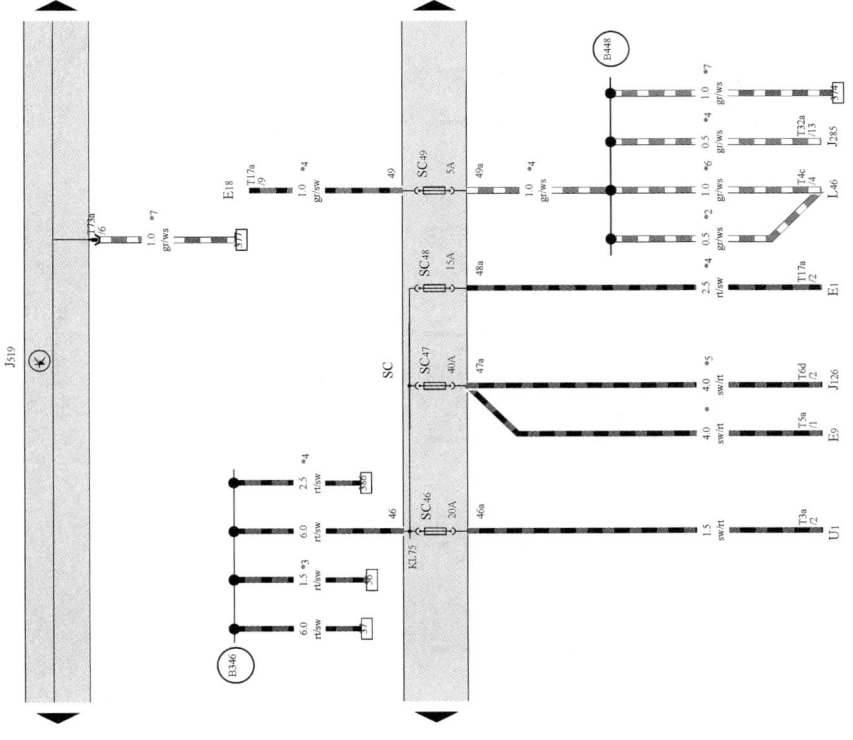

图1-4-103

E1-车灯开关 E9-新鲜空气鼓风机开关 J126-新鲜空气鼓风机控制单元 J285-组合仪表 中的控制单元 J519-车载电网控制单元 L46-左侧后雾灯灯泡 SC-保险丝架 SC46-保险丝架C上的保险丝46 SC47-保险丝架C上的保险丝47 SC48-保险丝架C上的保险丝48 SC49-保险丝架C上的保险丝49 E18-后雾灯开关 T3a-3芯插头连接 T4c-4芯插头连接 T5a-5芯插头连接 T6d-6芯插头连接 T17a-17芯插头连接 T32a-32芯插头连接 T73a-73芯插头连接 U1-点烟器 B346-连接1（75），在主导线束中 B448-连接（后雾灯），在主导线束中 *-用于带手动调节空调的汽车 *2-自2018年7月起 *3-用于带座椅加热的汽车 *4-用于在车载电网控制单元上不带车灯旋转开关和接口的汽车 *5-用于带车灯旋转开关的汽车 *6-截至2018年7月 *7-用于在车载电网控制单元上带车灯旋转开关和接口的汽车

车载电网控制单元，保险丝架 C

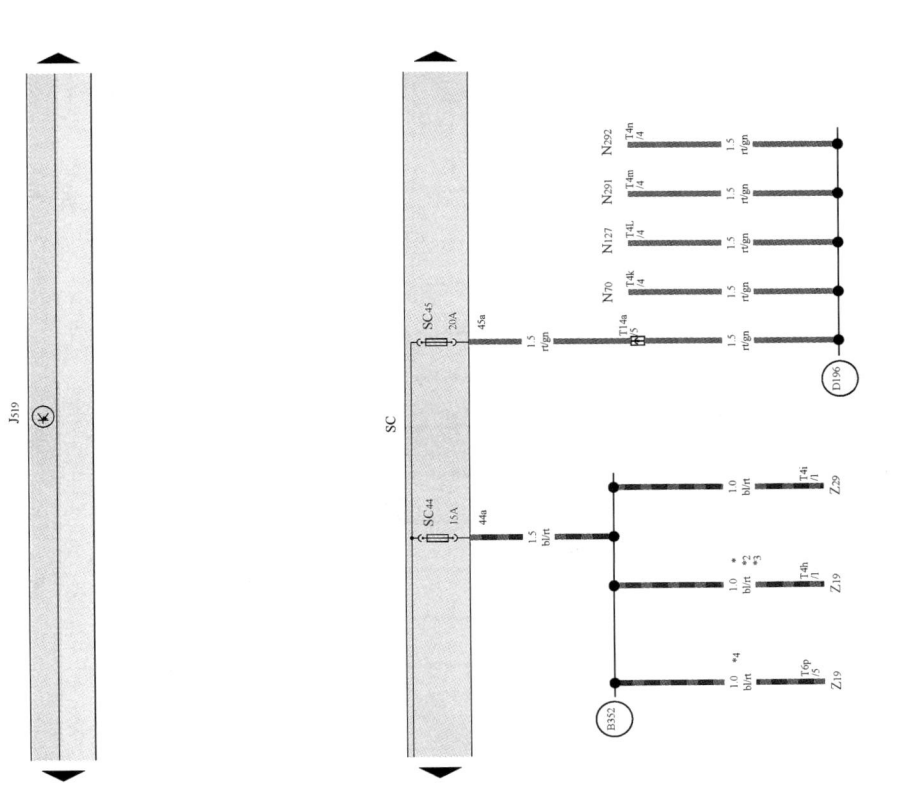

图1-4-102

J519-车载电网控制单元 N70-带功率输出级的点火线圈1 N127-带功率输出级的点火线圈2 N291-带功率输出级的点火线圈3 N292-带功率输出级的点火线圈4 SC-保险丝架 SC44-保险丝架C上的保险丝44 SC45-保险丝架C上的保险丝45 T4h-4芯插头连接 T4k-4芯插头连接 T4L-4芯插头连接 T4m-4芯插头连接 T4n-4芯插头连接 T6p-6芯插头连接 T14a-14芯插头连接 Z19-氧传感器 Z29-尾气催化净化器后的氧传感器加热装置 B352-正极连接3（87a），在主导线束中 D196-连接2 热 Z29-尾气催化净化器后的氧传感器加热装置 B352-正极连接3（87a），在主导线束中 D196-连接2 （87a），在发动机预缓控制导线束中 *-用于带1.4L发动机的汽车 *2-用于带1.6L发动机的汽车 *3-用于带 1.5L汽油机发动机的汽车 *4-用于带双燃料发动机的汽车

81

天然气关闭阀继电器

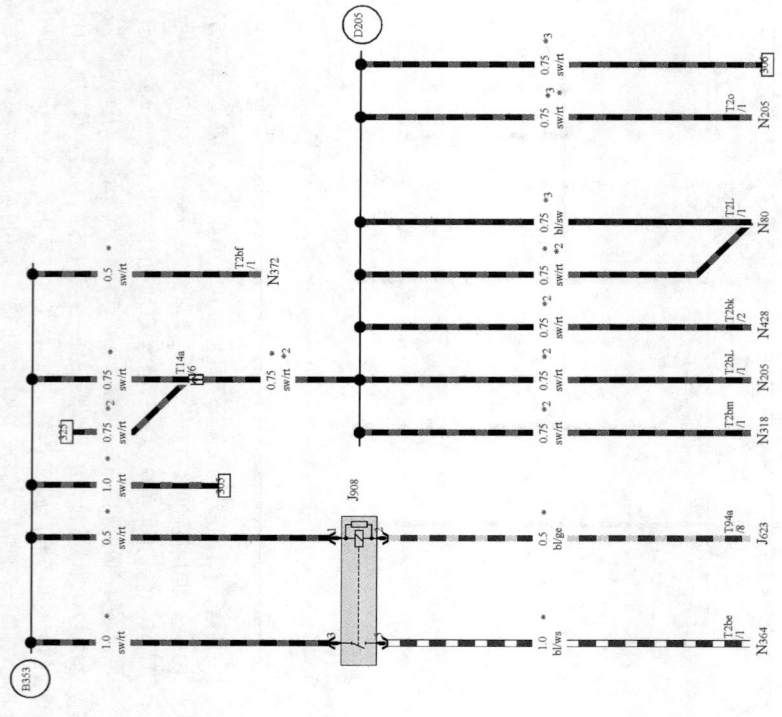

图 1-4-105

J623-发动机控制单元 J908-天然气关闭阀继电器 N80-活性炭罐电磁阀1 N205-凸轮轴调节阀1 N318-排气凸轮轴调节阀1 N364-气压调节模式调节阀 N372-天然气运行模式断流阀1 N428-机油压力调节阀 T2be-2芯插头连接 T2bf-2芯插头连接 T2bk-2芯插头连接 T2bL-2芯插头连接 T2bm-2芯插头连接 T2o-2芯插头连接 T2L-2芯插头连接 T14a-14芯插头连接 T94a-94芯插头连接 B353-正极连接4 V5-车窗玻璃清洗泵 B288-正极连接12（15a），在主导线束中 B621-连接3（87a），在发动机顶接线号线束中 *-用于带双燃料发动机的汽车 *2-用于带1.5L汽油发动机的汽车 *3-用于带1.6L汽油发动机的汽车

车载电网控制单元，保险丝架 C

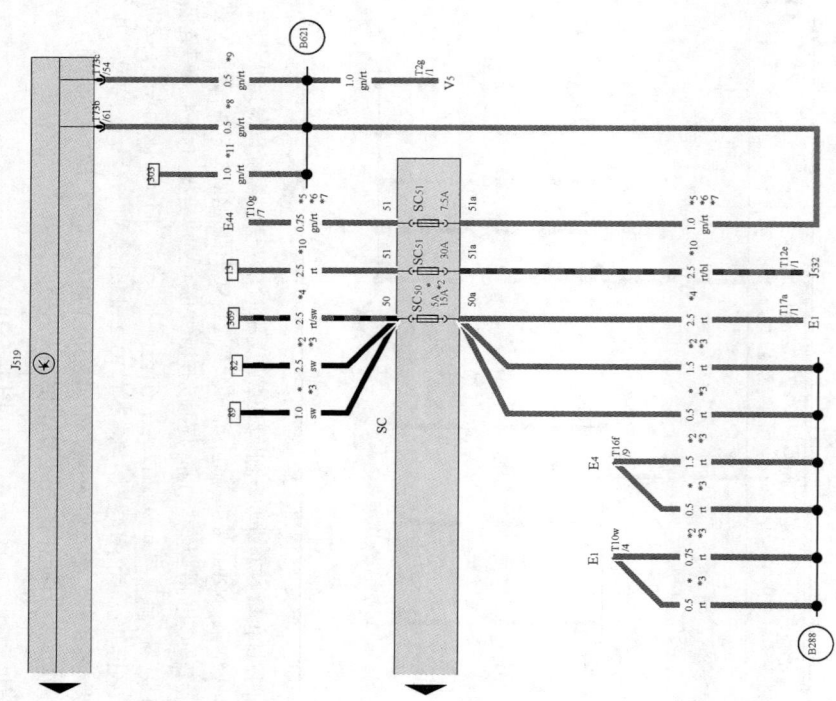

图 1-4-104

E1-车灯开关 E4-手动远光灯功能和远光灯瞬时接通功能开关 E44-车窗玻璃清洗泵开关（自动刮水/清洗装置和大灯清洗装置） J519-车载电网控制单元 J532-稳压器 SC-保险丝架C SC50-保险丝架C上的保险丝50 SC51-保险丝架C上的保险丝51 T2g-2芯插头连接 T10g-10芯插头连接 T10w-10芯插头连接 T12e-12芯插头连接 T16f-16芯插头连接 T17a-17芯插头连接 T73b-73芯插头连接 T73c-73芯插头连接 V5-车窗玻璃清洗泵 B288-正极连接12（15a），在主导线束中 B621-连接1（53c），在主导线束中 *-用于带双燃料发动机的汽车 *2-截至2018年7月 *3-用于在车载电网控制单元上带车灯旋转开关和接口的汽车 *4-用于带1.6L发动机的汽车 *5-用于不带车灯旋转开关和接口的汽车 *6-用于带1.6L发动机的汽车 *7-用于带BFM的汽车 *8-用于带车载电网控制单元BCM的汽车 *9-用于带车载电网控制单元BFM的汽车 *10-用于带发动机自动启停系统的汽车 *11-用于带1.5L汽油发动机的汽车

保险丝架 C

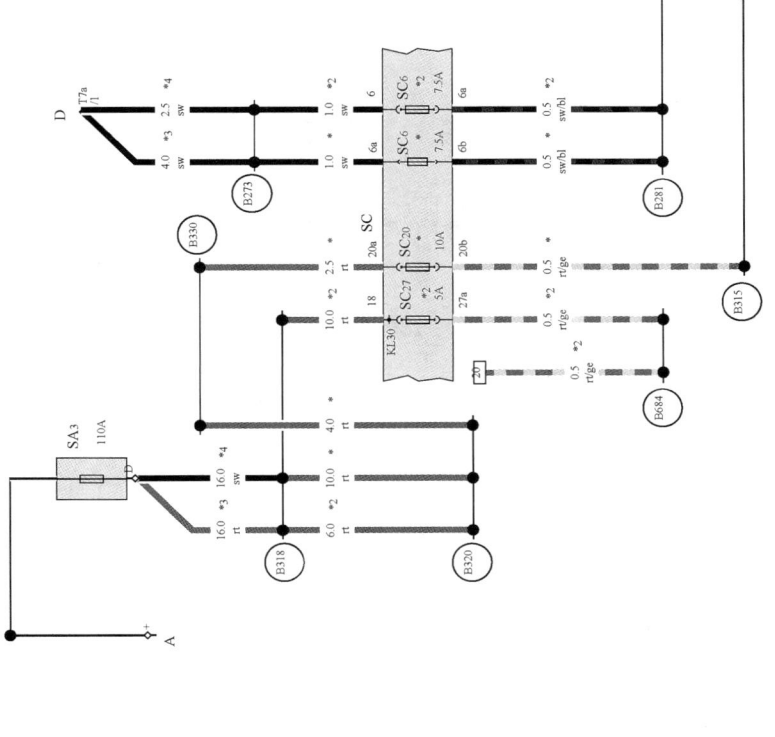

A－蓄电池 D－点火启动开关 SA3－保险丝架 A 上的保险丝3 SC－保险丝架C SC6－保险丝架C上的保险丝
6 SC20－保险丝架C上的保险丝20 SC27－保险丝27 T7a－7芯插头连接 B273－正极连接
(15)，在主导线束中 B281－正极连接5（15a），在主导线束中 B315－正极连接1（30a），在主导线束
中 B318－正极连接4（30a），在主导线束中 B320－正极连接6（30a），在主导线束中 B330－正极连接16
（30a），在主导线束中 B684－正极连接24（30a），在主导线束中 *－截至2016年7月 *2－自2016年7月起
*3－自2014年7月起 *4－截至2014年7月

图 1-4-107

启动机继电器 1，启动机继电器 2

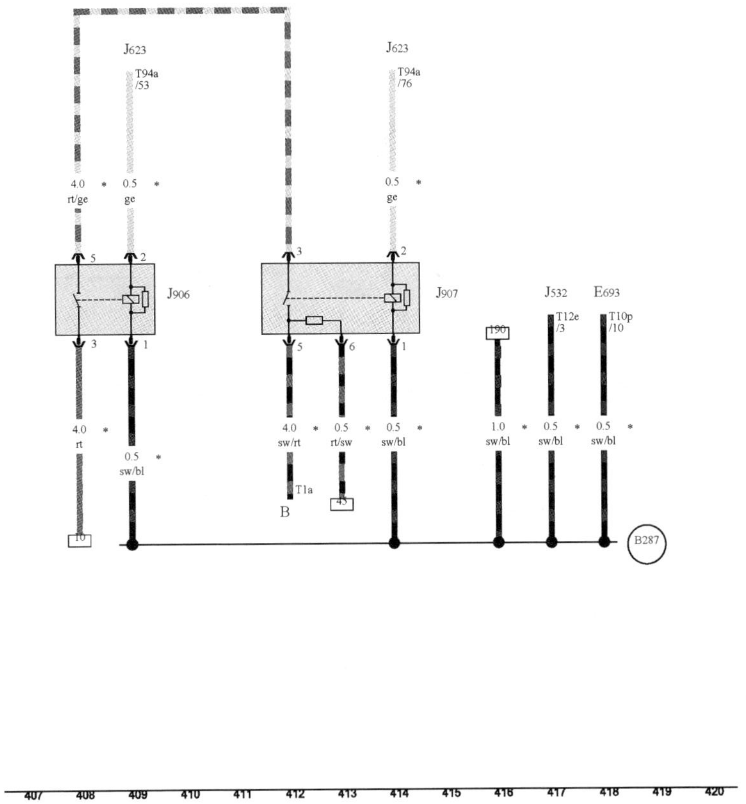

B－启动机 E693－启动/停止模式按钮 J532－稳压器 J623－发动机控制单元 J906－启动机继电器1 J907－启
动机继电器2 T1a－1芯插头连接 T10p－10芯插头连接 T12c－12芯插头连接 T94a－94芯插头连接 B287－正
极连接11（15a），在主导线束中 *－用于带发动机自动启停系统的汽车

图 1-4-106

车载电网控制单元

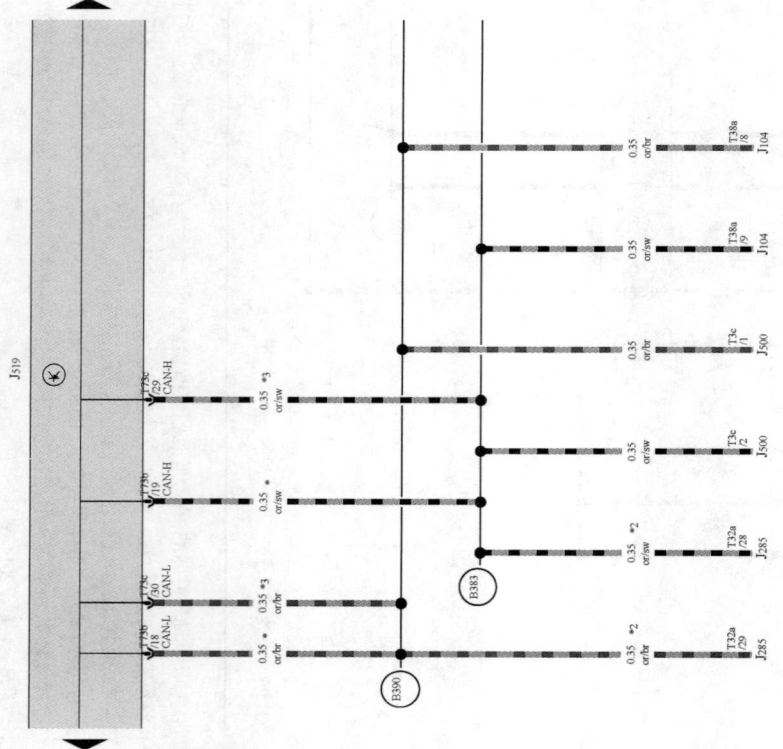

图 1-4-109

J104-ABS控制单元 J285-组合仪表中的控制单元 J500-助力转向控制单元 J519-车载电网控制单元 T3c-3
芯插头连接 T32a-32芯插头连接 T38a-38芯插头连接 T73b-73芯插头连接 T73c-73芯插头连接 B383-
连接1（驱动CAN总线，High），在主导线束中 B390-连接1（驱动CAN总线，Low），在主导线束中 *-
用于带车载电网控制单元BCM的汽车 *2-用于带H4大灯的汽车 *3-用于带车载电网控制单元BFM的汽车

车载电网控制单元，数据总线诊断接口，诊断接口

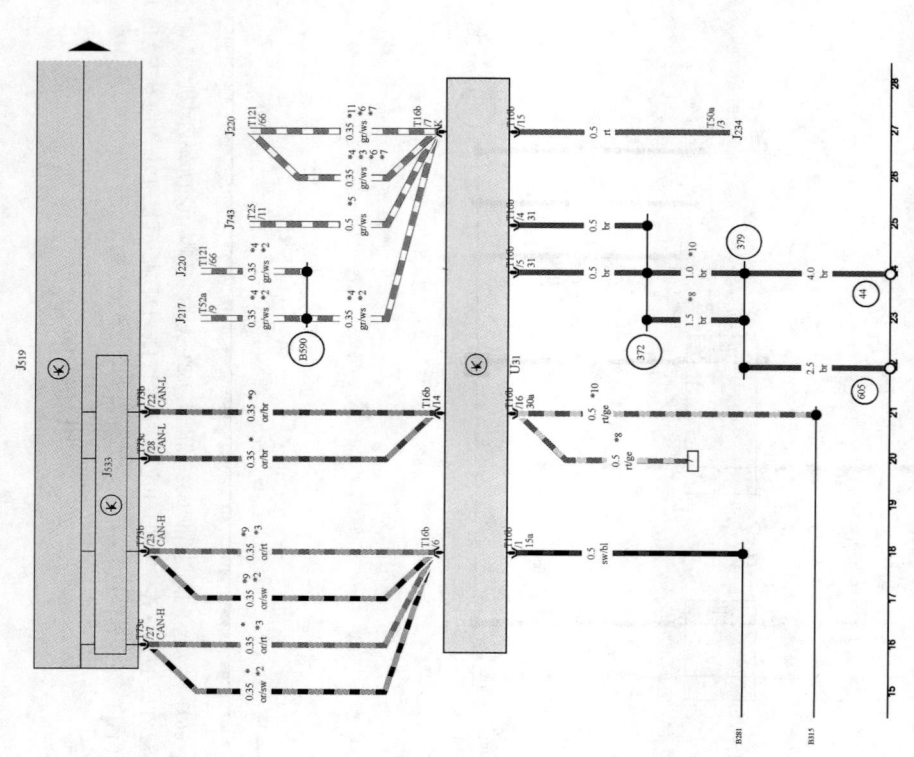

图 1-4-108

J217-自动变速器控制单元 J220-Motronic 控制单元 J234-安全气囊控制单元 J519-车载电网控制单元
J533-数据总线诊断接口 J743-双离合器变速器控制单元 T16b-16芯插头连接 T25-25芯插头连接 T50a-
50芯插头连接 T52a-52芯插头连接 T73b-73芯插头连接 T73c-73芯插头连接 T121-121芯插头连接
U31-诊断接口 44-左侧A柱下部的接地点 372-接地连接7，在主导线束中 379-接地连接14，在主导线束
中 605-上部接地点 B281-正极连接5（15a），在主导线束中 B315-正极连接1（30a），在主
导线束中 B590-连接（K诊断导线）。在车内导线束中 *-用于带车载电网控制单元BFM的汽车 *2-截至
2014年7月 *3-自2014年7月起 *4-用于自动变速器的汽车 *5-用于带双离合器0AM的汽车 *6-
用于带1.6L发动机的汽车 *7-用于带1.4L发动机的汽车 *8-自2016年7月起 *9-用于带车载电网控制单元
BCM的汽车 *10-截至2016年7月 *11-用于手动变速器的汽车

84

车载电网控制单元

车载电网控制单元

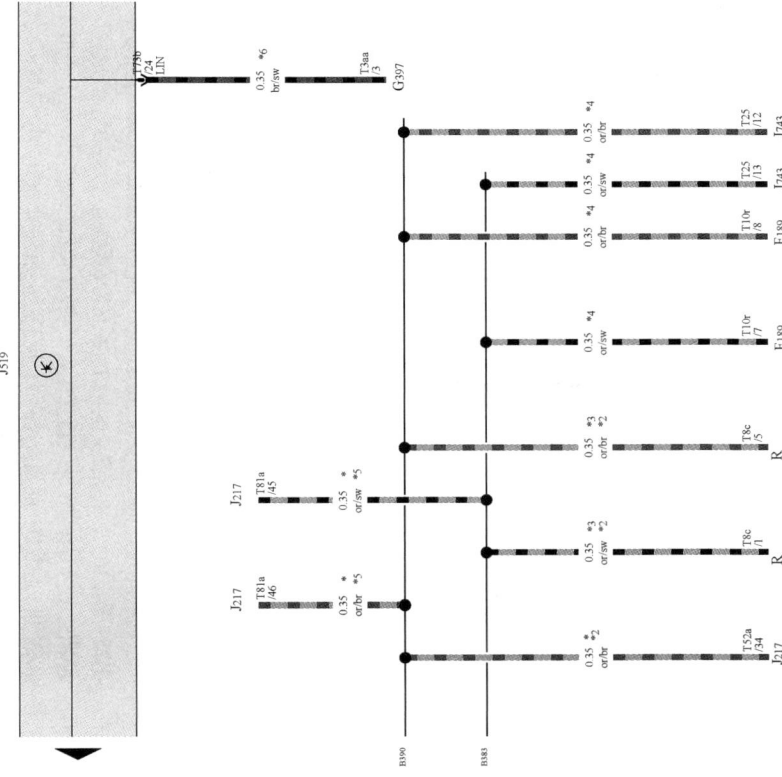

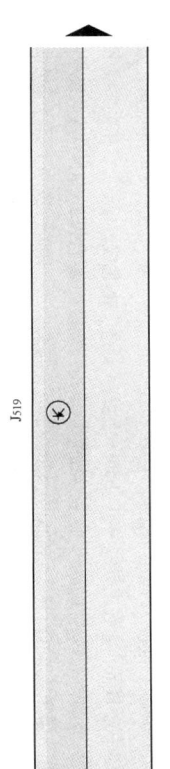
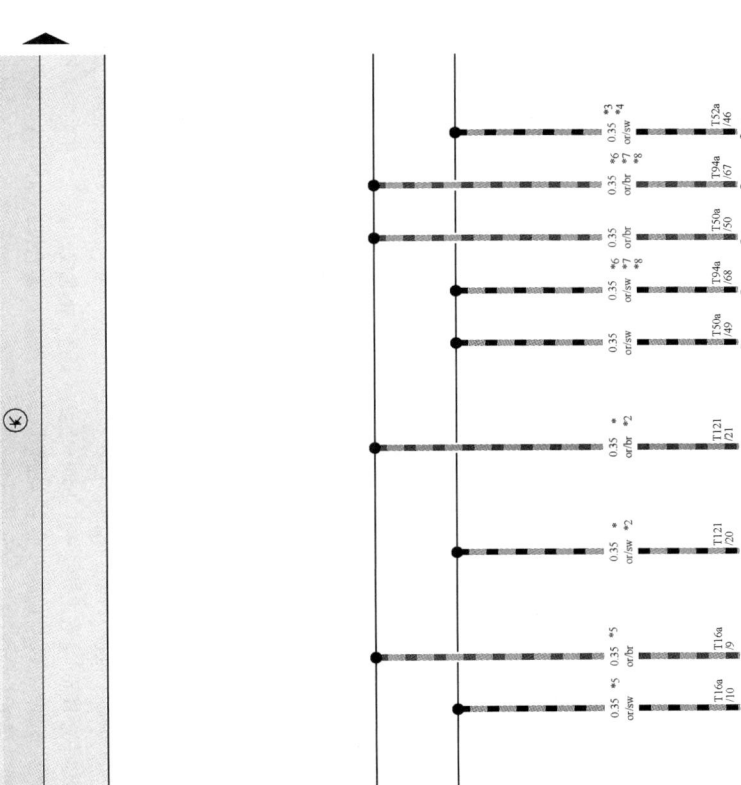

G85-转向角传感器 J217-自动变速器控制单元 J220-Motronic控制单元 J234-安全气囊控制单元 J519-车载电网控制单元 J623-发动机控制单元 T16a-16芯插头连接 B383-连接1 T50a-50芯插头连接 T50a-50芯插头连接 T52a-52芯插头连接 T94a-94芯插头连接 B383-连接1（驱动CAN总线，High），在主导线束中 B390-连接1（驱动CAN总线，Low），在主导线束中 *-用于带1.6L发动机的汽车 *2-用于带1.4L发动机的汽车 *3-用于自动变速器的汽车 *4-截至2016年7月 *5-用于带电子稳定程序（ESP）的汽车 *6-用于带双0AM的汽车 *7-用于带发动机型号代码CSTA的汽车 *8-用于带1.5L汽油发动机的汽车 燃料发动机的汽车

图1-4-110

F189-Tiptronic开关 G397-雨水与光线识别传感器 J217-自动变速器控制单元 J519-车载电网控制单元 J743-双离合器变速器机电装置 R-收音机 T3aa-3芯插头连接 T8c-8芯插头连接 T10r-10芯插头连接 T10r-10芯插头连接 B383-连接1（驱动CAN总线，High），在主导线束中 B390-连接1（驱动CAN总线，Low），在主导线束中 *-用于带收音机MIB-G标准型的汽车 *2-截至2016年7月 *3-用于带收音机MIB-G标准型的汽车 *4-用于带双离合器变速器 0AM的汽车 *5-自2016年7月起 *6-用于回家照明功能的汽车

图1-4-111

85

安全气囊卷簧和带滑环的复位环，车载电网控制单元

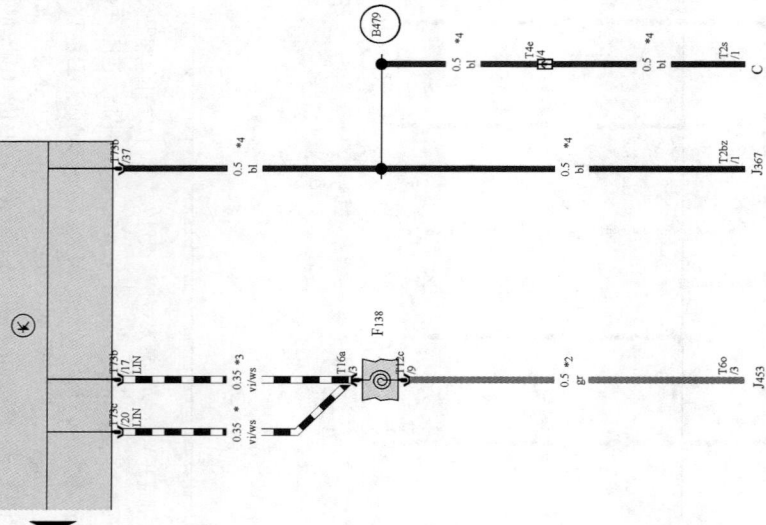

图 1-4-113

车载电网控制单元

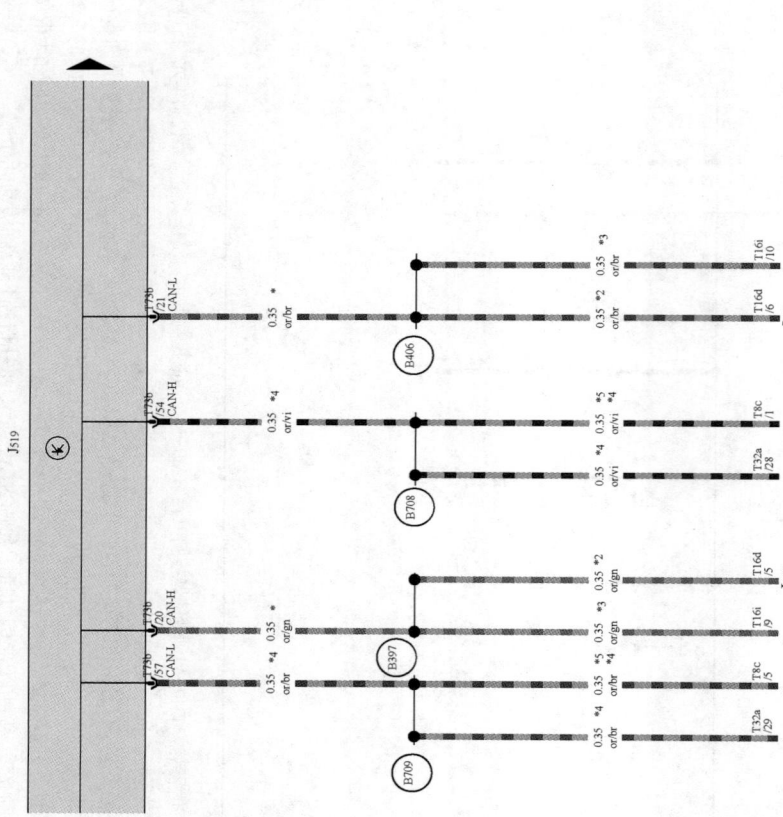

图 1-4-112

C-交流发电机 F138-安全气囊卷簧和带滑环的复位环 J367-蓄电池监控控制单元 J453-多功能方向盘控
制单元 J519-车载电网控制单元 T2bz-2芯插头连接 T2s-2芯插头连接 T4e-4芯插头连接 发动机舱内左
前，绿色 T6o-6芯插头连接 T12c-12芯插头连接 T16a-16芯插头连接 T73b-73芯插头连接 T73c-73芯
插头连接 B479-连接15，在主导线束中 *-用于带车载电网控制单元BFM的汽车 *2-用于带多功能方向盘
的汽车 *3-用于带车载电网控制单元BCM的汽车 *4-用于带发动机自动启停系统的汽车

J255-全自动空调控制单元 J285-组合仪表中的控制单元 J519-车载电网控制单元 R-收音机 T8c-8芯插
头连接 T16d-16芯插头连接 T16i-16芯插头连接 T32a-32芯插头连接 T73b-73芯插头连接 B397-连接1
（舒适CAN总线，High），在主导线束中 B406-连接1（舒适CAN总线，Low），在主导线束中 B708-
连接1（组合仪表CAN总线，High），在主导线束中 B709-连接1（组合仪表CAN总线，Low），在主导
线束中 *-用于带车载电网控制单元BCM的汽车 *2-用于带全自动空调调节的汽车 *3-用于带收音机MIB-G
的汽车 *4-用于带H7大灯的汽车 *5-用于带收音机MIB-G标准型的汽车
第2代标准型增强版版的汽车

86

第五节 基本装备

基本装备电路图的图号和图名对照表见表 1-5-1。

表 1-5-1 基本装备电路图的图号和图名对照表

图号	图名
图 1-5-1 ～图 1-5-33	基本装备电路图
图 1-5-34 ～图 1-5-37	全国性出租车装备电路图
图 1-5-38 ～图 1-5-41	上海出租车装备电路图

蓄电池，交流发电机，电压调节器，蓄电池监控控制单元，车载电网控制单元

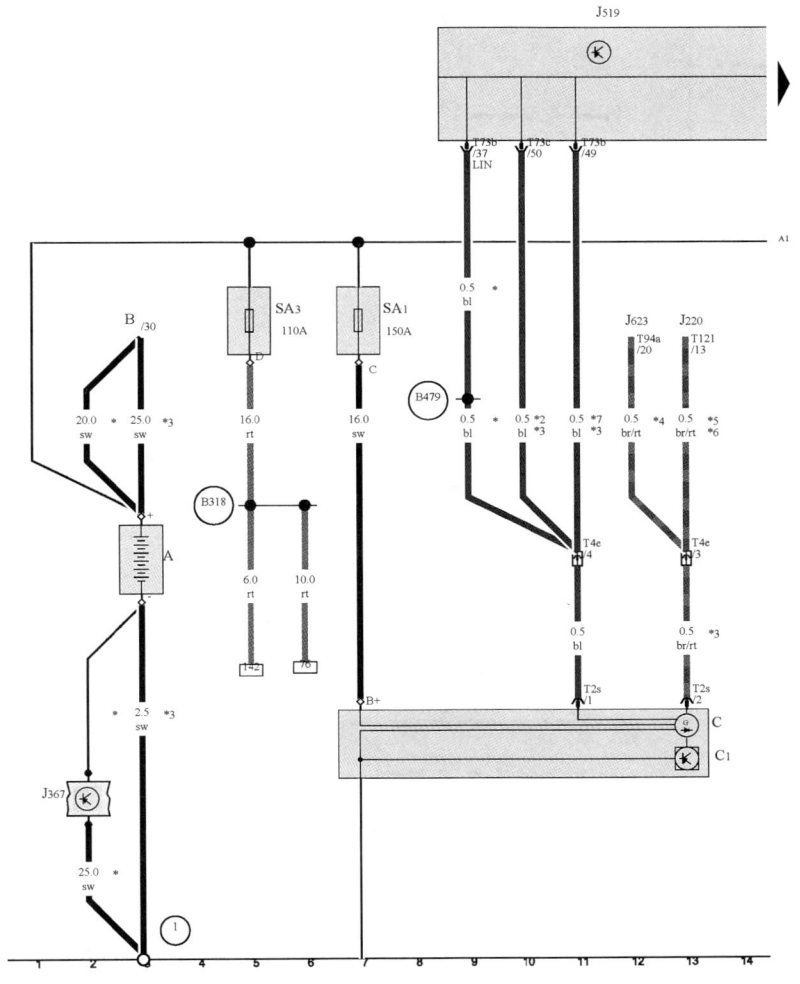

A-蓄电池 B-启动机 C-交流发电机 C1-电压调节器 J220-Motronic控制单元 J367-蓄电池监控控制单元 J519-车载电网控制单元 J623-发动机控制单元 SA1-保险丝架A上的保险丝1 SA3-保险丝架A上的保险丝3 T2s-2芯插头连接 T4e-4芯插头连接 T73b-73芯插头连接 T73c-73芯插头连接 T94a-94芯插头连接 T121-121芯插头连接 1-接地带，蓄电池-车身 B318-正极连接4（30a），在主导线束中 B479-连接15，在主导线束中 *-用于带发动机自动启停系统的汽车 *2-用于带车载电网控制单元BFM的汽车 *3-用于不带发动机自动启停系统的汽车 *4-用于带双燃料发动机的汽车 *5-用于带1.4L发动机的汽车 *6-用于带1.6L发动机的汽车 *7-用于带车载电网控制单元BCM的汽车

图 1-5-1

车载电网控制单元，保险丝架 C

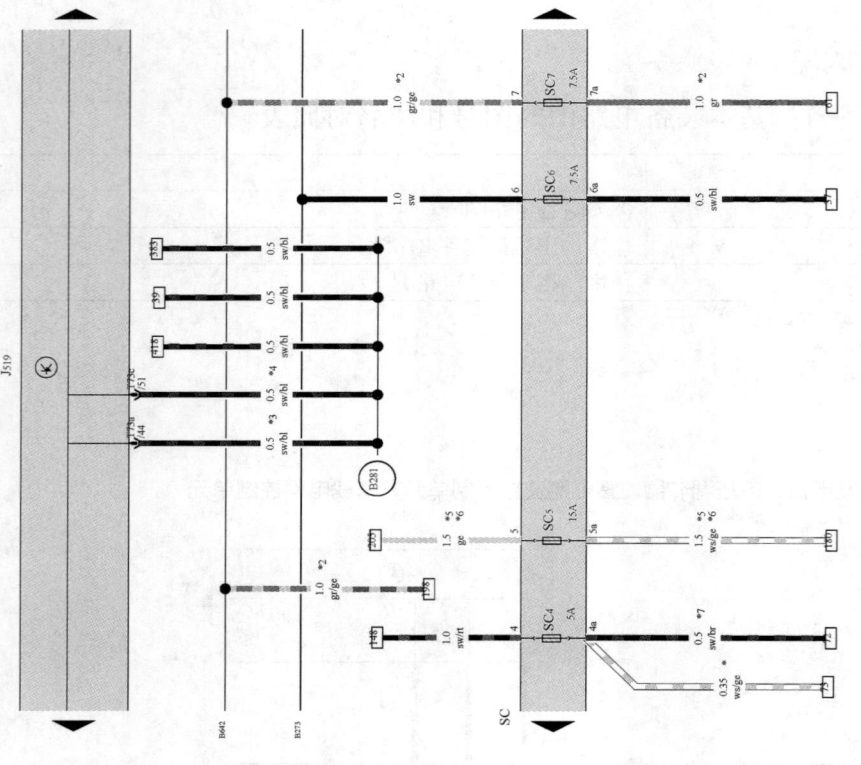

图 1-5-3

车载电网控制单元，保险丝架 C

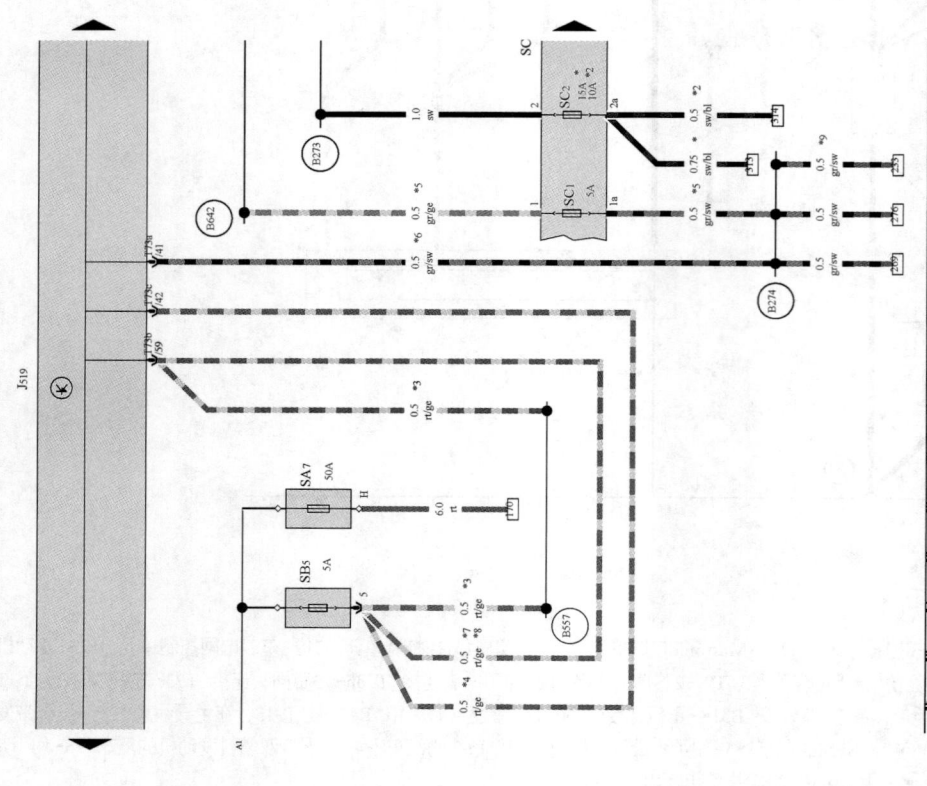

图 1-5-2

J519-车载电网控制单元 SC-保险丝架C SC1-保险丝架C上的保险丝1 SC2-保险丝架C上的保险丝 2 SB5-保险丝架B上的保险丝5 SA7-保险丝架A上的保险丝7 T73a-73芯插头连接 T73b-73芯插头连接 T73c-73芯插头连接 B273-正极连接（15），在主导线束中 B274-正极连接（58），在主导线束中 B557-正极连接21（30a），在主导线束中 B642-正极连接（58），在主导线束中 *1-自2018年7月起 *2-截至2018年7月 *3-用于带发动机自动启停系统的汽车 *4-用于车载电网控制单元BFM的汽车 *5-用于在车载电网控制单元上带转向灯开关和自动启停系统的汽车 *6-用于不带车灯旋转开关的汽车 *7-用于带车载电网控制单元BCM的汽车 *8-用于不带发动机自动启停系统的汽车 *9-用于带H4大灯的汽车

J519-车载电网控制单元 SC-保险丝架C SC4-保险丝架C上的保险丝4 SC5-保险丝架C上的保险丝 5 SC6-保险丝架C上的保险丝6 SC7-保险丝架C上的保险丝7 T73a-73芯插头连接 T73c-73芯插头连接 B281-正极连接（15a），在主导线束中 B642-正极连接 B273-正极连接（15），在主导线束中 *1-自2018年7月起 *2-截至2018年7月 *3-用于在车载电网控制单元上带车灯旋转开关和接口的汽车 *4-用于车载电网控制单元BFM的汽车 *5-用于带前雾灯的汽车 *6-用于不带静态弯道灯的汽车 *7-截至2018年7月

88

车载电网控制单元，保险丝架 C

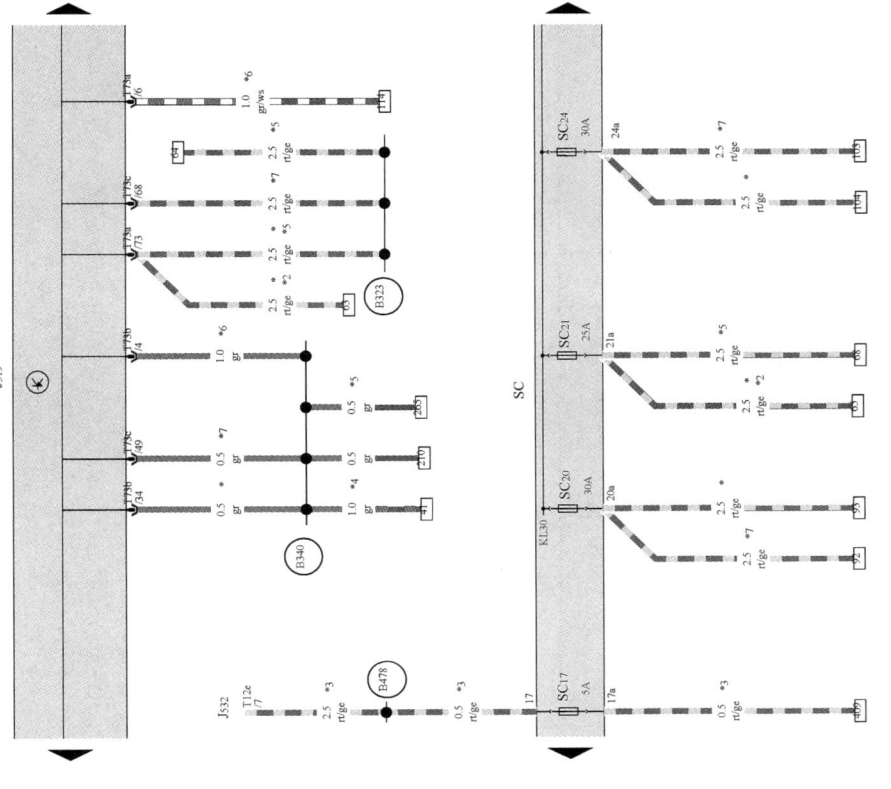

J519－车载电网控制单元 J532－稳压器 SC－保险丝架 C SC17－保险丝架 C 上的保险丝17 SC20－保险丝架 C 上的保险丝20 SC21－保险丝架 C 上的保险丝21 SC24－保险丝架 C 上的保险丝24 T12c－12芯插头连接 T73a－73芯插头连接 T73b－73芯插头连接 T73c－73芯插头连接 B323－正极连接 B340－连接1（58d），在主导线束中 B478－连接14，在主导线束中 *1－用于带车载电网控制单元BCM的汽车 *2－自2018年7月起 *3－用于带发动机自动启停系统的汽车 *4－用于在车载电网控制单元上不带车灯旋转开关和接口的汽车 *5－截至2018年7月 *6－用于在车载电网控制单元上带车灯旋转开关和接口带旋转开关BFM的汽车 *7－用于带车载电网控制单元BFM的汽车

图 1-5-5

车载电网控制单元，保险丝架 C

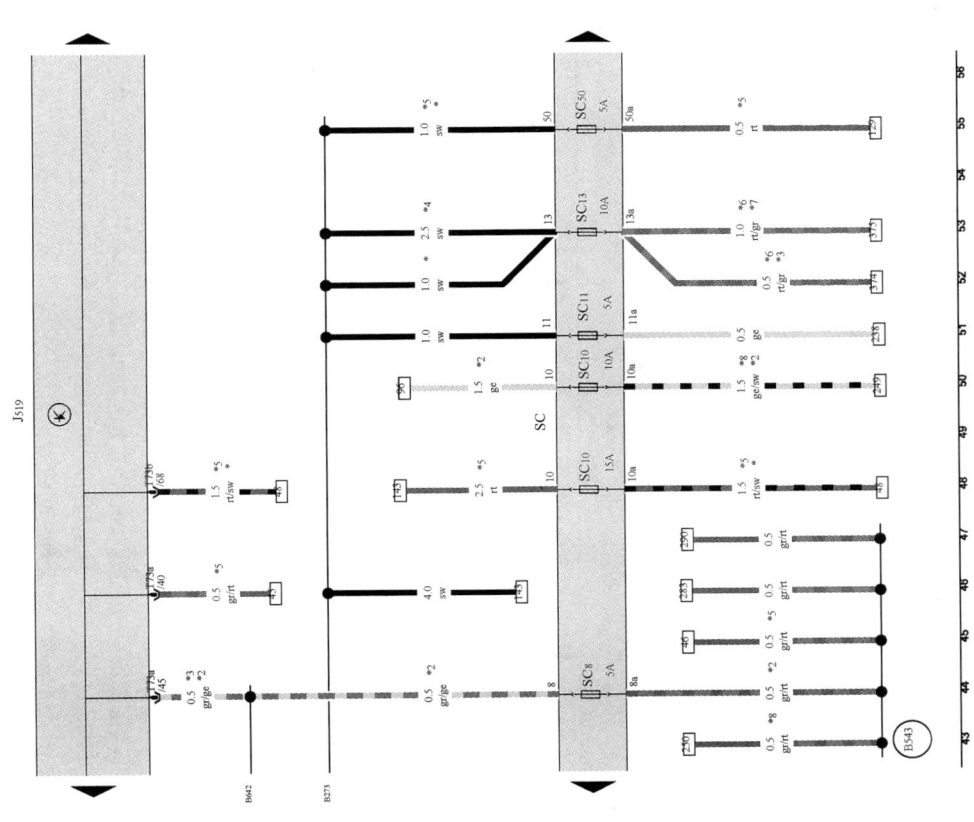

J519－车载电网控制单元 SC－保险丝架 C SC8－保险丝架 C 上的保险丝8 SC10－保险丝架 C 上的保险丝10 SC11－保险丝架 C 上的保险丝11 SC13－保险丝架 C 上的保险丝13 SC50－保险丝架 C 上的保险丝50 T73a－73芯插头连接 T73b－73芯插头连接 B273－正极连接 B543－正极连接 B642－正极连接（58），在主导线束中 *1－用于带车载电网控制单元BCM的汽车 *2－自2018年7月起 *3－用于带车载电网控制单元BCM的汽车 *4－截至2018年7月 *5－用于在车灯旋转开关和接口的汽车 *6－用于带手动变速器的汽车 *7－用于在车载电网控制单元上带车灯旋转开关和接口的汽车 *8－用于带H4大灯的汽车 单元BFM的汽车

图 1-5-4

89

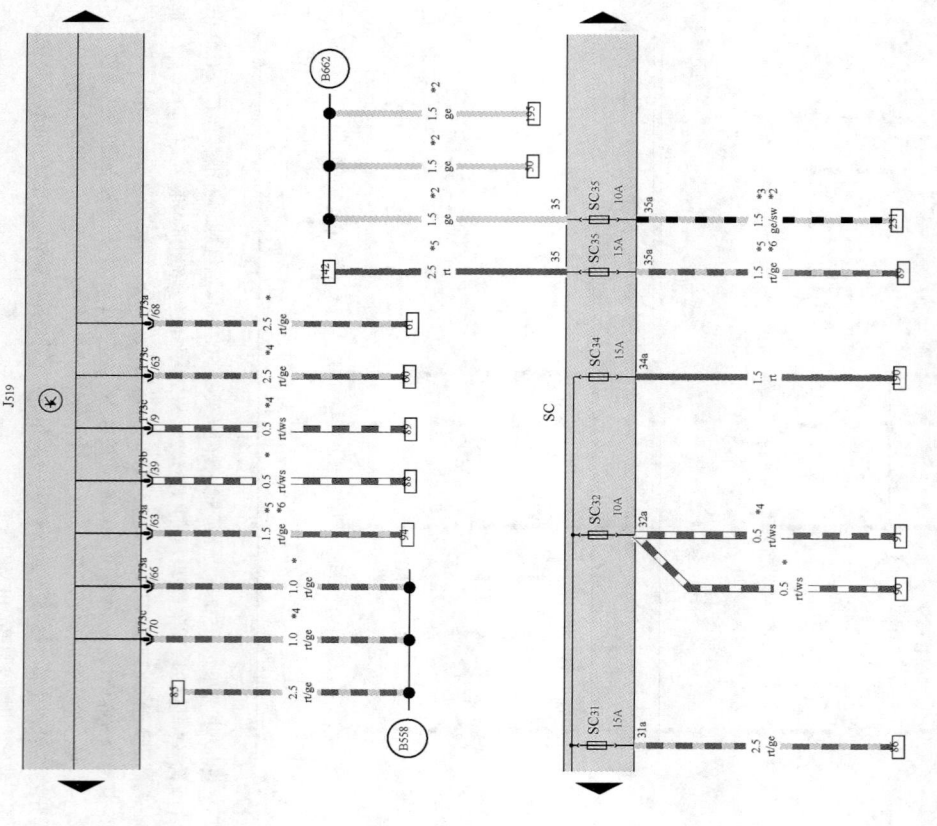

车载电网控制单元，保险丝架 C

J519–车载电网控制单元 SC–保险丝架C SC26–保险丝架C上的保险丝31 SC32–保险丝架C上的保险丝32 SC34–保险丝架C上的保险丝34 SC35–保险丝架C上的保险丝35 T73a–73芯插头连接 T73b–73芯插头连接 T73c–73芯插头连接 B558–正极连接22（30a），在主导线束中 B662–连接2（56b），在主导线束中 *–用于带车载电网控制单元BCM的汽车 *2–用于在车载电网控制单元上不带车灯旋转开关和接口的汽车 *3–用于带H4大灯的汽车 *4–用于带车载电网控制单元上带车灯旋转开关和接口的汽车 *5–用于在车载电网控制单元BFM的汽车 *6–自2018年7月起

图 1-5-7

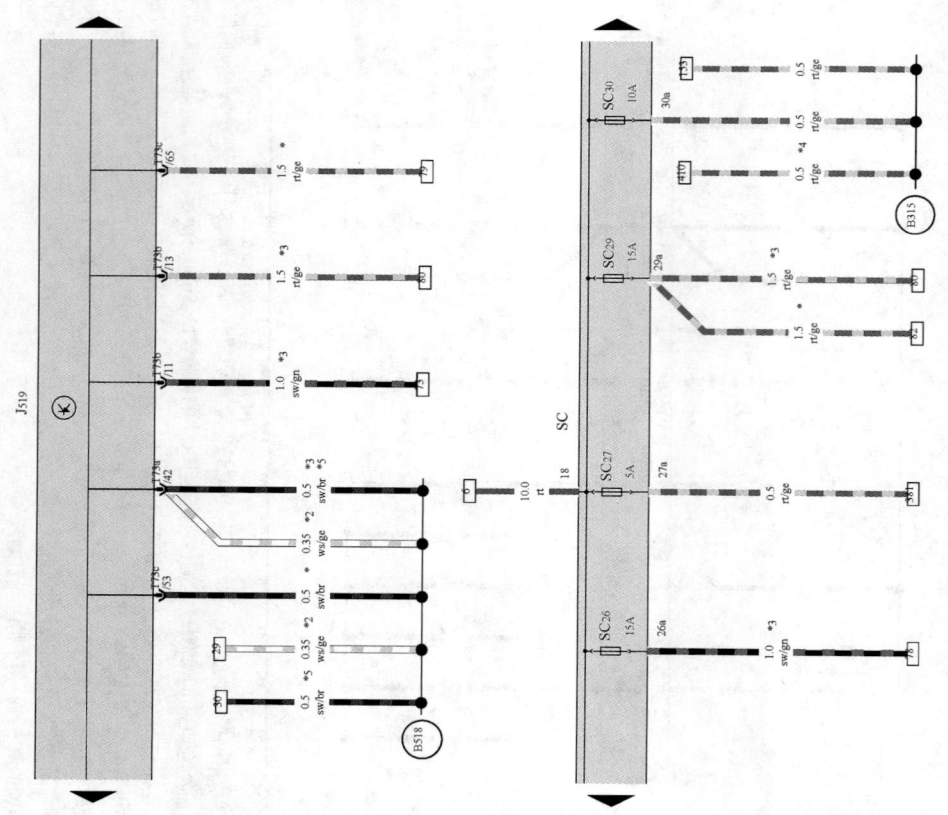

车载电网控制单元，保险丝架 C

J519–车载电网控制单元 SC–保险丝架C SC26–保险丝架C上的保险丝26 SC27–保险丝架C上的保险丝27 SC29–保险丝架C上的保险丝29 SC30–保险丝架C上的保险丝30 T73a–73芯插头连接 T73b–73芯插头连接 T73c–73芯插头连接 B315–正极连接 B518–连接1（30a），在主导线束中 B518–连接22（86s），在主导线束中 *–用于带车载电网控制单元BFM的汽车 *2–自2018年7月起 *3–用于带车载电网控制单元口的汽车 *4–用于不带发动机自动启停系统的汽车 *5–截至2018年7月

图 1-5-6

车载电网控制单元，保险丝架 C，车窗玻璃清洗泵

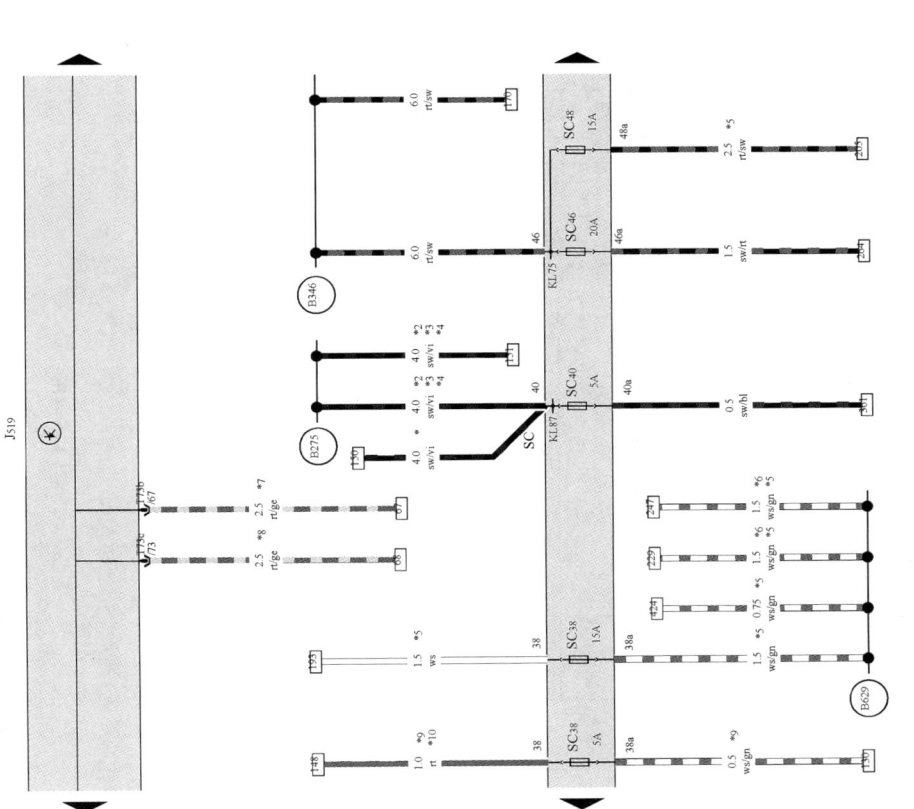

图 1-5-9

J519-车载电网控制单元 SC-保险丝架 C SC39-保险丝架C上的保险丝39 SC49-保险丝架C上的保险丝49 SC50-保险丝架C上的保险丝50 SC51-保险丝架C上的保险丝51 T2q-2芯插头连接 T73b-73芯插头连接 T73c-73芯插头连接 V5-车窗玻璃清洗泵 614-发动机舱内右侧接地点2 B346-连接1（75），在主导线束中 B621-连接1（53c），在主导线束中 *-自2018年7月起 *2-用 B448-连接 中 于带1.5L汽油发动机的汽车 *3-用于在车灯旋转开关和接口的汽车 *4-用于在车载电网控制单元上不带车灯旋转开关和接口的汽车 *5-截至2018年7月 *6-用于带1.6L发动机的汽车 *7-用于带车载电网控制单元BCM的汽车 *8-用于带双燃料发动机的汽车 *9-用于带车载电网控制单元BFM的汽车 *10-用于带车载电网控制单元BFM的汽车

车载电网控制单元，保险丝架 C

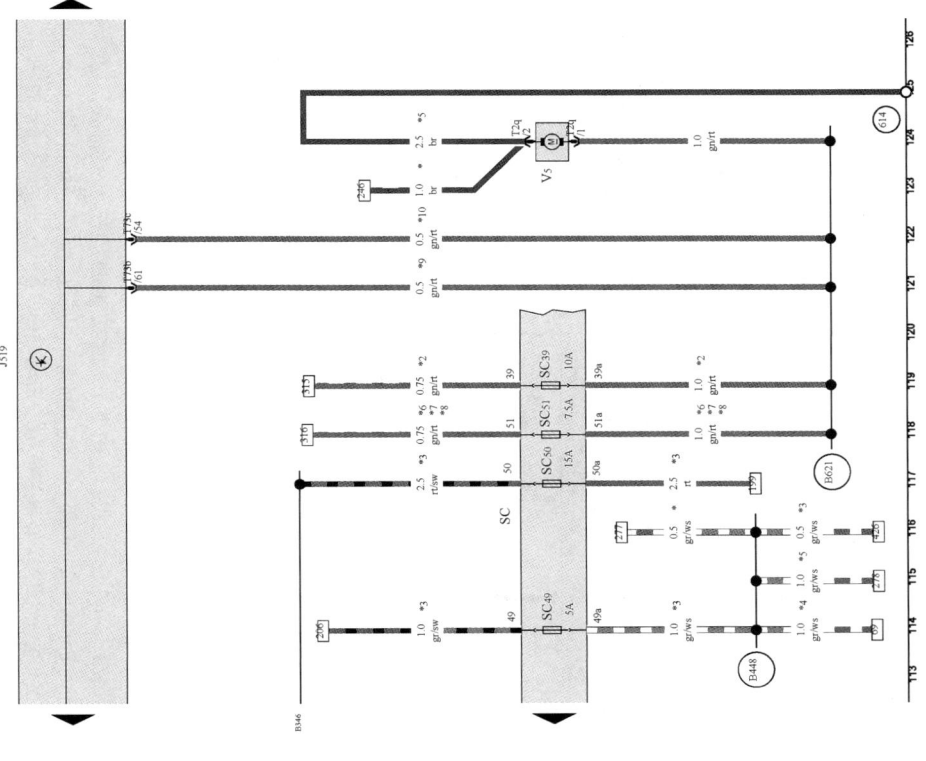

图 1-5-8

J519-车载电网控制单元 SC-保险丝架 C SC38-保险丝架C SC39-保险丝架C上的保险丝38 SC40-保险丝架C上的保险丝40 SC46-保险丝架C上的保险丝46 SC48-保险丝架C上的保险丝48 T73b-73芯插头连接 T73c-73芯插头连接 B275-正极连接（87），在主导线束中 B346-连接1（75），在主导线束中 B629-连接（56a），在主导线束中 *-用于带1.5L汽油发动机的汽车 *2-用于带1.6L发动机的汽车 *3-用于带1.4L发动机的汽车 *4-用于带1.5L汽油发动机的汽车 *5-用于在车载电网控制单元BCM的汽车 *6-用于带H4 大灯的汽车 *7-用于带车载电网控制单元BFM的汽车 *8-用于带车灯旋转开关和接口的汽车 *9-用于 在车载电网控制单元上带车灯旋转开关和接口的汽车 *10-自2018年7月起

91

点火启动开关，主继电器，车载电网控制单元

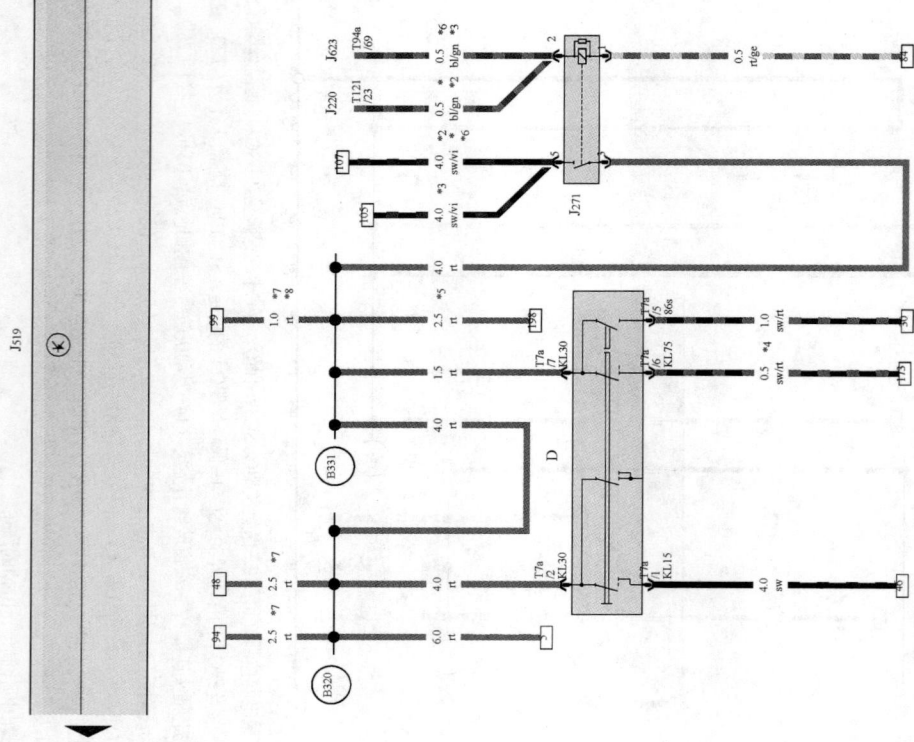

D−点火启动开关 J220−Motronic控制单元 J271−主继电器 J519−车载电网控制单元 J623−发动机控制单元
T7a−7芯插头连接 T94a−94芯插头连接 T121−121芯插头连接 B320−正极连接6（30a），在主导线束中
B331−正极连接17（30a），在主导线束中 *−用于带1.4L发动机的汽车 *2−用于带1.6L发动机的汽车 *3−
用于带1.5L汽油发动机的汽车 *4−用于不带发动机自动启停系统的汽车 *5−用于在车载电网控制单元上不
带车灯旋转开关和接口的汽车 *6−用于带双燃料发动机的汽车 *7−用于在车载电网控制单元上带车灯旋
转开关和接口的汽车 *8−自2018年7月起

图 1−5−11

车灯开关，前雾灯开关，后雾灯开关，车载电网控制单元，大灯开关照明灯泡

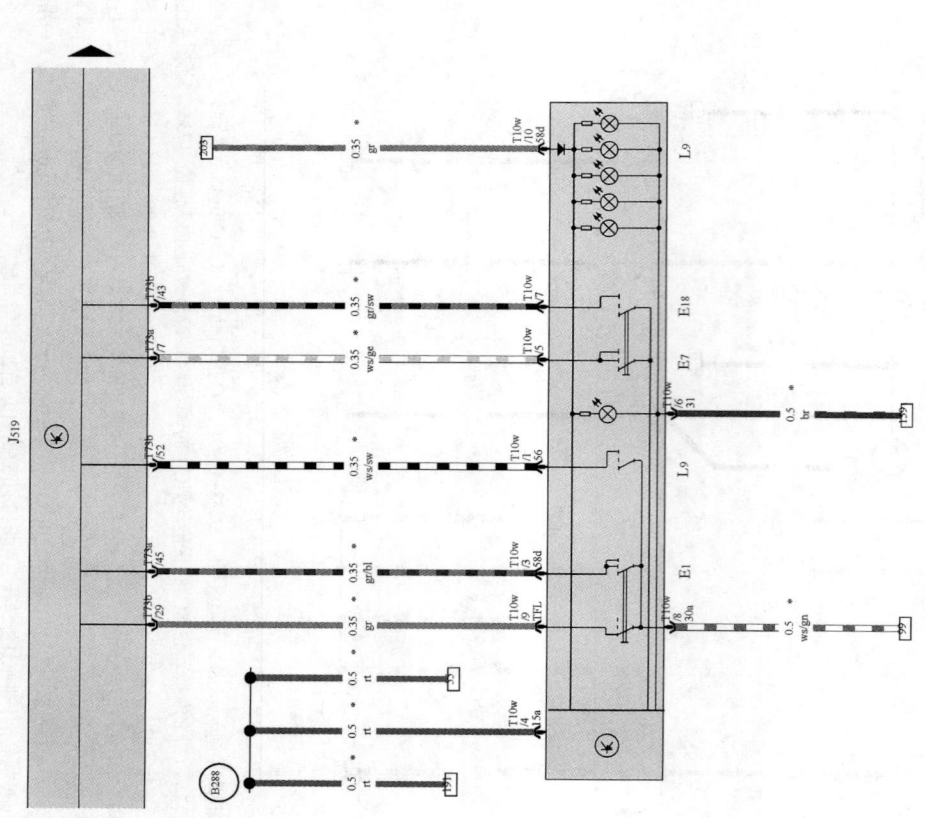

E1−车灯开关 E7−前雾灯开关 E18−后雾灯开关 J519−车载电网控制单元 L9−大灯开关照明灯泡 T10w−
10芯插头连接 T73a−73芯插头连接 T73b−73芯插头连接 B288−正极连接12（15a），在主导线束中 *−用
于在车载电网控制单元上带车灯旋转开关和接口的汽车

图 1−5−10

92

车载电网控制单元

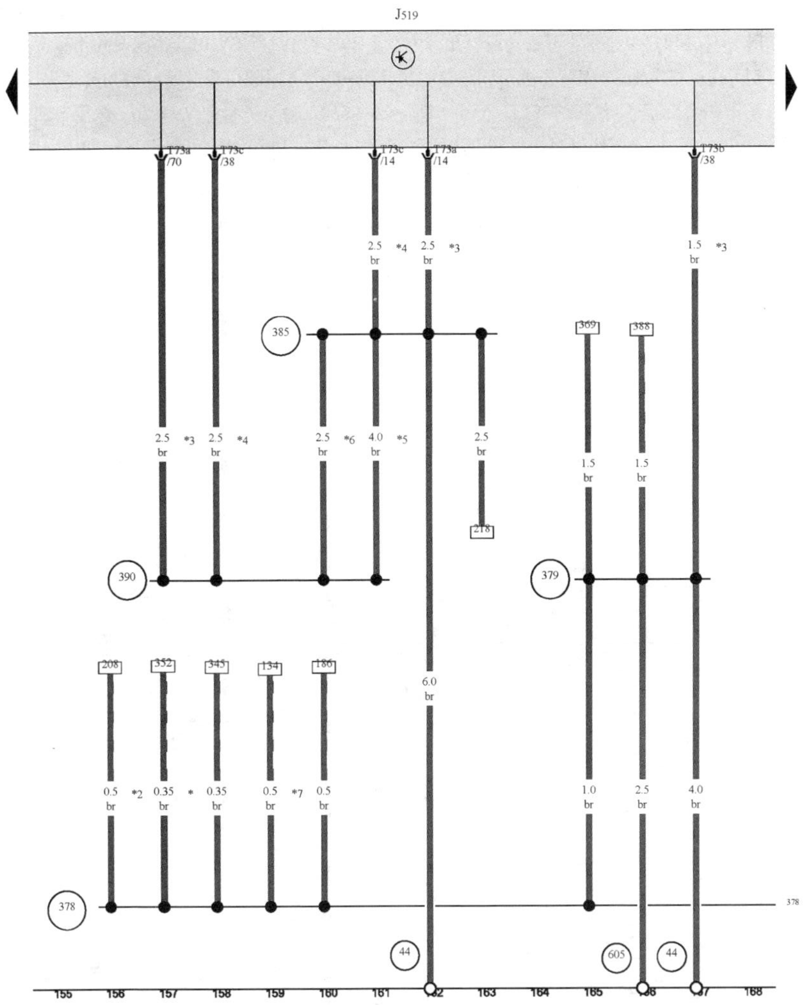

车载电网控制单元，供电继电器 1，接线端 75，左侧前雾灯灯泡，右侧前雾灯灯泡

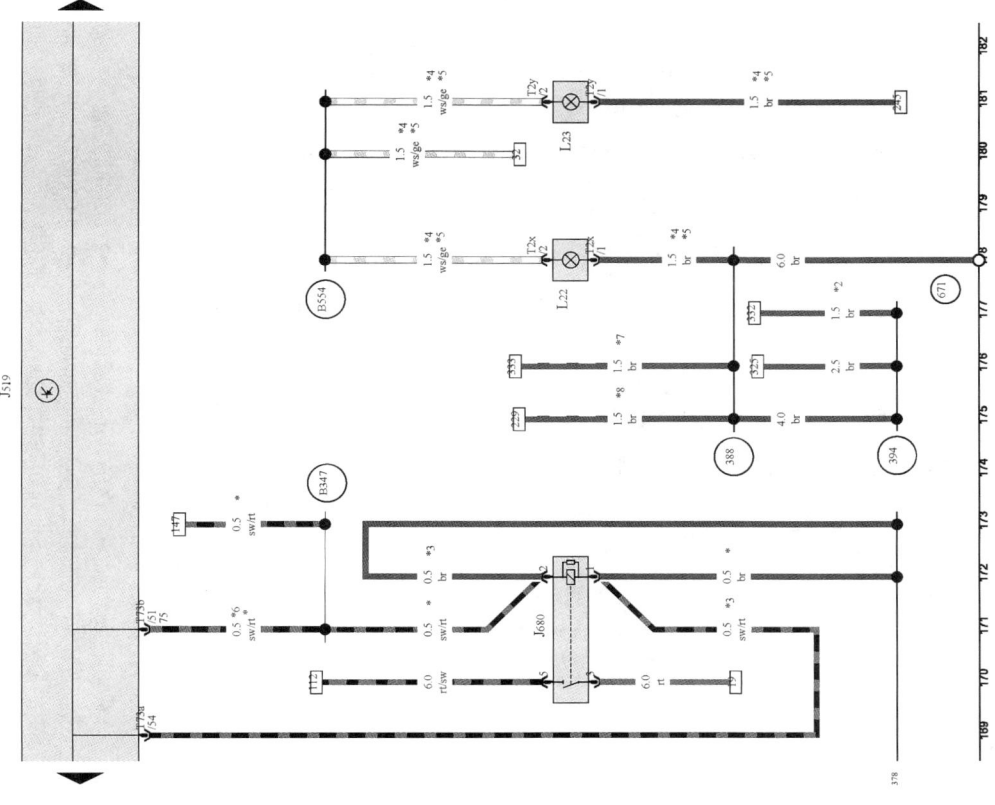

图 1-5-12

J519-车载电网控制单元 T73a-73芯插头连接 T73b-73芯插头连接 T73c-73芯插头连接 44-左侧A柱下部的接地点 378-接地连接13，在主导线束中 379-接地连接14，在主导线束中 385-接地连接20，在主导线束中 390-接地连接25，在主导线束中 605-上部转向柱上的接地点 *-用于带后部阅读灯的汽车 *2-用于在车载电网控制单元BCM的汽车 *3-用于带车载电网控制单元BCM的汽车 *4-用于带车载电网控制单元BFM的汽车 *5-截至2018年7月的汽车 *6-自2018年7月起 *7-用于在车载电网控制单元上带车灯旋转开关和接口的汽车 上带车灯旋转开关和接口的汽车

图 1-5-13

J519-车载电网控制单元 J680-供电继电器1 L22-左侧前雾灯灯泡 L23-右侧前雾灯灯泡 T2x-2芯插头连接 T2y-2芯插头连接 T73a-73芯插头连接 T73b-73芯插头连接 378-接地连接13，在主导线束中 388-接地连接23，在主导线束中 394-接地连接29，在主导线束中 671-左侧纵梁上的接地点 B347-连接2（75），在主导线束中 B554-连接2（75）*-用于不带发动机自动启停系统的汽车 *2-自2018年7月起 *3-用于带发动机自动启停系统的汽车 *4-用于带前雾灯的汽车 *5-用于不带前雾灯的汽车 *6-用于带车载电网控制单元BCM的汽车 *7-截至2018年7月 *8-用于带H4大灯的汽车 静态弯道灯的汽车

车灯开关，前雾灯开关，后雾灯开关，车载电网控制单元，大灯开关照明灯泡

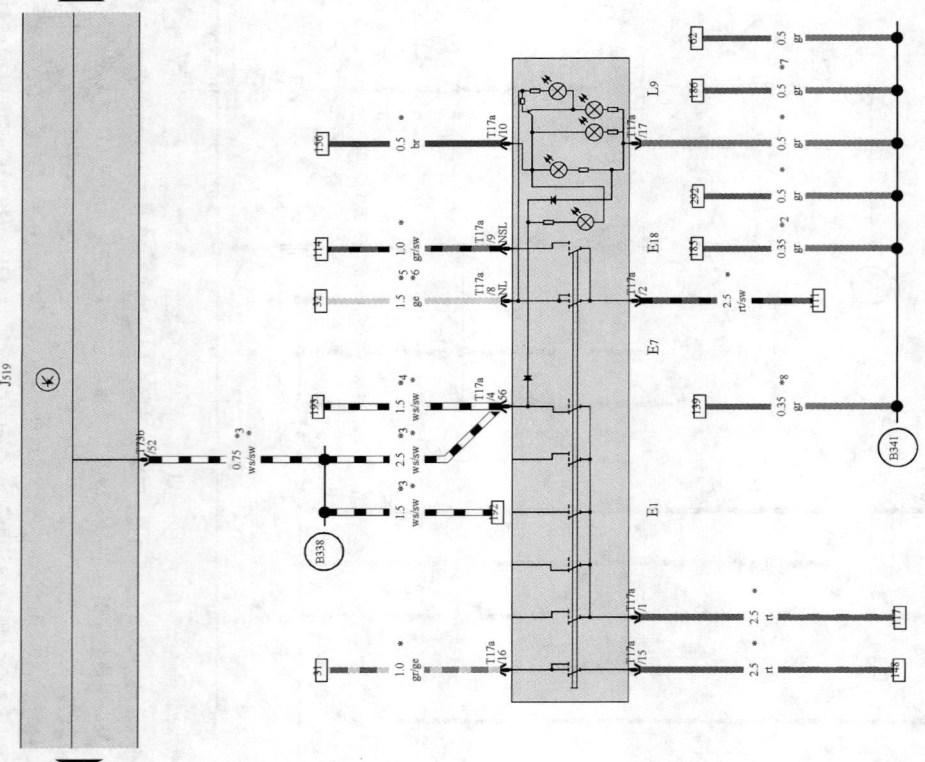

E1-车灯开关 E7-前雾灯开关 E18-后雾灯开关 J519-车载电网控制单元 L9-大灯开关照明灯泡 T17a-17
芯插头连接 T73b-73芯插头连接 B338-连接1（56），在主导线束中 B341-连接2（58d），在主导线束
中 *-用于在车载电网控制单元上不带车灯旋转开关和接口的汽车 *2-自2018年7月起 *3-用于带车载电
网控制单元BFM的汽车 *4-用于带车载电网控制单元的汽车 *5-用于带前雾灯的汽车 *6-用不带
静态弯道灯的汽车 *7-截至2018年7月 *8-用于在车载电网控制单元上带转向开关和接口的汽车

图1-5-15

转向信号灯开关，手动远光灯功能和远光灯瞬时接通功能开关，左侧转向柱开关，大灯照
明距离调节器，车载电网控制单元，大灯照明距离调节器设置器照明灯泡

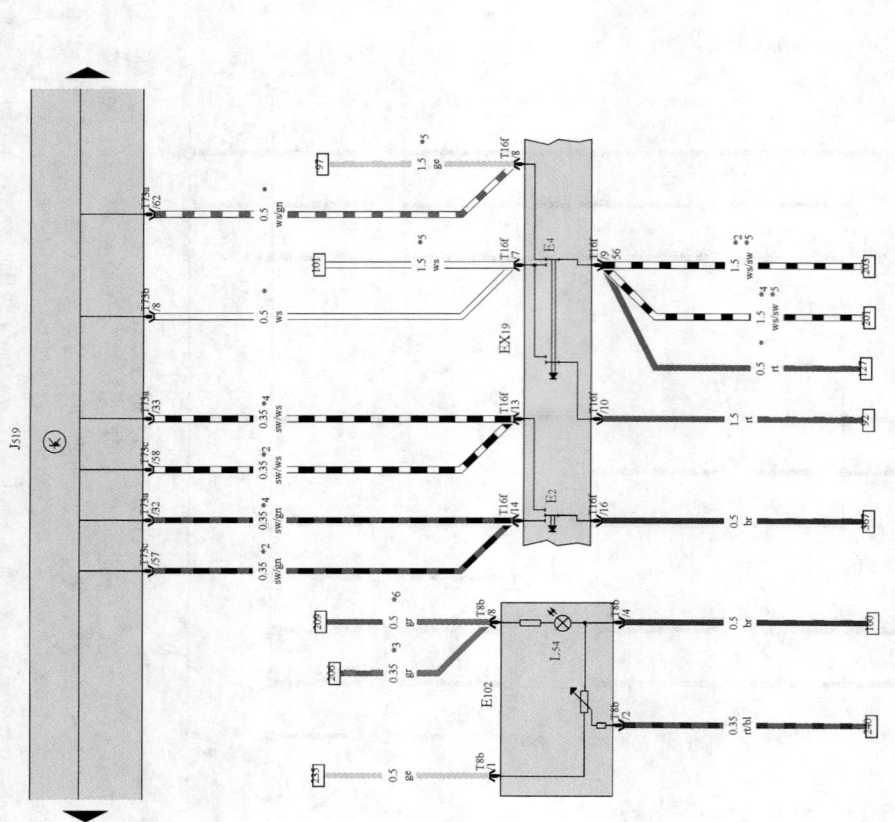

E2-转向信号灯开关 E4-手动远光灯功能和远光灯瞬时接通功能开关 EX19-左侧转向柱开关 E102-大
灯照明距离调节器 J519-车载电网控制单元 L54-大灯照明距离调节器设置器照明灯泡 T8b-8芯插头连接
T16f-16芯插头连接 T73a-73芯插头连接 T73b-73芯插头连接 T73c-73芯插头连接 *-用于在车载电网
控制单元上带车灯旋转开关和接口的汽车 *2-用于带车载电网控制单元BFM的汽车 *3-自2018年7月起
*4-用于带车载电网控制单元BCM的汽车 *5-用于在车载电网控制单元上带转向开关和接口的汽车
*6-截至2018年7月

图1-5-14

左侧竖排标题（图1-5-17）：车载电网控制单元，左侧大灯双灯丝灯泡，左侧驻车示宽灯灯泡，左前大灯，左前转向信号灯灯泡，左侧大灯照明距离调节伺服电机

左侧竖排标题（图1-5-16）：车载电网控制单元，驾驶员侧车外后视镜，驾驶员侧车外后视镜警告灯泡，驾驶员侧车外后视镜

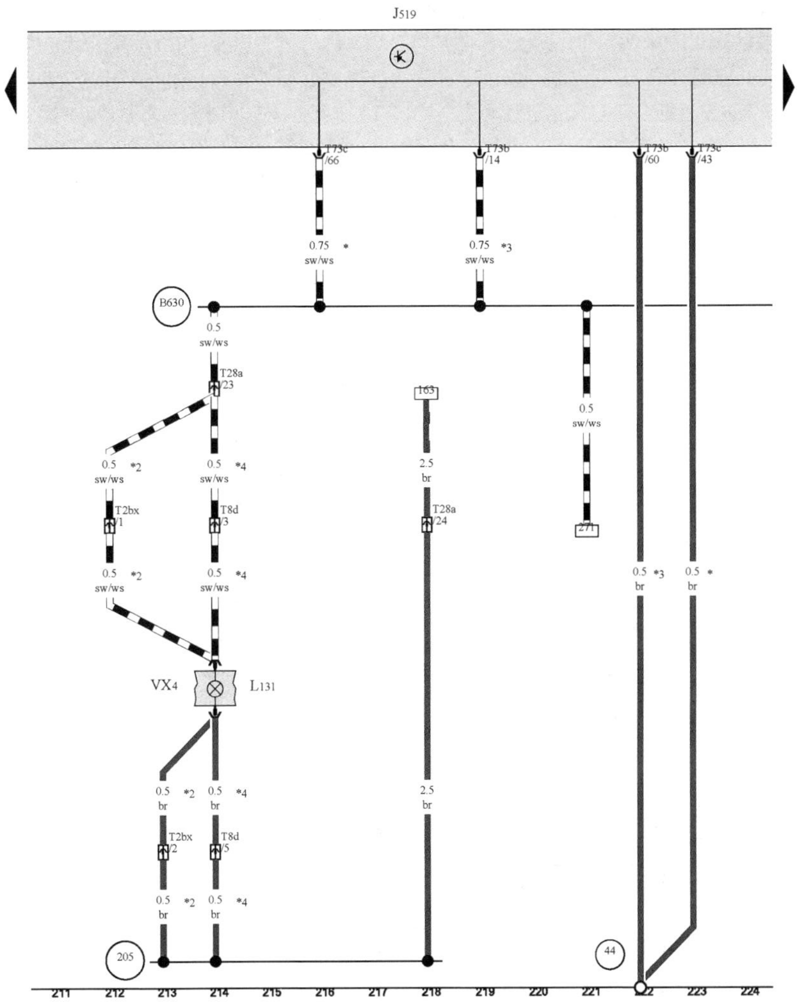

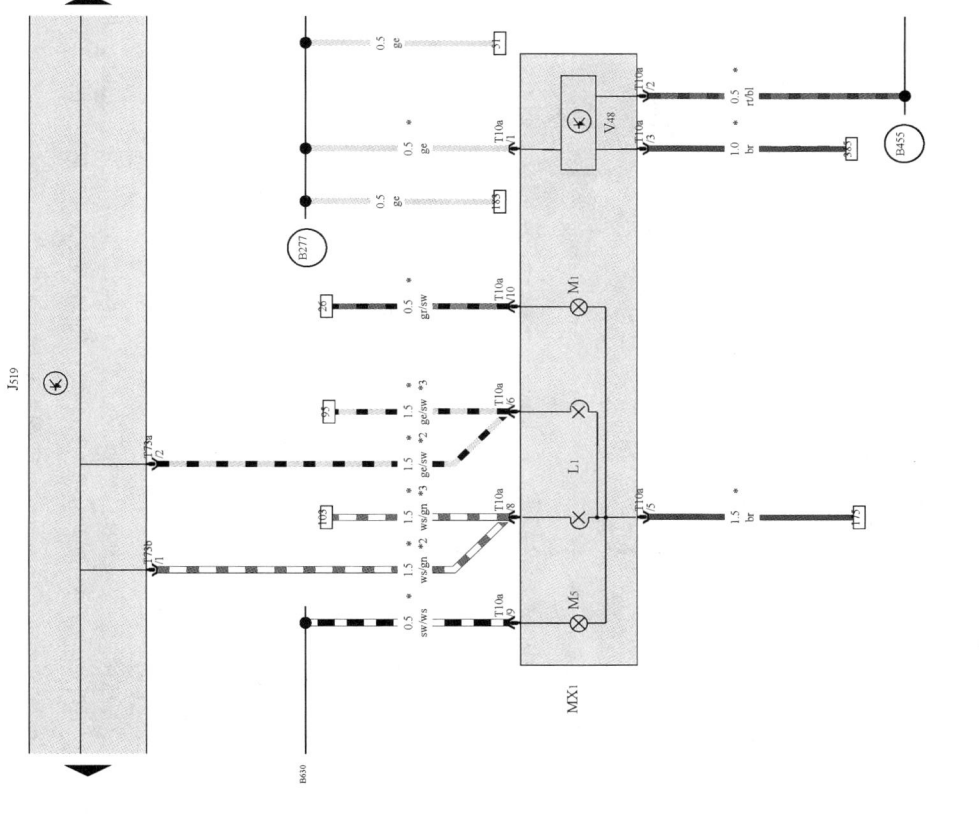

图 1-5-17

J519-车载电网控制单元　L1-左侧大灯双灯丝灯泡　M1-左侧驻车示宽灯灯泡　MX1-左侧大灯　向信号灯灯泡　T10a-10芯插头连接　T73a-73芯插头连接　T73b-73芯插头连接　V48-左侧大灯照明距离调节伺服电机　B277-正极连接1（15a），在主导线束中　B455-连接　B630-正极连接（LWR），在主导线束中　*-用于带H4大灯的汽车　*2-用于在车载电网控制单元上带车灯旋转（左转向信号灯），在主导线束中　*3-用于在车载电网控制单元上带车灯旋转开关和接口的汽车

图 1-5-16

J519-车载电网控制单元　L131-驾驶员侧车外后视镜警告灯泡　T2bx-2芯插头连接　T8d-8芯插头连接　T28a-28芯插头连接　T73b-73芯插头连接　T73c-73芯插头连接　VX4-驾驶员侧车外后视镜　44-左侧A柱下部的接地点　205-接地地点　在驾驶员侧车门电缆导线束中　B630-正极连接（左转向信号灯），在主导线束束中　*-用于带车载电网控制单元BFM的汽车　*2-用于不带电动调节式车外后视镜的汽车　*3-用于带车载电网控制单元BCM的汽车　*4-用于带电动调节式车外后视镜的汽车

车载电网控制单元，右侧大灯双灯丝灯泡，右前大灯，右侧驻车示宽灯灯泡，右前转向信号灯灯泡，右侧大灯照明距离调节伺服电机。

车载电网控制单元，插座照明灯泡，副驾驶员侧车外后视镜警告灯泡，点烟器，副驾驶员侧车外后视镜

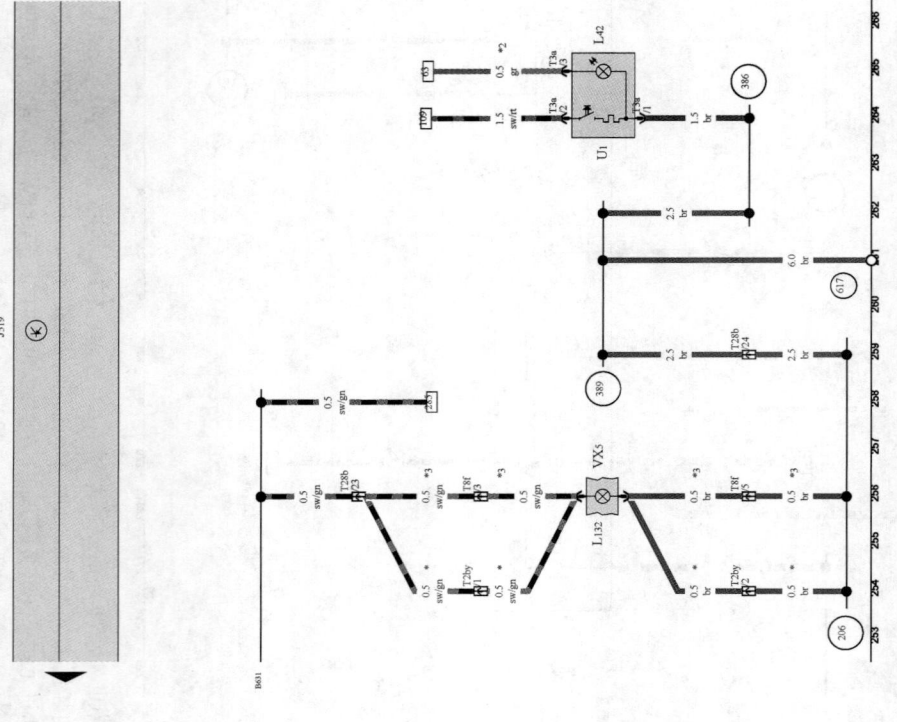

J519-车载电网控制单元 L42-插座照明灯泡 L132-副驾驶员侧车外后视镜警告灯泡 T2by-2芯插头连接 T2by-2芯插头连接 T3a-3芯插头连接 T8f-8芯插头连接 T28b-28芯插头连接 U1-点烟器 VX5-副驾驶员侧车外后视镜 206-接地连接，在副驾驶员侧车门电缆内右侧 389-接地连接24，在主导线束中 386-接地连接21，在主导线束中 617-右侧A柱下部接地点2 B631-正极连接，在主导线束中 *1-用于不带电动调节式车外后视镜的汽车 *2-截止2018年7月 *3-用于带电动调节式车外后视镜的汽车

图 1-5-19

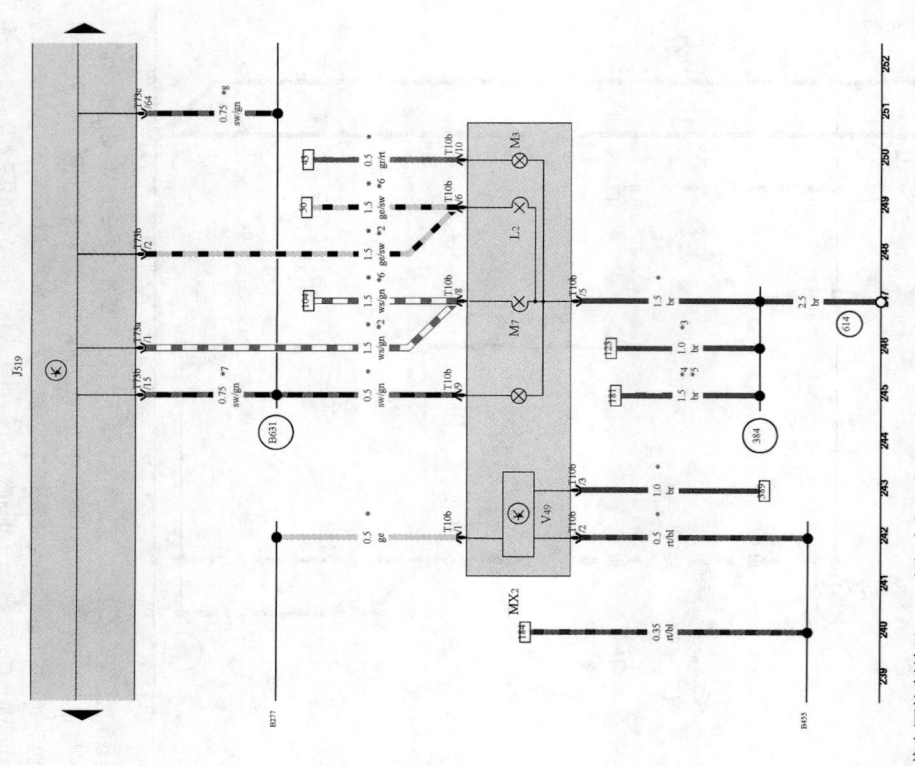

J519-车载电网控制单元 L2-右侧大灯双灯丝灯泡 MX2-右前大灯 M3-右侧驻车示宽灯灯泡 M7-右前转向信号灯灯泡 T10b-10芯插头连接 T73a-73芯插头连接 T73b-73芯插头连接 T73c-73芯插头连接 V49-右侧大灯照明距离调节伺服电机 384-接地连接19，在主导线束中 614-发动机舱内右侧接地点2 B277-正极连接1（15a），在主导线束中 B455-连接 B631-正极连接，在主导线束中 *1-用于带H4大灯的汽车 *2-用于在车载电网控制单元上带车灯旋转开关和接口的汽车 *3-自2018年7月起 *4-用于带H4大灯的汽车 *5-用于带前雾灯的汽车 *6-用于在车载电网控制单元BCM的汽车 *7-用于带车载电网控制单元BCM的汽车 *8-用于带车灯旋转开关和接口的汽车 单元上不带车灯旋转开关和接口的汽车 制单元BFM的汽车

图 1-5-18

96

车载电网控制单元，右侧尾灯，右侧尾灯 2，右后转向信号灯灯泡，右侧倒车灯灯泡，右侧制动信号灯和尾灯灯泡，右侧尾灯灯泡 2，牌照灯

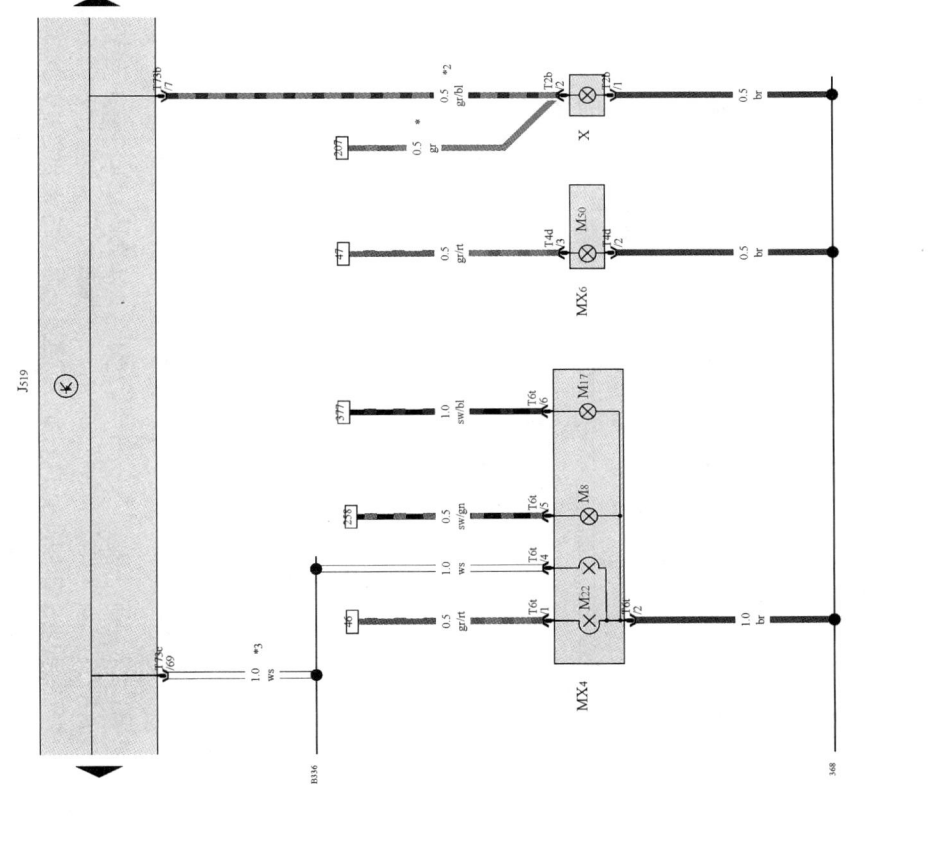

J519－车载电网控制单元 MX4－右侧尾灯 MX6－右侧尾灯 2 M8－右后转向信号灯灯泡 M17－右侧倒车灯灯泡 M22－右侧制动信号灯和尾灯灯泡 M50－右侧尾灯灯泡 2 T2b－2芯插头连接 T4d－4芯插头连接 T6t－6芯插头连接 T73c－73芯插头连接 X－牌照灯 368－接地连接3，在主导线束中连接2（54），在主导线束中 *－用于在车载电网控制单元上不带车灯旋转开关和接口的汽车 *2－用于带车载电网控制单元BFM的汽车 *3－用于在车载电网控制单元上带车灯旋转开关和接口的汽车

图 1-5-21

车载电网控制单元，左侧后雾灯灯泡，左侧尾灯，左侧尾灯 2，左后转向信号灯灯泡，左侧倒车灯灯泡，左侧制动信号灯和尾灯灯泡，左侧尾灯灯泡 2

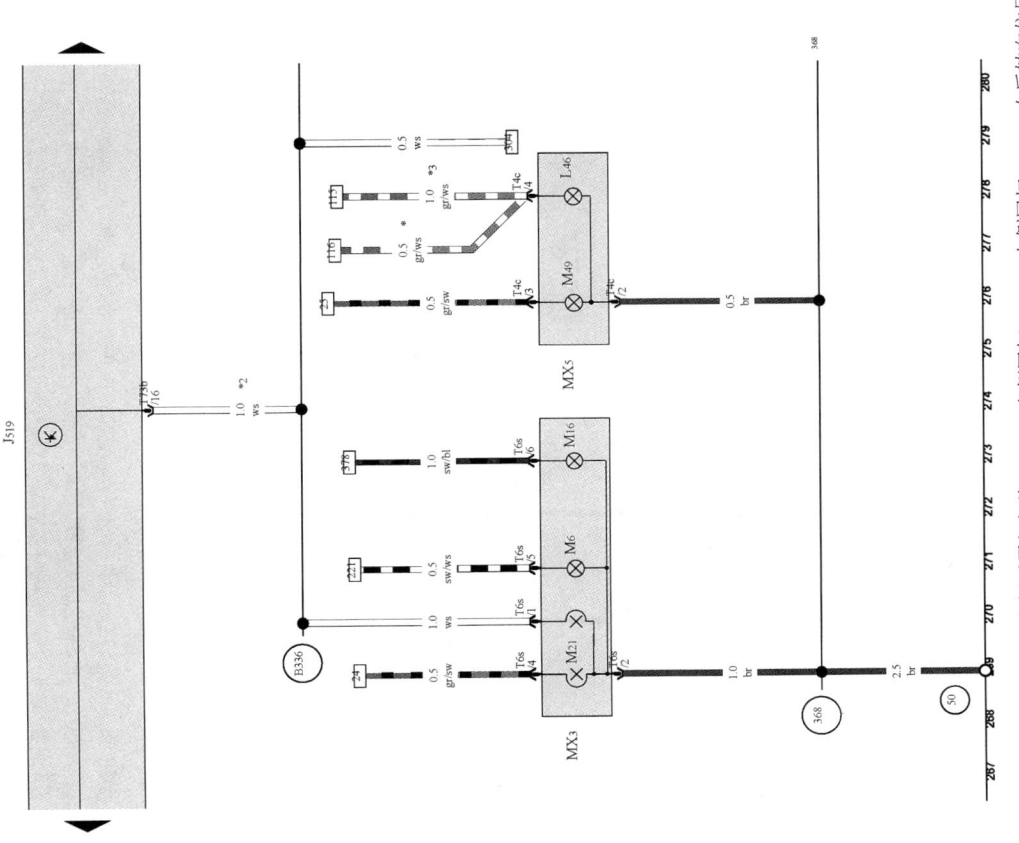

J519－车载电网控制单元 L46－左侧后雾灯灯泡 MX3－左侧尾灯 MX5－左侧尾灯 2 M6－左后转向信号灯灯泡 M16－左侧倒车灯灯泡 M21－左侧制动信号灯和尾灯灯泡 M49－左侧尾灯灯泡 2 T4c－4芯插头连接 T6s－6芯插头连接 T73b－73芯插头连接 50－行李箱内左侧的接地点 368－接地连接3，在主导线束中连接2（54），在主导线束中 *－自2018年7月起 *2－用于带车载电网控制单元BCM的汽车 *3－截至2018年7月

图 1-5-20

右侧转向柱开关，车窗玻璃刮水器间歇运行调节器，车窗玻璃清洗泵开关（自动刮水／清洗装置和大灯清洗装置），多功能显示器调用按钮，多功能显示器存储开关，车载电网控制单元

安全气囊卷簧和带滑环的复位环，信号喇叭控制，车载电网控制单元，高位制动信号灯灯泡，可加热式后窗玻璃

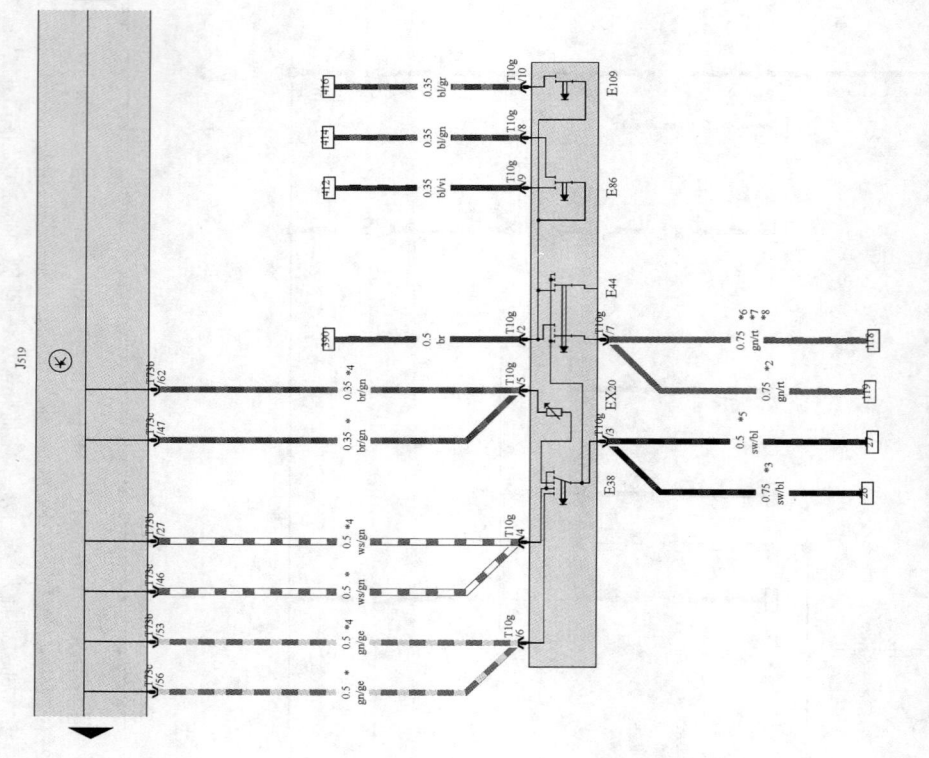

图 1-5-23

EX20－右侧转向柱开关　E38－车窗玻璃刮水器间歇运行调节器　E44－车窗玻璃清洗泵开关（自动刮水/清洗装置和大灯清洗装置）　E86－多功能显示器调用按钮　E109－多功能显示器存储开关　J519－车载电网控制单元　T10g－10芯插头连接　T73b－73芯插头连接　T73c－73芯插头连接　*1－用于车载电网控制BCM的汽车　*2－用于带车载电网控制单元BFM的汽车　*3－自2018年7月起　*4－用于带车载电网控制BCM的汽车　*5－截至2018年7月　*6－用于带1.5L汽油发动机的汽车　*7－用于带1.4L发动机的汽车　*8－用于带双燃料发动机的汽车

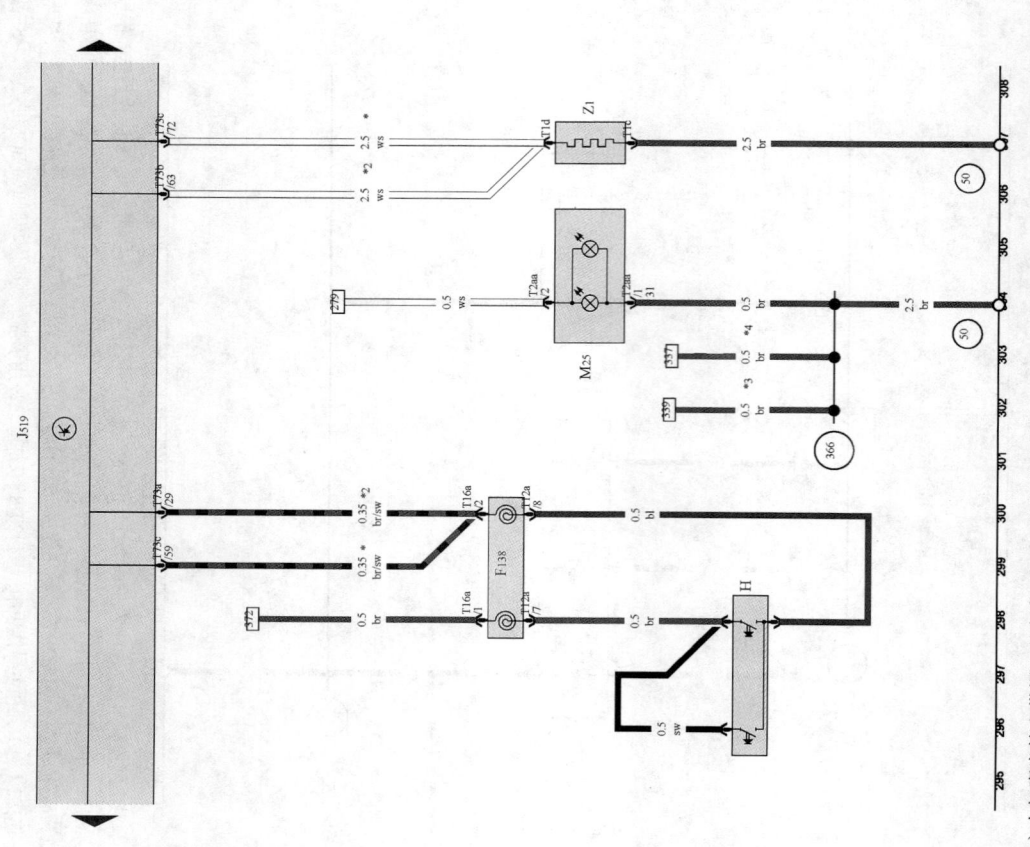

图 1-5-22

F138－安全气囊卷簧和带滑环的复位环　H－信号喇叭控制　J519－车载电网控制　M25－高位制动信号灯灯泡　T1c－1芯插头连接　T1d－1芯插头连接　T2aa－2芯插头连接　T12a－12芯插头连接　T16a－16芯插头连接　T73a－73芯插头连接　T73b－73芯插头连接　T73c－73芯插头连接　Z1－可加热式后窗玻璃　50－行李箱内左侧的接地点　366－接地连接1，在主导线束中　*－用于带车载电网控制单元BFM的汽车　*2－用于带车载电网控制BCM的汽车　*3－截至2018年7月　*4－自2018年7月起

98

信号喇叭和双音喇叭，刮水器电机控制单元，车载电网控制单元，车窗玻璃刮水器电机

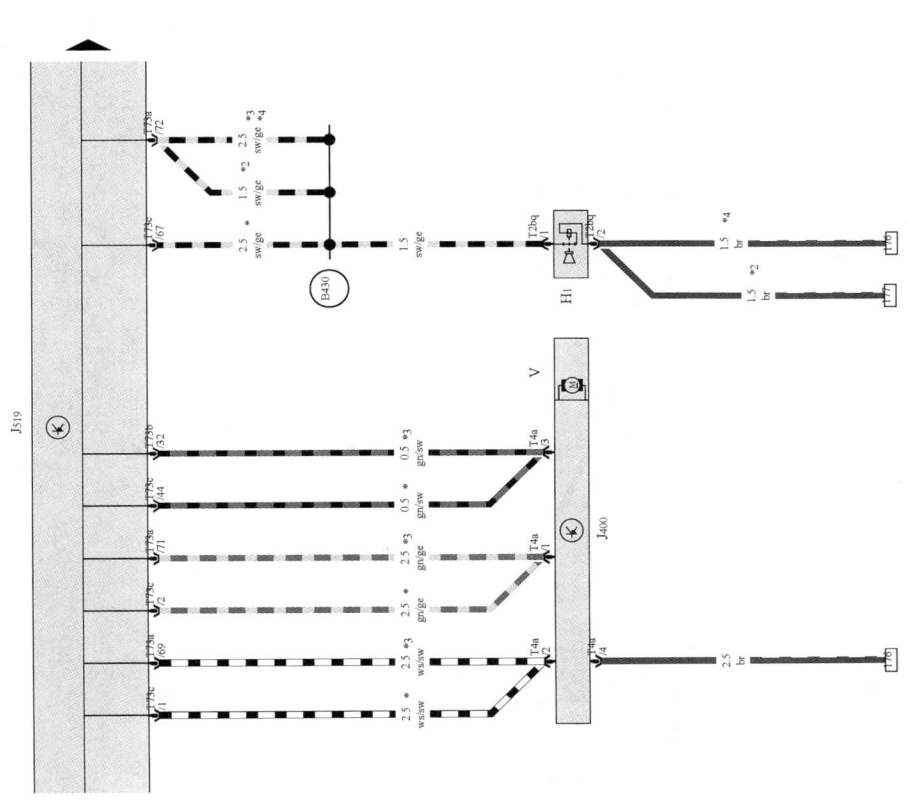

图 1-5-24

H1-信号喇叭和双音喇叭 J400-刮水器电机控制单元 J519-车载电网控制单元 T2bq-2芯插头连接 T4a-4芯插头连接 T73a-73芯插头连接 T73b-73芯插头连接 T73c-73芯插头连接 V-车窗玻璃刮水器电机 B430-连接 (喇叭)，在主导线束中 *1-用于带车载电网控制单元BFM的汽车 *2-自2018年7月起 *3-用于带车载电网控制单元BCM的汽车 *4-截至2018年7月

行李箱盖接触开关，车载电网控制单元，前内灯，行李箱照明灯，副驾驶员侧阅读灯，驾驶员侧阅读灯

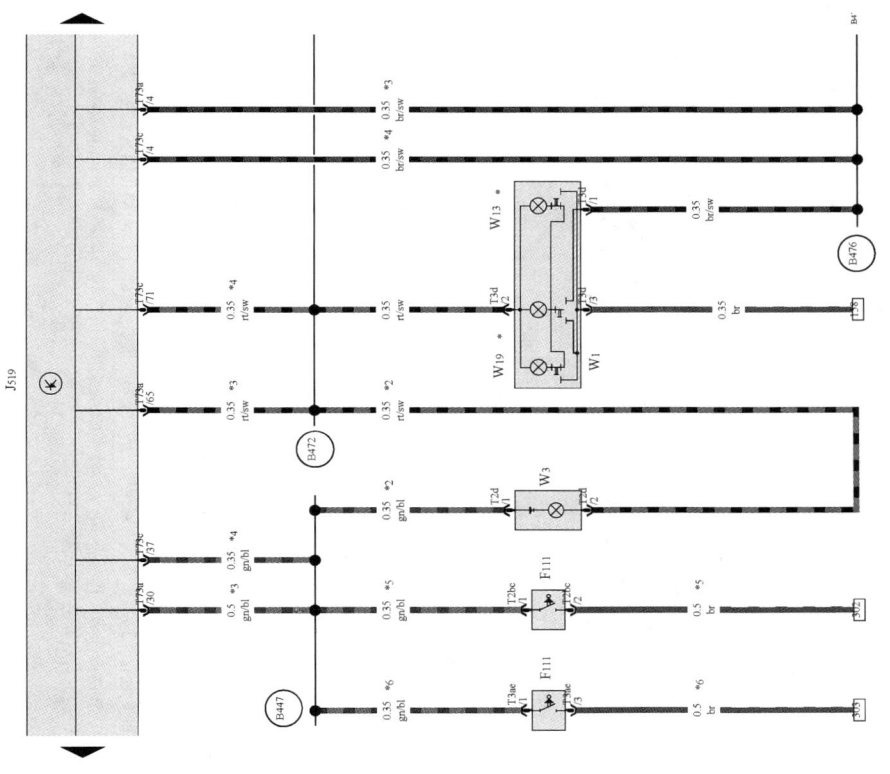

图 1-5-25

F111-行李箱盖接触开关 J519-车载电网控制单元 T2bc-2芯插头连接 T2d-2芯插头连接 T3ae-3芯插头连接 T3d-3芯插头连接 T73a-73芯插头连接 T73c-73芯插头连接 W1-前内灯 W3-行李箱照明灯 W13-副驾驶员侧阅读灯 W19-驾驶员侧阅读灯 B447-连接 (行李箱照明)，在主导线束中 B472-连接 B476-连接12，在主导线束中 *1-用于带阅读灯的汽车 *2-用于带行李箱照明灯的汽车 *3-用于带车载电网控制单元BCM的汽车 *4-用于带车载电网控制单元BFM的汽车 *5-截至2018年7月 *6-自2018年7月起

99

闪烁报警灯开关，倒车灯开关，车载电网控制单元，闪烁报警装置指示灯

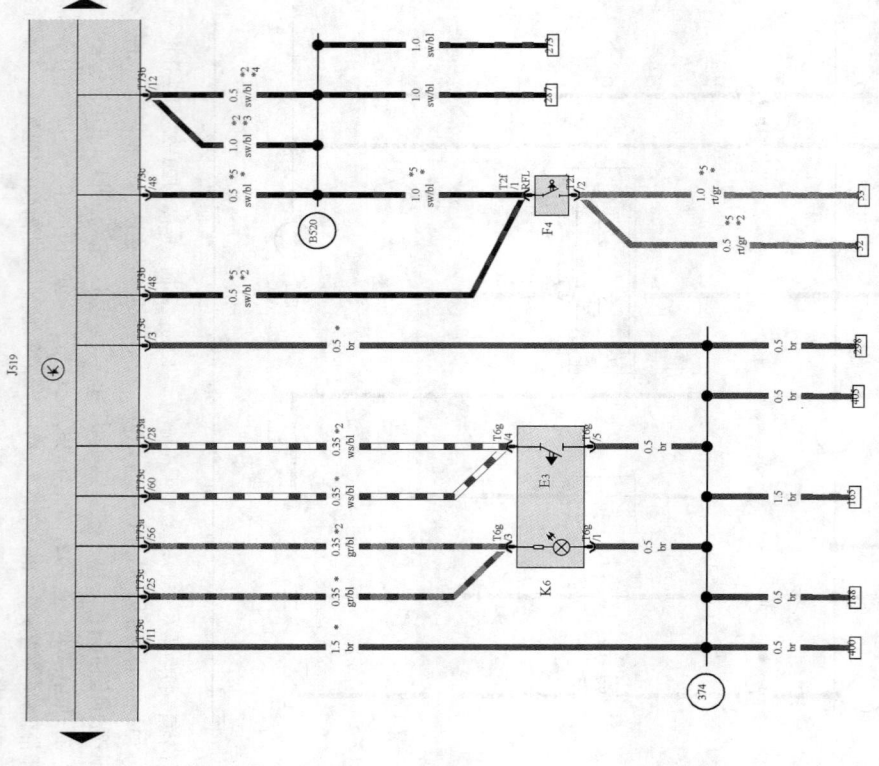

E3—闪烁报警装置指示灯 F4—倒车灯开关 J519—车载电网控制单元 K6—闪烁报警装置指示灯 T2f—2芯插头连接 T6g—6芯插头连接 T73a—73芯插头连接 T73b—73芯插头连接 T73c—73芯插头连接 374—接地连接9，在主导线束中 B520—连接 *—用于带车载电网控制单元BFM的汽车 *2—用于带车载电网控制单元BCM的汽车 *3—自2018年7月起 *4—截至2018年7月 *5—用于带手动变速器的汽车

图 1-5-27

制动信号灯开关，制动踏板开关，车载电网控制单元，中间后部阅读灯

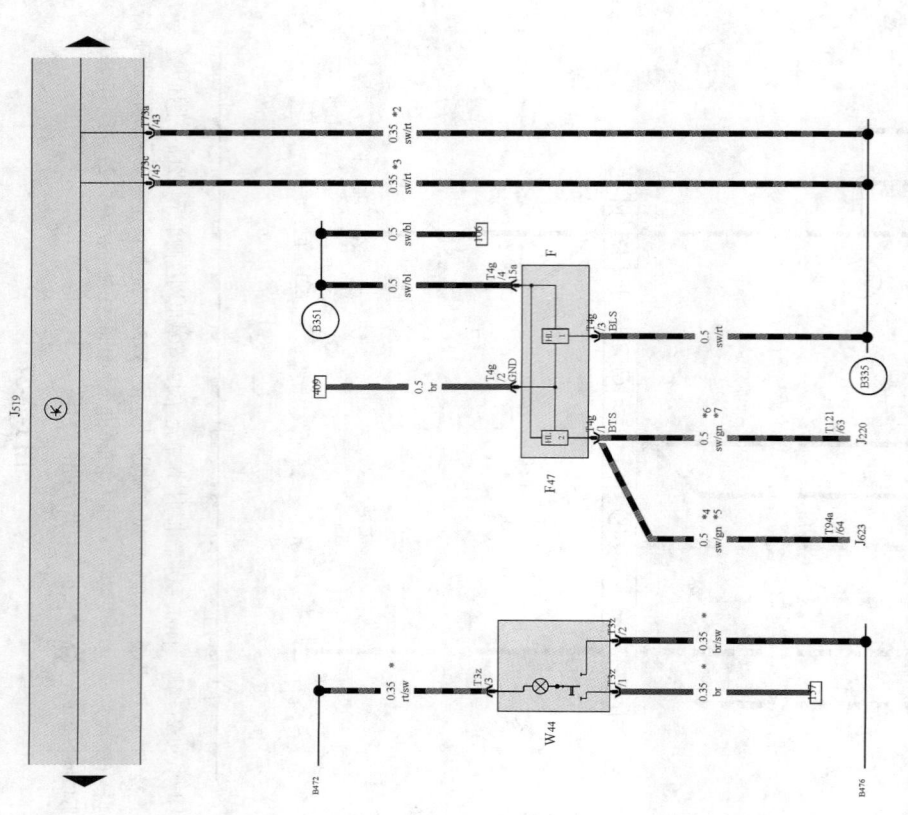

F—制动信号灯开关 F47—制动踏板开关 J220—Motronic控制单元 J519—车载电网控制单元 J623—发动机控制单元 T3z—3芯插头连接 T4g—4芯插头连接 T73a—73芯插头连接 T73c—73芯插头连接 T94a—94芯插头连接 T121—121芯插头连接 W44—中间后部阅读灯 B335—连接1（54），在主导线束中 B351—正极连接2 （87a），在主导线束中 B472—连接8，在主导线束中 B476—连接12，在主导线束中 *—用于带车载电网控制单元BFM的汽车 *2—用于带车载电网控制单元BCM的汽车 *3—用于带车载电网控制单元BCM的汽车 *4—用于带双燃料发动机的汽车 *5—用于带1.5L汽油发动机的汽车 *6—用于带1.4L发动机的汽车 *7—用于带1.6L发动机的汽车

图 1-5-26

100

手制动器指示灯开关，组合仪表中的控制单元，车载电网控制单元，制动系统指示灯

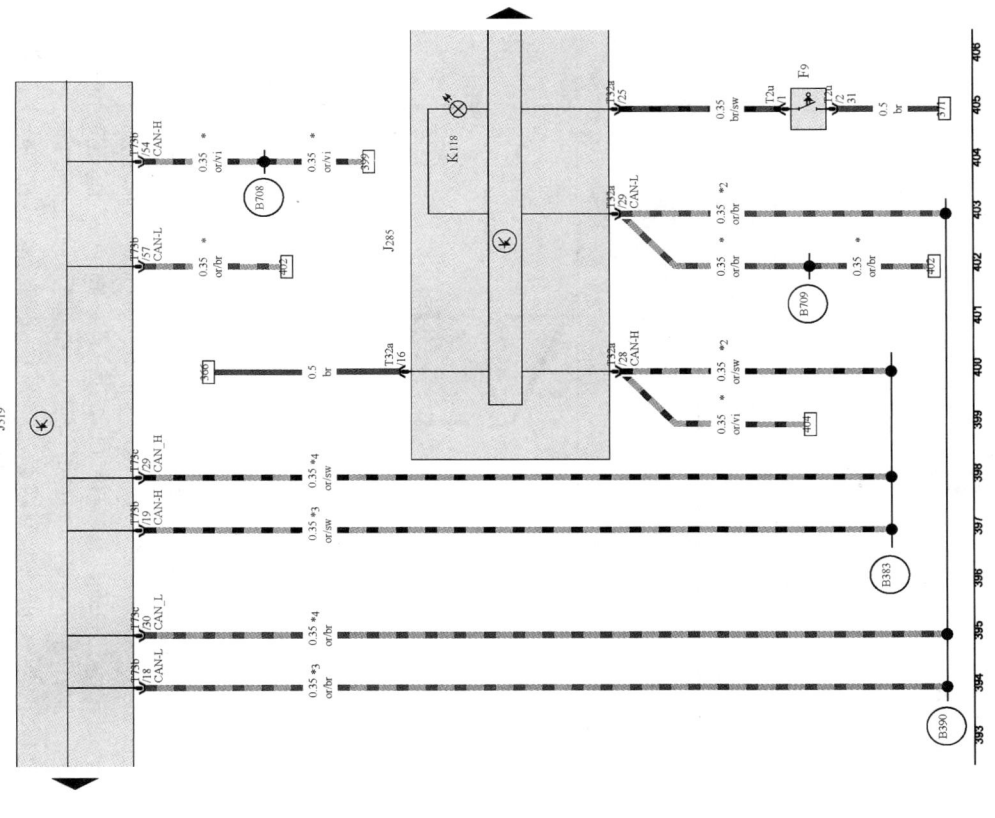

F9-手制动器指示灯开关 J285-组合仪表中的控制单元 J519-车载电网控制单元 K118-制动系统指示灯 T2u-2芯插头连接 T32a-32芯插头连接 T73b-73芯插头连接 T73c-73芯插头连接 B383-连接1（驱动CAN总线，High），在主导线束中 B390-连接1（驱动CAN总线，Low），在主导线束中 B708-连接1（组合仪表CAN总线，High），在主导线束中 B709-连接1（组合仪表CAN总线，Low），在主导线束中 *-用于在车载电网控制单元上带车灯旋转开关的汽车 *2-用于在车载电网控制单元接口的汽车 *3-用于带车载电网控制单元BCM的汽车 *4-用于带车载电网控制单元BFM的汽车

图1-5-29

车载电网控制单元，数据总线诊断接口，诊断接口

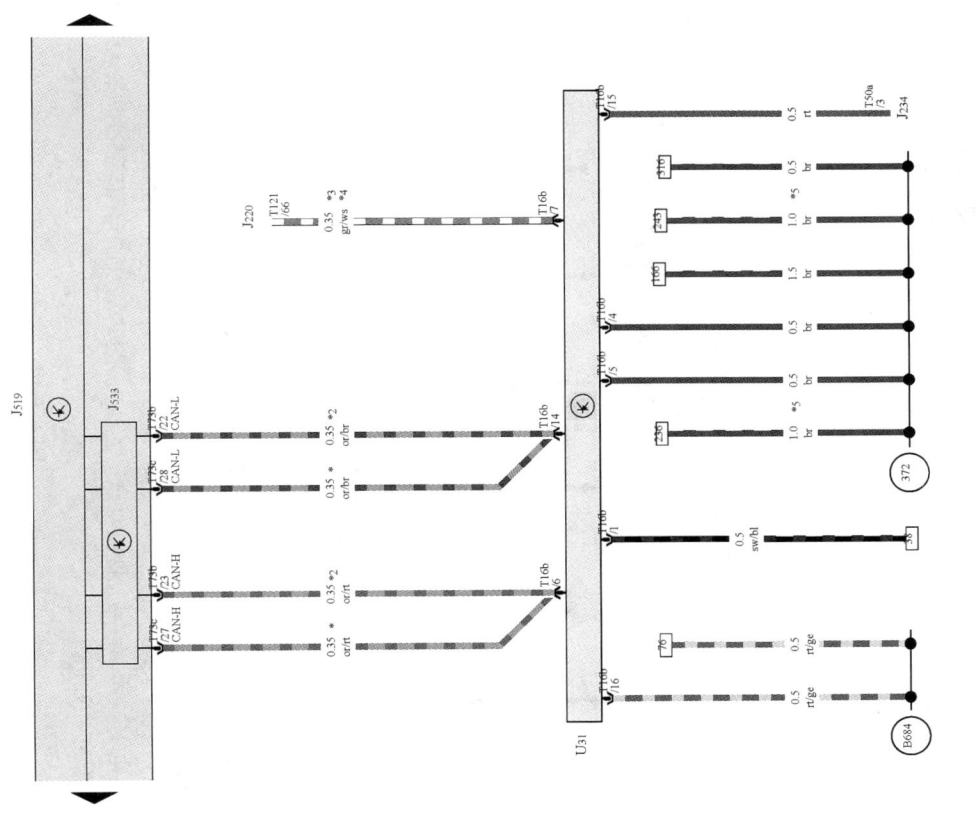

J220-Motronic控制单元 J234-安全气囊控制单元 J519-车载电网控制单元 J533-数据总线诊断接口 T16b-16芯插头连接 T50a-50芯插头连接 T73b-73芯插头连接 T73c-73芯插头连接 T121-121芯插头连接 T121-121芯插头连接 T50a-50芯插头连接 372-接地连接7，在主导线束中 B390-连接24（30a），在主导线束中 U31-诊断接口 372-接地连接7，在主导线束中 B684-正极连接24（30a），在主导线束中 *-用于带车载电网控制单元BCM的汽车 *2-用于带车载电网控制单元BFM的汽车 *3-用于带1.4L发动机的汽车 *4-用于带1.6L发动机的汽车 *5-用于带H4大灯的汽车

图1-5-28

101

防盗锁止系统读出线圈，制动液液位警告信号触点，多功能显示器，组合仪表中的控制单元，防盗锁止系统控制单元

车外温度传感器，冷却液不足显示传感器，警报蜂鸣器和警报器，组合仪表中的控制单元，冷却液温度和冷却液不足显示指示灯，远光灯指示灯，机油压力指示灯，后雾灯指示灯，冷却液温度和冷却液不足显示指示灯，换挡杆指示灯

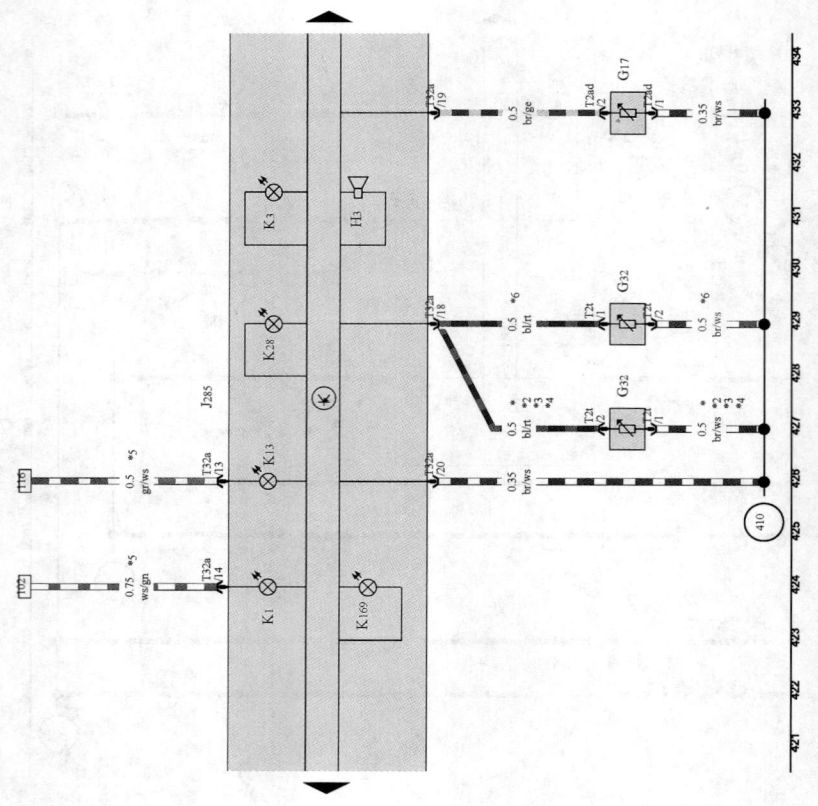

图1-5-31

G17-车外温度传感器 G32-冷却液不足显示传感器 H3-警报蜂鸣器和警报器 J285-组合仪表中的控制单元 K1-远光灯指示灯 K3-远光灯指示灯 K13-后雾灯指示灯 K28-冷却液温度和冷却液不足显示指示灯 T2ad-2芯插头连接 T2t-2芯插头连接 T32a-32芯插头连接 410-接地连接1（传感器接地），在主导线束中 K169-换挡杆指示灯 *-用于带1.6L发动机的汽车 *2-用于带1.4L发动机的汽车 *3-用于带发动机自动启停系统的汽车 *4-用于带双燃料发动机的汽车 *5-用于在车载电网控制单元上不带车灯旋转开关型号代码CSTA的汽车 *6-用于带1.5L汽油发动机的汽车 和接口的汽车

图1-5-30

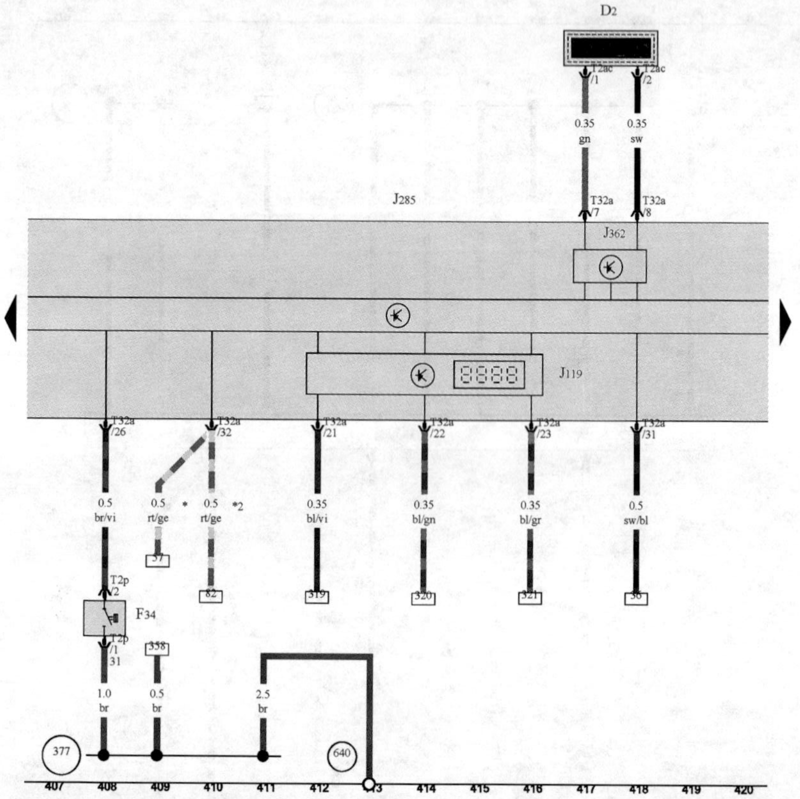

D2-防盗锁止系统读出线圈 F34-制动液液位警告信号触点 J119-多功能显示器 J285-组合仪表中的控制单元 J362-防盗锁止系统控制单元 T2ac-2芯插头连接 T2p-2芯插头连接 T32a-32芯插头连接 377-接地连接12，在主导线束中 640-发动机舱内左侧接地点2 *-用于带发动机自动启停系统的汽车 *2-用于不带发动机自动启停系统的汽车

102

燃油表，转速表，车速表，组合仪表中的控制单元，发电机指示灯，定速巡航装置指示灯，废气警告灯，电子油门故障信号灯，车门打开指示灯，组合仪表照明灯泡，数字时钟，里程表

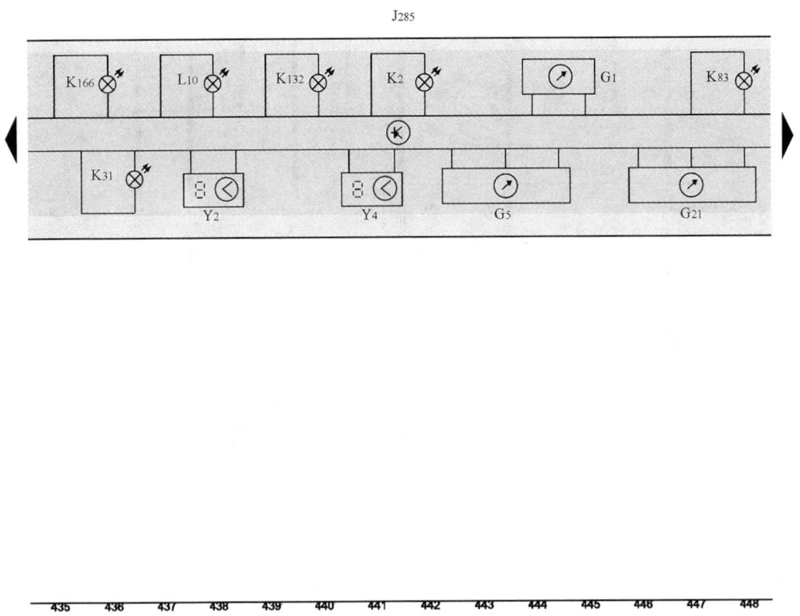

Reset（复位）按钮，时钟调节按钮，组合仪表中的控制单元，安全带警告指示灯，ABS指示灯，左侧转向信号灯指示灯，安全气囊指示灯，右侧转向信号指示灯，燃油表指示灯，电子稳定程序和ASR指示灯，机电式助力转向转向器指示灯，换挡杆位置显示

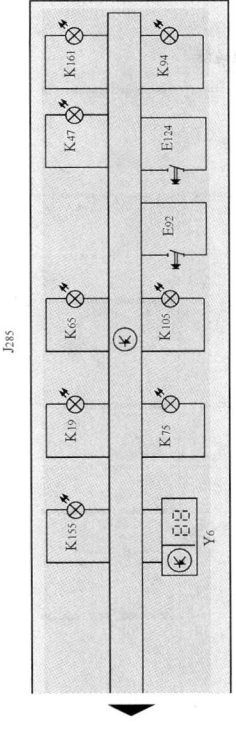

G1-燃油表 G5-转速表 G21-车速表 J285-组合仪表中的控制单元 K2-发电机指示灯 K31-定速巡航装置指示灯 K83-废气警告灯 K132-电子油门故障信号灯 K166-车门打开指示灯 L10-组合仪表照明灯泡 Y2-数字时钟 Y4-里程表

图 1-5-32

E92-Reset（复位）按钮 E124-时钟调节按钮 J285-组合仪表中的控制单元 K19-安全带警告指示灯 K47-ABS指示灯 K65-左侧转向信号灯指示灯 K75-安全气囊指示灯 K94-右侧转向信号指示灯 K105-燃油表指示灯 K155-电子稳定程序和ASR指示灯 K161-机电式助力转向转向器指示灯 Y6-换挡杆位置显示

图 1-5-33

保险丝架 C

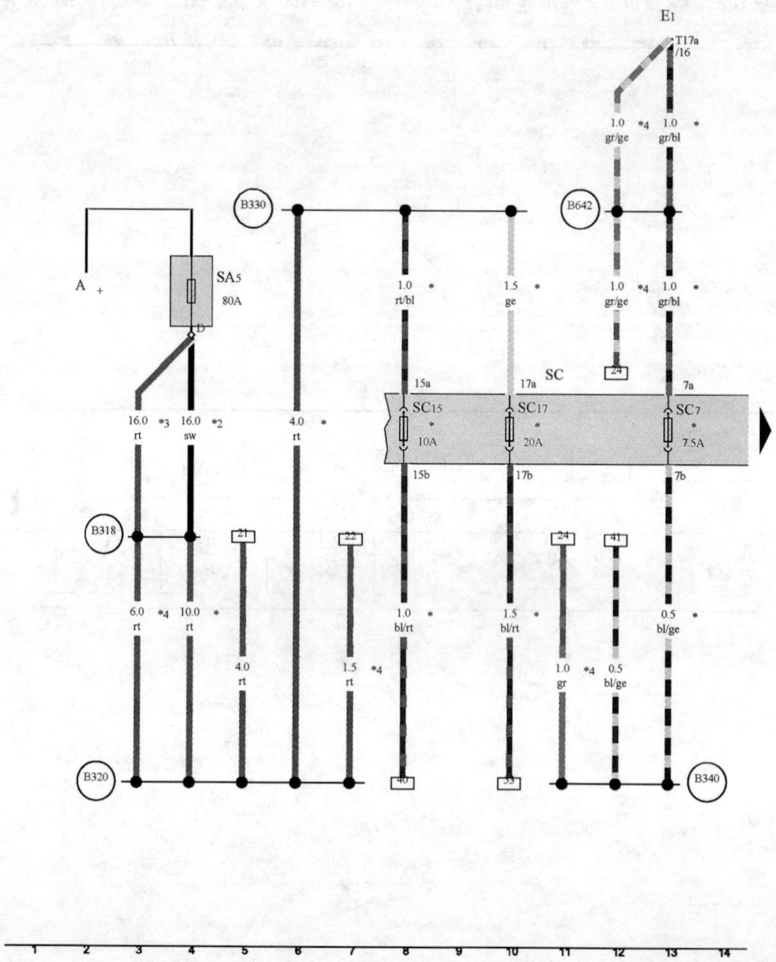

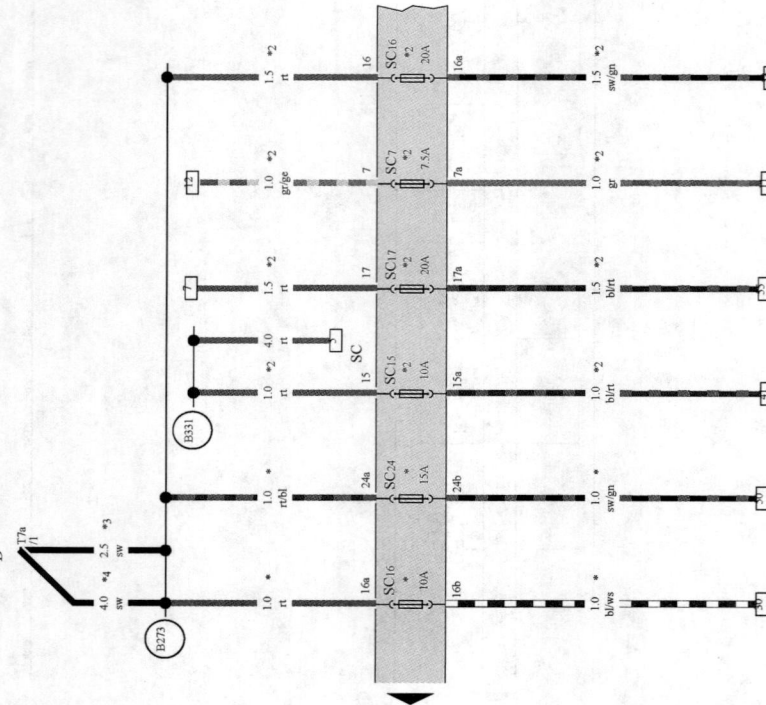

图 1-5-35

A-蓄电池 E1-车灯开关 SA5-保险丝架 A 上的保险丝5 SC-保险丝架 C SC7-保险丝架 C 上的保险丝7
SC15-保险丝架 C 上的保险丝15 SC17-保险丝架 C 上的保险丝17 T17a-17芯插头连接 B318-正极连接4
(30a)，在主导线束中 B320-正极连接6（30a），在主导线束中 B330-正极连接16（30a），在主导线束
中 B340-连接1（58d），在主导线束中 B642-正极连接（58），在主导线束中 *-截至2016年7月 *2-截
至2014年7月 *3-自2014年7月起 *4-自2016年7月起

图 1-5-34

D-点火启动开关 SC-保险丝架 C SC7-保险丝架 C 上的保险丝7 SC15-保险丝架 C 上的保险丝15 SC16-保
险丝架 C 上的保险丝16 SC17-保险丝架 C 上的保险丝17 SC24-保险丝架 C 上的保险丝24 T7a-7芯插头连接 *2-
B273-正极连接 (15)，在主导线束中 B331-正极连接17（30a），在主导线束中 *-截至2016年7月 *2-截
自2016年7月 *3-截至2014年7月 *4-自2014年7月起

104

GPS 天线，导航系统接口，GSM 天线

出租车标志开关，出租车计价器，车速传感器，出租车车顶标志灯泡

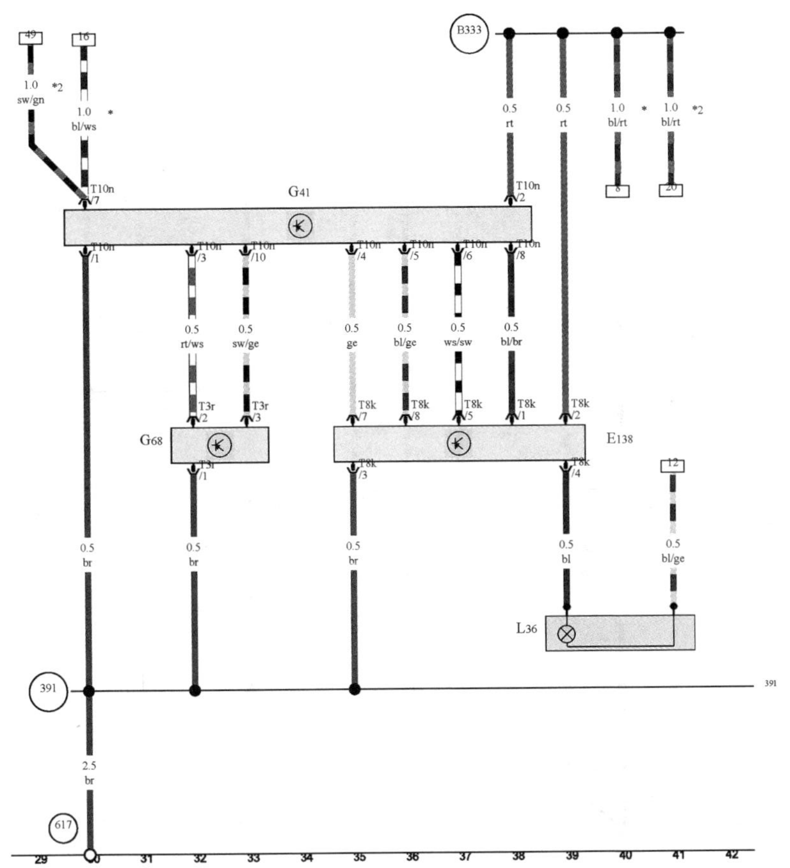

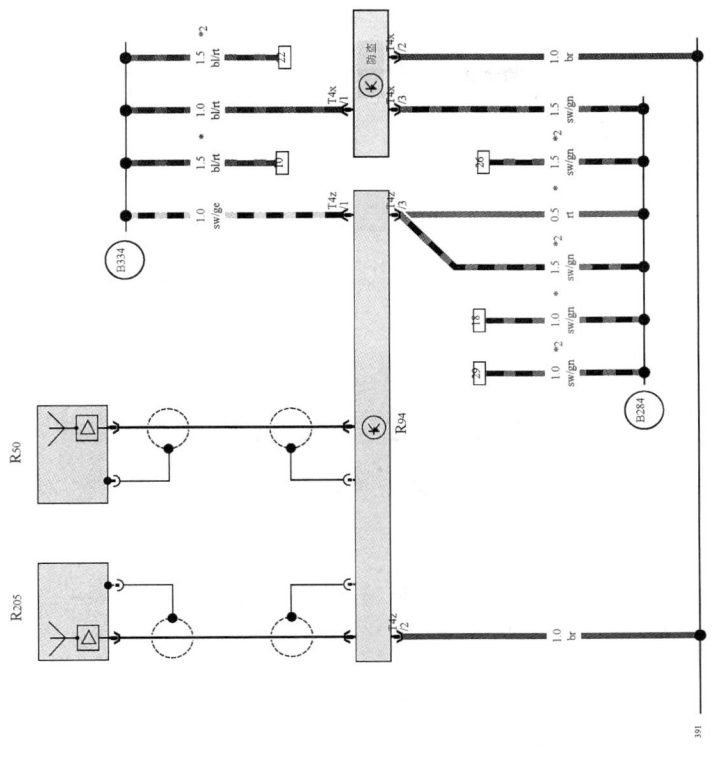

R50－GPS天线　R94－导航系统接口　R205－GSM天线　T4x－4芯插头连接　T4z－4芯插头连接　391－接地连接26，在主导线束中　B284－正极连接8（15a），在主导线束中　B334－正极连接20（30a），在主导线束中
*－截至2016年7月　*2－自2016年7月起

图 1-5-37

E138－出租车标志开关　G41－出租车计价器　G68－车速传感器　L36－出租车车顶标志灯泡　T3r－3芯插头连接　T8k－8芯插头连接　T10n－10芯插头连接　391－接地连接26，在主导线束中　617－右侧A柱下部接地点2　B333－正极连接19（30a），在主导线束中　*－截至2016年7月　*2－自2016年7月起

图 1-5-36

保护二极管 2，出租车车顶标志，出租车车顶标志继电器，出租车车顶标志灯泡，保险丝架 C

保险丝架 C

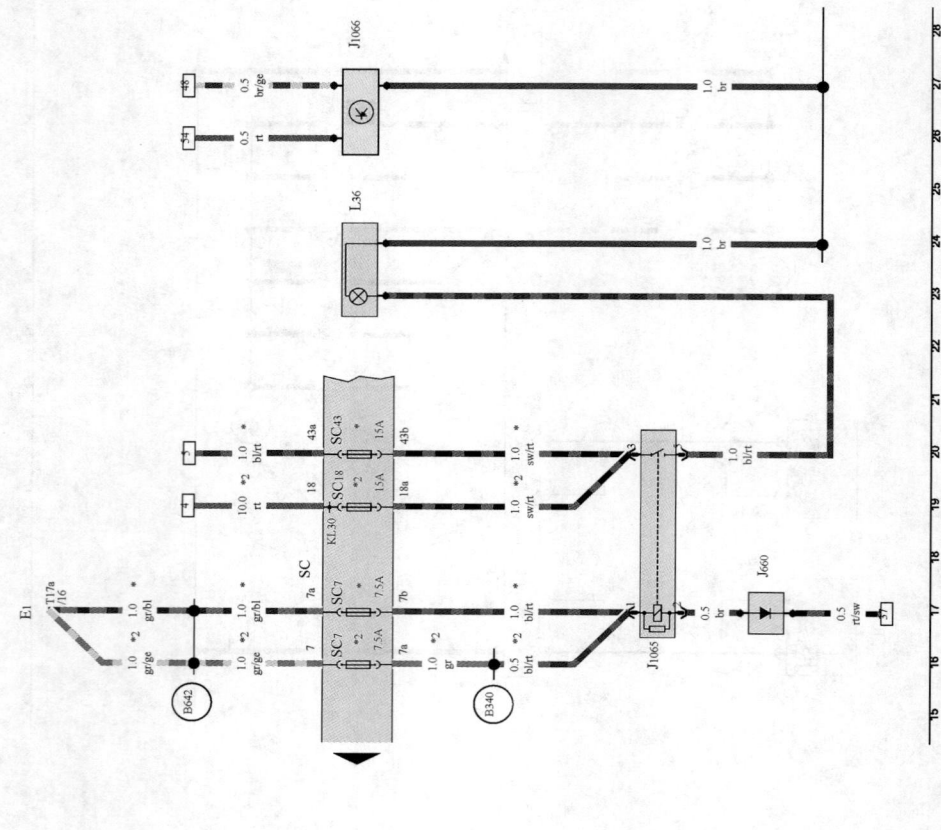

图 1-5-39

E1–车灯开关 J660–保护二极管 2 J1065–出租车车顶标志继电器 J1066–出租车车顶标志继电器 L36–出租车车顶标志灯泡 SC–保险丝架 C SC7–保险丝架 C 上的保险丝 7 SC18–保险丝架 C 上的保险丝 18 SC43–保险丝架 C 上的保险丝 43 T17a–17 芯插头连接 26，T17a–17 芯插头连接 391–接地连接 B340–连接 1（58d），在主导线束中 B642–正极连接（58），在主导线束中 *–截至 2016 年 7 月 *2–自 2016 年 7 月起

图 1-5-38

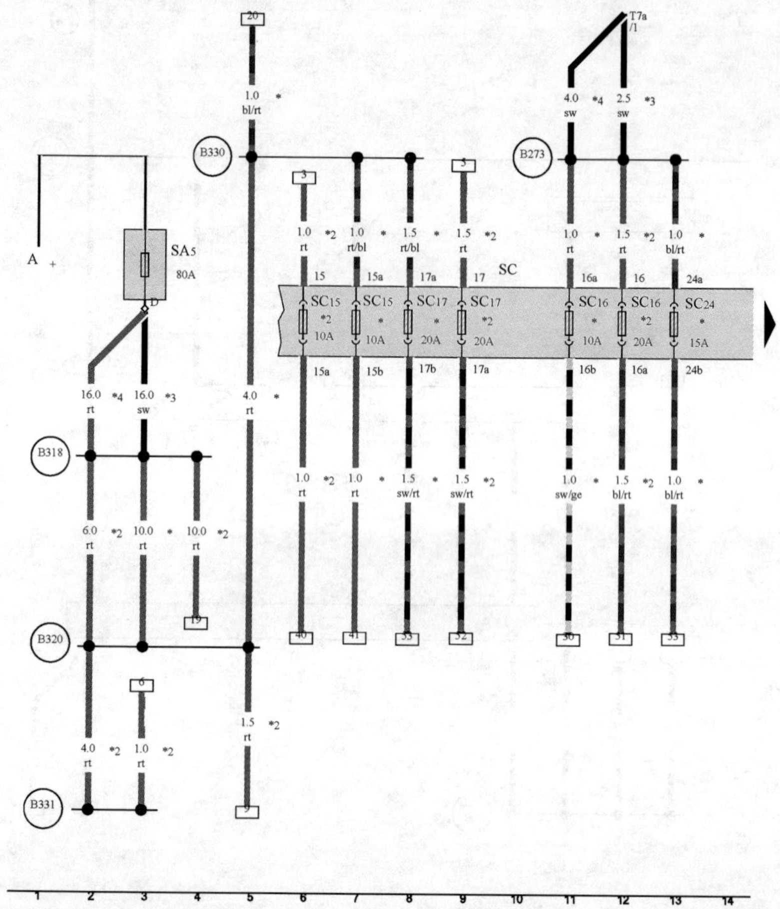

A–蓄电池 D–点火启动开关 SA5–保险丝架 A 上的保险丝 5 SC–保险丝架 C SC15–保险丝架 C 上的保险丝 15 SC16–保险丝架 C 上的保险丝 16 SC17–保险丝架 C 上的保险丝 17 SC24–保险丝架 C 上的保险丝 24 T7a–7 芯插头连接 B273–正极连接（15），在主导线束中 B318–正极连接 4（30a），在主导线束中 B320–正极连接 6（30a），在主导线束中 B330–正极连接 16（30a），在主导线束中 B331–正极连接 17（30a），在主导线束中 *–截至 2016 年 7 月 *2–自 2016 年 7 月起 *3–截至 2014 年 7 月 *4–自 2014 年 7 月起

106

GPS 天线，导航系统接口，GSM 天线

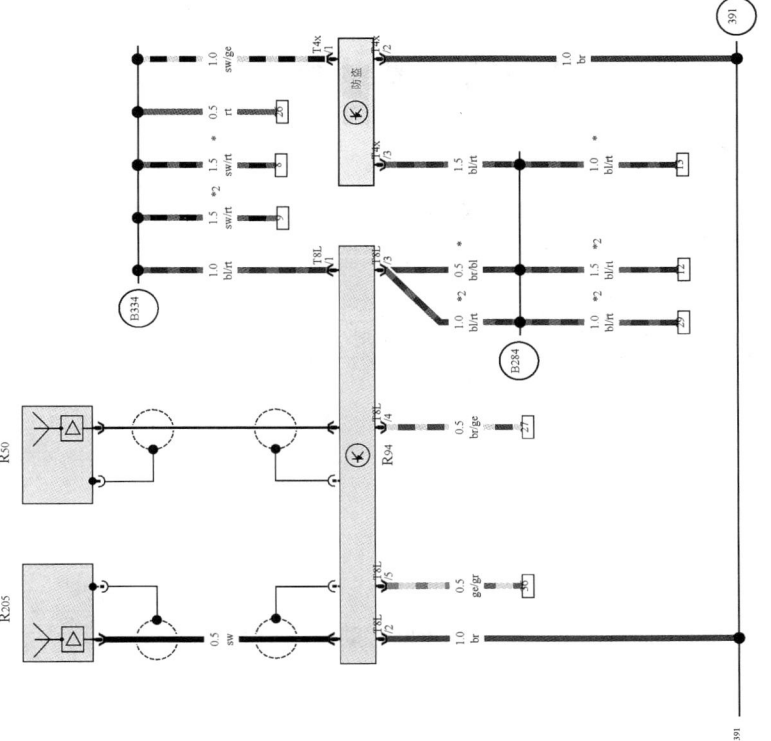

R50-GPS天线　R94-导航系统接口　R205-GSM天线　T4x-4芯插头连接　T8L-8芯插头连接　391-接地连
接26，在主导线束中　B284-正极连接8（15a），在主导线束中　B334-正极连接20（30a），在主导线束中
接点2　B473-连接20（30a），在主导线束中　*-截至2016年7月　*2-自2016年7月起

图 1-5-41

出租车标志开关，出租车计价器，车速传感器，出租车标志开关照明灯泡

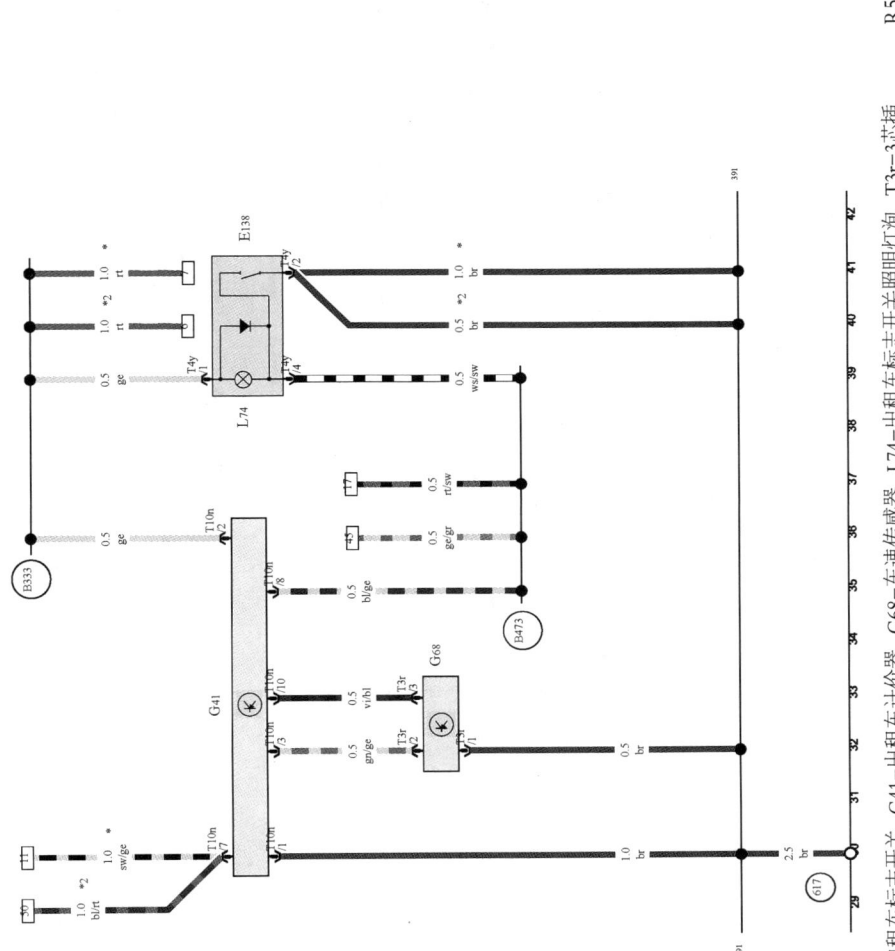

E138-出租车标志开关　G41-出租车计价器　G68-车速传感器　L74-出租车标志开关照明灯泡　T3r-3芯插
头连接　T4y-4芯插头连接　T10n-10芯插头连接　391-接地连接　391-接地连接26，在主导线束中　617-右侧A柱下部接地
点2　B333-正极连接19（30a），在主导线束中　B473-连接9，在主导线束中　*-截至2016年7月　*2-自2016
年7月起

图 1-5-40

第二章　上海大众 New Polo

第一节　发动机系统

发动机系统电路图的图号和图名对照表见表 2-1-1。

表 2-1-1　发动机系统电路图的图号和图名对照表

图号	图名
图 2-1-1 ~ 图 2-1-27	1.5L 汽油发动机，DLXA 电控系统电路图
图 2-1-28、图 2-1-29	散热器风扇电路图

蓄电池，启动机

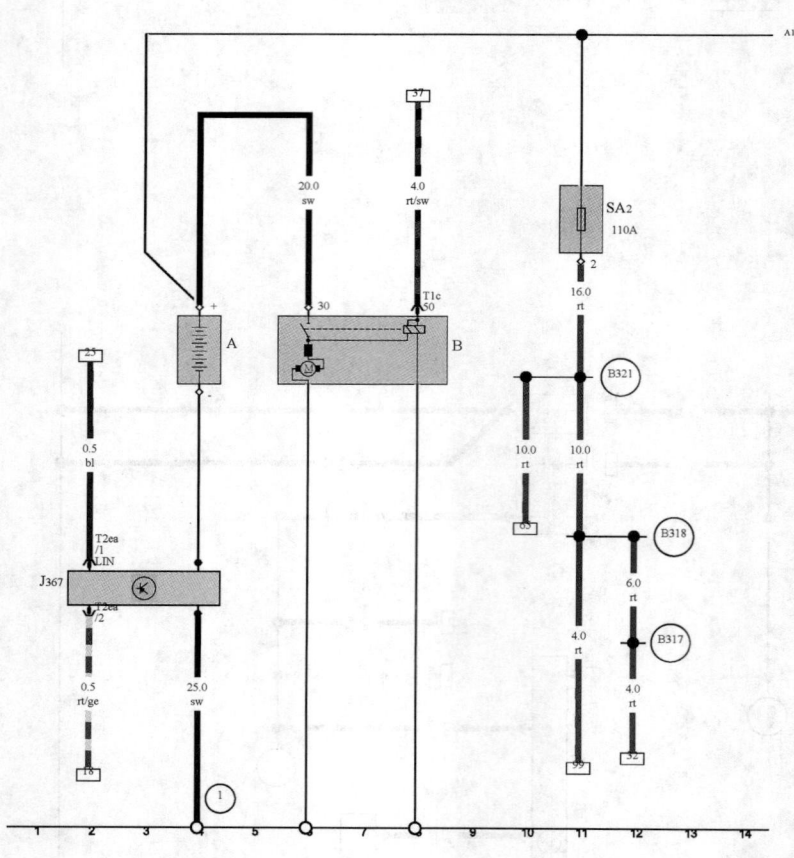

A-蓄电池　B-启动机　J367-蓄电池监控控制单元　SA2-保险丝架A上的保险丝2　T1c-1芯插头连接　T2ea-2芯插头连接　1-接地带，蓄电池-车身　B317-正极连接3（30a），在主导线束中　B318-正极连接4（30a），在主导线束中　B321-正极连接7（30a），在主导线束中

图 2-1-1

108

车载电网控制单元，启动机继电器 1，启动机继电器 2

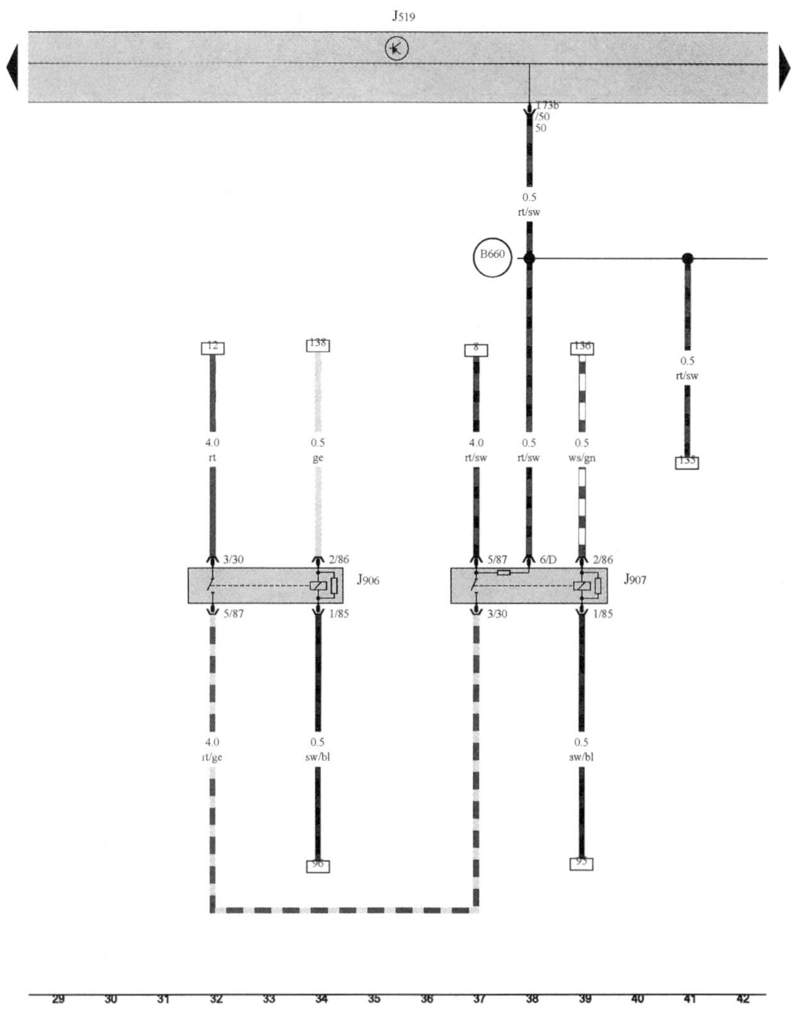

交流发电机，电压调节器，车载电网控制单元

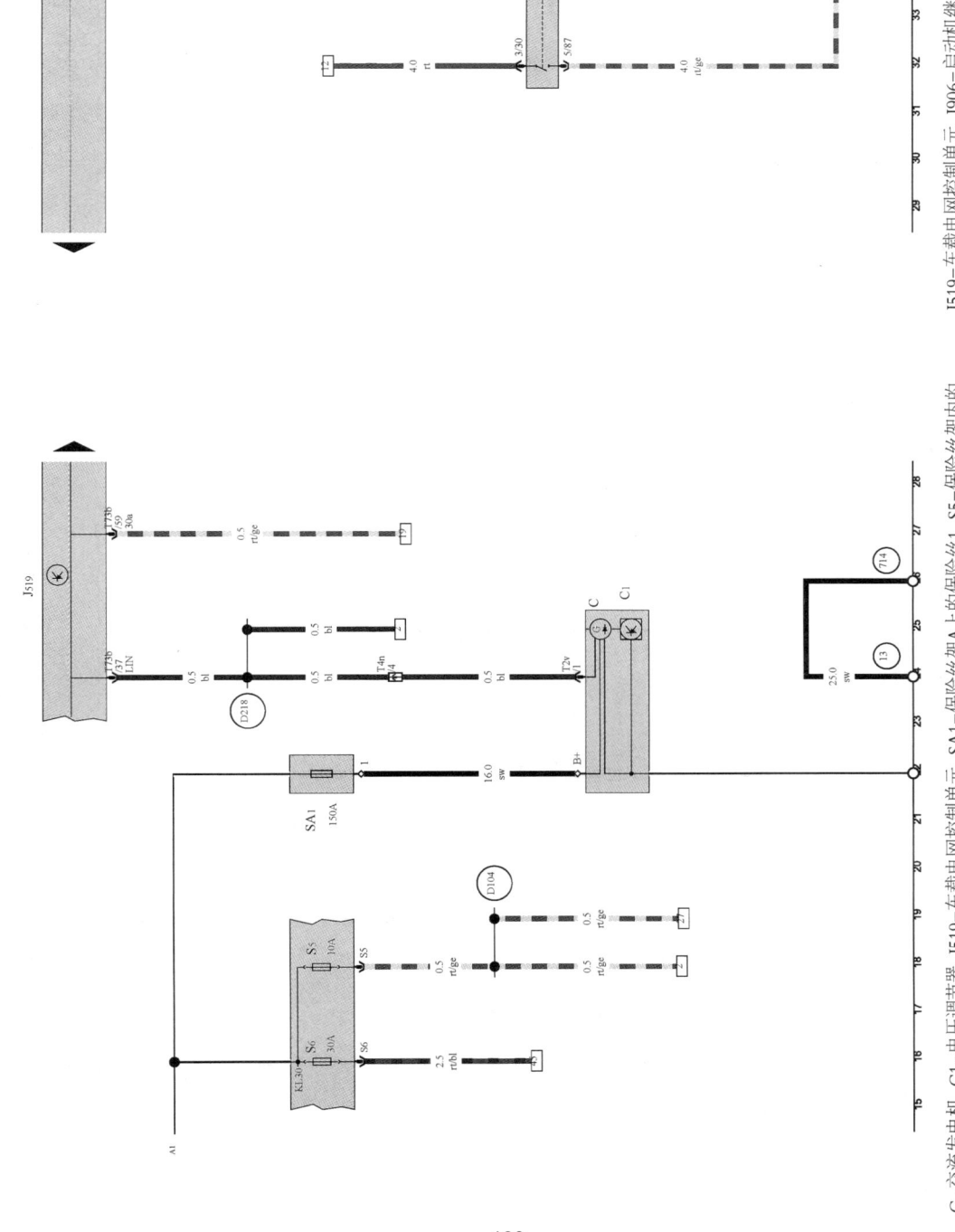

图 2-1-3

J519-车载电网控制单元 J906-启动机继电器1 J907-启动机继电器2 T73b-73芯插头连接 B660-连接（接线端50诊断），在主导线束中

图 2-1-2

C-交流发电机 C1-电压调节器 J519-车载电网控制单元 SA1-保险丝架A上的保险丝1 S5-保险丝架内的保险丝5 S6-保险丝架内的保险丝6 T2v-2芯插头连接 T4n-4芯插头连接 T73b-73芯插头连接 13-发动机舱内右侧的保险丝架 714-发动机上台侧接地点 D104-正板连接2（30a），在发动机舱导线束中 D218-连接1（LIN总线），在发动机舱导线束中

车载电网控制单元

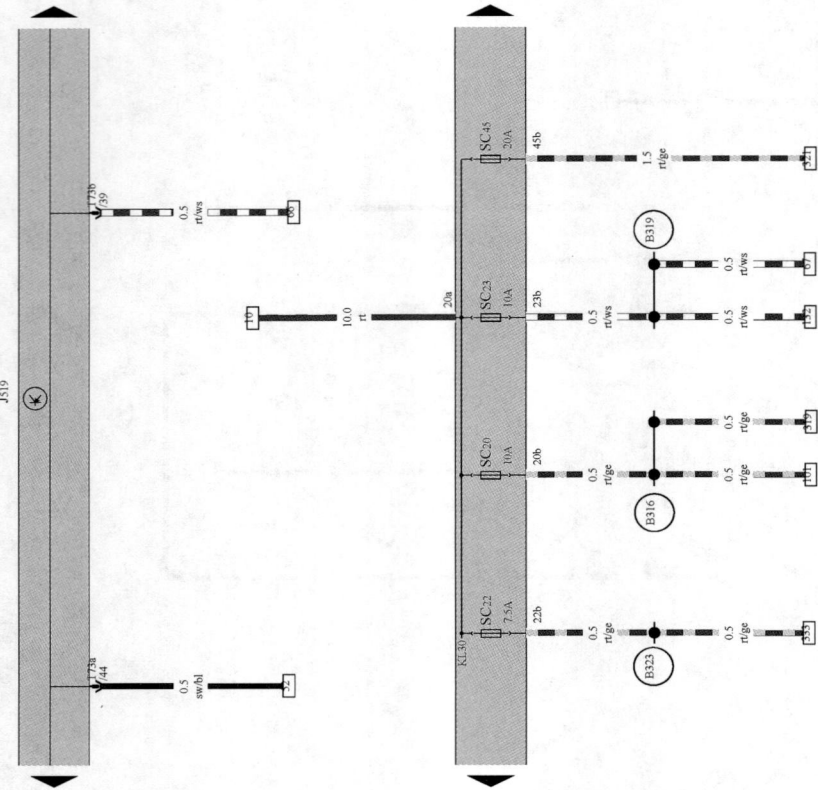

图 2-1-5

车载电网控制单元，稳压器

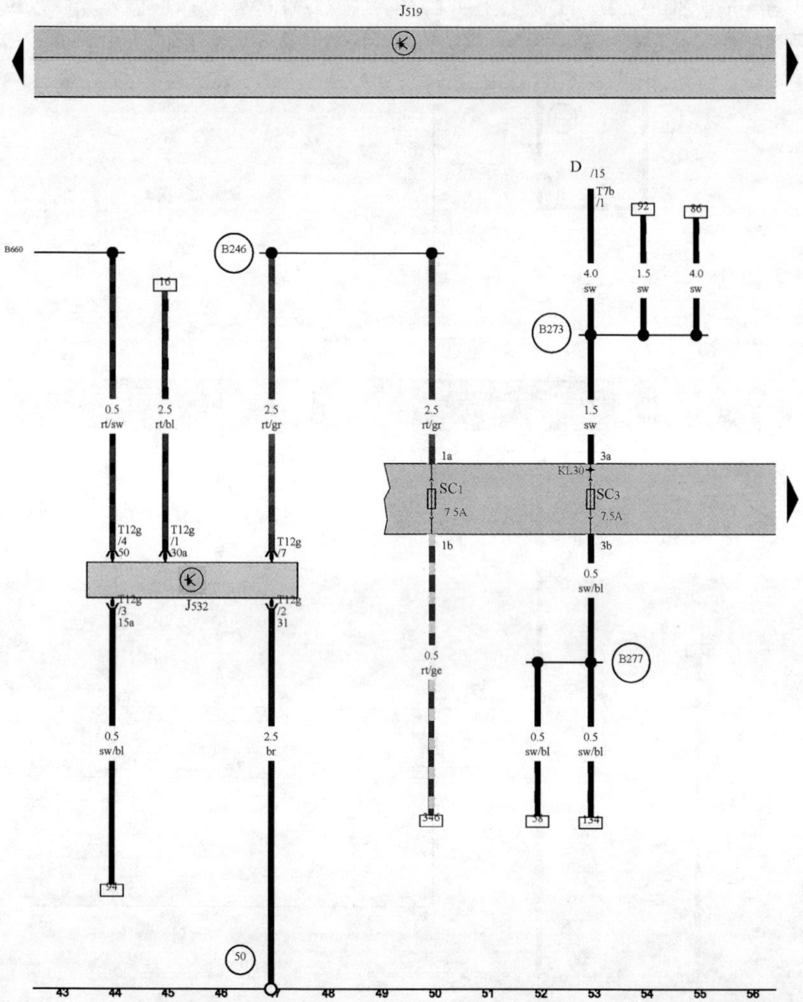

图 2-1-4

D-点火启动开关 J519-车载电网控制单元 J532-稳压器 SC1-保险丝架C上的保险丝1 SC3-保险丝架C上的保险丝3 T7b-7芯插头连接 T12g-12芯插头连接 50-行李箱内左侧的接地点 B246-正极连接（30a，稳态），在车内导线束中 B273-正极连接（15），在主导线束中 B277-正极连接1（15a），在主导线束中 B660-连接（接线端50诊断），在主导线束中

J519-车载电网控制单元 SC20-保险丝架C上的保险丝20 SC22-保险丝架C上的保险丝22 SC23-保险丝架C上的保险丝23 SC45-保险丝架C上的保险丝45 T73a-73芯插头连接 T73b-73芯插头连接 B316-正极连接2（30a），在主导线束中 B319-正极连接9（30a），在主导线束中 B323-正极连接5（30a），在主导线束中

110

车载电网控制单元

车载电网控制单元

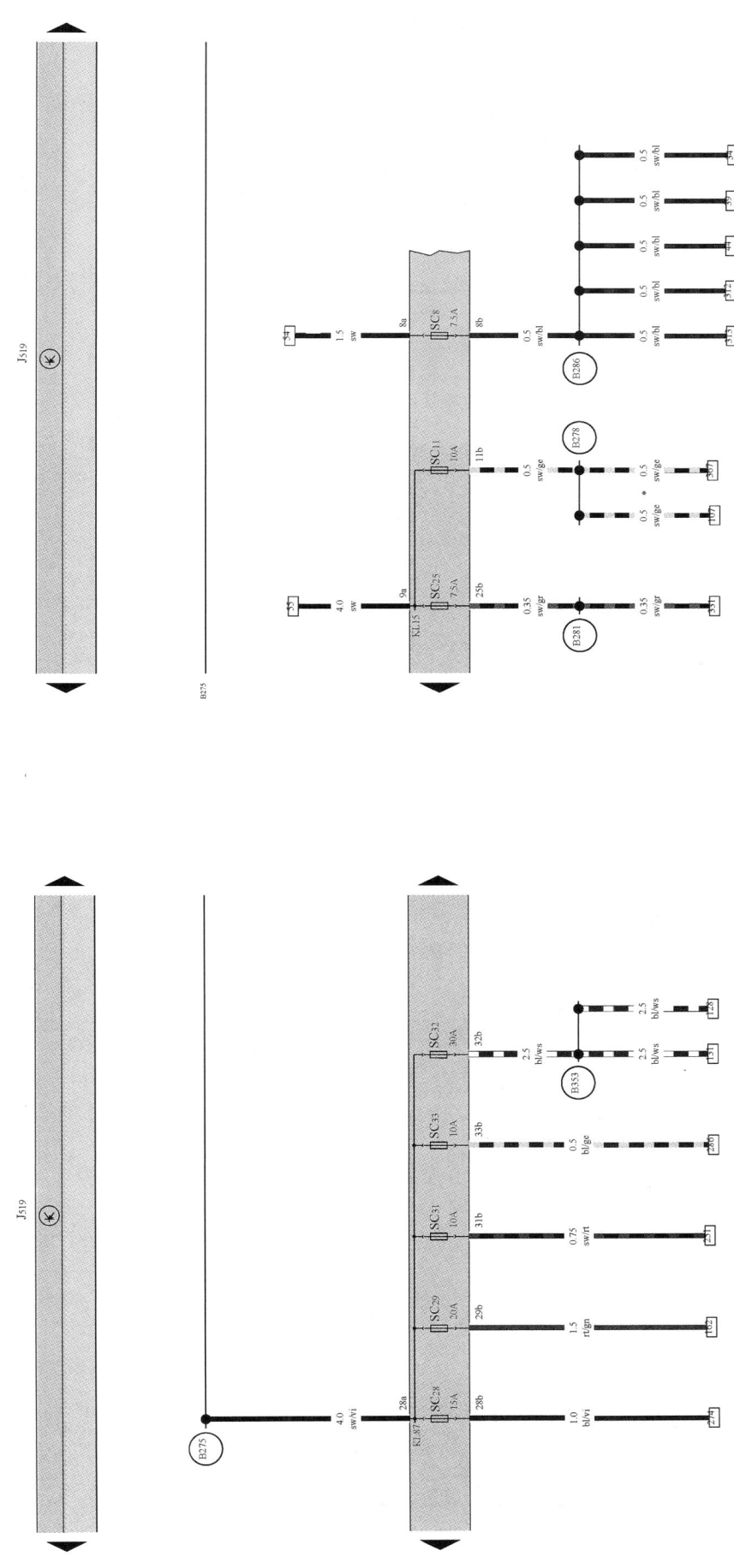

图 2-1-6

J519-车载电网控制单元 SC28-保险丝架C上的保险丝28 SC29-保险丝架C上的保险丝29 SC31-保险丝架C上的保险丝31 SC32-保险丝架C上的保险丝32 SC33-保险丝架C上的保险丝33 B275-正极连接（87），在主导线束中 B353-正极连接4（87a），在主导线束中

图 2-1-7

J519-车载电网控制单元 SC8-保险丝架C上的保险丝8 SC11-保险丝架C上的保险丝11 SC25-保险丝架C上的保险丝25 B275-正极连接（87），在主导线束中 B278-正极连接2（15a），在主导线束中 B281-正极连接5（15a），在主导线束中 B286-正极连接10（15a），在主导线束中 *-用于带定速巡航装置的汽车

111

车载电网控制单元，发动机控制单元

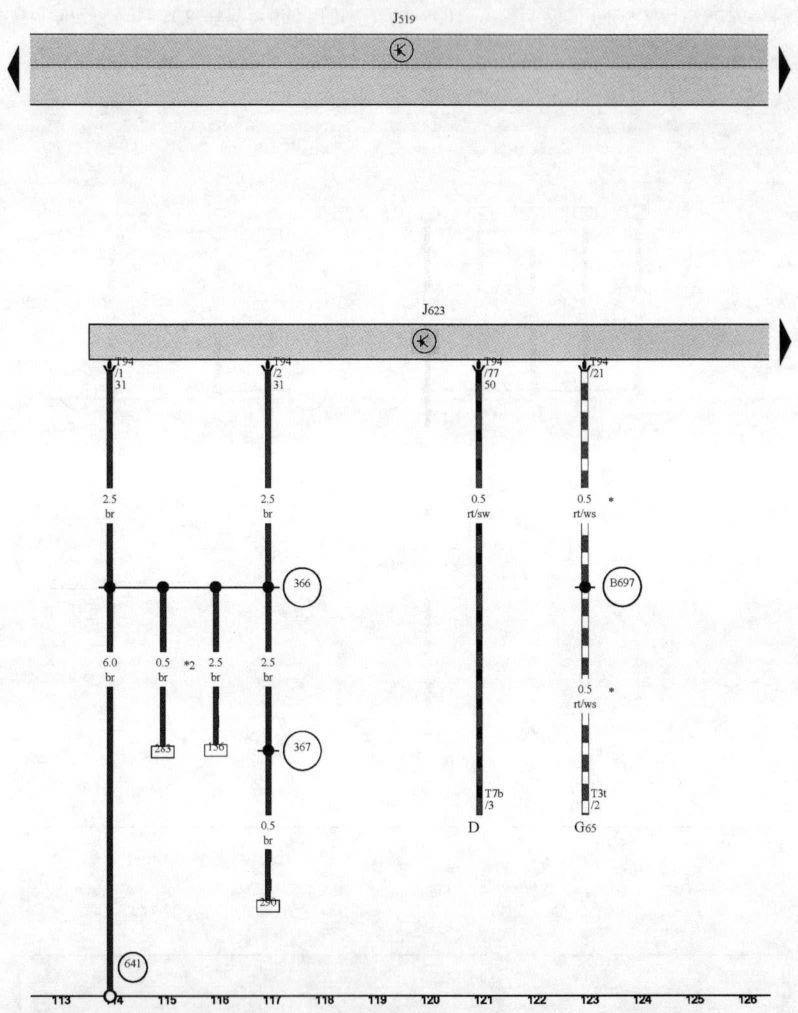

定速巡航装置开关，定速巡航装置设置按钮，主继电器，车载电网控制单元

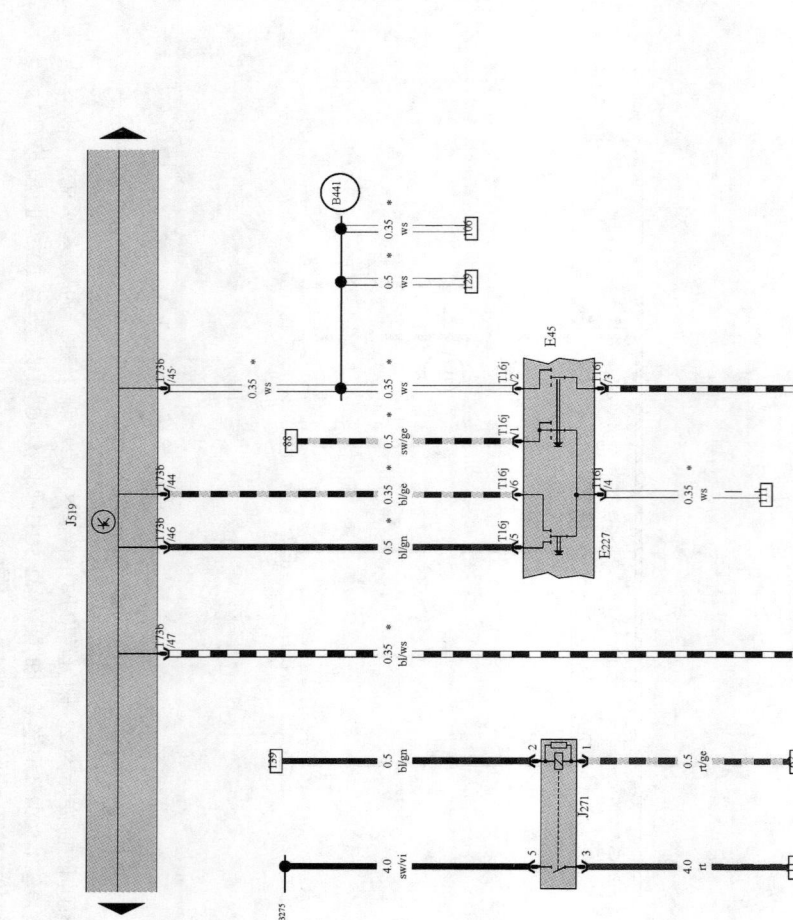

D–点火启动开关 G65–高压传感器 J519–车载电网控制单元 J623–发动机控制单元 T3t–3芯插头连接
T7b–7芯插头连接 T94–94芯插头连接 366–接地连接1，在主导线束中 367–接地连接2，在主导线束中
641–发动机舱内左侧接地，点3 B697–连接2（空调器），在主导线束中 *–用于带手动调节空调的汽车 *2–
用于带手动变速器的汽车

图2–1–9

E45–定速巡航装置开关 E227–定速巡航装置设置按钮 J271–主继电器 J519–车载电网控制单元 T16j–16
芯插头连接 T73b–73芯插头连接 T94–94芯插头连接 366–接地连接1，在主导线束中 367–接地连接，在主导线
束中 B275–正极连接（87），在主导线束中 B441–连接（GRA），在主导线
束中 *–用于带定速巡航装置的汽车

图2–1–8

112

车载电网控制单元，发动机控制单元，带功率输出级的点火线圈 1，带功率输出级的点火线圈 2，带功率输出级点火线圈 3，火花塞插头，火花塞

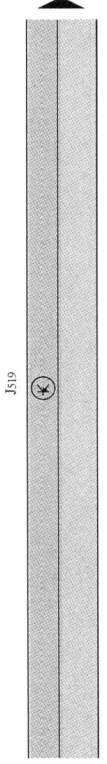

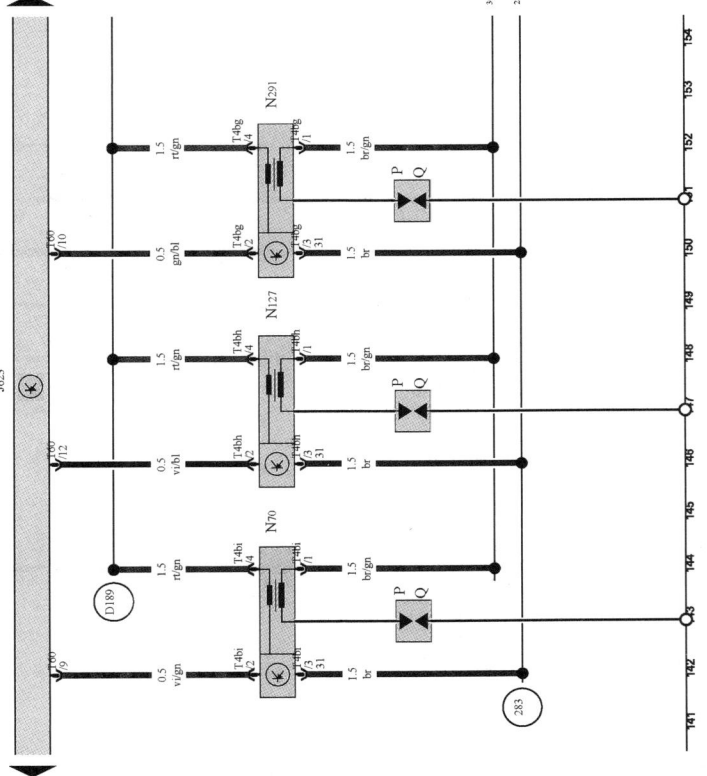

图 2-1-11

J519-车载电网控制单元 J623-发动机控制单元 N70-带功率输出级的点火线圈1 N127-带功率输出级的点火线圈2 N291-带功率输出级的点火线圈3 P-火花塞插头 Q-火花塞 T4bg-4芯插头连接 T4bh-4芯插头连接 T4bi-4芯插头连接 T60-60芯插头连接 283-接地连接2，在发动机顶预接线号线束中 306-接地连接（点火线圈），在发动机顶预接线号线束中 D189-连接（87a），在发动机顶预接线号线束中

车载电网控制单元，发动机控制单元

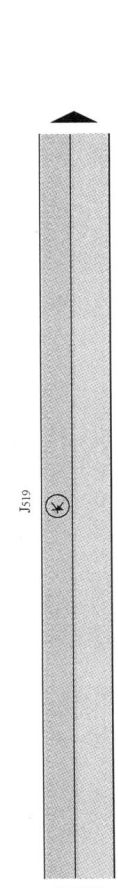

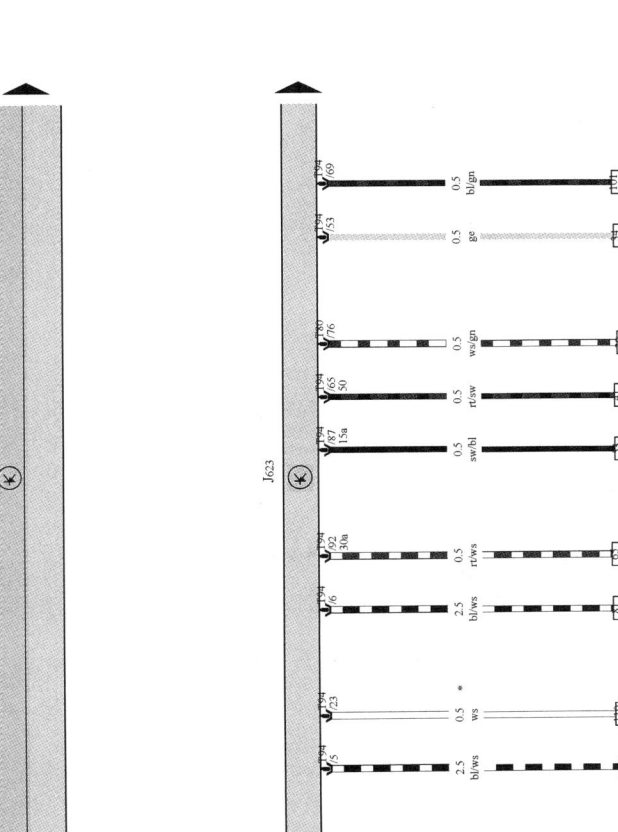

图 2-1-10

J519-车载电网控制单元 J623-发动机控制单元 T80-80芯插头连接 T94-94芯插头连接 *-用于带定速巡航装置的汽车

113

车载电网控制单元，发动机控制单元，带功率输出级的点火线圈 4，火花塞插头，火花塞

电控油门操纵机构的节气门驱动装置，电控油门操纵机构的节气门驱动装置角度传感器 1，电控油门操纵机构的节气门驱动装置角度传感器 2，节气门控制单元，车载电网控制单元，发动机控制单元

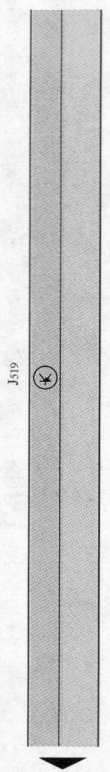

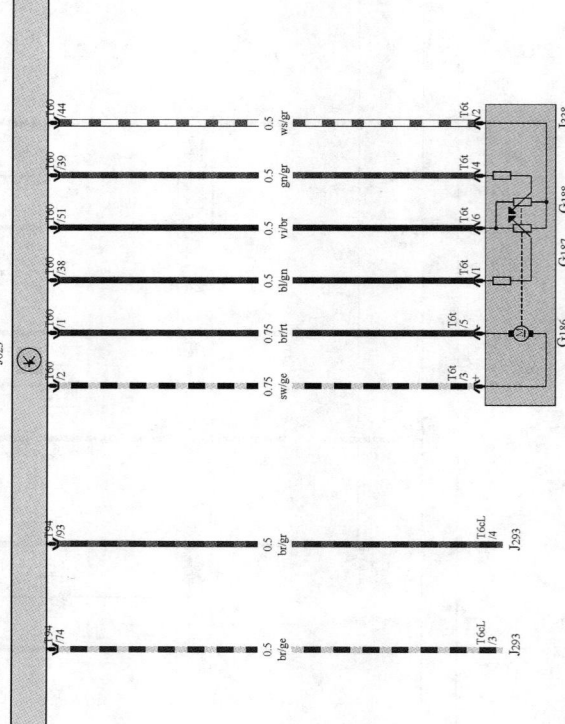

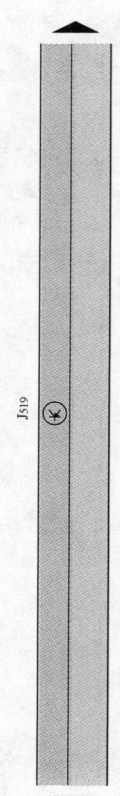

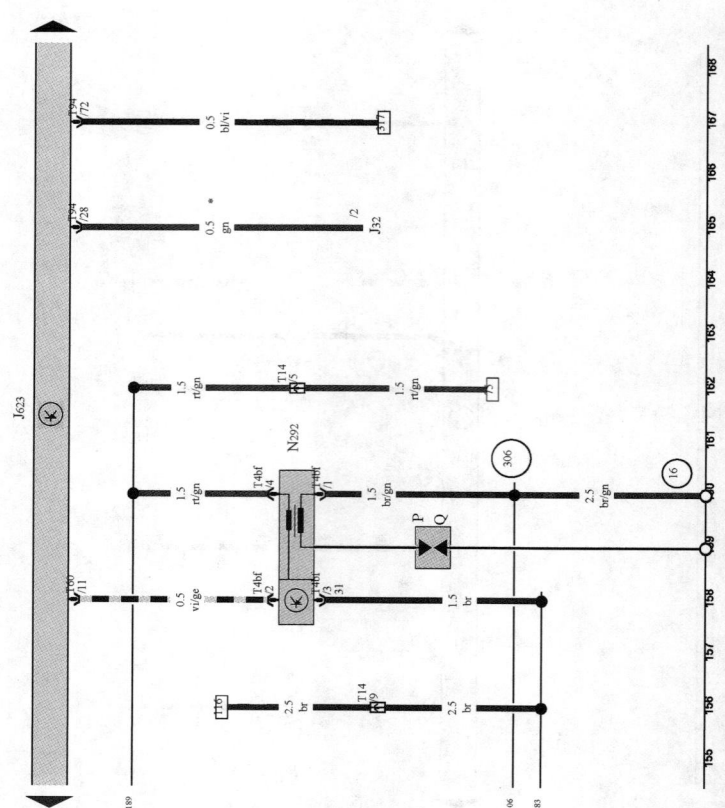

G186-电控油门操纵机构的节气门驱动装置 G187-电控油门操纵机构的节气门驱动装置角度传感器1 G188-电控油门操纵机构的节气门驱动装置角度传感器2 J293-散热器风扇控制单元 J338-节气门控制单元 J519-车载电网控制单元 J623-发动机控制单元 T6cL-6芯插头连接 T6t-6芯插头连接 T60-60芯插头连接 T94-94芯插头连接

图 2-1-13

J32-空调器继电器 J519-车载电网控制单元 J623-发动机控制单元 N292-带功率输出级的点火线圈4 P-火花塞插头 Q-火花塞 T4bf-4芯插头连接 T14-14芯插头连接 T60-60芯插头连接 T94-94芯插头连接 16-气缸盖罩上的接地点2，在发动机预接线导线束中 283-接地连接1，在发动机预接线导线束中 306-接地连接 D189-连接（87a），在发动机顶接线导线束中 *-用于带手动调节空调的汽车

图 2-1-12

114

进气温度传感器，进气歧管压力传感器，车载电网控制单元，发动机控制单元

发动机转速传感器，霍耳传感器，霍耳传感器 3，车载电网控制单元，发动机控制单元

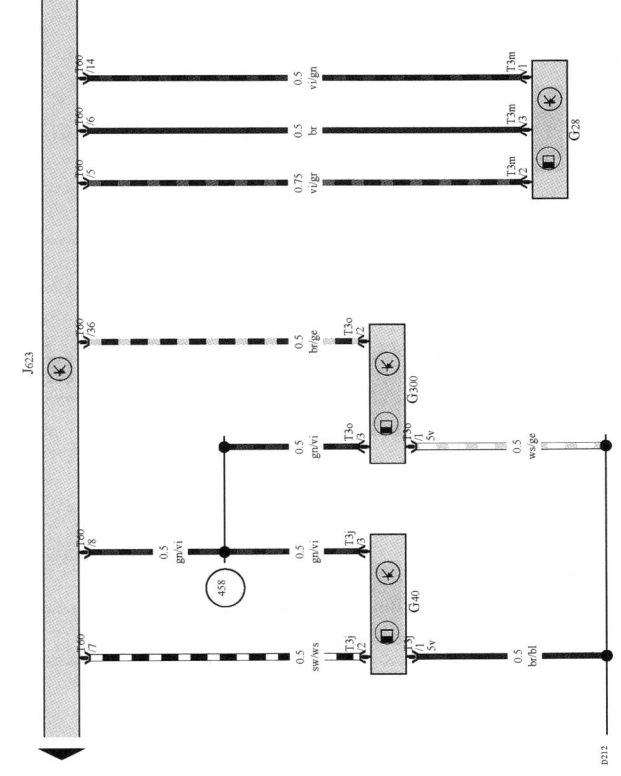

G28-发动机转速传感器 G40-霍耳传感器 G300-霍耳传感器 3 J519-车载电网控制单元 J623-发动机控制单元 T3j-3芯插头连接 T3m-3芯插头连接 T3o-3芯插头连接 T60-60芯插头连接 458-接地连接3，在发动机预接线导线束中 D212-连接4（5V），在发动机预接线导线束中

图 2-1-15

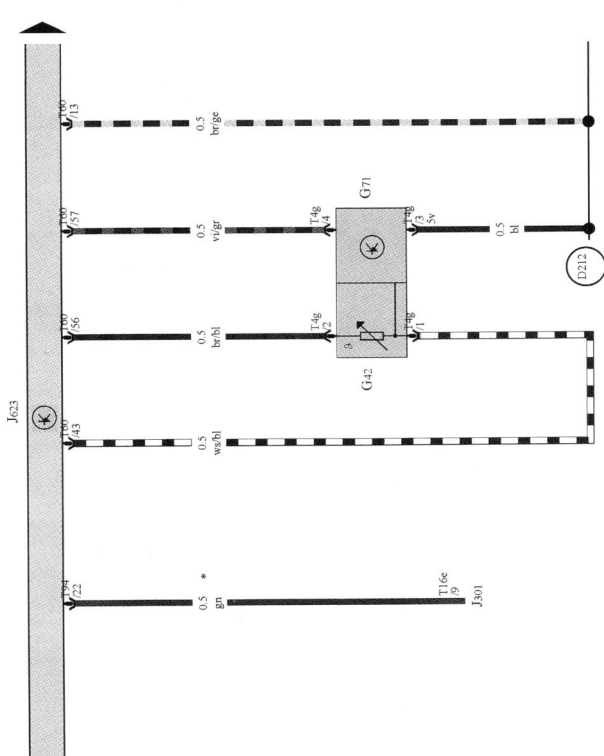

G42-进气温度传感器 G71-进气歧管压力传感器 J301-空调器控制单元 J519-车载电网控制单元 J623-发动机控制单元 T4g-4芯插头连接 T16e-16芯插头连接 T60-60芯插头连接 T94-94芯插头连接 D212-连接4（5V），在发动机预接线导线束中 *-用于带手动调节空调的汽车

图 2-1-14

115

机油压力开关，制动助力压力传感器，变速器空挡位置传感器，车载电网控制单元，发动
机控制单元

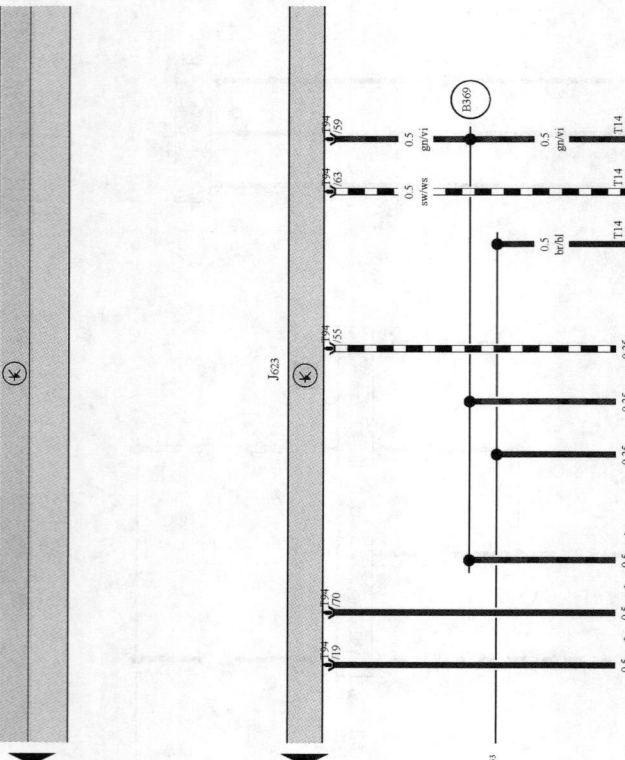

图 2-1-17

F22-机油压力开关　G294-制动助力压力传感器　G701-变速器空挡位置传感器　J519-车载电网控制单元
J623-发动机控制单元　T3s-3芯插头连接　T3u-3芯插头连接　T4p-4芯插头连接　T14-14芯插头连接　T94-
94芯插头连接　B369-连接1（5V），在主导线束中　B453-连接1（传感器），在主导线束中　*-用于带手
动变速器的汽车

爆震传感器 1，冷却液温度传感器，蒸发器出风口温度传感器，车载电网控制单元，发动
机控制单元

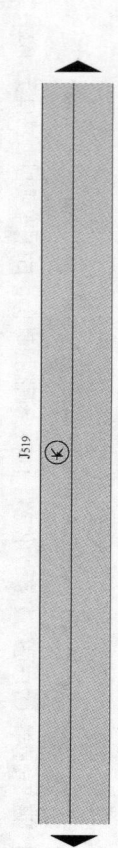

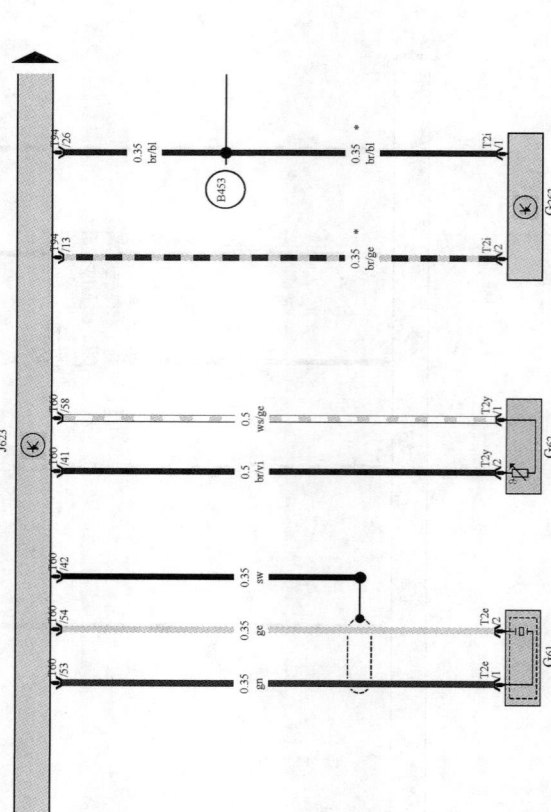

图 2-1-16

G61-爆震传感器 1　G62-冷却液温度传感器　G263-蒸发器出风口温度传感器　J519-车载电网控制单元
J623-发动机控制单元　T2e-2芯插头连接　T2i-2芯插头连接　T2y-2芯插头连接　T60-60芯插头连接　T94-
94芯插头连接　B453-连接1（传感器），在主导线束中　*-用于带手动调节空调的汽车

车载电网控制单元，发动机控制单元，活性炭罐电磁阀1

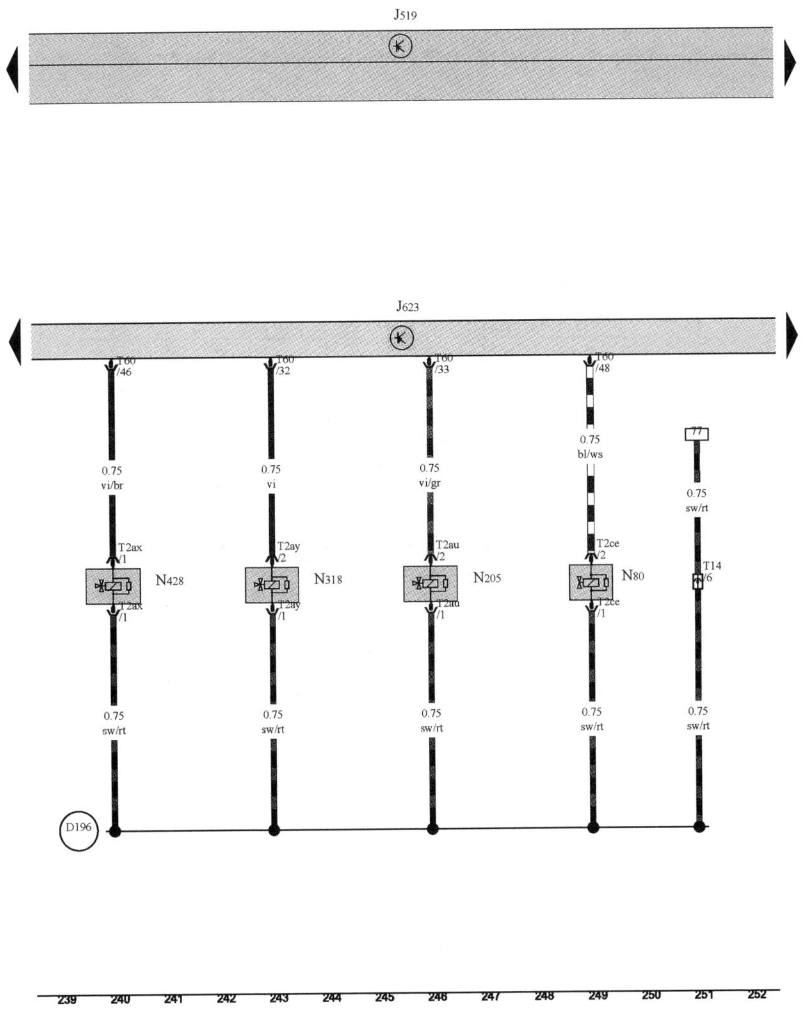

J519-车载电网控制单元 J623-发动机控制单元 N80-活性炭罐电磁阀1 N205-凸轮轴调节阀1 N318-排气凸轮轴调节阀1 N428-机油压力调节阀 T2au-2芯插头连接 T2ax-2芯插头连接 T2ay-2芯插头连接 T2ce-2芯插头连接 T14-14芯插头连接 T60-60芯插头连接 D196-连接2（87a），在发动机顶接线预接线导线束中

图 2-1-18

车载电网控制单元，发动机控制单元，气缸 1 喷油嘴，气缸 2 喷油嘴，气缸 3 喷油嘴，气缸 4 喷油嘴

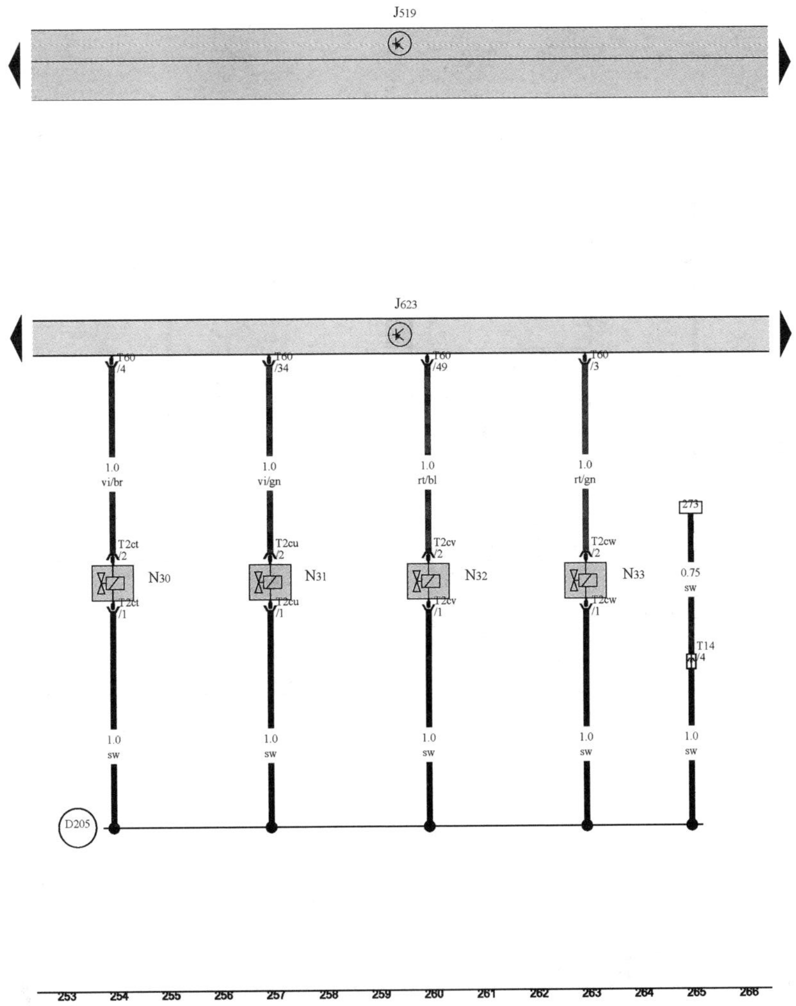

J519-车载电网控制单元 J623-发动机控制单元 N30-气缸1喷油嘴 N31-气缸2喷油嘴 N32-气缸3喷油嘴 N33-气缸4喷油嘴 T2ct-2芯插头连接 T2cu-2芯插头连接 T2cv-2芯插头连接 T2cw-2芯插头连接 T14-14芯插头连接 T60-60芯插头连接 D205-连接3（87a），在发动机顶接线预接线导线束中

图 2-1-19

117

氧传感器，尾气催化净化器后的氧传感器，车载电网控制单元，发动机控制单元，氧传感器加热，尾气催化净化器后的氧传感器1加热装置

制动信号灯开关，制动踏板开关，离合器位置传感器，车载电网控制单元，发动机控制单元

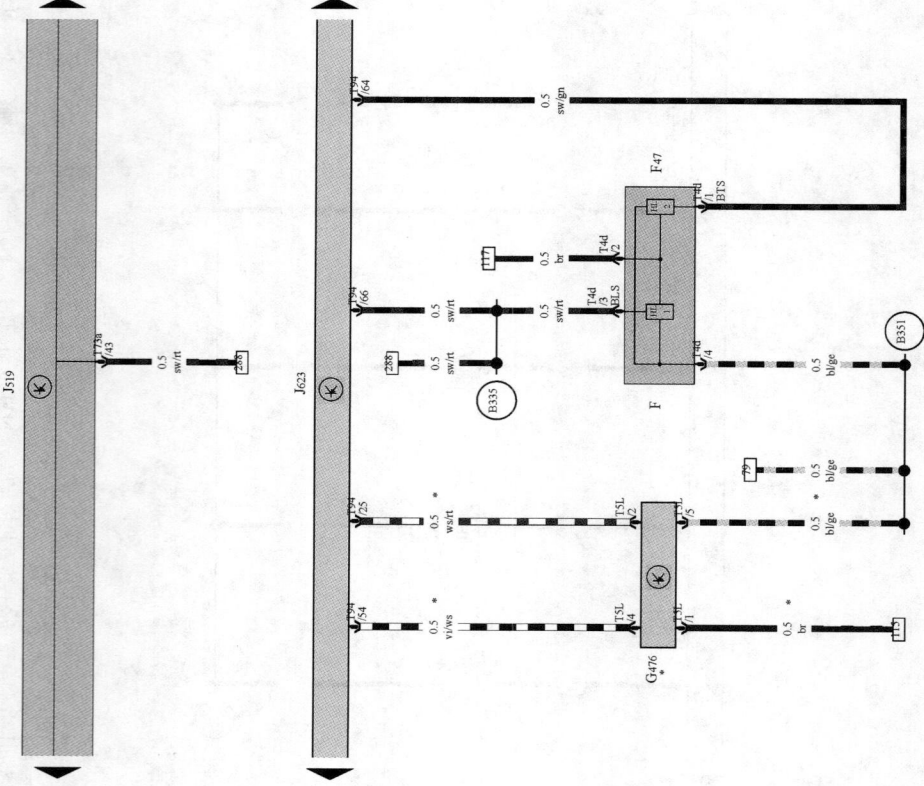

图2-1-21

F-制动信号灯开关 F47-制动踏板开关 G476-离合器位置传感器 J519-车载电网控制单元 J623-发动机控制单元 T4d-4芯插头连接 T73a-73芯插头连接 T94-94芯插头连接 B335-连接1 控制单元 T4d-4芯插头连接 T5L-5芯插头连接 B351-正极连接2（87a），在主导线束中*-用于带手动变速器的汽车（54），在主导线束中 B351-正极连接2（87a），在主导线束中*-用于带手动变速器的汽车

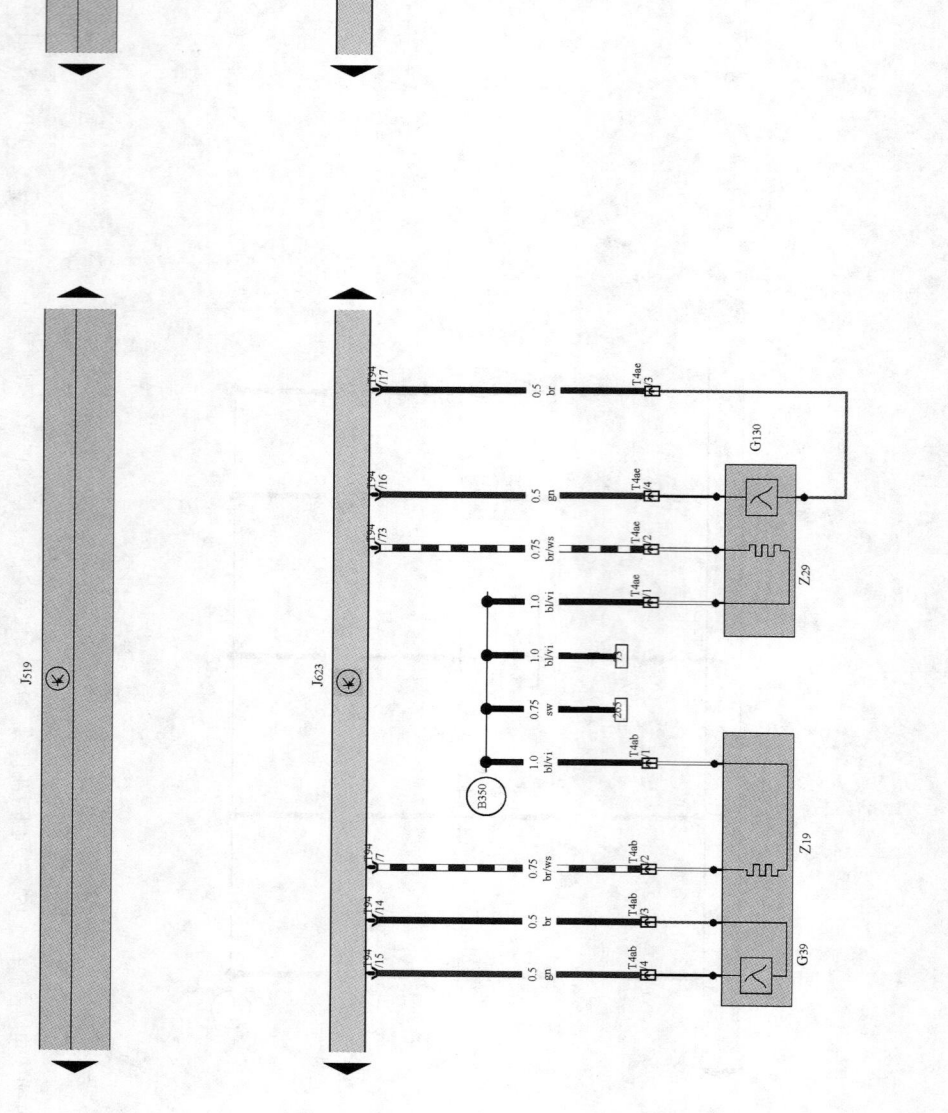

图2-1-20

G39-氧传感器 G130-尾气催化净化器后的氧传感器 J519-车载电网控制单元 J623-发动机控制单元 T4ab-4芯插头连接 T4ae-4芯插头连接 T94-94芯插头连接 Z19-氧传感器加热 Z29-尾气催化净化器后的氧传感器1加热装置 B350-正极连接1（87a），在主导线束中

118

启动/停止模式按钮，燃油泵继电器，车载电网控制单元，发动机控制单元

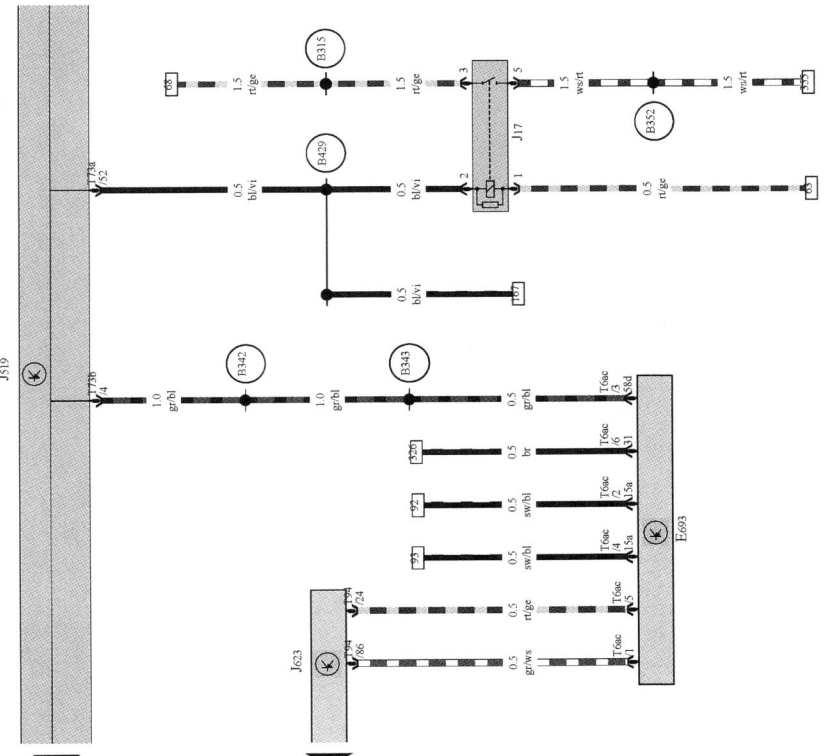

E693-启动/停止模式按钮 J17-燃油泵继电器 J519-车载电网控制单元 J623-发动机控制单元 T6ac-6芯插头连接 T73a-73芯插头连接 T73b-73芯插头连接 T94-94芯插头连接 B315-正极连接1（30a），在主导线束中 B342-连接3（58d），发动机控制单元 B343-连接4（58d），在主导线束中 B352-正极连接3 插头连接 T6ac-6芯插头连接 B429-连接，在主导线束中 B343-连接4（58d），在主导线束中 B352-正极连接3 主导线束中（87a），在主导线束中 B429-连接（EKPR），在主导线束中

图 2-1-23

油门踏板位置传感器，油门踏板位置传感器2，车载电网控制单元，发动机控制单元

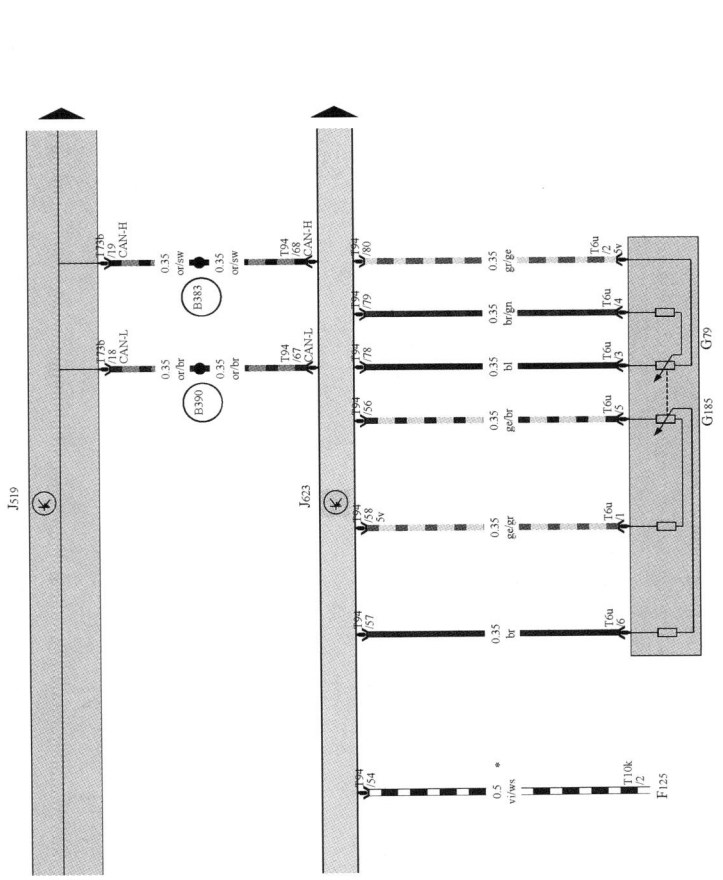

F125-多功能开关 G79-油门踏板位置传感器 G185-油门踏板位置传感器2 J519-车载电网控制单元 J623-发动机控制单元 T6u-6芯插头连接 T10k-10芯插头连接 T73b-73芯插头连接 T94-94芯插头连接 B383-连接1（驱动CAN总线，High），在主导线束中 B390-连接1（驱动CAN总线，Low），在主导线束中 中 *-用于带自动变速器的汽车

图 2-1-22

119

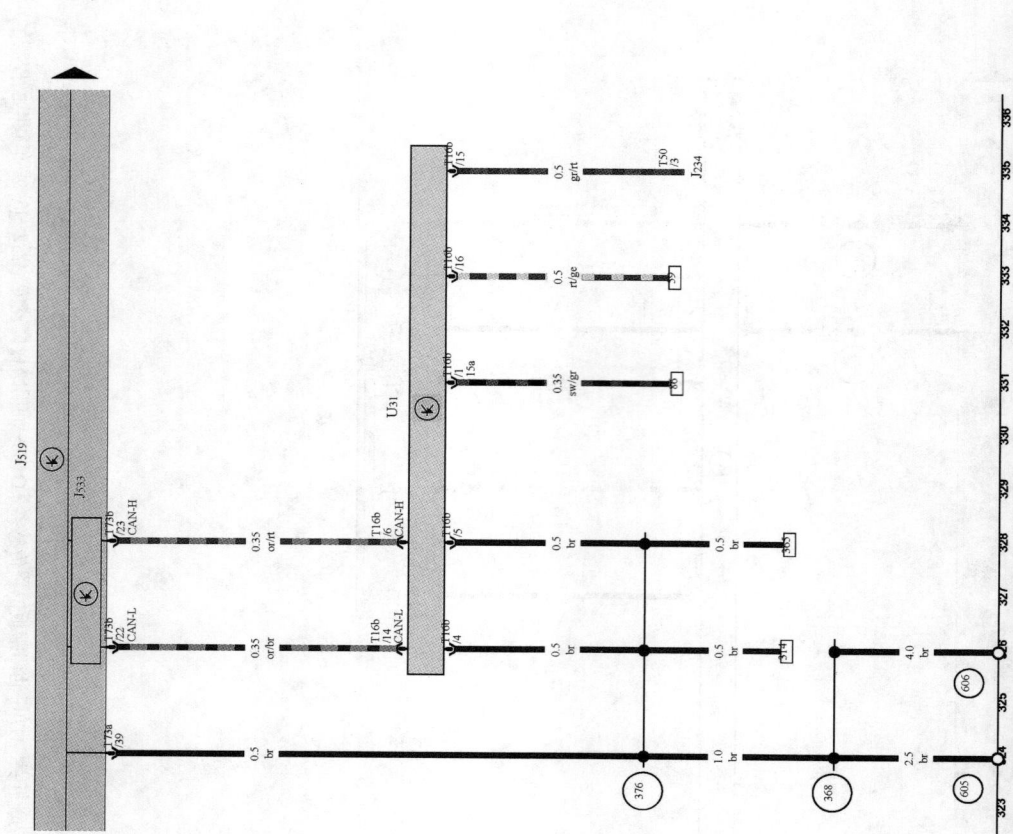

转速表，警报蜂鸣器和警报音，多功能显示器，组合仪表中的控制单元，车载电网控制单元

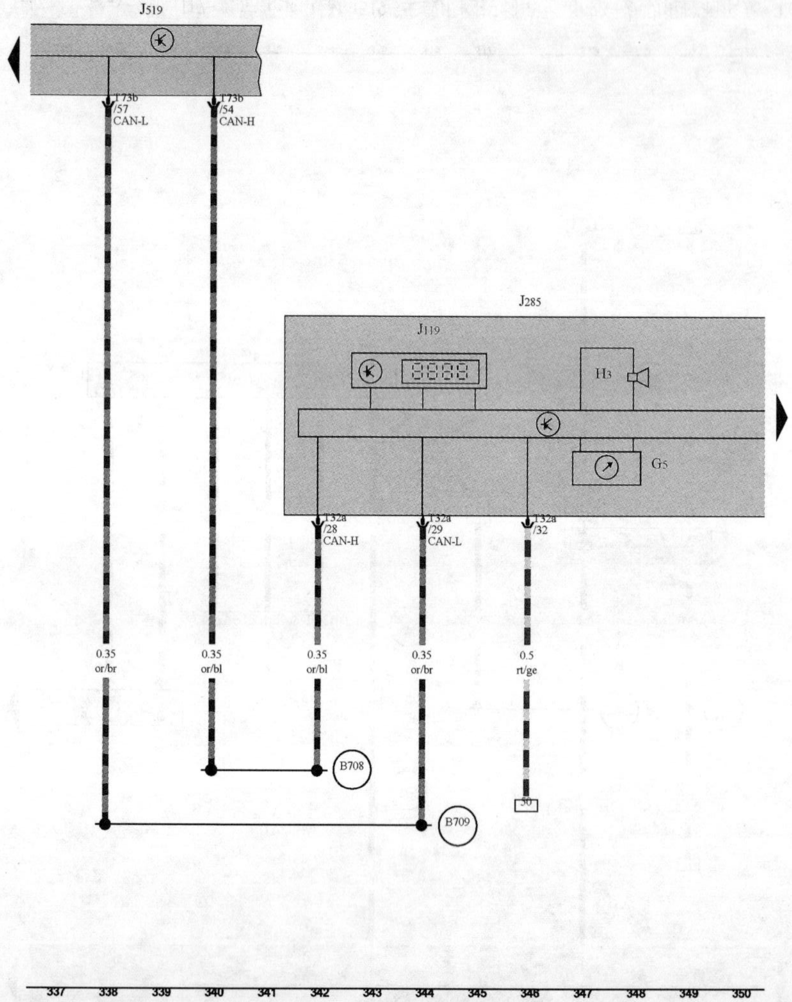

车载电网控制单元，数据总线诊断接口，诊断接口

图 2-1-24

J234-安全气囊控制单元 J519-车载电网控制单元 J533-数据总线诊断接口 T16b-16芯插头连接 T50-50 芯插头连接 T73a-73芯插头连接 T73b-73芯插头连接 U31-诊断接口 368-接地连接3，在主导线束中 376-接地连接11，在主导线束中 605-上部转向柱上的接地点 606-中控台下面，变速杆附近的接地点

图 2-1-25

G5-转速表 H3-警报蜂鸣器和警报音 J119-多功能显示器 J285-组合仪表中的控制单元 J519-车载电网控制单元 J285-组合仪表中的控制单元 J519-车载电网控制单元 芯插头连接 T32a-32芯插头连接 T73b-73芯插头连接 B708-连接1（组合仪表CAN总线，High），在主导线束中 B709-连接1（组合仪表CAN总线，Low），在主导线束中

120

燃油表传感器，燃油表，预供给燃油泵，冷却液不足显示传感器，组合仪表中的控制单元，冷却液温度和冷却液不足显示指示灯，废气警告灯，电子油门故障信号灯，组合仪表照明灯泡

车速表，组合仪表中的控制单元，发电机指示灯，机油压力指示灯，定速巡航装置指示灯

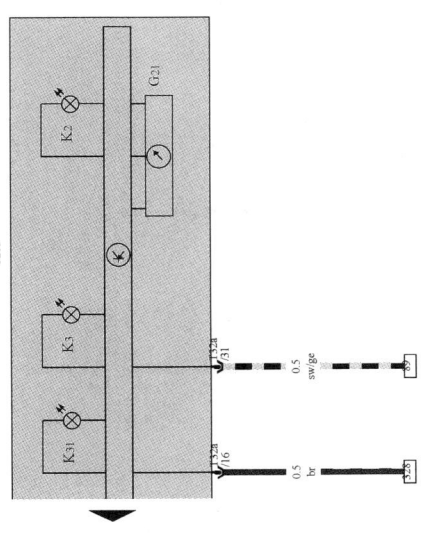

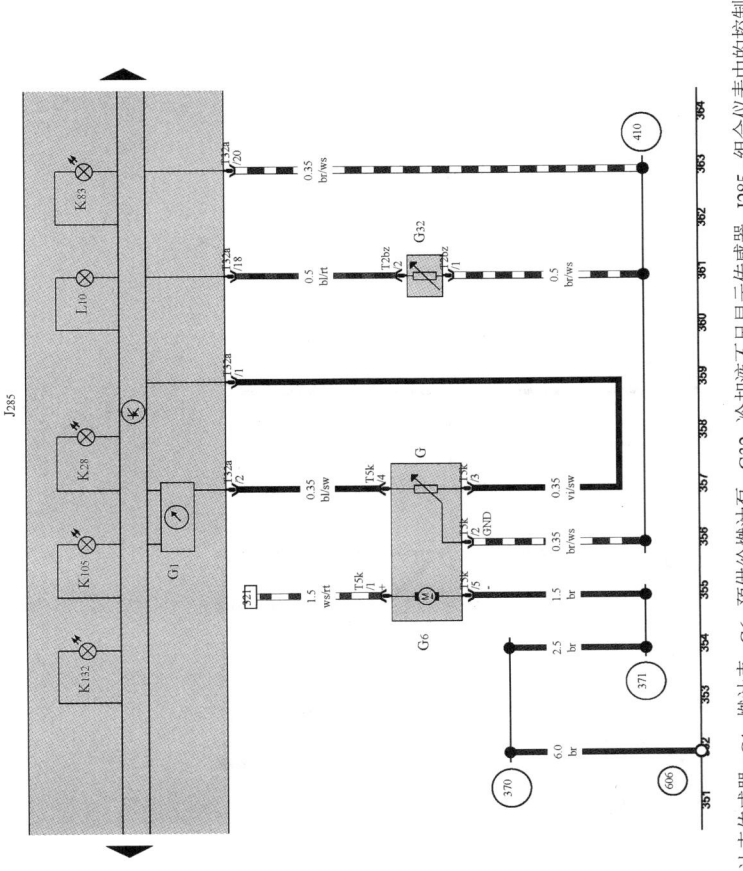

图 2-1-26

G-燃油表传感器 G1-燃油表 G6-预供给燃油泵 G32-冷却液不足显示传感器 J285-组合仪表中的控制单元 K28-冷却液温度和冷却液不足显示指示灯 K83-废气警告灯 K105-燃油表指示灯 K132-电子油门故障信号灯 L10-组合仪表照明灯泡 T2bz-2芯插头连接 T2bz-2芯插头连接 T5k-5芯插头连接 T32a-32芯插头连接 370-接地连接5，在主导线束中 371-接地连接6，在主导线束中 410-接地连接1（传感器接地），在主导线束中 606-中控台下面，变速杆附近的接地点

G21-车速表 J285-组合仪表中的控制单元 K2-发电机指示灯 K3-机油压力指示灯 K31-定速巡航装置指示灯 T32a-32芯插头连接

图 2-1-27

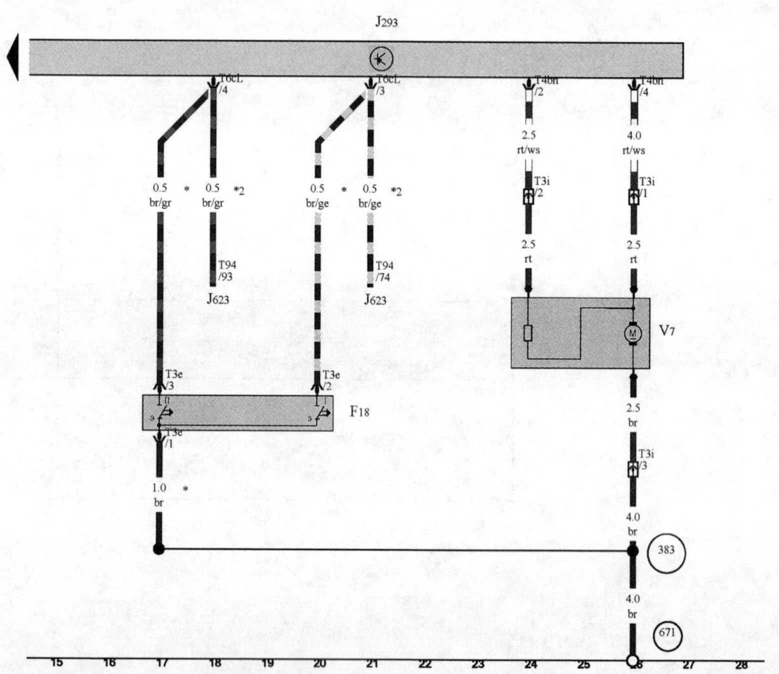

散热器风扇控制单元

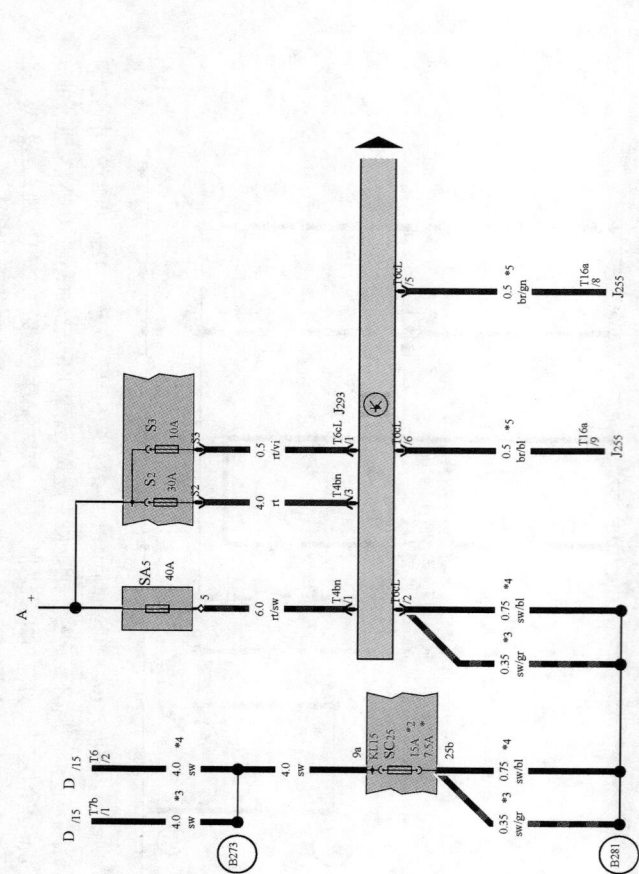

A-蓄电池 D-点火启动开关 J255-全自动空调控制单元 J293-散热器风扇控制单元 S2-保险丝架内的保险丝2 S3-保险丝架内的保险丝3 SA5-保险丝架A上的保险丝5 SC25-保险丝架C上的保险丝25 T4bn-4芯插头连接 T6-6芯插头连接 T6cL-6芯插头连接 T7b-7芯插头连接 T16a-16芯插头连接 B273-正极连接(15)，在主导线束中 B281-正极连接5(15a)，在主导线束中 *-自2018年4月起 *2-截至2018年4月 *3-自2017年11月起 *4-截至2017年11月 *5-用于带全自动空调的汽车

图 2-1-28

散热器风扇热敏开关，散热器风扇控制单元，散热器风扇

F18-散热器风扇热敏开关 J293-散热器风扇控制单元 J623-发动机控制单元 T3e-3芯插头连接 T3i-3芯插头连接 T4bn-4芯插头连接 T6cL-6芯插头连接 T94-94芯插头连接 V7-散热器风扇 383-接地连接18，在主导线束中 671-左前纵梁上的接地点1 *-用于Polo GTI *2-不适用于Polo GTI

图 2-1-29

第二节 变速器系统

变速器系统电路图的图号和图名对照表见表 2-2-1。

表 2-2-1 变速器系统电路图的图号和图名对照表

图号	图名
图 2-2-1 ～图 2-2-7	双离合器变速器 0CW 电路图
图 2-2-8 ～图 2-2-17	6 挡自动变速器电路图

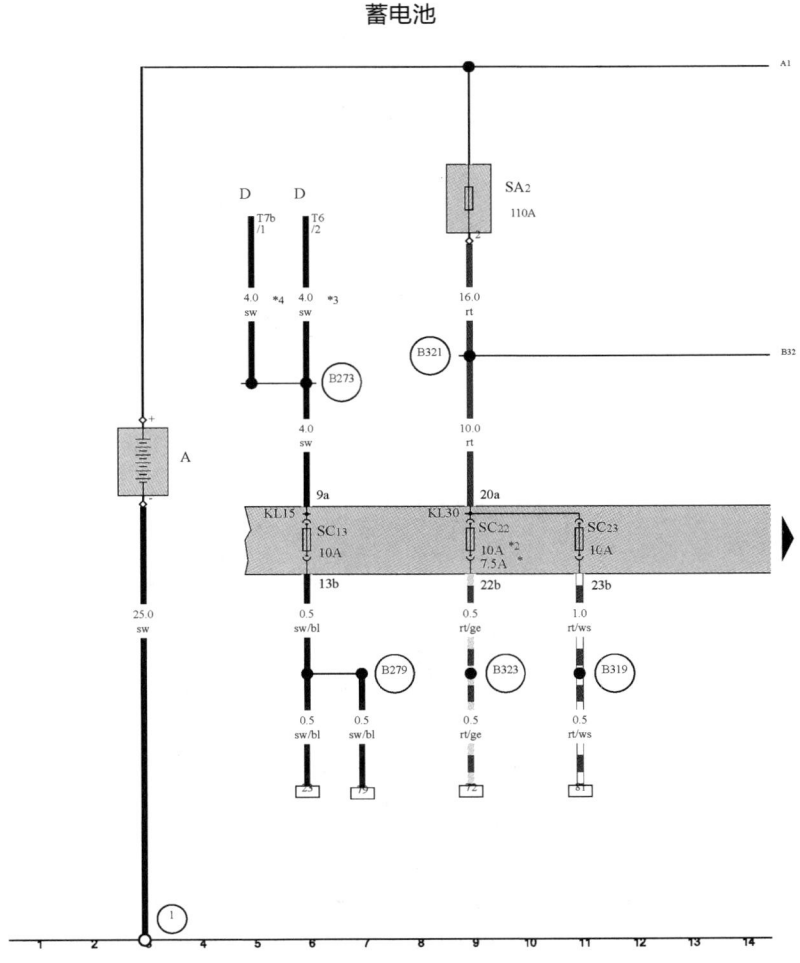

A-蓄电池　D-点火启动开关　SA2-保险丝架A上的保险丝2　SC13-保险丝架C上的保险丝13　SC22-保险丝架C上的保险丝22　SC23-保险丝架C上的保险
丝23　T6-6芯插头连接　T7b-7芯插头连接　1-接地带，蓄电池-车身　B273-正极连接（15），在主导线束中　B279-正极连接3（15a），在主导线束中
B319-正极连接5（30a），在主导线束中　B321-正极连接7（30a），在主导线束中　B323-正极连接9（30a），在主导线束中　*-自2018年4月起　*2-截至
2018年4月　*3-截至2017年11月　*4-自2017年11月起

图 2-2-1

双离合器变速器机电装置，子变速器1中的阀门1，子变速器1中的阀门2

双离合器变速器机电装置，控制单元温度传感器，离合器行程传感器1，双离合器变速器机电装置、子变速器2中

变速器液压传感器，控制单元温度传感器，离合器行程传感器1，子变速器1中的阀门3，子变速器2中的阀门4，子变速器1中的阀门1，子变速器2中的阀门2，液压泵电机

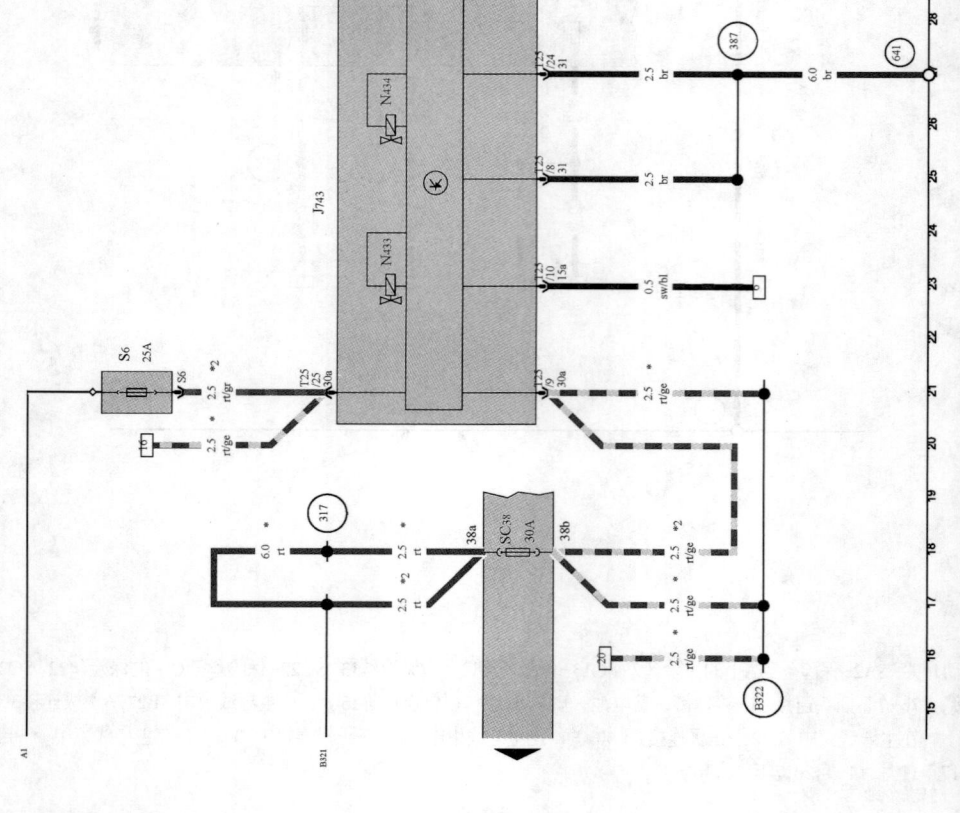
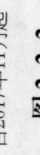

J743-双离合器变速器机电装置 N433-子变速器1中的阀门1 N434-子变速器1中的阀门2 S6-保险丝架内的保险丝6 SC38-保险丝架C上的保险丝38 T25-25芯插头连接 317-接地连接 387-正极连接7（30a），在发动机舱内线束中 387-接地连接22，在主导线束中 641-发动机舱内左侧接地点3 B321-正极连接7（30a），在主导线束中 B322-正极连接8（30a），在主导线束中 *-自2017年11月起 *2-截至2017年11月

图 2-2-2

G270-变速器液压传感器 G510-控制单元温度传感器 G617-离合器行程传感器1 J743-双离合器变速器机电装置 N435-子变速器1中的阀门3 N436-子变速器1中的阀门4 N437-子变速器2中的阀门1 N438-子变速器2中的阀门2 V401-液压泵电机

图 2-2-3

变速器输入转速传感器，换挡执行器行程传感器 1，变速器输入转速传感器 2，离合器行程传感器 2，变速器输入转速传感器 1，双离合器变速器机电装置，子变速器 2 中的阀门 3，子变速器 2 中的阀门 4

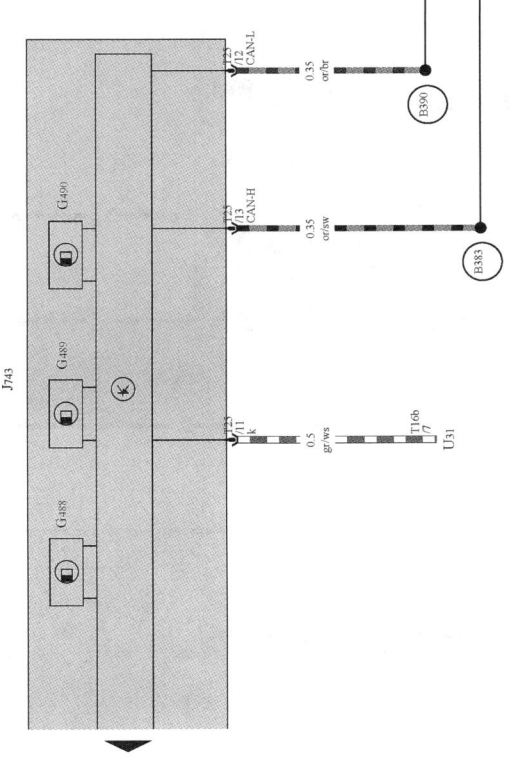

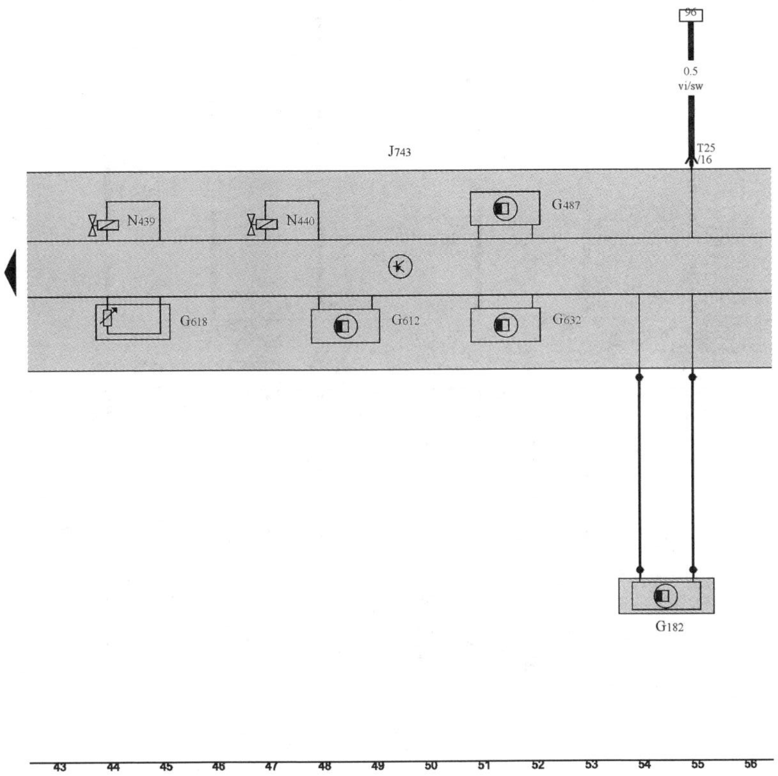

G182–变速器输入转速传感器 G487–换挡执行器行程传感器1 G612–变速器输入转速传感器2 G618–离合器行程传感器2 G632–变速器输入转速传感器1 J743–双离合器变速器机电装置 N439–子变速器2中的阀门3 N440–子变速器2中的阀门4 T25- 25芯插头连接

图 2–2–4

换挡执行器行程传感器 2，换挡执行器行程传感器 3，换挡执行器行程传感器 4，双离合器变速器机电装置

G488–换挡执行器行程传感器2 G489–换挡执行器行程传感器3 G490–换挡执行器行程传感器4 J743–双离合器变速器机电装置 T16b–16芯插头连接 T25–25芯插头连接 U31–诊断接口 B383–连接1（驱动CAN总线，High），在主导线束中 B390–连接1（驱动CAN总线，Low），在主导线束中

图 2–2–5

组合仪表中的控制单元，车载电网控制单元，换挡杆指示灯，换挡杆位置显示

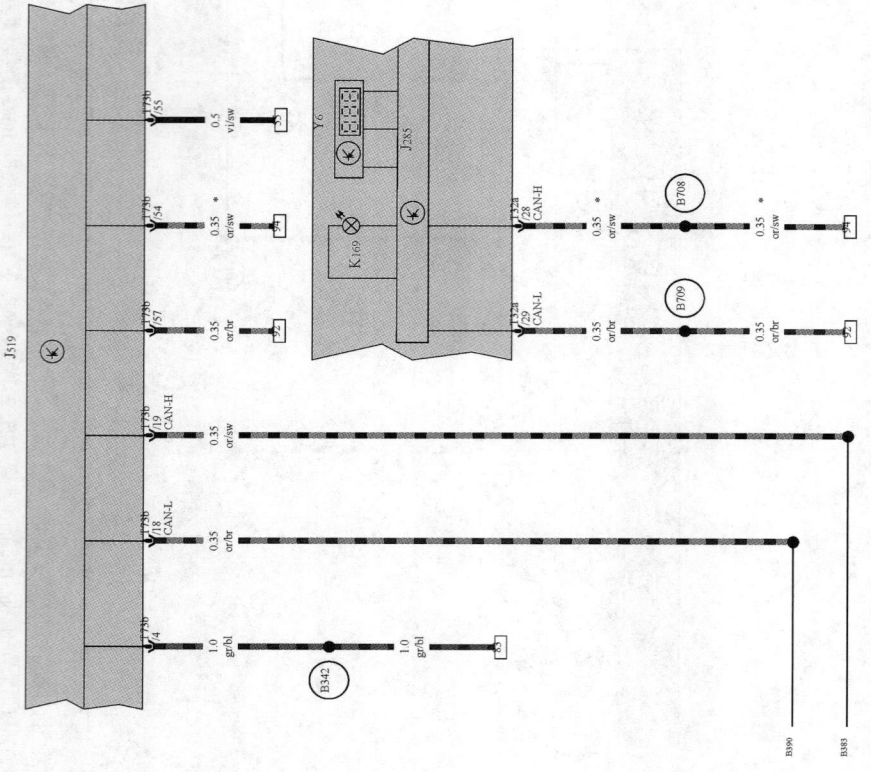

J285-组合仪表中的控制单元 J519-车载电网控制单元 K169-换挡杆指示灯
73芯插头连接 Y6-换挡杆位置显示 B342-连接3（58d），在主导线束中 B383-连接1（驱动CAN总线，
High），在主导线束中 B390-连接1（驱动CAN总线，Low），在主导线束中 B708-连接1（组合仪表
CAN总线，High），在主导线束中 B709-连接1（组合仪表CAN总线，Low），在主导线束中 *-导线颜
色取决于装备

图 2-2-7

Tiptronic 开关，换挡杆挡位 P 锁止开关，换挡杆照明灯泡，换挡杆锁磁铁，点火钥匙防
拔出锁磁铁，换挡杆位置显示

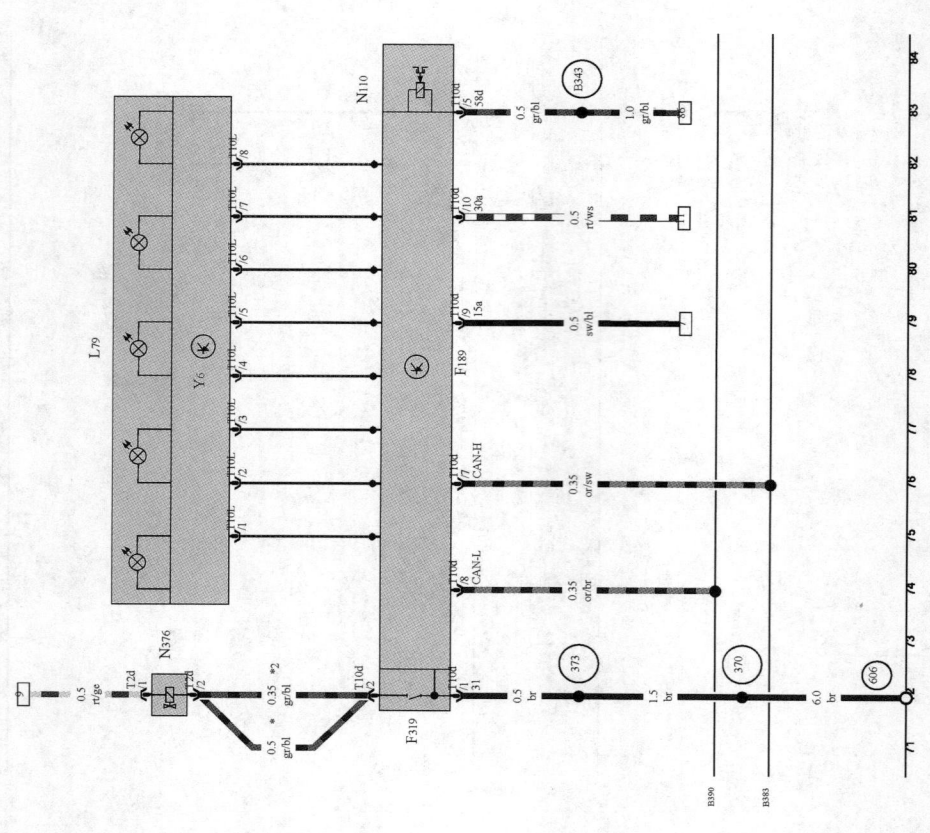

F189-Tiptronic开关 F319-换挡杆挡位P锁止开关 L79-换挡杆照明灯泡 N110-换挡杆锁磁铁 N376-点
火钥匙防拔出锁磁铁 T2d-2芯插头连接 T10d-10芯插头连接 T10L-10芯插头连接 Y6-换挡杆位置显示
370-接地连接5、 373-接地连接8、 在主导线束中 606-中控台下面，变速杆附近的接地点
B343-连接4（58d），在主导线束中 B383-连接1（驱动CAN总线，High），在主导线束中 B390-连接1
（驱动CAN总线，Low），在主导线束中 *-截至2017年11月 *2-自2017年11月起

图 2-2-6

126

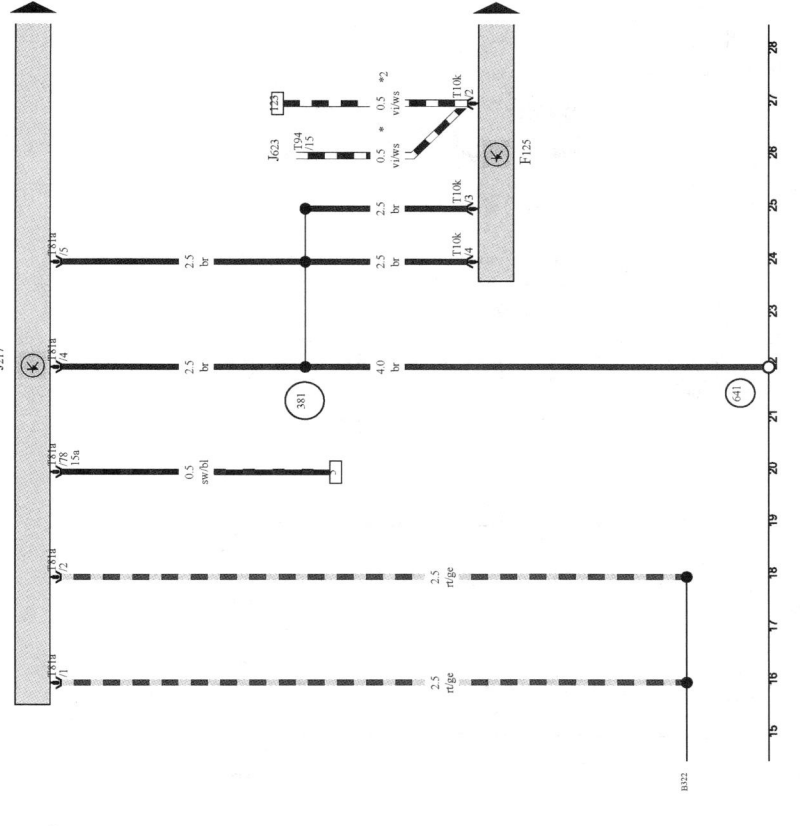

多功能开关，自动变速器控制单元

蓄电池，保险丝架 A 上的保险丝 2，保险丝架 C

图 2-2-9

图 2-2-8

F125-多功能开关 J217-自动变速器控制单元 J623-发动机控制单元 T10k-10芯插头连接 T81a-81芯插头 连接 T94-94芯插头连接 381-接地连接16，在主导线束中 641-发动机舱内左侧接地点3 B322-正极连接 8（30a），在主导线束中 *-用于带1.5L汽油发动机的汽车 *2-截至2018年4月

A-蓄电池 D-点火启动开关 J367-蓄电监控控制单元 SA2-保险丝架 A 上的保险丝2 SC-保险丝架C SC13-保险丝架C上的保险丝13 SC22-保险丝架C上的保险丝22 SC23-保险丝架C上的保险丝23 SC38- 保险丝架C上的保险丝38 T6-6芯插头连接 T7b-7芯插头连接 1-接地带，蓄电池-车身 B273-正极连接 （15），在主导线束中 B279-正极连接3（15a），在主导线束中 B319-正极连接5（30a），在主导线束 中 B321-正极连接7（30a），在主导线束中 B322-正极连接8（30a），在主导线束中 B323-正极连接 9（30a），在主导线束中 *-截至2017年11月 *2-自2018年4月起 *3-用于带发动机自动启停系统的汽车 *4-自2017年11月起 *5-截至2017年11月 *6-用于CROSS汽车 *7-用于带Shiftmatic手自一体式变速器的 汽车

127

自动变速器控制单元，自动变速器压力调节阀，自动变速器压力调节阀2，自动变速器压力调节阀，自动变速器压力调节阀5，自动变速器压力调节阀4，自动变速器压力调节阀3，自动变速器压力调节阀7

多功能开关，自动变速器控制单元，电磁阀1，电磁阀2，自动变速器压力调节阀1

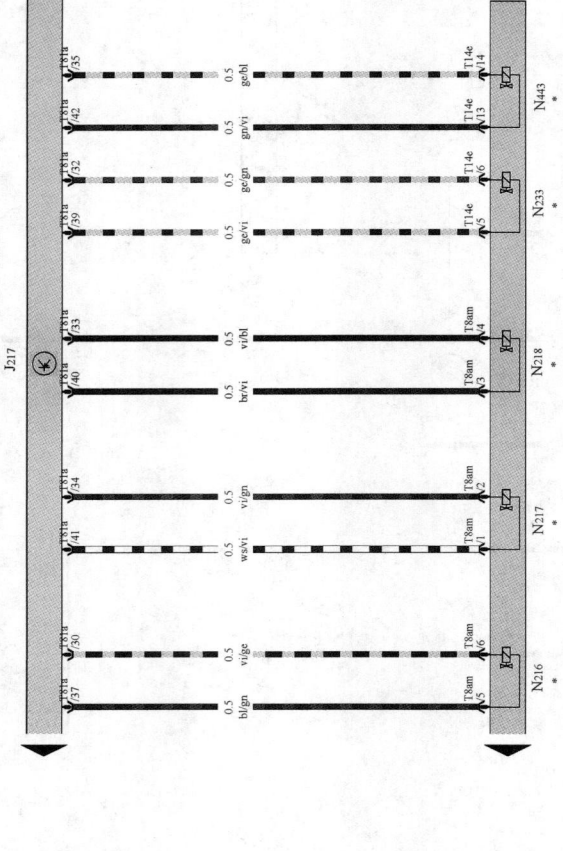

图 2-2-11

J217-自动变速器控制单元 N216-自动变速器压力调节阀2 N217-自动变速器压力调节阀3 N218-自动变速器压力调节阀7 N233-自动变速器压力调节阀5 N443-自动变速器压力调节阀4 T14e-14芯插头连接 T81a-81芯插头连接 T8am-8芯插头连接 *-已预先布线的部件

图 2-2-10

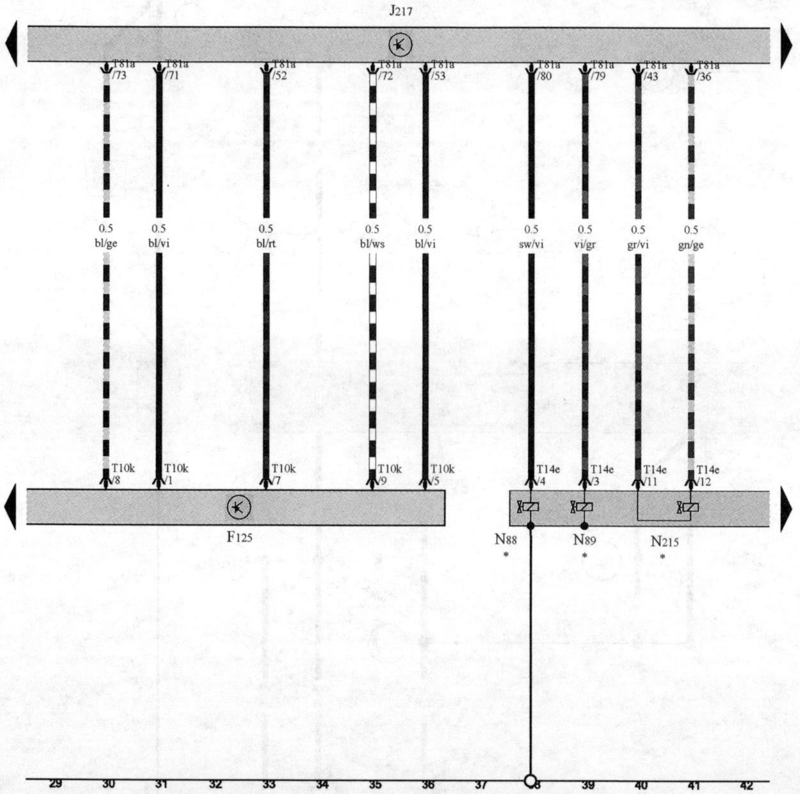

F125-多功能开关 J217-自动变速器控制单元 N88-电磁阀1 N89-电磁阀2 N215-自动变速器压力调节阀1 T10k-10芯插头连接 T14e-14芯插头连接 T81a-81芯插头连接 *-已预先布线的部件

变速器油温度传感器，变速器输入转速传感器，变速器输出转速传感器，自动变速器控制单元，变速器电动泵 2

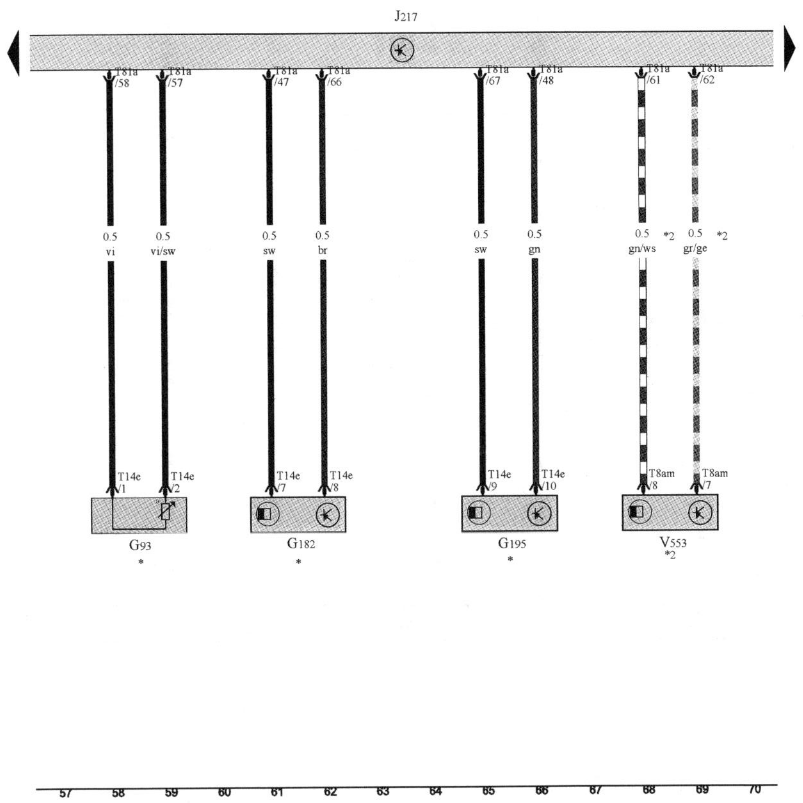

G93-变速器油温度传感器 G182-变速器输入转速传感器 G195-变速器输出转速传感器 J217-自动变速器控制单元 T8am-8芯插头连接 T14e-14芯插头连接 T81a-81芯插头连接 V553-变速器电动泵2 *-已预先布线的部件 *2-自2018年4月起

图 2-2-12

换挡杆挡位 P 锁止开关，自动变速器控制单元，换挡杆挡位指示照明灯，换挡杆锁磁铁，点火钥匙防拔出锁磁铁

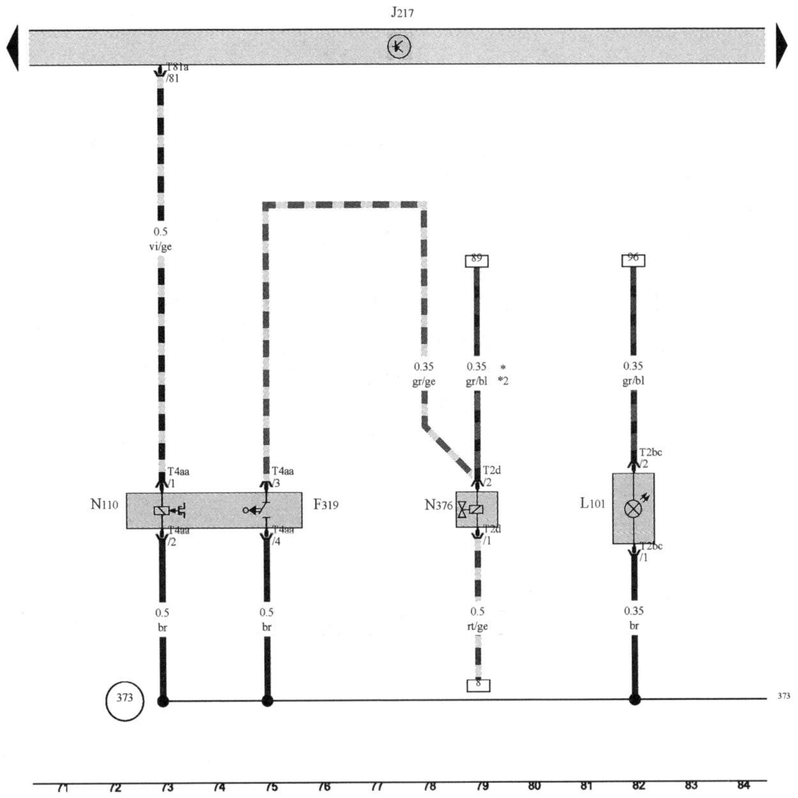

F319-换挡杆挡位 P 锁止开关 J217-自动变速器控制单元 L101-换挡杆挡位指示照明灯 N110-换挡杆锁磁铁 N376-点火钥匙防拔出锁磁铁 T2bc-2芯插头连接 T2d-2芯插头连接 T4aa-4芯插头连接 T81a-81芯插头连接 373-接地连接8，在主导线束中 *-用于CROSS汽车 *2-用于带Shiftmatic手自一体式变速器的汽车

图 2-2-13

129

Tiptronic 开关，自动变速器控制单元，换挡杆位置 P/N 指示灯，换挡杆挡位指示照明灯

Tiptronic 开关，换挡杆挡位 P 锁止开关，自动变速器控制单元，换挡杆锁磁铁

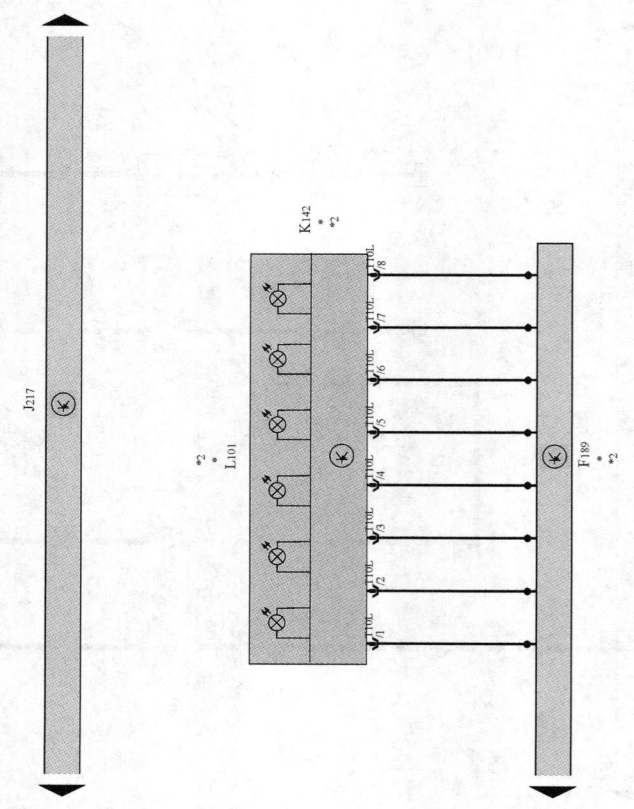

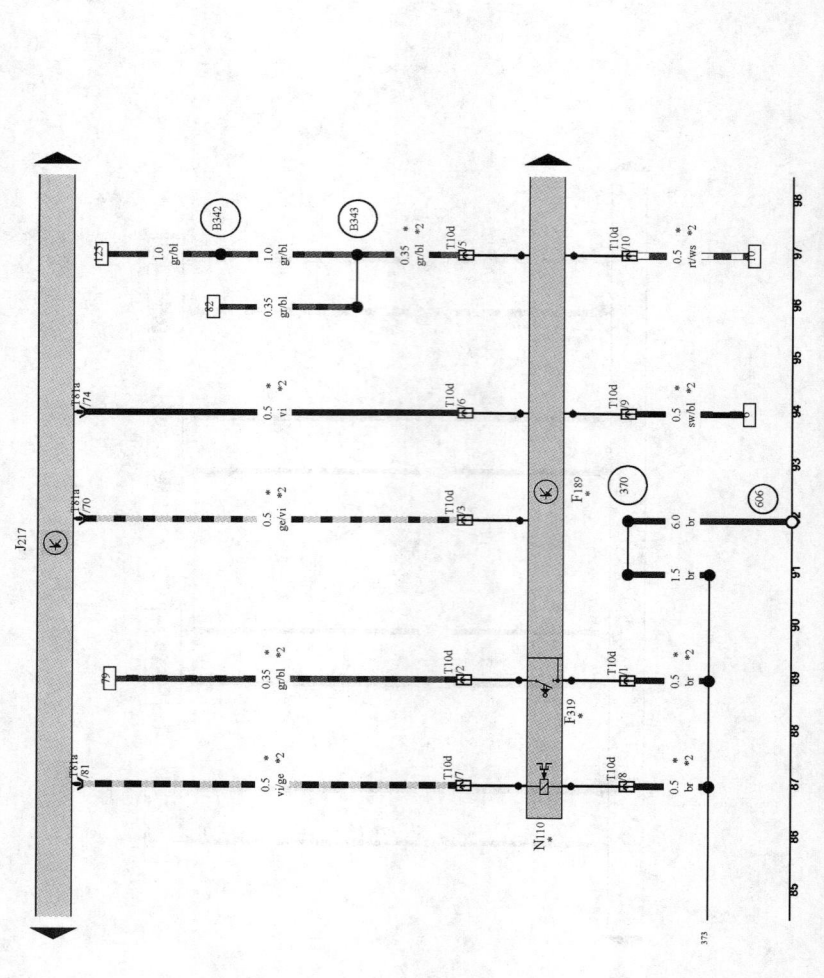

F189-Tiptronic 开关 J217-自动变速器控制单元 K142-换挡杆位置 P/N 指示灯 L101-换挡杆挡位指示照明灯
灯 T10L-10芯插头连接 *2-用于带Shiftmatic手自一体式变速器的汽车
图 2-2-15

F189-Tiptronic 开关 F319-换挡杆挡位锁止开关 J217-自动变速器控制单元 N110-换挡杆锁磁铁 T10d-
10芯插头连接 T81a-81芯插头连接 370-接地连接 373-接地连接8，在主导线束中 606-
中控台下面，变速杆附近的接地点 B342-连接3（58d），在主导线束中 B343-连接4（58d），在主导线
束中 *-用于CROSS汽车 *2-用于带Shiftmatic手自一体式变速器的汽车
图 2-2-14

130

组合仪表中的控制单元，车载电网控制单元，换挡指示灯，换挡杆位置显示

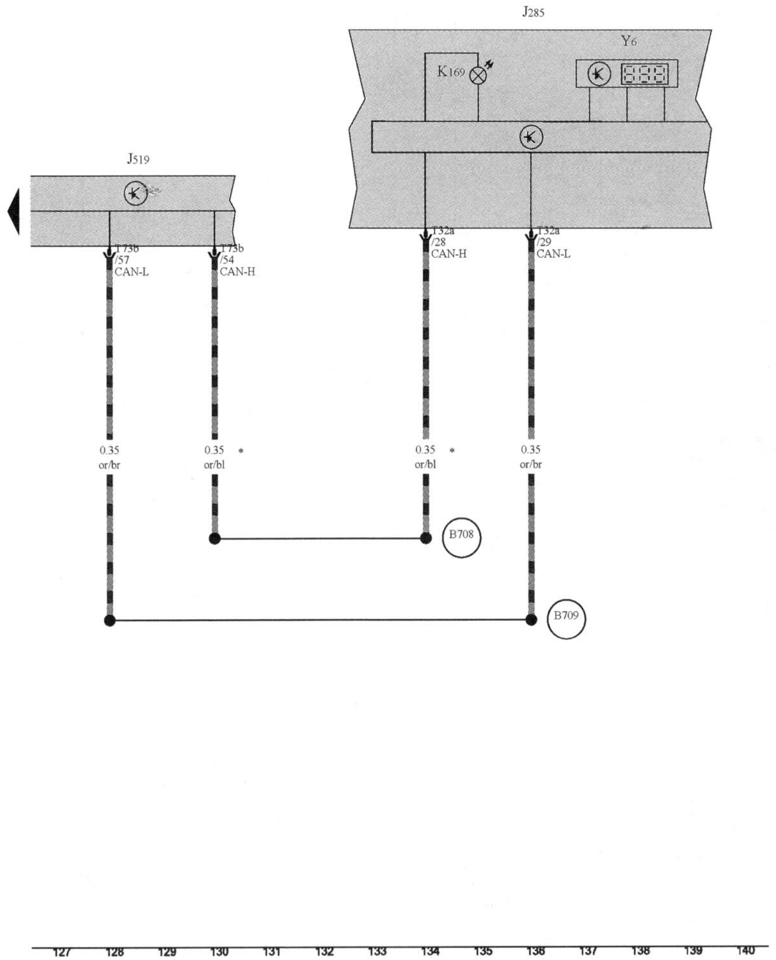

自动变速器控制单元，车载电网控制单元

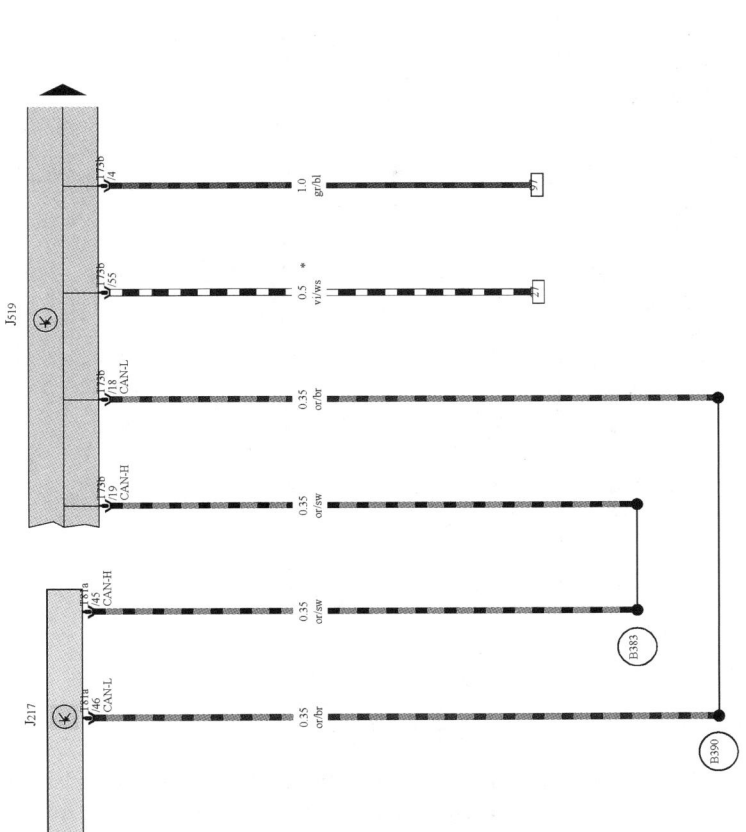

图 2-2-16

图 2-2-17

J217-自动变速器控制单元 J519-车载电网控制单元 T73b-73芯插头连接 T81a-81芯插头连接 B383-连接
1（驱动CAN总线，High），在主导线束中 B390-连接1（驱动CAN总线，Low），在主导线束中 *-截至
2018年4月

J285-组合仪表中的控制单元 J519-车载电网控制单元 K169-换挡杆指示灯 T32a-32芯插头连接 T73b-
73芯插头连接 Y6-换挡杆位置显示 B708-连接1（组合仪表CAN总线，High），在主导线束中 B709-连
接1（组合仪表CAN总线，Low），在主导线束中 *-导线颜色取决于装备

131

第三节　底盘系统

底盘系统电路图的图号和图名对照表见表 2-3-1。

表 2-3-1　底盘系统电路图的图号和图名对照表

图号	图名
图 2-3-1 ~ 图 2-3-8	防抱死制动系统（ABS）与电子稳定程序（ESP）电路图
图 2-3-9、图 2-3-10	多功能方向盘电路图
图 2-3-11、图 2-3-12	机电式助力转向器电路图

蓄电池，主继电器

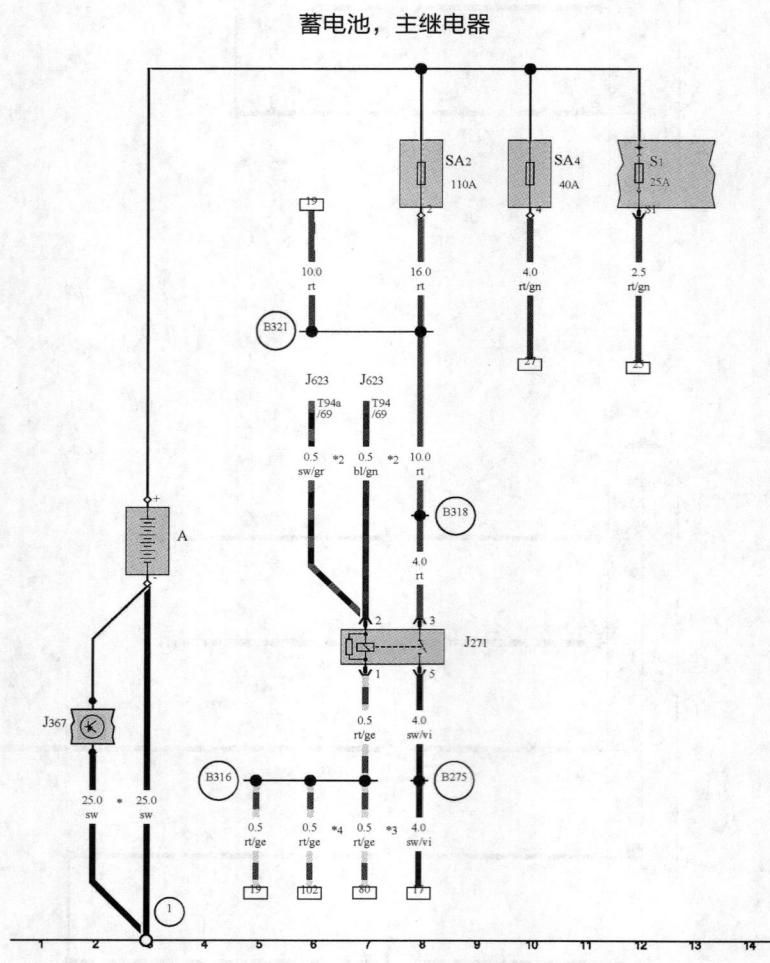

A-蓄电池　J271-主继电器　J367-蓄电池监控控制单元　J623-发动机控制单元　S1-保险丝架内的保险丝1　SA2-保险丝架A上的保险丝2　SA4-保险丝架A上的保险丝4　T94-94芯插头连接　T94a-94芯插头连接　1-接地带，蓄电池-车身　B275-正极连接（87），在主导线束中　B316-正极连接2（30a），在主导线束中　B318-正极连接4（30a），在主导线束中　B321-正极连接7（30a），在主导线束中　*-用于带发动机自动启停系统的汽车　*2-导线颜色取决于装备　*3-截至2017年11月　*4-自2017年11月起

图 2-3-1

制动信号灯开关，制动踏板开关，横向加速度传感器，偏转率传感器，纵向加速度传感器，电子稳定程序传感器单元，ABS 控制单元，动态行驶控制转换阀 1，动态行驶控制转换阀 2，动态行驶控制高压转换阀 1，动态行驶控制高压转换阀 2

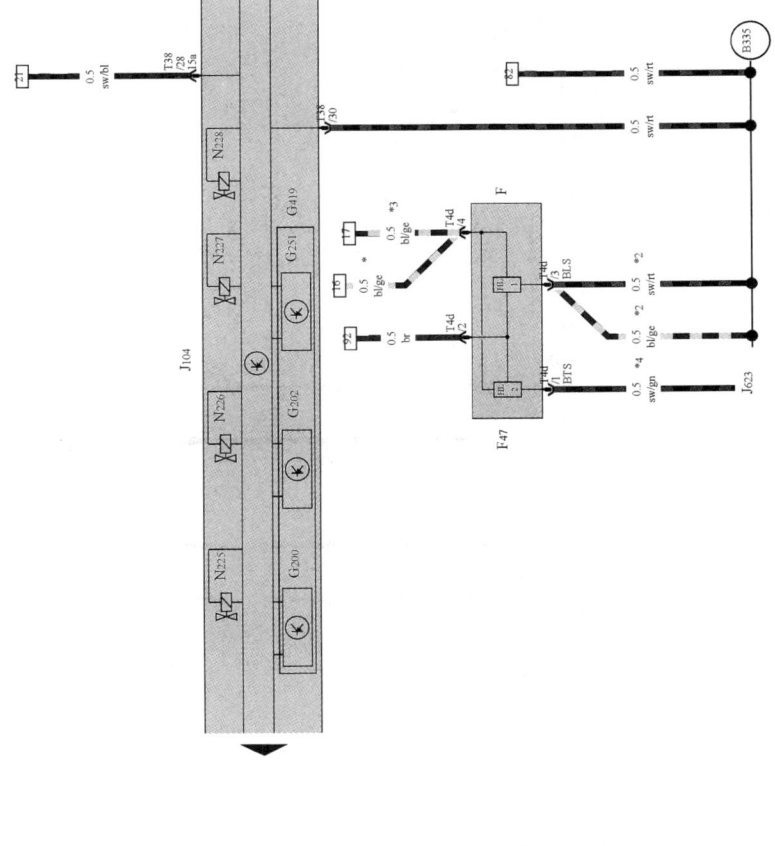

F-制动信号灯开关　F47-制动踏板开关　G200-横向加速度传感器　G202-偏转率传感器　G251-纵向加速度传感器　G419-电子稳定程序传感器单元　J104-ABS控制单元　J623-发动机控制单元　N225-动态行驶控制转换阀1　N226-动态行驶控制转换阀2　N227-动态行驶控制高压转换阀1　N228-动态行驶控制高压转换阀2　T4d-4芯插头连接　T38-38芯插头连接　T94-94芯插头连接　B335-连接　*-自2017年11月起　*2-号线颜色取决于装备　*3-截至2017年11月　*4-见发动机所适用的电路图

图 2-3-3

轮胎压力监控按钮，ABS 控制单元，按钮照明灯泡，保险丝架 C

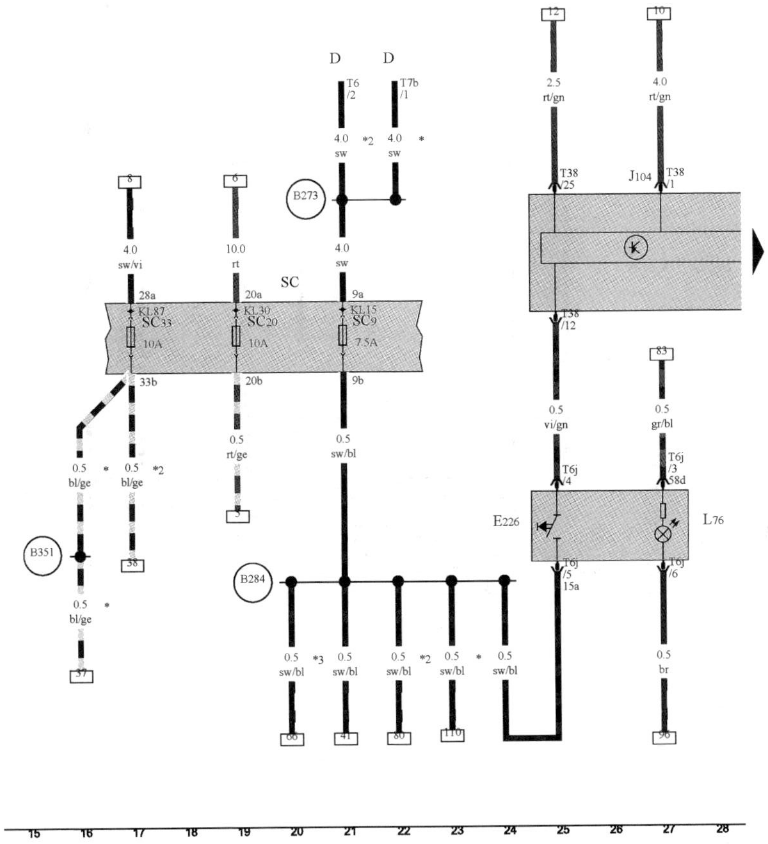

D-点火启动开关　E226-轮胎压力监控按钮　J104-ABS控制单元　L76-按钮照明灯泡　SC-保险丝架C　SC9-保险丝架C上的保险丝9　SC20-保险丝架C上的保险丝20　SC33-保险丝架C上的保险丝33　T6-6芯插头连接　T6j-6芯插头连接　T7b-7芯插头连接　T38-38芯插头连接　B273-正极连接　B284-正极连接8(15a)，在主导线束中　B351-正极连接2(87a)，在主导线束中　*-自2017年11月起　*2-截至2017年11月　*3-用于Polo GTI

图 2-3-2

右后转速传感器，右前转速传感器，制动压力传感器 1，ABS 控制单元，右后 ABS 进气阀，右后 ABS 进气阀，左后 ABS 进气阀，右后 ABS 排气阀，左后 ABS 排气阀，ABS 液压泵

ASR 和电子稳定程序按钮，左后转速传感器，左前转速传感器，ABS 控制单元，按钮照明灯泡，右前 ABS 进气阀，右前 ABS 排气阀，左前 ABS 进气阀，左前 ABS 排气阀

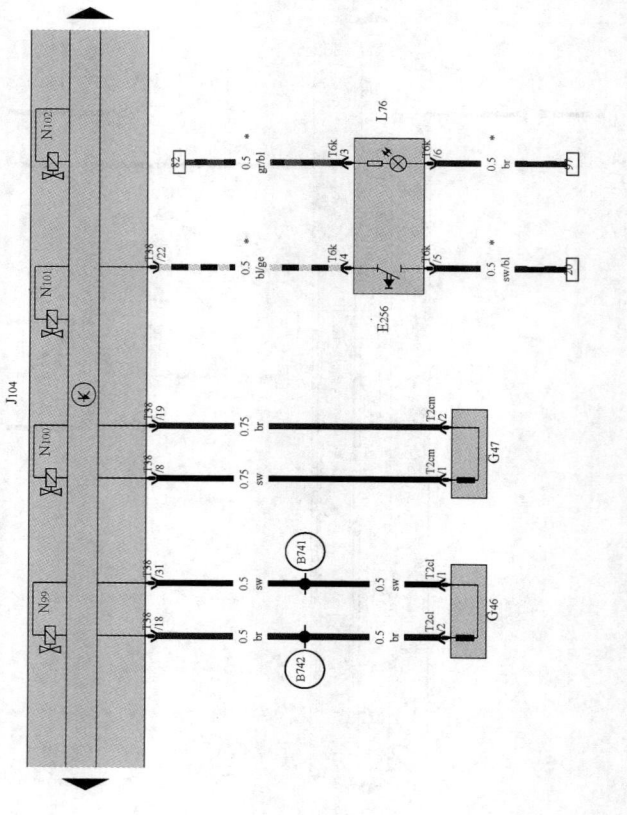

E256-ASR 和电子稳定程序按钮 G46-左后转速传感器 G47-左前转速传感器 J104-ABS控制单元 L76-按钮照明灯泡 N99-右前ABS进气阀 N100-右前ABS排气阀 N101-左前ABS进气阀 N102-左前ABS排气阀 T2cl-2芯插头连接 T2cm-2芯插头连接 T6k-6芯插头连接 T38-38芯插头连接 B741-连接（左后转速传感器+），在主导线束中 B742-连接（左后转速传感器-），在主导线束中 *-用于Polo GTI

图2-3-5

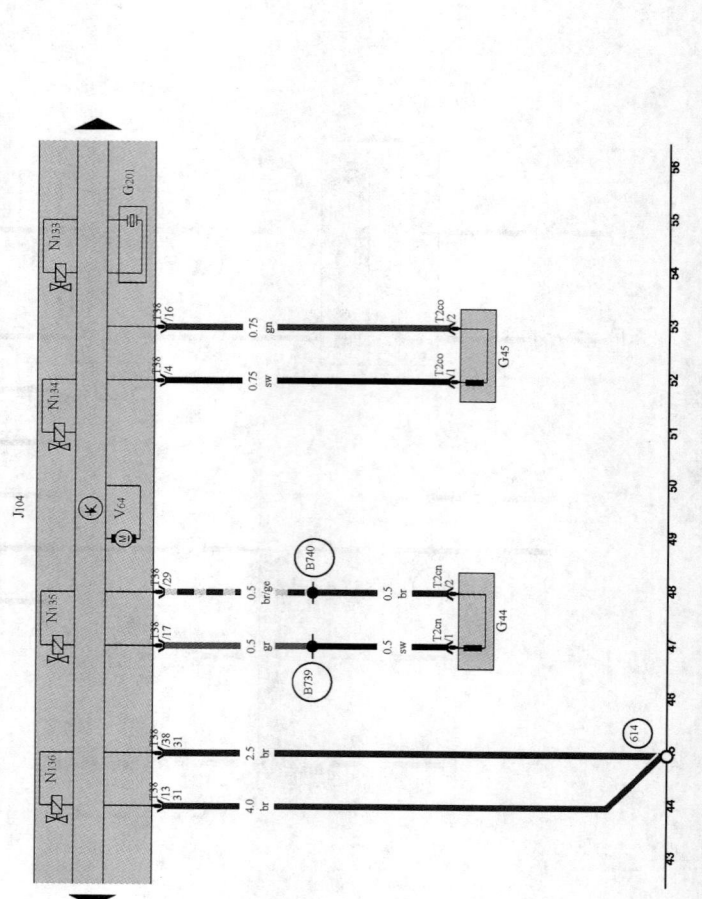

G44-右后转速传感器 G45-右前转速传感器 G201-制动压力传感器 J104-ABS控制单元 N133-右后ABS进气阀 N134-右后ABS排气阀 N135-右后ABS进气阀 N136-左后ABS排气阀 T2cn-2芯插头连接 T2co-2芯插头连接 T38-38芯插头连接 V64-ABS液压泵 614-发动机舱内右侧接地点2 B739-连接（右后转速传感器-），在主导线束中 B740-连接（右后转速传感器+），在主导线束中

图2-3-4

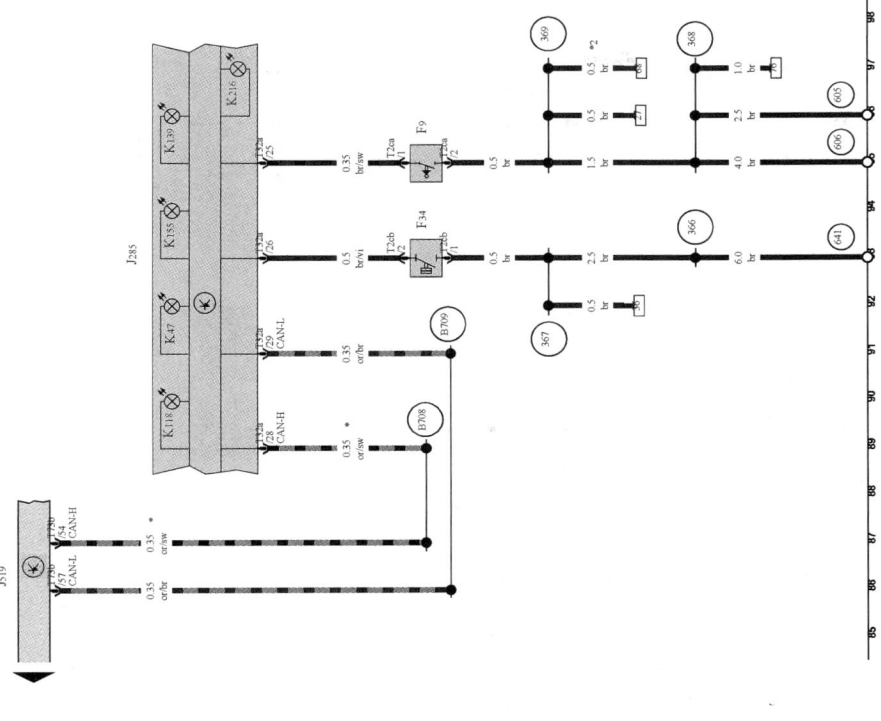

手制动器指示灯开关，制动液液位警告信号触点，组合仪表中的控制单元，车载电网控制单元，ABS指示灯，制动系统指示灯，驻车制动器指示灯，电子稳定程序和ASR指示灯，电子稳定程序和ASR指示灯2

图 2-3-7

F9-手制动器指示灯开关 F34-制动液液位警告信号触点 J285-组合仪表中的控制单元 J519-车载电网控制单元 K47-ABS指示灯 K118-制动系统指示灯 K139-驻车制动系统指示灯 K155-电子稳定程序指示灯 K216-电子稳定程序和ASR指示灯2 T2ca-2芯插头连接 T2cb-2芯插头连接 T32a-32芯插头连接 T73b-73芯插头连接 366-接地连接1，在主导线束中 367-接地连接2，在主导线束中 368-接地连接3，在主导线束中 369-接地连接4，在主导线束中 605-上踏转向柱上部靠近接地点 606-中控台下面，变速杆附近的接地点 641-发动机舱内左侧接地点3 B708-连接1（组合仪表CAN总线，High），在主导线束中 B709-连接1（组合仪表CAN总线，Low），在主导线束中 *-号线颜色即取决于装备 *2-用于Polo GTI

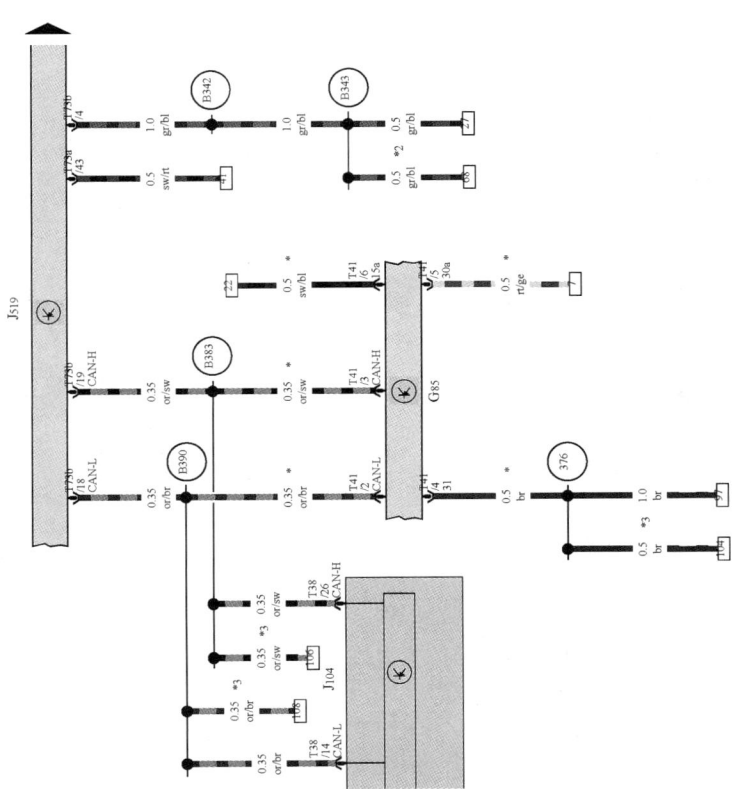

转向角传感器，ABS控制单元，车载电网控制单元

图 2-3-6

G85-转向角传感器 J104-ABS控制单元 J519-车载电网控制单元 T38-38芯插头连接 T41-41芯插头连接 T73a-73芯插头连接 T73b-73芯插头连接 376-接地连接11，在主导线束中 B342-连接3（58d），在主导线束中 B343-连接4（58d），在主导线束中 B383-连接1（驱动CAN总线，Low），在主导线束中 B390-连接1（驱动CAN总线，Low），在主导线束中 *-截至2017年11月 *2-用于Polo GTI *3-自2017年11月起

方向盘中 Tiptronic 开关（升档），方向盘中 Tiptronic 开关（降档），方向盘中的右侧多功能按钮，安全气囊卷簧带滑环的复位环，多功能方向盘控制单元

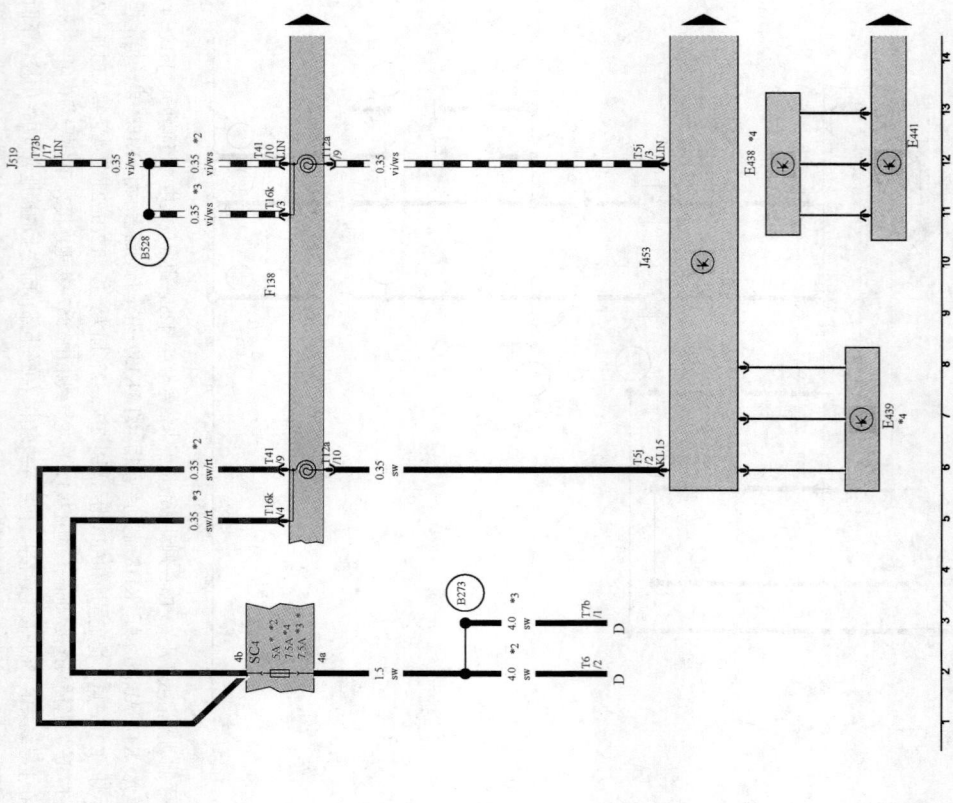

D-点火启动开关 E438-方向盘中Tiptronic开关（升档） E439-方向盘中Tiptronic开关（降档） E441-方向盘中的右侧多功能按钮 F138-安全气囊卷簧和带滑环的复位环 J453-多功能方向盘控制单元 J519-车载电网控制单元 SC4-保险丝架C上的保险丝4 T5j-5芯插头连接 T6-6芯插头连接 T7b-7芯插头连接 T7b-7芯插头连接 T12a-12芯插头连接 T16k-16芯插头连接 T41-41芯插头连接 T73b-73芯插头连接 B273-正极连接 B528-连接1（LIN总线），在主导线束中 *-自2017年11月起 *2-截至2017年11月 *3-自2017年11月起 *4-用于Polo GTI 在主导线束中 *-不适用于Polo GTI

图 2-3-9

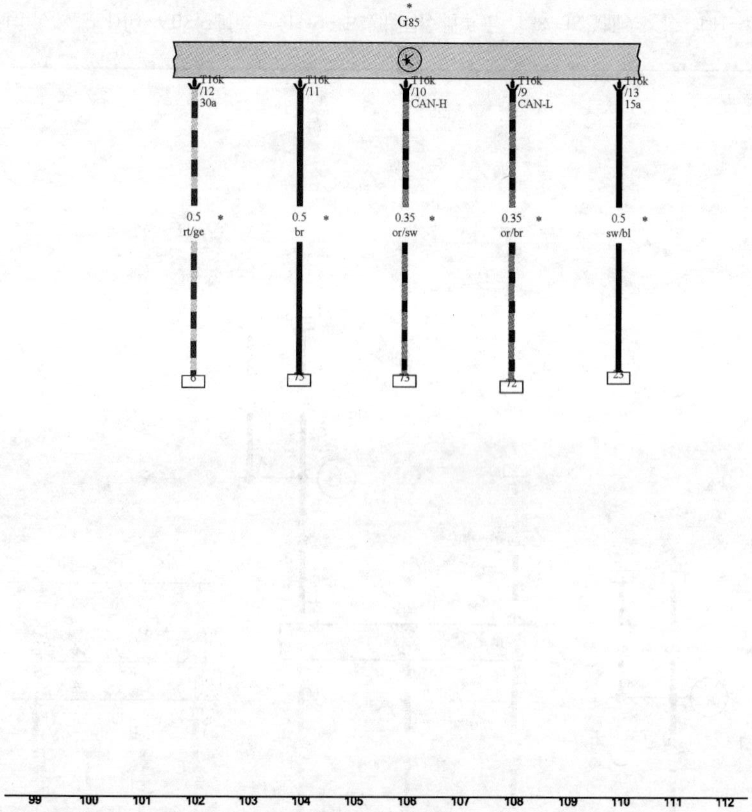

G85-转向角传感器 T16k-16芯插头连接 *-自2017年11月起

图 2-3-8

136

方向盘中的左侧多功能按钮，方向盘中的右侧多功能按钮，安全气囊卷簧和带滑环的复位
环，信号喇叭控制，多功能方向盘控制单元

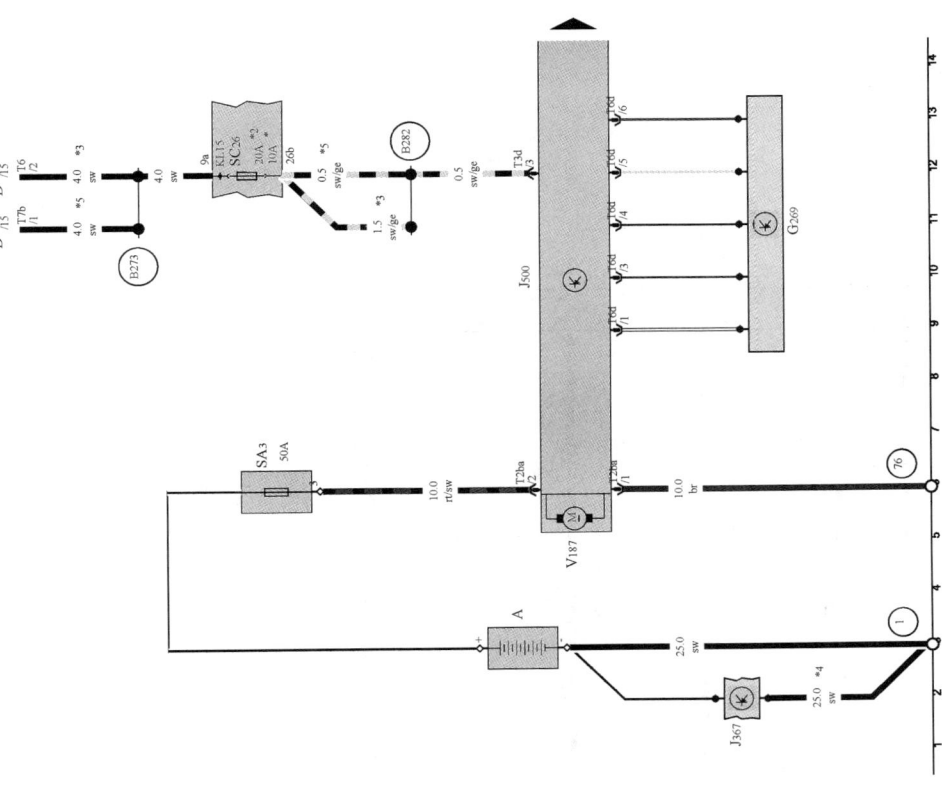

蓄电池，转向扭矩传感器，助力转向控制单元，机电式伺服转向电机

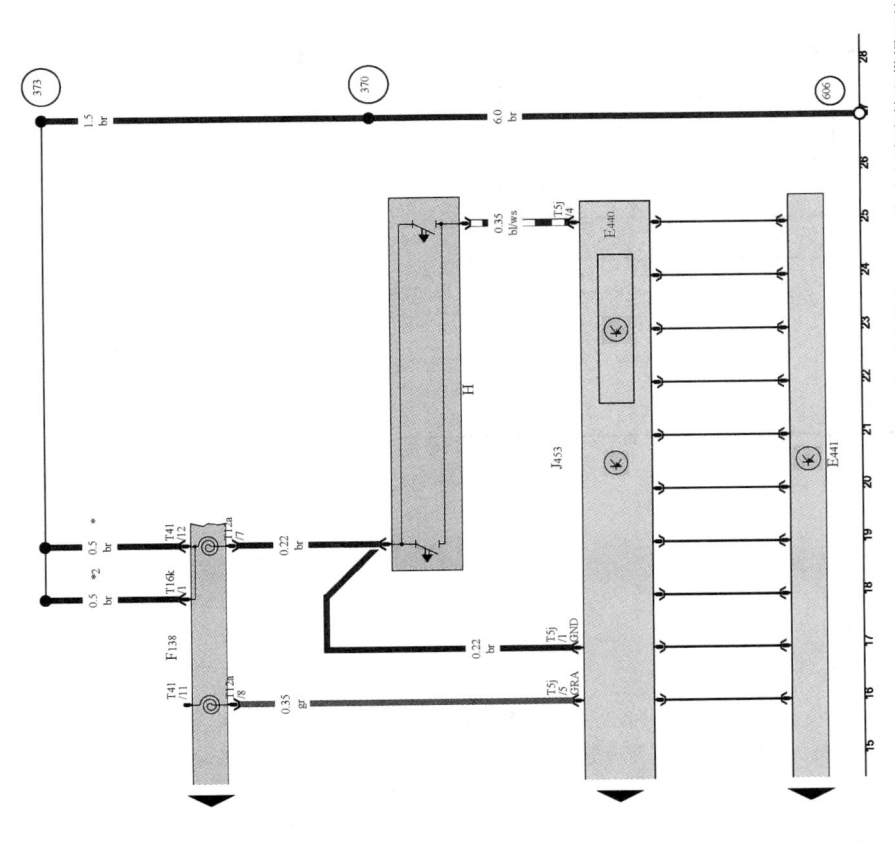

E440-方向盘中的左侧多功能按钮 E441-方向盘中的右侧多功能按钮 F138-安全气囊卷簧和带滑环的复位
环 H-信号喇叭控制 J453-多功能方向盘控制单元 T5j-5芯插头连接 T12a-12芯插头连接 T16k-16芯插
头连接 T41-41芯插头连接 370-接地连接5，在左导线束中 373-地连接8，在左导线束中 606-中控台
下面，变速杆操纵机构附近的接地点 *1-截至2017年11月 *2-自2017年11月起

图 2-3-10

A-蓄电池 D-点火启动开关 G269-转向扭矩传感器 J367-蓄电池监控控制单元 J500-助力转向控制单
元 SA3-保险丝座A上的保险丝3 SC26-保险丝座C上的保险丝26 T2ba-2芯插头连接 T3d-3芯插头连接
T6-6芯插头连接 T6d-6芯插头连接 T7b-7芯插头连接 V187-机电式伺服转向电机 1-接电池，蓄电池-
车身 76-换挡操纵机构附近的接地点 B273-正极连接（15），在左导线束中 B282-正极连接6（15a），
在主导线束中 76-换挡操纵机构附近的接地点 *1-自2018年4月起 *2-截至2018年4月 *3-用于带发动机自动启停系统
的汽车 *5-自2017年11月起

图 2-3-11

137

转向电机转速传感器，组合仪表中的控制单元，助力转向控制单元，车载电网控制单元，机电式助力转向器指示灯

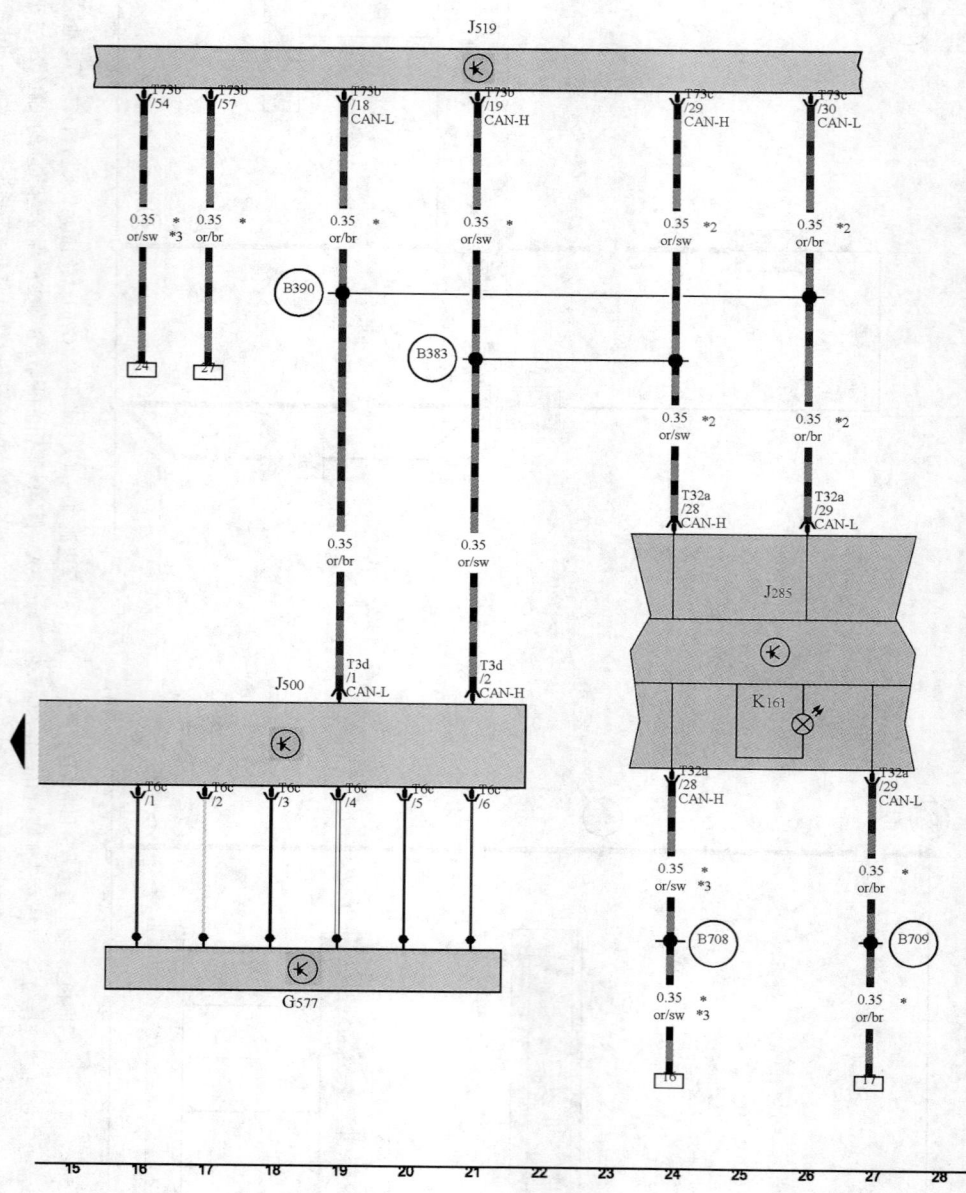

G577-转向电机转速传感器 J285-组合仪表中的控制单元 J500-助力转向控制单元 J519-车载电网控制单元 K161-机电式助力转向器指示灯 T3d-3芯插头连接 T6c-6芯插头连接 T32a-32芯插头连接 T73b-73芯插头连接 T73c-73芯插头连接 B383-连接1（驱动CAN总线，High），在主导线束中 B390-连接1（驱动CAN总线，Low），在主导线束中 B708-连接1（组合仪表CAN总线，High），在主导线束中 B709-连接1（组合仪表CAN总线，Low），在主导线束中 *-用于带车载电网控制单元BCM的汽车 *2-用于带车载电网控制单元BFM的汽车 *3-导线颜色取决于装备

图 2-3-12

第四节 电气系统

电气系统电路图的图号和图名对照表见表 2-4-1。

表 2-4-1 电气系统电路图的图号和图名对照表

图号	图名
图 2-4-1 ~ 图 2-4-7	安全气囊系统电路图
图 2-4-8 ~ 图 2-4-13	带手动调节的空调电路图
图 2-4-14 ~ 图 2-4-21	全自动空调电路图
图 2-4-22 ~ 图 2-4-28	驱动 CAN 总线联网和舒适 / 便捷系统电路图
图 2-4-29 ~ 图 2-4-46	舒适便捷系统电路图
图 2-4-47 ~ 图 2-4-50	座椅加热装置电路图
图 2-4-51	电动滑动天窗电路图
图 2-4-52 ~ 图 2-4-58	泊车雷达系统（PDC）电路图
图 2-4-59 ~ 图 2-4-63	收音机 - 导航系统 RNS 315 电路图
图 2-4-64 ~ 图 2-4-68	收音机装置电路图
图 2-4-69	大灯清洗装置电路图
图 2-4-70 ~ 图 2-4-111	保险丝配置电路图

安全气囊卷簧和带滑环的复位环，安全气囊控制单元，驾驶员侧安全气囊引爆装置

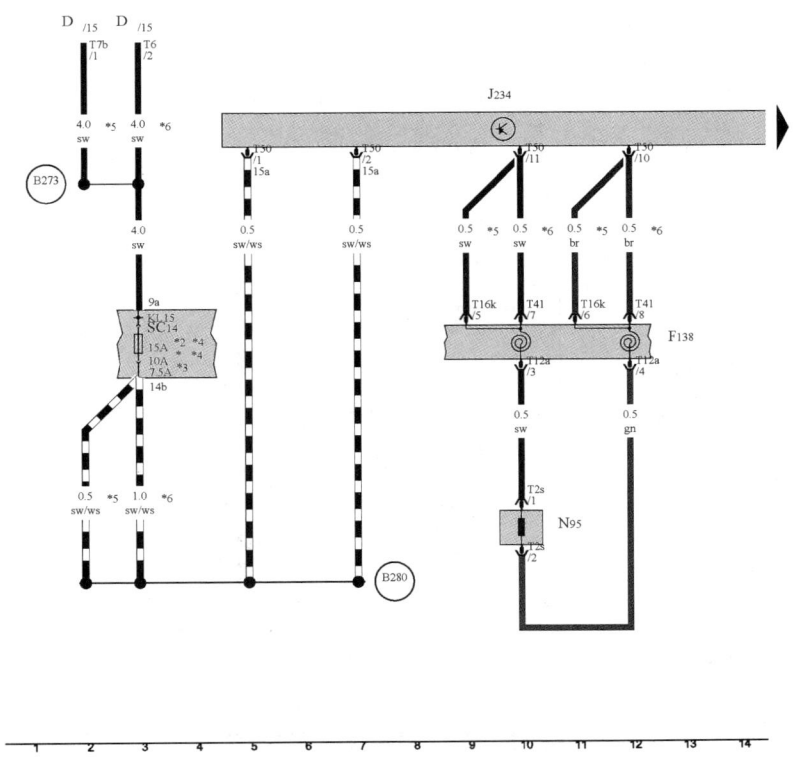

D-点火启动开关 F138-安全气囊卷簧和带滑环的复位环 J234-安全气囊控制单元 N95-驾驶员侧安全气囊引爆装置 SC14-保险丝架C上的保险丝14 T2s-2芯插头连接 T6-6芯插头连接 T7b-7芯插头连接 T12a-12芯插头连接 T16k-16芯插头连接 T41-41芯插头连接 T50-50芯插头连接 B273-正极连接（15），在主导线束中 B280-正极连接4（15a），在主导线束中 *-用于Polo GTI *2-不适用于Polo GTI *3-自2018年4月起 *4-截至2018年4月 *5-自2017年11月起 *6-截至2017年11月

图 2-4-1

安全气囊控制单元，驾驶员侧侧面安全气囊引爆装置，副驾驶员侧侧面安全气囊引爆装置

驾驶员侧侧面安全气囊碰撞传感器，副驾驶员侧侧面安全气囊碰撞传感器，安全气囊控制单元

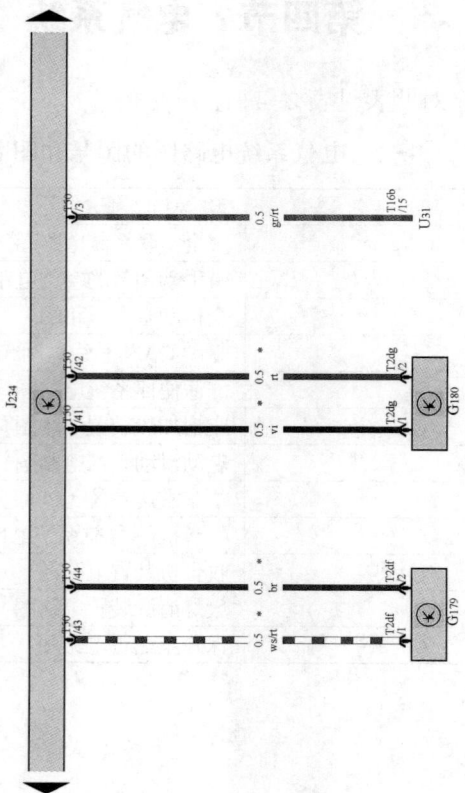

G179-驾驶员侧侧面安全气囊碰撞传感器　G180-副驾驶员侧侧面安全气囊碰撞传感器　J234-安全气囊控制单元　T2df-2芯插头连接　T2dg-2芯插头连接　T16b-16芯插头连接　T50-50芯插头连接　U31-诊断接口　*-用于带前排侧面安全气囊且配备了头部安全气囊的汽车

图 2-4-3

J234-安全气囊控制单元　N199-驾驶员侧侧面安全气囊引爆装置　N200-副驾驶员侧侧面安全气囊引爆装置　T3f-3芯插头连接　T3g-3芯插头连接　T50-50芯插头连接　385-接地连接20，在主导线束中　*-用于带前排侧面安全气囊且配备了头部安全气囊的汽车

图 2-4-2

安全气囊控制单元，副驾驶员侧安全气囊引爆装置 1，驾驶员侧头部安全气囊引爆装置，副驾驶员侧头部安全气囊引爆装置

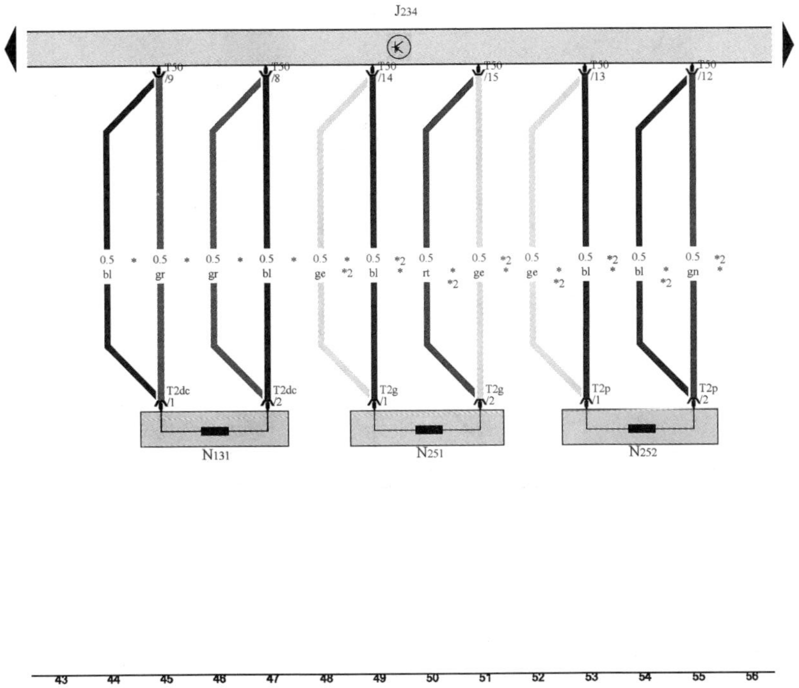

J234-安全气囊控制单元 N131-副驾驶员侧安全气囊引爆装置1 N251-驾驶员侧头部安全气囊引爆装置 N252-副驾驶员侧头部安全气囊引爆装置 T2dc-2芯插头连接 T2g-2芯插头连接 T2p-2芯插头连接 T50-50芯插头连接 *-导线颜色取决于装备 *2-用于带头部安全气囊的汽车

图 2-4-4

驾驶员侧安全带开关，副驾驶员侧安全带开关，副驾驶员侧座椅占用传感器，安全气囊控制单元

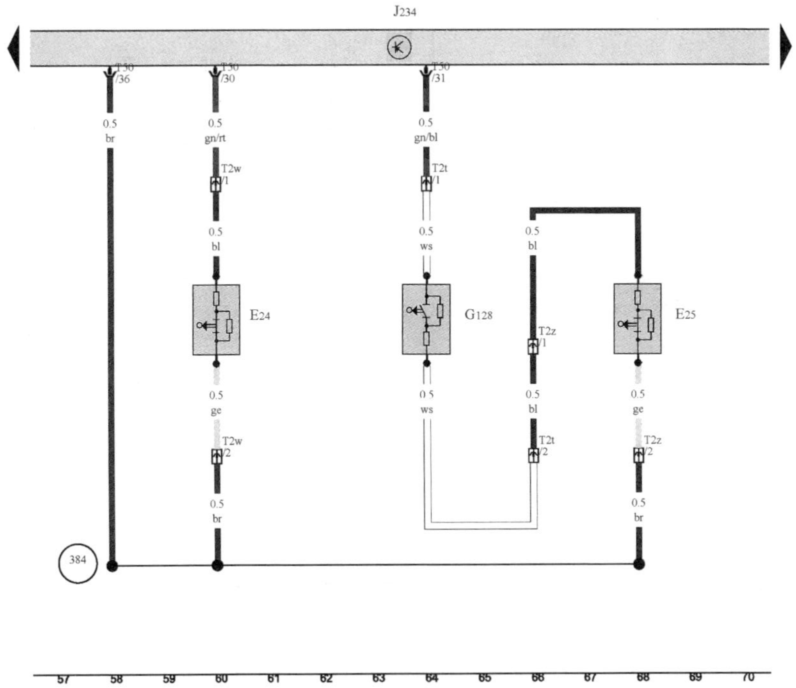

E24-驾驶员侧安全带开关 E25-副驾驶员侧安全带开关 G128-副驾驶员侧座椅占用传感器 J234-安全气囊控制单元 T2t-2芯插头连接 T2w-2芯插头连接 T2z-2芯插头连接 T50-50芯插头连接 384-接地连接19，在主导线束中

图 2-4-5

驾驶员侧头部安全气囊碰撞传感器，安全气囊控制单元，驾驶员侧安全气囊控制单元，驾驶员侧安全带拉紧器引爆装置1，副驾驶员侧安全带拉紧器引爆装置1

副驾驶员侧头部安全气囊碰撞传感器，安全气囊控制单元，组合仪表中的控制单元，车载电网控制单元，安全带警告指示灯，安全气囊指示灯

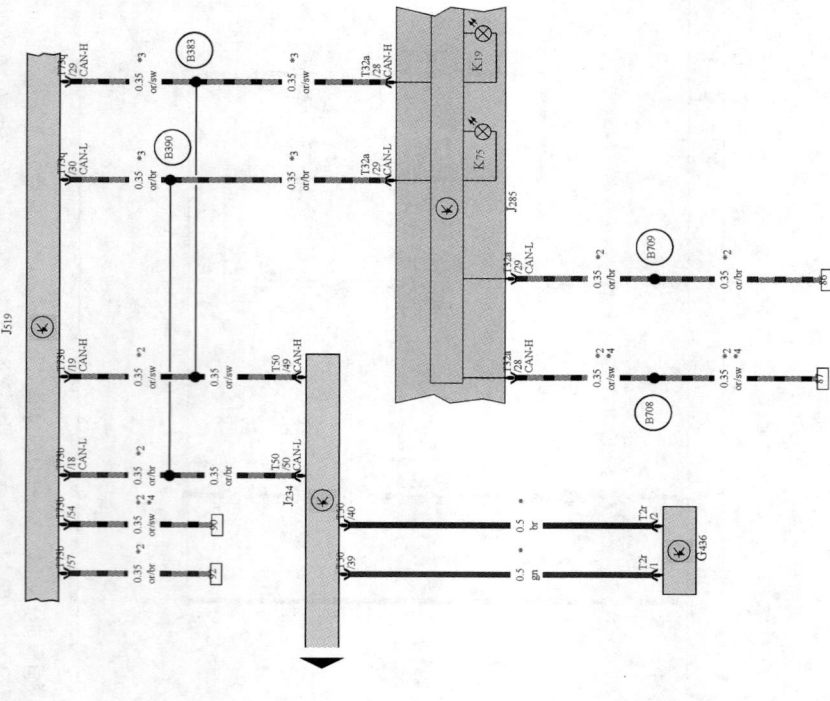

图2-4-7

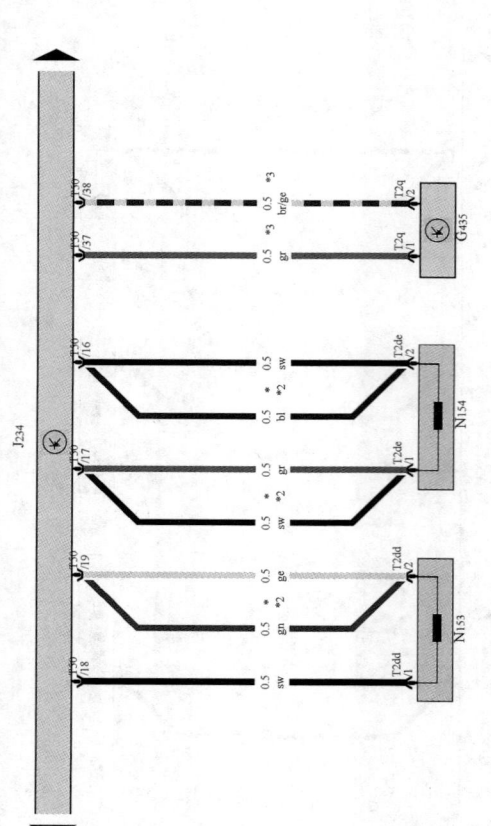

图2-4-6

G435-驾驶员侧头部安全气囊碰撞传感器 J234-安全气囊碰撞传感器 N153-驾驶员侧安全带拉紧器引爆装置1 N154-副驾驶员侧安全带拉紧器引爆装置1 T2dd-2芯插头连接 T2de-2芯插头连接 T2q-2芯插头连接 T50-50芯插头连接 *-用于Polo GTI *2-截至2016年1月 *3-用于带头部安全气囊的汽车

G436-副驾驶员侧安全气囊碰撞传感器 J234-安全气囊控制单元 J285-组合仪表中的控制单元 J519-车载电网控制单元 K19-安全带警告指示灯 K75-安全气囊指示灯 T2n-2芯插头连接 T32a-32芯插头连接 T50-50芯插头连接 T73b-73芯插头连接 T73q-73芯插头连接 B383-连接1（驱动CAN总线，High），在主导线束中 B390-连接1（驱动CAN总线，Low），在主导线束中 B708-连接1（组合仪表CAN总线，High），在主导线束中 B709-连接1（组合仪表CAN总线，Low），在主导线束中 *-用于带头部安全气囊的汽车 *2-用于带车载电网控制单元BCM的汽车 *3-用于带车载电网控制单元BFM的汽车 *4-导线颜色取决于装备

供电继电器 1，接线端 75

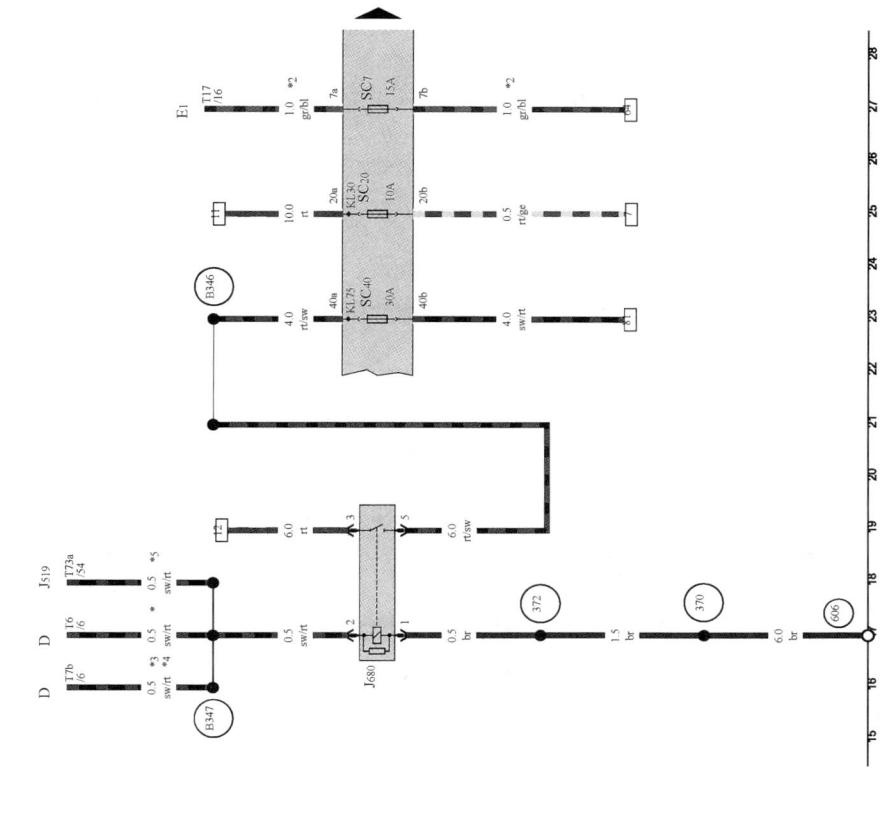

D-点火启动开关　E1-车灯开关　J519-车载电网控制单元　J680-供电继电器1，接线端75　SC7-保险丝架
C上的保险丝7　SC20-保险丝架C上的保险丝20　SC40-保险丝架C上的保险丝40　T6-6芯插头连接　T7b-7
芯插头连接　T17-17芯插头连接　T73a-73芯插头连接　T73-73芯插头连接，370-接地连接，372-接地连接，
在主导线束中　606-中控台下面，变速杆附近的接地点　B346-连接1（75），在主导线束中　B347-连接2
（75），在主导线束中　*-截至2017年11月　*2-用于带回家照明功能的汽车　*3-自2017年11月起　*4-用
于不带发动机自动启停系统的汽车　*5-用于带发动机自动启停系统的汽车

图 2-4-9

蓄电池，主继电器

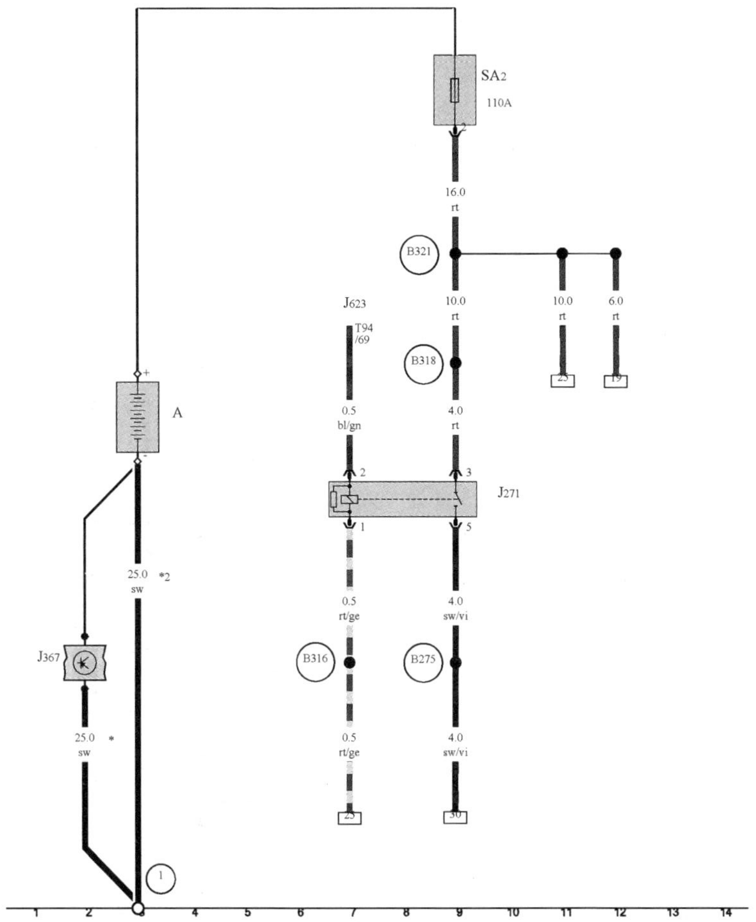

A-蓄电池　J271-主继电器　J367-蓄电池监控控制单元　J623-发动机控制单元　SA2-保险丝架A上的保险丝
2　T94-94芯插头连接　1-接地带，蓄电池-车身　B275-正极连接（87），在主导线束中　B316-正极连接2
（30a），在主导线束中　B318-正极连接4（30a），在主导线束中　B321-正极连接7（30a），在主导线束
中　*-用于带发动机自动启停系统的汽车　*2-用于不带发动机自动启停系统的汽车

图 2-4-8

空调器开关、高压传感器、空调器控制单元、空调器指示灯、空调器开关照明灯泡

空调器继电器、空调器电磁离合器

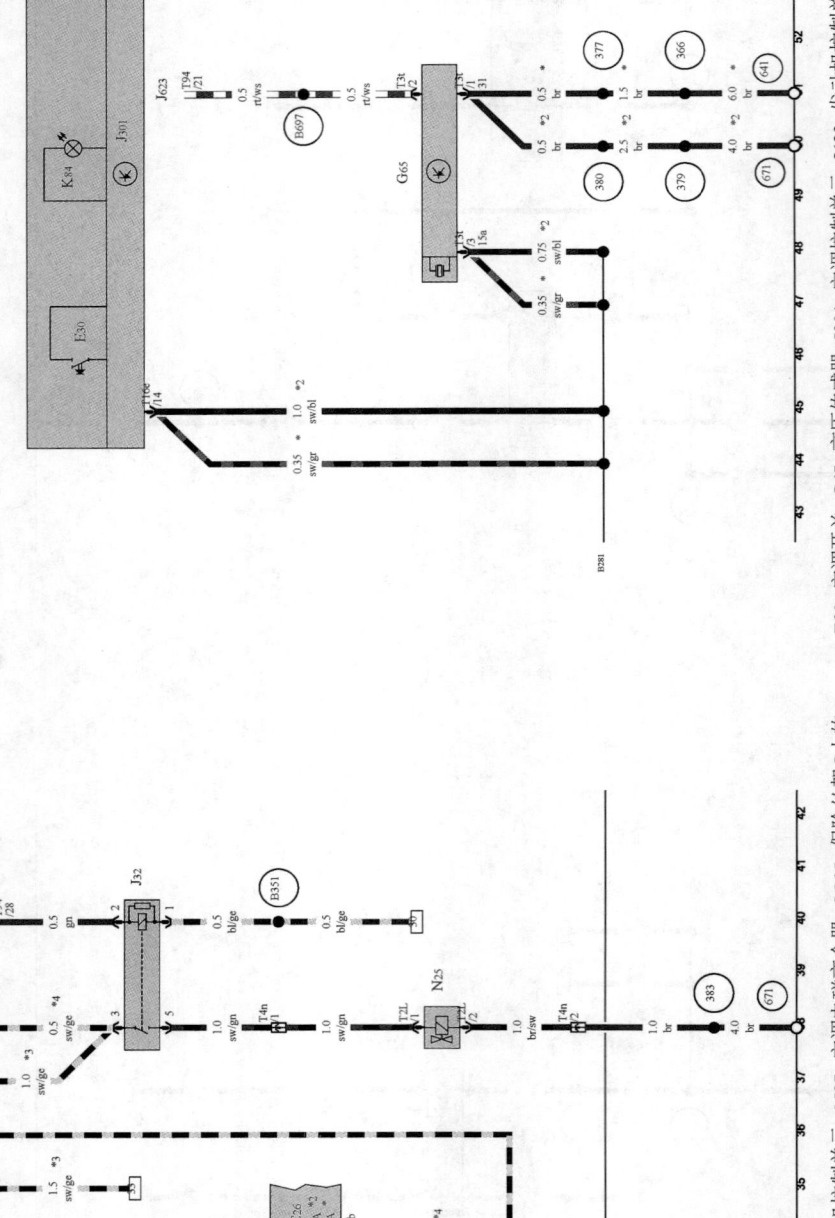

E30-空调开关 G65-高压传感器 J301-空调控制单元 J623-发动机控制单元 K84-空调指示灯 L43-空调开关照明灯泡 T3t-3芯插头连接 T16c-16芯插头连接 T94-94芯插头连接 366-接地连接1，在主导线束中 377-接地连接12，在主导线束中 379-接地连接14，在主导线束中 380-接地连接15，在主导线束中 641-发动机舱内左侧纵梁上的接地点3 671-左前纵梁上的接地点1 B281-正极连接5（15a），在主导线束中 B697-连接2（空调），在主导线束中 *-自2017年11月起 *2-截至2017年11月

图2-4-11

D-点火启动开关 J32-空调继电器 J623-发动机控制单元 N25-空调电磁离合器 SC25-保险丝架C上的保险丝26 SC26-保险丝架C上的保险丝25 SC33-保险丝架C上的保险丝33 T2L-2芯插头连接 T4n-4芯插头连接 T6-6芯插头连接 T7b-7芯插头连接 T94-94芯插头连接 18，在主导线束中 671-左前纵梁上的接地点1 B273-正极连接（15），在主导线束中 B281-正极连接5（15a），在主导线束中 B351-正极连接2（87a），在主导线束中 B282-正极连接6（15a），在主导线束中 *-自2017年11月起 *2-截至2017年11月 *3-截至2018年4月 *4-自2018年4月起

图2-4-10

新鲜空气和循环空气风门开关，蒸发器出风口温度传感器，空调器控制单元，新鲜空气和车内空气循环运行模式指示灯

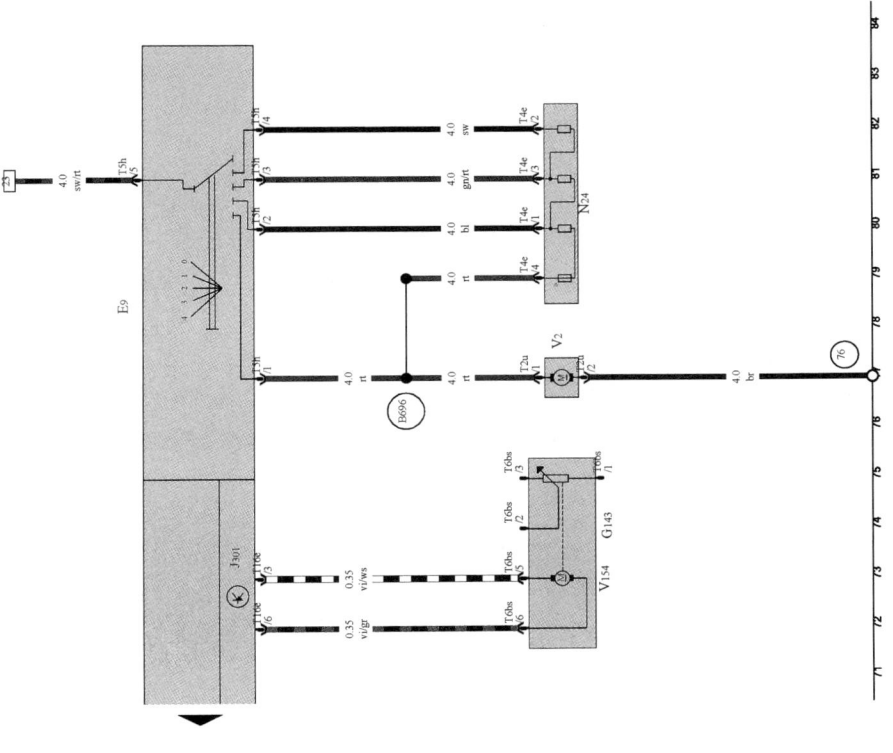

新鲜空气鼓风机开关，空气内循环风门伺服电机电位计，空调器控制单元，带过热保险丝的新鲜空气鼓风机串联电阻，新鲜空气风门和车内空气循环风门的伺服电机，新鲜空气鼓风机

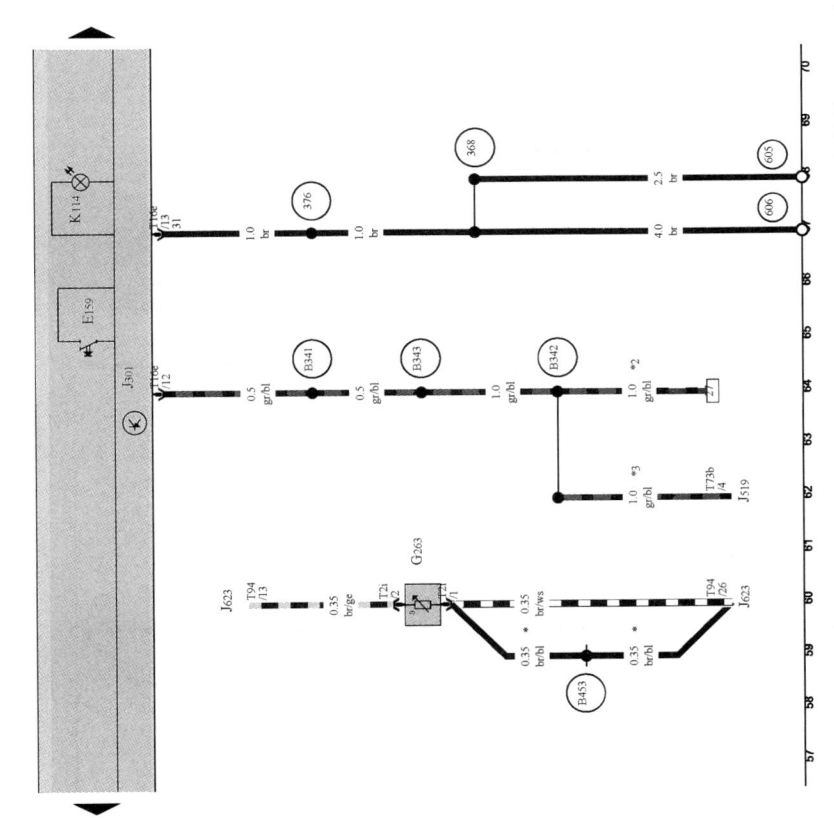

E159-新鲜空气和循环空气风门开关　G263-蒸发器出风口温度传感器　J301-空调控制单元　J519-车载电网控制单元　J623-发动机控制单元　K114-新鲜空气和车内空气循环式运行模式指示灯　T2n-2芯插头连接　T16e-16芯插头连接　T73b-73芯插头连接　T94-94芯插头连接　368-接地连接3，在主导线束中　376-接地连接11，在主导线束中　605-上部转向柱上的接地点　606-中控台下面，变速杆附近的接地点　B341-连接2（58d），在主导线束中　B342-连接3（58d），在主导线束中　B343-连接4（58d），在主导线束中　B453-连接1（传感器），在主导线束中　*-用于带1.5L汽油发动机的汽车　*2-用于不带回家照明功能的汽车
*3-用于带回家照明功能的汽车

图2-4-12

E9-新鲜空气鼓风机开关　G143-空气内循环风门伺服电机电位计　J301-空调控制单元　N24-带过热保险丝的新鲜空气鼓风机串联电阻　T2u-2芯插头连接　T4e-4芯插头连接　T5h-5芯插头连接　T6bs-6芯插头连接　T16e-16芯插头连接　V2-新鲜空气鼓风机　V154-新鲜空气风门和车内空气循环风门的伺服电机　76-换挡操纵机构附近的接地点　B696-连接1（空调），在主导线束中

图2-4-13

蓄电池，供电继电器 1，接线端 75

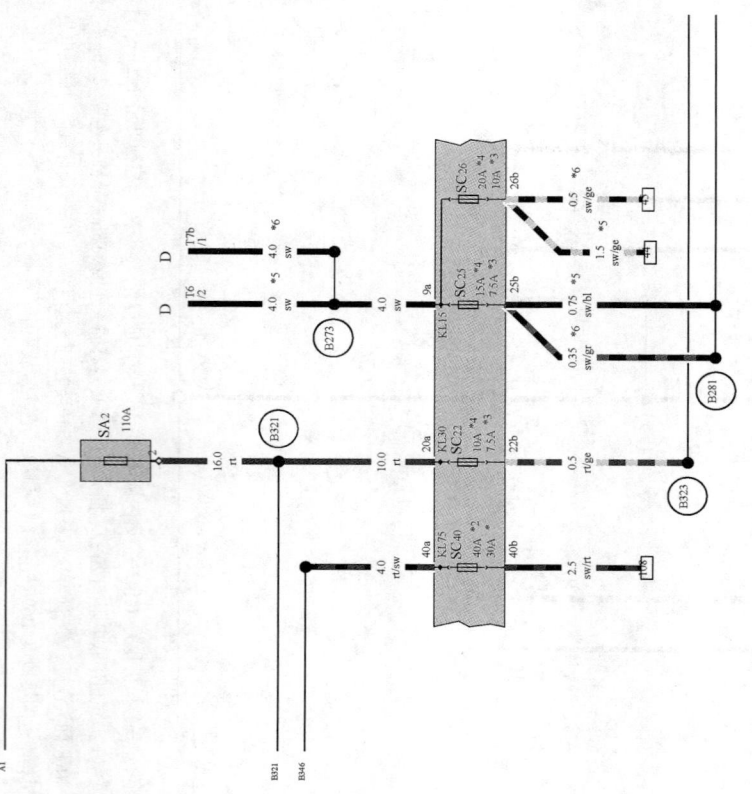

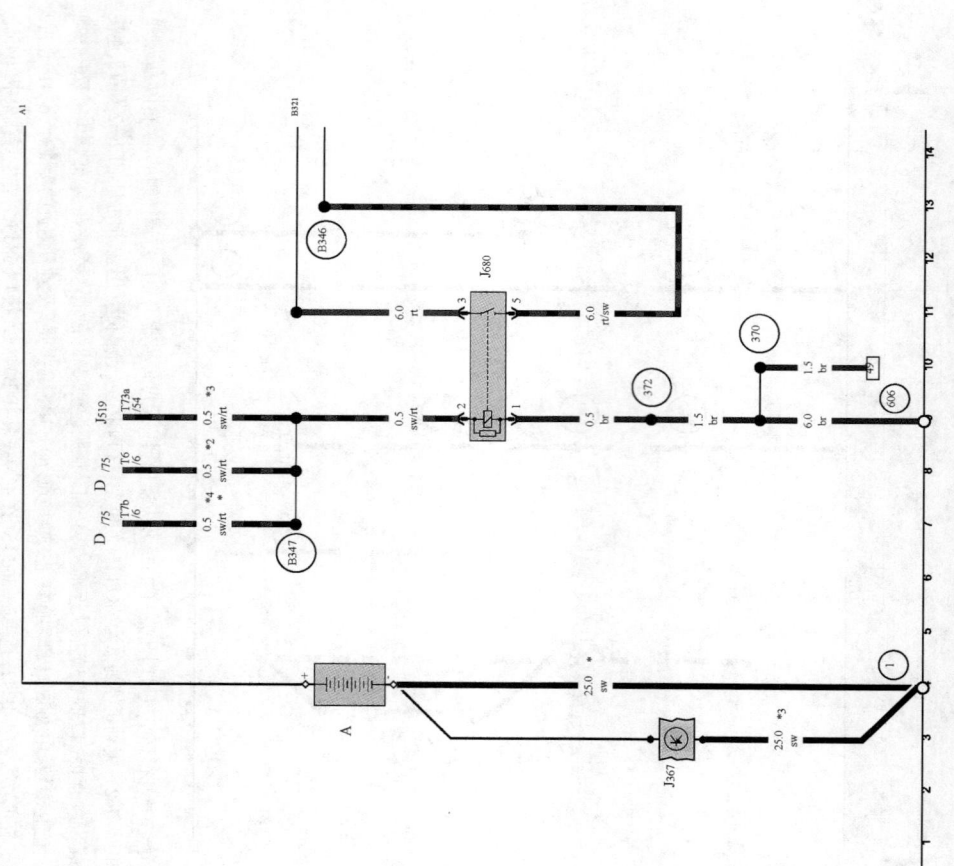

D-点火启动开关 SA2-保险丝架 A 上的保险端 75 SC22-保险丝架 C 上的保险丝 2 SC25-保险丝架 C 上的保险 22 SC25-保险丝架 C 上的保险丝 22 SC26-保险丝架 C 上的保险丝 26 SC40-保险丝架 C 上的保险丝 40 T6-6 芯插头连接 T7b-7 芯插头连接 B273-正极连接（15），在主导线束中 B281-正极连接 5（15a），在主导线束中 B321-正极连接 7（30a），在主导线束中 B323-正极连接 9（30a），在主导线束中 B346-连接 1（75），在主导线束中 *-用于 Polo GTI *2-不适用于 Polo GTI *3-自 2018 年 4 月起 *4-自 2018 年 4 月起 *5-截至 2017 年 11 月 *6-自 2017 年 11 月起

图 2-4-15

A-蓄电池 D-点火启动开关 J367-蓄电池监控控制单元 J519-车载电网控制单元 J680-供电继电器 1，接线端 75 T6-6 芯插头连接 T7b-7 芯插头连接 T73a-73 芯插头连接 蓄电池-接地带 1-接地带，蓄电池 370-接地车身 接 5，在主导线束中 372-接地连接 7，在主导线束中 606-中控台下面，变速杆附近的接地点 B321-正极连接 7（30a），在主导线束中 B346-连接 1（75），在主导线束中 B347-连接 2（75），在主导线束中 *-用于不带发动机自动启停系统的汽车 *2-截至 2017 年 11 月 *3-用于带发动机自动启停系统的汽车 *4-自 2017 年 11 月起

图 2-4-14

高压传感器，全自动空调控制单元

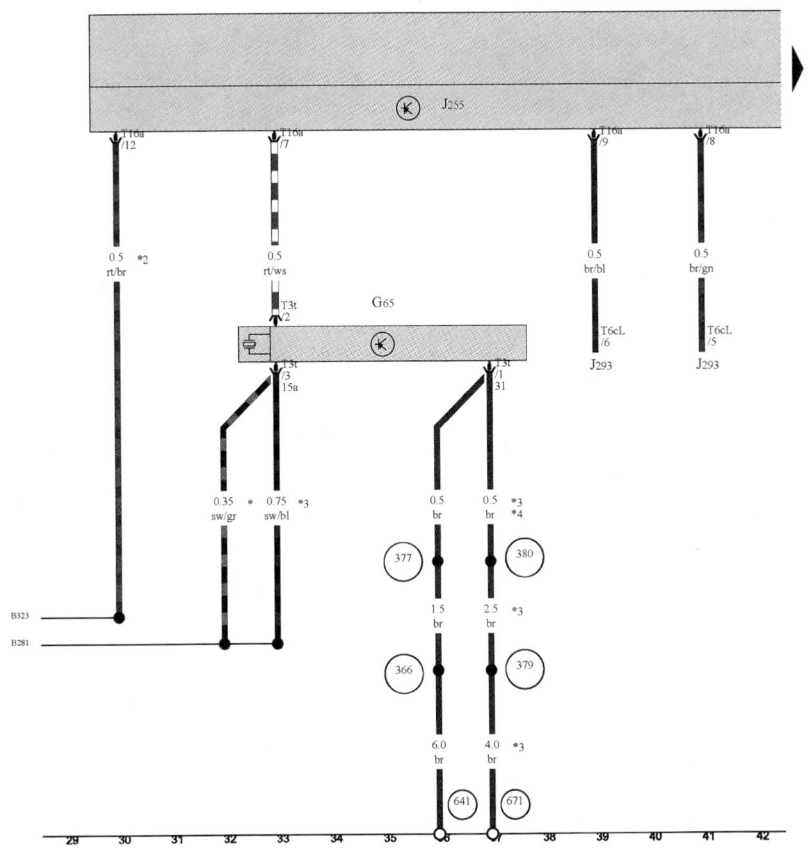

G65-高压传感器 J255-全自动空调控制单元 J293-散热器风扇控制单元 T3t-3芯插头连接 T6cL-6芯插头连接 T16a-16芯插头连接 366-接地连接1，在主导线束中 377-接地连接12，在主导线束中 379-接地连接14，在主导线束中 380-接地连接15，在主导线束中 641-发动机舱内左侧接地点3 671-左前纵梁上的接地点1 B281-正极连接5（15a），在主导线束中 B323-正极连接9（30a），在主导线束中 *-自2017年11月起 *2-导线颜色取决于装备 *3-截至2017年11月 *4-不适用于Polo GTI

图 2-4-16

空调器开关，空调器继电器，全自动空调控制单元，空调器指示灯，空调器电磁离合器

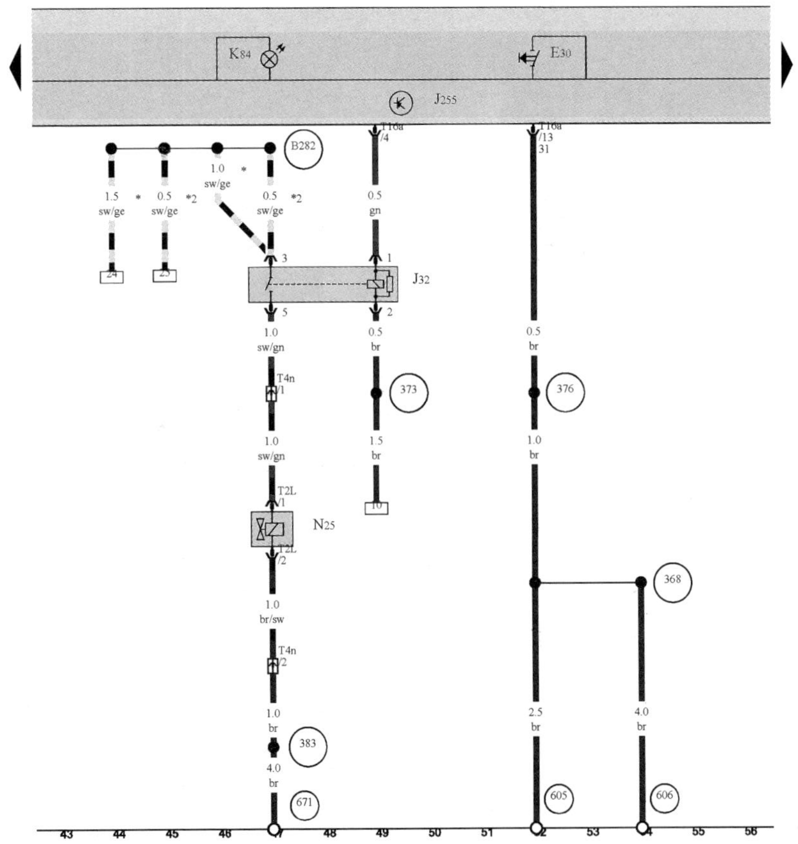

E30-空调开关 J32-空调继电器 J255-全自动空调控制单元 K84-空调指示灯 N25- 空调电磁离合器 T2L-2芯插头连接 T4n-4芯插头连接 T16a-16芯插头连接 368-接地连接3，在主导线束中 373-接地连接8，在主导线束中 376-接地连接11，在主导线束中 383-接地连接18，在主导线束中 605-上部转向柱上的接地点 606-中控台下面，变速杆附近的接地点 671-左前纵梁上的接地点1 B282-正极连接6（15a），在主导线束中 *-截至2017年11月 *2-自2017年11月起

图 2-4-17

仪表板温度传感器，中间出风口温度传感器，脚部空间出风口温度传感器，蒸发器出风口温度传感器，按钮照明灯泡，全自动空调控制单元，温度选择旋钮电位计，车载电网控制单元

除霜器运行开关，温度风门伺服电机电位计，除霜风门伺服电机电位计，全自动空调控制单元，按钮照明灯泡，温度风门伺服电机，除霜风门伺服电机

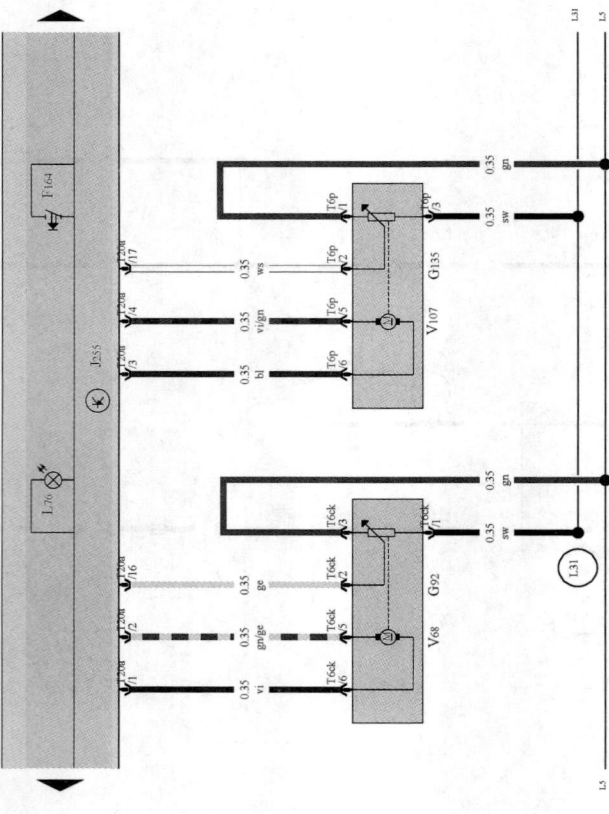

F164-除霜器运行开关 G92-温度风门伺服电机电位计 G135-除霜风门伺服电机电位计 J255-全自动空调控制单元 L76-按钮照明灯泡 T6p-6芯插头连接 T6ck-6芯插头连接 T20a-20芯插头连接 V68-温度风门伺服电机 V107-除霜风门伺服电机 L5-连接1，在空调器导线束中 L31-连接（5V），在空调器导线束中

图2-4-19

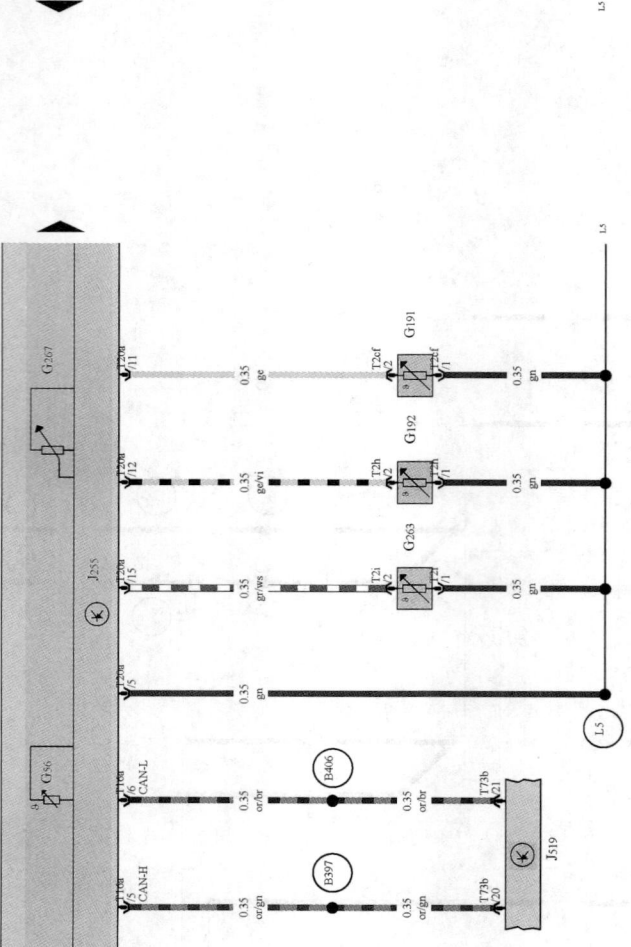

G56-仪表板温度传感器 G191-中间出风口温度传感器 G192-脚部空间出风口温度传感器 G263-蒸发器出风口温度传感器 G267-温度选择旋钮电位计 J255-全自动空调控制单元 J519-车载电网控制单元 T2cf-2芯插头连接 T2h-2芯插头连接 T2i-2芯插头连接 T16a-16芯插头连接 T20a-20芯插头连接 T73b-73芯插头连接 B397-连接1（舒适CAN总线，High），在主导线束中 B406-连接1（舒适CAN总线，Low），在主导线束中 L5-连接1，在空调器导线束中

图2-4-18

前部空调操作和显示单元，新鲜空气鼓风机开关，中央风门伺服电机电位计，新鲜空气鼓风机控制单元，全自动空调
力风门伺服电机电位计，中央风门伺服电机，新鲜空气鼓风机，中央风门伺服电机
控制单元，新鲜空气鼓风机，

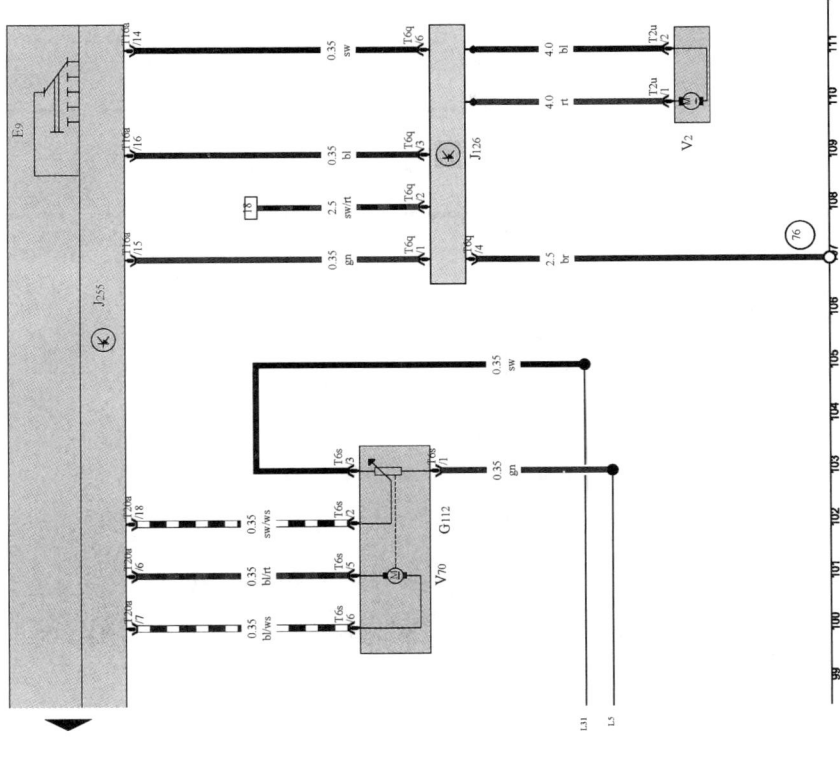

E9-新鲜空气鼓风机开关 G112-中央风门伺服电机电位计 J126-新鲜空气鼓风机控制单元 J255-全自动空
调控制单元 T2u-2芯插头连接 T6q-6芯插头连接 T16a-16芯插头连接 T20a-20芯插
头连接 V2-新鲜空气鼓风机 V70-中央风门伺服电机 76-换挡操纵机构附近的接地点 L5-连接1，在空调
器导线束中 L31-连接 L5-连接 (5V)，在空调器导线束中

图 2-4-21

前部空调操作和显示单元，新鲜空气和循环空气风门开关，阳光照射光电传感器，速滞压
力风门伺服电机电位计，全自动空调控制单元，新鲜空气和车内空气循环运行模式指示灯，
速滞压力风门伺服电机

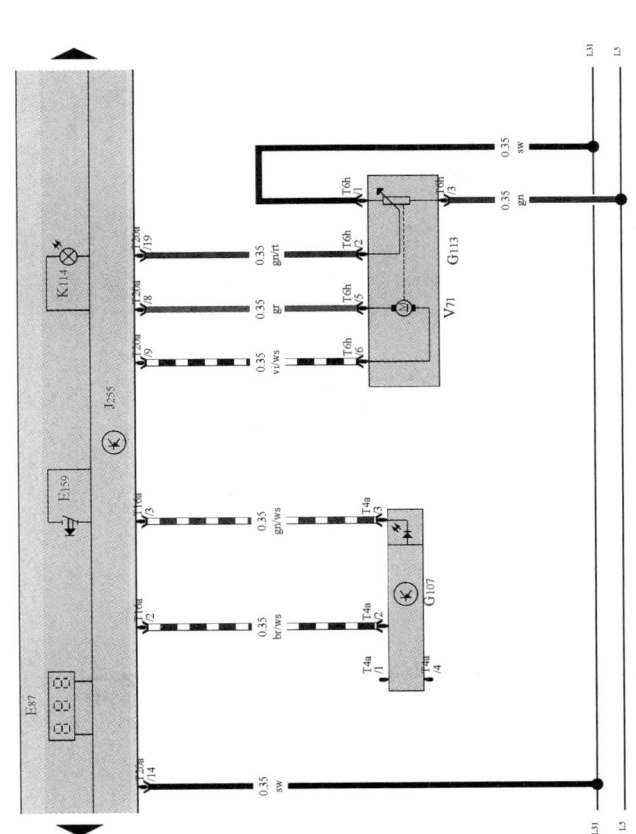

E87-前部空调操作和显示单元 E159-新鲜空气和循环空气风门开关 G107-阳光照射光电传感器 G113-
速滞压力风门伺服电机电位计 J255-全自动空调控制单元 K114-新鲜空气和车内空气循环运行模式指示
灯 T4a-4芯插头连接 T6h-6芯插头连接 T16a-16芯插头连接 T20a-20芯插头连接 V71-速滞压力风门伺
服电机 L5-连接1，在空调器导线束中 L31-连接 L5-连接 (5V)，在空调器导线束中

图 2-4-20

车载电网控制单元，数据总线诊断接口，诊断接口

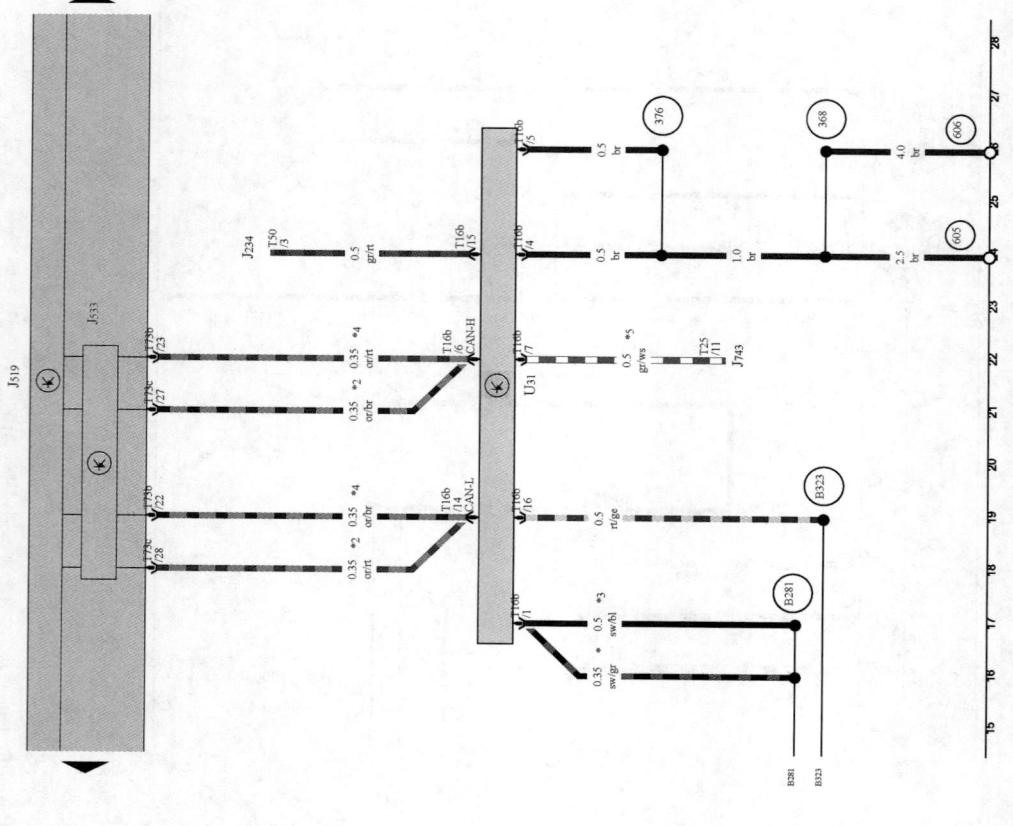

J234-安全气囊控制单元 J519-车载电网控制单元 J533-数据总线诊断接口 J743-双离合器变速机电机装置 T16b-16芯插头连接 T25-25芯插头连接 T50-50芯插头连接 T73b-73芯插头连接 T73c-73芯插头连接 接 U31-诊断接口 368-接地连接3，在主导线束中 376-接地连接11，在主导线束中 605-上部转向柱上的接地点 606-中控台下面，变速杆附近的接下地点 B281-正极连接5 (15a)，在主导线束中 B323-正极连接9 (30a)，在主导线束中 *1-自2017年11月起 *2-用于带车载电网控制单元BFM的汽车 *3-截至2017年11月 *4-用于带车载电网控制单元BCM的汽车 *5-用于带双离合器变速器的汽车

图 2-4-23

蓄电池，车载电网控制单元

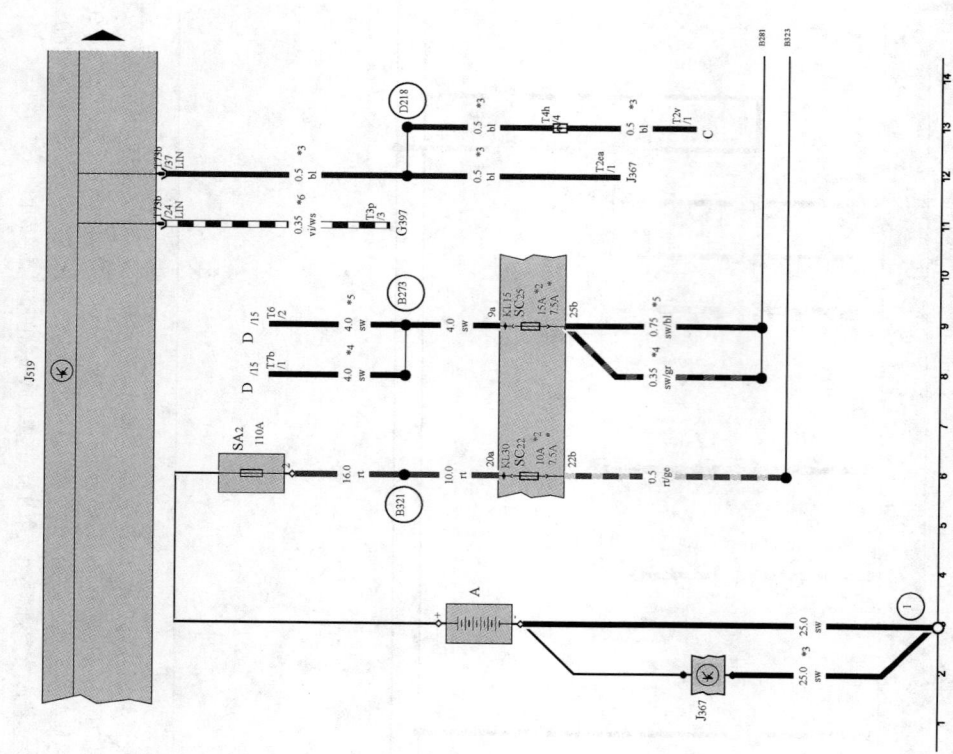

A-蓄电池 C-交流发电机 D-点火启动开关 G397-雨水与光线识别传感器 J367-蓄电池监控控制单元 J519-车载电网控制单元 SA2-保险丝架A上的保险丝2 SC22-保险丝架C上的保险丝22 SC25-保险丝架C上的保险丝25 T2ea-2芯插头连接 T2v-2芯插头连接 T3p-3芯插头连接 T4h-4芯插头连接 T6-6芯插头连接 连接 T7b-7芯插头连接 T73b-73芯插头连接 T73c-73芯插头连接 (15)，在主导线束中 B273-正极连接 (15a)，在主导线束中 B321-正极连接7 (30a)，在主导线束中 B323-正极连接9 束中 D218-连接1 (LIN总线)，在发动机舱导线束中 *1-自2018年4月起 *2-截至2018年4月 *3-用于带发动机自动启停系统的汽车 *4-自2017年11月起 *5-截至2017年11月 *6-用于带雨量光线传感器的汽车

图 2-4-22

150

车载电网控制单元

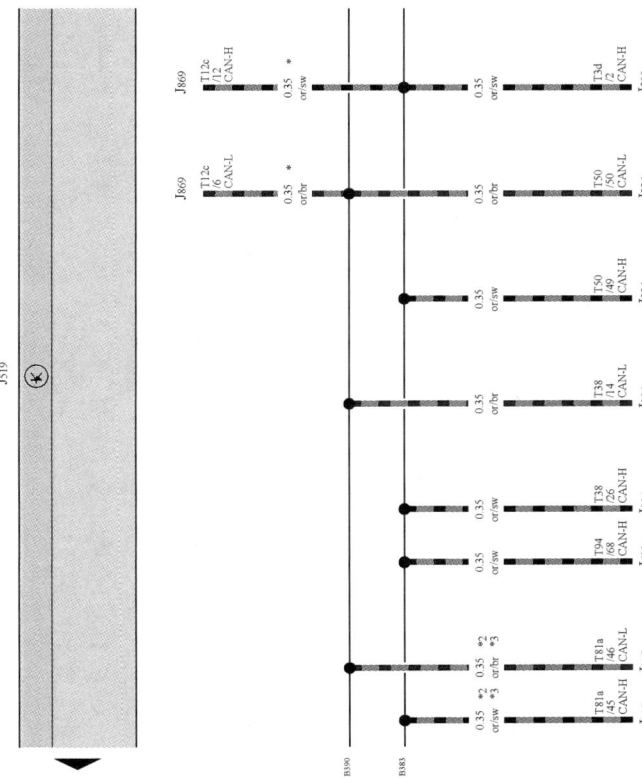

组合仪表中的控制单元，车载电网控制单元

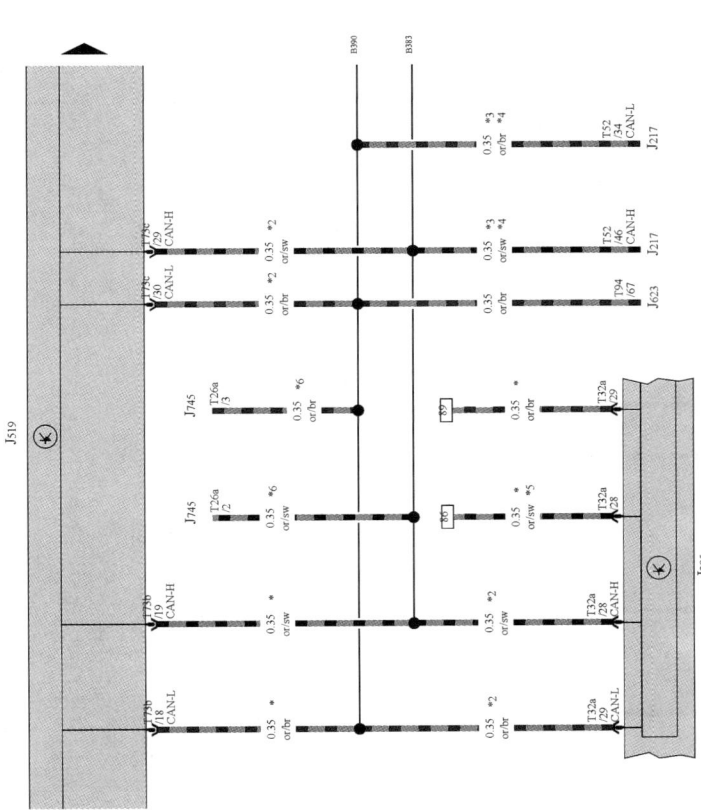

J217-自动变速器控制单元 J285-组合仪表中的控制单元 J519-车载电网控制单元 J623-发动机控制单元
J745-弯道灯和大灯照明距离调节控制单元 T26a-26芯插头连接 T32a-32芯插头连接 T52-52芯插头连接
T73b-73芯插头连接 T73c-73芯插头连接 T94-94芯插头连接 B383-连接1（驱动CAN总线，High），在
主导线束中 B390-连接1（驱动CAN总线，Low），在主导线束中 *-用于带车载电网控制单元BCM的汽
车 *2-用于带车载电网控制单元BFM的汽车 *3-用于带自动变速器的汽车 *4-截至2016年7月 *5-号线
颜色取决于装备 *6-用于带自动大灯照明距离调节的汽车

图 2-4-24

J104-ABS控制单元 J217-自动变速器控制单元 J234-安全气囊控制单元 J500-助力转向控制单元 J519-车
载电网控制单元 J623-发动机控制单元 J869-机械振动控制单元 T3d-3芯插头连接 T12c-12芯插头连接
T38-38芯插头连接 T50-50芯插头连接 T81a-81芯插头连接 T94-94芯插头连接 B383-连接1（驱动CAN
总线，High），在主导线束中 B390-连接1（驱动CAN总线，Low），在主导线束中 *-用于Polo GTI
*2-用于带自动变速器的汽车 *3-自2016年7月起

图 2-4-25

安全气囊卷簧和带滑环的复位环，车载电网控制单元

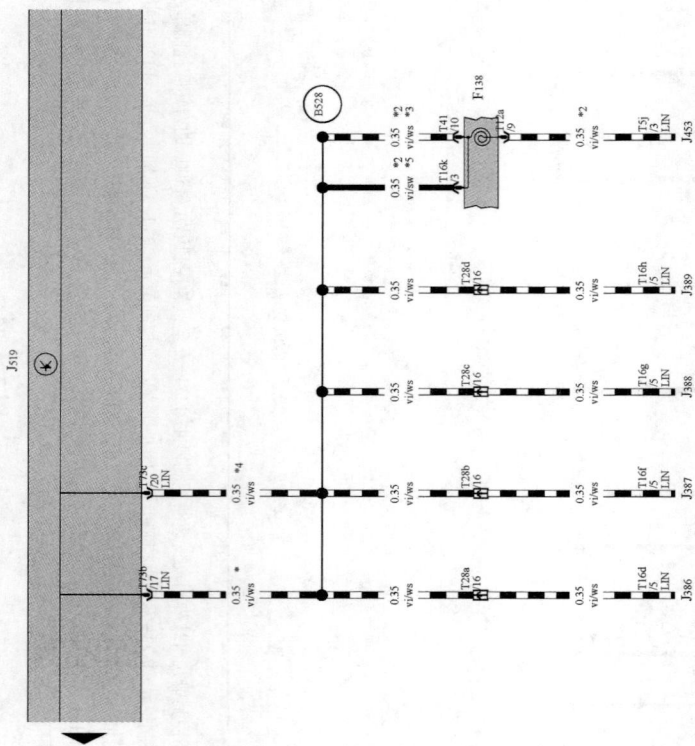

图 2-4-27

F138–安全气囊卷簧和带滑环的复位环 J386–驾驶员侧车门控制单元 J387–副驾驶员侧车门控制单元
J388–左后车门控制单元 J389–右后车门控制单元 J453–多功能方向盘控制单元 J519–车载电网控制单
元 T5j–5芯插头连接 T12a–12芯插头连接 T16d–16芯插头连接 T16f–16芯插头连接 T16g–16芯插头连接
T16h–16芯插头连接 T16k–16芯插头连接 T28a–28芯插头连接 T28b–28芯插头连接 T28c–28芯插头连接
T28d–28芯插头连接 T41–41芯插头连接 T73b–73芯插头连接 T73c–73芯插头连接 B528–连接1（LIN总
线），在主导线束中 *–用于车载电网控制单元BCM的汽车 *2–用于车载电网控制单元BFM的汽车 *3–截至
2017年11月 *4–用于带多功能方向盘功能的汽车 *5–自2017年11月起

车载电网控制单元

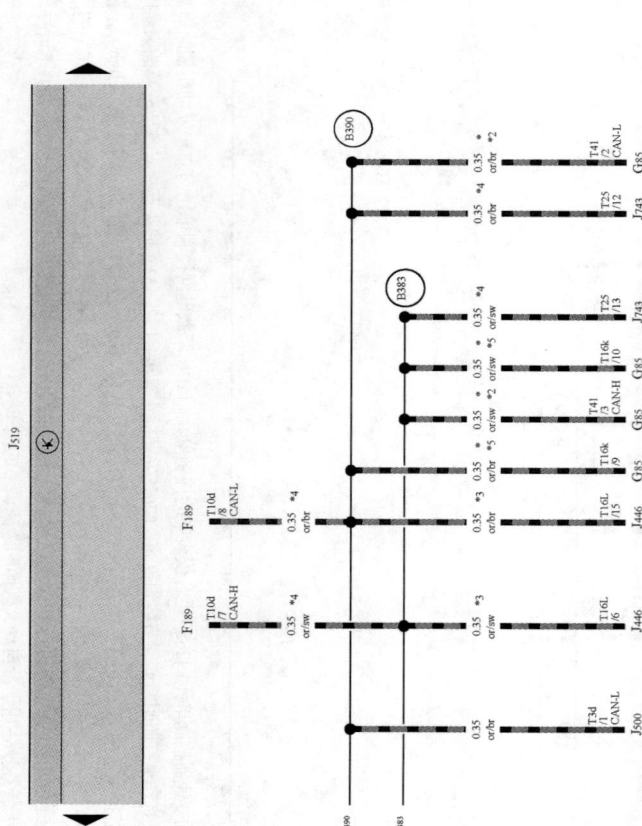

图 2-4-26

F189–Tiptronic开关 G85–转向角传感器 J446–泊车雷达系统控制单元 J500–助力转向控制单元 J519–车载
电网控制单元 J743–双离合器变速器机电装置 T3d–3芯插头连接 T10d–10芯插头连接 T16k–16芯插头连
接 T16L–16芯插头连接 T25–25芯插头连接 T41–41芯插头连接 B383–连接1（驱动CAN总线，High），
在主导线束中 B390–连接1（驱动CAN总线，Low），在主导线束中 *–用于带电子稳定程序（ESP）的汽
车 *2–截至2017年11月 *3–用于带泊车雷达系统（前/后）的汽车 *4–用于带双离合器变速器的汽车 *5–
自2017年11月起

152

车载电网控制单元

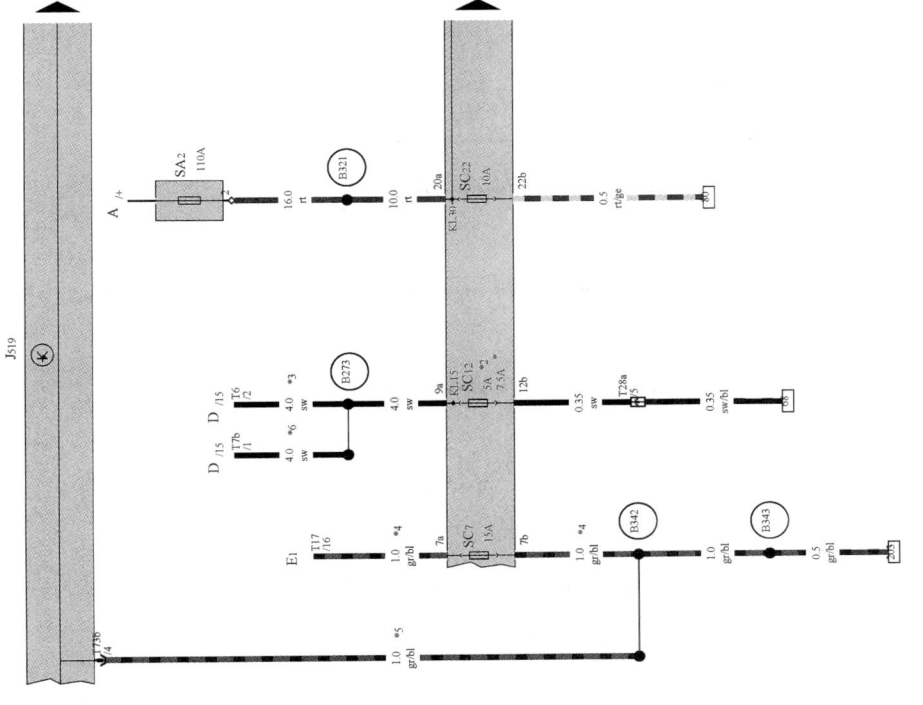

图 2-4-29

A—蓄电池 D—点火启动开关 D—点火启动开关 E1—车灯开关 J519—车载电网控制单元 SA2—保险丝架 A 上的保险丝2 SC7—保险丝架 C 上的保险丝7 SC12—保险丝架 C 上的保险丝12 SC22—保险丝架 C 上的保险丝22 T6—6芯插头连接 T7b—7芯插头连接 T17—17芯插头连接 T28a—28芯插头连接 T73b—73芯插头连接 B273—正极连接 (15)，在主导线束中 B321—正极连接7（30a），在主导线束中 B342—连接3（58d），在主导线束中 B343—连接4（58d），在主导线束中 *—用于Polo GTI *2—不适用于Polo GTI *3—截至2017年11月 *4—用于带车载电网控制单元BFM的汽车 *5—用于带车载电网控制单元BCM的汽车 *6—自2017年11月起

车载电网控制单元

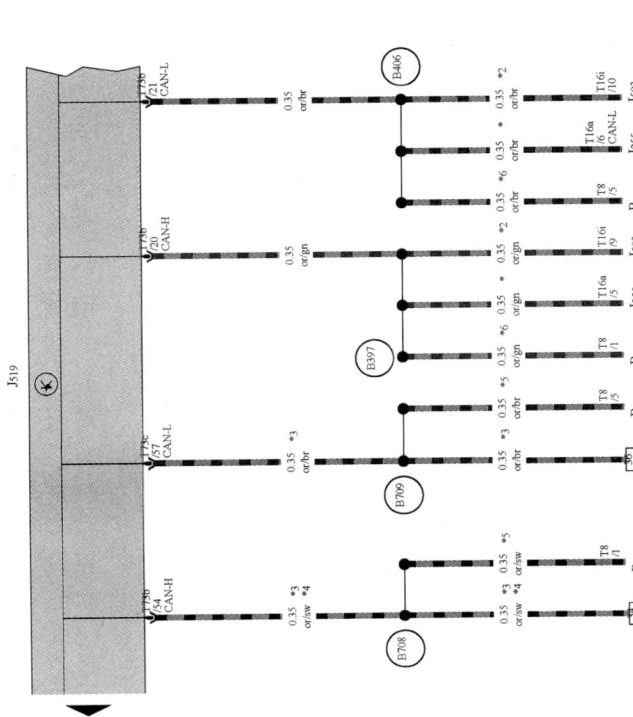

图 2-4-28

J255—全自动空调控制单元 J503—收音机及导航系统带显示单元的控制单元 J519—车载电网控制单元 R—收音机 T8—8芯插头连接 T16a—16芯插头连接 T16i—16芯插头连接 T73b—73芯插头连接 T73c—73芯插头连接 B397—连接1（舒适CAN总线，High），在主导线束中 B406—连接1（舒适CAN总线，Low），在主导线束中 B708—连接1（组合仪表CAN总线，High），在主导线束中 B709—连接1（组合仪表CAN总线，Low），在主导线束中 *—用于带全自动空调的汽车 *2—适用于带收音机导航系统RNS 315的汽车 *3—用于带收音机MIB-G标准型的汽车 *4—号线颜色取决于装备 *5—用于带收音机MIB-G标准型的汽车 *6—选装装备

153

后部车窗升降器锁止开关、前左车窗升降器、驾驶员车门中的后左车窗升降器开关、驾驶员车门中的后右车窗升降器开关、驾驶员车门中的前后车窗升降器开关、驾驶员车门控制单元、车载电网控制单元、后部车窗升降器锁止指示灯、按钮照明灯泡、驾驶员侧电动升降器电机

车载电网控制单元

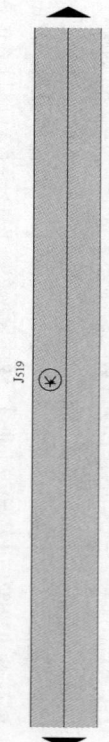

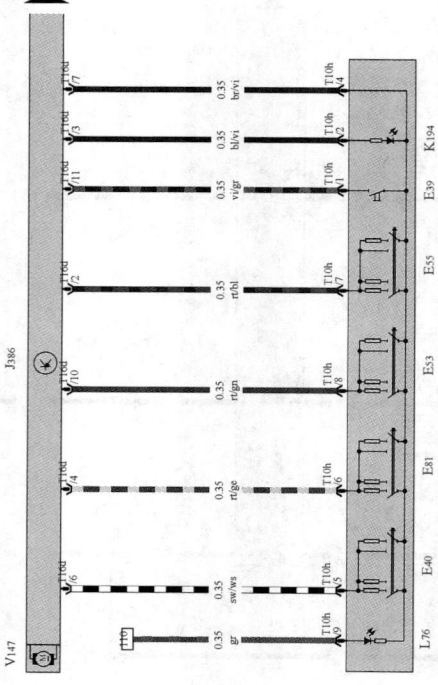

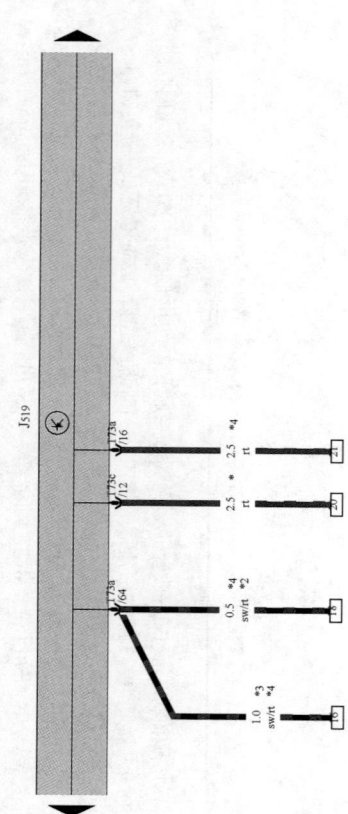

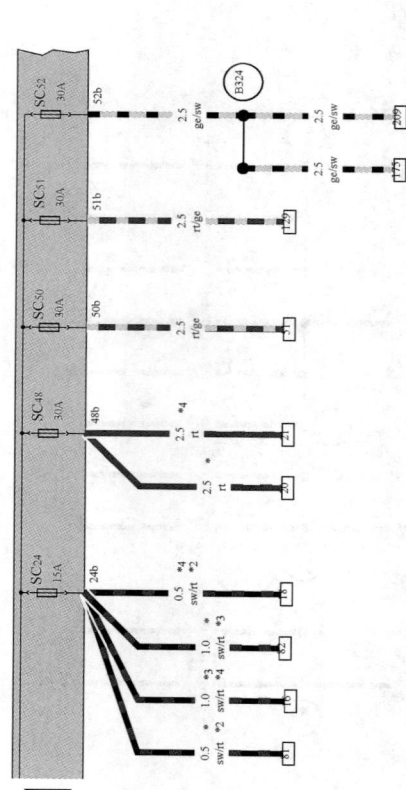

图 2-4-30

图 2-4-31

E39-后部车窗升降器锁止开关 E40-前左车窗升降器 E53-驾驶员车门中的后左车窗升降器开关 E55-驾驶员车门中的后右车窗升降器开关 E81-驾驶员车门中的前后右车窗升降器开关 J386-驾驶员侧车门控制单元 J519-车载电网控制单元 K194-后部车窗升降器锁止指示灯 L76-按钮照明灯泡 T10d-10芯插头连接 T10h-10芯插头连接 T16d-16芯插头连接 V147-驾驶员侧电动升降器电机

J519-车载电网控制单元 SC24-保险丝架C上的保险丝24 SC48-保险丝架C上的保险丝48 SC50-保险丝架C上的保险丝50 SC51-保险丝架C上的保险丝51 SC52-保险丝架C上的保险丝52 T73a-73芯插头连接 T73c-73芯插头连接 B324-正极连接10（30a），在主导线束中 *1-用于带车载电网控制单元BFM的汽车 *2-自2017年11月起 *3-截至2017年11月 *4-用于带车载电网控制单元BCM的汽车

154

后视镜调节开关，后视镜调节转换开关，车外后视镜加热按钮，车载电网控制单元

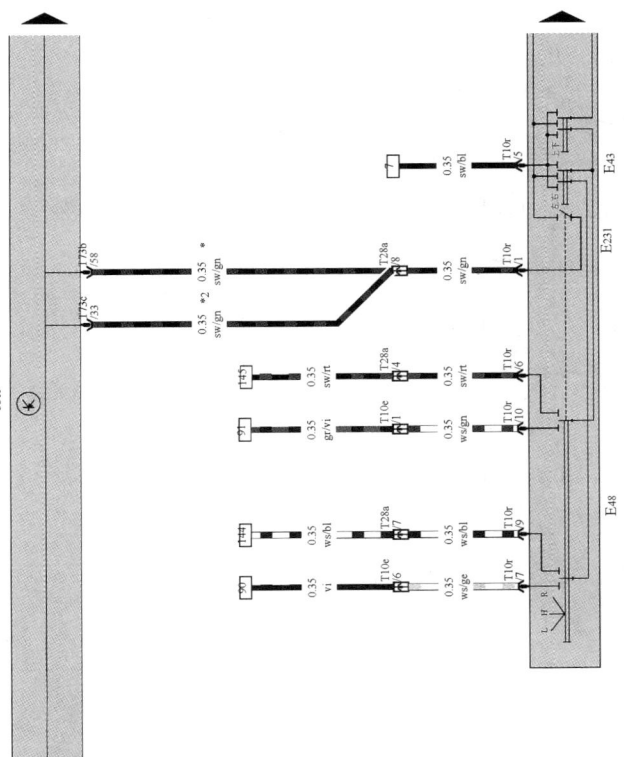

E43-后视镜调节开关 E48-后视镜调节转换开关 E231-车外后视镜加热按钮 J519-车载电网控制单元
T10e-10芯插头连接 T10r-10芯插头连接 T28a-28芯插头连接 T73b-73芯插头连接 T73c-73芯插头连接
*-用于带车载电网控制单元BCM的汽车 *2-用于带车载电网控制单元BFM的汽车

图 2-4-33

驾驶员侧车门控制单元，车载电网控制单元

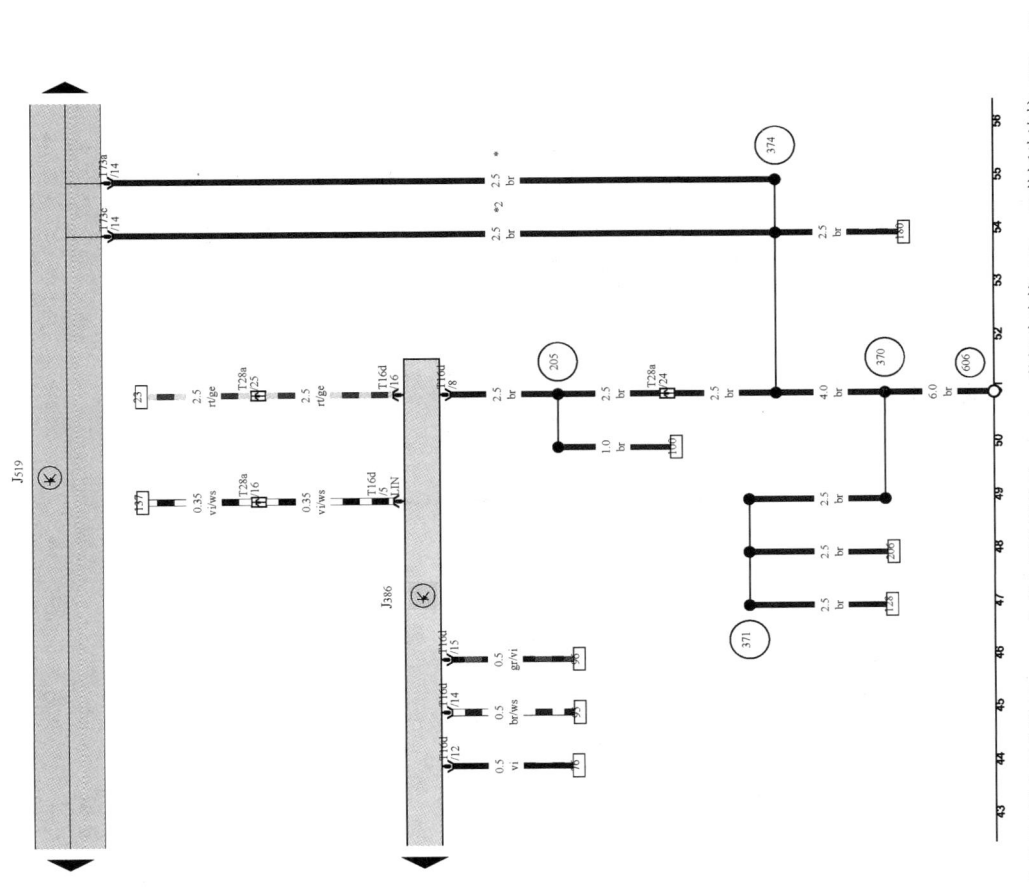

J386-驾驶员侧车门控制单元 J519-车载电网控制单元 T16d-16芯插头连接 T28a-28芯插头连接 T73a-73
芯插头连接 T73c-73芯插头连接 205-接地连接，在驾驶员车门电缆导线束中 370-接地连接5，在主导
线束中 371-接地连接，在主导线束中 374-接地连接9，在主导线束中 606-中控台下面，变速杆附近的
接地点 *-用于带车载电网控制单元BCM的汽车 *2-用于带车载电网控制单元BFM的汽车

图 2-4-32

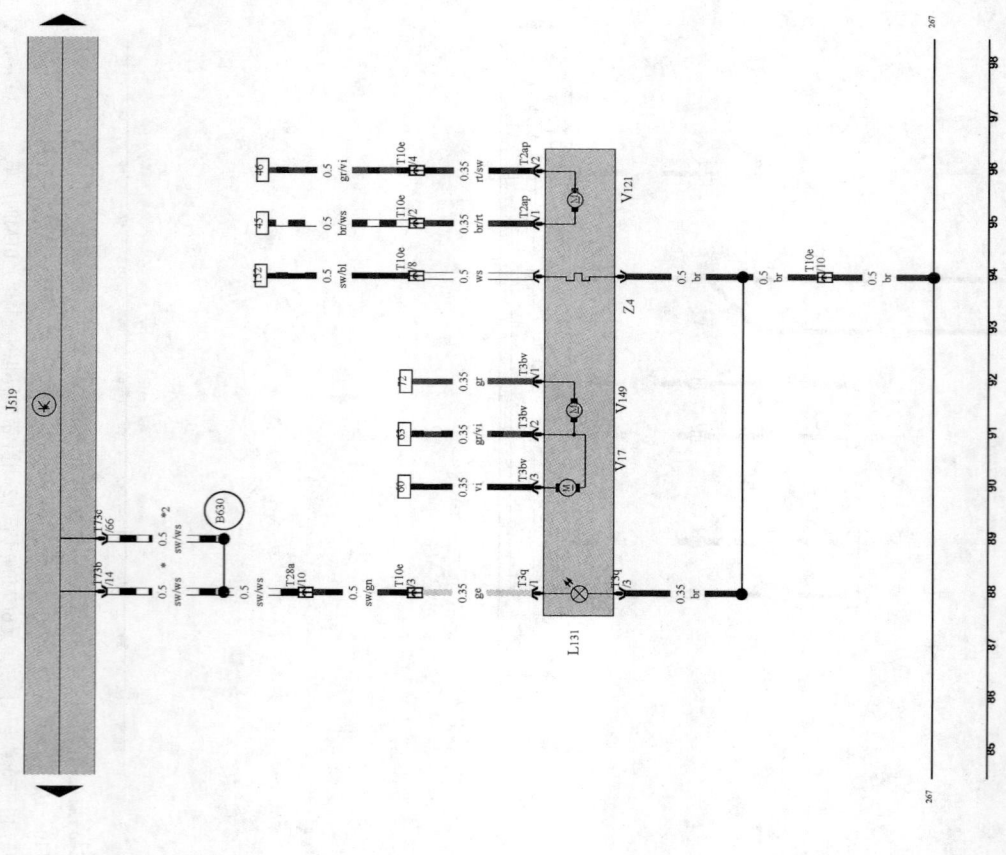

后视镜内折开关，可加热式车外后视镜继电器，车载电网控制单元，后视镜调节开关照明灯泡

车载电网控制单元，驾驶员侧外后视镜警告灯泡，驾驶员侧后视镜调节电机2，驾驶员侧后视镜内折电机，驾驶员侧后视镜调节电机，驾驶员侧可加热车外后视镜

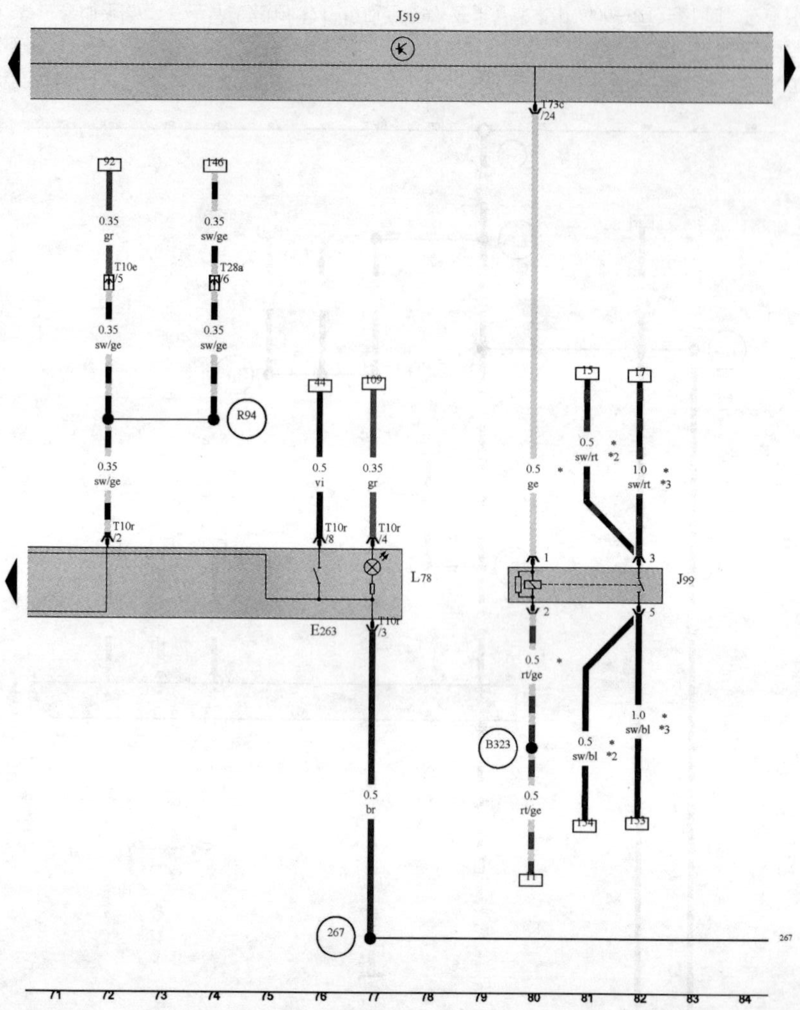

E263–后视镜内折开关 J99–可加热式车外后视镜继电器 J519–车载电网控制单元 L78–后视镜调节开关照明灯泡 T10e–10芯插头连接 T10r–10芯插头连接 T28a–28芯插头连接 T73c–73芯插头连接 267–接地连接，在驾驶员侧车门电缆导线束中9（30a），在主导线束中 B323–正极连接 R94–连接1，在驾驶员侧车门电缆导线束中 *–用于带车载电网控制单元BFM的汽车 *2–自2017年11月起 *3–截至2017年11月

图2-4-34

J519–车载电网控制单元 L131–驾驶员侧外后视镜警告灯泡 T2ap–2芯插头连接 T3bv–3芯插头连接 T3q–3芯插头连接 T10e–10芯插头连接 T28a–28芯插头连接 T73b–73芯插头连接 T73c–73芯插头连接 V17–驾驶员侧后视镜调节电机 V121–驾驶员侧后视镜内折电机2 V149–驾驶员侧后视镜调节电机 Z4–驾驶员侧可加热车外后视镜 267–接地连接2，在驾驶员侧车门电缆导线中 B630–正极连接（左转向信号灯），在主导线束中 *–用于带车载电网控制单元BCM的汽车 *2–用于带车载电网控制单元BFM的汽车

图2-4-35

驾驶员侧车门接触开关，驾驶员侧中央门锁开关，驾驶员侧中央门锁闭锁单元，车载电网
控制单元，驾驶员车门中央门锁电机

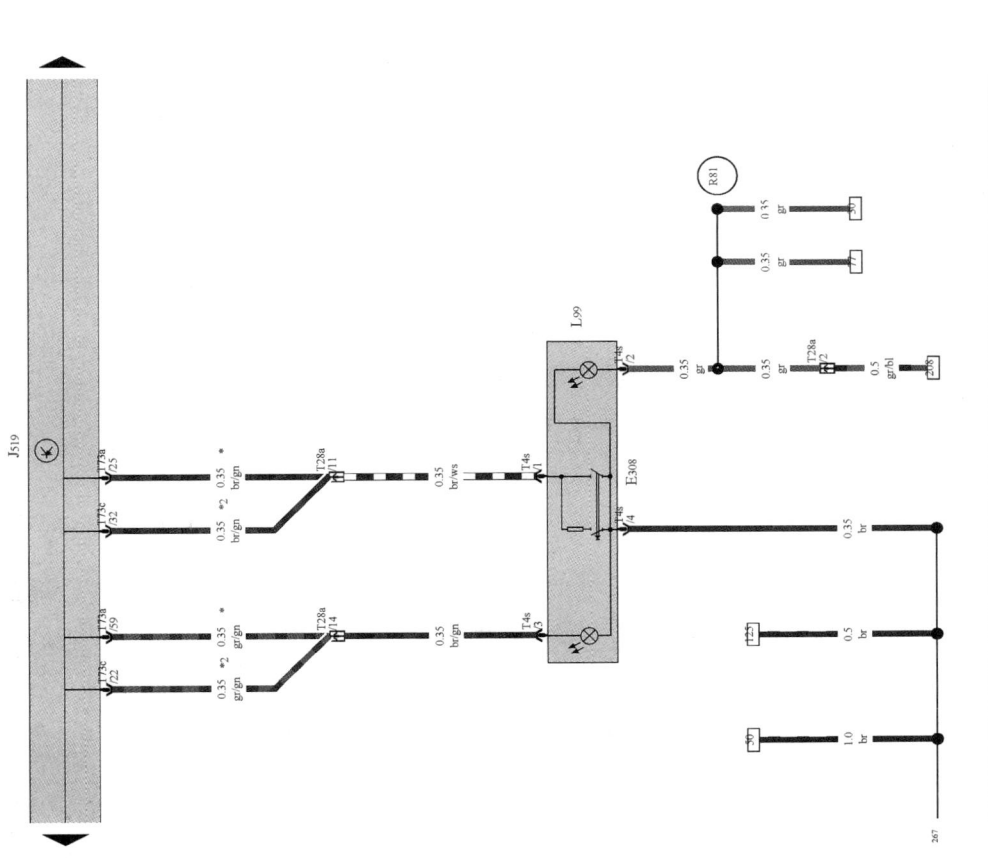

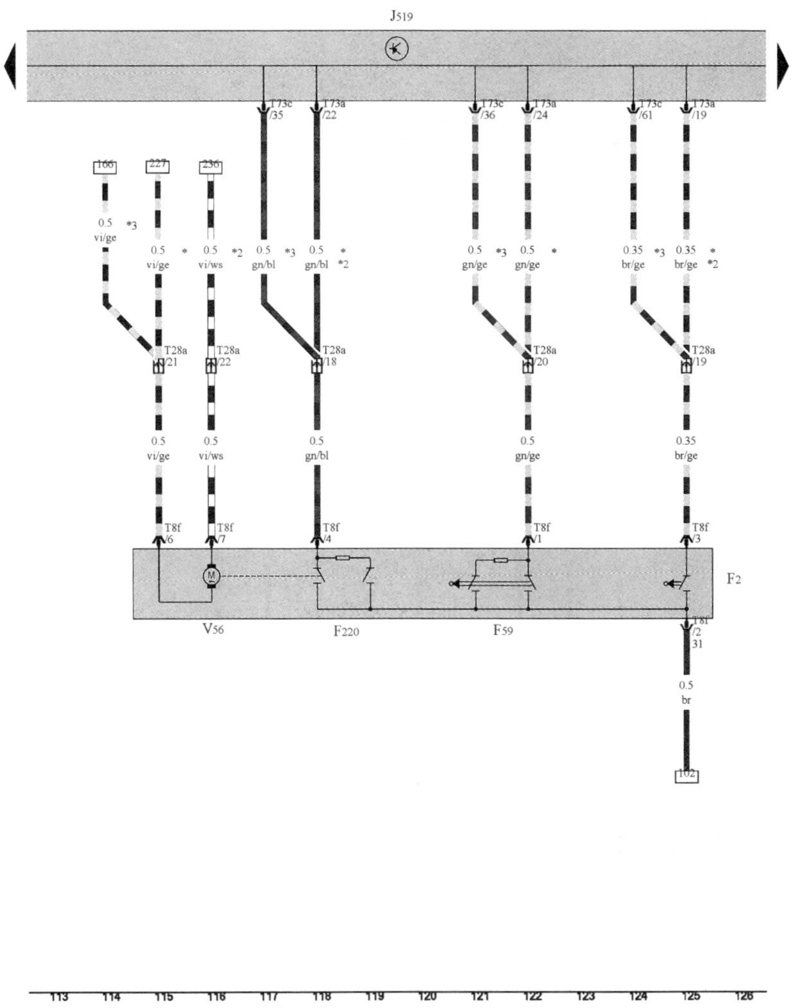

F2-驾驶员侧车门接触开关 F59-驾驶员侧中央门锁开关 F220-驾驶员侧中央门锁闭锁单元 J519-车载电
网控制单元 T8f-8芯插头连接 T28a-28芯插头连接 T73a-73芯插头连接 T73c-73芯插头连接 V56-驾驶
员车门中央门锁电机 *-用于带车载电网控制单元BCM的汽车 *2-号线颜色胶次于装备 *3-用于带车载
电网控制单元BFM的汽车

图 2-4-37

驾驶员侧车内上锁按钮，车载电网控制单元，车内联锁开关照明灯泡

E308-驾驶员车内上锁按钮 J519-车载电网控制单元 L99-车内联锁开关照明灯泡 T4s-4芯插头连接
T28a-28芯插头连接 T73a-73芯插头连接 T73c-73芯插头连接 267-接地连接 2，在驾驶员侧车门电缆导
线束中 R81-连接1（58d），在驾驶员车门电缆导线束中 *-用于带车载电网控制单元BCM的汽车 *2-
用于带车载电网控制单元BFM的汽车

图 2-4-36

157

副驾驶员车门中的车窗升降器开关，副驾驶员侧外后视镜警告灯泡，副驾驶员侧后视镜调节电机 2，副驾驶员侧后视镜调节电机，副驾驶员侧后视镜内折叠电机，副驾驶员侧可加热式车外后视镜

车载电网控制单元

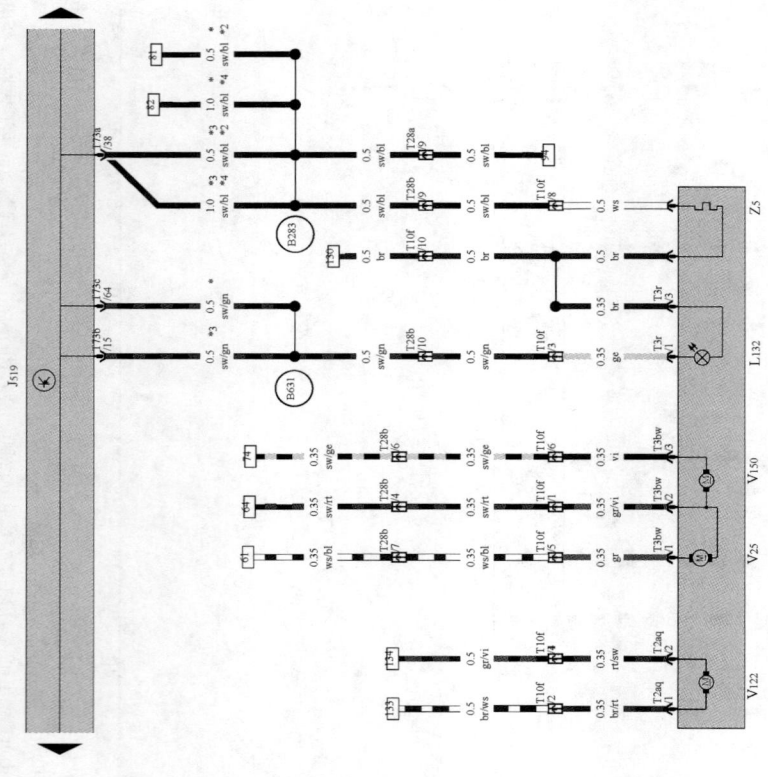

图 2-4-39

J519-车载电网控制单元 L132-副驾驶员侧外后视镜警告灯泡 T2aq-2芯插头连接 T3bw-3芯插头连接 T3r-3芯插头连接 T10f-1芯插头连接 T28a-28芯插头连接 T73a-73芯插头连接 T73b-73芯插头连接 T73c-73芯插头连接 V25-副驾驶员侧后视镜调节电机2 V122-副驾驶员侧后视镜内折叠电机 V150-副驾驶员侧后视镜调节电机 Z5-副驾驶员侧可加热式车外后视镜 B283-正极连接 B631-正极连接（右转向信号灯），在主导线束中 *2-自2017年11月起 *3-用于带车载电网控制单元BCM的汽车 *4-截至2017年11月

副驾驶员车门中的车窗升降器开关，副驾驶员侧车门控制单元，车载电网控制单元，车窗升降器开关照明灯泡，副驾驶员侧电动升降器电机

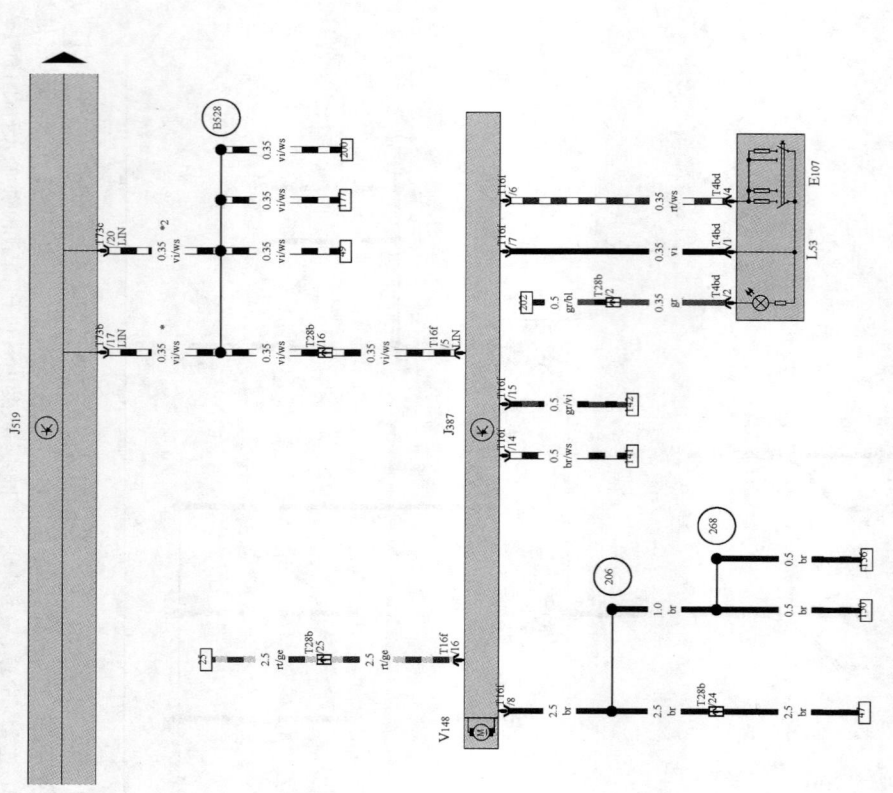

图 2-4-38

E107-副驾驶员车门中的车窗升降器开关 J387-副驾驶员侧车门控制单元 J519-车载电网控制单元 L53-车窗升降器开关照明灯泡 T4bd-4芯插头连接 T16f-16芯插头连接 T28a-28芯插头连接 T73b-73芯插头连接 T73c-73芯插头连接 V148-副驾驶员侧电动升降器电机 206-接地连接，在副驾驶员侧车门电缆导线束中 268-接地连接2，在副驾驶员侧车门电缆导线束中 B528-连接1（LIN总线），在主导线束中 *-用于车载电网控制单元BCM的汽车 *2-用于带车载电网控制单元BFM的汽车

158

左后车门内的车窗升降器开关，左后车门控制单元，车载电网控制单元，按钮照明灯泡，后左车窗升降器电机

副驾驶员侧车门接触开关，副驾驶员侧中央门锁闭锁单元，车载电网控制单元，副驾驶员车门中央门锁电机

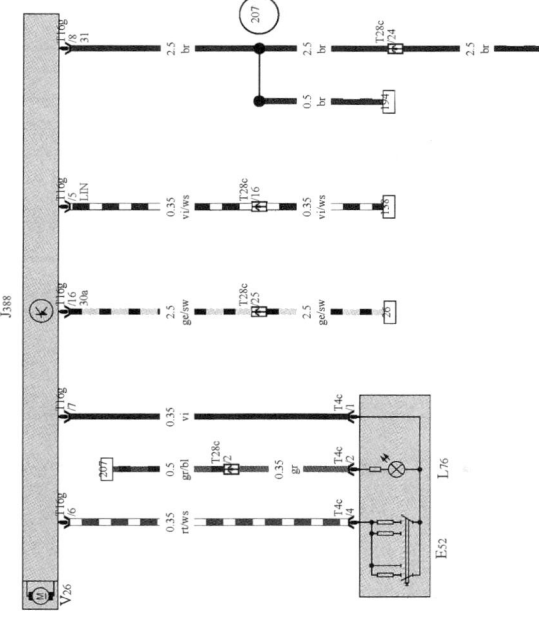

E52-左后车门内的车窗升降器开关 J388-左后车门控制单元 J519-车载电网控制单元 L76-按钮照明灯泡
T4c-4芯插头连接 T16gr-16芯插头连接 T28c-28芯插头连接 V26-后左车窗升降器电机 207-接地连接
*2-导线颜色取决于安装
在左后车门电缆导线束中

图 2-4-41

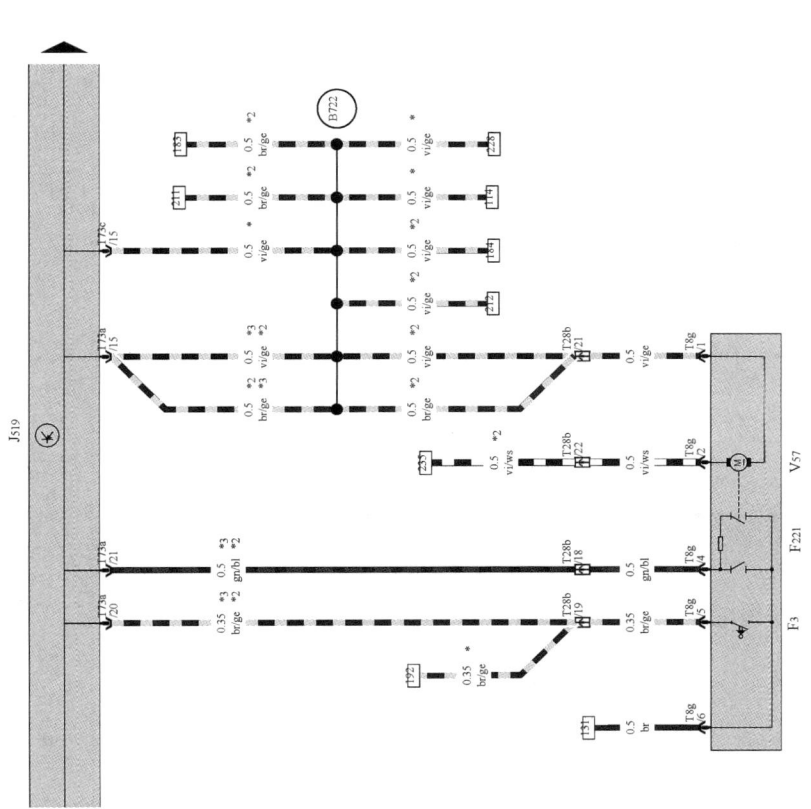

F3-副驾驶员侧车门接触开关 F221-副驾驶员侧中央门锁闭锁单元 J519-车载电网控制单元 T8g-8芯插
头连接 T28b-28芯插头连接 T73a-73芯插头连接 T73c-73芯插头连接 V57-副驾驶员车门中央门锁电机
B722-连接3（中央门锁），在主导线束中 *-用于带有车载电网控制单元BFM的汽车 *2-导线颜色取决于安装
备 *3-用于带有车载电网控制单元BCM的汽车

图 2-4-40

左后车门车窗升降器开关，右后车门控制单元，车载电网控制单元，按钮照明灯泡，后右车窗升降器电机

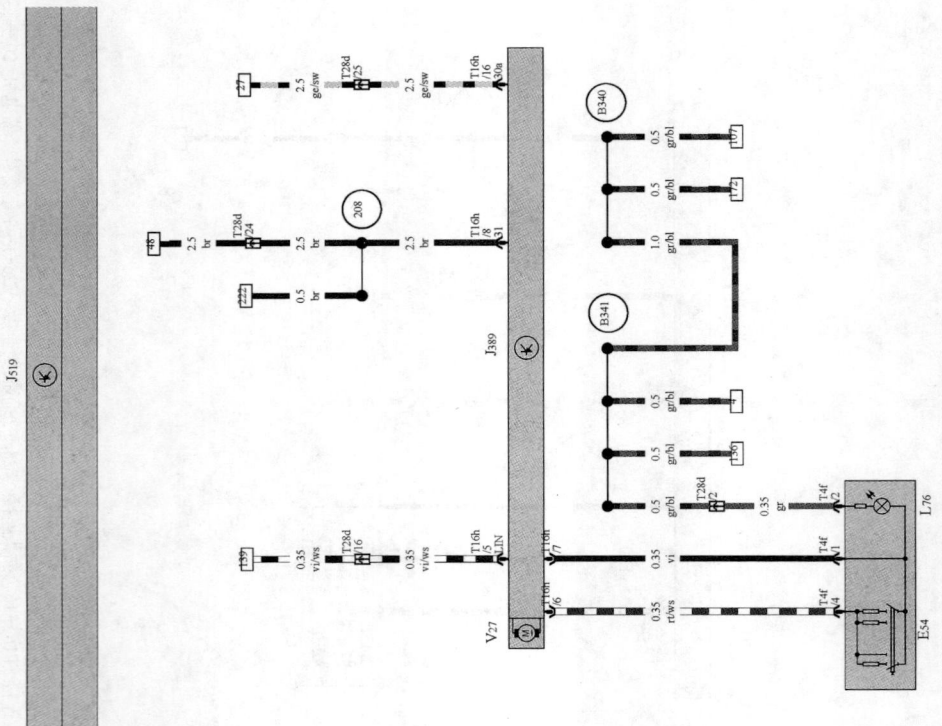

E54-右后车门车窗升降器开关 J389-右后车门控制单元 J519-车载电网控制单元 L76-按钮照明灯泡 T4f-4芯插头连接 T16h-16芯插头连接 T28d-28芯插头连接 V27-后右车窗升降器电机 208-接地连接 在右后车门电缆导线束中 B340-连接1（58d），在主导线束中 B341-连接2（58d），在主导线束中

图 2-4-43

左后车门接触开关，左后中央门锁闭锁单元，车载电网控制单元，左后车门中央门锁电机

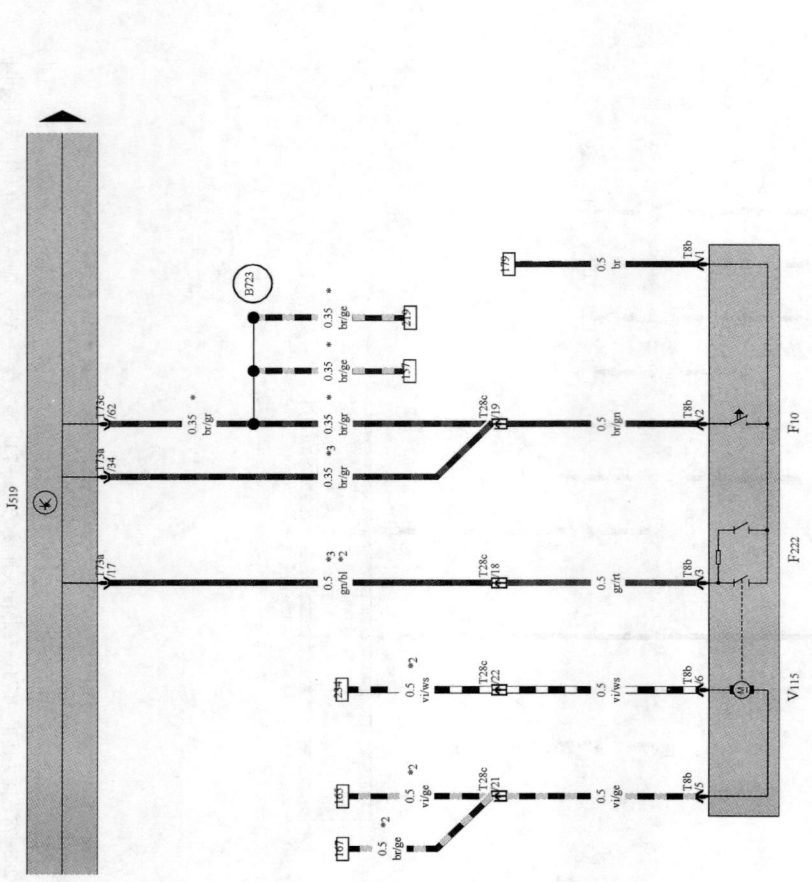

F10-左后车门接触开关 F222-左后中央门锁闭锁单元 J519-车载电网控制单元 T8b-8芯插头连接 T28c-28芯插头连接 T73a-73芯插头连接 T73c-73芯插头连接 V115-左后车门中央门锁电机 B723-连接4（中央门锁），在主导线束中 *-用于带车载电网控制单元BFM的汽车 *2-导线颜色取决于装备 *3-用于带车载电网控制单元BCM的汽车

图 2-4-42

160

车载电网控制单元，油箱盖锁止装置电机

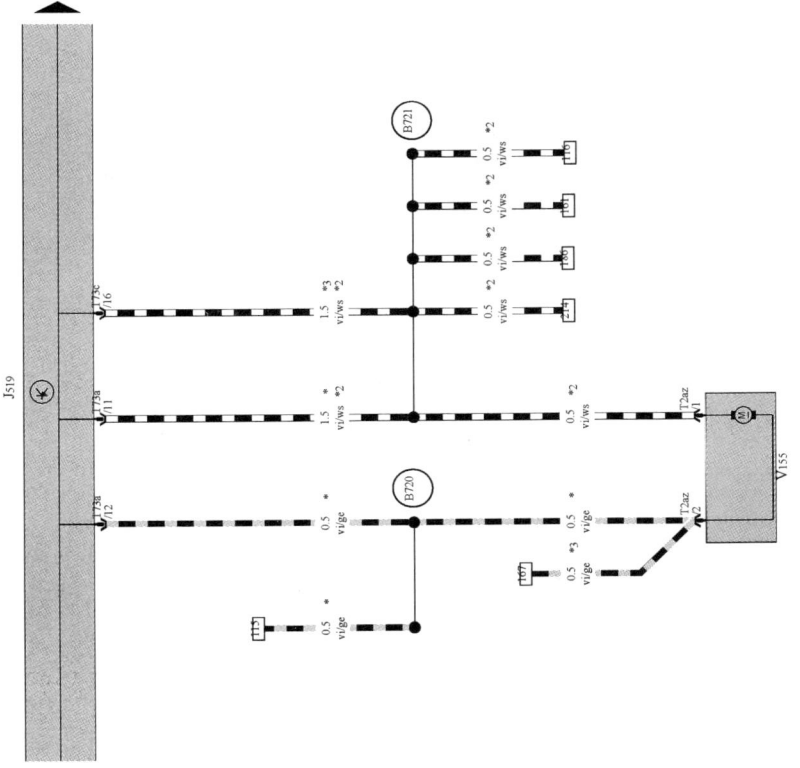

图 2-4-45

J519-车载电网控制单元 T2az-2芯插头连接 T73a-73芯插头连接 T73c-73芯插头连接 V155-油箱盖锁止装置电机 B720-连接1（中央门锁），在主导线束中 B721-连接2（中央门锁），在主导线束中 *-用于带车载电网控制单元BCM的汽车 *2-号线颜色取决于装备 *3-用于带车载电网控制单元BFM的汽车

右后车门接触开关，右后中央门锁闭锁单元，车载电网控制单元，右后车门中的中央门锁电机

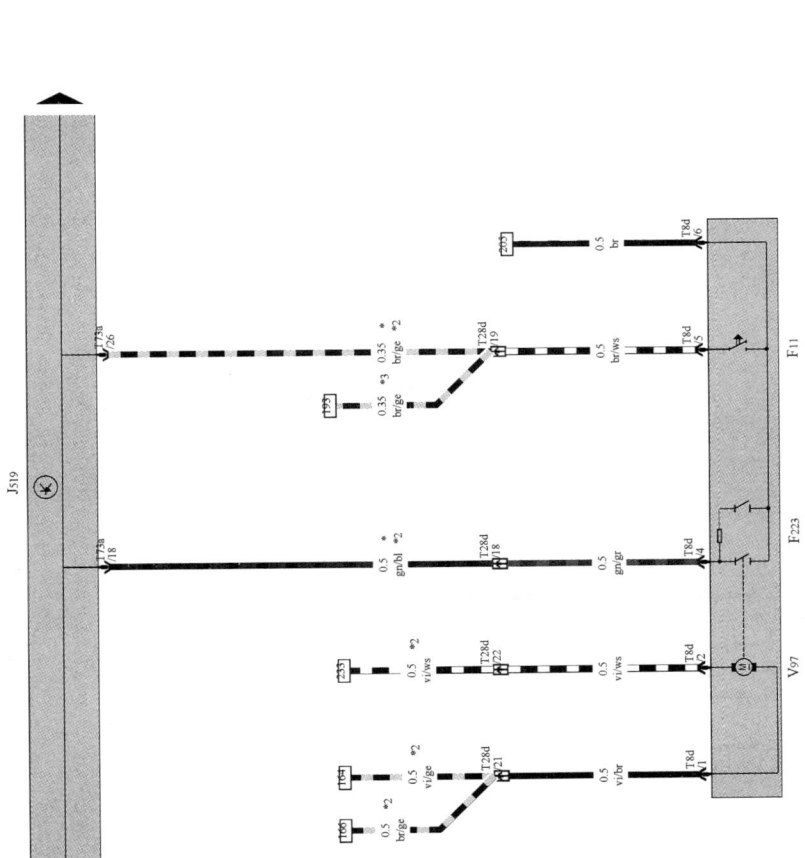

图 2-4-44

F11-右后车门接触开关 F223-右后中央门锁闭锁单元 J519-车载电网控制单元 T8d-8芯插头连接 T28d-28芯插头连接 T73a-73芯插头连接 V97-右后车门中的中央门锁电机 *-用于带车载电网控制单元BCM的汽车 *2-号线颜色取决于装备 *3-用于带车载电网控制单元BFM的汽车

行李箱盖把手中的解锁按钮，行李箱盖闭锁单元，车载电网控制单元，行李箱盖中中央门锁电机。

蓄电池，供电继电器 1，接线端 75

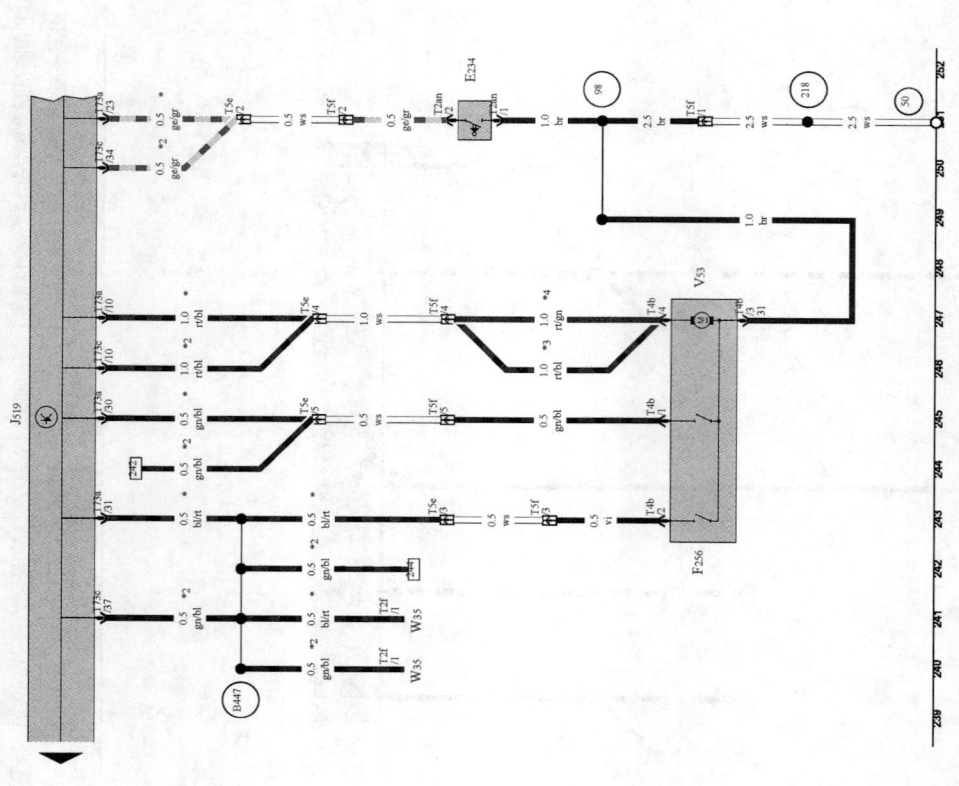

图 2-4-47

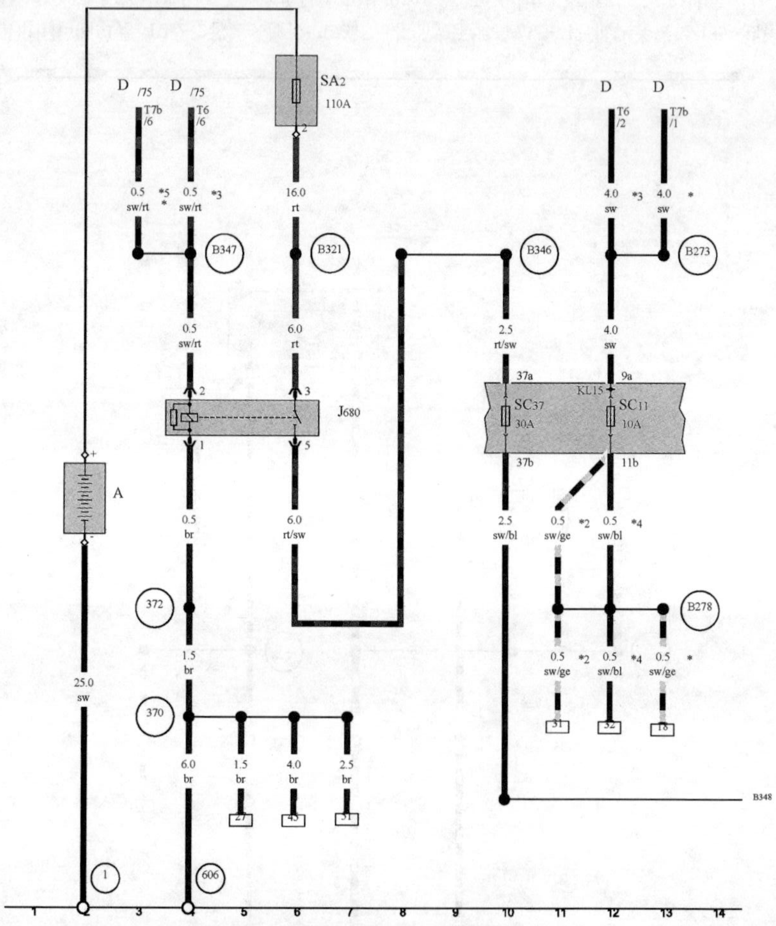

A-蓄电池 D-点火启动开关 J680-供电继电器1，接线端75 J680-供电继电器1，接线端75 SA2-保险丝架 SC11-保险丝架C上的保险丝2 SC11-保险丝架C上的保险丝11 SC37-保险丝架C上的保险丝37 T6-6芯插头连接 T7b-7芯插头连接 1-接地带 蓄电池-车身 370-接地连接5，在主导线束中 372-接地连接7，在主导线束中 606-中控台下面，变速杆附近的接地点 B273-正极连接（15），在主导线束中 B278-正极连接2（15a），在主导线束中 B321-正极连接7，在主导线束中 B346-连接1（75），在主导线束中 B347-连接2（75），在主导线束中 B348-连接1（75a），在主导线束中 B348-连接1（30a），在主导线束中 *-用于不带发动机自动启停系统的汽车 *2-自2016年1月起 *3-自2017年11月起 *4-截至2016年11月 *5-用于不带发动机自动启停系统的汽车

图 2-4-46

E234-行李箱盖把手中的解锁按钮 F256-行李箱盖闭锁单元 J519-车载电网控制单元 T2an-2芯插头连接 T2f-2芯插头连接 T4b-4芯插头连接 T5e-5芯插头连接 T5f-5芯插头连接 T73a-73芯插头连接 T73c-73芯插头连接 V53-行李箱盖中中央门锁电机 W35-右侧行李箱照明 50-右侧行李箱照明 98-接地连接5，在主导线束中 218-接地连接1，在行李箱盖导线束中 B447-连接，在行李箱盖导线束中（行李箱照明），在主导线束中 *-用于带车载电网控制单元BCM的汽车 *2-用于带车载电网控制单元BFM的汽车 *3-自2016年1月起 *4-截至2016年1月

162

可加热驾驶员座椅调节器，可加热前座椅控制单元，可加热驾驶员座椅指示灯，可加热驾驶员座椅 2 挡指示灯，按钮照明灯泡

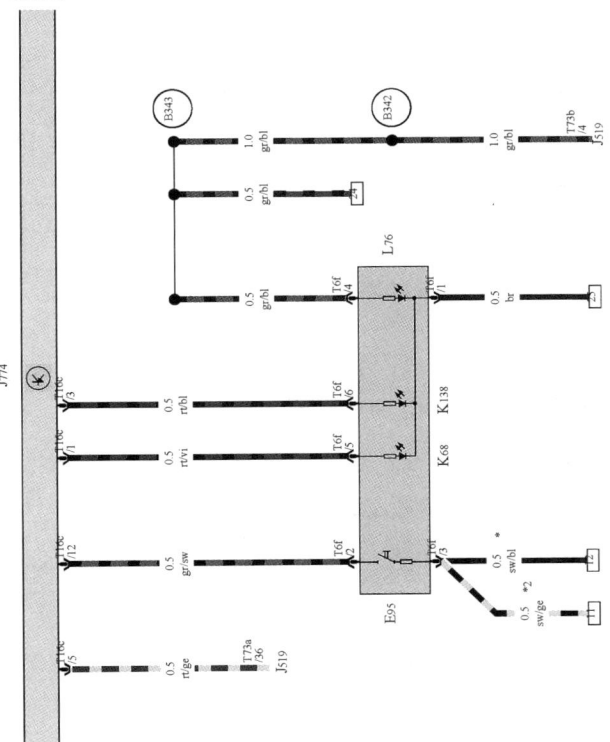

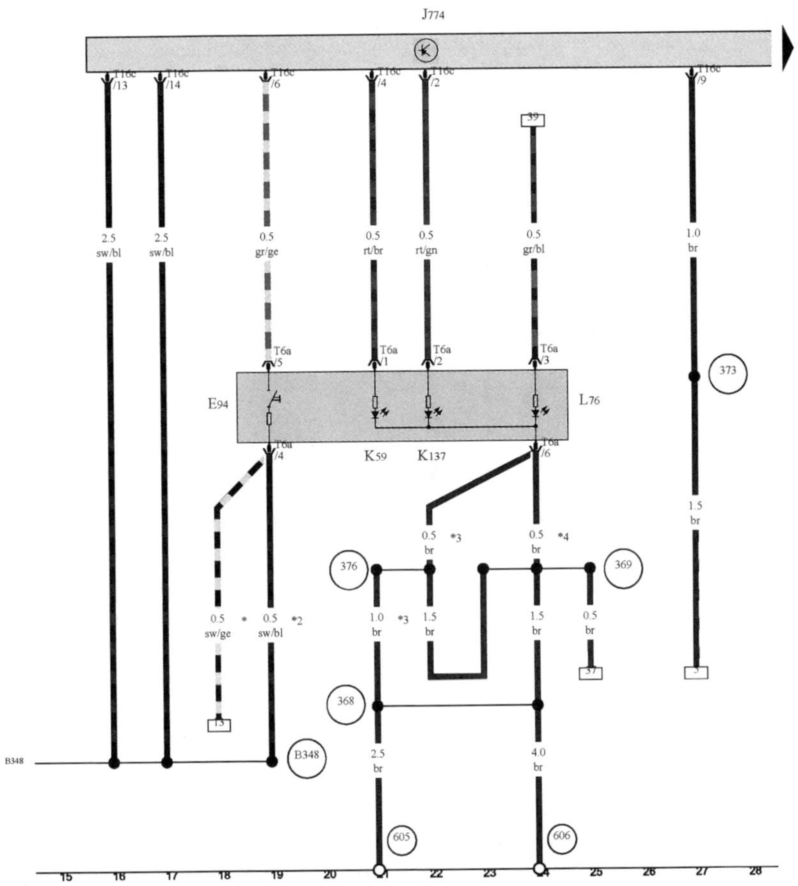

E94 –可加热驾驶员座椅调节器 J774–可加热前座椅控制单元 K59–可加热驾驶员座椅指示灯 K137–可加热驾驶员座椅2挡指示灯 L76–按钮照明灯泡 T6a–6芯插头连接 T16c–16芯插头连接 368–接地连接3，在主导线束中 369–接地连接4，在主导线束中 373–接地连接8，在主导线束中 376–接地连接11，在主导线束中 605–上部转向柱上的接地点 606–中控台下面，变速杆附近的接地点 B348–连接1（75a），在主导线束中 *–自2017年11月起 *2–截至2017年11月 *3–自2016年1月起 *4–截至2016年1月

图 2–4–48

可加热副驾驶员座椅调节器，车载电网控制单元，可加热前座椅控制单元，可加热副驾驶员座椅指示灯，可加热副驾驶员座椅 2 挡指示灯，按钮照明灯泡

E95–可加热副驾驶员座椅调节器 J519–车载电网控制单元 J774–可加热前座椅控制单元 K68–可加热副驾驶员座椅指示灯 K138–可加热副驾驶员座椅2挡指示灯 L76–按钮照明灯泡 T6f–6芯插头连接 T16c–16芯插头连接 T73a–73芯插头连接 T73b–73芯插头连接 B342–连接3（58d），在主导线束中 B343–连接4（58d），在主导线束中 *–截至2016年1月 *2–自2016年1月起

图 2–4–49

可加热前座椅控制单元，可加热式驾驶员座椅，可加热驾驶员座椅靠背，可加热式副驾驶
员座椅，可加热副驾驶员座椅靠背

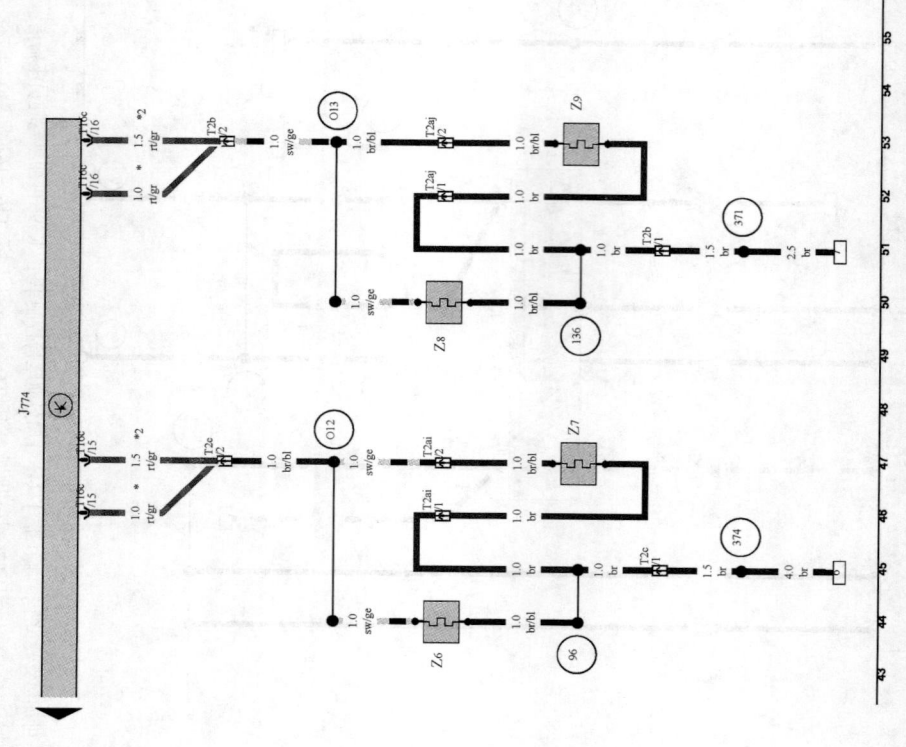

图 2-4-50

J774-可加热前座椅控制单元 T2ai-2芯插头连接 T2aj-2芯插头连接 T2b-2芯插头连接 T2c-2芯插头连接 接 T16c-16芯插头连接 Z6-可加热式驾驶员座椅 Z7-可加热驾驶员座椅靠背 Z8-可加热式副驾驶员座椅 Z9-可加热副驾驶员座椅靠背 96-接地连接1，在座椅加热导线束中 136-接地连接2，在座椅加热副导线束 中 371-接地连接6，在主导线束中 374-接地连接9，在主导线束中 O12-连接1，在座椅加热导线束中 O13-连接2，在座椅加热副导线束中 *-自2017年11月起 *2-截至2017年11月

滑动天窗调节器，滑动天窗按钮，滑动天窗控制单元，滑动天窗电机

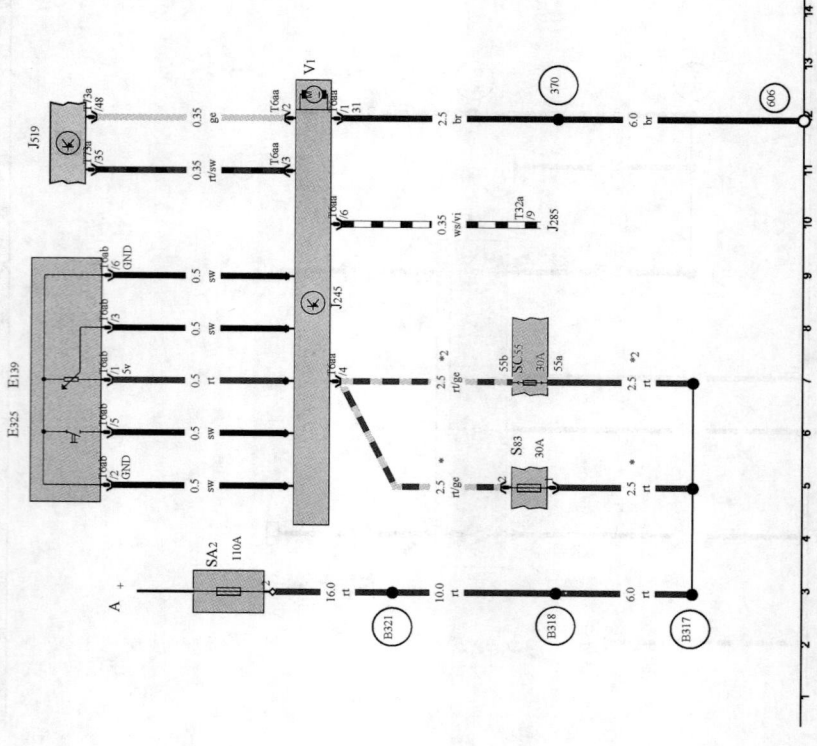

图 2-4-51

A-蓄电池 E139-滑动天窗调节器 E325-滑动天窗按钮 J245-滑动天窗控制单元 J285-组合仪表中的控制单元 J519-车载电网控制单元 SA2-保险丝架A上的保险丝2 SC55-保险丝架C上的保险丝55 S83-滑动天窗热敏保险丝 T6aa-6芯插头连接 T6ab-6芯插头连接 T32a-32芯插头连接 T73a-73芯插头连接 V1-滑动天窗电机 370-接地连接5，在主导线束中 606-中控台下面，变速杆附近的接地点 B317-正极连接3 （30a），在主导线束中 B318-正极连接4（30a），在主导线束中 B321-正极连接7（30a），在主导线束中 *-截至2017年11月 *2-自2017年11月起

164

左后泊车雷达系统传感器，左后中部泊车雷达系统传感器，泊车雷达系统控制单元

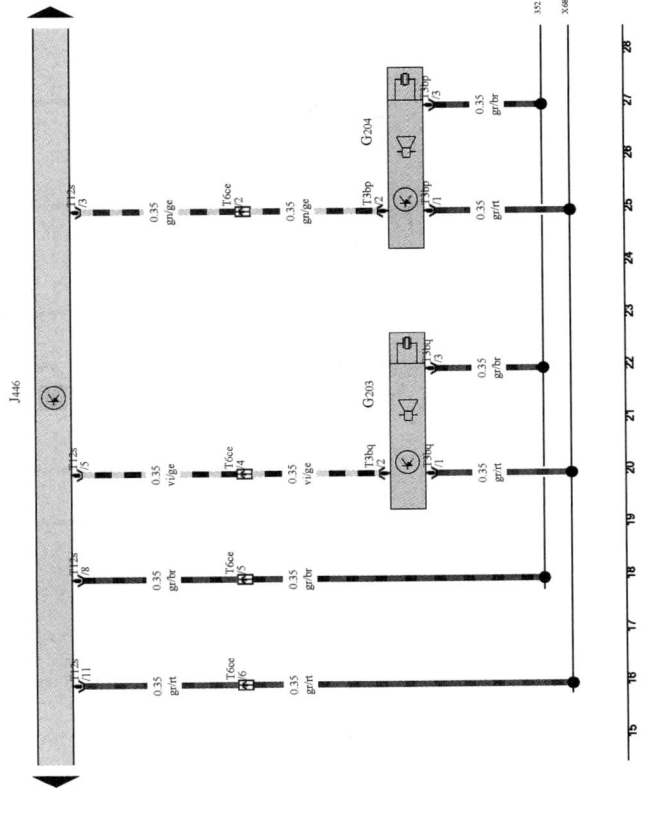

G203–左后泊车雷达系统传感器　G204–左后中部泊车雷达系统传感器　J446–泊车雷达系统控制单元
T3bp–3芯插头连接　T3bq–3芯插头连接　T6ce–6芯插头连接　T12s–12芯插头连接　352–接地连接（泊车雷
达系统），在后保险杠导线束里　X68–接地　（泊车雷达系统），在后保险杠导线束中

图2-4-53

后部泊车雷达系统警报蜂鸣器，泊车雷达系统控制单元

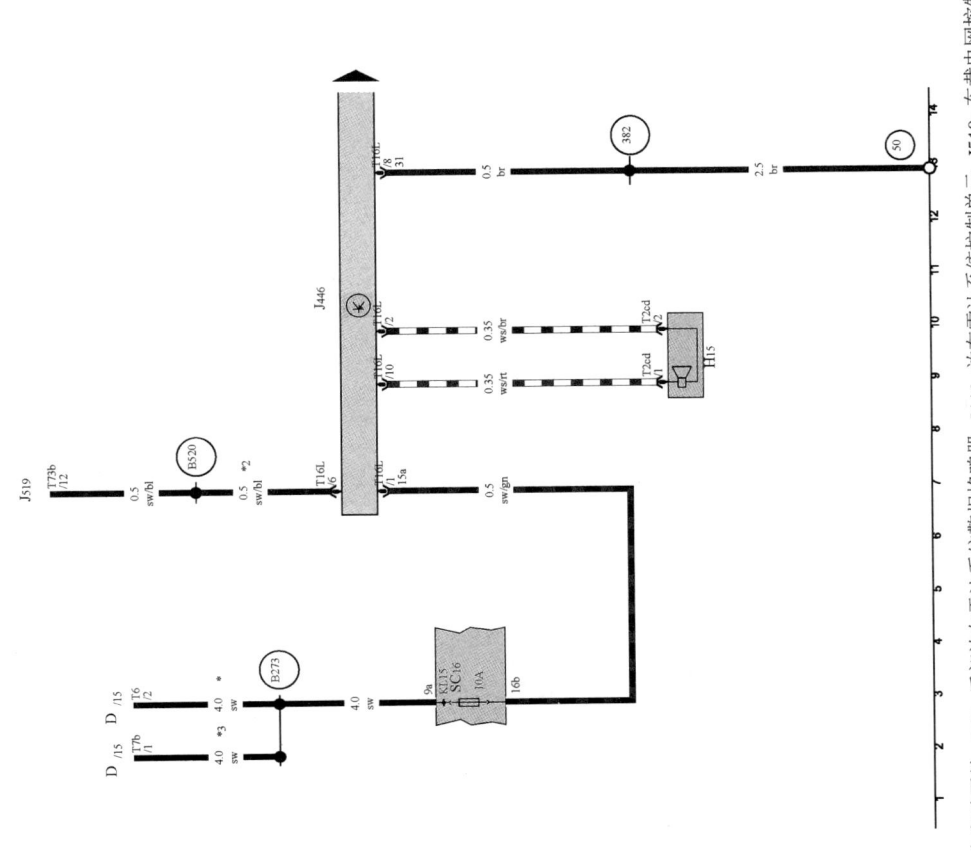

D–点火启动开关　H15–后部泊车雷达系统警报蜂鸣器　J446–泊车雷达系统控制单元　J519–车载电网控制
单元　SC16–保险丝架C上的保险丝16　T2cd–2芯插头连接　T6–6芯插头连接　T7b–7芯插头连接　T16L–16
芯插头连接　T73b–73芯插头连接　50–行李箱内左侧的接地点　382–接地连接17，在主导线束中　B273–正
极连接（15），在主导线束中　B520–连接（RF），在主导线束中　*–截至2017年11月　*2–用于带泊车雷
达系统（后）的汽车　*3–自2017年11月起

图2-4-52

165

泊车雷达系统按钮，泊车雷达系统控制单元，泊车雷达系统指示灯，按钮照明灯泡

右后中部泊车雷达系统传感器，右后泊车雷达系统感器，泊车雷达系统控制单元

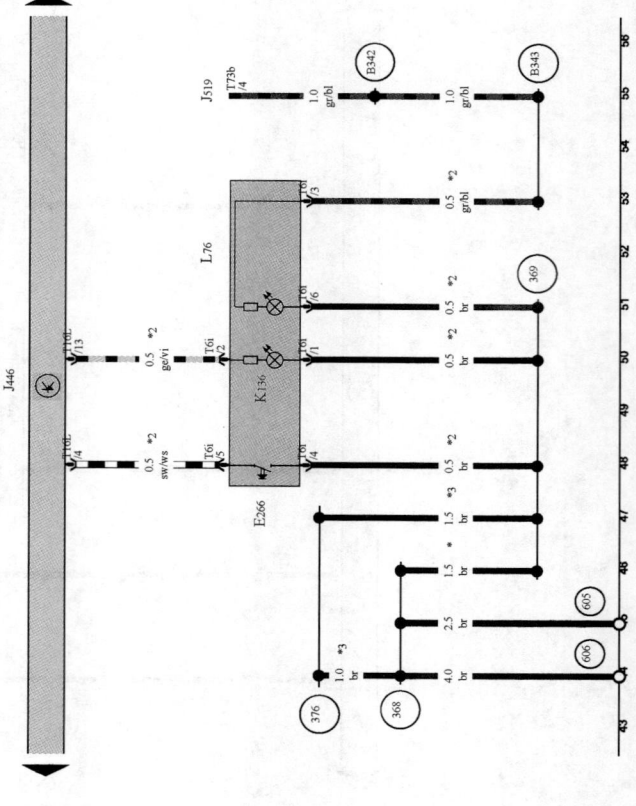

图 2-4-55

E266-泊车雷达系统按钮 J446-泊车雷达系统控制单元 J519-车载电网控制单元 K136-泊车雷达系统指示灯 L76-按钮照明灯泡 T6i-6芯插头连接 T16L-16芯插头连接 T73b-73芯插头连接 368-接地连接 在主导线束中 369-接地连接4，在主导线束中 376-接地连接11，在主导线束中 605-上部转向柱上的接地点 606-中控台下面，变速杆附近的接地点 B342-连接3（58d），在主导线束中 B343-连接4（58d），在主导线束中 *-截至2017年11月 *2-用于带泊车雷达系统（前后）的汽车 *3-自2017年11月起

图 2-4-54

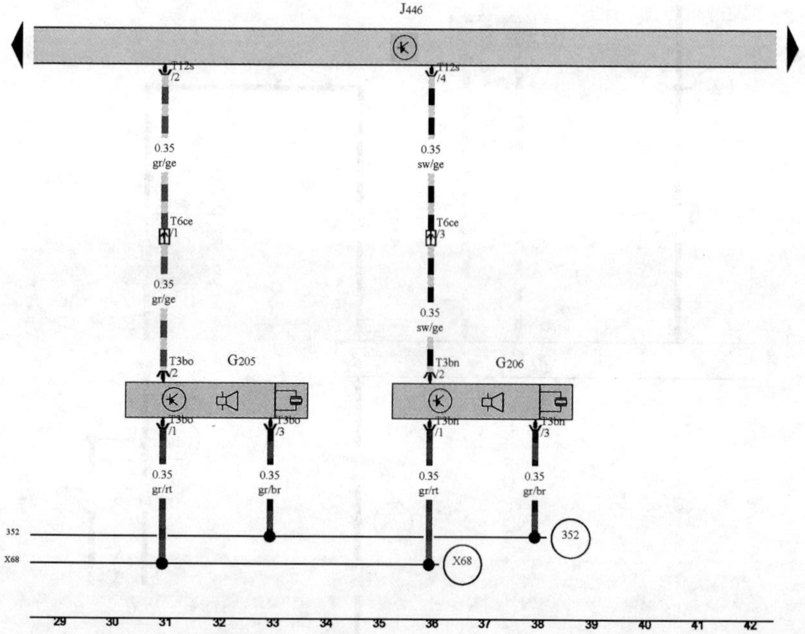

G205-右后中部泊车雷达系统传感器 G206-右后泊车雷达系统传感器 J446-泊车雷达系统控制单元 T3bn-3芯插头连接 T3bo-3芯插头连接 T6ce-6芯插头连接 T12s-12芯插头连接 352-接地连接（泊车雷达系统），在后保险杠导线束中 X68-连接 在后保险杠导线束里 X68-连接（泊车雷达系统），在后保险杠导线束中

166

左前中部泊车雷达系统传感器，左前泊车雷达系统传感器，泊车雷达系统控制单元

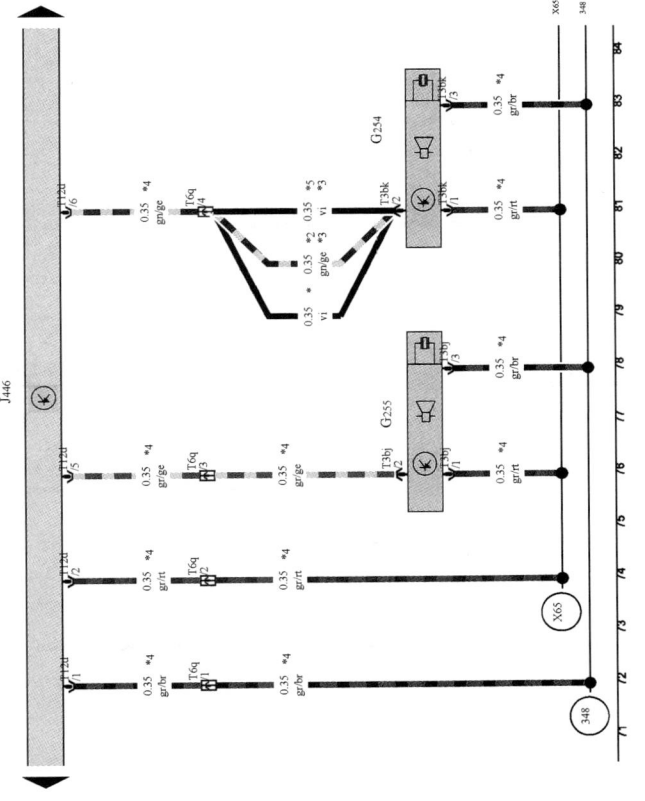

G254-左前中部泊车雷达系统传感器，G255-左前泊车雷达系统传感器，J446-泊车雷达系统控制单元
T3bj-3芯插头连接 T3bk-3芯插头连接 T6q-6芯插头连接 T12d-12芯插头连接 348-接地连接（泊车雷达
系统），在前保险杠导线束里 X65-连接 *1-自2016年1月起 *2-
用于CROSS汽车 *3-截至2016年1月 *4-用于带泊车雷达系统（前/后）的汽车 *5-用于豪华装备的汽车

图 2-4-57

前部泊车雷达系统警报蜂鸣器，泊车雷达系统控制单元

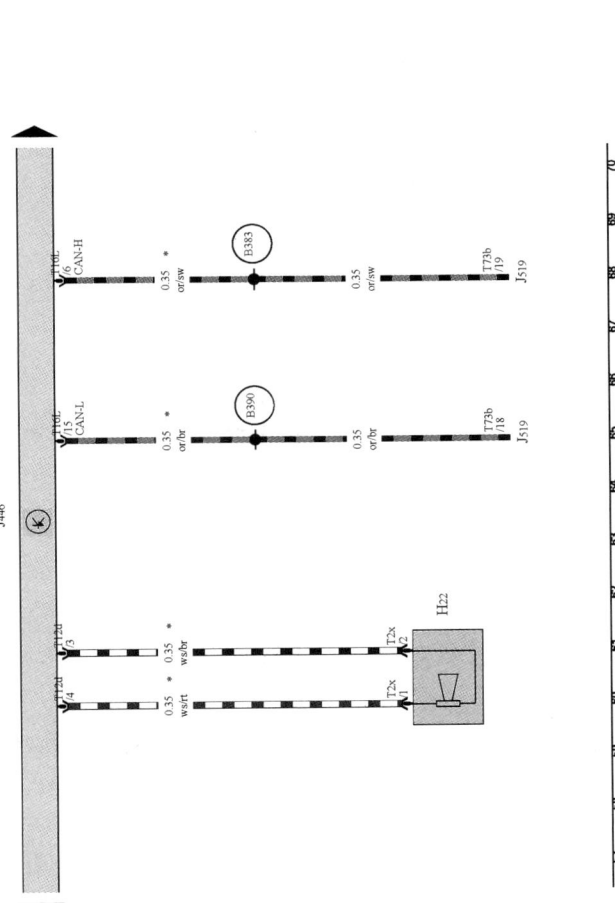

H22-前部泊车雷达系统警报蜂鸣器 J446-泊车雷达系统控制单元 J519-车载电网控制单元 T2x-2芯插
头连接 T12d-12芯插头连接 T16L-16芯插头连接 T73b-73芯插头连接 B383-连接1（驱动CAN总线，
High），在主导线束中 B390-连接1（驱动CAN总线，Low），在主导线束中 *-用于带泊车雷达系统
（前/后）的汽车

图 2-4-56

右前泊车雷达系统传感器，右前中部泊车雷达系统传感器，泊车雷达系统控制单元

蓄电池，收音机及导航系统带显示单元的控制单元

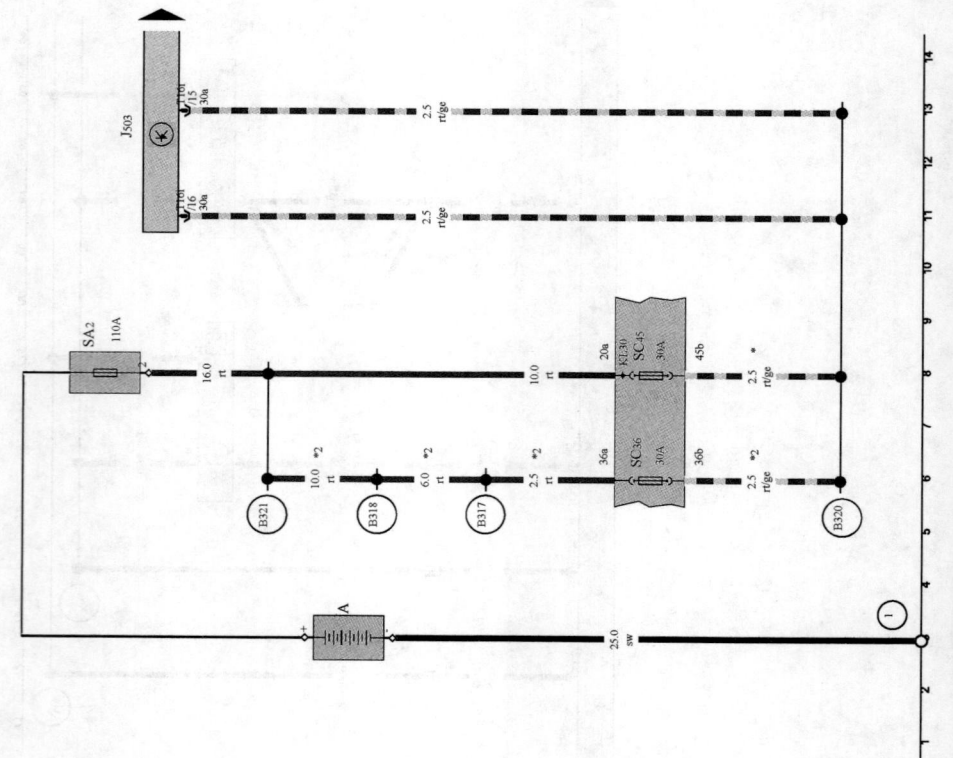

A–蓄电池 J503–收音机及导航系统带显示单元的控制单元 SA2–保险丝架A上的保险丝2 SC36–保险丝架C上的保险丝36 SC45–保险丝架C上的保险丝45 T16i–16芯插头连接45 T12d–12芯插头连接 348–接地连接 1–接地带，蓄电池-车身 B317–正极连接3（30a），在主导线束中 B318–正极连接4（30a），在主导线束中 B320–正极连接6（30a），在主导线束中 B321–正极连接7（30a），在主导线束中 *–截至2018年4月 *2–自2018年4月起

图2-4-59

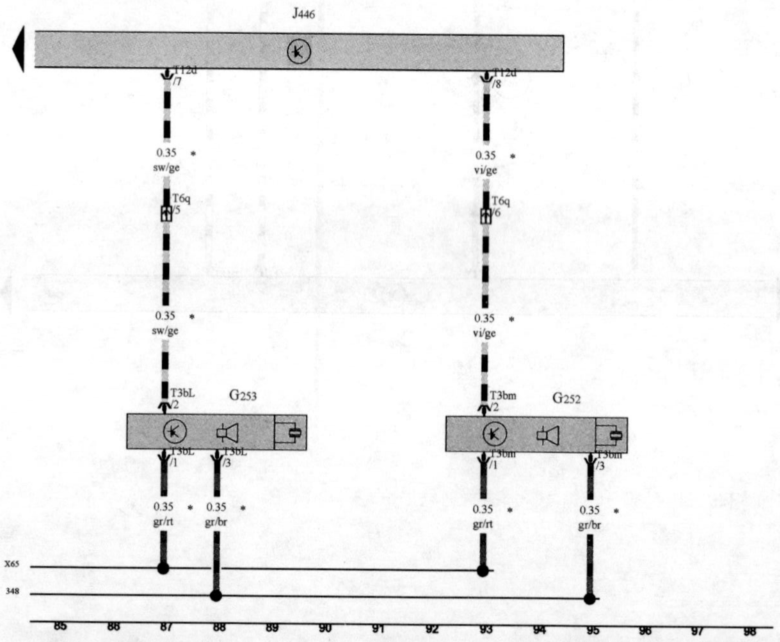

G252–右前泊车雷达系统传感器 G253–右前中部泊车雷达系统传感器 J446–泊车雷达系统控制单元 T3bL–3芯插头连接 T3bm–3芯插头连接 T6q–6芯插头连接 T12d–12芯插头连接 348–接地连接（泊车雷达系统），在前保险杠导线束中 X65–连接（泊车雷达系统），在前保险杠导线束中 *–用于带泊车雷达系统（前/后）的汽车

图2-4-58

收音机及导航系统带显示单元的控制单元，车载电网控制单元，USB接口支架

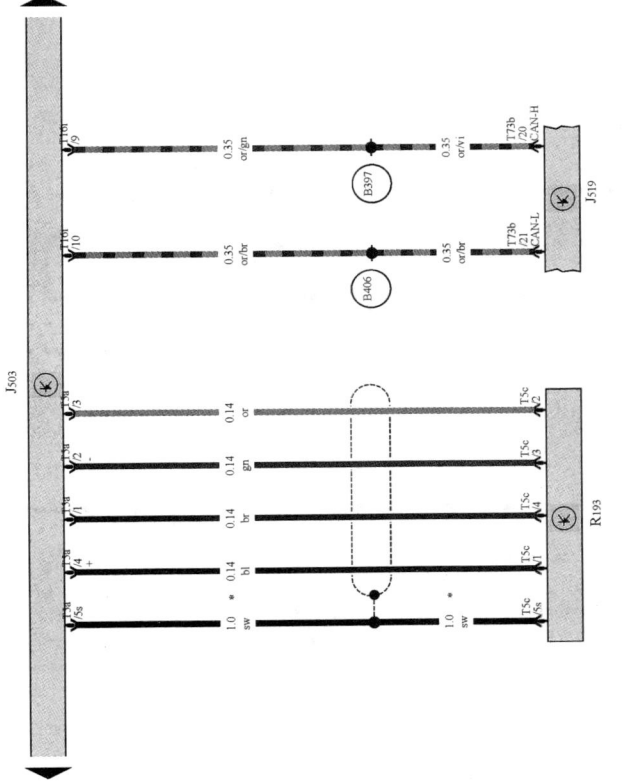

图 2-4-61

J503-收音机及导航系统带显示单元的控制单元 J519-车载电网控制单元 R193-USB接口支架 T5a-5芯插头连接 T5c-5芯插头连接 T16i-16芯插头连接 T73b-73芯插头连接 B397-连接1（舒适CAN总线，High），在主导线束中 B406-连接1（舒适CAN总线，Low），在主导线束中 *-用于Polo GTI

收音机及导航系统带显示单元的控制单元，电话话筒，外部音频源接口

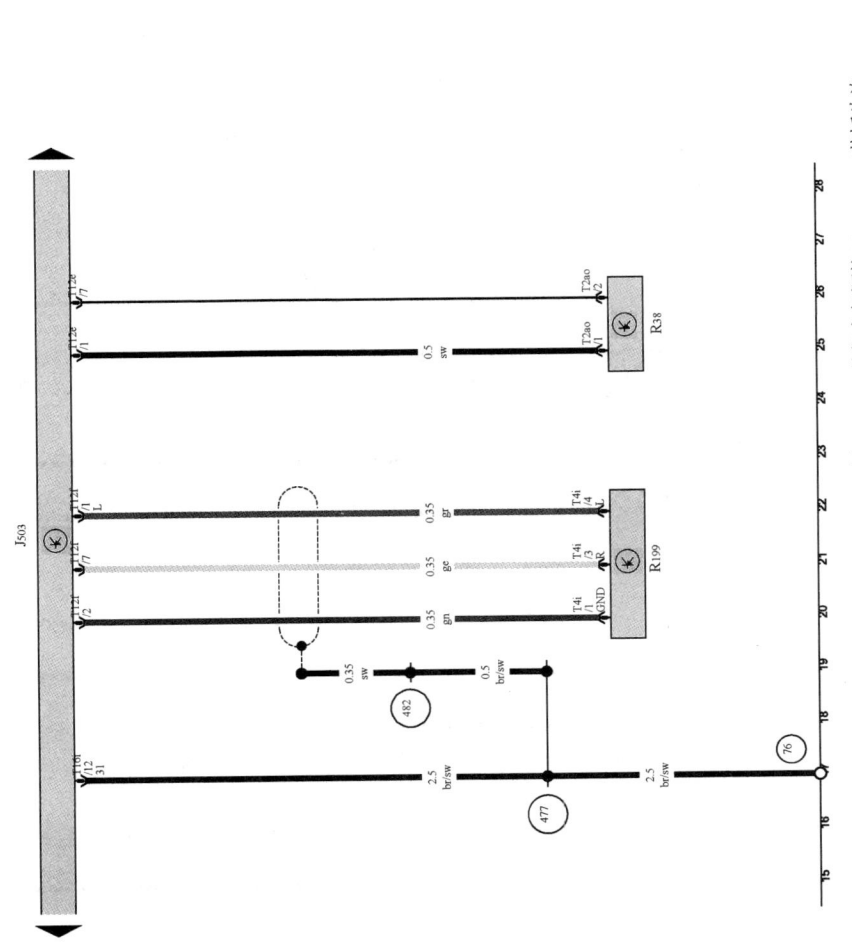

图 2-4-60

J503-收音机及导航系统带显示单元的控制单元 R38-电话话筒 R199-外部音频源接口 T2ao-2芯插头连接 T4i-4芯插头连接 T12e-12芯插头连接 T12f-12芯插头连接 T16i-16芯插头连接 76-换挡操纵机构附近的接地点 477-接地连接（音频），在主导线束中 482-接地连接2（音频），在主导线束中

169

收音机及导航系统带显示单元的控制单元，天线，左后低音扬声器，右后低音扬声器，天线放大器，GPS天线

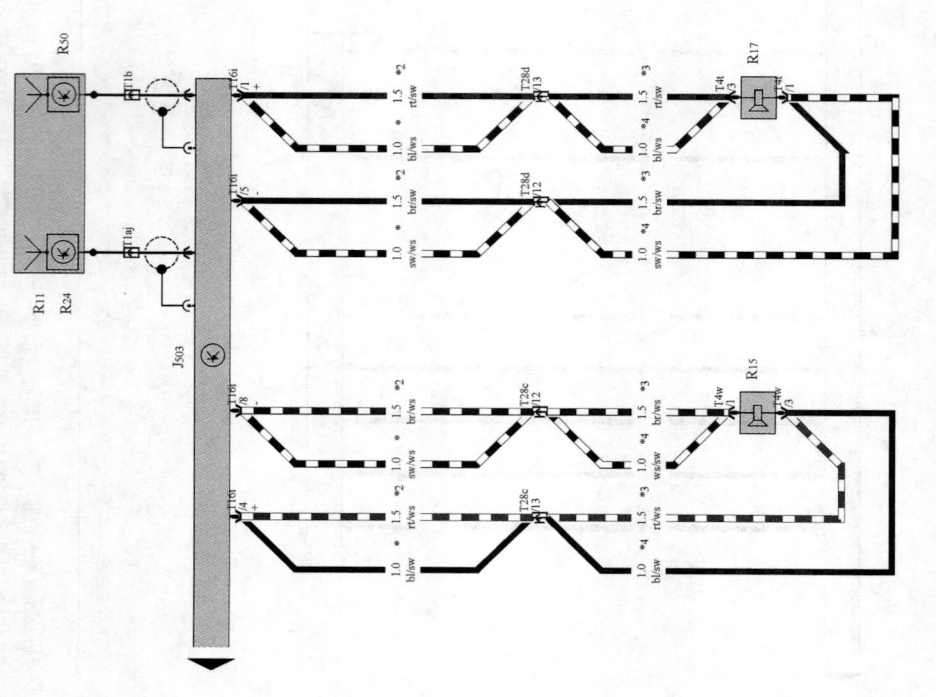

J503-收音机及导航系统带显示单元的控制单元 R11-天线 R15-左后低音扬声器 R17-右后低音扬声器 R24-天线放大器 R50-GPS天线 T1aj-1芯插头连接 T1b-1芯插头连接 T4v-4芯插头连接 T4w-4芯插头连接 T16i-16芯插头连接 T28c-28芯插头连接 T28d-28芯插头连接 *1-自2017年11月起 *2-截至2017年11月 *3-截至2016年1月 *4-自2016年1月起

图2-4-63

收音机及导航系统带显示单元的控制单元，右前低音扬声器，左前低音扬声器，右前高音扬声器，左前高音扬声器，GPS天线

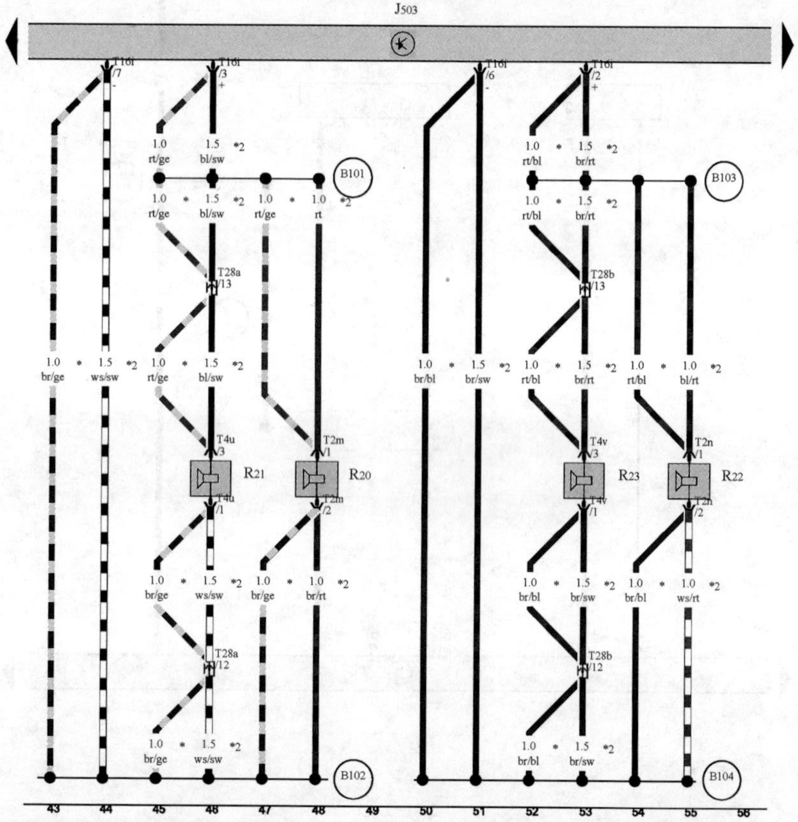

J503-收音机及导航系统带显示单元的控制单元 R20-左前高音扬声器 R21-左前低音扬声器 R22-右前高音扬声器 R23-右前低音扬声器 T2m-2芯插头连接 T2n-2芯插头连接 T4u-4芯插头连接 T4v-4芯插头连接 T16i-16芯插头连接 T28a-28芯插头连接 T28b-28芯插头连接 B101-连接（正极，左侧扬声器），在主导线束中 B102-连接（负极，扬声器），在主导线束中 B103-连接（正极，扬声器），在主导线束中 B104-连接（负极，扬声器），在主导线束中 *1-自2017年11月起 *2-截至2017年11月

图2-4-62

170

收音机，右后低音扬声器

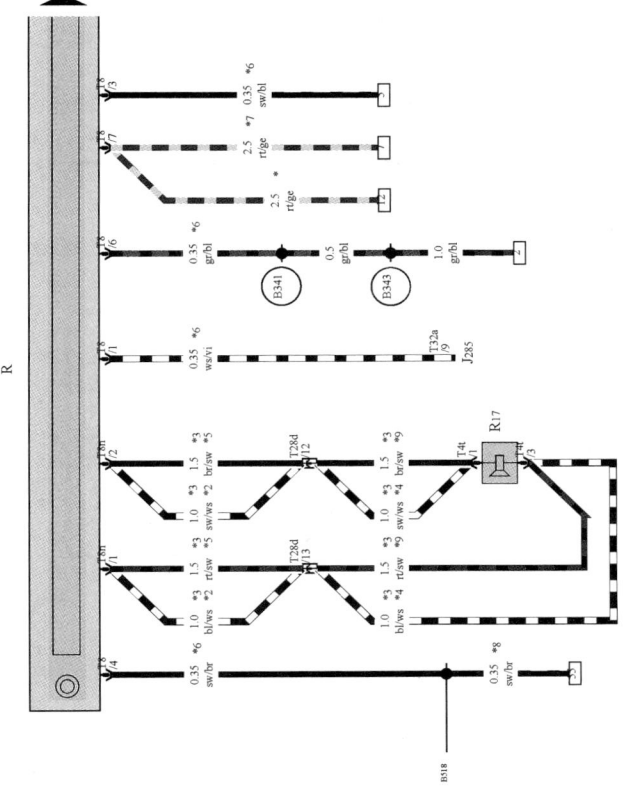

图 2-4-65

J285-组合仪表中的控制单元　R-收音机　R17-右后低音扬声器　T4t-4芯插头连接　T8n-8芯插头连接　T28d-28芯插头连接　T32a-32芯插头连接　B341-连接2（58d），在主导线束中　B343-连接4（58d），在主导线束中　B518-连接（86s），在主导线束中　*-用于带发动机自动启停系统的汽车　*2-自2017年11月起　*3-用于带6个无源扬声器装备的汽车　*4-自2016年1月起　*5-截至2017年11月　*6-用于带车载电网控制单元BFM的汽车　*7-截至2018年4月　*8-用于带车载电网控制单元BFM的汽车　*9-截至于带收音机MIB-G入门型的汽车2016年1月

保险丝架 C

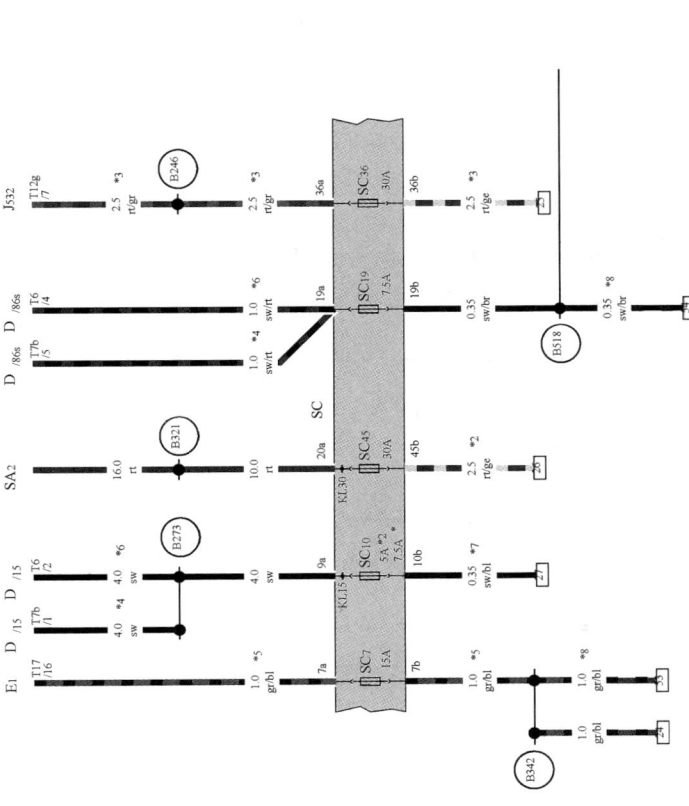

图 2-4-64

D-点火启动开关　E1-车灯开关　J532-稳压器　SA2-保险丝架A上的保险丝2　SC-保险丝架C　SC7-保险丝架C上的保险丝7　SC10-保险丝架C上的保险丝10　SC19-保险丝架C上的保险丝19　SC36-保险丝架C上的保险丝36　SC45-保险丝架C上的保险丝45　T6-6芯插头连接　T7b-7芯插头连接　T12g-12芯插头连接　T17-17芯插头连接　B246-正极连接（30a，稳态），在车内导线束中　B273-正极连接（15），在主导线束中　B321-正极连接7（30a），在主导线束中　B342-连接3（58d），在主导线束中　B518-连接（86s），在主导线束中　*-用于带发动机自动启停系统的汽车　*2-截至2018年4月起　*2-截至2018年4月　*3-用于带车载电网控制单元BFM的汽车　*6-截至2017年11月　*7-用于带收音机MIB-G入门型的汽车月起　*5-用于带车载电网控制单元BFM的汽车　*6-截至2017年11月的汽车　*8-用于带车载电网控制单元BCM的汽车

171

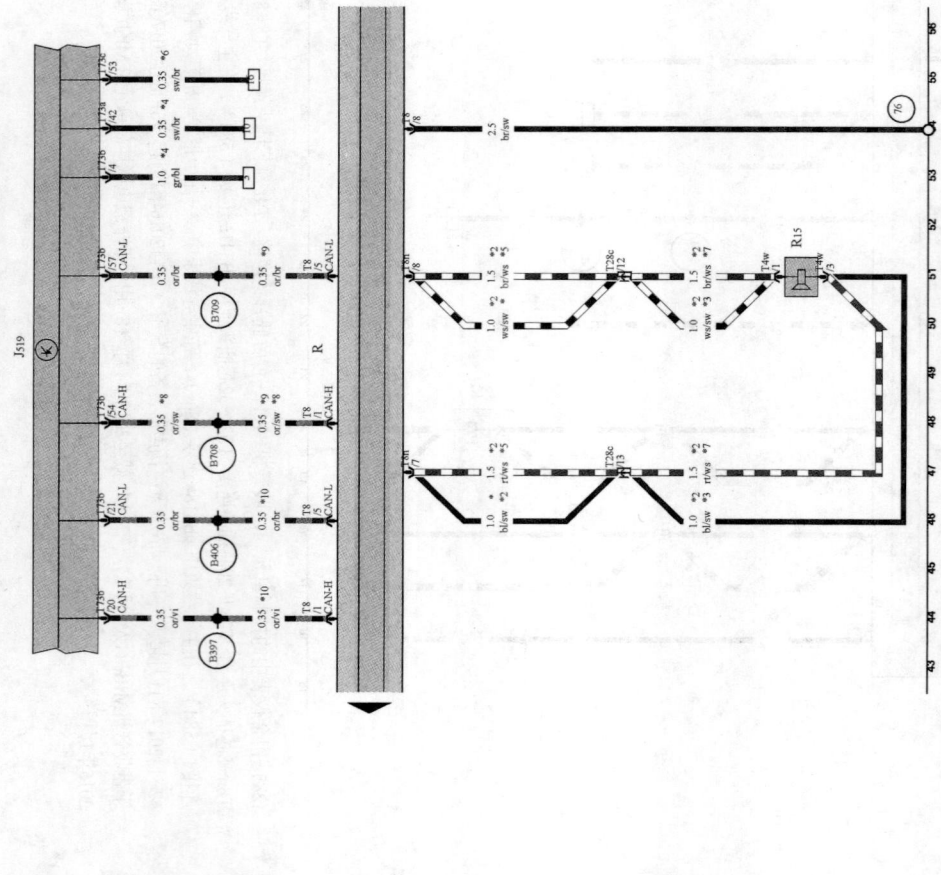

车载电网控制单元，收音机，左后低音扬声器

收音机，左前高音扬声器，左前低音扬声器

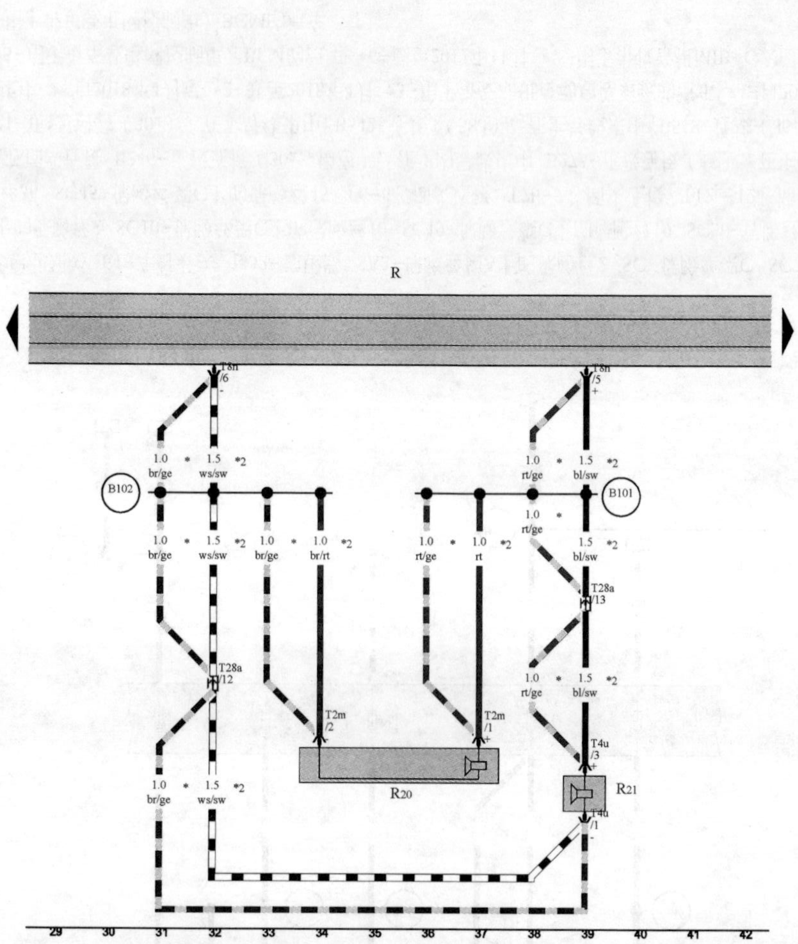

图 2-4-67

J519-车载电网控制单元　R-收音机　R15-左后低音扬声器　T4w-4芯插头连接　T8-8芯插头连接　T8n-8芯插头连接　T28c-28芯插头连接　T73a-73芯插头连接　T73b-73芯插头连接　T73c-73芯插头连接　76-换挡操纵机构附近的接地点　B397-连接1（舒适CAN总线，High），在主导线束中　B406-连接1（舒适CAN总线，Low），在主导线束中　B708-连接1（组合仪表CAN总线，High），在主导线束中　B709-连接1（组合仪表CAN总线，Low），在主导线束中　*1-自2017年11月起　*2-用于带6个扬声器装备的汽车　*3-自2016年1月起　*4-用于带车载电网控制单元BCM的汽车　*5-截至2017年11月　*6-用于带无源扬声器的汽车　*7-截至2016年1月　*8-号线颜色取决于车载电网控制单元BCM　*9-用于带收音机MIB-G标准型的汽车　*10-选装装备

图 2-4-66

R-收音机　R20-左前高音扬声器　R21-左前低音扬声器　T2m-2芯插头连接　T4u-4芯插头连接　T8n-8芯插头连接　T28a-28芯插头连接　B101-连接（正极，左前侧扬声器），在主导线束中　B102-连接（负极，左前侧扬声器），在主导线束中　*1-自2017年11月起　*2-截至2017年11月

172

大灯清洗装置继电器，大灯清洗装置泵

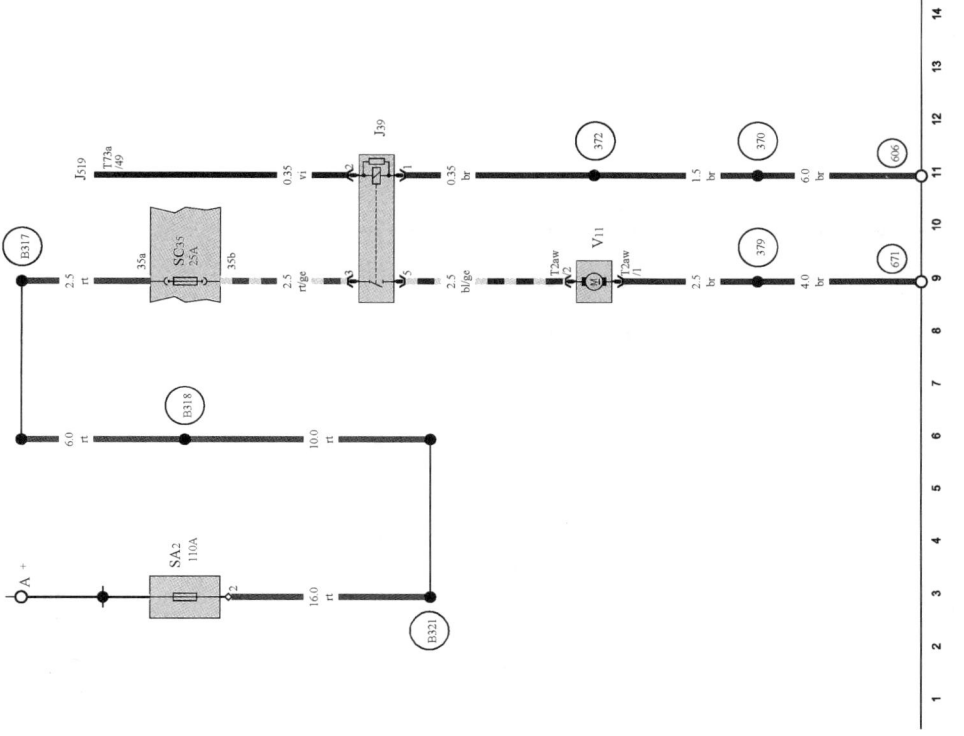

A-蓄电池 J39-大灯清洗装置继电器 J519-车载电网控制单元 SA2-保险丝架A上的保险丝2 SC35-保险丝架C上的保险丝35 T2aw-2芯插头连接 T73a-73芯插头连接 V11-大灯清洗装置泵 370-接地连接5，在主导线束中 372-接地连接7，在主导线束中 379-接地连接14，接地点1，左前纵梁上 B317-正极连接3（30a），在主导线束中 606-接地点，在中控台下面，变速杆附近 671-接地点1，左前纵梁上 B318-正极连接7（30a），在主导线束中 B321-正极连接4（30a），在主导线束中

图 2-4-69

收音机，天线，右前高音扬声器，右前低音扬声器，天线放大器

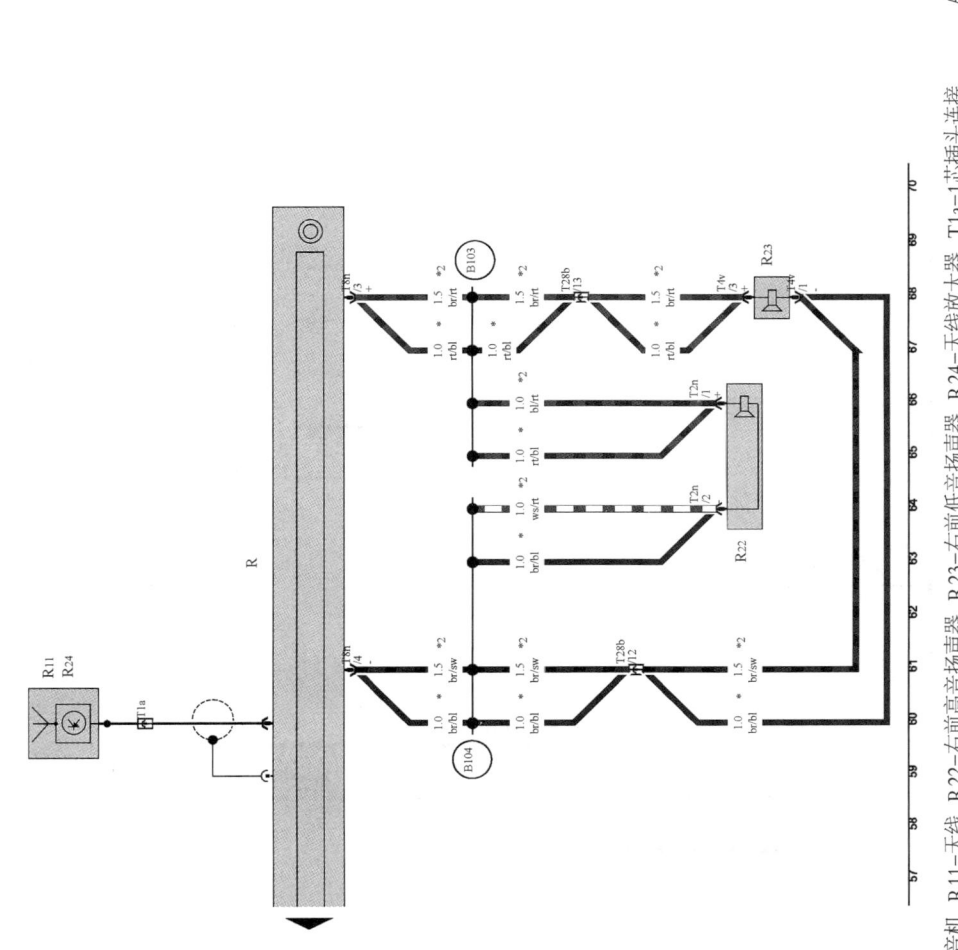

R-收音机 R11-天线 R22-右前高音扬声器 R23-右前低音扬声器 R24-天线放大器 T1a-1芯插头连接 T2n-2芯插头连接 T4v-4芯插头连接 T8n-8芯插头连接 T28b-28芯插头连接 B103-连接（正极，扬声器），在主导线束中 B104-连接（负极，扬声器），在主导线束中 *2-自2017年11月起 *2-截至2017年11月

图 2-4-68

173

保险丝架上的保险丝

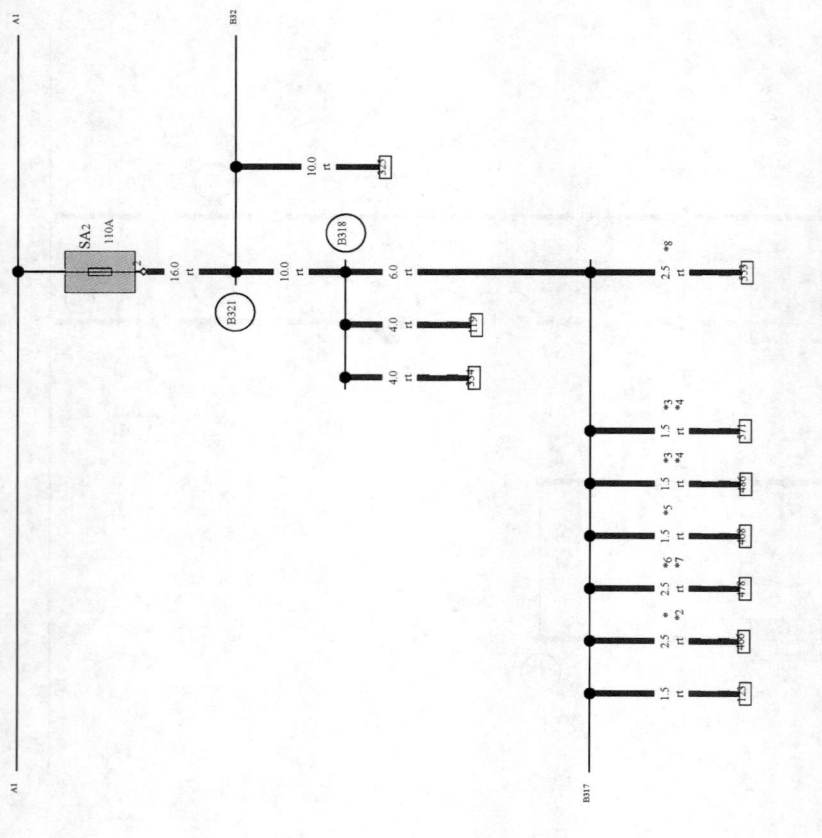

SA2-保险丝架A上的保险丝2 B317-正极连接2 B318-正极连接4（30a），在主导
线束中 B321-正极连接7（30a），在主导线束中 *-用于不带发动机自动启停系统的汽车 *2-自2018年4
月起 *3-用于带回家照明功能的汽车 *4-用于带大灯照明距离调节的汽车 *5-截至2018年4月 *6-用于带
自动变速器的汽车 *7-用于带双离合器变速器的汽车 *8-用于带折叠式滑动天窗的汽车

图 2-4-71

蓄电池

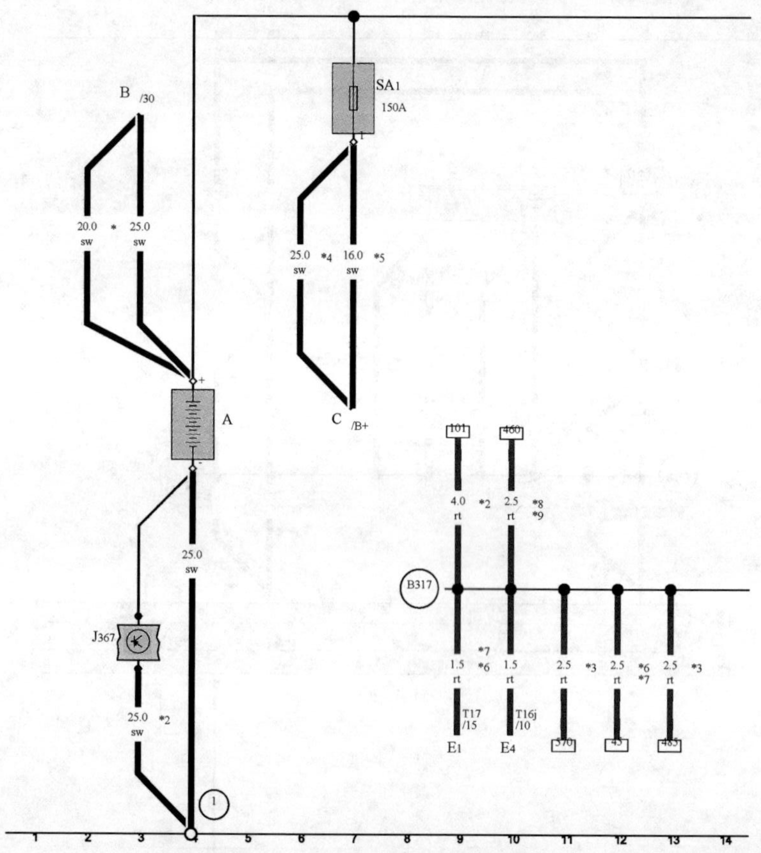

A-蓄电池 B-启动机 C-交流发电机 E1-车灯开关 E4-手动远光灯功能和远光灯瞬时接通功能开关
J367-蓄电池监控制单元 SA1-保险丝架A上的保险丝1 T16j-16 芯插头连接 T17-17芯插头连接 1-接
地带，蓄电池-车身 B317-正极连接3（30a），在主导线束中 *-用于带1.5L汽油发动机的汽车 *2-用于
带发动机自动启停系统的汽车 *3-用于带自动大灯照明距离调节的汽车 *4-用于Polo GTI *5-不适用于
Polo GTI *6-用于不带回家照明功能的汽车 *7-截至2018年4月 *8-用于带大灯清洗装置的汽车 *9-依汽
车装备而定

图 2-4-70

174

大灯清清洗装置继电器，近光灯继电器，车载电网控制单元

车载电网控制单元

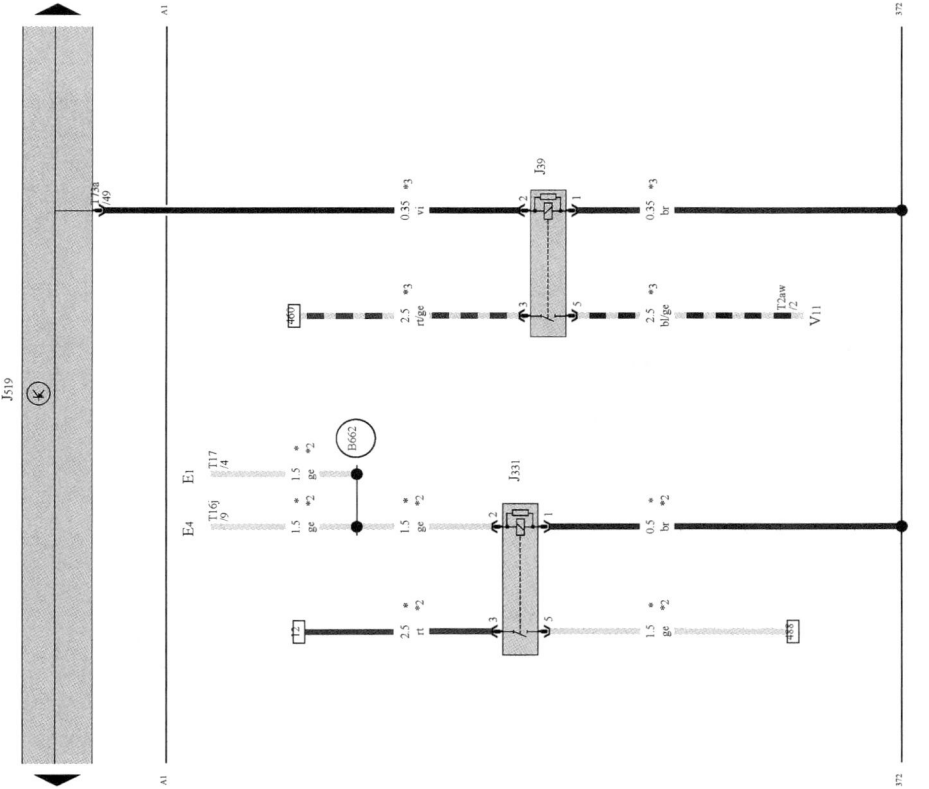

E1-车灯开关 E4-手动远光灯功能和远光灯瞬时接通功能开关 J39-大灯清洗装置继电器 J331-近光灯继电器 T16j-16芯插头连接 T17-17芯插头连接 T73a-73芯插头连接 V11-大灯清洗装置泵 372-接地连接7，在主导线束中 B662-连接2（56b），在主导线束中 *-用于带大灯清洗装置的汽车 *2-截至2018年4月不带大灯清洗装置的汽车 *3-用于带大灯清洗装置的汽车

图 2-4-73

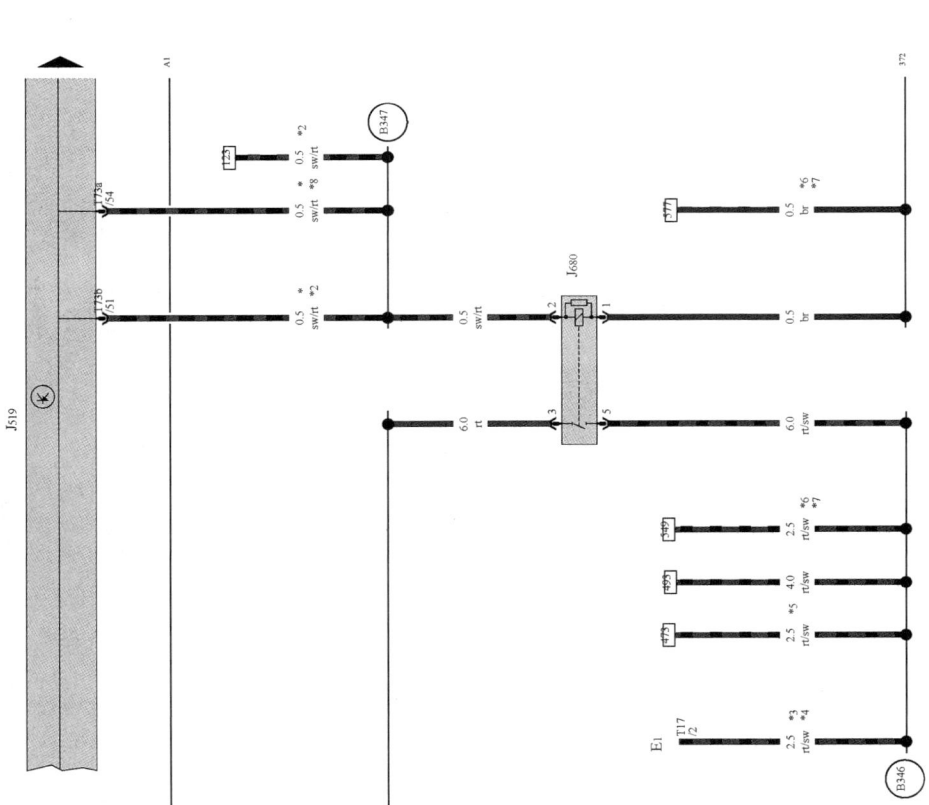

图 2-4-72

E1-车灯开关 J519-车载电网控制单元 J680-供电继电器 J680-供电继电器1，接线端75 T17-17芯插头连接 T73a-73芯插头连接 T73b-73芯插头连接 T73b-73芯插头连接 372-接地连接7，在主导线束中 B321-正极连接（30a），在主导线束中 B346-连接1（75），在主导线束中 B347-连接2（75），在主导线束中 *-用于带车载电网控制单元BCM的汽车 *2-用于不带发动机自动启停系统的汽车 *3-用于不带回家照明功能的汽车 *4-截至2018年4月的汽车 *5-用于带发动机自动启停系统的汽车 *6-不适用于Polo GTI *7-用于带氙气大灯的汽车 *8-用于带发动机自动启停系统的汽车

175

车载电网控制单元

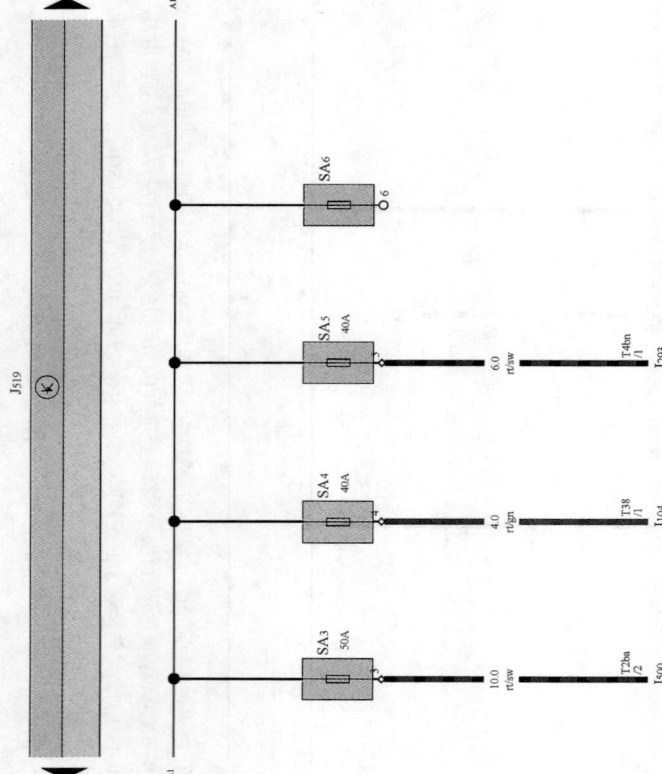

图 2-4-75

J104－ABS控制单元 J293－散热器风扇向控制单元 J500－助力转向控制单元 J519－车载电网控制单元 SA3－保险丝架A上的保险丝3 SA4－保险丝架A上的保险丝4 SA5－保险丝架A上的保险丝5 SA6－保险丝架A上的保险丝6 T2ba－2芯插头连接 T4n－4芯插头连接 T4bn－4芯插头连接 T38－38芯插头连接

空调器继电器，启动机继电器，车载电网控制单元

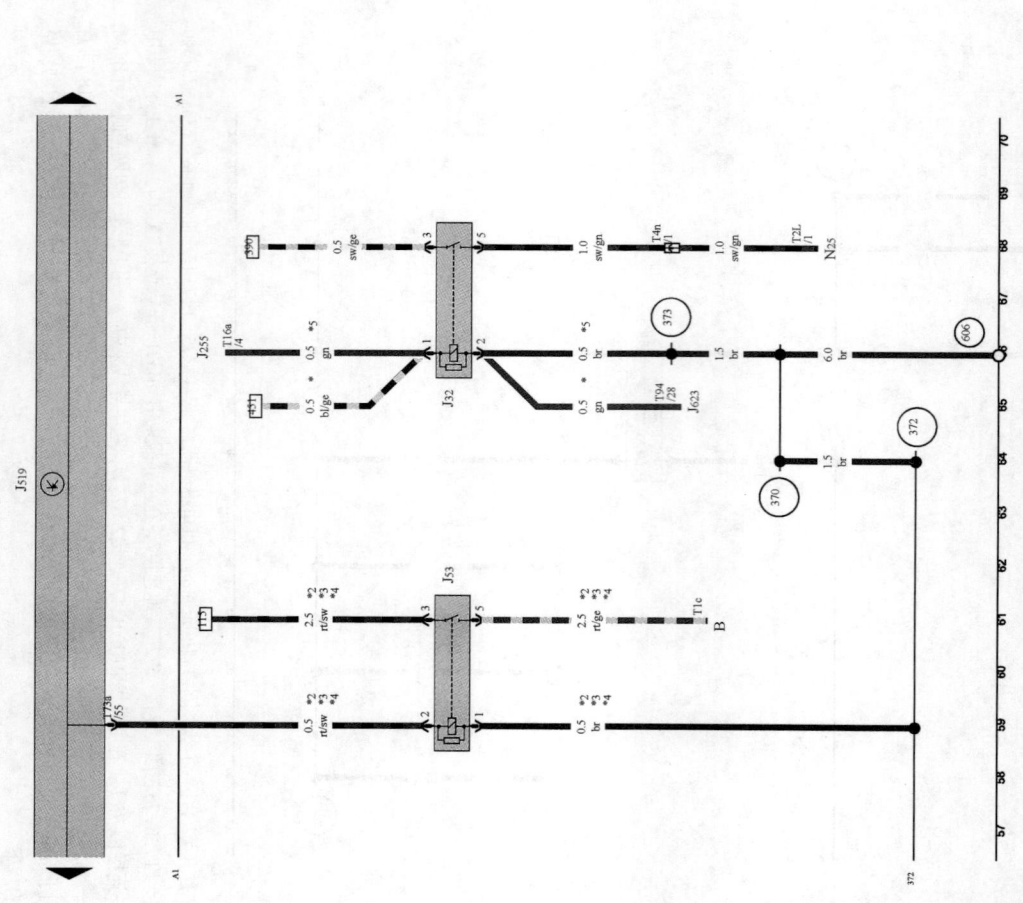

图 2-4-74

B－启动机 J32－空调控制单元 J53－启动机继电器 J255－全自动空调控制单元 J519－车载电网控制单元 J623－发动机控制单元 N25－空调电磁离合器 T1c－1芯插头连接 T2L－2芯插头连接 T4n－4芯插头连接 T16a－16芯插头连接 T73a－73芯插头连接 T94－94芯插头连接 370－接地连接5，在主导线束中 372－接地连接7，在主导线束中 373－接地连接8，在主导线束中 606－中控台下面，变速杆附近的接地点 *1－用于手动调节空调的汽车 *2－用于带自动变速器的汽车 *3－用于带双离合器变速器的汽车 *4－用于不带发动机自动启停系统的汽车 *5－用于带全自动空调的汽车

176

车载电网控制单元，启动机继电器 1，启动机继电器 2

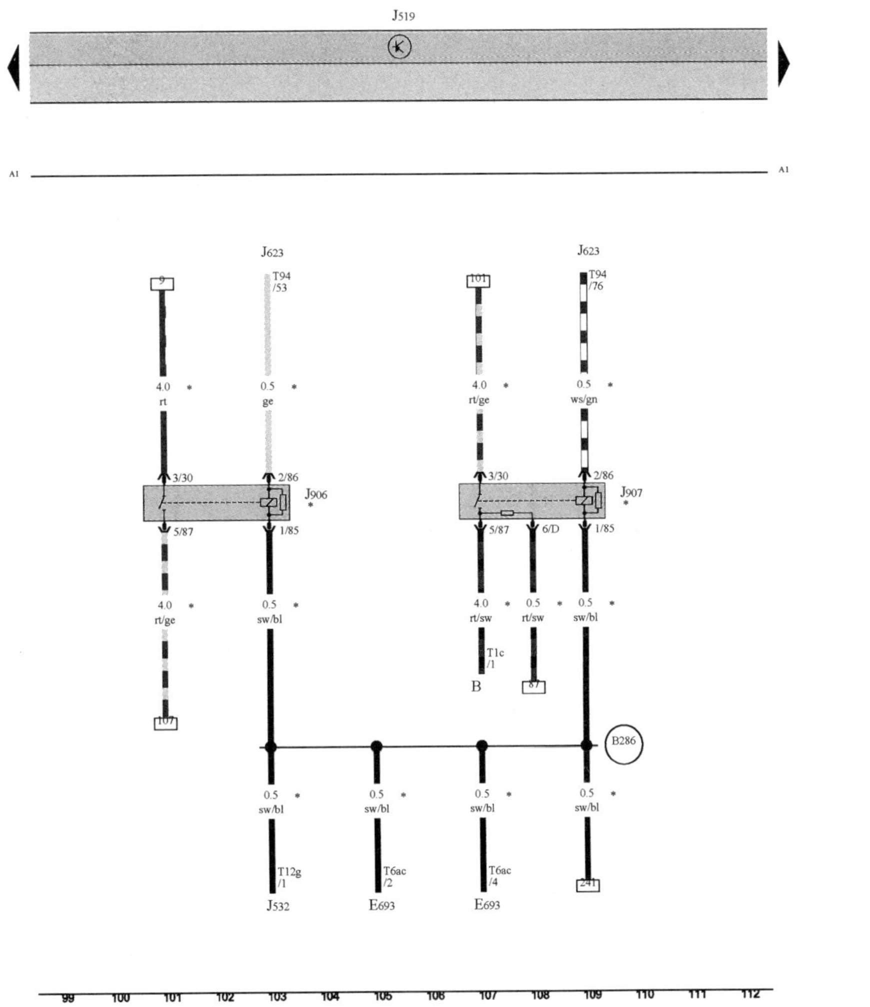

燃油泵继电器，车载电网控制单元

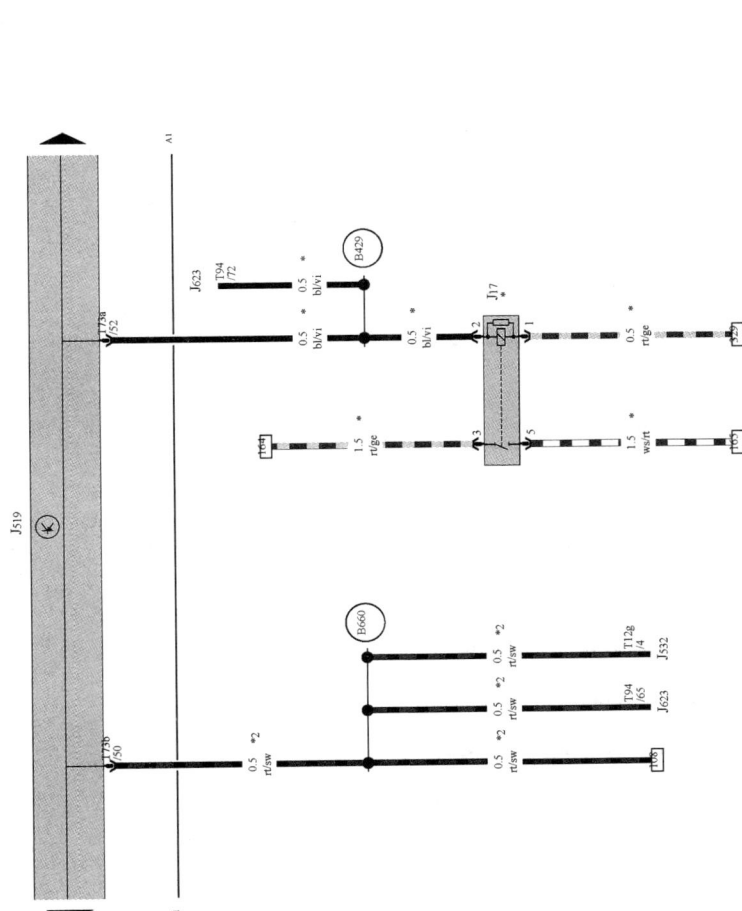

图 2-4-76

J17-燃油泵继电器 J519-车载电网控制单元 J532-稳压器 J623-发动机控制单元 T12g-12芯插头连接 T73a-73芯插头连接 T73b-73芯插头连接 T94-94芯插头连接 B429-连接 B660-连接 *-用于带1.5L汽油发动机的汽车 *2-用于带发动机自动启停系统的汽车 (接线端50诊断)，在主导线束中

图 2-4-77

B-启动机 E693-启动/停止模式按钮 J519-车载电网控制单元 J532-稳压器 J623-发动机控制单元 J906-启动机继电器1 J907-启动机继电器2 T1c-1芯插头连接 T6ac-6芯插头连接 T12g-12芯插头连接 T94-94芯插头连接 B286-正极连接 *-用于带发动机自动启停系统的汽车 芯插头连接 B286-正极连接10 (15a)，在主导线束中

177

车载电网控制单元

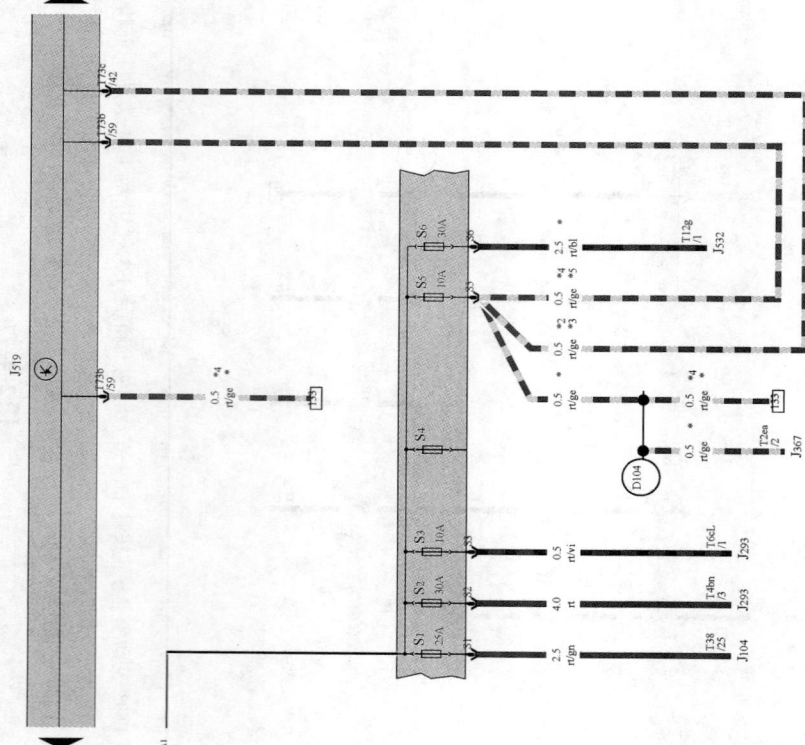

图 2-4-79

J104—ABS控制单元 J293—散热器风扇控制单元 J367—蓄电池监控控制单元 J519—车载电网控制单元 J532—
稳压器 S1—保险丝架内的保险丝1 S2—保险丝架内的保险丝2 S3—保险丝架内的保险丝3 S4—保险丝架内
的保险丝4 S5—保险丝架内的保险丝5 S6—保险丝架内的保险丝6 T2ea—2芯插头连接 T4bn—4芯插头连接
T6cL—6芯插头连接 T12g—12芯插头连接 T38—38芯插头连接 T73b—73芯插头连接 T73c—73芯插头连接
D104—正极连接2（30a），在发动机舱导线束中 *—用于带发动机自动启停系统的汽车 *2—用于带车载电
网控制单元BFM的汽车 *3—截至2018年4月 *4—用于带车载电网控制单元BCM的汽车 *5—用于不带发动
机自动启停系统的汽车

点火启动开关，车载电网控制单元

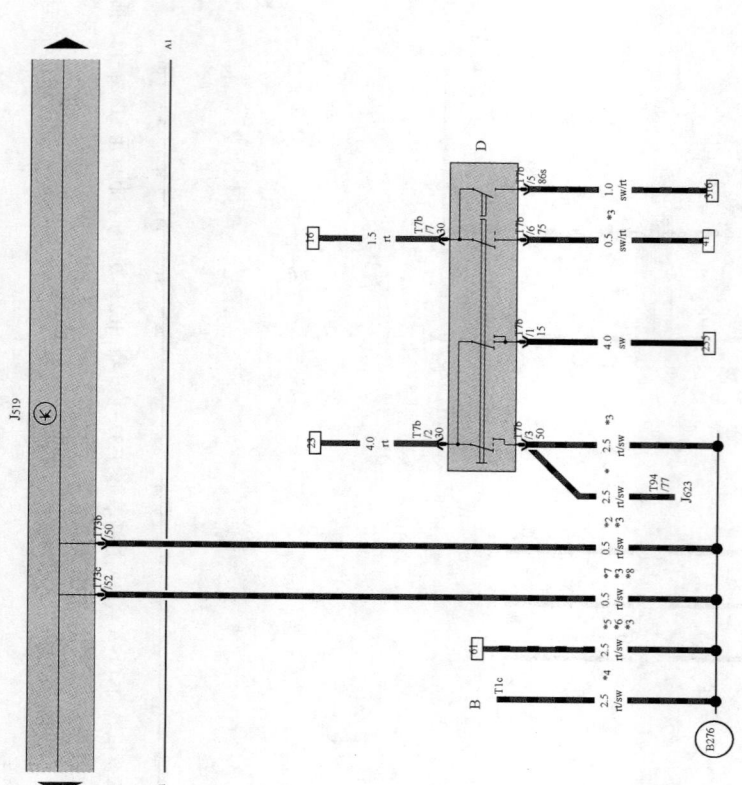

图 2-4-78

B—启动机 D—点火启动开关 J519—车载电网控制单元 J623—发动机控制单元 T1c—1芯插头连接 T7b—7芯
插头连接 T73b—73芯插头连接 T73c—73芯插头连接 T94—94芯插头连接 B276—正极连接（50），在主导
线束中 *—用于带发动机自动启停系统的汽车 *2—用于带车载电网控制单元BCM的汽车 *3—用于不带发
动机自动启停系统的汽车 *4—用于带手动变速器的汽车 *5—用于带自动变速器的汽车 *6—用于带双离合
器变速器的汽车 *7—用于带车载电网控制单元BFM的汽车 *8—截至2018年4月

178

车载电网控制单元

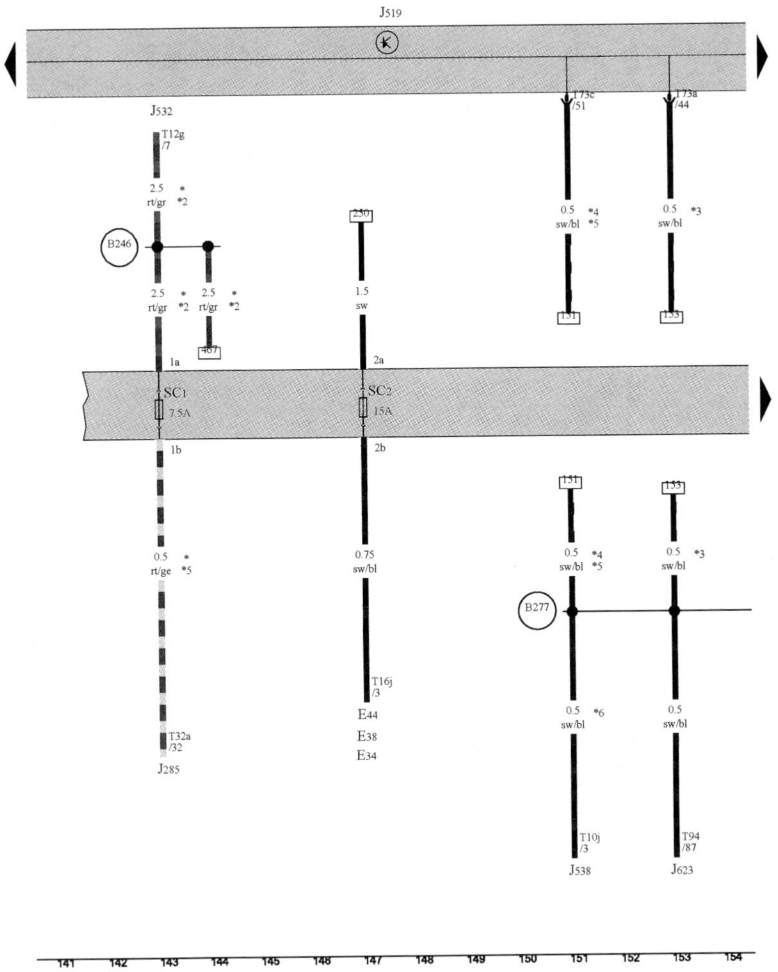

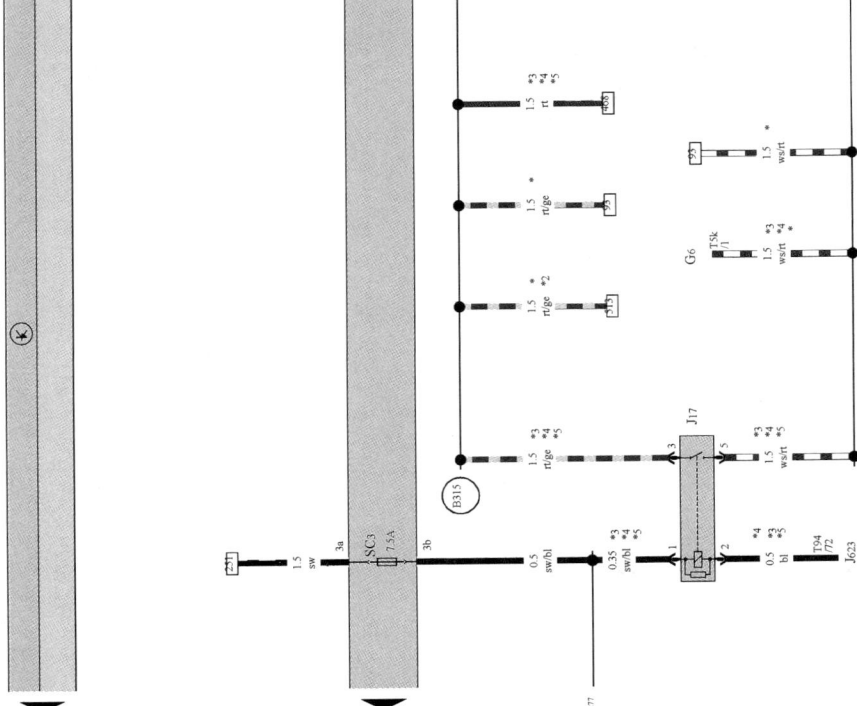

燃油泵继电器，车载电网控制单元

图 2-4-81

图 2-4-80

E34-后窗玻璃刮水器开关　E38-车窗玻璃刮水器间歇运行调节器　E44-车窗玻璃清洗泵开关（自动刮水/清洗装置和大灯清洗装置）J285-组合仪表中的控制单元　J519-车载电网控制单元　J532-稳压器　J538-燃油泵控制单元　J623-发动机控制单元　SC1-保险丝架C上的保险丝1　SC2-保险丝架C上的保险丝2　T10j-10芯插头连接　T12g-12芯插头连接　T16j-16芯插头连接　T32a-32芯插头连接　T73a-73芯插头连接　T73c-73芯插头连接　T94-94芯插头连接　B246-正极连接　B277-正极连接（30a，稳态），在车内导线束中　*2-自2018年4月起的汽车　*3-用于带车载电网控制单元BCM的汽车　*5-截至2018年4月　*6-用于带发动机自动启停系统的汽车　*-用于带发动机自动启停装置的汽油发动机

G6-预供给燃油泵　J17-燃油泵继电器　J519-车载电网控制单元　T94-94芯插头连接　T5k-5芯插头连接　B277-正极插头连接3（87a），在主导线束中　B315-正极连接1　SC3-保险丝架C上的保险丝3　B315-正极连接1（15a），在主导线束中　B352-正极连接3（87a），在主导线束中　*-用于带1.5L汽油发动机的汽车　*2-自2018年4月起　*3-用于带1.4L发动机的汽车　*4-用于带1.6L发动机的汽车　*5-截至2018年4月

179

车载电网控制单元

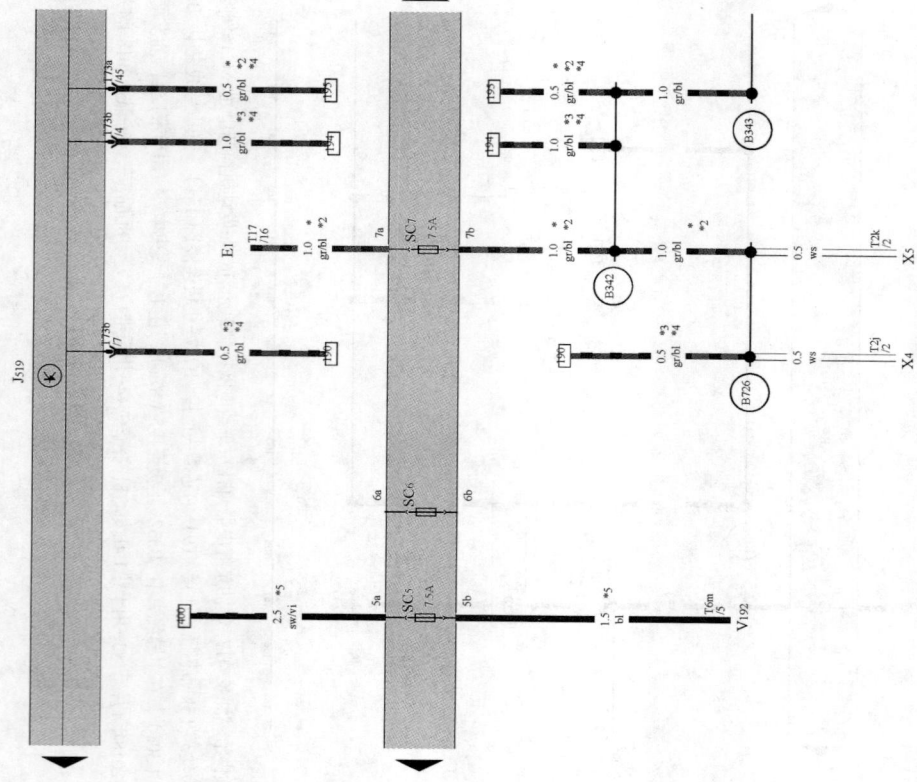

E1-车灯开关 J519-车载电网控制单元 SC5-保险丝架C上的保险丝5 SC6-保险丝架C上的保险丝6 SC7-保险丝架C上的保险丝7 T2j-2芯插头连接 T2k-2芯插头连接 T6m-6芯插头连接 T17-17芯插头连接 T73a-73芯插头连接 T73b-73芯插头连接 V192-制动器真空泵 X4-左侧牌照灯 X5-右侧牌照灯 B342-连接3（58d），在主导线束中 B343-连接4（58d），在主导线束中 B726-正极连接2（58），在主导线束中 *-用于带回家照明功能的汽车 *2-截至2018年4月 *3-用于带回家照明功能的汽车 *4-用于不带回家照明功能的汽车 *5-用于带双离合器变速器的汽车 中电网控制单元BCM的汽车

图2-4-83

车载电网控制单元，燃油供应继电器

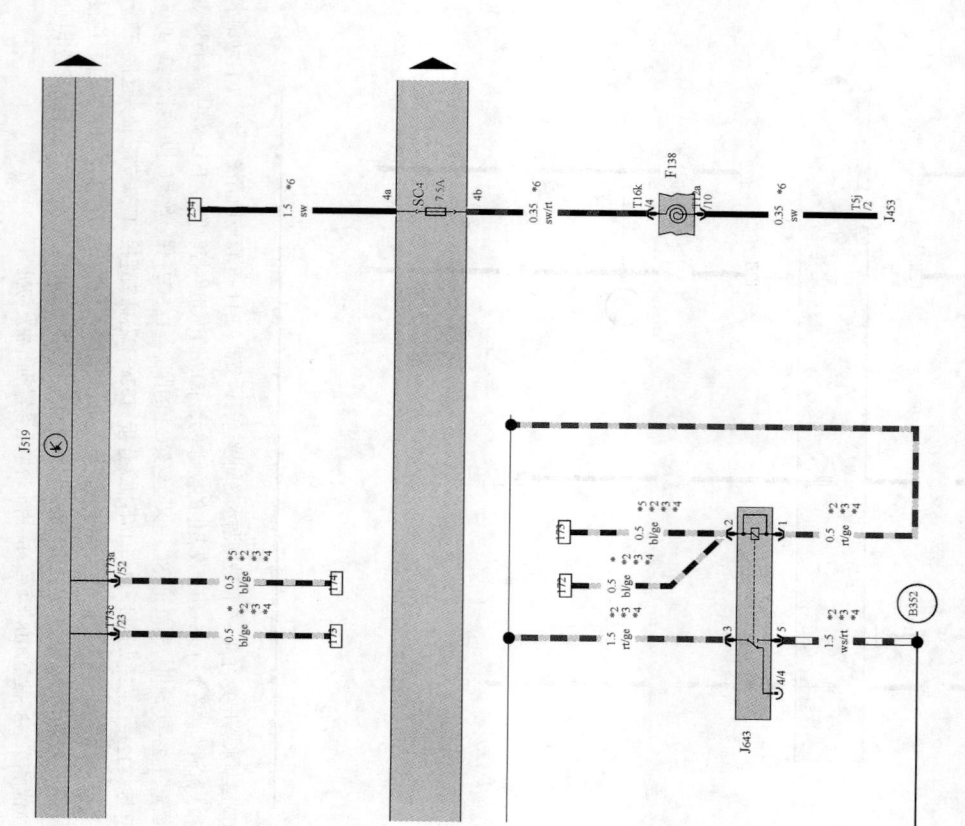

F138-安全气囊卷簧和带滑环带的复位环 J453-多功能方向盘控制单元 J519-车载电网控制单元 J643-燃油供应继电器 SC4-保险丝架C上的保险丝4 T5j-5芯插头连接 T16k-16芯插头连接 T12a-12芯插头连接 接 T73c-73芯插头连接 T73a-73芯插头连接 B315-正极连接1（30a），在主导线束中 B352-正极连接3（87a），在主导线束中 *-用于带车载电网控制单元BFM的汽车 *2-用于带1.4L发动机的汽车 *3-用于带1.6L发动机的汽车 *4-截至2018年4月 *5-用于带双载电网控制单元BCM的汽车 *6-用于带多功能方向盘的汽车

图2-4-82

180

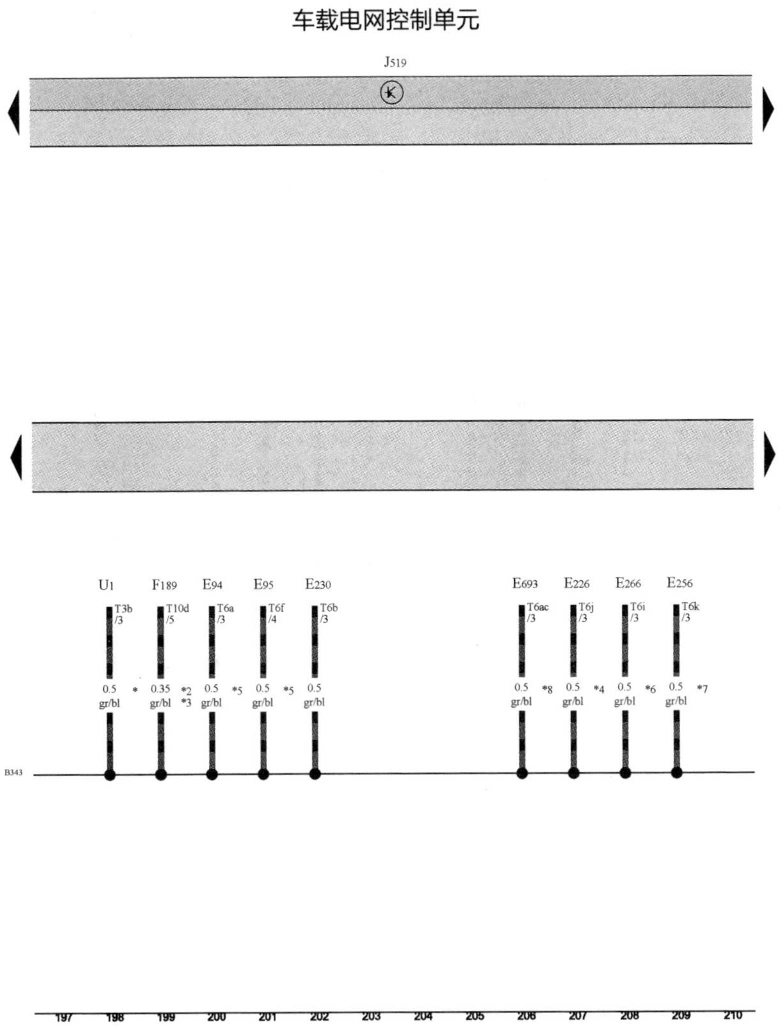

车载电网控制单元

J519

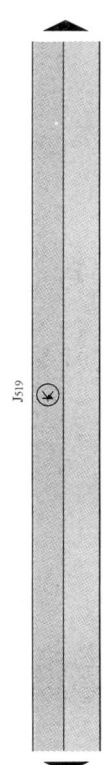

车载电网控制单元

J519

E94—可加热驾驶员座椅调节器 E95—可加热副驾驶员座椅调节器 E226—ASR和电子稳定程序按钮 E230—可加热后窗玻璃按钮 E256—轮胎压力监控按钮 E266—泊车雷达系统按钮 E693—启动/停止模式按钮 F189—Tiptronic开关 J519—车载电网控制单元 T3b—3芯插头连接 T6a—6芯插头连接 T6ac—6芯插头连接 T6f—6芯插头连接 T6i—6芯插头连接 T6j—6芯插头连接 T6k—6芯插头连接 T10d—10芯插头连接 U1—点烟器 B343—连接4（58d），在主导线束中 *—截至2018年4月 *2—用于带自动变速器的汽车 *3—用于带双离合器变速器的汽车 *4—用于带电子稳定程序（ESP）的汽车 *5—用于带座椅加热系统的汽车 *6—用于带泊车雷达系统（前/后）的汽车 *7—用于Polo GTI *8—用于带发动机自动启停系统的汽车

图 2-4-84

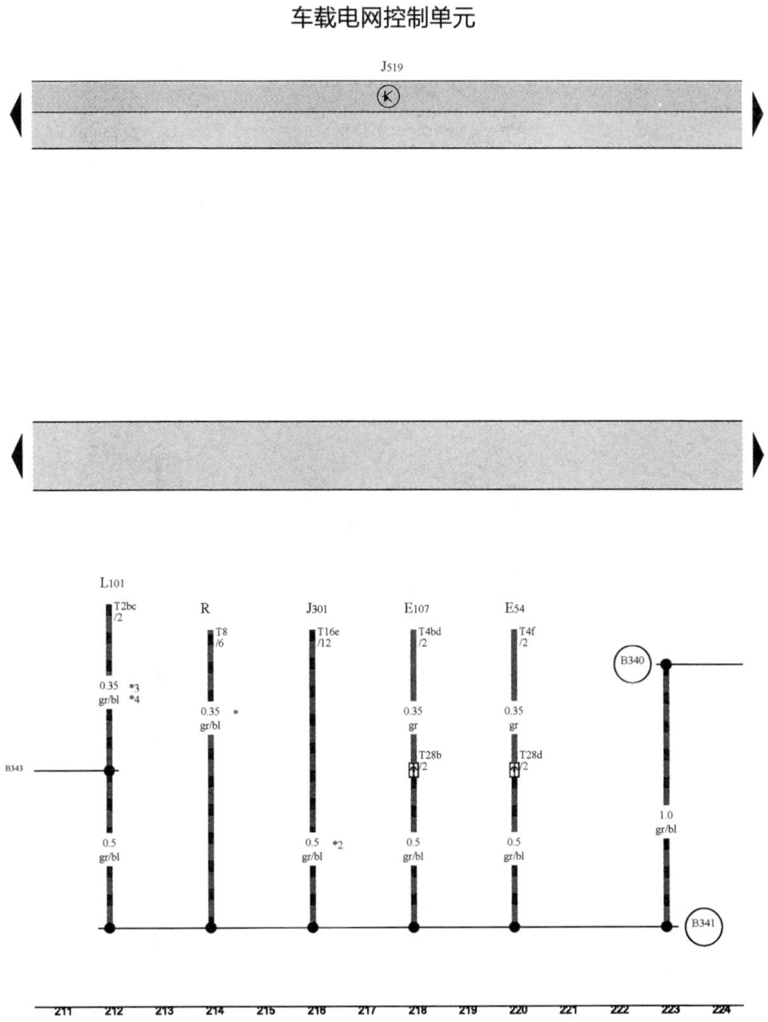

E54—右后车门车窗升降器开关 E107—副驾驶员车门中的车窗升降器开关 J301—空调器控制单元 J519—车载电网控制单元 L101—排挡杆挡位指示照明灯 R—收音机 T2bc—2芯插头连接 T4bd—4芯插头连接 T4f—4芯插头连接 T8—8芯插头连接 T16c—16芯插头连接 T28b—28芯插头连接 T28d—28芯插头连接 B340—连接1（58d），在主导线束中 B341—连接2（58d），在主导线束中 B343—连接4（58d），在主导线束中 *—用于收音机LMIB-G入门型的汽车 *2—用于带手动调节空调的汽车 *3—用于带自动变速器的汽车 *4—见自动变速器所适用的电路图

图 2-4-85

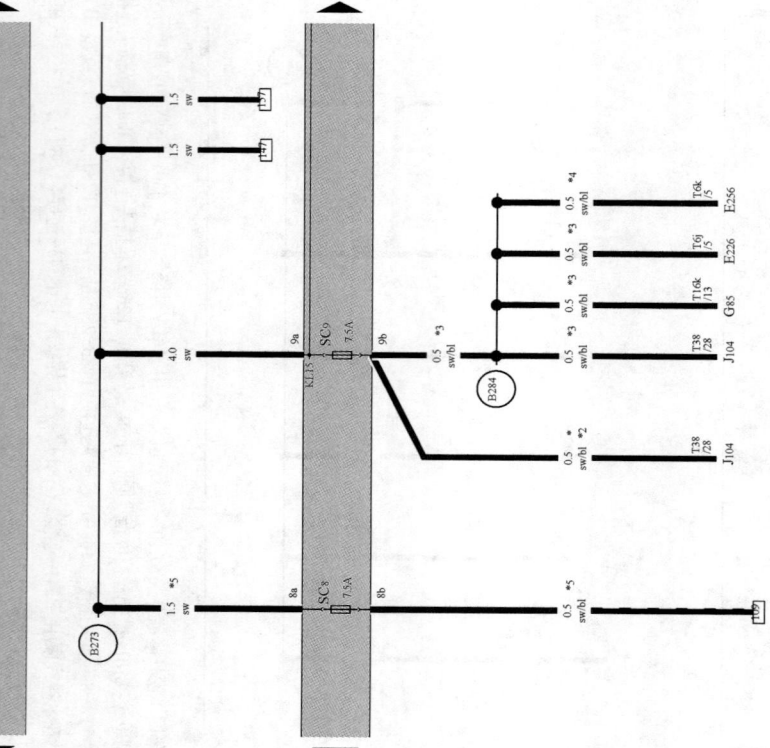

车载电网控制单元

图 2-4-87

E226-轮胎压力监控按钮 E256-ASR和电子稳定程序按钮 G85-转向角传感器 J104-ABS控制单元 J519-车载电网控制单元 SC8-保险丝架C上的保险丝8 SC9-保险丝架C上的保险丝9 T6j-6芯插头连接 T6k-6芯插头连接 T16k-16芯插头连接 T38-38芯插头连接 B273-正极连接 B284-正极 在主导线束中 连接8（15a），在主导线束中 *-用于带ABS的汽车 *2-截至2018年4月 *3-用于带电子稳定程序（ESP）的汽车 *4-用于Polo GTI *5-用于带发动机自动启停系统的汽车

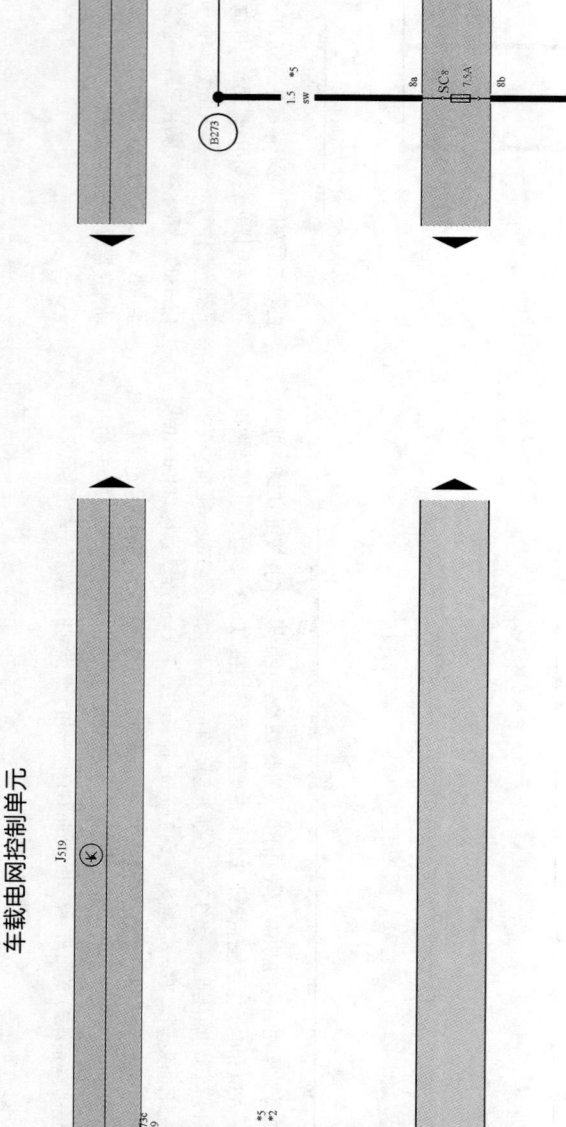

车载电网控制单元

图 2-4-86

E1-车灯开关 E40-前左车窗升降器 E43-后视镜调节开关 E52-左后车门内的车窗升降器开关 E102-大灯照明距离调节器 E308-驾驶员侧车内上锁按钮 J519-车载电网控制单元 T4c-4芯插头连接 T4s-4芯插头连接 T7a-7芯插头连接 T10g-10芯插头连接 T10h-10芯插头连接 T10r-10芯插头连接 T17-17芯插头连接 T28a-28芯插头连接 T28c-28芯插头连接 T73c-73芯插头连接 B340-连接1（58d） R81-连接1（58d），在主导线束中 *-用于门电缆导线束中 *2-截至2018年4月 *3-用于带回家照明功能的汽车 *4-用于带大灯照明距离调节的汽车 *5-用于带车载电网控制单元BFM的汽车

182

车载电网控制单元   车载电网控制单元

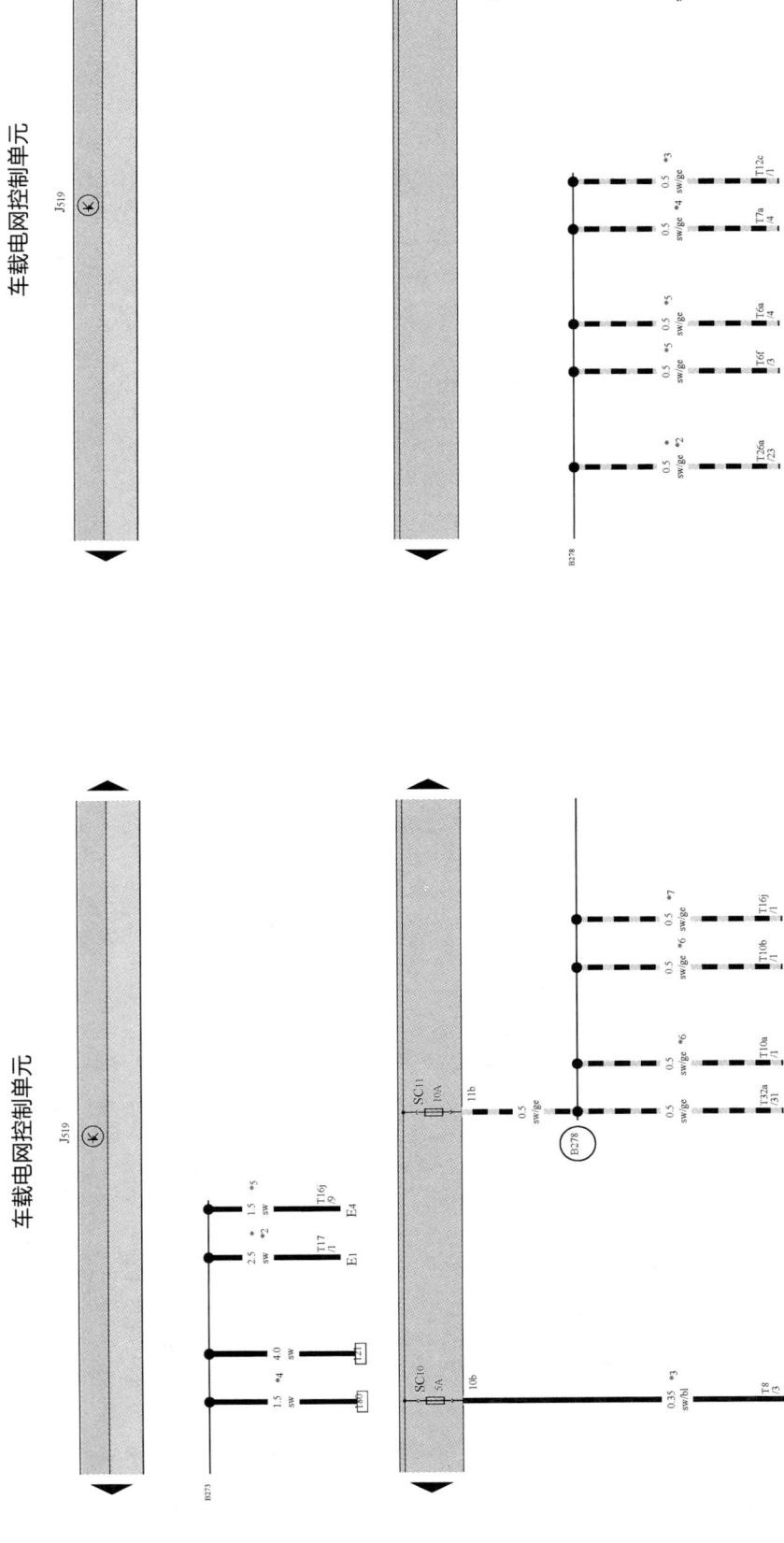

图2-4-88

E1-车灯开关 E4-手动远光灯功能和远光灯瞬时接通功能开关 E45-定速巡航装置开关 J285-组合仪表中的控制单元 J519-车载电网控制单元 R-收音机 SC10-保险丝架C上的保险丝10 SC11-保险丝架C上的保险丝11 T8-8芯插头连接 T10a-10芯插头连接 T16j-16芯插头连接 T17-17芯插头连接 T32a-32芯插头连接 V48-左侧大灯照明距离调节伺服电机 V49-右侧大灯照明距离调节伺服电机 B273-正极连接(15)，在主导线束中 B278-正极连接2 (15a)，在主导线束中 *-用于不带回家照明功能的汽车 *2-截至2018年4月 *3-用于带收音机MIB-G入门型的汽车 *4-用于带多功能方向盘的汽车 *5-用于带回家照明功能的汽车 *6-用于带大灯照明距离调节的汽车 *7-用于带定速巡航装置的汽车

图2-4-89

E43-后视镜调节开关 E95-可加热副驾驶员座椅调节器 E102-大灯照明距离调节器 E519-车载电网控制单元 J745-弯道灯和大灯照明距离调节单元 J869-机械振动控制单元 SC12-保险丝架C上的保险丝12 T6a-6芯插头连接 T6f-6芯插头连接 T7a-7芯插头连接 T10r-10芯插头连接 T12c-12芯插头连接 T26a-26芯插头连接 T28a-28芯插头连接 B278-正极连接2 (15a)，在主导线束中 *-用于带自动大灯照明距离调节的汽车 *2-截至2018年4月 *3-用于Polo GTI *4-用于带大灯照明距离调节的汽车 *5-用于带座椅加热的汽车

车载电网控制单元

J519

车载电网控制单元

J519

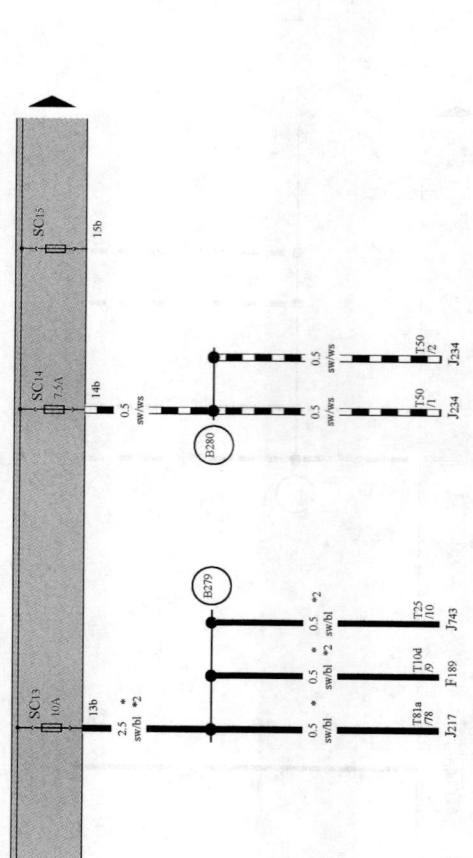

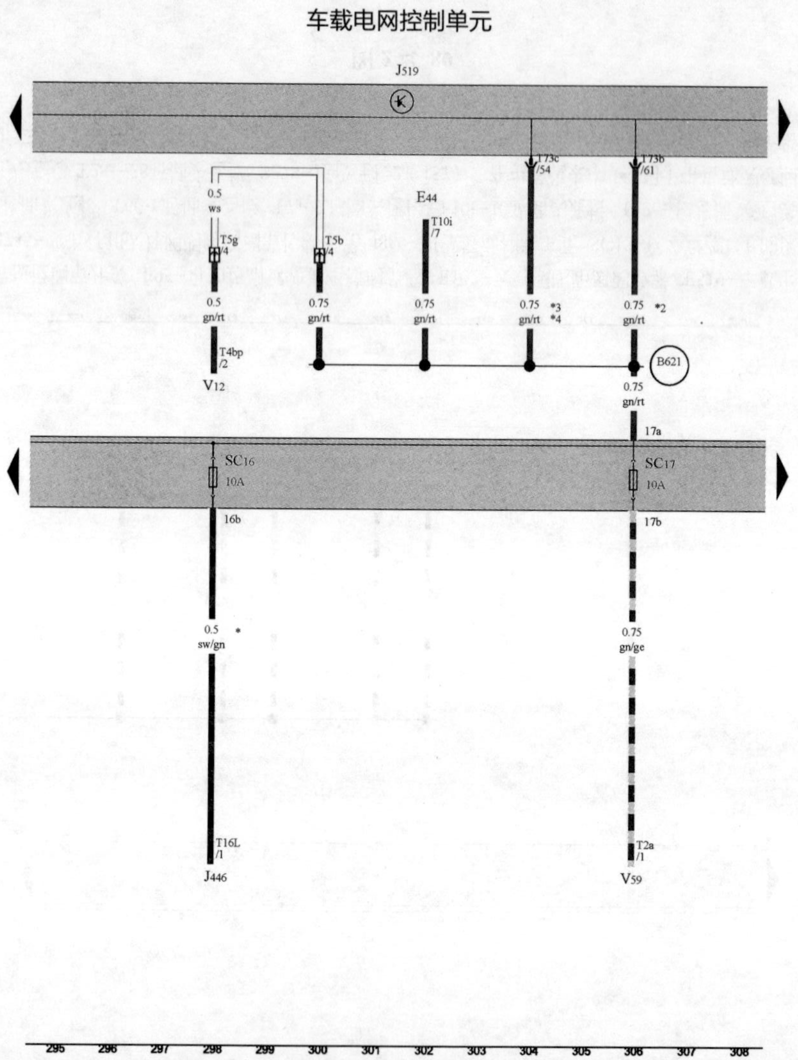

E44－车窗玻璃清洗泵开关（自动刮水/清洗装置和大灯清洗装置）　J446－泊车雷达系统控制单元　J519－车载电网控制单元　SC16－保险丝架C上的保险丝16　SC17－保险丝架C上的保险丝17　T2a－2芯插头连接　T4bp－4芯插头连接　T5b－5芯插头连接　T5g－5芯插头连接　T10i－10芯插头连接　T16L－16芯插头连接　T16L－16芯插头连接　T73b－73芯插头连接　T73c－73芯插头连接　V12－后窗玻璃刮水器电机　V59－前后窗玻璃清洗泵　B621－连接1（53c），在主导线束中　＊－用于泊车雷达系统（PDC）的汽车　＊2－用于带车载电网控制单元BCM的汽车　＊3－用于带车载电网控制单元BFM的汽车　＊4－截至2018年4月

图 2-4-91

F189－Tiptronic开关　J217－自动变速器控制单元　J234－安全气囊控制单元　J743－双离合器变速器机电装置　J519－车载电网控制单元　SC13－保险丝架C上的保险丝13　SC14－保险丝架C上的保险丝14　SC15－保险丝架C上的保险丝15　T10d－10芯插头连接　T25－25芯插头连接　T50－50芯插头连接　T81a－81芯插头连接　B279－正极连接3（15a），在主导线束中　B280－正极连接4（15a），在主导线束中　＊－用于带自动变速器的汽车　＊2－用于带双离合器变速器的汽车

图 2-4-90

主继电器，车载电网控制单元

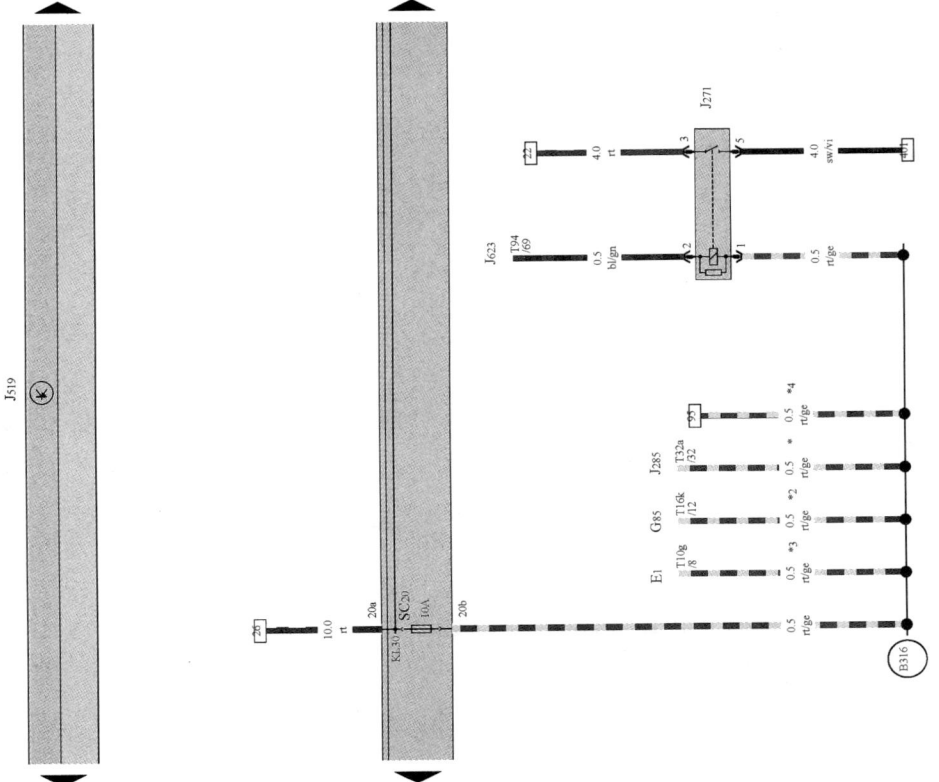

图 2-4-93

E1-车灯开关 G85-转向角传感器 J271-主继电器 J285-组合仪表中的控制单元 J519-车载电网控制单元
J623-发动机控制单元 SC20-保险丝架C上的保险丝20 T10g-10芯插头连接 T16k-16芯插头连接 T32a-
32芯插头连接 T94-94芯插头连接 B316-正极连接 *-用于不带发动机自动启停 *4-用于带1.5L汽油
系统的汽车 *2-用于带电子稳定程序（ESP）的汽车 *3-用于带回家照明功能的汽车
发动机的汽车

车载电网控制单元

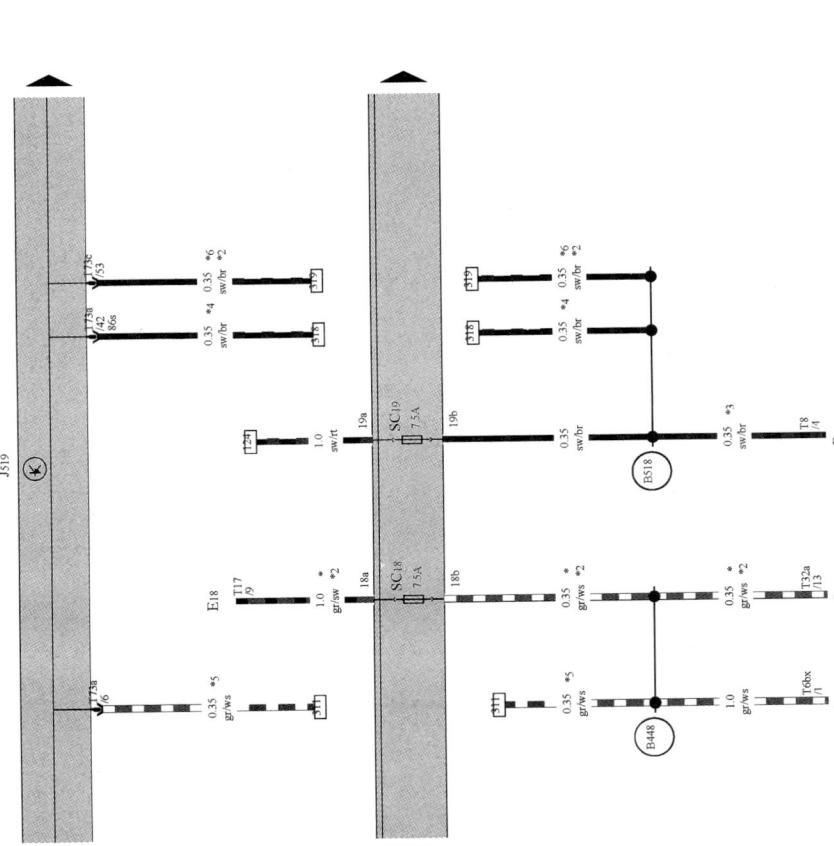

图 2-4-92

E18-后雾灯开关 J285-组合仪表中的控制单元 J519-车载电网控制单元 L46-左侧后雾灯灯泡 R-收音
机 SC18-保险丝架C上的保险丝18 SC19-保险丝架C上的保险丝19 T6bx-6芯插头连接 T8-8芯插头连
接 T17-17芯插头连接 T32a-32芯插头连接 T73a-73芯插头连接 T73c-73芯插头连接 B448-连接（后雾
灯），在主导线束中 B518-连接（86s），在主导线束中 *-用于不带回家照明功能的汽车 *2-截至2018
年4月 *3-用于带收音机MIB-G入门型的汽车 *4-用于带车载电网控制单元BCM的汽车 *5-用于带回家
照明功能的汽车 *6-用于带车载电网控制单元BFM的汽车

185

车载电网控制单元

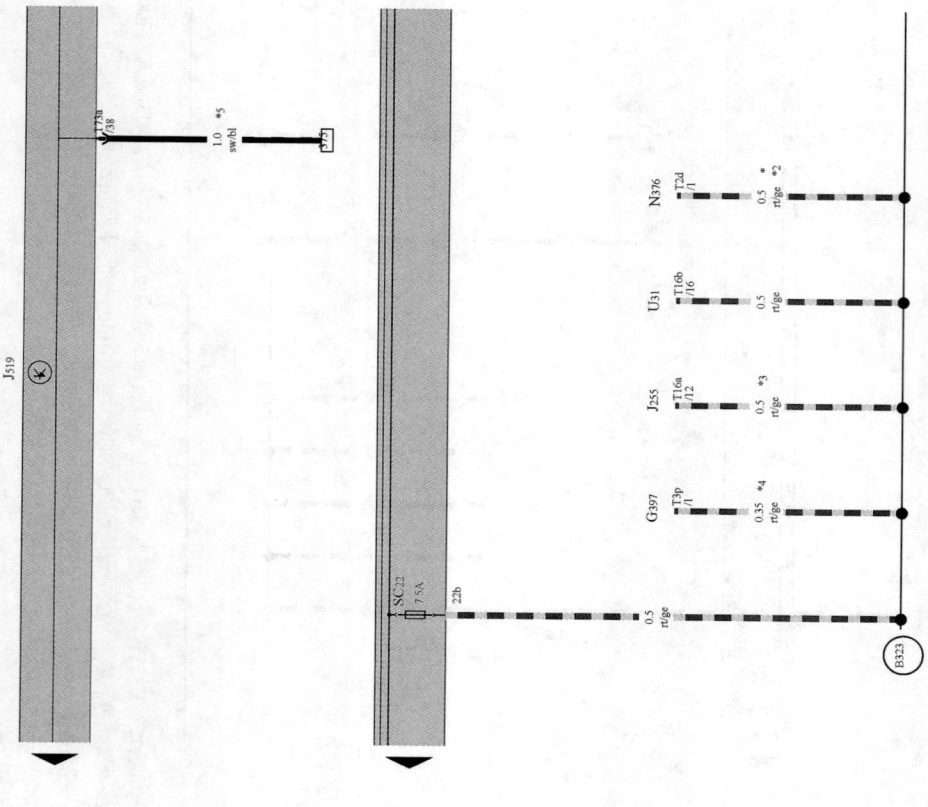

车载电网控制单元

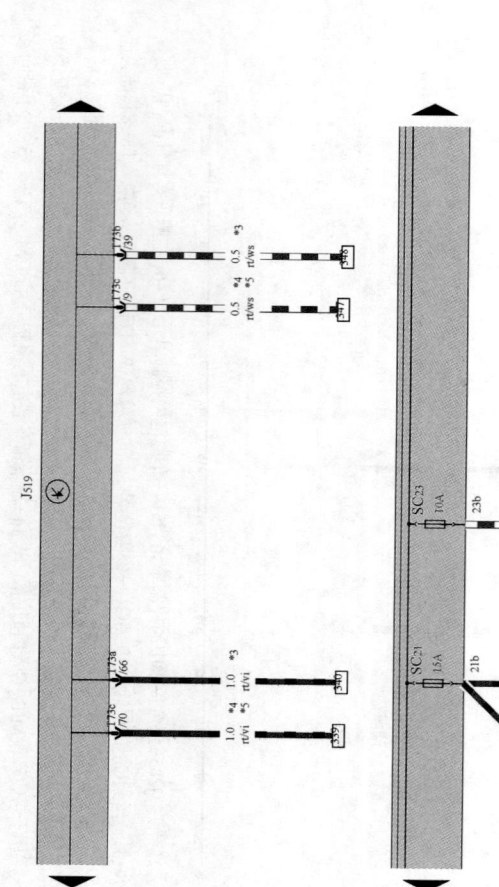

车载电网控制单元

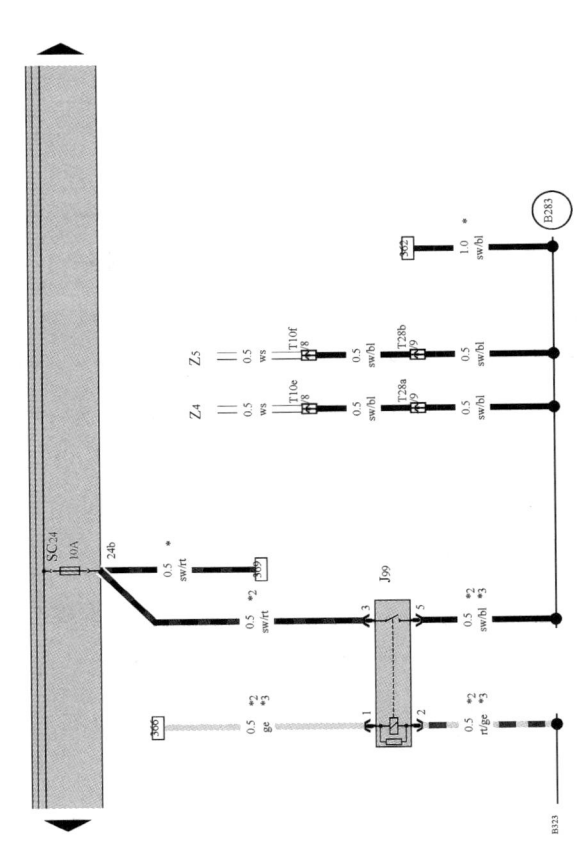

E1–车灯开关 G65–高压传感器 J293–散热器风扇控制单元 J301–空调器控制单元 J500–助力转向控制单元 J519–车载电网控制单元 SC25–保险丝架C上的保险丝25 SC26–保险丝架C上的保险丝26 T3d–3芯插头连接 T3r–3芯插头连接 T6cL–6芯插头连接 T10g–10芯插头连接 T16b–16芯插头连接 T16e–16芯插头连接 U31–诊断接口 B281–正极连接5（15a），在主导线束中 B282–正极连接6（15a），在主导线束中
*–用于带手动调节空调的汽车

图 2-4-97

可加热式车外后视镜继电器，车载电网控制单元

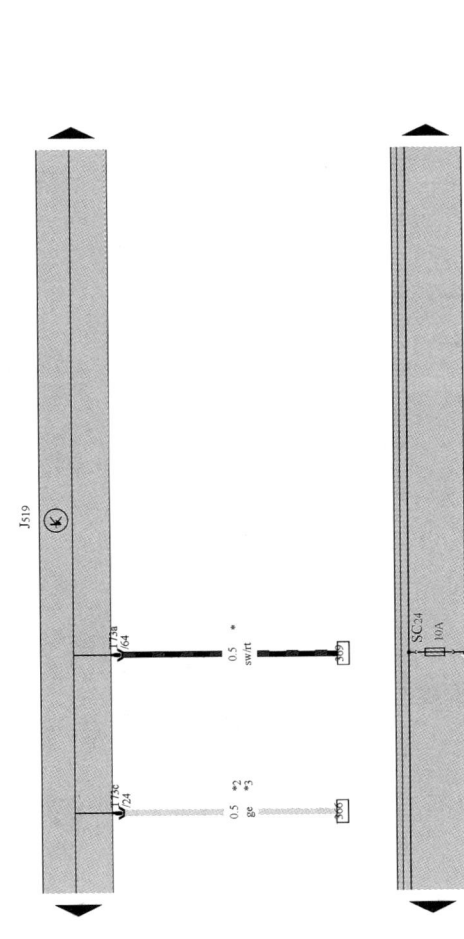

J99–可加热式车外后视镜继电器 J519–车载电网控制单元 SC24–保险丝架C上的保险丝24 T10e–10芯插头连接 T10f–10芯插头连接 T28a–28芯插头连接 T28b–28芯插头连接 T73a–73芯插头连接 T73c–73芯插头连接 Z4–驾驶员侧可加热车外后视镜 Z5–副驾驶员侧可加热式车外后视镜 B283–正极连接7（15a），在主导线束中 B323–正极连接9（30a），在主导线束中 *–用于带车载电网控制单元BCM的汽车 *2–用于带车载电网控制单元BFM的汽车 *3–截至2018年4月

图 2-4-96

187

车载电网控制单元

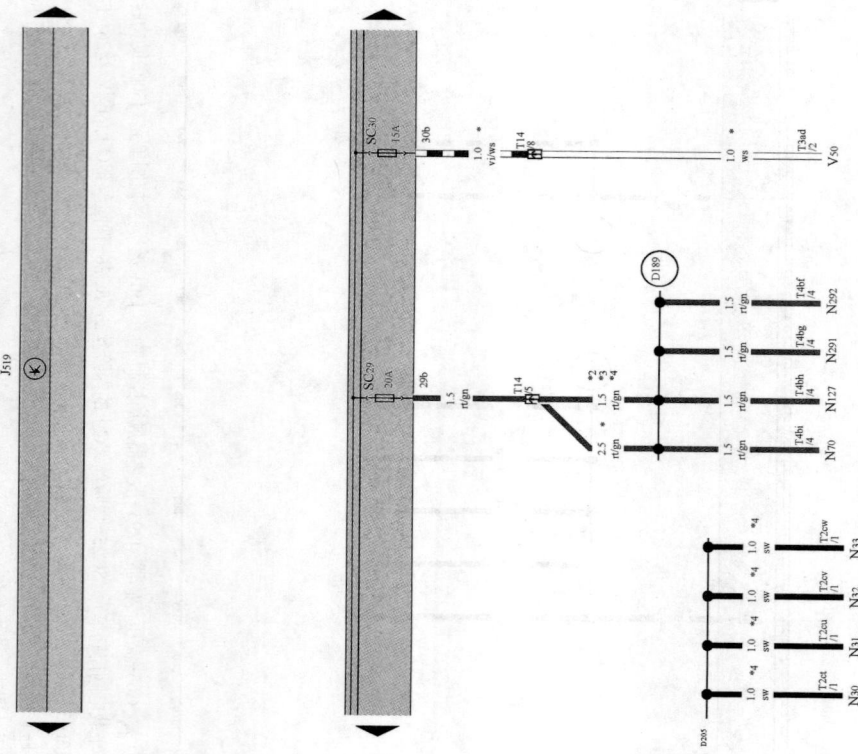

J519—车载电网控制单元 N30—气缸1喷油嘴 N31—气缸2喷油嘴 N32—气缸3喷油嘴 N33—气缸4喷油嘴 N70—带功率输出级的点火线圈1 N127—带功率输出级的点火线圈2 N291—带功率输出级的点火线圈3 N292—带功率输出级的点火线圈4 SC29—保险丝架C上的保险丝29 SC30—保险丝架C上的保险丝30 T2ct—2芯插头连接 T2cu—2芯插头连接 T2cw—2芯插头连接 T3ad—3芯插头连接 T4bf—4芯插头连接 T4bg—4芯插头连接 T4bh—4芯插头连接 T4bi—4芯插头连接 T14—14芯插头连接 V50—冷却液循环泵 D189—连接3（87a），在发动机预接线导线束中 D205—连接3（87a），在发动机预接线导线束中 *—用 *2—用于带1.6L发动机的汽车 *3—用于带1.4L发动机的汽车 *4—用于带1.5L汽油增压装置的汽油发动机的汽车

图 2-4-99

车载电网控制单元

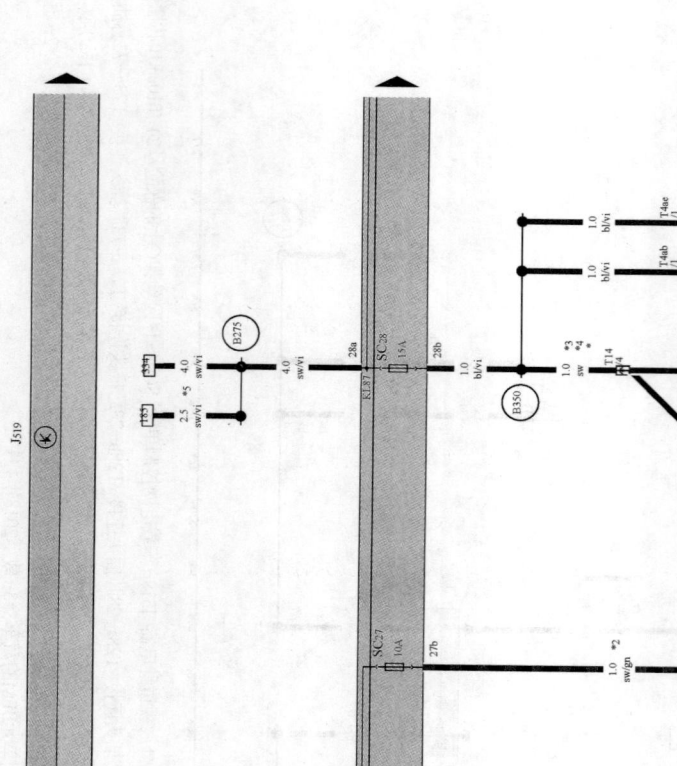

F4—倒车灯开关 J519—车载电网控制单元 N30—气缸1喷油嘴 N31—气缸2喷油嘴 N32—气缸3喷油嘴 N33—气缸4喷油嘴 SC27—保险丝架C上的保险丝27 SC28—保险丝架C上的保险丝28 T2co—2芯插头连接 T2ct—2芯插头连接 T2cu—2芯插头连接 T2cv—2芯插头连接 T2cw—2芯插头连接 T4ab—4芯插头连接 T4ae—4芯插头连接 B275—正极连接（87），在发动机 T14—14芯插头连接 Z19—氧传感器加热 Z29—尾气催化净化器后的氧传感器1加热装置 B275—正极连接（87），在发动机 B350—正极连接1（87a），在主导线束中 D205—连接3（87a），在发动机 *—用于带1.5L汽油发动机的汽车 *2—用于带手动变速器的汽车 *3—用于带1.4L发动机的汽车 *4—用于带1.6L发动机的汽车 *5—用于带双离合器变速器的汽车

图 2-4-98

车载电网控制单元

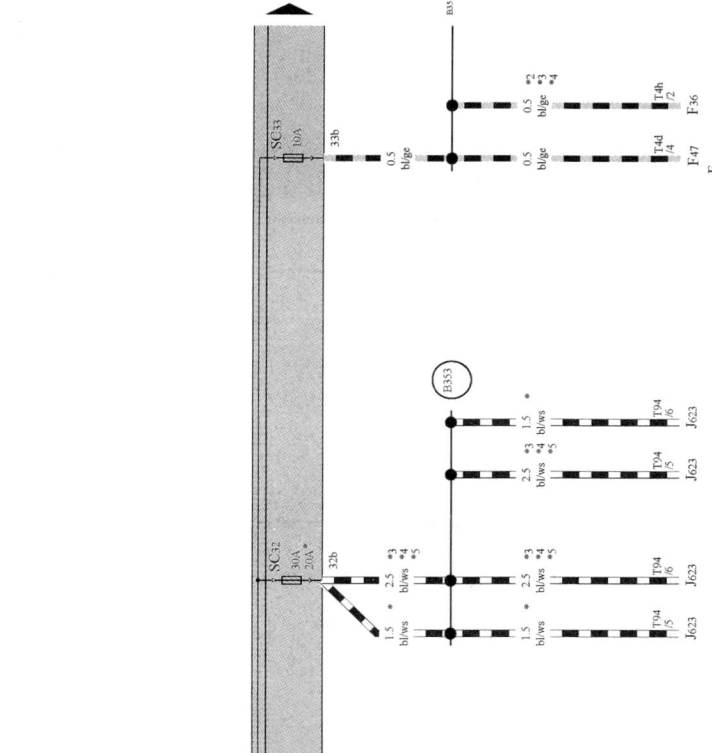

图 2-4-101

F-制动信号灯开关 F36-离合器踏板开关 F47-制动踏板开关 J519-车载电网控制单元 J623-发动机控制单元 SC32-保险丝架C上的保险丝32 SC33-保险丝架C上的保险丝33 T4d-4芯插头连连接 T4h-4芯插头连接 T94-94芯插头连接 B351-正极连接2（87a），在主导线束中 B353-正极连接 T94-94芯插头连接 B351-正极连接2（87a），在主导线束中 B353-正极连接变速器的汽车 *3-用于带手动变速器的汽车 *4-用于带1.6L发动机的汽车 *-用于带手动增压装置的汽油发动机 *2-用于带手动变速器的汽车 *3-用于带1.6L发动机的汽车 *4-用于带1.5L汽油发动机的汽车 1.4L发动机的汽车 *5-用于带1.5L汽油发动机的汽车

车载电网控制单元

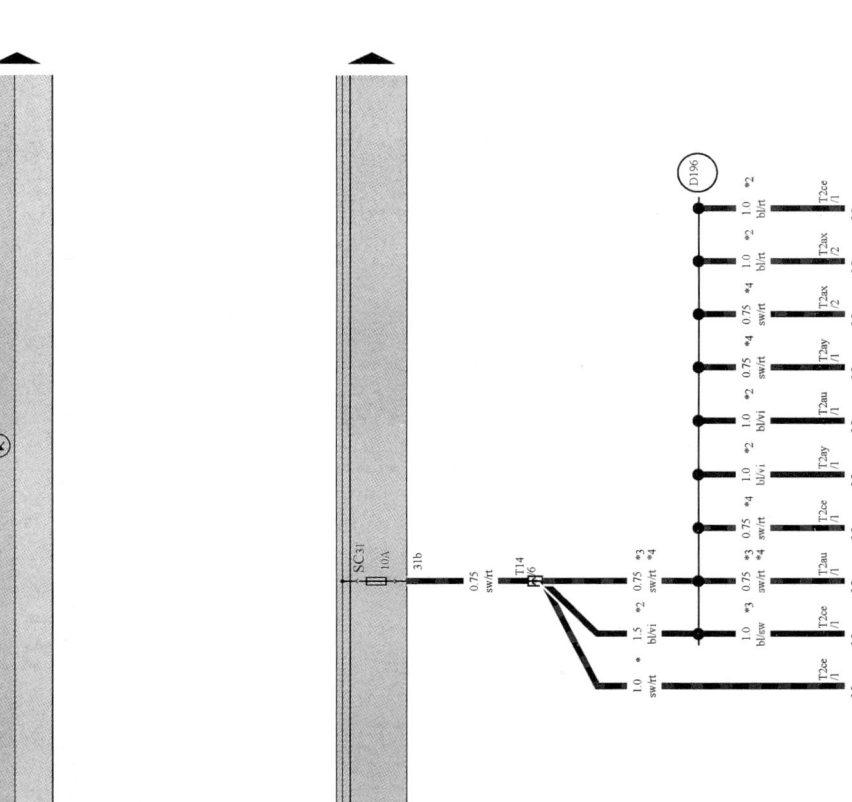

图 2-4-100

J519-车载电网控制单元 N80-活性炭罐电磁阀1 N205-凸轮轴调节阀1 N318-排气凸轮轴调节阀1 N428-机油压力调节阀 SC31-保险丝架C上的保险丝31 T2ax-2芯插头连接 T2ay-2芯插头连接 T2ce-2芯插头连接 T14-14芯插头连接 D196-连接2（87a），在发动机预接线导线束中 *-用于带手动增压装置的汽油发动机 *2-用于带手动增压装置的汽油发动机 *3-用于带1.6L发动机的汽车 *4-用于带1.5L汽油发动机的汽车 1.4L发动机的汽车

车载电网控制单元

车载电网控制单元

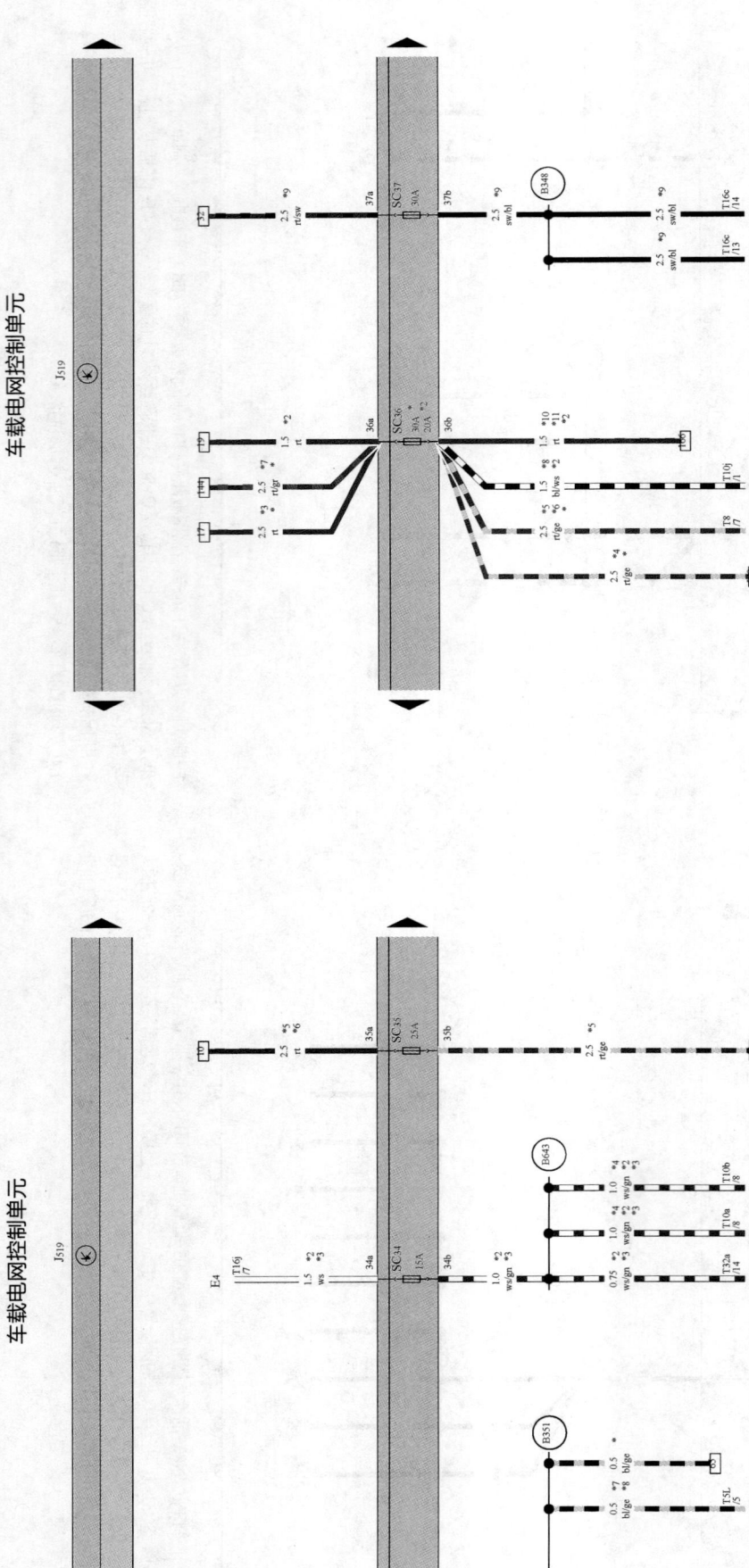

图 2-4-103

J519-车载电网控制单元 J538-燃油泵控制单元 J774-可加热前座椅控制单元 R-收音机 SC36-保险丝架 C上的保险丝36 SC37-保险丝架C上的保险丝37 T8-8芯插头连接 T16c-16芯插头连接 T10j-10芯插头连接 接 B348-连接1（75a），在主导线束中 *1-自2018年4月起 *2-截至2018年4月 *3-用于不带发动机自动启 停系统的汽车 *4-适用于带收音机导航系统RNS 315的汽车 *5-用于带收音机MIB-G入门型的汽车 *6- 用于带收音机MIB-G标准型的汽车 *7-用于带发动机自动启停系统的汽车 *8-用于带增压装置的汽油发 动机 *9-用于带座椅加热的汽车 *10-用于带1.4L发动机的汽车 *11-用于带1.6L发动机的汽车

图 2-4-102

E4-手动远光灯功能灯和远光灯瞬时接通功能开关 G476-离合器位置传感器 J285-组合仪表中的控制单元 J519-车载电网控制单元 M30-左侧远光灯泡 M32-右侧远光灯泡 SC34-保险丝架C上的保险丝34 SC35-保险丝架C上的保险丝35 T5L-5芯插头连接 T10a-10芯插头连接 T10b-10芯插头连接 T16j-16芯 插头连接 T32a-32芯插头连接 B351-正极连接 B643-连接2（87a），在主导线束中 B643-连接2（56a），在主导线 束中 *-用于空调节空调的汽车 *2-用于不带回家照明功能的汽车 *3-截至2018年4月 *4-用于带大 灯照明距离调节的汽车 *5-用于带大灯清洗装置的汽车 *6-依车辆装备而定 *7-用于带手动变速器的汽 车 *8-用于带1.5L汽油发动机的汽车

190

车载电网控制单元

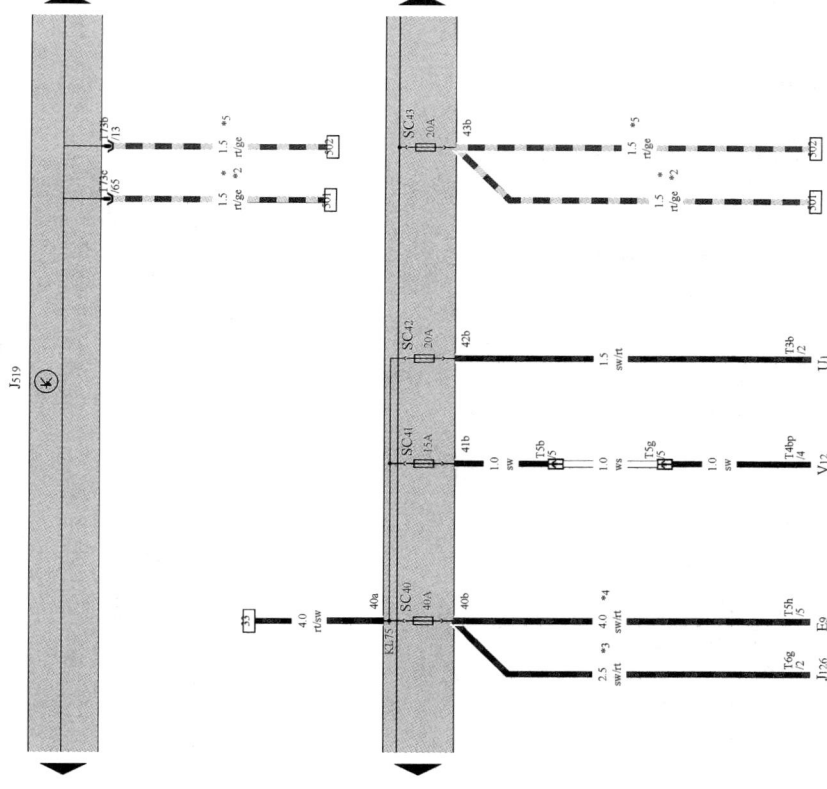

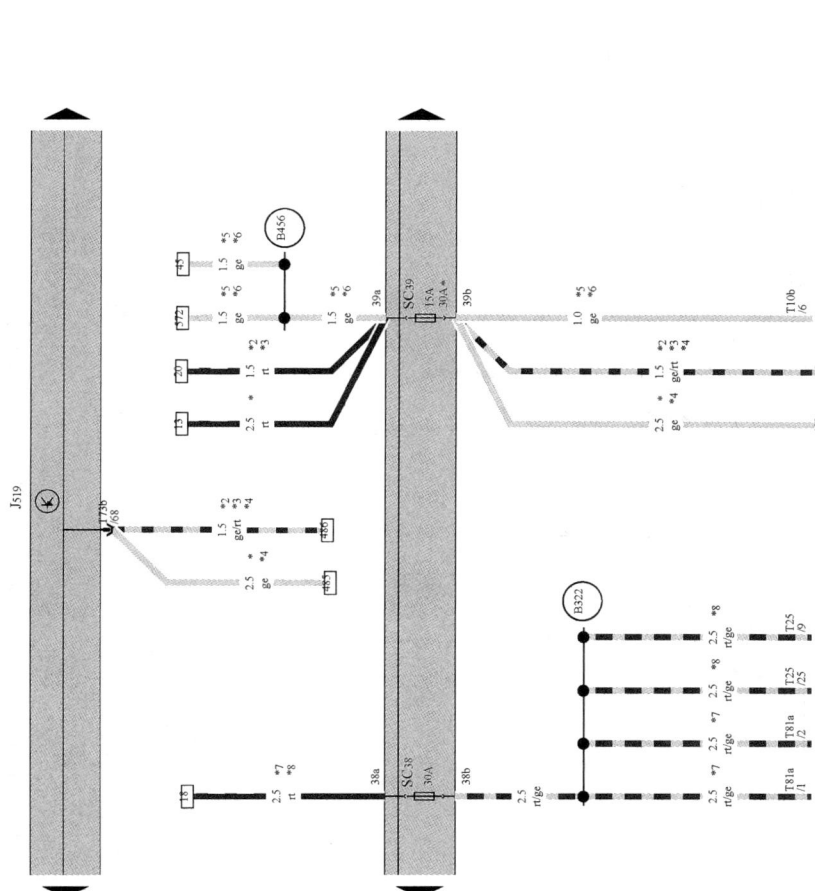

车载电网控制单元

J519

J519

J217-自动变速器控制单元 J519-车载电网控制单元 J743-双离合器变速器机电装置 M31-右侧近光灯
灯炮 SC38-保险丝架C上的保险丝38 SC39-保险丝架C上的保险丝39 T10b-10芯插头连接 T25-25芯插
头连接 T73b-73芯插头连接 T81a-81芯插头连接 B322-正极连接8（30a），在主导线束中 B456-连接
（56b），在主导线束中 *-用于带自动大灯照明距离调节的汽车 *2-用于带回家照明功能的汽车 *3-用
于带大灯照明距离调节的汽车 *4-号线颜色取决于装备 *5-用于带回家照明功能的汽车 *6-截至2018
年4月 *7-用于带自动变速器的汽车 *8-用于带双离合器变速器的汽车

图 2-4-104

E9-新鲜空气鼓风机开关 J126-新鲜空气鼓风机控制单元 J519-车载电网控制单元 SC40-保险丝架C上的
保险丝40 SC41-保险丝架C上的保险丝41 SC42-保险丝架C上的保险丝42 SC43-保险丝架C上的保险丝43
T3b-3芯插头连接 T4bp-4芯插头连接 T5b-5芯插头连接 T5g-5芯插头连接 T5h-5芯插头连接 T6g-6芯
插头连接 T73b-73芯插头连接 T73c-73芯插头连接 U1-点烟器 V12-后窗玻璃刮水器电机 *-用于带
载电网控制单元BFM的汽车 *2-截至2018年4月 *3-用于带全自动空调的汽车 *4-有于带手动调节空调的
汽车 *5-用于带车载电网控制单元BCM的汽车

图 2-4-105

191

车载电网控制单元

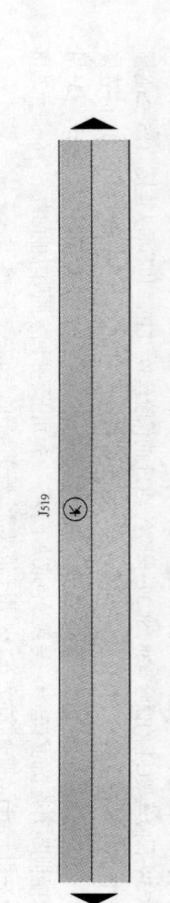

J519－车载电网控制单元 SC46－保险丝架C上的保险丝46 SC47－保险丝架C上的保险丝47 SC48－保险丝架C上的保险丝48 SC49－保险丝架C上的保险丝49 T73a－73芯插头连接 T73b－73芯插头连接 T73c－73芯插头连接 *2－用于带车载电网控制单元BFM的汽车 *－用于带车载电网控制单元BCM的汽车 *3－截至2018年4月

图 2-4-107

车载电网控制单元

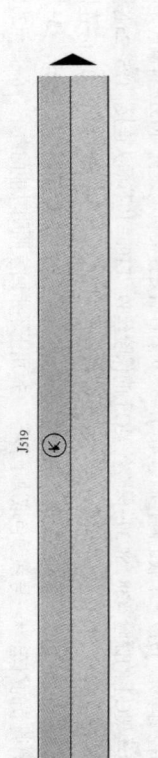
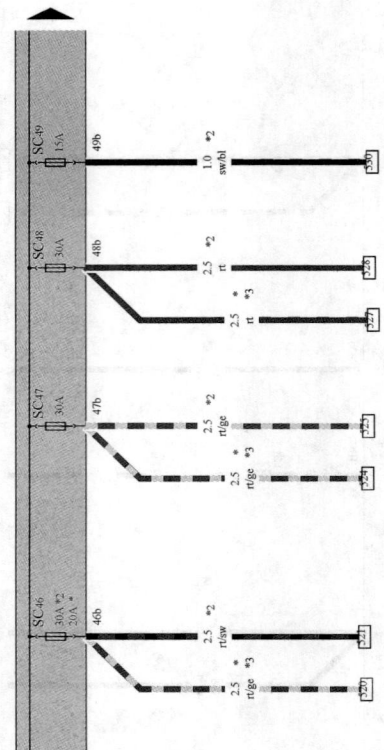

J503－收音机及导航系统带显示单元的控制单元 J519－车载电网控制单元 J538－燃油泵控制单元 R－收音机 SC44－保险丝架C上的保险丝44 SC45－保险丝架C上的保险丝45 T8－8芯插头连接 T10j－10芯插头连接 T16i－16芯插头连接 B320－正极连接6（30a），在主导线束中 *－截至2018年4月 *2－自2018年4月起 *3－用于带1.5L汽油发动机的汽车 *4－用于带增压装置的汽油发动机 *5－适用于带收音机导航系统RNS 315的汽车 *6－用于带收音机MIB-G入门型的汽车 *7－用于带收音机MIB-G标准型的汽车

图 2-4-106

车载电网控制单元

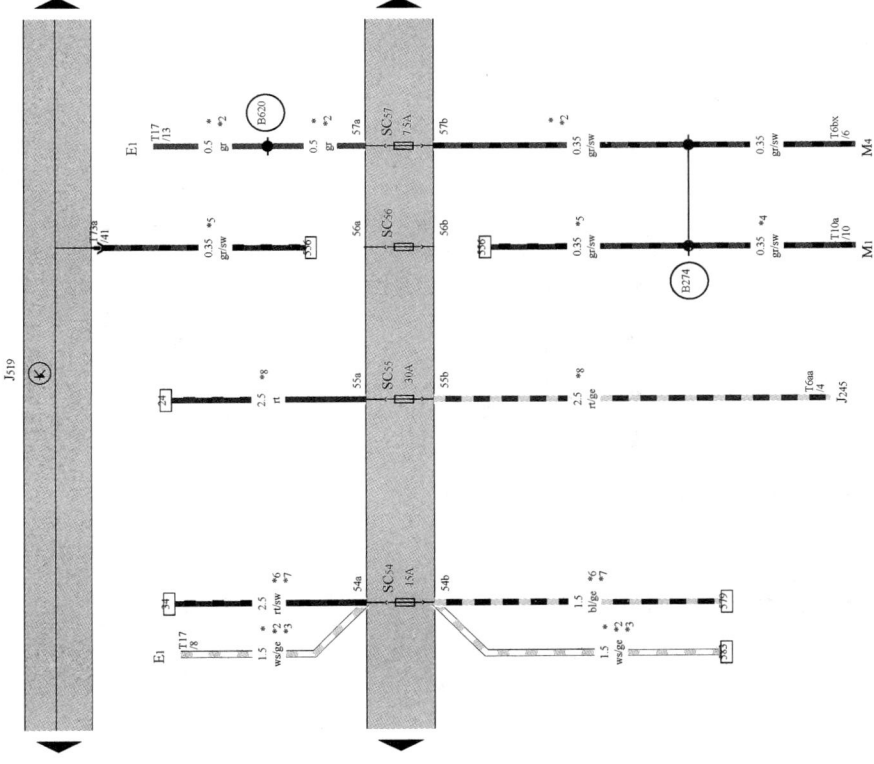

E1-车灯开关 J245-滑动天窗控制单元 J519-车载电网控制单元 M1-左侧驻车示宽灯泡 M4-左侧尾灯灯泡 SC54-保险丝架C上的保险丝54 SC55-保险丝架C上的保险丝55 SC56-保险丝架C上的保险丝56 SC57-保险丝架C上的保险丝57 T6aa-6芯插头连接 T6bx-6芯插头连接 T10a-10芯插头连接 T17-17芯插头连接 T73a-73芯插头连接 B274-正极连接（58L），在主导线束中 B620-正极连接2（58L），在主导线束中 *2-用于带回家照明功能的汽车 *3-用于Polo GTI *4-用于带大灯照明距离调节的汽车 *5-用于带回家照明功能的汽车 *6-不适用于带气大灯的汽车 *7-用于带氙气大灯的汽车 *8-用于带折叠式滑动天窗的汽车

图2-4-109

车载电网控制单元

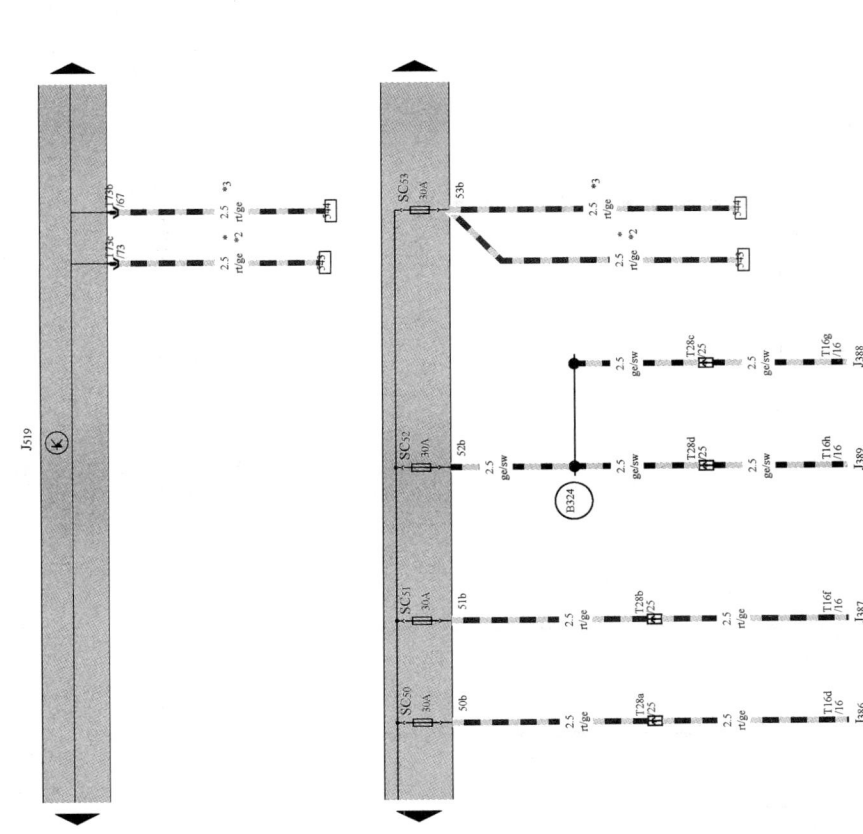

J386-驾驶员侧车门控制单元 J387-副驾驶员侧车门控制单元 J388-左后车门控制单元 J389-右后车门控制单元 SC50-保险丝架C上的保险丝50 SC51-保险丝架C上的保险丝51 SC52-保险丝架C上的保险丝52 SC53-保险丝架C上的保险丝53 T16d-16芯插头连接 T16f-16芯插头连接 T16g-16芯插头连接 T16h-16芯插头连接 T28a-28芯插头连接 T28b-28芯插头连接 T28c-28芯插头连接 T28d-28芯插头连接 T73b-73芯插头连接 T73c-73芯插头连接 B324-正极连接10（30a），在主导线束中 *-用于带车载电网控制单元BCM的汽车 *2-截至2018月4月 *3-用于带车载电网控制单元BFM的汽车

图2-4-108

193

前雾灯继电器，车载电网控制单元

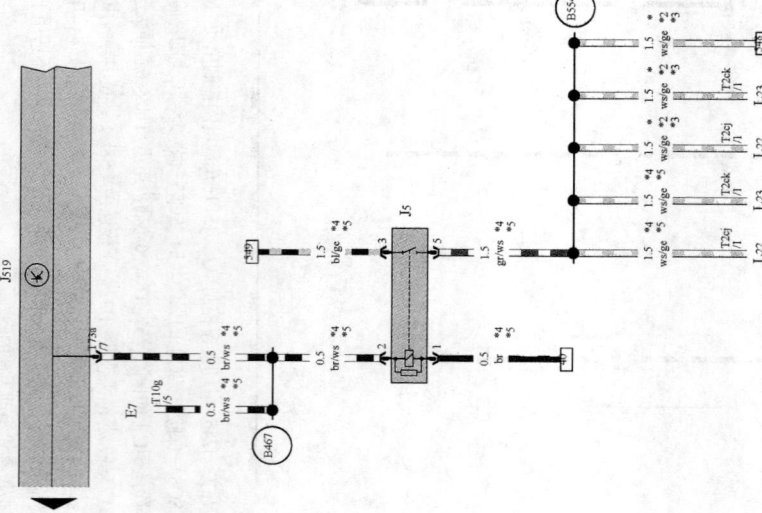

E7－前雾灯开关 J5－前雾灯继电器 J519－车载电网控制单元 L22－左侧前雾灯灯泡 L23－右侧前雾灯灯泡
T2cj－2芯插头连接 T2ck－2芯插头连接 T10g－10芯插头连接 T73a－73芯插头连接 B467－连接3，在主导线
束中 B554－连接（前雾灯），在主导线束中 *－用于不带回家照明功能的汽车 *2－截至2018年4月 *3－用
于带卤素大灯的汽车 *4－不适用于Polo GTI *5－用于带氙气大灯的汽车

图 2-4-111

车载电网控制单元

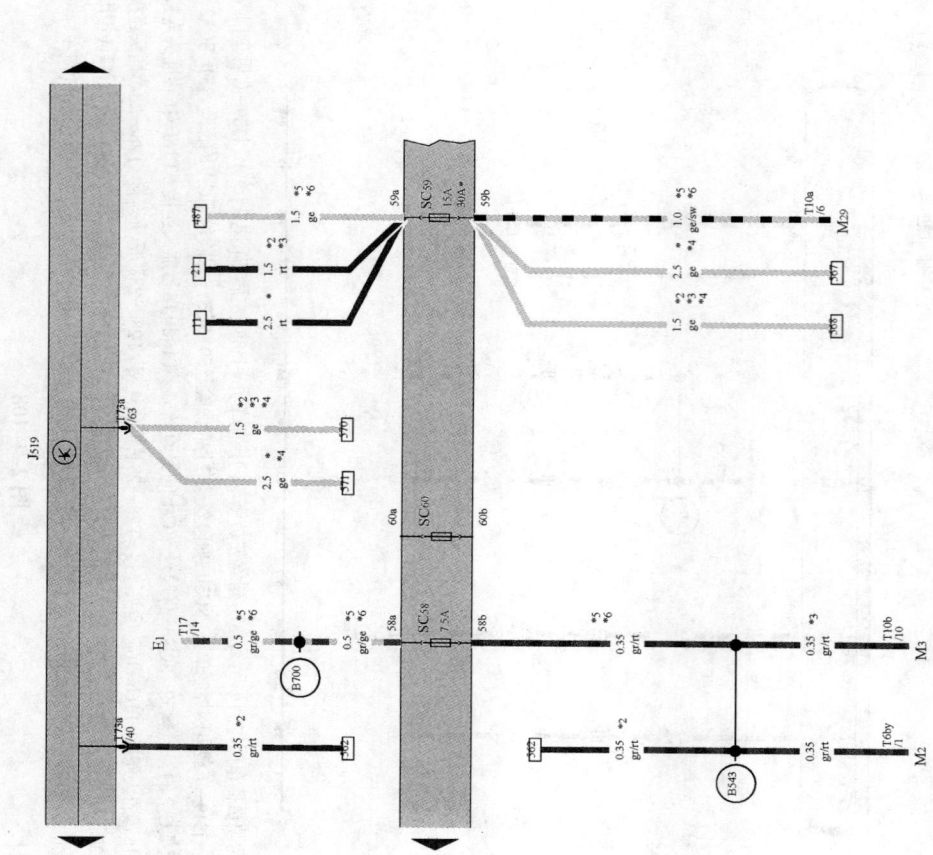

E1－车灯灯开关 J519－车载电网控制单元 M2－右侧尾灯灯泡 M3－右侧驻车示宽灯灯泡 M29－左侧近光灯
灯泡 SC58－保险丝架C上的保险丝58 SC59－保险丝架C上的保险丝59 SC60－保险丝架C上的保险丝60
T6by－6芯插头连接 T10a－10芯插头连接 T10b－10芯插头连接 T17－17芯插头连接 T73a－73芯插头连接
B543－正极连接（58R），在主导线束中 B700－正极连接2（58R），在主导线束中 *－用于带自动大灯照
明距离调节的汽车 *2－用于带回家照明功能的汽车 *3－用于带大灯照明距离调节的汽车 *4－导线颜色取
决于装备 *5－用于不带回家照明功能的汽车 *6－截至2018年4月

图 2-4-110

第五节　基本装备

基本装备电路图的图号和图名对照表见表 2-5-1。

表 2-5-1　基本装备电路图的图号和图名对照表

图号	图名
图 2-5-1 ～图 2-5-39	基本装备电路图

蓄电池，交流发电机，电压调节器，车载电网控制单元

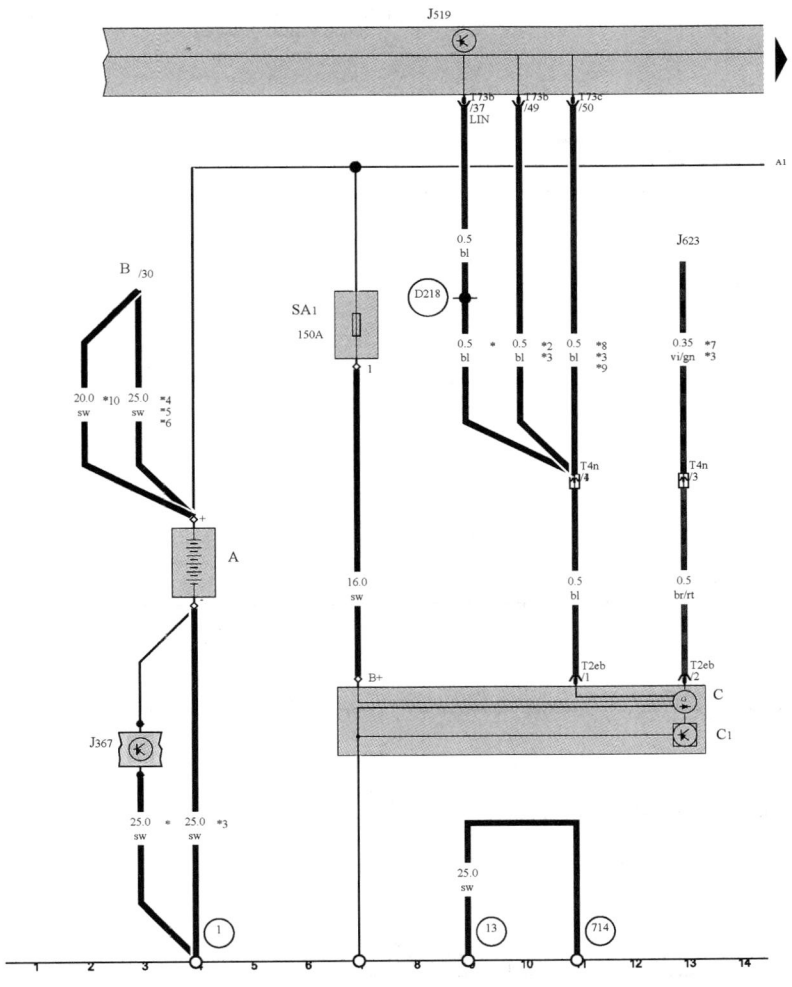

A-蓄电池　B-启动机　C-交流发电机　C1-电压调节器　J367-蓄电池监控控制单元　J519-车载电网控制单元　J623-发动机控制单元　SA1-保险丝架A上的保险丝1　T2eb-2芯插头连接　T4n-4芯插头连接　T73b-73芯插头连接　T73c-73芯插头连接　1-接地带，蓄电池-车身　13-发动机舱内右侧的接地点　714-发动机上右侧接地点　D218-连接1（LIN总线），在发动机舱导线束中　*-用于带发动机自动启停系统的汽车　*2-用于带车载电网控制单元BCM的汽车　*3-用于不带发动机自动启停系统的汽车　*4-用于带1.4L发动机的汽车　*5-用于带1.6L发动机的汽车　*6-用于带增压装置的汽油发动机　*7-见发动机所适用的电路图　*8-用于带车载电网控制单元BFM的汽车　*9-截至2018年4月　*10-用于带1.5L汽油发动机的汽车

图 2-5-1

近光灯继电器，车载电网控制单元

车载电网控制单元，供电继电器 1，接线端 75

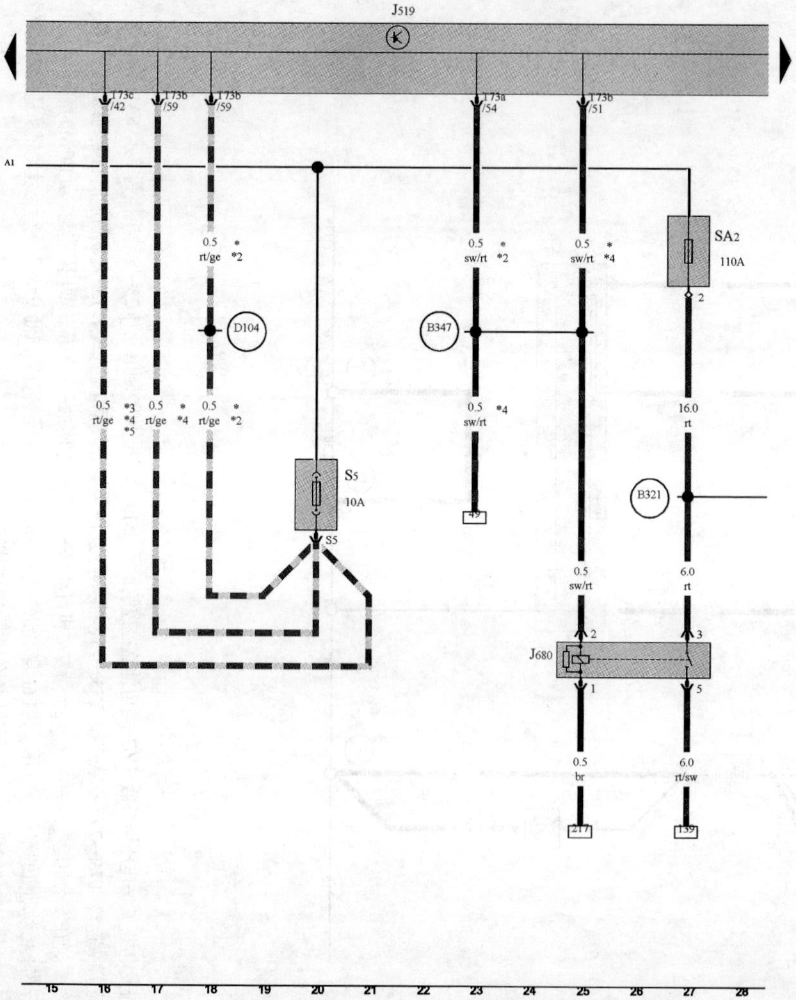

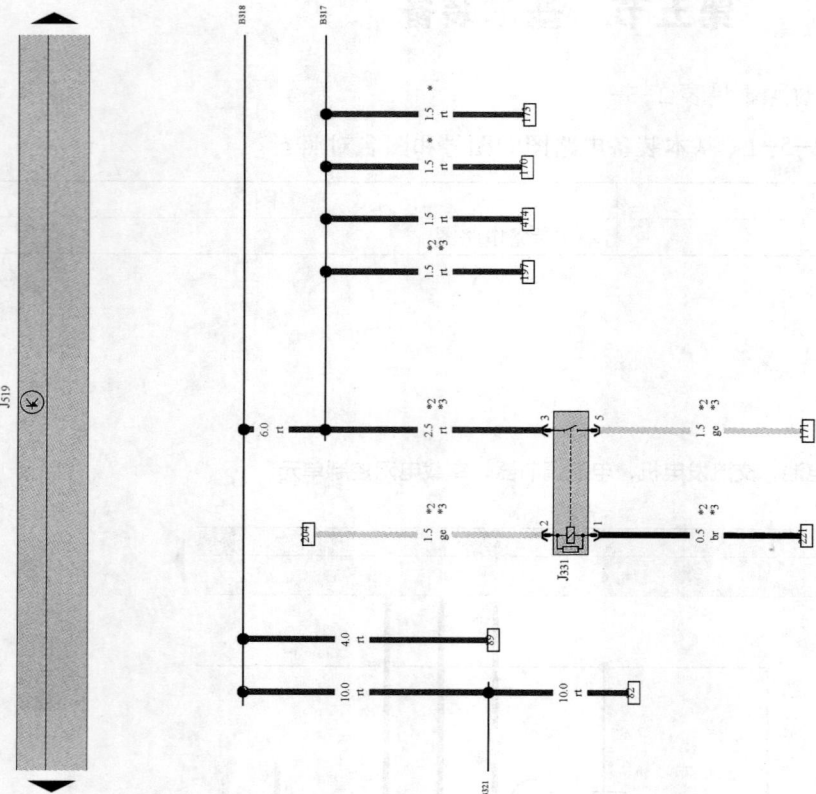

图 2-5-2

J519-车载电网控制单元 J680-供电继电器1，接线端75 SA2-保险丝架A上的保险丝2 S5-保险丝架内的保险丝5 T73a-73芯插头连接 T73b-73芯插头连接 T73c-73芯插头连接 B321-正极连接7（30a），在主导线束中 D104-正极连接2（75），在主导线束中 B347-连接2（30a），在主导线束中 *-用于发动机起/停系统的汽车 *2-用于带发动机自动起停系统的汽车 *3-用于带车载电网控制单元BCM的汽车 *4-用于带车载电网控制单元BFM的汽车 *5-用于不带发动机自动起停系统的汽车

J331-近光灯继电器 J519-车载电网控制单元 B317-正极连接3（30a），在主导线束中 B318-正极连接4（30a），在主导线束中 B321-正极连接7（30a），在主导线束中 *-用于带回家照明功能的汽车 *2-用于不带回家照明功能的汽车 *3-截至2018年4月

图 2-5-3

196

车载电网控制单元

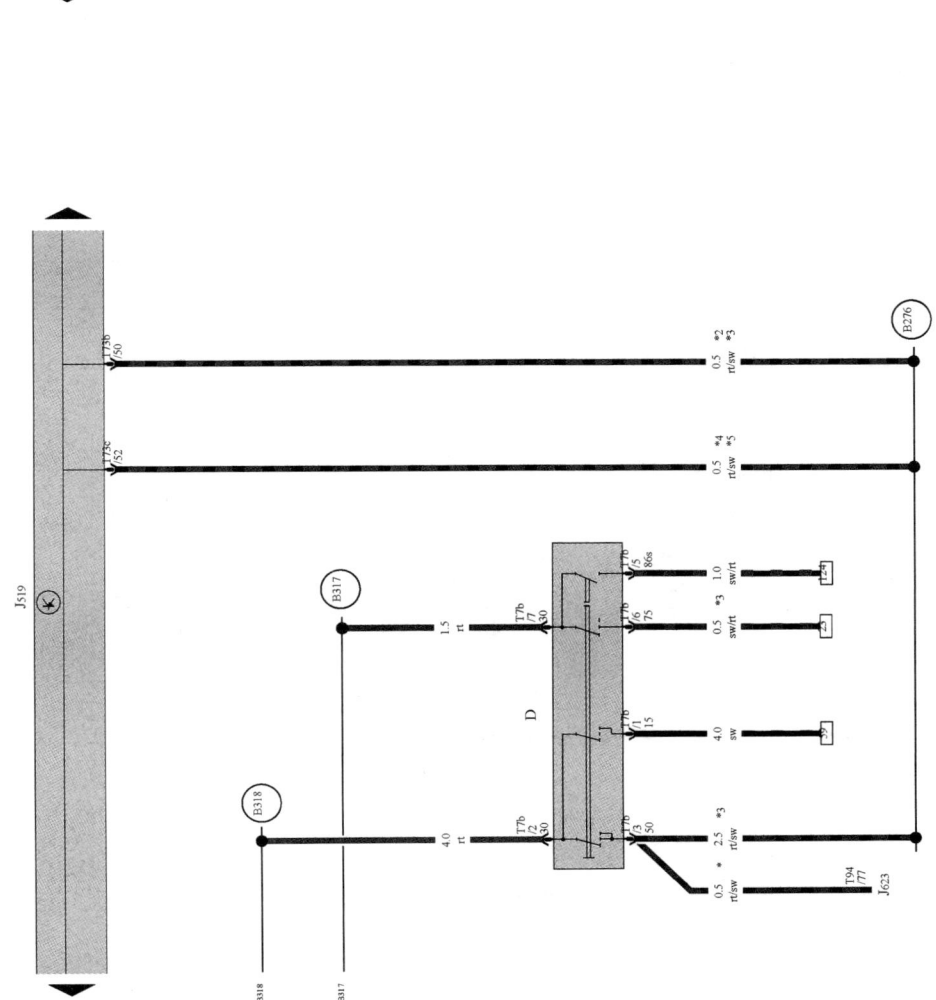

J519－车载电网控制单元　SC2－保险丝架C上的保险丝2　SC11－保险丝架C上的保险丝11　SC25－保险丝架C
上的保险丝25　SC27－保险丝架C上的保险丝27　B273－正极连接（15）　，在主导线束中　B281－正极连接2018
（15a），在主导线束中　*－用于带回家照明功能的汽车　*2－用于不带回家照明功能的汽车　*3－截至2018
年4月　*4－用于带自动变速器的汽车

图 2-5-5

点火启动开关，车载电网控制单元

D－点火启动开关　J519－车载电网控制单元　J623－发动机控制单元　T7b－7芯插头连接　T73b－73芯插头连
接　T73c－73芯插头连接　T94－94芯插头连接　B276－正极连接（50），在主导线束中　B317－正极连接3
（30a），在主导线束中　B318－正极连接4（30a），在主导线束中　*－用于带发动机自动启停系统的汽车
*2－用于带车载电网控制单元BCM的汽车　*3－用于带BCM的汽车　*5－截至2018年4月
控制单元BFM的汽车　*5－截至2018年4月

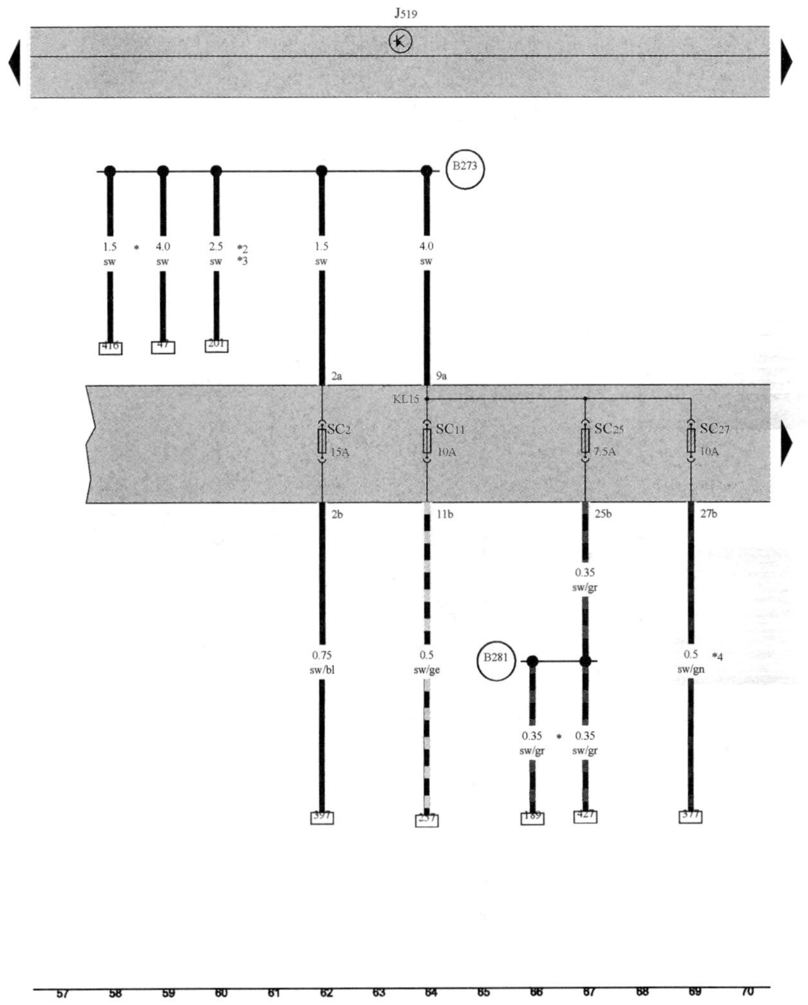

图 2-5-4

197

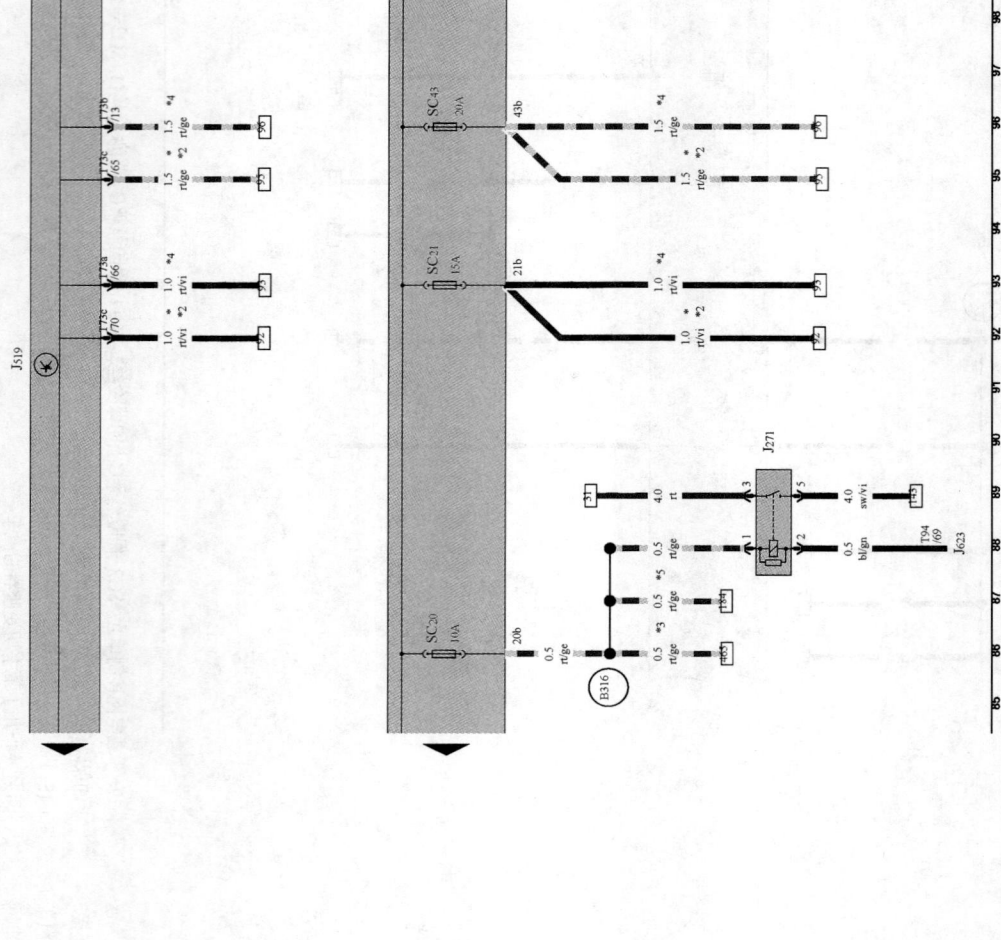

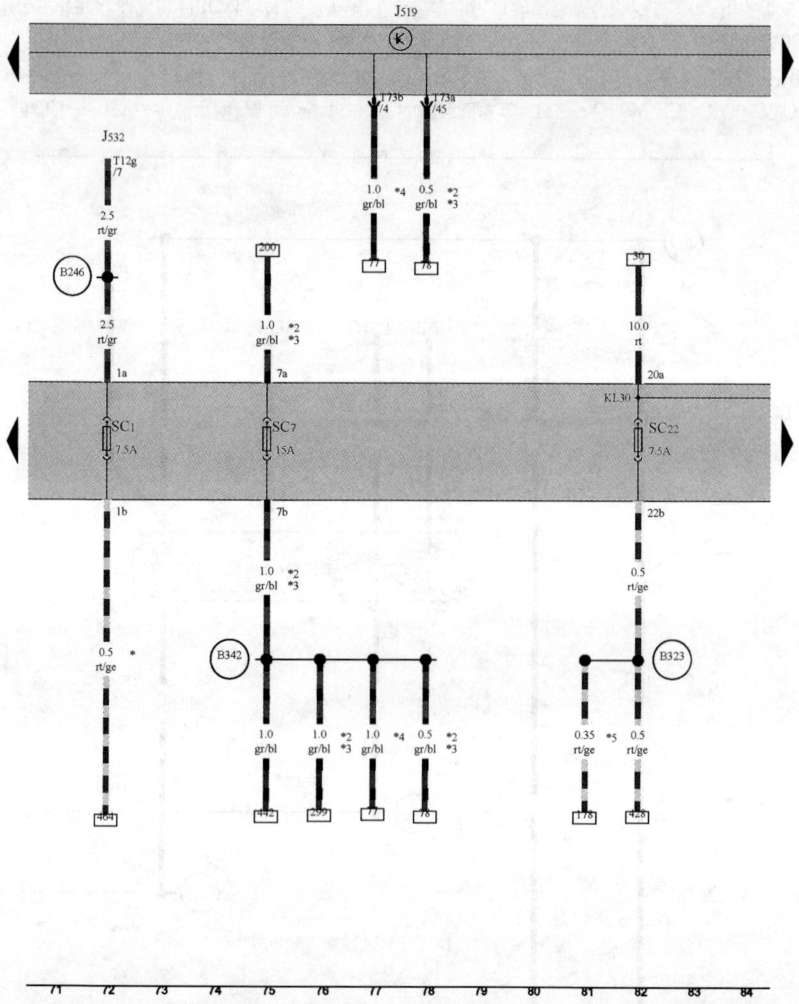

车载电网控制单元

J519–车载电网控制单元 J532–稳压器 SC1–保险丝架C上的保险丝1 SC7–保险丝架C上的保险丝7 SC22–保险丝架C上的保险丝22 T12g–12芯插头连接 T73a–73芯插头连接 T73b–73芯插头连接 B246–正极连接（30a，稳态），在车内导线束中 B323–正极连接9（30a），在主导线束中 B342–连接3（58d），在主导线束中 *–用于带发动机自动启停系统的汽车 *2–用于不带回家照明功能的汽车 *3–截至2018年4月 *4–用于带回家照明功能的汽车 *5–用于带雨量光线传感器的汽车

图 2–5–6

主继电器，车载电网控制单元

J271–主继电器 J519–车载电网控制单元 J623–发动机控制单元 SC20–保险丝架C上的保险丝20 SC21–保险丝架C上的保险丝21 SC43–保险丝架C上的保险丝43 T73a–73芯插头连接 T73b–73芯插头连接 T73c–73芯插头连接 T94–94芯插头连接 B316–正极连接2（30a），在主导线束中 *–用于带车载电网控制单元BFM的汽车 *2–截至2018年4月 *3–用于不带发动机自动启停系统的汽车 *4–用于带车载电网控制单元BCM的汽车 *5–用于带回家照明功能的汽车

图 2–5–7

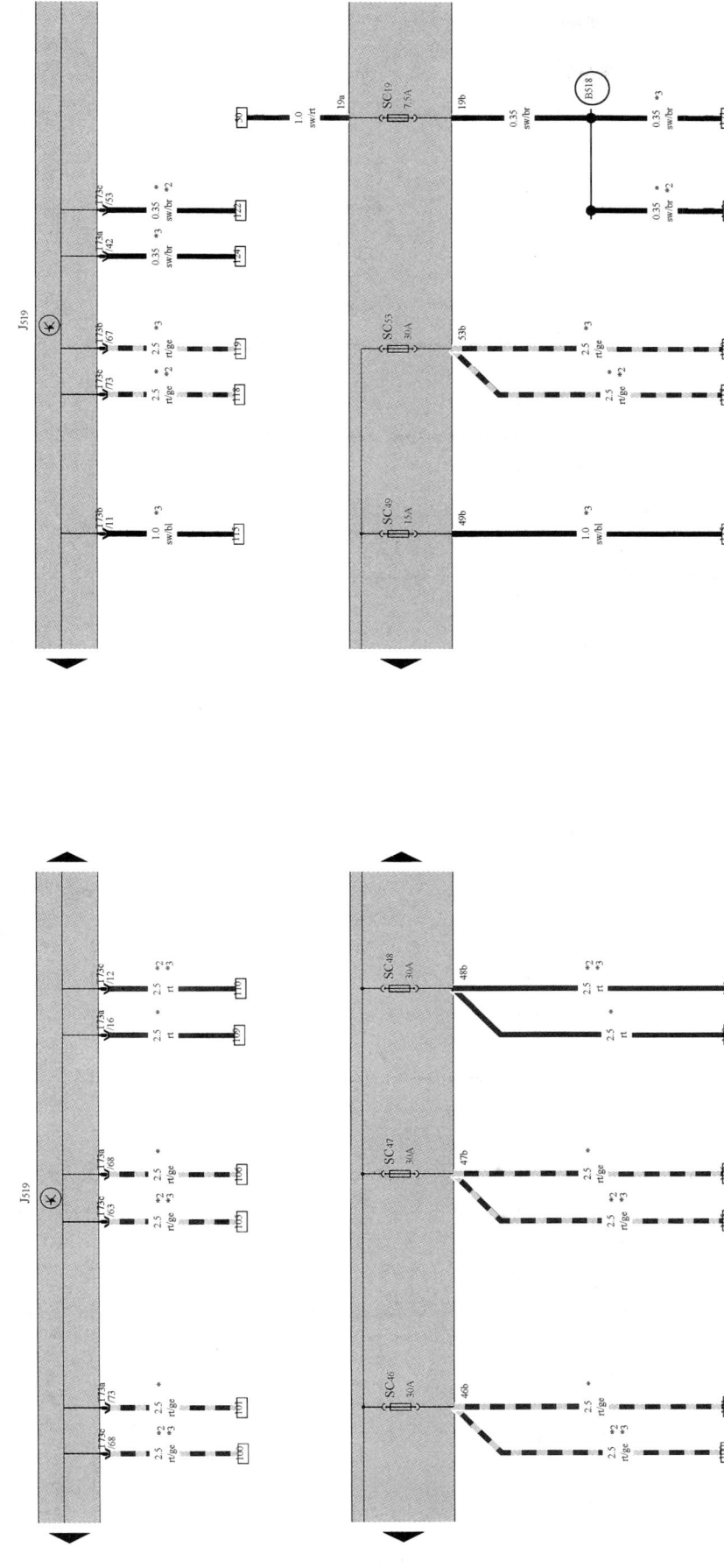

车载电网控制单元

车载电网控制单元

J519－车载电网控制单元　SC46－保险丝架C上的保险丝46　SC47－保险丝架C上的保险丝47　SC48－保险丝架C上的保险丝48　T73a－73芯插头连接　T73c－73芯插头连接　*－用于带车载电网控制单元BCM的汽车　*2－用于带车载电网控制单元BFM的汽车　*3－截至2018年4月

图2-5-8

J519－车载电网控制单元　SC19－保险丝架C上的保险丝19　SC49－保险丝架C上的保险丝49　SC53－保险丝架C上的保险丝53　T73a－73芯插头连接　T73b－73芯插头连接　B518－连接（86s），在主导线束中　*－用于带车载电网控制单元BFM的汽车　*2－截至2018年4月　*3－用于带车载电网控制单元BCM的汽车

图2-5-9

199

车载电网控制单元

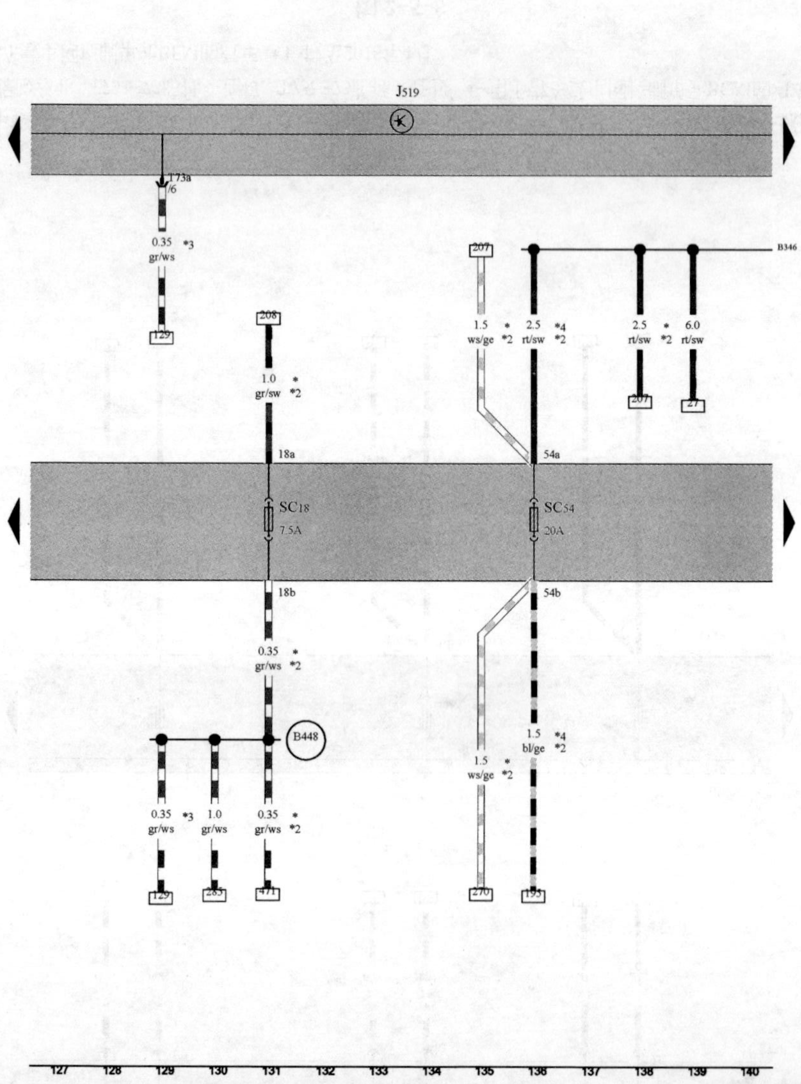

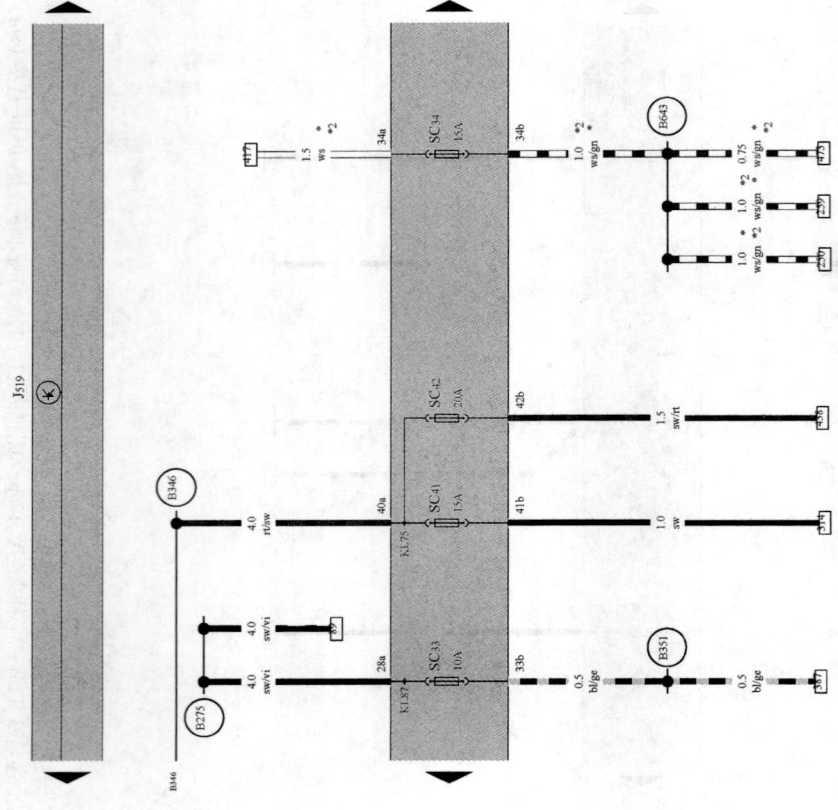

J519-车载电网控制单元 SC33-保险丝座架C上的保险丝33 SC34-保险丝座架C上的保险丝34 SC41-保险丝座架C上的保险丝41 SC42-保险丝座架C上的保险丝42 B275-正极连接（87），在主导线束中 B346-连接1（75），在主导线束中 B351-正极连接2（87a），在主导线束中 B643-连接2（56a），在主导线束中 *–用于不带回家照明功能的汽车 *2–用于不带回家照明功能的汽车
截至2018年4月

图 2-5-11

车载电网控制单元

J519-车载电网控制单元 SC18-保险丝座架C上的保险丝18 SC54-保险丝座架C上的保险丝54 T73a–73芯涌头 连接 B346-连接1（75），在主导线束中 B448-连接（后雾灯），在主导线束中 *–用于不带回家照明功能的汽车 *2–用于带氙气大灯的汽车 *3–用于带回家照明功能的汽车 *4–用于带氙气大灯的汽车 截至2018年4月 *2–用于带回家照明功能的汽车

图 2-5-10

200

雨水与光线识别传感器，车载电网控制单元

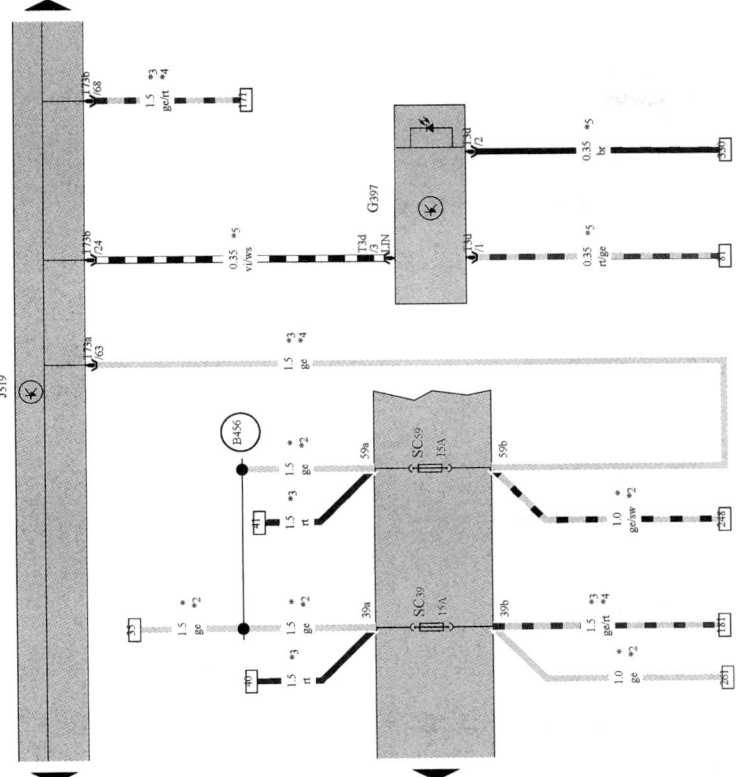

G397-雨水与光线识别传感器 J519-车载电网控制单元 SC39-保险丝架C上的保险丝39 SC59-保险丝架C
上的保险丝59 T3d-3芯插头连接 T73a-73芯插头连接 B456-连接（56b），在主导
线束 B274-正极连接（58L），在主导线束中 B700-正极连接 B620-正极连接2 *2-
截至2018年4月 *3-用于带回家照明功能的汽车 *4-导线颜
色取决于装备 *5-用于带雨量光线传感器的汽车

图 2-5-13

车载电网控制单元

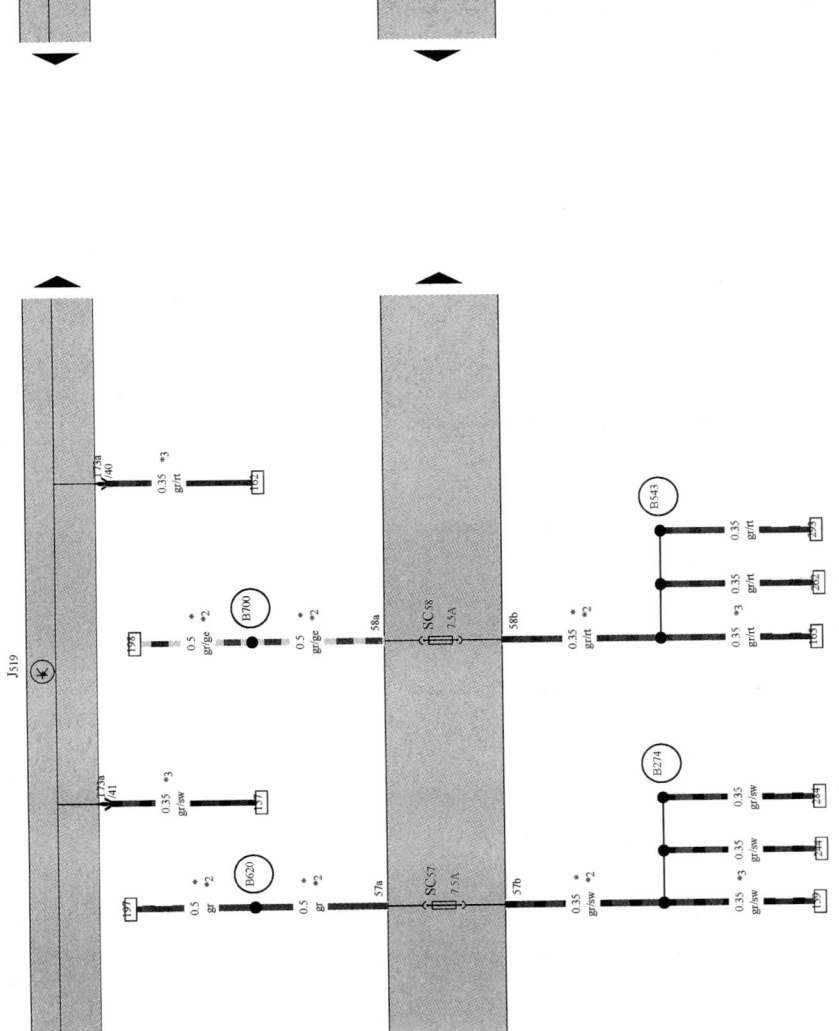

J519-车载电网控制单元 SC57-保险丝架C上的保险丝57 SC58-保险丝架C上的保险丝58 T73a-73芯插头
连接 B274-正极连接（58L），在主导线束中 B543-正极连接（58R），在主导线束中 B620-正极连接2
（58L），在主导线束中 B700-正极连接2（58R），在主导线束中 *-用于不带回家照明功能的汽车 *2-
截至2018年4月 *3-用于带回家照明功能的汽车

图 2-5-12

车灯开关，前雾灯开关，后雾灯开关，前雾灯继电器，车载电网控制单元，大灯开关照明灯泡

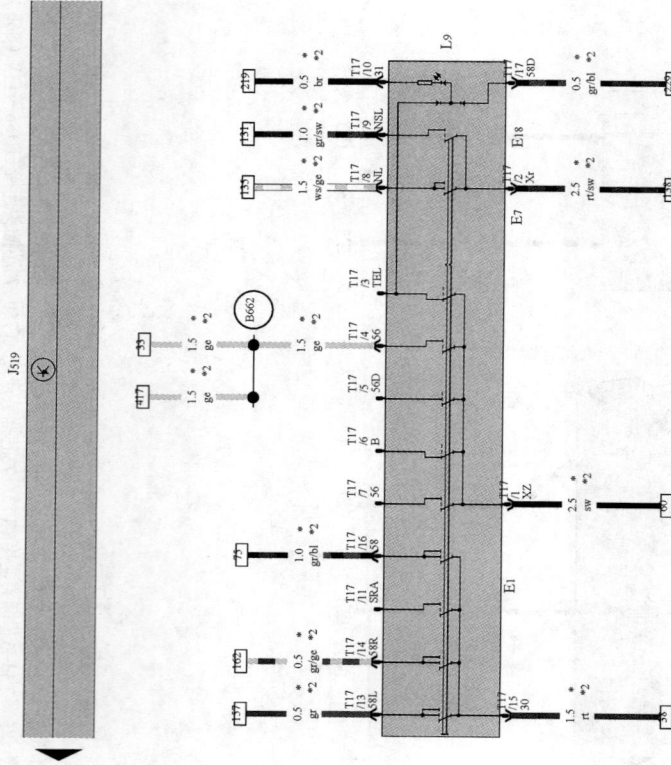

E1-车灯开关 E7-前雾灯开关 E18-后雾灯开关 J5-前雾灯继电器 J519-车载电网控制单元 L9-大灯开关照明灯泡 T10b-10芯插头连接 T73a-73芯插头连接 T73b-73芯插头连接 B467-连接3，在主导线束中 *2-用于带大灯照明距离离调节的汽车 *3-用于带氙气大灯的汽车 *4-截至 *-用于带回家照明功能的汽车 2018年4月

图 2-5-14

车灯开关，前雾灯开关，后雾灯开关，车载电网控制单元，大灯开关照明灯泡

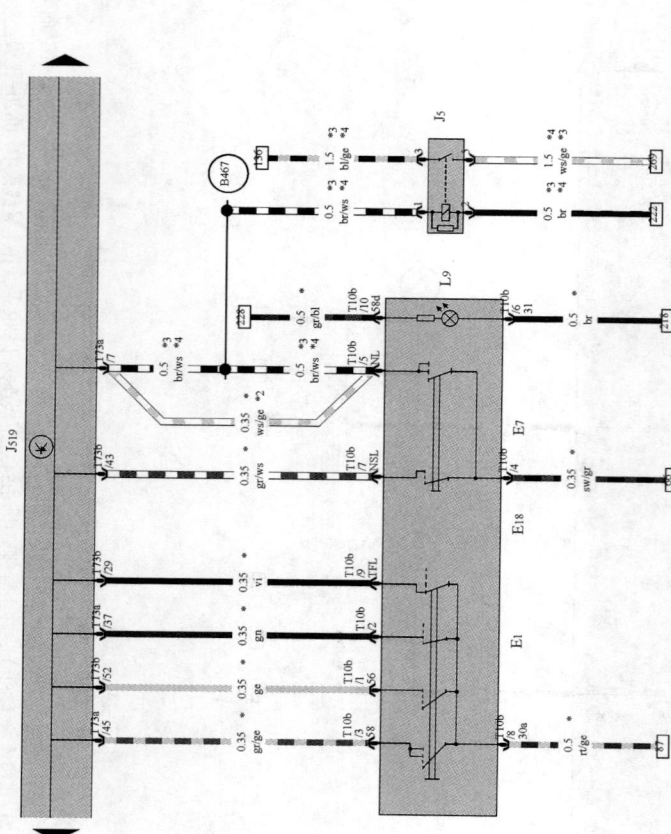

E1-车灯开关 E7-前雾灯开关 E18-后雾灯开关 J519-车载电网控制单元 L9-大灯开关照明灯泡 T17-17芯插头连接 B662-连接2（56b），在主导线束中 *-用于不带回家照明功能的汽车 *2-截至2018年4月

图 2-5-15

大灯照明距离调节器，车载电网控制单元，大灯照明距离调节设置器器照明灯泡

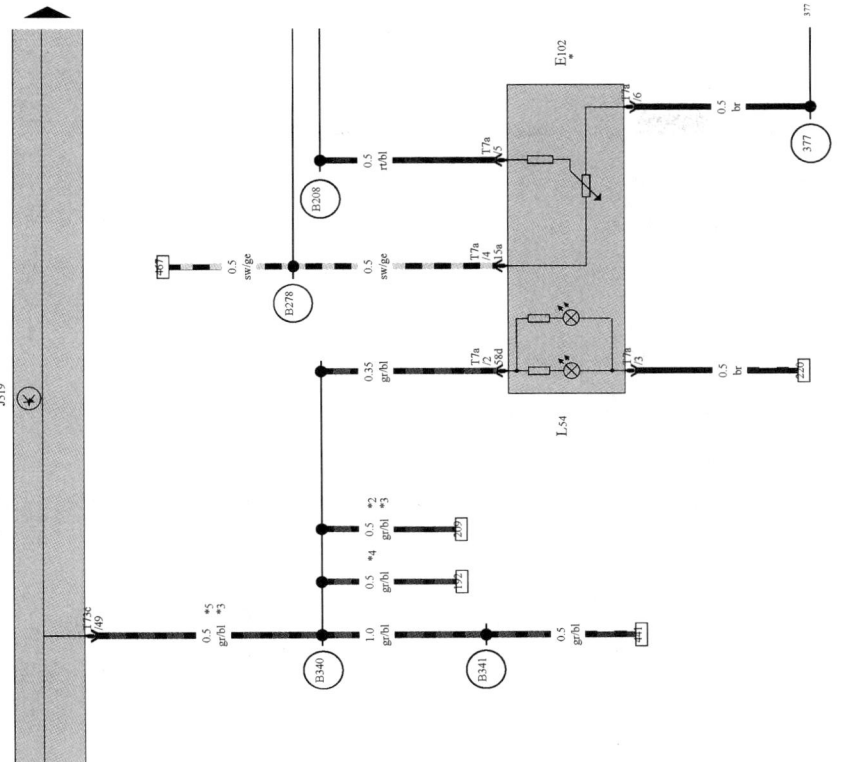

E102-大灯照明距离调节设置器器照明灯泡 J519-车载电网控制单元 J54-大灯照明距离调节设置器器照明灯泡 T7a-7芯插
头插座 T73c-73芯插头连接 377-接地连接12，在主导线束中 B208-连接1（间服电机），在车内导线束
中 B278-正极连接2（15a），在主导线束中 B340-连接1（58d），在主导线束中 B341-连接2（58d）
在主导线束中 374-接地连接9，在主导线束中 *1-用于带大灯照明距离调节的汽车 *2-用于不带车载电网控制单元BFM的汽车 *3-截至2018年4月
*4-用于带回家照明功能的汽车 *5-用于带车载电网控制单元正BFM的汽车

图 2-5-17

刮水器电机控制单元，车载电网控制单元，车窗玻璃刮水器电机

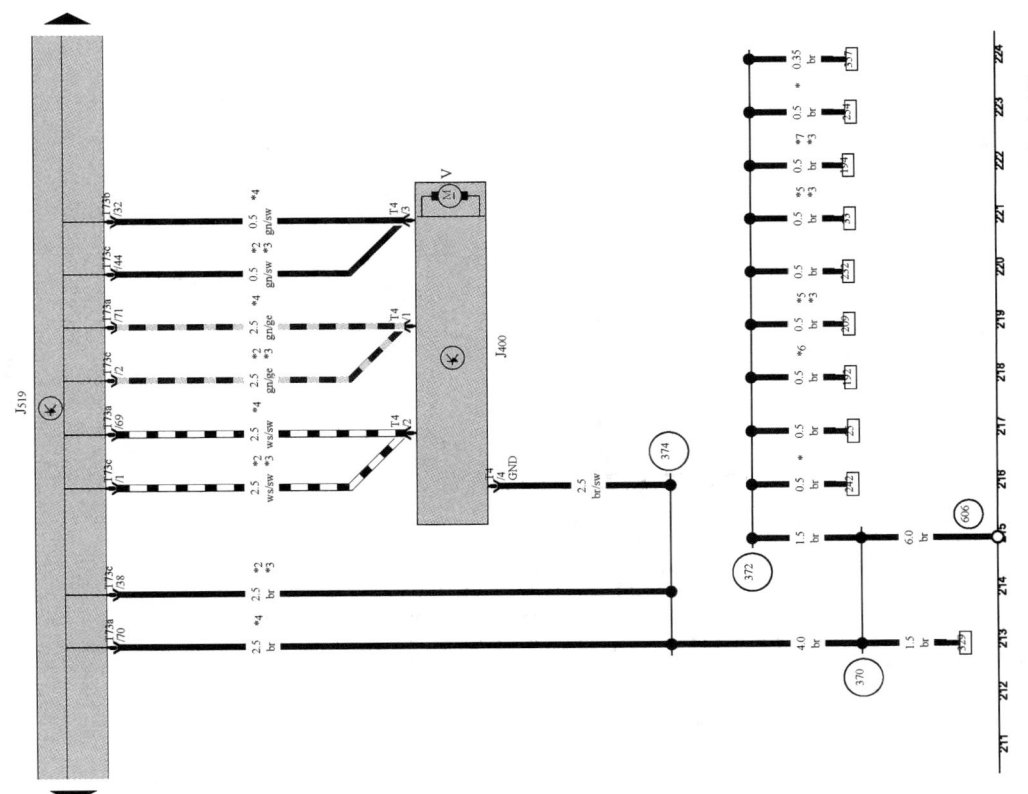

图 2-5-16

J400-刮水器电机控制单元 J519-车载电网控制单元 T4-4芯插头连接 T73a-73芯插头连接 T73b-73芯插
头连接 T73c-73芯插头连接 V-车窗玻璃刮水器电机 370-接地连接1（间服电机）T73a-73芯插头连接 372-接地连接7，
头连接 T73c-73芯插头连接9，在主导线束中 606-中控台下面，变速杆附近的接地点 *1-用于Polo GTI
在主导线束中 374-接地连接9，在主导线束中 *3-截至2018年4月，在主导线束中 *1-用于Polo GTI
*2-用于带车载电网控制单元BFM的汽车 *3-截至2018年4月 *4-用于带车载电网控制单元正BCM的汽车
*5-用于不带回家照明功能的汽车 *6-用于带回家照明功能的汽车 *7-用于带氙气大灯的汽车

203

车载电网控制单元，左侧驻车示宽灯灯泡，左侧近光灯灯泡，左侧
远光灯灯泡，左侧大灯照明距离调节伺服电机，左前转向信号灯灯泡，左侧近光灯灯泡，左侧

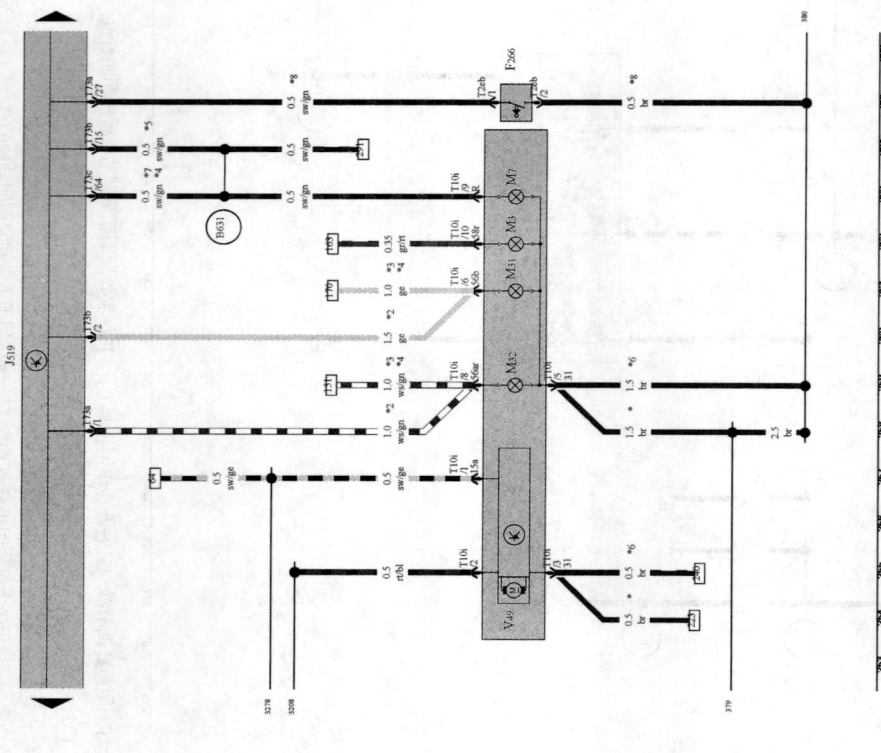

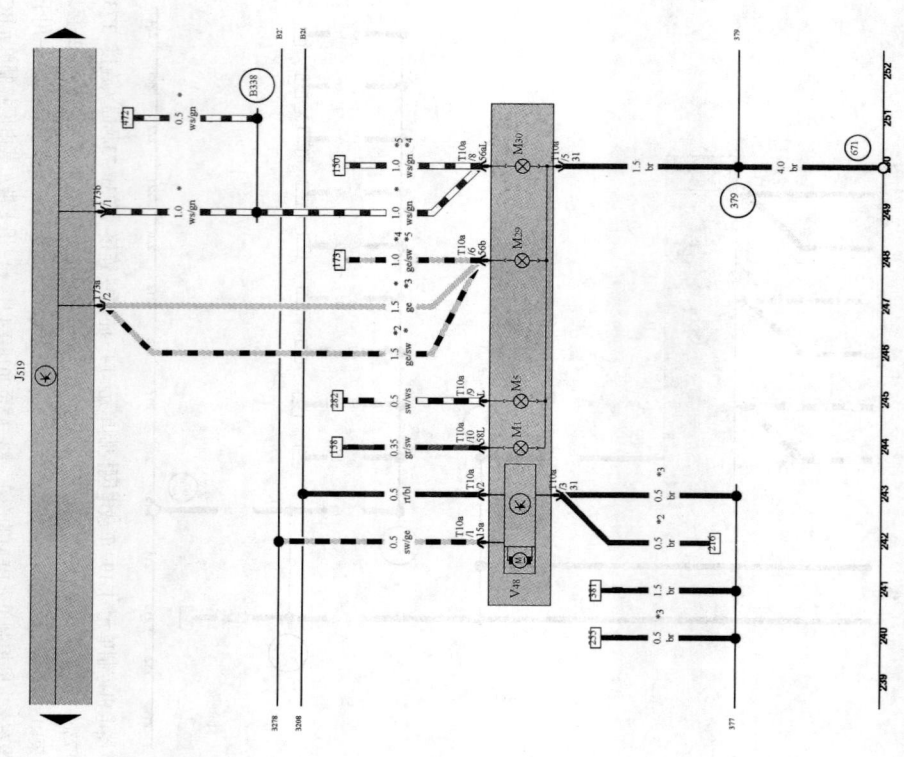

图 2-5-18

J519-车载电网控制单元 M1-左侧驻车示宽灯灯泡 M5-左前转向信号灯灯泡 M29-左侧近光灯灯泡 M30-左侧远光灯灯泡 10a-10芯插头连接 T73a-73芯插头连接 T73b-73芯插头连接 V48-左侧大灯照明距离调节伺服电机 377-接地连接 在主导线束中 379-接地连接14，在主导线束中 671-左前纵梁上的接地点1 B208-连接1（伺服电机），在主导线束中 B278-正极连接2（15a），在主导线束中 B338-连接1（56），在主导线束中 *-用于带回家照明功能的汽车 *2-用于Polo GTI *3-不适用于Polo GTI *4-用于不带回家照明功能的汽车 *5-截至2018年4月

车载电网控制单元，右侧驻车示宽灯灯泡，右侧转向信号灯灯泡，
右侧近光灯灯泡，右侧远光灯灯泡，右侧大灯照明距离调节伺服电机

发动机舱盖接触开关，车载电网控制单元，右前转向信号灯灯泡，

图 2-5-19

F266-发动机舱盖接触开关 J519-车载电网控制单元 M3-右侧驻车示宽灯灯泡 M7-右前转向信号灯灯泡 M31-右侧近光灯灯泡 M32-右侧远光灯灯泡 T2eb-2芯插头连接 T10i-10芯插头连接 T73a-73芯插头连接 T73b-73芯插头连接 T73c-73芯插头连接 V49-右侧大灯照明距离调节伺服电机 379-接地连接14，在主导线束中 380-接地连接15，在主导线束中 B208-连接1（伺服电机），在车内导线束中 B278-正极连接2（15a），在主导线束中 B631-正极连接（右转向信号灯），在主导线束中 *-用于Polo GTI *2-用于带回家照明功能的汽车 *3-用于不带回家照明功能的汽车 *4-截至2018年4月 *5-用于带车载电网控制单元BFM的汽车 *6-不适用于Polo GTI *7-用于带车载电网控制单元BCM的汽车 *8-用于带防盗报警装置（DWA）和防盗报警装置信号扬声器的汽车

204

车载电网控制单元，左侧后雾灯灯泡，右侧尾灯灯泡，左侧尾灯灯泡，左侧转向信号灯灯泡，
右后转向信号灯灯泡，左侧制动信号灯灯泡，右侧制动信号灯灯泡，右侧倒车灯灯泡

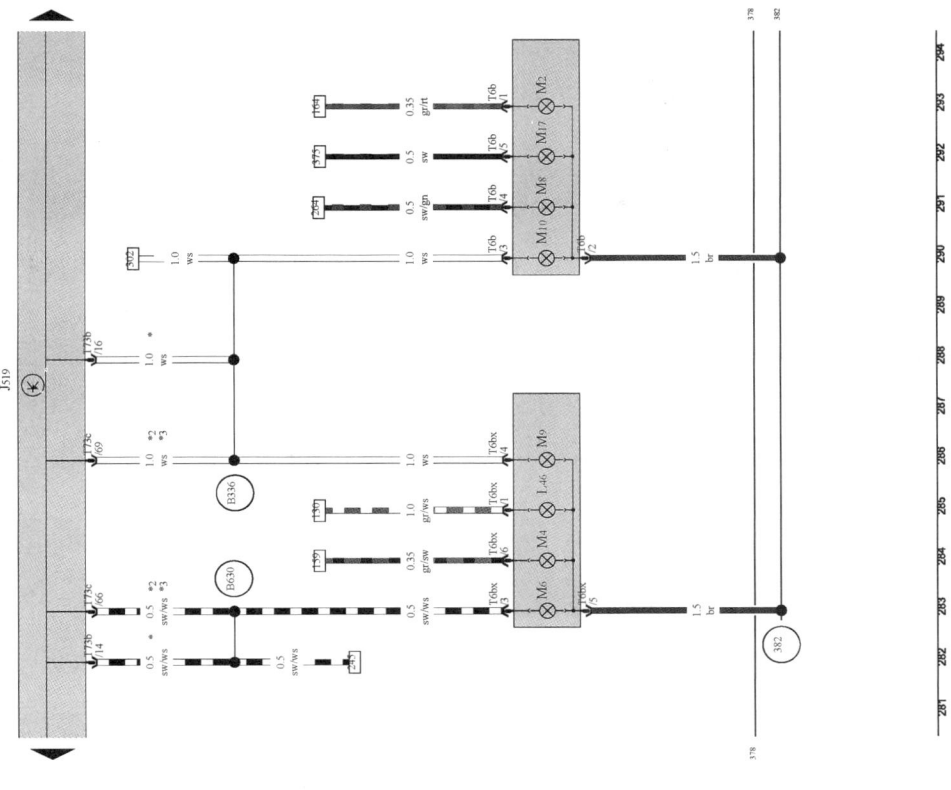

J519—车载电网控制单元 L46—右侧转向信号灯灯泡 M2—右侧尾雾灯灯泡 M4—左侧尾灯灯泡 M6—左后转向信号
灯灯泡 M8—右后转向信号灯灯泡 M9—左侧制动信号灯灯泡 M10—右侧制动信号灯灯泡 M17—右侧倒车
灯灯泡 T6b—6芯插头连接 T6bx—6芯插头连接 T73b—73芯插头连接 T73c—73芯插头连接 378—接地连接
13，在主导线束中 382—接地连接17，在主导线束中 B336—连接2（54），在主导线束中 B630—正极连接
（左转向信号），在主导线束中 *—用于带车载电网控制单元BCM的汽车 *2—用于带车载电网控制单元
BFM的汽车 *3—截至2018年4月

图 2-5-21

高音扬声器，低音扬声器，车载电网控制单元，右侧前雾灯灯泡

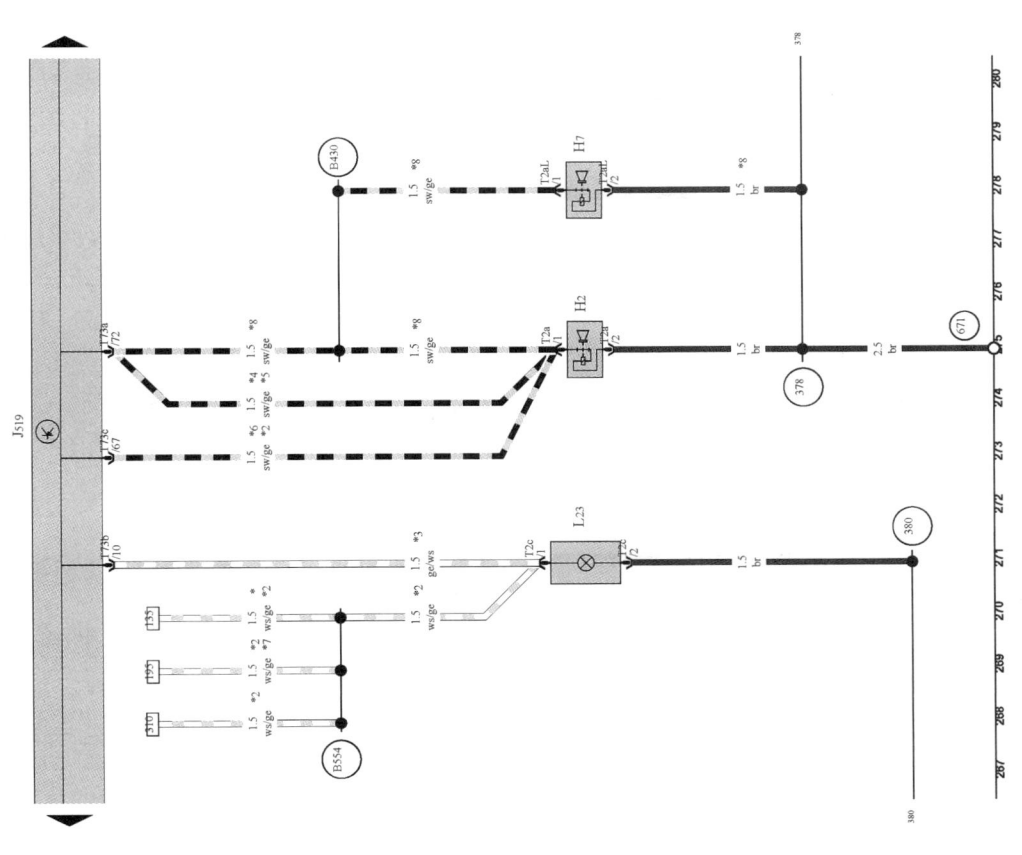

H2—高音扬声器 H7—低音扬声器 J519—车载电网控制单元 L23—右侧前雾灯灯泡 T2a—2芯插头连接
T2aL—2芯插头连接 T2c—2芯插头连接 T73a—73芯插头连接 T73b—73芯插头连接 T73c—73芯插头连接
378—接地连接13，在主导线束中 380—接地连接15，在主导线束中 671—左前纵梁上的接地点1 B430—连接
（喇叭），在主导线束中 B554—连接（前雾灯），在主导线束中 *—用于不带回家照明功能的汽车 *2—截
至2018年4月 *3—用于带回家照明功能的汽车 *4—用于带车载电网控制单元BCM的汽车 *5—不适用于Polo
GTI *6—用于带车载电网控制单元BFM的汽车 *7—用于带氙气大灯的汽车 *8—用于Polo GTI

图 2-5-20

205

车载电网控制单元，左侧前雾灯灯泡，后窗玻璃刮水器电机，前后窗玻璃清洗泵

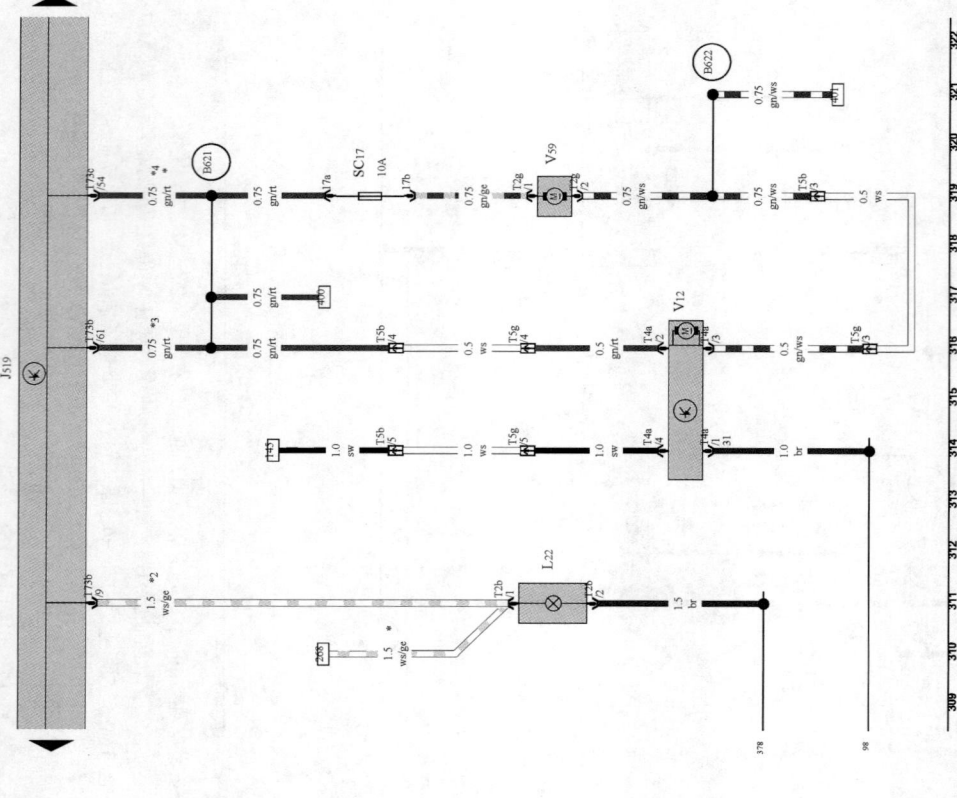

J519－车载电网控制单元　L22－左侧前雾灯灯泡　SC17－保险丝架C上的保险丝17　T2b－2芯插头连接　T2g－2芯插头连接　T4a－4芯插头连接　T5b－5芯插头连接　T5g－5芯插头连接　T73b－73芯插头连接　T73c－73芯插头连接　V12－后窗玻璃刮水器电机　V59－前后窗玻璃清洗泵　98－接地连接　378－接李箱盖导线束中　地连接13，在主导线束中　B621－连接1（53c），在主导线束中　B622－连接（车窗玻璃刮水器），在主导线束中　*－截至2018年4月　*2－用于带回家照明功能的汽车　*3－用于带车载电网控制单元BCM的汽车　*4－用于带车载电网控制单元BFM的汽车

图 2-5-23

车载电网控制单元，高位制动信号灯灯泡，左侧牌照灯，右侧牌照灯，可加热式后窗玻璃

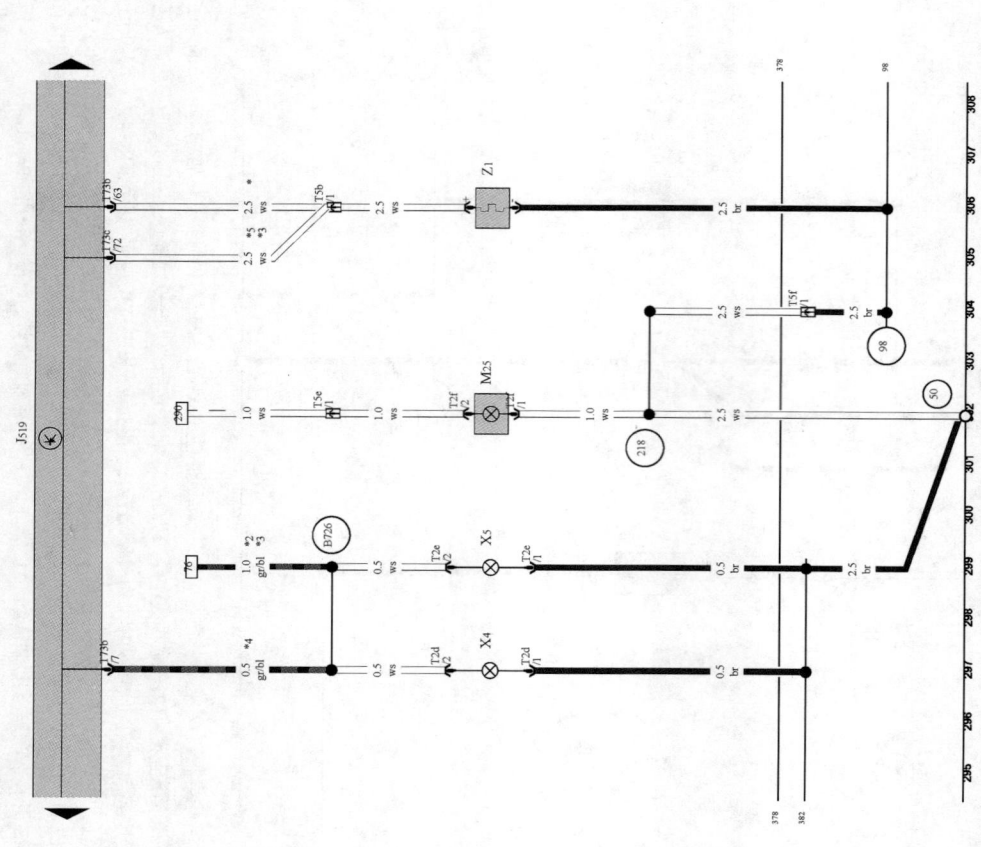

J519－车载电网控制单元　M25－高位制动信号灯灯泡　T2d－2芯插头连接　T2e－2芯插头连接　T2f－2芯插头连接　T5b－5芯插头连接　T5e－5芯插头连接　T5f－5芯插头连接　T73b－73芯插头连接　T73c－73芯插头连接　X4－左侧牌照灯　X5－右侧牌照灯　Z1－可加热式后窗玻璃　50－行李箱内左侧的接地点　98－接地连接，在行李箱盖导线束中　218－接地连接1，在行李箱盖导线束中　378－接地连接13，在主导线束中　382－接地连接　17，在主导线束中　B726－正版连接2（58），在主导线束中　*－用于带车载电网控制单元BCM的汽车　*2－用于带回家照明功能的汽车　*3－截至2018年4月　*4－用于带回家照明功能的汽车　*5－用于带车载电网控制单元BCM的汽车　制单元BFM的汽车

图 2-5-22

车载电网控制单元，前内灯，中间后阅读灯

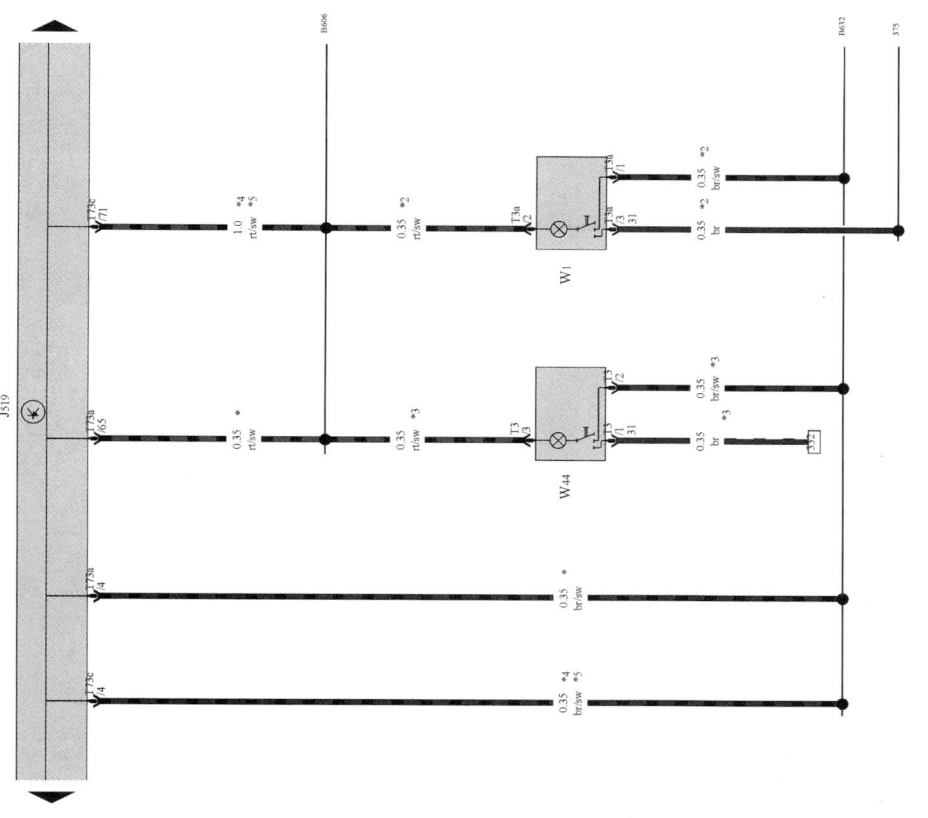

J519－车载电网控制单元　T3－3芯插头连接　T3a－3芯插头连接　T73a－73芯插头连接　T73c－73芯插头连接　W1－前内灯　W44－中间后部阅读灯　375－接地连接10，在主导线束中　B606－连接，在车内导线束中　B632－连接（车内照明，31），在主导线束中　*1－用于带车载电网控制单元BCM的汽车　*2－用于不带车载电网控制单元BFM的汽车　*3－用于带后部阅读灯的汽车　*4－用于带车载电网控制单元BFM的汽车　*5－截至2018年4月

图 2-5-25

安全气囊卷簧和带滑环的复位环，信号喇叭控制，车载电网控制单元

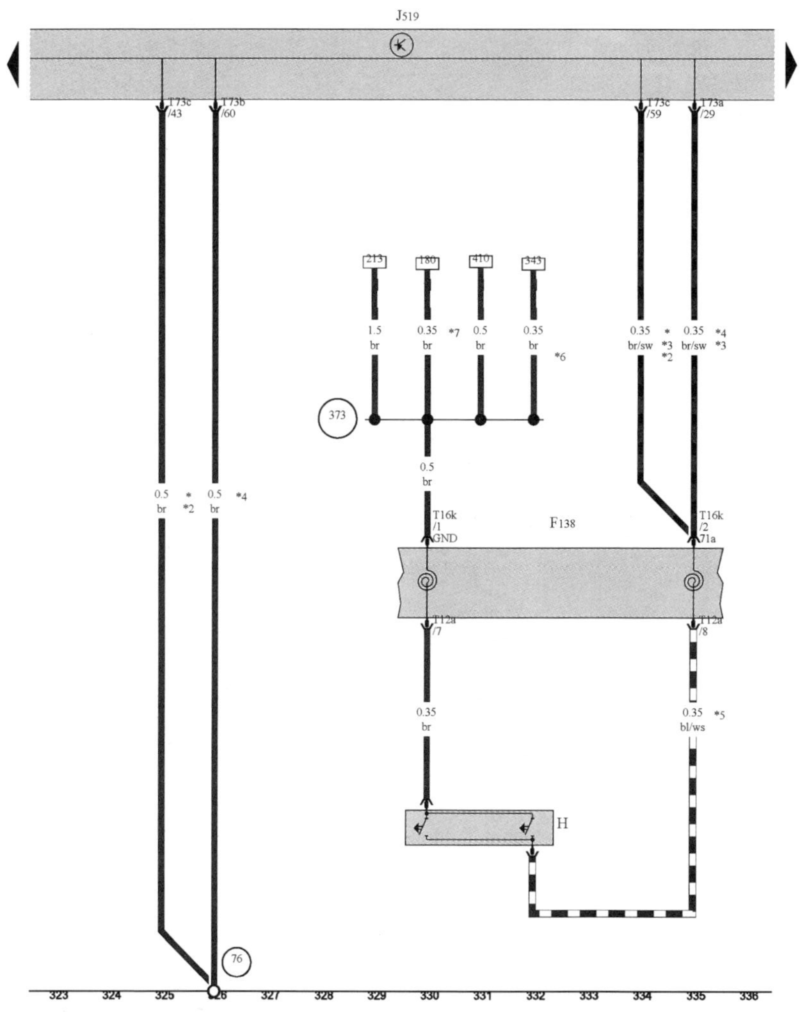

F138－安全气囊卷簧和带滑环的复位环　H－信号喇叭控制　J519－车载电网控制单元　T12a－12芯插头连接　T16k－16芯插头连接　T73a－73芯插头连接　T73b－73芯插头连接　T73c－73芯插头连接　76－换挡操纵机构附近的接地点　373－接地连接8，在主导线束中　*1－用于带车载电网控制单元BFM的汽车　*2－截至2018年4月　*3－用于不带车载电网控制单元BCM的汽车　*4－用于带车载电网控制单元BFM的汽车　*5－不适用于Polo GTI　*6－用于带多功能方向盘的汽车　*7－用于带雨量光线传感器的汽车

图 2-5-24

驾驶员侧化妆镜接触开关，副驾驶员侧化妆镜接触开关，车载电网控制单元，前内灯，副
驾驶员侧阅读灯，副驾驶员侧带照明功能的化妆镜，驾驶员侧化妆镜，驾驶员侧带照明功
能的化妆镜

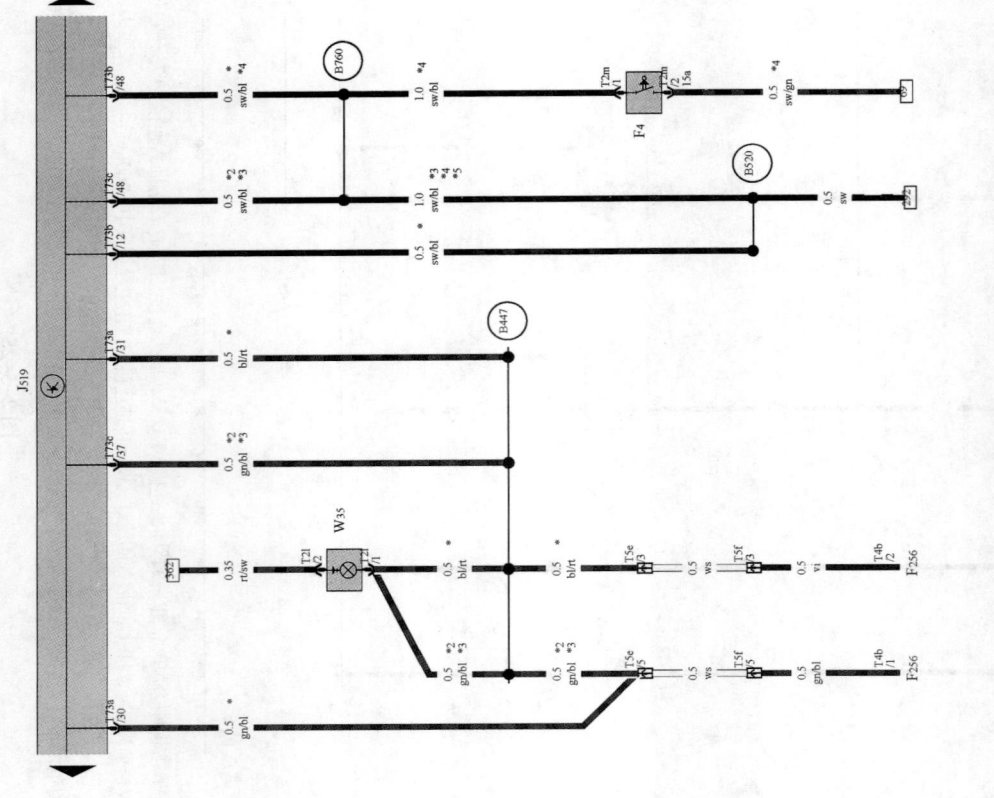

倒车灯开关，车载电网控制单元，右侧行李箱照明

F4-倒车灯开关 F256-行李箱盖闭锁控制单元 J519-车载电网控制单元 T2l-2芯插头连接 T2m-2芯插头连接
T4b-4芯插头连接 T5e-5芯插头连接 T5f-5芯插头连接 T73a-73a芯插头连接 T73b-73b芯插头连接 T73c-
73c芯插头连接 W35-右侧行李箱照明 B447-连接（行李箱照明），在主导线束中 B520-连接（RF），在
主导线束中 B760-连接2（倒车灯），在主导线束中 *-用于带车载电网控制单元BCM的汽车 *2-用于带
车载电网控制单元BFM的汽车 *3-截至2018年4月 *4-用于带回家照明功能的汽车 *5-用于不带回家照明功
能的汽车

图 2-5-27

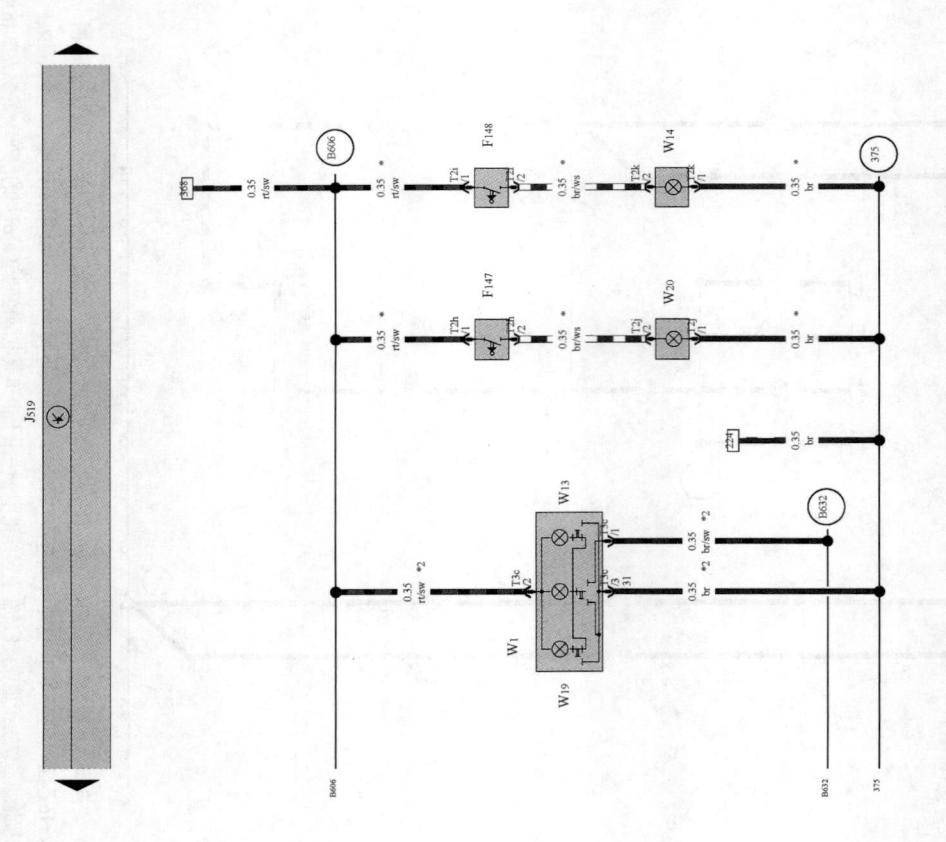

F147-驾驶员侧化妆镜接触开关 F148-副驾驶员侧化妆镜接触开关 J519-车载电网控制单元 T2h-2芯插
头连接 T2j-2芯插头连接 T2k-2芯插头连接 T3c-3芯插头连接 W1-前内灯 W13-
副驾驶员侧阅读灯 W14-副驾驶员侧带照明功能的化妆镜 W19-驾驶员侧阅读灯 W20-驾驶员侧带照明
功能的化妆镜 375-接地连接10，在车内导线束中 B606-连接2，在车内导线束中 B632-连接（车内照明，
31），在主导线束中 *-用于带照明式化妆镜的汽车 *2-用于带后部阅读灯的汽车

图 2-5-26

208

前窗玻璃刮水器开关，右侧转向柱开关，车窗玻璃刮水器间歇运行
调节器，车窗玻璃清洗泵开关（自动刮水/清洗装置和大灯清洗装置），多功能显示器调
用按钮，多功能显示器存储开关，车载电网控制单元

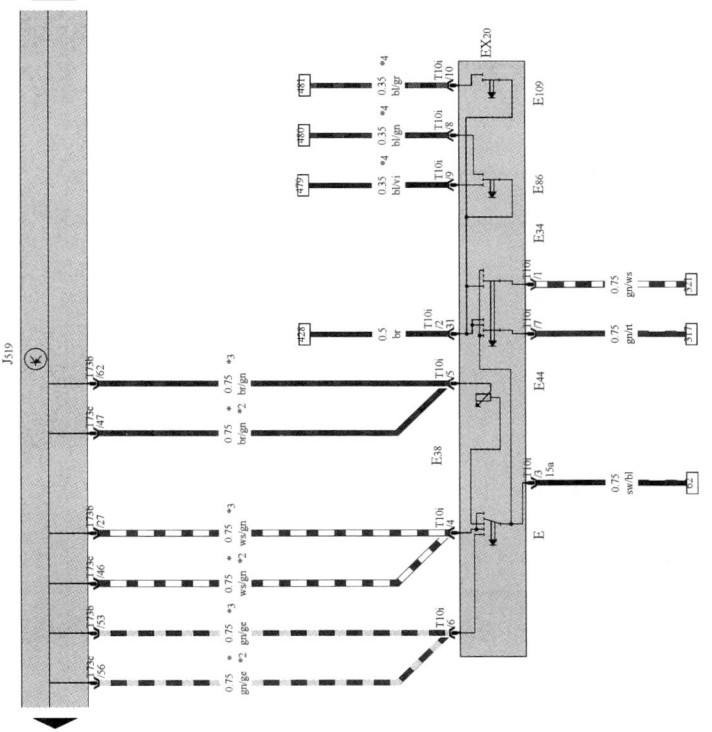

E－前窗玻璃刮水器开关　EX20－右侧转向柱开关　E34－后窗玻璃刮水器开关　E38－车窗玻璃刮水器间歇运
行调节器　E44－车窗玻璃清洗泵开关（自动刮水/清洗装置）　E86－多功能显示器调用按钮
E109－多功能显示器存储开关　J519－车载电网控制单元　T10i～10芯插头连接　T73b～73芯插头连接　T73c－
73芯插头连接　*2－用于带车载电网控制单元BFM的汽车　*3－用于带多功能显示器BCM的汽车　*4－用于带
BCM的汽车　*4－用于带多功能显示器的汽车

图 2－5－29

制动信号灯开关，制动踏板开关，车载电网控制单元

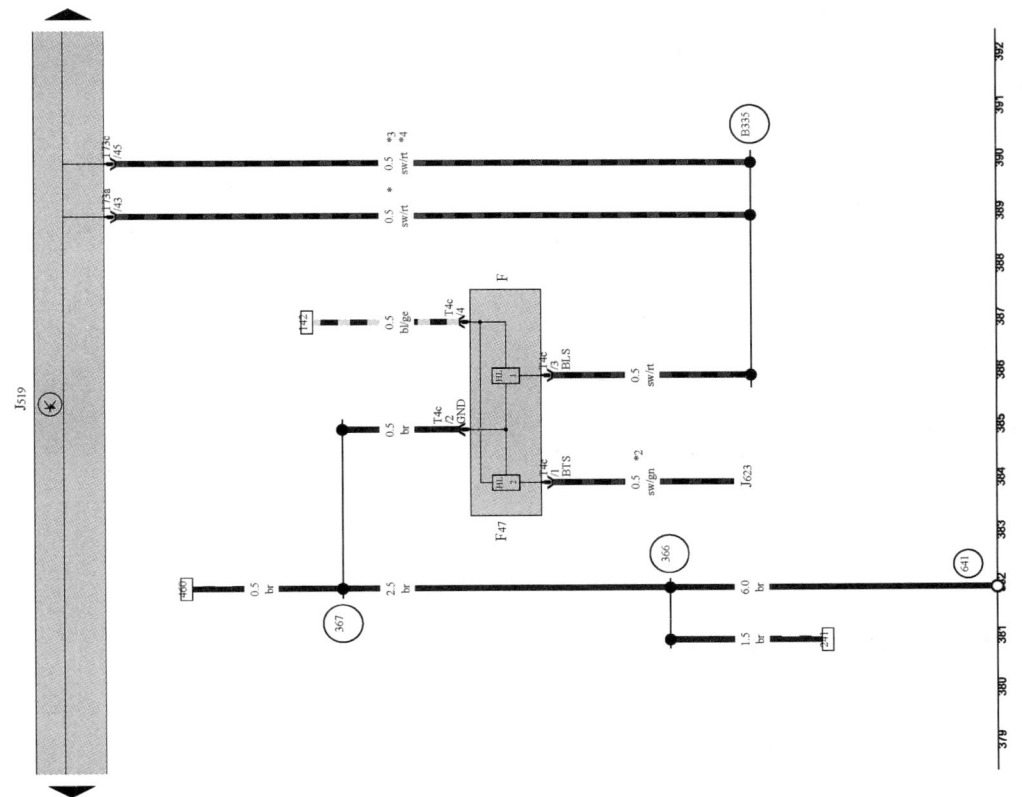

F－制动信号灯开关　F47－制动踏板开关　J519－车载电网控制单元　J623－发动机控制单元　T4c－4芯插头连接
T73a～73芯插头连接　T73c－73芯插头连接　366－接地连接1，在主导线束中　367－接地连接2，在主导线束中
641－发动机舱内左侧接地点3　B335－连接1（54）　*－用于带车载电网控制单元BCM的汽
车　*2－见发动机舱内所适用的电路图　*3－用于带车载电网控制单元BFM的汽车　*4－截至2018年4月

图 2－5－28

209

转向信号灯开关，手动远光灯功能和远光灯瞬时接通功能开关，左侧转向柱开关，车载电
网控制单元

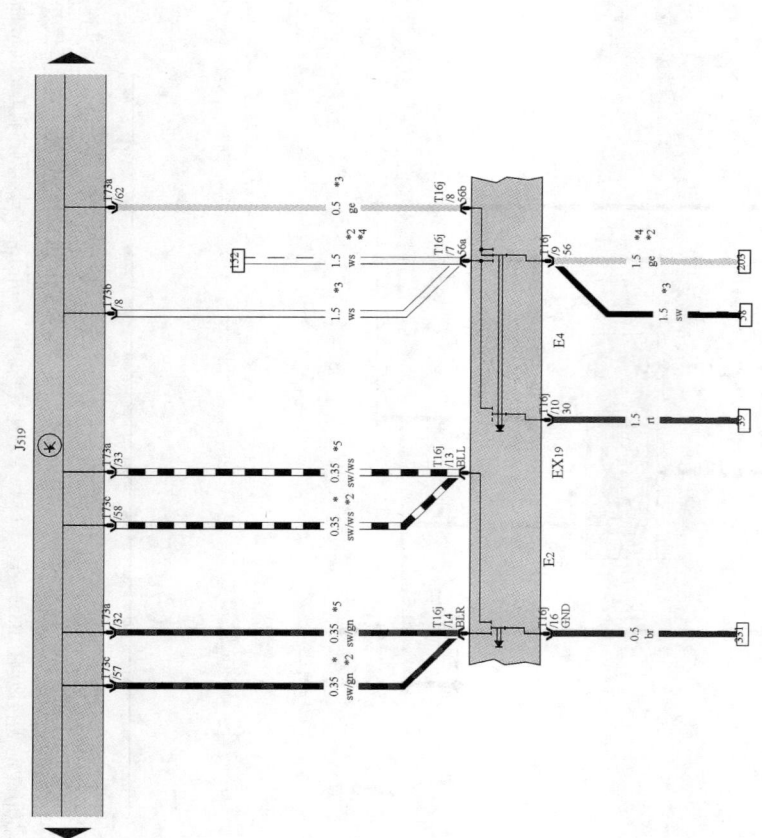

E2-转向信号灯开关 E4-手动远光灯功能和远光灯瞬时接通功能开关 EX19-左侧转向柱开关 J519-车载
电网控制单元 T16j-16芯插头连接 T73a-73芯插头连接 T73b-73芯插头连接 T73c-73芯插头连接 *-用
于带车载电网控制单元BFM的汽车 *2-截至2018年4月 *3-用于带回家照明功能的汽车 *4-用于不带回家
照明功能的汽车 *5-用于带车载电网控制单元BCM的汽车

图 2-5-30

车载电网控制单元，数据总线诊断接口，诊断接口

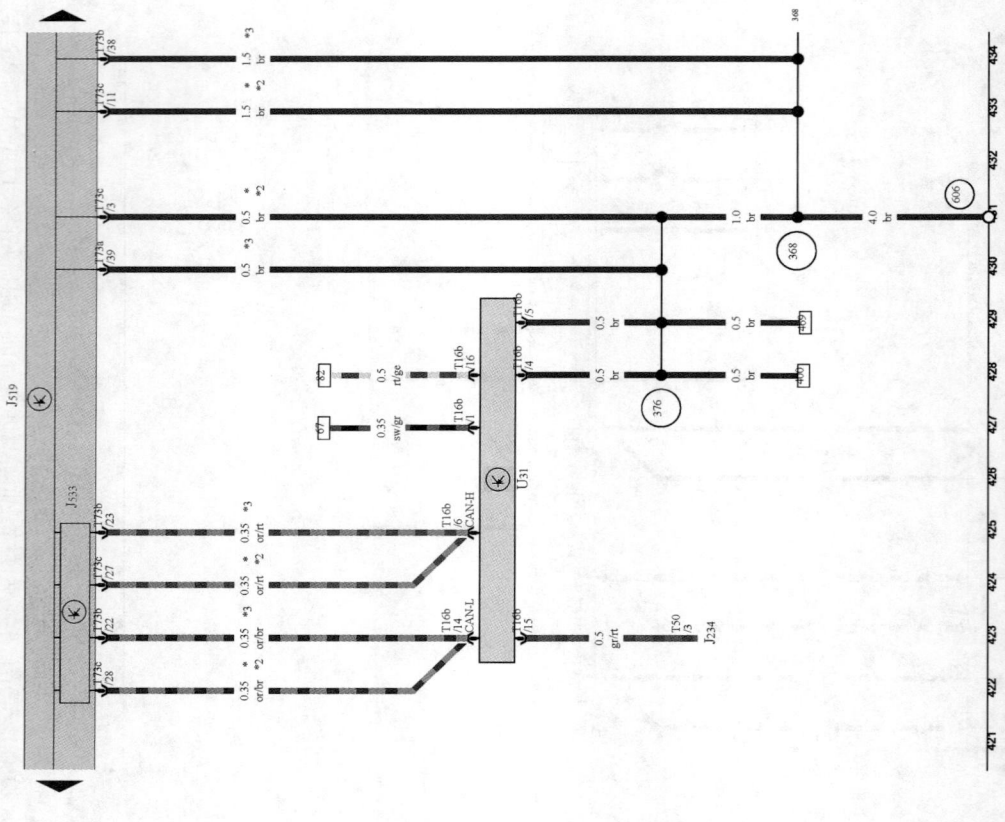

J234-安全气囊控制单元 J519-车载电网控制单元 J533-数据总线诊断接口 T16b-16芯插头连接 T50-50
芯插头连接 T73a-73芯插头连接 T73b-73芯插头连接 T73c-73芯插头连接 U31-诊断接口 368-接地连
接3，在主导线束中 376-接地连接11，在主导线束中 606-中控台下面，变速杆附近的接地点 *-用于带
车载电网控制单元BFM的汽车 *2-截至2018年4月 *3-用于带车载电网控制单元BCM的汽车

图 2-5-31

210

可加热后窗玻璃按钮，车载电网控制单元，可加热后窗玻璃指示灯，点烟器照明灯泡，按
钮照明灯泡，点烟器

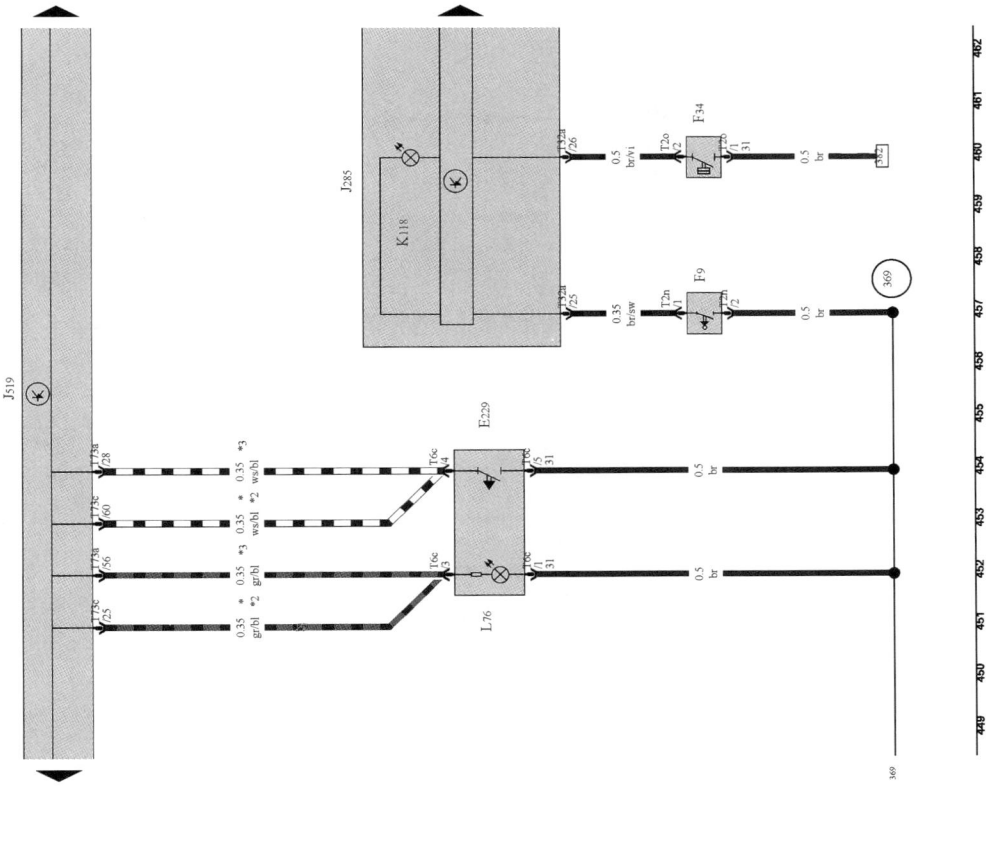

图 2-5-32

E230-可加热后窗玻璃按钮 J519-车载电网控制单元 K10-可加热后窗玻璃指示灯 L28-点烟器照明灯
泡 L76-按钮照明灯泡 T3b-3芯插头连接 T6d-6芯插头连接 T73a-73芯插头连接 T73b-73芯插头连接
T73c-73芯插头连接 U1-点烟器 B343-连接4（58d），在主导线束中 369-接地连接4，在主导线束中 605-上
部转向柱上的接地点 368-接地连接3，在主导线束中 368d-连接4（58d），在主导线束中车载电网控制单元BFM的汽车 *2-截
至2018年4月 *3-用于带车载电网控制单元BCM的汽车

警报灯开关，手制动器指示灯开关，制动液位警告信号触点，组合仪表中的控制单元，
车载电网控制单元，制动系统指示灯，按钮照明灯泡

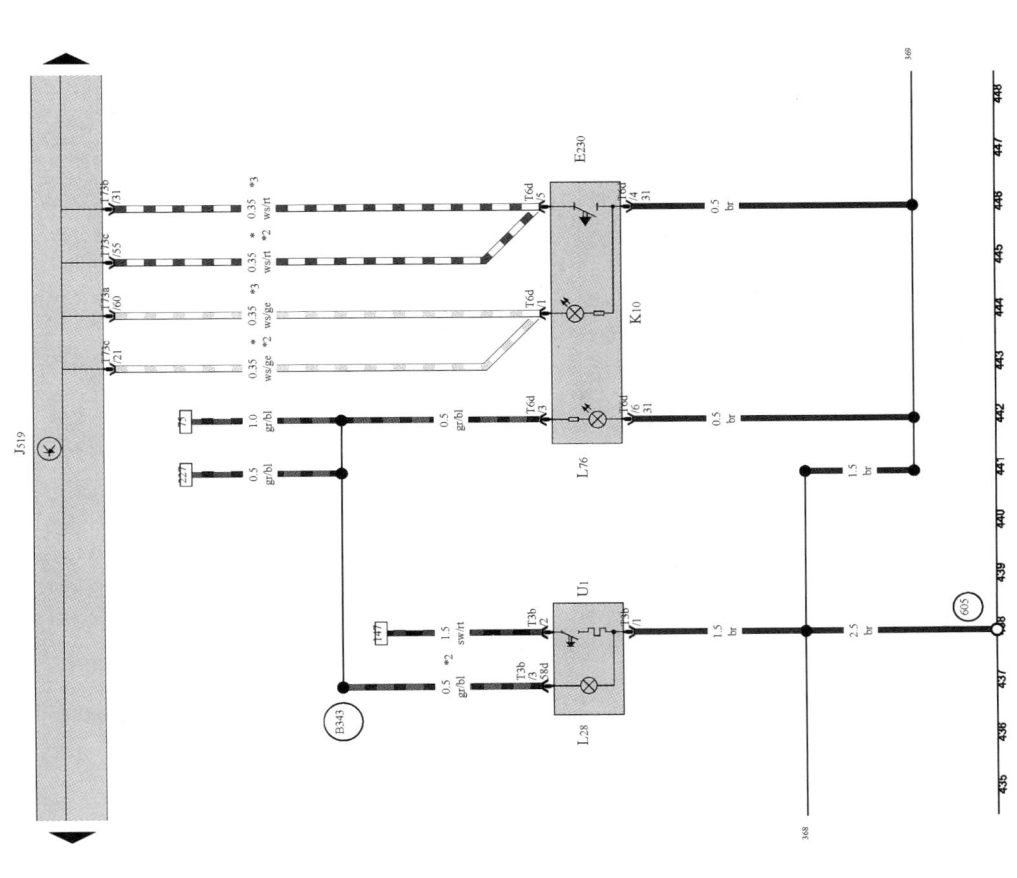

图 2-5-33

E229-警报灯开关 F9-手制动器指示灯开关 F34-制动液位警告信号触点 J285-组合仪表中的控制单元
J519-车载电网控制单元 K118-制动系统指示灯 L76-按钮照明灯泡 T2n-2芯插头连接 T2o-2芯插头连接
T6c-6芯插头连接 T32a-32芯插头连接 T73a-73芯插头连接 T73c-73芯插头连接 369-接地连接 *1-用于带车载电网控制单元BCM
号线束中 *1-用于带车载电网控制单元BFM的汽车 *2-截至2018年4月 *3-用于带车载电网控制单元BCM
的汽车

车外温度传感器，冷却液不足显示传感器，车窗玻璃清洗液液位传感器，多功能显示器，组合仪表中的控制单元，车载电网控制单元，远光灯指示灯，ABS 指示灯，废气警告灯，电子油门故障信号灯

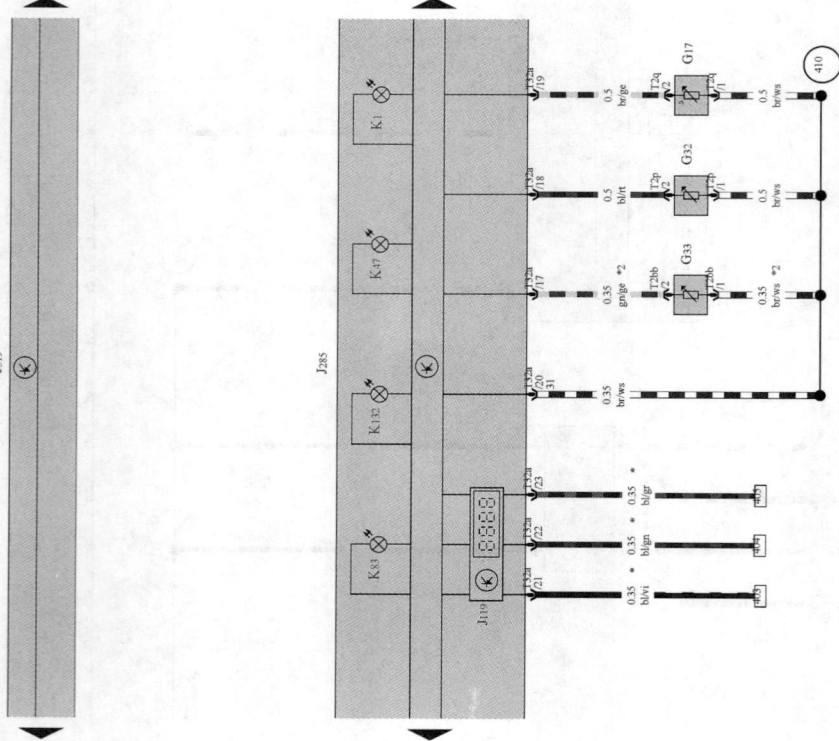

图 2-5-35

G17-车外温度传感器 G32-冷却液不足显示传感器 G33-车窗玻璃清洗液液位传感器 J119-多功能显示器 J285-组合仪表中的控制单元 J519-车载电网控制单元 K1-远光灯指示灯 K47-ABS指示灯 K83-废气警告灯 K132-电子油门故障信号灯 T2p-2芯插头连接 T2q-2芯插头连接 T32a-32芯插头连接 T2bb-2芯插头连接 410-接地连接 *-用于带多功能显示器的汽车 *2-用于带前窗玻璃清洗液位传感器和水位传感器的汽车 连接 410-接地连接1（传感器接地），在主导线束中

防盗锁止系统读出线圈，燃油表，组合仪表中的控制单元，防盗锁止系统控制单元，车载电网控制单元，后雾灯指示灯，后雾灯后灯，机电式助力转向器指示灯

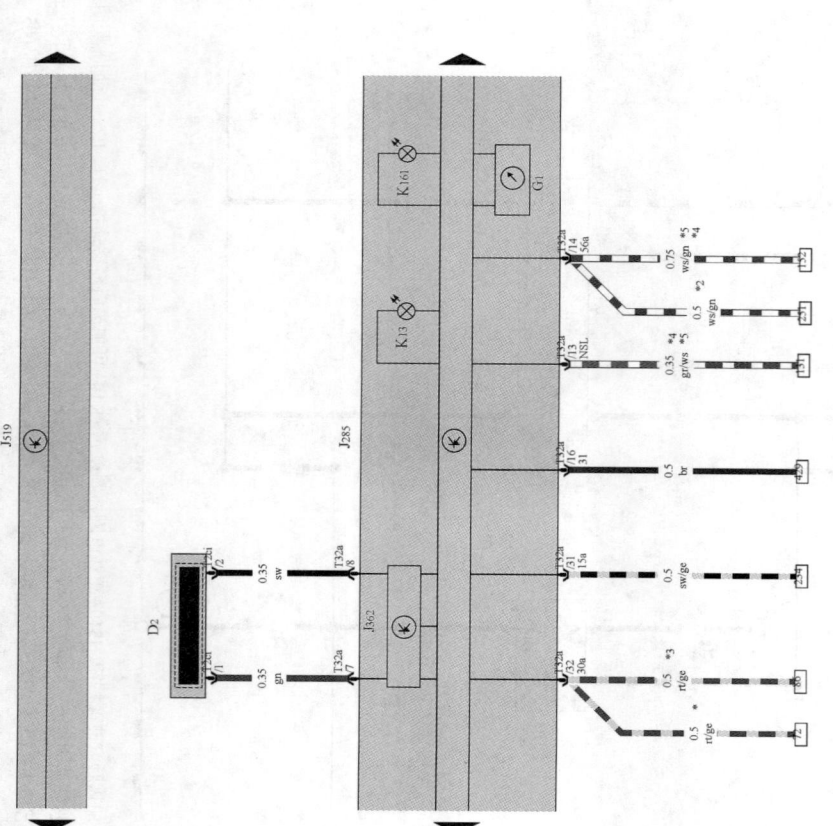

图 2-5-34

D2-防盗锁止系统读出线圈 G1-燃油表 J285-组合仪表中的控制单元 J362-防盗锁止系统控制单元 J519-车载电网控制单元 K13-后雾灯指示灯 K161-机电式助力转向器指示灯 T2ci-2芯插头连接 T32a-32芯插头连接 *-用于带发动机自动启停系统的汽车 *2-用于带回家照明功能的汽车 *3-用于不带发动机自动启停系统的汽车 *4-用于不带回家照明功能的汽车 *5-截至2018年4月

组合仪表中的控制单元，发电机指示灯，机油压力指示灯，左侧转向信号指示灯，右侧转向信号指示灯，行李箱盖打开指示灯，车门打开指示灯，选挡杆指示灯，灯泡失灵指示灯，电子稳定程序和ASR指示灯2

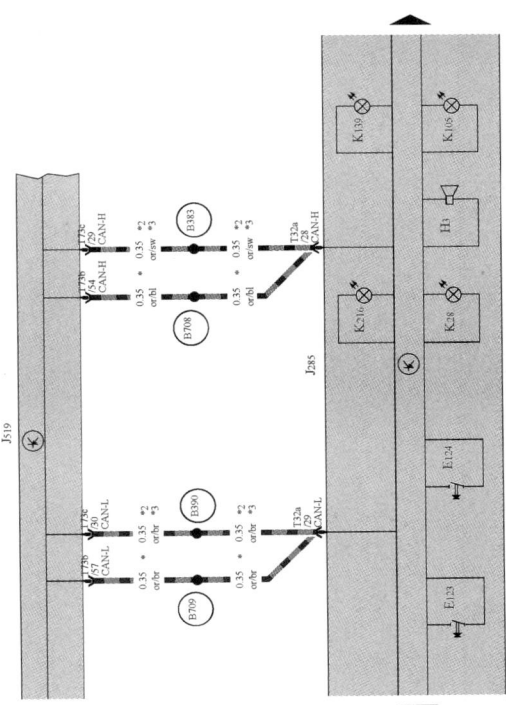

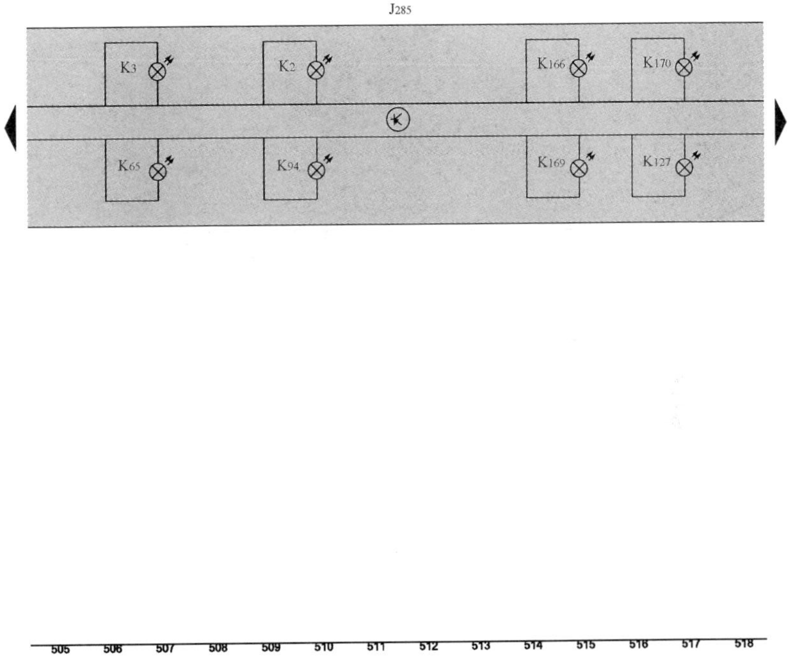

图2-5-37

J285-组合仪表中的控制单元 K2-发电机指示灯 K3-机油压力指示灯 K65-左侧转向信号指示灯 K94-右侧转向信号指示灯 K127-行李箱盖打开指示灯 K166-车门打开指示灯 K169-选挡杆指示灯 K170-灯泡失灵指示灯

分行驶里程复位按钮，时钟和调节按钮，警报蜂鸣器和警报音，组合仪表中的控制单元，车载电网控制单元，冷却液温度和冷却液不足显示指示灯，燃油表指示灯，驻车制动器指示灯，电子稳定程序和ASR指示灯2

图2-5-36

E123-分行驶里程复位按钮 E124-时钟调节按钮 H3-警报蜂鸣器和警报音 J285-组合仪表中的控制单元 J519-车载电网控制单元 K28-冷却液温度和冷却液不足显示指示灯 K105-燃油表指示灯 K139-驻车制动器指示灯 K216-电子稳定程序和ASR指示灯2 T32a-32芯插头连接 T73b-73芯插头连接 T73c-73芯插头连接 B383-连接1（驱动CAN总线，High），在主导线束中 B390-连接1（驱动CAN总线，Low），在主导线束中 B708-连接1（组合仪表CAN总线，High），在主导线束中 B709-连接1（组合仪表CAN总线，Low），在主导线束中 *1-用于不带车载电网控制单元BCM的汽车 *2-用于带车载电网控制单元BFM的汽车 *3-截至2018年4月

213

车速表，组合仪表中的控制单元，数字时钟，里程表，选挡杆位置显示

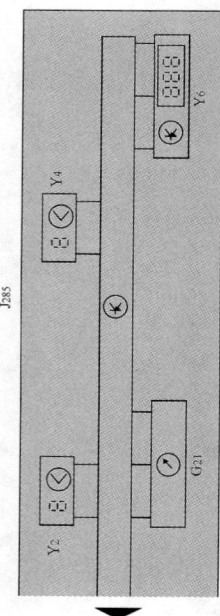

G21－车速表 J285－组合仪表中的控制单元 Y2－数字时钟 Y4－里程表 Y6－选挡杆位置显示

图2-5-39

转速表，组合仪表中的控制单元，安全带警告指示灯，玻璃清洗液液位指示灯，定速巡航装置指示灯，玻璃清洗液液位指示灯，电子稳定程序和ASR指示灯，轮胎压力监控显示指示灯，安全气囊指示灯，组合仪表照明灯泡

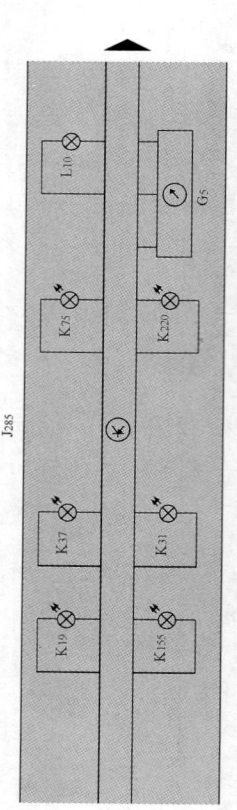

G5－转速表 J285－组合仪表中的控制单元 K19－安全带警告指示灯 K31－定速巡航装置指示灯 K37－玻璃清洗液位指示灯 K75－安全气囊指示灯 K155－电子稳定程序和ASR指示灯 K220－轮胎压力监控显示指示灯 L10－组合仪表照明灯泡

图2-5-38

第三章　全新帕萨特

第一节　发动机系统

发动机系统电路图的图号和图名对照表见表3-1-1。

表 3-1-1　发动机系统电路图的图号和图名对照表

图号	图名
图 3-1-1~ 图 3-1-3	散热器风扇电路图
图 3-1-4~ 图 3-1-44	带自动启停系统的 1.8L 汽油发动机，DBHA、DBH 电控系统电路图

主继电器

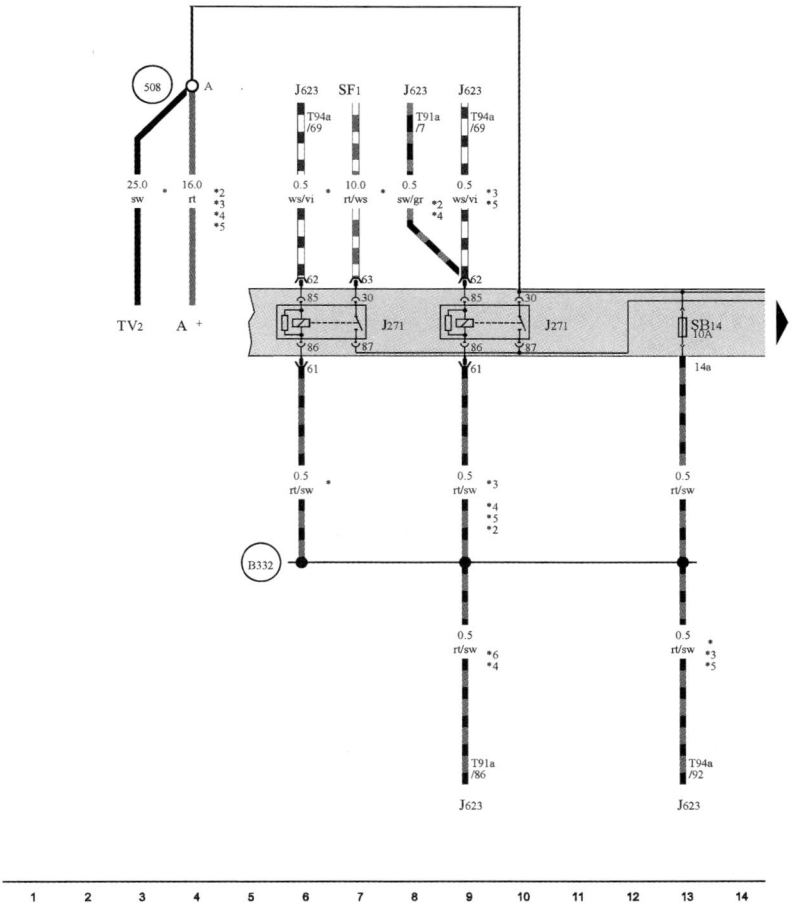

A-蓄电池　J271-主继电器　J623-发动机控制单元　SF1-保险丝架F上的保险丝1　SB14-保险丝架B上的保险丝14　T91a-91芯插头连接，黑色　T94a-94芯插头连接，黑色　TV2-端子30导线分线器　508-螺栓连接（30），在电控箱上　B332-正极连接18（30a），在主导线束中　*-仅用于带3.0L发动机的汽车　*2-仅用于带2.0L发动机的汽车　*3-仅用于带1.4L发动机的汽车　*4-仅用于带发动机编号字母DBHA的汽车　*5-仅用于带发动机编号字母CEAA的汽车　*6-仅用于带1.8L发动机的汽车

图 3-1-1

散热器出口处的冷却液温度传感器，散热器风扇控制单元，散热器风扇

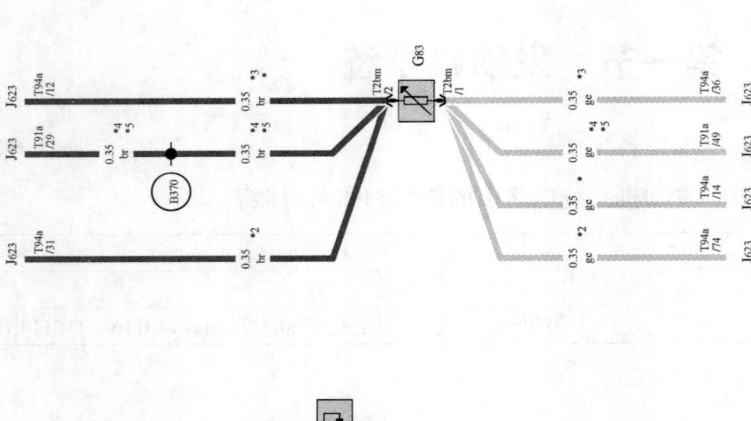

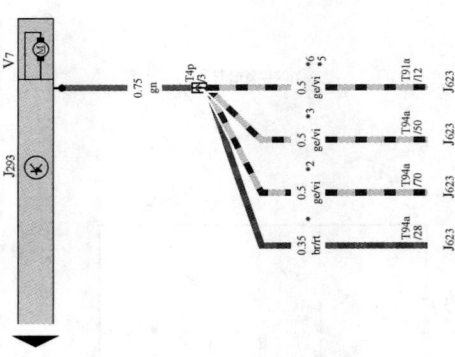

G83-散热器出口处的冷却液温度传感器 J293-散热器风扇控制单元 J623-发动机控制单元 T2bm-2芯插头连接，黑色 T4p-4芯插头连接 T91a-91芯插头连接，黑色 T94a-94芯插头连接，黑色 V7-散热器风扇 B370-连接2（5V），在主导线束中 *-仅用于带3.0L发动机的汽车 *2-仅用于带1.4L发动机的汽车 *3-仅用于带发动机编号字母CEAA的汽车 *4-仅用于带发动机编号字母DBHA的汽车 *5-仅用于带2.0L发动机的汽车 *6-仅用于带1.8L发动机的汽车

图 3-1-3

散热器风扇控制单元，散热器风扇 2

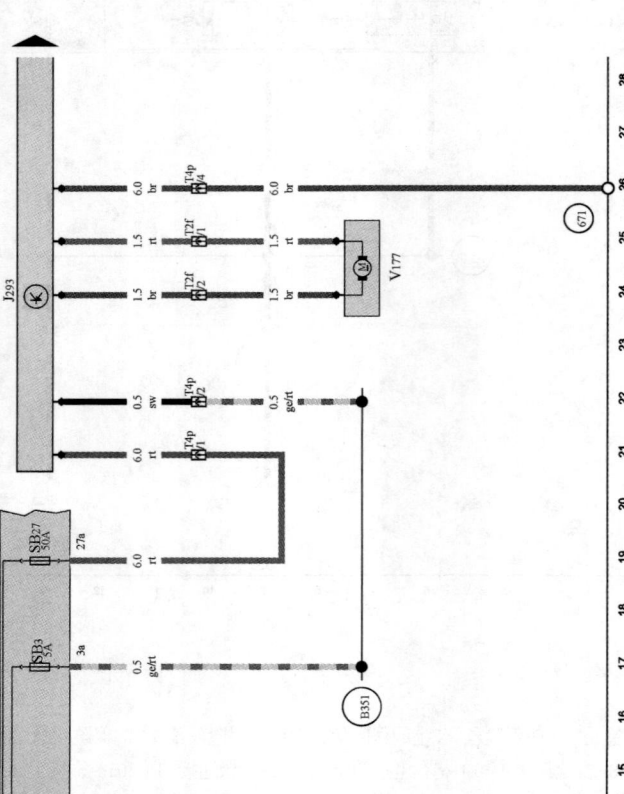

J293-散热器风扇控制单元 SB3-保险丝架B上的保险丝3 SB27-保险丝架B上的保险丝27 T2f-2芯插头连接 T4p-4芯插头连接 V177-散热器风扇2 671-接地点1，左前纵梁上 B351-正极连接2连接，黑色 T4p-4芯插头连接，黑色 T2f-2芯插头连接 (87a)，在主导线束中

图 3-1-2

主继电器，保险丝架 B

蓄电池，启动机，交流发电机，电压调节器，蓄电池监控控制单元

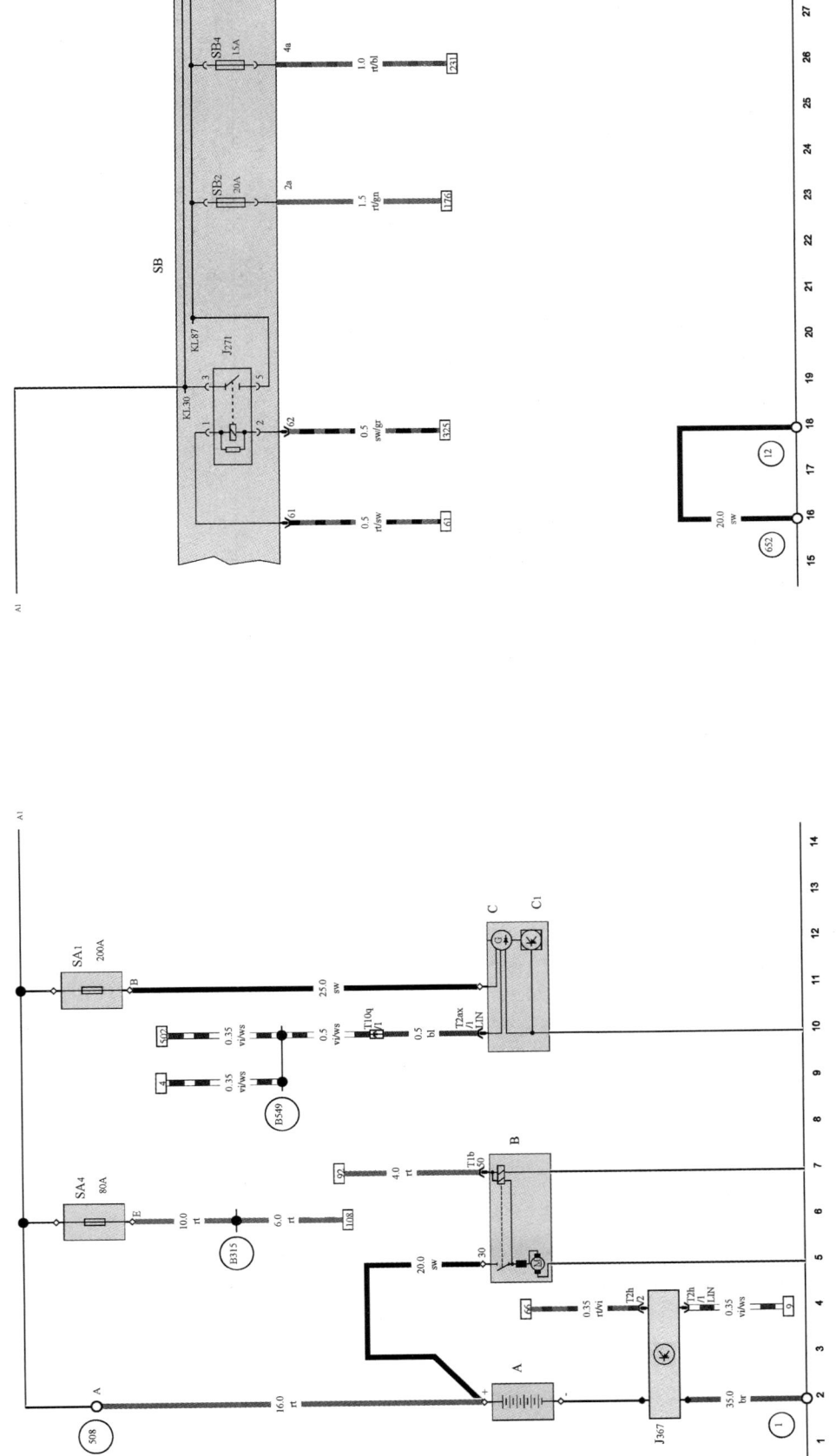

图 3-1-5

J271-主继电器　SB-保险丝架B　SB2-保险丝架B上的保险丝2　SB4-保险丝架B上的保险丝4　12-发动机舱
内左侧的接地点　652-变速器和发动机IE地线的接地点

图 3-1-4

A-蓄电池　B-启动机　C-交流发电机　C1-电压调节器　J367-蓄电池监控控制单元　SA1-保险丝架A上的保
险丝1　SA4-保险丝架A上的保险丝4　T1b-1芯插头连接　T2ax-2芯插头连接　T2h-2芯插头连接，黑
色 T10q-10芯插头连接，黑色　508-螺栓连接(30)，在电控箱上　B315-正极连接
黑色 1-接地连接，黑色　蓄电池-车身　508-螺栓连接(30)，在电控箱上　B315-正极连接
1(30a)，在主导线束中　B549-连接2（LIN总线），在主导线束中

217

发动机部件供电继电器，保险丝架 B

保险丝架 B

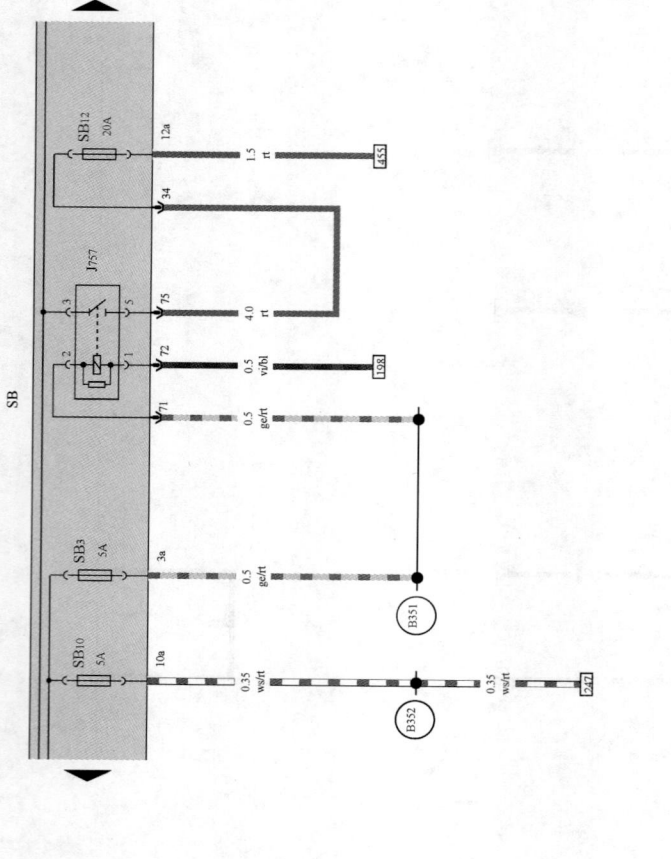

图 3-1-7

图 3-1-6

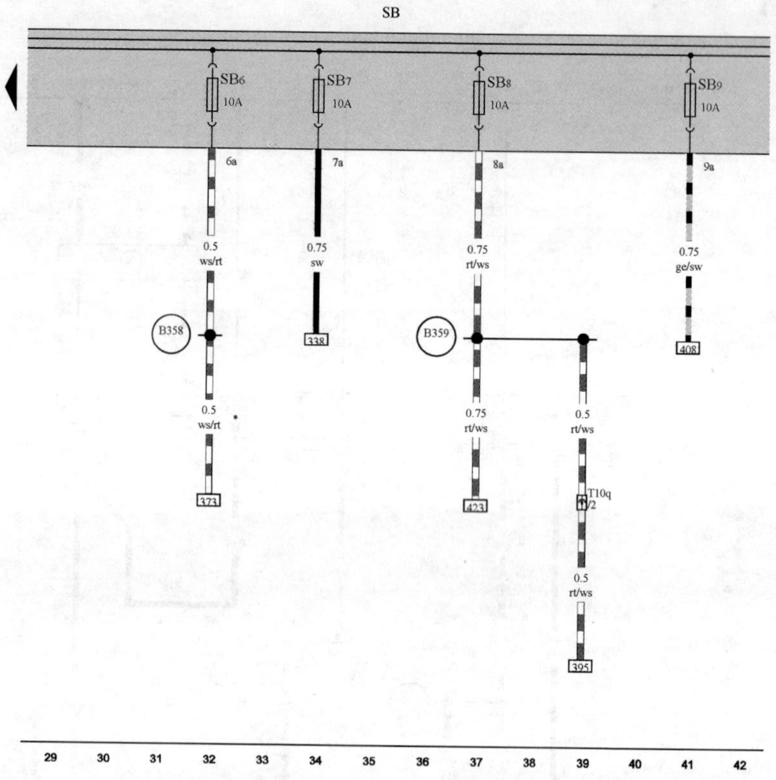

SB-保险丝架B　SB6-保险丝架B上的保险丝6　SB7-保险丝架B上的保险丝7　SB8-保险丝架B上的保险丝8　J757-发动机部件供电继电器　SB-保险丝架B　SB3-保险丝架B上的保险丝3　SB10-保险丝架B上的保险丝10
SB9-保险丝架B上的保险丝9　T10q-10芯插头连接　B358-正极连接3（87a），在主导线束中　B359-　SB12-保险丝架B上的保险丝12　B351-正极连接2（87a），在主导线束中　B352-正极连接3（87a），在主
正极连接10（87a），在主导线束中　*-截至2117年1月　　　　　　　　　　　　　　　　　　　　　　导线束中

218

接线端 15 供电继电器，车载电网控制单元

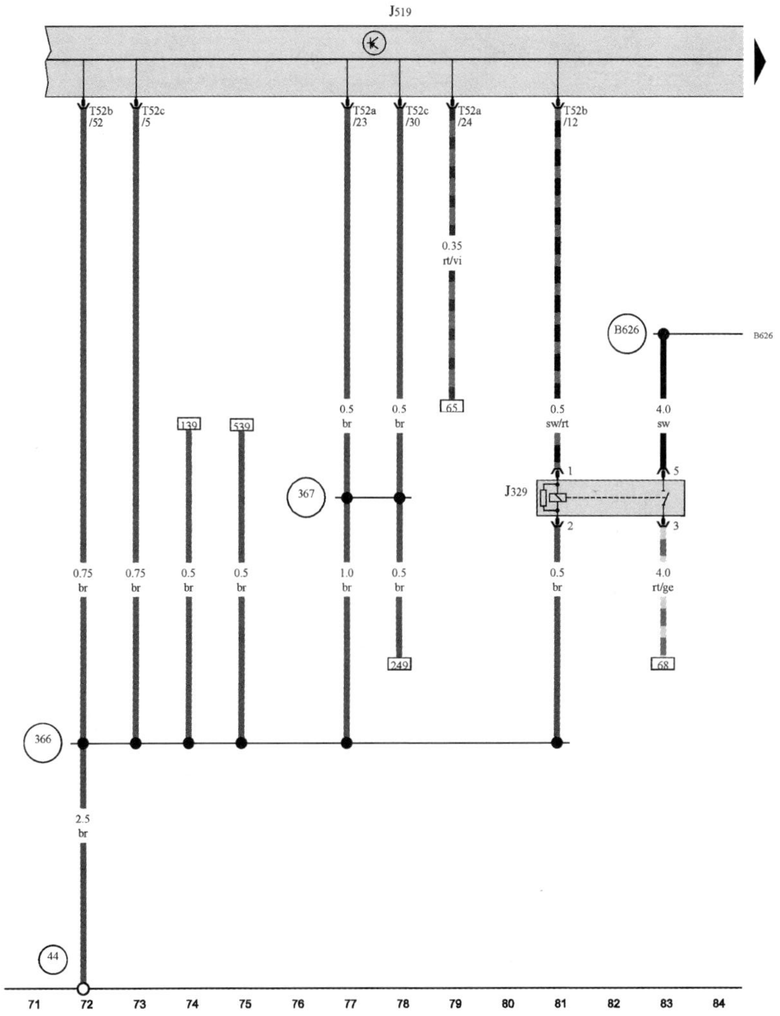

图 3-1-9

J329-接线端15供电继电器 J519-车载电网控制单元 T52a-52芯插头连接，黑色 T52b-52芯插头连接，白色 T52c-52芯插头连接，棕色 44-左侧A柱下部的接地点 366-接地连接1，在主导线束中 367-接地连接2，在主导线束中 B626-正极连接2 (15)，在主导线束中

保险丝架 B

图 3-1-8

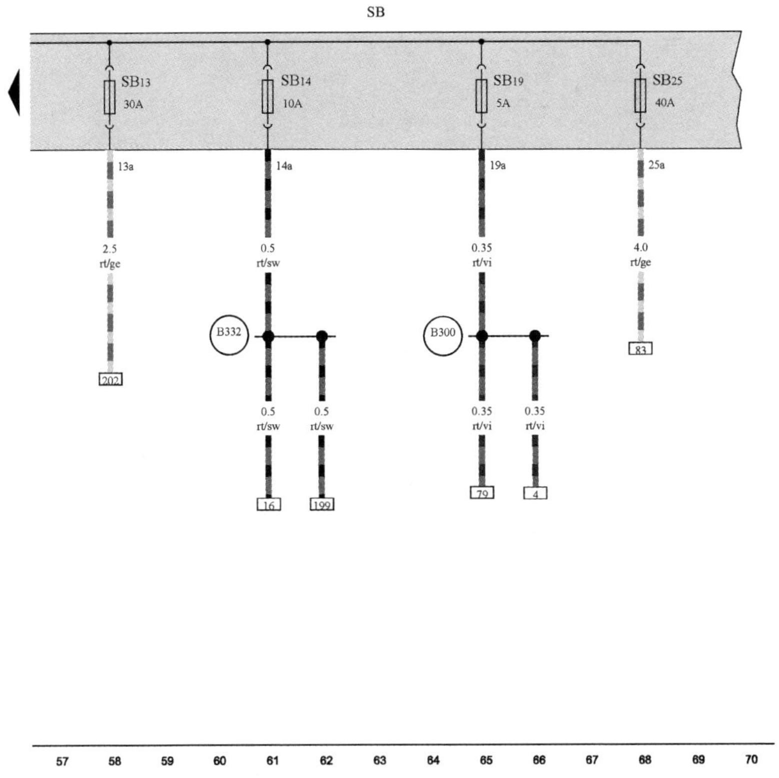

SB-保险丝架B SB13-保险丝架B上的保险丝13 SB14-保险丝架B上的保险丝14 SB19-保险丝架B上的保险丝19 SB25-保险丝架B上的保险丝25 B300-正极连接4 (30)，在主导线束中 B332-正极连接18 (30a)，在主导线束中

219

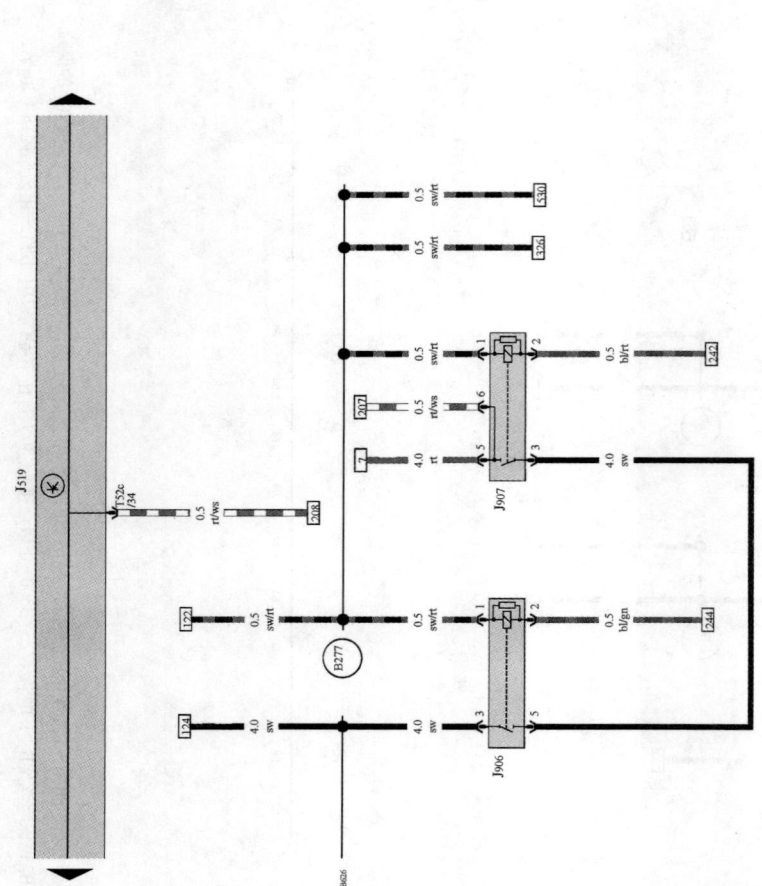

车载电网控制单元，保险丝架 C

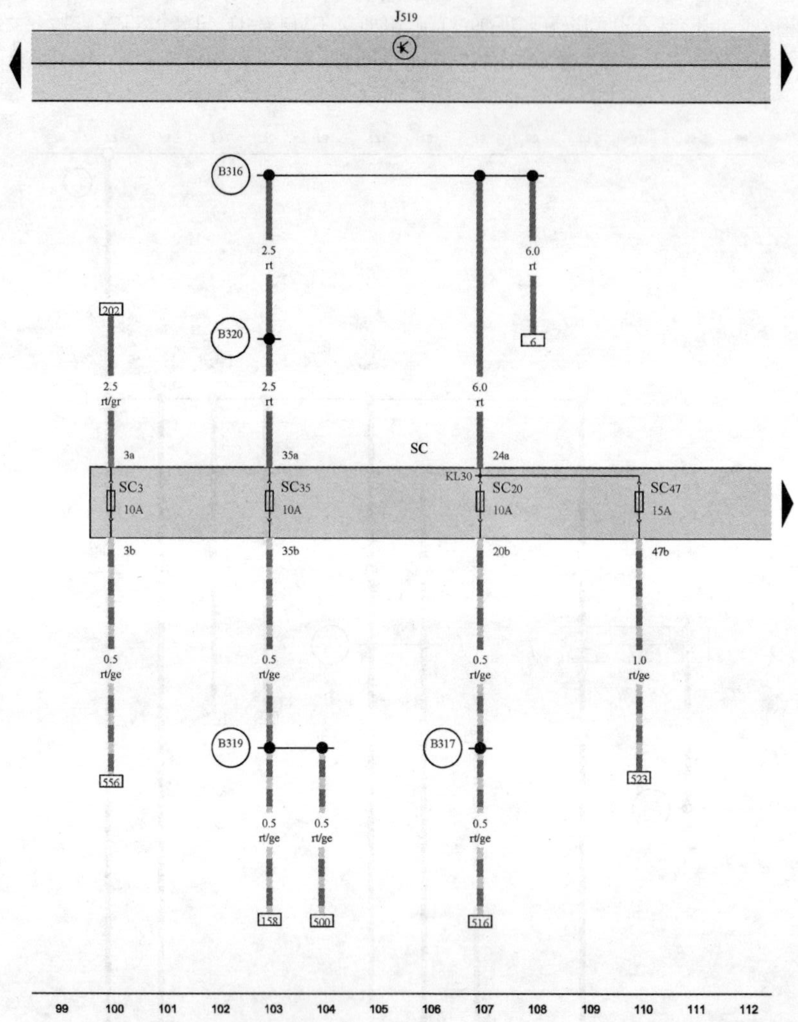

车载电网控制单元，启动机继电器 1，启动机继电器 2

图 3-1-11

图 3-1-10

J519-车载电网控制单元 SC-保险丝架 C SC3-保险丝架 C 上的保险丝 3 SC20-保险丝架 C 上的保险丝 20
SC35-保险丝架 C 上的保险丝 35 SC47-保险丝架 C 上的保险丝 47 B316-正极连接 2（30a），在主导线束
中 B317-正极连接 3（30a），在主导线束中 B319-正极连接 5（30a），在主导线束中 B320-正极连接 6
（30a），在主导线束中

J519-车载电网控制单元 J906-启动机继电器 1 J907-启动机继电器 2 T52c-52芯插头连接，棕色 B277-正
极连接 1（15a），在主导线束中 B626-正极连接 2（15），在主导线束中

220

点火启动开关，发动机舱盖接触开关，车载电网控制单元，转向柱电子装置控制单元

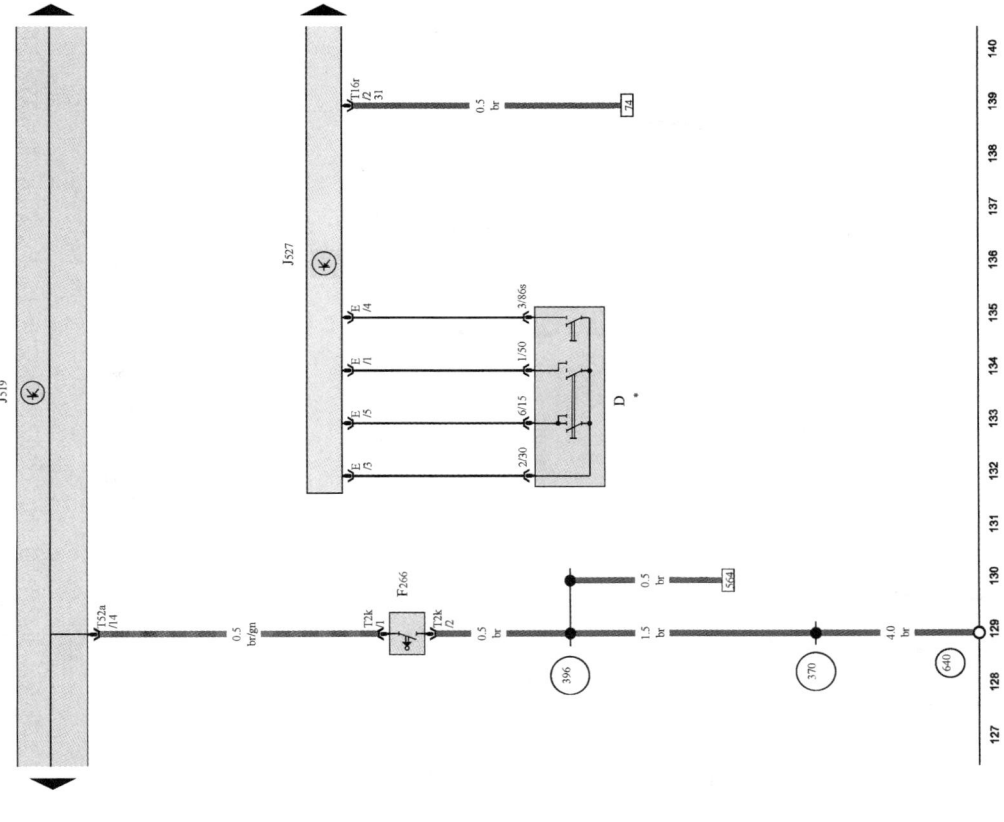

D-点火启动开关　F266-发动机舱盖接触开关　J519-车载电网控制单元　J527-转向柱电子装置控制单元　T2k-2芯插头连接，黑色　T16r-16芯插头连接，黑色　T52a-52芯插头连接，黑色　370-接地插头连接5，在主导线束中　396-接地连接31，在主导线束中　640-发动机舱内左侧接地点2　*-仅用于不带进入及启动许可的汽车

图 3-1-13

车载电网控制单元，保险丝架 C

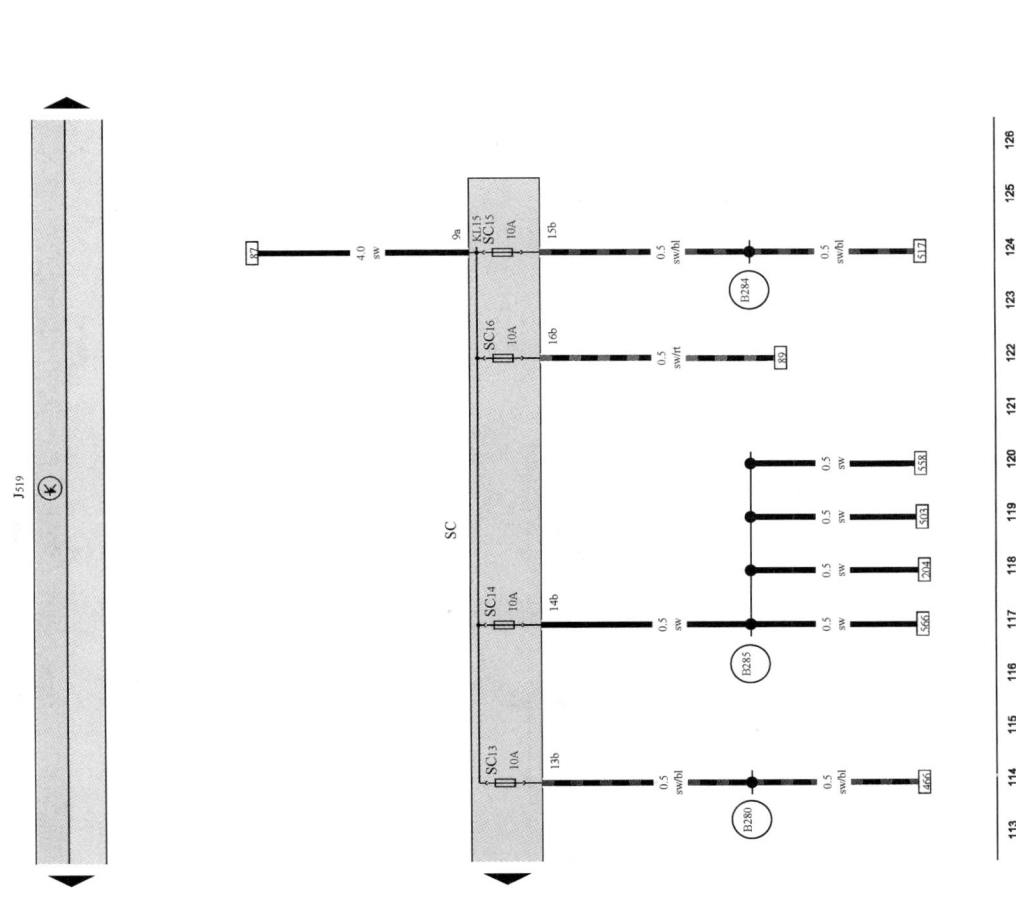

J519-车载电网控制单元　SC-保险丝架C　SC13-保险丝架C上的保险丝13　SC14-保险丝架C上的保险丝14　SC15-保险丝架C上的保险丝15　SC16-保险丝架C上的保险丝16　B280-正极连接4（15a），在主导线束中　B284-正极连接8（15a），在主导线束中　B285-正极连接9（15a），在主导线束中

图 3-1-12

221

定速巡航装置开关，定速巡航装置设置按钮，车载电网控制单元，转向柱电子装置控制单元

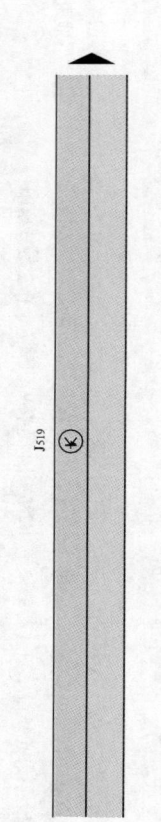

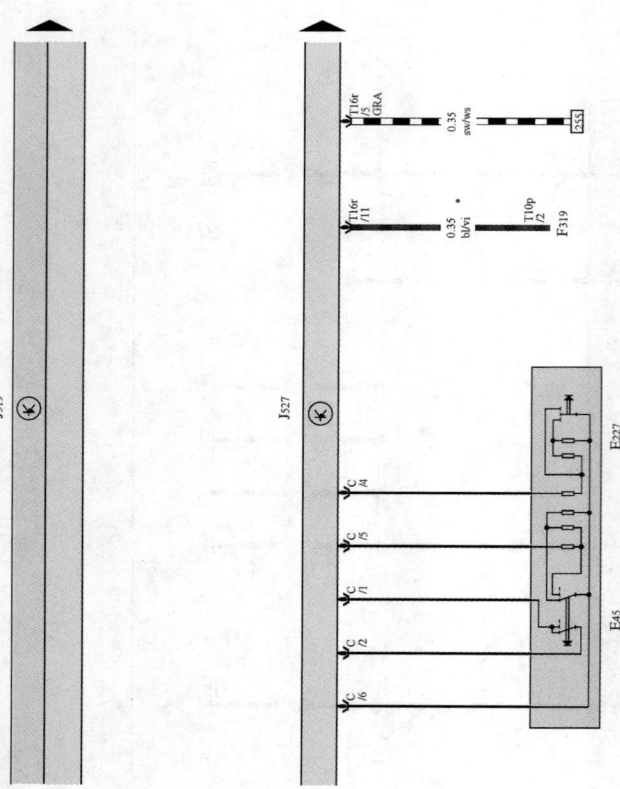

图 3-1-14

车载电网控制单元，转向柱电子装置控制单元

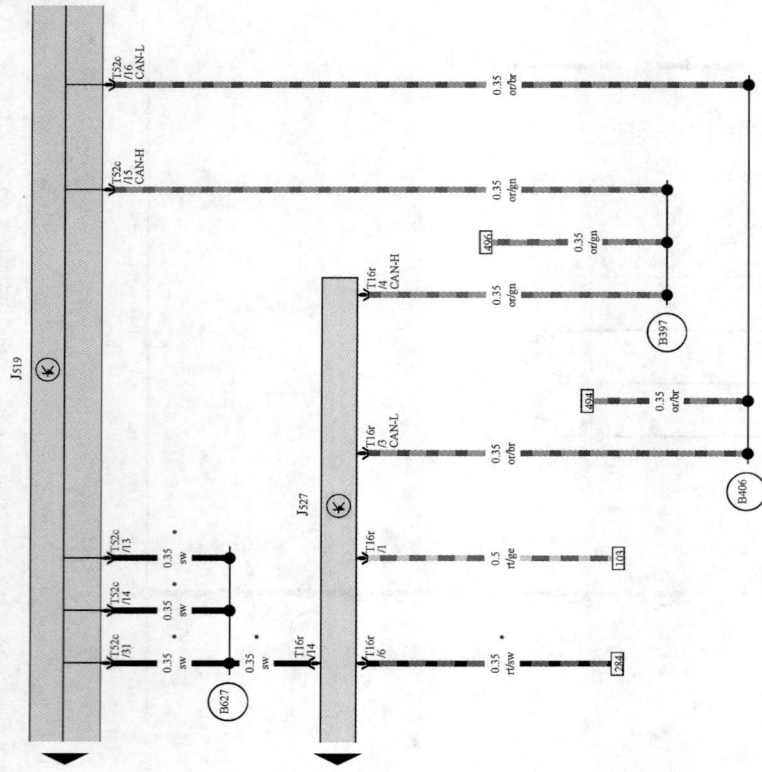

图 3-1-15

E45-定速巡航装置开关，E227-定速巡航装置设置按钮，F319-选挡杆挡位P锁止开关 J519-车载电网控制单元 J527-转向柱电子装置控制单元 T10p-10芯插头连接，T16r-16芯插头连接，黑色 T16r-16芯插头连接，黑色 J527-转向柱电子装置控制单元 T10p-10芯插头连接，黑色 T16r-16芯插头连接，黑色 *-仅用于不带进入及启动许可的汽车

J519-车载电网控制单元 J527-转向柱电子装置控制单元 T16r-16芯插头连接，黑色 T52c-52芯插头连接，黑色 T52c-52芯插头连接，黑色 B397-连接1(舒适CAN总线，High)，在主导线束中 B406-连接(舒适CAN总线，Low)，在主导线束中 B627-正极连接3(15)，在主导线束中 *-仅用于不带进入及启动许可的汽车

222

发动机转速传感器、霍耳传感器 3、车载电网控制单元、发动机控制单元

车载电网控制单元、发动机控制单元、燃油压力调节阀

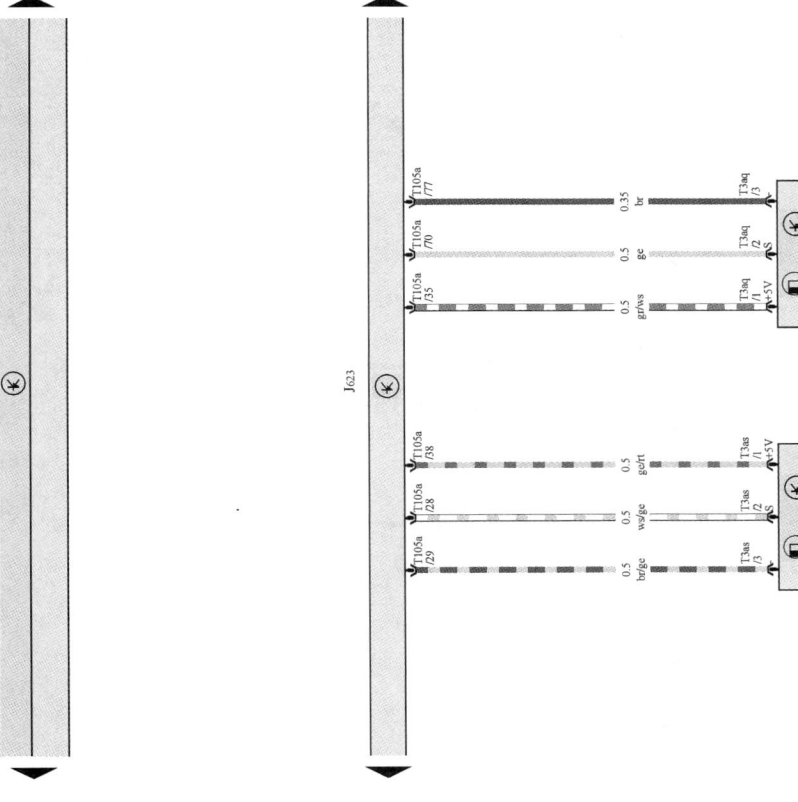

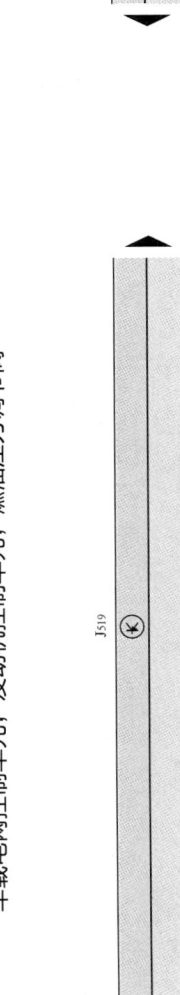

图 3-1-16

图 3-1-17

J519-车载电网控制单元 J623-发动机控制单元 N276-燃油压力调节阀 T2cg-2芯插头连接，黑色 T91a-91芯插头连接，黑色 T105a-105芯插头连接，黑色 380-接地连接，黑色 640-发动机舱内左侧接地点2 B354-正极连接5(87a)，在主导线束中 15-接地连接15，在主导线束中

G28-发动机转速传感器 G300-霍耳转速传感器 J519-车载电网控制单元 J623-发动机控制单元 T3aq-3芯插头连接，黑色 T3as-3芯插头连接，黑色 T105a-105芯插头连接，黑色

车载电网控制单元，稳压器，发动机控制单元

散热器出口处的冷却液温度传感器，制动助力压力传感器，车载电网控制单元，发动机控制单元

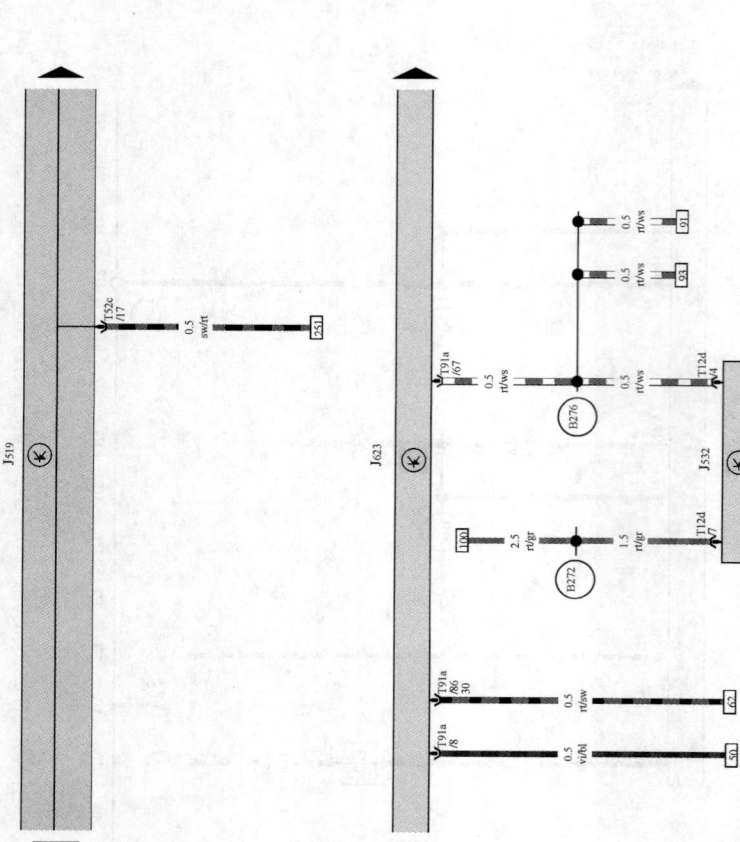

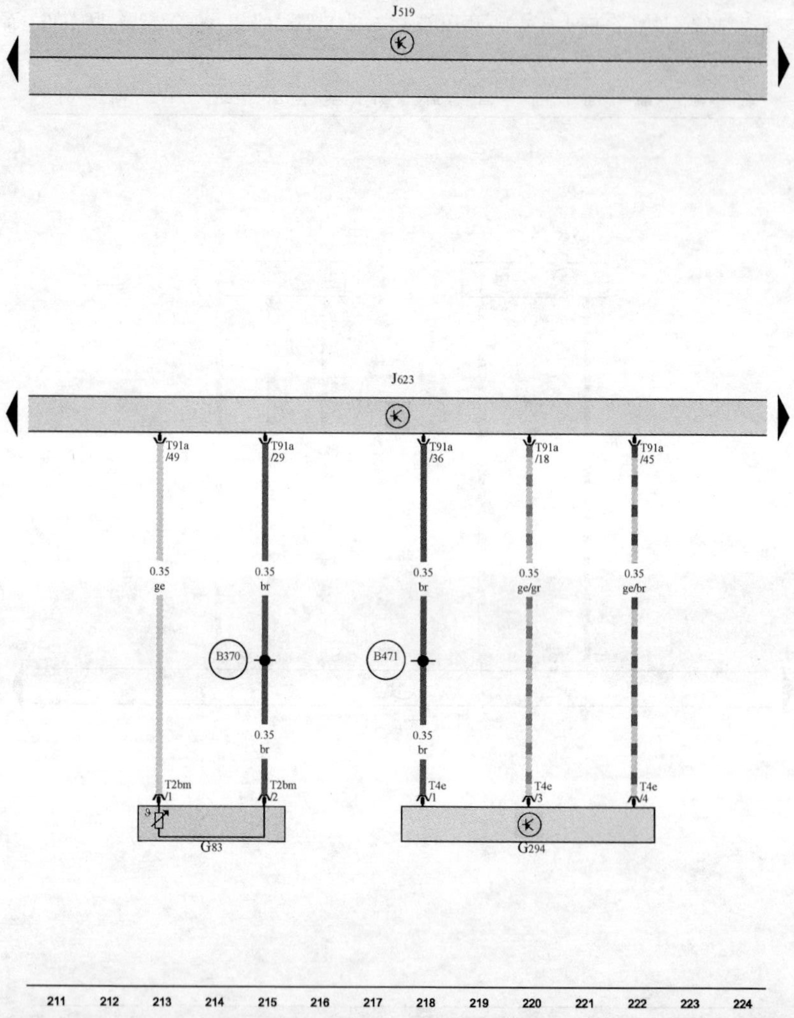

图 3-1-18

图 3-1-19

J519-车载电网控制单元 J532-稳压器 J623-发动机控制单元 T12d-12芯插头连接，黑色 T52c-52芯插头连接，黑色 T91a-91芯插头连接，棕色 B272-正极连接（30），在主导线束中 B276-正极连接（50），在主导线束中

G83-散热器出口处的冷却液温度传感器 G294-制动助力压力传感器 J519-车载电网控制单元 J623-发动机控制单元 T2bm-2芯插头连接，黑色 T4e-4芯插头连接，黑色 T91a-91芯插头连接，棕色 B370-连接 2（5V），在主导线束中 B471-连接 7，在主导线束中

224

氧传感器，尾气催化净化器后的氧传感器，车载电网控制单元，氧传感器加热，尾气催化净化器后的氧传感器 1 加热装置

制动信号灯开关，制动踏板开关，车载电网控制单元，发动机控制单元

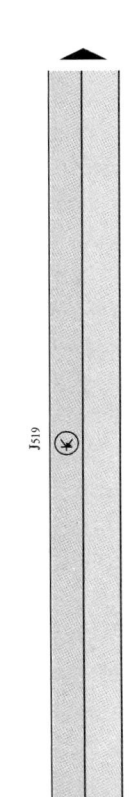
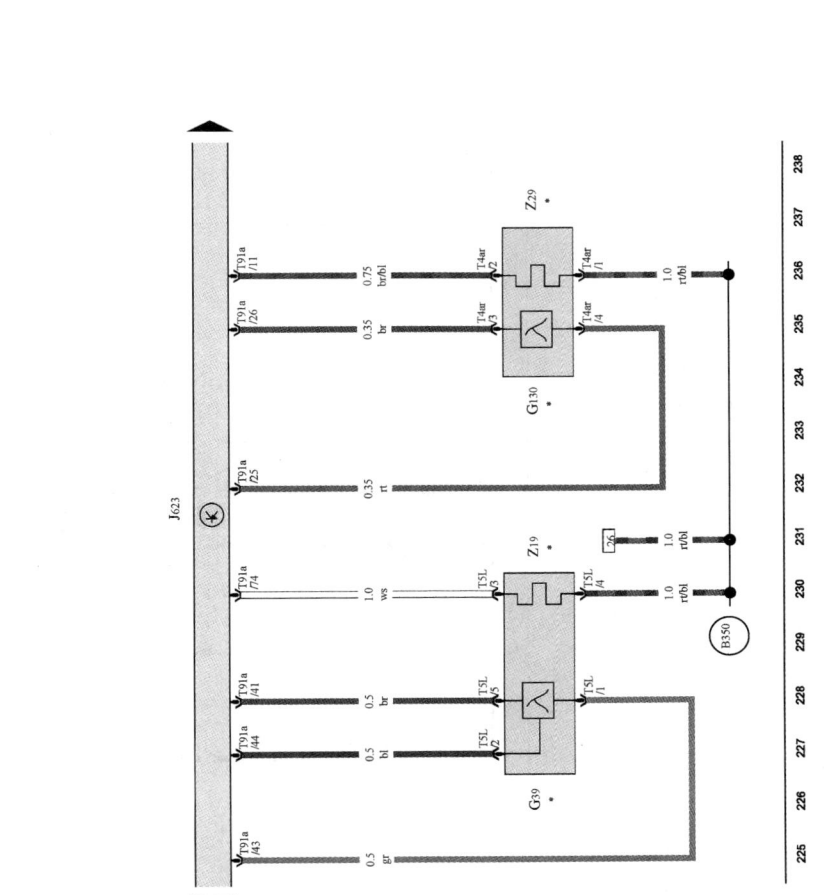
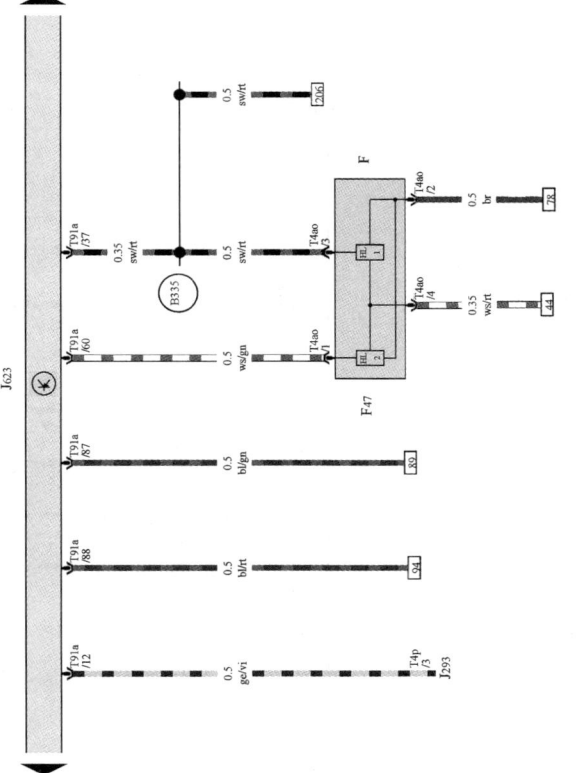

图 3-1-21

F-制动信号灯开关 F47-制动踏板开关 J293-散热器风扇控制单元 J519-车载电网控制单元 J623-发动机控制单元 T4ao-4芯插头连接 T4p-4芯插头连接 T91a-91芯插头连接，黑色 B335-连接1控制单元 T4ao-4芯插头连接，黑色 T4p-4芯插头连接，黑色 T91a-91芯插头连接，黑色 B335-连接1（54），在主导线束中 *-已预先布布线的部件

图 3-1-20

G39-氧传感器 G130-尾气催化净化器后的氧传感器 J519-车载电网控制单元 J623-发动机控制单元 T4ar-4芯插头连接 T5L-5芯插头连接，黑色 T91a-91芯插头连接，黑色 Z19-氧传感器加热 Z29-尾气催化净化器后的氧传感器1加热装置 B350-正极连接（87a），在主导线束中 *-已预先布布线的部件

电控油门操纵机构的节气门驱动装置，电控油门操纵机构的节气门驱动装置角度传感器1，
电控油门操纵机构的节气门驱动装置角度传感器2，节气门控制单元，车载电网控制单元，
发动机控制单元

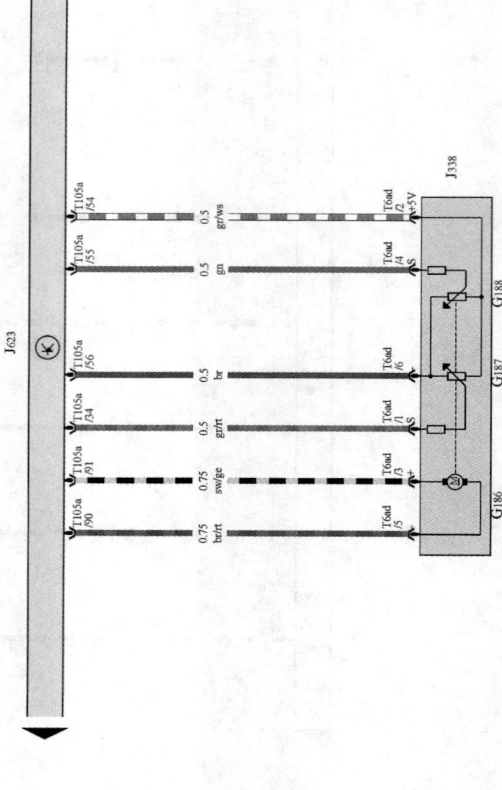

G186-电控油门操纵机构的节气门驱动装置　G187-电控油门操纵机构的节气门驱动装置角度传感器1
G188-电控油门操纵机构的节气门驱动装置角度传感器2　J338-节气门控制单元　J519-车载电网控制单元
J623-发动机控制单元　T6ad-6芯插头连接，黑色　T105a-105芯插头连接，黑色

图 3-1-23

油门踏板位置传感器，油门踏板位置传感器2，车载电网控制单元，发动机控制单元

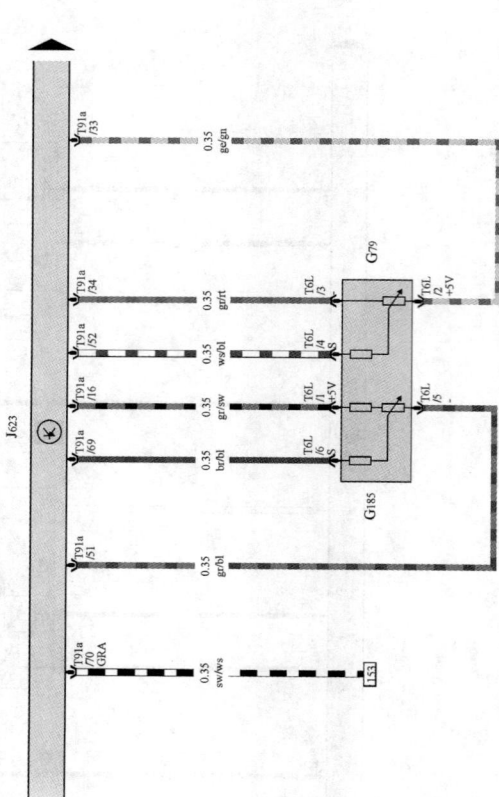

G79-油门踏板位置传感器　G185-油门踏板位置传感器2　J519-车载电网控制单元　J623-发动机控制单元
T6L-6芯插头连接，黑色　T91a-91芯插头连接，黑色

图 3-1-22

进气歧管风门电位计，车载电网控制单元，发动机控制单元

车载电网控制单元，发动机控制单元，气缸 1 喷油嘴，气缸 2 喷油嘴，气缸 3 喷油嘴

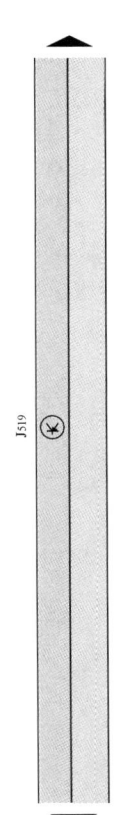

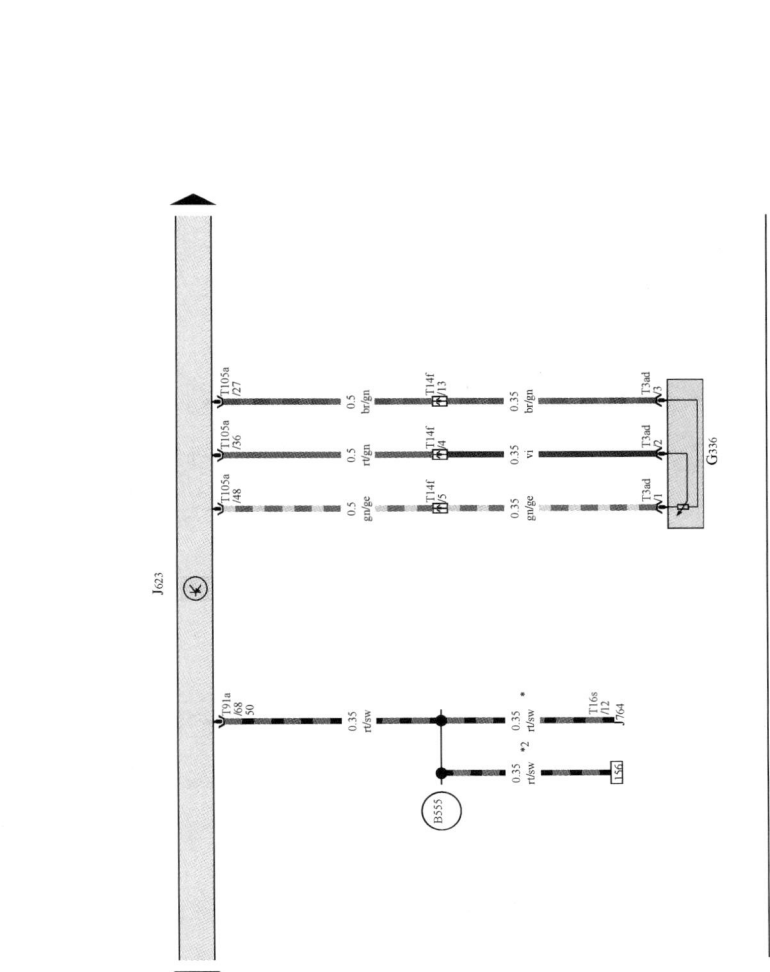

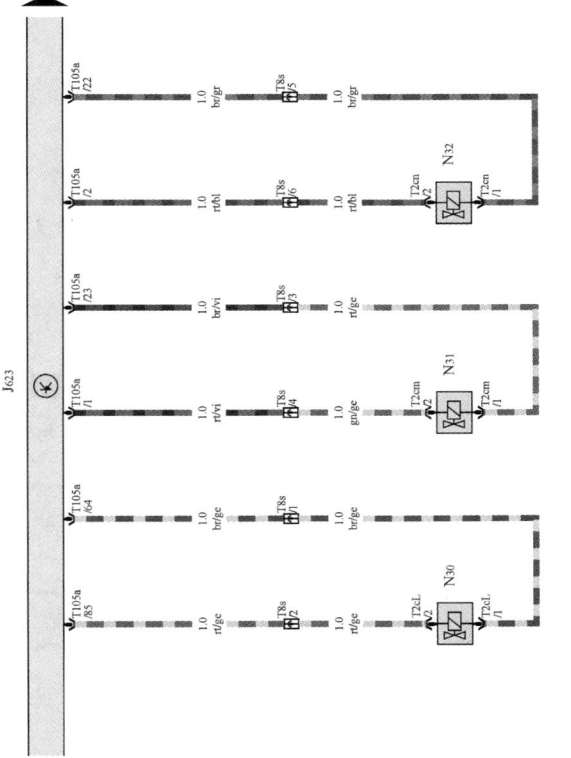

G336-进气歧管风门电位计 J519-车载电网控制单元 J623-发动机控制单元 J764-电子转向柱锁止装置控制单元 T3ad-3芯插头连接，黑色 T14f-14芯插头连接，黑色 T16s-16芯插头连接，黑色 T91a-91芯插头连接 单元 T105a-105芯插头连接，黑色 B555-正极连接2（50），在主导线束中 *-仅用于带进入及启动许可的汽车 *2-仅用于不带进入及启动许可的汽车

图 3-1-24

J519-车载电网控制单元 J623-发动机控制单元 N30-气缸1喷油嘴 N31-气缸2喷油嘴 N32-气缸3喷油嘴 T2cL-2芯插头连接，黑色 T2cm-2芯插头连接，黑色 T2cm-2芯插头连接，黑色 T8s-8芯插头连接，黑色 T105a-105芯插头连接，黑色

图 3-1-25

227

爆震传感器 1, 燃油压力传感器, 车载电网控制单元, 发动机控制单元

霍耳传感器, 车载电网控制单元, 发动机控制单元, 气缸 4 喷油嘴

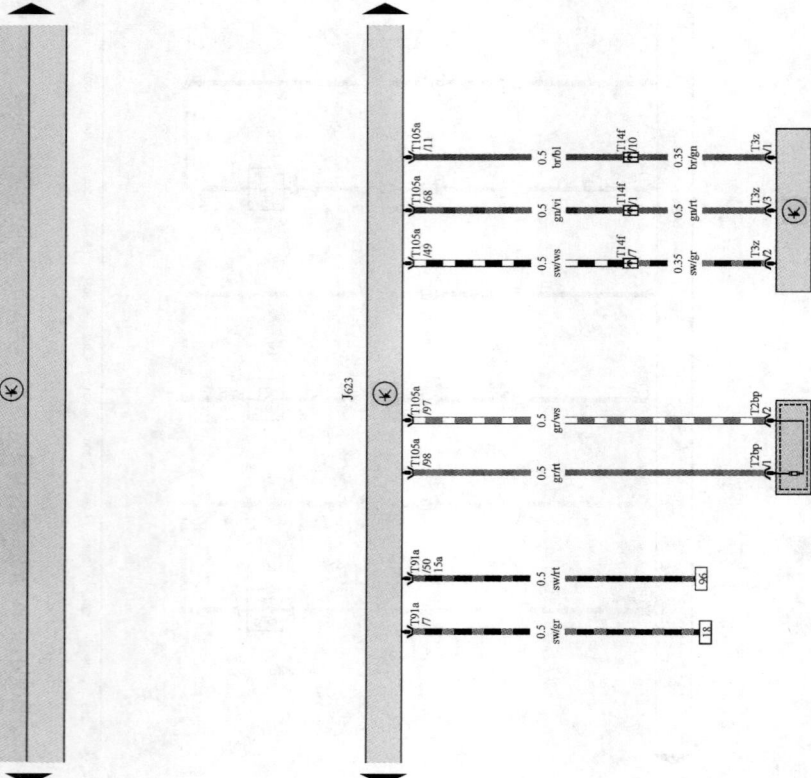

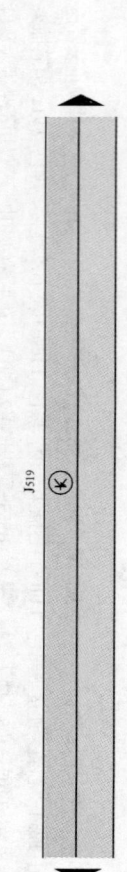

图 3-1-27

G61—爆震传感器 G247—燃油压力传感器 J519—车载电网控制单元 J623—发动机控制单元 T2bp—2芯插头 T2bp—2芯插头连接 黑色 T3z—3芯插头连接, 黑色 T14f—14芯插头连接, 黑色 T91a—91芯插头连接, 黑色 T105a—105 芯插头连接, 黑色

图 3-1-26

G40—霍耳传感器 J519—车载电网控制单元 J623—发动机控制单元 N33—气缸4喷油嘴 T2co—2芯插头连接 黑色 T3m—3芯插头连接, 黑色 T8s—8芯插头连接, 黑色 T14f—14芯插头连接, 黑色 T105a—105芯插头连接, 黑色

凸轮轴调节元件 5，凸轮轴调节元件 6，凸轮轴调节元件 7，凸轮轴调节元件 8，车载电网控制单元，发动机控制单元

凸轮轴调节元件 1，凸轮轴调节元件 2，凸轮轴调节元件 3，凸轮轴调节元件 4，车载电网控制单元，发动机控制单元

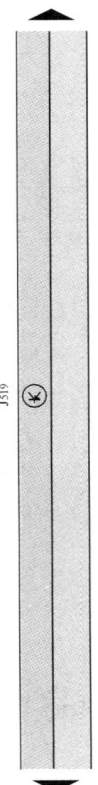

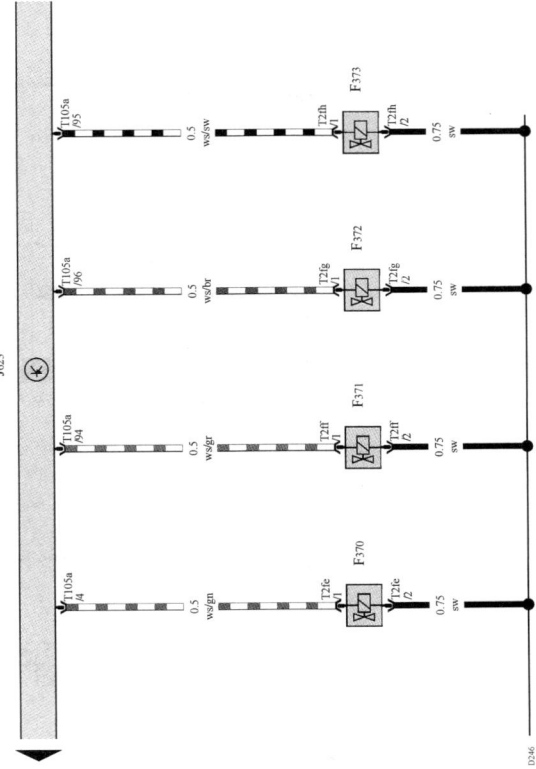

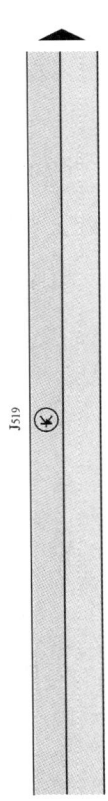

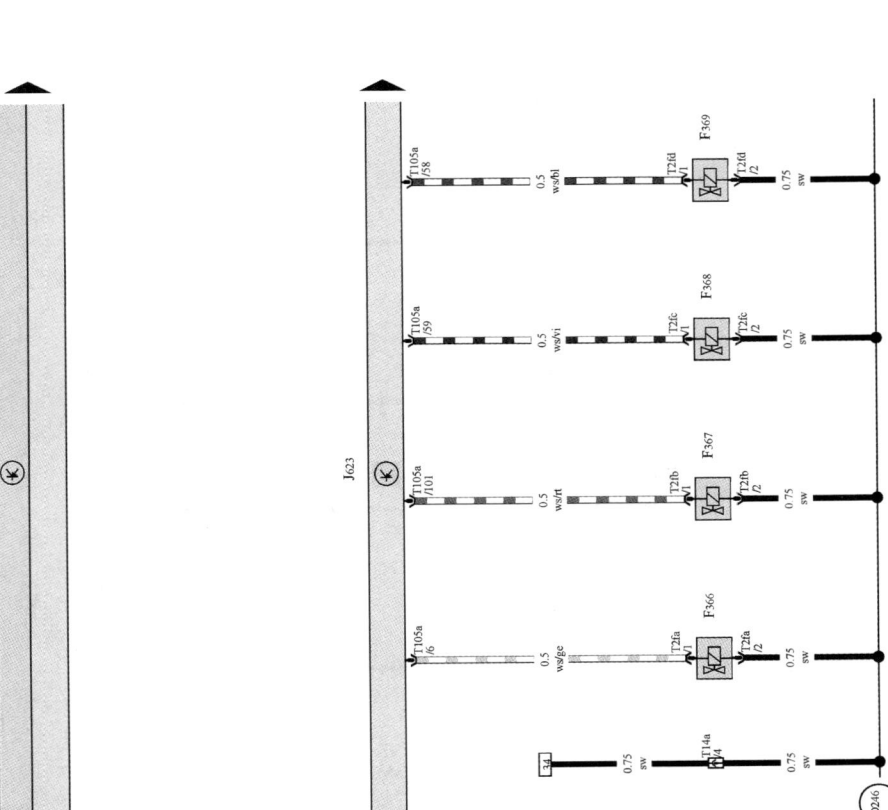

图 3-1-28

F366-凸轮轴调节元件1 F367-凸轮轴调节元件2 F368-凸轮轴调节元件3 F369-凸轮轴调节元件4 J519-车载电网控制单元 J623-发动机控制单元 T2fa-2芯插头连接，黑色 T2fb-2芯插头连接，黑色 T2fc-2芯插头连接，黑色 T2fd-2芯插头连接，黑色 T14a-14芯插头连接，灰色 T105a-105芯插头连接，黑色 D246-连接7（87a），在发动机预接线导线束中

图 3-1-29

F370-凸轮轴调节元件5 F371-凸轮轴调节元件6 F372-凸轮轴调节元件7 F373-凸轮轴调节元件8 J519-车载电网控制单元 J623-发动机控制单元 T2fe-2芯插头连接，黑色 T2ff-2芯插头连接，黑色 T2fg-2芯插头连接，黑色 T2fh-2芯插头连接，黑色 T105a-105芯插头连接，黑色 D246-连接7（87a），在发动机预接线导线束中

229

进气温度传感器，冷却液温度传感器，进气歧管压力传感器，车载电网控制单元，发动机
控制单元

车载电网控制单元，发动机控制单元，冷却液断流阀，变速箱冷却液阀

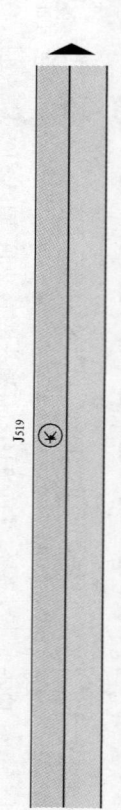

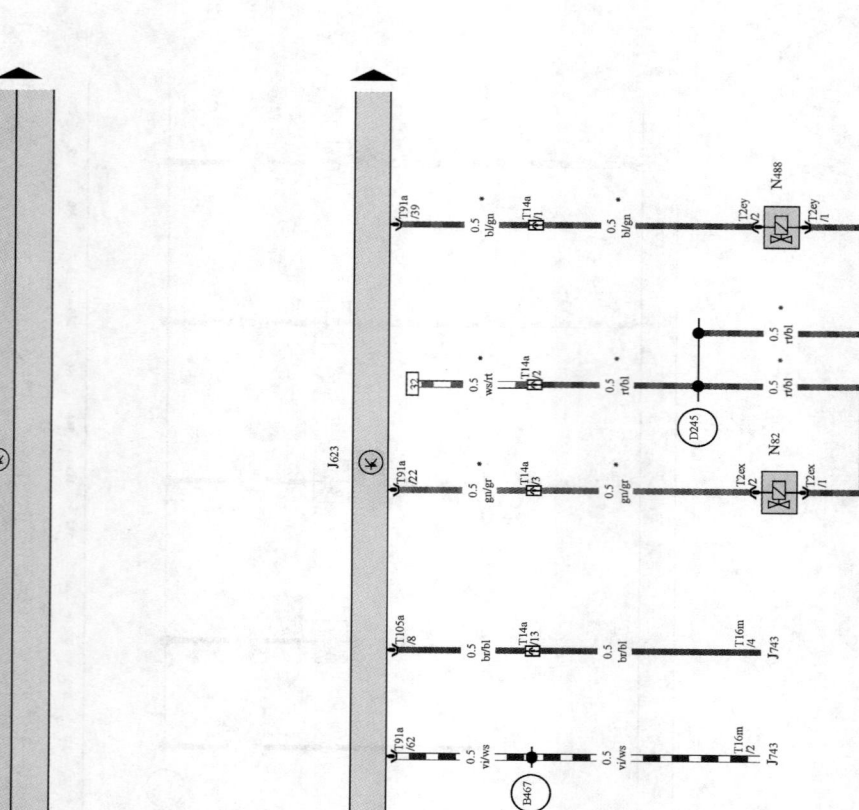

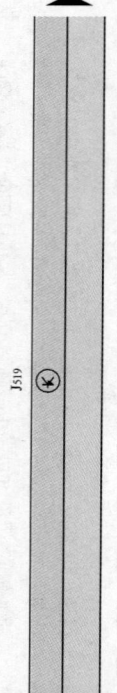

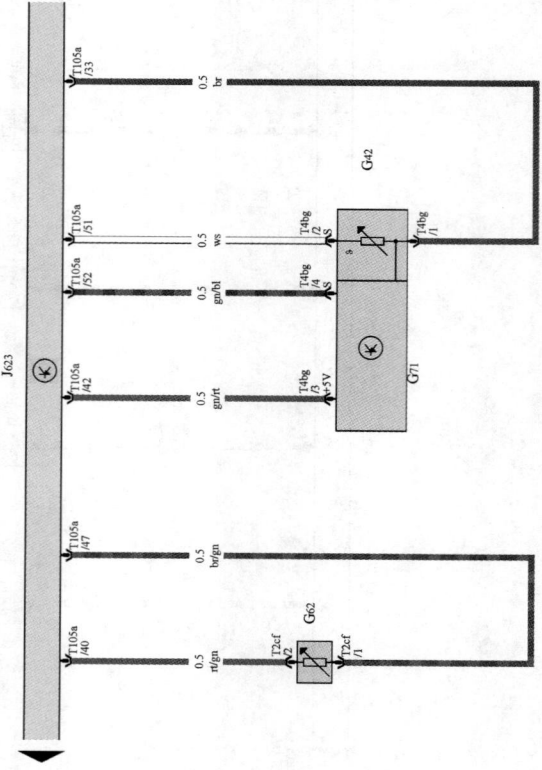

G42-进气温度传感器，G62-冷却液温度传感器，G71-进气歧管压力传感器 J519-车载电网控制单元 J623-
发动机控制单元 T2cf-2芯插头连接，黑色 T4bg-4芯插头连接，黑色 T105a-105芯插头连接，黑色

图3-1-31

J519-车载电网控制单元，J623-发动机控制单元，J743-双离合器变速器机电装置 N488-冷却液断流阀 N82-冷却液阀
N488-变速器冷却液阀 T2ex-2芯插头连接，黑色 T2ey-2芯插头连接，黑色 T14a-14芯插头连接，黑色 T14a-14芯插头连接，灰色
T16m-16芯插头连接，黑色 T91a-91芯插头连接，黑色 T105a-105芯插头连接，黑色 B467-连接3，在主
导线束中 D245-连接6（87a），在发动机预接线导线束中 *-截至2017年1月

图3-1-30

230

车载电网控制单元，车载电网控制单元，发动机控制单元，涡轮增压器循环空气阀，进气歧管风门阀门，机油压力调节阀，活塞冷却喷嘴控制阀

增压力传感器，车载电网控制单元，发动机控制单元，冷却液继续补给泵

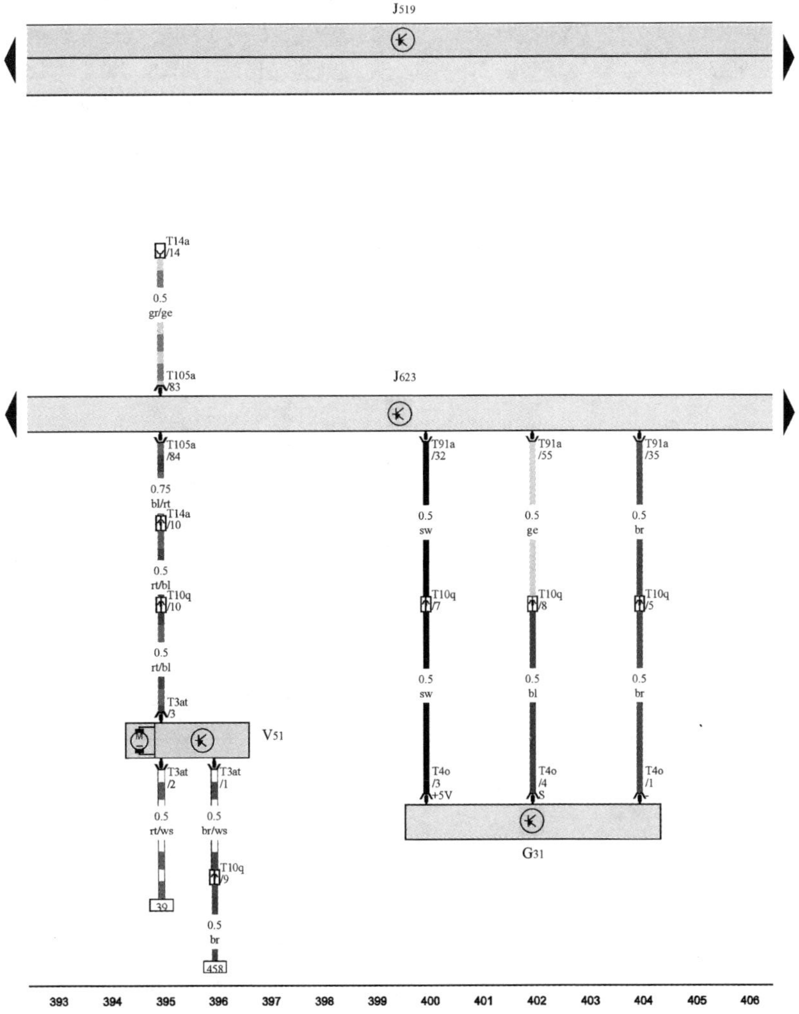

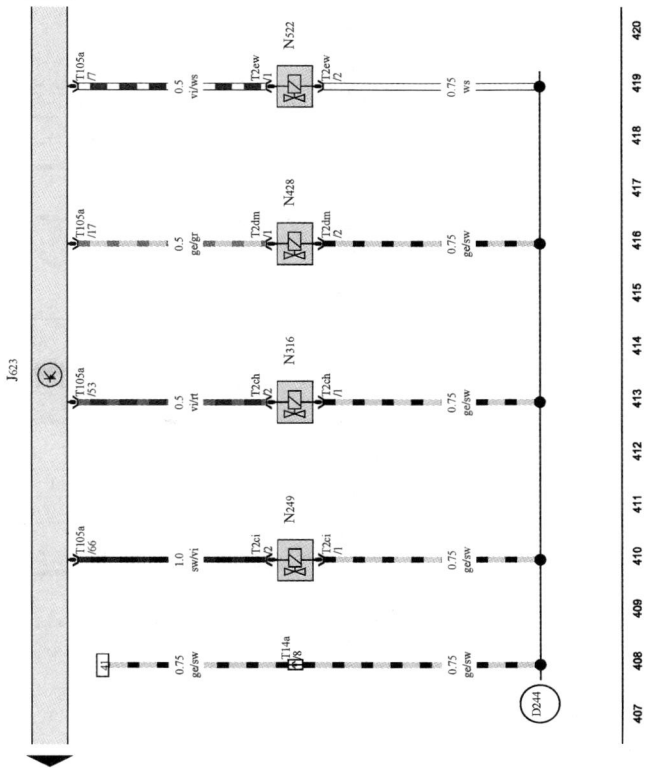

J519-车载电网控制单元 J623-发动机控制单元 N249-涡轮增压器循环空气阀 N316-进气歧管风门阀门
N428-机油压力调节阀 N522-活塞冷却喷嘴控制阀 T2ch-2芯插头连接，黑色 T2ci-2芯插头连接，黑色
T2dm-2芯插头连接，黑色 T2ew-2芯插头连接，黑色 T14a-14芯插头连接，黑色 T105a-105芯插头连接，灰色 T105a-105芯插头连
接，黑色 D244-连接5（87a），在发动机预接线导线束中

图 3-1-33

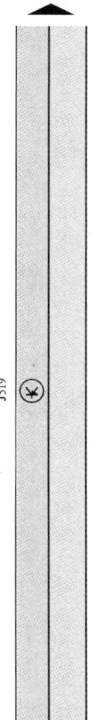

G31-增压力传感器 J519-车载电网控制单元 J623-发动机控制单元 T3at-3芯插头连接，黑色 T4o-4
芯插头连接，黑色 T10q-10芯插头连接，黑色 T14a-14芯插头连接，黑色 T91a-91芯插头连接，灰色 T91a-91芯插头连接，黑色
T105a-105芯插头连接，黑色 V51-冷却液继续补给泵

图 3-1-32

车载电网控制单元，发动机控制单元，带功率输出级的点火线圈 1，带功率输出级的点火线圈 2，带功率输出级的点火线圈 3，火花塞插头，火花塞

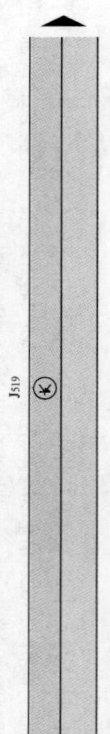
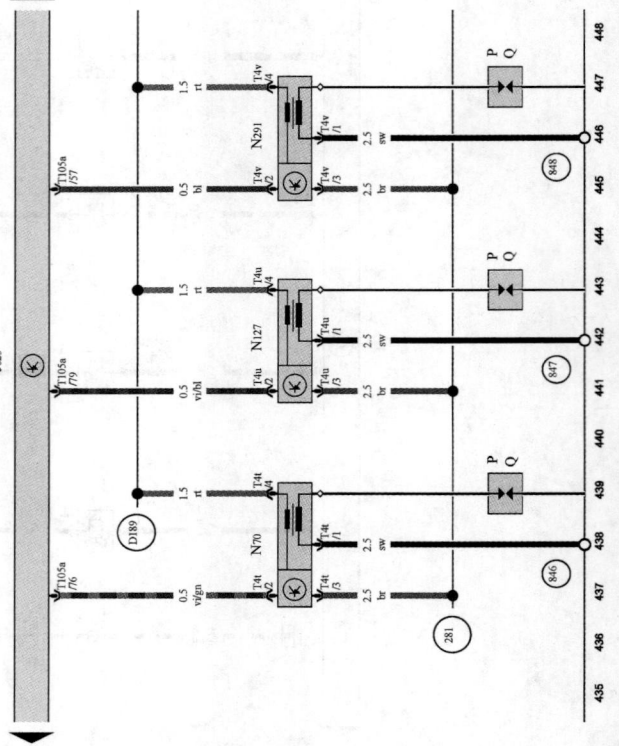

J519－车载电网控制单元 J623－发动机控制单元 N70－带功率输出级的点火线圈1 N127－带功率输出级的点火线圈2 N291－带功率输出级的点火线圈3 P 火花塞插头 Q－火花塞 T4t－4芯插头连接，黑色 T4u－4芯插头连接，黑色 T4v－4芯插头连接，黑色 T105a－105芯插头连接 281－接地连接1，在发动机顶接线导线束中 846－点火线圈1上的接地点 847－点火线圈2上的接地点 848－点火线圈3上的接地点 D189－连接（87a），在发动机预接线导线束中

图 3-1-35

车载电网控制单元，发动机控制单元，增压压力限制电磁阀，活性炭罐电磁阀 1，凸轮轴调节阀 1，排气门凸轮轴调节阀 1

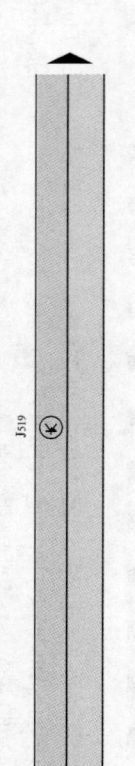
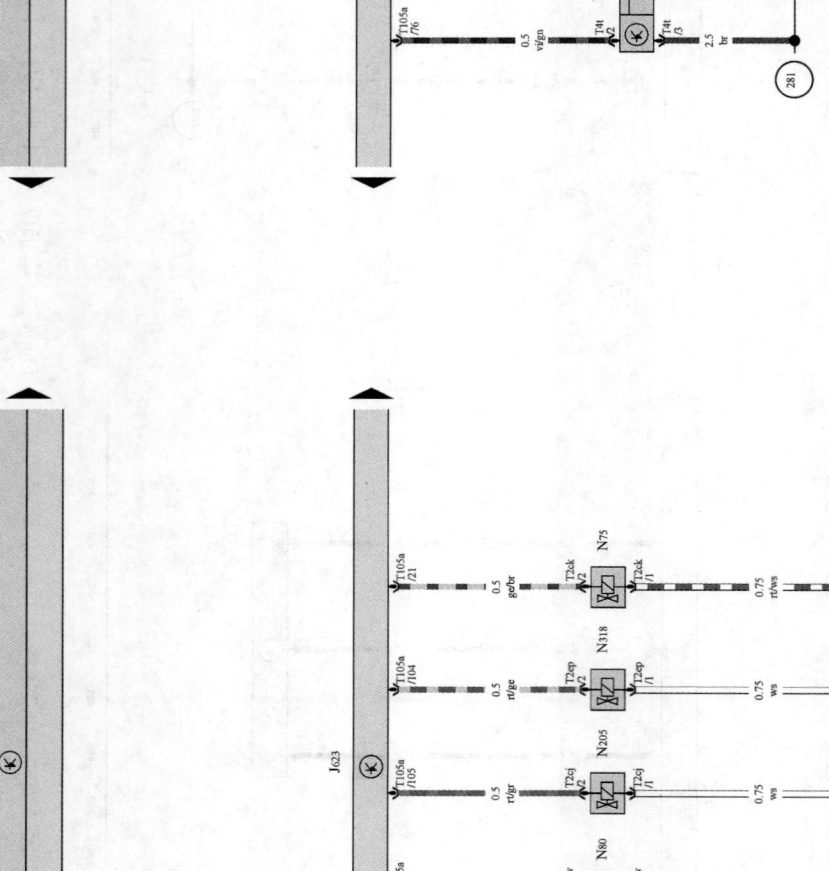

J519－车载电网控制单元 J623－发动机控制单元 N75－增压压力限制电磁阀 N80－活性炭罐电磁阀 N205－凸轮轴调节阀1 N318－排气门凸轮轴调节阀1 T2bv－2芯插头连接，黑色 T2cj－2芯插头连接，黑色 T2ck－2芯插头连接，黑色 T2ep－2芯插头连接，黑色 T14a－14芯插头连接，黑色 T105a－105芯插头连接，灰色 D196－连接2（87a），在发动机预接线导线束中

图 3-1-34

车载电网控制单元，发动机控制单元，带功率输出级的点火线圈 4，火花塞插头，火花塞

启动 / 停止模式按钮，机油压力开关，车载电网控制单元，发动机控制单元，启动 / 停止运行模式指示灯，按钮照明灯泡

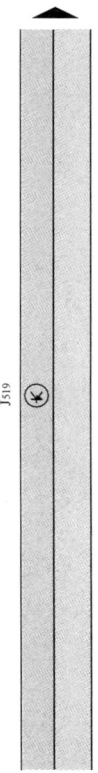

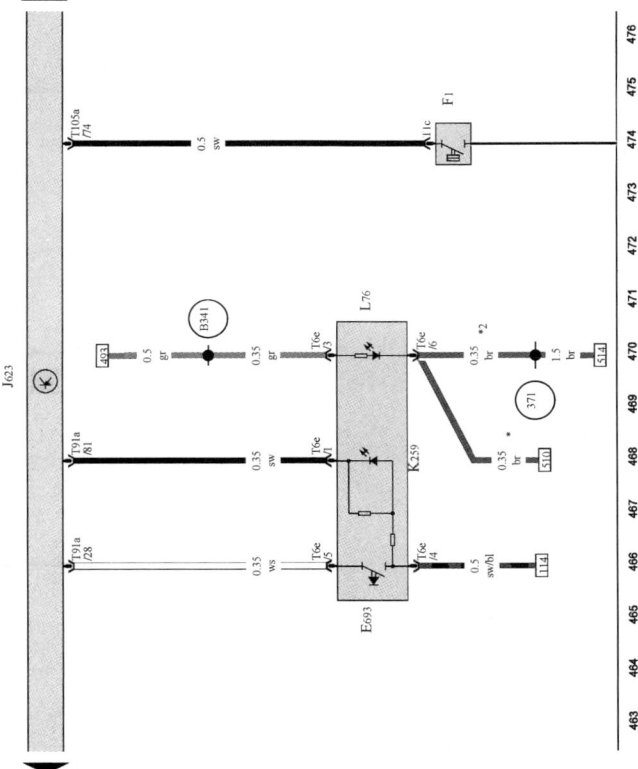

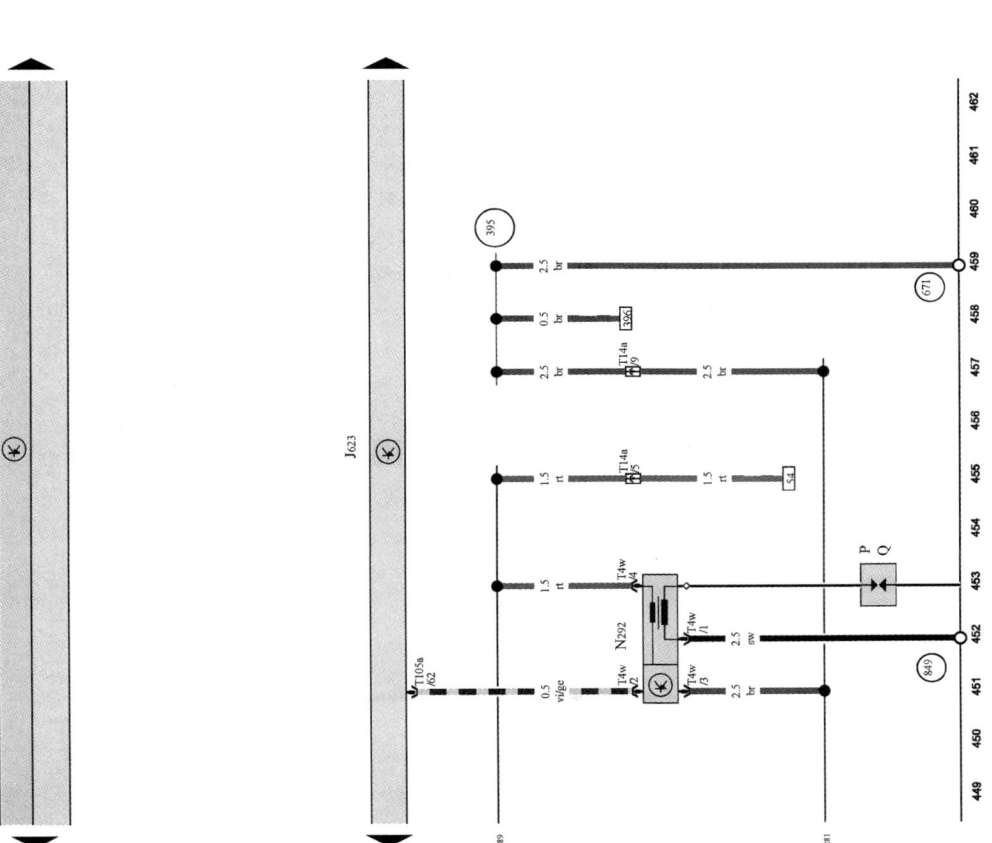

图 3-1-36

图 3-1-37

J519-车载电网控制单元 J623-发动机控制单元 N292-带功率输出级的点火线圈 4 P-火花塞插头 Q-火花塞 T4w-4芯插头连接 T14a-14芯插头连接 黑色 T105a-105芯插头连接 灰色 281-接地连接，黑色 281-接地连接，黑色 T105a-105芯插头连接 30，在主导线束中 395-接地连接 30，接地连接，在主导线束中 671-左前纵梁上的接地点 849-点火线圈 4 上的接地点 D189-连接 (87a)，在发动机预接线导线束中 的接地点 D189-连接 (87a)，在发动机预接线束中

E693-启动/停止模式按钮 F1-机油压力开关 J519-车载电网控制单元 J623-发动机控制单元 K259-启动/停止运行模式指示灯 L76-按钮照明灯泡 T1c-1芯插头连接 T6e-6芯插头连接，蓝色 T91a-91芯插头连接，红色 T91a-91芯插头连接，黑色 T105a-105芯插头连接 371-接地连接 6，在主导线束中 B341-连接2 (58d)，在主导线束中 *-自2016年2月起 *2-截至2016年2月

233

机油压力降低开关，机油压力开关，车载电网控制单元，数据总线诊断接口，发动机控制
单元

机油压力降低开关，机油压力开关，数据总线诊断接口，发动机控制单元

车载电网控制单元，数据总线诊断接口

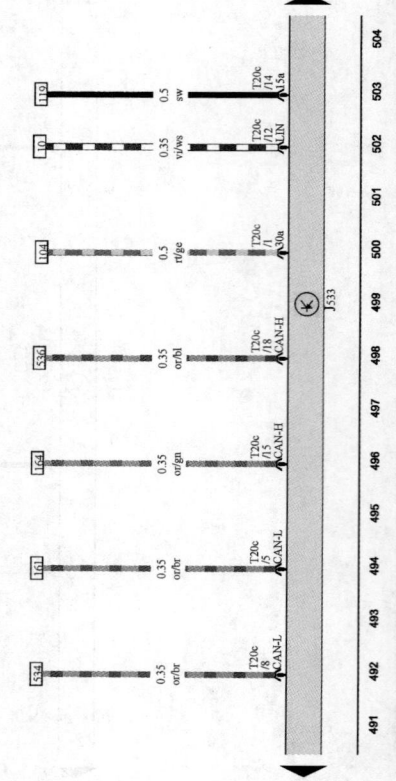

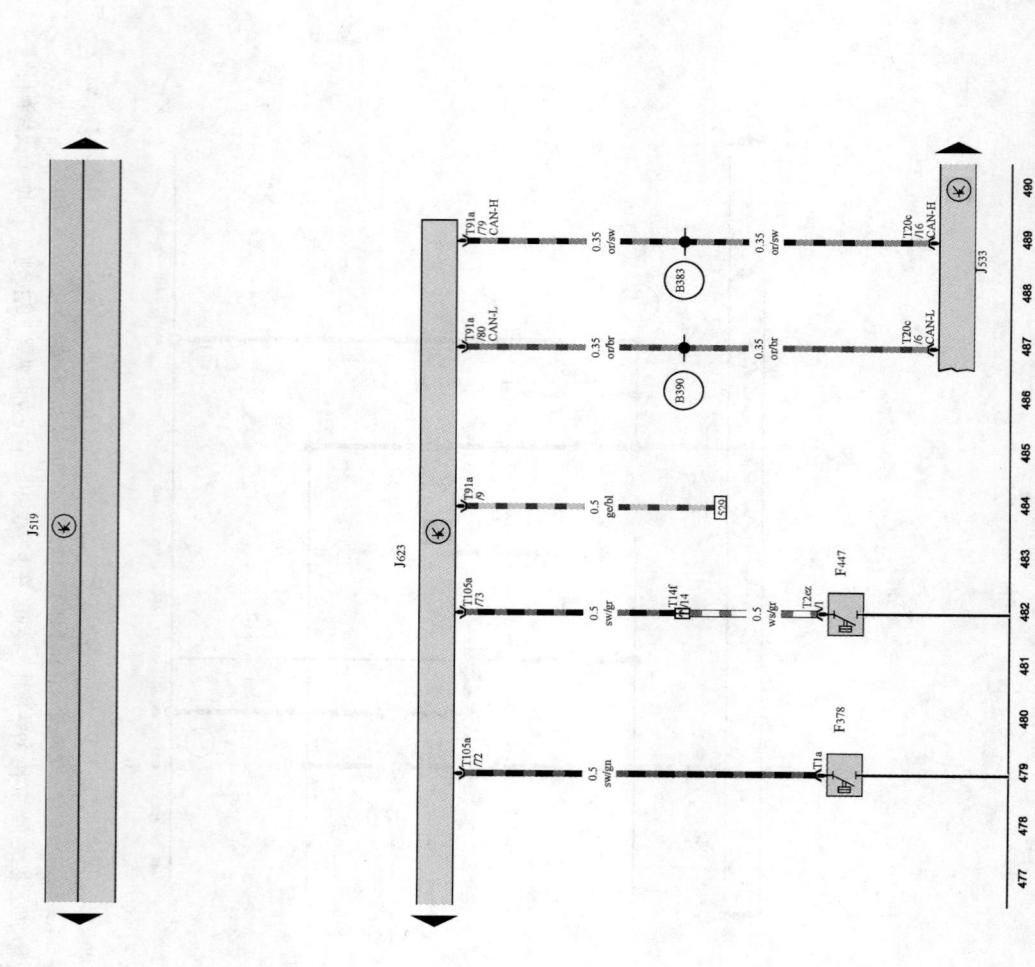

图 3-1-38

图 3-1-39

F378-机油压力降低开关 F447-机油压力开关 J519-车载电网控制单元 J533-数据总线诊断接口
J623-发动机控制单元 T1a-1芯插头连接 T2ez-2芯插头连接，黑色 T14f-14芯插头连接，黑色
T20c-20芯插头连接，红色 T91a-91芯插头连接，黑色 T105a-105芯插头连接，黑色 B383-连接1（驱动
CAN总线，High），在主导线束中 B390-连接1（驱动CAN总线，Low），在主导线束中

J519-车载电网控制单元 J533-数据总线诊断接口 T20c-20芯插头连接 T52b-52芯插头连接，白色
B340-连接1（58d），在主导线束中

234

燃油表传感器，预供给燃油泵，车载电网控制单元，燃油泵控制单元

车载电网控制单元，数据总线诊断接口，诊断接口

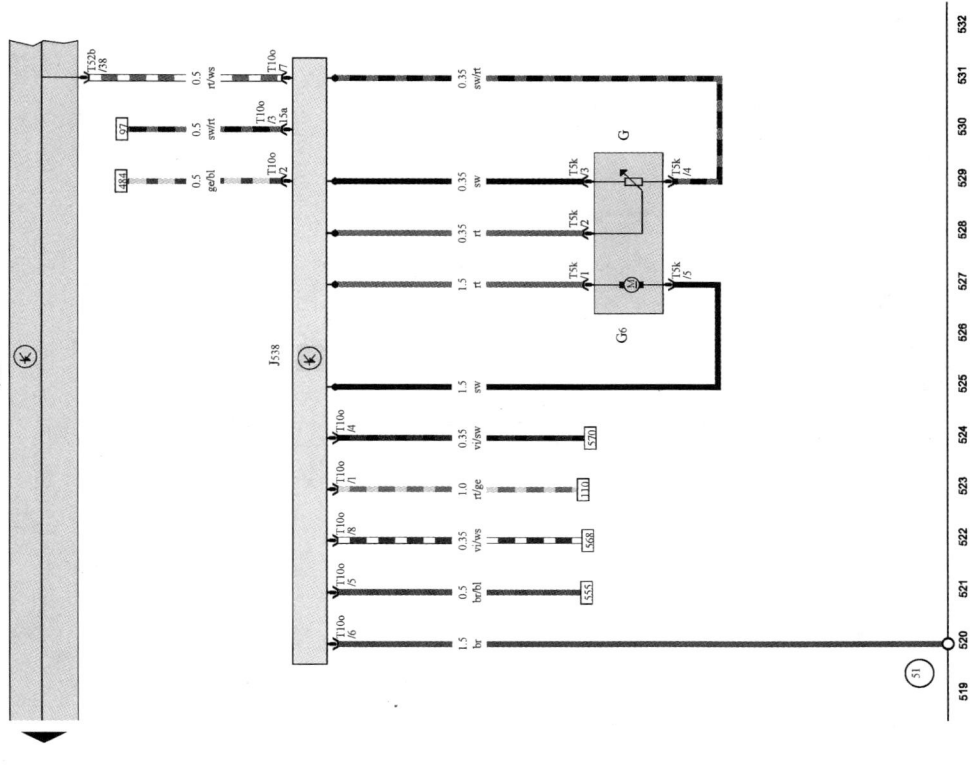

J519

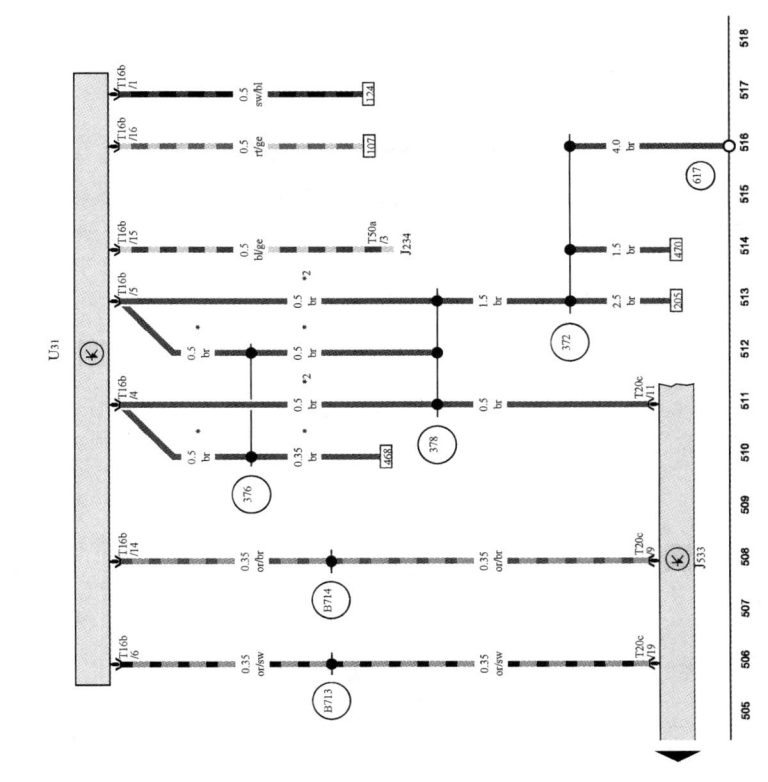

J519

图3-1-40

G-燃油表传感器 G6-预供给燃油泵 J519-车载电网控制单元 J538-燃油泵控制单元 T5k-5芯插头连接，黑色 T10o-10芯插头连接，黑色 T52b-52芯插头连接，白色 51-行李箱内右侧的接地点

图3-1-41

J234-安全气囊控制单元 J519-车载电网控制单元 J533-数据总线诊断接口 T16b-16芯插头连接，黑色 T20c-20芯插头连接，红色 T50a-50芯插头连接，黄色 U31-诊断接口 372-接地连接7，在主导线束中 376-接地连接11，在主导线束中 378-接地连接13，在主导线束中 617-右侧A柱下部接地点2 B713-连接 1（诊断CAN总线，High），在主导线束中 B714-连接1（诊断CAN总线，Low），在主导线束中 *-自 2016年2月起 *2-截至2016年2月

235

防盗锁止系统读出线圈，转速表，多功能显示器，组合仪表中的控制单元，防盗锁止系统控制单元，废气警告灯，燃油表指示灯，电子油门故障信号灯，组合仪表照明灯泡，里程表

燃油表，冷却液温度表，冷却液不足显示传感器，警报蜂鸣器和警报声，组合仪表中的控制单元，发电机指示灯，冷却液温度和冷却液不足显示指示灯，定速巡航装置指示灯，机油油位指示灯

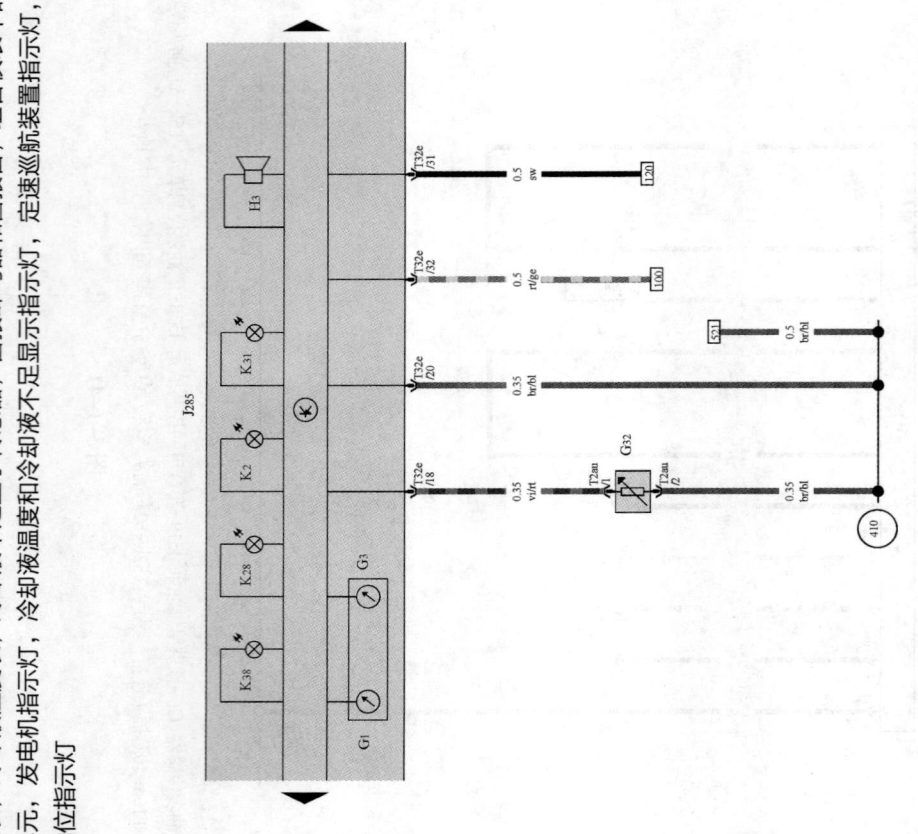

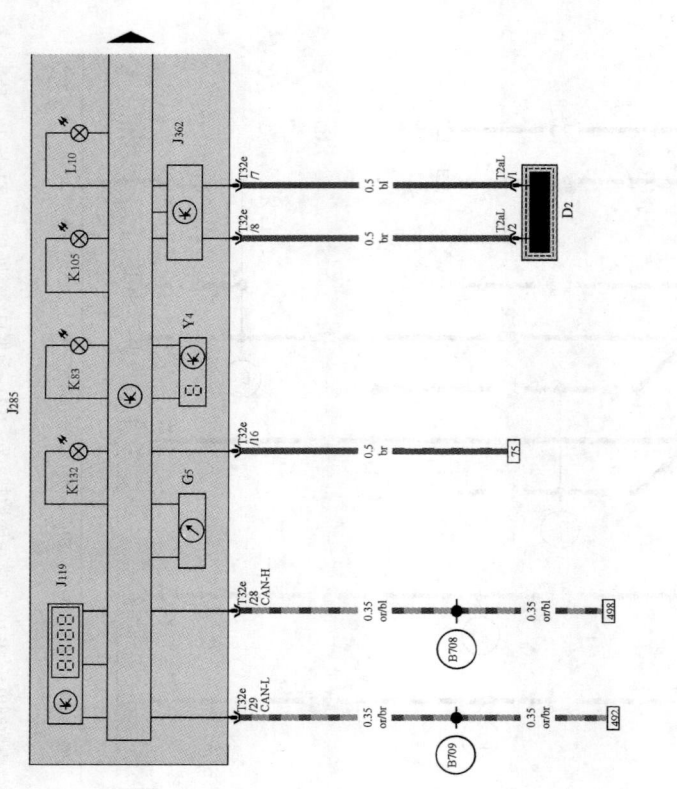

D2-防盗锁止系统读出线圈 G5-转速表 J119-多功能显示器 J285-组合仪表中的控制单元 J362-防盗锁止系统控制单元 K83-废气警告灯 K105-燃油表警告灯 K132-电子油门故障指示灯 L10-组合仪表照明灯泡 T2aL-2芯插头连接 T32e-32芯插头连接，黑色 Y4-里程表 B708-连接1（组合仪表CAN总线，High），在主导线束中 B709-连接1（组合仪表CAN总线，Low），在主导线束中

图 3-1-42

G1-燃油表 G3-冷却液温度表 G32-冷却液不足显示传感器 H3-警报蜂鸣器和报音 J285-组合仪表中的控制单元 K2-发电机指示灯 K28-冷却液温度和冷却液不足显示指示灯 K31-定速巡航装置指示灯 K38-机油油位指示灯 T2au-2芯插头连接 T32e-32芯插头连接，黑色 410-接地连接1（传感器接地），在主导线束中

图 3-1-43

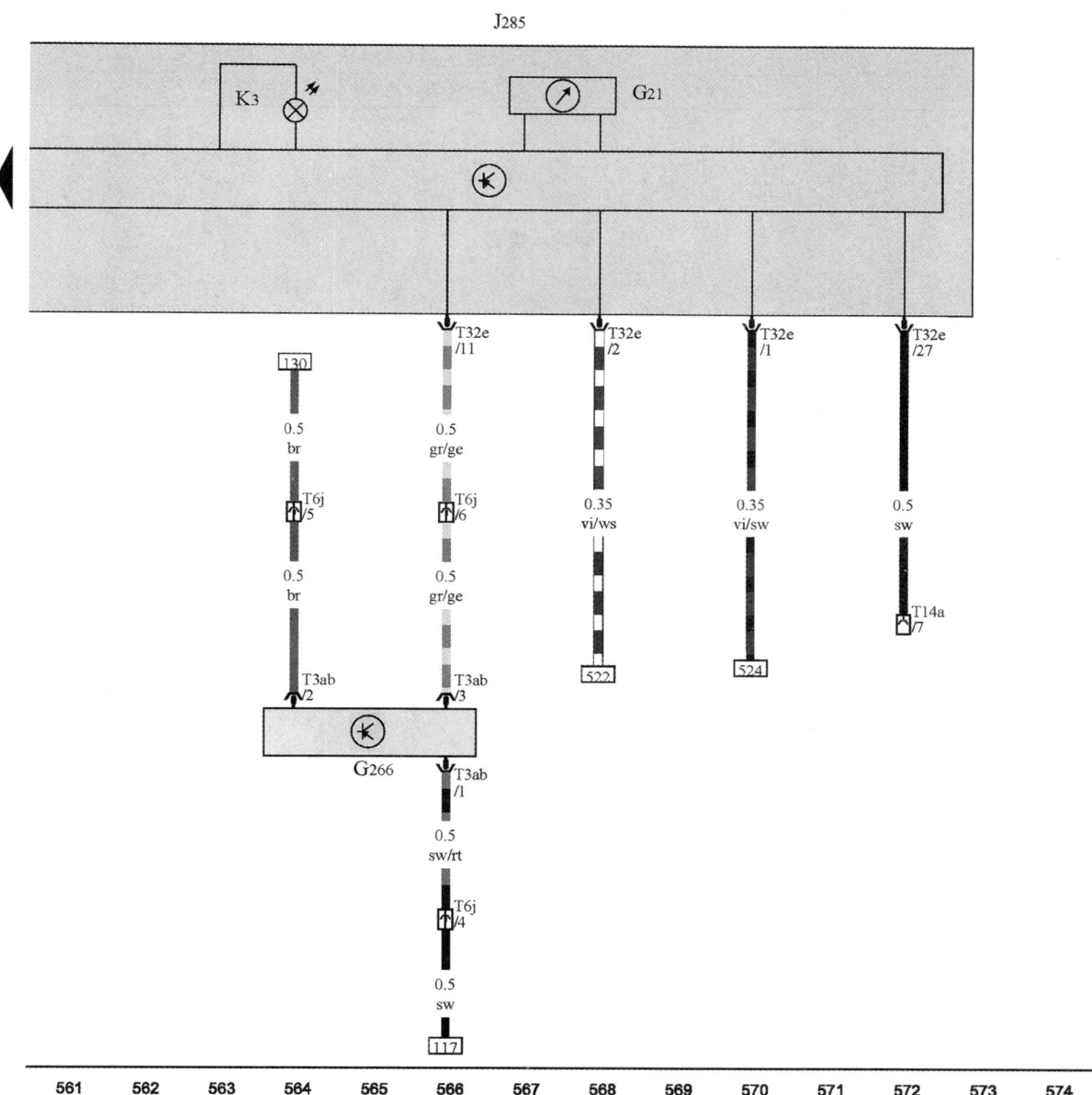

G21-车速表 G266-机油油位和机油温度传感器 J285-组合仪表中的控制单元 K3-机油压力指示灯 T3ab-3芯插头连接，黑色 T6j-6芯插头连接，黑色
T14a-14芯插头连接，灰色 T32e-32芯插头连接，蓝色

图 3-1-44

第二节 变速器系统

变速器系统电路图的图号和图名对照表见表 3-2-1。

表 3-2-1 变速器系统电路图的图号和图名对照表

图号	图名
图 3-2-1~图 3-2-8	7 挡双离合器变速器 OBD 电控系统电路图
图 3-2-9~图 3-2-17	6 挡自动变速器电路图
图 3-2-18~图 3-2-25	双离合器变速器 OAM 电控系统电路图
图 3-2-26~图 3-2-32	双离合器变速器 O2E 电控系统电路图

保险丝架 C

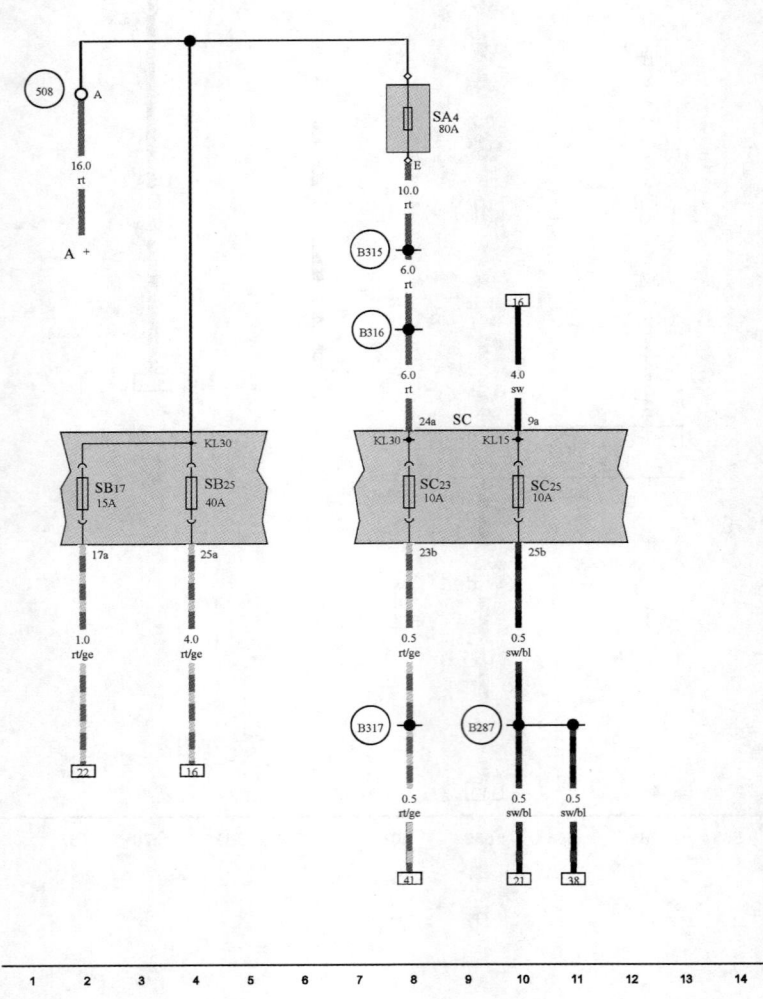

A-蓄电池 SA4-保险丝架A上的保险丝4 SB17-保险丝架B上的保险丝17 SB25-保险丝架B上的保险丝25 SC-保险丝架C SC23-保险丝架C上的保险丝23
SC25-保险丝架C上的保险丝25 508-螺栓连接（30），在电控箱上 B287-正极连接11（15a），在主导线束中 B315-正极连接1（30a），在主导线束中
B316-正极连接2（30a），在主导线束中 B317-正极连接3（30a），在主导线束中

图 3-2-1

238

端子 15 供电继电器，双离合器变速器机电装置，子变速器 1 中的阀门 1，主压力阀门，液压泵电机

端子 15 供电继电器，双离合器变速器机电装置，子变速器 1 中的阀门 2，子变速器 1 中的阀门 3，子变速器 1 中的阀门 4，子变速器 2 中的阀门 1，子变速器 2 中的阀门 2，冷却油阀门

Tiptronic开关，选挡杆挡位 P 锁止开关，双离合器变速器机电装置，子变速器 1 中的阀门 2，

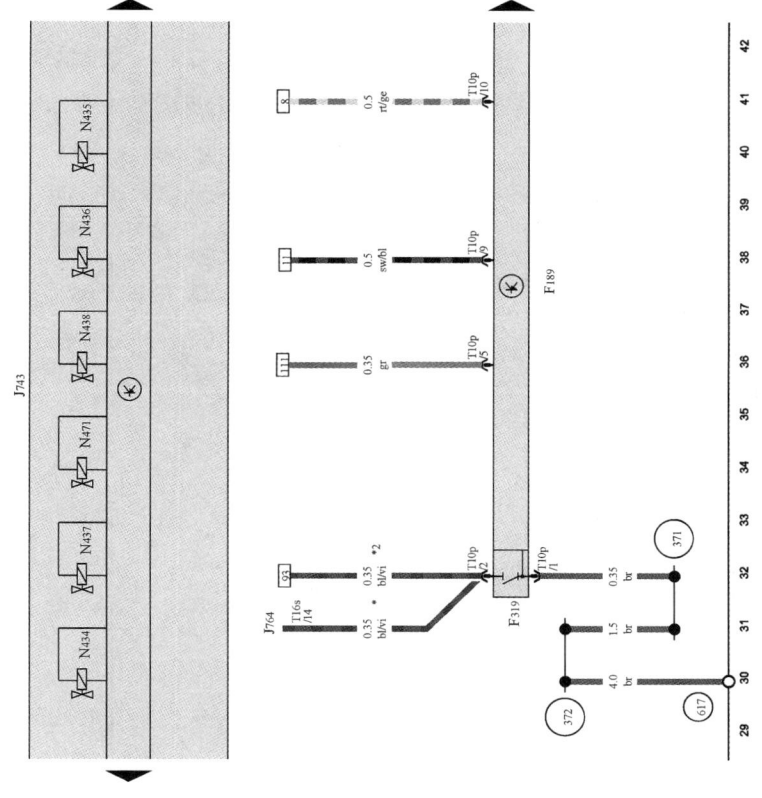

图 3-2-3

F189–Tiptronic开关 F319–选挡杆挡位P锁止开关 J743–双离合器变速器机电装置 N764–电子转向柱锁止装置控制单元 N434–子变速器1中的阀门2 N435–子变速器1中的阀门3 N436–子变速器1中的阀门4 N437–子变速器2中的阀门1 N438–子变速器2中的阀门2 N471–冷却油阀门 T10p–10芯插头连接，黑色 T16s–16芯插头连接 371–接地点6，在主导线束中 372–接地连接，在主导线束中 617–右侧A柱 下部接地点2 *–仅用于带进入及启动许可的汽车 *2–仅用于不带进入及启动许可的汽车

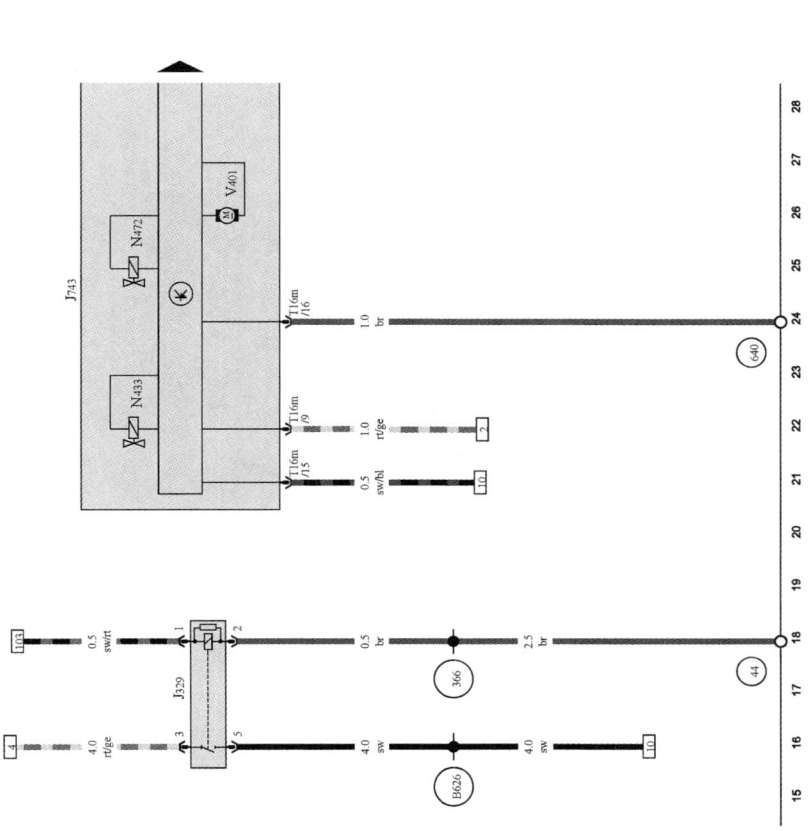

图 3-2-2

J329–端子15供电继电器 J743–双离合器变速器机电装置 N433–子变速箱1中的阀门1 N472–主压力阀门 T16m–16芯插头连接，黑色 V401–液压泵电机 44–接地点，左侧A柱下部 366–接地连接1，在主导线束中 640–接地点2，在发动机舱内左侧 B626–正极连接2（15），在主导线束中

Tiptronic 开关，离合器行程传感器 1，离合器行程传感器 2，双离合器变速器机电装置，
选挡杆位置 P/N 指示灯，排挡杆挡位指示照明灯，子变速器 2 中的阀门 3，子变速器 2 中
的阀门 4

Tiptronic 开关，换挡执行器行程传感器 1，换挡执行器行程传感器 2，换挡执行器行程传
感器 3，控制单元温度传感器，双离合器变速器，换挡杆锁电磁铁

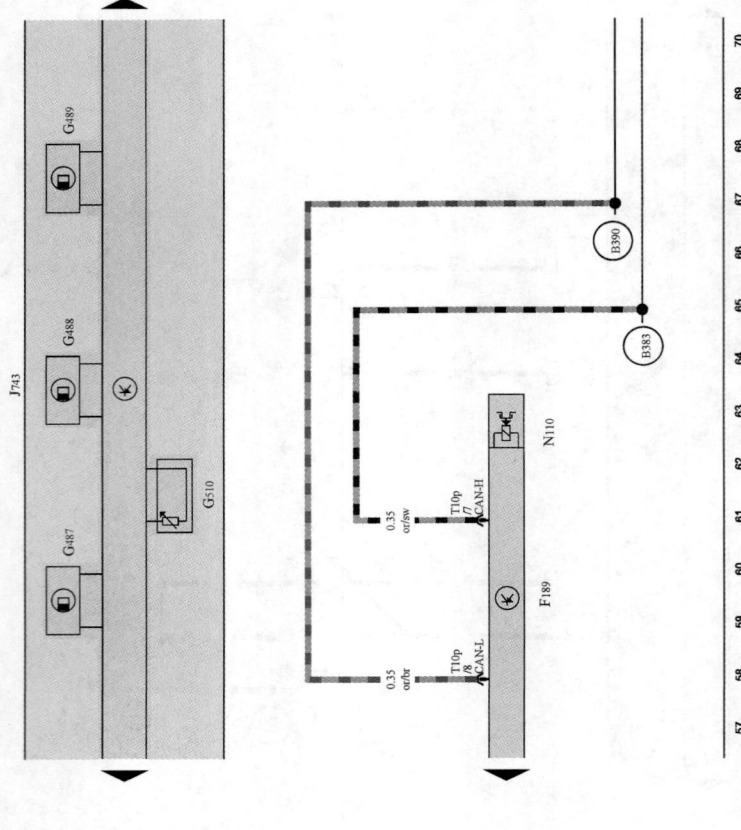

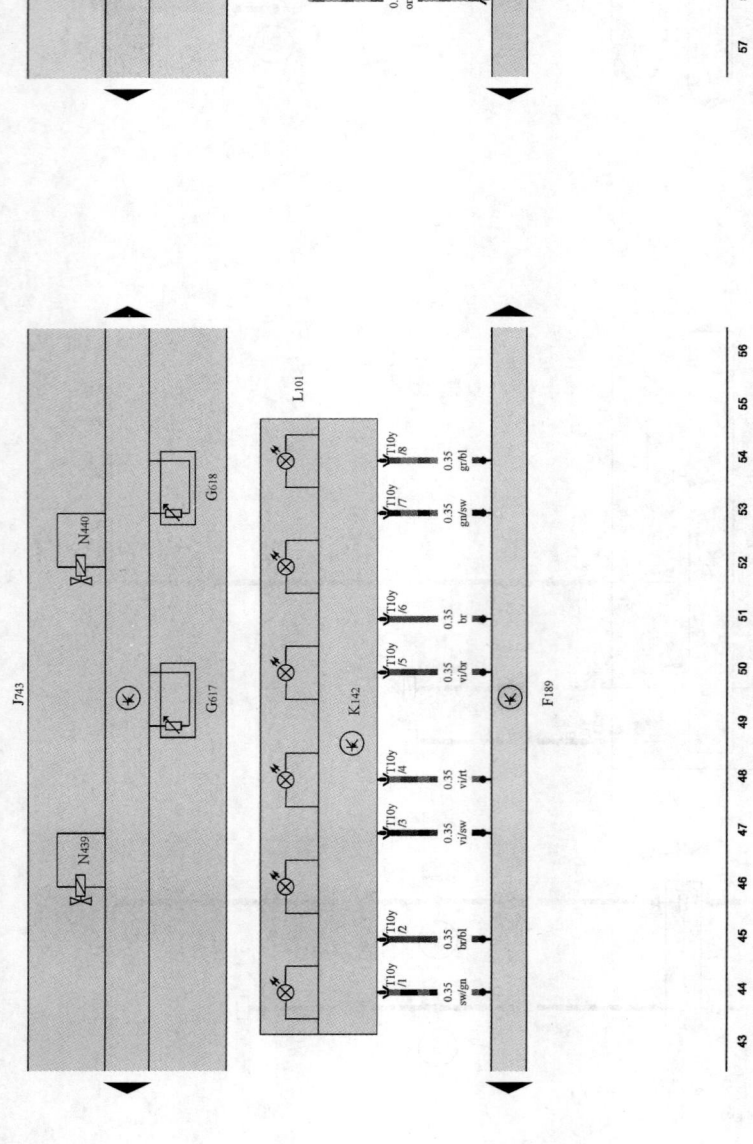

F189-Tiptronic 开关 G617-离合器行程传感器1 G618-离合器行程传感器2 J743-双离合器变速器机电装置
K142-选挡杆位置P/N指示灯 L101-排挡杆挡位指示照明灯 N439-子变速器2中的阀门3 N440-子变速器
2中的阀门4 T10y-10芯插头连接，黑色

图 3-2-4

F189-Tiptronic 开关 G487-换挡执行器行程传感器1 G488-换挡执行器行程传感器2 G489-换挡执行器行
程传感器3 G510-控制单元温度传感器 J743-双离合器变速器机电装置 N110-换挡杆锁电磁铁 T10p-10
芯插头连接 B383-连接1（驱动系统CAN总线，High），在主导线束中 B390-连接1（驱动系统
CAN总线，Low），在主导线束中

图 3-2-5

齿轮油温度传感器，离合器温度传感器，转向柱电子装置控制单元，双离合器变速器机电
装置，点火钥匙防拔出锁电磁铁

换挡执行器行程传感器 4，变速器输入转速传感器 2，变速器输入转速传感器 1，双离合器变速器机电装置

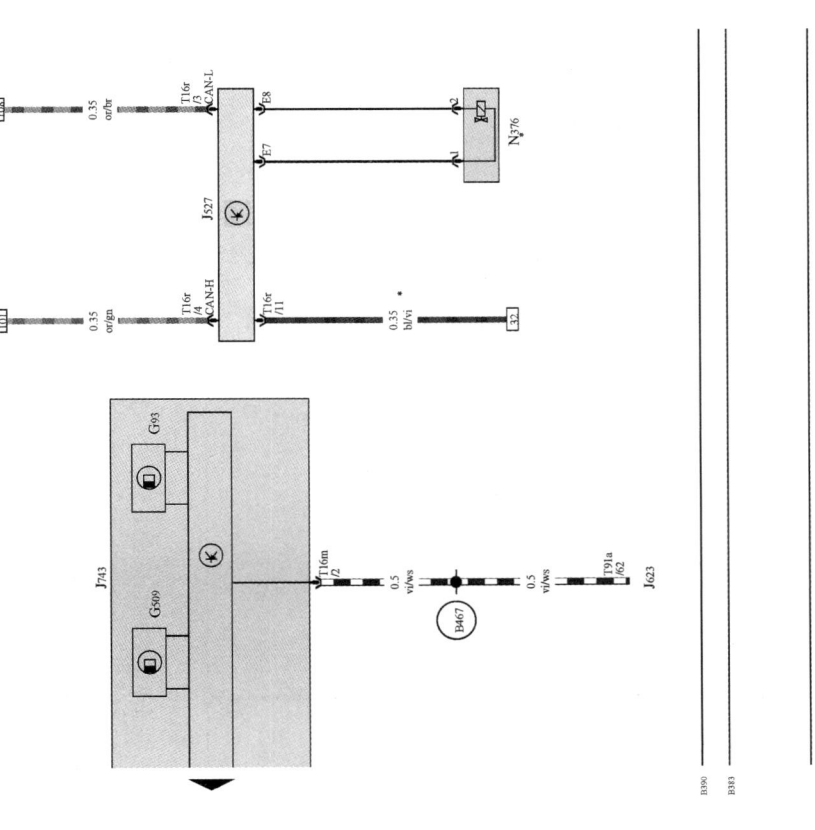

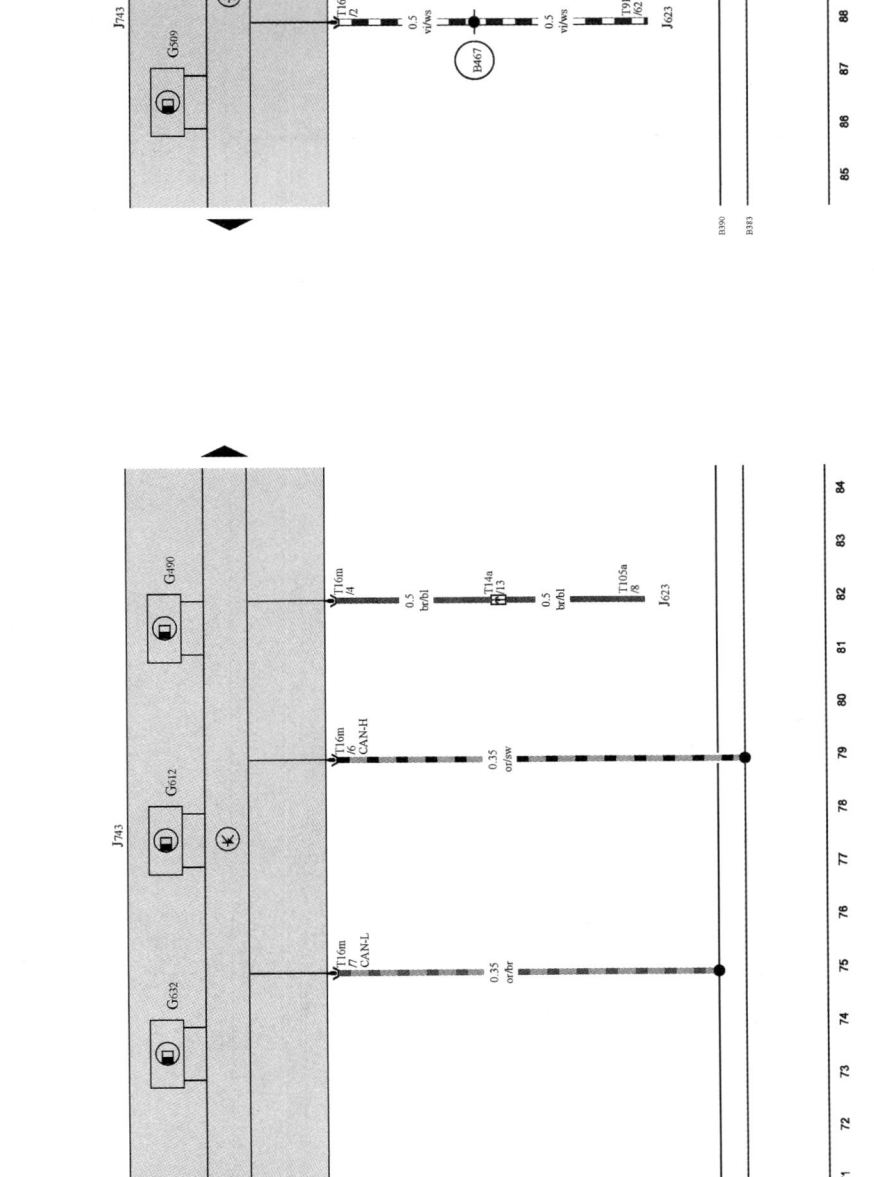

G93-齿轮油温度传感器　G509-离合器温度传感器　J527-转向柱电子装置控制单元　J623-发动机控制单元
J743-双离合器变速器机电装置　N376-点火钥匙防拔出锁电磁铁　T16m-16芯插头连接，黑色　T16r-16芯
插头连接，黑色　T91a-91芯插头连接，黑色　B383-连接1（驱动系统CAN总线，High），在主导线束中
B390-连接1（驱动系统CAN总线，Low），在主导线束中　B467-连接3，在主导线束中　*-仅用于不带进
入及启动许可的汽车

图 3-2-7

G490-换挡执行器行程传感器4　G612-变速器输入转速传感器2　G632-变速器输入转速传感器1　J623-发
动机控制单元　J743-双离合器变速器机电装置　T14a-14芯插头连接，灰色　T16m-16芯插头连接，黑色
T105a-105芯插头连接，黑色　B383-连接1（驱动系统CAN总线，High），在主导线束中　B390-连接1
（驱动系统CAN总线，Low），在主导线束中

图 3-2-6

蓄电池，车载电网控制单元

仪表板中的控制单元，车载电网控制单元，数据总线诊断接口，选挡杆指示灯，选挡杆位置显示

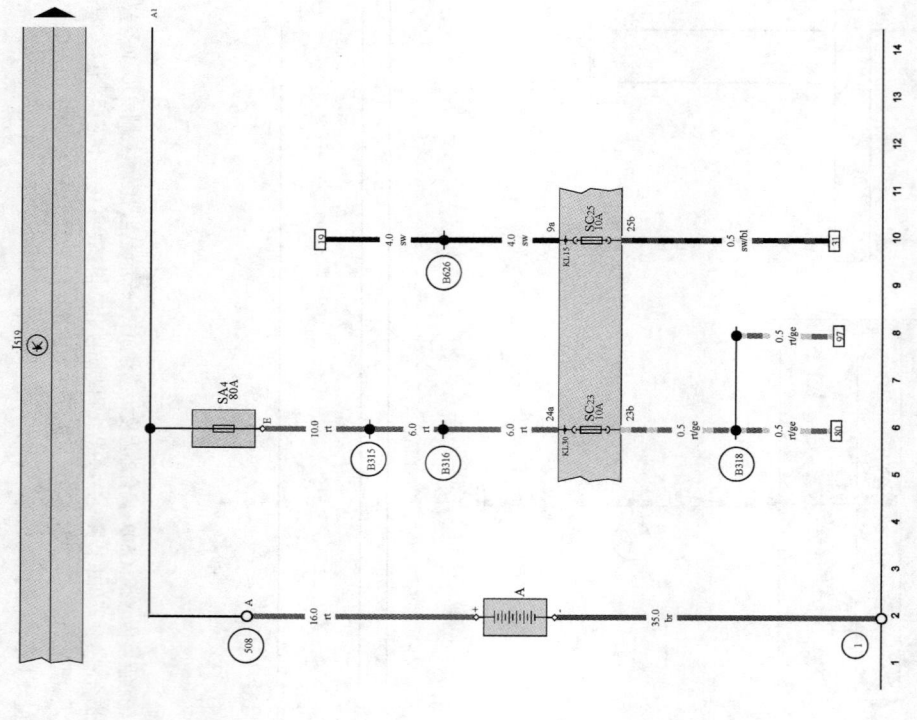

A—蓄电池 J519—车载电网控制单元 SA4—保险丝架A上的保险丝4 SC23—保险丝架C上的保险丝23 SC25—保险丝架C上的保险丝25 1—接地带，蓄电池一车身 508—螺栓连接（30），在电控箱上 B315—正极连接1（30a），在主导线束中 B316—正极连接2（30a），在主导线束中 B318—正极连接4（30a），在主导线束中 B626—正极连接2（15），在主导线束中

图3-2-9

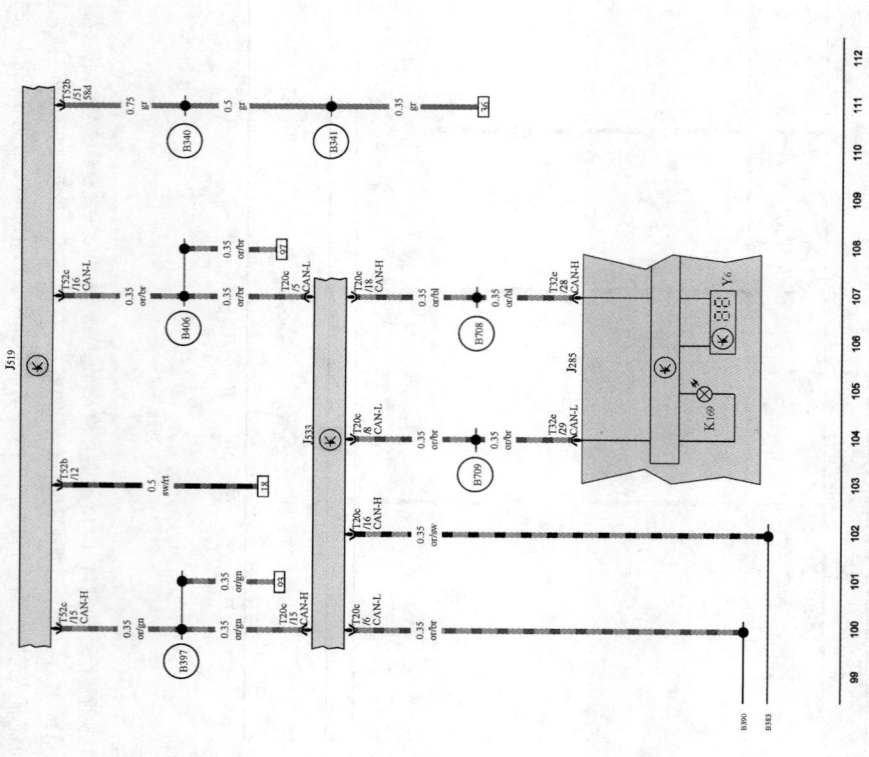

J285—仪表板中的控制单元 J519—车载电网控制单元 J533—数据总线诊断接口 K169—选挡杆指示灯 T20c—20芯插头连接，红色 T32e—32芯插头连接，蓝色 T52b—52芯插头连接，白色 T52c—52芯插头连接，棕色 Y6—选挡位置显示 B340—连接1（58d），在主导线束中 B341—连接2（58d），在主导线束中 B383—连接1（驱动系统CAN总线，High），在主导线束中 B390—连接1（驱动系统CAN总线，Low），在主导线束中 B397—连接1（舒适/便捷系统CAN总线，High），在主导线束中 B406—连接1（舒适/便捷系统CAN总线，Low），在主导线束中 B708—连接1（仪表板高频CAN总线），在主导线束中 B709—连接1（仪表板低频CAN总线），在主导线束中

图3-2-8

242

多功能开关，自动变速器控制单元，车载电网控制单元

端子 15 供电继电器，车载电网控制单元，转向柱电子装置控制单元，点火钥匙防拔出锁电磁铁

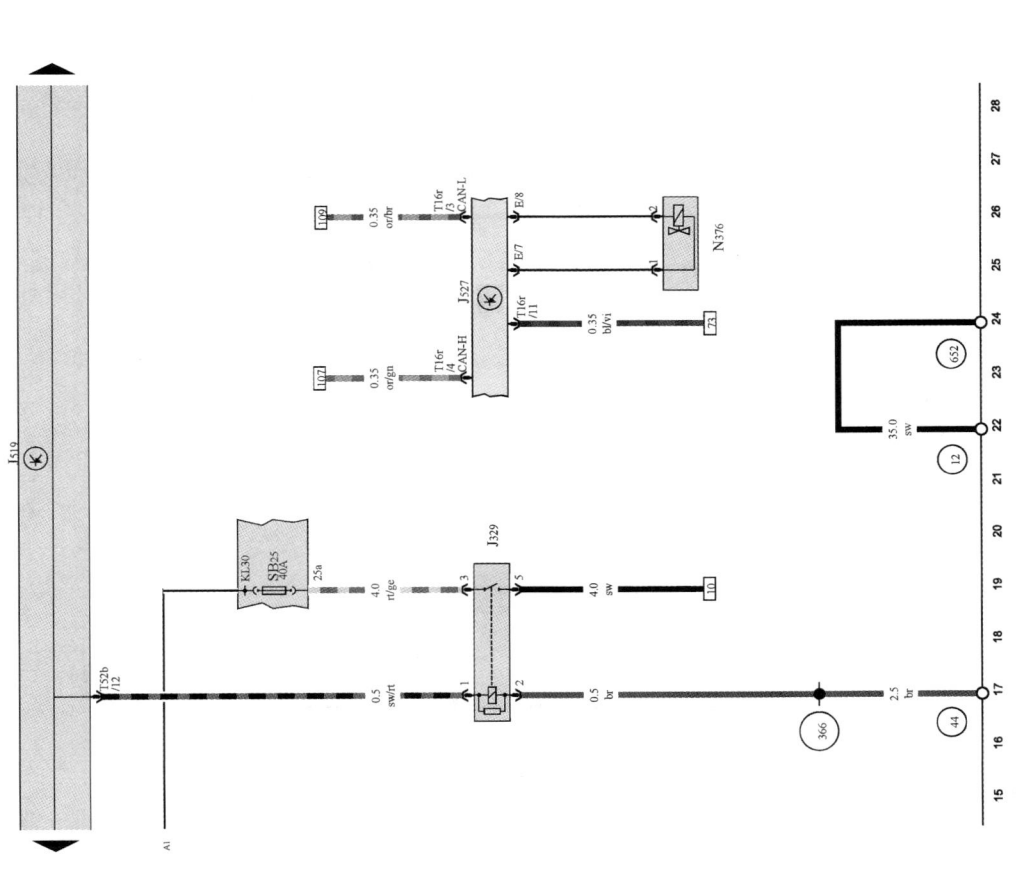

图 3-2-11

图 3-2-10

F125-多功能开关 J217-自动变速器控制单元 J519-车载电网控制单元 T10k-10芯插头连接 T52d-52芯插头连接 393-接地点2，在主导线束中 640-接地点2，在发动机舱内左侧 B287-正极连接 11（15a），在主导线束中

J329-端子15供电继电器 J519-车载电网控制单元 J527-转向柱电子装置控制单元 N376-点火钥匙防拔出锁电磁铁 SB25-保险丝架B上的保险丝25 T16r-16芯插头连接 T52b-52芯插头连接 366-接地点1，在主导线束中 652-变速器和发动机地动机舱内左侧接地点 44-接地点，左侧A柱下部 12-发动机舱内左侧接地点 线的接地点

243

自动变速器控制单元，车载电网控制单元，电磁阀 1，电磁阀 2，电磁阀 3，电磁阀 4，电
磁阀 5，电磁阀 9，电磁阀 10

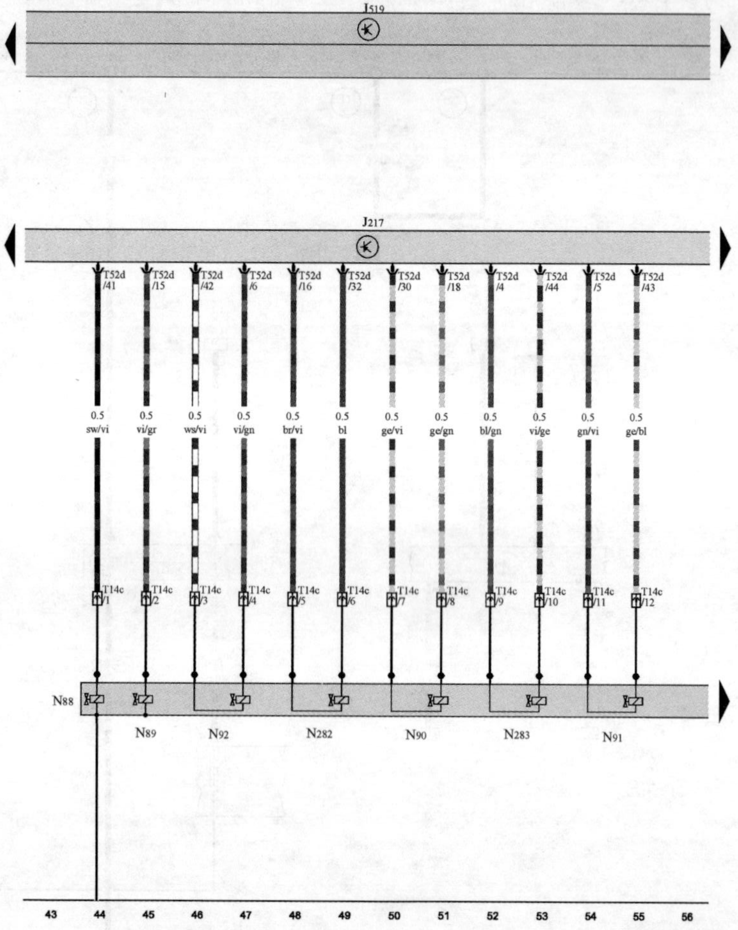

齿轮油温度传感器，变速器输入转速传感器，变速器输出转速传感器，自动变速器控制单元，
车载电网控制单元，电磁阀 6

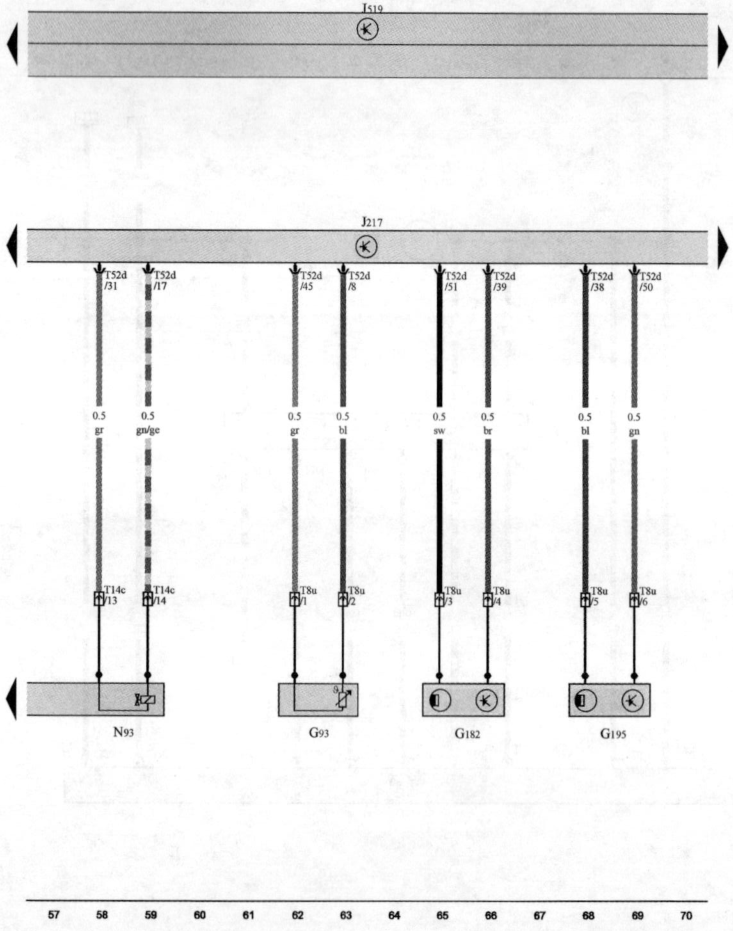

图 3-2-13

G93-齿轮油温度传感器 G182-变速器输入转速传感器 G195-变速器输出转速传感器 J217-自动变速器
控制单元 J519-车载电网控制单元 N93-电磁阀6 T8u-8芯插头连接，黑色 T14c-14芯插头连接，黑色
T52d-52芯插头连接，黑色

图 3-2-12

J217-自动变速器控制单元 J519-车载电网控制单元 N88-电磁阀1 N89-电磁阀2 N90-电磁阀3 N91-电
磁阀4 N92-电磁阀5 N282-电磁阀9 N283-电磁阀10 T14c-14芯插头连接，黑色 T52d-52芯插头连接，
黑色

Tiptronic 开关，选挡杆挡位 P 锁止开关，自动变速器控制单元，车载电网控制单元

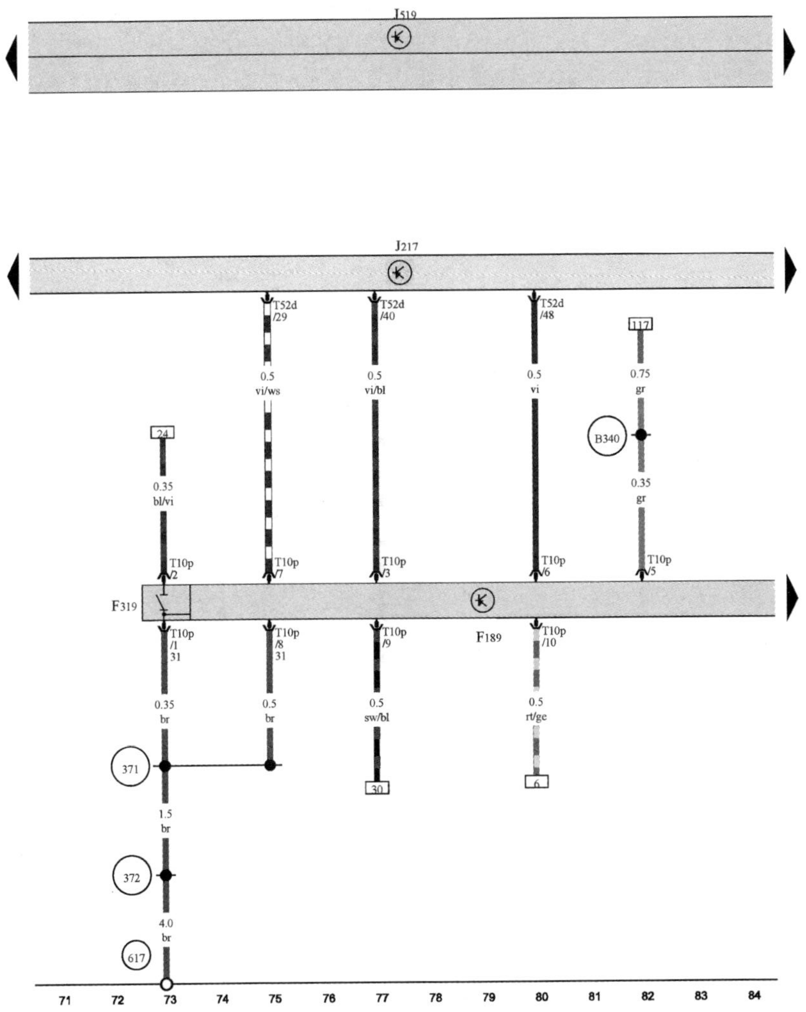

F189–Tiptronic开头 F319–选挡杆挡位P锁止开关 J217–自动变速器控制单元 J519–车载电网控制单元 T10p–10芯插头连接，黑色 T52d–52芯插头连接，黑色 371–接地连接6，在主导线束中 372–接地连接7，在主导线束中 617–右侧A柱下部接地点2 B340–连接1（58d），在主导线束中

图 3-2-14

Tiptronic 开关，自动变速器控制单元，车载电网控制单元，排挡杆挡位指示照明灯，换挡杆锁电磁铁，选挡杆位置显示

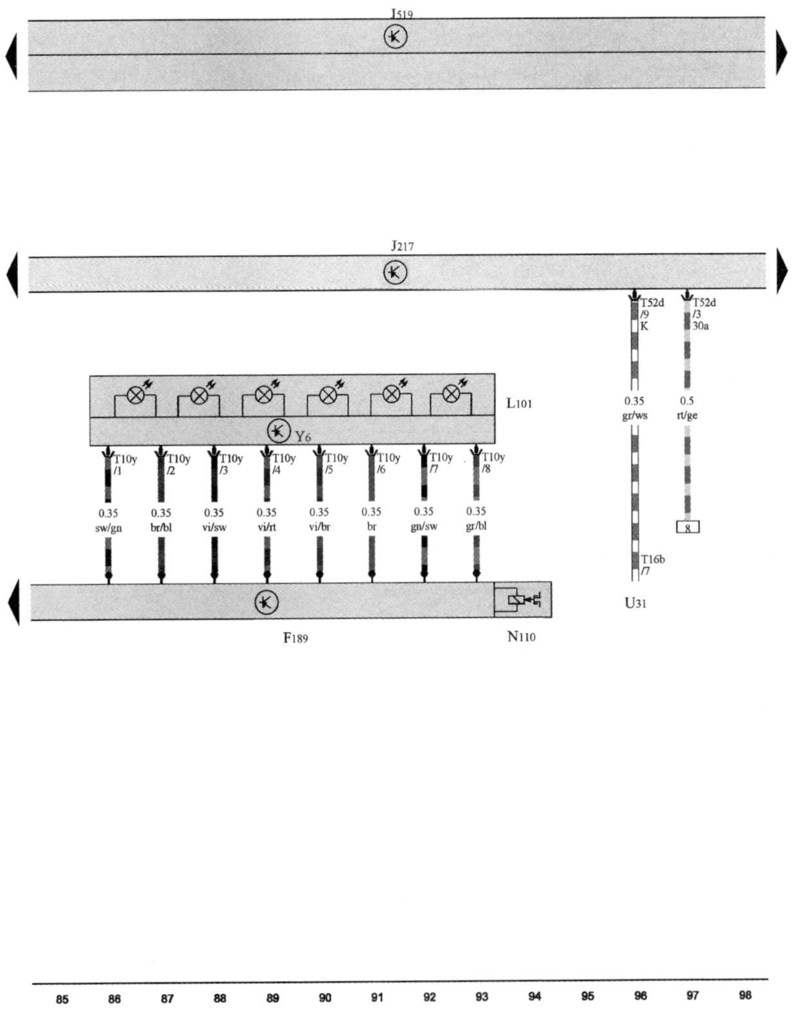

F189–Tiptronic开关 J217–自动变速器控制单元 J519–车载电网控制单元 L101–排挡杆挡位指示照明灯 N110–换挡杆锁电磁铁 T10y–10芯插头连接，黑色 T16b–16芯插头连接，黑色 T52d–52芯插头连接，黑色 U31–诊断接口 Y6–选挡杆位置显示

图 3-2-15

仪表板中的控制单元，车载电网控制单元，选挡指示灯，选挡杆位置显示

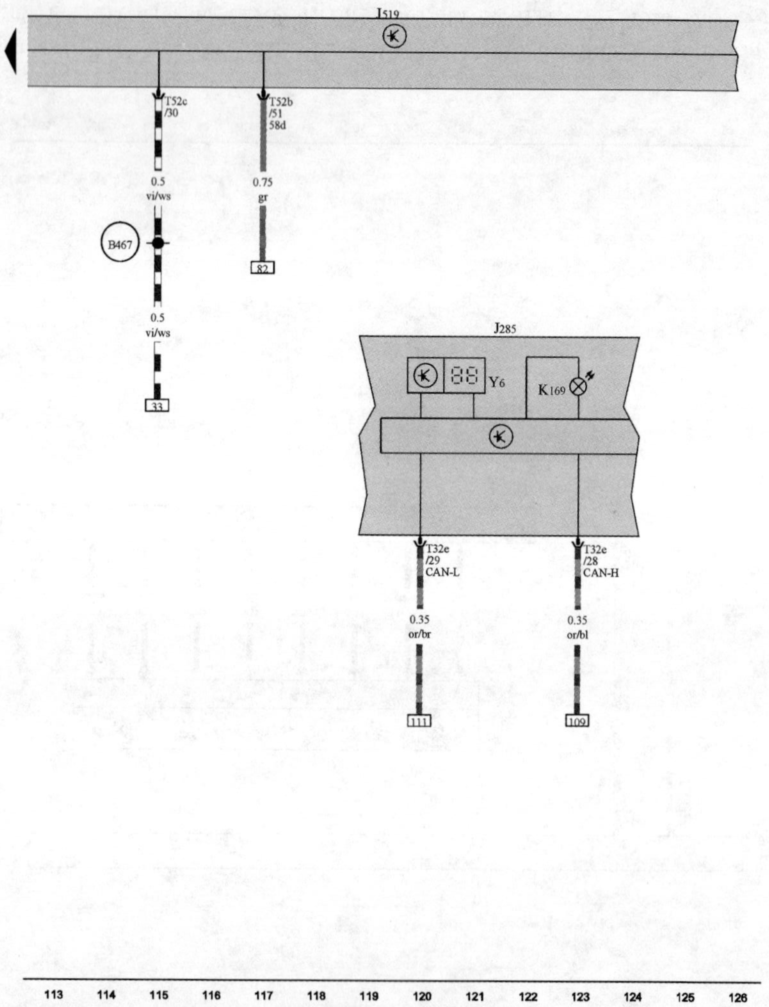

自动变速器控制单元，车载电网控制单元，数据总线诊断接口

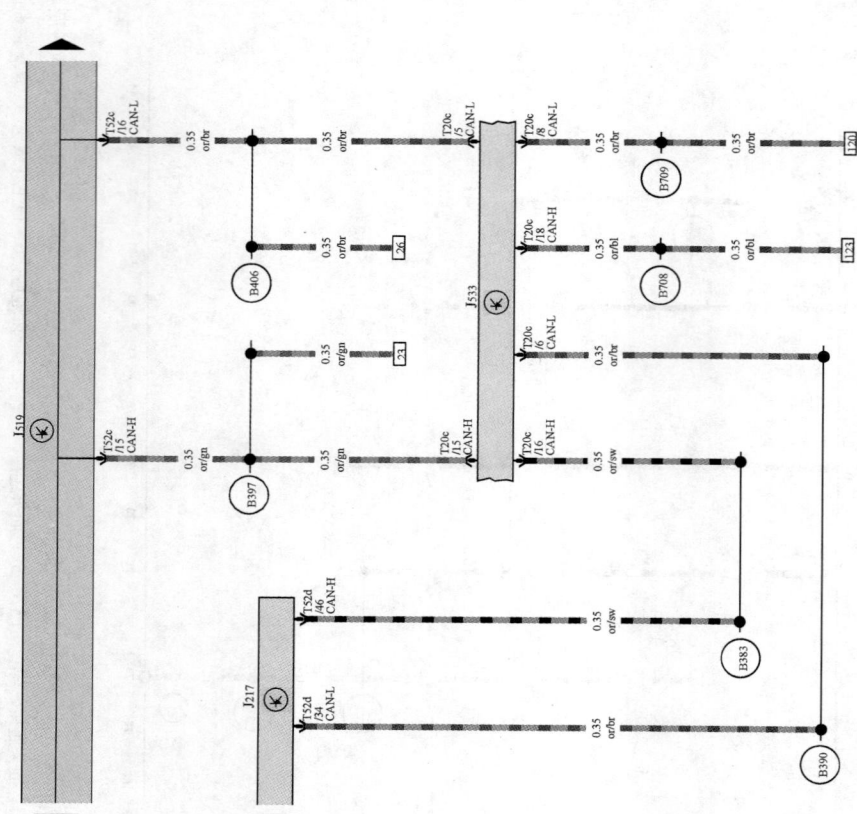

图 3-2-17

图 3-2-16

J285-仪表板中的控制单元 J519-车载电网控制单元 K169-选挡指示灯 T32c-32芯插头连接，蓝色 T52c-52芯插头连接，白色 T52b-52芯插头连接，黑色 T52c-52芯插头连接 Y6-选挡杆位置显示 B467-连接3，在主导束中

J217-自动变速器控制单元 J519-车载电网控制单元 J533-数据总线诊断接口 T20c-20芯插头连接 红色 T52c-52芯插头连接，棕色 T52d-52芯插头连接 B383-连接1（驱动系统CAN总线，High），在主导束中 B390-连接1（驱动系统CAN总线，Low），在主导线束中 B397-连接1（舒适/便捷系统CAN总线 High），在主导线束中 B406-连接1（舒适/便捷系统CAN总线，Low），在主导线束中 B708-连接1（仪表板高频CAN总线），在主导线束中 B709-连接1（仪表板低频CAN总线），在主导线束中

端子 15 供电继电器，车载电网控制单元，转向柱电子装置控制单元，点火钥匙防拔出锁电磁铁

蓄电池，车载电网控制单元

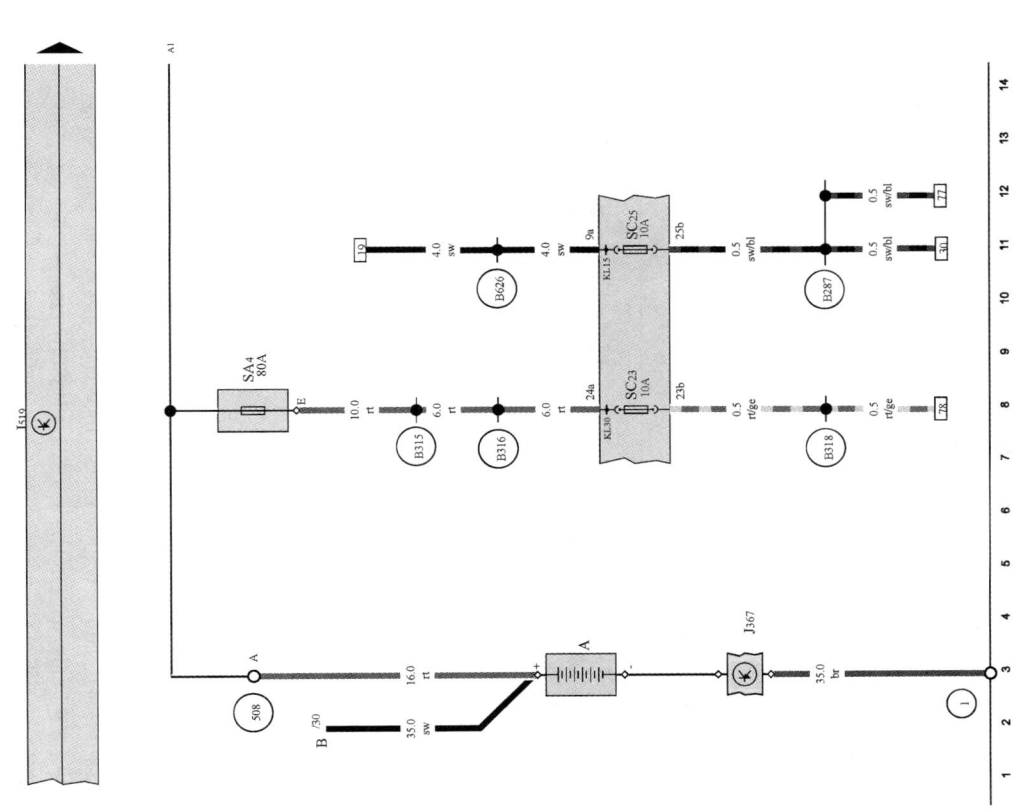

图 3-2-19

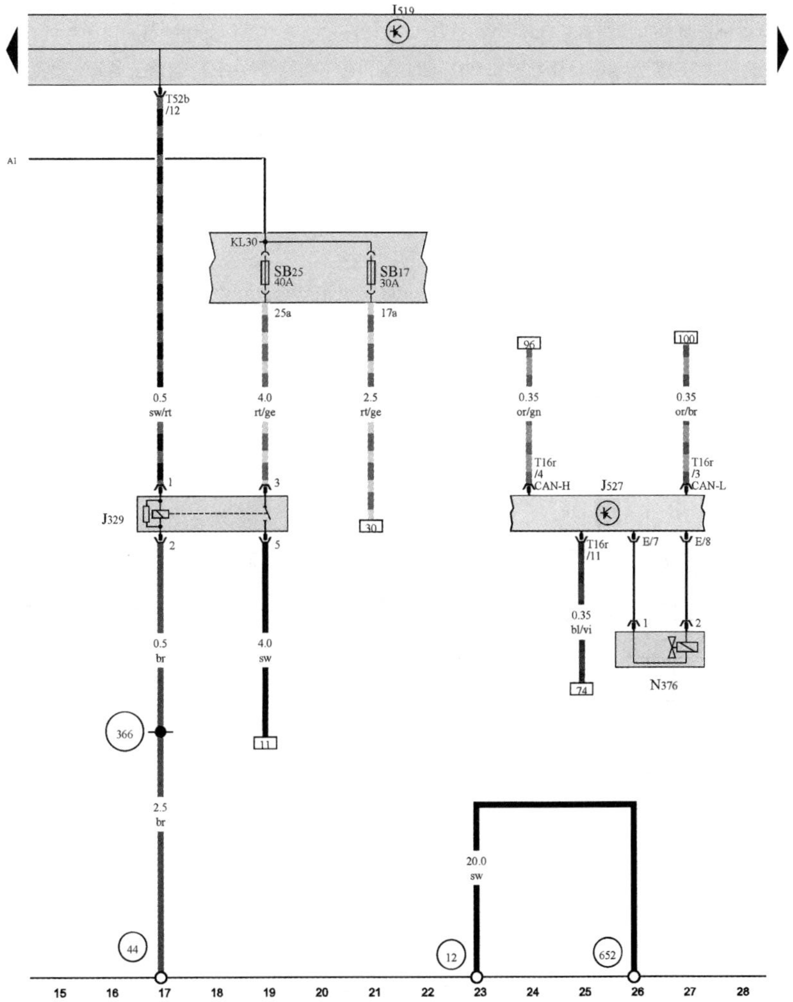

J329-端子15供电继电器 J519-车载电网控制单元 J527-转向柱电子装置控制单元 N376-点火钥匙防拔
出锁电磁铁 SB17-保险丝架B上的保险丝17 SB25-保险丝架B上的保险丝25 T16r-16芯插头连接，黑色
T52b-52芯插头连接，白色 12-发动机舱内左侧搭铁地点 44-接地点，左侧A柱下部 366-接地连接1，在主
导线束中 652-变速器和发动机地线的接点

图 3-2-18

A-蓄电池 B-启动电机 J367-蓄电池监控控制单元 J519-车载电网控制单元 SA4-保险丝架A上的保险丝
4 SC23-保险丝架C上的保险丝23 SC25-保险丝架C上的保险丝25 1-接地带，蓄电池-车身 508-螺栓连
接 (30)，在电控箱上 B287-正极连接11 (15a)，在主导线束中 B315-正极连接1 (30a)，在主导线束
中 B316-正极连接2 (30a)，在主导线束中 B318-正极连接4 (30a)，在主导线束中 B626-正极连接2
(15)，在主导线束中

247

变速器液压传感器，车载电网控制单元，双离合器变速器机电装置，子变速器 1 中的阀门 1，子变速器 1 中的阀门 2，子变速器 2 中阀门 1，子变速器 2 中的阀门 3，液压泵电机

变速器输入转速传感器，控制单元温度传感器，离合器行程传感器 1，离合器行程传感器 2，控制单元温度传感器，双离合器变速器机电装置，车载电网控制单元，双离合器变速器机电装置，子变速器 1 中的阀门 3，子变速器 1 中的阀门 4，子变速器 2 中的阀门 3，子变速器 2 中的阀门 4

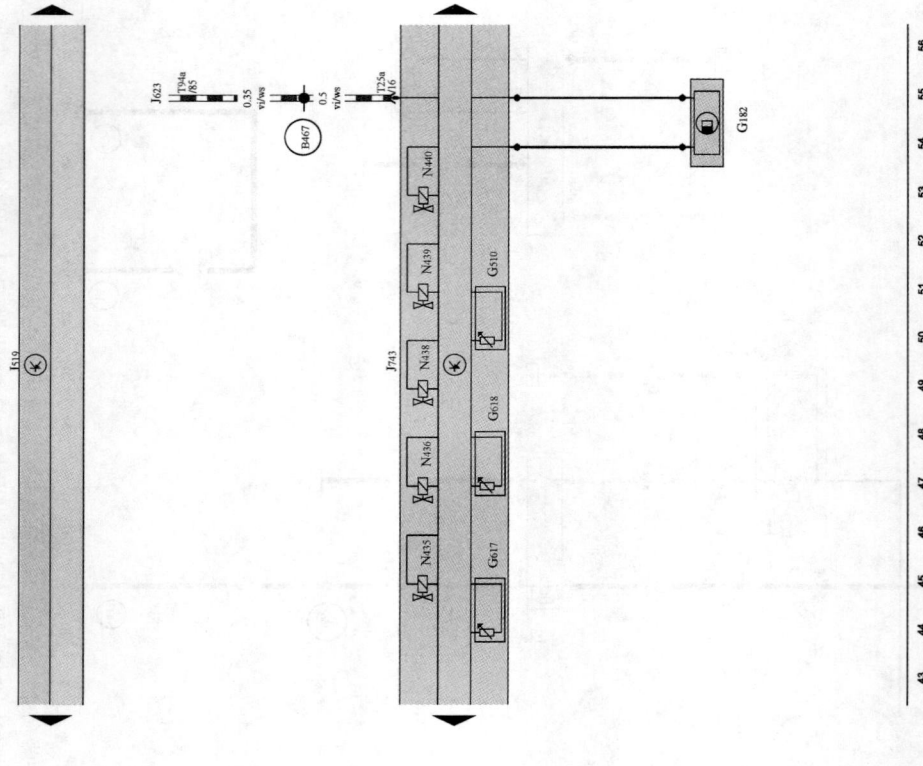

G182-变速器输入转速传感器 G510-控制单元温度传感器 G617-离合器行程传感器 1 G618-离合器行程传感器 2 J519-车载电网控制单元 J623-发动机控制单元 J743-双离合器变速器机电装置 N435-子变速器 1 中的阀门 3 N436-子变速器 1 中的阀门 4 N438-子变速器 2 中的阀门 3 N439-子变速器 2 中的阀门 4 N440-子变速器 2 中的阀门 4 T25a-25芯插头连接 T94a-94芯插头连接，黑色 B467-连接3，在主导线束中 主导线束中

图 3-2-21

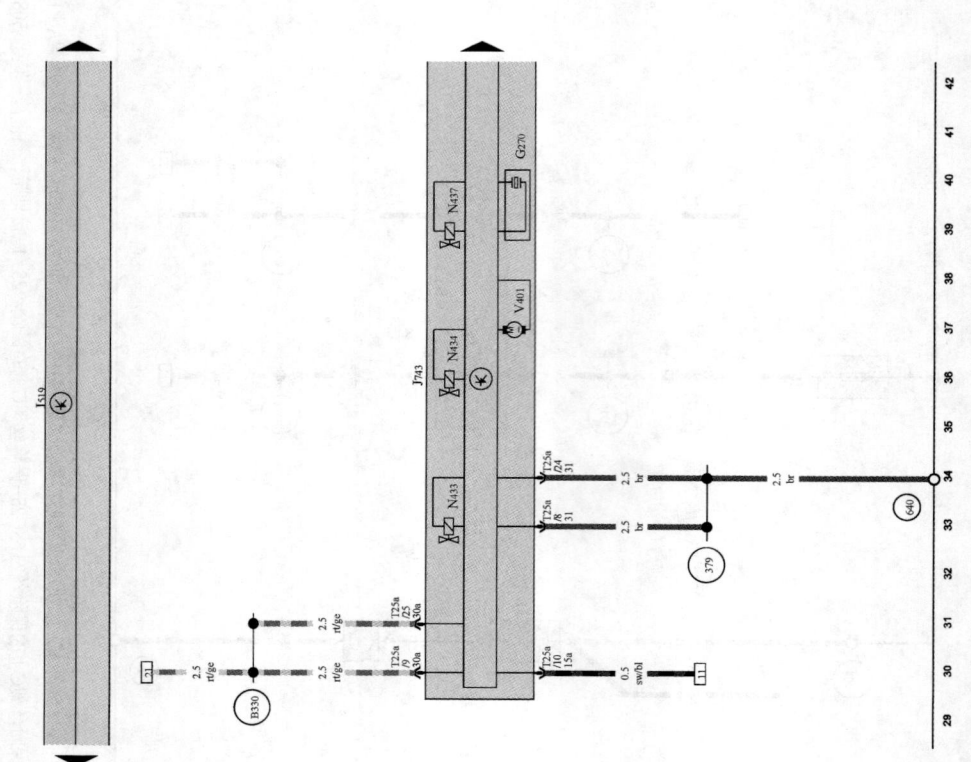

G270-变速器液压传感器 J519-车载电网控制单元 J743-双离合器变速器机电装置 N433-子变速器 1 中的阀门 1 N434-子变速器 1 中的阀门 2 N437-子变速器 2 中的阀门 1 T25a-25芯插头连接，黑色 V401-液压泵电机 379-接地连接14，在主导线束中 640-接地点2，在发动机舱内左侧 B330-正极连接16（30a），在主导线束中 主导线束中

图 3-2-20

248

Tiptronic 开关，选挡杆挡位 P 锁止开关，车载电网控制单元

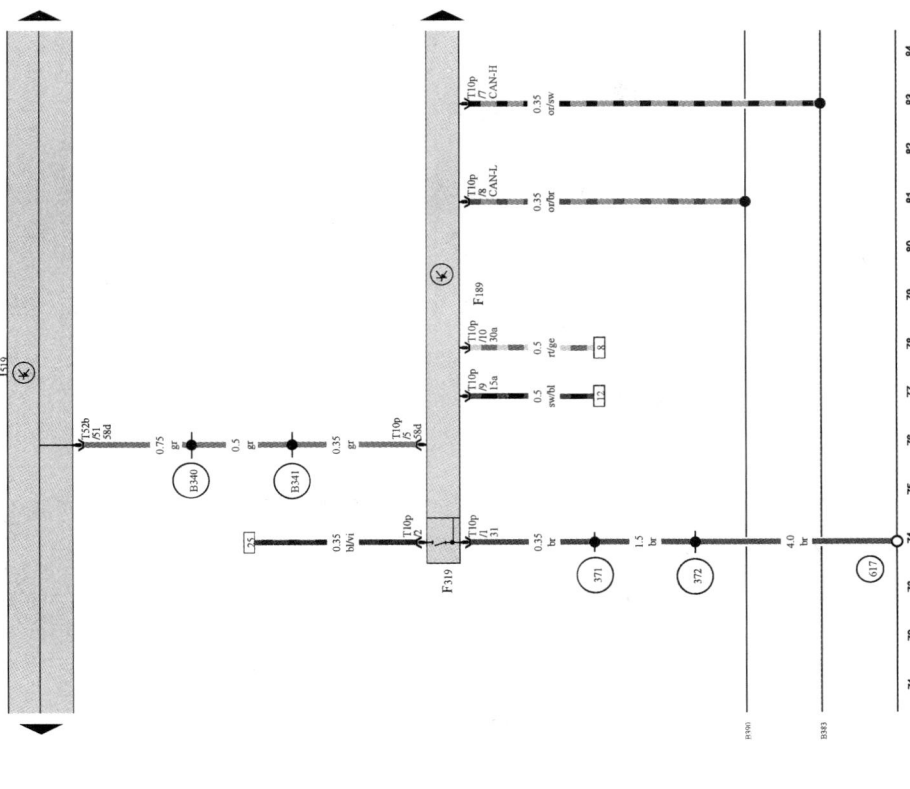

F189-Tiptronic开关　F319-选挡杆挡位P锁止开关　J519-车载电网控制单元　T10p-10芯插头连接，黑色
T52b-52芯插头连接，白色　371-接地连接，在主导线束中　372-接地连接7，在主导线束中　617-右侧A
柱下部接地点2　B340-连接1（58d），在主导线束中　B341-连接2（58d），在主导线束中　B383-连接1
（驱动系统CAN总线，High），在主导线束中　B390-连接1（驱动系统CAN总线，Low），在主导线束中

图 3-2-23

换挡执行器行程传感器 1，换挡执行器行程传感器 2，换挡执
行器行程传感器 3，换挡执
行器行程传感器 4，变速器输入转速传感器 1，车载电网控制
单元，双离合器变速器机电装置

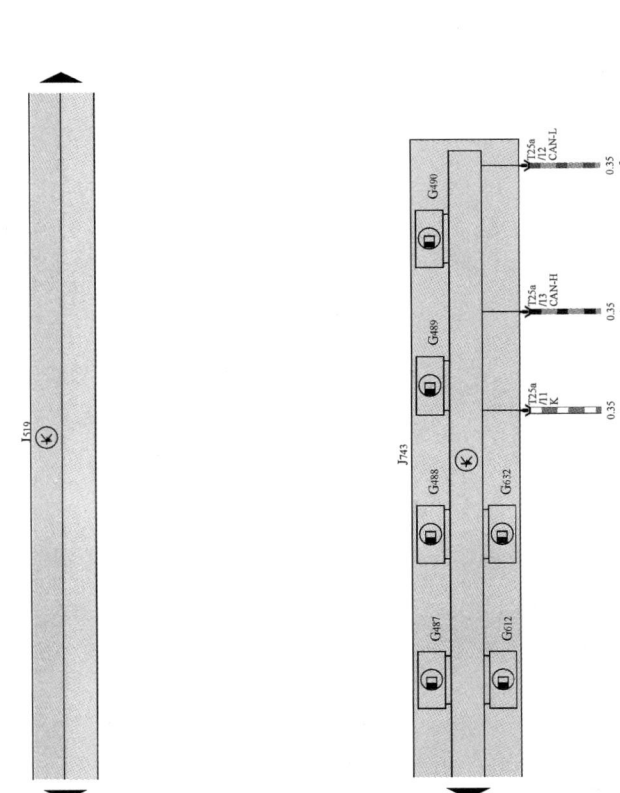

G487-换挡执行器行程传感器1　G488-换挡执行器行程传感器2　G489-换挡执行器行程传感器3　G490-换
挡执行器行程传感器4　G612-变速器输入转速传感器2　G632-变速器输入转速传感器1　J519-车载电网控
制单元　J743-双离合器变速器机电装置　T16b-16芯插头连接，黑色　T25a-25芯插头连接，黑色　U31-诊
断接口　B383-连接1（驱动系统CAN总线，High），在主导线束中　B390-连接1（驱动系统CAN总线，
Low），在主导线束中　B625-连接（K诊断导线），在主导线束中

图 3-2-22

249

Tiptronic 开关，车载电网控制单元，数据总线诊断接口，排挡杆挡位指示照明灯，换挡杆锁电磁铁，选挡杆位置显示

仪表板中的控制单元，车载电网控制单元，数据总线断接口，选挡杆指示灯，选挡杆位置显示

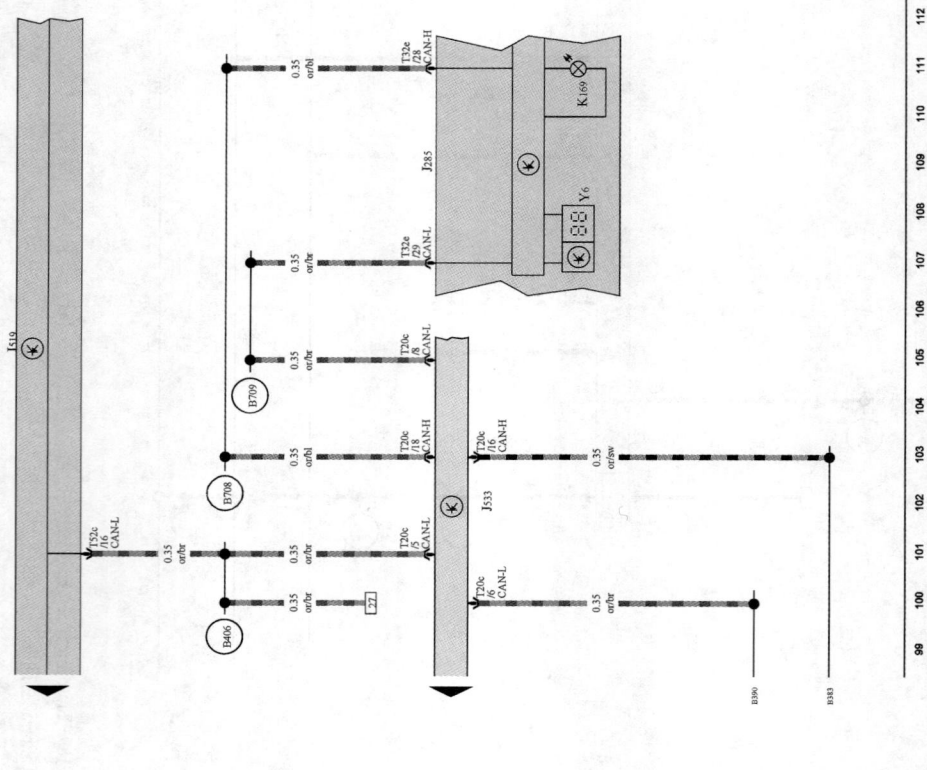

图 3-2-25

J285-仪表板中的控制单元 J519-车载电网控制单元 J533-数据总线诊断接口 K169-选挡杆指示灯 T20c-20芯插头连接，红色 T32c-32芯插头连接，蓝色 T52c-52芯插头连接，棕色 Y6-选挡杆位置显示 B383-连接1（驱动系统CAN总线，High），在主导线束中 B390-连接1（驱动系统CAN总线，Low），在主导线束中 B406-连接1（舒适/便捷系统CAN总线，Low），在主导线束中 B708-连接1（仪表板高频CAN总线），在主导线束中 B709-连接1（仪表板低频CAN总线），在主导线束中

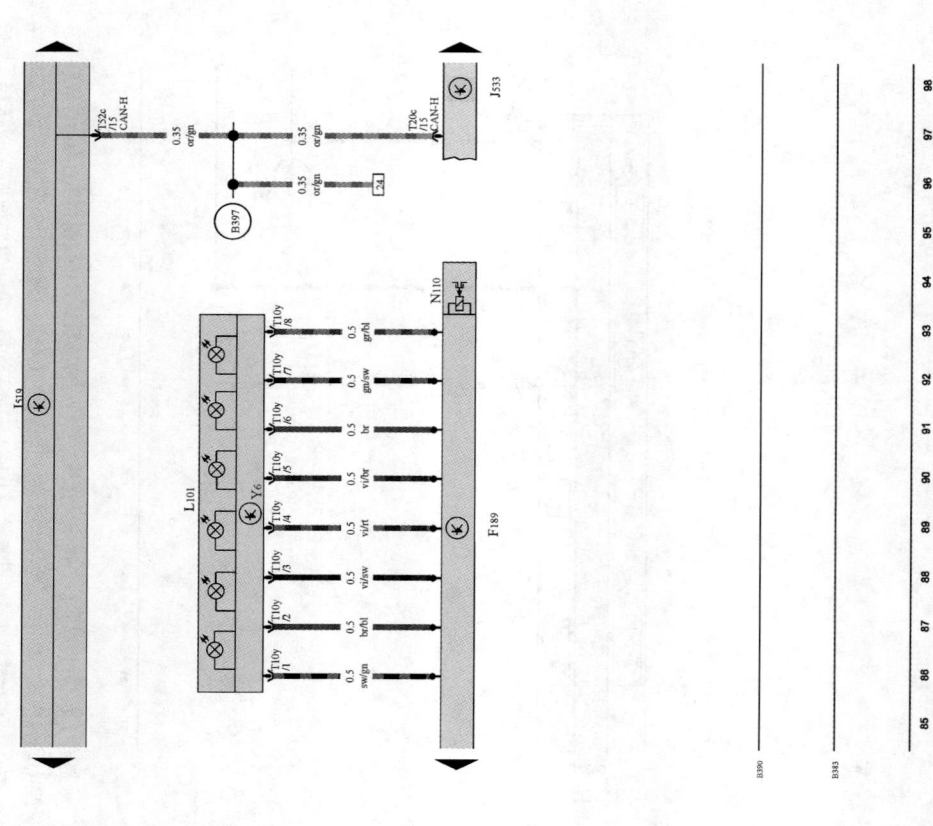

图 3-2-24

F189-Tiptronic开关 J519-车载电网控制单元 J533-数据总线诊断接口 L101-排挡杆挡位指示照明灯 N110-换挡杆锁电磁铁 T10y-10芯插头连接 T20c-20芯插头连接，红色 T52c-52芯插头连接，棕色 Y6-选挡杆位置显示 B383-连接1（驱动系统CAN总线，High），在主导线束中 B390-连接1（驱动系统CAN总线，Low），在主导线束中 B397-连接1（舒适/便捷系统CAN总线，High），在主导线束中

自动变速器液压压力传感器 1, 自动变速器液压压力传感器 2, 车载电网控制单元, 双离合器变速器机电装置, 电磁阀 1, 电磁阀 2, 电磁阀 3, 电磁阀 4

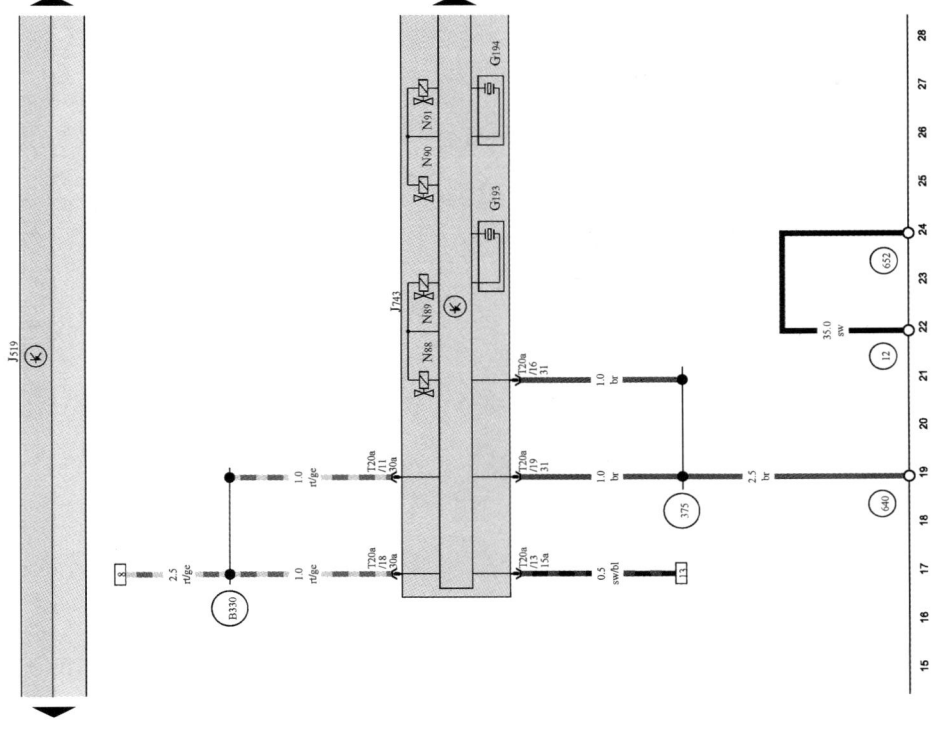

G193－自动变速器液压压力传感器1 G194－自动变速器液压压力传感器2 J519－车载电网控制单元 J743－双离合器变速器机电装置 N88－电磁阀1 N89－电磁阀2 N90－电磁阀3 N91－电磁阀4 T20a－20芯插头连接, 黑色 12－发动机舱内左侧接地点 375－接地连接10, 在主导线束中 640－接地点2, 在发动机舱内左侧 652－变速器和发动机地线的接地点 B330－正极连接16 (30a), 在主导线束中

图 3-2-27

端子 15 供电继电器, 车载电网控制单元

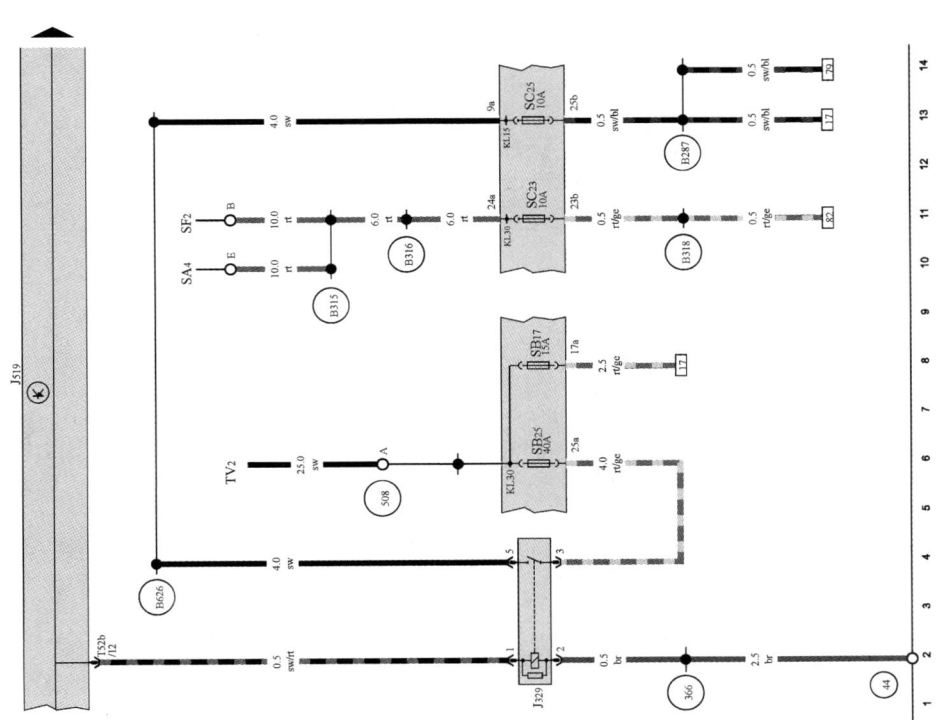

J329－端子15供电继电器 J519－车载电网控制单元 SF2－保险丝架F上的保险丝2 SA4－保险丝架A上的保险丝4 SB17－保险丝架B上的保险丝17 SC23－保险丝架C上的保险丝23 SC25－保险丝架C上的保险丝25 SB25－保险丝架B上的保险丝25 T52b－52芯插头连接, 白色 TV2－端子30号线分线器 44－接地点, 左侧A柱下部 366－接地连接1, 在主导线束中 508－螺栓连接 (30), 在电控箱上 B287－正极连接11 (15a), 在主导线束中 B315－正极连接1 (30a), 在主导线束中 B316－正极连接2 (30a), 在主导线束中 B318－正极连接4 (30a), 在主导线束中 B626－正极连接2 (15), 在主导线束中

图 3-2-26

变速器输入转速传感器，换挡执行器行程传感器1，换挡执行器行程传感器2，离合器温度传感器，车载电网控制单元，双离合器变速器机电装置，自动变速器压力调节阀2，自动变速器压力调节阀3，自动变速器压力调节阀4，自动变速器压力调节阀5，自动变速器压力调节阀6

齿轮油温度传感器，变速器输出转速传感器，变速器输出转速传感器2，换挡执行器行程传感器3，换挡执行器行程传感器4，控制单元温度传感器，车载电网控制单元，双离合器变速器机电装置，电磁阀5

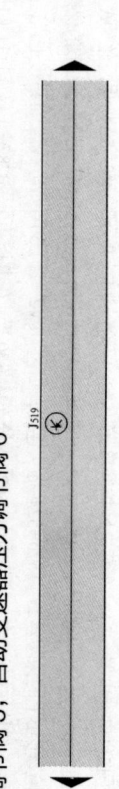

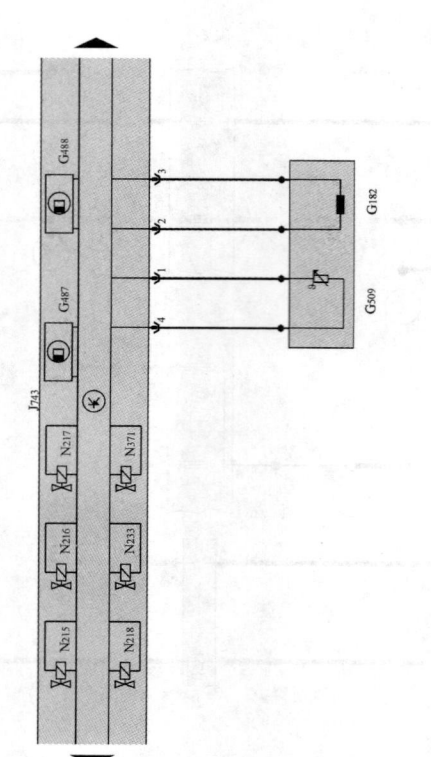

图3-2-28

图3-2-29

G182-变速器输入转速传感器 G487-换挡执行器行程传感器1 G488-换挡执行器行程传感器2 G509-离合器温度传感器 J519-车载电网控制单元 J743-双离合器变速器机电装置 N215-自动变速器压力调节阀1 N216-自动变速器压力调节阀2 N217-自动变速器压力调节阀3 N218-自动变速器压力调节阀4 N233-自动变速器压力调节阀5 N371-自动变速器压力调节阀6

G93-齿轮油温度传感器 G195-变速器输出转速传感器 G196-变速器输出转速传感器4 G490-换挡执行器行程传感器3 G490-换挡执行器行程传感器4 G510-控制单元温度传感器 J519-车载电网控制单元 J743-双离合器变速器机电装置 N92-电磁阀5 T16b-16芯插头连接5 T20a-20芯插头连接，黑色 T52c-52芯插头连接，棕色 U31-诊断接口 B467-连接3，在主导线束中 B625-连接（K诊断导线），在主导线束中

倒车灯开关，Tiptronic 开关，选挡杆挡位 P 锁止开关，驱动轴转速传感器 1，驱动轴转速传感器 2，车载电网控制单元，双离合器变速器机电装置

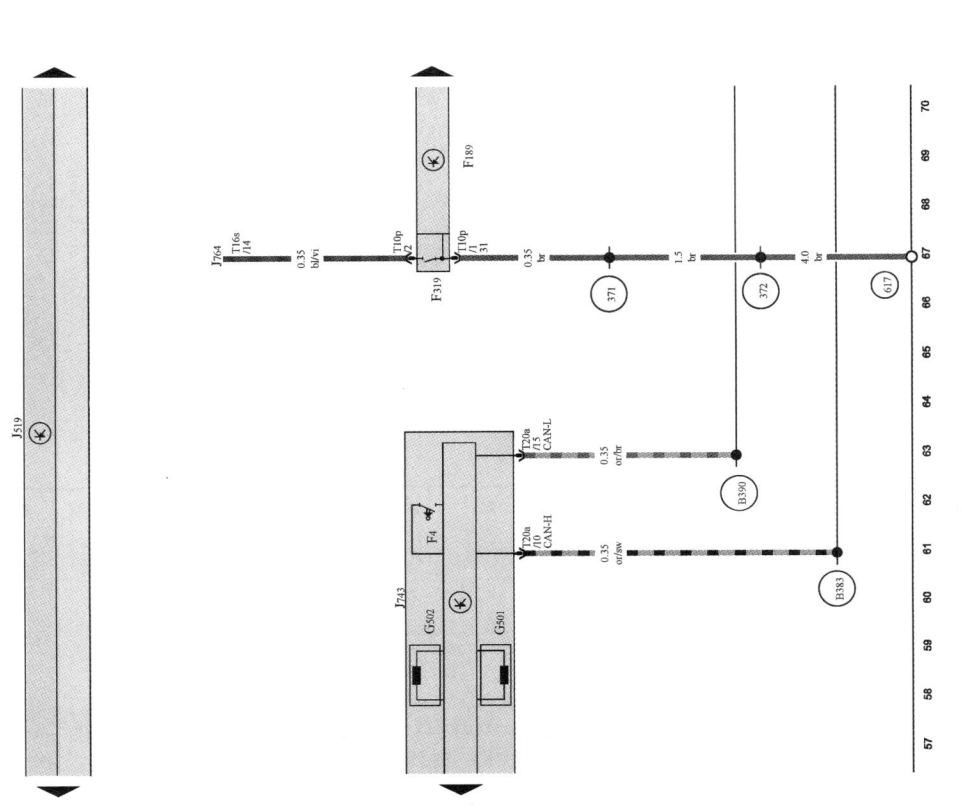

图 3-2-30

F4-倒车灯开关 F189-Tiptronic开关 F319-选挡杆挡位P锁止开关 G501-驱动轴转速传感器1 G502-驱动轴转速传感器2 J519-车载电网控制单元 J743-双离合器变速器机电装置 J764-电子转向柱锁止装置控制单元 T10p-10芯插头连接，黑色 T16s-16芯插头连接，黑色 T20a-20芯插头连接，黑色 371-接地连接6，在主导线束中 372-接地连接7，在主导线束中 617-台阶AE下部接地点2 B383-连接1（驱动系统CAN总线，Low），在主导线束中 B390-连接1（驱动系统CAN总线，High），在主导线束中

Tiptronic 开关，车载电网控制单元，排挡杆挡位指示照明灯，换挡杆锁电磁铁，选挡杆位置显示

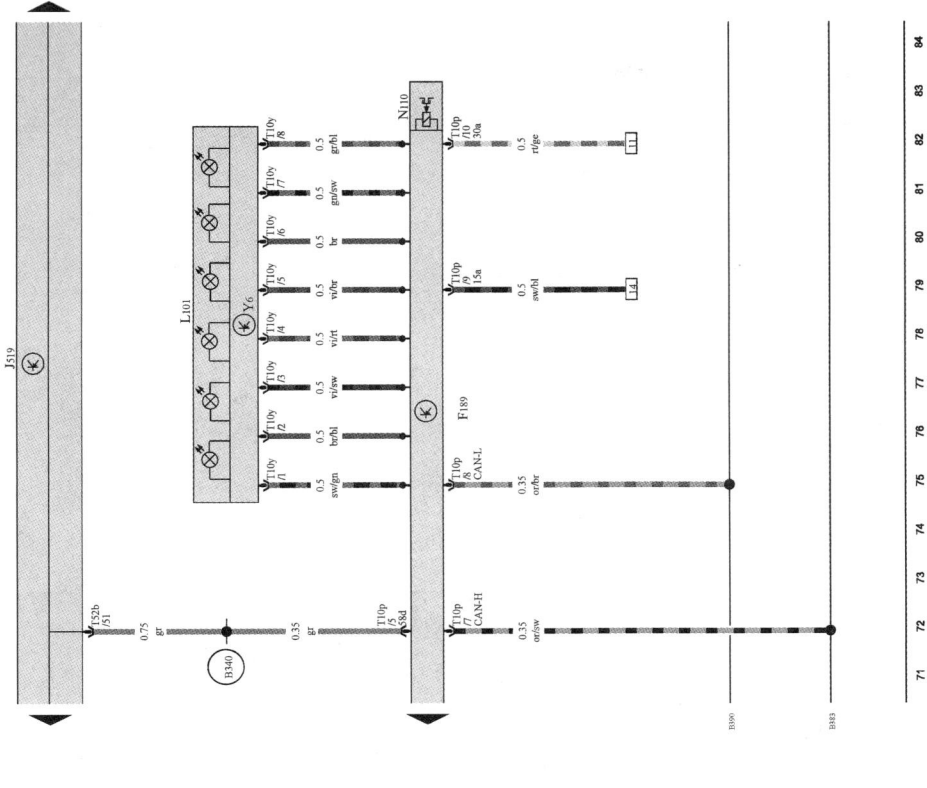

图 3-2-31

F189-Tiptronic开关 J519-车载电网控制单元 L101-排挡杆挡位指示照明灯 N110-换挡杆锁电磁铁 T10p-10芯插头连接，黑色 T10y-10芯插头连接，白色 T52b-52芯插头连接，黑色 Y6-选挡杆位置显示 B383-连接1（驱动系统CAN总线，High），在主导线束中 B390-连接1（驱动系统CAN总线，Low），在主导线束中 B340-连接1（58d），在主导线束中 371-接地连接1（驱动系统CAN总线，Low），在主导线束中

多功能显示器，仪表板中的控制单元，车载电网控制单元，数据总线诊断接口，选挡杆指示灯，选挡位置显示

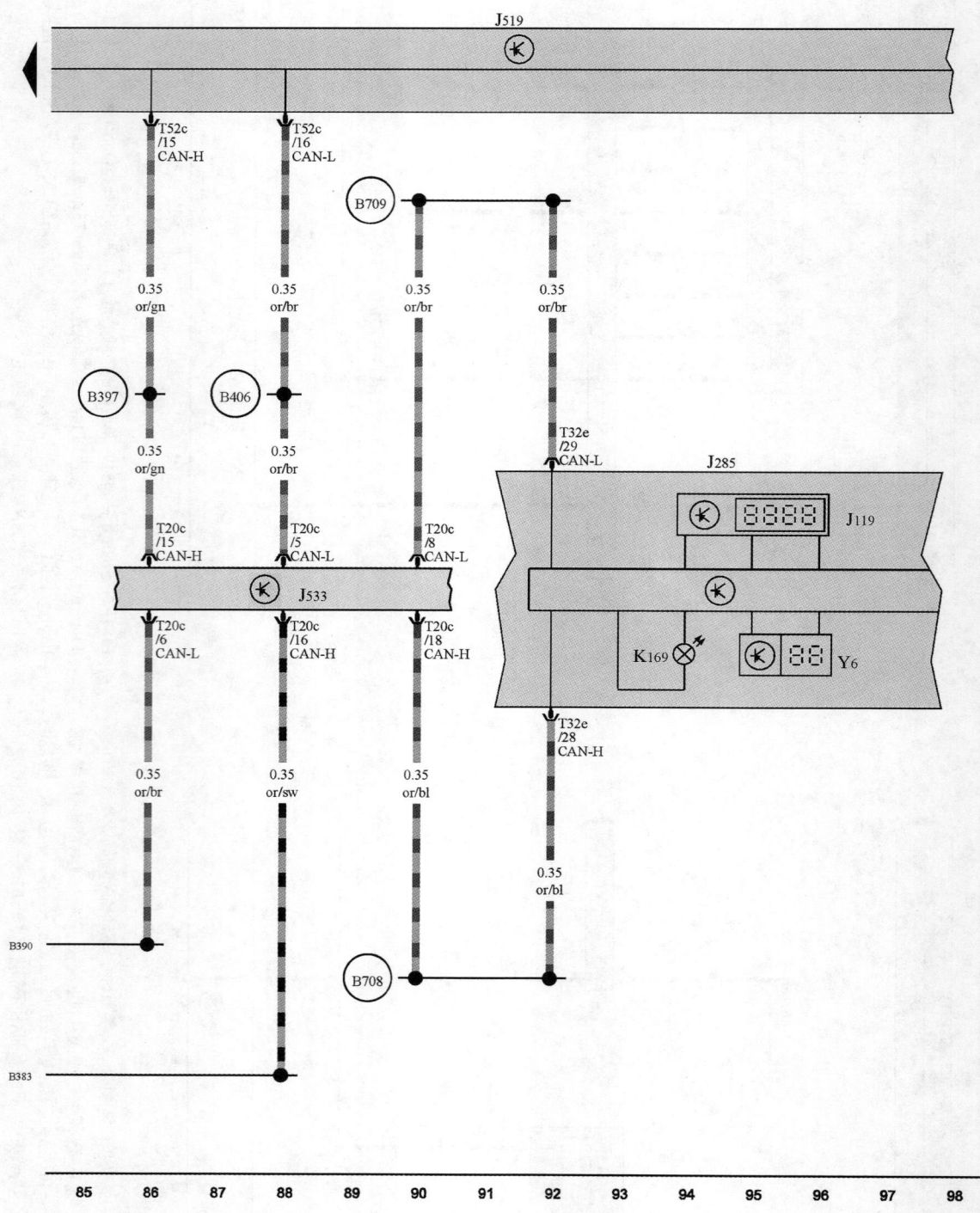

J119-多功能显示器 J285-仪表板中的控制单元 J519-车载电网控制单元 J533-数据总线诊断接口 K169-选挡杆指示灯 T20c-20芯插头连接，红色 T32e-32芯插头连接，蓝色 T52c-52芯插头连接，棕色 Y6-选挡杆位置显示 B383-连接1（驱动系统CAN总线，High），在主导线束中 B390-连接1（驱动系统CAN总线，Low），在主导线束中 B397-连接1(舒适/便捷系统CAN总线，High)，在主导线束中 B406-连接1(舒适/便捷系统CAN总线，Low)，在主导线束中 B708-连接1（仪表板高频CAN总线），在主导线束中 B709-连接1（仪表板低频CAN总线），在主导线束中

图 3-2-32

第三节　底盘系统

底盘系统电路图的图号和图名对照表见表 3-3-1。

表 3-3-1　底盘系统电路图的图号和图名对照表

图号	图名
图 3-3-1—图 3-3-10	防抱死制动系统（ABS）与电子稳定程序（ESP）电路图
图 3-3-11—图 3-3-13	多功能方向盘电路图
图 3-3-14—图 3-3-16	电控机械式助力转向器电路图
图 3-3-17—图 3-3-22	机电式驻车制动器电路图
图 3-3-23—图 3-3-29	自适应底盘调节系统 DCC 电控系统电路图

接线端 15 供电继电器，车载电网控制单元

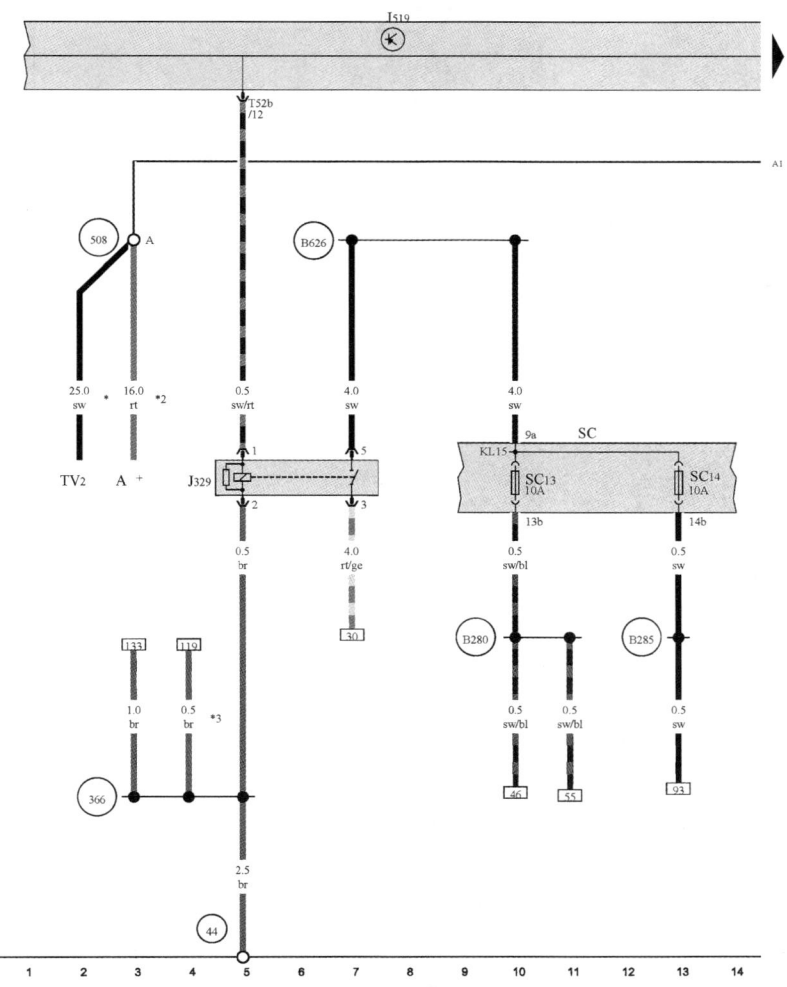

A-蓄电池　J329-接线端15供电继电器　J519-车载电网控制单元　SC-保险丝架C　SC13-保险丝架C上的保险丝13　SC14-保险丝架C上的保险丝14　T52b-52芯插头连接，白色　TV2-接线端30导线分线器　44-左侧A柱下部的接地点　366-接地连接1，在主导线束中　508-螺栓连接（30），在电控箱上　B280-正极连接4（15a），在主导线束中　B285-正极连接9（15a），在主导线束中　B626-正极连接2（15），在主导线束中　*-仅在带6缸发动机的汽车上　*2-仅用于带4缸发动机的汽车　*3-仅用于带制动摩擦片磨损显示的汽车

图 3-3-1

真空传感器，ABS 控制单元，车载电网控制单元，左后 ABS 排气阀

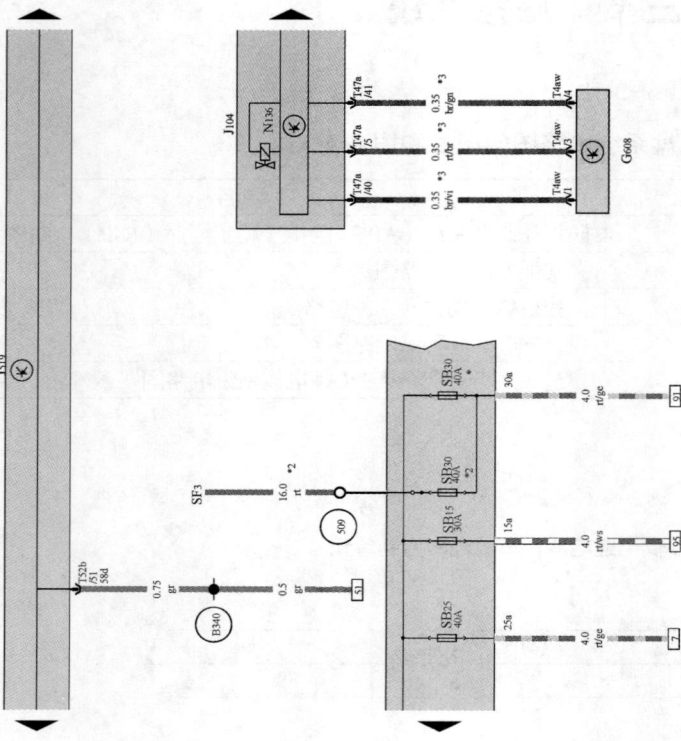

图 3-3-3

G608-真空传感器 J104-ABS控制单元 J519-车载电网控制单元 N136-左后ABS排气阀 上的保险丝1 SB15-保险丝架B上的保险丝15 SB25-保险丝架B上的保险 丝3 SB15-保险丝架B上的保险丝15 SB25-保险丝架B上的保险丝25 SB30-保险丝架B上的保险 丝30 T4aw-4芯插头连接，黑色 T47a-47芯插头连接 T52b-52芯插头连接，白色 509-螺栓连接 (29)，在电控箱上 B340-连接1（58d），在主导线束中 *-仅用于带4缸发动机的汽车 *2-仅用于带双离合器变速器0AM的汽车 *3-仅用于带6缸发 动机的汽车上 动机的汽车

主继电器，车载电网控制单元

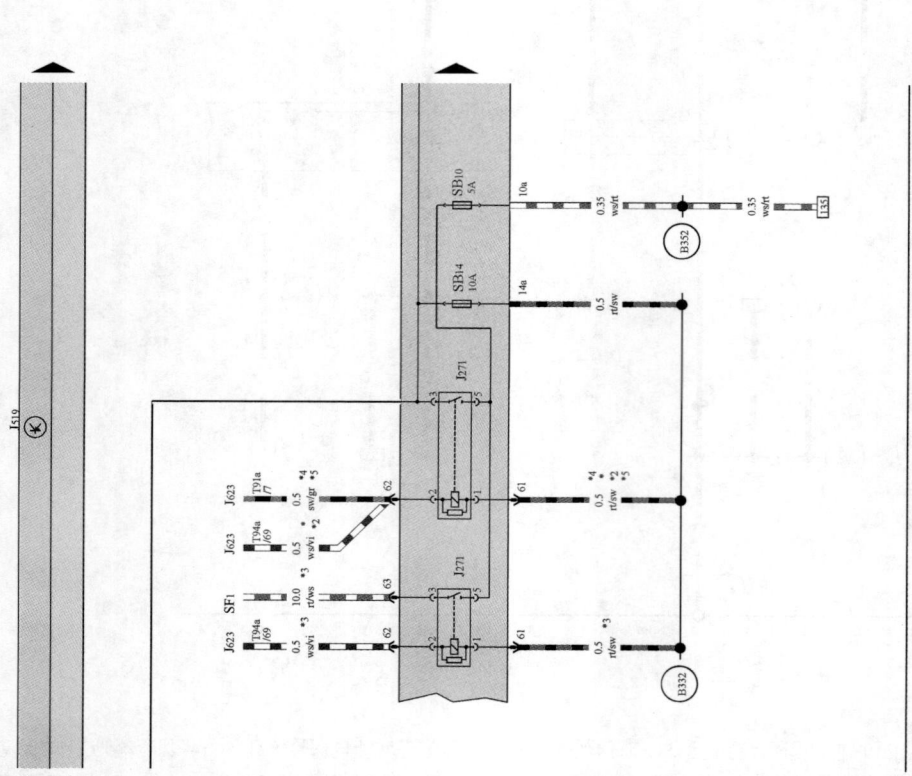

图 3-3-2

J271-主继电器 J519-车载电网控制单元 J623-发动机控制单元 SF1-保险丝架F上的保险丝1 SB10-保险 丝架B上的保险丝10 SB14-保险丝架B上的保险丝14 T91a-91芯插头连接，黑色 T94a-94芯插头连接，黑 色 B332-正极连接18（30a），在主导线束中 B352-正极连接3（87a），在主导线束中 *-仅用于带1.4L发 动机的汽车 *2-仅用于带发动机型号代码CEAA的汽车 *3-仅用于带3.0L发动机的汽车 *4-仅用于带2.0L 发动机的汽车 *5-仅用于带发动机型号代码DBHA的汽车

256

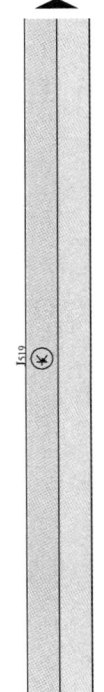

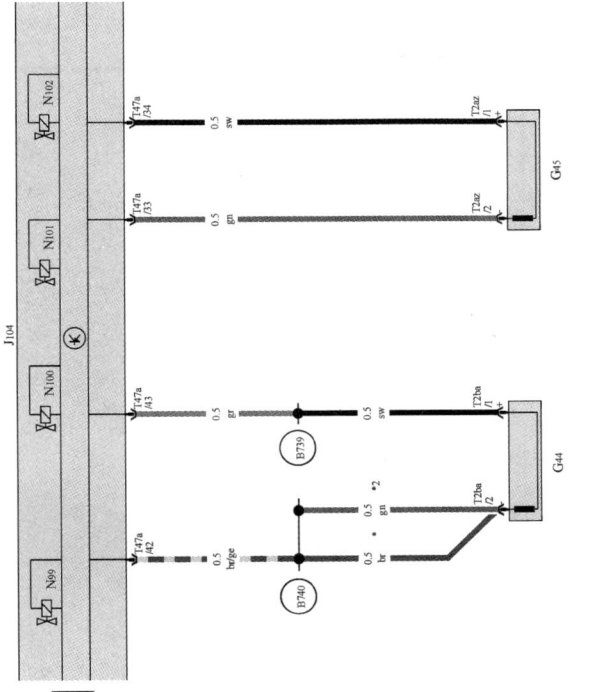

右后转速传感器，右前转速传感器，ABS 控制单元，车载电网控制单元，右前 ABS 进气阀，右前 ABS 排气阀，左前 ABS 进气阀，左前 ABS 排气阀

G44-右后转速传感器　G45-右前转速传感器　J104-ABS控制单元　J519-车载电网控制单元　N99-右前ABS进气阀　N100-右前ABS排气阀　N101-左前ABS进气阀　N102-左前ABS排气阀　T2az-2芯插头连接，黑色　T2ba-2芯插头连接　T47a-47芯插头连接，黑色　B739-连接（右后转速传感器+），在主导线束中　B740-连接（右后转速传感器-），在主导线束中　*-仅用于不带电控调节减振系统的汽车　*2-仅用于带电控调节减振系统的汽车

图 3-3-5

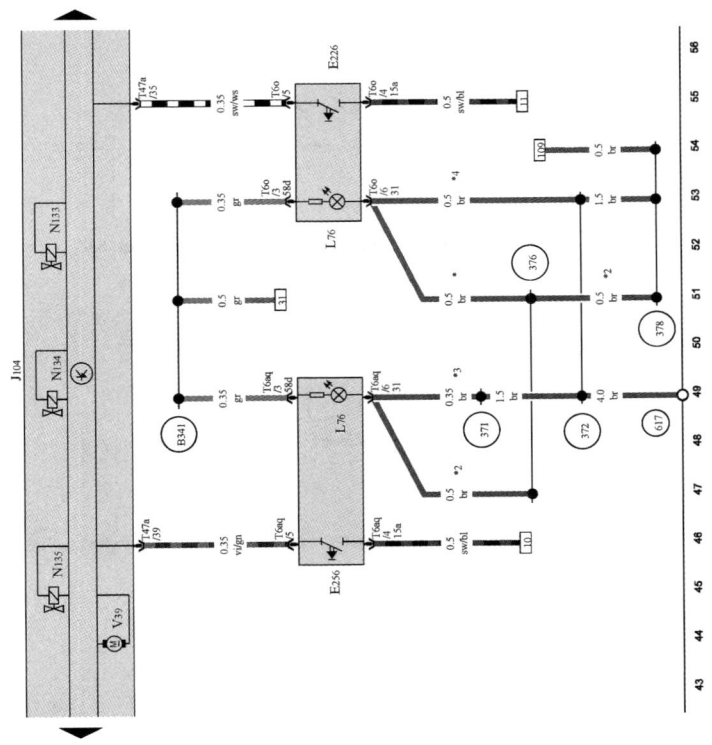

轮胎压力监控按钮，ASR 和电子稳定程序按钮，车载电网控制单元，按钮照明灯泡，右后 ABS 进气阀，左后 ABS 进气阀，左后 ABS 排气阀，右后 ABS 排气阀，ABS 回流泵

E226-轮胎压力监控按钮　E256-ASR和电子稳定程序按钮　J104-ABS控制单元　J519-车载电网控制单元　L76-按钮照明灯泡　N133-右后ABS进气阀　N134-左后ABS进气阀　N135-右后ABS排气阀　T6aq-6芯插头连接　T6o-6芯插头连接　T47a-47芯插头连接，绿色　T6o-6芯插头连接，白色　T6aq-6芯插头连接，黑色　V39-ABS回流泵　371-接地连接6，在主导线束中　372-接地连接7，在主导线束中　376-接地连接11，在主导线束中　378-接地连接13，在主导线束中　617-右侧A柱下部接地点2　B341-连接2（58d）在主导线束中　*-自2016年2月起　*2-自2016年3月起　*3-截至2016年2月　*4-截至2016年3月

图 3-3-4

左后转速传感器，左前转速传感器，ABS 控制单元，车载电网控制单元，动态行驶控制转换阀 1，动态行驶控制高压转换阀 2，动态行驶控制转换阀 1，动态行驶控制高压转换阀 2

横向加速度传感器，偏转率传感器，纵向加速度传感器，电子稳定程序传感器单元，ABS 控制单元，车载电网控制单元

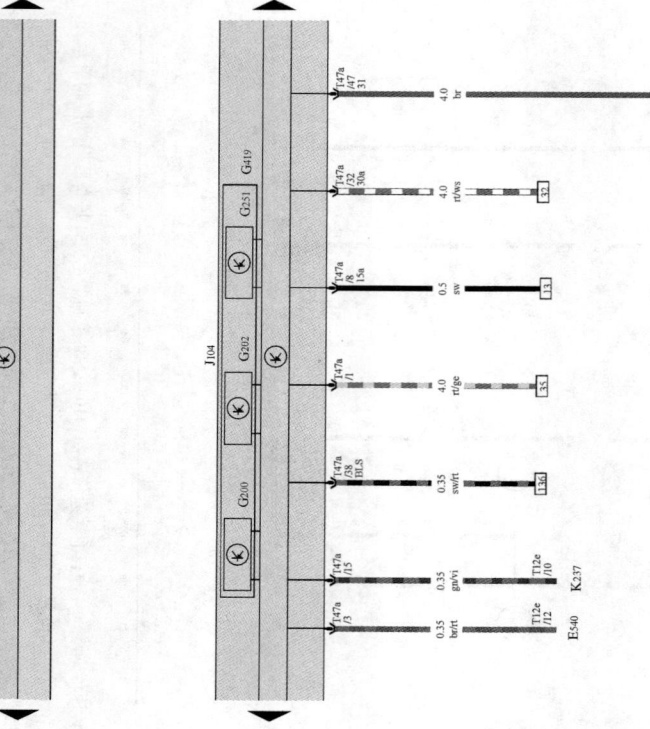

E540-AUTO HOLD按钮 G200-横向加速度传感器 G202-偏转率传感器 G251-纵向加速度传感器 G419-电子稳定程序传感器单元 J104-ABS控制单元 J519-车载电网控制单元 K237-AUTO HOLD指示灯 T12e-12芯插头连接，黑色 T47a-47芯插头连接，黑色 43-右侧A柱下部的接地点

图3-3-7

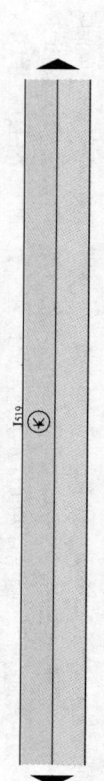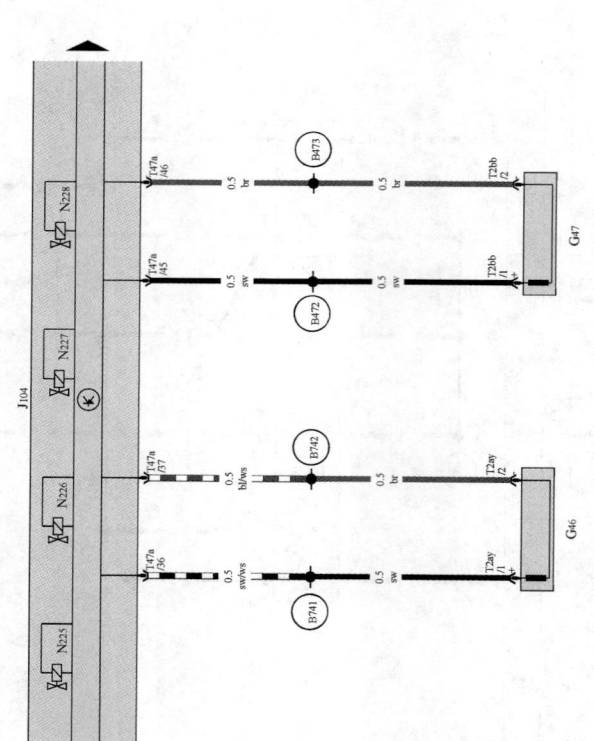

G46-左后转速传感器 G47-左前转速传感器 J104-ABS控制单元 J519-车载电网控制单元 N225-动态行驶控制转换阀1 N226-动态行驶控制高压转换阀1 N227-动态行驶控制转换阀2 N228-动态行驶控制高压转换阀2 T2ay-2芯插头连接，黑色 T2bb-2芯插头连接，黑色 T47a-47芯插头连接，黑色 B472-连接 B473-连接 在主导线束中 B741-连接（左后转速传感器+），在主导线束中 B742-连接（左后转速传感器-），在主导线束中

图3-3-6

制动压力传感器 1，ABS 控制单元，车载电网控制单元，数据总线诊断接口

制动液液位警告信号触点，左前制动摩擦片磨损传感器，组合仪表中的控制单元，车载电网控制单元，ABS 指示灯，制动系统指示灯，电子稳定程序和 ASR 指示灯，轮胎压力监控显示指示灯

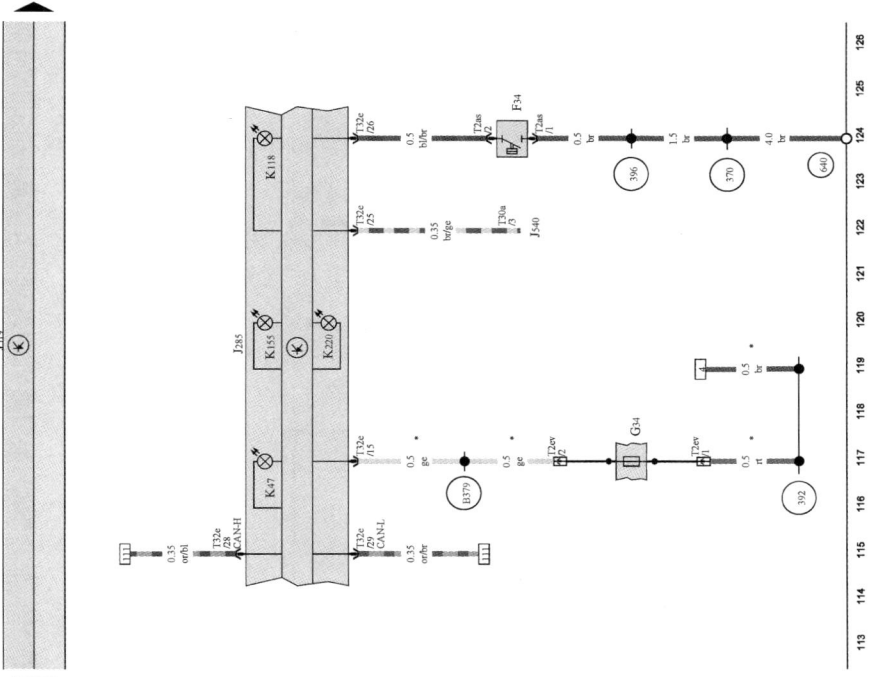

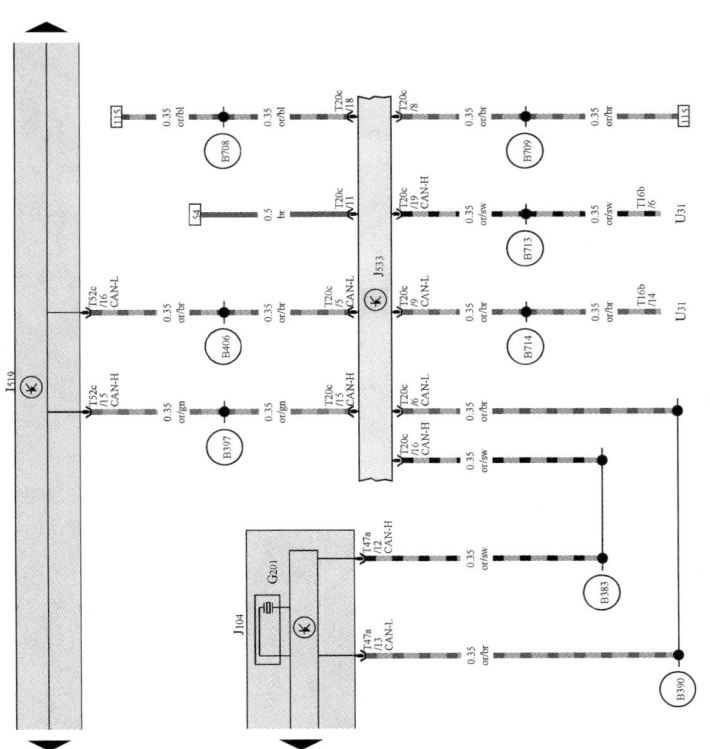

图 3-3-8

图 3-3-9

G201-制动压力传感器1 J104-ABS控制单元 J519-车载电网控制单元 J533-数据总线诊断接口 T16b-16芯插头连接，黑色 T20c-20芯插头连接，红色 T47a-47芯插头连接，黑色 T52c-52芯插头连接，棕色 U31-诊断接口 B383-连接1（驱动CAN总线，High），在主导线束中 B390-连接1（驱动CAN总线，Low），在主导线束中 B397-连接1（舒适CAN总线，High），在主导线束中 B406-连接1（舒适CAN总线，Low），在主导线束中 B708-连接1（组合仪表CAN总线，High），在主导线束中 B709-连接1（组合仪表CAN总线，High），在主导线束中 B713-连接1（诊断CAN总线，High），在主导线束中 B714-连接1（诊断CAN总线，Low），在主导线束中

F34-制动液液位警告信号触点 G34-左前制动摩擦片磨损传感器 J285-组合仪表中的控制单元 J519-车载电网控制单元 K155-电子稳定系统指示灯 K47-ABS指示灯 K118-制动系统指示灯 J540-机电式驻车制动器控制单元 K220-轮胎压力监控显示指示灯 T2as-2芯插头连接 T2ev-2-2芯插头连接，黑色 定程序和ASR指示灯 T2as-2芯插头连接 T2ev-2-2芯插头连接，黑色 黑色 T30a-30芯插头连接，黑色 T32e-32芯插头连接，蓝色 370-接地连接5，在主导线束中 392-接地连接27，在主导线束中 396-接地连接31，在主导线束中 640-发动机舱内左侧接地点2 B379-连接1（制动摩擦片磨损显示），在主导线束中 *-仅用于带制动摩擦片磨损显示的汽车

259

车载电网控制单元，转向柱电子装置控制单元，保险丝架 A 上的保险丝 4

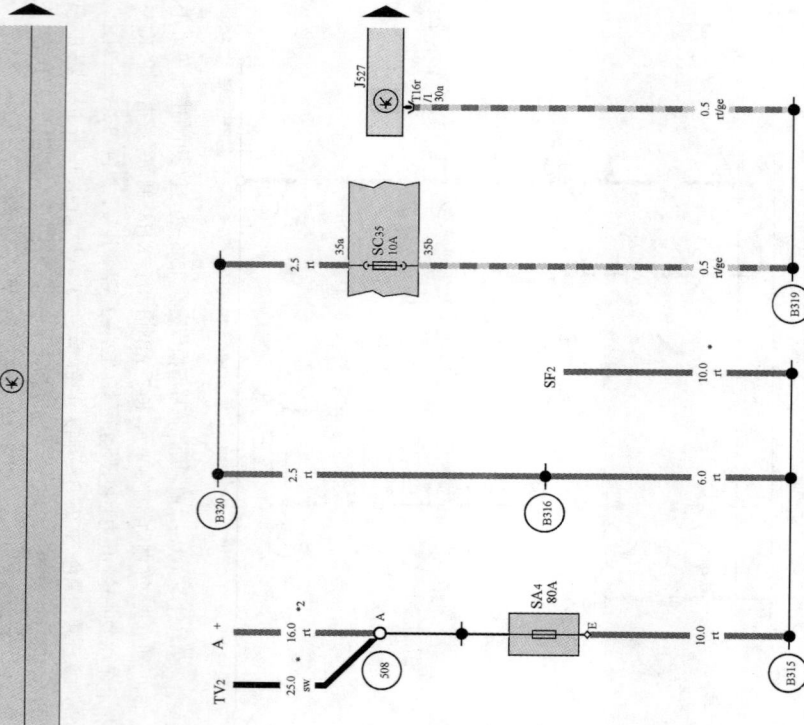

A-蓄电池 J519-车载电网控制单元 J527-转向柱电子装置控制单元 SF2-保险丝架F上的保险丝2 SA4-保险丝架A上的保险丝4 SC35-保险丝架C上的保险丝35 T16r-16芯插头连接 TV2-端子30号线 分线器 508-螺栓连接（30），在电控箱上 B315-正极连接1（30a），在主导线束中 B316-正极连接2（30a），在主导线束中 B319-正极连接5（30a），在主导线束中 B320-正极连接6（30a），在主导线束中 *-仅在带6缸发动机的汽车上 *2-仅用于带4缸发动机的汽车

图 3-3-11

制动信号灯开关，制动踏板开关，车载电网控制单元

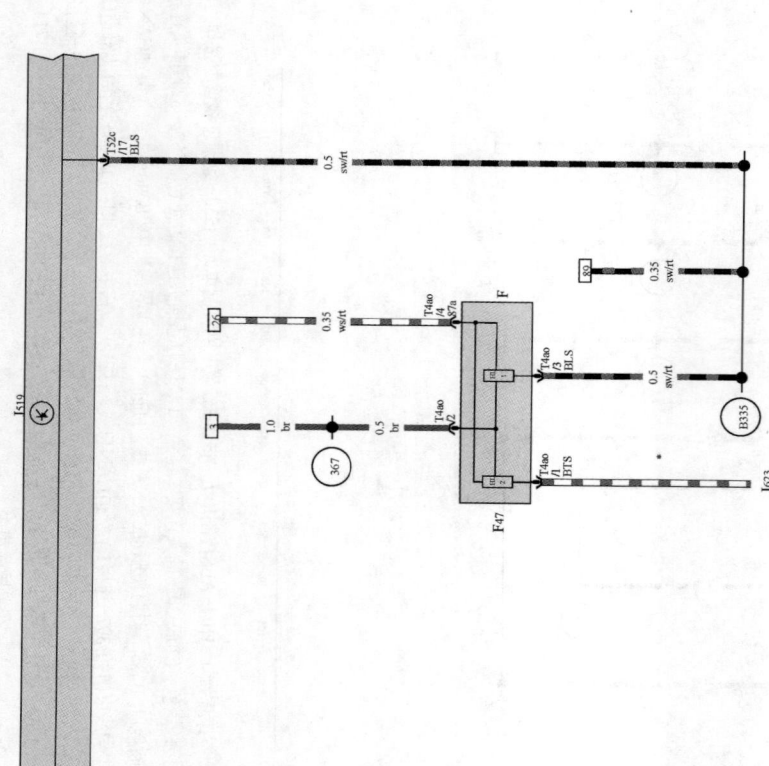

F-制动信号灯开关 F47-制动踏板开关 J519-车载电网控制单元 J623-发动机控制单元 T4ao-4芯插头连接 T52c-52芯插头连接，黑色 367-接地连接，棕色 B335-连接1（54），在主导线束中 *-见发动机所适用的电路图

图 3-3-10

260

安全气囊卷簧和带滑环的复位环，信号喇叭控制，多功能方向盘控制单元，车载电网控制单元，转向柱电子装置控制单元

方向盘中的左侧多功能按钮，方向盘中的右侧多功能按钮，多功能方向盘控制单元，车载电网控制单元，转向柱电子装置控制单元

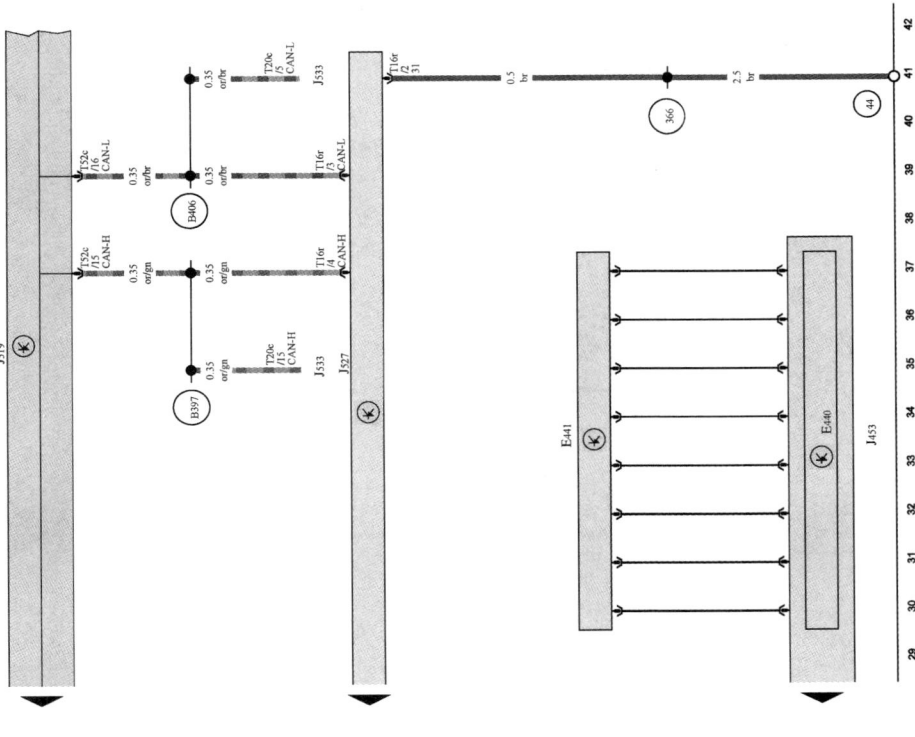

E440－方向盘中的左侧多功能按钮 E441－方向盘中的右侧多功能按钮 J453－多功能方向盘控制单元 J519－车载电网控制单元 J527－转向柱电子装置控制单元 J533－数据总线诊断接口 T16r－16芯插头连接 黑色 T20c－20芯插头连接，红色 T52c－52芯插头连接，棕色 44－接地点，左侧A柱下部 366－接地连接1，在主导线束中 B397－连接1（便捷系统CAN总线，High），在主导线束中 B406－连接1（舒适/便捷系统CAN总线，Low），在主导线束中

图 3-3-13

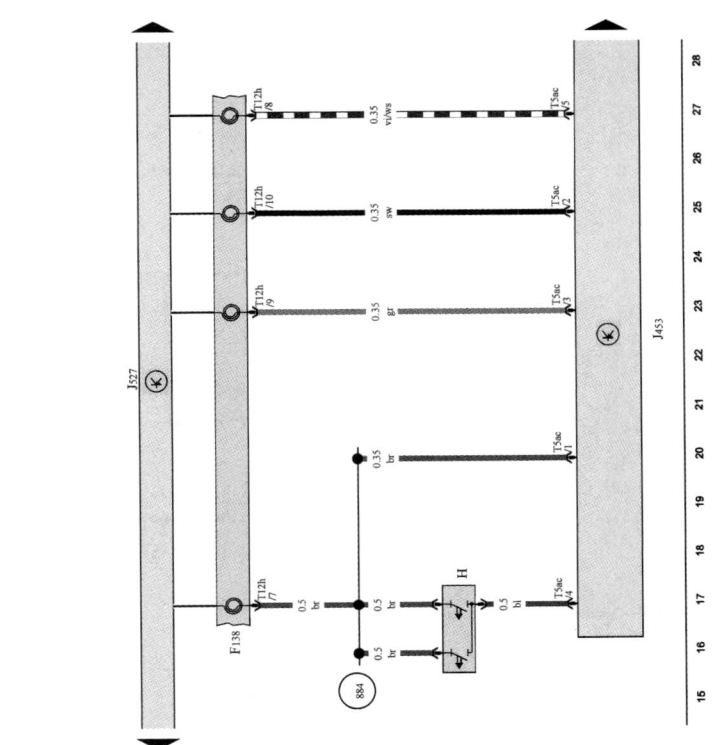

F138－安全气囊卷簧和带滑环的复位环 H－信号喇叭控制 J453－多功能方向盘控制单元 J519－车载电网控制单元 J527－转向柱电子装置控制单元 T5ac－5芯插头连接，黑色 T12h－12芯插头连接，黄色 884－接地连接1，在方向盘导线束中

图 3-3-12

261

转向角传感器，转向扭矩传感器，转向辅助控制单元，车载电网控制单元，电控机械式伺服转向电机

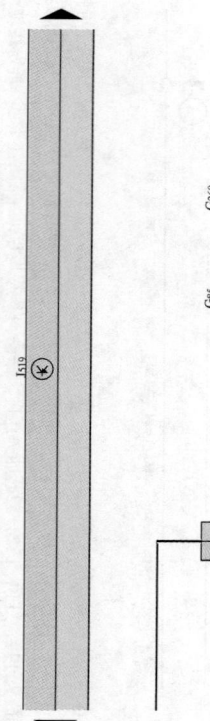

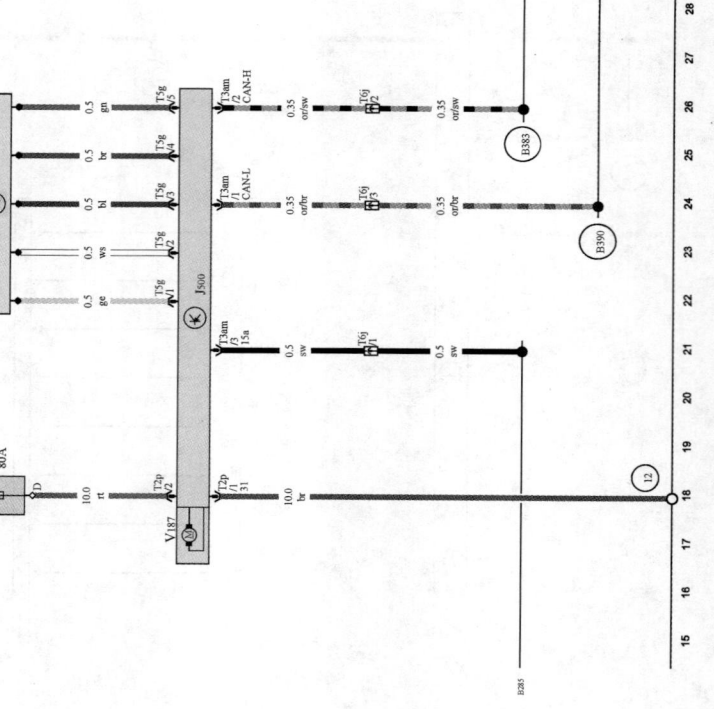

G85-转向角传感器 G269-转向扭矩传感器 J500-转向辅助控制单元 J519-车载电网控制单元 SA3-保险丝架A上的保险丝3 T2p-2芯插头连接 T3am-3芯插头连接，黑色 T5g-5芯插头连接，黑色 T6j-6芯插头连接，黑色 V187-电控机械式同服转向电机 12-发动机舱内左侧接地点 B383-连接1（驱动系统CAN总线，High），在主导线束中 B390-连接1（驱动系统CAN总线，Low），在主导线束中

图 3-3-15

端子 15 供电继电器，车载电网控制单元

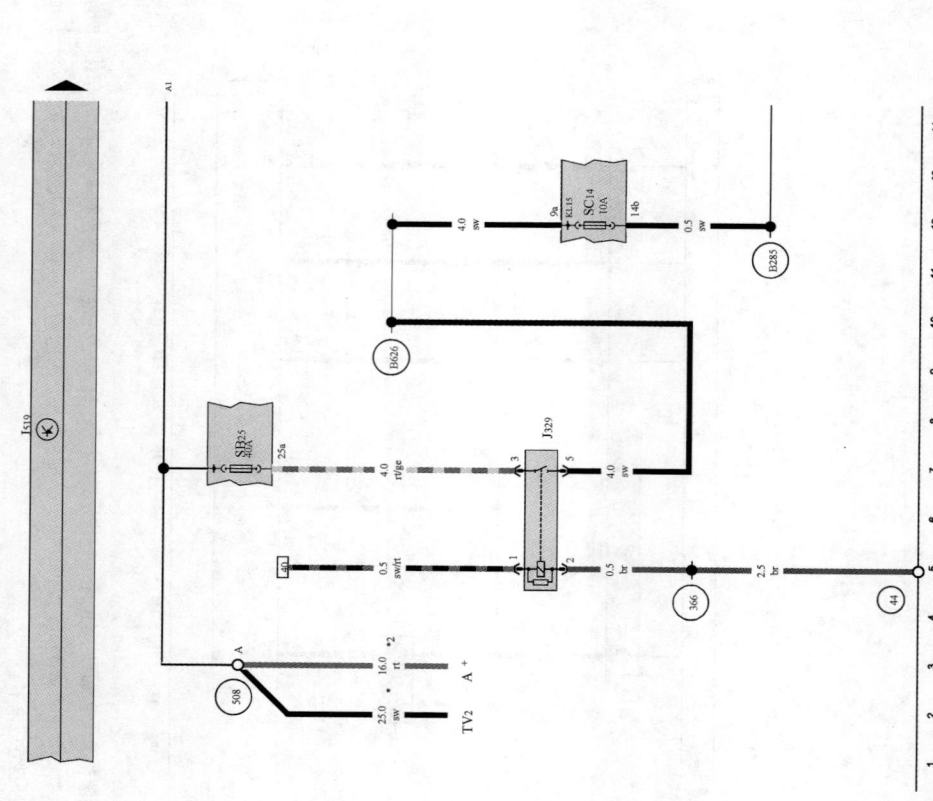

A-蓄电池 J329-端子15供电继电器 J519-车载电网控制单元 SC14-保险丝架C上的保险丝14 SB25-保险丝架B上的保险丝25 TV2-端子30号线分线器 44-接地点，左侧A柱下部 366-接地连接1，在主导线束中 508-螺栓连接（30），在电控箱上 B285-正极连接9（15a），在主导线束中 B626-正极连接2（15），在主导线束中 *-仅在带6缸发动机的汽车上 *2-仅用于带4缸发动机的汽车

图 3-3-14

262

仪表板中的控制单元，车载电网控制单元，数据总线诊断接口，电控机械式助力转向器指示灯

接线端15供电继电器，车载电网控制单元

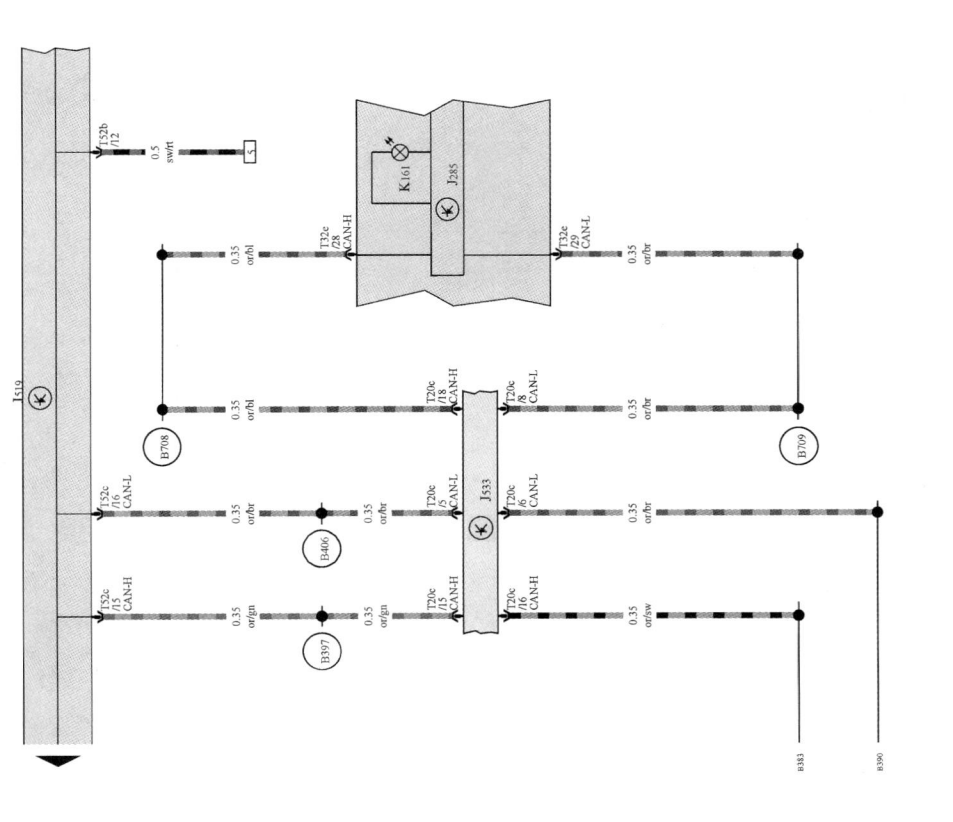

图 3-3-16

图 3-3-17

A-蓄电池 J329-接线端15供电继电器 J519-车载电网控制单元 SA4-保险丝架A上的保险丝4 SC-保险丝架C SF2-保险丝架上的保险丝2 SC14-保险丝架C上的保险丝14 SC20-保险丝架C上的保险丝20 T52b-52芯插头连接，白色 TV2-接线端30号线分线器 44-左侧A柱下部的接地点 366-接地连接，在主导线束中 508-螺栓连接（30），在电控箱上 B285-正极连接9（15a），在主导线束中 B315-正极连接1（30a），在主导线束中 B316-正极连接2（30a），在主导线束中 B319-正极连接5（30a），在主导线束中 B626-正极连接2（15），在主导线束中 *-仅在带6缸发动机的汽车中 *2-仅用于带4缸发动机的汽车

J285-仪表板中的控制单元 J519-车载电网控制单元 J533-数据总线诊断接口 K161-电控机械式助力转向器指示灯 T20c-20芯插头连接 T32c-32芯插头连接，红色 T52b-52芯插头连接，蓝色 T52c-52芯插头连接，白色 B383-连接1（驱动系统CAN总线，High），在主导线束中 B390-连接1（驱动系统CAN总线，Low），在主导线束中 B397-连接1（驱动系统CAN总线，High），在主导线束中 B406-连接1（驱动系统CAN总线，Low），在主导线束中 B708-连接1（舒适/便捷系统CAN总线，High），在主导线束中 B709-连接1（舒适/便捷系统CAN总线，Low），在主导线束中 B708-连接1（仪表板高频CAN总线），在主导线束中 B709-连接1（仪表板低频CAN总线），在主导线束中

车载电网控制单元，机电式驻车制动器控制单元，左侧驻车电机，右侧驻车电机，

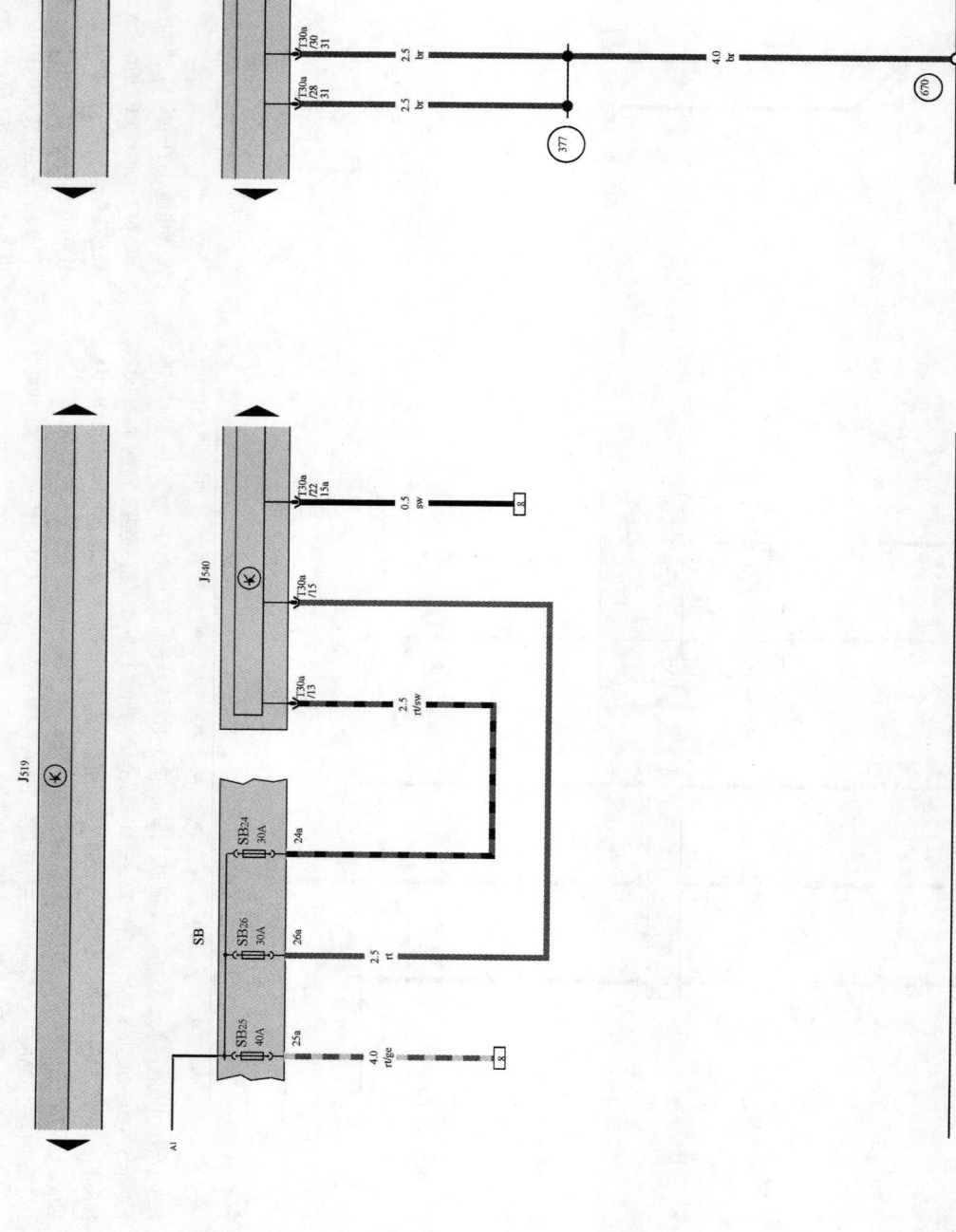

车载电网控制单元，机电式驻车制动器控制单元，保险丝架 B

图 3-3-18

G476-离合器位置传感器 J519-车载电网控制单元 J540-机电式驻车制动器控制单元 T2dy-2芯插头连接 T2dz-2芯插头连接 T5j-5芯插头连接 T30a-30芯插头连接 V282-左侧驻车电机 V283-右侧驻车电机 377-接地连接12，在主导线束中 670-接地点2，在左侧A柱上 *-仅用于带手动变速器的汽车

图 3-3-19

J519-车载电网控制单元 J540-机电式驻车制动器控制单元 SB-保险丝架B SB24-保险丝架B上的保险丝24 SB25-保险丝架B上的保险丝25 SB26-保险丝架B上的保险丝26 T30a-30芯插头连接，黑色

AUTO HOLD 按钮，ABS 控制单元，车载电网控制单元，机电式驻车制动器控制单元，机电式驻车制动器控制单元，
AUTO HOLD 指示灯，按钮照明灯泡

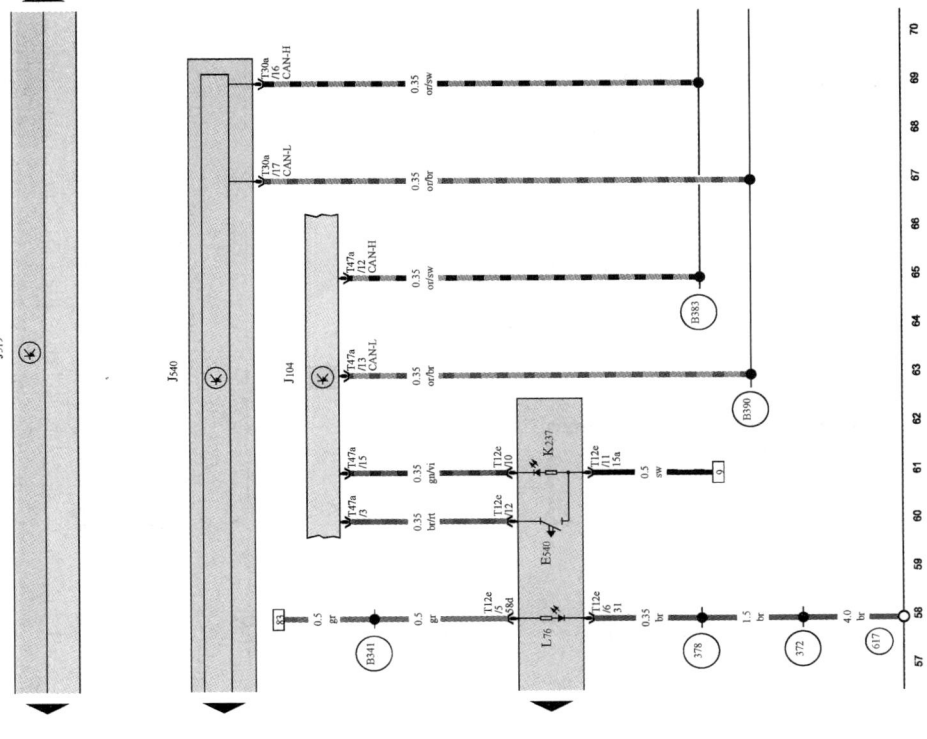

图 3-3-21

E540-AUTO HOLD按钮 J104-ABS控制单元 J519-车载电网控制单元 J540-机电式驻车制动器控制单元
K237-AUTO HOLD指示灯 L76-按钮照明灯泡 T12c-12芯插头连接，黑色 T30a-30芯插头连接，黑色
T47a-47芯插头连接，黑色 372-接地连接7，在主导线束中 378-接地连接13，在主导线束中 617-右侧A
柱下部接地点2 B341-连接2（58d），在主导线束中 B383-连接1（驱动CAN总线，High），在主导线束
中 B390-连接1（驱动CAN总线，Low），在主导线束中

机电式驻车制动器按钮，车载电网控制单元，机电式驻车制动器控制单元，机电式驻车制动器控制单元，机电式驻车制
动器指示灯

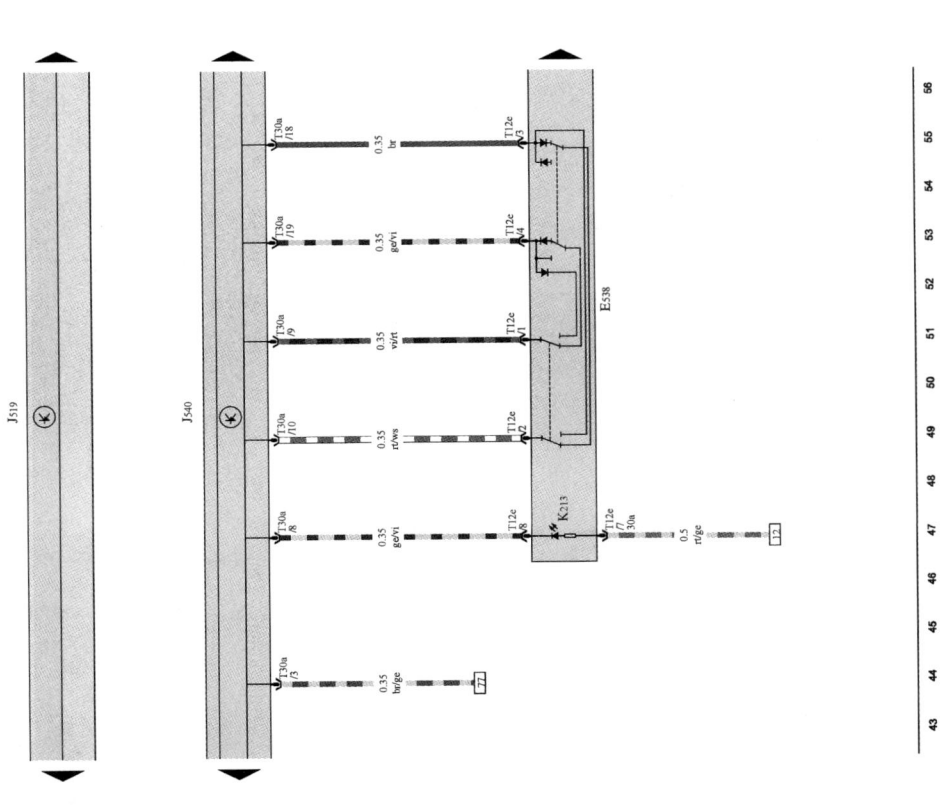

图 3-3-20

E538-机电式驻车制动器按钮 J519-车载电网控制单元 J540-机电式驻车制动器控制单元 K213-机电式驻
车制动器指示灯 T12c-12芯插头连接，黑色 T30a-30芯插头连接，黑色

265

组合仪表中的控制单元，车载电网控制单元，减振电子调节控制单元，接线端 15 供电继电器

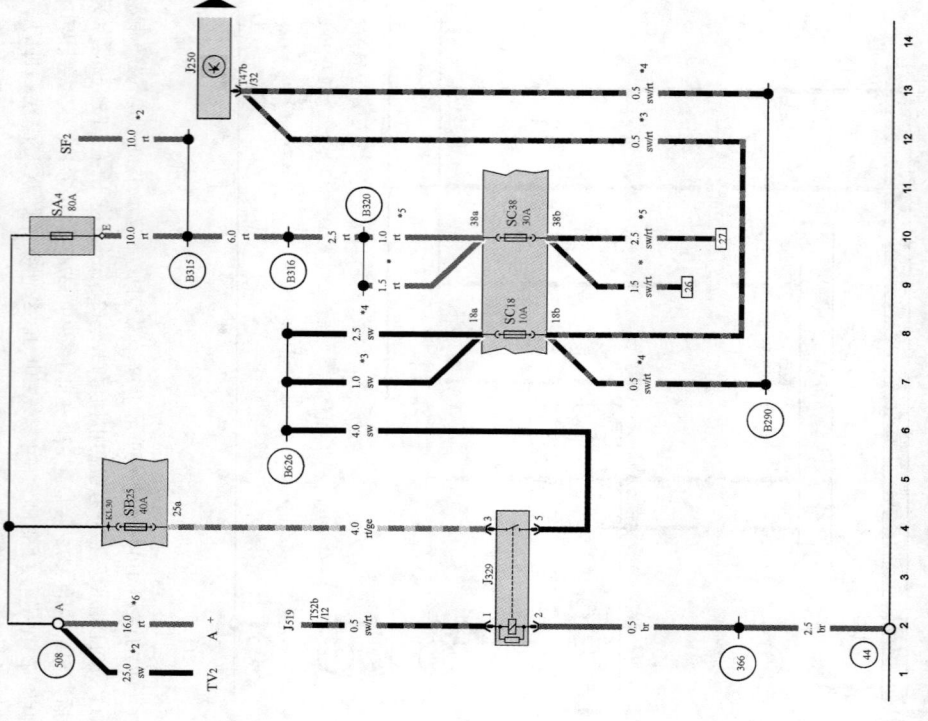

A−蓄电池 J250−减振电子调节控制单元 J285−组合仪表中的控制单元 J329−接线端15供电继电器 J519−车载电网控制单元 SF2−保险丝架F上的保险丝2 SA4−保险丝架A上的保险丝4 SC18−保险丝架C上的保险丝18 SB25−保险丝架B上的保险丝25 SC38−保险丝架C上的保险丝38 T47b−47芯插头连接，黑色 T52b−52芯插头连接，白色 TV2−接头T52b−52芯插头连接. 端30号线分线器 44−左侧A柱下部的接地点. 366−接地连接，在主导线束中 508−螺柱连接（30），在电控箱上 B290−正极连接14（15a），在主导线束中 B315−正极连接1（30a），在主导线束中 B316−正极连接2（30a），在主导线束中 B320−正极连接6（30a），在主导线束中 B626−正极连接2（15），在主导线束中 *−自2016年7月起 *2−仅在车的汽车上 *3−仅用于不带驾驶辅助特殊装备的汽车 *4−仅用于带驾驶辅助特殊装备的汽车 *5−截至2016年7月 *6−仅用于带4缸发动机的汽车

图 3−3−23

组合仪表中的控制单元，车载电网控制单元，数据总线诊断接口，制动系统指示灯，电动驻车制动器和手制动器制动器故障指示灯

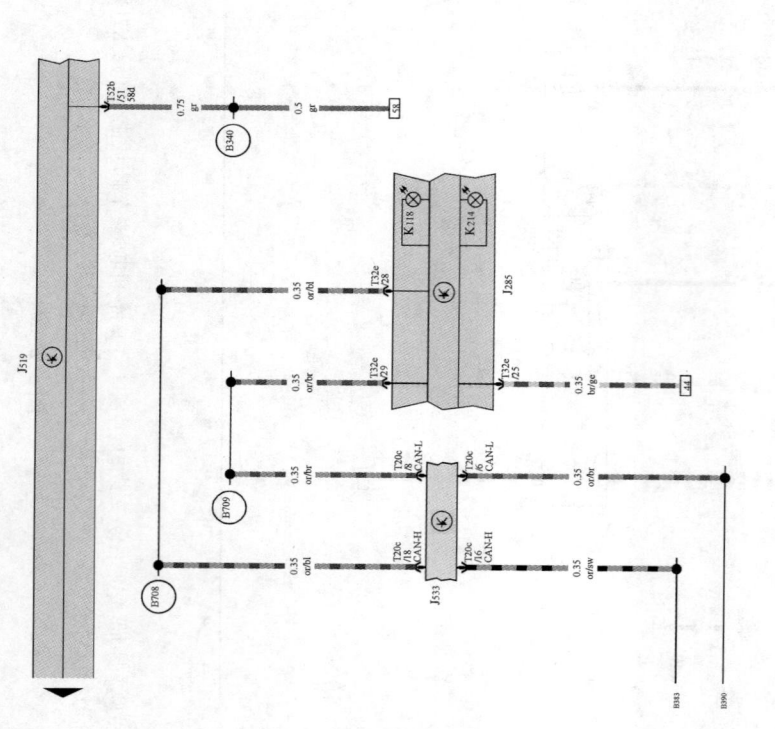

J285−组合仪表中的控制单元 J519−车载电网控制单元 J533−数据总线诊断接口 K118−制动系统指示灯 K214−电动驻车制动器和手制动器制动器故障指示灯 T20c−20芯插头连接 T32c−32芯插头连接 红色 T32c−32芯插头连接，蓝色 T52b−52芯插头连接. 白色 B340−连接1（58d），在主导线束中 B383−连接1（驱动CAN总线，High），在主导线束中 B390−连接1（驱动CAN总线，Low），在主导线束中 B708−连接1（组合仪表CAN总线，High），在主导线束中 B709−连接1（组合仪表CAN总线，Low），在主导线束中

图 3−3−22

266

左前汽车高度传感器，后部车身加速传感器，减振电子调节控制单元

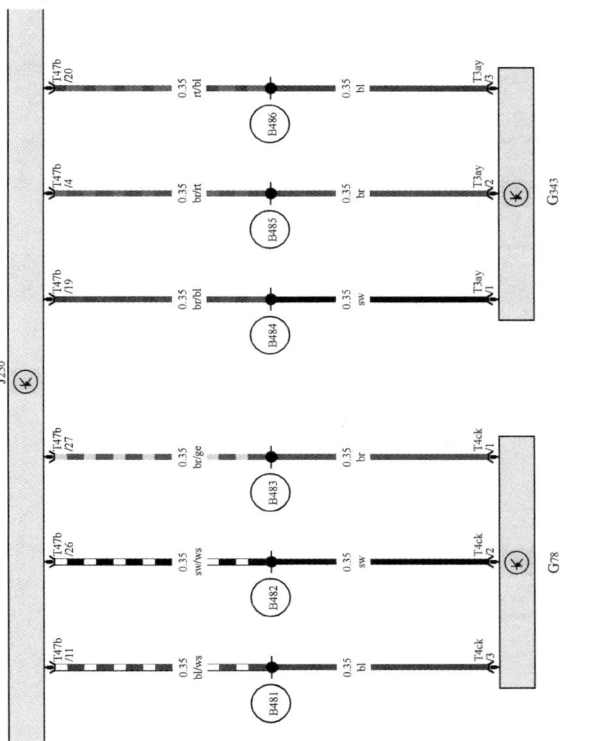

前左车身加速传感器，减振电子调节控制单元，数据总线诊断接口

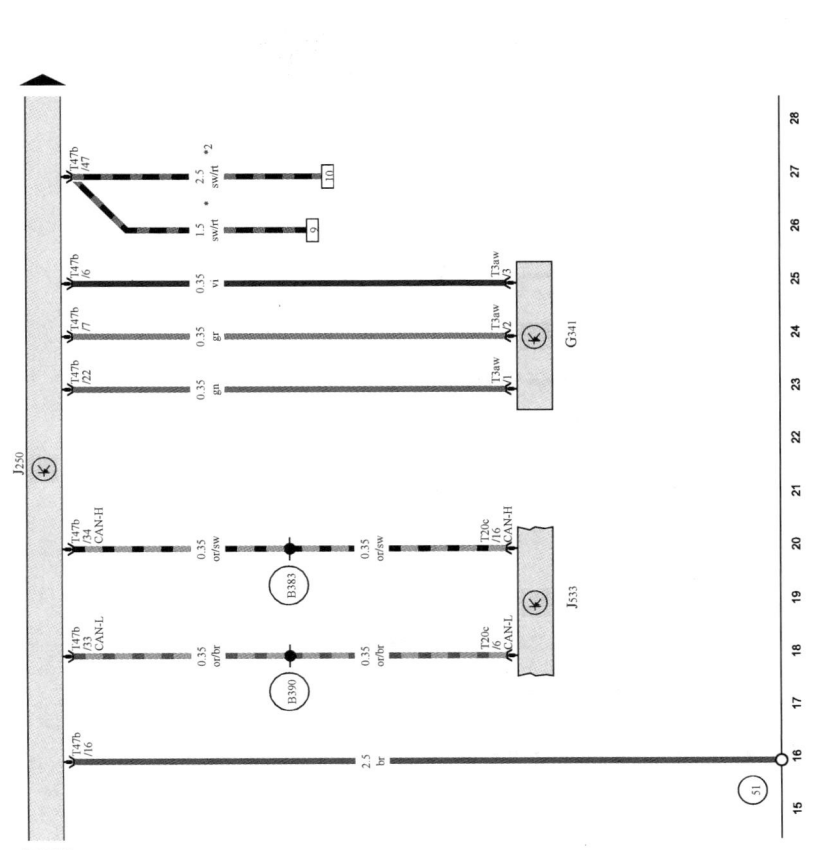

图 3-3-25

G78-左前汽车高度传感器 G343-后部车身加速传感器 J250-减振电子调节控制单元 T3ay-3芯插头连接，黑色 T4ck-4芯插头连接，黑色 T47b-47芯插头连接，黑色 B481-连接17，在主导线束中 B482-连接18，在主导线束中 B483-连接19，在主导线束中 B484-连接20，在主导线束中 B485-连接21，在主导线束中 B486-连接22，在主导线束中

图 3-3-24

G341-前左车身加速传感器 J250-减振电子调节控制单元 J533-数据总线诊断接口 T3aw-3芯插头连接，黑色 T20c-20芯插头连接，红色 T47b-47芯插头连接，黑色 51-行李箱内右侧的接地点 B383-连接1（驱动CAN总线，High），在主导线束中 B390-连接1（驱动CAN总线，Low），在主导线束中 *-自2016年7月起 *2-截至2016年7月

左后汽车高度传感器，减振电子调节控制单元，左前减振调节阀

右前汽车高度传感器，前右车身加速传感器，减振电子调节控制单元

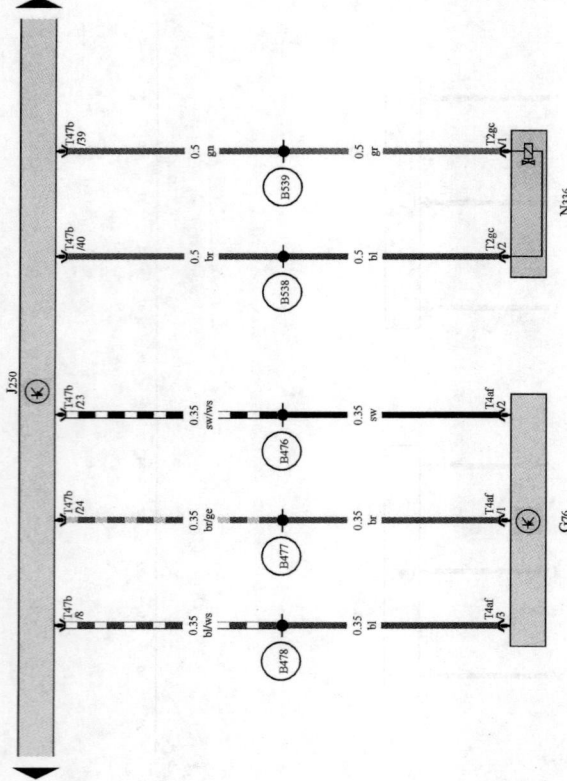

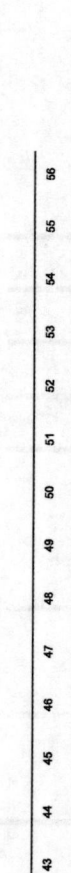

G76-左后汽车高度传感器　J250-减振电子调节控制单元　N336-左前减振调节阀　T2gc-2芯插头连接，棕色　T4af-4芯插头连接，黑色　T47b-47芯插头连接，黑色　B476-连接12，在主导线束中　B476-连接13，在主导线束中　B477-连接14，在主导线束中　B478-连接29，在主导线束中　B538-连接14，在主导线束中　B539-连接30，在主导线束中

图3-3-27

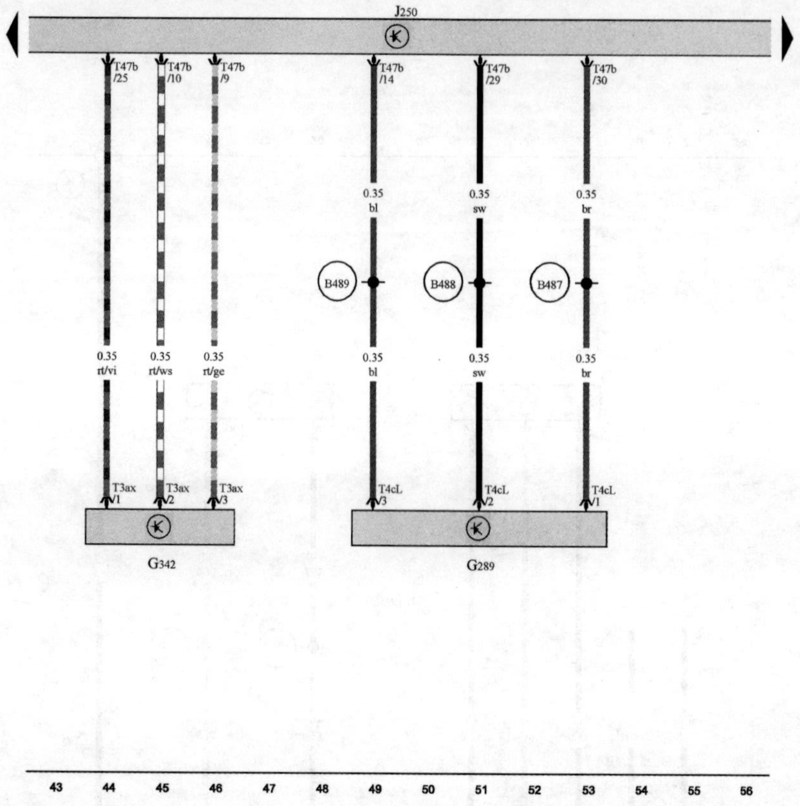

G289-右前汽车高度传感器　G342-前右车身加速传感器　J250-减振电子调节控制单元　T3ax-3芯插头连接，黑色　T4cL-4芯插头连接，黑色　T47b-47芯插头连接，黑色　B487-连接23，在主导线束中　B488-连接24，在主导线束中　B489-连接25，在主导线束中

图3-3-26

减振电子调节控制单元，右前减振调节阀，左后减振调节阀，右后减振调节阀

减振调节按钮，减振电子调节控制单元，减振调节指示灯，按钮照明灯泡

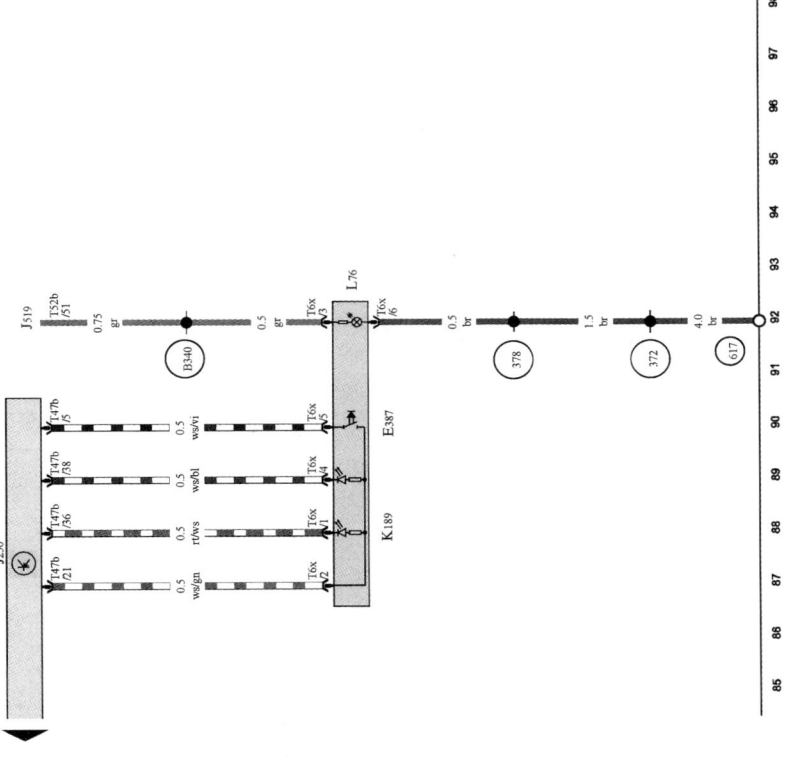

图 3-3-29

E387-减振调节按钮 J250-减振电子调节控制单元 J519-车载电网控制单元 K189-减振调节指示灯 L76-按钮照明灯泡 T6x-6芯插头连接，黑色 T47b-47芯插头连接，黑色 T52b-52芯插头连接，白色 372-T2gd-2芯插头连接 378-接地连接13，在主导线束中 617-右侧A柱下部接地点2 B340-连接1 接地连接7，在主导线束中 378-接地连接13，在主导线束中 617-右侧A柱下部接地点2 B340-连接1 （58d），在主导线束中

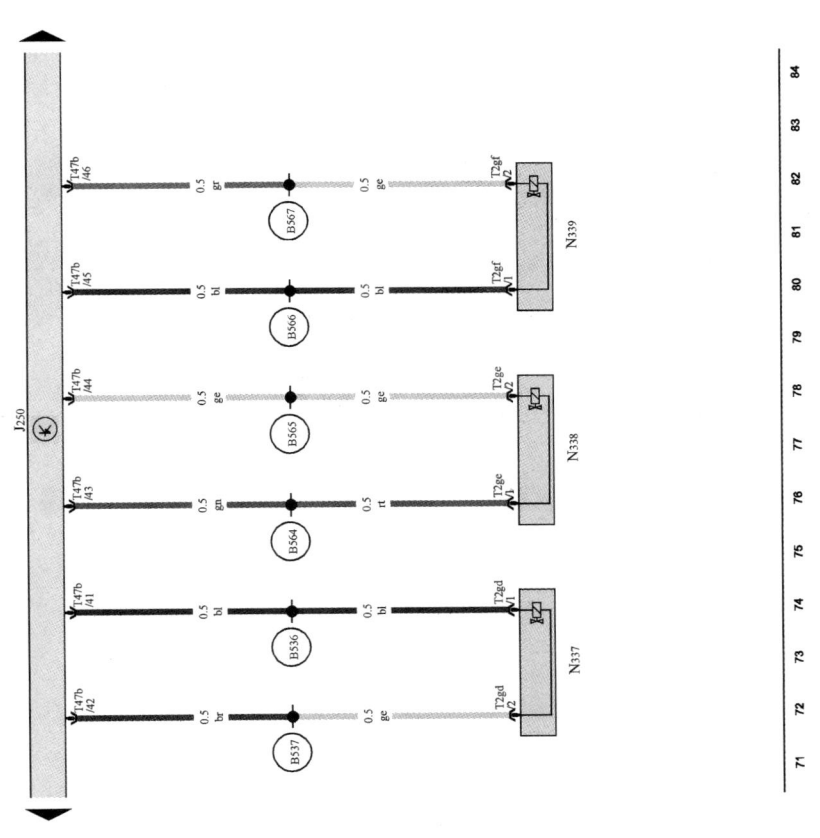

图 3-3-28

J250-减振电子调节控制单元 N337-右前减振调节阀 N338-左后减振调节阀 N339-右后减振调节阀 T2gd-2芯插头连接，棕色 T2ge-2芯插头连接，棕色 T2gf-2芯插头连接，黑色 T47b-47芯插头连接，黑色 B536-连接27，在主导线束中 B537-连接28，在主导线束中 B564-连接31，在主导线束中 B565-连接32，在主导线束中 B566-连接33，在主导线束中 B567-连接34，在主导线束中

269

第四节　电气系统

电气系统电路图的图号和图名对照表见表 3-4-1。

表 3-4-1　电气系统电路图的图号和图名对照表

图号	图名
图 3-4-1~ 图 3-4-9	安全气囊系统电路图
图 3-4-10~ 图 3-4-21	全自动空调电路图
图 3-4-22~ 图 3-4-27	带手动调节的空调电路图
图 3-4-28~ 图 3-4-38	进入及启动许可电路图
图 3-4-39~ 图 3-4-51	带记忆功能的座椅和后视镜调节装置电路图
图 3-4-52~ 图 3-4-58	电动座椅调节装置，不带记忆功能的电路图
图 3-4-59~ 图 3-4-66	座椅加热装置电路图
图 3-4-67~ 图 3-4-70	座椅通风电路图
图 3-4-71、图 3-4-72	电动后窗遮阳卷帘电路图
图 3-4-73	电动滑动天窗电路图
图 3-4-74~ 图 3-4-77	电动行李箱盖电路图
图 3-4-78~ 图 3-4-80	后部驻车距离报警（PDC）(7X3) 电控系统电路图
图 3-4-81~ 图 3-4-84	换道辅助系统电路图
图 3-4-85~ 图 3-4-87	驾驶员辅助系统的前部摄像机电路图
图 3-4-88~ 图 3-4-95	驻车距离报警（PDC）(7X1、7X2、7X5) 电控系统电路图
图 3-4-96	倒车摄像机系统适配装置电路图
图 3-4-97~ 图 3-4-100	自动车距控制电路图
图 3-4-101~ 图 3-4-123	舒适便捷系统电路图
图 3-4-124~ 图 3-4-144	LED 大灯电路图
图 3-4-145~ 图 3-4-153	带气体放电灯泡的大灯电路图
图 3-4-154、图 3-4-155	带照明的登车护条电路图
图 3-4-156~ 图 3-4-167	带自动大灯照明距离调节功能的气体放电大灯电路图
图 3-4-168~ 图 3-4-174	氛围灯电路图
图 3-4-175~ 图 3-4-178	收音机 II+ 代（I7G）电控系统电路图
图 3-4-179~ 图 3-4-185	收音机 - 导航系统电路图
图 3-4-186~ 图 3-4-190	收音机装置（I6Q）电控系统电路图
图 3-4-191~ 图 3-4-194	音响系统电路图
图 3-4-195~ 图 3-4-197	后座区娱乐视听装置（RSE）电控系统电路图
图 3-4-198、图 3-4-199	自动防眩车内后视镜、雨量传感器电路图
图 3-4-200~ 图 3-4-218	数据总线联网电路图
图 3-4-219~ 图 3-4-226	组合仪表电路图
图 3-4-227~ 图 3-4-276	保险丝配置电路图

安全气囊卷簧和带滑环的复位环，安全气囊控制单元，车载电网控制单元，转向柱电子装置控制单元，驾驶员侧安全气囊引爆装置，副驾驶员侧安全气囊引爆装置 1

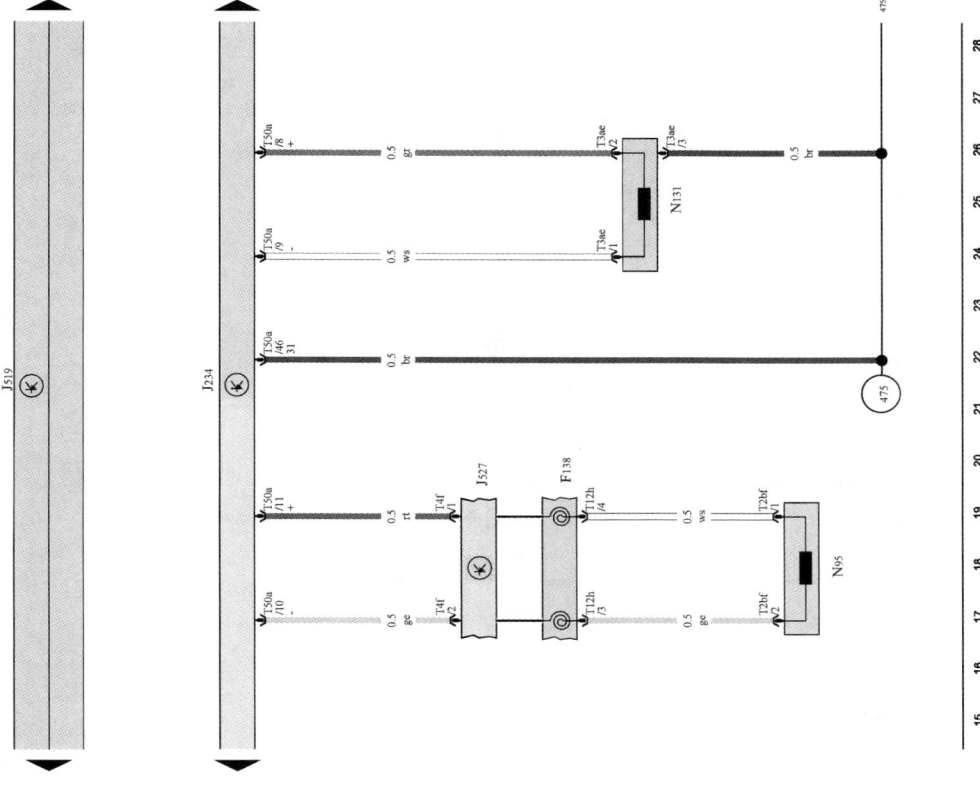

F138-安全气囊卷簧和带滑环的复位环 J234-安全气囊控制单元 J519-车载电网控制单元 J527-转向柱电子装置控制单元 N95-驾驶员侧安全气囊引爆装置 N131-副驾驶员侧安全气囊引爆装置1 T2bf-2芯插头 T12h-12芯插头连接，黄色 T50a-50芯连接，黄色 T3ae-3芯插头连接，黄色 T4f-4芯插头连接，黄色 T4f-4芯插头连接，黄色 475-接地连接，黄色（安全气囊），在主导线束中 插头连接，黄色 475-接地连接（安全气囊），在主导线束中

图 3-4-2

安全气囊控制单元，端子 15 供电继电器，车载电网控制单元

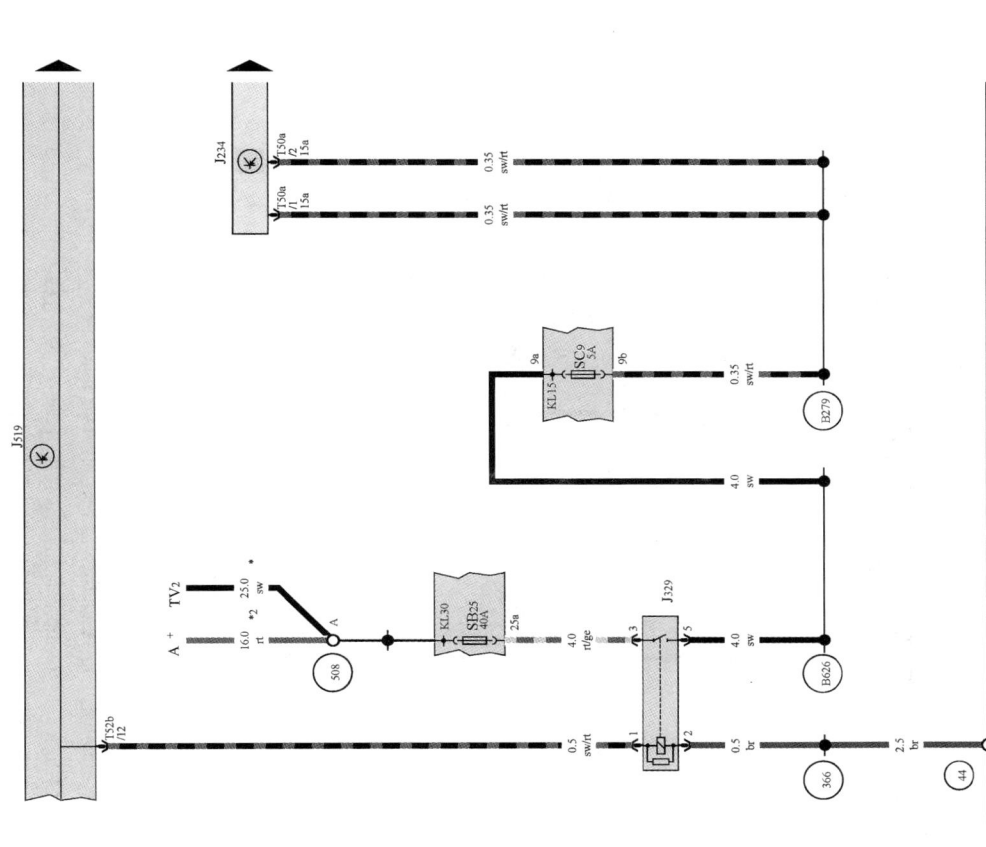

A-蓄电池 J234-安全气囊控制单元 J329-端子15供电继电器 J519-车载电网控制单元 SC9-保险丝架C上的保险丝9 SB25-保险丝架B上的保险丝25 T50a-50芯插头连接，黄色 T52b-52芯插头连接，白色 TV2-端子30号线分线器 44-接地点，左侧A柱下部 366-接地连接1，在主导线束中 508-螺栓连接，在端子30号线分线器 B279-正极连接3（15a），在主导线束中 B626-正极连接2（15），在主导线束中 电控箱上 B279-正极连接3（15a），在主导线束中 B626-正极连接2（15），在主导线束中 *2-仅用于带4缸发动机的汽车 *-仅在带6缸发动机的汽车

图 3-4-1

271

安全气囊控制单元，车载电网控制单元，驾驶员侧侧面安全气囊引爆装置，副驾驶员
面安全气囊引爆装置

安全气囊控制单元，车载电网控制单元，驾驶员侧后部侧面安全气囊引爆装置，副驾驶员
侧后部侧面安全气囊引爆装置，驾驶员侧膝盖部安全气囊引爆器

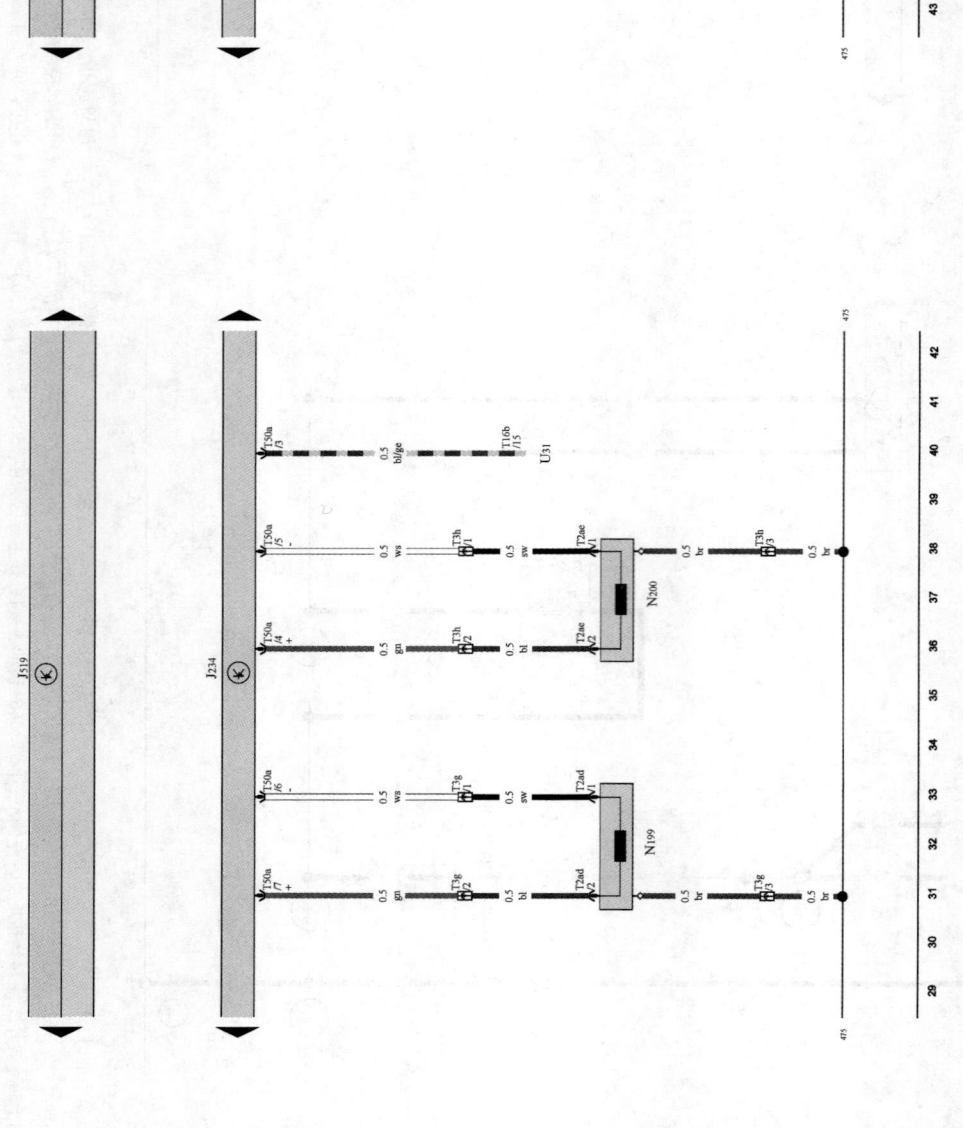

图 3-4-3

图 3-4-4

J234-安全气囊控制单元，J519-车载电网控制单元，N199-驾驶员侧侧面安全气囊引爆装置，N200-副驾驶员侧侧面安全气囊引爆装置 T2ad-2芯插头连接，黄色 T2ae-2芯插头连接，黄色 T3g-3芯插头连接，黄色 T3h-3芯插头连接，黄色 T16b-16芯插头连接，黑色 T50a-50芯插头连接，黄色 U31-诊断接口 475-接地连接（安全气囊），在主导线束中

J234-安全气囊控制单元，J519-车载电网控制单元，N201-驾驶员侧后部侧面安全气囊引爆装置，N202-副驾驶员侧后部侧面安全气囊引爆装置 N295-驾驶员侧膝盖部安全气囊引爆器 T2h-2芯插头连接，黄色 T3au-3芯插头连接，黄色 T3av-3芯插头连接，黄色 T50a-50芯插头连接，黄色 475-接地连接（安全气囊），在主导线束中 *-仅用于带后排侧面安全气囊的汽车 *2-仅用于带驾驶员膝盖盖部安全气囊的汽车

272

驾驶员侧安全带开关，副驾驶员侧安全带开关，副驾驶员侧座椅占用传感器，安全气囊控制单元，车载电网控制单元

驾驶员侧侧面安全气囊碰撞传感器，副驾驶员侧侧面安全气囊碰撞传感器，前部安全气囊碰撞传感器，安全气囊控制单元，车载电网控制单元

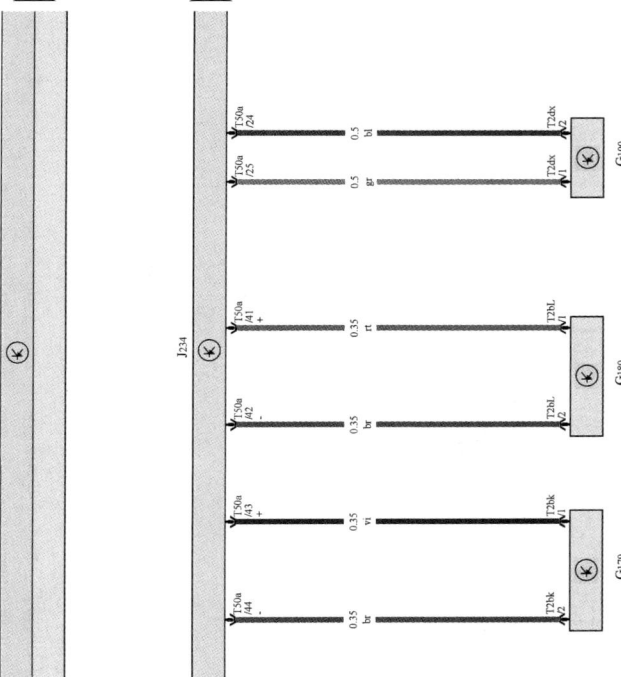

图3-4-5

图3-4-6

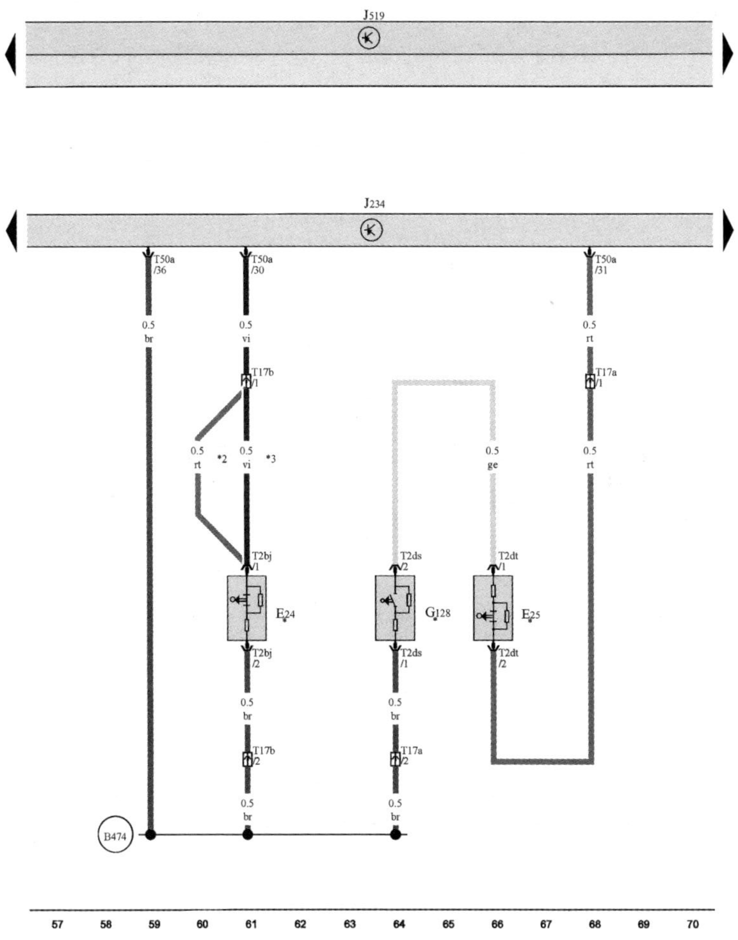

E24-驾驶员侧安全带开关 E25-副驾驶员侧安全带开关 G128-副驾驶员侧座椅占用传感器 J234-安全气囊控制单元 J519-车载电网控制单元 T2bj-2芯插头连接，蓝色 T2dr-2芯插头连接，黑色 T2ds-2芯插头连接，黑色 T17a-17芯插头连接，黑色 T17b-17芯插头连接，黑色 T50a-50芯插头连接，黄色 B474-连接10，在主导线束中 *-已预先布线的部件 *2-仅用于不带驾驶员侧电动座椅调节的汽车 *3-仅用于带驾驶员侧电动座椅调节的汽车

G179-驾驶员侧侧面安全气囊碰撞传感器 G180-副驾驶员侧侧面安全气囊碰撞传感器 G190-前部安全气囊碰撞传感器 J234-安全气囊控制单元 J519-车载电网控制单元 T2bk-2芯插头连接，黑色 T2bL-2芯插头连接，黑色 T2dk-2芯插头连接，黑色 T50a-50芯插头连接，黄色

驾驶员侧头部安全气囊碰撞传感器，副驾驶员侧头部安全气囊碰撞传感器，安全气囊控制单元，车载电网控制单元，驾驶员侧安全带拉紧器，副驾驶员侧安全带拉紧器引爆装置 1

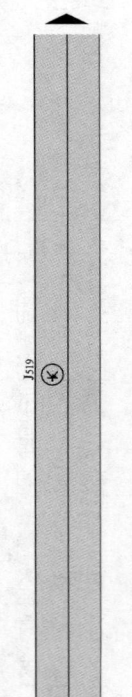

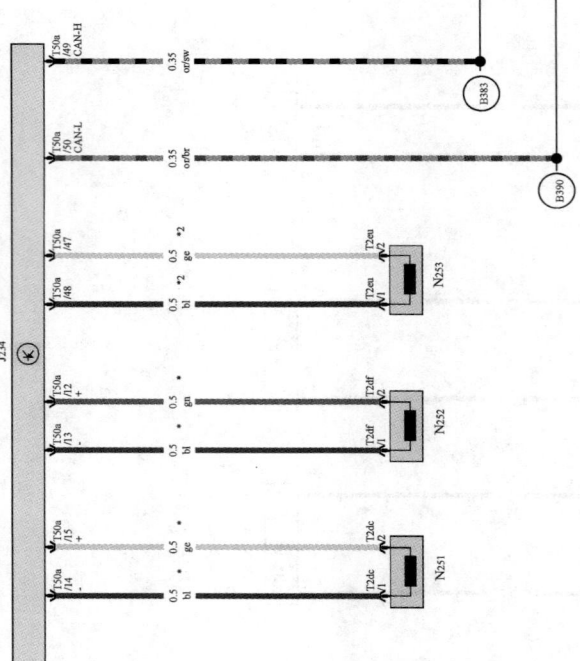

G435-驾驶员侧头部安全气囊碰撞传感器 G436-副驾驶员侧头部安全气囊碰撞传感器 J234-安全气囊控制单元，J519-车载电网控制单元 N153-驾驶员侧安全带拉紧器引爆装置1 N154-副驾驶员侧安全带拉紧器引爆装置1 T2bg-2芯插头连接，黄色 T2bh-2芯插头连接，黄色 T2dn-2芯插头连接，黄色 T2dq-2芯插头连接，黄色 T50a-50芯插头连接 *-仅用于带头部安全气囊的汽车

图 3-4-7

驾驶员侧头部安全气囊引爆装置，副驾驶员侧头部安全气囊引爆装置，驾驶员侧部安全气囊引爆装置，副驾驶员侧头部安全气囊控制单元，车载电网控制单元，蓄电池断路引爆装置

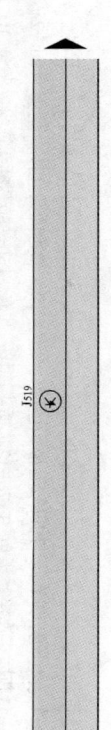

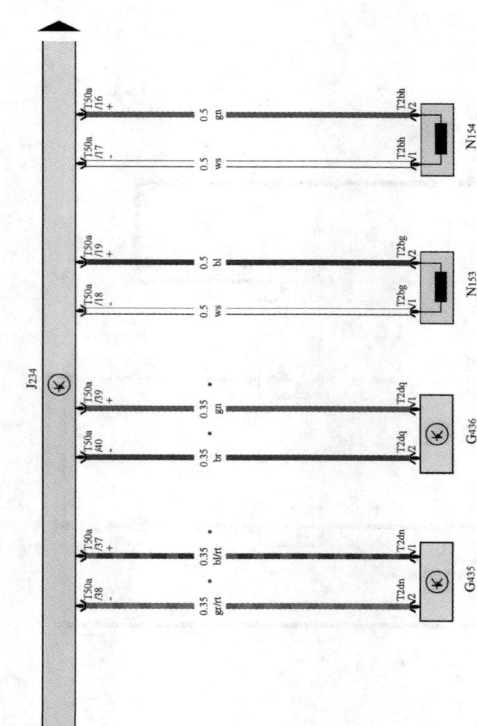

J234-安全气囊控制单元 J519-车载电网控制单元 N251-驾驶员侧头部安全气囊引爆装置 N252-副驾驶员侧头部安全气囊引爆装置 N253-蓄电池断路引爆装置 T2dc-2芯插头连接，黄色 T2df-2芯插头连接，黄色 T2eu-2芯插头连接，淡紫色 T50a-50芯插头连接 B383-连接1（驱动系统CAN总线，High）， B390-连接1（驱动系统CAN总线，Low），在主导线束中 *-仅用于带头部安全气囊的汽车 *2-仅用于带3.0L发动机的汽车

图 3-4-8

仪表板中的控制单元，车载电网控制单元，数据总线诊断接口，安全带警告指示灯，安全气囊指示灯

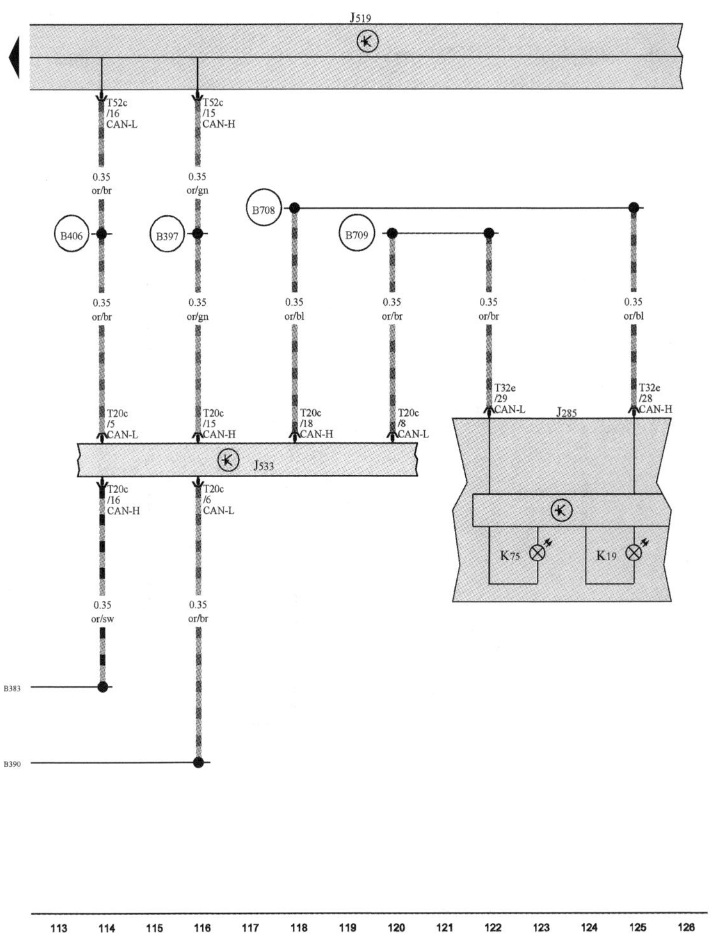

图 3-4-9

J285—仪表板中的控制单元 J519—车载电网控制单元 J533—数据总线诊断接口 K19—安全带警告指示灯 K75—安全气囊指示灯 T20c—20芯插头连接器 T32c—32芯插头连接，红色 T32e—32芯插头连接，蓝色 T52c—52芯插头连接，棕色 B383—连接1（驱动系统CAN总线，High），在主导线束中 B390—连接1（驱动系统CAN总线，Low），在主导线束中 B397—连接1（舒适/便捷系统CAN总线，High），在主导线束中 B406—连接1（舒适/便捷系统CAN总线，Low），在主导线束中 B708—连接1（仪表板高频CAN总线），在主导线束中 B709—连接1（仪表板低频CAN总线），在主导线束中

端子 15 供电继电器

仪表板中的控制单元，车载电网控制单元

图 3-4-10

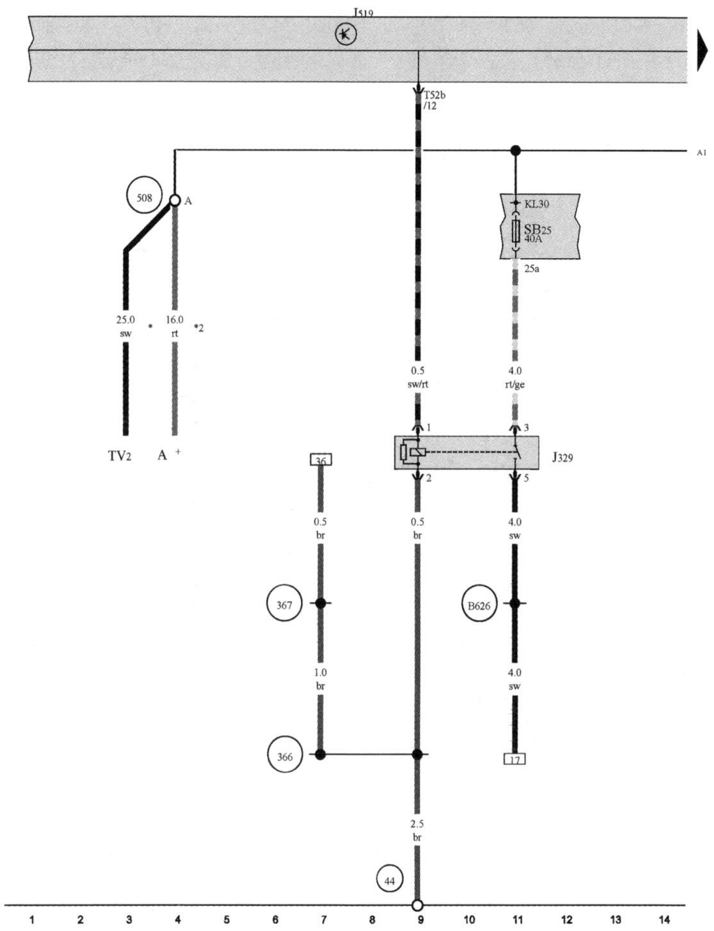

A—蓄电池 J329—端子15供电继电器 J519—车载电网控制单元 SB25—保险丝架B上的保险丝25 T52b—52芯插头连接，白色 TV2—端子30导线分线器 44—接地点，左侧A柱下部 366—接地连接，在主导线束中 367—接地连接2，在主导线束中 508—螺栓连接（30），在电控箱上 B626—正极连接2（15），在主导线束中 *—仅在带6缸发动机的汽车上 *2—仅用于带4缸发动机的汽车中

车载电网控制单元

可加热后窗玻璃按钮，后空调器操作件锁止按钮，高压传感器，全自动空调控制单元，车载电网控制单元，可加热后窗玻璃指示灯

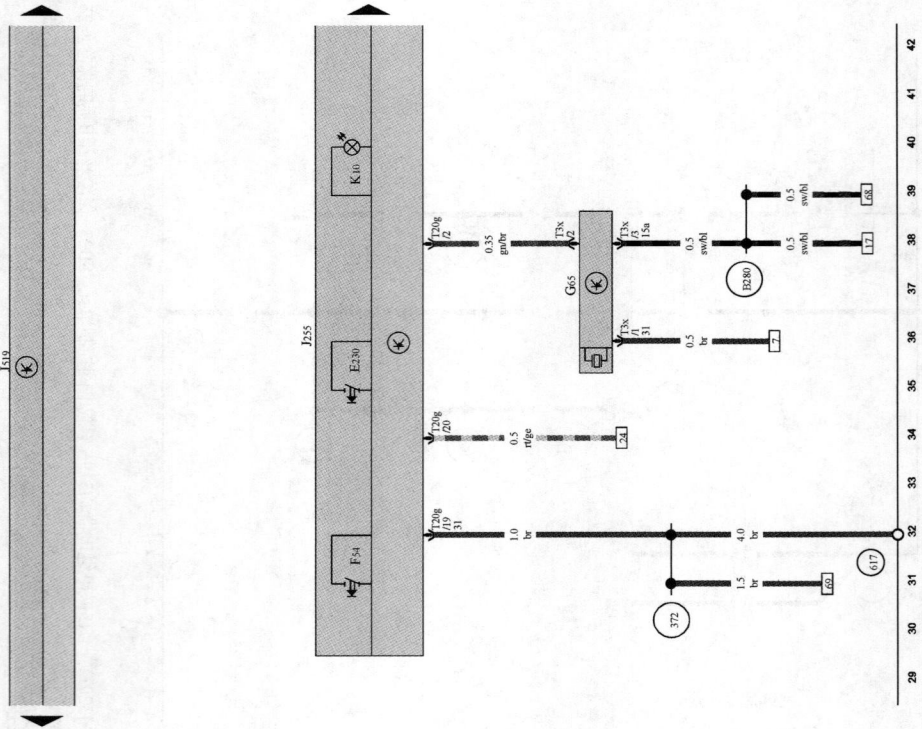

E230-可加热后窗玻璃按钮 F54-后部空调器操作件锁止按钮 G65-高压传感器 J255-全自动空调控制单元
J519-车载电网控制单元 K10-可加热电网控制单元 T3x-3芯插头连接 T20g-20芯插头连接，黑色 T20n-20芯插头连接，黑色 372-接地连接7，在主导线束中 617-右侧A柱下部接地点2 B280-正极连接4（15a），在主导线束中

图 3-4-12

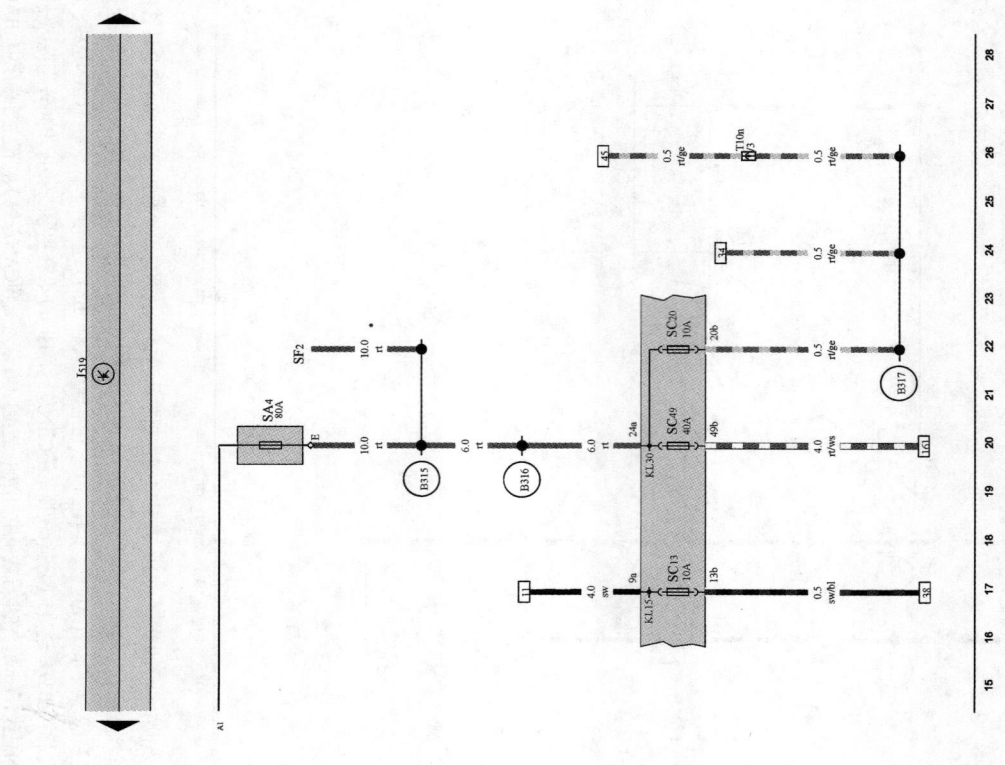

J519-车载电网控制单元 SF2-保险丝架F上的保险丝2 SA4-保险丝架A上的保险丝4 SC13-保险丝架C上的保险丝13 SC20-保险丝架C上的保险丝20 SC49-保险丝架C上的保险丝49 T10n-10芯插头连接，黑色 B315-正极连接1（30a），在主导线束中 B316-正极连接2（30a），在主导线束中 B317-正极连接3（30a），在主导线束中 *-仅在带6缸发动机的汽车上

图 3-4-11

空调器开关，空气质量传感器，全自动空调控制单元，车载电网控制单元，空调压缩机调节阀

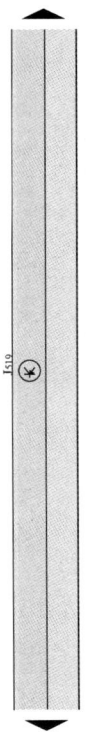
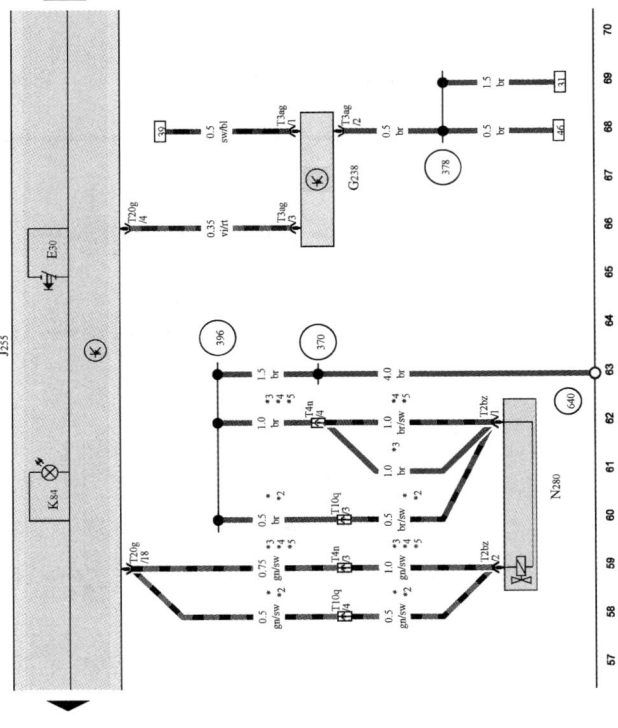

E30-空调器开关 G238-空气质量传感器 J255-全自动空调控制单元 J519-车载电网控制单元 K84-空调器开关 N280-空调压缩机调节阀 T2bz-2芯插头连接，黑色 T3ag-3芯插头连接，黑色 T4n-4芯插头连接，黑色 T4n-4芯插头连接，黑色 T3ag-3芯插头连接，黑色 T10q-10芯插头连接，黑色 T20g-20芯插头连接，黑色 370-接地连接5，在主导线束中 378-器指示灯 N280-空调压缩机调节阀 接地连接13，在主导线束中 396-接地连接31，在主导线束中 640-接地点2，在发动机舱内左侧 *-仅用于带发动机编号字母DBHA的汽车 *3-仅用于带1.4L发动机的汽车 *4-仅用于带2.0L发动机的汽车 *2-仅用于带发动机编号字母CEAA的汽车 *5-仅用于带发动机编号字母CEAA的汽车

图3-4-14

左后可加热座椅调节开关，右后可加热座椅调节开关，全自动空调控制单元，后部空调操作和显示单元，全自动空调控制单元，车载电网控制单元

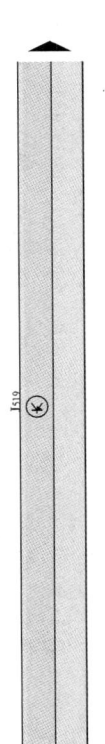
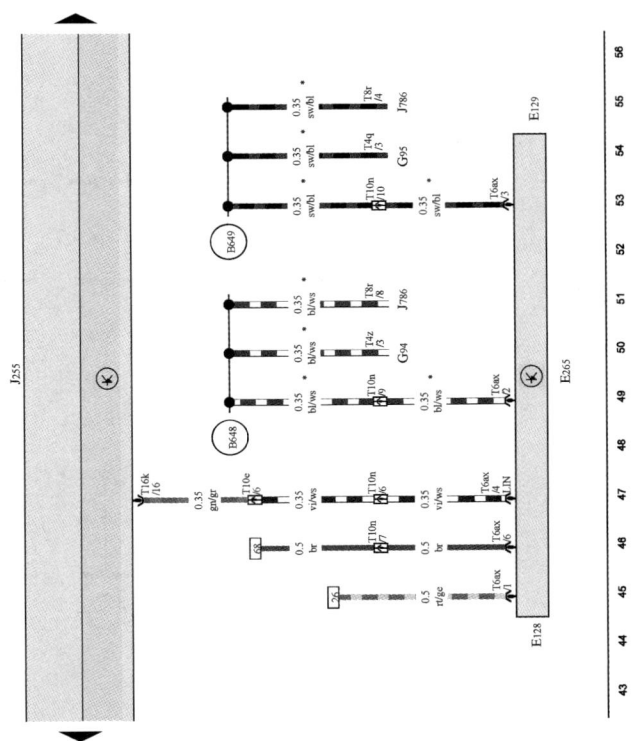

E128-左后可加热座椅调节开关 E129-右后可加热座椅调节开关 E265-后部空调操作和显示单元 G94-左侧后座椅温度传感器 G95-右后座椅温度传感器 J255-全自动空调控制单元 J519-车载电网控制单元 J786-可加热后座椅控制单元 T4q-4芯插头连接，黑色 T4z-4芯插头连接，黑色 T6ax-6芯插头连接，蓝色 T8r-8芯插头连接，黑色 T10e-10芯插头连接，黑色 T10n-10芯插头连接，黑色 T16k-16芯插头连接，黑色 B648-连接5（座椅加热），在主导线束中 B649-连接6（座椅加热），在主导线束中 *-可加热式前后座椅

图3-4-13

277

可加热驾驶员座椅调节器，可加热副驾驶员座椅调节器，全自动空调控制单元，车载电网
控制单元

仪表盘温度传感器，阳光照射光电传感器，日照光电传感器 2，左侧出风口温度传感器，
右侧出风口温度传感器，全自动空调控制单元，车载电网控制单元

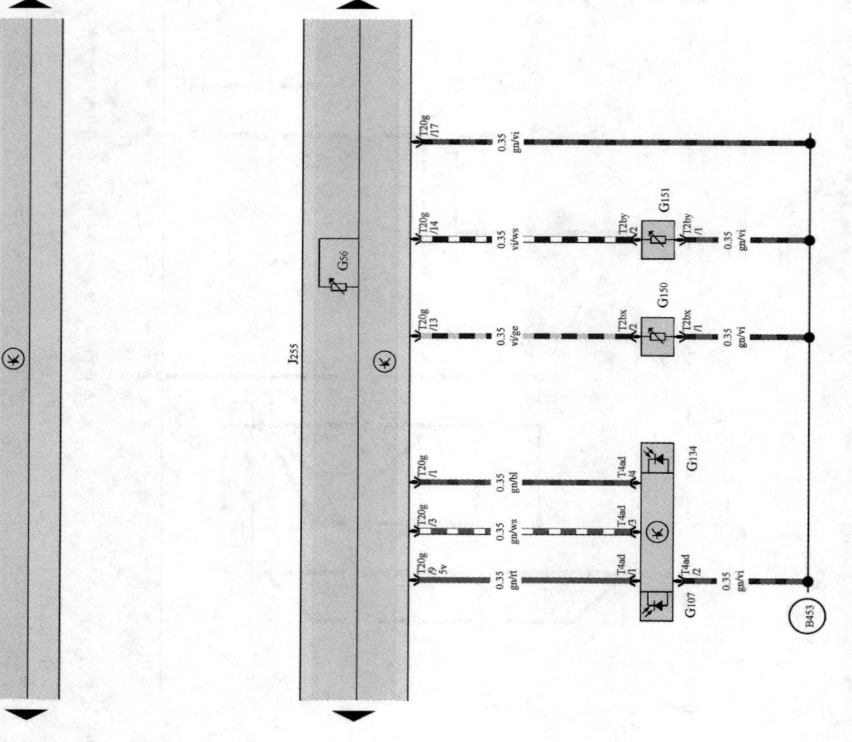

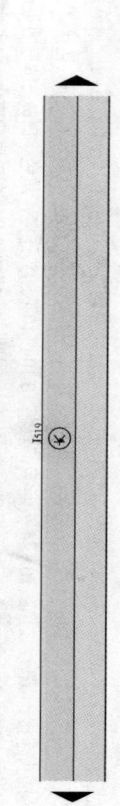

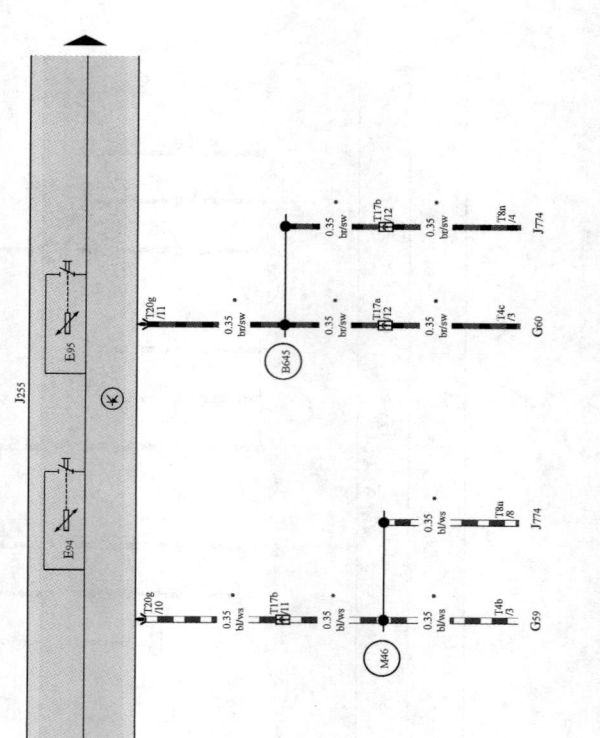

E94-可加热驾驶员座椅调节器 E95-可加热副驾驶员座椅调节器 G59-驾驶员座椅温度传感器 G60-副驾驶员座椅温度传感器 J255-全自动空调控制单元 J519-车载电网控制单元 J774-可加热前座椅控制单元 T4b-4芯插头连接，黑色 T4c-4芯插头连接，黑色 T8n-8芯插头连接，黑色 T17a-17芯插头连接，黑色 T17b-17芯插头连接，黑色 T20g-20芯插头连接，黑色 B645-连接2（座椅加热），黑色 M46-连接6，在驾驶员座椅导线束中 *-仅用于带座椅加热的汽车

图 3-4-15

G56-仪表盘温度传感器 G107-阳光照射光电传感器 G134-日照射光电传感器 G150-左侧出风口温度传感器 2 G151-左侧出风口温度传感器 G151-右侧出风口温度传感器 J255-全自动空调控制单元 J519-车载电网控制单元 T2bx-2芯插头连接，黑色 T2by-2芯插头连接，黑色 T4ad-4芯插头连接，黑色 T20g-20芯插头连接，黑色 B453-连接1（传感器），在主导线束中

图 3-4-16

278

左侧出风口温度调节器，右侧出风口温度调节器，右侧出风口温度传感器，右侧脚部空间出风口温度调节器，左侧脚部空间出风口温度传感器，蒸发器出风口温度传感器，全自动空调控制单元，车载电网控制单元，按钮照明灯泡

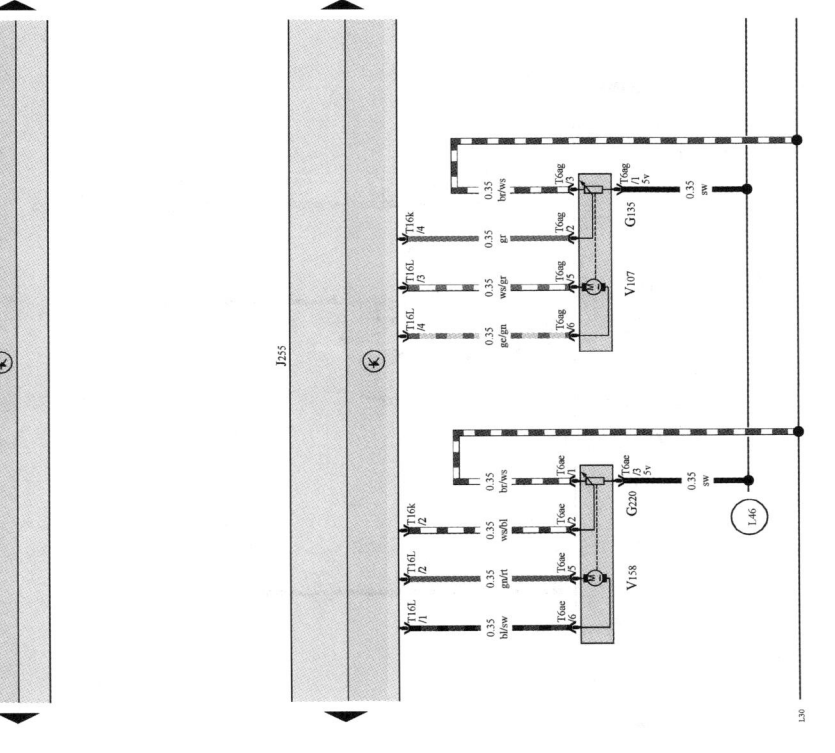

除霜风门伺服电机电位计，左侧温度风门伺服电机电位计，左侧温度风门伺服电机，左侧温度风门伺服电机，除霜风门伺服电机，左侧温度风门伺服电机，除霜风门伺服电机，左侧温度风门伺服电机，全自动空调控制单元，车载电网控制单元，全自动空调控制单元，车载电网控制单元

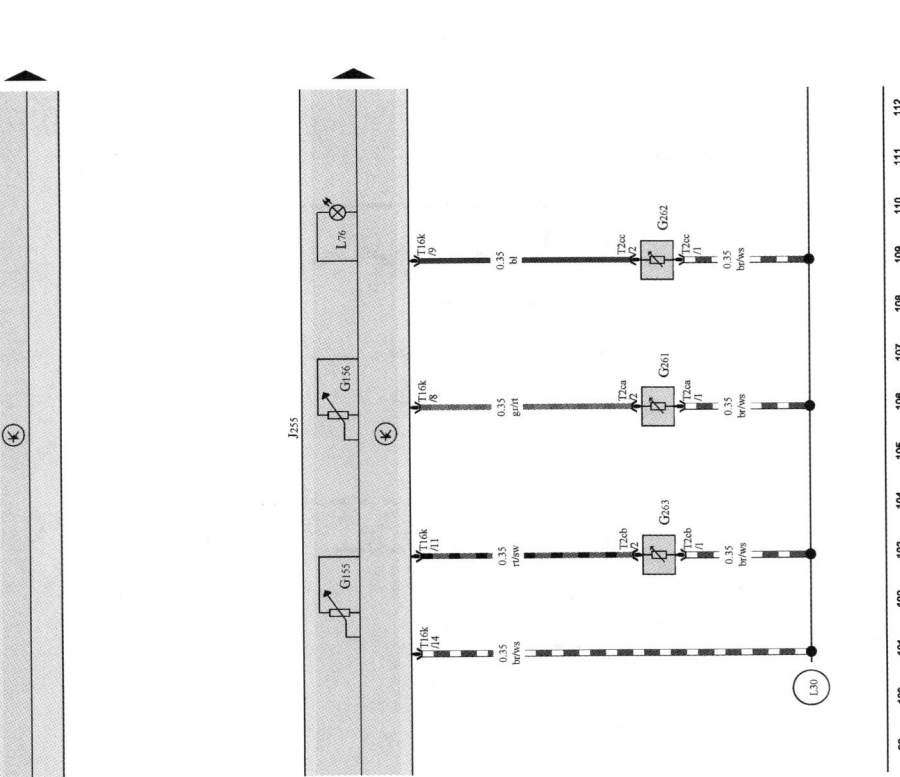

速滞压力风门伺服电机电位计，右侧温度风门伺服电机电位计，全自动空调控制单元，车载电网控制单元，速滞压力风门伺服电机，右侧温度风门伺服电机。

新鲜空气和循环空气风门开关，除霜器运行开关，中央风门伺服电机电位计，全自动空调门伺服控制单元，车载电网控制单元，新鲜空气和车内空气循环模式指示灯，中央风门伺服电机。

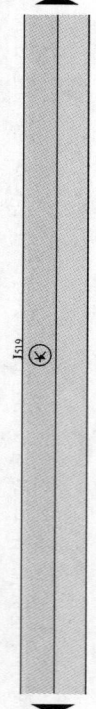
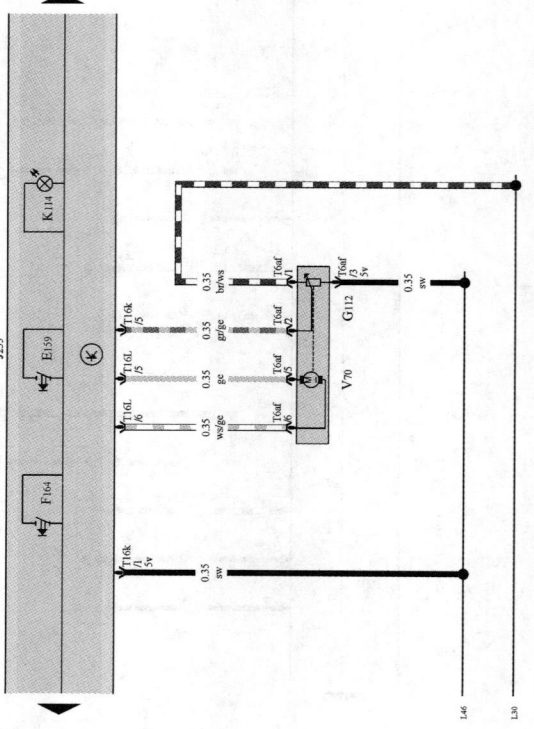

G113-速滞压力风门伺服电机电位计 G221-右侧温度风门伺服电机电位计 J255-全自动空调控制单元 J519-车载电网控制单元 T6ah-6芯插头连接，蓝色 T6ai-6芯插头连接，蓝色 T16k-16芯插头连接，黑色 T16L-16芯插头连接，黑色 V71-速滞压力风门伺服电机 V159-右侧温度风门伺服电机 L30-连接，在全自动空调操纵装置导线束中 L46-连接（5V），在全自动空调操纵装置导线束中（传感器），在全自动空调操纵装置导线束中

图 3-4-19

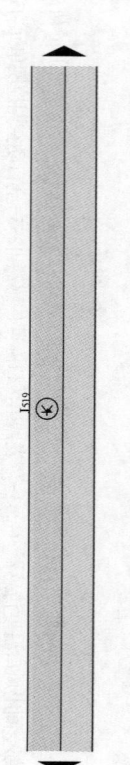
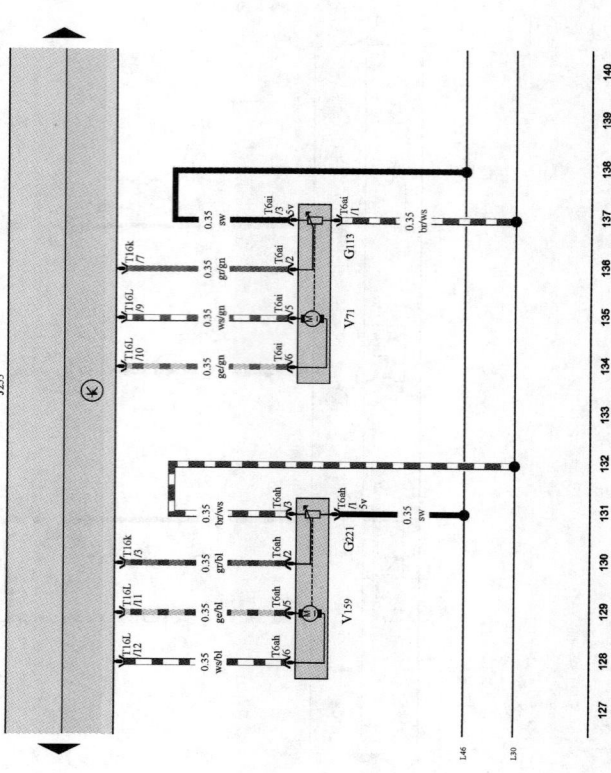

E159-新鲜空气和循环空气风门开关 F164-除霜器运行开关 G112-中央风门伺服电机电位计 J255-全自动空调控制单元 J519-车载电网控制单元 K114-新鲜空气和车内空气循环运行模式指示灯 T6af-6芯插头连接 T16k-16芯插头连接，黑色 T16L-16芯插头连接，蓝色 V70-中央风门伺服电机 L30-连接（传感器），在全自动空调操纵装置导线束中

图 3-4-20

端子 15 供电继电器，车载电网控制单元，供电继电器 1，端子 75

新鲜空气鼓风机开关，新鲜空气鼓风机控制单元，全自动空调控制单元，车载电网控制单元，新鲜空气鼓风机

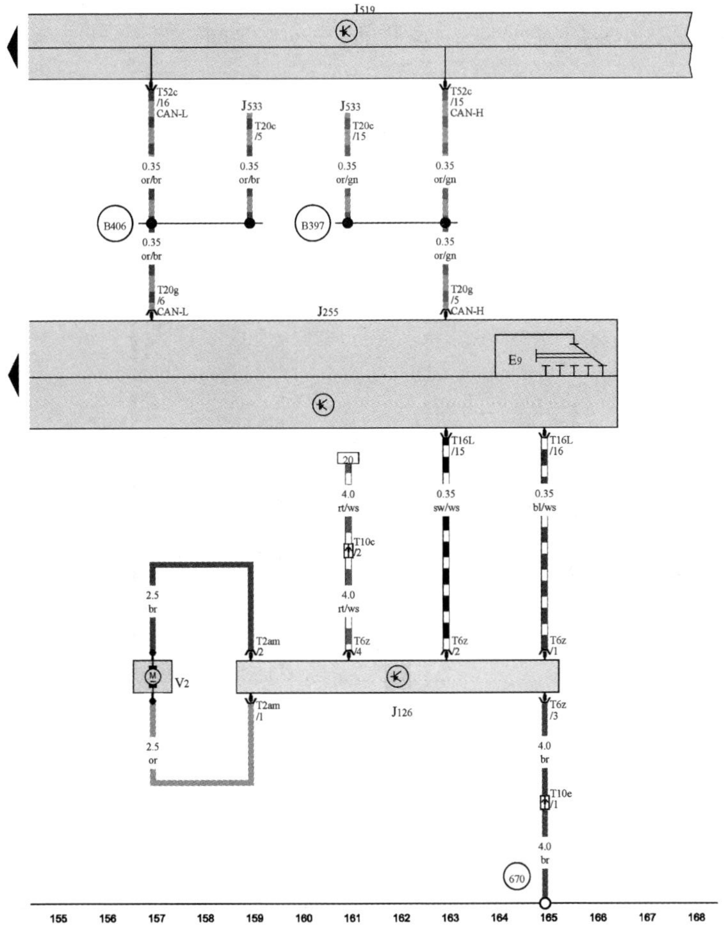

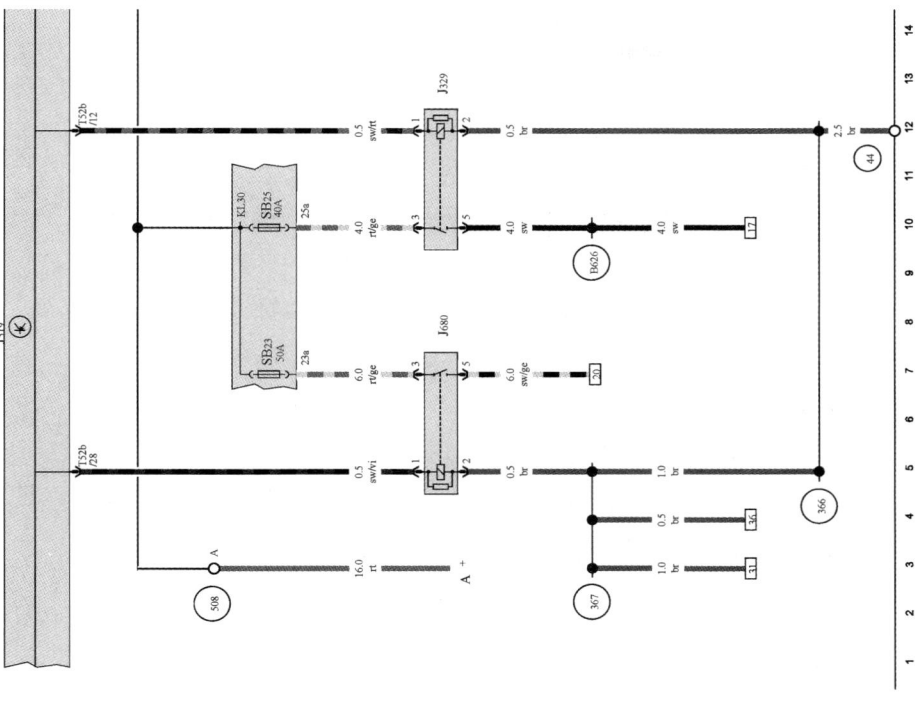

A－蓄电池　J329－端子15供电继电器　J519－车载电网控制单元　J680－供电继电器1，端子75　SB23－保险丝架B上的保险丝23　SB25－保险丝架B上的保险丝25　T52b－52芯插头连接，白色　44－接地点，左侧A柱下部　366－接地连接1，在主导线束中　367－接地连接2，在主导线束中　508－螺栓连接（30），在电控箱上部　B626－正极连接（15），在主导线束中

图 3-4-22

E9－新鲜空气鼓风机开关　J126－新鲜空气鼓风机控制单元　J255－全自动空调控制单元　J519－车载电网控制单元　J533－数据总线诊断接口　T2am－2芯插头连接　T6z－6芯插头连接　T10c－10芯插头连接，黑色　T10e－10芯插头连接，黑色　T16L－16芯插头连接　T20c－20芯插头连接　T20g－20芯插头连接，红色　T52c－52芯插头连接，黑色　V2－新鲜空气鼓风机　670－接地点2，在左侧A柱上　B397－连接1(舒适/便捷系统CAN总线，High)，在主导线束中　B406－连接1(舒适/便捷系统CAN总线，Low)，在主导线束中

图 3-4-21

高压传感器、温度选择旋钮电位计、空调器控制单元、车载电网控制单元

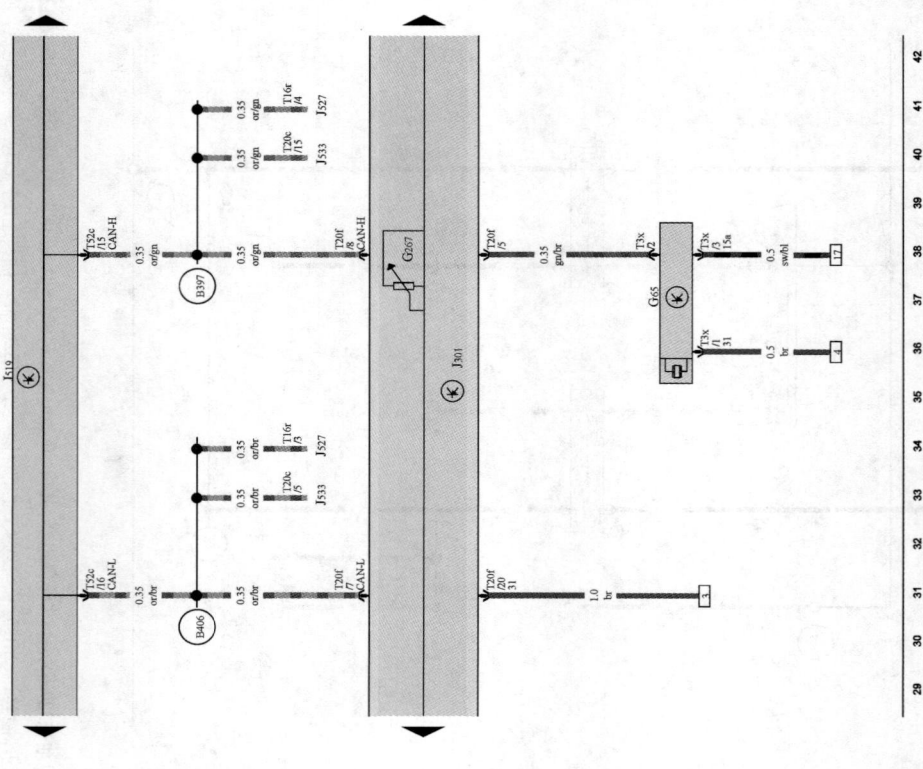

G65-高压传感器 G267-温度选择旋钮电位计 J301-空调控制单元 J519-车载电网控制单元 J527-转向柱电子装置控制单元 J533-数据总线诊断接口 T3x-3芯插头连接 T16r-16芯插头连接，黑色 T20c-20芯插头连接，红色 T20f-20芯插头连接 T52c-52芯插头连接，棕色 B397-连接1(舒适/便捷系统CAN总线，High)，在主导线束中 B406-连接1(舒适/便捷系统CAN总线，Low)，在主导线束中

图 3-4-24

空调器开关、空调器控制单元、车载电网控制单元

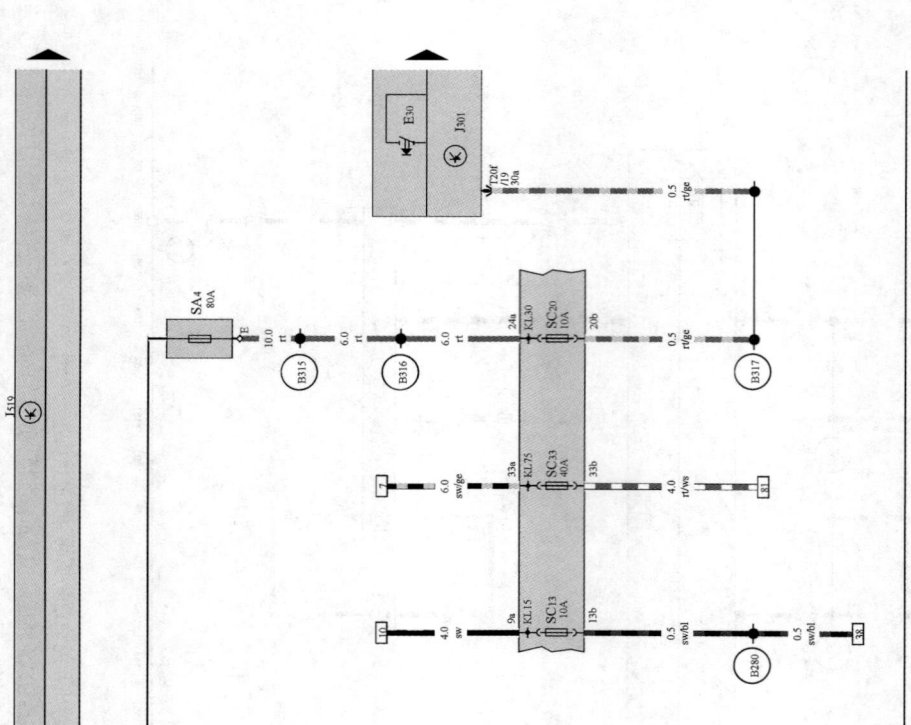

E30-空调控制单元 J301-空调器开关 J519-车载电网控制单元 SA4-保险丝座A上的保险丝4 SC13-保险丝座C上的保险丝13 SC20-保险丝座C上的保险丝20 SC33-保险丝座C上的保险丝33 T20f-20芯插头连接 B280-正极连接4(15a)，在主导线束中 B315-正极连接1(30a)，在主导线束中 B316-正极连接，黑色 B317-正极连接3(30a)，在主导线束中 B317-正极连接2(30a)，在主导线束中

图 3-4-23

282

可加热后窗玻璃按钮，温度风门伺服电机电位计，中央风门伺服电机电位计，空调器控制单元，车载电网控制单元，可加热后窗玻璃指示灯，空调器开关照明灯泡，温度风门伺服电机，中央风门伺服电机

蒸发器出风口温度传感器，空调器控制单元，车载电网控制单元，空调器指示灯，新鲜空气和车内空气循环运行模式指示灯，空调压缩机调节阀

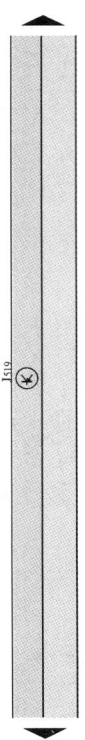

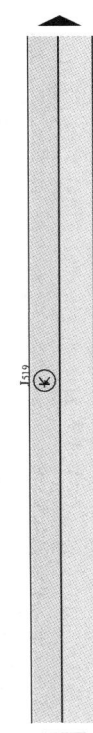

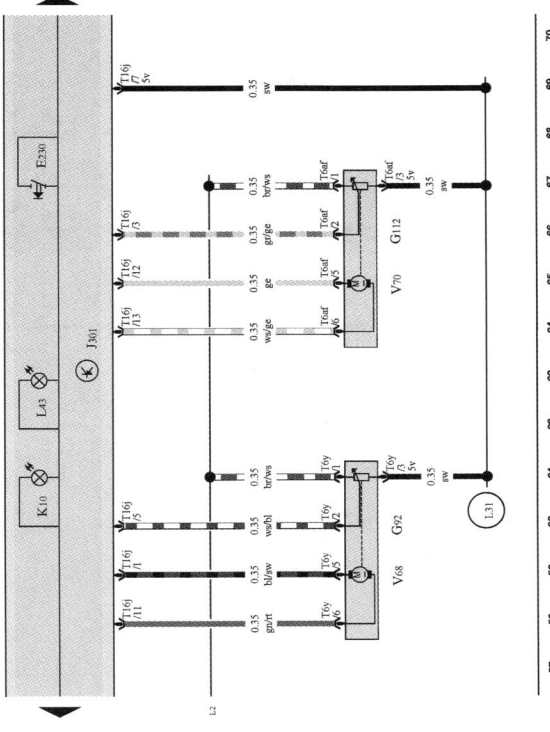

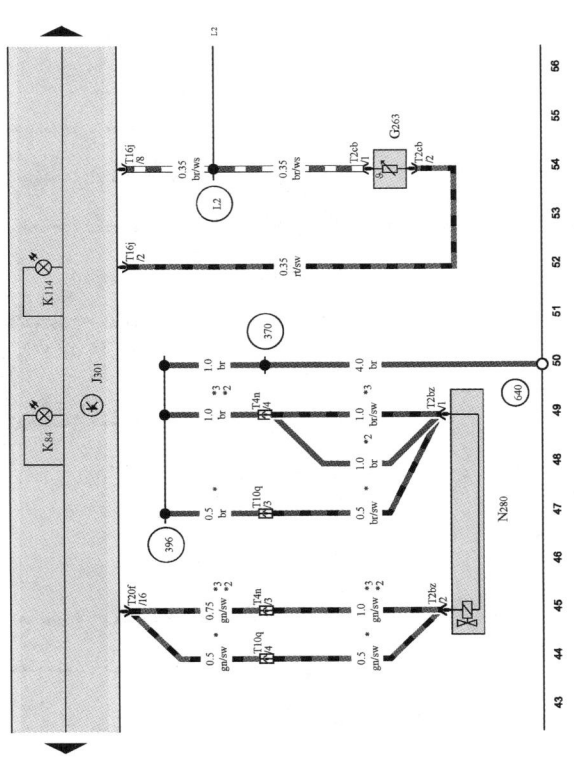

E230-可加热后窗玻璃按钮 G92-温度风门伺服电机电位计 G112-中央风门伺服电机电位计 J301-空调器控制单元 J519-车载电网控制单元 K10-可加热后窗玻璃指示灯 L43-空调器开关照明灯泡 T6af-6芯插头连接，蓝色 T6y-6芯插头连接，蓝色 T16j-16芯插头连接，黑色 V68-温度风门伺服电机 V70-中央风门伺服电机 在空调器导线束中 L2-连接，在空调器导线束中 L31-连接（5V）

图 3-4-26

G263-蒸发器出风口温度传感器 J301-空调器控制单元 J519-车载电网控制单元 K84-空调器指示灯 K114-新鲜空气和车内空气循环运行模式指示灯 N280-空调压缩机调节阀 T2bz-2芯插头连接，黑色 T2cb-2芯插头连接，黑色 T4n-4芯插头连接，黑色 T10q-10芯插头连接，黑色 T16j-16芯插头连接，黑色 T20f-20芯插头连接，黑色 370-接地连接5，在主导线束中 396-接地连接31，在主导线束中 640-接地点2，在发动机舱内左侧 L2-连接，在空调器导线束中 *3-仅用于带发动机编号字母CEAA的汽车 *2-仅用于带发动机编号字母DBHA的汽车 *-仅用于带1.4L发动机的汽车

图 3-4-25

新鲜空气鼓风机开关，新鲜空气和循环空气风门开关，空气内循环风门伺服电机电位计，
空调器控制单元，车载电网控制单元，带过热保险丝的新鲜空气鼓风机串联电阻，新鲜空
气鼓风机，车内空气循环风门伺服电机

车载电网控制单元，保险丝架 A 上的保险丝 4

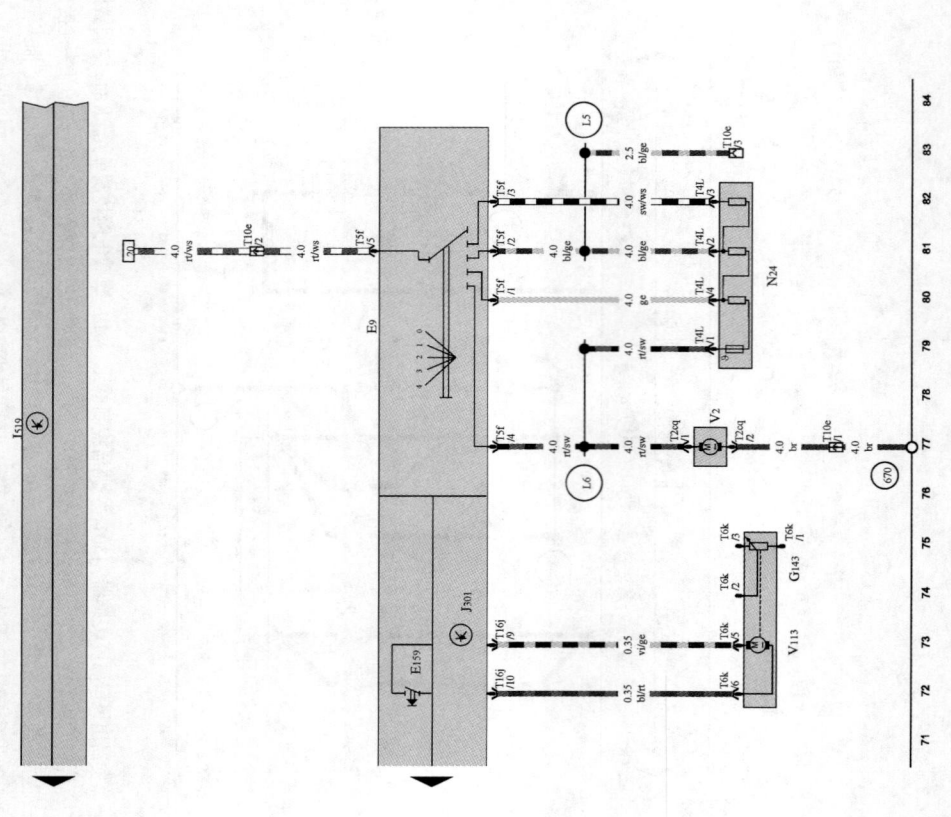

图 3-4-27

图 3-4-28

E9-新鲜空气鼓风机开关 E159-新鲜空气和循环空气风门开关 G143-空气内循环风门伺服电机电位计
J301-空调器控制单元 J519-车载电网控制单元 N24-带过热保险丝的新鲜空气鼓风机串联电阻 T2cq-2
芯插头连接，黑色 T4L-4芯插头连接（30），在电控箱上 T5f-5芯插头连接，黑色 T6k-6芯插头连接1（30a），蓝色 T10e-
10芯插头连接，黑色 T16j-16芯插头连接，黑色 V2-新鲜空气鼓风机 V113-车内空气循环风门伺服电机
670-接地点2，在左侧A柱上 L5-连接1，在空调器导线束中 L6-连接2，在空调器导线束中

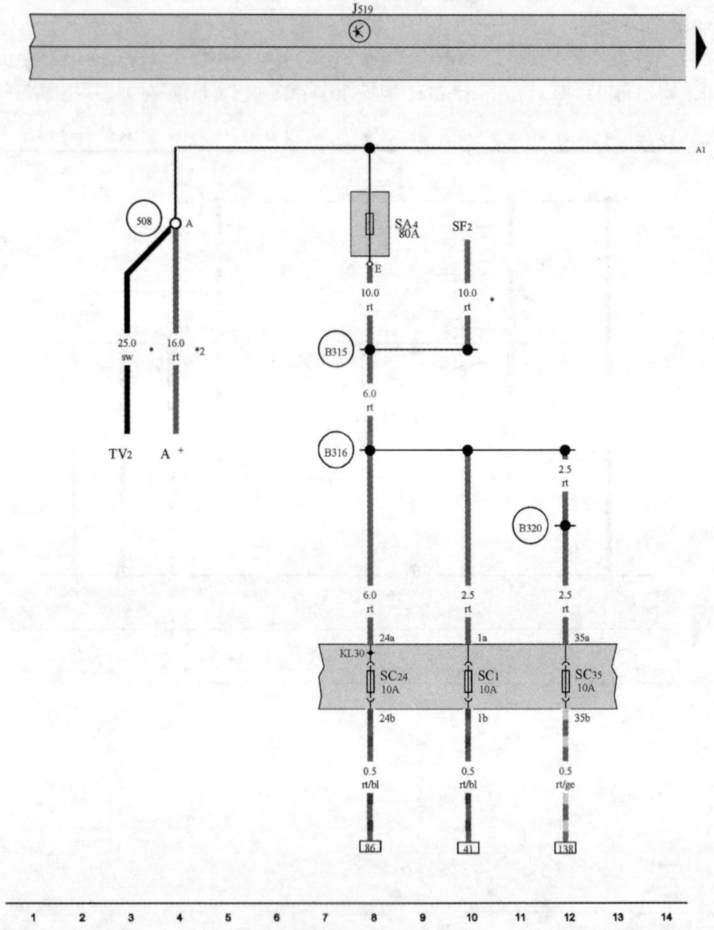

A-蓄电池 J519-车载电网控制单元 SC1-保险丝架C上的保险丝1 SF2-保险丝架F上的保险丝2 SA4-保
险丝架A上的保险丝4 SC24-保险丝架C上的保险丝24 SC35-保险丝架C上的保险丝35 TV2-接线端30-导
线分线器 508-螺栓连接（30），在电控箱上 B315-正极连接1（30a），在主导线束中 B316-正极连接2
（30a），在主导线束中 B320-正极连接6（30a），在主导线束中 *2-仅在带6缸发动机的汽车上 *-仅用
于带4缸发动机的汽车

284

启动装置按钮，车载电网控制单元，电子转向柱锁止装置控制单元，点火启动按钮照明灯泡，转向柱联锁执行元件

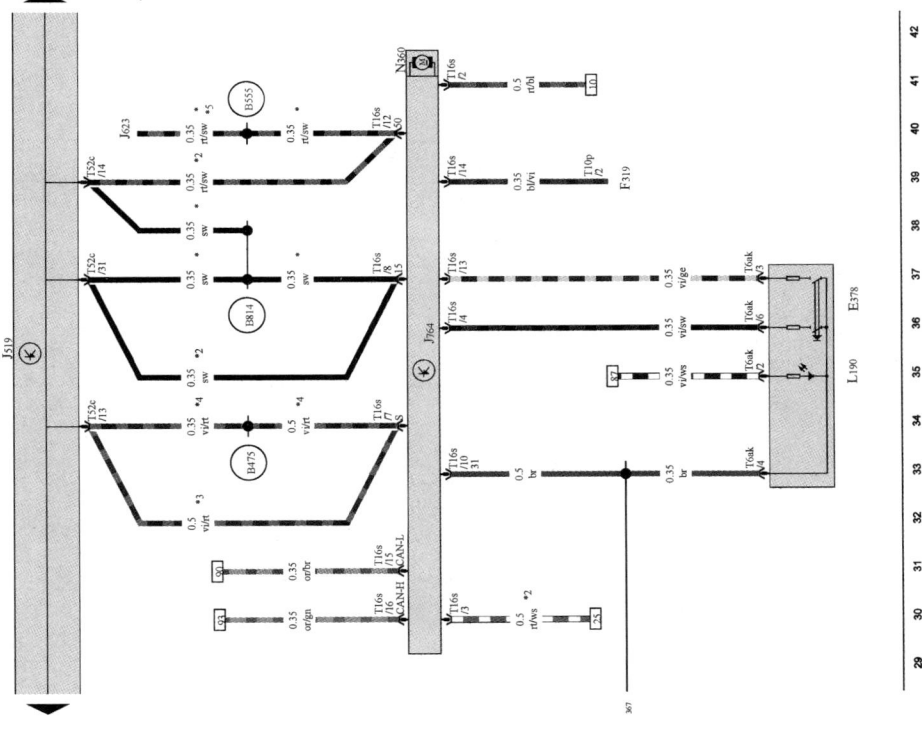

E378-启动装置按钮 F319-选挡杆挡位P锁止开关 J519-车载电网控制单元 J623-发动机控制单元 J764-电子转向柱锁止装置控制单元 L190-点火启动按钮照明灯泡 N360-转向柱联锁执行元件 T6ak-6芯插头连接，黑色 T10p-10芯插头连接，黑色 T16s-16芯插头连接，黑色 T52c-52芯插头连接，棕色 367-接地连接2，在主导线束中 B475-连接11，在主导线束中 B555-正极连接2（50），在主导线束中 B814-正极连接3（50），仅用于带自动启停系统的汽车 *2-仅用于不带发动机自动启停系统的汽车 *3-自2017年1月起 *4-截至2017年1月 *5-见电路即所适用的电路图

图 3-4-30

接线端 15 供电继电器，车载电网控制单元，供电继电器，接线端 50

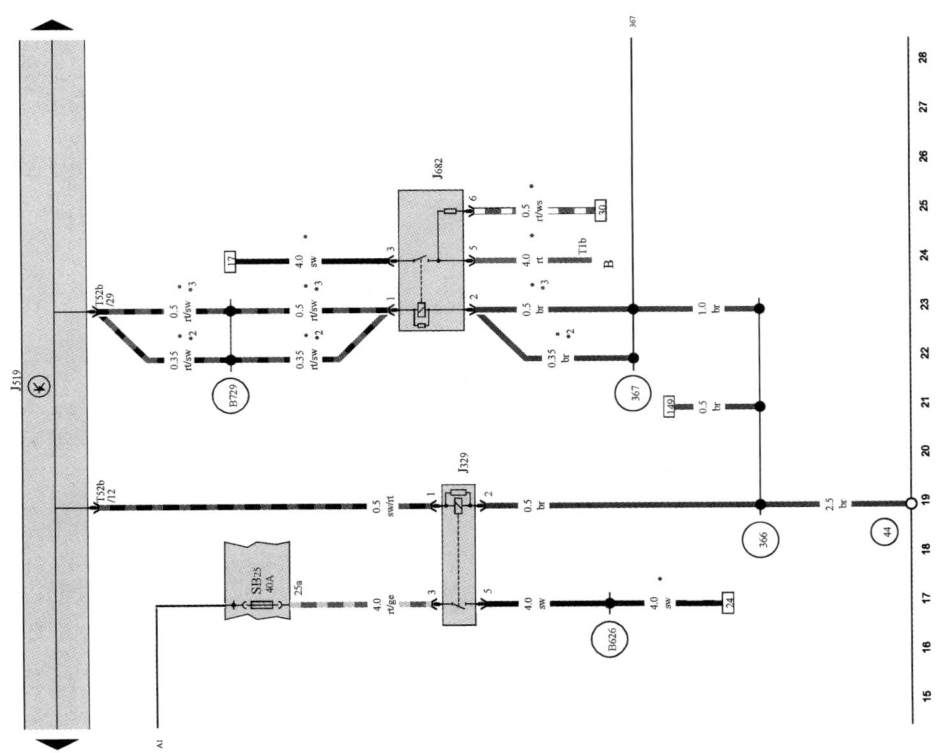

图 3-4-29

B-启动机 J329-接线端15供电继电器 J519-车载电网控制单元 J682-供电继电器 接线端50 SB25-保险丝架B上的保险丝25 T1b-1芯插头连接 T52b-52芯插头连接，黑色 T52c-52芯插头连接，白色 44-左侧A柱下部的接地点 366-接地连接1，在主导线束中 367-接地连接2（15），在主导线束中 B626-正极连接2（15），在主导线束中 B729-连接1（50），在主导线束中 *-仅用于不带发动机自动启停系统的汽车 *2-自2017年1月起 *3-截至2017年1月

驾驶员侧车门外把手接触传感器，进入及启动许可控制单元，车载电网控制单元，驾驶员侧的进入及启动系统天线，后保险杠内的进入及启动系统天线

副驾驶员侧车门外把手接触传感器，进入及启动许可控制单元，车载电网控制单元，副驾驶员侧的进入及启动系统天线

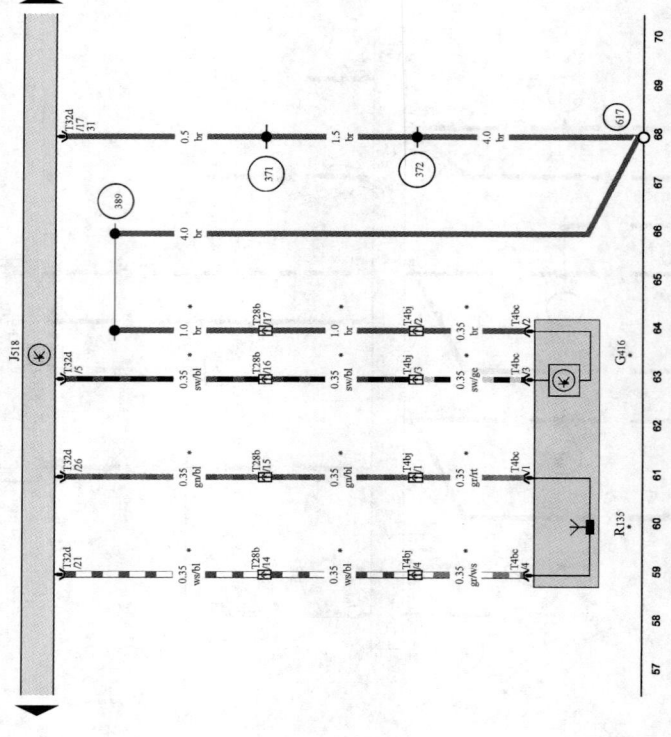

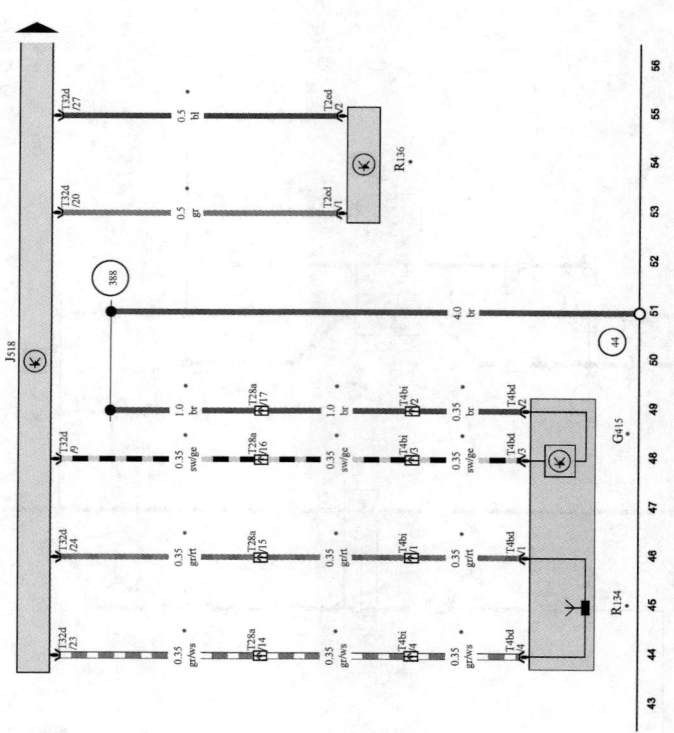

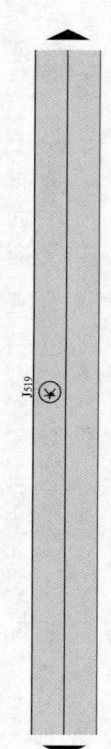

G416-副驾驶员侧车门外把手接触传感器 J518-进入及启动许可控制单元 J519-车载电网控制单元 R135-副驾驶员侧的进入及启动系统天线 T4bc-4芯插头连接 T4bj-4芯插头连接，黑色 T28b-28芯插头连接，黑色 T32d-32芯涌头连接，蓝色 371-接地连接6，在主导线束中 372-接地连接7，在主导线束中 389-接地连接24，在主导线束中 617-右侧A柱下部接地点2 *-仅用于带无钥匙上下车系统 "Keyless Access" 的汽车

图 3-4-32

G415-驾驶员侧车门外把手接触传感器 J518-进入及启动许可控制单元 J519-车载电网控制单元 R134-驾驶员侧的进入及启动系统天线 R136-后保险杠内的进入及启动系统天线 T2cd-2芯插头连接 T4bd-4芯插头连接，棕色 T4bi-4芯插头连接，蓝色 T28a-28芯插头连接，黑色 T32d-32芯涌头连接，黑色 388-接地连接23，在主导线束中 *-仅用于带无钥匙上下车系统 "Keyless Access" 的汽车

图 3-4-31

进入及启动许可控制单元，车载电网控制单元

进入及启动许可控制单元，车载电网控制单元，行李箱内的进入及启动系统天线，车内空间的进入及启动系统天线 1，车内空间的进入及启动系统天线 2

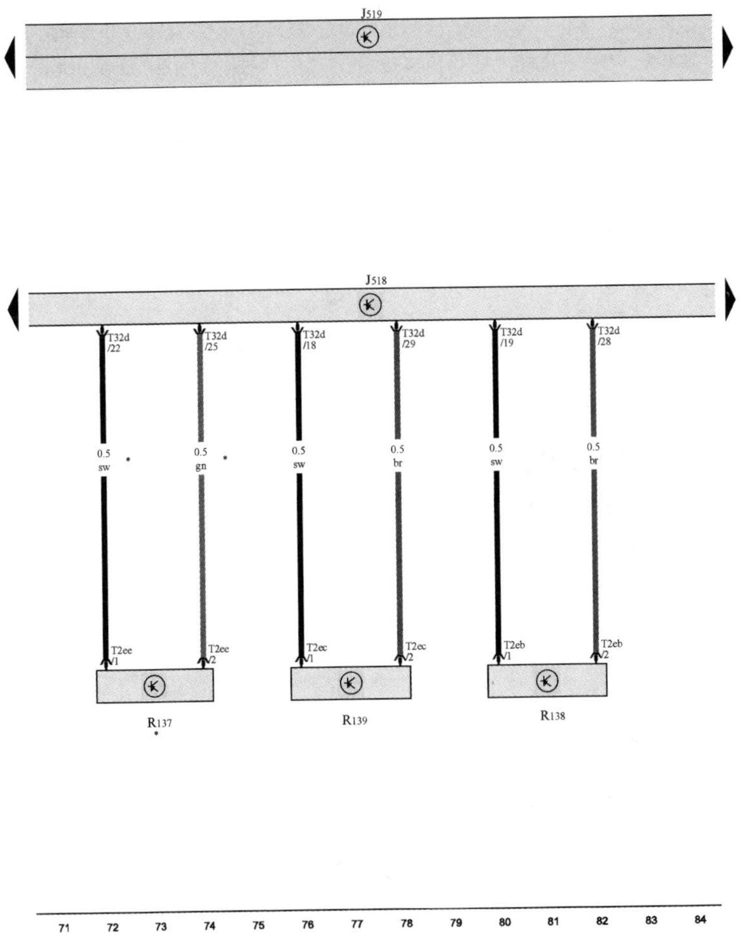

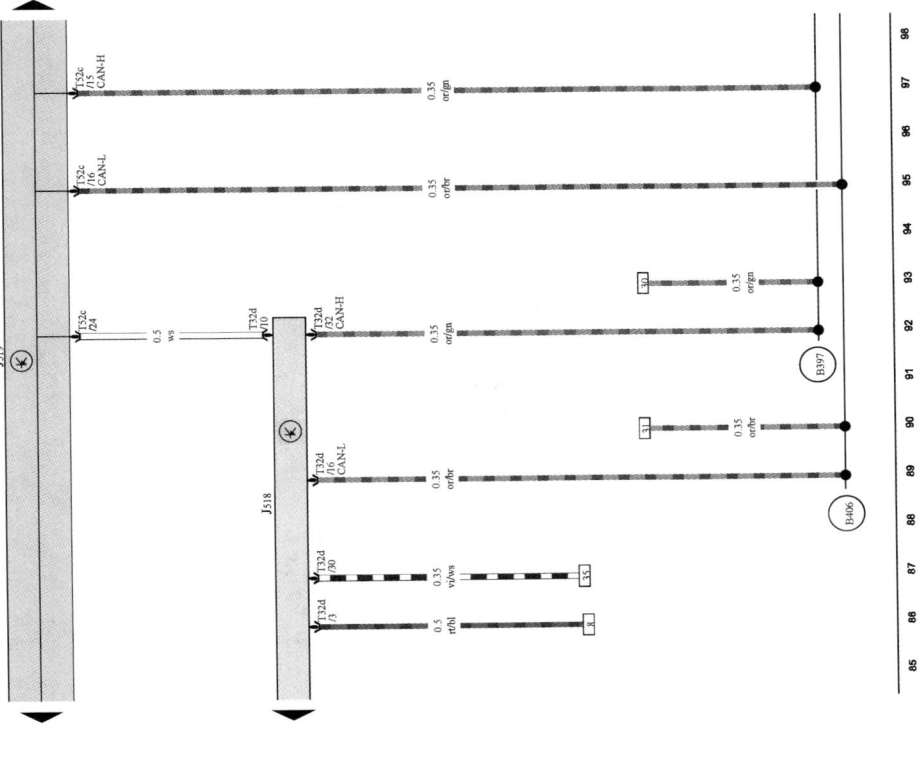

图 3-4-34

J518-进入及启动许可控制单元 J519-车载电网控制单元 T32d-32芯插头连接 T52c-52芯插头连接，蓝色 T52d-32芯插头连接，蓝色 B397-连接1(舒适CAN总线，High)，在主导线束中 B406-连接1(舒适CAN总线，Low)，在主导线束中

图 3-4-33

J518-进入及启动许可控制单元 J519-车载电网控制单元 R137-行李箱内的进入及启动系统天线 R138-车内空间的进入及启动系统天线1 R139-车内空间的进入及启动系统天线2 T2cc-2芯插头连接，黑色 T2ee-2芯插头连接，黑色 T2eb-2芯插头连接，黑色 T32d-32芯插头连接，蓝色 *-仅用于带无钥匙上下车系统 "Keyless Access" 的汽车

防盗锁止系统读出线圈，多功能显示器，组合仪表中的控制单元，防盗锁止系统控制单元，
车载电网控制单元，数据总线诊断接口

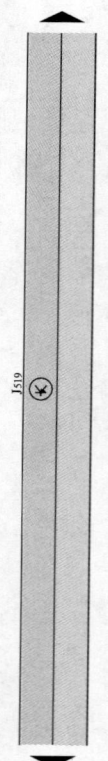

转向信号灯开关，手动远光灯功能和远光灯瞬间接通功能开关，车载电网控制单元，转向
柱电子装置控制单元

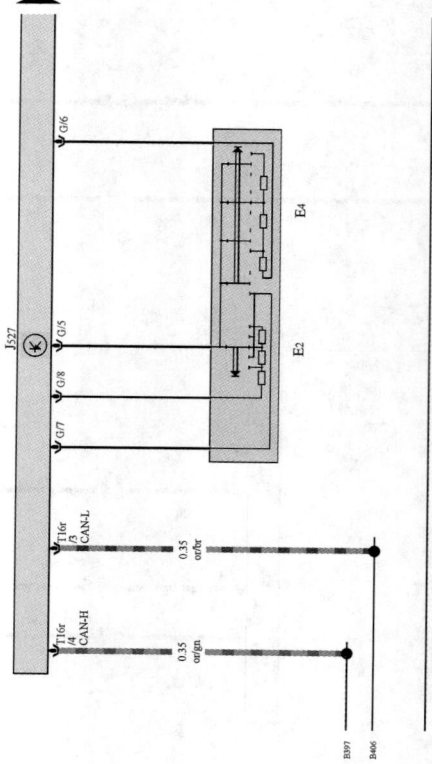

图 3-4-36

E2-转向信号灯开关 E4-手动远光灯功能和远光灯瞬时接通功能开关 J519-车载电网控制单元 J527-转
向柱电子装置控制单元 T16r-16芯插头连接，黑色 B397-连接1(舒适CAN总线，High)，在主导线束中
B406-连接1(舒适CAN总线，Low)，在主导线束中

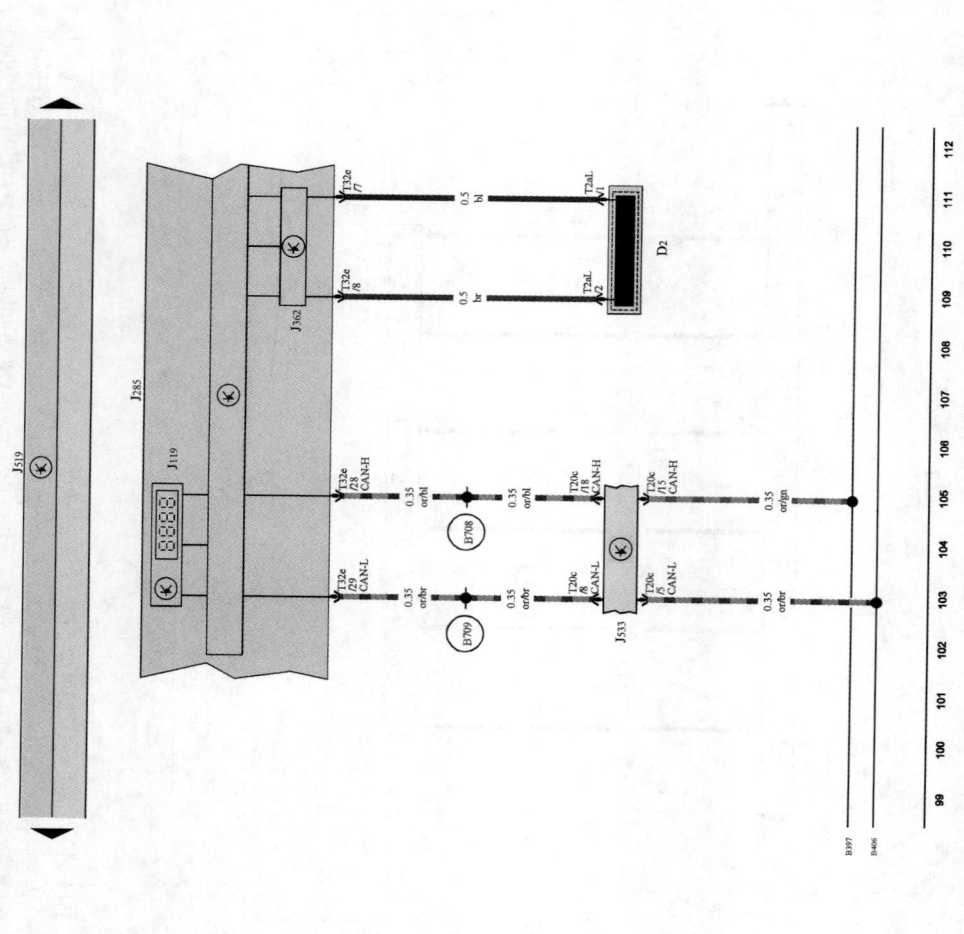

图 3-4-35

D2-防盗锁止系统读出线圈 J119-多功能显示器 J285-组合仪表中的控制单元 J362-防盗锁止系统控制单
元 J519-车载电网控制单元 J533-数据总线诊断接口 T2aL-2芯插头连接 T20c-20芯插头连接，黑 红
色 T32e-32芯插头连接，蓝色 B397-连接1(舒适CAN总线，High)，在主导线束中 B406-连接1(舒适CAN
总线，Low)，在主导线束中 B708-连接1(组合仪表CAN总线，High)，在主导线束中 B709-连接1(组
合仪表CAN总线，Low)，在主导线束中

288

前窗玻璃刮水器开关，间歇式刮水器运行开关，车窗玻璃清洗装置（自动刮水/清洗装置），车载电网清洗装置，转向柱电子装置控制单元

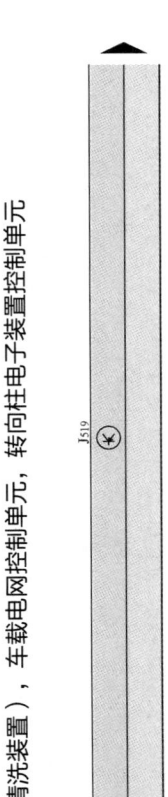

车窗玻璃刮水器间歇运行调节器，定速巡航装置设置按钮，车载电网控制单元，转向柱电子装置控制单元

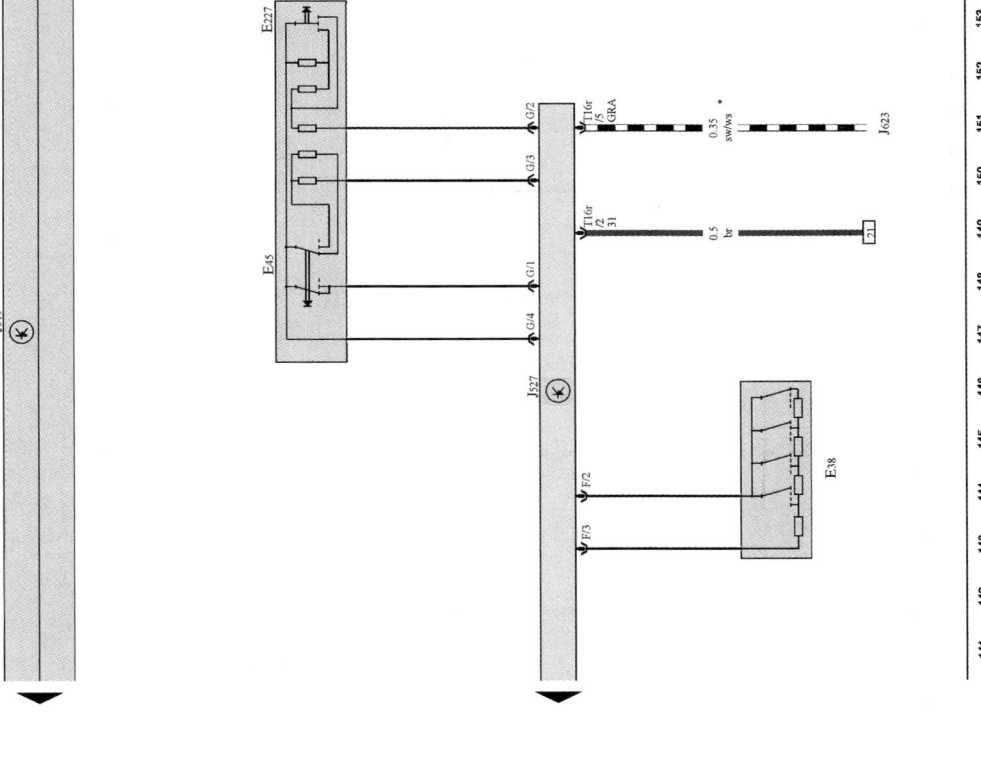

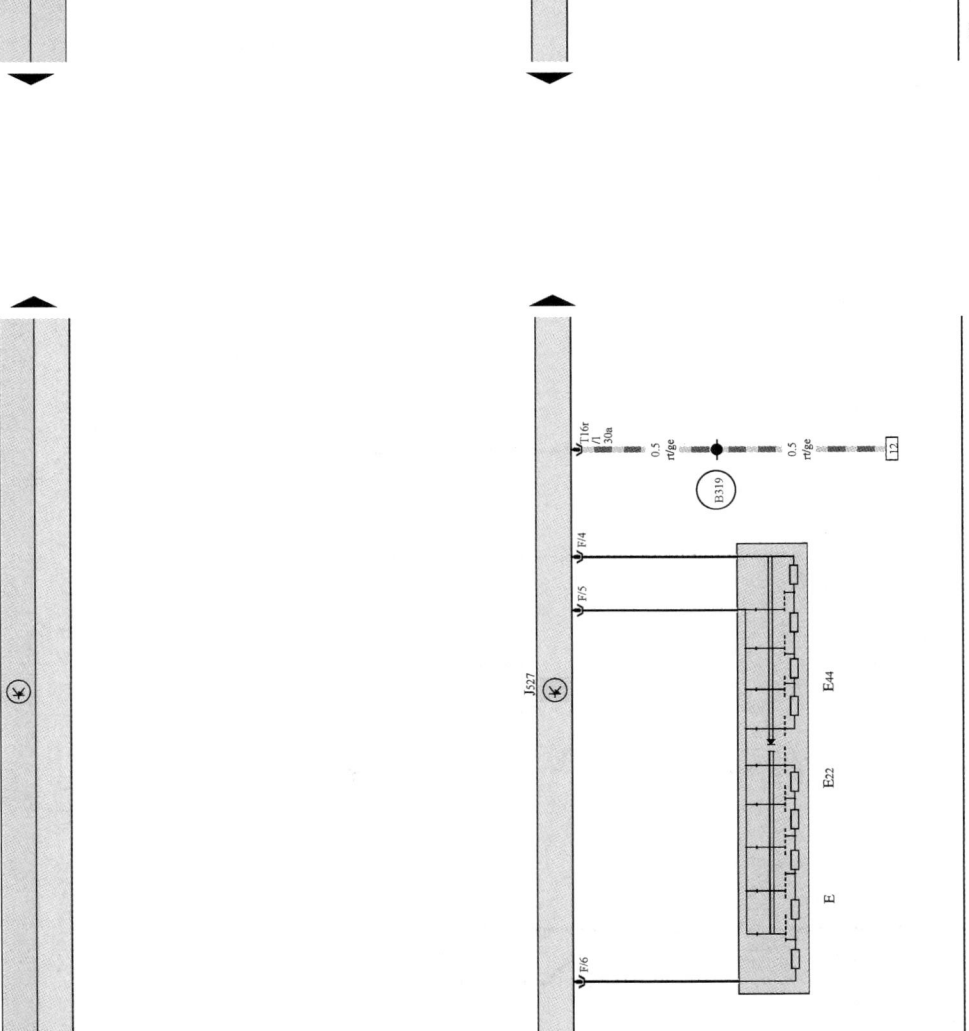

127	128	129	130	131	132	133	134	135	136	137	138	139	140

图 3-4-37

E-前窗玻璃刮水器开关　E22-间歇式刮水器运行开关　E44-车窗玻璃清洗泵开关（自动刮水/清洗装置）　J527-转向柱电子装置控制单元　J519-车载电网控制单元　T16r-16芯插头连接，黑色　B319-正极连接5（30a），在主导线束中

141	142	143	144	145	146	147	148	149	150	151	152	153	154

图 3-4-38

E38-车窗玻璃刮水器间歇运行调节器　E45-定速巡航装置开关　E227-定速巡航装置设置按钮　J519-车载电网控制单元　J527-转向柱电子装置控制单元　J623-发动机控制单元　T16r-16芯插头连接，黑色　*-见发动机所适用的电路图

289

驾驶员腰部支撑调节开关，座椅前后调节传感器，驾驶员座椅调节控制单元，驾驶员座椅
纵向调节电机

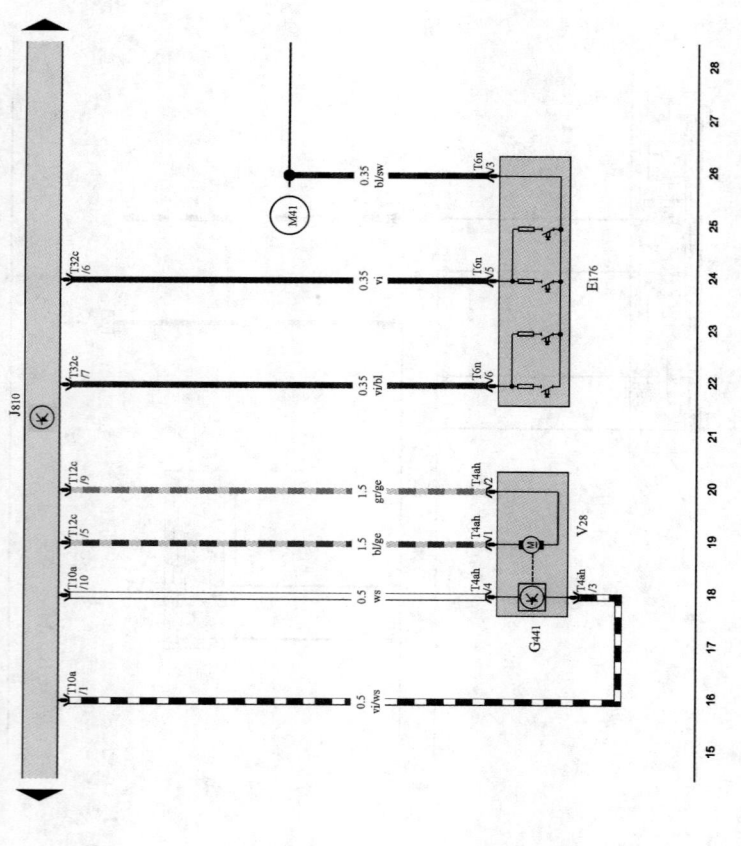

图 3-4-40

驾驶员座椅调节控制单元，保险丝架 A 上的保险丝 4

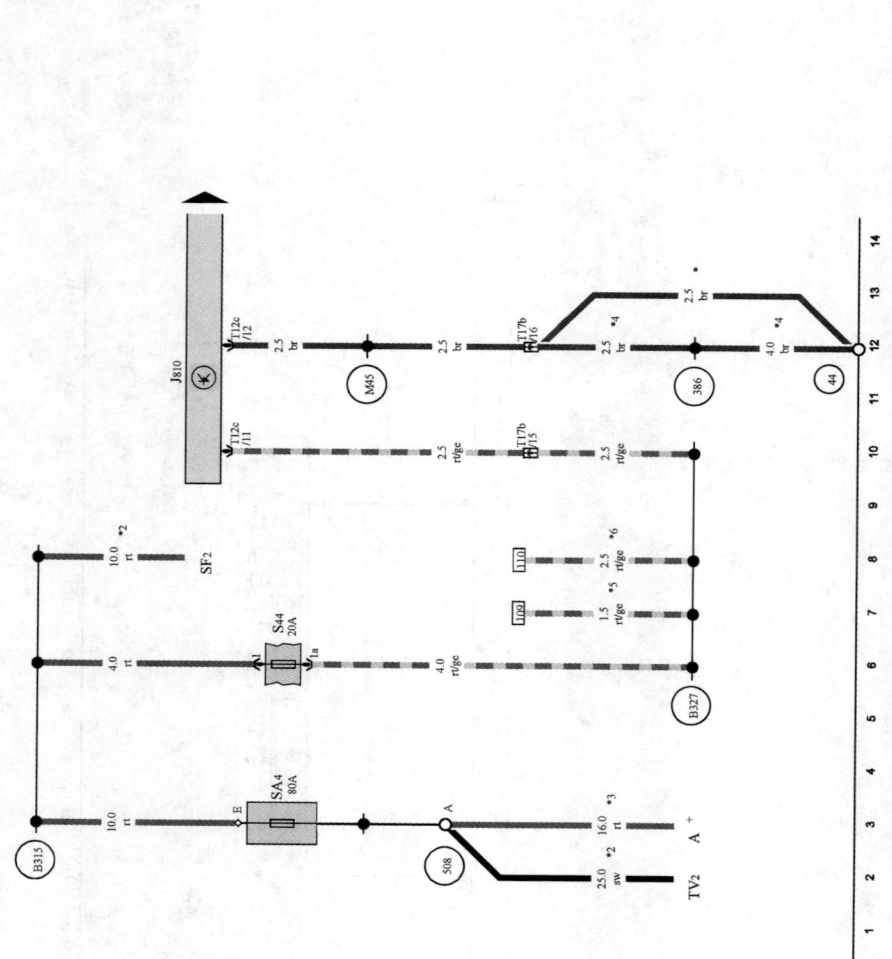

图 3-4-39

A-蓄电池 J810-驾驶员座椅调节控制单元 SF2-保险丝座F上的保险丝2 SA4-保险丝架A上的保险丝4 S44-驾驶员座椅调节装置的热敏保险丝1 T12c-12芯插头连接1 T17b-17芯插头连接，黑色 TV2-接线端30号线分线器 44-左侧A柱下部的接地点 386-接地连接21，在主导线束中 508-螺栓连接（30），在电控箱上 B315-正板连接1（30a），在主导线束中 B327-正板连接13（30a），在主导线束中 M45-连接5，在驾驶员侧座椅导线束中 *-截至2015年12月 *2-仅在带6缸发动机的汽车上 *3-仅用于带4缸发动机的汽车 *4-截至2015年12月 *5-自2017年1月起 *6-截至2017年1月

E176-驾驶员腰部支撑调节开关 G441-座椅前后调节传感器 J810-驾驶员座椅调节控制单元 T4ah-4芯插头连接，黑色 T6n-6芯插头连接 T10a-10芯插头连接，黑色 T12c-12芯插头连接，黑色 T32c-32芯插头连接，黑色 V28-驾驶员座椅纵向调节电机 M41-连接1，在驾驶员侧座椅导线束中

290

带记忆功能的座椅按钮 1，带记忆功能的座椅按钮 2，带记忆功能的座椅按钮 3，座椅位置存储按钮，驾驶员侧记忆功能的操作单元，驾驶员座椅调节控制单元

左前座椅调节操作单元，驾驶员座椅的前部高度调节开关，驾驶员座椅靠背调节开关，驾驶员座椅纵向调节开关，驾驶员座椅调节控制单元

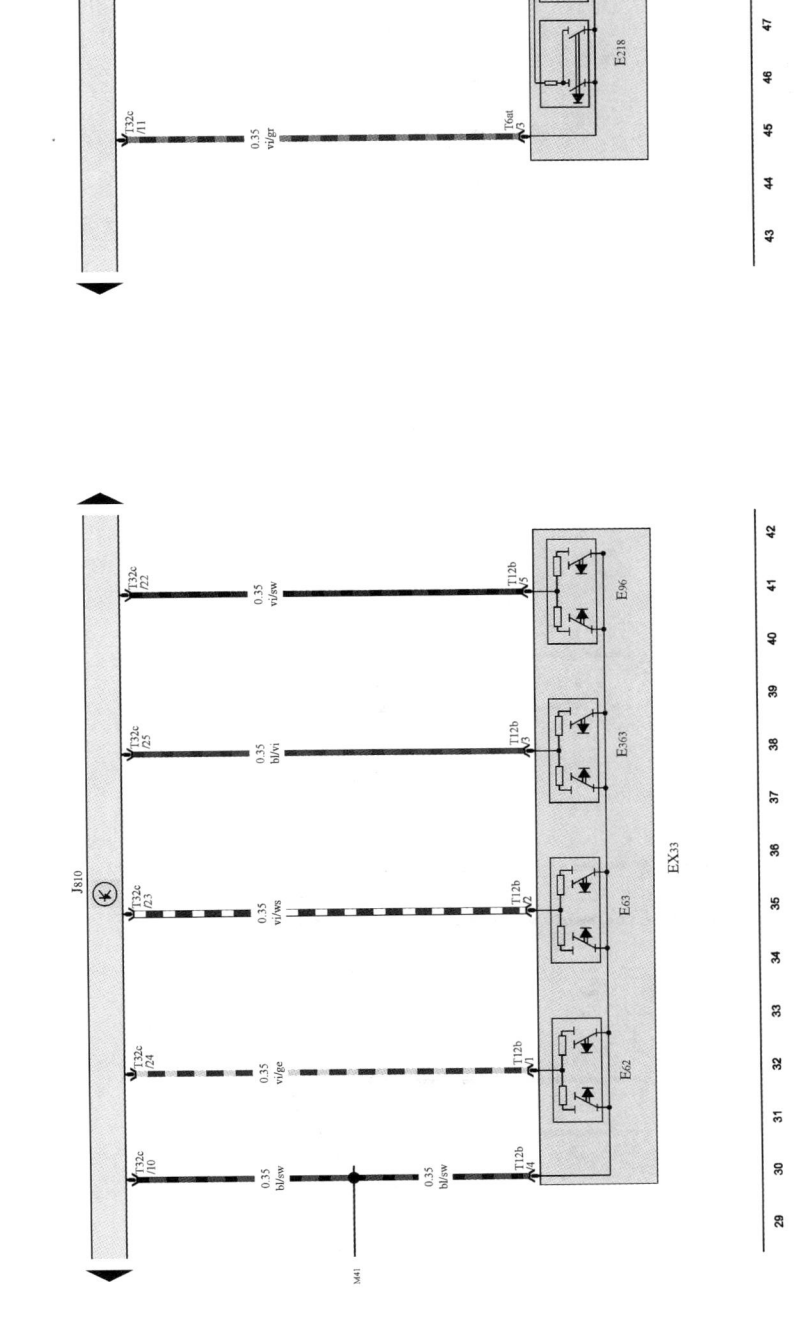

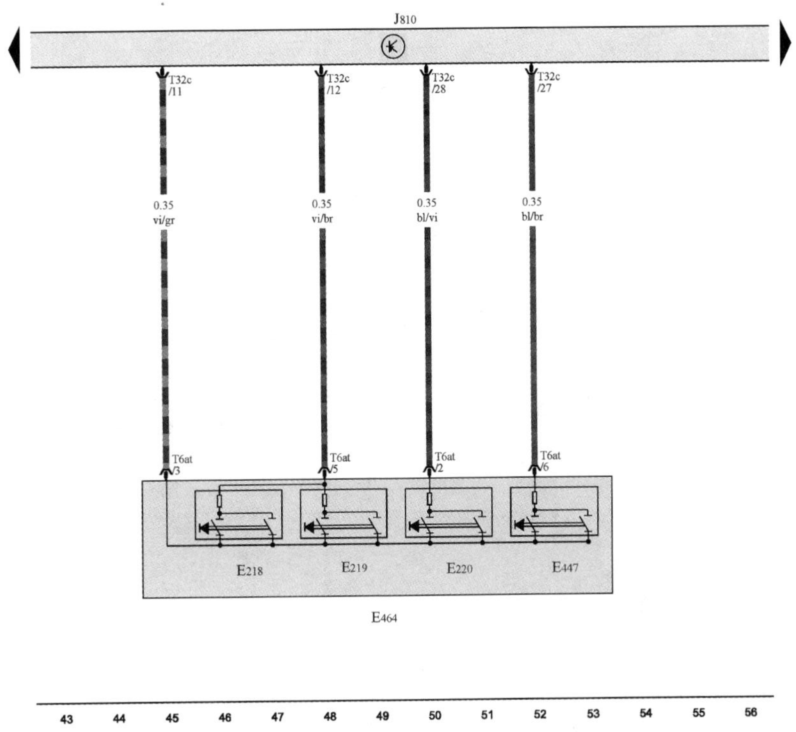

E218-带记忆功能的座椅按钮1 E219-带记忆功能的座椅按钮2 E220-带记忆功能的座椅按钮3 E447-座椅位置存储按钮 E464-驾驶员侧记忆功能调节单元 J810-驾驶员座椅调节控制单元 T6ar-6芯插头连接，黑色 T32c-32芯插头连接，黑色

图 3-4-42

EX33-左前座椅调节操作单元 E62-驾驶员座椅的前部高度调节开关 E63-驾驶员座椅的后部高度调节开关 E96-驾驶员座椅靠背调节开关 E363-驾驶员座椅纵向调节开关 J810-驾驶员座椅调节控制单元 T12b-12芯插头连接，灰色 T32c-32芯插头连接，灰色 M41-连接1，在驾驶员座椅导线束中

图 3-4-41

车载电网控制单元，驾驶员座椅调节控制单元

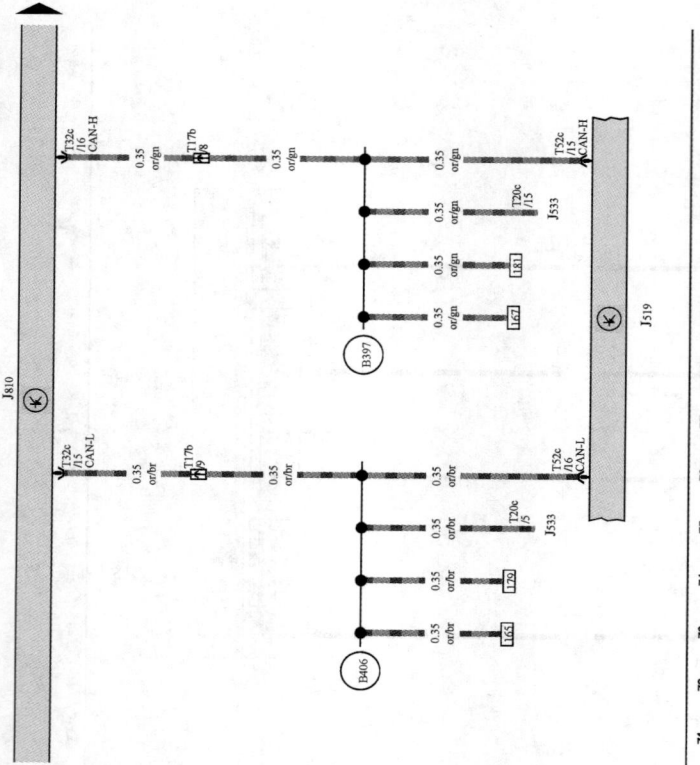

驾驶员座椅调节控制单元，驾驶员座椅的前部高度调节电机，驾驶员座椅的后部高度调节电机，驾驶员座椅靠背调节电机

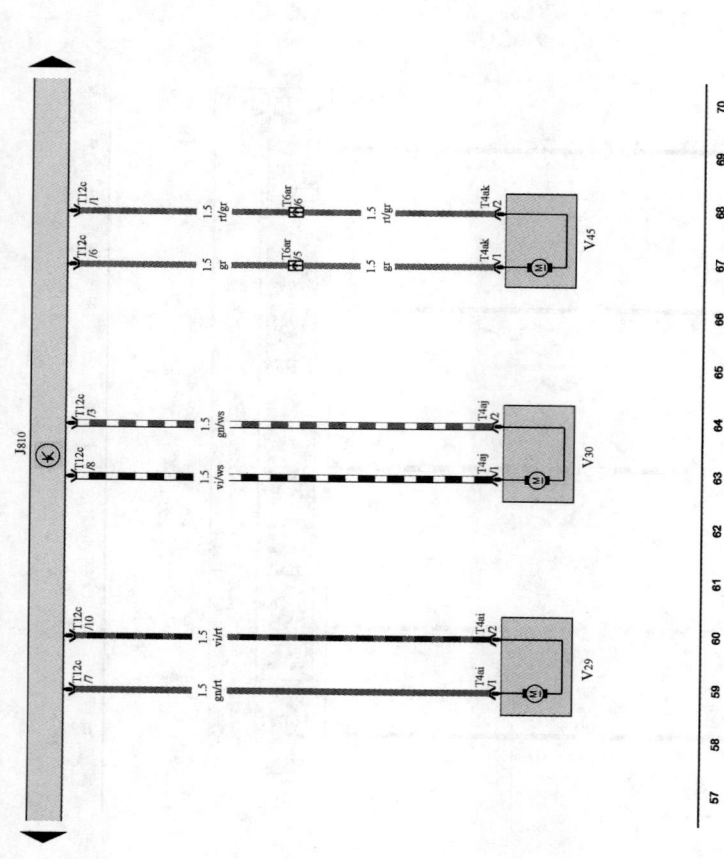

J810－驾驶员座椅调节控制单元，T4ai－4芯插头连接，黑色 T4aj－4芯插头连接，黑色 T4ak－4芯插头连接，黑色 T6ar－6芯插头连接，黑色 T12c－12芯插头连接，黑色 V29－驾驶员座椅的前部高度调节电机 V30－驾驶员座椅的后部高度调节电机 V45－驾驶员座椅靠背调节电机

图 3-4-43

J519－车载电网控制单元，J533－数据总线诊断接口 J810－驾驶员座椅调节控制单元 T17b－17芯插头连接，黑色 T20c－20芯插头连接，红色 T32c－32芯插头连接，灰色 T52c－52芯插头连接，棕色 B397－连接1(舒适CAN总线，High)，在主导线束中 B406－连接1(舒适CAN总线，Low)，在主导线束中

图 3-4-44

292

副驾驶员腰部支撑高度调节传感器，副驾驶员座椅腰部支撑后调节开关，副驾驶员座椅腰部支撑纵向调节电机，副驾驶员座椅腰部支撑高度调节电机

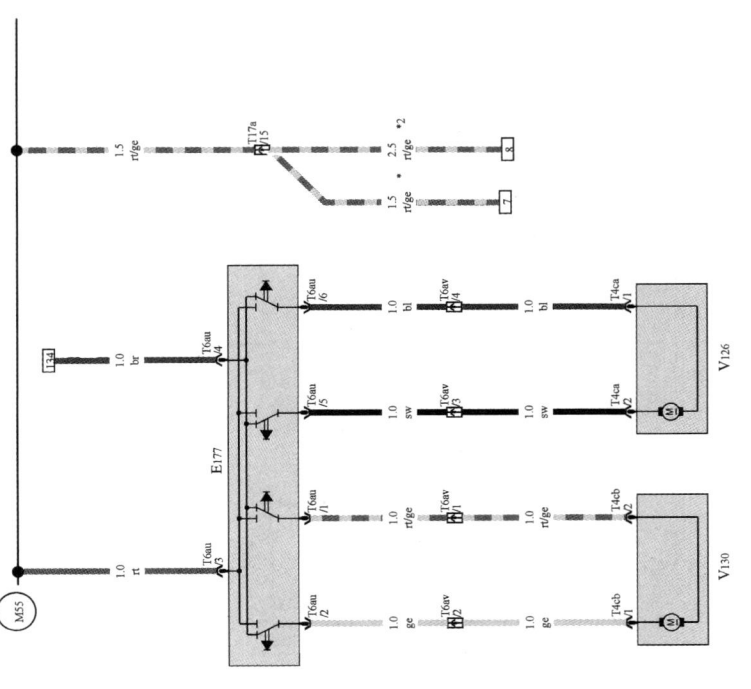

E177-副驾驶员腰部支撑调节开关　T4ca-4芯插头连接，黑色　T4cb-4芯插头连接，黑色　T6au-6芯插头连接，接，黑色　T6av-6芯插头连接，黑色　T17a-17芯插头连接，黑色　V126-副驾驶员座椅腰部支撑纵向调节电机　V130-副驾驶员座椅腰部支撑高度调节电机　M55-连接5，在副驾驶员侧座椅导线束中　*-自2017年1月起　*2-截至2017年1月起

图 3-4-46

腰部支撑高度调节传感器，腰部支撑前后调节传感器，驾驶员座椅调节控制单元，驾驶员座椅调节控制单元，驾驶员座椅腰部支撑纵向调节电机，驾驶员座椅腰部支撑高度调节电机

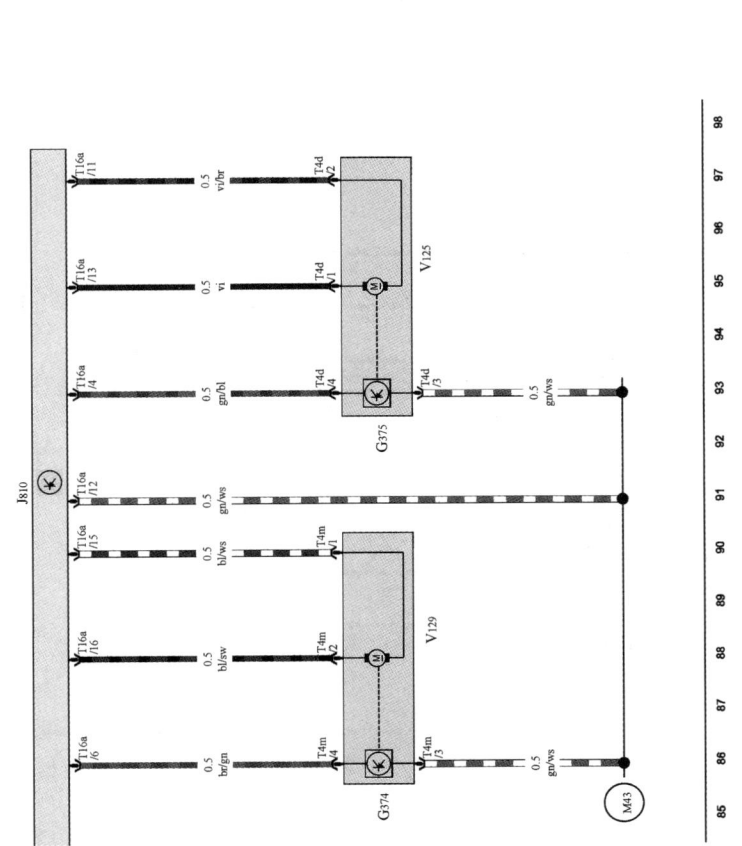

G374-腰部支撑高度调节传感器　G375-腰部支撑前后调节传感器　J810-驾驶员座椅调节控制单元　T4d-4芯插头连接，黑色　T4m-4芯插头连接，黑色　T16a-16芯插头连接，黑色　V125-驾驶员座椅腰部支撑纵向调节电机　V129-驾驶员座椅腰部支撑高度调节电机　M43-连接3，在驾驶员侧座椅导线束中

图 3-4-45

右前座椅调节操作单元，副驾驶员座椅的前部高度调节开关，副驾驶员座椅靠背调节开关，副驾驶员座椅的前部高度调节电机，副驾驶员座椅靠背调节电机

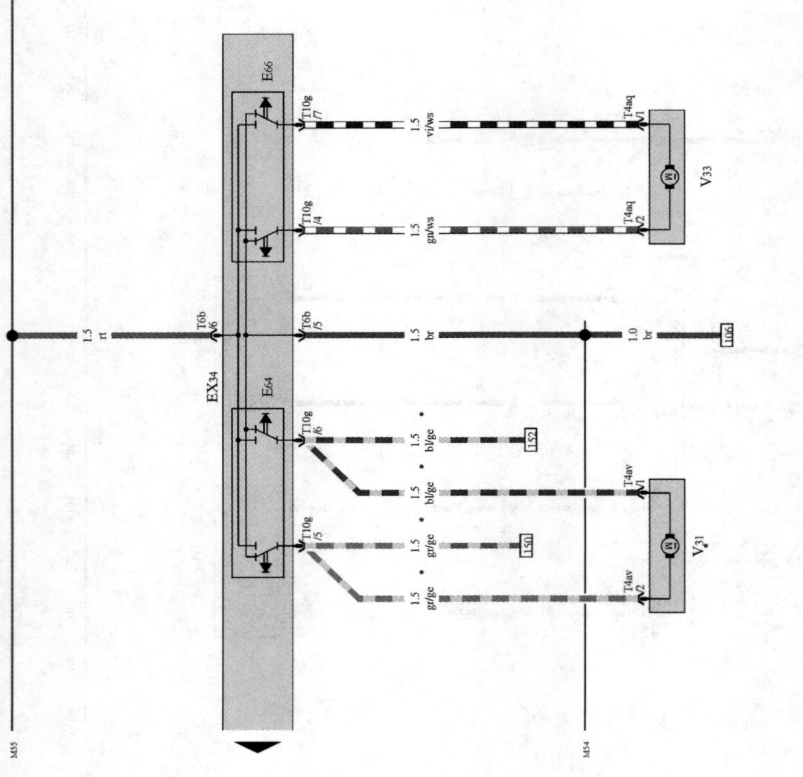

右前座椅调节操作单元，副驾驶员座椅纵向调节开关，副驾驶员座椅的后部高度调节开关，副驾驶员座椅纵向调节电机，副驾驶员座椅的后部高度调节电机

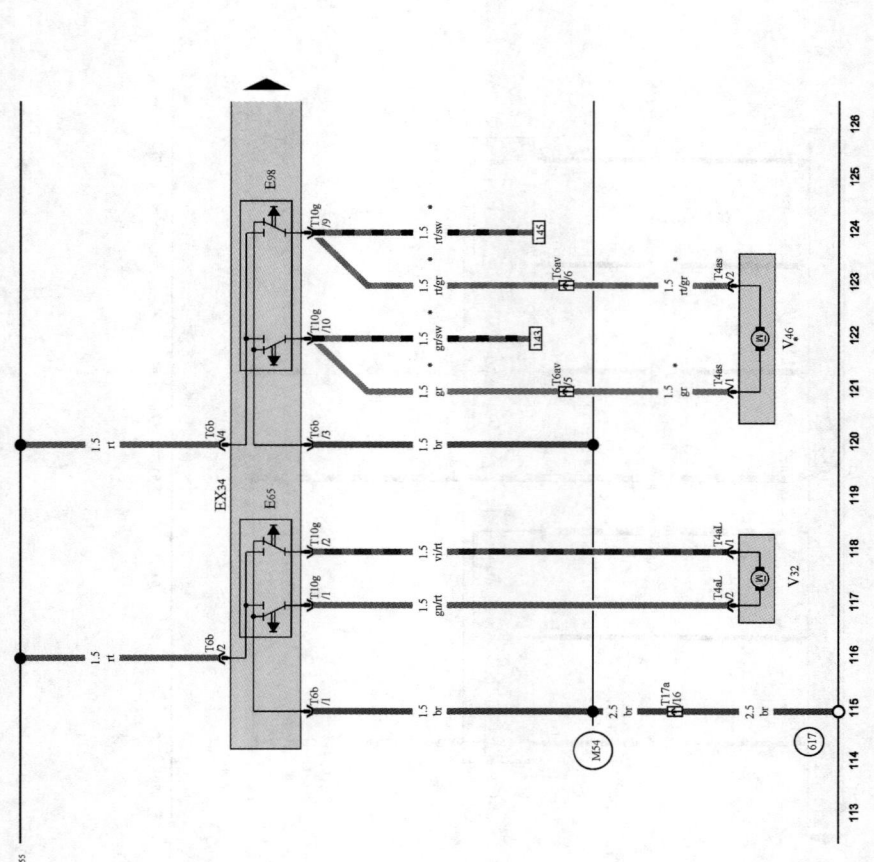

EX34-右前座椅调节操作单元　E64-副驾驶员座椅纵向调节开关　E66-副驾驶员座椅的后部高度调节开关　T4aq-4芯插头连接，黑色　T4av-4芯插头连接，黑色　T6b-6芯插头连接，黑色　T10g-10芯插头连接，黑色　V31-副驾驶员座椅纵向调节电机　V33-副驾驶员座椅的后部高度调节电机　M54-连接4，在副驾驶员侧座椅导线束中　M55-连接5，在副驾驶员侧座椅导线束中　*-依汽车装备而定

图 3-4-48

EX34-右前座椅调节操作单元　E65-副驾驶员座椅的前部高度调节开关　E98-副驾驶员座椅靠背调节开关　T4aL-4芯插头连接，黑色　T4as-4芯插头连接，黑色　T6av-6芯插头连接，黑色　T6b-6芯插头连接，黑色　T17a-17芯插头连接，黑色　V32-副驾驶员座椅的前部高度调节电机　V46-副驾驶员座椅靠背调节电机　617-右侧A柱下部接地点2　M54-连接4，在副驾驶员侧座椅导线束中　M55-连接5，在副驾驶员侧座椅导线束中　*-依汽车装备而定

图 3-4-47

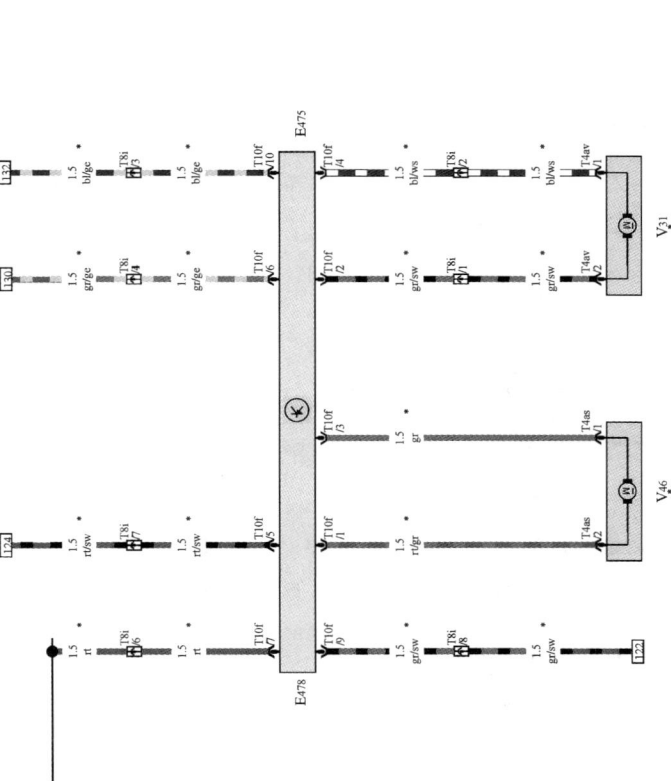

驾驶员侧车门控制单元，驾驶员侧后视镜调节电机 2，驾驶员侧后视镜调节电机

后部扶手中的副驾驶员座椅前后位置调节开关，后部扶手中的副驾驶员座椅的靠背调节开关，副驾驶员座椅纵向调节电机，副驾驶员座椅靠背调节电机

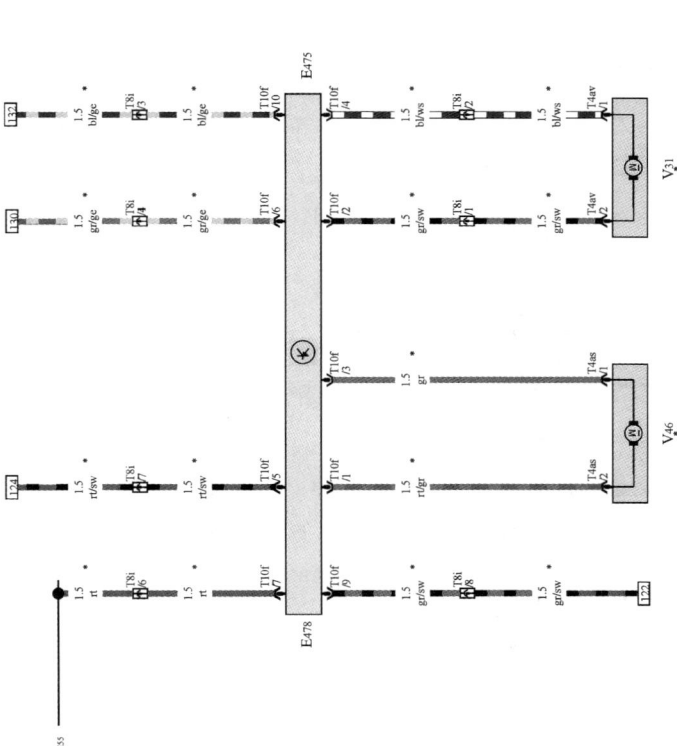

图 3-4-50

J386-驾驶员侧车门控制单元 T16d-16芯插头连接，黑色 T20d-20芯插头连接，黑色 T28a-28芯插头连接，黑色 T16d-16芯插头连接，黑色 T20d-20芯插头连接，黑色 V17-驾驶员侧后视镜调节电机2 V149-驾驶员侧后视镜调节电机，黑色

图 3-4-49

E475-后部扶手中的副驾驶员座椅前后位置调节开关 E478-后部扶手中的副驾驶员座椅的靠背调节开关 T4as-4芯插头连接，黑色 T8i-8芯插头连接，黑色 T10f-10芯插头连接，黑色 T4av-4芯插头连接，黑色 V31-副驾驶员座椅纵向调节电机 V46-副驾驶员座椅靠背调节电机 M55-连接5，在副驾驶员侧座椅导线束中 *-依汽车装备而定

295

副驾驶员侧车门控制单元，副驾驶员侧后视镜调节电机 2，副驾驶员侧后视镜调节电机

保险丝架 A 上的保险丝 4，驾驶员座椅调节装置的热敏保险丝 1

图 3-4-52

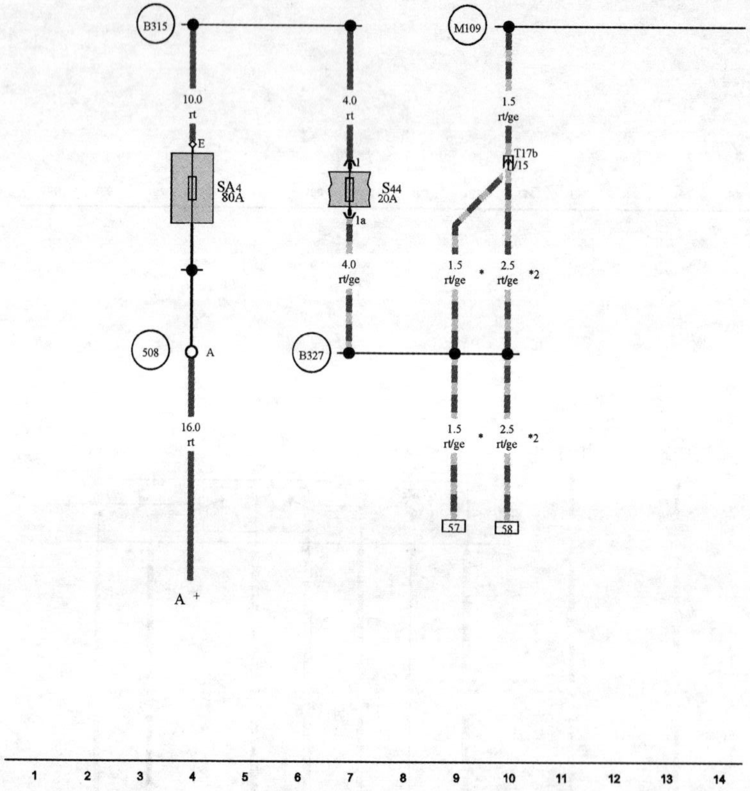

A-蓄电池 SA4-保险丝架A上的保险丝4 S44-驾驶员座椅调节装置的热敏保险丝1 T17b-17芯插头连接 B327-正极连接13 508-螺栓连接（30），在电控箱上 B315-正极连接1（30a），在主导线束中 B327-正极连接13（30a），在主导线束中 M109-连接1（30），在左前座椅导线束中 *-自2017年1月起 *2-截至2017年1月

图 3-4-51

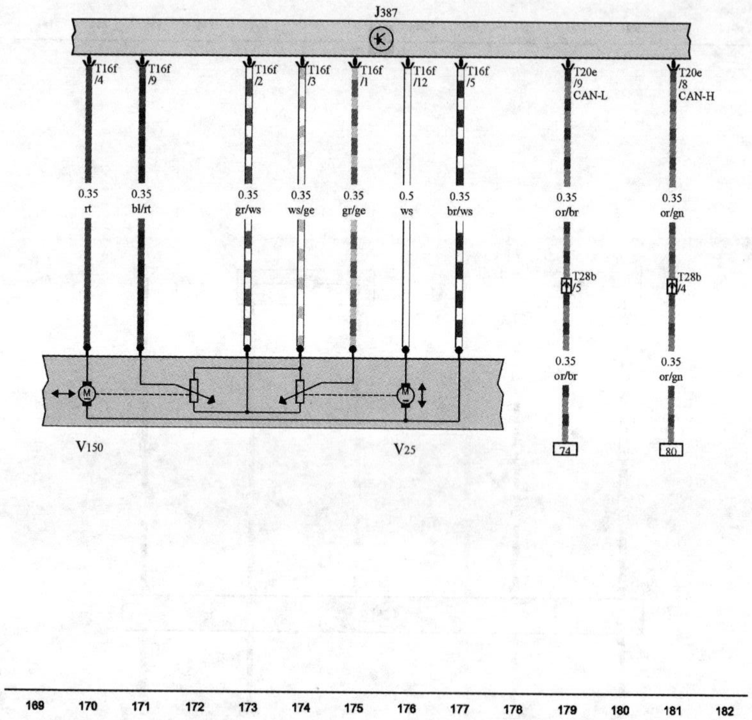

J387-副驾驶员侧车门控制单元 T16f-16芯插头连接，黑色 T20e-20芯插头连接，黑色 T28b-28芯插头连接，黑色 V25-副驾驶员侧后视镜调节电机2 V150-副驾驶员侧后视镜调节电机

296

左前座椅调节操作单元，驾驶员座椅的前部高度调节开关，驾驶员座椅高度调节开关，驾驶员座椅靠背调节开关，驾驶员座椅的前部高度调节电机，驾驶员座椅靠背调节电机

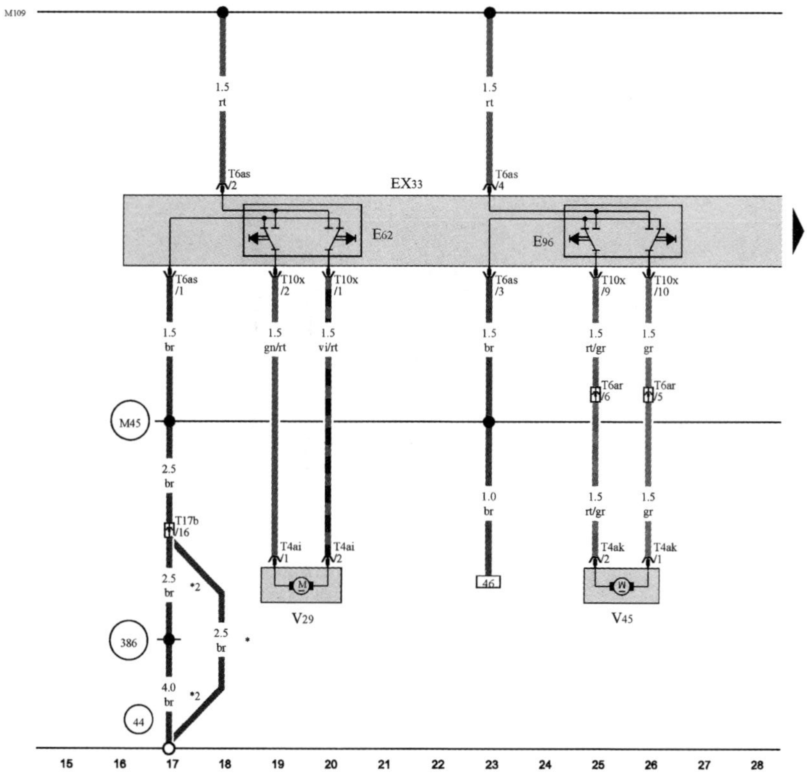

左前座椅调节操作单元，驾驶员座椅的后部高度调节开关，驾驶员座椅纵向调节开关，驾驶员座椅纵向调节电机，驾驶员座椅的后部高度调节电机

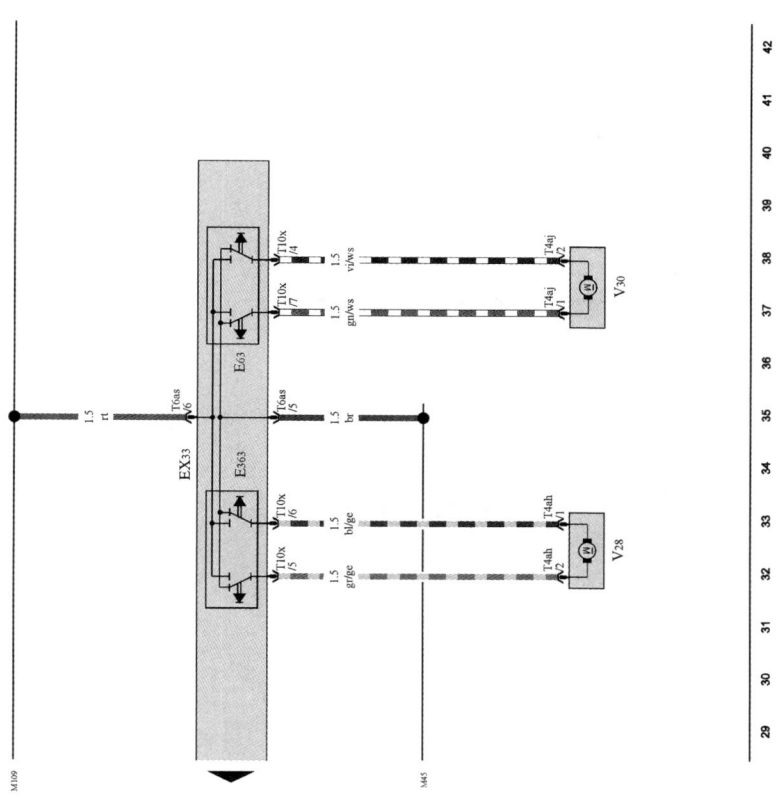

EX33-左前座椅调节操作单元 E63-驾驶员座椅纵向调节开关 E363-驾驶员座椅的后部高度调节开关 T4ah-4芯插头连接，黑色 T4aj-4芯插头连接，黑色 T6as-6芯插头连接，黑色 T10x-10芯插头连接，黑色 V28-驾驶员座椅纵向调节电机 V30-驾驶员座椅的后部高度调节电机 M45-连接5，在驾驶员座椅导线束中 M109-连接1（30），在左前座椅导线束中

图3-4-54

EX33-左前座椅调节操作单元 E62-驾驶员座椅的前部高度调节开关 E96-驾驶员座椅靠背调节开关 T4ai-4芯插头连接，黑色 T4ak-4芯插头连接，黑色 T6ar-6芯插头连接，黑色 T10x-10芯插头连接，黑色 T17b-17芯插头连接，黑色 V29-驾驶员座椅的前部高度调节电机 V45-驾驶员座椅靠背调节电机 44-左侧A柱下部的接地点，386-接地连接21，在主导线束中 M45-连接5，在驾驶员座椅导线束中 M109-连接1（30），在左前座椅导线束中 *1-自2015年12月起 *2-截至2015年12月

图3-4-53

驾驶员腰部支撑调节开关，驾驶员座椅腰部支撑纵向调节电机，驾驶员座椅腰部支撑高度调节电机

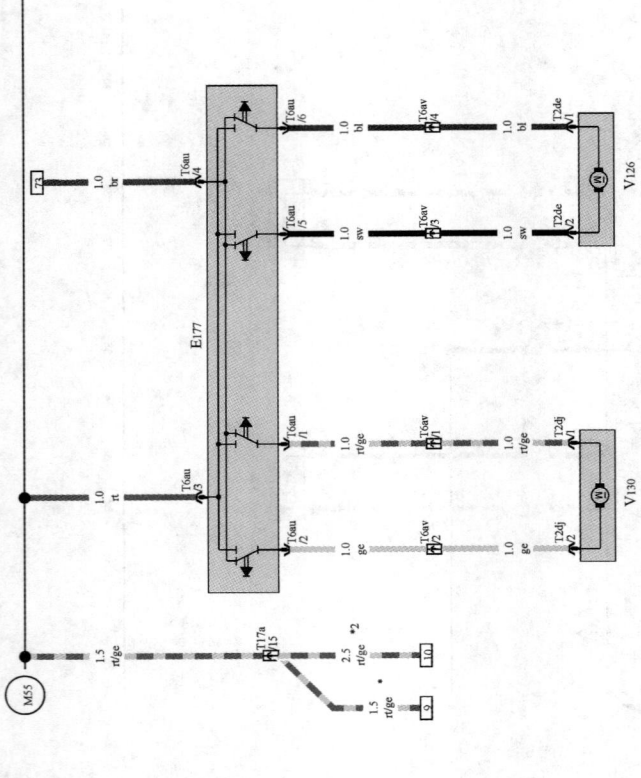

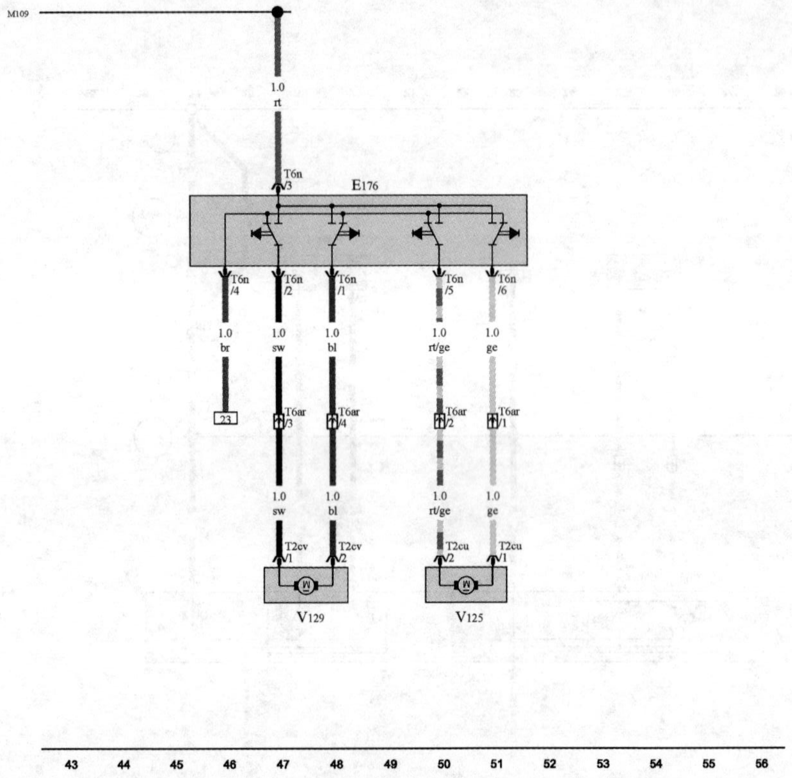

E176–驾驶员腰部支撑调节开关　T2cu–2芯插头连接，黑色　T2cv–2芯插头连接，黑色　T6ar–6芯插头连接，黑色　T6n–6芯插头连接，黑色　V125–驾驶员座椅腰部支撑纵向调节电机　V129–驾驶员座椅腰部支撑高度调节电机　M109–连接1（30），在左前座椅导线束中

图 3–4–55

副驾驶员腰部支撑调节开关，副驾驶员座椅腰部支撑纵向调节电机，副驾驶员座椅腰部支撑高度调节电机

E177–副驾驶员腰部支撑调节开关　T2de–2芯插头连接，黑色　T2dj–2芯插头连接，黑色　T6au–6芯插头连接，黑色　T6av–6芯插头连接，黑色　T17a–17芯插头连接，黑色　V126–副驾驶员座椅腰部支撑纵向调节电机　V130–副驾驶员座椅腰部支撑高度调节电机　M55–连接5，在副驾驶员侧座椅导线束中　*–自2017年1月起　*2–截至2017年1月

图 3–4–56

右前座椅调节操作单元，副驾驶员座椅的后部高度调节开关，副驾驶员座椅纵向调节开关，副驾驶员座椅纵向调节电机，副驾驶员座椅的后部高度调节电机

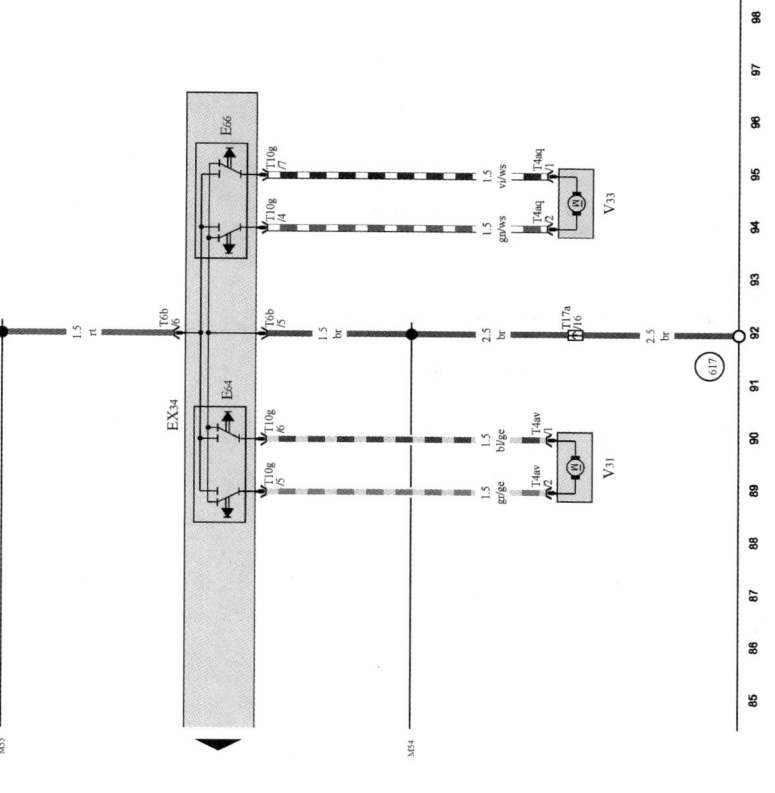

EX34-右前座椅调节操作单元　E64-副驾驶员座椅的后部高度调节开关　E66-副驾驶员座椅纵向调节开关　T4aq-4芯插头连接　T4av-4芯插头连接，黑色　T6b-6芯插头连接，黑色　T10g-10芯插头连接，黑色　T17a-17芯插头连接，黑色　V31-副驾驶员座椅纵向调节电机　V33-副驾驶员座椅的后部高度调节电机　M55-连接5，在副驾驶员侧座椅导线束中　617-右侧A柱下部接地点2　M54-连接4，在副驾驶员侧座椅导线束中

图 3-4-58

右前座椅调节操作单元，副驾驶员座椅的前部高度调节开关，副驾驶员座椅靠背调节开关，副驾驶员座椅的前部高度调节电机，副驾驶员座椅靠背调节电机

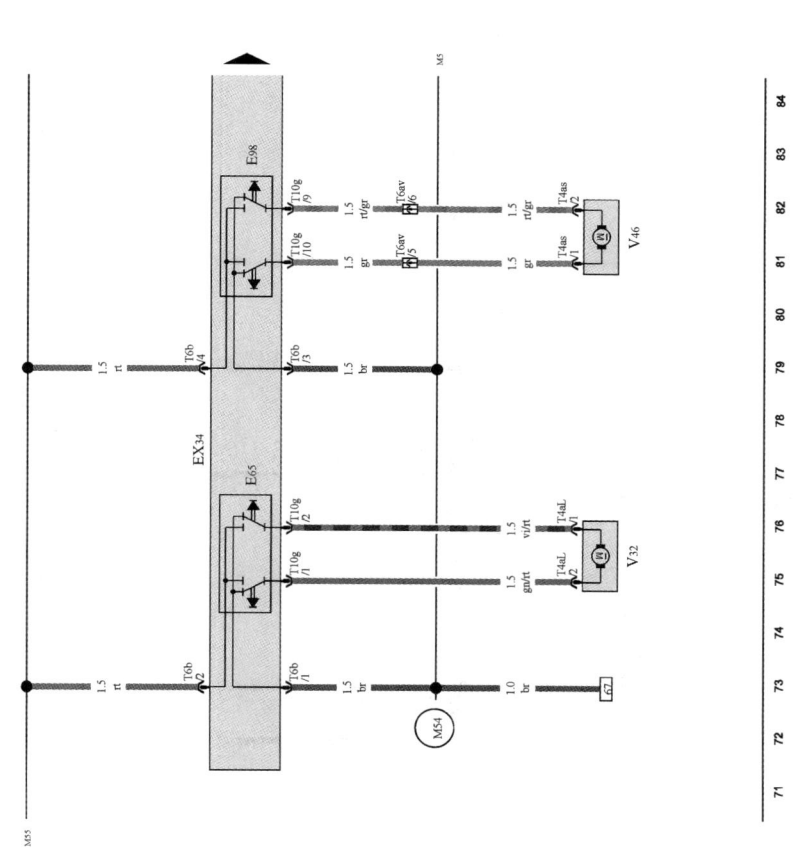

EX34-右前座椅调节操作单元　E65-副驾驶员座椅的前部高度调节开关　E98-副驾驶员座椅靠背调节开关　T4aL-4芯插头连接　T4as-4芯插头连接，黑色　T6av-6芯插头连接，黑色　T6b-6芯插头连接，黑色　T10g-10芯插头连接，黑色　V32-副驾驶员座椅的前部高度调节电机　V46-副驾驶员座椅靠背调节电机　M55-连接5，在副驾驶员侧座椅导线束中　M54-连接4，在副驾驶员侧座椅导线束中

图 3-4-57

可加热驾驶员座椅椅调节器，可加热副驾驶员座椅调节器，全自动空调控制单元

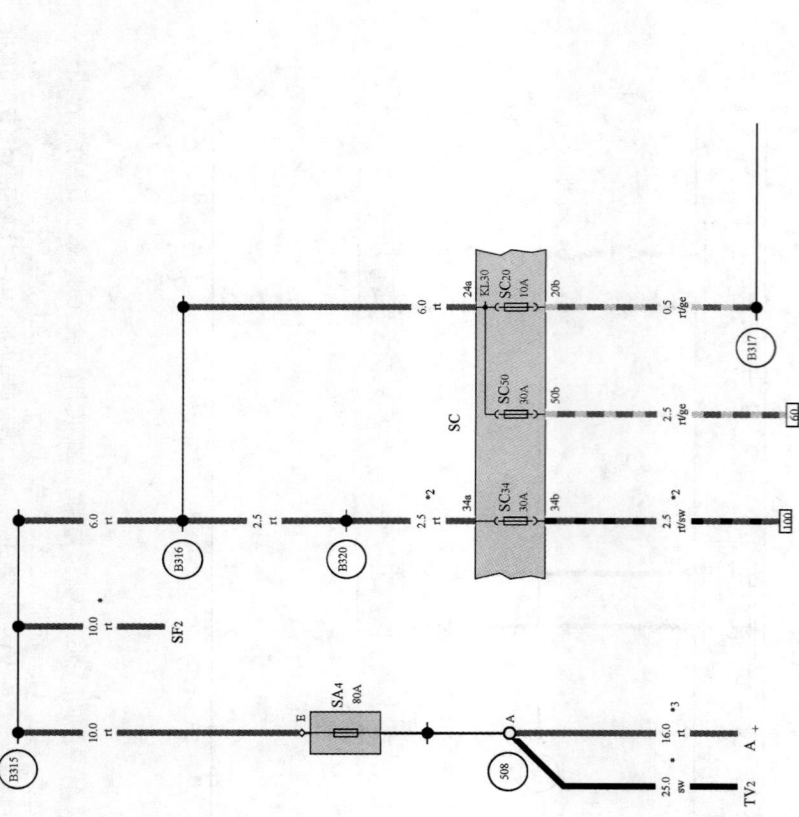

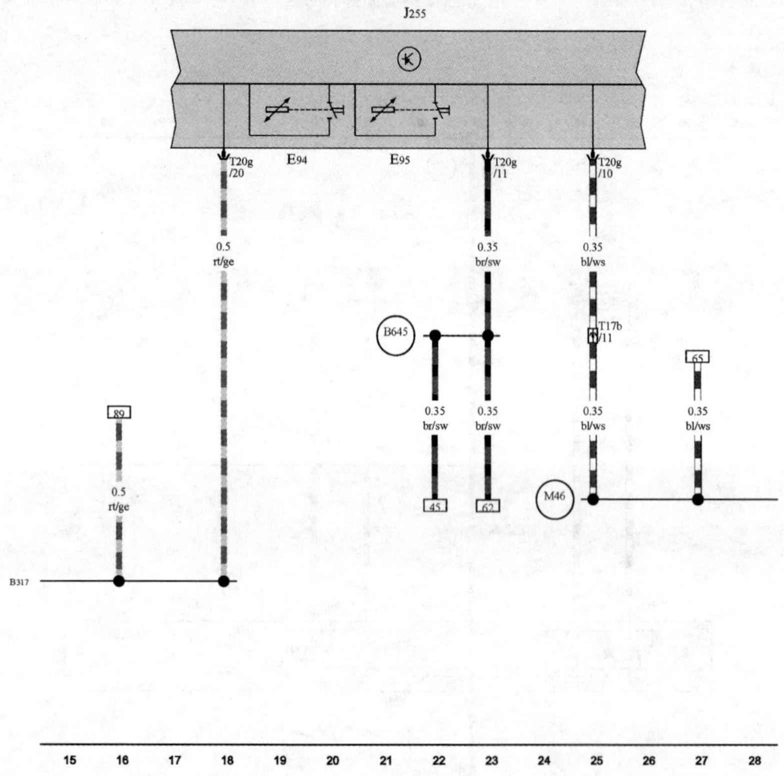

图 3-4-60

保险丝架 C

图 3-4-59

A-蓄电池 SF2-保险丝架F上的保险丝2 SA4-保险丝架A上的保险丝4 SC-保险丝架C SC20-保险丝架C
上的保险丝20 SC34-保险丝架C上的保险丝34 SC50-保险丝架C上的保险丝50 TV2-接线端30导线分线器
508-螺栓连接（30），在电控箱上 B315-正极连接1（30a），在主导线束中 B316-正极连接2（30a），
在主导线束中 B317-正极连接3（30a），在主导线束中 B320-正极连接6（30a），在主导线束中 *-仅在
带6缸发动机的汽车上 *2-仅用于带可加热式后座椅的汽车 *3-仅用于带4缸发动机的汽车

E94-可加热驾驶员座椅调节器 E95-可加热副驾驶员座椅调节器 J255-全自动空调控制单元 T17b~17芯插
头连接，黑色 T20g~20芯插头连接 B317-正极连接3（30a），在主导线束中 B645-连接2（座椅
加热），在主导线束中 M46-连接，在驾驶员侧座椅导线束中

300

副驾驶员座椅温度传感器，可加热副驾驶员座椅，可加热前座椅控制单元，可加热副驾驶员座椅，可加热副驾驶员座椅靠背

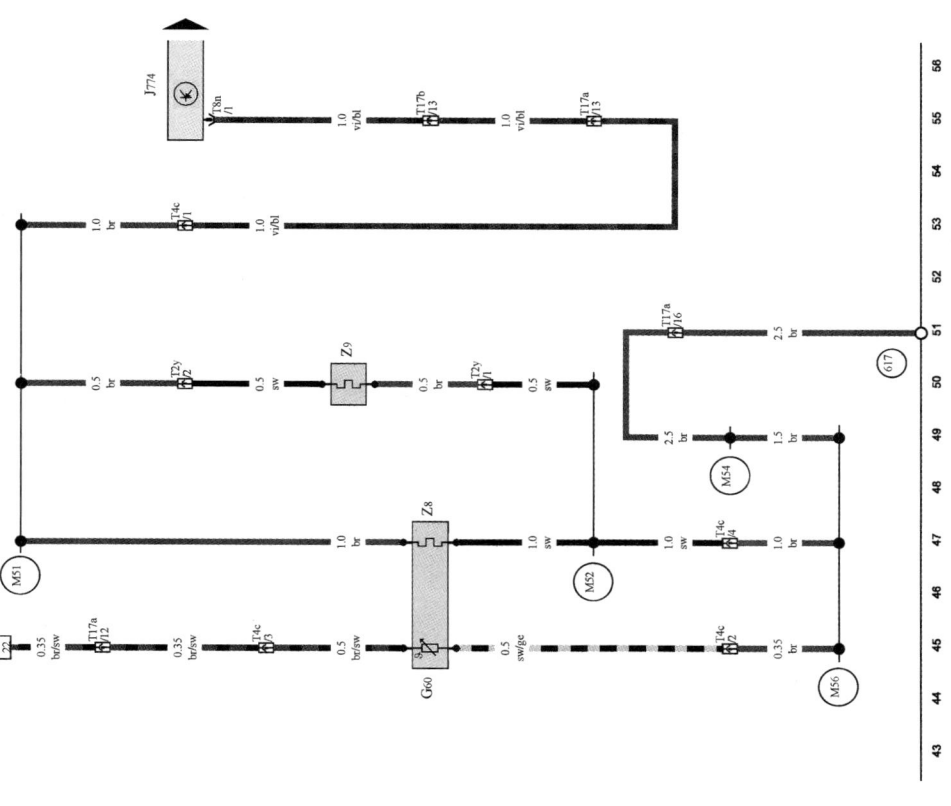

G60-副驾驶员座椅温度传感器 J774-可加热前座椅控制单元 T2y-2芯插头连接，黑色 T4c-4芯插头连接，黑色 接，黑色 T8n-8芯插头连接，黑色 T17a-17芯插头连接，黑色 T17b-17芯插头连接，黑色 Z8-可加热副驾驶员座椅 Z9-可加热副驾驶员座椅靠背 617-右侧A柱下部接地点2 M51-连接1，在副驾驶员座椅导线束中 M52-连接2，在副驾驶员座椅导线束中 M54-连接4，在副驾驶员座椅导线束中 M56-连接6，在副驾驶员座椅导线束中

图3-4-62

驾驶员座椅温度传感器，可加热驾驶员座椅，可加热式驾驶员座椅靠背

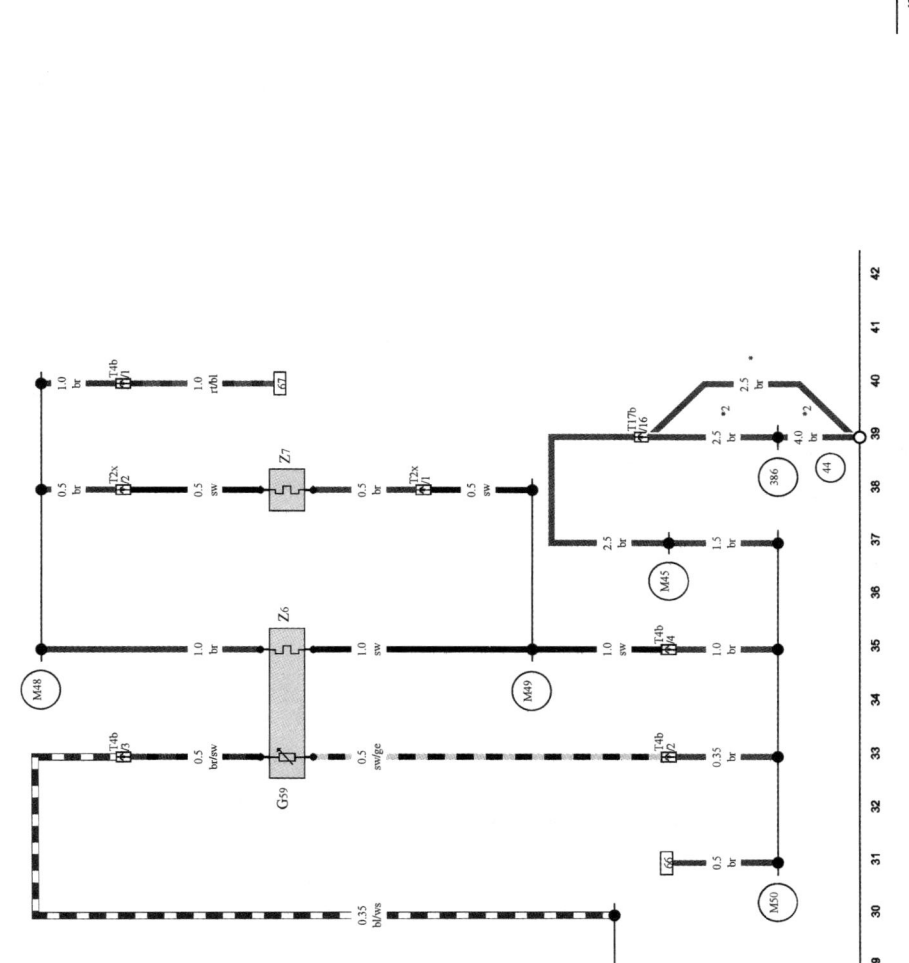

G59-驾驶员座椅温度传感器 T2x-2芯插头连接 T4b-4芯插头连接，黑色 T17b-17芯插头连接， Z6-可加热式驾驶员座椅 Z7-可加热驾驶员座椅靠背 44-左侧A柱下部的接地点 386-接地连接21， 黑色 在主导线束中 M45-连接5，在驾驶员座椅导线束中 M46-连接6，在驾驶员座椅导线束中 M48-连接8，在驾驶员座椅导线束中 M49-连接9，在驾驶员座椅导线束中 M50-连接10，在驾驶员座椅导线束中 *2-自2015年12月起 *-截至2015年12月

图3-4-61

301

右后座椅温度传感器，可加热后座椅控制单元，可加热后侧后座椅，可加热右侧后座椅，可加热右侧后座椅靠背

可加热前座椅控制单元

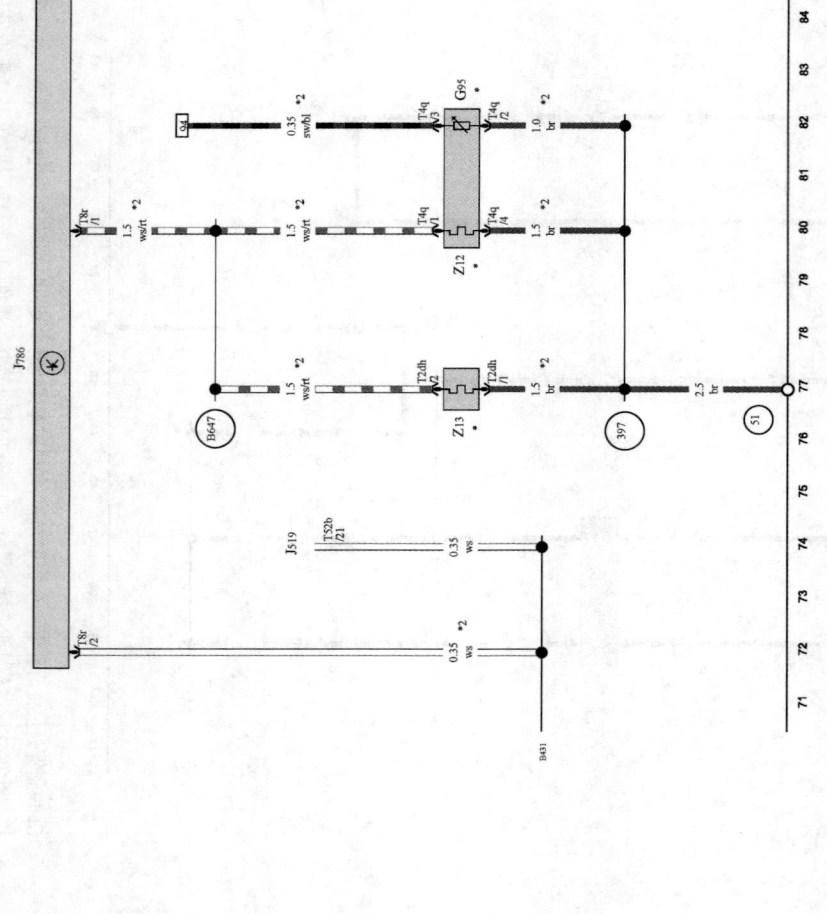

图 3-4-64

图 3-4-63

G95-右后座椅温度传感器 J519-车载电网控制单元 J786-可加热后座椅控制单元 T2dh-2芯插头连接，黑色 T4q-4芯插头连接，黑色 T8r-8芯插头连接，黑色 T52b-52芯插头连接，白色 Z12-可加热右侧后座椅 Z13-可加热后侧右侧后座椅靠背 51-行李箱内右侧的接地点 397-接地连接32，在主导线束中 B431-连接（座椅加热），在主导线束中 B647-连接4（座椅加热），在主导线束中 *-已预先布线的部件 *2-仅用于带可加热式后座椅的汽车

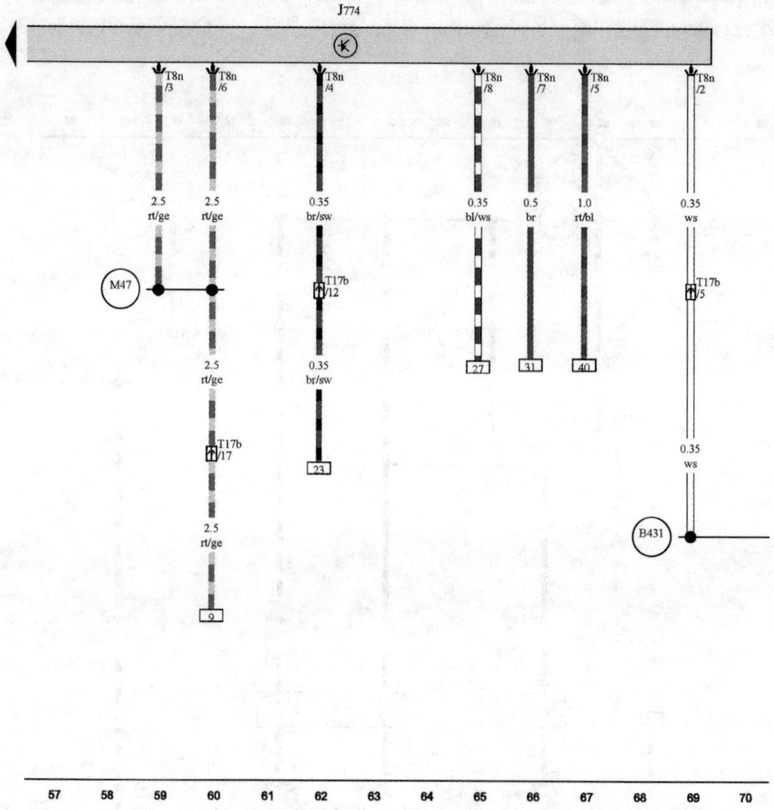

J774-可加热前座椅控制单元 T8n-8芯插头连接，黑色 T17b-17芯插头连接，黑色 B431-连接（座椅加热），在主导线束中 M47-连接7，在驾驶员侧座椅导线束中

302

左后可加热座椅调节开关，右后可加热座椅调节开关，后部空调操作和显示单元，可加热后座椅控制单元

左侧后座椅温度传感器，可加热后座椅控制单元，可加热左侧后座椅，可加热左侧后座椅靠背

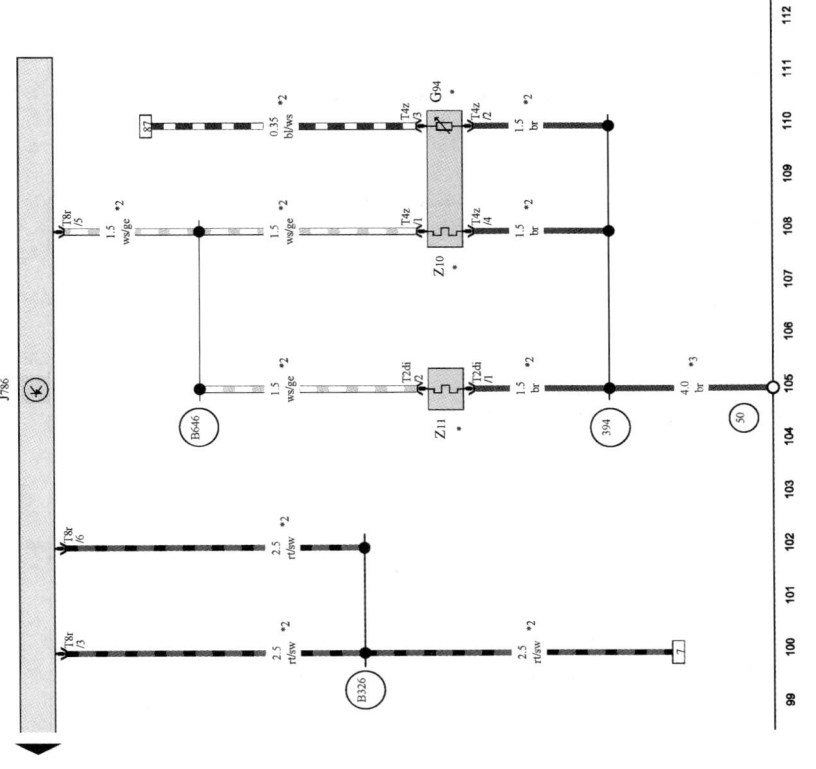

图 3-4-66

G94-左侧后座椅温度传感器 J786-可加热后座椅控制单元 T2di-2芯插头连接，黑色 T4z-4芯插头连接、黑色 T8r-8芯插头连接，黑色 Z10-可加热左侧后座椅 Z11-可加热左侧后座椅靠背 50-行李箱内左侧的接地点 394-接地连接29，在主导线束中 B326-正极连接12（30a），在主导线束中 B646-连接3（座椅加热），在主导线束中 *-已预先布线的部件 *2-仅用于带可加热式后座椅的汽车 *3-仅用于带电动后窗遮阳卷帘的汽车

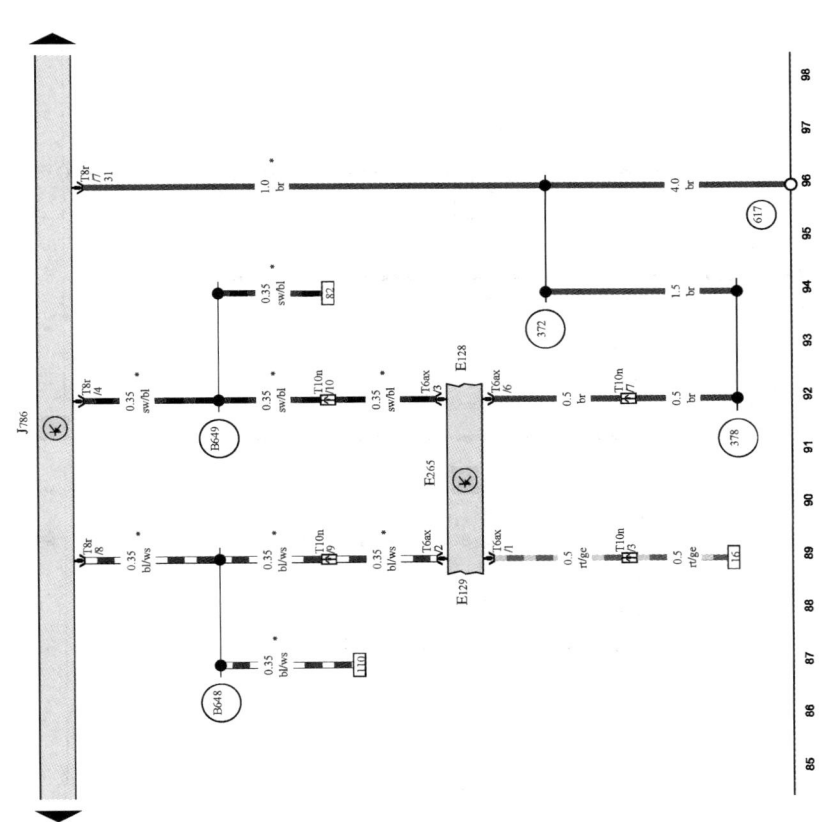

图 3-4-65

E128-左后可加热座椅调节开关 E129-右后可加热座椅调节开关 E265-后部空调操作和显示单元 J786-可加热后座椅控制单元 T6ax-6芯插头连接，黑色 T8r-8芯插头连接，黑色 T10n-10芯插头连接，黑色 372-接地连接13，在主导线束中 378-接地连接7，在主导线束中 617-右侧A柱下部接地点2 B648-连接5（座椅加热），在主导线束中 B649-连接6（座椅加热），在主导线束中 *-仅用于带可加热式后座椅的汽车

303

座椅通风指示灯 1，驾驶员座椅靠背风扇，驾驶员座椅座垫风扇

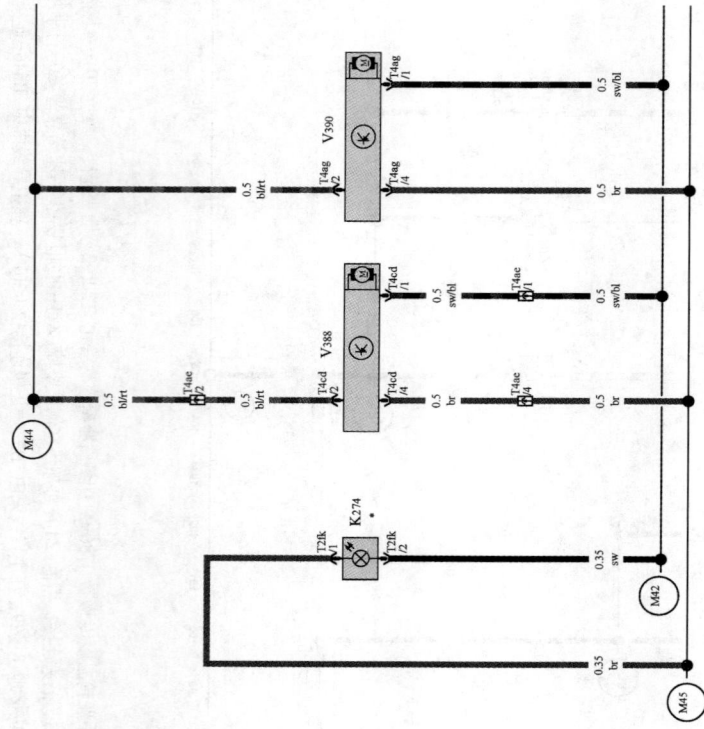

图 3-4-68

K274-座椅通风指示灯1 T2bk-2芯插头连接 T4ae-4芯插头连接，白色 T4cd-4芯插头连接，白色 T4ag-4芯插头连接，白色 T4cd-4芯插头连接，白色 V388-驾驶员座椅靠背风扇 V390-驾驶员座椅座垫风扇 M42-连接2，在驾驶员侧座椅导线束中 M44-连接4，在驾驶员侧座椅导线束中 M45-连接5，在驾驶员侧座椅导线束中 *-已预先布线的部件

接线端 15 供电继电器

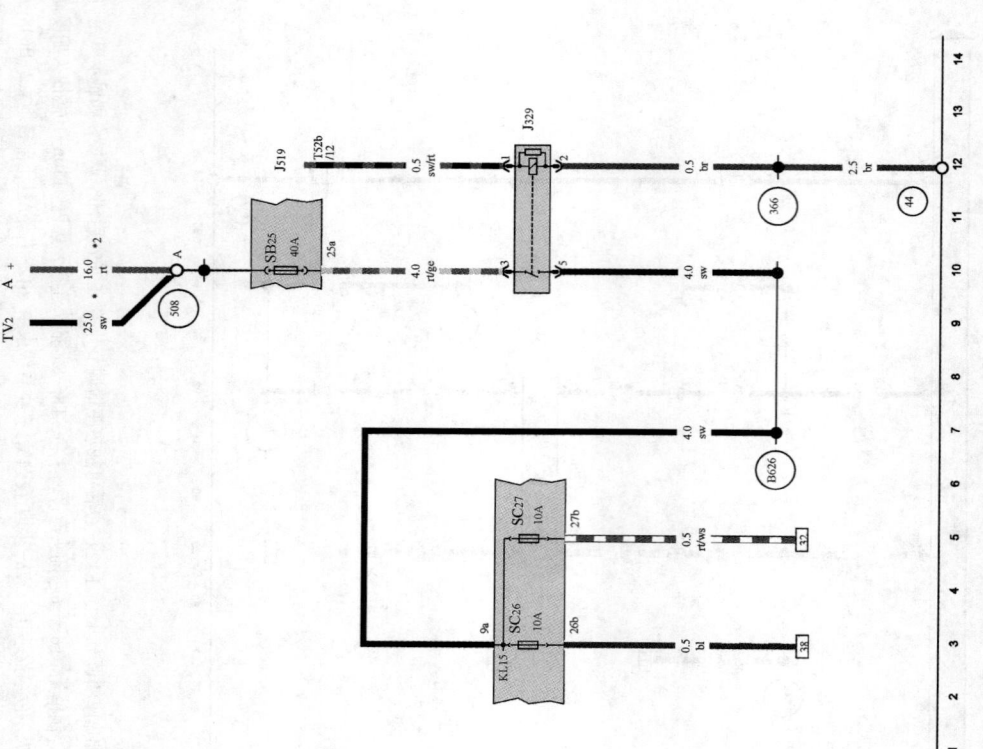

图 3-4-67

A-蓄电池 J329-接线端15供电继电器 J519-车载电网控制单元 SB25-保险丝架B上的保险丝25 SC26-保险丝架C上的保险丝26 SC27-保险丝架C上的保险丝27 T52b-52芯插头连接，白色 TV2-接线端30号线分线器 44-左侧A柱下部的接地点 366-接地连接1，在主导线束中 508-螺栓连接（30），在电控箱上 B626-正极连接2（15），在主导线束中 *-仅在带6缸发动机的汽车上 *2-仅用于带4缸发动机的汽车

座椅通风指示灯 2，副驾驶员座椅靠背风扇，副驾驶员座椅座垫风扇

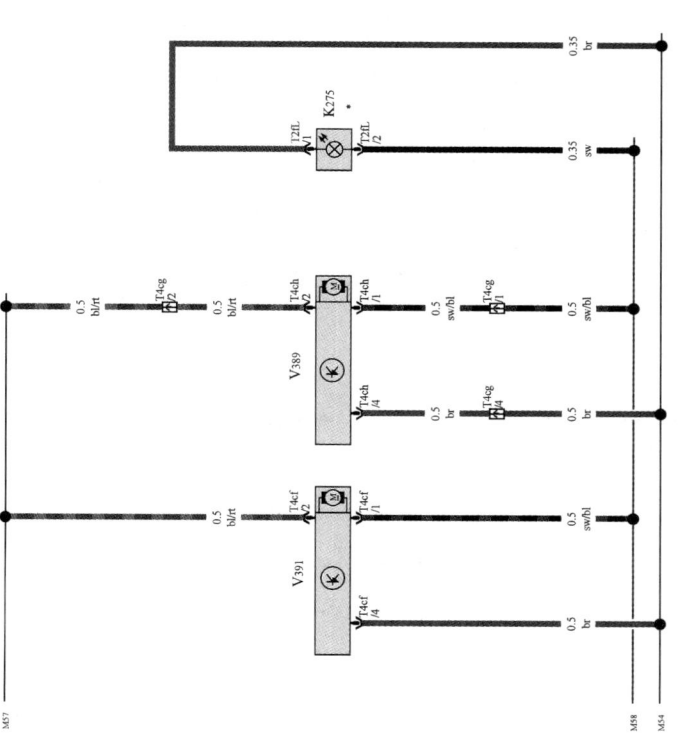

图 3-4-70

座椅通风开关，座椅通风开关 2

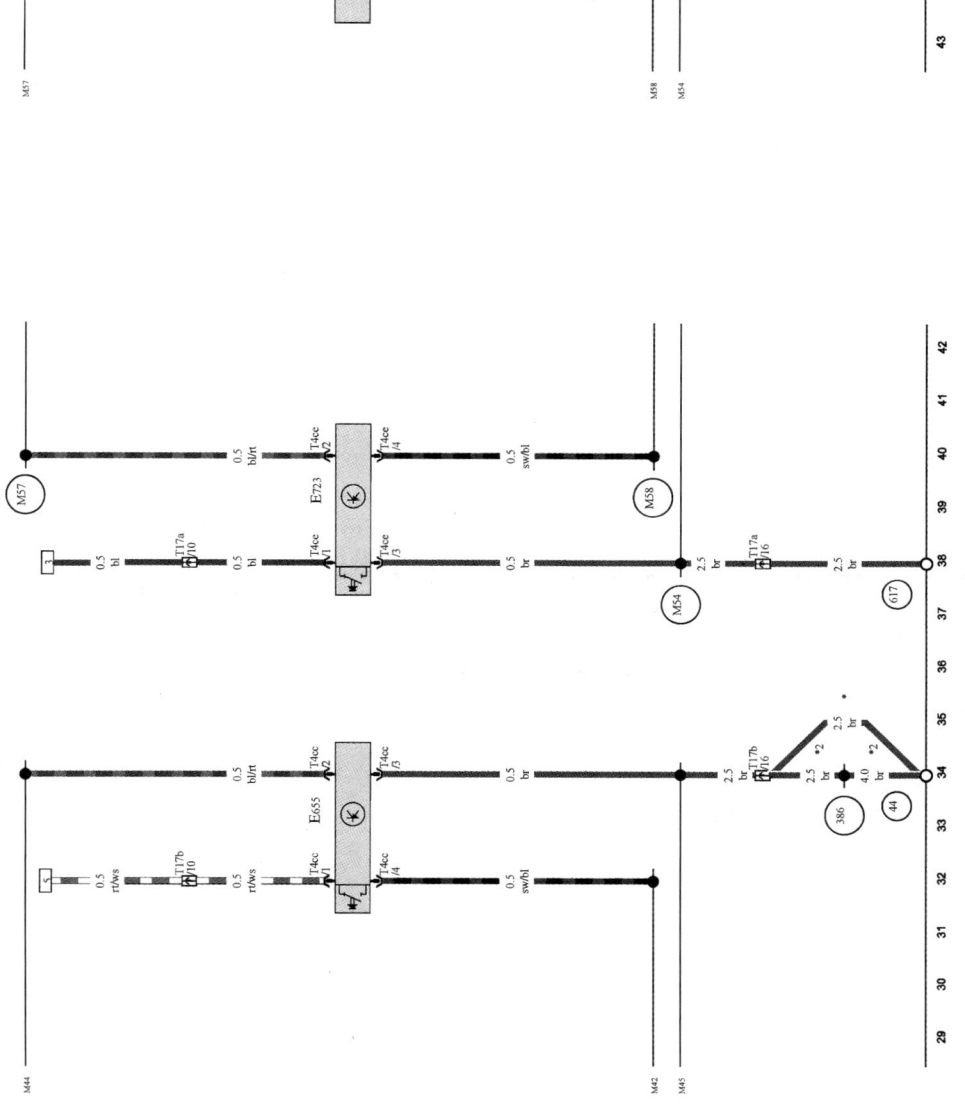

图 3-4-69

E655-座椅通风开关 E723-座椅通风开关2 T4cc-4芯插头连接，棕色 T4cc-4芯插头连接，棕色 T17a-17芯插头连接，黑色 T17b-17芯插头连接，黑色 44-左侧A柱下部的接地点 386-接地连接21，在主导线束中 617-台侧A柱下部接地点2 M42-连接2，在驾驶员侧座椅导线束中 M44-连接4，在驾驶员侧座椅导线束中 M54-连接4，在副驾驶员侧座椅导线束中 M57-连接7，在副驾驶员侧座椅导线束中 M45-连接5，在驾驶员侧座椅导线束中 M58-连接8，在副驾驶员侧座椅导线束中 *-自2015年12月起 *2-截至2015年12月

K275-座椅通风指示灯2 T2fL-2芯插头连接 T4cf-4芯插头连接，白色 T4ch-4芯插头连接，白色 T4cg-4芯插头连接 V391-副驾驶员座椅座垫风扇 V389-副驾驶员座椅靠背风扇 M54-连接4，在副驾驶员侧座椅导线束中 *--在副驾驶员侧座椅导线束中 M57-连接7，在副驾驶员侧座椅导线束中 M58-连接8，在副驾驶员侧座椅导线束中 *-已预先布线的部件

305

后窗遮阳卷帘开关，后窗遮阳卷帘控制单元，车载电网控制单元，尾部遮阳卷帘开关照明灯泡，后窗遮阳卷帘电机

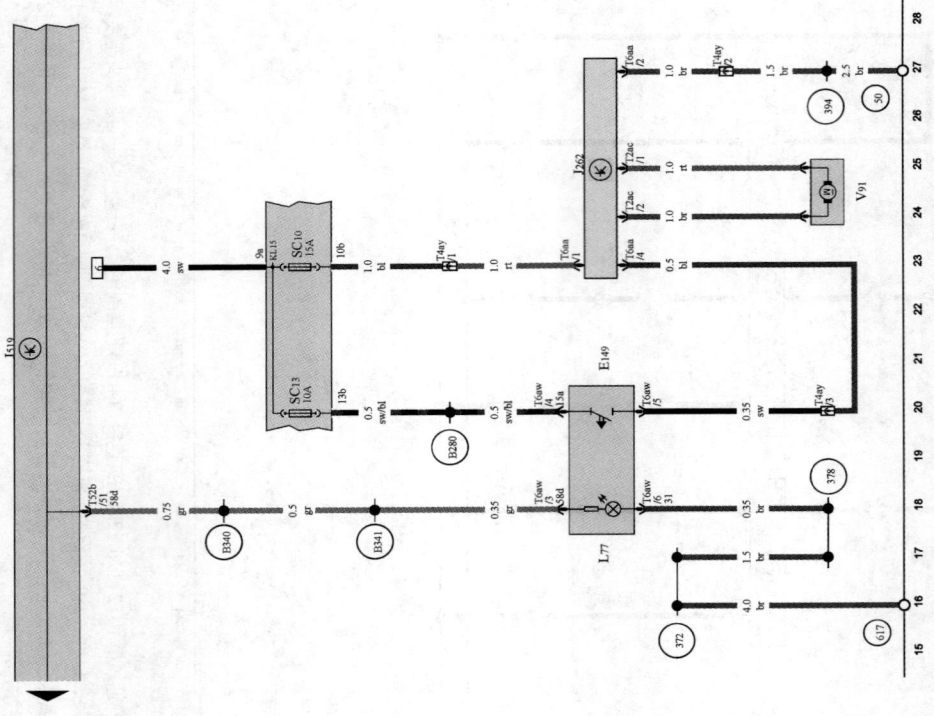

端子 15 供电继电器，车载电网控制单元

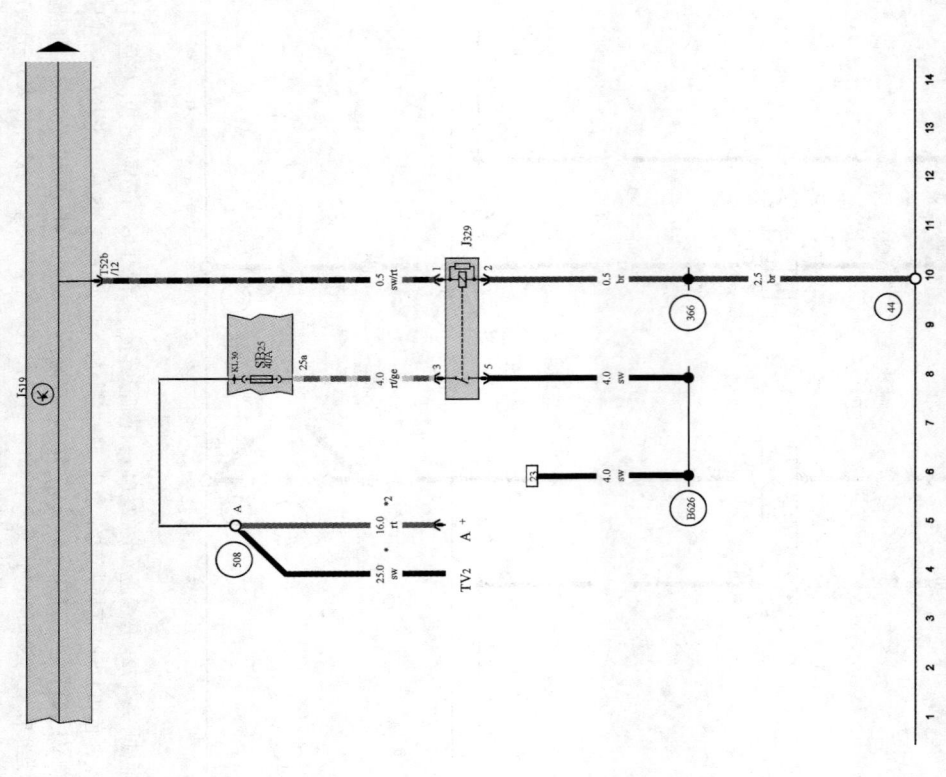

图 3-4-71

图 3-4-72

A-蓄电池 J329-端子15供电继电器 J519-车载电网控制单元 SB25-保险丝架B上的保险丝25 T52b-52 芯插头连接，白色 TV2-端子30号线分线器 44-接地连接 366-接地连接1，在主导线束中 508-螺栓连接（30），在电控箱上 B626-正极连接2（15），在主导线束中 *-仅在带6缸发动机的汽车上 *2-仅用于带4缸发动机的汽车

E149-后窗遮阳卷帘开关 J262-后窗遮阳卷帘控制单元 J519-车载电网控制单元 L77-尾部遮阳帘照明灯泡 SC10-保险丝架C上的保险丝10 SC13-保险丝架C上的保险丝13 T2ac-2芯插头连接，白色 T4ay-4芯插头连接，黑色 T6aa-6芯插头连接，白色 T6aw-6芯插头连接，黑色 T52b-52芯插头连接，白色 V91-后窗遮阳卷帘电机 50-行李箱左侧接地点 372-接地连接7，在主导线束中 378-接地连接13，在主导线束中 394-接地连接29，在主导线束中 617-右侧A柱下部接地点 B280-正极连接4（15a），在主导线束中 B340-连接1（58d），在主导线束中 B341-连接2（58d），在主导线束中

数据总线诊断接口，行李箱盖控制单元

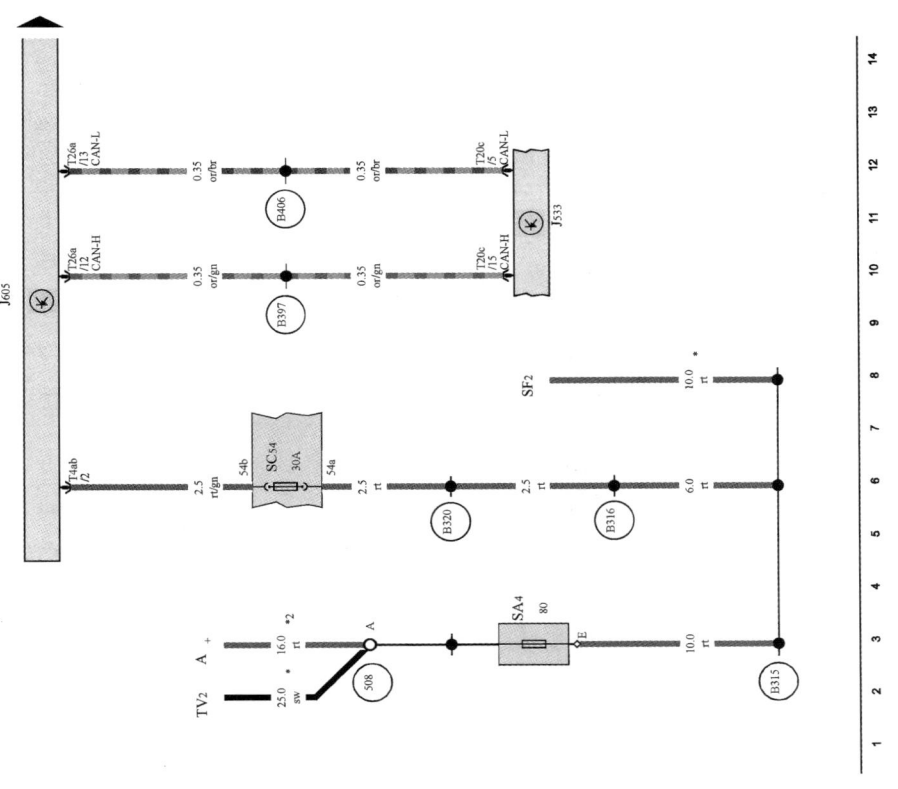

A-蓄电池 J533-数据总线诊断接口 J605-行李箱盖控制单元 SF2-保险丝架F上的保险丝2 SA4-保险丝
架A上的保险丝4 SC54-保险丝架C上的保险丝54 T4ab-4芯插头连接 T20c-20芯插头连接，黑色 T20c-20芯插头连接 B315-正极连
T26a-26芯插头连接，黑色 TV2-接线端30号线分线器 508-螺栓连接（30），在电控箱上 B315-正极连
接1（30a），在主导线束中 B316-正极连接2（30a），在主导线束中 B320-正极连接6（30a），在主导线
束中 B397-连接1（舒适CAN总线，High），在主导线束中 B406-连接1（舒适CAN总线，Low），在主导线束
中 *-仅在带6缸发动机的汽车 *2-仅用于带4缸发动机的汽车

图 3-4-74

滑动天窗开关，滑动天窗调节器，滑动天窗控制单元，滑动天窗电机

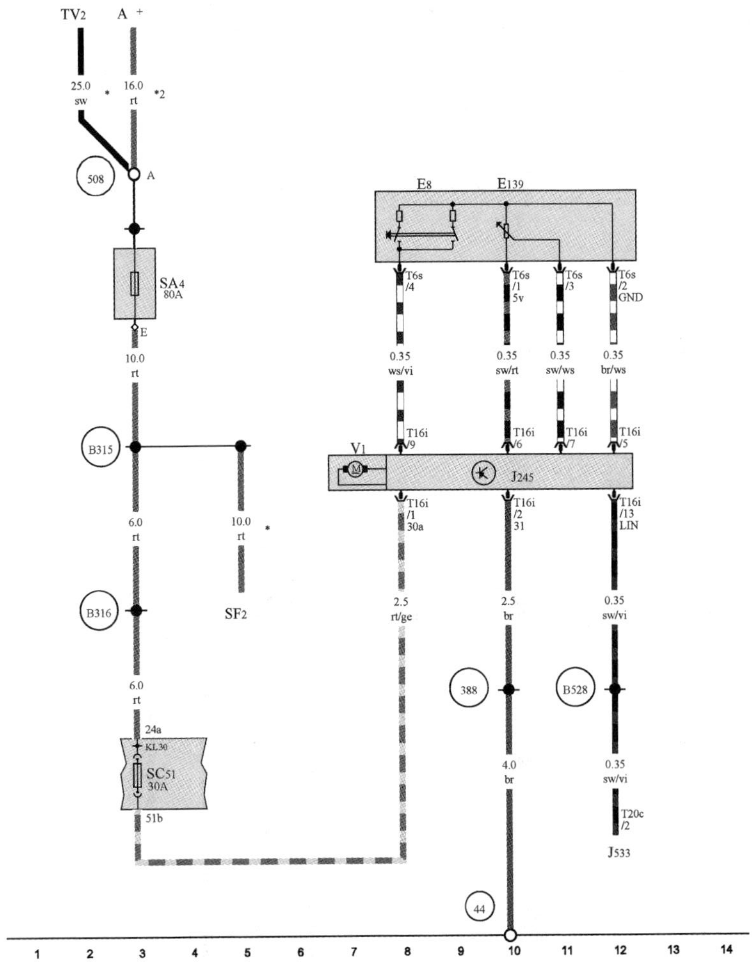

A-蓄电池 E8-滑动天窗开关 E139-滑动天窗调节器 J245-滑动天窗控制单元 J533-数据总线诊断接口
SF2-保险丝架F上的保险丝2 SA4-保险丝架A上的保险丝4 SC51-保险丝架C上的保险丝51 T6s-6芯插头
连接，黑色 T16i-16芯插头连接 T20c-20芯插头连接，黑色 TV2-端子30号线分线器 V1-滑动天
窗电机 44-接地点，左侧A柱下部 388-接地连接23，在主导线束中 508-螺栓连接（30），在电控箱上
B315-正极连接1（30a），在主导线束中 B316-正极连接2（30a），在主导线束中 B528-连接1（LIN总
线），在主导线束中 *-仅在带6缸发动机的汽车上 *2-仅用于带4缸发动机的汽车

图 3-4-73

307

行李箱盖锁闭按钮，关闭辅助功能限位开关，行李箱已上锁，行李箱盖控制单元，行李箱盖关闭辅助装置电机

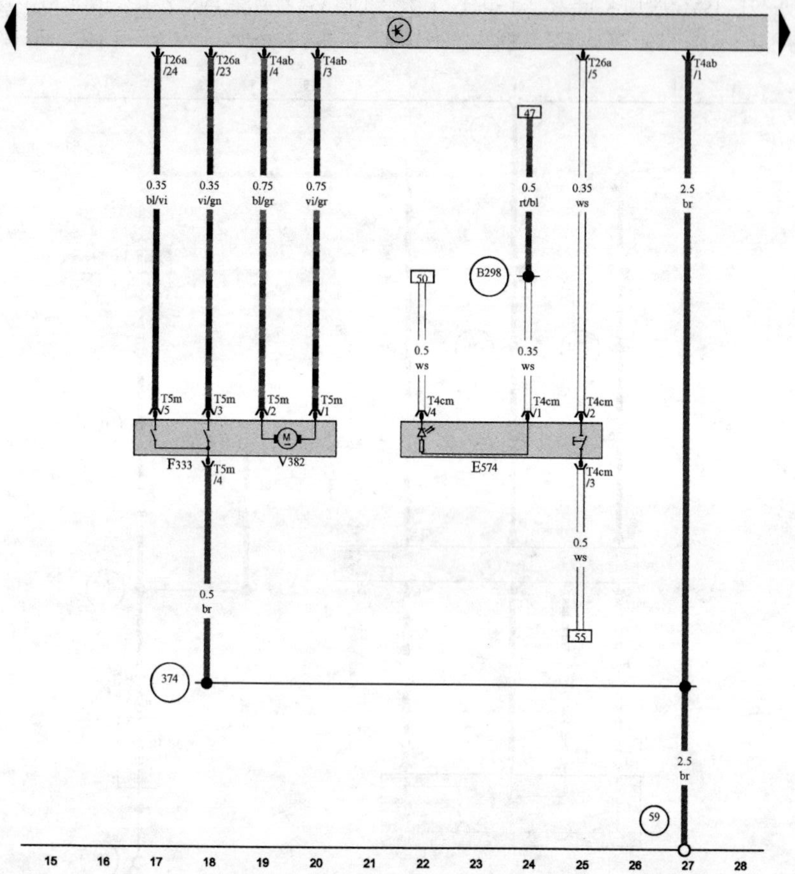

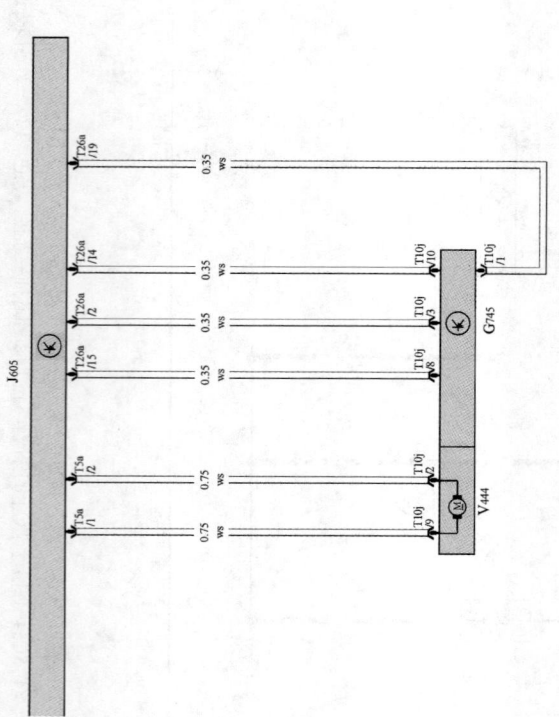

E574–行李箱盖锁闭按钮 F333–关闭辅助功能限位开关，行李箱已上锁 J605–行李箱盖控制单元 T4ab–4芯插头连接，黑色 T4cm–4芯插头连接，黑色 T5m–5芯插头连接，黑色 T26a–26芯插头连接，黑色 V382–行李箱盖关闭辅助装置电机 59–接地点，左侧尾灯附近 374–接地连接9，在主导线束中 B298–正极连接2（30），在主导线束中

图 3–4–75

电机 1 中的传感器，用于行李箱盖，行李箱盖控制单元，行李箱盖电机 1

G745–电机1中的传感器，用于行李箱盖 J605–行李箱盖控制单元 T5a–5芯插头连接，黑色 T10j–10芯插头连接，黑色 T26a–26芯插头连接，黑色 V444–行李箱盖电机1

图 3–4–76

端子15供电继电器，驻车距离报警控制单元，车载电网控制单元

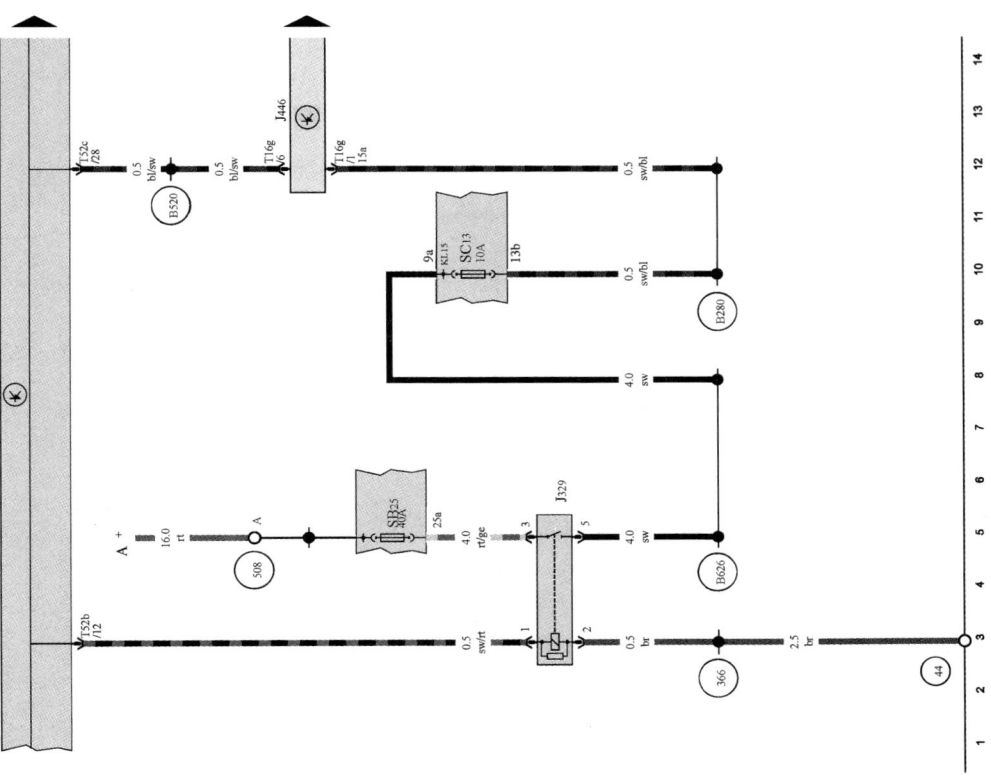

图3-4-78

A-蓄电池 J329-端子15供电继电器 J446-驻车距离报警控制单元 J519-车载电网控制单元 SC13-保险丝架C上的保险丝13 SB25-保险丝架B上的保险丝25 T16g-16芯插头连接 T52b-52芯插头连接 棕色 T52c-52芯插头连接，白色 T52c-52芯插头连接，棕色 44-接地点，左侧A柱下部 366-接地连接1，在主导线束中 508-螺栓连接 B280-正极连接4（15a），在主导线束中 B520-连接（RF），在主导线束中 B626-连接 T52b-52芯插头连接，在电控箱上 B280-正极连接4（15a），在主导线束中 B520-连接 B626-正极连接2（15），在主导线束中

左后驻车距离报警传感器，左后中部驻车距离报警传感器，后部驻车距离报警蜂鸣器，
驻车距离报警控制单元，车载电网控制单元

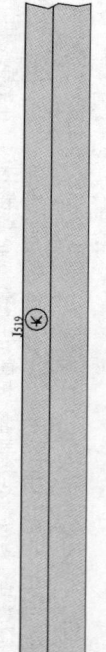

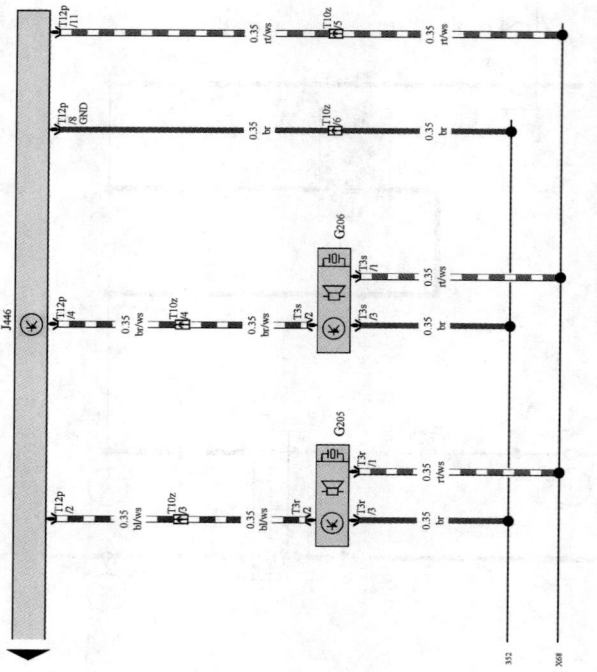

图3-4-79

G203-左后驻车距离报警传感器 G204-左后中部驻车距离报警传感器 H15-后部驻车距离报警蜂鸣器
J446-驻车距离报警控制单元 J519-车载电网控制单元 T2cs-2芯插头连接，黑色 T3o-3芯插头连接，黑色
T3p-3芯插头连接，黑色 T10z-10芯插头连接，黑色 T12p-12芯插头连接，黑色 T16g-16芯插头连接，
黑色 352-接地连接，在后保险杠导线束里 372-接地连接7，在主导线束中 378-接地
连接13，在主导线束中 617-右侧A柱下部接地点2 X68-连接（驻车距离报警），在后保险杠导线束中

右后中部驻车距离报警传感器，右后驻车距离报警传感器，驻车距离报警控制单元，车载
电网控制单元

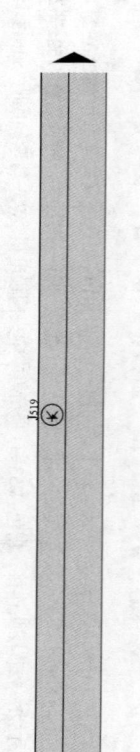

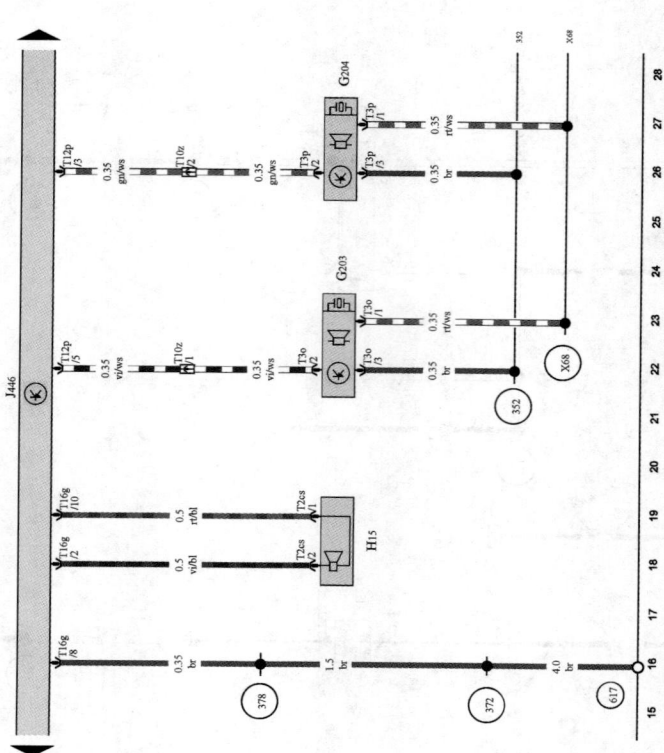

图3-4-80

G205-右后中部驻车距离报警传感器 G206-右后驻车距离报警传感器 J446-驻车距离报警控制单元 J519-
车载电网控制单元 T3r-3芯插头连接，黑色 T3s-3芯插头连接，黑色 T10z-10芯插头连接，黑色 T12p-
12芯插头连接（驻车距离报警），黑色 352-接地连接 X68-连接（驻车距离报
警），在后保险杠导线束中

310

盲区识别控制单元，驾驶员辅助系统的前部摄像机

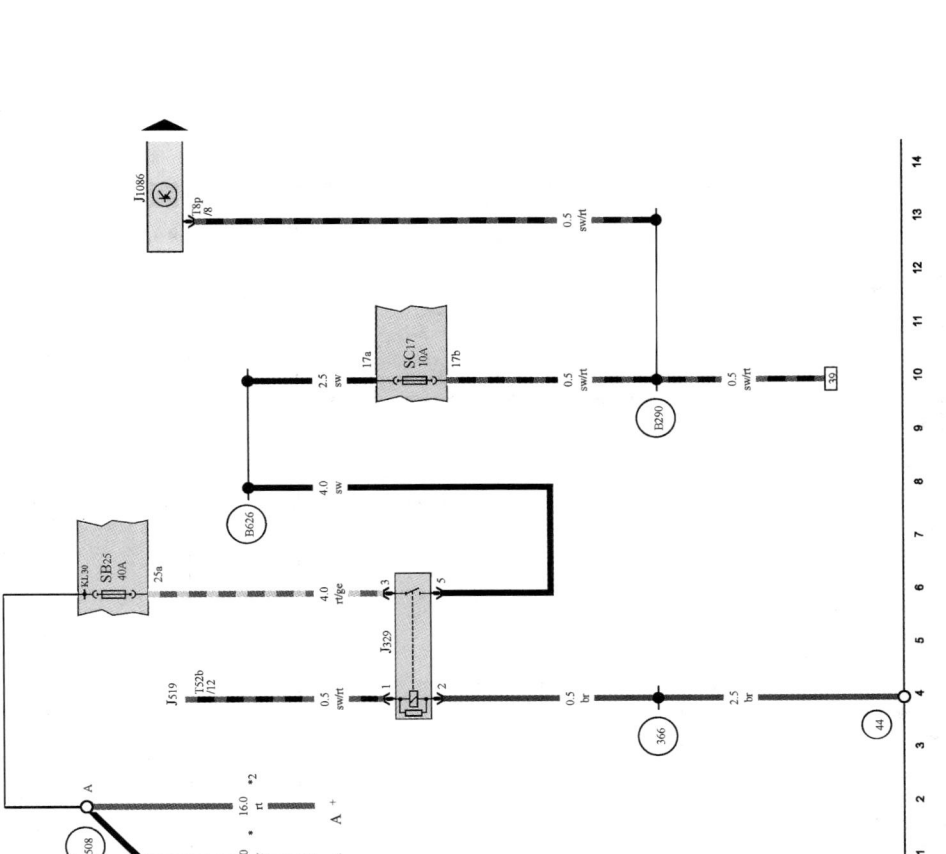

J1086-盲区识别控制单元　R242-驾驶员辅助系统的前部摄像机　T8p-8芯插头连接，黑色　T12x-12芯插头连接，黑色　T8p-8芯插头连接，在主导线束中　397-接地连接32，在主导线束中　B108-连接1（扩展型CAN总线，Low），在主导线束中　B109-连接1（扩展型CAN总线，High），在主导线束中　373-行李箱内的右侧接地点　51-行李箱内的右侧接地点　*-仅用于带车道保持辅助系统的汽车

图 3-4-82

端子15供电继电器，盲区识别控制单元

A-蓄电池　J329-端子15供电继电器　J519-车载电网控制单元　J1086-盲区识别控制单元　SC17-保险丝架C上的保险丝17　SB25-保险丝架B上的保险丝25　T8p-8芯插头连接　T52b-52芯插头连接，黑色　T52b-52芯插头连接，白色　TV2-端子30号线分线器　44-接地点，左侧A柱下部　366-接地连接1，在主导线束中　508-螺栓连接（30），在电控箱上　B290-正极连接14（15a），在主导线束中　B626-正极连接2（15），在主导线束中

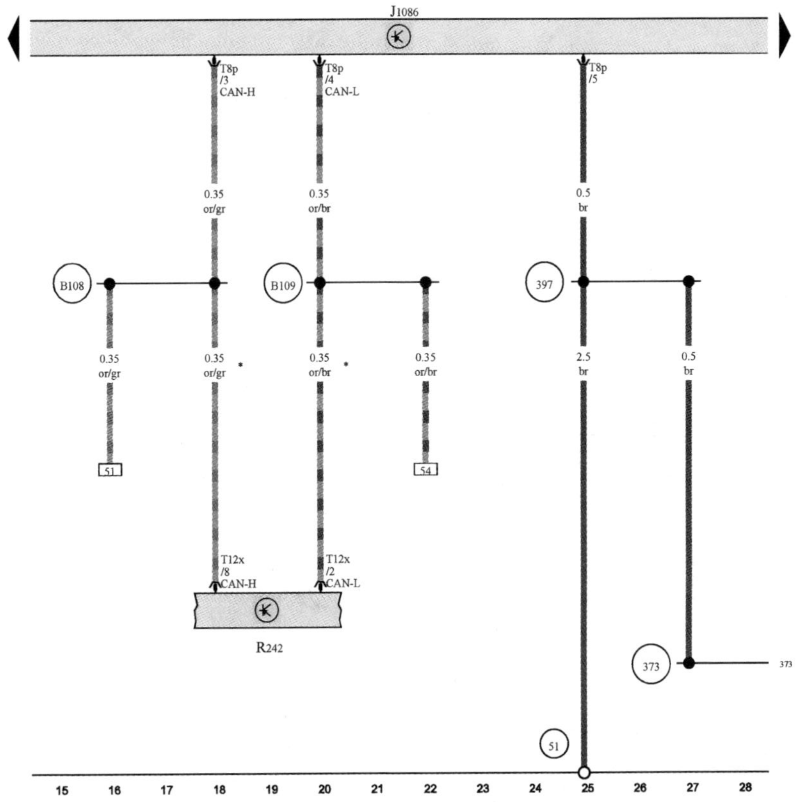

*-仅在带6缸发动机的汽车上　*2-仅用于带4缸发动机的汽车

图 3-4-81

盲区识别控制单元，盲区识别控制单元2，左侧车外后视镜中的盲区识别警告灯，右侧车外后视镜中的盲区识别警告灯，驾驶员侧车外后视镜，副驾驶员侧车外后视镜

驾驶员辅助系统按钮，转向柱电子装置控制单元，数据总线诊断接口

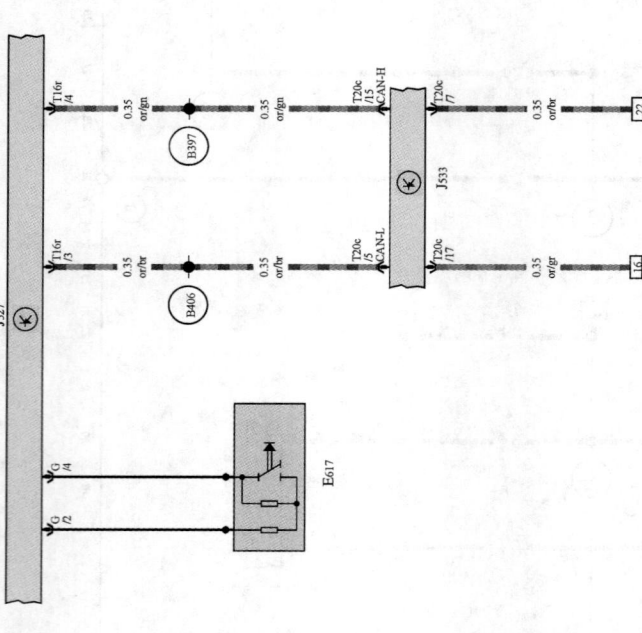

E617-驾驶员辅助系统按钮 J527-转向柱电子装置控制单元 J533-数据总线诊断接口 T16r-16芯插头连接，黑色 T20c-20芯插头连接，红色 B397-连接1(舒适/便捷系统CAN总线，High)，在主导线束中 B406-连接1(舒适/便捷系统CAN总线，Low)，在主导线束中

图 3-4-84

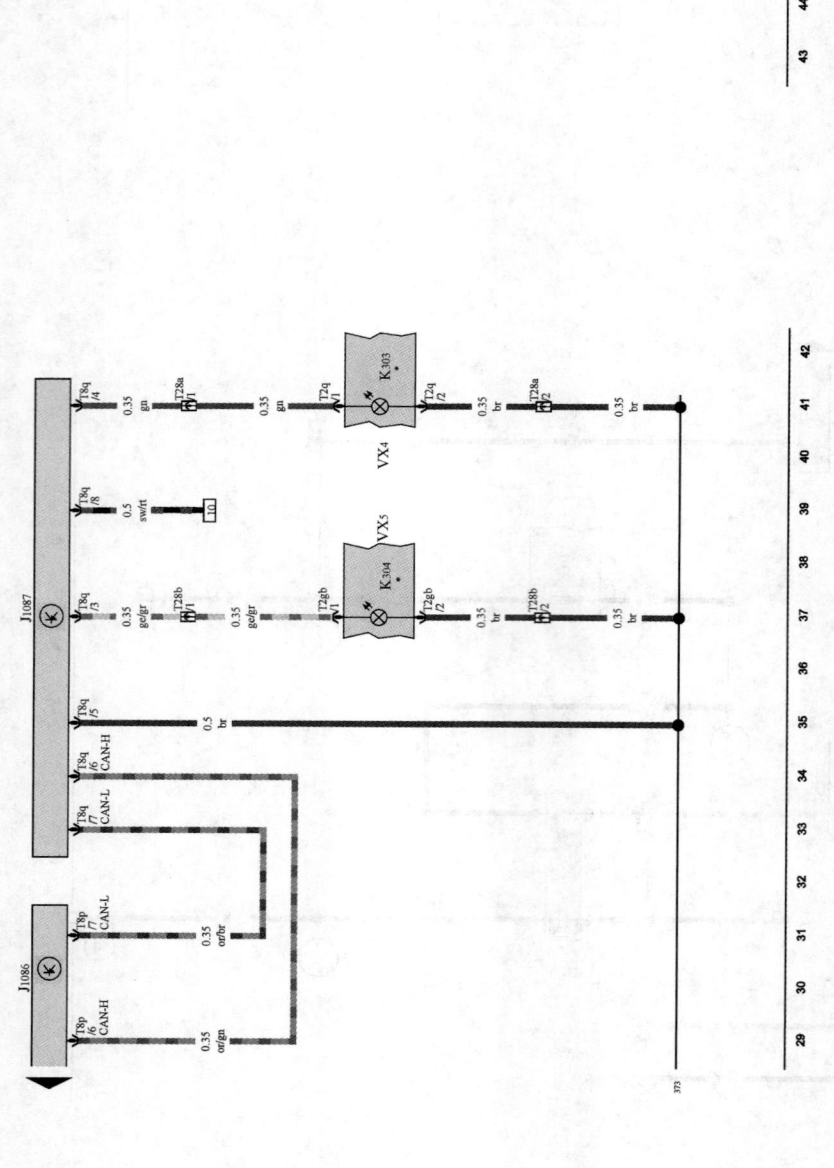

J1086-盲区识别控制单元 J1087-盲区识别控制单元2 K303-左侧车外后视镜中的盲区识别警告灯 K304-右侧车外后视镜中的盲区识别警告灯 T2gb-2芯插头连接，黑色 T2q-2芯插头连接，黑色 T8p-8芯插头连接，黑色 T8q-8芯插头连接，黑色 T28a-28芯插头连接，黑色 T28b-28芯插头连接，黑色 VX4-驾驶员侧车外后视镜 VX5-副驾驶员侧车外后视镜 373-接地连接8，在主导线束中 *-已预先布线的部件

图 3-4-83

车载电网控制单元，数据总线诊断接口，驾驶员辅助系统的前部摄像机，用于前部传感系统的玻璃加热装置

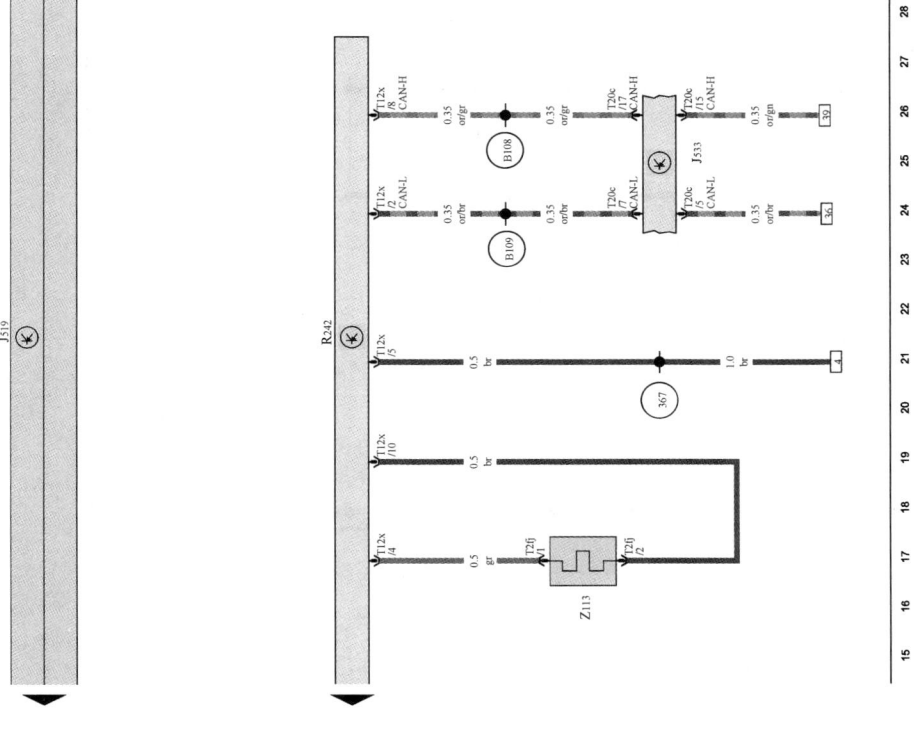

J519-车载电网控制单元 J533-数据总线诊断接口 R242-驾驶员辅助系统的前部摄像机 T2g-2芯插头连接，黑色 T12x-12芯插头连接，黑色 T20c-20芯插头连接，红色 Z113-用于前部传感系统的玻璃加热装置 367-接地连接2，在主导线束中 B108-连接1（扩展型CAN总线，High），在主导线束中 B109-连接1（扩展型CAN总线，Low），在主导线束中

图 3-4-86

端子 15 供电继电器，车载电网控制单元，数据总线诊断接口，驾驶员辅助系统的前部摄像机

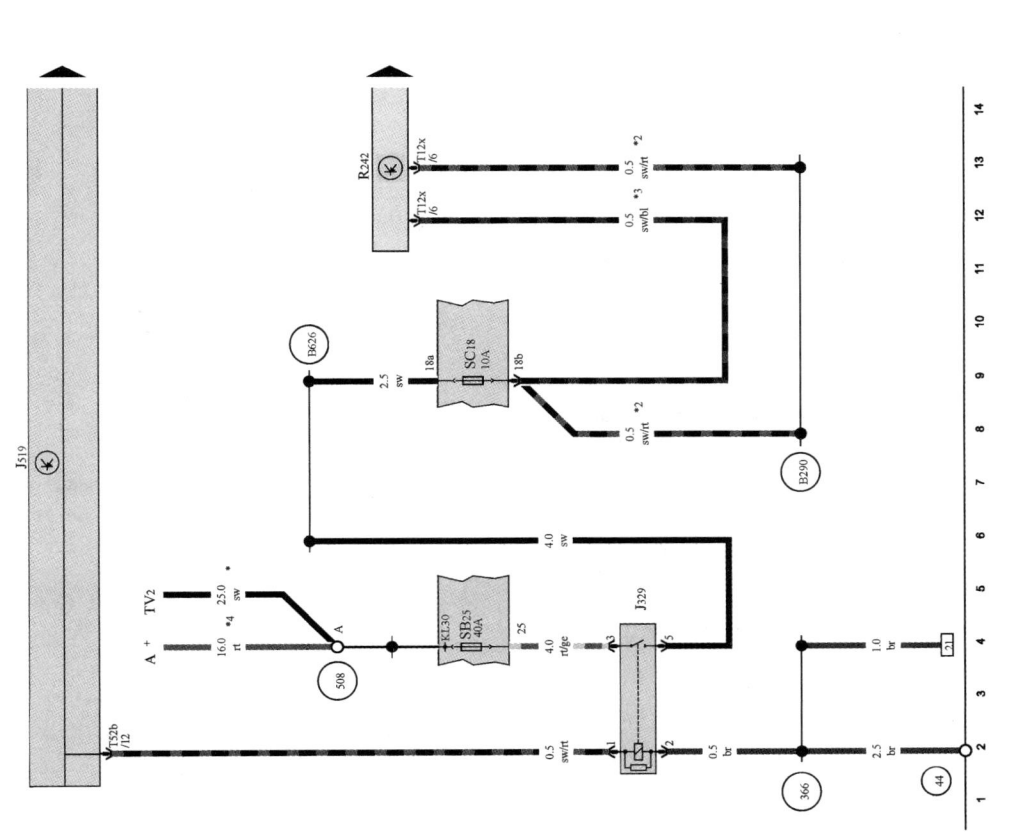

A-蓄电池 J329-端子15供电继电器 J519-车载电网控制单元 R242-驾驶员辅助系统的前部摄像机 SC18-保险丝架C上的保险丝18 SB25-保险丝架B上的保险丝25 T12x-12芯插头连接，黑色 T52b-52芯插头连接，黑色 TV2-端子30号线分线器 44-接地点，左侧A柱下部 366-接地连接1，在主导线束中 508-螺栓连接（30），在电控箱上 B290-正极连接14（15a），在主导线束中 B626-正极连接2（15），在主导线束中 *-仅在带6缸发动机的汽车上 *2-仅用于带有电控调节减振系统的汽车 *3-仅用于不带电控调节减震系统的汽车 *4-仅用于带4缸发动机的汽车

图 3-4-85

313

端子 15 供电继电器，驻车距离报警控制单元，车载电网控制单元，驻车辅助系统控制单元

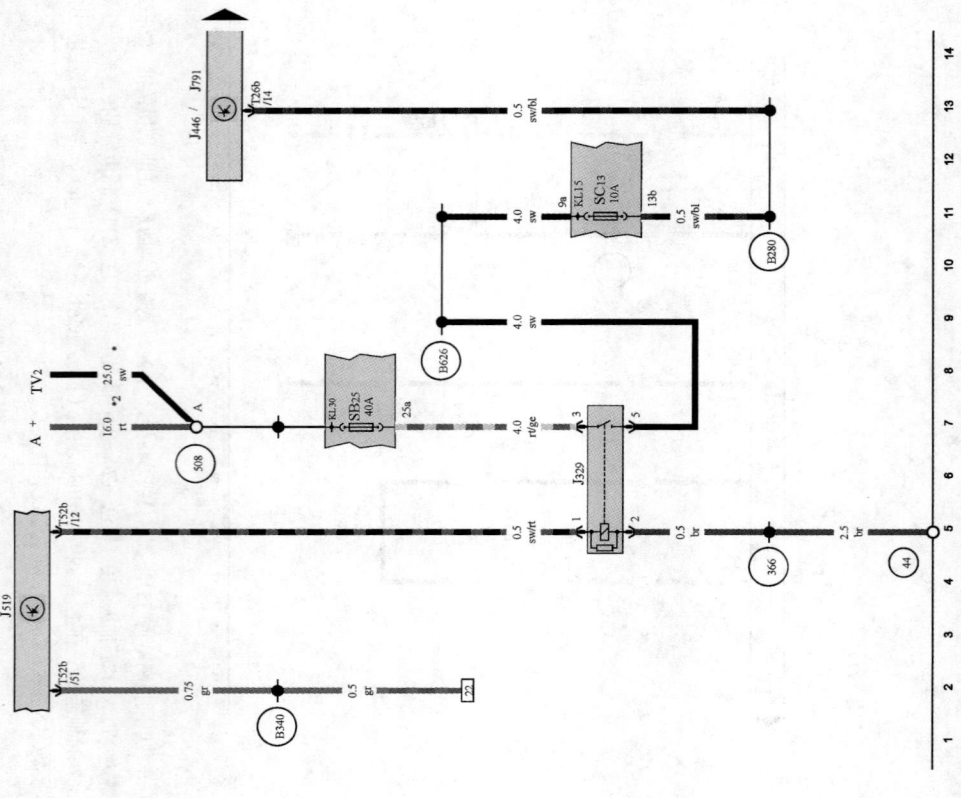

A-蓄电池 J329-端子15供电继电器 J446-驻车距离报警控制单元 J519-车载电网控制单元 J791-驻车辅助系统控制单元 SC13-保险丝架C上的保险丝13 SB25-保险丝架B上的保险丝25 T26b-26芯插头连接，黑色 T52b-52芯插头连接，白色 TV2-端子30导线分线器 44-接地点，左侧A柱下部 366-接地连接1，在主导线束中 508-螺栓连接（30），在电控箱上 B280-正极连接4（15a），在主导线束中 B340-连接1（58d），在主导线束中 B626-正极连接2（15），在主导线束中 *-仅在带6缸发动机的汽车上 *2-仅用于带4缸发动机的汽车

图 3-4-88

驾驶员辅助系统控制单元，车载电网控制单元，转向柱电子装置控制单元

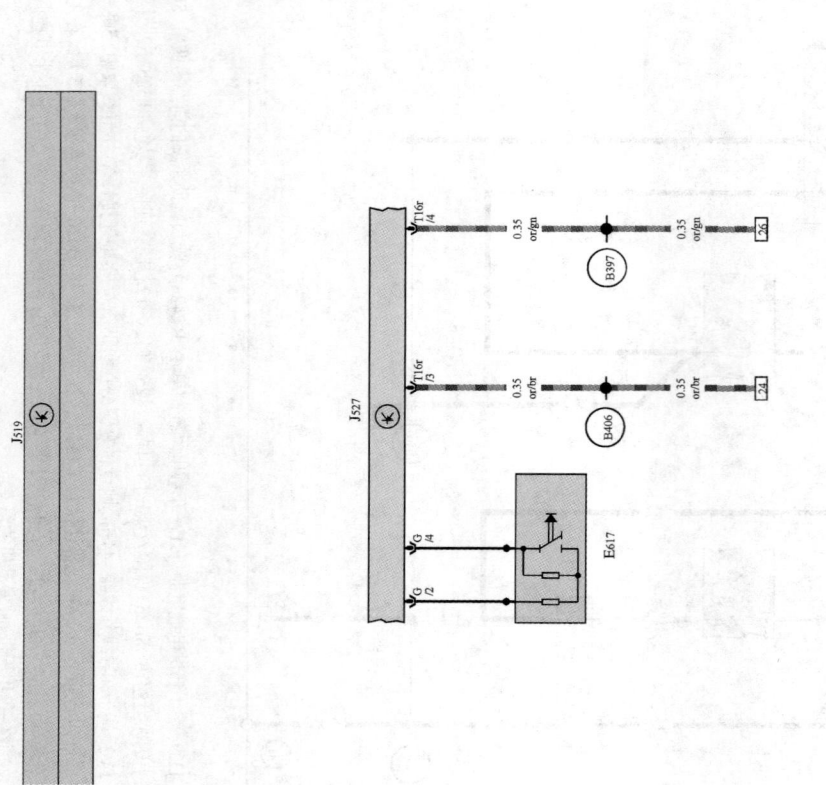

E617-驾驶员辅助系统按钮 J519-车载电网控制单元 J527-转向柱电子装置控制单元 T16r-16芯插头连接，在主导线束中 B397-连接1（舒适/便捷系统CAN总线，High），在主导线束中 B406-连接1（舒适/便捷系统CAN总线，Low），在主导线束中

图 3-4-87

314

驻车距离报警报警按钮，驻车辅助系统按钮，驻车辅助系统控制单元，
驻车距离报警报警控制单元，驻车距离报警报警控制单元，驻车辅助系统控制单元，
驻车距离报警指示灯，驻车转向辅助系统指示灯，按钮照明灯泡

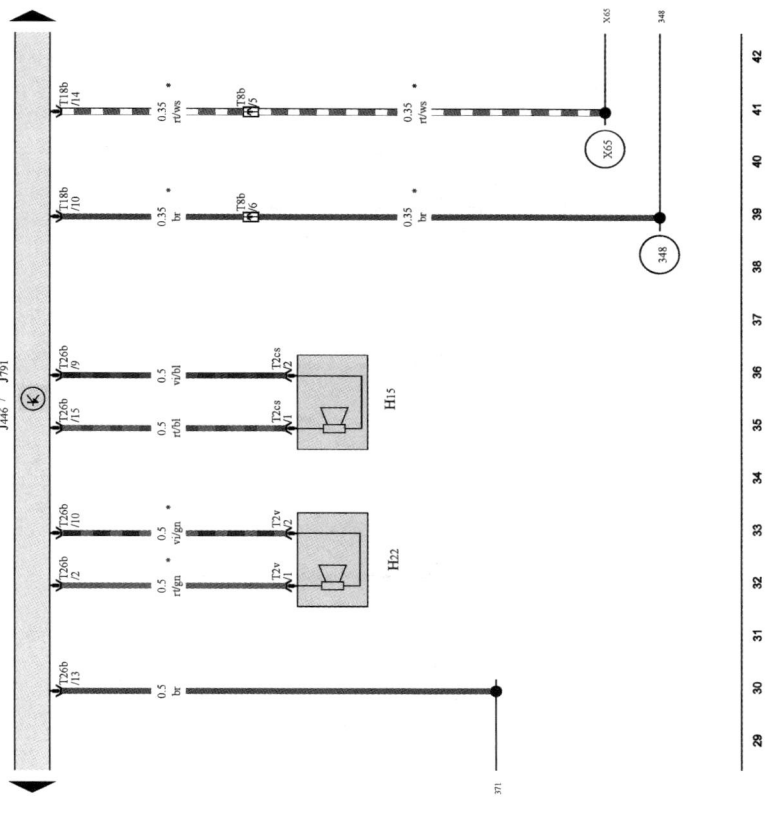

图 3-4-89

E266-驻车距离报警按钮 E581-驻车辅助系统按钮 J446-驻车距离报警控制单元 J791-驻车辅助系统控制单元
制单元 K136-驻车距离报警指示灯 K241-驻车转向辅助系统指示灯 L76-按钮照明灯泡 T6c-6芯插头连
接，棕色 T6f-6芯插头连接，蓝色 T26b-26芯插头连接，黑色 371-接地连接，黑色 371-接地连接2 (58d)，在主导线束中 372-接地
连接7，在主导线束中 617-右侧A柱下部接地点2 B341-连接2 (58d)，在主导线束中 *-仅用于带驻车转向辅助系统的汽车
离报警 (前/后) 的汽车 *2-仅用于带驻车转向辅助系统的汽车

后部驻车距离报警报警蜂鸣器，前部驻车距离报警报警蜂鸣器，驻车距离报警报警控制单元，
驻车辅助系统控制单元

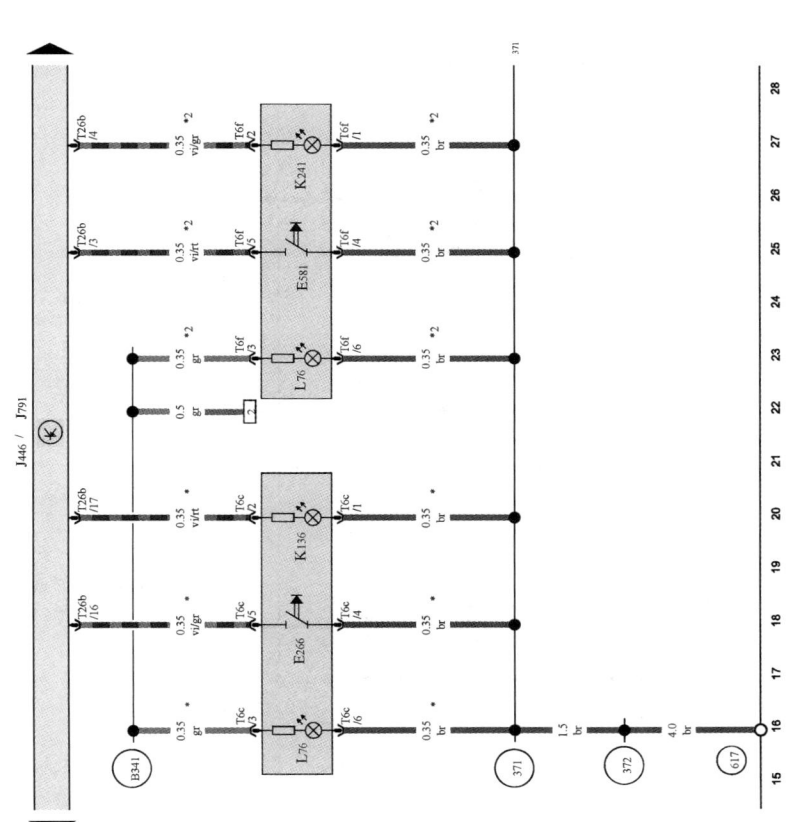

图 3-4-90

H15-后部驻车距离报警报警蜂鸣器 H22-前部驻车距离报警报警蜂鸣器 J446-驻车距离报警控制单元 J791-驻车辅助系统控制单元
驻车辅助系统控制单元 T2cs-2芯插头连接，黑色 T2v-2芯插头连接，黑色 T8b-8芯插头连接，黑色 T18b-
18芯插头连接，黑色 T26b-26芯插头连接，黑色 348-接地连接 (驻车距离报警)，在前保险杠导线束里
371-接地连接6，在主导线束中 X65-连接 (驻车距离报警)，在前保险杠导线束中 *-仅用于带驻车距离报
警 (前/后) 的汽车

315

右前中部驻车距离报警传感器，左前中部驻车距离报警传感器，左前驻车距离报警传感器，驻车距离报警控制单元，驻车辅助系统控制单元

右前中部驻车距离报警传感器，驻车转向辅助系统的左前侧传感器，汽车左侧，驻车转向辅助系统的右前侧传感器，汽车右侧，驻车距离报警控制单元，驻车辅助系统控制单元

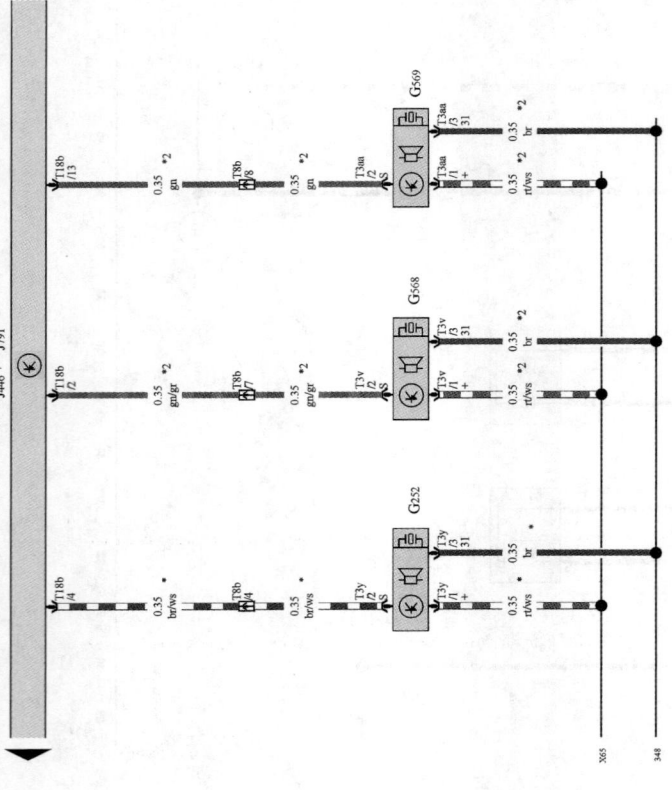

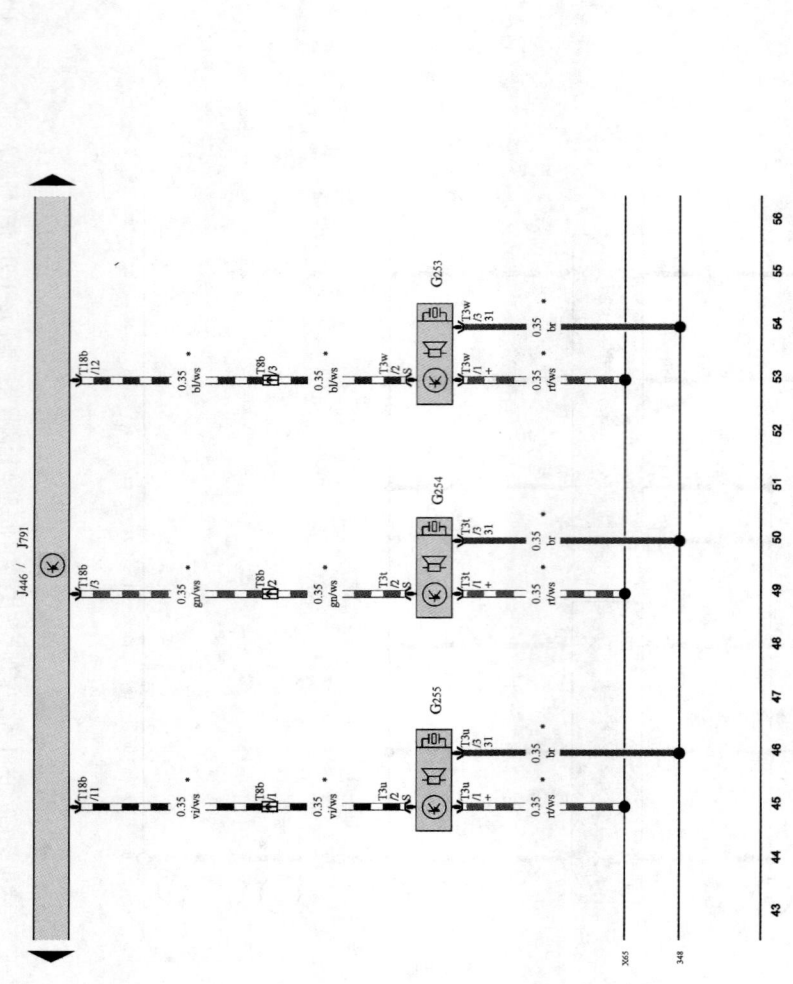

G252-右前驻车距离报警传感器　G568-驻车转向辅助系统的左前侧传感器，汽车左侧　G569-驻车转向辅助系统控制单元　J791-驻车距离报警控制单元　J446-驻车距离报警控制单元，汽车右侧　T3v-3芯插头连接，黑色　T3aa-3芯插头连接，黑色　T3u-3芯插头连接，黑色　T18b-18芯插头连接，黑色　T8b-8芯插头连接，黑色　348-接地连接，黑色　X65-连接（驻车距离报警），在前保险杠导线束里　*-仅用于带驻车距离报警（前/后）的汽车　*2-仅用于带驻车转向辅助系统的汽车

图 3-4-92

G253-右前中部驻车距离报警传感器　G254-左前驻车距离报警传感器　G255-左前驻车距离报警传感器　J446-驻车距离报警控制单元　J791-驻车距离报警控制单元　T3t-3芯插头连接，黑色　T3u-3芯插头连接，黑色　T3w-3芯插头连接，黑色　T18b-18芯插头连接，黑色　T8b-8芯插头连接，黑色　348-接地连接，黑色　X65-连接（驻车距离报警），在前保险杠导线束里　*-仅用于带驻车距离报警（前/后）的汽车

图 3-4-91

左后驻车距离报警传感器，驻车距离报警控制单元，驻车辅助系统控制单元

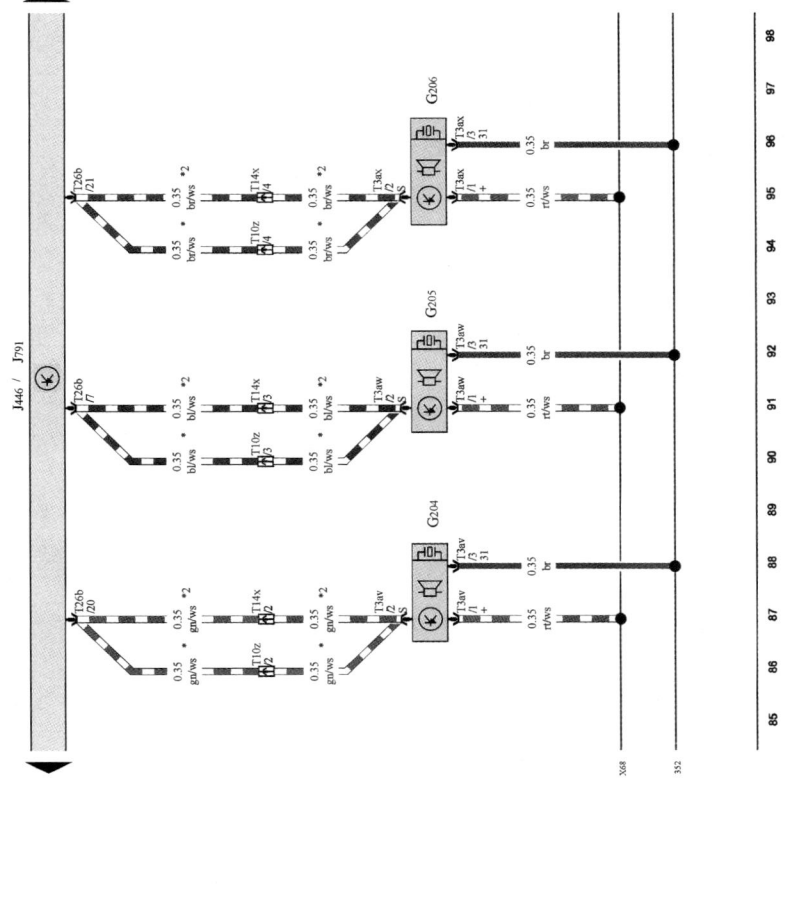

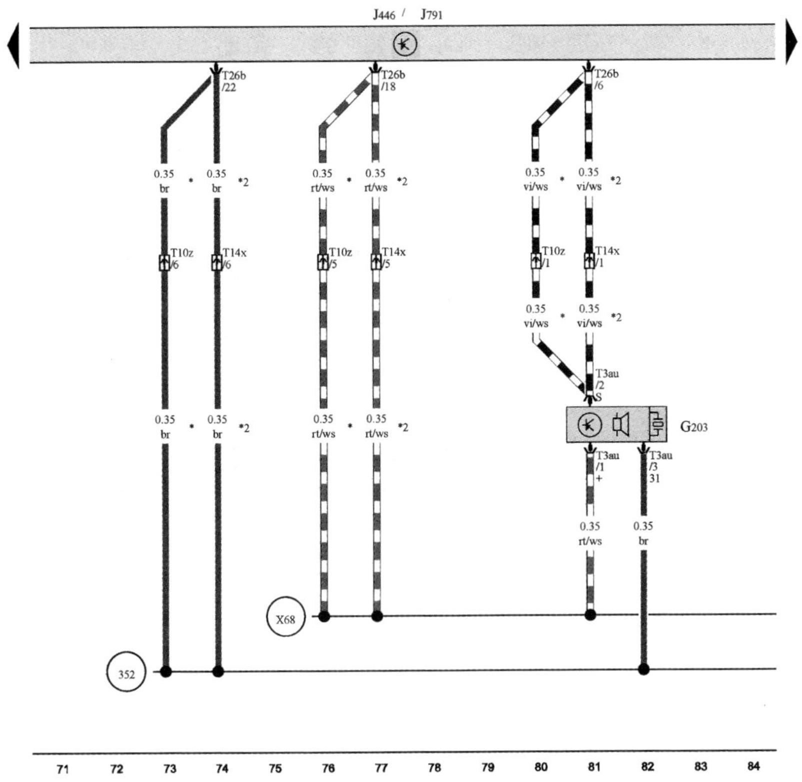

G203–左后驻车距离报警传感器　J446–驻车距离报警控制单元　J791–驻车辅助系统控制单元　T3au–3芯插头连接，黑色　T10z–10芯插头连接，黑色　T14x–14芯插头连接，黑色　T26b–26芯插头连接，黑色　352–接地连接（驻车距离报警），在后保险杠导线束里　X68–连接（驻车距离报警），在后保险杠导线束中　*–仅用于不带驻车转向辅助系统的汽车　*2–仅用于带驻车转向辅助系统的汽车

图 3–4–93

左后中部驻车距离报警传感器，右后中部驻车距离报警传感器，右后驻车距离报警传感器，驻车距离报警控制单元，驻车辅助系统控制单元

G204–左后中部驻车距离报警传感器　G205–右后中部驻车距离报警传感器　G206–右后驻车距离报警传感器　J446–驻车距离报警控制单元　J791–驻车辅助系统控制单元　T3av–3芯插头连接，黑色　T3aw–3芯插头连接，黑色　T3ax–3芯插头连接，黑色　T10z–10芯插头连接，黑色　T14x–14芯插头连接，黑色　T26b–26芯插头连接，黑色　352–接地连接（驻车距离报警），在后保险杠导线束里　X68–连接（驻车距离报警），在后保险杠导线束中　*–仅用于不带驻车转向辅助系统的汽车　*2–仅用于带驻车转向辅助系统的汽车

图 3–4–94

収音机及导航系统带显示单元的控制单元，收音机，倒车摄像头

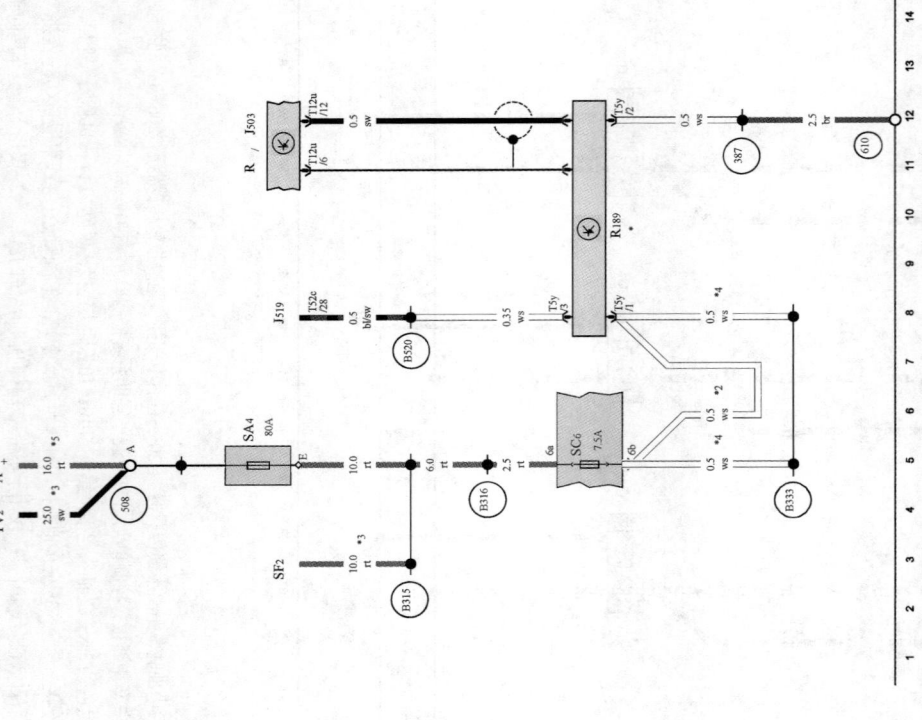

A-蓄电池 J503-收音机及导航系统带显示单元的控制单元 J519-车载电网控制单元 R189-倒车摄像机 R-收音机
车摄像头 SF2-保险丝架F上的保险丝1 SA4-保险丝架A上的保险丝2 SC6-保险丝架C上的保险丝6 T5y-5
芯插头连接，黑色 T12u-12芯插头连接 T20c-52芯插头连接，蓝色 T52c-52芯插头连接 白色 TV2-接线端30号插头分线器
387-接地连接22，在主导线束中 508-螺帽连接（30），在前中控台
下面 B315-正极连接1（30a），在主导线束中 B316-正极连接2（30a），在主导线束中 B333-正极连接
19（30a），在主导线束中 B520-连接（RF），在主保险杠导线 *2-自2016年3月起
*3-仅用于带6缸发动机的汽车上 *4-截至2016年3月 *5-仅用于带4缸发动机的汽车

图 3-4-96

左后驻车转向辅助系统传感器，右后驻车转向辅助系统传感器，驻车距离报警控制单元，驻车辅助系统控制单元

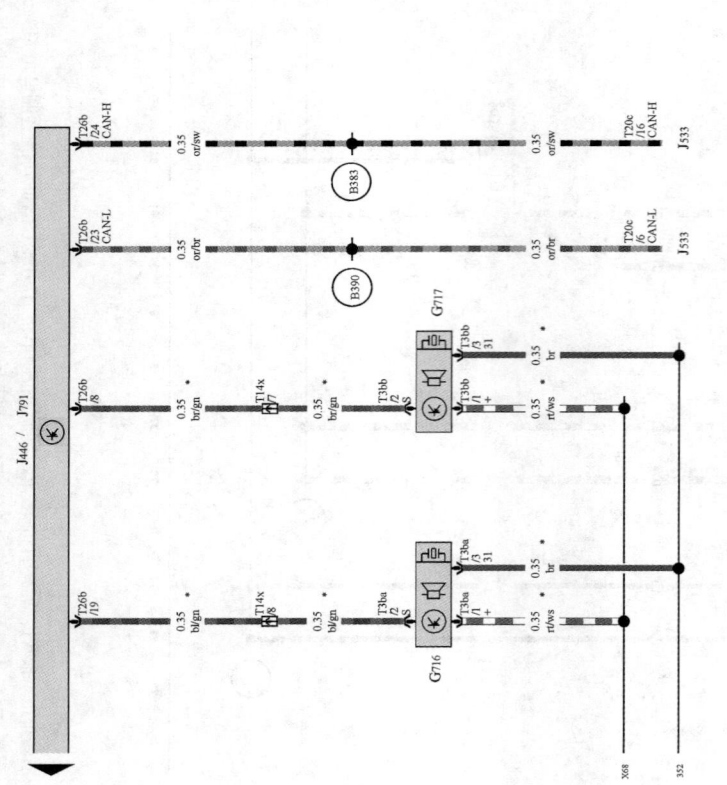

图 3-4-95

G716-左后驻车转向辅助系统传感器 G717-右后驻车转向辅助系统传感器 J446-驻车距离报警控制单元
J533-数据总线诊断接口 J791-驻车辅助系统控制单元 T3ba-3芯插头连接，黑色 T3bb-3芯插头连接，
黑色 T14x-14芯插头连接，黑色 T20c-20芯插头连接，黑色 T26b-26芯插头连接，黑色 352-接地连
接（驻车距离报警），在后保险杠导线束里 B383-连接1（驱动系统CAN总线，High），在主导线束中
B390-连接1（驱动系统CAN总线，Low），在主导线束中 X68-连接（驻车距离报警），在后保险杠导线
束中 *-仅用于带驻车转向辅助系统的汽车

318

车载电网控制单元，数据总线诊断接口，驾驶员辅助系统的前部摄像机，用于前部传感系统的玻璃加热装置

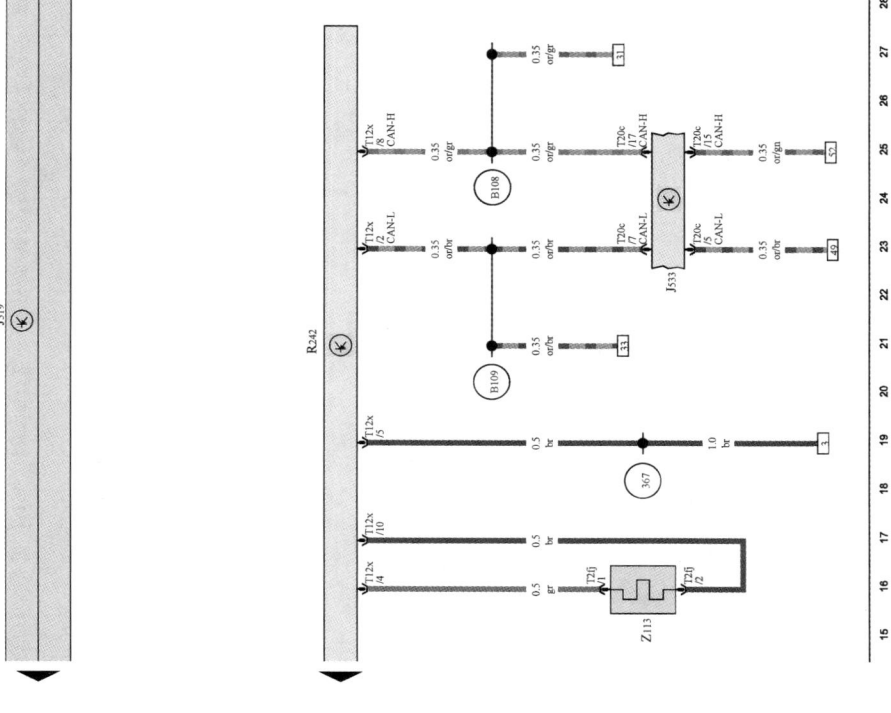

图 3-4-98

J519-车载电网控制单元 J533-数据总线诊断接口 R242-驾驶员辅助系统的前部摄像机 T2j-2芯插头连接、黑色 T12x-12芯插头连接 T20c-20芯插头连接 Z113-用于前部传感系统的玻璃加热装置 B108-连接1（扩展CAN总线，High），在主导线束中 B109-连接1（扩展CAN总线，Low），在主导线束中 367-接地连接2，在主导线束中

接线端 15 供电继电器，车载电网控制单元，驾驶员辅助系统的前部摄像机

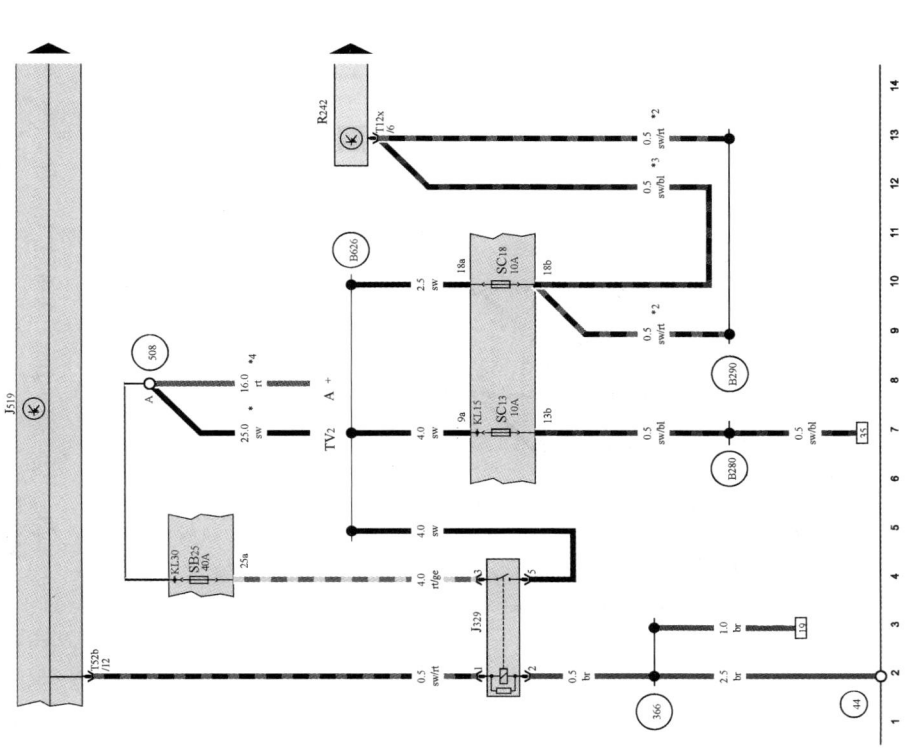

图 3-4-97

A-蓄电池 J329-接线端15供电继电器 J519-车载电网控制单元 R242-驾驶员辅助系统的前部摄像机 SB25-保险丝架B上的保险丝18 SC18-保险丝架C上的保险丝25 T12x-12芯插头连接，黑色 T52b-52芯插头连接，白色 TV2-接线端30号线分线器 44-左侧A柱下部的接地点 366-接地连接1，在主导线束中 508-螺栓连接（30），在电控箱上 B280-正极连接4（15a），在主导线束 B290-正极连接2（15），在主导线束中 B626-正极连接2（15），在主导线束中 *-仅在带6缸发动机的汽车 *2-仅用于带有电控调节减振系统的汽车 *3-仅用于不带电控调节减振系统的汽车 *4-仅用于带4缸发动机的汽车

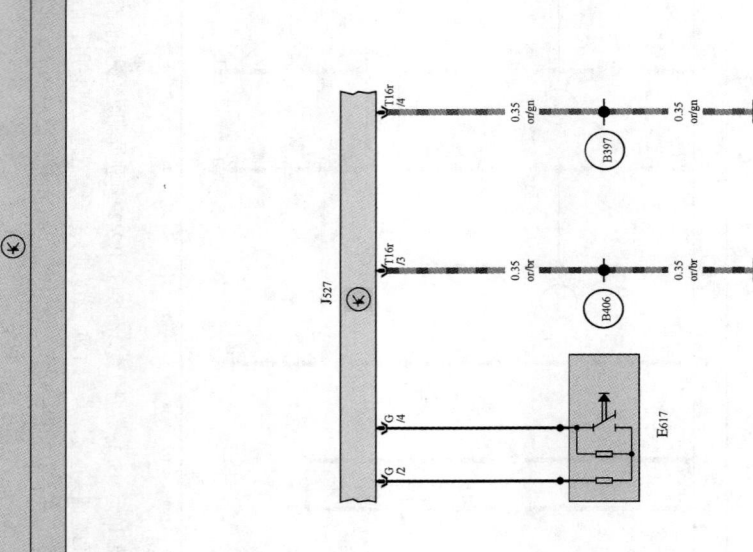

车距调节控制单元、车载电网控制单元

驾驶员辅助系统按钮、车载电网控制单元、转向柱电子装置控制单元

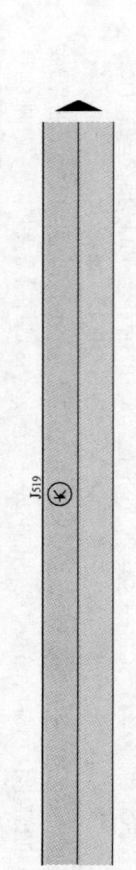

图 3-4-100

图 3-4-99

E617-驾驶员辅助系统按钮　J519-车载电网控制单元　J527-转向柱电子装置控制单元　T16r-16芯插头连接　接，黑色　B397-连接1（舒适CAN总线，High），在主导线束中　B406-连接1（舒适CAN总线，Low），在主导线束中

J428-车距调节控制单元　J519-车载电网控制单元　T6aL-6芯插头连接，黑色　T8t-8芯插头连接，黑色　370-接地连接5，在主导线束中　396-接地连接31，在主导线束中　640-发动机舱内左侧接地点2　*-自2017年1月起　*2-截至2017年1月

前左车窗升降器，驾驶员车门中的后左车窗升降器开关，驾驶员车门中的前右车窗升降器
开关，驾驶员车门中的车窗升降器操作单元，驾驶员侧车门控制单元，驾驶员侧电动升降
器电机

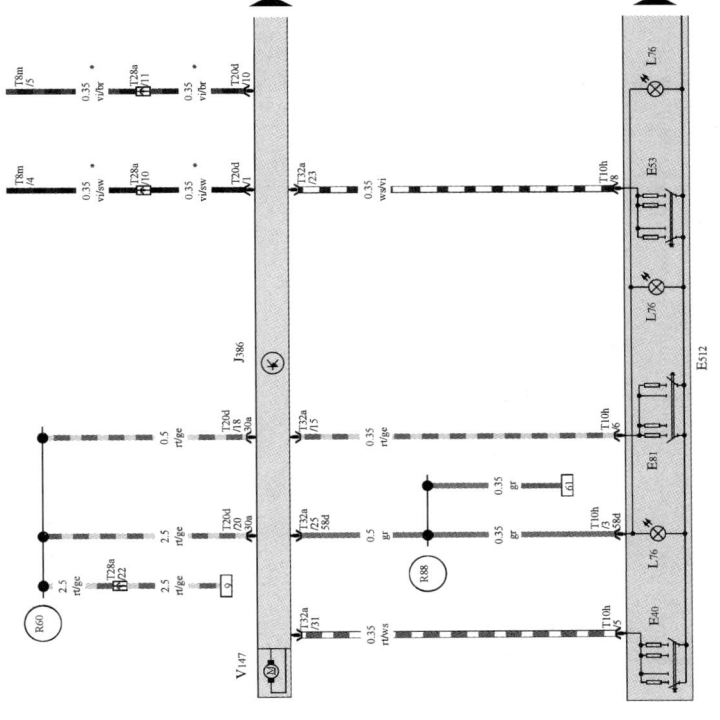

E40-前左车窗升降器 E53-驾驶员车门中的后左车窗升降器开关 E81-驾驶员车门中的前右车窗升降器开
关 E512-驾驶员车门中的车窗升降器操作单元 J386-驾驶员侧车门控制单元 L76-按钮照明灯泡 T8m-8
芯插头连接，黑色 T10h-10芯插头连接，黑色 T20d-20芯插头连接，黑色 T28a-28芯插头连接 R60-正极连接
T32a-32芯插头连接，灰色 V147-驾驶员侧电动升降器电机 Y7-自动防眩的车内后视镜 R88-连接1（58d）
（30a），在驾驶员车门电缆导线束中 R88-连接1（58d），在驾驶员车门电缆导线束中 *-仅用于带
有自动防眩车外后视镜的汽车

图 3-4-102

保险丝架 C，保险丝架 A 上的保险丝 4

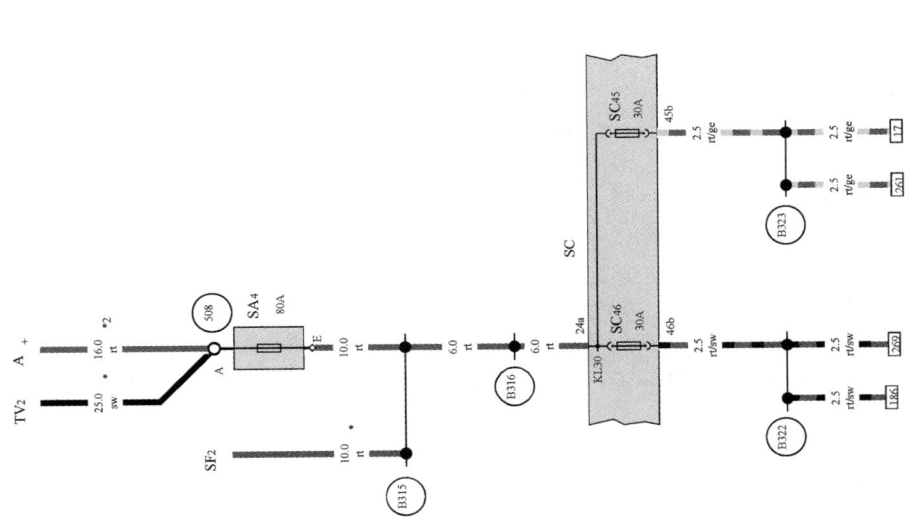

A-蓄电池 SC-保险丝架C SF2-保险丝架C SF2-保险丝架A上的保险丝2 SA4-保险丝架A上的保险丝4 SC45-保险丝架C
上的保险丝45 SC46-保险丝架C上的保险丝46 TV2-接线端30号线分线器 508-螺栓连接（30），在电控
箱上 B315-正极连接1（30a），在主导线束中 B316-正极连接2（30a），在主导线束中 B322-正极连接8
（30a），在主导线束中 B323-正极连接9（30a），在主导线束中 *-仅用于带3.0L发动机的汽车 *2-仅用
于带4缸发动机的汽车

图 3-4-101

321

后视镜调节开关，后视镜调节转换开关，行李箱盖开锁开关，车外后视镜加热按钮，后视镜内折开关，驾驶员侧车门控制单元，后视镜调节开关照明灯泡，按钮照明灯泡，后视镜调节开关照明灯泡

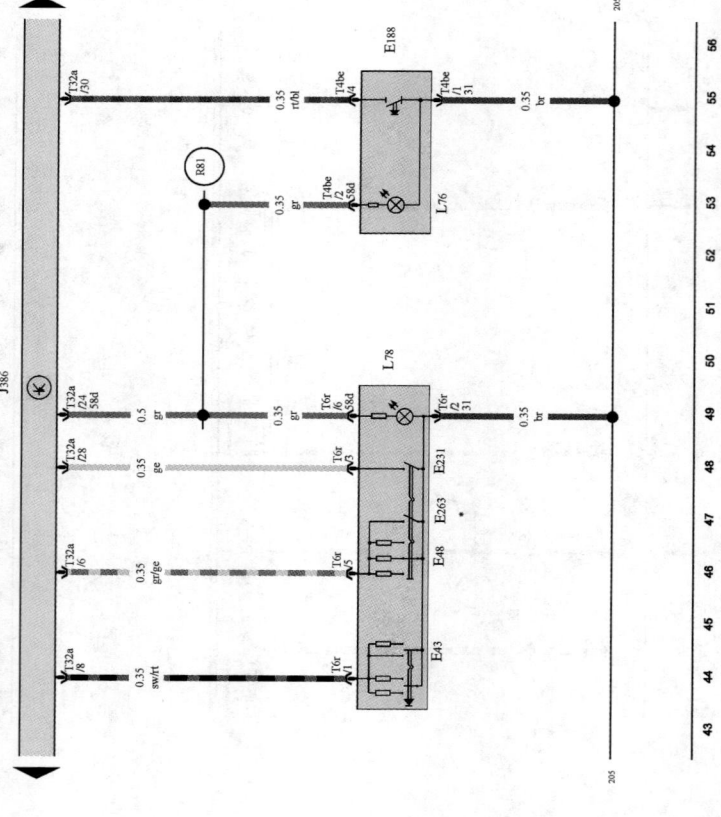

图 3-4-104

E43-后视镜调节开关 E48-后视镜调节转换开关 E188-行李箱盖开锁开关 E231-车外后视镜加热按钮 E263-后视镜内折开关 J386-驾驶员侧车门控制单元 L76-按钮照明灯泡 L78-后视镜调节开关照明灯泡 T4be-4芯插头连接，蓝色 T6r-6芯插头连接，棕色 T32a-32芯插头连接，灰色 205-接地连接，在驾驶员侧车门电缆导线束中 R81-连接1（58d），在驾驶员侧车门电缆导线束中 *-仅用于带电动座椅调节和记忆功能的汽车

后部车窗升降器锁止开关，驾驶员车门中的后右车窗升降器开关，驾驶员车门中的车窗升降器锁止开关，驾驶员侧车门控制单元，中央门锁 Safe 功能指示灯，后部车窗升降器锁止指示灯

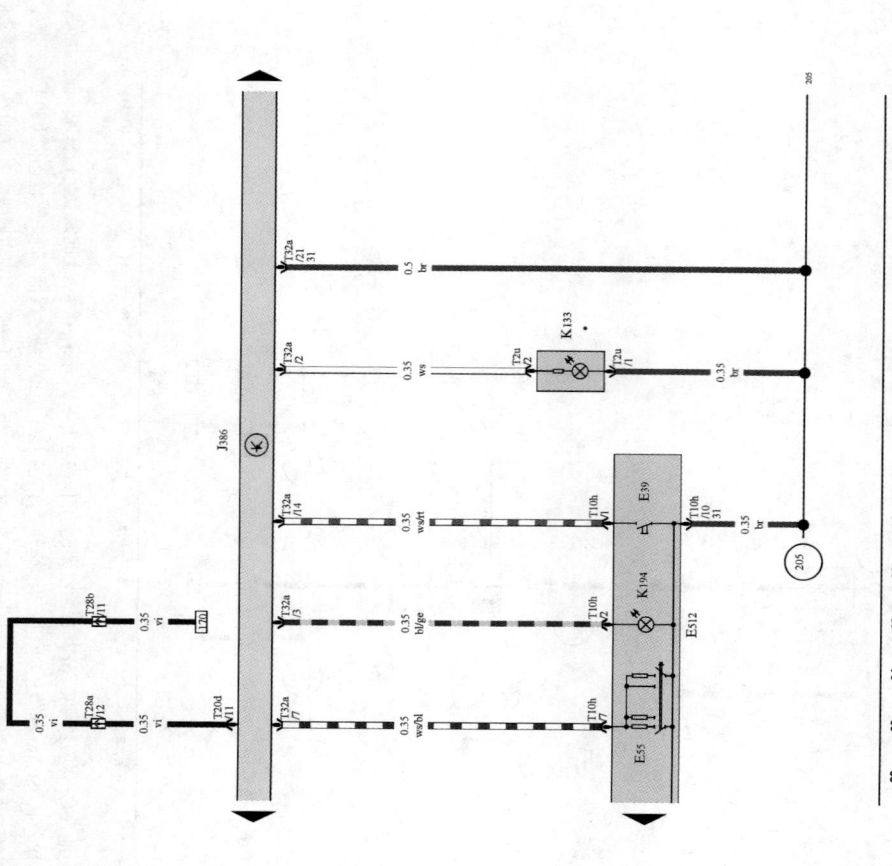

图 3-4-103

E39-后部车窗升降器锁止开关 E55-驾驶员车门中的后右车窗升降器开关 E512-驾驶员车门中的车窗升降器锁止开关 J386-驾驶员侧车门控制单元 K133-中央门锁Safe功能指示灯 K194-后部车窗升降器锁止指示灯 T2u-2芯插头连接 T10h-10芯插头连接 T20d-20芯插头连接 T28a-28芯插头连接 T28b-28芯插头连接，黑色 T32a-32芯插头连接，黑色 205-接地连接，在驾驶员侧车门电缆导线束中 *-已预先布线的部件

322

驾驶员侧车门接触开关，驾驶员侧中央门锁开关，驾驶员侧中央门锁闭锁单元，驾驶员侧车门控制单元，驾驶员侧车门中央门锁电机，驾驶员车门内中央门锁门锁 Safe 功能电机

驾驶员侧车门内上锁按钮，驾驶员侧车门控制单元，驾驶员侧车门内联锁锁指示灯，按钮照明灯泡

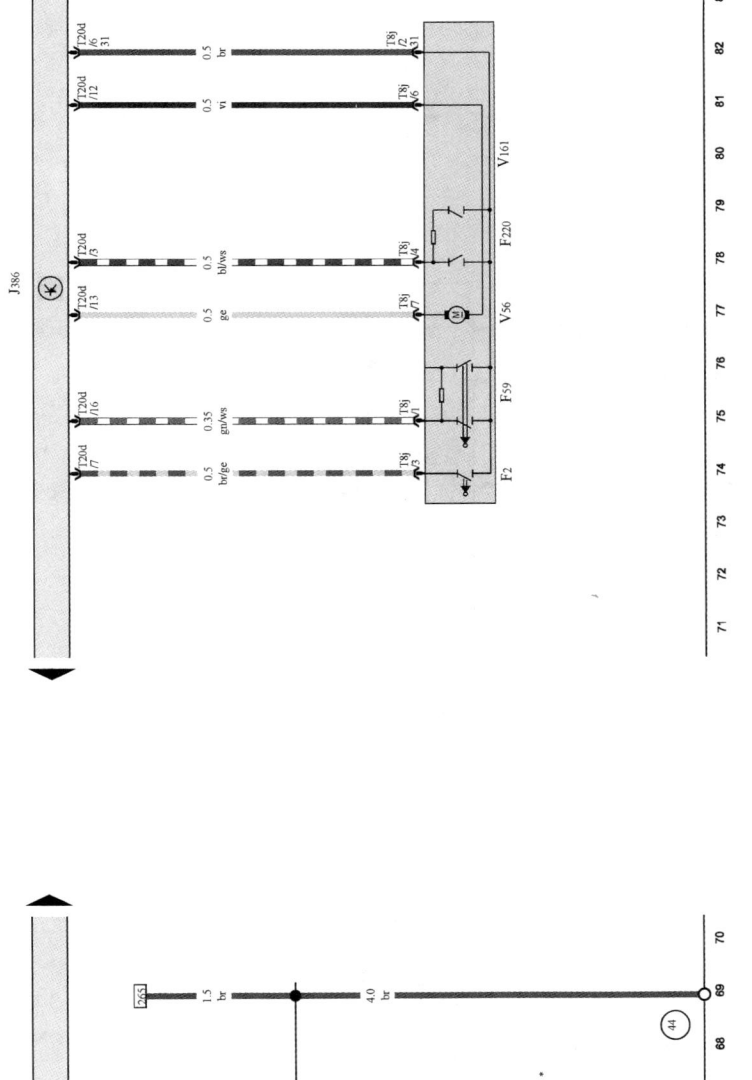

图 3-4-105

图 3-4-106

E308-驾驶员侧车门内上锁按钮 J386-驾驶员侧车门接触控制单元 K174-驾驶员侧车门内联锁指示灯 L76-按钮照明灯泡 T4am-4芯插头连接，蓝色 T20d-20芯插头连接，黑色 T28a-28芯插头连接，黑色 T32a-32芯插头连接，黑色 T32a-32芯插头连接，灰色 44-左侧A柱下部的接地点 205-接地连接，在驾驶员侧车门电缆导线束中 267-接地连接 头连接，在驾驶员侧车门电缆导线束中 388-接地连接23，在主导线束中

F2-驾驶员侧车门接触开关 F59-驾驶员侧中央门锁开关 F220-驾驶员侧中央门锁闭锁单元 J386-驾驶员侧车门控制单元 T8j-8芯插头连接 T20d-20芯插头连接，黑色 V56-驾驶员侧车门中央门锁电机 V161-驾驶员车门内中央门锁门锁Safe功能电机

2，在驾驶员侧车门电缆导线束中 *-依汽车装备而定

323

驾驶员侧车门控制单元，驾驶员侧车外后视镜，驾驶员侧外后视镜警告灯泡，驾驶员侧自动防眩车外后视镜，驾驶员侧可加热车外后视镜

驾驶员侧车门控制单元，驾驶员侧车外后视镜，驾驶员侧后视镜调节电机2，驾驶员侧后视镜内折电机，驾驶员侧后视镜调节电机

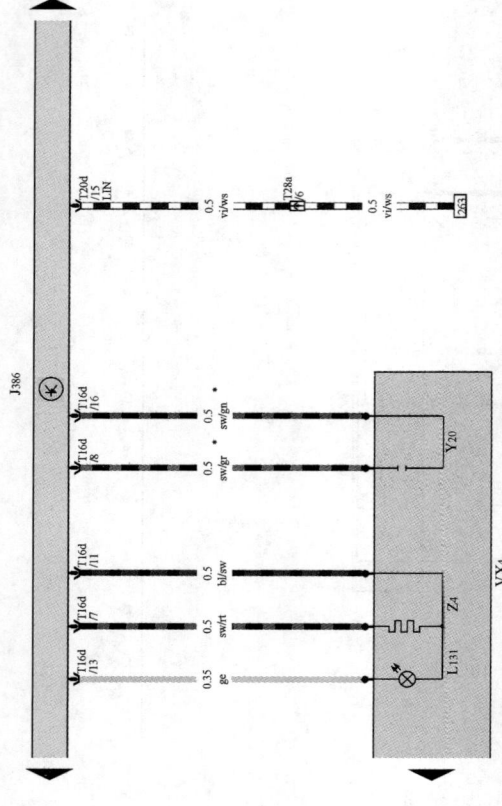
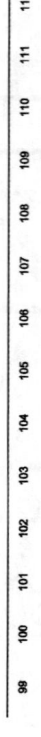

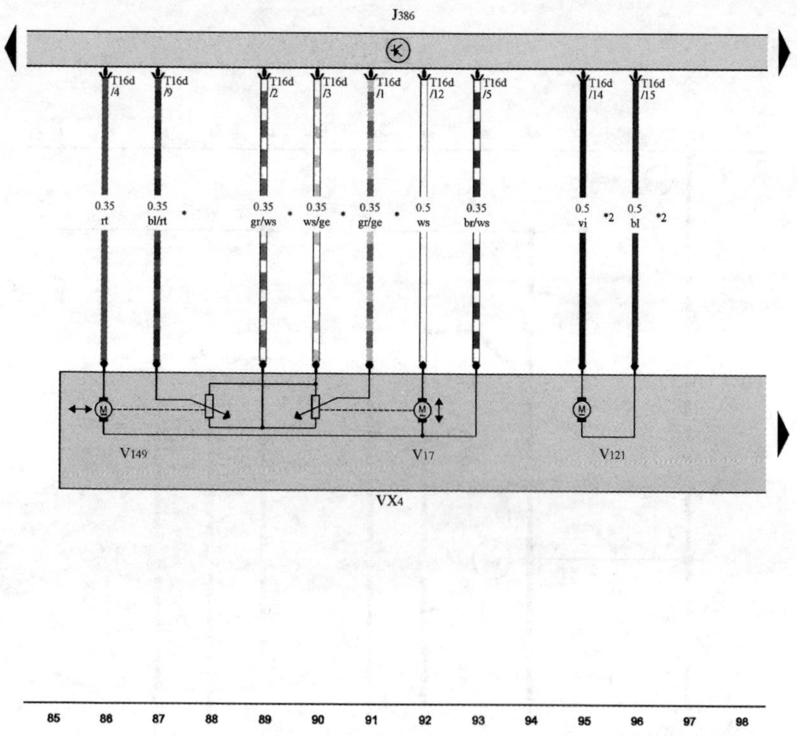

J386-驾驶员侧车门控制单元 L131-驾驶员侧外后视镜警告灯泡 T16d-16芯插头连接 T16d-16芯插头连接，黑色 T20d-20芯插头连接，黑色 T28a-28芯插头连接，黑色 VX4-驾驶员侧车外后视镜 Y20-驾驶员侧自动防眩车外后视镜 Z4-驾驶员侧可加热车外后视镜 *-仅用于带有自动防眩车外后视镜的汽车

图 3-4-108

J386-驾驶员侧车门控制单元 T16d-16芯插头连接，黑色 VX4-驾驶员侧车外后视镜 V17-驾驶员侧后视镜 镜调节电机 V121-驾驶员侧后视镜内折电机 V149-驾驶员侧后视镜调节电机 *-仅用于带电动座椅调节 和记忆功能的汽车 *2-仅用于带后视镜折叠机构的汽车

图 3-4-107

324

驾驶员侧车门控制单元，左后侧车门内把手照明灯泡，驾驶员车门内把手照明灯泡，驾驶员车门把手照明灯泡

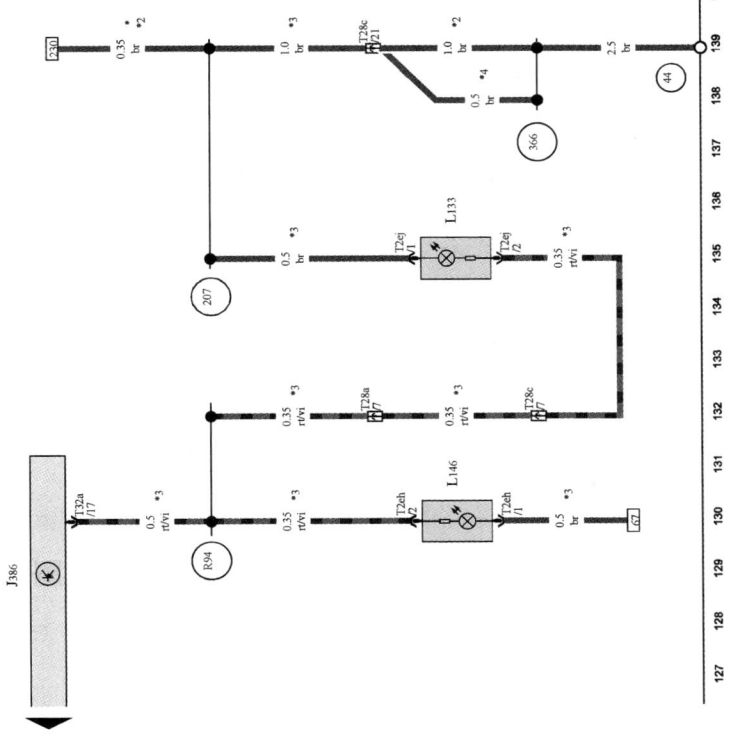

J386–驾驶员侧车门控制单元 T2eh–2芯插头连接，黑色 T2ej–2芯插头连接，黑色 T28a–28芯插头连接，黑色 T28c–28芯插头连接，黑色 T32a–32芯插头连接，灰色 44–左侧A柱下部的接地点 207–接地连接 366–接地连接1，在驾驶员车门电缆导线束中 R94–连接，在主导线束中 *–仅用于带登车照明灯的汽车 *2–仅用于不带氛围灯的汽车 *3–依汽车装备而定 *4–仅用于带氛围灯的汽车 L133–左后侧车门内把手照明灯泡 L146–驾驶员侧车门内把手照明灯泡

图 3-4-110

驾驶员侧车门控制单元，左前登车照明灯

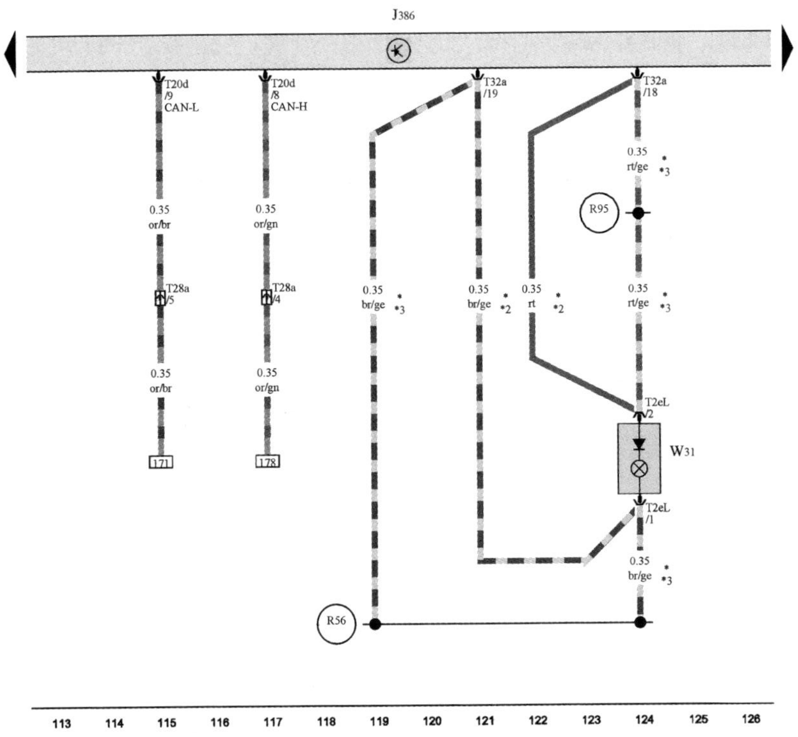

J386–驾驶员侧车门控制单元 T2eL–2芯插头连接，黑色 T20d–20芯插头连接，黑色 T28a–28芯插头连接，黑色 T32a–32芯插头连接，灰色 W31–左前登车照明灯 R56–连接（登车照明灯），在驾驶员车门电缆导线束中 R95–连接，在主导线束中 *–仅用于带登车照明灯的汽车 *2–仅用于带氛围灯的汽车 *3–仅用于带氛围灯的汽车

图 3-4-109

副驾驶员车门中的车窗升降器开关，副驾驶员车门控制单元，按钮照明灯泡，副驾驶员侧电动升降器电机

副驾驶员车门控制单元，右后侧车门内把手照明灯泡，副驾驶员车门内把手照明灯泡，副驾驶员侧门内把手照明灯泡

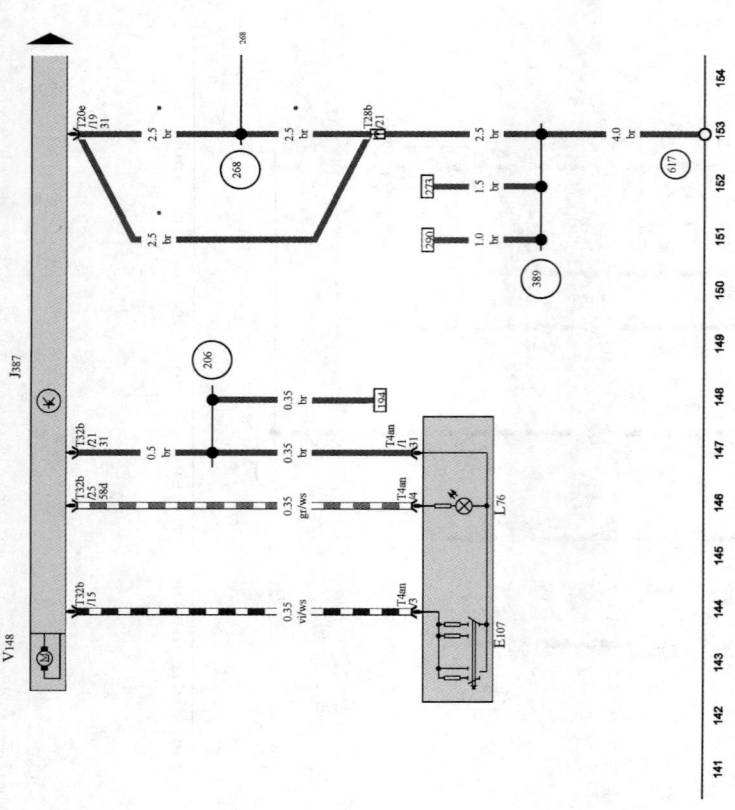

图 3-4-112

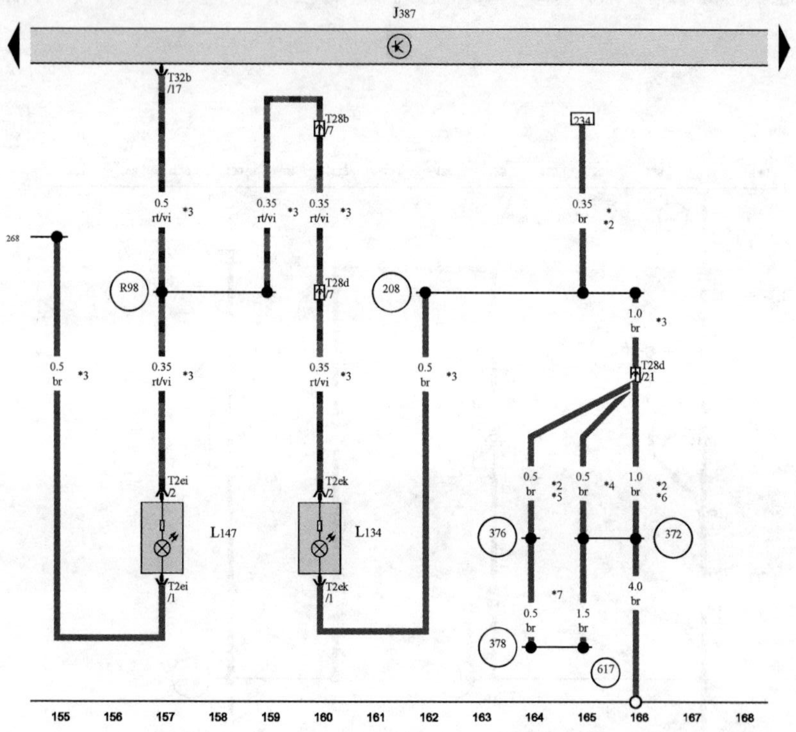

L387-副驾驶员侧车门控制单元 L134-右后侧车门内把手照明灯泡 L147-副驾驶员车门内把手照明灯泡 T2ek-2芯插头连接，黑色 T28b-28芯插头连接，黑色 T28d-28芯插头连接，黑色 T28d-28芯插头连接，黑色 T2ei-2芯插头连接，黑色 T2ek-2芯插头连接，黑色 T28b-28芯插头连接，黑色 T28d-28芯插头连接，黑色 黑色 T32b-32芯插头连接，灰色 208-接地连接，在右后车门电缆导线束中 268-接地连接2，在副驾驶员侧车门电缆导线束中 372-接地连接7，在主导线束中 376-接地连接11，在主导线束中 378-接地连接 13，在主导线束中 617-右侧A柱下部接地点2 R98-连接1，在副驾驶员侧车门电缆导线束中 *-仅用于带 登车照明灯的汽车 *2-仅用于带氛围灯的汽车 *3-依汽车装备而定 *4-仅用于不带氛围灯的汽车 *5-自 2016年3月起 *6-截至2016年3月 *7-自2016年2月起

图 3-4-111

E107-副驾驶员车门中的车窗升降器开关 J387-副驾驶员侧车门控制单元 L76-按钮照明灯泡 T4an-4芯插头连接，黑色 T20e-20芯插头连接，黑色 T28b-28芯插头连接，黑色 T32b-32芯插头连接，灰色 V148-副驾驶员侧电动升降器电机 206-接地连接，在副驾驶员侧车门电缆导线束中 268-接地连接2，在副驾驶员侧车门电缆导线束中 389-接地连接24，在主导线束中 617-右侧A柱下部接地点2 *-依汽车装备而定

326

副驾驶员侧车门接触开关，副驾驶员侧中央门锁闭锁单元，副驾驶员侧车门控制单元，副驾驶员侧车门中央门锁电机，副驾驶员侧车门内中央门锁 Safe 功能电机

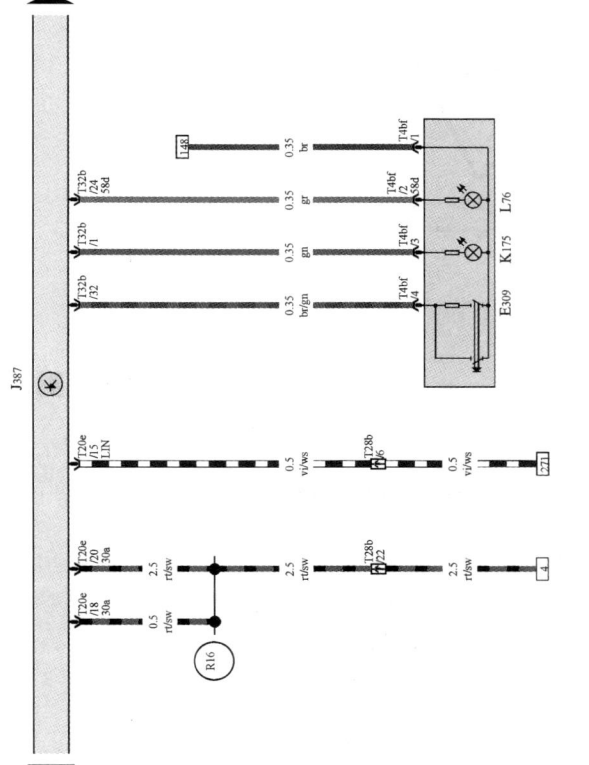

副驾驶员侧车门内锁闭按钮，副驾驶员侧车门控制单元，副驾驶员侧车内联锁指示灯，按钮照明灯泡，副驾驶员侧车内联锁指示灯，副驾驶员侧车门控制单元，副驾驶员侧车内锁闭按钮照明灯泡

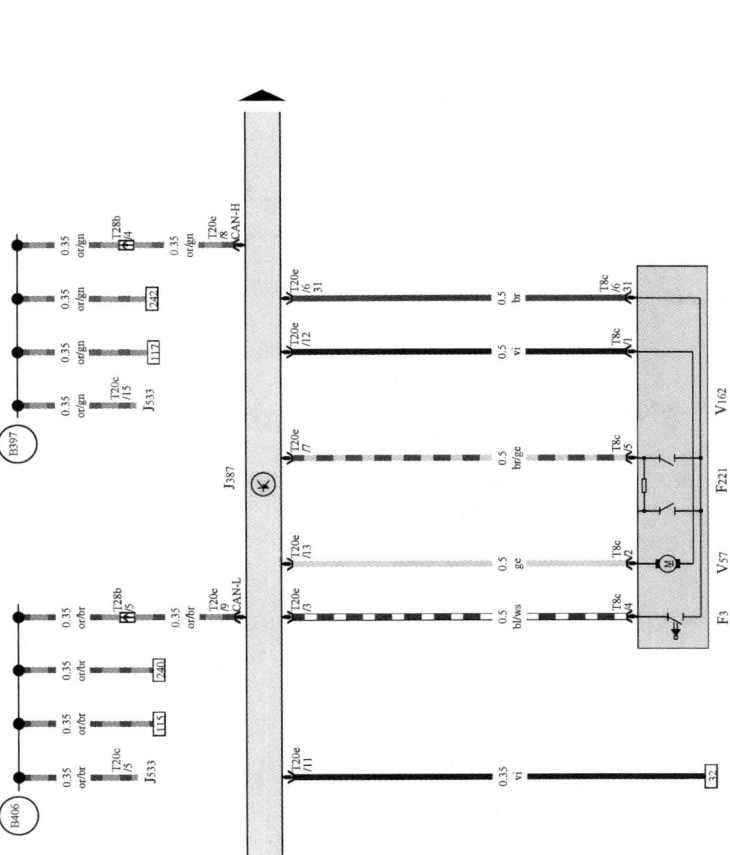

F3-副驾驶员侧车门接触开关 F221-副驾驶员侧中央门锁闭锁单元 J387-副驾驶员侧车门控制单元 J533-数据总线诊断接口 T8c-8芯插头连接，黑色 T20c-20芯插头连接，黑色 T20e-20芯插头连接，红色 T28b-28芯插头连接，黑色 V57-副驾驶员侧车门中央门锁电机 V162-副驾驶员侧车门内中央门锁Safe功能电机 B397-连接1(舒适CAN总线，High)，在主导线束中 B406-连接1(舒适CAN总线，Low)，在主导线束中

图 3-4-113

E309-副驾驶员侧车内锁闭按钮 J387-副驾驶员侧车门控制单元 K175-副驾驶员侧车内联锁指示灯 L76-按钮照明灯泡 T4bf-4芯插头连接，蓝色 T20e-20芯插头连接，黑色 T28b-28芯插头连接，黑色 T32b-32芯插头连接，灰色 R16-正极连接1(30)，在副驾驶员侧车门电缆导线束中

图 3-4-114

副驾驶员侧车门控制单元，副驾驶员侧外后视镜，副驾驶员侧外后视镜警告灯泡，右前
登车照明灯，副驾驶员侧可加热式车外后视镜

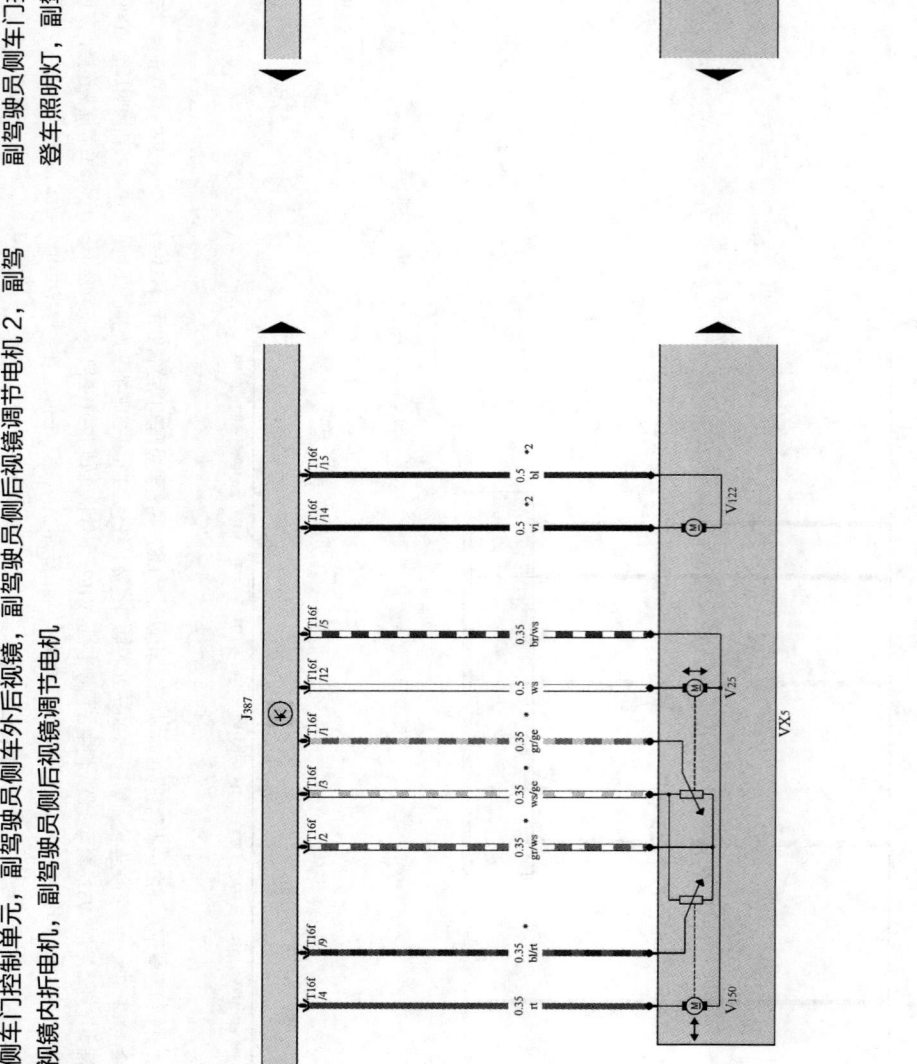

副驾驶员侧车门控制单元，副驾驶员侧车外后视镜，副驾驶员侧后视镜调节电机2，副驾
驶员侧车视镜内折电机，副驾驶员侧后视镜调节电机

图 3-4-116

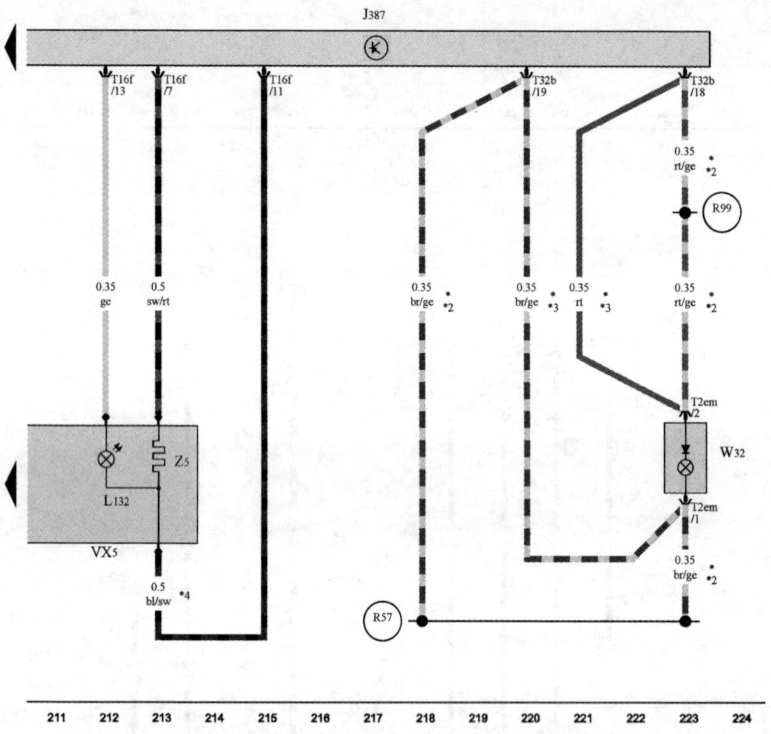

J387-副驾驶员侧车门控制单元 L132-副驾驶员侧外后视镜警告灯泡 T2em-2芯插头连接，黑色 T16f-16
芯插头连接，黑色 T32b-32芯插头连接，灰色 VX5-副驾驶员侧车外后视镜 W32-右前登车照明灯 Z5-
副驾驶员侧可加热式车外后视镜 R57-连接（登车照明灯），在副驾驶员侧车门电缆导线束中 R99-连接
2，在副驾驶员侧车门电缆导线束中 *-仅用于带登车照明灯的汽车 *2-仅用于带氛围灯的汽车 *3-仅用
于不带氛围灯的汽车 *4-仅用于带电动座椅调节和记忆功能的汽车

图 3-4-115

J387-副驾驶员侧车门控制单元 T16f-16芯插头连接，黑色 VX5-副驾驶员侧车外后视镜 V25-副驾驶员
侧后视镜调节电机 V122-副驾驶员侧后视镜内折电机 V150-副驾驶员侧后视镜调节电机 *-仅用于带电
动座椅调节和记忆功能的汽车 *2-仅用于带后视镜折叠机构的汽车

328

左后车门门接触开关，左后中央门锁闭锁单元，车载电网控制单元，左后车门内中央门锁
SAFE 功能的电机，锁止

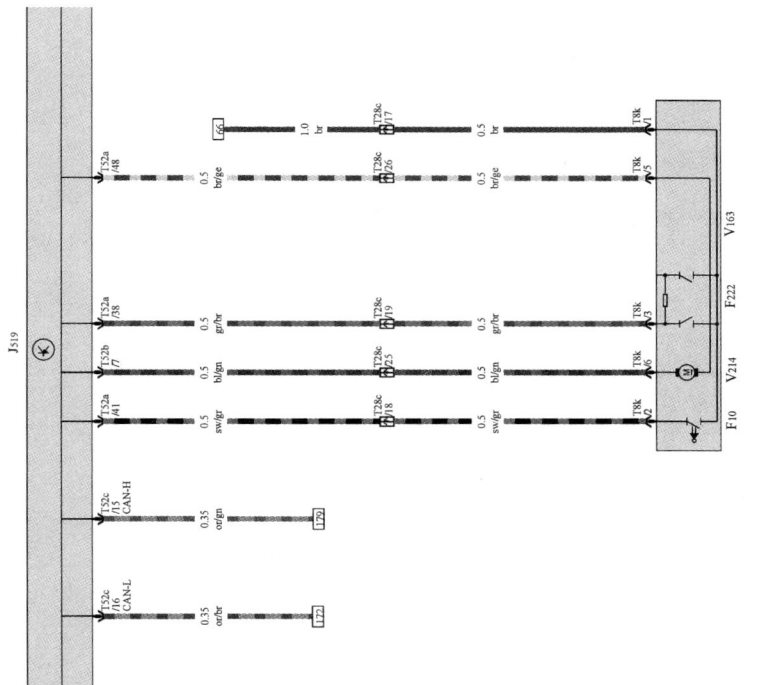

左后车门接触开关，左后中央门锁闭锁单元，车载电网控制单元 J519-车载电网控制单元 T8k-8芯插头连接，黑色 T28c-28芯插头连接 T52c-52芯插头连接 黑色 T52b-52芯插头连接，黑色 T52a-52芯插头连接，白色 T52c-52芯插头连接，锁止接，棕色 V163-左后车门内中央门锁SAFE功能的电机，V214-左后车门内中央门锁电机，锁止

图 3-4-118

F10-左后车门接触开关 F222-左后中央门锁闭锁单元

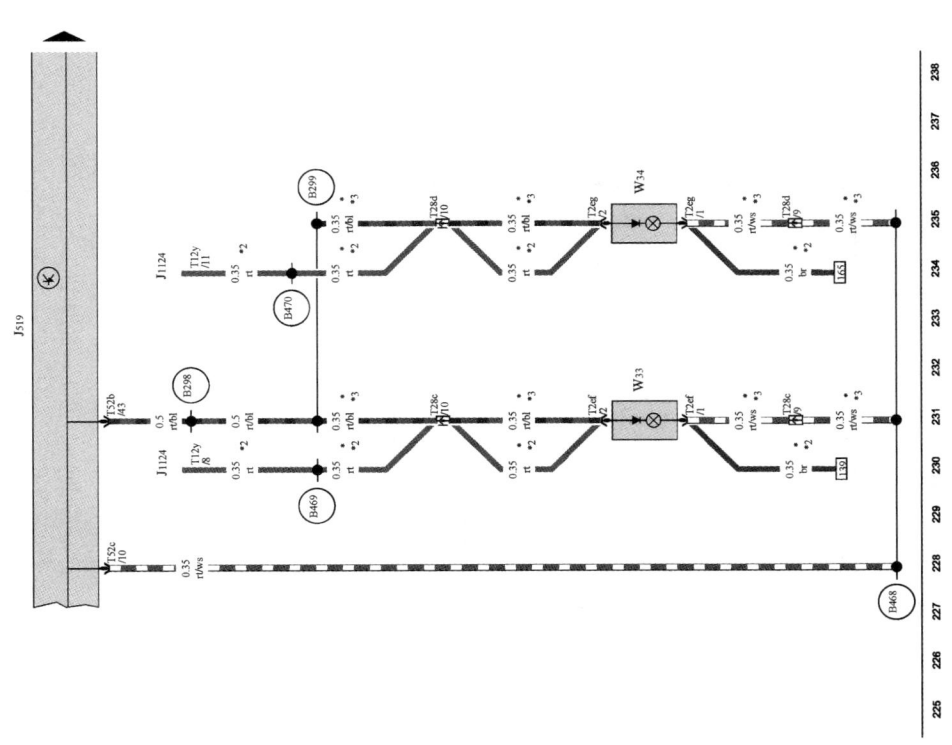

车载电网控制单元，左后登车照明灯，右后登车照明灯

J519-车载电网控制单元 J1124-环境照明控制单元 T2ef-2芯插头连接，黑色 T2eg-2芯插头连接，黑色 T12y-12芯插头连接，黑色 T28c-28芯插头连接，黑色 T28d-28芯插头连接，黑色 T52b-52芯插头连接，白色 T52c-52芯插头连接，锁止连接，棕色 W33-左后登车照明灯 W34-右后登车照明灯 B298-正极连接 B299-正极连接3（30），在导线束中 B299-正极连接3（30），在导线束中 B468-连接4，在主导线束中 B469-连接 B468-连接4，在主导线束中 B469-连接5，在导线束中 B470-连接6，在主导线束中 *-仅用于带登车照明灯的汽车 *2-仅用于带氛围围灯的汽车 *3-仅用于不带氛围围灯的汽车

图 3-4-117

右后车门车窗升降器开关，右后车门控制单元，车载电网控制单元，按钮照明灯泡，后右车窗升降器电机。

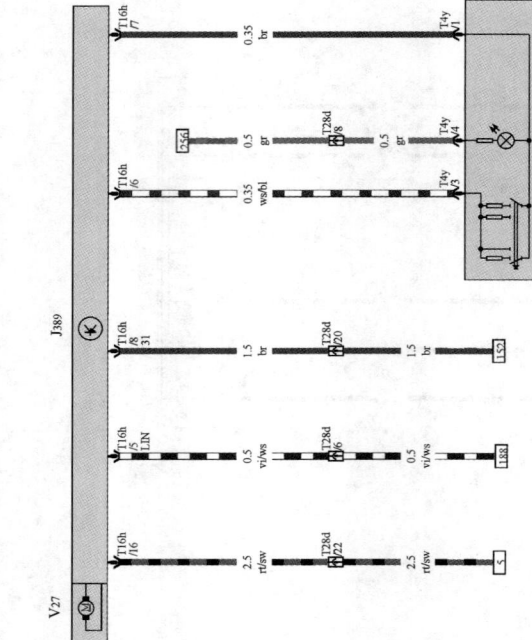

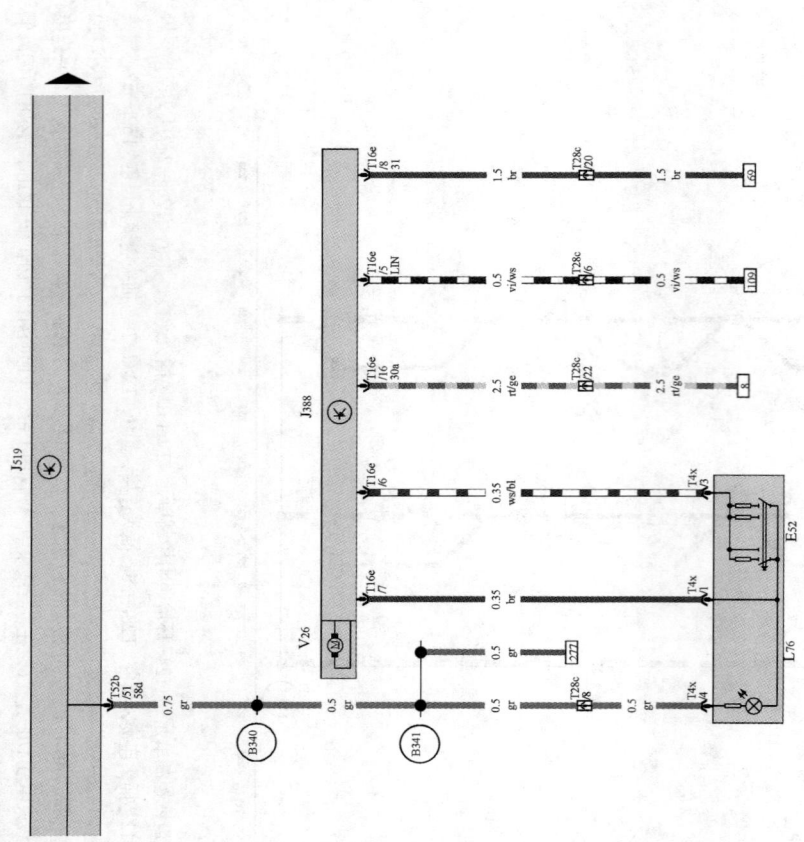

E54-右后车门车窗升降器开关，J389-右后车门控制单元，J519-车载电网控制单元，L76-按钮照明灯泡
T4y-4芯插头连接，黑色 T16h-16芯插头连接，黑色 T28d-28芯插头连接，黑色 V27-右后车窗升降器电机

图 3-4-120

左后车门内的车窗升降器开关，左后车门控制单元，车载电网控制单元，按钮照明灯泡，后左车窗升降器电机。

E52-左后车门内的车窗升降器开关，J388-左后车门控制单元，J519-车载电网控制单元，L76-按钮照明灯泡
T4x-4芯插头连接，黑色 T16e-16芯插头连接，黑色 T28c-28芯插头连接，黑色 T52b-52芯插头连接，
白色 V26-后左车窗升降器电机 B340-连接1（58d），在主导线束中 B341-连接2（58d），在主导线束中

图 3-4-119

330

右后车门接触开关，右后中央门锁闭锁单元，车载电网控制单元，右后车门中央门锁SAFE功能电机，右后车门内中央门锁电机，锁止

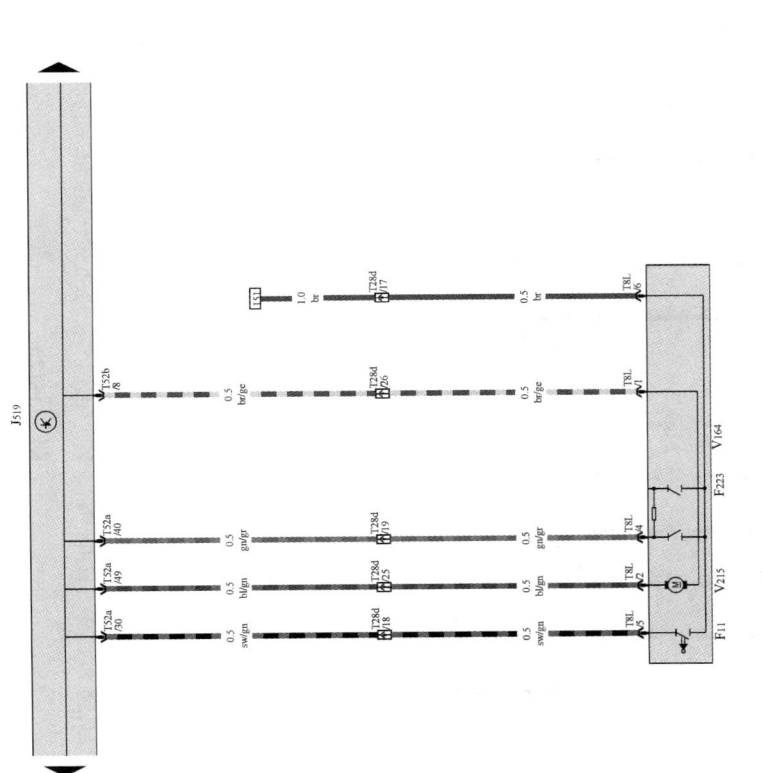

图 3-4-121

F11-右后车门接触开关 F223-右后中央门锁闭锁单元 J519-车载电网控制单元 T8L-8芯插头连接，黑色 T28d-28芯插头连接，黑色 T52a-52芯插头连接，黑色 T52b-52芯插头连接，黑色 V164-右后车门中央门锁SAFE功能电机 V215-右后车门内中央门锁电机，锁止

行李箱盖把手中的解锁按钮，行李箱盖闭锁单元，车载电网控制单元，行李箱盖中中央门锁电机，油箱盖锁止装置电机

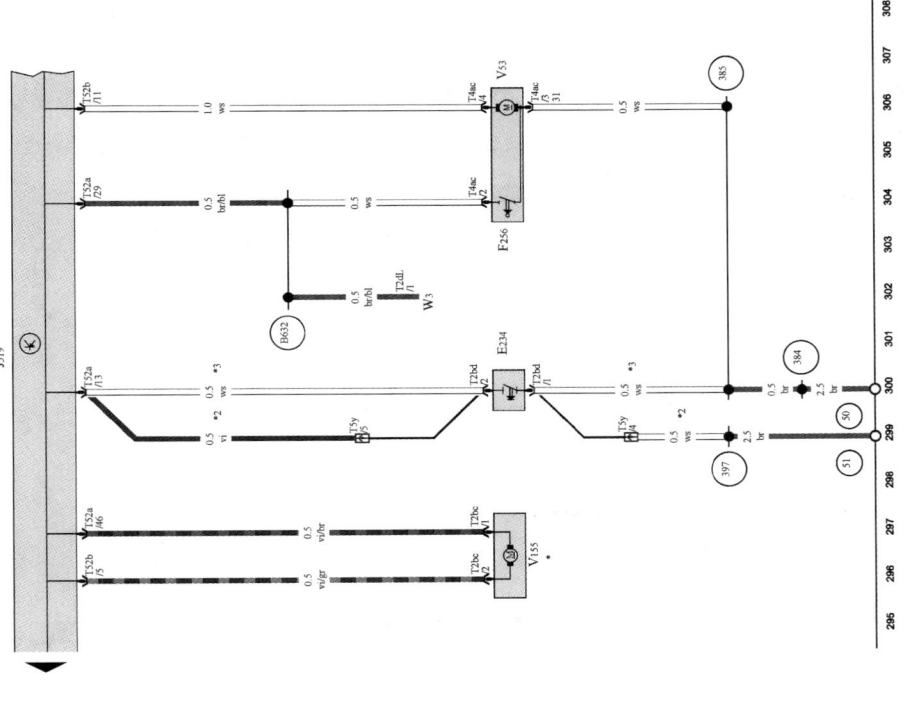

图 3-4-122

E234-行李箱盖把手中的解锁按钮 F256-行李箱盖闭锁单元 J519-车载电网控制单元 T2bc-2芯插头连接，黑色 T2bd-2芯插头连接，黑色 T2dL-2芯插头连接，黑色 T4ac-4芯插头连接，黑色 T5y-5芯插头连接，黑色 T52a-52芯插头连接，黑色 T52b-52芯插头连接，黑色 V53-行李箱盖中中央门锁电机 V155-油箱盖锁止装置电机 W3-行李箱照明 50-行李箱内左侧的接地点 51-行李箱内右侧的接地点 384-接地连接19，在主导线束中 385-接地连接20，在主导线束中 397-接地连接32，在主导线束中 B632-连接（车内照明，31），在主导线束中 *-已预先布线的部件 *2-仅用于带倒车摄像机系统的汽车 *3-仅用于不带倒车摄像机系统的汽车

331

保险丝架 A 上的保险丝 4，保险丝架 C

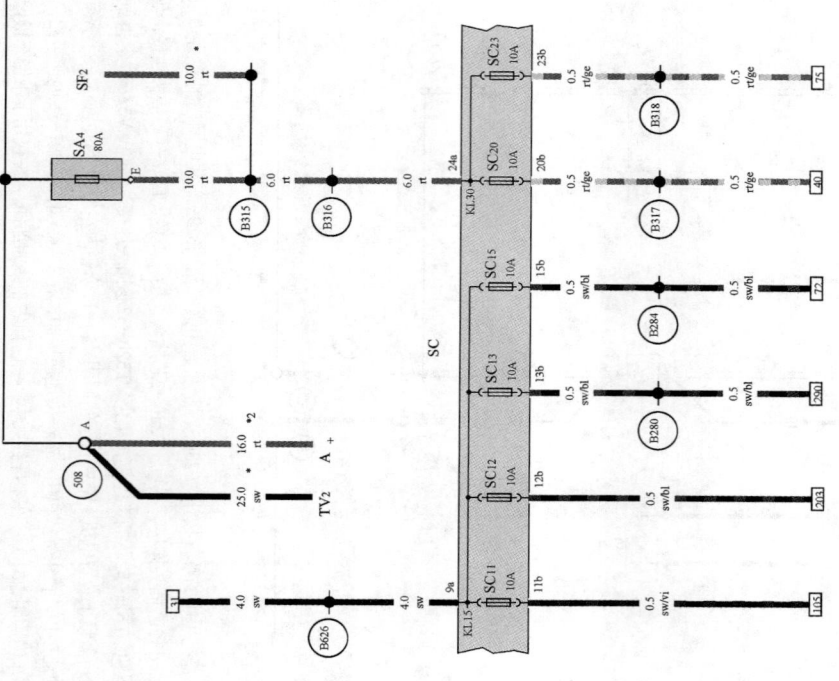

图3-4-124

A-蓄电池 SF2-保险丝架上的保险丝2 SA4-保险丝架A上的保险丝4 SC-保险丝架C SC11-保险丝架C上的保险丝11 SC12-保险丝架C上的保险丝12 SC13-保险丝架C上的保险丝13 SC15-保险丝架C上的保险丝15 SC20-保险丝架C上的保险丝20 SC23-保险丝架C上的保险丝23 TV2-接线端30导线分线器 508-螺栓连接（30），在电控箱上 B280-正极连接4（15a），在主导线束中 B284-正极连接8（15a），在主导线束中 B315-正极连接1（30a），在主导线束中 B316-正极连接2（30a），在主导线束中 B317-正极连接3（30a），在主导线束中 B318-正极连接4（30a），在主导线束中 B626-正极连接2（15），在主导线束中 *-仅用于带泊车辅助系统的汽车 *2-仅用于带4缸发动机的汽车

行李箱盖打开传感器，行李箱盖开启装置的传感器 2，进入及启动许可控制单元，行李箱盖开启装置控制单元

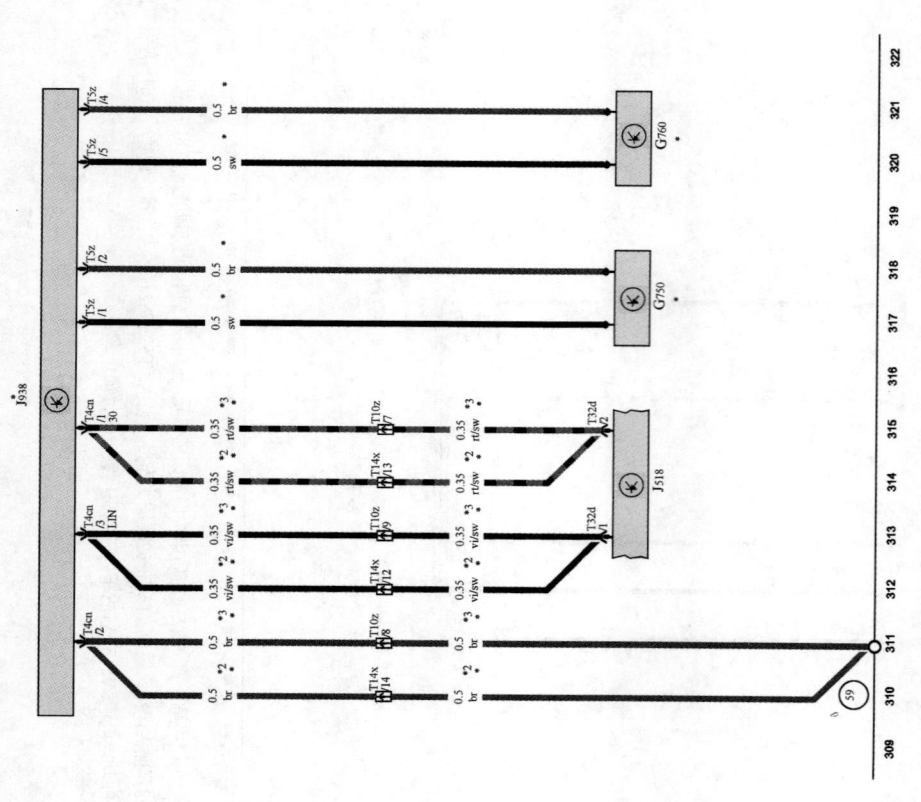

图3-4-123

G750-行李箱盖开启装置的传感器 G760-行李箱盖开启装置的传感器2 J518-进入及启动许可控制单元 J938-行李箱盖开启装置控制单元 T4cm-4芯插头连接器 T5z-5芯插头连接 T10z-10芯插头连接 T14x-14芯插头连接 T32d-32芯插头连接 59-接地点，左侧尾灯附近 *-仅用于带泊车辅助系统的汽车 *2-仅用于带泊车辅助系统的汽车 *3-仅用于带泊车辅助系统的汽车

雨水与光线识别传感器，接线端 15 供电继电器，车载电网控制单元

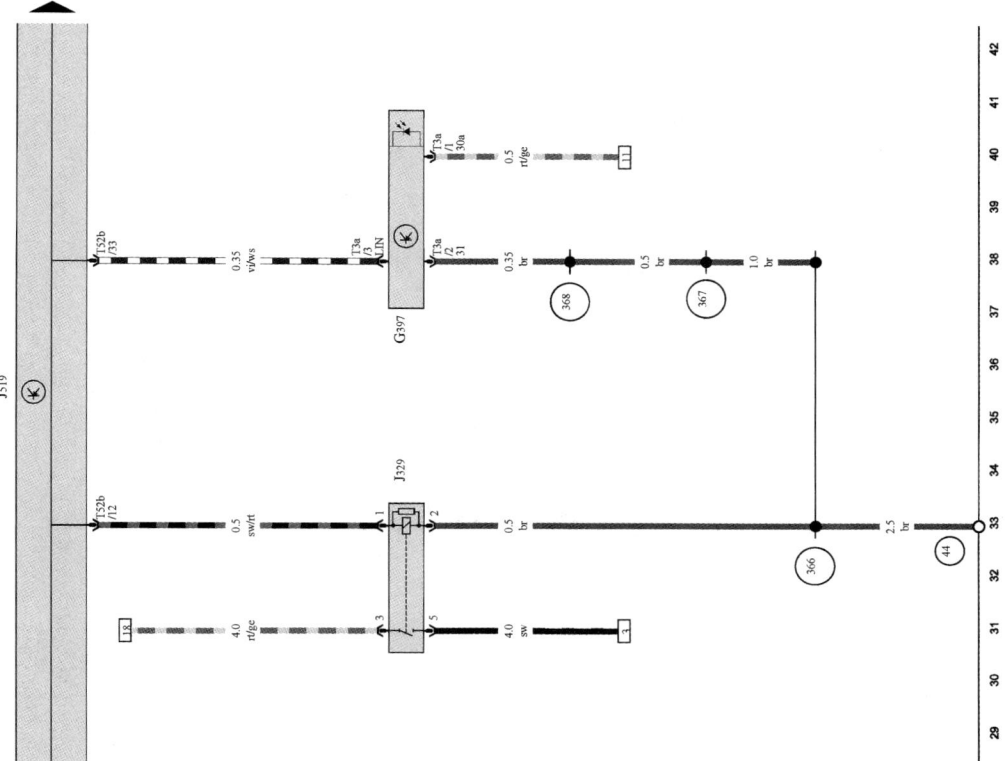

图 3-4-126

车载电网控制单元，保险丝架 B

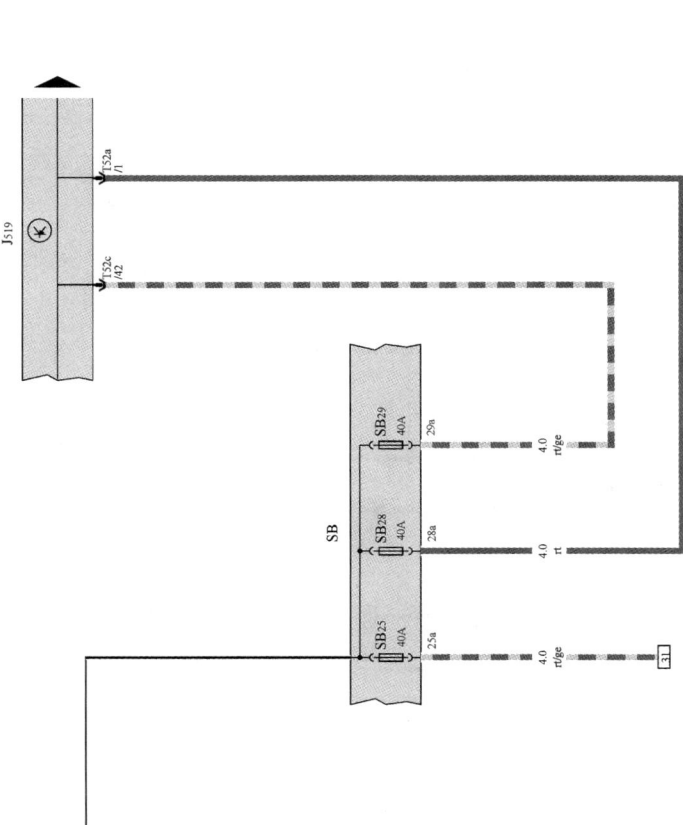

图 3-4-125

J519-车载电网控制单元　SB-保险丝架B　SB25-保险丝架B上的保险丝25　SB28-保险丝架B上的保险丝28
SB29-保险丝架B上的保险丝29　T52a-52芯插头连接，黑色　T52c-52芯插头连接，棕色

G397-雨水与光线识别传感器　J329-接线端15供电继电器　J519-车载电网控制单元　T3a-3芯插头连接，黑
色　T52b-52芯插头连接，白色　44-左侧A柱下部的接地点　366-接地连接1，在主导线束中　367-接地连接
2，在主导线束中　368-接地连接3，在主导线束中

333

转向信号灯开关，手动防眩目功能和灯光信号功能开关，车载电网控制单元，转向柱电子装置控制单元

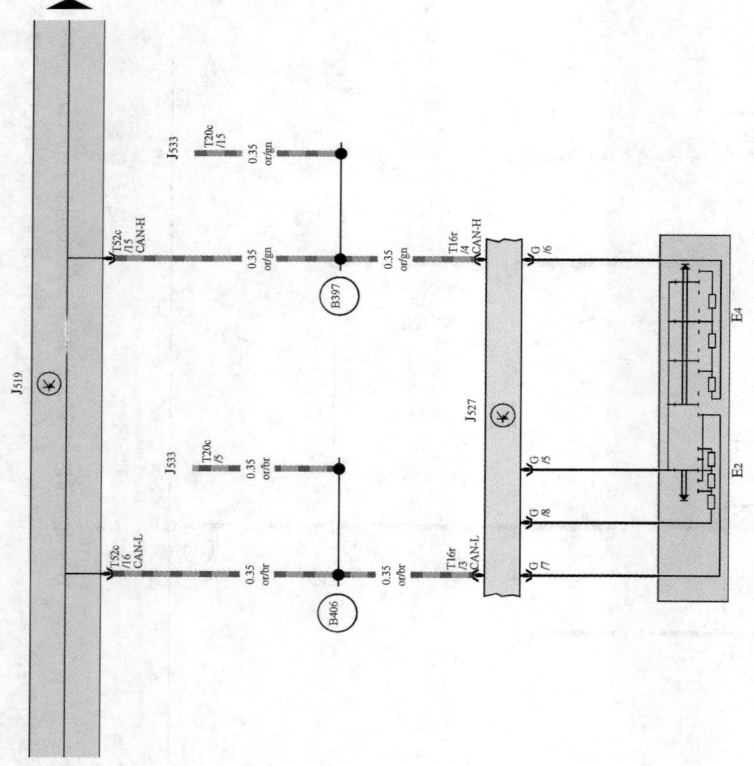

图3-4-128

E2-转向信号灯开关　E4-手动防眩目功能和灯光信号功能开关　J519-车载电网控制单元　J527-转向柱电子装置控制单元　J533-数据总线诊断接口　T16r-16芯插头连接　T20c-20芯插头连接，红色　T52c-52芯插头连接，黑色　B397-连接1(舒适CAN总线，High)，在主导线束中　B406-连接1(舒适CAN总线，Low)，在主导线束中

开关和仪表照明调节器，车载电网控制单元，开关和仪表调节器照明灯泡

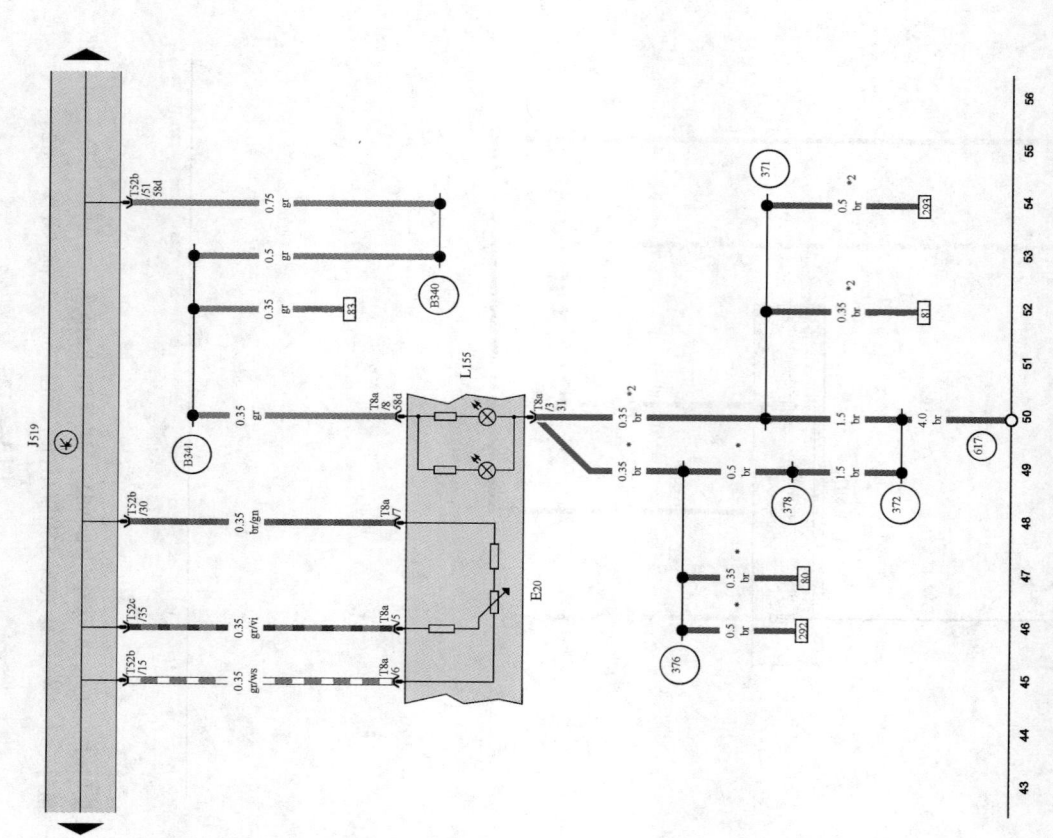

图3-4-127

E20-开关和仪表照明调节器　J519-车载电网控制单元　L155-开关和仪表调节器照明灯泡　T8a-8芯插头连接，白色　T52b-52芯插头连接，棕色　T52c-52芯插头连接，黑色　371-接地连接6，在主导线束中　372-接地连接7，在主导线束中　376-接地连接11，在主导线束中　378-接地连接13，在主导线束中　617-台侧A柱下部接地点2　B340-连接1(58d)，在主导线束中　B341-连接2(58d)，在主导线束中　*-自2016年2月起　*2-截至2016年2月

车灯开关，前雾灯开关，后雾灯开关，车载电控制单元，大灯开关照明灯泡

车载电网控制单元，左侧日间行车灯和驻车示宽灯控制单元，日间行车灯和驻车灯左侧光电管模体，左前大灯

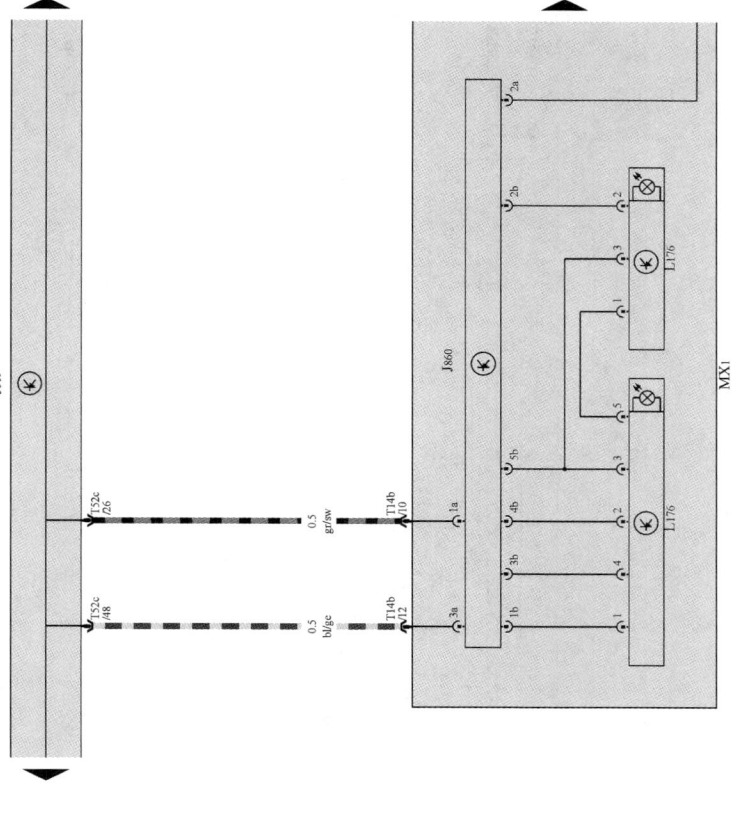

71	72	73	74	75	76	77	78	79	80	81	82	83	84

图 3-4-129

85	86	87	88	89	90	91	92	93	94	95	96	97	98

图 3-4-130

E1-车灯开关 E7-前雾灯开关 E18-后雾灯开关 J519-车载电网控制单元 L9-大灯开关照明灯泡 T10b-10芯插头连接，黑色 T52a-52芯插头连接，黑色 T52b-52芯插头连接，黑色 白色 *-自2016年2月起 *2-截至2016年2月

J519-车载电网控制单元 J860-左侧日间行车灯和驻车示宽灯控制单元 L176-日间行车灯和驻车灯左侧光电管模体 MX1-左前大灯 T14b-14芯插头连接 T52c-52芯插头连接，黑色 T52c-52芯插头连接，棕色

335

左侧 LED 大灯模块化电源 3，车载电网控制单元，左侧大灯电源模块，左侧大灯电源控制单元，左近转向信号灯，左前大灯，左近光灯防眩目

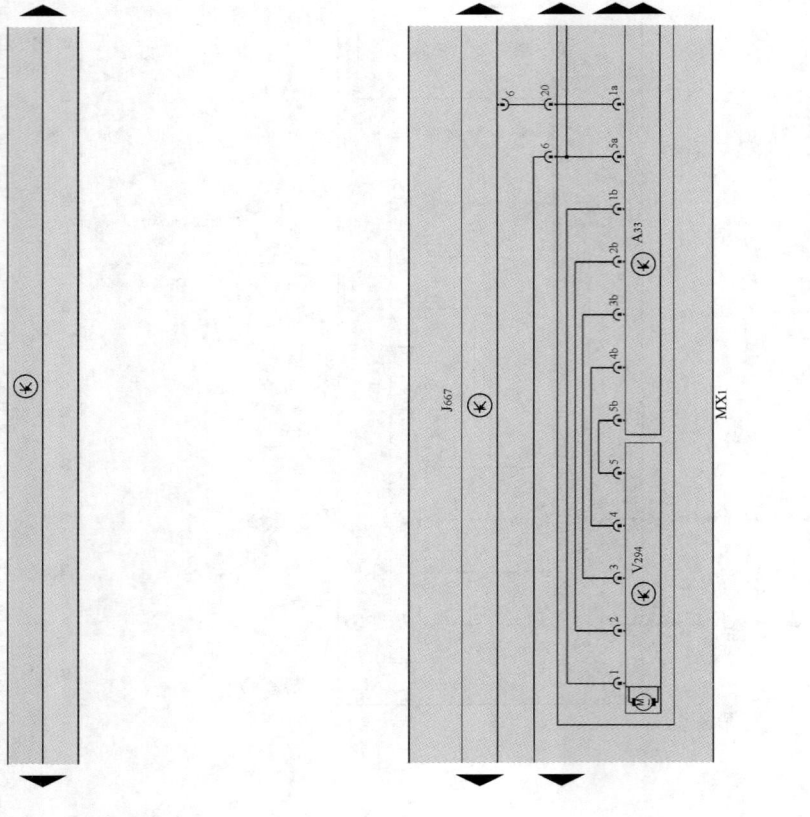

A33-左侧LED大灯模块化电源3 J519-车载电网控制单元 J667-左侧大灯电源模块 MX1-左前大灯 V294-左近光灯防眩目 370-接地连接5，在主导线束中

图 3-4-132

左侧 LED 大灯模块化电源 2，车载电网控制单元，左侧大灯电源模块，左前大灯，左前转向信号灯灯泡，左侧大灯照明距离调节伺服电机

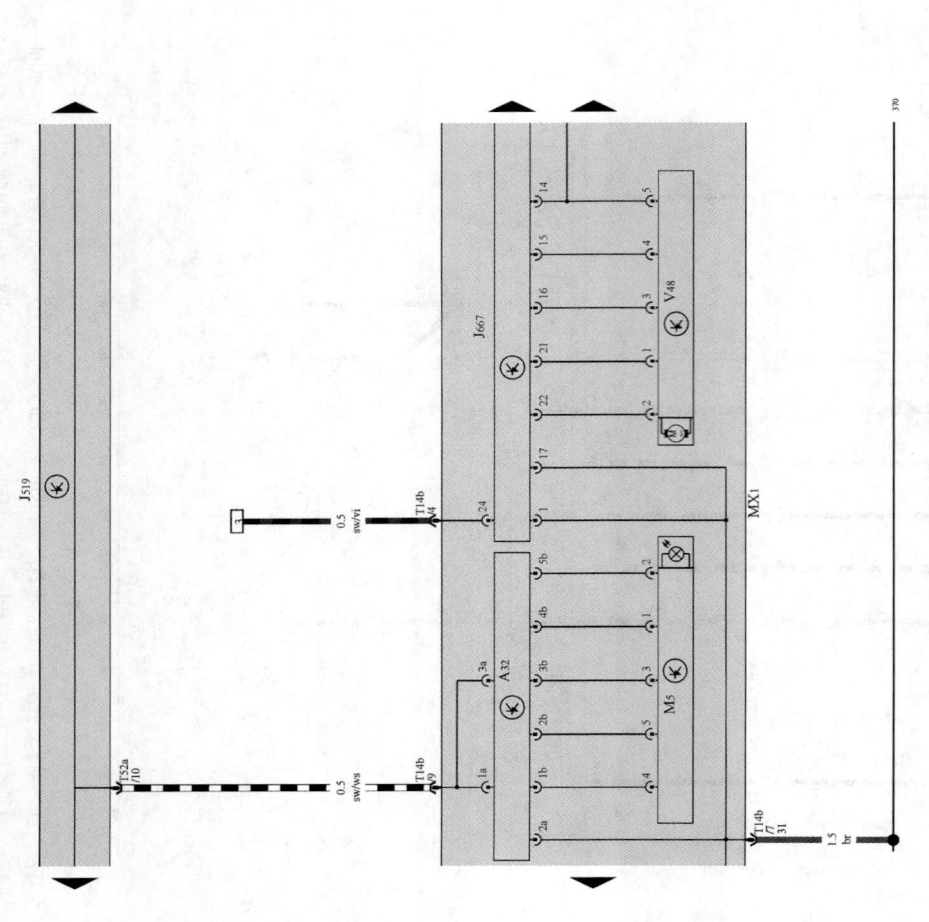

A32-左侧LED大灯模块化电源2 J519-车载电网控制单元 J667-左侧大灯电源模块 MX1-左前大灯 M5-左前转向信号灯灯泡 T14b-14芯插头连接 T52a-52芯插头连接，黑色 V48-左侧大灯照明距离调节伺服电机，370-接地连接5，在主导线束中

图 3-4-131

左侧 LED 大灯模块化电源 1，车载电网控制单元，左侧大灯电源模块，左前大灯，左侧
动态弯道灯伺服电机，左侧大灯风扇

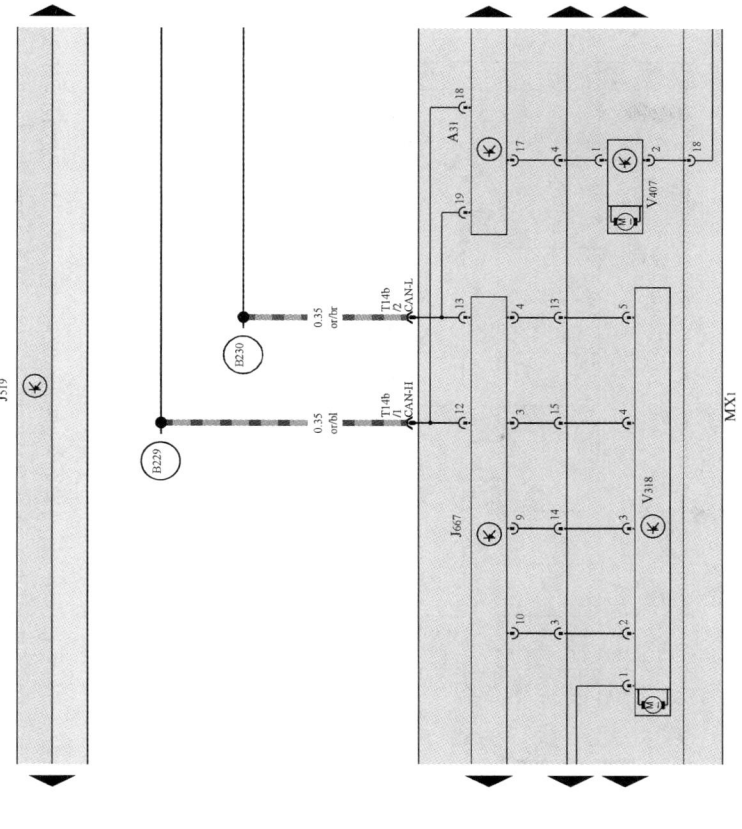

左侧 LED 大灯模块化电源 3，左摆动模块式定位传感器，车载电网控制单元，左侧大灯电
源模块，左前大灯

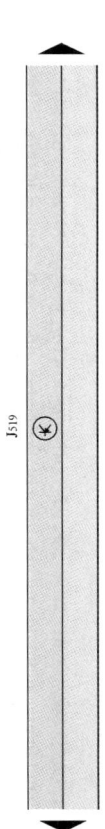

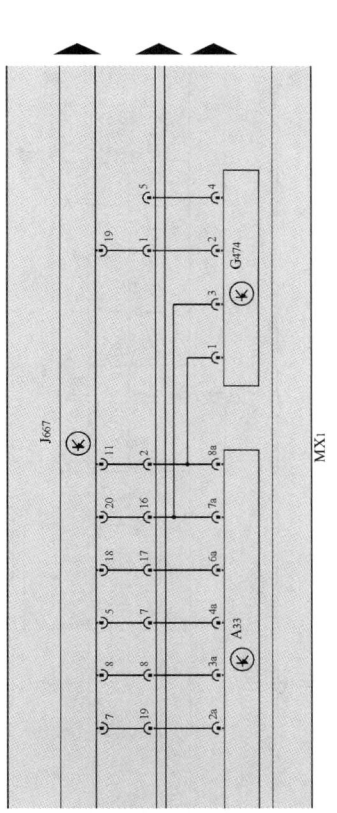

A33－左侧LED大灯模块化电源3 G474－左摆动模块式定位传感器 J519－车载电网控制单元 J667－左侧大灯电
源模块 MX1－左前大灯 370－接地连接5，在主导线束中

图 3-4-133

A31－左侧LED大灯模块化电源1 J519－车载电网控制单元 J667－左侧大灯电源模块 MX1－左前大灯 T14b－
14芯插头连接 V318－左侧动态弯道灯伺服电机 V407－左侧大灯风扇 370－接地连接5，在主导线束
中 B229－连接（High总线），在车内空间导线束中 B230－连接（Low总线），在车内空间导线束中

图 3-4-134

左侧 LED 大灯模块化电源 1，车载电网控制单元，左前大灯，左侧近光灯灯泡，左侧静态弯道灯

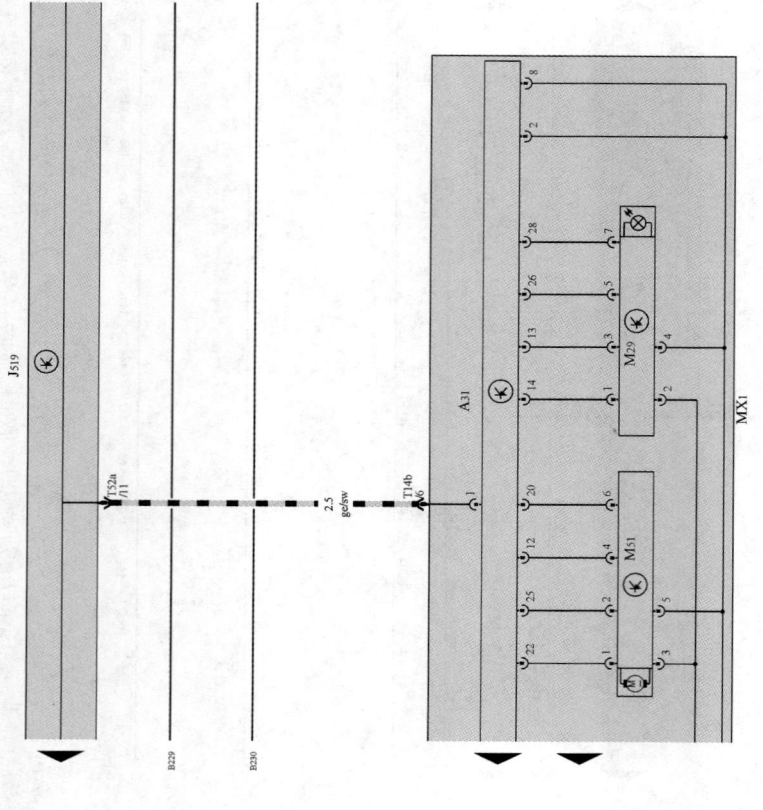

左侧 LED 大灯模块化电源 1，车载电网控制单元，左前大灯，左侧近光灯灯泡，左侧远光灯灯泡

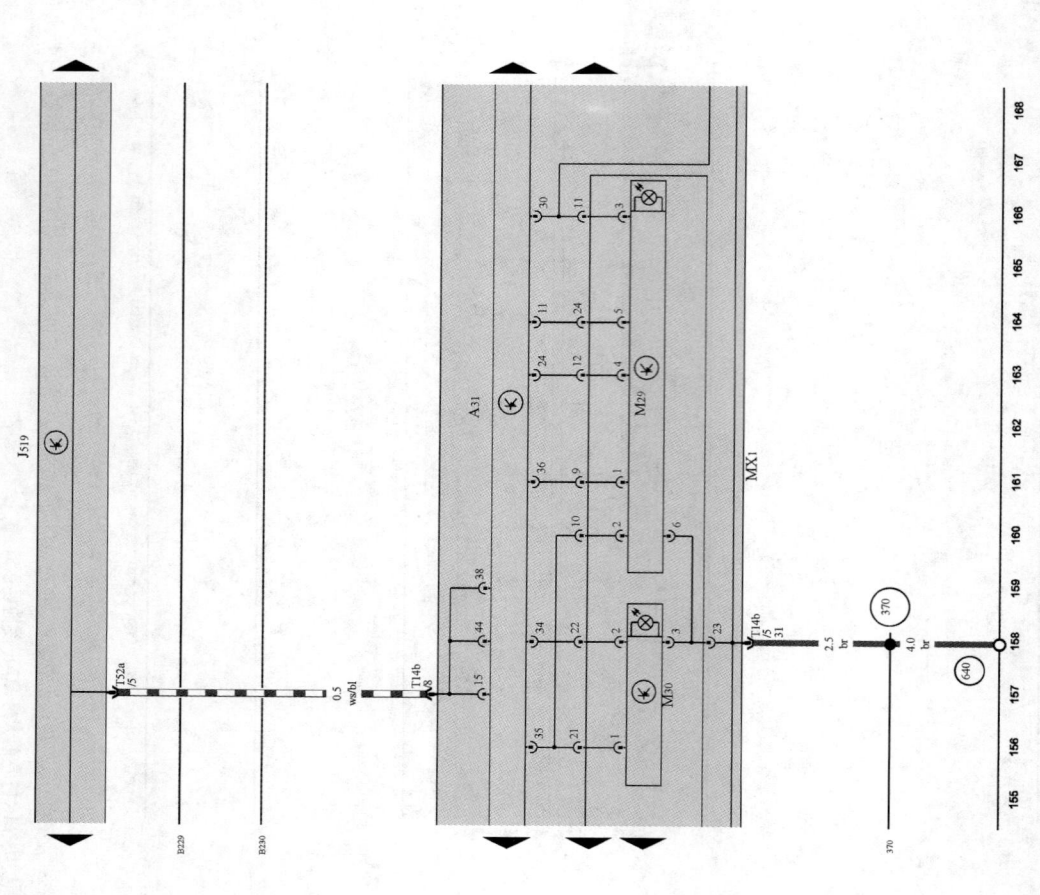

图 3-4-135

A31-左侧LED大灯模块化电源1 J519-车载电网控制单元 MX1-左前大灯 M29-左侧近光灯灯泡 M30-左侧远光灯灯泡 T14b-14芯插头连接 T52a-52芯插头连接，黑色 370-接地连接，在主导线束中 640-接地点2，在发动机舱内左侧 B229-连接（High总线），在车内空间导线束中 B230-连接（Low总线），在车内空间导线束中

图 3-4-136

A31-左侧LED大灯模块化电源1 J519-车载电网控制单元 MX1-左前大灯 M29-左侧近光灯灯泡 M51-左侧静态弯道灯 T14b-14芯插头连接 T52a-52芯插头连接，黑色 B229-连接（High总线），在车内空间导线束中 B230-连接（Low总线），在车内空间导线束中

338

车载电网控制单元，右侧日间行车灯和驻车灯示宽灯控制单元，日间行车灯和驻车灯右侧光
电管模体，右前大灯

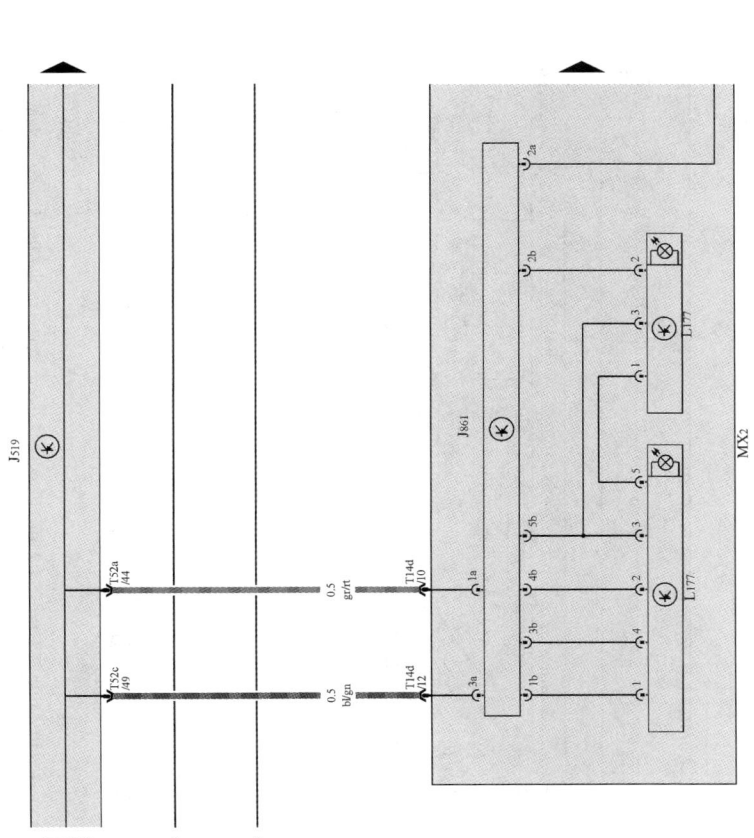

图 3-4-137

J519-车载电网控制单元 J861-右侧日间行车灯和驻车灯示宽灯控制单元 L177-日间行车灯和驻车灯右侧光
电管模体 MX2-右前大灯 T14d-14芯插头连接，黑色 T52a-52芯插头连接，黑色 T52c-52芯插头连接，
棕色 B229-连接（High.总线），在车内空间导线束中 B230-连接（Low.总线），在车内空间导线束中

右侧 LED 大灯模块化电源 2，车载电网控制单元，右侧大灯电源模块，右前大灯，右前
转向信号灯泡，右侧大灯照明距离调节伺服电机

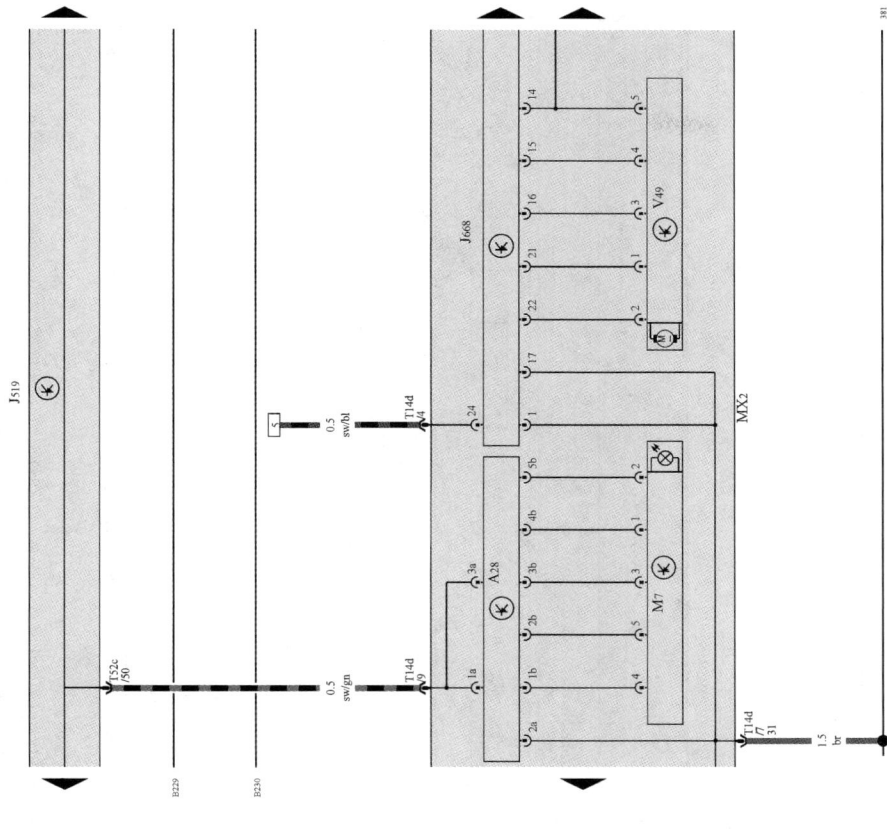

图 3-4-138

A28-右侧LED大灯模块化电源2 J519-车载电网控制单元 J668-右侧大灯电源模块 MX2-右前大灯 M7-
右前转向信号灯泡 T14d-14芯插头连接 T52c-52芯插头连接，黑色 V49-右侧大灯照明距离调
节伺服电机 381-接地连接16，在主导线束中 B229-连接（High.总线），在车内空间导线束中 B230-连接
（Low.总线），在车内空间导线束中

339

右侧 LED 大灯模块化电源 3，车载电网控制单元，右侧大灯电源模块，右近光灯防眩目遮闭

右侧 LED 大灯模块化电源 3，右摆动模块定位传感器，车载电网控制单元，右侧大灯电源模块，右前大灯

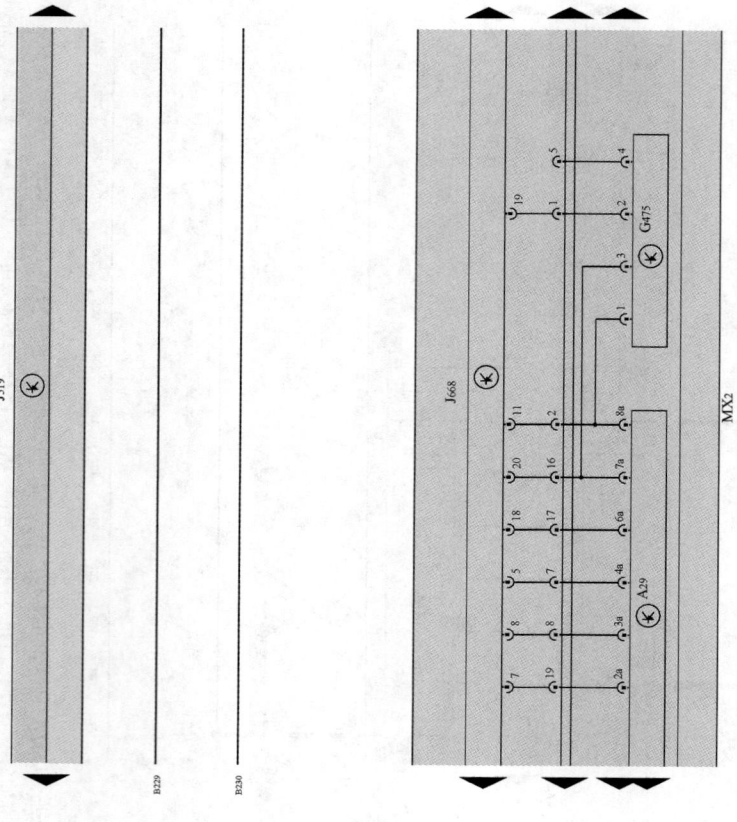

A29-右侧LED大灯模块化电源3 G475-右摆动模块式定位传感器 J519-车载电网控制单元 J668-右侧大灯电源模块 MX2-右前大灯 381-接地连接16，在主导线束中 B229-连接（High总线），在车内空间导线束中 B230-连接（Low总线），在车内空间导线束中

图 3-4-140

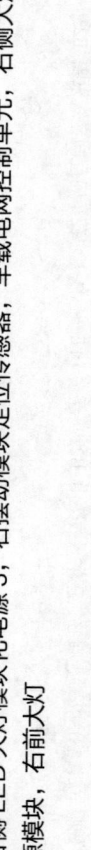

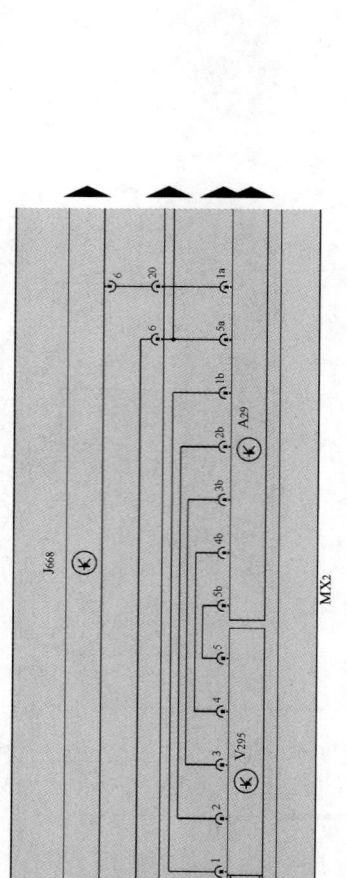

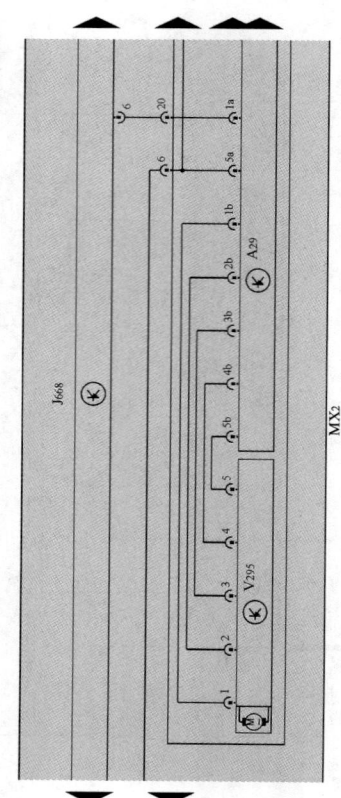

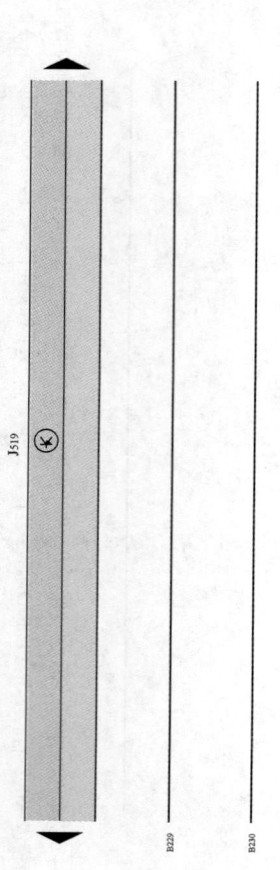

A29-右侧LED大灯模块化电源3 J519-车载电网控制单元 J668-右侧大灯电源模块 MX2-右前大灯 V295-右近光灯防眩目遮闭 381-接地连接16，在主导线束中 B229-连接（High总线），在车内空间导线束中 B230-连接（Low总线），在车内空间导线束中

图 3-4-139

右侧 LED 大灯模块化电源 1, 车载电网控制单元, 右前大灯, 右侧近光灯灯泡, 右侧远光灯灯泡

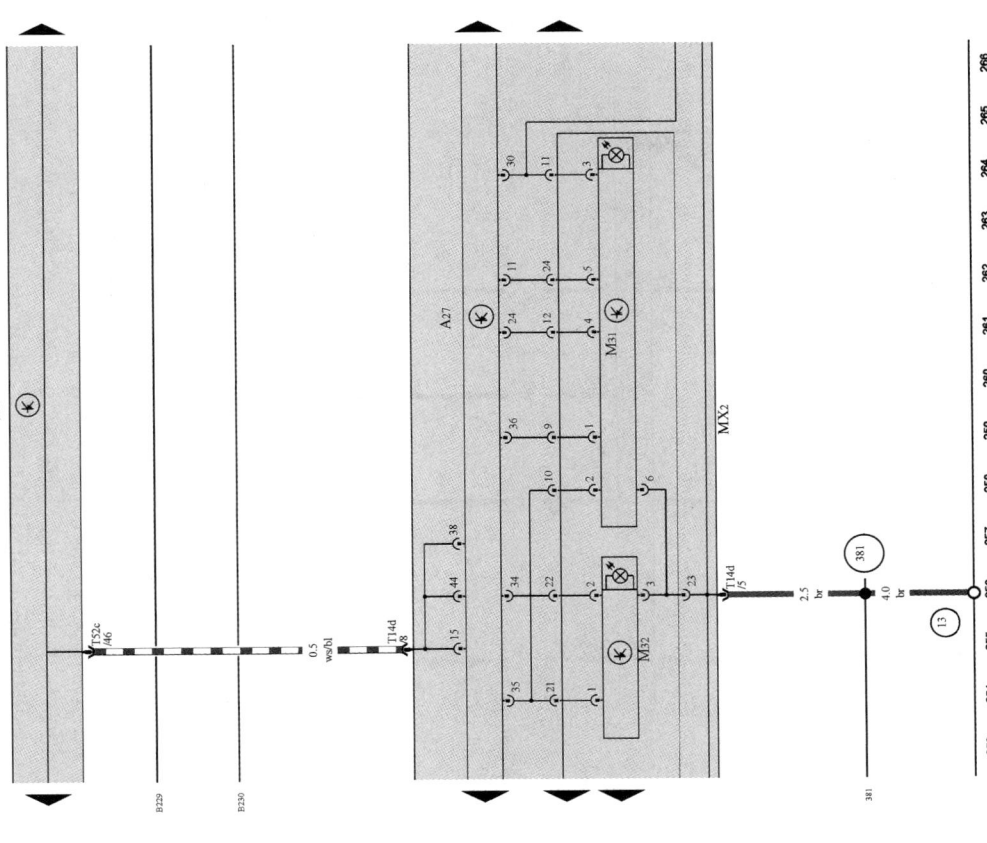

图 3-4-142

A27-右侧LED大灯模块化电源1 J519-车载电网控制单元 MX2-右前大灯 M31-右侧近光灯灯泡 M32-右侧远光灯灯泡 T14d-14芯插头连接, 黑色 T52c-52芯插头连接, 棕色 13-发动机舱内右侧接地点 381-接地连接16, 在主导线束中 B229-连接 (High总线), 在车内空间导线束中 B230-连接 (Low总线), 在车内空间导线束中

右侧 LED 大灯模块化电源 1, 车载电网控制单元, 右侧大灯电源模块, 右侧大灯, 右侧动态弯道灯伺服电机, 右侧大灯风扇

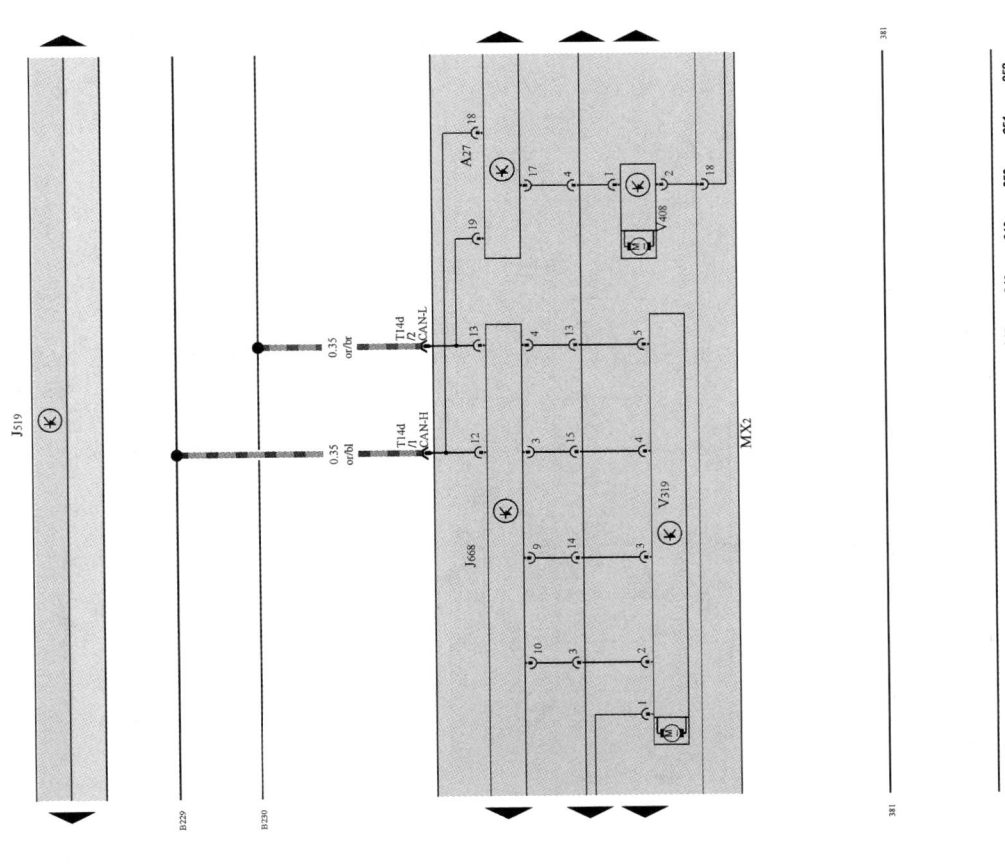

图 3-4-141

A27-右侧LED大灯模块化电源1 J519-车载电网控制单元 J668-右侧大灯电源模块 MX2-右前大灯 V319-右侧动态弯道灯伺服电机 V408-右侧大灯风扇 381-接地连接16, 在主导线束中 B229-连接 (High总线), 在车内空间导线束中 B230-连接 (Low总线), 在车内空间导线束中

341

右侧 LED 大灯模块化电源 1，车载电网控制单元，右前大灯，右侧近光灯灯泡，右侧静态弯道灯

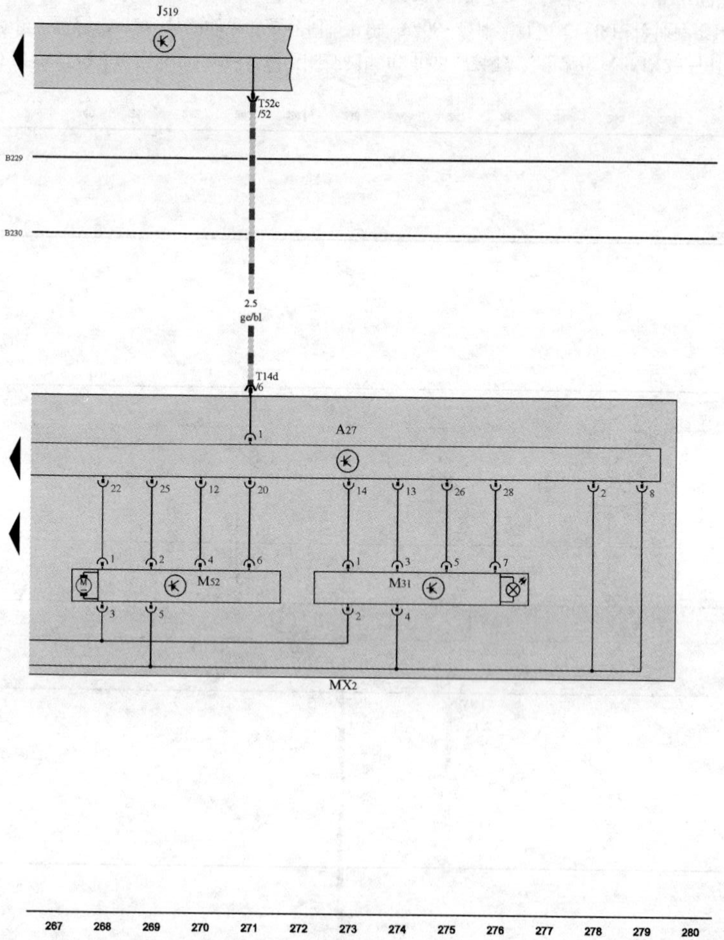

A27-右侧LED大灯模块化电源1 J519-车载电网控制单元 MX2-右前大灯 M31-右侧近光灯灯泡 M52-右侧静态弯道灯 T14d-14芯插头连接，黑色 T52c-52芯插头连接，棕色 B229-连接（High总线），在车内空间导线束中 B230-连接（Low总线），在车内空间导线束中

图 3-4-143

左后汽车高度传感器，弯道灯和大灯照明距离调节控制单元

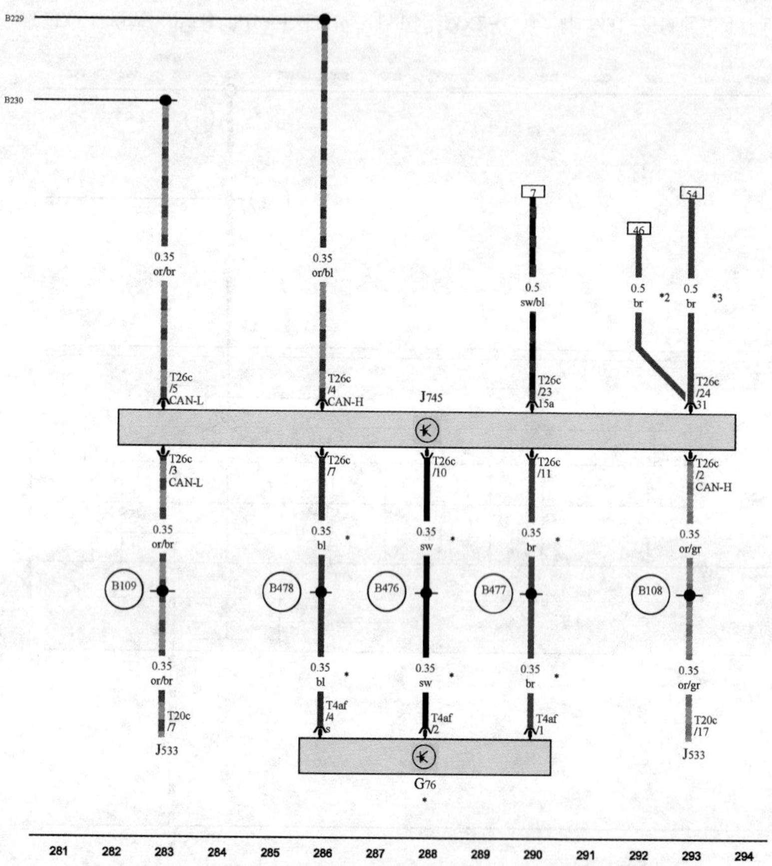

G76-左后汽车高度传感器 J533-数据总线诊断接口 J745-弯道灯和大灯照明距离调节控制单元 T4af-4芯插头连接，黑色 T20c-20芯插头连接，红色 T26c-26芯插头连接，黑色 B108-连接1（扩展CAN总线，High），在主导线束中 B109-连接1（扩展CAN总线，Low），在主导线束中 B229-连接（High总线），在车内空间导线束中 B230-连接（Low总线），在车内空间导线束中 B476-连接12，在主导线束中 B477-连接13，在主导线束中 B478-连接14，在主导线束中 *-仅用于不带电控调节减振系统的汽车 *2-自2016年2月起 *3-截至2016年2月

图 3-4-144

车载电网控制单元，保险丝架 B

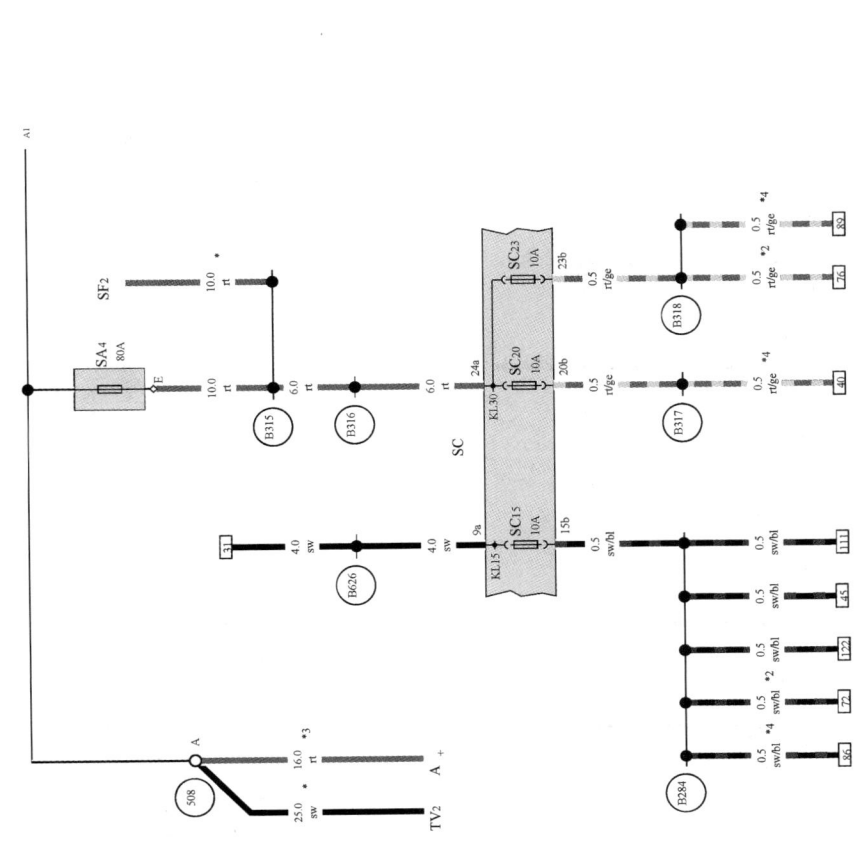

保险丝架 C

1	2	3	4	5	6	7	8	9	10	11	12	13	14

图 3-4-145

15	16	17	18	19	20	21	22	23	24	25	26	27	28

图 3-4-146

A-蓄电池 SF2-保险丝架F上的保险丝2 SA4-保险丝架A上的保险丝4 SC-保险丝架C SC15-保险丝架C上的保险丝15 SC20-保险丝架C上的保险丝20 SC23-保险丝架C上的保险丝23 TV2-接线端30号线分线器 508-螺栓连接 (30)，在电控箱上 B284-正极连接8 (15a)，在主导线束中 B315-正极连接1 (30a)，在主导线束中 B316-正极连接2 (30a)，在主导线束中 B317-正极连接3 (30a)，在主导线束中 B318-正极连接4 (30a)，在主导线束中 B626-正极连接2 (15)，在主导线束中 *-仅在带6缸发动机的汽车上 *2-仅用于不带回家模式的汽车 *3-仅用于带4缸发动机的汽车 *4-仅用于带回家模式的汽车

J519-车载电网控制单元 SB-保险丝架B SB25-保险丝架B上的保险丝25 SB28-保险丝架B上的保险丝28 SB29-保险丝架B上的保险丝29 T52a-52芯插头连接，黑色 T52c-52芯插头连接，棕色

开关和仪表照明调节器，大灯照明距离调节器，车载电网控制单元，开关和仪表调节器照明灯泡

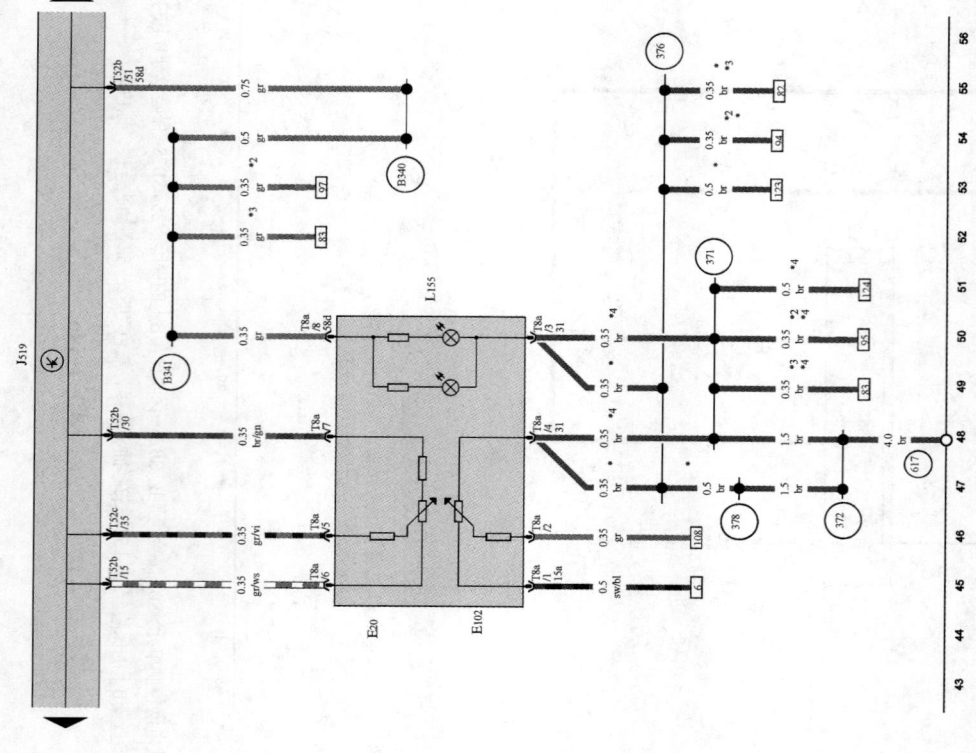

图 3-4-148

E20-开关和仪表照明调节器 E102-大灯照明距离调节器 J519-车载电网控制单元 L155-开关和仪表调节器照明灯泡 T8a-8芯插头连接，黑色 T52b-52芯插头连接，白色 T52c-52芯插头连接，棕色 371-接地连接 378-接地连接 372-接地连接 376-接地连接11，在主导线束中 376-接地连接点2 617-右侧A柱下部接地连接点2 B340-连接1（58d），在主导线束中 B340-连接2（58d），在主导线束中 B341-连接2（58d），在主导线束中 *-自2016年2月起 *2-仅用于带回家模式的汽车 *3-仅用于不带回家模式的汽车 *4-截至2016年2月

雨水与光线识别传感器，接线端 15 供电继电器，车载电网控制单元

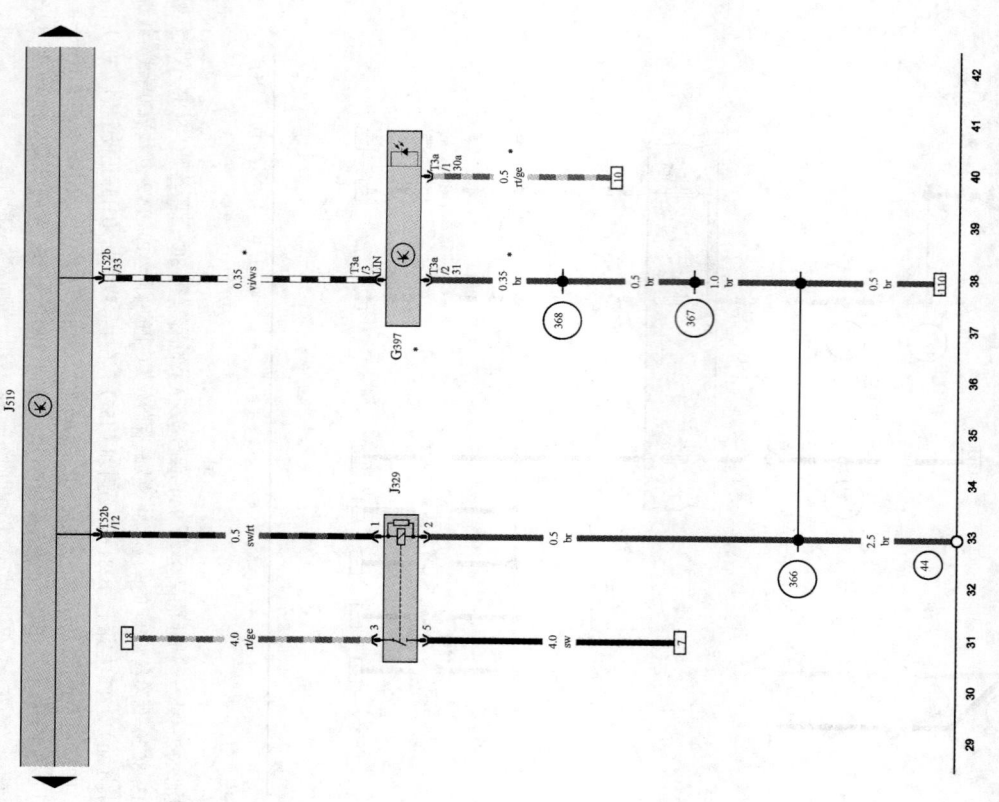

图 3-4-147

G397-雨水与光线识别传感器 J329-接线端15供电继电器 J519-车载电网控制单元 T3a-3芯插头连接，黑色 T52b-52芯插头连接，黑色 T52c-52芯插头连接，白色 44-左侧A柱下部的接地点 366-接地连接1，在主导线束中 367-接地连接，在主导线束中 368-接地连接3，在主导线束中 *-仅用于带回家模式的汽车

转向信号灯开关，手动防眩目功能和光信号功能开关，车载电网控制单元，转向柱电子装置控制单元

车灯开关，前雾灯开关，后雾灯开关，车载电网控制单元，大灯开关照明灯泡

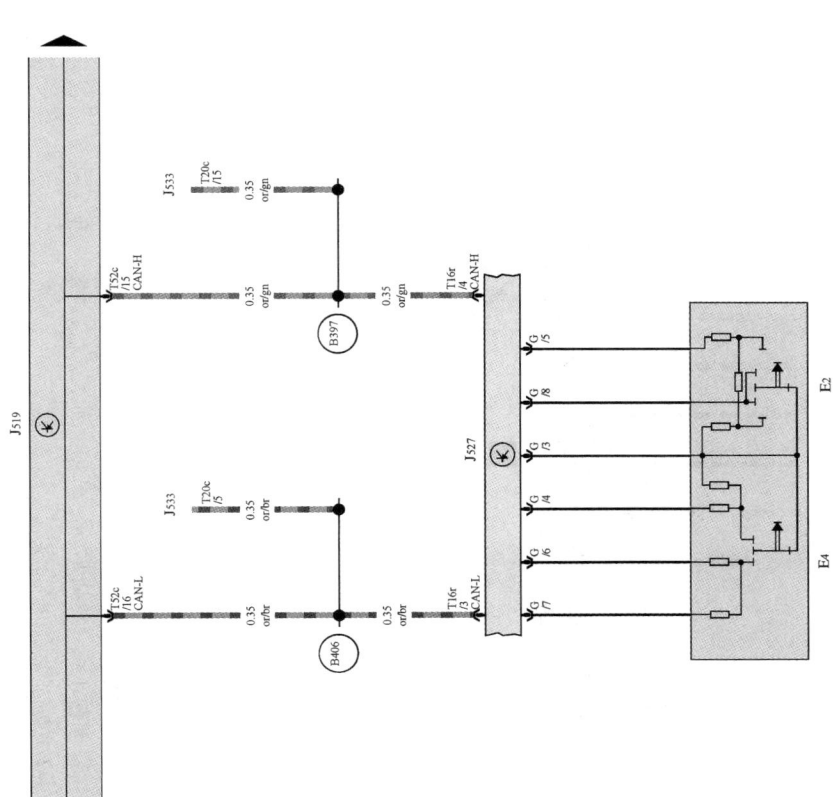

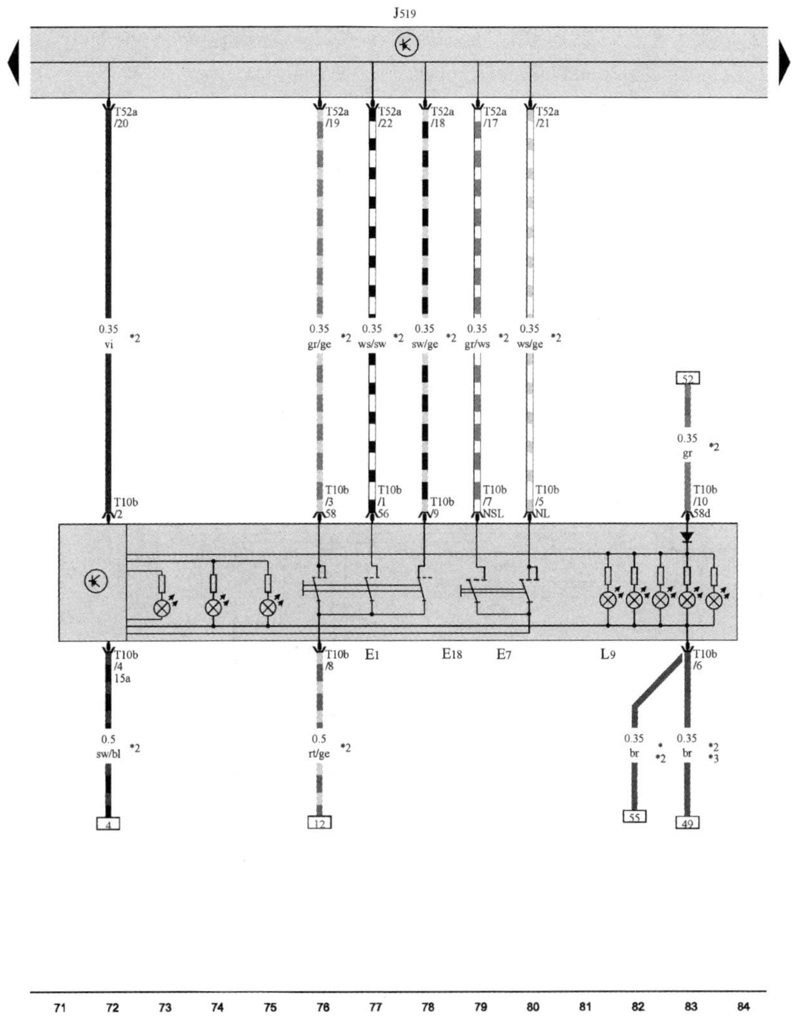

图 3-4-150

E1-车灯开关 E7-前雾灯开关 J519-车载电网控制单元 L9-大灯开关照明灯泡 T10b-10芯插头连接，黑色 T52a-52芯插头连接，黑色 *-自2016年2月起 *2-仅用于不带回家模式的汽车 *3-载至2016年2月

图 3-4-149

E2-转向信号灯开关 E4-手动防眩目功能和光信号功能开关 J519-车载电网控制单元 J527-转向柱电子装置控制单元 J533-数据总线诊断接口 T16r-16芯插头连接，黑色 T20c-20芯插头连接，黑色 T52c-52芯插头连接，红色 B397-连接CAN总线(舒适CAN总线，High)，在主导线束中 B406-连接1(舒适CAN总线，Low)，在主导线束中

左侧气体放电大灯预接装置，车载电网控制单元，左侧气体放电灯泡，左侧前雾灯灯泡，左侧气体放电灯泡，左侧转向信号灯灯泡，左前大灯，左侧驻车示宽灯灯泡，左前转向信号灯灯泡，左侧静态弯道灯，左侧大灯照明距离调节伺服电机，左近光灯防眩目

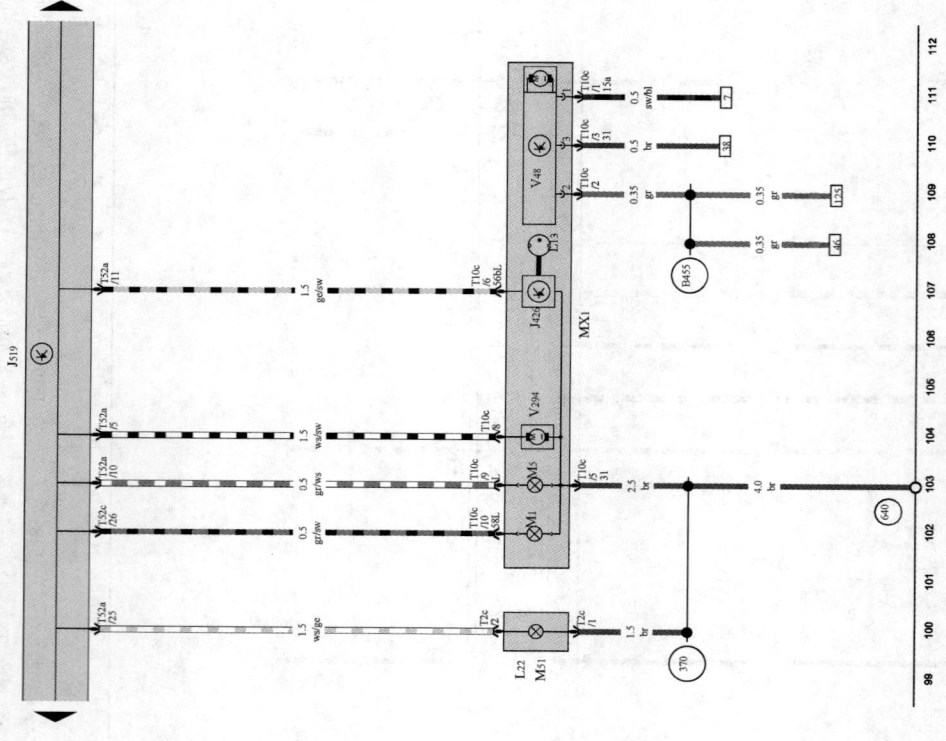

J426－左侧气体放电灯泡预接装置 J519－车载电网控制单元 L13－左侧气体放电灯泡 L22－左侧前雾灯灯泡 MX1－左前大灯 M1－左侧驻车示宽灯灯泡 M5－左前转向信号灯灯泡 M51－左侧静态弯道灯 T2c－2芯插头连接，黑色 T10c－10芯插头连接，黑色 T52a－52芯插头连接，黑色 T52c－52芯插头连接，棕色 V48－左侧大灯照明距离调节伺服电机 V294－左侧光灯防眩目 370－接地点5，在主导线束中 640－接地点2，在发动机舱内左侧 B455－连接，在主导线束中

图 3-4-152

车灯开关，前雾灯开关，后雾灯开关，车载电网控制单元，大灯开关照明灯泡

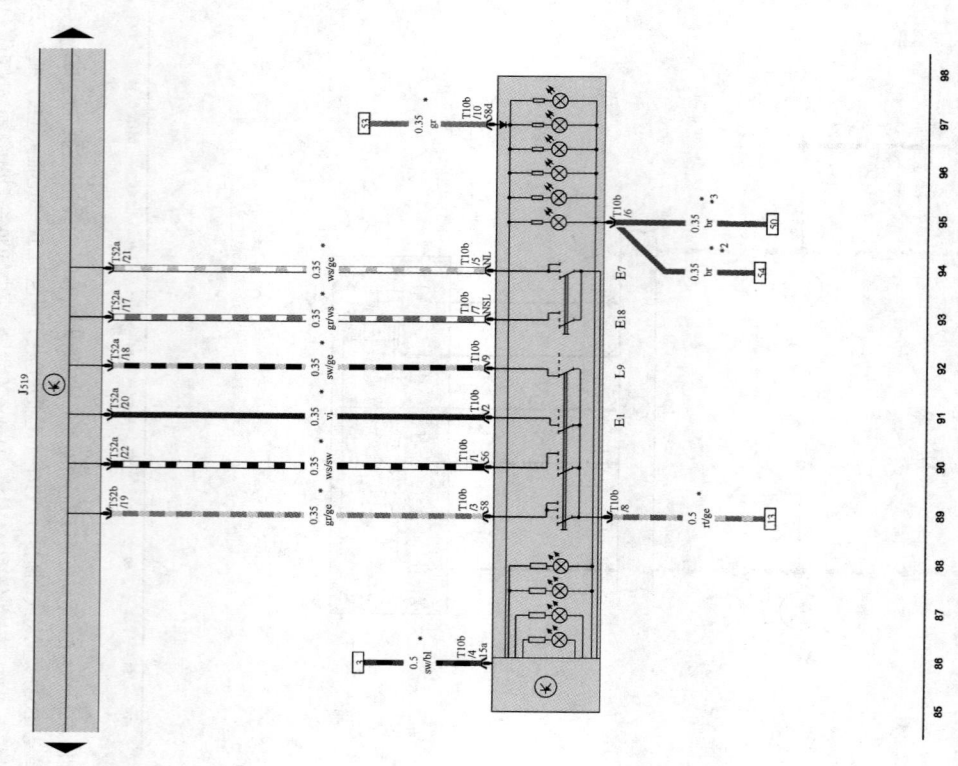

E1－车灯开关 E7－前雾灯开关 E18－后雾灯开关 J519－车载电网控制单元 L9－大灯开关照明灯泡 T10b－10芯插头连接，T52a－52芯插头连接，黑色 T52b－52芯插头连接，黑色 *2－自2016年2月起 *3－截至2016年2月 白色 *－仅用于带回家模式的汽车

图 3-4-151

驾驶员侧车门控制单元，副驾驶员侧车门控制单元，车载电网控制单元，左前登车护条背
景照明的光导管，副驾驶员侧车门控制单元，右前登车护条背
景照明的光导管

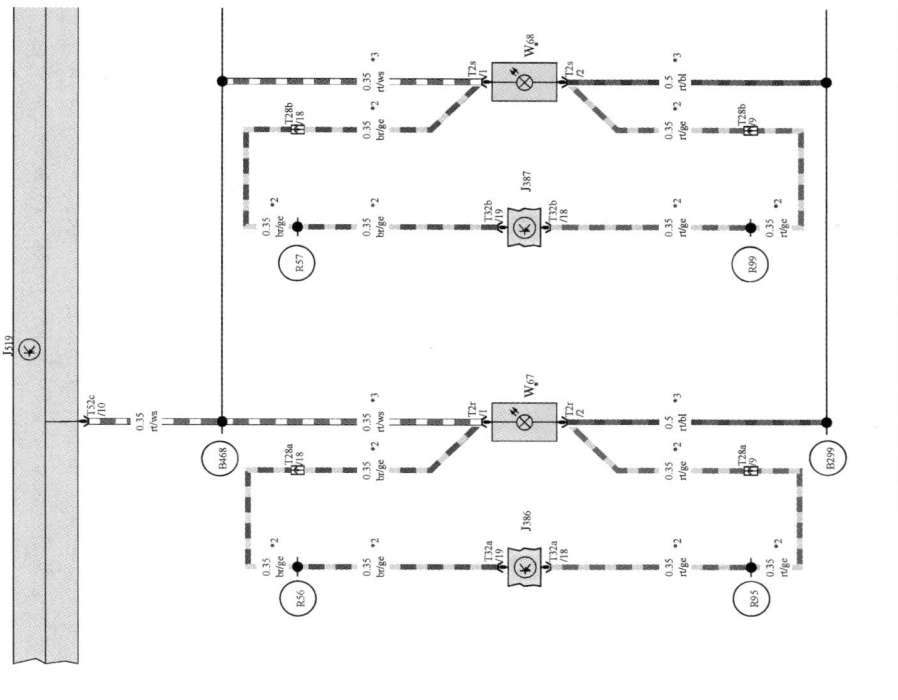

J386－驾驶员侧车门控制单元 J387－副驾驶员侧车门控制单元 J519－车载电网控制单元 T2r－2芯插头连接，黑色 T2s－2芯插头连接，黑色 T28a－28芯插头连接，黑色 T28b－28芯插头连接，黑色 T32a－32芯插头连接，黑色 T32b－32芯插头连接，灰色 T52c－52芯插头连接，黑色 W67－左前登车护条背景照明的光导管 W68－右前登车护条背景照明的光导管 B299－正极连接3（30），在主导线束中 B468－连接4，在主导线束中 R56－连接（登车照明灯），在驾驶员侧车门电缆导线束中 R57－连接，在副驾驶员侧车门电缆导线束中 R95－连接2，在驾驶员侧车门电缆导线束中 R99－连接2，在副驾驶员侧车门电缆导线束中 *1－已预先在线的部件 *2－仅用于带氛围灯的汽车 *3－仅用于不带氛围灯的汽车

图 3-4-154

右侧气体放电大灯预接装置，车载电网控制单元，右侧气体放电灯泡，右侧前雾灯灯泡，右前大灯，右侧驻车示宽灯灯泡，右侧转向信号灯灯泡，右侧静态弯道灯，右侧大灯照明距离调节伺服电机，右近光灯防眩目遮闭

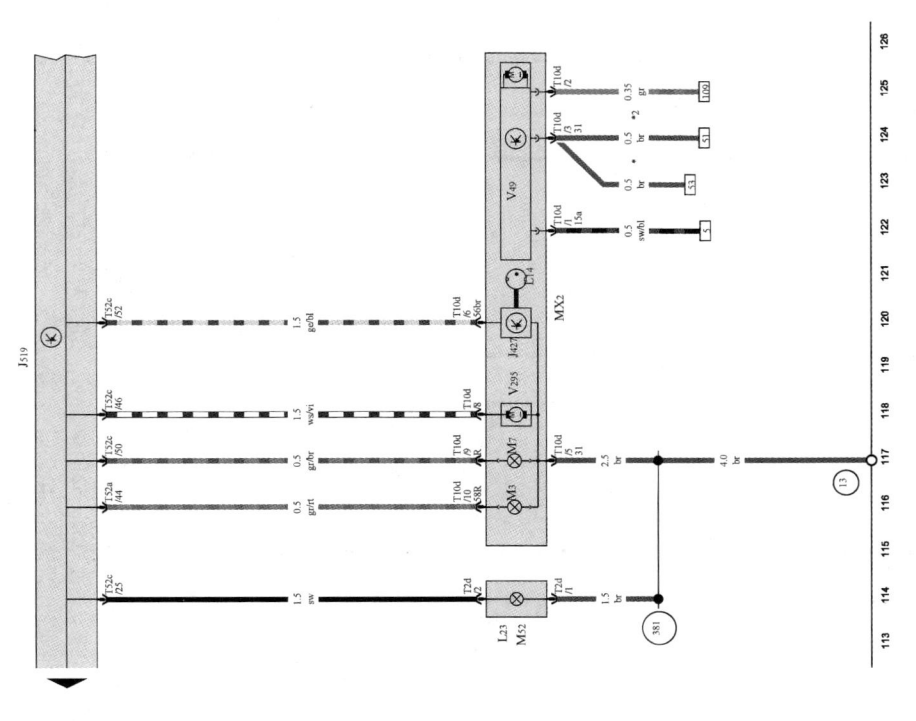

J427－右侧气体放电大灯预接装置 J519－车载电网控制单元 L14－右侧气体放电灯泡 L23－右侧前雾灯灯泡 MX2－右侧驻车示宽灯灯泡 M3－右前大灯 M7－右前转向信号灯灯泡 M52－右侧静态弯道灯 T2d－2芯插头连接，黑色 T10d－10芯插头连接，黑色 T52a－52芯插头连接，黑色 T52c－52芯插头连接，黑色 V49－右侧大灯照明距离调节伺服电机 V295－右近光灯防眩目遮闭 13－发动机舱内右侧接地点 381－接地连接16，在主导线束中 *1－已预先在线的部件 *2－仅用于带氙气大灯的汽车 *－自2016年2月起 **－截至2016年2月

图 3-4-153

保险丝架 C

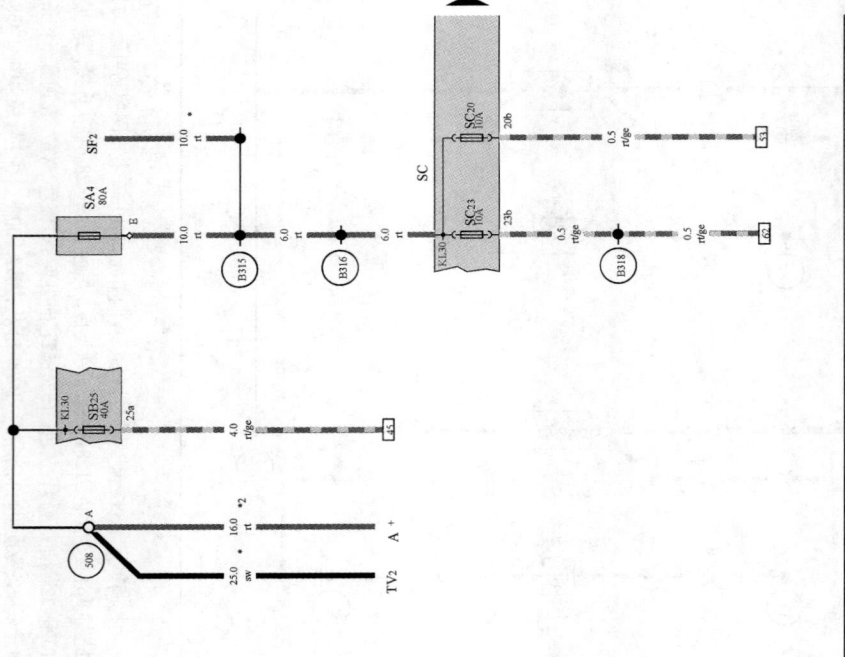

图3-4-156

A–蓄电池　SC–保险丝架C　SF2–保险丝架C　SA4–保险丝架A上的保险丝4　SC20–保险丝架C上的保险丝20　SC23–保险丝架C上的保险丝23　SB25–保险丝架B上的保险丝25　TV2–接线端30号线分线器　508–螺栓连接（30），在电控箱上　B315–正极连接1（30a），在主导线束中　B316–正极连接2（30a），在主导线束中　B318–正极连接4（30a），在主导线束中　*2–仅用于带6缸发动机的汽车　*–已预先布线的部件　*2–仅用于带4缸发动机的汽车

车载电网控制单元，左后登车护条背景照明的光导管，右后登车护条背景照明的光导管

图3-4-155

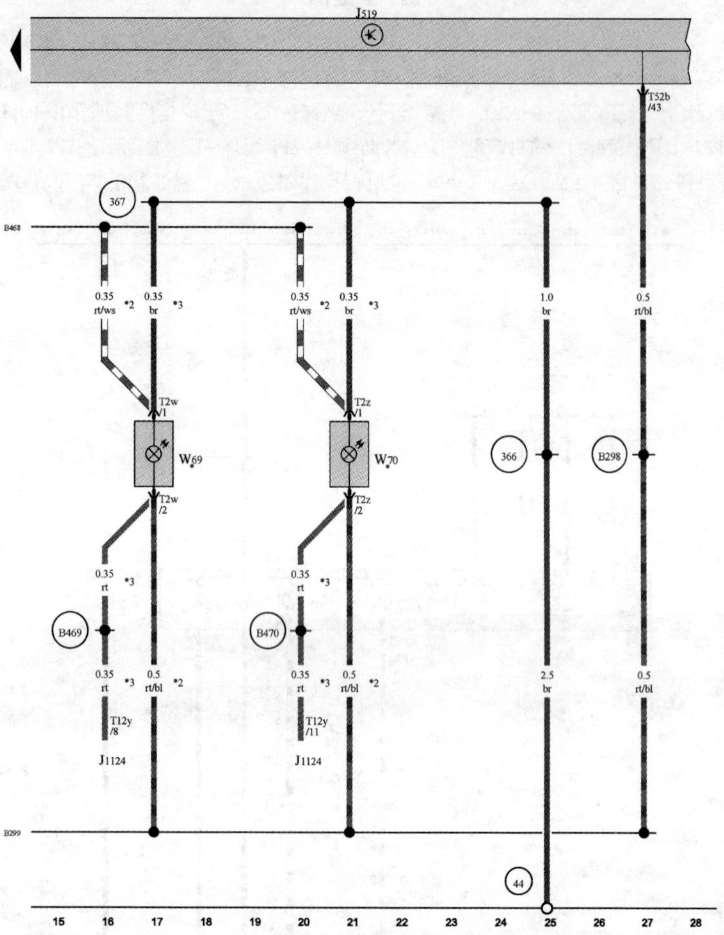

J519–车载电网控制单元　J1124–环境照明控制单元　T2w–2芯插头连接，黑色　T2z–2芯插头连接，黑色　T12y–12芯插头连接，黑色　T52b–52芯插头连接，白色　W69–左后登车护条背景照明的光导管　W70–右后登车护条背景照明的光导管　44–接地点，左侧A柱下部　366–接地连接1，在主导线束中　367–接地连接　B298–正极连接2（30），在主导线束中　B299–正极连接3（30），在主导线束中　B468–正极连接4，在主导线束中　B469–连接5，在主导线束中　B470–连接6，在主导线束中　*–已预先布线的部件　*2–仅用于不带氙气围灯的汽车　*3–仅用于带氙气围灯的汽车

348

保险丝架 C

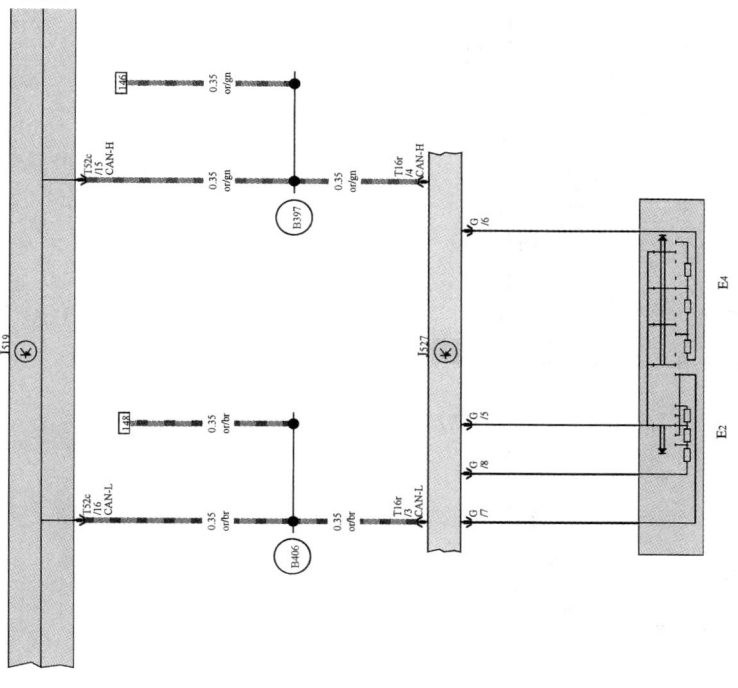

转向信号灯开关，手动远光灯功能和远光灯瞬时接通功能开关，车载电网控制单元，转向柱电子装置控制单元

15	16	17	18	19	20	21	22	23	24	25	26	27	28

图 3-4-157

SC-保险丝架C SC11-保险丝架C上的保险丝11 SC12-保险丝架C上的保险丝12 SC13-保险丝架C上的保险丝13 SC15-保险丝架C上的保险丝15 B280-正极连接4（15a），B284-正极连接8（15a），在主导线束中 B626-正极连接2（15），在主导线束中

29	30	31	32	33	34	35	36	37	38	39	40	41	42

图 3-4-158

E2-转向信号灯开关 E4-手动远光灯功能和远光灯瞬时接通功能开关 J519-车载电网控制单元 J527-转向柱电子装置控制单元 T16r-16芯插头连接，黑色 T52c-52芯插头连接，棕色 B397-连接 B406-连接1（舒适CAN总线，Low），在主导线束中 （舒适CAN总线，High），在主导线束中

349

车灯开关，前雾灯开关，后雾灯开关，车载电网控制单元，大灯开关照明灯泡

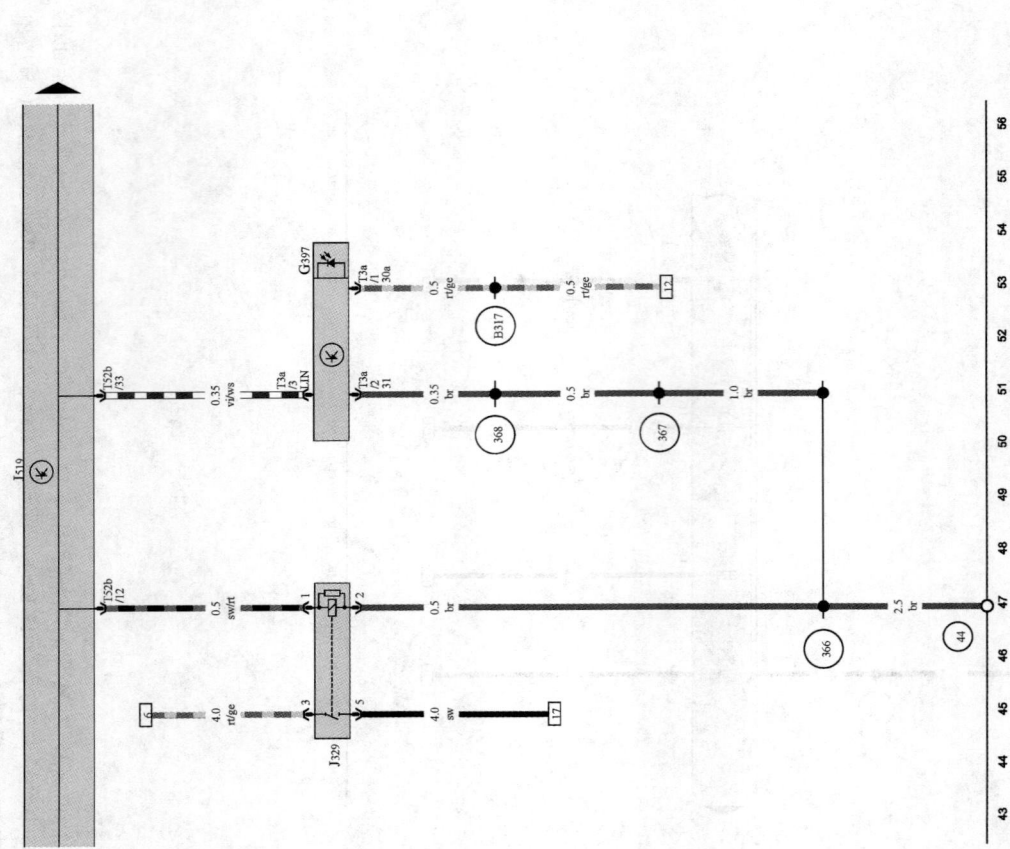

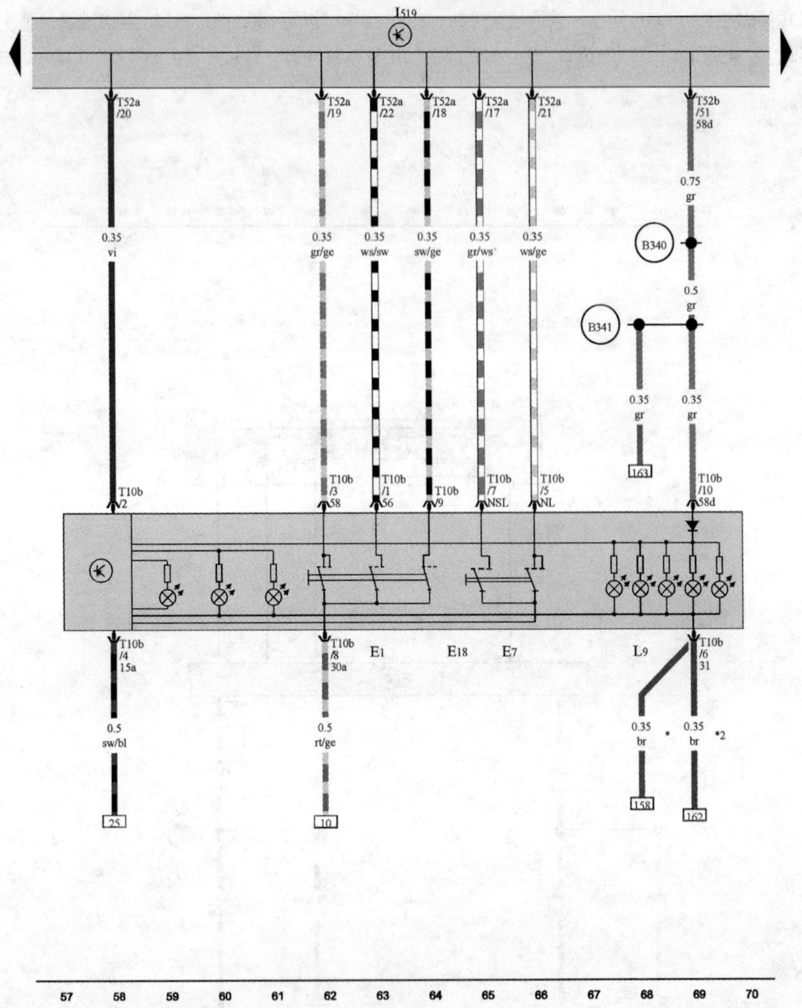

E1-车灯开关 E7-前雾灯开关 E18-后雾灯开关 J519-车载电网控制单元 L9-大灯开关照明灯泡 T10b-10芯插头连接，黑色 T52a-52芯插头连接，黑色 T52b-52芯插头连接，白色 B340-连接1（58d），在主导线束中 B341-连接2（58d），在主导线束中 B341-连接2月起 *2-截至2016年2月

图 3-4-160

雨水与光线识别传感器，接线端15供电继电器，车载电网控制单元

G397-雨水与光线识别传感器 J329-接线端15供电继电器 J519-车载电网控制单元 T3a-3芯插头连接，黑色 T52b-52芯插头连接，白色 44-左侧A柱下部的接地点 366-接地连接 367-接地连接 368-接地连接 B317-正极连接3（30a），在主导线束中 在主导线束中 366-接地连接3，接地连接，在主导线束中 367-接地连接，在主导线束中 2，在主导线束中 368-接地连接3，接地连接3，在主导线束中

图 3-4-159

350

左侧气体放电大灯预接装置，车载电网控制单元，左侧日间行车灯和驻车示宽灯控制单元，
左侧日间行车灯灯泡，左侧前雾灯灯泡，日间行车灯左侧光管模体，左前转向信
号灯灯泡，左侧静态弯道灯

左摆动模式定位传感器，车载电网控制单元，左侧大灯电源模块，左侧大灯防眩调节磁铁，
左侧大灯照明距离调节伺服电机，左侧动态弯道灯伺服电机

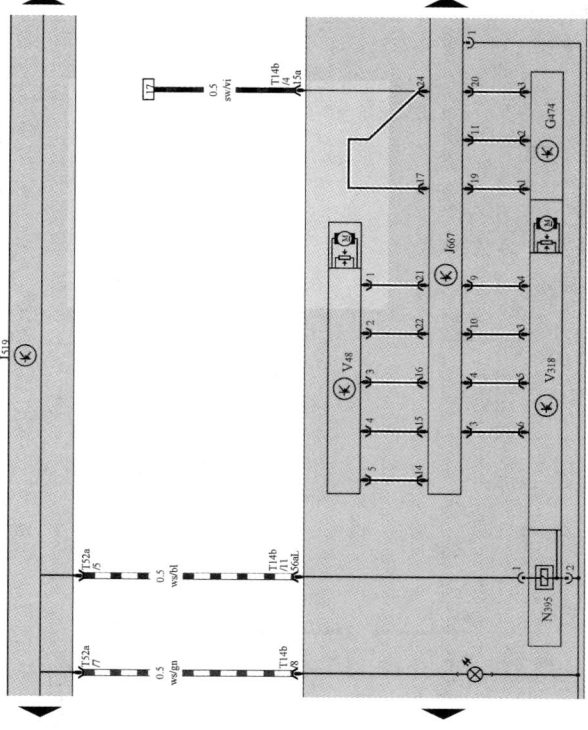

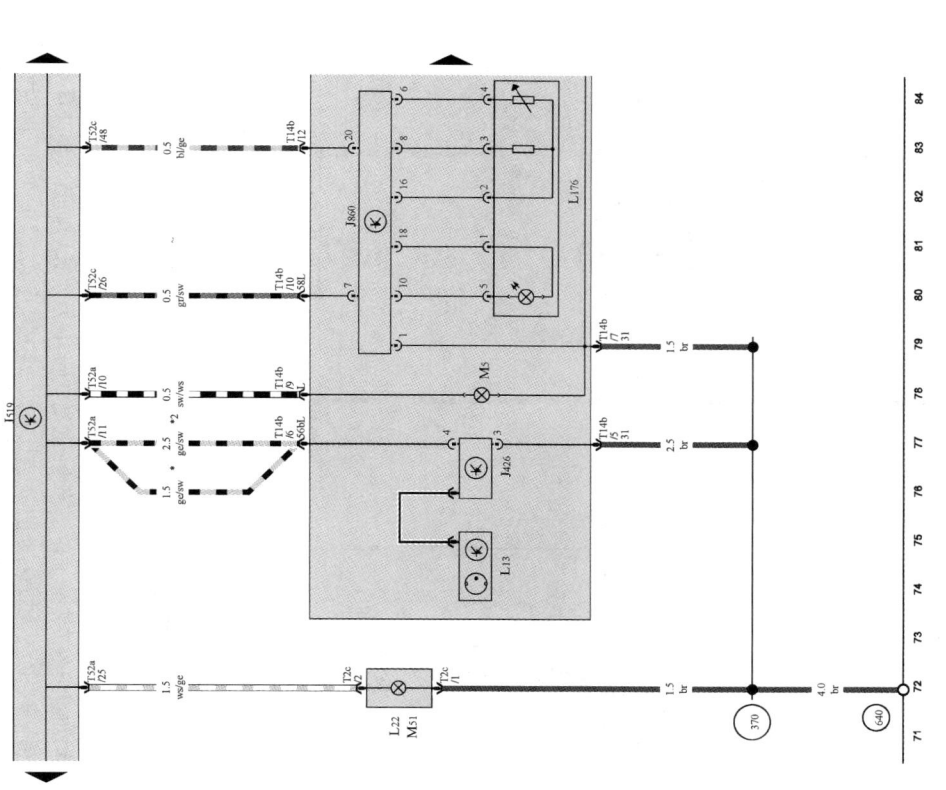

图3-4-161

图3-4-162

J426-左侧气体放电大灯预接装置 J519-车载电网控制单元 J860-左侧日间行车灯和驻车示宽灯控制单元
L13-左侧门行车灯泡 L22-左侧前雾灯灯泡 L176-日间行车灯左侧光管模体 M5-左前转向信
号灯灯泡 M51-左侧静态弯道灯 T2c-2芯插头连接 T14b-14芯插头连接 黑色 T52a-52芯插头连
接，黑色 T52c-52芯插头连接 棕色 370-接地连接5，在主导线束中 640-发动机舱内左侧接地点2 *-白
2017年1月起 *2-截至2017年1月

G474-左摆动模式定位传感器 J519-车载电网控制单元 J667-左侧大灯电源模块 N395-左侧大灯防眩调
节磁铁 T14b-14芯插头连接，黑色 T52a-52芯插头连接 黑色 V48-左侧大灯照明距离调节伺服电机
V318-左侧动态弯道灯伺服电机

351

右侧气体放电大灯预接装置，车载电网控制单元，左侧大灯电源模块，右侧气体放电灯泡，
右侧前雾灯灯泡，右侧静态弯道灯

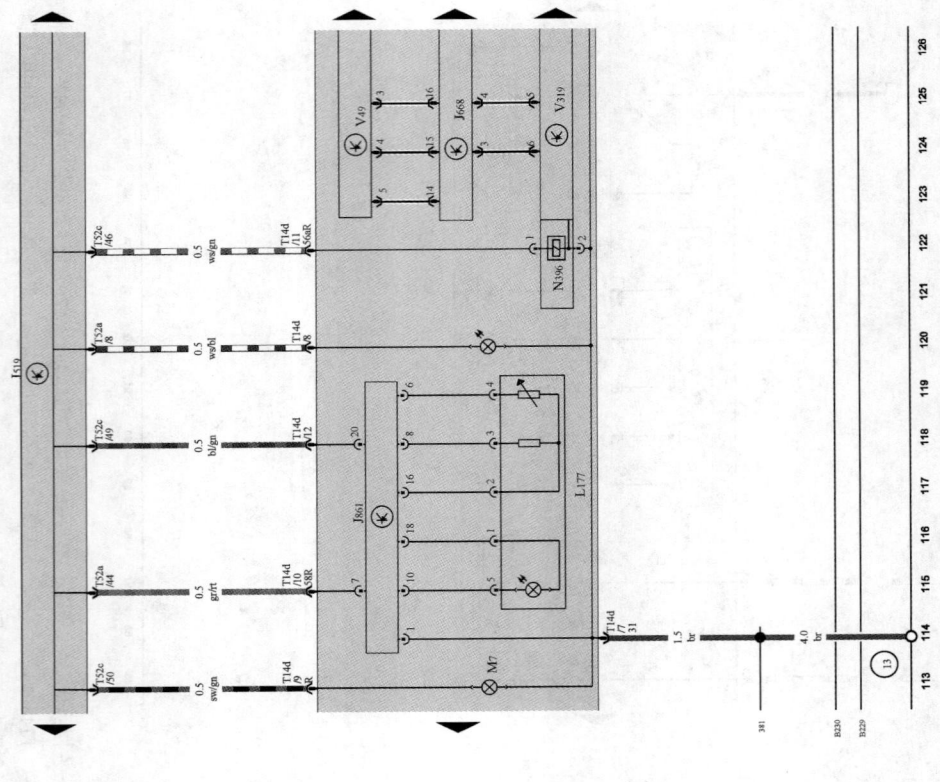

车载电网控制单元，右侧大灯电源模块，右侧日间行车灯和驻车示宽灯控制单元，日间行
车灯和驻车灯右侧光电管模体，右前转向信号灯泡，右侧大灯防眩调节磁铁，右侧大灯
照明距离调节伺服电机，右侧动态弯道灯伺服电机

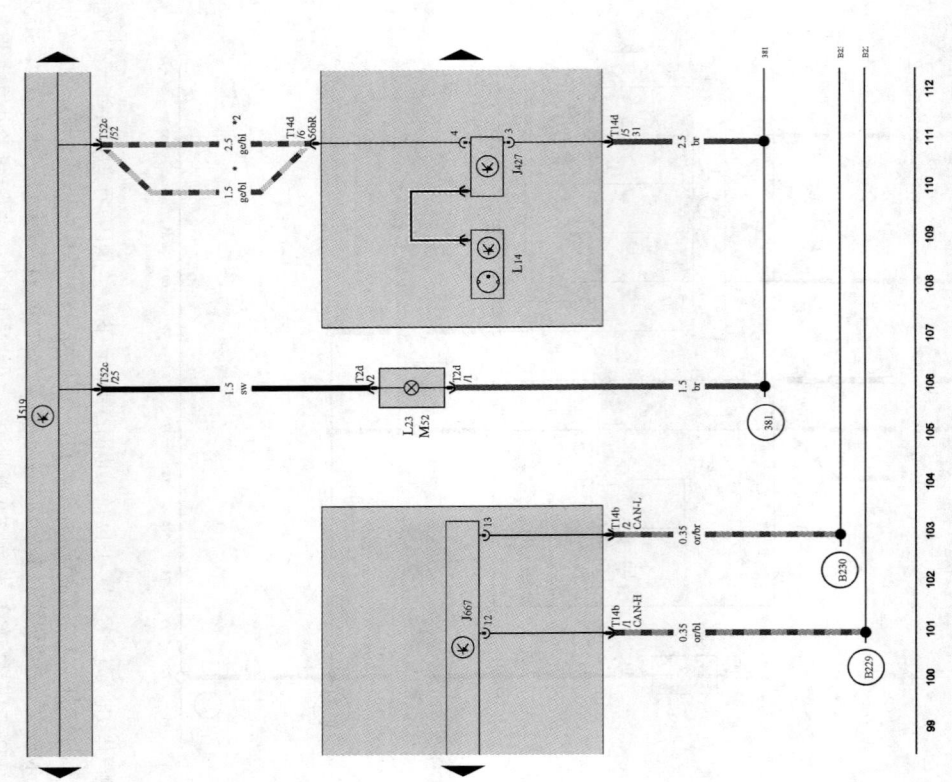

J427-右侧气体放电大灯预接装置 J519-车载电网控制单元 J667-左侧大灯电源模块 L14-右侧气体放电
灯泡 L23-右侧前雾灯灯泡 M52-右侧静态弯道灯 T2d-2芯插头连接 T14b-14芯插头连接，黑色 T14d-14芯
T14d-14芯插头连接 T52c-52芯插头连接 黑色 T52a-52芯插头连接，黑色 381-接地连接16，在主导线束中 B229-连接（High
总线），在车内空间导线束中 B230-连接（Low总线），在车内空间导线束中 *-自2017年1月起 *2-截至2017
年1月

图 3-4-163

车载电网控制单元，右侧大灯电源模块，右侧日间行车灯和驻车示宽灯控制单元，日间行
车灯和驻车灯右侧光电管模体，右前转向信号灯泡，右侧大灯防眩调节磁铁，右侧大灯
照明距离调节伺服电机，右侧动态弯道灯伺服电机

J519-车载电网控制单元 J668-右侧大灯电源模块 J861-右侧日间行车灯和驻车示宽灯控制单元 L177-日
间行车灯和驻车灯右侧光电管模体 M7-右前转向信号灯泡 N396-右侧大灯防眩调节磁铁 T14d-14芯
插头连接，黑色 T52a-52芯插头连接，黑色 T52c-52芯插头连接 V49-右侧大灯照明距离调节伺
服电机 V319-右侧动态弯道灯伺服电机 13-发动机舱内右侧的接地点 381-接地连接16，在主导线束中
B229-连接（High总线），在车内空间导线束中 B230-连接（Low总线），在车内空间导线束中

图 3-4-164

352

右摆动模式定位传感器，车载电网控制单元，右侧大灯照明距离调节单元，右侧大灯电源模块，右侧大灯照明距离调节伺服电机，右侧动态弯道灯伺服电机

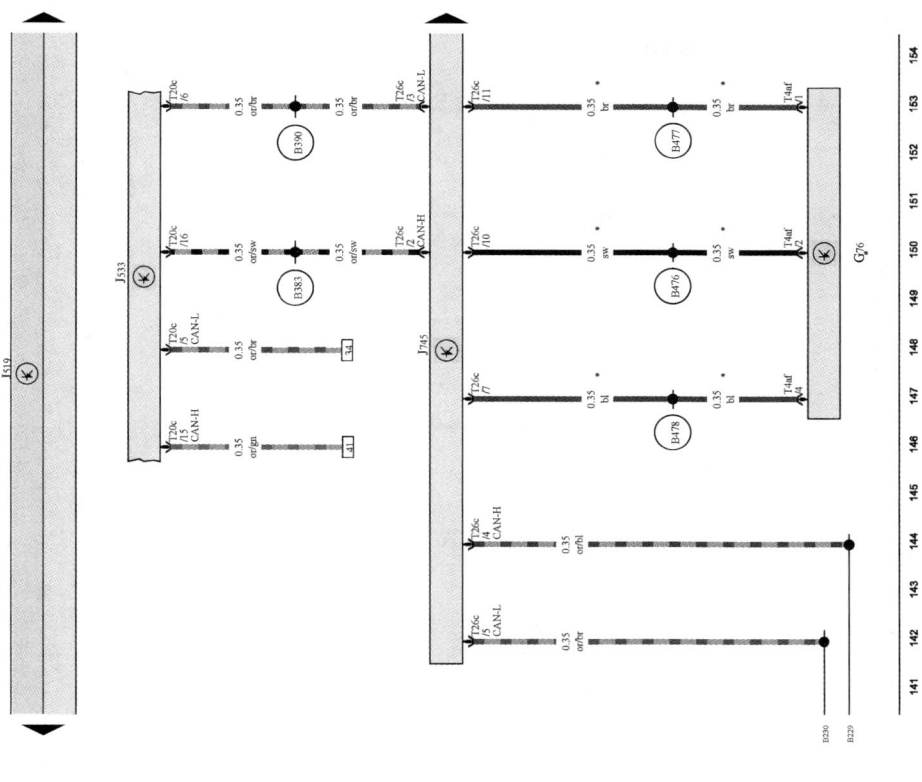

左后汽车高度传感器，车载电网控制单元，数据总线诊断接口，弯道灯和大灯照明距离调节控制单元

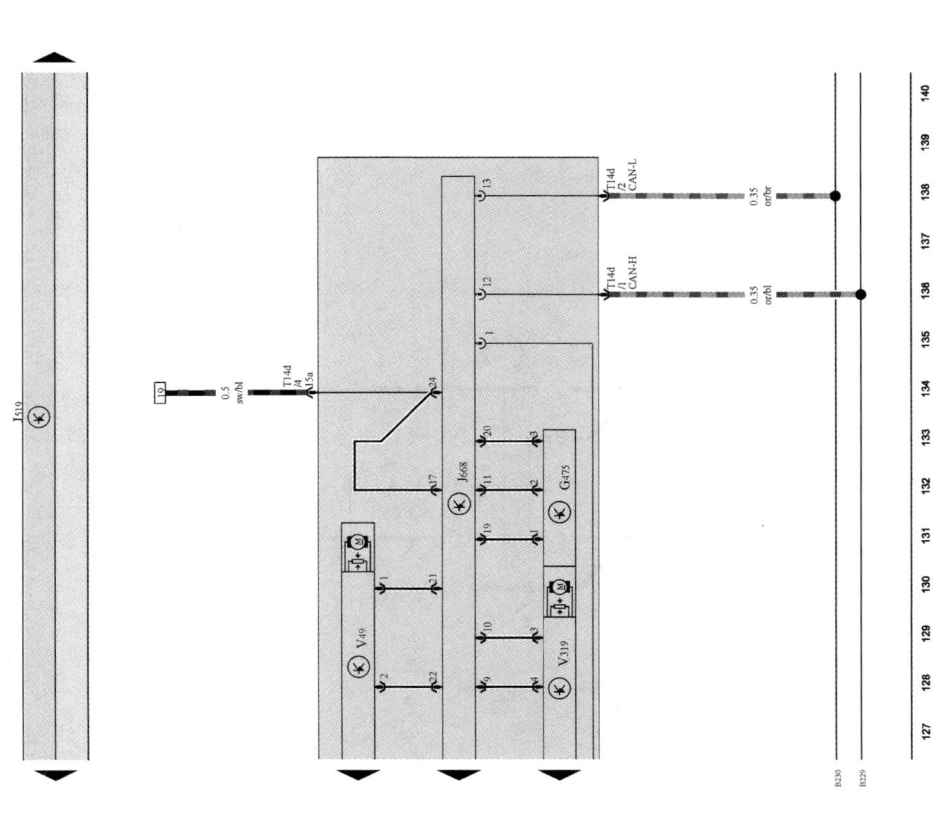

G475-右摆动模式定位传感器 J519-车载电网控制单元 J668-右侧大灯电源模块 T14d-14芯插头连接，黑色 V49-右侧大灯照明距离调节伺服电机 V319-右侧动态弯道灯伺服电机 B229-连接（High总线），在车内空间导线束中 B230-连接（Low总线），在车内空间导线束中

图3-4-165

G76-左后汽车高度传感器 J519-车载电网控制单元 J533-数据总线诊断接口 J745-弯道灯和大灯照明距离调节控制单元 T4af-4芯插头连接，黑色 T20c-20芯插头连接，红色 T26c-26芯插头连接，黑色 B229-连接（High总线），在车内空间导线束中 B230-连接（Low总线），在车内空间导线束中 B383-连接，在主导线束中 B390-连接CAN总线，High），在主导线束中 B476-连接1（驱动CAN总线，Low），在主导线束中 B477-连接12，在主导线束中 B478-连接13，在主导线束中 B477-连接14，在主导线束中 *-仅用于不带电控调节减振系统的汽车

图3-4-166

353

开关和仪表照明调节器，车载电网控制单元，弯道灯和大灯照明距离调节控制单元，开关和仪表调节器照明灯泡

环境照明控制单元

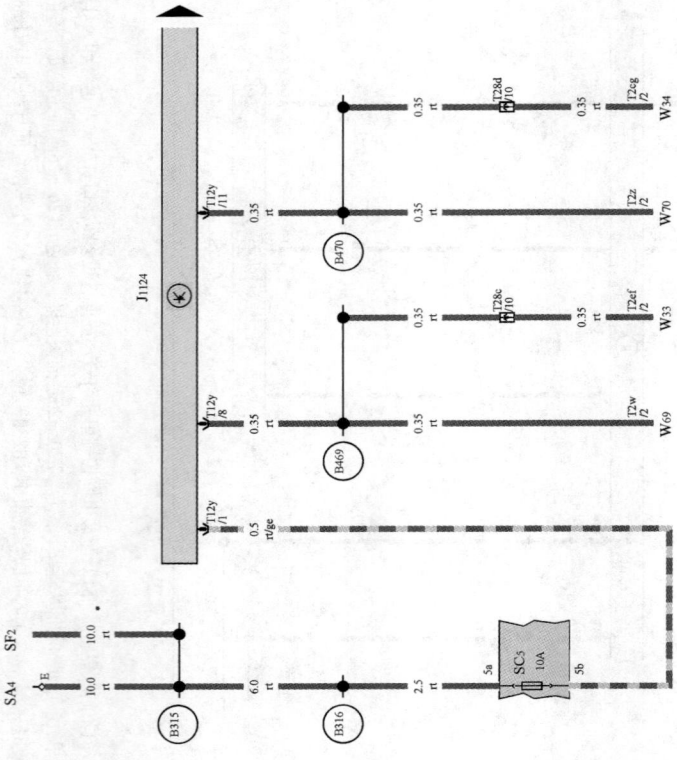

图 3-4-168

J1124-环境照明控制单元 SF2-保险丝架C上的保险丝4 SC5-保险丝架C上的保险丝5 T2cg-2芯插头连接，黑色 T2w-2芯插头连接，黑色 T2z-2芯插头连接，黑色 W33-左后登车照明 T12y-12芯插头连接，黑色 T28c-28芯插头连接，黑色 T28d-28芯插头连接，黑色 W34-右后登车照明 W69-左后登车护条背景照明的光导管 W70-右后登车护条背景照明的光导管 B315-正极连接1（30a），在主导线束中 B316-正极连接2（30a），在主导线束中 B469-连接5，在主导线束中 B470-连接6，在主导线束中 *-仅用于带3.0L发动机的汽车

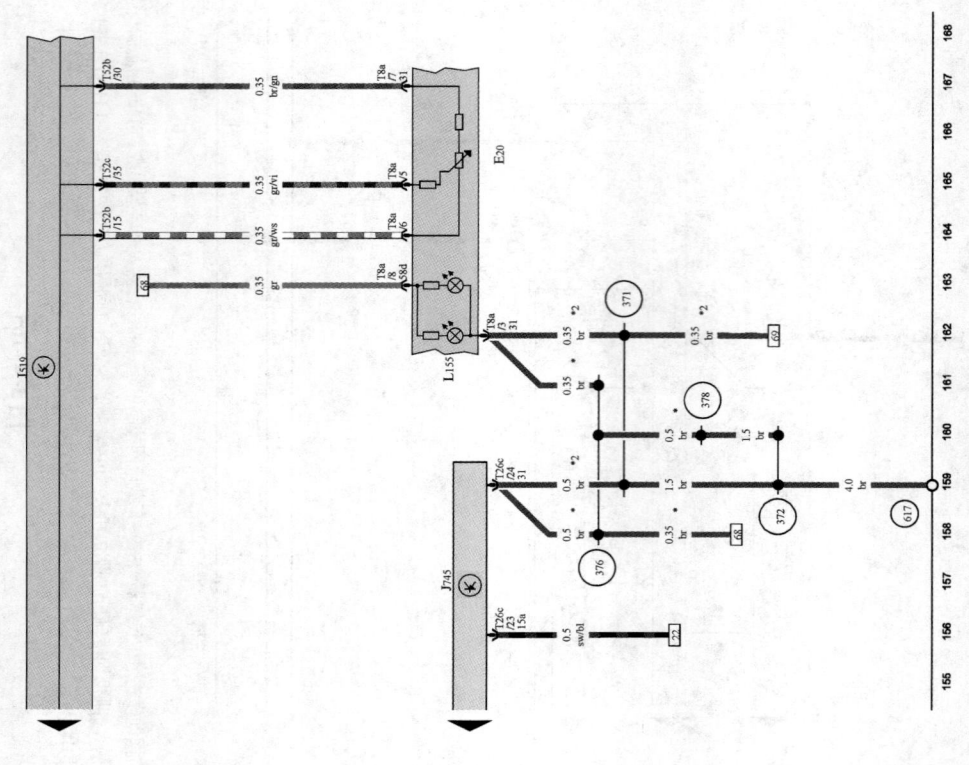

图 3-4-167

E20-开关和仪表照明调节器 J519-车载电网控制单元 J745-弯道灯和大灯照明距离调节控制单元 L155-开关和仪表调节器照明灯泡 T8a-8芯插头连接，白色 T26c-26芯插头连接，黑色 T52b-52芯插头连接，白色 T52c-52芯插头连接 371-接地连接6，在主导线束中 372-接地连接7，在主导线束中 376-接地连接11，在主导线束中 378-接地连接13，在主导线束中 617-右侧A柱下部接地点2 *-自2016年2月起 *2-截至2016年2月

354

周围环境照明调节器，环境照明控制单元

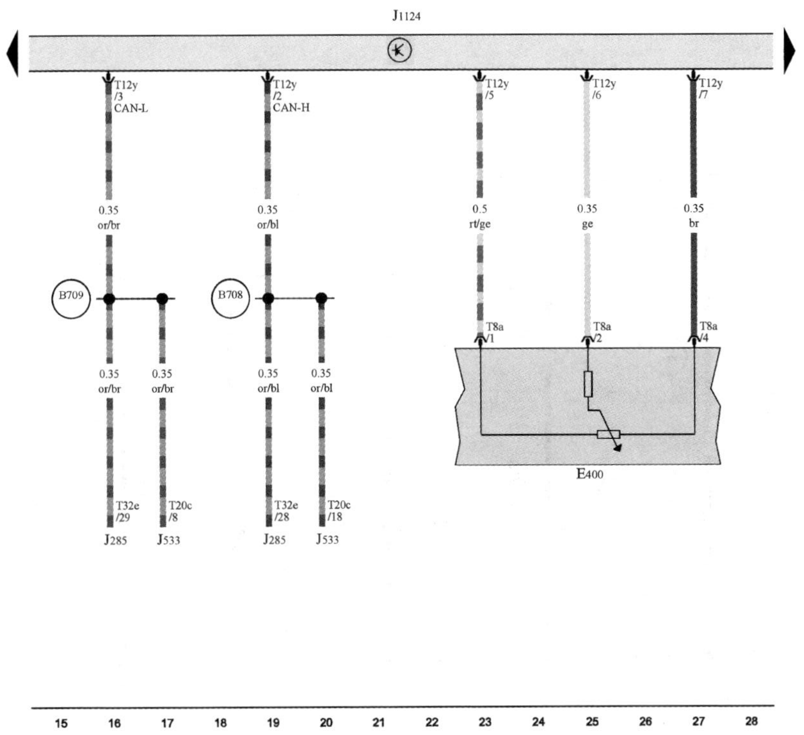

图 3-4-169

E400—周围环境照明调节器 J285—组合仪表中的控制单元 J533—数据总线诊断接口 J1124—环境照明控制单元
T8a—8芯插头连接、黑色 T12y—12芯插头连接、黑色 T20c—20芯插头连接、黑色 T32c—32芯插头连接、蓝色
B708—连接1（组合仪表CAN总线，High），在主导线束中 B709—连接1（组合仪表CAN总线，Low），在主
导线束中

环境照明控制单元，左前车门中背景照明灯泡，驾驶员侧车门储物箱照明灯泡，左前车门
背景照明灯 1

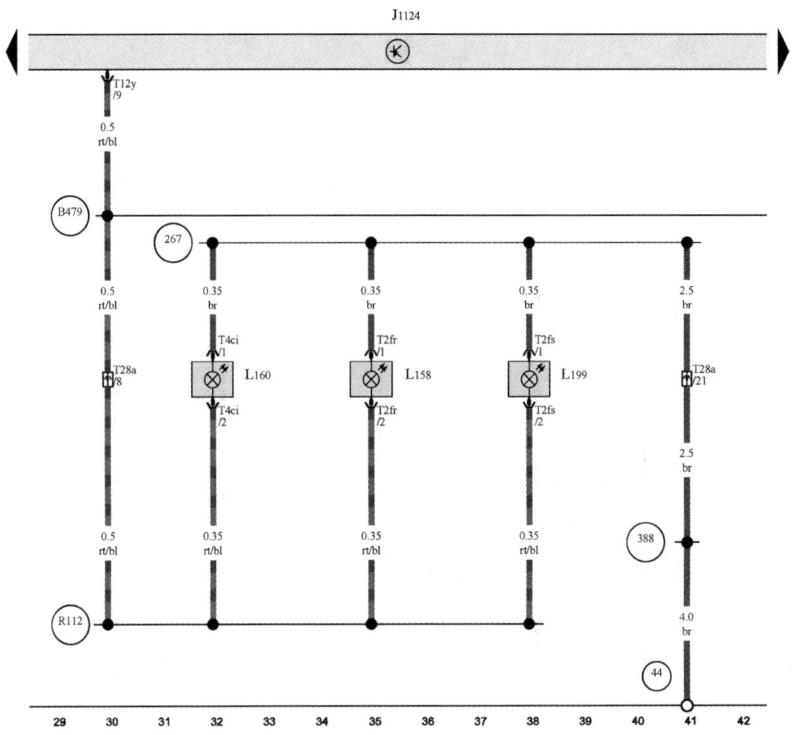

图 3-4-170

J1124—环境照明控制单元 L158—左前车门中背景照明灯泡 L160—驾驶员侧车门储物箱照明灯泡 L199—左
前车门背景照明灯1 T2f—2芯插头连接、黑色 T2s—2芯插头连接、黑色 T4ci—4芯插头连接、黑色 T12y—
12芯插头连接、黑色 T28a—28芯插头连接、黑色 44—左侧A柱下部的接地点 267—接地连接2，在驾驶员侧
车门电缆导线束中 388—接地连接23，在主导线束中 B479—连接15，在主导线束中 R112—氙图灯连接，
在左前车门电缆导线束中

355

环境照明控制单元，左后车门环境照明灯泡，左后车门储物箱照明灯泡，左后车门背景照明灯泡，左后车门背景照明灯1

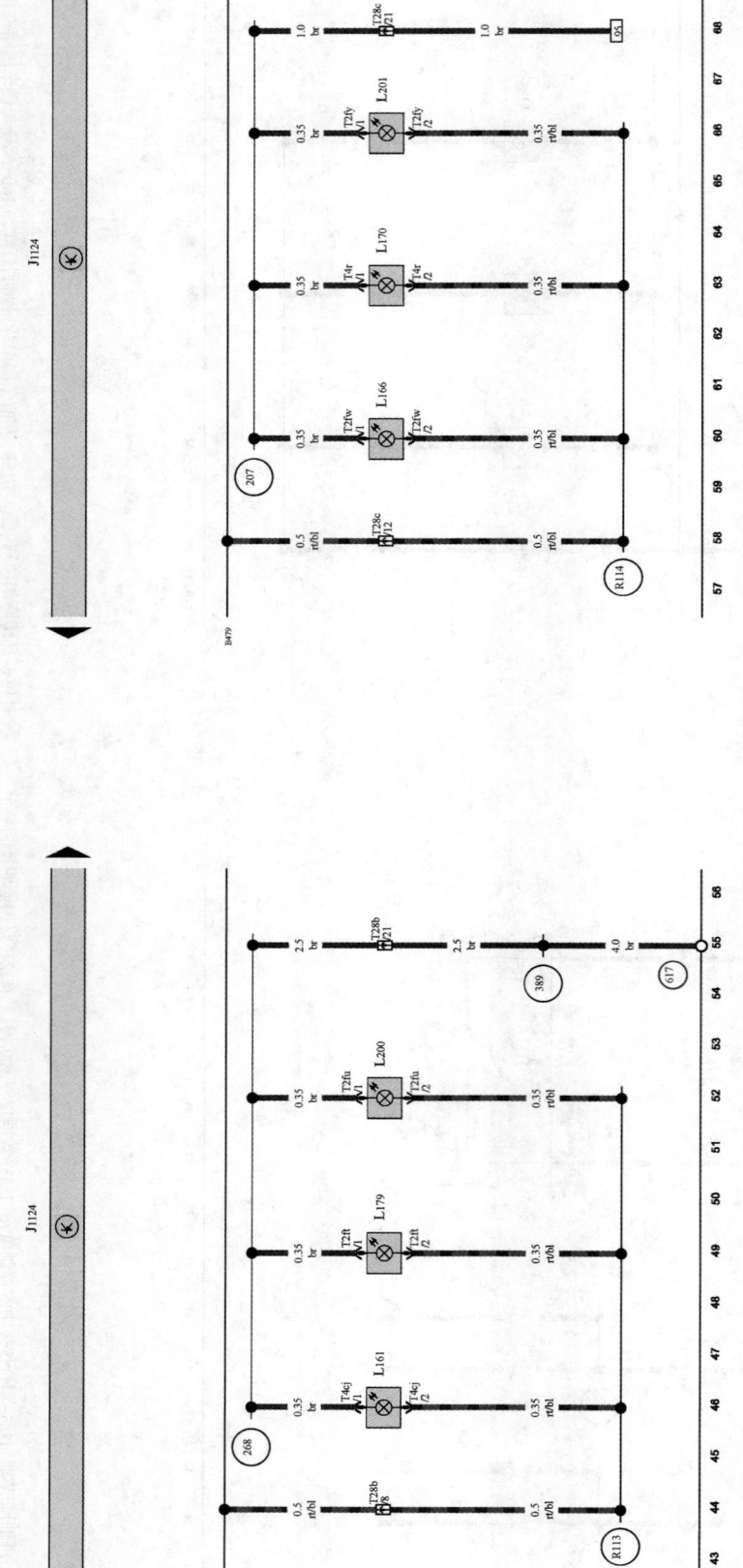

环境照明控制单元，副驾驶员侧车门储物箱照明灯泡，右前车门内背景照明灯泡，右前车门背景照明灯1

J1124-环境照明控制单元 L166-左后车门环境照明灯泡 L170-左后车门环境照明灯泡 L201-左后车门储物箱照明灯泡 背景照明灯1 T2fw-2芯插头连接，黑色 T2fy-2芯插头连接，黑色 T4r-4芯插头连接，黑色 T4cj-28芯插头连接，黑色 T28c-28芯插头连接，黑色 207-接地连接，在左后车门电缆导线束中 B479-连接15，在主导导线束中 R114-氛围灯连接，在左后车门电缆导线束中

图 3-4-172

J1124-环境照明控制单元 L161-副驾驶员侧车门储物箱照明灯泡 L179-右前车门内背景照明灯泡 L200-右前车门背景照明灯泡 T2ft-2芯插头连接，黑色 T2fu-2芯插头连接，黑色 T4cj-4芯插头连接，黑色 T28b-28芯插头连接，黑色 268-接地连接2，在副驾驶员侧车门电缆导线束中 389-接地连接24，在主导导线束中 617-右侧A柱下部接地点2 B479-连接15，在主导导线束中 R113-氛围灯连接，在右前车门电缆导线束中

图 3-4-171

356

环境照明控制单元，左侧仪表板氛围灯，右侧仪表板氛围灯，中部仪表板氛围灯

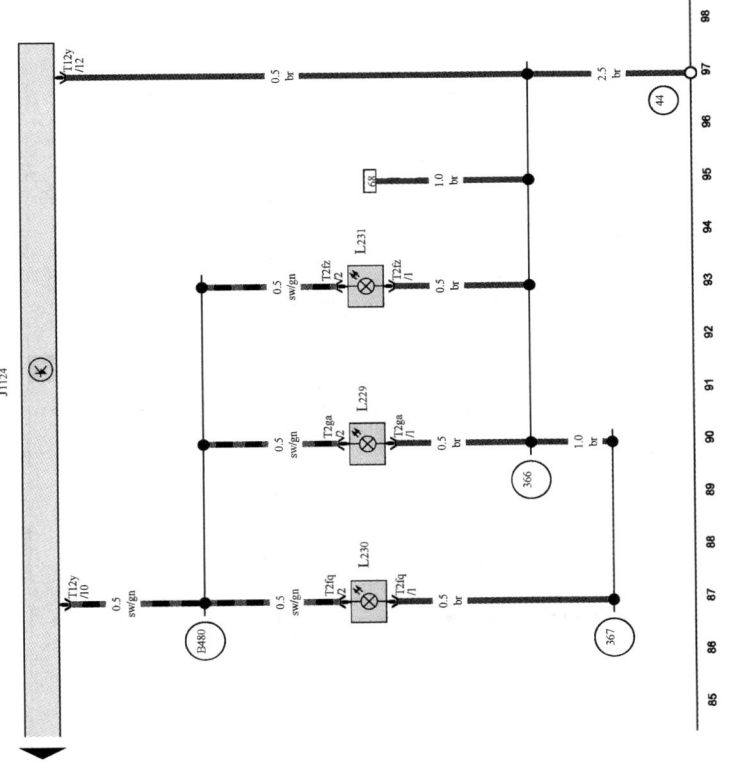

图 3-4-174

J1124-环境照明控制单元 L229-左侧仪表板氛围灯 L230-右侧仪表板氛围灯 L231-中部仪表板氛围灯 T2fz-2芯插头连接，黑色 T2fq-2芯插头连接，黑色 T2ga-2芯插头连接，黑色 T12y-12芯插头连接，黑色 44-左侧A柱下部的接地点 366-接地连接1，在主导线束中 367-接地连接2，在主导线束中 B480-连接16，在主导线束中

环境照明控制单元，右后车门环境照明灯泡，后右车门储物箱照明灯泡，右后车门背景照明灯 1

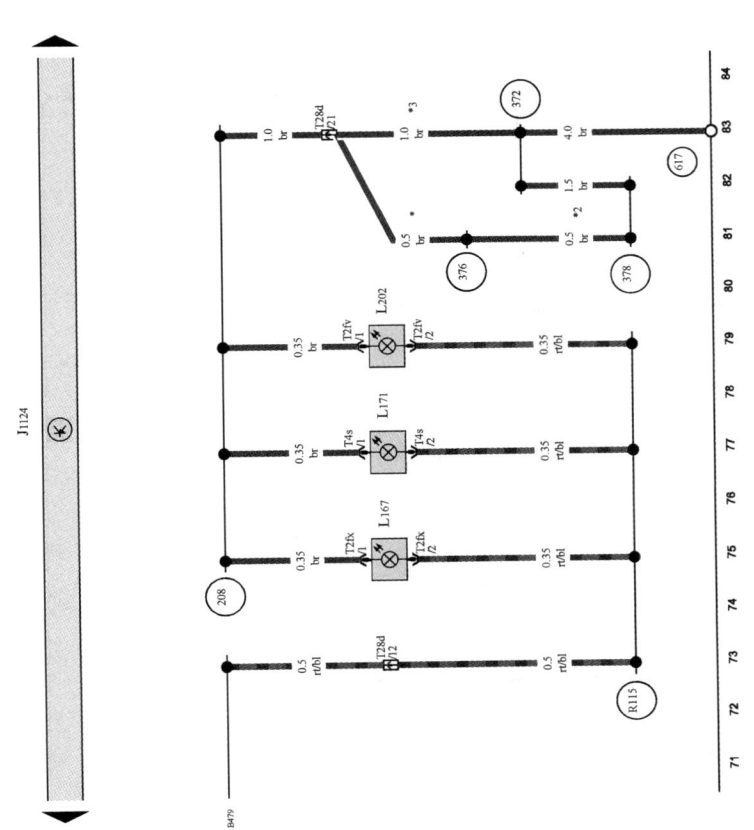

图 3-4-173

J1124-环境照明控制单元 L167-右后车门环境照明灯泡 L171-后右车门储物箱照明灯泡 L202-右后车门门背景照明灯1 T2fv-2芯插头连接，黑色 T2fx-2芯插头连接，黑色 T4s-4芯插头连接，黑色 T28d-28芯插头连接，黑色 208-接地连接，在右后车门电缆导线束中 372-接地连接，在主导线束中 376-接地连接7，在主导线束中 378-接地连接13，在主导线束中 617-右侧A柱下部接地点2 B479-连接15，在主导线束中 R115-氛围灯连接，在右后车门电缆导线束中 *-自2016年3月起 *2-自2016年2月起 *3-截至2016年3月

357

车载电网控制单元, 收音机, 左前高音扬声器, 左前低音扬声器, 右前高音扬声器, 右前低音扬声器

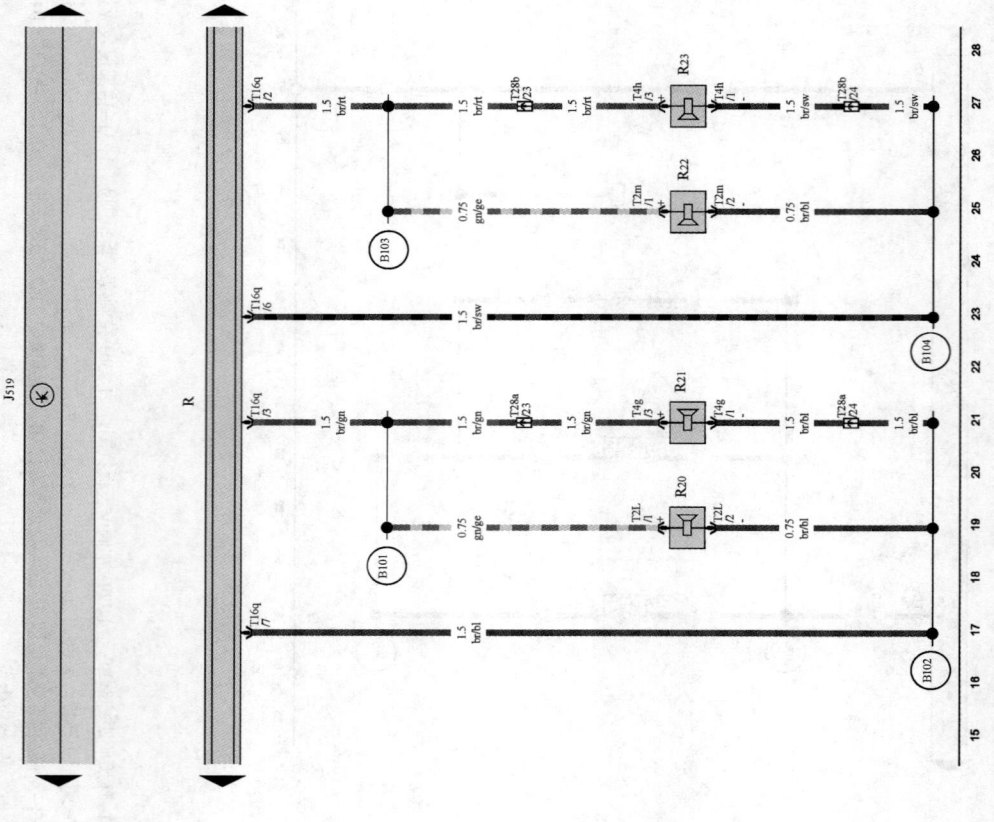

J519-车载电网控制单元 R-收音机 R20-左前高音扬声器 R21-左前低音扬声器 R22-右前高音扬声器 R23-右前低音扬声器 T2L-2芯插头连接, 黑色 T2m-2芯插头连接, 黑色 T4g-4芯插头连接, 黑色 T4h-4芯插头连接, 黑色 T16q-16芯插头连接, 黑色 T28a-28芯插头连接 T28b-28芯插头连接 B101-连接 B103-连接 B102-连接, 在主导线束中 B102-连接 (负极, 扬声器), 在主导线束中 B103-连接 (正极, 扬声器), 在主导线束中 B104-连接 (负极, 扬声器), 在主导线束中

图3-4-176

车载电网控制单元, 收音机

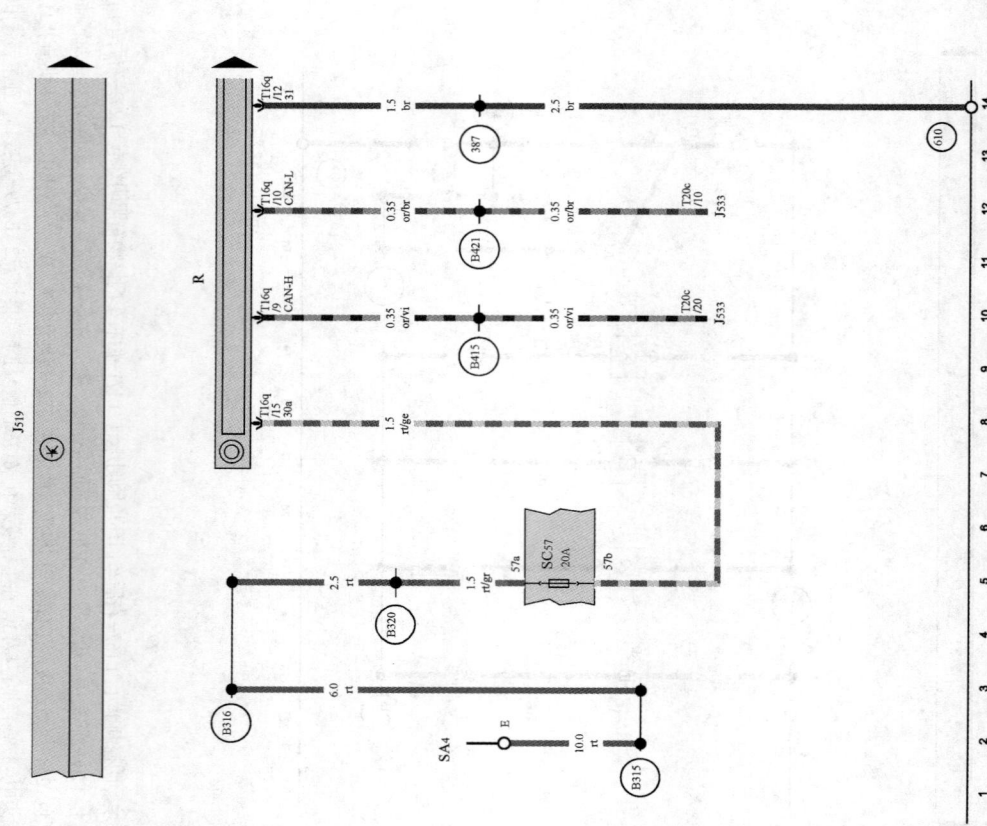

J519-车载电网控制单元 J533-数据总线诊断接口 R-收音机 SA4-保险丝架A上的保险丝4 SC57-保险丝架C上的保险丝57 T16q-16芯插头连接 T20c-20芯插头连接 T20c-20芯插头连接 387-接地连接, 在主导线束中 610-接地点 (音频), 在前中控台下面 B315-正极连接1 (30a), 在主导线束中 B316-正极连接2 (30a), 在主导线束中 B320-正极连接6 (30a), 在主导线束中 B415-连接1 (信息娱乐CAN总线, High), 在主导线束中 B421-连接1 (信息娱乐CAN总线, Low), 在主导线束中

图3-4-175

358

车载电网控制单元，收音机，右侧天线模块，后窗玻璃天线 1，负导线中的调频频率滤波器，正导线中的调频频率滤波器，可加热式后窗玻璃

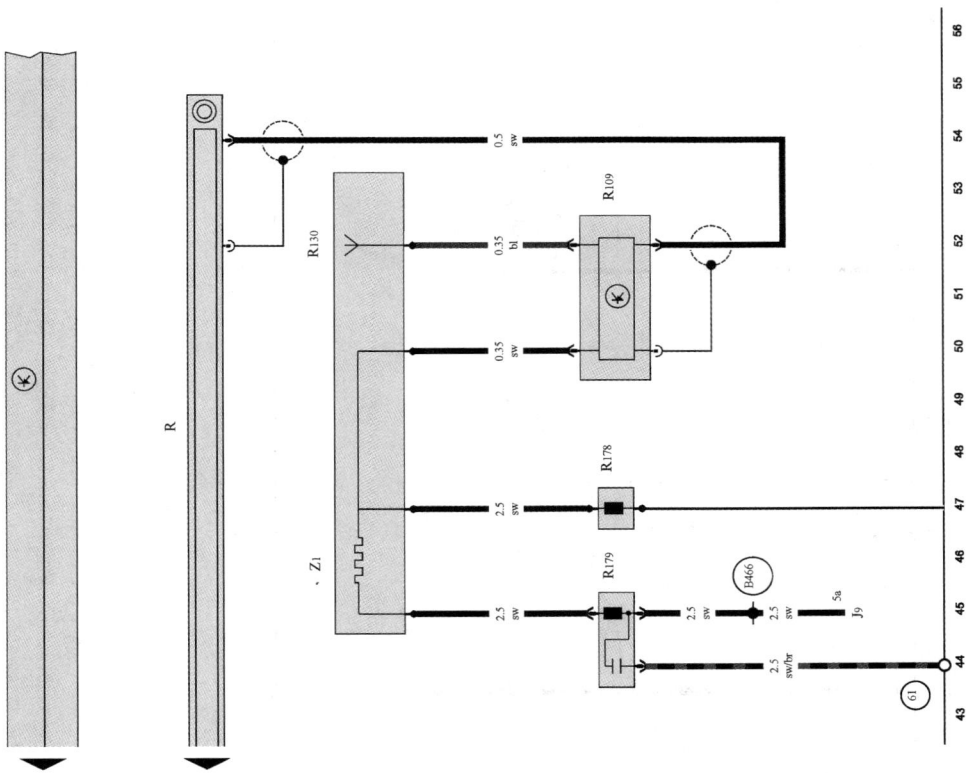

车载电网控制单元，收音机，左后高音扬声器，右后高音扬声器，右后低音扬声器，左后低音扬声器

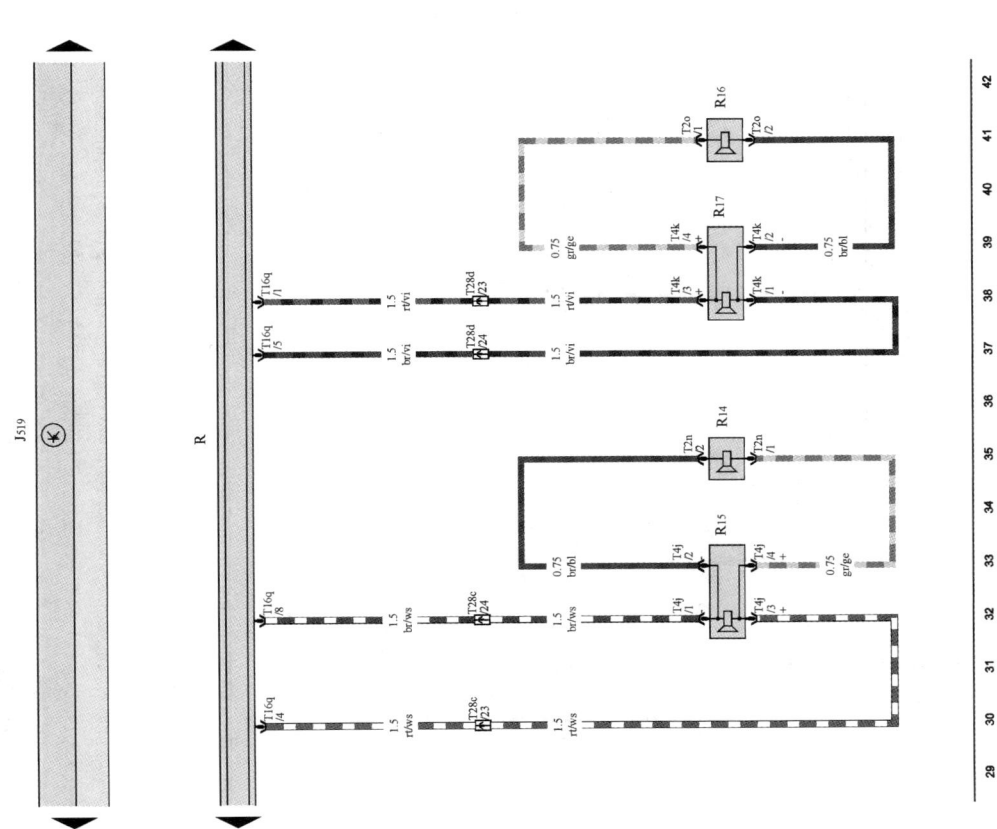

J519-车载电网控制单元 R-收音机 R14-左后高音扬声器 R15-左后低音扬声器 R16-右后高音扬声器 R17-右后低音扬声器 T2n-2芯插头连接 T2o-2芯插头连接 黑色 T4j-4芯插头连接，黑色 T4k-4芯插头连接，黑色 T16q-16芯插头连接 T28c-28芯插头连接，黑色 T28d-28芯插头连接，黑色

图 3-4-177

J9-可加热后窗玻璃继电器 J519-车载电网控制单元 R109-右侧天线模块 R130-后窗玻璃天线 R-收音机 R130-后窗玻璃天线1 R178-负导线中的调频频率滤波器 R179-正导线中的调频频率滤波器 Z1-可加热式后窗玻璃 61-左侧C柱上的接地点 B466-连接2，在主导束中

图 3-4-178

359

收音机及导航系统带显示单元的控制单元，电话话筒，外部音频源源接口

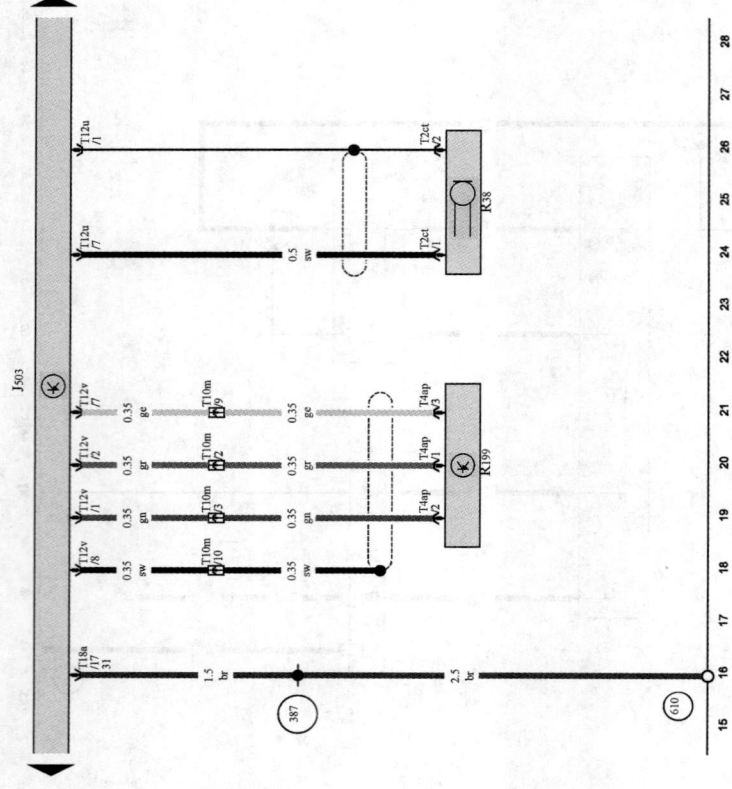

收音机及导航系统带显示单元的控制单元，数据总线诊断接口

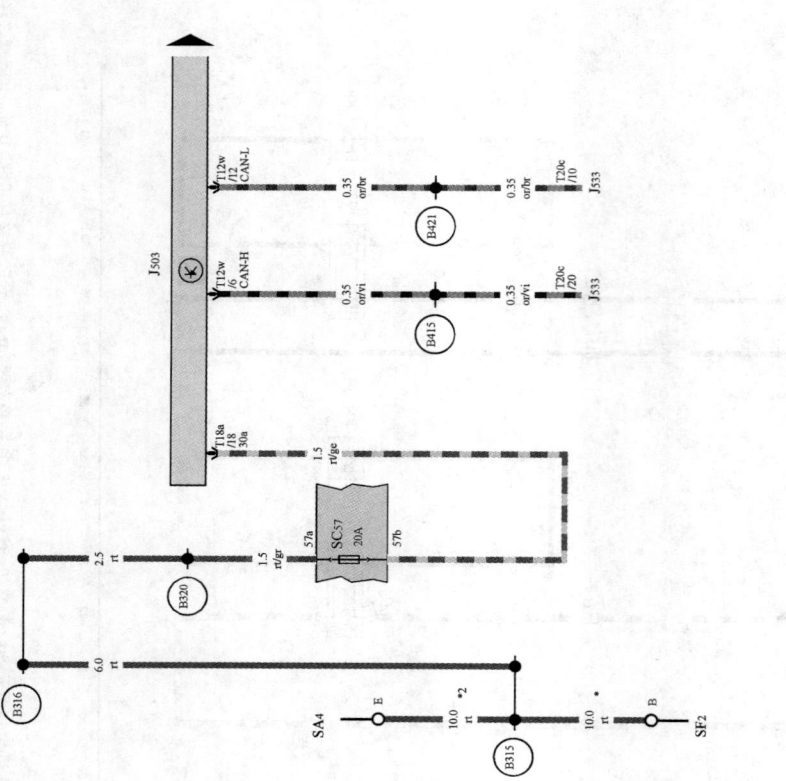

图 3-4-179

J503-收音机及导航系统带显示单元的控制单元 J533-数据总线诊断单元 SF2-保险丝架F上的保险丝2 SA4-保险丝架A上的保险丝4 SC57-保险丝架C上的保险丝57 T12w-12芯插头连接，灰色 T18a-18芯插头连接 T20c~20芯插头连接，红色 B315-正极连接1（30a），在主导线束中 B316-正极连接2（30a），在主导线束中 B320-正极连接6（30a），在主导线束中 B415-连接1（信息娱乐CAN总线，High），在主导线束中 B421-连接1（信息娱乐CAN总线，Low），在主导线束中 *2-仅用于带4缸发动机的汽车

图 3-4-180

J503-收音机及导航系统带显示单元的控制单元 R38-电话话筒 R199-外部音频源源接口 T2ct-2芯插头连接，黑色 T4ap-4芯插头连接，棕色 T10m-10芯插头连接，黑色 T12α-12芯插头连接，蓝色 T12v-12芯插头连接，在前中控接，黑色 T4ap-4芯插头连接，棕色 T10m-10芯插头连接 387-接地连接22，在主导线束中 610-接地点1（音频），在前中控插头连接，绿色 T18a-18芯插头连接 387-接地连接 台下面

收音机及导航系统带显示单元的控制单元，功率放大器

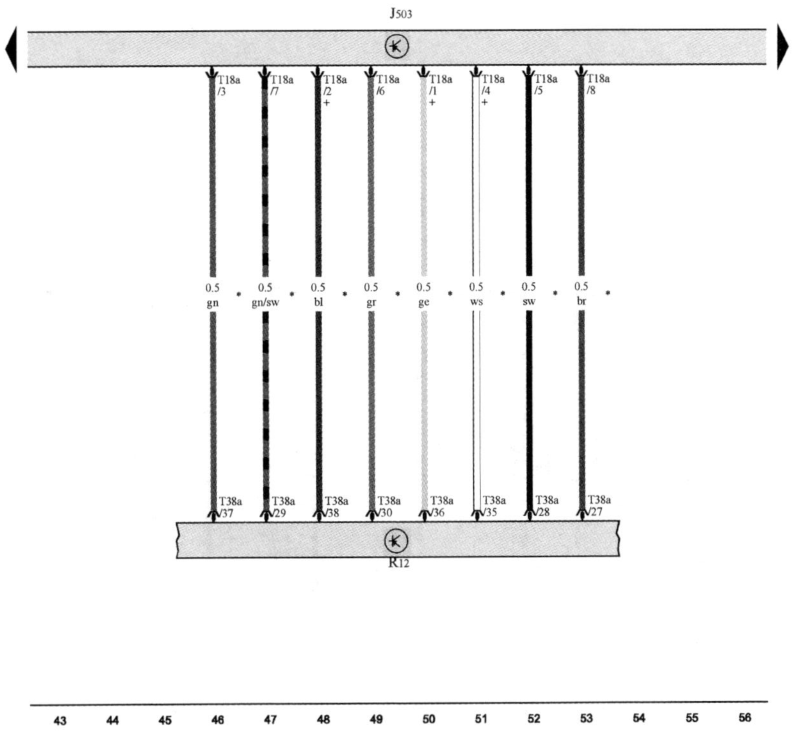

J503-收音机及导航系统带显示单元的控制单元　R12-功率放大器　T18a-18芯插头连接，黑色　T38a-38芯插头连接，棕色　T18a-18芯插头连接　T38a-38芯插头连接　　*-仅适用于带了音响系统的汽车

图 3-4-182

收音机及导航系统带显示单元控制单元的控制单元，USB 接口支架

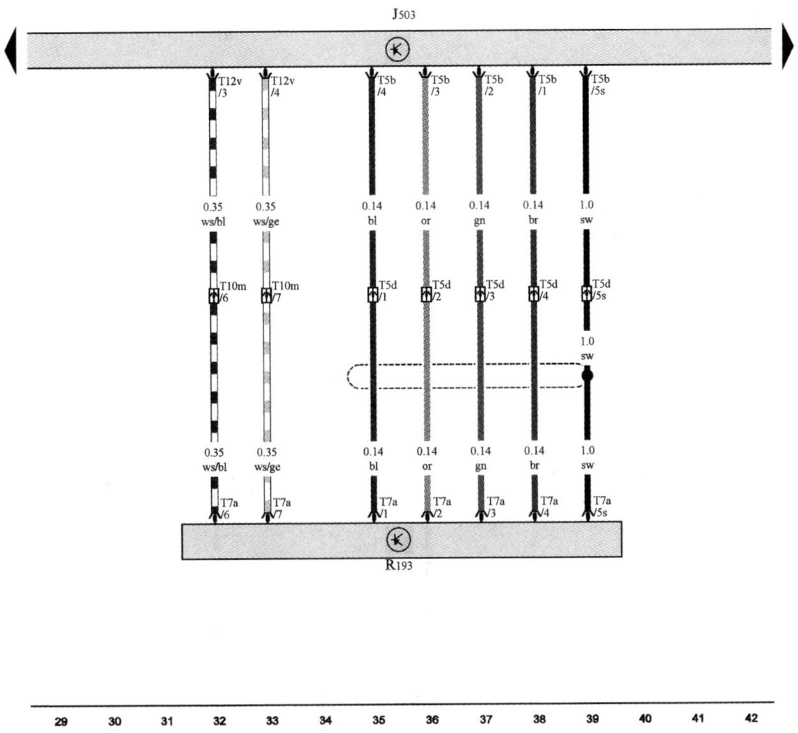

J503-收音机及导航系统带显示单元的控制单元　R193-USB接口支架　T5b-5芯插头连接，黄色　T5d-5芯插头连接，绿色　T7a-7芯插头连接，绿色　T10m-10芯插头连接，绿色　T12v-12芯插头连接，棕色

图 3-4-181

收音机及导航系统带显示单元的控制单元，左后高音扬声器，右后高音扬声器，左后低音扬声器，右后低音扬声器

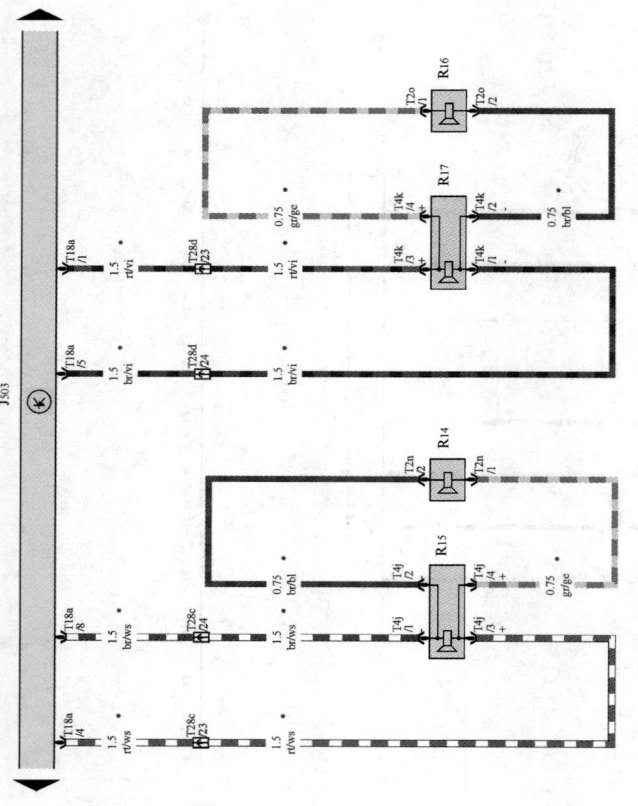

收音机及导航系统带显示单元的控制单元，左前高音扬声器，右前高音扬声器，左前低音扬声器，右前低音扬声器

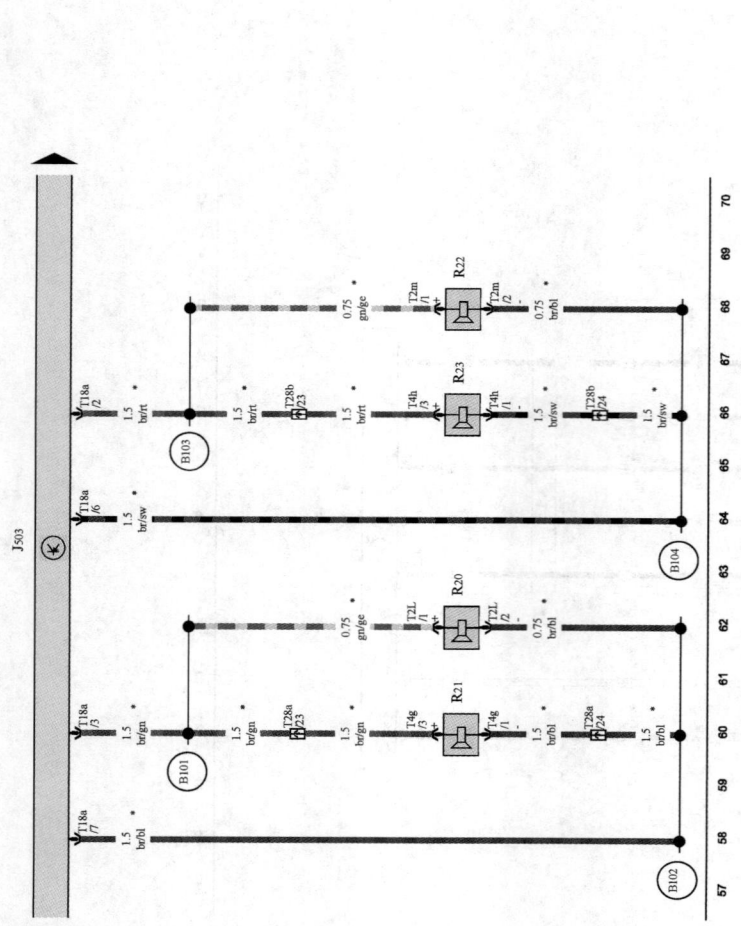

J503-收音机及导航系统带显示单元的控制单元 R14-左后高音扬声器 R15-左后低音扬声器 R16-右后高音扬声器 R17-右后低音扬声器 T2m-2芯插头连接，黑色 T2o-2芯插头连接，黑色 T4j-4芯插头连接，黑色 T4k-4芯插头连接，黑色 T18a-18芯插头连接，黑色 T28c-28芯插头连接，黑色 T28d-28芯插头连接，黑色 *-仅用于带8个扬声器的汽车（8RM）

图3-4-184

J503-收音机及导航系统带显示单元 R20-左前高音扬声器 R21-左前低音扬声器 R22-右前高音扬声器 R23-右前低音扬声器 T2L-2芯插头连接，黑色 T2m-2芯插头连接，黑色 T4g-4芯插头连接，黑色 T4h-4芯插头连接，黑色 T18a-18芯插头连接，黑色 T28a-28芯插头连接，黑色 T28b-28芯插头连接，黑色 B101-连接（正极，左前侧扬声器），在主导线束中 B102-连接（负极，扬声器），在主导线束中 B103-连接（正极，扬声器），在主导线束中 B104-连接（负极，扬声器），在主导线束中 *-仅用于带8个扬声器的汽车（8RM）

图3-4-183

362

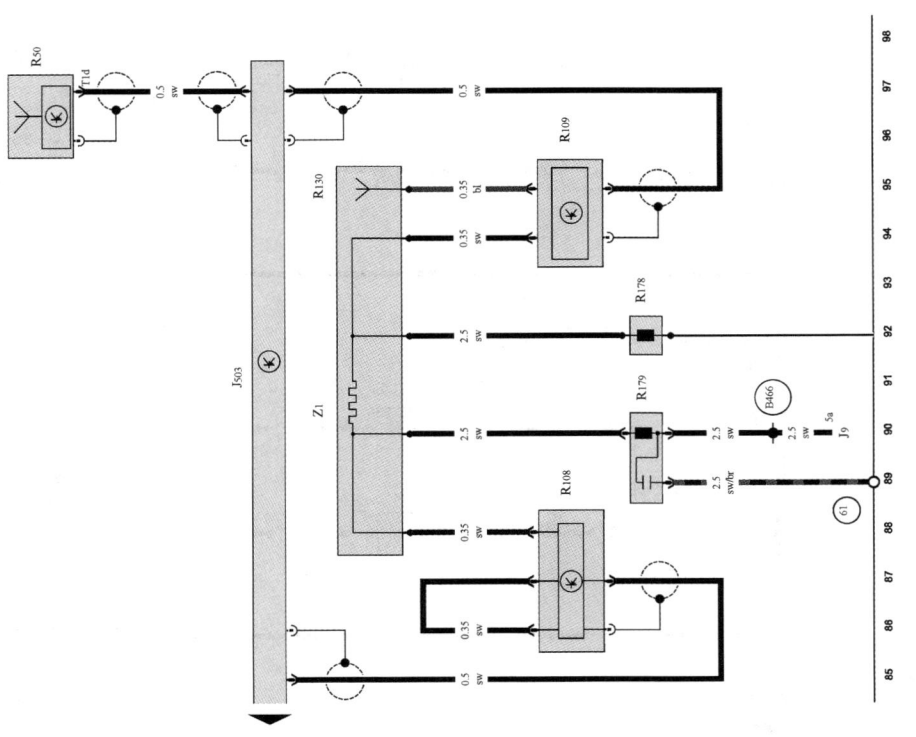

车载电网控制单元，收音机

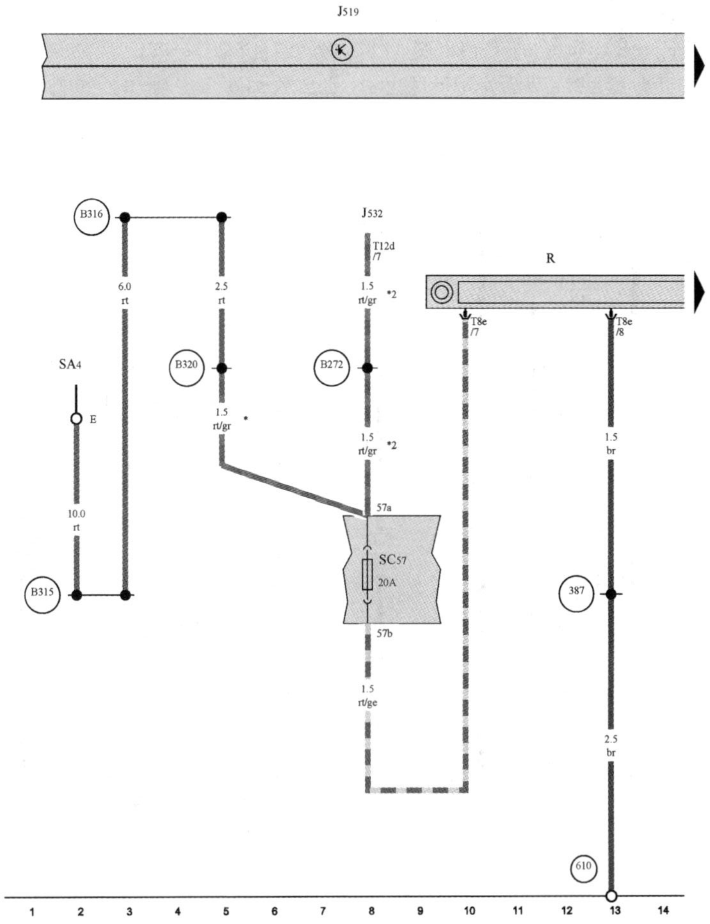

收音机及导航系统带显示单元的控制单元，GPS 天线，左侧天线模块，右侧天线模块，
后窗玻璃天线 1，负导线中的调频频率滤波器，正导线中的调频频率滤波器，可加热式后
窗玻璃

J519-车载电网控制单元 J532-稳压器 R-收音机 SA4-保险丝座A上的保险丝4 SC57-保险丝架C上的保
险丝57 T8e-8芯插头连接 T12d-12芯插头连接，黑色 387-接地连接22，在主导线束中 610-接地
点（音频），在前中控台下面 B272-正极连接（30），在主导线束中 B315-正极连接1（30a），在主导
线束中 B316-正极连接2（30a），在主导线束中 B320-正极连接6（30a），在主导
线束中 *2-仅用于带自动启停系统的汽车

图 3-4-186

J9-可加热后窗玻璃继电器 J503-收音机及导航系统带显示单元的控制单元 R50-GPS天线 R108-左侧天线
模块 R109-右侧天线模块 R130-后窗玻璃天线1 R178-负导线中的调频频率滤波器 R179-正导线中的调频
频率滤波器 T1d-1芯插头连接，蓝色 Z1-可加热式后窗玻璃 61-左侧C柱C柱上的接地点 B466-连接2，在主导
线束中

图 3-4-185

363

车载电网控制单元，收音机，左后高音扬声器，右后高音扬声器，右后低音扬声器

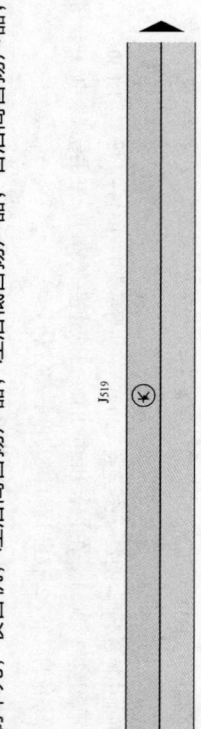

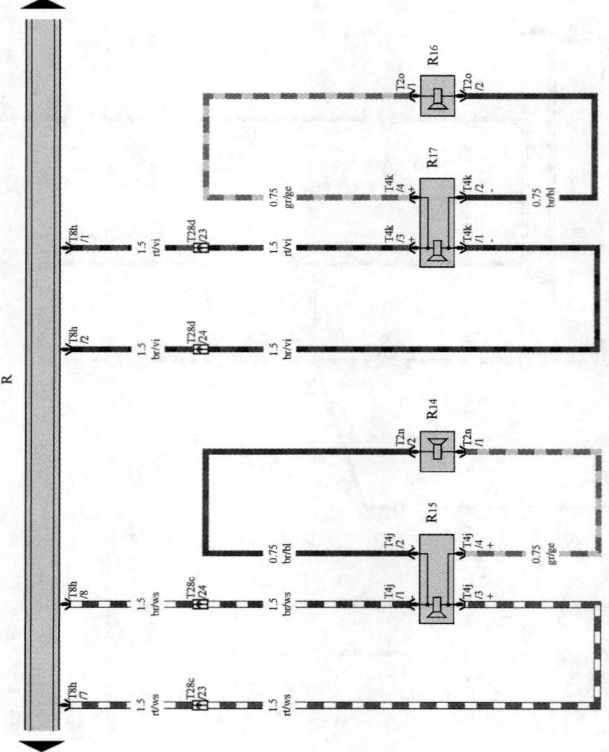

J519–车载电网控制单元　R–收音机　R14–左后高音扬声器　R15–左后低音扬声器　R16–右后高音扬声器　R17–右后低音扬声器　T2n–2芯插头连接，黑色　T2o–2芯插头连接，黑色　T4j–4芯插头连接，黑色　T4k–4芯插头连接，黑色　T8h–8芯插头连接，棕色　T28c–28芯插头连接，黑色　T28d–28芯插头连接，黑色

图 3-4-188

车载电网控制单元，收音机，左前高音扬声器，右前高音扬声器，右前低音扬声器，左前低音扬声器

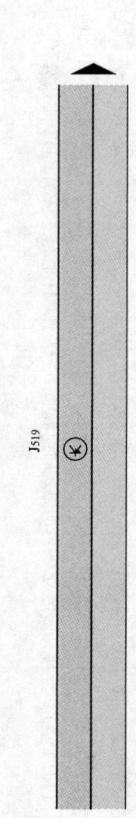

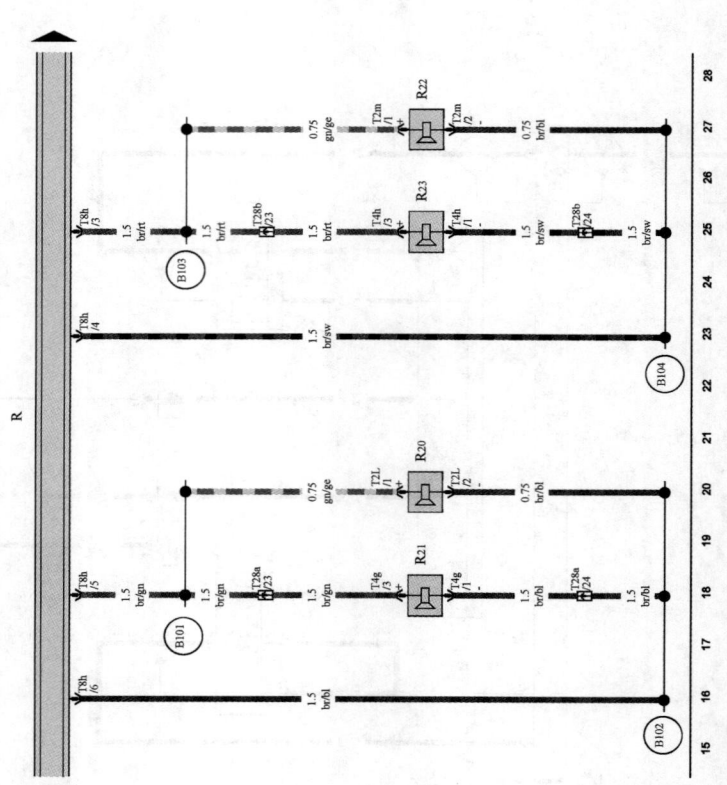

J519–车载电网控制单元　R–收音机　R20–左前高音扬声器　R21–左前低音扬声器　R22–右前高音扬声器　R23–右前低音扬声器　T2L–2芯插头连接，黑色　T2m–2芯插头连接，黑色　T4g–4芯插头连接，黑色　T4h–4芯插头连接，黑色　T8h–8芯插头连接，棕色　T28a–28芯插头连接，黑色　T28b–28芯插头连接，黑色　B101–连接（正极，左前侧扬声器），在主导线束中　B102–连接（负极，扬声器），在主导线束中　B103–连接（正极，扬声器），在主导线束中　B104–连接（负极，扬声器），在导线束中

图 3-4-187

364

可加热后窗玻璃继电器，车载电网控制单元，收音机，右侧天线模块，后窗玻璃天线 1，
负导线中的调频频率滤波器，正导线中的调频频率滤波器，可加热式后窗玻璃

车载电网控制单元，收音机

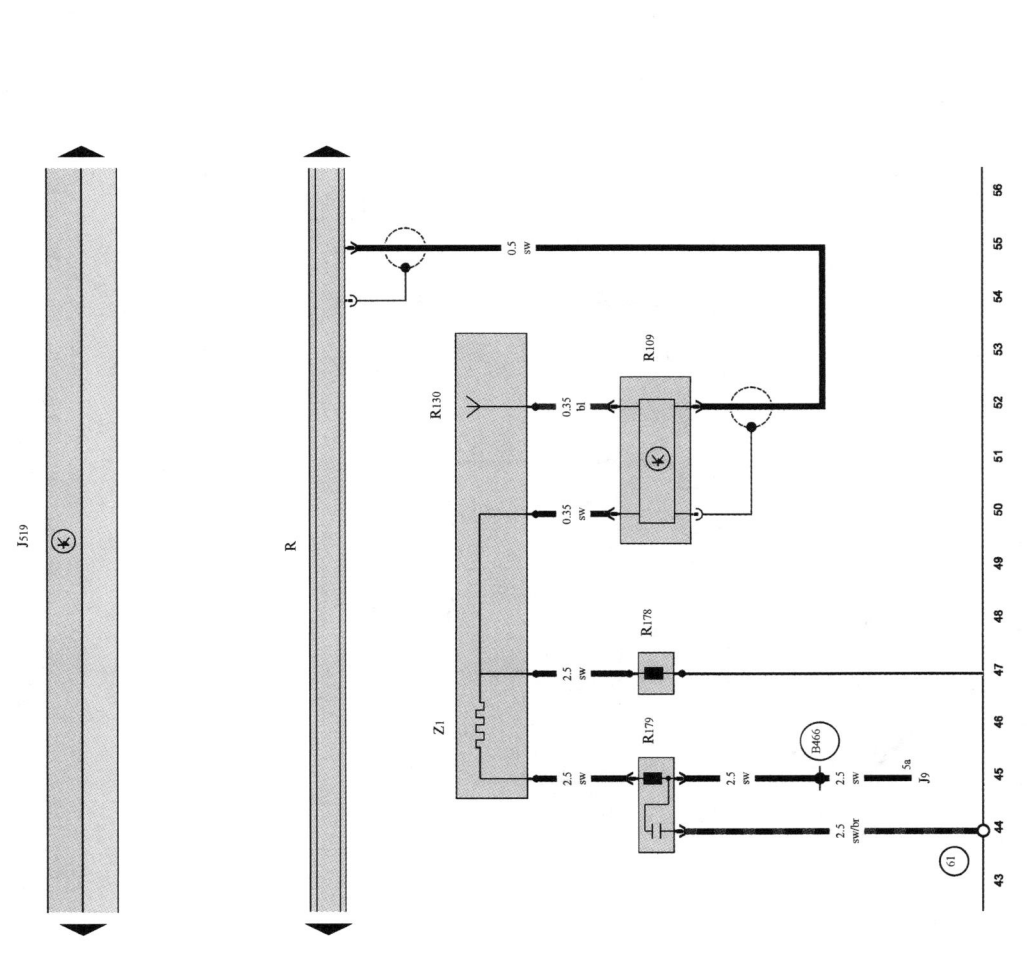

图 3-4-189

图 3-4-190

J9-可加热后窗玻璃继电器 J519-车载电网控制单元 R-收音机 R109-右侧天线模块 R130-后窗玻璃天线1
R178-负导线中的调频频率滤波器 R179-正导线中的调频频率滤波器 Z1-可加热式后窗玻璃 61-左侧C柱
上的接地点 B466-连接2，在主导线束中

J519-车载电网控制单元 R-收音机 T8e-8芯插头连接，黑色 T52c-52芯插头连接，棕色 B397-连接1(舒
适CAN总线，High)，在主导线束中 B406-连接1(舒适CAN总线，Low)，在主导线束中

365

收音机及导航系统单元带显示单元的控制单元，功率放大器，右前高音喇叭

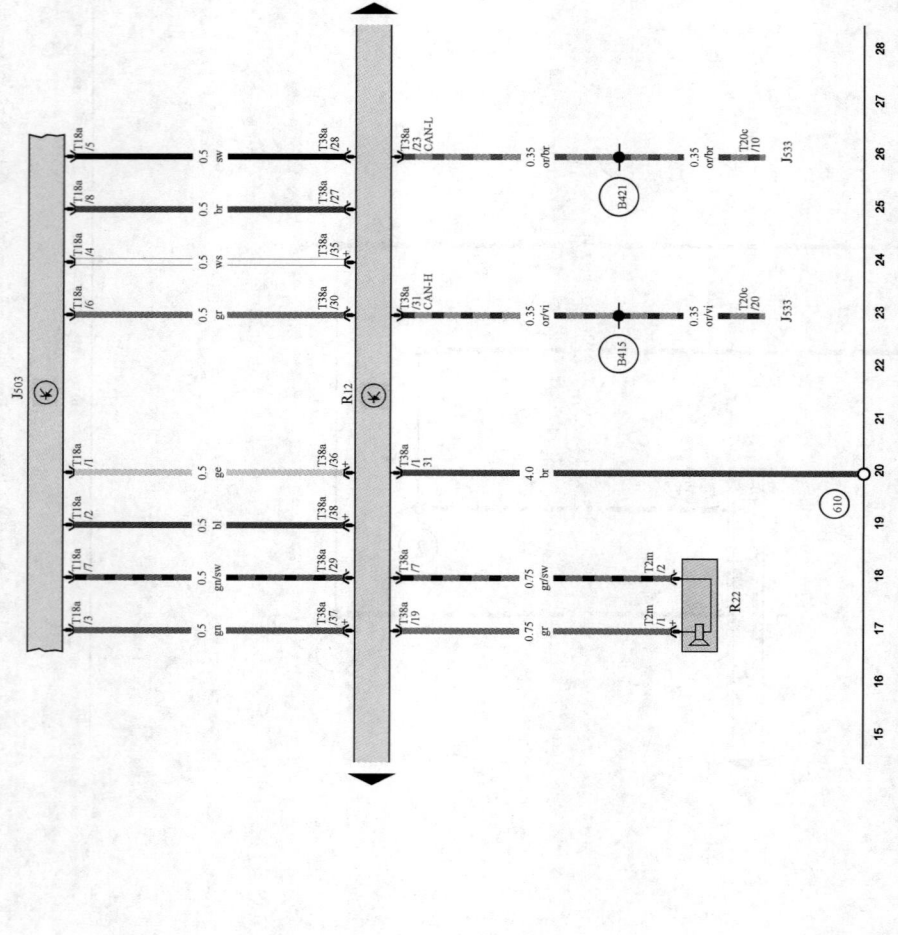

图 3-4-192

J503-收音机及导航系统单元带显示单元的控制单元 J533-数据总线总诊断接口 R12-功率放大器 R22-右前高音喇叭 T2m-2芯插头连接 T18a-18芯插头连接 T20c-20芯插头连接 T38a-38芯插头连接，红色 T38a-38芯插头连接，黑色 610-接地点，在前中控台下面 B415-连接1（信息娱乐系统CAN总线，High），在主导线束中 B421-连接1（信息娱乐系统CAN总线，Low），在主导线束中

功率放大器，左前高音喇叭

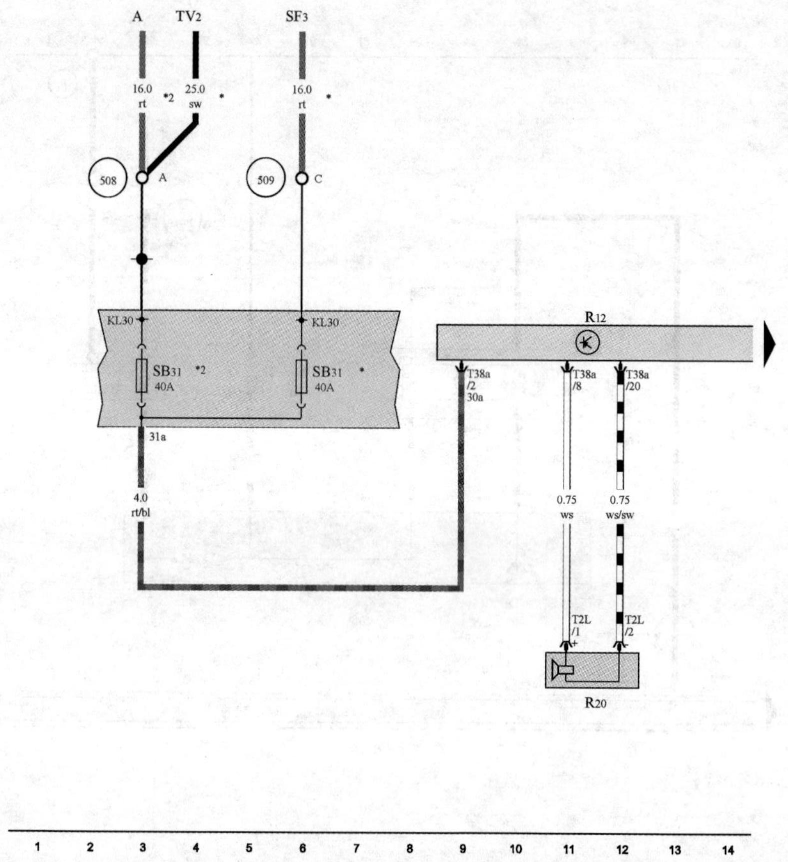

图 3-4-191

A-蓄电池 R12-功率放大器 R20-左前高音喇叭 SF3-保险丝架F上的保险丝3 SB31-保险丝架B上的保险丝31 T2L-2芯插头连接 T38a-38芯插头连接，黑色 TV2-端子30导线分线器 508-螺栓连接 509-螺栓连接1（29），在电控箱上 *2-仅用于带6缸发动机的汽车 *-仅在带6缸发动机的汽车上（30），在电控箱上 在主导线束中 发动机的汽车

366

功率放大器，左后高音喇叭，左前高音喇叭，右后高音喇叭，右后低音喇叭

功率放大器，左后低音喇叭，左前低音喇叭，右前低音喇叭，重低音

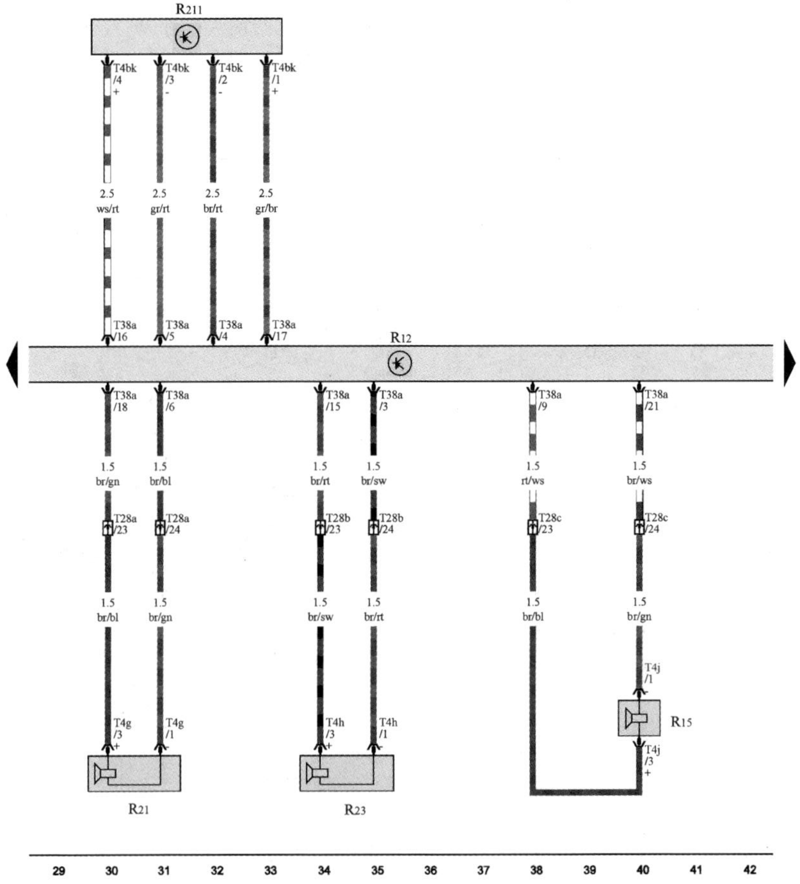

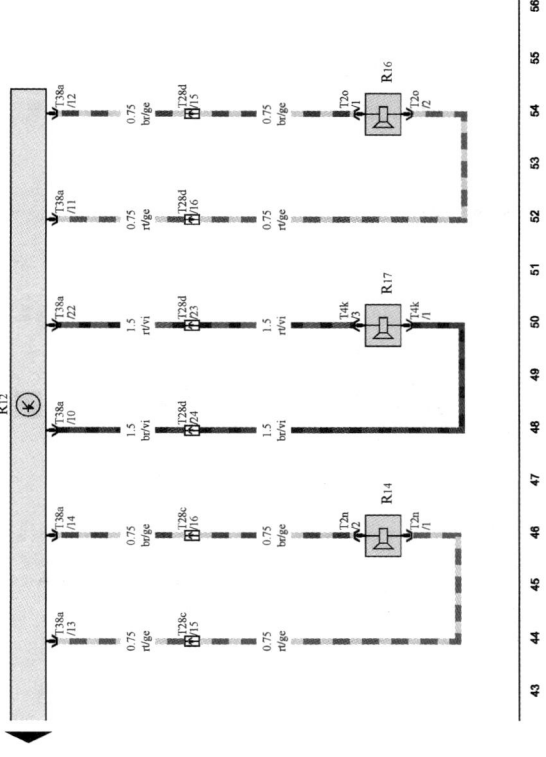

图 3-4-194

R12-功率放大器 R14-左后高音喇叭 R16-右后高音喇叭 R17-右后低音喇叭 T2n-2芯插头连接，黑色 T2o-2芯插头连接，黑色 T4k-4芯插头连接，黑色 T28c-28芯插头连接，黑色 T28d-28芯插头连接，黑色 T38a-38芯插头连接，黑色

图 3-4-193

R12-功率放大器 R15-左后低音喇叭 R21-左前低音喇叭 R23-右前低音喇叭 R211-重低音 T4bk-4芯插头连接 T4g-4芯插头连接，黑色 T4h-4芯插头连接，黑色 T4j-4芯插头连接，黑色 T28a-28芯插头连接，黑色 T28b-28芯插头连接，黑色 T28c-28芯插头连接，黑色 T38a-38芯插头连接，黑色

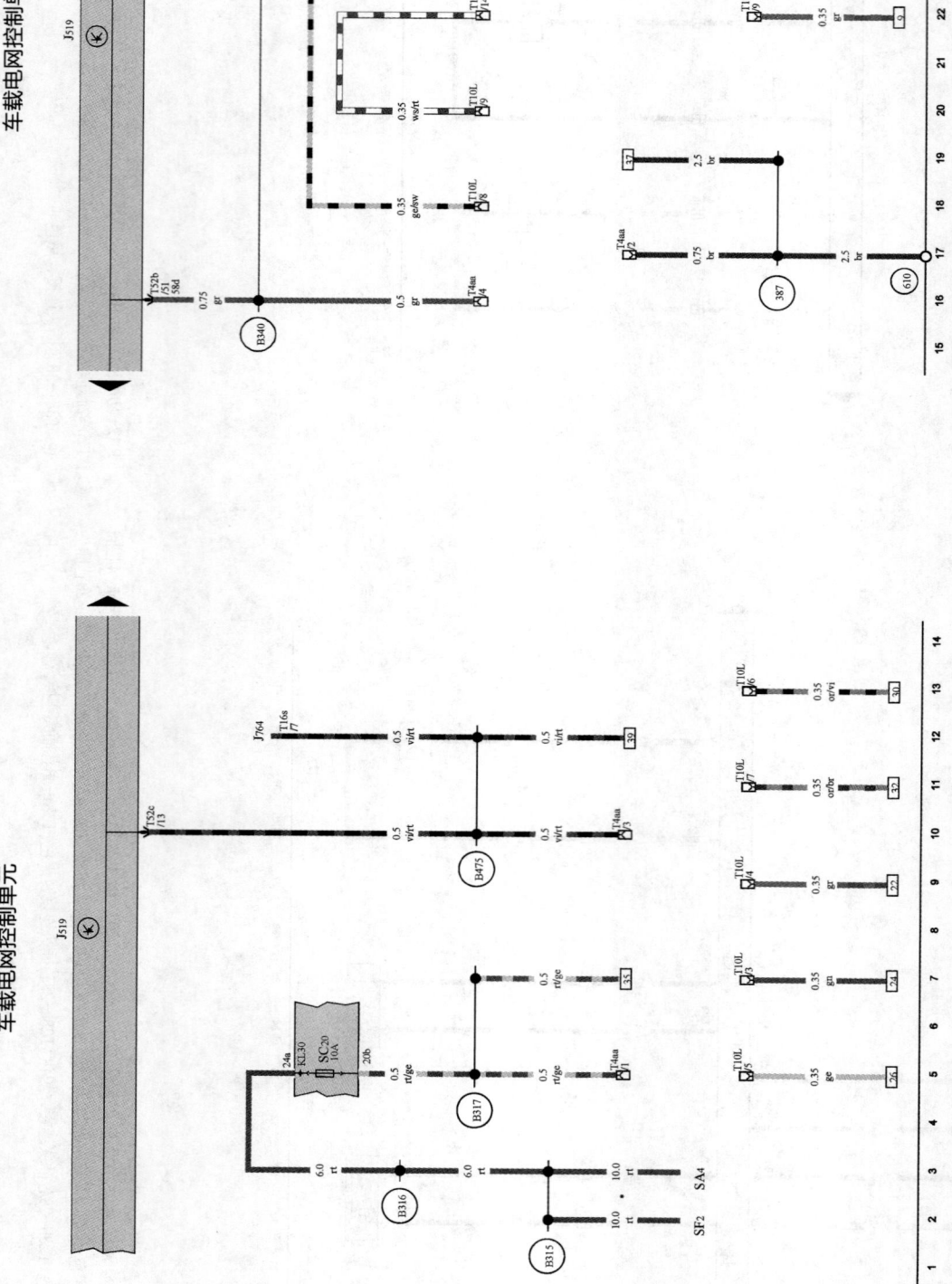

车载电网控制单元

J519

车载电网控制单元

J519

图 3-4-195

图 3-4-196

J519-车载电网控制单元 J764-电子转向柱锁止装置控制单元 SF2-保险丝架F上的保险丝2 SA4-保险丝架A上的保险丝4 SC20-保险丝架C上的保险丝20 T4aa-4芯插头连接 T16s-16芯插头连接 T52c-52芯插头连接，黑色 T52b-52芯插头连接，白色 B315-正极连接(30a)，在主导线束中 B316-正极连接2(30a)，在主导线束中 B317-正极连接3(30a)，在主导线束中 B475-连接11，在主导线束中 *-仅在带6缸发动机的汽车上

J519-车载电网控制单元 T4aa-4芯插头连接，棕色 T10L-10芯插头连接，黑色 T17c-17芯插头连接，棕色 T52b-52芯插头连接，黑色 T17c-17芯插头连接，黑色 T10L-10芯插头连接，棕色 T52b-52芯插头连接，白色 387-接地连接22，在主导线束中 610-接地点（音频），在前中控台下面 B340-连接1（58d），在主导线束中

368

车载电网控制单元

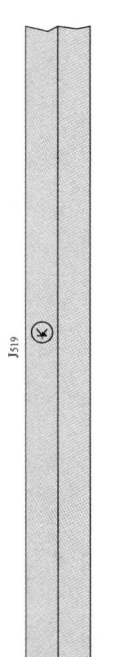

端子 15 供电继电器, 车载电网控制单元

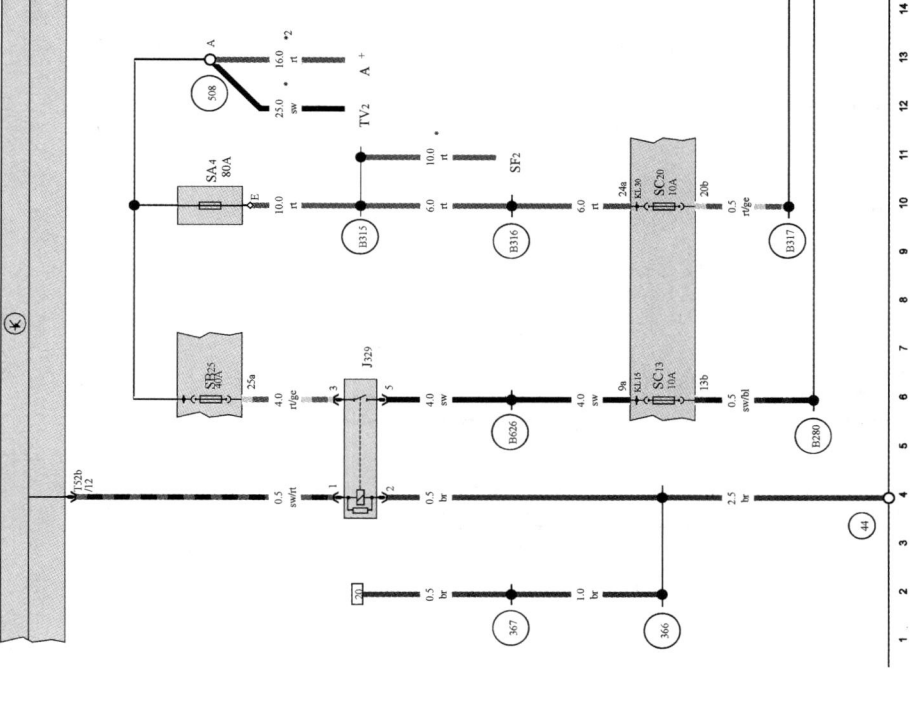

图 3-4-198

图 3-4-197

A-蓄电池 J329-端子15供电继电器 J519-车载电网控制单元 SF2-保险丝架C上的保险丝F上的保险丝F上的保险丝2 SA4-保险丝架A上的保险丝4 SC13-保险丝架C上的保险丝13 SC20-保险丝架C上的保险丝20 SB25-保险丝架B上的保险丝25 T52b-52芯插头连接, 棕色 TV2-端子30号线分线器 44-接地点, 左侧A柱下部 366-接地连接1, 在主导线束中 367-接地连接2, 在主导线束中 508-螺栓连接 (30), 在电控箱上 B280-正极连接4 (15a), 在主导线束中 B315-正极连接1 (30a), 在主导线束中 B316-正极连接2 (30a), 在主导线束中 B317-正极连接3 (30a), 在主导线束中 B626-正极连接2 (15), 在主导线束中 *2-仅用于带6缸发动机的汽车 *2-仅用于带4缸发动机的汽车

J519-车载电网控制单元 T17c-17芯插头连接, 棕色

接线端 15 供电继电器，车载电网控制单元，保险丝架 B

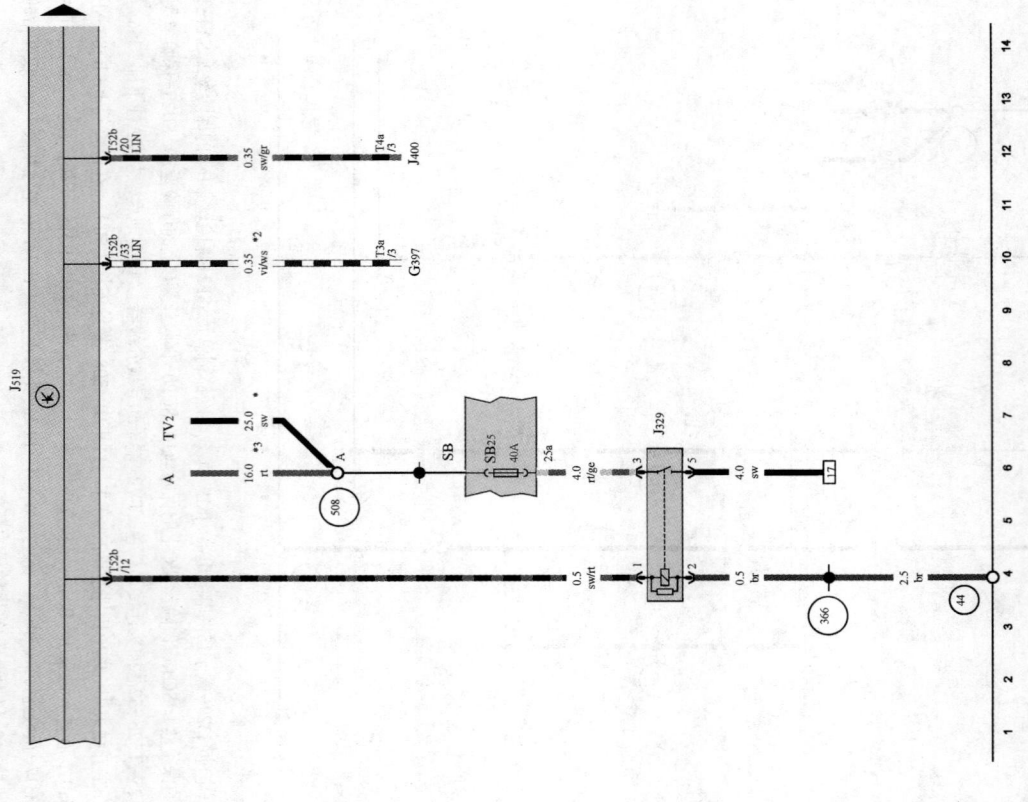

图 3-4-200

A-蓄电池 G397-雨水与光线识别传感器 J329-接线端15供电继电器 J400-刮水器电机控制单元 J519-车载电网控制单元 SB-保险丝架B SB25-保险丝架B上的保险丝25 T3a-3芯插头连接 T4a-4芯插头连接，黑色 T52b-52芯插头连接，黑色 TV2-接线端30导线分线器 44-左侧A柱下部的接地点 366-接地连接1，在主导线束中 508-螺栓连接（30），在电控箱上 *2-仅在带6缸发动机的汽车上 *2-仅用于常回家模式的汽车 *3-仅用于带4缸发动机的汽车

雨水与光线识别传感器，车载电网控制单元，自动防眩的车内后视镜

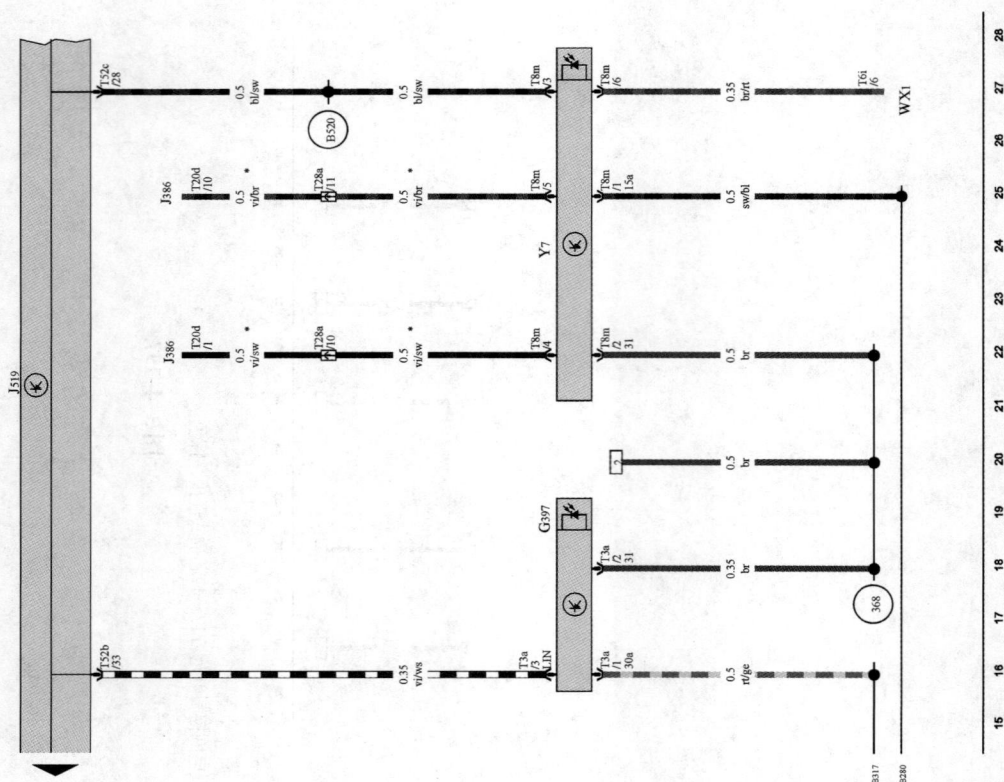

图 3-4-199

G397-雨水与光线识别传感器 J386-驾驶员侧车门控制单元 J519-车载电网控制单元 T3a-3芯插头连接 T6i-6芯插头连接，黑色 T8m-8芯插头连接，蓝色 T20d-20芯插头连接，黑色 T28a-28芯插头连接，黑色 T52b-52芯插头连接，黑色 T52c-52芯插头连接，棕色 WX1-前部车内照明灯 Y7-自动防眩的车内后视镜 B280-正极连接4（15a），在主导线束中 B317-正极连接3，在主导线束中 B520-连接（RF），在主导线束中 368-接地连接3，在电控箱中 *-仅用于带有自动防眩车外后视镜的汽车

370

车载电网控制单元，数据总线诊断接口

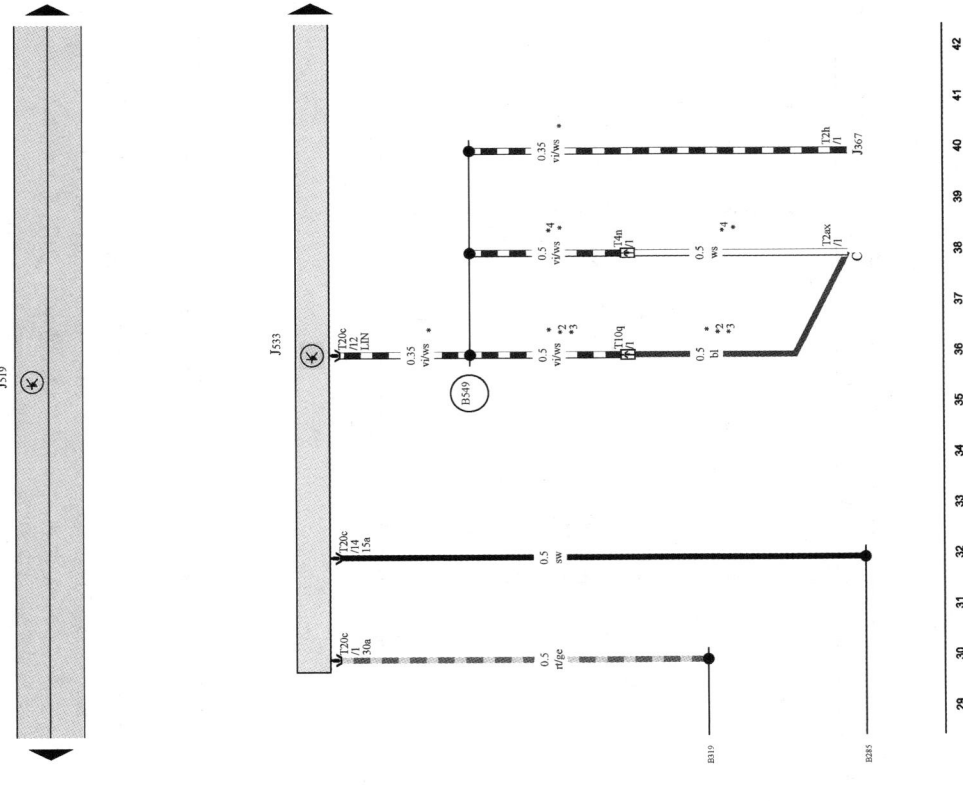

C-交流发电机 J367-蓄电池监控控制单元 J519-车载电网控制单元 J533-数据总线诊断接口 T2ax-2芯插头连接，黑色 T2h-2芯插头连接，黑色 T4n-4芯插头连接，黑色 T10q-10芯插头连接，黑色 T20c-20芯插头连接，红色 B285-正极连接9（15a），在主导线束中 B319-正极连接5（30a），在主导线束中 B549-连接2（LIN总线），在主导线束中 *-仅用于带自动启停系统的汽车 *2-仅用于带1.8L发动机的汽车 *3-仅用于带2.0L发动机的汽车 *4-仅用于带1.4L发动机的汽车

图 3-4-202

车载电网控制单元，保险丝架 F 上的保险丝 2，保险丝架 A 上的保险丝 4，保险丝架 C

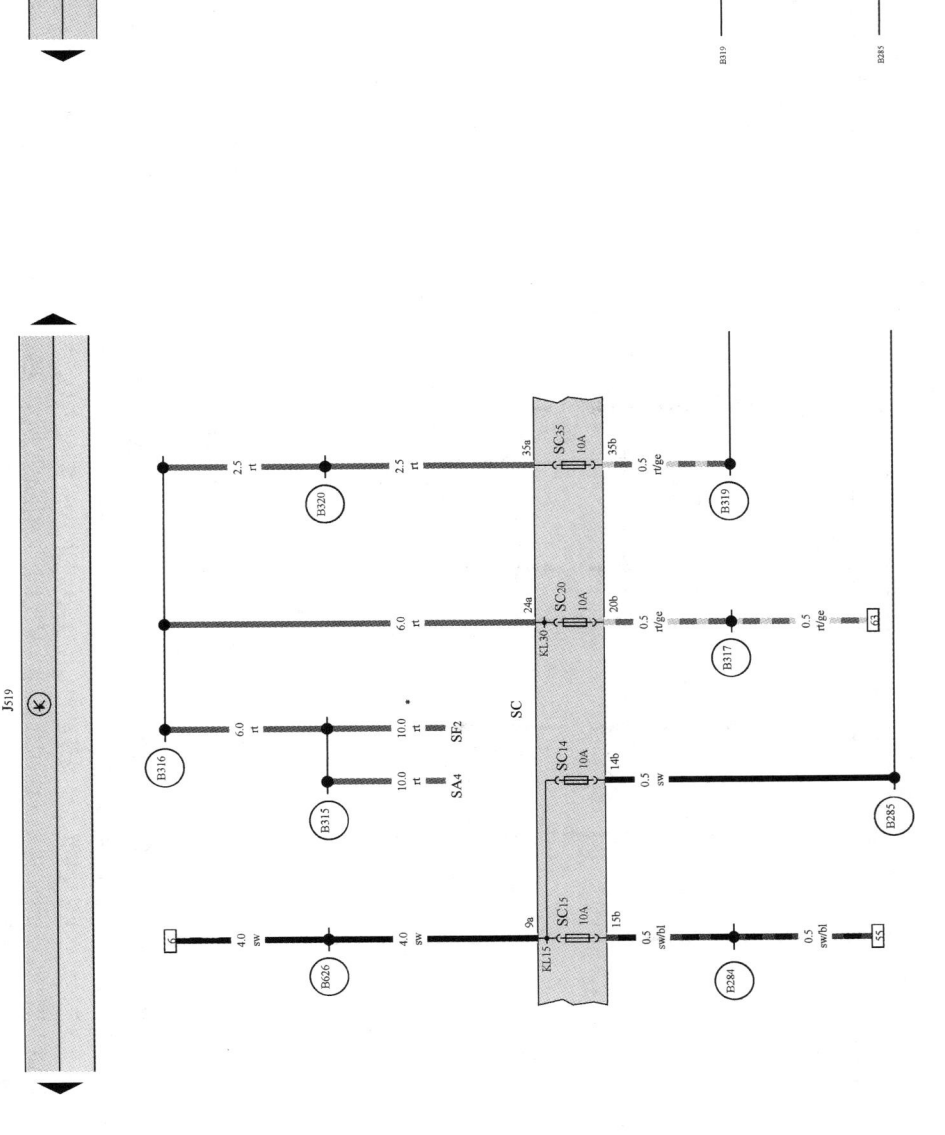

J519-车载电网控制单元 SF2-保险丝架 F 上的保险丝2 SA4-保险丝架 A 上的保险丝4 SC-保险丝架C SC14-保险丝架C上的保险丝14 SC15-保险丝架C上的保险丝15 SC20-保险丝架C上的保险丝20 SC35-保险丝架C上的保险丝35 B284-正极连接8（15a），在主导线束中 B285-正极连接9（15a），在主导线束中 B315-正极连接1（30a），在主导线束中 B316-正极连接2（30a），在主导线束中 B317-正极连接3（30a），在主导线束中 B319-正极连接5（30a），在主导线束中 B320-正极连接6（30a），在主导线束中 B626-正极连接2（15），在主导线束中 *-仅用于带3.0L发动机的汽车

图 3-4-201

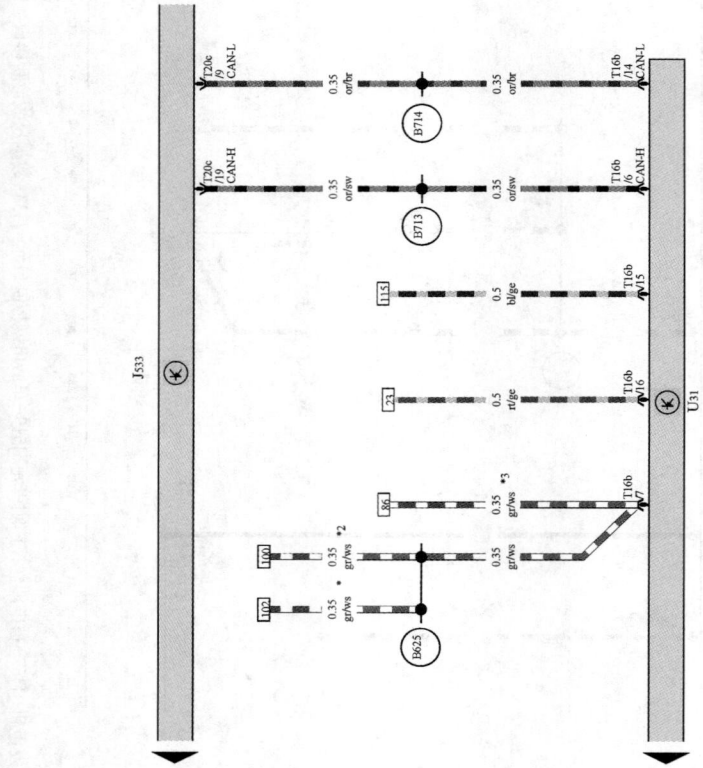

车载电网控制单元，数据总线诊断接口，诊断接口

车载电网控制单元，数据总线诊断接口，诊断接口

J519－车载电网控制单元　J533－数据总线诊断接口　T16b－16芯插头连接，黑色　T20c－20芯插头连接，红色
T16b－16芯插头连接　B625－连接（K诊断导线），在主导线束中　B713－连接1（诊断CAN总线，High），在主
U31－诊断接口　B714－连接1（诊断CAN总线，Low），在主导线束中　*－仅用于带双离合器变速器0AM的汽车
号线束中　B713－连接1（诊断CAN总线，Low），在主导线束中　*3－仅用于带自动变速器的汽车
*2－仅用于带双离合器变速器02B的汽车

图3-4-204

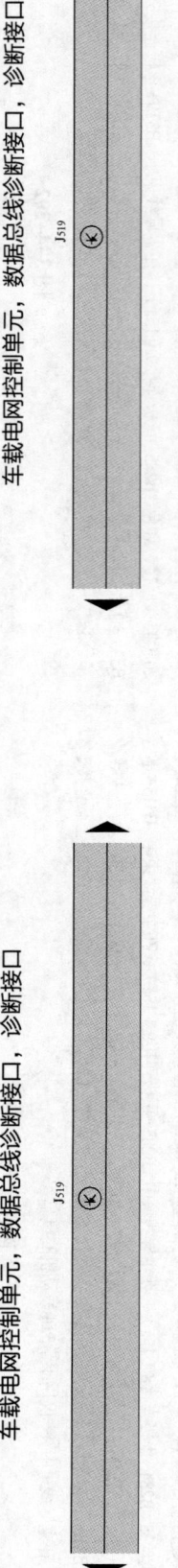

车载电网控制单元，数据总线诊断接口，诊断接口

J245－滑动天窗控制单元　J519－车载电网控制单元　J533－数据总线诊断接口　T3aj－3芯插头连接，黑色
T16b－16芯插头连接，黑色　T16i－16芯插头连接，黑色　T20c－20芯插头连接，红色　U31－诊断接口　Y－
时钟　372－接地连接7，在主导线束中　376－接地连接11，在主导线束中　378－接地连接13，在主导线束中
617－右侧A柱下部接地点2　B528－连接1（LIN总线），在主导线束中　*－截至2016年2月止　*2－自2016年2月起
月　*3－仅用于带折叠式滑动天窗的汽车

图3-4-203

372

ABS 控制单元，车载电网控制单元，数据总线诊断接口，发动机控制单元

Tiptronic 开关，自动变速器控制单元，减振电子调节控制单元，车载电网控制单元，数据总线诊断接口

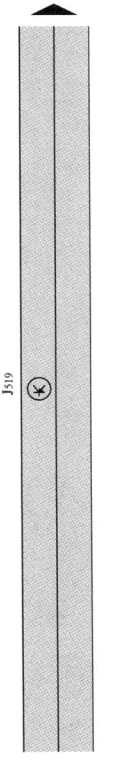

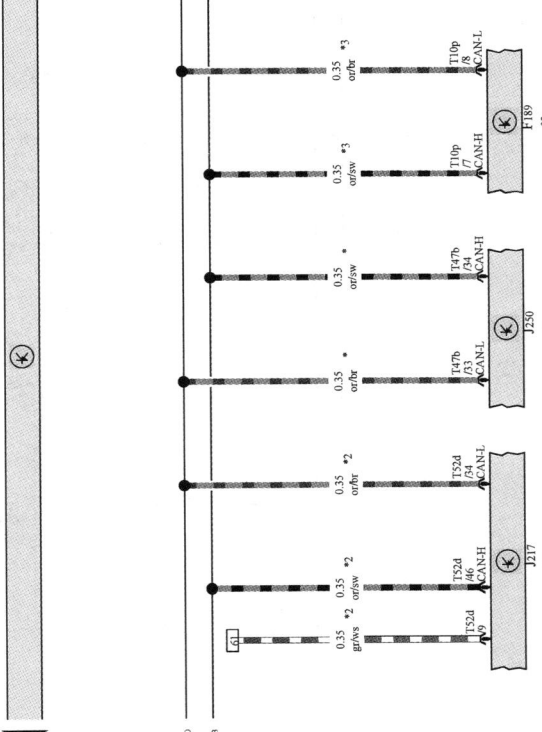

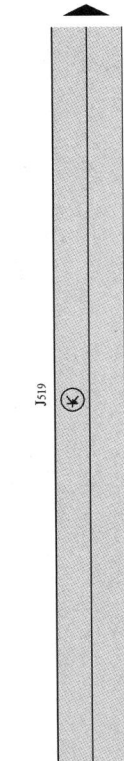

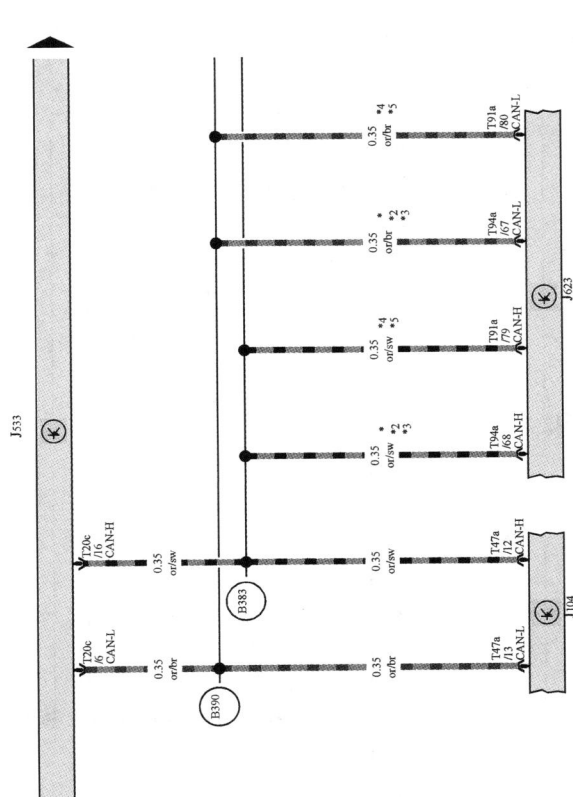

J104-ABS控制单元 J519-车载电网控制单元 J533-数据总线诊断接口 J623-发动机控制单元 T20c-20芯插头连接 T47a-47芯插头连接，红色 T91a-91芯插头连接，黑色 T94a-94芯插头连接，黑色（驱动CAN总线，Low），在主导线束中 B390-连接1（驱动CAN总线，High），在主导线束中 B383-连接1（驱动CAN总线，Low），在主导线束中 *-仅用于带1.4L发动机的汽车 *2-仅用于带3.0L发动机的汽车 *3-仅用于带发动机型号代码CEAA的汽车 *4-仅用于带发动机型号代码DBHA的汽车 *5-仅用于带2.0L发动机的汽车

图 3-4-205

F189-Tiptronic开关 J217-自动变速器控制单元 J250-减振电子调节控制单元 J519-车载电网控制单元 J533-数据总线诊断接口 T10p-10芯插头接口 T47a-47芯插头连接，黑色 T52d-52芯插头连接，黑色 CAN总线 B390-连接1（驱动CAN总线，High），在主导线束中 B383-连接1（驱动CAN总线，Low），在主导线束中 *-仅用于带有电控调节减振系统的汽车 *2-仅用于带自动变速器的汽车 *3-仅适用于带双离合器变速器的汽车

图 3-4-206

车载电网控制单元，数据总线诊断接口，双离合器变速器机电装置

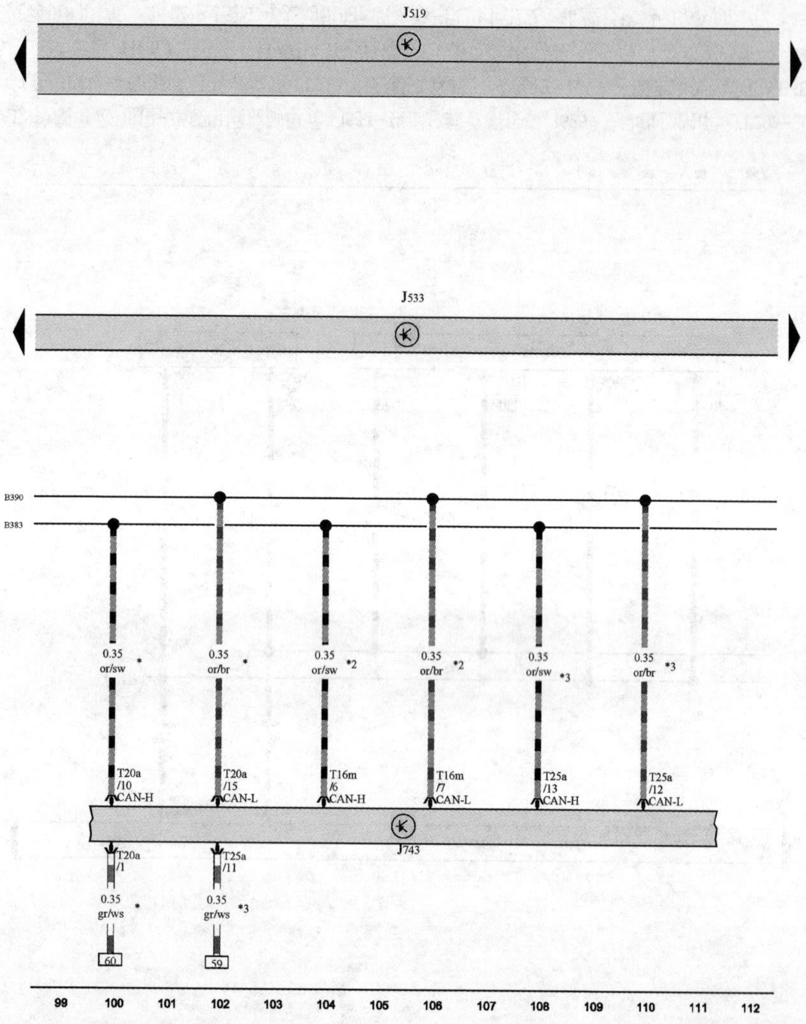

安全气囊控制单元，自动泊车辅助系统控制单元，车载电网控制单元，数据总线诊断接口

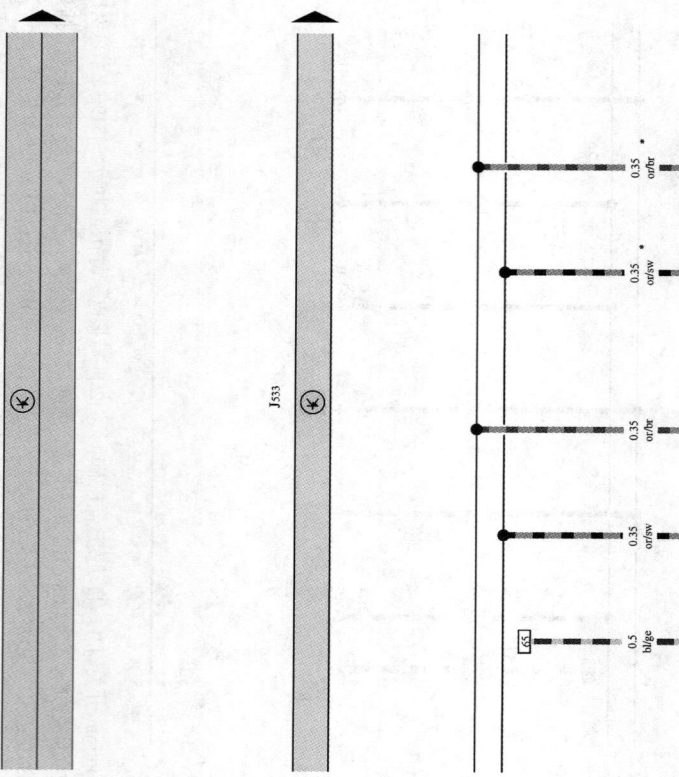

图3-4-208

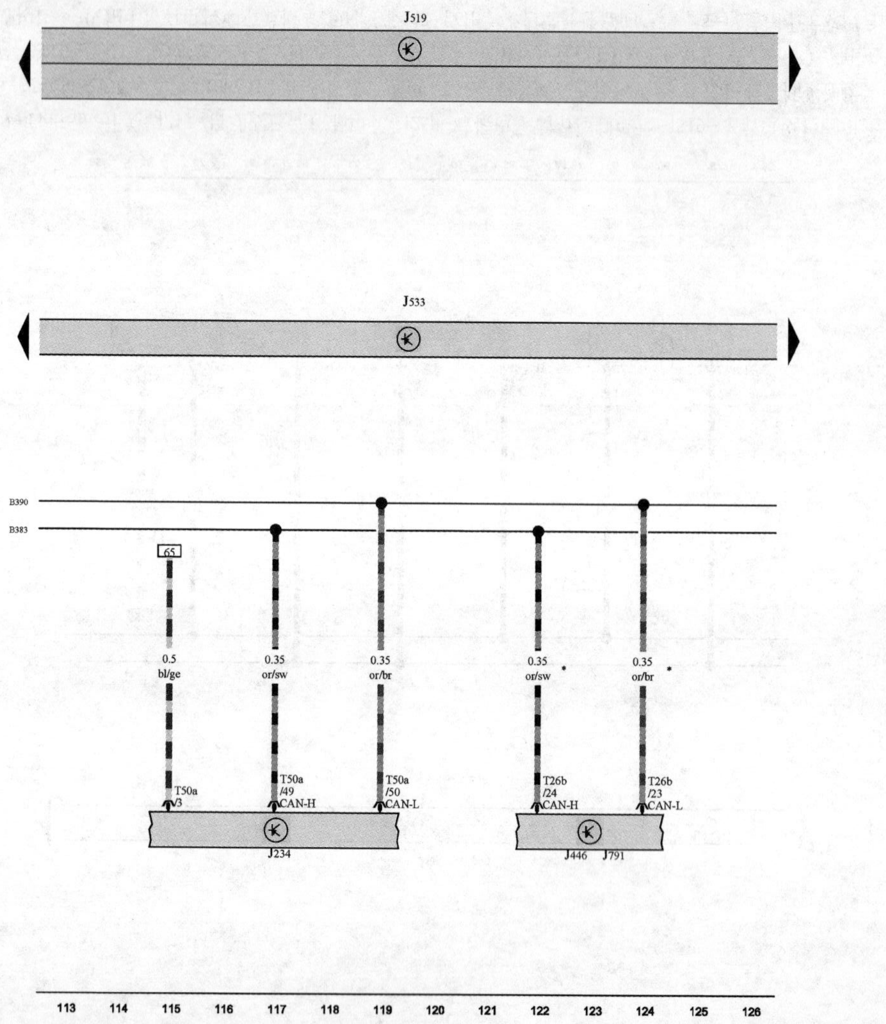

J234-安全气囊控制单元，J446-自动泊车辅助系统控制单元，J519-车载电网控制单元，J533-数据总线诊断接口 J791-泊车辅助系统控制单元 T26b-26芯插头连接，黑色 T50a-50芯插头连接，黄色 B383-连接1（驱动CAN总线，High），在主导线束中 B390-连接1（驱动CAN总线，Low），在主导线束中 *-仅用于带自动泊车辅助系统和可视泊车系统的汽车

图3-4-207

J519-车载电网控制单元 J533-数据总线诊断接口 J743-双离合器变速器机电装置 T16m-16芯插头连接，T20a-20芯插头连接，黑色 T25a-25芯插头连接，黑色 B383-连接1（驱动CAN总线，High），在主导线束中 B390-连接1（驱动CAN总线，Low），在主导线束中 *-仅用于带双离合器变速器0DE的汽车 *2-仅用于带双离合器变速器02E的汽车 *3-仅用于带双离合器变速器0AM的汽车

助力转向控制单元，车载电网控制单元，数据总线诊断接口，机电式驻车制动器控制单元，弯道灯和大灯照明距离调节控制单元

车载电网控制单元，数据总线诊断接口，弯道灯和大灯照明距离调节控制单元，左前大灯，右前大灯

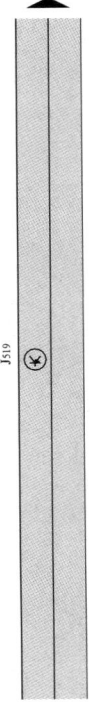
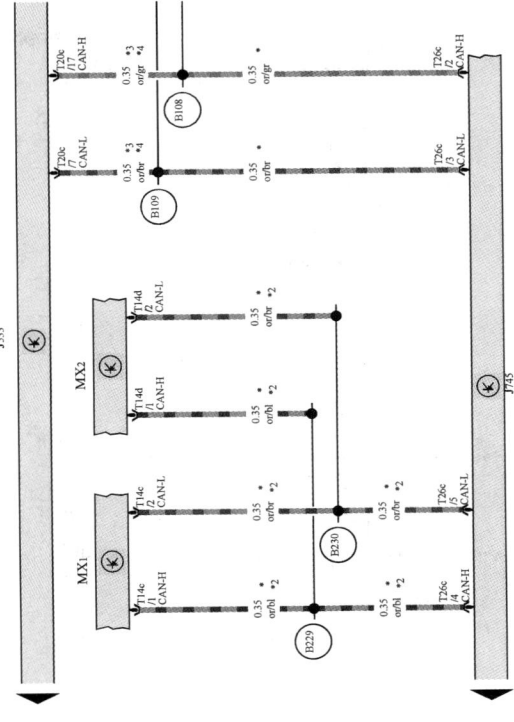
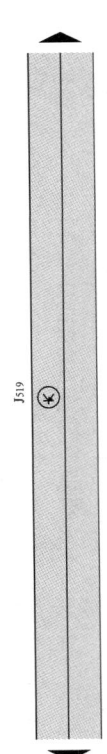
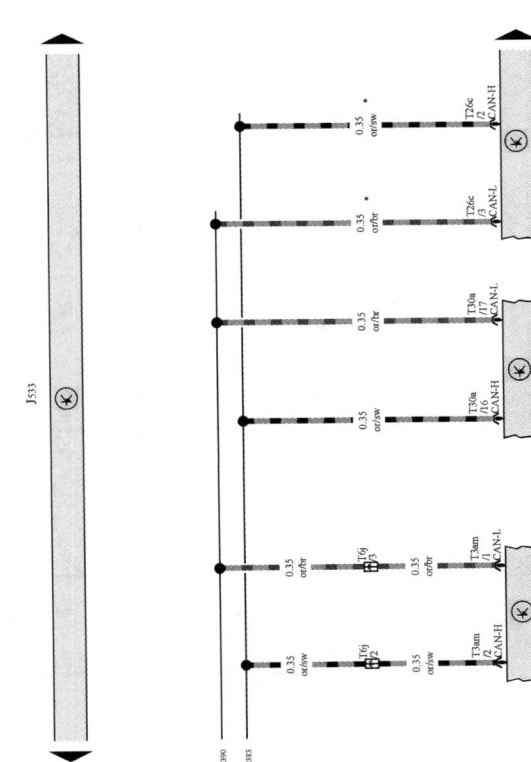

图 3-4-209

J500-助力转向控制单元 J519-车载电网控制单元 J533-数据总线诊断接口 J540-机电式驻车制动器控制单元 J745-弯道灯和大灯照明距离调节控制单元 T3am-3芯插头连接，黑色 T6j-6芯插头连接，黑色 T26c-26芯插头连接，黑色 T30a-30芯插头连接，黑色 B383-连接1（驱动CAN总线，High）, B390-连接1（驱动CAN总线，Low），在主导线束中 *-仅用于带35W气体放电灯的汽车

图 3-4-210

J519-车载电网控制单元 J533-数据总线诊断接口 J745-弯道灯和大灯照明距离调节控制单元 MX1-左前大灯 MX2-右前大灯 T14c-14芯插头连接，红色 T14d-14芯插头连接，黑色 T20c-20芯插头连接，黑色 T26c-26芯插头连接，黑色 B108-连接1（扩展CAN总线，High），在主导线束中 B109-连接1（扩展 CAN总线，Low），在主导线束中 B229-连接（High总线）, B230-连接（Low总线），在车内空间导线束中 *-仅用于带LED大灯的汽车 *2-仅用于带35W气体放电灯的汽车 *3-仅用于带驾驶辅助特殊装备的汽车 *4-仅用于带盲区识别的汽车

车距调节控制单元，车载电网控制单元，数据总线诊断接口，盲区识别控制单元，盲区识别控制单元2，驾驶员辅助系统的前部摄像机

收音机及导航系统带显示单元的控制单元，车载电网控制单元，数据总线诊断接口，收音机，功率放大器

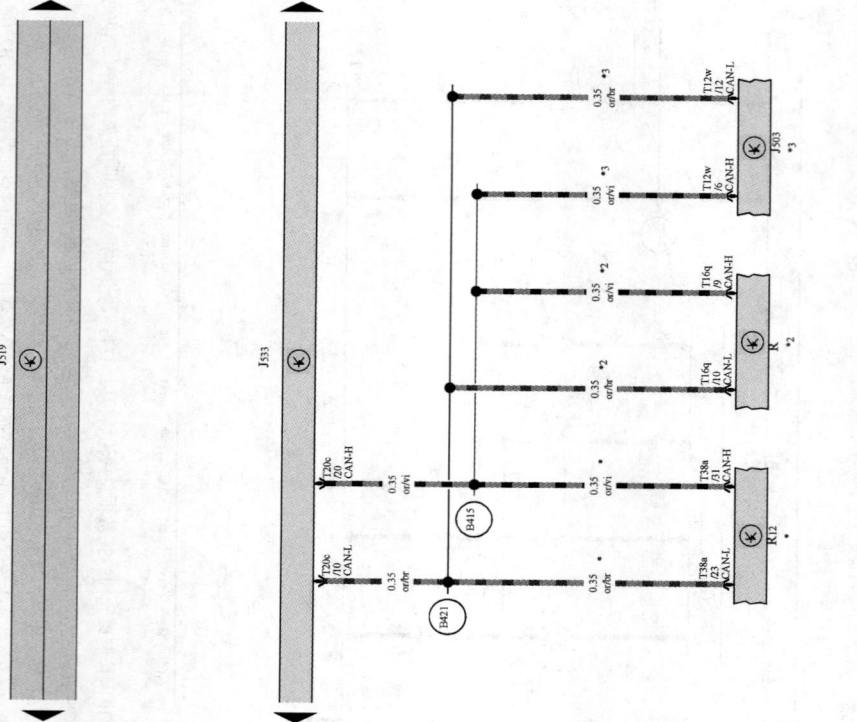

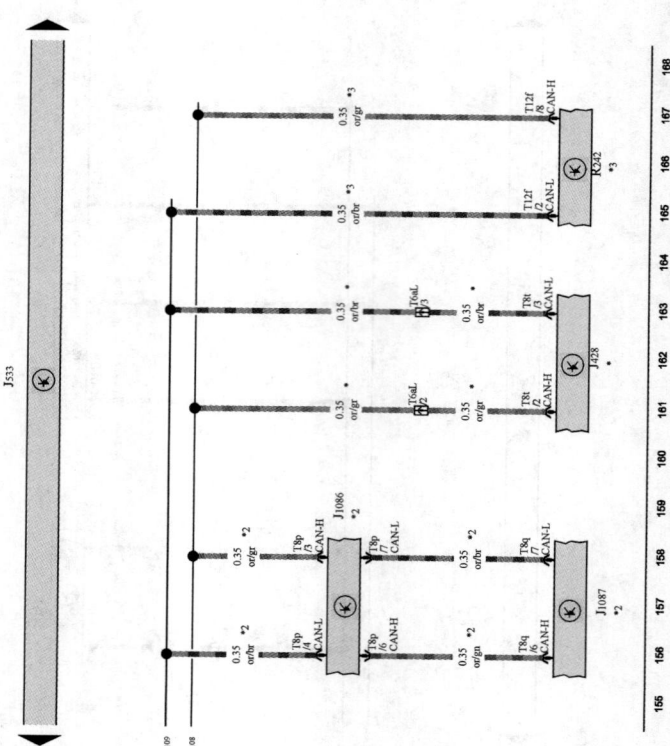

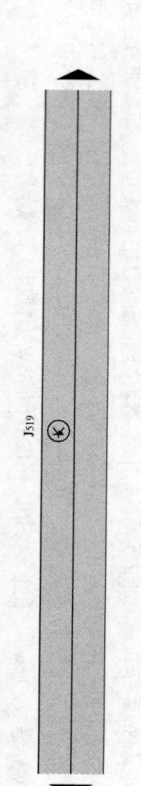

图 3-4-211

J428-车距调节控制单元 J519-车载电网控制单元 J533-数据总线诊断接口 J1086-盲区识别控制单元 J1087-盲区识别控制单元2 R242-驾驶员辅助系统的前部摄像机 T6aL-6芯插头连接，黑色 T8p-8芯插头连接，黑色 T8q-8芯插头连接，黑色 T8t-8芯插头连接，黑色 T12f-12芯插头连接，黑色 B108-连接1 B109-连接1（扩展CAN总线，High），在主导线束中 B109-连接1（扩展CAN总线，Low），在主导线束中 *-仅用于带盲区识别的汽车 *2-仅用于带盲区识别的汽车 *3-仅用于带驾驶员辅助控制（ADR）的汽车 *-仅用于带自动车距控制的汽车

图 3-4-212

J503-收音机及导航系统带显示单元的控制单元 J519-车载电网控制单元 J533-数据总线诊断接口 R-收音机 R12-功率放大器 T12w-12芯插头连接，灰色 T16q-16芯插头连接，红色 T20c-20芯插头连接，黑色 T38a-38芯插头连接，黑色 B415-连接1（信息娱乐CAN总线，High），在主导线束中 B421-连接1（信息娱乐CAN总线，Low），在主导线束中 *-仅用于带有收音机系统的汽车 *2-仅用于带音响系统的汽车 *3-仅用于带导航系统的汽车 MLB-G第2代标准型增强版将特殊装备的汽车

组合仪表中的控制单元，车载电网控制单元，数据总线诊断接口，环境照明控制单元

车载电网控制单元，数据总线诊断接口，收音机

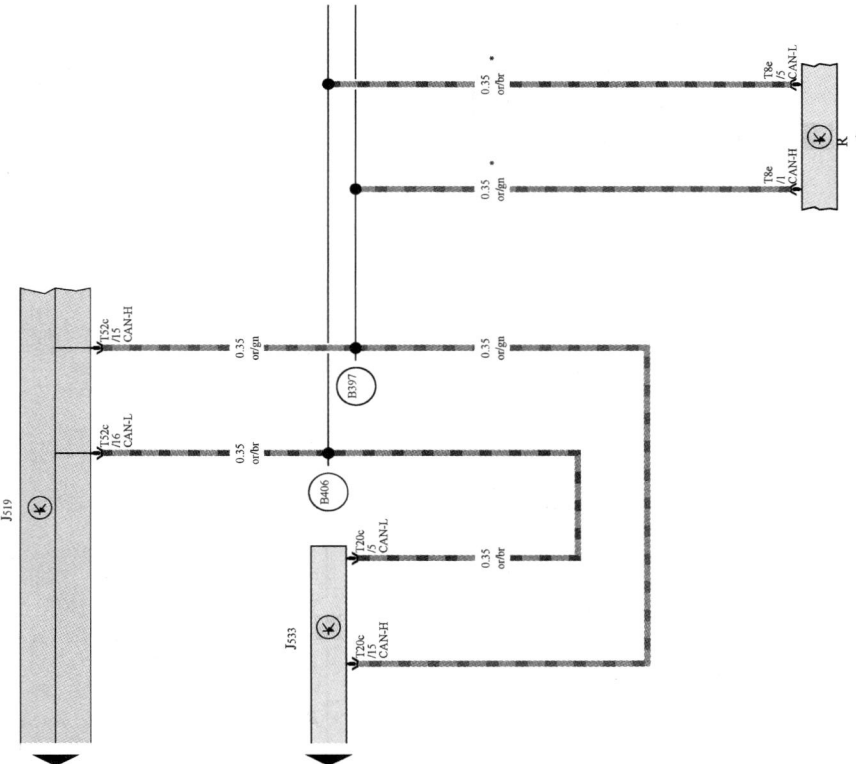

图 3-4-214

J519－车载电网控制单元 J533－数据总线诊断接口 R－收音机 T8e－8芯插头连接器 黑色 T20c－20芯插头连接，黑色 T52c－52芯插头连接，红色 B397－连接1（舒适CAN总线，High），在主导线束中 B406－连接1（舒适CAN总线，Low），在主导线束中 *－仅用于带有收音机MIB-G标准型的汽车

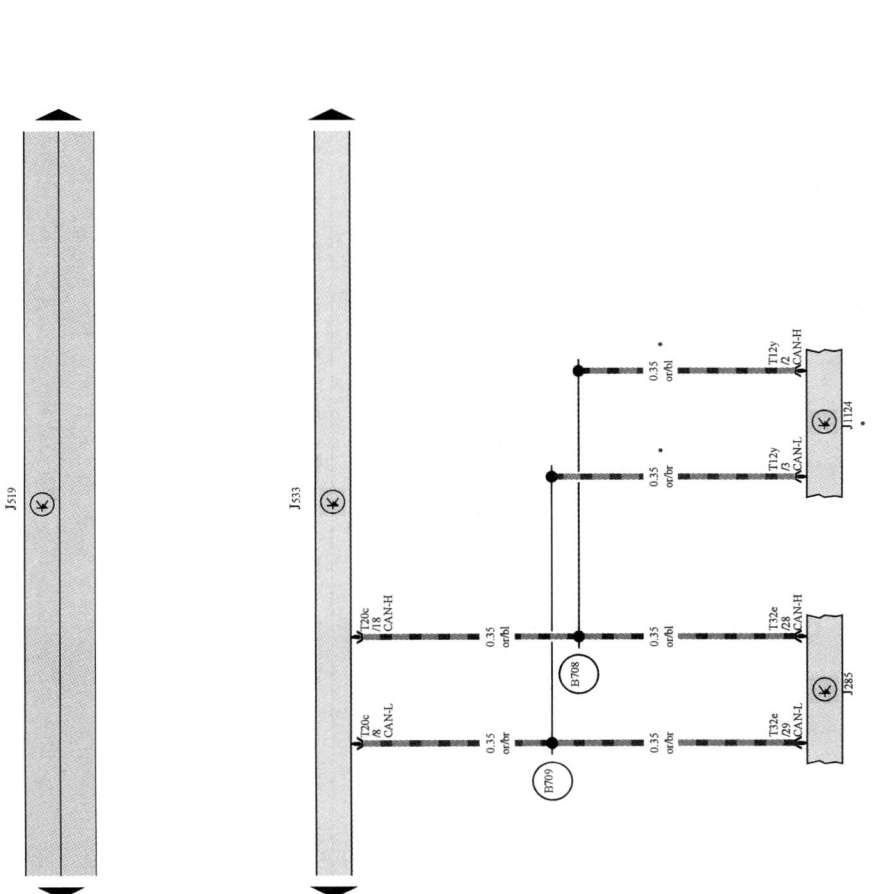

图 3-4-213

J285－组合仪表中的控制单元 J519－车载电网控制单元 J533－数据总线诊断接口 J1124－环境照明控制单元 T12y－12芯插头连接，红色 T20c－20芯插头连接，黑色 T32c－32芯插头连接，蓝色 B708－连接1（组合仪表CAN总线，High），在主导线束中 B709－连接1（组合仪表CAN总线，Low），在主导线束中 *－仅用于带有氛围灯的汽车

377

全自动空调控制单元，驾驶员座椅调节控制单元

驾驶员侧车门控制单元，电子转向柱锁止装置控制单元

图 3-4-215

图 3-4-216

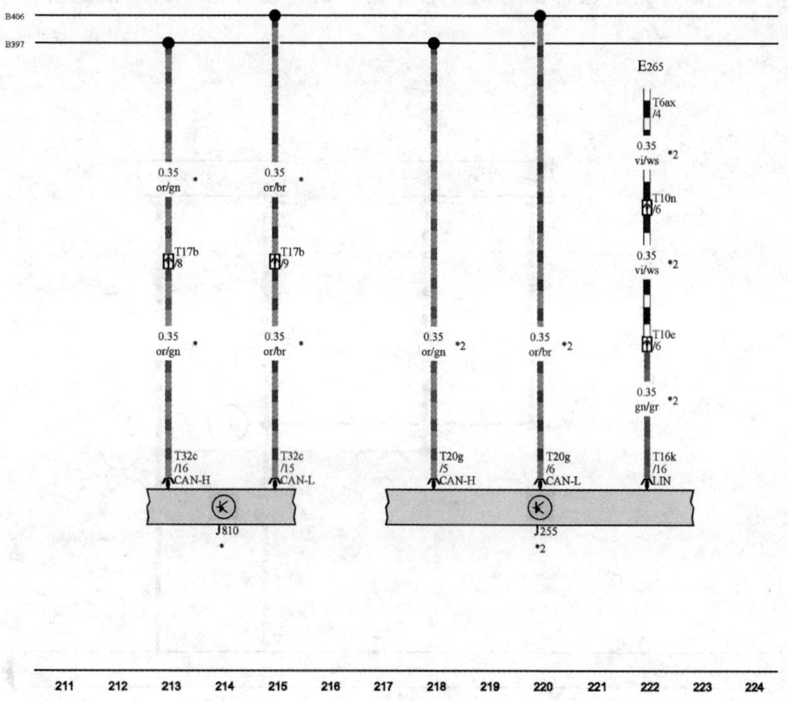

E265-后部空调操作和显示单元 J255-全自动空调控制单元 J810-驾驶员座椅调节控制单元 T6ax-6芯插头连接，蓝色 T10e-10芯插头连接，黑色 T10n-10芯插头连接，黑色 T16k-16芯插头连接，黑色 T17b-17芯插头连接，黑色 T20g-20芯插头连接，黑色 T32c-32芯插头连接，灰色 B397-连接1(舒适CAN总线，Low)，在主导线束中 B406-连接1(舒适CAN总线，High)，在主导线束中 *2-仅用于带电动座椅调节和记忆功能的汽车 *2-仅用于带全自动空调的汽车

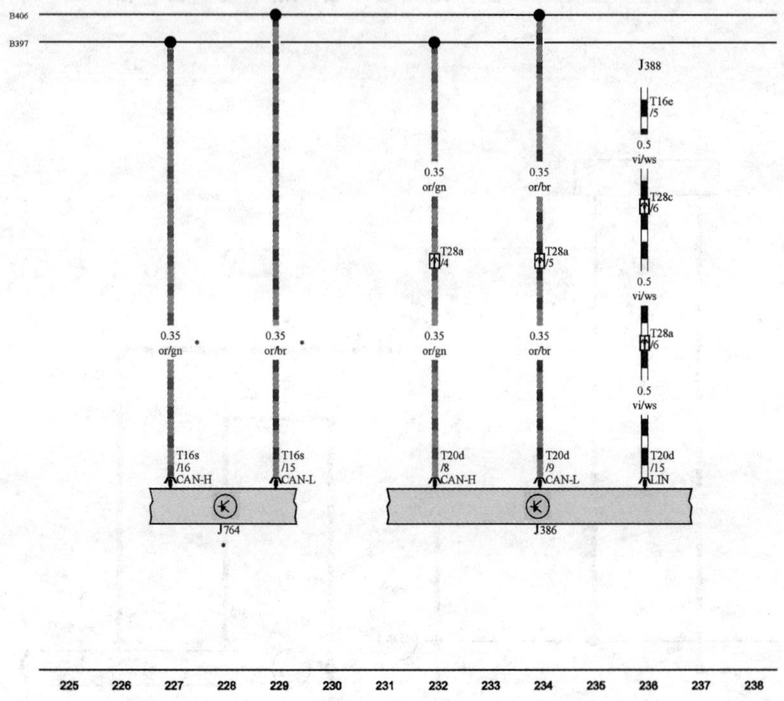

J386-驾驶员侧车门控制单元 J388-左后车门控制单元 J764-电子转向柱锁止装置控制单元 T16e-16芯插头连接，黑色 T16s-16芯插头连接，黑色 T20d-20芯插头连接，黑色 T28a-28芯插头连接，黑色 T28c-28芯插头连接，黑色 B397-连接1(舒适CAN总线，Low)，在主导线束中 B406-连接1(舒适CAN总线，High)，在主导线束中 *-仅用于带进入及启动许可的汽车

378

安全气囊卷簧和带滑环的复位环、空调控制单元、转向柱电子装置控制单元、行李箱盖控制单元

副驾驶员侧车门控制单元、进入及启动许可控制单元

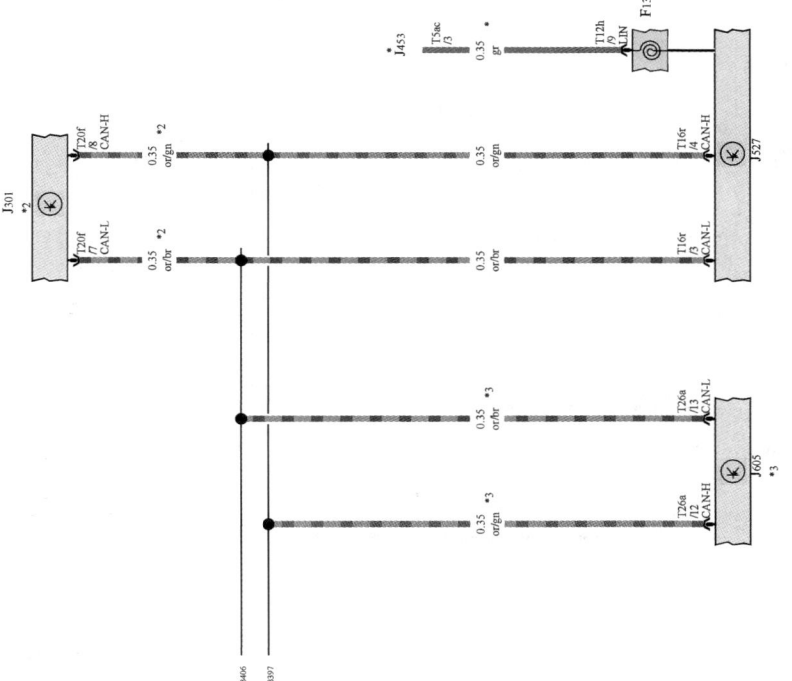

图 3-4-218

F138－安全气囊卷簧和带滑环的复位环 J301－空调器控制单元 J453－多功能方向盘控制单元 J527－转向柱电子装置控制单元 J605－行李箱盖控制单元 T5ac－5芯插头连接，黑色 T12h－12芯插头连接，黄色 T16r－16芯插头连接，黑色 T20f－20芯插头连接，黑色 T26a－26芯插头连接，黑色 B397－连接1(舒适CAN总线，High)，在主导线束中 B406－连接1(舒适CAN总线，Low)，在主导线束中 *－仅用于带多功能方向盘的汽车 *2－仅用于带手动调节空调器的汽车 *3－仅用于带行李箱盖关闭辅助功能的汽车

图 3-4-217

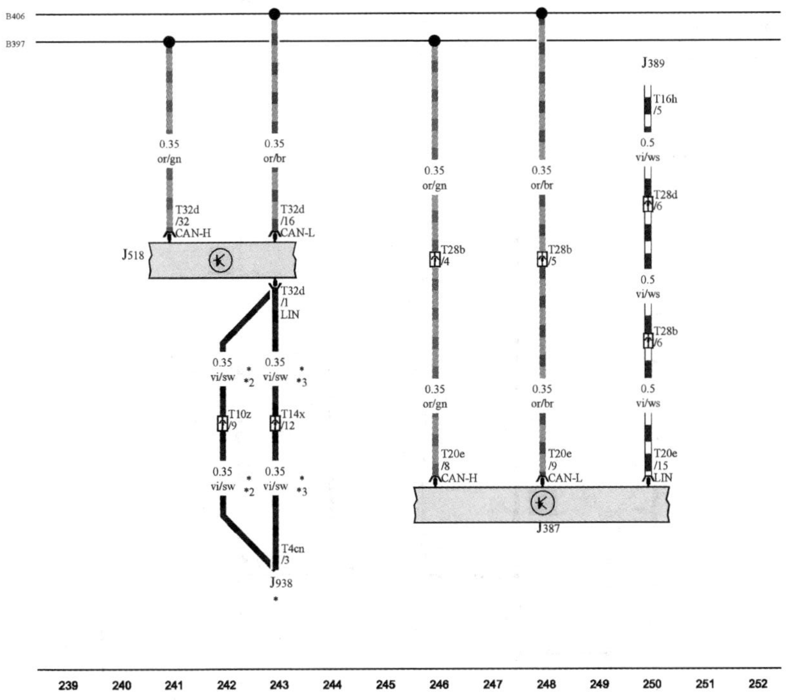

J387－副驾驶员侧车门控制单元 J389－右后车门控制单元 J518－进入及启动许可控制单元 J938－行李箱盖开启装置控制单元 T4cn－4芯插头连接，黑色 T10z－10芯插头连接，黑色 T14x－14芯插头连接，黑色 T16h－16芯插头连接，黑色 T20e－20芯插头连接，黑色 T28b－28芯插头连接，黑色 T28d－28芯插头连接，黑色 T32d－32芯插头连接，蓝色 B397－连接1(舒适CAN总线，High)，在主导线束中 B406－连接1(舒适CAN总线，Low)，在主导线束中 *2－仅用于带泊车辅助系统的汽车 *－仅用于带传感器控制行李箱盖开启装置的汽车 *3－仅用于带泊车辅助系统的汽车

379

冷却液不足显示传感器，车窗玻璃清洗液液位传感器，组合仪表中的控制单元，车载电网控制单元，冷却液温度和冷却液不足显示指示灯，清洗液不足指示灯，电子稳定程序和ASR指示灯，电子稳定程序和ASR指示灯2

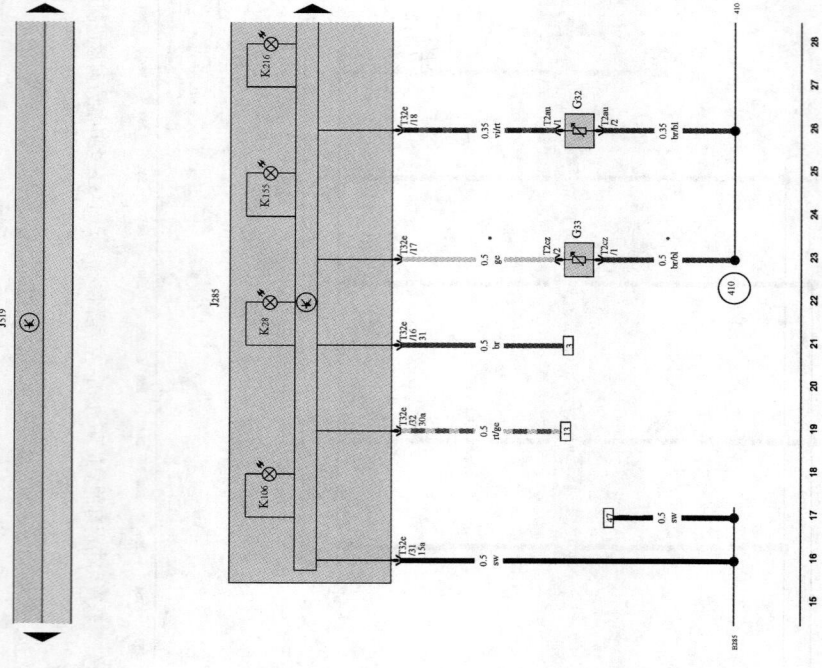

G32-冷却液不足显示传感器　G33-车窗玻璃清洗液液位传感器　J285-组合仪表中的控制单元　J519-车载电网控制单元　K28-冷却液温度和冷却液不足指示灯　K106-清洗液不足指示灯　K155-电子稳定程序和ASR指示灯　K216-电子稳定程序和ASR指示灯2　T2au-2芯插头连接，黑色　T2cu-2芯插头连接，黑色　T2c-2芯插头连接，蓝色　410-接地连接1（传感器接地），在主导线束中　B285-正极连接9（15a），在主导线束中　*-仅用于带大灯清洗装置的汽车

图3-4-220

接线端15供电继电器，车载电网控制单元

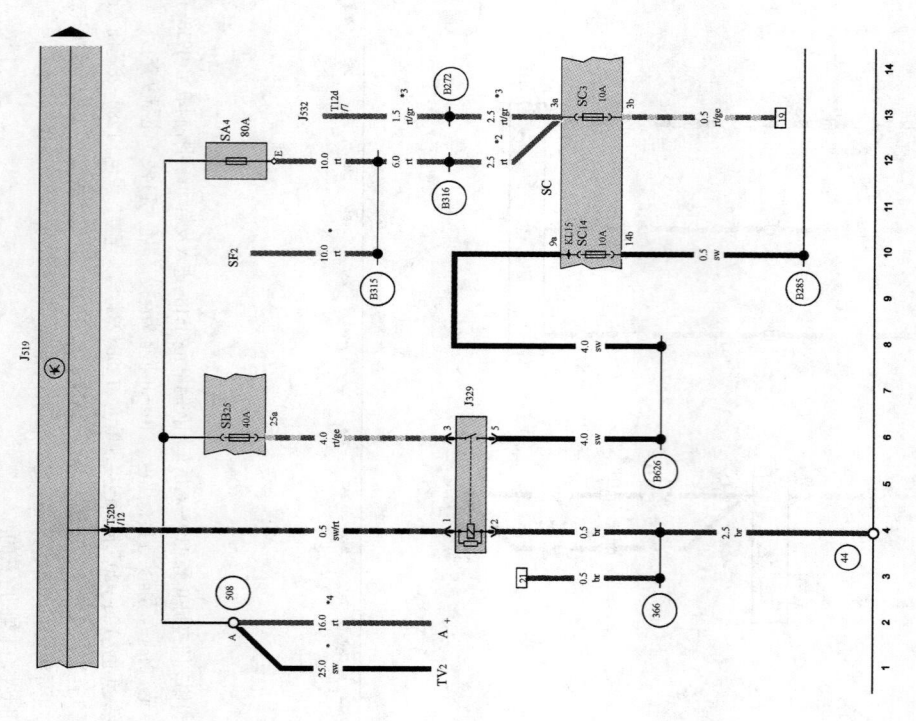

A-蓄电池　J329-接线端15供电继电器　J519-车载电网控制单元　J532-稳压器　SA4-保险丝架A上的保险丝　SC-保险丝架C　SF2-保险丝架F上的保险丝2　SC3-保险丝架C上的保险丝3　SC14-保险丝架C上的保险丝14　SB25-保险丝架B上的保险丝25　T12d-12芯插头连接　T52b-52芯插头连接，黑色　TV2-接线　端30号线分线器　44-左侧A柱下部的接地点　366-接地连接1，在主导线束中　508-螺栓连接（30），在电控箱上　B272-正极连接（30），在主导线束中　B285-正极连接9（15a），在主导线束中　B315-正极连接1（30a），在主导线束中　B316-正极连接2（30a），在主导线束中　B626-正极连接2（15），在主导线束中　*-仅在带6缸发动机的汽车上　*2-仅用于带发动机自动启停系统的汽车　*3-仅用于带发动机自动启停系统的汽车　*4-仅用于带4缸发动机的汽车

图3-4-219

车外温度传感器，组合仪表中的控制单元，车载电网控制单元，定速巡航装置指示灯，安全气囊指示灯，后雾灯指示灯，电子油门故障信号指示灯，灯泡失灵指示灯

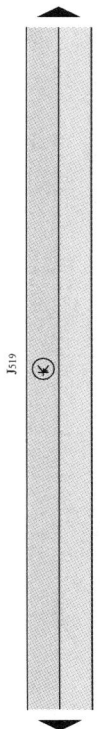

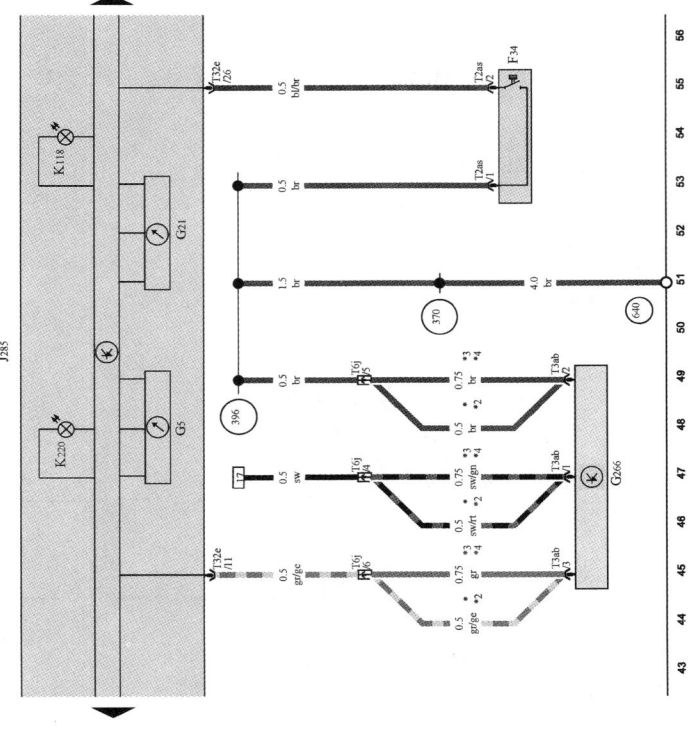

图 3-4-221

G17-车外温度传感器 J285-组合仪表中的控制单元 J519-车载电网控制单元 K13-后雾灯指示灯 K31-定速巡航装置指示灯 K75-安全气囊指示灯 K83-废气警告灯 K132-电子油门故障信号灯 K161-机电式助力转向器指示灯 K170-灯泡失灵指示灯 T2av-2芯插头连接 T2av-2芯插头灵敏指示灯 T10o-10芯插头连接，黑色 T32c-32芯插头连接，黑色 410-接地连接1（传感器接地），在主导线束中色 蓝色 410-接地连接，蓝色 410-接地连接1（传感器接地），在主导线束中

制动液液位警告信号触点，转速表，车速表，机油油位和机油温度传感器，组合仪表中的控制单元，车载电网控制单元，制动系统指示灯，轮胎压力监控显示指示灯

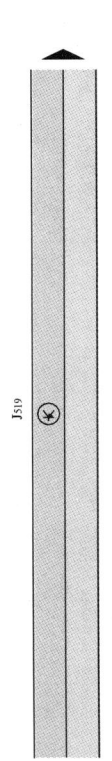

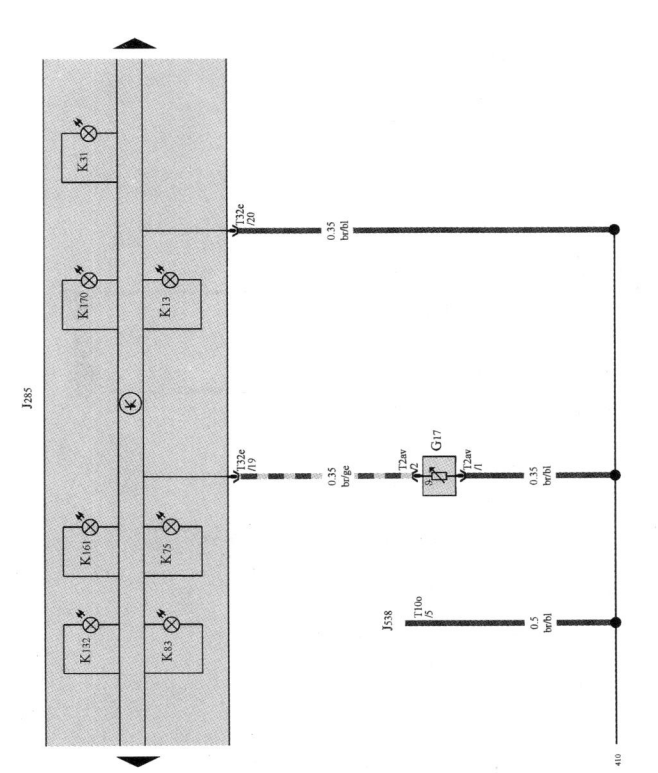

图 3-4-222

F34-制动液液位警告信号触点 G5-转速表 G21-车速表 G266-机油油位和机油温度传感器 J285-组合仪表中的控制单元 J519-车载电网控制单元 K118-制动系统指示灯 K220-轮胎压力监控显示指示灯 T2as-2芯插头连接 T2as-2芯插头连接，黑色 T3ab-3芯插头连接，黑色 T6j-6芯插头连接 黑色 T32c-32芯插头连接，蓝色 370-接地连接5，在主导线束中 396-接地连接31，在主导线束中 640-接地点2，在发动机舱内左侧 *1-仅用于带发动机型号代码DBHA的汽车 *2-仅用于带发动机型号代码CEAA的汽车 *3-仅用于带2.0L发动机的汽车 *4-仅用于带3.0L发动机的汽车

381

防盗锁止系统读出线圈，时钟调节按钮，机油压力开关，机油压力降低开关，组合仪表中的制单元，车载电网控制单元，远光灯指示灯，机油压力指示灯，安全带警告指示灯，组合仪表照明灯泡，数字时钟

分行驶里程复位按钮，时钟调节按钮，组合仪表中的控制单元，防盗锁止系统中的机油压力降低开关，机油压力指示灯，组合仪表中的制动单元，车载电网控制单元

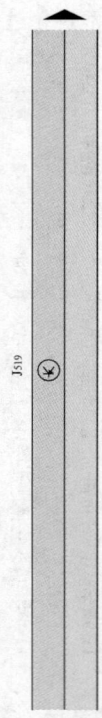
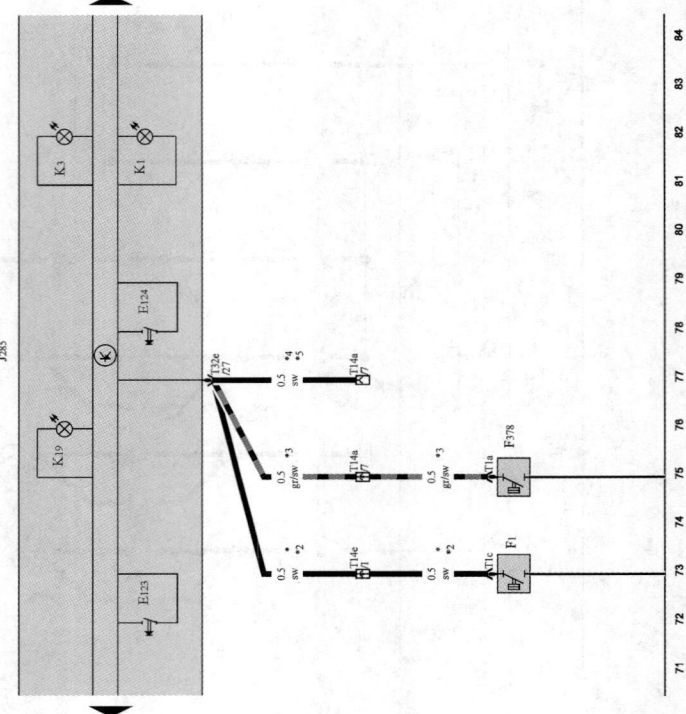

E123-分行驶里程复位按钮 E124-时钟电网控制器 J285-组合仪表中的控制单元 J519-车载电网控制单元 K1-远光灯指示灯 K3-机油压力指示灯 F1-机油压力开关 F378-机油压力降低开关 J285-组合仪表中的控制单元 J519-车载电网控制单元 K19-安全带警告指示灯 K3-机油压力指示灯 示灯 T1a-1芯插头连接，黑色 T1c-1芯插头连接，蓝色 T14a-14芯插头连接，灰色 T14e-14芯插头连接 T32e-32芯插头连接，蓝色 *-仅用于带发动机型号代码CEAA的汽车 *2-仅用于带3.0L发动机的汽车 *3- 黑色 *-仅用于带1.4L发动机的汽车 *4-仅用于带2.0L发动机的汽车 *5-仅用于带DBHA的汽车

图 3-4-224

防盗锁止系统读出线圈，警报蜂鸣器和警报音，防盗锁止系统控制单元，组合仪表中的控制单元，防盗锁止系统控制单元，车载电网控制单元，制动摩擦片指示灯，行李箱盖打开指示灯，选挡杆指示灯，组合仪表照明灯泡，数字时钟

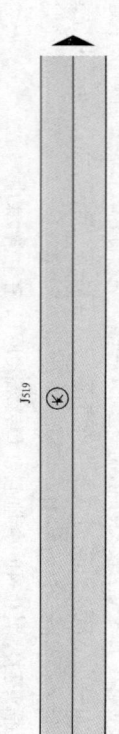
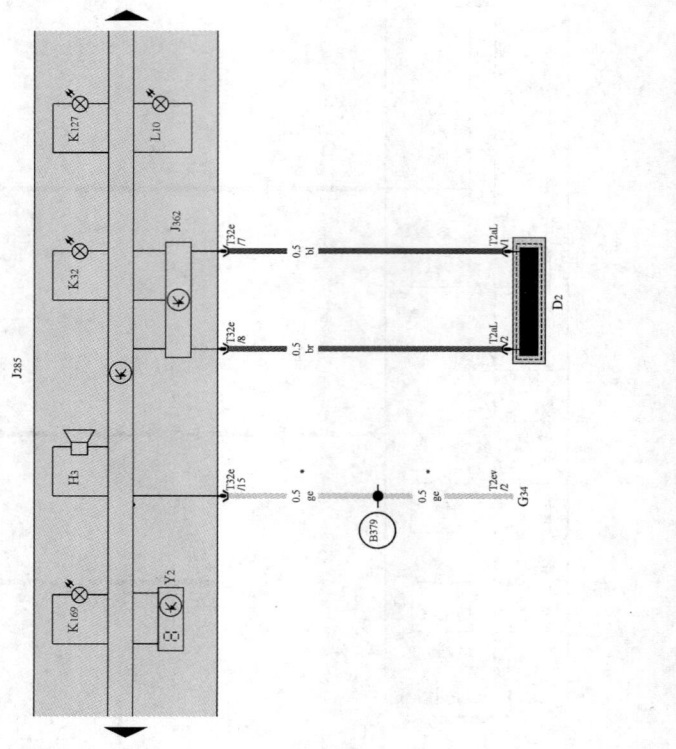

D2-防盗锁止系统读出线圈 G34-左前制动摩擦片磨损传感器 H3-警报蜂鸣器和警报音 J285-组合仪表中的控制单元 J362-防盗锁止系统控制单元 J519-车载电网控制单元 K127-行李箱盖打开指示灯 K32-制动摩擦片指示灯 盖打开指示灯 K169-选挡杆指示灯 L10-组合仪表照明灯泡 T2aL-2芯插头连接，黑色 T2ev-2芯插头连接 接，黑色 T32e-32芯插头连接，蓝色 Y2-数字时钟 B379-连接1（制动摩擦片磨损显示），在主导线束中 *-仅用于带制动摩擦片磨损显示的汽车

图 3-4-223

多功能显示器，组合仪表中的控制单元，车载电网控制单元，左侧转向信号灯指示灯，燃油表指示灯，驻车制动器指示灯，车门打开指示灯，电动驻车制动器和手制动器故障指示灯

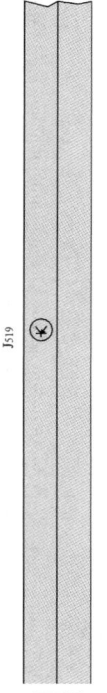

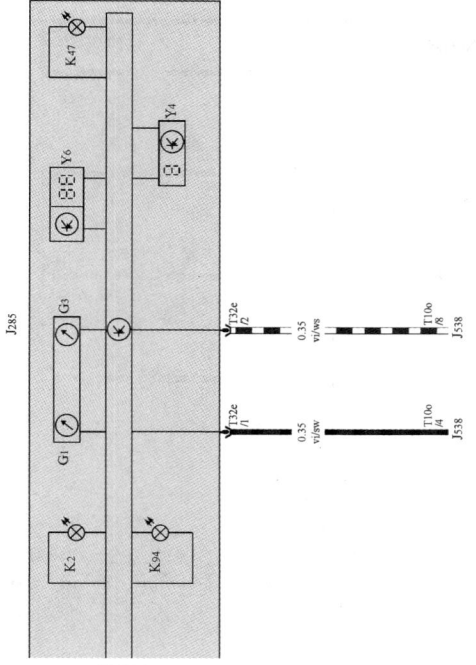

燃油表，冷却液温度表，组合仪表中的控制单元，车载电网控制单元，发电机指示灯，ABS指示灯，右侧转向信号灯指示灯，里程表，选挡杆位置显示

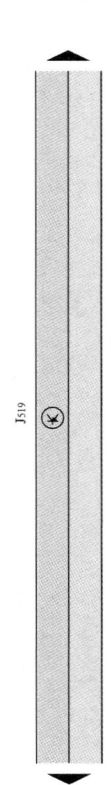

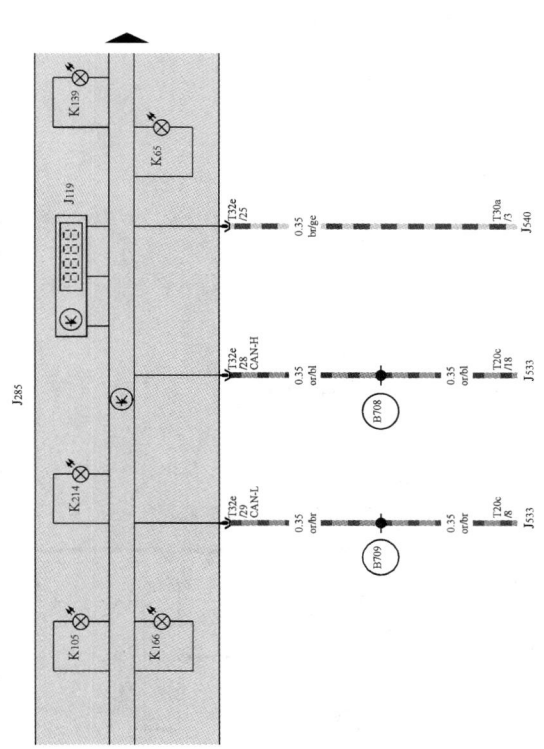

J119-多功能显示器 J285-组合仪表中的控制单元 J519-车载电网控制单元 J533-数据总线诊断接口 J540-机电式驻车制动器控制单元 K65-左侧转向信号灯指示灯 K105-燃油表指示灯 K139-驻车制动器指示灯 K166-车门打开指示灯 K214-电动驻车制动器和手制动器故障指示灯 T20c-20芯插头连接 T30a-30芯插头连接 T32e-32芯插头连接 蓝色 B708-连接1（组合仪表CAN总线，High），在主导线束中 B709-连接1（组合仪表CAN总线，Low），在主导线束中

图 3-4-225

85	86	87	88	89	90	91	92	93	94	95	96	97	98

G1-燃油表 G3-冷却液温度表 J285-组合仪表中的控制单元 J519-车载电网控制单元 J538-燃油泵控制单元 K2-发电机指示灯 K47-ABS指示灯 K94-右侧转向信号灯指示灯 T10o-10芯插头连接 T32e-32芯插头连接，黑色 T32e-32芯插头连接，蓝色 Y4-里程表 Y6-选挡杆位置显示

图 3-4-226

99	100	101	102	103	104	105	106	107	108	109	110	111	112

蓄电池，蓄电池主关开和断路开关，车载电网控制单元，蓄电池断路引爆装置

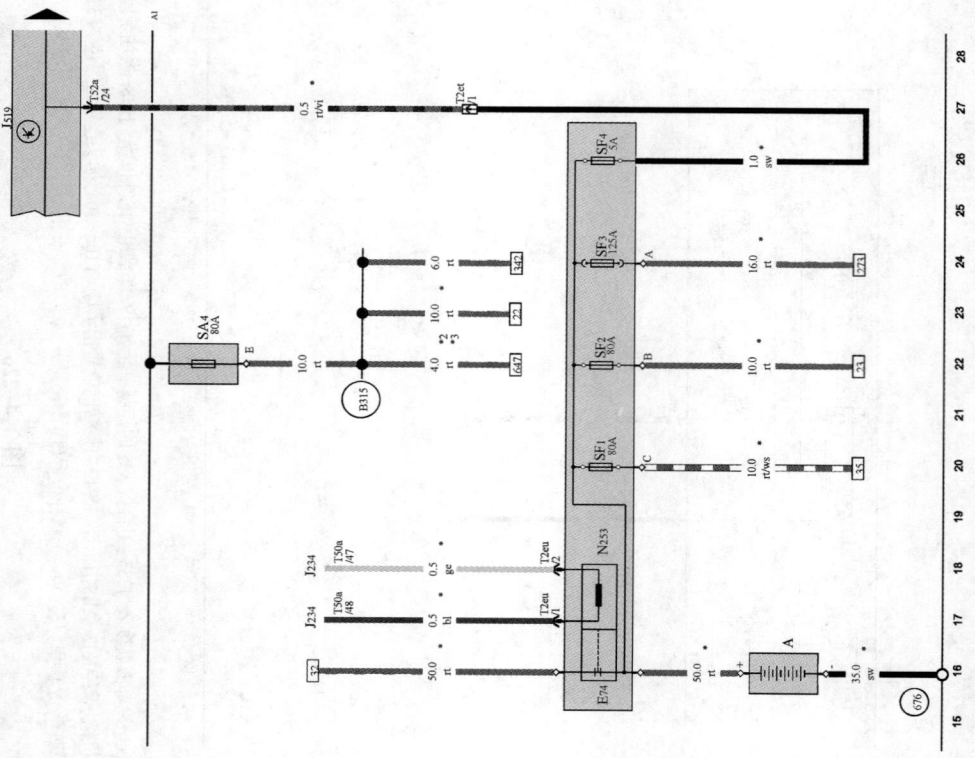

A-蓄电池 E74-蓄电池主开关和断路开关 J234-安全气囊控制单元 J519-车载电网控制单元 N253-蓄电池断路引爆装置 SF1-保险丝架F上的保险丝1 SF2-保险丝架F上的保险丝2 SF3-保险丝架F上的保险丝3 SF4-保险丝架F上的保险丝4 SA4-保险丝架A上的保险丝4 T2et-2芯插头连接，黑色 T2eu-2芯插头连接，黑色 T2eu-2芯插头连接，黑色 T52a-52芯插头连接，黄色 T50a-50芯插头连接，淡紫色 T50a-50芯插头连接，黑色 676-行李箱中的左侧接地点2 B315-正极连接1（30a），在主导线束中 *-仅用于带3.0L发动机的汽车 *2-仅用于带电动座椅调节和记忆功能的汽车 *3-电动可调式驾驶员和副驾驶员座椅

图 3-4-228

蓄电池，蓄电池监控控制单元

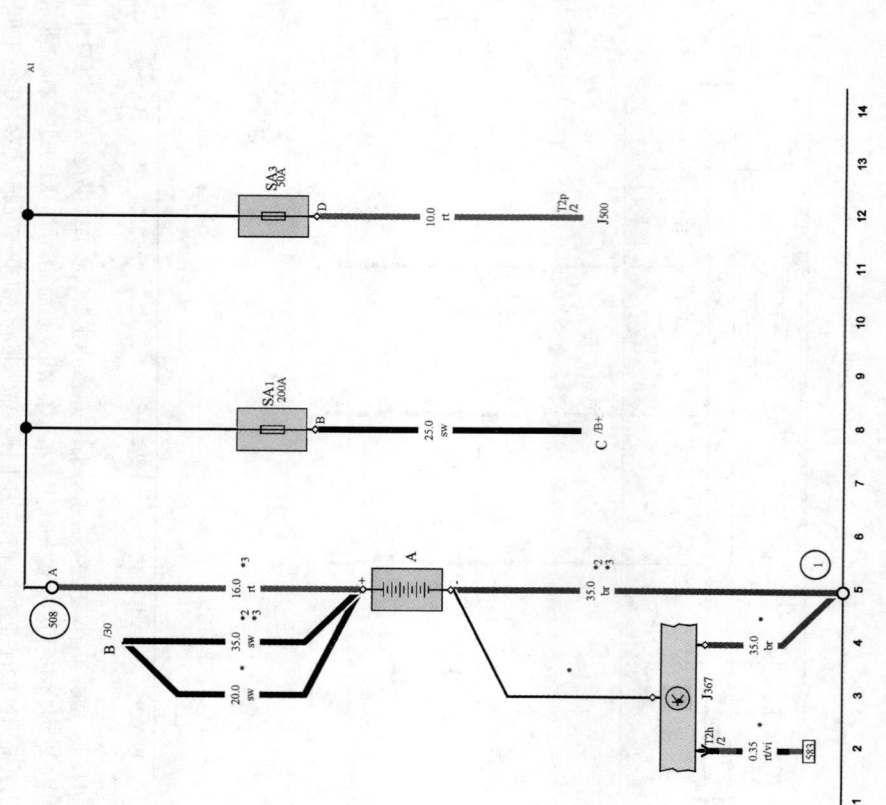

A-蓄电池 B-启动机 C-交流发电机 J367-蓄电池监控控制单元 J500-助力转向控制单元 SA1-保险丝架A上的保险丝1 SA3-保险丝架A上的保险丝3 T2h-2芯插头连接3 T2p-2芯插头连接，黑色 508-螺栓连接（30），在电控箱上 *-仅用于带自动启停系统的汽车 *2-仅用于带4缸发动机的汽车 *3-仅用于带4缸发动机的汽车 1-接地带，蓄电池-车身 *3-仅用于带自动启停系统的汽车

图 3-4-227

384

抗干扰滤波器，主继电器，车载电网控制单元，保险丝架 B，接线端 30 导线分线器

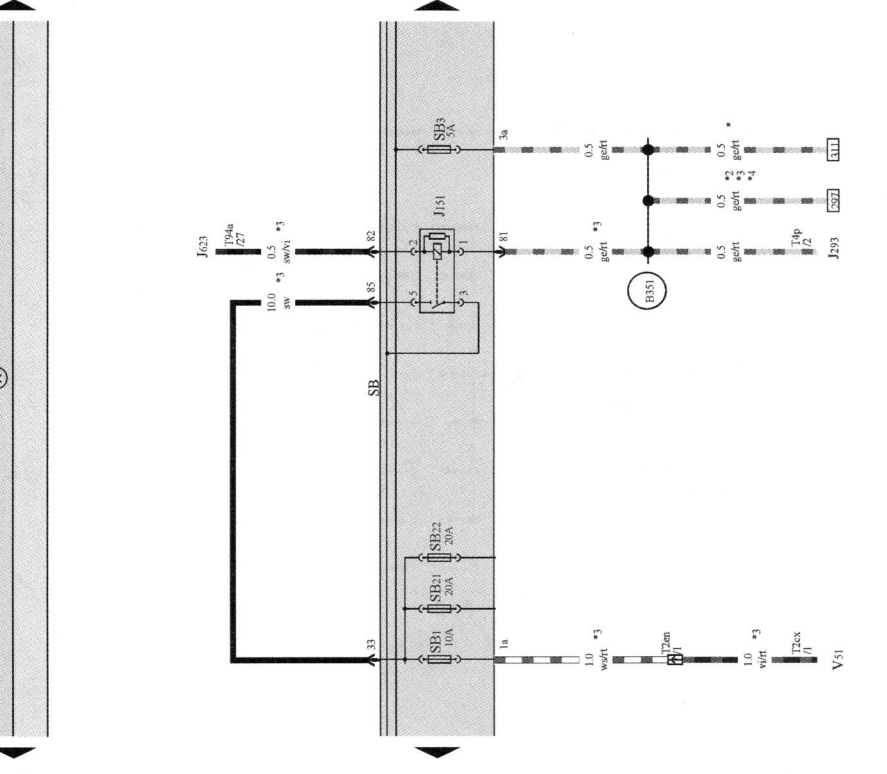

图 3-4-229

B-启动机 C24-抗干扰滤波器 J271-主继电器 J519-车载电网控制单元 J623-发动机控制单元 SB-保险丝
架B SB14-保险丝架B上的保险丝14 T1j-1芯插头连接，黑色 T91a-91芯插头连接，黑色 T94a-94芯插头连
接，黑色 TV2-接线端30导线分线器 508-螺栓连接（30），在电控箱上 671-左前纵梁上的接地点1 B332-
正极连接18（30a），在主导线束中 *-仅用于带3.0L发动机的汽车 *2-仅用于带2.0L发动机的汽车 *3-仅用
于带1.4L发动机的汽车 *4-仅用于带发动机型号代码CEAA的汽车 *5-仅用于带发动机型号代码DBHA的汽
车

冷却液继续循环继电器，车载电网控制单元，保险丝架 B

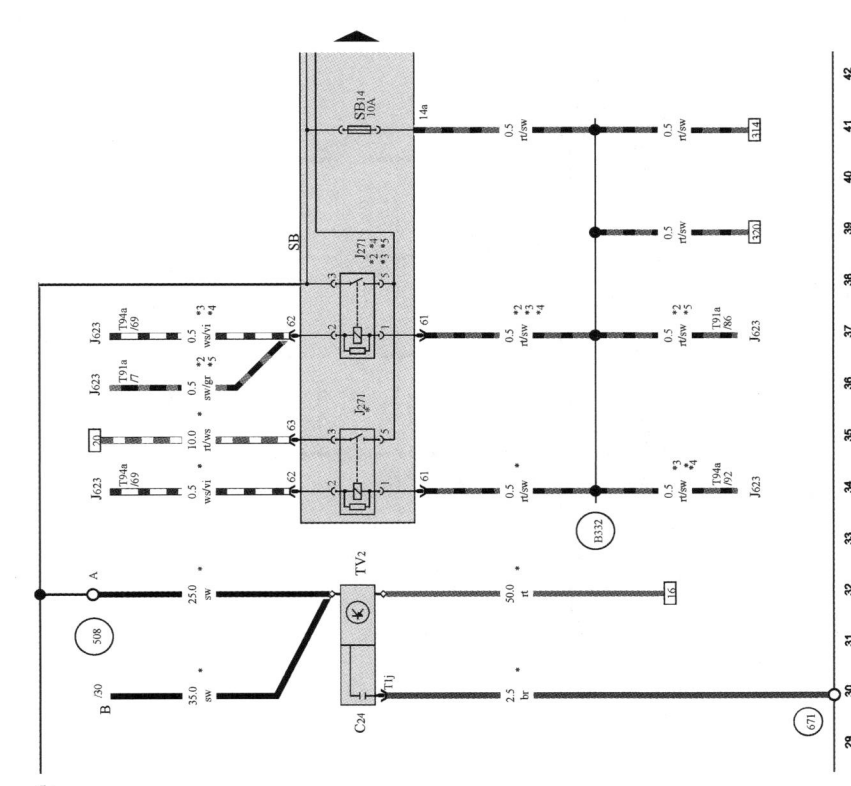

图 3-4-230

J151-冷却液继续循环继电器 J293-散热器风扇控制单元 J519-车载电网控制单元 J623-发动机控制单元
SB-保险丝架B SB1-保险丝架B上的保险丝1 SB3-保险丝架B上的保险丝3 SB21-保险丝架B上的保险丝21
SB22-保险丝架B上的保险丝22 T2cx-2芯插头连接 T2en-2芯插头连接，黑色 T4p-4芯插头连接，黑色
黑色 T94a-94芯插头连接，黑色 V51-冷却液继续补给泵 B351-正极连接2（87a），在主导线束中 *-仅
用于带3.0L发动机的汽车 *2-仅用于带2.0L发动机的汽车 *3-仅用于带发动机型号代码CEAA的汽车 *4-仅
仅用于带发动机型号代码DBHA的汽车

385

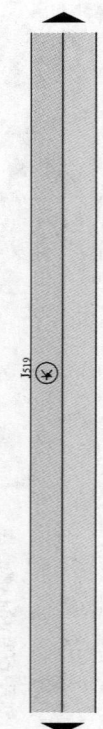

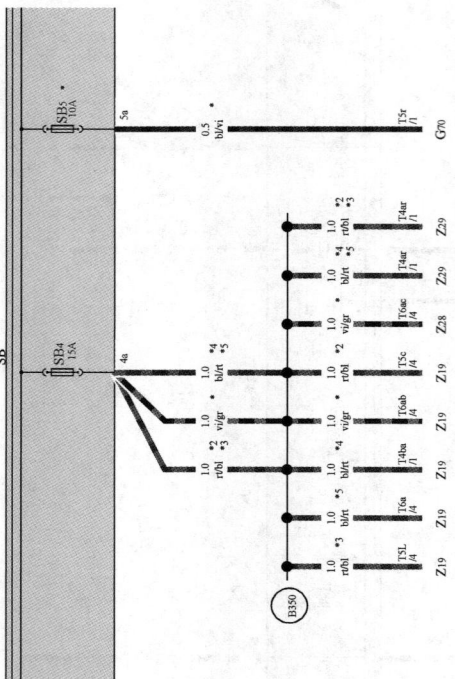

车载电网控制单元，保险丝架 B

图 3-4-232

G70-空气质量计 J519-车载电网控制单元 SB-保险丝架B SB2-保险丝架B上的保险丝4 SB5-保险丝架B上的保险丝5 T4ar-4芯插头连接，棕色 T5c-5芯插头连接，灰色 T5L-5芯插头连接，黑色 T6ab-6芯插头连接，黑色 T6ac-6芯插头连接，黑色 T6a-6芯插头连接，棕色 Z19-氧传感器加热，Z28-氧传感器加热装置 Z29-尾气催化净化器后的氧传感器1加热装置 B350-正极连接1（87a），在主导线束中 *1-仅用于带2.0L发动机的汽车 *2-仅用于带3.0L发动机的汽车 *3-仅用于带发动机型号代码DBHA的汽车 *4-仅用于带1.4L发动机的汽车 *5-仅用于带发动机型号代码CEAA的汽车

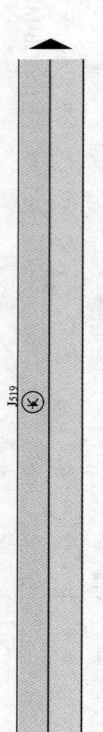

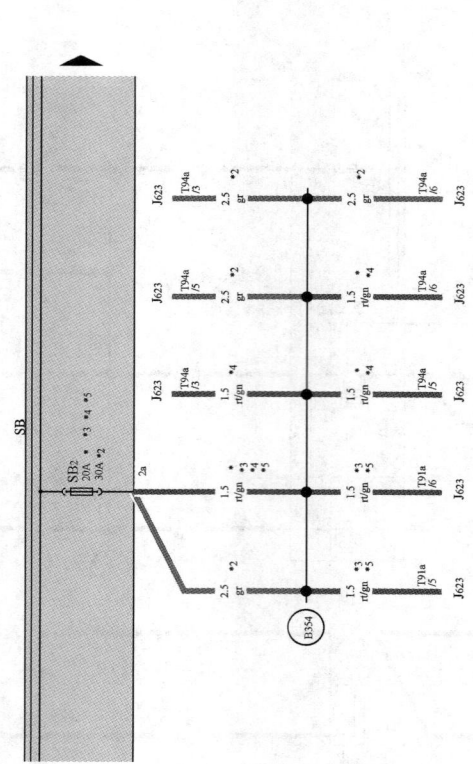

车载电网控制单元，保险架 B

图 3-4-231

J519-车载电网控制单元 J623-发动机控制单元 SB-保险丝架B SB2-保险丝架B上的保险丝2 T91a-91芯插头连接，黑色 T94a-94芯插头连接，黑色 B354-正极连接5（87a），在主导线束中 *-仅用于带1.4L发动机的汽车 *2-仅用于带3.0L发动机的汽车 *3-仅用于带发动机型号代码DBHA的汽车 *4-仅用于带2.0L发动机的汽车 *5-仅用于带发动机型号代码CEAA的汽车

386

车载电网控制单元，保险丝架 B

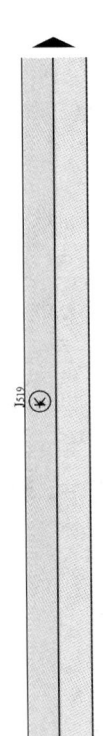

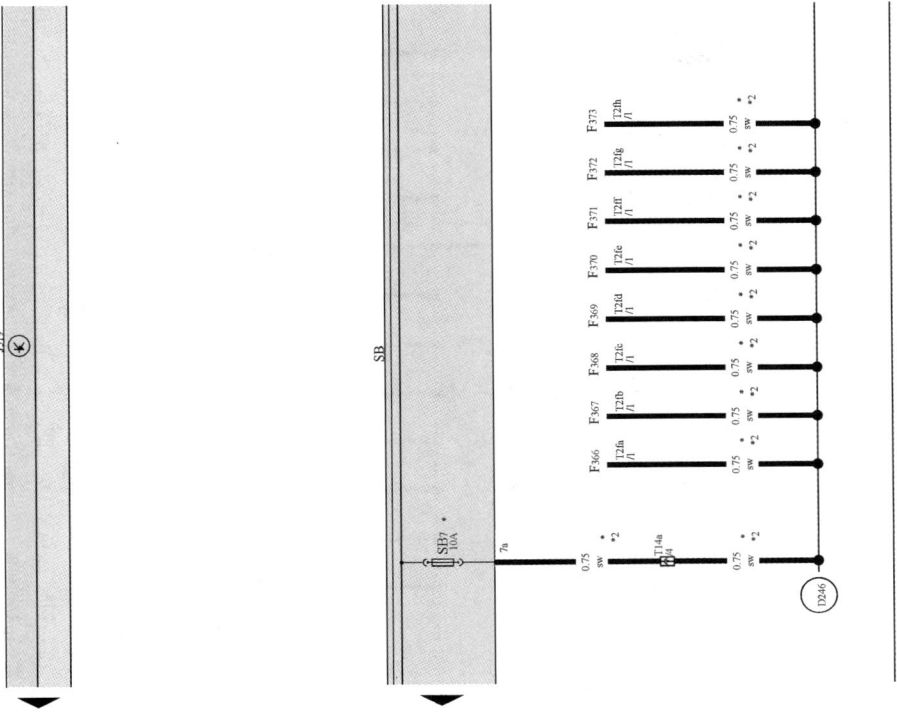

图 3-4-234

车载电网控制单元，保险丝架 B

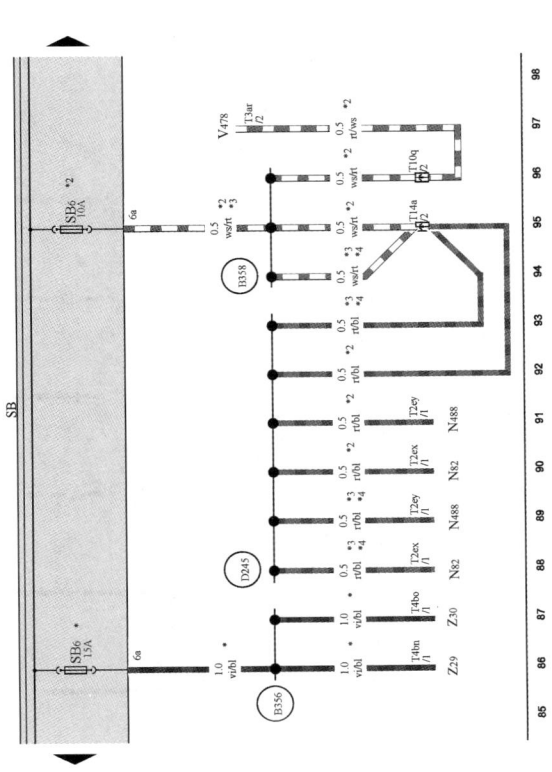

图 3-4-233

J519－车载电网控制单元 N82－冷却液断流阀 N488－变速器冷却液阀 SB－保险丝架B SB6－保险丝架B上的保险丝6 T2ex－2芯插头连接，黑色 T2ey－2芯插头连接，黑色 T3ar－3芯插头连接，黑色 T4bn－4芯插头连接，黑色 T4bo－4芯插头连接，棕色 T10q－10芯插头连接，灰色 V478－变速器油冷却泵 Z29－尾气催化净化器后的氧传感器加热装置 Z30－尾气催化净化器2加热装置 B356－正极连接7（87a），在主导线束中 B358－正极连接9（87a），在主导线束中 D245－正极连接6（87a），在发动机顶极连接7（87a），在主导线束中 ＊－仅用于带3.0L发动机的汽车 ＊2－仅用于带2.0L发动机的汽车 ＊3－仅用于带2.0L发动机的汽车 接线导线束中 ＊4－截至2017年1月

F366－凸轮轴调节元件1 F367－凸轮轴调节元件2 F368－凸轮轴调节元件3 F369－凸轮轴调节元件4 F370－凸轮轴调节元件5 F371－凸轮轴调节元件6 F372－凸轮轴调节元件7 F373－凸轮轴调节元件8 J519－车载电网控制单元 SB－保险丝架B SB7－保险丝架B上的保险丝7 T2fa－2芯插头连接，黑色 T2fb－2芯插头连接，黑色 T2fc－2芯插头连接，黑色 T2fd－2芯插头连接，黑色 T2fe－2芯插头连接，黑色 T2ff－2芯插头连接，黑色 T2fg－2芯插头连接，黑色 T2fh－2芯插头连接，黑色 T14a－14芯插头连接，灰色 D246－连接7（87a），在发动机预接线导线束中 ＊－仅用于带2.0L发动机的汽车 ＊2－仅用于带发动机型号代码DBHA的汽车

车载电网控制单元，保险丝架 B

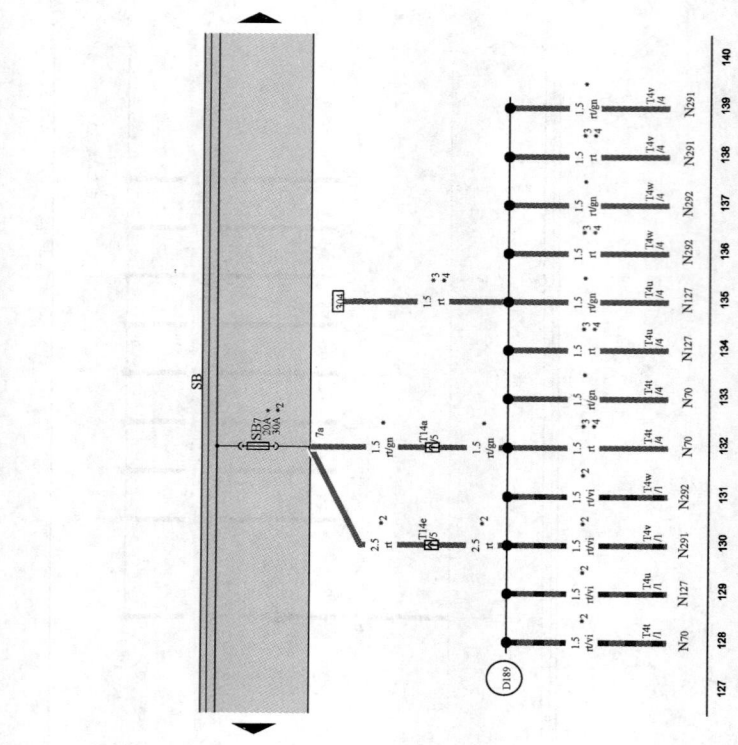

图 3-4-236

J519-车载电网控制单元 N70-带功率输出级的点火线圈1 N127-带功率输出级的点火线圈2 N291-带功率输出级的点火线圈3 N292-带功率输出级的点火线圈4 SB-保险丝架B SB7-保险丝架B上的保险丝7 T4r-4芯插头连接，黑色 T4u-4芯插头连接，黑色 T4v-4芯插头连接，黑色 T4w-4芯插头连接，黑色 T14a-14芯插头连接，灰色 T14e-14芯插头连接，黑色 D189-连接，在发动机预接线导线束中 *-仅用于带1.4L发动机的汽车 *2-仅用于带发动机型号代码CEAA的汽车 *3-仅用于带发动机型号代码DBHA的汽车 *4-仅用于带2.0L发动机的汽车

车载电网控制单元，保险丝架 B

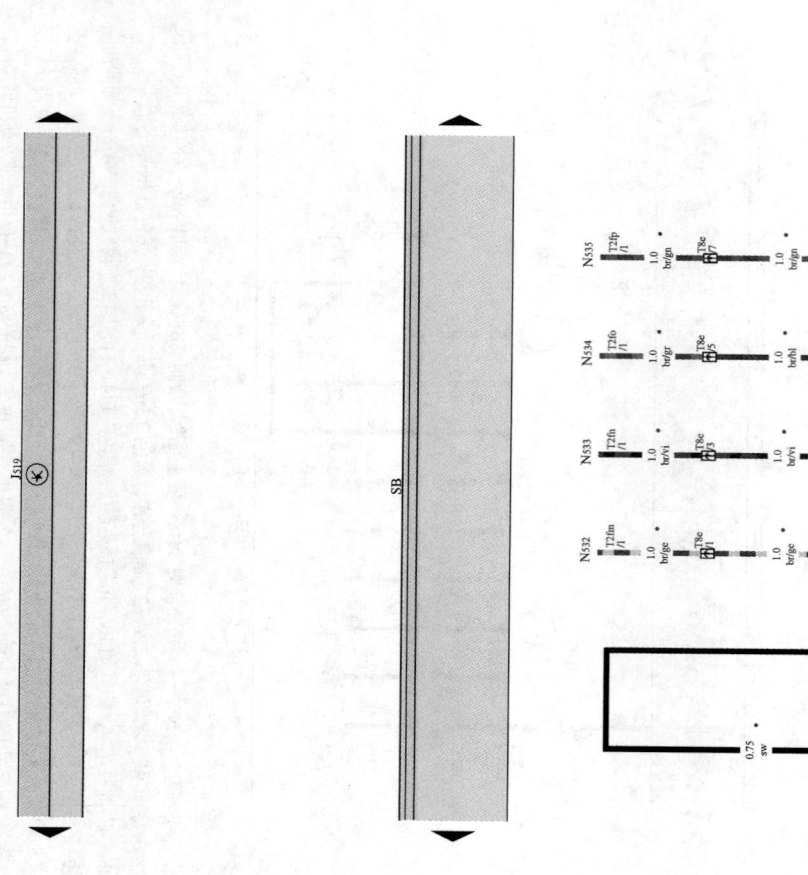

图 3-4-235

J519-车载电网控制单元 N532-气缸1喷油嘴2 N533-气缸2喷油嘴2 N534-气缸3喷油嘴2 N535-气缸4喷油嘴2 SB-保险丝架B T2fm-2芯插头连接，黑色 T2fn-2芯插头连接，黑色 T2fo-2芯插头连接，黑色 T2fp-2芯插头连接，黑色 T8e-8芯插头连接，黑色 D246-连接7（87a），仅用于带2.0L发动机的汽车 D247-连接8（87a），在发动机预接线导线束中 *-仅用于带2.0L发动机的汽车

388

车载电网控制单元，保险丝架 B

车载电网控制单元，保险丝架 B

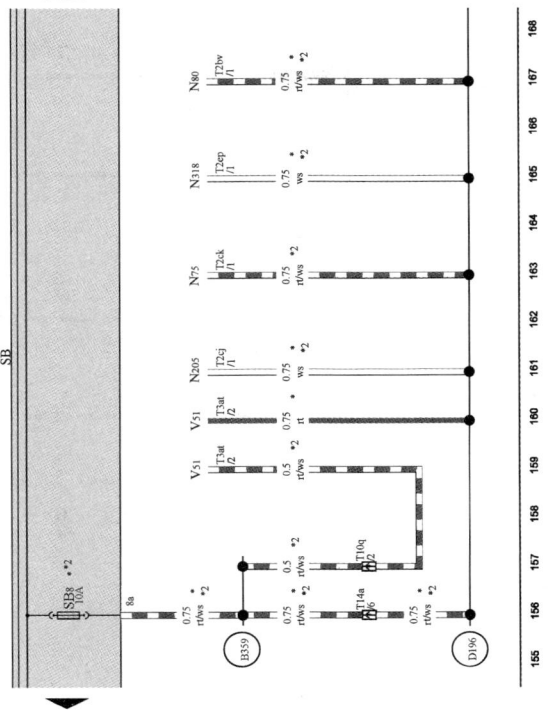

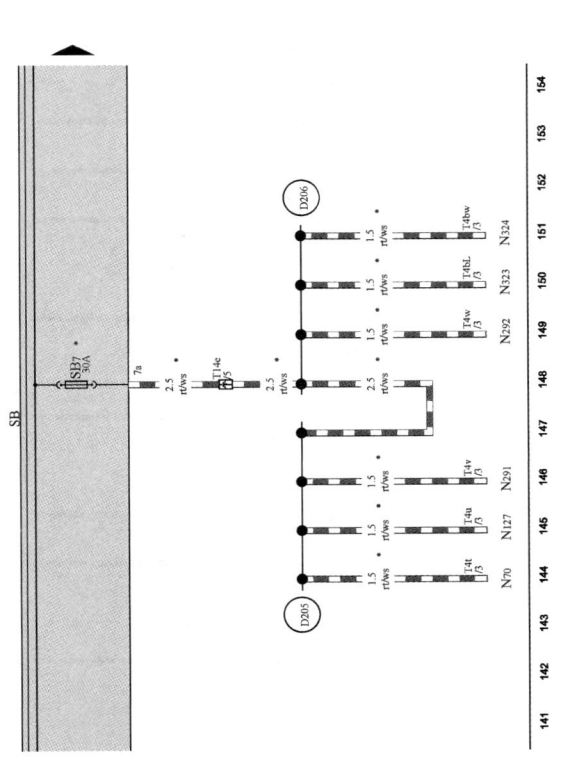

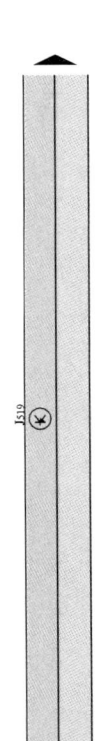

图 3-4-238

J519-车载电网控制单元 N75-增压压力限制电磁阀 N80-活性炭罐电磁阀 N205-凸轮轴调节阀1 N318-凸轮轴调节阀1 SB-保险丝架B SB8-保险丝架B上的保险丝8 T2bv-2芯插头连接，黑色 T2cj-2芯插头连接，黑色 T2ck-2芯插头连接，黑色 T2ep-2芯插头连接，黑色 T3at-3芯插头连接，黑色 T10q-10芯插头连接，黑色 T14a-14芯插头连接，灰色 T14e-14芯插头连接，黑色 V51-冷却液继续补给泵 B359-正极连接10（87a），在主导线束中 D196-连接2（87a），在发动机预接线束导线中 D205-连接3（87a），在发动机预接线束导线中 *2-仅用于带2.0L发动机的汽车 *-仅用于带DBHA的汽车

图 3-4-237

J519-车载电网控制单元 N70-带功率输出级的点火线圈1 N127-带功率输出级的点火线圈2 N291-带功率输出级的点火线圈3 N292-带功率输出级的点火线圈4 N323-带功率输出级的点火线圈5 N324-带功率输出级的点火线圈6 SB-保险丝架B SB7-保险丝架B上的保险丝7 T4bL-4芯插头连接，黑色 T4bw-4芯插头连接，黑色 T4u-4芯插头连接，黑色 T4v-4芯插头连接，黑色 T4w-4芯插头连接，黑色 T14c-14芯插头连接，黑色 D205-连接3（87a），在发动机预接线束导线中 D206-连接4（87a），在发动机预接线束导线中 *-仅用于带3.0L发动机的汽车

车载电网控制单元，保险丝架 B

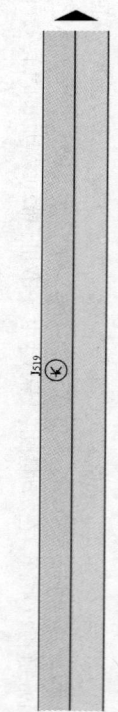

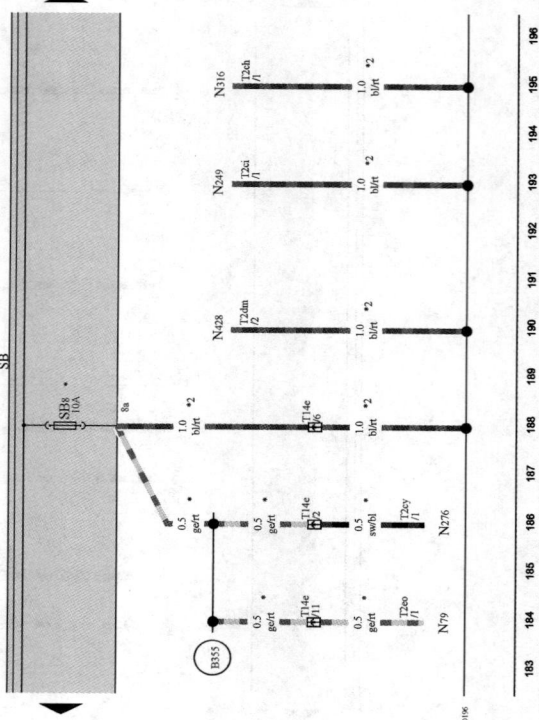

车载电网控制单元，保险丝架 B

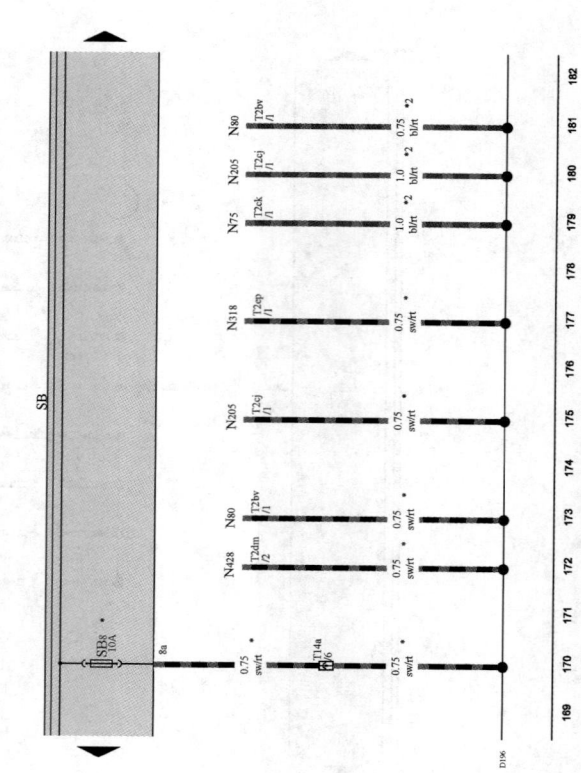

图 3-4-240

J519-车载电网控制单元 N79-曲轴箱排气加热电阻 N249-涡轮增压器循环空气阀 N276-燃油压力调节阀
N316-进气岐管风门阀门 N428-机油压力调节阀 SB-保险丝架B SB8-保险丝架B上的保险丝8 T2ch-2芯
插头连接，黑色 T2ci-2芯插头连接，黑色 T2dm-2芯插头连接，黑色 T2eo-2
芯插头连接，黑色 T14e-14芯插头连接6（87a），在主导线束中 D196-连接2
（87a），在发动机顶预接线导线束中 *-仅用于带3.0L发动机的汽车 *2-仅用于带发动机型号代码CEAA的汽
车

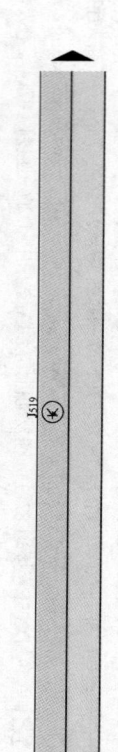

图 3-4-239

J519-车载电网控制单元 N75-增压压力限制电磁阀 N80-活性炭罐电磁阀1 N205-凸轮轴调节阀1 N318-
排气门凸轮轴调节阀1 N428-机油压力调节阀 SB-保险丝架B SB8-保险丝架B上的保险丝8 T2bv-2芯插
头连接，黑色 T2cj-2芯插头连接，黑色 T2ck-2芯插头连接，黑色 T2dm-2芯插头连接，黑色 T2ep-2芯
插头连接，黑色 T14a-14芯插头连接，灰色 D196-连接2（87a），在发动机顶预接线导线束中 *-仅用于带
1.4L发动机的汽车 *2-仅用于带发动机型号代码CEAA的汽车

车载电网控制单元，保险丝架 B

车载电网控制单元，保险丝架 B

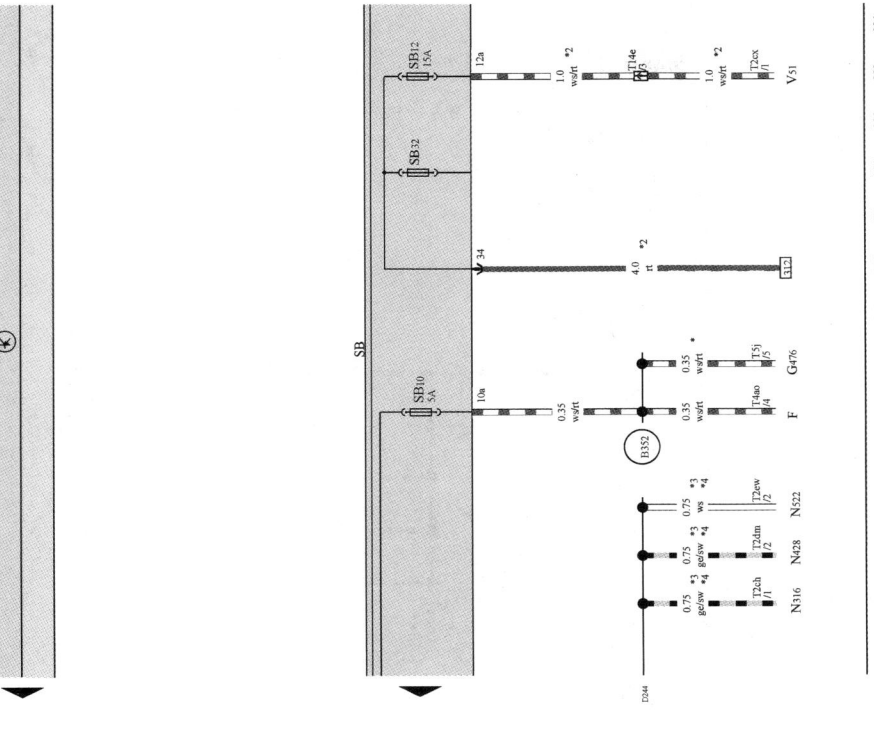

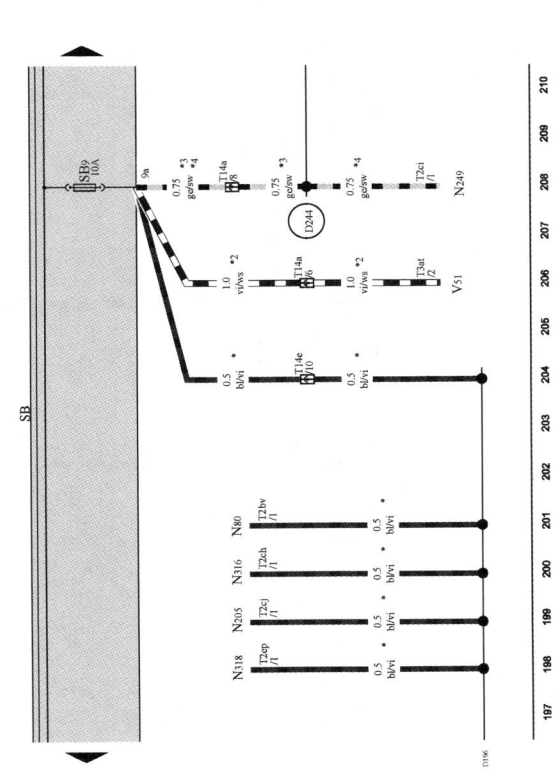

图 3-4-242

F-制动信号灯开关 G476-离合器位置传感器 J519-车载电网控制单元 N316-进气歧管风门阀门 N428-
机油压力调节阀 N522-活塞冷却喷嘴控制阀 SB-保险丝架B SB10-保险丝架B上的保险丝10 SB12-保险
丝架B上的保险丝12 SB32-保险丝架B上的保险丝32 T2ch-2芯插头连接，黑色 T2cx-2芯插头连接，黑色
T2dm-2芯插头连接，黑色 T2ew-2芯插头连接，黑色 T4ao-4芯插头连接，黑色 T5j-5芯插头连接，黑
色 T14e-14芯插头连接 V51-冷却液继续补给泵 B352-正极连接3（87a），在主导线束中 D244-连接
连接5（87a），在发动机预接线导线束中 *2-仅用于带手动变速器的汽车 *2-仅用于带3.0L发动机型号代码DBHA的汽车
*3-仅用于带2.0L发动机的汽车 *4-仅用于带发动机型号代码DBHA的汽车

图 3-4-241

J519-车载电网控制单元 N80-活性炭罐电磁阀1 N205-凸轮轴调节1 N249-涡轮增压器循环空气阀 N316-进气歧管风门窗门 N318-排气歧管风门调节阀1 SB-保险丝架B SB9-保险丝架B上的保险丝9 T2bv-2
芯插头连接，黑色 T2ch-2芯插头连接，黑色 T2ci-2芯插头连接，黑色 T2cj-2芯插头连接，黑色 T2ep-2
芯插头连接，黑色 T3at-3芯插头连接，黑色 T14a-14芯插头连接，灰色 T14e-14芯插头连接，黑色 V51-
冷却液继续补给泵 D196-连接2（87a），在发动机预接线导线束中 D244-连接5（87a），在发动机预接
线导线束中 *-仅用于带3.0L发动机的汽车 *2-仅用于带1.4L发动机的汽车 *3-仅用于带2.0L发动机的汽车
*4-仅用于带发动机型号代码DBHA的汽车

车载电网控制单元，保险丝架 B

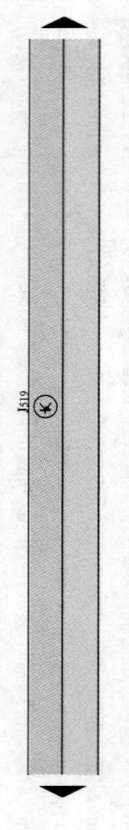

车载电网控制单元，保险丝架 B

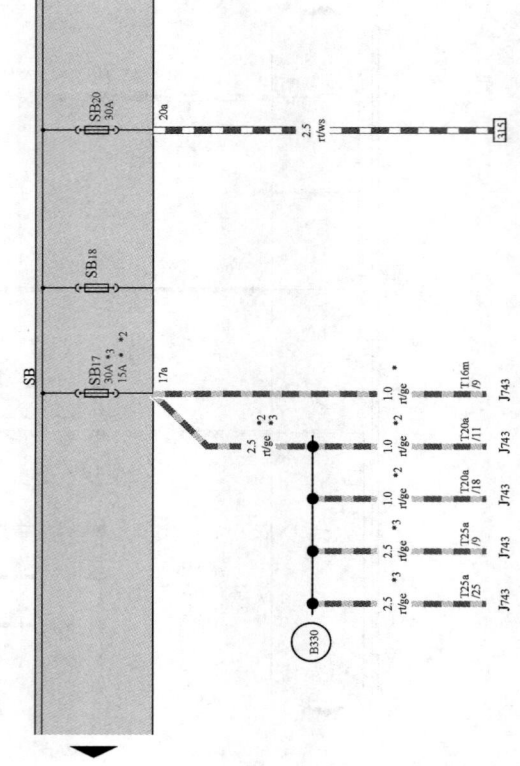

图 3-4-244

J519-车载电网控制单元 J743-双离合器变速箱机电装置 SB-保险丝架B SB17-保险丝架B上的保险丝17 SB18-保险丝架B上的保险丝18 SB20-保险丝架B上的保险丝20 T16m-16芯插头连接 T20a-20芯插头连接 T25a-25芯插头连接，黑色 B330-正极连接16（30a），在主导线束中 *-仅用于带双离合器变速器02E的汽车 *2-仅用于带双离合器变速器02E的汽车 *3-仅用于带双离合器变速器0AM的汽车

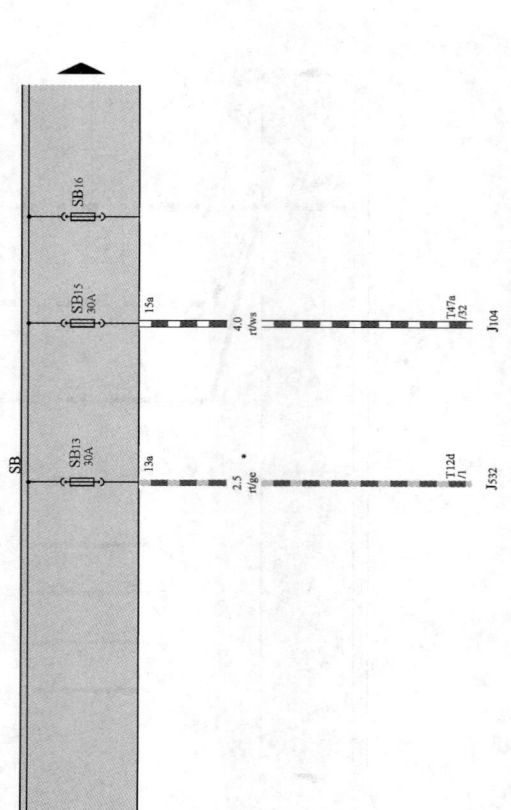

图 3-4-243

J104-ABS控制单元 J519-车载电网控制单元 J532-稳压器 SB-保险丝架B SB13-保险丝架B上的保险丝13 SB15-保险丝架B上的保险丝15 SB16-保险丝架B上的保险丝16 T12d-12芯插头连接 T47a-47芯插头连接 *-仅用于带自动启停系统的汽车

392

车载电网控制单元，保险丝架 B

车载电网控制单元，保险丝架 B

图 3-4-245

车载电网控制单元，保险丝架 B

图 3-4-246

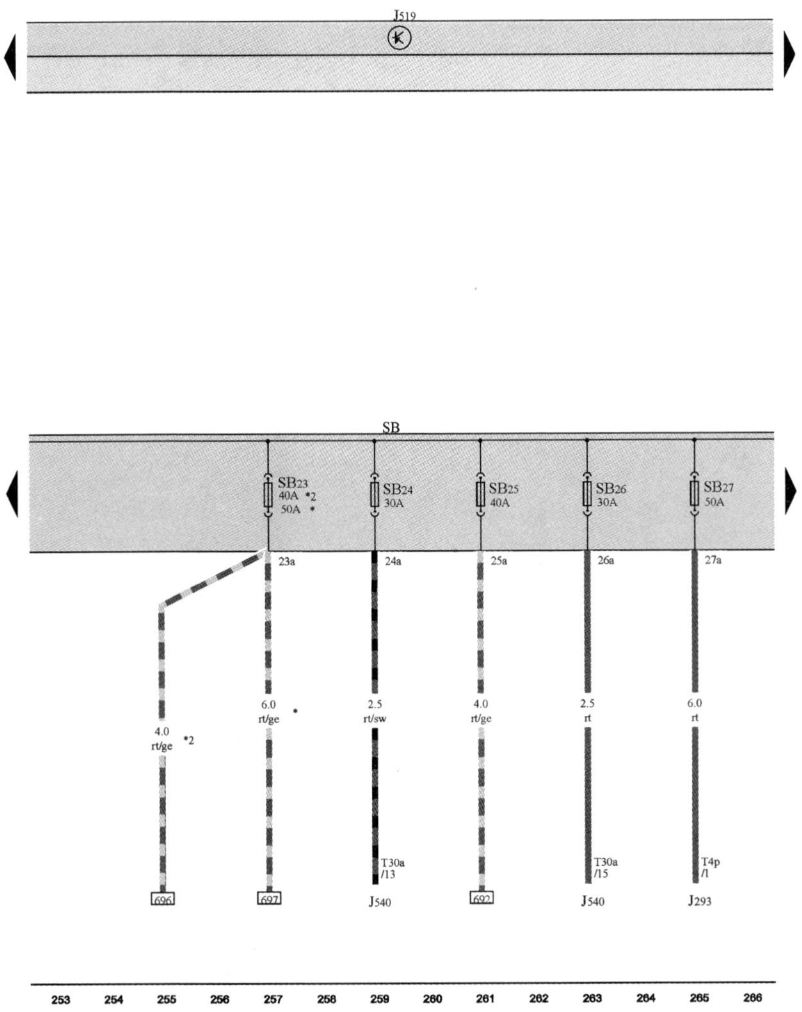

J293-散热器风扇控制单元 J519-车载电网控制单元 J540-机电式驻车制动器控制单元 SB-保险丝架B SB23-保险丝架B上的保险丝23 SB24-保险丝架B上的保险丝24 SB25-保险丝架B上的保险丝25 SB26-保险丝架B上的保险丝26 SB27-保险丝架B上的保险丝27 T4p-4芯插头连接，黑色 T30a-30芯插头连接，黑色 *-仅用于带全自动空调的汽车 *2-仅用于带手动调节空调器的汽车

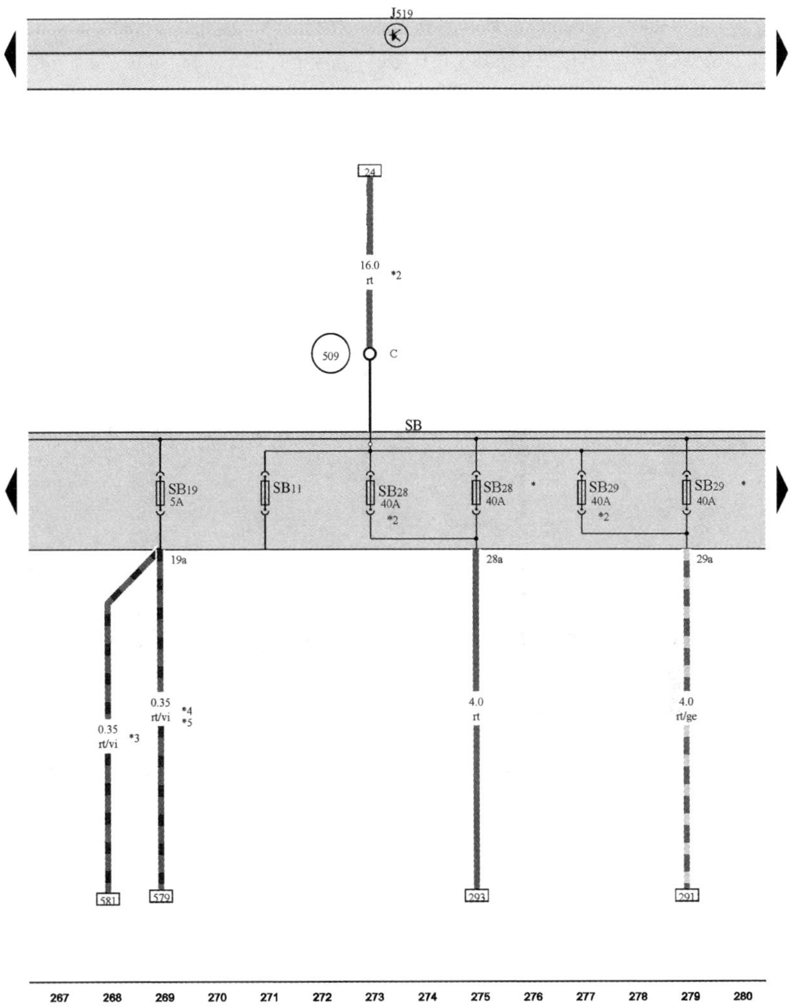

J519-车载电网控制单元 SB-保险丝架B SB11-保险丝架B上的保险丝11 SB19-保险丝架B上的保险丝19 SB28-保险丝架B上的保险丝28 SB29-保险丝架B上的保险丝29 509-螺栓连接1（29），在电控箱上 *-仅用于带4缸发动机的汽车 *2-仅用于带3.0L发动机的汽车 *3-仅用于带自动启停系统的汽车 *4-仅用于不带发动机自动启停系统的汽车 *5-仅用于带1.8L发动机的汽车

393

车载电网控制单元，发动机部件供电继电器，保险丝架 B

保险丝架 B

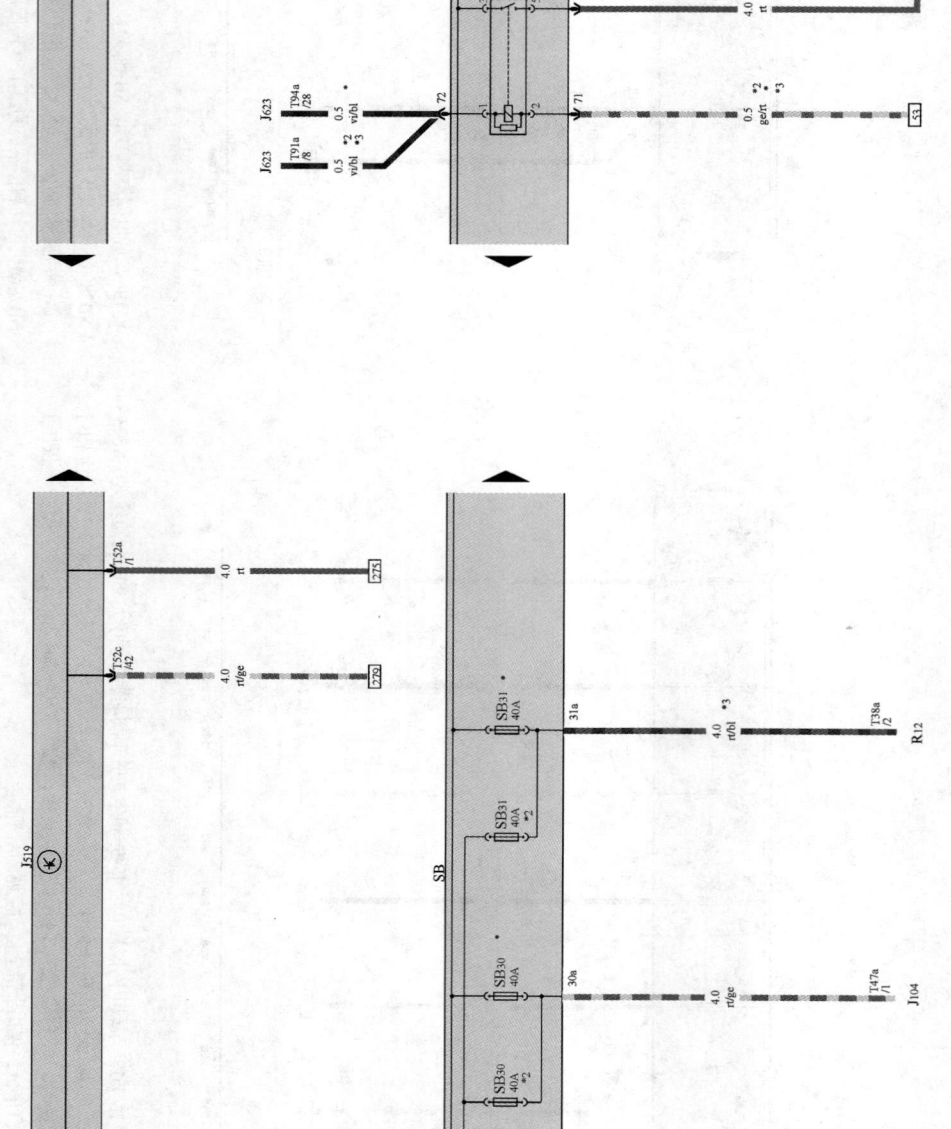

图 3-4-248

图 3-4-247

J104-ABS控制单元 J519-车载电网控制单元 R12-功率放大器 SB-保险丝架B SB30-保险丝架B SB31-保险丝架B上的保险丝30 SB31-保险丝架B上的保险丝31 T38a-38芯插头连接 T47a-47芯插头连接 T52a-52芯插头连接 T52c-52芯插头连接，棕色 *-仅用于带4缸发动机的汽车 *2-仅用于带发动机的汽车 *3-仅适用带了音响系统的汽车

J519-车载电网控制单元 J623-发动机控制单元 J757-发动机部件供电继电器 N276-燃油压力调节阀 SB-保险丝架B SB12-保险丝架B上的保险丝12 SB32-保险丝架B上的保险丝32 T2cg-2芯插头连接，黑色 T14a-14芯插头连接，灰色 T14c-14芯插头连接，黑色 T91a-91芯插头连接，黑色 T94a-94芯插头连接，黑色 *-仅用于带发动机型号代码CEAA的汽车 *2-仅用于带2.0L发动机的汽车 *3-仅用于带发动机型号代码DBHA的汽车

394

车载电网控制单元，保险丝架 C

循环泵继电器，刮水器电机继电器 1，刮水器电机继电器 2，车载电网控制单元，保险丝架 B

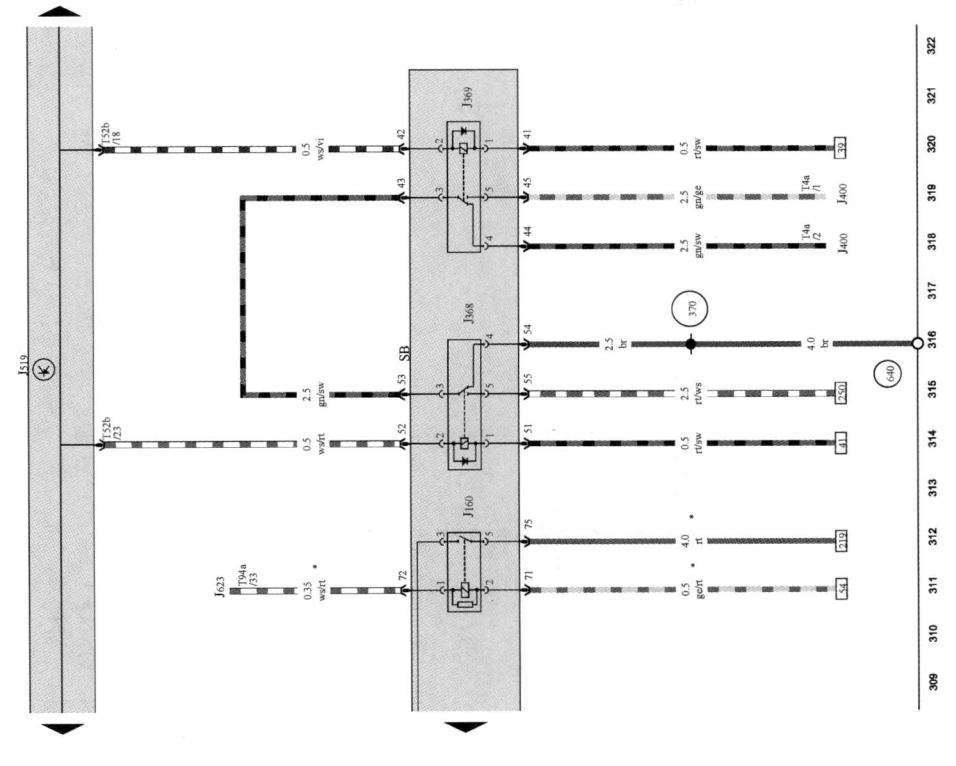

图 3-4-250

图 3-4-249

J285-组合仪表中的控制单元 J519-车载电网控制单元 J532-稳压器 J764-电子转向柱锁止装置控制单元 SC-保险丝架C SC1-保险丝架C上的保险丝1 SC2-保险丝架C上的保险丝2 SC3-保险丝架C上的保险丝3 T12d-12芯插头连接，黑色 T16s-16芯插头连接，黑色 T32e-32芯插头连接，蓝色 B272-正极连接（30），在主导线束中 B316-正极连接2（30a），在主导线束中 *-仅用于不带发动机自动启停系统的汽车 *2-仅用于带自动启停系统的汽车 *3-仅用于带进入及启动许可的汽车

J160-循环泵继电器 J368-刮水器电机继电器1 J369-刮水器电机继电器2 J400-刮水器电机控制单元 J519-车载电网控制单元 J623-发动机控制单元 SB-保险丝架B T4a-4芯插头连接 T52b-52芯插头连接，白色 T94a-94芯插头连接，黑色 370-接地连接，黑色 370-接地连接5，在主导线束中 640-发动机舱内左侧接地点2 *-仅用于带3.0L发动机的汽车

395

车载电网控制单元，保险丝架 C

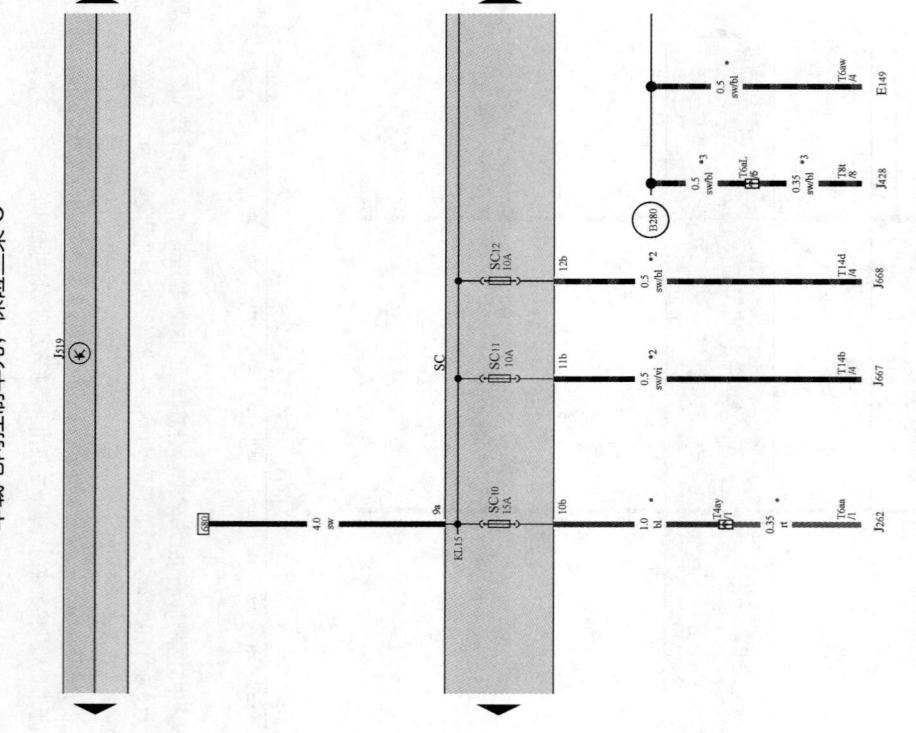

图3-4-251

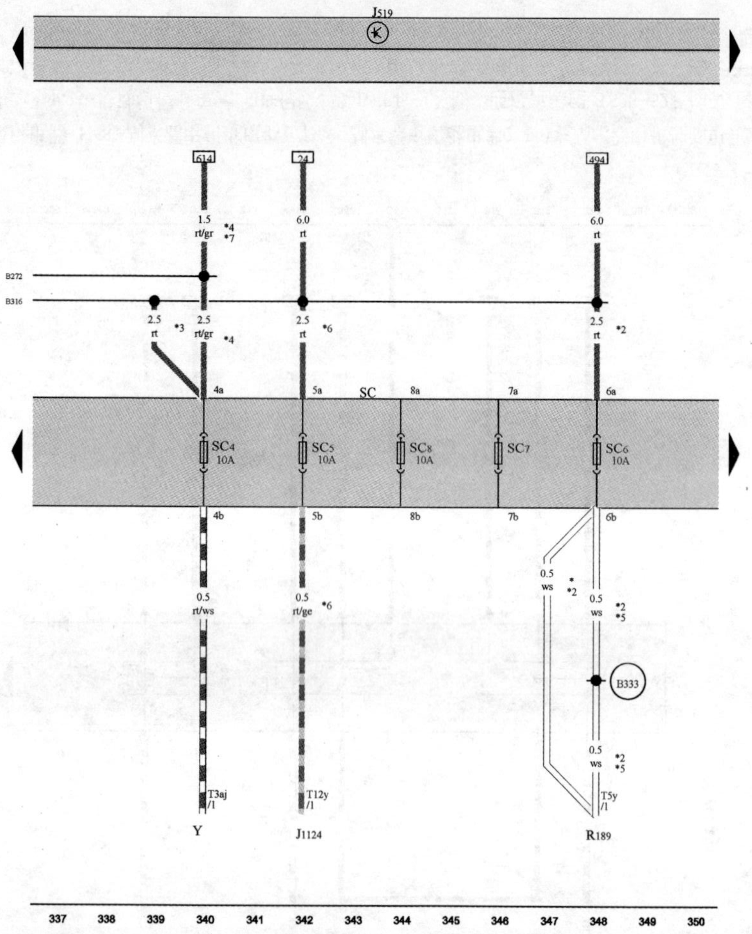

车载电网控制单元，保险丝架 C

图3-4-252

E149–后窗遮阳卷帘控制单元　J262–后窗遮阳卷帘控制单元　J428–车距调节控制单元　J519–车载电网控制单元　J667–左侧大灯电源模块　J668–右侧大灯电源模块　SC–保险丝架C　SC10–保险丝架C上的保险丝10　SC11–保险丝架C上的保险丝11　SC12–保险丝架C上的保险丝12　T4ay–4芯插头连接，黑色　T6aa–6芯插头连接，白色　T6aL–6芯插头连接，黑色　T6aw–6芯插头连接，黑色　T8t–8芯插头连接，黑色　T14b–14芯插头连接，黑色　T14d–14芯插头连接，黑色　B280–正极板连接4（15a），在主导线束中　*–仅用于带电动后窗遮阳卷帘的汽车　*2–仅用于带自动大灯照明距离调节的汽车　*3–仅用于带自动车距控制（ADR）的汽车

J519–车载电网控制单元　J1124–环境照明控制单元　R189–倒车摄像头　SC–保险丝架C　SC4–保险丝架C　SC5–保险丝架C　SC6–保险丝架C　SC7–保险丝架C　上的保险丝4　SC5–保险丝架C上的保险丝5　SC6–保险丝架C上的保险丝6　SC7–保险丝架C上的保险丝7　SC8–保险丝架C上的保险丝8　T3aj–3芯插头连接　T5y–5芯插头连接，黑色　T12y–12芯插头连接，黑色　Y–时钟　B272–正极连接（30），在主导线束中　B316–正极连接2（30a），在主导线束中　B333–正极连接19（30a），在主导线束中　*–自2016年3月起　*2–仅用于带倒车摄像机系统的汽车　*3–仅用于带氛围灯的汽车　*4–仅用于带自动启停系统的汽车　*5–截至2016年3月　*6–仅用于带收音机MIB-G标准型的汽车　*7–仅用于带收音机MIB-G标准型的汽车

车载电网控制单元，保险丝架 C

SC

车载电网控制单元，保险丝架 C

SC

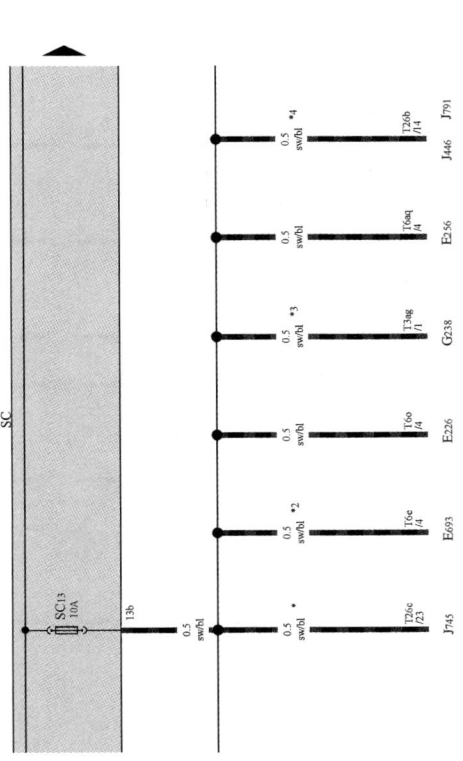

E226-轮胎压力监控按钮 E256-ASR和电子稳定程序按钮 E693-启动/停止模式按钮 G238-空气质量传感器 J446-泊车雷达系统控制单元 J519-车载电网控制单元 J745-弯道灯和大灯照明距离调节控制单元 J791-泊车转向辅助系统控制单元 SC-保险丝架 SC13-保险丝架C上的保险丝13 T3ag-3芯插头连接，灰色 T6aq-6芯插头连接，白色 T6o-6芯插头连接，红色 T26b-26芯插头连接，绿色 T26c-26芯插头连接，黑色 B280-正极连接4（15a），在主导线束中 *-仅用于带自动大灯照明距离调节的汽车 *2-仅用于带泊车雷达系统和可视泊车系统的汽车 *3-仅用于带自动空调的汽车 *4-仅用于带自动启停系统的汽车

图 3-4-253

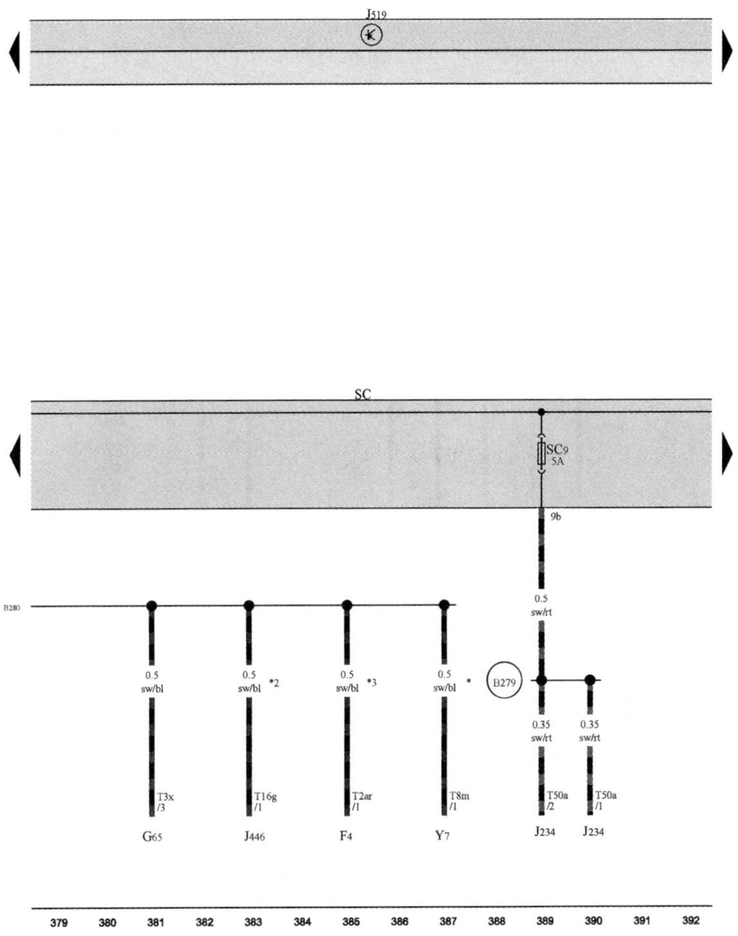

F4-倒车灯开关 G65-高压传感器 J234-安全气囊控制单元 J446-泊车雷达系统控制单元 J519-车载电网控制单元 SC-保险丝架 SC9-保险丝架C上的保险丝9 T2ar-2芯插头连接 T3x-3芯插头连接，黑色 T8m-8芯插头连接，黑色 T16g-16芯插头连接，黑色 T50a-50芯插头连接，黄色 Y7-自动防眩后视镜 B279-正极连接3（15a），在主导线束中 B280-正极连接4（15a），在主导线束中 *-仅适用于带自动防眩的车内后视镜的汽车 *2-仅用于带泊车雷达系统和不带可视泊车系统的汽车 *3-仅用于带手动变速器的汽车

图 3-4-254

车载电网控制单元，保险丝架 C

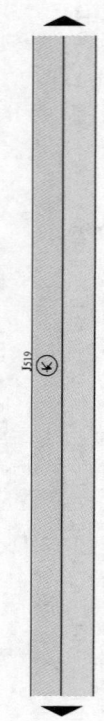
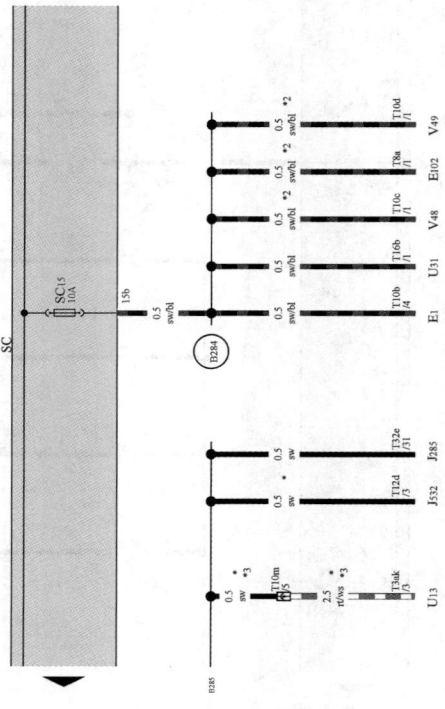

图 3-4-256

E1–车灯开关 E102–大灯照明距离调节器 J285–组合仪表中的控制单元 J519–车载电网控制单元 J532–稳压器 SC–保险丝架C SC15–保险丝架C上的保险丝15 T3ak–3芯插头连接 T8a–8芯插头连接，黑色 T10b–10芯插头连接，黑色 T10c–10芯插头连接，黑色 T10d–10芯插头连接，黑色 T10m–10芯插头连接，蓝色 U13–带插头连接，棕色 T12d–12芯插头连接，黑色 T16b–16芯插头连接，黑色 T32e–32芯插头连接，黑色 U31–诊断接口 V48–左侧大灯照明距离调节伺服电机 V49–右侧大灯照明距离调节伺服电机 插座的逆变器（12~230V） B285–正极连接9（15a），在主导线束中 B284–正极连接8（15a），在主导线束中 *2–仅用于带大灯照明距离调节的汽车 *3–仅用于带12~230V/12~115V插座的汽车 用于带自动启停系统的汽车 逆变器的汽车

车载电网控制单元，保险丝架 C

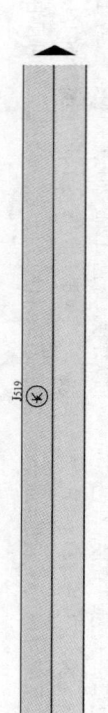
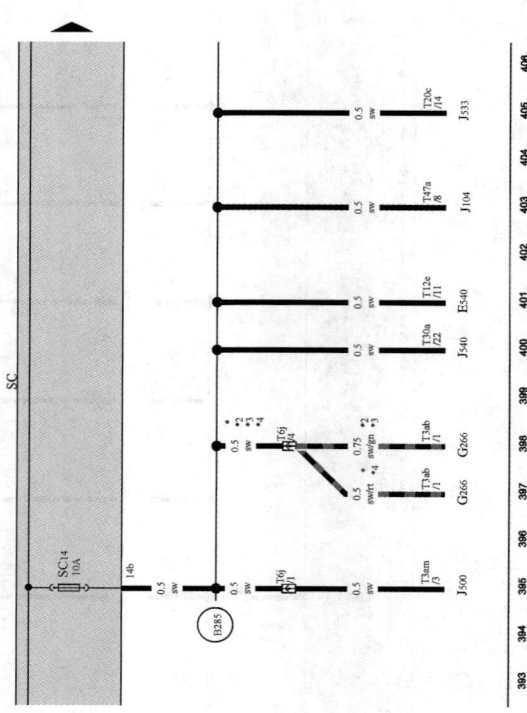

图 3-4-255

E540–AUTO HOLD按钮 G266–机油油位和机油温度传感器 J104–ABS控制单元 J500–助力转向控制单元 J519–车载电网控制单元 J533–数据总线诊断接口 J540–机电式驻车制动器控制单元 SC–保险丝架 C SC14–保险丝架C上的保险丝14 T3ab–3芯插头连接 T3am–3芯插头连接，黑色 T6j–6芯插头连接 T47a–47芯插头连接，黑色 T12e–12芯插头连接，黑色 T20c–20芯插头连接，黑色 T30a–30芯插头连接，红色 B285–正极连接9（15a），在主导线束中 *2–仅用于带2.0L发动机的汽车 *3–仅用于带发动机型号代号CEAA的汽车 *4–仅用于带发动机型号代号DBHA的汽车 3.0L发动机的汽车 用于带发动机

398

车载电网控制单元，启动机继电器 1，启动机继电器 2，保险丝架 C

车载电网控制单元，保险丝架 C

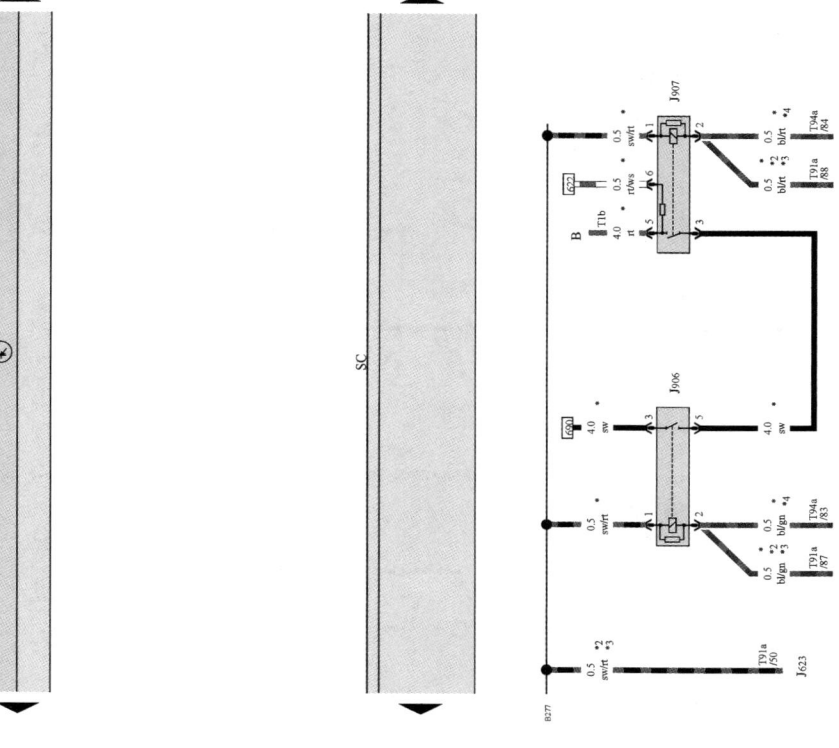

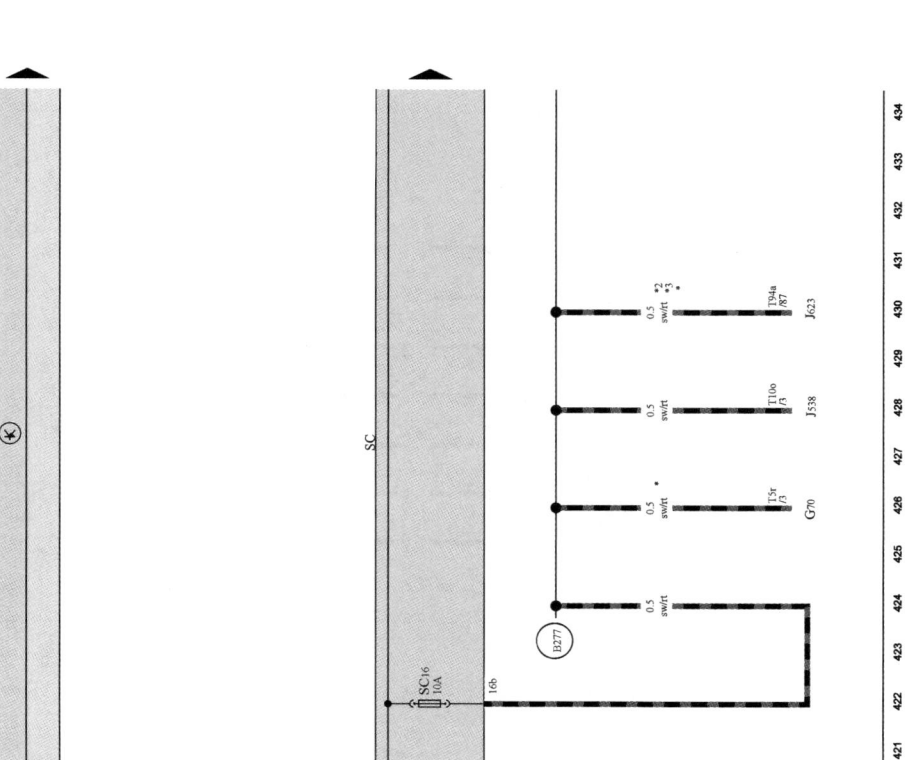

SC

G70-空气质量计　J519-车载电网控制单元　J538-燃油泵控制单元　J623-发动机控制单元　SC-保险丝架C　SC16-保险丝架C上的保险丝16　T5r-5芯插头连接，黑色　T10o-10芯插头连接，黑色　T94a-94芯插头连接，黑色　B277-正极连接1（15a），在主导线束中　*-仅用于带发动机型号代码CEAA的汽车　*2-仅用于带发动机型号代码CEAA的汽车　*3-仅用于带3.0L发动机的汽车

图 3-4-257

B-启动机　J519-车载电网控制单元　J623-发动机控制单元　J906-启动机继电器1　J907-启动机继电器2　SC-保险丝架C　T1b-1芯插头连接，黑色　T91a-91芯插头连接，黑色　T94a-94芯插头连接，黑色　B277-正极连接1（15a），在主导线束中　*-仅用于带自动启停系统的汽车　*2-仅用于带2.0L发动机的汽车　*3-仅用于带发动机型号代码DBHA的汽车　*4-仅用于带1.4L发动机的汽车

图 3-4-258

车载电网控制单元，保险丝架 C

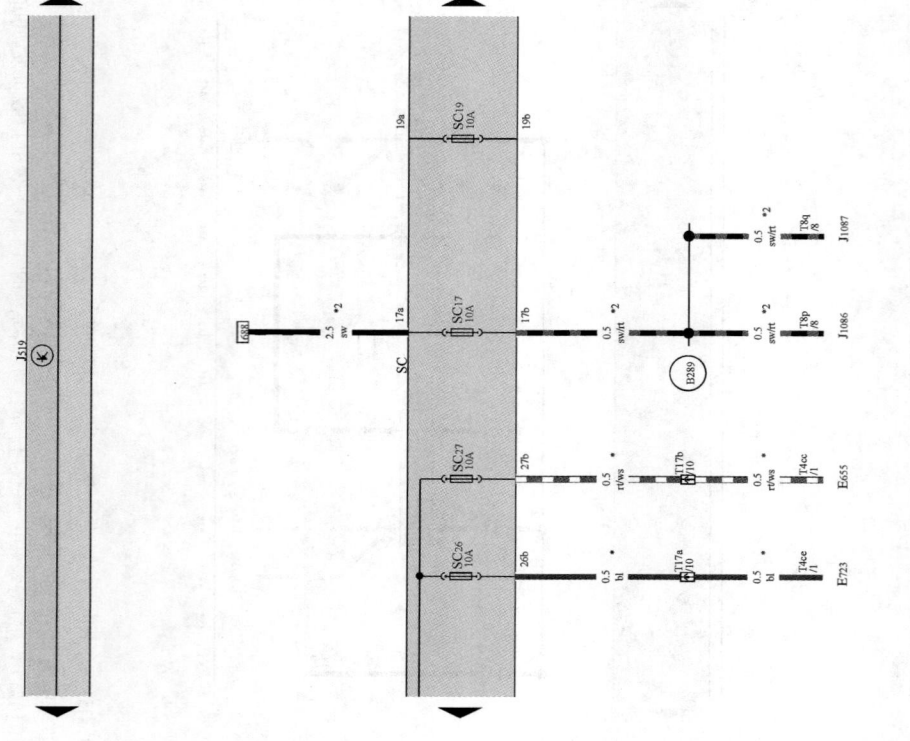

图 3-4-260

车载电网控制单元，保险丝架 C

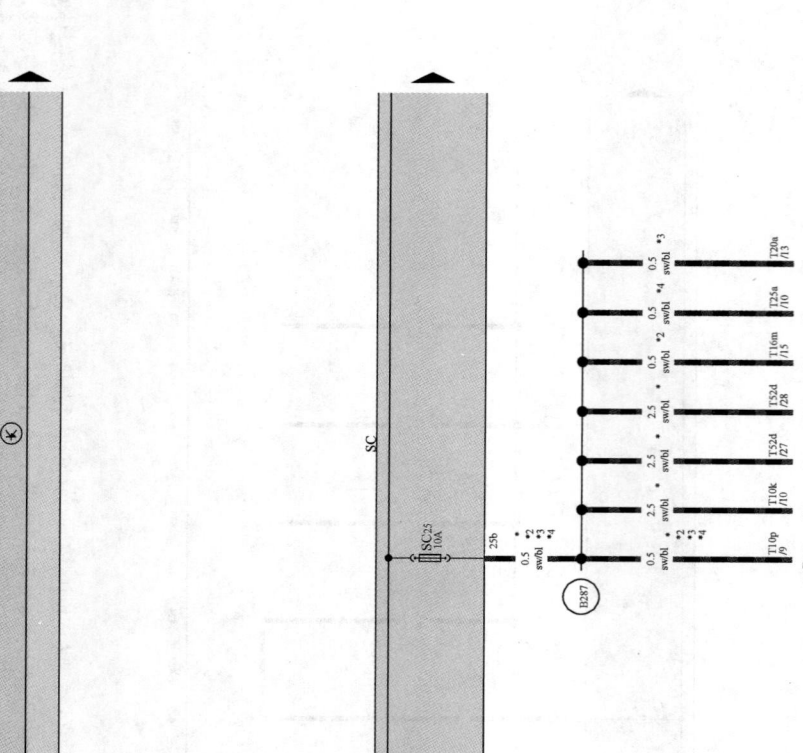

图 3-4-259

E655-座椅通风开关 E723-座椅通风开关2 J519-车载电网控制单元 J1086-盲区识别控制单元 J1087-盲区识别控制单元 SC-保险丝架C SC17-保险丝架C上的保险丝17 SC19-保险丝架C上的保险丝19 SC26-保险丝架C上的保险丝26 SC27-保险丝架C上的保险丝27 T4cc-4芯插头连接，白色 T4ce-4芯插头连接，白色 T8p-8芯插头连接，黑色 T8q-8芯插头连接，黑色 T17a-17芯插头连接，黑色 T17b-17芯插头连接，黑色 B289-正极连接 B289-正极连接13 (15a)，在主导线束中 *-仅用于带座椅通风的汽车 *2-仅用于带盲区识别的汽车

F125-多功能开关 F189-Tiptronic开关 J217-自动变速器控制单元 J519-车载电网控制单元 J743-双离合器变速器机电装置 SC-保险丝架C SC25-保险丝架C上的保险丝25 T10k-10芯插头连接，黑色 T10p-10芯插头连接，黑色 T16m-16芯插头连接，黑色 T20a-20芯插头连接，黑色 T25a-25芯插头连接，黑色 T52d-52芯插头连接，黑色 B287-正极连接11 (15a)，在主导线束中 *-仅用于带自动变速器的汽车 *2-仅用于带双离合器变速器0DE的汽车 *3-仅用于带双离合器变速器02E的汽车 *4-仅用于带双离合器变速器0AM的汽车

400

车载电网控制单元，保险丝架 C

车载电网控制单元，保险丝架 C

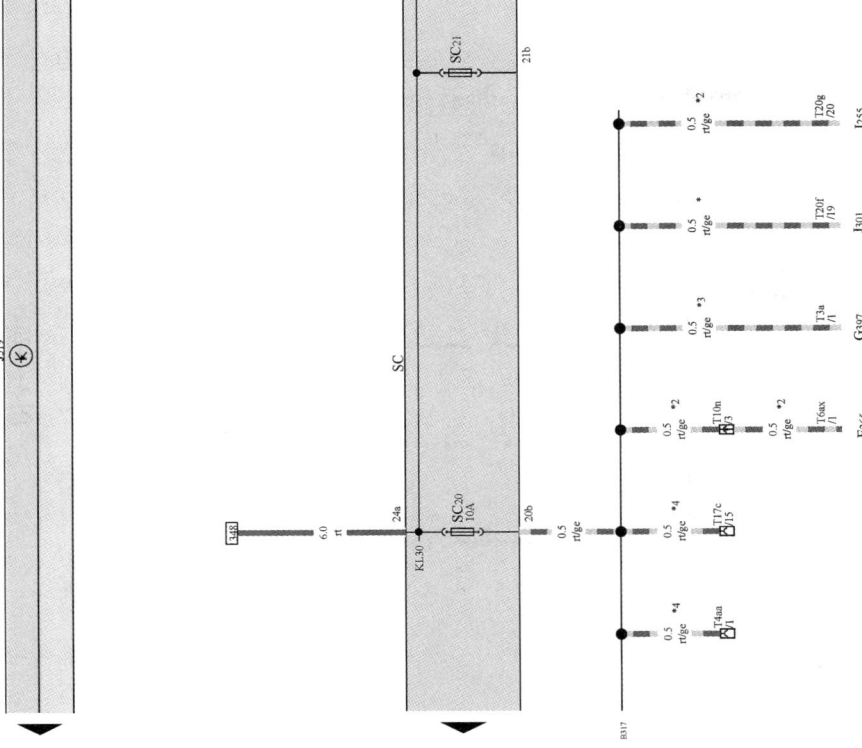

图 3-4-261

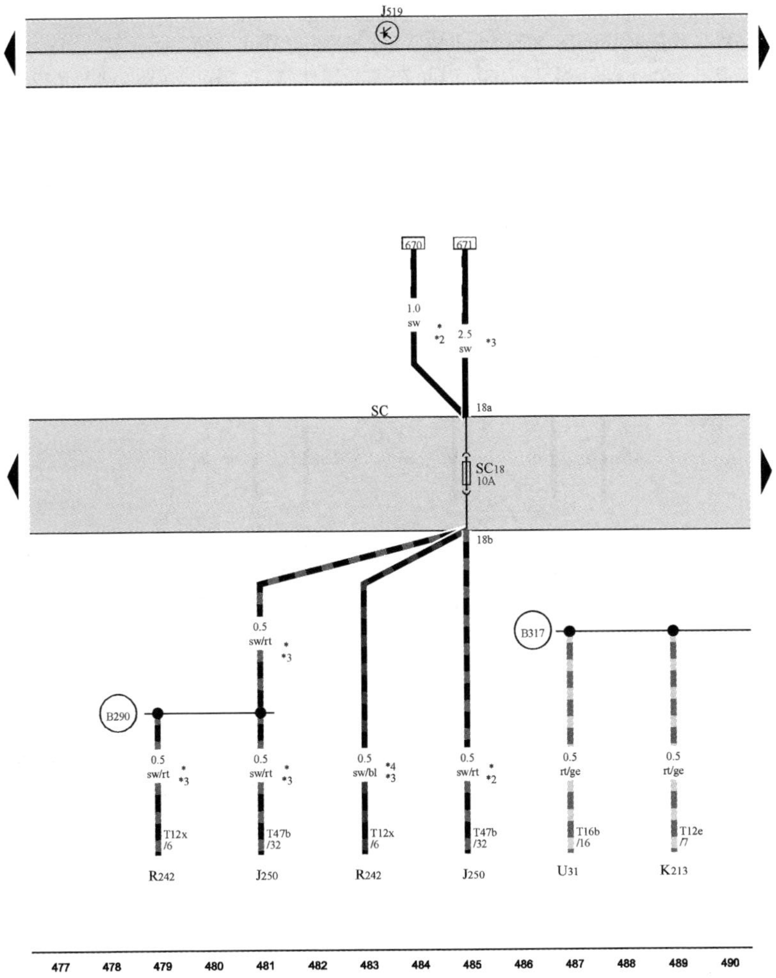

J250-减振电子调节控制单元 J519-车载电网控制单元 K213-机电式驻车制动器指示灯 R242-驾驶员辅助系统的前部摄像机 SC-保险丝架C SC18-保险丝架C上的保险丝18 T12c-12芯插头连接，黑色 T12x-12芯插头连接，黑色 T16b-16芯插头连接，黑色 T47b-47芯插头连接，黑色 U31-诊断接口 B290-正极接口 B317-正极连接3（30a），在主导线束中 *-仅用于带有电控调节减振系统的汽车 *2-仅用于带驾驶辅助特殊装备的汽车 *3-仅用于带驾驶辅助特殊装备的汽车 *4-仅用于不带驾驶辅助特殊装备的汽车振系统的汽车

E265-后部空调操作和显示单元 G397-雨水与光线识别传感器 J255-全自动空调控制单元 J301-空调器控制单元 J519-车载电网控制单元 SC-保险丝架C SC20-保险丝架C上的保险丝20 SC21-保险丝架C上的保险丝21 T3a-3芯插头连接，黑色 T4aa-4芯插头连接，黑色 T6ax-6芯插头连接，棕色 T10m-10芯插头连接，黑色 T17c-17芯插头连接，黑色 T20f-20芯插头连接的汽车 黑色 T20g-20芯插头连接，黑色 B317-正极连接3（30a），在主导线束中 *-仅用于带有手动空调节空调器的汽车 *2-仅用于带全自动空调器的汽车 *3-仅用于带后座区娱乐装置（RSE）的汽车 *4-仅用于带雨天与光线识别传感器的汽车

图 3-4-262

车载电网控制单元，保险丝架 C

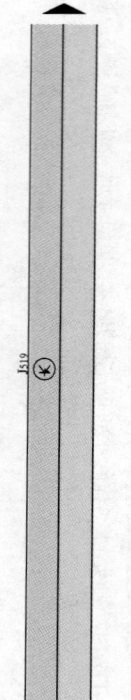

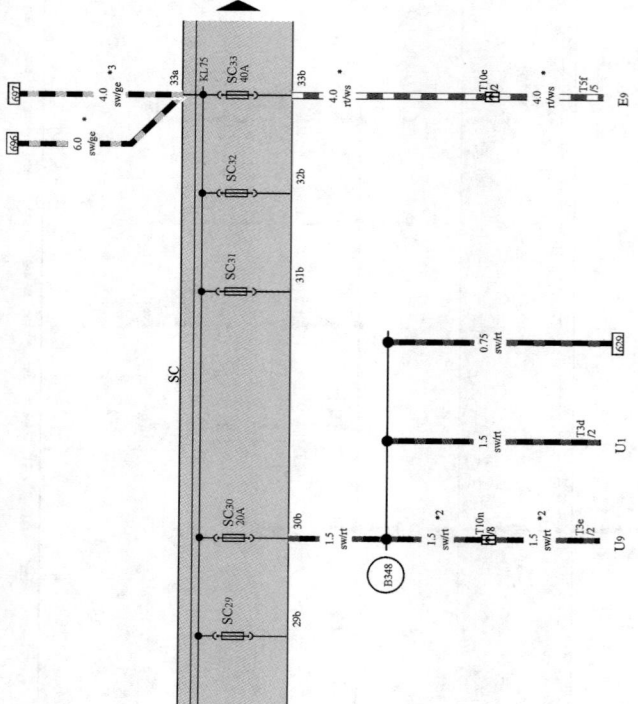

图 3-4-263

E1-车灯开关 F189-Tiptronic开关 J217-自动变速器控制单元 J518-进入及启动许可控制单元 J519-车载电网控制单元 SC-保险丝架C SC22-保险丝架C上的保险丝22 SC23-保险丝架C上的保险丝23 SC24-保险丝架C上的保险丝24 SC28-保险丝架C上的保险丝28 T2i-2芯插头连接，黑色 T2j-2芯插头连接，黑色 T10b-10芯插头连接，黑色 T10p-10芯插头连接，黑色 T32d-32芯插头连接，蓝色 T52d-52芯插头连接，黑色 Z20-左侧喷嘴加热电阻 Z21-右侧喷嘴加热电阻 B318-正极连接4（30a），在主导线束中 B349-连接2（75a），在主导线束中 *-仅用于带进入及启动许可的汽车 *2-仅适用于带双离合器变速器的汽车 *3-仅用于带自动变速器的汽车 *4-仅用于带可加热式喷嘴的汽车

车载电网控制单元，保险丝架 C

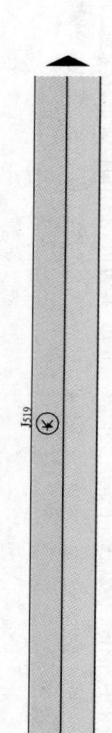

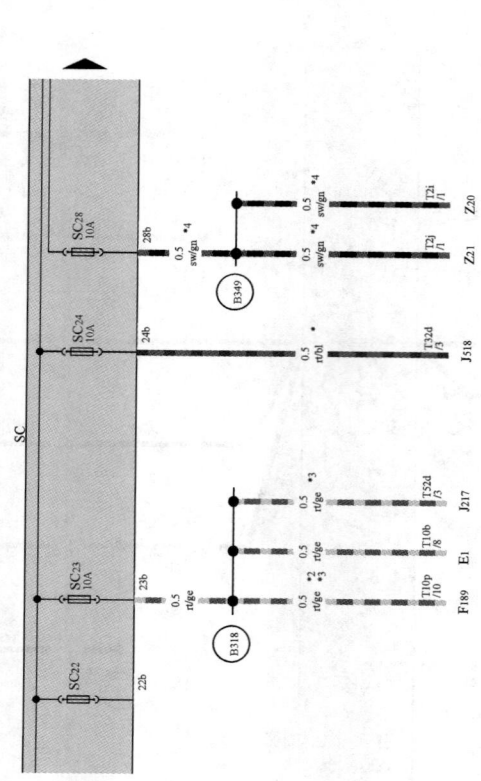

图 3-4-264

E9-新鲜空气鼓风机开关 J519-车载电网控制单元 SC-保险丝架C SC29-保险丝架C上的保险丝29 SC30-保险丝架C上的保险丝30 SC31-保险丝架C上的保险丝31 SC32-保险丝架C上的保险丝32 SC33-保险丝架C上的保险丝33 T3d-3芯插头连接，白色 T3e-3芯插头连接，白色 T5f-5芯插头连接，黑色 T10e-10芯插头连接，黑色 T10n-10芯插头连接，黑色 T52d-52芯插头连接，黑色 U1-点烟器 U9-后部点烟器 B348-连接1（75a），在主导线束中 *-仅用于带手动调节空调器的汽车 *2-依车辆装备而定 *3-仅用于带全自动空调调节的汽车

402

车载电网控制单元，保险丝架 C

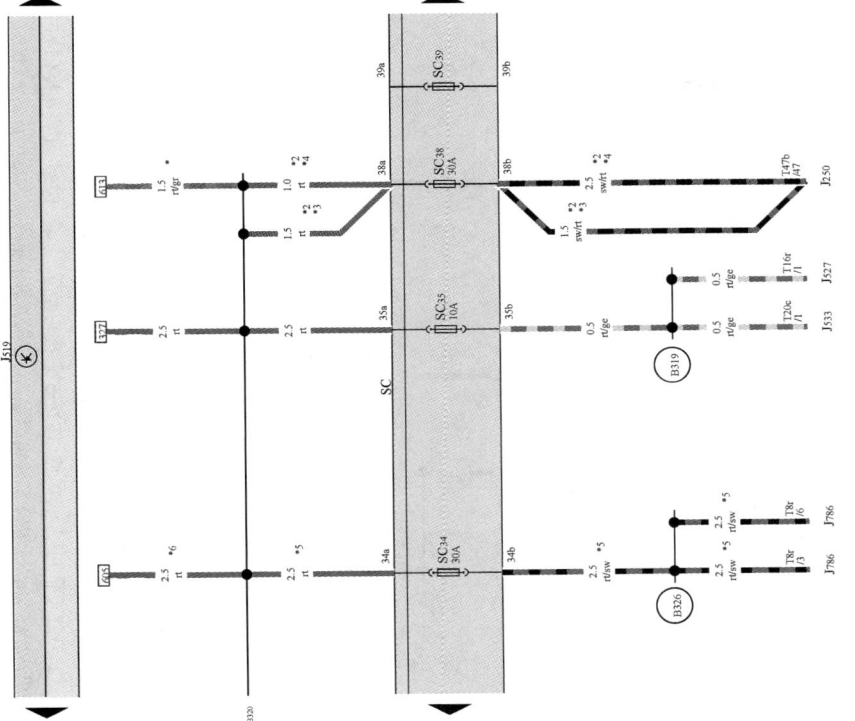

图 3-4-266

J250-减振电子调节控制单元 J519-车载电网控制单元 J527-转向柱电子装置控制单元 J533-数据总线诊断接口 J786-可加热后座椅控制单元 SC-保险丝架C SC34-保险丝架C上的保险丝34 SC35-保险丝架C上的保险丝35 SC38-保险丝架C上的保险丝38 SC39-保险丝架C上的保险丝39 T8r-8芯插头连接，黑色 T16r-16芯插头连接，黑色 T20c-20芯插头连接，红色 T47b-47芯插头连接，黑色 B319-正极连接5（30a），在主导线束中 B320-正极连接6（30a），在主导线束中 B326-正极连接12（30a），在主导线束中 *-仅用于带有电控调节减振系统的汽车 *2-仅用于带有电控控制减振系统的汽车 *3-自2016年7月起 *4-截至2016年7月 *5-可加热式前后座椅 *6-仅用于带有行李箱盖关闭辅助功能的汽车

双音喇叭继电器，车载电网控制单元，保险丝架 C

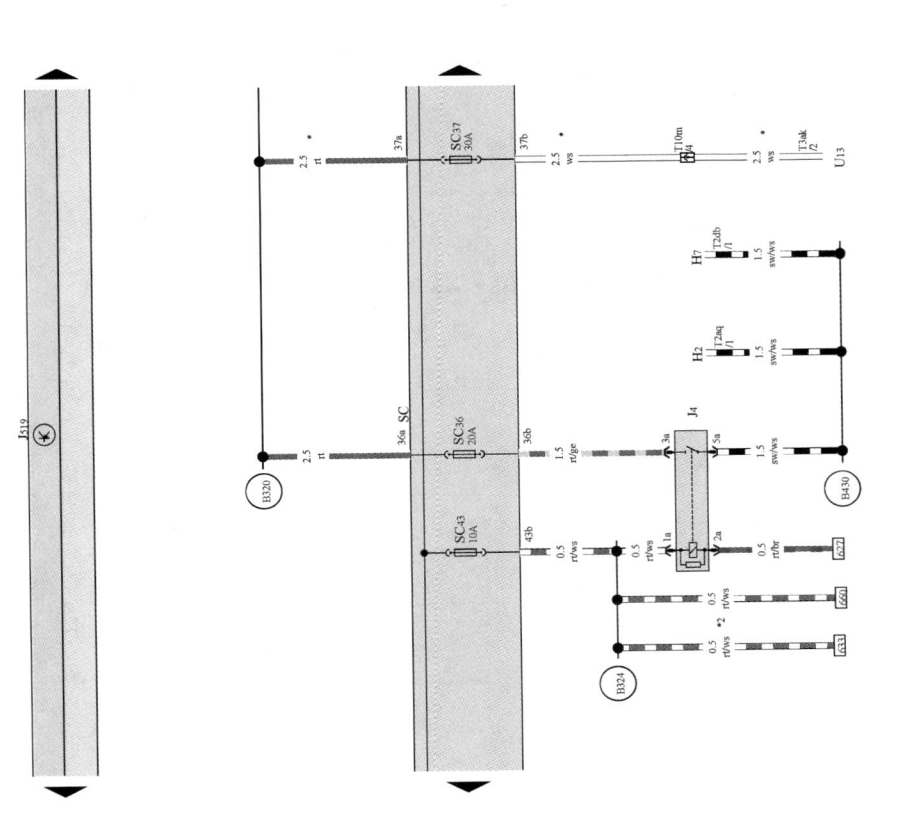

图 3-4-265

H2-高音扬声器 H7-低音扬声器 J4-双音喇叭继电器 J519-车载电网控制单元 SC-保险丝架C SC36-保险丝架C上的保险丝36 SC37-保险丝架C上的保险丝37 SC43-保险丝架C上的保险丝43 T2aq-2芯插头连接，黑色 T2db-2芯插头连接，黑色 T3ak-3芯插头连接，黑色 T10m-10芯插头连接，棕色 U13-带插座的逆变器 B320-正极连接6（30a），在主导线束中 B324-正极连接10（30a），在主导线束中 B430-连接（喇叭），在主导线束中 *-仅用于带12~230V/12~115V插座的逆变器的汽车 *2-仅用于带有大灯清洗装置的汽车

403

车载电网控制单元，保险丝架 C

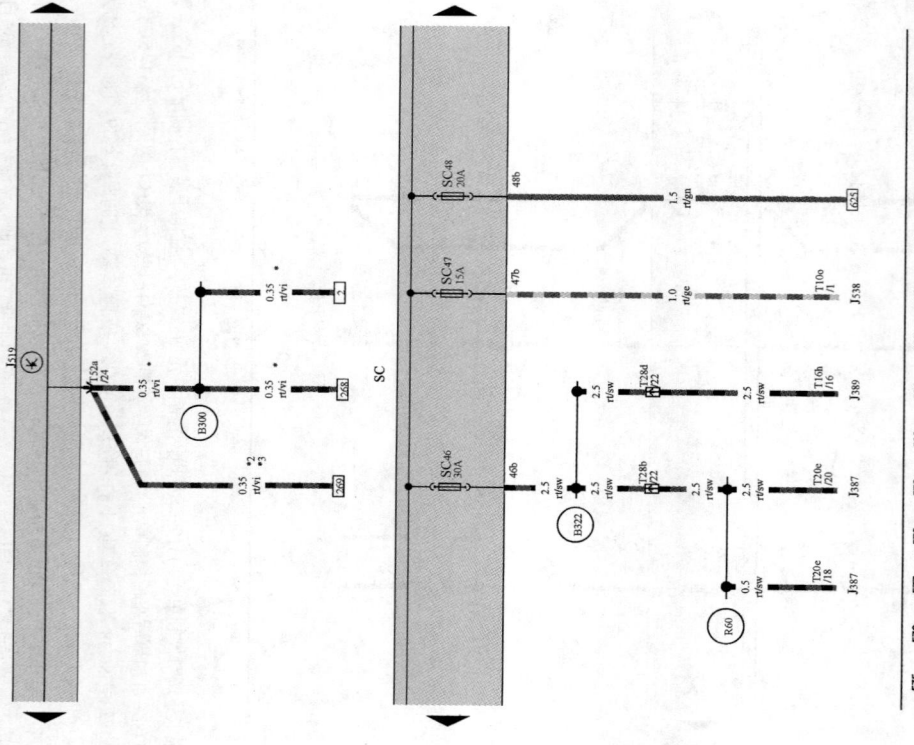

车载电网控制单元，保险丝架 C

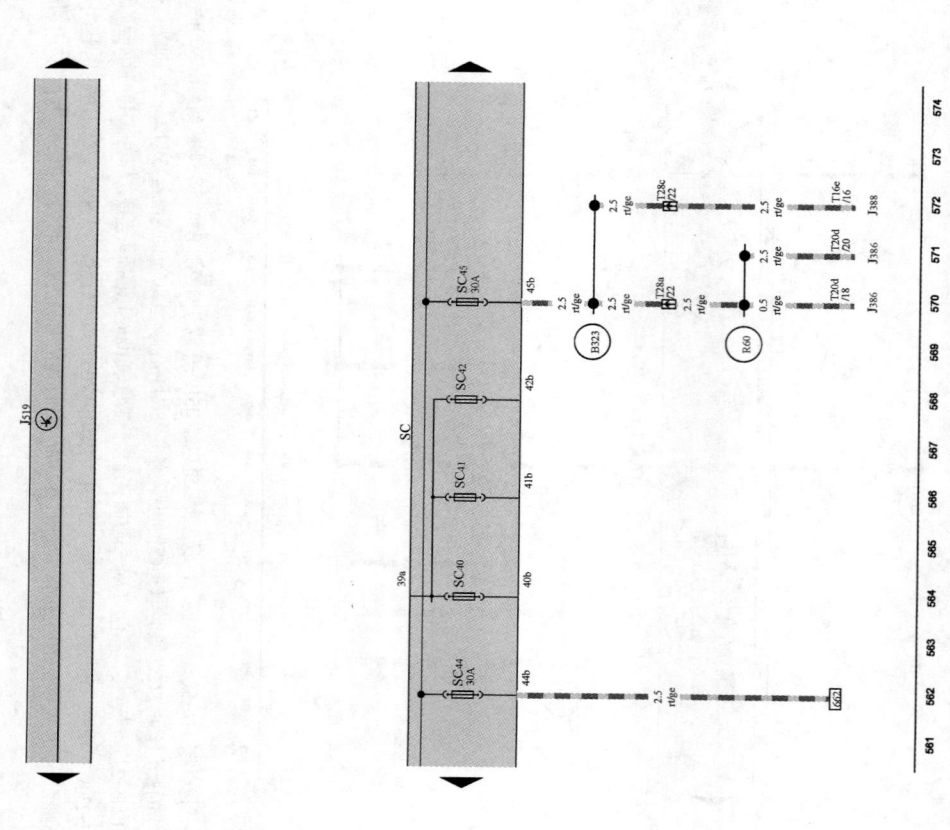

图 3-4-267

J386-驾驶员侧车门控制单元 J388-左后车门控制单元 SC-保险丝架C SC40-保险丝架C上的保险丝40 SC41-保险丝架C上的保险丝41 SC42-保险丝架C上的保险丝42 SC44-保险丝架C上的保险丝44 SC45-保险丝架C上的保险丝45 T16c-16芯插头连接，黑色 T20d-20芯插头连接，黑色 T28a-28芯插头连接，黑色 T28c-28芯插头连接，黑色 B323-正极连接9（30a），在主导线束中 R60-正极连接8（30a），在驾驶员侧车门电缆导线束中

图 3-4-268

J387-副驾驶员侧车门控制单元 J389-右后车门控制单元 J519-车载电网控制单元 J538-燃油泵控制单元 SC-保险丝架C SC46-保险丝架C上的保险丝46 SC47-保险丝架C上的保险丝47 SC48-保险丝架C上的保险丝48 T10o-10芯插头连接，黑色 T16h-16芯插头连接，黑色 T20e-20芯插头连接，黑色 T28b-28芯插头连接，黑色 T20o-20芯插头连接，黑色 T52a-52芯插头连接，黑色 B300-正极连接4（30），在主导线束中 B322-正极连接5（30a），在主导线束中 R60-正极连接中 *2-仅用于不带发动机自动启停系统的汽车 *3-仅用于带自动启停系统的汽车 *一仅用于带1.8L发动机的汽车

车载电网控制单元，保险丝架 C

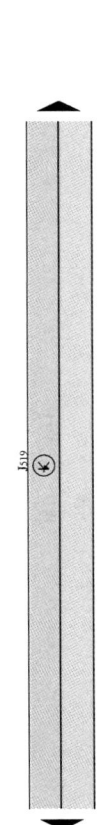

车载电网控制单元，保险丝架 C

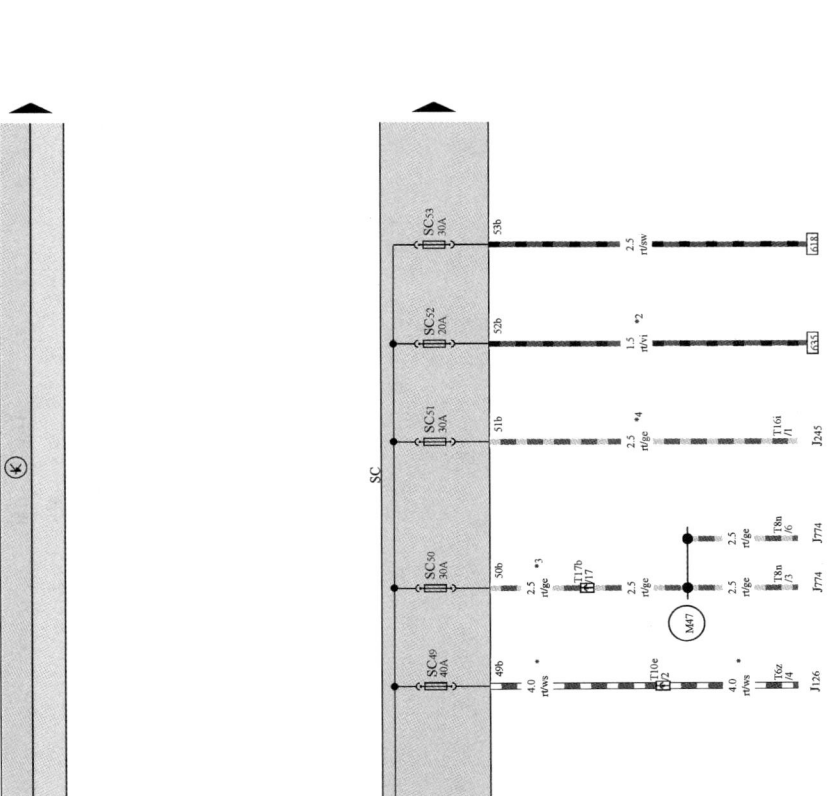

J126-新鲜空气鼓风机控制单元 J245-滑动天窗控制单元 J519-车载电网控制单元 J774-可加热前座椅控制单元 SC-保险丝架C SC49-保险丝架C上的保险丝49 SC50-保险丝架C上的保险丝50 SC51-保险丝架C上的保险丝51 SC52-保险丝架C上的保险丝52 SC53-保险丝架C上的保险丝53 T6z-6芯插头连接，棕色 T8n-8芯插头连接，黑色 T10e-10芯插头连接，黑色 T16i-16芯插头连接，黑色 T17b-17芯插头连接，黑色 M47-连接3，在驾驶员侧座椅导线束中 *-仅用于带有全自动空调的汽车 *2-仅用于带大灯清洗装置的汽车 *3-仅用于带折叠式滑动天窗的汽车 *4-仅用于带可加热式座椅的汽车

图 3-4-269

J503-收音机及导航系统带显示单元的控制单元 J519-车载电网控制单元 J605-行李箱盖控制单元 R-收音机 SC-保险丝架C SC54-保险丝架C上的保险丝54 SC55-保险丝架C上的保险丝55 SC56-保险丝架C上的保险丝56 SC57-保险丝架C上的保险丝57 T4ab-4芯插头连接 T8e-8芯插头连接，黑色 T16q-16芯插头连接 T18a-18芯插头连接 *-仅用于带导航系统的汽车 *2-仅用于带发动机自动启停系统的汽车 *3-仅用于带收音机MIB-G第2代标准型增强版的汽车 *4-仅用于带有行李箱盖关闭辅助功能的汽车 *5-仅用于带收音机MIB-G标准型的汽车 *6-仅用于带自动启停系统的汽车

图 3-4-270

大灯清洗装置继电器, 车载电网控制单元

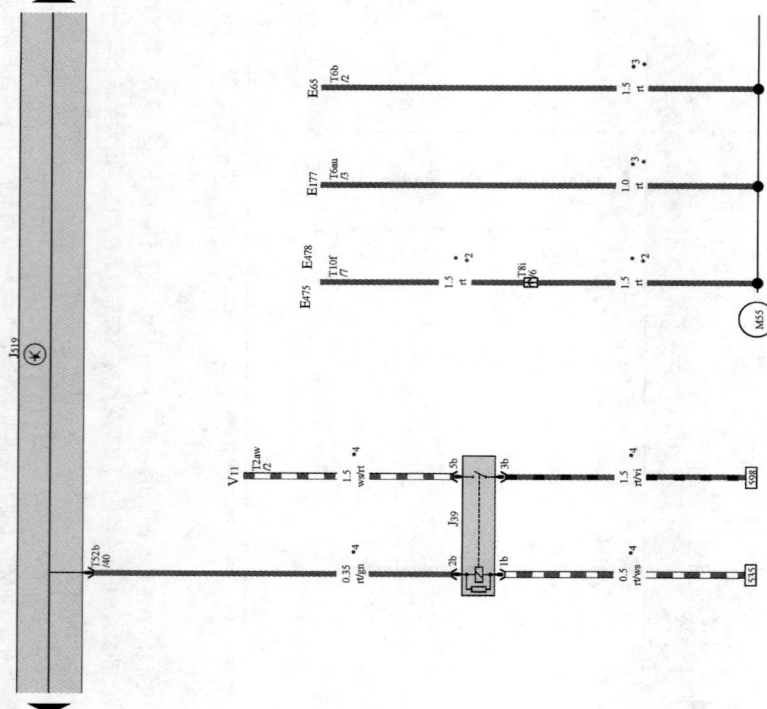

	631	632	633	634	635	636	637	638	639	640	641	642	643	644

E65-副驾驶员座椅的前部高度调节开关 E177-副驾驶员腰部支撑调节开关 E475-后部扶手中的副驾驶员座椅后位置调节开关 E478-后部扶手中的副驾驶员座椅的靠背调节开关 J39-大灯清洗装置继电器 J519-车载电网控制单元 J2aw-2芯插头连接, 黑色 T6au-6芯插头连接, 黑色 T6b-6芯插头连接, 黑色 T8i-8芯插头连接, 黑色 T10f-10芯插头连接, 黑色 T52b-52芯插头连接, 白色 V11-大灯清洗装置泵 M55-连接5, 在副驾驶员侧座椅导线束中 *-仅用于带电动座椅调节和记忆功能的汽车 *2-依汽车装备而定 *3-电动可调可调驾驶员和副驾驶员座椅 *4-仅用于带大灯清洗装置的汽车

图 3-4-272

车载电网控制单元, 保险丝架 C

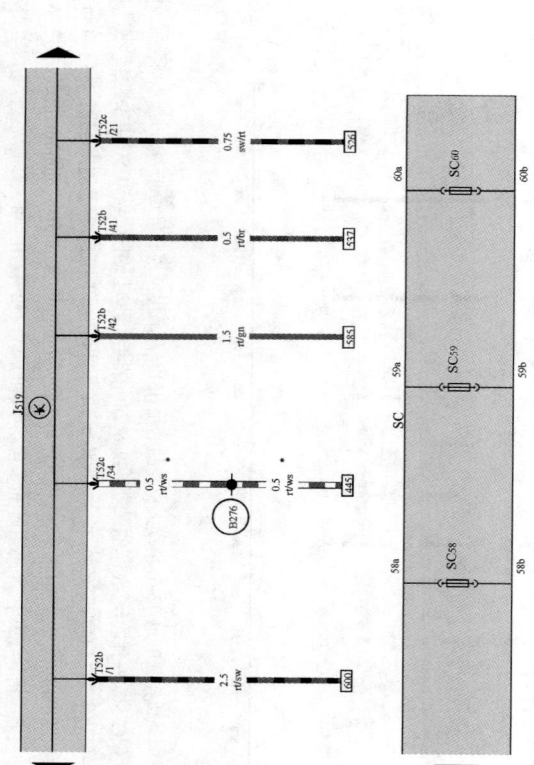

	617	618	619	620	621	622	623	624	625	626	627	628	629	630

图 3-4-271

J519-车载电网控制单元 SC-保险丝架C SC58-保险丝架C上的保险丝58 SC59-保险丝架C上的保险丝59 SC60-保险丝架C上的保险丝60 T52b-52芯插头连接, 白色 T52c-52芯插头连接, 棕色 B276-正极连接 (50), 在主导线束中 *-仅用于带自动启停系统的汽车

406

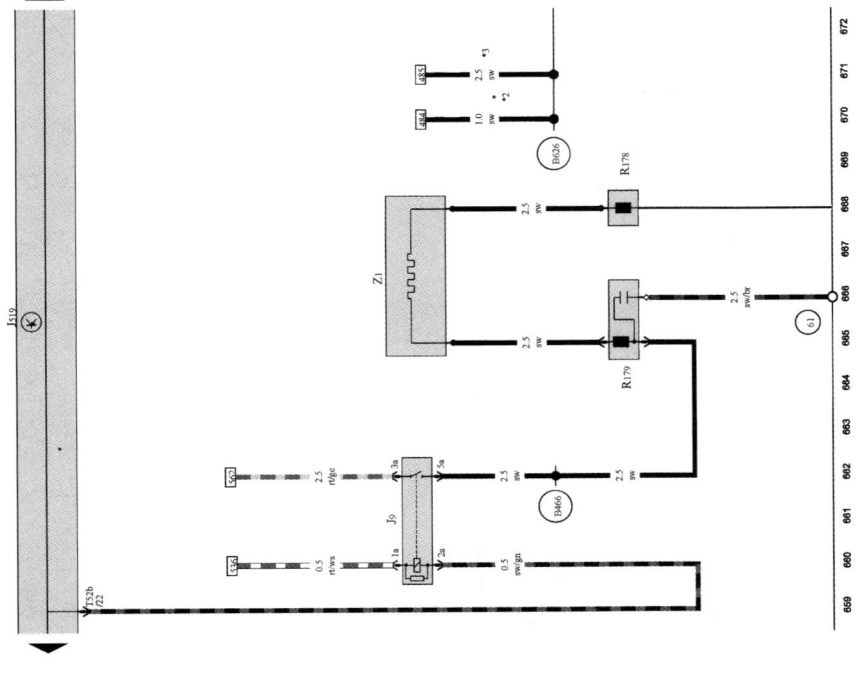

可加热后窗玻璃继电器，车载电网控制单元，正导线中的调频率滤波器，负导线中的调频率滤波器，正导线中的调频率滤波器，可加热式后窗玻璃

J9－可加热后窗玻璃继电器 J519－车载电网控制单元 R178－负导线中的调频频率滤波器 R179－正导线中的调频率滤波器 T52b－52芯插头连接 B626－正极连接2（15），白色 Z1－可加热式后窗玻璃 61－左侧C柱上的接地点 B466－连接2，在主导线束中 *2－仅用于带有电控调节减振系统的汽车 *3－仅用于带驾驶辅助特殊装备的汽车

图 3-4-274

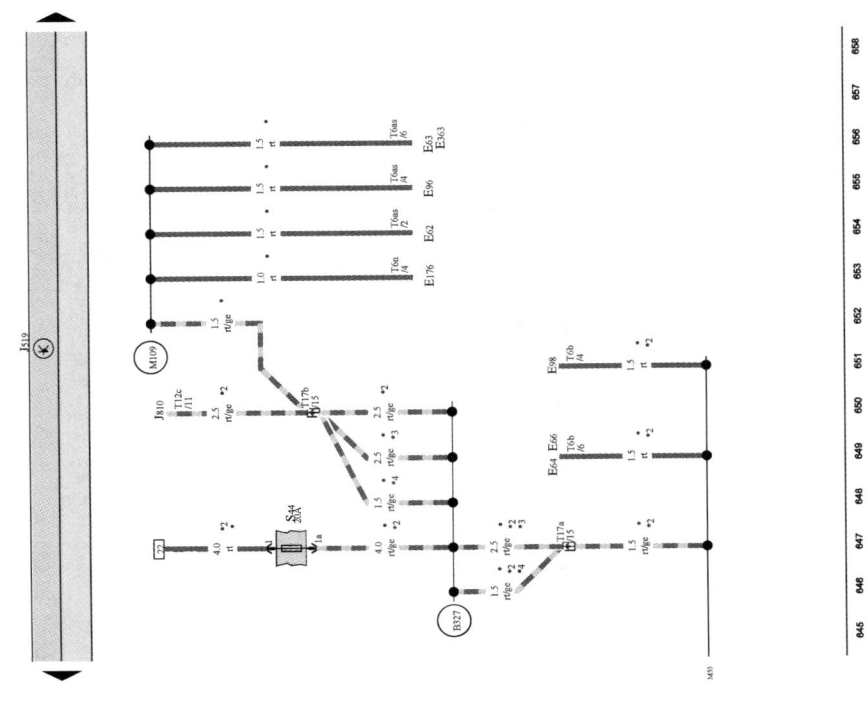

车载电网控制单元

E62－驾驶员座椅的前部高度调节开关 E63－驾驶员座椅的后部高度调节开关 E64－副驾驶员座椅纵向调节开关 E66－副驾驶员座椅的后部高度调节开关 E96－驾驶员座椅靠背调节开关 E98－副驾驶员座椅靠背调节开关 E176－驾驶员腰部支撑调节开关 E363－驾驶员座椅纵向调节开关 J519－车载电网控制单元 J810－驾驶员座椅调节控制单元 S44－驾驶员座椅调节装置的热敏保险丝1 T6as－6芯插头连接 T6b－6芯插头连接，黑色 T6m－6芯插头连接，黑色 T12c－12芯插头连接，黑色 T17a－17芯插头连接，黑色 T17b－17芯插头连接，黑色 M109－连接1 接，黑色 B327－正极连接13（30a），在主导线束中 M55－连接5，在副驾驶员侧座椅导线束中 M109－连接1 （30），在左前座椅导线束中 *1－电动可调式驾驶员和副驾驶员座椅 *2－仅用于带电动座椅调节和记忆功能的汽车 *3－截至2017年1月 *4－自2017年1月起

图 3-4-273

407

接线端 15 供电继电器，车载电网控制单元，供电继电器 1，接线端 75

车载电网控制单元，供电继电器，接线端 50

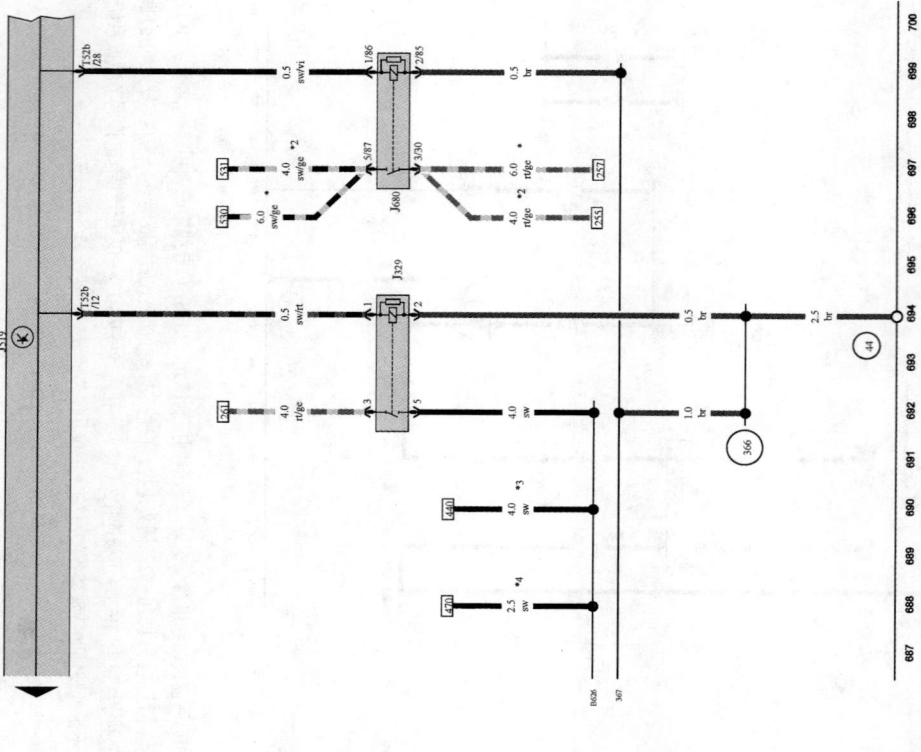

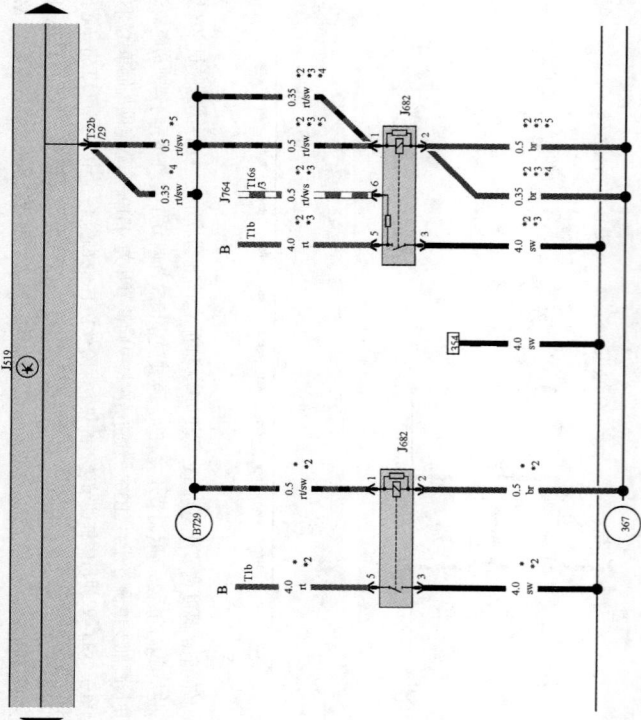

J329-接线端15供电继电器 J519-车载电网控制单元 J680-供电继电器1，接线端75 T52b-52芯插头连接，白色 44-左侧A柱下部的接地点 366-接地连接，在主导线束中 367-接地连接，在主导线束中 B626-正极连接2（15），在主导线束中 *-仅用于带有手动调节空调器的汽车 *2-仅用于带全自动空调的汽车 *3-仅用于带自动启停系统的汽车 *4-仅用于带盲区识别的汽车

图 3-4-276

B-启动机 J519-车载电网控制单元 J682-供电继电器，接线端50 J764-电子转向柱锁止装置控制单元 T1b-1芯插头连接，T16s-16芯插头连接，黑色 T52b-52芯插头连接，在主 导线束中 B626-正极连接2（15），在主导线束中 B729-连接1（50），在主导线束中 *-仅用于不带进入 及启动许可的汽车 *2-仅用于不带发动机自动启停系统的汽车 *3-仅用于带进入及启动许可的汽车 *4- 自2017年1月起 *5-截至2017年1月

图 3-4-275

408

第五节 基本装备

基本装备电路图的图号和图名对照表见表 3-5-1。

表 3-5-1 基本装备电路图的图号和图名对照表

图号	图名
图 3-5-1~图 3-5-37	基本装备电路图

蓄电池，蓄电池监控控制单元

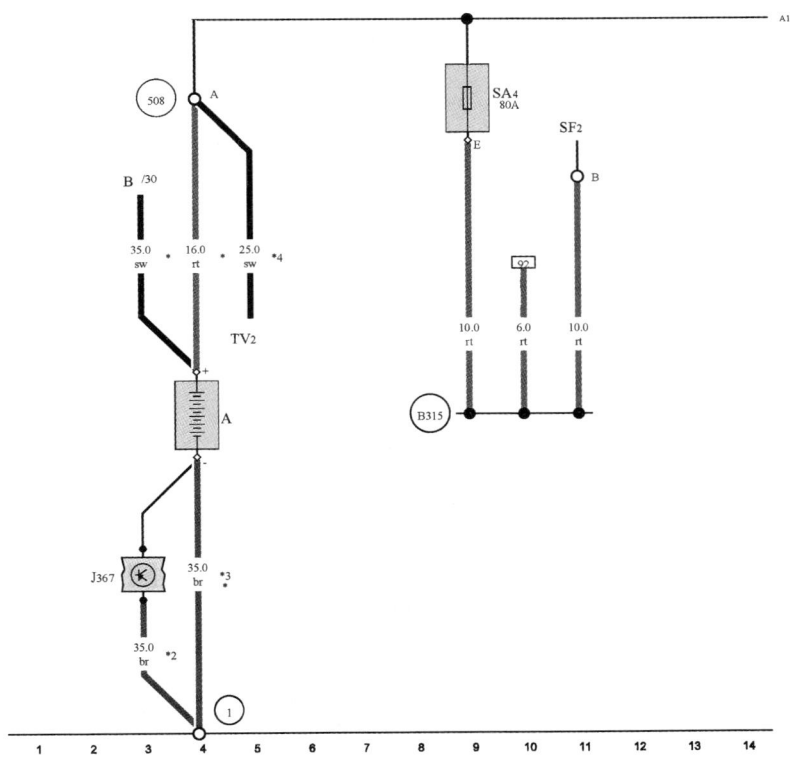

A-蓄电池 B-启动机 J367-蓄电池监控控制单元 SF2-保险丝架F上的保险丝2 SA4-保险丝架A上的保险丝4 TV2-接线端30导线分线器 1-接地带，蓄电池-车身 508-螺栓连接（30），在电控箱上 B315-正极连接1（30a），在主导线束中 *-仅用于带4缸发动机的汽车 *2-仅用于带自动启停系统的汽车 *3-仅用于不带发动机自动启停系统的汽车 *4-仅在带6缸发动机的汽车上

图 3-5-1

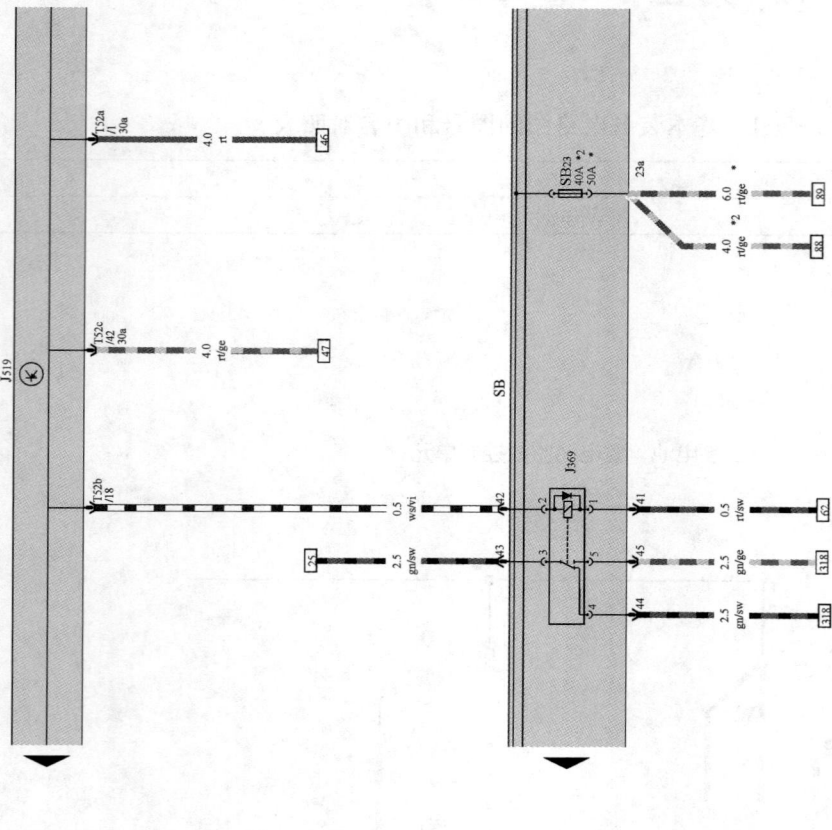

主继电器，刮水器电机继电器 1，车载电网控制单元，保险丝架 B

刮水器电机继电器 2，车载电网控制单元，保险丝架 B

图 3-5-2

图 3-5-3

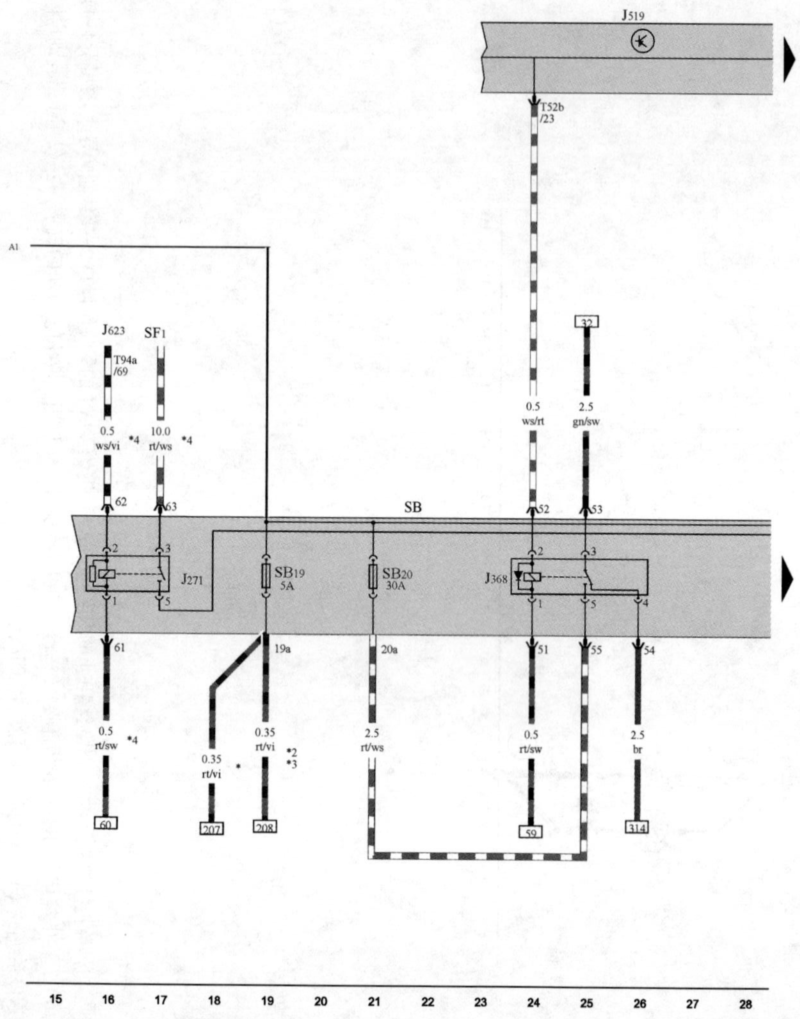

J271-主继电器 J368-刮水器电机继电器1 J519-车载电网控制单元 J623-发动机控制单元 SB-保险丝架 B SF1-保险丝架上的保险丝1 SB19-保险丝架B上的保险丝19 SB20-保险丝架B上的保险丝20 T52b-52芯插头连接 黑色 T94a-94芯插头连接 白色 *-仅用于带自动启停系统的汽车 *2-仅用于带自动启停系统的汽车 *3-仅用于带4缸发动机的汽车 *4-仅在带6缸发动机的汽车上

J369-刮水器电机继电器2 J519-车载电网控制单元 SB-保险丝架B SB23-保险丝架B上的保险丝23 T52a-52芯插头连接 黑色 T52b-52芯插头连接 白色 T52c-52芯插头连接 棕色 *-仅用于带手动调节空调器的汽车 *2-仅用于带全自动空调器的汽车

410

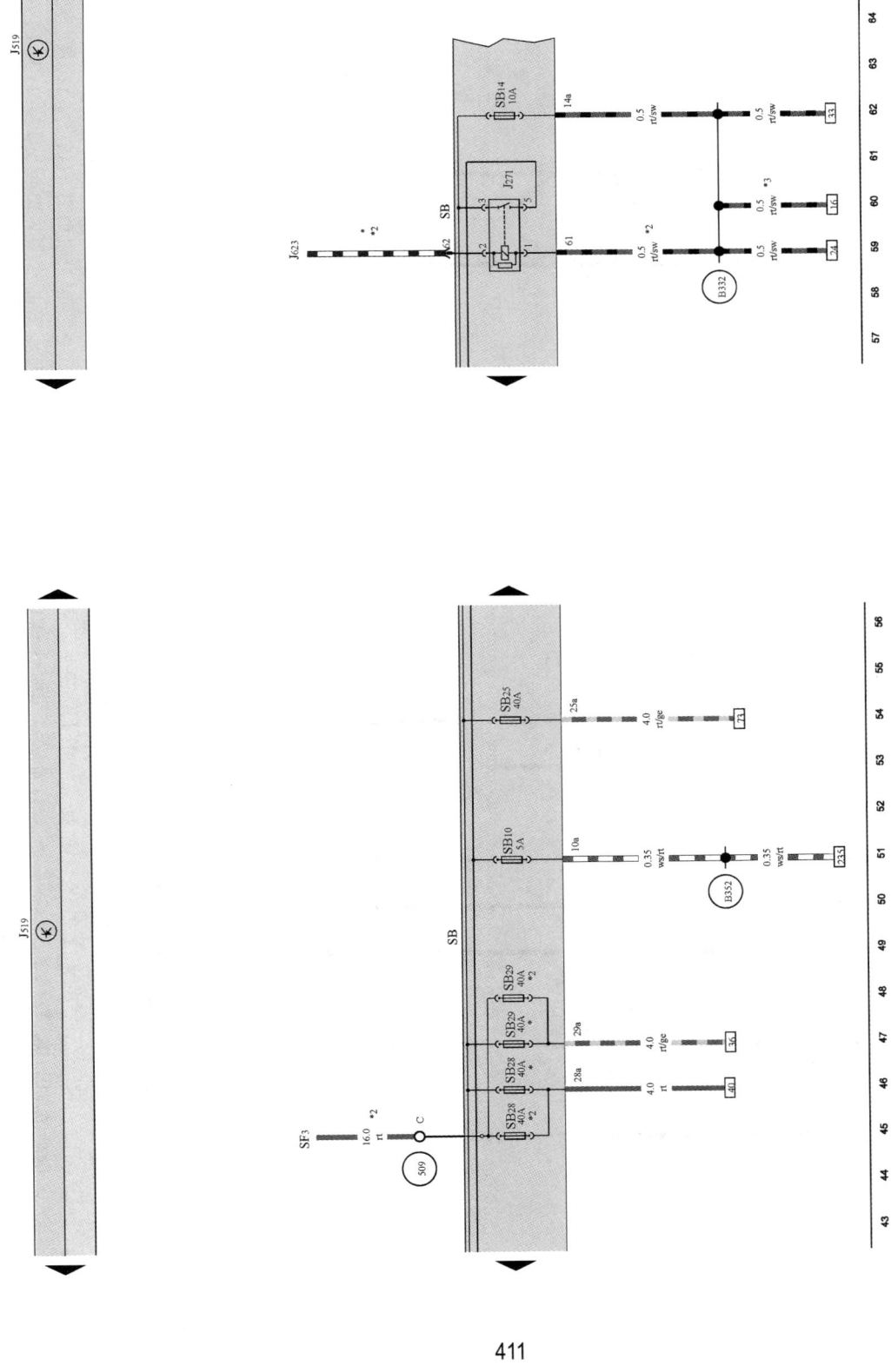

主继电器，车载电网控制单元，保险丝架 B

图 3-5-5

J271-主继电器 J519-车载电网控制单元 J623-发动机控制单元 SB-保险丝架 B SB14-保险丝架 B 上的保险丝14 T52b-52芯插头连接，白色 B332-正极连接18（30a），在主导线束中 *-见发动机所适用的电路图 *2-仅用于带4缸发动机的汽车 *3-仅在带6缸发动机的汽车上

车载电网控制单元，保险丝架 B

图 3-5-4

J519-车载电网控制单元 SB-保险丝架B SF3-保险丝架B上的保险丝3 SB10-保险丝架B上的保险丝10 SB25-保险丝架B上的保险丝25 SB28-保险丝架B上的保险丝28 SB29-保险丝架B上的保险丝29 509-螺栓连接1（29），在电控箱上 B352-正极连接3（87a），在主导线束中 *2-仅用于带4缸发动机的汽车 *2-仅在带6缸发动机的汽车上

411

车载电网控制单元，供电继电器 1，接线端 75，保险丝架 C

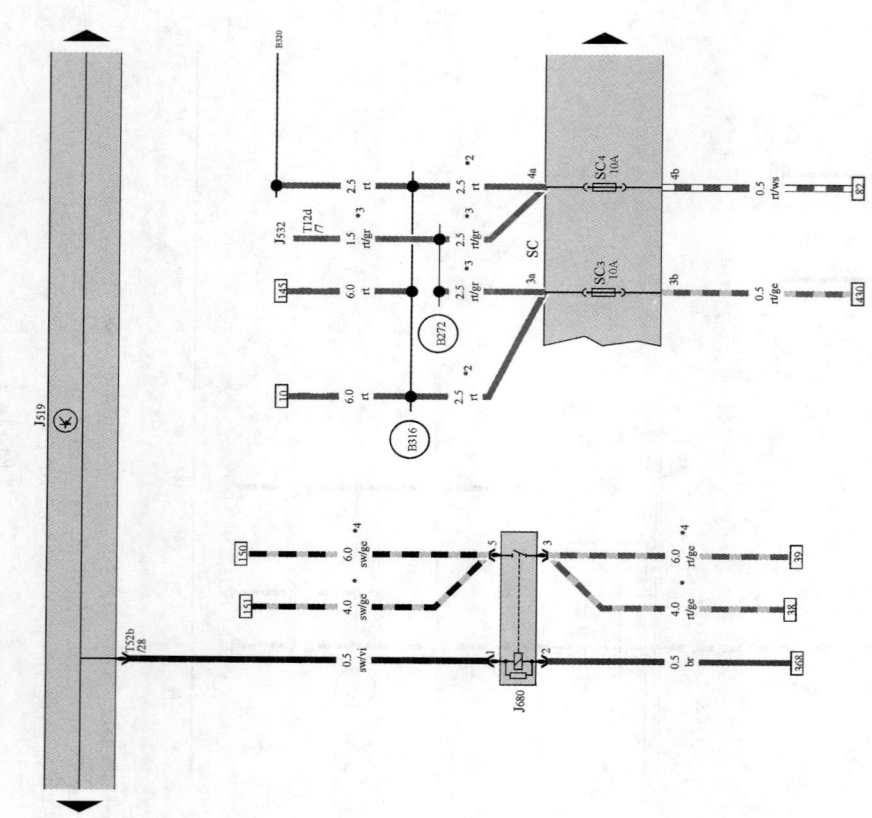

J519－车载电网控制单元 J532－稳压器 J680－供电继电器1，接线端75 SC－保险丝架 C SC3－保险丝架C上的保险丝3 SC4－保险丝架C上的保险丝4 T12d－12芯插头连接 T52b－52芯插头连接，黑色 T52b－52芯插头连接，白色 B272－正极连接（30），在主导线束中 B316－正极连接2（30a），在主导线束中 B320－正极连接6（30a），在主导线束中 *－仅用于带全自动空调的汽车 *2－仅用于不带发动机自动启停系统的汽车 *3－仅用于带手动调节空调器的汽车 *4－仅用于带有手动调节空调的汽车停系统的汽车

图 3-5-7

接线端 15 供电继电器，车载电网控制单元，时钟

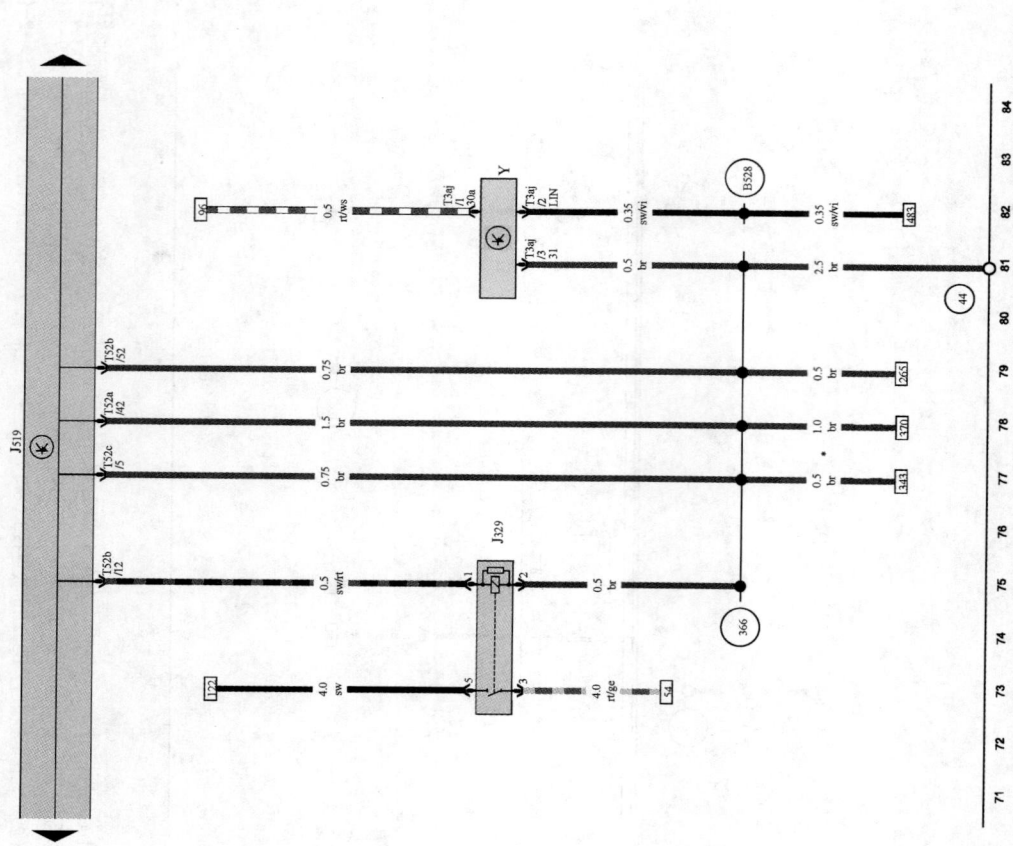

J329－接线端15供电继电器 J519－车载电网控制单元 T3aj－3芯插头连接 T52a－52芯插头连接，黑色 T52c－52芯插头连接，白色 T52b－52芯插头连接，黑色 T3aj－3芯插头连接，棕色 Y－时钟 44－左侧A柱下部的接地点 366－接地连接，在主导线束中 B528－连接1（LIN总线），在主导线束中 *－仅用于带有脚部空间照明的汽车

图 3-5-6

412

车载电网控制单元，保险丝架 C

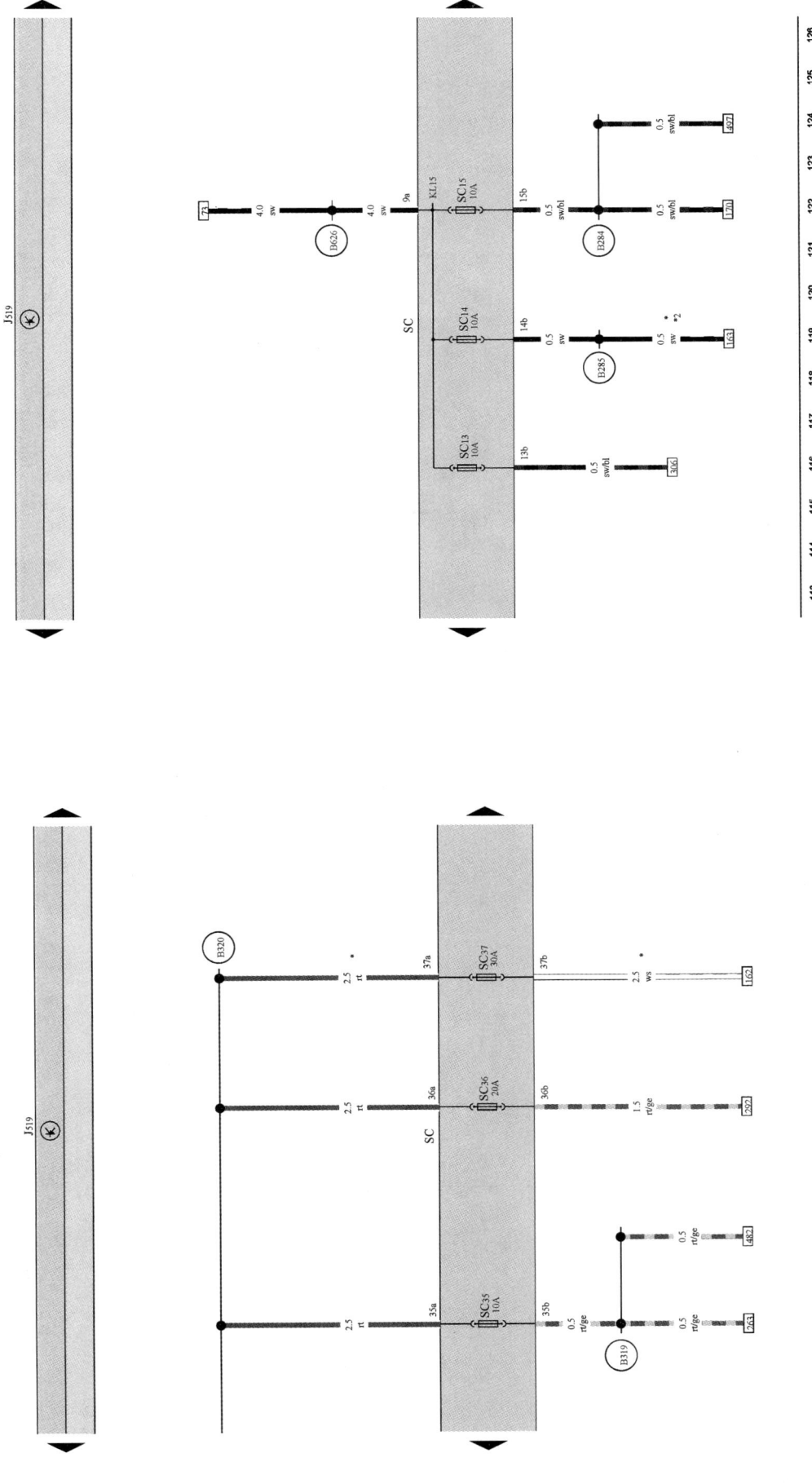

图 3-5-9

J519-车载电网控制单元 SC-保险丝架C SC13-保险丝架C上的保险丝13 SC14-保险丝架C上的保险丝
14 SC15-保险丝架C上的保险丝15 B284-正极连接8（15a），在主导线束中 B285-正极连接9（15a），
在主导线束中 B626-正极连接2（15），在主导线束中 *-仅用于带12~230V/12~115V插座的逆变器的汽车
*2-仅用于带自动启停系统的汽车

图 3-5-8

J519-车载电网控制单元 SC-保险丝架C SC35-保险丝架C上的保险丝35 SC36-保险丝架C上的保险丝36
SC37-保险丝架C上的保险丝37 B319-正极连接5（30a），在主导线束中 B320-正极连接6（30a），在主
导线束中 *-仅用于带12~230V/12~115V插座的逆变器的汽车

413

车载电网控制单元，保险丝架 C

车载电网控制单元，保险丝架 C

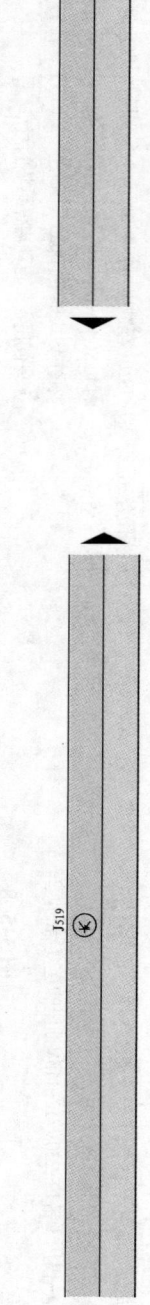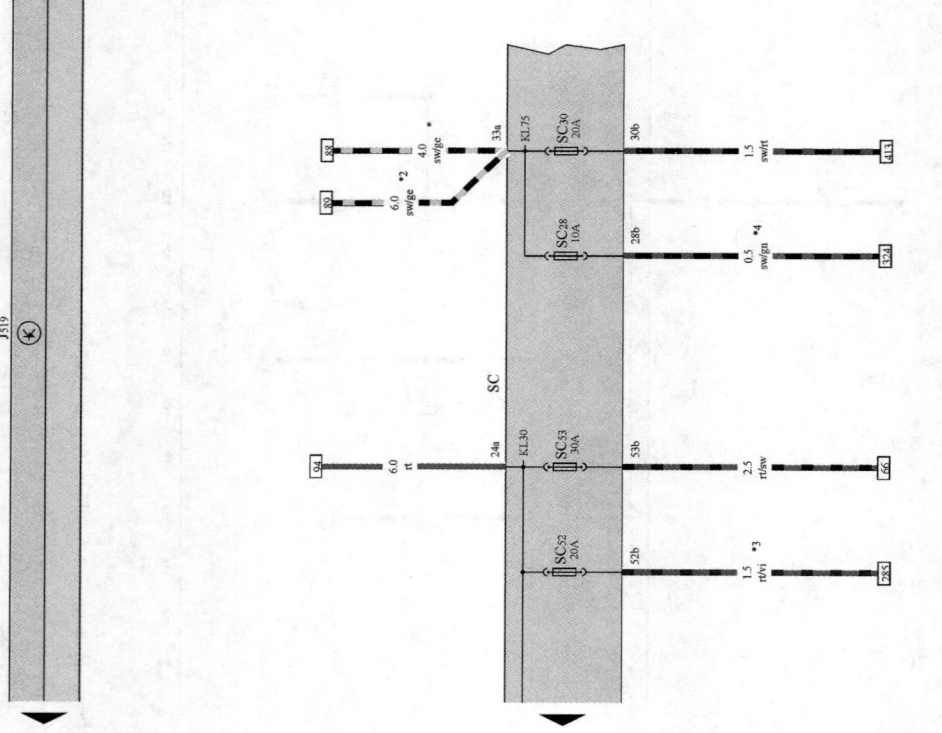

图 3-5-11

图 3-5-10

J519-车载电网控制单元 SC-保险丝架C SC28-保险丝架C上的保险丝28 SC30-保险丝架C上的保险丝30
SC43-保险丝架C上的保险丝43 SC52-保险丝架C上的保险丝52 SC53-保险丝架C上的保险丝53 *1-仅用于带全自动空调的汽车 *2-仅用
于带有手动调节空调节器的汽车 *3-仅用于带大灯清洗装置的汽车 *4-仅用于带可加热式喷嘴的汽车

J519-车载电网控制单元 SC-保险丝架C SC20-保险丝架C上的保险丝20 SC23-保险丝架C上的保险丝23
SC43-保险丝架C上的保险丝43 SC44-保险丝架C上的保险丝44 SC48-保险丝架C上的保险丝48 B317-正
极连接3（30a），在主导线束中 *-仅用于带回家模式的汽车

车灯开关，前雾灯开关，后雾灯开关，车载电网控制单元，大灯开关照明灯泡

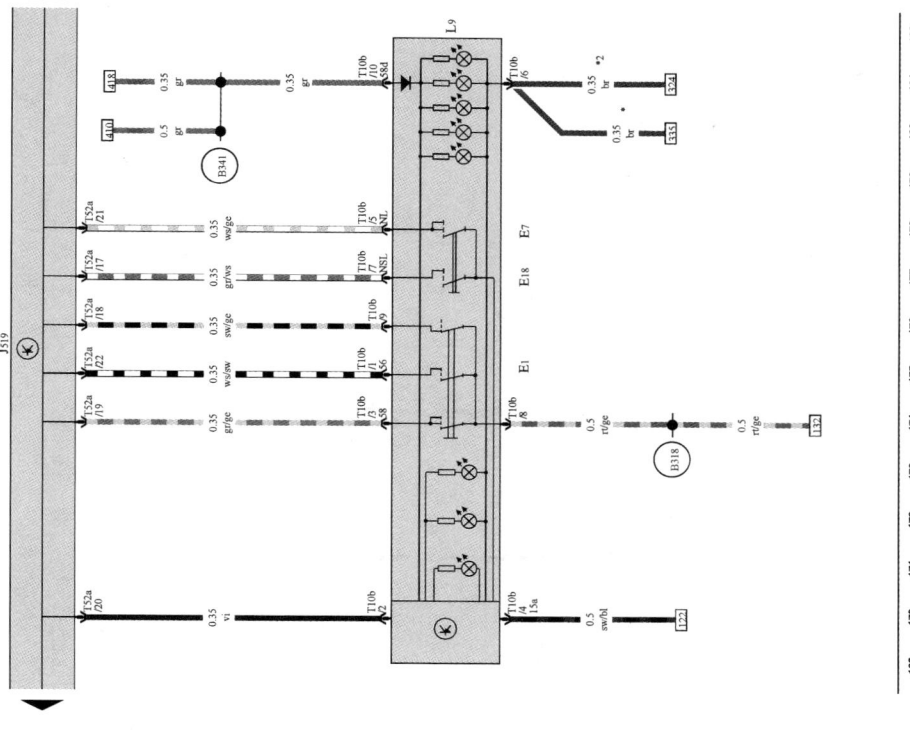

图 3-5-13

E1–车灯开关　E7–前雾灯开关　E18–后雾灯开关　J519–车载电网控制单元　L9–大灯开关照明灯泡　T10b–10芯插头连接，黑色　T52a–52芯插头连接，黑色　B318–正极连接4（30a），在主导线束中　B341–连接2（58d），在主导线束中2月起 *1–自2016年2月起 *2–截至2016年2月

车载电网控制单元，带插座的逆变器（12~230V），车窗玻璃清洗泵

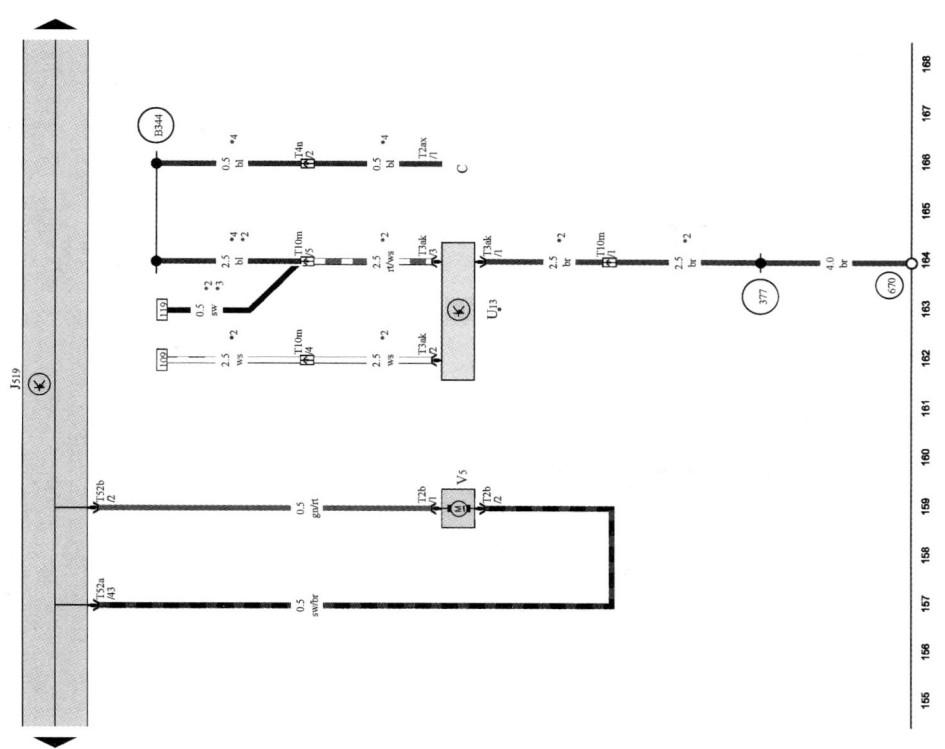

图 3-5-12

C–交流发电机　J519–车载电网控制单元　T2ax–2芯插头连接，黑色　T2b–2芯插头连接，黑色　T3ak–3芯插头连接，黑色　T4n–4芯插头连接，黑色　T10m–10芯插头连接，黑色　T52a–52芯插头连接，棕色　T52b–52芯插头连接，白色　U13–带插座的逆变器（12~230V）　V5–车窗玻璃清洗泵　377–接地连接12，在主导线束中　670–左侧A柱上的接地点2　B344–连接1（61），在主导线束中 *1–已预先布线的部件 *2–仅用于带12~230V/12~115V插座的逆变器的汽车 *3–仅用于带自动启停系统的汽车 *4–仅用于不带发动机自动启停系统的汽车

415

车载电网控制单元，高位制动信号灯灯泡，左侧牌照灯，右侧牌照灯

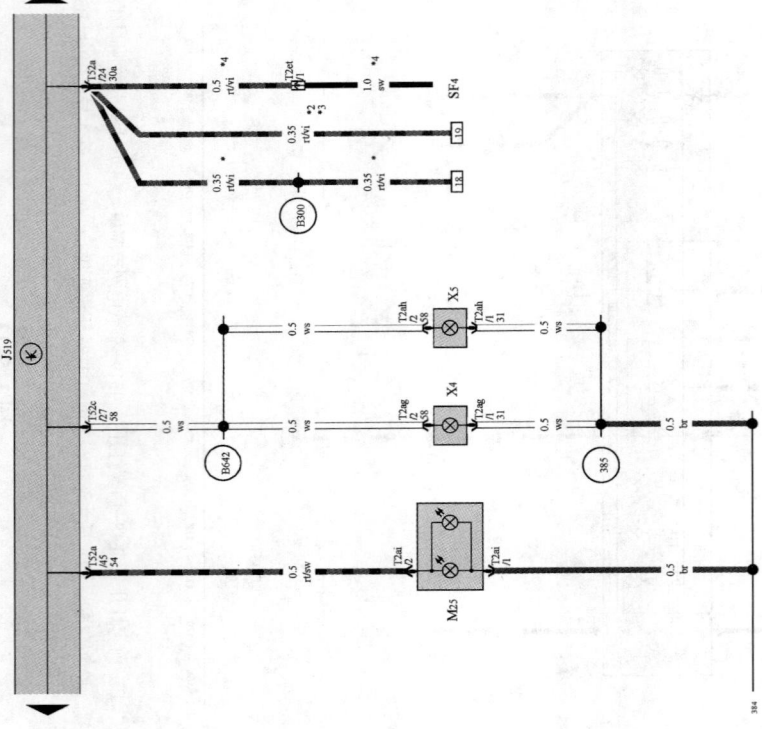

J519-车载电网控制单元 M25-高位制动信号灯灯泡 SF4-保险丝架上的保险丝4 T2ag-2芯插头连接、黑色 T2ah-2芯插头连接、黑色 T2ai-2芯插头连接、黑色 T2et-2芯插头连接、黑色 T52a-52芯插头连接、黑色 T52c-52芯插头连接、黑色 X4-左侧牌照灯 X5-右侧牌照灯 384-接地连接19，在主导线束中 385-接地连接20，在主导线束中 B300-正极连接4（30），在主导线束中 B642-正极连接（58），在主导线束中 *-仅用于带自动启停系统的汽车 *2-仅用于不带发动机自动启停系统的汽车 *3-仅用于带发动机自动启停系统的汽车 *4-仅用于带4缸发动机的汽车

图 3-5-15

信号灯灯泡，左侧制动信号灯灯泡，左侧倒车灯灯泡，左侧尾灯灯泡2
车载电网控制单元，左侧后雾灯灯泡，左侧尾灯，左侧尾灯灯泡2，左后转向

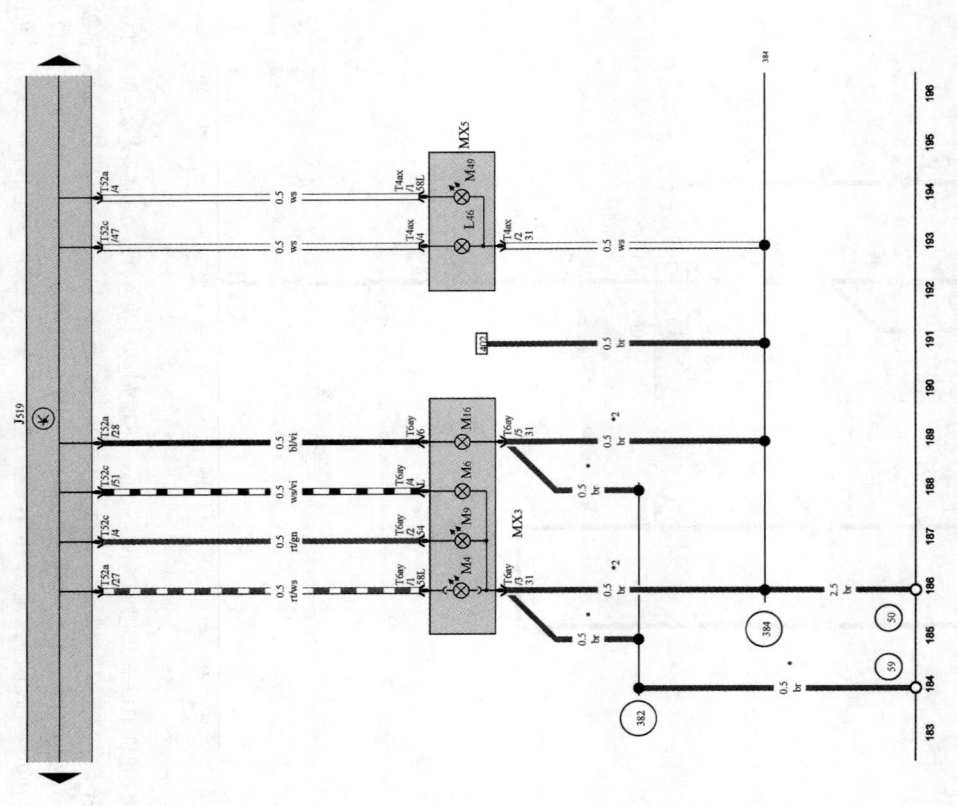

J519-车载电网控制单元 L46-左侧后雾灯 M4-左侧尾灯 MX3-左侧尾灯灯泡 MX5-左侧尾灯灯泡2 M6-左后转向信号灯灯泡 M9-左侧制动信号灯灯泡 M16-左侧倒车灯灯泡 M49-左侧倒车灯灯泡2 T4ax-4 芯插头连接、黑色 T6ay-6芯插头连接、黑色 T52a-52芯插头连接、黑色 T52c-52芯插头连接、棕色 50-行李箱内左侧尾灯附近的接地点 59-左侧尾灯附近的接地点 382-接地连接17，在主导线束中 384-接地连接19，在主导线束中 *-自2016年2月起 *2-截至2016年2月

图 3-5-14

车载电网控制单元, 天关和仪表照明调节器, 制动信号灯开关, 制动踏板开关, 车载电网控制单元

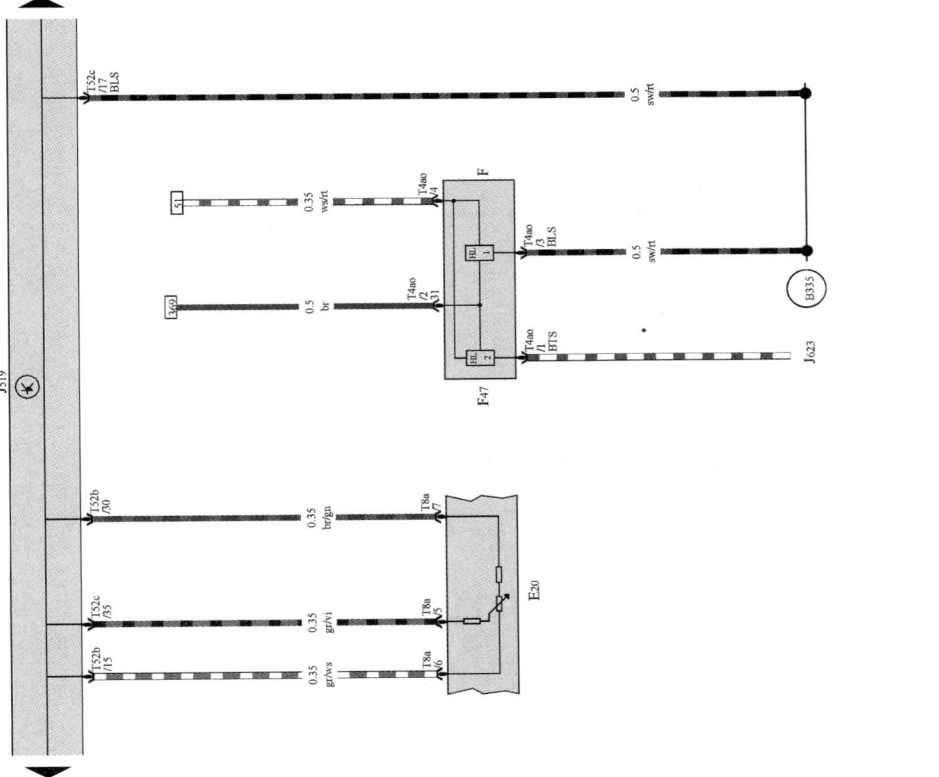

E20-开关和仪表照明调节器 F-制动信号灯开关 F47-制动踏板开关 J519-车载电网控制单元 J623-发动机控制单元 T4ao-4芯捅头连接, 黑色 T8a-8芯捅头连接, 黑色 T52b-52芯插头连接, 白色 T52c-52芯捅头连接, 棕色 B335-连接1 (54) , 在主导线束中 *-见发动机所适用的电路图

图 3-5-17

车载电网控制单元, 右侧尾灯灯泡, 右侧尾灯, 右侧倒车灯灯泡, 右侧制动信号灯灯泡, 右后转向信号灯灯泡, 右侧尾灯 2, 右侧尾灯灯泡 2

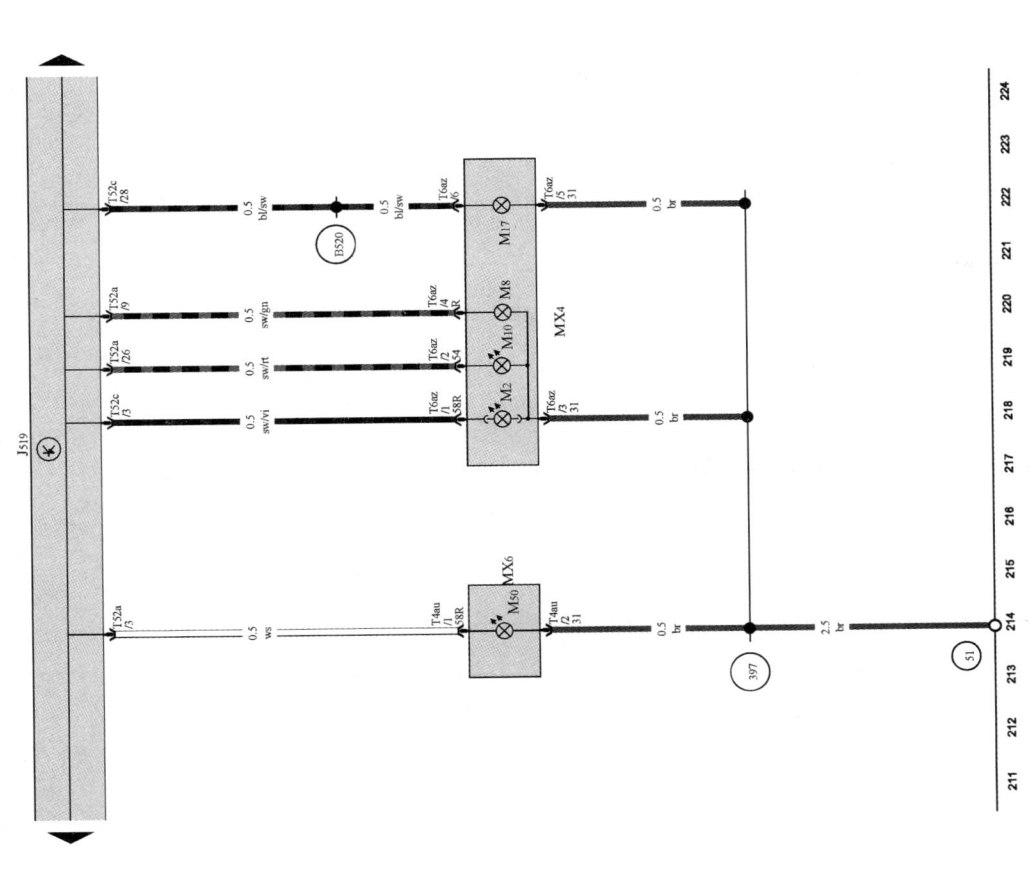

J519-车载电网控制单元 M2-右侧尾灯灯泡 MX4-右侧尾灯 MX6-右侧尾灯2 M8-右后转向信号灯灯泡 M10-右侧倒车灯信号灯灯泡 M17-右侧倒车灯灯泡 M50-右侧尾灯灯泡2 T4au-4芯捅头连接, 黑色 T6az-6芯捅头连接, 黑色 T52a-52芯捅头连接, 黑色 T52c-52芯捅头连接, 黑色 51-行李箱内右侧的接插头连接 (RF) , 在主导线束中

地点 397-接地连接32, 在主导线束中 B520-连接5, 在主导线束中

图 3-5-16

417

点火启动开关，前窗玻璃刮水器开关，间歇式刮水器运行开关，车窗玻璃清洗泵开关（自动刮水 / 清洗装置和大灯清洗装置），车载电网控制单元，转向柱电子装置控制单元

车窗玻璃刮水器间歇运行调节器，多功能显示器调用按钮，多功能显示器存储开关，车载电网控制单元，转向柱电子装置控制单元

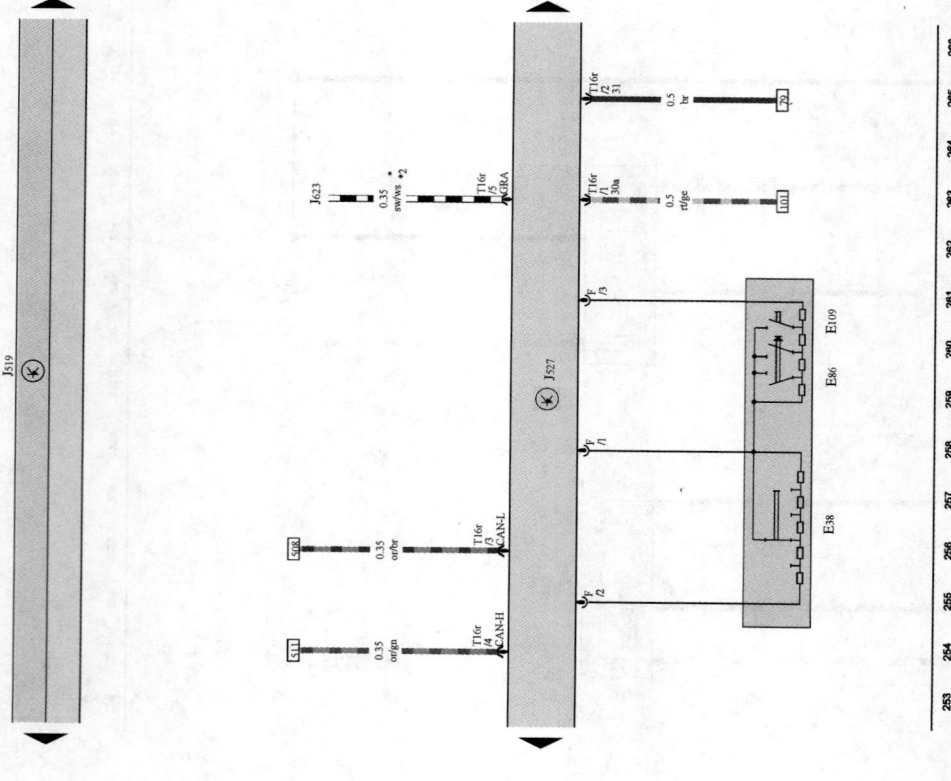

图 3-5-19

E38-车窗玻璃刮水器间歇运行调节器 E86-多功能显示器调用按钮 E109-多功能显示器存储开关 J519-车载电网控制单元 J527-转向柱电子装置控制单元 J623-发动机控制单元 T16r-16芯插头连接，黑色 *-仅用于带定速巡航装置的汽车 *2-见发动机所适用的电路图

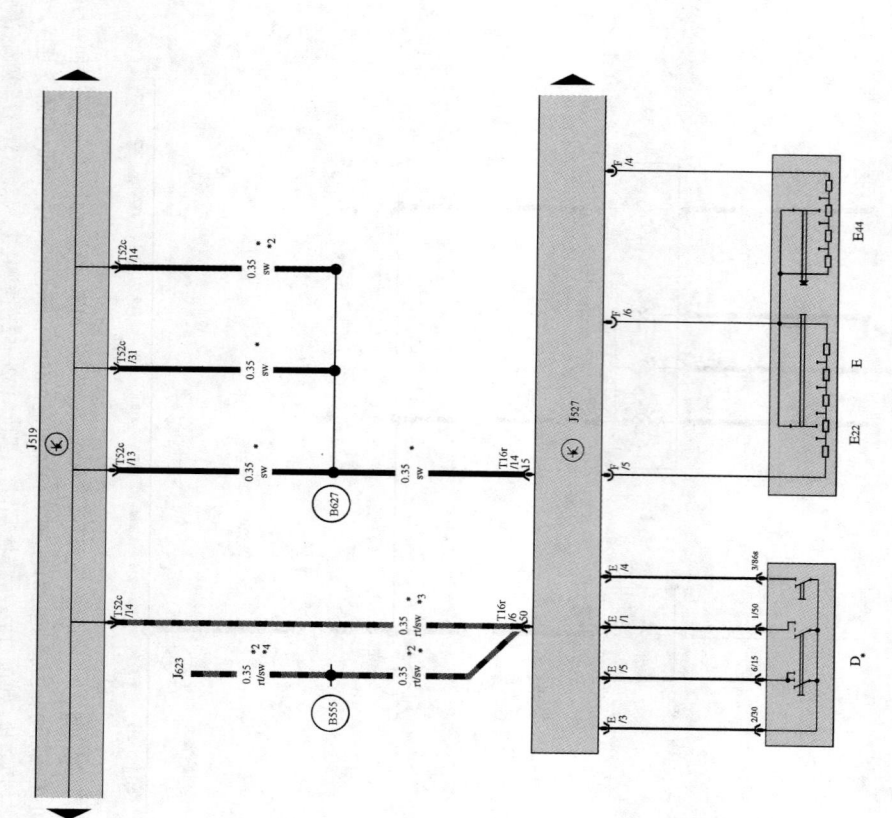

图 3-5-18

D-点火启动开关 E-前窗玻璃刮水器开关 E22-间歇式刮水器运行开关 E44-车窗玻璃清洗泵开关（自动刮水 / 清洗装置和大灯清洗装置） J519-车载电网控制单元 J527-转向柱电子装置控制单元 J623-发动机控制单元 T16r-16芯插头连接，黑色 T52c-52芯插头连接，黑色 B555-正极连接2（50），在主导线束中 B627-正极连接3（15），在主导线束中 *-仅用于不带进入及启动许可的汽车 *2-仅用于带自动启停系统的汽车 *3-仅用于不带发动机自动启停系统的汽车 *4-见发动机所适用的电路图

418

转向信号灯开关，手动远光灯功能和远光灯瞬时接通功能开关，安全气囊卷簧和带滑环的复位环，信号喇叭控制，车载电网控制单元，转向柱电子装置控制单元

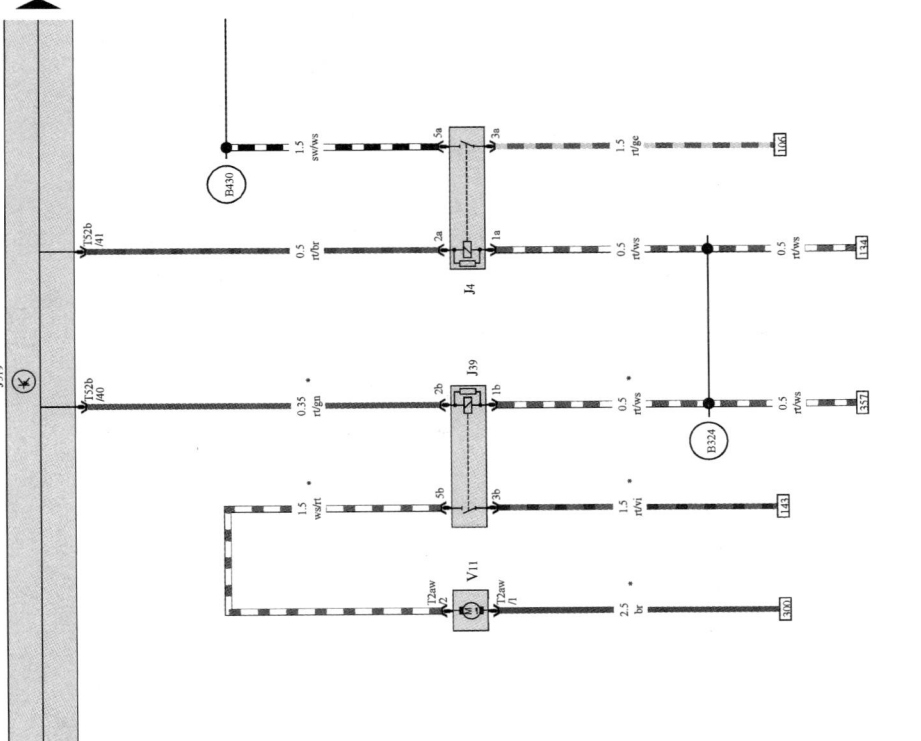

E2–转向信号灯开关　E4–手动远光灯功能和远光灯瞬时接通功能开关　F138–安全气囊卷簧和带滑环的复位环　F319–选档杆档位P锁止开关　H–信号喇叭控制　J519–车载电网控制单元　J527–转向柱电子装置控制单元　T10p–10芯插头连接，黑色　T12h–12芯插头连接　T16r–16芯插头连接，黄色　*–仅用于不带进入及启动许可的汽车　*2–仅适用于带双离合器变速器的汽车　884–接地连接1，在方向盘导线束中　*3–仅用于带自动变速器的汽车

图 3-5-20

双音喇叭继电器，大灯清洗装置继电器，车载电网控制单元，大灯清洗装置泵

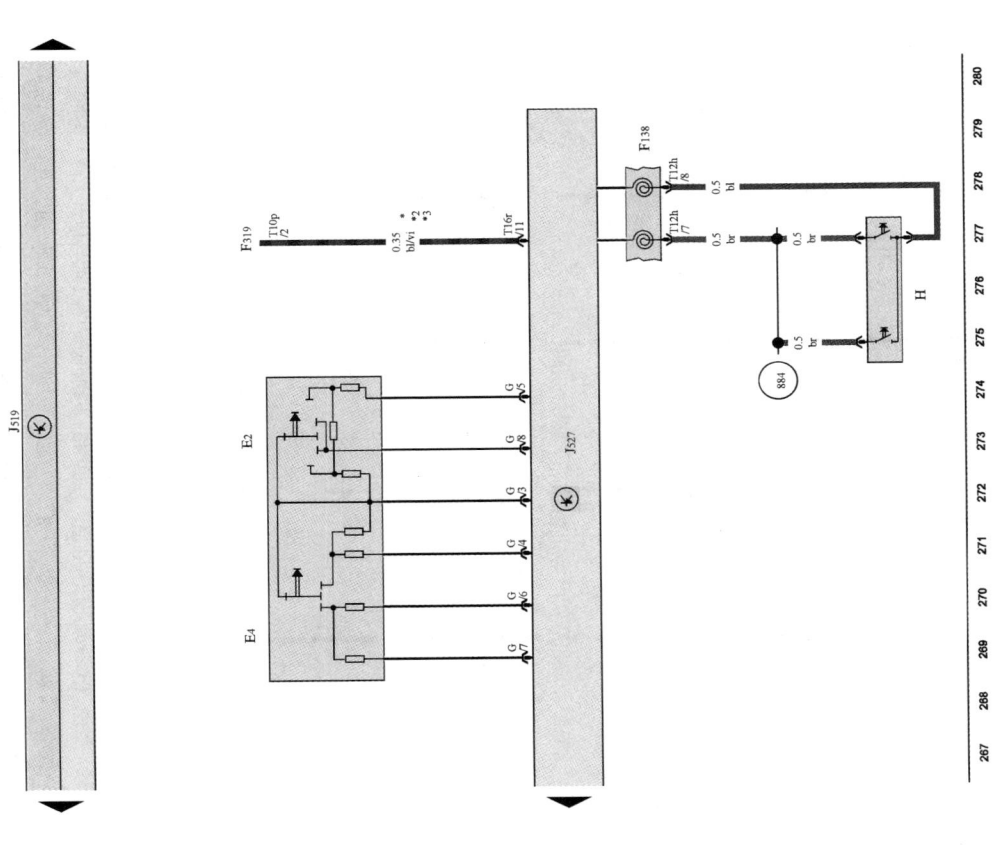

J4–双音喇叭继电器　J39–大灯清洗装置继电器　J519–车载电网控制单元　T2aw–2芯插头连接，黑色　T52b–52芯插头连接，白色　V11–大灯清洗装置泵　B324–正极连接10（30a），在主导线束中　B430–连接（喇叭），在主导线束中　*–仅用于带大灯清洗装置的汽车

图 3-5-21

刮水器电机控制单元，车载电网控制单元，左侧前雾灯灯泡，车窗玻璃刮水器电机

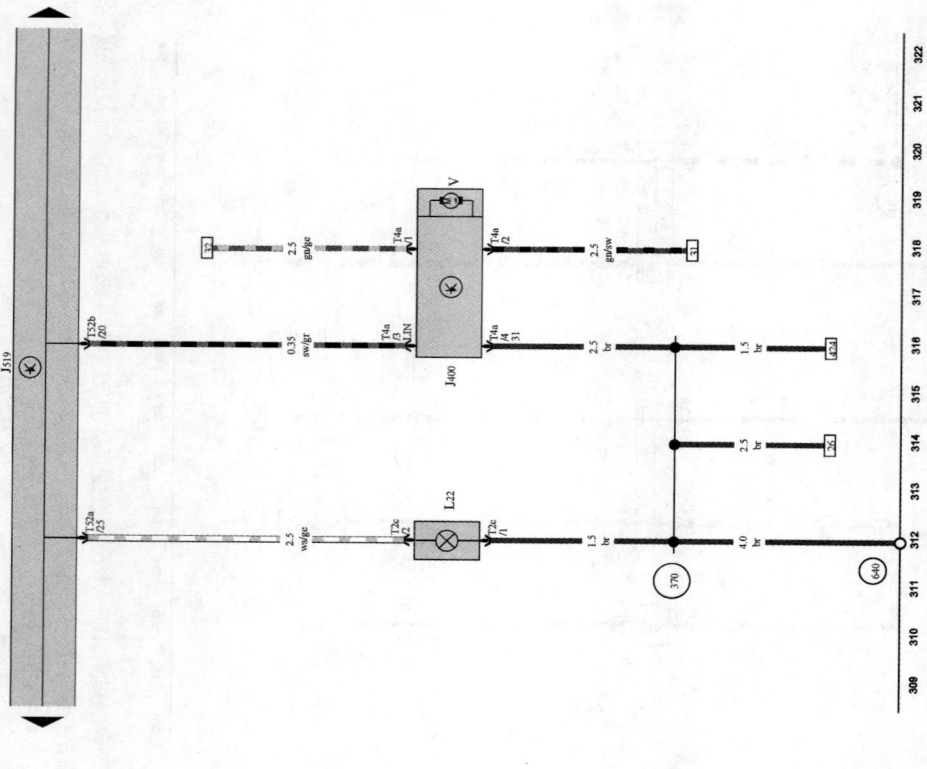

J400-刮水器电机控制单元 J519-车载电网控制单元 L22-左侧前雾灯灯泡 T2c-2芯插头连接，黑色 T4a-4芯插头连接，黑色 T52a-52芯插头连接，黑色 T52b-52芯插头连接，白色 V-车窗玻璃刮水器电机 370-接地连接5，在主导线束中 640-发动机舱内左侧接地点2

图 3-5-23

倒车灯开关，高音扬声器，低音扬声器，车载电网控制单元，右侧前雾灯灯泡

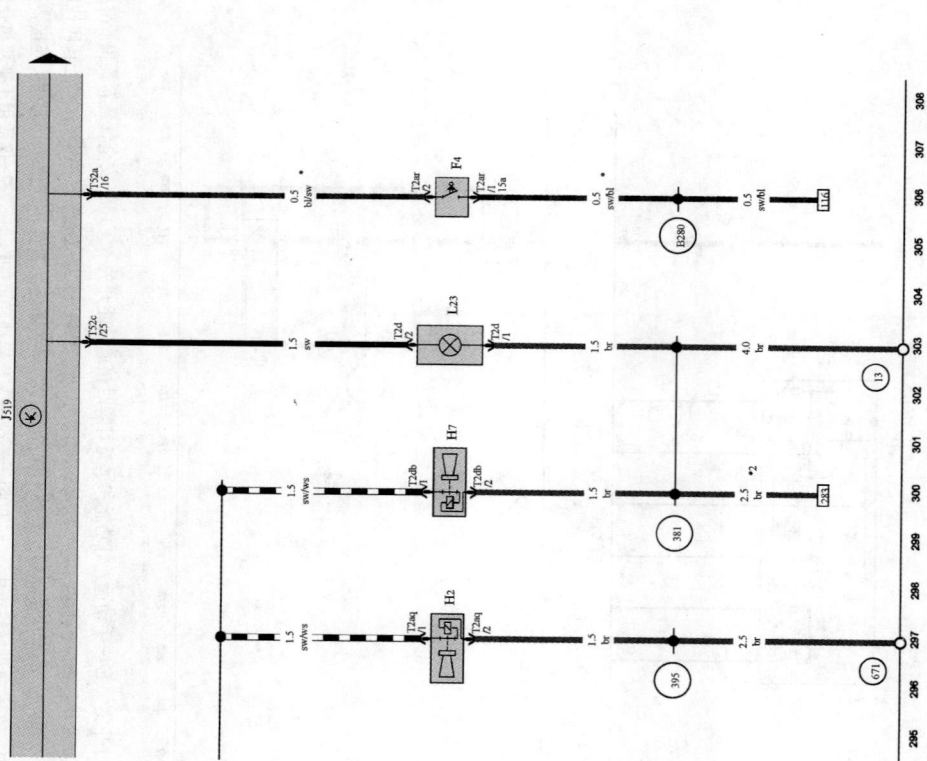

F4-倒车灯开关 H2-高音扬声器 H7-低音扬声器 J519-车载电网控制单元 L23-右侧前雾灯灯泡 T2aq-2 芯插头连接，黑色 T2ar-2芯插头连接，黑色 T2d-2芯插头连接，黑色 T2db-2芯插头连接，黑色 T52a-52芯插头连接，黑色 T52c-52芯插头连接，棕色 13-发动机舱内右侧的接地点，381-接地连接16，在主导线束中 395-接地连接30，在主导线束中 671-左前纵梁上的接地点1 B280-正极连接4（15a），在主导线束中 B430-连接（喇叭），在主导线束中 *-仅用于带大灯清洗装置的汽车 *2-仅用于带手动变速器的汽车

图 3-5-22

420

警报灯开关，车载电网控制单元，闪烁报警装置指示灯，右侧喷嘴加热电阻，左侧喷嘴加热电阻，右侧喷嘴加热电阻

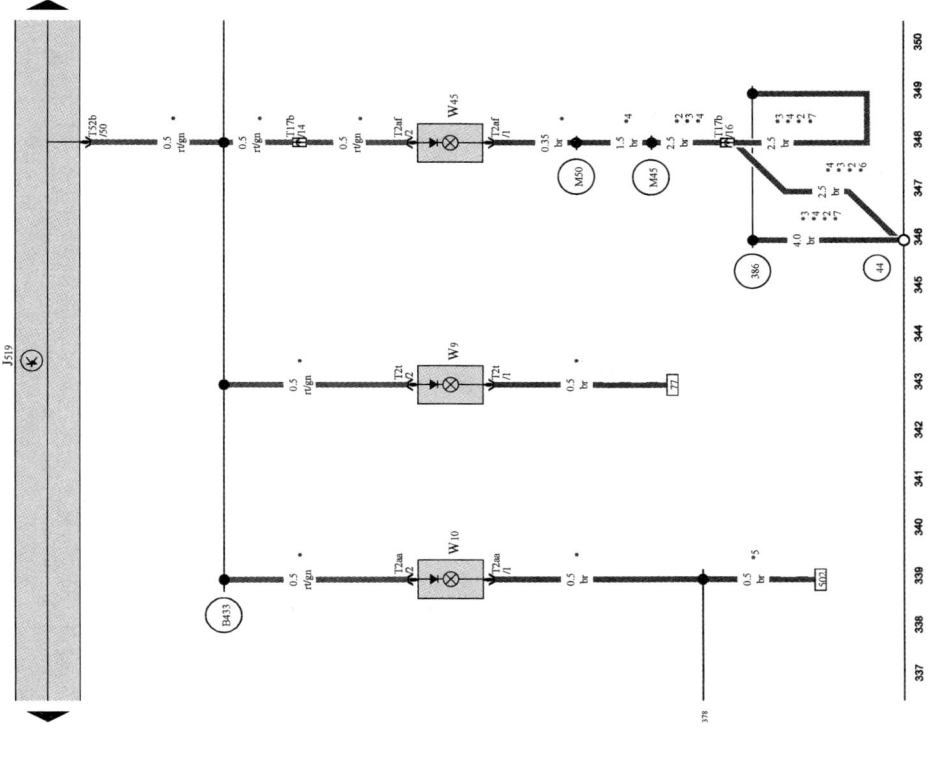

E229－警报灯开关 J519－车载电网控制单元 K6－闪烁报警装置指示灯 T2j－2芯插头连接，黑色 T2j－2芯插头连接，黑色 T6d－6芯插头连接，白色 T52c－52芯插头连接，白色 Z20－左侧喷嘴加热电阻 Z21－右侧喷嘴加热电阻 371－接地连接6，在主导线束中 372－接地连接7，在主导线束中 Z20－左侧喷嘴加热电阻 376－接地连接11，在主导线束中 378－接地连接13，在主导线束中 617－右侧A柱下部接地点 B349－连接2（75a），在主导线束中 *－仅用于带可加热式喷嘴的汽车 *2－自2016年2月起 *3－截至2016年2月

图 3-5-24

车载电网控制单元，左侧脚部空间照明灯，右侧伸腿空间照明灯，左后脚部空间照明灯

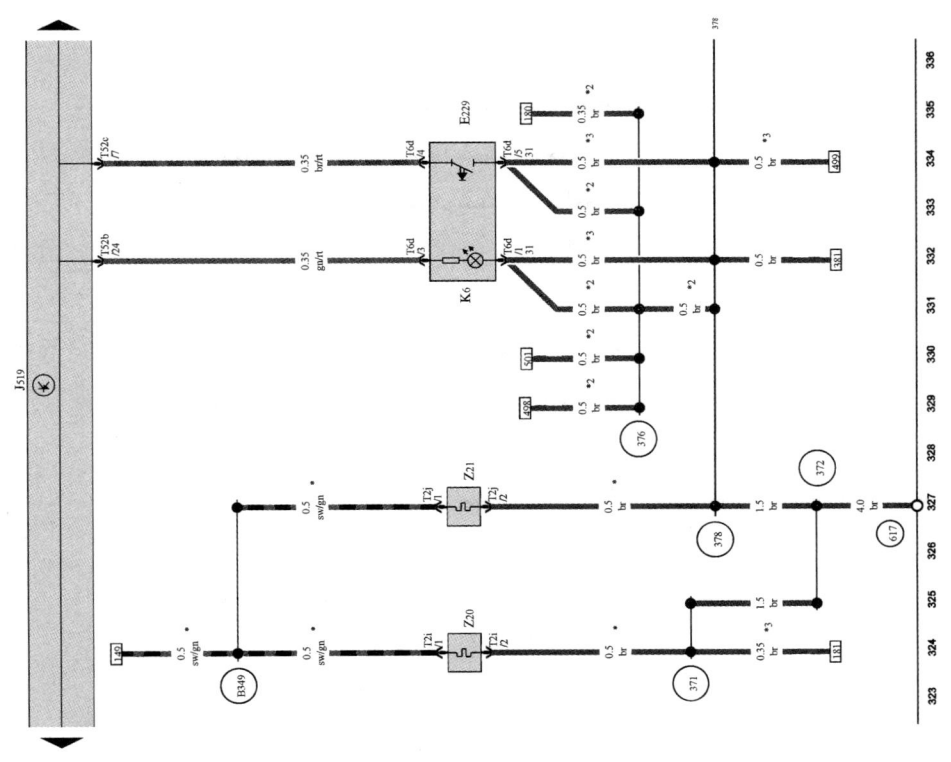

J519－车载电网控制单元 T2aa－2芯插头连接，黑色 T2af－2芯插头连接，黑色 T2t－2芯插头连接，黑色 T17b－17芯插头连接，黑色 T52b－52芯插头连接，白色 W9－左侧脚部空间照明灯 W10－右侧伸腿空间照明灯 W45－左后脚部空间照明灯 44－左侧A柱下部的接地点 378－接地连接13，在主导线束中 386－接地连接21，在主导线束中 B433－连接（脚部空间照明），在主导线束中 M45－连接5，在驾驶员侧座椅导线束中 M50－连接10，在驾驶员侧座椅导线束中 386－连接有脚部空间照明的汽车 *2－仅用于带电动座椅调节和记忆功能的汽车 *3－电动可调式驾驶员和副驾驶员座椅 *4－可加热式前座椅 *5－截至2016年2月 *6－自2015年12月起 *7－截至2015年12月

图 3-5-25

421

驾驶员侧化妆镜接触开关，副驾驶员侧化妆镜接触开关，雨水与光线识别传感器，车载电
网控制单元，副驾驶员侧带照明功能的化妆镜，驾驶员侧带照明功能的化妆镜

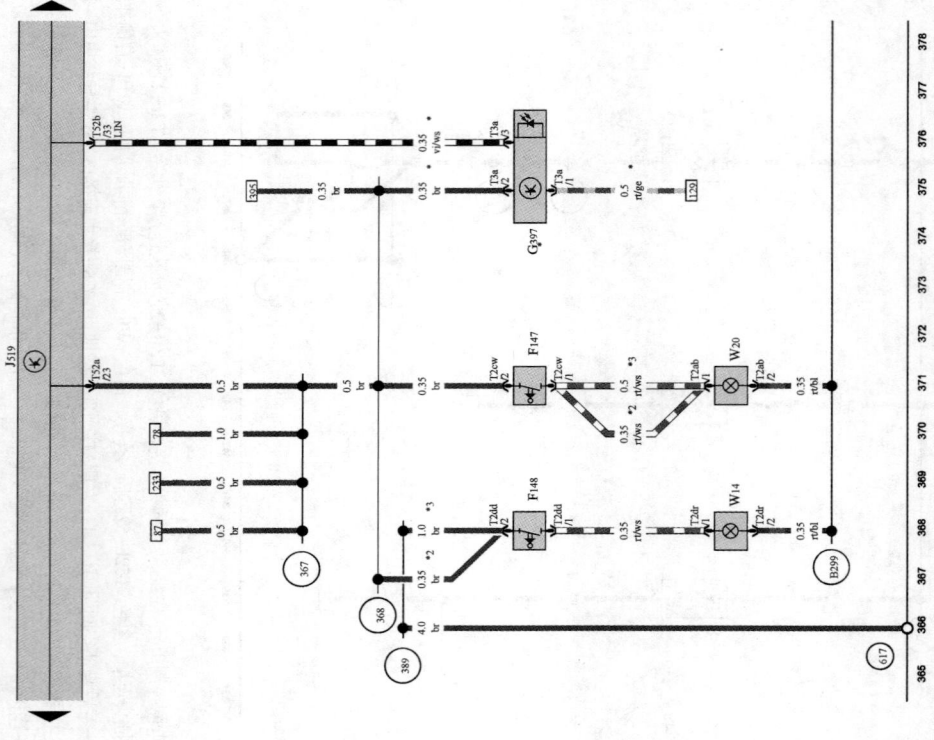

F147-驾驶员侧化妆镜接触开关 F148-副驾驶员侧化妆镜接触开关 G397-雨水与光线识别传感器 J519-车
载电网控制单元 T2ab-2芯插头连接 T2cw-2芯插头连接，黑色 T2dd-2芯插头连接，黑色 T2dr-2
芯插头连接，黑色 T3a-3芯插头连接，黑色 T52a-52芯插头连接，黑色 T52b-52芯插头连接，白色
W14-副驾驶员侧带照明功能的化妆镜 W20-驾驶员侧带照明功能的化妆镜 367-接地连接2，在主导线束
中 368-接地连接3，在主导线束中 389-接地连接24，在主导线束中 617-右侧A柱下部接地点2 B299-正
极连接3（30），在主导线束中 *-仅用于带回国家模式的汽车 *2-自2017年1月起 *3-截至2017年1月

图 3-5-27

可加热后窗玻璃继电器，车载电网控制单元，负导线中的调频频率滤波器，正导线中的调
频频率滤波器，右后脚部空间照明灯，可加热式后窗玻璃

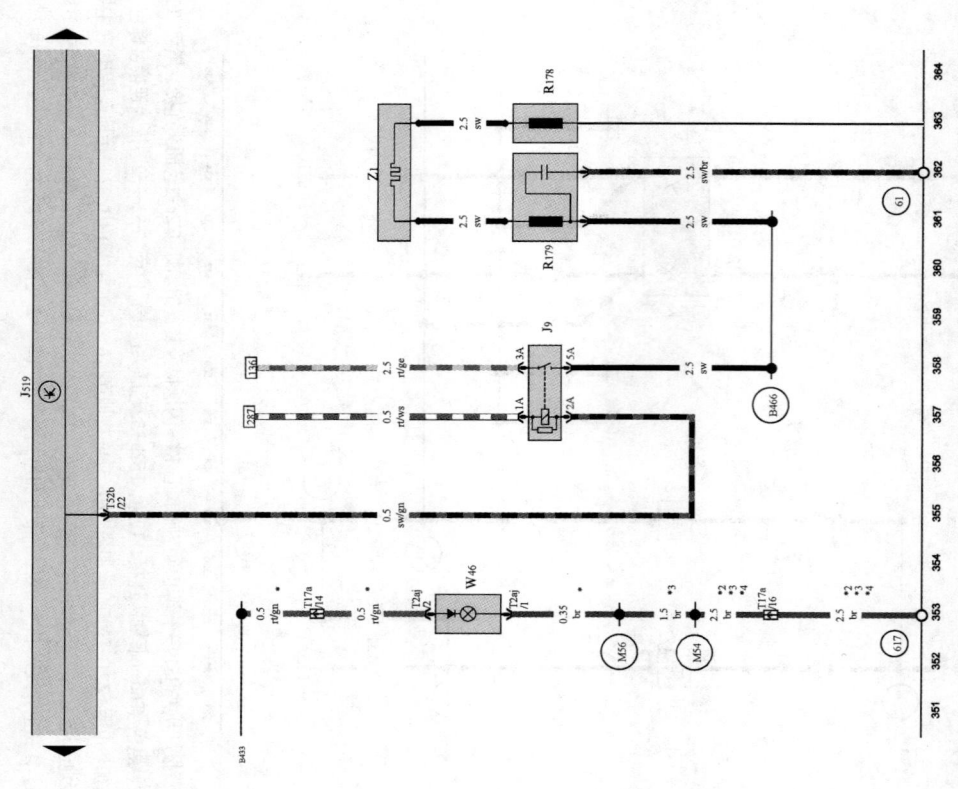

J9-可加热后窗玻璃继电器 J519-车载电网控制单元 R178-负导线中的调频频率滤波器 R179-正导线中的
调频频率滤波器 T2aj-2芯插头连接 T17a-17芯插头连接，黑色 T52b-52芯插头连接，白色 W46-
右后脚部空间照明灯 Z1-可加热式后窗玻璃 61-左侧C柱上的接地点 617-右侧A柱下部接地点2 B433-
连接（脚部空间照明），在主导线束中 B466-连接2，在主导线束中 M54-连接4，在副驾驶员侧座椅导
线束中 M56-连接6，在副驾驶员侧座椅导线束中 *-仅用于带有脚部空间照明的汽车 *2-仅用于带电动
座椅调节和记忆功能的汽车 *3-可加热式前座椅 *4-电动可调式驾驶员和副驾驶员座椅

图 3-5-26

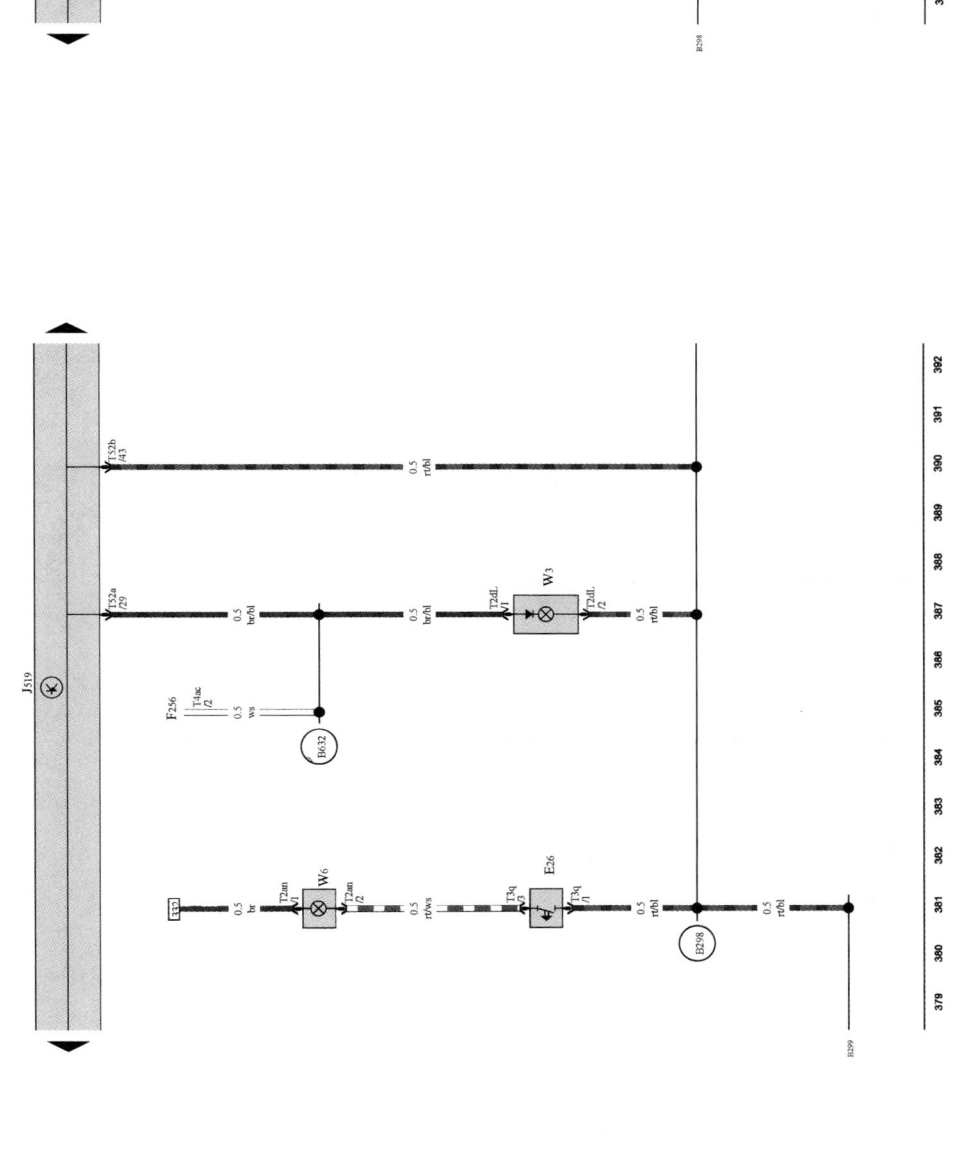

手套箱照明开关，车载电网控制单元，前内灯，后部车内照明灯

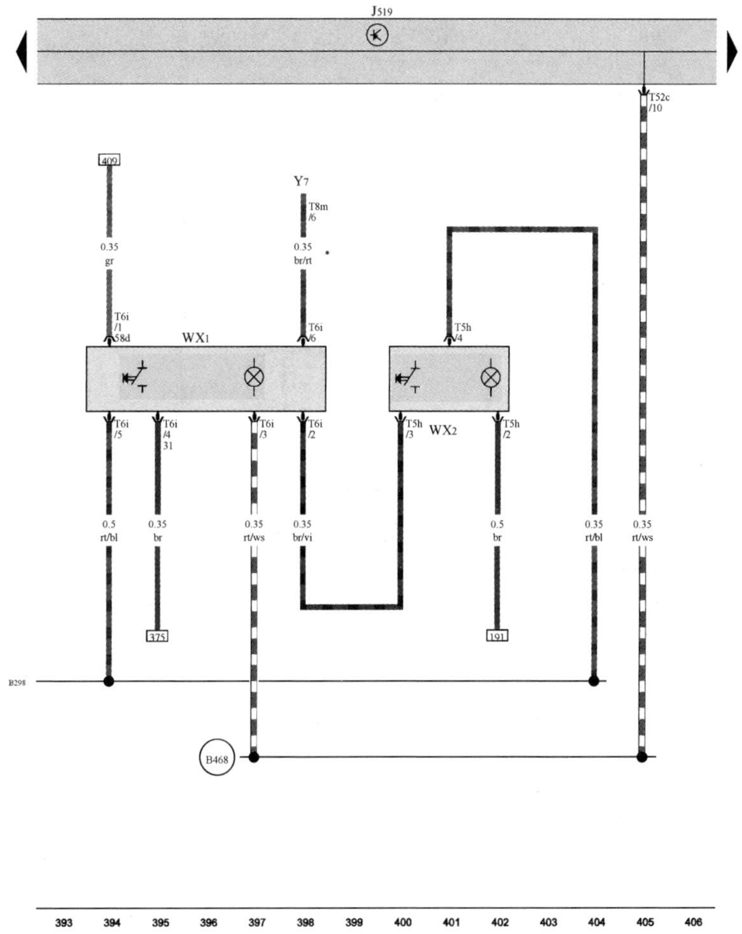

车载电网控制单元，行李箱照明，手套箱照明灯

图 3-5-29

J519－车载电网控制单元 T5h－5芯插头连接，黑色 T6i－6芯插头连接，蓝色 T8m－8芯插头连接，黑色 T52c－52芯插头连接，棕色 WX1－前内照明灯 WX2－后部车内照明灯 Y7－自动防眩车内后视镜 B298－正极连接2（30），在主导线束中 B468－连接4，在主导线束中 *－仅用于带自动防眩车内后视镜的汽车

图 3-5-28

E26－手套箱照明灯 F256－行李箱盖闭锁单元 J519－车载电网控制单元 T2an－2芯插头连接，黑色 T2dL－2芯插头连接，黑色 T3q－3芯插头连接，黑色 T4ac－4芯插头连接，黑色 T52a－52芯插头连接，黑色 T52b－52芯插头连接，黑色 W3－行李箱照明 W6－手套箱照明灯 B298－正极连接2（30），在主导线束中 B299－正极连接3（30），在主导线束中 B632－连接2（车内照明，31），在主导线束中

423

防盗锁止系统读出线圈，制动液液位警告信号触点，组合仪表中的控制单元，防盗锁止系统控制单元，车载电网控制单元，ABS 指示灯，制动系统指示灯，电动驻车制动器和手制动器故障指示灯

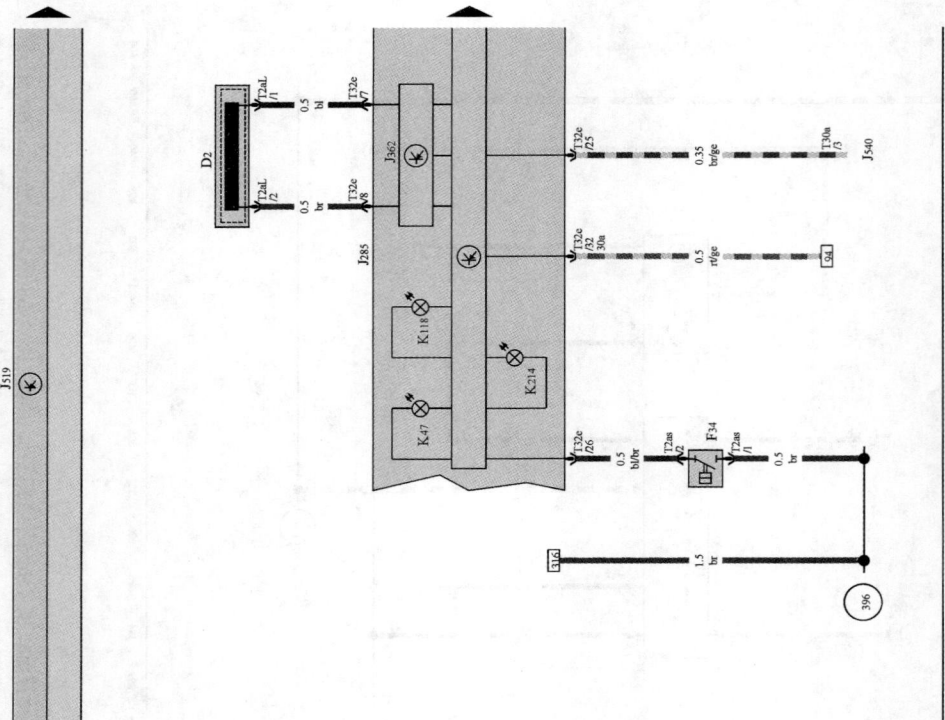

D2-防盗锁止系统读出线圈 F34-制动液液位警告信号触点 J285-组合仪表中的控制单元 J362-防盗锁止系统控制单元 J519-车载电网控制单元 J540-机电式驻车制动器控制单元 K47-ABS指示灯 K118-制动系统指示灯 K214-电动驻车制动器和手制动器故障指示灯 T2aL-2芯插头连接，黑色 T2as-2芯插头连接，黑色 T30a-30芯插头连接，黑色 T32c-32芯插头连接，黑色 396-接地连接31，在主导线束中

图 3-5-31

车载电网控制单元，点烟器照明灯泡，后部点烟器照明灯泡，点烟器，后部点烟器

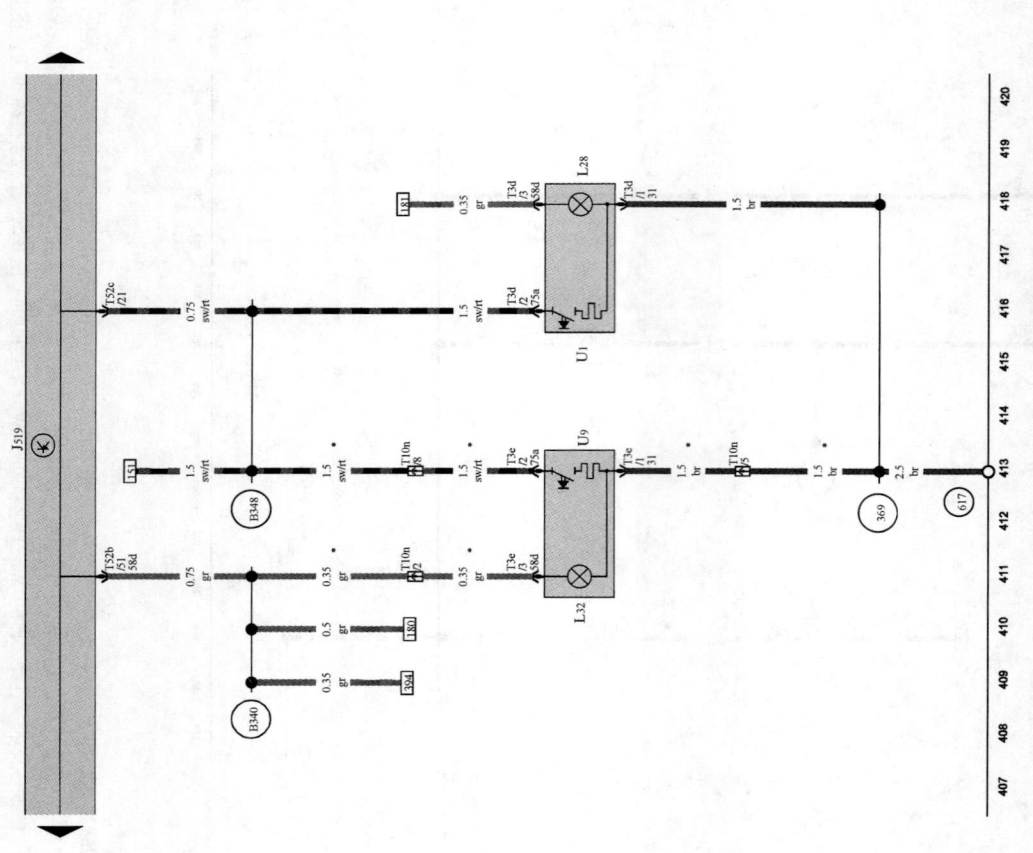

J519-车载电网控制单元 L28-点烟器照明灯泡 L32-后部点烟器照明灯泡 T3d-3芯插头连接，白色 T3e-3芯插头连接，白色 T10n-10芯插头连接，白色 T52b-52芯插头连接，黑色 T52c-52芯插头连接，白色 U9-后部点烟器 U1-点烟器 369-接地连接4，在主导线束中 617-右侧A柱下部接地点2 B340-连接1（58d），在主导线束中 B348-连接1（75a），在主导线束中 *-依汽车装备而定

图 3-5-30

转速表，车速表，警报蜂鸣器和警报报音，组合仪表中的控制单元，车载电网控制单元，发电机指示灯，机油压力指示灯，废气警告灯，电子油门故障信号灯，组合仪表照明灯泡，数字时钟，里程表

分行驶里程复位按钮，时钟调节按钮，燃油表，冷却液温度表，车外温度传感器，冷却液不足显示传感器，车窗玻璃清洗液液位传感器，组合仪表中的控制单元，车载电网控制单元，冷却液温度和冷却液不足显示显示指示灯，轮胎压力监控显示指示灯

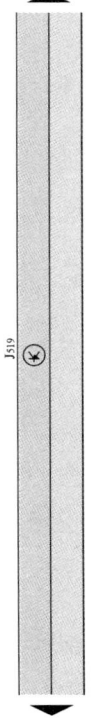

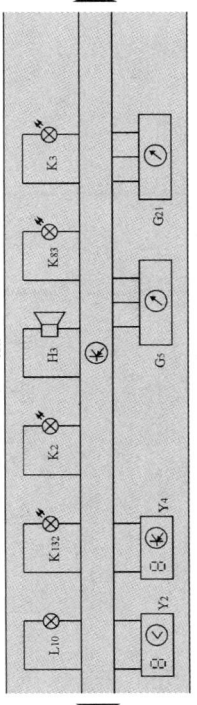

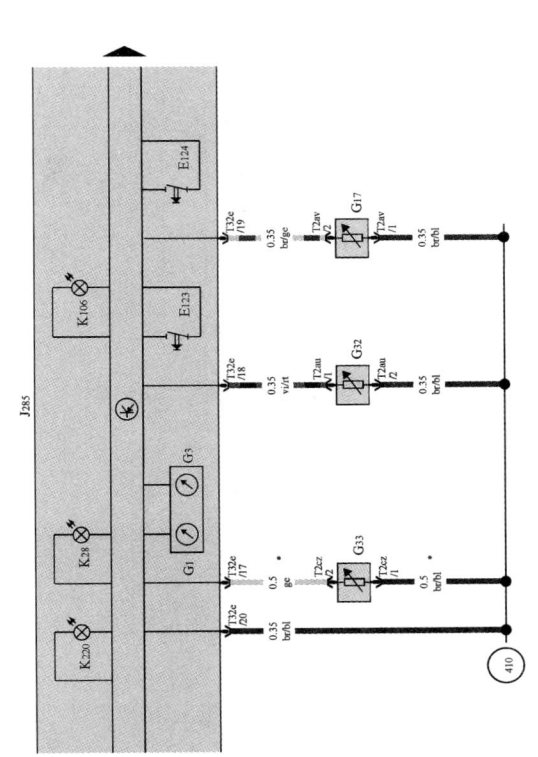

图 3-5-33

G5-转速表 G21-车速表 H3-警报蜂鸣器和警报报音 J285-组合仪表中的控制单元 J519-车载电网控制单元
K2-发电机指示灯 K3-机油压力指示灯 K83-废气警告灯 K132-电子油门故障信号灯 L10-组合仪表照明灯泡 Y2-数字时钟 Y4-里程表

图 3-5-32

E123-分行驶里程复位按钮 E124-时钟调节按钮 G1-燃油表 G3-冷却液温度表 G17-车外温度传感器 G32-车窗玻璃清洗液显示传感器 G33-车窗玻璃清洗液显示液位传感器 J285-组合仪表中的控制单元 J519-车载电网控制单元 K28-冷却液温度显示指示灯 K106-清洗液不足显示指示灯 K220-轮胎压力监控指示灯 T2au-2芯插头连接，黑色 T2av-2芯插头连接，黑色 T2cz-2芯插头连接，黑色 T32e-32芯插头连接，蓝色 410-接地连接1（传感器接地），在主导线束中 *-仅用于带大灯清洗装置的汽车

组合仪表中的控制单元，车载电网控制单元，远光灯指示灯，后雾灯指示灯，定速巡航装置指示灯，机油油位指示灯，左侧转向信号灯指示灯，右侧转向信号灯指示灯，安全气囊指示灯，电子稳定程序和ASR指示灯，机电式助力转向指示灯，选挡杆指示灯

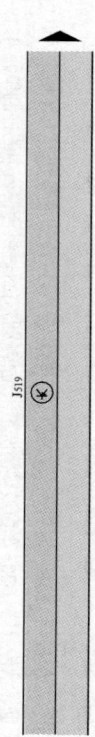

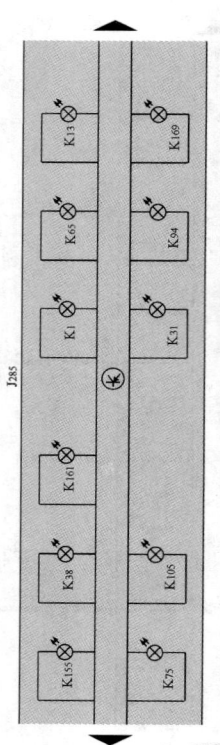

J285-组合仪表中的控制单元 J519-车载电网控制单元 K1-远光灯指示灯 K13-后雾灯指示灯 K31-定速巡航装置指示灯 K38-机油油位指示灯 K65-左侧转向信号灯指示灯 K75-安全气囊指示灯 K94-右侧转向信号灯指示灯 K105-燃油表指示灯 K155-电子稳定程序和ASR指示灯 K161-机电式助力转向器指示灯 K169-选挡杆指示灯

图3-5-34

多功能显示器，组合仪表中的控制单元，车载电网控制单元，数据总线诊断接口，安全带警告指示灯，行李箱盖打开指示灯，车门打开指示灯，灯泡失灵指示灯，选挡杆位置显示

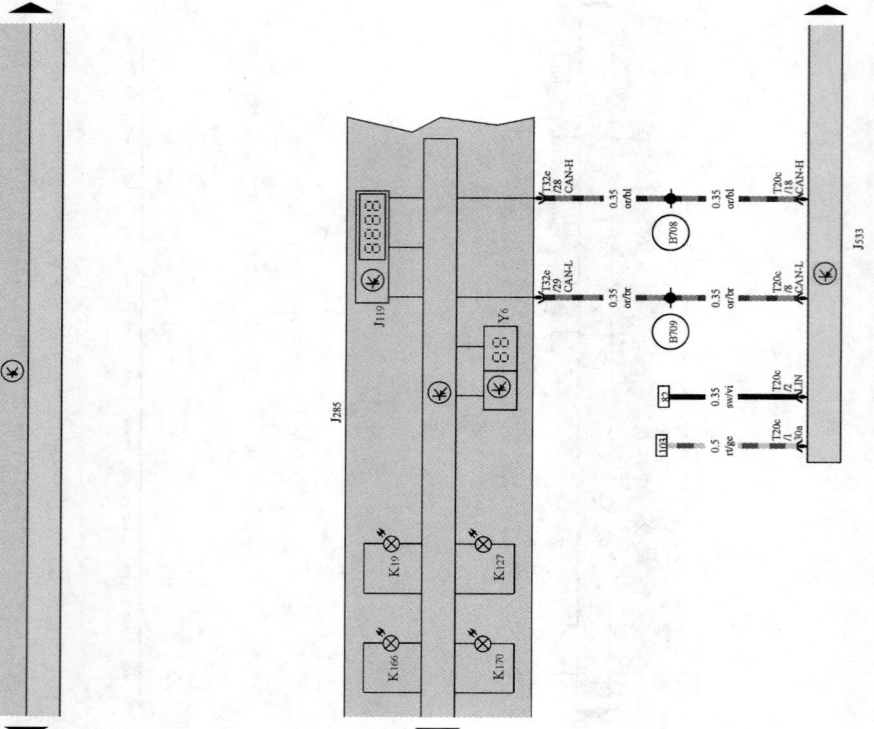

J119-多功能显示器 J285-组合仪表中的控制单元 J519-车载电网控制单元 J533-数据总线诊断接口 左侧脚部空间内，中控台附近 K19-安全带警告指示灯 K127-行李箱盖打开指示灯 K166-车门打开指示灯 K170-灯泡失灵指示灯 T20c-20芯插头连接 T20c-32芯插头连接，红色 T32c-32芯插头连接，蓝色 Y6-选挡杆位置显示 B708-连接1（组合仪表CAN总线，High），在主导线束中 B709-连接1（组合仪表CAN总线，Low），在主导线束中

图3-5-35

426

车载电网控制单元，数据总线诊断接口

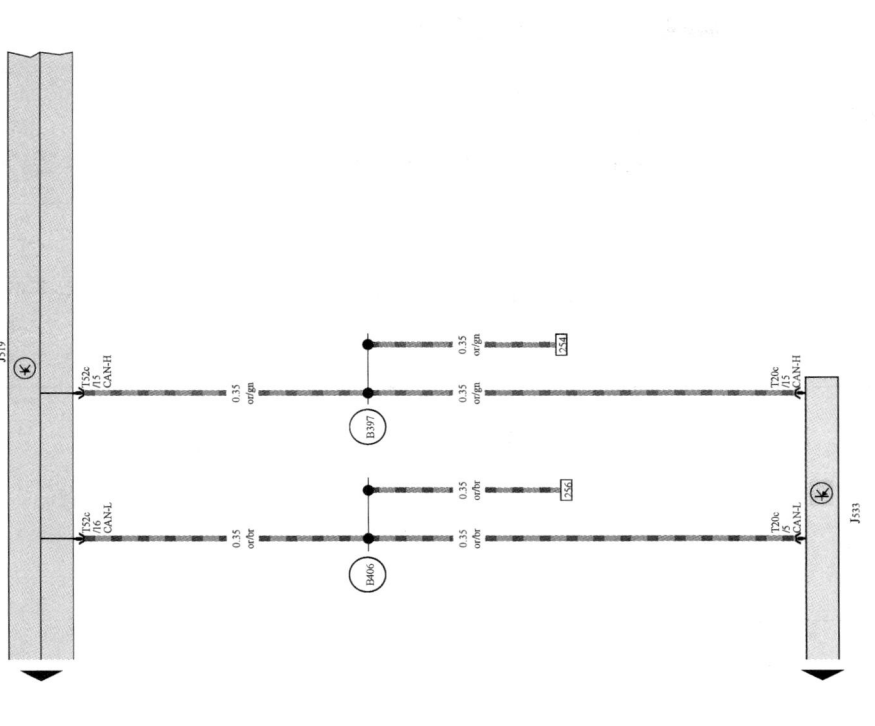

图 3-5-37

J519-车载电网控制单元 J533-数据总线诊断接口，左侧脚部空间内，中控台附近 T20c-20芯插头连接 红色 T52c-52芯插头连接，棕色 B397-连接1（舒适CAN总线，High），在主导线束中 B406-连接1（舒 适CAN总线，Low），在主导线束中

车载电网控制单元，数据总线诊断接口，诊断接口

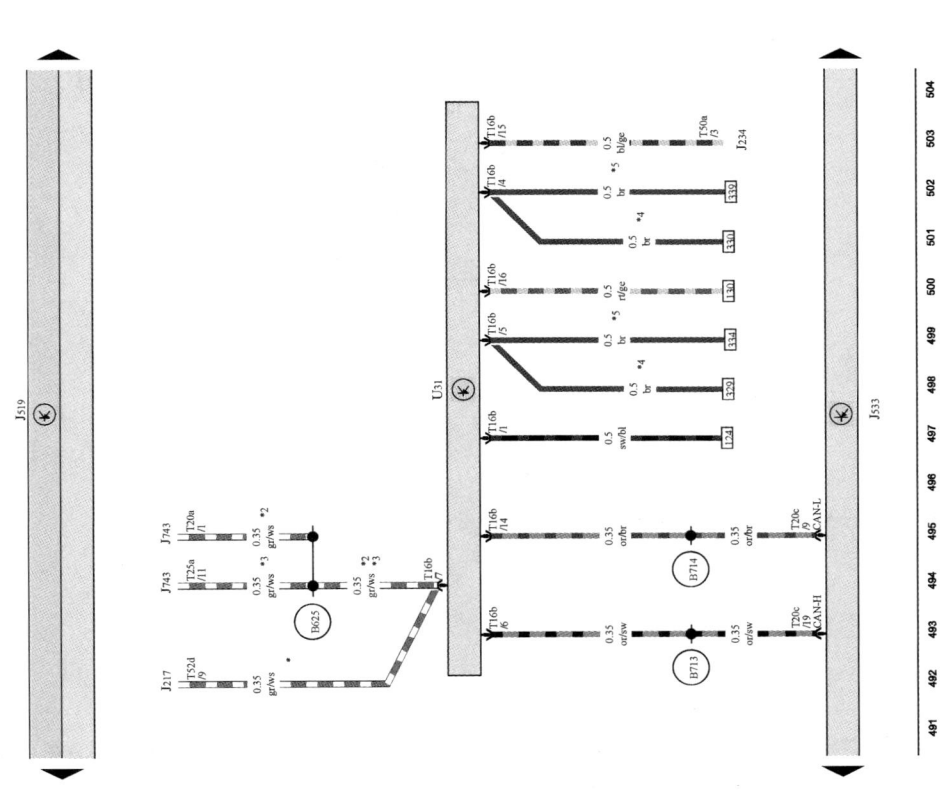

图 3-5-36

J217-自动变速器控制单元 J234-安全气囊控制单元 J519-车载电网控制单元 J533-数据总线诊断接口， 左侧脚部空间内，中控台附近 J743-双离合器变速器机电装置 T16b-16芯插头连接，黑色 T20a-20芯插 头连接，黑色 T20c-20芯插头连接 红色 T25a-25芯插头连接，黑色 T50a-50芯插头连接，黄色 T52d- 52芯插头连接，黑色 U31-诊断接口 B625-连接 （K诊断导线），在主导线束中 B713-连接1（诊断CAN 总线，High），在主导线束中 B714-连接1（诊断CAN总线，Low），在主导线束中 *-仅用于带自动变 速器的汽车 *2-仅用于带双离合器变速器02E的汽车 *3-仅用于带双离合器变速器0AM的汽车 *4-自2016 年2月起 *5-截至2016年2月

427

第四章　凌渡

第一节　发动机系统

发动机系统电路图的图号和图名对照表见表4-1-1。

主继电器，散热器风扇控制单元

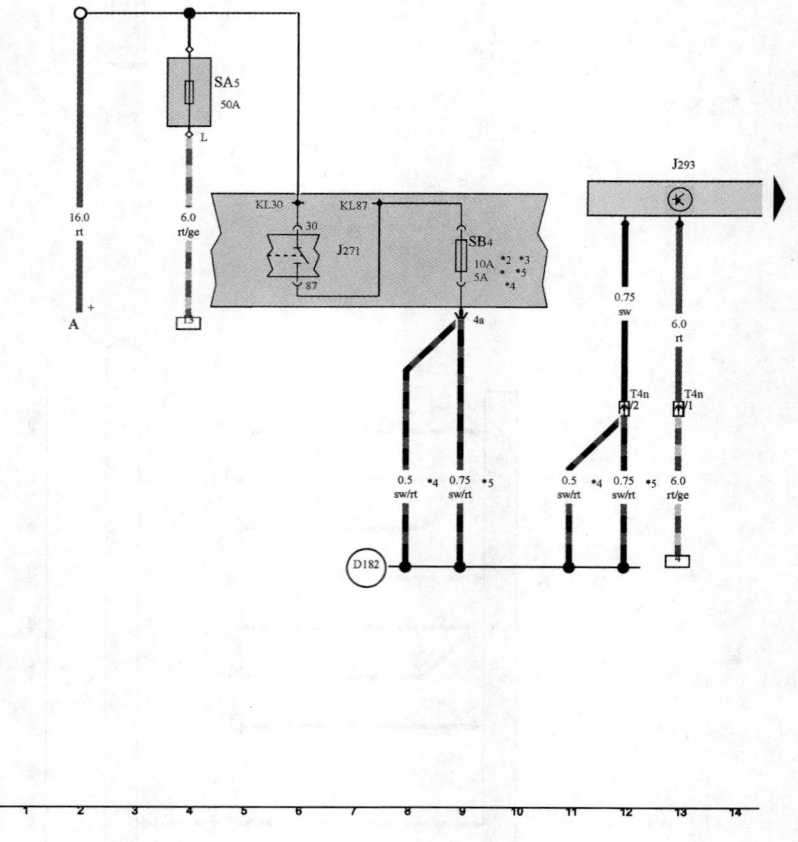

A-蓄电池　J271-主继电器　J293-散热器风扇控制单元　SB4-保险丝架B上的保险丝4　SA5-保险丝架A上的保险丝5　T4n-4芯插头连接　D182-连接3（87a），在发动机舱导线束中　*-用于带1.4L发动机的汽车　*2-用于带1.8L发动机的汽车　*3-用于带2.0L发动机的汽车　*4-自2018年6月起　*5-截至2018年6月

图4-1-1

蓄电池，启动机，交流发电机，电压调节器

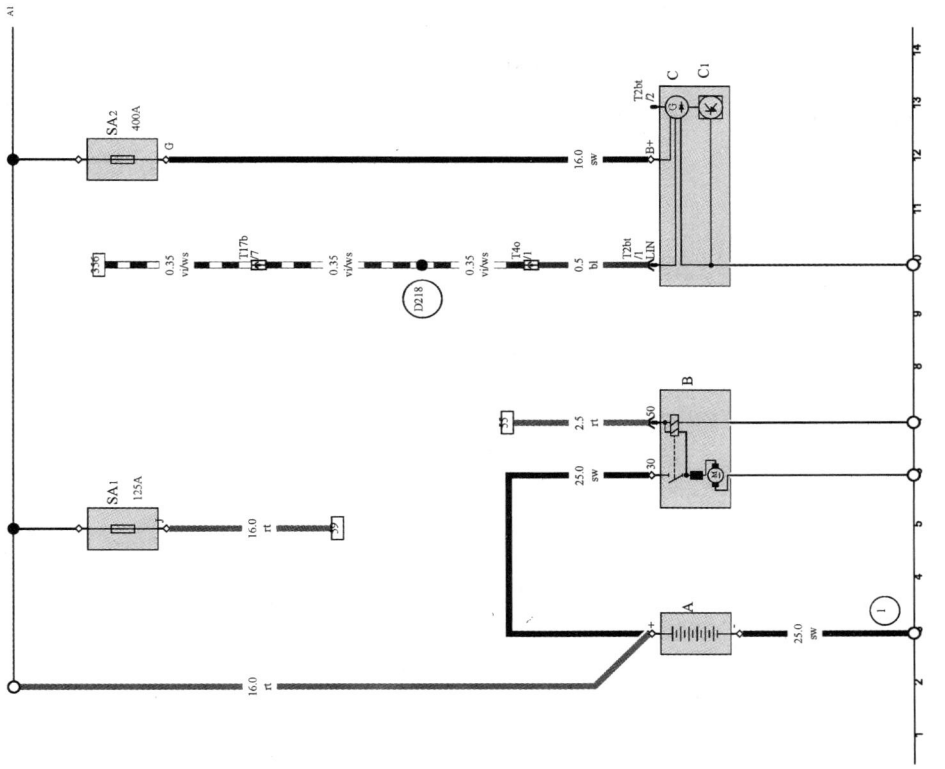

A-蓄电池 B-启动机 C-交流发电机 C1-电压调节器 SA1-保险丝架A上的保险丝 SA2-保险丝架A上的保险丝2 T2bt-2芯插头 T4o-4芯插头连接 T17b-17芯插头连接 T2a-2芯插头连接 T4n-4芯插头连接 T91a-91芯插头连接 T94a-94芯插头连接 1-接地带，蓄电池-车身 D218-连接1（LIN总线），在发动机舱导线束中

图4-1-3

散热器出口处的冷却液温度传感器，散热风扇，散热风扇控制单元，发动机控制单元，散热风扇

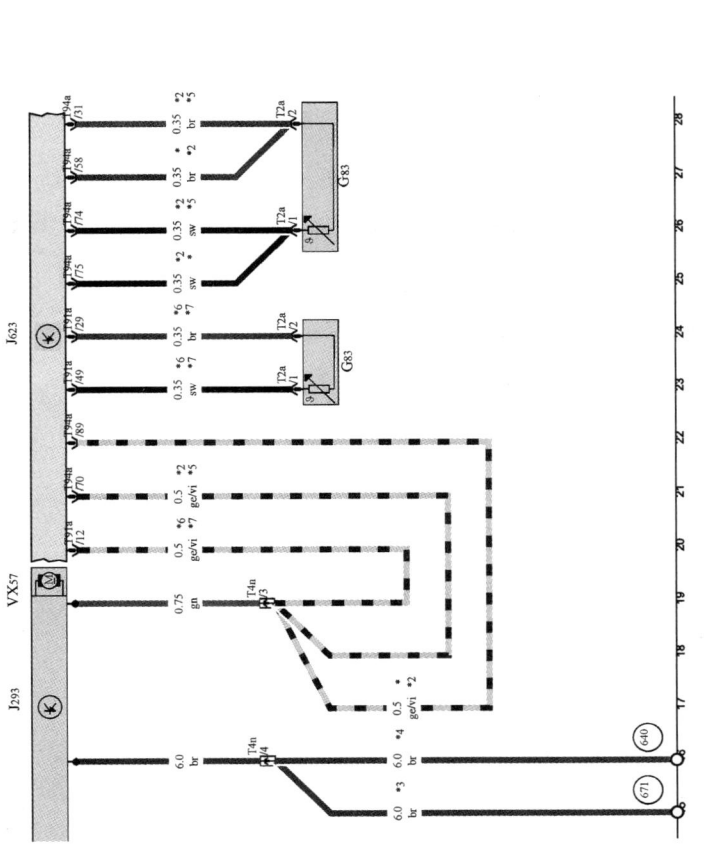

G83-散热器出口处的冷却液温度传感器 J293-散热器风扇专感器 J623-发动机控制单元 J623-散热器风扇控制单元 T2a-2芯插头 T4n-4芯插头连接 T91a-91芯插头连接 T94a-94芯插头连接 VX57-散热器风扇 640-发动机舱内左侧接地点2 671-左前纵梁上的接地点1 *-适用于排放标准C6 *2-用于带1.8L发动机的汽车 *3-自2016年7月起 *4-截至2016年4月 *5-适用于排放标准C5 *6-用于带2.0L发动机的汽车 *7-用于带1.4L发动机的汽车

图4-1-2

429

保险丝架 B

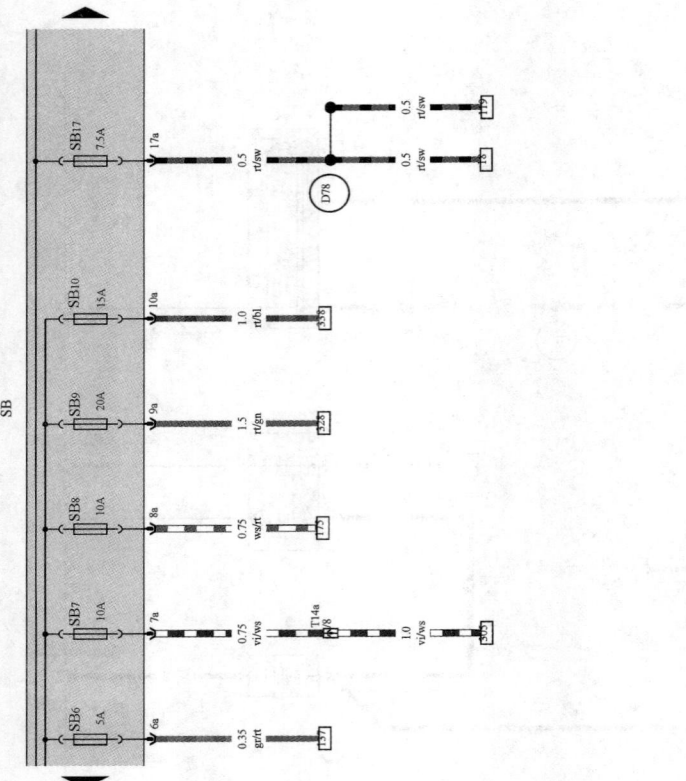

主继电器，保险丝架 B

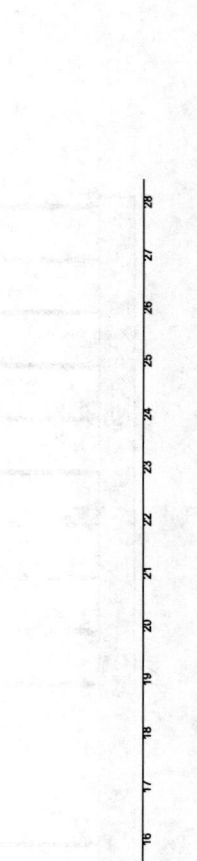

图 4-1-5

SB-保险丝架B SB6-保险丝架B上的保险丝6 SB7-保险丝架B上的保险丝7 SB8-保险丝架B上的保险丝8
SB9-保险丝架B上的保险丝9 SB10-保险丝架B上的保险丝10 SB17-保险丝架B上的保险丝17 T14a-14芯插头
连接 14-变速器上的接地点 671-左前纵梁上的接地点1 D78-正极连接1（30a），在发动机舱导线束中

图 4-1-4

J271-主继电器 SB-保险丝架B SB3-保险丝架B上的保险丝3 SB4-保险丝架B上的保险丝4 SB18-保险丝
架B上的保险丝18 D180-连接（87a），在发动机舱导线束中 D182-连接3（87a），在发动机舱导线束中

430

接线端 15 供电继电器，车载电网控制单元

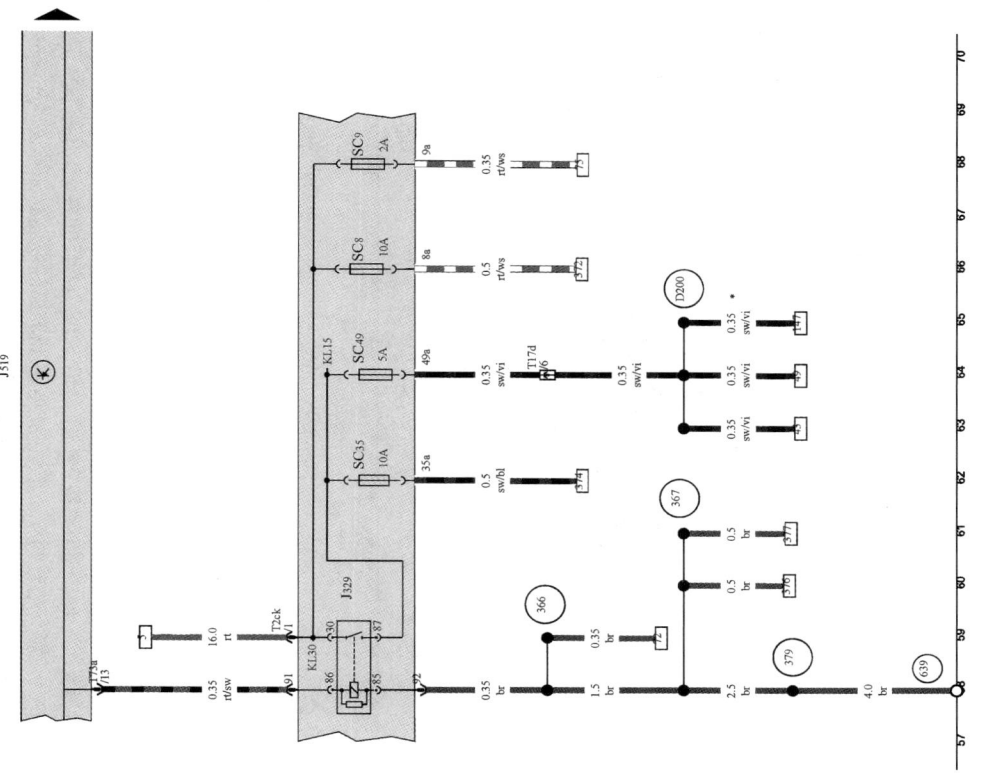

图 4-1-7

J329–接线端15供电继电器 J519–车载电网控制单元 SC8–保险丝架C上的保险丝8 SC9–保险丝架C上的保险丝9 SC35–保险丝架C上的保险丝35 SC49–保险丝架C上的保险丝49 T2ck–2芯插头连接 T17d–17芯插头连接 T73a–73芯插头连接 366–接地连接1，在主导线束中 367–接地连接2，在主导线束中 379–接地连接14，在主导线束中 639–左A柱上的接地点 D200–正极连接3（15a），在发动机舱导线束中 *–用于带手动变速器的汽车

启动机继电器 1，启动机继电器 2，保险丝架 B

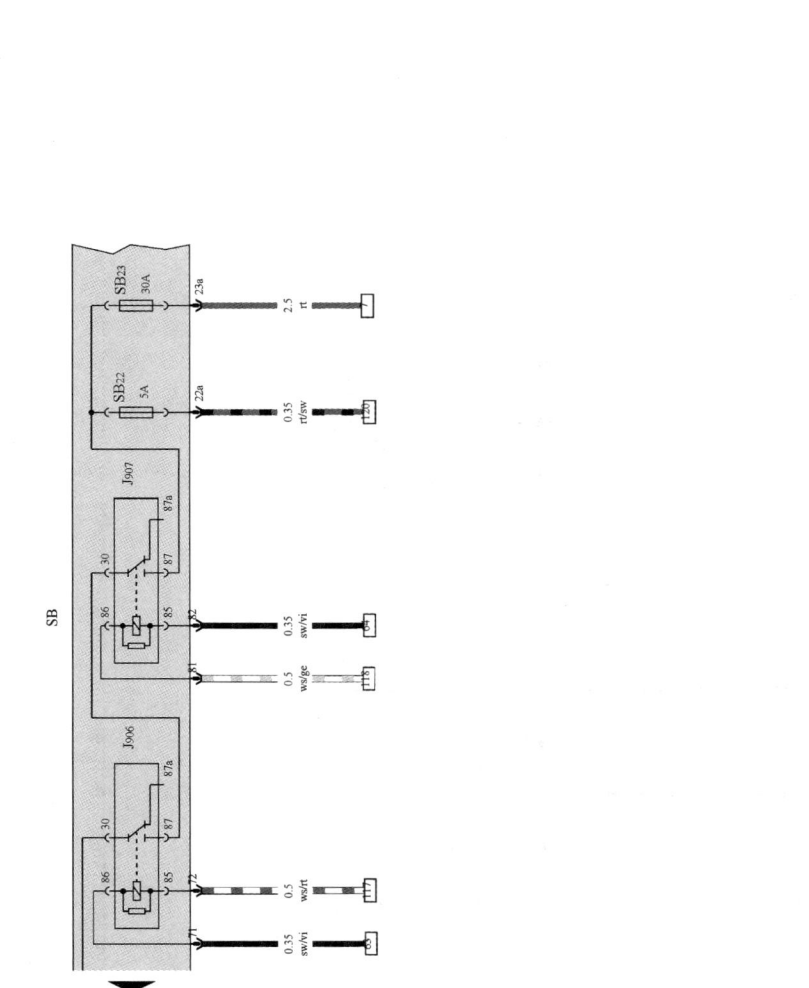

图 4-1-6

J906–启动机继电器1 J907–启动机继电器2 SB–保险丝架B SB22–保险丝架B上的保险丝22 SB23–保险丝架B上的保险丝23

431

点火启动开关，冷却液不足显示传感器，车载电网控制单元，转向柱电子装置控制单元

定速巡航装置开关，定速巡航装置设置按钮，转向柱电子装置控制单元

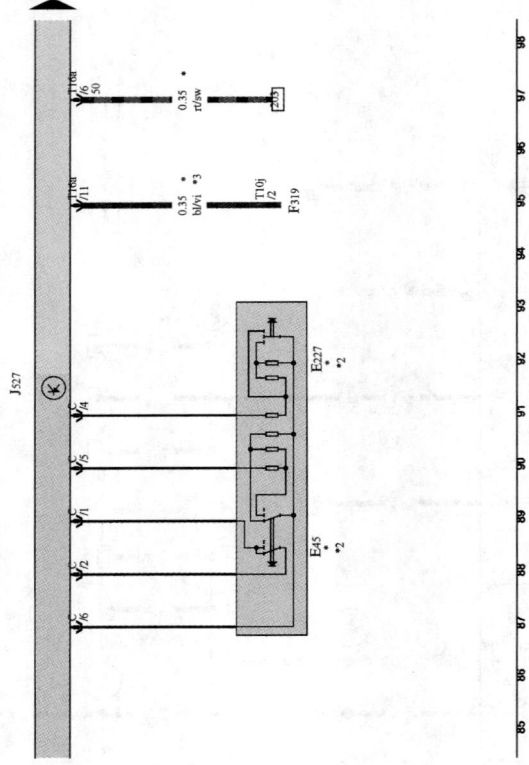

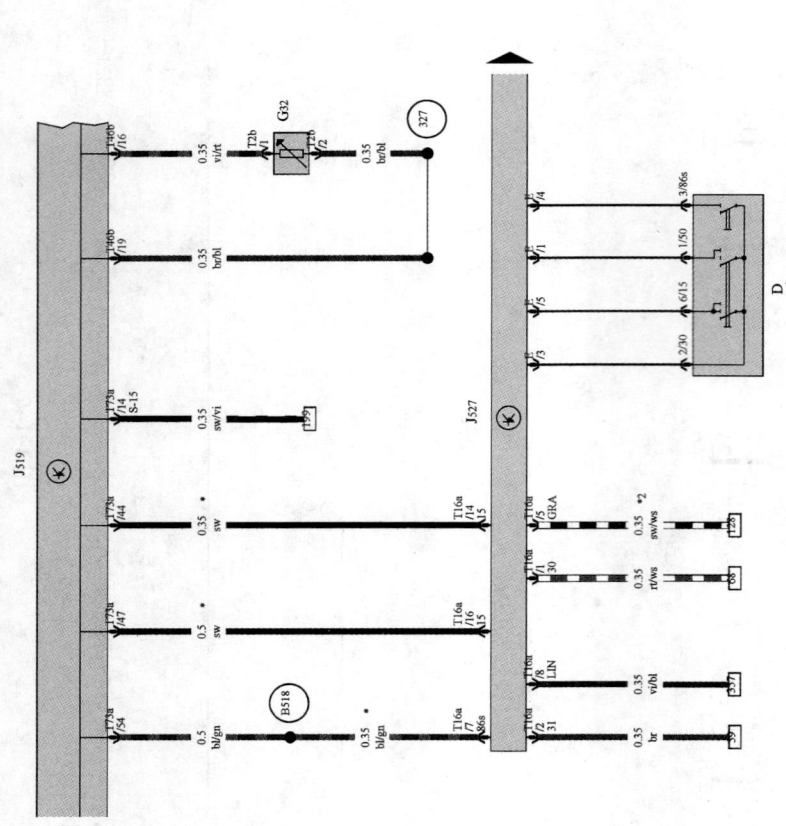

图 4-1-9

图 4-1-8

D-点火启动开关 G32-冷却液不足显示传感器 J519-车载电网控制单元 J527-转向柱电子装置控制单元
T2b-2芯插头头连接 T16a-16芯插头头连接 T10j-10芯插头头连接 T73a-73芯插头头连接 327-接地连接（传感器接地），在主导线束中 B518-连接（86s），在主导线束中 *-用于不带定速巡航装置的汽车 *2-用于带定速巡航装置的汽车

E45-定速巡航装置开关 E227-定速巡航装置设置按钮 F319-选挡杆挡位P锁止开关 J527-转向柱电子装置控制单元 T10j-10芯插头头连接 T16a-16芯插头头连接 327-接地连接 *-用于不带进入及启动许可的汽车 *2-用于不带自动车距控制（ADR）的汽车 *3-用于带双离合器变速器的汽车

432

发动机控制单元

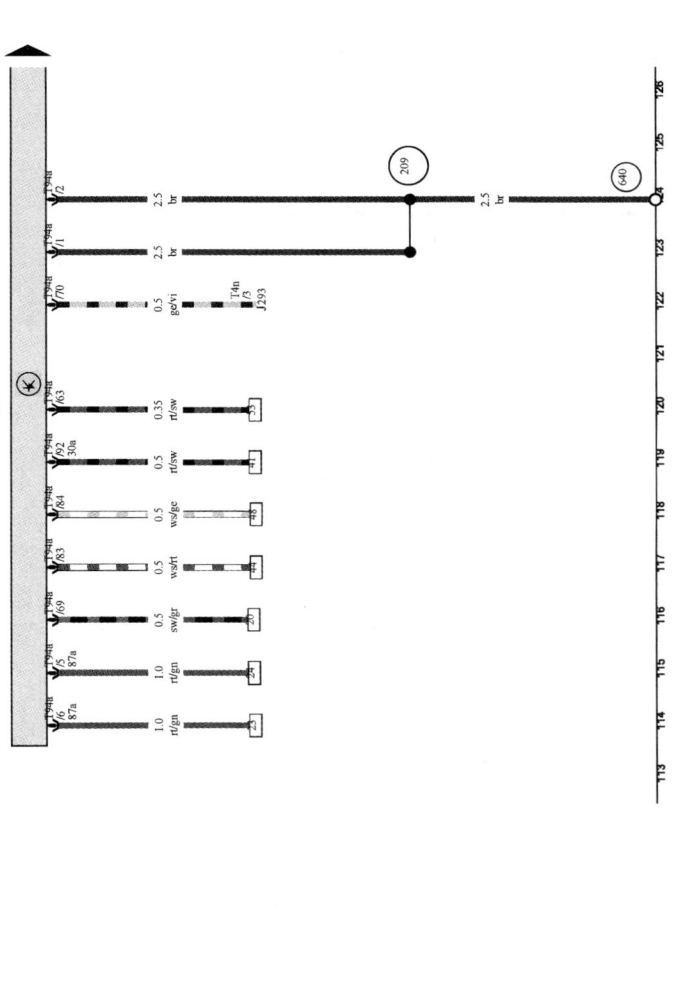

定速巡航装置开关，定速巡航装置设置按钮，转向柱电子装置控制单元

J293-散热器风扇控制单元　J623-发动机控制单元　T4n-4芯插头连接　T94a-94芯插头连接　209-接地连接

6，在发动机舱导线束中　640-发动机舱内左侧接地点2

图4-1-11

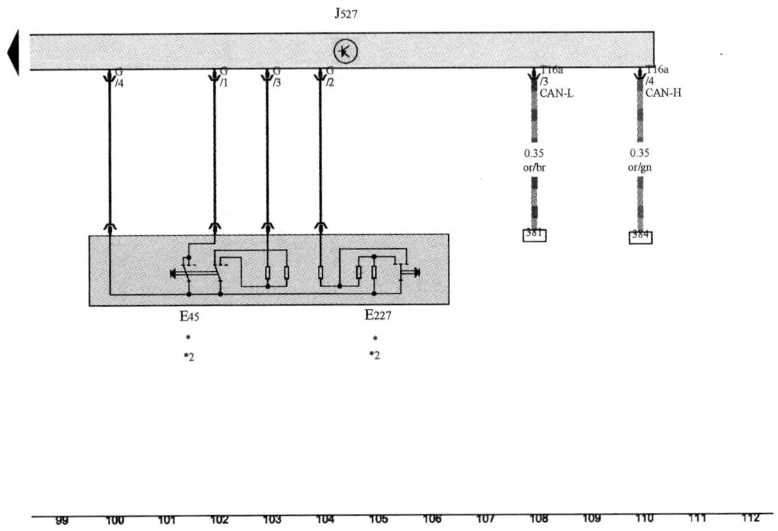

E45-定速巡航装置开关　E227-定速巡航装置设置按钮　J527-转向柱电子装置控制单元　T16a-16芯插头连

接　*-用于带进入及启动许可的汽车　*2-用于不带自动车距控制（ADR）的汽车

图4-1-10

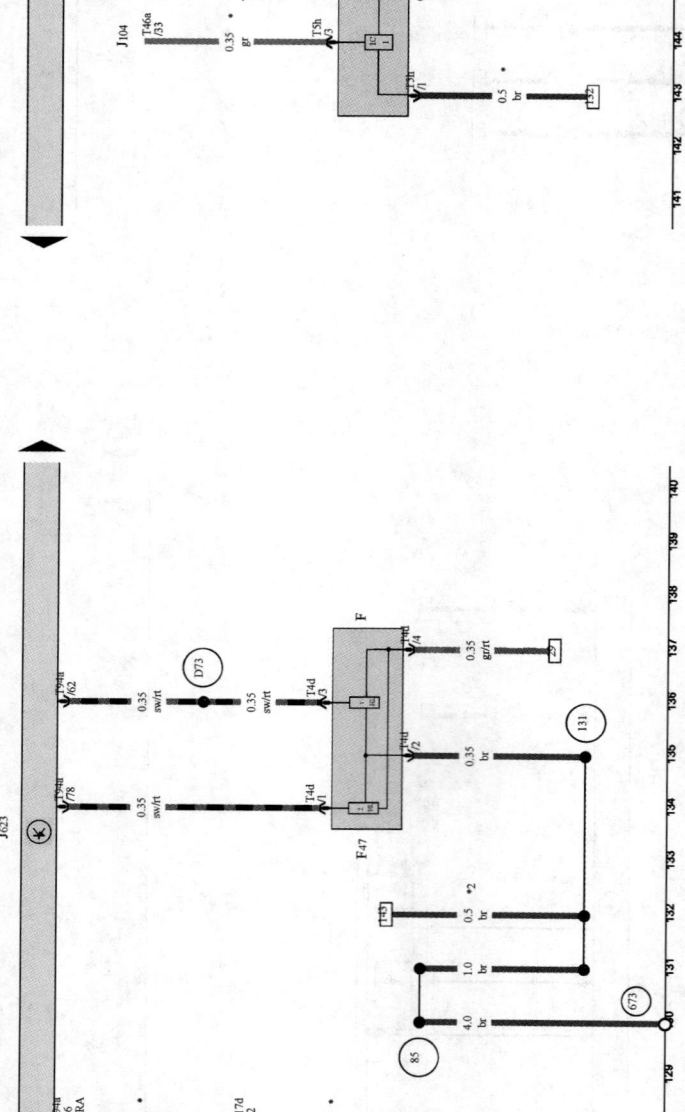

散热器出口处的冷却液温度传感器，离合器位置传感器，发动机控制单元

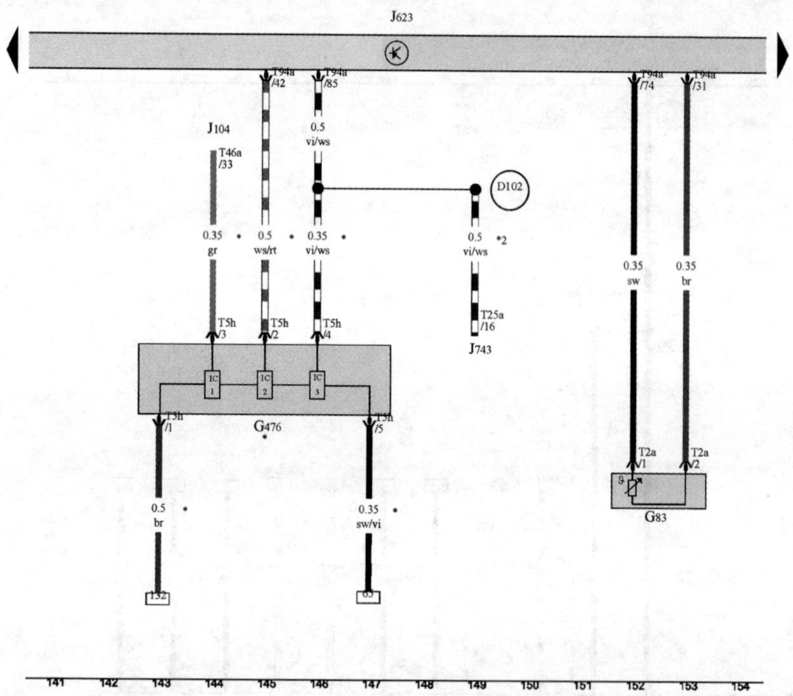

制动信号灯开关，制动踏板开关，发动机控制单元

G83-散热器出口处的冷却液温度传感器 G476-离合器位置传感器 J104-ABS控制单元 J623-发动机控制单元 J743-双离合器变速器机电装置 T2a-2芯插头连接 T5h-5芯插头连接 T25a-25芯插头连接 T46a-46芯插头连接 T94a-94芯插头连接 D102-连接2，在发动机舱导线束中 *-用于带双离合器变速器的汽车 *2-用于带手动变速器的汽车

图 4-1-13

F-制动信号灯开关 F47-制动踏板开关 J623-发动机控制单元 T4d-4芯插头连接 T17d-17芯插头连接 T94a-94芯插头连接 85-接地连接1，在发动机舱导线束中 131-接地连接2，在发动机舱导线束中 673-左前纵梁上的接地点3 D73-正极连接（54），在发动机舱导线束中 *-用于带定速巡航装置的汽车 *2-用于带手动变速器的汽车

图 4-1-12

434

氧传感器，尾气催化净化器后的氧传感器，发动机控制单元，氧传感器加热，尾气催化净化器后的氧传感器 1 加热装置

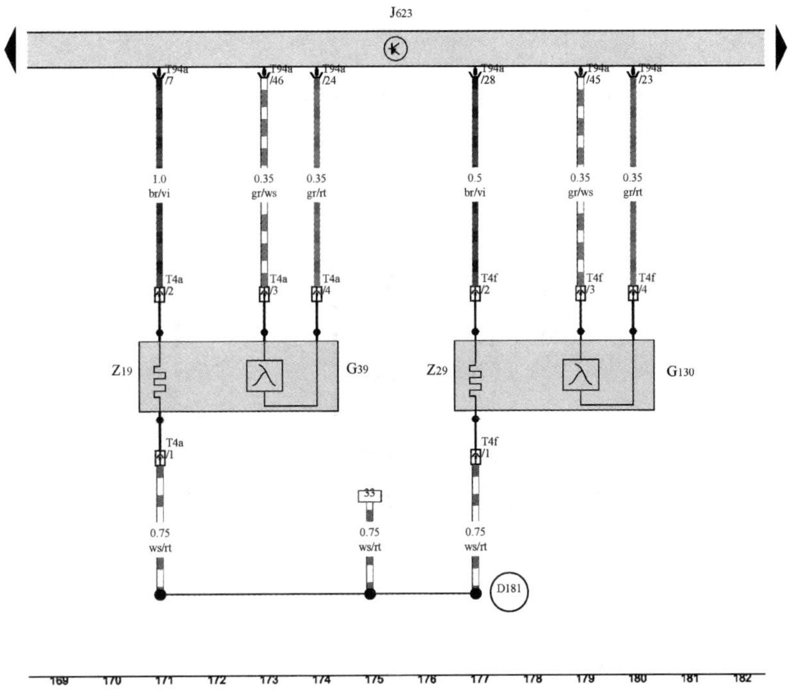

G39-氧传感器 G130-尾气催化净化器后的氧传感器 J623-发动机控制单元 T4a-4芯插头连接 T4f-4芯插头连接 T94a-94芯插头连接 Z19-氧传感器加热 Z29-尾气催化净化器后的氧传感器 1 加热装置 D181-连接2（87a），在发动机舱导线束中

图 4-1-15

加速踏板位置传感器，加速踏板位置传感器 2，发动机控制单元

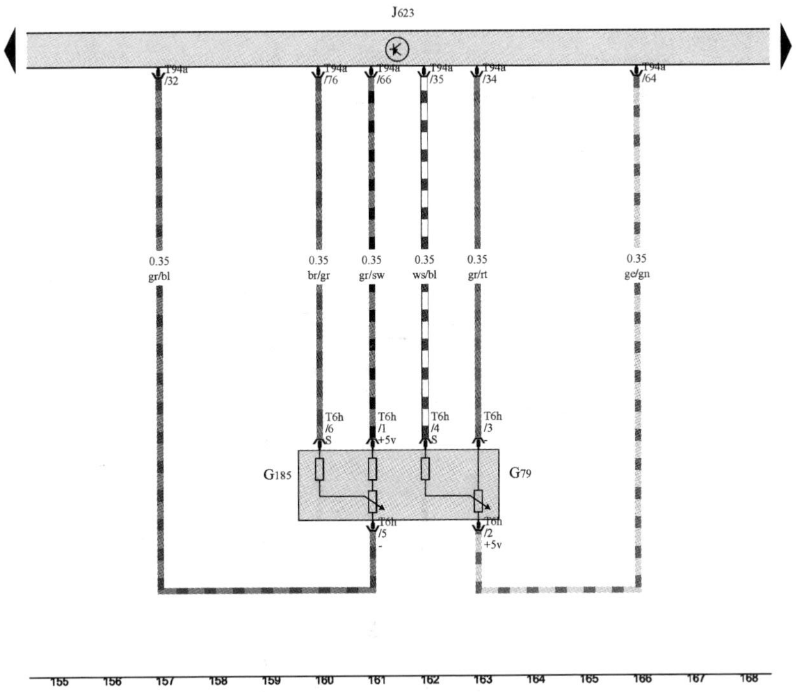

G79-加速踏板位置传感器 G185-加速踏板位置传感器 2 J623-发动机控制单元 T6h-6芯插头连接 T94a-94芯插头连接

图 4-1-14

435

电控油门操纵机构的节气门驱动装置，电控油门操纵机构的节气门驱动装置角度传感器 1，
电控油门操纵机构的节气门驱动装置角度传感器 2，节气门控制单元，发动机控制单元

爆震传感器 1，发动机控制单元

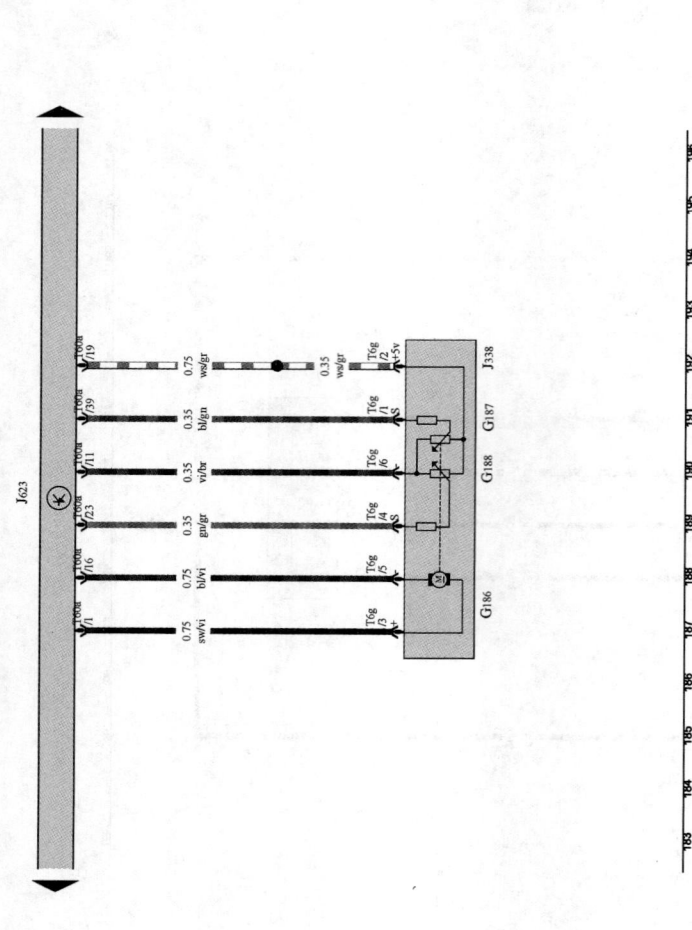

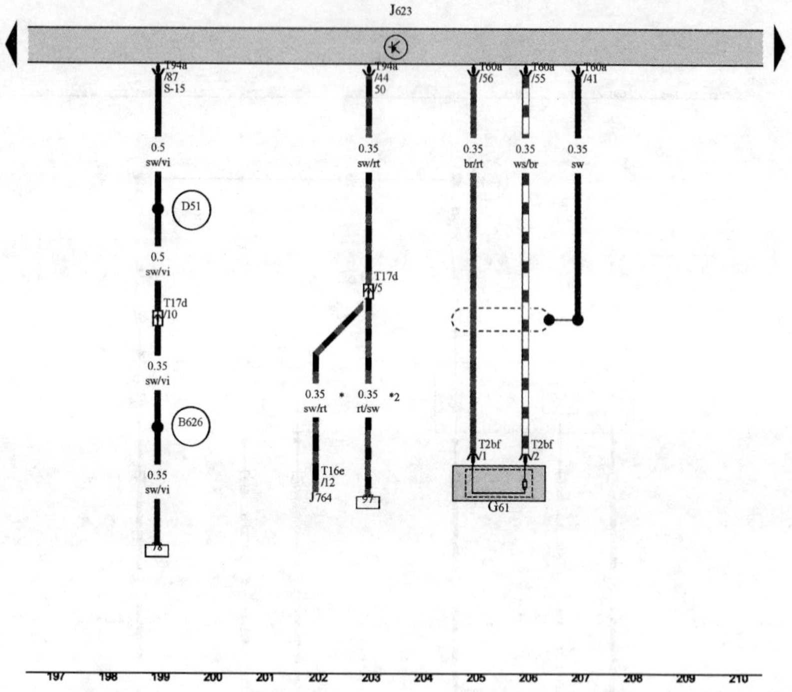

图 4-1-17

图 4-1-16

G61–爆震传感器 1 J623–发动机控制单元 J764–电子转向柱防止装置控制单元 T2bf–2芯插头连接 T16e–电子转向柱锁止装置控制单元 T2bf–2芯插头连接 T16e–16芯插头连接 T17d–17芯插头连接 T60a–60芯插头连接 T94a–94芯插头连接 B626–正极连接2（15），在主导线束中 D51–正极连接1（15），在发动机舱导线束中 *–用于带进入及启动许可的汽车 *2–用于不带进入及启动许可的汽车

G186–电控油门操纵机构的节气门驱动装置 G187–电控油门操纵机构的节气门驱动装置角度传感器 1 G188–电控油门操纵机构的节气门驱动装置角度传感器 2 J338–节气门控制单元 J623–发动机控制单元 T6g–6芯插头连接 T60a–60芯插头连接

436

冷却液温度传感器，增压压力调节位置传感器，发动机控制单元，增压压力调节器

发动机控制单元，气缸 1 喷油嘴，气缸 2 喷油嘴，气缸 3 喷油嘴，气缸 4 喷油嘴

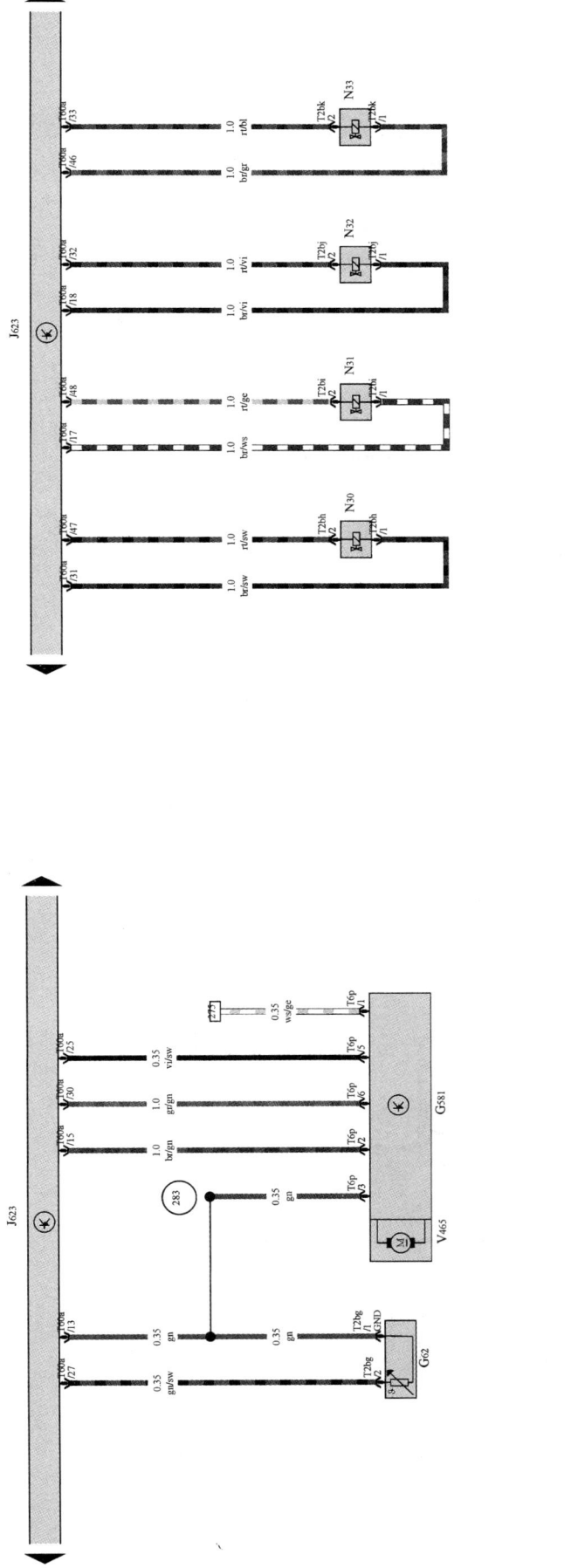

图 4-1-18

图 4-1-19

G62-冷却液温度传感器　G581-增压压力调节位置传感器　J623-发动机控制单元　T2bg-2芯插头连接
T6p-6芯插头连接　T60a-60芯插头连接　V465-增压压力调节器　283-接地连接2，在发动机预接线导线束
中

J623-发动机控制单元　N30-气缸1喷油嘴　N31-气缸2喷油嘴　N32-气缸3喷油嘴　N33-气缸4喷油嘴
T2bh-2芯插头连接　T2bi-2芯插头连接　T2bj-2芯插头连接　T2bk-2芯插头连接　T60a-60芯插头连接

437

进气温度传感器，进气歧管压力传感器，燃油压力传感器，发动机控制单元

霍耳传感器，霍耳传感器 3，发动机控制单元

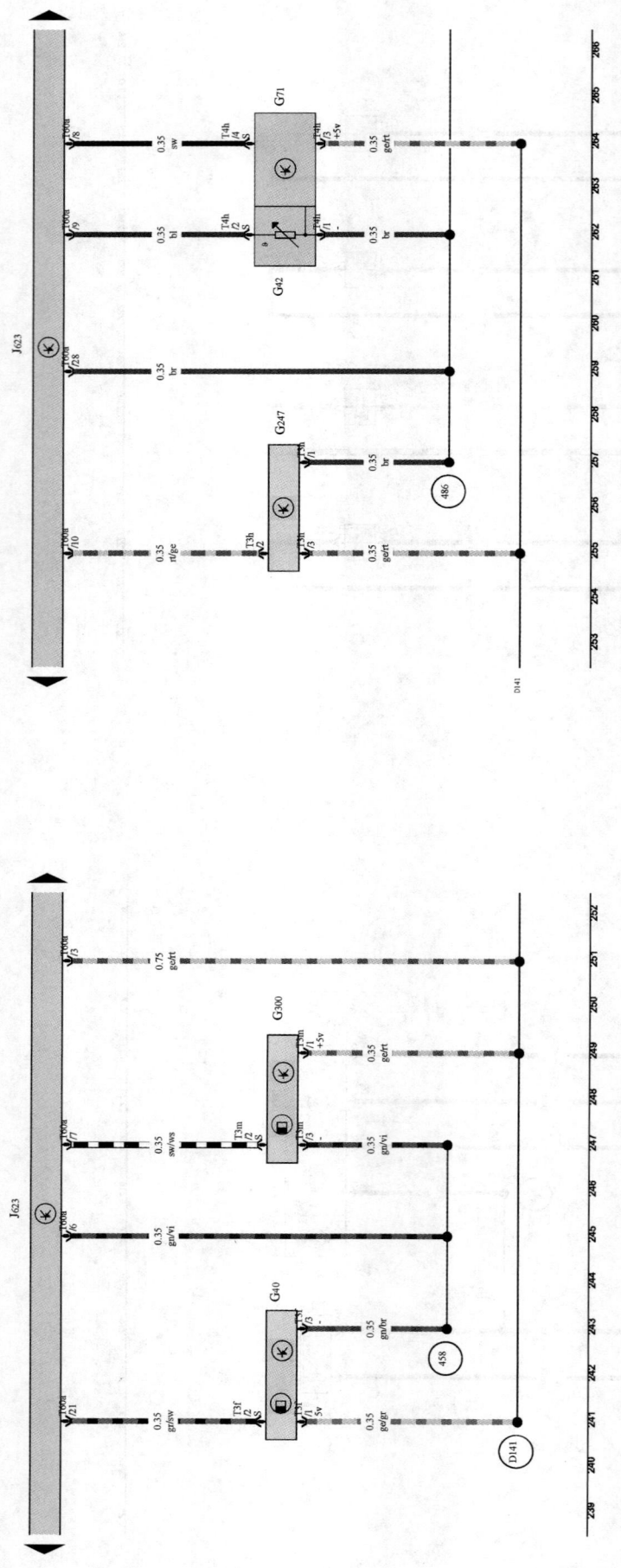

图 4-1-21

G42-进气温度传感器 G71-进气歧管压力传感器 G247-燃油压力传感器 J623-发动机控制单元 T3h-3芯插头连接 T4h-4芯插头连接 T60a-60芯插头连接4，在发动机预接线导线束中 D141-连接 486-接地连接4，在发动机前部导线束中（5V），在发动机前部导线束中

图 4-1-20

G40-霍耳传感器 G300-霍耳传感器3 J623-发动机控制单元 T3f-3芯插头连接 T3m-3芯插头连接 T60a-60芯插头连接3，在发动机预接线导线束中 D141-连接（5V），在发动机前部导线束中 458-接地连接3，在发动机前部导线束中

438

发动机控制单元，活性炭罐电磁阀 1，凸轮轴调节阀 1，排气凸轮轴调节阀 1，机油压力调节阀

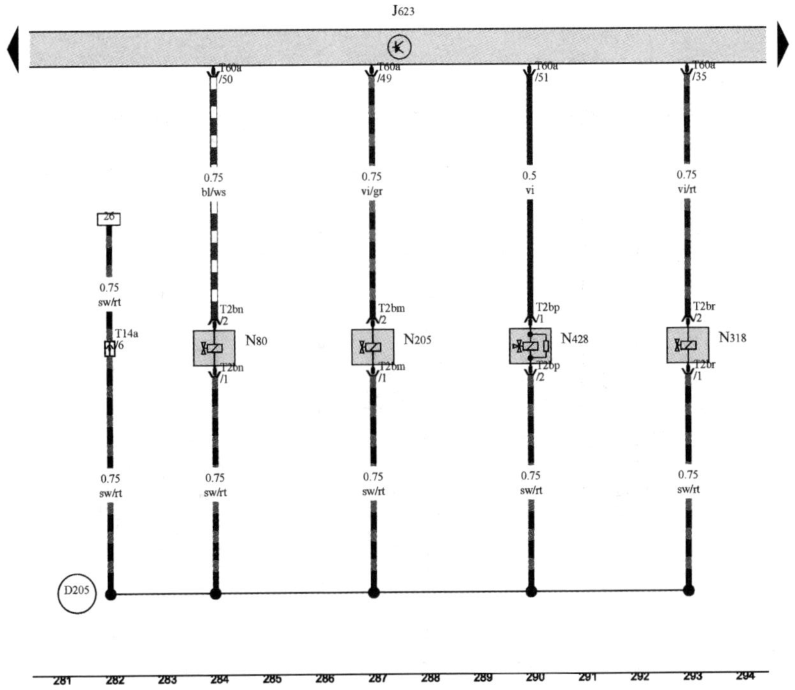

J623-发动机控制单元 N80-活性炭罐电磁阀1 N205-凸轮轴调节阀1 N428-排气凸轮轴调节阀1 N318-排气凸轮轴调节阀1 T2bm-2芯插头连接 T2bn-2芯插头连接 T2bp-2芯插头连接 T2br-2芯插头连接 T14a-机油压力调节阀 T60a-60芯插头连接 D205-连接3（87a），在发动机预接线导线束中 14芯插头连接 T60a-60芯插头连接 D205-连接3（87a），在发动机预接线导线束中

图 4-1-23

发动机转速传感器，增压压力传感器，进气温度传感器 2，发动机控制单元

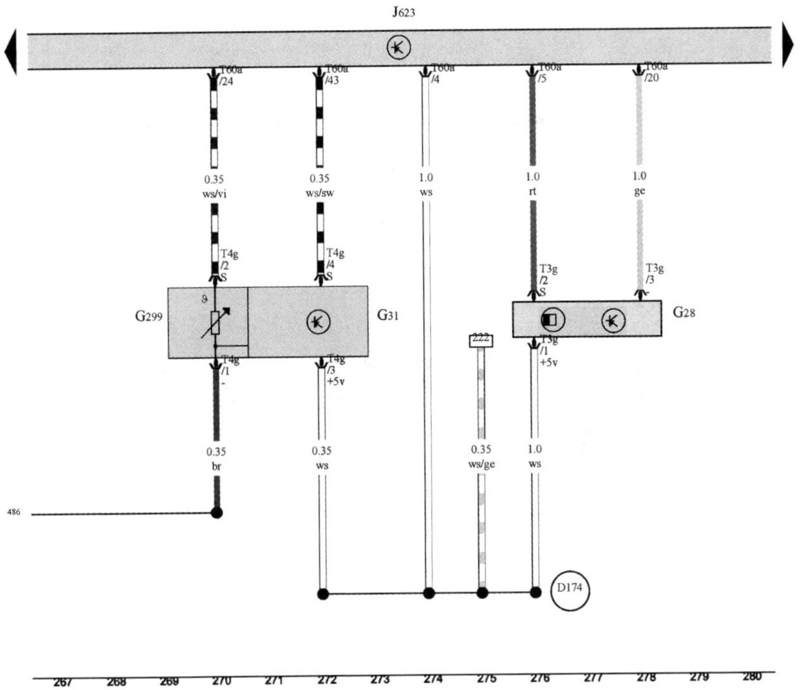

G28-发动机转速传感器 G31-增压压力传感器 G299-进气温度传感器2 J623-发动机控制单元 T3g-3芯插头连接 T4g-4芯插头连接 T60a-60芯插头连接 486-接地连接 D174-连接2（5V），在发动机预接线导线束中

图 4-1-22

439

发动机控制单元，带功率输出级的点火线圈1，带功率输出级的点火线圈2，带功率输出级的点火线圈3，火花塞插头，火花塞

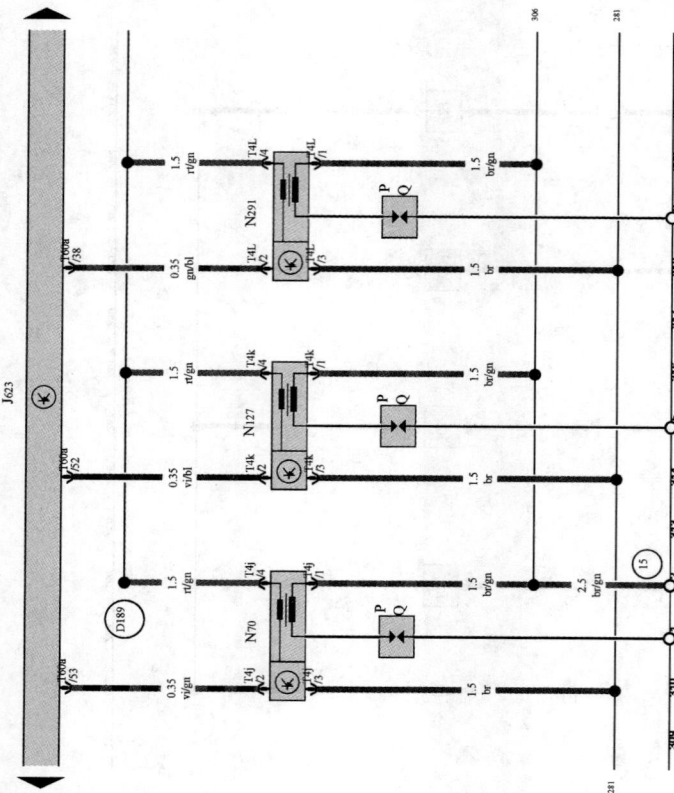

发动机控制单元，燃油压力调节阀，冷却液继续补给泵

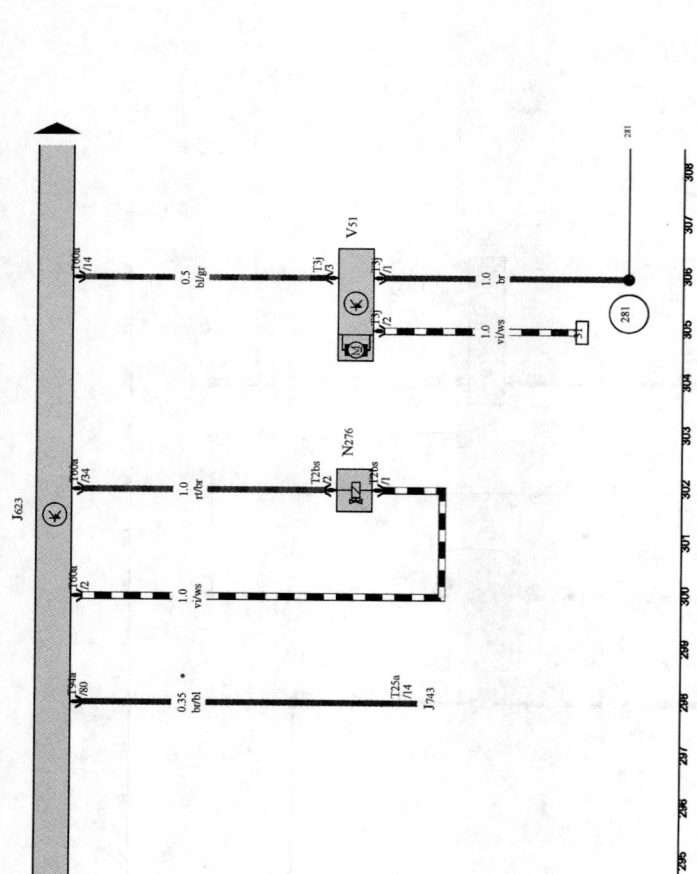

J623–发动机控制单元 J743–双离合器变速器机电装置 N276–燃油压力调节阀 T2bs–2芯插头连接 T3j–3芯插头连接 T25a–25芯插头连接 T60a–60芯插头连接 T94a–94芯插头连接 V51–冷却液继续补给泵 281–接地连接，在发动机预接线导线束中 *–用于带双离合器变速器的汽车

图 4–1–24

J623–发动机控制单元 N70–带功率输出级的点火线圈1 N127–带功率输出级的点火线圈2 N291–带功率输出级的点火线圈3 P–火花塞插头，Q–火花塞 T4j–4芯插头连接 T4k–4芯插头连接 T4L–4芯插头连接 T60a–60芯插头连接 15–气缸盖上的接地点 281–接地连接1，在发动机预接线导线束中 306–接地连接，在发动机预接线导线束中 D189–连接（87a），在发动机预接线导线束中（点火线圈），在发动机预接线导线束中

图 4–1–25

440

机油压力开关，机油压力传感器，发动机控制单元，带功率输出级的点火线圈4，火花塞插头，火花塞

燃油表传感器，预供给燃油泵，燃油泵控制单元，发动机控制单元

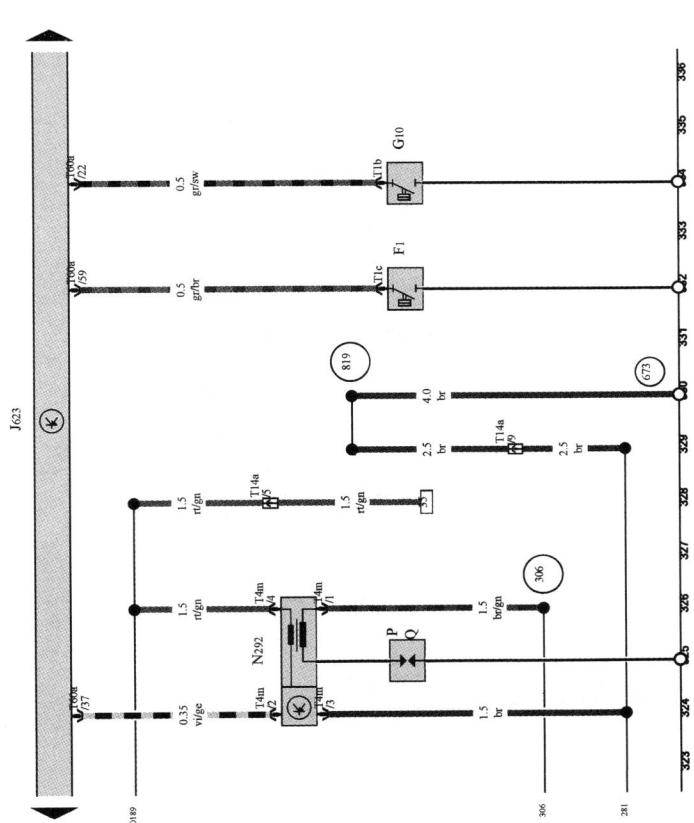

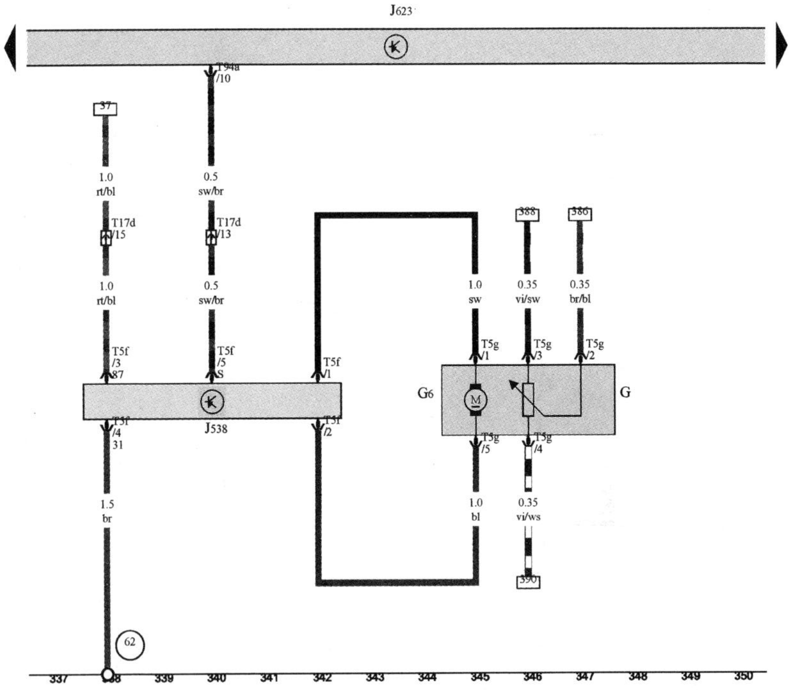

图 4-1-27

G-燃油表传感器　G6-预供给燃油泵　J538-燃油泵控制单元　J623-发动机控制单元　T5f-5芯插头连接　T5g-5芯插头连接　T17d-17芯插头连接　T94a-94芯插头连接　62-右侧C柱上的接地点

F1-机油压力开关　G10-机油压力传感器　J623-发动机控制单元　N292-带功率输出级的点火线圈4　P-火花塞插头　Q-火花塞　T1b-1芯插头连接　T1c-1芯插头连接　T4m-4芯插头连接　T14a-14芯插头连接　T60a-60芯插头连接　281-接地连接1，在发动机预接线导线束中　306-接地连接（点火线圈），在发动机预接线号线束中　673-左前纵梁上的接地点3　819-接地连接12，在发动机舱导线束中　D189-连接（87a），在发动机机预接线导线束中

图 4-1-26

441

数据总线诊断接口，诊断接口

数据总线诊断接口，发动机控制单元

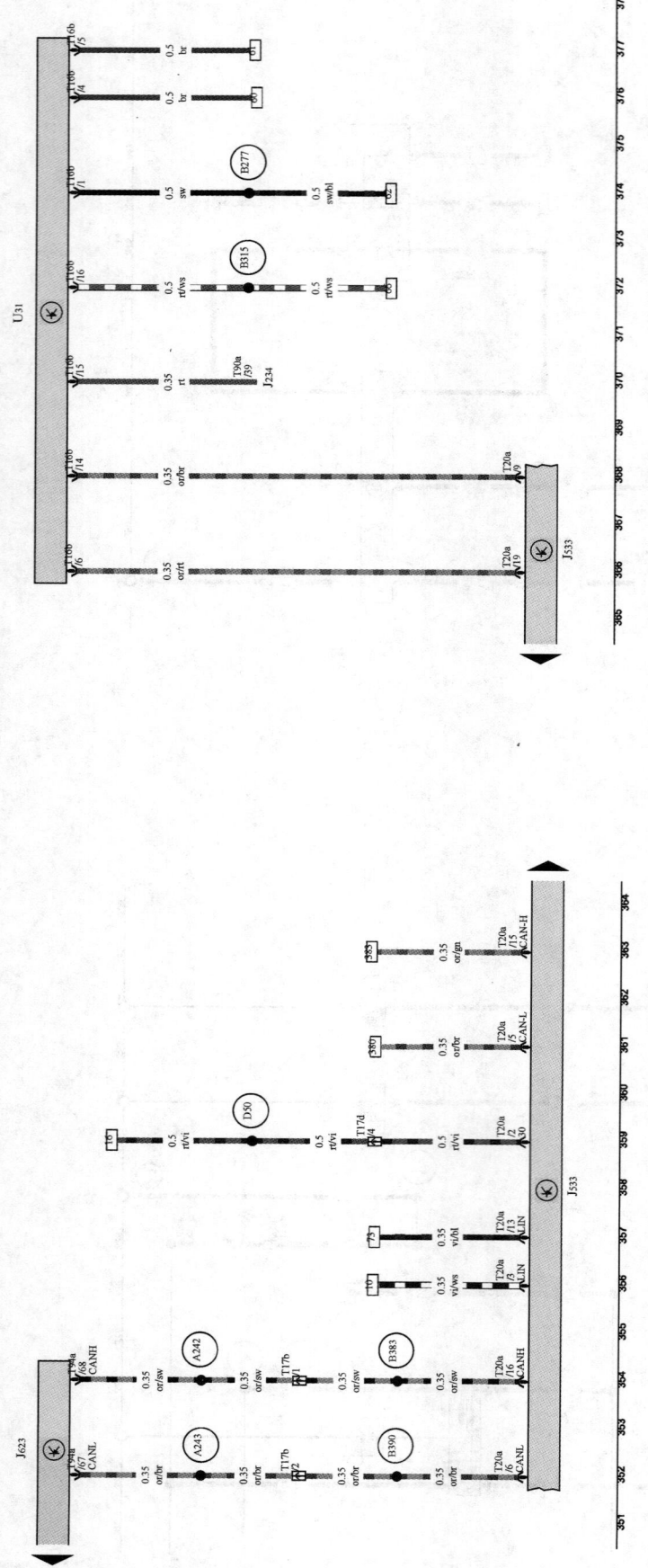

图 4-1-29

图 4-1-28

J533－数据总线诊断接口 J623－发动机控制单元 T17b－17芯插头连接 T17d－17芯插头连接 T20a－20芯插头连接 T94a－94芯插头连接 A242－连接1（驱动CAN总线，High）在发动机舱导线束中 A243－连接1（驱动CAN总线，Low），在发动机舱导线束中 B383－连接1（驱动CAN总线，High），在主导线束中 B390－连接1（驱动CAN总线，Low），在主导线束中 D50－正极连接（30），在发动机舱导线束中

J234－安全气囊控制单元 J533－数据总线诊断接口 T16b－16芯插头连接 T20a－20芯插头连接 T90a－90芯插头连接 U31－诊断接口 B277－诊断接口 B315－正极连接1（15a），在主导线束中 B315－正极连接1（30a），在主导线束中

442

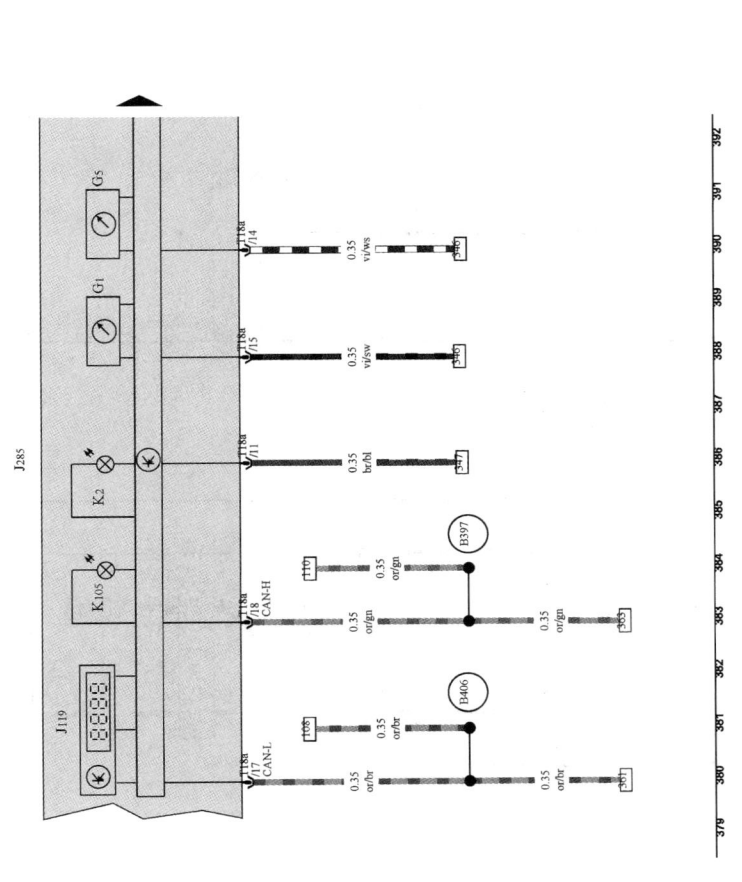

图 4-1-31

防盗锁止系统读出线圈，冷却液温度表，车速表，组合仪表中的控制单元，防盗锁止系统控制单元，机油压力指示灯，冷却液温度和冷却液不足显示指示灯，定速巡航装置指示灯，机油油位指示灯，废气警告灯，电子油门故障信号灯，里程表

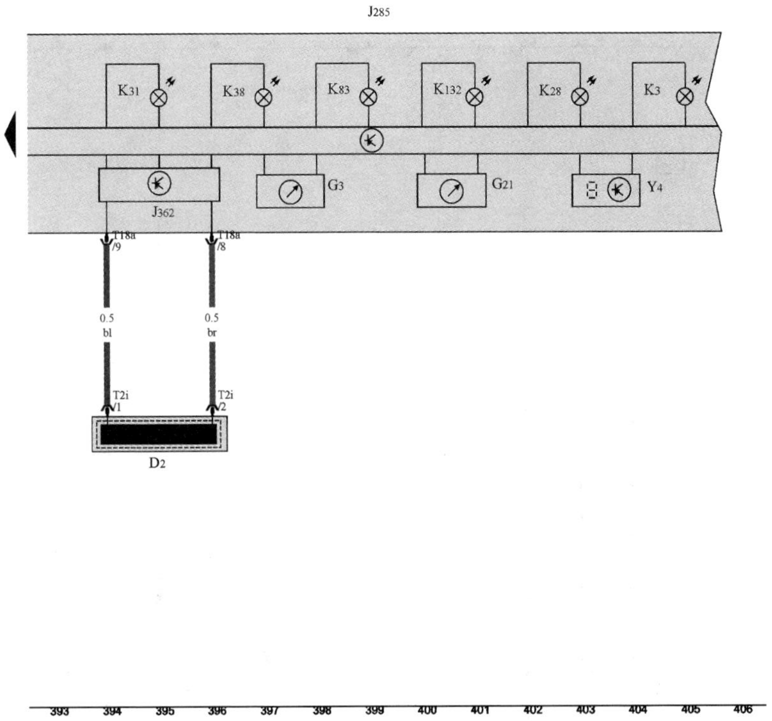

D2-防盗锁止系统读出线圈 G3-冷却液温度表 G21-车速表 J285-组合仪表中的控制单元 J362-防盗锁止系统控制单元 K3-机油压力指示灯 K28-冷却液温度和冷却液不足显示指示灯 K31-定速巡航装置指示灯 K38-机油油位指示灯 K83-废气警告灯 K132-电子油门故障信号灯 T2i-2芯插头连接 T18a-18芯插头连接 Y4-里程表

图 4-1-30

燃油表，转速表，多功能显示器，组合仪表中的控制单元，发电机指示灯，燃油表指示灯

G1-燃油表 G5-转速表 J119-多功能显示器 J285-组合仪表中的控制单元 K2-发电机指示灯 K105-燃油表指示灯 T18a-18芯插头连接1 B397-连接1(舒适CAN总线, High)，在主导线束中 B406-连接1(舒适CAN总线, Low)，在主导线束中

443

主继电器，保险丝架 B

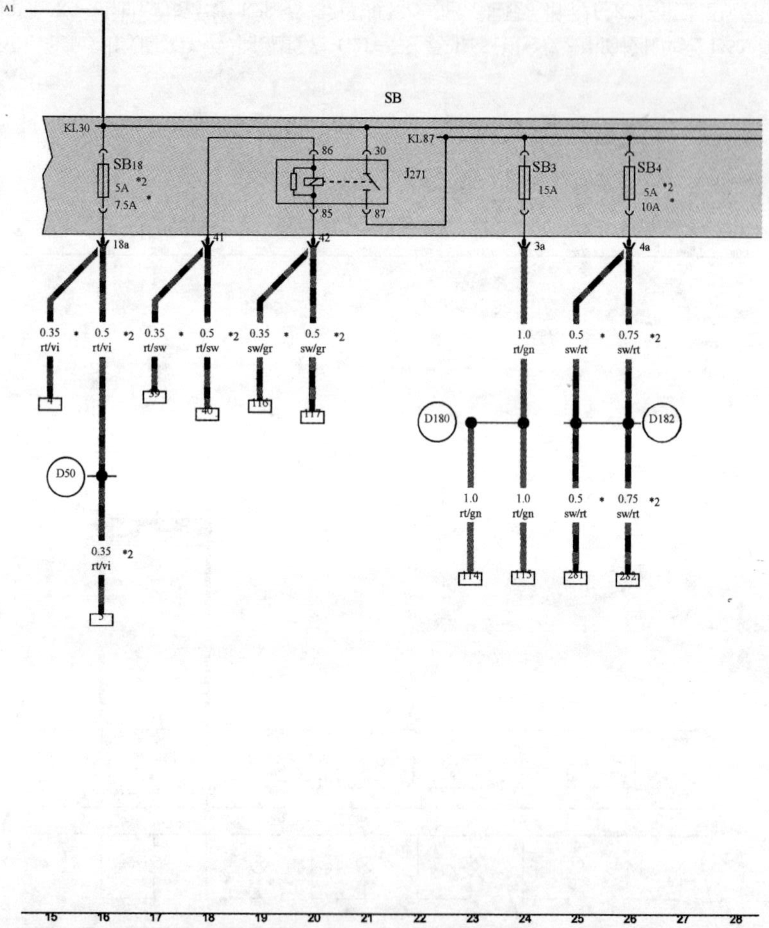

J271-主继电器 SB-保险丝架B SB3-保险丝架B上的保险丝3 SB4-保险丝架B上的保险丝4 SB18-保险丝
架B上的保险丝18 D50-正极连接（30），在发动机舱导线束中 D180-连接（87a），在发动机舱导线束中
D182-连接3（87a），在发动机舱导线束中 *-自2018年6月起 *2-截至2018年6月

图 4-1-33

蓄电池，启动机，交流发电机，电压调节器，蓄电池监控控制单元

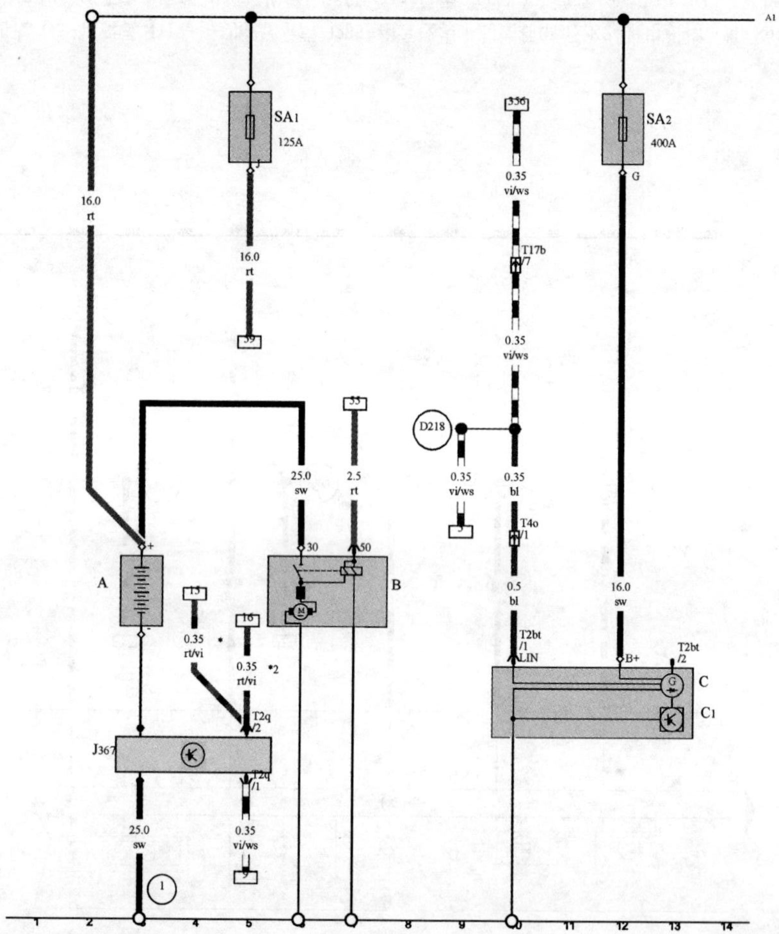

A-蓄电池 B-启动机 C-交流发电机 C1-电压调节器 J367-蓄电池监控控制单元 SA1-保险丝架A上的
险丝1 SA2-保险丝架A上的保险丝2 T2bt-2芯插头连接 T2q-2芯插头连接 T4o-4芯插头连接 T17b-17
芯插头连接 1-接地带，蓄电池-车身 D218-连接1（LIN总线），在发动机舱导线束中 *-自2018年6月起
*2-截至2018年6月

图 4-1-32

444

启动机继电器 1，启动机继电器 2，保险丝架 B

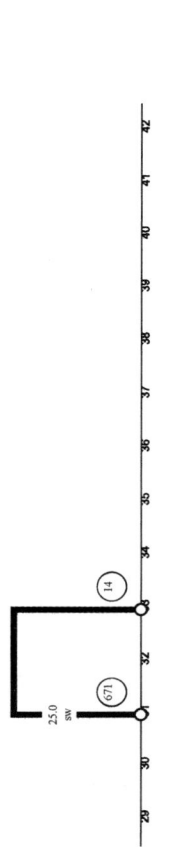

图 4-1-35

保险丝架 B

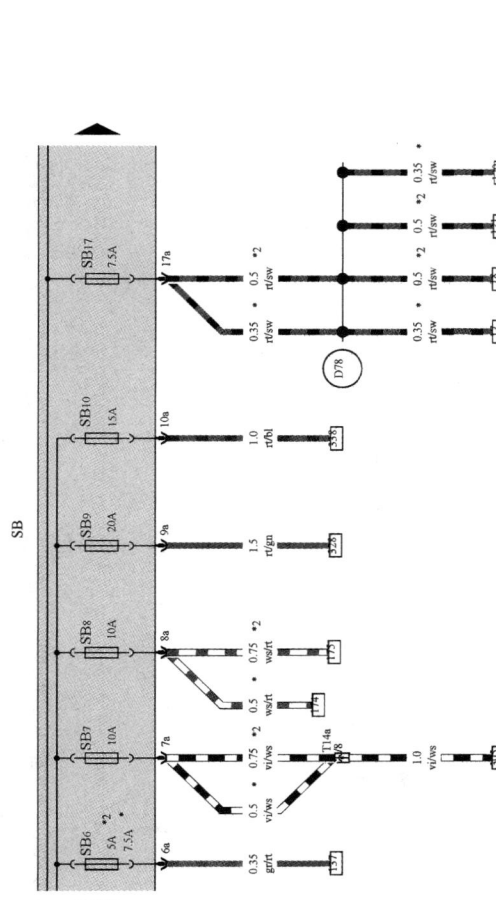

图 4-1-34

SB-保险丝架B SB6-保险丝架B上的保险丝6 SB7-保险丝架B上的保险丝7 SB8-保险丝架B上的保险丝8
SB9-保险丝架B上的保险丝9 SB10-保险丝架B上的保险丝10 SB17-保险丝架B上的保险丝17 T14a-14芯
插头连接 14-变速器上的接地点 671-左前纵梁上的接地点1 D78-正极连接1（30a），在发动机舱导线束
中 *-自2018年6月起 *2-截至2018年6月

J906-启动机继电器1 J907-启动机继电器2 SB-保险丝架B SB22-保险丝架B上的保险丝22 SB23-保险丝
架B上的保险丝23 *-自2018年6月起 *2-截至2018年6月

445

中控台开关模块 2, 启动 / 停止模式按钮, 车载电网控制单元, 转向柱电子装置控制单元,
启动 / 停止运行模式指示灯, 按钮照明灯泡

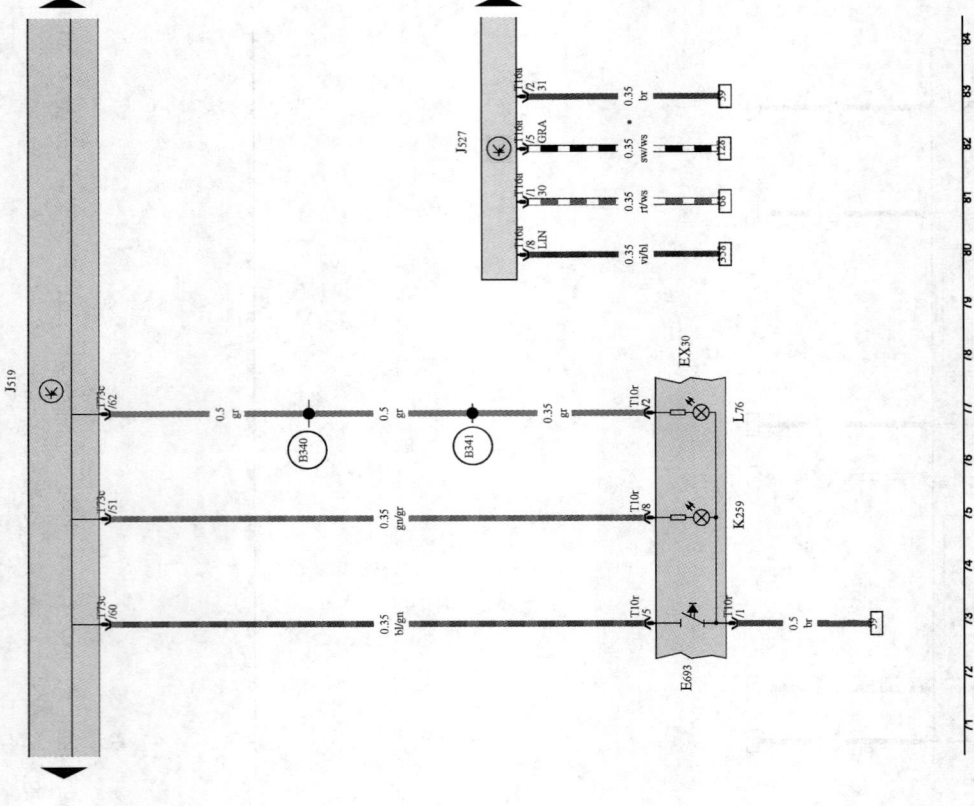

EX30-中控台开关模块2 E693-启动/停止模式按钮 J519-车载电网控制单元 J527-转向柱电子装置控制单
元 K259-启动/停止运行模式指示灯 L76-按钮照明灯泡 T10r-10芯插头连接 T16a-16芯插头连接 T73c-
73芯插头连接 T73a-73芯插头连接 B340-连接1 (58d), 接地连接2 (58d), 在主导线束中 B341-连接2 (58d), 在主导线束中 *-用于带定速巡
航装置的汽车

图 4-1-37

接线端 15 供电继电器, 车载电网控制单元

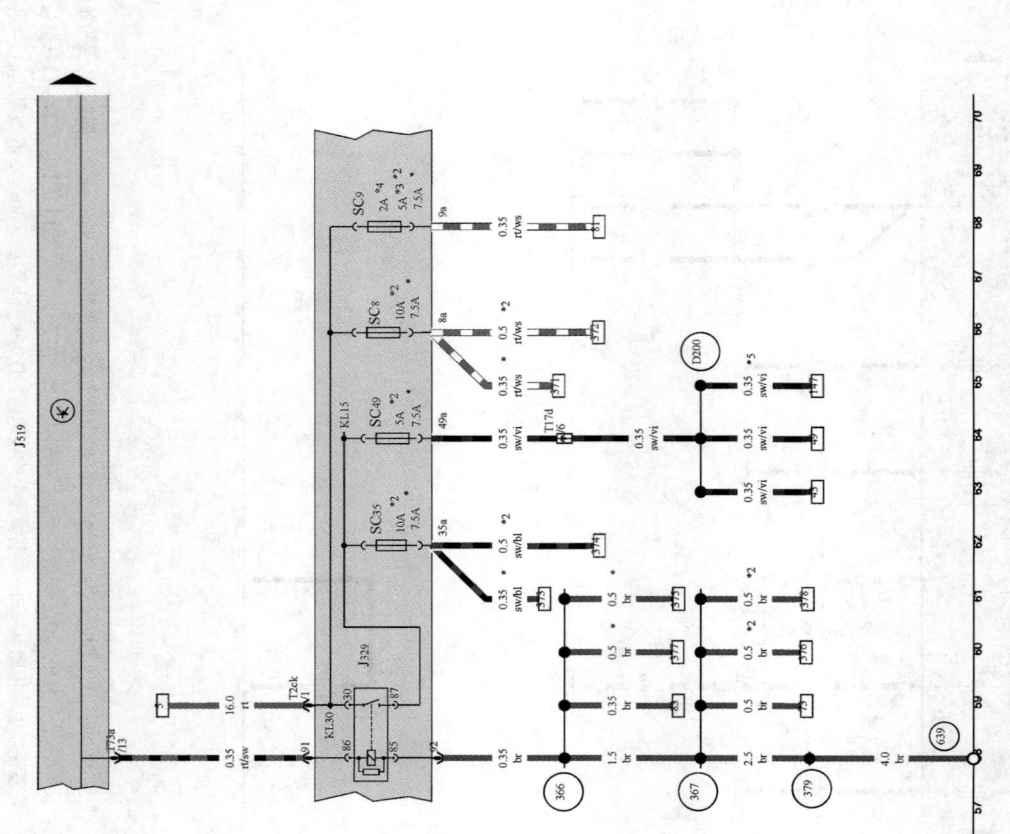

J329-接线端15供电继电器 J519-车载电网控制单元 SC8-保险丝架C上的保险丝8 SC9-保险丝架C上的保
险丝9 SC35-保险丝架C上的保险丝35 SC49-保险丝架C上的保险丝49 T2ck-2芯插头连接 T17d-17芯插
头连接 T73a-73芯插头连接 366-接地连接1, 在主导线束中 367-接地连接2, 在主导线束中 379-接地连
接14, 在主导线束中 639-左A柱上的接地点 D200-正极连接3 (15a), 在发动机舱导线束中 *-自2018年
6月起 *2-截至2018年6月 *3-自2016年7月起 *4-截至2016年7月 *5-用于带手动变速器的汽车

图 4-1-36

446

点火启动开关，定速巡航装置开关，定速巡航装置设置按钮，冷却液不足显示传感器，车载电网控制单元，转向柱电子装置控制单元

定速巡航装置开关，定速巡航装置设置按钮，转向柱电子装置控制单元

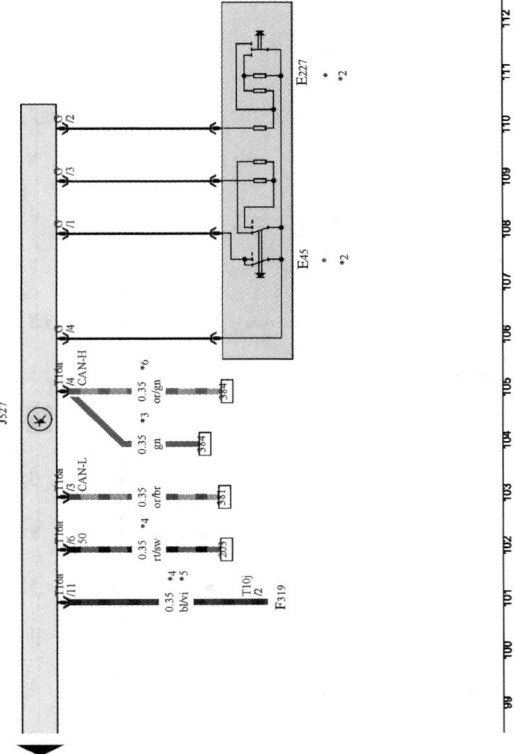

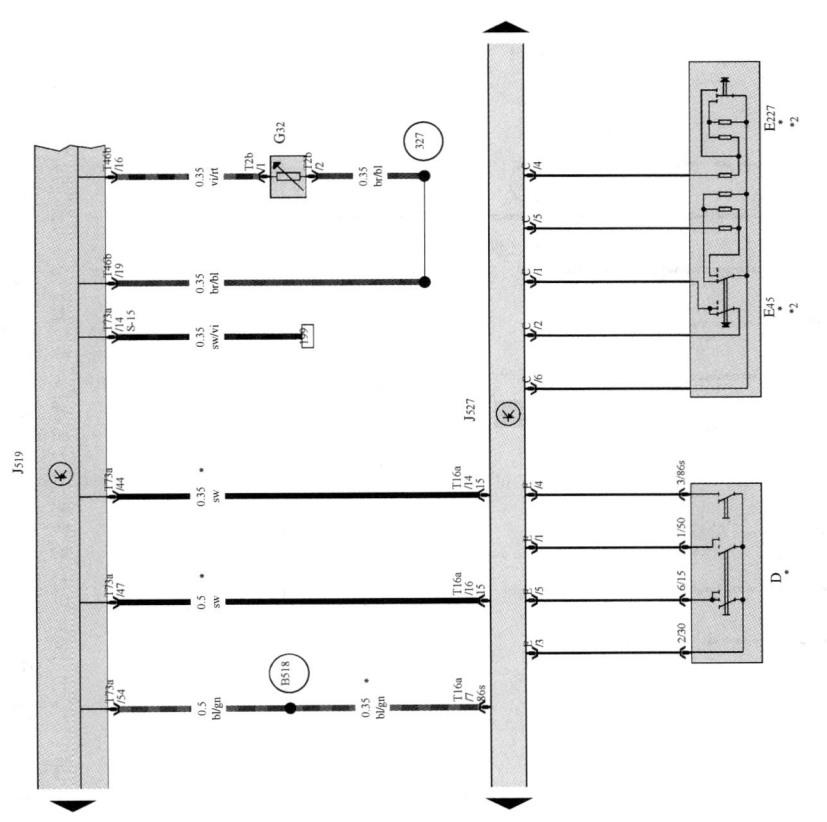

D-点火启动开关　E45-定速巡航装置开关　E227-定速巡航装置设置按钮　G32-冷却液不足显示传感器　J519-车载电网控制单元　J527-转向柱电子装置控制单元　T2b-2芯插头连接　T16a-16芯插头连接　T46b-46芯插头连接　T73a-73芯插头连接　327-接地连接（传感器接地），在发动机舱导线束中　B518-连接　*-用于不带进入及启动许可的汽车　*2-用于不带进入及启动许可（ADR）的汽车

图4-1-38

E45-定速巡航装置开关　E227-定速巡航装置设置按钮　F319-遮挡杆挡位P锁止开关　J527-转向柱电子装置控制单元　T10j-10芯插头连接　T16a-16芯插头连接　*-用于不带进入及启动许可的汽车　*2-用于不带自动车距控制（ADR）的汽车　*3-自2018年6月起　*4-用于不带进入及启动许可的汽车　*5-用于带双离合器变速器的汽车　*6-截至2018年6月

图4-1-39

制动信号灯开关，制动踏板开关，发动机控制单元

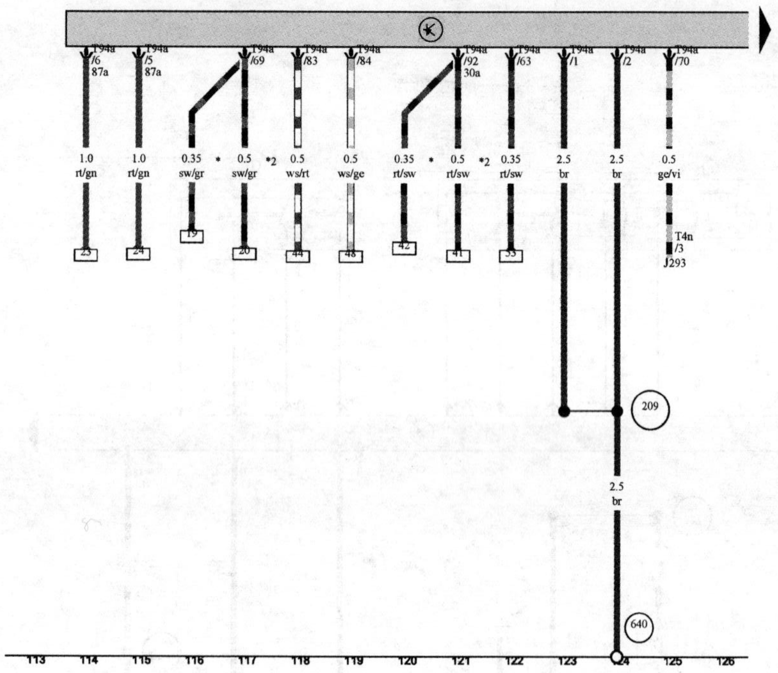

发动机控制单元

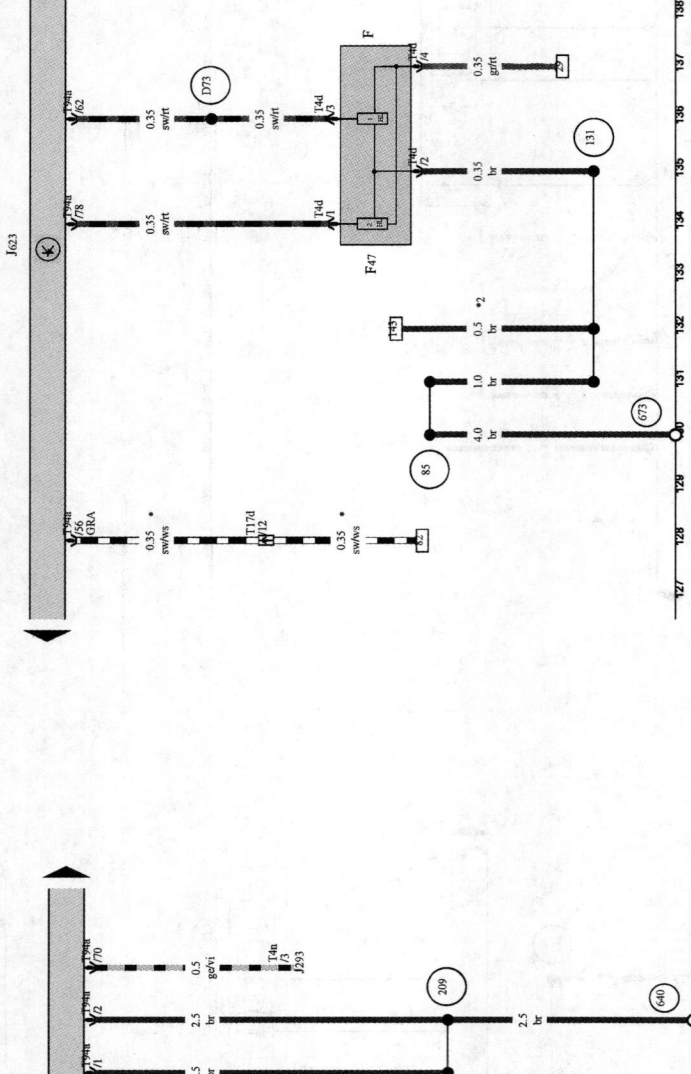

图 4-1-41

图 4-1-40

F-制动信号灯开关 F47-制动踏板开关 J623-发动机控制单元 T4d-4芯插头连接 T17d-17芯插头连接 F-制动信号灯开关 J623-发动机控制单元 T94a-94芯插头连接 T94a-94芯插头连接，在发动机舱导线束中 131-接地连接 673-左 前纵梁上的接地点3 D73-正极连接（54），在发动机舱导线束中 *-用于带定速巡航装置的汽车 *2-用于 带手动变速器的汽车

J293-散热器风扇控制单元 J623-发动机控制单元 T4n-4芯插头连接 T94a-94芯插头连接 209-接地连接 640-发动机舱导线束中 85-接地连接 131-接地连接 640-发动机舱导线束中，在发动机舱内左侧接地点2 *-自2018年6月起 *2-截至2018年6月

448

加速踏板位置传感器，加速踏板位置传感器 2，发动机控制单元

散热器出口处的冷却液温度传感器，离合器位置传感器，发动机控制单元

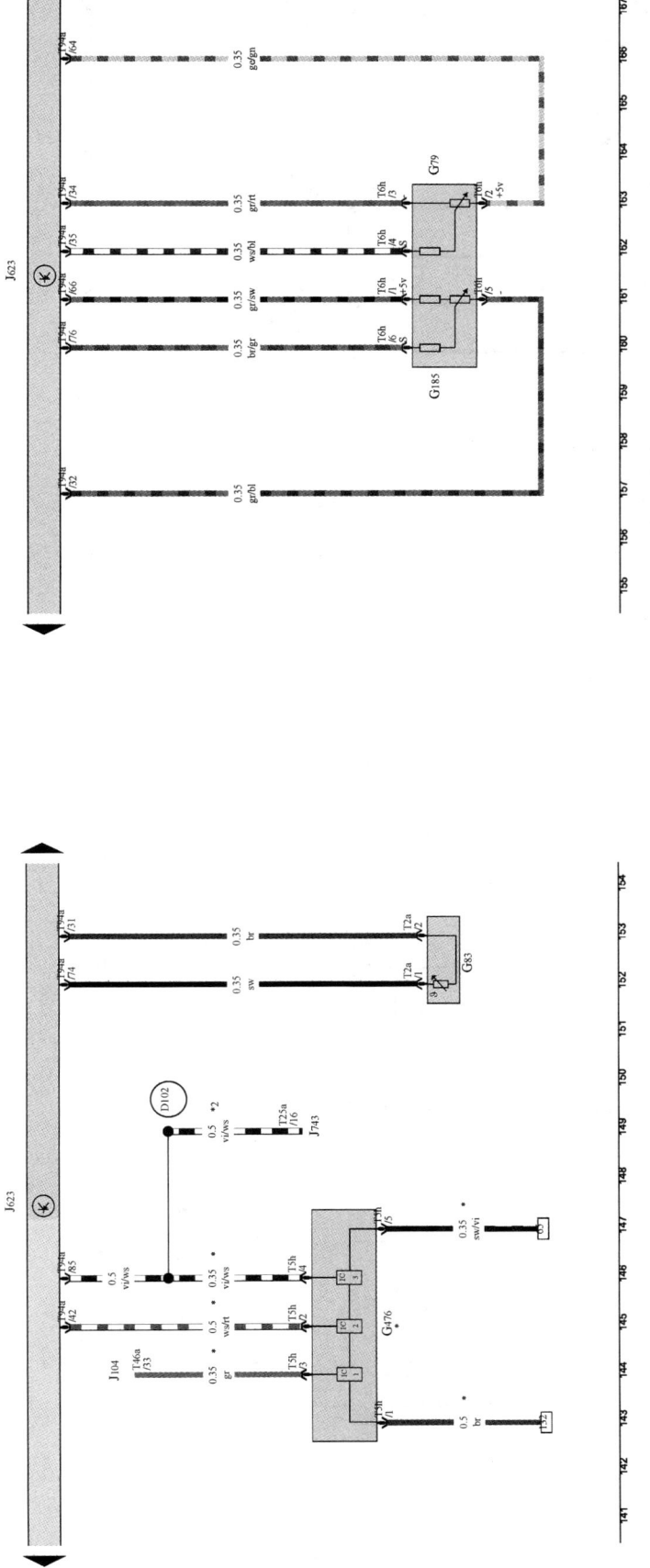

G79-加速踏板位置传感器　G185-加速踏板位置传感器2　J623-发动机控制单元　T6h-6芯插头连接　T94a-
94芯插头连接

图 4-1-43

G83-散热器出口处的冷却液温度传感器　G476-离合器位置传感器　J104-ABS控制单元　J623-发动机控制
单元　J743-双离合器变速器机电装置　T2a-2芯插头连接　T5h-5芯插头连接　T25a-25芯插头连接　T46a-46
芯插头连接　T94a-94芯插头连接　D102-连接2，在发动机舱导线束中　*-用于带手动变速器的汽车　*2-用
于带双离合器变速器的汽车

图 4-1-42

449

电控油门操纵机构的节气门驱动装置，电控油门操纵机构的节气门驱动装置角度传感器 1，电控油门操纵机构的节气门驱动装置角度传感器 2，变速器空挡位置传感器，节气门控制单元，发动机控制单元

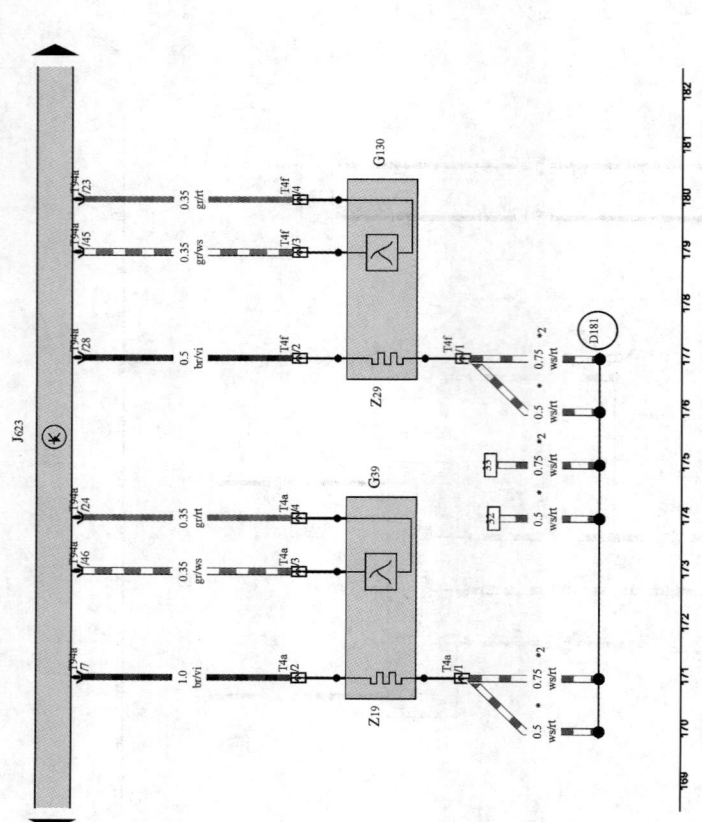

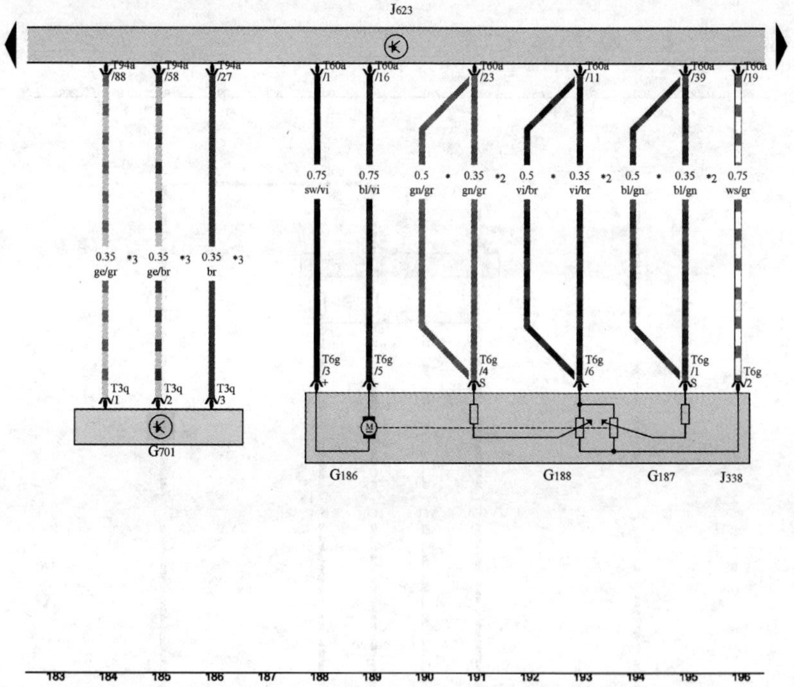

G186-电控油门操纵机构的节气门驱动装置　G187-电控油门操纵机构的节气门驱动装置角度传感器1
G188-电控油门操纵机构的节气门驱动装置角度传感器2　G701-变速器空挡位置传感器　J338-节气门控制单元　J623-发动机控制单元　T3q-3芯插头连接　T6g-6芯插头连接　T60a-60芯插头连接　T94a-94芯插头连接　*-自2018年6月起　*2-截至2018年6月　*3-用于带手动变速器的汽车

图 4-1-45

氧传感器，尾气催化净化器后的氧传感器，发动机控制单元，氧传感器加热，尾气催化净化器后的氧传感器 1 加热装置

G39-氧传感器　G130-尾气催化净化器后的氧传感器　J623-发动机控制单元　T4a-4芯插头连接　T4f-4芯插头连接
头连接　T94a-94芯插头连接　Z19-氧传感器加热　Z29-尾气催化净化器后的氧传感器加热装置　D181-连接　接2（87a），在发动机舱内导线束中　*-自2018年6月起　*2-截至2018年6月

图 4-1-44

冷却液温传感器，增压压力调节位置传感器，发动机控制单元，增压压力调节器

爆震传感器 1，发动机控制单元

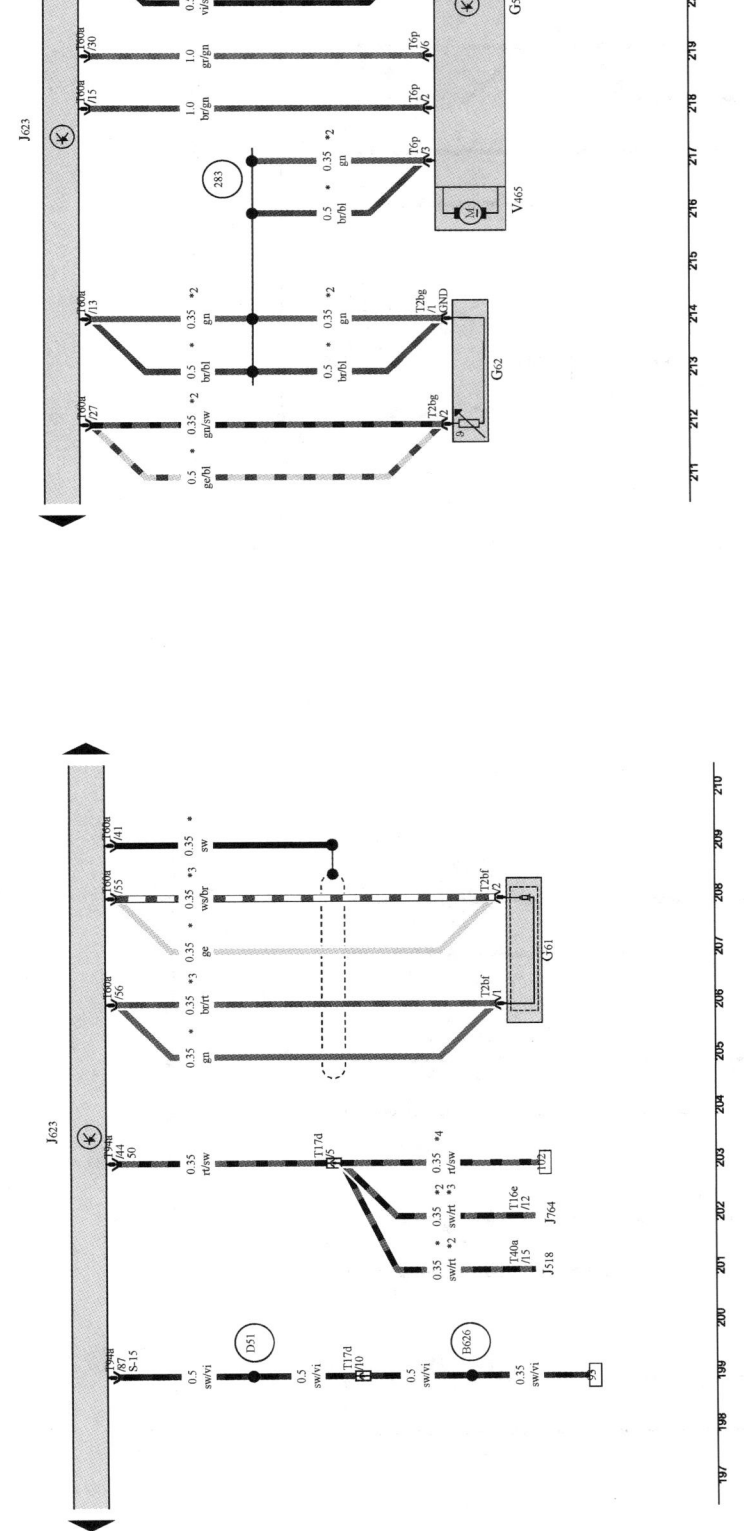

图 4-1-46

图 4-1-47

G61-爆震传感器1　J518-进入及启动许可启动控制单元　J623-发动机控制单元　J764-电子转向柱锁止装置控制
单元　T2bf-2芯插头连接　T16e-16芯插头连接　T17d-17芯插头连接　T40a-40芯插头连接　T60a-60芯插头
连接　T94a-94芯插头连接　B626-正极连接2（15），在主导线束中　D51-正极连接1（15），在发动机舱
导线束中　*-自2018年6月起　*2-用于带进入及启动许可的汽车　*3-截至2018年6月　*4-用于不带进入及启
动许可的汽车

G62-冷却液温度传感器　G581-增压压力调节位置传感器　J623-发动机控制单元　T2bg-2芯插头连接
T6p-6芯插头连接　T60a-60芯插头连接　V465-增压压力调节器　283-接地连接2，在发动机顶端接线导线束
中　*-自2018年6月起　*2-截至2018年6月

451

霍耳传感器，霍耳传感器 3，发动机控制单元

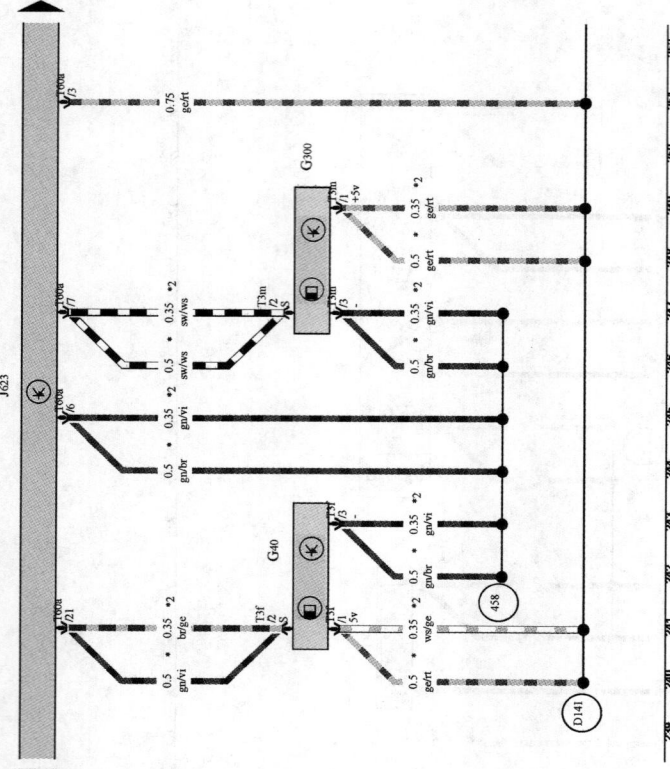

G40-霍耳传感器 G300-霍耳传感器 3 J623-发动机控制单元 T3f-3芯插头连接 T3m-3芯插头连接 T60a-
60芯插头连接 458-接地连接3，在发动机预接线导线束中 D141-连接（5V），在发动机前部导线束中
*-自2018年6月起 *2-截至2018年6月

图 4-1-49

发动机控制单元，气缸 1 喷油嘴，气缸 2 喷油嘴，气缸 3 喷油嘴，气缸 4 喷油嘴

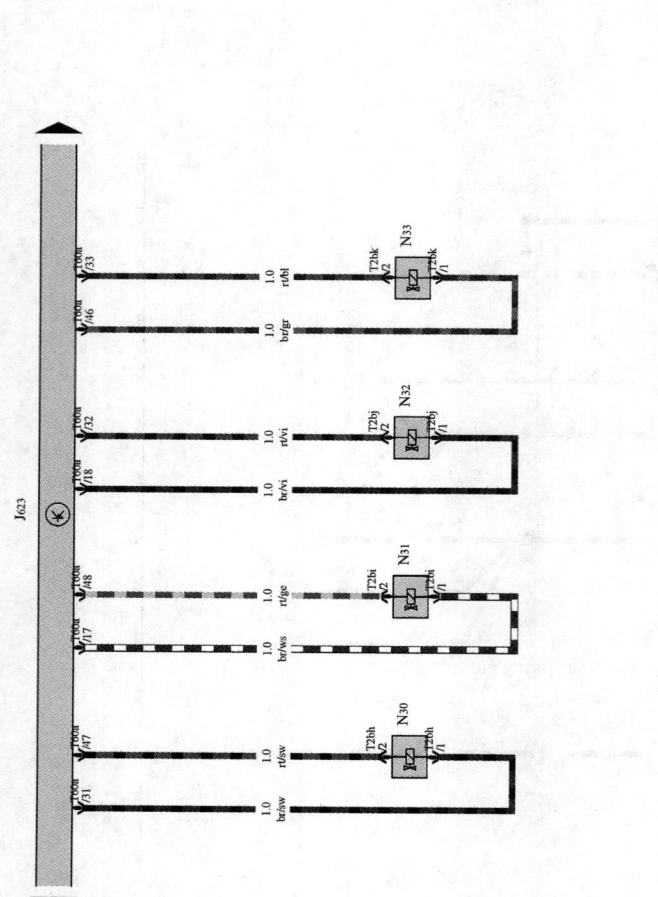

J623-发动机控制单元 N30-气缸1喷油嘴 N31-气缸2喷油嘴 N32-气缸3喷油嘴 N33-气缸4喷油嘴
T2bh-2芯插头连接 T2bi-2芯插头连接 T2bj-2芯插头连接 T2bk-2芯插头连接 T60a-60芯插头连接

图 4-1-48

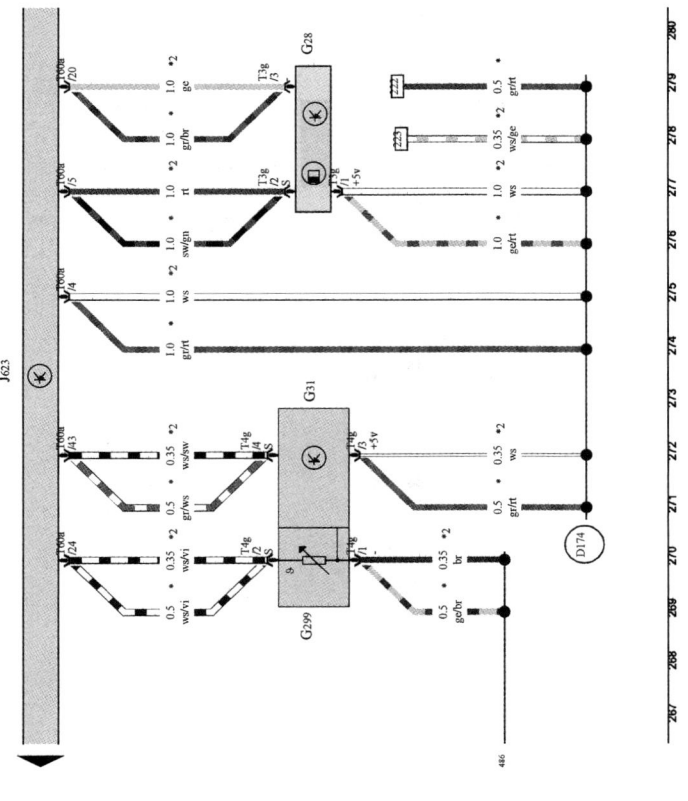

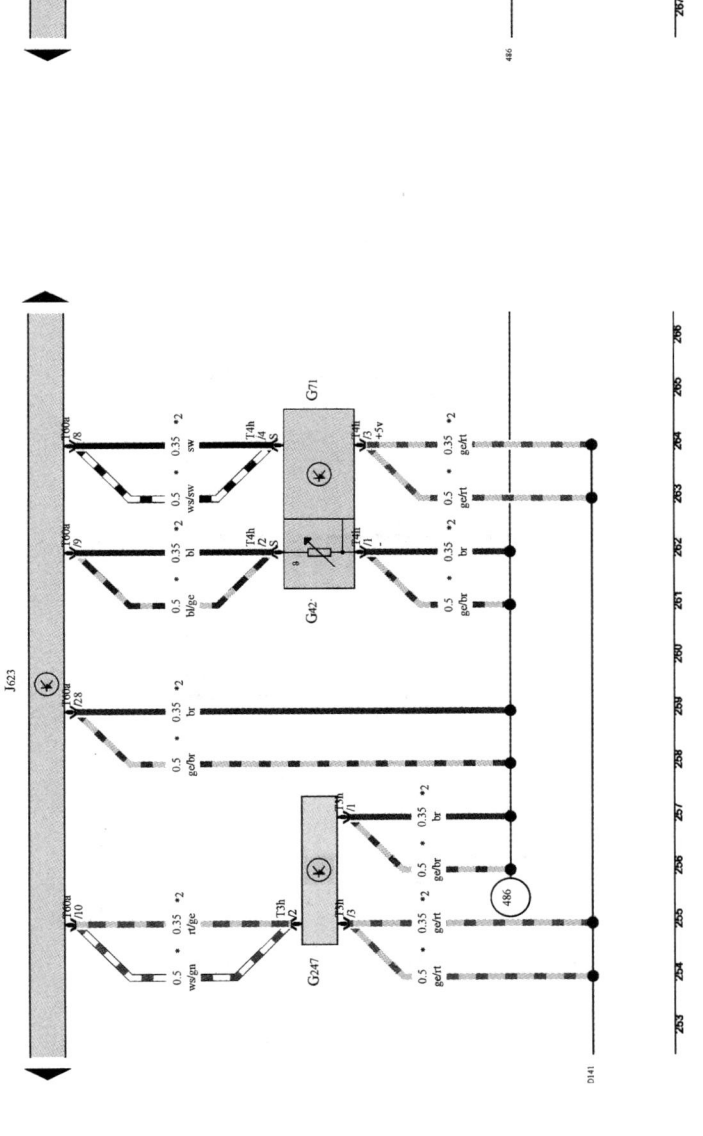

G28-发动机转速传感器 G31-增压压力传感器 G299-进气温度传感器 J623-发动机控制单元 T3g-3芯
插头连接 T4g-4芯插头连接 T60a-60芯插头连接 486-接地连接4，在发动机预接线导线束中 D174-连接
2 (5V)，在发动机预接线导线束中 *-自2018年6月起 *2-截至2018年6月

图 4-1-51

G42-进气温度传感器 G71-进气歧管压力传感器 G247-燃油压力传感器 J623-发动机控制单元 T3h-3芯
插头连接 T4h-4芯插头连接 T60a-60芯插头连接 486-接地连接4，在发动机预接线导线束中 D141-连接
(5V)，在发动机前部导线束中 *-自2018年6月起 *2-截至2018年6月

图 4-1-50

发动机控制单元，活性炭罐电磁阀 1，凸轮轴调节阀 1，排气凸轮轴调节阀 1，机油压力调节阀

发动机控制单元，燃油压力调节阀，冷却液继续补给泵

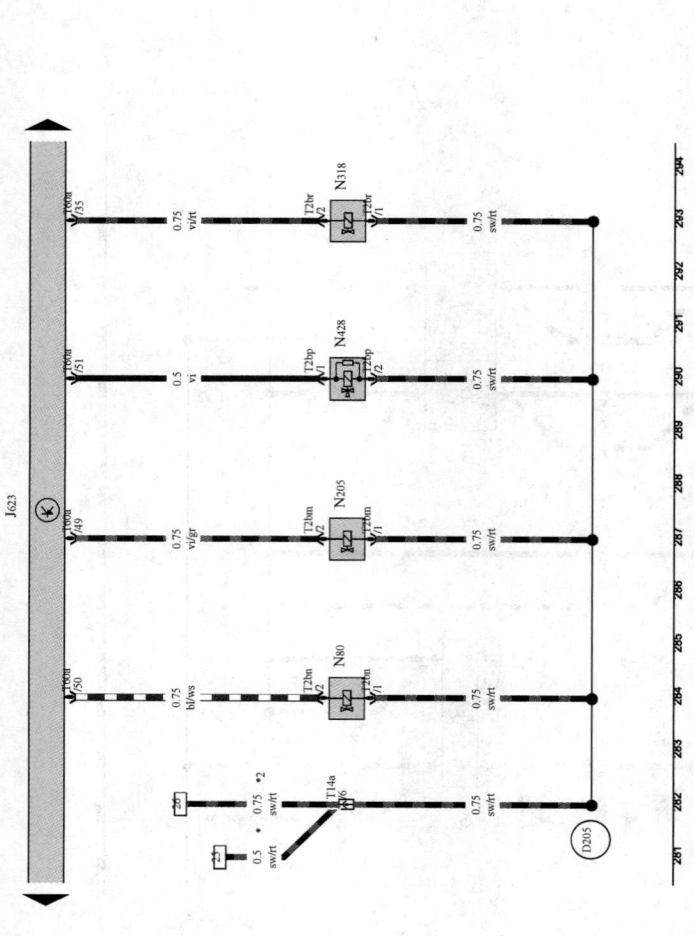

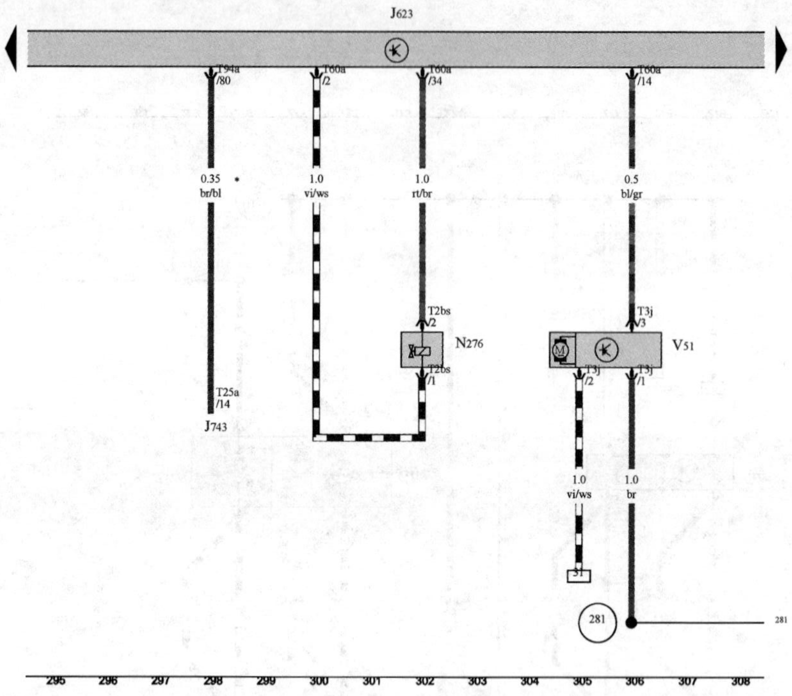

图 4-1-52

图 4-1-53

J623-发动机控制单元 N80-活性炭罐电磁阀1 N205-凸轮轴调节阀1 N318-排气凸轮轴调节阀1 N428-机油压力调节阀 T2bm-2芯插头连接 T2bn-2芯插头连接 T2bp-2芯插头连接 T14a-14芯插头连接 T60a-60芯插头连接 D205-连接3（87a），在发动机顶预接线导线束中 *-自2018年6月起 *2-截至2018年6月

J623-发动机控制单元 J743-双离合器变速器机电装置 N276-燃油压力调节阀 T2bs-2芯插头连接 T3j-3芯插头连接 T25a-25芯插头连接 T60a-60芯插头连接 T94a-94芯插头连接 V51-冷却液继续补给泵 281-接地连接1，在发动机顶预接线导线束中 *-用于带双离合器变速器的汽车

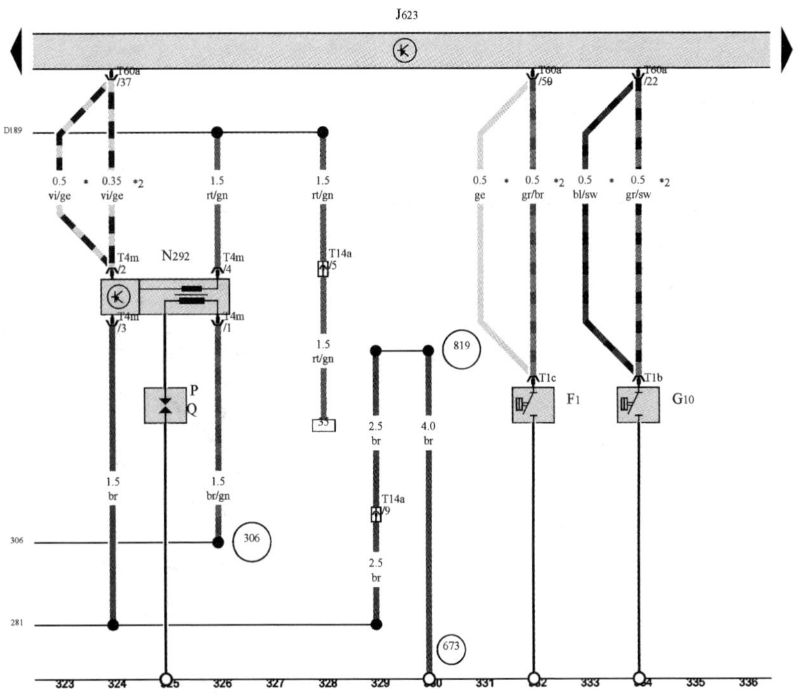

发动机控制单元，带功率输出级的点火线圈 1，带功率输出级的点火线圈 2，带功率输出级的点火线圈 3，火花塞插头，火花塞

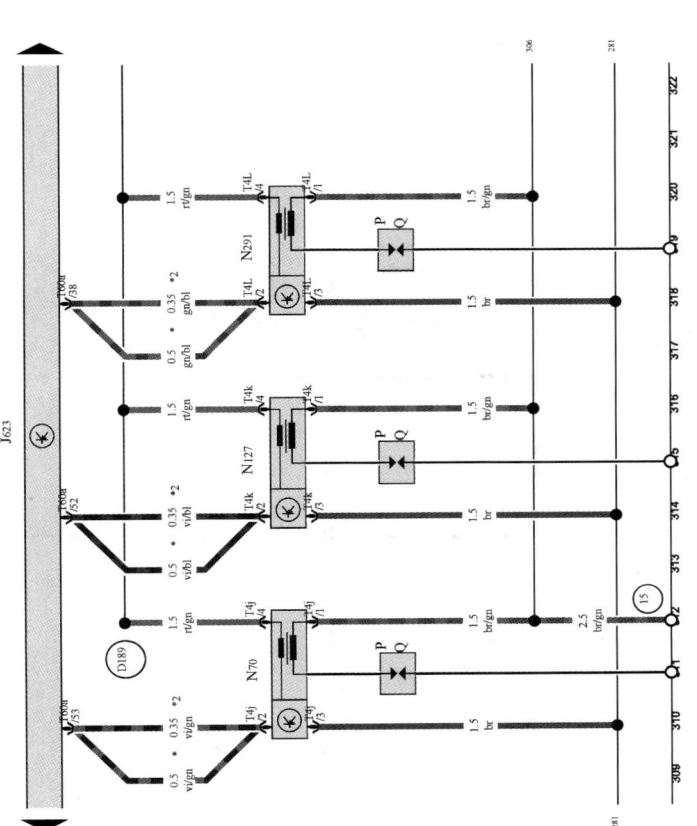

J623-发动机控制单元 N70-带功率输出级的点火线圈1 N127-带功率输出级的点火线圈2 N291-带功率输出级的点火线圈3 P-火花塞插头 Q-火花塞 T4j-4芯插头连接 T4k-4芯插头连接 T4L-4芯插头连接 T60a-60芯插头连接 15-气缸盖上的接地点 281-接地连接1，在发动机预接线导线束中 306-接地连接（点火线圈），在发动机预接线导线束中 D189-连接（87a），在发动机预接线导线束中 *-自2018年6月起 *2-截至2018年6月

图 4-1-54

机油压力开关，机油压力传感器，发动机控制单元，带功率输出级的点火线圈 4，火花塞插头，火花塞

F1-机油压力开关 G10-机油压力传感器 J623-发动机控制单元 N292-带功率输出级的点火线圈4 P-火花塞插头 Q-火花塞 T1b-1芯插头连接 T1c-1芯插头连接 T4m-4芯插头连接 T14a-14芯插头连接 T60a-60芯插头连接 281-接地连接1，在发动机预接线导线束中 306-接地连接（点火线圈），在发动机预接线导线束中 673-左前纵梁上的接地点3 819-接地连接12，在发动机舱导线束中 D189-连接（87a），在发动机预接线导线束中 *-自2018年6月起 *2-截至2018年6月

图 4-1-55

数据总线诊断接口，发动机控制单元

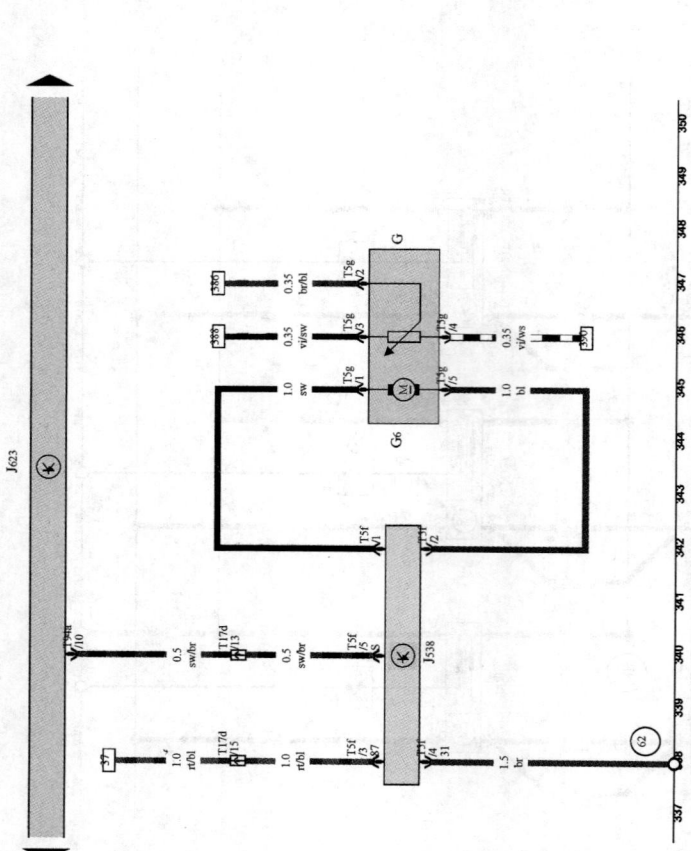

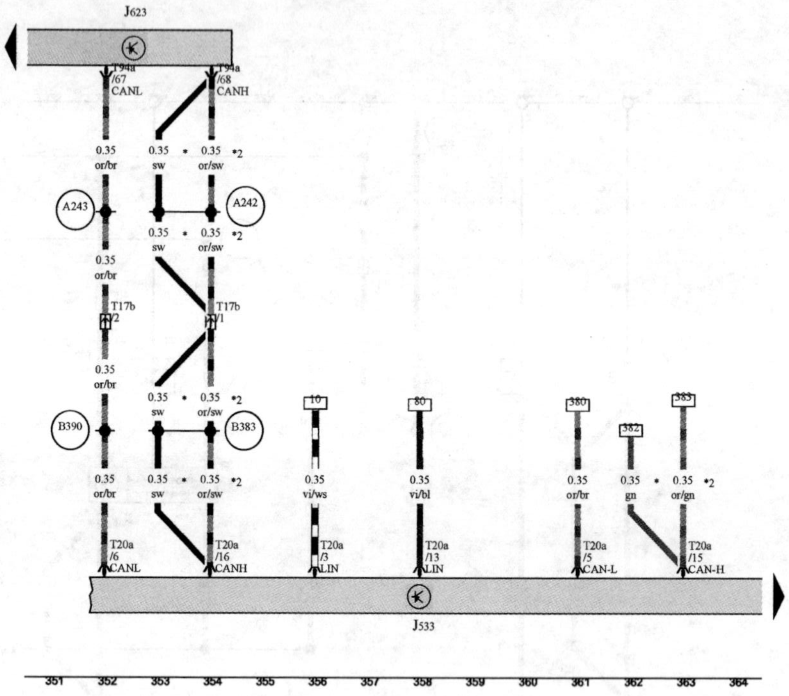

J533-数据总线诊断接口 J623-发动机控制单元 T17b-17芯插头连接 T20a-20芯插头连接 T94a-94芯
插头连接 A242-连接1（驱动CAN总线，High），在发动机舱导线束中 A243-连接1（驱动CAN总线，
Low），在发动机舱导线束中 B383-连接1（驱动CAN总线，High），在主导线束中 B390-连接1（驱动
CAN总线，Low），在主导线束中 *-自2018年6月起 *2-截至2018年6月

图 4-1-57

燃油表传感器，预供给燃油泵，燃油泵控制单元，发动机控制单元

G-燃油表传感器 G6-预供给燃油泵 J538-燃油泵控制单元 J623-发动机控制单元 T5f-5芯插头连接
T5g-5芯插头连接 T17d-17芯插头连接 T94a-94芯插头连接 62-右侧C柱上的接地点

图 4-1-56

456

燃油表，转速表，多功能显示器，组合仪表中的控制单元，发电机指示灯，燃油表指示灯

数据总线诊断接口，诊断接口

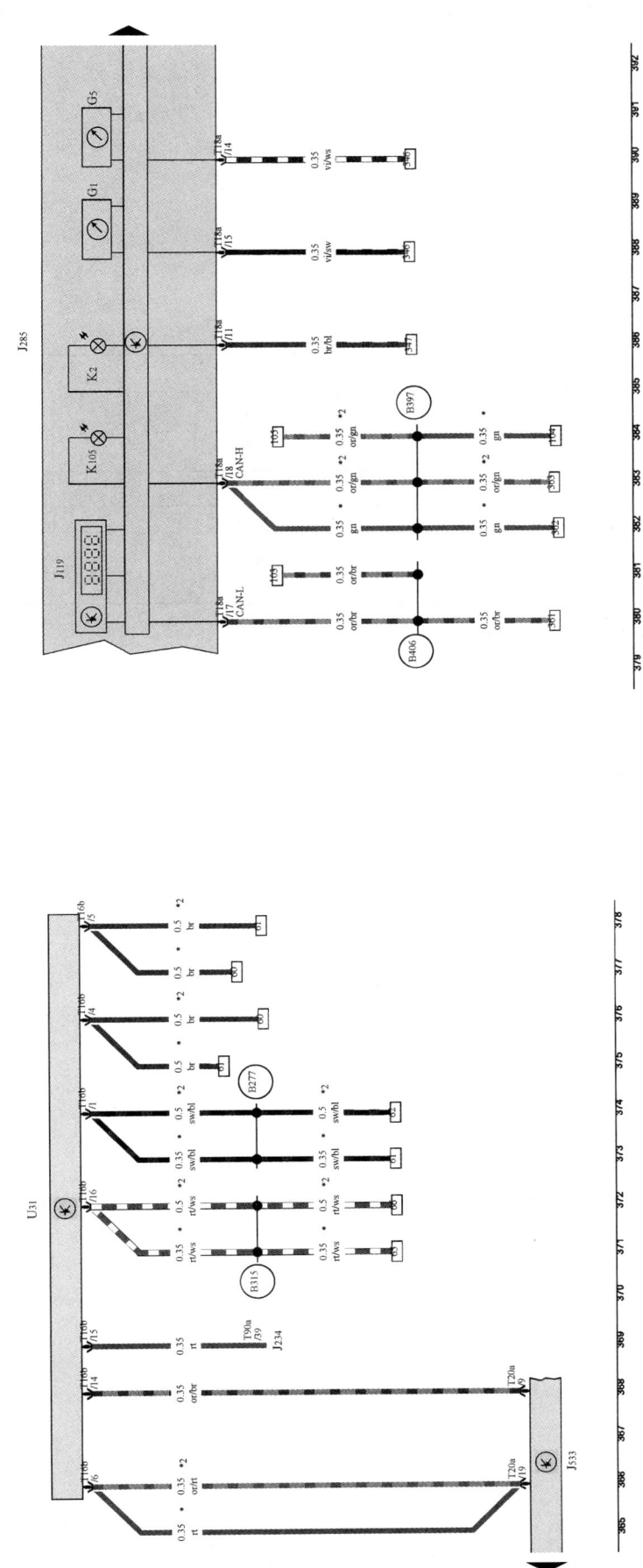

G1-燃油表 G5-转速表 J119-多功能显示器 J285-组合仪表中的控制单元 K2-发电机指示灯 K105-燃油表指示灯 T18a-18芯插头连接 B397-连接1（舒适CAN总线，High），在主导线束中 B406-连接1（舒适CAN总线，Low），在主导线束中 *2-截至2018年6月

图4-1-59

J234-安全气囊控制单元 J533-数据总线诊断接口 T16b-16芯插头连接 T20a-20芯插头连接 T90a-90芯插头连接 U31-诊断接口 B277-正极连接1（15a），在主导线束中 B315-正极连接1（30a），在主导线束中 *-自2018年6月起 *2-截至2018年6月

图4-1-58

457

防盗锁止系统读出线圈，冷却液温度表，车速表，组合仪表中的控制单元，防盗锁止系统控制单元，机油压力指示灯，冷却液温度和冷却液不足显示指示灯，定速巡航装置指示灯，机油油位指示灯，废气警告灯，电子油门故障信号灯，里程表

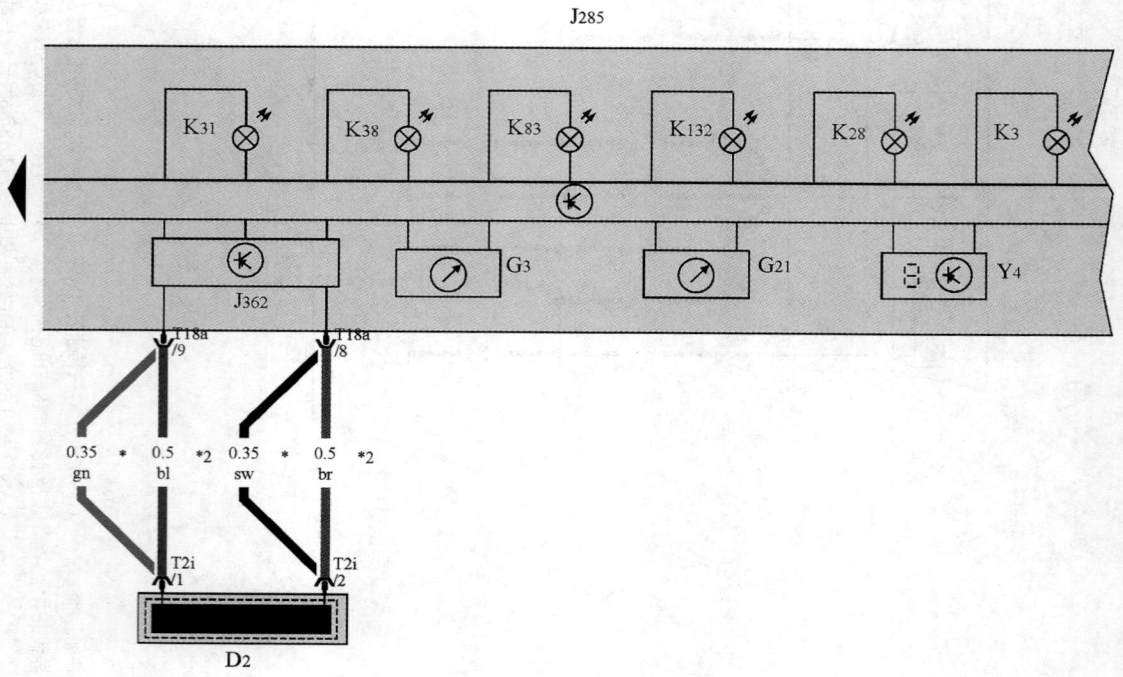

393 394 395 396 397 398 399 400 401 402 403 404 405 406

D2-防盗锁止系统读出线圈　G3-冷却液温度表　G21-车速表　J285-组合仪表中的控制单元　J362-防盗锁止系统控制单元　K3-机油压力指示灯　K28-冷却液温度和冷却液不足显示指示灯　K31-定速巡航装置指示灯　K38-机油油位指示灯　K83-废气警告灯　K132-电子油门故障信号灯　T2i-2芯插头连接　T18a-18芯插头连接　Y4-里程表　*-自2018年6月起　*2-截至2018年6月

图 4-1-60

458

第二节　变速器系统

变速器系统电路图的图号和图名对照表见表 4-2-1。

表 4-2-1　变速器系统电路图的图号和图名对照表

图号	图名
图 4-2-1～图 4-2-9	双离合器变速器 DSG、CSTA、CSSA、CST、CSS 电控系统电路图

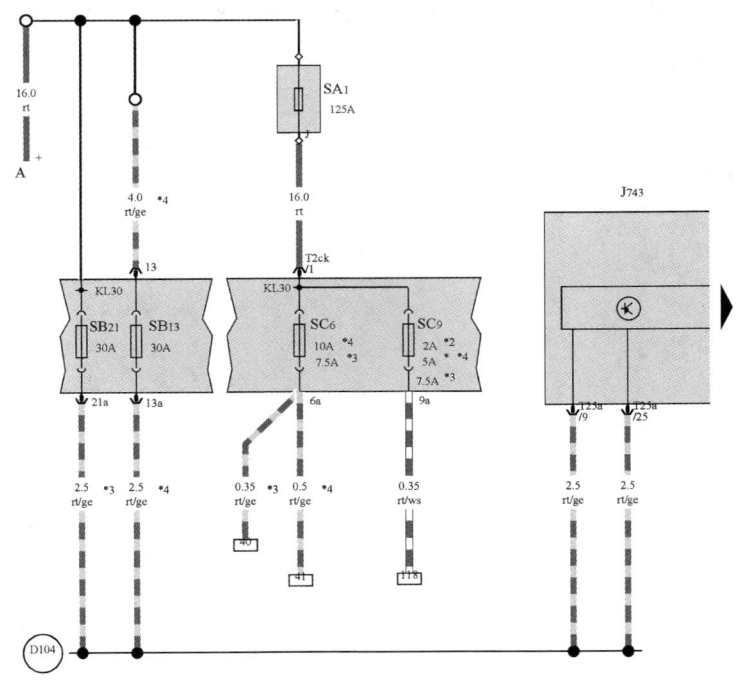

双离合器变速器机电装置

A-蓄电池　J743-双离合器变速器机电装置　SA1-保险丝架A上的保险丝1　SC6-保险丝架C上的保险丝6　SC9-保险丝架C上的保险丝9　SB13-保险丝架B上的保险丝13　SB21-保险丝架B上的保险丝21　T2ck-2芯插头连接　T25a-25芯插头连接　D104-正极连接2（30a），在发动机舱导线束中　*-截至2016年7月起　*2-截至2016年7月　*3-自2018年6月起　*4-截至2018年6月

图 4-2-1

变速器输入转速传感器，双离合器变速器机电装置，子变速器 1 中的阀门 1，子变速器 1 中的阀门 2，子变速器 2 中的阀门 1，液压泵电机

Tiptronic开关，选挡杆挡位 P 锁止开关，双离合器变速器机电装置，子变速器 1 中的阀门 3，子变速器 1 中的阀门 4，子变速器 2 中的阀门 2

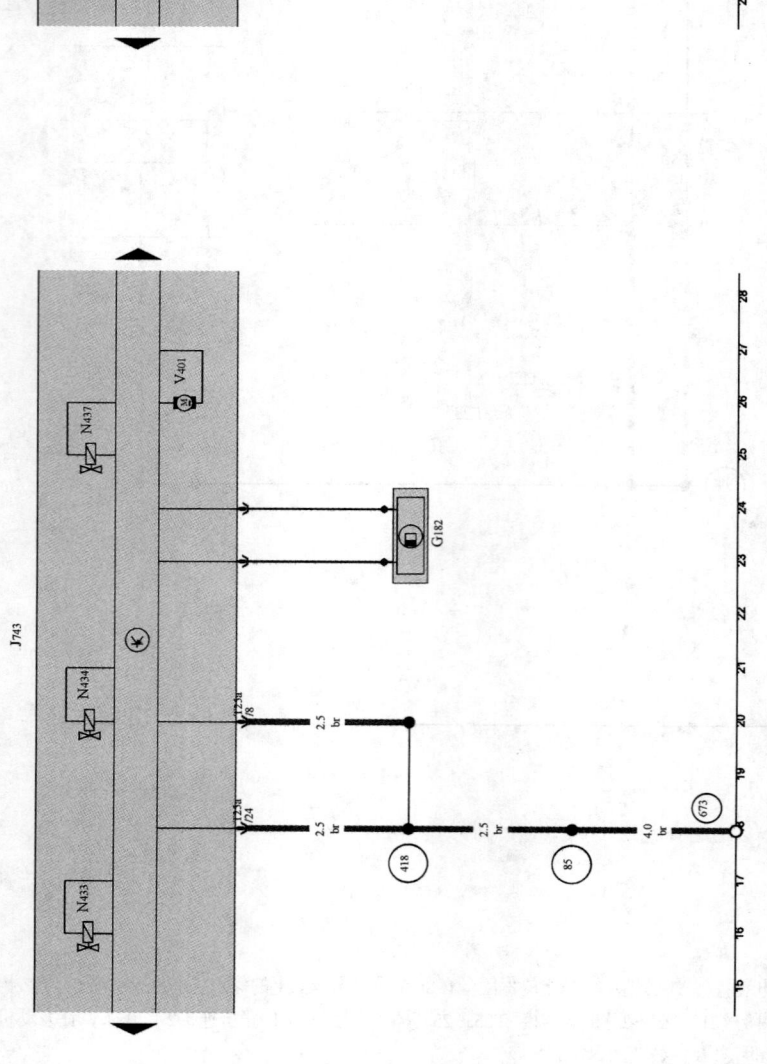

图 4-2-2

图 4-2-3

G182–变速器输入转速传感器 J743–双离合器变速器机电装置 N433–子变速器1中的阀门1 N434–子变速器1中的阀门2 N437–子变速器2中的阀门1 T25a–25芯插头连接 V401–液压泵电机 85–接地连接1，在发动机舱导线束中 418–接地连接10，在发动机舱导线束中 673–左前纵梁上的接地点3

F189–Tiptronic开关 F319–选挡杆挡位P锁止开关 J743–双离合器变速器机电装置 N435–子变速器1中的阀门3 N436–子变速器1中的阀门4 N438–子变速器2中的阀门2 T10j–10芯插头连接 368–接地连接3，在主导线束中 664–左侧仪表板后面的接地点 B341–连接2（58d），在主导线束中 *2–截至2018年6月 *3–用于不带进入及启动许可的汽车 *–自2018年6月起 *2–截至2018年6月

460

Tiptronic 开关，换挡执行器行程传感器 1，换挡执行器行程传感器 2，换挡执行器行程传感器 3，控制单元温度传感器，双离合器变速器变速器机电装置，换挡杆锁磁铁

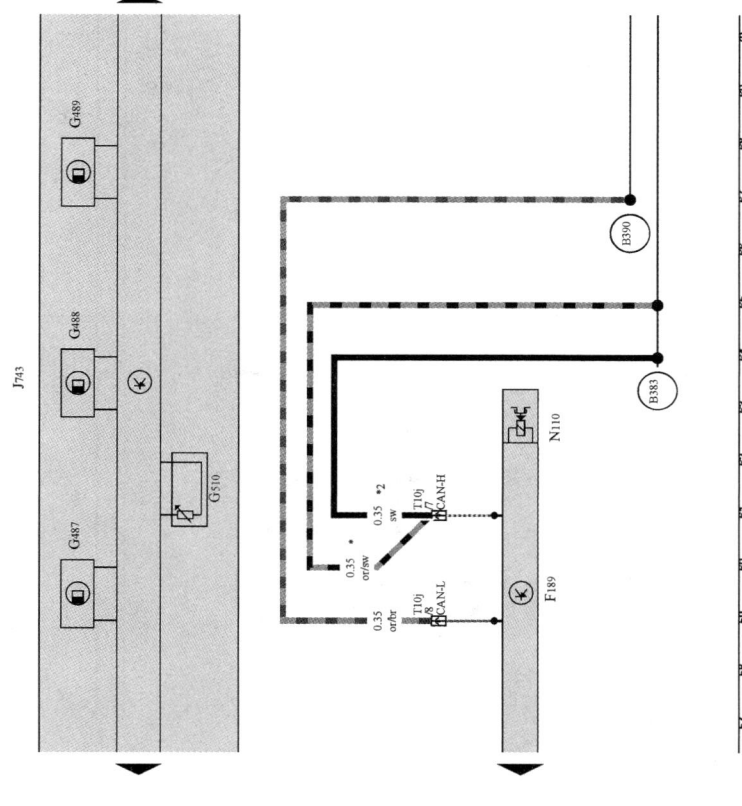

F189-Tiptronic开关 G487-换挡执行器行程传感器1 G488-换挡执行器行程传感器2 G489-换挡执行器行程传感器3 G510-控制单元温度传感器 J743-双离合器变速器机电装置 N110-换挡杆锁磁铁 T10j-10芯插头连接 B383-连接1（驱动CAN总线，High），在主导线束中 B390-连接1（驱动CAN总线，Low），在主导线束中 *-截至2018年6月 *2-自2018年6月起

图 4-2-5

Tiptronic 开关，变速器液压传感器，离合器行程传感器 1，离合器行程传感器 2，双离合器变速器变速器机电装置，选挡杆位置 P/N 指示灯，排挡杆挡位指示照明灯，子变速器 2 中的阀门 3，子变速器 2 中的阀门 4

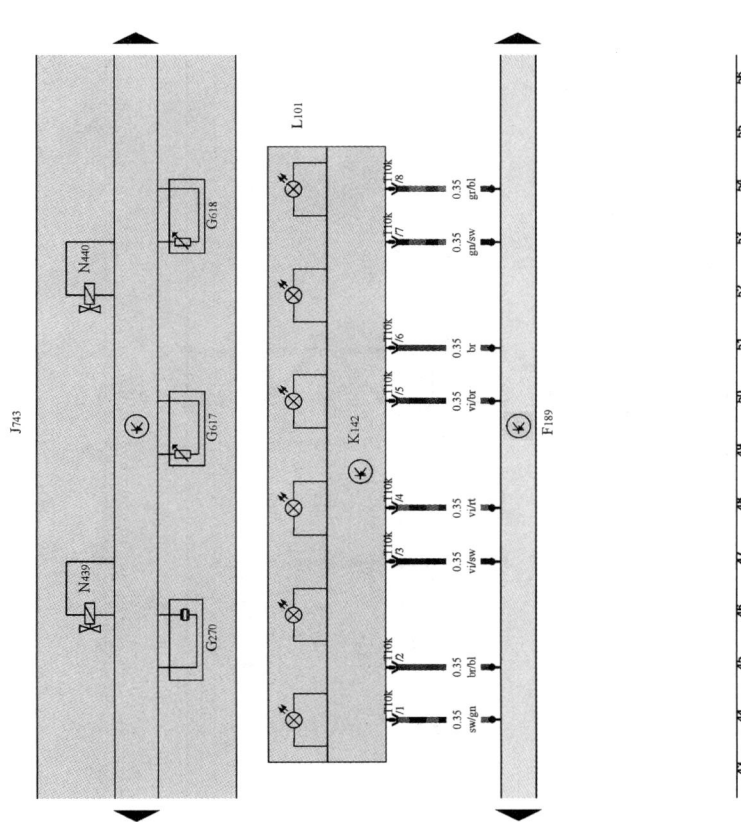

F189-Tiptronic开关 G270-变速器液压传感器 G617-离合器行程传感器1 G618-离合器行程传感器2 J743-双离合器变速器变速器机电装置 K142-选挡杆位置P/N指示灯 L101-排挡杆挡位指示照明灯 N439-子变速器2中的阀门3 N440-子变速器2中的阀门4 T10k-10芯插头连接

图 4-2-4

461

车载电网控制单元，双离合器变速器机电装置

换挡执行器行程传感器 4，变速器输入转速传感器 2，变速器输入转速传感器 1，双离合器变速器机电装置

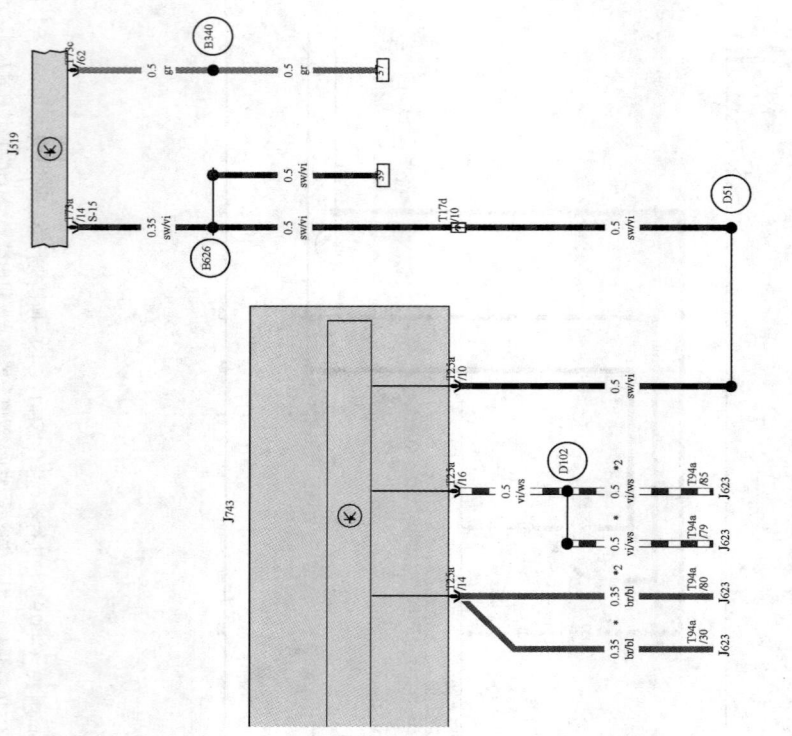

图 4-2-7

J519-车载电网控制单元 J623-发动机控制单元 J743-双离合器变速器机电装置 T17d-17芯插头连接 T73a-73芯插头连接 T73c-73芯插头连接 T94a-94芯插头连接 B340-连接1 接 T25a-25芯插头连接 (58d)，在主导线束中 B383-连接1（驱动CAN总线，High），驱动CAN 动CAN总线，Low），在主导线束中 B390-连接1（驱动CAN CAN总线，Low），在主导线束中 B626-正极连接2（15），在主导线束中 D51-正极连接1（15），在发动机 舱导线束中 D102-连接2，在发动机舱导线束中 *-适用于排放标准C5 *2-适用于排放标准C6

图 4-2-6

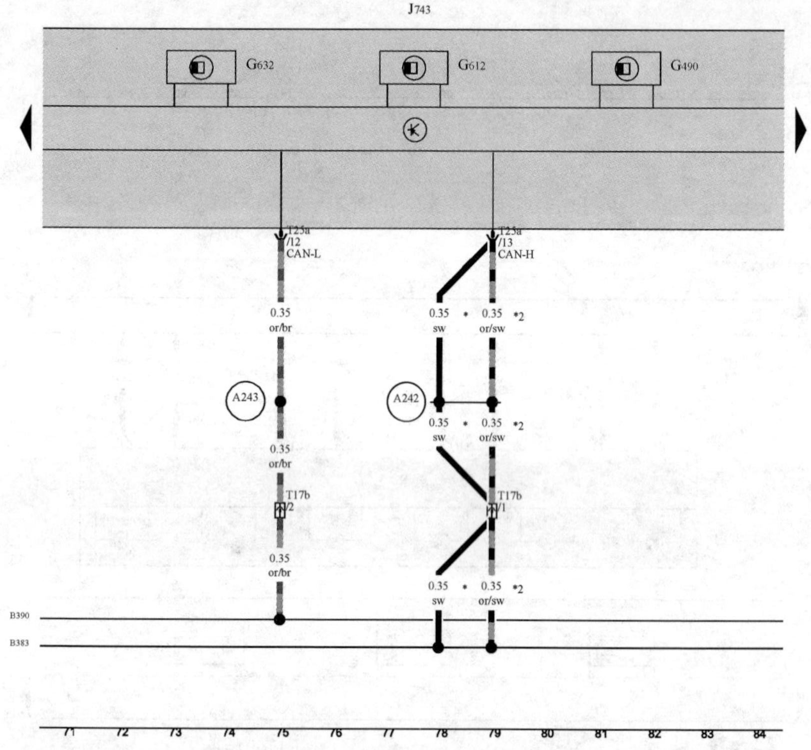

G490-换挡执行器行程传感器4 G612-变速器输入转速传感器2 G632-变速器输入转速传感器1 J743-双离 合器变速器机电装置 T17b-17芯插头连接 T25a-25芯插头连接 A242-连接1（驱动CAN总线，High）， 在发动机舱导线束中 A243-连接1（驱动CAN总线，Low），在发动机舱导线束中 B383-连接1（驱动 CAN总线，High），在主导线束中 B390-连接1（驱动CAN总线，Low），在主导线束中 *-自2018年6月 起 *2-截至2018年6月

转向柱电子装置控制单元，点火钥匙防拔出锁磁铁

组合仪表中的控制单元，数据总线诊断接口，选挡杆指示灯，选挡杆位置显示

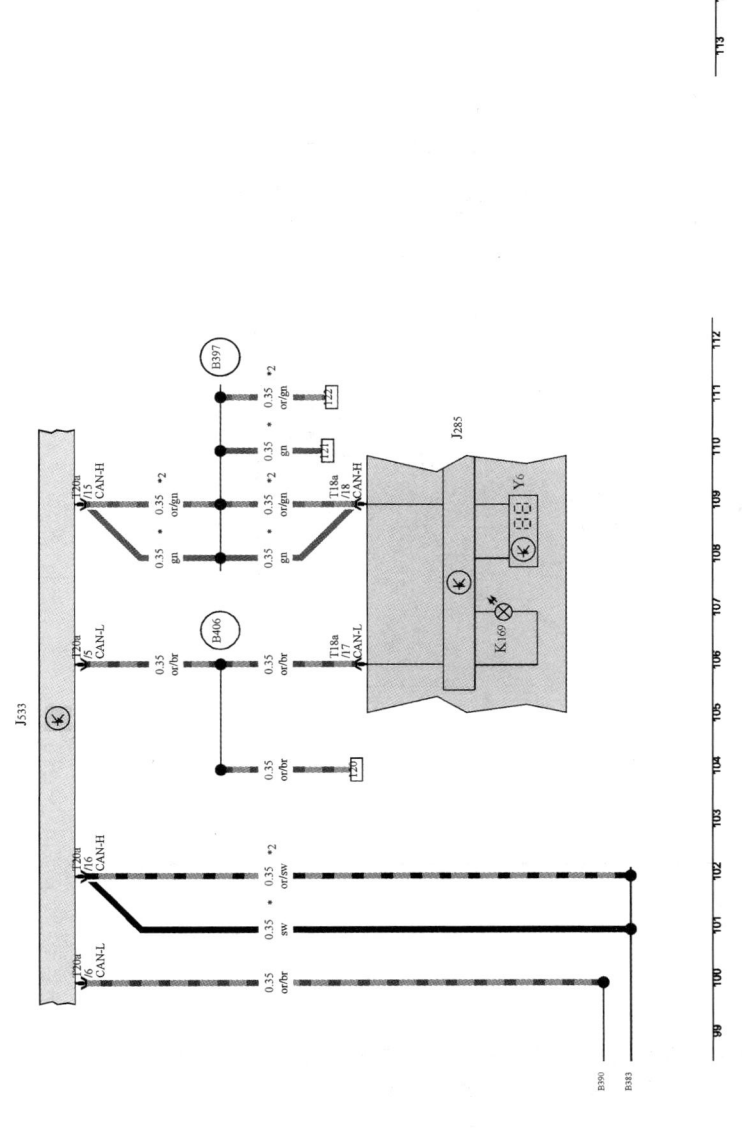

图 4-2-9

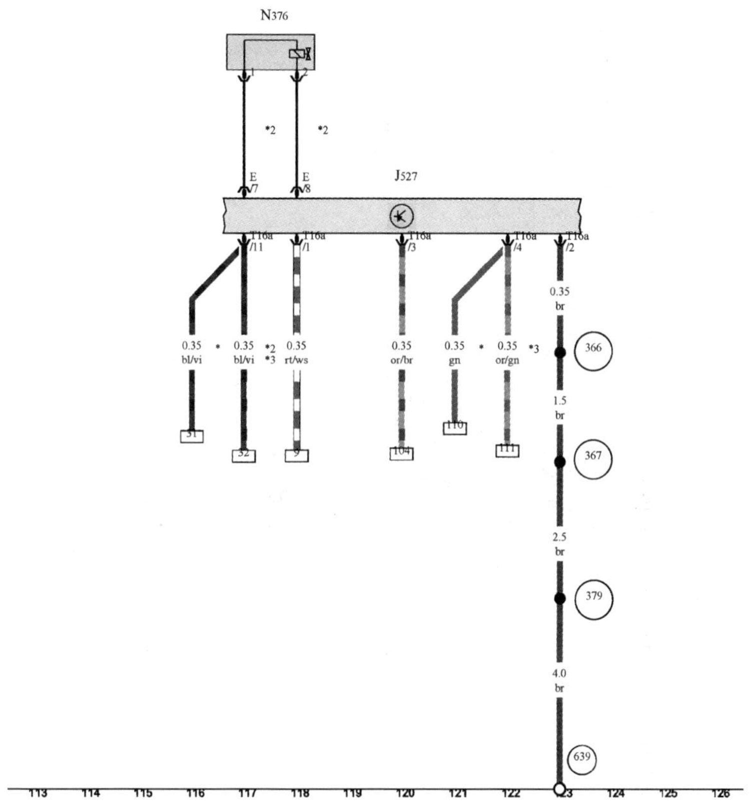

J527-转向柱电子装置控制单元 N376-点火钥匙防拔出锁磁铁 T16a-16芯插头连接 366-接地连接1，在主导线束中 367-接地连接2，在主导线束中 379-接地连接14，在主导线束中 639-左A柱上的接地点 *-自2018年6月起 *2-用于不带进入及启动许可的汽车 *3-截至2018年6月

图 4-2-8

J285-组合仪表中的控制单元 J533-数据总线诊断接口 K169-选挡杆指示灯 T18a-18芯插头连接 T20a-20芯插头连接 Y6-选挡杆位置显示 B383-连接1(驱动CAN总线，High)，在主导线束中 B390-连接1(驱动CAN总线，Low)，在主导线束中 B397-连接1(舒适CAN总线，High)，在主导线束中 B406-连接1(舒适CAN总线，Low)，在主导线束中 *-自2018年6月起 *2-截至2018年6月

第三节　底盘系统

底盘系统电路图的图号和图名对照表见表 4-3-1。

表 4-3-1　底盘系统电路图的图号和图名对照表

图号	图名
图 4-3-1～图 4-3-8	防抱死制动系统（ABS）与电子稳定程序（ESP）电路图
图 4-3-9～图 4-3-12	多功能方向盘电路图
图 4-3-13～图 4-3-14	机电式助力转向器电路图
图 4-3-15～图 4-3-17	换道辅助系统电路图
图 4-3-18～图 4-3-23	自适应底盘调节系统 DCC 电控系统电路图

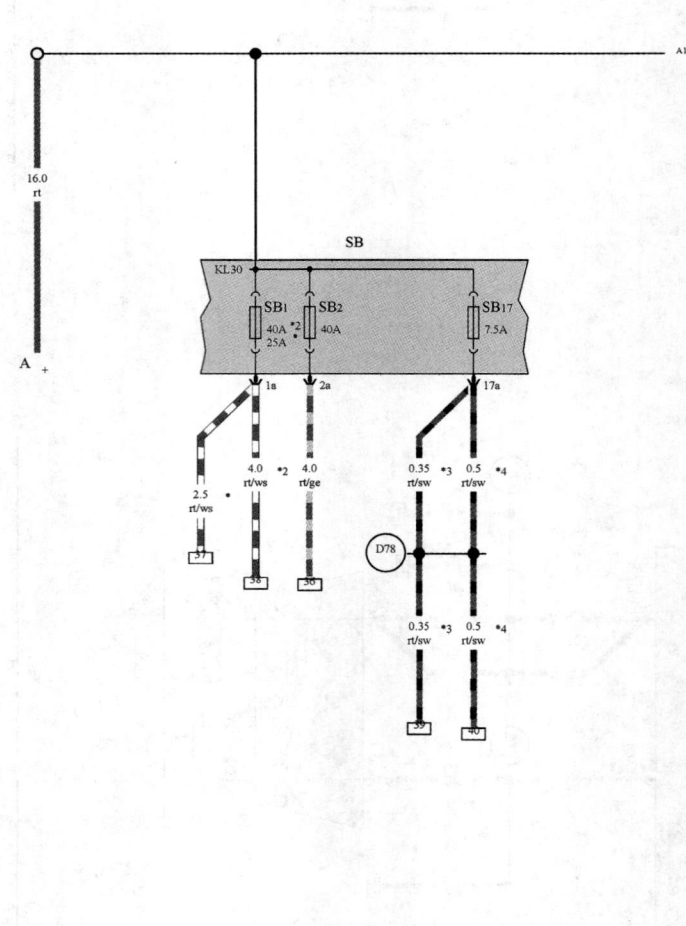

保险丝架 B

A-蓄电池　SB-保险丝架B　SB1-保险丝架B上的保险丝1　SB2-保险丝架B上的保险丝2　SB17-保险丝架B上的保险丝17　D78-正极连接1（30a），在发动机舱导线束中　*-自2017年7月起　*2-截至2017年7月　*3-自2018年6月起　*4-截至2018年6月

图 4-3-1

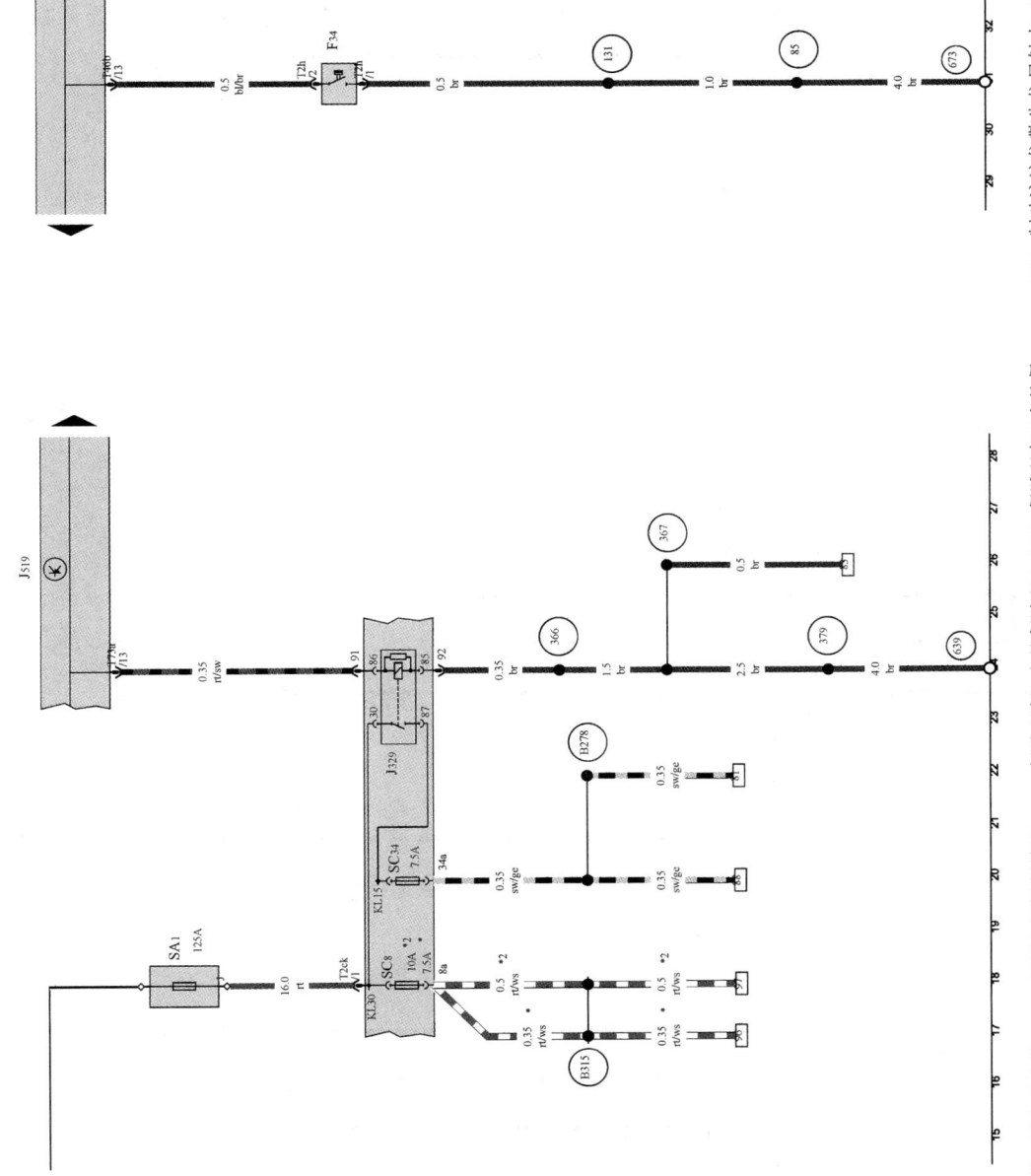

制动液液位警告信号触点，ABS 控制单元，车载电网控制单元

接线端 15 供电继电器，车载电网控制单元

图 4-3-3

图 4-3-2

J329－接线端15供电继电器 J519－车载电网控制单元 SA1－保险丝架A上的保险丝1 SC8－保险丝架C上的保险丝8 SC34－保险丝架C上的保险丝34 T2ck－2芯插头连接 T73a～73芯插头连接 366－接地连接1，在主导线束中 367－接地连接2，在主导线束中 379－接地连接14，在主导线束中 639－左A柱上的接地点 B278－正极连接2（15a），在主导线束中 B315－正极连接1（30a），在主导线束中 *－自2018年6月起 *2－截至2018年6月

F34－制动液液位警告信号触点 G476－离合器位置传感器 J104－ABS控制单元 J519－车载电网控制单元 T2h－2芯插头连接 T5h－5芯插头连接 T46a－46芯插头连接 T46b－46芯插头连接 13－发动机舱内右侧的接地点 85－接地连接1，在发动机舱导线束中 131－接地连接2，在发动机舱导线束中 417－接地连接9，在发动机舱导线束中 673－左前纵梁上的接地点3 *－自2018年6月起 *2－自2017年7月起 *3－截至2017年7月 *4－截至2018年6月 *5－用于带手动变速器的汽车

465

右后转速传感器，左后转速传感器，左前转速传感器，ABS 控制单元，车载电网控制单元，右后 ABS 进气阀，左后 ABS 进气阀，右后 ABS 排气阀，左后 ABS 排气阀

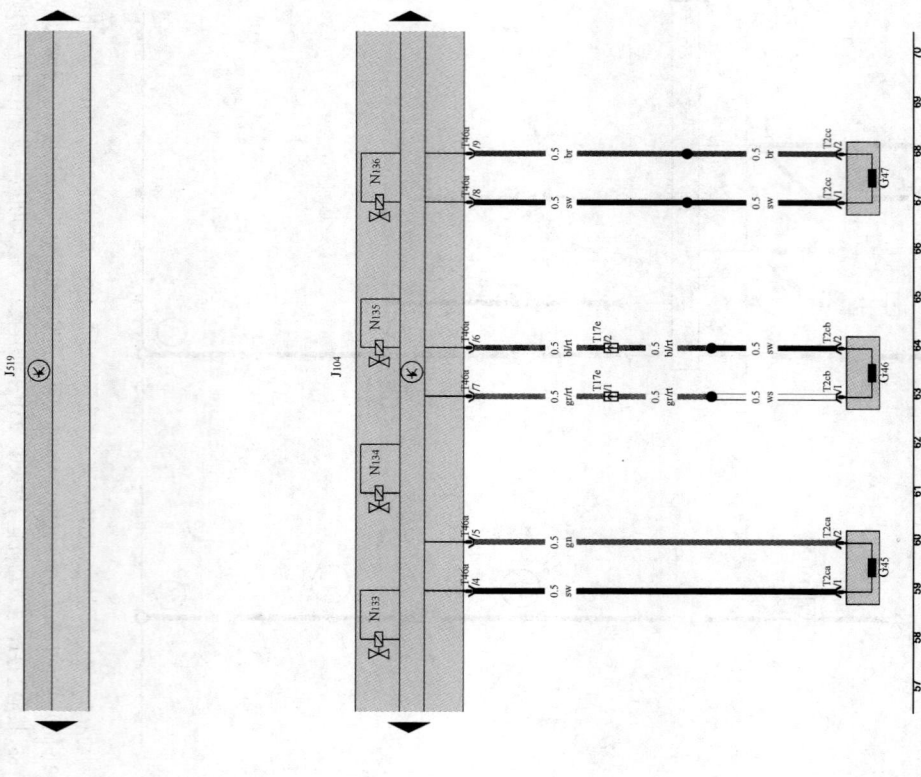

G45-右前转速传感器 G46-左后转速传感器 G47-左前转速传感器 J104-ABS控制单元 J519-车载电网控制单元 N133-右后ABS进气阀 N134-左后ABS进气阀 N135-右后ABS排气阀 N136-左后ABS排气阀 T2ca-2芯插头连接 T2cb-2芯插头连接 T2cc-2芯插头连接 T17e-17芯插头连接 T46a-46芯插头连接

图 4-3-5

右后转速传感器，真空传感器，ABS 控制单元，车载电网控制单元，右前 ABS 进气阀，右前 ABS 排气阀，左前 ABS 进气阀，左前 ABS 排气阀，ABS 液压泵

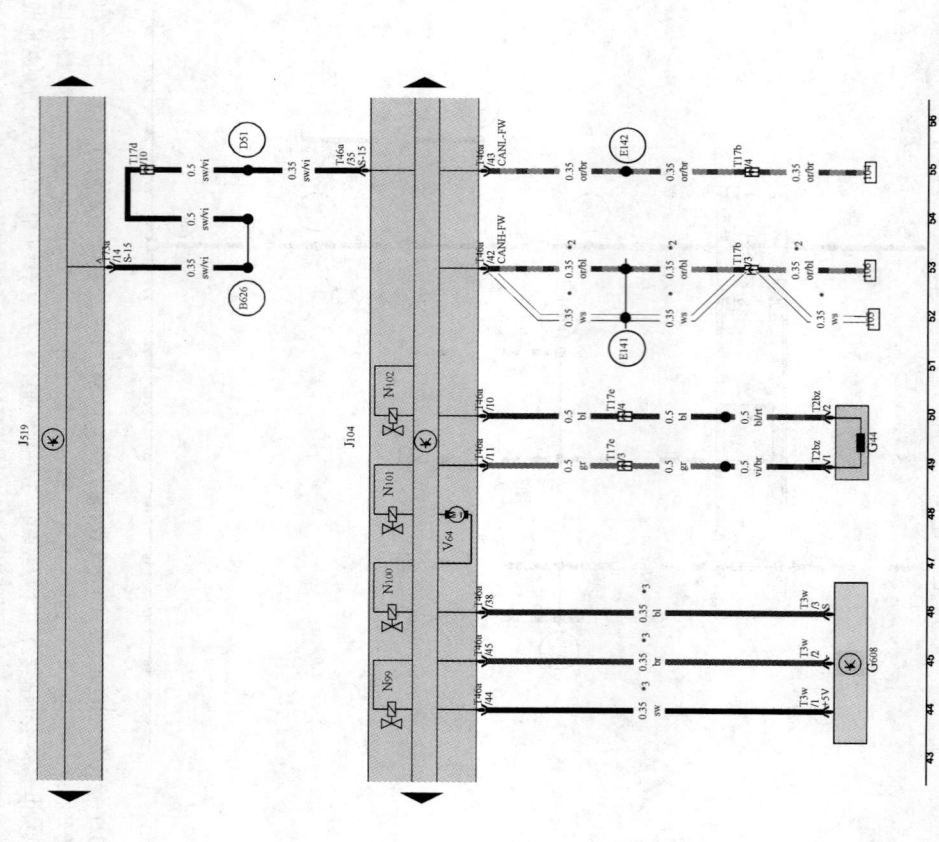

G44-右后转速传感器 G608-真空传感器 J104-ABS控制单元 J519-车载电网控制单元 N99-右前ABS进气阀 N100-右前ABS排气阀 N101-左前ABS进气阀 N102-左前ABS排气阀 T2bz-2芯插头连接 T3w-3芯插头连接 T17b-17芯插头连接 T17d-17芯插头连接 T17e-17芯插头连接 T46a-46芯插头连接 T73a-73芯插头连接 V64-ABS液压泵 B626-正极连接2(15)，在主导线束中 D51-正极连接1(15)，在发动机舱内线束中 E141-连接（底盘传感器CAN总线，High），在发动机舱导线束中 E142-连接（底盘传感器CAN总线，Low），在发动机舱导线束中 *1-自2018年6月起 *2-截至2018年6月 *3-依汽车装备而定

图 4-3-4

466

机电式驻车制动器按钮, AUTO HOLD 按钮, 横向加速度传感器, 制动压力传感器 1, 偏转率传感器, 纵向加速度传感器, ABS 控制单元, 车载电网控制单元, 机电式驻车制动器控制单元, 机电式驻车制动器指示灯, AUTO HOLD 指示灯

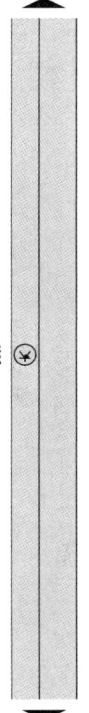

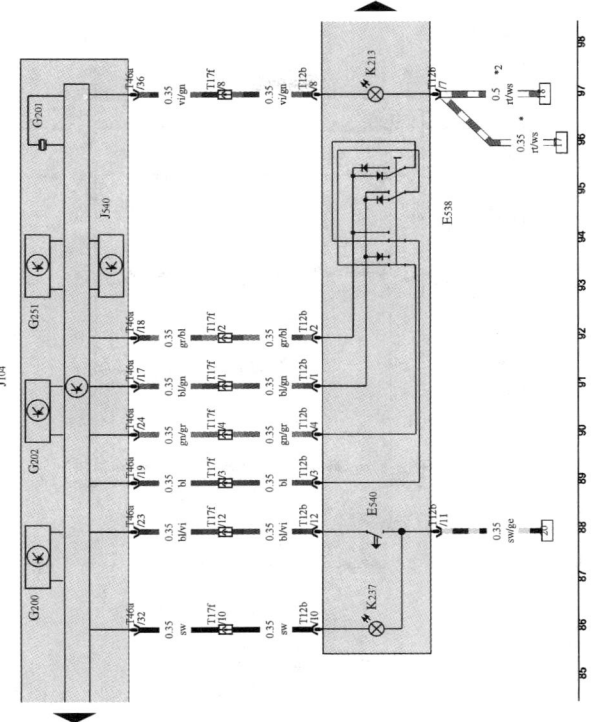

E538-机电式驻车制动器按钮 E540-AUTO HOLD按钮 G200-横向加速度传感器 G201-制动压力传感器1 G202-偏转率传感器 G251-纵向加速度传感器 J104-ABS控制单元 J519-车载电网控制单元 J540-机电式驻车制动器控制单元 T12b-12芯插头连接 K213-机电式驻车制动器指示灯 K237-AUTO HOLD指示灯 *2-截至2018年6月 接 T17f-17芯插头连接 T46a-46芯插头连接 *-自2018年6月起

图4-3-7

中控台开关模块 2, 轮胎压力监控按钮, ASR 和电子稳定程序按钮, ABS 控制单元, 车载电网控制单元, 按钮照明灯泡, 动态行驶控制转换阀 1, 动态行驶控制转换阀 2, 动态行驶控制高压转换阀 1, 动态行驶控制高压转换阀 2, 左侧驻车电机, 右侧驻车电机,

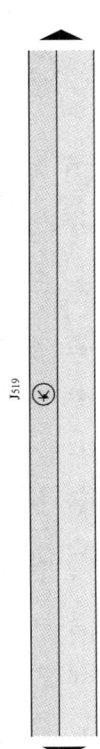

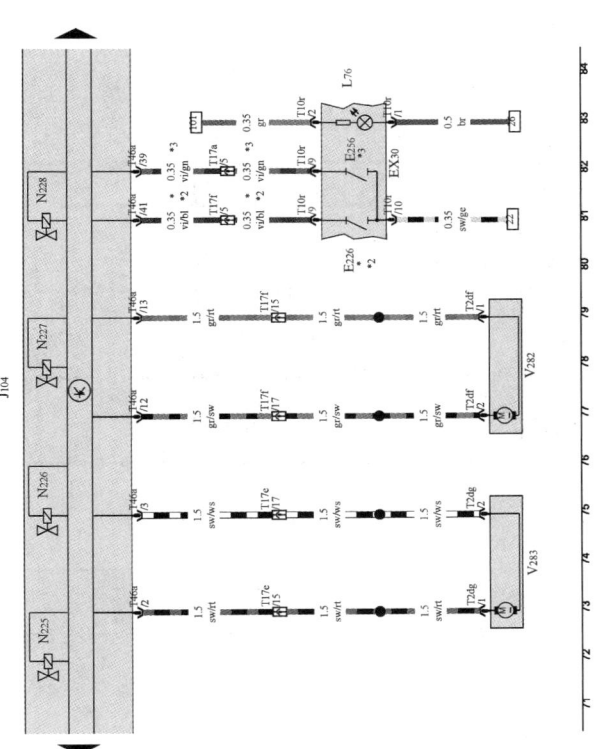

EX30-中控台开关模块2 E226-轮胎压力监控按钮 E256-ASR和电子稳定程序按钮 J104-ABS控制单元 J519-车载电网控制单元 L76-按钮照明灯泡 N225-动态行驶控制转换阀1 N226-动态行驶控制转换阀2 N227-动态行驶控制高压转换阀1 N228-动态行驶控制高压转换阀2 T2df-2芯插头连接 T2dg-2芯插头连接 T10r-10芯插头连接 T17a-17芯插头连接 T17e-17芯插头连接 T17f-17芯插头连接 T46a-46芯插头连接 V282-左侧驻车电机 V283-右侧驻车电机 *-用于带1.4L发动机的汽车 *2-用于带2.0L发动机的汽车 *3-用于带1.8L发动机的汽车

图4-3-6

组合仪表中的控制单元，车载电网控制单元，多
统指示灯，电子稳定程序和 ASR 指示灯，制动系
稳定程序和 ASR 指示灯 2，轮胎压力监控显示指示灯，开关照明灯泡

方向盘中 Tiptronic 开关（降挡），安全气囊卷簧和带滑环的复位环，信号喇叭控制，多
功能方向盘控制单元，转向柱电子装置控制单元

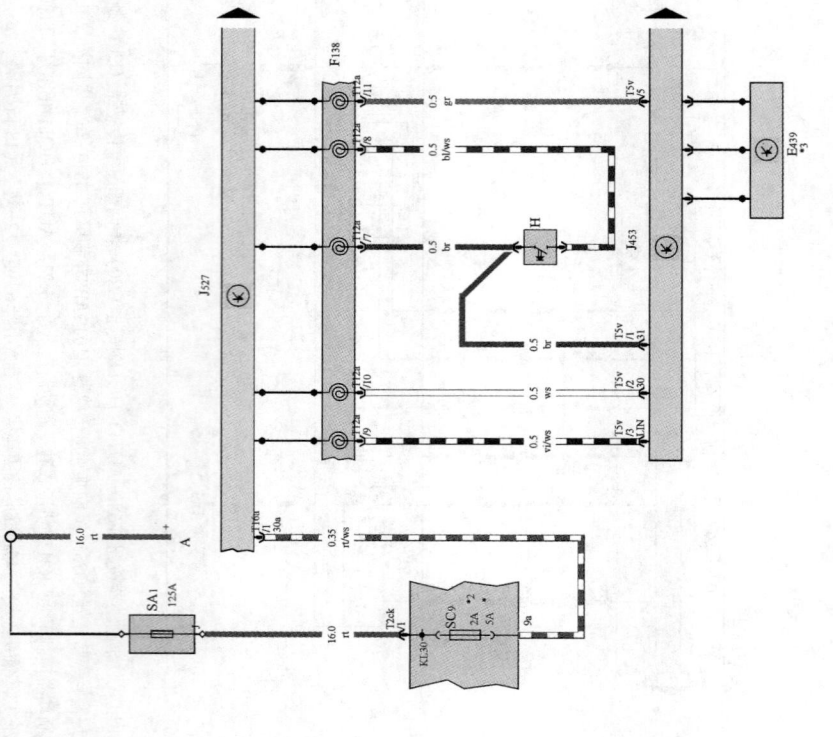

A-蓄电池 E439-方向盘中Tiptronic开关（降挡） F138-安全气囊卷簧和带滑环的复位环 H-信号喇叭控
制 J453-多功能方向盘控制单元 J527-转向柱电子装置控制单元 SA1-保险丝架A上的保险丝1 SC9-保险
丝架C上的保险丝9 T2ck-2芯插头连接 T5v-5芯插头连接 T12a-12芯插头连接 T16a-16芯插头连接 *-
自2016年7月起 *2-截至2016年7月 *3-用于带2.0L发动机的汽车

图 4-3-9

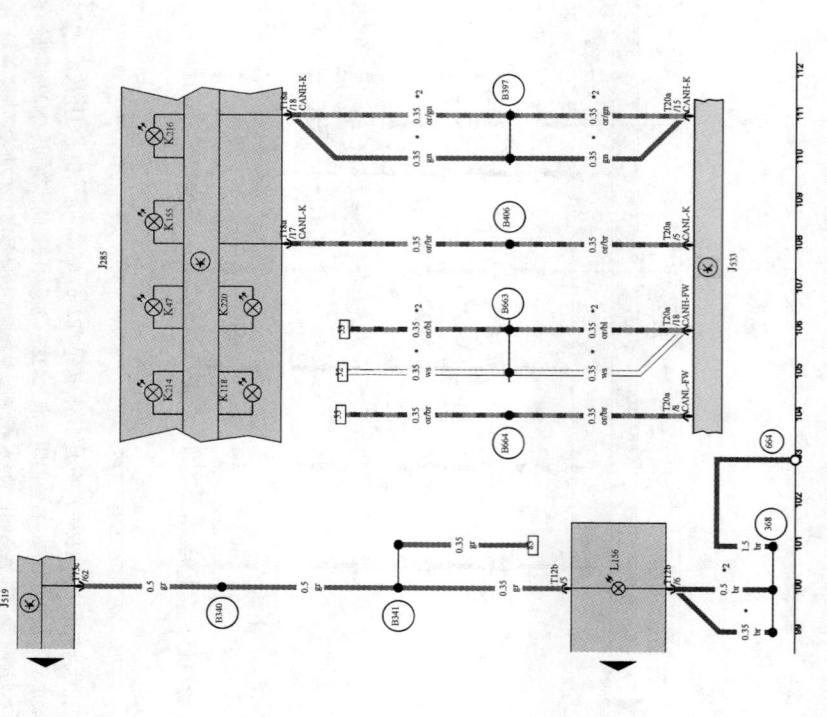

J285-组合仪表中的控制单元 J519-车载电网控制单元 J533-数据总线诊断接口 K47-ABS指示灯 K118-
制动系统指示灯 K155-电子稳定程序和ASR指示灯 K214-电动驻车制动器和手制动器故障指示灯 K216-
电子稳定程序和ASR指示灯2 K220-轮胎压力监控显示指示灯 L156-开关照明灯泡 T12b-12芯插头连接
T18a-18芯插头连接 T20a-20芯插头连接 T73c-73芯插头连接 368-接地连接3，在主导线束中 664-左
侧仪表板后面的接地点 B340-连接地点 B340-连接1（58d），在主导线束中 B341-连接2（58d），在主导线束中 B397-
连接1（舒适CAN总线，High），在主导线束中 B406-连接1（舒适CAN总线，Low），在主导线束中
B663-连接（底盘传感器CAN总线，High），在主导线束中 B664-连接（底盘传感器CAN总线，Low），
在主导线束中 *-自2018年6月起 *2-截至2018年6月

图 4-3-8

468

方向盘中的左侧多功能按钮，多功能方向盘控制单元，转向柱电子装置控制单元

方向盘中 Tiptronic 开关（升档），方向盘中的右侧多功能按钮，多功能方向盘控制单元，转向柱电子装置控制单元

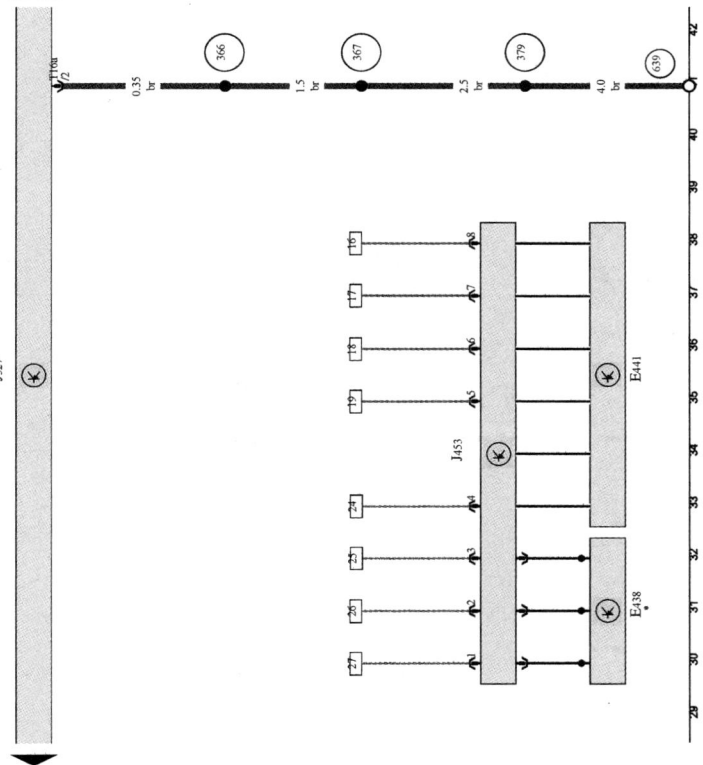

E438-方向盘中Tiptronic开关（升档） E441-方向盘中的右侧多功能按钮 J453-多功能方向盘控制单元 J527-转向柱电子装置控制单元 T16a-16芯插头连接 366-接地连接1，在主导线束中 367-接地连接2，在主导线束中 379-接地连接14，在主导线束中 639-左向A柱上的接地点 *-用于带2.0L发动机的汽车

图 4-3-11

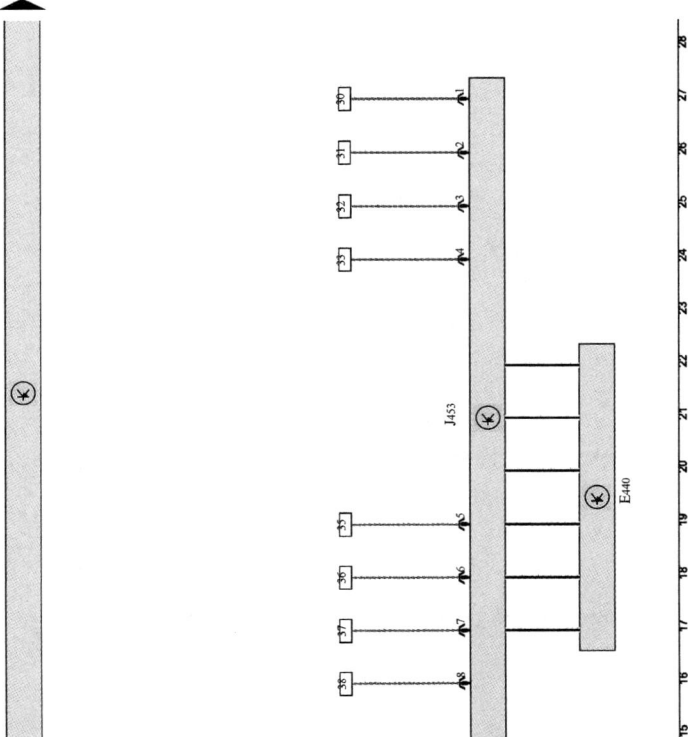

E440-方向盘中的左侧多功能按钮 J453-多功能方向盘控制单元 J527-转向柱电子装置控制单元

图 4-3-10

转向角传感器，转向扭矩传感器，助力转向控制单元，机电式伺服转向电机

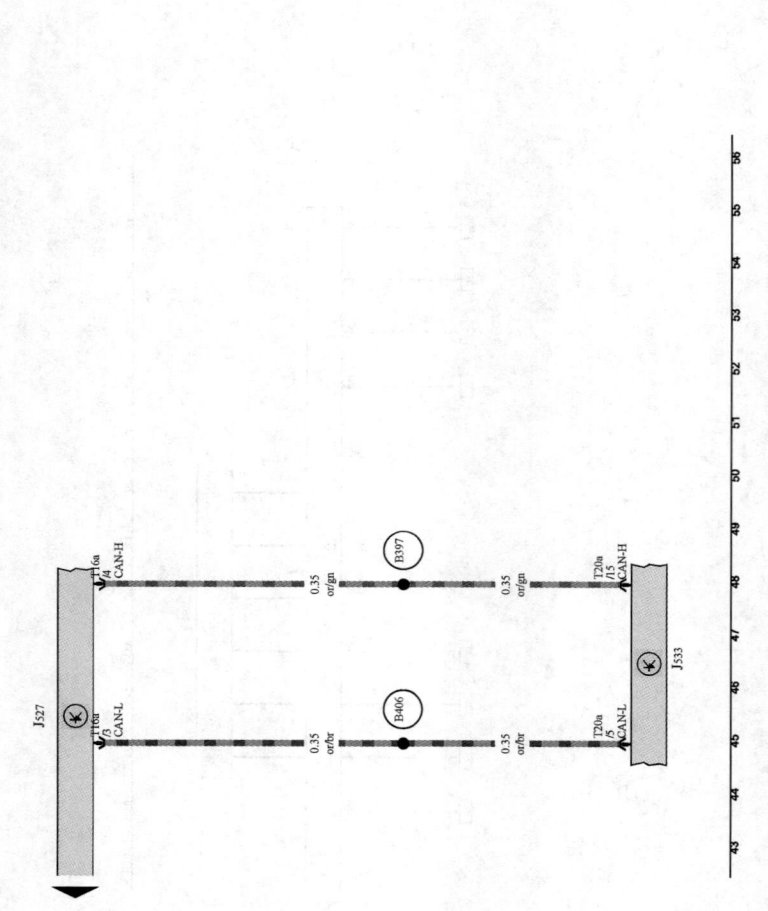

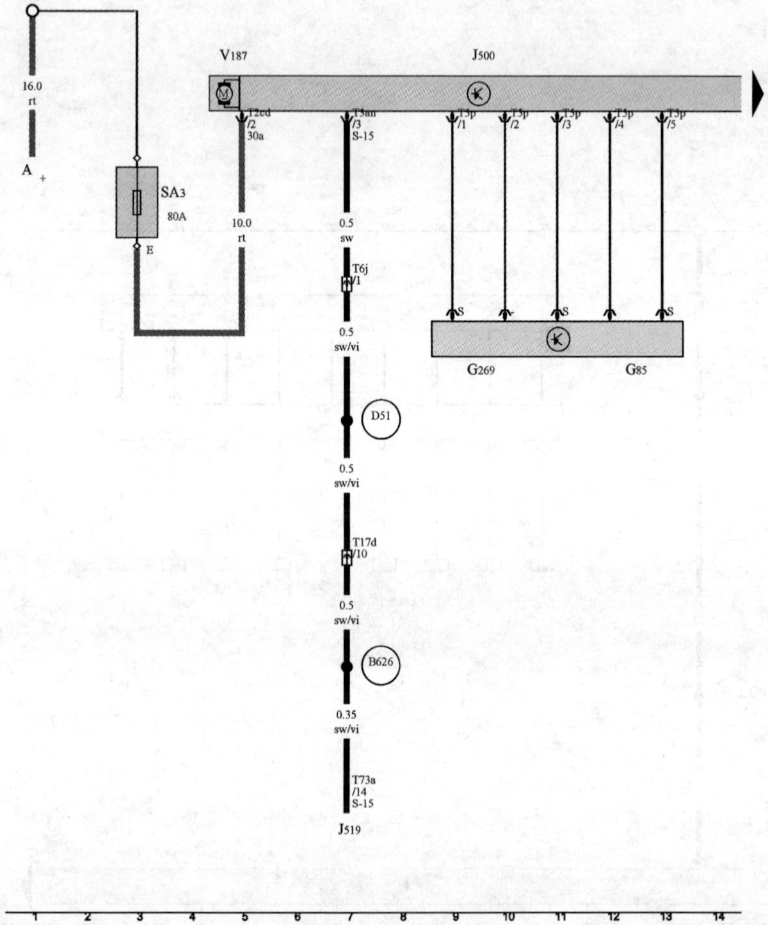

图 4-3-13

A－蓄电池 G85－转向角传感器 G269－转向扭矩传感器 J500－助力转向控制单元 J519－车载电网控制单元 SA3－保险丝架A上的保险丝3 T2cd－2芯插头连接 T3an－3芯插头连接 T5p－5芯插头连接 T6j－6芯插头连接 T17d－17芯插头连接 T73a－73芯插头连接 V187－机电式伺服转向电机 B626－正极连接2（15），在主导线束中 D51－正极连接1（15），在发动机舱导线束中

转向柱电子装置控制单元，数据总线诊断接口

图 4-3-12

J527－转向柱电子装置控制单元 J533－数据总线诊断接口 T16a－16芯插头连接 T20a－20芯插头连接 B397－连接1（舒适CAN总线，High），在主导线束中 B406－连接1（舒适CAN总线，Low），在主导线束中

470

组合仪表中的控制单元，助力转向控制单元，数据总线诊断接口，机电式助力转向器指示灯

接线端 15 供电继电器，盲区识别控制单元

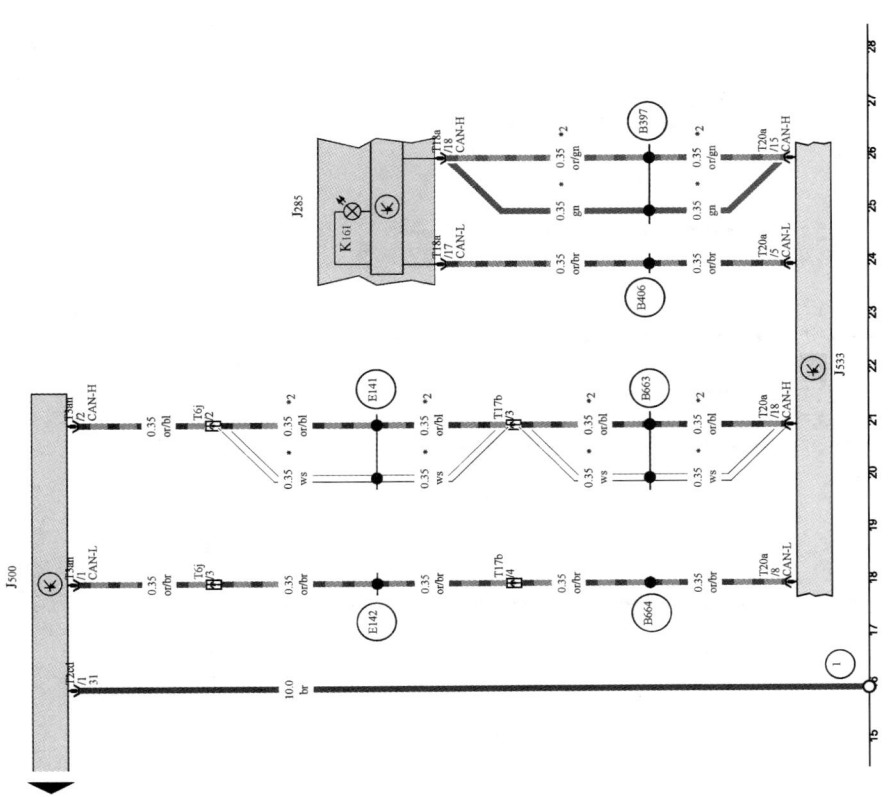

图 4-3-14

图 4-3-15

J285-组合仪表中的控制单元 J500-助力转向控制单元 J533-数据总线诊断接口 K161-机电式助力转向器指示灯 T2cd-2芯插头连接 T3an-3芯插头连接 T6j-6芯插头连接 T17b-17芯插头连接 T18a-18芯插头连接 T20a-20芯插头连接 1-接地带，蓄电池-车身 B397-连接1（舒适CAN总线，High），在主导线束中 B406-连接2，蓄电池-车身 B397-连接1（舒适CAN总线，High），在主导线束中 B406-连接1（舒适CAN总线，Low），在主导线束中 B663-连接（底盘传感器CAN总线，High），在主导线束中 B664-连接（底盘传感器CAN总线，Low），在发动机舱导线束中 E141-连接 E142-连接（底盘传感器CAN总线，Low），在主导线束中 *-自2018年6月起 *2-截至2018年6月

A-蓄电池 J329-接线端15供电继电器 J519-车载电网控制单元 J1086-盲区识别控制单元 SA1-保险丝架A上的保险丝1 SC32-保险丝架C上的保险丝32 T2ck-2芯插头连接 T8d-8芯插头连接 T73a-73芯插头连接 366-接地连接1，在主导线束中 367-接地连接2，在主导线束中 379-接地连接14，在主导线束中 639-左A柱上的接地点 B280-正极连接4（15a），在主导线束中 *-自2016年7月起 *2-截至2016年7月 *3-用于带2.0L发动机的汽车 *4-用于带1.4L发动机的汽车 *5-用于带1.8L发动机的汽车

471

盲区识别控制单元，盲区识别控制单元2，左侧车外后视镜中的盲区识别警告灯，右侧车
外后视镜中的盲区识别警告灯

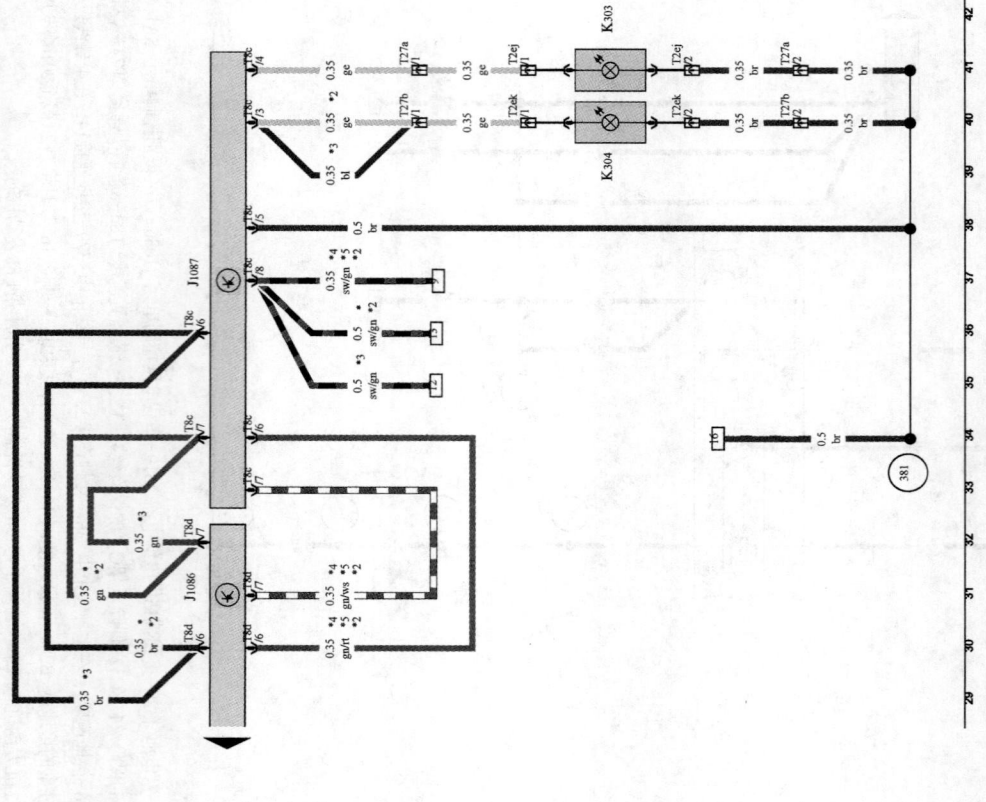

J1086-盲区识别控制单元 J1087-盲区识别控制单元2 K303-左侧车外后视镜中的盲区识别警告灯 K304-右
侧车外后视镜中的盲区识别警告灯 T2ej-2芯插头连接 T2ek-2芯插头连接 T8c-8芯插头连接 T8d-8芯插头
连接 T27a-27芯插头连接 T27b-27芯插头连接 381-接地连接16，在主号线束中 *-用于带2.0L发动机的汽
车 *2-截至2016年7月 *3-自2016年7月起 *4-用于带1.4L发动机的汽车 *5-用于带1.8L发动机的汽车

图 4-3-17

盲区识别控制单元，驾驶员辅助系统的前部摄像头

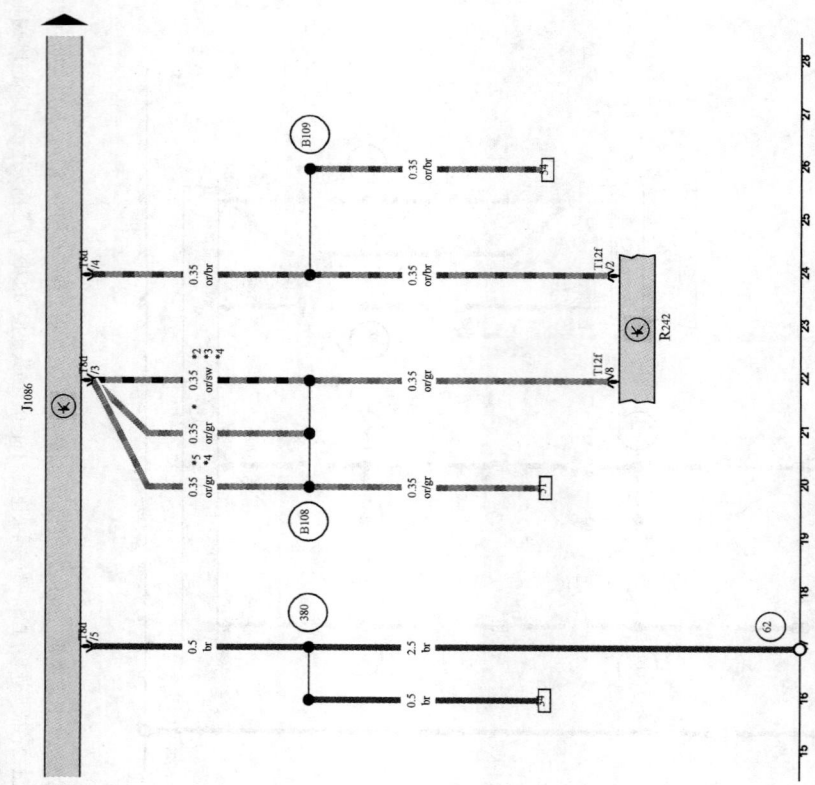

J1086-盲区识别控制单元 R242-驾驶员辅助系统的前部摄像头 T8d-8芯插头连接 T12f-12芯插头连接 T12f-12芯插头连接
62-右侧C柱上的接地点 380-接地连接15，在主号线束中 B108-连接1（扩展CAN总线，Low），在主号
线束中 B109-连接1（扩展CAN总线，High），在主号线束中 *-用于带2.0L发动机的汽车 *2-截至2016年7月
汽车 *3-用于带1.8L发动机的汽车 *4-截至2016年7月 *5-用于带1.4L发动机的汽车

图 4-3-16

472

减振调节按钮，减振电子调节控制单元，车载电网控制单元，按钮照明灯泡

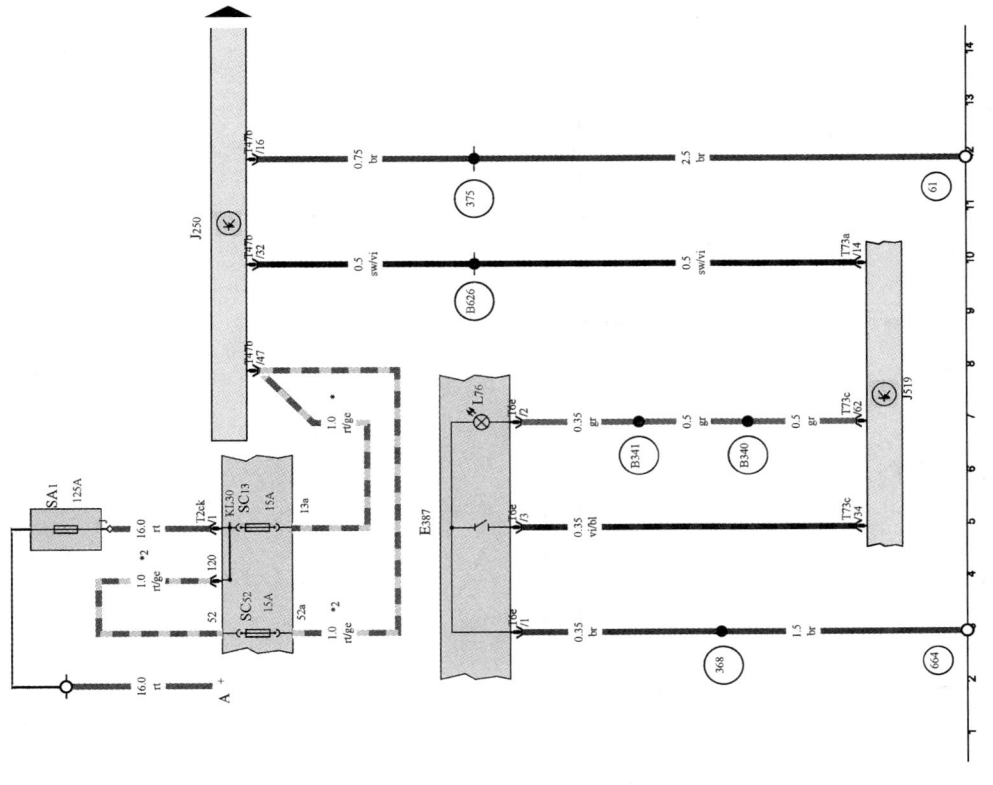

A-蓄电池 E387-减振调节按钮 J250-减振电子调节控制单元 J519-车载电网控制单元 L76-按钮照明灯泡
SA1-保险丝架A上的保险丝1 SC13-保险丝架C上的保险丝13 SC52-保险丝架C上的保险丝52 T2ck-2芯
插头连接 T6e-6芯插头连接 T47b-47芯插头连接 T73a-73芯插头连接 T73C-73芯插头连接 61-左侧C柱
上的接地点 368-接地连接3，在主导线束中 375-接地连接10，在主导线束中 664-左侧仪表板后面的接
地点 B340-连接1（58d），在主导线束中 B341-连接2（58d），在主导线束中 B626-正极连接2（15），
在主导线束中 *-截至2017年7月 *2-自2017年7月起

图 4-3-19

驾驶员辅助系统按钮，转向柱电子装置控制单元，数据总线诊断接口

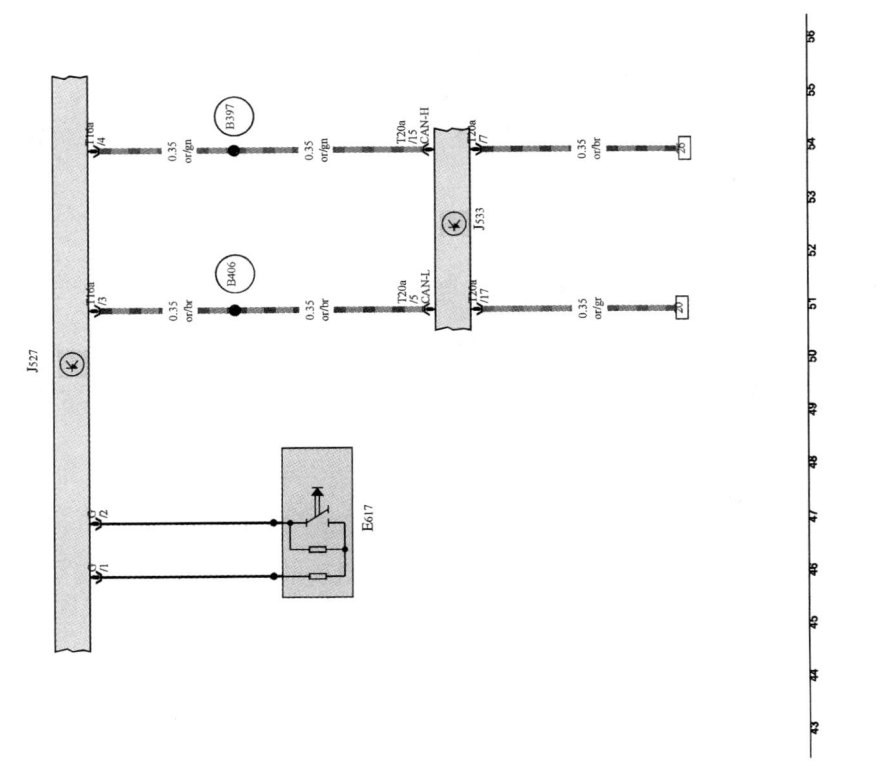

图 4-3-18

E617-驾驶员辅助系统按钮 J527-转向柱电子装置控制单元 J533-数据总线诊断接口 T16a-16芯插头连
接 T20a-20芯插头连接 B397-连接1（舒适CAN总线，High），在主导线束中 B406-连接1（舒适CAN总
线，Low），在主导线束中

473

左前汽车高度传感器，右前汽车高度传感器，减振电子调节控制单元

前左车身加速传感器，左后车身加速传感器，减振电子调节控制单元，数据总线诊断接口

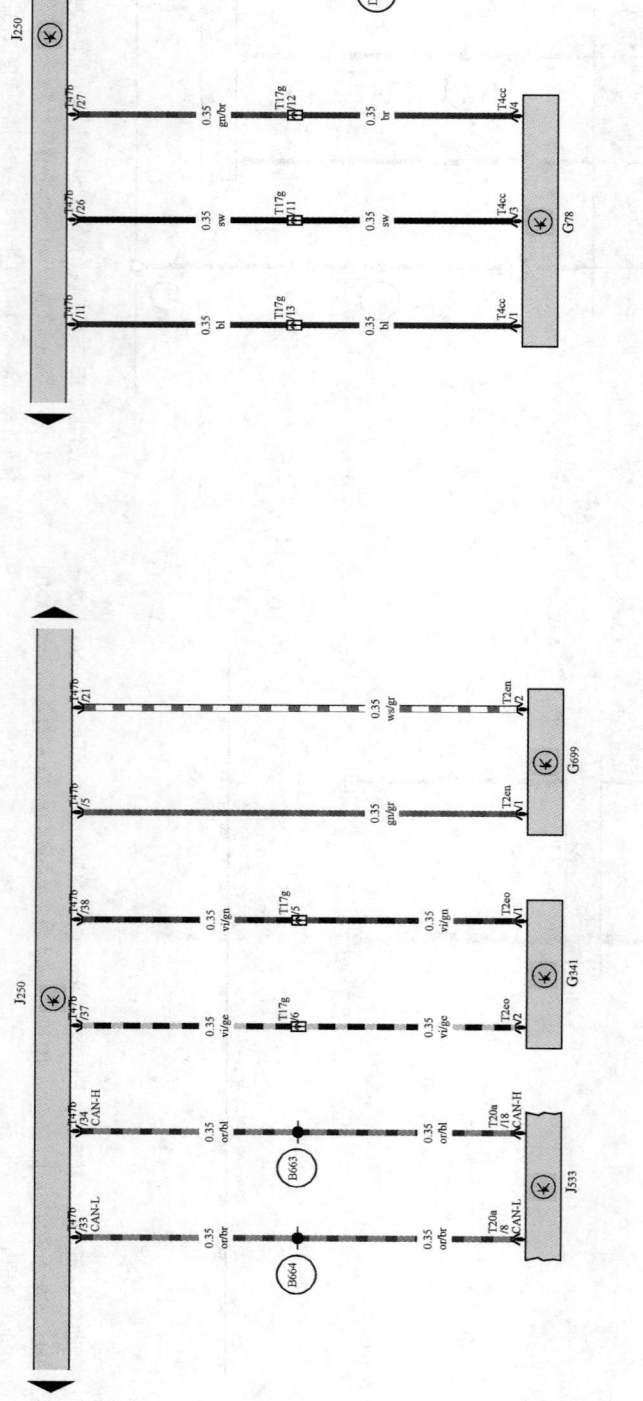

图4-3-21

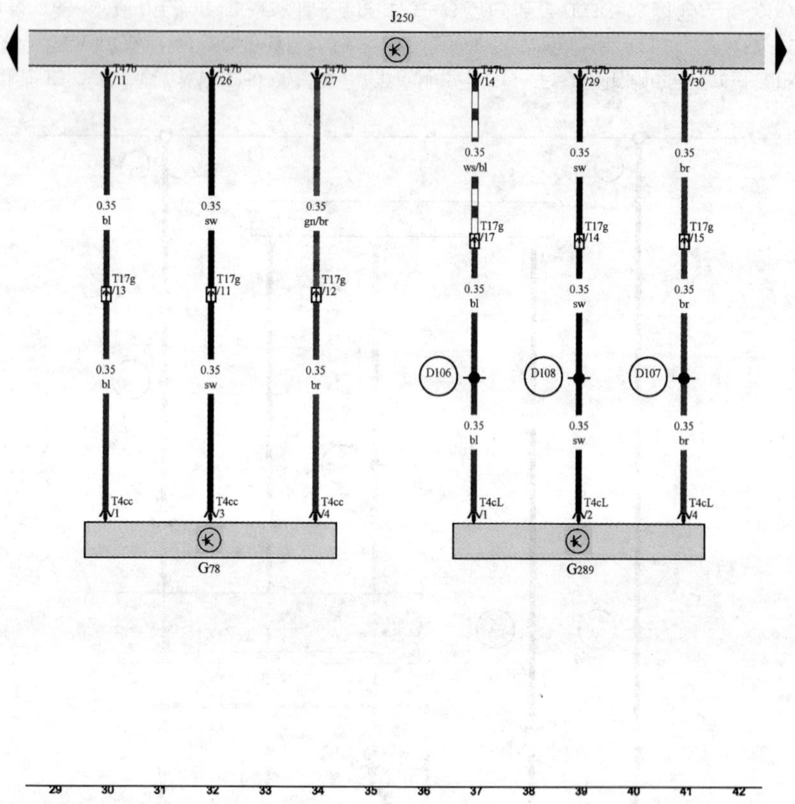

G78-左前汽车高度传感器　G289-右前汽车高度传感器　J250-减振电子调节控制单元　T4cc-4芯插头连接　T4cL-4芯插头连接　T17g-17芯插头连接　T47b-47芯插头连接　D106-连接4，在发动机舱导线束中　D107-连接5，在发动机舱导线束中　D108-连接6，在发动机舱导线束中

图4-3-20

G341-前左车身加速传感器　G699-左后车身加速传感器　J250-减振电子调节控制单元　J533-数据总线诊断接口　T2en-2芯插头连接　T2eo-2芯插头连接　T17g-17芯插头连接　T20a-20芯插头连接　T47b-47芯插头连接　B663-连接（底盘传感器CAN总线，High），在主导线束中　B664-连接（底盘传感器CAN总线，Low），在主导线束中

左后汽车高度传感器，前右车身加速传感器，减振电子调节控制单元，左前减振调节阀

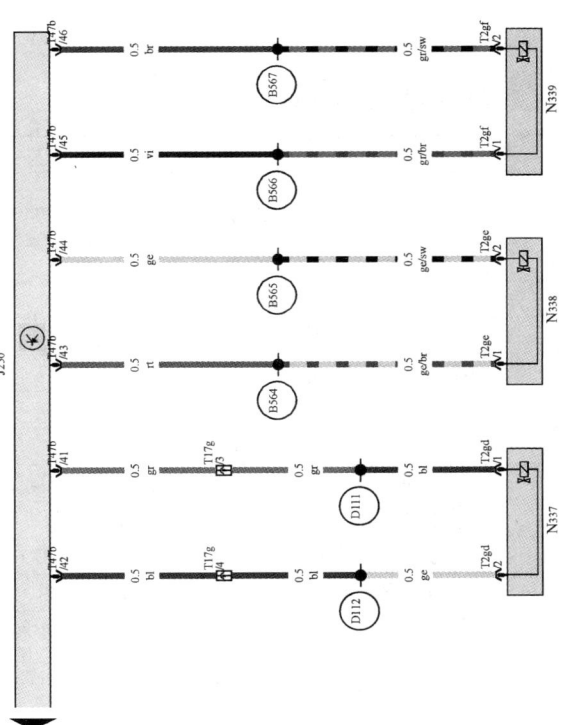

减振电子调节控制单元，右前减振调节阀，右后减振调节阀，左后减振调节阀，右后减振调节阀

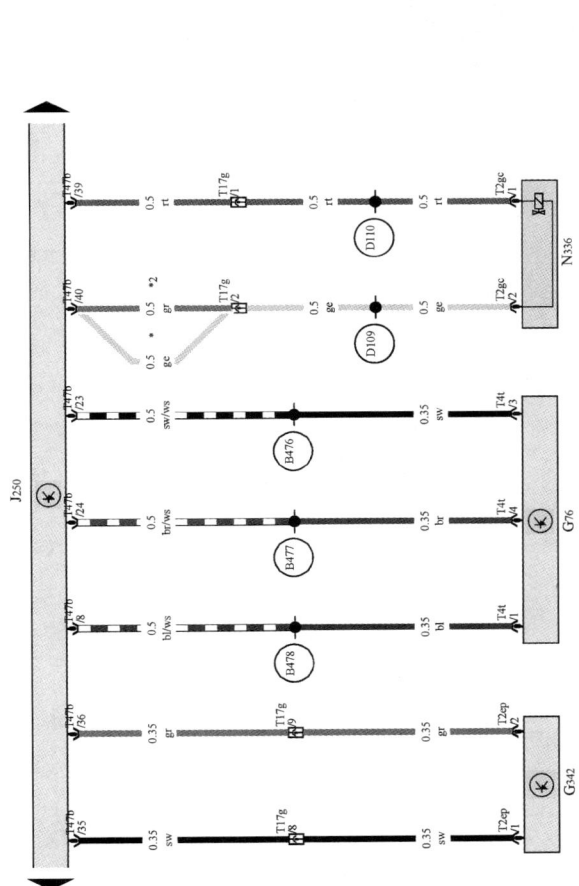

图 4-3-22

G76-左后汽车高度传感器　G342-前右车身加速传感器　J250-减振电子调节控制单元　N336-左前减振调节阀　T2ep-2芯插头连接　T2gc-2芯插头连接　T4t-4芯插头连接　T17g-17芯插头连接　T47b-47芯插头连接　B476-连接31，在主导线束中　B477-连接13，在主导线束中　B478-连接14，在主导线束中　D109-连接7，在发动机舱导线束中　D110-连接8，在发动机舱导线束中　*-自2016年7月起　*2-截至2016年7月

图 4-3-23

J250-减振电子调节控制单元　N337-右前减振调节阀　N338-左后减振调节阀　N339-右后减振调节阀　T2gd-2芯插头连接　T2ge-2芯插头连接　T2gf-2芯插头连接　T17g-17芯插头连接　T47b-47芯插头连接　B564-连接31，在主导线束中　B565-连接32，在主导线束中　B566-连接33，在主导线束中　B567-连接34，在主导线束中　D111-连接9，在发动机舱导线束中　D112-连接10，在发动机舱导线束中

475

第四节　电气系统

电气系统电路图的图号和图名对照表见表 4-4-1。

表 4-4-1　电气系统电路图的图号和图名对照表

图号	图名
图 4-4-1~ 图 4-4-8	安全气囊系统电路图
图 4-4-9~ 图 4-4-14	带手动调节的空调电路图
图 4-4-15~ 图 4-4-23	全自动空调电路图
图 4-4-24~ 图 4-4-35	进入及启动许可电路图
图 4-4-36~ 图 4-4-42	电动座椅调节装置，不带记忆功能电路图
图 4-4-43~ 图 4-4-45	座椅加热装置电路图
图 4-4-46	电动滑动天窗电路图
图 4-4-47~ 图 4-4-50	后部泊车雷达系统（PDC）电路图
图 4-4-51、图 4-4-52	倒车摄像头系统适配装置电路图
图 4-4-53~ 图 4-4-61	前部和后部泊车雷达系统（PDC）电路图
图 4-4-62~ 图 4-4-65	自动车距控制电路图
图 4-4-66、图 4-4-67	自动防眩车内后视镜、雨量传感器电路图
图 4-4-68~ 图 4-4-77	带自动大灯照明距离调节功能的气体放电大灯电路图
图 4-4-78~ 图 4-4-81	音响系统电路图
图 4-4-82~ 图 4-4-92	收音机电路图
图 4-4-93~ 图 4-4-103	收音机 - 导航系统电路图
图 4-4-104~ 图 4-4-109	收音机装置电路图
图 4-4-110~ 图 4-4-117	组合仪表电路图
图 4-4-118~ 图 4-4-143	舒适便捷系统电路图
图 4-4-144~ 图 4-4-158	数据总线联网电路图
图 4-4-159~ 图 4-4-188	保险丝配置电路图

安全气囊卷簧和带滑环的复位环，前部安全气囊碰撞传感器，安全气囊控制单元，转向柱电子装置控制单元，驾驶员侧安全气囊引爆装置，驾驶员侧膝部安全气囊引爆装置

接线端 15 供电继电器

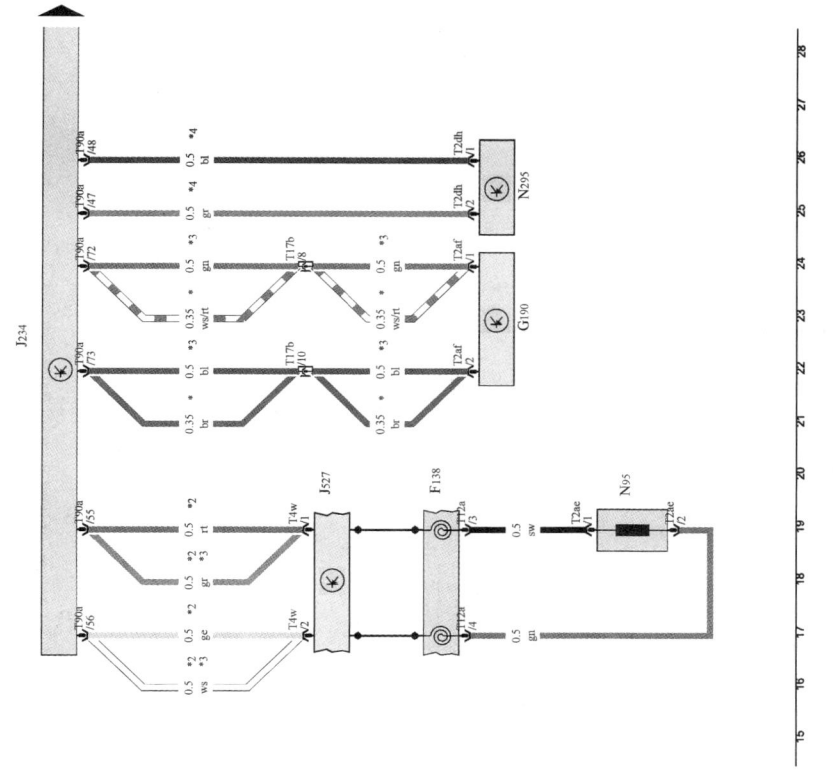

图 4-4-2

图 4-4-1

F138–安全气囊卷簧和带滑环的复位环 G190–前部安全气囊碰撞传感器 J234–安全气囊控制单元 J527–转向柱电子装置控制单元 N95–驾驶员侧安全气囊引爆装置 N295–驾驶员侧膝部安全气囊引爆装置 T2ac–2芯插头连接 T2af–2芯插头连接 T2dh–2芯插头连接 T4w–4芯插头连接 T12a–12芯插头连接 T17b–17芯插头连接 T90a–90芯插头连接 *–自2018年6月起 *2–依汽车装备而定 *3–截至2018年6月装备而定 *4–用于带驾驶员侧膝部安全气囊的汽车

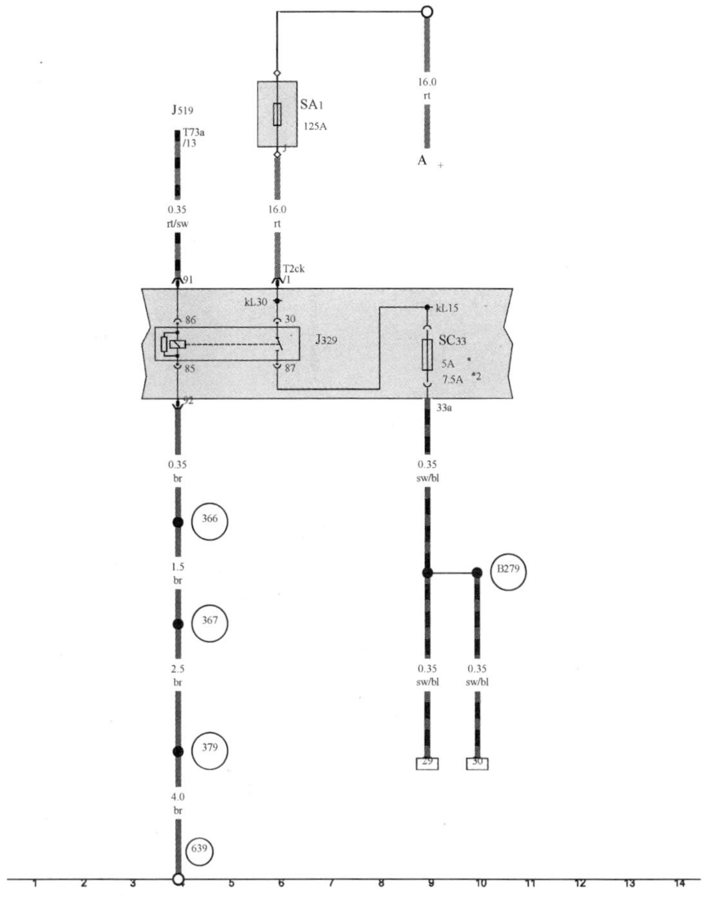

A–蓄电池 J329–接线端15供电继电器 J519–车载电网控制单元 SA1–保险丝架A上的保险丝1 SC33–保险丝架C上的保险丝33 T2ck–2芯插头连接 T73a–73芯插头连接 366–接地连接1，在主导线束中 367–接地连接2，在主导线束中 379–接地连接14，在主导线束中 639–左A柱上的接地点 B279–正极连接3（15a），在主导线束中 *–截至2018年6月 *2–自2018年6月起

477

驾驶员侧安全带开关，副驾驶员侧安全带开关，副驾驶员侧座椅占用传感器，安全气囊控制单元

安全气囊控制单元，副驾驶员侧安全气囊引爆装置 1，驾驶员侧侧面安全气囊引爆装置，副驾驶员侧侧面安全气囊引爆装置

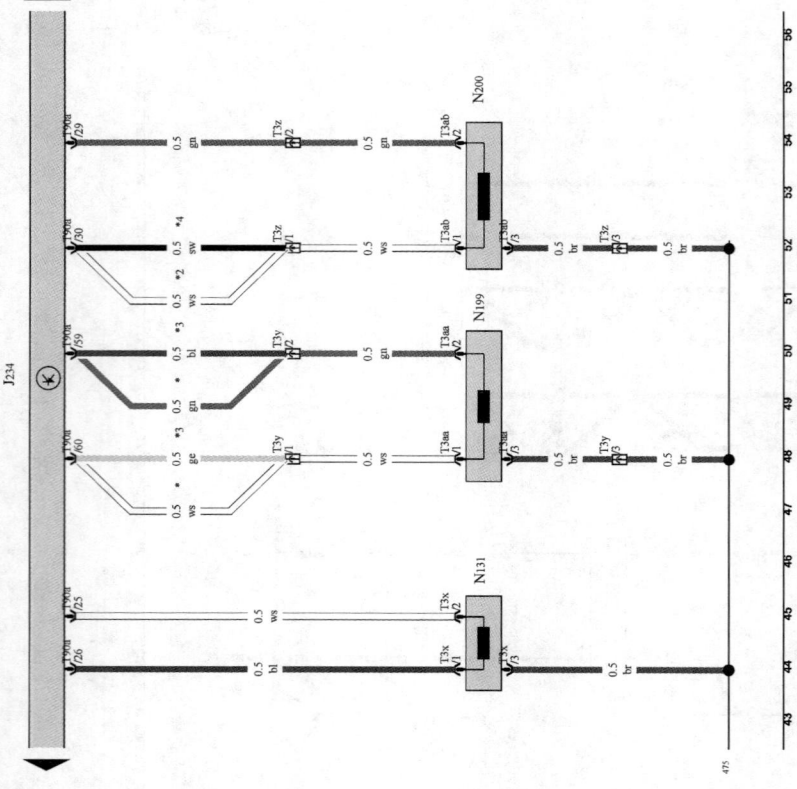

图 4-4-4

J234-安全气囊控制单元 N131-副驾驶员侧安全气囊引爆装置 1 N199-驾驶员侧侧面安全气囊引爆装置 置 N200-副驾驶员侧侧面安全气囊引爆装置 T3aa-3芯插头连接 T3ab-3芯插头连接 T3x-3芯插头连接 T3y-3芯插头连接 T3z-3芯插头连接 T90a-90芯插头连接（安全气囊） 475-接地连接 *-在主导线束中 *1-自2018年6月起 *2-自2016年7月起 *3-截至2018年6月 *4-截至2016年7月

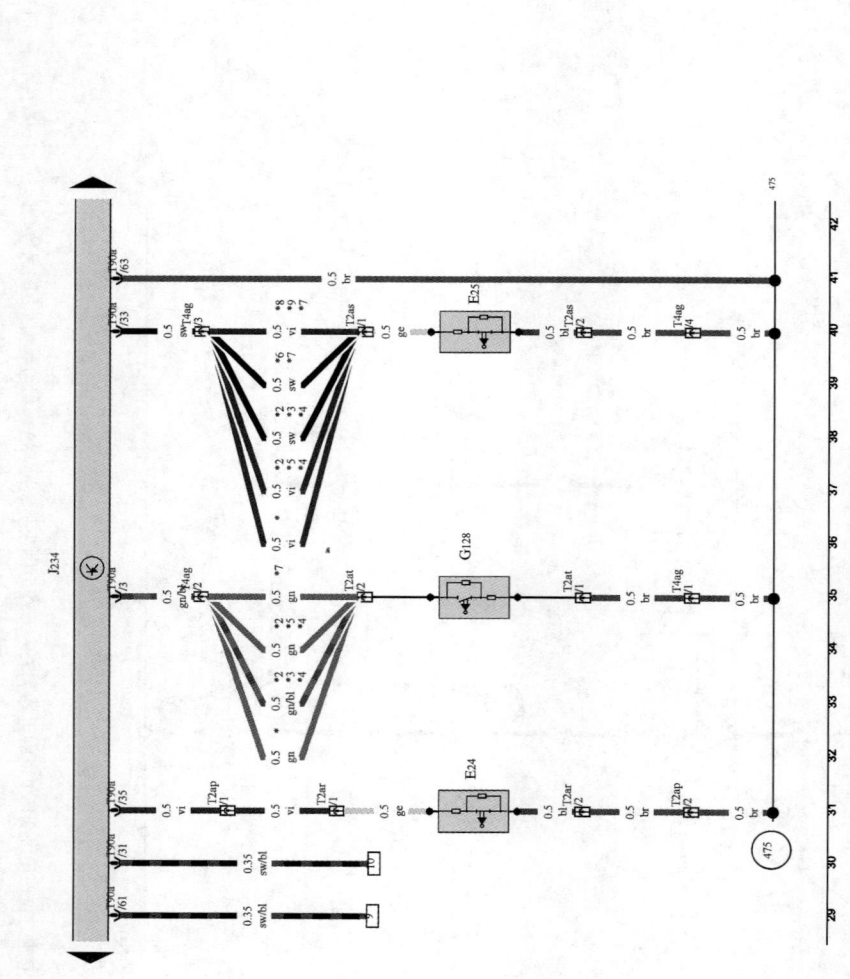

图 4-4-3

E24-驾驶员侧安全带开关 E25-副驾驶员侧安全带开关 G128-副驾驶员侧座椅占用传感器 J234-安全气囊控制单元 T2ap-2芯插头连接 T2ar-2芯插头连接 T2as-2芯插头连接 T2at-2芯插头连接 T4ag-4芯插头连接 连接 T90a-90芯插头连接（安全气囊） 475-接地连接 *-在主导线束中 *1-自2018年6月起 *2-自2016年7月起 *3-截至2018年6月 *4-截至2016年7月 *5-用于不带座椅加热的汽车 *6-用于带座椅加热的汽车 *7-截至2016年7月 *8-用于带1.4L发动机的汽车 *9-用于带1.8L发动机的汽车 的汽车

478

驾驶员侧头部安全气囊碰撞传感器，安全气囊控制单元，驾驶员侧安全带拉紧器引爆装置1，副驾驶员侧安全带拉紧器引爆装置1

驾驶员侧侧面安全气囊碰撞传感器，副驾驶员侧侧面安全气囊碰撞传感器，安全气囊控制单元

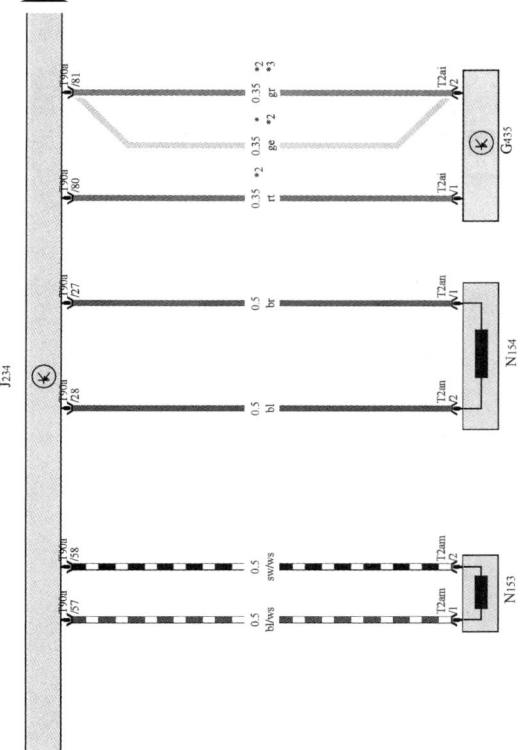

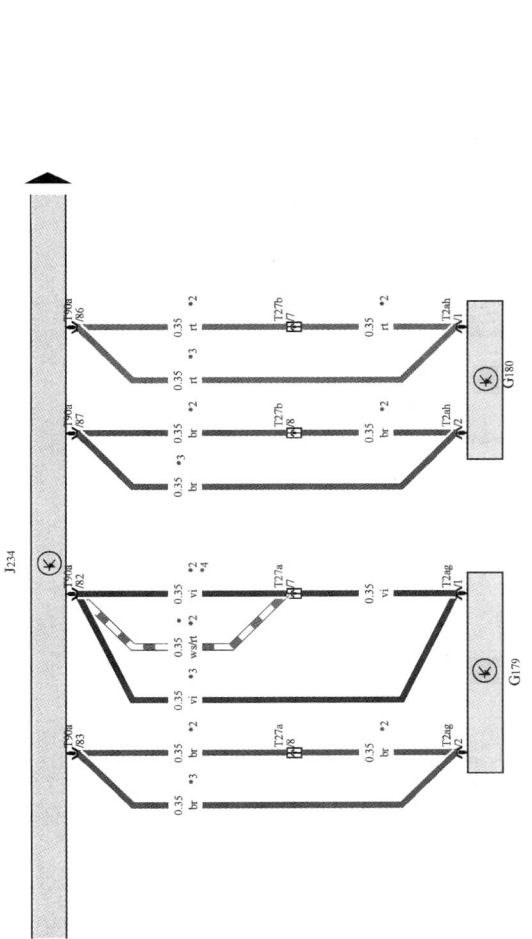

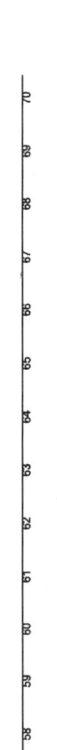

G435-驾驶员侧头部安全气囊碰撞传感器 J234-安全气囊控制单元 N153-驾驶员侧安全带拉紧器引爆装置1 N154-副驾驶员侧安全带拉紧器引爆装置1 T2ai-2芯插头连接 T2ai-2芯插头连接 T2am-2芯插头连接 T2an-2芯插头连接 T90a-90芯插头连接 *-自2018年6月起 *2-用于带头部安全气囊的汽车 *3-截至2018年6月

图 4-4-6

G179-驾驶员侧侧面安全气囊碰撞传感器 G180-副驾驶员侧侧面安全气囊碰撞传感器 J234-安全气囊控制单元 T2ag-2芯插头连接 T2ah-2芯插头连接 T27a-27芯插头连接 T27b-27芯插头连接 T90a-90芯插头连接 *-自2018年6月起 *2-用于带头部安全气囊的汽车 *3-用于不带头部安全气囊的汽车 *4-截至2018年6月

图 4-4-5

479

副驾驶员侧安全气囊碰撞传感器，组合仪表中的控制单元，数据总线诊断接口，安全气囊警告指示灯，安全气囊控制单元，安全气囊指示灯

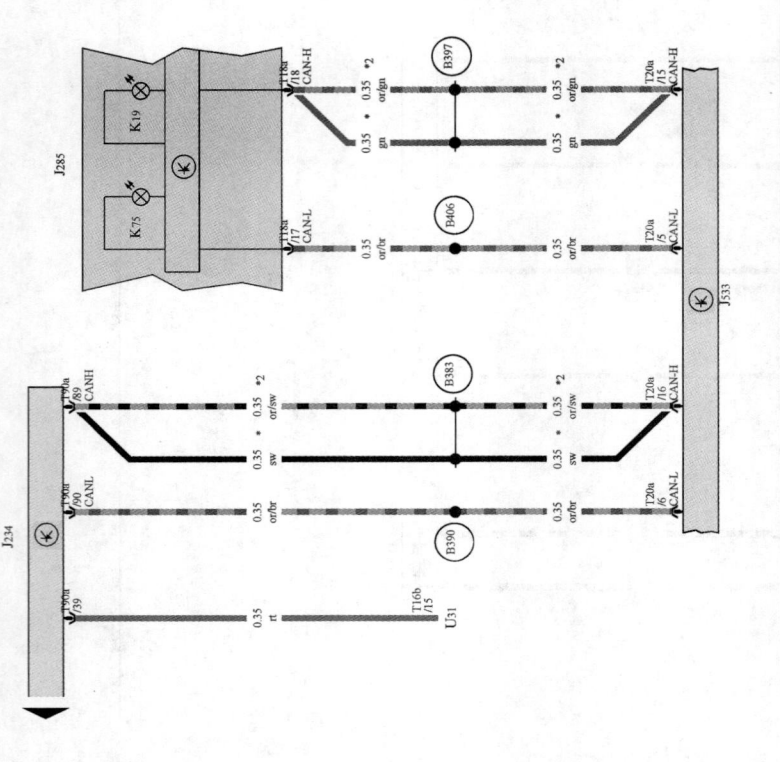

图 4-4-8

J234-安全气囊控制单元 J285-组合仪表中的控制单元 J533-数据总线诊断接口 K19-安全带警告指示灯 K75-安全带警告指示灯 T16b-16芯插头连接 T18a-18芯插头连接 T20a-20芯插头连接 T90a-90芯插头连接 U31-诊断接口 B383-连接1（驱动CAN总线，High），在主导线束中 B390-连接1（驱动CAN总线，Low），在主导线束中 B397-连接1（舒适CAN总线，High），在主导线束中 B406-连接1（舒适CAN总线，Low），在主导线束中 *-自2018年6月起 *2-截至2018年6月

副驾驶员侧安全气囊控撞传感器，安全气囊控制单元，驾驶员侧头部安全气囊引爆装置，副驾驶员侧头部安全气囊引爆装置

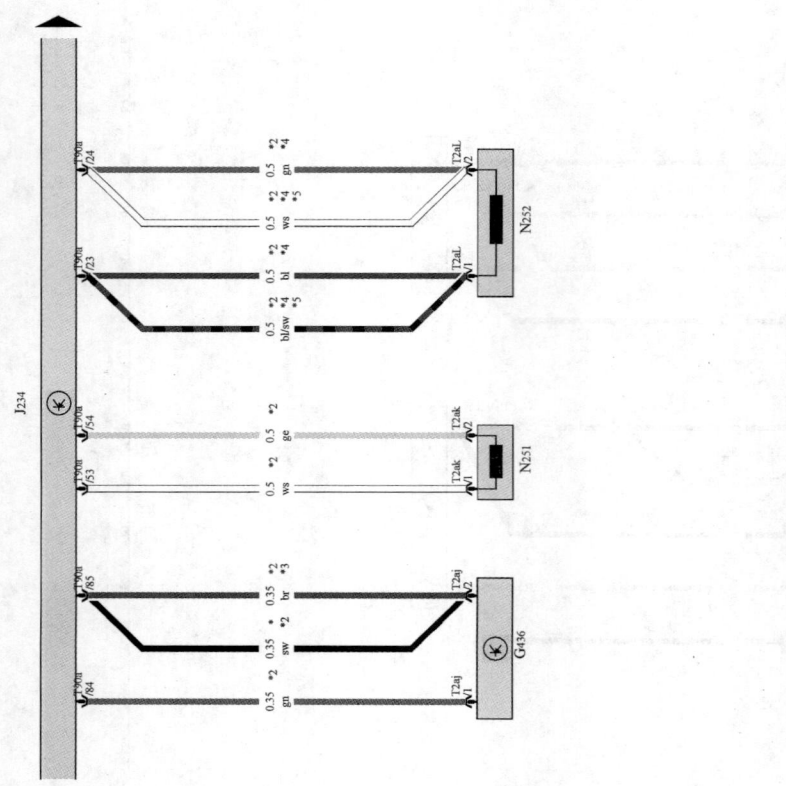

图 4-4-7

G436-副驾驶员侧安全气囊碰撞传感器 J234-安全气囊控制单元 N251-驾驶员侧安全气囊引爆装置 N252-副驾驶员侧安全气囊引爆装置 T2aj-2芯插头连接 T2ak-2芯插头连接 T2aL-2芯插头连接 *-自2018年6月起 *2-用于带头部安全气囊的汽车 *3-截至2018年6月 *4-依车型选装 *5-截至2016年7月

480

空调器继电器，新鲜空气鼓风机控制单元，空调器控制单元，车载电网控制单元，压缩机
电磁离合器，新鲜空气鼓风机

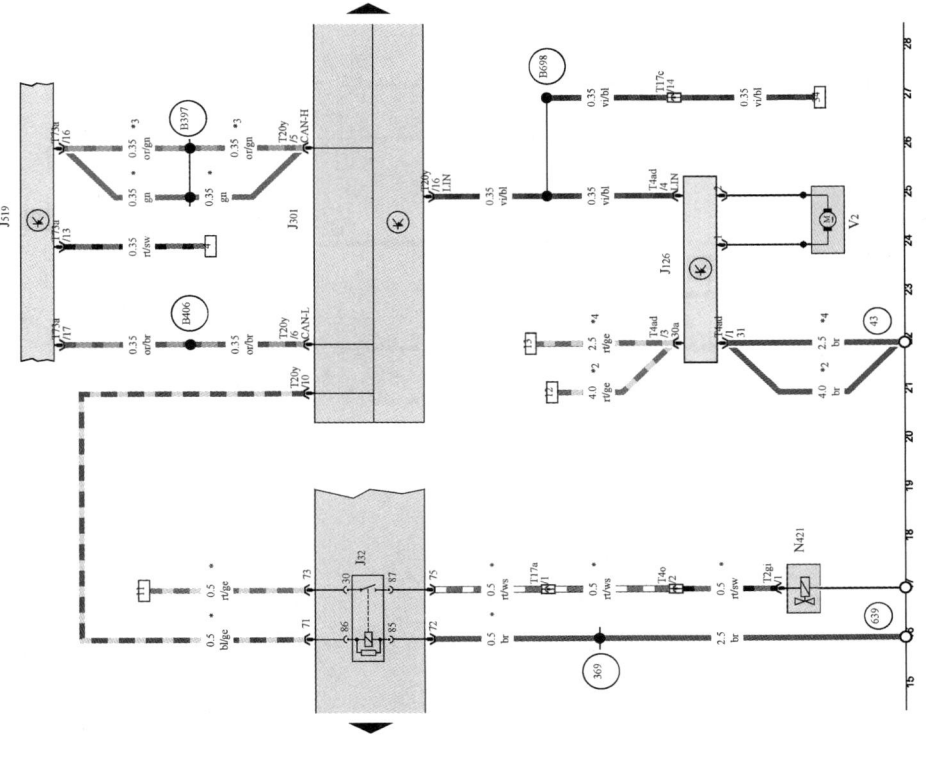

图 4-4-10

J32-空调器继电器 J126-新鲜空气鼓风机控制单元 J301-空调器控制单元 J519-车载电网控制单元 N421-压缩机电磁离合器 T2g-2芯插头连接 T4o-4芯插头连接 T17a-17芯插头连接 T17c-17芯插头连接 T20y-20芯插头连接 T73a-73芯插头连接 V2-新鲜空气鼓风机 43-右侧A柱下部的接地点 369-接地连接4，在主导线束中 639-在A柱上的接地点 B397-连接1（舒适CAN总线，High），在主导线束中 B406-连接1（舒适CAN总线，Low），在主导线束中 B698-连接3（LIN总线），在主导线束中 *-自2018年6月起 *2-自2016年7月起 *3-截至2016年6月 *4-截至2016年7月

接线端 15 供电继电器

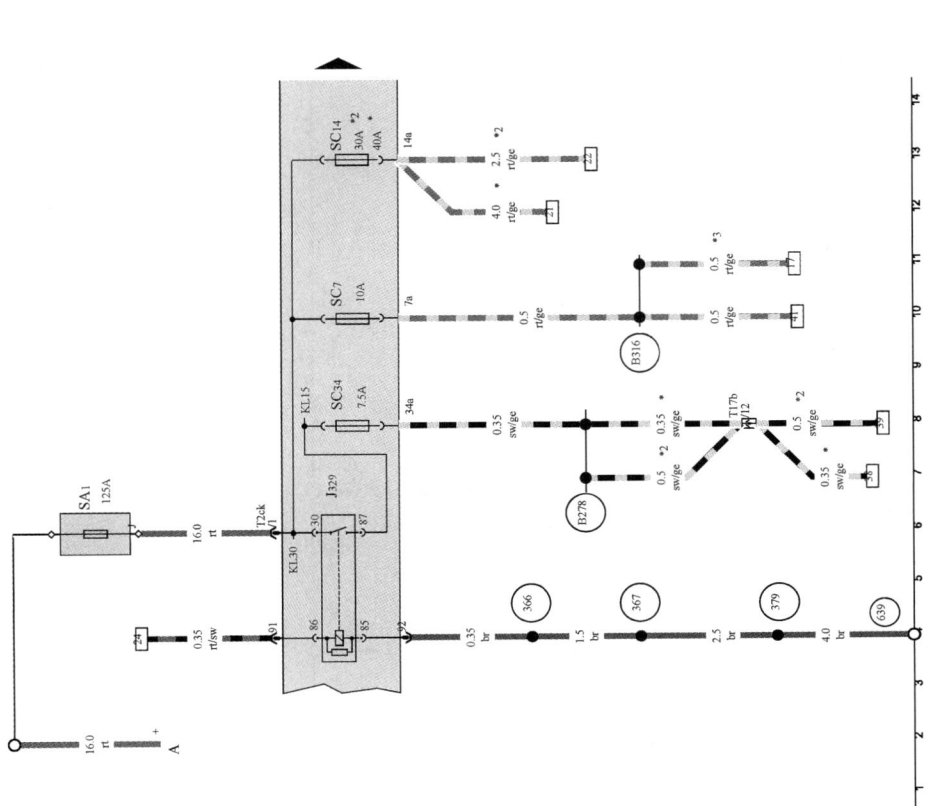

图 4-4-9

A-蓄电池 J329-接线端15供电继电器 SA1-保险丝架A上的保险丝1 SC7-保险丝架C上的保险丝7 SC14-保险丝架C上的保险丝14 SC34-保险丝架C上的保险丝34 T2ck-2芯插头连接 T17b-17芯插头连接 T2g-2芯插头连接 366-接地连接1，在主导线束中 367-接地连接2，在主导线束中 379-接地连接14，在主导线束中 639-左侧A柱上的接地点 B278-正极连接2（15a），在主导线束中 B316-正极连接2（30a），在主导线束中 *-自2016年7月起 *2-截至2016年7月 *3-自2018年6月起

481

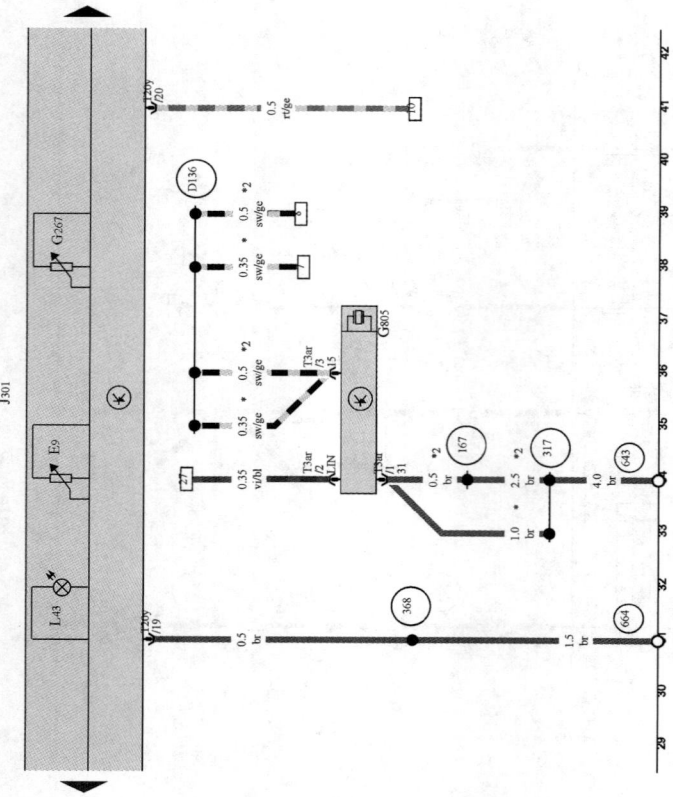

温度选择旋钮电位计，制冷剂循环回路压力传感器，空调器控制单元，空调器开关照明灯泡

新鲜空气和循环空气风门开关，空调控制单元，可加热后窗玻璃指示灯节阀，车内空气循环风门伺服电机

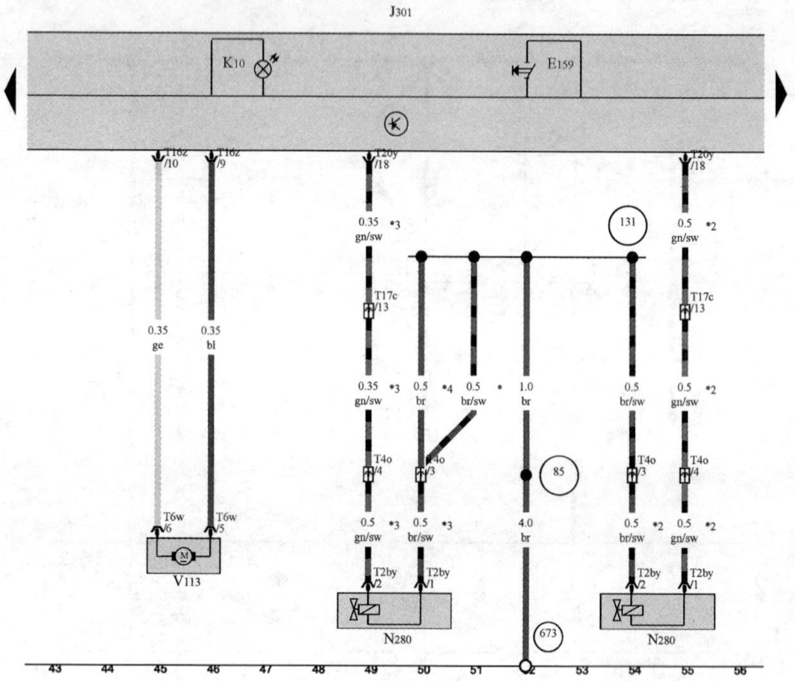

E159-新鲜空气和循环空气风门开关 J301-空调器控制单元 K10-可加热后窗玻璃指示灯 N280-空调压缩机调节阀 T2by-2芯插头连接 T4o-4芯插头连接 T6w-6芯插头连接 T17c-17芯插头连接 T16z-16芯插头连接 T17c~17芯插头连接 85-接地连接1，在发动机舱导线束中 131-接地连接 T20y-20芯插头连接 V113-车内空气循环风门伺服电机 接地连接2，在发动机舱导线束中 673-左前纵梁上的接地点3 *-自2016年7月起 *2-自2018年6月起 *3-接地连接3 *-自2016年6月起 *4-截至2016年7月

图4-4-12

E9-新鲜空气鼓风机开关 G267-温度选择旋钮电位计 G805-制冷剂循环回路压力传感器 J301-空调器控制单元 L43-空调器开关照明灯泡 T3ar-3芯插头连接 T20y-20芯插头连接 167-接地连接4，在发动机舱 317-接地连接7，在发动机舱导线束中 368-接地连接3，在主导线束中 643-发动机舱内右侧接地点3 664-左侧(仪表板后面的接地点 D136-正极连接2(15a)，在发动机舱导线束中 *-自2016年7月起 *2-截至2016年7月

图4-4-11

空调器开关，可加热后窗玻璃按钮，温度风门伺服电机电位计，蒸发器温度传感器，空调器控制单元，温度风门伺服电机

除霜器运行开关，气流分配风门伺服电机电位计，空调器指示灯，新鲜空气和车内空气循环运行模式指示灯，气流分配风门伺服电机

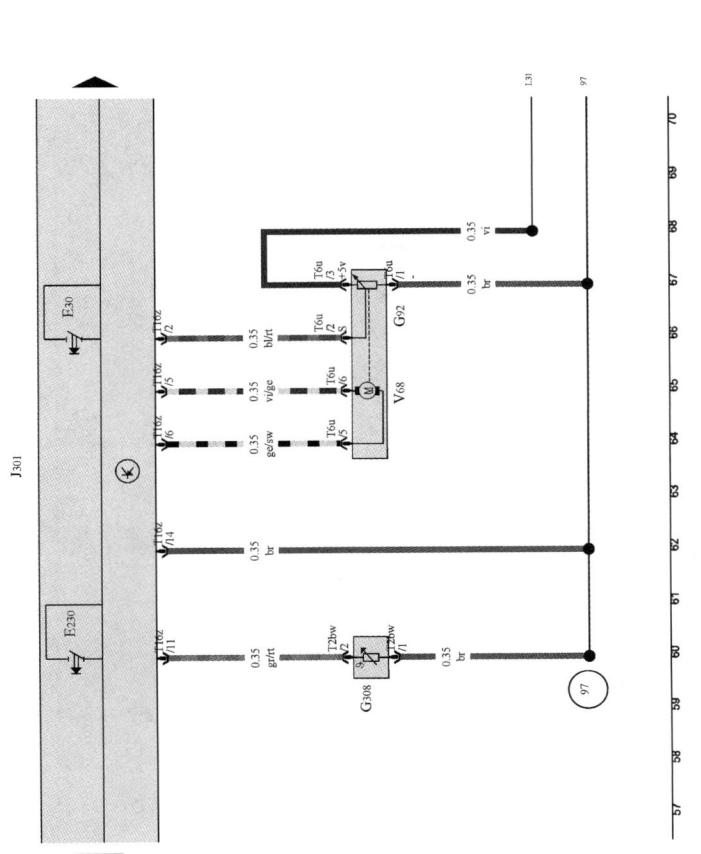

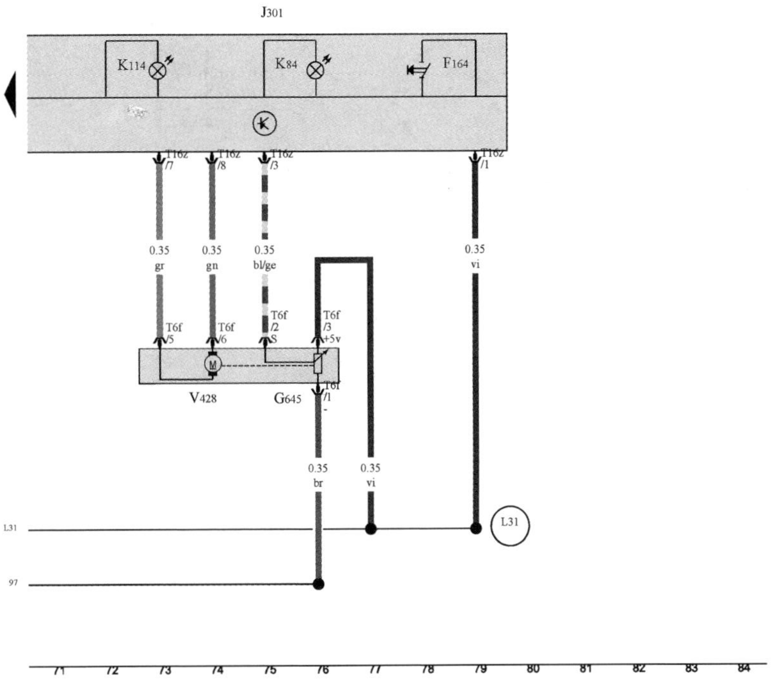

F164-除霜器运行开关 G645-气流分配风门伺服电机电位计 J301-空调器控制单元 K84-空调器指示灯 K114-新鲜空气和车内空气循环运行模式指示灯 T6f-6芯插头连接 T16z-16芯插头连接 V428-气流分配风门伺服电机 97-接地连接1，在空调器导线束中 L31-连接（5V），在空调器导线束中

图 4-4-14

E30-空调器开关 E230-可加热后窗玻璃按钮 G92-温度风门伺服电机电位计 G308-蒸发器温度传感器 J301-空调器控制单元 T2bw-2芯插头连接 T6u-6芯插头连接 T16z-16芯插头连接 V68-温度风门伺服电机 97-接地连接1，在空调器导线束中 L31-连接（5V），在空调器导线束中

图 4-4-13

空调器继电器，新鲜空气鼓风机控制单元，全自动空调控制单元，车载电网控制单元，压缩机电磁离合器，新鲜空气鼓风机

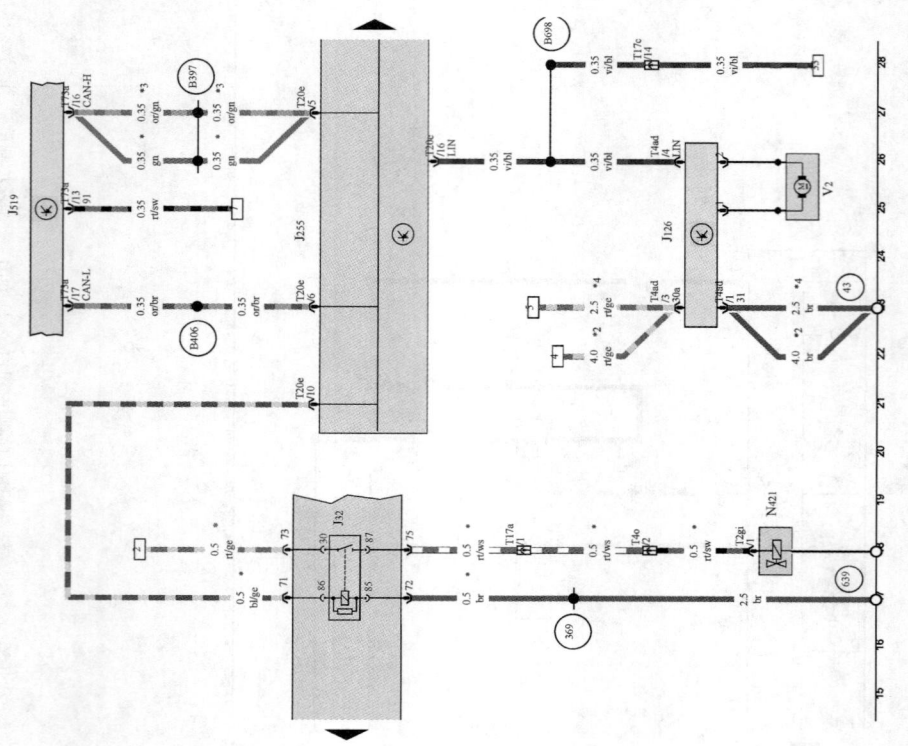

J32-空调器继电器 J126-新鲜空气鼓风机控制单元 J255-全自动空调控制单元 J519-车载电网控制单元 N421-压缩机电磁离合器 T2gr-2芯插头连接器 T4ad-4芯插头连接 T4o-4芯插头连接 T17a-17芯插头连接 T17c-17芯插头连接 T20e-20芯插头连接 T73a-73芯插头连接 V2-新鲜空气鼓风机 43-右侧A柱下部的接地点 369-接地连接4，在主导线束中 639-左侧A柱上的接地点 B397-连接1（舒适CAN总线，High），在主导线束中 B406-连接1（舒适CAN总线，Low），在主导线束中 B698-连接3（LIN总线），在主导线束中 *-自2016年6月起 *2-自2016年7月起 *3-截至2018年6月 *4-截至2016年7月

图4-4-16

接线端15供电继电器

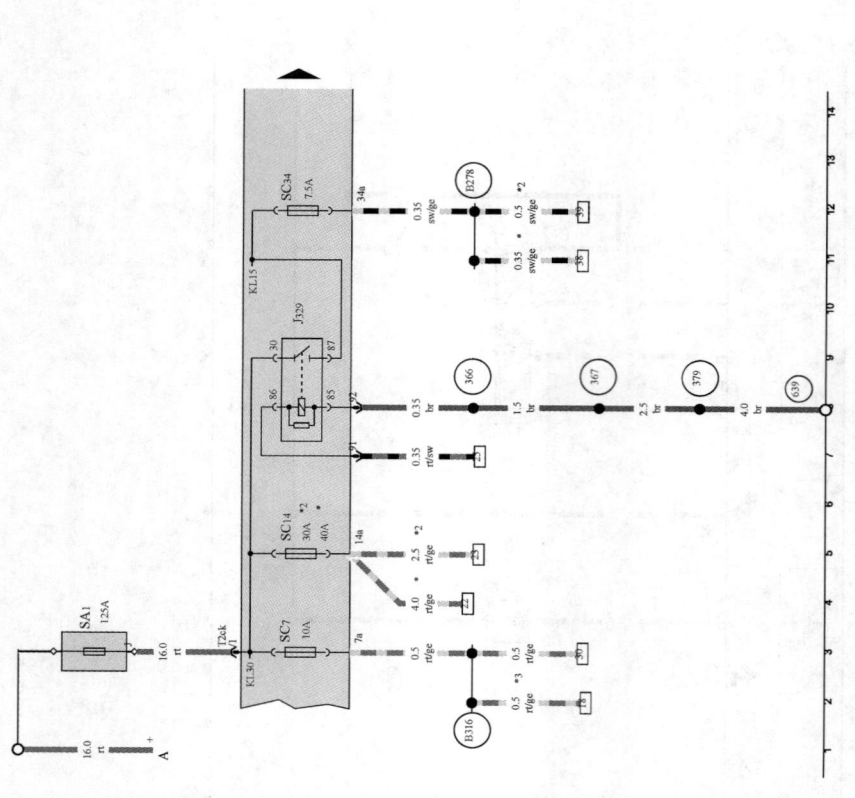

A-蓄电池 J329-接线端15供电继电器 SA1-保险丝架A上的保险丝1 SC7-保险丝架C上的保险丝7 SC14-保险丝架C上的保险丝14 SC34-保险丝架C上的保险丝34 T2ck-2芯插头连接 366-接地连接1，在主导线束中 367-接地连接2，在主导线束中 379-接地连接14，在主导线束中 639-左A柱上的接地点 B278-正极连接2（15a），在主导线束中 B316-正极连接2（30a），在主导线束中 *-自2016年7月起 *2-截至2016年6月 *3-自2018年6月起

图4-4-15

484

新鲜空气鼓风机开关，空调器开关，新鲜空气和循环空气风门开关，可加热后窗玻璃按钮，制冷剂循环回路压力传感器，全自动空调控制单元，可加热后窗玻璃指示灯，开关照明灯泡

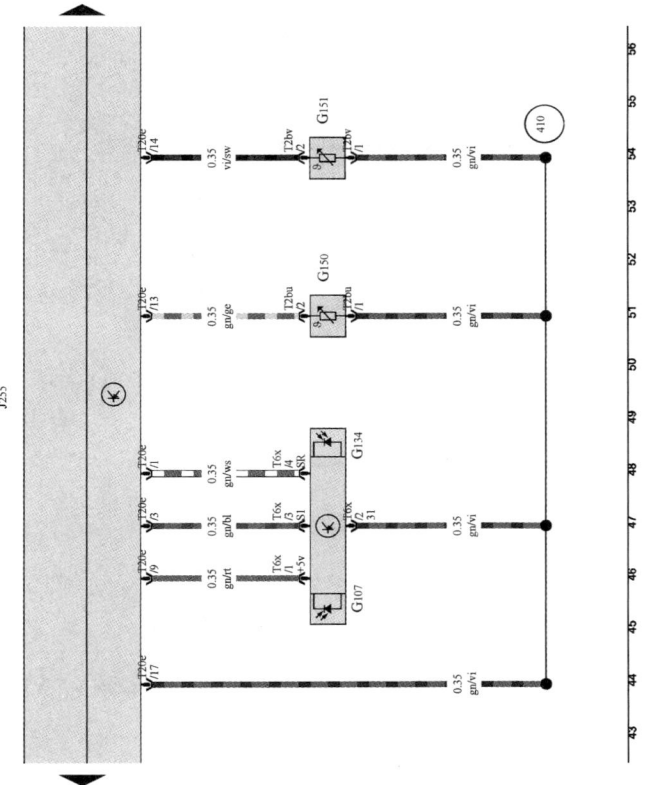

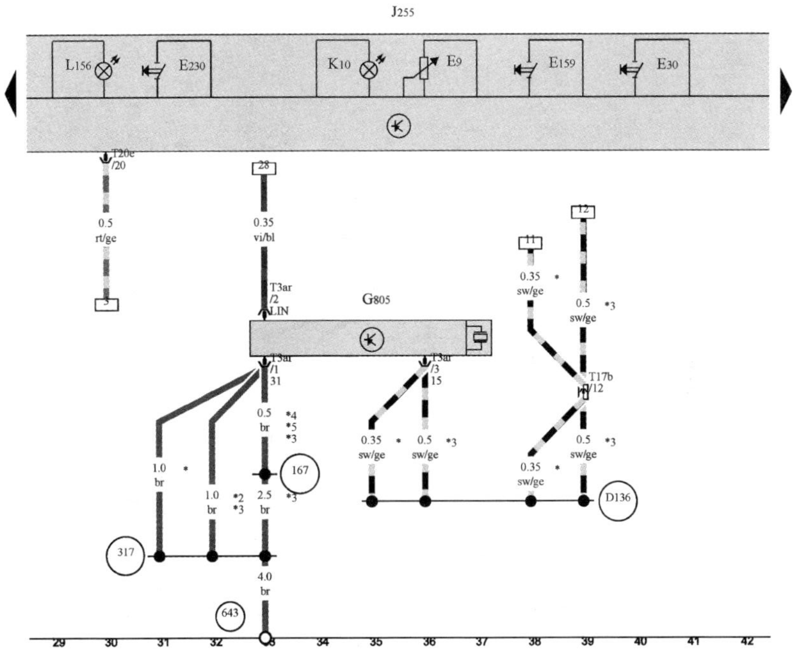

E9-新鲜空气鼓风机开关 E30-空调器开关 E159-新鲜空气和循环空气风门开关 E230-可加热后窗玻璃按钮 G805-制冷剂循环回路压力传感器 J255-全自动空调控制单元 K10-可加热后窗玻璃指示灯 L156-开关照明灯泡 T3ar-3芯插头连接 T17b-17芯插头连接 T20e-20芯插头连接 167-接地连接4，在发动机舱导线束中 317-接地连接7，在发动机舱导线束中 643-发动机舱内右侧接地点3 D136-正极连接2（15a），在发动机舱导线束中 *-自2016年7月起 *2-用于带2.0L发动机的汽车 *3-截至2016年7月 *4-用于带1.4L发动机的汽车 *5-用于带1.8L发动机的汽车

图 4-4-17

阳光照射光电传感器，日照光电传感器 2，左侧出风口温度传感器，右侧出风口温度传感器，全自动空调控制单元

G107-阳光照射光电传感器 G134-日照光电传感器2 G150-左侧出风口温度传感器 G151-右侧出风口温度传感器 J255-全自动空调控制单元 T2bu-2芯插头连接 T2bv-2芯插头连接 T6x-6芯插头连接 T20e-20芯插头连接 410-接地连接1（传感器接地），在主导线束中

图 4-4-18

前部空调操作和显示单元，除霜器运行开关，仪表板温度传感器，脚部空间出风口温度传
感器，蒸发器温度传感器，全自动空调控制单元

左侧出风口温度调节器，右侧出风口温度调节器，全自动空调控制单元，新鲜空气和车内
空气循环运行模式指示灯，空调压缩机调节阀

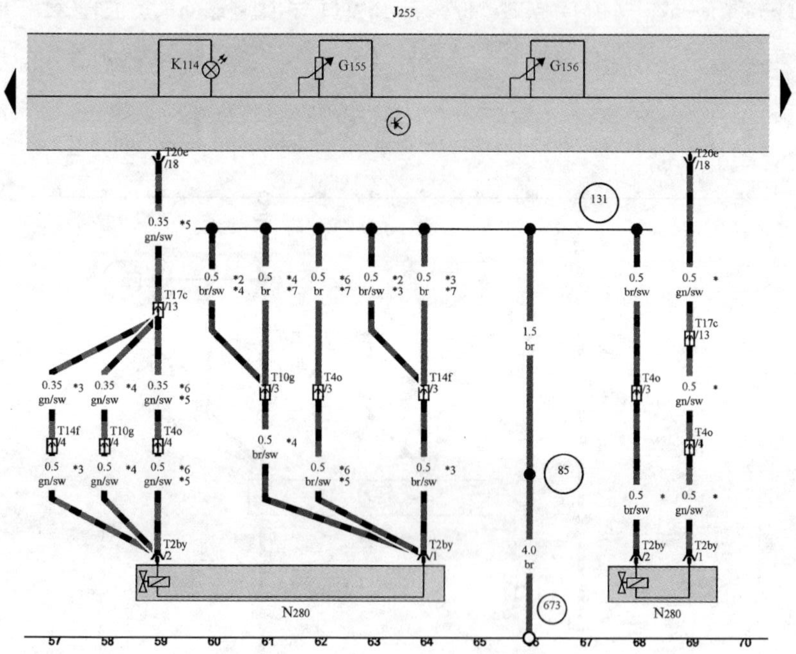

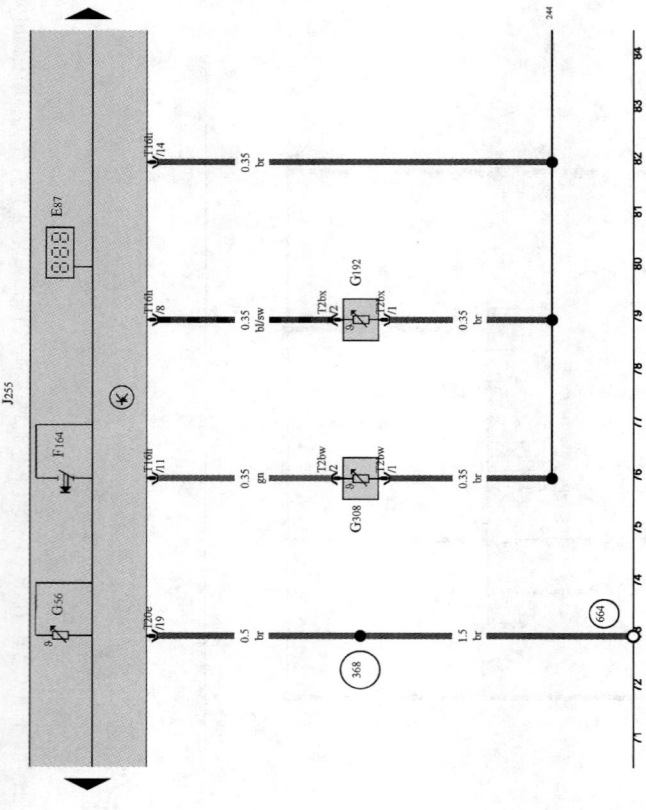

E87-前部空调操作和显示单元 F164-除霜器运行开关 G56-仪表板温度传感器 G192-脚部空间出风口温
度传感器 G308-蒸发器温度传感器 J255-全自动空调控制单元 T2bw-2芯插头连接 T2bx-2芯插头连接
T16h-16芯插头连接 T20e-20芯插头连接 244-接地连接（传感器接地），在全自动空调导线束中 368-
接地连接3，在主导线束中 664-左侧仪表板后面的接地点

图4-4-20

G155-左侧出风口温度调节器 G156-右侧出风口温度调节器 J255-全自动空调控制单元 K114-新鲜空气
和车内空气循环运行模式指示灯 N280-空调压缩机调节阀 T2by-2芯插头连接 T4o-4芯插头连接 T10g-
10芯插头连接 T14f-14芯插头连接 T17c-17芯插头连接 T20c-20芯插头连接 85-接地连接1，在发动机
舱导线束中 131-接地连接2，在发动机舱导线束中 673-左前纵梁上的接地点3 *-自2018年6月起 *2-自
2016年7月起 *3-用于带2.0L发动机的汽车 *4-用于带1.8L发动机的汽车 *5-截至2018年6月 *6-用于带
1.4L发动机的汽车 *7-截至2016年7月

图4-4-19

左侧温度风门伺服电机电位计，新鲜空气－车内空气循环，新鲜空气－车内空气循环门伺服电机电位计，全自动空调控制单元，左侧温度风门伺服电机，新鲜空气／车内空气循环门伺服电机，新鲜空气／车内空气循环门伺服电机

除霜风门伺服电机电位计，右侧温度风门伺服电机电位计，全自动空调控制单元，除霜风门伺服电机，右侧温度风门伺服电机

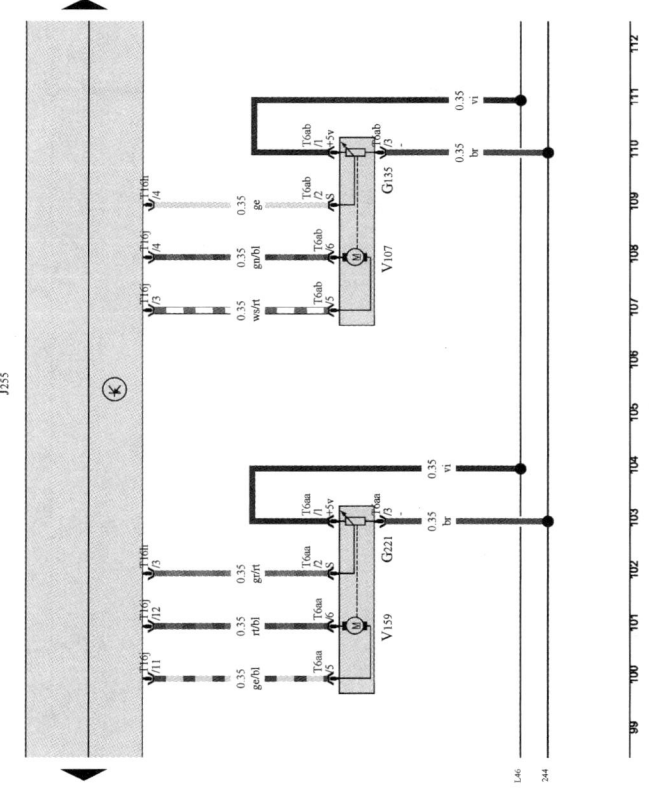

G135-除霜风门伺服电机电位计 G221-右侧温度风门伺服电机电位计 J255-全自动空调控制单元 T6aa-6芯插头连接 T6ab-6芯插头连接 V107-除霜风门伺服电机 T16h-16芯插头连接 T16j-16芯插头连接 T16m-16芯插头连接 V159-右侧温度风门伺服电机 244-接地连接（传感器接地），在全自动空调导线束中 L46-连接 在全自动空调操纵导线束中（5V），在全自动空调操纵导线束中

图4-4-22

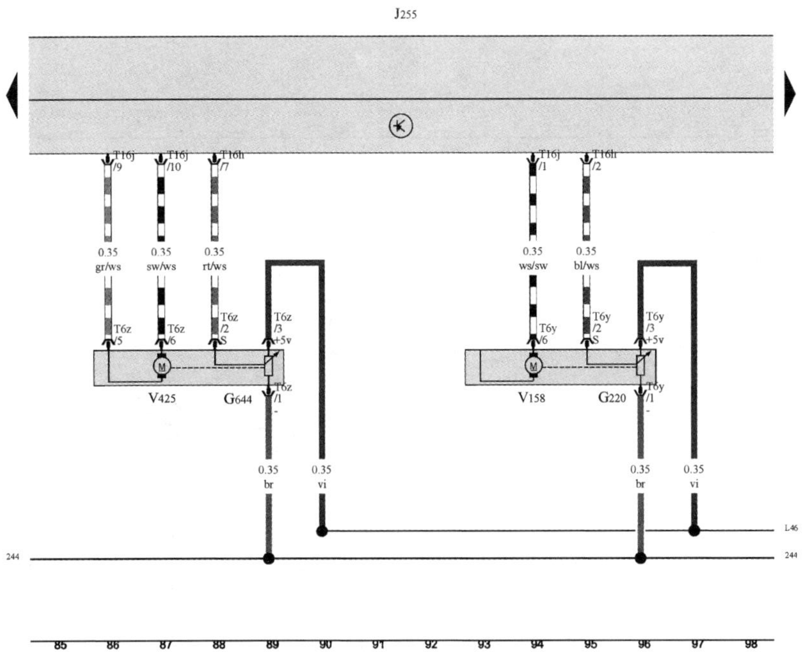

G220-左侧温度风门伺服电机电位计 G644-新鲜空气－车内空气循环－速滞压力风门伺服电机电位计 J255-全自动空调控制单元 T6y-6芯插头连接 T6z-6芯插头连接 T16h-16芯插头连接 T16j-16芯插头连接 V425-新鲜空气／车内空气循环／速滞压力风门伺服电机 244-接地连接（传感器接地），在全自动空调导线束中 L46-连接 V158-左侧温度风门伺服电机（传感器接地），在全自动空调操纵导线束中（5V），在全自动空调操纵导线束中

图4-4-21

487

电子转向柱锁止装置控制单元

前部气流分配风门伺服电机电位计，全自动空调控制单元，前侧气流分配风门伺服电机

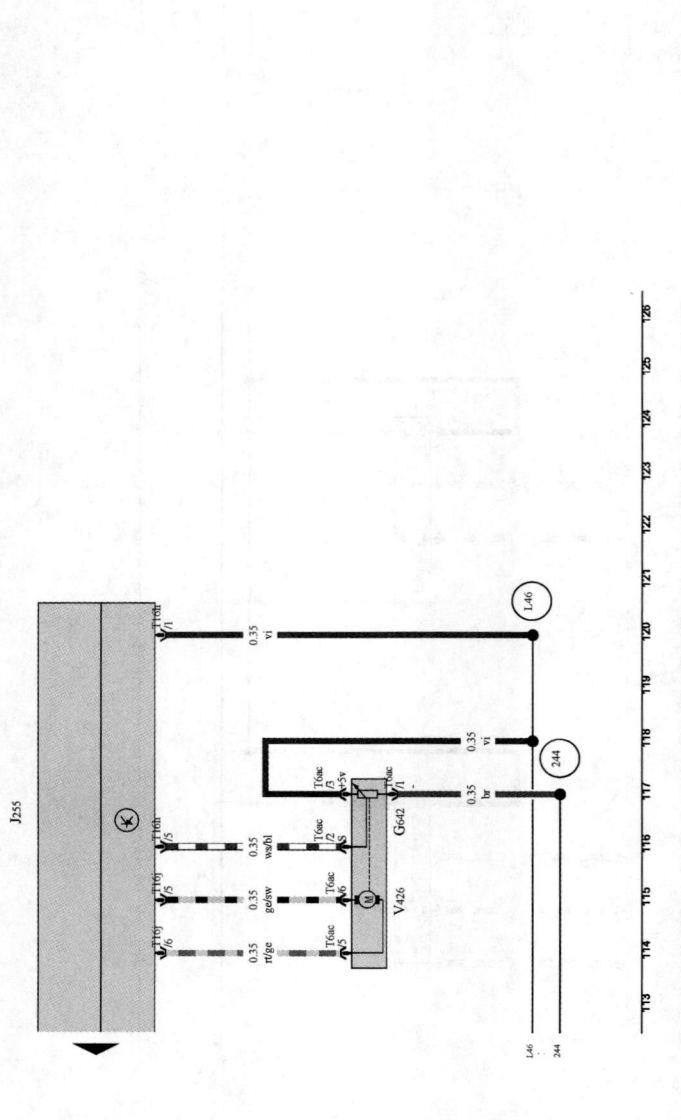

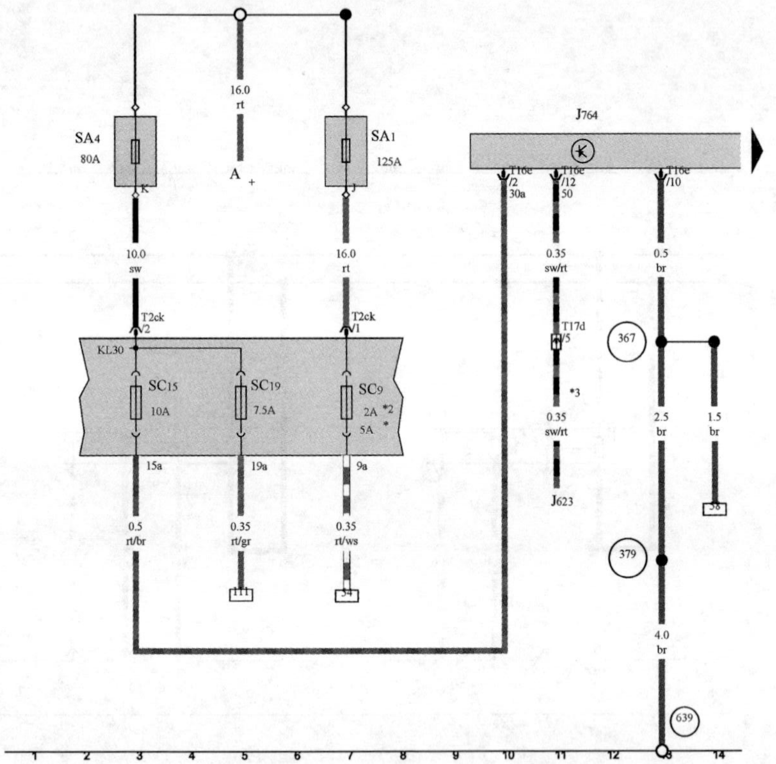

A－蓄电池 J623－发动机控制单元 J764－电子转向柱锁止装置控制单元 SA1－保险丝架A上的保险丝1 SA4－
保险丝架A上的保险丝4 SC9－保险丝架C上的保险丝9 SC15－保险丝架C上的保险丝15 SC19－保险丝架C
上的保险丝19 T2ck－2芯插头连接 T16e－16芯插头连接 T17d－17芯插头连接 367－接地连接2，在主导线
束中 379－接地连接14，在主导线束中 639－左A柱上的接地点 *－自2016年7月起 *2－截至2016年7月 *3－
见发动机所适用的电路图

图4-4-24

G642－前部气流分配风门伺服电机电位计 J255－全自动空调控制单元 T6ac－6芯插头连接 T16h－16芯插头
连接 T16j－16芯插头连接 V426－前侧气流分配风门伺服电机 244－接地连接（传感器接地），在全自动空
调导线束中 L46－连接（5V），在全自动空调操纵导线束中

图4-4-23

488

前窗玻璃刮水器开关，间歇式刮水器运行开关，车窗玻璃清洗泵开关（自动刮水/清洗装置和大灯清洗装置），转向柱电子装置控制单元

启动装置按钮，车载电网控制单元，电子转向柱锁止装置控制单元，点火启动按钮照明灯泡，转向柱联锁执行元件

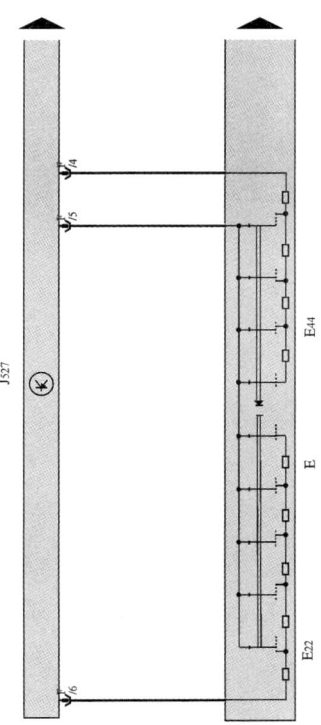

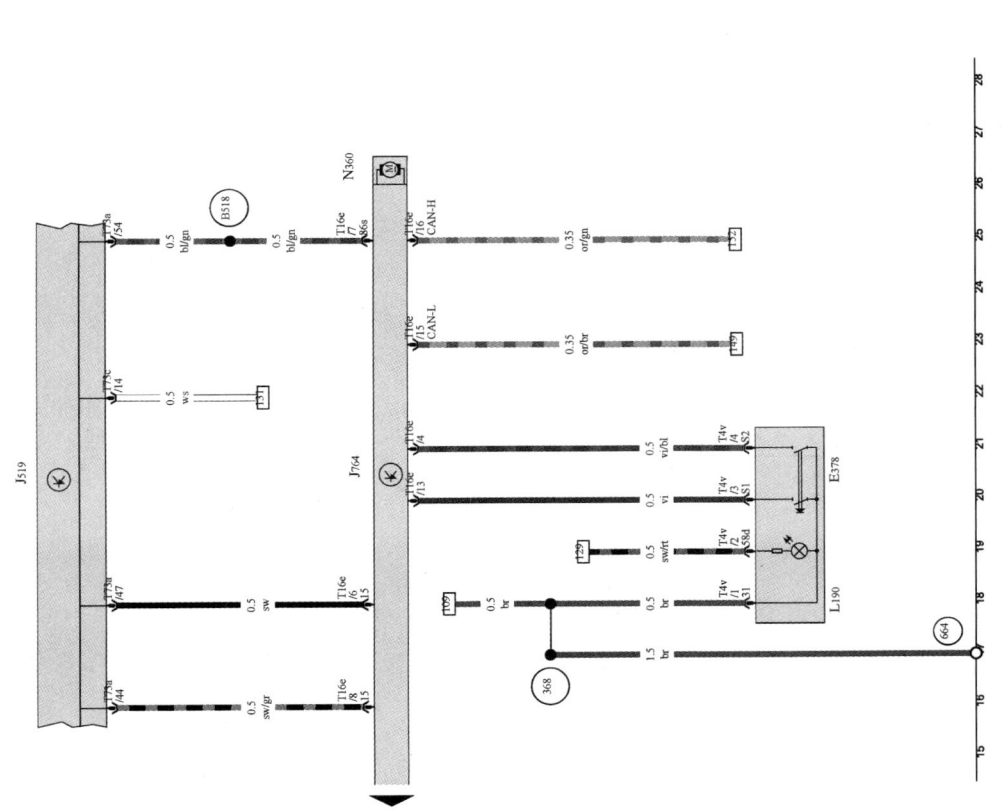

E－前窗玻璃刮水器开关 E22－间歇式刮水器运行开关 E44－车窗玻璃清洗泵开关（自动刮水/清洗装置和大灯清洗装置） J527－转向柱电子装置控制单元

图 4-4-26

E378－启动装置按钮 J519－车载电网控制单元 J764－电子转向柱锁止装置控制单元 L190－点火启动按钮照明灯泡 N360－转向柱联锁执行元件 T4v－4芯插头连接 T16e－16芯插头连接 T73a－73芯插头连接 T73c－73芯插头连接 368－接地连接3，在主导线束中 664－左侧仪表板后面的接地点 B518－连接（86s），在主导线束中

图 4-4-25

489

车窗玻璃刮水器间歇运行调节器，安全气囊卷簧和带滑环的复位环，信号喇叭控制，转向

转向信号灯开关，手动远光灯功能和远光灯瞬时接通功能开关，转向柱电子装置控制单元

柱电子装置控制单元

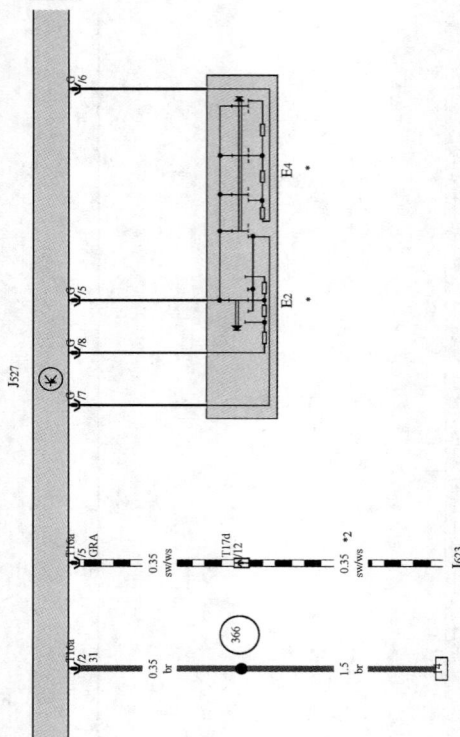

图 4-4-28

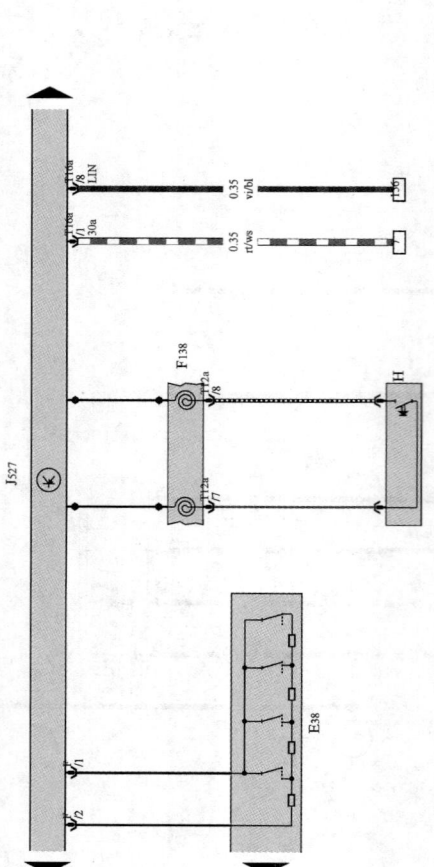

图 4-4-27

E38-车窗玻璃刮水器间歇运行调节器 F138-安全气囊卷簧和带滑环的复位环 H-信号喇叭控制 J527-转向电子装置控制单元 T12a-12芯插头连接 T16a-16芯插头连接

向柱电子装置控制单元 T12a-12芯插头连接 T16a-16芯插头连接

E2-转向信号灯开关 E4-手动远光灯功能和远光灯瞬时接通功能开关 J527-转向柱电子装置控制单元 J623-发动机控制单元 T17d-17芯插头连接 366-接地连接1，在主导线束中 *-用于 不带自动车距控制（ADR）的汽车 *2-见发动机所适用的电路图

490

转向信号灯开关，手动远光灯功能和远光灯瞬时接通功能开关，转向柱电子装置控制单元

定速巡航装置开关，定速巡航装置设置按钮，驾驶员辅助系统按钮，转向柱电子装置控制单元

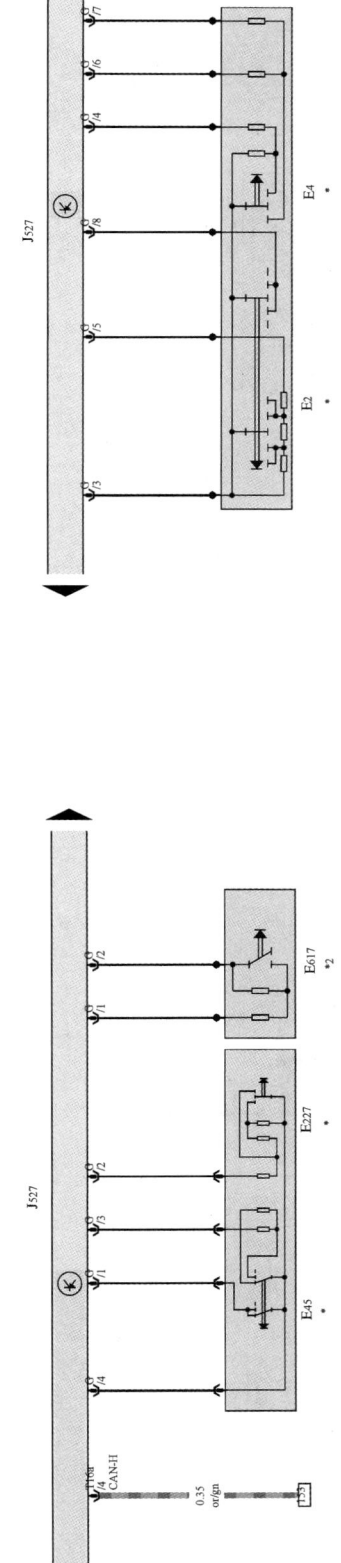

E45-定速巡航装置开关 E227-定速巡航装置设置按钮 E617-驾驶员辅助系统按钮 J527-转向柱电子装置控制单元 T16a-16芯插头连接 *-用于不带自动车距控制（ADR）的汽车 *2-用于带自动车距控制（ADR）的汽车

图 4-4-29

E2-转向信号灯开关 E4-手动远光灯功能和远光灯瞬时接通功能开关 J527-转向柱电子装置控制单元 T16a-16芯插头连接 *-用于带自动车距控制（ADR）的汽车

图 4-4-30

491

副驾驶员侧车门外把手接触传感器，进入及启动许可控制单元，副驾驶员侧的进入及启动系统天线

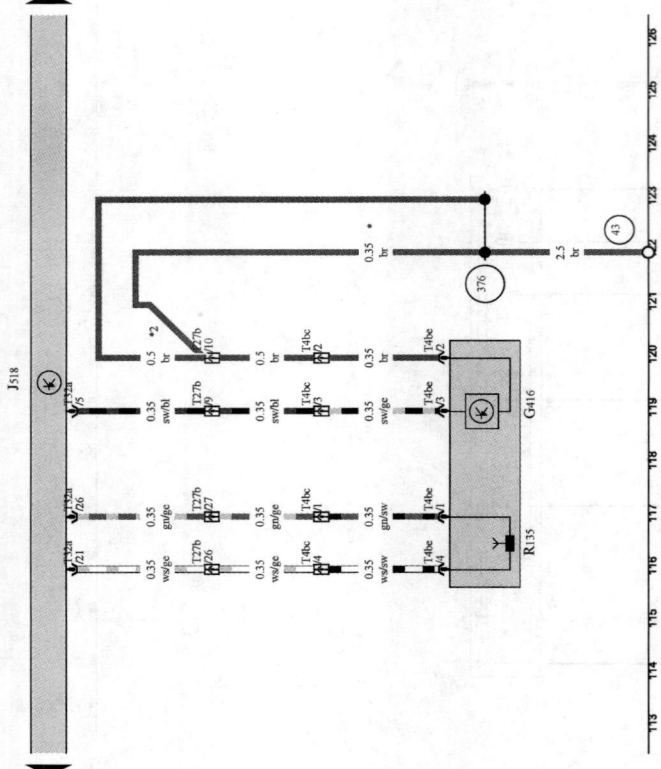

G416–副驾驶员侧车门外把手接触传感器 J518–进入及启动许可控制单元 R135–副驾驶员侧的进入及启动系统天线 T4bc–4芯插头连接 T4be–4芯插头连接 T27b–27芯插头连接 T32a–32芯插头连接 43–右侧A柱 下部的接地点 376–接地连接11，在主导线束中 *–截至2016年7月 *2–自2016年7月起

图 4-4-32

驾驶员侧车门外把手接触传感器，进入及启动许可控制单元，驾驶员侧的进入及启动系统天线

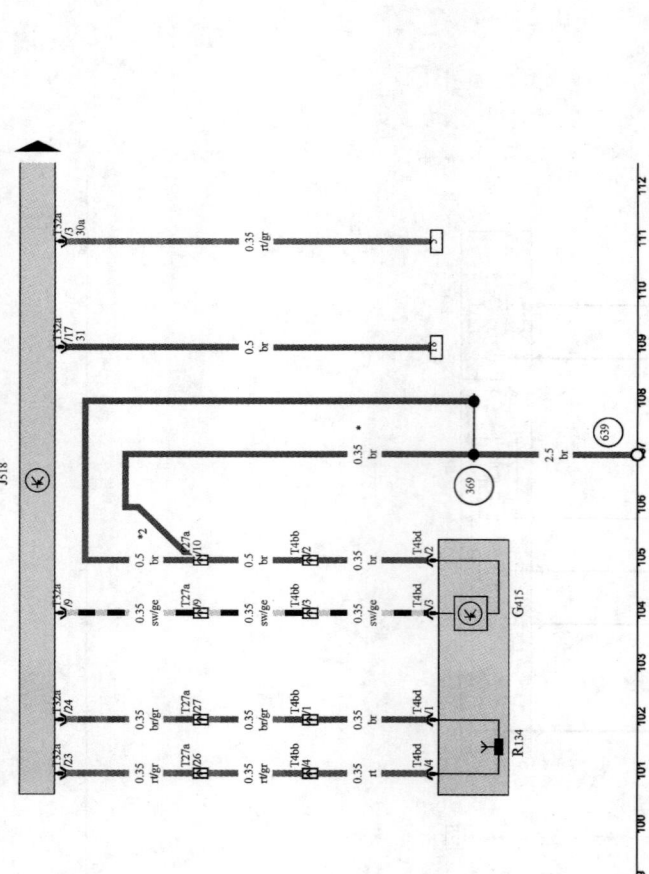

G415–驾驶员侧车门外把手接触传感器 J518–进入及启动许可控制单元 R134–驾驶员侧的进入及启动系统天线 T4b–4芯插头连接 T4bd–4芯插头连接 T27a–27芯插头连接 T32a–32芯插头连接 369–接地连接4，在主导线束中 639–左侧A柱上的接地点 *–截至2016年7月 *2–自2016年7月起

图 4-4-31

进入及启动许可控制单元，行李箱内的进入及启动系统天线

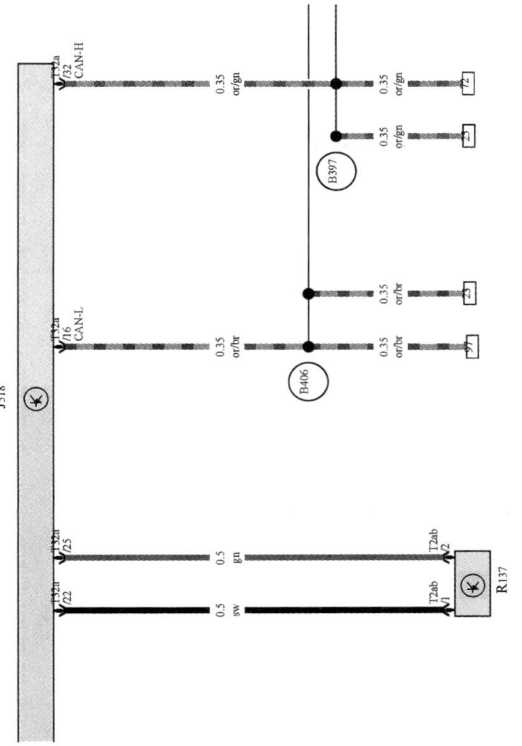

J518-进入及启动许可控制单元 R137-行李箱内的进入及启动系统天线 T2ab-2芯插头连接 T32a-32芯插头连接 T2ab-2芯插头连接1（舒适CAN总线）B406-连接1（舒适CAN总线，Low），在主导线束中 头连接 B397-连接1（舒适CAN总线，High），在主导线束中

J518-进入及启动许可控制单元 R137-行李箱内的进入及启动系统天线 T2ab-2芯插头连接 T32a-32芯插 头连接 B397-连接1（舒适CAN总线，High），在 主导线束中

图 4-4-34

进入及启动许可控制单元，后保险杠内的进入及启动系统天线，车内空间的进入及启动系统天线 1

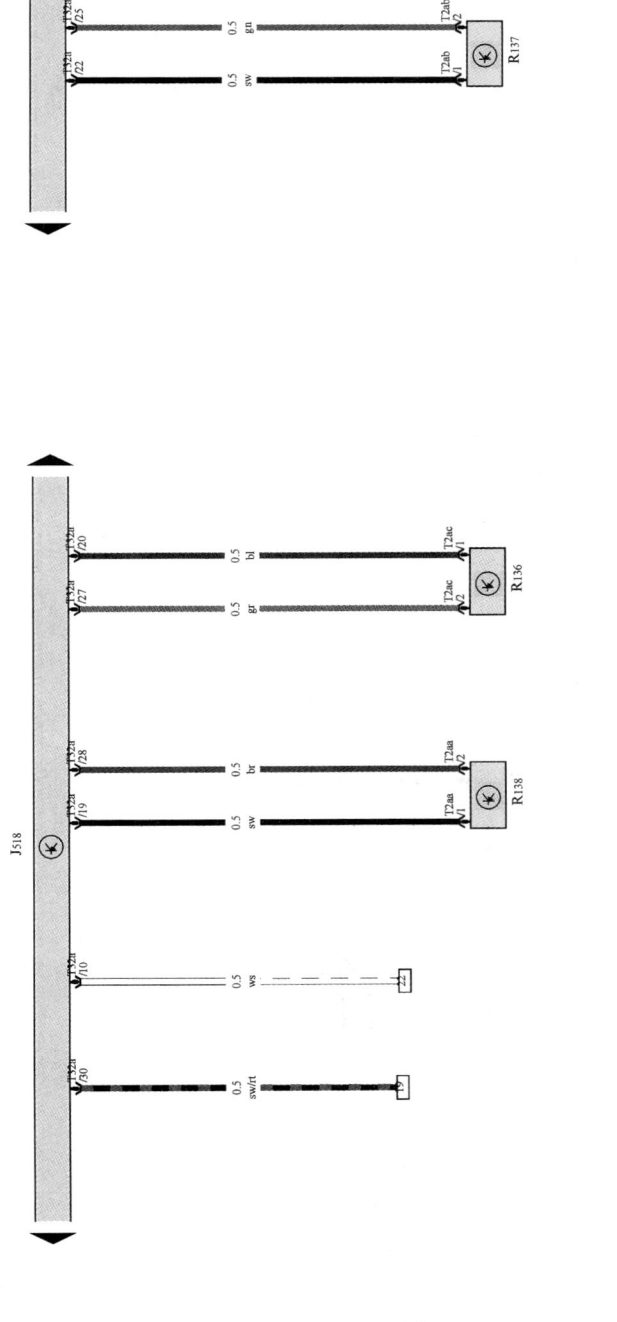

J518-进入及启动许可控制单元 R136-后保险杠内的进入及启动系统天线 R138-车内空间的进入及启动系统天线 1 T2aa-2芯插头连接 T2ac-2芯插头连接 T32a-32芯插头连接

图 4-4-33

防盗锁止系统读出线圈，多功能显示器，组合仪表中的控制单元，防盗锁止系统控制单元，数据总线诊断接口

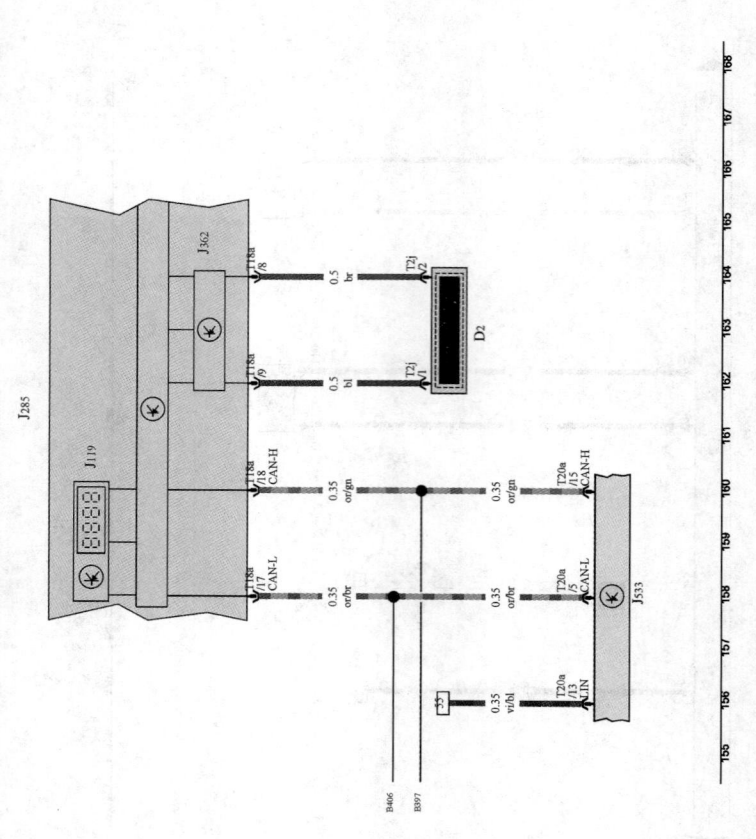

图 4-4-36

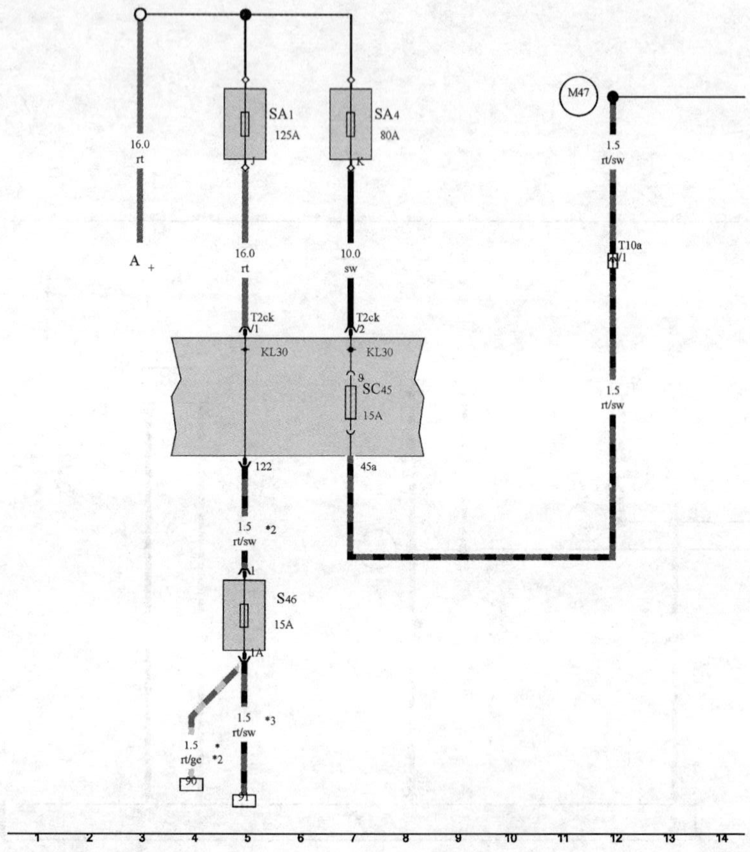

A–蓄电池　SA1–保险丝架A上的保险丝1　SA4–保险丝架A上的保险丝4　SC45–保险丝架C上的保险丝45　S46–副驾驶员座椅调节装置的热敏保险丝1　T2ck–2芯插头连接1　T10a–10芯插头连接　M47–连接7，在驾驶员侧座椅导线束中　*–自2016年7月起　*2–用于带副驾驶员侧电动座椅调节的汽车　*3–截至2016年7月

图 4-4-35

D2–防盗锁止系统读出线圈　J119–多功能显示器　J285–组合仪表中的控制单元　J362–防盗锁止系统控制单元　J533–数据总线诊断接口　T2j–2芯插头连接　T18a–18芯插头连接　T20a–20芯插头连接　B397–连接1（舒适CAN总线，Low），在主导线束中　B406–连接1（舒适CAN总线，High），在主导线束中

494

驾驶员座椅的后部高度上调按钮，驾驶员座椅的后部高度下调按钮，驾驶员座椅前位置的前调按钮，驾驶员座椅前位置的后调按钮，驾驶员座椅纵向调节电机，驾驶员座椅的后部高度调节电机

驾驶员座椅靠背调节开关，驾驶员座椅的前部高度上调按钮，驾驶员座椅的前部高度下调按钮，驾驶员座椅的前部高度调节电机，驾驶员座椅靠背调节电机

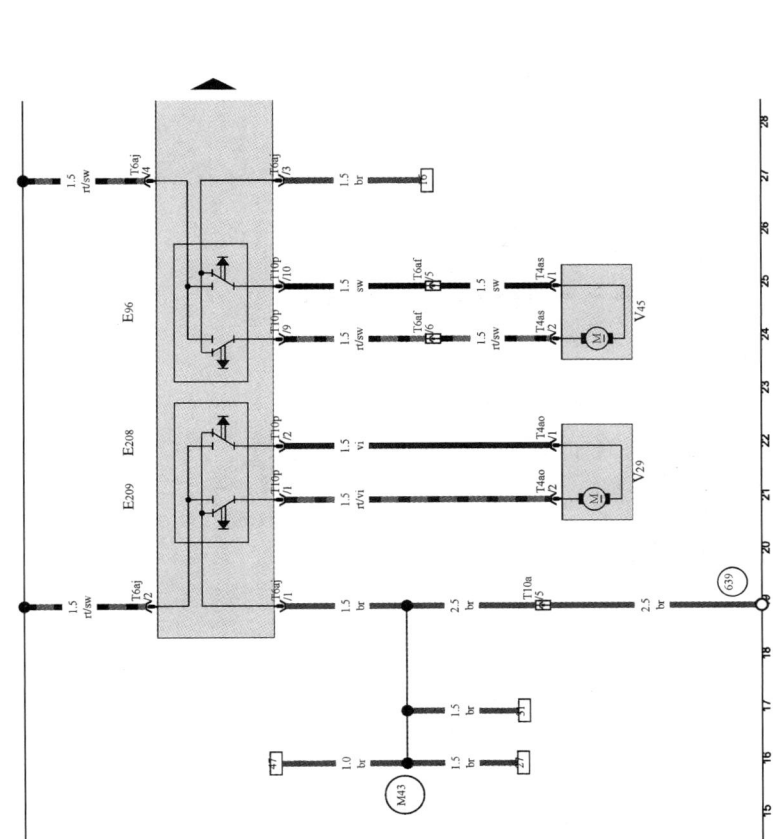

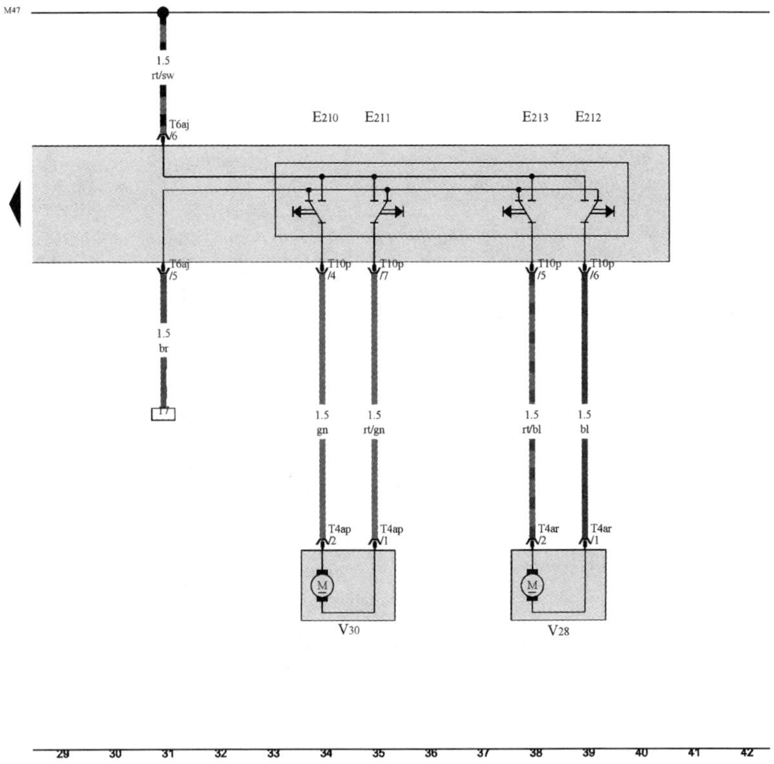

E210－驾驶员座椅的后部高度上调按钮 E211－驾驶员座椅的后部高度下调按钮 E212－驾驶员座椅前位置的前调按钮 E213－驾驶员座椅前位置的后调按钮 T4ap－4芯插头连接 T4ar－4芯插头连接 T6aj－6芯插头连接 T10p－19芯插头连接 T10p~19芯插头连接 V28－驾驶员座椅纵向调向电机 V30－驾驶员座椅的后部高度调节电机 M47－连接 T10p~19芯插头连接 T10p~19芯插头连接 接7，在驾驶员侧座椅导线束中

图 4-4-38

E96－驾驶员座椅靠背调节开关 E208－驾驶员座椅的前部高度下调按钮 E209－驾驶员座椅的前部高度上调按钮 T4ao－4芯插头连接 T4as－4芯插头连接 T6af－6芯插头连接 T6aj－6芯插头连接 T10a－10芯插头连接 T10p－10芯插头连接 V29－驾驶员座椅的前部高度调节电机 V45－驾驶员座椅靠背调节电机 639－左A柱上的接地点 M43－连接3，在驾驶员侧座椅导线束中 M47－连接7，在驾驶员侧座椅导线束中

图 4-4-37

驾驶员腰部支撑调节开关，驾驶员座椅腰部支撑纵向调节电机，驾驶员座椅腰部支撑高度调节电机

副驾驶员腰部支撑调节开关，副驾驶员座椅腰部支撑纵向调节电机，副驾驶员座椅腰部支撑高度调节电机

E176

M47
rt/sw 1.0
T6ag/3
br 1.0
T6ag/4

T6ag/1 1.0 bl   T6af/1 1.0 bl   T4au/1   V129
T6ag/2 1.0 rt/bl T6af/2 1.0 rt/bl T4au/2   (M)
T6ag/5 1.0 gr   T6af/3 1.0 gr   T4at/2   V125
T6ag/6 1.0 rt/gr T6af/4 1.0 rt/gr T4at/1   (M)

E177

rt/ge 1.5 * T6n/3
br 1.5 T6n/4

T6n/6 1.0 bl   T6m/1 1.0 bl   T4av/1 V126
T6n/5 1.0 rt/bl T6m/2 1.0 rt/bl T4av/2 (M)
      *2 1.0 gr T6m/3
T6n/2 *2 gr   T6m/2 1.0 gr   T4av/2 V130
T6n/1 *2 rt/gr T6m/4 1.0 rt/gr T4av/1 (M)

43 44 45 46 47 48 49 50 51 52 53 54 55 56 57 58 59 60 61 62 63 64 65 66 67 68 69 70

图 4-4-39

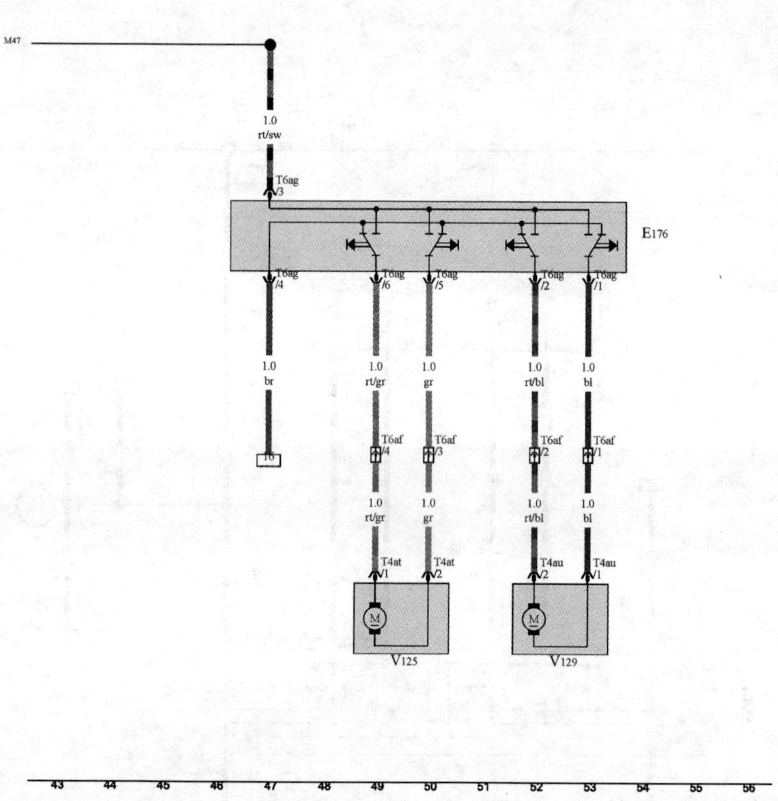

E176-驾驶员腰部支撑调节开关 T4at-4芯插头连接 T4au-4芯插头连接 T6af-6芯插头连接 T6ag-6芯插头连接 V125-驾驶员座椅腰部支撑纵向调节电机 V129-驾驶员座椅腰部支撑高度调节电机 M47-连接7，在连接 V125-驾驶员座椅腰部支撑纵向调节电机 M47-连接7，在驾驶员侧座椅导线束中

图 4-4-40

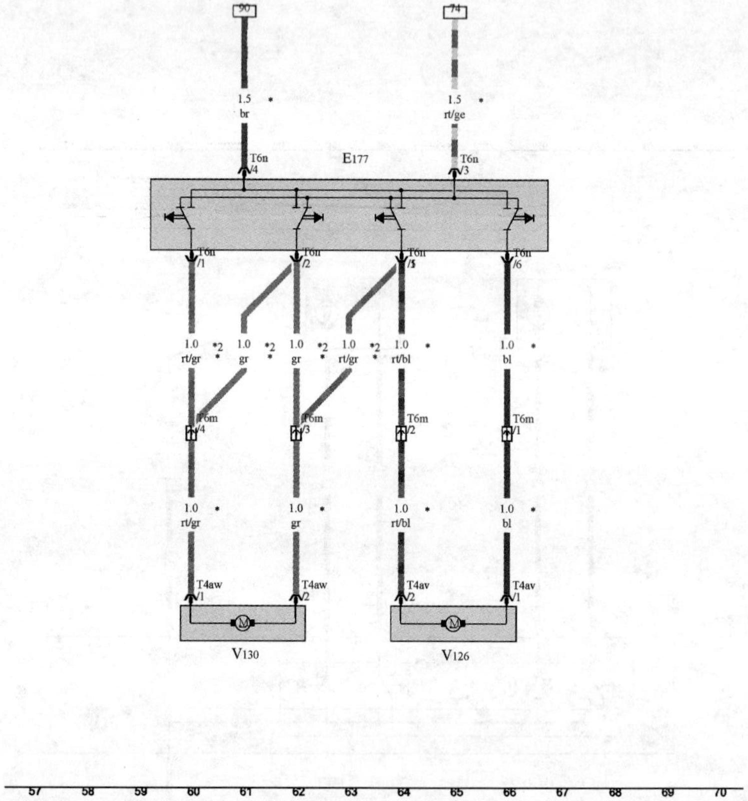

E177-副驾驶员腰部支撑调节开关 T4av-4芯插头连接 T4aw-4芯插头连接 T6m-6芯插头连接 T6n-6芯插头连接 V126-副驾驶员座椅腰部支撑纵向调节电机 V130-副驾驶员座椅腰部支撑高度调节电机 *-用于带副驾驶员侧电动座椅调节的汽车 *2-依汽车装备而定

496

副驾驶员座椅纵向调节开关，副驾驶员座椅的后部高度调节开关，副驾驶员座椅纵向调节电机，副驾驶员座椅的后部高度调节电机

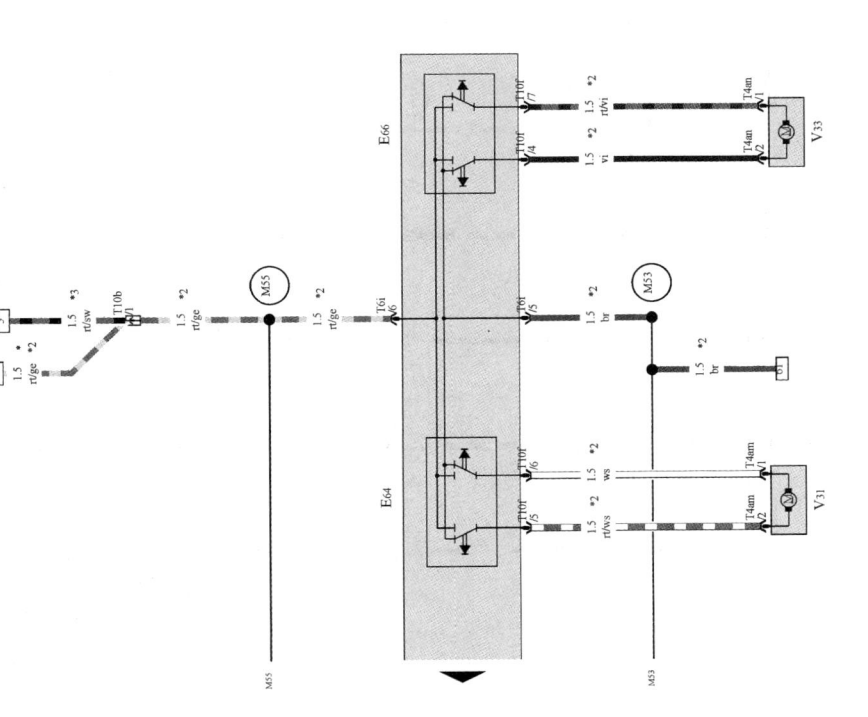

E64-副驾驶员座椅纵向调节开关，E66-副驾驶员座椅的后部高度调节开关 T4am-4芯插头连接 T4an-4芯插头连接 T6r-6芯插头连接 T10b-10芯插头连接 V31-副驾驶员座椅纵向调节电机 V33-副驾驶员座椅的后部高度调节电机 M53-连接3，在副驾驶员侧座椅导线束中 M55-连接5，在副驾驶员侧座椅导线束中 *1-自2016年7月起 *2-用于带副驾驶员侧电动座椅调节的汽车 *3-截至2016年7月

图4-4-42

副驾驶员座椅的前部高度调节开关，副驾驶员座椅靠背调节开关，副驾驶员座椅的前部高度调节电机，副驾驶员座椅靠背调节电机

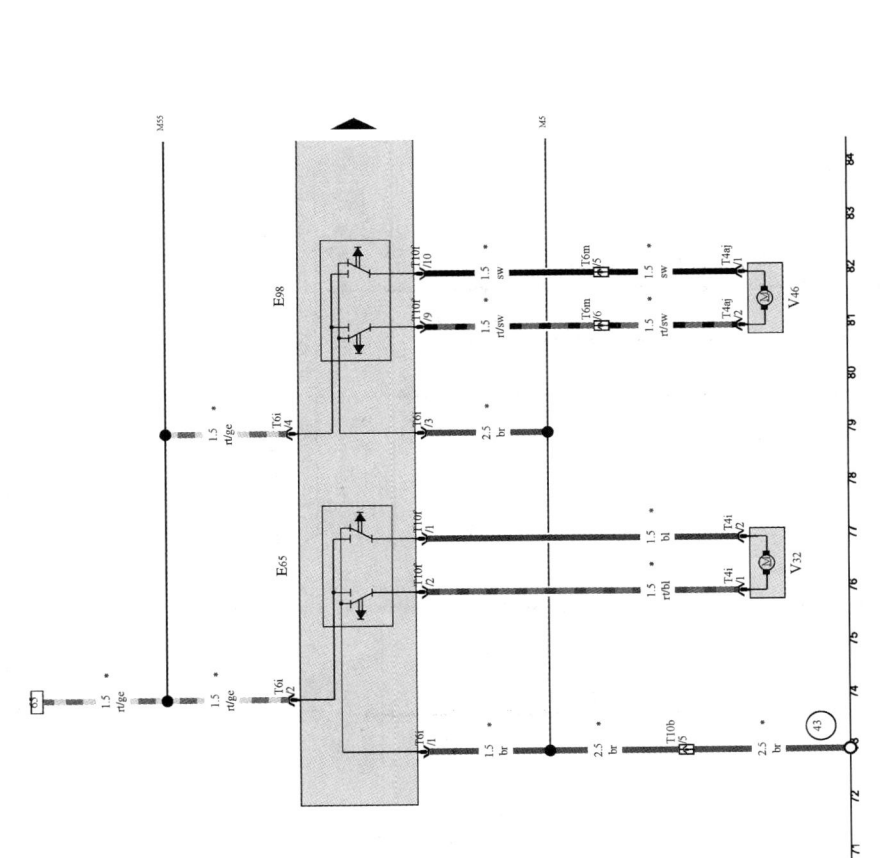

E65-副驾驶员座椅的前部高度调节开关，E98-副驾驶员座椅靠背调节开关 T4aj-4芯插头连接 T4i-4芯插头连接 T6m-6芯插头连接 T10b-10芯插头连接 T10f-10芯插头连接 V32-副驾驶员座椅的前部高度调节电机 V46-副驾驶员座椅靠背调节电机 43-右侧A柱下部的接地点 M53-连接3，在副驾驶员侧座椅导线束中 M55-连接5，在副驾驶员侧座椅导线束中 *-用于带副驾驶员侧电动座椅调节的汽车

图4-4-41

可加热驾驶员座椅调节器，可加热副驾驶员座椅调节器，全自动空调控制单元，车载电网
控制单元，可加热驾驶员座椅指示灯，可加热副驾驶员座椅指示灯

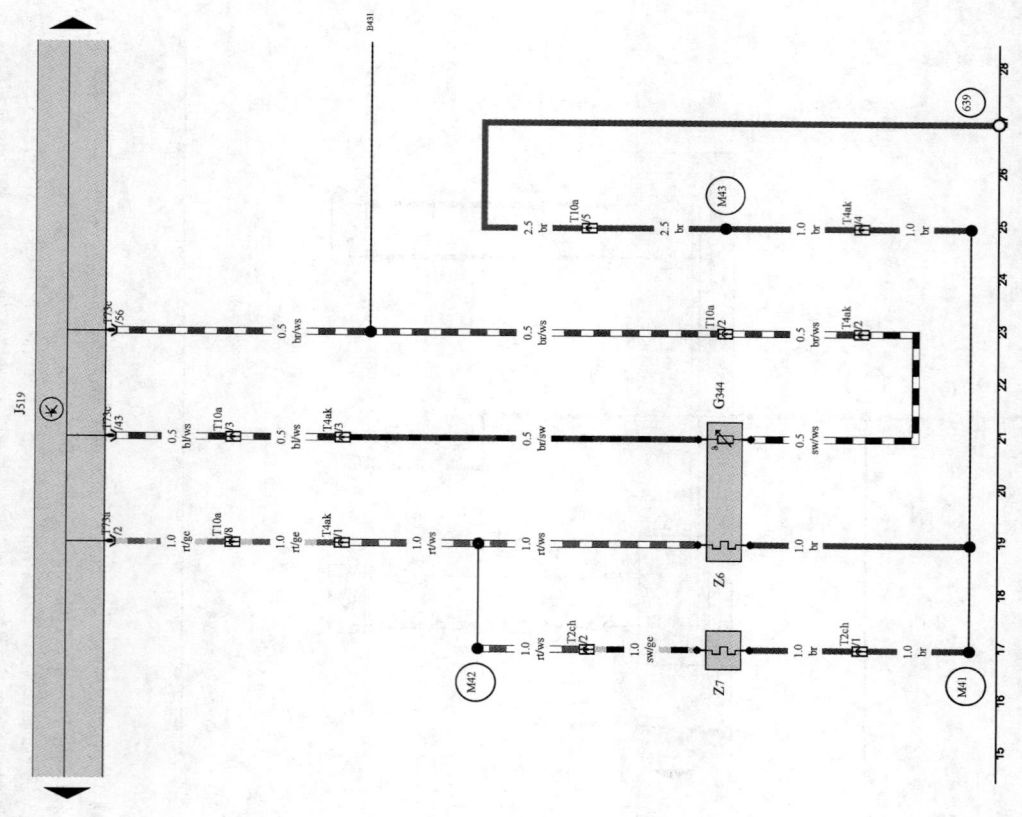

左前座椅温度传感器，车载电网控制单元，可加热式驾驶员座椅，可加热驾驶员座椅靠背

G344-左前座椅温度传感器 J519-车载电网控制单元 T2ch-2芯插头连接 T4ak-4芯插头连接 T10a-10芯
插头连接 T73a-73芯插头连接 T73c-73芯插头连接 Z6-可加热式驾驶员座椅 Z7-可加热驾驶员座椅靠背
639-左A柱上的接地点 B431-连接 M41-连接1，在主导线束中 M42-连接，在驾驶员侧座椅导线束中
M42-连接，在驾驶员侧座椅导线束中 M43-连接3，在驾驶员侧座椅导线束中

图 4-4-44

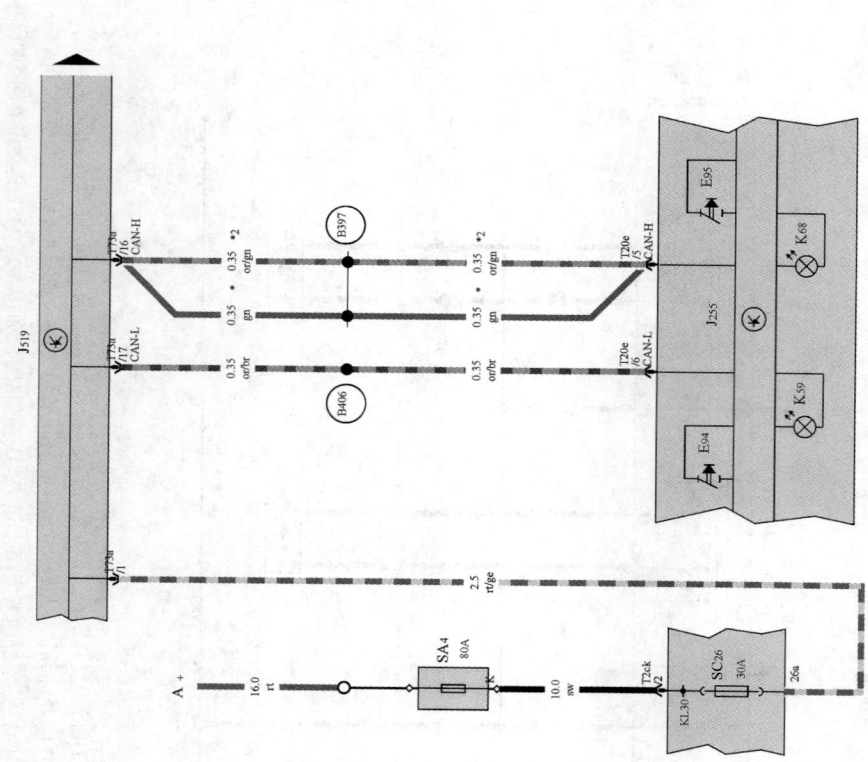

A-蓄电池 E94-可加热驾驶员座椅调节器 E95-可加热副驾驶员座椅调节器 J255-全自动空调控制单元
J519-车载电网控制单元 K59-可加热驾驶员座椅指示灯 K68-可加热副驾驶员座椅指示灯 SA4-保险丝架
A上的保险丝4 SC26-保险丝架C上的保险丝26 T2ck-2芯插头连接 T20e-20芯插头连接 T73a-73芯插头
连接 B397-连接1（舒适CAN总线，High），在主导线束中 B406-连接1（舒适CAN总线，Low），在主
导线束中 *-自2018年6月起 *2-截至2018年6月

图 4-4-43

498

右前座椅温度传感器，车载电网控制单元，可加热式副驾驶员座椅，可加热副驾驶员座椅靠背

滑动天窗调节器，滑动天窗按钮，滑动天窗控制单元，滑动天窗电机

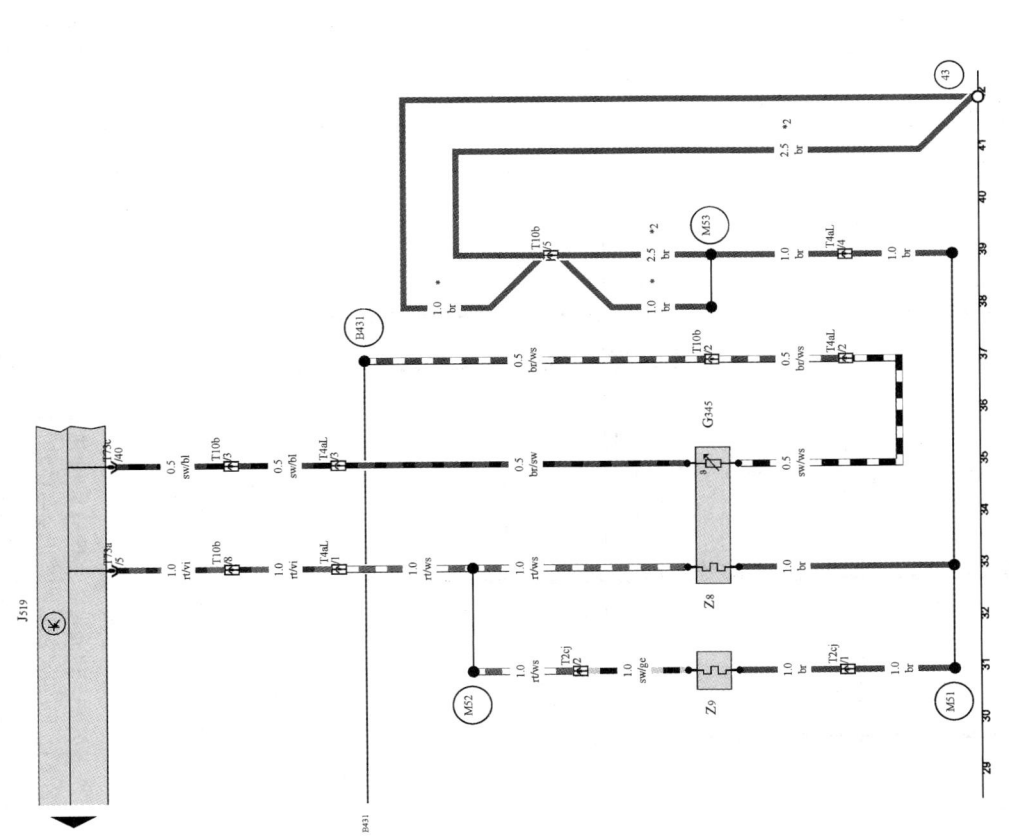

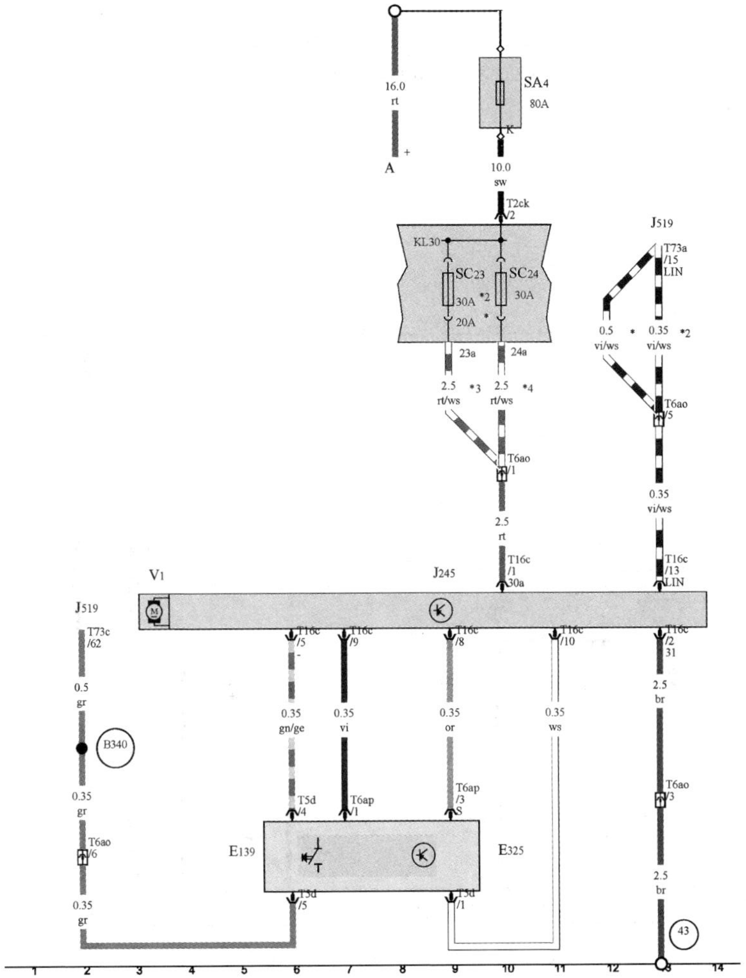

A-蓄电池 E139-滑动天窗调节器 E325-滑动天窗按钮 J245-滑动天窗控制单元 J519-车载电网控制单元 SA4-保险丝架A上的保险丝4 SC23-保险丝架C上的保险丝23 SC24-保险丝架C上的保险丝24 T2ck-2芯插头连接 T5d-5芯插头连接 T6ao-6芯插头连接 T6ap-6芯插头连接 T16c-16芯插头连接 T73a-73芯插头连接 T73c-73芯插头连接 V1-滑动天窗电机 43-右侧A柱下部的接地点 B340-连接1（58d），在主导线束中 *2-截至2018年6月 *3-自2017年7月起 *4-截至2017年7月

图4-4-46

G345-右前座椅温度传感器 J519-车载电网控制单元 T2cj-2芯插头连接 T4aL-4芯插头连接 T10b-10芯插头连接 T73a-73芯插头连接 Z8-可加热式副驾驶员座椅 Z9-可加热副驾驶员座椅靠背 43-右侧A柱下部的接地点 B431-连接（座椅加热），在主导线束中 M51-连接1，在副驾驶员座椅侧驾驶员座椅导线束中 M52-连接2，在副驾驶员座椅侧座椅导线束中 M53-连接3，在副驾驶员座椅侧座椅导线束中 *1-自2018年6月起 *2-截至2018年6月

图4-4-45

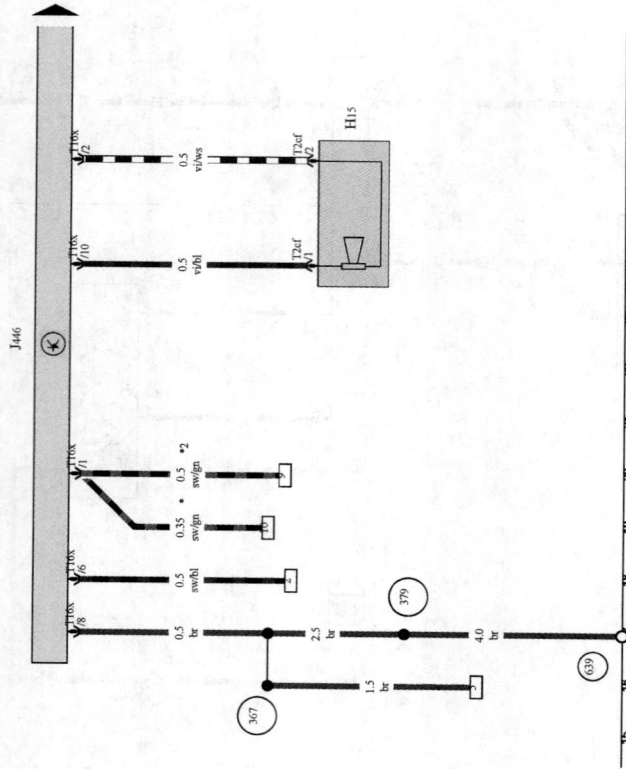

后部泊车雷达系统报警蜂鸣器，泊车雷达系统控制单元

图 4-4-48

H15-后部泊车雷达系统报警蜂鸣器 J446-泊车雷达系统控制单元 T2cf-2芯插头连接 T16x-16芯插头连接 367-接地连接2，在主导线束中 379-接地连接14，在主导线束中 639-左A柱上的接地点 *-截至2016年7月 *2-自2016年7月起

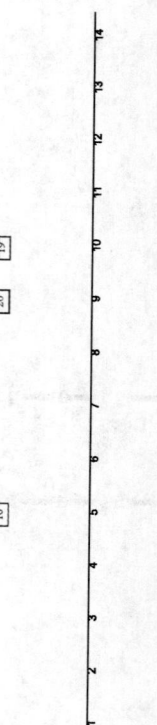

接线端 15 供电继电器，车载电网控制单元

图 4-4-47

A-蓄电池 J329-接线端15供电继电器 J519-车载电网控制单元 SA1-保险丝架A上的保险丝1 SC32-保险丝架C上的保险丝32 T2ck-2芯插头连接 T73a-73芯插头连接 T73c-73芯插头连接 366-接地连接1，在主导线束中 B280-正极连接4（15a），在主导线束中 B760-连接2（倒车灯），在主导线束中 *-截至2016年7月 *2-自2016年7月起

右后中部泊车雷达系统传感器，右后车雷达系统传感器，泊车雷达系统控制单元

左后泊车雷达系统传感器，左后中部泊车雷达系统传感器，泊车雷达系统控制单元

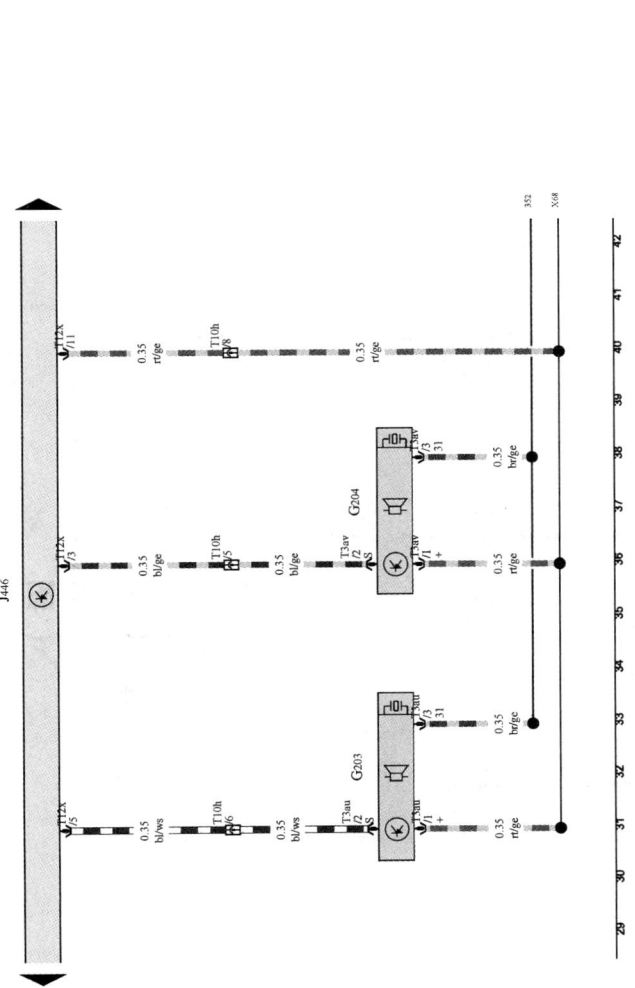

图 4-4-50

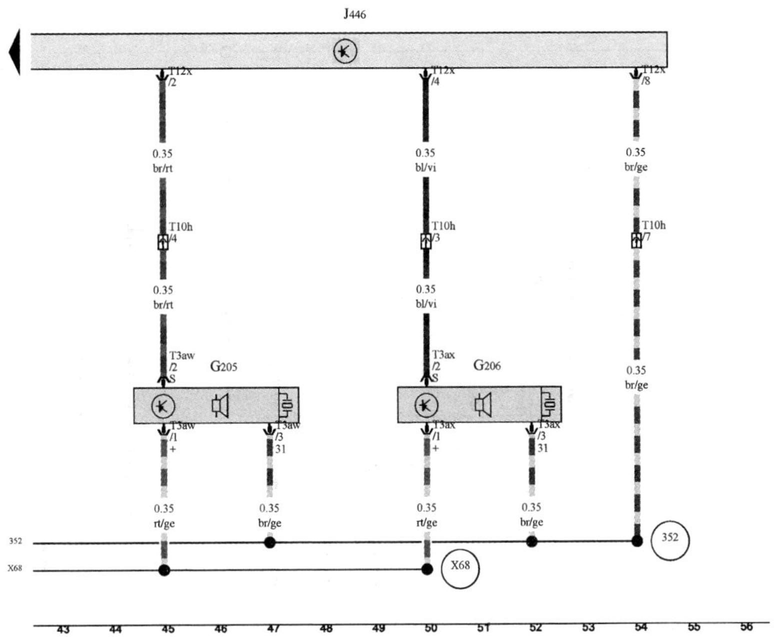

G205-右后中部泊车雷达系统传感器　G206-右后泊车雷达系统传感器　J446-泊车雷达系统控制单元
T3aw-3芯插头连接　T3ax-3芯插头连接　T10h-10芯插头连接　T12x-12芯插头连接　352-接地连接（泊车
雷达系统），在右后保险杠导线束里　X68-连接（泊车雷达系统），在右后保险杠导线束中

图 4-4-49

G203-左后泊车雷达系统传感器　G204-左后中部泊车雷达系统传感器　J446-泊车雷达系统控制单元
T3au-3芯插头连接　T3av-3芯插头连接　T10h-10芯插头连接　T12x-12芯插头连接　352-接地连接（泊车雷
达系统），在右后保险杠导线束里　X68-连接（泊车雷达系统），在右后保险杠导线束中

501

前部信息显示和操作单元控制单元的显示单元，电子通信信息设备 1 控制单元，收音机，倒车摄像头

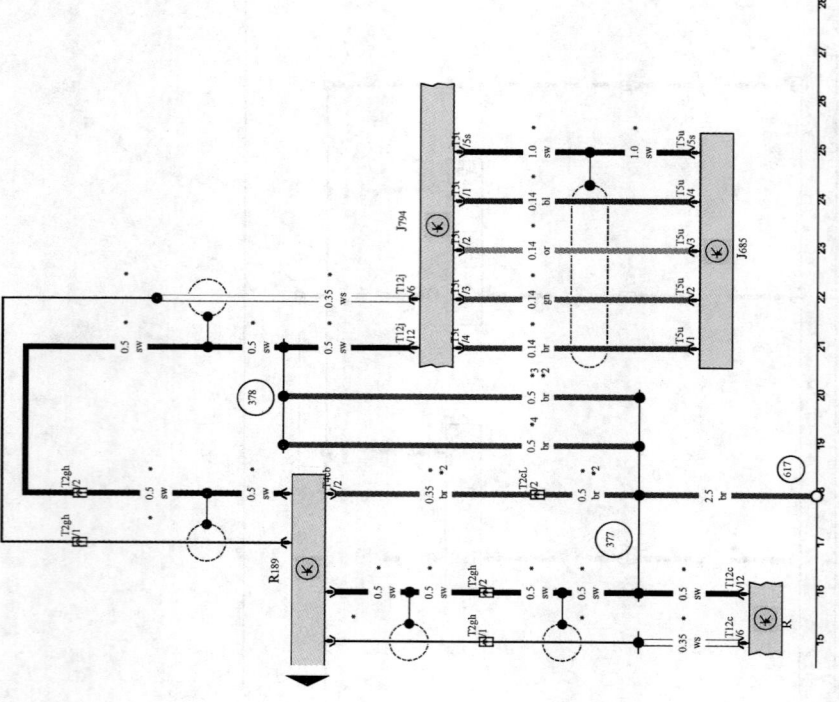

J685-前部信息显示和操作单元控制单元的显示单元 J794-电子通信信息设备1控制单元 R-收音机 R189-倒车摄像头 T2cL-2芯插头连接 T2gh-2芯插头连接 T4cb-4芯插头连接 T5t-5芯插头连接 T5u-5芯插头连接 T12c-12芯插头连接 T12j-12芯插头连接 377-接地连接 378-接地连接13，在主导线束中 617-右栅A柱下部接地点2 *2-截至2016年7月 *3-用于带2.0L发动机的汽车 *4-自2016年7月起

图 4-4-52

车载电网控制单元，倒车摄像头，徽标电机

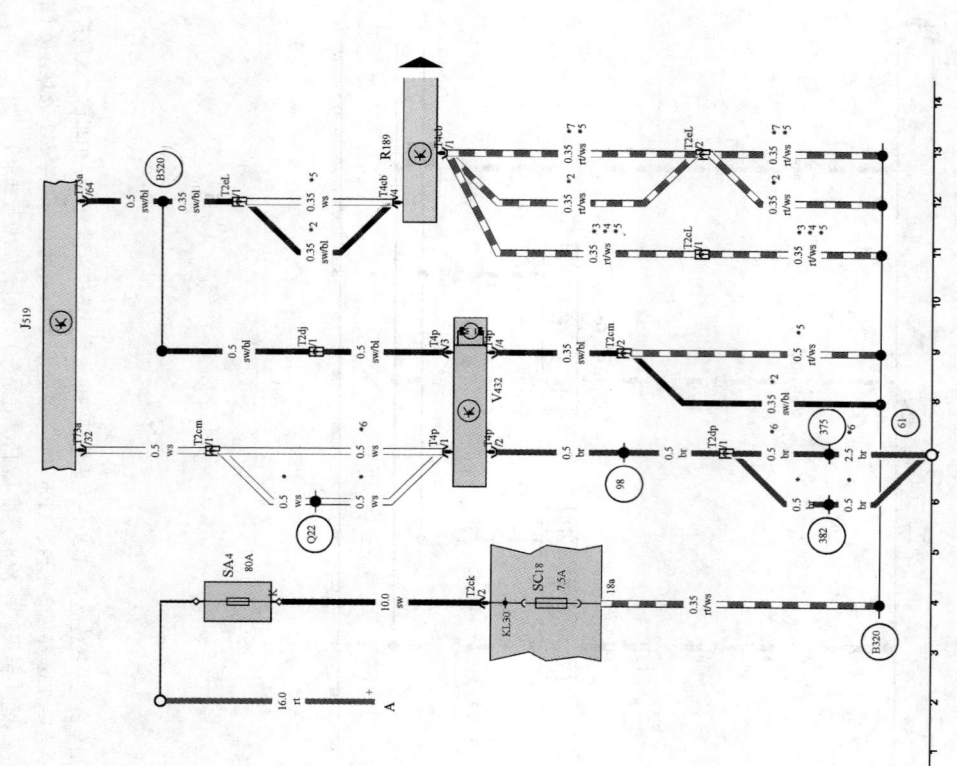

A-蓄电池 J519-车载电网控制单元 R189-倒车摄像头 SA4-保险丝架A上的保险丝4 SC18-保险丝架C上的保险丝18 T2ck-2芯插头连接 T2cL-2芯插头连接 T2cm-2芯插头连接 T2dp-2芯插头连接 T2eL-2芯插头连接 T4cb-4芯插头连接 T4p-4芯插头连接 T73a-73芯插头连接 V432-徽标电机 61-左侧C柱上的接地点 98-接地连接 98-接地连接点 375-接车箱盖导线束中 382-接地连接17，在主导线束中 B320-正极连接6（30a），在主导线束中 B520-连接（RF），在主导线束中 Q22-连接1，在行李箱盖导线束中 *-自2018年6月起 *2-自2016年7月起 *3-用于带1.4L发动机的汽车 *4-用于带2.0L发动机的汽车 *5-截至2016年7月 *6-截至2018年6月 *7-用于带1.8L发动机的汽车

图 4-4-51

中控台开关模块 2，泊车雷达系统按钮，泊车转向辅助系统控制单元，泊车转向辅助系统控制单元，泊车雷达系统指示灯，泊车转向辅助系统指示灯，按钮照明灯泡

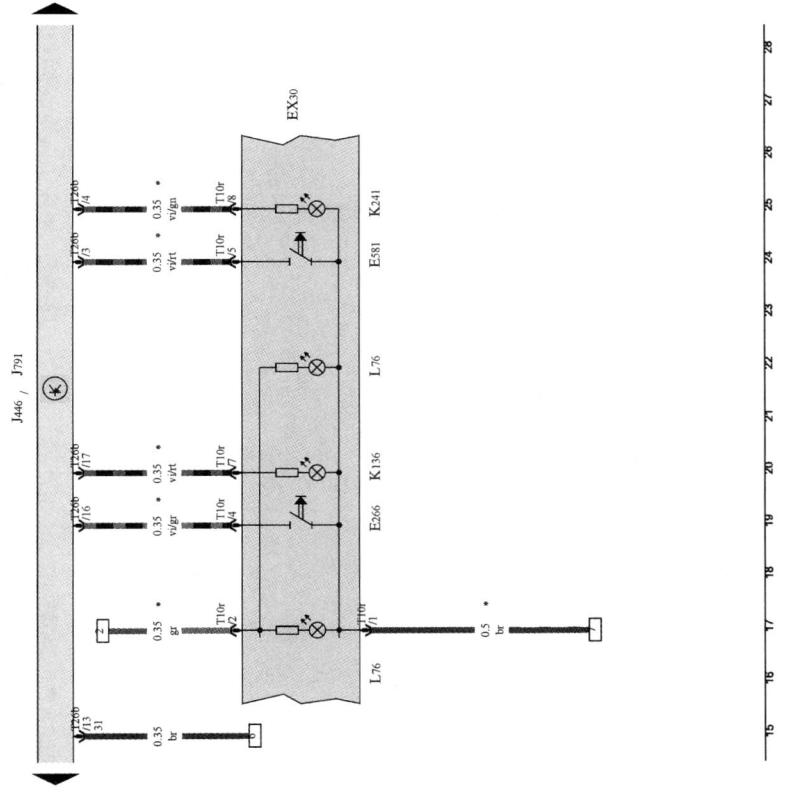

EX30-中控台开关模块2 E266-泊车雷达系统按钮 J446-泊车转向辅助系统按钮 E581-泊车雷达系统指示灯 K241-泊车雷达系统指示灯 制单元 J791-泊车转向辅助系统控制单元 K136-泊车转向辅助系统指示灯 L76-按钮照明灯泡 T10r-10芯插头连接 T26b-26芯插头连接 *-用于带2.0L发动机的汽车

图 4-4-54

接线端 15 供电继电器，车载电网控制单元，泊车转向辅助系统控制单元

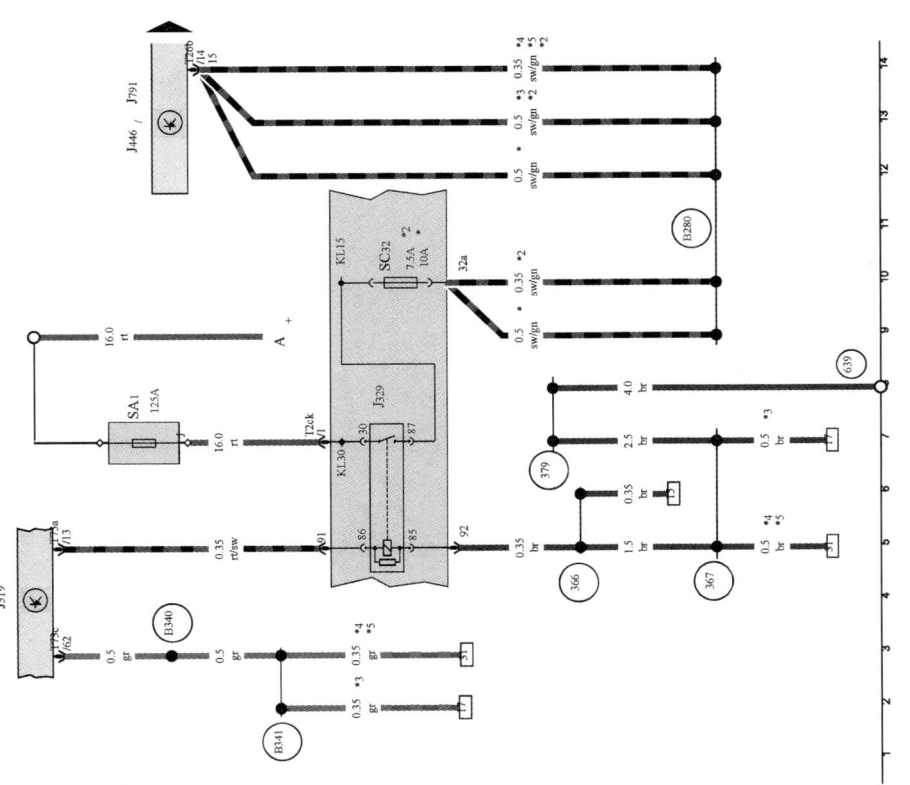

A-蓄电池 J329-接线端15供电继电器 J446-泊车雷达系统控制单元 J519-车载电网控制单元 J791-泊车转向辅助系统控制单元 SA1-保险丝架A上的保险丝1 SC32-保险丝架C上的保险丝32 T2ck-2芯插头连接 T73a-73芯插头连接 T73c-73芯插头连接 T26b-26芯插头连接 366-接地连接1，在主导线束中 367-接地连接2，在主导线束中 379-接地连接14，在主导线束中 639-左柱上的接地点 B280-正极连接4 接地连接2，在主导线束中 B340-连接1（58d），在主导线束中 B341-连接2（58d），在主导线束中 *-自（15a），在主导线束中 *2-截至2016年7月 *3-用于带2.0L发动机的汽车 *4-用于带1.4L发动机的汽车 *5-用于带 2016年7月起 1.8L发动机的汽车

图 4-4-53

503

中控台开关模块 2，泊车雷达系统按钮，泊车转向辅助系统控制单元，泊车雷达系统指示灯，泊车转向辅助系统控制单元，泊车转向辅助系统指示灯，按钮照明灯泡

后部泊车雷达系统警报蜂鸣器，前部泊车雷达系统警报蜂鸣器，泊车转向辅助系统控制单元

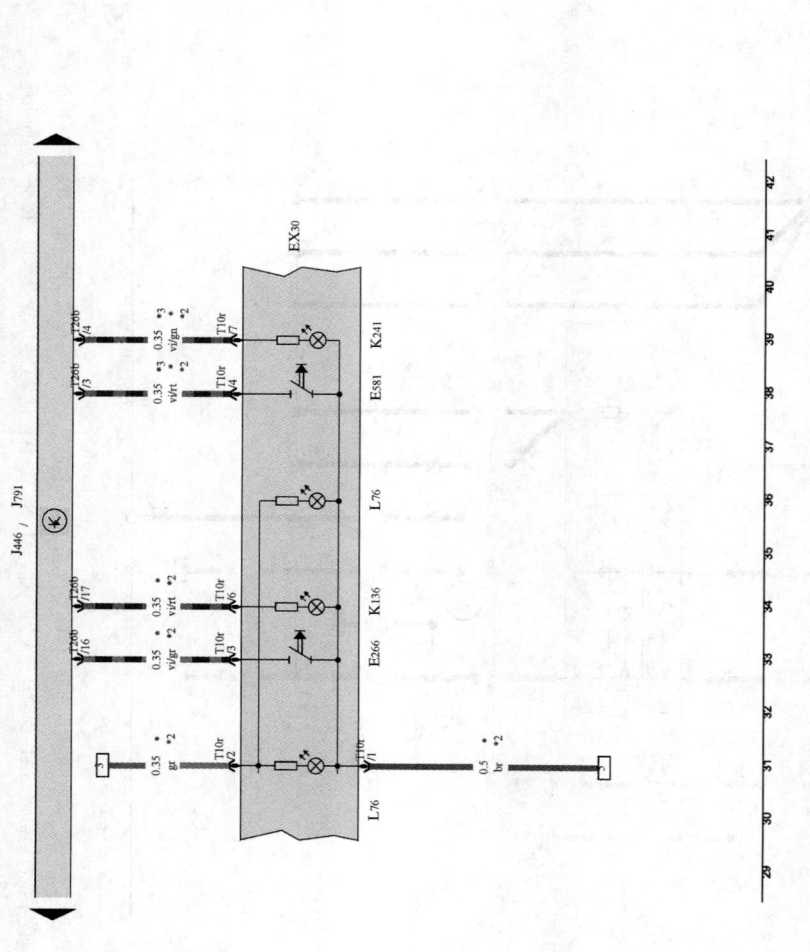
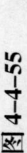

图 4-4-56

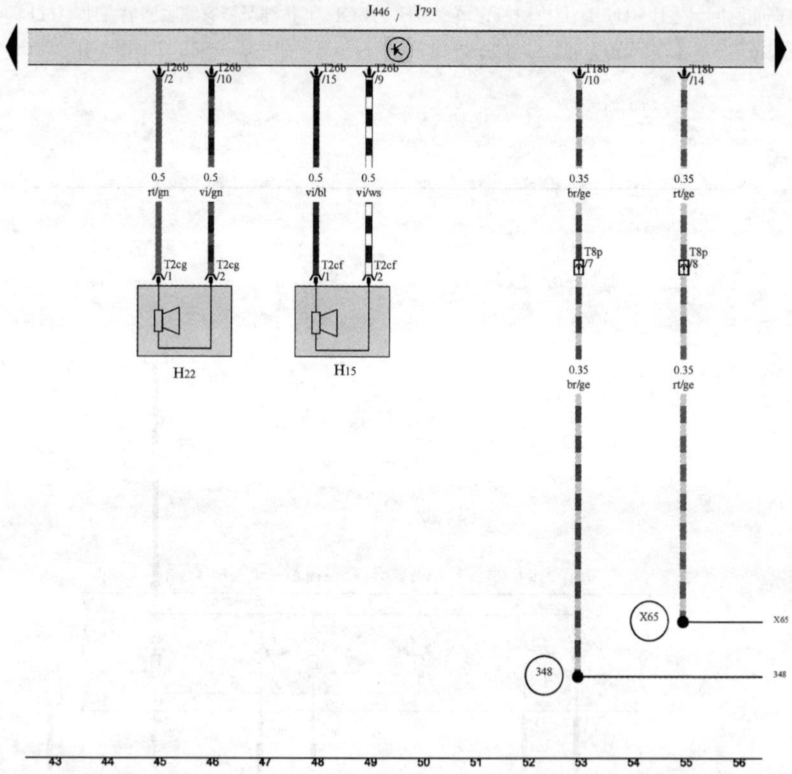

H15-后部泊车雷达系统警报蜂鸣器 H22-前部泊车雷达系统警报蜂鸣器 J446-泊车雷达系统控制单元 J791-泊车转向辅助系统控制单元 T2cf-2芯插头连接 T2cg-2芯插头连接 T8p-8芯插头连接 T18b-18芯插头连接 T26b-26芯插头连接 348-接地连接（泊车雷达系统）在前部保险杠导线束里 X65-连接（泊车雷达系统）在前部保险杠导线束中

图 4-4-55

EX30-中控台开关模块2 E266-泊车雷达系统按钮 E581-泊车转向辅助系统按钮 J446-泊车雷达系统控制单元 J791-泊车转向辅助系统控制单元 K13c-泊车雷达系统指示灯 K241-泊车转向辅助系统指示灯 L76-按钮照明灯泡 T10r-10芯插头连接 T26b-26芯插头连接 *1-用于带1.4L发动机的汽车 *2-用于带1.8L发动机的汽车 *3-用于配备泊车转向辅助系统的汽车

504

右中部泊车雷达系统传感器，左前中部泊车雷达系统传感器，左前泊车雷达系统传感器，
泊车转向辅助系统控制单元

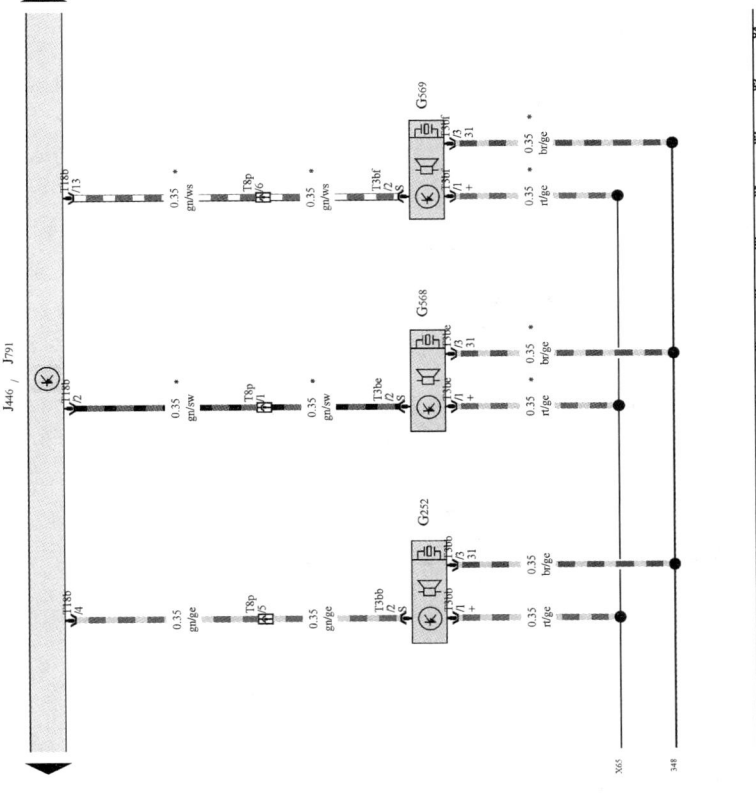

右前泊车雷达系统传感器，泊车转向辅助系统的左前侧传感器，汽车左侧，泊车转向辅助
系统的右前侧传感器，汽车右侧，泊车转向辅助系统控制单元

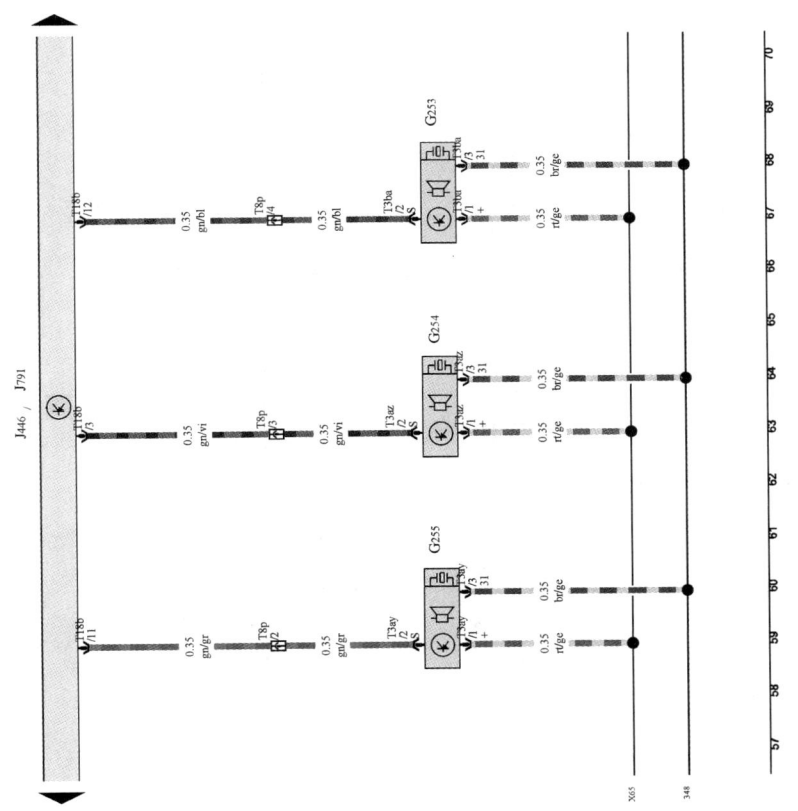

G253－右前中部泊车雷达系统传感器　G254－左前中部泊车雷达系统传感器　G255－左前泊车雷达系统传感
器　J446－泊车雷达系统控制单元　J791－泊车转向辅助系统控制单元　T3ay－3芯插头连接　T3az－3芯插头连
接　T3ba－3芯插头连接　T8p－8芯插头连接　T18b－18芯插头连接（泊车雷达系统）　348－接地连接，在前保
险杆导线束里　X65－连接（泊车雷达系统），在前保险杆导线束里中

图 4-4-57

G252－右前泊车雷达系统传感器　G568－泊车转向辅助系统的左前侧传感器，汽车左侧　G569－泊车转向
辅助系统的右前侧传感器，汽车右侧　J446－泊车雷达系统控制单元　J791－泊车转向辅助系统控制单元
T3bb－3芯插头连接　T3be－3芯插头连接　T3bf－3芯插头连接　T8p－8芯插头连接　T18b－18芯插头连接　348－
接地连接（泊车雷达系统），在前保险杆导线束中　X65－连接（泊车雷达系统），在前保险杆导线束中
*－用于配备泊车转向辅助系统的汽车

图 4-4-58

505

左后泊车雷达系统传感器，左后中部泊车雷达系统传感器，泊车转向辅助系统控制单元　　　　　　右后中部泊车雷达系统传感器，右后泊车雷达系统传感器，泊车转向辅助系统控制单元

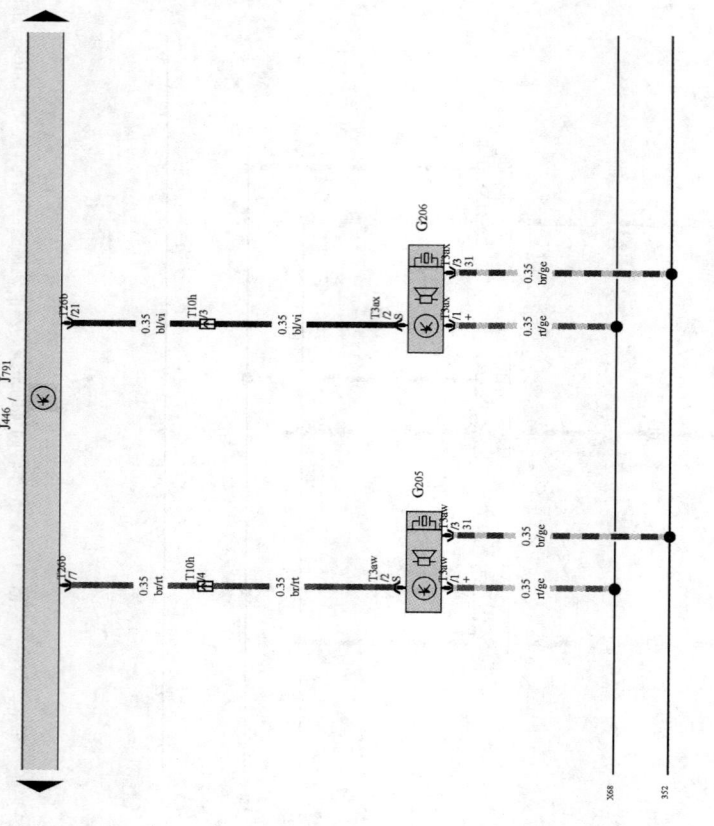

图 4-4-59

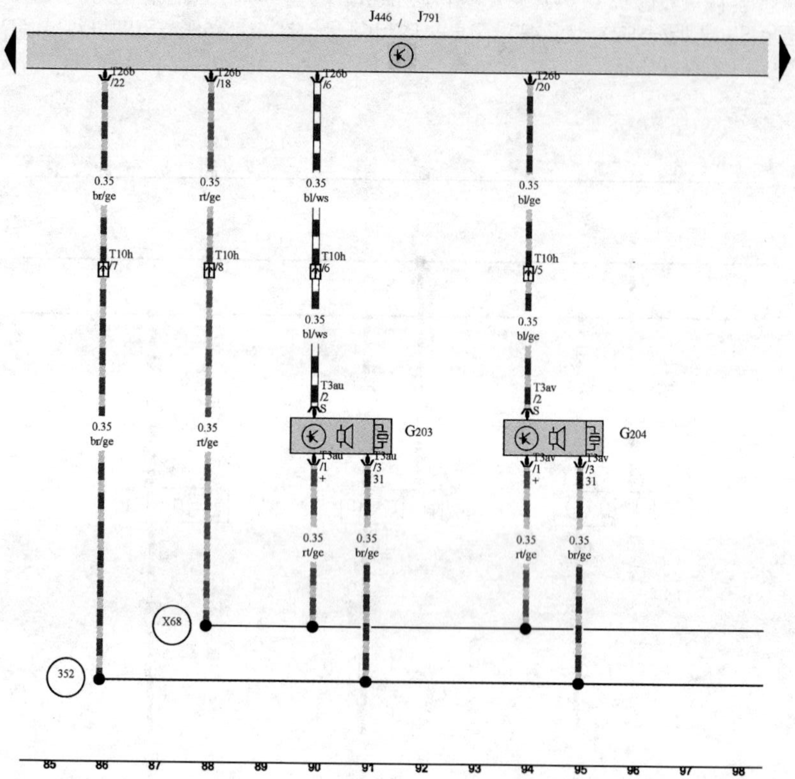

G203-左后泊车雷达系统传感器，G204-左后中部泊车雷达系统传感器，J446-泊车雷达系统传感器，J791-泊车转向辅助系统控制单元 T3au-3芯插头连接 T3av-3芯插头连接 T10h-10芯插头连接 T26b-26芯插头连接 352-接地连接（泊车雷达系统），在后保险杠导线束里 X68-连接（泊车雷达系统），在后保险杠导线束中

图 4-4-60

G205-右后中部泊车雷达系统传感器，G206-右后泊车雷达系统传感器，J446-泊车雷达系统传感器，J791-泊车转向辅助系统控制单元 T3aw-3芯插头连接 T3ax-3芯插头连接 T10h-10芯插头连接 T26b-26芯插头连接 352-接地连接（泊车雷达系统），在后保险杠导线束里 X68-连接（泊车雷达系统），在后保险杠导线束中

506

接线端 15 供电继电器，车载电网控制单元

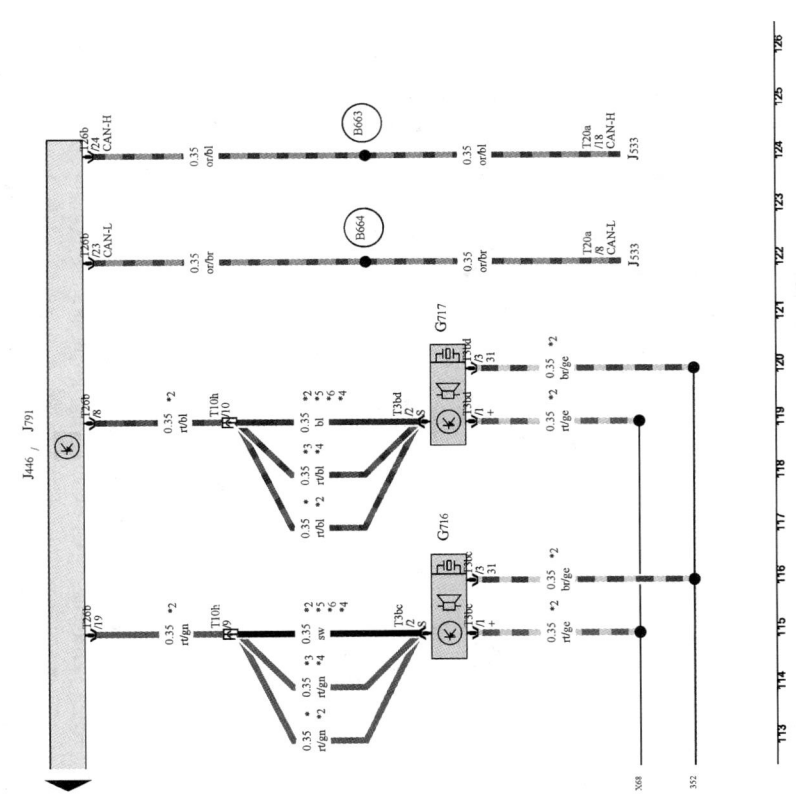

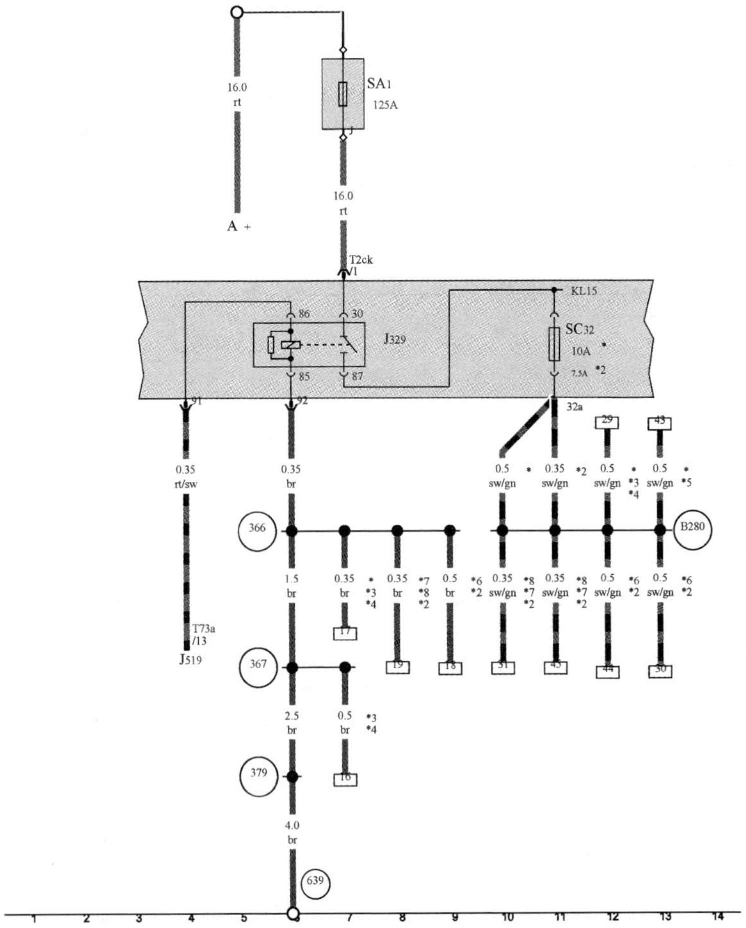

图 4-4-62

A–蓄电池 J329–接线端15供电继电器 J519–车载电网控制单元 SA1–保险丝架A上的保险丝1 SC32–保险丝架C上的保险丝32 T2ck–2芯插头连接 T73a–73芯插头连接 366–接地连接 367–接地连接2，在主导线束中 379–接地连接14，在主导线束中 639–左A柱上的接地点 B280–正极连接，在主导线束里 (15a)，在主导线束中 *–自2016年7月起 *2–截至2016年7月 *3–用于带驾驶辅助特殊装备的汽车 *4–截至2018年6月 *5–用于带自动车距控制（ADR）的汽车 *6–用于带2.0L发动机的汽车 *7–用于带1.4L发动机的汽车 *8–用于带1.8L发动机的汽车

左后泊车转向辅助系统传感器，右后泊车转向辅助系统传感器，泊车转向辅助系统控制单元

图 4-4-61

G716–左后泊车转向辅助系统传感器 G717–右后泊车转向辅助系统传感器 J446–泊车雷达系统控制单元 J519–车载电网控制单元 J533–数据总线诊断接口 J791–泊车转向辅助系统控制单元 T3bc–3芯插头连接 T3bd–3芯插头连接 T10h–10芯插头连接 T20a–20芯插头连接 T26b–26芯插头连接（泊车雷达系统），在主保险杠线束里 B663–连接（底盘传感器CAN总线，High），在主导线束中 B664–连接（底盘传感器CAN总线，Low），在主导线束中 X68–连接（泊车雷达系统），在后保险杠线束中 *–自2016年7月起 *2–截至2016年7月 *3–用于带2.0L发动机的汽车 *4–截至2016年7月 *5–用于带1.4L发动机的汽车 *6–用于配备泊车转向辅助系统的汽车 *7–用于带1.8L发动机的汽车

507

数据总线诊断接口，驾驶员辅助系统的前摄像头，用于前部传感系统的玻璃加热装置

车距调节控制单元，驾驶员辅助系统的前部摄像头

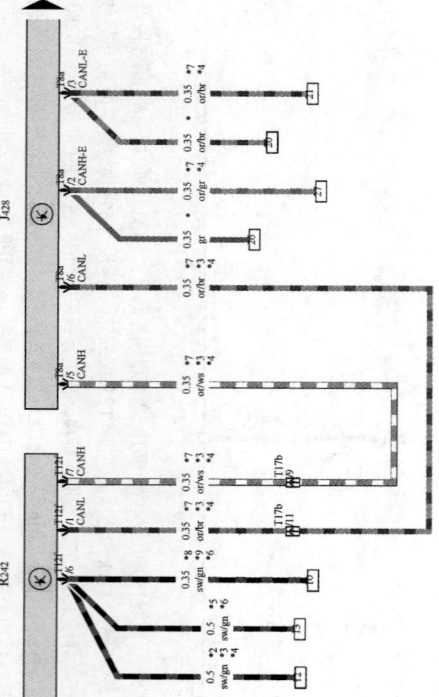

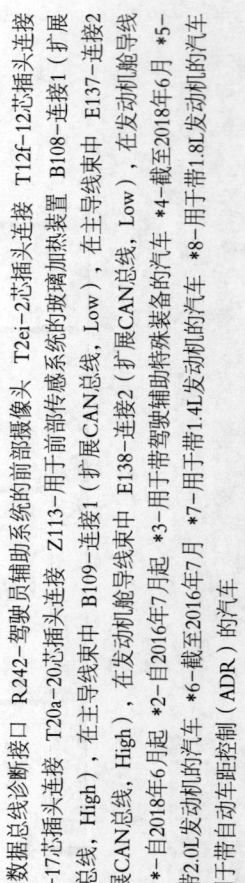

图 4-4-64

J428-车距调节控制单元　R242-驾驶员辅助系统的前部摄像头　T8a-8芯插头连接　T12f-12芯插头连接
T17b-17芯插头连接　T17a-17芯插头连接1（扩展 *1-自2018年6月起　*2-自2016年7月起　*3-用于带驾驶辅助特殊装备的汽车　*4-载
CAN总线，High）的汽车 *5-用于带2.0L发动机的汽车　*6-截至2016年7月　*7-用于带自动车距控制（ADR）的汽车
至2018年6月　*8-用于带1.8L发动机的汽车　*9-用于带1.4L发动机的汽车

图 4-4-63

J533-数据总线诊断接口　R242-驾驶员辅助系统的前部摄像头　T2ei-2芯插头连接　T12f-12芯插头连接　B108-连接1（扩
T17a-17芯插头连接　T20a-20芯插头连接　Z113-用于前部传感系统的玻璃加热装置　B108-连接1（扩展 CAN总线，Low），在主导线束中　E137-连接2
CAN总线，High），在主导线束中　B109-连接1（扩展 CAN总线，Low），在主导线束中　E138-连接2（扩展 CAN总线，Low），在发动机舱导线
束中 *-自2018年6月起 *2-自2016年7月起 *3-用于带驾驶辅助特殊装备的汽车　*4-截至2018年6月 *5-
用于带2.0L发动机的汽车 *6-截至2016年7月 *7-用于带1.4L发动机的汽车 *8-用于带1.8L发动机的汽车
*9-用于带自动车距控制（ADR）的汽车

接线端 15 供电继电器，车载电网控制单元

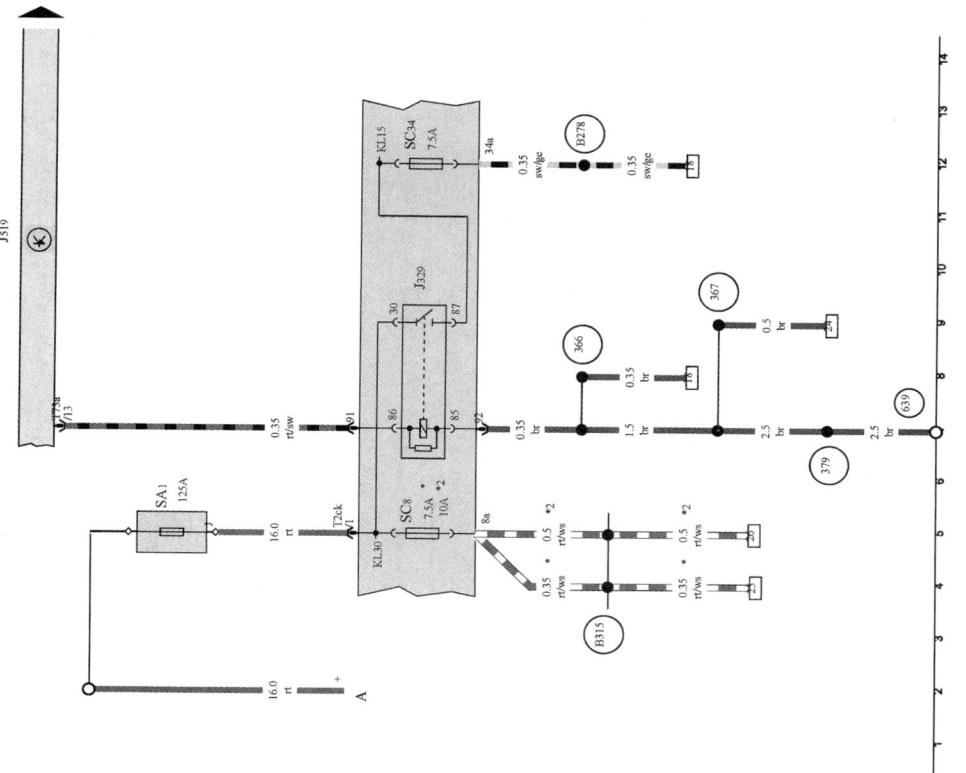

A-蓄电池 J329-接线端15供电继电器 J519-车载电网控制单元 SA1-保险丝架A上的保险丝1 SC8-保险丝C上的保险丝8 SC34-保险丝C上的保险丝34 T2ck-2芯插头连接 T73a-73芯插头连接 366-接地连接1,在主导线束中 367-接地连接2,在主导线束中 379-接地连接14,在主导线束中 639-左A柱上的接地点 B278-正极连接2（15a），在主导线束中 B315-正极连接1（30a），在主导线束中 *1-自2018年6月起 *2-截至2018年6月

图 4-4-66

驾驶员辅助系统按钮，车距调节控制单元，转向柱电子装置控制单元

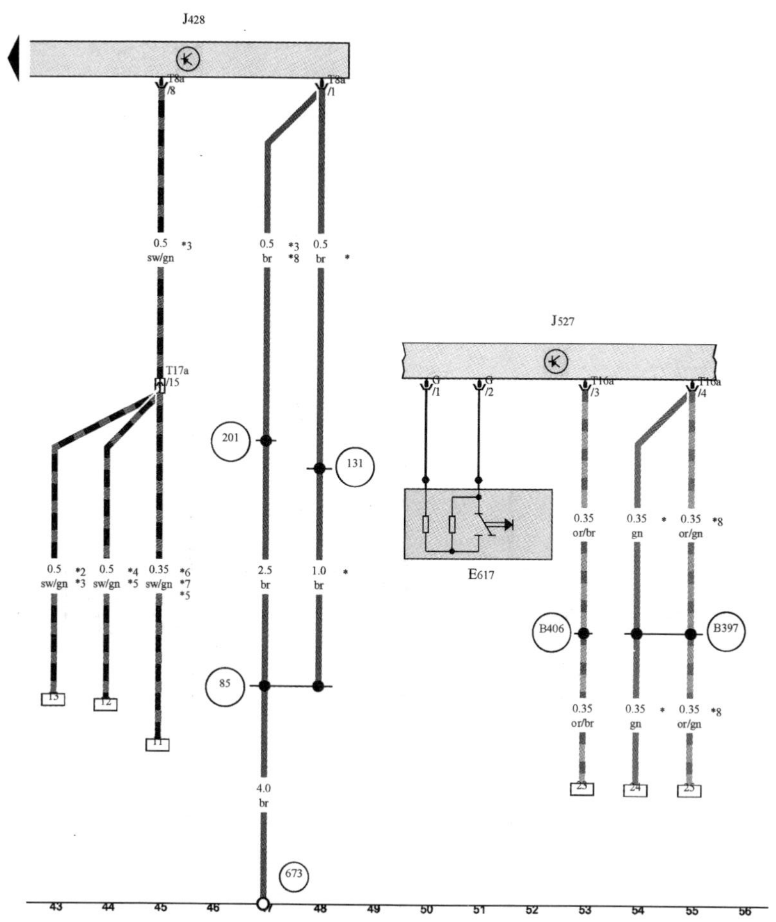

E617-驾驶员辅助系统按钮 J428-车距调节控制单元 J527-转向柱电子装置控制单元 T8a-8芯插头连接 T16a-16芯插头连接 T17a-17芯插头连接 85-接地连接1,在发动机舱导线束中 131-接地连接2,在发动机舱导线束中 201-接地连接5,在发动机舱导线束中 673-左前纵梁上的接地点3 B397-连接1（舒适CAN总线, High），在主导线束中 B406-连接1（舒适CAN总线, Low），在主导线束中 *1-自2018年6月起 *2-自2016年7月起 *3-用于带自动车距控制（ADR）的汽车 *4-用于带2.0L发动机的汽车 *5-截至2016年7月 *6-用于带1.8L发动机的汽车 *7-用于带1.4L发动机的汽车 *8-截至2018年6月

图 4-4-65

车载电网控制单元

雨水与光线识别传感器，车载电网控制单元，自动防眩车内后视镜

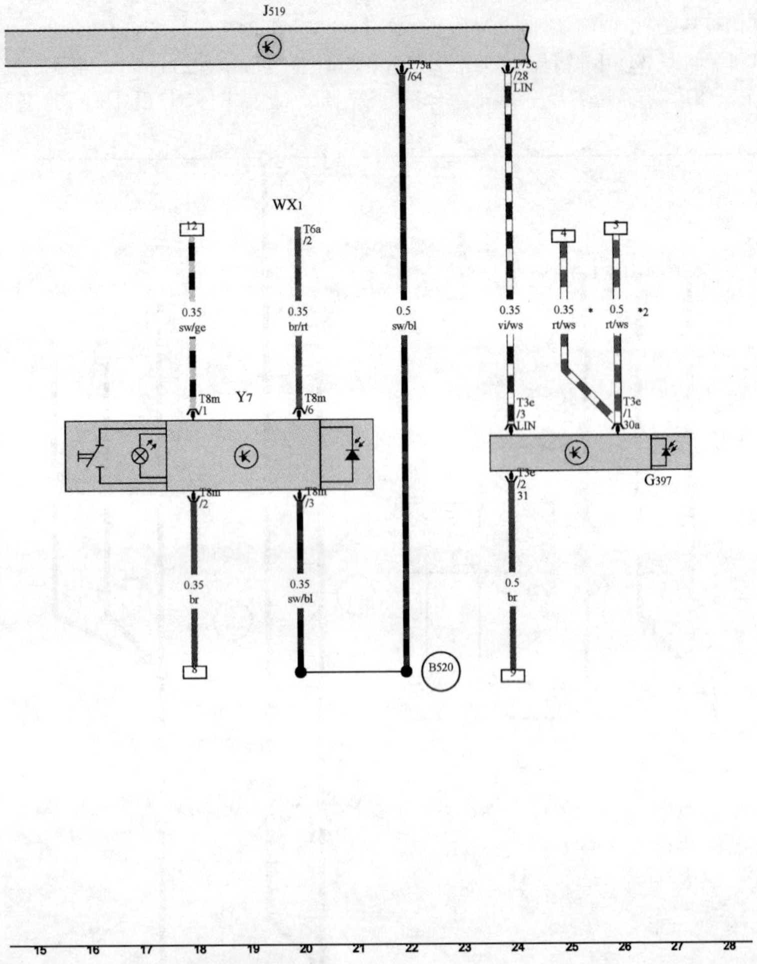

图 4-4-68

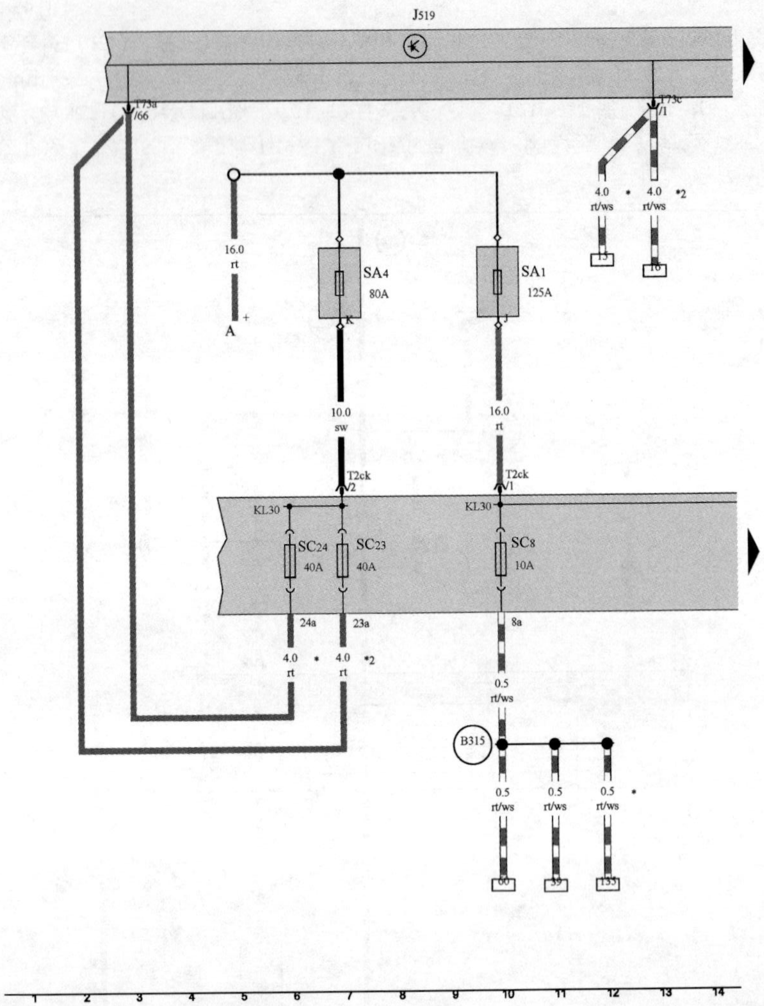

A–蓄电池　J519–车载电网控制单元　SA1–保险丝架A上的保险丝1　SA4–保险丝架A上的保险丝4　SC8–保险丝架C上的保险丝8　SC23–保险丝架C上的保险丝23　SC24–保险丝架C上的保险丝24　T2ck–2芯插头连接　T2ck–2芯插头连接　T73a–73芯插头连接　T73c–73芯插头连接　B315–正极连接（30a），在主导线束中　*–自2017年7月起
*2–截至2017年7月

图 4-4-67

G397–雨水与光线识别传感器　J519–车载电网控制单元　T3e–3芯插头连接　T6a–6芯插头连接　T8m–8芯插头连接　T73a–73芯插头连接　T73c–73芯插头连接　WX1–前内灯　Y7–自动防眩车内后视镜　B520–连接　*–自2018年6月起　*2–截至2018年6月　（RF），在主导线束中

雨水与光线识别传感器，车载电网控制单元

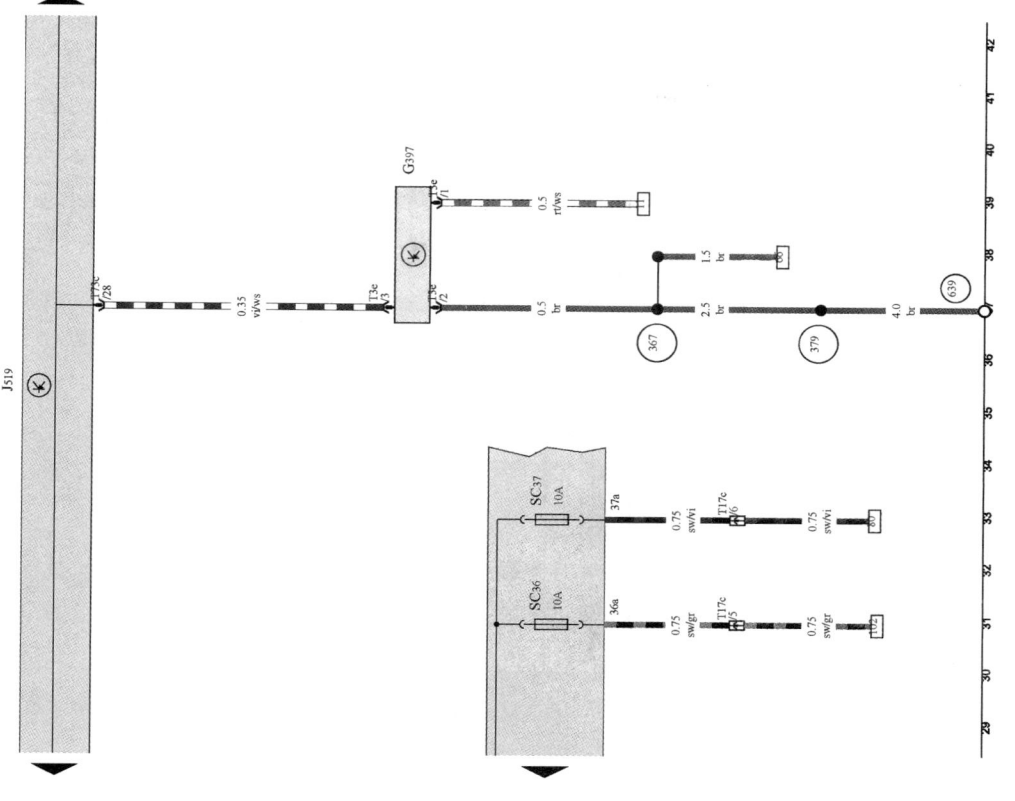

G397-雨水与光线识别传感器 J519-车载电网控制单元 SC36-保险丝架C上的保险丝36 SC37-保险丝架C上的保险丝37 T3e-3芯插头连接 T17c-17芯插头连接 T73c-73芯插头连接 367-接地连接2，在主导线束中 379-接地连接14，在主导线束中 639-左A柱上的接地点

图4-4-70

左后汽车高度传感器，接线端15供电继电器，车载电网控制单元

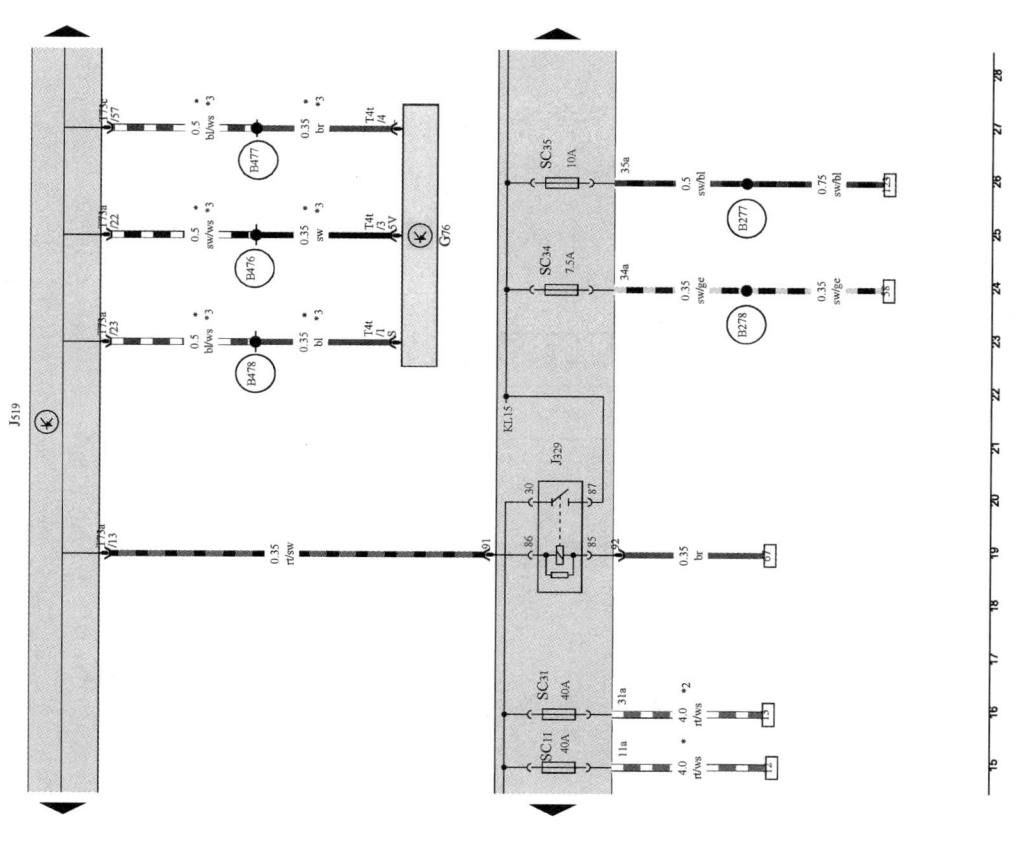

G76-左后汽车高度传感器 J329-接线端15供电继电器 J519-车载电网控制单元 SC11-保险丝架C上的保险丝11 SC31-保险丝架C上的保险丝31 SC34-保险丝架C上的保险丝34 SC35-保险丝架C上的保险丝35 T4t-4芯插头连接 T73a-73芯插头连接 T73c-73芯插头连接 B277-正极连接1（15a），在主导线束中 B278-正极连接2（15a），在主导线束中 B476-连接12，在主导线束中 B477-连接13，在主导线束中 B478-连接14，在主导线束中 *-自2017年7月起 *2-截至2017年7月 *3-用于不带电控调节减振系统的汽车

图4-4-69

转向信号灯开关，前雾灯和后雾灯开关，车载电网控制单元，大灯开关照明灯泡

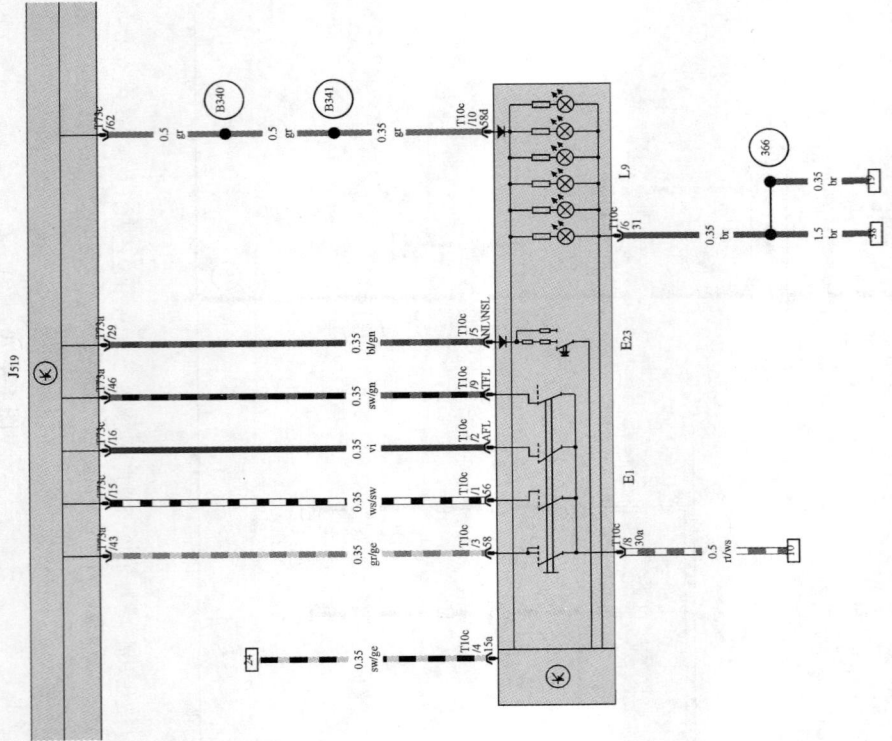

E1-车灯开关 E23-前雾灯和后雾灯开关 J519-车载电网控制单元 L9-大灯开关照明灯泡 T10c-10芯插头
连接 T73a-73芯插头连接 T73c-73芯插头连接 366-接地连接 在主导线束中 B340-连接1（58d），在
主导线束中 B341-连接2（58d），在主导线束中

图 4-4-72

转向信号灯开关，手动远光灯功能和远光灯瞬时接通功能开关，转向
柱电子装置控制单元，车载电网控制单元，转向
柱电子装置控制单元

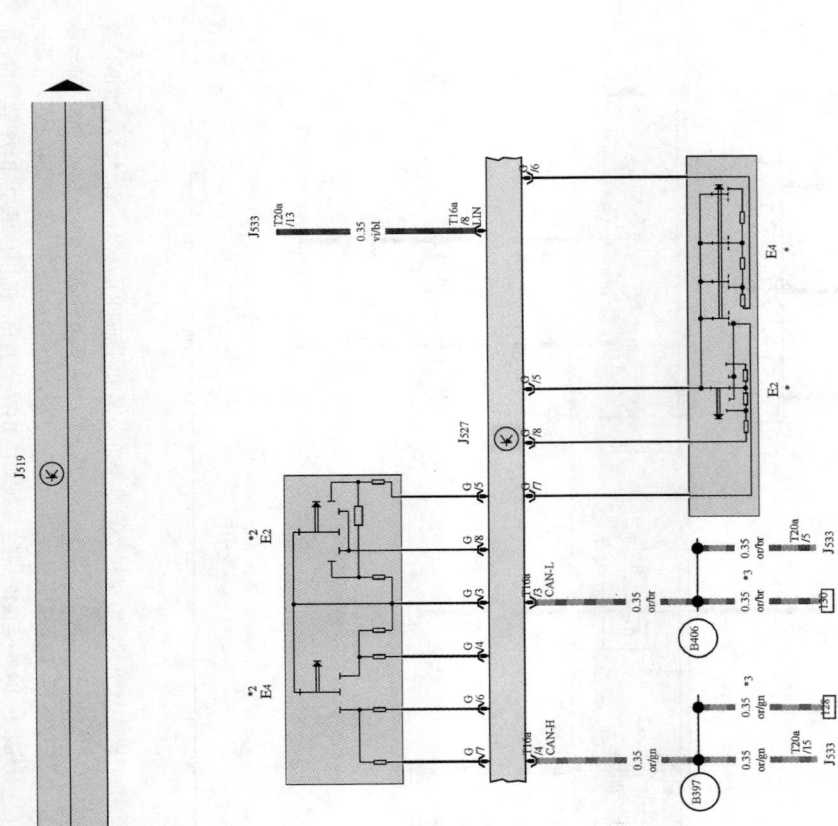

E2-转向信号灯开关 E4-手动远光灯功能和远光灯瞬时接通功能开关 J519-车载电网控制单元 J527-转向
柱电子装置控制单元 J533-数据总线诊断接口 T16a-16芯插头连接 T20a-20芯插头连接 B397-连接1（舒
适CAN总线，High），在主导线束中 B406-连接1（舒适CAN总线，Low），在主导线束中 *3-自2017年7月起
入及启动许可的汽车 *2-用于不带进入及启动许可的汽车 *3-自2017年7月起
*-用于带进

图 4-4-71

512

左侧气体放电灯灯泡控制单元，车载电网控制单元，右侧日间行车灯驻车灯和驻车示宽灯车示宽灯控制单元，右侧日间行车灯驻车灯和驻车示宽灯右侧光电管模体，左前大灯，右大灯，左前转向信号灯灯泡，右侧驻车车示宽灯灯泡

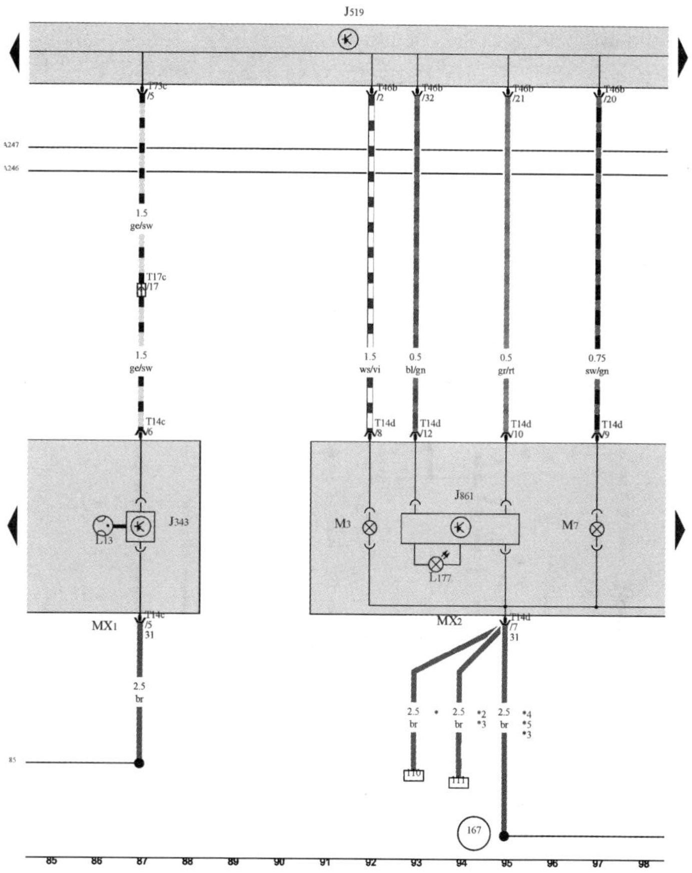

J343-左侧气体放电灯灯泡控制单元 J519-车载电网控制单元 J861-右侧日间行车灯和驻车示宽灯控制单元 L13-左侧气体放电灯灯泡 L177-右侧日间行车灯和驻车示宽灯右侧光电管模体 MX1-左前大灯 MX2-右前大灯 M3-右侧驻车示宽灯灯泡 M7-左前转向信号灯灯泡 T14c-14芯插头连接 T14d-14芯插头连接 T17c-17芯插头连接 T46b-46芯插头连接 T73c-73芯插头连接 85-接地连接1，在发动机舱导线束中 167-接地连接4，在发动机舱导线束中 A247-连接1（CAN总线，Low），在发动机舱导线束中 A246-连接1（CAN总线，High） *-自2016年7月起 *2-用于带2.0L发动机的汽车 *3-截至2016年7月
*3-截至2016年7月 *4-用于带1.4L发动机的汽车 *5-用于带1.8L发动机的汽车

图 4-4-74

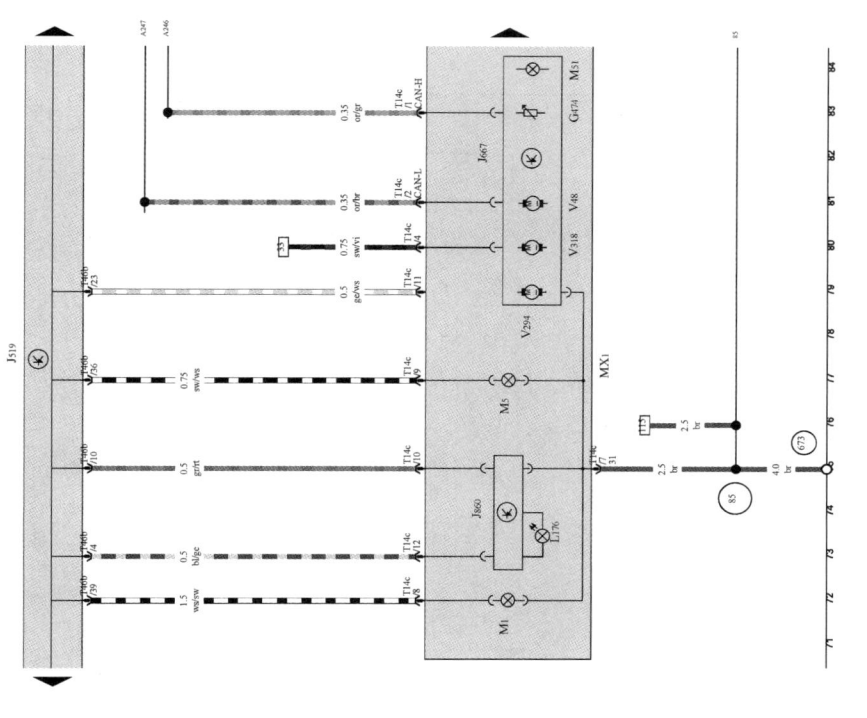

左摆动模式定位传感器，车载电网控制单元，左侧大灯电源模块，左侧日间行车灯和驻车车示宽灯控制单元，日间行车灯驻车灯和驻车示宽灯左侧光电管模体，左前大灯，左前转向信号灯灯泡，左侧静态弯道灯，左侧大灯照明距离调节伺服电机，左侧动态弯道灯伺服电机

G474-左摆动模式定位传感器 J519-车载电网控制单元 J667-左侧大灯电源模块 J860-左侧日间行车灯和驻车示宽灯电源模块 M1-左侧驻车示宽灯灯泡 MX1-左前大灯 L176-日间行车灯和驻车示宽灯左侧光电管模体 M5-左前转向信号灯灯泡 M51-左侧静态弯道灯 T14c-14芯插头连接 T14d-14芯插头连接 T46b-46芯插头连接 V48-左侧大灯照明距离调节伺服电机 V294-左前动态弯道灯伺服电机 V318-左侧动态弯道灯伺服电机 85-接地连接1，在发动机舱导线束中 673-左前纵梁上的接地点3 A246-连接1（CAN总线，High）A247-连接1（CAN总线，Low），在发动机舱导线束中

图 4-4-73

左后汽车高度传感器，弯道灯和大灯照明距离调节控制单元

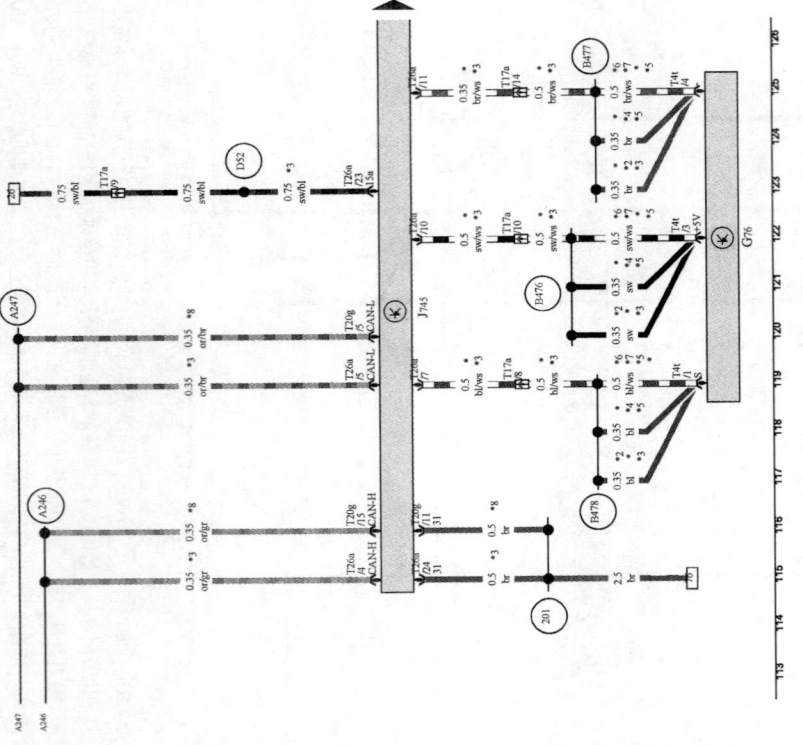

G76-左后汽车高度传感器 J745-弯道灯和大灯照明距离调节控制单元 T17a-17芯插头连接 T4t-4芯插头连接 T26a-26芯插头连接 201-接地连接5，在发动机舱导线束中 A246-连接1 头连接 T20g-20芯插头连接 T26a-26芯插头连接 201-接地连接5，在发动机舱导线束中 A247-连接1（CAN总线，Low），在发动机舱导线束中 （CAN总线，High），在发动机舱导线束中 A247-连接1（CAN总线，Low），在发动机舱导线束中 D52-正极连接 B476-连接12，在主导线束中 B477-连接13，在主导线束中 B478-连接14，在主导线束中 *2-自2016年7月起 *3-截至2017年 B478-连接14，在主导线束中 *2-自2016年7月起 *3-截至2017年 （15a），在发动机舱导线束中 *-用于不带电控调节减振系统的汽车 *5-截至2016年7月 *6-用于带1.4L发动机 7月 *4-用于带2.0L发动机的汽车 *5-截至2016年7月 *6-用于带1.4L发动机的汽车 *7-用于带1.8L发动机 的汽车 *8-自2017年7月起

图 4-4-76

右摆动模式定位传感器，右侧气体放电灯泡控制单元，车载电网控制单元，右侧大灯电源
模块，右侧气体放电灯泡，右前大灯，右侧静态弯道灯，右侧大灯照明距离调节伺服电机，
右近光灯防眩目遮闭，右侧动态弯道灯同服电机

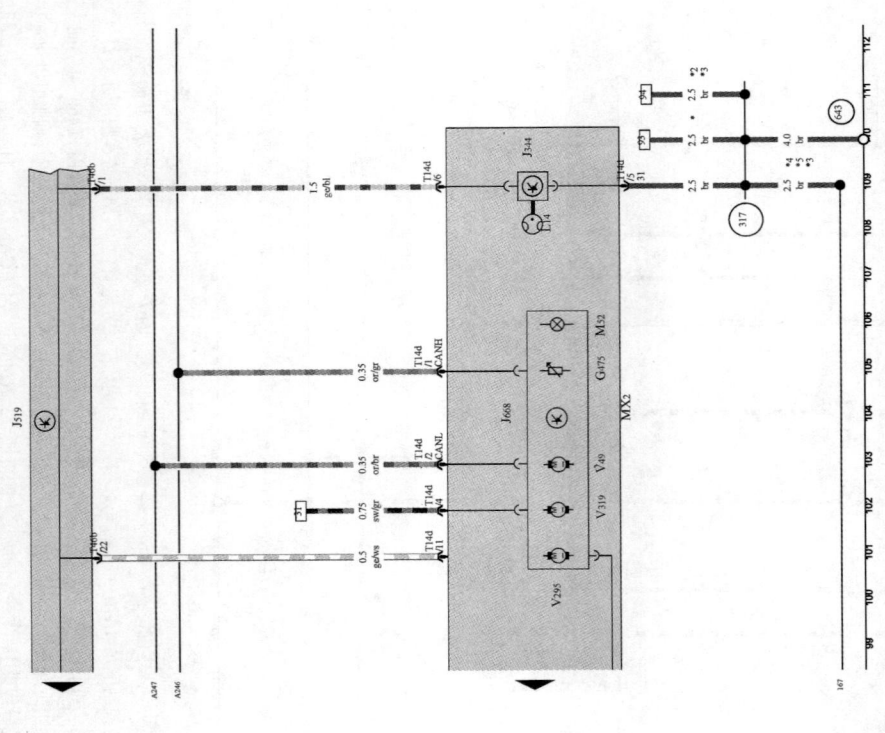

G475-右摆动模式定位传感器 J344-右侧气体放电灯泡控制单元 J519-车载电网控制单元 J668-右侧大灯 电源模块 L14-右侧气体放电灯泡 MX2-右前大灯 M52-右侧静态弯道灯 T46b-46 芯插头连接 V49-右侧大灯照明距离调节伺服电机 V295-右近光灯防眩目遮闭 V319-右侧动态弯道灯同 服电机 167-接地连接4，在发动机舱导线束中 317-接地连接7，在发动机舱导线束中 643-发动机舱内右 侧接地点3 A246-连接1（CAN总线，High），在发动机舱导线束中 A247-连接1（CAN总线，Low）， 在发动机舱导线束中 *1-自2016年7月起 *2-用于带2.0L发动机的汽车 *3-截至2016年 7月 *4-用于带1.4L发动机的汽车 *5-用于带1.8L发动机的汽车

图 4-4-75

电子通信信息设备 1 控制单元，功率放大器，左后高音扬声器

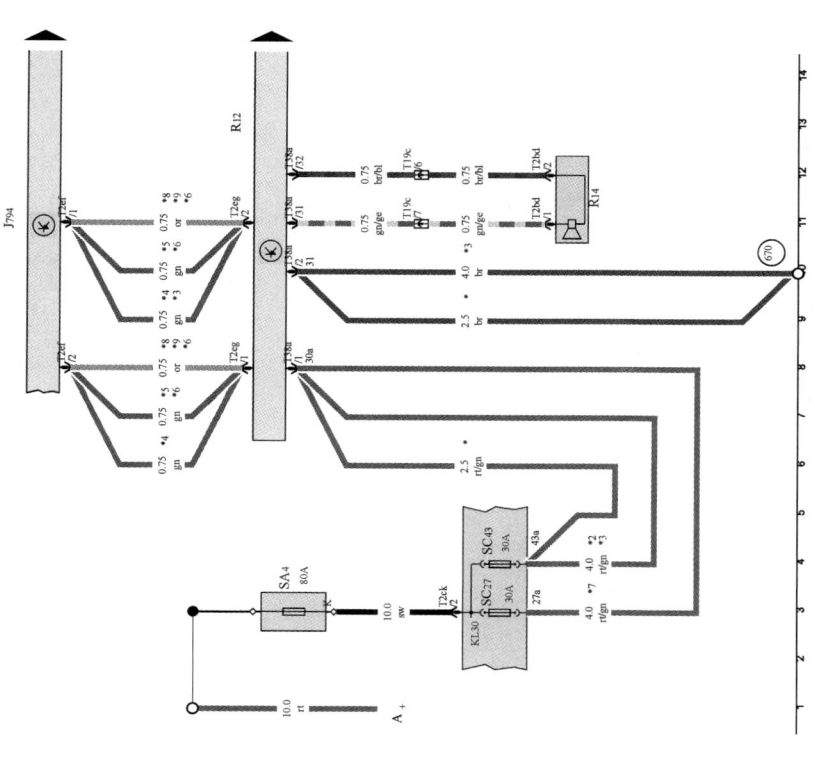

A–蓄电池 J794–电子通信信息设备1控制单元 R12–功率放大器 R14–左后高音扬声器 SA4–保险丝架A上的保险丝41 SC27–保险丝架C上的保险丝27 SC43–保险丝架C上的保险丝43 T2bd–2芯插头连接 T2ck–2芯插头连接 T2ef–2芯插头连接 T2eg–2芯插头连接 T19c–19芯插头连接 T38a–38芯插头连接 670–左侧A柱上的接地点2 *–自2018年6月起 *2–自2017年7月起 *3–截至2018年6月 *4–自2016年7月起 *5–用于带2.0L发动机的汽车 *6–截至2016年7月 *7–截至2016年7月 *8–用于带1.4L发动机的汽车 *9–用于带1.8L发动机的汽车

图 4-4-78

弯道灯和大灯照明距离调节控制单元

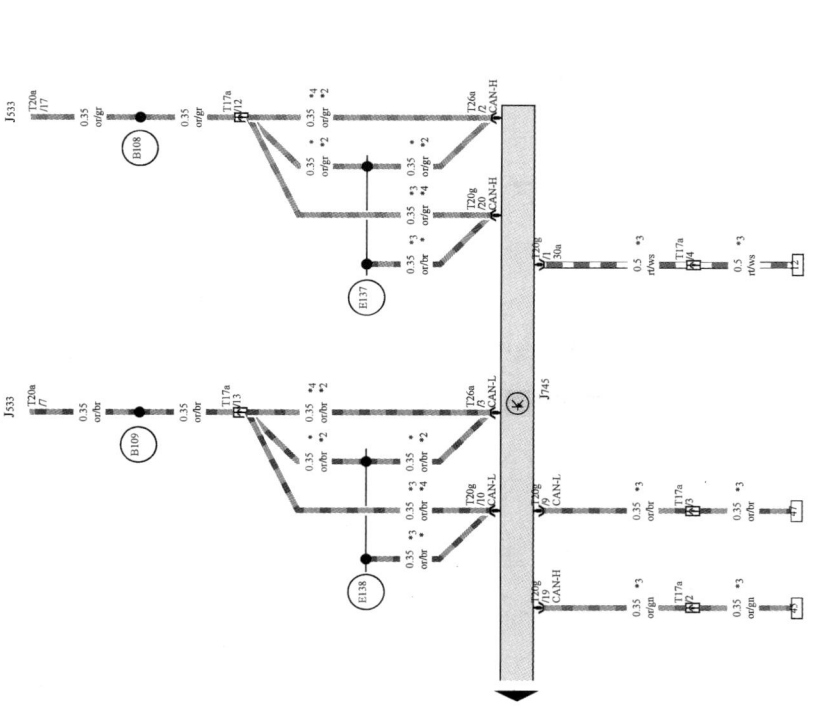

J533–数据总线诊断接口 J745–弯道灯和大灯照明距离调节控制单元 T17a–17芯插头连接 T20a–20芯插头连接 T20g–20芯插头连接 T26a–26芯插头连接 B108–连接1（扩展CAN总线，High），在主导线束中 B109–连接1（扩展CAN总线，Low），在主导线束中 E137–连接2（扩展CAN总线，High），在发动机舱导线束中 E138–连接2（扩展CAN总线，Low），在发动机舱导线束中 *–用于带自动车距控制（ADR）的汽车 *2–截至2017年7月 *3–自2017年7月起 *4–用于不带自动车距控制（ADR）的汽车

图 4-4-77

515

左后座椅调节继电器，电子通信信息设备 1 控制单元，功率放大器，左后低音扬声器，右后高音扬声器，右后低音扬声器

功率放大器，左前高音扬声器，左前低音扬声器，右前高音扬声器，右前高音扬声器

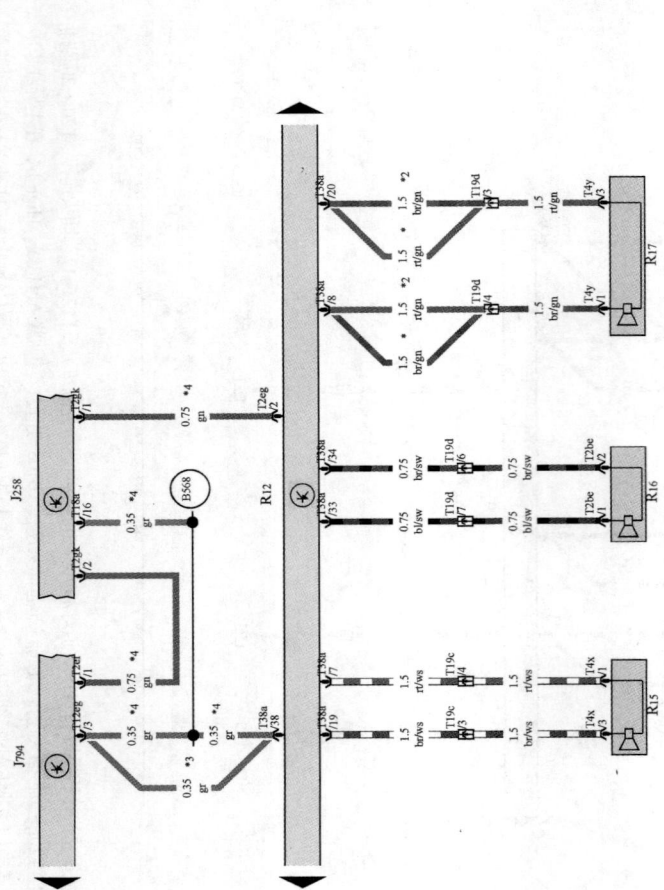

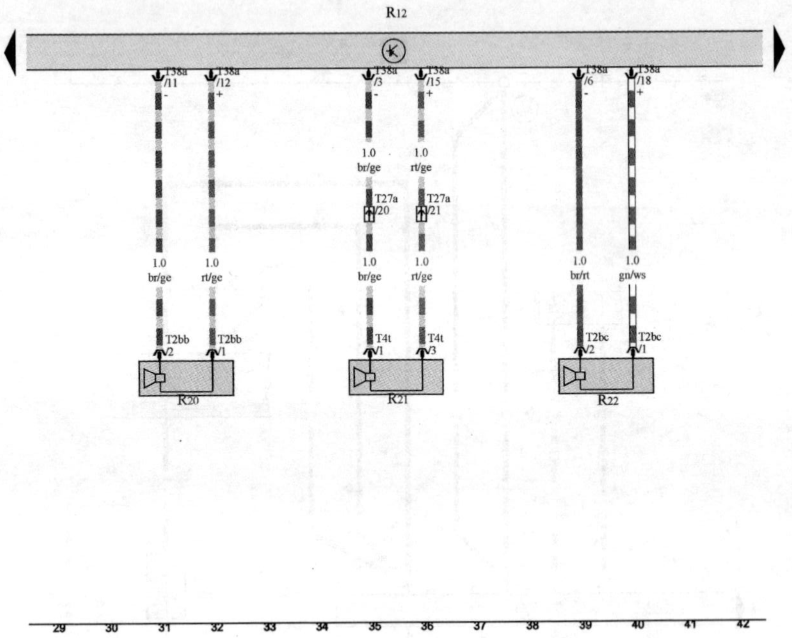

图 4-4-80

R12-功率放大器 R20-左前高音扬声器 R21-左前低音扬声器 R22-右前高音扬声器 T2bb-2芯插头连接 T2bc-2芯插头连接 T4t-4芯插头连接 T27a-27芯插头连接 T38a-38芯插头连接

图 4-4-79

J258-左后座椅调节继电器 J794-电子通信信息设备1控制单元 R12-功率放大器 R15-左后低音扬声器 R16-右后高音扬声器 R17-右后低音扬声器 R12-功率放大器 T2bc-2芯插头连接 T2ef-2芯插头连接 T2g-2芯插头连接 T2gk-2芯插头连接 T4x-4芯插头连接 T4y-4芯插头连接 T12g-12芯插头连接 T18a-18芯插头连接 T19c-19芯插头连接 T19d-19芯插头连接 T38a-38芯插头连接 B568-连接35，在主导线束中 *3-截至2018年6月 *4-自2018年6月起

可加热后窗玻璃继电器

图4-4-82

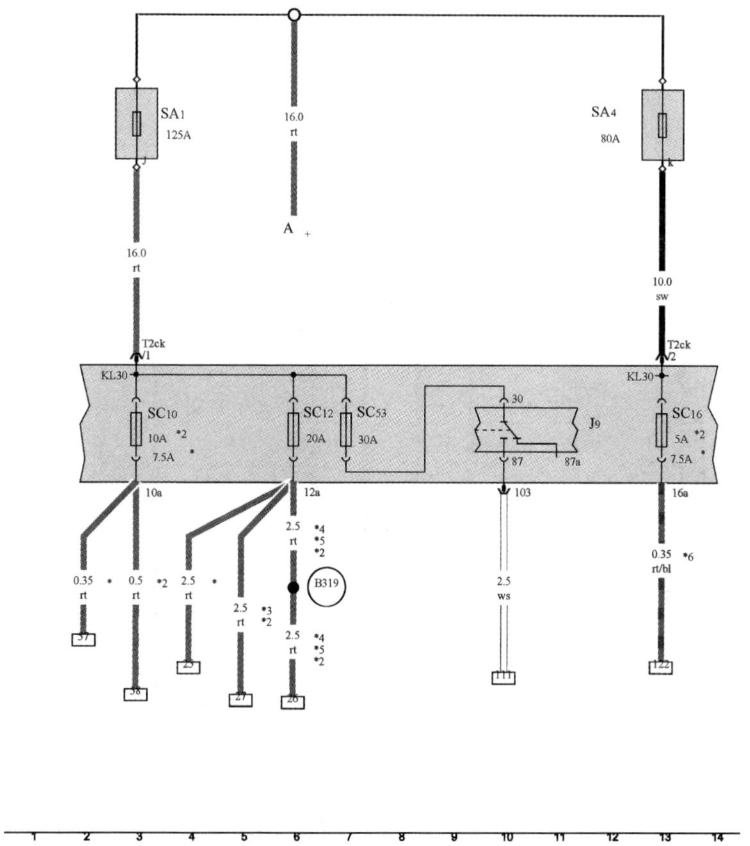

A-蓄电池 J9-可加热后窗玻璃继电器 SA1-保险丝架C上的保险丝1 SA4-保险丝架A上的保险丝1 SA4-保险丝架A上的保险丝4 SC10-保险丝架C上的保险丝10 SC12-保险丝架C上的保险丝12 SC16-保险丝架C上的保险丝16 SC53-保险丝架C上的保险丝53 T2ck-2芯插头连接 B319-正极连接5（30a），在主导线束中 *1-自2016年7月起 *2-截至2016年7月 *3-用于带2.0L发动机的汽车 *4-用于带1.4L发动机的汽车 *5-用于带1.8L发动机的汽车 *6-用于带多个USB接口的汽车

功率放大器，右前低音扬声器，中央扬声器，重低音

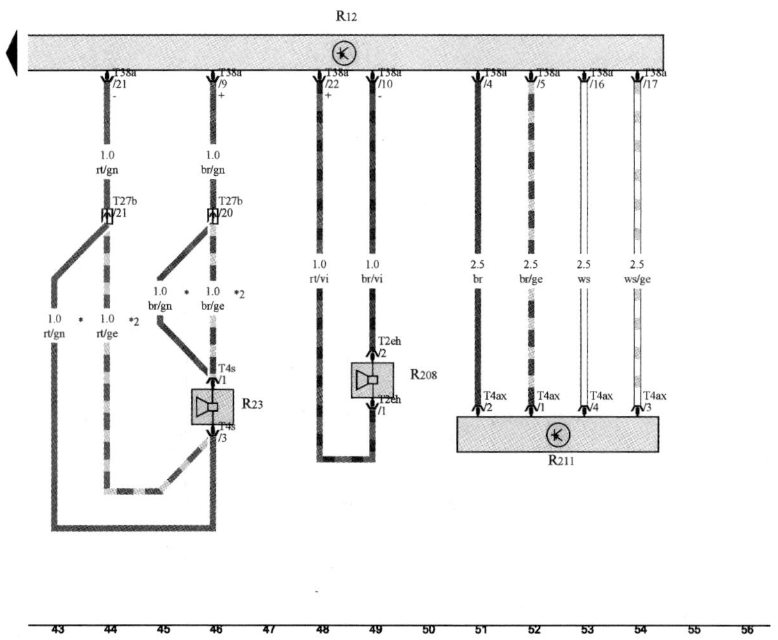

图4-4-81

R12-功率放大器 R23-右前低音扬声器 R208-中央扬声器 R211-重低音 T2ch-2芯插头连接 T4ax-4芯插头连接 T4s-4芯插头连接 T27b-27芯插头连接 T38a-38芯插头连接 *1-自2016年7月起 *2-截至2016年7月

517

数据总线诊断接口，电子通信信息设备 1 控制单元，电话话筒

电子通信信息设备 1 控制单元，左前高音扬声器，左前低音扬声器，右前高音扬声器，右前低音扬声器

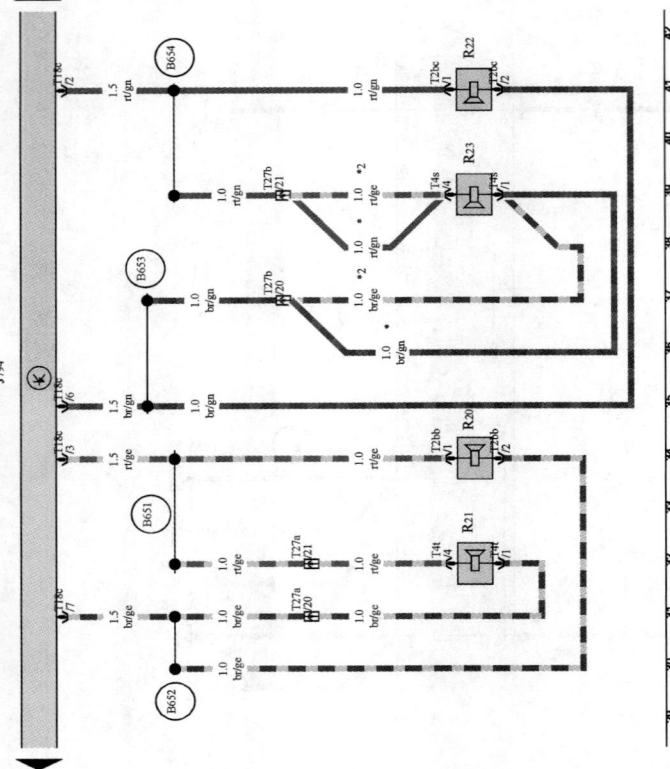

图 4-4-83

图 4-4-84

J533－数据总线诊断接口 J794－电子通信信息设备1控制单元 R38－电话话筒 T2az－2芯插头连接 T12g－12 芯插头连接 T18c－18芯插头连接 T20a－20芯插头连接 B415－连接1（信息娱乐CAN总线，Low），在主导线束中 *－自2016年7月 起 T12j－12芯插头连接 T20a-20芯插头连接 B415－连接1（信息娱乐CAN 总线，High），在主导线束中 B421－连接1（信息娱乐CAN总线，Low），在主导线束中 *－自2016年7月 起 *2－用于带2.0L发动机的汽车 *3－截至2016年7月 *4－用于带1.4L发动机的汽车 *5－用于带1.8L发动机 的汽车

J794－电子通信信息设备1控制单元 R20－左前高音扬声器 R21－左前低音扬声器 R22－右前低音扬声器 R23－右前高音扬声器 T2bb－2芯插头连接 T2bc－2芯插头连接 T4t－4芯插头连接 T4s－4芯插头连接 接 T18c－18芯插头连接 T27a－27芯插头连接 T27b－27芯插头连接 B651－连接1（扬声器），在主导线束 中 B652－连接2（扬声器），在主导线束中 B653－连接3（扬声器），在主导线束中 B654－连接4（扬声 器），在主导线束中 *－自2016年7月起 *2－截至2016年7月

518

电子通信信息设备 1 控制单元，左后高音扬声器，右后高音扬声器，左后低音扬声器，右后高音扬声器，右后低音扬声器

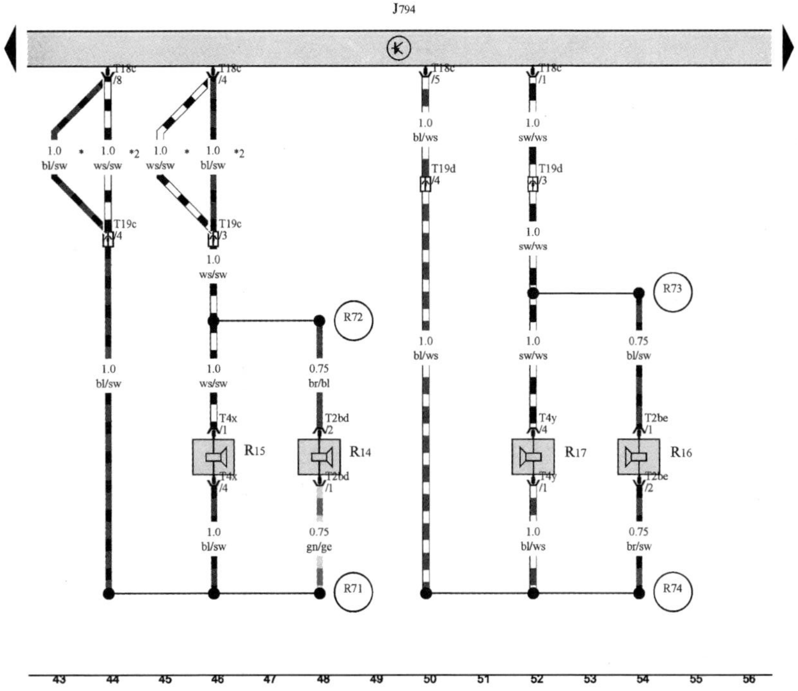

多媒体系统操作单元，前部信息显示和操作单元控制单元的显示单元，电子通信信息设备 1 控制单元

图 4-4-86

图 4-4-85

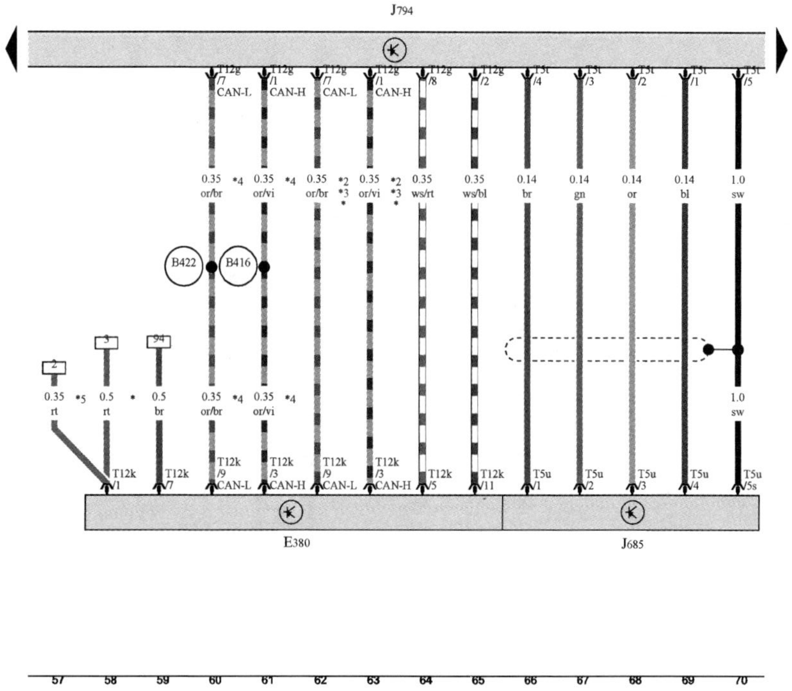

E380-多媒体系统操作单元 J685-前部信息显示和操作单元控制单元的显示单元 J794-电子通信信息设备 1控制单元 T5t-5芯插头连接 T5u-5芯插头连接 T12g-12芯插头连接 T12k-12芯插头连接 B416-连接2 T18c-18芯插头连接 T19c-19芯插头连接 T19d-19芯插头连接 R71-连接 B422-连接2（信息娱乐CAN总线，Low），在主导线束中 *5-自（信息娱乐CAN总线，High），在主导线束中 R73-连接 *3-用于带1.8L发动机的汽车 *4-依汽车装备而定 *5-自 *-载至2016年7月 *2-用于带1.4L发动机的汽车 2016年7月起

J794-电子通信信息设备1控制单元 R14-左后高音扬声器 R15-左后低音扬声器 R16-右后高音扬声器 器 R17-右后低音扬声器 T2bd-2芯插头连接 T2be-2芯插头连接 T4x-4芯插头连接 T4y-4芯插头连接 T18c-18芯插头连接 T19c-19芯插头连接 T19d-19芯插头连接 R71-连接（正极，扬声器），在左后车门 导线束中 R72-连接（负极，扬声器），在左后车门导线束中 R73-连接（正极，扬声器），在右后车门 导线束中 R74-连接（负极，扬声器），在右后车门导线束中 *-自2016年7月起 *2-载至2016年7月

519

电子通信信息设备 1 控制单元, USB 接口支架, 外部音频源源接口

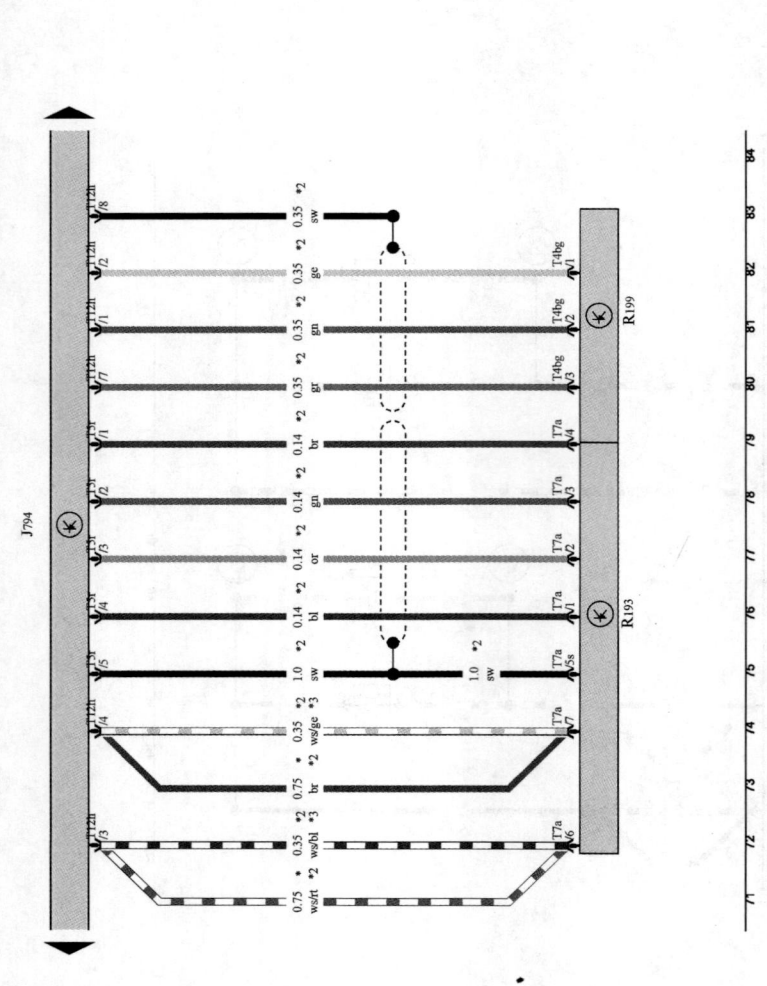

J794-电子通信信息设备1控制单元 R193-USB接口支架 R199-外部音频源源接口 T4bg-4芯插头连接
T5r-5芯插头连接 T7a-7芯插头连接 T7a-7芯插头连接 T12h-12芯插头连接 *-自2017年7月起 *2-用于带USB接口的汽车
*3-截至2017年7月

图 4-4-87

电子通信信息设备 1 控制单元, 外部音频源源接口

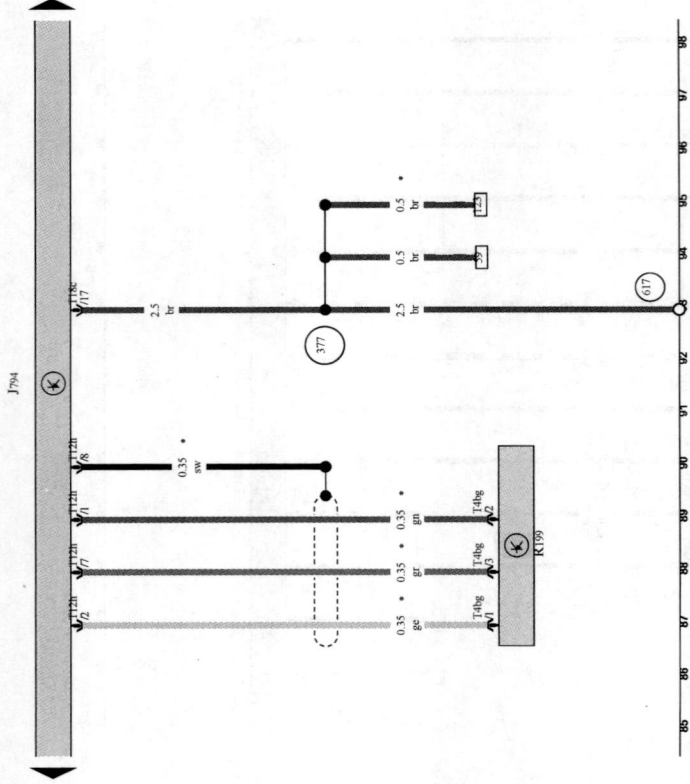

J794-电子通信信息设备1控制单元 R199-外部音频源源接口 J794-电子通信信息设备1控制单元 T4bg-4芯插头连接 T12h-12芯插头连接 377-
接地连接12, 在主导线束中 617-右侧A柱下部A柱下部接地点2 *-用于带多个USB接口的汽车
接地连接12, 在主导线束中 617-右侧A柱下部A柱下部接地点2 *-用于带多个USB接口的汽车

图 4-4-88

520

电子通信信息设备 1 控制单元，天线，左侧天线模块，右侧天线模块，负导线中的调频频率滤波器，正导线中的调频频率滤波器，可加热式后窗玻璃

电子通信信息设备 1 控制单元，USB 分线器

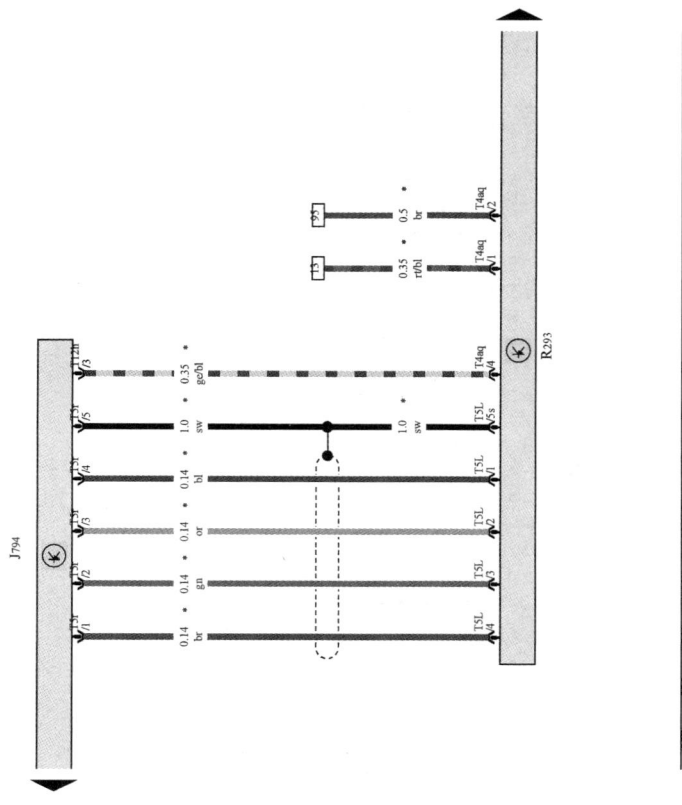

J794-电子通信信息设备1控制单元 R293-USB分线器 T4aq-4芯插头连接器 T5L-5芯插头连接 T5r-5芯插头连接 T12h-12芯插头连接 *-用于带多个USB接口的汽车

图 4-4-90

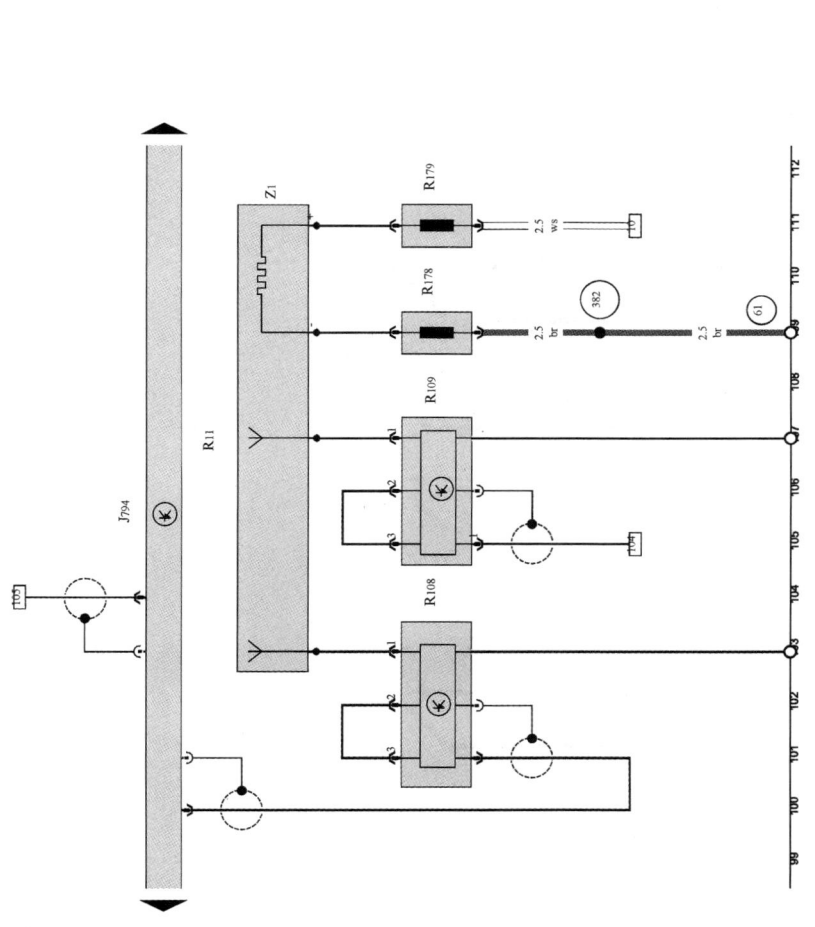

J794-电子通信信息设备1控制单元 R11-天线 R108-左侧天线模块 R109-右侧天线模块 R178-负导线中的调频频率滤波器 R179-正导线中的调频频率滤波器 Z1-可加热式后窗玻璃 61-左侧C柱上的接地点 382-接地连接17，在主导线束中

图 4-4-89

USB 分线器，USB 接口 1　　　　　　　　　　　　　　　　　　USB 分线器，USB 接口 2

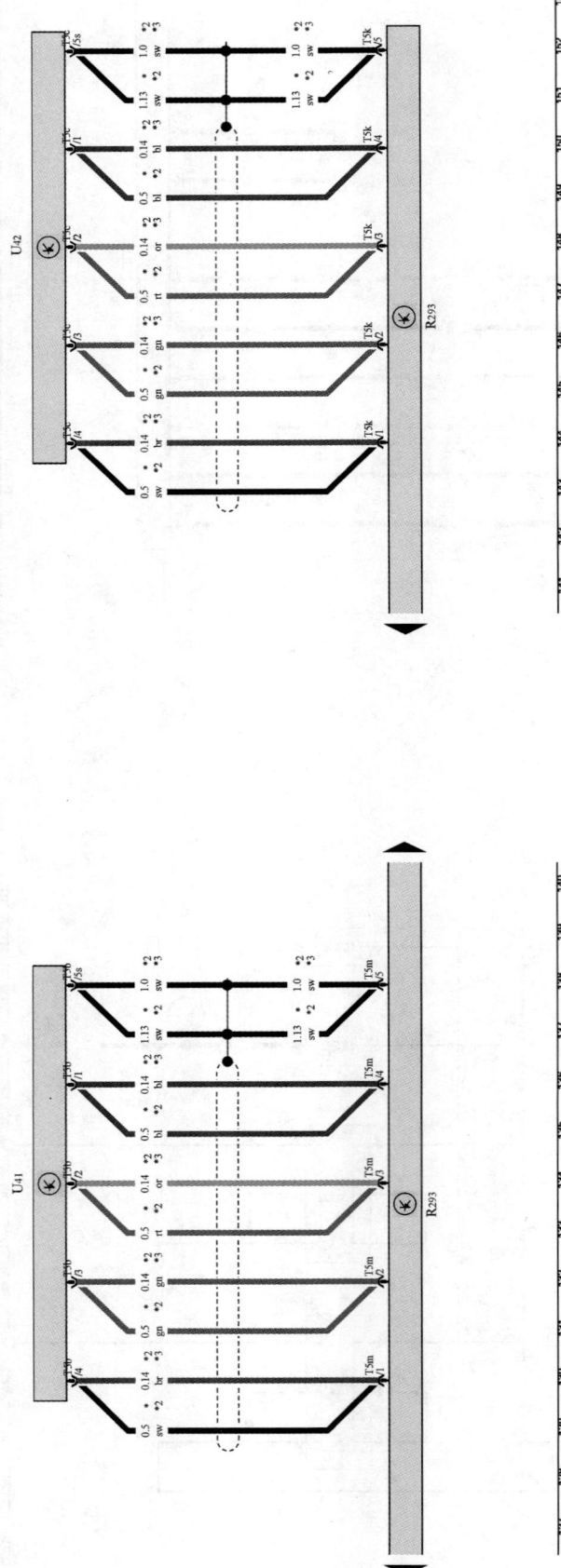

R293–USB分线器　T5b–5芯插头连接　T5m–5芯插头连接　U41–USB接口1　*–自2017年7月起　*2–用于带
多个USB接口的汽车　*3–截至2017年7月

图 4-4-91

R293–USB分线器　T5c–5芯插头连接　T5k–5芯插头连接　U42–USB接口2　*–自2017年7月起　*2–用于带多
个USB接口的汽车　*3–截至2017年7月

图 4-4-92

可加热后窗玻璃继电器

数据总线诊断接口，电子通信信息设备 1 控制单元，电话话筒

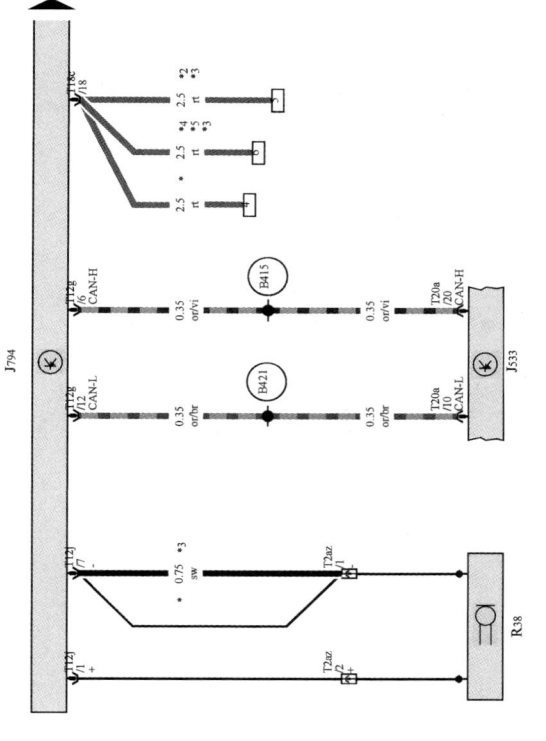

图 4-4-94

J533-数据总线诊断接口 J794-电子通信信息设备1控制单元 R38-电话话筒 T2az-2芯插头连接 T12g-12芯插头连接 T2az-2芯插头连接 T12g-12芯插头连接 T18c-18芯插头连接 T20a-20芯插头连接 B415-连接1（信息娱乐CAN总线，High），在主导线束中 B421-连接1（信息娱乐CAN总线，Low），在主导线束中 *-自2016年7月起 *2-用于带2.0L发动机的汽车 *3-截至2016年7月 *4-用于带1.4L发动机的汽车 *5-用于带1.8L发动机的汽车 的汽车

图 4-4-93

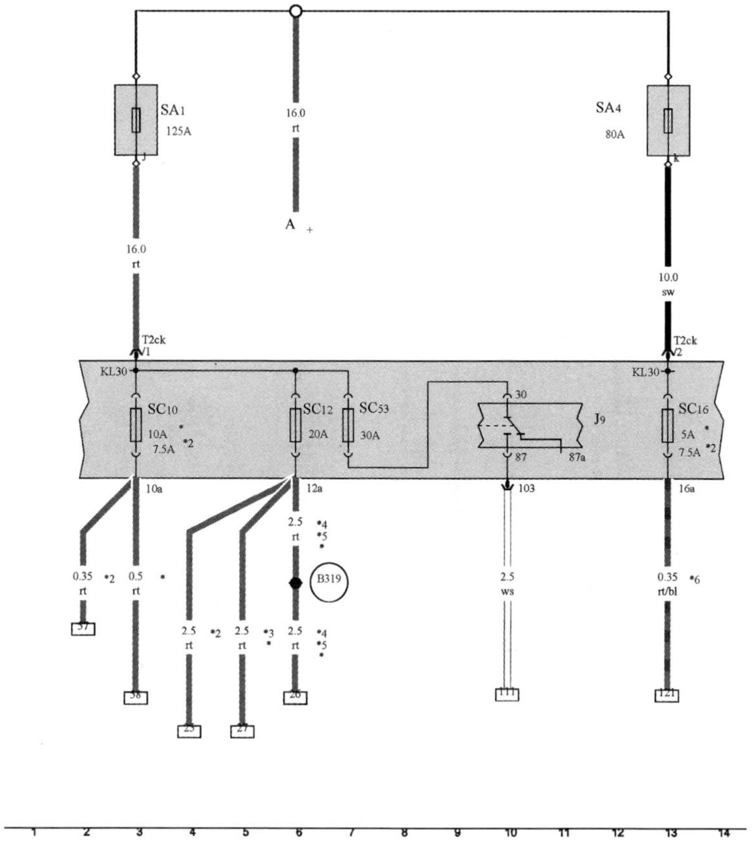

A-蓄电池 J9-可加热后窗玻璃继电器 SA1-保险丝架A上的保险丝1 SA4-保险丝架A上的保险丝4 SC10-保险丝架C上的保险丝10 SC12-保险丝架C上的保险丝12 SC16-保险丝架C上的保险丝16 SC53-保险丝架C上的保险丝53 T2ck-2芯插头连接 B319-正极连接 *-截至2016年7月 *2-自2016年7月 *3-用于带2.0L发动机的汽车 *4-用于带1.4L发动机的汽车 *5-用于带1.8L发动机的汽车 *6-用于带多个USB接口的汽车

电子通信信息设备 1 控制单元，左前高音扬声器，左前高音扬声器，右前高音扬声器，右前低音扬声器，右前低音扬声器

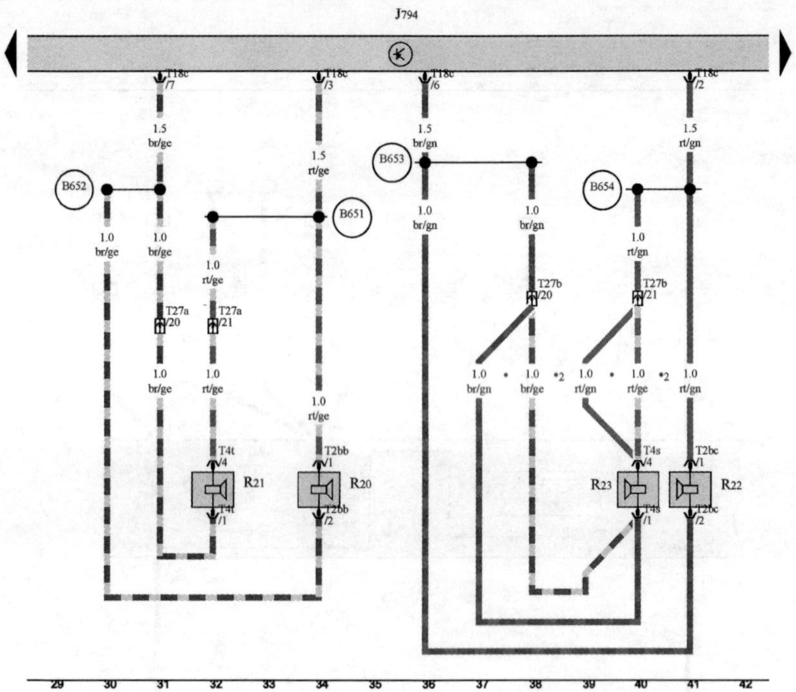

电子通信信息设备 1 控制单元，左后高音扬声器，左后高音扬声器，右后高音扬声器，右后低音扬声器，右后低音扬声器

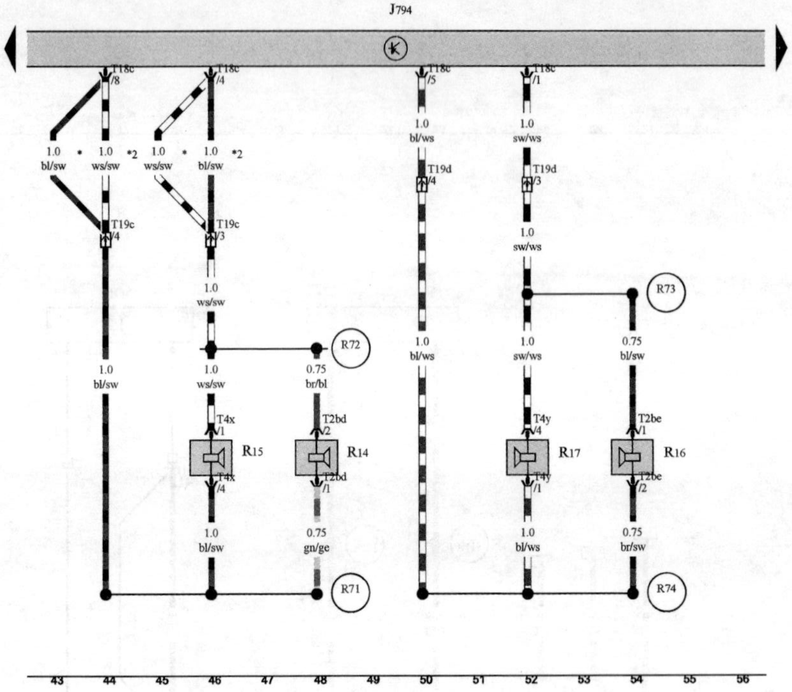

J794-电子通信信息设备1控制单元 R14-左后高音扬声器 R15-左后低音扬声器 R16-右后高音扬声器 R17-右后低音扬声器 T2bd-2芯插头连接 T2be-2芯插头连接 T4x-4芯插头连接 T4y-4芯插头连接 T19c-19芯插头连接 T19d-19芯插头连接 T71-连接（正极，扬声器），在左后车门 T18c-18芯插头连接 T18c-18芯插头连接 R71-连接（正极，扬声器），在右后车门 R73-连接（正极，扬声器），在右后车门 导线束中 R72-连接（负极，扬声器），在左后车门导线束中 R73-连接（负极，扬声器），在左后车门导线束中 *-自2016年7月起 *2-截至2016年7月 导线束中 R74-连接（负极，扬声器），在右后车门导线束中

图 4-4-96

J794-电子通信信息设备1控制单元 R20-左前低音扬声器 R21-左前低音扬声器 R22-右前高音扬声器 R23-右前低音扬声器 T2bb-2芯插头连接 T2bc-2芯插头连接 T4t-4芯插头连接 T4s-4芯插头连接 接 T18c-18芯插头连接 T27a-27芯插头连接 T27b-27芯插头连接 B651-连接1（扬声器），在主导线束 中 B652-连接2（扬声器），在主导线束中 B653-连接3（扬声器），在主导线束中 B654-连接4（扬声器），在主导线束中 *-自2016年7月起 *2-截至2016年7月

图 4-4-95

524

电子通信信息设备 1 控制单元，USB 接口支架，外部音频源接口

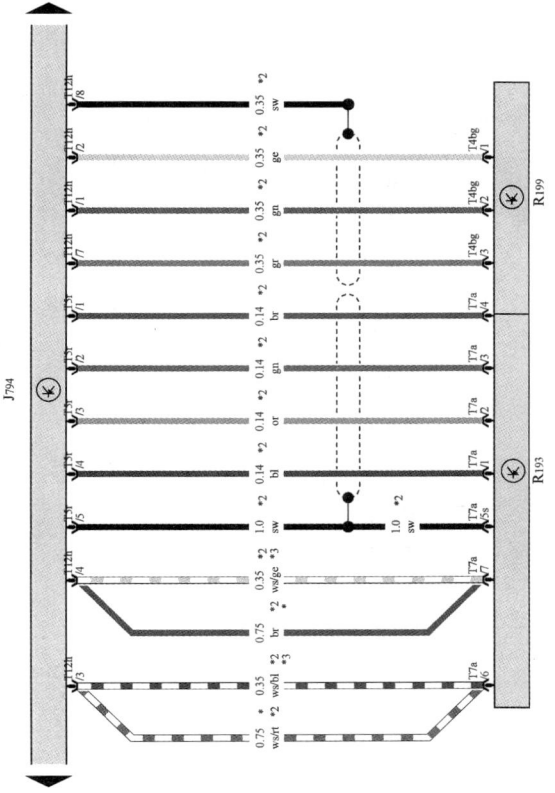

J794

R193

R199

J794－电子通信信息设备1控制单元　R193－USB接口支架　R199－外部音频源接口　T4bg－4芯插头连接
T5r－5芯插头连接　T7a－7芯插头连接　T12h－12芯插头连接　*-自2017年7月起　*2-用于带USB接口的汽车
*3-截至2017年7月

图 4-4-98

多媒体系统操作单元，前部信息显示和操作单元控制单元的显示单元，电子通信信息设备
1 控制单元

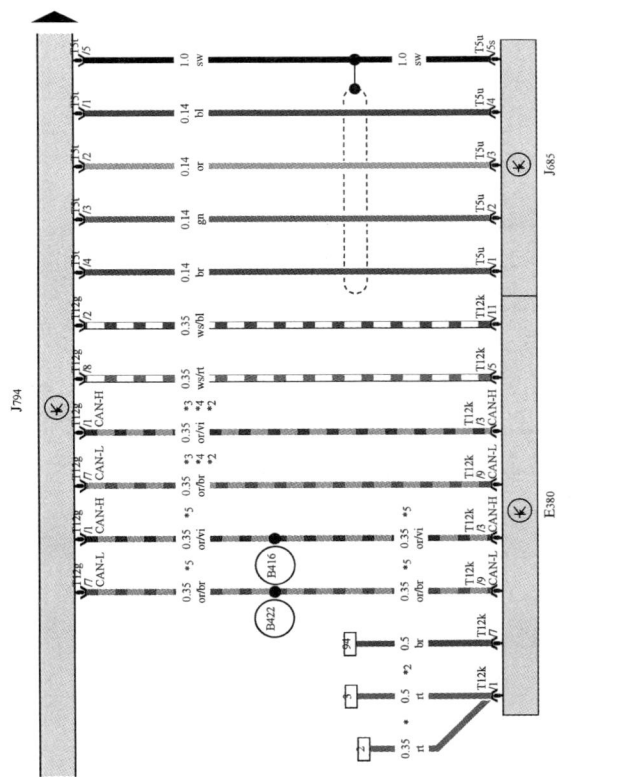

J794

J685

E380

E380－多媒体系统操作单元　J685－前部信息显示和操作单元控制单元的显示单元　J794－电子通信信息设备
1控制单元　T5u－5芯插头连接　T5r－5芯插头连接　T12g－12芯插头连接　T12k－12芯插头连接　B416－连接2
（信息娱乐CAN总线，High），在主导线束中　B422－连接2（信息娱乐CAN总线，Low），在主导线束中
*-自2016年7月起　*2-截至2016年7月　*3-用于带1.4L发动机的汽车　*4-用于带1.8L发动机的汽车　*5-依
汽车装备而定

图 4-4-97

525

电子通信信息设备 1 控制单元，天线，GPS 天线，左侧天线模块，右侧天线模块，负导线中的调频频率滤波器，正导线中的调频频率滤波器，可加热式后窗玻璃

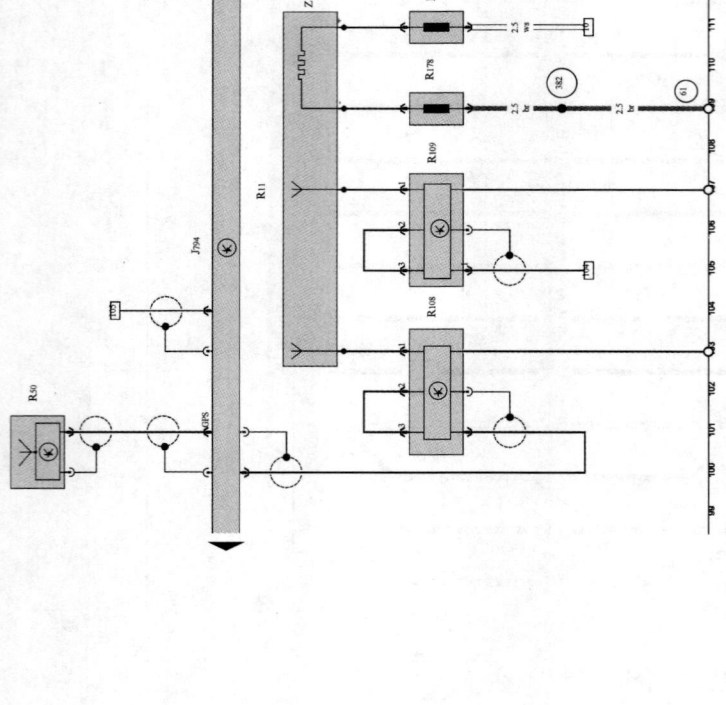

J794-电子通信信息设备1控制单元 R11-天线 R50-GPS天线 R108-左侧天线模块 R109-右侧天线模块 R178-负导线中的调频频率滤波器 R179-正导线中的调频频率滤波器 Z1-可加热式后窗玻璃 17-在主导线束中 382-接地连接 61-左侧C柱上的接地点 17-在主导线束中

图 4-4-100

电子通信信息设备 1 控制单元，外部音频源接口

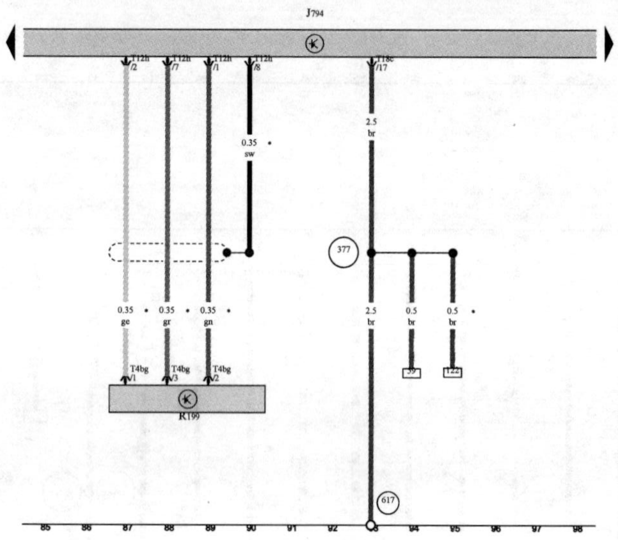

J794-电子通信信息设备1控制单元 R199-外部音频源接口 T4bg-4芯插头连接 T12h-12芯插头连接 T18c-18芯插头连接 377-接地连接 617-右侧A柱下部接地点2 *-用于带多个USB接口的汽车 12，在主导线束中 17，在主导线束中

图 4-4-99

526

USB 分线器，USB 接口 1

电子通信信息设备 1 控制单元，USB 分线器

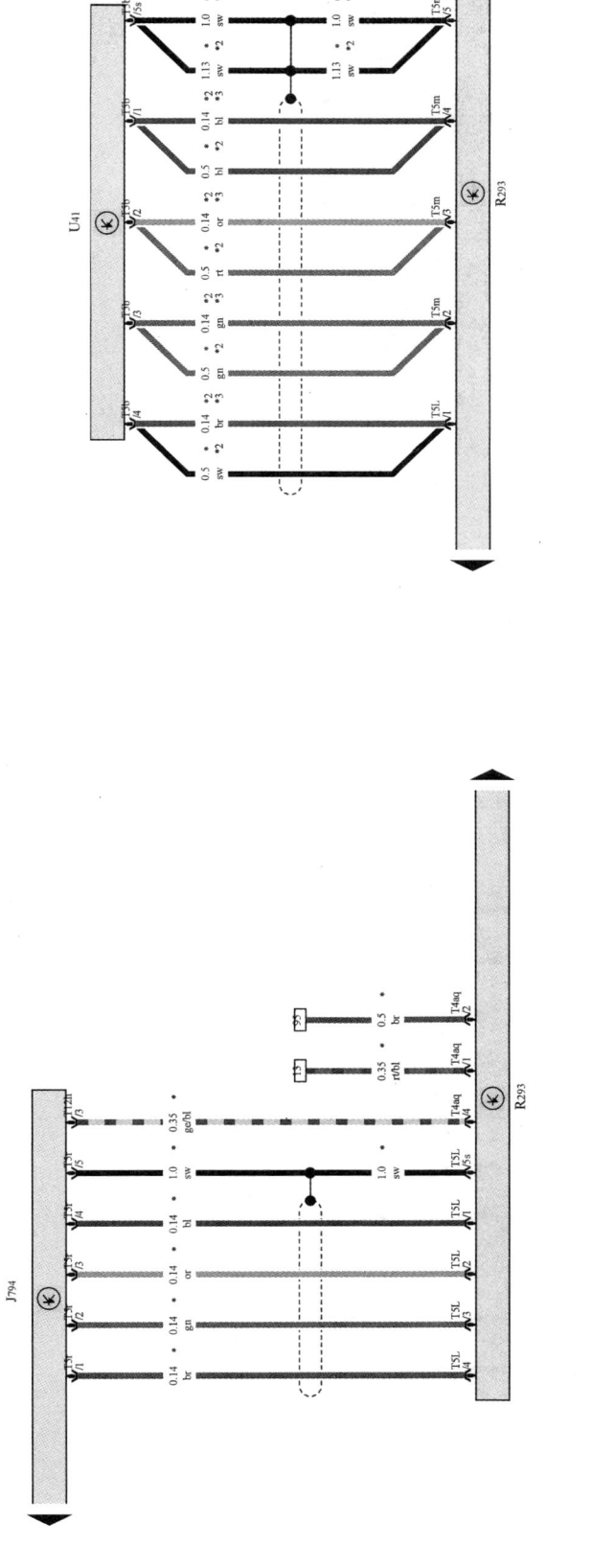

图 4-4-102

R293–USB分线器 T5b–5芯插头连接 T5L–5芯插头连接 T5m–5芯插头连接 U41–USB接口1 *–自2017年
7月起 *2–用于带多个USB接口的汽车 *3–截至2017年7月

图 4-4-101

J794–电子通信信息设备1控制单元 R293–USB分线器 T4aq–4芯插头连接 T5L–5芯插头连接 T5r–5芯插
头连接 T12h–12芯插头连接 *–用于带多个USB接口的汽车

可加热后窗玻璃继电器

SA1
125A

SC53
30A

SC12
20A

J9

16.0
rt

T2ak
V1

KL30

2.5
ws

12a

2.5
rt

*2

2.5
rt

16.0
rt

A +

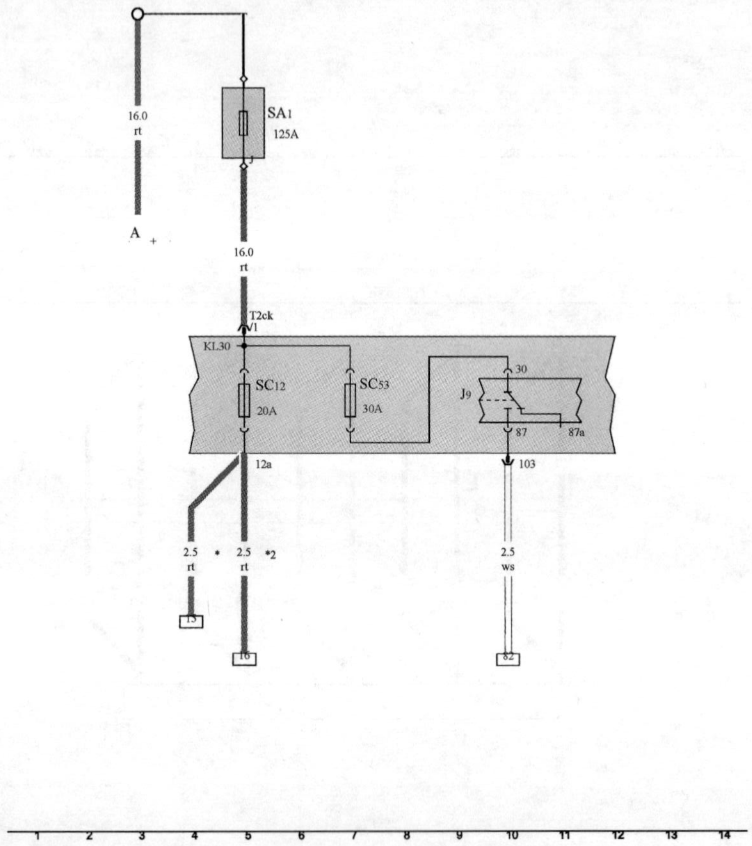

A－蓄电池　J9－可加热后窗玻璃继电器　SA1－保险丝架A上的保险丝1　SC12－保险丝架C上的保险丝12
SC53－保险丝架C上的保险丝53　T2k－2芯插头连接　*－自2016年7月起　*2－截至2016年7月

图 4-4-104

USB 分线器，USB 接口 2

U42

R293

1.0
sw
*2
*3

1.13
sw
*2
*3

0.14
bl
*2
*3

0.5
bl
*2
*3

0.14
or
*2
*3

0.5
rt
*2
*3

0.14
gn
*2
*3

0.5
gn
*2
*3

0.14
br
*2
*3

0.5
sw
*2
*3

1.0
sw
*2
*3

1.13
sw
*2
*3

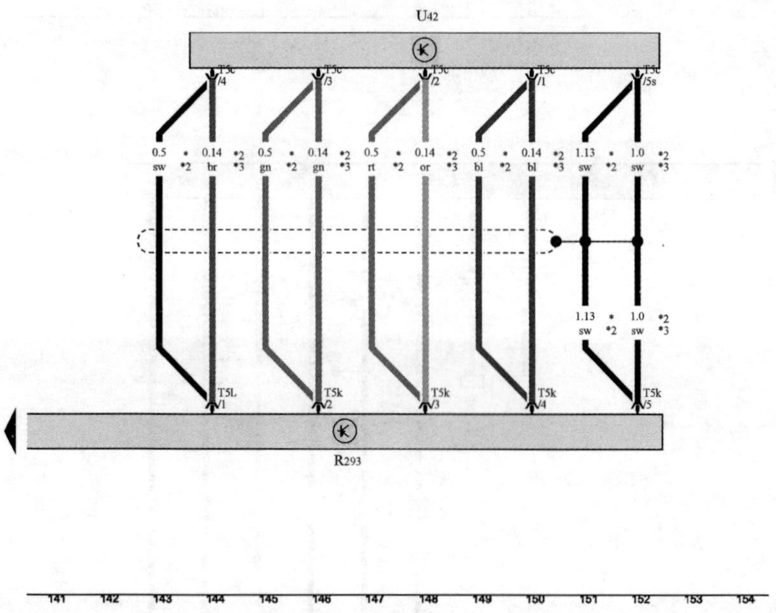

R293－USB分线器　T5c－5芯插头连接　T5k－5芯插头连接　T5L－5芯插头连接　U42－USB接口2　*－自2017年
7月起　*2－用于带多个USB接口的汽车　*3－截至2017年7月

图 4-4-103

收音机，右前高音扬声器，右前低音扬声器

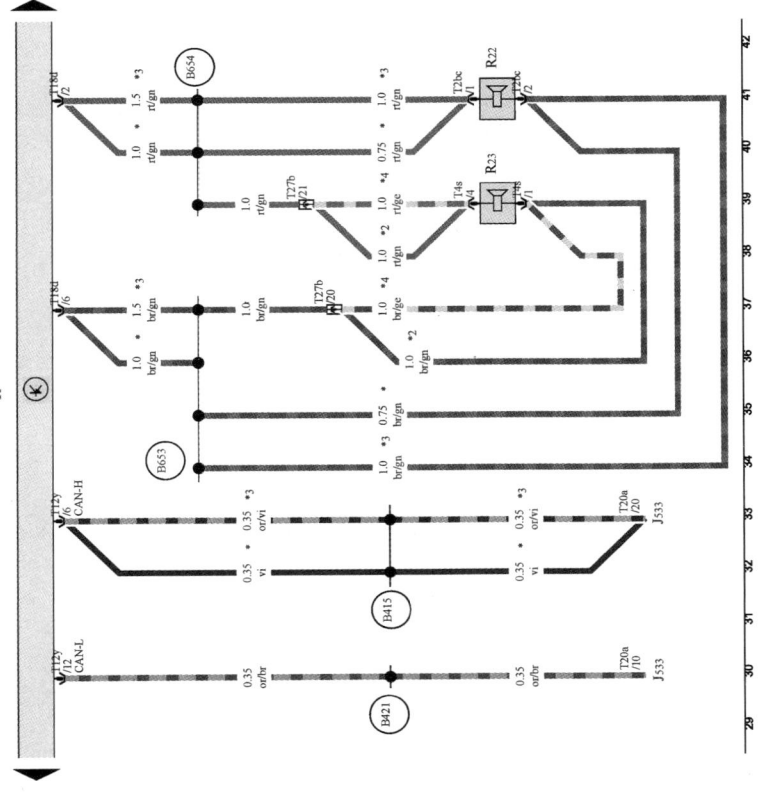

J533-数据总线诊断接口 R-收音机 R22-右前高音扬声器 R23-右前低音扬声器 T4s-4芯插头连接 T12y-12芯插头连接 T18d-18芯插头连接 T20a-20芯插头连接 T27b-27b芯插头连接 B415-连接1（信息娱乐CAN总线, High），在主导线束中 B421-连接1（信息娱乐CAN总线, Low），在2018年主导线束中 B653-连接3（扬声器），在主导线束中 B654-连接4（扬声器） *-自2018年6月起 *2-自2016年7月起 *3-截至2018年6月起 *4-截至2016年7月

图 4-4-106

收音机，左前高音扬声器，左前低音扬声器

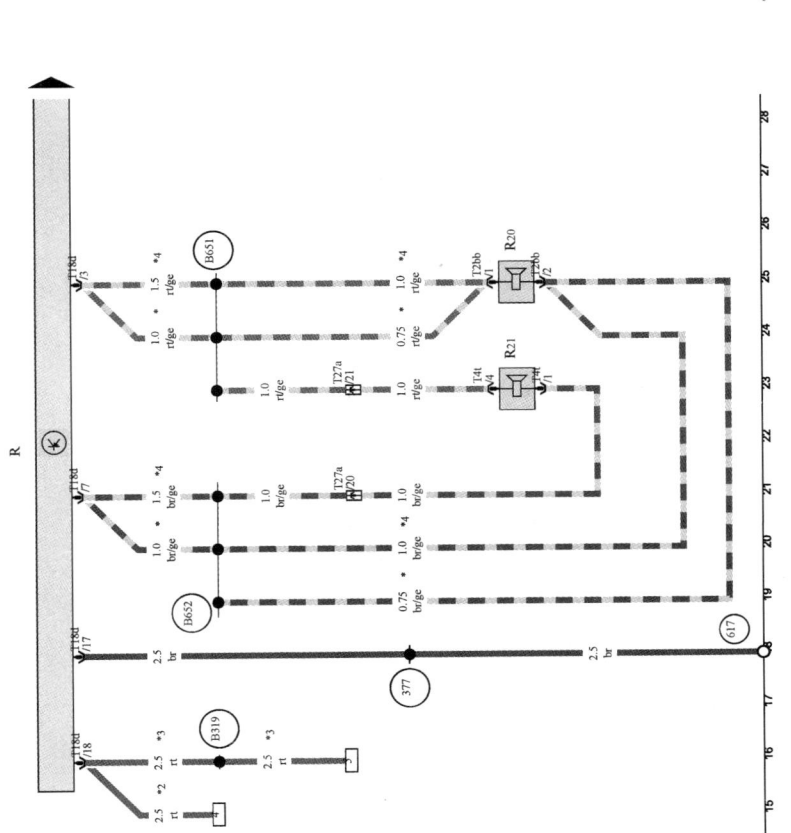

R-收音机 R20-左前高音扬声器 R21-左前低音扬声器 T2bb-2芯插头连接 T4t-4芯插头连接 T18d-18芯插头连接 T27a-27芯插头连接 377-接地连接12，在主导线束中 617-右侧A柱下部侧接地点2 B319-正极连接5（30a），在主导线束中 B651-连接1（扬声器），在主导线束中 B652-连接2（扬声器），在主导线束中 *-自2018年6月起 *2-自2016年7月起 *3-截至2016年7月 *4-截至2018年6月

图 4-4-105

收音机，左后低音扬声器，右后低音扬声器

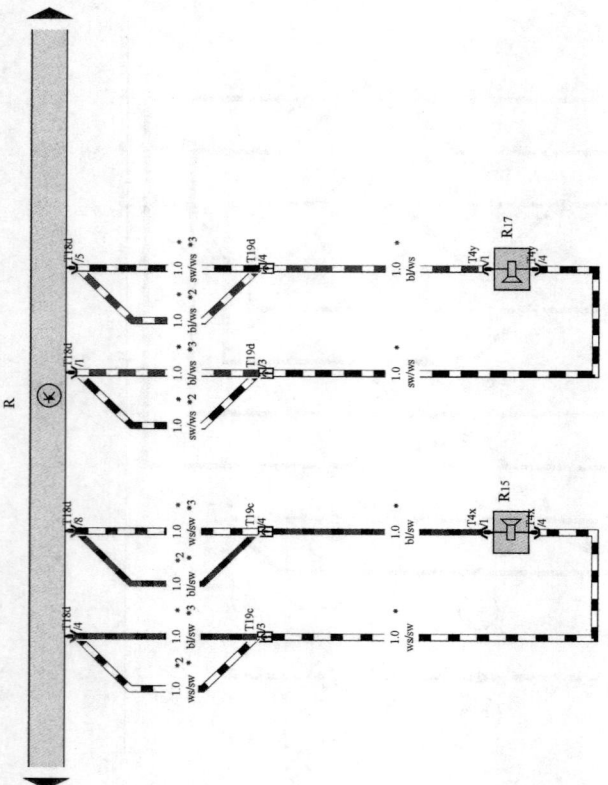

R–收音机 R15–左后低音扬声器 R17–右后低音扬声器 T4x–4芯插头连接 T4y–4芯插头连接 T18d–18
芯插头连接 T19c–19芯插头连接 T19d–19芯插头连接 *–用于带6个无源扬声器装备的汽车 *2–自2016年
7月起 *3–截至2016年7月

图 4-4-108

收音机，左后高音扬声器，左后低音扬声器，右后高音扬声器，右后低音扬声器

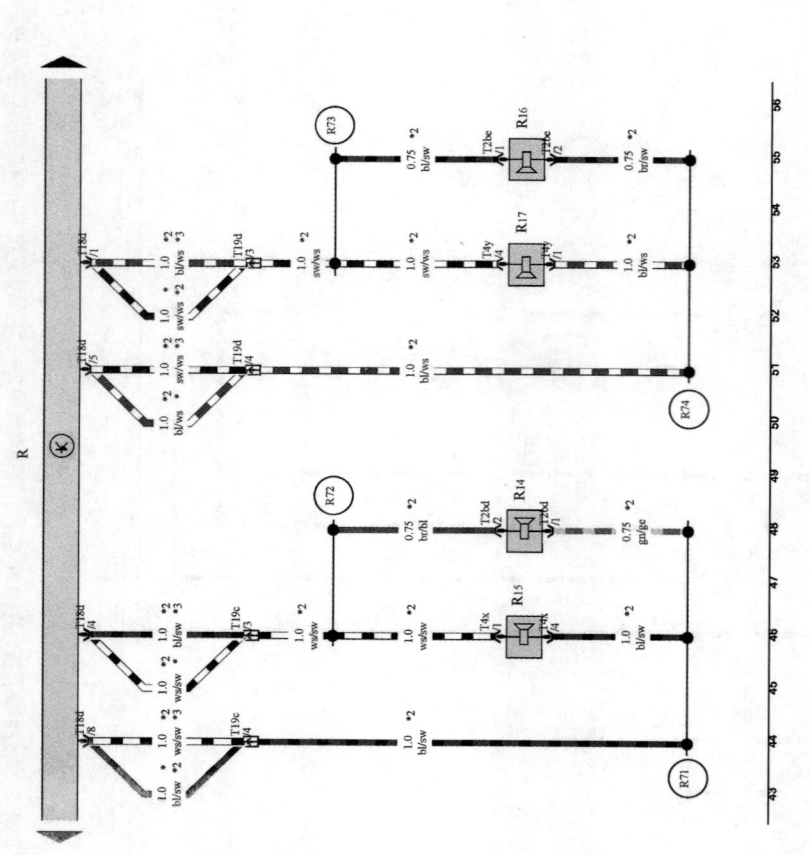

R–收音机 R14–左后高音扬声器 R15–左后低音扬声器 R16–右后高音扬声器 R17–右后高音扬声
器 T2bd–2芯插头连接 T2be–2芯插头连接 T4x–4芯插头连接 T4y–4芯插头连接 T18d–18芯插头连接
T19c–19芯插头连接 T19d–19芯插头连接 R71–连接（正极，扬声器），在左后车门导线束中 R72–连接
（负极，扬声器），在左后车门导线束中 R73–连接（正极，扬声器），在右后车门导线束中 R74–连接
（负极，扬声器），在右后车门导线束中（8RM）*–用于带8个扬声器的汽车 *2–自2016年7月起 *3–截
至2016年7月

图 4-4-107

530

组合仪表中的控制单元，电动驻车制动器和手制动器故障指示灯

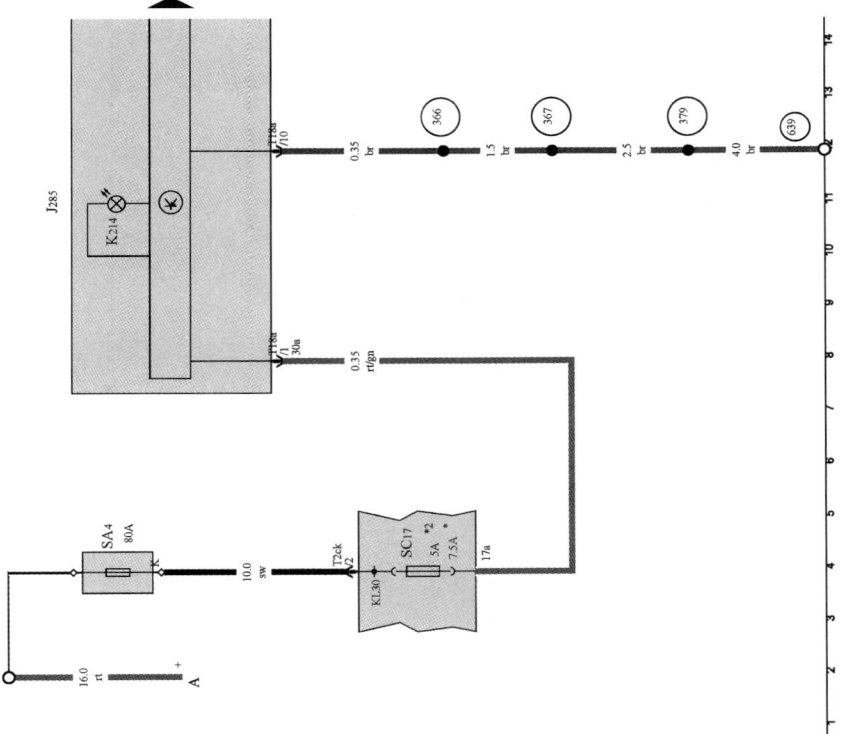

图 4-4-110

A-蓄电池 J285-组合仪表中的控制单元 K214-电动驻车制动器和手制动器故障指示灯 SA4-保险丝架A上的保险丝4 SC17-保险丝架C上的保险丝17 T2ck-2芯插头连接 T18a-18芯插头连接 T18/18-18芯插头连接 366-接地连接1，在主导线束中 367-接地连接2，在主导线束中 379-接地连接14，在主导线束中 639-左A柱上的接地点 *2-截至2018年6月

收音机，天线，右侧天线模块，负导线中的调频率滤波器，正导线中的调频率滤波器，可加热式后窗玻璃

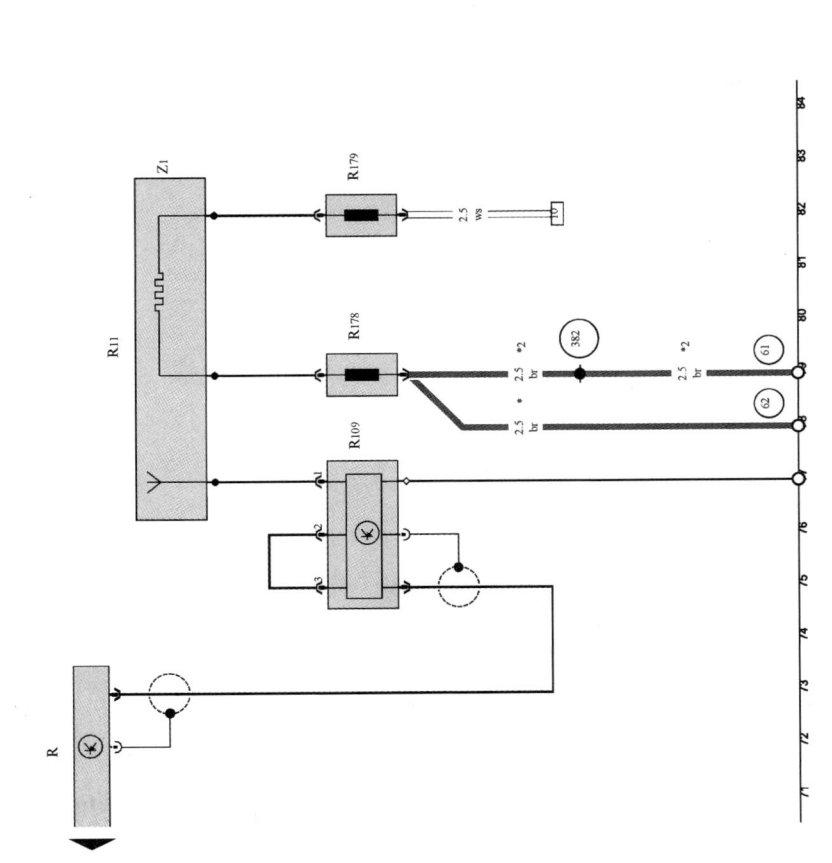

图 4-4-109

R-收音机 R11-天线 R109-右侧天线模块 R178-负导线中的调频率滤波器 R179-正导线中的调频率滤波器 Z1-可加热式后窗玻璃 61-左侧C柱上的接地点 62-右侧C柱上的接地点 382-接地连接17，在主导线束中 *-自2018年6月起 *2-截至2018年6月

防盗锁止系统读出线圈，燃油表传感器，燃油表，多功能显示器，组合仪表中的控制单元，远光灯指示灯，发电机指示灯，燃油表指示灯，冷却液温度和冷却液不足显示指示灯，机油油位指示灯

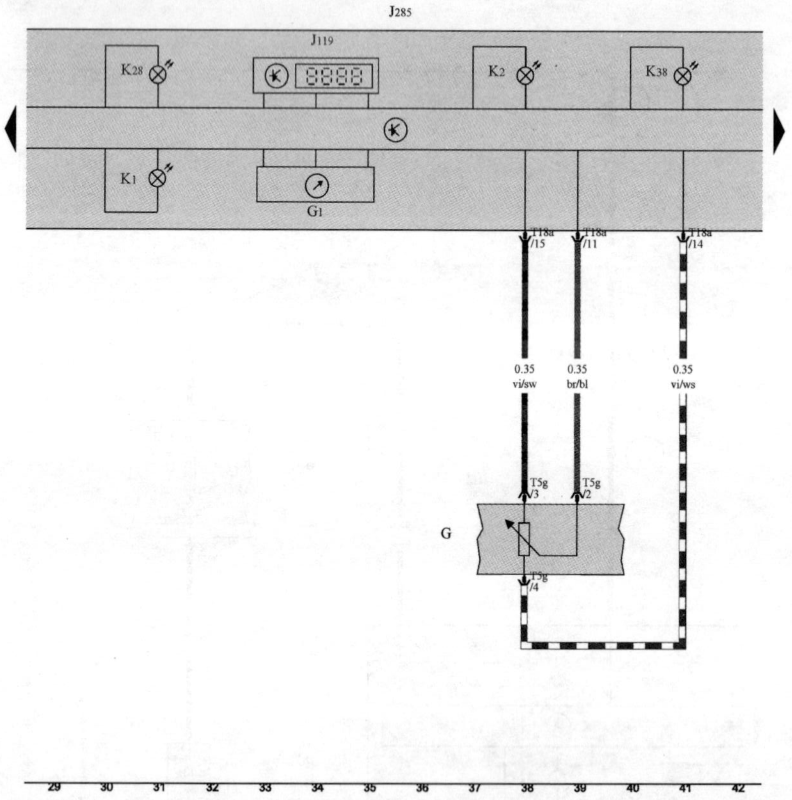

防盗锁止系统读出线圈，分行驶里程复位按钮，时钟调节按钮，冷却液温度表，组合仪表中的控制单元，防盗锁止系统控制单元，燃油表指示灯，清洗液不足指示灯，制动系统指示灯

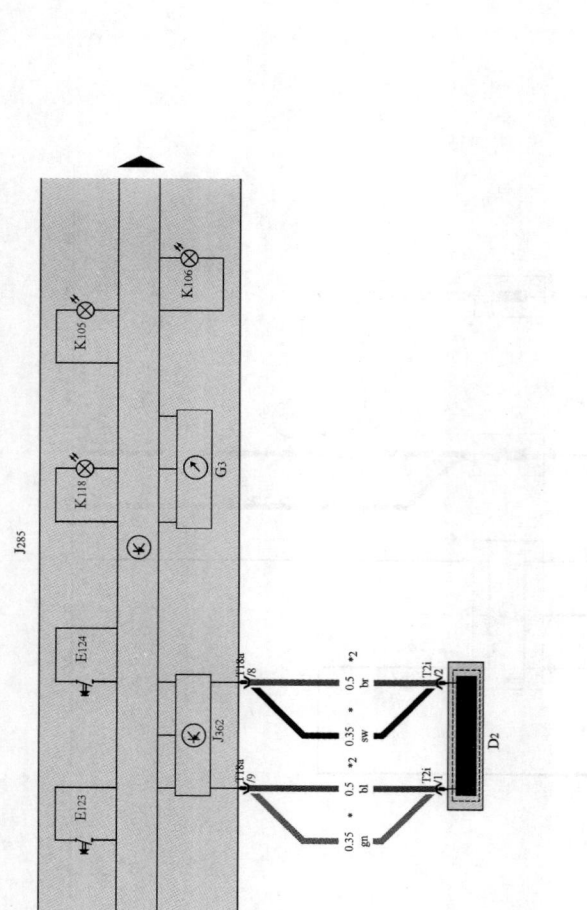

图 4-4-112

G-燃油表传感器 G1-燃油表 J119-多功能显示器 J285-组合仪表中的控制单元 K1-远光灯指示灯 K2-发电机指示灯 K28-冷却液温度和冷却液不足显示指示灯 K38-机油油位指示灯 T5g-5芯插头连接 T18a-18芯插头连接

图 4-4-111

D2-防盗锁止系统读出线圈 E123-分行驶里程复位按钮 E124-时钟调节按钮 G3-冷却液温度表 J285-组合仪表中的控制单元 J362-防盗锁止系统控制单元 K105-燃油表指示灯 K106-清洗液不足指示灯 K118-制动系统指示灯 T2i-2芯插头连接 T18a-18芯插头连接 *-自2018年6月起 *2-截至2018年6月

532

组合仪表中的控制单元，电子通信信息设备1控制单元，前雾灯指示灯，安全带警告指示灯，安全气囊指示灯，电子油门故障信号灯，机电式助力转向器指示灯，车门打开指示灯，灯泡失灵指示灯，组合仪表照明灯泡，功率放大器

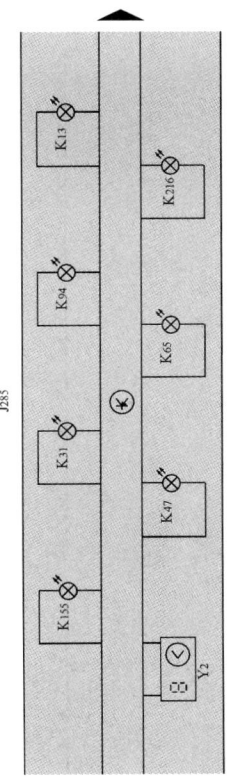

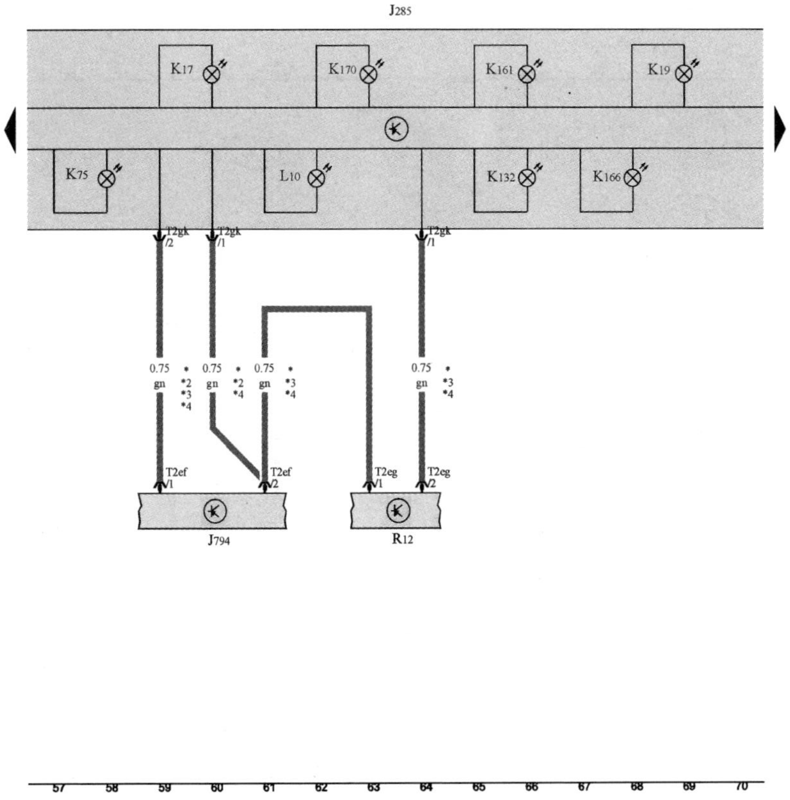

组合仪表中的控制单元，后雾灯指示灯，定速巡航装置指示灯，ABS指示灯，左侧转向信号灯指示灯，电子稳定程序和ASR指示灯，右侧转向信号灯指示灯，电子稳定程序和ASR指示灯，数字时钟

J285-组合仪表中的控制单元 J794-电子通信信息设备1控制单元 K17-前雾灯指示灯 K19-安全带警告指示灯 K75-安全气囊指示灯 K132-电子油门故障信号灯 K161-机电式助力转向器指示灯 K166-车门打开指示灯 K170-灯泡失灵指示灯 L10-组合仪表照明灯泡 R12-功率放大器 T2ef-2芯插头连接 T2eg-2芯插头连接 T2gk-2芯插头连接 *-自2018年6月起 *2-用于带8个扬声器的汽车（8RM） *3-用于带音响系统的汽车 *4-依汽车装备而定

图 4-4-114

J285-组合仪表中的控制单元 K13-后雾灯指示灯 K31-定速巡航装置指示灯 K47-ABS指示灯 K65-左侧转向信号灯指示灯 K94-右侧转向信号灯指示灯 K155-电子稳定程序和ASR指示灯 K216-电子稳定程序和ASR指示灯 Y2-数字时钟

图 4-4-113

转速表，车速表，警报蜂鸣器和警报器，组合仪表中的控制单元，废气警告灯，选挡杆指示灯，
轮胎压力监控显示控制单元，里程表，选挡杆位置显示

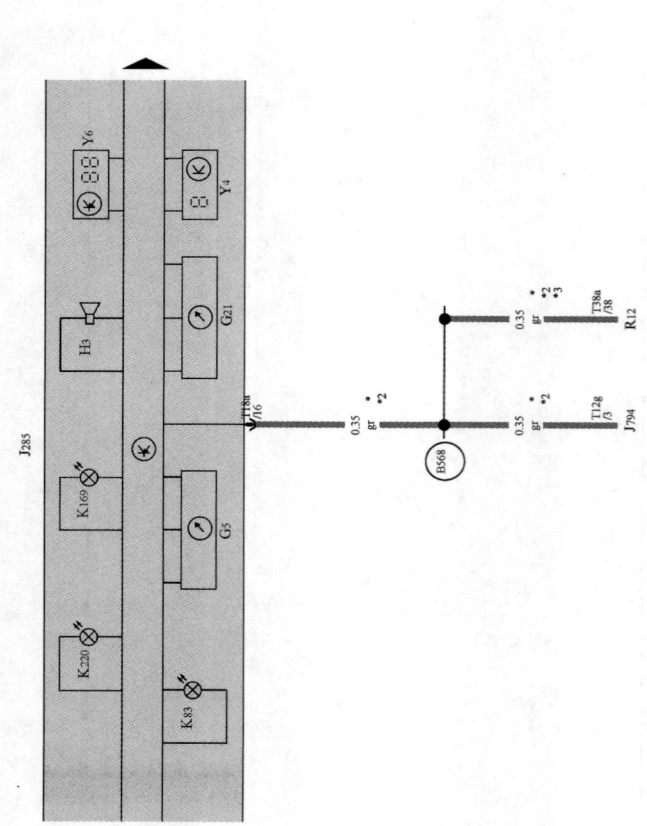

G5-转速表 G21-车速表 H3-警报蜂鸣器和警音 J285-组合仪表中的控制单元 J794-电子通信信息设
备1控制单元 K83-废气警告灯 K169-选挡杆指示灯 K220-轮胎压力监控显示指示灯 R12-功率放大器
T12g-12芯涌头连接 T18a-18芯涌头连接 T38a-38芯涌头连接 Y4-里程表 Y6-选挡杆位置显示 B568-
连接35，在主导线束中 *-自2018年6月起 *2-依汽车装备而定 *3-用于带音响系统的汽车

图 4-4-115

组合仪表中的控制单元，车载电网控制单元

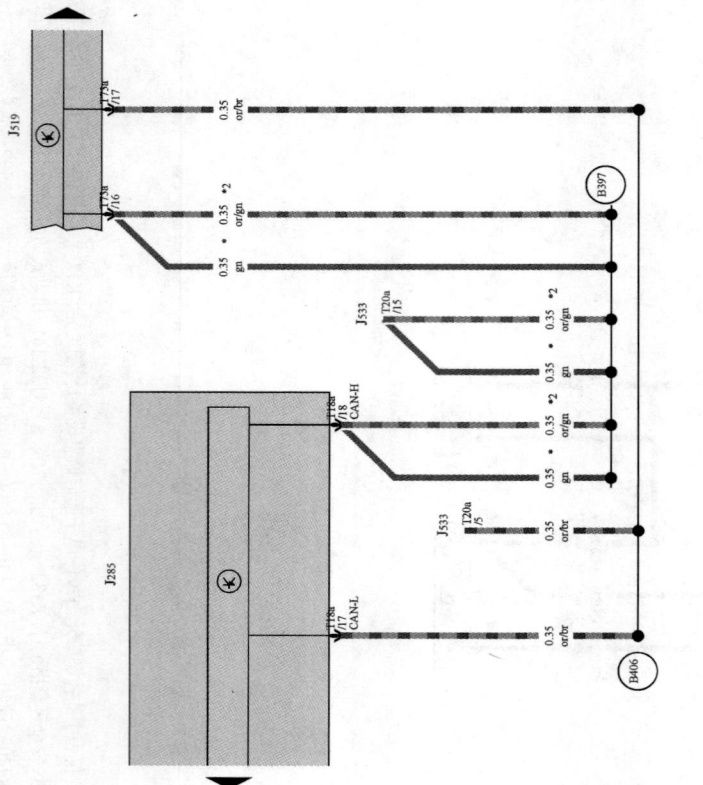

J285-组合仪表中的控制单元 J519-车载电网控制单元 J533-数据总线诊断接口 T18a-18芯涌头连接
T20a-20芯涌头连接 T73a-73芯涌头连接 B397-连接1（舒适CAN总线，High），在主导线束中 B406-连
接1（舒适CAN总线，Low），在主导线束中 *-自2018年6月起 *2-截至2018年6月

图 4-4-116

534

保险丝架 C

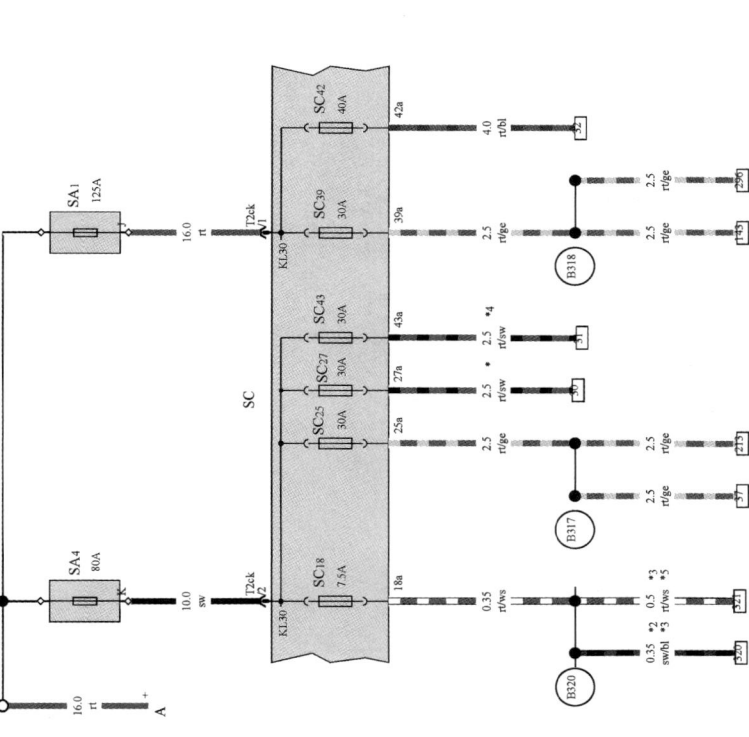

制动液液位警告信号触点，车外温度传感器，冷却液不足显示液
位传感器，车载电网控制单元

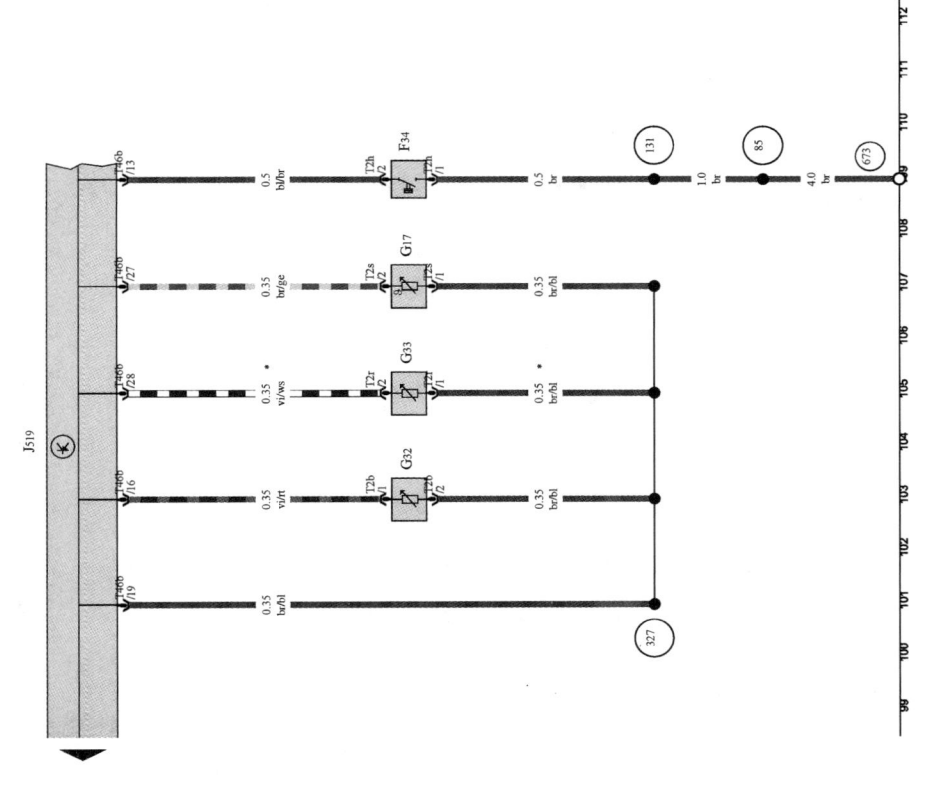

A-蓄电池 SA1-保险丝架A上的保险丝1 SA4-保险丝架A上的保险丝4 SC-保险丝架C SC18-保险丝架C
上的保险丝18 SC25-保险丝架C上的保险丝25 SC27-保险丝架C上的保险丝27 SC39-保险丝架C上的保
险丝39 SC42-保险丝架C上的保险丝42 SC43-保险丝架C上的保险丝43 T2ck-2芯插头连接 B317-正极连
接3（30a），在主导线束中 B318-正极连接4（30a），在主导线束中 B320-正极连接6（30a），在主导线
束中 *-自2017年7月起 *2-自2016年7月起 *3-用于带倒车影像系统的汽车 *4-截至2017年7月 *5-截至
2016年7月

图 4-4-118

F34-制动液位警告信号触点 G17-车外温度传感器 G32-冷却液不足显示传感器 G33-车窗玻璃清洗液
液位传感器 J519-车载电网控制单元 T2b-2芯插头连接 T2h-2芯插头连接 T2r-2芯插头连接 T2s-2芯插
头连接 T46b-46芯插头连接 85-接地连接1，在发动机舱导线束中 131-接地连接2，在发动机舱导线束中
327-接地连接（传感器接地），在发动机舱导线束中 673-左前纵梁上的接地点3 *-用于带大灯清洗装置
的汽车

图 4-4-117

535

駕駛員側車門控制單元，車載電網控制單元，駕駛員側前部車窗電動升降器電機，駕駛員側電動升降器電機

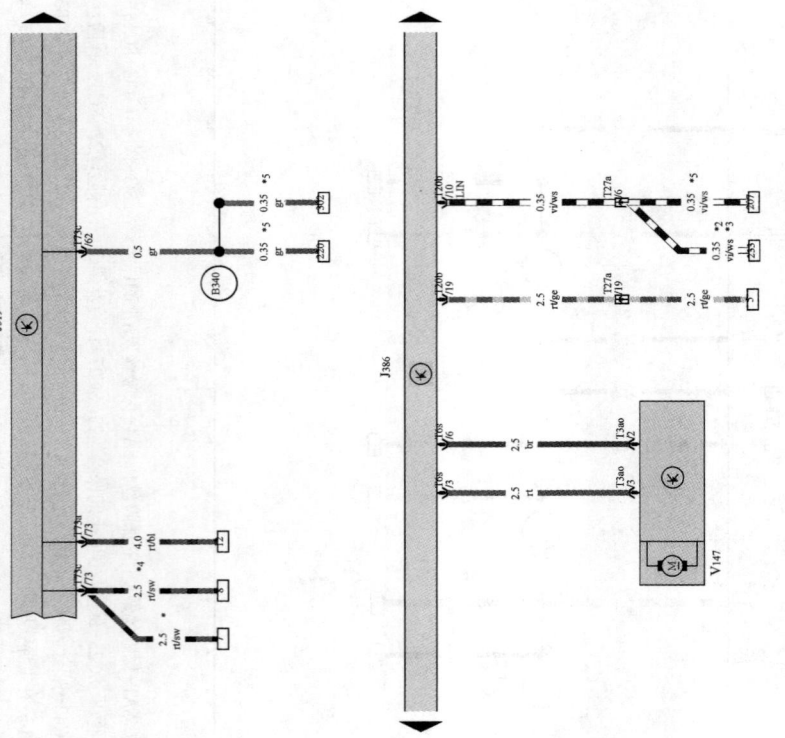

后部车窗升降器锁止开关，驾驶员车门中的车窗升降器操作单元，驾驶员侧车窗升降器按钮，驾驶员侧前部车窗升降器按钮，在驾驶员车门中，副驾驶员侧后部车窗升降器按钮，驾驶员侧后部车窗升降器按钮，在驾驶员车门中，驾驶员侧车门控制单元，后部车窗升降器锁止指示灯，开关照明灯泡

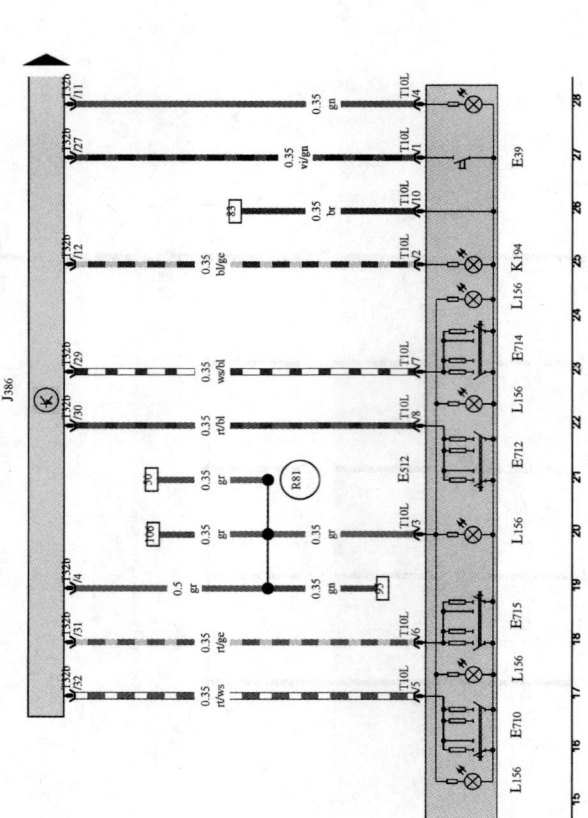

图4-4-120

J386-驾驶员侧车门控制单元 J519-车载电网控制单元 T3ao-3芯插头连接 T6s-6芯插头连接 T20b-20芯插头连接 T27a-27芯插头连接 T73a-73芯插头连接 T73c-73芯插头连接 V147-驾驶员侧电动升降器电机 *3-用于带进入及启动许可的汽车 *3-截至2016年 B340-连接1（58d），在主导线束中 *1-自2017年7月起 *2-用于带进入及启动许可的汽车 *3-截至2016年4月 *4-截至2017年7月 *5-依汽车装备而定

图4-4-119

E39-后部车窗升降器锁止开关 E512-驾驶员车门中的车窗升降器操作单元 E710-驾驶员侧前部车窗升降器按钮 E712-驾驶员侧后部车窗升降器按钮 E714-副驾驶员侧后部车窗升降器按钮，在驾驶员车门中 E715-副驾驶员侧车窗升降器按钮，在驾驶员车门中 J386-驾驶员侧车门控制单元 K194-后部车窗升降器锁止指示灯 L156-开关照明灯泡 R81-连接1（58d），在驾驶员车门电缆导线束中 T10L-10芯插头连接 T32b-32芯插头连接

驾驶员侧车内上锁按钮，驾驶员侧车门控制单元，车载电网控制单元，驾驶员侧车内联锁指示灯，开关照明灯泡

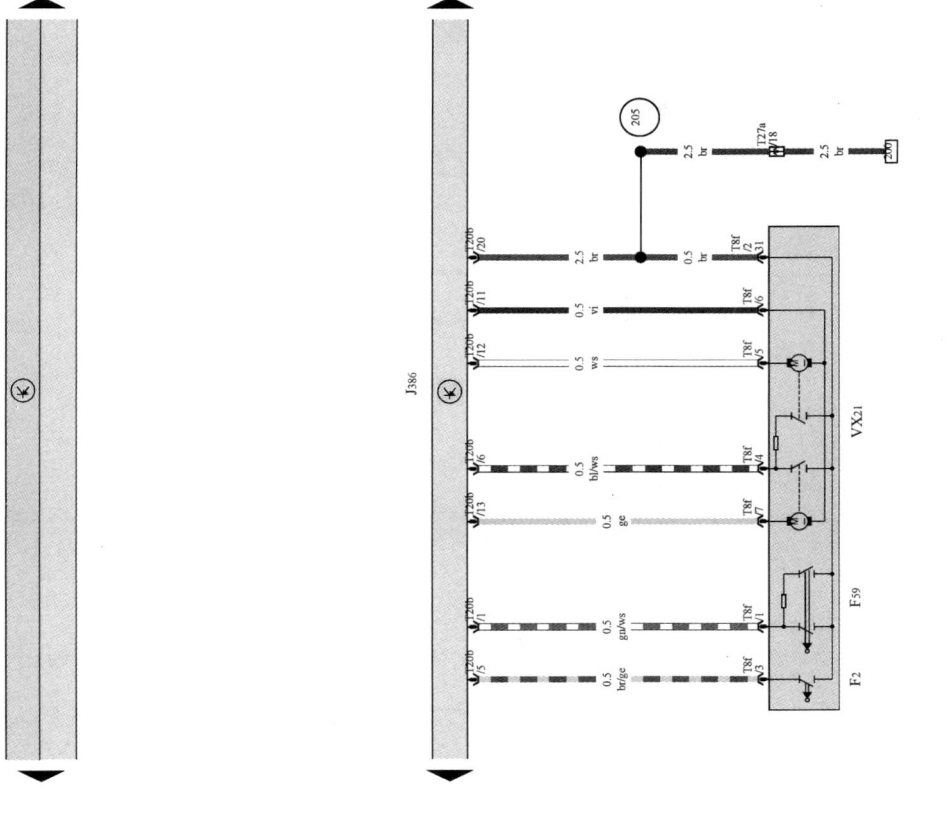

E308-驾驶员侧车内车内上锁按钮 J386-驾驶员侧车门控制单元 J519-车载电网控制单元 K174-驾驶员侧车内联锁指示灯 L156-开关照明灯泡 T4r-4芯插头连接 T20b-20芯插头连接 T27a-27芯插头连接 T32b-32芯插头连接 T73a-73芯插头连接 B397-连接1（舒适CAN总线，High），在主导线束中 B406-连接1（舒适CAN总线，Low），在主导线束中 *-自2018年6月起 *2-截至2018年6月

图 4-4-121

驾驶员侧车门接触开关，驾驶员侧中央门锁开关，驾驶员侧车门控制单元，车载电网控制单元，驾驶员车门闭锁单元

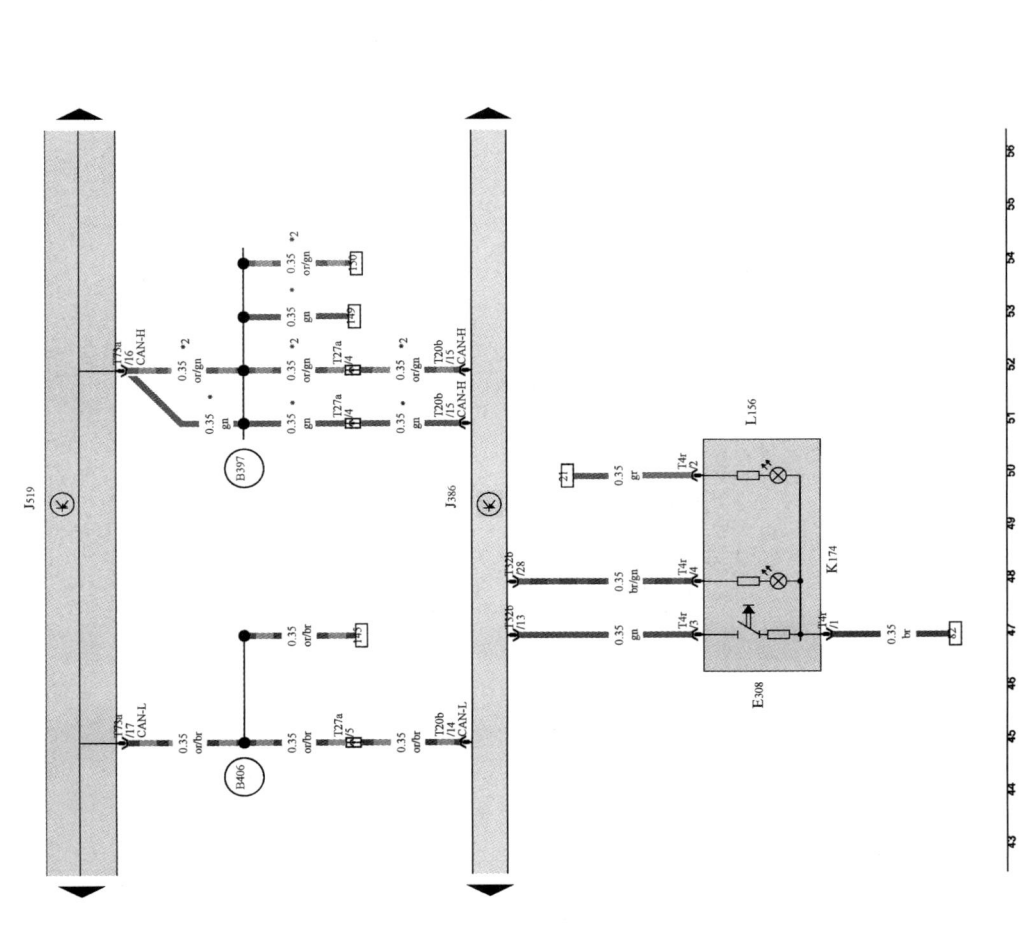

F2-驾驶员侧车门接触开关 F59-驾驶员侧中央门锁开关 J386-驾驶员侧车门控制单元 J519-车载电网控制单元 T8f-8芯插头连接 T20b-20芯插头连接 T27a-27芯插头连接 VX21-驾驶员车门闭锁单元 205-接芯地连接，在驾驶员侧车门电缆导线束中

图 4-4-122

537

驾驶员侧车门控制单元，车载电网控制单元，驾驶员侧车门储物箱照明灯泡，左前车门背景照明灯 1，左前车门背景照明灯 2

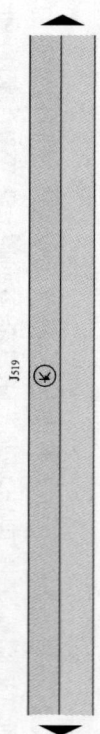

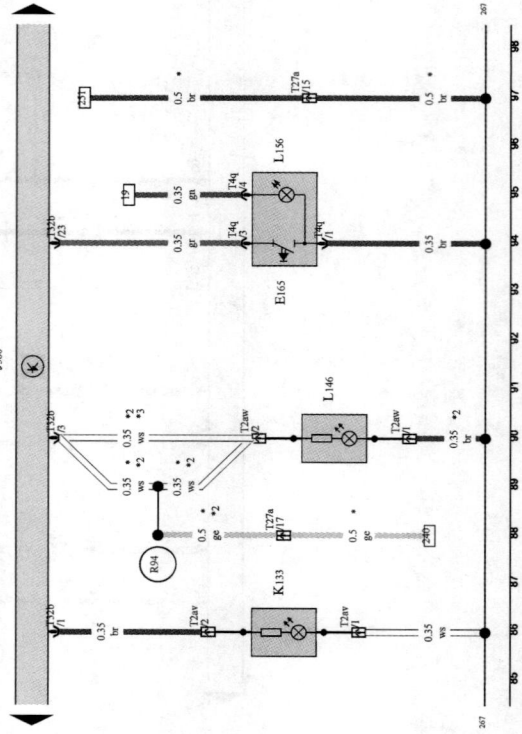

J386-驾驶员侧车门控制单元 J519-车载电网控制单元 L160-驾驶员侧车门储物箱照明灯泡 L199-左前车门背景照明灯1 L203-左前车门背景照明灯2 T2dy-2芯插头连接 T2dz-2芯插头连接 T4u-4芯插头连接 T27a-27芯插头连接 T32b-32芯插头连接 267-接地连接 R56-连接（登车照明灯），在驾驶员侧车门电缆导线束中 *-依汽车装备而定 *2-截至2018年6月 *3-自2016年4月起车照明灯），在驾驶员侧车门电缆导线束中

图 4-4-123

行李箱盖开锁开关，驾驶员侧车门控制单元，车载电网控制单元，中央门锁 Sefe 功能指示灯，驾驶员侧车门内把手照明灯泡，开关照明灯泡

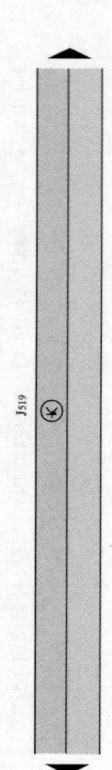

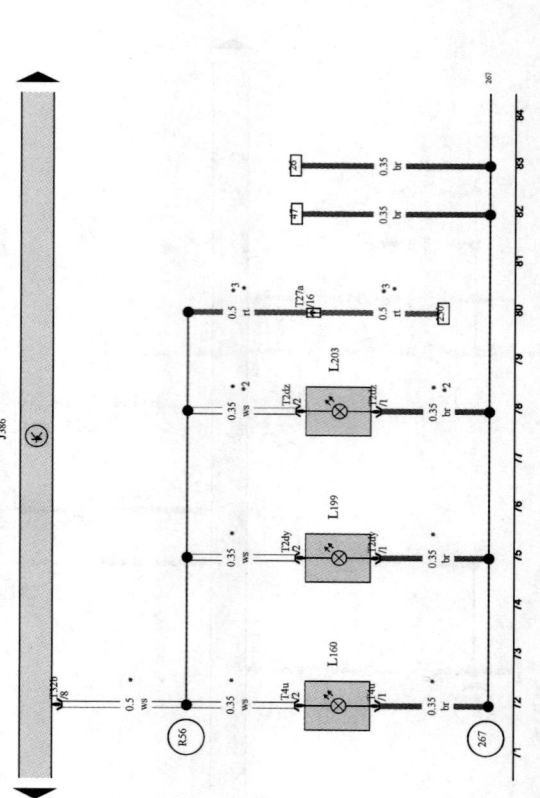

E165-行李箱盖开锁开关 J386-驾驶员侧车门控制单元 J519-车载电网控制单元 K133-中央门锁(Safe功能指示灯 L146-驾驶员侧车门内把手照明灯泡 L156-开关照明灯泡 T2aw-2芯插头连接 T2aw-2芯插头连接 T4q-4芯插头连接 T27a-27芯插头连接 267-接地连接 *-自2016年4月起束中 R94-连接1，在驾驶员侧车门电缆导线束中 *3-截至2016年 束中 R94-连接1，在驾驶员侧车门电缆导线束中 *2-依汽车装备而定 *3-截至2016年4月

图 4-4-124

后视镜调节开关，后视镜调节转换开关，车外后视镜加热按钮，车载电网控制单元，驾驶员侧车门控制单元，后视镜内折开关，后视镜调节开关照明灯泡，驾驶员侧车门警告灯，左前登车护条背景照明的光导管

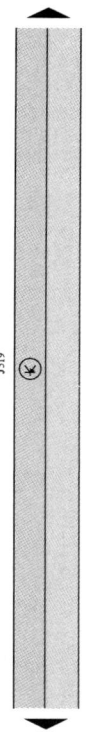

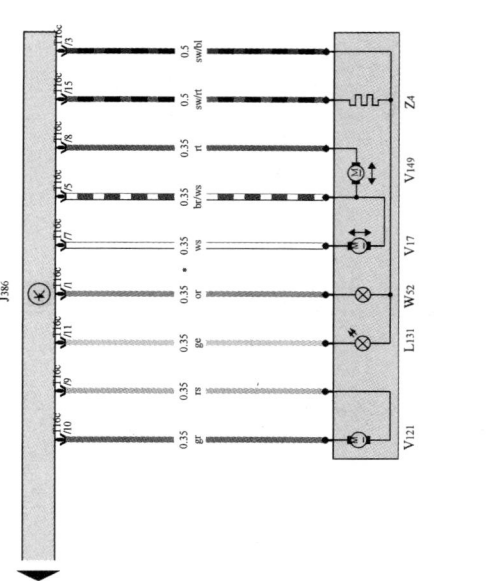

图 4-4-125

E43-后视镜调节开关 E48-后视镜调节转换开关 E231-车外后视镜加热按钮 E263-后视镜内折开关
J386-驾驶员侧车门控制单元 J519-车载电网控制单元 L78-后视镜调节开关照明灯泡 T2ba-2芯插头连接
T2et-2芯插头连接 T6r-6芯插头连接 T27a-27芯插头连接 T32b-32芯插头连接 W30-驾驶员侧车门警告
灯 W67-左前登车护条背景照明的光导管 267-接地连接2，在驾驶员侧车门电缆导线束中 R95-连接2，
在驾驶员侧车门电缆导线束中 *-自2016年7月起 *2-用于门槛饰条中的环境照明 *3-截至2018年6月 *4-
截至2016年7月

驾驶员侧车门控制单元，车载电网控制单元，驾驶员侧后视镜内折电机，驾驶员侧外后视镜警告灯泡，驾驶员侧外后视镜调节电机，车外后视镜调节电机，驾驶员侧，驾驶员侧可加热车外后视镜

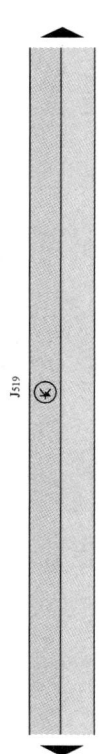

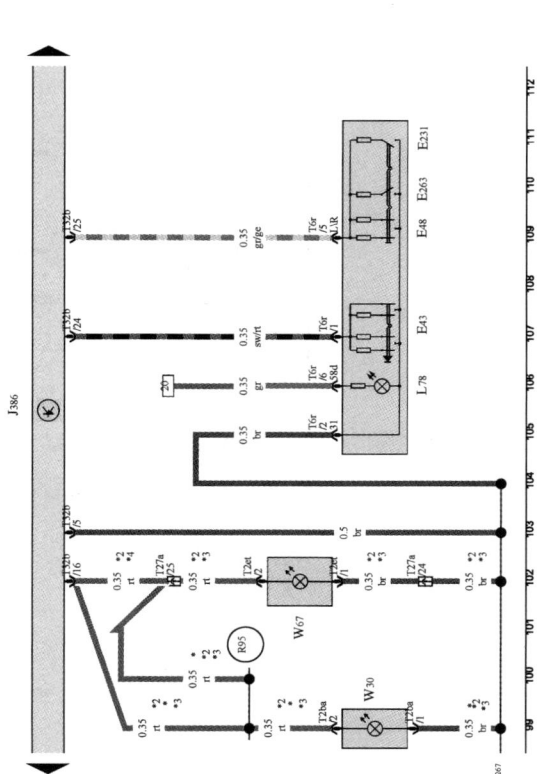

图 4-4-126

J386-驾驶员侧车门控制单元 J519-车载电网控制单元 L131-驾驶员侧外后视镜警告灯泡 T16c-16芯插头
连接 V17-驾驶员侧后视镜调节电机2 V121-驾驶员侧后视镜内折电机 V149-驾驶员侧外后视镜调节电机
W52-车外后视镜内的登车照明灯，驾驶员侧 Z4-驾驶员侧可加热车外后视镜 *-依汽车装备而定

副驾驶员侧车门控制单元，车载电网控制单元，副驾驶员侧车门内把手照明灯泡，副驾驶员侧车门内把手照明灯泡，副驾驶员侧车门背景照明灯 1，右前车门背景照明灯 2

员侧车门储物箱照明灯泡，右前车门背景照明灯泡

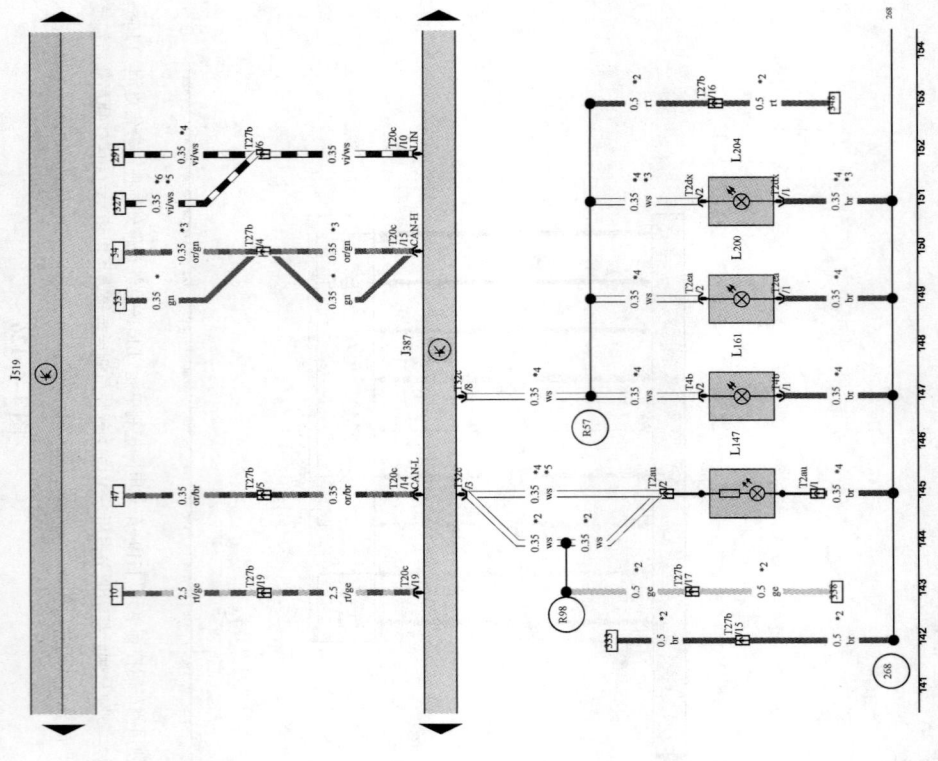

J387-副驾驶员侧车门控制单元 J519-车载电网控制单元 L147-驾驶员侧车门内把手照明灯泡 L161-副驾驶员侧车门内把手照明灯2 T2au-2芯插头连接 L204-右前车门背景照明灯 T2a-前车门背景照明灯2 T2au-2芯插头连接 L200-右前车门储物箱照明灯泡 T2ea-2芯插头连接 T4b-4芯插头连接 T20c-20芯插头连接 T27b-27芯插头连接 T32c-T2dx-2芯插头连接 T32-32芯插头连接 268-接地连接2，在副驾驶员侧车门电缆导线束中 R57-连接（登车照明灯），在副驾驶员侧车门电缆导线束中 R98-连接1，在副驾驶员侧车门电缆导线束中 *-自2018年6月起 *2-自2016年4月起车门电缆导线束中 R98-连接1，在副驾驶员侧车门电缆导线束中 *-自2018年6月起 *2-自2016年4月起 *3-截至2018年6月 *4-依车辆装备而定 *5-截至2016年4月 *6-用于带逆入及启动许可的汽车 *2-自2016年4月起 *3-

图 4-4-128

副驾驶员侧车门接触开关，副驾驶员侧车门控制单元，车载电网控制单元，副驾驶员侧车门闭锁单元

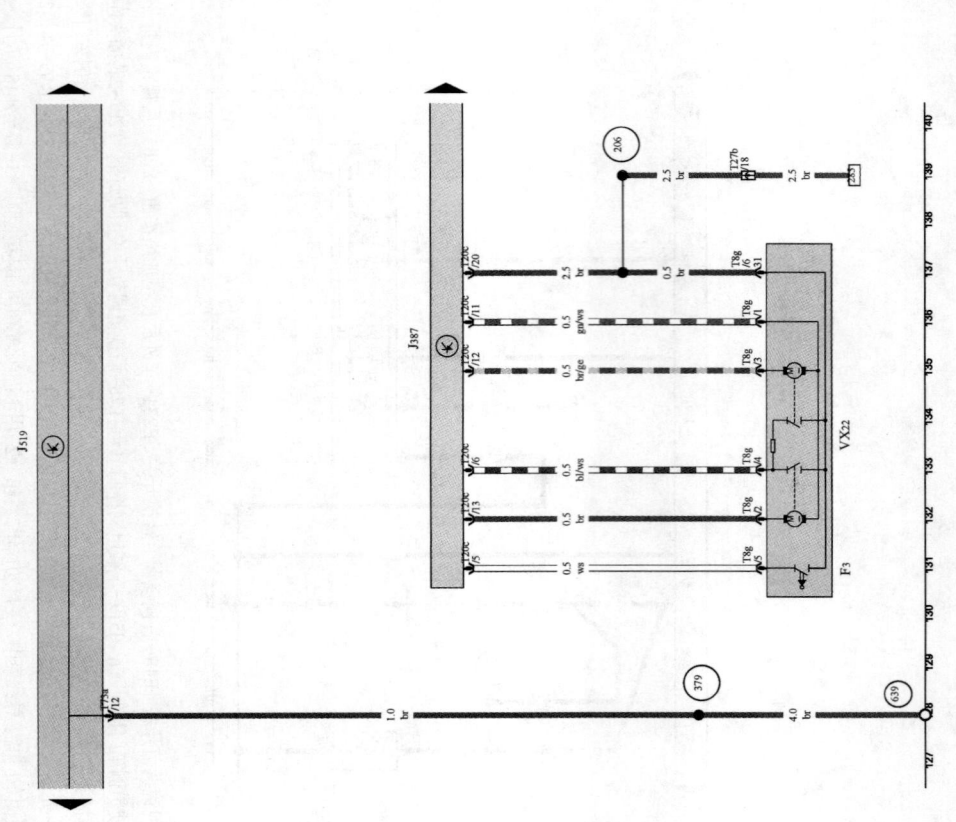

F3-副驾驶员侧车门接触开关 J387-副驾驶员侧车门控制单元 J519-车载电网控制单元 VX22-副驾驶员侧车门闭锁单元 T20c-20芯插头连接 T27b-27芯插头连接 T73a-73芯插头连接 T8g-8芯插头连接 206-接地连接，在副驾驶员侧车门电缆导线束中 379-接地连接14，在主导线束中 639-左A柱上的接地点

图 4-4-127

副驾驶员侧前部车窗升降器按钮，副驾驶员侧车门控制单元，车载电网控制单元，副驾驶员侧外后视镜警告灯泡，副驾驶员侧后视镜调节电机，副驾驶员侧后视镜内折电机，副驾驶员侧后视镜调节电机，车外后视镜内的登车照明灯，副驾驶员侧，副驾驶员侧可加热式车外后视镜

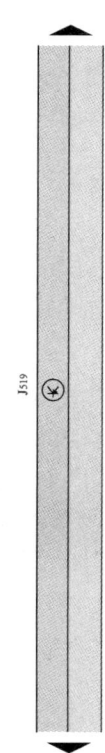

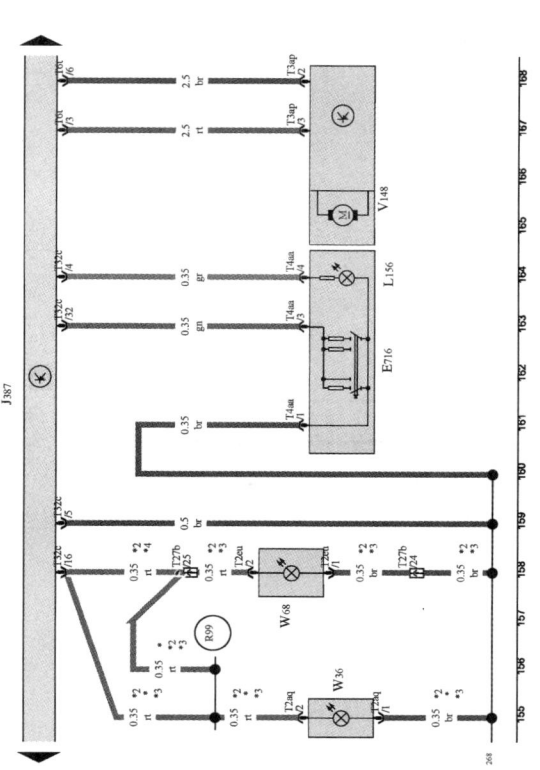

J387-副驾驶员侧车门控制单元 J519-车载电网控制单元 L132-副驾驶员侧外后视镜警告灯泡 T16d-16芯插头连接 V25-副驾驶员侧后视镜调节电机2 V122-副驾驶员侧后视镜内折电机 V150-副驾驶员侧后视镜调节电机 W53-车外后视镜内的登车照明灯 Z5-副驾驶员侧可加热式车外后视镜 *-依汽车装备而定

图 4-4-130

副驾驶员侧前部车窗升降器按钮，副驾驶员侧车门控制单元，车载电网控制单元，开关照明灯泡，副驾驶员侧电动升降器电机，副驾驶员侧车门警告灯，右前登车护条背景照明的光导管

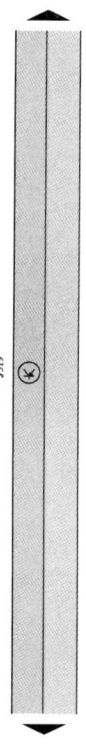

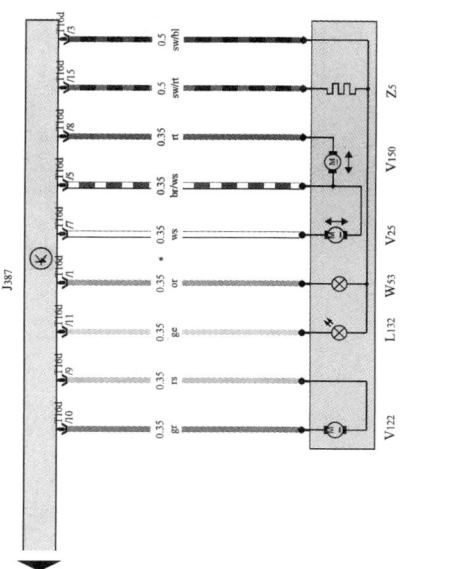

E716-副驾驶员侧前部车窗升降器按钮 J387-副驾驶员侧车门控制单元 J519-车载电网控制单元 L156-开关照明灯泡 T2aq-2芯插头连接 T2eu-2芯插头连接 T3ap-3芯插头连接 T4aa-4芯插头连接 T6t-6芯插头连接 T27b-27芯插头连接 T32c-32芯插头连接 V148-副驾驶员侧电动升降器电机 W36-副驾驶员侧车门警告灯 W68-右前登车护条背景照明的光导管 268-接地连接2，在副驾驶员侧车门电缆导线束中 R99-连接2，在副驾驶员侧车门电缆导线束中 *1-自2016年7月起 *2-用于门槛饰条中的环境照明 *3-截至2018年6月 *4-截至2016年7月

图 4-4-129

左后车门控制单元，车载电网控制单元，驾驶员侧后部车窗升降器电机

左后车门接触开关，车载电网控制单元，左后车门闭锁单元

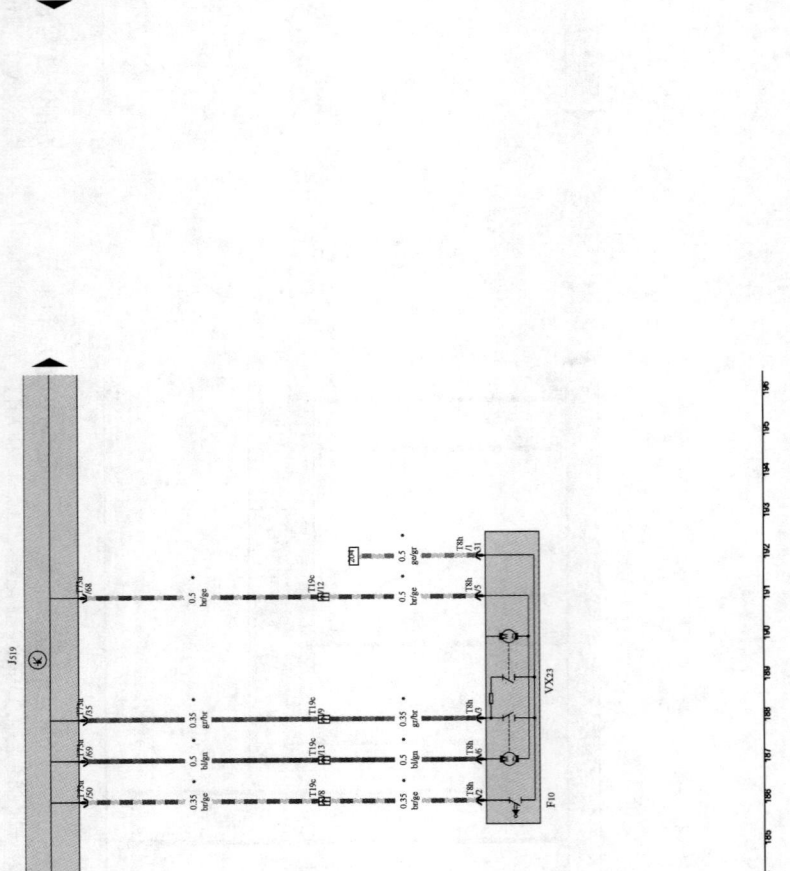

图4-4-132

F10－左后车门接触开关 J519－车载电网控制单元 T8h－8芯插头插座连接 T19c－19芯插头连接 T73a－73芯插头
连接 VX23－左后车门闭锁单元 *－依汽车装备而定

图4-4-131

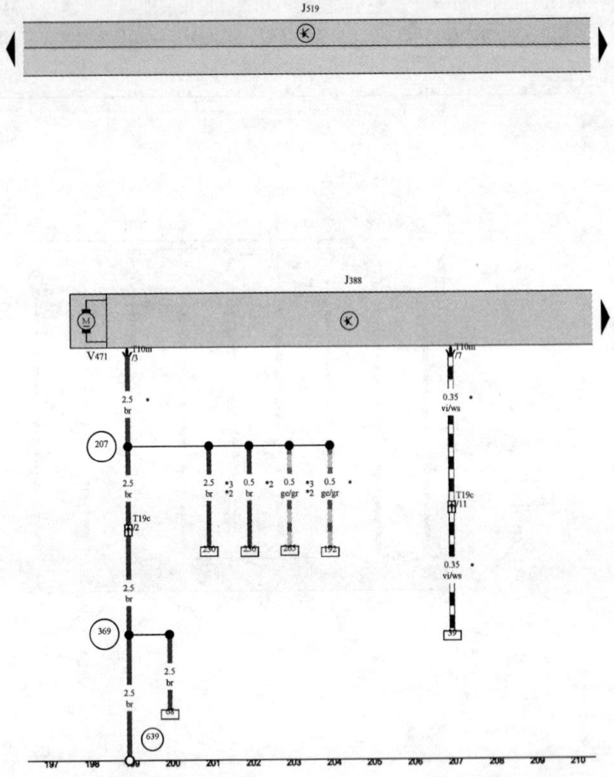

J388－左后车门控制单元 J519－车载电网控制单元 T10m－10芯插头连接 T19c－19芯插头连接 V471－驾
驶员侧后部车窗升降器电机 207－接地连接，在左后车门电缆导线束中 369－接地连接4，在主导线束中
639－左A柱上的接地点 *－依汽车装备而定 *2－截至2016年4月 *3－用于带进入及启动许可的汽车

542

左后车门控制单元，车载电网控制单元，驾驶员侧后部车窗升降器电机

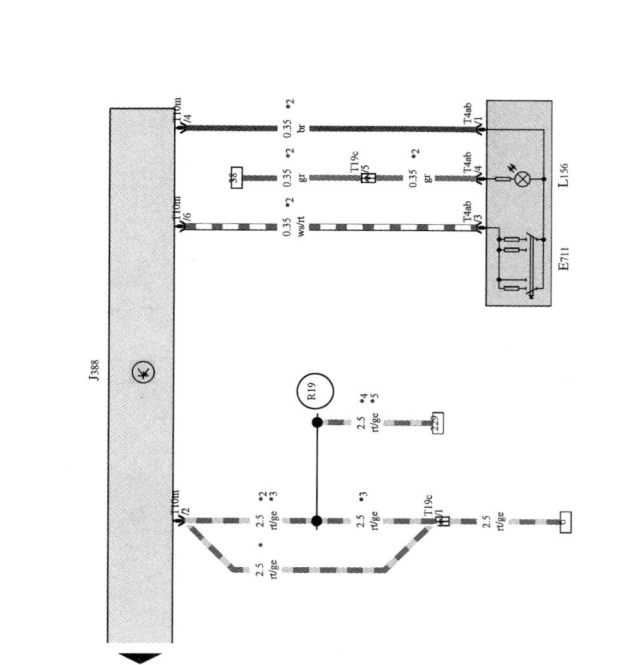

图 4-4-134

J388-左后车门控制单元 J519-车载电网控制单元 T3a-3芯插头连接 T6k-6芯插头连接 T16g-16芯插头连接 T19c-19芯插头连接 T20d-20芯插头连接 V471-驾驶员侧后部车窗升降器电机 350-接地连接2，在左后车门电缆导线束中 *-用于带进入及启动许可的汽车 *2-截至2016年4月

驾驶员侧后部车窗升降器按钮，左后车门控制单元，车载电网控制单元，开关照明灯泡

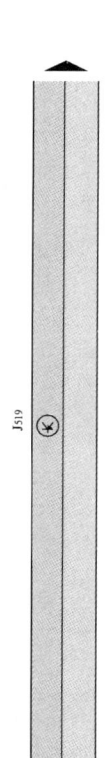

图 4-4-133

E711-驾驶员侧后部车窗升降器按钮 J388-左后车门控制单元 J519-车载电网控制单元 L156-开关照明灯泡 T4ab-4芯插头连接 T10m-10芯插头连接 T19c-19芯插头连接 R19-正极连接1（30），在左后车门电缆导线束中 *-自2016年7月起 *2-依汽车装备而定 *3-截至2016年7月 *4-用于带进入及启动许可的汽车 *5-截至2016年4月

左后车门控制单元，车载电网控制单元，左后侧车门内把手照明灯泡，左后车门储物箱照明灯泡，左后车门背景照明灯 1，左后车门背景照明灯 2

驾驶员侧后部车窗升降器按钮，左后车门接触开关，左后车门控制单元，车载电网控制单元，开关照明灯泡，左后车门闭锁单元

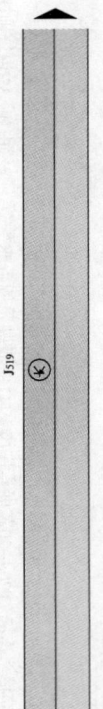

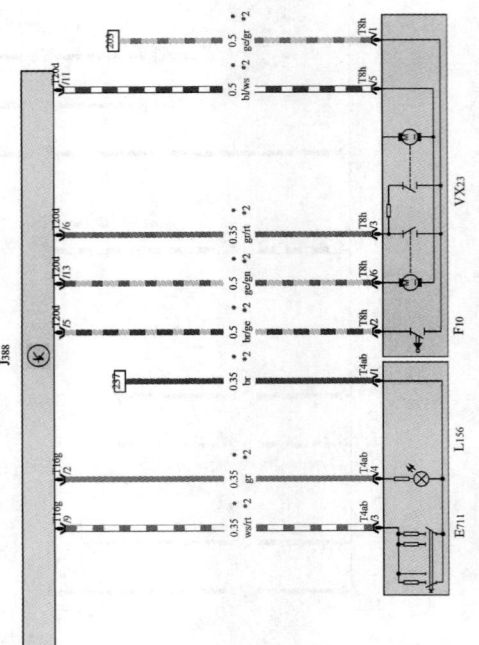

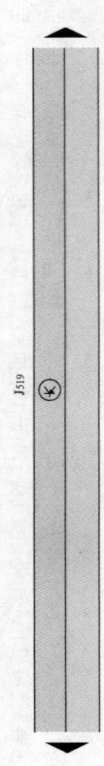

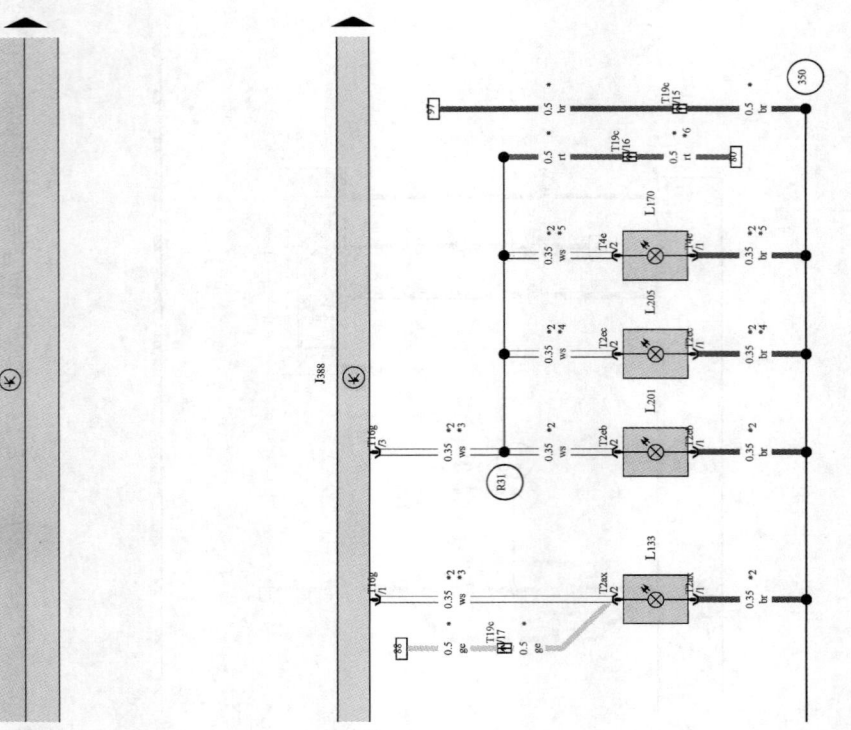

J388-左后车门控制单元 J519-车载电网控制单元 L133-左后侧车门内把手照明灯泡 L170-左后车门储物箱照明灯泡 L201-左后车门背景照明灯1 L205-左后车门背景照明灯2 T2ax-2芯插头连接 T2eb-2芯插头连接 T2ec-2芯插头连接 T4e-4芯插头连接 T16g-16芯插头连接 T19c-19芯插头连接 350-接地连接，在左后车门电缆导线束中 R31-连接1，在左后车门电缆导线束中 *-自2016年4月起 *2-用于带进入及启动许可的汽车 *3-截至2016年4月 *4-截至2016年7月 *5-截至2018年6月 *6-依汽车装备而定

图 4-4-135

E711-驾驶员侧后部车窗升降器按钮 F10-左后车门接触开关 J388-左后车门控制单元 J519-车载电网控制单元 L156-开关照明灯泡 T4ab-4芯插头连接 T8h-8芯插头连接 T16g-16芯插头连接 T20d-20芯插头连接 VX23-左后车门闭锁单元 *-用于带进入及启动许可的汽车 *2-截至2016年4月

图 4-4-136

544

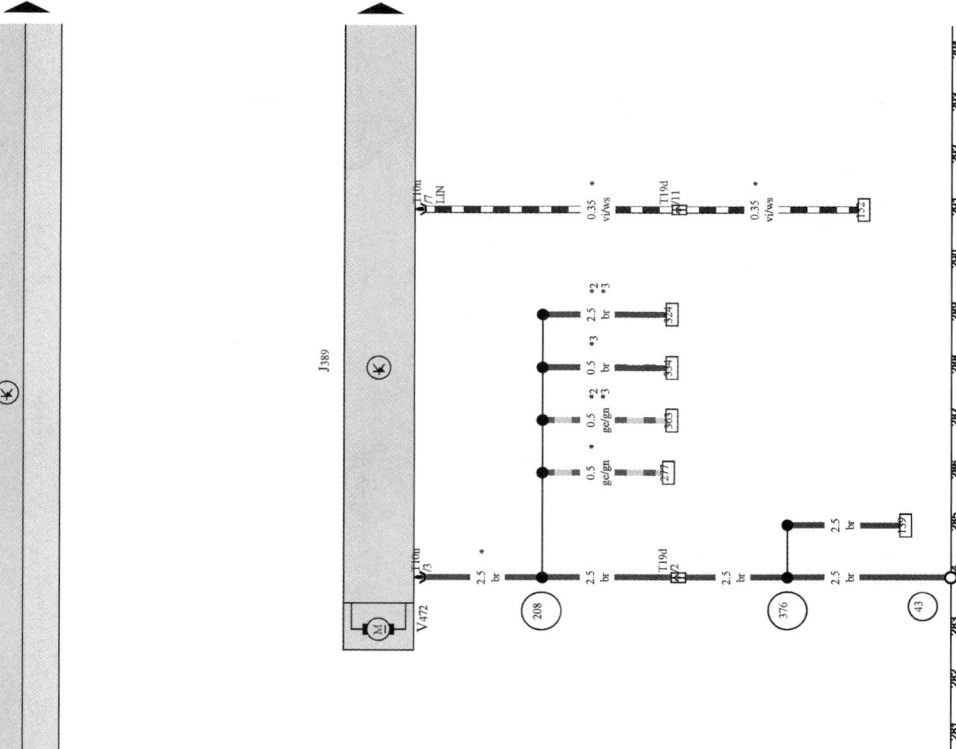

右后车门控制单元，车载电网控制单元，副驾驶员侧后部车窗升降器电机

图 4-4-138

J389-右后车门控制单元 J519-车载电网控制单元 T10n-10芯插头连接 T19d-19芯插头连接 V472-副驾驶员侧后部车窗升降器电机 43-右侧A柱下部的接地点 208-接地连接，在右后车门电缆导线束中 376-接地连接11，在主导线束中 *-依汽车装备而定 *2-用于带进入及启动许可的汽车 *3-截至2016年4月

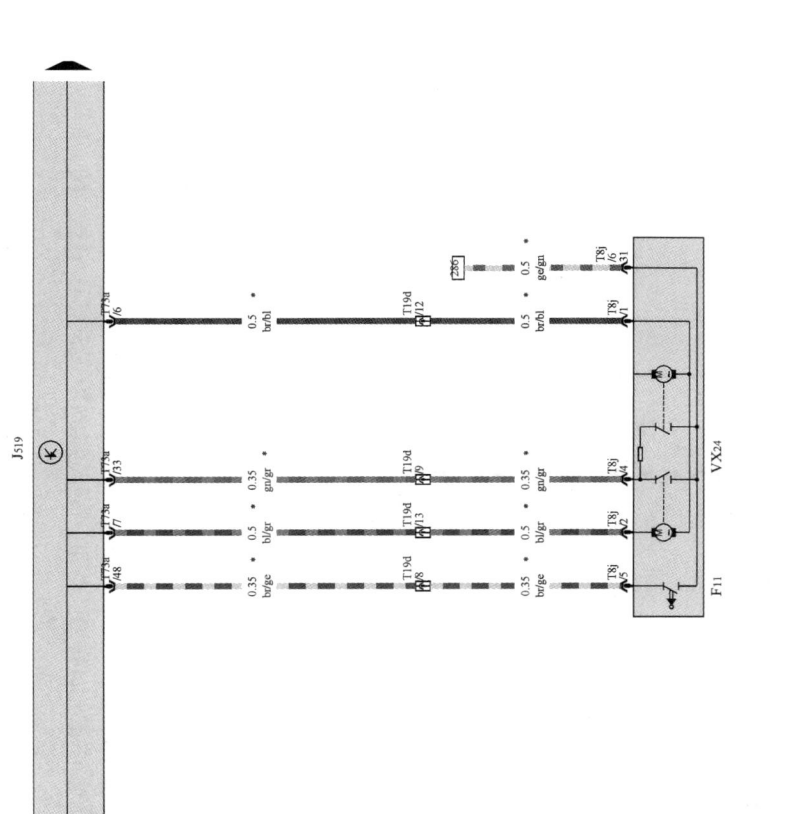

右后车门接触开关，车载电网控制单元，右后车门闭锁单元

图 4-4-137

F11-右后车门接触开关 J519-车载电网控制单元 T8j-8芯插头连接 T19d-19芯插头连接 T73a-73芯插头连接 VX24-右后车门闭锁单元 *-依汽车装备而定

副驾驶员侧后部车窗升降器按钮，车载电网控制单元，行李箱盖中中央门锁电机，徽标电机，行李箱盖锁闭单元，行李箱盖中中央门锁电机，徽标电机，油箱盖锁止装置电机

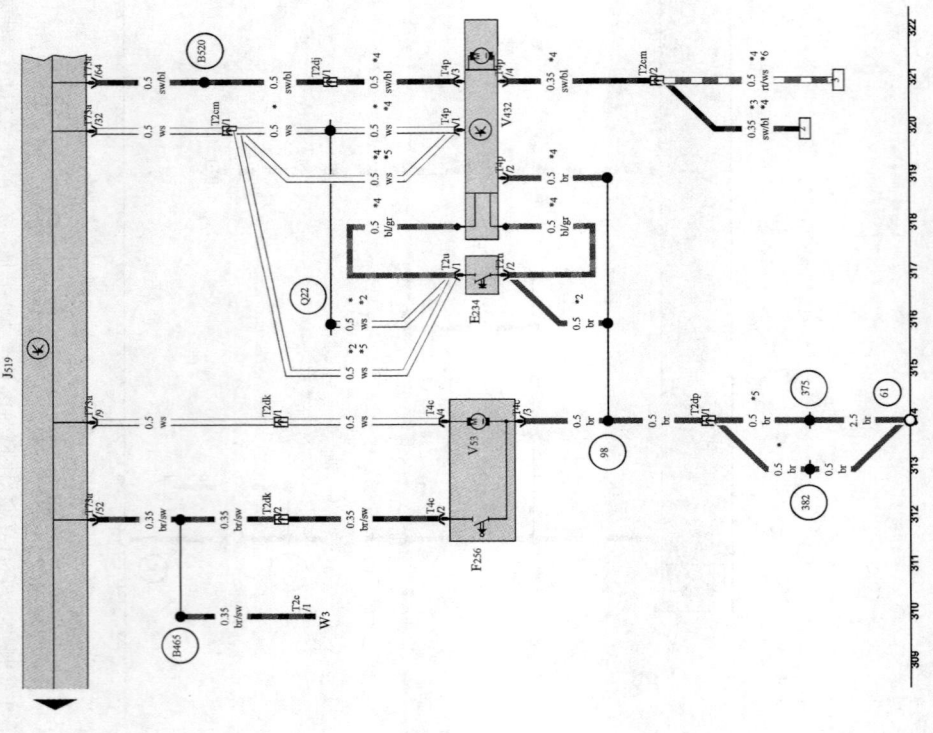

E234-行李箱盖把手中的解锁按钮 F256-行李箱盖闭锁单元 J519-车载电网控制单元 T2c-2芯插头连接 T2cm-2芯插头连接 T2dj-2芯插头连接 T2dk-2芯插头连接 T2dp-2芯插头连接 T2n-2芯插头连接 T4c-4芯插头连接 T4p-4芯插头连接 T73a-73芯插头连接 V53-行李箱盖中中央门锁电机 V432-徽标电机 W3-行李箱照明灯 61-左侧C柱上的接地点 98-接地连接 375-接地连接10，382-接地连接1，在行李箱盖导线束中 在主导线束中 *-自2018年6月起 *2-用于不带倒车影像系统的汽车 *3-自在主导线束中 382-接地连接17，在行李箱盖导线束中 B465-连接1，在主导线束中 B520-连接（RF），在主导线束中 Q22-连接1，在行李箱盖导线束中 *-自2018年6月起 *2-用于不带倒车影像系统的汽车 *3-自2016年7月起 *4-用于带倒车影像系统的汽车 *5-截至2018年6月 *6-截至2016年7月

图4-4-140

副驾驶员侧后部车窗升降器按钮，右后车门控制单元，车载电网控制单元，开关照明灯泡，油箱盖锁止装置电机

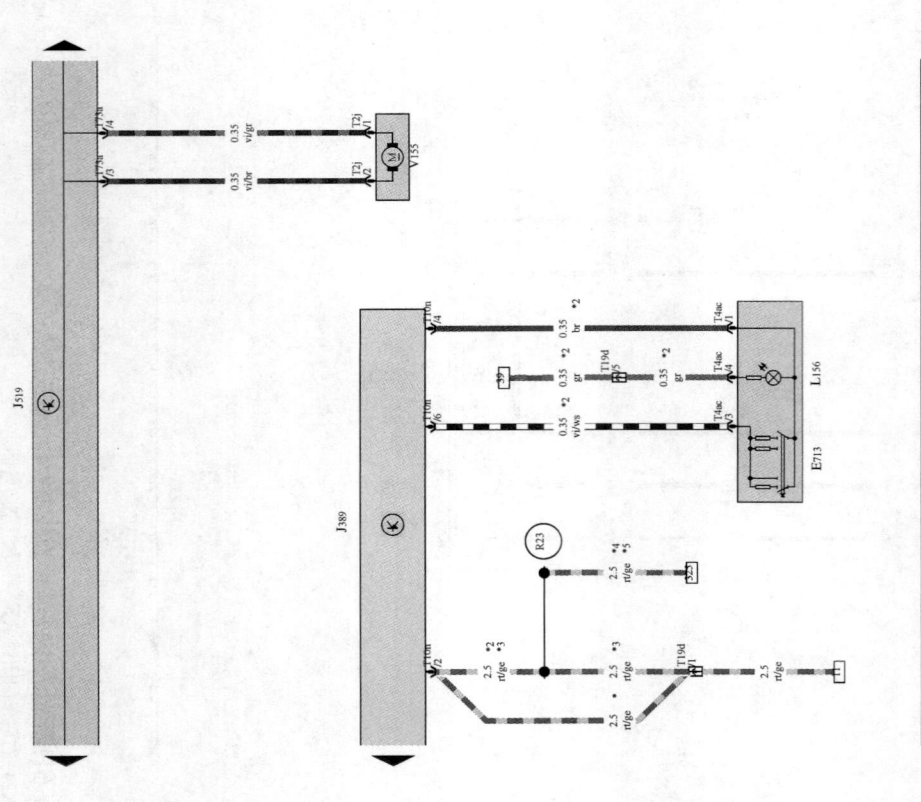

E713-副驾驶员侧后部车窗升降器按钮 J389-右后车门控制单元 J519-车载电网控制单元 L156-开关照明灯泡 T2j-2芯插头连接 T4ac-4芯插头连接 T10m-10芯插头连接 T19d-19芯插头连接 T73a-73芯插头连接 V155-油箱盖锁止装置电机 R23-正极连接1（30），在右后车门电缆导线束中 *-自2016年7月起 *2-截至2016年7月 *3-截至2016年7月 *4-用于带进入及起动许可的汽车 *5-截至2016年4月 依汽车装备而定

图4-4-139

546

右后车门控制单元，右后侧车门内把手照明灯泡，后右车门储物箱照明灯泡，右后车门背景照明灯 1，右后车门背景照明灯 2

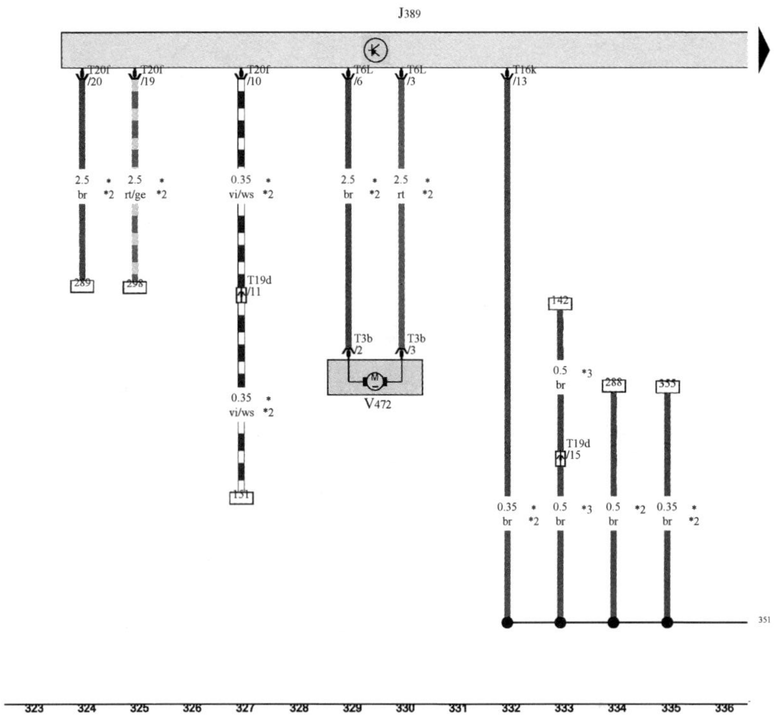

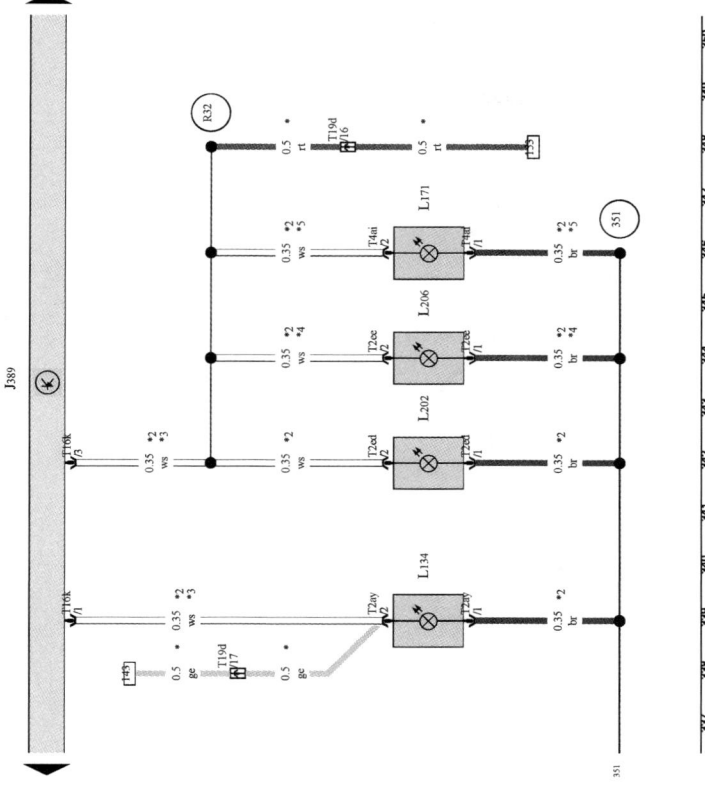

右后车门控制单元，副驾驶员侧后部车窗升降器电机

图 4-4-142

J389-右后车门控制单元 L134-右后车门背景照明灯泡 L171-后右车门储物箱照明灯泡 L202-右后车门背景照明灯1 L206-右后车门背景照明灯2 T2ay-2芯插头连接 T2cd-2芯插头连接 T2ce-2芯插头连接车门内把手照明灯泡 T16k-16芯插头连接 T19d-19芯插头连接 T4ai-4芯插头连接 T16k-16芯插头连接 T19d-19芯插头连接 351-接地连接2，右后车门电缆导线束中 R32-连接2，在右后车门电缆导线束中 *-自2016年4月起 *2-用于带进入及启动许可的汽车 *3-截至2016年4月 *4-截至2016年7月 *5-截至2018年6月

图 4-4-141

J389-右后车门控制单元 T3b-3芯插头连接 T6L-6芯插头连接 T16K-16芯插头连接 T19d-19芯插头连接 T20f-20芯插头连接 V472-副驾驶员侧后部车窗升降器电机 351-接地连接2，右后车门电缆导线束中 *-用于带进入及启动许可的汽车 *2-截至2016年4月 *3-自2016年4月起

547

接线端 15 供电继电器

副驾驶侧后部车窗升降器按钮，右后车门接触开关，右后车门控制单元，开关照明灯泡，
右后车门闭锁单元

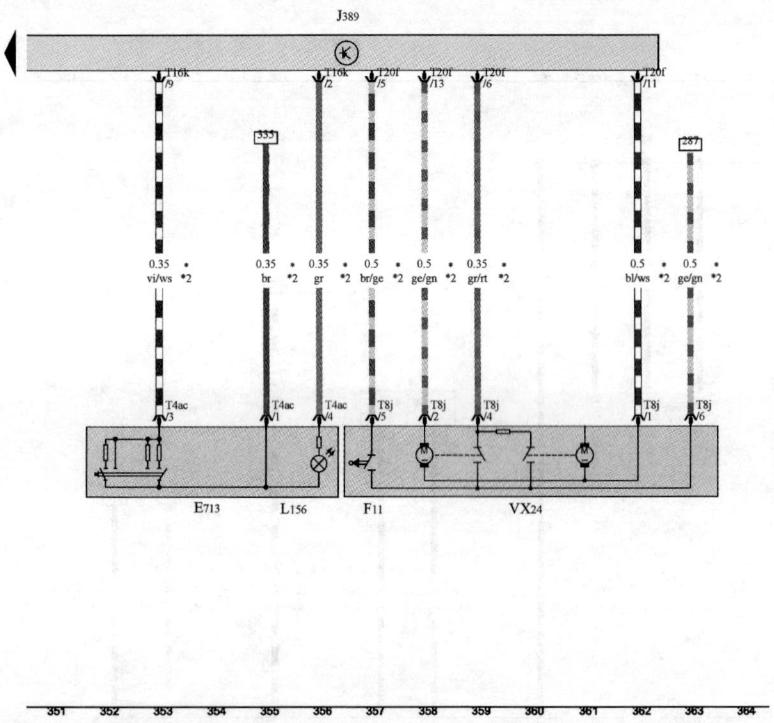

图 4-4-144

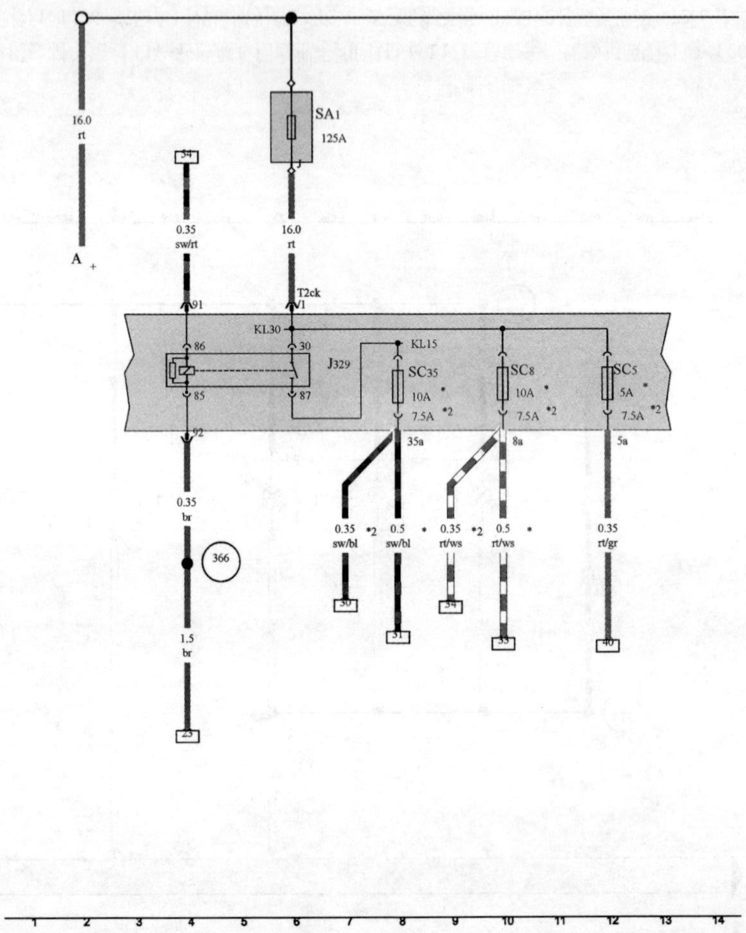

A-蓄电池 J329-接线端15供电继电器 SA1-保险丝架A上的保险丝 SC5-保险丝架C上的保险丝5 SC8-保险丝架C上的保险丝8 SC35-保险丝架C上的保险丝35 T2ck-2芯插头连接 366-接地连接 *-截至2018年6月 中 *-截至2018年6月 *2-自2018年6月起

图 4-4-143

E713-副驾驶员侧后部车窗升降器按钮 F11-右后车门接触开关 J389-右后车门控制单元 L156-开关照明灯泡 T4ac-4芯插头连接 T8j-8芯插头连接 T16k-16芯插头连接 T20f-20芯插头连接 VX24-右后车门锁单元 *-用于带进入及启动许可的汽车 *2-截至2016年4月

548

数据总线诊断接口，诊断接口

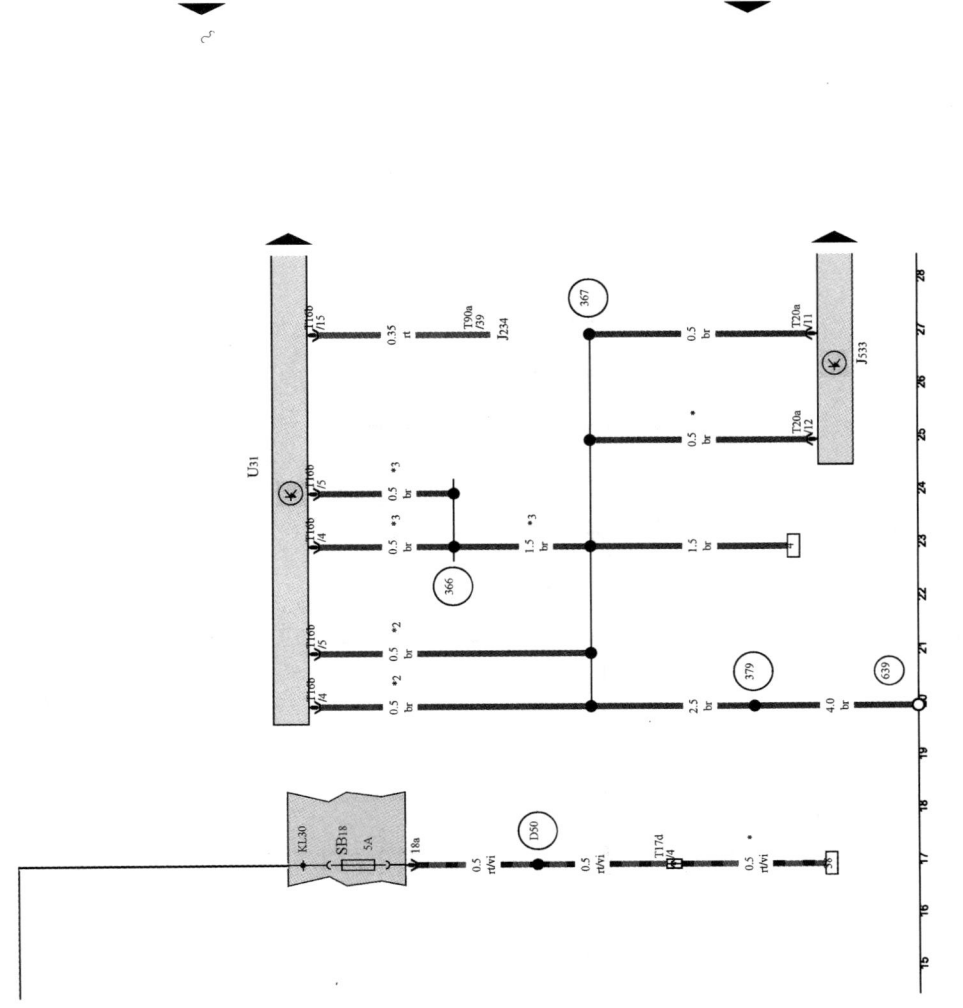

图 4-4-146

J533-数据总线诊断接口　T16b-16芯插头连接　U31-诊断接口　B277-正极连接1
T20a-20芯插头连接　T20a-20芯插头连接1（30a），在主导线束中　B315-正极连接1
（15a），在主导线束中　B315-正极连接1（30a），在主导线束中　*-自2018年6月起　*2-截至2017年1月
*3-截至2018年6月

数据总线诊断接口，诊断接口

图 4-4-145

J234-安全气囊控制单元　J533-数据总线诊断接口　SB18-保险丝架B上的保险丝18　T16b-16芯插头连接
T17d-17芯插头连接　T20a-20芯插头连接　T90a-90芯插头连接　U31-诊断接口　366-接地连接1，在主导
线束中　367-接地连接2，在主导线束中　379-接地连接14，在主导线束中　639-左A柱上的接地点　D50-正
极连接（30），在发动机舱导线束中　*-截至2017年1月　*2-截至2018年6月　*3-自2018年6月起

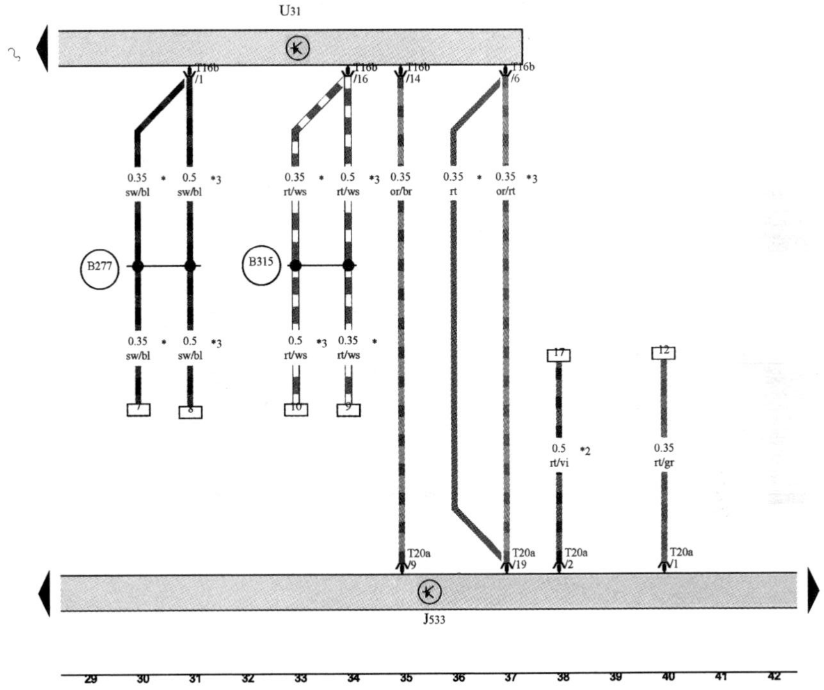

549

车载电网控制单元，数据总线诊断接口

组合仪表中的控制单元，车载电网控制单元，数据总线诊断接口

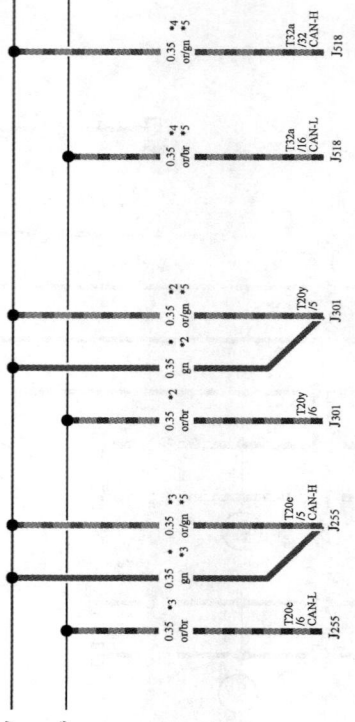
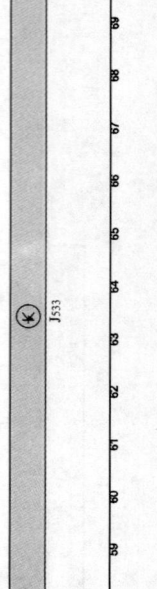

图 4-4-148

J255-全自动空调控制单元 J301-空调器控制单元 J518-进入及启动许可控制单元 J519-车载电网控制单元 J533-数据总线诊断接口 T20e-20芯插头连接 T20y-20芯插头连接 T32a-32芯插头连接 B397-连接1（舒适CAN总线，High），在主导线束中 *1-自2018年6月起 *2-用于手动调节空调的汽车 *3-用于带全自动空调的汽车 *4-用于带进入及启动许可的汽车 *5-截至2018年6月

图 4-4-147

J285-组合仪表中的控制单元 J518-进入及启动许可控制单元 J519-车载电网控制单元 J527-转向柱电子装置控制单元 J533-数据总线诊断接口 N360-转向柱锁执行元件 T4cm-4芯插头连接 T16a-16芯插头连接 T18a-18芯插头连接 T20a-20芯插头连接 T40a-40芯插头连接 T73a-73芯插头连接 B397-连接1（舒适CAN总线，High），在主导线束中 *1-自2018年6月起 *2-截至2018年6月 *3-用于带进入及启动许可的汽车

车载电网控制单元，数据总线诊断接口

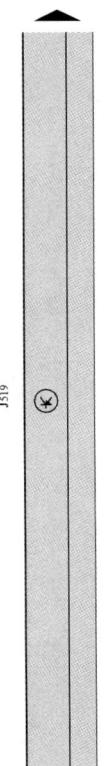
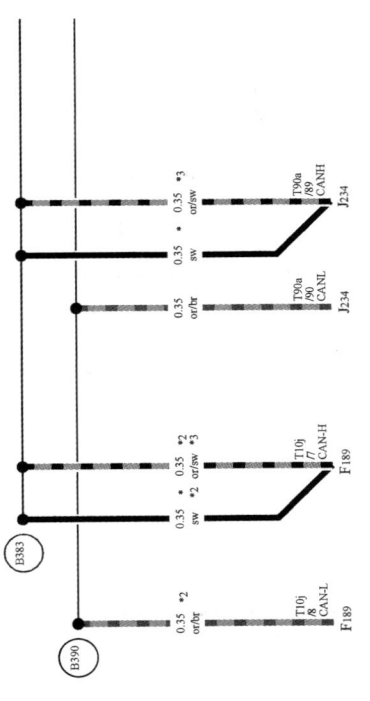

F189–Tiptronic开关 J234–安全气囊控制单元 J519–车载电网控制单元 J533–数据总线诊断接口 T10j–10芯插头连接 T90a–90芯插头连接 T90a–90芯插头连接 B383–连接1（驱动CAN总线，High），在主导线束中 B390–连接1（驱动CAN总线，Low），在主导线束中 *–自2018年6月起 *2–用于带双离合器变速器的汽车 *3–截至2018年6月

图 4-4-150

车载电网控制单元，数据总线断接口

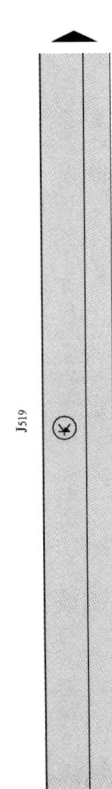
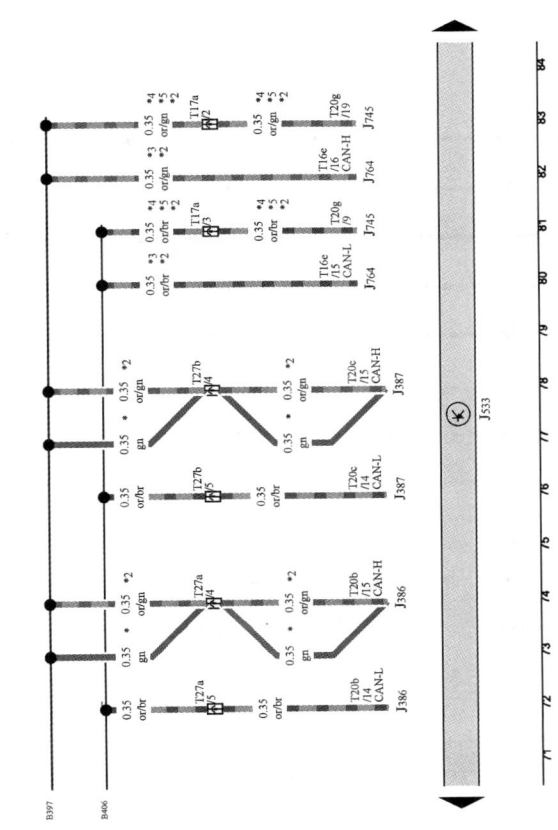

J386–驾驶员侧车门控制单元 J387–副驾驶员侧车门控制单元 J519–车载电网控制单元 J533–数据总线诊断接口 J745–弯道灯和大灯照明距离调节控制单元 J764–电子转向柱锁止装置控制单元 T16e–16芯插头连接 T17a–17芯插头连接 T20b–20芯插头连接 T20c–20芯插头连接 T20g–20芯插头连接 T27a–27芯插头连接 B397–连接1（舒适CAN总线，High），在主导线束中 B406–连接1（舒适CAN总线，Low），在主导线束中 *–自2018年6月起 *2–截至2018年6月 *3–用于带进入及启动许可的汽车 *4–用于带自动大灯照明距离调节的汽车 *5–自2017年7月起

图 4-4-149

车载电网控制单元、数据总线诊断接口

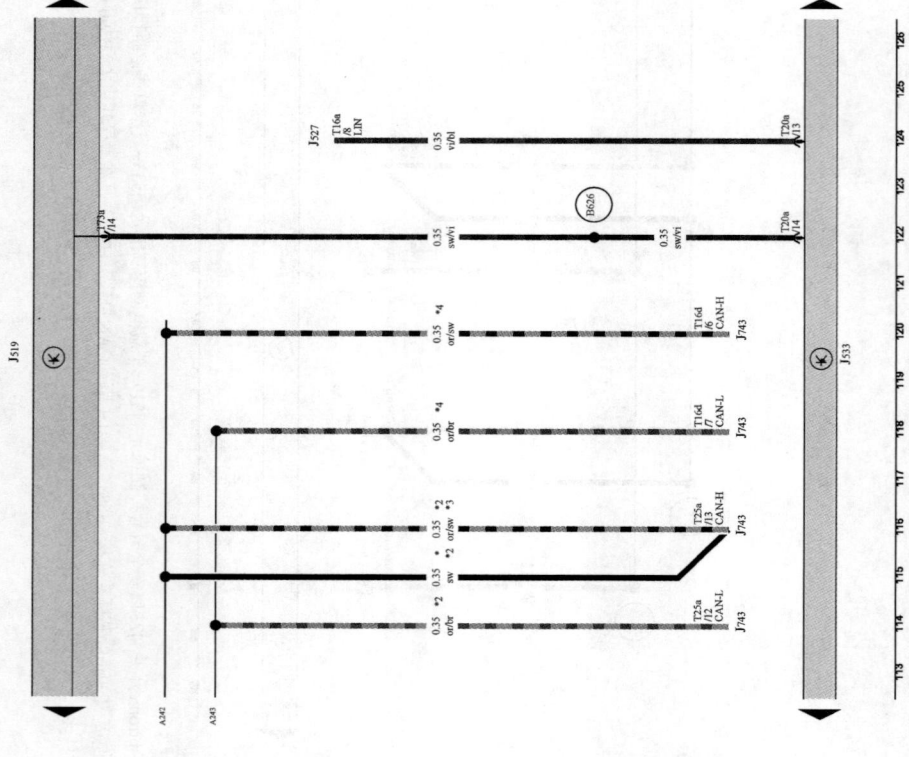

图 4-4-152

J519-车载电网控制单元 J527-转向柱电子装置控制单元 J533-数据总线诊断接口 J743-双离合器变速器机电装置 T16a-16芯插头连接 T16d-16芯插头连接 T20a-20芯插头连接 T25a-25芯插头连接 T73a-73芯插头连接 A242-连接1（驱动CAN总线，High），在发动机舱导线束中 A243-连接1（驱动CAN总线，Low），在发动机舱导线束中 B626-正极连接2（15），在主导线束中 *-自2018年6月起 *2-用于带双离合器变速器ODE的汽车 *3-截至2018年6月 *4-用于带双离合器变速器OCW的汽车

车载电网控制单元、数据总线诊断接口

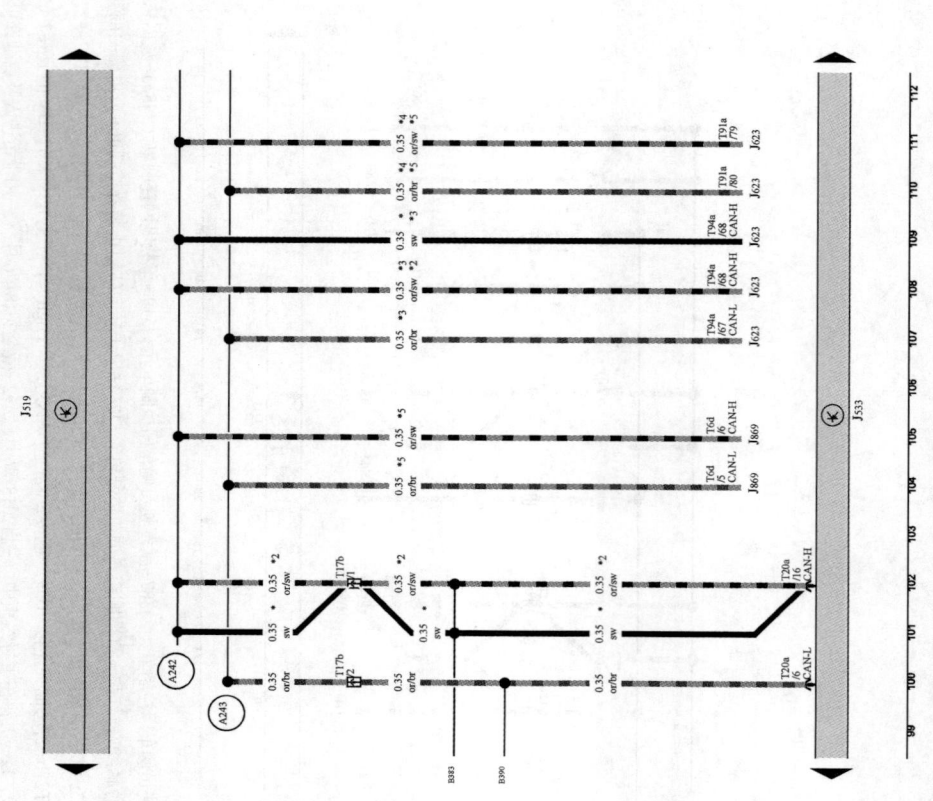

图 4-4-151

J519-车载电网控制单元 J533-数据总线诊断接口 J623-发动机控制单元 J869-机械震动控制单元 T6d-6芯插头连接 T17b-17芯插头连接 T20a-20芯插头连接 T91a-91芯插头连接 T94a-94芯插头连接 A242-连接1（驱动CAN总线，High），在发动机舱导线束中 A243-连接1（驱动CAN总线，Low），在发动机舱导线束中 B383-连接1（驱动CAN总线，High），在主导线束中 B390-连接1（驱动CAN总线，Low），在主导线束中 *-自2018年6月起 *2-截至2018年6月 *3-用于带1.4L发动机的汽车 *4-用于带1.8L发动机的汽车 *5-用于带2.0L发动机的汽车

552

车载电网控制单元，数据总线诊断接口

J519

J245

G397

J400

车载电网控制单元，数据总线诊断接口

J533

B663

B664

图4-4-154

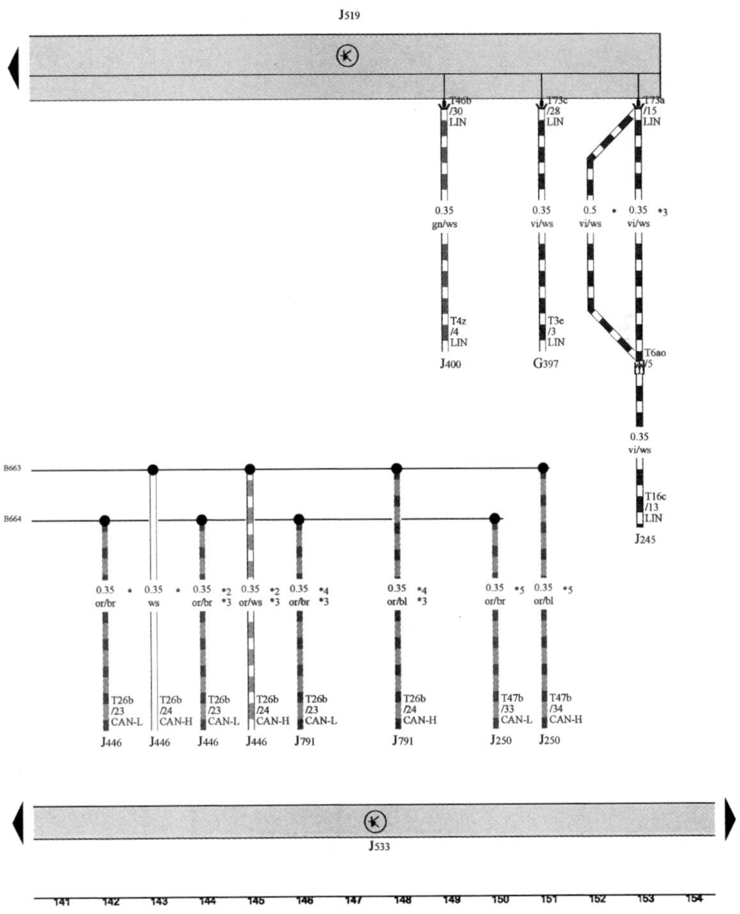

G397-雨水与光线识别传感器 J245-滑动天窗控制单元 J250-减振电子调节控制单元 J400-刮水器电机控制单元 J446泊车雷达系统控制单元 J519-车载电网控制单元 J533-数据总线诊断接口 J791-泊车转向辅助系统控制单元 T3e-3芯插头连接 T4z-4芯插头连接 T6ao-6芯插头连接 T16c-16芯插头连接 T26b-26芯插头连接 T46b-46芯插头连接 T47b-47芯插头连接 T73a-73芯插头连接 T73c-73芯插头连接 B663-连接（底盘传感器CAN总线，High），在主导线束中 B664-连接（底盘传感器CAN总线，Low），在主导线束中 *2-用于带泊车雷达系统（前/后）的汽车 *3-截至2018年6月 *4-用于配备泊车转向辅助系统的汽车 *5-用于带电控调节减振系统的汽车

车载电网控制单元，数据总线诊断接口

J519

E141

E142

B663

B664

J500

J104

J533

图4-4-153

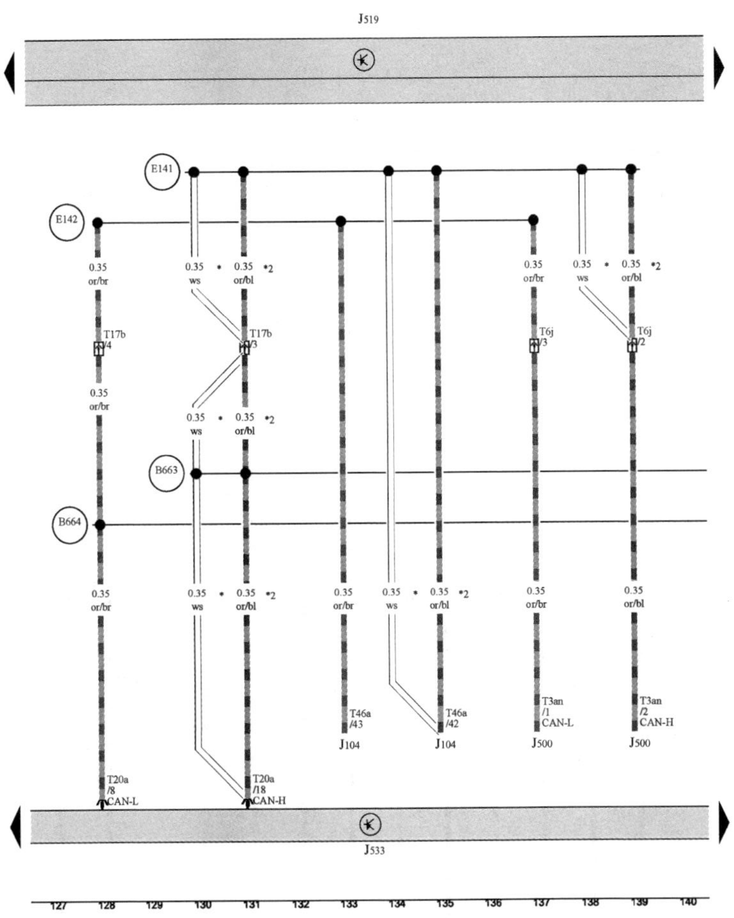

J104-ABS控制单元 J500-助力转向控制单元 J519-车载电网控制单元 J533-数据总线诊断接口 T3an-3芯插头连接 T6j-6芯插头连接 T17b-17芯插头连接 T20a-20芯插头连接 T46a-46芯插头连接 B663-连接（底盘传感器CAN总线，High），在主导线束中 B664-连接（底盘传感器CAN总线，Low），在主导线束中 E141-连接（底盘传感器CAN总线，High），在发动机舱导线束中 E142-连接（底盘传感器CAN总线，Low），在发动机舱导线束中 *-自2018年6月起 *2-截至2018年6月

数据总线诊断接口

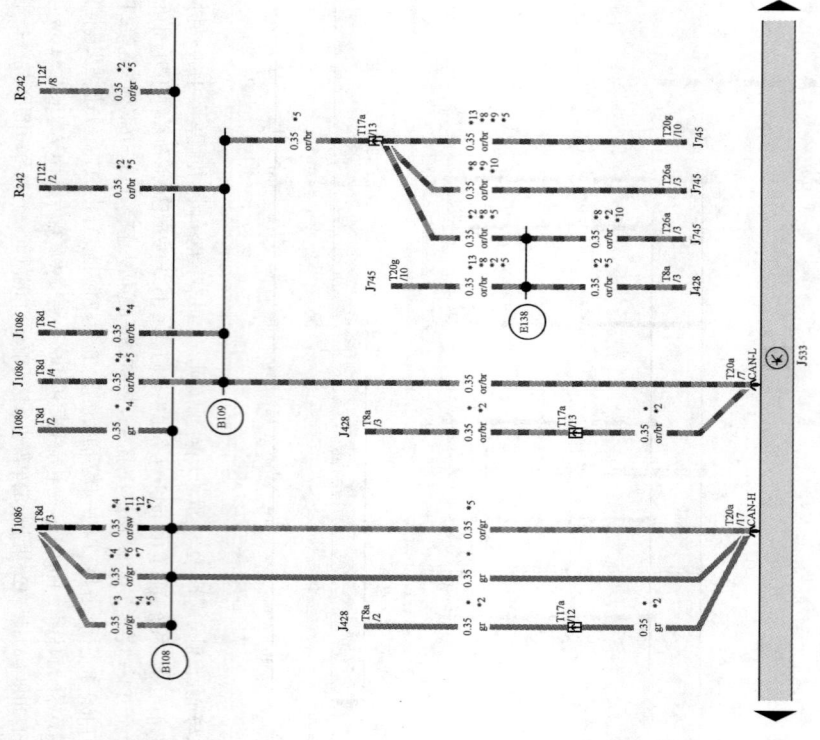

图 4-4-156

J428-车距调节控制单元　J533-数据总线诊断接口　J745-弯道灯和大灯照明距离调节控制单元　J1086-盲区识别控制单元　R242-驾驶员辅助系统的前部摄像头　T8a-8芯插头连接　T8d-8芯插头连接　T12f-12芯插头连接　T17a-17芯插头连接　T20a-20芯插头连接　T20g-20芯插头连接　T26a-26芯插头连接　B108-连接1　B109-连接1（扩展CAN总线，High），在主导线束中　E138-连接2（扩展CAN总线，Low），在发动机舱导线束中　*-依汽车装备而定　*2-用于带自动车距控制（ADR）的汽车　*3-自2016年7月起　*4-用于带换道辅助系统的汽车　*5-截至2018年6月　*6-用于带2.0L发动机的汽车　*7-截至2016年6月　*8-用于带自动大灯照明距离调节（ADR）的汽车　*9-用于不带自动车距控制（ADR）的汽车　*10-截至2017年7月　*11-用于带1.8L发动机的汽车　*12-用于带1.4L发动机的汽车　*13-自2017年7月起

数据总线诊断接口

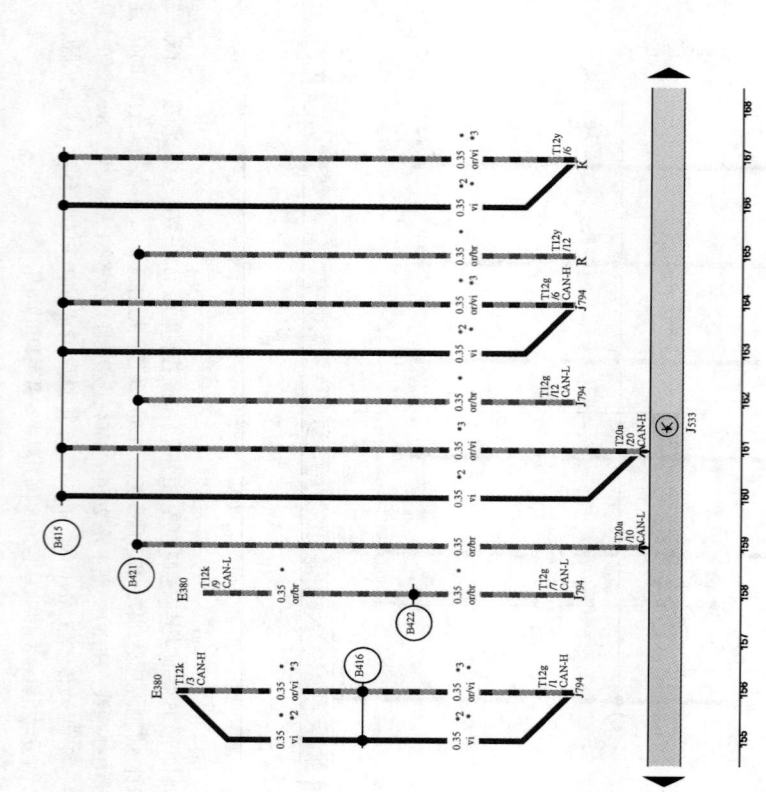

图 4-4-155

E380-多媒体系统操作单元　J533-数据总线诊断接口　J794-电子通信信息设备1控制单元　R-收音机　T12g-12芯插头连接　T12k-12芯插头连接　T12y-12芯插头连接　T20a-20芯插头连接　B415-连接1（信息娱乐CAN总线，High），在主导线束中　B416-连接2（信息娱乐CAN总线，High），在主导线束中　B421-连接1（信息娱乐CAN总线，Low），在主导线束中　B422-连接2（信息娱乐CAN总线，Low），在主导线束中　*-依汽车装备而定　*2-自2018年6月起　*3-截至2018年6月

安全气囊卷簧和带滑环的复位环

数据总线诊断接口

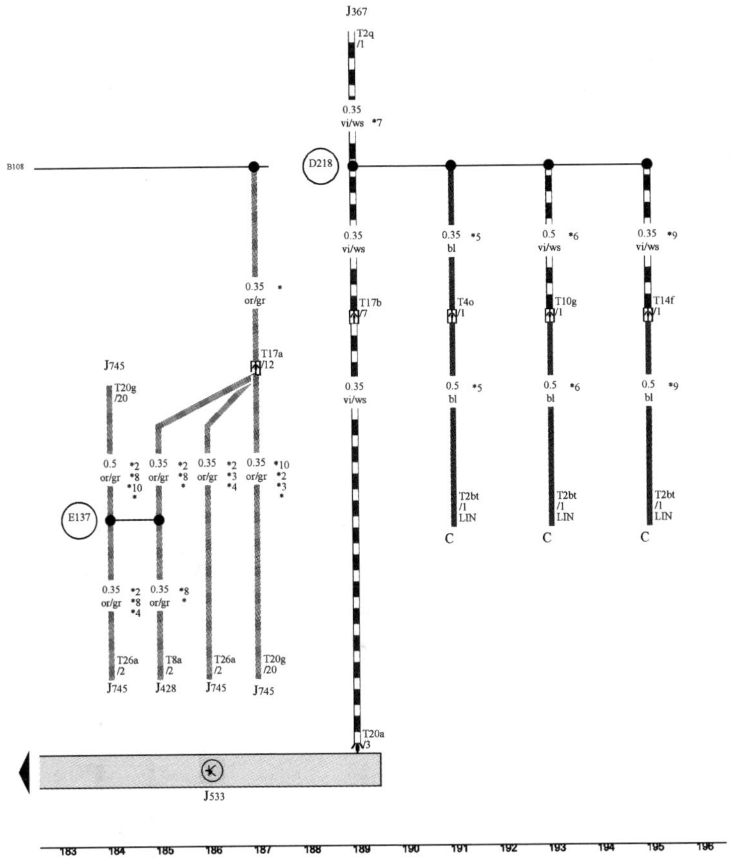

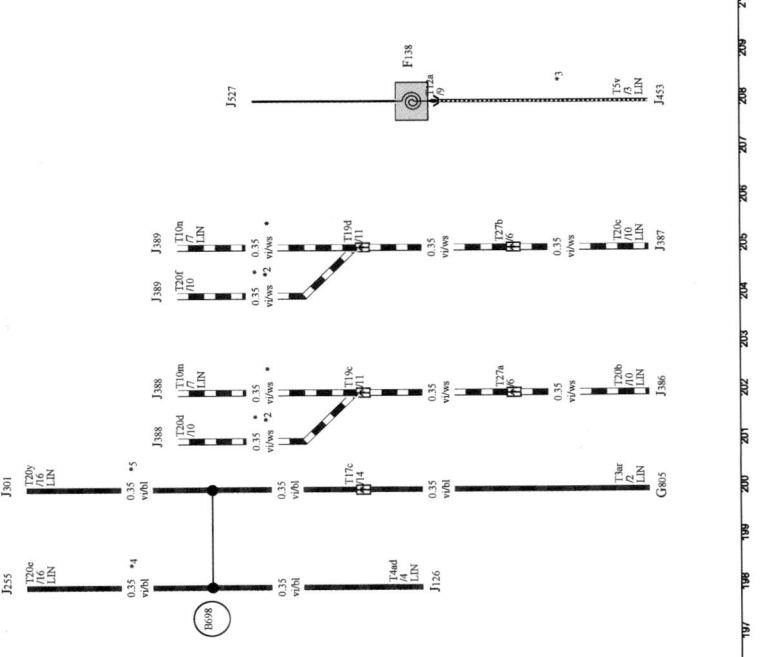

图 4-4-158

F138－安全气囊卷簧和带滑环的复位环 G805－制冷剂循环回路压力传感器 J126－新鲜空气鼓风机控制单元 J255－全自动空调控制单元 J301－空调器控制单元 J386－驾驶员侧车门控制单元 J387－副驾驶员侧车门控制单元 J389－右后车门控制单元 J453－多功能方向盘控制单元 J527－转向柱电子装置控制单元 T3ar－3芯插头连接 T4ad－4芯插头连接 T5v－5芯插头连接 T10m－10芯插头连接 T10n－10芯插头连接 T12a－12芯插头连接 T17c－17芯插头连接 T19c－19芯插头连接 T19d－19芯插头连接 T20b－20芯插头连接 T20c－20芯插头连接 T20d－20芯插头连接 T20e－20芯插头连接 T20f－20芯插头连接 T20y－20芯插头连接 T27b－27芯插头连接 B698－连接3（LIN总线），在主导线束中 *－依汽车装备而定 *2－截至2016年4月 *3－用于带多功能方向盘的汽车 *4－用于带全自动空调的汽车 *5－用于带手动调节空调的汽车

图 4-4-157

C－交流发电机 J367－蓄电池监控控制单元 J428－车距调节控制单元 J533－数据总线诊断接口 J745－弯道灯和大灯照明距离调节控制单元 T2bt－2芯插头连接 T2q－2芯插头连接 T4o－4芯插头连接 T8a－8芯插头连接 T10g－10芯插头连接 T14f－14芯插头连接 T17a－17芯插头连接 T17b－17芯插头连接 T20a－20芯插头连接 T20g－20芯插头连接 T26a－26芯插头连接 B108－连接1（扩展CAN总线，High），在主导线束中 D218－连接1（LIN总线），在发动机舱导线束中 E137－连接2（扩展CAN总线，High），在发动机舱导线束中 *－截至2018年6月 *2－用于带自动大灯照明距离调节的汽车 *3－用于不带自动车距控制（ADR）的汽车 *4－截至2017年7月 *5－用于带自动车距控制系统的汽车 *6－用于带1.8L发动机的汽车 *7－用于不带发动机自动启停系统的汽车 *8－用于带1.4L发动机的汽车 *9－用于带2.0L发动机的汽车 *10－自2017年7月起

555

保险丝架 B

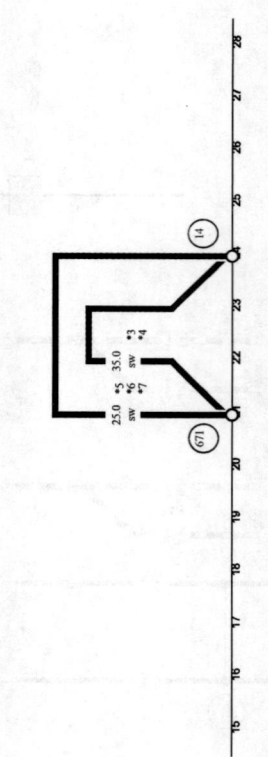

蓄电池，蓄电池监控控制单元

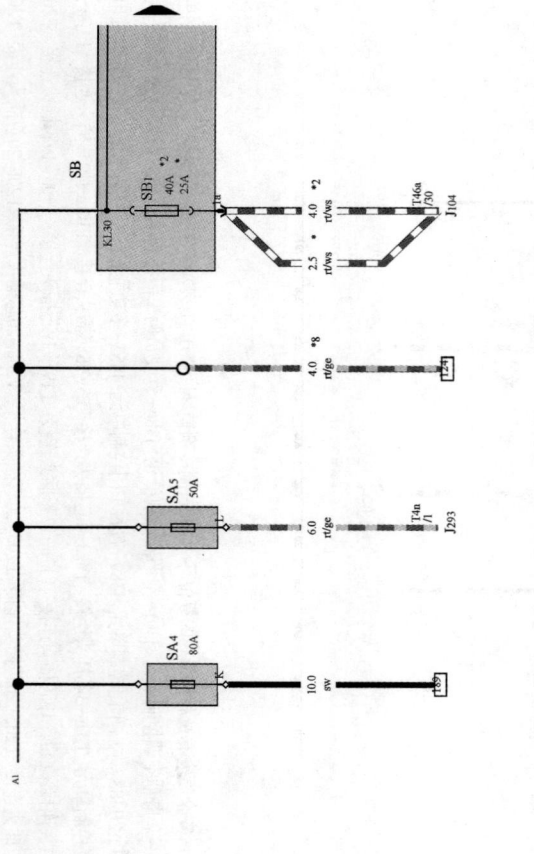

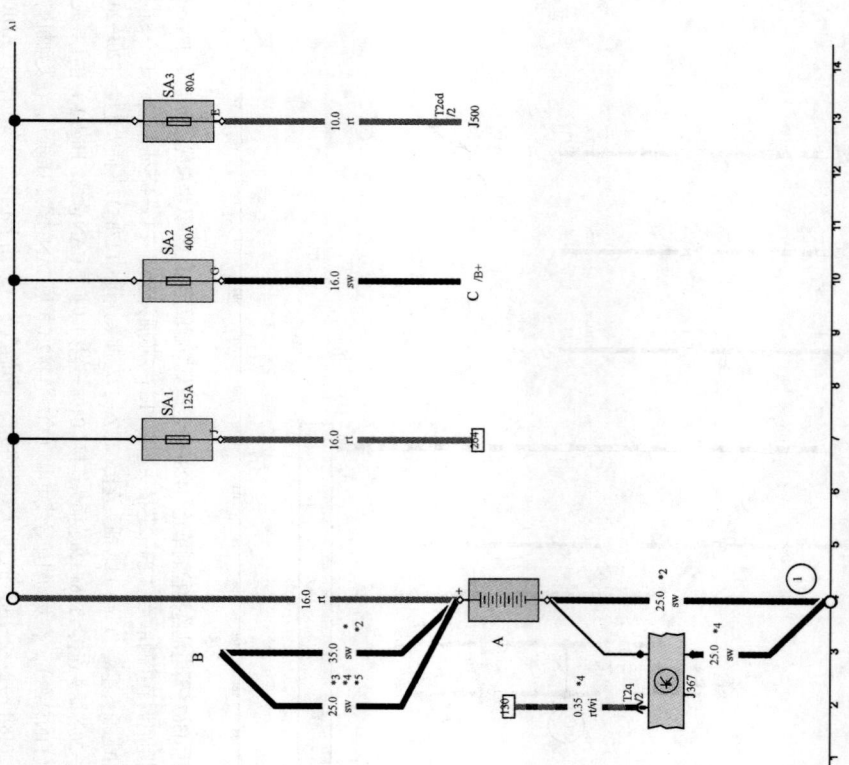

J104–ABS控制单元 J293–散热器风扇控制单元 SB–保险丝架B SB1–保险丝架B上的保险丝架上的保险丝1 SA4–保险丝架A上的保险丝5 T4n–4芯插头连接 T46a–46芯插头连接 14–变速器上的接A上的保险丝4 SA5–保险丝架A上的保险丝5 T4n–4芯插头连接 T46a–46芯插头连接 14–变速器上的接地点 671–左前纵梁上的接地点1 *–自2017年7月起 *2–截至2017年7月 *3–用于带1.8L发动机的汽车 *4–用于不带发动机自动启停系统的汽车 *5–用于带发动机自动启停系统的汽车 *6–用于带发动机自动启停变速器的汽车*7–用于带2.0L发动机的汽车 *8–用于带双离合器变速器的汽车

图 4-4-160

A–蓄电池 B–启动机 C–交流发电机 J367–蓄电池监控控制单元 J500–助力转向控制单元 SA1–保险丝架A上的保险丝1 SA2–保险丝架A上的保险丝2 SA3–保险丝架A上的保险丝3 T2cd–2芯插头连接 T2q–2芯插头连接 1–接地带，蓄电池–车身 *–用于带1.8L发动机的汽车 *2–用于不带发动机自动启停系统的汽车*3–用于带1.4L发动机的汽车 *4–用于不带发动机自动启停系统的汽车 *5–用于带2.0L发动机的汽车

图 4-4-159

556

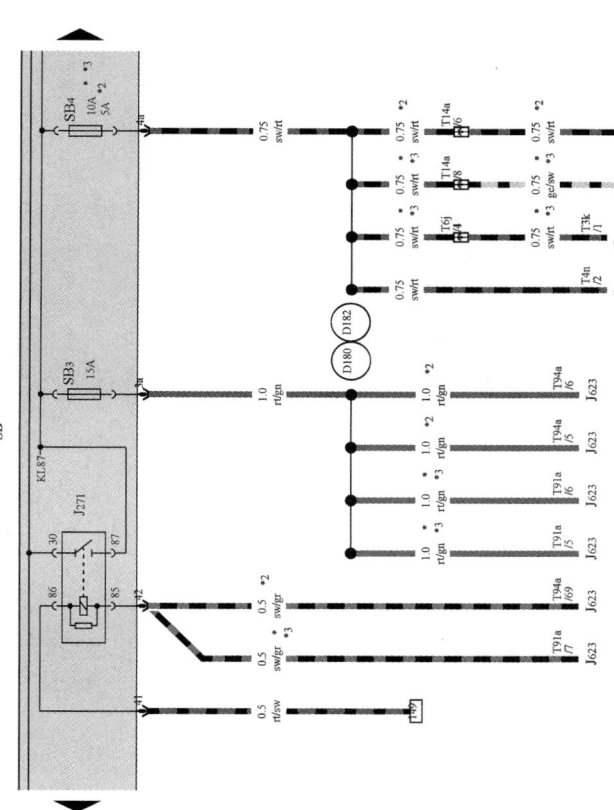

主继电器，保险丝架 B

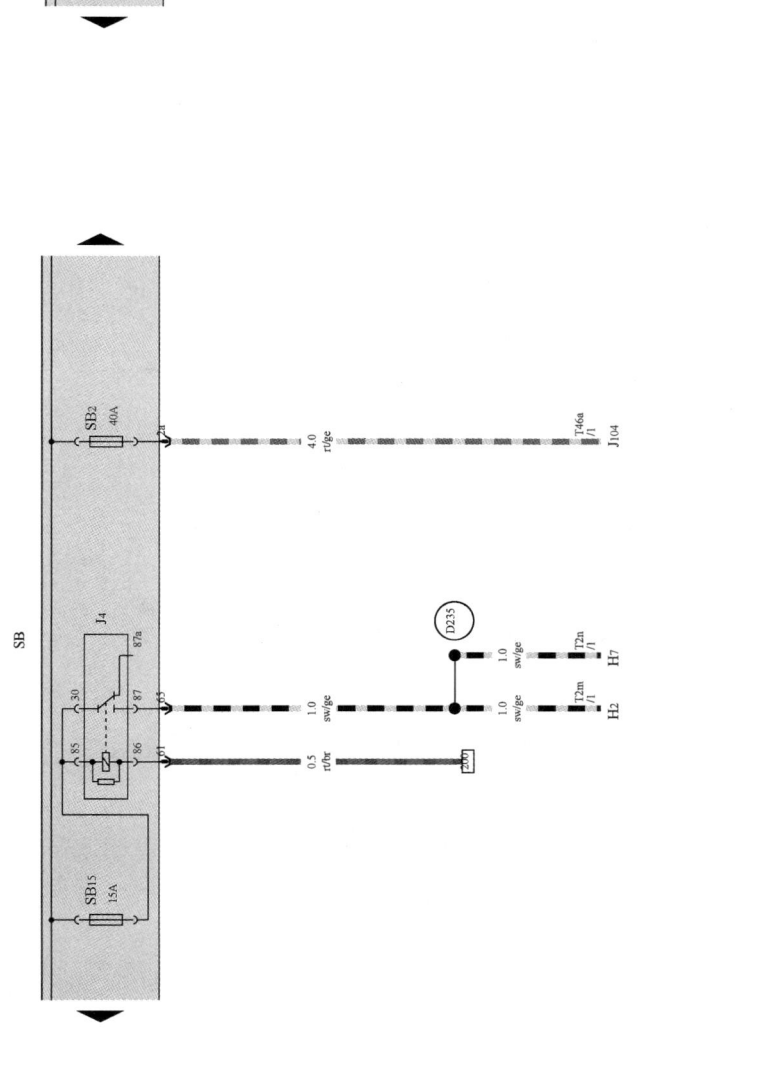

双音喇叭继电器，保险丝架 B

G266-机油油位和机油温度传感器　J271-主继电器　J293-散热器风扇控制单元　J623-发动机控制单元　SB-保险丝架B　SB3-保险丝架B上的保险丝3　SB4-保险丝架B上的保险丝4　T3k-3芯插头连接　T4n-4芯插头连接　T6j-6芯插头连接　T14a-14芯插头连接　T91a-91芯插头连接　T94a-94芯插头连接　D180-连接（87a），在发动机舱导线束中　D182-连接3（87a），在发动机舱导线束中　D205-连接3（87a），在发动机机预接线导线束中　*-用于带1.8L发动机的汽车　*2-用于带1.4L发动机的汽车　*3-用于带2.0L发动机的汽车

图 4-4-162

H2-高音扬声器　H7-低音扬声器　J4-双音喇叭继电器　J104-ABS控制单元　SB-保险丝架B　SB2-保险丝架B上的保险丝2　SB15-保险丝架B上的保险丝15　T2m-2芯插头连接　T2n-2芯插头连接　T46a-46芯插头连接　D235-连接（双音喇叭），在发动机舱导线束中

图 4-4-161

557

保险丝架 B

保险丝架 B

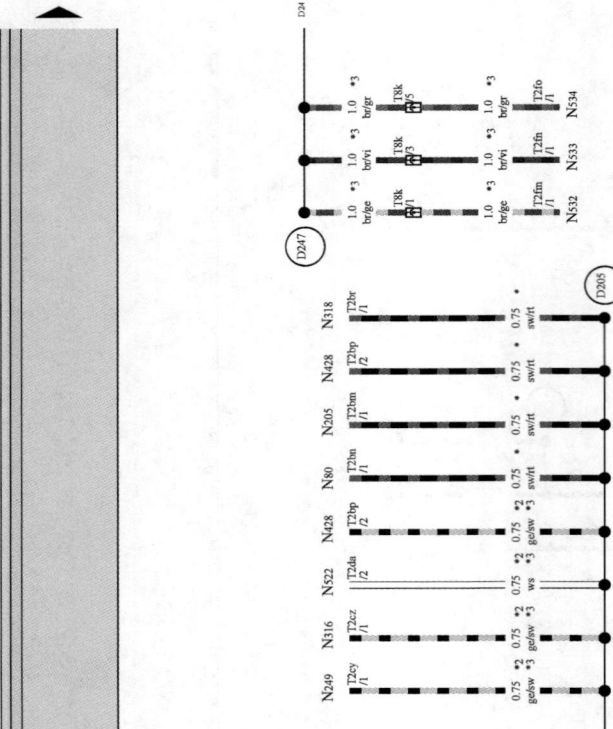

图 4-4-163

图 4-4-164

N80-活性炭罐电磁阀1 N205-凸轮轴调节阀1 N249-涡轮增压器循环空气阀 N316-进气歧管风门阀 N318-排气凸轮轴调节阀1 N428-机油压力调节阀 N522-活塞冷却喷嘴控制阀 N532-气缸1喷油嘴2 N533-气缸2喷油嘴2 N534-气缸3喷油嘴2 SB-保险丝架B T2bm-2芯插头连接 T2bn-2芯插头连接 T2bp-2芯插头连接 T2br-2芯插头连接 T2cy-2芯插头连接 T2cz-2芯插头连接 T2da-2芯插头连接 T2fm-2芯插头连接 T2fo-2芯插头连接 T8k-8芯插头连接 D205-连接3（87a）, 在发动机预接线导线束中 D247-连接8（87a）, 在发动机预接线导线束中 *-用于带1.4L发动机的汽车 *2-用于带1.8L发动机的汽车 *3-用于带2.0L发动机的汽车

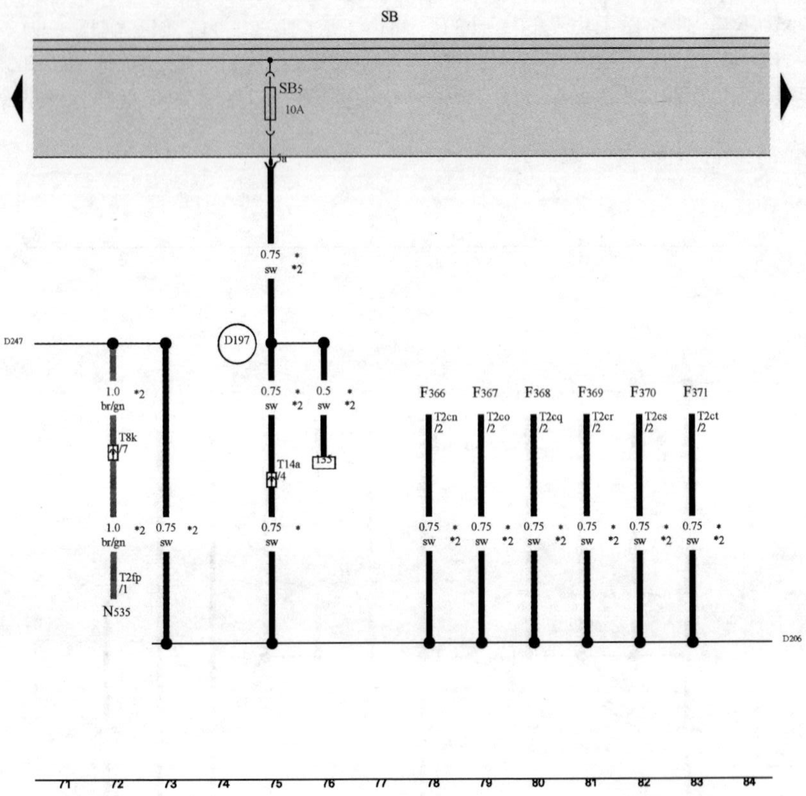

F366-凸轮轴调节元件1 F367-凸轮轴调节元件2 F368-凸轮轴调节节元件3 F369-凸轮轴调节节元件4 F370-凸轮轴调节节元件5 F371-凸轮轴调节节元件6 N535-气缸4喷油嘴 SB5-保险丝架B上的保险丝5 T2cn-2芯插头连接 T2co-2芯插头连接 T2cq-2芯插头连接 T2cr-2芯插头连接 T2cs-2芯插头连接 T2ct-2芯插头连接 T2fp-2芯插头连接 T8k-8芯插头连接 T14a-14芯插头连接 D197-连接5（87a）, 在发动机预接线 D206-连接4（87a）, 在发动机预接线导线束中 D247-连接8（87a）, 在发动机预接线导线束中 *-用于带1.8L发动机的汽车 *2-用于带2.0L发动机的汽车

保险丝架 B

保险丝架 B

SB

SB

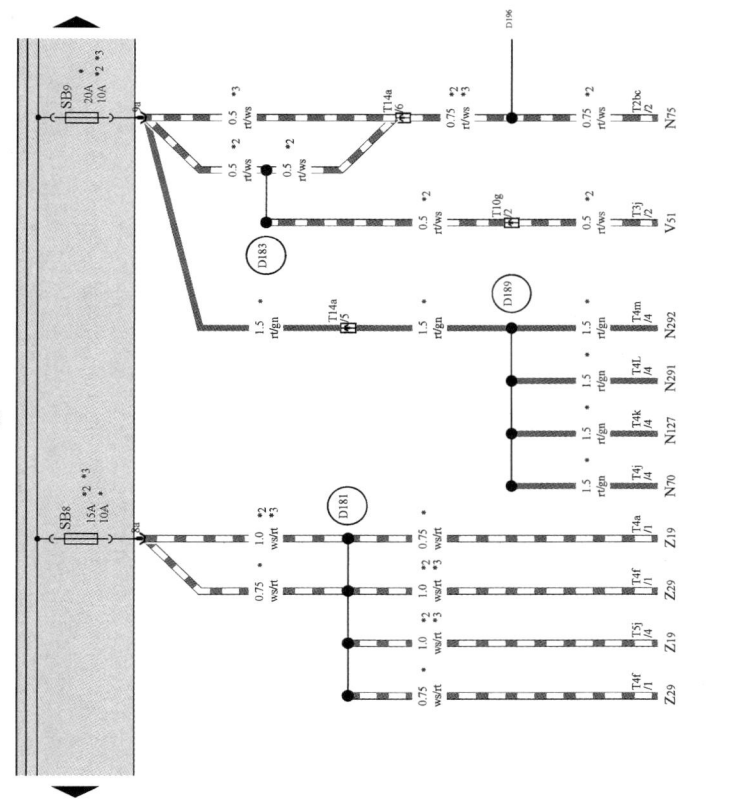

图 4-4-165

图 4-4-166

F-制动信号灯开关 F372-凸轮轴调节元件7 F373-凸轮轴调节元件8 N82-冷却液截止阀 N488-变速器冷却液阀 SB-保险丝架B SB6-保险丝架B SB7-保险丝架B上的保险丝6 SB7-保险丝架B上的保险丝7 T2cu-2芯插头连接 T2cv-2芯插头连接 T2cw-2芯插头连接 T2cx-2芯插头连接 T3bm-3芯插头连接 T3j-3芯插头连接 T4d-4芯插头连接 T14a-14芯插头连接 T14f-14芯插头连接 V51-冷却液继续补给泵 V478-变速器油冷却泵 D206-连接5（87a），在发动机预接线导线束中 D207-连接7（87a），在发动机预接线导线束中 D244-连接4（87a），在发动机预接线导线束中 *-用于带1.4L发动机的汽车 *2-用于带1.8L发动机的汽车 *3-用于带2.0L发动机的汽车 *4-自2016年7月起 *5-截至2016年7月

N70-带功率输出级的点火线圈1 N75-增压压力限制电磁阀 N127-带功率输出级的点火线圈2 N291-带功率输出级的点火线圈3 N292-带功率输出级的点火线圈4 SB-保险丝架B SB8-保险丝架B上的保险丝8 SB9-保险丝架B上的保险丝9 T2bc-2芯插头连接 T3j-3芯插头连接 T4a-4芯插头连接 T4f-4芯插头连接 T4j-4芯插头连接 T4k-4芯插头连接 T4L-4芯插头连接 T4m-4芯插头连接 T5j-5芯插头连接 T10g-10芯插头连接 T14a-14芯插头连接 V51-冷却液继续补给泵 Z19-氧传感器加热 Z29-尾气催化净化器后的氧传感器1加热装置 D181-连接2（87a），在发动机舱导线束中 D183-连接4（87a），在发动机预接线导线束中 D189-连接（87a），在发动机舱导线束中 D196-连接2（87a），在发动机预接线导线束中 *-用于带1.4L发动机的汽车 *2-用于带1.8L发动机的汽车 *3-用于带2.0L发动机的汽车

559

保险丝架 B

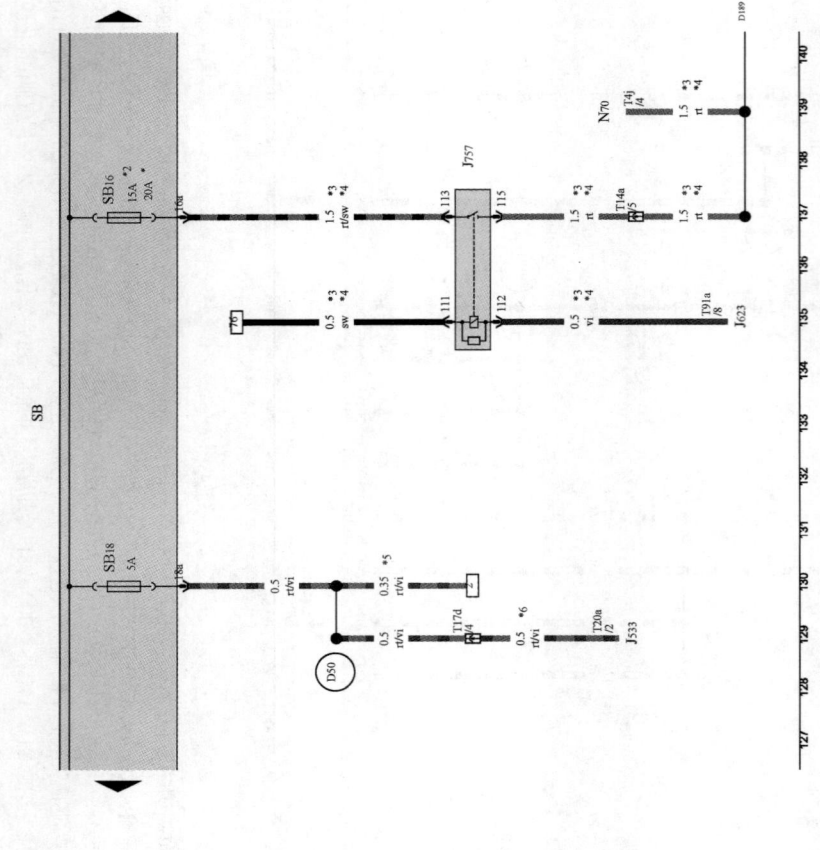

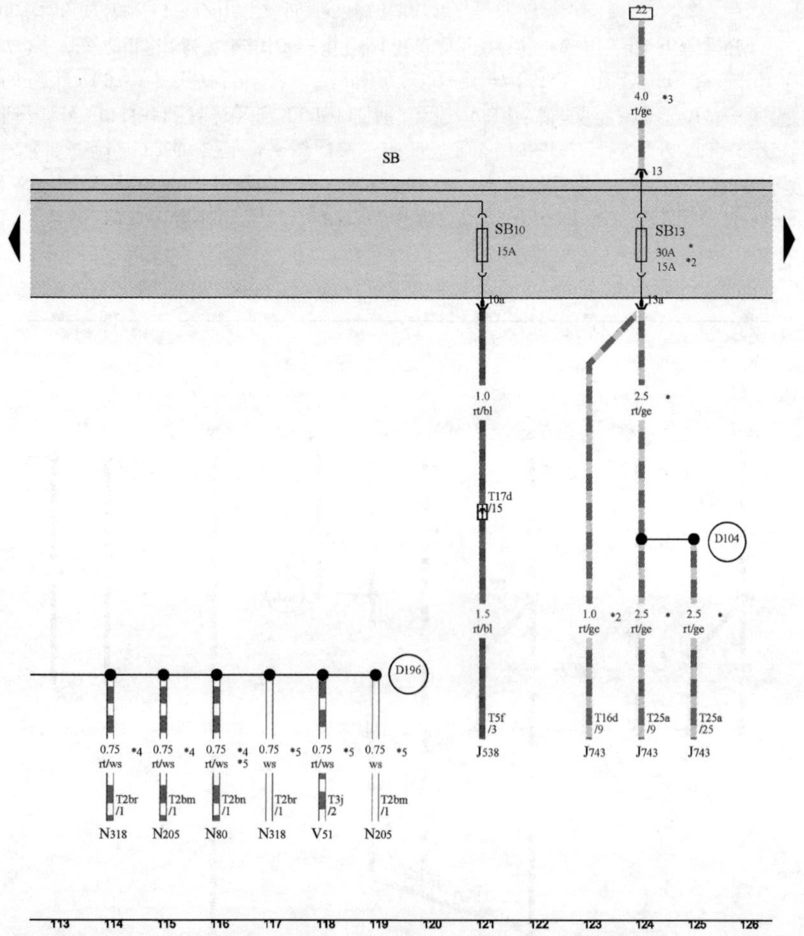

J538-燃油泵控制单元　J743-双离合器变速器机电装置　N80-活性炭罐电磁阀1　N205-凸轮轴调节阀1　N318-排气凸轮轴调节阀1　SB-保险丝架B　SB10-保险丝架B上的保险丝10　SB13-保险丝架B上的保险丝13　T2bm-2芯插头连接　T2bn-2芯插头连接　T2br-2芯插头连接　T3j-3芯插头连接　T5f-5芯插头连接　T16d-16芯插头连接　T17d-17芯插头连接　T25a-25芯插头连接　V51-冷却液继续补给泵　D104-正极连接2（30a），在发动机舱导线束中　D196-连接2（87a），在发动机预接线导线束中　*-用于带双离合器变速器0CW的汽车　*2-用于带双离合器变速器0DE的汽车　*3-用于带双离合器变速器的汽车　*4-用于带1.8L发动机的汽车　*5-用于带2.0L发动机的汽车

图 4-4-167

发动机部件供电继电器，保险丝架 B

J533-数据总线诊断接口　J623-发动机控制单元　J757-发动机部件供电继电器　N70-带功率输出级的点火线圈1　SB-保险丝架B　SB16-保险丝架B上的保险丝16　SB18-保险丝架B上的保险丝18　T4j-4芯插头连接　T14a-14芯插头连接　T17d-17芯插头连接　T20a-20芯插头连接　T91a-91芯插头连接　D50-正极连接（30），在发动机舱导线束中　D189-连接（87a），在发动机预接线导线束中　*-自2016年7月起　*2-截至2016年7月　*3-用于带1.8L发动机的汽车　*4-用于带2.0L发动机的汽车　*5-用于带发动机自动启停系统的汽车　*6-截至2017年1月

图 4-4-168

启动机继电器 1, 启动机继电器 2, 保险丝架 B

保险丝架 B

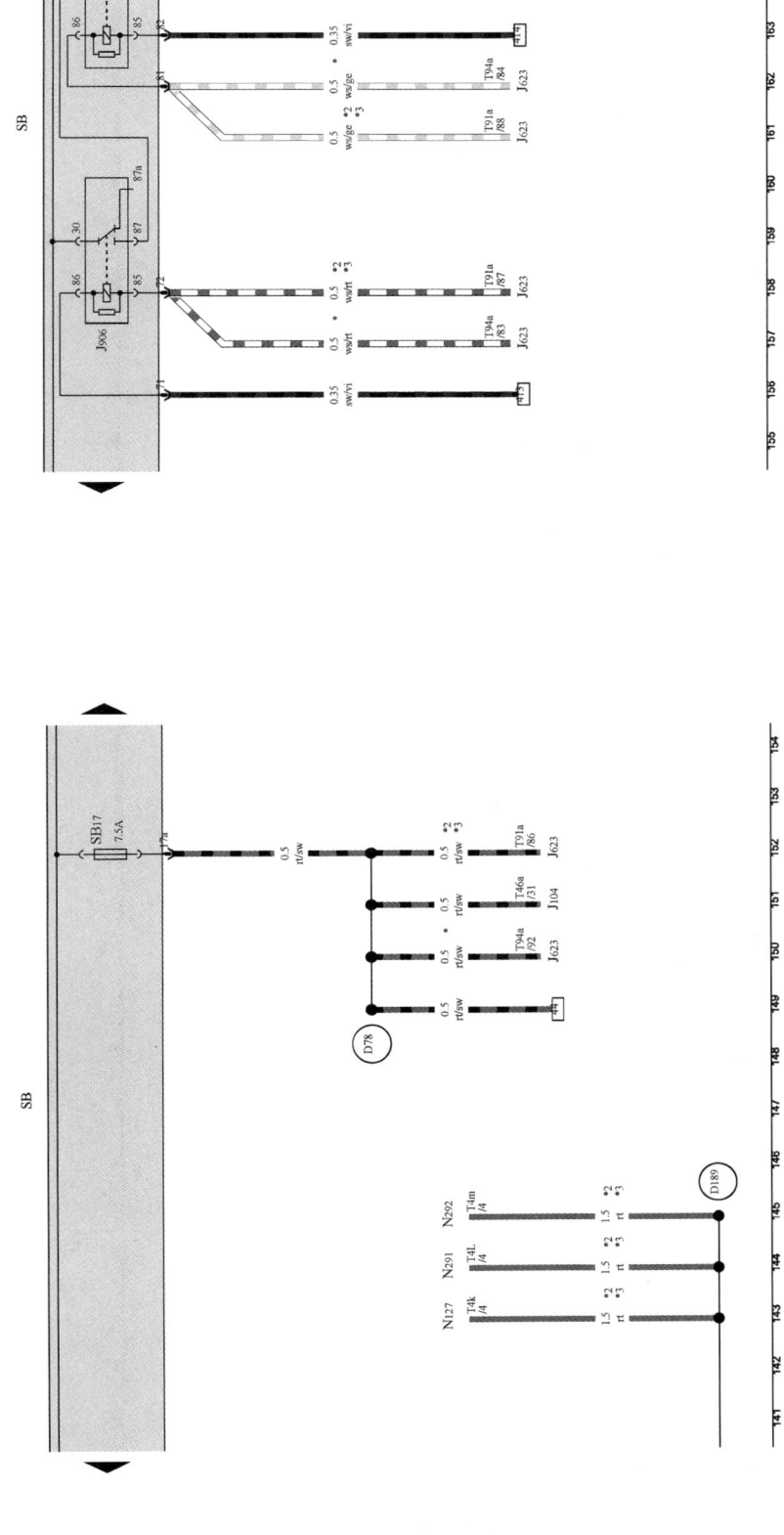

图 4-4-170

图 4-4-169

561

J623-发动机控制单元 J906-启动机继电器1 J907-启动机继电器2 SB-保险丝架B T91a-91芯插头连接
T94a-94芯插头连接 *-用于带1.4L发动机的汽车 *2-用于带1.8L发动机的汽车 *3-用于带2.0L发动机的汽
车

J104-ABS控制单元 J623-发动机控制单元 N127-带功率输出级的点火线圈1 J907-启动机继电器2 N291-带功率输出级的点火
线圈3 N292-带功率输出级的点火线圈4 SB-保险丝架B SB17-保险丝架B上的保险丝17 T4k-4芯插头连
接 T4L-4芯插头连接 T4m-4芯插头连接 T46a-46芯插头连接 T91a-91芯插头连接 T94a-94芯插头连接
D78-正极连接1（30a），在发动机舱导线束中 D189-连接（87a），在发动机顶接线导线束中 *-用于带
1.4L发动机的汽车 *2-用于带1.8L发动机的汽车 *3-用于带2.0L发动机的汽车

保险丝架 C

SC

保险丝架 B

SB

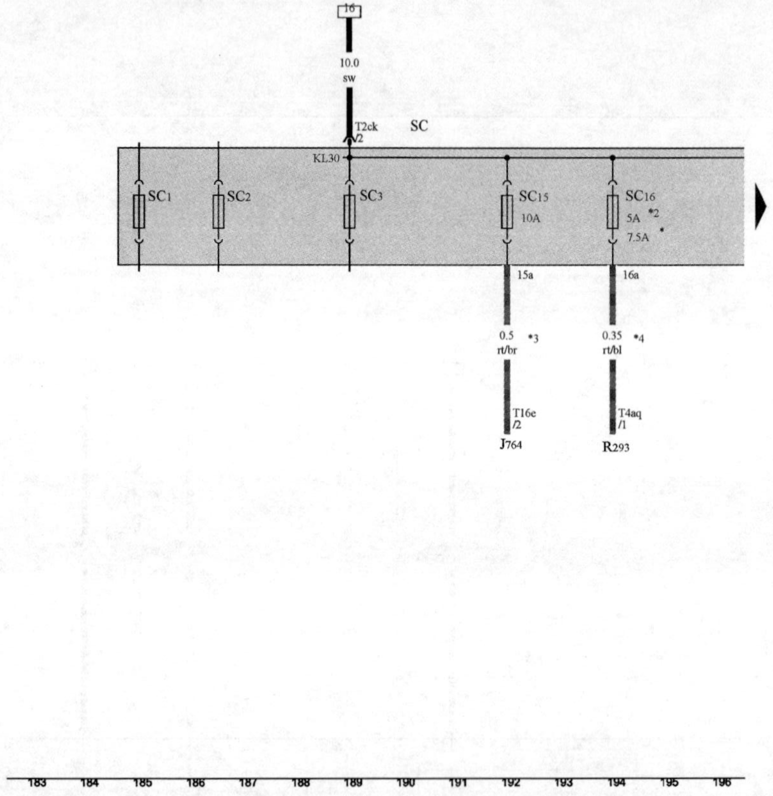

J764-电子转向柱锁止装置控制单元 R293-USB分线器 SC-保险丝架C SC1-保险丝架C上的保险丝1
SC2-保险丝架C上的保险丝2 SC3-保险丝架C上的保险丝3 SC15-保险丝架C上的保险丝15 SC16-保险丝
架C上的保险丝16 T2ck-2芯插头连接 T4aq-4芯插头连接 T16e-16芯插头连接 *-自2016年7月起 *2-载
至2016年7月 *3-用于带多个USB接口的汽车 *4-用于带多个USB接口的汽车

图 4-4-172

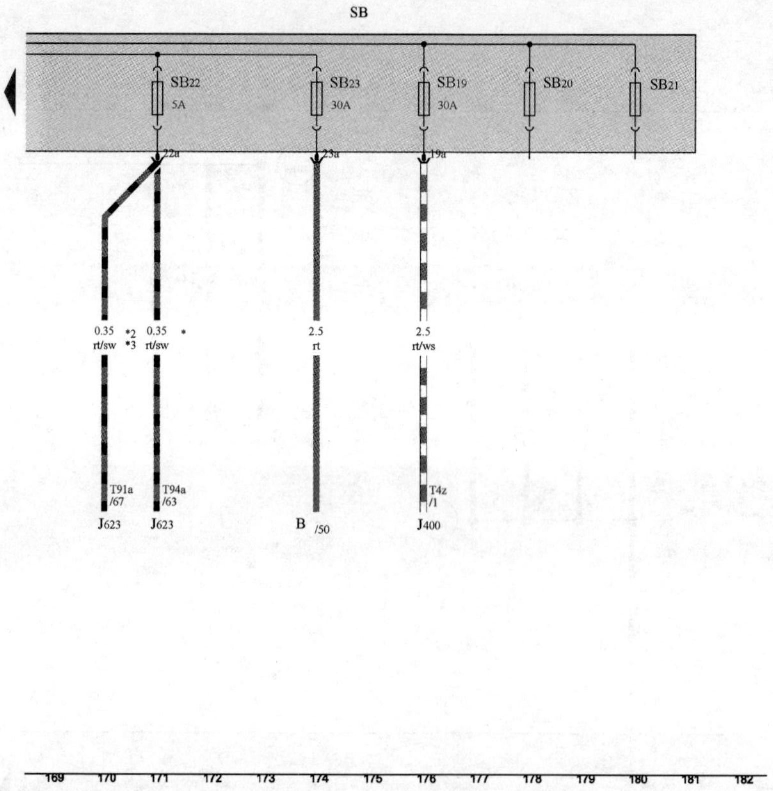

B-启动机 J400-刮水器电机控制单元 J623-发动机控制单元 SB-保险丝架B SB19-保险丝架B上的保险丝
19 SB20-保险丝架B上的保险丝20 SB21-保险丝架B上的保险丝21 SB22-保险丝架B上的保险丝22 SB23-
保险丝架B上的保险丝23 T4z-4芯插头连接 T91a-91芯插头连接 T94a-94芯插头连接 *-用于带1.4L发动
机的汽车 *2-用于带1.8L发动机的汽车 *3-用于带2.0L发动机的汽车

图 4-4-171

562

车载电网控制单元，保险丝架 C

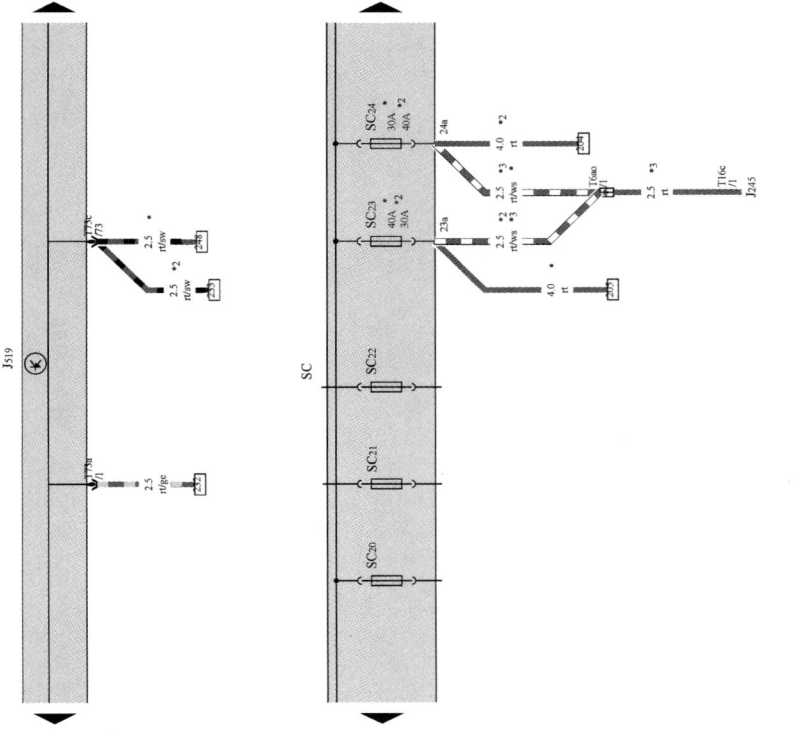

车载电网控制单元，保险丝架 C

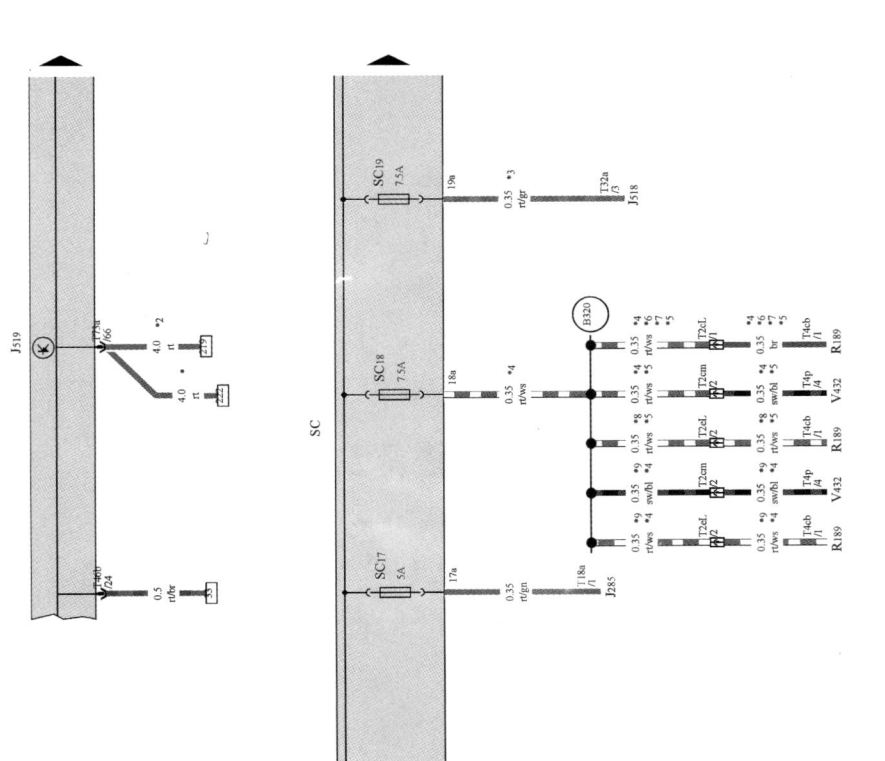

图 4-4-174

J245-滑动天窗控制单元 J519-车载电网控制单元 SC-保险丝架C SC20-保险丝架C上的保险丝20 SC21-保险丝架C上的保险丝21 SC22-保险丝架C上的保险丝22 SC23-保险丝架C上的保险丝23 SC24-保险丝架C上的保险丝24 T6ao-6芯插头连接 T16c-16芯插头连接 T73a-73芯插头连接 T73c-73芯插头连接 *-载至2017年7月 *2-自2017年7月起 *3-用于带滑动/外翻式天窗的汽车

图 4-4-173

J285-组合仪表中的控制单元 J518-进入及启动许可控制单元 J519-车载电网控制单元 R189-倒车摄像头 SC-保险丝架C SC17-保险丝架C上的保险丝17 SC18-保险丝架C上的保险丝18 SC19-保险丝架C上的保险丝19 T2cL-2芯插头连接 T2cm-2芯插头连接 T2eL-2芯插头连接 T4cb-4芯插头连接 T4p-4芯插头连接 T18a-18芯插头连接 T32a-32芯插头连接 T46b-46芯插头连接 T73a-73芯插头连接 V432-徽标电机 B320-正极连接6（30a），在主导线束中 *-自2017年7月起 *2-截至2017年7月 *3-用于带进入及启动许可的汽车 *4-用于带倒车影像系统的汽车 *5-截至2016年7月 *6-用于带1.4L发动机的汽车 *7-用于带1.8L发动机的汽车 *8-用于带2.0L发动机的汽车 *9-自2016年7月起

563

车载电网控制单元，保险丝架 C

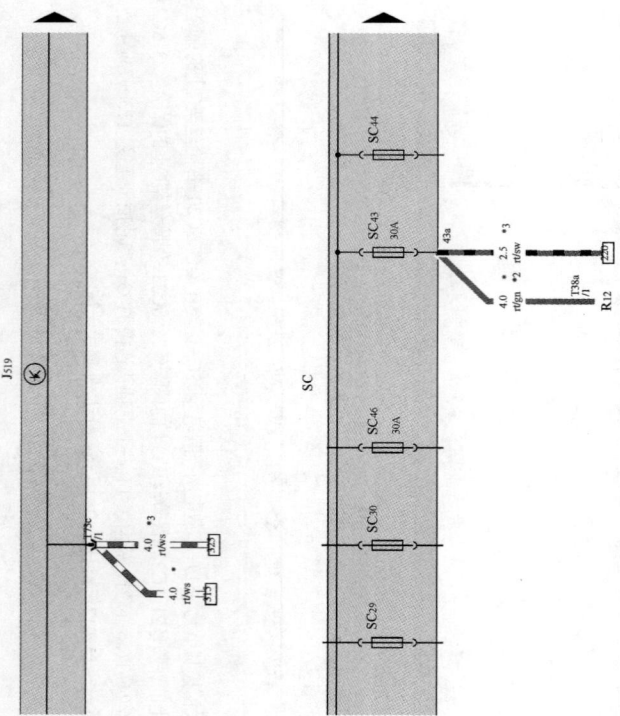

车载电网控制单元，保险丝架 C

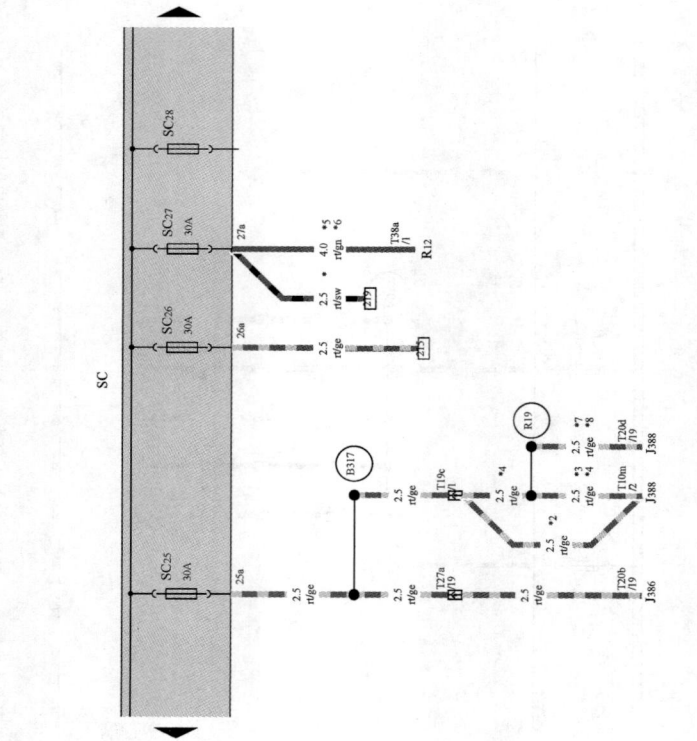

J386-驾驶员侧车门控制单元 J388-左后车门控制单元 J519-车载电网控制单元 R12-功率放大器 SC-保险丝架C SC25-保险丝架C上的保险丝25 SC26-保险丝架C上的保险丝26 SC27-保险丝架C上的保险丝27 SC28-保险丝架C上的保险丝28 T10m-10芯插头连接 T19c-19芯插头连接 T20b-20芯插头连接 T20d-20芯插头连接 T27a-27芯插头连接 T38a-38芯插头连接 B317-正极连接3（30a），在主导线束中 R19-正极连接1（30），在左后车门电缆导线束中 *-自2017年7月起 *2-自2016年7月起 *3-依汽车装备而定 *4-截至2016年7月 *5-用于带音响系统的汽车 *6-截至2017年7月 *7-用于带进入及启动许可的汽车 *8-截至2016年4月

图 4-4-175

J519-车载电网控制单元 R12-功率放大器 SC-保险丝架C SC29-保险丝架C上的保险丝29 SC30-保险丝架C上的保险丝30 SC43-保险丝架C上的保险丝43 SC44-保险丝架C上的保险丝44 SC46-保险丝架C上的保险丝46 T38a-38芯插头连接 T73c-73芯插头连接 *-自2017年7月起 *2-用于带音响系统的汽车 *3-截至2017年7月

图 4-4-176

车载电网控制单元，保险丝架 C

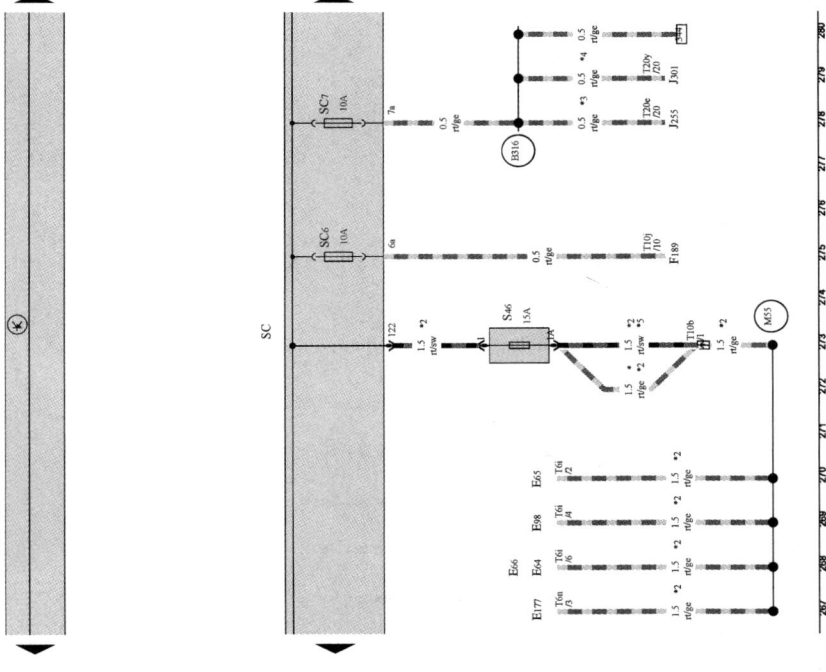

图 4-4-178

E64-副驾驶员座椅纵向调节开关 E65-副驾驶员座椅的前部高度调节开关 E66-副驾驶员座椅的后部高度调节开关 E177-副驾驶员座椅腰部支撑调节开关 F189-Tiptronic开关 J255-全自动空调控制单元 J301-空调器控制单元 J519-车载电网控制单元 SC-保险丝架C SC6-保险丝架C上的保险丝6 SC7-保险丝架C上的保险丝7 T6i-6芯插头连接 T6n-6芯插头连接 B316-正极连接2（30a），在主导线束中 接 B316-正极连接2（30a），在主导线束中 M55-连接5，在副驾驶员座椅导线束中
*2-电动可调式驾驶员和副驾驶员座椅 *3-用于带全自动调节空调的汽车 *4-用于带手动调节空调的汽车 *5-截至2016年7月

车载电网控制单元，保险丝架 C

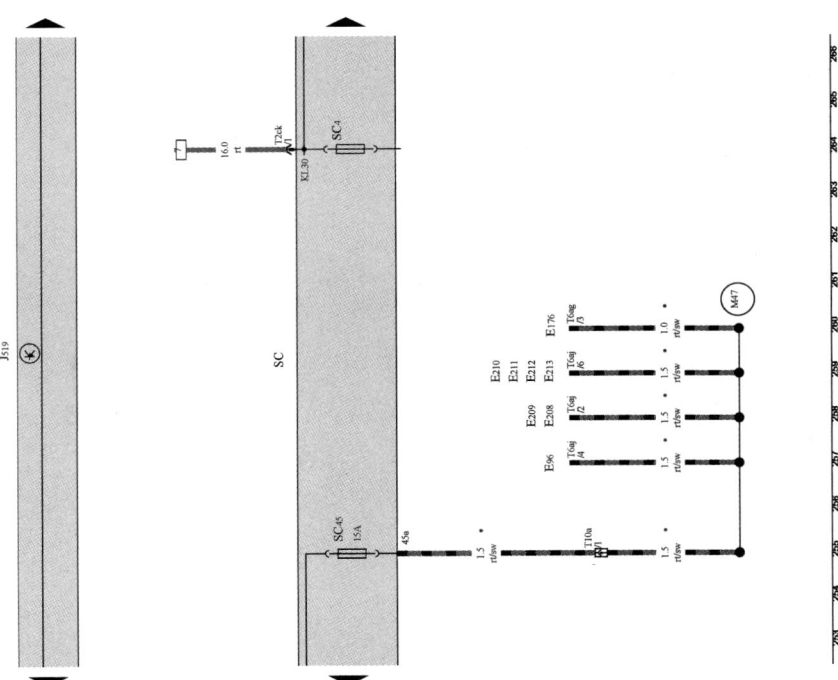

图 4-4-177

E96-驾驶员座椅靠背调节开关 E176-驾驶员腰部支撑调节开关 E208-驾驶员座椅的前部高度上调按钮 E209-驾驶员座椅的前部高度下调按钮 E210-驾驶员座椅的后部高度上调按钮 E211-驾驶员座椅的后部高度下调按钮 E212-驾驶员座椅前后位置的前调按钮 E213-驾驶员座椅前后位置的后调按钮 J519-车载电网控制单元 SC-保险丝架C SC4-保险丝架C上的保险丝4 SC45-保险丝架C上的保险丝45 T2ck-2芯插头连接 T6aj-6芯插头连接 T6ag-6芯插头连接 T10a-10芯插头连接 M47-连接7，在驾驶员侧座椅导线束中
*-电动可调式驾驶员和副驾驶员座椅

565

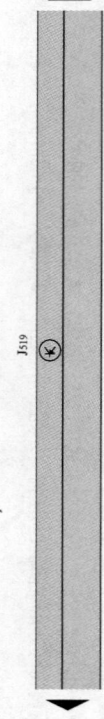
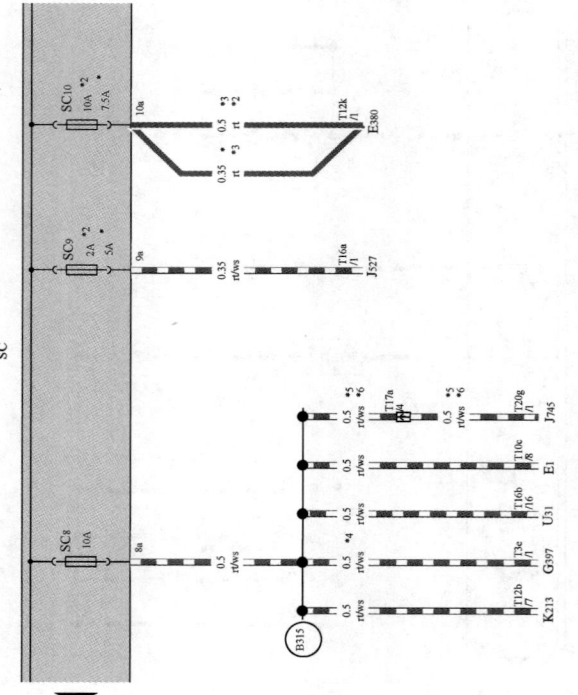

车载电网控制单元，保险丝架 C

图 4-4-180

E1-车灯开关 E380-多媒体系统操作单元 G397-雨水与光线识别传感器 J519-车载电网控制单元 J527-转向柱电子装置控制单元 J745-弯道灯和大灯照明距离调节控制单元 K213-机电式驻车制动器指示灯 SC-保险丝架C SC8-保险丝架C上的保险丝8 SC9-保险丝架C上的保险丝9 SC10-保险丝架C上的保险丝10 T3e-3芯插头连接 T10c-10芯插头连接 T12b-12芯插头连接 T12k-12芯插头连接 T16a-16芯插头连接 T16b-16芯插头连接 T17a-17芯插头连接 T20g-20芯插头连接 U31-诊断接口 B315-正极连接1（30a）, 在主导线束中 *1-自2016年7月起 *2-截至2016年7月 *3-依汽车装备而定 *4-用于带自带自防眩车内后视镜的汽车 *5-用于带自动大灯照明距离调节的汽车 *6-自2017年7月起

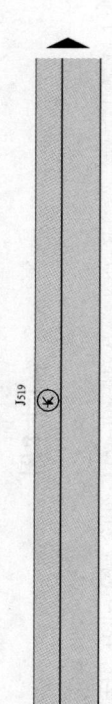
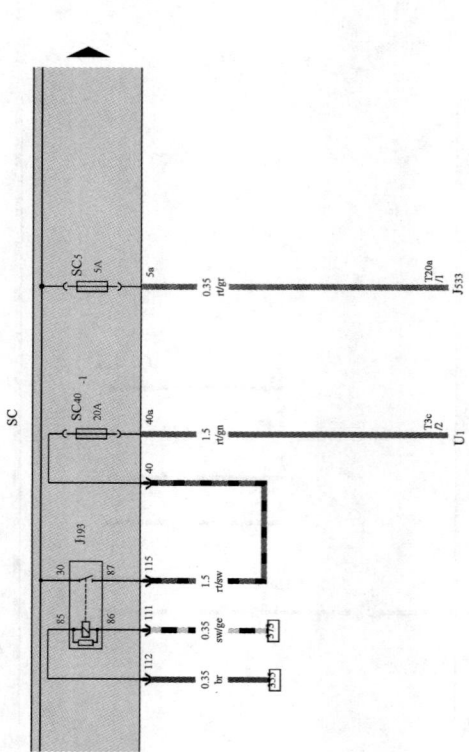

车载电网控制单元，保险丝架 C

图 4-4-179

J193-点烟器继电器 J519-车载电网控制单元 J533-数据总线诊断接口 SC-保险丝架C SC5-保险丝架C上的保险丝5 SC40-保险丝架C上的保险丝40 T3c-3芯插头连接 T20a-20芯插头连接 U1-点烟器

566

保险丝架 C

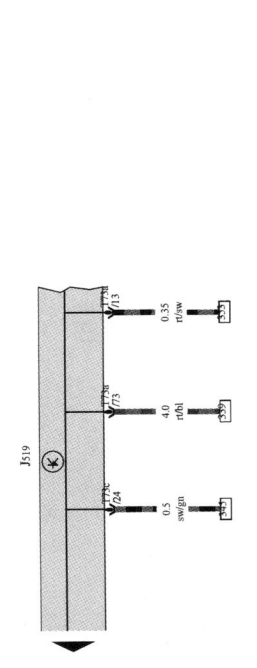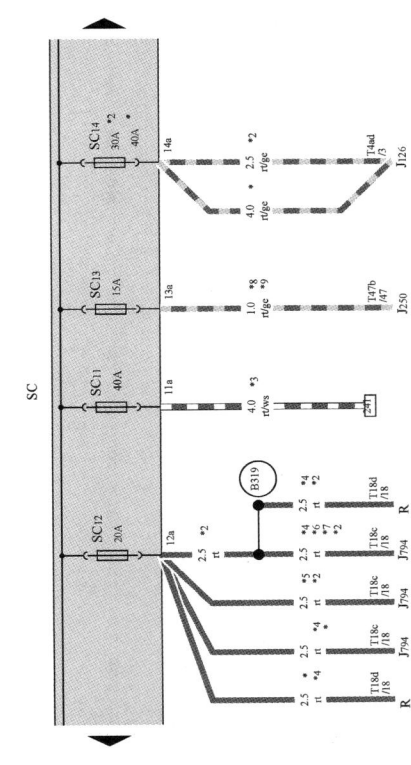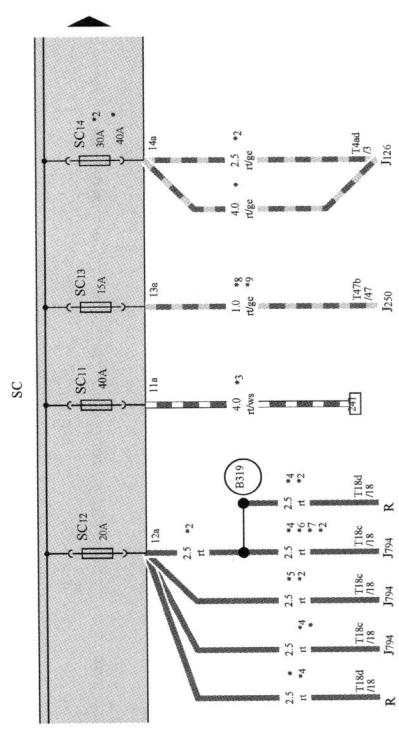

车载电网控制单元，保险丝架 C

J126-新鲜空气鼓风机控制单元 J250-减振电子调节控制单元 J519-车载电网控制单元 J794-电子通信信息设备1控制单元 R-收音机 SC-保险丝架C SC11-保险丝架C上的保险丝11 SC12-保险丝架C上的保险丝12 SC13-保险丝架C上的保险丝13 SC14-保险丝架C上的保险丝14 T4ad-4芯插头连接 T18c-18芯插头连接 T18d-18芯插头连接 T47b-47芯插头连接 T73c-73芯插头连接 B319-正极连接5（30a），在主导线束中 *1-自2016年7月起 *2-截至2016年7月 *3-自2017年7月起 *4-依汽车装备而定 *5-用于带2.0L发动机的汽车 *6-用于带1.4L发动机的汽车 *7-用于带1.8L发动机的汽车 *8-用于带电控调节减振系统的汽车 *9-截至2017年7月

图 4-4-181

J387-副驾驶员侧车门控制单元 J389-右后车门控制单元 SC-保险丝架 C SC31-保险丝架C上的保险丝31 SC38-保险丝架C上的保险丝38 SC39-保险丝架C上的保险丝39 SC41-保险丝架C上的保险丝41 T10n-10芯插头连接 T19d-19芯插头连接 T20c-20芯插头连接 T20f-20芯插头连接 T27b-27芯插头连接 B318-正极连接4（30a），在主导线束中 R23-正极连接1（30），在右后车门电缆导线束中 *1-自2016年7月起 *2-截至2017年7月 *3-截至2016年7月 *4-用于带进入及启动许可的汽车 *5-截至2016年4月 *6-依汽车装备而定 *7-自2017年7月起 *8-用于带电控调节减振系统的汽车

图 4-4-182

可加热后窗玻璃继电器，负导线中的调频频率滤波器，正导线中的调频频率滤波器，保险丝架C，可加热式后窗玻璃

可加热后窗玻璃继电器，保险丝架C，接线端15供继电器，保险丝架C

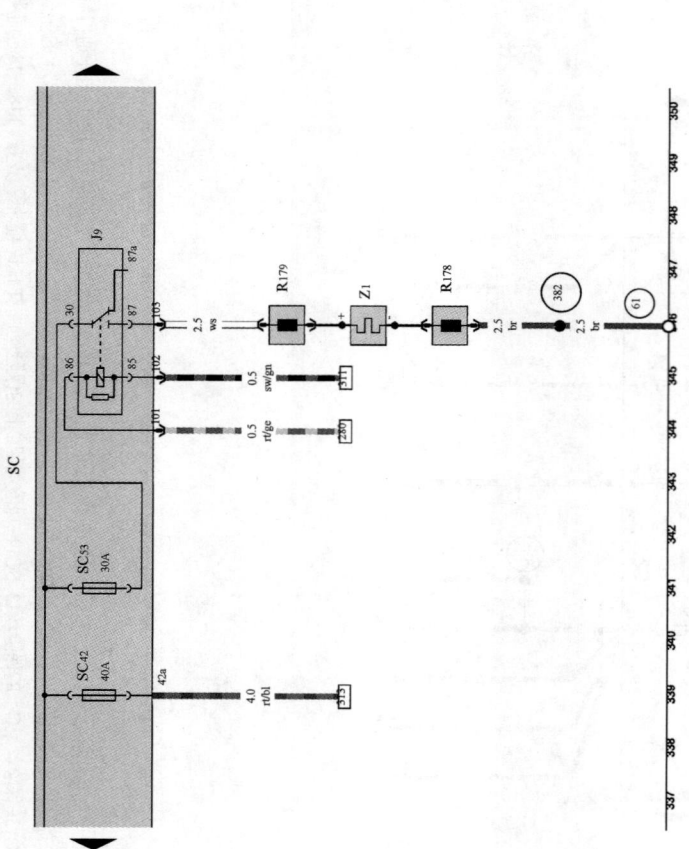

图4-4-183

J9-可加热后窗玻璃继电器　R178-负导线中的调频频率滤波器　R179-正导线中的调频频率滤波器　SC-保险丝架C　SC42-保险丝架C上的保险丝42　SC53-保险丝架C上的保险丝53　Z1-可加热式后窗玻璃　61-左侧C柱上的接地点　382-接地点，在主导线束中

图4-4-184

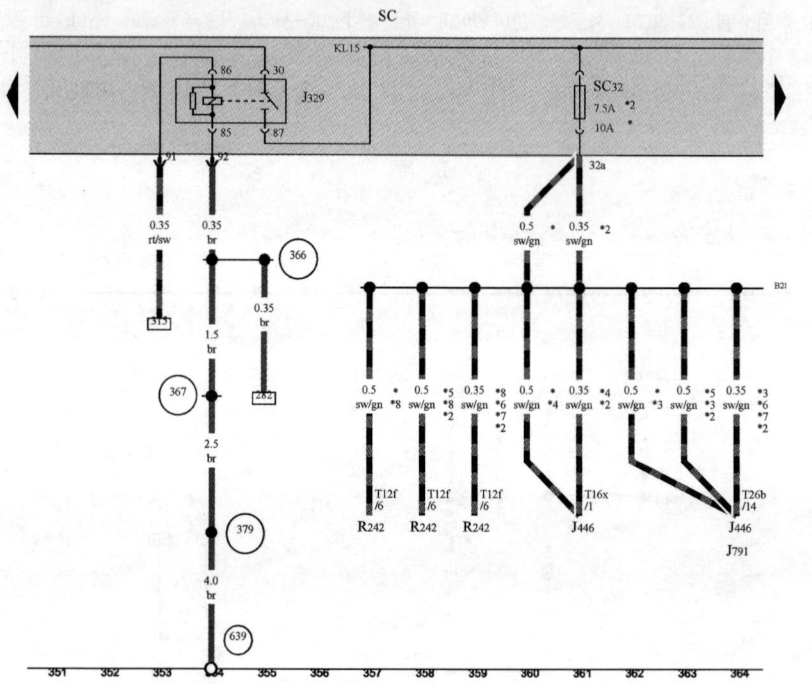

J329-接线端15供电继电器　J446-泊车雷达系统控制单元　J791-泊车转向辅助系统控制单元　R242-驾驶员辅助系统的前部摄像头　SC-保险丝架C　SC32-保险丝架C上的保险丝32　T12f-12芯插头连接　T16x-16芯插头连接　T26b-26芯插头连接　366-接地连接1，在主导线束中　367-接地连接2，在主导线束中　379-接地连接14，在主导线束中　639-左A柱上的接地点　B280-正极连接4（15a），在主导线束中　*-自2016年7月起　*2-截至2016年7月　*3-用于带泊车雷达系统（前/后）的汽车　*4-用于带泊车雷达系统（后）的汽车　*5-用于带2.0L发动机的汽车　*6-用于带1.4L发动机的汽车　*7-用于带1.8L发动机的汽车　*8-用于带驾驶辅助特殊装备的汽车

保险丝架 C

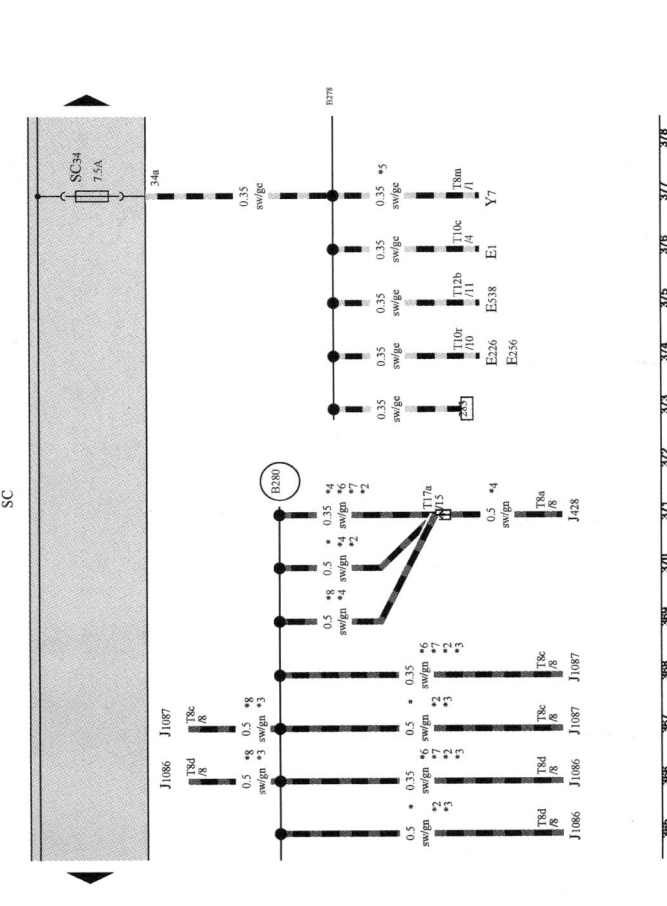

保险丝架 C （左图 图 4-4-185）

E1-车灯灯开关 E226-轮胎压力监控按钮 E256-ASR和电子稳定程序按钮 E538-机电式驻车制动器按钮 J428-车距调节控制单元 J1086-盲区识别控制单元 J1087-盲区识别控制单元2 SC-保险丝架C SC34-保险丝架C上的保险丝34 T8a-8芯插头连接 T8c-8芯插头连接 T8d-8芯插头连接 T8m-8芯插头连接 T10c-10芯插头连接 T10r-10芯插头连接 T12b-12芯插头连接 T17a-17芯插头连接 Y7-自动防眩车内后视镜 B278-正极连接2 (15a)，在主导线束中 B280-正极连接4 (15a)，在主导线束中 *1-用于带2.0L发动机的汽车 *2-截至2016年7月 *3-用于带埃道辅助系统的汽车 *4-用于带自动车距控制（ADR）的汽车 *5-用于带自动防眩车内后视镜的汽车 *6-用于带1.8L发动机的汽车 *7-用于带1.4L发动机的汽车 *8-自2016年7月起

图 4-4-185

保险丝架 C （右图 图 4-4-186）

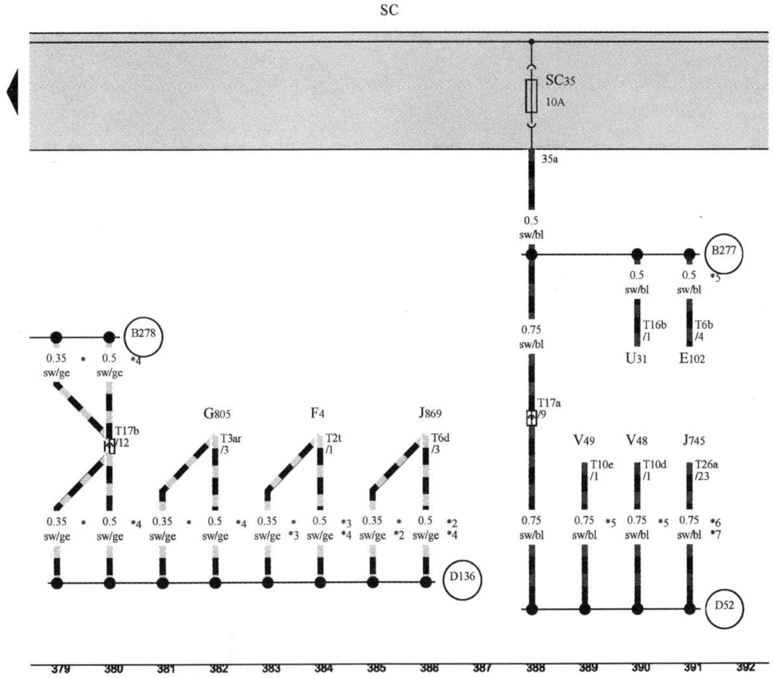

E102-大灯照明距离调节器 F4-倒车灯开关 G805-制冷剂循环回路压力传感器 J745-弯道灯控制单元 距离调节控制单元 J869-机械振动控制单元 SC-保险丝架C SC35-保险丝架C上的保险丝35 T2t-2芯插头连接 T3ar-3芯插头连接 T6b-6芯插头连接 T6d-6芯插头连接 T10c-10芯插头连接 T10d-10芯插头连接 T10e-10芯插头连接 接 T16b-16芯插头连接 T17a-17芯插头连接 T17b-17芯插头连接 T26a-26芯插头连接 U31-诊断接口 V48-左侧大灯照明距离调节伺服电机 V49-右侧大灯照明距离调节伺服电机 B277-插头连接1 (15a)，在主导线束中 B278-正极连接2 (15a)，在主导线束中 D52-正极连接2 (15a)，在发动机舱导线束中 D136-正极连接2 (15a)，在发动机舱导线束中 *1-自2016年7月起 *2-用于带2.0L发动机的汽车 *3-用于带自动大灯照明距离调节的汽车 *4-截至2017年7月 *5-用于带大灯照明距离调节离合器 *6-用于带自动大灯照明距离调节的汽车 *7-截至2016年7月

图 4-4-186

保险丝架 C

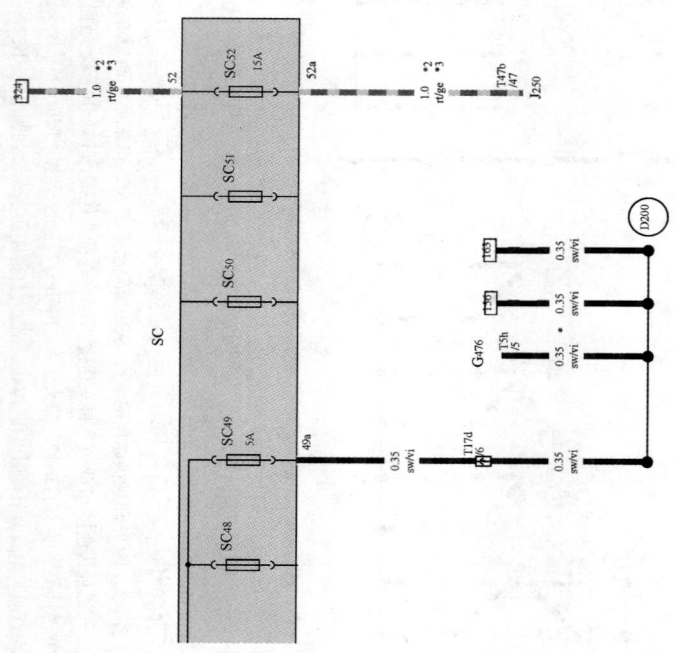

图 4-4-188

G476–离合器位置传感器 J250–减振电子调节控制单元 SC–保险丝架C SC48–保险丝架C上的保险丝48 SC49–保险丝架C上的保险丝49 SC50–保险丝架C上的保险丝50 SC51–保险丝架C上的保险丝51 SC52–保险丝架C上的保险丝52 T5h–5芯插头连接 T17d–17芯插头连接 T47b–47芯插头连接 D200–正极连接 *2–自2017年7月起 *3–用于带电控调节减振系统的汽车 *–用于带手动变速器的汽车（15a），在发动机舱导线束中

保险丝架 C

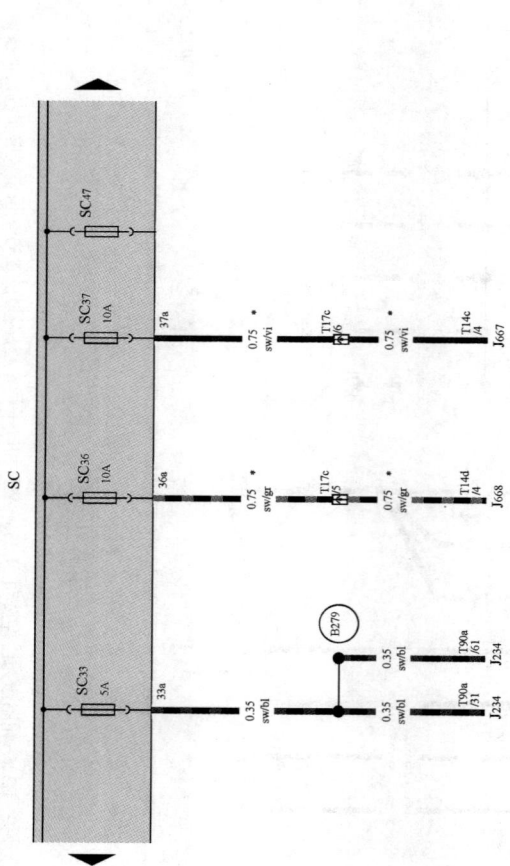

图 4-4-187

J234–安全气囊控制单元 J667–左侧大灯电源模块 J668–右侧大灯电源模块 SC–保险丝架C SC33–保险丝架C上的保险丝33 SC36–保险丝架C上的保险丝36 SC37–保险丝架C上的保险丝37 SC47–保险丝架C上的保险丝47 T14c–14芯插头连接 T14d–14芯插头连接 T17c–17芯插头连接 T90a–90芯插头连接 B279–正极连接3（15a），在主导线束中 *–用于带自动大灯照明距离调节的汽车

第五节　基本装备

基本装备电路图的图号和图名对照表见表 4-5-1。

表 4-5-1　基本装备电路图的图号和图名对照表

图号	图名
图 4-5-1~ 图 4-5-37	基本装备电路图

蓄电池，蓄电池监控控制单元

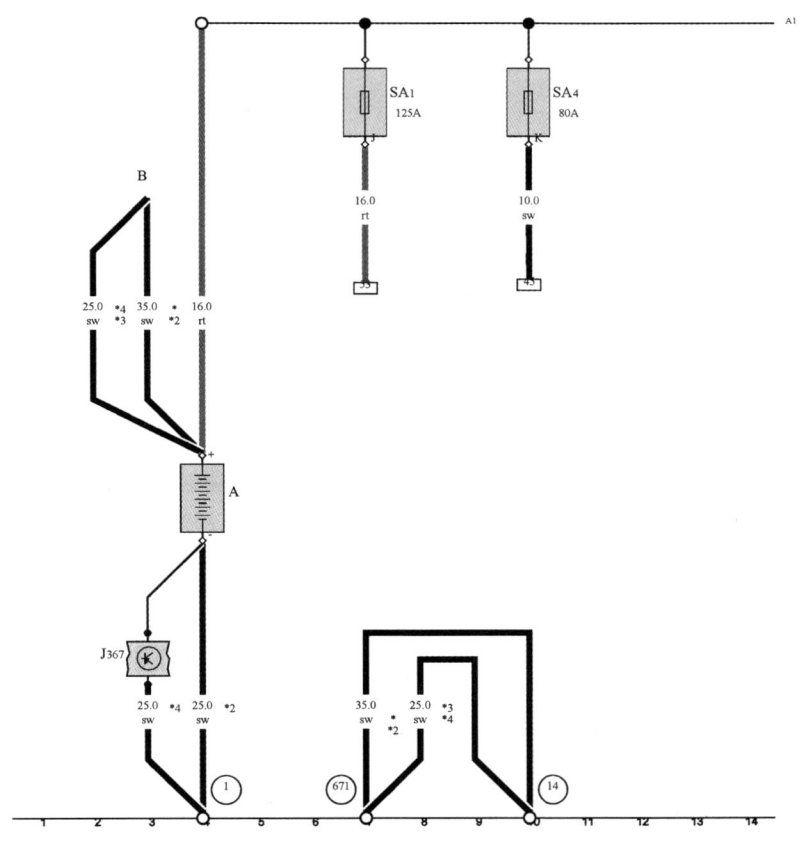

A-蓄电池　B-启动机　J367-蓄电池监控控制单元　SA1-保险丝架A上的保险丝1　SA4-保险丝架A上的保险丝4　1-接地带，蓄电池-车身　14-变速器上的接地点　671-左前纵梁上的接地点1　*-用于带1.8L发动机的汽车　*2-用于不带发动机自动启停系统的汽车　*3-用于带1.4L发动机的汽车　*4-用于带发动机自动启停系统的汽车

图 4-5-1

主继电器，车载电网控制单元

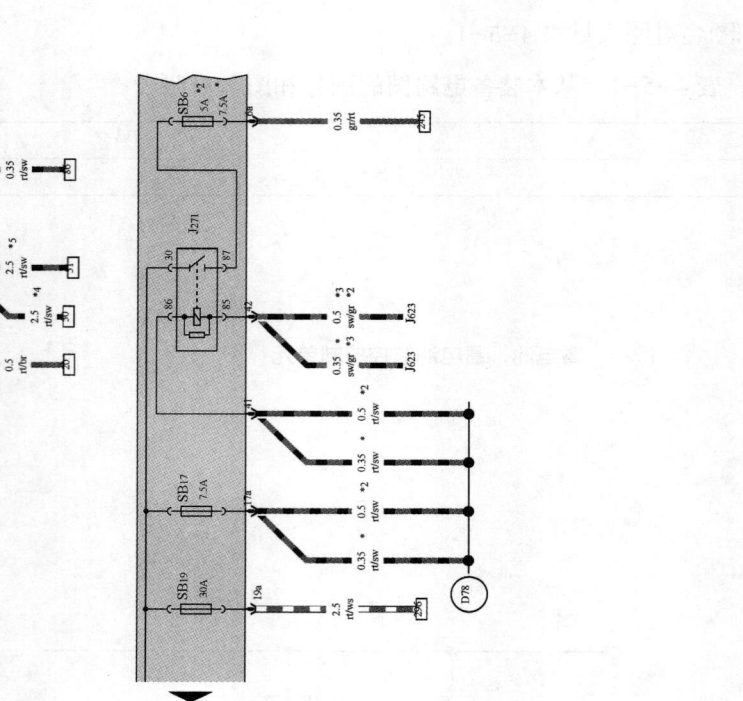

高音扬声器，低音扬声器，双音喇叭继电器

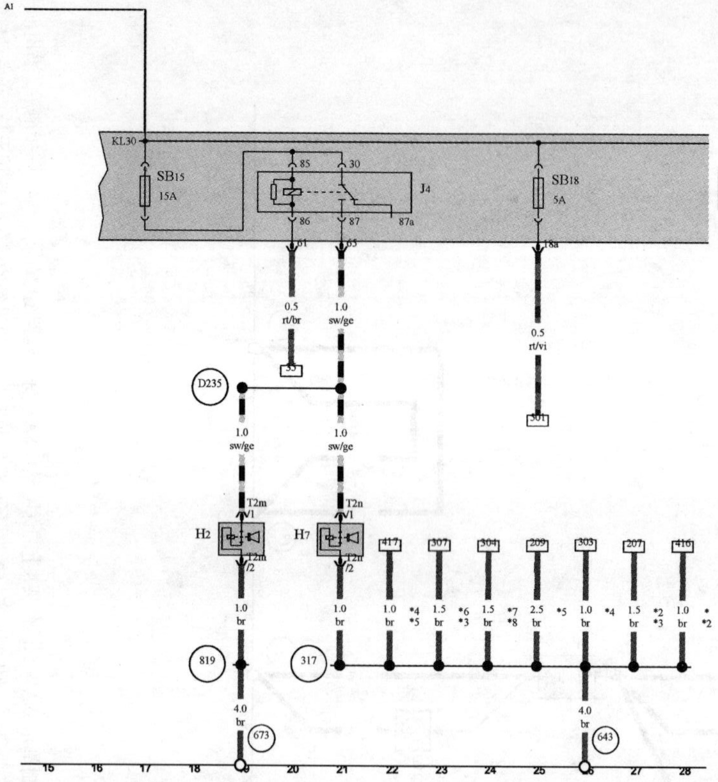

图 4-5-2

图 4-5-3

H2-高音扬声器 H7-低音扬声器 J4-双音喇叭继电器 SB15-保险丝架B上的保险丝15 SB18-保险丝架B上的保险丝18 T2m-2芯插头连接 T2m-2芯插头连接 317-接地连接7，在发动机舱导线束中 643-发动机舱内右侧 673-左前纵梁上的接地点3 819-接地连接12，在发动机舱导线束中 D235-连接（双音喇叭），在发动机舱导线束中 *-用于带发动机自动启停系统的汽车 *2-自2016年7月起 *3-截至2018年6月 *4-用于带2.0L发动机的汽车 *5-截至2016年7月 *6-用于带大灯清洗装置的汽车 *7-用于带1.4L发动机的汽车 *8-用于带1.8L发动机的汽车

J271-主继电器 J519-车载电网控制单元 J623-发动机控制单元 SB6-保险丝架B上的保险丝6 SB17-保险丝架B上的保险丝17 SB19-保险丝架B上的保险丝19 T46b-46芯插头连接 T73a-73芯插头连接 T73c-73芯插头连接 D78-正极连接1（30a），在发动机舱导线束中 *-自2018年6月起 *2-截至2018年6月 *3-见发动机所适用的电路图 *4-自2017年7月起 *5-截至2017年7月

572

点烟器继电器，车载电网控制单元，保险丝架 C

车载电网控制单元，保险丝架 C

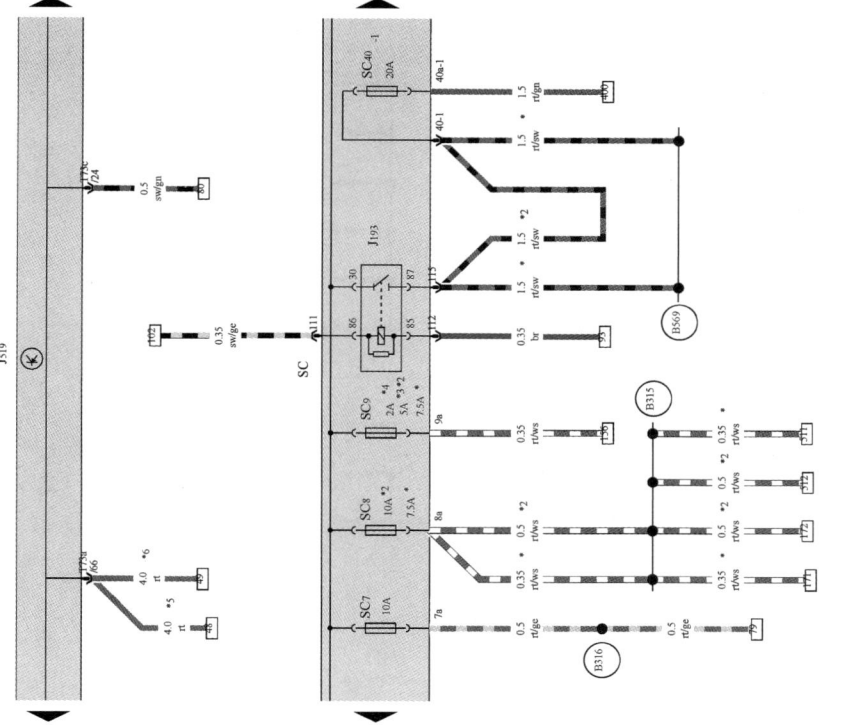

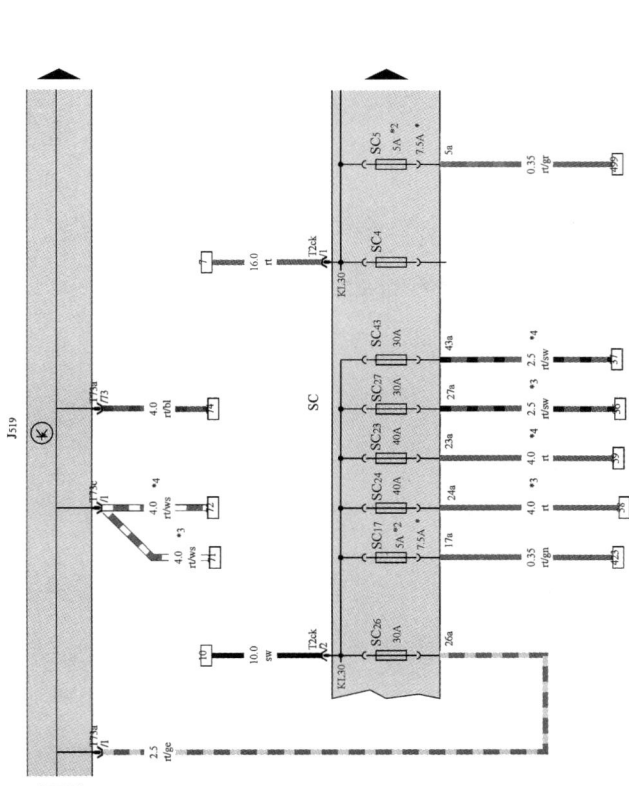

图 4-5-5

图 4-5-4

J193-点烟器继电器 J519-车载电网控制单元 SC-保险丝架 SC7-保险丝架C上的保险丝7 SC8-保险丝架C上的保险丝8 SC9-保险丝架C上的保险丝9 SC40-保险丝架C上的保险丝40 T73a-73芯插头连接 T73c-73芯插头连接 B315-正极连接1（30a），在主导线束中 B316-正极连接2（30a），在主导线束中 B569-连接36，在主导线束中 *-自2018年6月起 *2-截至2018年6月 *3-自2016年7月起 *4-截至2016年7月 *5-自2017年7月起 *6-截至2017年7月

J519-车载电网控制单元 SC-保险丝架 C SC4-保险丝架C上的保险丝4 SC5-保险丝架C上的保险丝5 SC17-保险丝架C上的保险丝17 SC23-保险丝架C上的保险丝23 SC24-保险丝架C上的保险丝24 SC26-保险丝架C上的保险丝26 SC27-保险丝架C上的保险丝27 SC43-保险丝架C上的保险丝43 T2ck-2芯插头连接 T73c-73芯插头连接 *-自2018年6月起 *2-截至2018年6月 *3-自2017年7月起 *4-截至2017年7月

573

可加热后窗玻璃继电器，车载电网控制单元，负导线中的调频频率滤波器，正导线中的调频频率滤波器，保险丝架C，可加热式后窗玻璃

接线端15供电继电器，车载电网控制单元，保险丝架C

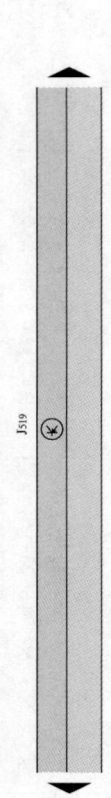
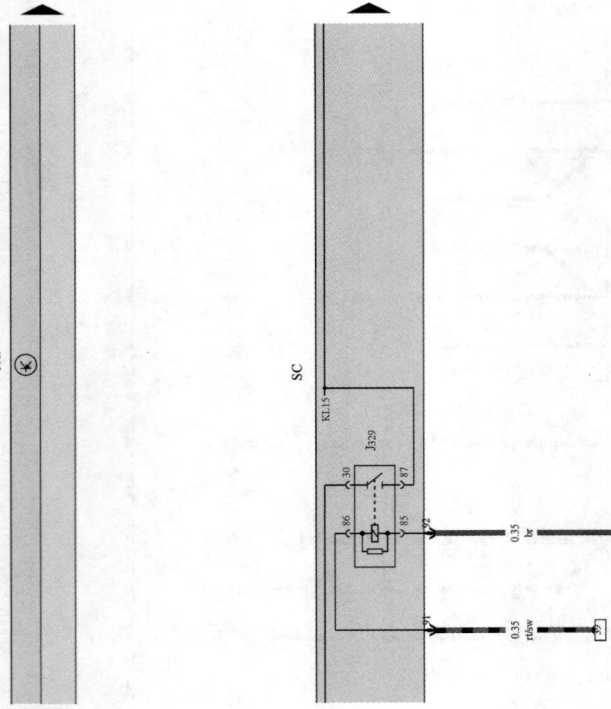

J329-接线端15供电继电器 J519-车载电网控制单元 SC-保险丝架C 366-接地连接1，在主导线束中 *-自2018年6月起

图4-5-7

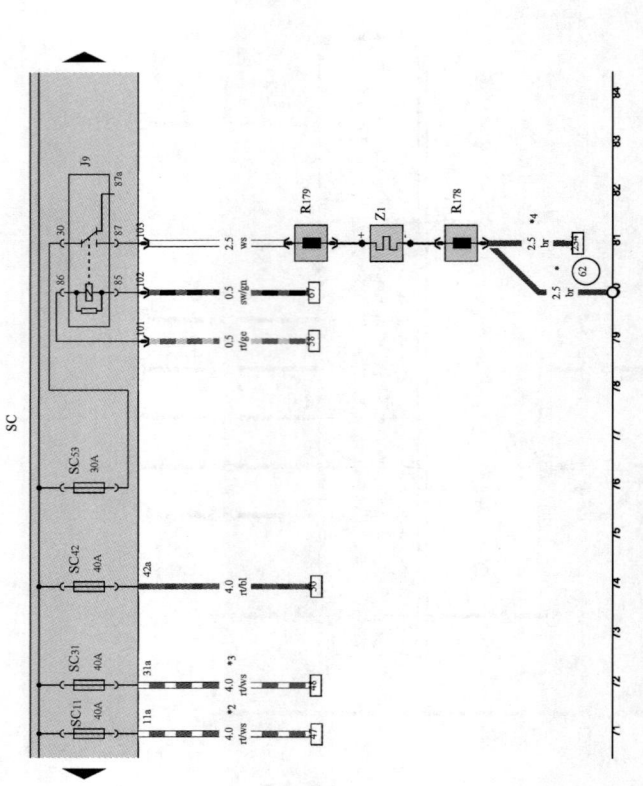

J9-可加热后窗玻璃继电器 J519-车载电网控制单元 R178-负导线中的调频频率滤波器 R179-正导线中的调频频率滤波器 调频频率滤波器 SC-保险丝架C SC11-保险丝架C上的保险丝11 SC31-保险丝架C上的保险丝31 SC42-保险丝架C上的保险丝42 SC53-保险丝架C上的保险丝53 Z1-可加热式后窗玻璃 62-右侧C柱上的接地点 *-自2018年6月起 *2-自2017年7月起 *3-截至2017年7月 *4-截至2018年6月

图4-5-6

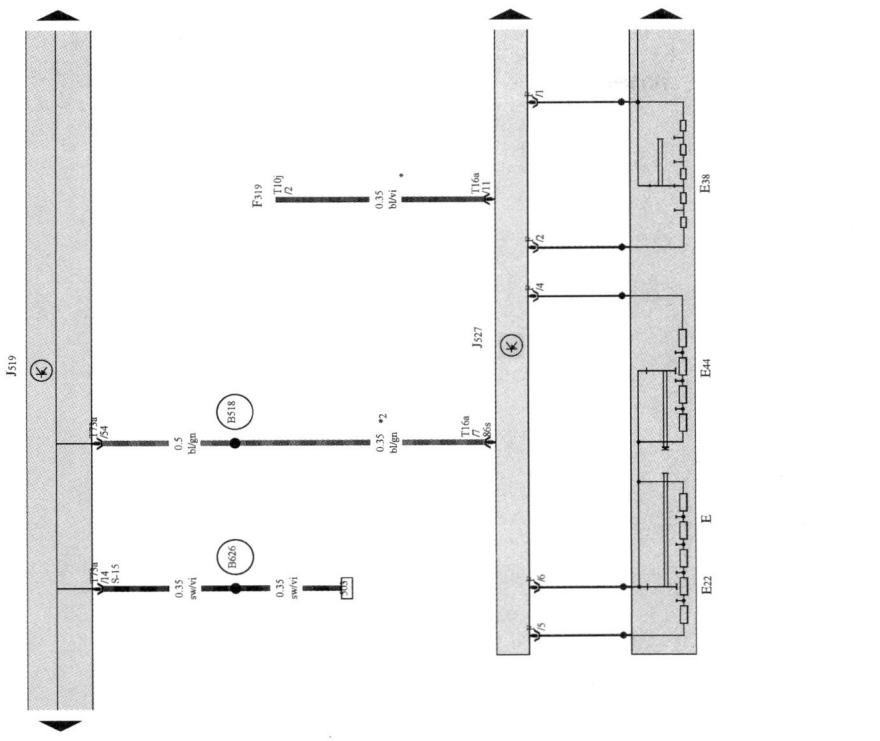

前窗玻璃刮水器开关，间歇式刮水器运行开关，车窗玻璃刮水器间歇运行调节器，车窗玻璃清洗泵开关（自动刮水/清洗装置和大灯清洗装置），车载电网控制单元，转向柱电子装置控制单元

警报灯开关，车载电网控制单元，闪烁报警装置指示灯，开关照明灯泡，保险丝架C

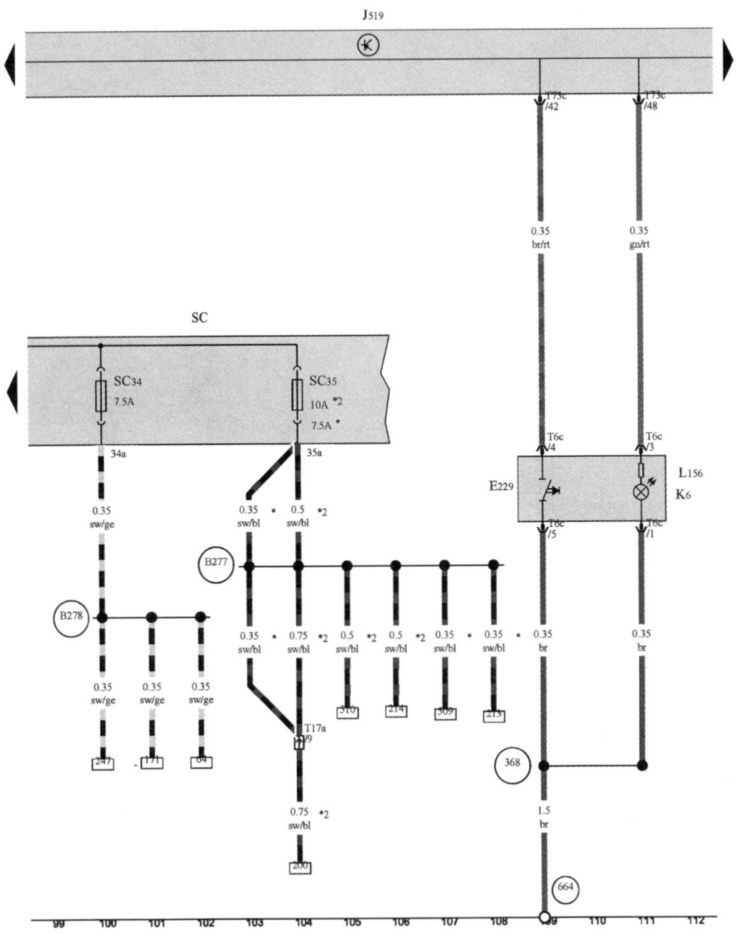

图 4-5-9

E-前窗玻璃刮水器开关 E22-间歇式刮水器运行开关 E38-车窗玻璃刮水器间歇运行调节器 E44-车窗玻璃清洗泵开关（自动刮水/清洗装置和大灯清洗装置）F319-选挡杆挡拉P锁止开关 J519-车载电网控制单元 J527-转向柱电子装置控制单元 T10j-10芯插头连接 T16a-16芯插头连接 T73a-73芯插头连接 B518-连接（86s），在主导线束中 B626-正极连接2（15），在主导线束中 *-用于带双离合器变速器的汽车 *2-用于不带进入及启动许可的汽车

图 4-5-8

E229-警报灯开关 J519-车载电网控制单元 K6-闪烁报警装置指示灯 L156-开关照明灯泡 SC-保险丝架C SC34-保险丝架C上的保险丝34 SC35-保险丝架C上的保险丝35 T6c-6芯插头连接 T17a-17芯插头连接 T73c-73芯插头连接 368-接地连接3，在主导线束中 664-左侧仪表板后面的接地点 B277-正极连接1（15a），在主导线束中 B278-正极连接2（15a），在主导线束中 *-自2018年6月起 *2-截至2018年6月

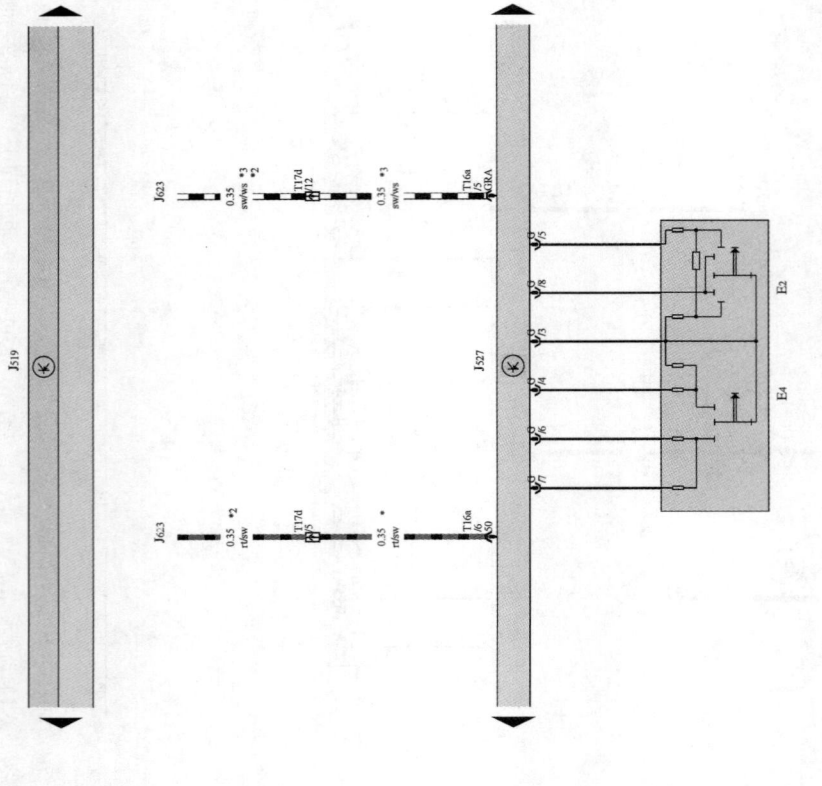

点火启动开关，多功能显示器调用按钮，多功能显示器存储开关，车载电网控制单元，转向柱电子装置控制单元

转向信号灯开关，手动远光灯功能和近光灯瞬时接通功能开关，车载电网控制单元，转向柱电子装置控制单元

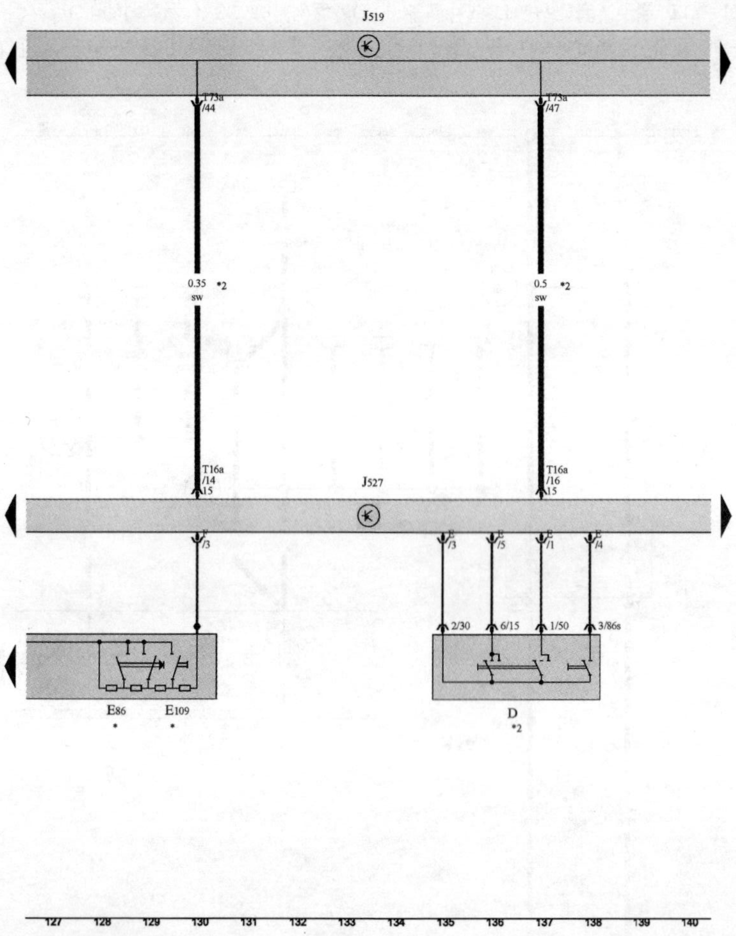

D-点火启动开关　E86-多功能显示器调用按钮　E109-多功能显示器存储开关　J519-车载电网控制单元　J527-转向柱电子装置控制单元　T16a-16芯插头连接　T73a-73芯插头连接　*-用于不带多功能方向盘的汽车　*2-用于不带进入及启动许可的汽车

图 4-5-10

E2-转向信号灯开关　E4-手动远光灯功能和近光灯瞬时接通功能开关　J519-车载电网控制单元　J527-转向柱电子装置控制单元　J623-发动机控制单元　T16a-16芯插头连接　T17d-17芯插头连接　*-用于不带进入及启动许可的汽车　*2-见发动机所适用的电路图　*3-用于带定速巡航装置的汽车

图 4-5-11

车灯开关，前雾灯和后雾灯开关，车载电网控制单元，大灯开关照明灯泡

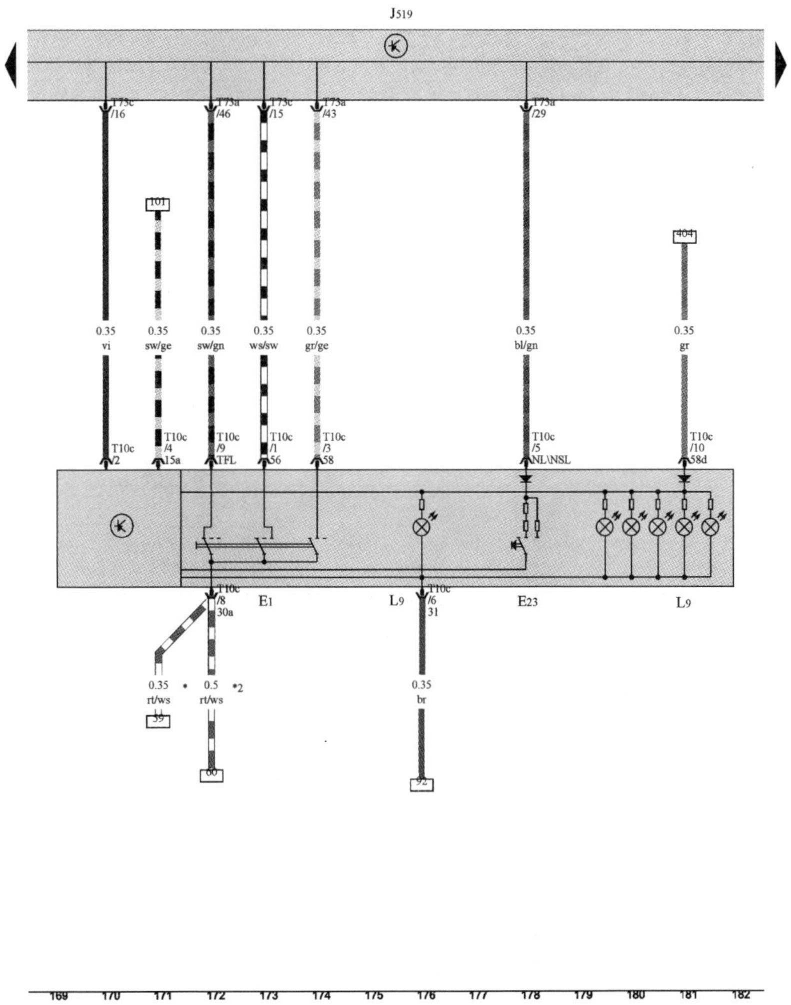

安全气囊卷簧和带滑环的复位环，信号喇叭控制，车载电网控制单元，转向柱电子装置控制单元

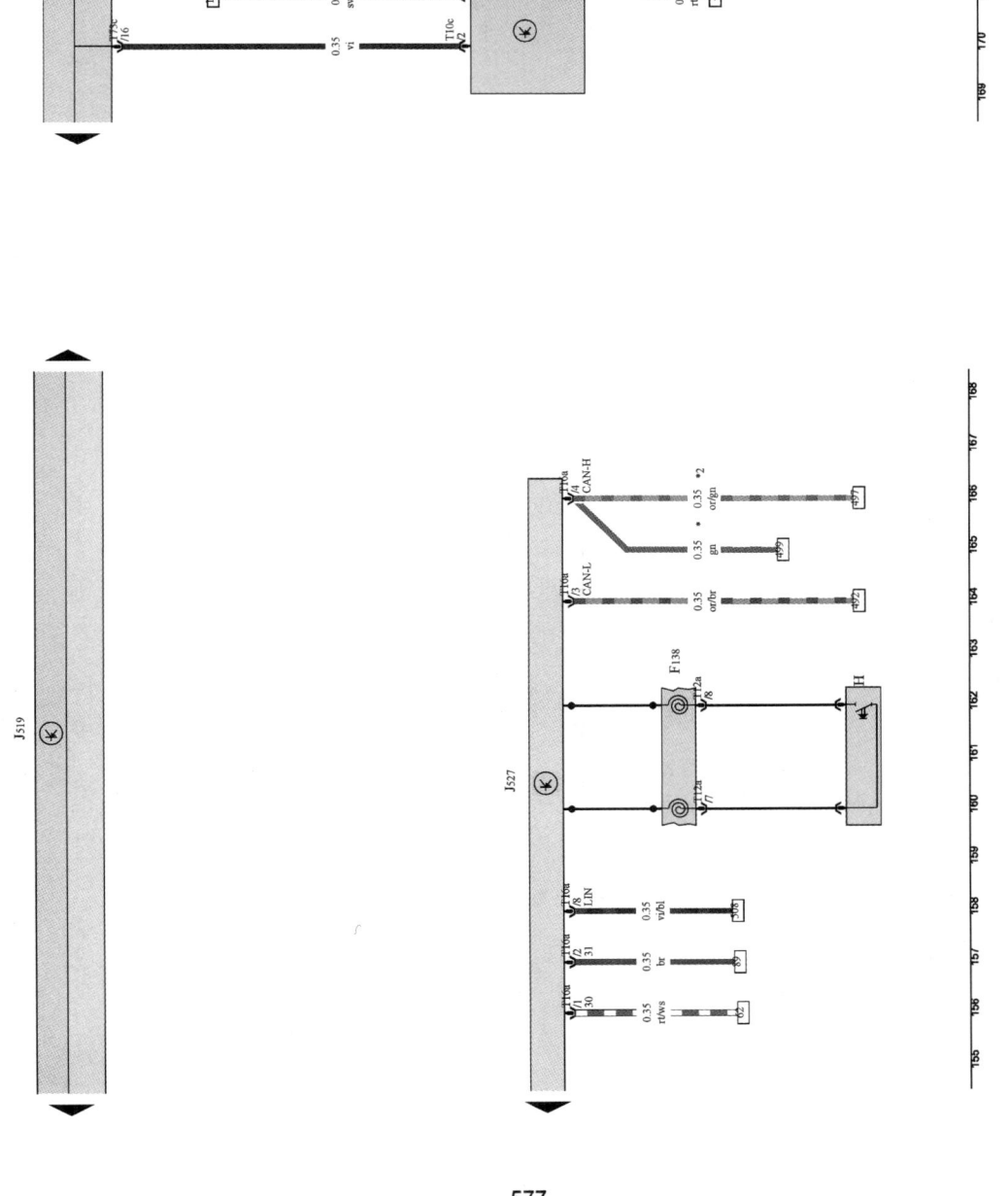

图 4-5-13

E1-车灯开关　E23-前雾灯和后雾灯开关　J519-车载电网控制单元　L9-大灯开关照明灯泡　T10c-10芯插头
连接　T73a-73芯插头连接　T73c-73芯插头连接　*-自2018年6月起　*2-截至2018年6月

图 4-5-12

F138-安全气囊卷簧和带滑环的复位环　H-信号喇叭控制　J519-车载电网控制单元　J527-转向柱电子装置
控制单元　T12a-12芯插头连接　T16a-16芯插头连接　*-自2018年6月起　*2-截至2018年6月

车载电网控制单元，右前大灯，右侧驻车示宽灯灯泡，右前转向信号灯灯泡，右侧近光灯灯泡，右侧远光灯灯泡，右侧大灯照明距离调节伺服电机

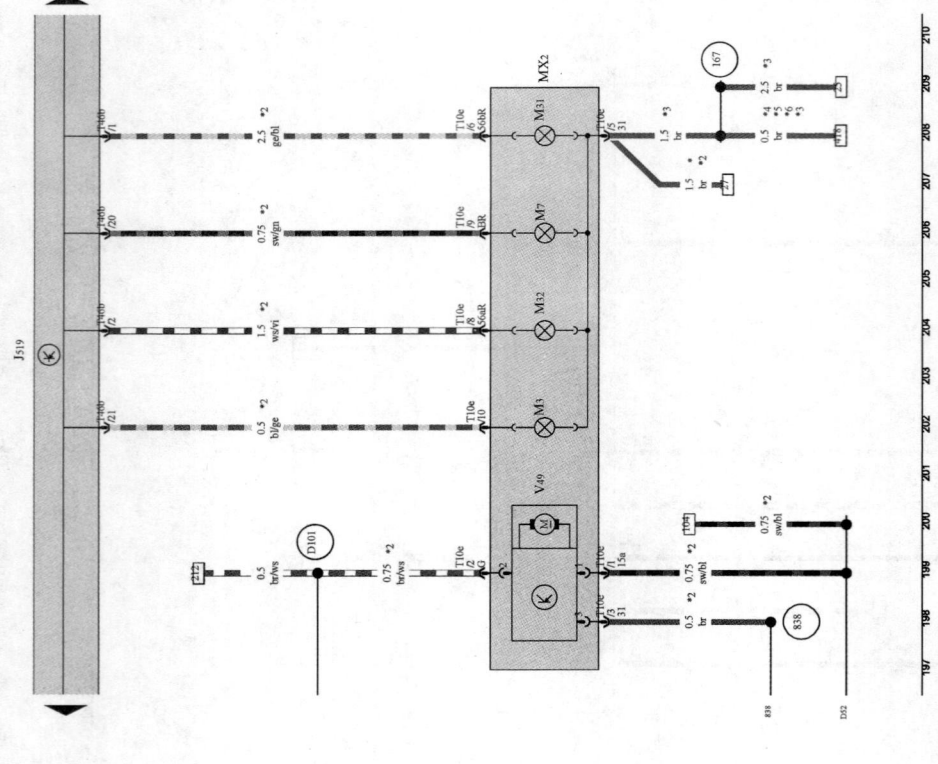

J519-车载电网控制单元 MX2-右大灯 M3-右侧驻车示宽灯灯泡 M7-右前转向信号灯灯泡 M31-右侧近光灯灯泡 M32-右侧远光灯灯泡 T10e-10芯插头连接 T46b-46芯插头连接 V49-右侧大灯照明距离调节伺服电机 167-接地连接4，在发动机舱导线束中 838-接地连接20，在发动机舱导线束中 D52-正极连接（15a），在发动机舱导线束中 D101-连接1，在发动机舱导线束中 *-自2016年7月起 *2-截至2016年7月 *3-截至2016年7月 *4-用于带发动机自动启停系统的汽车 *5-用于带1.8L发动机的汽车 *6-用于带1.4L发动机的汽车

图 4-5-15

车载电网控制单元，左前大灯，左侧驻车示宽灯灯泡，左前转向信号灯灯泡，左侧近光灯灯泡，左侧远光灯灯泡，左侧大灯照明距离调节伺服电机

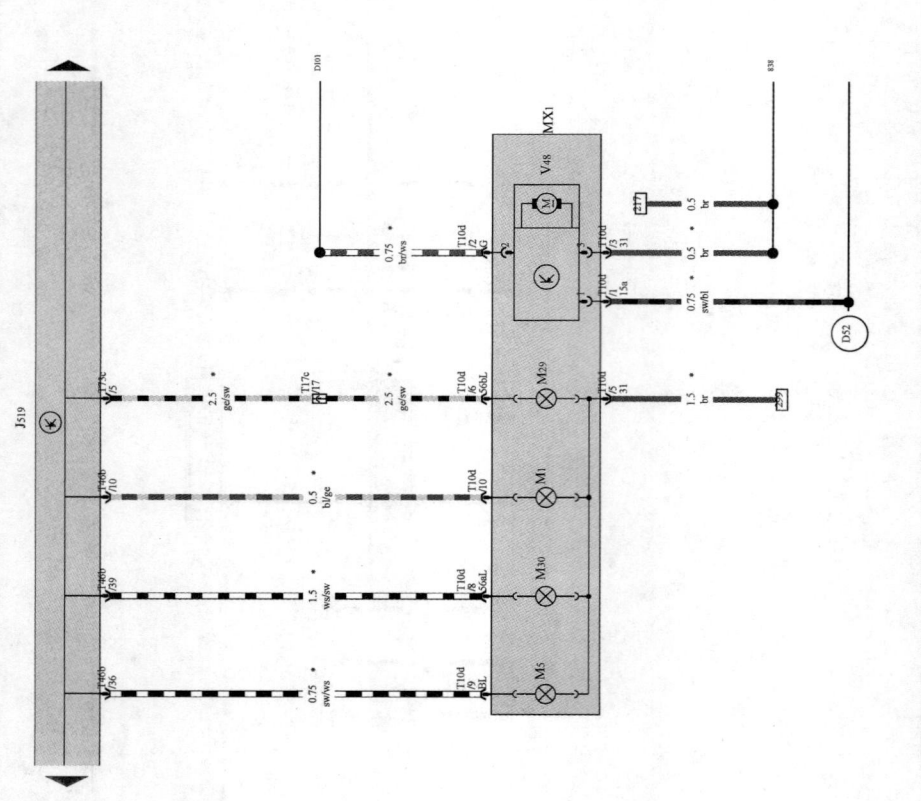

J519-车载电网控制单元 M1-左侧驻车示宽灯灯泡 MX1-左前大灯 M5-左前转向信号灯灯泡 M29-左侧近光灯灯泡 M30-左侧远光灯灯泡 T10d-10芯插头连接 T17c-17芯插头连接 T46b-46芯插头连接 T73c-73芯插头连接 V48-左侧大灯照明距离调节伺服电机 838-接地连接20，在发动机舱导线束中 D52-正极连接（15a），在发动机舱导线束中 D101-连接1，在发动机舱导线束中 *-截至2018年6月

图 4-5-14

578

车载电网控制单元，高位制动信号灯灯泡，左侧牌照灯，右侧牌照灯

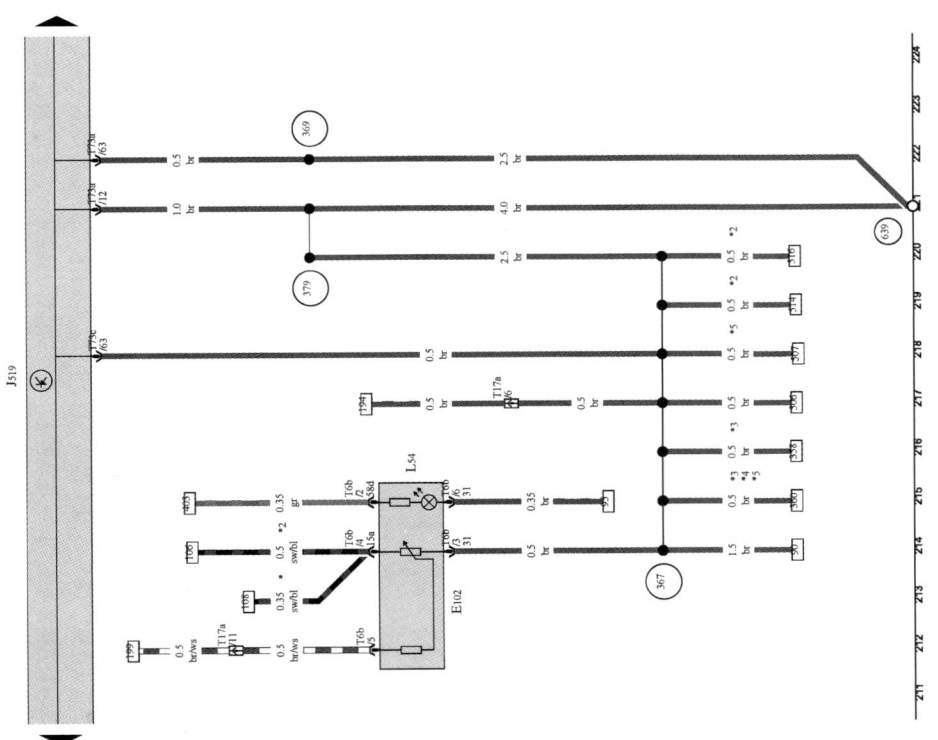

图 4-5-17

J519－车载电网控制单元 M25－高位制动信号灯灯泡 T2di－2芯插头连接 T2v－2芯插头连接 T2gg－2芯插头连接 T2x－2芯插头连接 T2w－2芯插头连接 T10h－10芯插头连接 T73a－73芯插头连接 X4－左侧牌照灯 X5－右侧牌照灯 61－左侧C柱上的接地点 62－右侧C柱上的接地点 345－接地连接，在保险杠导线束中 380－接地连接15，在主导线束中 382－接地连接17，在主导线束中 X150－连接58，在保险杠后导线束中 *1－自2018年6月起 *2－截至2018年6月 *3－用于带2.0L发动机的汽车 *4－用于带1.4L发动机的汽车 *5－用于带1.8L发动机的汽车 *6－依汽车装备而定 *7－截至2016年7月

大灯照明距离调节器，车载电网控制单元，大灯照明距离调节设置器照明灯泡

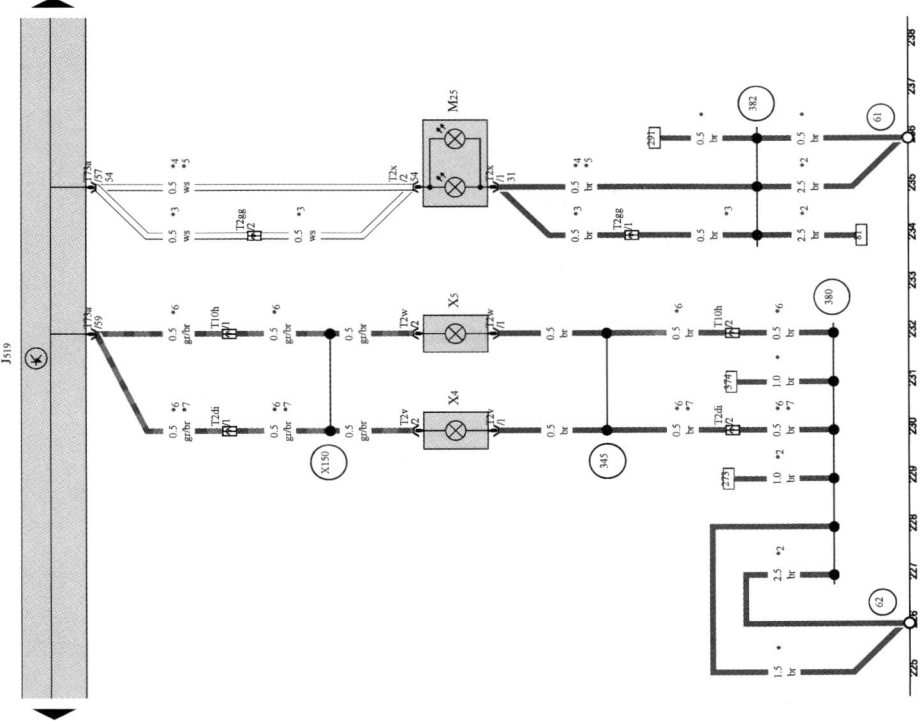

图 4-5-16

E102－大灯照明距离调节器 J519－车载电网控制单元 L54－大灯照明距离调节设置器照明灯泡 T6b－6芯插头连接 T2w－2芯插头连接 T2x－2芯插头连接 T17a－17芯插头连接 T73a－73芯插头连接 T73c－73芯插头连接 367－接地连接2，在主导线束中 369－接地连接 379－接地连接14，在主导线束中 639－左A柱上的接地点 *－自2018年6月起 *2－截至2018年6月 *3－用于带脚部空间照明的汽车 *4－依汽车装备而定 *5－截至2016年7月

579

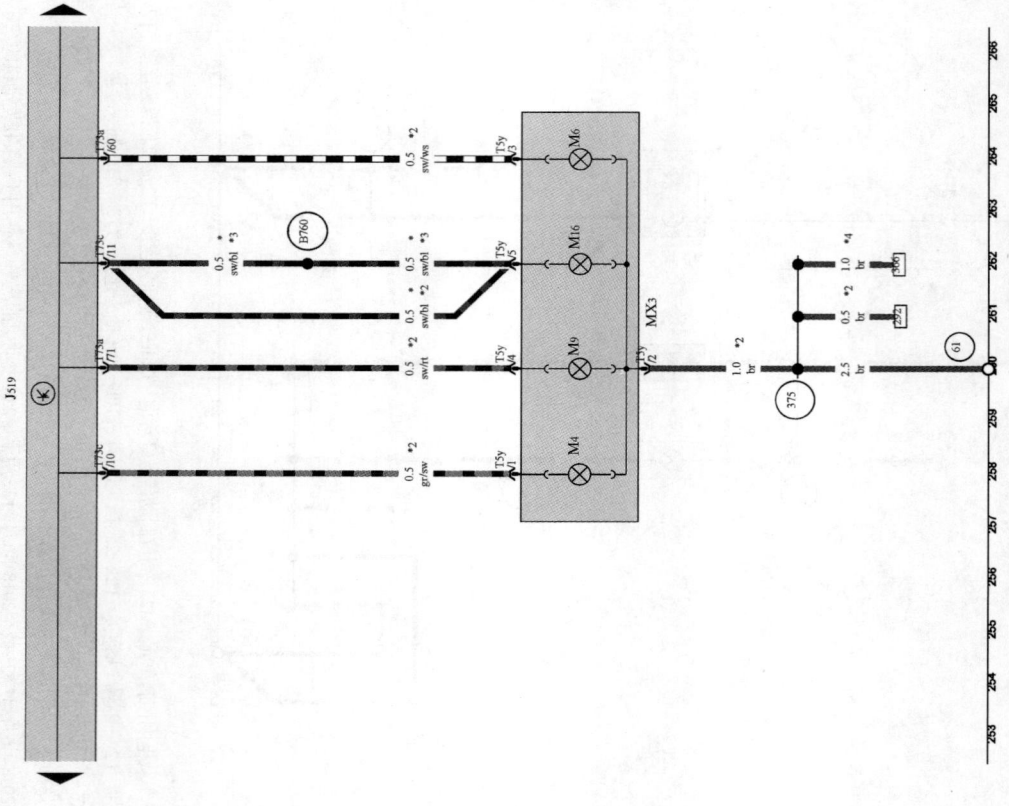

车载电网控制单元，左侧尾灯，左侧尾灯灯泡，左后转向信号灯灯泡，左侧制动信号灯灯泡，左侧倒车灯灯泡，

图 4-5-19

J519-车载电网控制单元 MX3-左侧尾灯 M4-左侧尾灯灯泡 M6-左后转向信号灯灯泡 M9-左侧制动信号灯灯泡 M16-左侧倒车灯灯泡 T5y-5芯插头连接 T73a-73芯插头连接 T73c-73芯插头连接 61-左侧C柱上的接地点 *-依汽车装备而定 *2-截至2018年6月 *3-截至2018年6月 *4-自2018年6月起 375-接地连接10，在主导线束中 B760-连接2（倒车灯），在主导线束中

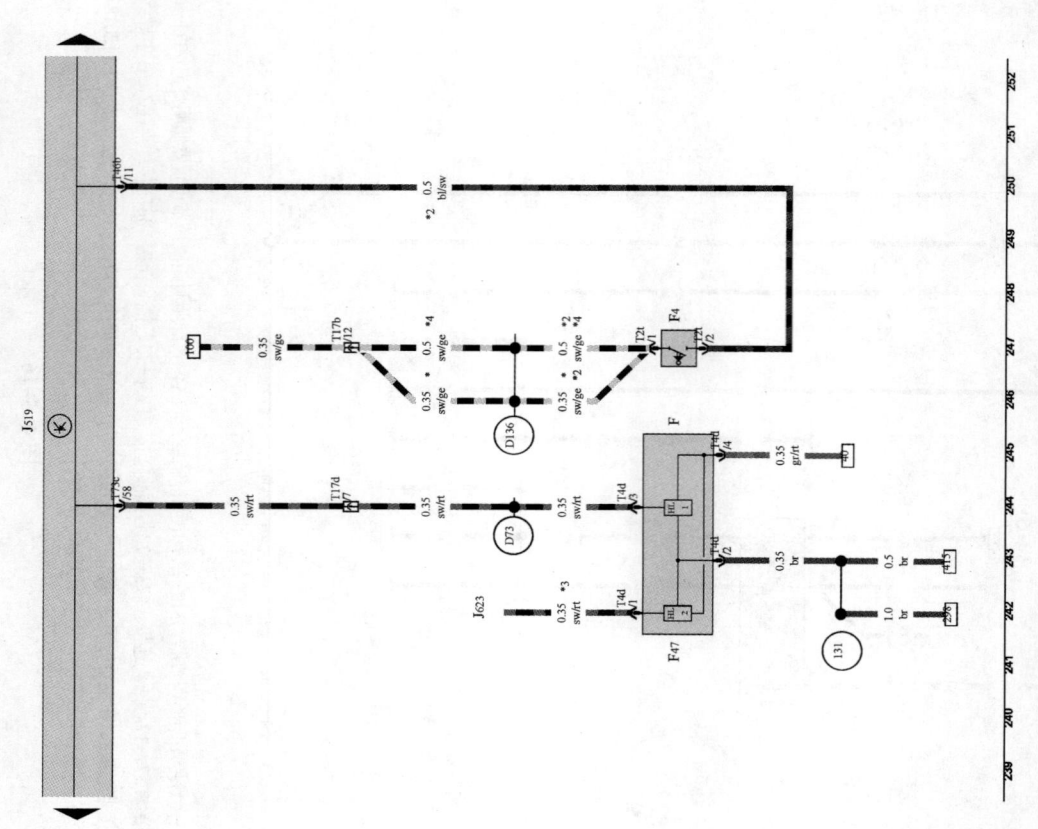

制动信号灯开关，倒车灯开关，制动踏板开关，车载电网控制单元

图 4-5-18

F-制动信号灯开关 F4-倒车灯开关 F47-制动踏板开关 J519-车载电网控制单元 J623-发动机控制单元 T2t-2芯插头连接 T4d-4芯插头连接 T17b-17芯插头连接 T17d-17芯插头连接 T46b-46芯插头连接 T73c-73芯插头连接 131-接地连接 D73-正极连接（54），在发动机舱导线束中 D136-正极连接2（15a），在发动机舱导线束中 *-自2016年7月起 *2-用于带手动变速器的汽车 *3-见发动机所适用的电路图 *4-截至2016年7月

车载电网控制单元，左侧后雾灯灯泡，左侧尾灯，右侧尾灯灯泡 2，右侧
尾灯灯泡 2，左侧喷嘴加热电阻，右侧喷嘴加热电阻

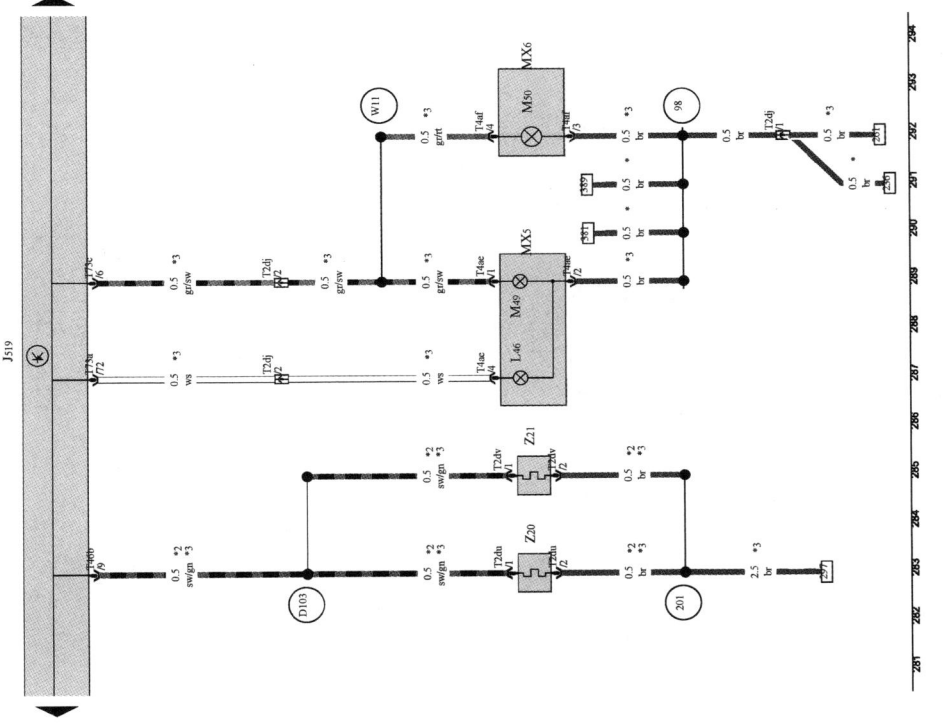

图 4-5-21

J519-车载电网控制单元 L46-左侧后雾灯灯泡 MX5-左侧尾灯 MX6-右侧尾灯灯泡 2 M49-左侧尾灯灯泡
2 M50-右侧尾灯灯泡2 T2dj-2芯插头连接 T2du-2芯插头连接 T4ae-4芯插头连接
T4af-4芯插头连接 T46b-46芯插头连接 T73a-73芯插头连接 T73c-73芯插头连接 Z20-左侧喷嘴加热电
阻 Z21-右侧喷嘴加热电阻 98-接地连接，在行李箱盖导线束中 201-接地连接，在行李箱盖导线束中
D103-连接3，在发动机舱导线束中 W11-行李箱盖导线束中的连接（58） *-自2018年6月起 *2-用于带
可加热式喷嘴的汽车 *3-截至2018年6月

车载电网控制单元，右侧尾灯灯泡，右侧尾灯，右后转向信号灯灯泡，右侧制动信号灯灯泡，
右侧倒车灯灯泡

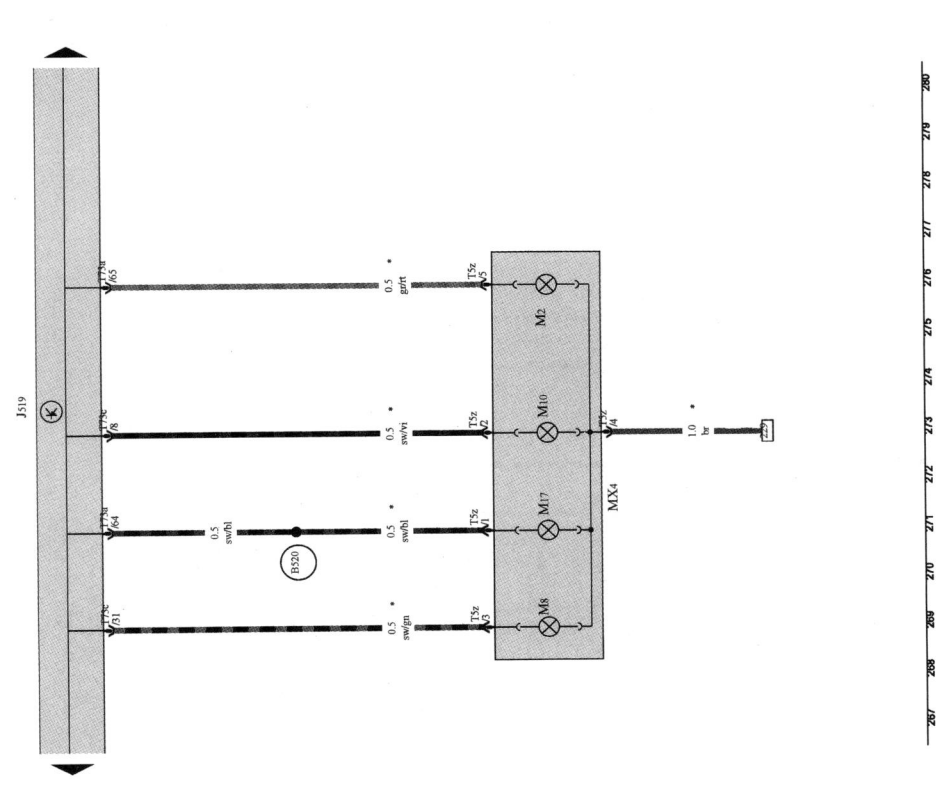

图 4-5-20

J519-车载电网控制单元 M2-右侧尾灯灯泡 MX4-右侧尾灯 M8-右后转向信号灯灯泡 M10-右侧制动信
号灯灯泡 M17-右侧倒车灯灯泡 T5z-5芯插头连接 T73a-73芯插头连接 T73c-73芯插头连接 B520-连接
（RF），在主导线束中 *-截至2018年6月

581

刮水器电机控制单元，车载电网控制单元，车窗玻璃清洗泵，前内灯

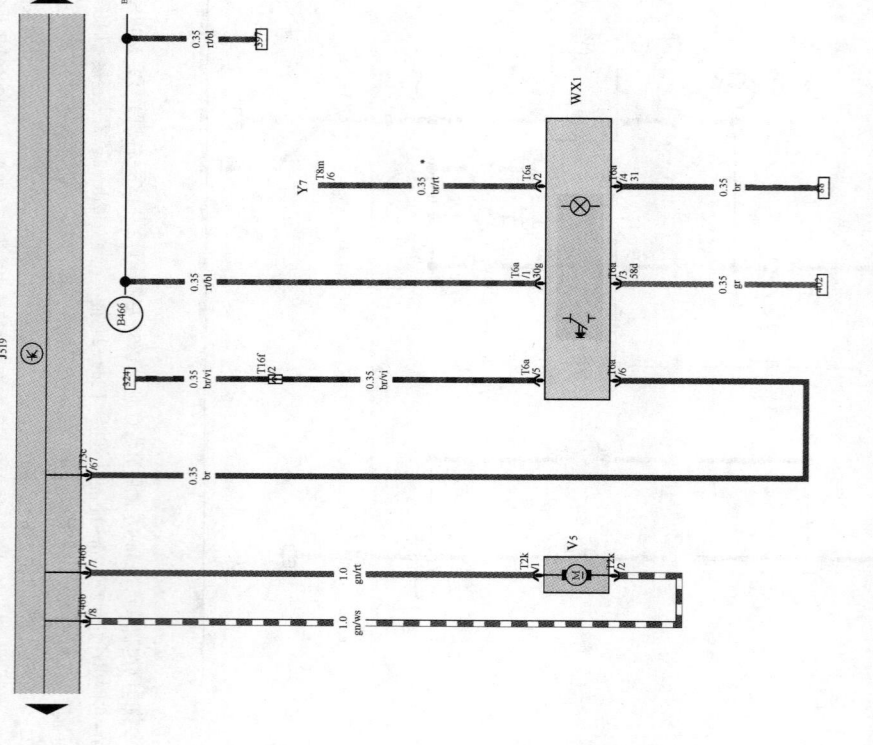

车载电网控制单元 T2k-2芯插头连接 T6a-6芯插头连接 T8m-8芯插头连接 T16f-16芯插头连接
T46b-46芯插头连接 T73c-73芯插头连接 V5-车窗玻璃清洗泵 WX1-前内灯 Y7-自动防眩车内后视镜
B466-连接2，在主导线束中 *-用于带自动防眩车内后视镜的汽车

图 4-5-23

刮水器电机控制单元，车载电网控制单元，左侧前雾灯灯泡，右侧前雾灯灯泡，左侧静
态弯道灯，右侧静态弯道灯，大灯清洗装置泵，驾驶员侧车窗玻璃刮水器电机

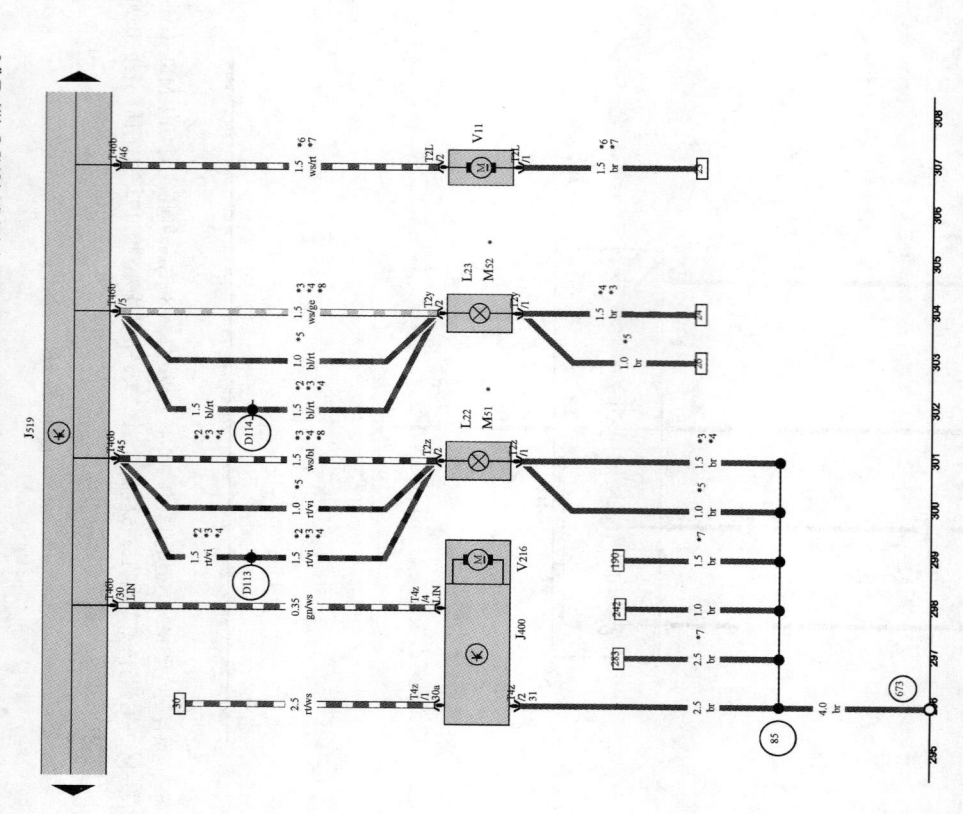

J400-刮水器电机控制单元 J519-车载电网控制单元 L22-左侧前雾灯灯泡 L23-右侧前雾灯灯泡 M51-
左侧静态弯道灯 M52-右侧静态弯道灯 T2L-2芯插头连接 T2y-2芯插头连接 T2z-2芯插头连接 T4z-4
芯插头连接 T46b-46芯插头连接 V11-大灯清洗泵 V216-驾驶员侧车窗玻璃刮水器电机 85-接地连
接1，在发动机舱导线束中 673-左前纵梁上的接地点3 D113-连接11，在发动机舱导线束中 D114-连接
12，在发动机舱导线束中 *-用于带大灯照明距离调节的汽车 *2-自2016年7月起 *3-用于带1.8L发动机
的汽车 *4-用于带1.4L发动机的汽车 *5-用于带2.0L发动机的汽车 *6-用于带大灯清洗装置的汽车 *7-
截至2018年6月 *8-截至2016年7月

图 4-5-22

驾驶员侧化妆镜接触开关，副驾驶员侧化妆镜接触开关，车载电网控制单元，后部车内照明灯，副驾驶员侧带照明功能的化妆镜，驾驶员侧带照明功能的化妆镜

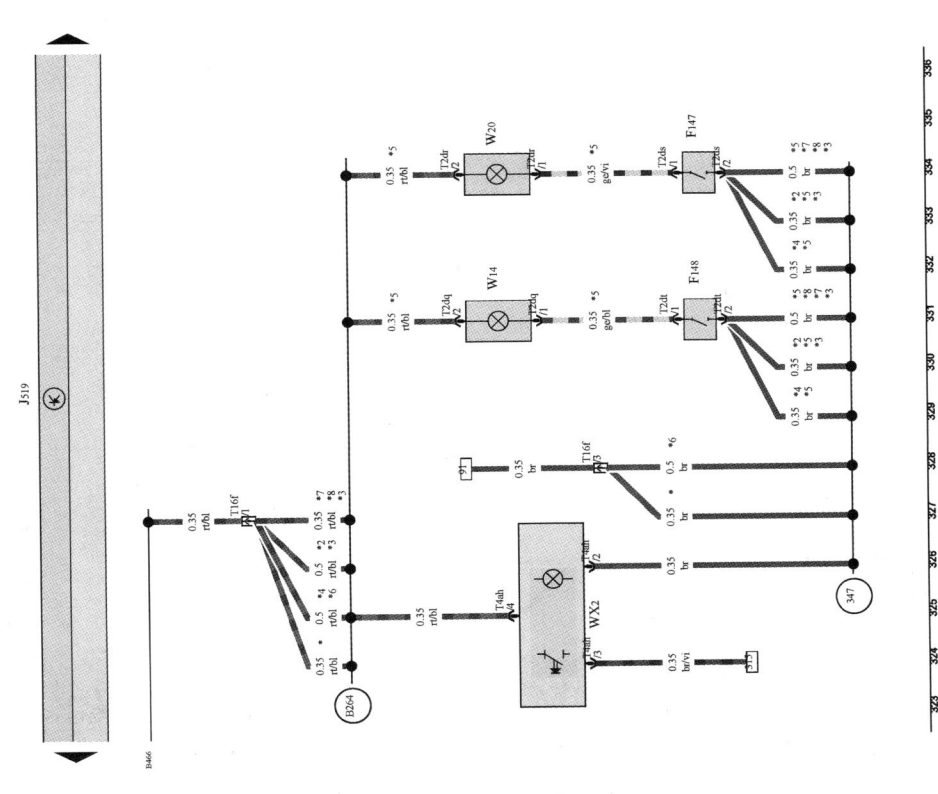

F147－驾驶员侧化妆镜接触开关 F148－副驾驶员侧化妆镜接触开关 J519－车载电网控制单元 T2dq－2芯插头连接 T2dr－2芯插头连接 T2ds－2芯插头连接 T2dt－2芯插头连接 T4ah－4芯插头连接 T16f－16芯插头连接 WX2－后部车内照明灯 W14－副驾驶员侧带照明功能的化妆镜 W20－驾驶员侧带照明功能的化妆镜 B264－连接1，在车顶导线束中 B466－连接2，在车顶导线束中 *1－自2018年6月起 *2－用于带2.0L发动机的汽车 *3－截至2016年7月起 *4－自2016年7月起 *5－用于带照明式化妆镜的汽车 *6－截至2018年6月 *7－用于带1.8L发动机的汽车 *8－用于带1.4L发动机的汽车

图 4-5-24

车载电网控制单元，中部仪表板氛围灯，仪表板板围照明灯 1，右侧伸腿空间照明灯

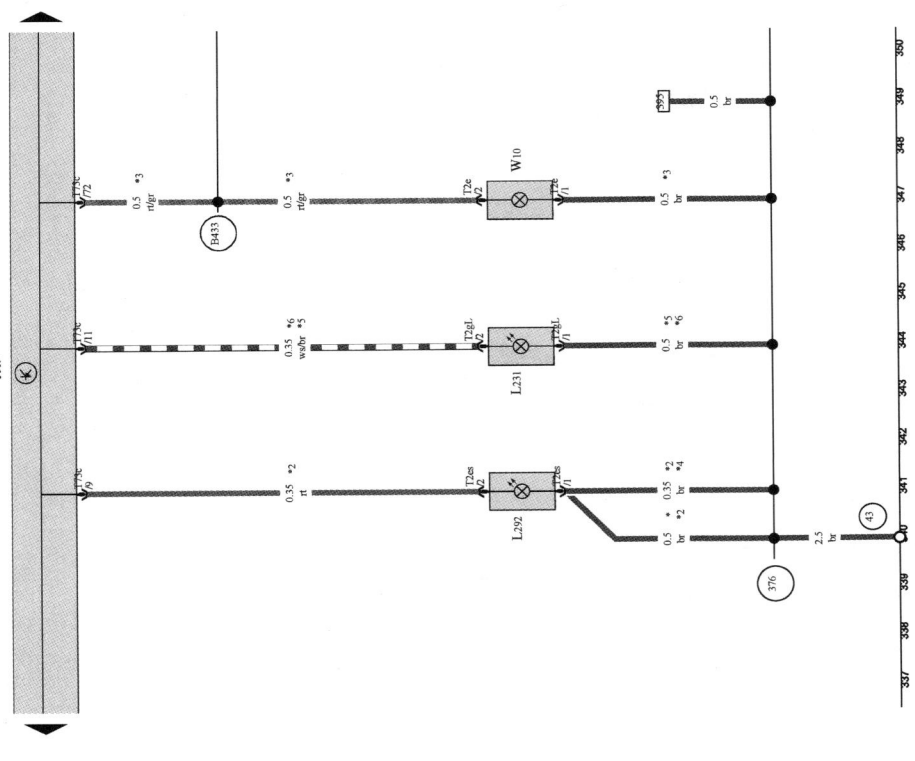

J519－车载电网控制单元 L231－中部仪表板氛围灯 L292－仪表板氛围照明灯1 T2e－2芯连接 T2es－2芯插头连接 T2e－2芯插头连接 T2gL－2芯连接 T73c－73芯插头连接 W10－右侧伸腿空间照明灯 43－右侧A柱下部的接地点 插头连接 376－接地连接11，在车线束中 B433－连接（脚部空间照明） 在主导线束中 *1－自2016年7月起 *2－用于带2.0L发动机的汽车 *3－用于带脚部空间照明的汽车 *4－截至2016年7月 *5－自2018年6月起 *6－依汽车装备而定

图 4-5-25

583

车载电网控制单元，右侧尾灯灯泡，右侧尾灯，左侧尾灯，右侧转向信号灯泡，右侧制动信号灯灯泡，左侧制动信号灯泡，右侧倒车灯灯泡

车载电网控制单元，右侧尾灯灯泡，左侧尾灯，左侧转向信号灯灯泡，右侧转向信号灯泡，左侧制动信号灯泡，左侧倒车灯

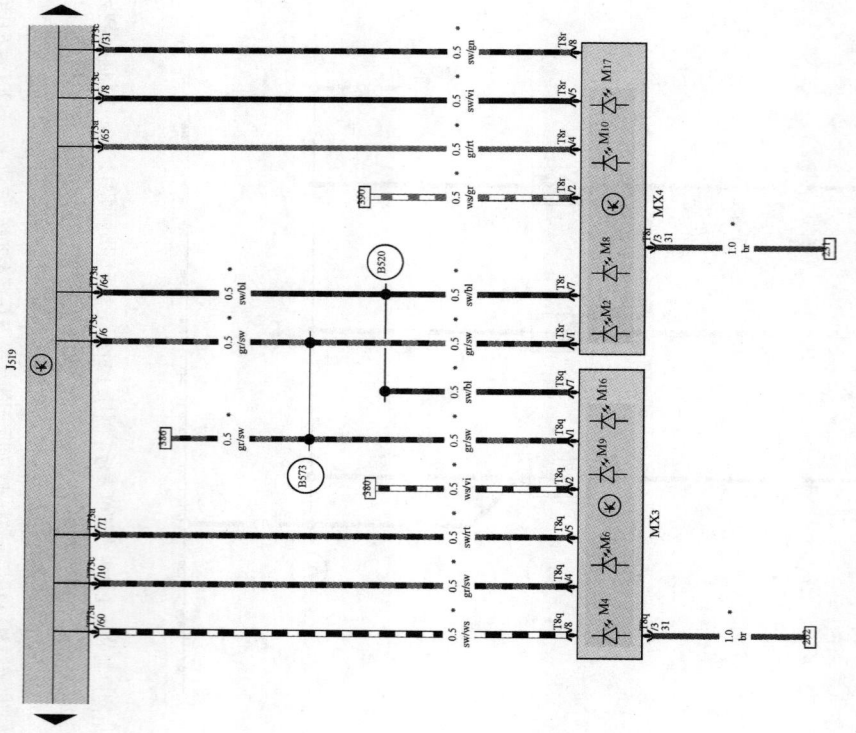

J519-车载电网控制单元 M2-右侧尾灯灯泡 MX3-左侧尾灯 MX4-右侧尾灯 M4-左侧尾灯灯泡 M6-左后转向信号灯灯泡 M8-右后转向信号灯灯泡 M9-左侧制动信号灯灯泡 M10-右侧制动信号灯灯泡 M16-左侧倒车灯灯泡 M17-右侧倒车灯灯泡 T8q-8芯插头连接 T73a-73芯插头连接 T8r-8芯插头连接 T8q-8芯插头连接 T73a-73芯插头连接 T73c-73芯插头连接 B520-连接 B573-连接40，在主导线束中 *-自2018年6月起

图 4-5-27

车载电网控制单元，左侧脚部空间照明灯，左后脚部空间照明灯，右后脚部空间照明灯

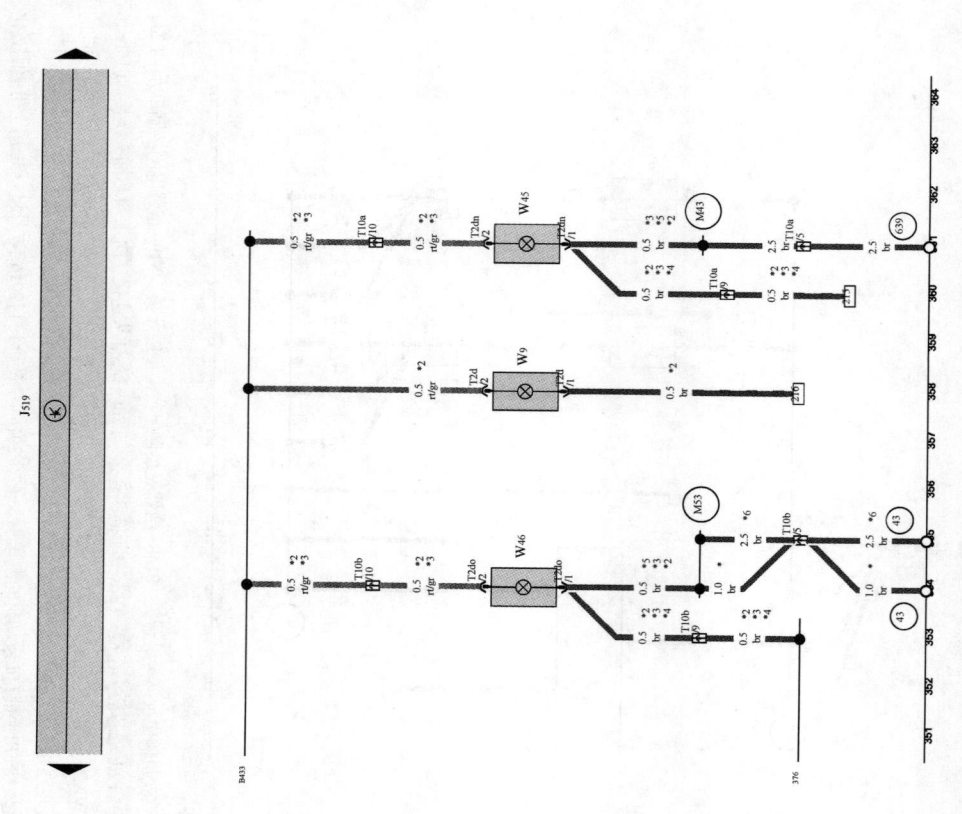

J519-车载电网控制单元 T2d-2芯插头连接 T2dn-2芯插头连接 T2do-2芯插头连接 T10a-10芯插头连接 T10b-10芯插头连接 W9-左侧脚部空间照明灯 W45-左后脚部空间照明灯 W46-右后脚部空间照明灯 43-右侧A柱下部的接地点 376-接地连接11，在主线束中 639-左A柱上的接地点 B433-连接（脚部空间照明），在主导线束中 M43-连接3，在副驾驶员侧座椅导线束中 M53-连接3，在副驾驶员侧座椅导线束中 *2-用于带脚部空间照明的汽车 *3-依汽车装备而定 *4-截至2016年7月 *5-自2016年7月起 *6-截至2018年6月

图 4-5-26

584

手套箱照明灯开关，车载电网控制单元，插座照明灯泡，插座，点烟器，行李箱照明灯，
手套箱照明灯

车载电网控制单元，左侧后雾灯灯泡，左侧尾灯 2，右侧尾灯 2，右侧
尾灯灯泡 2，左后侧转向信号灯灯泡 2，右后侧转向信号灯灯泡 2

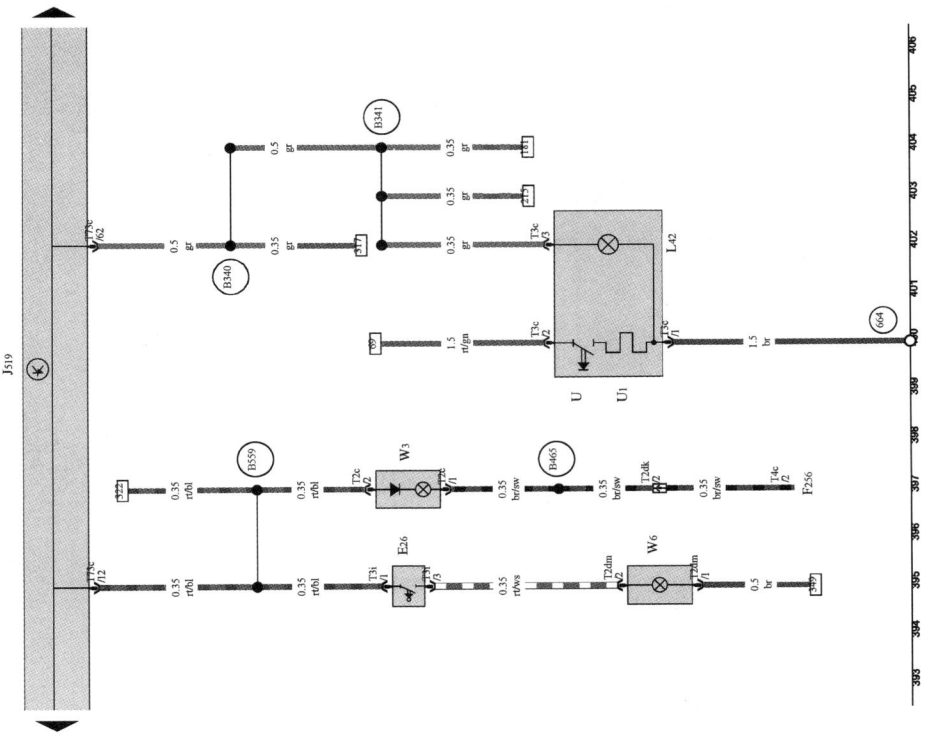

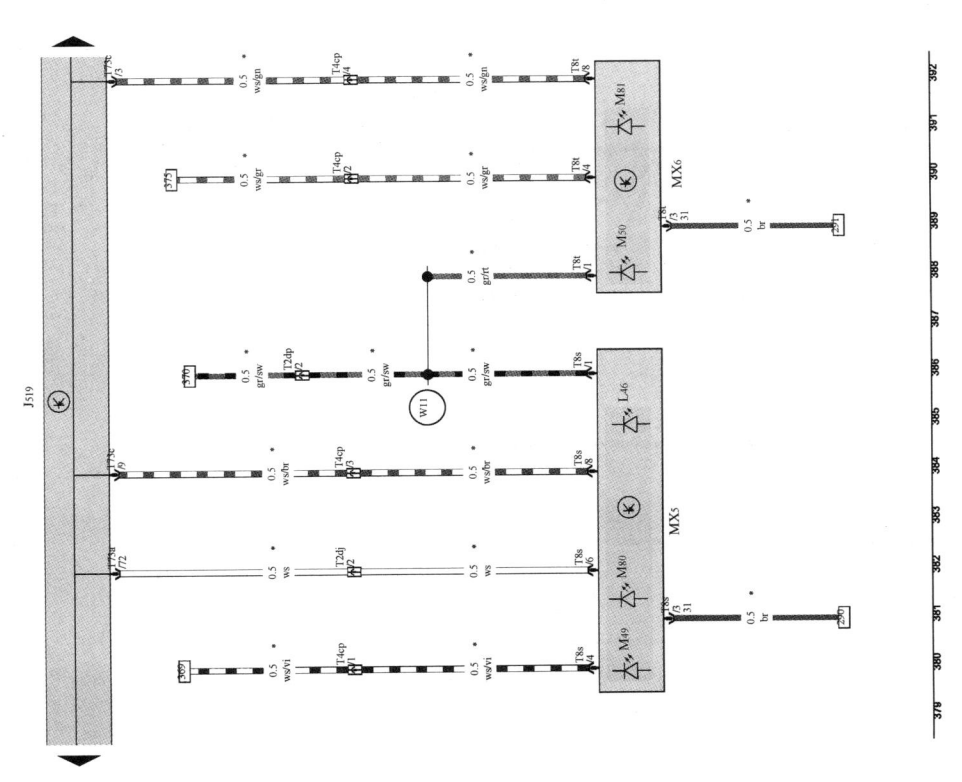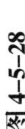

E26-手套箱照明灯开关 F256-行李箱盖闭锁单元 J519-车载电网控制单元 L42-插座照明灯泡 T2c-2芯
插头连接 T2dk-2芯插头连接 T2dm-2芯插头连接 T3i-3芯插头连接 T4c-4芯插头连接
芯插头连接 T73c-73芯插头连接 U-插座 U1-点烟器 W3-行李箱照明灯 W6-手套箱照明灯 664-左侧仪表板后
接 T73c-73芯插头连接 T73c-73芯插头连接 U-插座 U1-点烟器 W3-行李箱照明灯 W6-手套箱照明灯 664-左侧仪表板后
面的接地点 B340-连接1（58d），在主导线束中 B341-连接2（58d），在主导线束中 B465-连接1，在
主导线束中 B559-正极连接1（30g），在主导线束中

图 4-5-29

J519-车载电网控制单元 L46-左侧后雾灯灯泡 MX5-左侧尾灯 MX6-右侧尾灯 2 M49-左侧尾灯灯泡
2 M50-右侧尾灯灯泡 2 M80-左后侧转向信号灯灯泡2 M81-右后侧转向信号灯灯泡2 T2dj-2芯插头连接
T2dp-2芯插头连接 T4cp-4芯插头连接 T8s-8芯插头连接 T8t-8芯插头连接 T73a-73芯插头连接 T73c-
73芯插头连接 W11-行李箱盖导线束中的连接（58） *-自2018年6月起

图 4-5-28

585

制动液位警告信号触点，发动机舱盖接触开关，车外温度传感器，车窗玻璃清洗液位传感器，车载电网控制单元

防盗锁止系统读出线圈，组合仪表中的控制单元，防盗锁止系统控制单元，车载电网控制单元，冷却液温度和冷却液液不足显示指示灯，制动系统指示灯，电动驻车制动器和手制动器故障指示灯，数字时钟

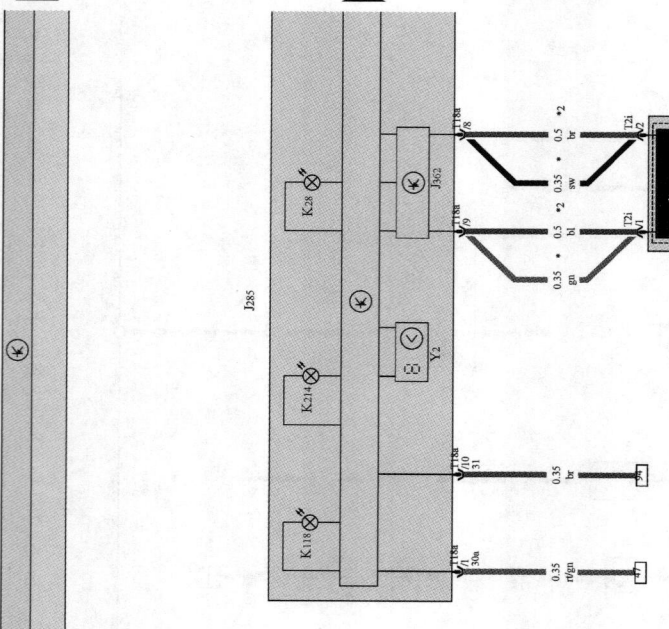

D2-防盗锁止系统读出线圈 J285-组合仪表中的控制单元 J362-防盗锁止系统控制单元 J519-车载电网控制单元 制单元 K28-冷却液温度和冷却液液不足显示指示灯 K118-制动系统指示灯 K214-电动驻车制动指示灯 *-自2018年6月起 *2-截至2018年6月 动器故障指示灯 T2i-2芯插头连接 T18a-18芯插头连接 Y2-数字时钟 *2-截至2018年6月

图 4-5-31

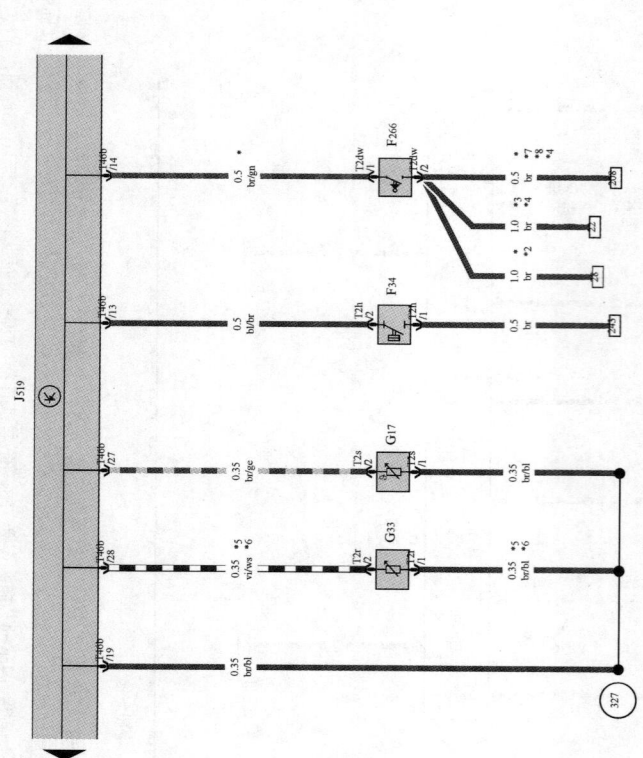

F266-发动机舱盖接触开关 G17-车外温度传感器 G33-车窗玻璃清洗液 F34-制动 液位警告信号触点 液位传感器 J519-车载电网控制单元 T2dw-2芯插头连接 T2h-2芯插头连接 T2s-2芯 插头连接 T46b-46芯插头连接 327-接地连接（传感器接地），在发动机舱导线束中 *-用于带发动机自 动启停系统的汽车 *2-自2016年7月起 *3-用于带2.0L发动机的汽车 *4-截至2016年7月 *5-用于带大灯 清洗装置的汽车 *6-截至2018年6月 *7-用于带1.8L发动机的汽车 *8-用于带1.4L发动机的汽车

图 4-5-30

多功能显示器，组合仪表中的控制单元，车载电网控制单元，远光灯指示灯，发电机指示灯，机油油位指示灯，ABS 指示灯，左侧转向信号灯指示灯，清洗液不足指示灯，电子稳定程序和 ASR 指示灯

组合仪表中的控制单元，车载电网控制单元，定速巡航装置指示灯，安全气囊指示灯，右侧转向信号指示灯，灯泡失灵指示灯，电子稳定程序和后雾灯指示灯，前雾灯指示灯，电子稳定程序和 ASR 指示灯 2，组合仪表照明灯泡

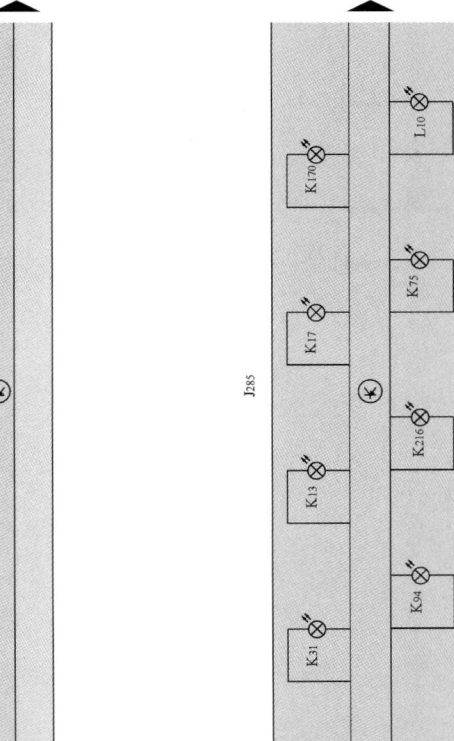

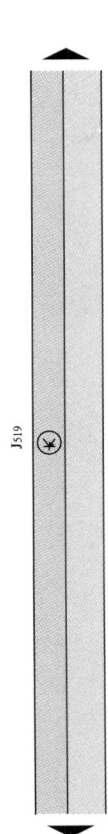

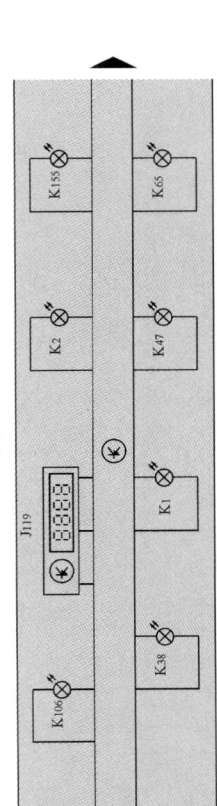

J119-多功能显示器 J285-组合仪表中的控制单元 J519-车载电网控制单元 K1-远光灯指示灯 K2-发电机指示灯 K38-机油油位指示灯 K47-ABS指示灯 K65-左侧转向信号灯指示灯 K106-清洗液不足指示灯 K155-电子稳定程序和ASR指示灯

图 4-5-32

J285-组合仪表中的控制单元 J519-车载电网控制单元 K13-后雾灯指示灯 K17-前雾灯指示灯 K31-定速巡航装置指示灯 K75-安全气囊指示灯 K94-右侧转向信号指示灯 K170-灯泡失灵指示灯 K216-电子稳定程序和ASR指示灯2 L10-组合仪表照明灯泡

图 4-5-33

组合仪表中的控制单元，车载电网控制单元，安全带警告指示灯，废气警告灯，电子油门故障信号灯，机电式助力转向器指示灯，车门打开指示灯，选挡杆指示灯，轮胎压力监控显示指示灯，车道保持辅助系统指示灯

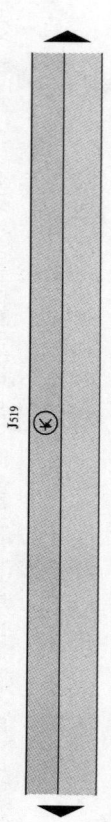

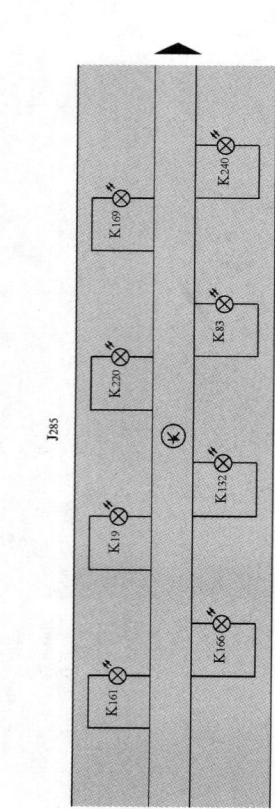

J285-组合仪表中的控制单元 J519-车载电网控制单元 K19-安全带警告指示灯 K83-废气警告指示灯 K132-电子油门故障信号灯 K161-机电式助力转向器指示灯 K166-车门打开指示灯 K169-选挡杆指示灯 K220-轮胎压力监控显示指示灯 K240-车道保持辅助系统指示灯

图 4-5-34

转速表，车速表，警报蜂鸣器和警报，组合仪表中的控制单元，车载电网控制单元，里程表，选挡杆位置显示

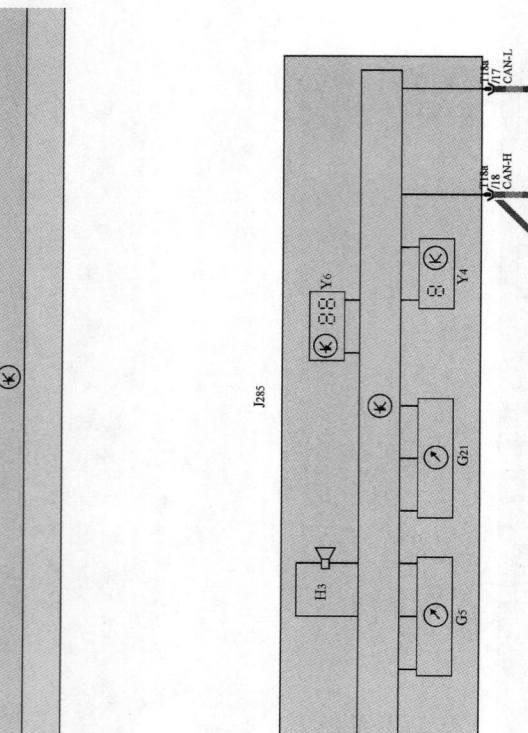

G5-转速表 G21-车速表 H3-报警蜂鸣器和警报音 J285-组合仪表中的控制单元 J519-车载电网控制单元 T18a-18芯插头连接 Y4-里程表 Y6-选挡杆位置显示 B406-连接1（舒适CAN总线，Low），在左导线束中 *-自2018年6月起 *2-截至2018年6月

图 4-5-35

数据总线诊断接口，诊断接口

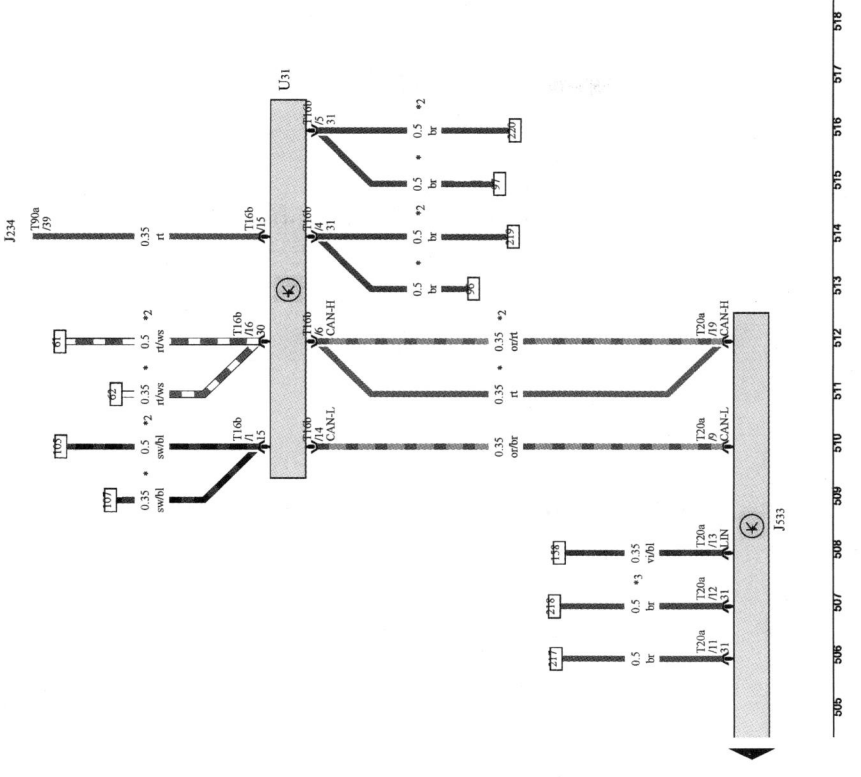

J234-安全气囊控制单元 J533-数据总线诊断接口 T16b-16芯插头连接 T20a-20芯插头连接 T90a-90芯插头连接 U31-诊断接口 *-自2018年6月起 *2-截至2018年6月 *3-截至2016年7月

图 4-5-37

车载电网控制单元，数据总线诊断接口

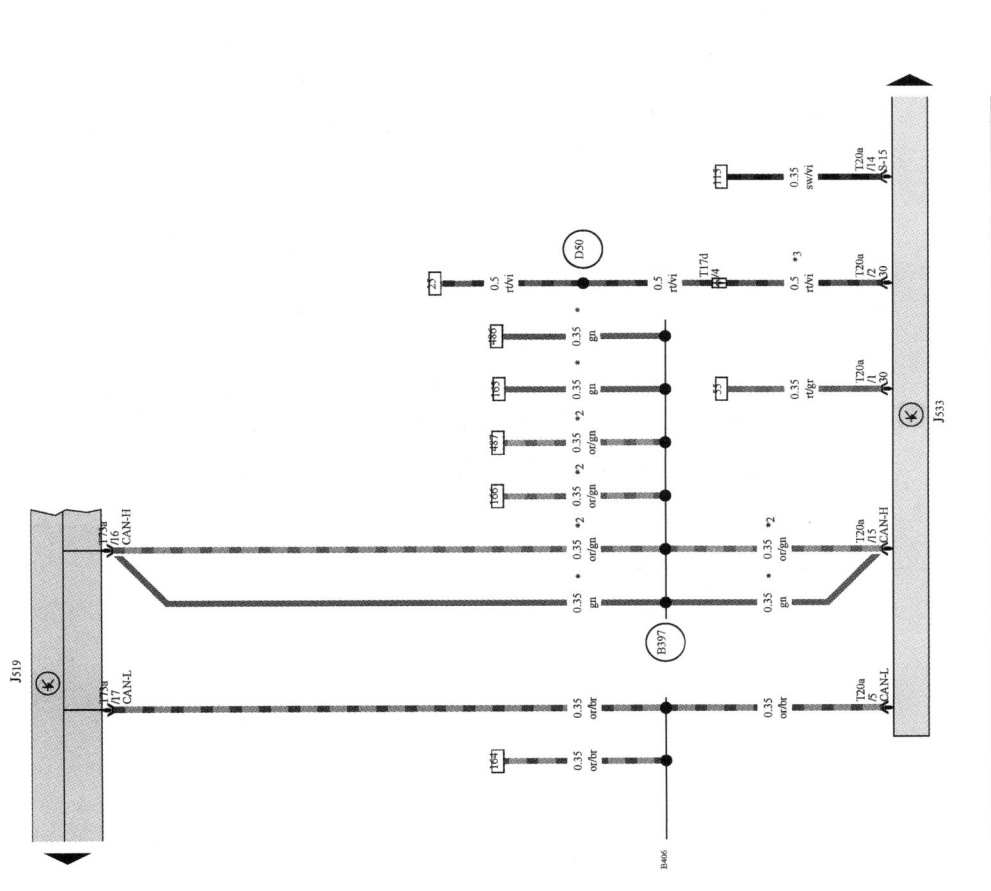

J519-车载电网控制单元 J533-数据总线诊断接口 T17d-17芯插头连接 T73a-73芯插头连接 T20a-20芯插头连接 B397-连接1（舒适CAN总线，High），在主导线束中 B406-连接1（舒适CAN总线，Low），在主导线束中 *-自2018年6月起 *2-截至2018年6月 D50-正极连接（30），在发动机舱导线束中 *3-截至2017年1月

图 4-5-36

589

第五章　途安

第一节　发动机系统

发动机系统电路图的图号和图名对照表见表 5-1-1。

表 5-1-1　发动机系统电路图的图号和图名对照表

图号	图名
图 5-1-1~ 图 5-1-28	带自动启停系统的 1.4L 汽油发动机，CSSA 电控系统电路图
图 5-1-29、图 5-1-30	散热器风扇电路图

蓄电池，启动机，交流发电机，电压调节器，蓄电池监控控制单元

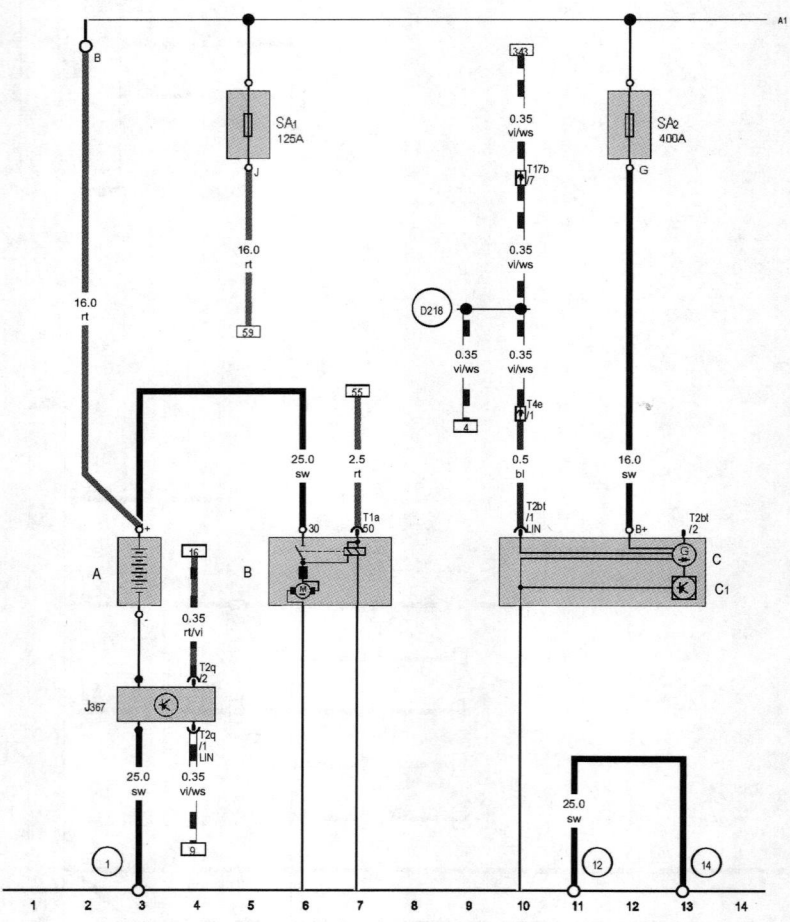

A-蓄电池 B-启动机 C-交流发电机 C1-电压调节器 J367-蓄电池监控控制单元 SA1-保险丝架 A 上的保险丝 1 SA2-保险丝架 A 上的保险丝 2 T1a-1
芯插头连接，黑色 T2bt-2 芯插头连接，黑色 T2q-2 芯插头连接，黑色 T4e-4 芯插头连接，黑色 T17b-17 芯插头连接，棕色 1-接地带，蓄电池-车
身 12-发动机舱内左侧接地点 14-变速器上的接地点 D218-连接 1（LIN 总线），在发动机舱导线束中

图 5-1-1

保险丝架 B

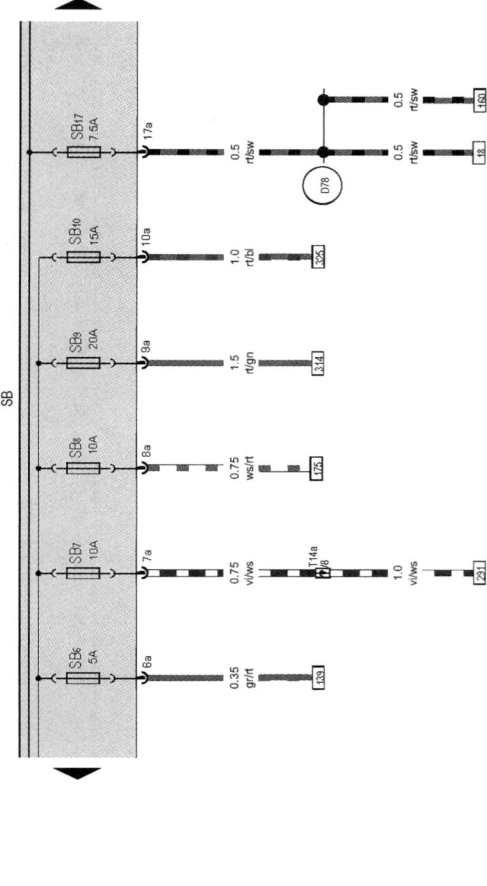

主继电器，保险丝架 B

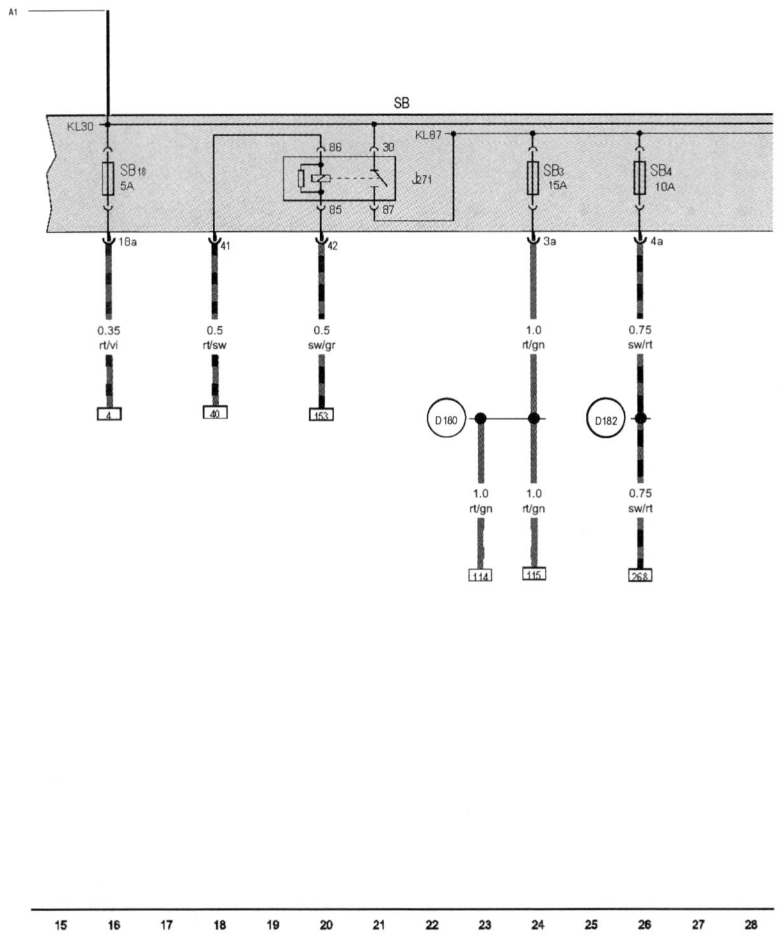

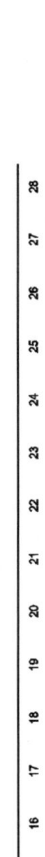

图 5-1-2

SB-保险丝架 B　SB3-保险丝架 B 上的保险丝 3　SB4-保险丝架 B 上的保险丝 4　SB18-保险丝 18　D180-连接 3（87a），在发动机舱导线束中　D182-连接 3（87a），在发动机舱导线束中　B 上的保险丝 B 上的保险丝架 B 上的保险丝 18（30a），在发动机舱导线束中

J271-主继电器　SB-保险丝架 B　SB3-保险丝架 B 上的保险丝 3　SB4-保险丝架 B 上的保险丝 4　SB18-保险丝 18　D180-连接 3（87a），在发动机舱导线束中

图 5-1-3

SB-保险丝架 B　SB6-保险丝架 B 上的保险丝 6　SB7-保险丝架 B 上的保险丝 7　SB8-保险丝架 B 上的保险丝 8　SB9-保险丝架 B 上的保险丝 9　SB10-保险丝架 B 上的保险丝 10　SB17-保险丝架 B 上的保险丝 17　T14a-14 芯插头连接，灰色　D78-正极连接 1（30a），在发动机舱导线束中

591

端子 15 供电继电器，车载电网控制单元，保险丝架 C

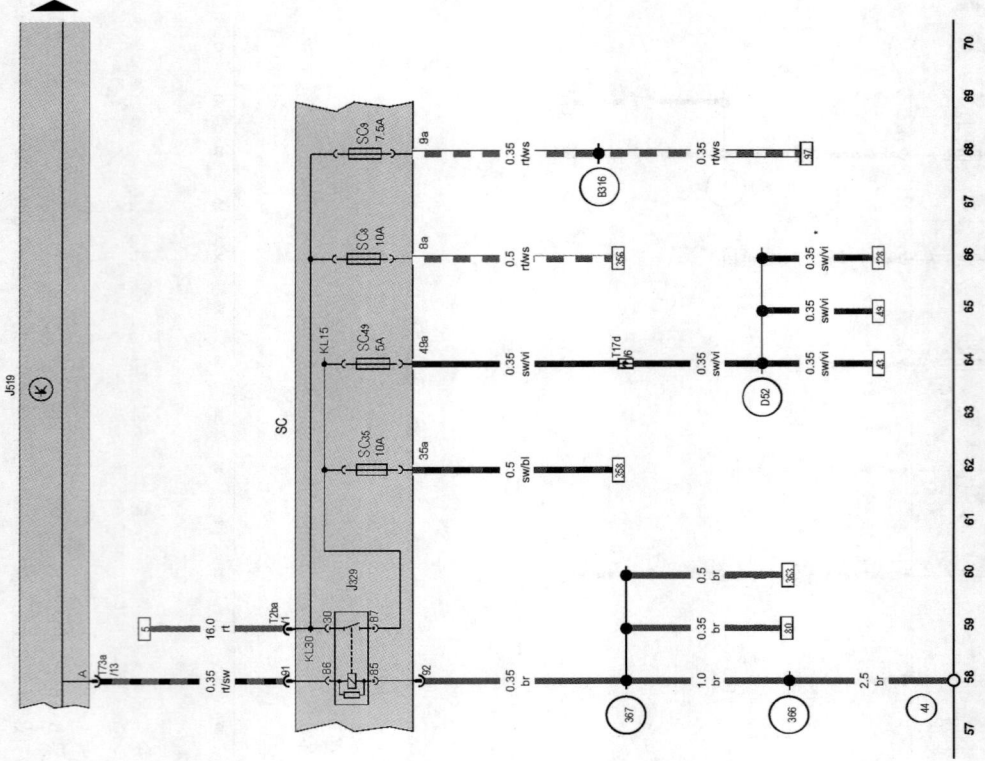

启动机继电器 1，启动机继电器 2，保险丝架 B

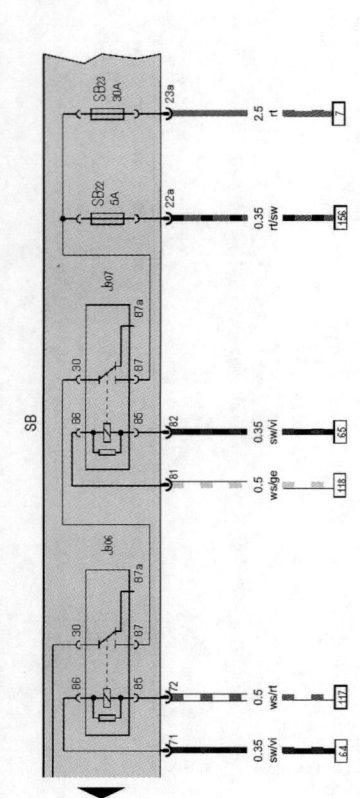

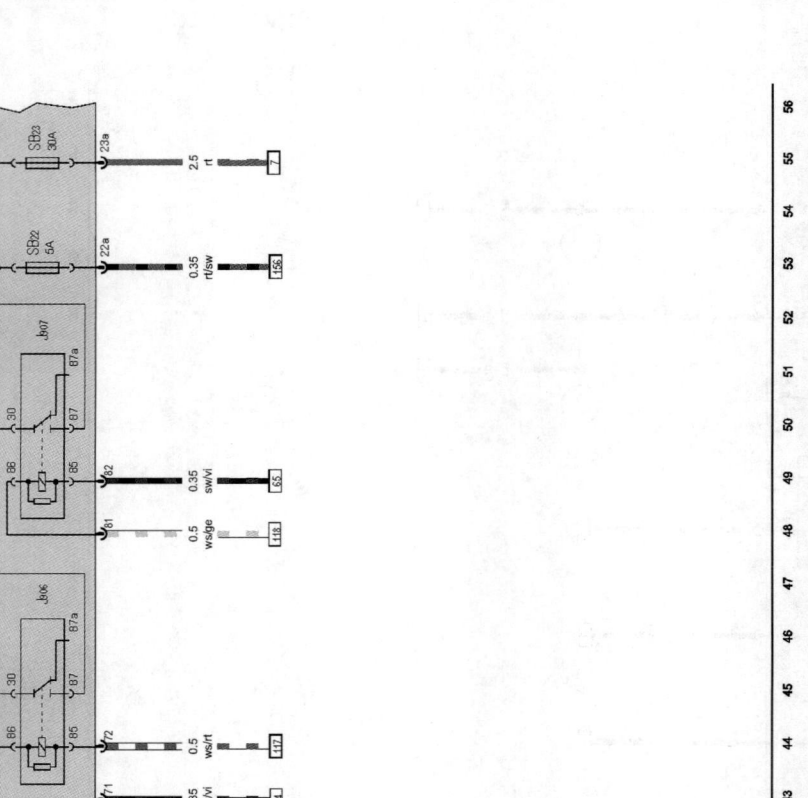

图 5-1-5

J329—端子 15 供电继电器 J519—车载电网控制单元 SC—保险丝架 C SC8—保险丝架 C 上的保险丝 8 SC9—
保险丝架 C 上的保险丝 9 SC35—保险丝架 C 上的保险丝 35 SC49—保险丝架 C 上的保险丝 49 T2ba—2
芯插头连接，黑色 T17d—17 芯插头连接，蓝色 T73a—73 芯插头连接，黑色 44—接地点，左侧 A 柱下部
366—接地连接 1，在主导线束中 367—接地连接 2，在主导线束中 B316—正极连接 2（30a），在主导线束
中 D52—正极连接（15a），在发动机舱导线束中 *—仅用于带手动变速器的汽车

图 5-1-4

J906—启动机继电器 1 J907—启动机继电器 2 SB—保险丝架 B SB22—保险丝架 B 上的保险丝 22 SB23—保险
丝架 B 上的保险丝 23

592

中部仪表板开关模块，启动/停止模式按钮，车载电网控制单元，转向电子装置控制单元，启动/停止运行模式指示灯，按钮照明灯泡

点火启动开关，冷却液不足显示传感器，车载电网控制单元，转向柱电子装置控制单元

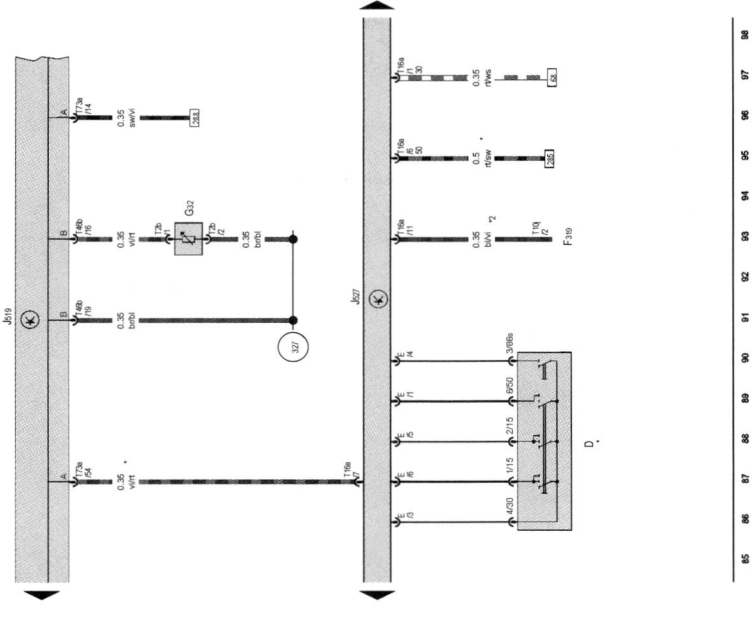

图 5-1-7

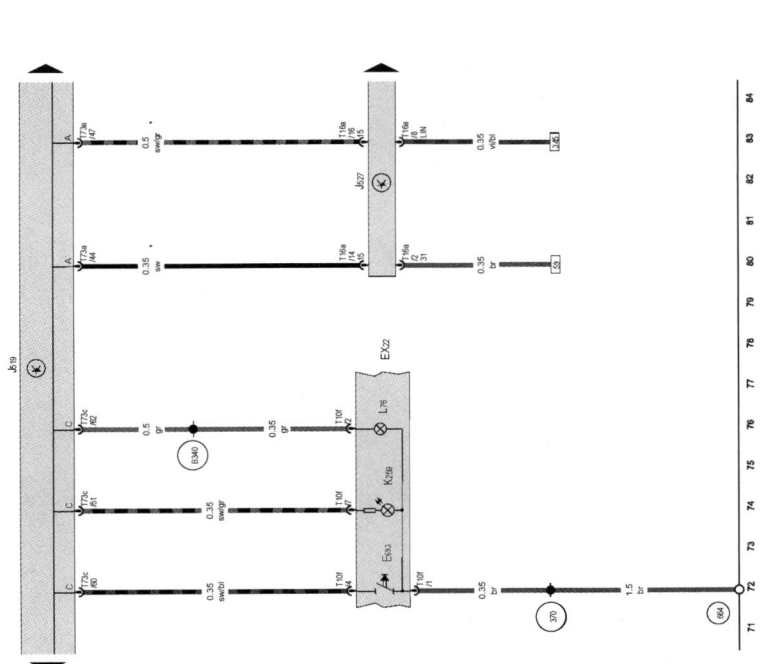

图 5-1-6

散热器出口处的冷却液温度传感器, 发动机控制单元

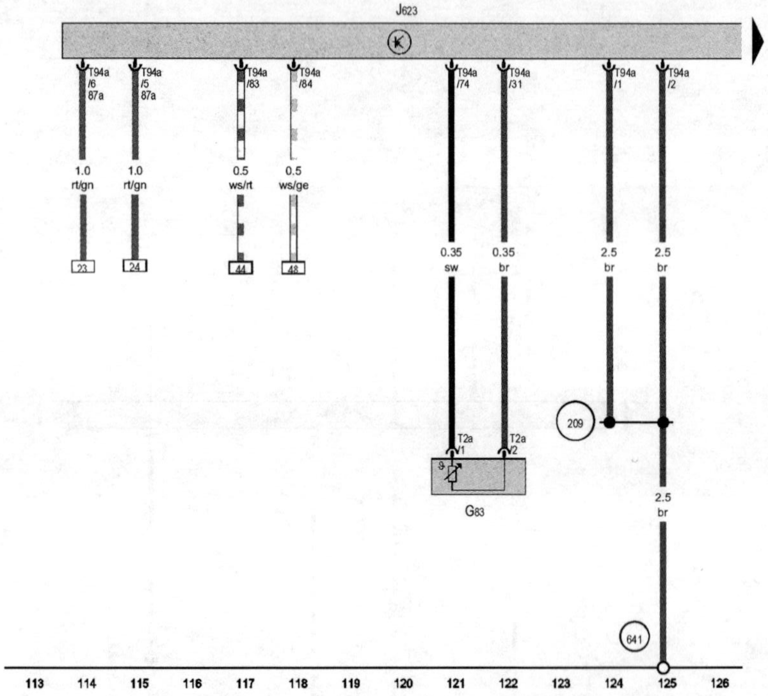

定速巡航装置开关, GRA 设置按钮, 转向柱电子装置控制单元

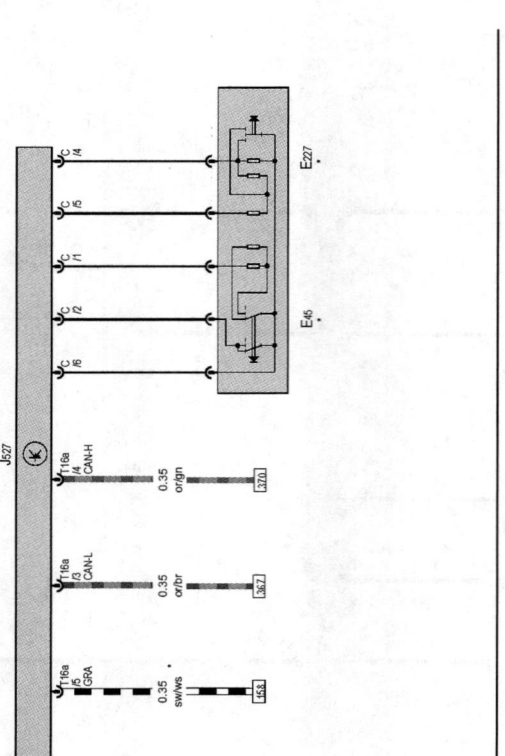

图 5-1-9

G83-散热器出口处的冷却液温度传感器　J623-发动机控制单元　T2a-2 芯插头连接, 黑色　T94a-94 芯插头连接, 黑色　209-接地连接 6, 在发动机舱内左侧　641-接地点 3, 在发动机舱内左侧

图 5-1-8

E45-定速巡航装置开关　E227-GRA 设置按钮　J527-转向柱电子装置控制单元　T16a-16 芯插头连接, 黑色　*-仅用于带定速巡航装置的汽车

变速器空挡位置传感器，发动机控制单元

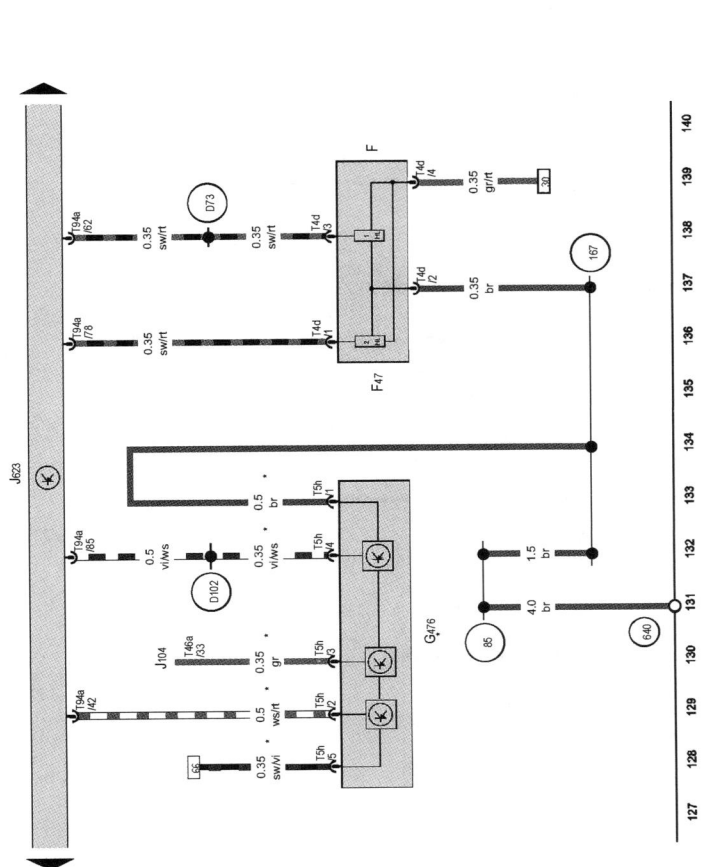

图5-1-11

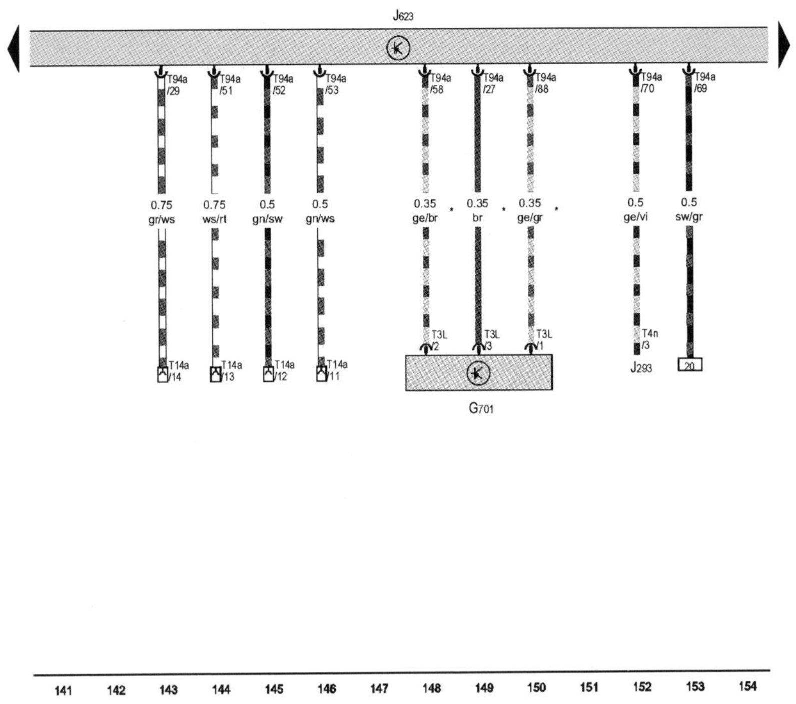

G701-变速器空挡位置传感器 J293-散热器风嘴控制单元 J623-发动机控制单元 T3L-3 芯插头连接，黑色 T4n-4 芯插头连接，黑色 T14a-14 芯插头连接，黑色 T94a-94 芯插头连接，灰色 T94a-94 芯插头连接，黑色 *-仅用于带手动变速器的汽车

制动信号灯开关，制动踏板开关，离合器位置传感器，发动机控制单元

图5-1-10

F-制动信号灯开关 F47-制动踏板开关 G476-离合器位置传感器 J104-ABS 控制单元 J623-发动机控制单元 T4d-4 芯插头连接，黑色 T5h-5 芯插头连接，黑色 T46a-46 芯插头连接，黑色 T94a-94 芯插头连接，灰色 85-接地连接 1，在发动机舱导线束中 167-接地连接 4，在发动机舱导线束中 640-接地点 2，接地连接 D73-正极连接（54），在发动机舱导线束中左侧 D102-连接 2，在发动机舱导线束中 *-仅用于带手动变速器的汽车

氧传感器，尾气催化净化器下游的氧传感器，发动机控制单元，氧传感器加热，尾气催化
净化器后的氧传感器 1 加热装置

油门踏板模块，油门踏板位置传感器，油门踏板位置传感器 2，发动机控制单元

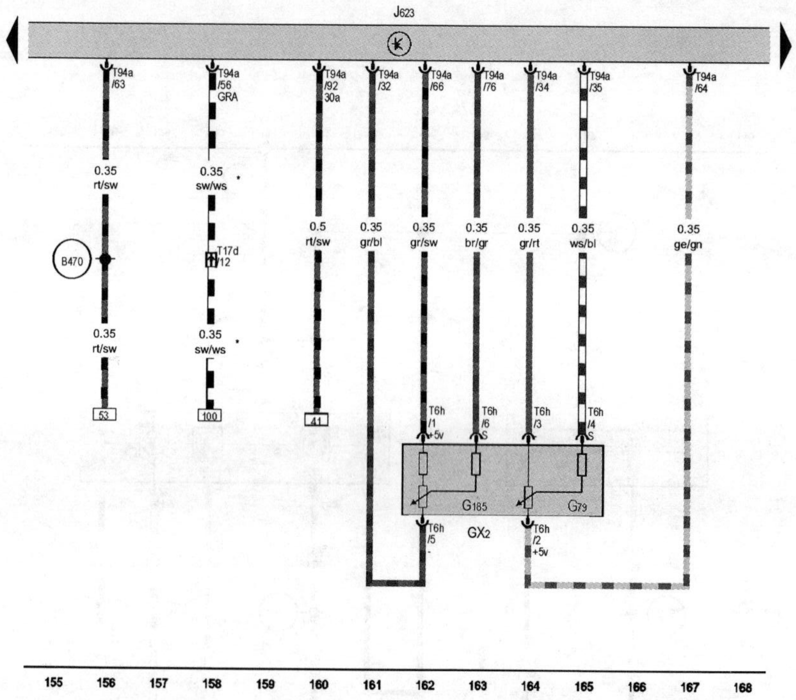

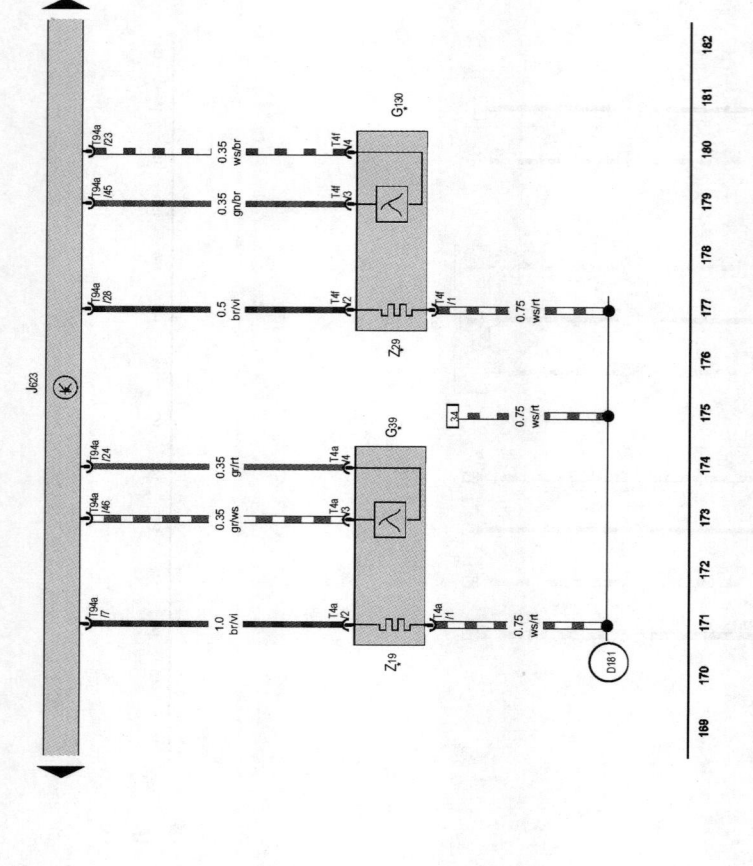

G39-氧传感器　G130-尾气催化净化器下游的氧传感器　J623-发动机控制单元
T4f-4 芯插头连接，黑色　T94a-94 芯插头连接，黑色　Z19-氧传感器加热，黑色　Z29-尾气催化净化器后的氧传
感器1 加热装置　D181-连接 2 (87a)，在发动机舱布线中　*-已预先布线的部件

图 5-1-13

GX2-油门踏板模块　G79-油门踏板位置传感器　G185-油门踏板位置传感器 2　J623-发动机控制单元
T6h-6 芯插头连接，黑色　T17d-17 芯插头连接，蓝色　T94a-94 芯插头连接，黑色　B470-连接 6，在主导
线束中　*-仅用于带定速巡航装置的汽车

图 5-1-12

596

冷却液温度传感器，电控油门操纵机构的节气门驱动装置，电控油门操纵机构的节气门驱动装置角度传感器 1，电控油门操纵机构的节气门驱动装置角度传感器 2，节气门控制单元，发动机控制单元

爆震传感器 1，增压压力调节位置传感器，发动机控制单元，燃油压力调节阀，增压调节器

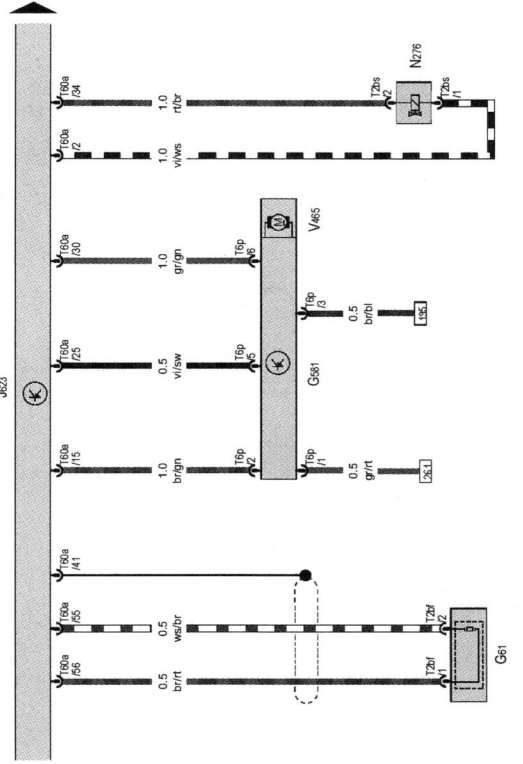

图 5-1-15

G61-爆震传感器 1 G581-增压压力调节位置传感器 J623-发动机控制单元 N276-燃油压力调节阀 T2bf-2 芯插头连接，黑色 T2bs-2 芯插头连接，灰色 T6p-6 芯插头连接，黑色 T60a-60 芯插头连接，黑色
V465-增压调节器

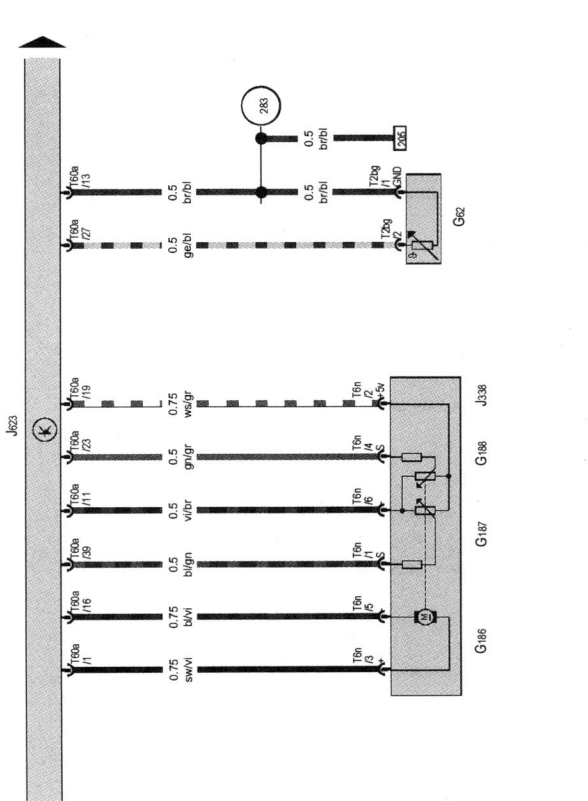

图 5-1-14

G62-冷却液温度传感器 G186-电控油门操纵机构的节气门驱动装置 G187-电控油门操纵机构的节气门驱动装置角度传感器 1 G188-电控油门操纵机构的节气门驱动装置角度传感器 2 J338-节气门控制单元 J623-发动机控制单元 T2bg-2 芯插头连接，黑色 T6n-6 芯插头连接，黑色 T60a-60 芯插头连接，黑色
283-接地连接 2，在发动机顶接线导线束中

597

霍尔传感器，霍尔传感器 3，发动机控制单元

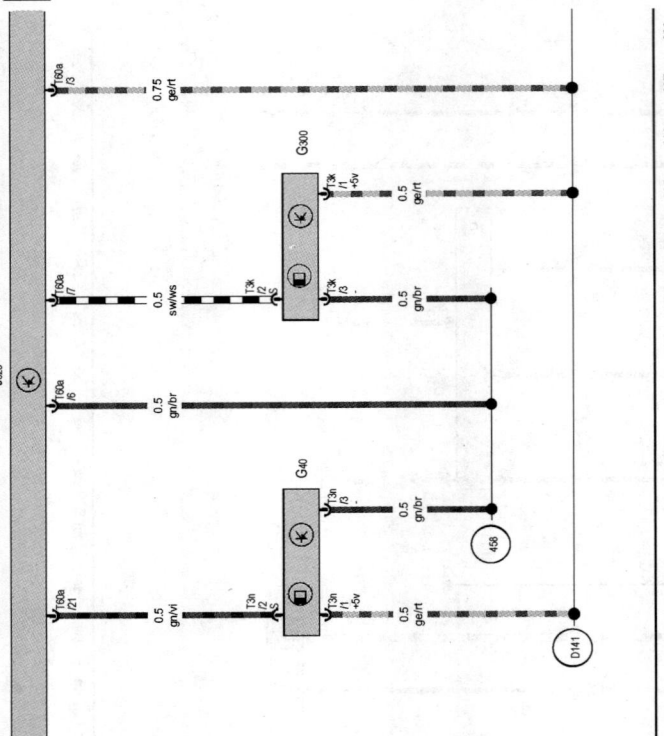

图 5-1-17

G40-霍尔传感器 G300-霍尔传感器 3 J623-发动机控制单元 T3k-3 芯插头连接，黑色 T3n-3 芯插头连
接，黑色 T60a-60 芯插头连接，黑色 458-接地连接 3，在发动机预接线导线束中 D141-连接（5V），
在发动机前部导线束中

发动机控制单元，气缸 1 喷油阀，气缸 2 喷油阀，气缸 3 喷油阀，气缸 4 喷油阀

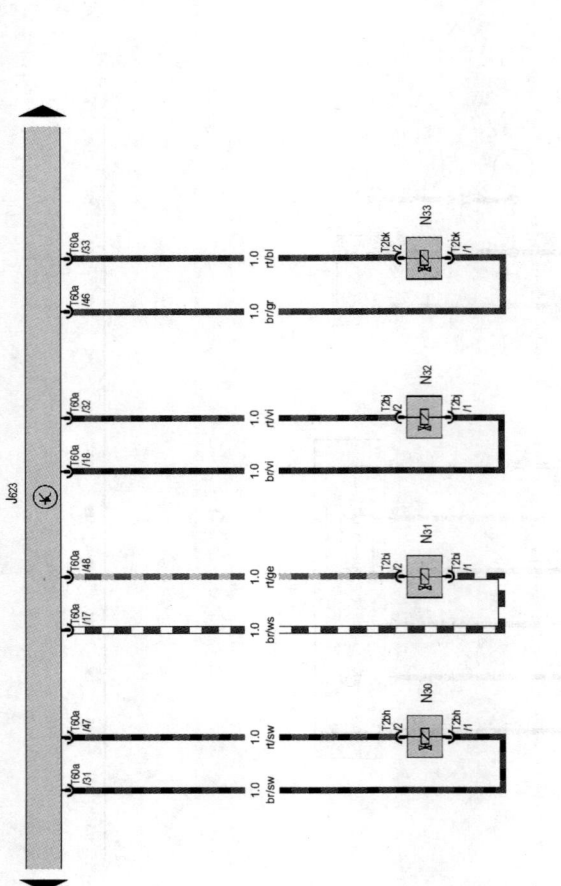

图 5-1-16

J623-发动机控制单元 N30-气缸 1 喷油阀 N31-气缸 2 喷油阀 N32-气缸 3 喷油阀 N33-气缸 4 喷油阀
T2bh-2 芯插头连接，黑色 T2bi-2 芯插头连接，黑色 T2bj-2 芯插头连接，黑色 T2bk-2 芯插头连接，
黑色 T60a-60 芯插头连接，黑色

发动机转速传感器，增压压力传感器，进气温度传感器 2，发动机控制单元

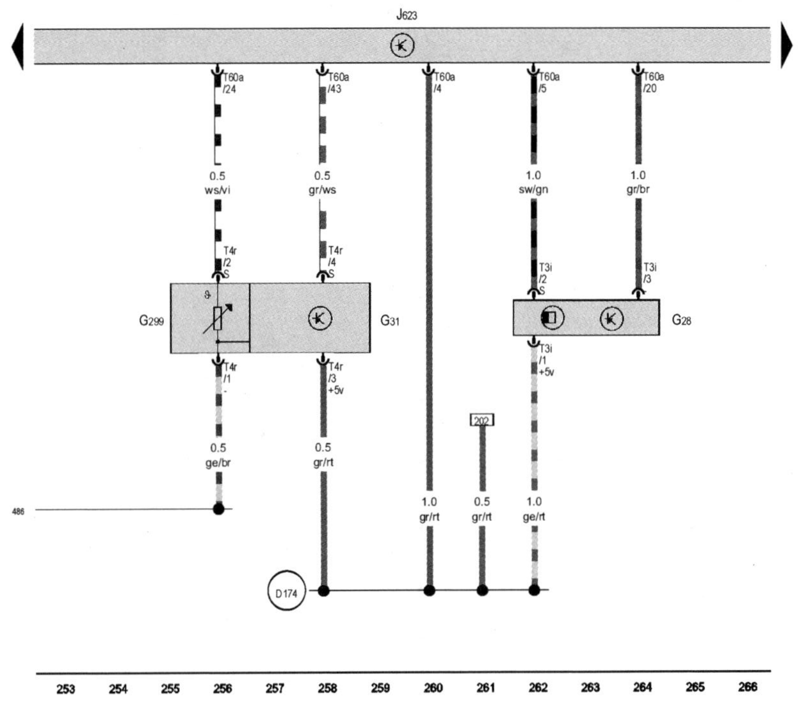

进气温度传感器，进气管压力传感器，燃油压力传感器，发动机控制单元

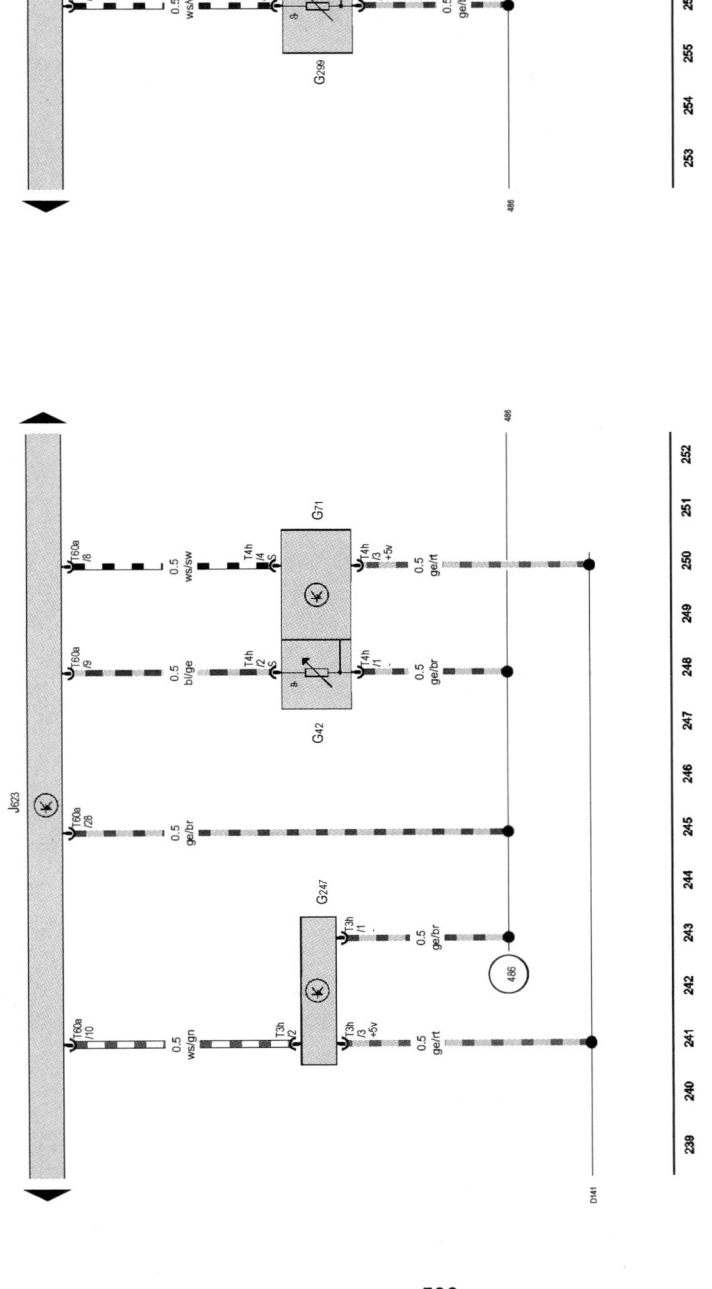

图 5-1-19

G28-发动机转速传感器 G31-增压压力传感器 G299-进气温度传感器 2 J623-发动机控制单元 T3i-3 芯插头连接，黑色 T4r-4 芯插头连接，黑色 T60a-60 芯插头连接，黑色 486-接地连接 4，在发动机预接线导线束中 D174-连接 2（5V），在发动机预接线导线束中

图 5-1-18

G42-进气温度传感器 G71-进气管压力传感器 G247-燃油压力传感器 J623-发动机控制单元 T3h-3 芯插头连接，黑色 T4h-4 芯插头连接，黑色 T60a-60 芯插头连接，黑色 486-接地连接 4，在发动机预接线导线束中 D141-连接 2（5V），在发动机前部导线束中

发动机控制单元，活性炭罐电磁阀 1，凸轮轴调节阀 1，排气门凸轮轴调节阀 1，机油压力
调节阀

发动机控制单元，冷却液循环泵

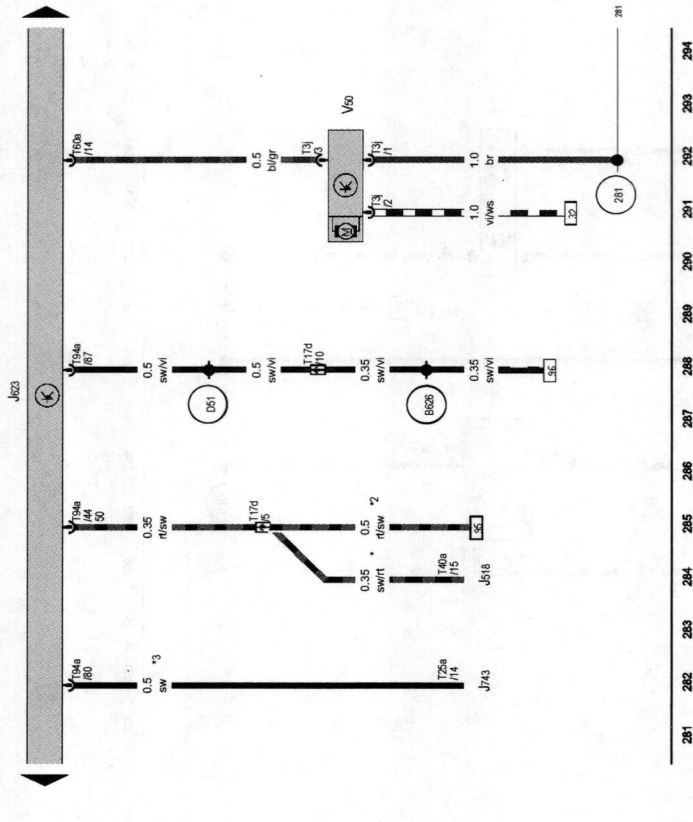

图 5-1-21

J518-进入及启动许可控制单元　J623-发动机控制单元　J743-双离合器变速器机电装置　T3j-3 芯插头连
接，黑色　T17d-17 芯插头连接，蓝色　T25a-25 芯插头连接，黑色　T40a-40 芯插头连接，黑色　T60a-60
芯插头连接，黑色　T94a-94 芯插头连接，黑色　V50-冷却液循环泵　281-接地连接 1，在发动机预接线导
线束中　B626-正极连接 2（15），在主导线束中　D51-正极连接 1（15），在发动机舱导线束中　*-仅用
于带进入及启动许可不带进入及启动许可的汽车　*2-仅用于不带进入及启动许可的汽车　*3-仅用于带双离合器变速器0CW 的
汽车

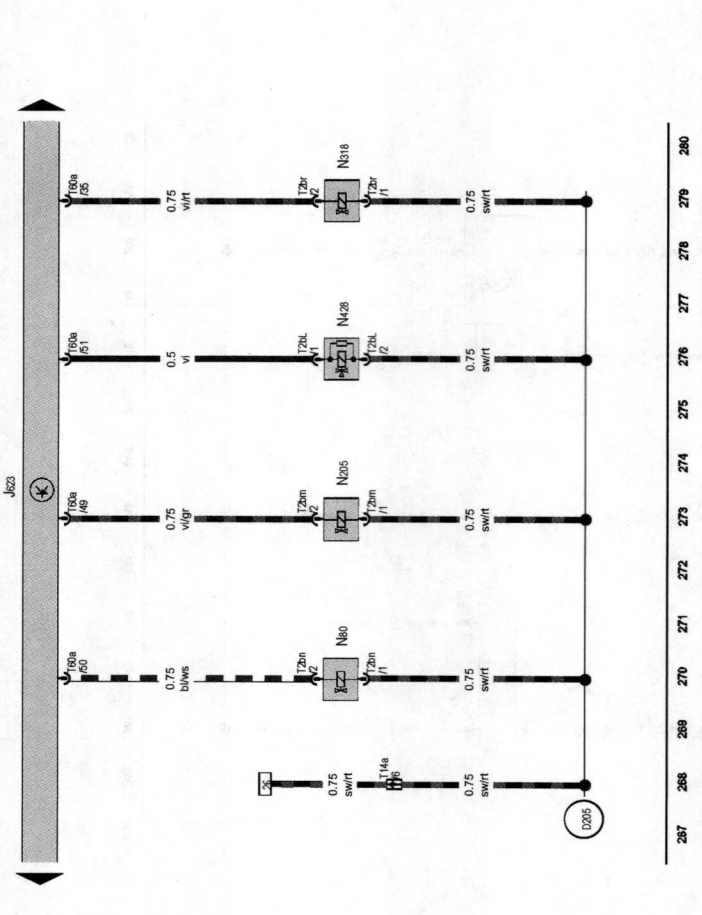

图 5-1-20

J623-发动机控制单元　N80-活性炭罐电磁阀 1　N205-凸轮轴调节阀 1　N318-排气门凸轮轴调节阀 1　N428-排气门凸轮轴调节阀 1
N428-机油压力调节阀　T2bL-2 芯插头连接　T2bm-2 芯插头连接，黑色　T2bn-2 芯插头连接，
黑色　T2br-2 芯插头连接，黑色　T14a-14 芯插头连接，灰色　T60a-60 芯插头连接，黑色　D205-连接 3
（87a），在发动机预接线导线束中

发动机控制单元，带功率输出级的点火线圈 1，带功率输出级的点火线圈 2，带功率输出级的点火线圈 3，火花塞插头，火花塞

油压开关，机油压力降低开关，发动机控制单元，带功率输出级的点火线圈 4，火花塞插头，火花塞

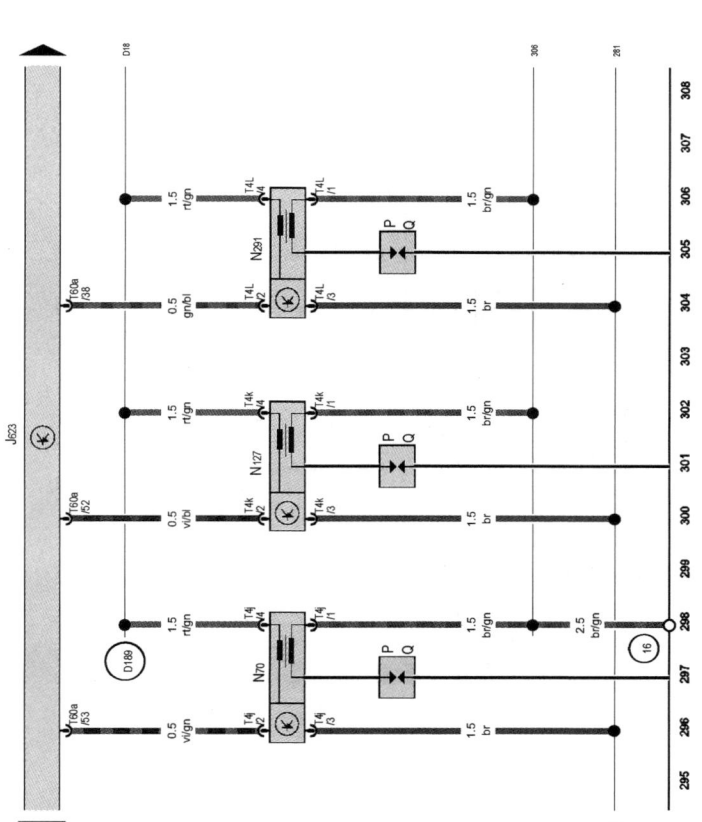

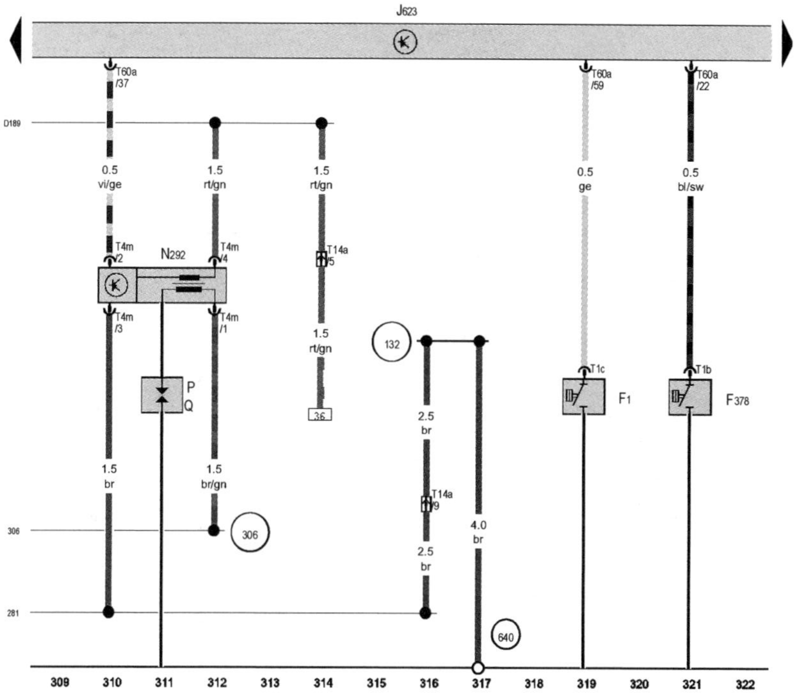

J623-发动机控制单元 N70-带功率输出级的点火线圈 1 N127-带功率输出级的点火线圈 2 N291-带功率输出级的点火线圈 3 P-火花塞插头 Q-火花塞 T4j-4 芯插头连接，黑色 T4k-4 芯插头连接，黑色 T4L-4 芯插头连接，黑色 T60a-60 芯插头连接，黑色 16-气缸盖罩上的接地点 1 281-接地连接 1，在发动机预接线导线束中 306-接地连接（点火线圈），在发动机预接线导线束中 D189-连接 (87a)，在发动机预接线导线束中

图 5-1-22

F1-油压开关 F378-机油压力降低开关 J623-发动机控制单元 N292-带功率输出级的点火线圈 4 P-火花塞插头 Q-火花塞 T1b-1 芯插头连接，黑色 T1c-1 芯插头连接，蓝色 T4m-4 芯插头连接，黑色 T14a-14 芯插头连接，灰色 T60a-60 芯插头连接，黑色 132-接地连接 3，在发动机舱导线束中 281-接地连接 1，在发动机舱导线束中 306-接地连接（点火线圈），在发动机预接线导线束中 640-接地点 2，在发动机舱内左侧 D189-连接 (87a)，在发动机预接线导线束中

图 5-1-23

601

数据总线诊断接口，发动机控制单元

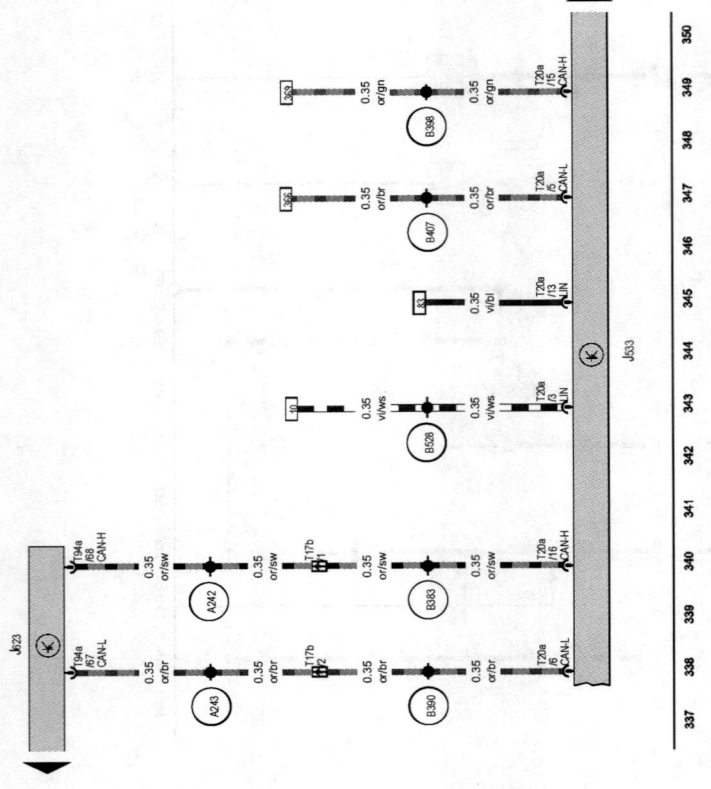

燃油存量传感器，预供给燃油泵，燃油泵控制单元，发动机控制单元

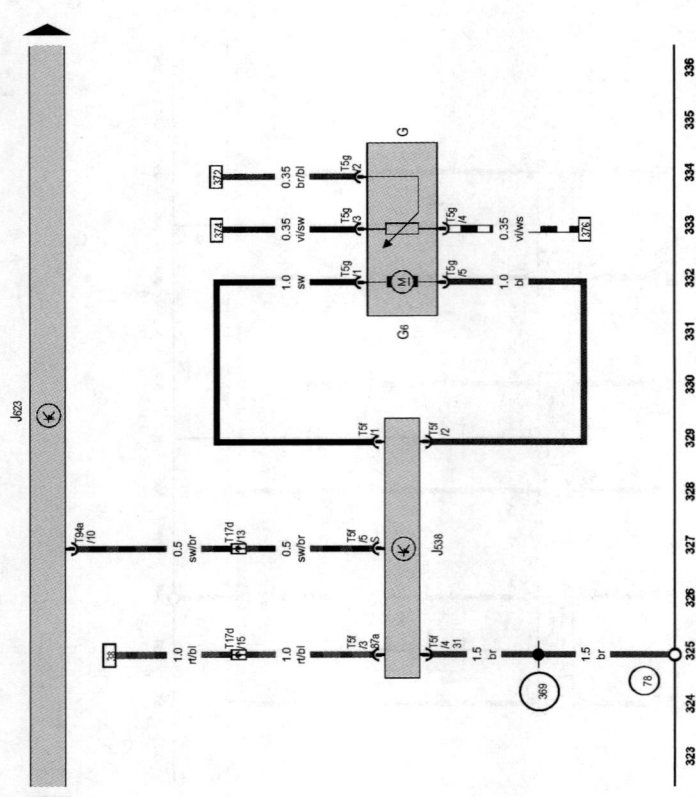

图 5-1-24

G-燃油存量传感器　G6-预供给燃油泵　J538-燃油泵控制单元　J623-发动机控制单元　T5f-5 芯插头连接，黑色　T5g-5 芯插头连接，黑色　T17d-17 芯插头连接，蓝色　T94a-94 芯插头连接，黑色　78-右侧 B 柱下部接地点　369-接地连接 4，在主导线束中

图 5-1-25

J533-数据总线诊断接口　J623-发动机控制单元　T17b-17 芯插头连接，棕色　T20a-20 芯插头连接，红色　T94a-94 芯插头连接，黑色　A242-连接 1（驱动系统 CAN 总线，High），在发动机舱导线束中　A243-连接 1（驱动系统 CAN 总线，Low），在发动机舱导线束中　B383-连接 1（驱动系统 CAN 总线，High），在主导线束中　B390-连接 1（驱动系统 CAN 总线，Low），在主导线束中　B398-连接 2（舒适/便捷系统 CAN 总线，High），在主导线束中　B407-连接 2（舒适/便捷系统 CAN 总线，Low），在主导线束中　B528-连接 1（LIN 总线），在主导线束中

602

数据总线诊断接口，诊断接口

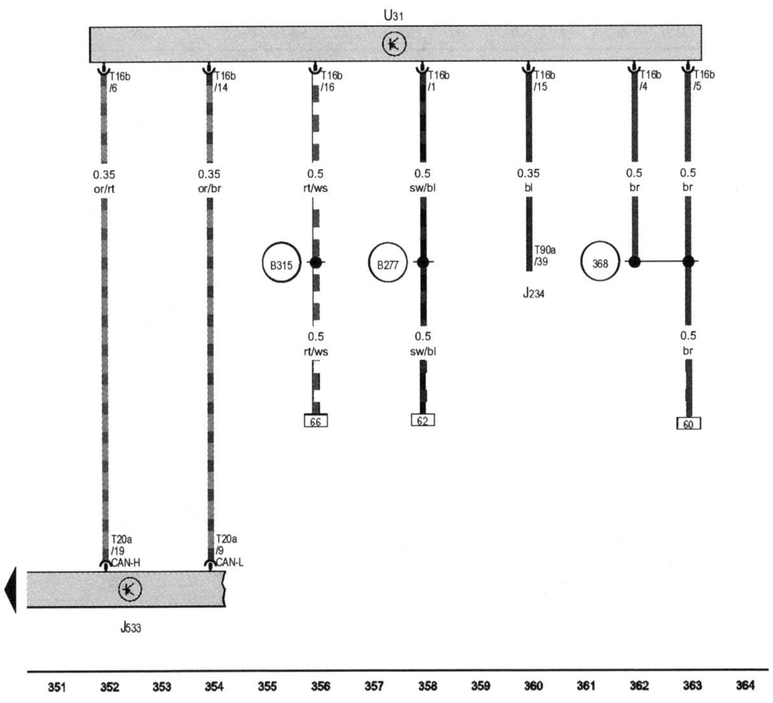

燃油储备显示，转速表，多功能显示器，仪表板中的控制单元，发电机指示灯，燃油存量指示灯

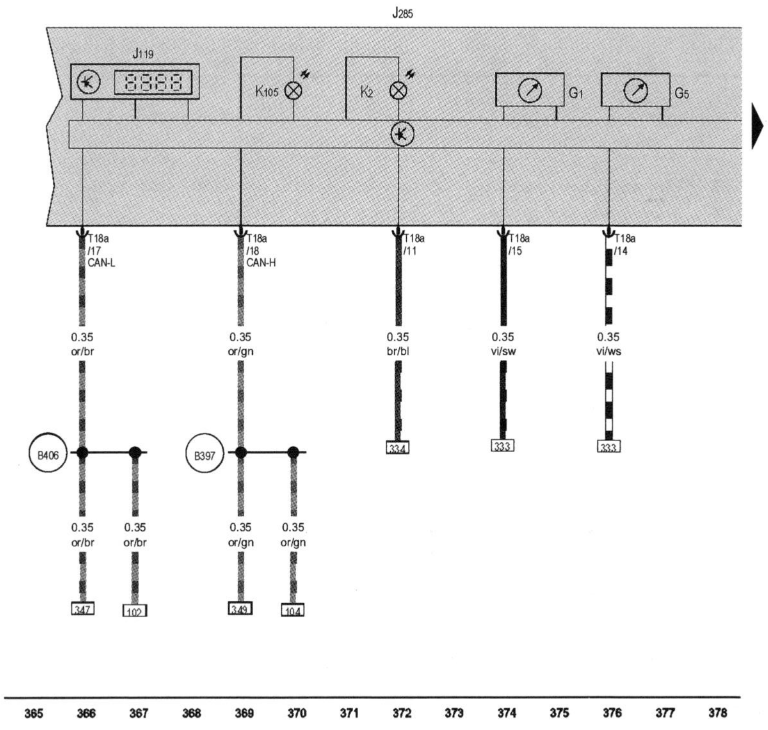

G1-燃油储备显示 G5-转速表 J119-多功能显示器 J285-仪表板中的控制单元 K2-发电机指示灯 K105-
燃油存量指示灯 T18a-18 芯插头连接，黑色 B397-连接 1（舒适/便捷系统 CAN总线，High），在主导
线束中 B406-连接 1（舒适/便捷系统 CAN总线，Low），在主导线束中

图 5-1-27

J234-安全气囊控制单元 J533-数据总线诊断接口 T16b-16 芯插头连接，黑色 T20a-20 芯插头连接，
红色 T90a-90 芯插头连接，黄色 U31-诊断接口 368-接地连接 3，在主导线束中 B277-正极连接 1
（15a），在主导线束中 B315-正极连接 1（30a），在主导线束中

图 5-1-26

603

防盗锁止系统识读线圈，冷却液液温度表，车速表，仪表板中的控制单元，防盗锁止系统控
制单元，机油压力指示灯，冷却液温度和冷却液不足显示指示灯，GRA 指示灯，废气警告灯，
电子油门故障信号灯，里程表

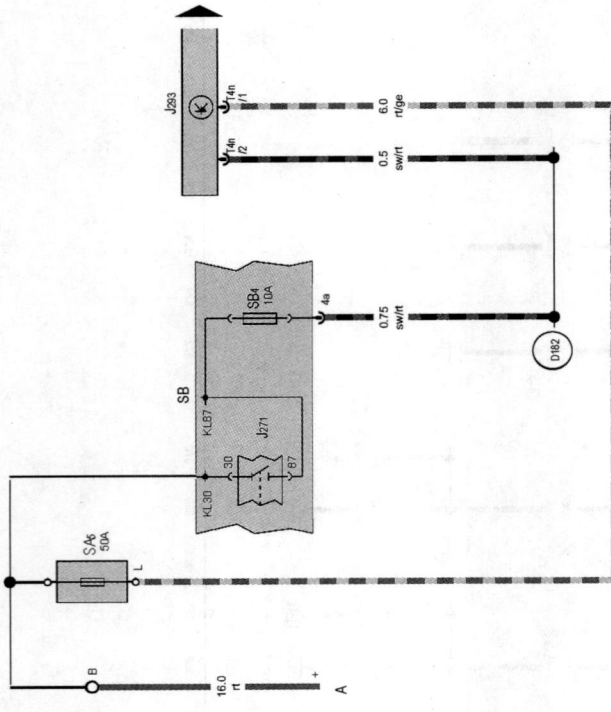

主继电器，散热器风扇控制单元，保险丝架 B

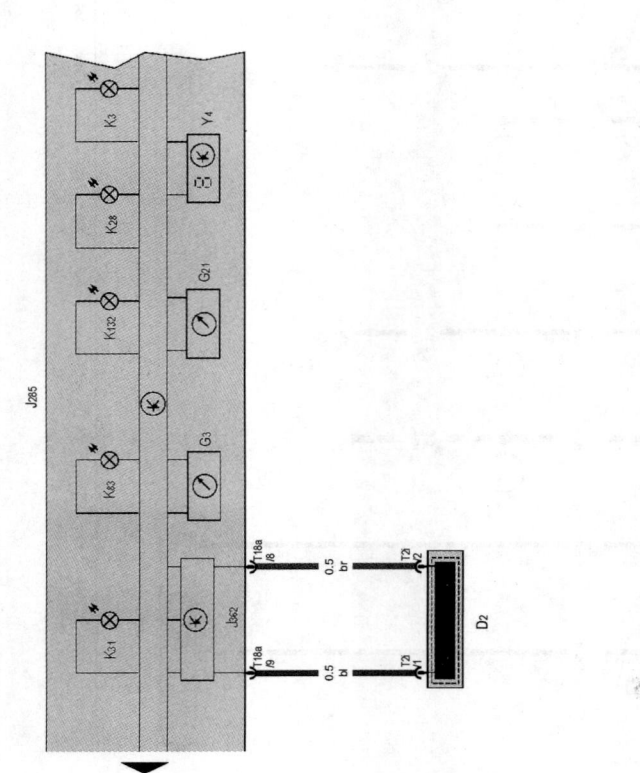

D2-防盗锁止系统识读线圈 G3-冷却液温度表 G21-车速表 J285-仪表板中的控制单元 J362-防盗锁止系
统控制单元 K3-机油压力指示灯 K28-冷却液温度和冷却液不足显示指示灯 K31-GRA 指示灯 K83-废
气警告灯 K132-电子油门故障信号灯 T2I-2 芯插头连接 T18a-18 芯插头连接，黑色 Y4-里程表

图 5-1-28

A-蓄电池 J271-主继电器 J293-散热器风扇控制单元 SA5-保险丝架 A 上的保险丝 5 SB-保险丝架 B
SB4-保险丝架 B 上的保险丝 4 T4n-4 芯插头连接 4 T4n-4 芯插头连接 3 (87a)，在发动机舱导线束中
的保险丝 4 T4n-4 芯插头连接，黑色 D182-连接 3 (87a)，在发动机舱导线束中

图 5-1-29

604

散热器出口处的冷却液温度传感器，散热器风扇控制单元，发动机控制单元，散热器风扇

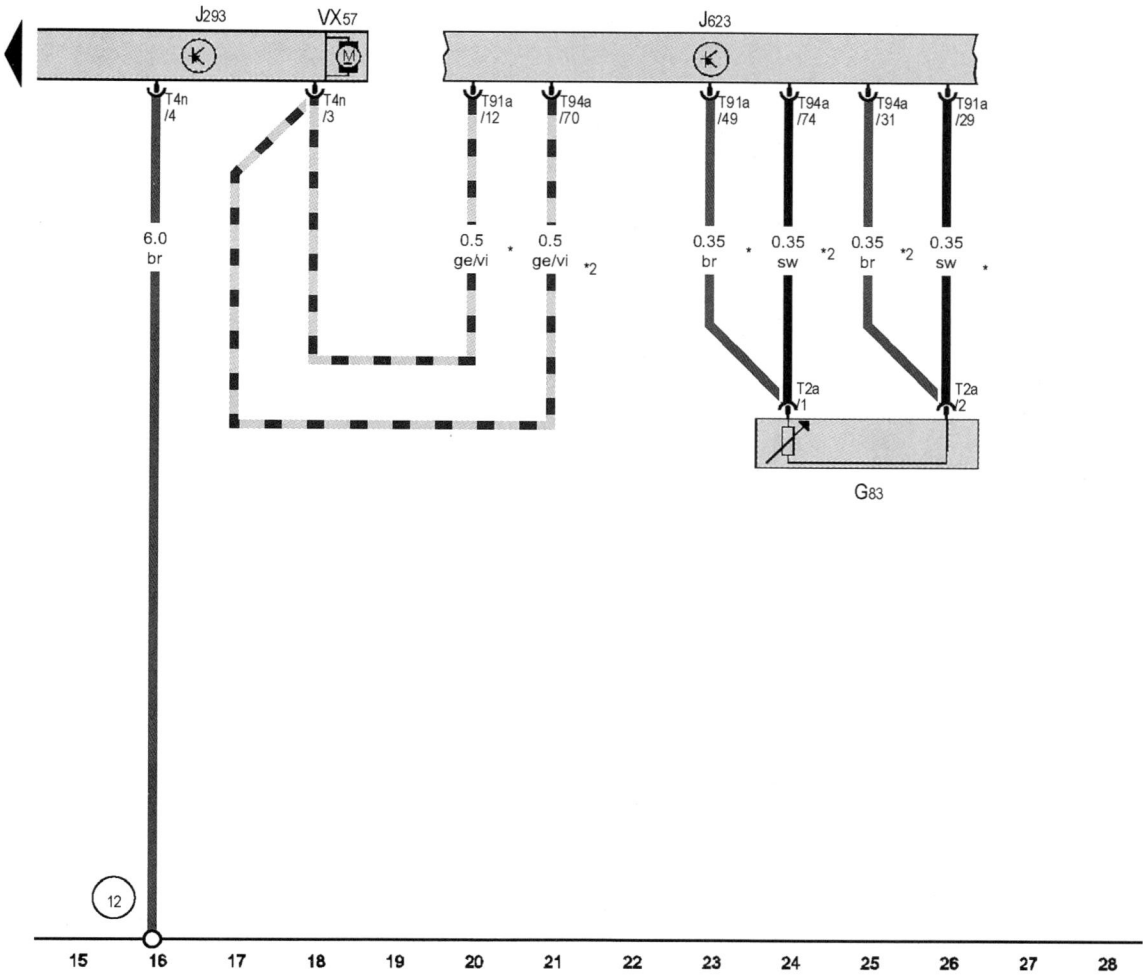

G83-散热器出口处的冷却液温度传感器 J293-散热器风扇控制单元 J623-发动机控制单元 T2a-2 芯插头连接，黑色 T4n-4 芯插头连接，黑色 T91a-91 芯插头连接，黑色 T94a-94 芯插头连接，黑色 VX57-散热器风扇 12-发动机舱内左侧接地点 *-仅用于带 1.8 L 发动机的汽车 *2-仅用于带 1.4 L 发动机的汽车

图 5-1-30

第二节 变速器系统

变速器系统电路图的图号和图名对照表见表 5-2-1。

表 5-2-1 变速器系统电路图的图号和图名对照表

图号	图名
图 5-2-1~图 5-2-9	7 挡双离合器变速器 ODE 电控系统电路图
图 5-2-10~图 5-2-18	双离合器变速器 OCW 电控系统电路图

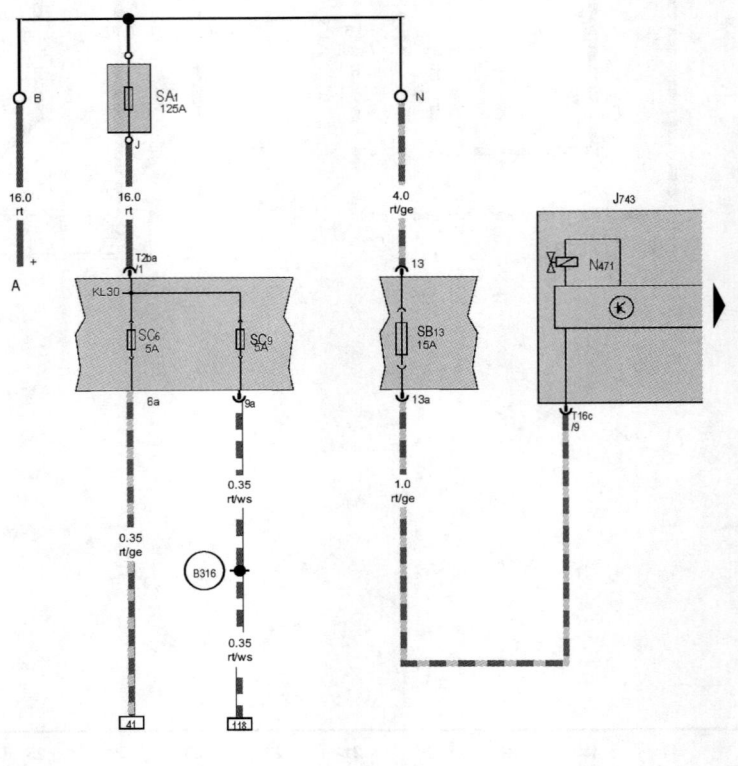

A-蓄电池 J743-双离合器变速器机电装置 N471-冷却油阀门 SA1-保险丝架 A 上的保险丝 1 SC6-保险丝架 C 上的保险丝 6 SC9-保险丝架 C 上的保险丝 9 SB13-保险丝架 B 上的保险丝 13 T2ba-2 芯插头连接，黑色 T16c-16 芯插头连接，黑色 B316-正极连接 2（30a），在主导线束中

图 5-2-1

双离合器变速器变速器机电装置，子变速器 1 中的阀门 1，子变速器 1 中的阀门 2，子变速器 2 中的阀门 1，主压力阀门，液压泵电机

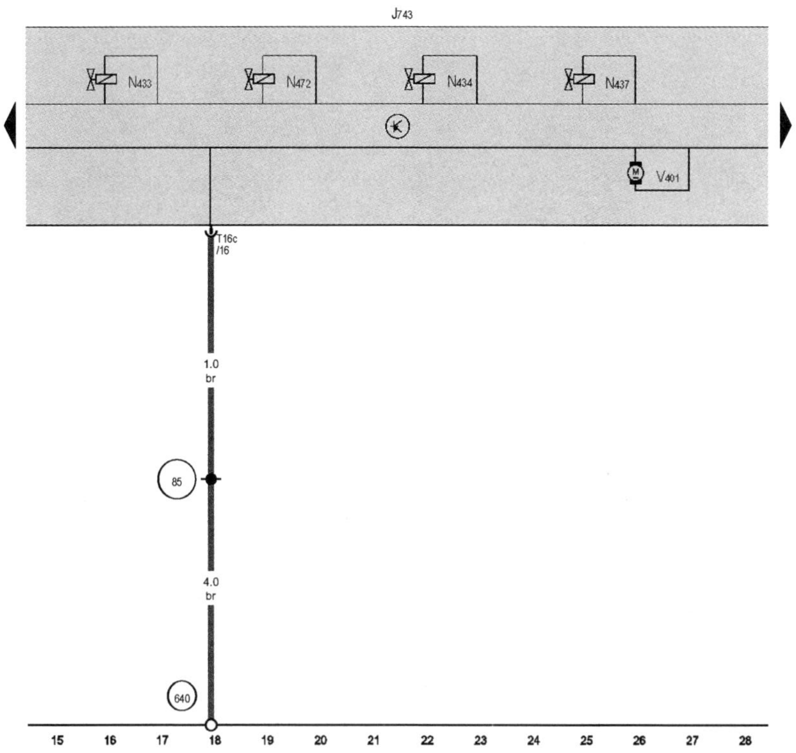

Tiptronic 开关，选挡杆挡位 P 锁止开关，双离合器变速器机电装置，子变速器 1 中的阀门 3，子变速器 1 中的阀门 4，子变速器 2 中的阀门 2

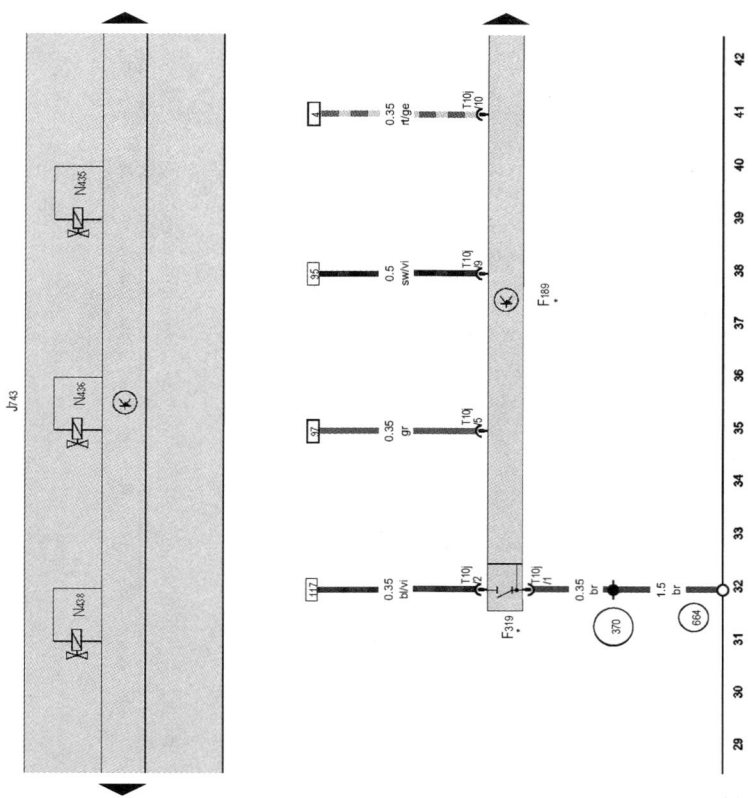

F189-Tiptronic 开关 F319-选挡杆挡位 P 锁止开关 J743-双离合器变速器变速器机电装置 N435-子变速器 1 中的阀门 3 N436-子变速器 1 中的阀门 4 N438-子变速器 2 中的阀门 2 T10j-10 芯插头连接，黑色 370-接地连接 5，在主导线束中 664-左侧仪表板后面的接地点 *-已预先布线的部件

图 5-2-3

J743-双离合器变速器机电装置 N433-子变速器 1 中的阀门 1 N434-子变速器 1 中的阀门 2 N437-子变速器 2 中的阀门 1 N472-主压力阀门 T16c-16 芯插头连接，黑色 V401-液压泵电机 85-接地连接 1，在速器 2 中的阀门 1 T16c-16 芯插头连接，黑色 V401-液压泵电机 85-接地连接 1，在发动机舱导线束中 2，在发动机舱内左侧 640-接地点 2，在发动机舱内左侧

图 5-2-2

Tiptronic 开关，齿轮油温度传感器，换挡执行器行程传感器 1，换挡执行器行程传感器 2，换挡执行器行程传感器机

Tiptronic 开关，双离合器变速器机电装置，选挡杆位置 P/N 指示灯，排挡杆挡位指示照明灯，子变速器 2 中的阀门 3，子变速器 2 中的阀门 4

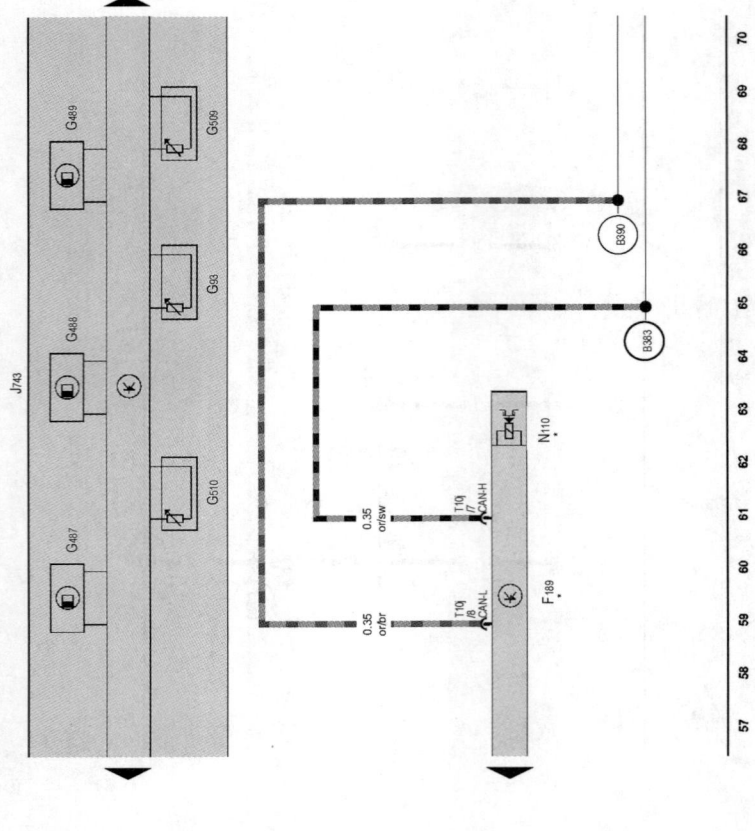

图 5-2-5

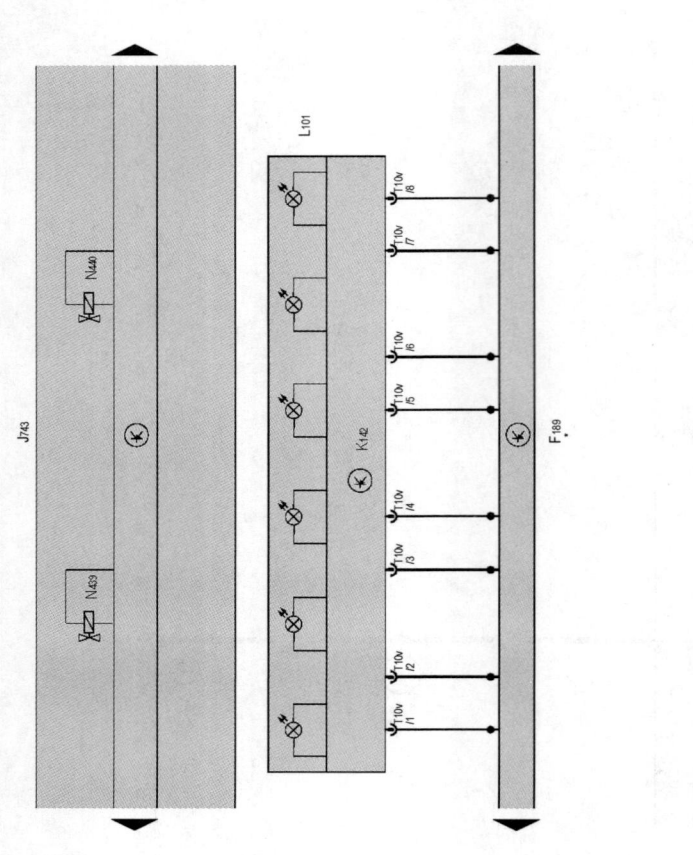

图 5-2-4

F189-Tiptronic 开关　G93-齿轮油温度传感器　G487-换挡执行器行程传感器 1　G488-换挡执行器行程传感器 2　G489-换挡执行器行程传感器 3　G509-离合器温度传感器 G510-控制单元温度传感器　J743-双离合器变速器机电装置　N110-换挡杆锁电磁铁　T10j-10 芯插头连接，黑色　B383-连接 1（驱动系统 CAN 总线，High），在主导线束中　B390-连接 1（驱动系统 CAN 总线，Low），在主导线束中　*-已预先布线的部件

F189-Tiptronic 开关　J743-双离合器变速器机电装置　K142-选挡杆位置 P/N 指示灯　L101-排挡杆挡位指示灯照明灯　N439-子变速器 2 中的阀门 3　N440-子变速器 2 中的阀门 4　T10v-10 芯插头连接，黑色　*-已预先布线的部件

608

变速器输入转速传感器，换挡执行器行程传感器 4，变速器输入转速传感器 2，离合器行程传感器 1，双离合器变速器机电装置

离合器行程传感器 2，变速器输入转速传感器 1，车载电网控制单元，双离合器变速器机电装置

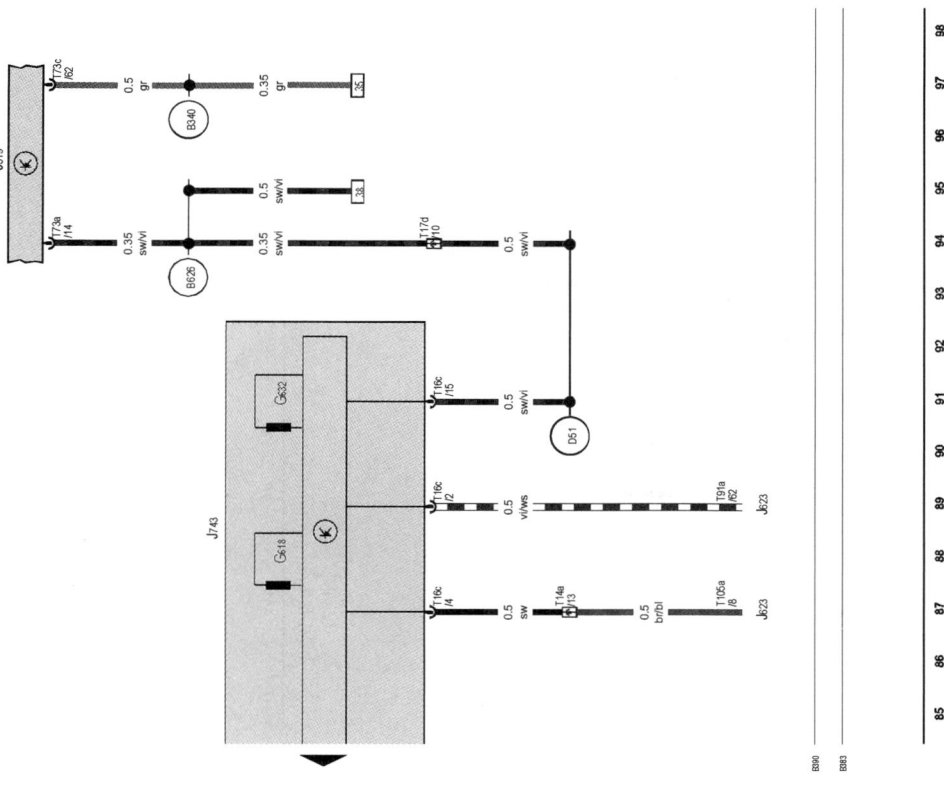

G618-离合器行程传感器 2 G632-变速器输入转速传感器 1 J519-车载电网控制单元 J623-发动机控制单元 J743-双离合器变速器机电装置 T14a-14 芯插头连接，灰色 T16c-16 芯插头连接，黑色 T17d-17 芯插头连接，蓝色 T73a-73 芯插头连接，黑色 T73c-73 芯插头连接，黑色 T91a-91 芯插头连接，黑色 T105a-105 芯插头连接，黑色 B340-连接 1（58d），在主导线束中 B383-连接 1（驱动系统 CAN 总线，High），在主导线束中 B390-连接 1（驱动系统 CAN 总线，Low），在主导线束中 B626-正极连接 2 D51-正极连接 1（15），在发动机舱导线束中（15），在主导线束中

图 5-2-7

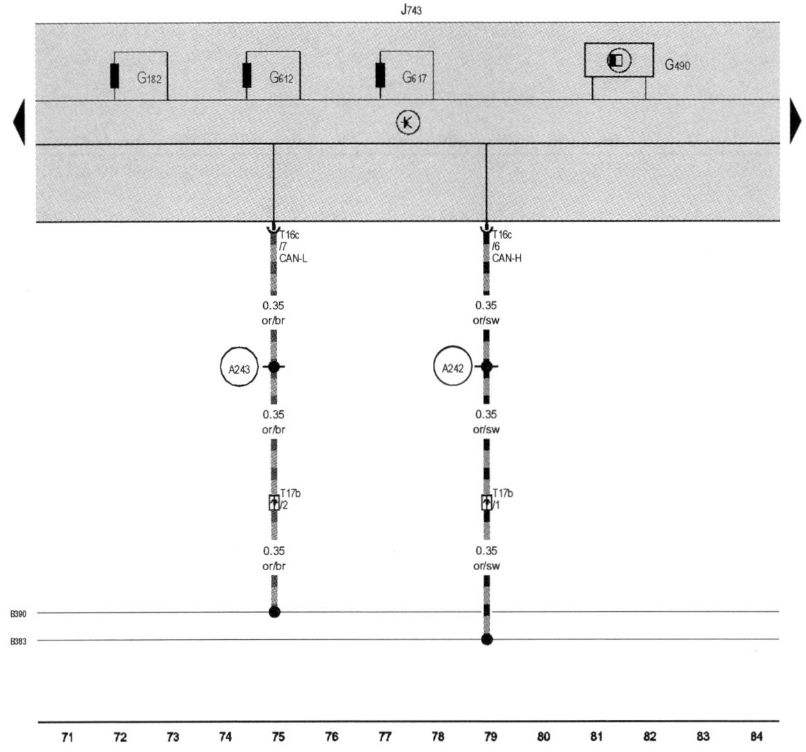

G182-变速器输入转速传感器 G490-换挡执行器行程传感器 4 G612-变速器输入转速传感器 2 G617-离合器行程传感器 1 J743-双离合器变速器机电装置 T16c-16 芯插头连接，黑色 T17b-17 芯插头连接，棕色 A242-连接 1（驱动系统 CAN 总线，High），在发动机舱导线束中 A243-连接 1（驱动系统 CAN 总线，Low），在发动机舱导线束中 B383-连接 1（驱动系统 CAN 总线，High），在主导线束中 B390-连接 1（驱动系统 CAN 总线，Low），在主导线束中

图 5-2-6

转向柱电子装置控制单元，点火钥匙防拔出锁电磁铁

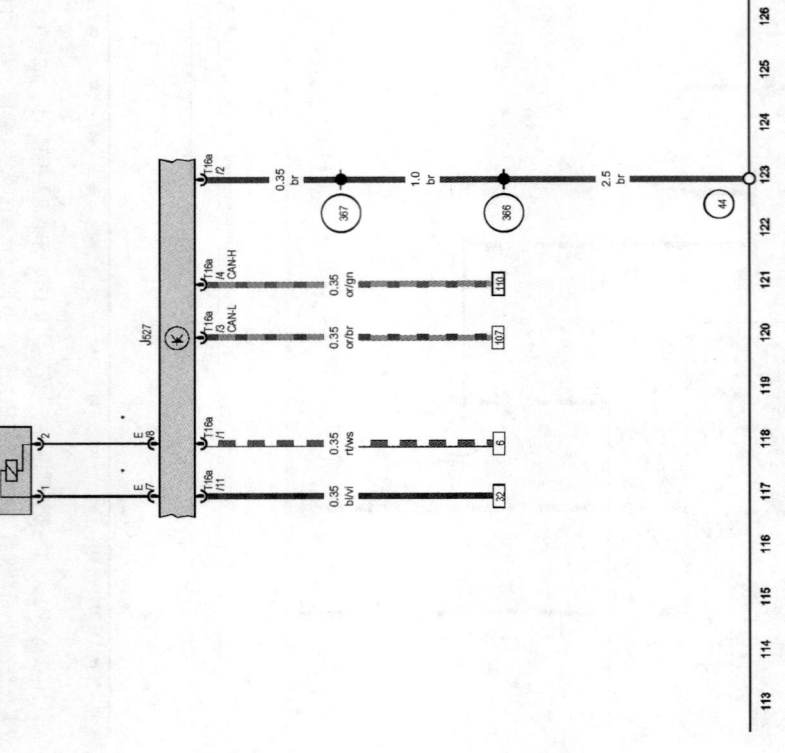

J527-转向柱电子装置控制单元　N376-点火钥匙防拔出锁电磁铁
点，左侧 A 柱下部　366-接地连接 1，在主导线束中　367-接地连接 2，在主导线束中　44-接地
及启动许可的汽车

图 5-2-9

仪表板中的控制单元，数据总线诊断接口，选挡指示灯，选挡杆位置显示

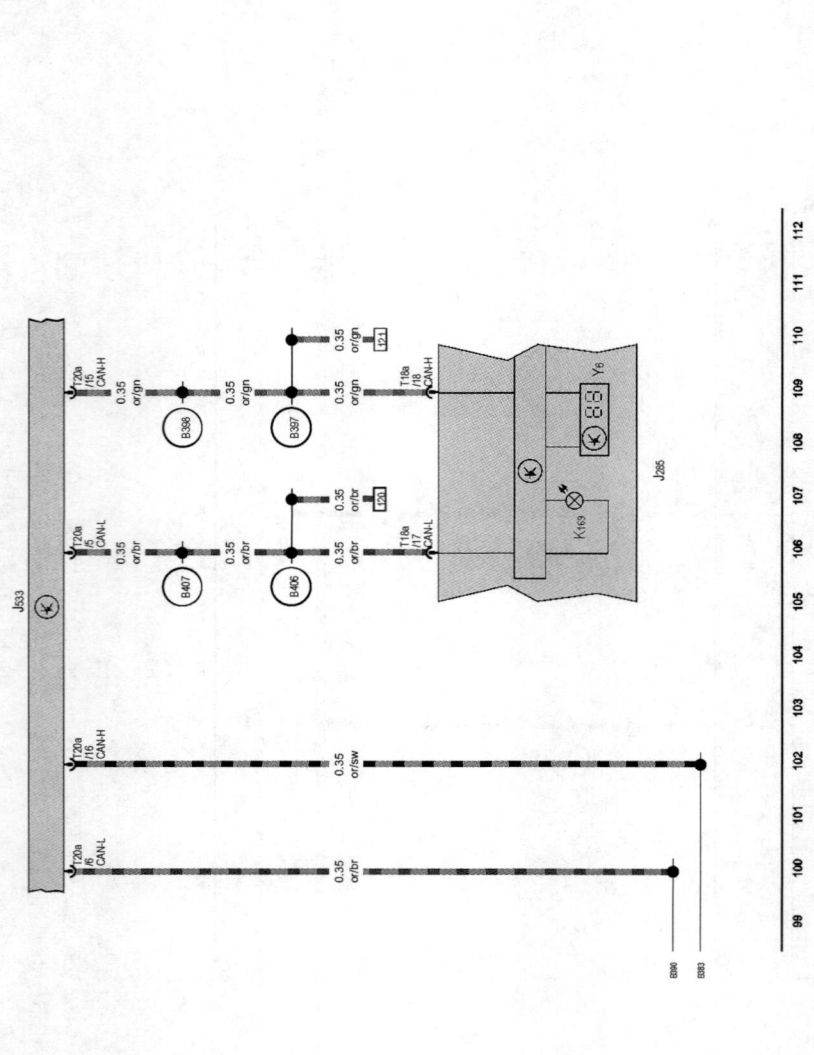

图 5-2-8

J285-仪表板中的控制单元　J533-数据总线诊断接口　K169-选挡杆指示灯　T18a-18 芯插头连接，黑色
T20a-20 芯插头连接，红色　Y6-选挡杆位置显示　B383-连接 1（驱动系统 CAN 总线，High），在主导线
束中　B390-连接 1（驱动系统 CAN 总线，Low），在主导线束中　B397-连接 1（舒适/便捷系统 CAN 总
线，High），在主导线束中　B398-连接 2（舒适/便捷系统 CAN总线，High），在主导线束中　B406-连接
1（舒适/便捷系统 CAN总线，Low），在主导线束中　B407-连接 2（舒适/便捷系统 CAN总线，Low），
在主导线束中

变速器输入转速传感器，双离合器变速器变速器机电装置，子变速器 1
中的阀门 2，子变速器 2 中的阀门 1，液压泵电机

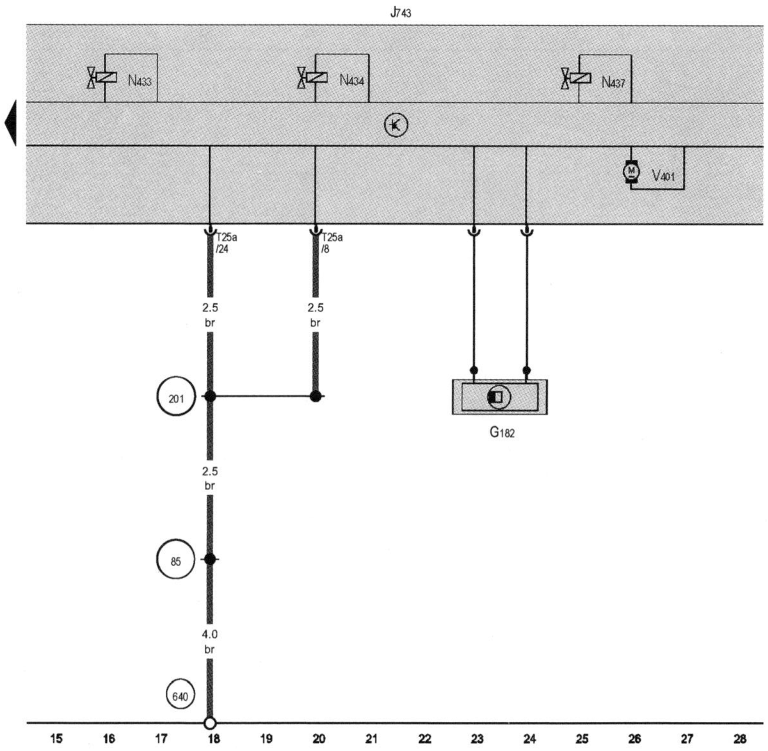

双离合器变速器机电装置

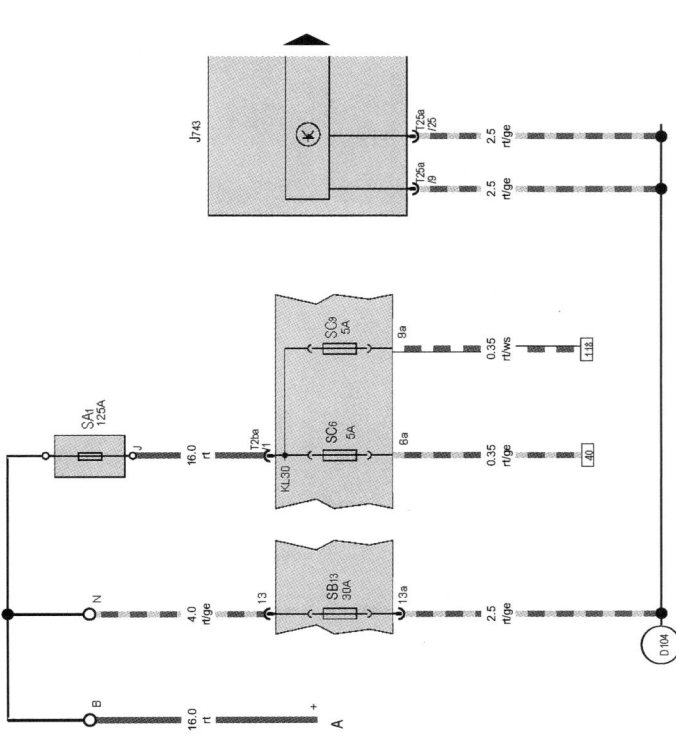

图 5-2-10

图 5-2-11

611

A-蓄电池 J743-双离合器变速器机电装置 SA1-保险丝架 A 上的保险丝 1 SC6-保险丝架 C 上的保险丝 6
SC9-保险丝架 C 上的保险丝 9 SB13-保险丝架 B 上的保险丝 13 T2ba-2 芯插头连接，黑色 T25a-25 芯
插头连接，黑色 D104-正极连接 2（30a），在发动机舱导线束中

G182-变速器输入转速传感器 J743-双离合器变速器变速器机电装置 N433-子变速器 1 中的阀门 1 N434-子变
速器 1 中的阀门 2 N437-子变速器 2 中的阀门 1 T25a-25 芯插头连接，黑色 V401-液压泵电机 85-接地
连接 1，在发动机舱导线束中 201-接地连接 5，在发动机舱导线束中 640-接地点 2，在发动机舱内左侧

Tiptronic 开关，选挡杆挡位 P 锁止开关，双离合器变速器机电装置，子变速器 1 中的阀门 3，子变速器 1 中的阀门 4，子变速器 2 中的阀门 2

Tiptronic 开关，变速器液压传感器，离合器传感器，离合器行程传感器 1，离合器行程传感器 2，双离合器变速器机电装置，选挡杆位置 P/N 指示灯，排挡杆挡位标示照明灯，子变速器 2 中的阀门 3，子变速器 2 中的阀门 4

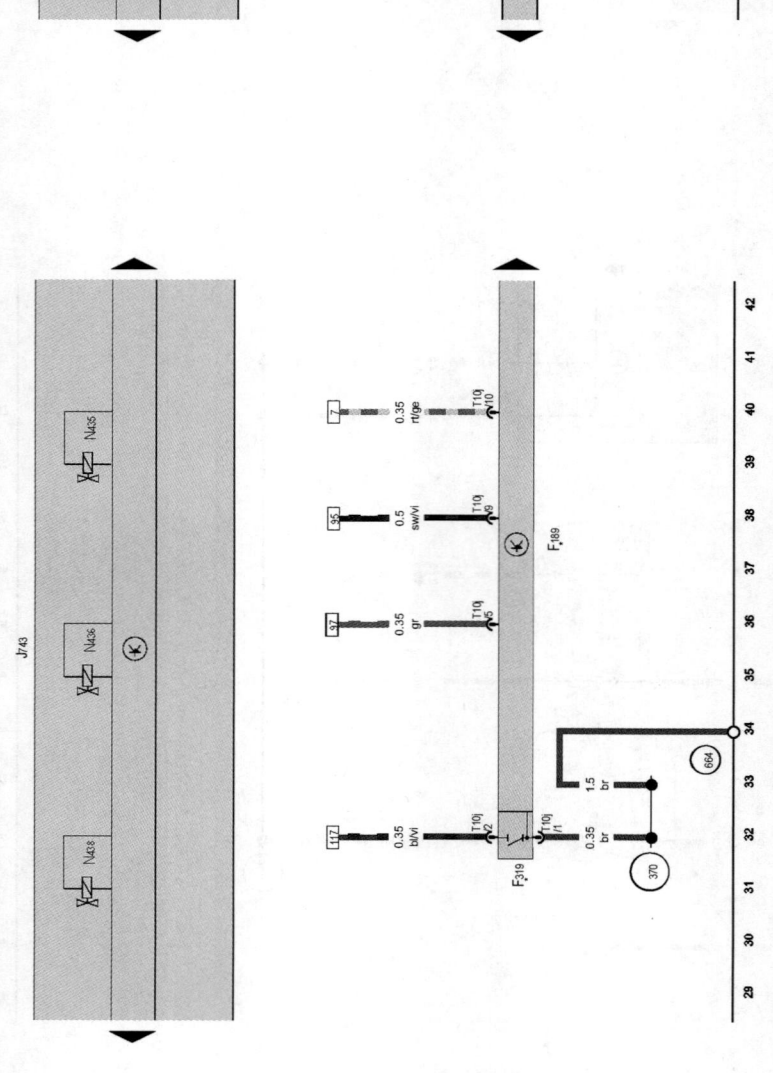

F189−Tiptronic 开关 F319−选挡杆挡位 P 锁止开关 J743−双离合器变速器机电装置 N435−子变速器 1 中的阀门 3 N436−子变速器 1 中的阀门 4 N438−子变速器 2 中的阀门 2 T10j−10 芯涌头连接 370−接地连接 在主导线束中 664−左侧仪表板后面的接地点 *−已预先布线的部件

图 5-2-12

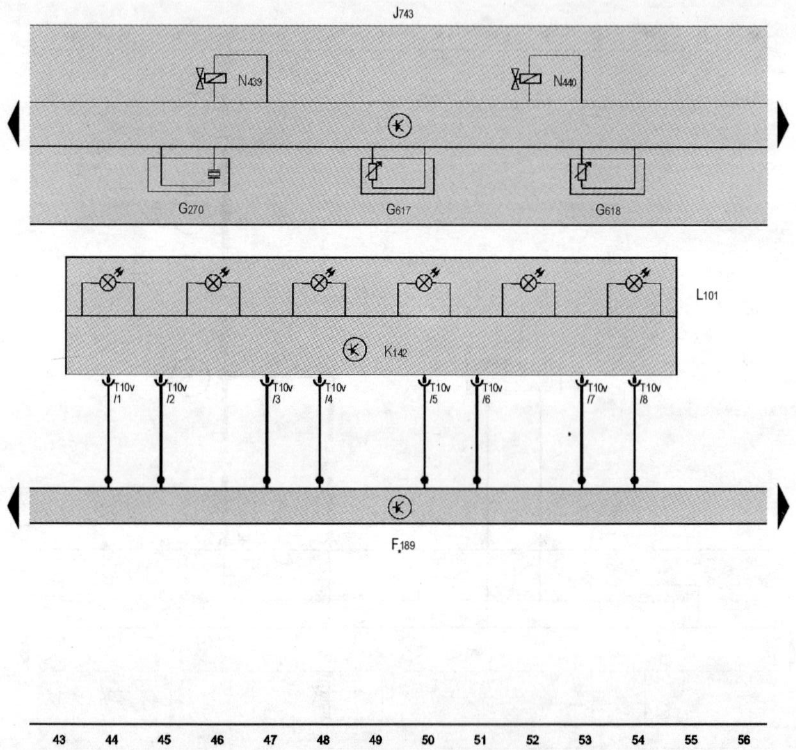

F189−Tiptronic 开关 G270−变速器液压传感器 G617−离合器行程传感器 1 G618−离合器行程传感器 2 J743−双离合器变速器机电装置 K142−选挡杆位置 P/N 指示灯 L101−排挡杆挡位指示照明灯 N439−子变速器 2 中的阀门 3 N440−子变速器 2 中的阀门 4 T10v−10 芯涌头连接，黑色 *−已预先布线的部件

图 5-2-13

612

Tiptronic 开关，换挡执行器行程传感器 1，换挡执行器行程传感器 2，换挡执行器行程传感器 3，控制单元温度传感器，双离合器变速器传感器，换挡杆锁电磁铁

换挡执行器行程传感器 4，变速器输入转速传感器 2，变速器输入转速传感器 1，双离合器变速器输入转速传感器 1，双离合器变速器机电装置

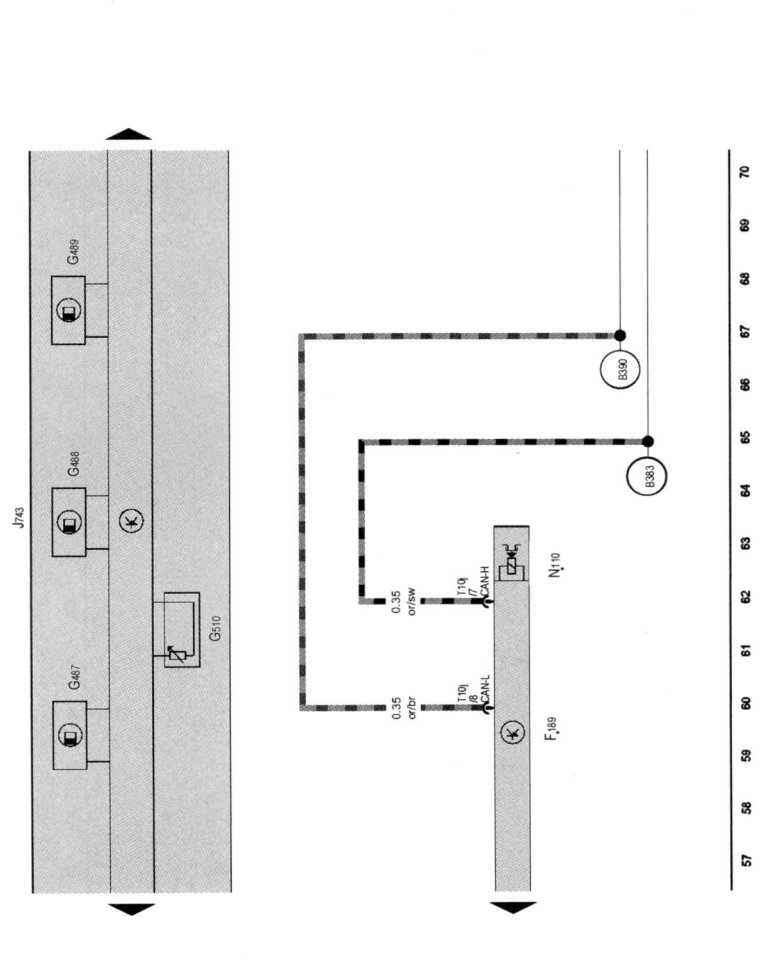

图 5-2-14

图 5-2-15

F189-Tiptronic 开关　G487-换挡执行器行程传感器 1　G488-换挡执行器行程传感器 2　G489-换挡执行器行程传感器 3　G510-控制单元温度传感器　J743-双离合器变速器变速器机电装置　N110-换挡杆锁电磁铁　T10j-10 芯插头连接，黑色　B383-连接 1（驱动系统 CAN 总线，High），在主导线束中　B390-连接 1（驱动系统 CAN 总线，Low），在主导线束中 *-已预先布线的部件

G490-换挡执行器行程传感器 4　G612-变速器输入转速传感器 2　G632-变速器输入转速传感器 1　J743-双离合器变速器输入转速传感器 1（驱动系统 CAN 总线，Low），在发动机舱导线束中　A242-连接 1（驱动系统 CAN 总线，High），黑色　A243-连接 1（驱动系统 CAN 总线，Low），在发动机舱导线束中　B383-连接 1（驱动系统 CAN 总线，High），在主导线束中　B390-连接 1（驱动系统 CAN 总线，Low），在主导线束中

613

仪表板中的控制单元，数据总线诊断接口，选挡杆指示灯，选挡杆位置显示

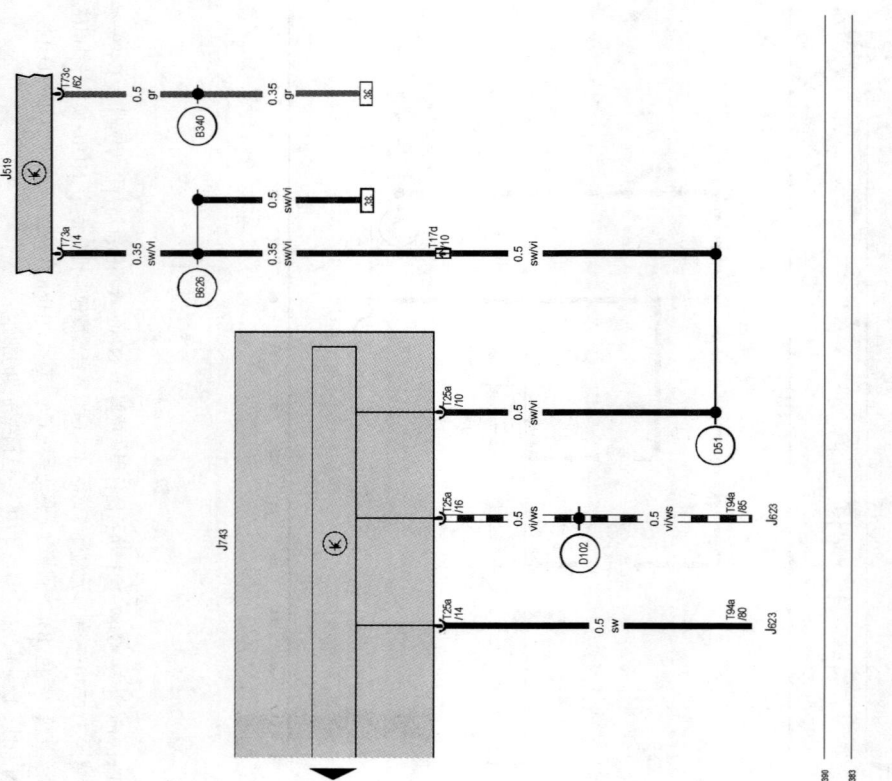

图 **5-2-17**

J285-仪表板中的控制单元 J533-数据总线诊断接口 K169-选挡杆指示灯 T18a-18 芯插头连接，黑色 T20a-20 芯插头连接，红色 Y6-选挡杆位置显示 B383-连接 1（驱动系统 CAN 总线，High），在主导线束中 B390-连接 1（驱动系统 CAN 总线，Low），在主导线束中 B397-连接 1（舒适/便捷系统 CAN 总线，High），在主导线束中 B398-连接 2（舒适/便捷系统 CAN 总线，High），在主导线束中 B406-连接 1（舒适/便捷系统 CAN 总线，Low），在主导线束中 B407-连接 2（舒适/便捷系统 CAN 总线，Low），在主导线束中

车载电网控制单元，双离合器变速器机电装置

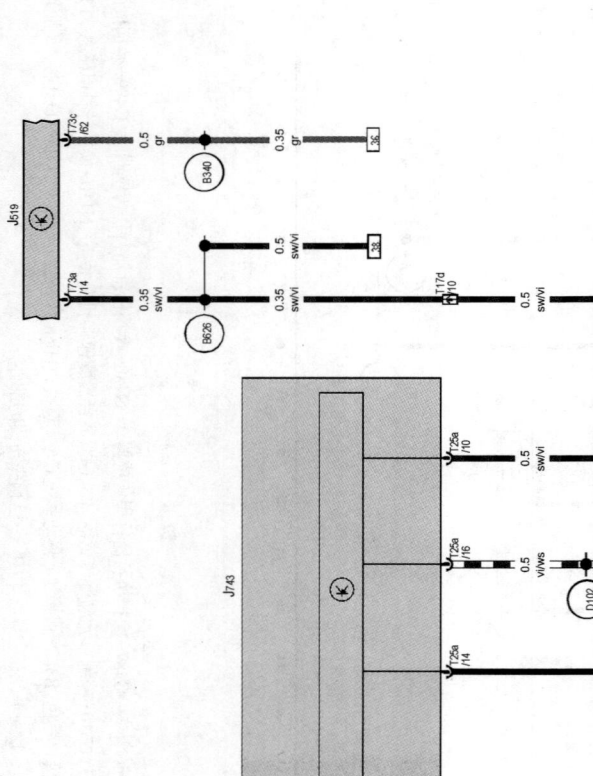

图 **5-2-16**

J519-车载电网控制单元 J623-发动机控制单元 J743-双离合器变速器机电装置 T17d-17 芯插头连接，蓝色 T25a-25 芯插头连接，黑色 T73a-73 芯插头连接，黑色 T73c-73 芯插头连接，黑色 T94a-94 芯插头连接，黑色 B340-连接 1（58d），在主导线束中 B383-连接 1（驱动系统 CAN 总线，High），在主导线束中 B390-连接 1（驱动系统 CAN 总线，Low），在主导线束中 B626-正极连接 2（15），在主导线束中 D102-连接 2，在发动机舱导线束中 D51-正极连接 1（15），在发动机舱导线束中

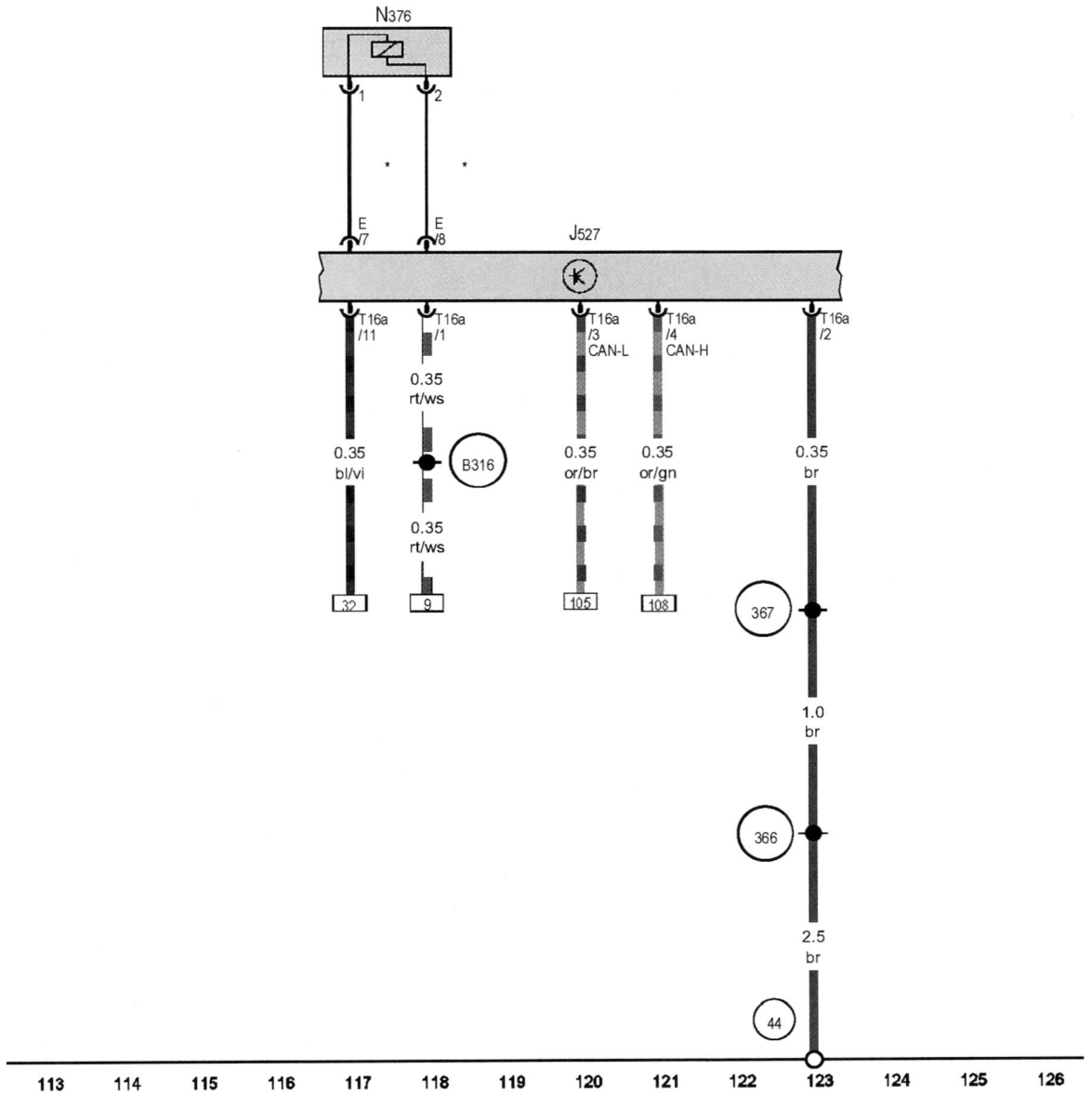

J527-转向柱电子装置控制单元 N376-点火钥匙防拔出锁电磁铁 T16a-16 芯插头连接，黑色 44-接地点，左侧 A 柱下部 366-接地连接 1，在主导线束中 367-接地连接 2，在主导线束中 B316-正极连接 2（30a），在主导线束中 *-仅用于不带进入及启动许可的汽车

图 5-2-18

第三节 底盘系统

底盘系统电路图的图号和图名对照表见表 5-3-1。

表 5-3-1 底盘系统电路图的图号和图名对照表

图号	图名
图 5-3-1~ 图 5-3-9	防抱死制动系统（ABS）与电控行车稳定系统（ESP）电路图
图 5-3-10、图 5-3-11	电控机械式助力转向器电路图
图 5-3-12~ 图 5-3-15	多功能方向盘电路图

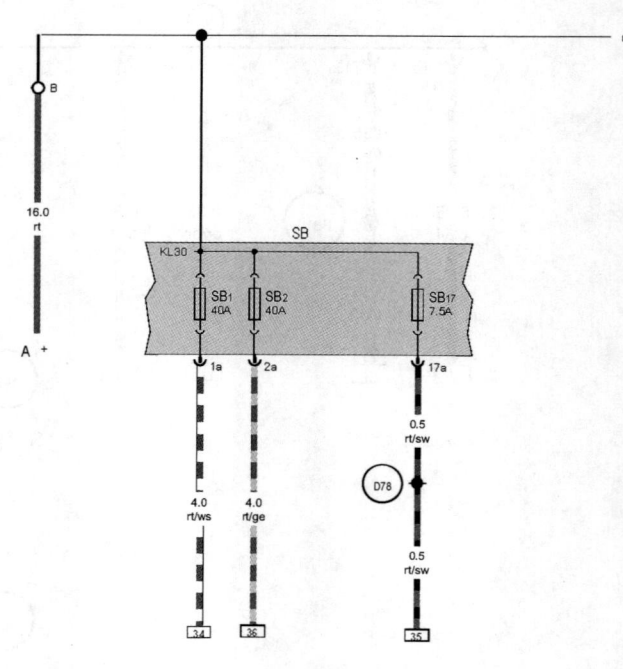

保险丝架 B

A-蓄电池 SB-保险丝架 B SB1-保险丝架 B 上的保险丝 1 SB2-保险丝架 B 上的保险丝 2 SB17-保险丝架 B 上的保险丝 17 D78-正极连接 1（30a），在发动机舱导线束中

图 5-3-1

端子 15 供电继电器，车载电网控制单元，保险丝架 C

制动液位警告信号触点，真空传感器，ABS 控制单元，车载电网控制单元

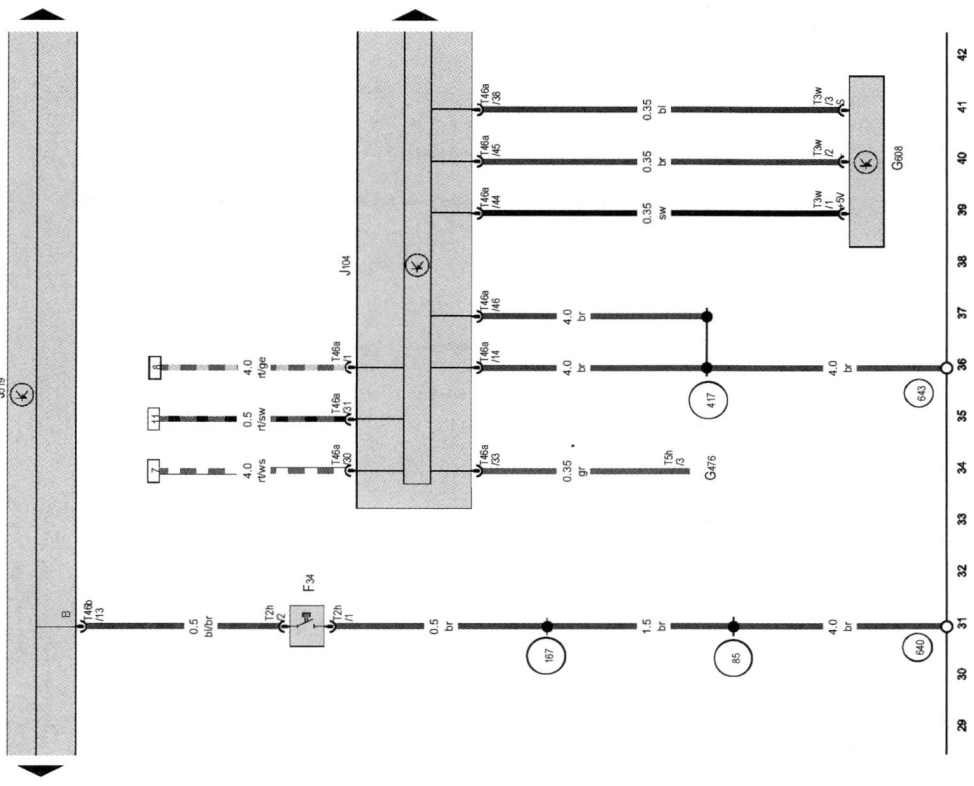

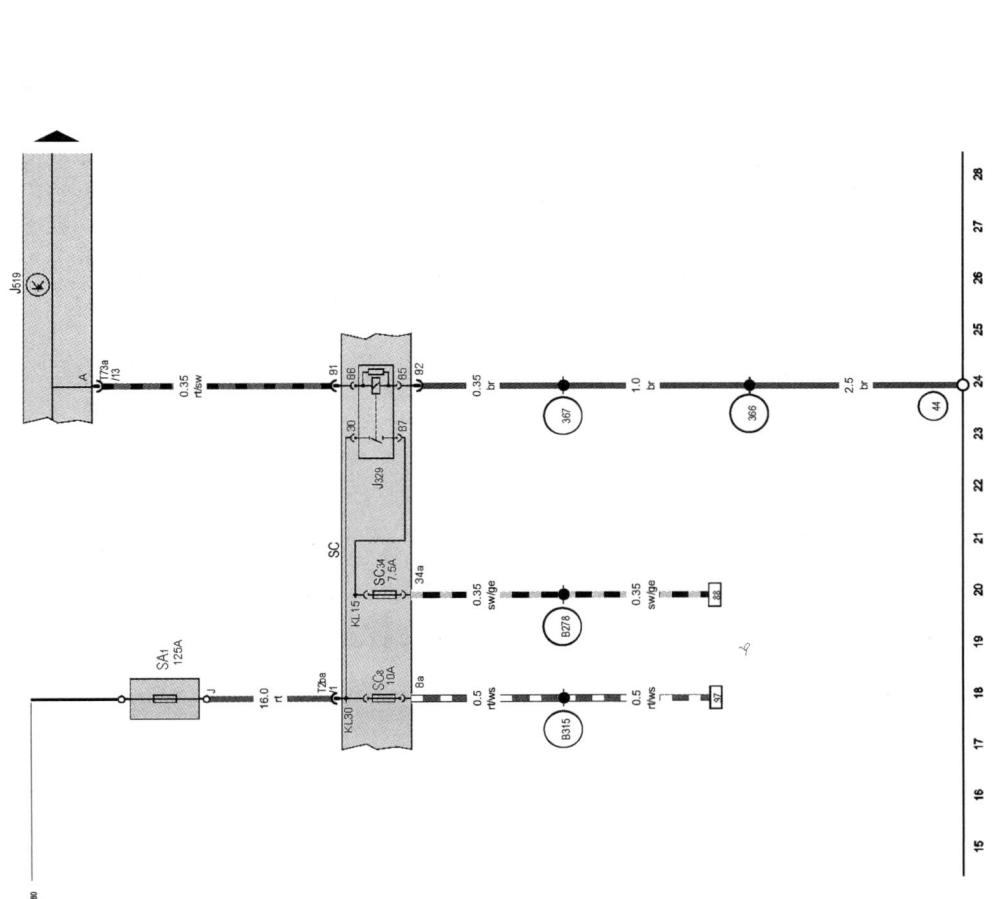

图 5-3-2

图 5-3-3

J329—端子 15 供电继电器 J519—车载电网控制单元 SA1—保险丝架 A 上的保险丝 1 SC—保险丝架 C SC8—保险丝架 C 上的保险丝 8 SC34—保险丝 34 T2ba—2 芯插头连接，黑色 T73a—73 芯插头连接，黑色 T2ba–2 芯插头连接，黑色 T73a–73 芯插头连接，黑色 46—接地点，左侧 A 柱下部 366—接地连接 1，在主导线束中 367—接地连接 1（30a），在主导线束中 B278—正极连接 2（15a），在主导线束中 B315—正极连接 1（30a），在主导线束中

F34—制动液位警告信号触点 G476—离合器位置传感器 G608—真空传感器 J104—ABS 控制单元 J519—车载电网控制单元 T2h—2 芯插头连接，黑色 T3w–3 芯插头连接，黑色 T5h–5 芯插头连接，黑色 T46a—46 芯插头连接，黑色 T46b–46 芯插头连接，黑色 85—接地连接 1，在发动机舱导线束中 167—接地连接 4，在发动机舱导线束中 417—接地连接 9，在发动机舱导线束中 640—接地点 2，在发动机舱内左侧 643—接地点 3，在发动机舱内右侧 *—仅用于带手动变速器的汽车

617

右后转速传感器，ABS 控制单元，车载电网控制单元，右前 ABS 进气阀，右前 ABS 排气阀，左前 ABS 进气阀，左前 ABS 排气阀，ABS 液压泵

右前转速传感器，左后转速传感器，左前转速传感器，ABS 控制单元，车载电网控制单元，右后 ABS 进气阀，右后 ABS 排气阀，左后 ABS 进气阀，左后 ABS 排气阀，左右 ABS 排气阀

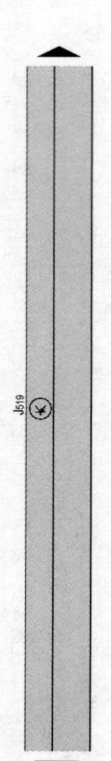
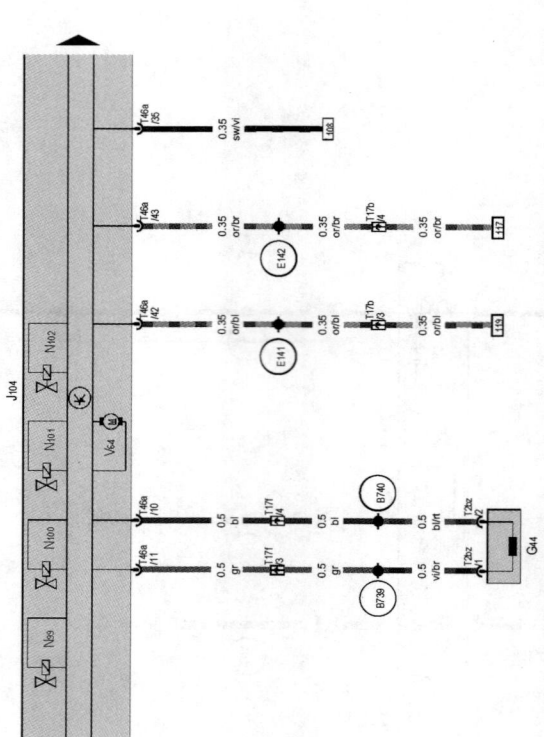
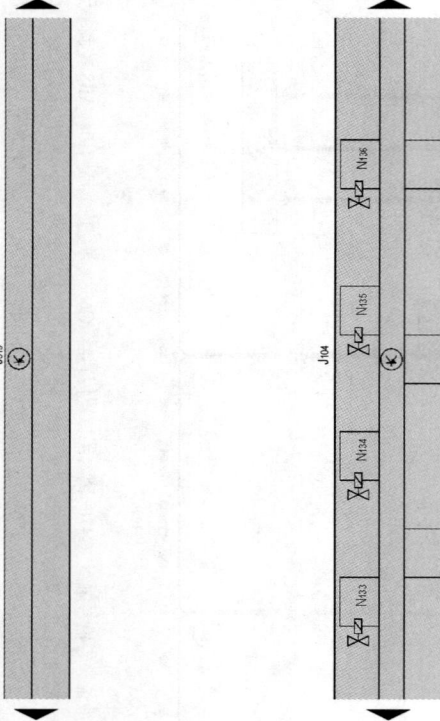
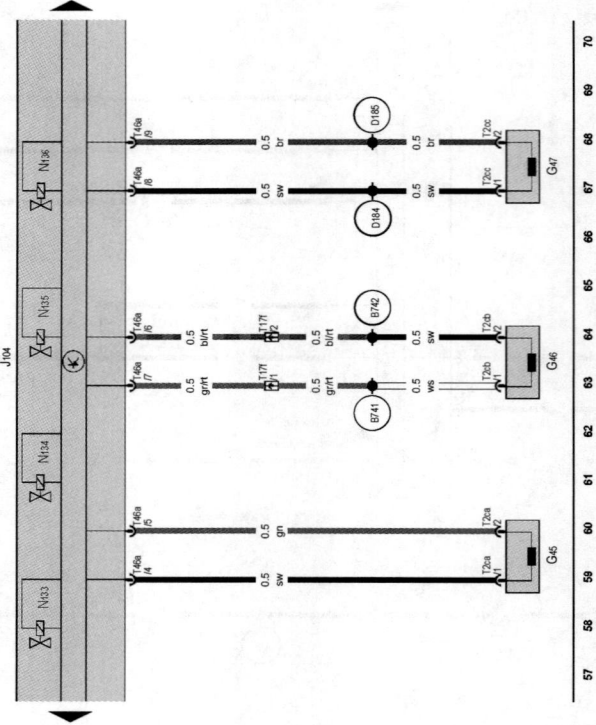

图 5-3-5

G45-右前转速传感器 G46-左后转速传感器 G47-左前转速传感器 J104-ABS 控制单元 J519-车载电网控制单元 N133-右后 ABS 进气阀 N134-左后 ABS 进气阀 N135-右后 ABS 排气阀 N136-左后 ABS 排气阀 T2ca-2 芯插头连接，黑色 T2cb-2 芯插头连接，黑色 T2cc-2 芯插头连接，黑色 T17f-17 芯插头连接，黑色 T46a-46 芯插头连接，棕色 B741-连接（左后转速传感器+），在主导线束中 B742-连接（右后转速传感器+），在主导线束中 D184-连接（左后转速传感器-），在主导线束中 D185-连接（右前转速传感器-），在发动机舱导线束中

图 5-3-4

G44-右后转速传感器 J104-ABS 控制单元 J519-车载电网控制单元 N99-右前 ABS 进气阀 N100-右前 ABS 排气阀 N101-左前 ABS 进气阀 N102-左前 ABS 排气阀 T17b-17 芯插头连接，黑色 T2bz-2 芯插头连接，黑色 T46a-46 芯插头连接，棕色 V64-ABS 液压泵 B739-连接（右后转速传感器+），在主导线束中 B740-连接（右后转速传感器-），在主导线束中 E141-连接（底盘传感器 CAN 总线，High），在发动机舱导线束中 E142-连接（底盘传感器 CAN 总线，Low），在发动机舱导线束中

机电式驻车制动器按钮，车载电网控制单元，动态行驶控制转换阀 2，动
态行驶控制高压转换阀 1，动态行驶控制高压转换阀 2，左侧驻车电机，右侧驻车制
动器控制单元，电控机械式驻车制动器指示灯，AUTO HOLD 指示灯

ABS 控制单元，车载电网控制单元，动态行驶控制转换阀 2，动
态行驶控制高压转换阀 1，动态行驶控制高压转换阀 2，左侧驻车电机，右侧驻车电机，
机电式驻车制动器按钮，AUTO HOLD 按钮，横向加速度传感器，制动压力传感器 1，
偏转率传感器，纵向加速度传感器，ABS 控制单元，车载电网控制单元，机电式驻车制

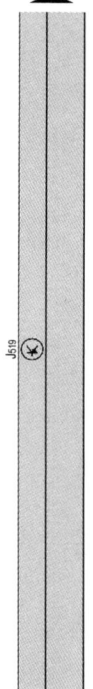

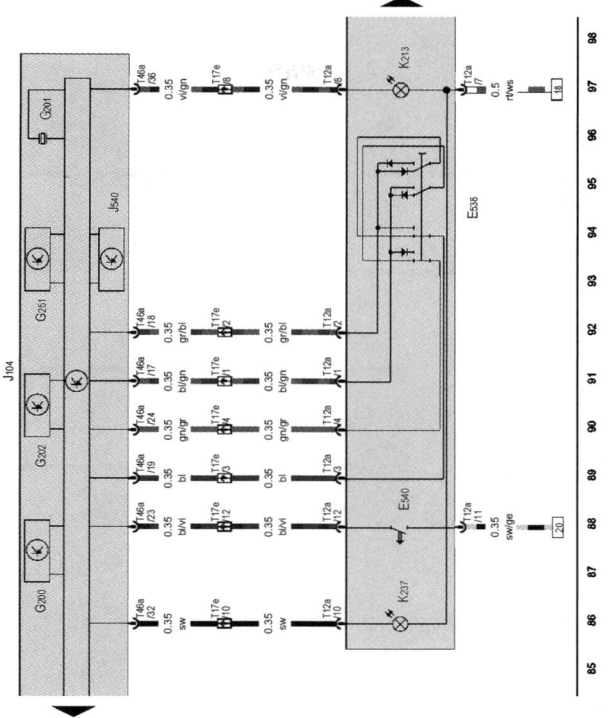

E538-机电式驻车制动器按钮 E540-AUTO HOLD 按钮 G200-横向加速度传感器 G201-制动压力传感器
1 G202-偏转率传感器 G251-纵向加速度传感器 J104-ABS 控制单元 J519-车载电网控制单元 J540-机电
式驻车制动器控制单元 K213-电控机械式驻车制动器指示灯 K237-AUTO HOLD 指示灯 T12a-12 芯插
头连接，黑色 T17e-17 芯插头连接，黑色 T46a-46 芯插头连接，黑色

图 5-3-7

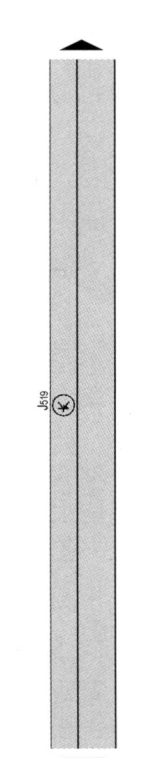

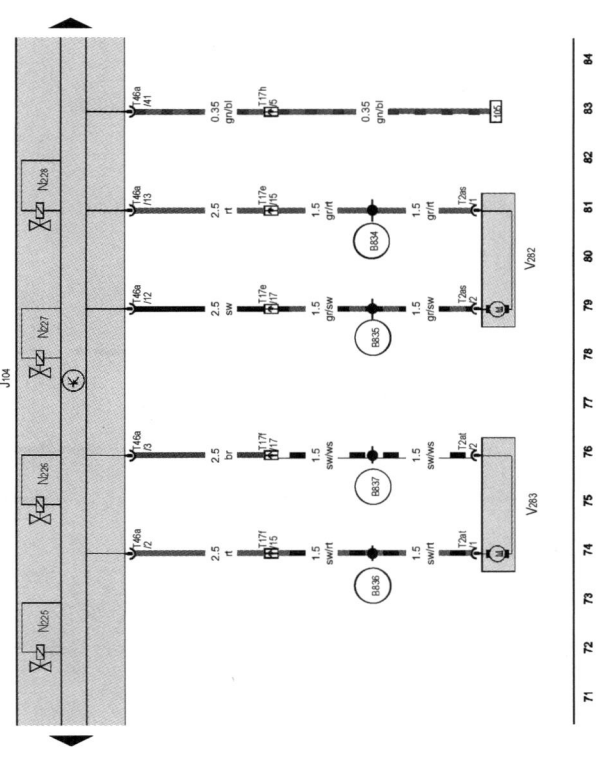

J104-ABS 控制单元 J519-车载电网控制单元 N225-动态行驶控制转换阀 1 N226-动态行驶控制转换阀 2
N227-动态行驶控制高压转换阀 1 N228-动态行驶控制高压转换阀 2 T2as-2 芯插头连接，黑色 T2at-2
芯插头连接，黑色 T17e-17 芯插头连接，黑色 T17f-17 芯插头连接，棕色 T17h-17 芯插头连接，红色
T46a-46 芯插头连接，黑色 V282-左侧驻车电机 V283-右侧驻车电机 B834-连接 1（驻车电机），在主
导线束中 B835-连接 2（驻车电机），在主导线束中 B836-连接 3（驻车电机），在主导线束中 B837-
连接 4（驻车电机），在主导线束中

图 5-3-6

619

中部仪表板开关模块，轮胎压力监控按钮，机电式驻车制动器按钮，车载电网控制单元，开关照明灯泡

仪表板中的控制单元，数据总线诊断接口，ABS 指示灯，制动系统指示灯，电子稳定程序和 ASR 指示灯，电动驻车制动器和手制动器故障指示灯，电子稳定程序和 ASR 指示灯 2，轮胎压力监控显示指示灯

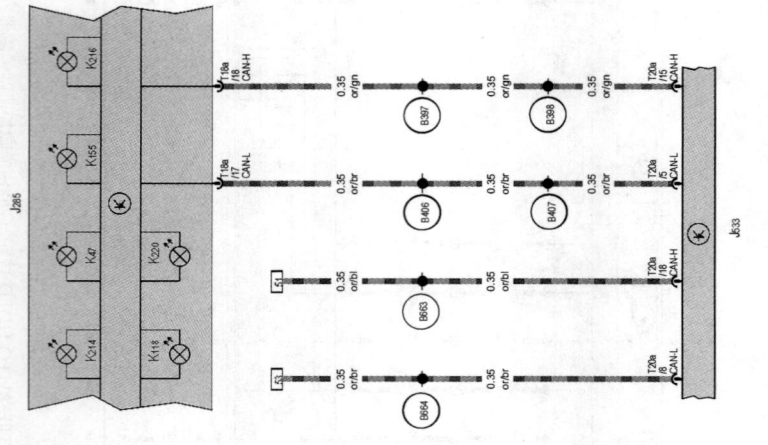

图 5-3-9

J285–仪表板中的控制单元 J533–数据总线诊断接口 K47–ABS 指示灯 K118–制动系统指示灯 K155–电子稳定程序和 ASR 指示灯 K214–电动车制动器和驻车制动器故障指示灯 K216–电子稳定程序和 ASR 指示灯2 K220–轮胎压力监控显示指示灯 T18a–18 芯插头连接 T20a–20 芯插头连接，黑色 T20a–20 芯插头连接，红色 B397–连接 1（舒适/便捷系统 CAN总线，High），在主导线束中 B398–连接 2（舒适/便捷系统 CAN总线，High），在主导线束中 B406–连接 1（舒适/便捷系统 CAN总线，Low），在主导线束中 B407–连接 2（舒适/便捷系统 CAN总线，Low），在主导线束中 B663–连接（底盘传感器 CAN 总线，High），在主导线束中 B664–连接（底盘传感器 CAN 总线，Low），在主导线束中

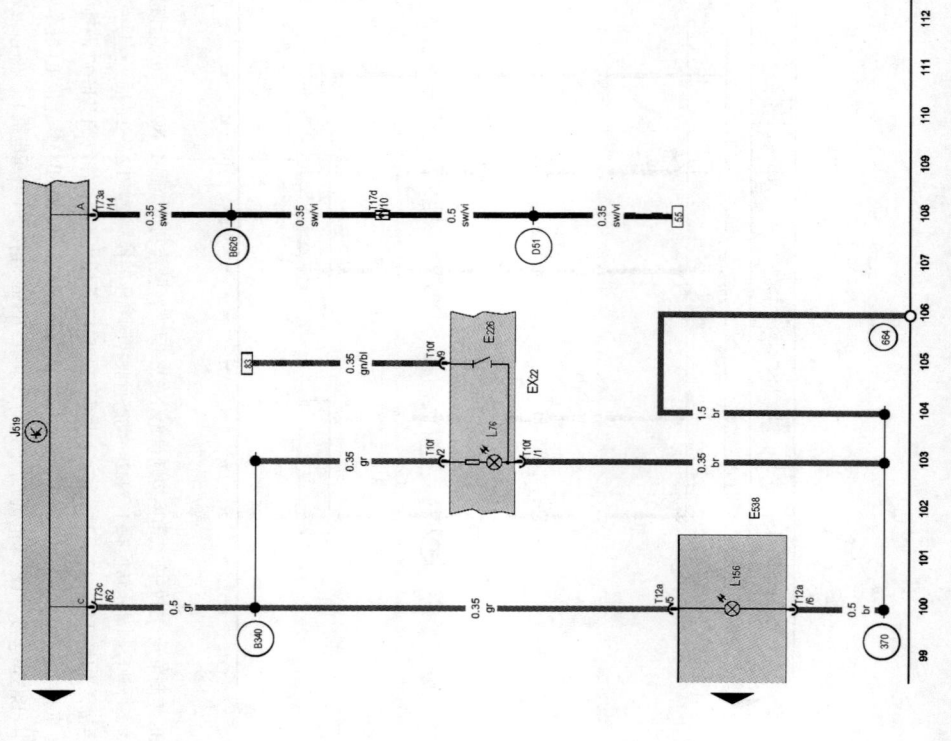

图 5-3-8

EX22–中部仪表板开关模块 E226–轮胎压力监控按钮 E538–机电式驻车制动器按钮 J519–车载电网控制单元 L76–按钮照明灯泡 L156–开关照明灯泡 T10f–10 芯插头连接，黑色 T12a–12 芯插头连接，黑色 T17d–17 芯插头连接，蓝色 T73a–73 芯插头连接，黑色 T73c–73 芯插头连接，黑色 370–接地连接 5，在主导线束中 664–左侧仪表板后面的接地点 B340–连接 1（58d），在主导线束中 B626–正极连接 2（15），在主导线束中 D51–正极连接 1（15），在主导线束中 B663–连接（底盘传感器 CAN 总线，Low），在发动机舱导线束中

620

转向角传感器，转向扭矩传感器，电控机械式助力转向器指示灯

仪表板中的控制单元，转向辅助控制单元，数据总线诊断接口，电控机械式助力转向器指示灯

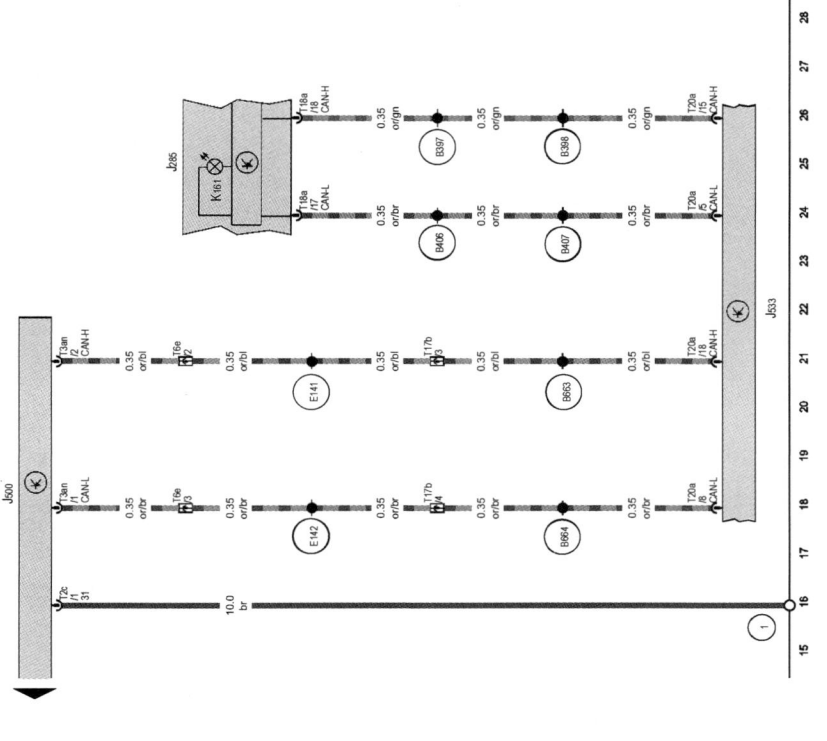

图 5-3-11

J285-仪表板中的控制单元 J500-转向辅助控制单元 J533-数据总线断诊接口 K161-电控机械式助力转向器指示灯 T2c-2 芯插头连接，黑色 T3an-3 芯插头连接，黑色 T6e-6 芯插头连接，黑色 T17b-17 芯插头连接，黑色 T18a-18 芯插头连接，红色 T20a-20 芯插头连接，黑色 B397-连接一车身 B397-连接一车身 B398-连接 2（舒适/便捷系统 CAN总线，High），在主导线束中 B406-连接 1（舒适/便捷系统 CAN总线，Low），在主导线束中 B407-连接 2（舒适/便捷系统 CAN总线，Low），在主导线束中 B663-连接（底盘传感器 CAN 总线，High），在主导线束中 B664-连接（底盘传感器 CAN 总线，Low），在主导线束中 E141-连接（底盘传感器 CAN 总线，High），在主导线束中 E142-连接（底盘传感器 CAN 总线，Low），在发动机舱导线束中

转向角传感器，转向扭矩传感器，转向辅助控制单元，电控机械式伺服转向电机

图 5-3-10

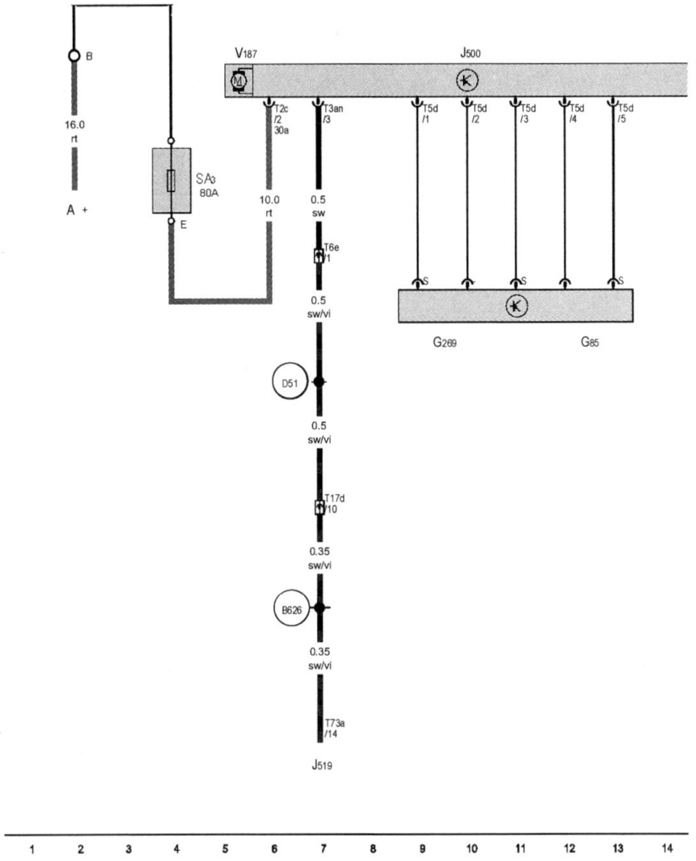

A-蓄电池 G85-转向角传感器 G269-转向扭矩传感器 J500-转向辅助控制单元 J519-车载电网控制单元 SA3-保险丝架 A 上的保险丝 3 T2c-2 芯插头连接，黑色 T3an-3 芯插头连接，黑色 T5d-5 芯插头连接，黑色 T6e-6 芯插头连接，黑色 T17d-17 芯插头连接，蓝色 T73a-73 芯插头连接，黑色 V187-电控机械式伺服转向电机 B626-正极连接 D51-正极连接 1（15），在主导线束中 D51-正极连接 1（15），在发动机舱导线束中

621

安全气囊卷簧和带滑环的复位环，信号喇叭控制，多功能方向盘控制单元，转向柱电子装
置控制单元

方向盘中的左侧多功能按钮，多功能方向盘控制单元，转向柱电子装置控制单元

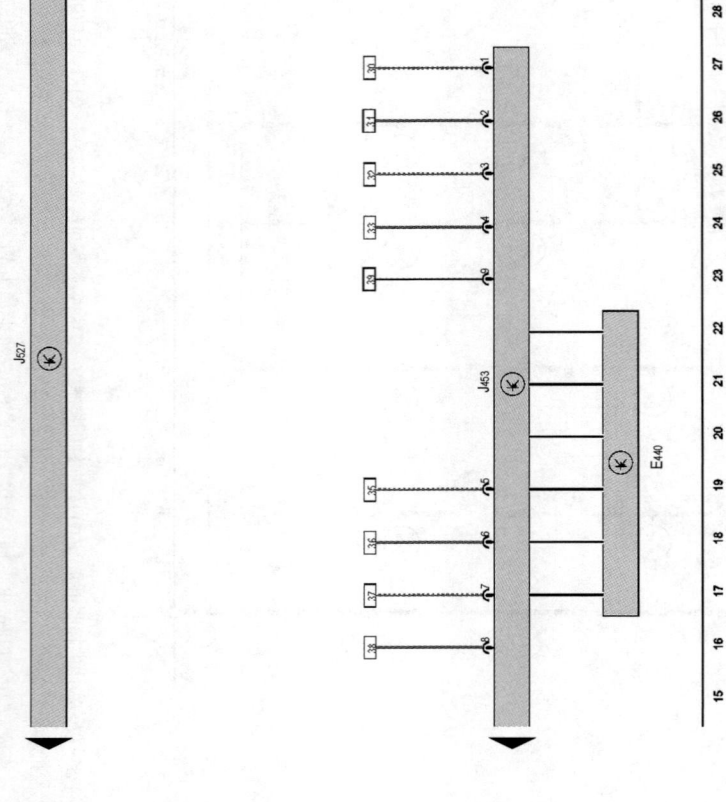

E440-方向盘中的左侧多功能按钮 J453-多功能方向盘控制单元 J527-转向柱电子装置控制单元

图 5-2-13

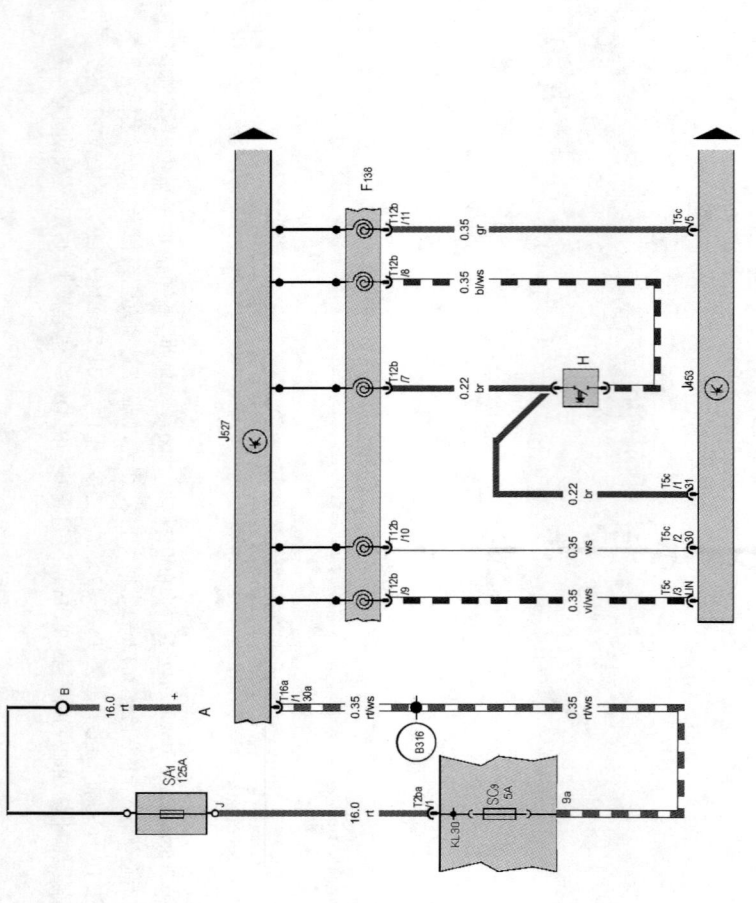

A-蓄电池 F138-安全气囊卷簧和带滑环的复位环 H-信号喇叭控制 J453-多功能方向盘控制单元 J527-
转向柱电子装置控制单元 SA1-保险丝架 A 上的保险丝 1 SC9-保险丝架 C 上的保险丝 9 T2ba-2 芯插头
连接，黑色 T5c-5 芯插头连接，黑色 T12b-12 芯插头连接，黄色 T16a-16 芯插头连接，黑色 B316-正
极连接 2（30a），在主导线束中

图 5-3-12

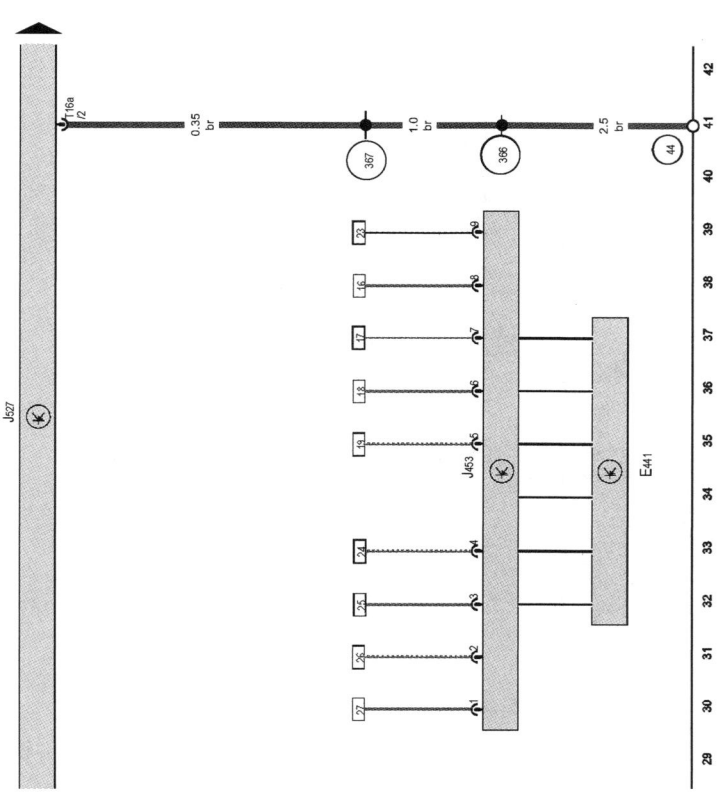

方向盘中的右侧多功能按钮，多功能方向盘控制单元，转向柱电子装置控制单元

转向柱电子装置控制单元，数据总线诊断接口

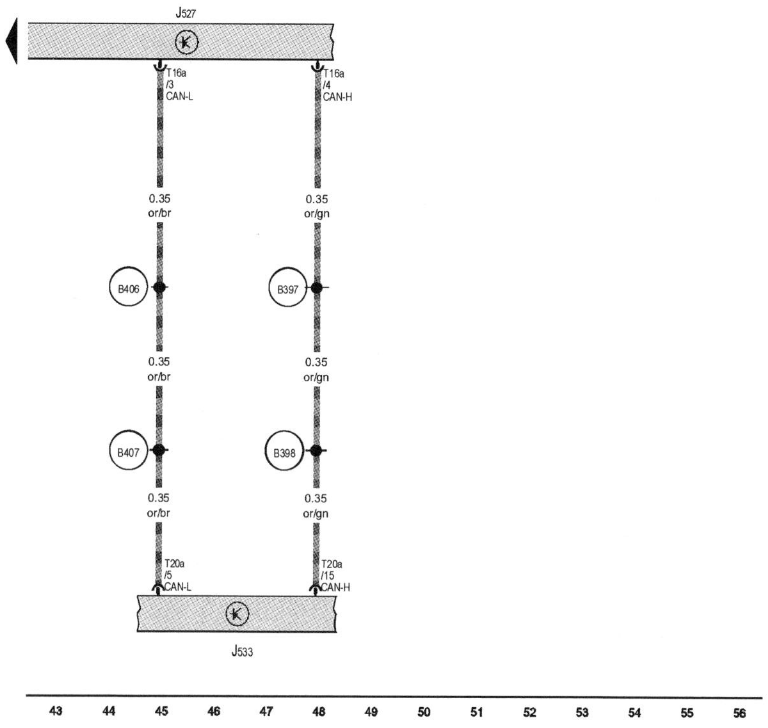

图 5-3-14

E441-方向盘中的右侧多功能按钮 J453-多功能方向盘控制单元 J527-转向柱电子装置控制单元 T16a-16芯插头连接，黑色 T20a-20芯插头连接，左侧 A 柱下部 366-接地点，左侧 A 柱下部 367-接地连接 1，在主导线束中 366-接地连接 2，在主导线束中 44-接地点，黑色 44-接地连接，芯插头连接，在主导线束中

图 5-3-15

J527-转向柱电子装置控制单元 J533-数据总线诊断接口 T16a-16芯插头连接，黑色 T20a-20 芯插头连接，黑色 B397-连接 1（健捷系统 CAN 总线，High），在主导线束中 B398-连接 2（舒适/健捷系统 CAN 总线，High），在主导线束中 B406-连接 1（舒适/健捷系统 CAN 总线，Low），在主导线束中 B407-连接 2（舒适/健捷系统 CAN 总线，Low），在主导线束中

第四节 电气系统

电气系统电路图的图号和图名对照表见表 5-4-1。

表 5-4-1 电气系统电路图的图号和图名对照表

图号	图名
图 5-4-1～ 图 5-4-9	安全气囊系统电路图
图 5-4-10～ 图 5-4-15	带手动调节的空调电路图
图 5-4-16～ 图 5-4-24	全自动空调电路图
图 5-4-25～ 图 5-4-41	便捷系统电路图
图 5-4-42～ 图 5-4-48	进入及启动许可电路图
图 5-4-49～ 图 5-4-55	电动座椅调节装置，不带记忆功能电路图
图 5-4-56～ 图 5-4-59	可加热式座椅电路图
图 5-4-60～ 图 5-4-63	全景滑动天窗电路图
图 5-4-64～ 图 5-4-67	换道辅助系统电路图
图 5-4-68、图 5-4-69	自动车距控制电路图
图 5-4-70～ 图 5-4-77	驻车距离报警（PDC）电控系统电路图
图 5-4-78～ 图 5-4-80	倒车摄像机系统适配装置电路图
图 5-4-81～ 图 5-4-86	电动行李箱盖电路图
图 5-4-87～ 图 5-4-89	自动防眩车内后视镜、雨量传感器电路图
图 5-4-90～ 图 5-4-102	带自动大灯照明距离调节功能的气体放电大灯电路图
图 5-4-103～ 图 5-4-109	收音机 – 导航系统电路图
图 5-4-110～ 图 5-4-114	收音机装置电路图
图 5-4-115～ 图 5-4-117	音响系统电路图
图 5-4-118～ 图 5-4-125	仪表板电路图
图 5-4-126～ 图 5-4-141	数据总线联网电路图
图 5-4-142～ 图 5-4-171	保险丝配置电路图

端子 15 供电继电器，保险丝架 C

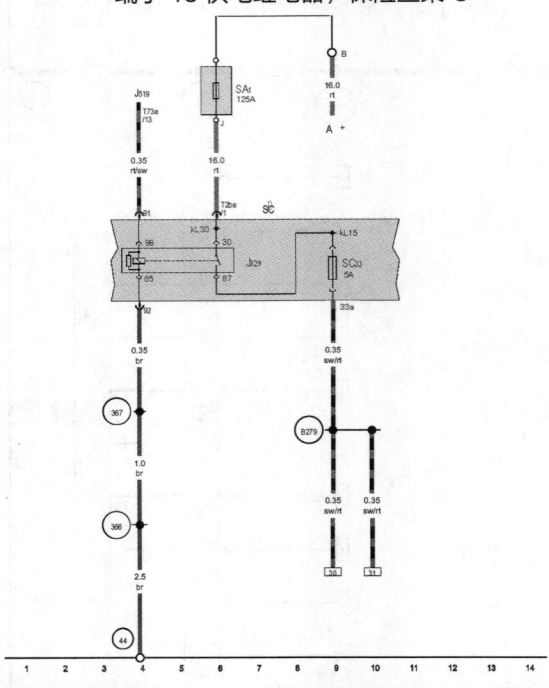

A-蓄电池 J329-端子 15 供电继电器 J519-车载电网控制单元 SA1-保险丝架 A 上的保险丝 1 SC-保险丝架 C SC33-保险丝架 C 上的保险丝 33 T2ba-2 芯插头连接，黑色 T73a-73 芯插头连接，黑色 44-接地点，左侧 A 柱下部 366-接地连接 1，在主导线束中 367-接地连接 2，在主导线束中 B279-正极连接 3（15a），在主导线束中

图 5-4-1

安全气囊卷簧和带滑环的复位环，前部安全气囊碰撞传感器，安全气囊控制单元，转向柱
电子装置控制单元，驾驶员侧安全气囊引爆装置，驾驶员侧膝盖部安全气囊引爆器

驾驶员侧安全带开关，副驾驶员侧安全带开关，副驾驶员侧座椅占用传感器，安全气囊控
制单元

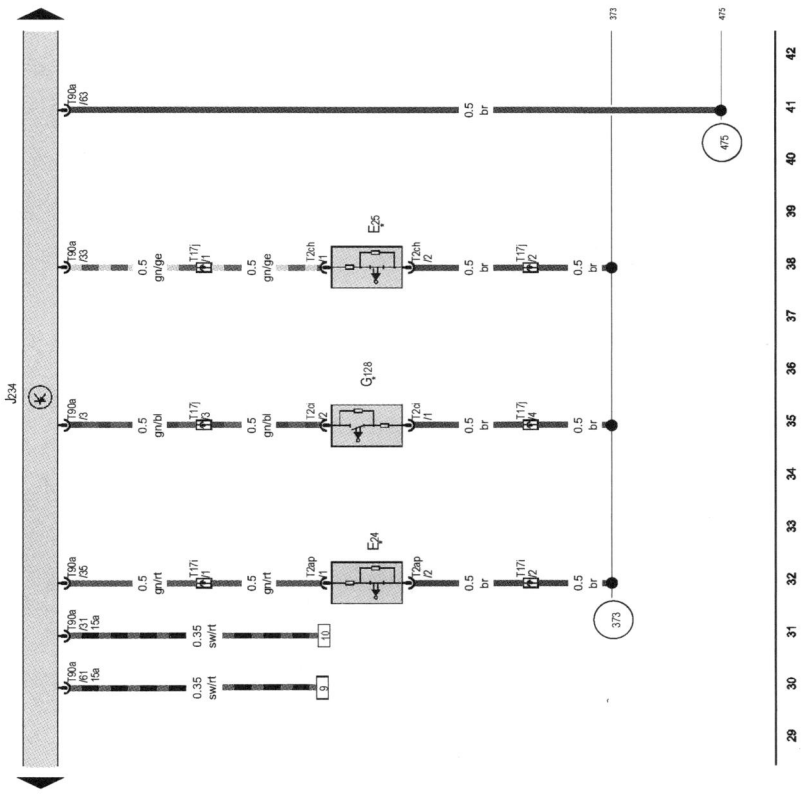

图 5-4-3

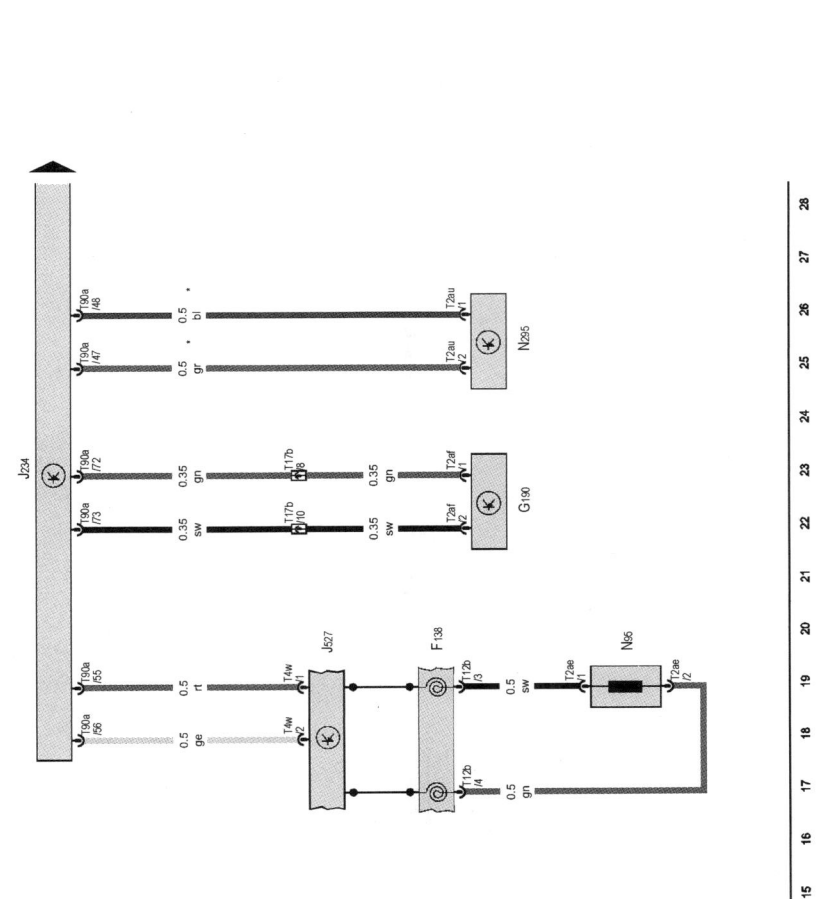

图 5-4-2

F138-安全气囊卷簧和带滑环的复位环 G190-前部安全气囊碰撞传感器 J234-安全气囊控制单元 J527-转
向柱电子装置控制单元 N95-驾驶员侧安全气囊引爆装置 N295-驾驶员侧膝盖部安全气囊引爆器 T2ae-
2芯插头连接，黄色 T2af-2 芯插头连接，黄色 T2au-2 芯插头连接，黄色 T4w-4 芯插头连接，黄色
T12b-12 芯插头连接，黄色 T17b-17 芯插头连接，黄色 T90a-90 芯插头连接，棕色 *-仅用于带驾驶员
侧膝部安全气囊的汽车

E24-驾驶员侧安全带开关 E25-副驾驶员侧安全带开关 G128-副驾驶员侧座椅占用传感器 J234-安全气
囊控制单元 T2ap-2 芯插头连接，绿色 T2ch-2 芯插头连接，绿色 T2ci-2 芯插头连接，蓝色 T17i-17 芯
插头连接，红色 T17j-17 芯插头连接，黄色 T90a-90 芯插头连接，红色 T90a-90 芯插头连接，黄色
475-接地连接，在主导线束中 373-接地连接，在主导线束中 *-已预先布线的部件

625

安全气囊控制单元，副驾驶员侧安全气囊引爆装置 1，驾驶员侧侧面安全气囊引爆装置，副驾驶员侧侧面安全气囊引爆装置

驾驶员侧侧面安全气囊碰撞传感器，副驾驶员侧侧面安全气囊碰撞传感器，安全气囊控制单元

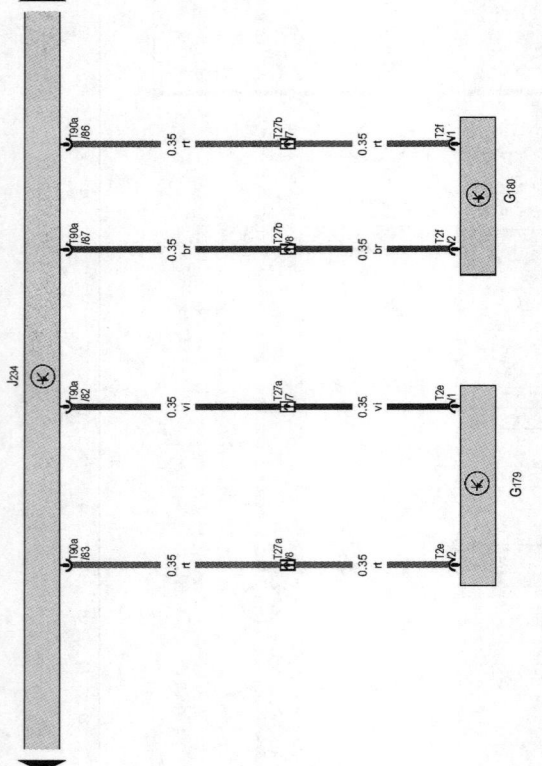

G179-驾驶员侧侧面安全气囊碰撞传感器，G180-副驾驶员侧侧面安全气囊碰撞传感器，J234-安全气囊控制单元 T2e-2 芯插头连接，黄色 T2f-2 芯插头连接，黑色 T27a-27 芯插头连接，黄色 T27b-27 芯插头连接，黑色 T90a-90 芯插头连接，黄色

图 5-4-5

J234-安全气囊控制单元 N131-副驾驶员侧安全气囊引爆装置1 N199-驾驶员侧侧面安全气囊引爆装置 N200-副驾驶员侧侧面安全气囊引爆装置 T3u-3 芯插头连接，黄色 T3v-3 芯插头连接，黄色 T3x-3 芯插头连接，黄色 T3y-3 芯插头连接，黄色 T3z-3 芯插头连接，黄色 T90a-90 芯插头连接，黄色 373-插头连接 8，在主导线束中 475-接地连接（安全气囊），在主导线束中 接地连接 8，在主导线束中

图 5-4-4

驾驶员侧头部安全气囊碰撞传感器，安全气囊控制单元，驾驶员侧安全带拉紧器引爆装置
1，副驾驶员侧安全带拉紧器引爆装置

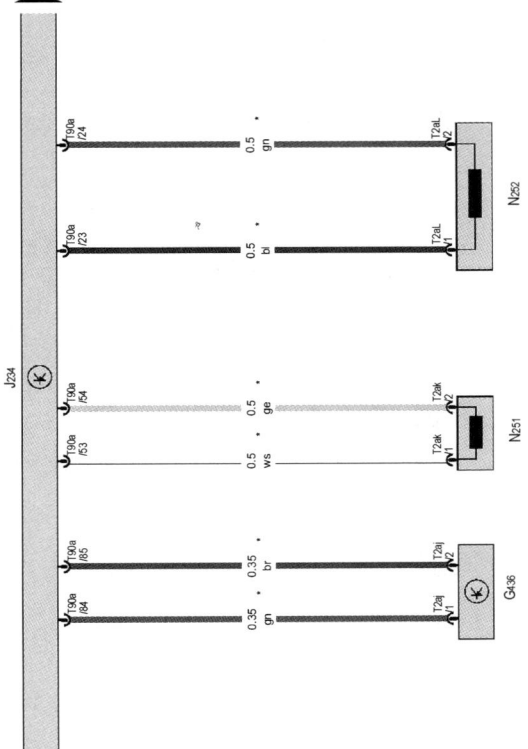

副驾驶员侧头部安全气囊碰撞传感器，安全气囊控制单元，驾驶员侧头部安全气囊引爆装置，副驾驶员侧头部安全气囊引爆装置

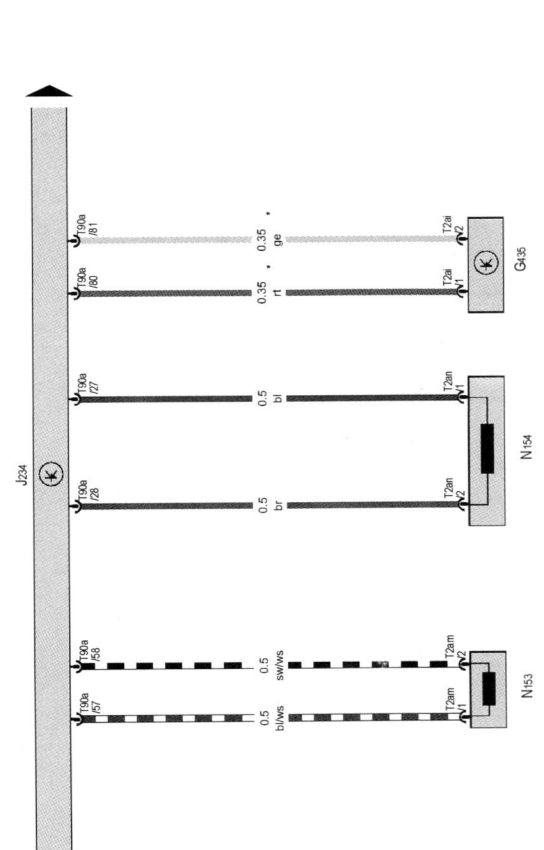

G435-驾驶员侧头部安全气囊碰撞传感器 J234-安全气囊控制单元 N153-驾驶员侧安全带拉紧器引爆装置 1 N154-副驾驶员侧安全带拉紧器引爆装置 1 T2ai-2 芯插头连接，黄色 T2am-2 芯插头连接，黄色 T2am-2 芯插头连接，黄色 T90a-90 芯插头连接，黄色 *-仅用于带头部安全气囊的汽车

图 5-4-6

G436-副驾驶员侧头部安全气囊碰撞传感器 J234-安全气囊控制单元 N251-驾驶员侧头部安全气囊引爆装置 N252-副驾驶员侧头部安全气囊引爆装置 T2aj-2 芯插头连接，黄色 T2ak-2 芯插头连接，黄色 T2aL-2 芯插头连接，黄色 T90a-90 芯插头连接，黄色 *-仅用于带头部安全气囊的汽车

图 5-4-7

安全气囊控制单元，仪表板中的控制单元，数据总线诊断接口，安全带警告指示灯，安全
引爆装置

安全气囊控制单元，驾驶员侧后部安全带拉紧器引爆装置，副驾驶员侧后部安全带拉紧器
引爆装置

安全气囊指示灯

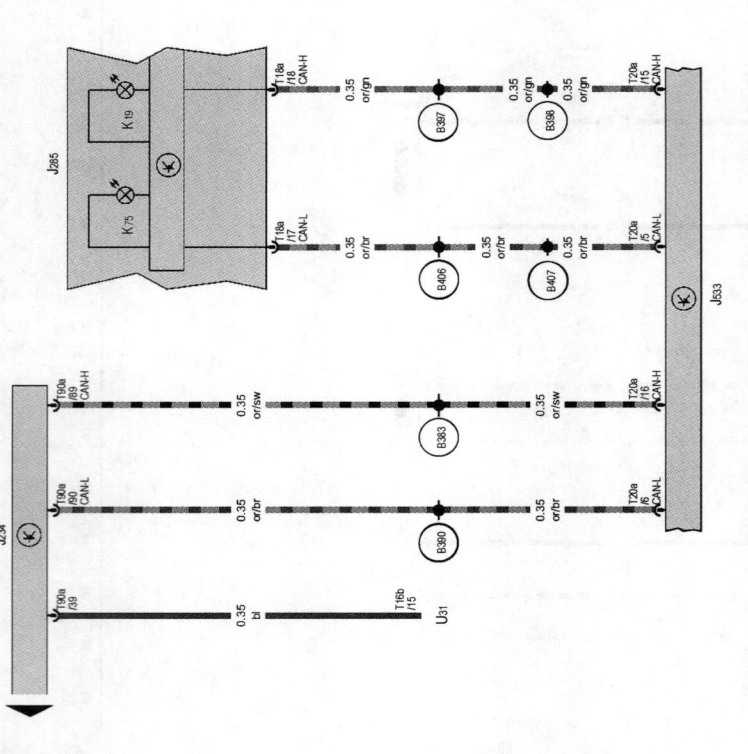

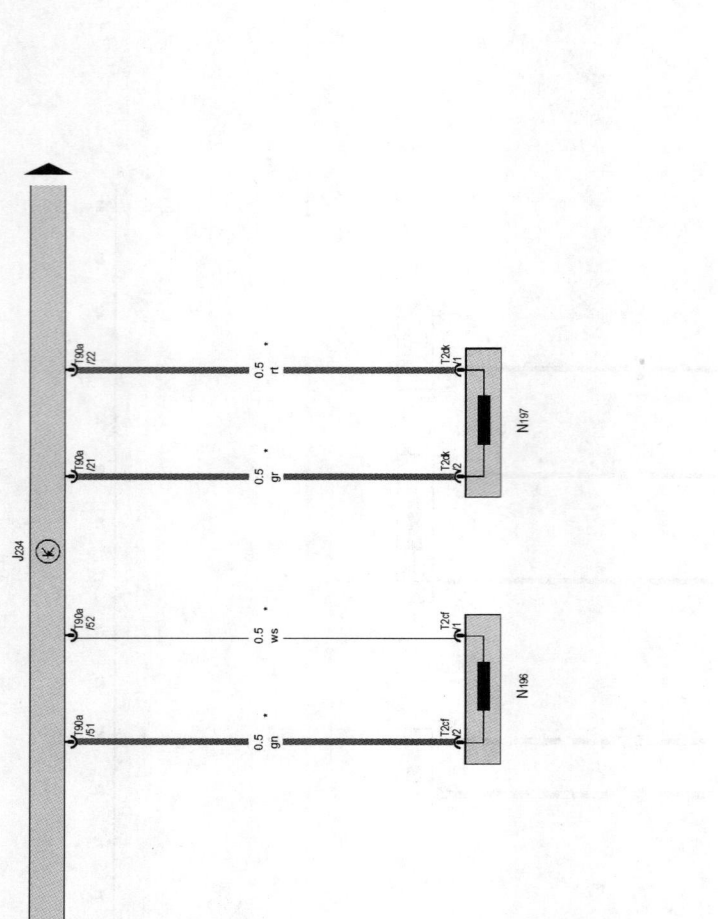

图 5-4-9

J234-安全气囊控制单元 J285-仪表板中的控制单元 J533-数据总线诊断接口 K19-安全带警告指示灯
K75-安全气囊指示灯 T16b-16 芯插头连接 T18a-18 芯插头连接，黑色 T20a-20 芯插头连接，红
色 T90a-90 芯插头连接，黄色 U31-诊断接口 B383-连接 1（驱动系统 CAN 总线，High），在主导线
束中 B390-连接 1（驱动系统 CAN 总线，Low），在主导线束中 B397-连接 1（舒适/便捷系统 CAN 总
线，High），在主导线束中 B398-连接 2（舒适/便捷系统 CAN总线，High），在主导线束中 B406-连接
1（舒适/便捷系统 CAN总线，Low），在主导线束中 B407-连接 2（舒适/便捷系统 CAN总线，Low），
在主导线束中

图 5-4-8

J234-安全气囊控制单元 N196-驾驶员侧后部安全带拉紧器引爆装置 N197-副驾驶员侧后部安全带拉紧
器引爆装置 T2cf-2 芯插头连接 T2dk-2 芯插头连接，黄色 T90a-90 芯插头连接，黄色 *-仅用于
带后部安全带拉紧器的汽车

628

新鲜空气鼓风机控制单元，空调器控制单元，车载电网控制单元，新鲜空气鼓风机

端子 15 供电继电器，保险架 A 上的保险丝 1，保险丝架 C

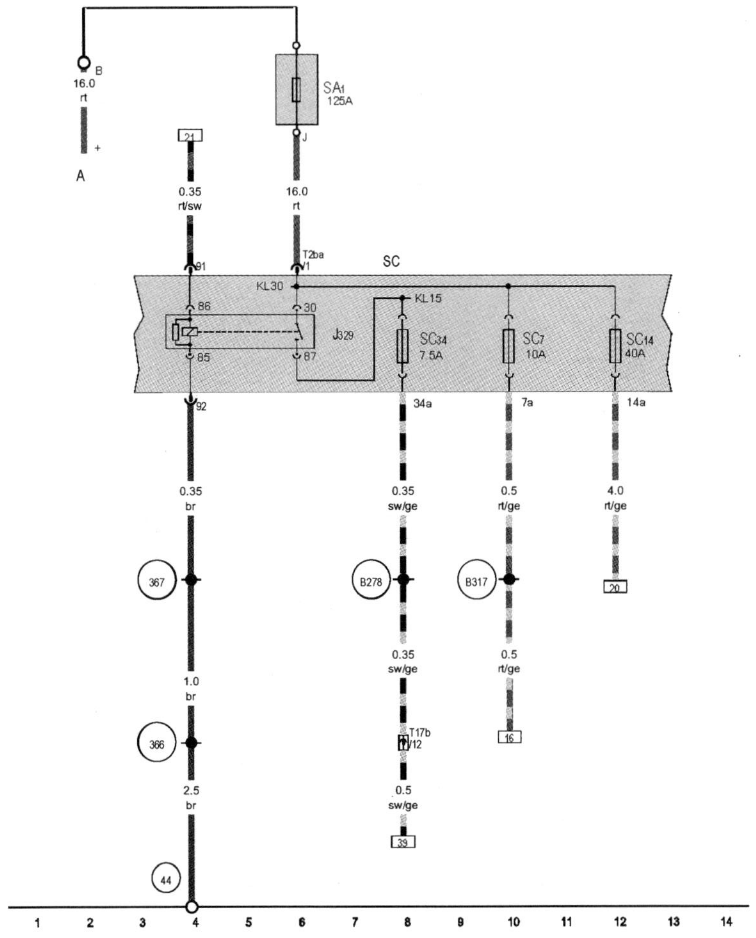

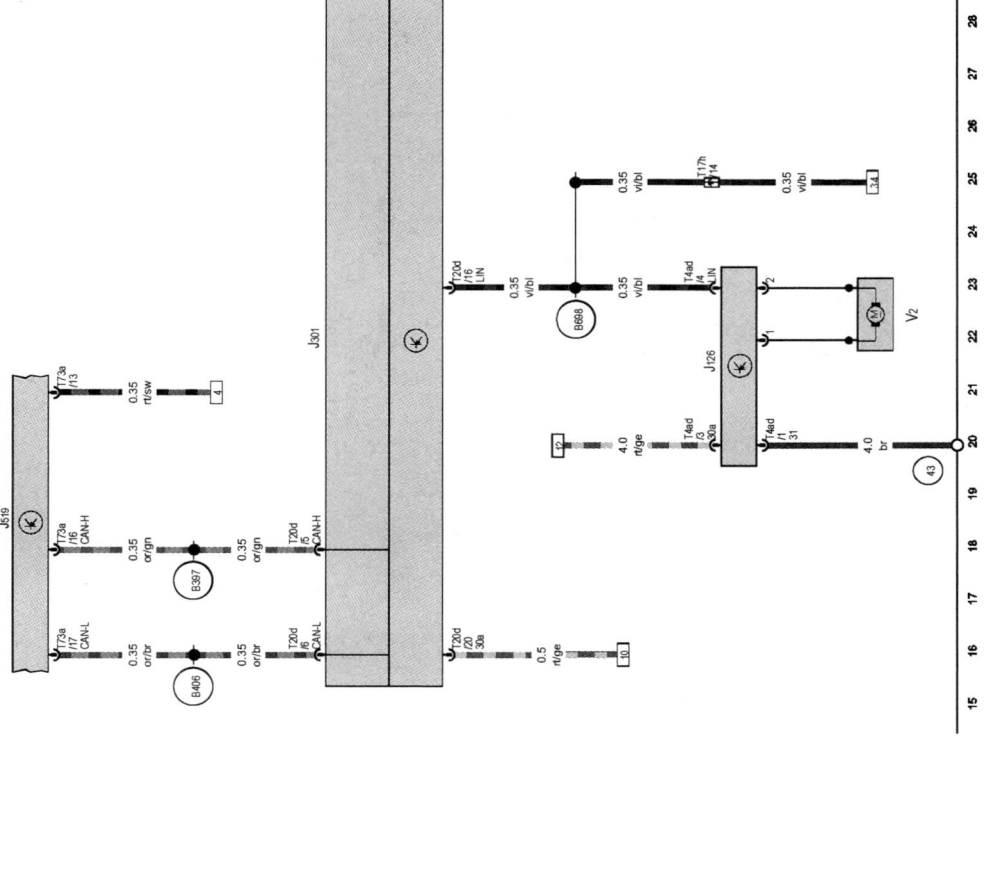

图 5-4-11

J126-新鲜空气鼓风机控制单元 J301-空调器控制单元 J519-车载电网控制单元 T4ad-4 芯插头连接，黑色 T17h-17 芯插头连接，红色 T20d-20 芯插头连接，黑色 T73a-73 芯插头连接，黑色 V2-新鲜空气鼓风机 43-接地点，右侧 A 柱下部 B397-连接 1（舒适/便捷系统 CAN 总线，High），在主导线束中 B406-连接 1（舒适/便捷系统 CAN 总线，Low），在主导线束中 B698-连接 3（LIN 总线），在主导线束中

图 5-4-10

A-蓄电池 J329-端子 15 供电继电器 SA1-保险丝架 A 上的保险丝 1 SC-保险丝架 C SC7-保险丝架 C 上的保险丝 7 SC14-保险丝架 C 上的保险丝 14 SC34-保险丝架 C 上的保险丝 34 T2ba-2 芯插头连接，黑色 T17b-17 芯插头连接，棕色 44-接地点，左侧 A 柱下部 366-接地连接 1，在主导线束中 367-接地连接 2，在主导线束中 B278-正极连接 2（15a），在主导线束中 B317-正极连接 3（30a），在主导线束中

629

新鲜空气和循环空气风门开关，空调器控制单元，空调压缩机调节阀，可加热后窗玻璃指示灯，空调压缩机调节阀，车内空气循环风门伺服电机

新鲜空气鼓风机开关，温度选择旋钮开关，冷却液循环管路压力传感器，空调器控制单元，空调器开关照明灯泡

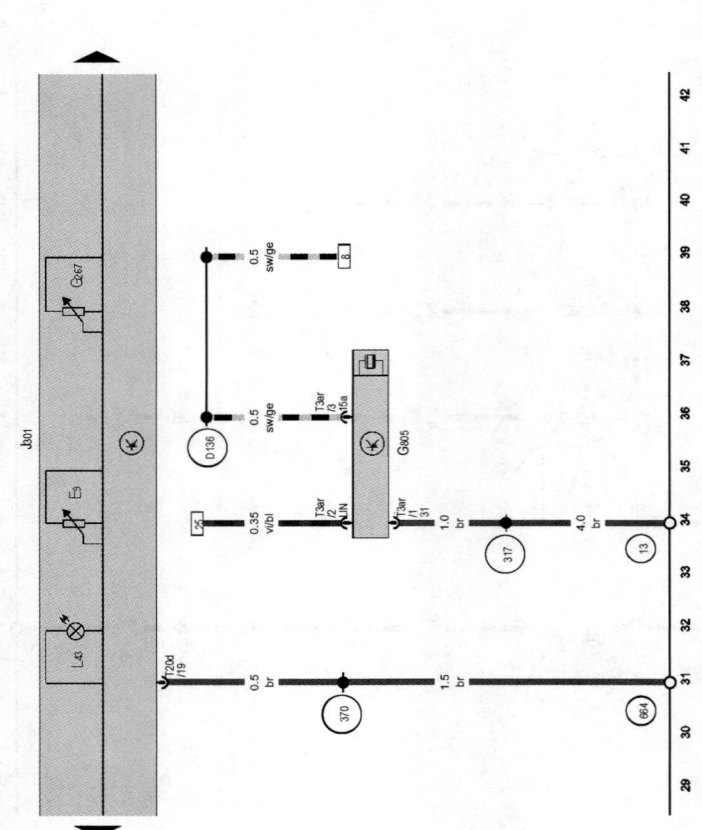

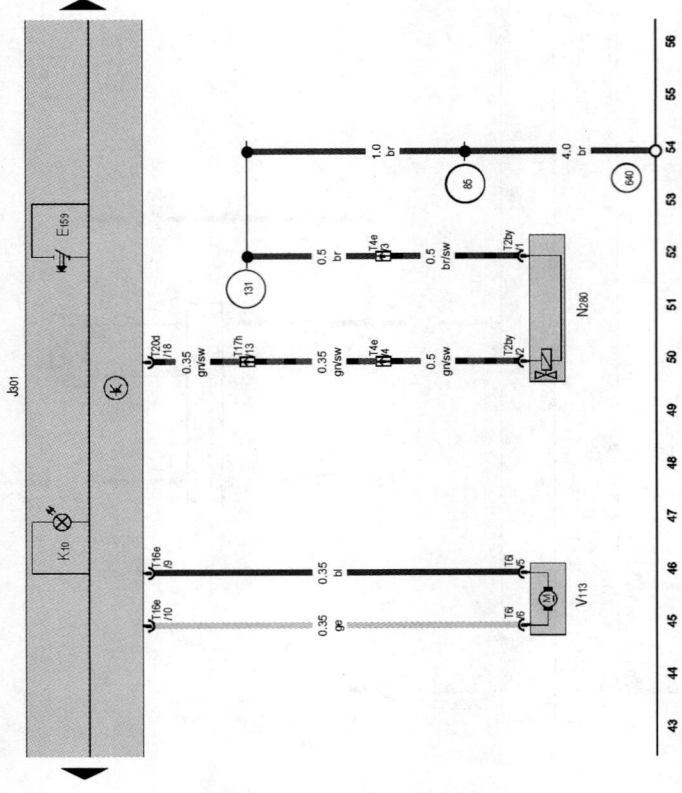

E159-新鲜空气和循环空气风门开关 J301-空调器控制单元 K10-可加热后窗玻璃指示灯 N280-空调压缩机调节阀 T2by-2芯插头连接，黑色 T4e-4芯插头连接，黑色 T6i-6芯插头连接，蓝色 T16e-16芯插头连接，黑色 T17h-17芯插头连接，黑色 T20d-20芯插头连接，黑色 V113-车内空气循环风门伺服电机 85-接地连接1，在发动机舱导线束中 131-接地连接2，在发动机舱导线束中 640-接地点2，在发动机舱内左侧

图5-4-13

E9-新鲜空气鼓风机开关 G267-温度选择旋钮电位计 G805-冷却液循环管路压力传感器 J301-空调器控制单元 L43-空调器开关照明灯泡 T3ar-3芯插头连接，黑色 T20d-20芯插头连接，黑色 13-发动机舱内右侧接地点 317-接地连接7，在发动机舱导线束中 370-接地连接5，在主导线束中 664-左侧仪表板后面的接地点 D136-正极连接2（15a），在发动机舱导线束中

图5-4-12

空调器开关，可加热后窗玻璃按钮，温度风门伺服电机电位计，蒸发器温度传感器，空调器控制单元，温度风门伺服电机。

除霜器运行开关，气流分配风门伺服电机电位计，空调器指示灯，新鲜空气和车内空气循环运行模式指示灯，气流分配风门伺服电机。

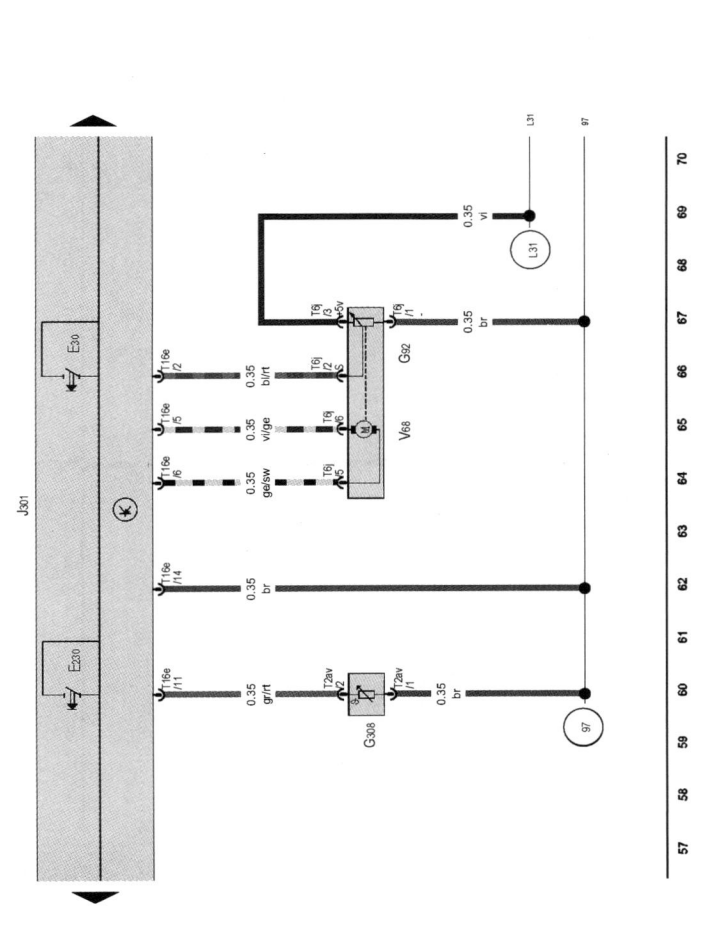

图 5-4-14

图 5-4-15

E30-空调器开关 E230-可加热后窗玻璃按钮 G92-温度风门伺服电机电位计 G308-蒸发器温度传感器 J301-空调器控制单元 T2av-2 芯插头连接，黑色 T6j-6 芯插头连接，蓝色 T16e-16 芯插头连接，蓝色 T16c-16 芯插头连接，黑色 V68-温度风门伺服电机 97-接地连接 1，在空调器导线束中 L31-连接（5 V），在空调器导线束中

F164-除霜器运行开关 G645-气流分配风门伺服电机电位计 J301-空调器控制单元 K84-空调器指示灯 K114-新鲜空气和车内空气循环运行模式指示灯 T6k-6 芯插头连接 T16e-16 芯插头连接，蓝色 T16c-16 芯插头连接，黑色 V428-气流分配风门伺服电机 97-接地连接 1，在空调器导线束中 L31-连接（5 V），在空调器导线束中

631

新鲜空气鼓风机开关，后部空调操作和显示单元，新鲜空气鼓风机控制单元，全自动空调
控制单元，车载电网控制单元，开关照明灯泡，新鲜空气鼓风机

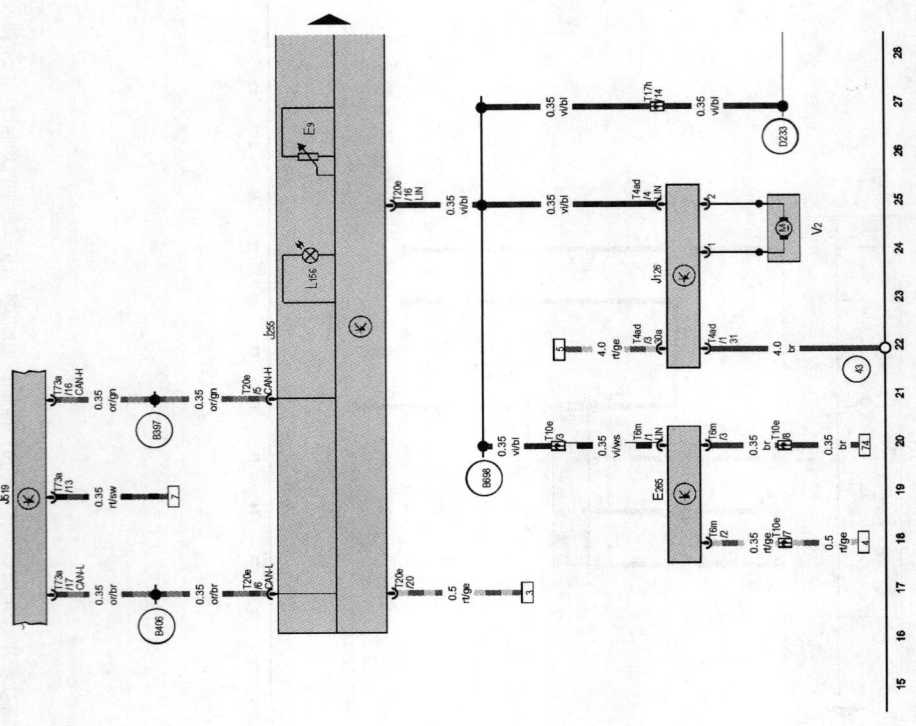

图 5-4-17

E9-新鲜空气鼓风机开关 E265-后部空调操作和显示单元 J126-新鲜空气鼓风机控制单元 J255-全自动空调控制单元 J519-车载电网控制单元 L156-开关照明灯泡 T4ad-4 芯插头连接 T6m-6 芯插头连接 T6m-6 芯插头连接，黑色 T10e-10 芯插头连接，黑色 T17h-17 芯插头连接，红色 T20e-20 芯插头连接，黑色 T73a-73 芯插头连接，黑色 V2-新鲜空气鼓风机 43-接地点，右侧 A 柱下部 B397-连接 1（舒适/便捷系统 CAN 总线，High），在主导线束中 B406-连接 1（舒适/便捷系统 CAN 总线，Low），在主导线束中 B698-连接 3（LIN 总线），在主导线束中 D233-连接 2（LIN 总线），在发动机舱导线束中

端子 15 供电继电器，保险丝架 C

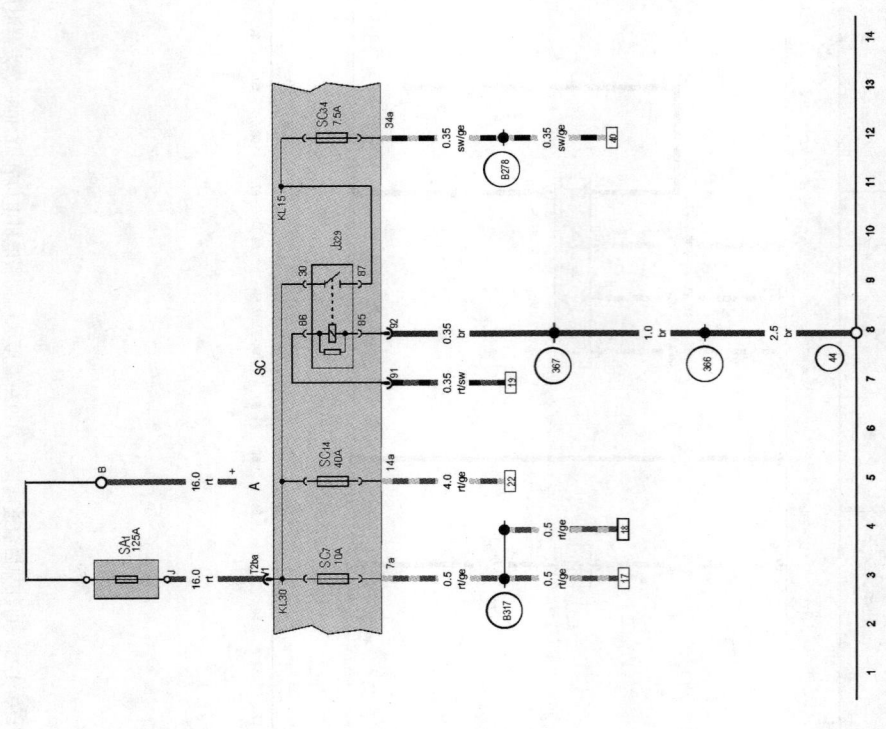

图 5-4-16

A-蓄电池 J329-端子 15 供电继电器 SA1-保险丝架 A 上的保险丝 1 SC-保险丝架 C SC7-保险丝架 C 上的保险丝 7 SC14-保险丝架 C 上的保险丝 14 SC34-保险丝架 C 上的保险丝 34 T2ba-2 芯插头连接，黑色 T10e-10 芯插头连接，黑色 T20e-20 芯插头连接，黑色 366-接地连接 1，在主导线束中 367-接地连接 2，在主导线束中 B278-正极连接 2（15a），在主导线束中 B317-正极连接 3（30a），在主导线束中

阳光照射光电传感器，日照光电传感器，左侧出风口温度传感器，右侧出风口温度传感器，后部出风口温度传感器，全自动空调控制单元

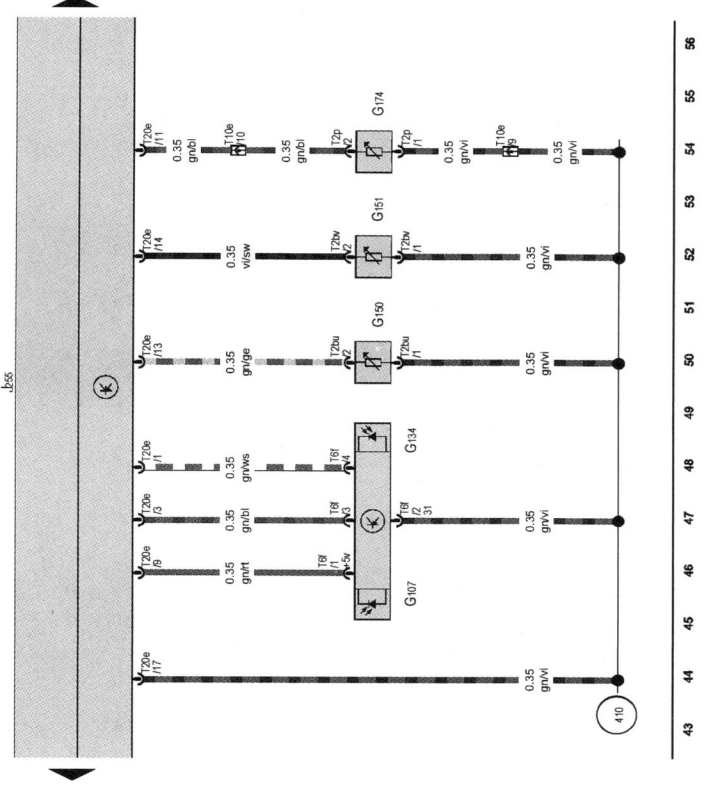

G107-阳光照射光电传感器　G134-日照光电传感器　G150-左侧出风口温度传感器　G151-右侧出风口温度传感器　G174-后部出风口温度传感器　J255-全自动空调控制单元　T2bu-2 芯插头连接，黑色　T2bv-2 芯插头连接，黑色　T2p-2 芯插头连接，黑色　T6f-6 芯插头连接，黑色　T10e-10 芯插头连接，黑色　T20e-20 芯插头连接，黑色　410-接地连接 1（传感器接地），在主导线束中

图 5-4-19

空调器开关，新鲜空气和循环空气风门开关，可加热后窗玻璃按钮，空气质量传感器，冷却液循环管路压力传感器，全自动空调控制单元，可加热后窗玻璃指示灯

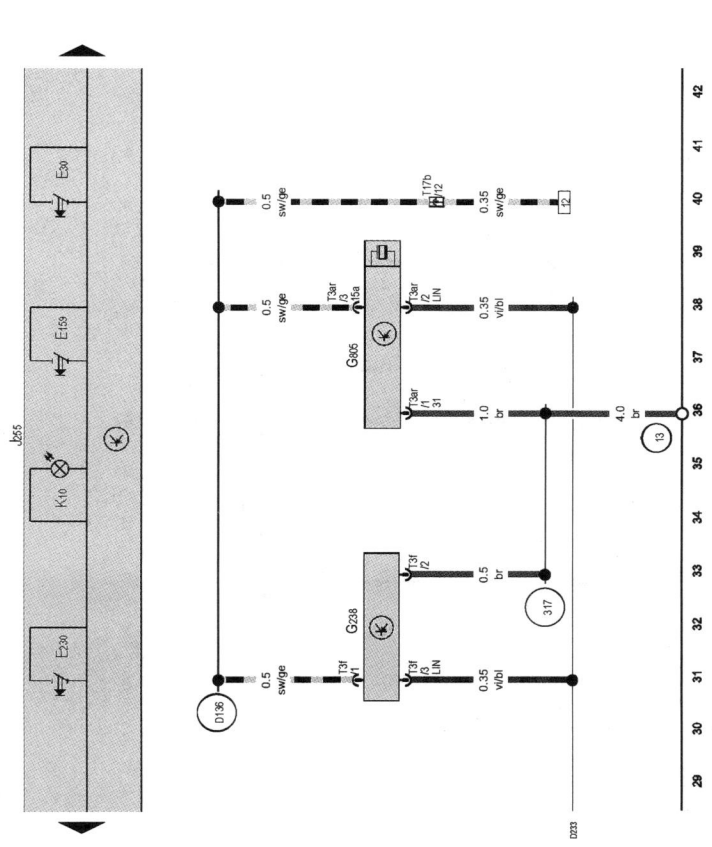

E30-空调器开关　E159-新鲜空气和循环空气风门开关　E230-可加热后窗玻璃按钮　G238-空气质量传感器　G805-冷却液循环管路压力传感器　J255-全自动空调控制单元　K10-可加热后窗玻璃指示灯　T3ar-3 芯插头连接，黑色　T3f-3 芯插头连接，黑色　T17b-17 芯插头连接，灰色　13-发动机舱内右侧接地点　317-接地连接 7，在发动机舱导线束中　D136-正极连接 2（15a），在发动机舱导线束中　D233-连接 2（LIN 总线），在发动机舱导线束中

图 5-4-18

633

左侧出风口温度调节器，右侧出风口温度调节器，全自动空调控制单元，新鲜空气和车内空气循环运行模式指示灯，空调压缩机调节阀

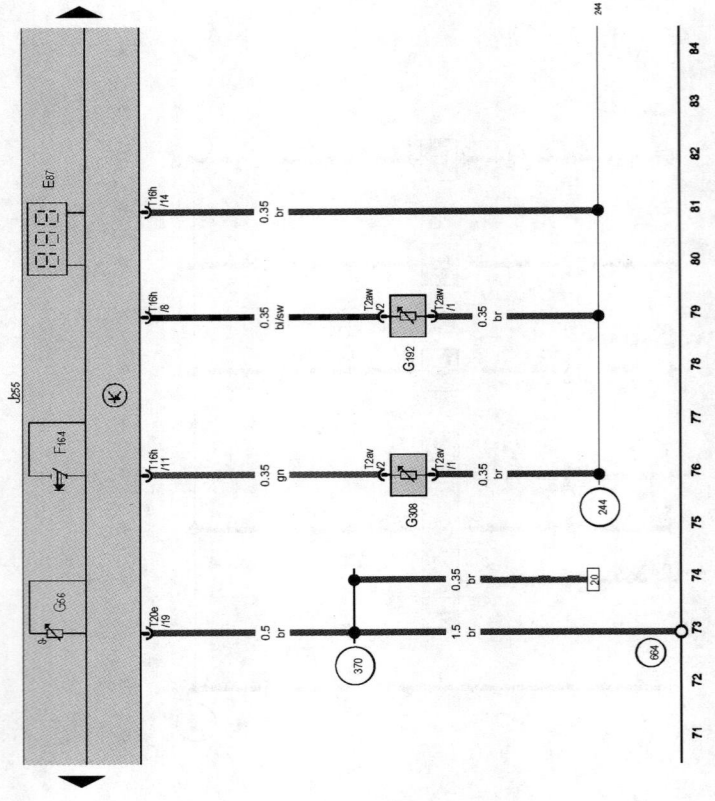

前部空调操作和显示单元，除霜器运行开关，仪表盘温度传感器，脚部空间出风口温度传感器，蒸发器温度传感器，全自动空调控制单元

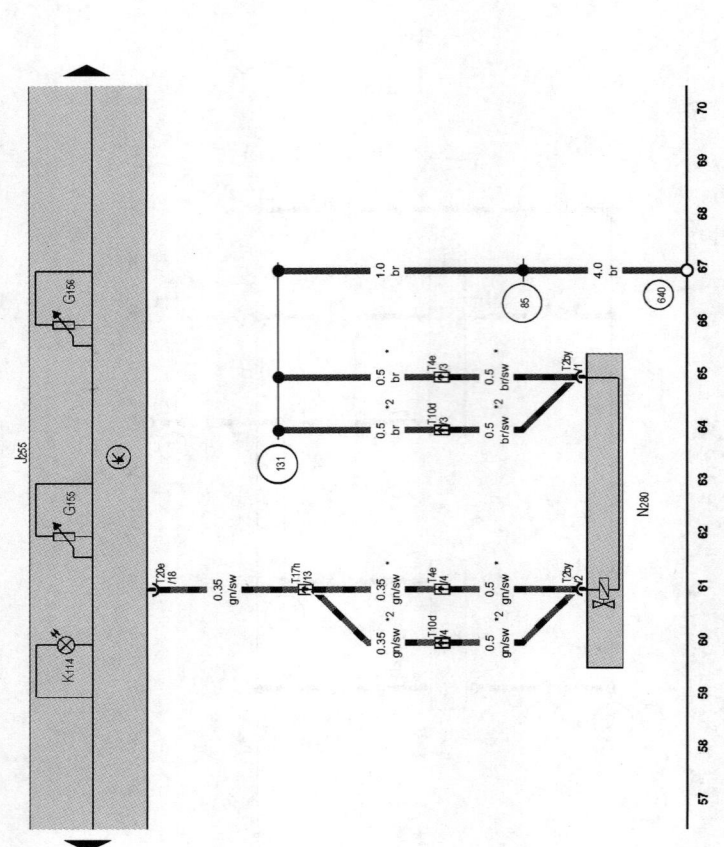

G155-左侧出风口温度调节器 G156-右侧出风口温度调节器 J255-全自动空调控制单元 K114-新鲜空气和车内空气循环运行模式指示灯 N280-空调压缩机调节阀 T2by-2 芯插头连接，黑色 T4e-4 芯插头连接，黑色 T10d-10 芯插头连接，黑色 T17h-17 芯插头连接，红色 T20e-20 芯插头连接，黑色 85-接地连接 1，在发动机舱导线束中 131-接地连接 2，在发动机舱导线束中 640-接地点 2，在发动机舱内左侧
*-仅用于带 1.4 L 发动机的汽车 *2-仅用于带 1.8 L 发动机的汽车

图 5-4-20

E87-前部空调操作和显示单元 F164-除霜器运行开关 G56-仪表盘温度传感器 G192-脚部空间出风口温度传感器 G308-蒸发器温度传感器 J255-全自动空调控制单元 T2aw-2 芯插头连接，黑色 T2by-2 芯插头连接，黑色 T16h-16 芯插头连接，黑色 T20e-20 芯插头连接，黑色 244-接地连接 5，在主导线束中 370-接地连接 2，在左侧仪表板后面的接地点

图 5-4-21

左侧温度风门伺服门电机电位计，新鲜空气 - 车内空气循环 - 速滞压力风门门伺服电机电位计，全自动空调控制单元，左侧温度风门伺服电机，新鲜空气／车内空气循环／速滞压力风门伺服电机

除霜风门伺服电机电位计，右侧温度风门门伺服电机电位计，全自动空调控制单元，除霜风门伺服电机，右侧温度风门伺服电机

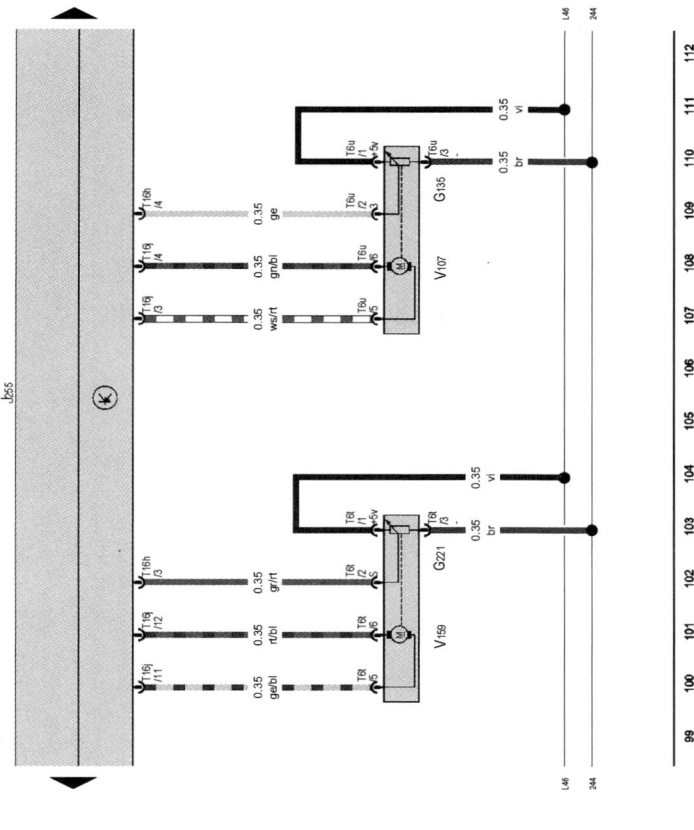

图 5-4-23

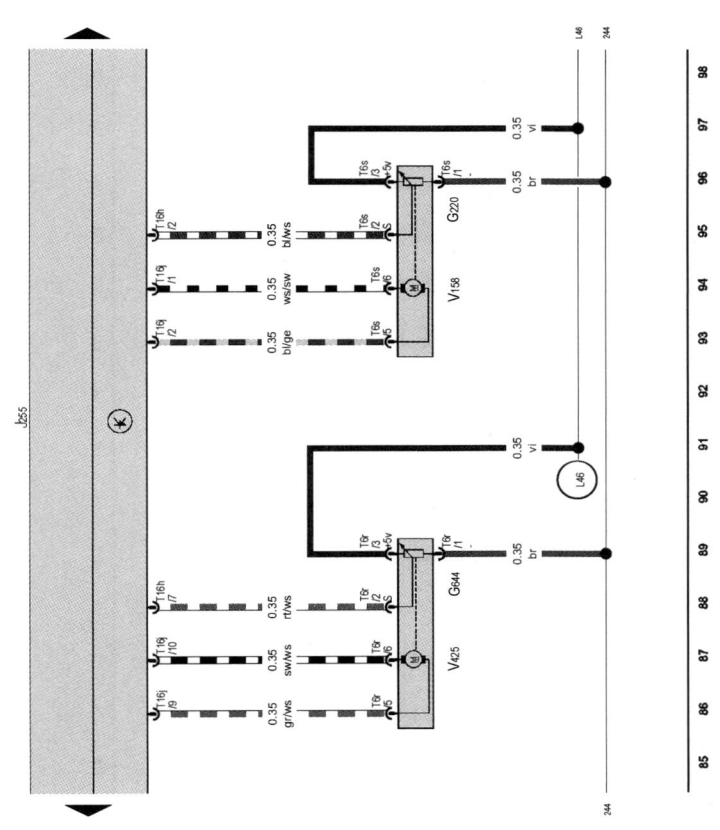

图 5-4-22

G135-除霜风门伺服电机电位计 G221-右侧温度风门伺服电机电位计 J255-全自动空调控制单元 T6t-6芯插头连接，蓝色 T6u-6芯插头连接，蓝色 T16h-16芯插头连接，黑色 T16j-16芯插头连接，棕色 V107-除霜风门伺服电机 V159-右侧温度风门伺服电机 244-接地连接（传感器接地），在全自动空调导线束中 L46-连接（5V），在全自动空调操纵导线束中

G220-左侧温度风门伺服电机电位计 G644-新鲜空气 - 车内空气循环 - 速滞压力风门伺服电机电位计 J255-全自动空调控制单元 T6r-6芯插头连接，蓝色 T6s-6芯插头连接，蓝色 T16h-16芯插头连接，黑色 T16j-16芯插头连接，棕色 V158-左侧温度风门伺服电机 V425-新鲜空气／车内空气循环／速滞压力风门伺服电机 244-接地连接（传感器接地），在全自动空调导线束中 L46-连接（5V），在全自动空调操纵导线束中

保险丝架 C

后部温度风门伺服电机电位计，前部气流分配风门伺服电机电位计，全自动空调控制单元，
后部温度风门伺服电机，前侧气流分配风门伺服电机。

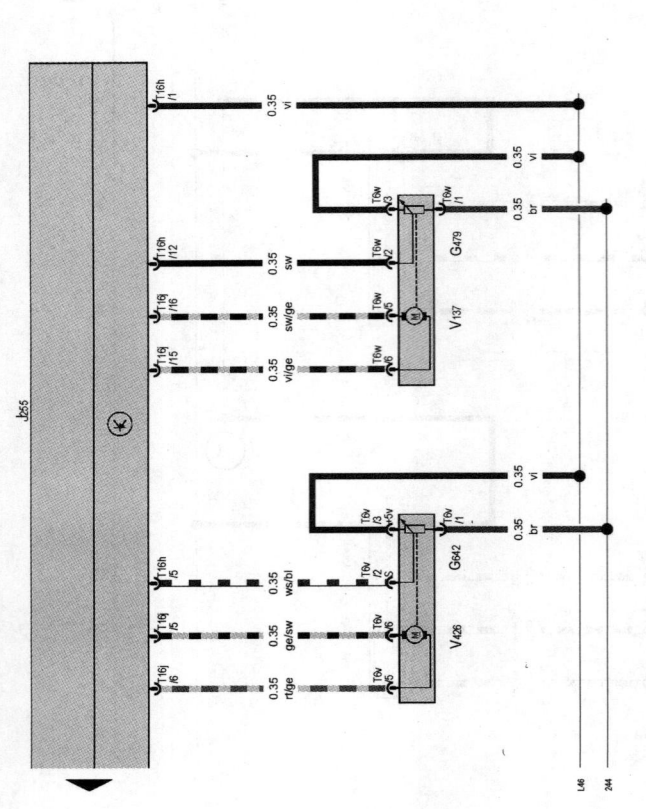

G479－后部温度风门伺服电机电位计 G642－前部气流分配风门伺服电机电位计 J255－全自动空调控制单元
T6v－6 芯插头连接，蓝色 T6w－6 芯插头连接，蓝色 T16h－16 芯插头连接，黑色 T16j－16 芯插头连接，
黑色 V137－后部温度风门伺服电机 V426－前侧气流分配风门伺服电机 244－接地连接（传感器接地），
在全自动空调导线束中 L46－连接（5 V），在全自动空调操纵导线束中

图 5-4-24

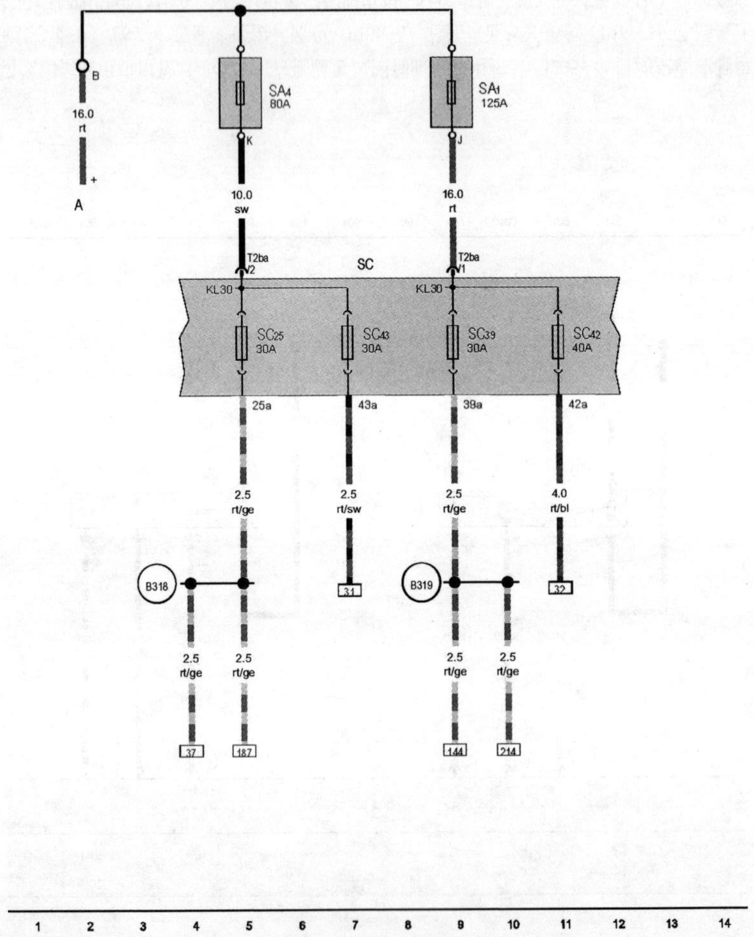

A－蓄电池 SA1－保险丝架 A 上的保险丝 1 SA4－保险丝架 A 上的保险丝 4 SC－保险丝架 C SC25－保险丝
架 C 上的保险丝 25 SC39－保险丝架 C 上的保险丝 39 SC42－保险丝架 C 上的保险丝 42 SC43－保险丝架
C 上的保险丝 43 T2ba－2 芯插头连接，黑色 B318－正极连接 4（30a），在主导线束中 B319－正极连接 5
（30a），在主导线束中

图 5-4-25

后部车窗升降器锁止开关，驾驶员车门中的后右车窗升降器开关，驾驶员车门中的前右车窗升降器开关，驾驶员侧后部车窗升降器操作单元，驾驶员侧前部车窗升降器按钮，驾驶员侧后部车窗升降器按钮，驾驶员侧车门控制单元，后部车窗升降器锁止指示灯，开关照明灯泡

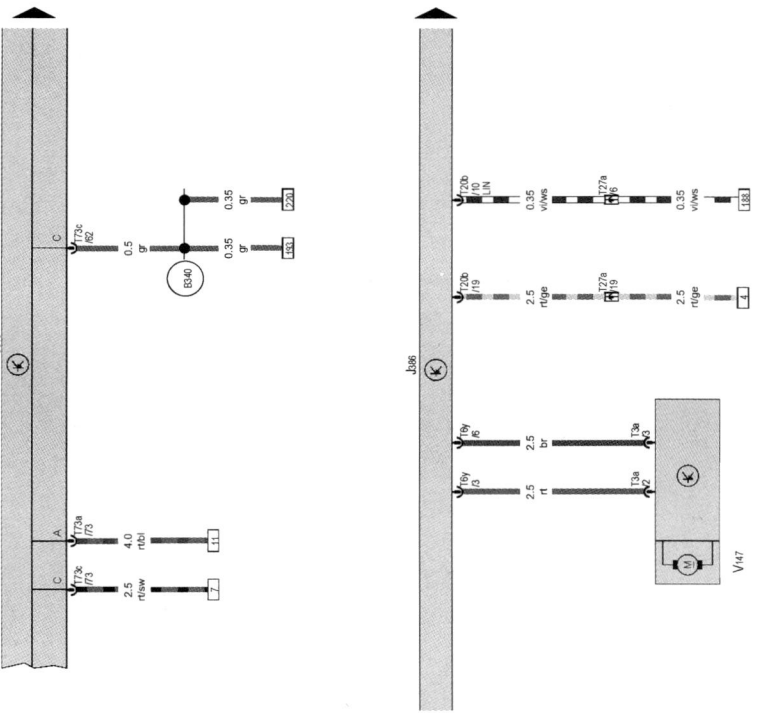

驾驶员侧车门控制单元，车载电网控制单元，驾驶员侧电动摇窗器器电机

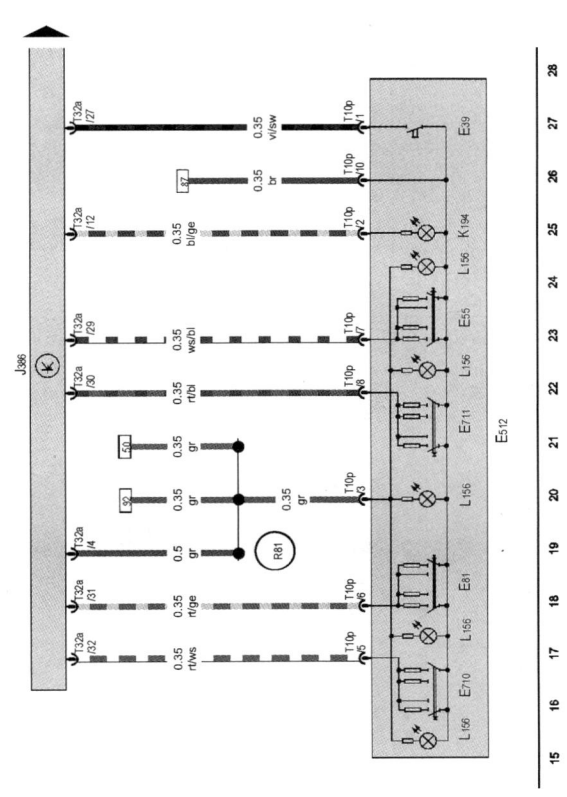

图 5-4-27

J386-驾驶员车门控制单元 J519-车载电网控制单元 T3a-3 芯插头连接，蓝色 T6y-6 芯插头连接，黑色 T20b-20 芯插头连接，黑色 T27a-27 芯插头连接，黑色 T73a-73 芯插头连接，黑色 T73c-73 芯插头连接，黑色 V147-驾驶员侧电动摇窗器电机 B340-连接 1 (58d)，在主导线束中

E39-后部车窗升降器锁止开关 E55-驾驶员车门中的后右车窗升降器开关 E81-驾驶员车门中的前右车窗升降器开关 E512-驾驶员侧后部车窗升降器操作单元 E710-驾驶员侧前部车窗升降器按钮 E711-驾驶员侧后部车窗升降器按钮 J386-驾驶员车门控制单元 K194-后部车窗升降器锁止指示灯 L156-开关照明灯泡 R81-连接头连接，蓝色 T32a-32 芯插头连接，黑色 T10p-10 芯插头连接，在驾驶员侧车门电缆导线束中

图 5-4-26

驾驶员侧车门接触开关，驾驶员侧中央门锁开关，驾驶员侧中央门锁闭锁单元，驾驶员侧车门控制单元，车载电网控制单元，驾驶员侧车门闭锁单元，驾驶员车门中央门锁电机

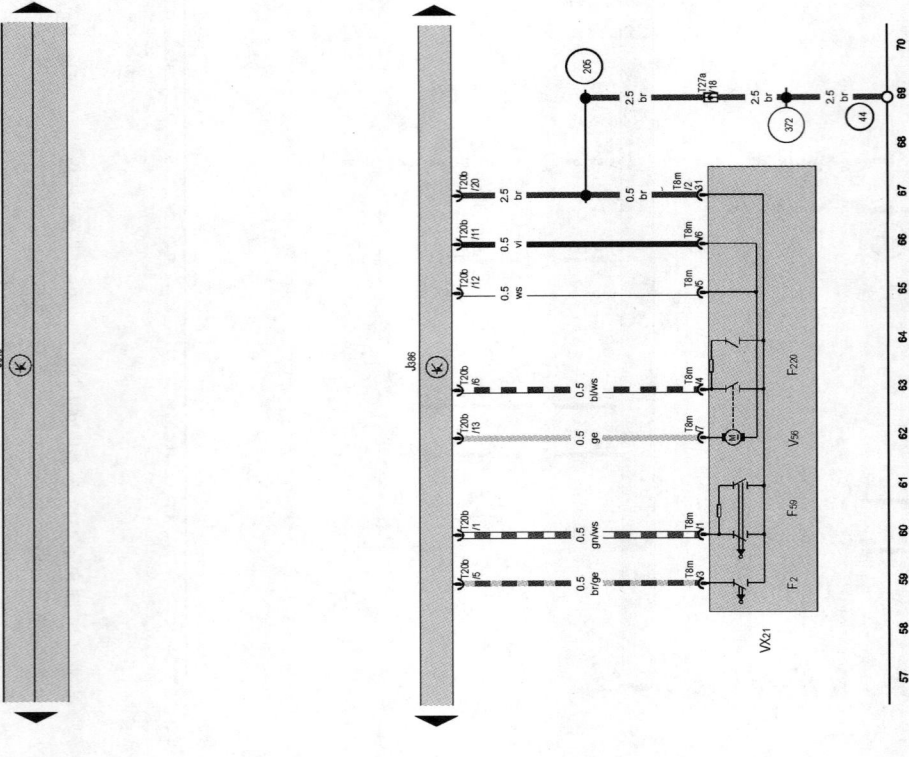

F2-驾驶员侧车门接触开关 F59-驾驶员侧中央门锁开关 F220-驾驶员侧车门锁闭锁单元 J386-驾驶员侧车门控制单元 J519-车载电网控制单元 T8m-8 芯插头连接 黑色 T27a-侧车门控制单元 J519-车载电网控制单元 T20b-20 芯插头连接 黑色 T27a-27 芯插头连接，黑色 T20b-20 芯插头连接，黑色 T27a-27 芯插头连接 VX21-驾驶员侧车门闭锁单元 V56-驾驶员车门中央门锁电机 44-接地点，左侧 A 柱下部 205-接地连接，在驾驶员侧车门电缆导线束中 372-接地连接 7，在主导线束中 图 5-4-29

驾驶员侧车内上锁按钮，驾驶员侧车门控制单元，车载电网控制单元，驾驶员侧车内联锁指示灯，开关照明灯泡

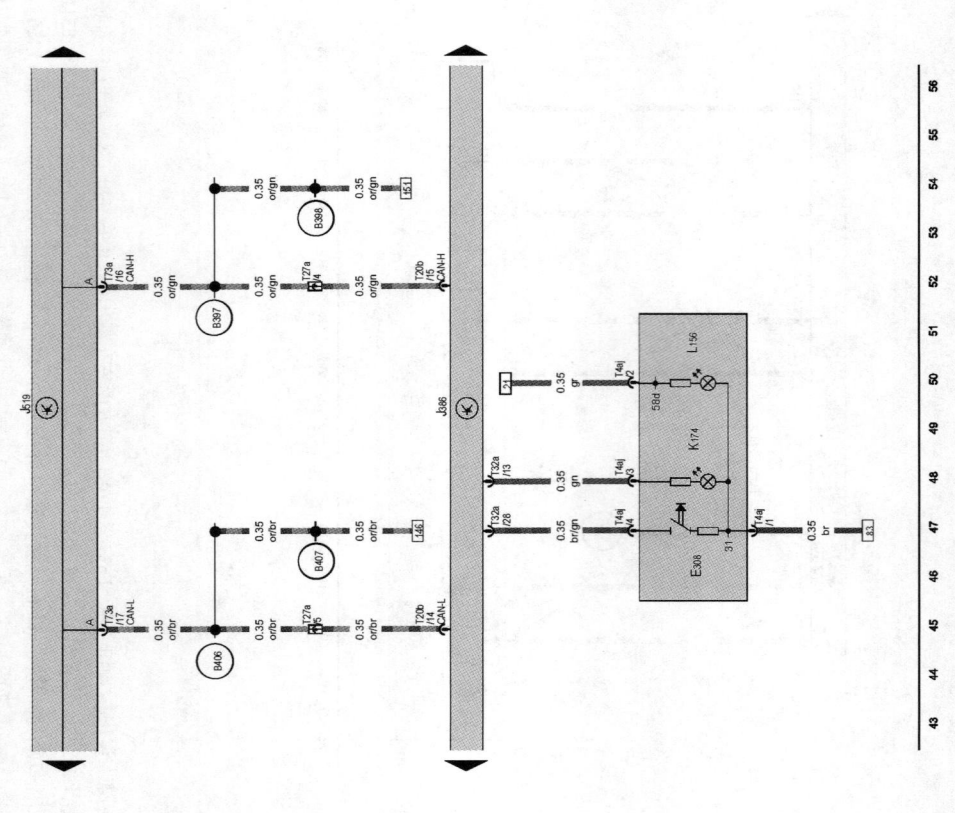

E308-驾驶员侧车内上锁按钮 J386-驾驶员侧车门控制单元 J519-车载电网控制单元 K174-驾驶员侧车内联锁指示灯 L156-开关照明灯泡 T4aj-4 芯插头连接 T27a-27 芯插头连接，黑色 T20b-20 芯插头连接，蓝色 T27a-27 芯插头连接 CAN连接，黑色 T32a-32 芯插头连接，蓝色 T73a-73 芯插头连接，黑色 B397-连接 1（舒适/便捷系统 CAN总线，High），在主导线束中 B406-连接 1（舒适/便捷系统 CAN总线，High），在主导线束中 B398-连接 2（舒适/便捷系统 CAN总线，High），在主导线束中 B407-连接 2（舒适/便捷系统 CAN总线，Low），在主导线束中 图 5-4-28 连接 1（舒适/便捷系统 CAN总线，Low），在主导线束中

驾驶员侧车门控制单元，车载电网控制单元，中央门锁 Safe 功能指示灯，驾驶员侧车门
内把手照明灯泡，左前车门背景照明灯 1，左前车门背景照明灯 2

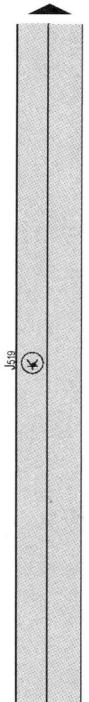

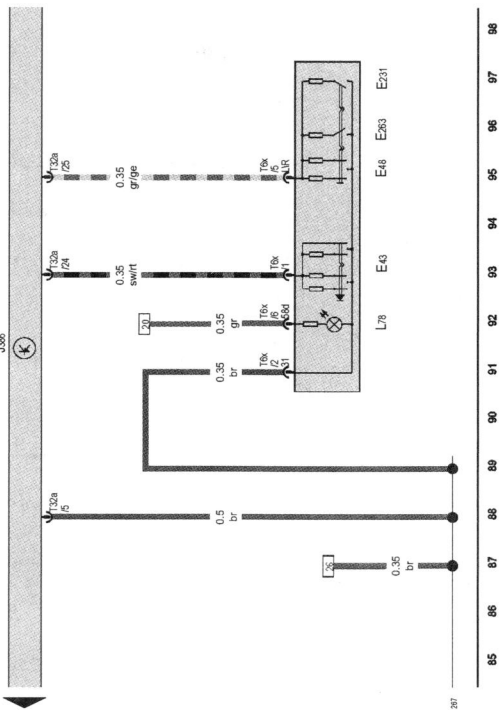

图 5-4-30

J386-驾驶员侧车门控制单元 J519-车载电网控制单元 K133-中央门锁控制单元 L146-驾驶员侧车
门内把手照明灯泡 L199-左前车门背景照明灯 1 L203-左前车门背景照明灯 2 T2cg-2 芯插头连接，黑色
T2cy-2 芯插头连接，黑色 T2da-2 芯插头连接，黑色 T2dc-2 芯插头连接，黑色 T32a-32 芯插头连接，
蓝色 267-接地连接 R94-连接 1，在驾驶员侧车门电缆导线束中 *-已
预先布线的部件 *2-仅用于带氛围灯的汽车

后视镜调节开关，后视镜调节转换开关，车外后视镜加热按钮，后视镜内折开关，驾驶员
侧车门控制单元，车载电网控制单元，后视镜调节开关照明灯泡

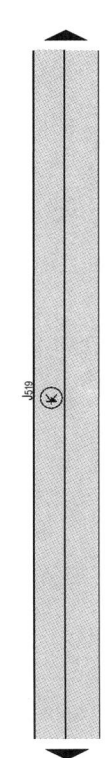

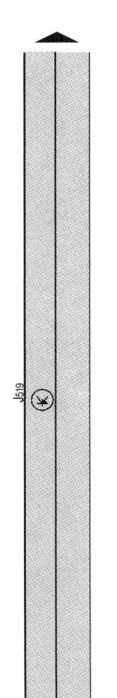

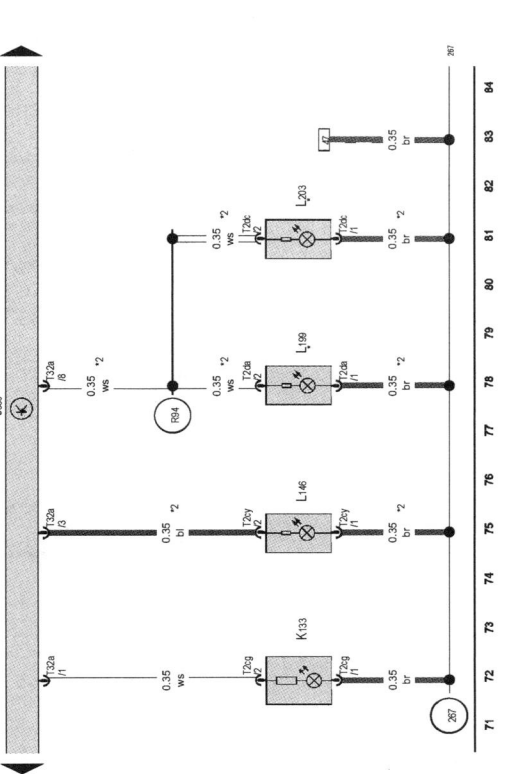

图 5-4-31

E43-后视镜调节开关 E48-后视镜调节转换开关 E231-车外后视镜加热按钮 E263-后视镜内折开关
J386-驾驶员侧车门控制单元 J519-车载电网控制单元 L78-后视镜调节开关照明灯泡 T6x-6 芯插头连
接，棕色 T32a-32 芯插头连接，蓝色 267-接地连接，在驾驶员侧车门电缆导线束中

639

副驾驶员侧车门控制单元，副驾驶员侧中央门锁闭锁单元，副驾驶员侧车门闭锁单元，车载电网控制单元，副驾驶员侧车门闭锁单元，副驾驶员侧中央门锁电机，车

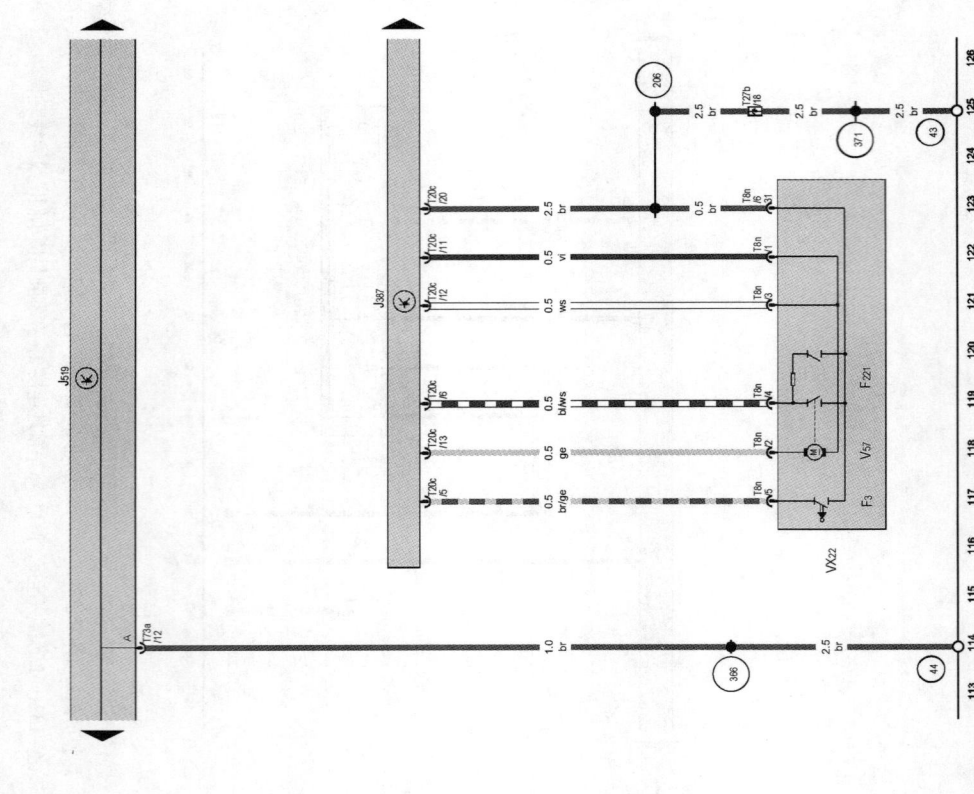

F3-副驾驶员侧车门接触开关 F221-副驾驶员侧中央门锁闭锁单元 J387-副驾驶员侧车门控制单元 J519-车载电网控制单元 T8n-8 芯插头连接 T20c-20 芯插头连接 黑色 T27b-27 芯插头连接 黑色 T73a-73 芯插头连接 黑色 VX22-副驾驶员侧车门闭锁单元 V57-副驾驶员侧车门中央门锁电机 43-接地点，右侧 A柱下部 44-接地点，左侧 A柱下部 206-接地连接，在副驾驶员侧车门电缆导线束中 366-接地连接 1，在主导线束中 371-接地连接 6，在主导线束中

图 5-4-33

驾驶员侧车门控制单元，车载电网控制单元，驾驶员侧外后视镜警告灯泡，驾驶员侧车后视镜，驾驶员侧后视镜调节电机2，后视镜折叠电机，驾驶员侧，驾驶员侧后视镜调节电机，车外后视镜内的登车照明灯，驾驶员侧，驾驶员侧车门可加热车外后视镜

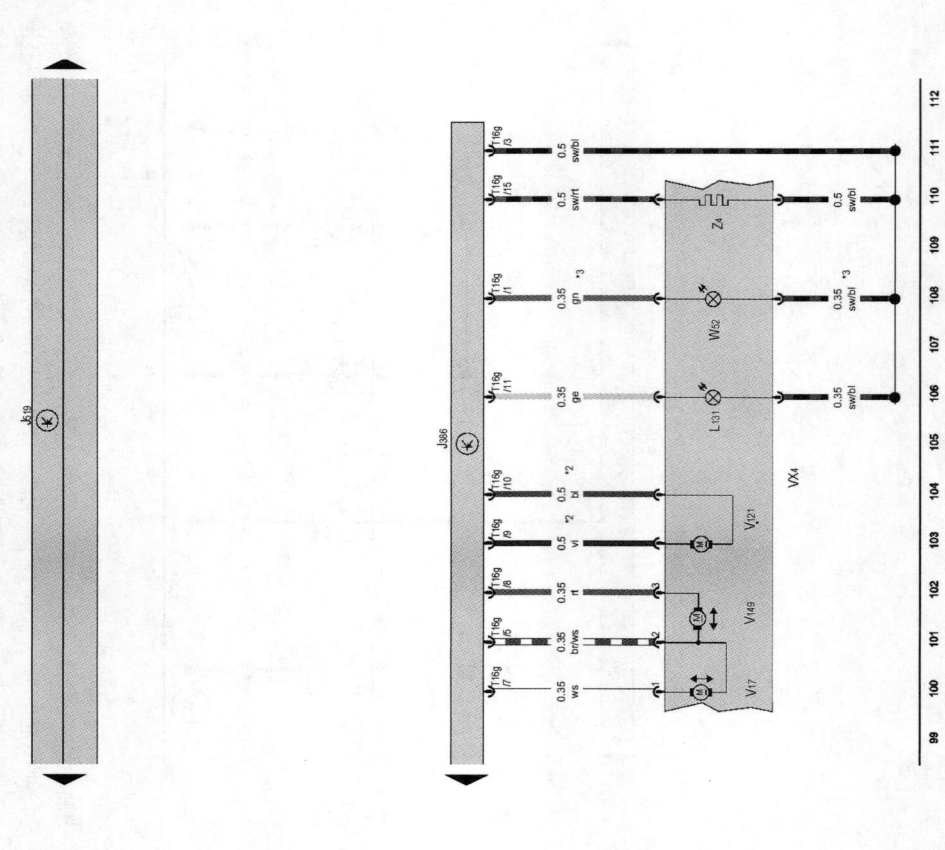

J386-驾驶员侧车门控制单元 J519-车载电网控制单元 L131-驾驶员侧外后视镜警告灯泡 T16g-16 芯插头连接，黑色 VX4-驾驶员侧外后视镜 V17-驾驶员侧后视镜调节电机 2 V121-后视镜折叠电机，驾驶员侧 V149-驾驶员侧后视镜调节电机 W52-车外后视镜内的登车照明灯，驾驶员侧，驾驶员侧车门可加热车外后视镜 Z4-驾驶员侧外后视镜 *2-仅用于带后视镜折叠机构的汽车 *3-仅用于驾驶员侧车外后视镜中带有登车照明灯的汽车 *-已预先布线的部件

图 5-4-32

640

副驾驶员侧车门控制单元，车载电网控制单元，副驾驶员侧车门内把手照明灯泡，右前车门背景照明灯泡，右前车门背景照明灯 2

副驾驶员侧前部车窗升降器按钮，副驾驶员侧车门控制单元，车载电网控制单元，开关照明灯泡，副驾驶员侧电动摇窗器电机

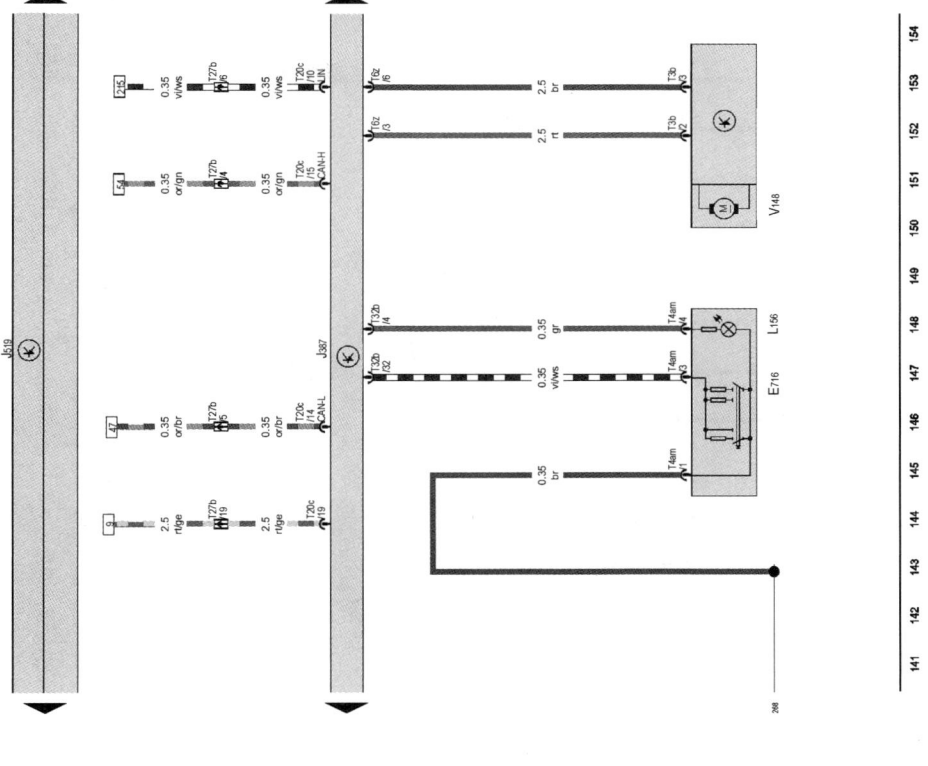

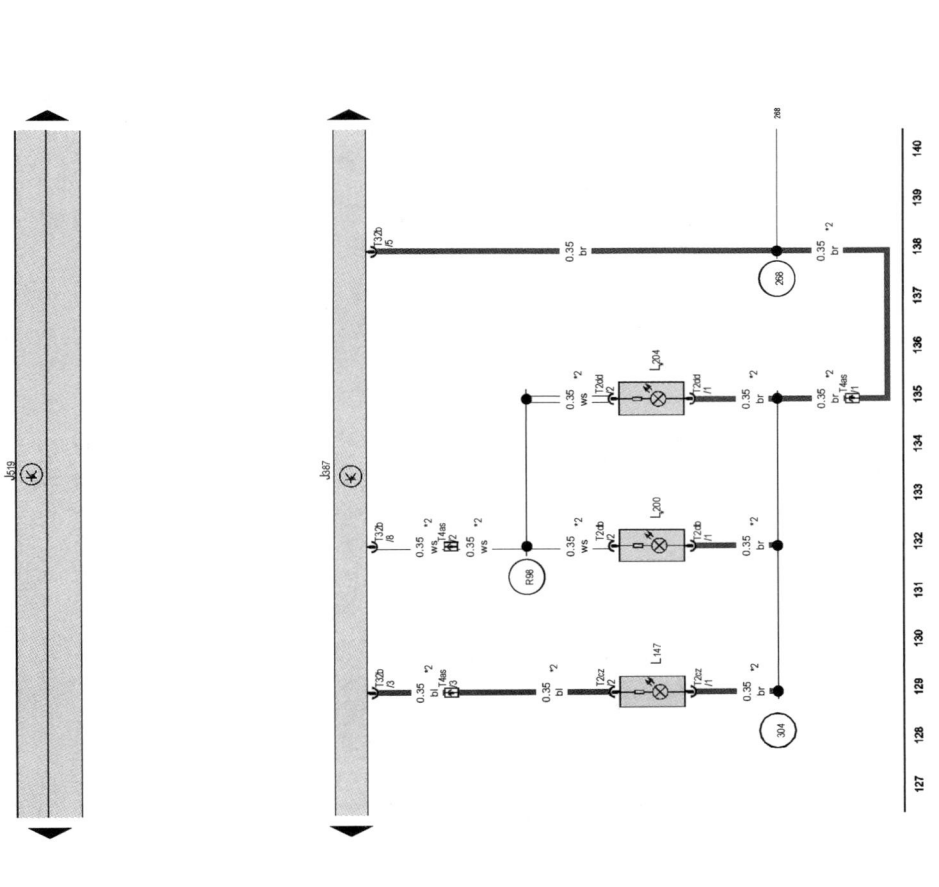

图 5-4-34

图 5-4-35

J387-副驾驶员侧车门控制单元 J519-车载电网控制单元 L147-副驾驶员侧车门内把手照明灯泡 L200-右前车门背景照明灯 1 L204-右前车门背景照明灯 2 T2cz-2 芯插头连接 T2db-2 芯插头连接，黑色 T2dd-2 芯插头连接，黑色 T4as-4 芯插头连接，黑色 T32b-32 芯插头连接，蓝色 268-接地连接 3，在副驾驶员侧车门电缆导线束中 304-接地连接 3，在副驾驶员侧车门电缆导线束中 R98-连接 1，在副驾驶员侧车门电缆导线束中 *-已预先布线的部件 *2-仅用于带氛围灯的汽车

E716-副驾驶员侧前部车窗升降器按钮 J387-副驾驶员侧车门控制单元 J519-车载电网控制单元 L156-开关照明灯泡 T3b-3 芯插头连接，蓝色 T4am-4 芯插头连接，蓝色 T6z-6 芯插头连接，黑色 T20c-20 芯插头连接，黑色 T27b-27 芯插头连接，黑色 T32b-32 芯插头连接，蓝色 V148-副驾驶员侧电动摇窗器电机 268-接地连接 2，在副驾驶员侧车门电缆导线束中

641

左后车门接触开关，左后中央门锁闭锁单元，副驾驶员车门控制单元，车载电网控制单元，副驾驶员侧车门控制单元，副驾驶员侧车外后视镜，左后车门闭锁单元，左后车门中控锁电机，副驾驶员侧后视镜调节电机，副驾驶员侧后视镜调节电机

副驾驶员侧车门控制单元，车载电网控制单元，副驾驶员侧外后视镜警告灯泡，副驾驶员侧外后视镜，副驾驶员侧后视镜调节电机 2，副驾驶员侧后视镜内折电机，副驾驶员侧，副驾驶员侧车外后视镜内的登车照明灯，车外后视镜可加热式车外后视镜

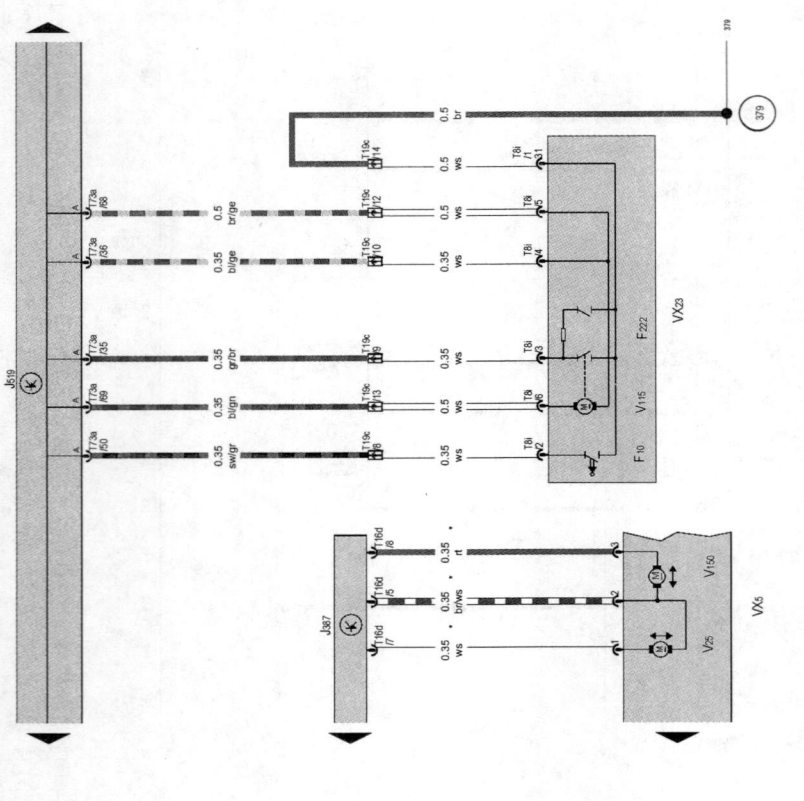

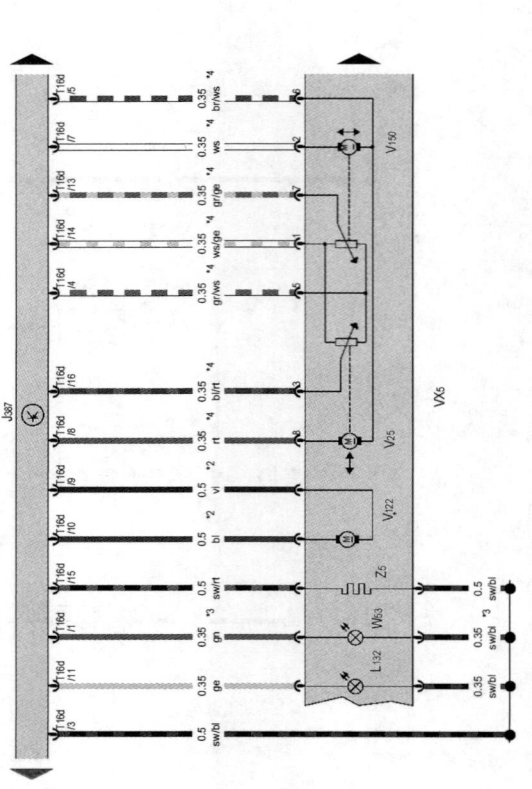

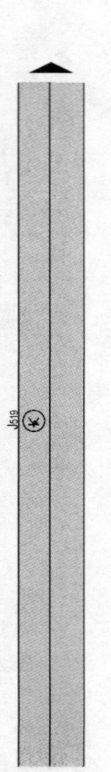

右后车门接触开关，右后中央门锁闭锁单元，车载电网控制单元，右后车门闭锁单元，右后车门闭锁单元，右后车门中的中央门锁电机。

左后车门内的车窗升降器开关，左后车门控制单元，车载电网控制单元，开关照明灯泡，驾驶员侧后部车窗升降器电机。

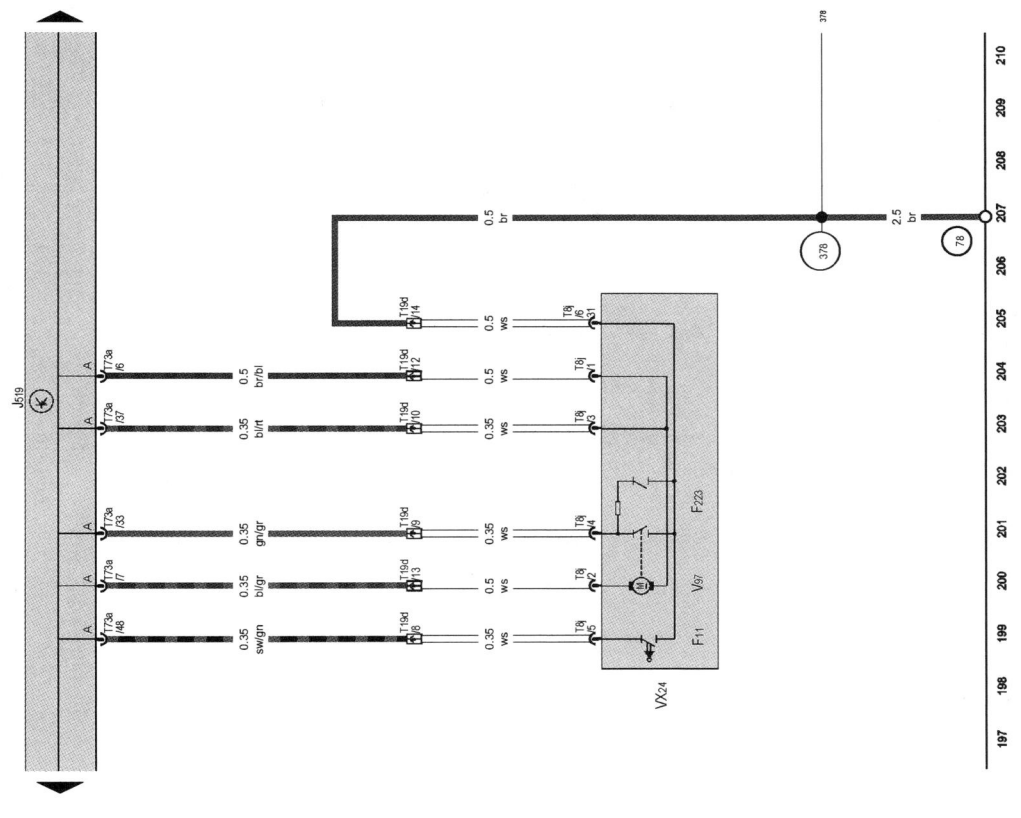

F11–右后车门锁电机 F223–右后中央门锁闭锁单元 J519–车载电网控制单元 T8j–8 芯插头连接 T8l–8 芯插头连接 T19d–19 芯插头连接，黑色 T73a–73 芯插头连接，黑色 VX24–右后车门闭锁单元 V97–右后车门闭锁单元 央门锁电机 78–右侧 B 柱下部接地点 378–接地连接 13，在主导线束中

图 5–4–39

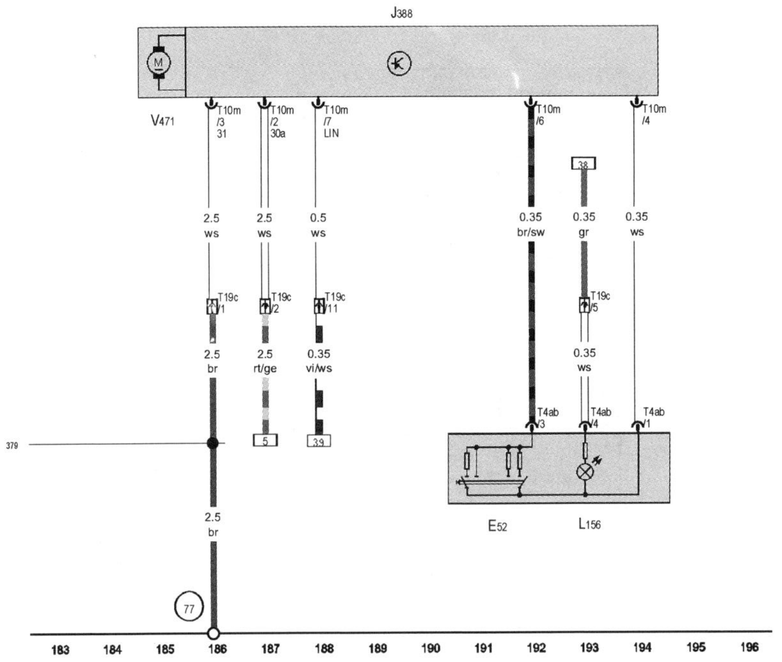

E52–左后车门内的车窗升降器开关 J388–左后车门控制单元 L156–开关照明灯泡 T4ab–4 芯插头连接，T10m–10 芯插头连接，黑色 T19c–19 芯插头连接，黑色 V471–驾驶员侧后部车窗升降器电机 77– 左侧 B 柱下部的接地点 379–接地连接 14，在主导线束中

图 5–4–38

643

副驾驶员侧后部车窗升降器按钮，右后车门控制单元，车载电网控制单元，开关照明灯泡，油箱盖锁止装置电机，副驾驶员侧后部车窗升降器电机

行李箱盖把手中的解锁按钮，行李箱盖闭锁单元，车载电网控制单元，行李箱盖中中央门锁电机。

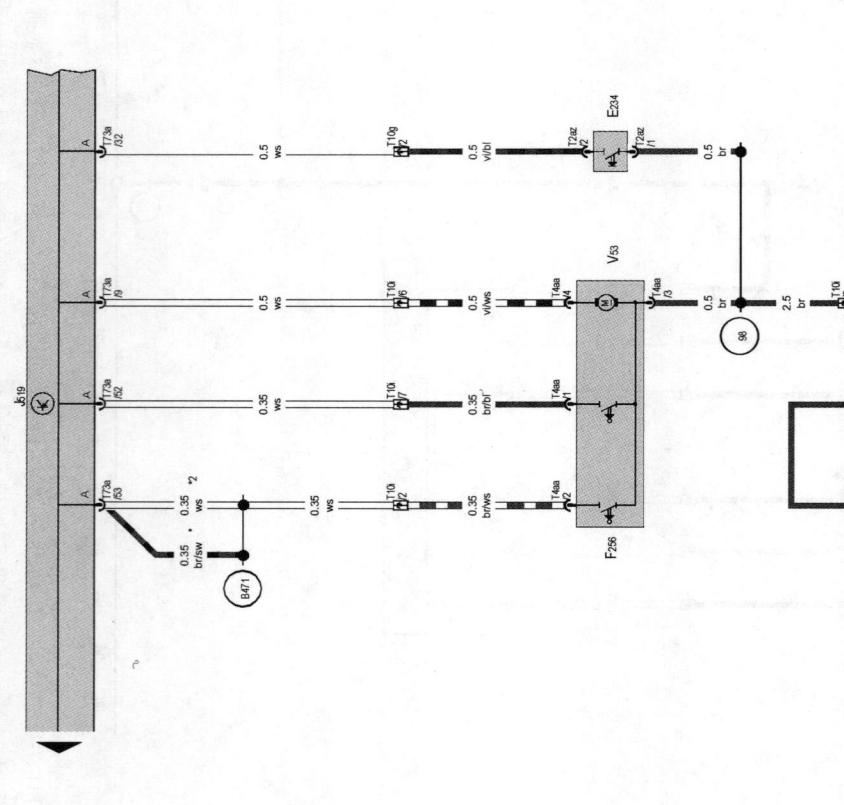

图 5-4-41

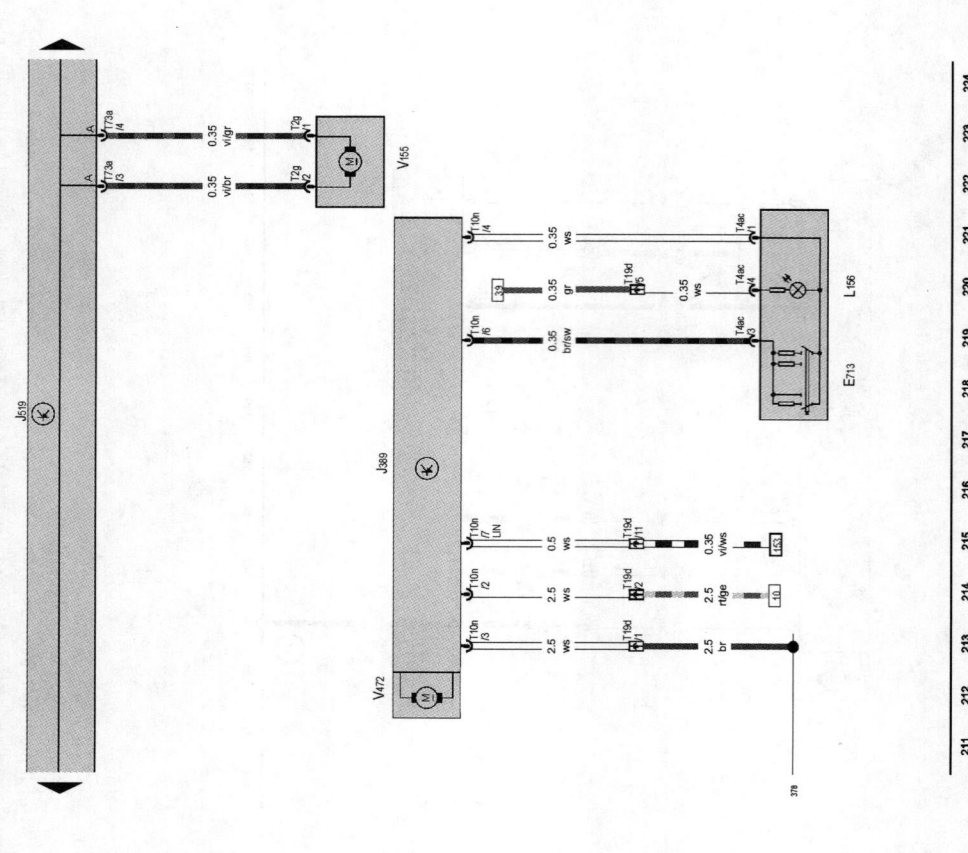

图 5-4-40

E713-副驾驶员侧后部车窗升降器按钮 J389-右后车门控制单元 J519-车载电网控制单元 L156-开关照明灯泡 T2g-2 芯插头连接，黑色 T4ac-4 芯插头连接，黑色 T10n-10 芯插头连接，黑色 T19d-19 芯插头连接，黑色 T73a-73 芯插头连接，黑色 V155-油箱盖锁止装置电机 V472-副驾驶员侧后部车窗升降器电机 378-接地连接 13，在主导线束中

E234-行李箱盖把手中的解锁按钮 F256-行李箱盖闭锁单元 J519-车载电网控制单元 T2az-2 芯插头连接，黑色 T4aa-4 芯插头连接，黑色 T10g-10 芯插头连接，棕色 T73a-73 芯插头连接，黑色 T10i-10 芯插头连接，黑色 V53-行李箱盖中中央门锁电机 50-行李箱左侧接地点 98-接地连接 11，在行李箱盖导线束中 376-接地连接 7，在主导线束中 B471-连接 7，在主导线束中 *-仅用于带七座后排座椅的汽车（五座车）*2-仅用于带七座车后排座椅的汽车

644

驾驶员侧车门外把手接触传感器、进入及启动许可控制单元、驾驶员侧的进入启动系统天线

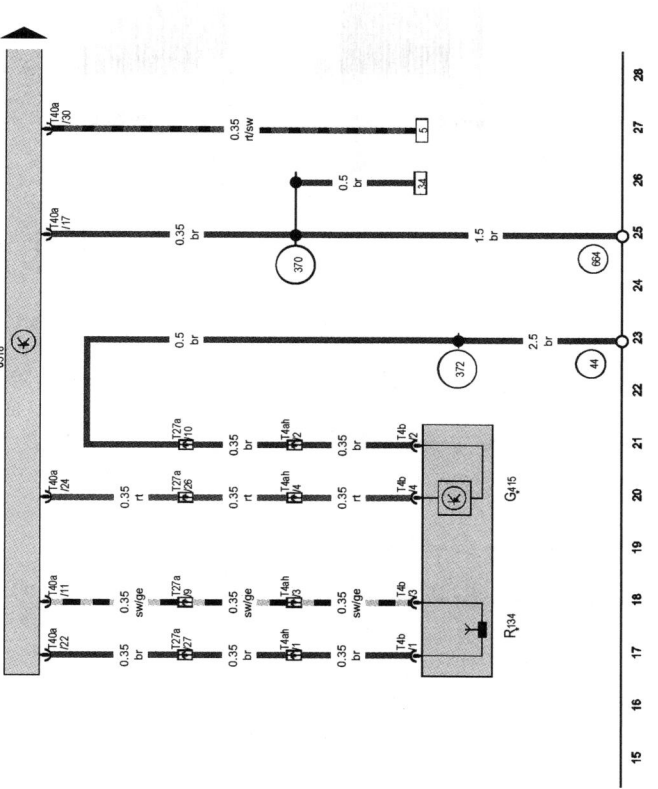

图 5-4-43

G415-驾驶员侧车门外把手接触传感器 J518-进入及启动许可控制单元 R134-驾驶员侧的进入及启动系统天线 T4ah-4 芯插头连接，黑色 T4b-4 芯插头连接，黑色 T27a-27 芯插头连接，黑色 T40a-40 芯插头连接，黑色 370-接地连接 5，在主导线束中 372-接地连接 7，在主导线束中 44-接地点，左侧 A 柱下部 370-接地连接 5，在主导线束中 664-左侧仪表板后面的接地点 *-已预先布线的部件

转向柱联锁制动器、保险丝架 C

图 5-4-42

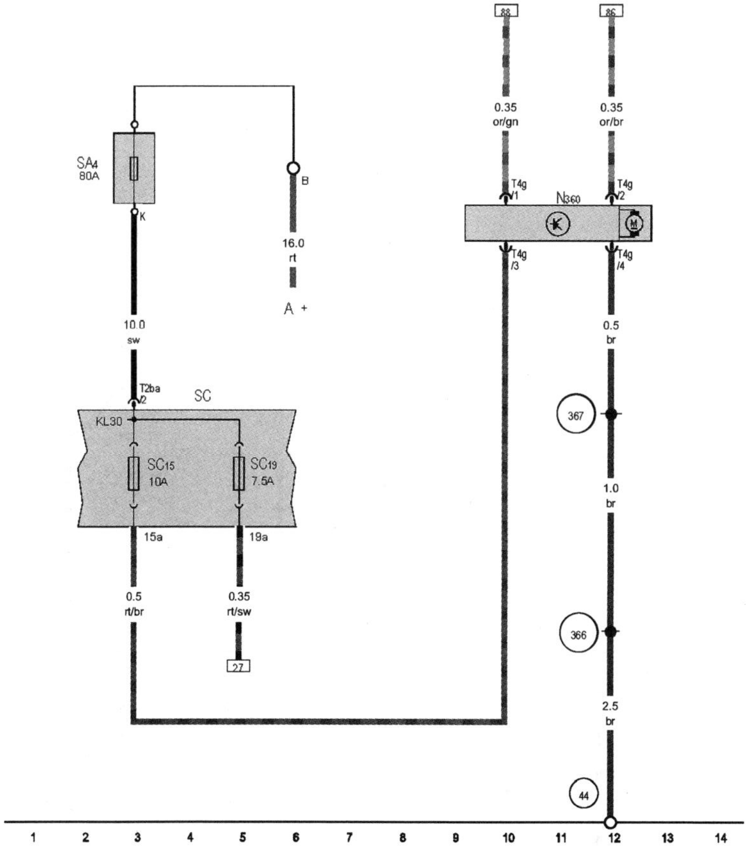

A-蓄电池 N360-转向柱联锁制动器 SA4-保险丝架 A 上的保险丝 4 SC-保险丝架 C SC15-保险丝架 C 上的保险丝 15 SC19-保险丝架 C 上的保险丝 19 T2ba-2 芯插头连接，黑色 T4g-4 芯插头连接，黑色 44-接地点，左侧 A 柱下部 366-接地连接 2，在主导线束中 367-接地连接 1，在主导线束中 *-已预先布线的部件

副驾驶员侧车门外把手接触传感器，进入及启动许可控制单元，进入及启动许可控制单元，副驾驶员侧的进入及启动
系统天线

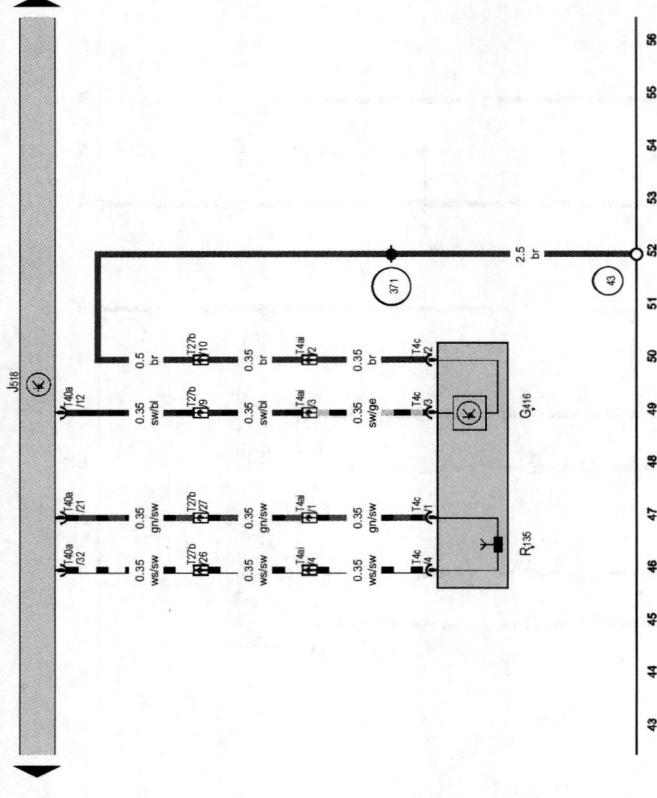

G416-副驾驶员侧车门外把手接触传感器 J518-进入及启动许可控制单元 R135-副驾驶员侧的进入及启动系统天线 T4ai-4 芯插头连接，黑色 T4c-4 芯插头连接，黑色 T27b-27 芯插头连接，黑色 T40a-40 芯插头连接，黑色 T73a-73 芯插头连接，右侧 A 柱下部 371-接地连接 6，在主导线束中 *-已预先布线的部件 43-接地点，右侧 A 柱下部 371-接地连接 6，在主导线束中 *-已预先布线的部件

图 5-4-45

启动装置按钮，进入及启动许可控制单元，车载电网控制单元，点火启动按钮照明装置灯
泡

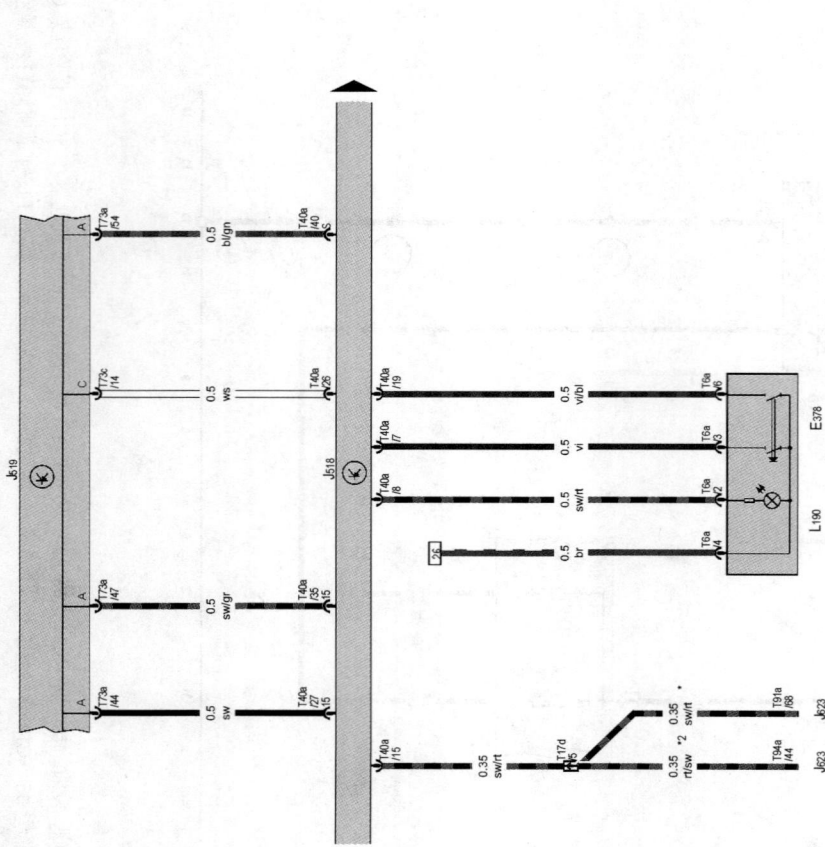

E378-启动装置按钮 J518-进入及启动许可控制单元 J519-车载电网控制单元 J623-发动机控制单元 L190-点火启动按钮照明装置灯泡 T6a-6 芯插头连接，黑色 T17d-17 芯插头连接，黑色 T40a-40 芯插头连接，黑色 T73a-73 芯插头连接，黑色 T73c-73 芯插头连接，黑色 T91a-91 芯插头连接，黑色 T94a-94 芯插头连接，黑色 *-仅用于带 1.8 L 发动机的汽车 *2-仅用于带 1.4 L 发动机的汽车

图 5-4-44

进入及启动许可控制单元，转向柱电子装置控制单元，数据总线诊断接口

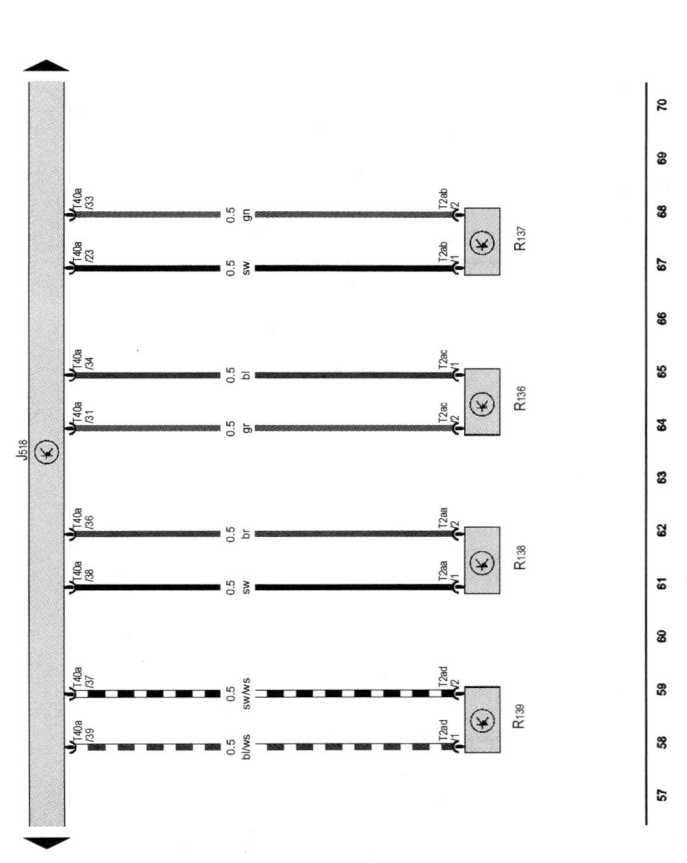

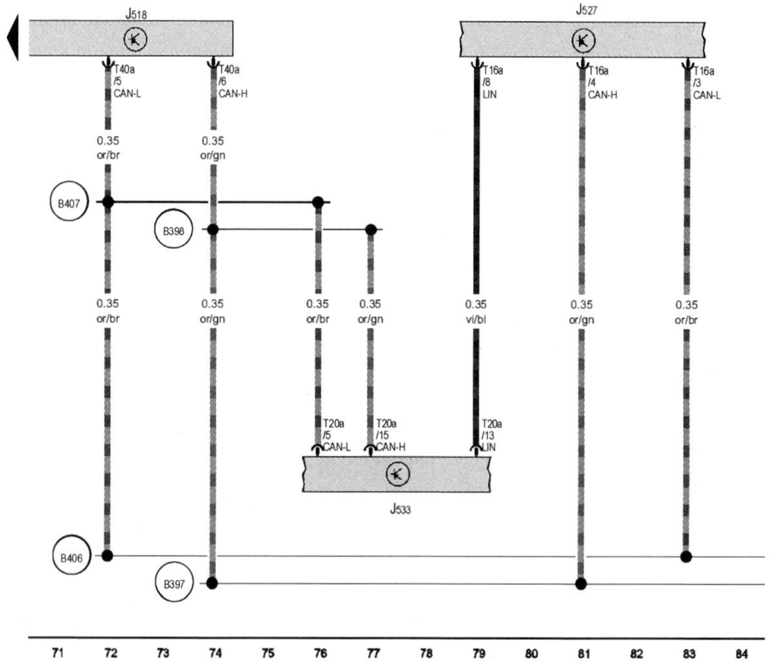

J527-转向柱电子装置控制单元 J533-数据总线诊断接口 T16a-16 芯插头
T16a-16 芯插接口 T20a-连接 1（舒适/便捷系统 CAN
总线，High），在主导线束中 B406-
连接 1（便捷系统 CAN总线，High），在主导线束中 B407-连接 2（舒适/便捷系统 CAN总线，
Low），在主导线束中

J518-进入及启动许可控制单元 J527-转向柱电子装置控制单元 J533-数据总线诊断接口 T16a-16 芯插头
连接，黑色 T20a-20 芯插头连接，红色 T40a-40 芯插头连接，黑色 B397-连接 1（舒适/便捷系统 CAN
总线，High），在主导线束中 B398-连接 2（舒适/便捷系统 CAN总线，High），在主导线束中 B406-
连接 1（便捷系统 CAN总线，Low），在主导线束中 B407-连接 2（舒适/便捷系统 CAN总线，
Low），在主导线束中

图 5-4-47

进入及启动许可控制单元，后部保险杠内的进入及启动系统天线，行李箱内的进入及启动
系统天线，车内空间的进入及启动系统天线 1，车内空间的进入及启动系统天线 2

J518-进入及启动许可控制单元 R136-后部保险杠内的进入及启动系统天线 R137-行李箱内的进入及启动系统天线 R139-车内空间的进入及启动
系统天线 R138-车内空间的进入及启动系统天线 1 R139-车内空间的进入及启动系统天线 2 T2a-2 芯
插头连接，黑色 T2ab-2 芯插头连接，黑色 T2ac-2 芯插头连接，黑色 T2ad-2 芯插头连接，棕色 T2ad-2 芯插头连接，黑色 T40a-
40 芯插头连接，黑色

图 5-4-46

保险丝架 C

防盗锁止系统识读线圈，多功能显示器，仪表板中的控制单元，防盗锁止系统控制单元

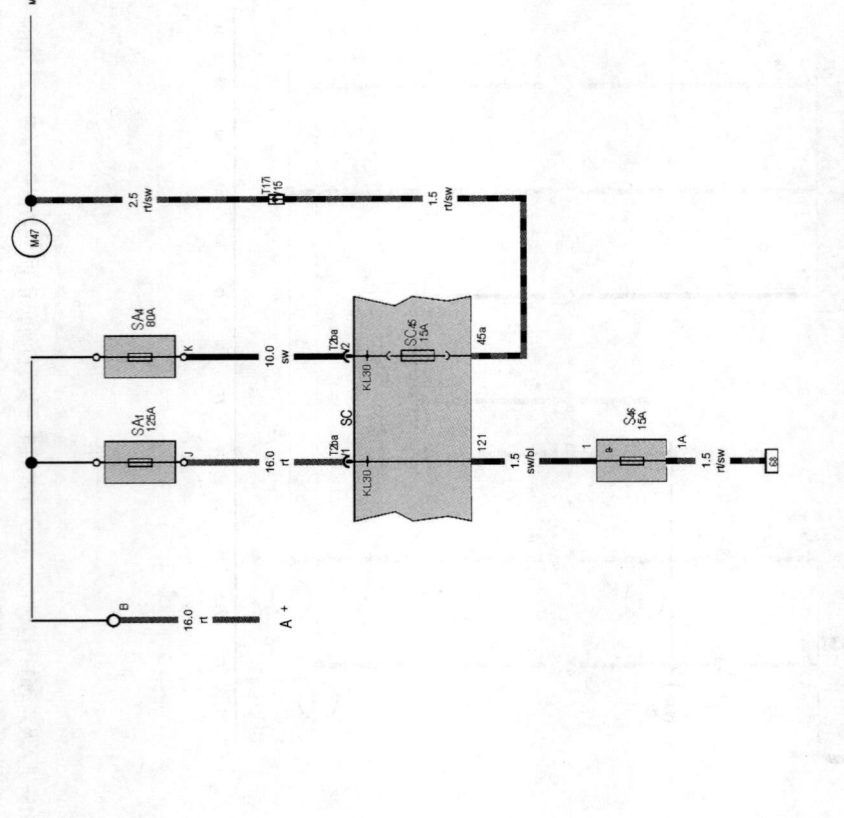

图 5-4-49

A–蓄电池 SA1–保险丝架 A 上的保险丝 1 SA4–保险丝架 A 上的保险丝 4 S46–副驾驶员座椅调整装置的
热敏保险丝 1 SC–保险丝架 C SC45–保险丝架 C 上的保险丝 45 T2ba–2 芯插头连接，黑色 T17i–17 芯
插头连接，红色 M47–连接 7，在驾驶员侧座椅导线束中

图 5-4-48

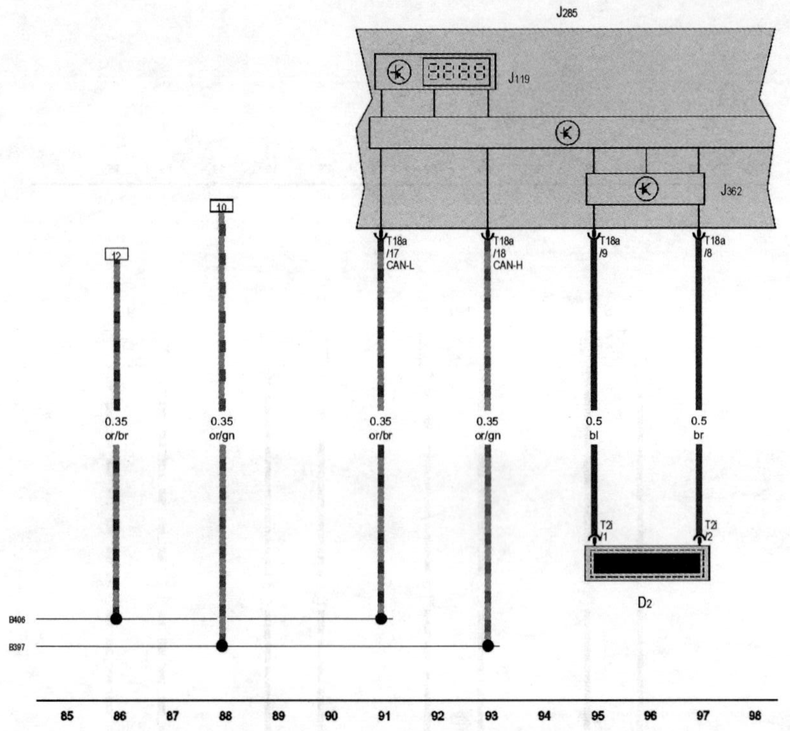

D2–防盗锁止系统识读线圈 J119–多功能显示器 J285–仪表板中的控制单元 J362–防盗锁止系统控制单元
T2i–2 芯插头连接，黑色 T18a–18 芯插头连接，黑色 B397–连接 1（舒适/便捷系统 CAN总线，High），
在主导线束中 B406–连接 1（舒适/便捷系统 CAN总线，Low），在主导线束中

648

驾驶员腰部支撑调节开关，驾驶员座椅腰部支撑纵向调节电机，驾驶员座椅腰部支撑高度调节电机

左前座椅调节操作单元，驾驶员座椅的前部高度调节开关，驾驶员座椅靠背调节开关，驾驶员座椅靠背调节开关，驾驶员座椅的前部高度调节电机，驾驶员座椅靠背调节电机

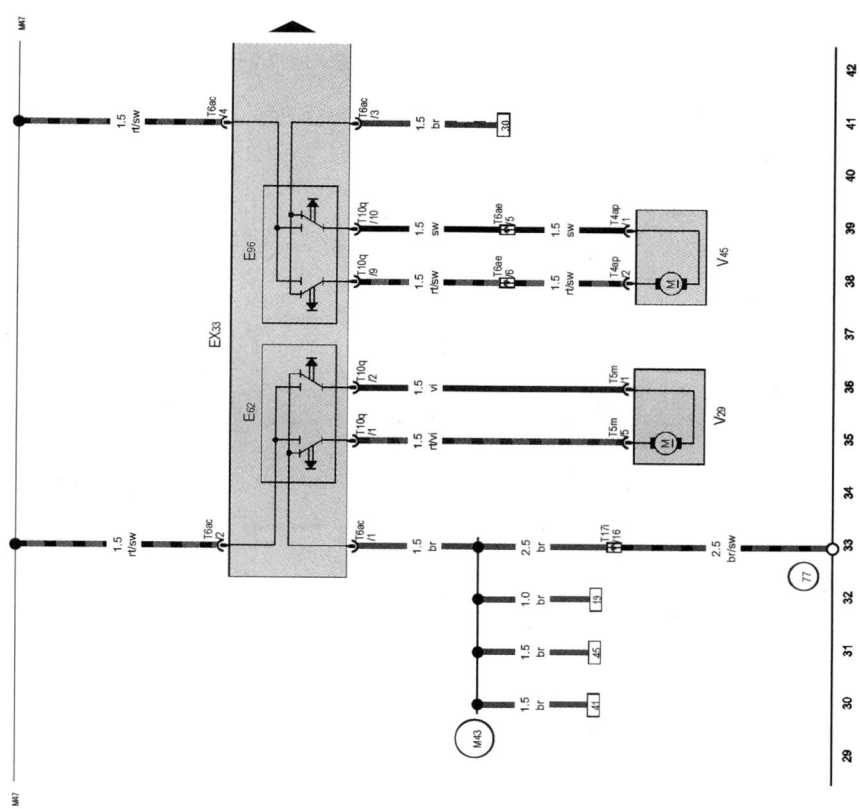

图 5-4-51

EX33-左前座椅调节操作单元 E62-驾驶员座椅的前部高度调节开关 E96-驾驶员座椅靠背调节开关 T4ap-4 芯插头连接，黑色 T6ac-6 芯插头连接，黑色 T10q~10 芯插头连接，黑色 T17n-17 芯插头连接，红色 V29-驾驶员座椅的前部高度调节电机 V45-驾驶员座椅靠背调节电机 77-左侧 B 柱下的接地点 M43-连接 3，在驾驶员侧座椅导线束中 M47-连接 7，在驾驶员侧座椅导线束中

图 5-4-50

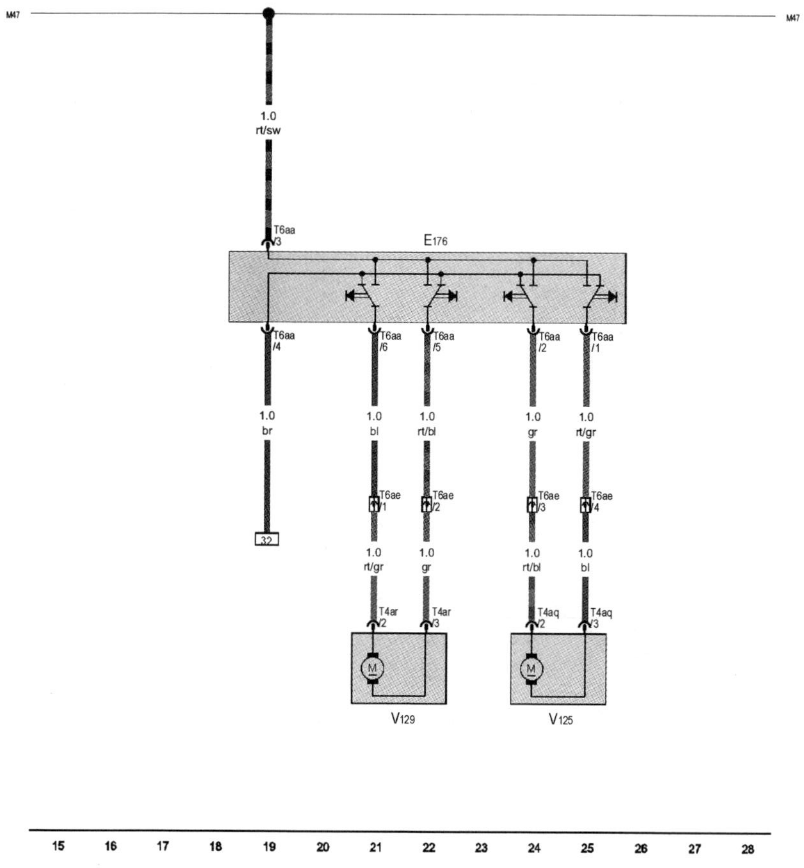

E176-驾驶员腰部支撑调节开关 T4aq-4 芯插头连接，黑色 T4ar-4 芯插头连接，黑色 T6ac-6 芯插头连接，黑色 T6aa-6 芯插头连接，黑色 V125-驾驶员座椅腰部支撑纵向调节电机 V129-驾驶员座椅腰部支撑高度调节电机 M47-连接 7，在驾驶员侧座椅导线束中

649

副驾驶员座椅调节操作单元，副驾驶员座椅腰部支撑纵向调节开关，副驾驶员座椅腰部支撑高度调节开关，副驾驶员座椅腰部支撑纵向调节电机，副驾驶员座椅腰部支撑高度调节电机

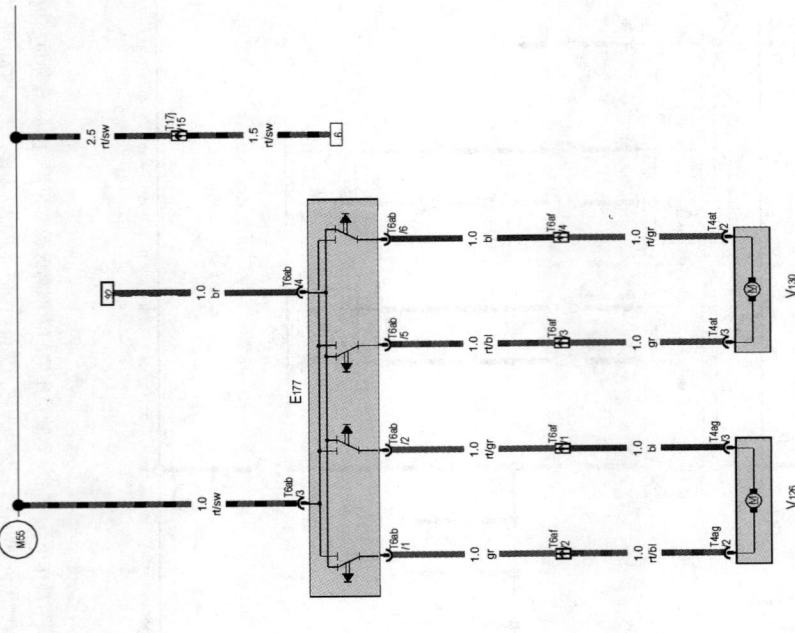

图 5-4-53

E177-副驾驶员座椅腰部支撑调节开关 T4ag-4 芯插头连接，黑色 T4at-4 芯插头连接，黑色 T6ab-6 芯插头连接，黑色 T6af-6 芯插头连接，黑色 T17j-17 芯插头连接，红色 V126-副驾驶员座椅腰部支撑纵向调节电机 M55-连接 5，在副驾驶员座椅侧座椅导线束中 V130-副驾驶员座椅腰部支撑高度调节电机

左前座椅调节操作单元，驾驶员座椅的后部高度调节开关，驾驶员座椅纵向调节开关，驾驶员座椅纵向调节电机，驾驶员座椅的后部高度调节电机

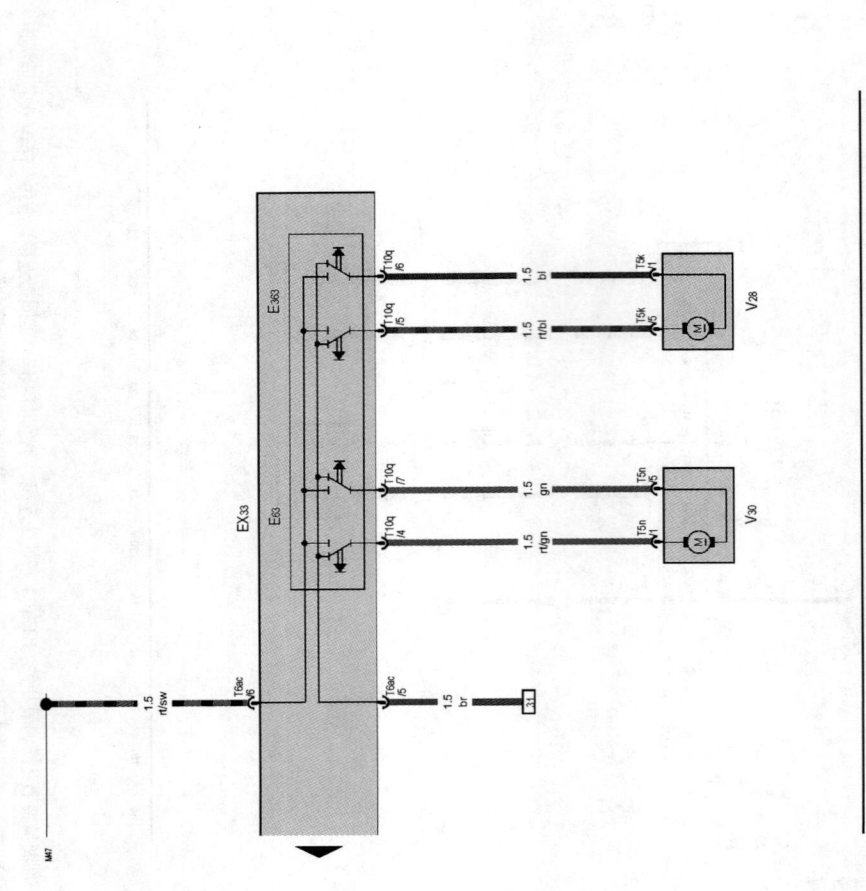

图 5-4-52

EX33-左前座椅调节操作单元 E63-驾驶员座椅的后部高度调节开关 E363-驾驶员座椅纵向调节开关 T5k-5 芯插头连接，黑色 T5n-5 芯插头连接，黑色 T6ac-6 芯插头连接，黑色 T10q-10 芯插头连接，黑色 V28-驾驶员座椅纵向调节电机 V30-驾驶员座椅的后部高度调节电机 M47-连接 7，在驾驶员座椅侧座椅导线束中

650

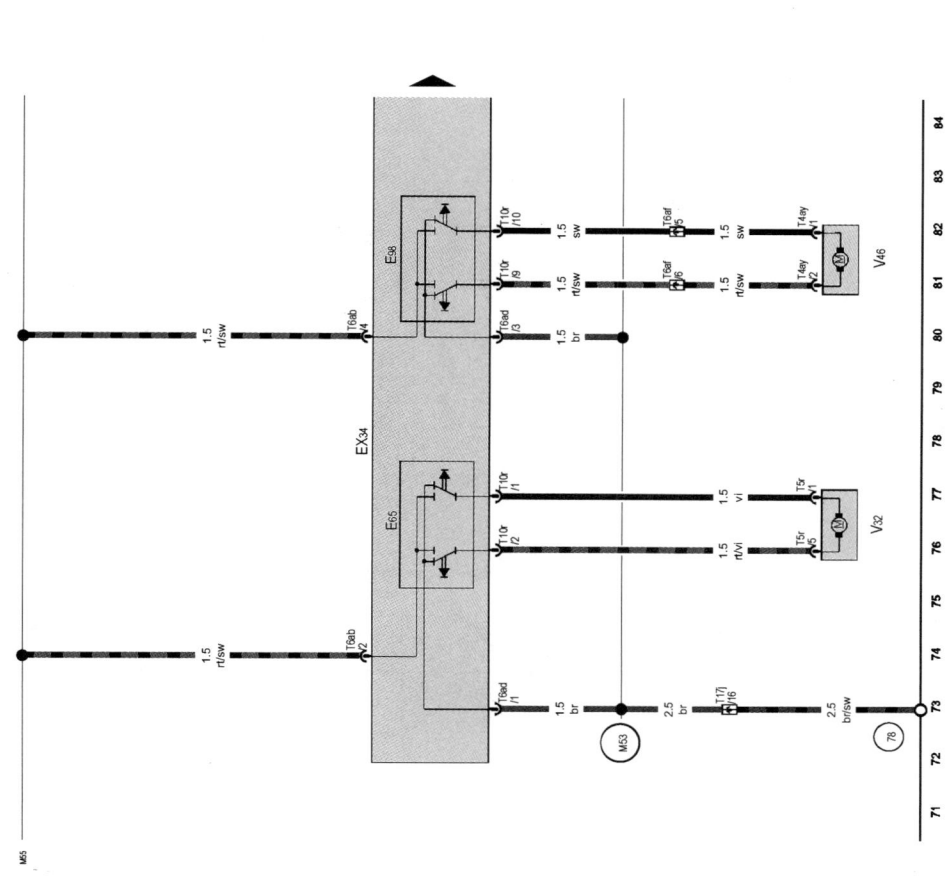

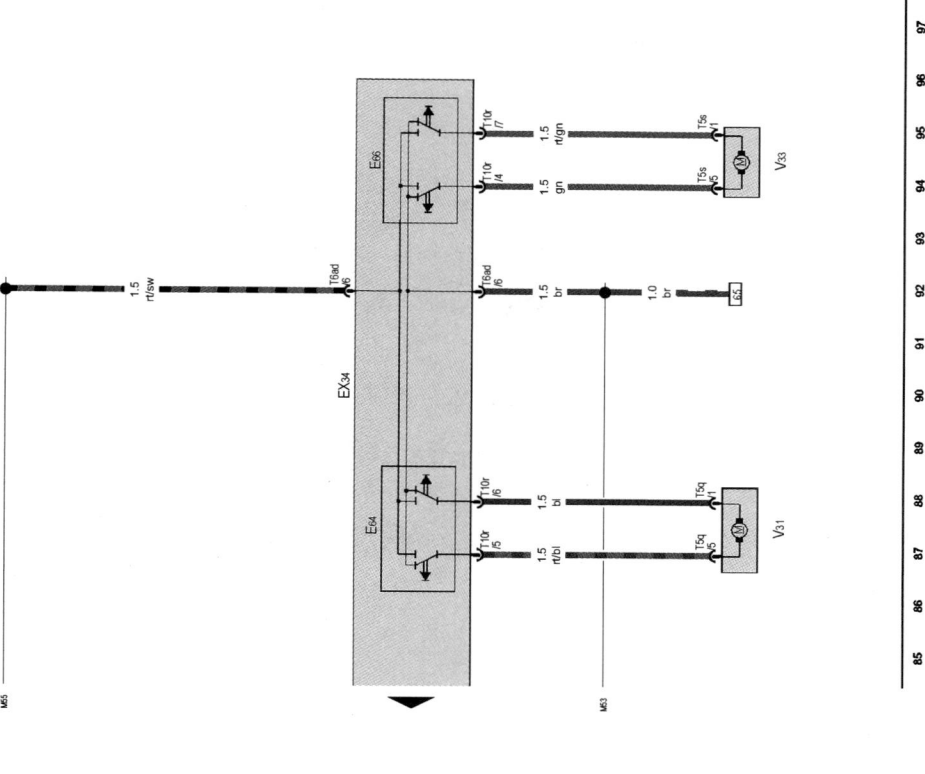

右前座椅调节操作单元，副驾驶员座椅的前部高度调节开关，副驾驶员座椅靠背调节开关，副驾驶员座椅的前部高度调节电机，副驾驶员座椅靠背调节电机

右前座椅调节操作单元，副驾驶员座椅纵向调节开关，副驾驶员座椅的后部高度调节开关，副驾驶员座椅纵向调节电机，副驾驶员座椅的后部高度调节电机

图 5-4-54

图 5-4-55

EX34-右前座椅调节操作单元 E65-副驾驶员座椅的前部高度调节开关 E98-副驾驶员座椅靠背调节开关 T4ay-4 芯插头连接，黑色 T5r-5 芯插头连接，黑色 T6ab-6 芯插头连接，黑色 T6af-6 芯插头连接，黑色 T10r-10 芯插头连接，黑色 T17j-17 芯插头连接，红色 V32-副驾驶员座椅的前部高度调节电机 V46-副驾驶员座椅靠背调节电机 78-右侧 B 柱下部接地点 在副驾驶员侧座椅导线束中 M55-连接 5，在副驾驶员侧座椅导线束中

EX34-右前座椅调节操作单元 E64-副驾驶员座椅纵向调节开关 E66-副驾驶员座椅的后部高度调节开关 T5q-5 芯插头连接，黑色 T5s-5 芯插头连接，黑色 T6ad-6 芯插头连接，黑色 T10r-10 芯插头连接，黑色 V31-副驾驶员座椅纵向调节电机 V33-副驾驶员座椅的后部高度调节电机 M53-连接 3，在副驾驶员侧座椅导线束中 M55-连接 5，在副驾驶员侧座椅导线束中

可加热驾驶员座椅调节器，可加热副驾驶员座椅调节器，可加热副驾驶员座椅调节器，空调器控制单元，车载电网控制单元，车载电网控制单元，可加热驾驶员座椅指示灯，可加热副驾驶员座椅指示灯

可加热驾驶员座椅调节器，可加热副驾驶员座椅调节器，全自动空调控制单元，车载电网控制单元，可加热驾驶员座椅指示灯，可加热副驾驶员座椅指示灯

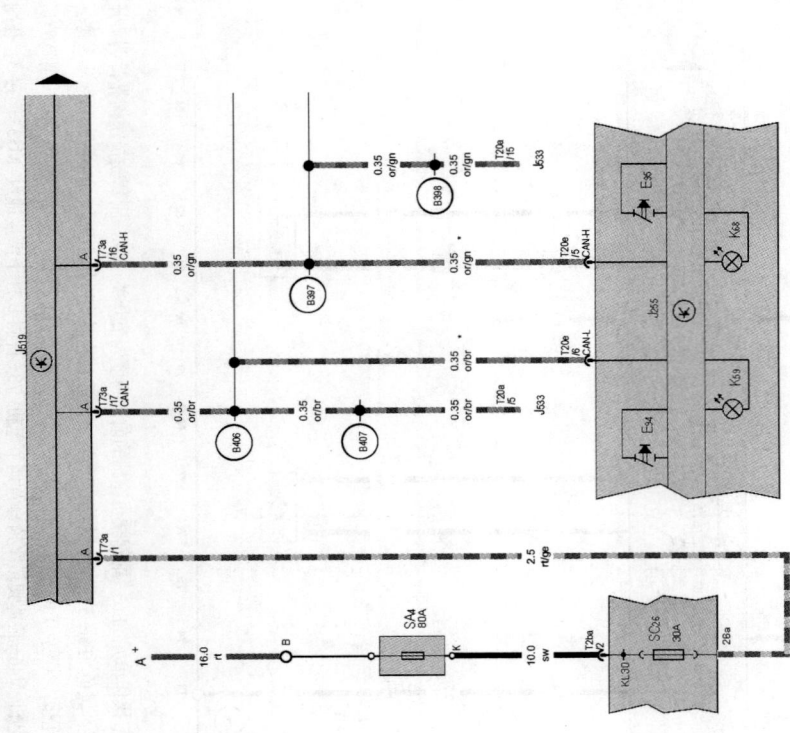

图 5-4-57

图 5-4-56

E94-可加热驾驶员座椅调节器 E95-可加热副驾驶员座椅调节器 J301-空调器控制单元 J519-车载电网控制单元 K59-可加热驾驶员座椅指示灯 K68-可加热副驾驶员座椅指示灯 T20d-20 芯插头连接 黑色 B397-连接 1 (舒适/便捷系统 CAN总线, High)，在主导线束中 B406-连接 1 (舒适系统 CAN总线, Low)，在主导线束中 *-仅用于带电动调节风门的空调器

A-蓄电池 E94-可加热驾驶员座椅调节器 E95-可加热副驾驶员座椅调节器 J255-全自动空调控制单元 J519-车载电网控制单元 J533-数据总线诊断接口 K59-可加热驾驶员座椅指示灯 K68-可加热副驾驶员座椅指示灯 SA4-保险丝架 A 上的保险丝 4 SC26-保险丝架 C 上的保险丝 26 T2ba-2 芯插头连接, 黑色 T20a-20 芯插头连接, 红色 T20e-20 芯插头连接, 黑色 B397-连接 1 (舒适/便捷系统 CAN总线, High)，在主导线束中 B398-连接 2 (舒适/便捷系统 CAN总线, High)，在主导线束中 B406-连接 1 (舒适/便捷系统 CAN总线, Low)，在主导线束中 B407-连接 2 (舒适/便捷系统 CAN总线, Low)，在主导线束中 *-仅用于带全自动空调的汽车

652

右前座椅温度传感器，车载电网控制单元，可加热式副驾驶员座椅，可加热副驾驶员座椅靠背

左前座椅温度传感器，车载电网控制单元，可加热式驾驶员座椅，可加热驾驶员座椅靠背

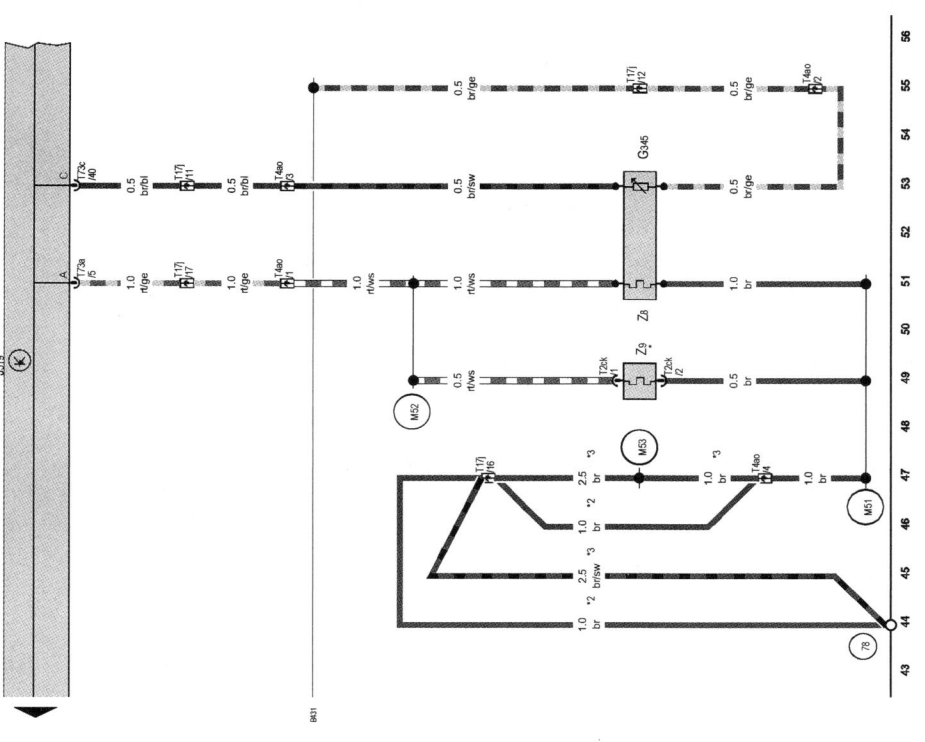

图 5-4-59

图 5-4-58

G345-右前座椅温度传感器 J519-车载电网控制单元 T2ck-2 芯插头连接，黑色 T4ao-4 芯插头连接，黑色 T17j-17 芯插头连接，红色 T73a-73 芯插头连接，黑色 T73c-73 芯插头连接，黑色 Z8-可加热式副驾驶员座椅 Z9-可加热副驾驶员座椅靠背 78-右侧 B 柱下部接地点 B431-连接，在右侧（座椅加热），在主导线束中 M51-连接 1，在副驾驶员侧座椅导线束中 M52-连接 2，在副驾驶员侧座椅导线束中 M53-连接 3，在副驾驶员侧座椅导线束中 *-已预先布线的部件 *2-仅用于不带座椅调节的汽车 *3-仅用于带座椅调节的汽车

G344-左前座椅温度传感器 J519-车载电网控制单元 T2cj-2 芯插头连接，黑色 T4an-4 芯插头连接，黑色 T17h-17 芯插头连接，红色 T73a-73 芯插头连接，黑色 T73c-73 芯插头连接，黑色 Z6-可加热式驾驶员座椅 Z7-可加热驾驶员座椅靠背 77-左侧 B 柱下部接地点 B431-连接，在左侧（座椅加热），在主导线束中 M41-连接 1，在驾驶员侧座椅导线束中 M42-连接 2，在驾驶员侧座椅导线束中 M43-连接 3，在驾驶员侧座椅导线束中 *-已预先布线的部件 *2-仅用于不带座椅调节的汽车 *3-仅用于带座椅调节的汽车

前部滑动天窗电机的霍耳传感器，滑动天窗控制单元，滑动天窗电机

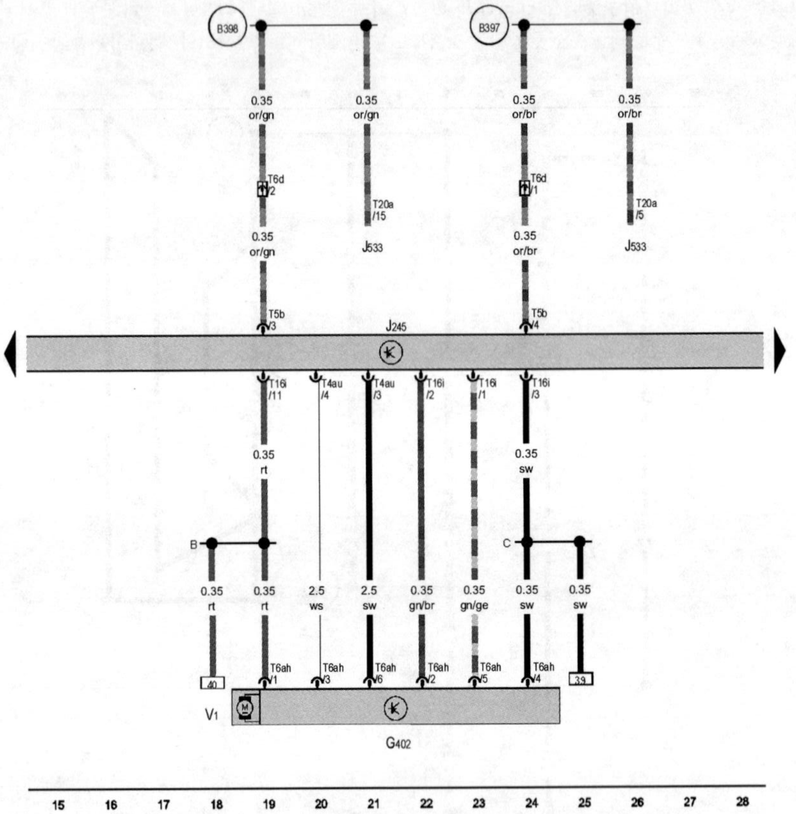

滑动天窗开关，滑动天窗控制单元

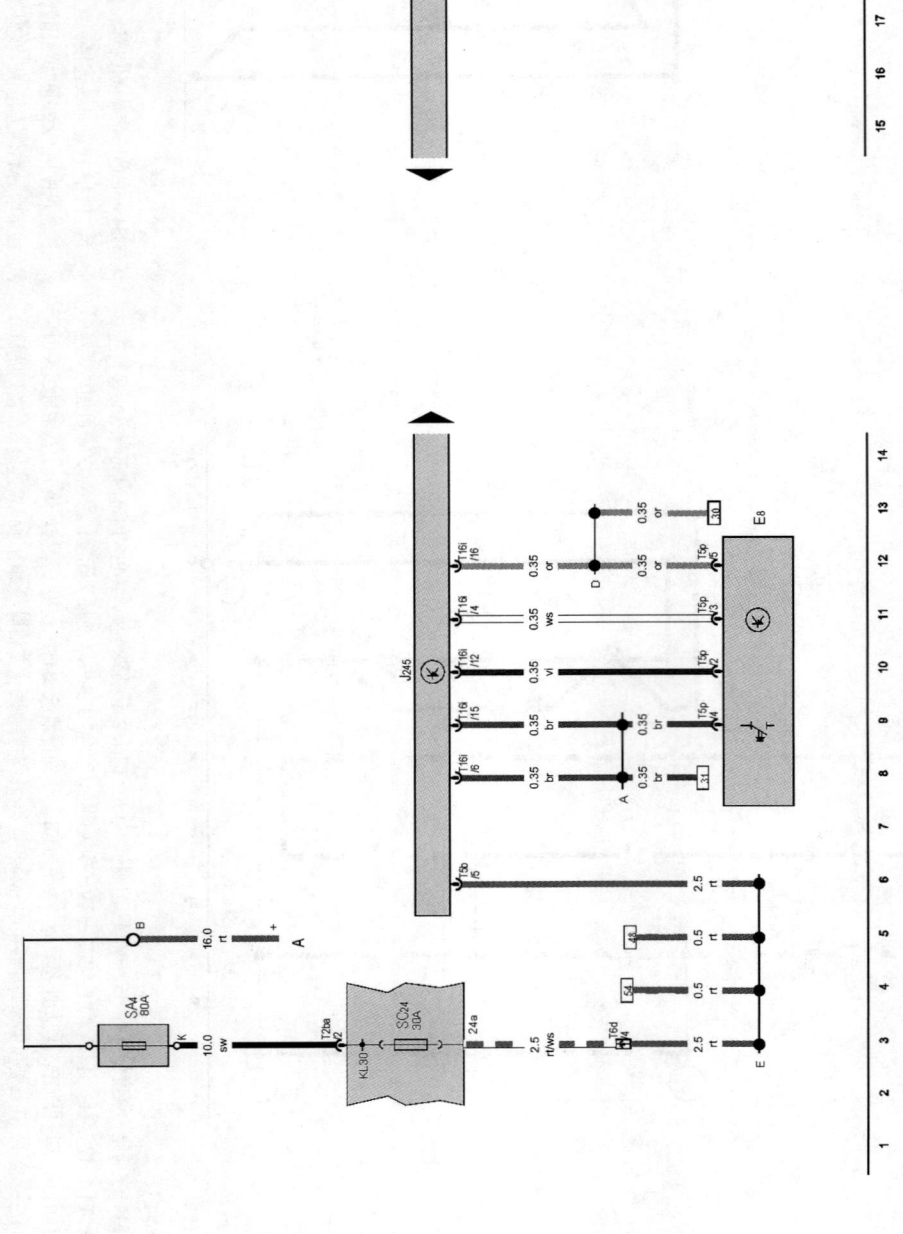

图 5-4-61

G402-前部滑动天窗电机的霍耳传感器 J245-滑动天窗控制单元 J533-数据总线诊断接口 T4au-4 芯插头连接，黑色 T5b-5 芯插头连接，黑色 T6ah-6 芯插头连接，白色 T6d-6 芯插头连接，黑色 T16i-16 芯插头连接，黑色 T20a-20 芯插头连接，红色 V1-滑动天窗电机 B397-连接 1（舒适/便捷系统 CAN 总线，High），在主导线束中 B398-连接 2（舒适/便捷系统 CAN 总线，High），在主导线束中

图 5-4-60

A-蓄电池 E8-滑动天窗开关 J245-滑动天窗控制单元 SA4-保险丝架 A 上的保险丝 4 SC24-保险丝架 C 上的保险丝 24 T2ba-2 芯插头连接，黑色 T5b-5 芯插头连接，黑色 T5p-5 芯插头连接，黑色 T6d-6 芯插头连接，黑色 T16i-16 芯插头连接，黑色

654

天窗卷帘卷帘按键 1，滑动天窗卷帘电机的霍耳传感器，滑动天窗控制单元，滑动天窗卷帘电机

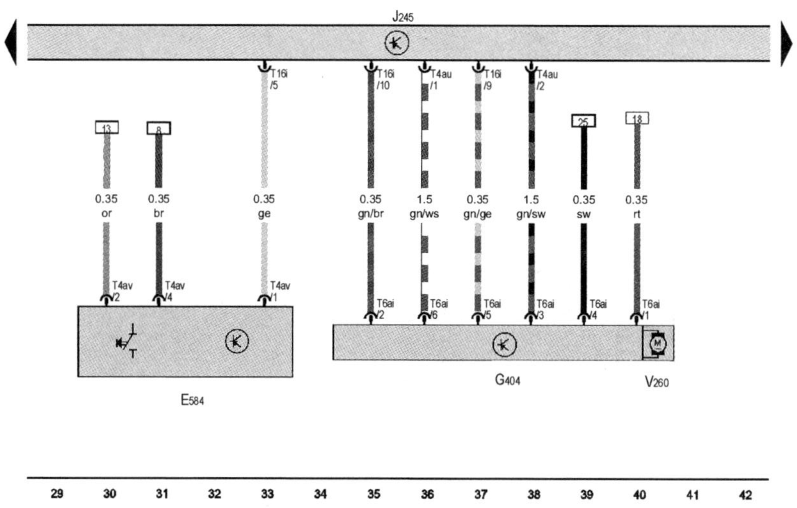

滑动天窗控制单元，左侧车顶背景照明灯泡，右侧车顶背景照明灯

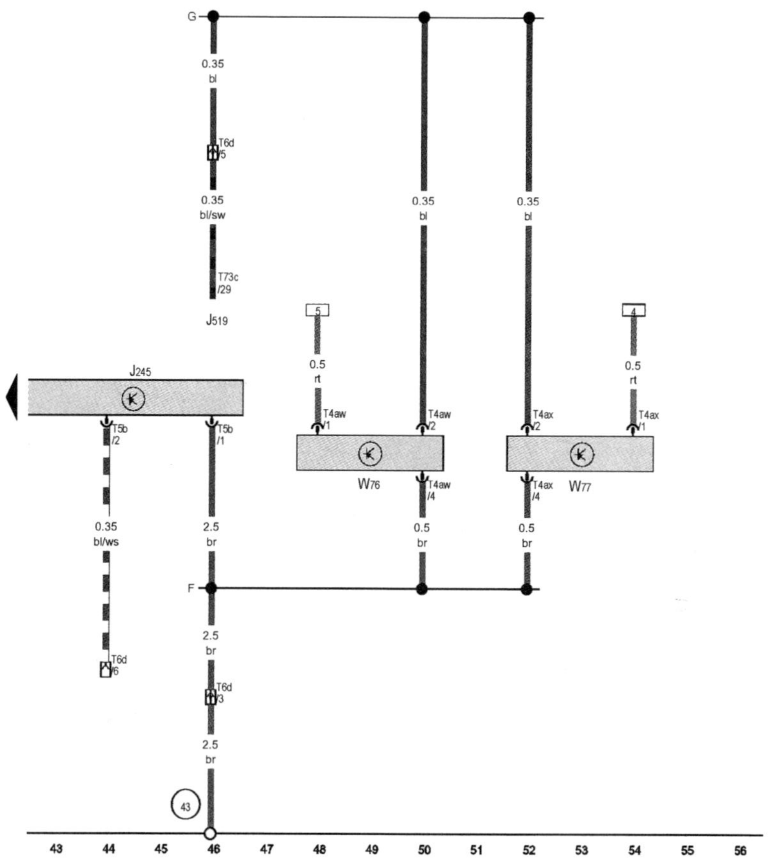

E584-天窗卷帘卷帘按键 1，G404-滑动天窗卷帘电机的霍耳传感器，J245-滑动天窗控制单元，T4au-4 芯插头连接，黑色，T4av-4 芯插头连接，黑色，T6ai-6 芯插头连接，黑色，T16i-16 芯插头连接，白色，V260-滑动天窗卷帘电机

图 5-4-62

J245-滑动天窗控制单元，J519-车载电网控制单元，T4aw-4 芯插头连接，黑色 T4ax-4 芯插头连接，黑色 T5b-5 芯插头连接，黑色 T6d-6 芯插头连接，黑色 T73c-73 芯插头连接，黑色 W76-左侧车顶背景照明灯泡 W77-右侧车顶背景照明灯 43-接地点，右侧 A 柱下部

图 5-4-63

行驶换道系统控制单元, 副驾驶员侧外后视镜中的行驶换道系统警告灯, 副驾驶员侧车外后视镜

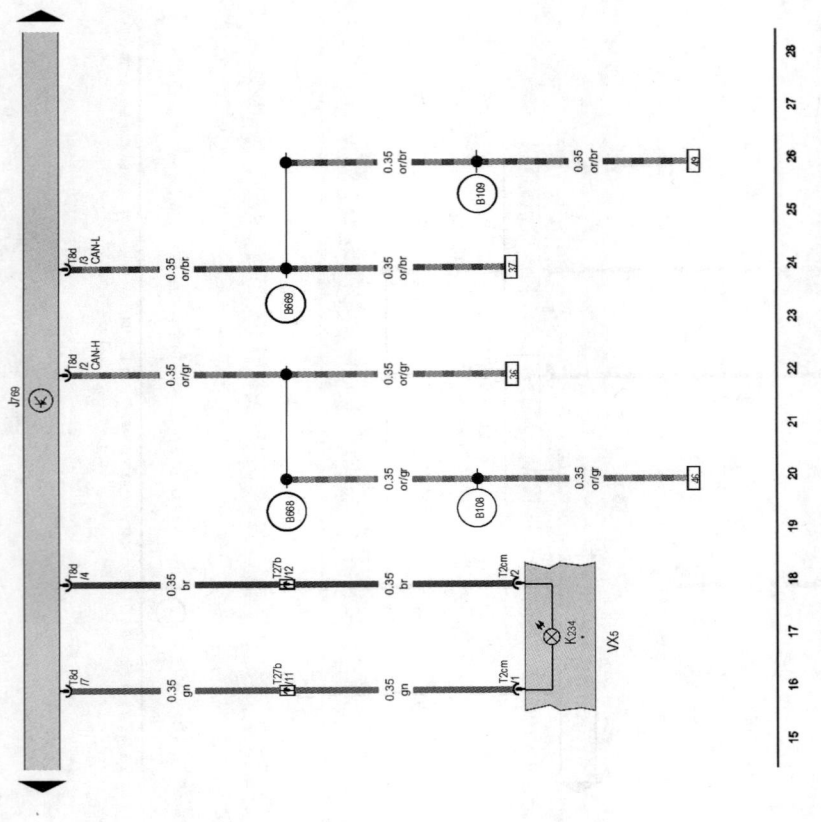

J769-行驶换道助理系统控制单元 K234-副驾驶员侧外后视镜中的行驶换道助理系统警告灯 T2cm-2 芯插头连接, 黑色 T8d-8 芯插头连接, 黑色 T27b-27 芯插头连接 VX5-副驾驶员侧车外后视镜 B108-连接 1 (扩展型 CAN 总线, High), 在主导线束中 B109-连接 1 (扩展型 CAN 总线, Low), 在主导线束中 B668-连接 2 (扩展型 CAN 总线, High), 在主导线束中 B669-连接 2 (扩展型 CAN 总线, Low), 在主导线束中 *-已预先布线的部件

图 5-4-65

端子 15 供电继电器, 行驶换道助理系统控制单元, 保险丝架 C

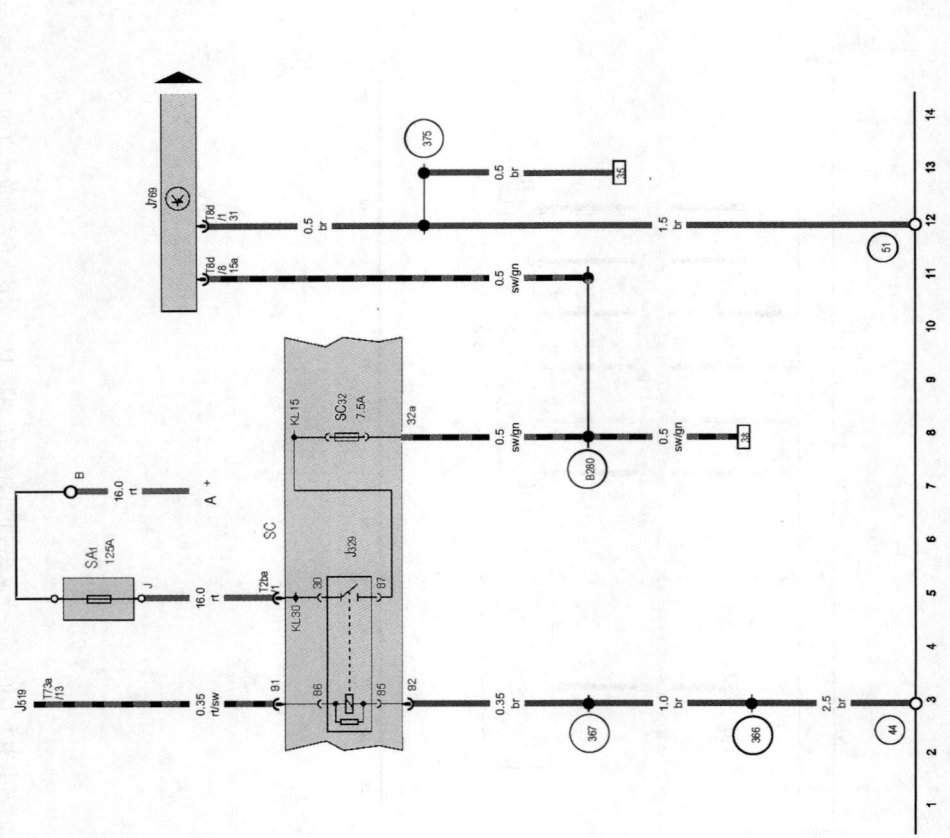

A-蓄电池 J329-端子 15 供电继电器 J519-车载电网控制单元 J769-行驶换道助理系统控制单元 SA1-保险丝架 A 上的保险丝 1 SC-保险丝架 C SC32-保险丝架 C 上的保险丝 32 T2ba-2 芯插头连接, 黑色 T8d-8 芯插头连接, 黑色 T73a-73 芯插头连接, 黑色 T2d-8 芯插头连接, 黑色 51-行李箱内的右侧接地点 44-接地点, 左侧 A 柱下部 367-接地连接 2, 在主导线束中 375-接地连接 10, 在主导线束中 366-接地连接 1, 在主导线束中 367-接地连接 2, 在主导线束中 375-接地连接 10, 在主导线束中 B280-正极连接 4 (15a), 在主导线束中

图 5-4-64

656

転向柱電子装置控制单元, 数据总线诊断接口

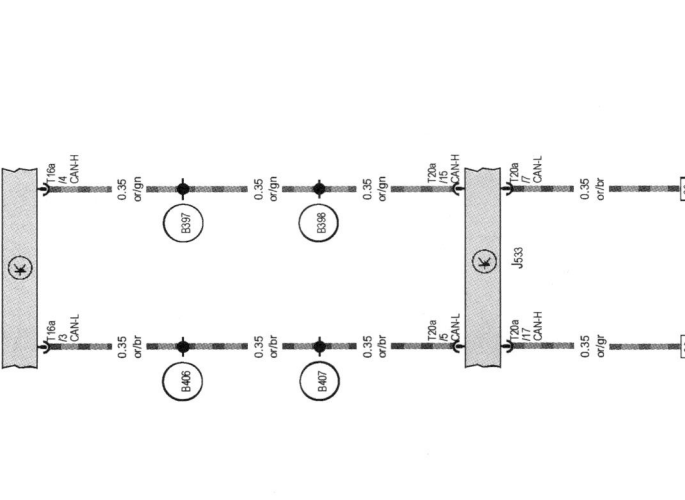

J527-转向柱电子装置控制单元 J533-数据总线诊断接口 T16a-16 芯插头连接, 黑色 T20a-20 芯插头连接, 黑色 T20a-20 芯插头连接, 黑色 T16-16 芯插头连接, 黑色 B397-连接 1 (舒适/便捷系统 CAN 总线, High), 在主导线束中 B398-连接 2 (舒适/便捷系统 CAN总线, High), 红色 B397-连接 1 (舒适/便捷系统 CAN总线, High), 在主导线束中 B406-连接 1 (舒适/便捷系统 CAN总线, Low), 在主导线束中 B407-连接 2 (舒适/便捷系统 CAN总线, Low), 在主导线束中

图 5-4-67

行驶换道辅助系统控制单元, 行驶换道辅助系统控制单元 2, 驾驶员侧外后视镜中的行驶换道辅助系统警告灯, 驾驶员侧车外后视镜

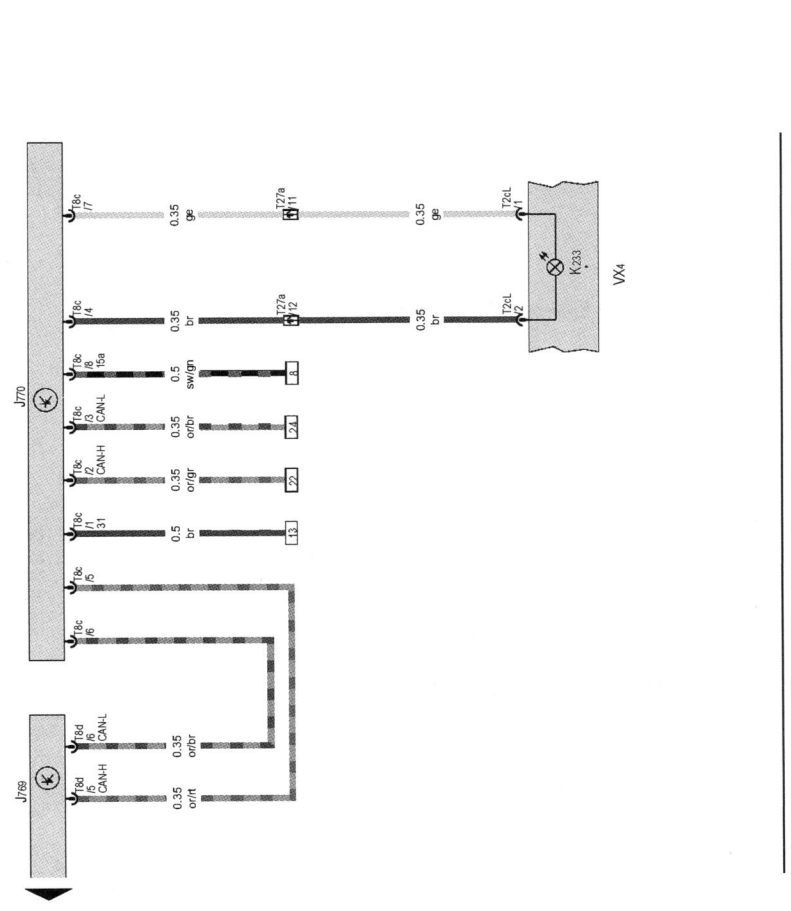

J769-行驶换道辅助系统控制单元 J770-行驶换道辅助系统控制单元 2 K233-驾驶员侧外后视镜中的行驶换道辅助系统警告灯 T2cL-2 芯插头连接, 黑色 T8c-8 芯插头连接, 黑色 T8d-8 芯插头连接, 黑色 T27a-27 芯插头连接, 黑色 VX4-驾驶员侧车外后视镜 *-已预先布线的部件

图 5-4-66

车距调节控制单元，转向柱电子装置控制单元，数据总线诊断接口

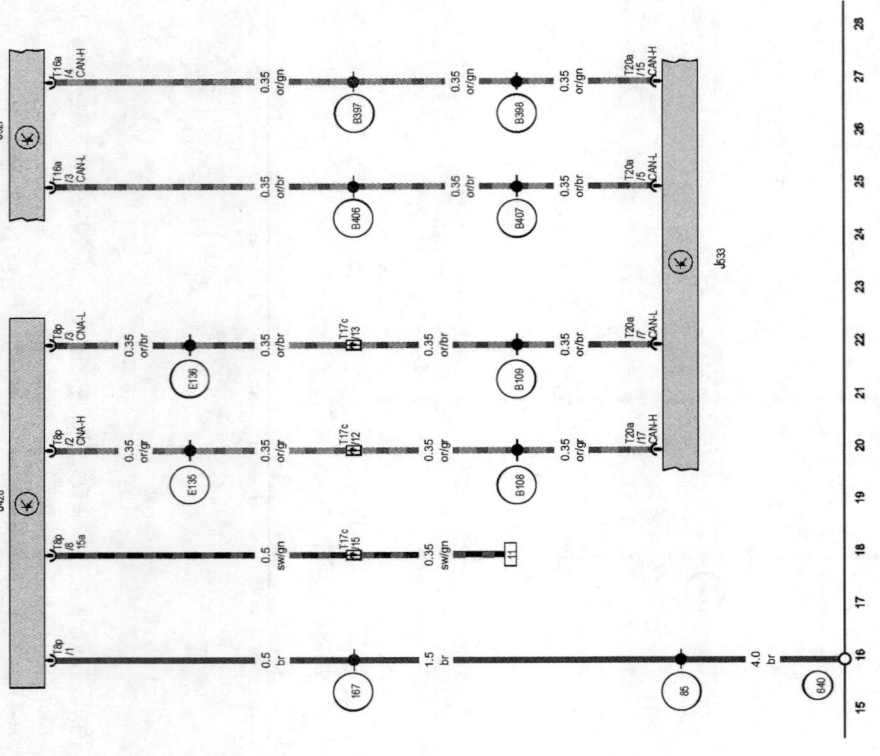

图 5-4-69

J428-车距调节控制单元 J527-转向柱电子装置控制单元 J533-数据总线诊断接口 T8p-8 芯插头连接 T8p-8 芯插头连接，红色 85-接地连接 1，在发动机舱导线束中 T16a-16 芯插头连接，黑色 T17c-17 芯插头连接，黑色 T20a-20 芯插头连接，黑色 167-接地连接 4，在发动机舱导线束中 640-接地点 2，在发动机舱导线束中 B108-连接 1（扩展型 CAN 总线，High），在主导线束中 B109-连接 1（扩展型 CAN 总线，Low），在主导线束中 B397-连接 1（舒适/便捷系统 CAN总线，High），在主导线束中 B398-连接 2（舒适/便捷系统 CAN总线，High），在主导线束中 B406-连接 1（舒适/便捷系统 CAN总线，Low），在主导线束中 B407-连接 2（舒适/便捷系统 CAN总线，Low），在主导线束中 E135-连接（扩展型高速 CAN 总线），在发动机舱导线束中 E136-连接（扩展型低速 CAN 总线），在发动机舱导线束中

端子 15 供电继电器，保险丝架 C

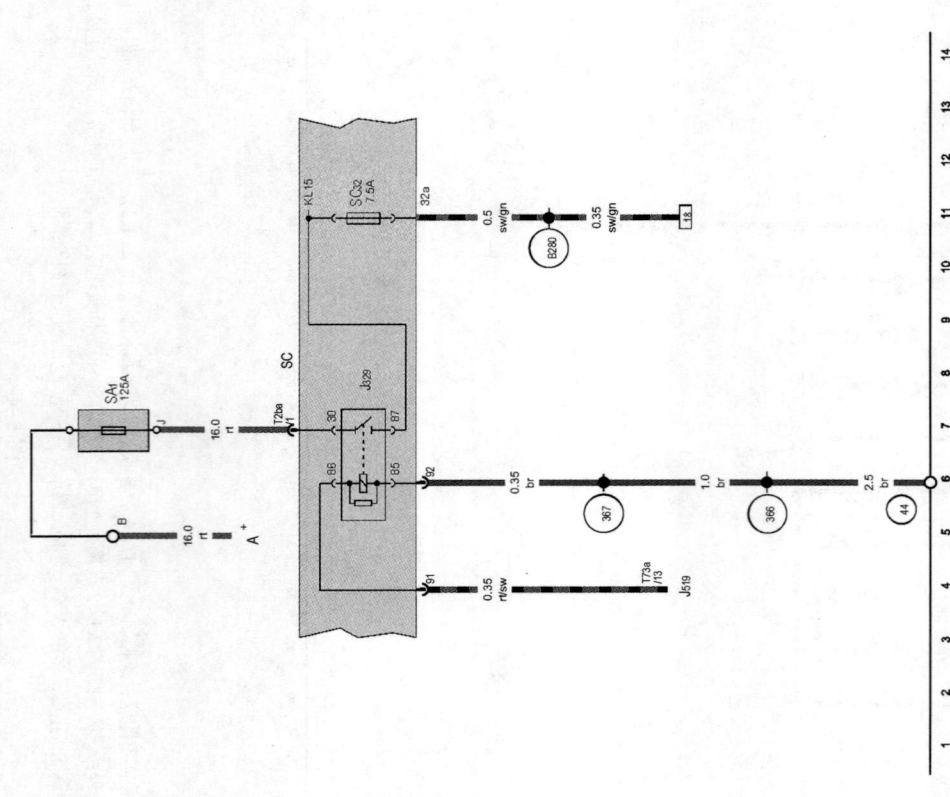

图 5-4-68

A-蓄电池 J329-端子 15 供电继电器 J519-车载电网控制单元 SA1-保险丝架 A 上的保险丝 1 SC-保险丝架 C SC32-保险丝架 C 上的保险丝 32 T2ba-2 芯插头连接，黑色 T73a-73 芯插头连接，黑色 44-接地点 A 柱下部 366-接地连接 1，在主导线束中 367-接地连接 2，在主导线束中 B280-正极连接 4（15a），在主导线束中

端子 15 供电继电器，驻车距离报警控制单元，车载电网控制单元，驻车辅助系统控制单元，保险丝架 C

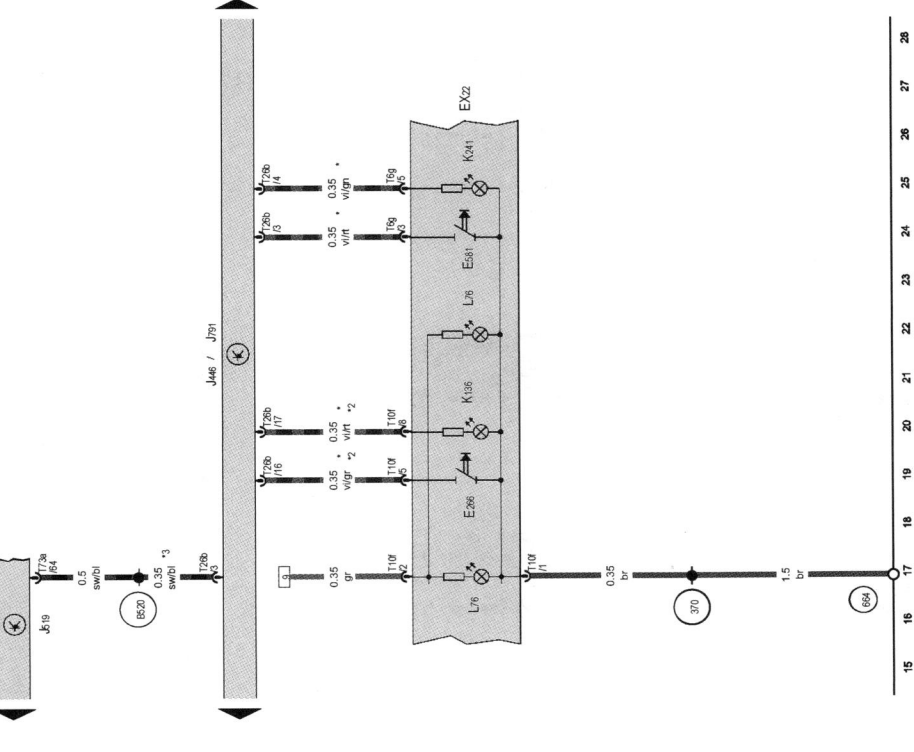

中部仪表板开关模块，驻车距离报警按钮，驻车辅助系统按钮，车载电网控制单元，驻车辅助系统控制单元，驻车距离报警控制单元，驻车距离报警指示灯，驻车转向辅助系统指示灯，按钮照明灯泡

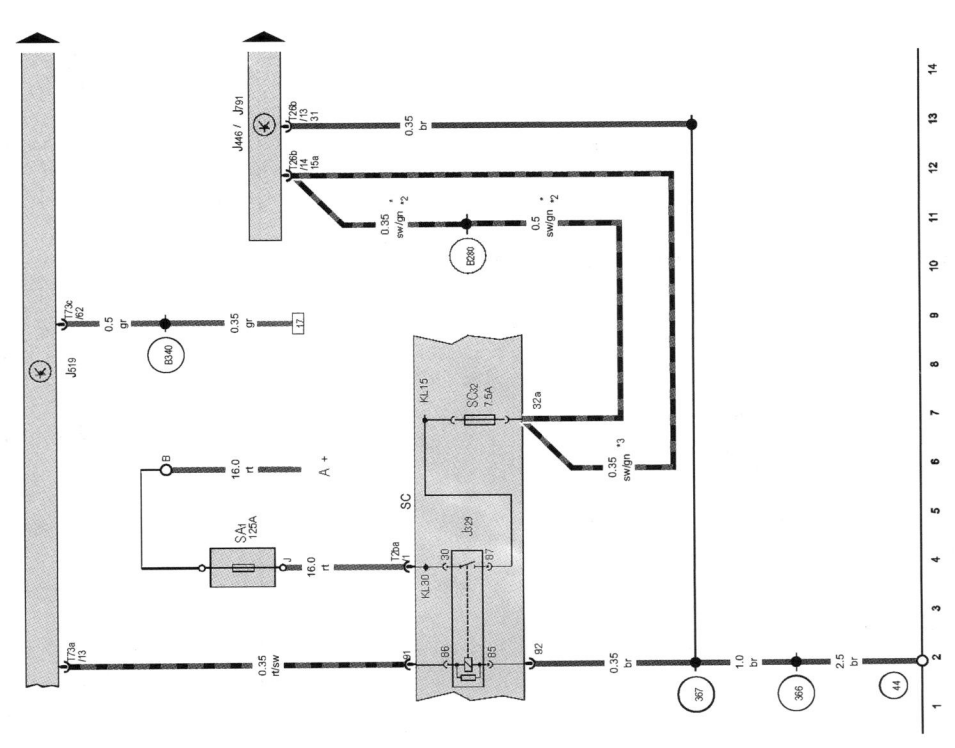

A-蓄电池 J329-端子 15 供电继电器 J446-驻车距离报警控制单元 J519-车载电网控制单元 J791-驻车辅助系统控制单元 SA1-保险丝 1 上的保险丝 SA 上的保险丝 A 上的保险丝 A SC-保险丝架 C SC32-保险丝架 C 上的保险丝 32 T2ba-2 芯插头连接 SA1-保险丝架 A 上的保险丝 1 T26b-26 芯插头连接，黑色 T73a-73 芯插头连接，黑色 T73c-73 芯插头连接，黑色 T26b-26 芯插头连接，黑色 T73c-73 芯插头连接，黑色 366-接地连接 1，在主导线束中 367-接地连接 2，在主导线束中 接，黑色 44-接地点，左侧 A 柱下部 366-接地连接 1 (58d)，在主导线束中 B340-连接 4 (15a)，在主导线束中 B280-正极连接 1 (58a)，在主导线束中 *2-仅用于带自动车距控制（ADR）的汽车 *3-仅用于不带自动车距控制（ADR）的汽车 的汽车 *2-仅用于带自动车距控制（ADR）的汽车 *3-仅用于带换道辅助系统的汽车

图 5-4-70

EX22-中部仪表板开关模块 E266-驻车距离报警按钮 E581-驻车辅助系统按钮 J446-驻车距离报警控制单元 J519-车载电网控制单元 J791-驻车辅助系统控制单元 K136-驻车距离报警指示灯 K241-驻车转向辅助系统指示灯 L76-按钮照明灯泡 T6g-6 芯插头连接 T10f-10 芯插头连接，黑色 T26b-26 芯插头连接，黑色 T26b-2 芯插头连接，黑色 T73a-73 芯插头连接 370-接地连接 5，在主导线束中 664-左侧仪表板后面的接 插头连接，黑色 T73a-73 芯插头连接 370-接地连接，黑色 370-接地连接 5，在主导线束中 664-左侧仪表板后面的接 地点 B520-连接 B520-连接 *-仅用于带驻车转向辅助系统的汽车 *2-仅用于带驻车距离报 警（前/后）的汽车 *3-仅用于带驻车距离报警（后）的汽车

图 5-4-71

右前中部驻车距离报警传感器，右前中部驻车距离报警传感器，左前驻车距离报警传感器，
驻车距离报警控制单元，驻车辅助系统控制单元

后部驻车距离报警蜂鸣器，前部驻车距离报警蜂鸣器，驻车距离报警控制单元，驻车辅助
系统控制单元

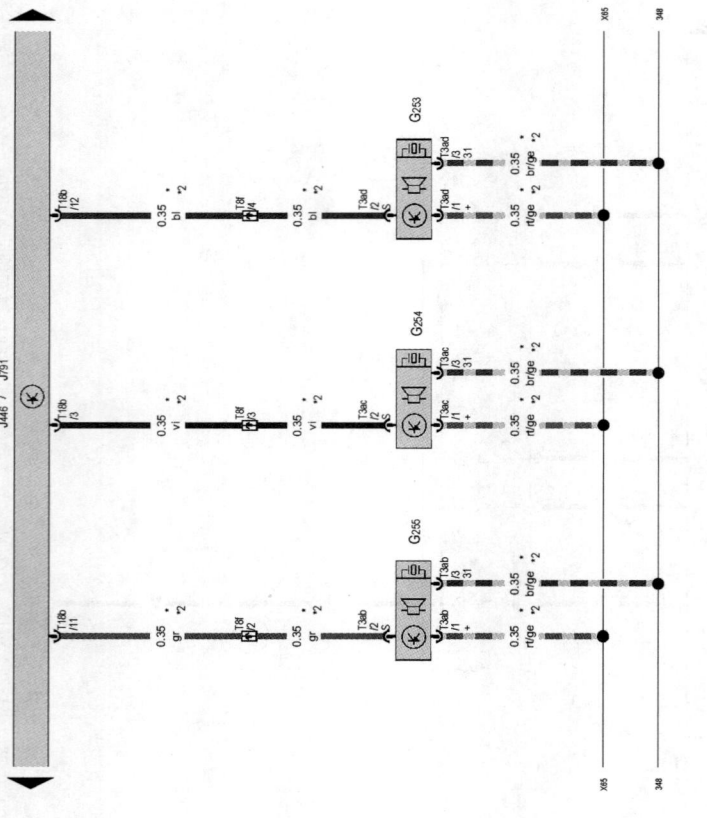

G253-右前中部驻车距离报警传感器 G254-左前中部驻车距离报警传感器 G255-左前驻车距离传感
器 J446-驻车距离报警控制单元 J791-驻车辅助系统控制单元 T3ab-3 芯插头连接，黑色，T3ac-3 芯插头
连接，黑色 T3ad-3 芯插头连接，黑色 T8f-8 芯插头连接，黑色 T18b-18 芯插头连接，黑色 348-接地
连接（驻车距离报警），在前保险杠导线束里 X65-连接（驻车距离报警（前/后）），在前保险杠导线束中 *-仅
用于带驻车转向辅助系统的汽车 *2-仅用于带驻车距离报警（前/后）的汽车

图 5-4-73

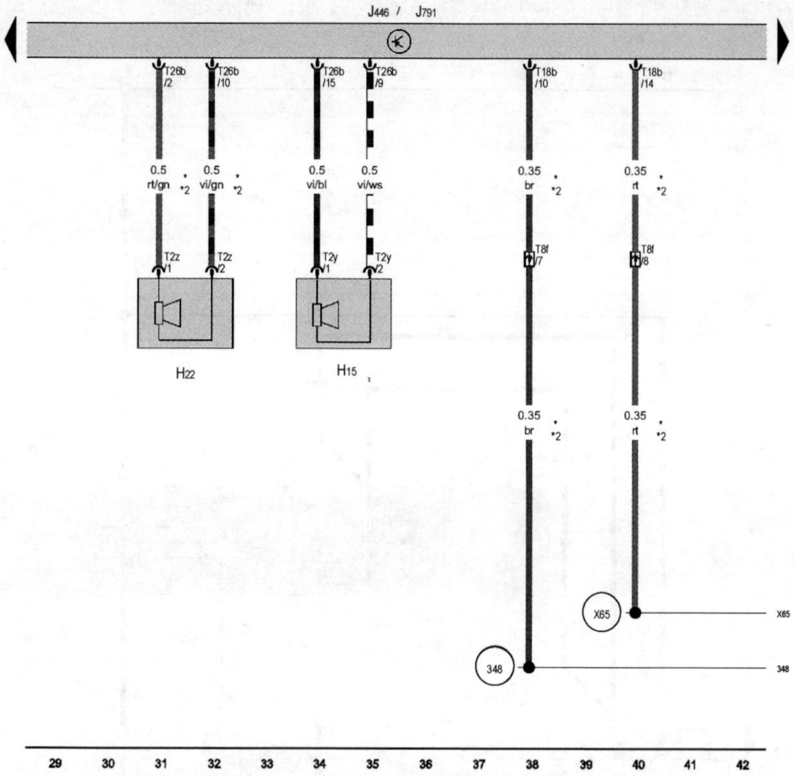

H15-后部驻车距离报警蜂鸣器，红色 H22-前部驻车距离报警蜂鸣器 J446-驻车距离报警控制单元 J791-
驻车辅助系统控制单元 T2y-2 芯插头连接，黑色 T2z-2 芯插头连接，黑色 T8f-8 芯插头连接，黑色
T18b-18 芯插头连接，黑色 T26b-26 芯插头连接，黑色 348-接地连接，在前保险杠连接（驻车距离报警），在前保险杠
导线束里 X65-连接（驻车距离报警），在前保险杠导线束中 *-仅用于带驻车转向辅助系统的汽车 *2-
仅用于带驻车距离报警（前/后）的汽车

图 5-4-72

右前驻车距离报警传感器，驻车转向辅助系统的左前侧传感器，汽车左侧，驻车转向辅助
系统的右前侧传感器，汽车右侧，驻车距离报警控制单元，驻车转向辅助系统控制单元

左后驻车距离报警传感器，左后中部驻车距离报警传感器，驻车距离报警控制单元，驻车
距离报警控制单元，驻车距离报警控制单元，驻车
辅助系统控制单元

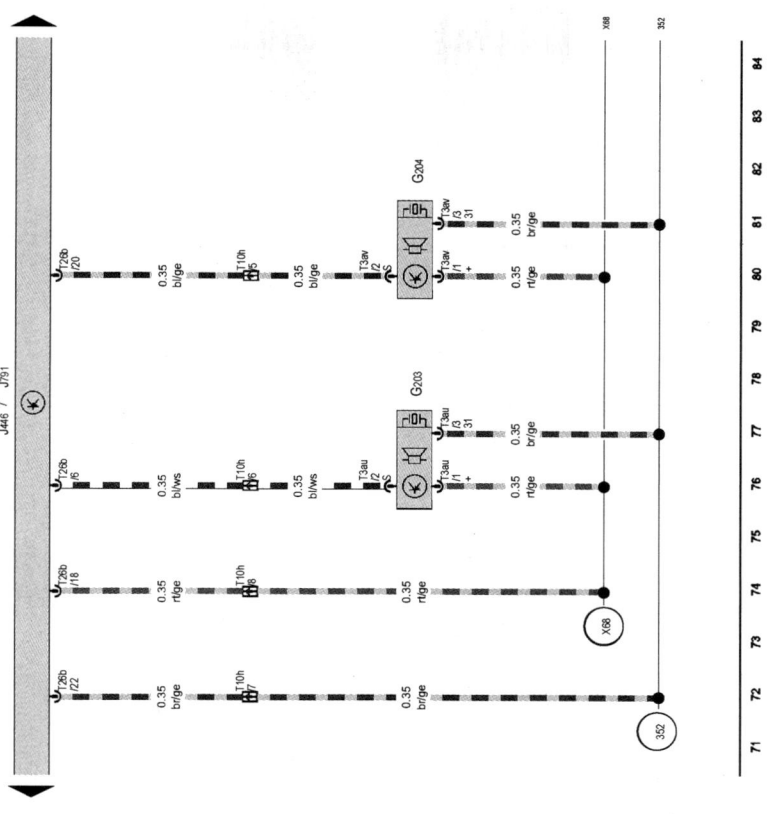

图 5-4-75

G203-左后驻车距离报警传感器 G204-左后中部驻车距离报警传感器 J446-驻车距离报警控制单元 J791-驻车距离报警控制单元 驻车辅助系统控制单元 汽车右侧 T3au-3 芯插头连接，黑色 T3av-3 芯插头连接，黑色 T10h-10 芯插头连接，黑色 T26b-26 芯插头连接，黑色 352-接地连接，在后保险杠导线束里 X68-连接（驻车距离报警），在后保险杠导线束中

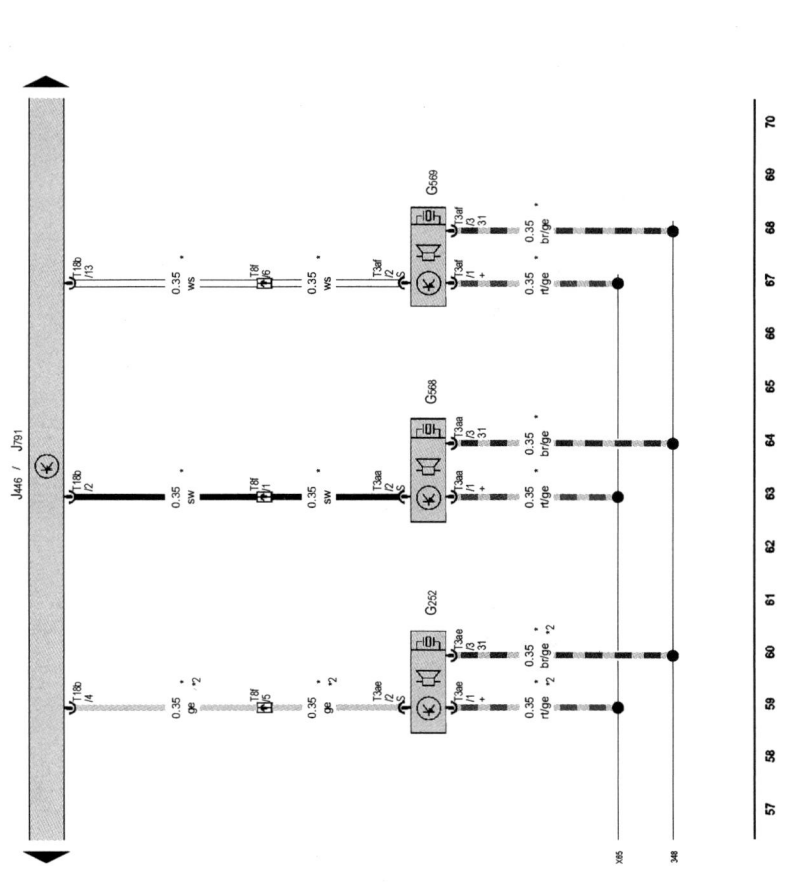

图 5-4-74

G252-右前驻车距离报警传感器 G568-驻车转向辅助系统的左前侧传感器，汽车左侧 G569-驻车转向辅助系统的右前侧传感器，汽车右侧 J446-驻车距离报警控制单元 J791-驻车辅助系统控制单元 T3aa-3 芯插头连接，黑色 T3ae-3 芯插头连接，黑色 T3af-3 芯插头连接，黑色 T8f-8 芯插头连接，黑色 T18b-18 芯插头连接，黑色 348-接地连接，在前保险杠导线束中 X65-连接（驻车距离报警），在前保险杠导线束里 *-仅用于带驻车转向辅助系统的汽车 *2-仅用于带驻车距离报警（前/后）的汽车

661

右后中部驻车距离报警传感器，右后驻车距离报警传感器，右后驻车转向辅助系统传感器，右后驻车转向辅助系统传感器，驻车距离报警控制单元，驻车距离报警控制单元，驻车辅助系统控制单元，驻车辅助系统控制单元

左后驻车转向辅助系统传感器，左后驻车转向辅助系统传感器，驻车距离报警控制单元，驻车距离报警控制单元，驻车辅助系统控制单元

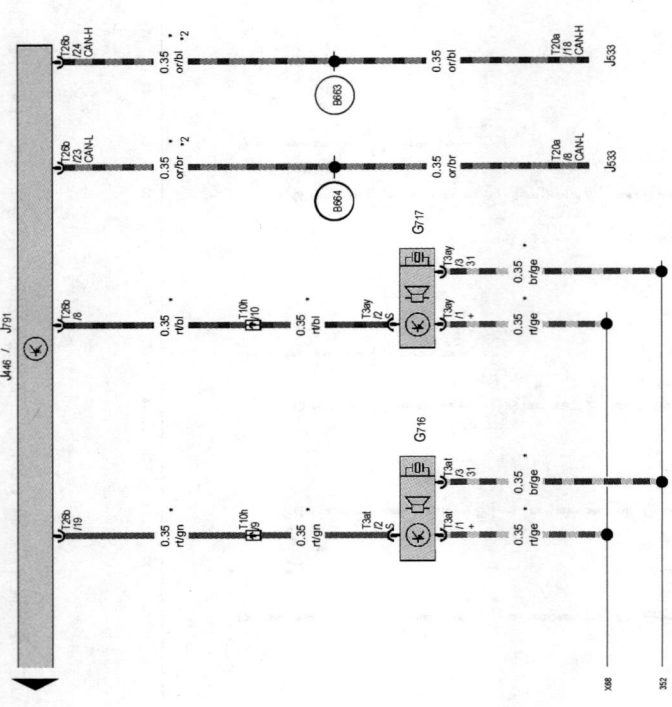

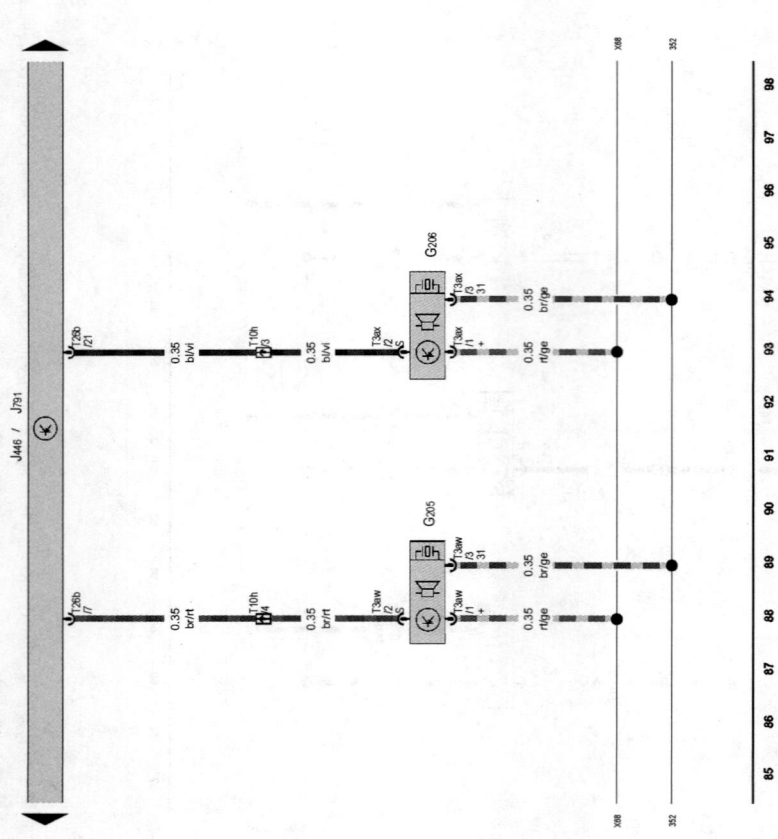

G205-右后中部驻车距离报警传感器 G206-右后驻车距离报警传感器 J446-驻车距离报警控制单元 J791-驻车辅助系统控制单元 J791-数据总线诊断接口 J791-驻车辅助系统控制单元 T3aw-3 芯插头连接，黑色 T3ax-3 芯插头连接，黑色 T10h-10 芯插头连接，黑色 T26b-26 芯插头连接，黑色 352-接地连接，黑色 352-接地连接，在后保险杠导线束里 X68-连接（驻车距离报警），在后保险杠导线束中

图 5-4-76

G716-左后驻车转向辅助系统传感器 G717-右后驻车转向辅助系统传感器 J446-驻车距离报警控制单元 J791-驻车辅助系统控制单元 J533-数据总线诊断接口 J791-驻车辅助系统控制单元 T3at-3 芯插头连接，黑色 T3ay-3 芯插头连接，黑色 T10h-10 芯插头连接，黑色 T20a-20 芯插头连接，红色 T26b-26 芯插头连接，黑色 352-接地连接，黑色 B663-连接（底盘传感器 CAN 总线，High），在主导线束中 X68-连接（驻车距离报警），在后保险杠导线束里 B664-连接（底盘传感器 CAN 总线，Low），在主导线束中 *2-仅用于带驻车转向辅助系统的汽车

图 5-4-77

倒车摄像头

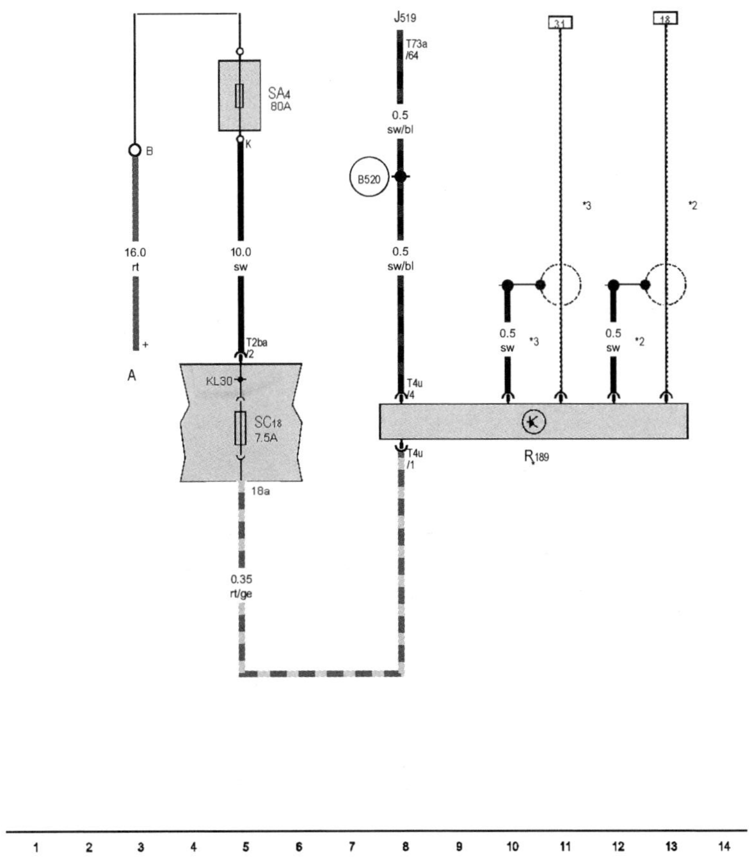

A-蓄电池 J519-车载电网控制单元 R189-倒车摄像头 SA4-保险丝架 A 上的保险丝 4 SC18-保险丝架 C 上的保险丝 18 T2ba-2 芯插头连接，黑色 T4u-4 芯插头连接，黑色 T73a-73 芯插头连接，黑色 B520-连接（RF），在主导线束中 *-已预先布线的部件 *2-仅用于带收音机导航系统的汽车 *3-仅用于带有收音机 MIB-G 第 2代标准型增强版的汽车

图 5-4-78

前部信息显示和操作单元控制单元的显示单元，电子通信信息设备 1 控制单元

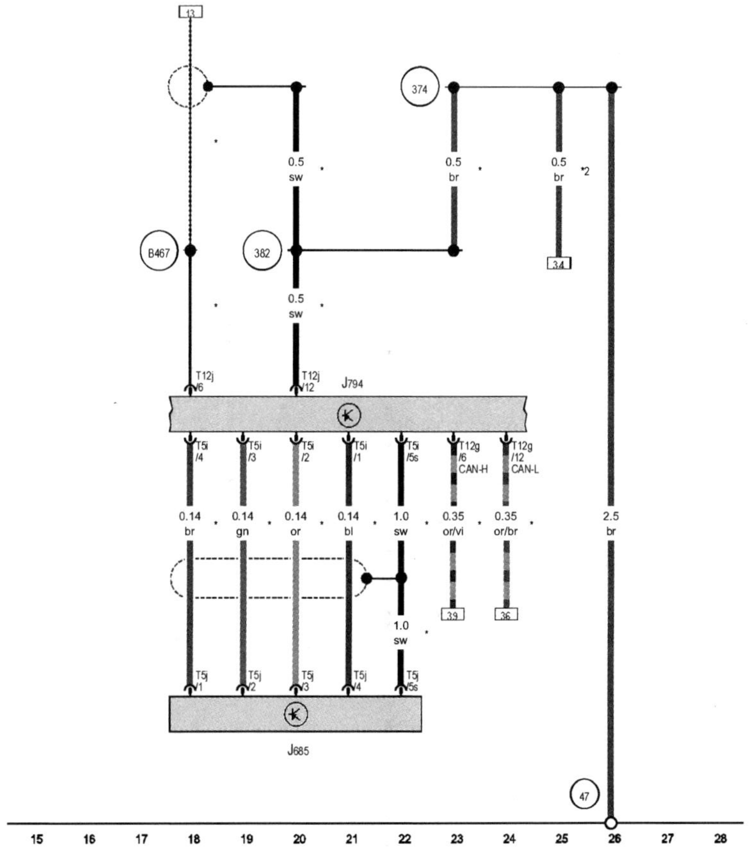

J685-前部信息显示和操作单元控制单元的显示单元 J794-电子通信信息设备 1 控制单元 T5i-5 芯插头连接，淡紫色 T5j-5 芯插头连接，蓝色 T12g-12 芯插头连接，灰色 T12j-12 芯插头连接，蓝色 47-接地点，在右前脚部空间中 374-接地连接 9，在主导线束中 382-接地连接 17，在主导线束中 B467-连接 3，在主导线束中 *-仅用于带收音机导航系统的汽车 *2-仅用于带有收音机 MIB-G 第 2代标准型增强版的汽车

图 5-4-79

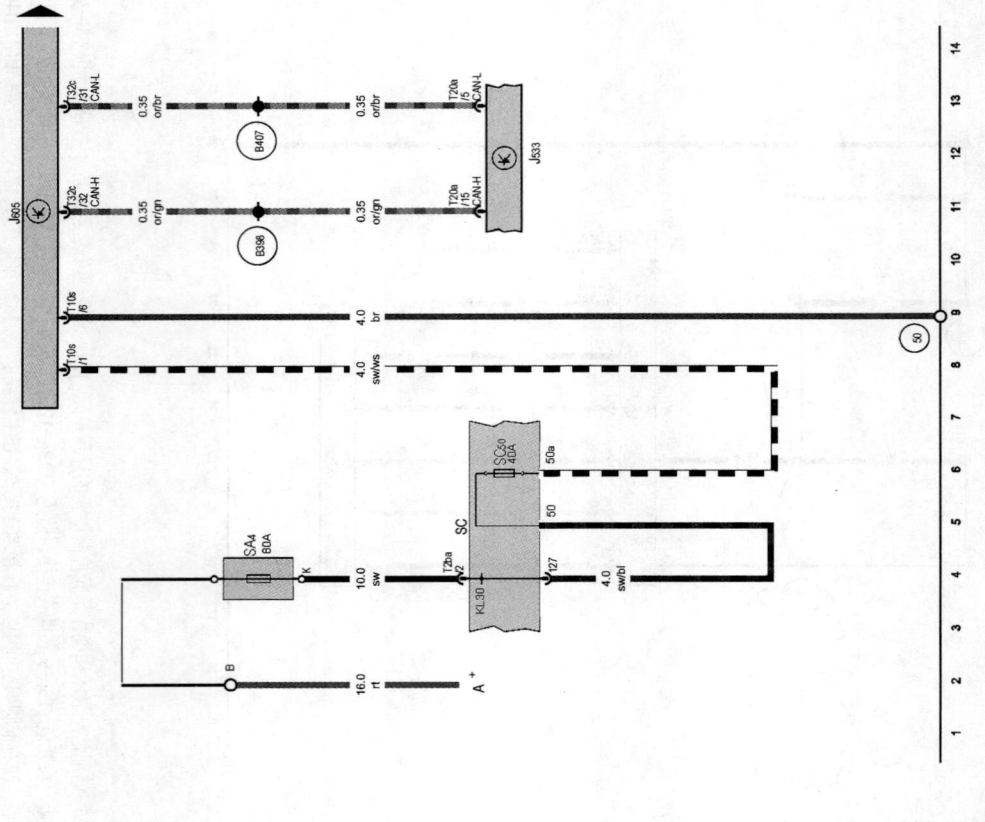

数据总线诊断接口、行李箱盖控制单元、保险丝架 C

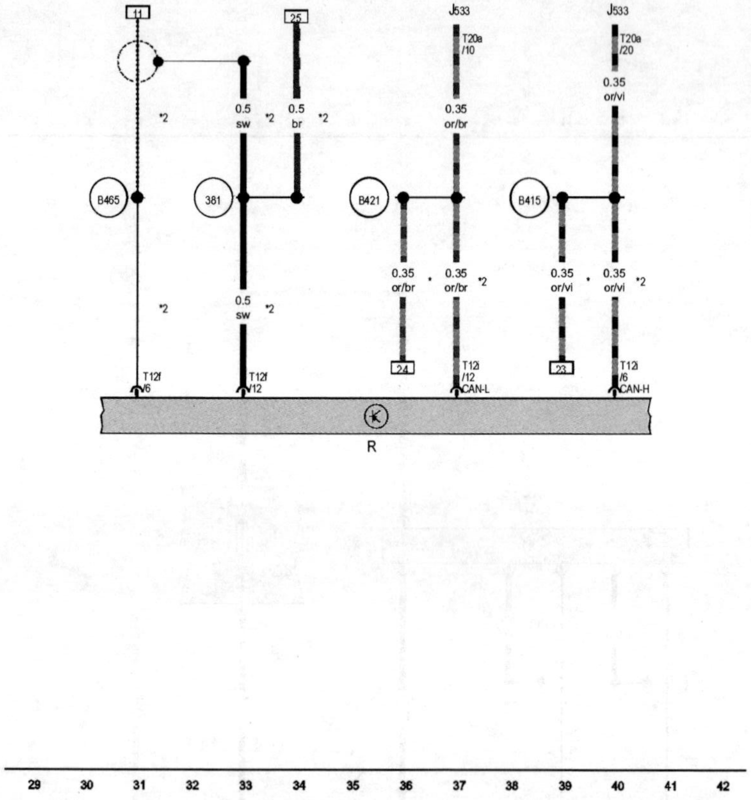

A–蓄电池 J533–数据总线诊断接口 J605–行李箱盖控制单元 SA4–保险丝架 A 上的保险丝 4 SC–保险丝架 C SC50–保险丝架 C 上的保险丝 50 T2ba–2 芯插头连接，黑色 T10s–10 芯插头连接，黑色 T20a–20 芯插头连接，红色 T32c–32 芯插头连接，黑色 50–行李箱左侧接地点 B398–连接 2（舒适/便捷系统 CAN总线，Low），在主导线束中 B407–连接 2（舒适/便捷系统 CAN总线，High），在主导线束中

图 5–4–81

收音机、

J533–数据总线诊断接口 R–收音机 T12f–12 芯插头连接，蓝色 T12i–12 芯插头连接，灰色 T20a–20 芯插头连接，红色 381–接地连接 16，在主导线束中 B415–连接 1（信息娱乐系统 CAN总线，High），在主导线束中 B421–连接 1（信息娱乐系统 CAN总线，Low），在主导线束中 B465–连接 1，在主导线束中 *2–仅用于带有收音机 MIB-G 第 2 代标准型增强版的汽车 *–仅用于带有航系统收音机的汽车

图 5–4–80

发动机 1 中的传感器，用于行李箱盖，行李箱盖控制单元，行李箱盖电机 1

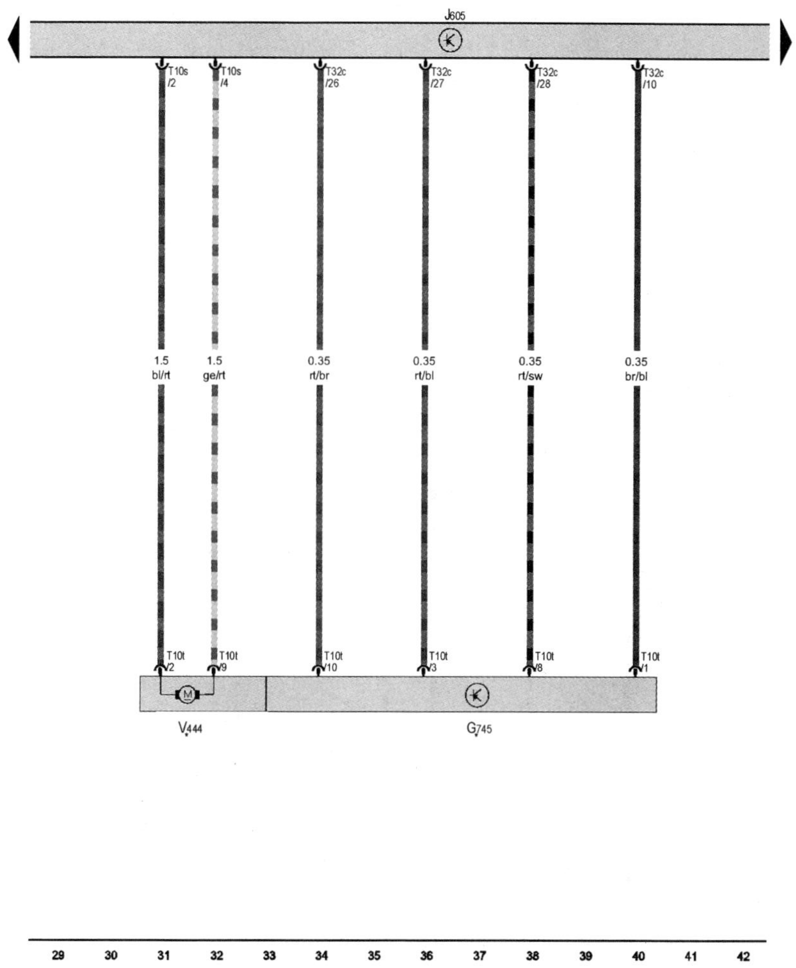

行李箱盖锁闭按钮，行李箱盖控制单元，行李箱盖关闭辅助功能

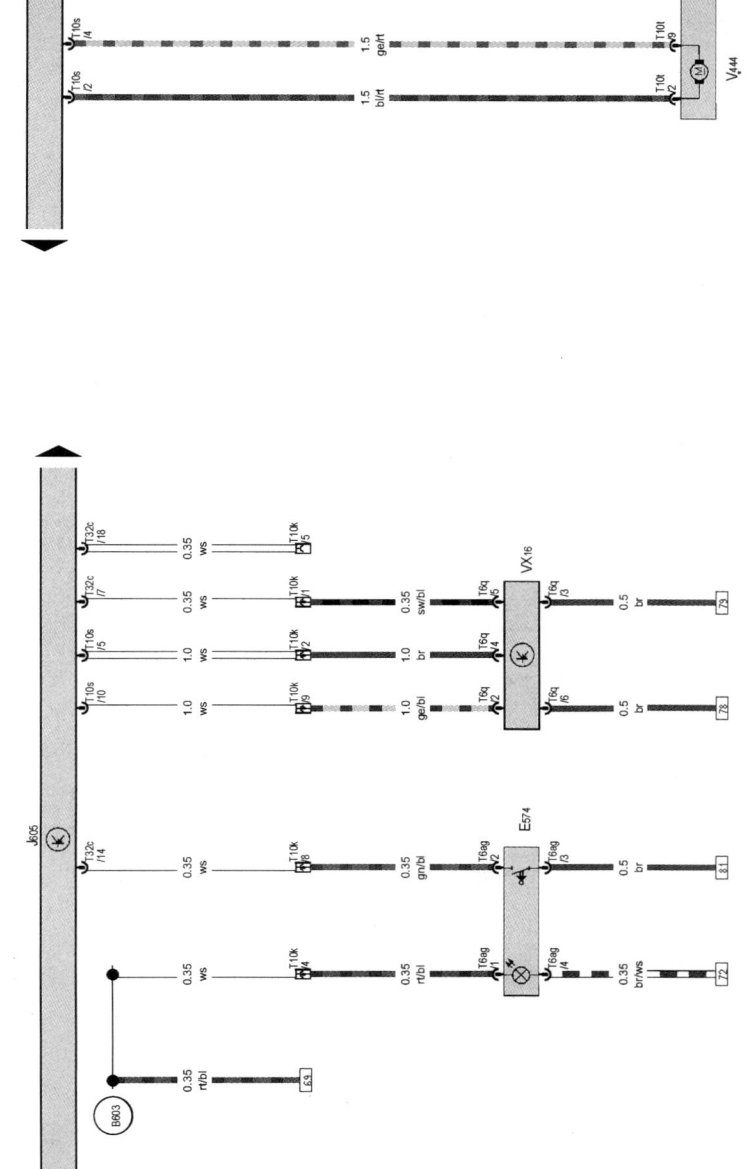

图 5-4-83

G745-发动机 1 中的传感器，用于行李箱盖，行李箱盖控制单元 T10s-10 芯插头连接，黑色 T10t-10 芯插头连接，黑色 T32c-32 芯插头连接，黑色 V444-行李箱盖电机 1 *-已预先布线的部件

图 5-4-82

E574-行李箱盖锁闭按钮 J605-行李箱盖控制单元 T6ag-6 芯插头连接，黑色 T6q-6 芯插头连接，黑色 T10k-10 芯插头连接，黑色 T10s-10 芯插头连接，黑色 T32c-32 芯插头连接，黑色 VX16-行李箱盖关闭辅助功能 B603-正极连接 2（30g），在主导线束中

665

中部仪表板开关模块，行李箱盖开锁开关，防夹功能传感器，防夹功能传感器 2，用于行李箱盖的警报蜂鸣器，车载电网控制单元，行李箱盖控制单元，按钮照明灯泡

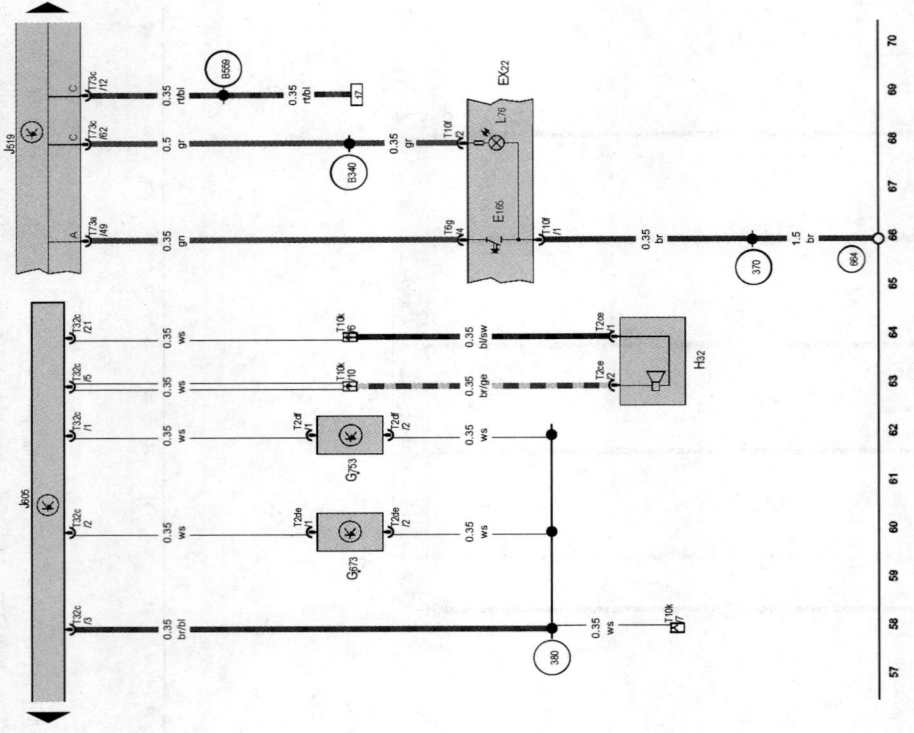

EX22-中部仪表板开关模块 E165-行李箱盖开锁开关 G673-防夹功能传感器 G753-防夹功能传感器 2 H32-用于行李箱盖的警报蜂鸣器 J519-车载电网控制单元 J605-行李箱盖控制单元 L76-按钮照明灯泡 T2ce-2 芯插头连接，黑色 T2de-2 芯插头连接，蓝色 T2df-2 芯插头连接，黑色 T6g-6 芯插头连接，黑色 T10f-10 芯插头连接，黑色 T10k-10 芯插头连接，黑色 T32c-32 芯插头连接，黑色 T73a-73 芯插头连接，黑色 T73c-73 芯插头连接，黑色 370-接地连接，黑色 370-接地连接 5，在主导线束中 380-接地连接 15，在主导线束中 B559-正极连接 1（30g），在主导线束中 664-左侧仪表板后面的接地点，B340-连接 1（58d），在主导线束中 ＊-已预先布线的部件

图 5-4-85

发动机 2 中的传感器，用于行李箱盖，行李箱盖控制单元，行李箱盖电机 2

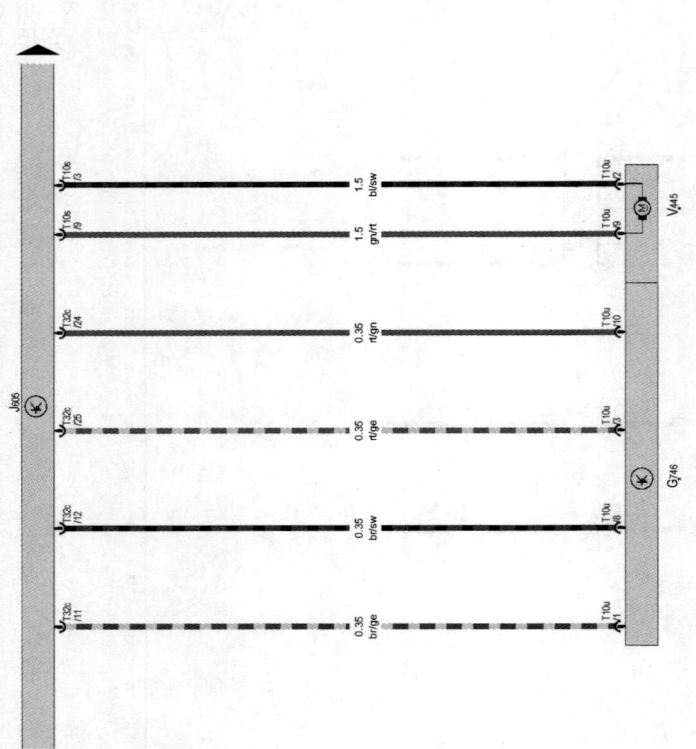

G746-发动机 2 中的传感器，用于行李箱盖 J605-行李箱盖控制单元 T10s-10 芯插头连接，黑色 T10u-10 芯插头连接，黑色 T32c-32 芯插头连接，黑色 V445-行李箱盖电机 2 ＊-已预先布线的部件

图 5-4-84

端子 15 供电继电器，车载电网控制单元，保险丝架 C

行李箱盖把手中的解锁按钮，行李箱盖闭锁单元，车载电网控制单元，行李箱盖中中央门锁电机。

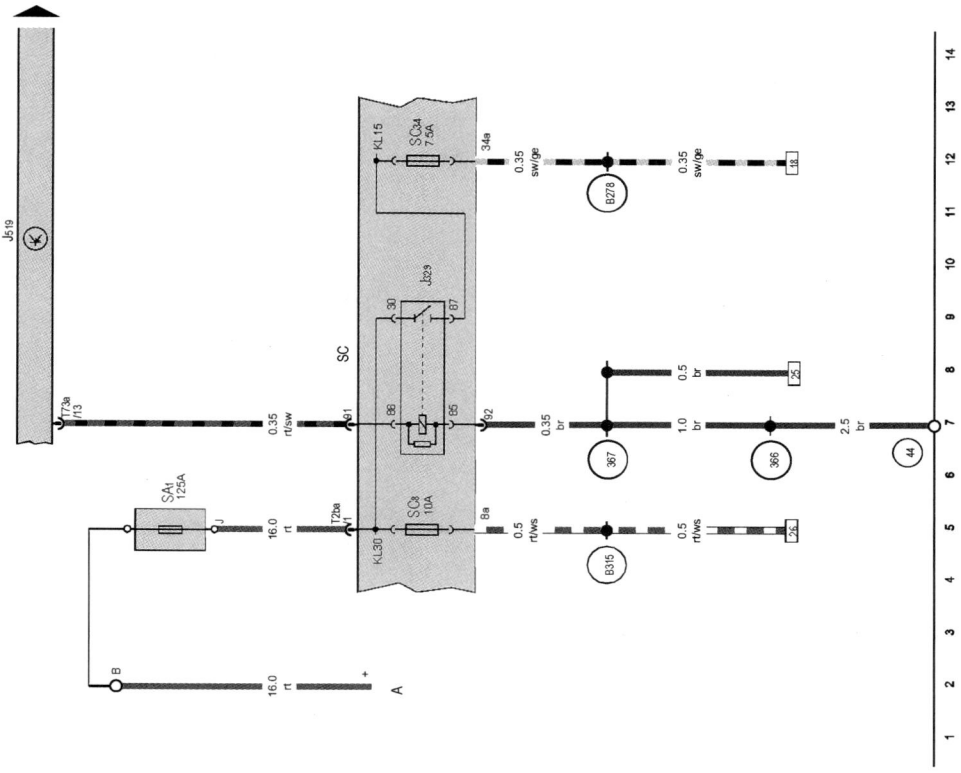

图 5-4-87

A-蓄电池 J329-端子 15 供电继电器 J519-车载电网控制单元 SA1-保险丝架 A 上的保险丝 1 SC-保险丝架 C SC8-保险丝架 C 上的保险丝 8 SC34-保险丝架 C 上的保险丝 34 T2ba-2 芯插头连接，黑色 T73a-73 芯插头连接，黑色 T73a-73 芯插头连接 44-接地点，左侧 A 柱下部 366-接地连接 1，在主导线束中 367-接地连接 2，在主导线束中 B278-正极连接 1 (30a)，在主导线束中 B315-正极连接 2 (15a)，在主导线束中 B315-正极连接 2 (15a)，在主导线束中

图 5-4-86

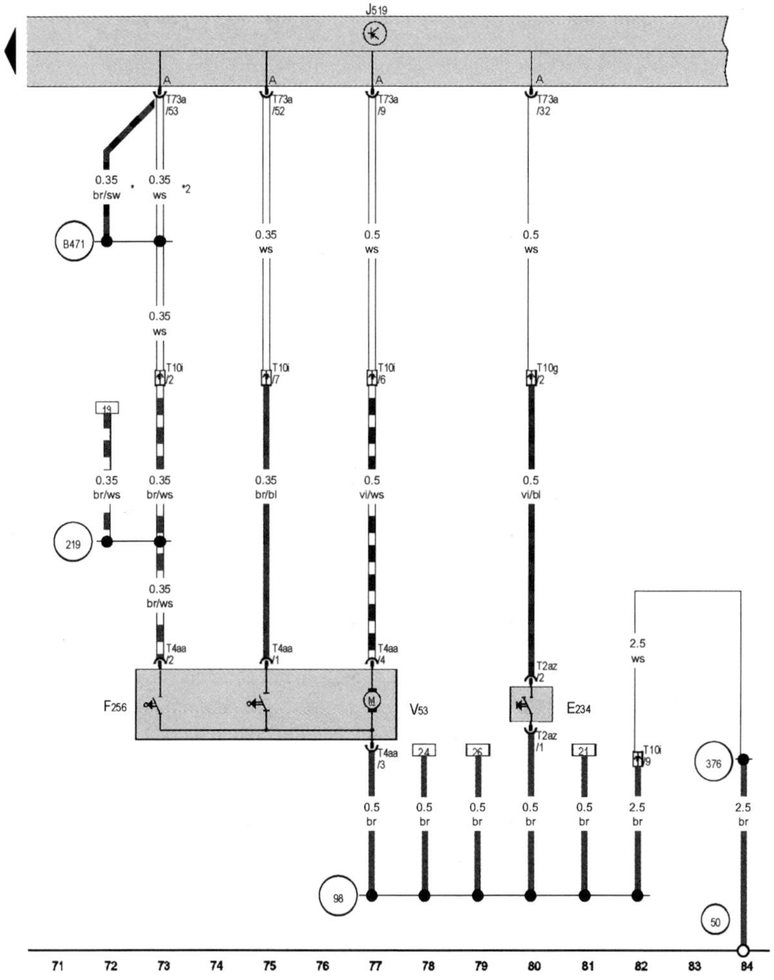

E234-行李箱盖把手中的解锁按钮 F256-行李箱盖闭锁单元 J519-车载电网控制单元 T2az-2 芯插头连接 T4aa-4 芯插头连接，黑色 T10g-10 芯插头连接，黑色 T10i-10 芯插头连接，棕色 T73a-73 芯插头连接，黑色 V53-行李箱盖中中央门锁电机 50-接地连接，在行李箱盖导线束中 98-接地连接，在行李箱盖导线束中 376-接地连接 11，在主导线束中 B471-连接 7，在主导线束中 219-接地连接 2，在行李箱盖导线束中 *-仅用于带后排座椅的汽车（五座车） *2-仅用于带七座车后排座椅的汽车

667

雨水与光线识别传感器，车载电网控制单元，自动防眩的车内后视镜

驾驶员侧车门控制单元，驾驶员侧车外后视镜，驾驶员侧自动防眩车外后视镜

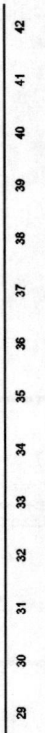

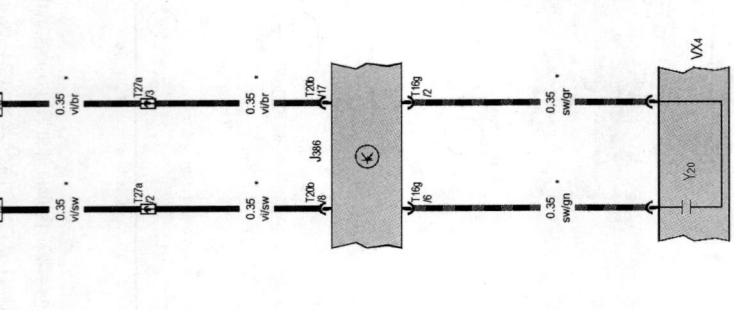

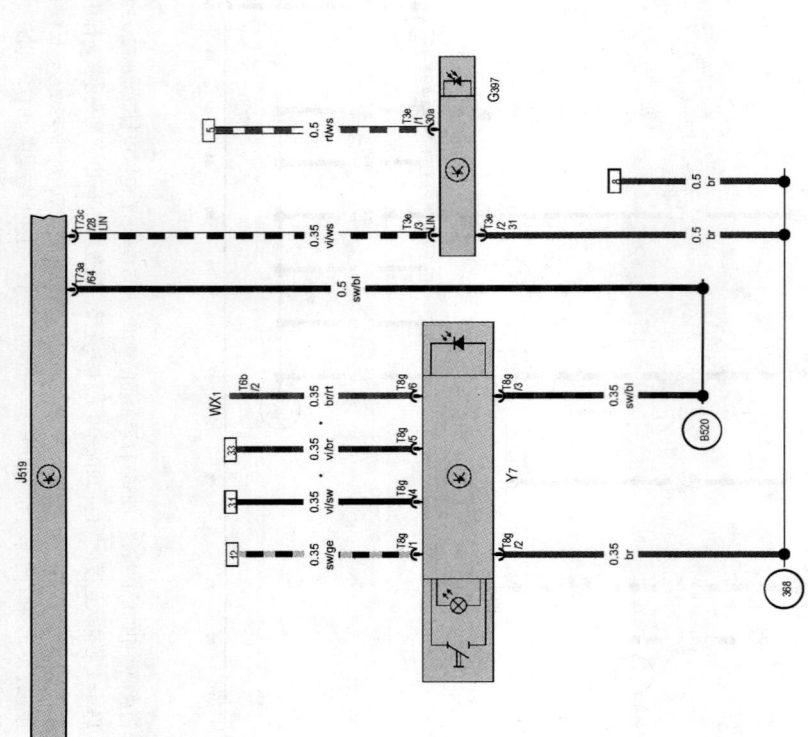

图 5-4-88

图 5-4-89

G397-雨水与光线识别传感器 J519-车载电网控制单元 T3e-3 芯插头连接，黑色 T6b-6 芯插头连接，蓝色 T8g-8 芯插头连接，黑色 T73a-73 芯插头连接，黑色 T73c-73 芯插头连接，黑色 WX1-前部车内照明灯 Y7-自动防眩的车内后视镜 368-接地连接 3，在主导线束中 B520-连接（RF），在主导线束中 *-仅用于带有自动防眩车外后视镜的汽车

J386-驾驶员车门控制单元 T16g-16 芯插头连接 T20b-20 芯插头连接，黑色 T27a-27 芯插头连接，黑色 VX4-驾驶员侧车外后视镜 Y20-驾驶员侧自动防眩车外后视镜 *-仅用于带有自动防眩车外后视镜的汽车

668

端子 15 供电继电器, 车载电网控制单元, 保险丝架 C

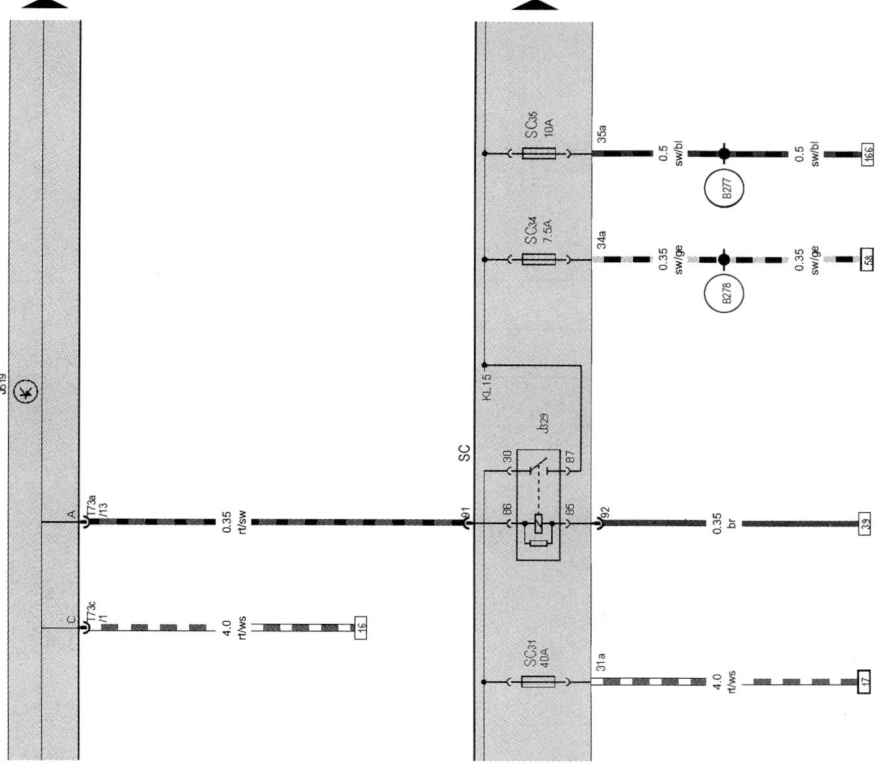

图 5-4-91

J329-端子 15 供电继电器 J519-车载电网控制单元 SC-保险丝架 C SC31-保险丝架 C 上的保险丝 31
SC34-保险丝架 34 SC35-保险丝架 35 T73a-73 T73a-73 芯插头连接, 黑色 T73c-73
芯插头连接, 黑色 B277-正极连接, 黑色 B278-正极连接 2 (15a), 在主导线束中

车载电网控制单元, 保险丝架 C

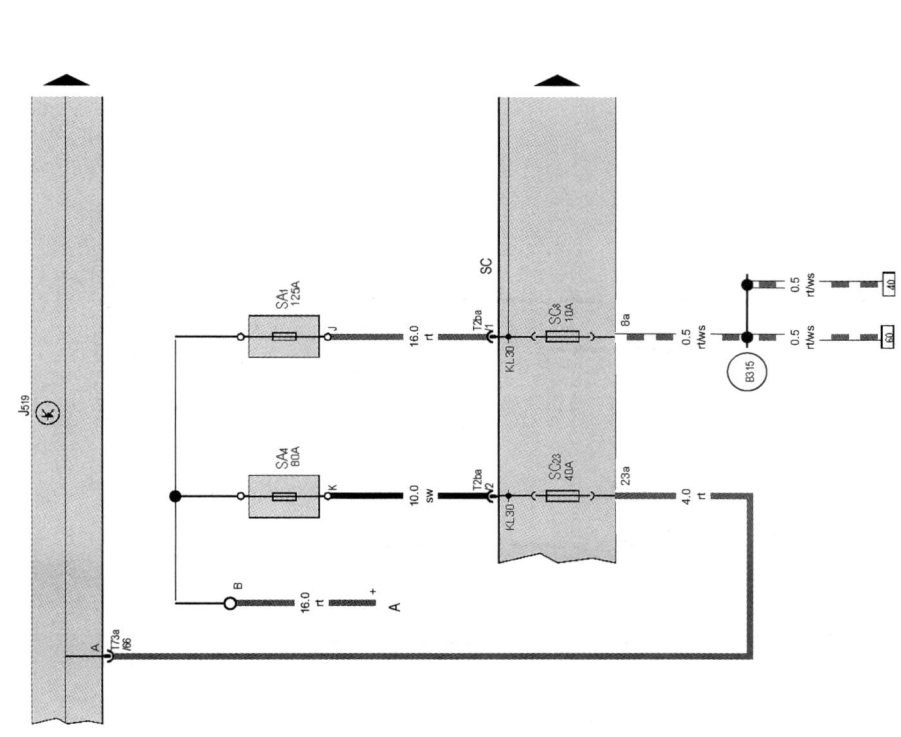

图 5-4-90

A-蓄电池 J519-车载电网控制单元 SA1-保险丝架 A 上的保险丝 1 SA4-保险丝架 A 上的保险丝 4 SC-
保险丝架 C SC8-保险丝架 C 上的保险丝 8 SC23-保险丝架 C 上的保险丝 23 T2ba-2 芯插头连接, 黑色
T73a-73 芯插头连接, 黑色 B315-正极连接 1 (30a), 在主导线束中

669

转向信号灯开关，手动防眩目功能和远光灯瞬时接通功能开关，车载电网控制单元，转向柱电子装置控制单元

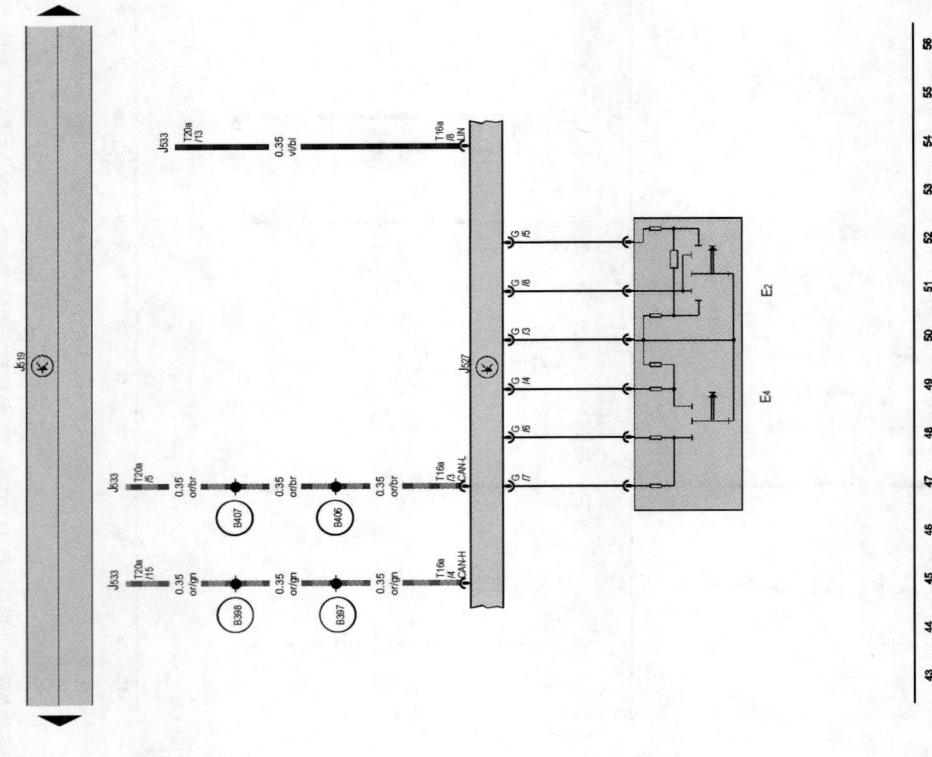

E2-转向信号灯开关 E4-手动防眩目功能和远光灯瞬时接通功能开关 J519-车载电网控制单元 J527-转向柱电子装置控制单元 J533-数据总线诊断接口 T16a-16 芯插头连接接口 T20a-20 芯插头连接，黑色 B397-连接 1（舒适/便捷系统 CAN总线，High），在主导线束中 B398-连接 2（舒适/便捷系统 CAN总线，Low），在主导线束中 B406-连接 1（舒适/便捷系统 CAN总线，High），在主导线束中 B407-连接 2（舒适/便捷系统 CAN总线，Low），在主导线束中

图 5-4-93

雨水与光线识别传感器，车载电网控制单元，保险丝架 C

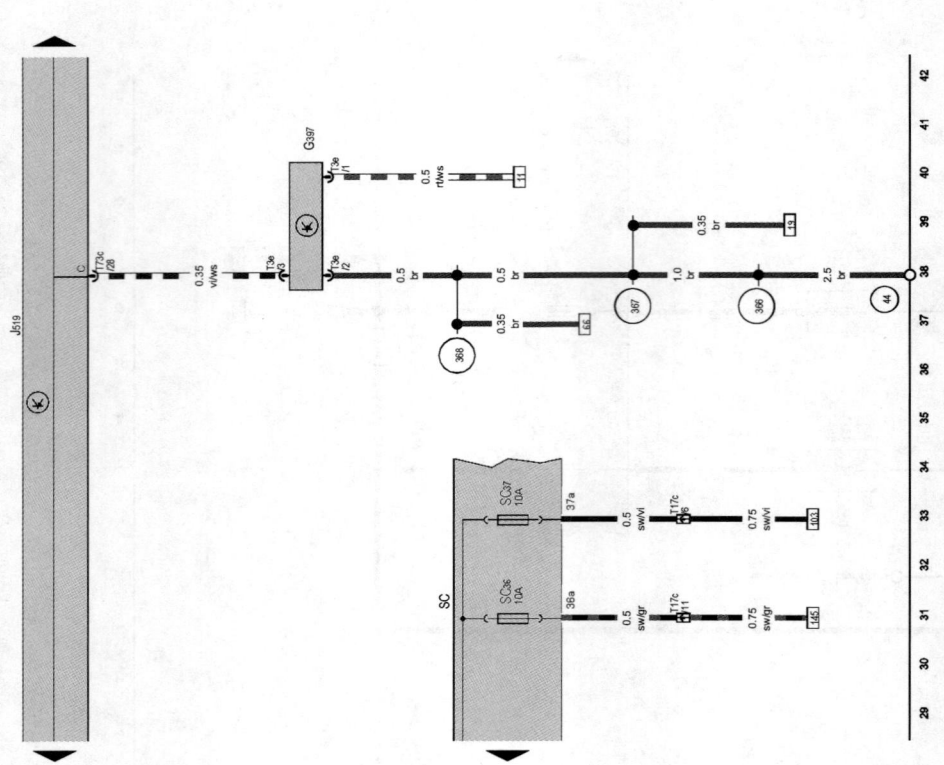

G397-雨水与光线识别传感器 J519-车载电网控制单元 SC-保险丝架 SC36-保险丝架C上的保险丝36 SC37-保险丝架C上的保险丝37 T3e-3 芯插头连接，黑色 T17C-17 芯插头连接 T73c-73 芯插头连接，黑色 44-接地点，左侧A柱下部 366-接地连接1，在主导线束中 367-接地连接2，在主导线束中 368-接地连接3，在主导线束中

图 5-4-92

车灯开关，前雾灯和后雾灯开关，车载电网控制单元，大灯开关照明灯泡

车载电网控制单元，左侧白天行车灯和驻车示宽灯控制单元，日行车灯和驻车灯左侧光电管模体，左前大灯，左前示宽灯灯泡

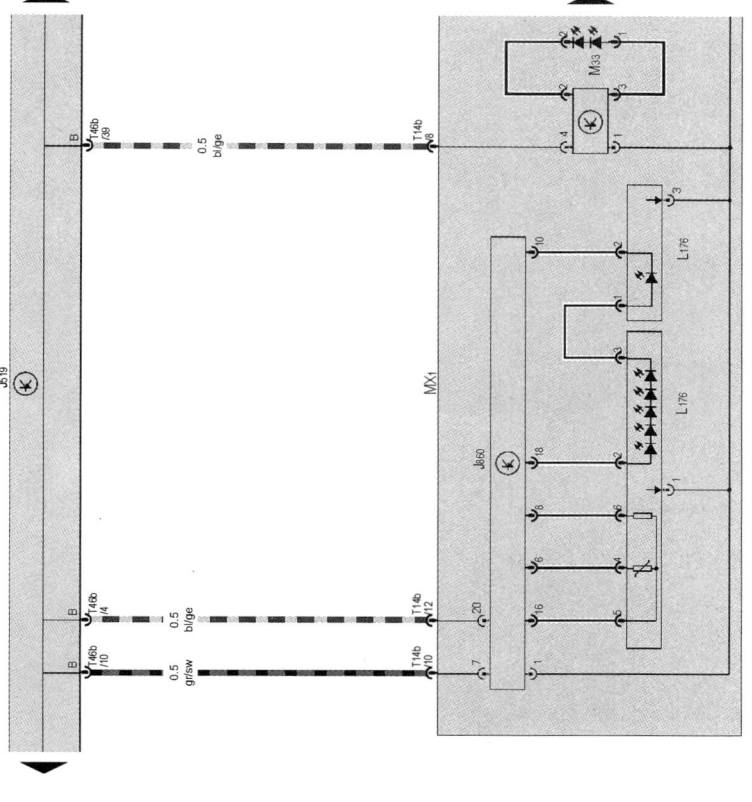

57	58	59	60	61	62	63	64	65	66	67	68	69	70

图 5-4-94

E1-车灯开关 E23-前雾灯和后雾灯开关 J519-车载电网控制单元 L9-大灯开关照明灯泡 T10c-10 芯插头 T73a-73 芯插头连接，黑色 T73c-73 芯插头连接，黑色 B340-连接 1（58d），在主导线束连接，红色 T73a-73 芯插头连接，黑色 T73c-73 芯插头连接，黑色 B340-连接 1（58d），在主导线束中

71	72	73	74	75	76	77	78	79	80	81	82	83	84

图 5-4-95

J519-车载电网控制单元 J860-左侧白天行车灯和驻车示宽灯控制单元 L176-日行车灯和驻车车灯左侧光电管模体 MX1-左侧白天行车灯和驻车车示宽灯控制单元 L176-日行车灯和驻车车灯左侧光电管模体 MX1-左侧大灯 M33-左前示宽灯灯泡 T14b-14 芯插头连接 T46b-46 芯插头连接，黑色

左侧气体放电灯泡控制单元，车载电网控制单元，左侧大灯电源模块，左侧大灯电源模块，左侧大灯电源模块，左前大灯，左前转向信号灯灯泡，左侧大灯照明距离调节伺服电机，左近光灯防眩目，左侧动态弯道灯伺服电机

左摆动模式定位传感器，车载电网控制单元，左侧大灯电源模块，左前大灯

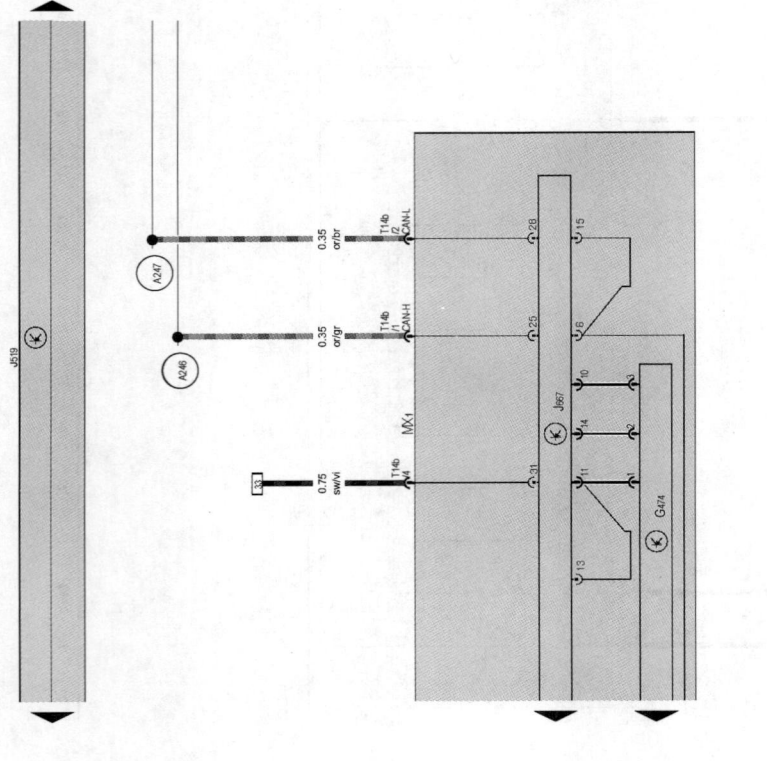

G474-左摆动模式定位传感器 J519-车载电网控制单元 J667-左侧大灯电源模块 MX1-左前大灯 T14b-14 芯插头连接，黑色 A246-连接 1（CAN 总线，High） A247-连接 1（CAN 总线，Low），在发动机舱导线束中

图 5-4-97

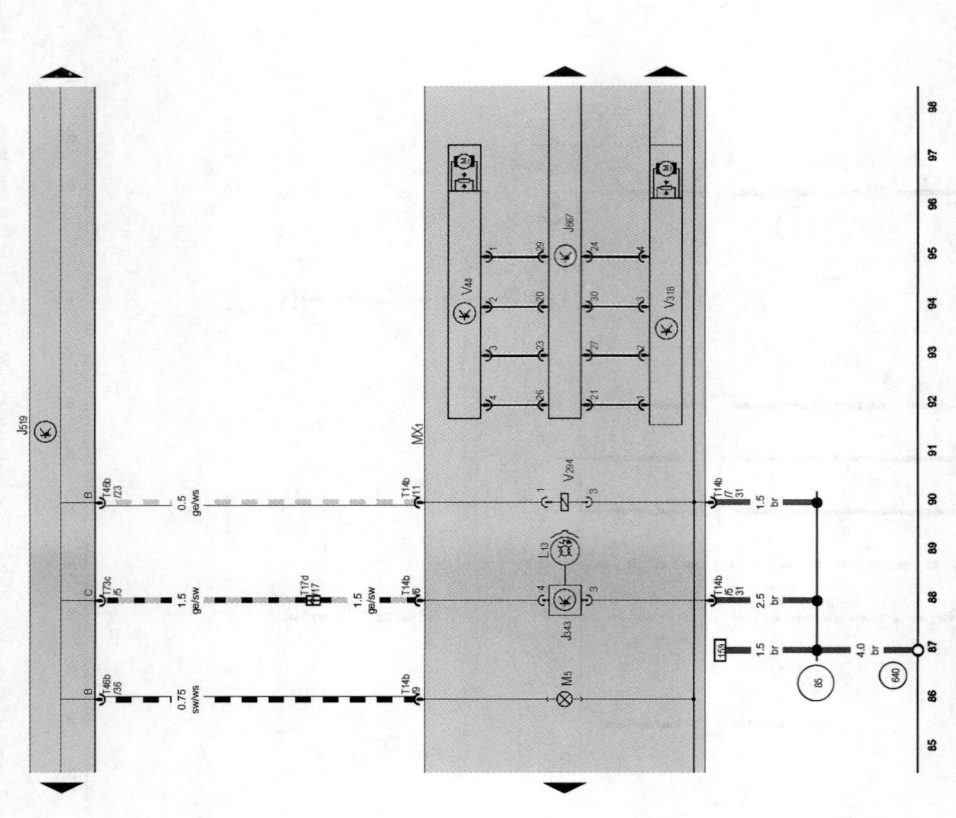

J343-左侧气体放电灯泡控制单元 J519-车载电网控制单元 J667-左侧大灯电源模块 L13-左侧气体放电灯泡 MX1-左前大灯 M5-左前转向信号灯灯泡 T14b-14 芯插头连接 T17d-17 芯插头连接，蓝色 T46b-46 芯插头连接 T73c-73 芯插头连接，黑色 V48-左侧大灯照明距离调节伺服电机 V294-左近光灯防眩目 V318-左侧动态弯道灯伺服电机 85-接地连接 1，在发动机舱导线束中 640-接地点 2，在发动机舱内左侧

图 5-4-96

右侧电网控制单元，车载电网控制单元，右侧大灯电源模块，右侧气体放电灯泡，右侧气体放电灯泡控制单元，右侧大灯网控制单元，右侧大灯照明距离调节伺服电机，右近光灯防眩目遮闭，右前大灯，右前转向信号灯灯泡，右侧气体放电灯泡，右侧动态弯道灯伺服电机

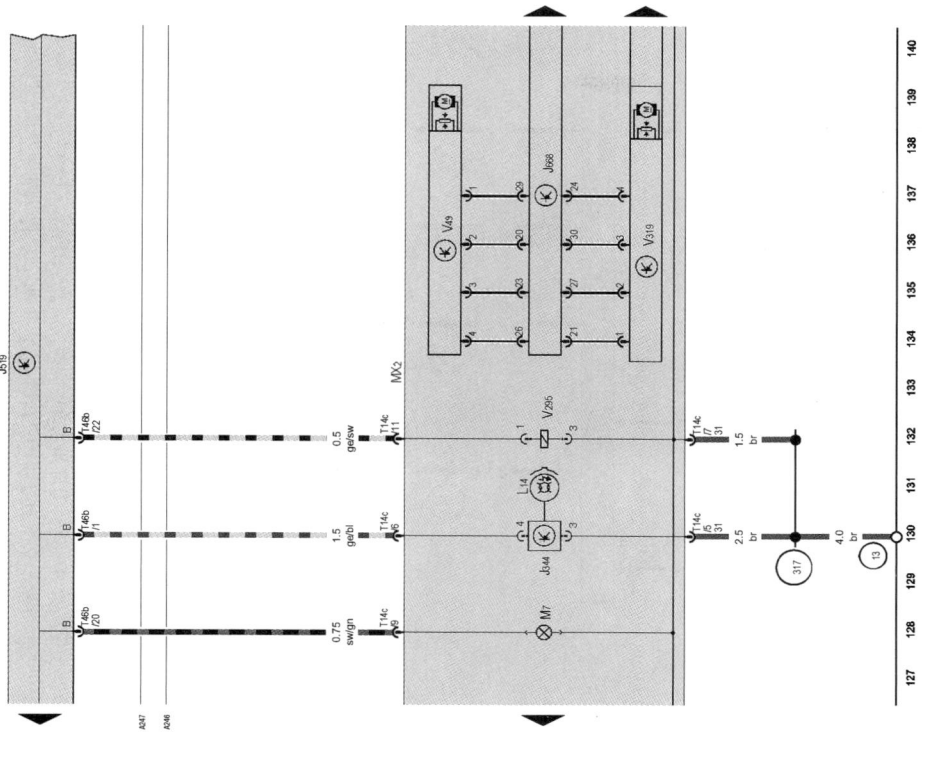

右侧电网控制单元，右侧白天行车灯和驻车灯示宽灯控制单元，日行车灯和驻车灯右侧光电管模块，右前大灯，右前示宽灯泡

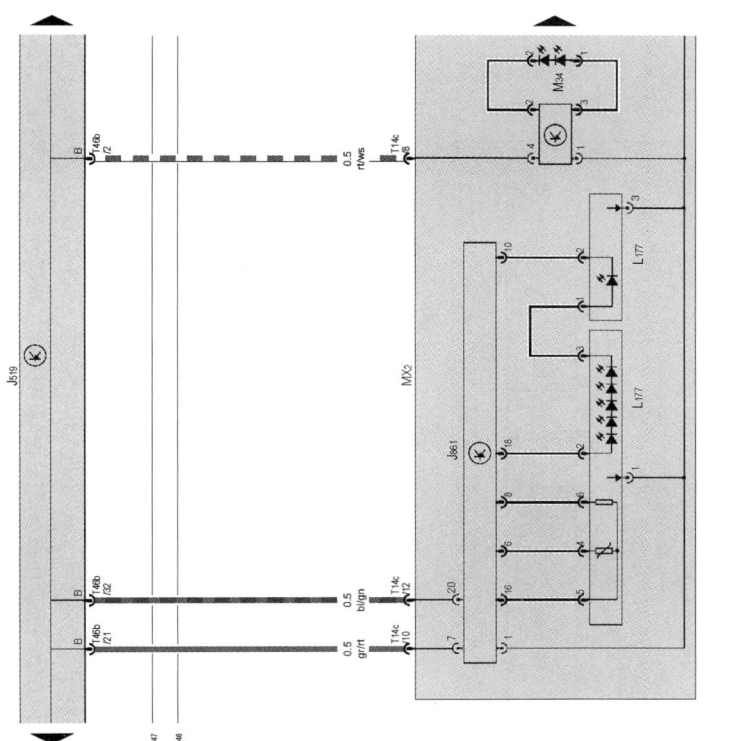

图 5-4-98

J519-车载电网控制单元 J861-右侧白天行车灯和驻车灯示宽灯控制单元 L177-日行车灯和驻车灯右侧光电管模块 MX2-右前大灯 M34-右前示觉灯灯泡 T14c-14 芯插头连接 黑色 T46b-46 芯插头连接，黑色 A246-连接 1（CAN 总线，High），在发动机舱导线束中 A247-连接 1（CAN 总线，Low），在发动机舱导线束中

图 5-4-99

J344-右侧气体放电灯泡控制单元 J519-车载电网控制单元 J668-右侧大灯电源模块 L14-右侧气体放电灯泡 MX2-右前大灯 M7-右前转向信号灯灯泡 T14c-14 芯插头连接 黑色 T46b-46 芯插头连接，黑色 V49-右侧大灯照明距离调节伺服电机 V295-右近光灯防眩目遮闭 V319-右侧动态弯道灯伺服电机 13-发动机舱内右侧接地点 317-接地点 7，在发动机舱导线束中 A246-连接 1（CAN 总线，High），在发动机舱导线束中 A247-连接 1（CAN 总线，Low），在发动机舱导线束中

673

右摆动模式定位传感器，右侧大灯电源模块，右前大灯

左前汽车高度传感器

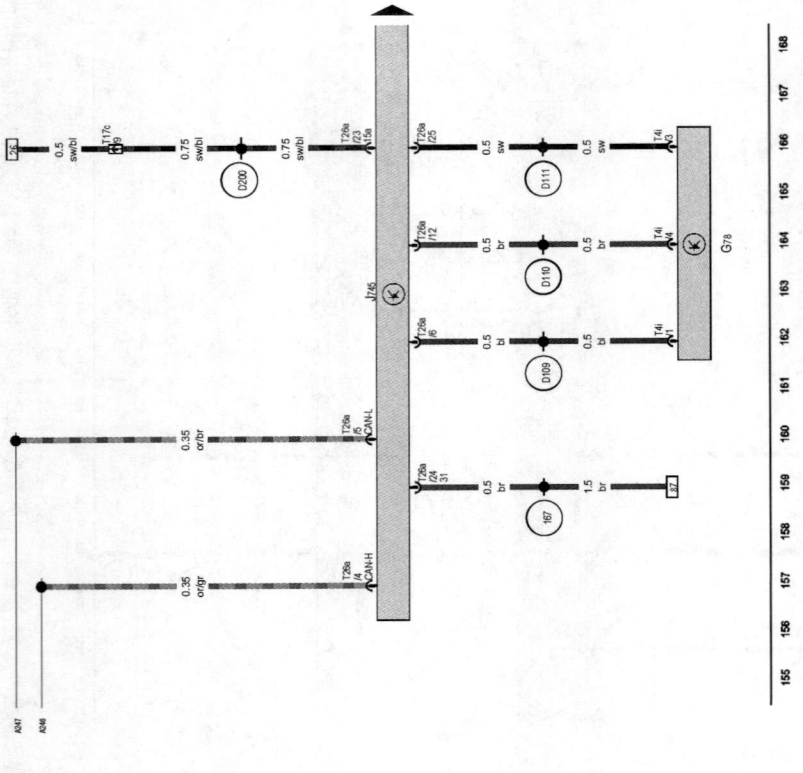

图 5-4-101

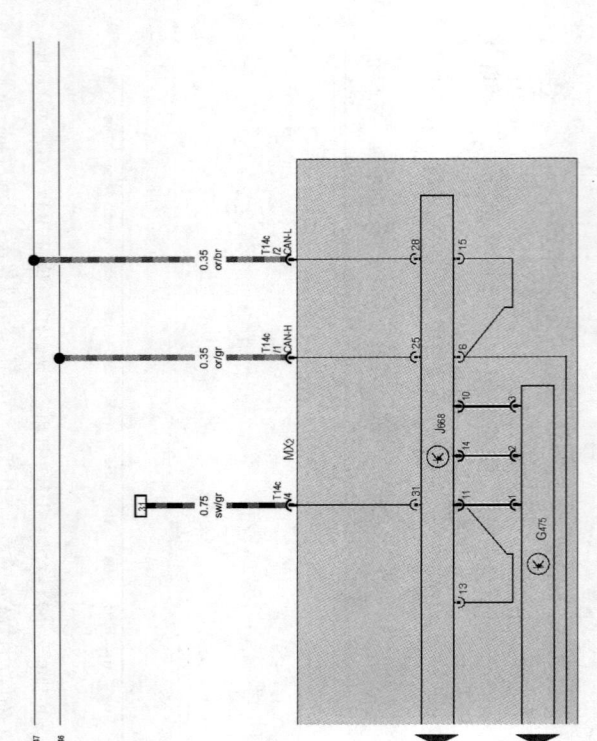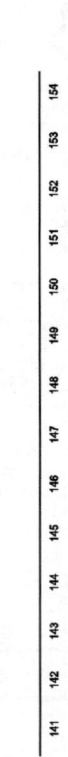

图 5-4-100

G78-左前汽车高度传感器　J745-弯道灯和大灯照明距离调节控制单元　T4i-4 芯插头连接，黑色　T17c-17 芯插头连接，黑色　T26a-26 芯插头连接，白色　167-接地连接 4，在发动机舱导线束中　A246-连接 1（CAN 总线，High），在发动机舱导线束中　A247-连接 1（CAN 总线，Low），在发动机舱导线束中　D109-连接 7，在发动机舱导线束中　D110-连接 8，在发动机舱导线束中　D111-连接 9，在发动机舱导线束中　D200-正极连接 3（15a），在发动机舱导线束中

G475-右摆动模式定位传感器　J668-右侧大灯电源模块　MX2-右前大灯　T14c-14 芯插头连接，黑色　T4i-4 芯插头连接，黑色　A246-连接 1（CAN 总线，High），在发动机舱导线束中　A247-连接 1（CAN 总线，Low），在发动机舱导线束中

可加热后窗玻璃继电器，保险丝架 C

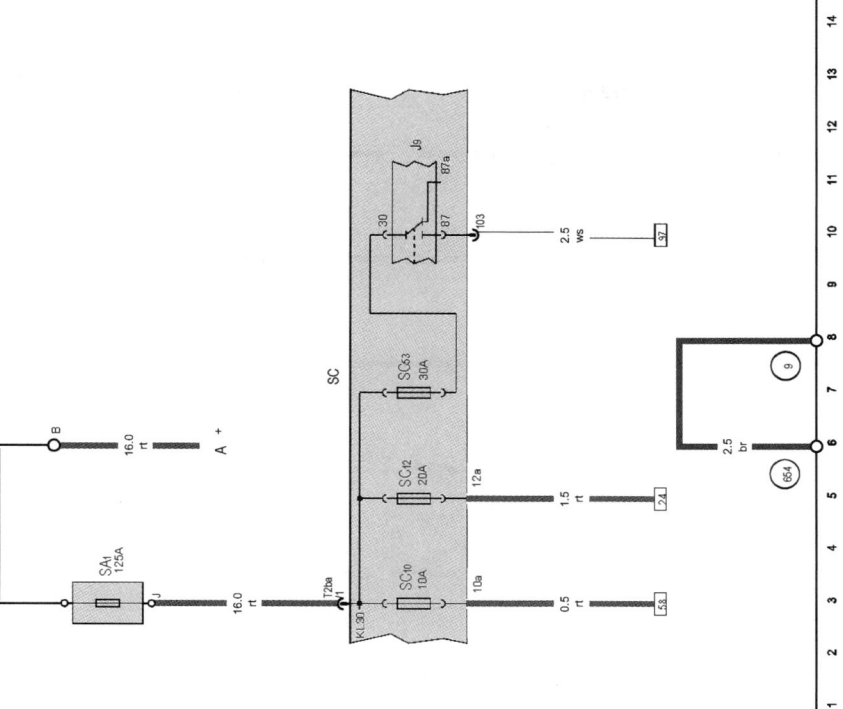

左后汽车高度传感器

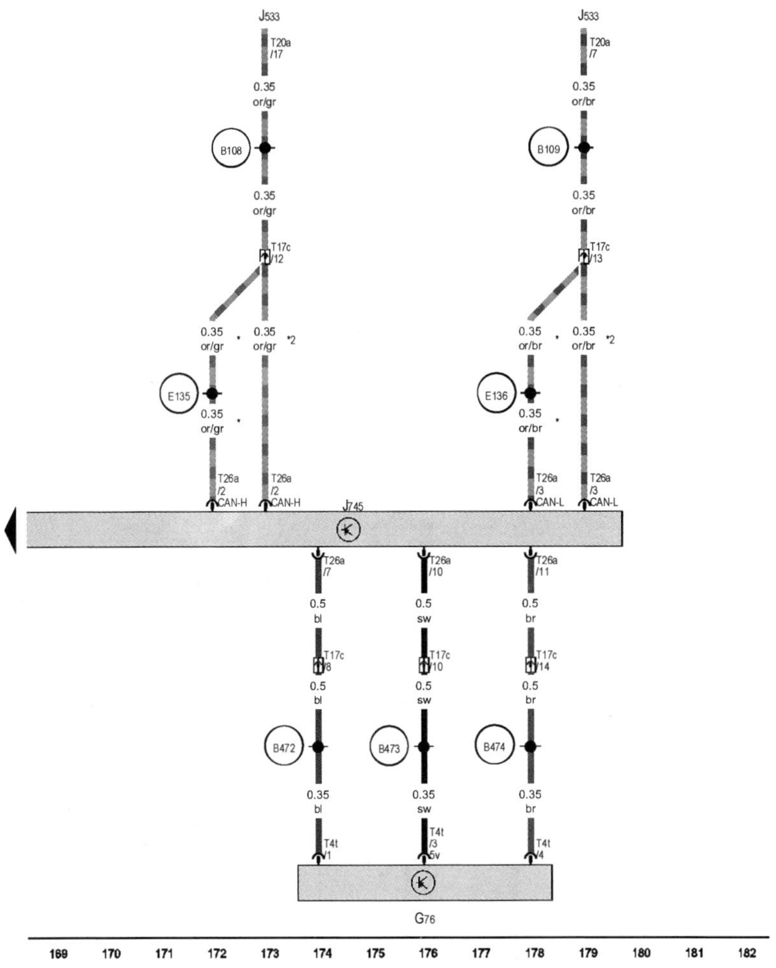

图 5-4-103

A-蓄电池 J9-可加热后窗玻璃继电器 SA1-保险丝架 A 上的保险丝 1 SC-保险丝架 C 上的保险丝 10 SC12-保险丝架 C 上的保险丝 12 SC53-保险丝架 C 上的保险丝 53 T2ba-2 芯插头连接，黑色 9-接地带，行李箱盖-车顶 654-右侧 D 柱上的接地点

图 5-4-102

G76-左后汽车高度传感器 J533-数据总线诊断接口 J745-弯道灯和大灯照明距离调节控制单元 T4t-4 芯插头连接，黑色 T17c-17 芯插头连接，红色 T20a-20 芯插头连接，黑色 T26a-26 芯插头连接，白色 B108-连接 1（扩展型 CAN 总线，High），在主导线束中 B109-连接 1（扩展型 CAN 总线，Low），在主导线束中 B472-连接 8，在主导线束中 B473-连接 9，在主导线束中 B474-连接 10，在主导线束中 E135-连接（扩展型高速 CAN 总线），在发动机舱导线束中 E136-连接（扩展型低速 CAN 总线），在主导线束中 *1-仅用于带自动车距控制（ADR）的汽车 *2-仅用于不带自动车距控制（ADR）的汽车发动机舱导线束中

675

电子通信信息设备 1 控制单元，左前低音喇叭，左前高音喇叭，右前高音喇叭，右前低音喇叭

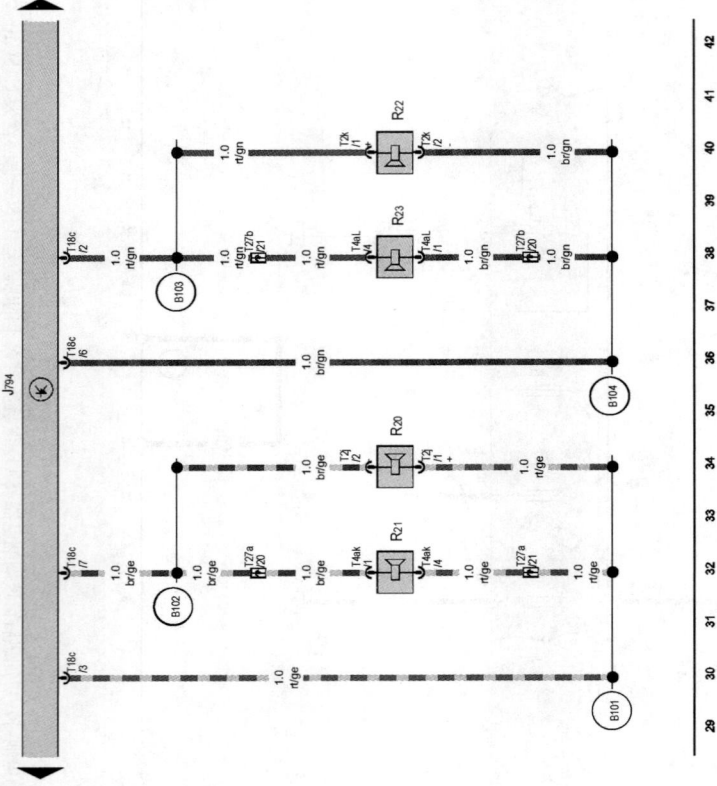

图 5-4-105

J794-电子通信信息设备 1 控制单元 R20-左前高音喇叭 R21-左前低音喇叭 R22-右前高音喇叭 R23-右前低音喇叭 T2j-2 芯插头连接，黑色 T2k-2 芯插头连接，黑色 T4ak-4 芯插头连接，黑色 T4aL-4 芯插头连接，黑色 T18c-18 芯插头连接，黑色 T27a-27 芯插头连接，黑色 T27b-27 芯插头连接，黑色 B101-连接（正极，扬声器），在主导线束中 B102-连接（负极，扬声器），在主导线束中 B103-连接（正极，扬声器），在主导线束中 B104-连接（负极，扬声器），在主导线束中

数据总线诊断接口，电子通信信息设备 1 控制单元，电话话筒

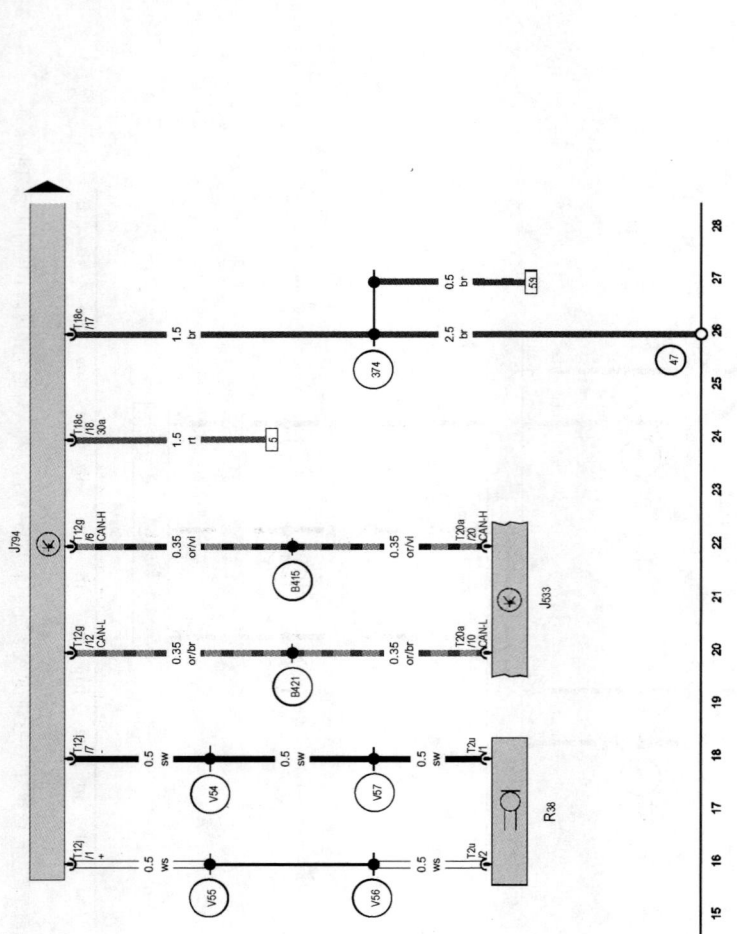

图 5-4-104

J533-数据总线诊断接口 J794-电子通信信息设备 1 控制单元 R38-电话话筒 T2u-2 芯插头连接，黑色 T12g-12 芯插头连接，灰色 T12j-12 芯插头连接，黑色 T18c-18 芯插头连接，蓝色 T20a-20 芯插头连接，黑色 47-接地点，在右前脚部空间 374-接地连接 9，在主导线束中 B415-连接 1（信息娱乐系统 CAN总线，Low），在主导线束中 B421-连接 1（信息娱乐系统 CAN总线，High），在主导线束中 V54-连接 1（电话），在主导线束中 V55-连接 2（电话），在主导线束中 V56-连接 3（电话），在主导线束中 V57-连接 4（电话），在主导线束中

676

电子通信信息设备 1 控制单元，左后低音喇叭、右后低音喇叭、右后高音喇叭、左后高音喇叭、右后高音喇叭

多媒体系统操作单元，前部信息显示和操作单元控制单元的显示单元，电子通信信息设备 1 控制单元

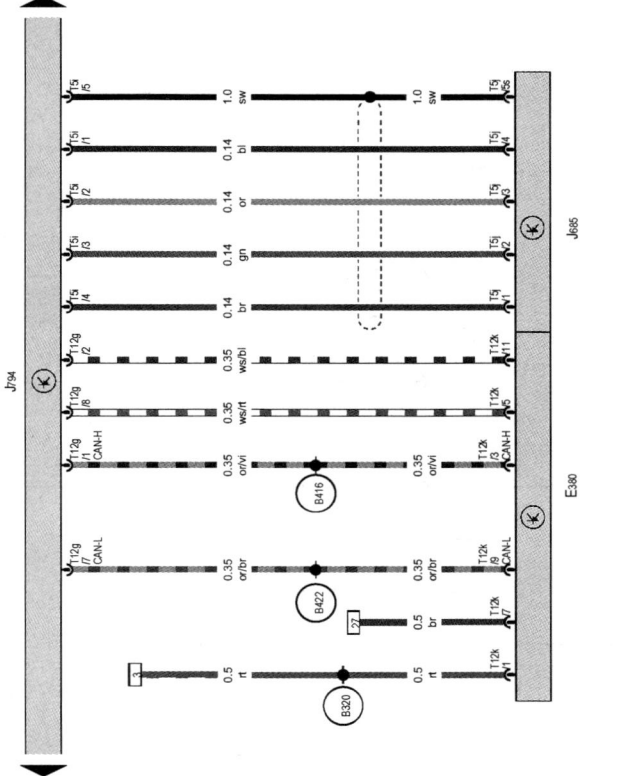

图 5-4-107

图 5-4-106

E380-多媒体系统操作单元 J685-前部信息显示和操作单元控制单元的显示单元 J794-电子通信信息设备 1 控制单元 T5i-5 芯插头连接，淡紫色 T5j-5 芯插头连接，蓝色 T12g-12 芯插头连接，灰色 T12k-12 芯插头连接，黑色 B320-正极连接 6（30a），在主导线束中 B416-连接 2（信息娱乐系统 CAN 总线，High），在主导线束中 B422-连接 2（信息娱乐系统 CAN 总线，Low），在主导线束中

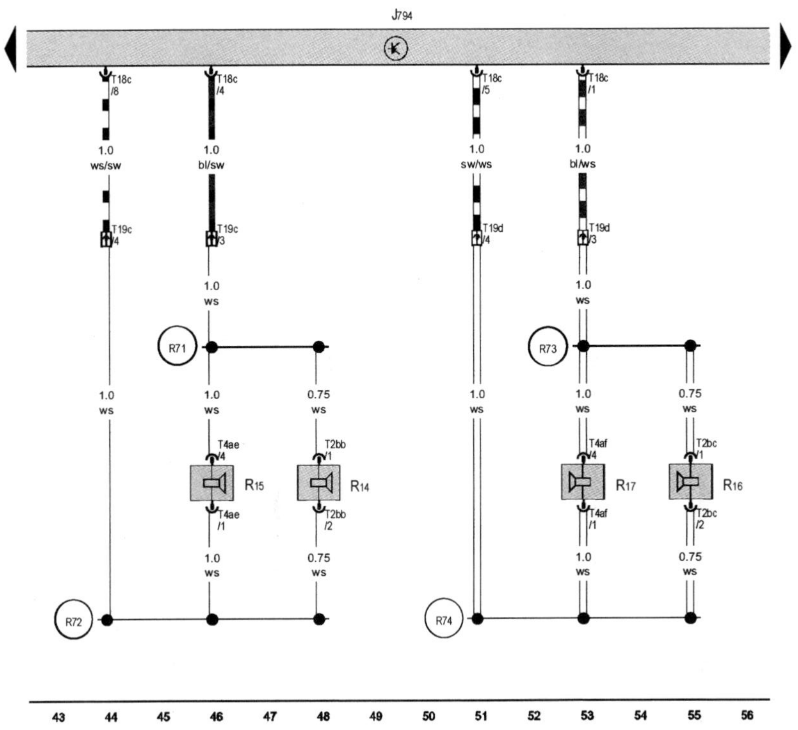

J794-电子通信信息设备 1 控制单元 R14-左后高音喇叭 R15-左后低音喇叭 R16-右后高音喇叭 R17-右后低音喇叭 T2bb-2 芯插头连接，黑色 T2bc-2 芯插头连接，黑色 T4ae-4 芯插头连接，黑色 T4af-4 芯插头连接，黑色 T18c-18 芯插头连接，黑色 T19c-19 芯插头连接，黑色 T19d-19 芯插头连接，黑色 R71-连接（正极、扬声器），在左后车门导线束中 R72-连接（负极、扬声器），在左后车门导线束中 R73-连接（正极、扬声器），在右后车门导线束中 R74-连接（负极、扬声器），在右后车门导线束中

电子通信信息设备 1 控制单元，天线，GPS 天线，左侧天线模块，右侧天线模块，调幅（AM）
滤波器，负导线中的调频频率分滤器，正导线中的调频频率分滤器，可加热式后窗玻璃

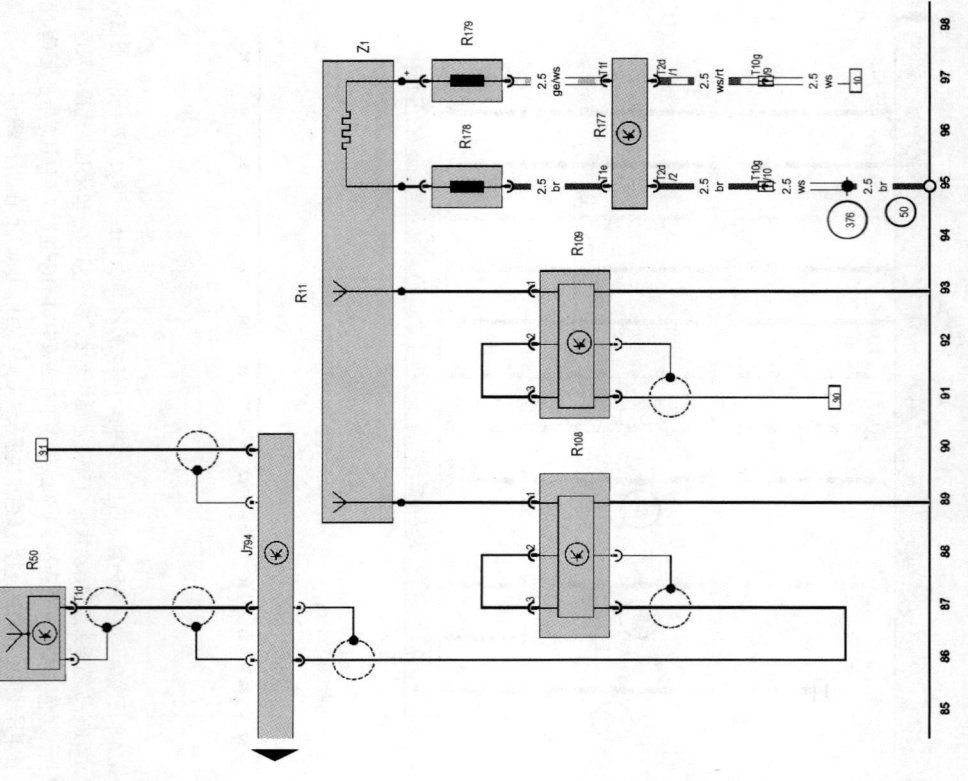

J794-电子通信信息设备 1 控制单元 R11-天线 R50-GPS 天线 R108-左侧天线模块 R109-右侧天线
模块 R177-调幅（AM）滤波器 R178-负导线中的调频频率分滤器 R179-正导线中的调频频率分滤器
T1d-1 芯插头连接，蓝色 T1e-1 芯插头连接，黑色 T1f-1 芯插头连接，棕色 T2d-2 芯插头连接，黑色
T10g-10 芯插头连接，黑色 Z1-可加热式后窗玻璃 50-行李箱左侧后窗玻璃 376-接地点 376-接地连接 11，在主导线
束中

图 5-4-109

电子通信信息设备 1 控制单元，USB 接口支架，外部音频源接口

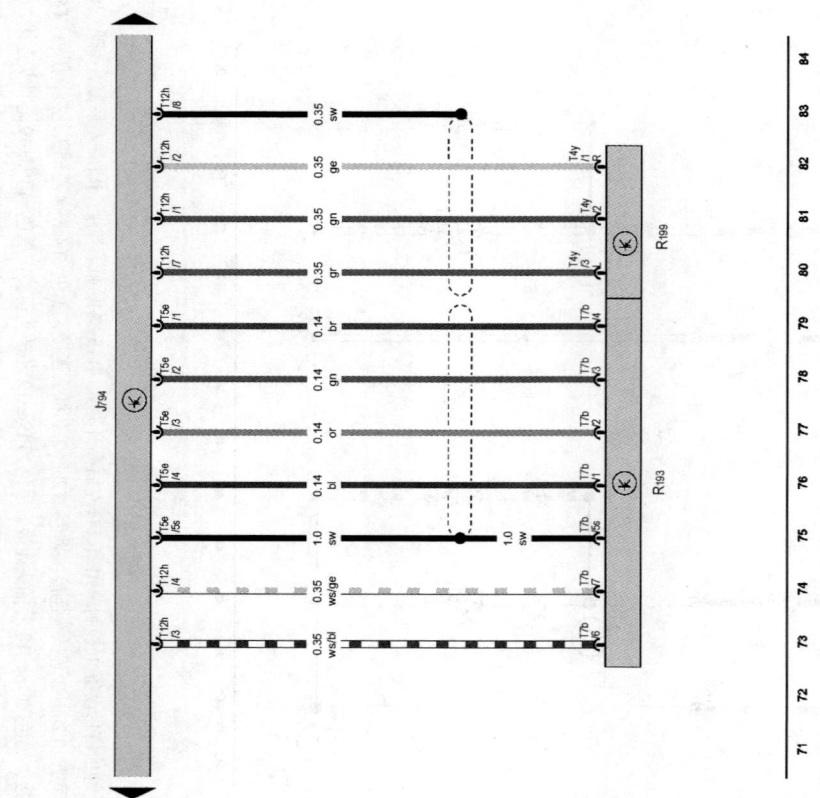

J794-电子通信信息设备 1 控制单元 R193-USB 接口支架 R199-外部音频源接口 T4y-4 芯插头连接，黑
色 T5e-5 芯插头连接，黄色 T7b-7 芯插头连接，绿色 T12h-12 芯插头连接，绿色
色，T12h-12 芯插头连接，黄色 T7b-7 芯插头连接，绿色 T12h-12 芯插头连接，绿色

图 5-4-108

678

收音机，左前高音喇叭，左前低音喇叭

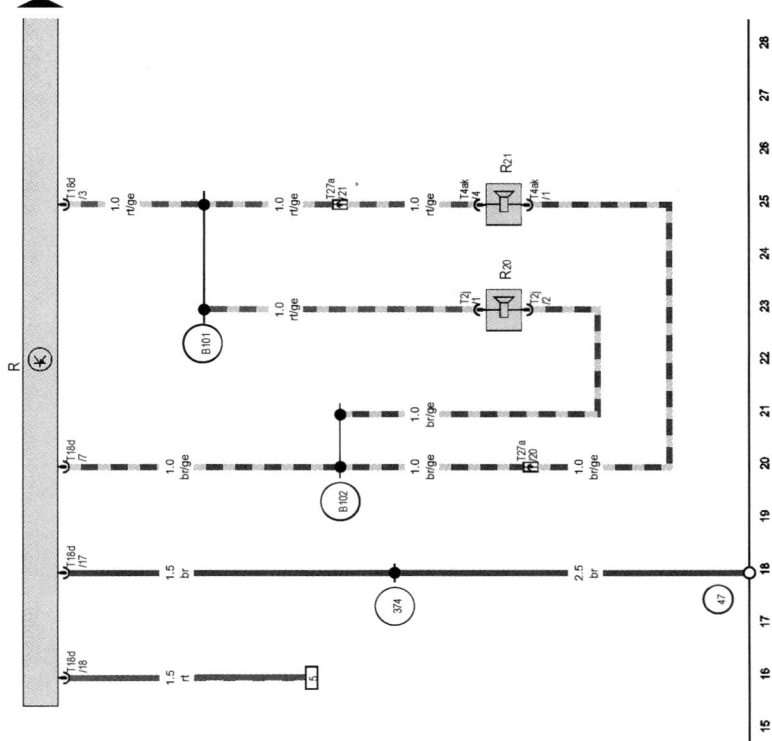

R-收音机 R20-左前高音喇叭 R21-左前低音喇叭 T2j-2 芯插头连接，黑色 T4ak-4 芯插头连接，黑色
T18d-18 芯插头连接，黑色 T27a-27 芯插头连接，黑色 47-接地点，在右前脚部空间中 374-接地连接
9，在主导线束中 B101-连接（正极，左前侧扬声器），在主导线束中 B102-连接（负极，扬声器），在
主导线束中

图 5-4-111

可加热后窗玻璃继电器，保险丝架 C

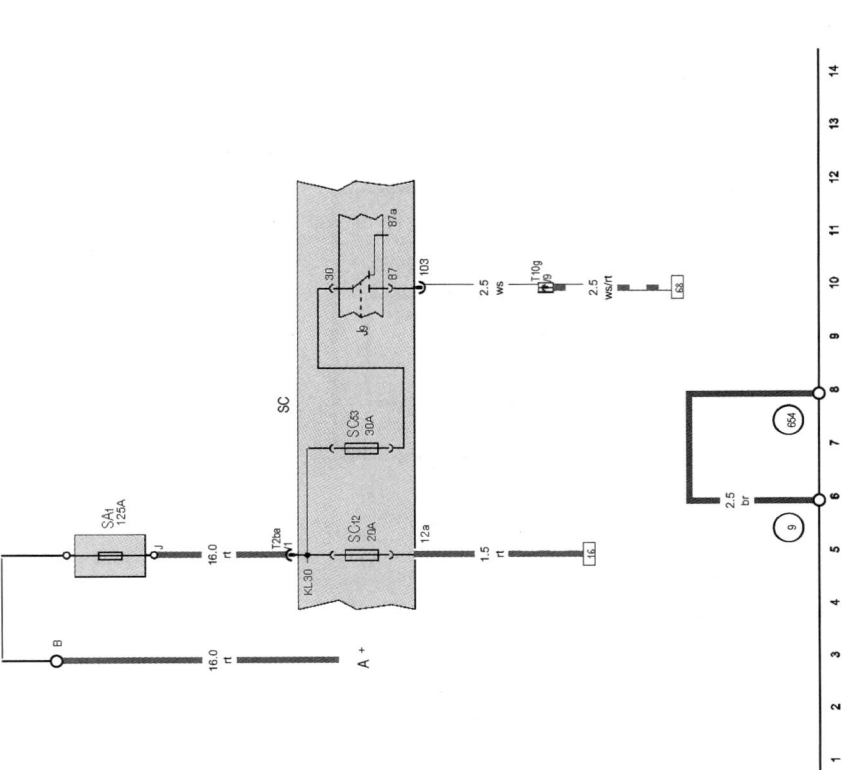

A-蓄电池 J9-可加热后窗玻璃继电器 SA1-保险丝架 A 上的保险丝 A SC-保险丝架 1 SC-保险丝架 C SC12-保险丝架 C
上的保险丝 12 SC53-保险丝架 C 上的保险丝 53 T2ba-2 芯插头连接，黑色 T10g-10 芯插头连接，黑色
9-接地带，行李箱盖-车顶 654-右侧 D 柱上的接地点

图 5-4-110

收音机，左后高音喇叭，左后低音喇叭，右后高音喇叭，右后低音喇叭

R

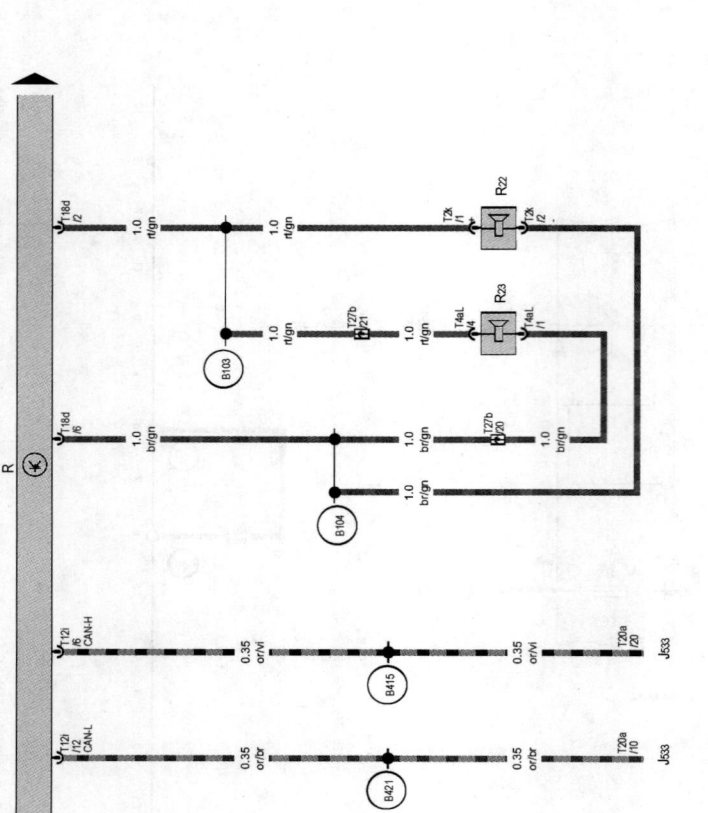

| | | | | | | | | | | | | | |
|43|44|45|46|47|48|49|50|51|52|53|54|55|56|

图 5-4-113

收音机，右前高音喇叭，右前低音喇叭

R

| | | | | | | | | | | | | | |
|29|30|31|32|33|34|35|36|37|38|39|40|41|42|

图 5-4-112

J533-数据总线诊断接口 R-收音机 R22-右前高音喇叭 R23-右前低音喇叭 T2k-2 芯插头连接，黑色 T4aL-4 芯插头连接，黑色 T12i-12 芯插头连接，黑色 T18d-18 芯插头连接，灰色 T20a-20 芯插头连接，黑色 T20a-20 芯插头连接，黑色 T27b-27 芯插头连接，黑色 B103-连接（正极，扬声器），在主导线束中 B104-连接（负极，扬声器），在主导线束中 B415-连接 1（信息娱乐系统 CAN总线，High），在主导线束中 B421-连接 1（信息娱乐系统 CAN 总线，Low），在主导线束中

R-收音机，R14-左后高音喇叭 R15-左后低音喇叭 R16-右后高音喇叭 R17-右后低音喇叭 T2bb-2 芯插头连接，黑色 T2bc-2 芯插头连接，黑色 T4ae-4 芯插头连接，黑色 T18d-18 芯插头连接，黑色 T19c-19 芯插头连接，黑色 T19d-19 芯插头连接，黑色 R71-连接（正极，扬声器），R72-连接（负极，扬声器），在左后车门导线束中 R73-连接（正极，扬声器），R74-连接（负极，扬声器），在右后车门导线束中 *-仅用于带 8 个扬声器的汽车（8RM）

680

数字式声音处理系统控制单元，电子通信信息设备 1 控制单元，左后高音扬声器

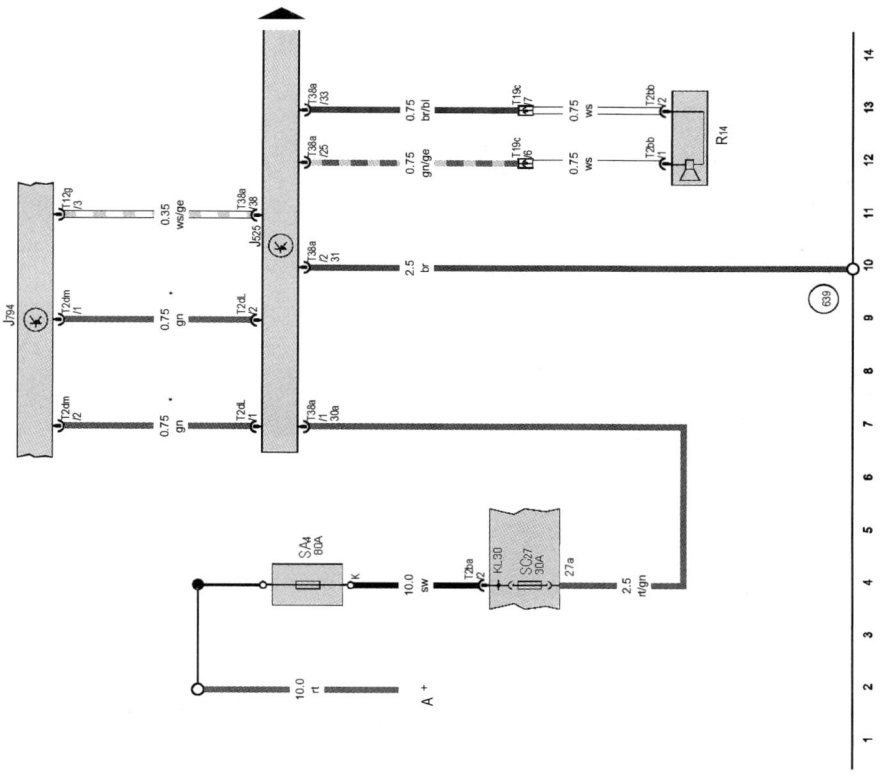

图 5-4-115

A-蓄电池 J525-数字式声音处理系统控制单元 J794-电子通信信息设备 1 控制单元 R14-左后高音扬声器 SA4-保险丝架 A 上的保险丝 4 SC27-保险丝架 C 上的保险丝 27 T2ba-2 芯插头连接，黑色 T2bb-2 芯插头连接，黑色 T2dL-2 芯插头连接，黑色 T2dm-2 芯插头连接，黑色 T12g-12 芯插头连接，灰色 T19c-19 芯插头连接，黑色 T38a-38 芯插头连接，黑色 639-左 A 柱上的接地点 *-光纤（LWL）

收音机，天线，右侧天线模块，调幅（AM）滤波器，负导线中的调频频率分滤器，正导线中的调频频率分滤器，可加热式后窗玻璃

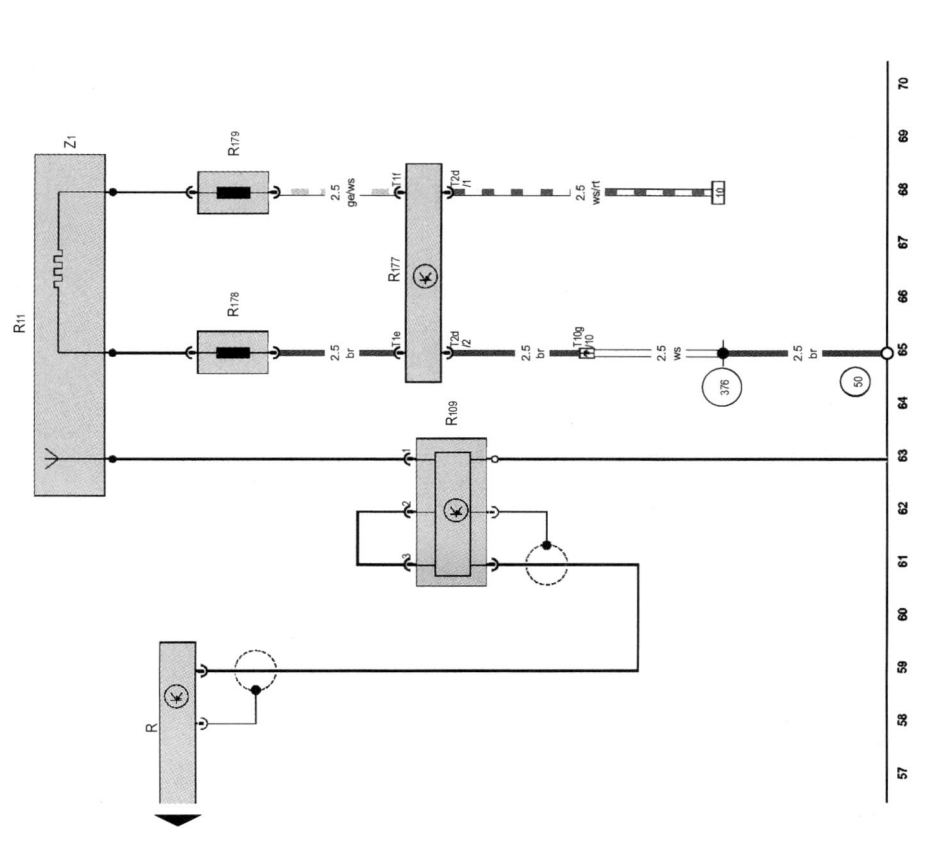

图 5-4-114

R-收音机，R11-天线 R109-右侧天线模块 R177-调幅（AM）滤波器 R178-负导线中的调频频率分滤器 R179-正导线中的调频频率分滤器 T1e-1 芯插头连接，黑色 T1f-1 芯插头连接，棕色 T2d-2 芯插头连接，黑色 T10g-10 芯插头连接，黑色 Z1-可加热式后窗玻璃 50-行李箱左侧接地点 376-接地连接 11，在主导线束中

681

数字式声音处理系统控制单元，左前低音扬声器，右前低音扬声器，右前高音扬声器，中央扬声器

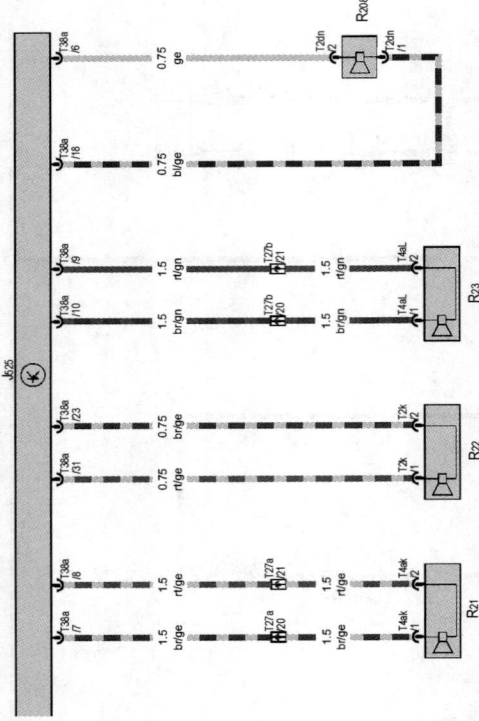

J525-数字式声音处理系统控制单元 R21-左前低音扬声器 R22-右前高音扬声器 R23-右前低音扬声器 R208-中央扬声器 T2dn-2 芯插头连接，黑色 T2k-2 芯插头连接，黑色 T4ak-4 芯插头连接，黑色 T4aL-4 芯插头连接，黑色 T27a-27 芯插头连接，黑色 T27b-27 芯插头连接，黑色 T38a-38 芯插头连接，黑色

图 5-4-117

数字式声音处理系统控制单元，左后低音扬声器，左后高音扬声器，右后高音扬声器，右后低音扬声器，左前高音扬声器

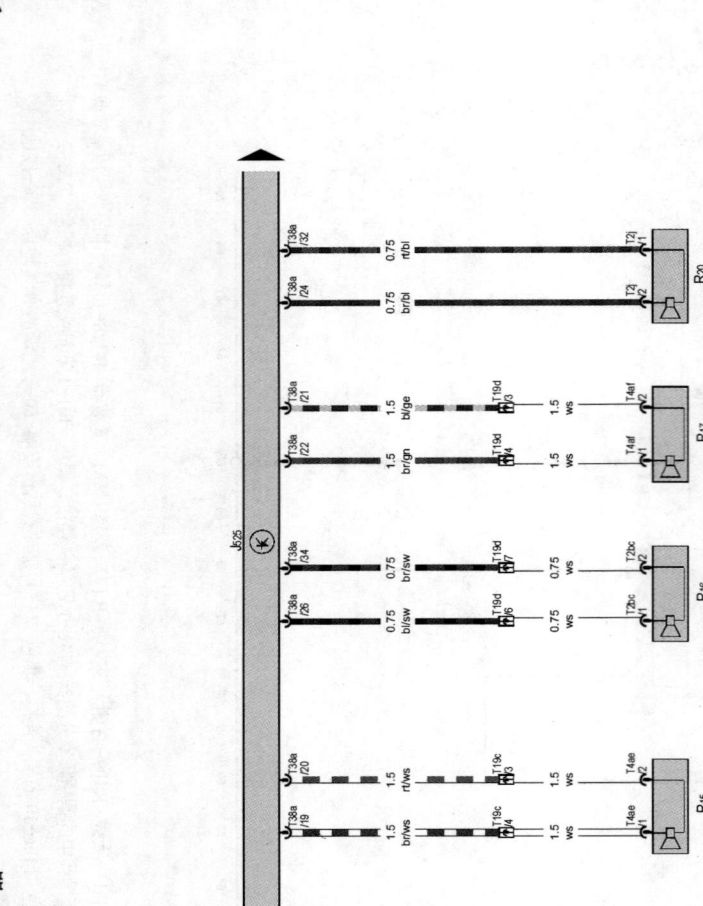

J525-数字式声音处理系统控制单元 R15-左前低音扬声器 R16-右后高音扬声器 R17-右后低音扬声器 R20-左前高音扬声器 T2bc-2 芯插头连接，黑色 T2j-2 芯插头连接，黑色 T4ac-4 芯插头连接，黑色 T4ae-4 芯插头连接，黑色 T4af-4 芯插头连接，黑色 T19c-19 芯插头连接，黑色 T19d-19 芯插头连接，黑色 T38a-38 芯插头连接，黑色

图 5-4-116

仪表板中的控制单元，电动驻车制动器和手制动器故障指示灯

防盗锁止系统识读线圈，冷却液温度表，仪表板中的控制单元，防盗锁止系统控制单元，
机油压力指示灯，燃油存量指示灯，清洗液不足指示灯，制动系统指示灯，自动车距控制
指示灯

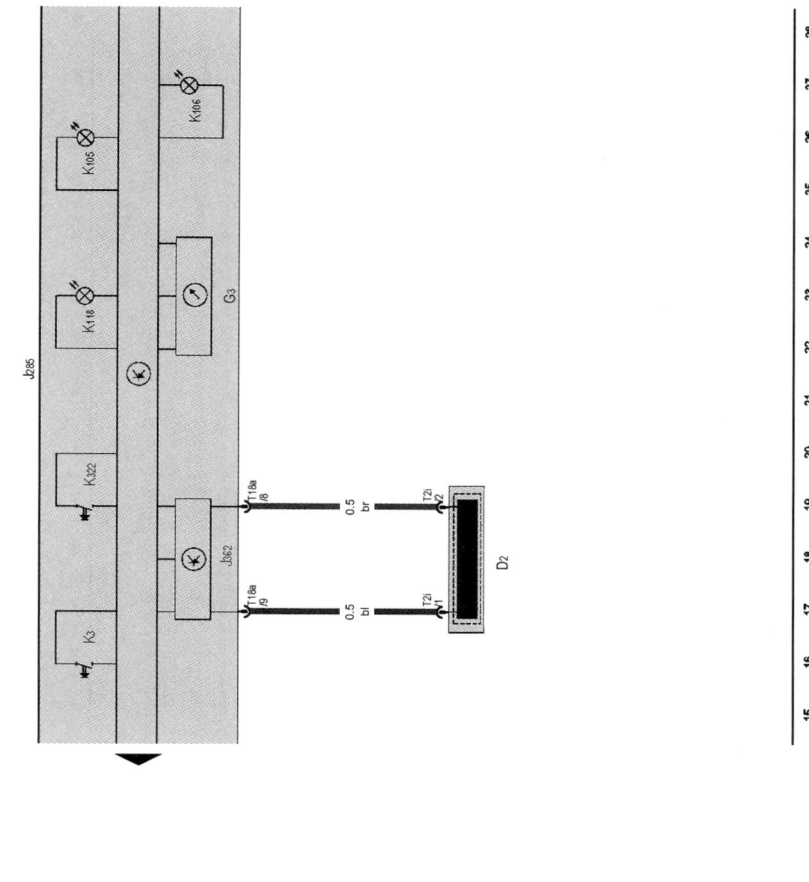

图 5-4-118

图 5-4-119

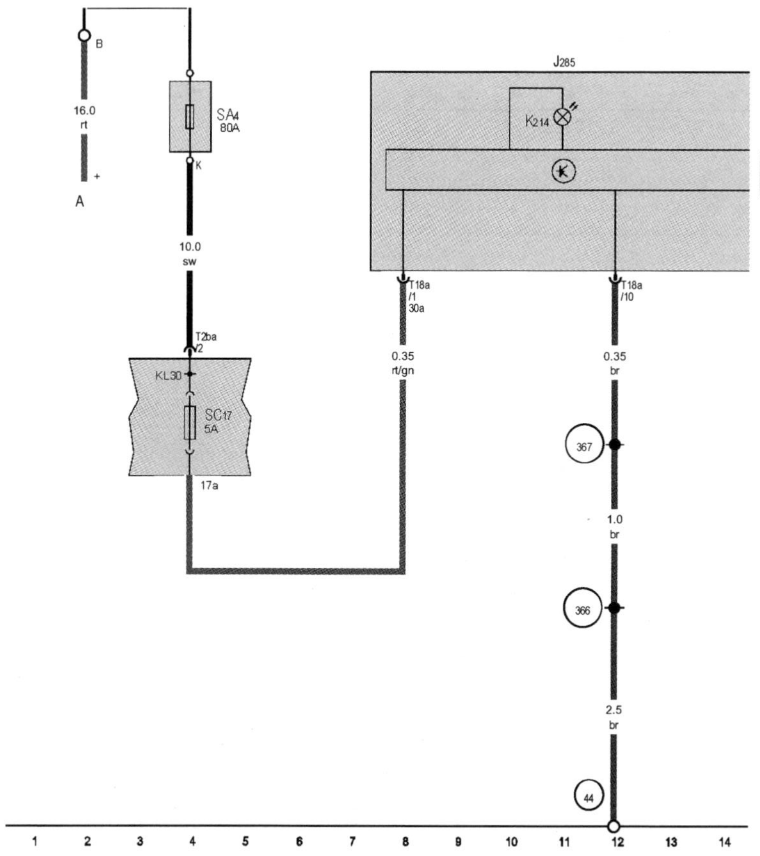

A-蓄电池 J285-仪表板中的控制单元 K214-电动驻车制动器和手制动器故障指示灯 SA4-保险丝架 A
上的保险丝 4 SC17-保险丝架 C 上的保险丝 17 T2ba-2 芯插头连接 T18a-18 芯插头连接，黑色
44-接地点，左侧 A 柱下部 366-接地连接 1，在主导线束中 367-接地连接 2，在主导线束中

D2-防盗锁止系统识读线圈 G3-冷却液温度表 J285-仪表板中的控制单元 J362-防盗锁止系统控制单元
K3-机油压力指示灯 K105-燃油存量指示灯 K106-清洗液不足指示灯 K118-制动系统指示灯 K322-自动
车距控制指示灯 T2i-2 芯插头连接，黑色 T18a-18 芯插头连接，黑色

仪表板中的控制单元，后雾灯指示灯，GRA 指示灯，ABS 指示灯，左侧转向信号灯指示灯，右侧转向信号指示灯，电子稳定程序和 ASR 指示灯，电子稳定程序和 ASR 指示灯 2，数字时钟

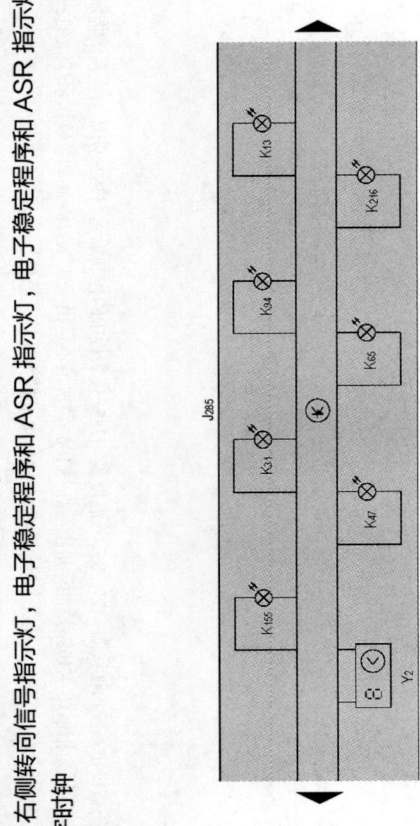

燃油存量传感器，燃油储备显示，多功能显示器，仪表板中的控制单元，远光灯指示灯，发电机指示灯，冷却液温度和冷却液不足显示指示灯，油位指示灯

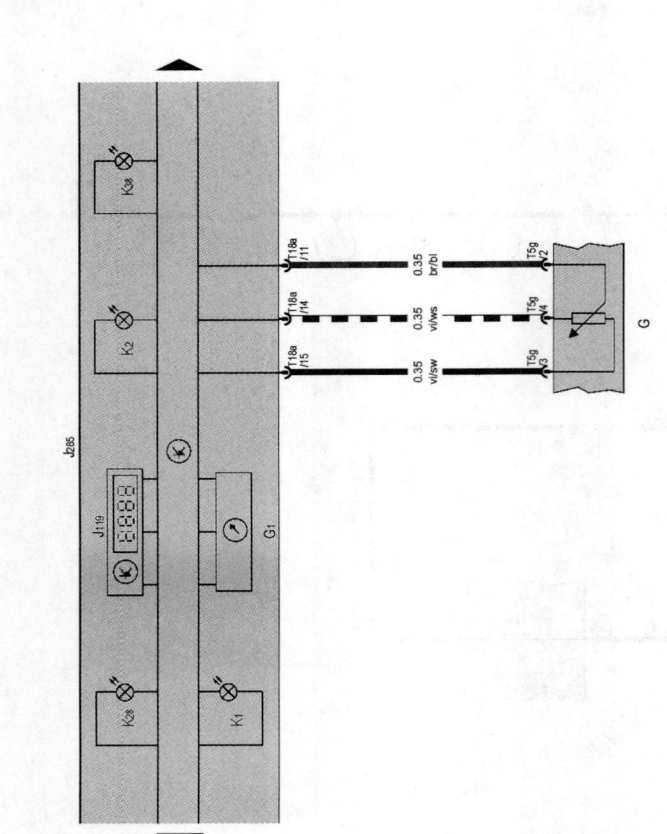

J285-仪表板中的控制单元 K13-后雾灯指示灯 K31-GRA 指示灯 K47-ABS 指示灯 K65-左侧转向信号灯指示灯 K94-右侧转向信号指示灯 K155-电子稳定程序和 ASR 指示灯 K216-电子稳定程序和 ASR 指示灯2 Y2-数字时钟

图 5-4-121

G-燃油存量传感器 G1-燃油储备显示 J119-多功能显示器 J285-仪表板中的控制单元 K1-远光灯指示灯 K2-发电机指示灯 K28-冷却液温度和冷却液不足显示指示灯 K38-油位指示灯 T5g-5 芯插头连接，黑色 T18a-18 芯插头连接，黑色

图 5-4-120

转速表，车速表，警报蜂鸣器和警报音，仪表板中的控制单元，废气警告灯，选挡杆指示灯，轮胎压力监控显示指示灯，里程表，选挡杆位置显示

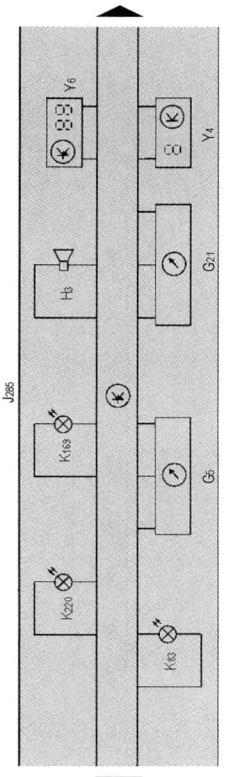

图 5-4-123

G5-转速表 G21-车速表 H3-警报蜂鸣器和警报音 J285-仪表板中的控制单元 K83-废气警告灯 K169-选挡杆指示灯 K220-轮胎压力监控显示指示灯 Y4-里程表 Y6-选挡杆位置显示

仪表板中的控制单元，安全带警告指示灯，安全气囊指示灯，行李箱盖打开指示灯，电子油门故障信号灯，电控机械式助力转向器指示灯，车门打开指示灯，灯泡失灵指示灯，仪表板照明灯泡

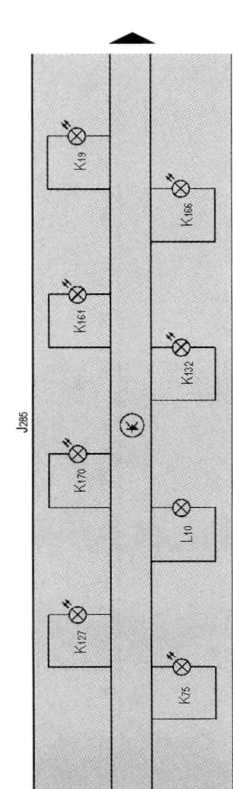

图 5-4-122

J285-仪表板中的控制单元 K19-安全带警告指示灯 K75-安全气囊指示灯 K127-行李箱盖打开指示灯 K132-电子油门故障信号灯 K161-电控机械式助力转向器指示灯 K166-车门打开指示灯 K170-灯泡失灵指示灯 L10-仪表板照明灯泡

制动液液位警告信号触点，车外温度传感器，冷却液液不足显示传感器，车窗玻璃清洗液液位传感器，车载电网控制单元

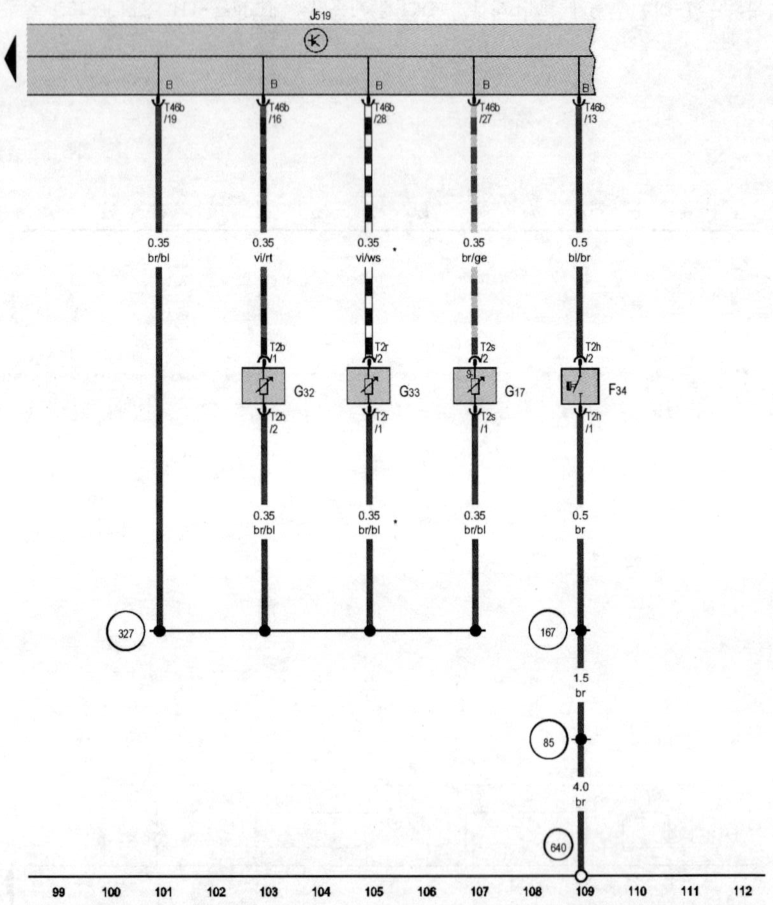

仪表板中的控制单元，车载电网控制单元

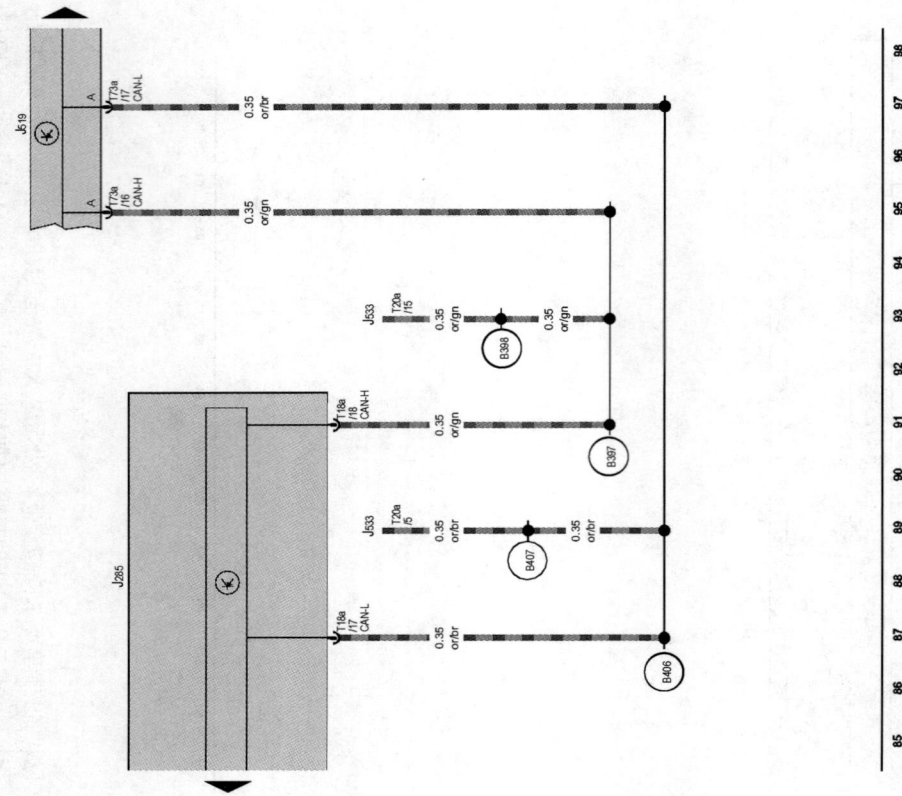

图 5-4-124

图 5-4-125

F34－制动液液位警告信号触点 G17－车外温度传感器 G32－冷却液液不足显示传感器 G33－车窗玻璃清洗液液位传感器 J519－车载电网控制单元 T2b－2 芯插头连接，黑色 T2h－2 芯插头连接，黑色 T2s－2 芯插头连接，黑色 T46b－46 芯插头连接，黑色 85－接地连接 1，在发动机舱导线束中 167－接地连接 4，在发动机舱导线束中 327－接地连接（传感器接地），在发动机舱导线束中 640－接地点 2，在发动机舱内左侧 ＊－仅用于带大灯清洗装置的汽车

J285－仪表板中的控制单元，J519－车载电网控制单元 J533－数据总线诊断接口 T18a－18 芯插头连接，黑色 T20a－20 芯插头连接，红色 T73a－73 芯插头连接，黑色 B397－连接 1（舒适/便捷系统 CAN总线，High），在主导线束中 B398－连接 2（舒适/便捷系统 CAN总线，High），在主导线束中 B406－连接 1（舒适/便捷系统 CAN总线，Low），在主导线束中 B407－连接 2（舒适/便捷系统 CAN 总线，Low），在主导线束中

数据总线诊断接口，诊断接口

接线端 15 供电继电器，保险丝架 C

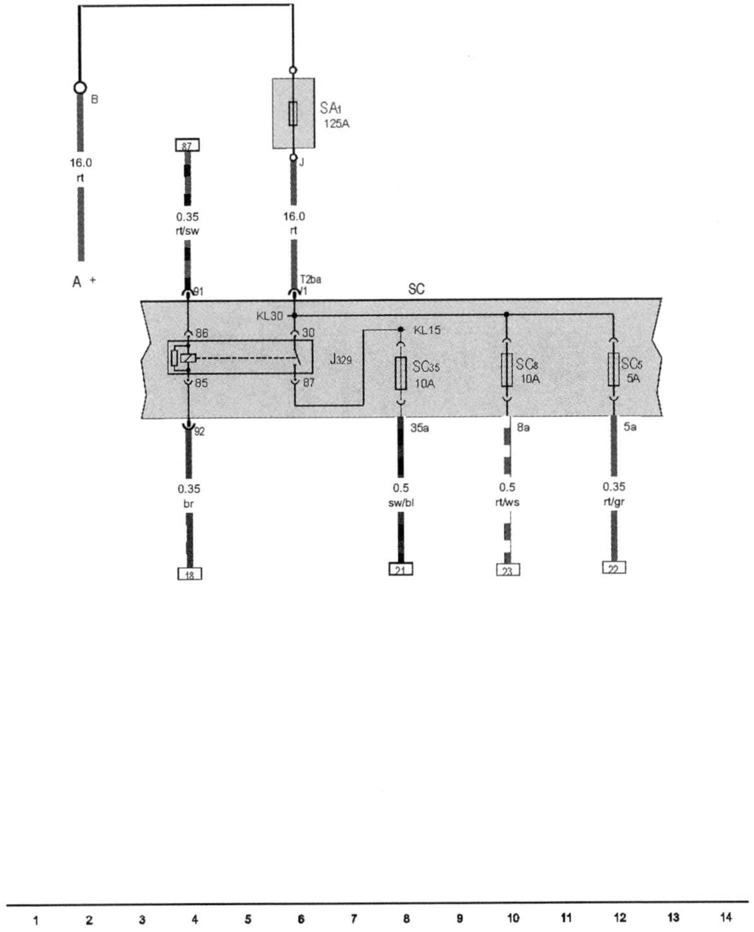

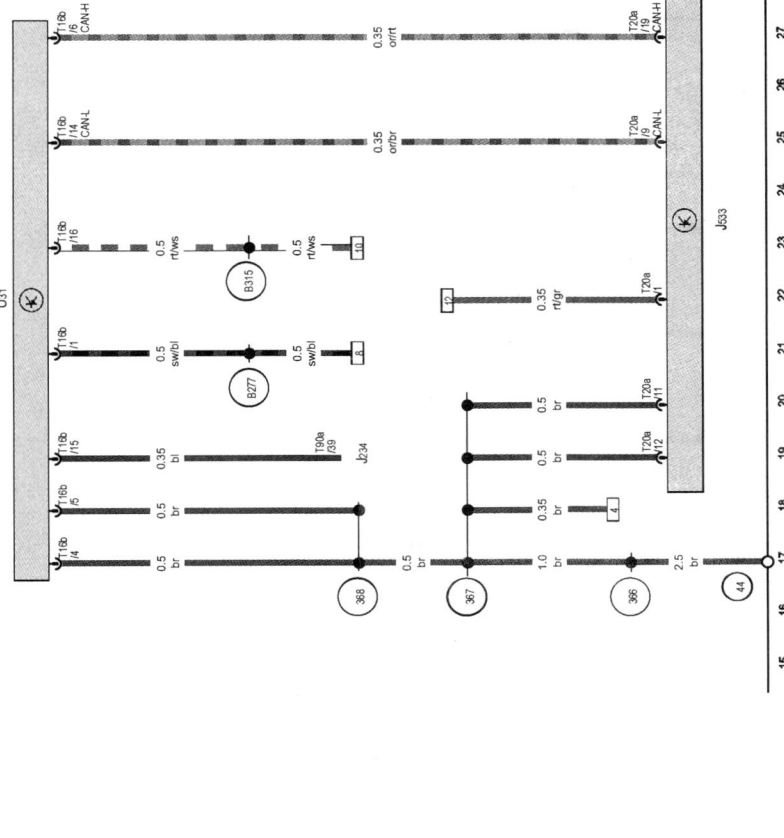

图 5-4-127

J234-安全气囊控制单元 J533-数据总线诊断接口 T16b-16 芯插头连接 T16b-16 芯插头连接 T20a-20 芯插头连接，红色 T90a-90 芯插头连接，黄色 U31-诊断接口 44-左侧 A 柱下部的接地点 366-接地连接 1，在主导线束中 367-接地连接 2，在主导线束中 368-接地连接 3，在主导线束中 B277-正极连接 1（15a），在主导线束中 B315-正极连接 1（30a），在主导线束中

图 5-4-126

A-蓄电池 J329-接线端 15 供电继电器 SA1-保险丝架 A 上的保险丝1 SC-保险丝架 C SC5-保险丝架 C 上的保险丝 5 SC8-保险丝架 C 上的保险丝 8 SC35-保险丝架 C 上的保险丝 35 T2ba-2 芯插头连接，黑色

687

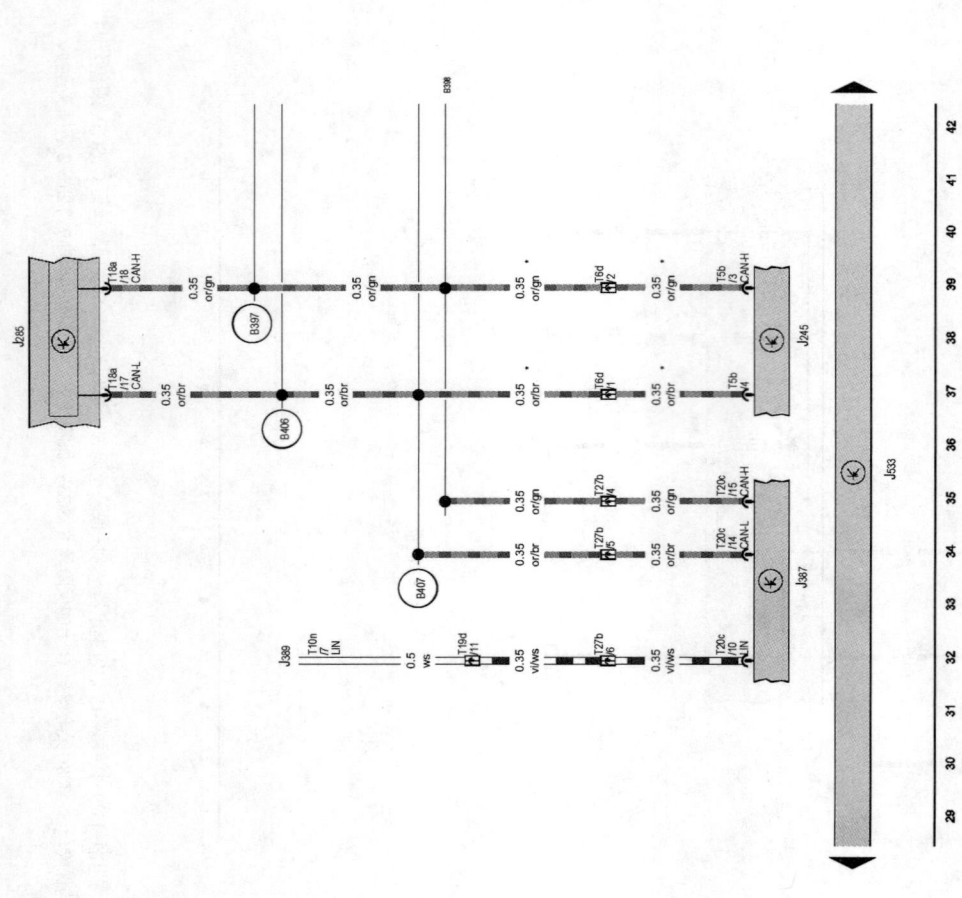

进入及启动许可控制单元，数据总线诊断接口，行李箱控制单元

滑动天窗控制单元，组合仪表中的控制单元，副驾驶员侧车门控制单元，数据总线诊断接口

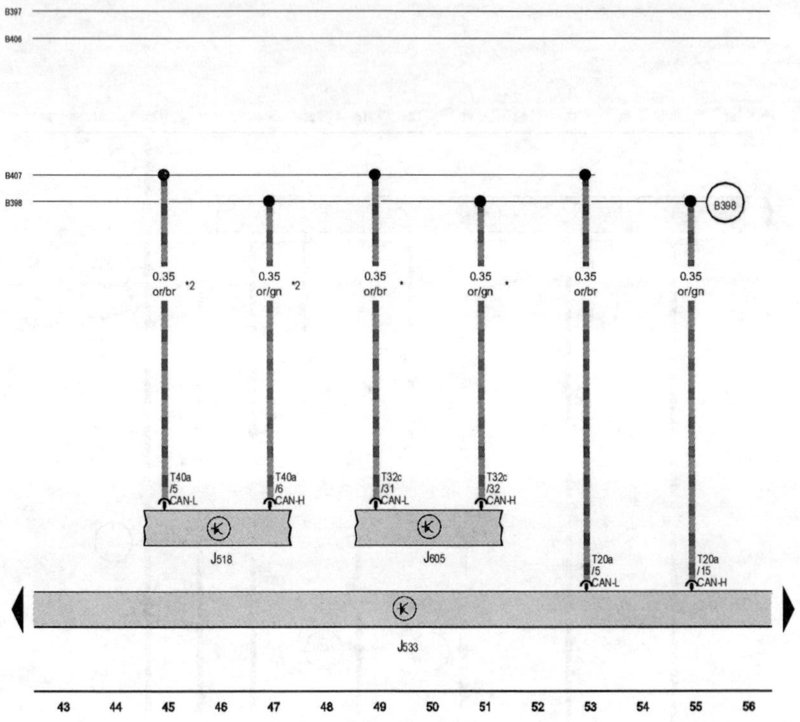

J518-进入及启动许可控制单元 J533-数据总线诊断接口 J605-行李箱盖控制单元 T20a-20 芯插头连接 红色 T32c-32 芯插头连接，黑色 T40a-40 芯插头连接，黑色 B397-连接 1（舒适 CAN 总线，High），在主导线束中 B398-连接 2（舒适 CAN 总线，High），在主导线束中 B406-连接 1（舒适 CAN 总线，Low），在主导线束中 B407-连接 2（舒适 CAN 总线，Low），在主导线束中 *-仅用于带有行李箱盖关闭辅助功能的汽车 *2-仅用于带进入及启动许可功能的汽车

图5-4-129

J245-滑动天窗控制单元 J285-组合仪表中的控制单元 J387-副驾驶员侧车门控制单元 J389-右后车门控制单元 J533-数据总线诊断接口 T5b-5 芯插头连接 T6d-6 芯插头连接 T10n-10 芯插头连接，黑色 T18a-18 芯插头连接，黑色 T19d-19 芯插头连接 T20c-20 芯插头连接，黑色 T27b-27 芯插头连接 B397-连接 1（舒适 CAN 总线，High），在主导线束中 B398-连接 2（舒适 CAN 总线，High），在主导线束中 B406-连接 1（舒适 CAN 总线，Low），在主导线束中 B407-连接 2（舒适 CAN 总线，Low），在主导线束中 *-仅用于带全景滑动天窗的汽车

图5-4-128

全自动空调控制单元，空调器控制单元，车载电网控制单元，转向柱电子装置控制单元，数据总线诊断接口

驾驶员侧车门控制单元，车载电网控制单元，数据总线诊断接口，转向柱联锁执行元件

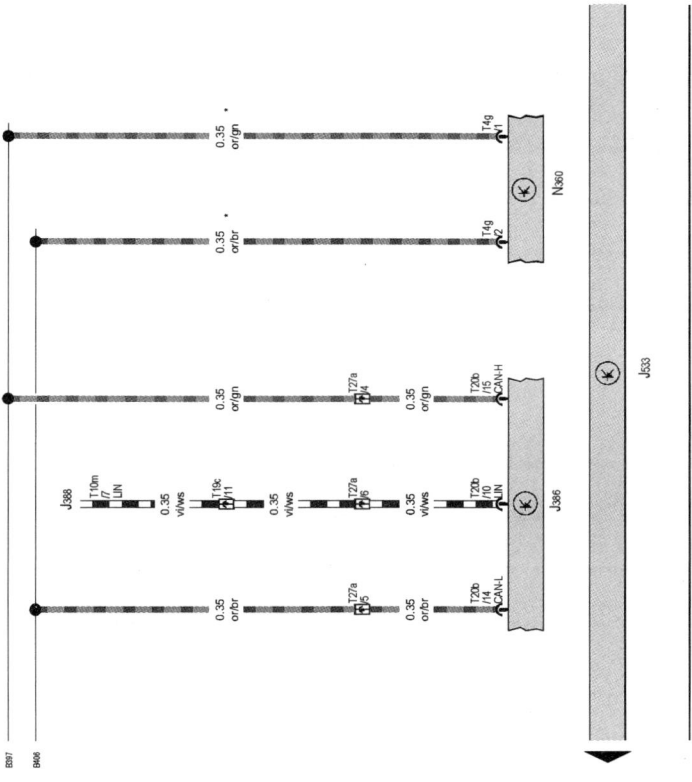

图 5-4-131

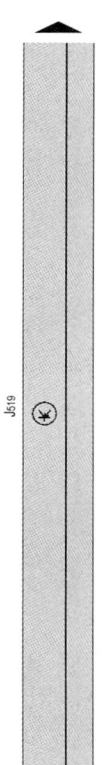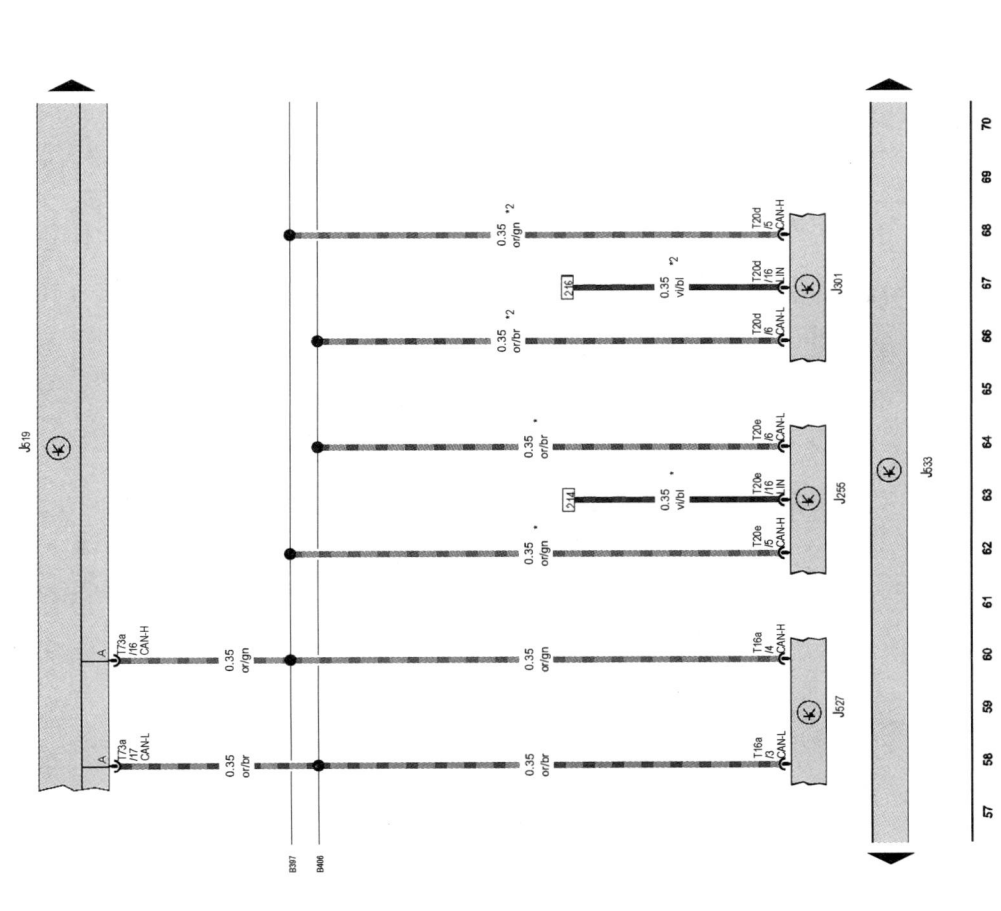

图 5-4-130

J255-全自动空调控制单元 J301-空调器控制单元 J519-车载电网控制单元 J527-转向柱电子装置控制单元 J255-转向柱电子装置控制单元 J301-空调器控制单元 T16a-16 芯插头连接，黑色 T20d-20 芯插头连接，黑色 T20e-20 芯插头连接 元，J533-数据总线诊断接口 T16a-16 芯插头连接，黑色 T20d-20 芯插头连接，黑色 T20e-20 芯插头连接，黑色 T73a-73 芯插头连接，黑色 B397-连接 1（舒适 CAN 总线，High），在主导线束中 B406-连接，黑色 T73a-73 芯插头连接，黑色 B397-连接 1（舒适 CAN 总线，High），在主导线束中 B406-连接 1（舒适 CAN 总线，Low），在主导线束中 *2-仅用于带全自动空调的汽车 *-仅用于带电动调节风门接 1（舒适 CAN 总线，Low），在主导线束中 *2-仅用于带全自动空调的汽车 *-仅用于带电动调节风门的空调器

J386-驾驶员侧车门控制单元 J388-左后车门控制单元 J519-车载电网控制单元 J533-数据总线诊断接口 N360-转向柱联锁执行元件 T4g-4 芯插头连接，黑色 T10m-10 芯插头连接，黑色 T19c-19 芯插头连接，黑色 T20b-20 芯插头连接，黑色 T27a-27 芯插头连接，黑色 B397-连接 1（舒适 CAN 总线，High），在主导线束中 B406-连接 1（舒适 CAN 总线，Low），在主导线束中 *-仅用于带进入及启动许可的汽车

689

车载电网控制单元，数据总线诊断接口，双离合器变速器机电装置

Tiptronic 开关，安全气囊控制单元，车载电网控制单元，数据总线诊断接口

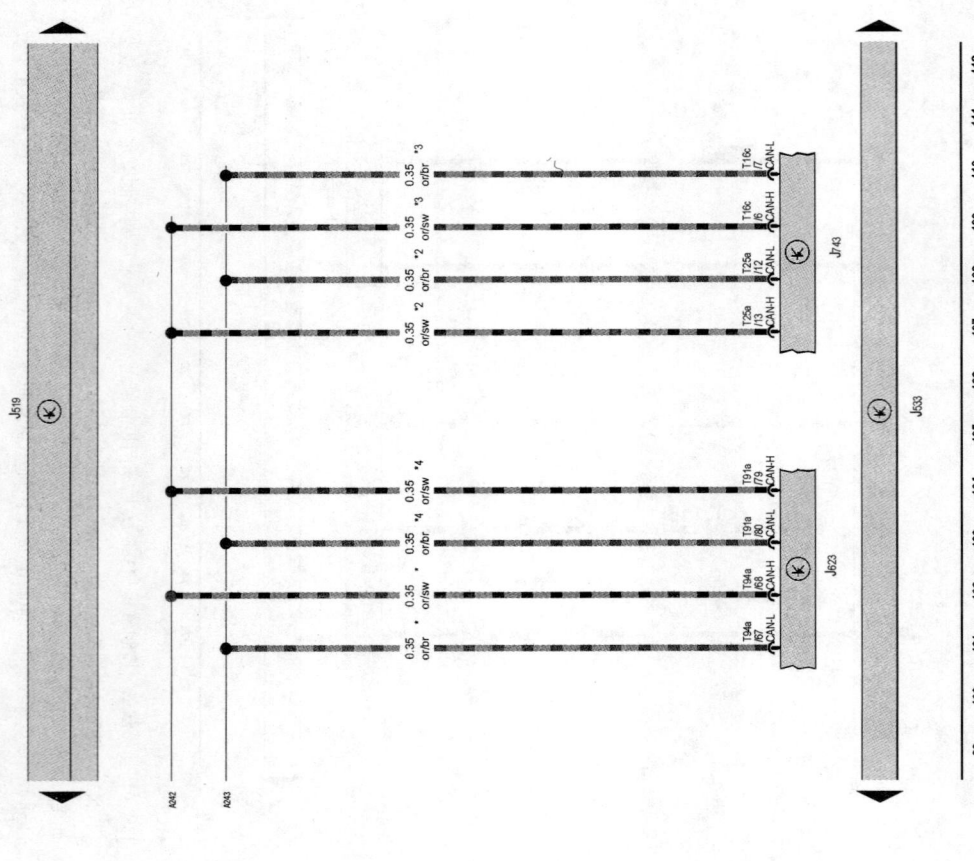

图 5-4-133

图 5-4-132

J519 –车载电网控制单元 J533–数据总线诊断接口 J623–发动机控制单元 J743–双离合器变速器机电装置 T16c–16 芯插头连接，黑色 T25a–25 芯插头连接，黑色 T91a–91 芯插头连接，黑色 T94a–94 芯插头连接，黑色 T90a–90 芯插头连接，黑色 A242–连接 1（驱动 CAN 总线，High），在发动机舱导线束中 A243–连接 1（驱动 CAN 总线，Low），在发动机舱导线束中 *–仅用于带 1.4 L发动机的汽车 *2–仅用于带 1.8 L发动机的汽车 *3–仅用于带双离合器变速器 0D的汽车 *4–仅用于带双离合器变速器 0CW 的汽车

F189–Tiptronic 开关 J234–安全气囊控制单元 J519–车载电网控制单元 J533–数据总线诊断接口 T10j–10 芯插头连接，黑色 T17b–17 芯插头连接，黑色 T20a–20 芯插头连接，棕色 T73a–73 芯插头连接，红色 T90a–90 芯插头连接，黄色 A242–连接 1（驱动 CAN 总线，High），在发动机舱导线束中 A243–连接 1（驱动 CAN 总线，Low），在发动机舱导线束中 B383–连接 1（驱动 CAN 总线，High），在主导线束中 B390–连接 1（驱动 CAN 总线，Low），在主导线束中 *–仅适用于带双离合器变速器的汽车

690

ABS 控制单元，助力转向控制单元，车载电网控制单元，数据总线诊断接口

车载电网控制单元，数据总线诊断接口

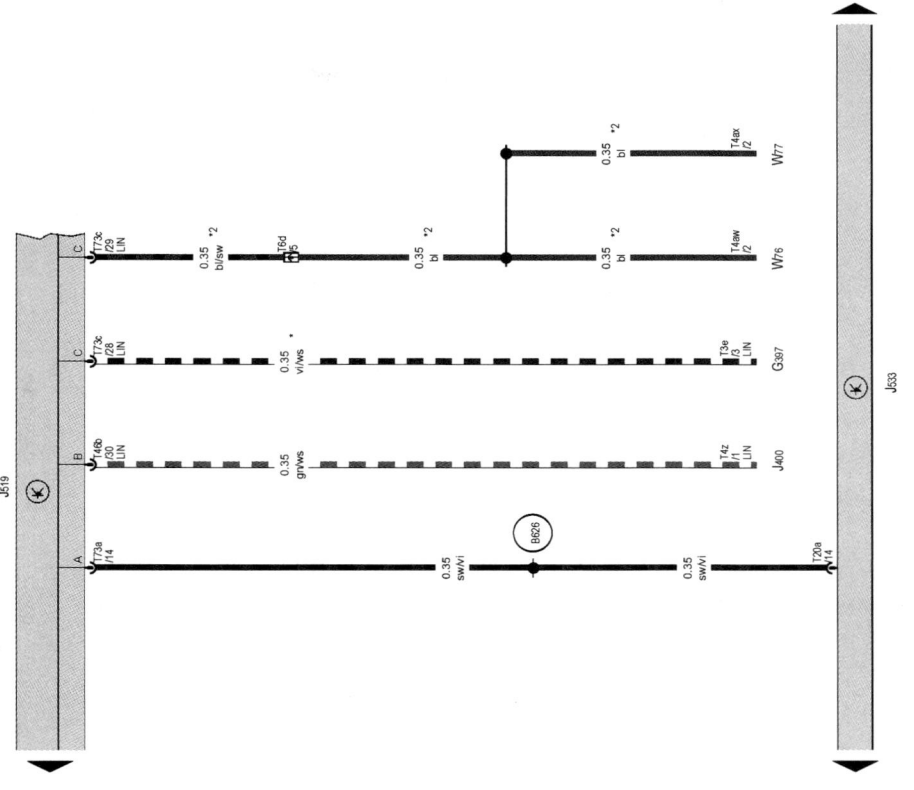

图 5-4-135

G397–雨水与光线识别传感器 J400–刮水器电机控制单元 J519–车载电网控制单元 J533–数据总线诊断接口 T3e–3 芯插头连接，黑色 T4aw–4 芯插头连接，黑色 T4ax–4 芯插头连接，黑色 T4z–4 芯插头连接，黑色 T6d–6 芯插头连接，黑色 T20a–20 芯插头连接，红色 T46b–46 芯插头连接，黑色 T73a–73 芯插头连接，黑色 T73c–73 芯插头连接，黑色 W76–左侧车顶背景照明灯泡 W77–右侧车顶背景照明灯泡 B626–正极连接 2（15），在主导线束中 *–仅用于带雨量传感器的汽车 *2–仅用于带全景滑动天窗的汽车

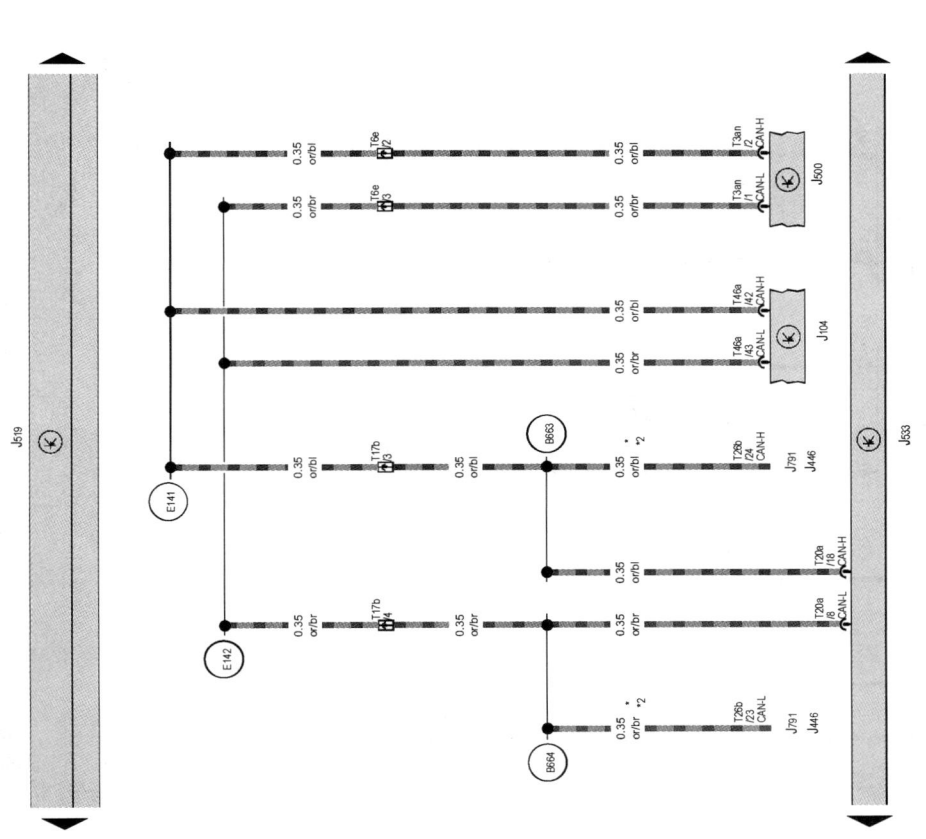

图 5-4-134

J104 –ABS 控制单元 J446–泊车雷达系统控制单元 J500–助力转向控制单元 J519–车载电网控制单元 J533–数据总线诊断接口 J791–泊车转向辅助系统控制单元 T3an–3 芯插头连接 T3e–3 芯插头连接，黑色 T6e–6 芯插头连接，黑色 T17b–17 芯插头连接 T20a–20 芯插头连接，棕色 T26b–26 芯插头连接，红色 T46a–46 芯插头连接，黑色 B663–连接（底盘传感器 CAN 总线，High），在主导线束中 B664–连接（底盘传感器 CAN 总线，Low），在主导线束中 E141–连接（底盘传感器 CAN 总线，High），在发动机舱导线束中 E142–连接（底盘传感器 CAN 总线 Low），在发动机舱导线束中 *–仅用于带泊车雷达系统的汽车 *2–仅用于带泊车转向辅助系统的汽车

691

多媒体系统操作单元，数字式声音处理系统控制单元，数据总线诊断接口，收音机

数据总线诊断接口，收音机

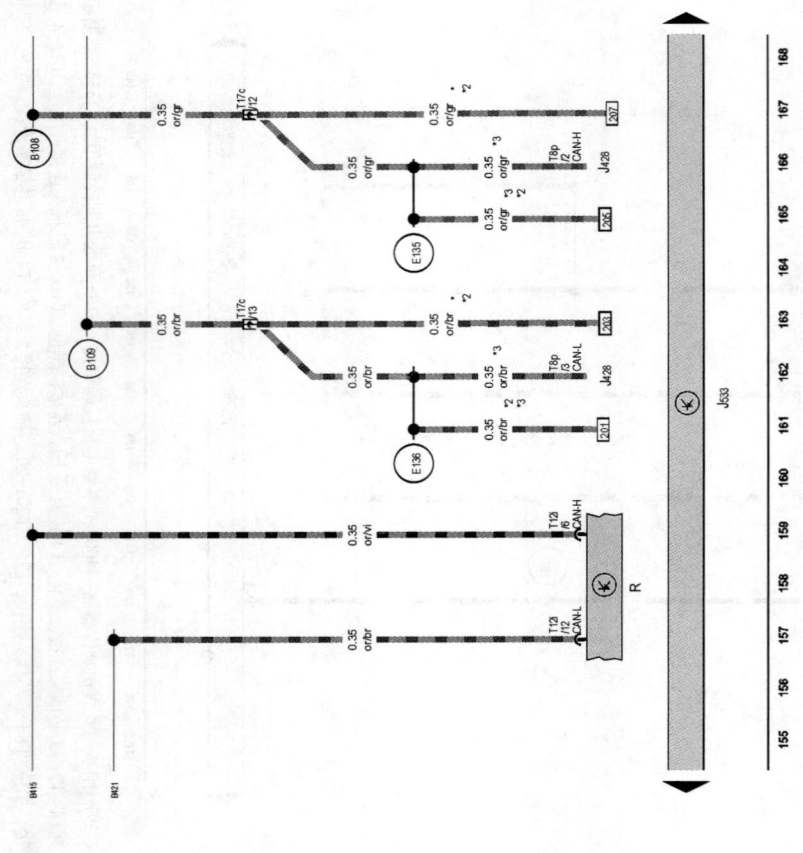

图 5-4-137

J428-车距调节控制单元 J533-数据总线诊断接口 R-收音机 T8p-8 芯插头连接，黑色 T12i-12 芯插头连接，灰色 T17c-17 芯插头连接，黑色 B108-连接 1（扩展 CAN 总线，High），在主导线束中 B109-连接 1（扩展 CAN 总线，High），在主导线束中 B415-连接 1（信息娱乐 CAN 总线，High），在主导线束中 B421-连接 1（扩展 CAN 总线，High），在主导线束中 E135-连接（扩展 CAN 总线，Low），在主导线束中 E136-连接（扩展 CAN 总线，Low），在发动机舱导线束中 *-仅用于不带自动车距控制（ADR）的汽车 *2-仅用于带气体放电式大灯的汽车 *3-仅用于带自动车距控制（ADR）的汽车

多媒体系统操作单元，数字式声音处理系统控制单元，数据总线诊断接口，电子通信信息设备 1 控制单元

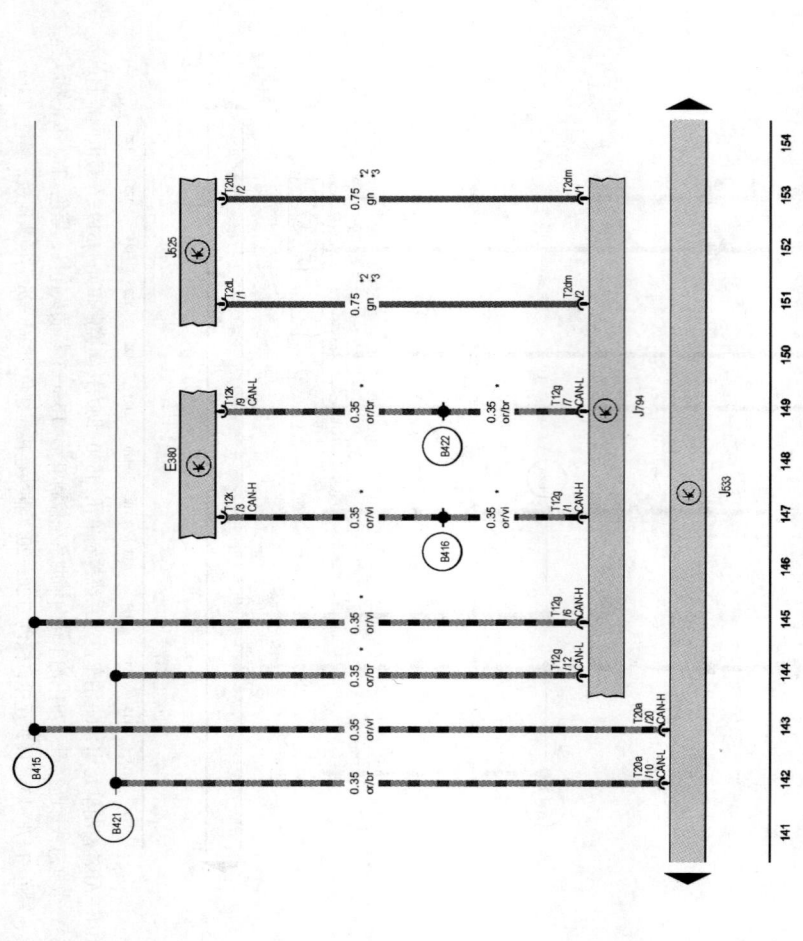

图 5-4-136

E380-多媒体系统操作单元 J525-数字式声音处理系统控制单元 J533-数据总线诊断接口 J794-电子通信信息设备 1 控制单元 T2dL-2 芯插头连接 T2dm-2 芯插头连接，黑色 T2dm-2 芯插头连接，灰色 T12k-12 芯插头连接，黑色 T20a-20 芯插头连接，红色 B415-连接 1（信息娱乐 CAN 总线，High），在主导线束中 B416-连接 2（信息娱乐 CAN 总线，High），在主导线束中 B421-连接 1（信息娱乐 CAN 总线，Low），在主导线束中 B422-连接 2（信息娱乐 CAN 总线，Low），在主导线束中 *-仅用于带了音响系统的汽车 *2-仅适用于带了音响系统的汽车 *3-光纤（LWL）于带收音机导航系统的汽车

692

交流发电机，安全气囊卷簧和带清环的复位环，转向柱电子装置控制单元，数据总线诊断接口

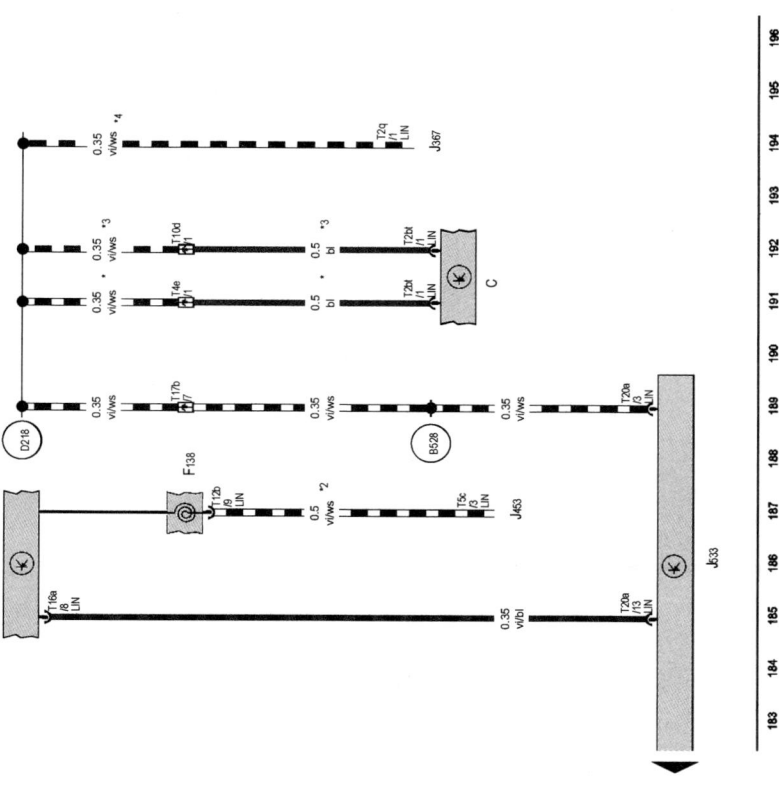

图 5-4-139

C-交流发电机 F138-安全气囊卷簧和带清环的复位环 J367-蓄电池监控控制单元 J453-多功能方向盘控制单元 J527-转向柱电子装置控制单元 J533-数据总线诊断接口 T2bt-2 芯插头连接，黑色 T2q-2 芯插头连接，黑色 T4e-4 芯插头连接，黑色 T5c-5 芯插头连接，黑色 T10d-10 芯插头连接，黑色 T12b-12 芯插头连接，黄色 T16a-16 芯插头连接，黑色 T17b-17 芯插头连接，黑色 T20a-20 芯插头连接，红色 B528-连接 1 (LIN 总线)，在主导线束中 D218-连接 1 (LIN 总线)，在发动机舱导线束中 *-仅用于带 1.4 L 发动机的汽车 *2-仅用于带多功能方向盘的汽车 *3-仅用于带多功能方向盘的汽车 *4-仅用于带 1.8 L 发动机的自动启停系统的汽车

数据总线诊断接口，行驶换道辅助系统控制单元，行驶换道辅助系统控制单元 2

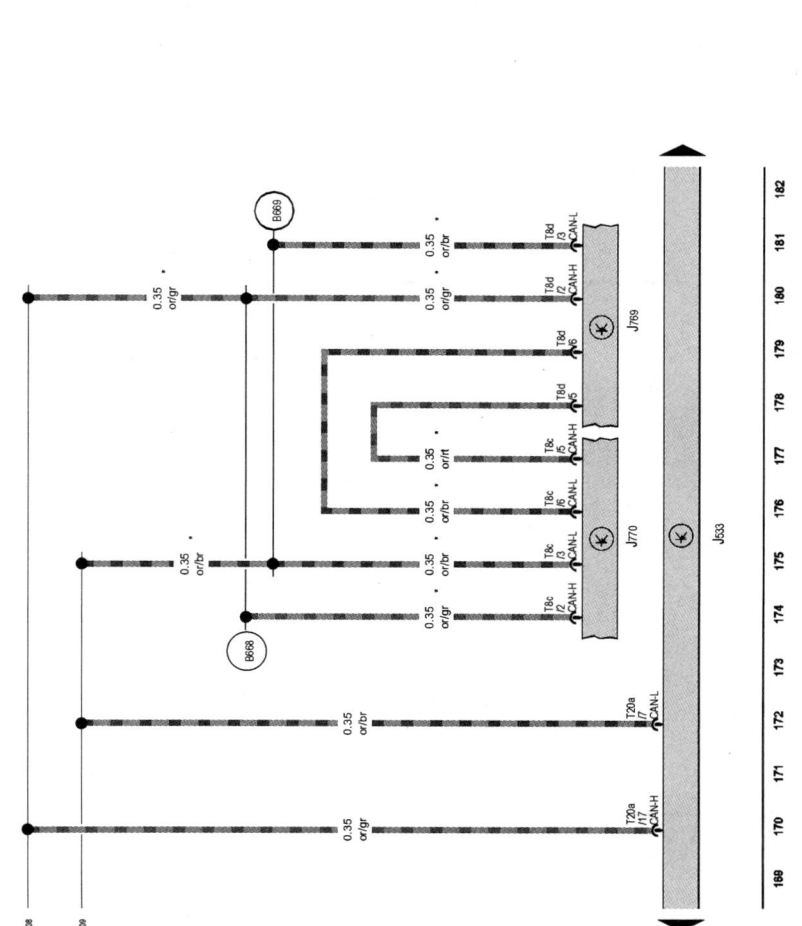

图 5-4-138

J533-数据总线诊断接口 J769-行驶换道辅助系统控制单元 J770-行驶换道辅助系统控制单元 2 T8c-8 芯插头连接，黑色 T8d-8 芯插头连接，黑色 T20a-20 芯插头连接，红色 B108-连接 1 (扩展 CAN 总线，High)，在主导线束中 B109-连接 1 (扩展 CAN 总线，Low)，在主导线束中 B668-连接 2 (扩展 CAN 总线，Low)，在主导线束中 B669-连接 2 (扩展 CAN 总线，High)，在主导线束中 *-仅用于带换道辅助系统的汽车

693

冷却液循环管路压力传感器

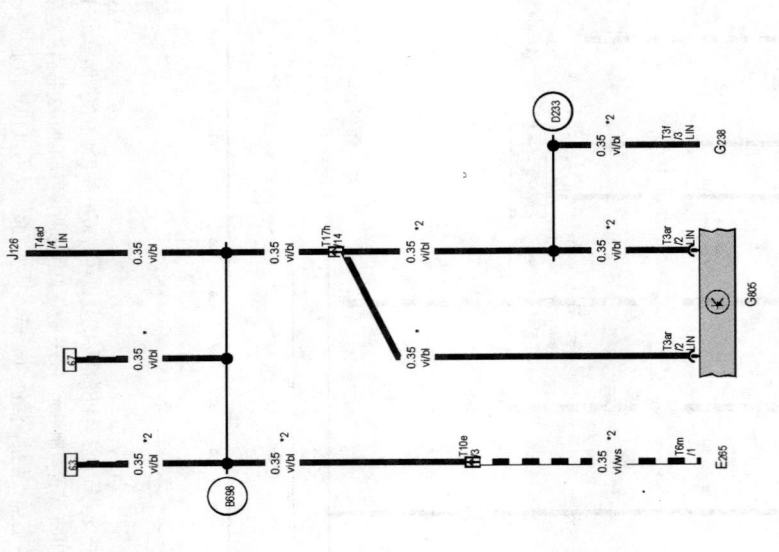

图 5-4-141

E265-后部空调操作和显示单元 G238-空气质量传感器 G805-冷却液循环管路压力传感器 J126-新鲜空气鼓风机控制单元 T3ar-3 芯插头连接 T3f-3 芯插头连接，灰色 T4ad-4 芯插头连接，黑色 T4b-4 芯插头连接 J126-新鲜插头连接 T14c-14 芯插头连接，黑色 T26a-26 芯插头连接，黑色 T10e-10 芯插头连接 T17h-17 芯插头连接，黑色 B698-连接 3（LIN 总线），在主导线束中 D233-连接 2（LIN 总线），在发动机舱导线束中 *-仅用于带电动调节风门的汽车 T6m-6 芯插头连接 A247-连接 1（CAN 总线），在发动机舱导线束中 *3-仅用于带气体放电大灯的汽车 *2-仅用于带自动空调的汽车调器 *2-仅用于带全自动空调的汽车

弯道灯和大灯照明距离调节控制单元

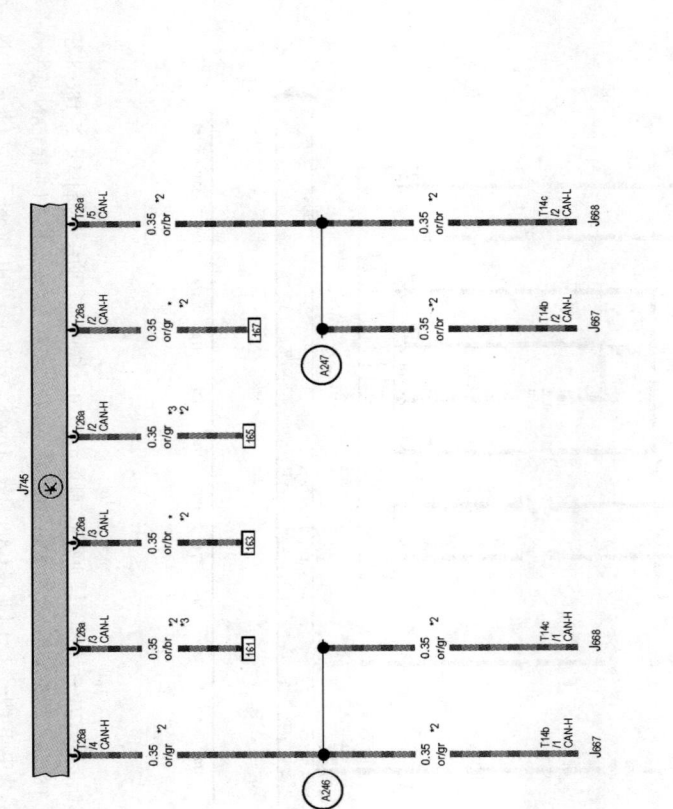

图 5-4-140

J667-左侧大灯电源模块 J668-右侧大灯电源模块 J745-弯道灯和大灯照明距离调节控制单元 T14b-14 芯插头连接 T14c-14 芯插头连接，黑色 T26a-26 芯插头连接，黑色 A247-连接 1（CAN 总线，Low），在发动机舱导线束中 *-仅用于不带自动车距控制（ADR）的汽车 A247-连接 1（CAN 总线，Low），在发动机舱导线束中 *2-仅用于带气体放电大灯的汽车 *3-仅用于带自动车距控制（ADR）的汽车 High），在发动机舱导线束中 A247-连接 1（CAN 总线，Low），在发动机舱导线束中 *2-仅用于带气体放电大灯的汽车 *3-仅用于带自动车距控制（ADR）的汽车 动车距控制（ADR）的汽车

694

保险丝架 B

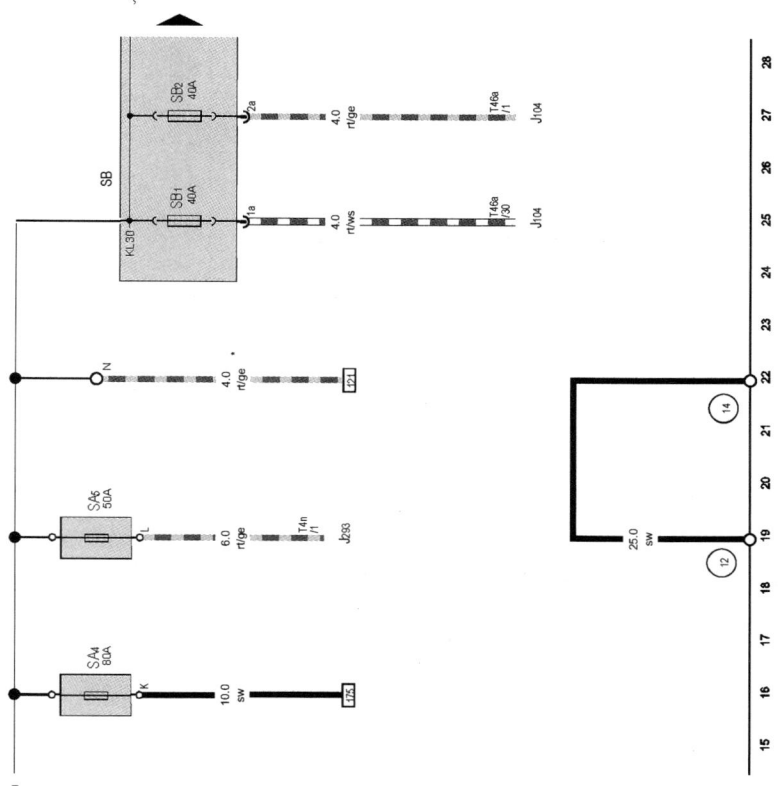

图 5-4-143

J104 –ABS 控制单元 J293–散热器风扇控制单元 SB–保险丝架 B SB1–保险丝架 B 上的保险丝 1 SB2–保
险丝架 B 上的保险丝 2 SA4–保险丝架 A 上的保险丝 4 SA5–保险丝架 A 上的保险丝5 T4n–4 芯插头连
接，黑色 T46a–46 芯插头连接，黑色 12–发动机舱内左侧的接地点 14–变速器上的接地点 *–仅适用于
带双离合器变速器的汽车

蓄电池，蓄电池监控控制单元

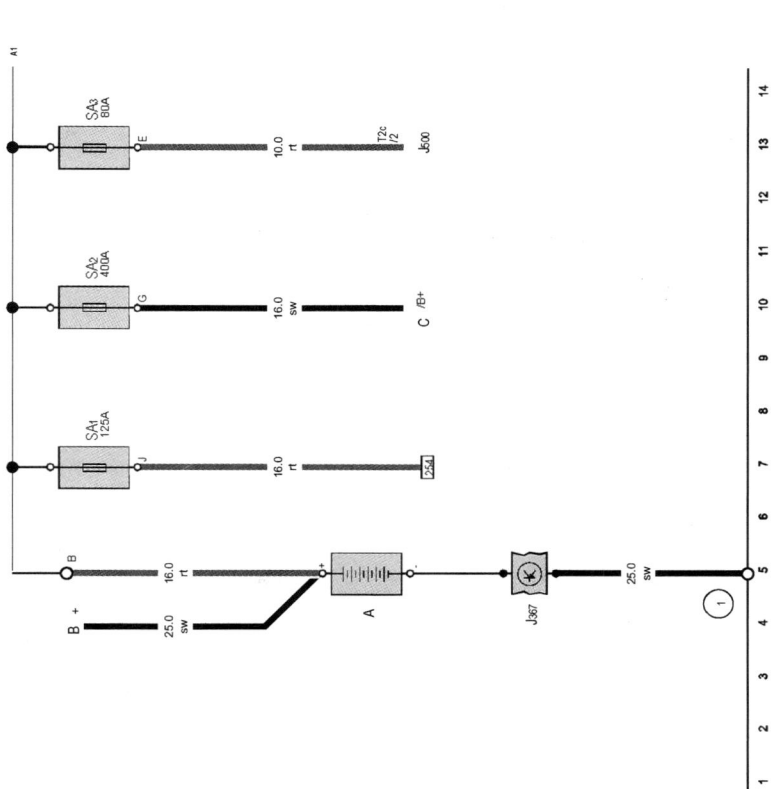

图 5-4-142

A –蓄电池 B–启动机 C–交流发电机 J367–蓄电池监控控制单元 J500–助力转向控制单元 SA1–保险丝架
A 上的保险丝1 SA2–保险丝架 A 上的保险丝 2 SA3–保险丝架 A 上的保险丝3 T2c–2 芯插头连接，黑色
1–接地带，蓄电池–车身

保险丝架 B

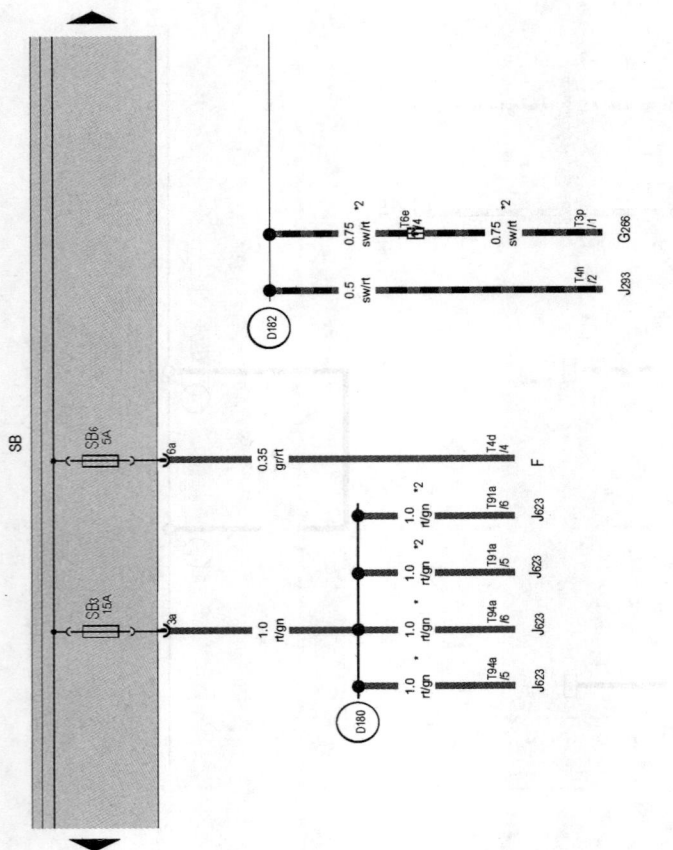

双音喇叭继电器，主继电器，保险丝架 B

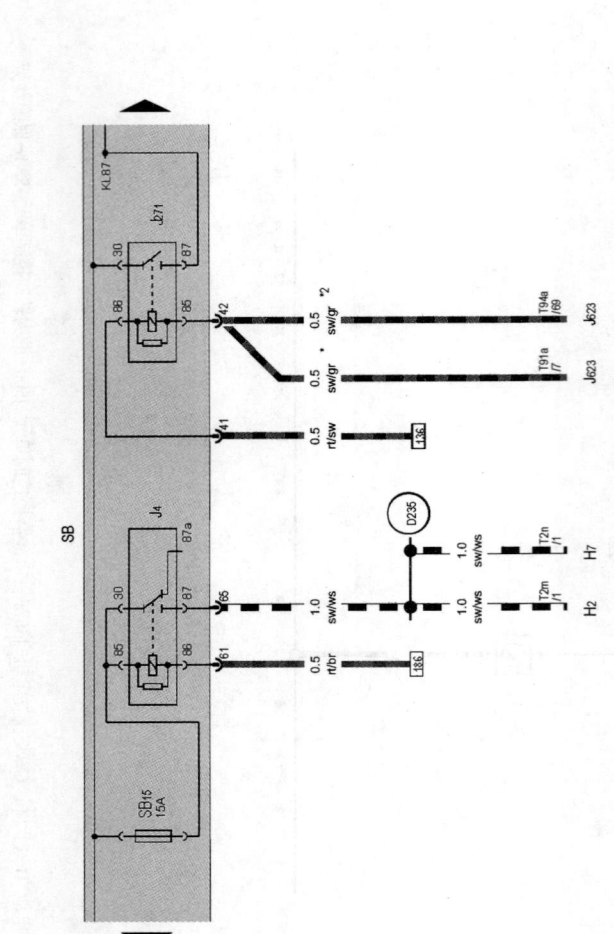

图 5-4-144

H2-高音扬声器 H7-低音扬声器 J4-双音喇叭继电器 J271-主继电器 J623-发动机控制单元 SB-保险丝
架 B SB15-保险丝架 B 上的保险丝 15 T2m-2 芯插头连接，黑色 T2n-2 芯插头连接，黑色 T91a-91 芯
插头连接，黑色 T94a-94 芯插头连接，黑色 D235-连接（双音喇叭），在发动机舱导线束中 *-仅用于
带 1.8 L 发动机的汽车 *2-仅用于带 1.4 L 发动机的汽车

图 5-4-145

F-制动信号灯开关 G266-机油油位和机油温度传感器 J293-散热器风扇控制单元 J623-发动机控制单元
SB-保险丝架 B SB3-保险丝架 B 上的保险丝 3 SB6-保险丝架 B 上的保险丝 6 T3p-3 芯插头连接，黑色
T4d-4 芯插头连接，黑色 T4n-4 芯插头连接，黑色 T6e-6 芯插头连接，黑色 T91a-91 芯插头连接，黑
色 T94a-94 芯插头连接，黑色 D180-连接（87a），在发动机舱导线束中 D182-连接 3（87a），在发动
机舱导线束中 *-仅用于带 1.4 L 发动机的汽车 *2-仅用于带 1.8 L 发动机的汽车

696

保险丝架 B

SB

保险丝架 B

SB

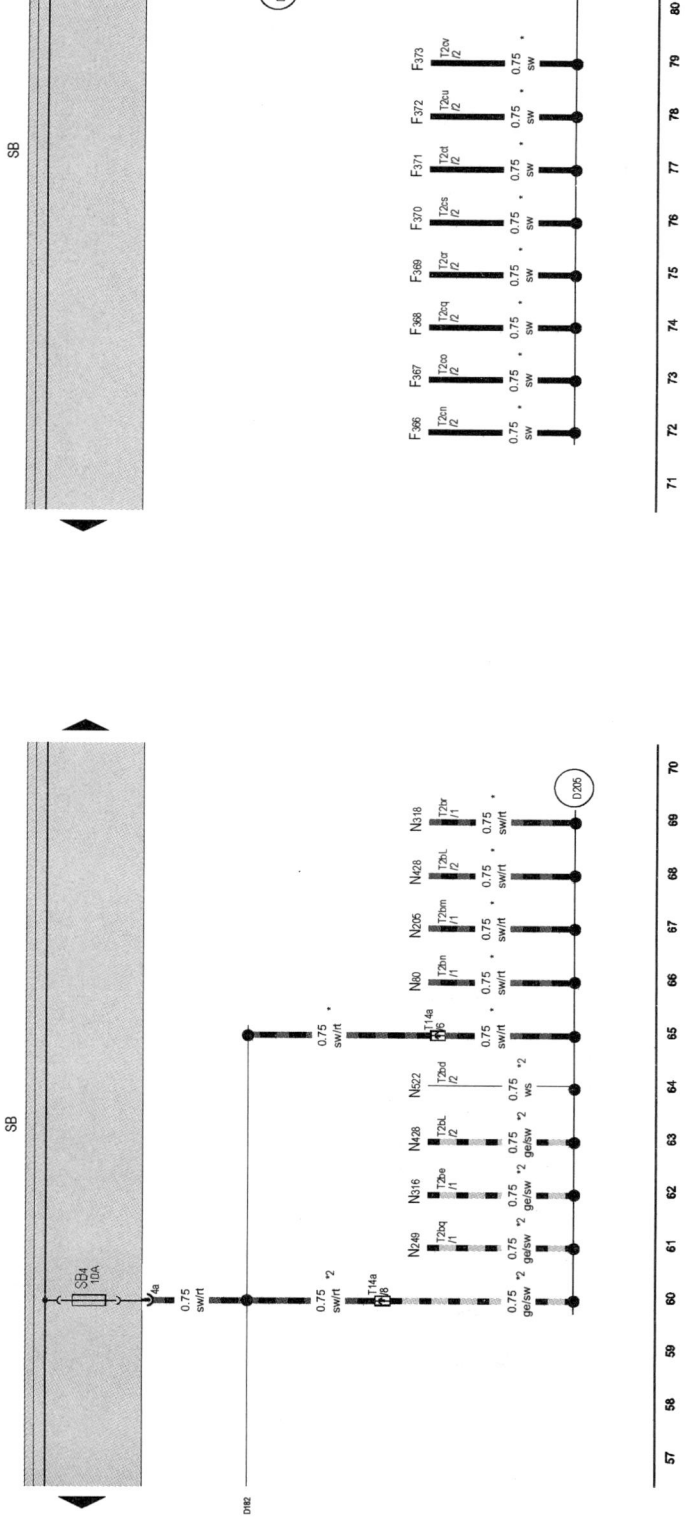

图 5-4-147

F366-凸轮轴调节元件 1 F367-凸轮轴调节元件 2 F368-凸轮轴调节元件 3 F369-凸轮轴调节元件 4 F370-凸轮轴调节元件 5 F371-凸轮轴调节元件 6 F372-凸轮轴调节元件 7 F373-凸轮轴调节元件 8 SB-保险丝架 B SB5-保险丝架 B 上的保险丝 5 T2cm-2 芯插头连接, 黑色 T2co-2 芯插头连接, 黑色 T2cq-2 芯插头连接, 黑色 T2cr-2 芯插头连接, 黑色 T2cs-2 芯插头连接, 黑色 T2ct-2 芯插头连接, 黑色 T2cu-2 芯插头连接, 黑色 T2cv-2 芯插头连接, 灰色 T14a-14 芯插头连接 D183-连接 4 (87a), 在发动机舱导线束中 D206-连接 4 (87a), 在发动机预接线导线束中 *-仅用于带 1.8 L 发动机的汽车

图 5-4-146

N80-活性炭罐电磁阀 1 N205-凸轮轴调节阀 1 N249-涡轮增压器循环空气阀 N316-进气歧管风门阀门阀门 N318-排气门凸轮轴调节阀 1 N428-机油压力调节阀 N522-活塞冷却喷嘴控制阀 SB-保险丝架 B SB4-保险丝架 B 上的保险丝 4 T2bd-2 芯插头连接, 黑色 T2be-2 芯插头连接, 黑色 T2bL-2 芯插头连接, 黑色 T2bm-2 芯插头连接, 黑色 T2bn-2 芯插头连接, 黑色 T2bq-2 芯插头连接, 黑色 T2br-2 芯插头连接, 黑色 T14a-14 芯插头连接 D182-连接 3 (87a), 在发动机舱导线束中 D205-连接 3 (87a), 在发动机预接线导线束中 *-仅用于带 1.4 L 发动机的汽车 *2-仅用于带 1.8 L 发动机的汽车

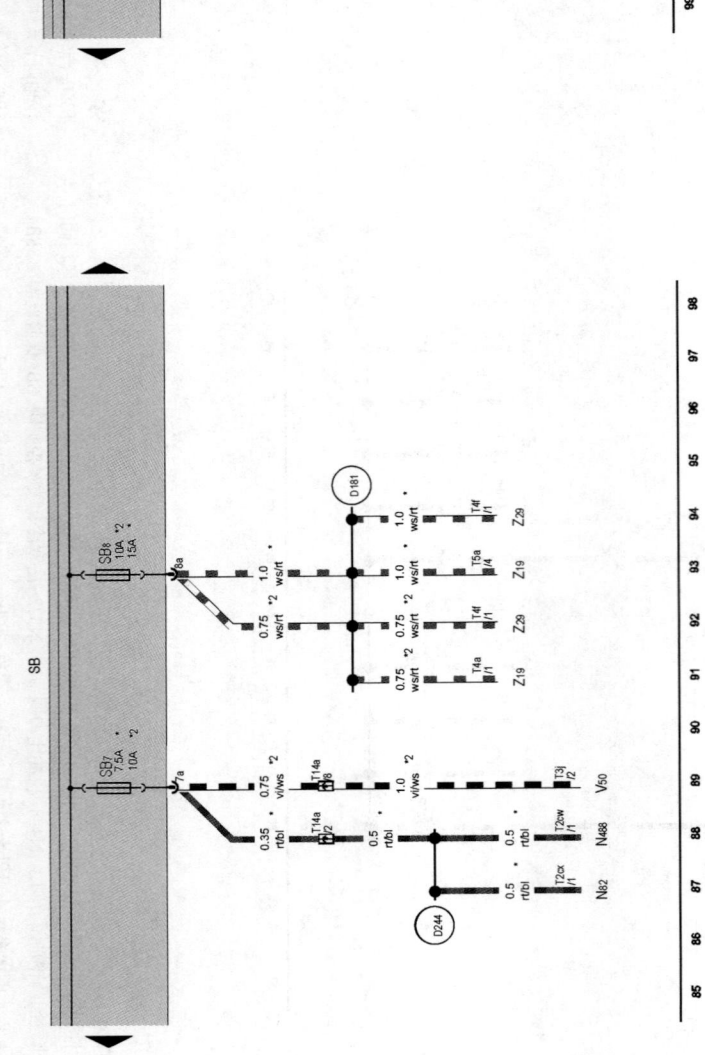

保险丝架 B

图 5-4-149

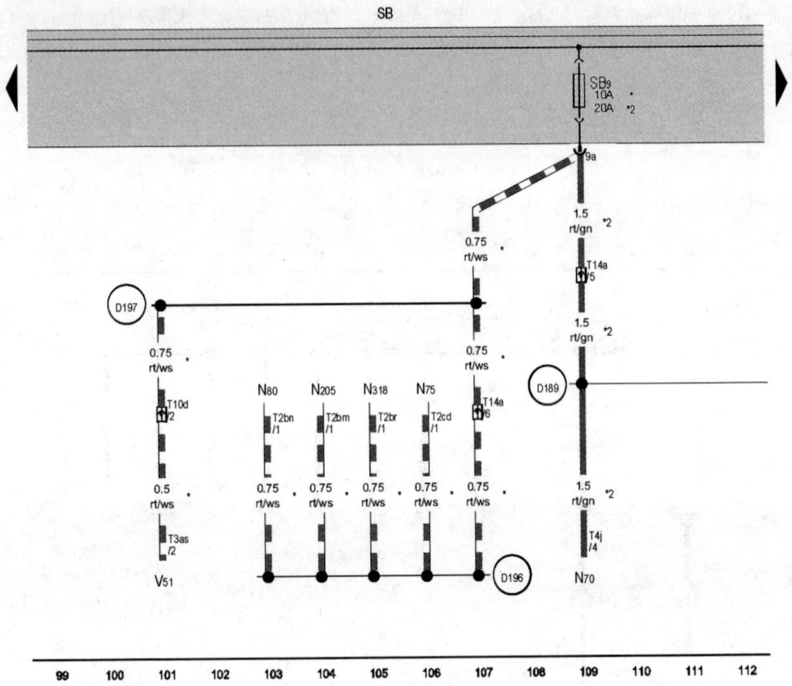

N70-带功率输出级的点火线圈 1 N75-增压压力限制电磁阀 1 N80-活性炭罐电磁阀 1 N205-凸轮轴调节阀 1 N318-排气门凸轮轴调节阀 1 SB-保险丝架 B SB9-保险丝架 B 上的保险丝 9 T2bm-2 芯插头连接, 黑色 T2bn-2 芯插头连接, 黑色 T2br-2 芯插头连接, 黑色 T2cd-2 芯插头连接, 黑色 T3as-3 芯插头连接, 黑色 T4a-14 芯插头连接, 黑色 T4j-4 芯插头连接, 黑色 T10d-10 芯插头连接, 灰色 V51-冷却液继续补给泵 D189-连接 2 (87a), 在发动机预接线导线束中 D196-连接 2 (87a), 在发动机预接线导线束中 D197-连接 5 (87a), 在发动机舱导线束中 *-仅用于带 1.8 L发动机的汽车 *2-仅用于带 1.4 L发动机的汽车

保险丝架 B

图 5-4-148

N82-冷却液断流阀 N488-变速器冷却液阀 SB-保险丝架 B SB7-保险丝架 B 上的保险丝 7 SB8-保险丝架 B 上的保险丝 8 T2cw-2 芯插头连接, 黑色 T2cx-2 芯插头连接, 黑色 T3j-3 芯插头连接, 黑色 T4a-14 芯插头连接, 黑色 T4f-4 芯插头连接, 黑色 T5a-5 芯插头连接, 灰色 V50-冷却液循环泵 Z19-氧传感器加热 Z29-尾气催化净化器后的氧传感器 1 加热装置 D181-连接 2 (87a), 在发动机预接线导线束中 D244-连接 5 (87a), 在发动机舱导线束中 *-仅用于带 1.8 L发动机的汽车 *2-仅用于带 1.4 L发动机的汽车

发动机部件供电继电器，保险丝架 B

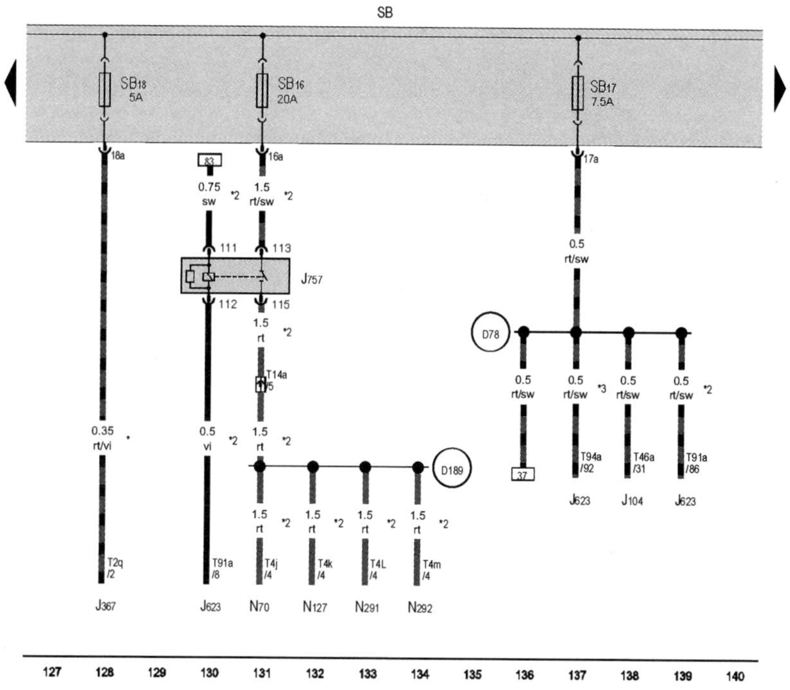

保险丝架 B

图 5-4-150

图 5-4-151

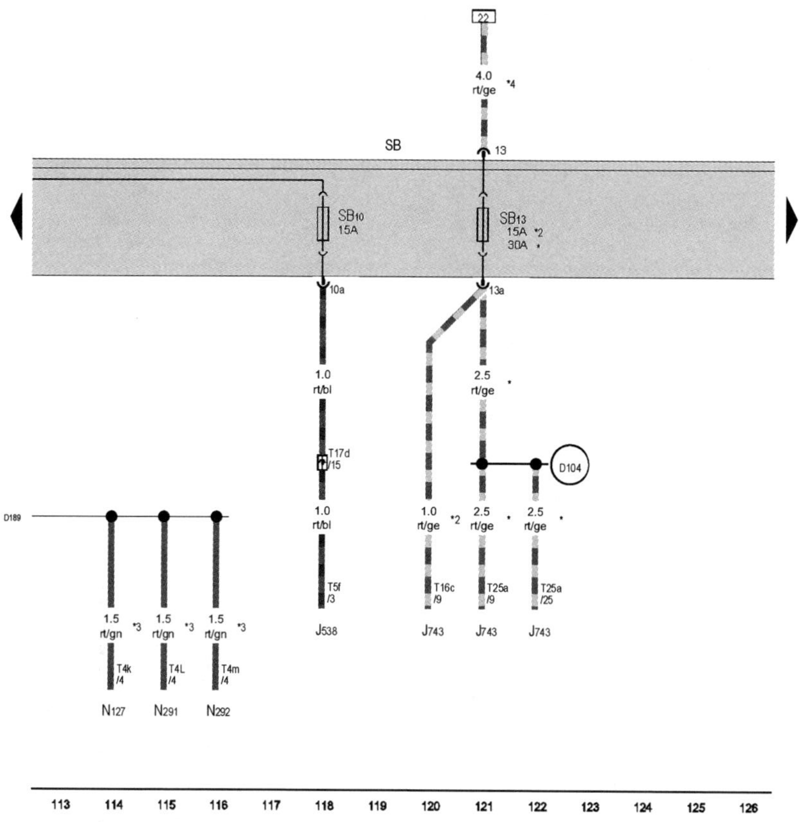

J538－燃油泵控制单元 J743－双离合器变速器机电装置 N127－带功率输出级的点火线圈 2 N291－带功率输出级的点火线圈 3 N292－带功率输出级的点火线圈 4 SB－保险丝架 B SB10－保险丝架 B 上的保险丝 10 SB13－保险丝架 B 上的保险丝 13 T4K－4 芯插头连接，黑色 T4L－4 芯插头连接，黑色 T4m－4 芯插头连接，黑色 T5f－5 芯插头连接，黑色 T16c－16 芯插头连接，黑色 T17d－17 芯插头连接，黑色 T25a－25 芯插头连接，黑色 D104－正极连接 2（30a），在发动机舱导线束中 D189－连接（87a），在发动机预接线导线束中 *－仅用于带双离合器变速器0CW 的汽车 *2－仅用于带双离合器变速器0DE的汽车 *3－仅用于带 1.4 L发动机的汽车 *4－仅适用于带双离合器变速器的汽车

J104－ABS 控制单元 J367－蓄电池监控控制单元 J623－发动机控制单元 J757－发动机部件供电继电器 N70－带功率输出级的点火线圈 1 N127－带功率输出级的点火线圈 2 N291－带功率输出级的点火线圈 3 N292－带功率输出级的点火线圈 4 SB－保险丝架 B SB16－保险丝架 B 上的保险丝 16 SB17－保险丝架 B 上的保险丝 17 SB18－保险丝架 B 上的保险丝 18 T2q－2 芯插头连接，黑色 T4j－4 芯插头连接，黑色 T4k－4 芯插头连接，黑色 T4L－4 芯插头连接，黑色 T4m－4 芯插头连接，黑色 T14a－14 芯插头连接，灰色 T46a－46 芯插头连接，黑色 T91a－91 芯插头连接，黑色 T94a－94 芯插头连接，黑色 D78－正极连接 1（30a），在发动机舱导线束中 D189－连接（87a），在发动机预接线导线束中 *－仅用于带自动启停系统的汽车 *2－仅用于带 1.8 L发动机的汽车 *3－仅用于带 1.4 L发动机的汽车

保险丝架 B

启动机继电器 1，启动机继电器 2，保险丝架 B

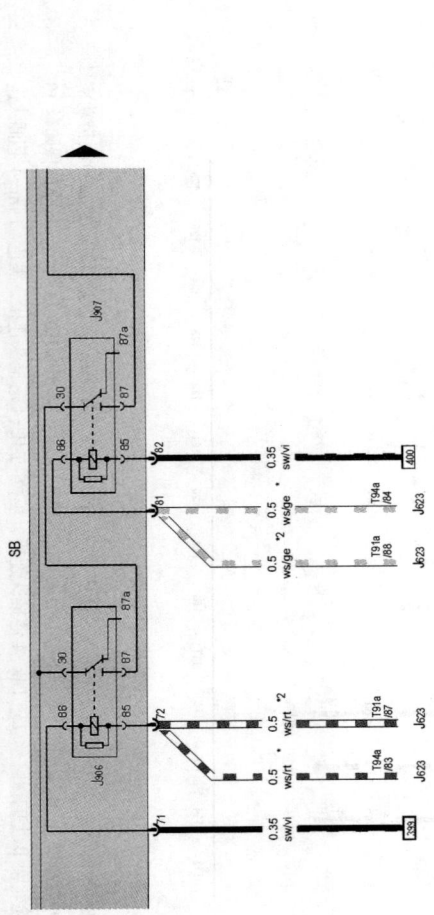

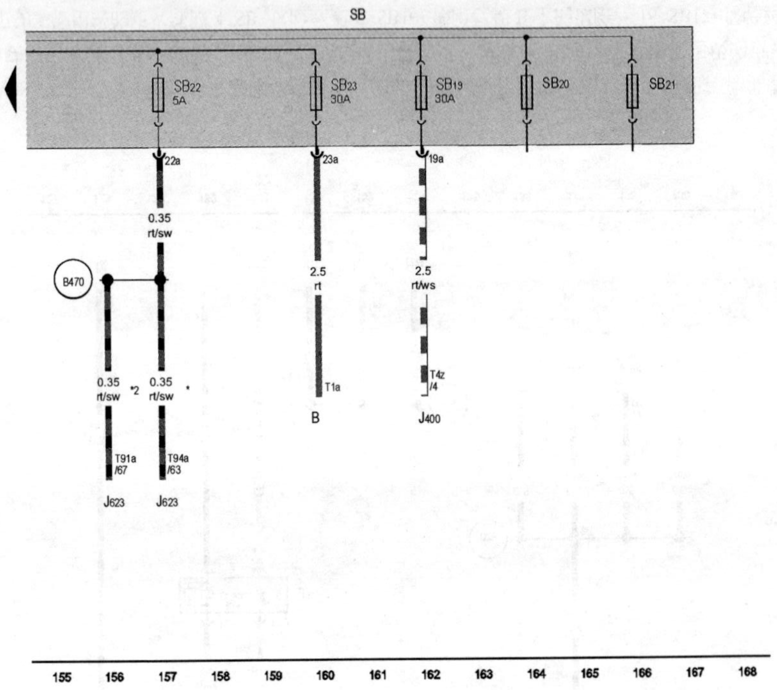

B-启动机 J400-刮水器电机控制单元 J623-发动机控制单元 SB-保险丝架 B SB19-保险丝架 B 上的保险丝 19 SB20-保险丝架 B 上的保险丝 20 SB21-保险丝架 B 上的保险丝 21 SB22-保险丝架 B 上的保险丝 22 SB23-保险丝架 B 上的保险丝 23 T1a-1 芯插头连接，黑色 T4z-4 芯插头连接，黑色 T91a-91 芯插头连接，黑色 T94a-94 芯插头连接，黑色 B470-连接 6，在主导线线束中 *-仅用于带 1.4 L发动机的汽车 *2-仅用于带 1.8 L发动机的汽车

图 5-4-153

J623-发动机控制单元 J906-启动机继电器 1 J907-启动机继电器 2 SB-保险丝架 B T91a-91 芯插头连接，黑色 T94a-94 芯插头连接，黑色 *-仅用于带 1.4 L发动机的汽车 *2-仅用于带 1.8 L发动机的汽车

图 5-4-152

车载电网控制单元，保险丝架 C

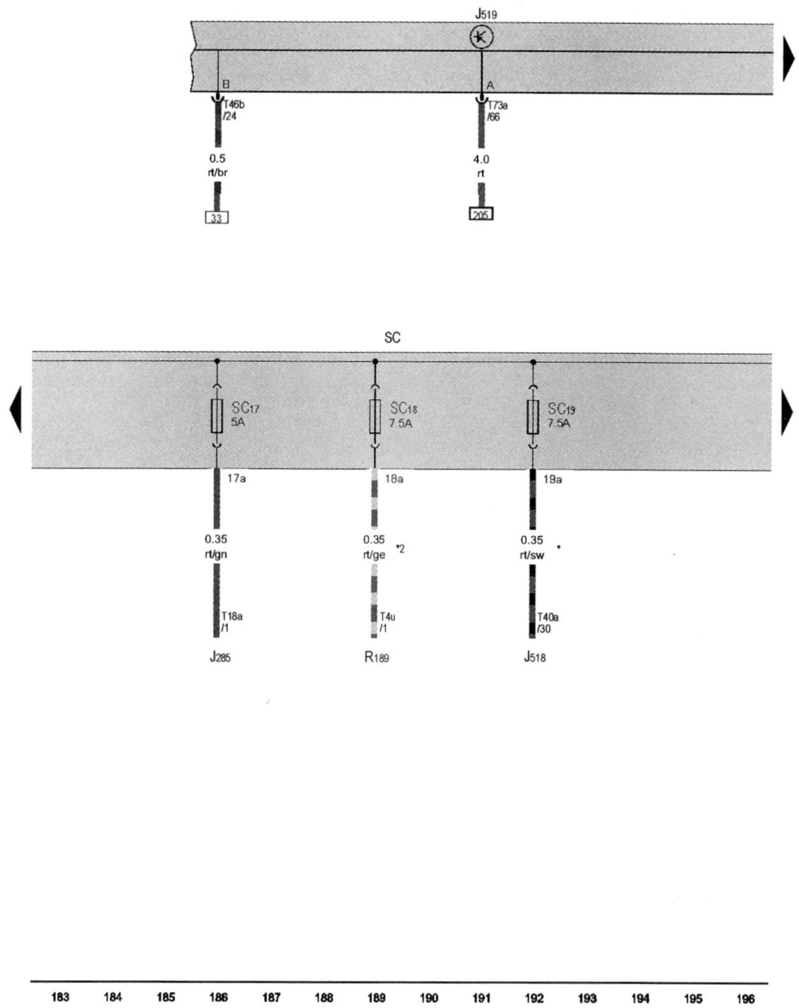

SC

图 5-4-155

J285-组合仪表中的控制单元 J518-进入及启动许可控制单元 J519-车载电网控制单元 R189-倒车摄像头
SC-保险丝架 C SC17-保险丝架 C 上的保险丝 17 SC18-保险丝架 C 上的保险丝 18 SC19-保险丝架 C
上的保险丝 19 T4u-4 芯插头连接，黑色 T18a-18 芯插头连接，黑色 T40a-40 芯插头连接，黑色 T46b-
46 芯插头连接，黑色 T73a-73 芯插头连接，黑色 *-仅用于带进入及启动许可的汽车 *2-仅用于带倒车
摄像机系统的汽车

保险丝架 C

SC

图 5-4-154

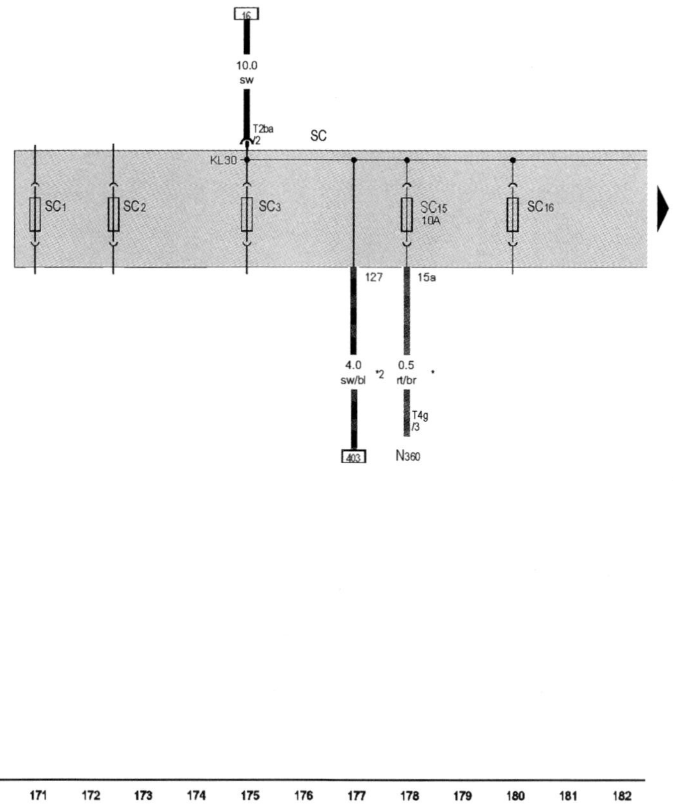

N360-转向柱联锁执行元件 SC-保险丝架 C SC1-保险丝架 C 上的保险丝 1 SC2-保险丝架 C 上的保险
丝 2 SC3-保险丝架 C 上的保险丝 3 SC15-保险丝架 C 上的保险丝 15 SC16-保险丝架 C 上的保险丝 16
T2ha-2 芯插头连接，黑色 T4g-4 芯插头连接，黑色 *-仅用于带进入及启动许可的汽车 *2-仅用于带有
行李箱盖关闭辅助功能的汽车

701

车载电网控制单元，保险丝架 C

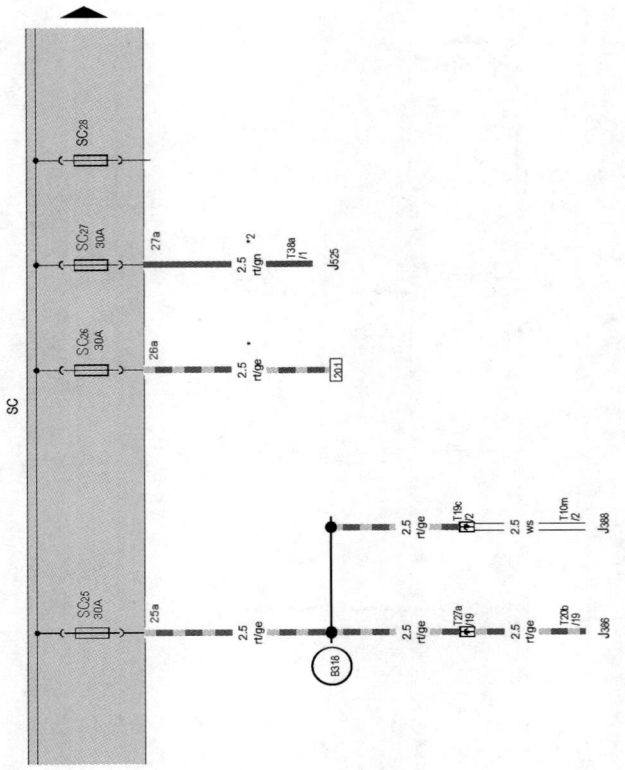

车载电网控制单元，保险丝架 C

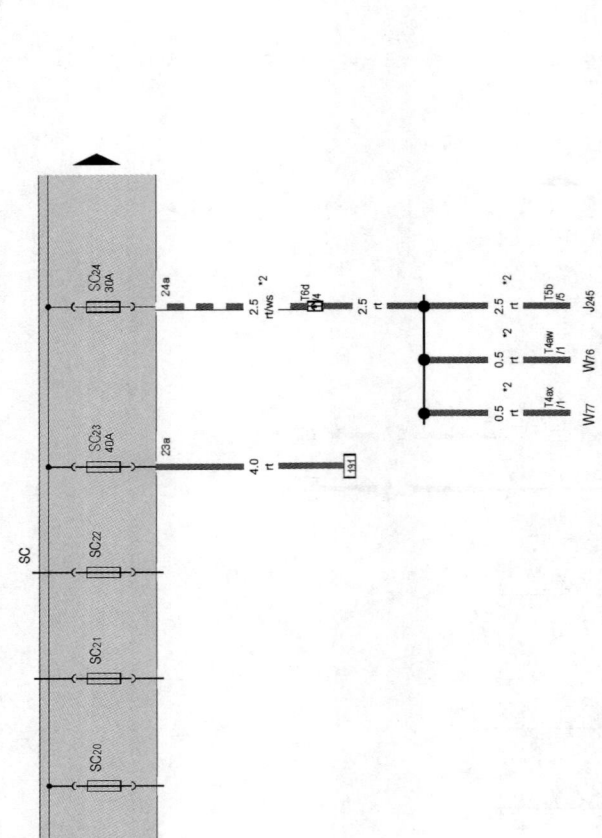

图 5-4-157

J386-驾驶员侧车门控制单元 J388-左后车门控制单元 J519-车载电网控制单元 J525-数字式声音处理系统控制单元 SC-保险丝架 C SC25-保险丝架 C 上的保险丝 25 SC26-保险丝架 C 上的保险丝 26 SC27-保险丝架 C 上的保险丝 27 SC28-保险丝架 C 上的保险丝 28 T10m-10 芯插头连接，黑色 T19c-19 芯插头连接，黑色 T19c-19 芯插头连接，黑色 T20b-20 芯插头连接，黑色 T27a-27 芯插头连接，黑色 T38a-38 芯插头连接，黑色 B318-正极连接 4（30a），在主导线束中 *-仅用于带座椅加热的汽车 *2-仅适用于带了音响系统的汽车

车载电网控制单元，保险丝架 C

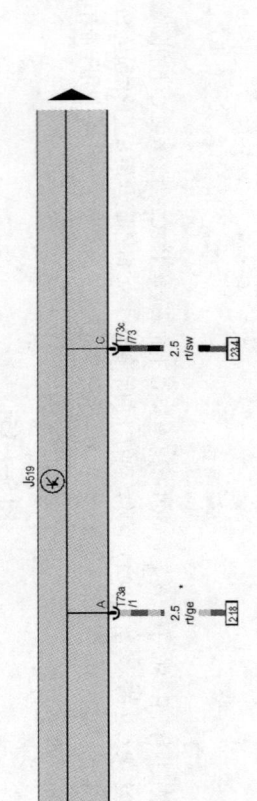

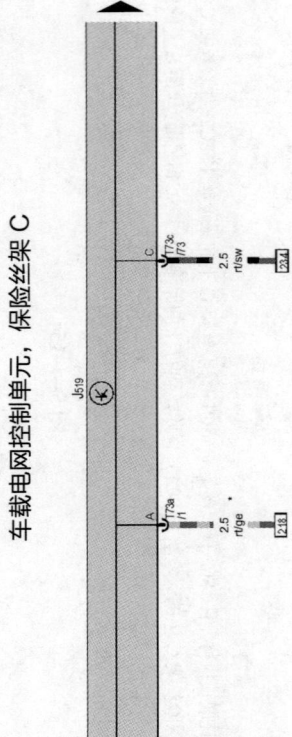

图 5-4-156

J245-滑动天窗控制单元 J519-车载电网控制单元 SC-保险丝架 SC20-保险丝架 C 上的保险丝20 SC21-保险丝架 C 上的保险丝21 SC22-保险丝架 C 上的保险丝22 SC23-保险丝架 C 上的保险丝23 SC24-保险丝架 C 上的保险丝24 T4aw-4芯插头连接，黑色 T4ax-4芯插头连接，黑色 T5b-5芯插头连接，黑色 T73a-73芯插头连接，黑色 T73c-73芯插头连接，黑色 W76-左侧车顶背景照明灯泡 W77-右侧车顶背景照明灯泡 *-仅用于带座椅加热的汽车 *2-仅适用于带全景滑动天窗的汽车

702

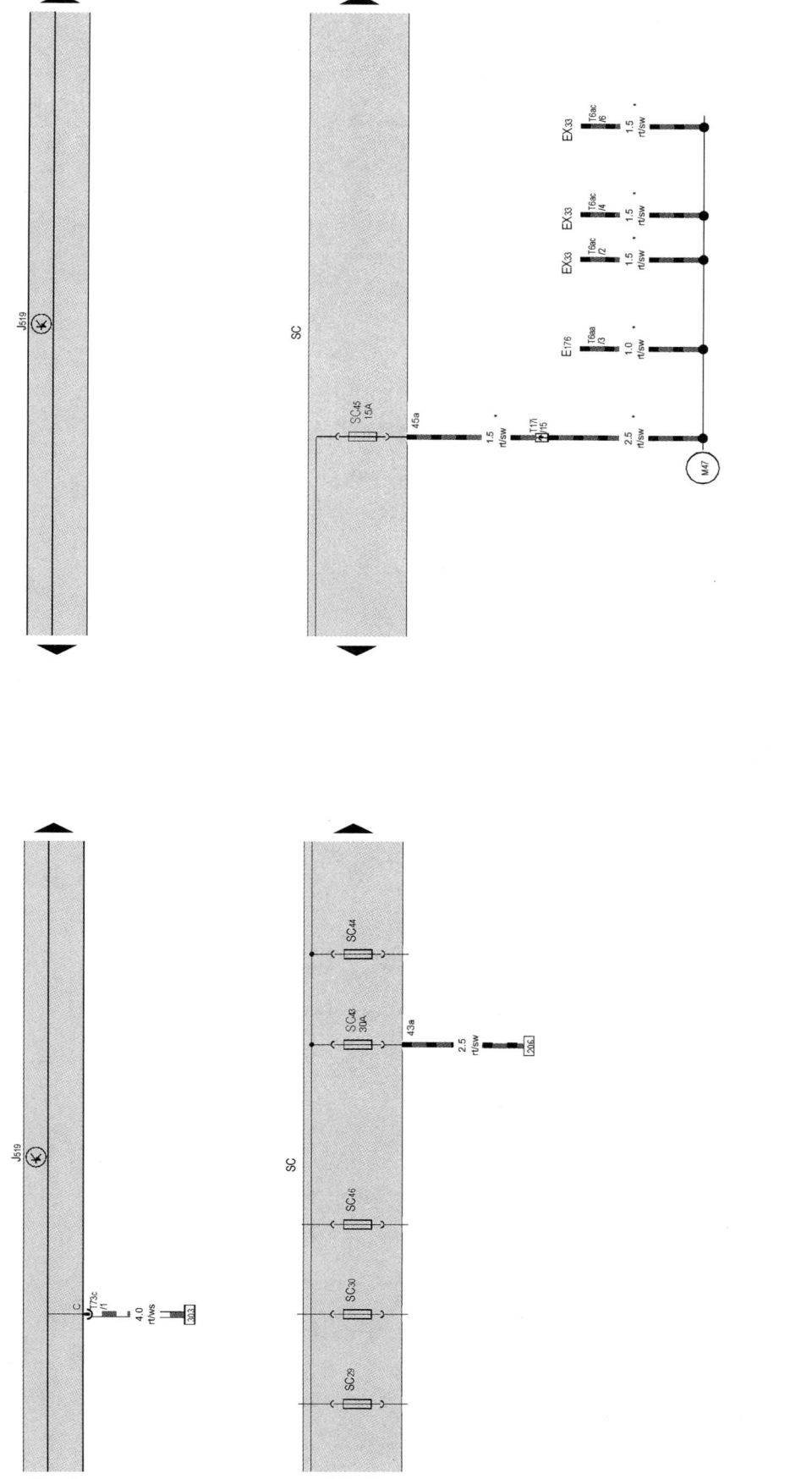

车载电网控制单元，保险丝架 C

车载电网控制单元，保险丝架 C

图 5-4-159

图 5-4-158

J519－车载电网控制单元 SC－保险丝架 C SC29－保险丝架 C 上的保险丝 29 SC30－保险丝架 C 上的保险丝 30 SC43－保险丝架 C 上的保险丝 43 SC44－保险丝架 C 上的保险丝 44 SC46－保险丝架 C 上的保险丝 46 T73c－73 芯插头连接，黑色

EX33－左前座椅调节操作单元 E176－驾驶员腰部支撑调节开关 J519－车载电网控制单元 SC－保险丝架 C SC45－保险丝架 C 上的保险丝 45 T6aa－6 芯插头连接，黑色 T6ac－6 芯插头连接，黑色 T17i－17 芯插头连接，红色 M47－连接 7，在驾驶员侧座椅导线束中 *－仅用于带座椅调节的汽车

703

车载电网控制单元, 保险丝架 C

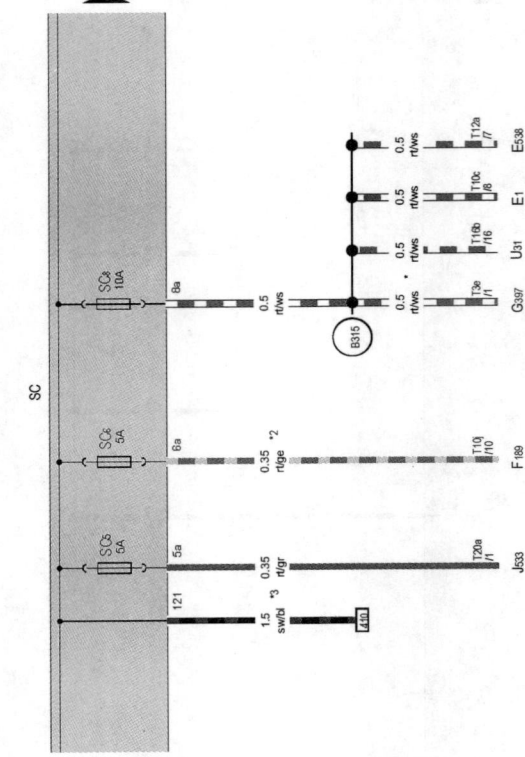

E1-车灯开关 E538-机电式驻车制动器按钮 F189 -Tiptronic 开关 G397-雨水与光线识别传感器 J519 -车载电网控制单元 J533-数据总线诊断接口 SC-保险丝架 C 上的保险丝 5 SC6-保险丝架 SC 上的保险丝 6 SC8-保险丝架 C 上的保险丝 8 T3e-3 芯插头连接, 黑色 T10c-10 芯插头连接, 红色 T10j-10 芯插头连接, 黑色 T12a-12 芯插头连接, 黑色 T16b-16芯插头连接, 黑色 T20a-20 芯插头连接, 黑色 U31-诊断接口 B315-正极连接 1 (30a), 红色 U31-诊断接口 B315-正极连接 1 (30a), 红色 *2-仅用于带雨量传感器的汽车 *3-仅用于带雨水与光线传感器的汽车 *2-仅用于带雨量传感器的汽车 *3-仅用于带座椅调节的汽车 适用于带双离合器变速器的汽车

图 5-4-161

点烟器继电器, 车载电网控制单元, 保险丝架 C

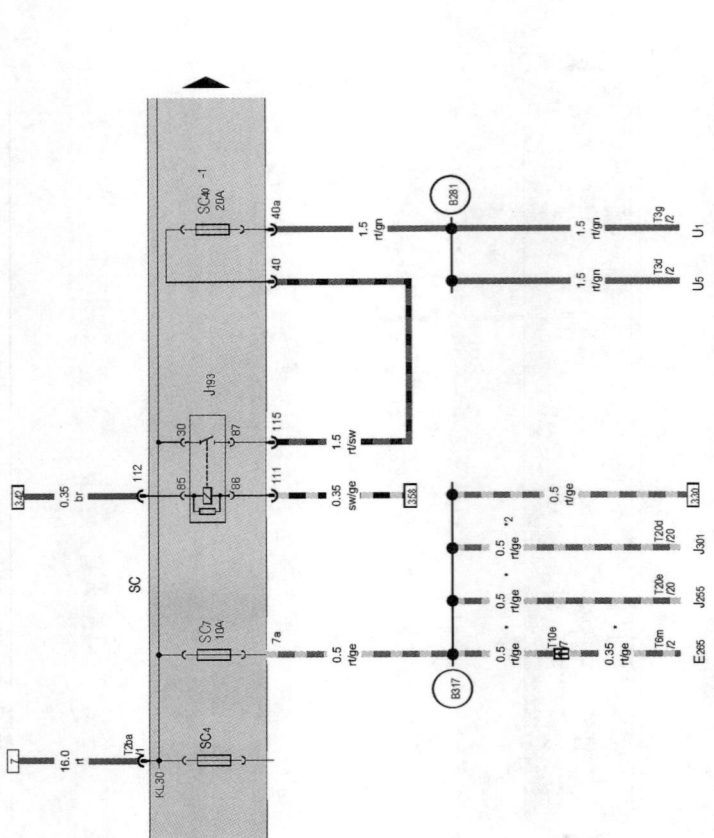

E265-后部空调操作和显示单元 J193-点烟器显示单元 J255-全自动空调控制单元 J301-空调控制单元 J519-车载电网控制单元 SC-保险丝架 C SC4-保险丝架 C 上的保险丝 4 SC7-保险丝架 C 上的保险丝 7 SC40-保险丝架 SC 上的保险丝 40 T2ba-2 芯插头连接, 黑色 T3d-3 芯插头连接, 白色 T3g-3 芯插头连接, 黑色 T6m-6 芯插头连接, 黑色 T10e-10 芯插头连接, 黑色 T20d-20 芯插头连接, 黑色 T20e-20 芯插头连接, 黑色 T20d-20 芯插头连接, 黑色 T20e-20 芯插头连接, 黑色 U1-点烟器 U5-12 V 插座 B281-正极连接 5 (15a), 在主导线束中 B317-正极连接 3 (30a), 在主导线束中 *2-仅用于带全自动空调的汽车 *2-仅用于带电动调节风门的空调器

图 5-4-160

704

车载电网控制单元，保险丝架 C

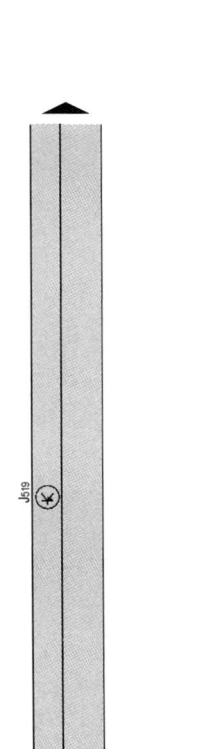

车载电网控制单元，保险丝架 C

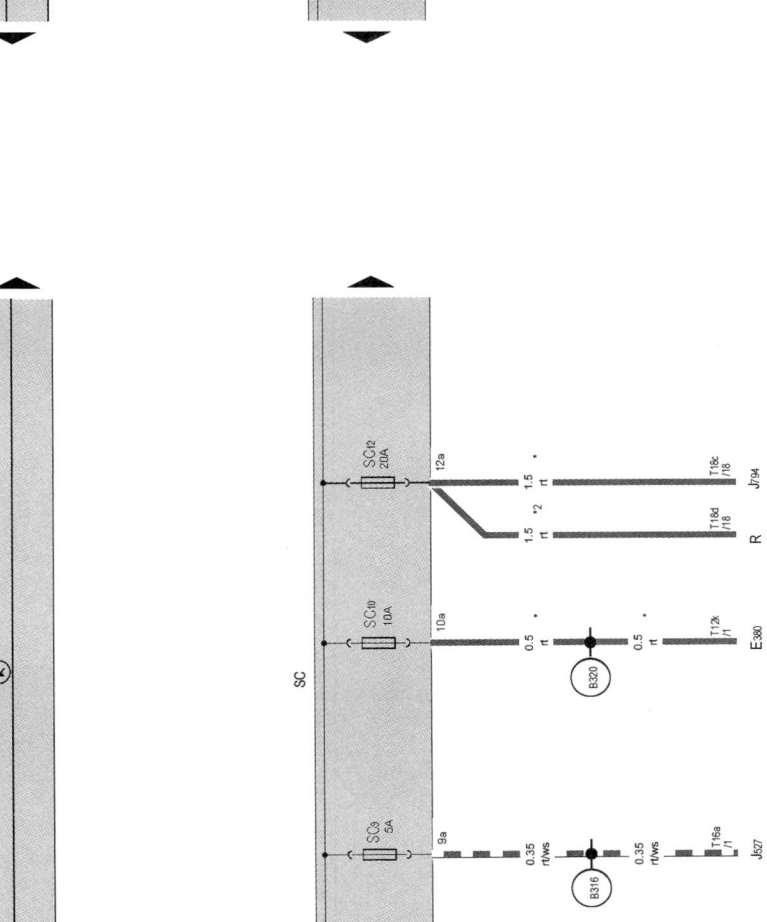

281	282	283	284	285	286	287	288	289	290	291	292	293	294

图 5-4-162

295	296	297	298	299	300	301	302	303	304	305	306	307	308

图 5-4-163

E380-多媒体系统操作单元 J519-车载电网控制单元 J527-转向柱电子装置控制单元 J794-电子通信信息设备 1 控制单元 R-收音机 SC-保险丝架 C SC9-保险丝架 C 上的保险丝 9 SC10-保险丝架 C 上的保险丝 10 SC12-保险丝架 C 上的保险丝 12 T12a-12 芯插头连接 T12k-12 芯插头连接，黑色 T16a-16 芯插头连接，黑色 T18c-18 芯插头连接 T18d-18 芯插头连接 B316-正极连接 2 (30a)，在主导线束中 B320-正极连接 6 (30a)，在主导线束中 *-仅用于带收音机导航系统的汽车 *2-仅用于带收音机的汽车

J126-新鲜空气鼓风机控制单元 J519-车载电网控制单元 SC-保险丝架 C SC11-保险丝架 C 上的保险丝 11 SC13-保险丝架 C 上的保险丝 13 SC14-保险丝架 C 上的保险丝 14 SC31-保险丝架 C 上的保险丝 31 SC38-保险丝架 C 上的保险丝 38 T4ad-4 芯插头连接，黑色 T73a-73 芯插头连接，黑色 T73c-73 芯插头连接，黑色

保险丝架 C

可加热后窗玻璃继电器，保险丝架 C

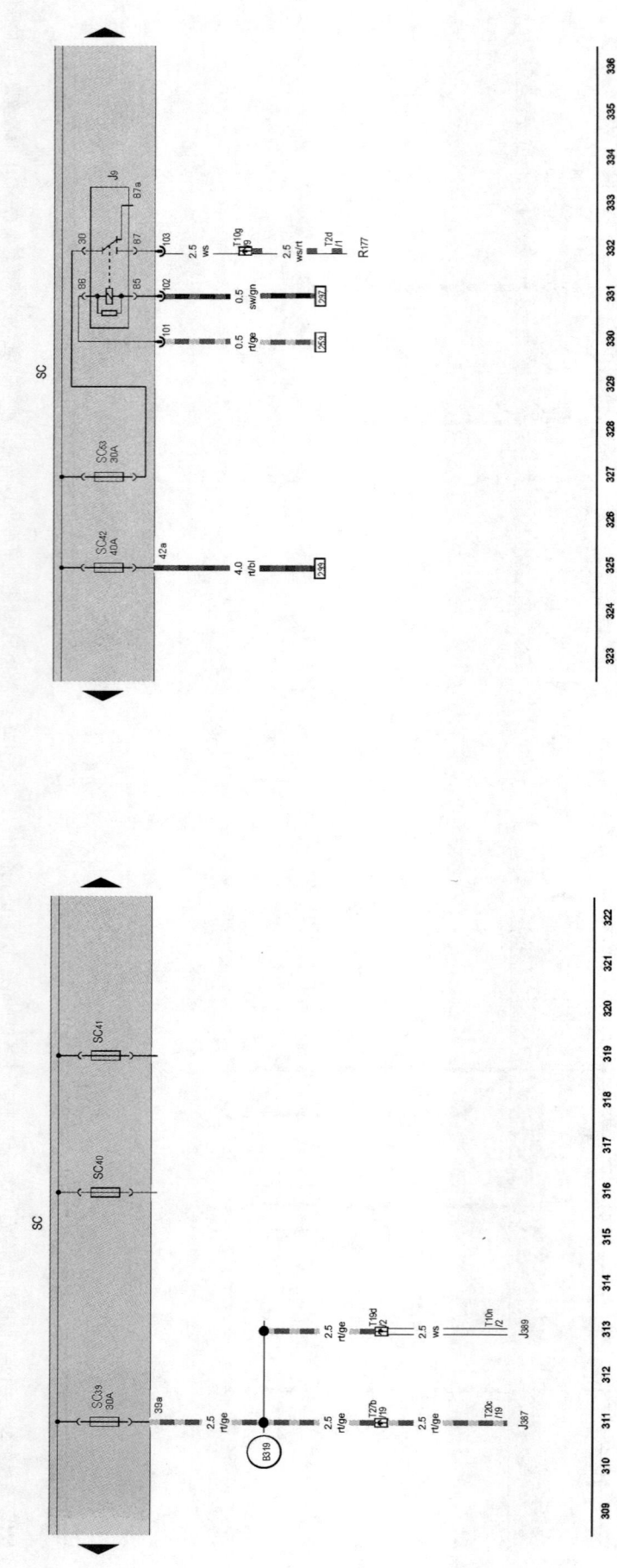

图 5-4-164

图 5-4-165

J387-副驾驶员侧车门控制单元 J389-右后车门控制单元 SC-保险丝架 C SC39-保险丝架 C 上的保险丝 39 SC40-保险丝 40 SC41-保险丝架 C 上的保险丝 41 SC42-保险丝架 C 上的保险丝 42 T10n-10 芯插头连接，黑色 T19d-19 芯插头连接，黑色 T20c-20 芯插头连接，黑色 T27b-27 芯插头连接，黑色 B319-正极连接 5 (30a)，在主导线束中

J9-可加热后窗玻璃继电器 R177-调幅（AM）滤波器 SC-保险丝架 C SC42-保险丝架 C SC53-保险丝架 C 上的保险丝 53 T2d-2 芯插头连接，黑色 T10g-10 芯插头连接，黑色

706

保险丝架 C

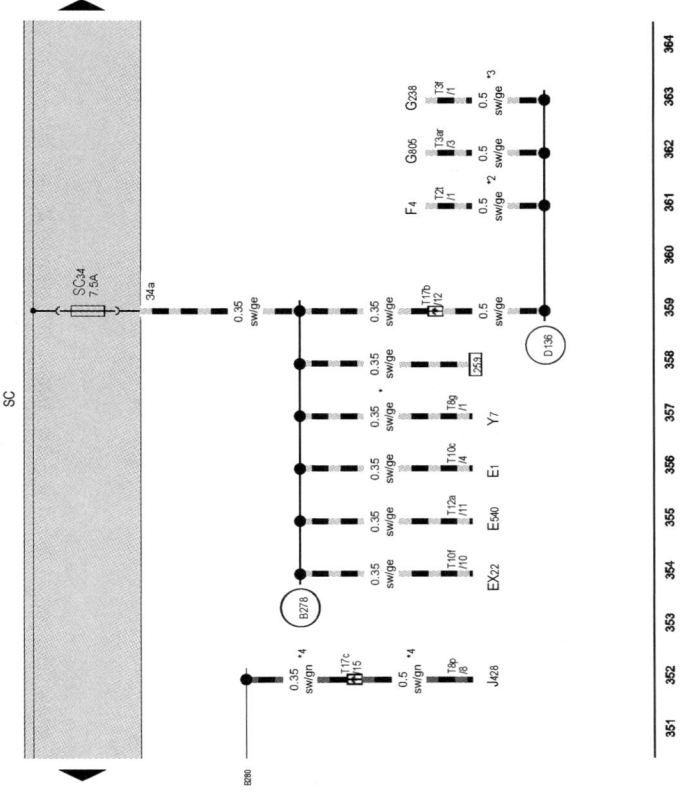

图 5-4-167

E1–车灯开关 EX22–中部仪表板开关模块 E540 –AUTO HOLD 按钮 F4–倒车灯开关 G238–空气质量传感器 G805–冷却液循环管路压力传感器 J428–车距调节控制单元 SC–保险丝架 C SC34–保险丝架 C 上的保险丝 34 T2t–2 芯插头连接，黑色 T3ar–3 芯插头连接，黑色 T3f–3 芯插头连接，灰色 T8g–8 芯插头连接，黑色 T12a–头连接，黑色 T8p–8 芯插头连接，黑色 T10c–10 芯插头连接，红色 T10f–10 芯插头连接，黑色 T12a–12 芯插头连接，黑色 T17b–17 芯插头连接，棕色 T17c–17 芯插头连接，黑色 Y7–自动防眩车内后视镜 B278–正极连接 B280–正极连接 4 (15a)，在主导线束中 D136–正极连接中 D136–正极连接 2 (15a)，在主导线束中 B280–正极连接 2 (15a)，在发动机舱导线束中 *–仅适用于带自动防眩的车内后视镜的汽车 *2–仅用于带自动车距控制 (ADR) 的汽车 *3–仅用于带全自动空调的汽车 *4–仅用于带手动变速箱的汽车

接线端 15 供电继电器，保险丝架 C

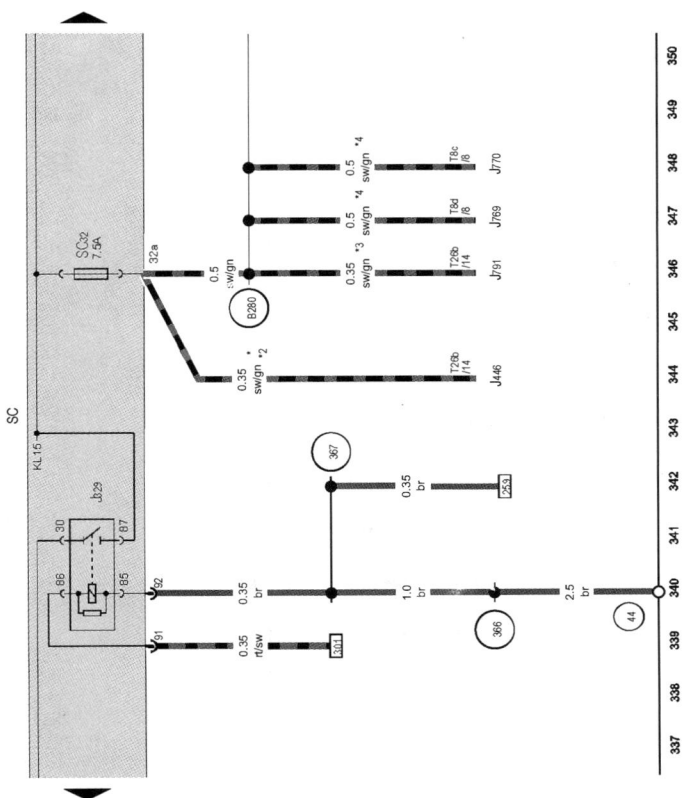

图 5-4-166

J329–接线端 15 供电继电器 J446–泊车雷达系统控制单元 J769–行驶换道辅助系统控制单元 J770–行驶换道辅助系统控制单元 2 J791–泊车转向辅助系统控制单元 SC–保险丝架 C SC32–保险丝架 C 上的保险丝 32 T8c–8 芯插头连接，黑色 T8d–8 芯插头连接，黑色 T26b–26 芯插头连接，黑色 44–左侧 A 柱下部的接插件 366–接地连接 1，在主导线束中 367–接地连接 2，在主导线束中 B280–正极连接 4 (15a)，在主导线束中 *–仅用于带泊车雷达系统（后）的汽车 *2–仅用于带泊车雷达系统（前后）的汽车 *3–仅用于带行驶换道辅助系统的汽车 *4–仅用于带行驶换道辅助系统的汽车

707

保险丝架 C

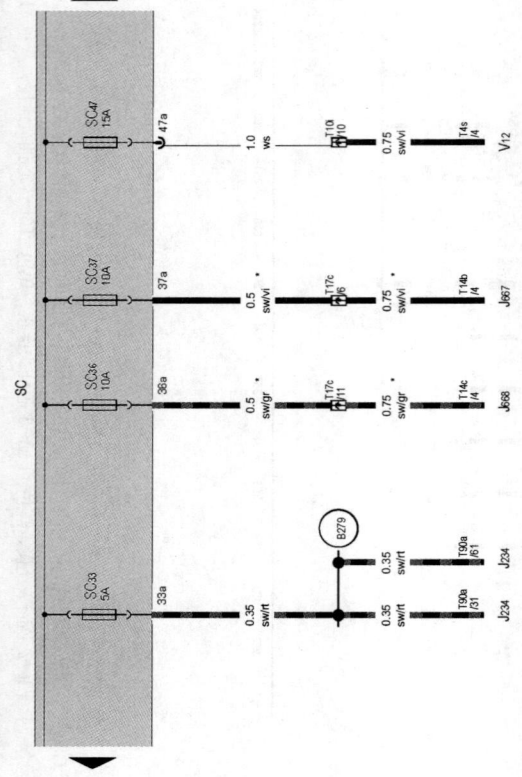

图 5-4-169

保险丝架 C

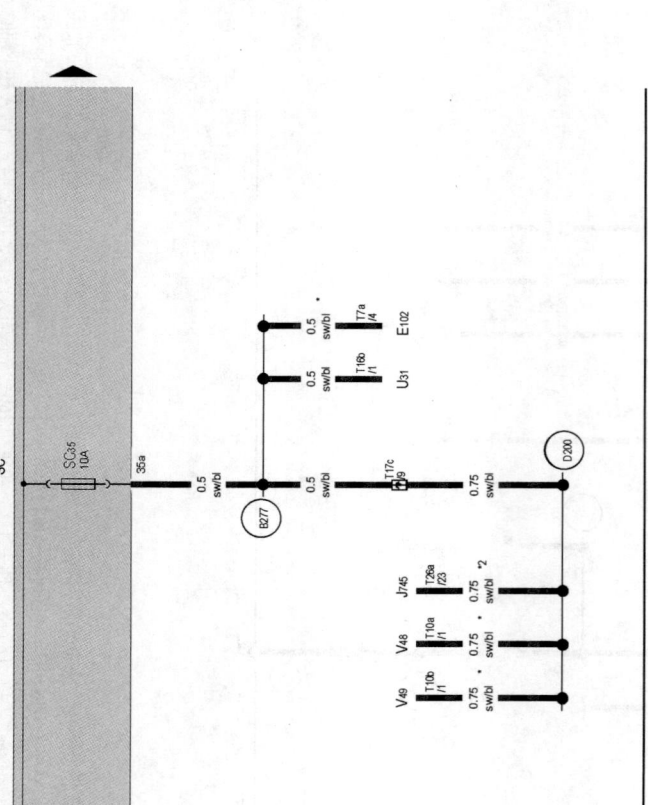

图 5-4-168

E102-大灯照明距离调节器 J745-弯道灯和大灯照明距离调节控制单元 SC-保险丝架 C SC35-保险丝架 C 上的保险丝 35 T7a-7 芯插头连接，黑色 T10a-10 芯插头连接，黑色 T10b-10 芯插头连接，黑色 T16b-16 芯插头连接，黑色 T17c-17 芯插头连接，黑色 T26a-26 芯插头连接，白色 U31-诊断接口 V48-左侧大灯照明距离调节伺服电机 V49-右侧大灯照明距离调节伺服电机 B277-正极连接 1（15a），在主导线束中 D200-正极连接 3（15a），在发动机舱导线束中 *-仅用于带卤素大灯的汽车 *2-仅用于带气体放电大灯的汽车

J234-安全气囊控制单元 J667-左侧大灯电源模块 J668-右侧大灯电源模块 SC-保险丝架 C SC33-保险丝架 C 上的保险丝 33 SC36-保险丝架 C 上的保险丝 36 SC37-保险丝架 C 上的保险丝 37 SC47-保险丝架 C 上的保险丝 47 T4s-4 芯插头连接，黑色 T10i-10 芯插头连接，棕色 T14b-14 芯插头连接，黑色 T14c-14 芯插头连接，黑色 T17c-17 芯插头连接，黑色 T90a-90 芯插头连接，黄色 V12-后窗玻璃刮水器电机 B279-正极连接 3（15a），在主导线束中 *-仅用于带气体放电大灯的汽车

708

副驾驶员座椅调节装置的热敏保险丝 1

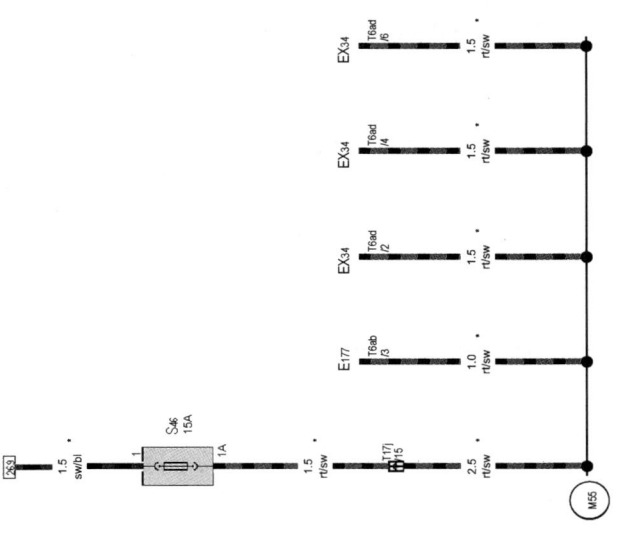

407	408	409	410	411	412	413	414	415	416	417	418	419	420

EX34－右前座椅调节操作单元　E177－副驾驶员腰部支撑调节开关　S46－副驾驶员座椅调节装置的热敏保险丝 1　T6ab－6 芯插头连接，黑色　T6ad－6 芯插头连接，黑色　T17j－17 芯插头连接，红色　M55－连接 5，在副驾驶员侧座椅导线束中　*－仅用于带座椅调节的汽车

图 5-4-171

保险丝架 C

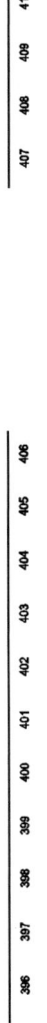

393	394	395	396	397	398	399	400	401	402	403	404	405	406

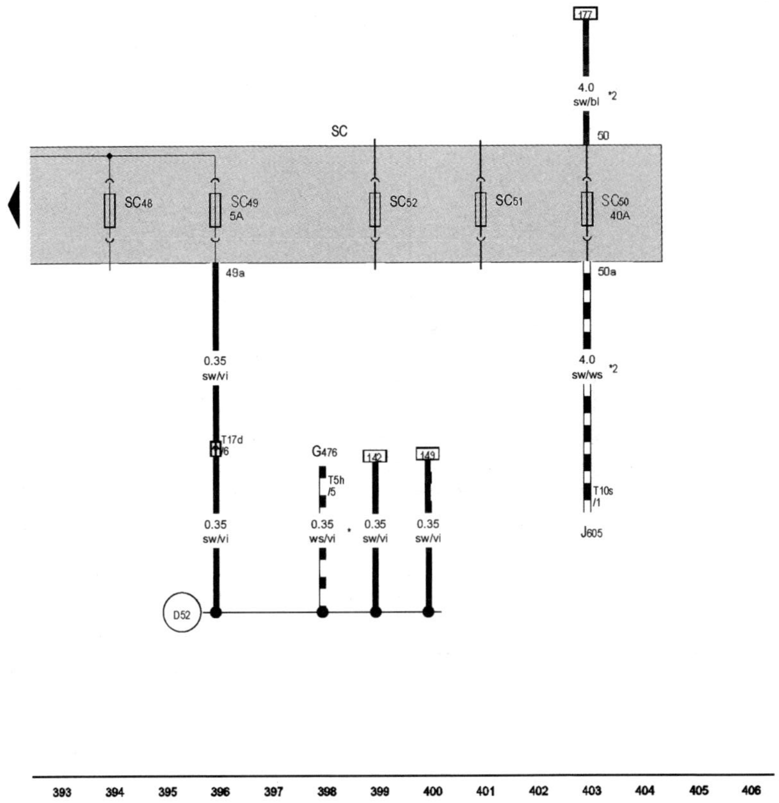

G476－离合器位置传感器　J605－行李箱盖控制单元　SC－保险丝架 C　SC48－保险丝架 C 上的保险丝 48　SC49－保险丝架 C 上的保险丝 49　SC50－保险丝架 C 上的保险丝 50　SC51－保险丝架 C 上的保险丝 51　SC52－保险丝架 C 上的保险丝 52　T5h－5 芯插头连接　T10s－10 芯插头连接，黑色　T17d－17 芯插头连接，蓝色　D52－正极连接（15a），在发动机舱导线束中　*－仅用于带手动变速器的汽车　*2－仅用于带有行李箱盖关闭辅助功能的汽车

图 5-4-170

709

第五节 基本装备

基本装备电路图的图号和图名对照表见表 5-5-1。

表 5-5-1   基本设备电路图的图号和图名对照表

图号	图名
图 5-5-1~ 图 5-5-357	基本装备电路图

蓄电池，蓄电池监控控制单元

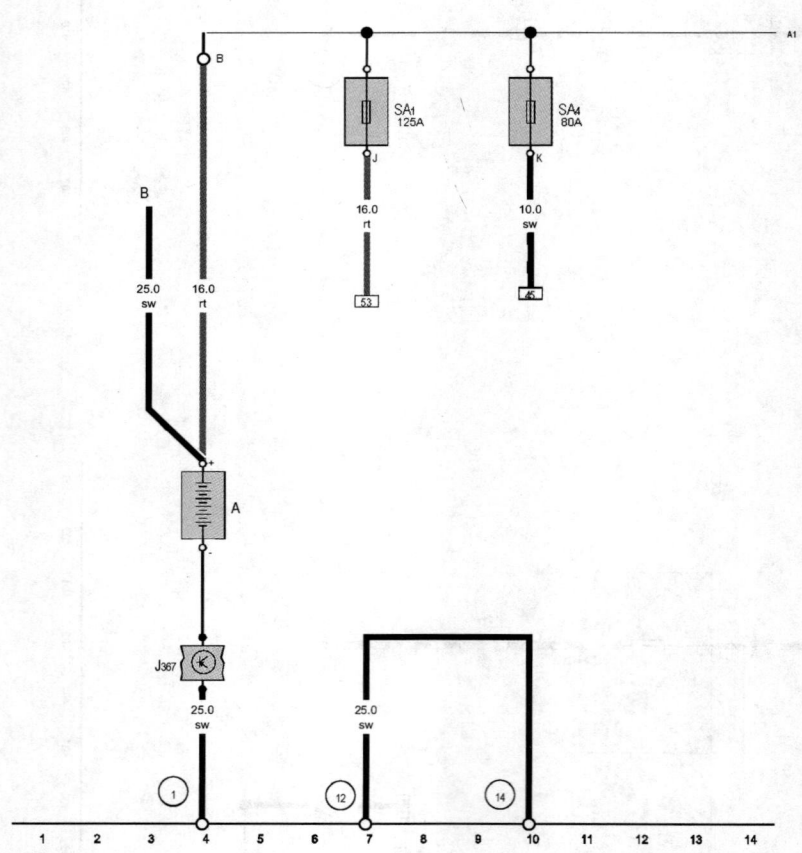

A-蓄电池 B-启动电机 J367-蓄电池监控控制单元 SA1-保险丝架 A 上的保险丝 1 SA4-保险丝架 A 上的保险丝 4 1-接地带，蓄电池-车身 12-发动机舱内左侧接地点 14-变速器上的接地点

图 5-5-1

主继电器，车载电网控制单元，保险丝架 B

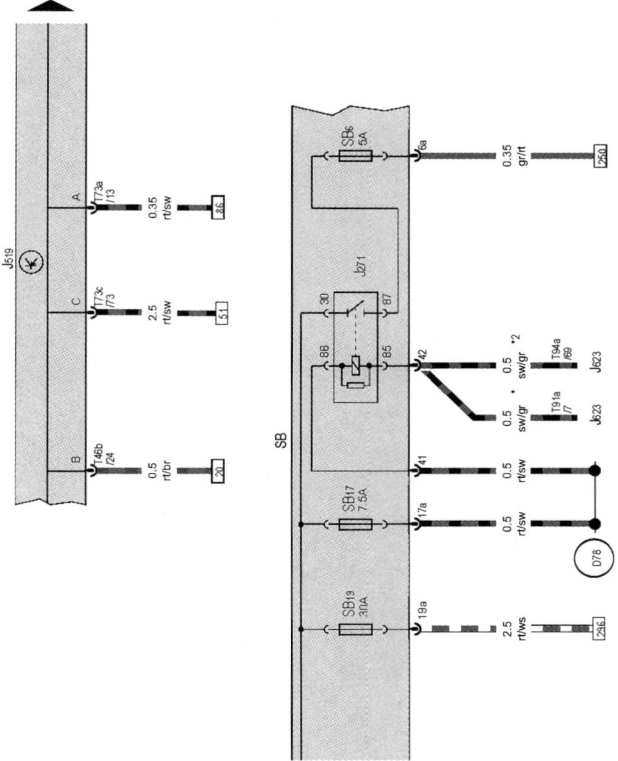

J271 -主继电器 J519 -车载电网控制单元 J623 -发动机控制单元 SB-保险丝架 B SB6 -保险丝架 B
保险丝 6 SB17 -保险丝架 B 上的保险丝 17 SB19 -保险丝架 B 上的保险丝 19 T46b-46 芯插头连接，黑
色 T73a-73 芯插头连接，黑色 T73c-73 芯插头连接，黑色 T91a-91 芯插头连接，黑色 T94a-94 芯插头
连接，黑色 D78-正极连接 1 (30a)，在发动机舱导线束中 *-仅用于带 1.8 L 发动机的汽车 *2-仅用于带
1.4 L 发动机的汽车

图 5-5-3

高音喇叭，低音喇叭，双音喇叭继电器，保险丝架 B

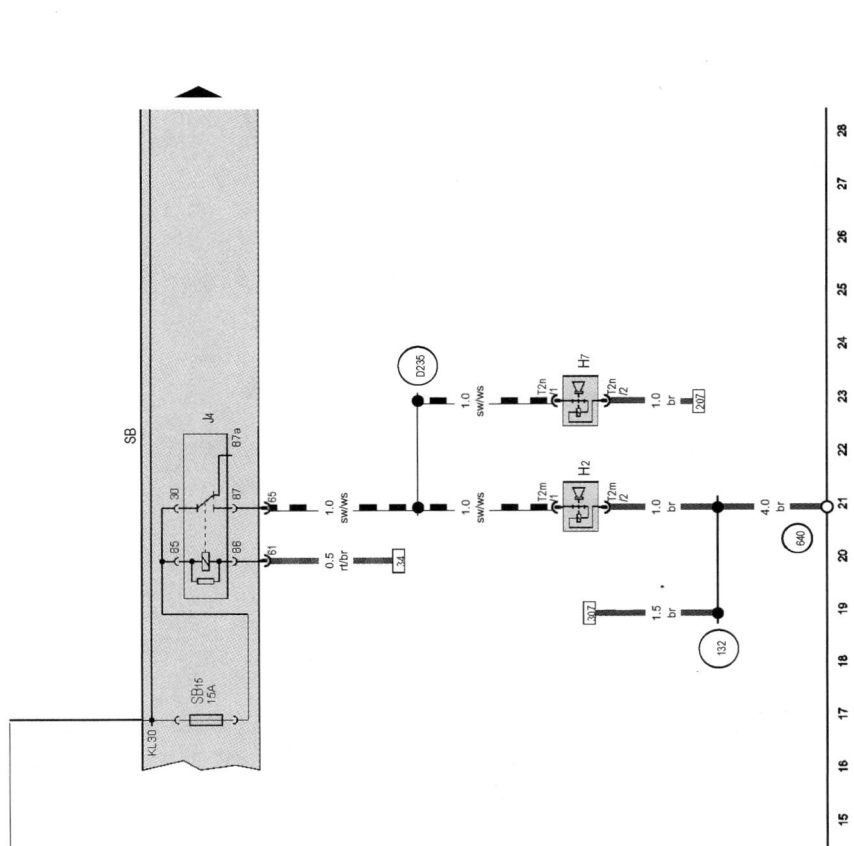

H2-高音喇叭 H7-低音喇叭 J4-双音喇叭继电器 SB-保险丝架 B SB15 -保险丝架 B 上的保险丝 15
T2m-2 芯插头连接，黑色 T2n-2 芯插头连接，黑色 132-接地连接 3，在发动机舱导线束中 640-接地点
2，在发动机舱内左侧 D235-连接（双音喇叭），在发动机舱导线束中 *-仅用于带大灯清洗装置的汽车

图 5-5-2

点烟器继电器，车载电网控制单元，保险丝架 C

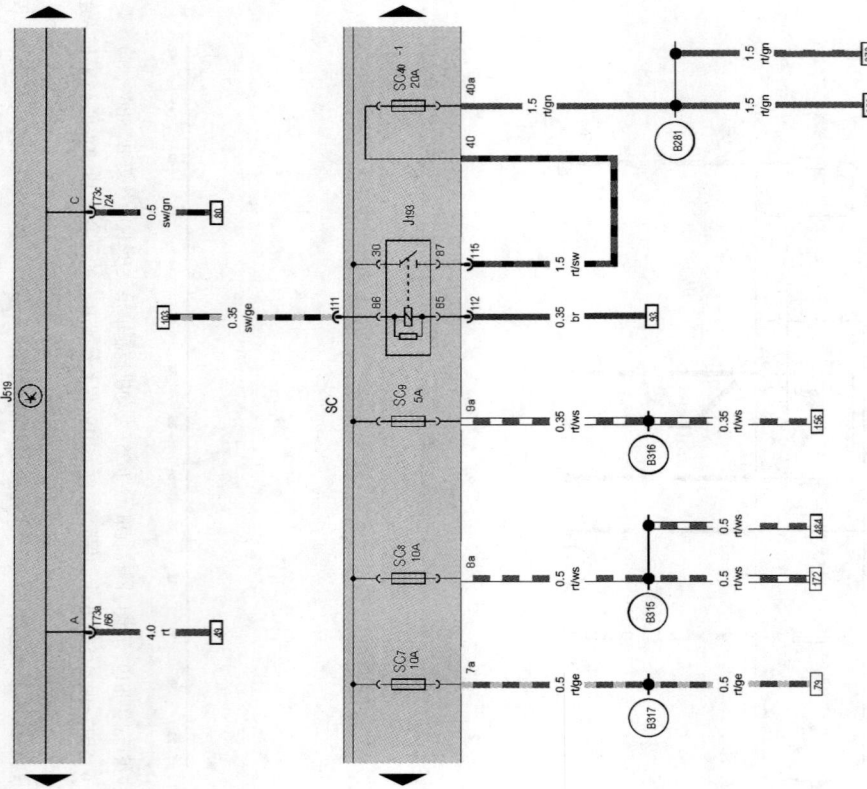

图 5-5-5

J193-点烟器继电器 J519-车载电网控制单元 SC-保险丝架 C SC7-保险丝架 C 上的保险丝 7 SC8-保险丝架 C 上的保险丝 8 SC9-保险丝架 C 上的保险丝 9 SC40-保险丝架 C 上的保险丝 40 T73a-73 芯插头连接，黑色 T73c-73 芯插头连接，黑色 B281-正极连接，在主导线束中 B315-正极连接 5（15a），在主导线束中 B316-正极连接 2（30a），在主导线束中 B317-正极连接 3（30a），在主导线束中

车载电网控制单元，保险丝架 C

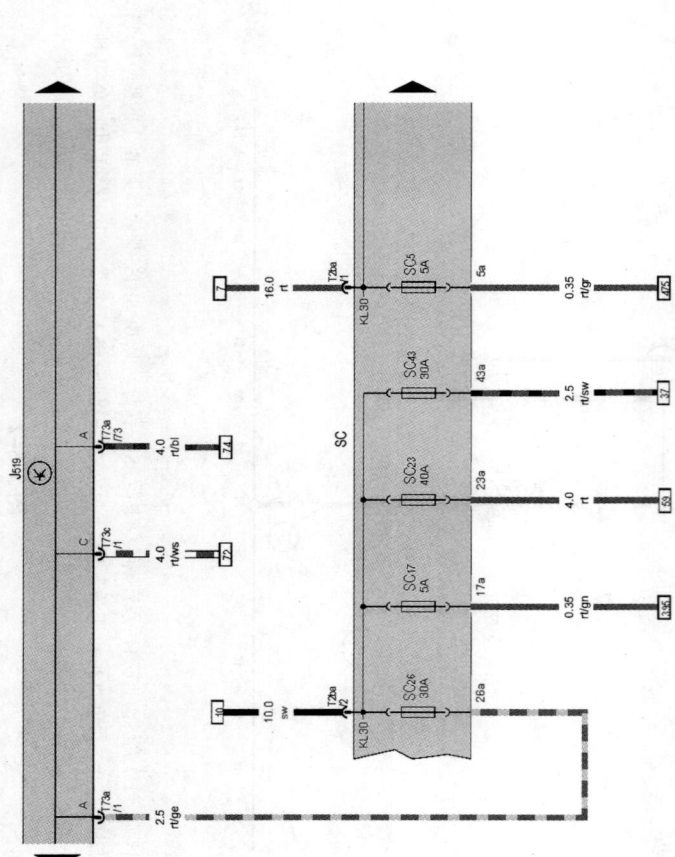

图 5-5-4

J519-车载电网控制单元 SC-保险丝架 C SC5-保险丝架 C 上的保险丝 5 SC17-保险丝架 C 上的保险丝 17 SC23-保险丝架 C 上的保险丝 23 SC26-保险丝架 C 上的保险丝 26 SC43-保险丝架 C 上的保险丝 43 T2ba-2 芯插头连接，黑色 T73a-73 芯插头连接，黑色 T73c-73 芯插头连接，黑色

可加热后窗玻璃继电器，车载电网控制单元，调幅（AM）滤波器，负导线中的调频频率分滤器，保险丝架 C，可加热式后窗玻璃，正导线中的调频频率分滤器

端子 15 供电继电器，车载电网控制单元，保险丝架 C

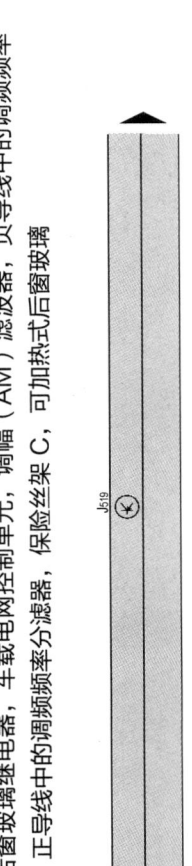

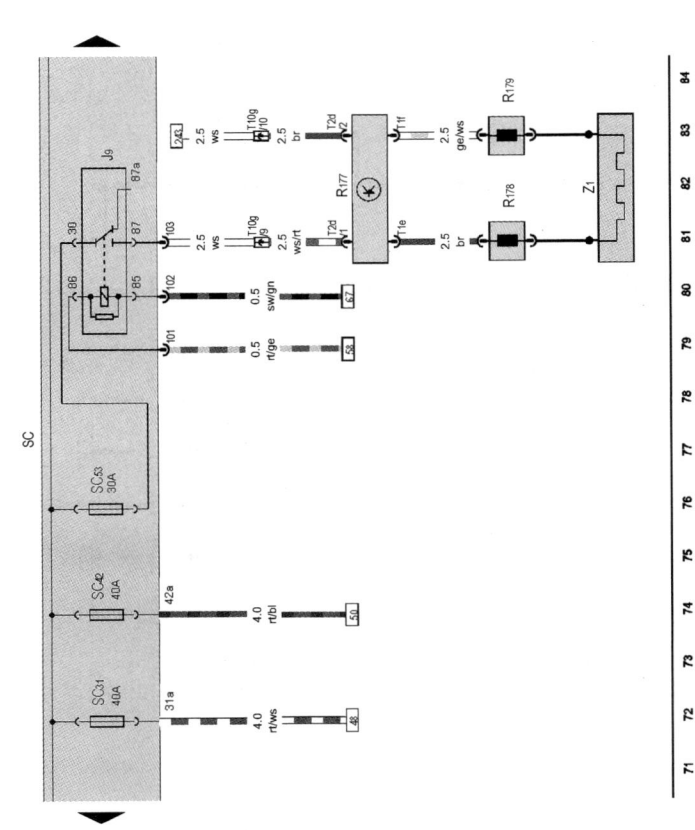

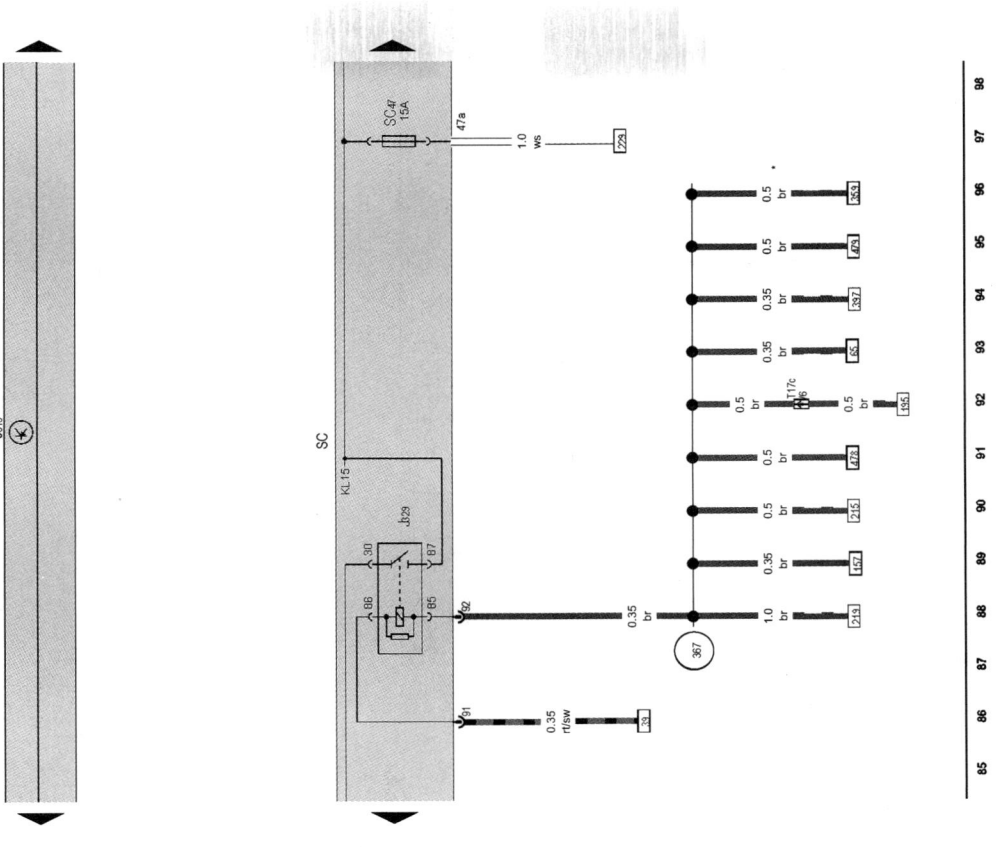

J329－端子 15 供电继电器 J519－车载电网控制单元 SC－保险丝架 C SC47－保险丝架 C 上的保险丝 47
T17c－17 芯插头连接，黑色 367－接地连接 2，在主导线束中 *－仅用于带有脚部空间照明的汽车

图 5-5-7

J9－可加热后窗玻璃继电器 J519－车载电网控制单元 R177－调幅（AM）滤波器 R178－负导线中的调频频率分滤器 R179－正导线中的调频频率分滤器 SC－保险丝架 C SC31－保险丝架 C 上的保险丝 31 SC42－保险丝架 C 上的保险丝 42 SC53－保险丝架 C 上的保险丝 53 T1e－1 芯插头连接，黑色 T1f－1 芯插头连接，棕色 T2d－2 芯插头连接，黑色 T10g－10 芯插头连接，黑色 Z1－可加热式后窗玻璃

图 5-5-6

挡风玻璃刮水器开关，间歇式刮水器运行开关，后窗玻璃刮水器开关，车窗玻璃刮水器间歇运行调节器，车窗玻璃清洗泵开关（自动刮水（自动刮水 / 清洗装置和大灯清洗装置），车载电网控制单元，转向柱电子装置控制单元

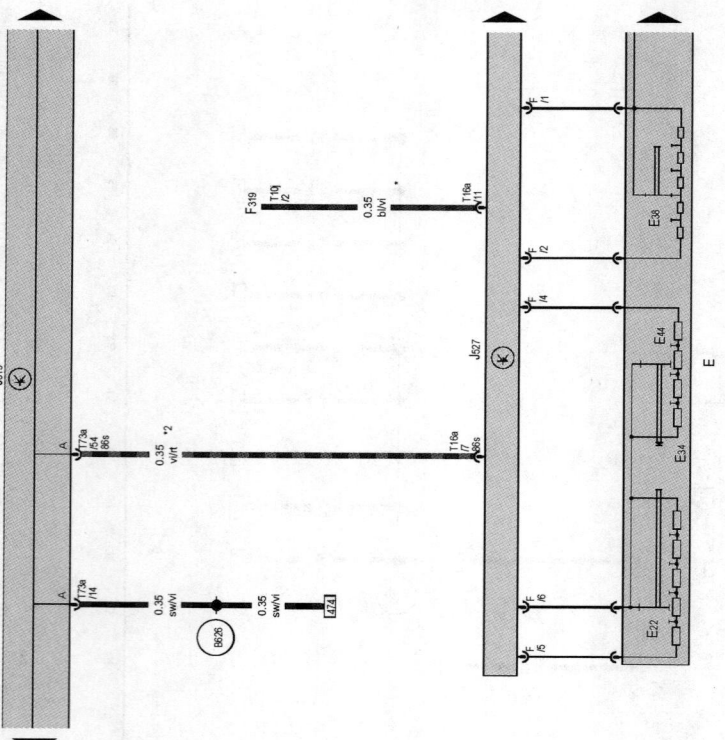

E—挡风玻璃刮水器开关 E22—间歇式刮水器运行开关 E34—后窗玻璃刮水器开关 E38—车窗玻璃刮水器间歇运行调节器 E44—车窗玻璃清洗泵开关（自动刮水/清洗装置和大灯清洗装置） F319—选挡杆挡位 P 锁止开关 J519—车载电网控制单元 J527—转向柱电子装置控制单元 T10j—10 芯插头连接，黑色 T16a—16 芯插头连接，黑色 T73a—73 芯插头连接，黑色 B626—正极连接 2（15），在主导线束中 *—仅适用于带双离合器变速器的汽车 *2—仅用于不带进入及启动许可的汽车

图 5-5-9

警报灯开关，车载电网控制单元，闪烁报警装置指示灯，保险丝架 C

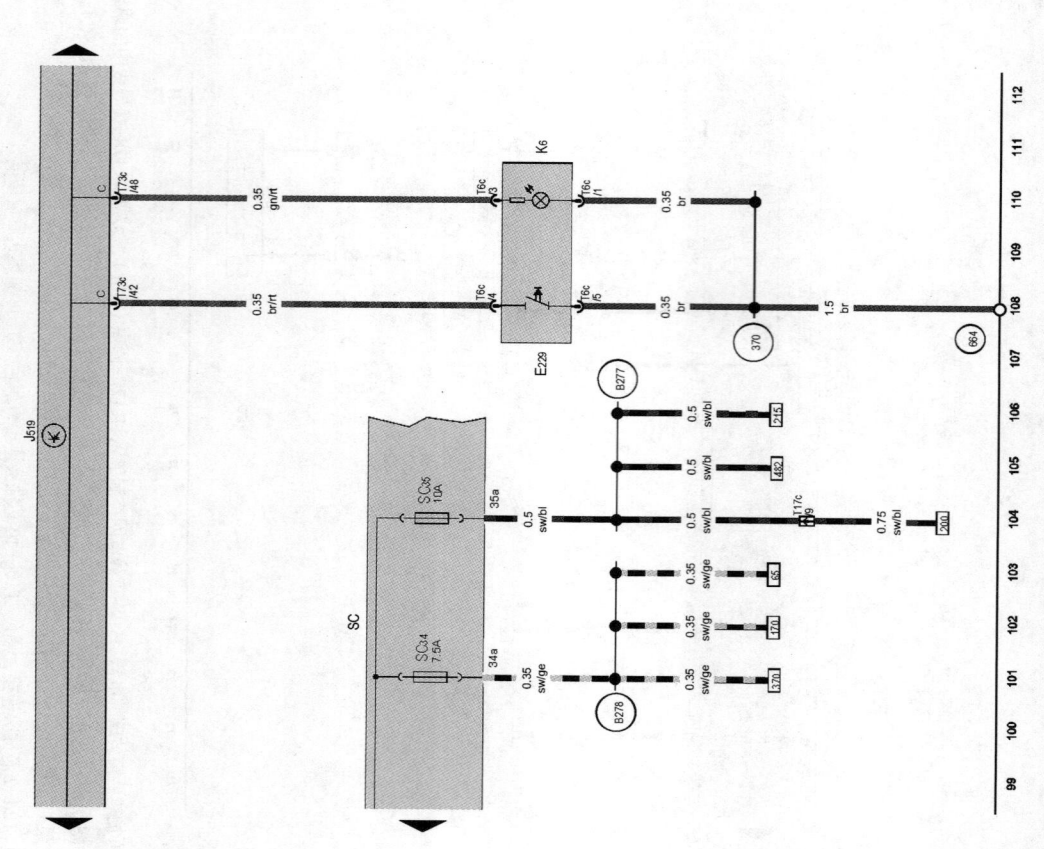

E229—警报灯开关 J519—车载电网控制单元 K6—闪烁报警装置指示灯 SC—保险丝架 C SC34—保险丝架 C 上的保险丝 34 SC35—保险丝架 C 上的保险丝 35 T6c—6 芯插头连接，蓝色 T17c—17 芯插头连接，黑色 T73c—73 芯插头连接，黑色 370—接地连接 5，在主导线束中 664—左侧仪表板后面的接地点 B277—正极连接 1（15a），在主导线束中 B278—正极连接 2（15a），在主导线束中

图 5-5-8

714

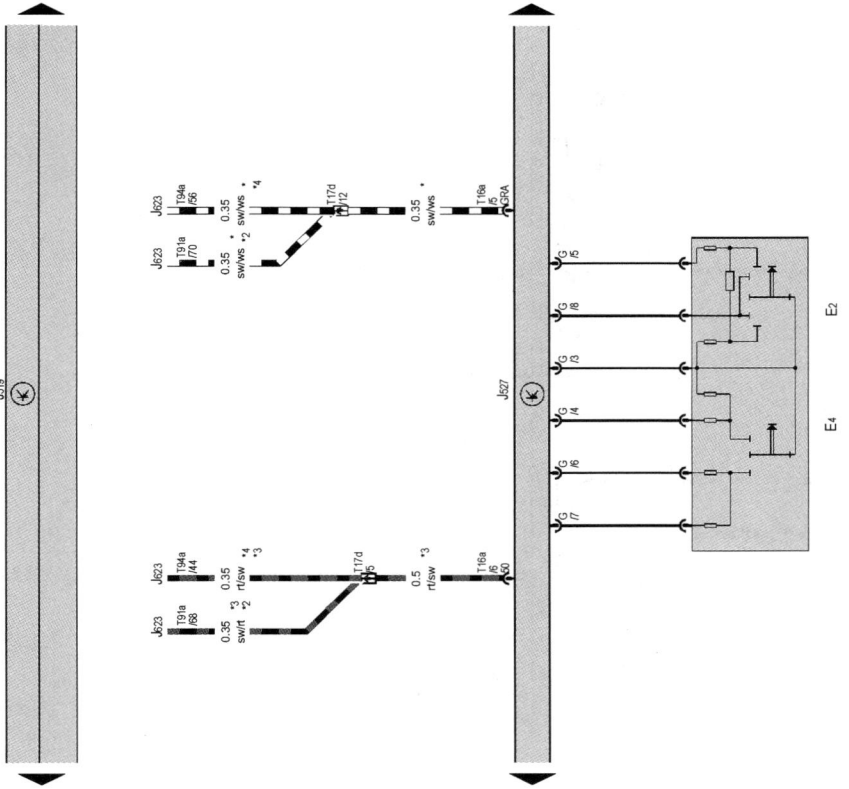

转向信号灯开关，手动防眩目功能和远光灯瞬时接通功能开关，车载电网控制单元，转向柱电子装置控制单元

E2-转向信号灯开关 E4-手动防眩目功能和远光灯瞬时接通功能开关 J519-车载电网控制单元 J527-转向柱电子装置控制单元 J623-发动机控制单元 T16a-16 芯插头连接，黑色 T17d-17 芯插头连接，蓝色 T91a-91 芯插头连接，黑色 T94a-94 芯插头连接，黑色 *-仅用于带定速巡航装置的汽车 *2-仅用于带 1.8 L发动机的汽车 *3-仅用于不带进入启动许可的汽车 *4-仅用于带 1.4 L发动机的汽车

图 5-5-11

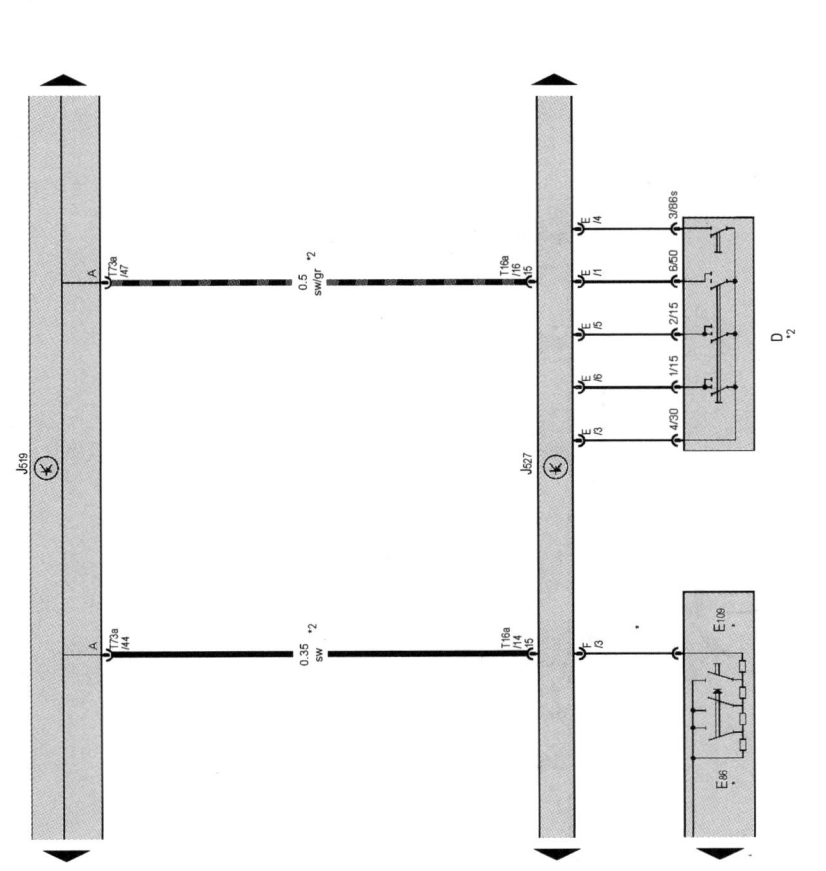

点火启动开关，多功能显示器调用按钮，多功能显示器存储开关，车载电网控制单元，转向柱电子装置控制单元

D-点火启动开关 E86-多功能显示器调用按钮 E109-多功能显示器存储开关 J519-车载电网控制单元 J527-转向柱电子装置控制单元 T16a-16 芯插头连接，黑色 T73a-73 芯插头连接，黑色 *-仅用于不带多功能仪盘的汽车 *2-仅用于不带进入启动许可的汽车

图 5-5-10

车灯开关，前雾灯和后雾灯开关，车载电网控制单元，大灯开关照明灯泡

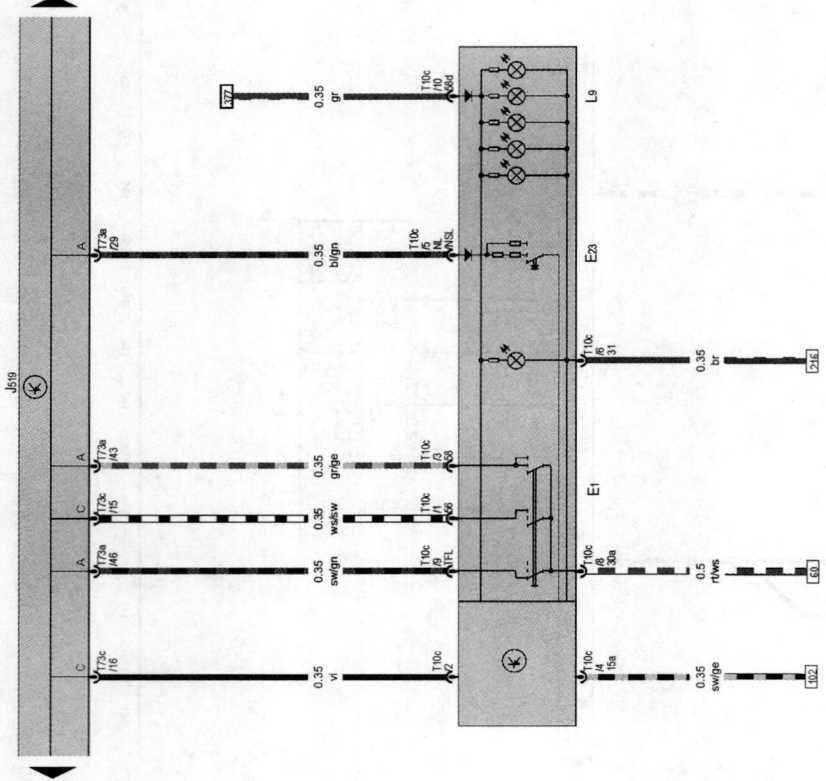

安全气囊卷簧和带滑环的复位环，信号喇叭控制，车载电网控制单元，转向柱电子装置控制单元

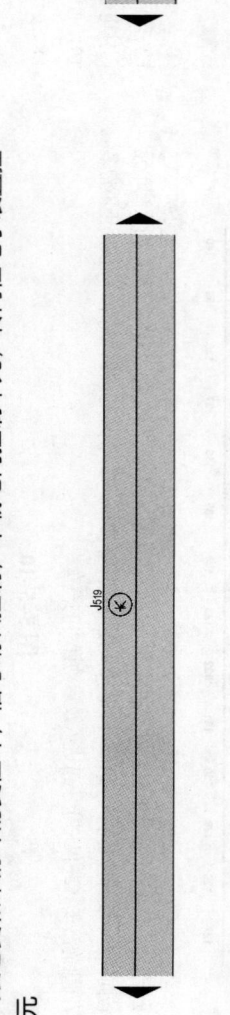

E1-车灯开关 E23-前雾灯和后雾灯开关 J519-车载电网控制单元 L9-大灯开关照明灯泡 T10c-10 芯插头连接，红色 T73a-73 芯插头连接，黑色 T73c-73 芯插头连接，黑色

图 5-5-13

F138-安全气囊卷簧和带滑环的复位环 H-信号喇叭控制 J519-车载电网控制单元 J527-转向柱电子装置控制单元 T12b-12 芯插头连接，黄色 T16a-16 芯插头连接，黑色

图 5-5-12

716

车载电网控制单元，右前大灯，右侧驻车示宽灯灯泡，右前转向信号灯灯泡，右侧近光灯灯泡，右侧远光灯灯泡，右侧大灯照明距离调节伺服电机。

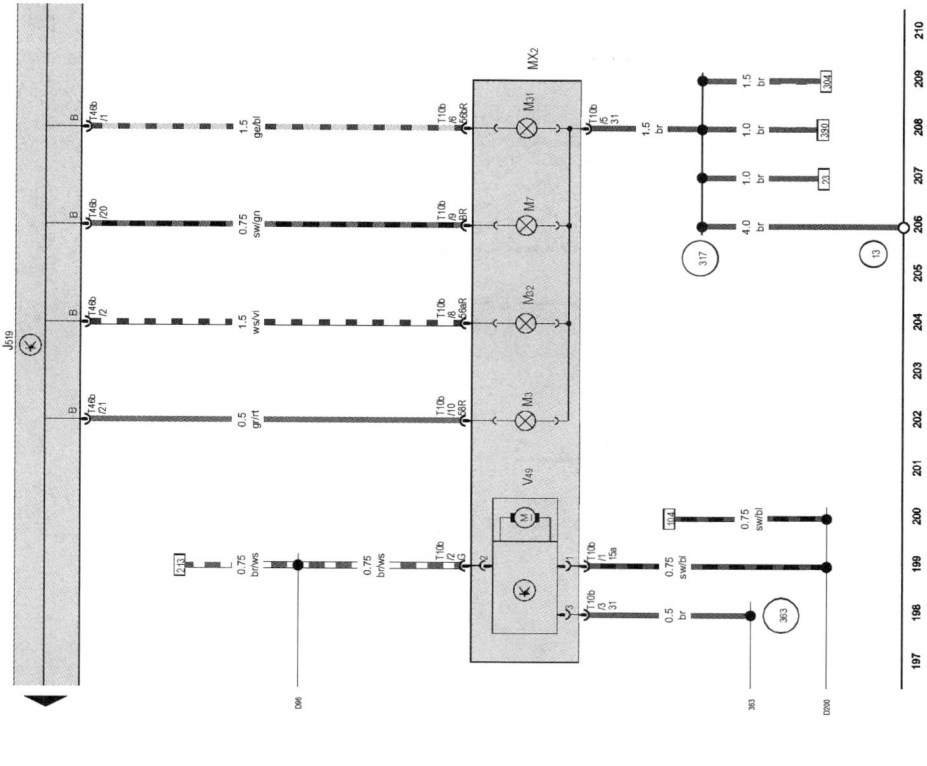

J519-车载电网控制单元 MX2-右前大灯 M3-右侧驻车示宽灯灯泡 M7-右前转向信号灯灯泡 M31-右侧近光灯灯泡 M32-右侧远光灯灯泡 T10a-10 芯插头连接 T46b-46 芯插头连接，黑色 V49-右侧大灯照明距离调节伺服电机 13-发动机舱内右侧接地点 317-接地连接 7，在发动机舱导线束中 363-接地连接 8，在发动机舱导线束中 D96-连接（大灯照明距离调节），在发动机舱导线束中 D200-正极连接 3（15a）

图 5-5-15

车载电网控制单元，左侧驻车示宽灯灯泡，左前大灯，左前转向信号灯灯泡，左侧近光灯灯泡，左侧远光灯灯泡，左侧大灯照明距离调节伺服电机。

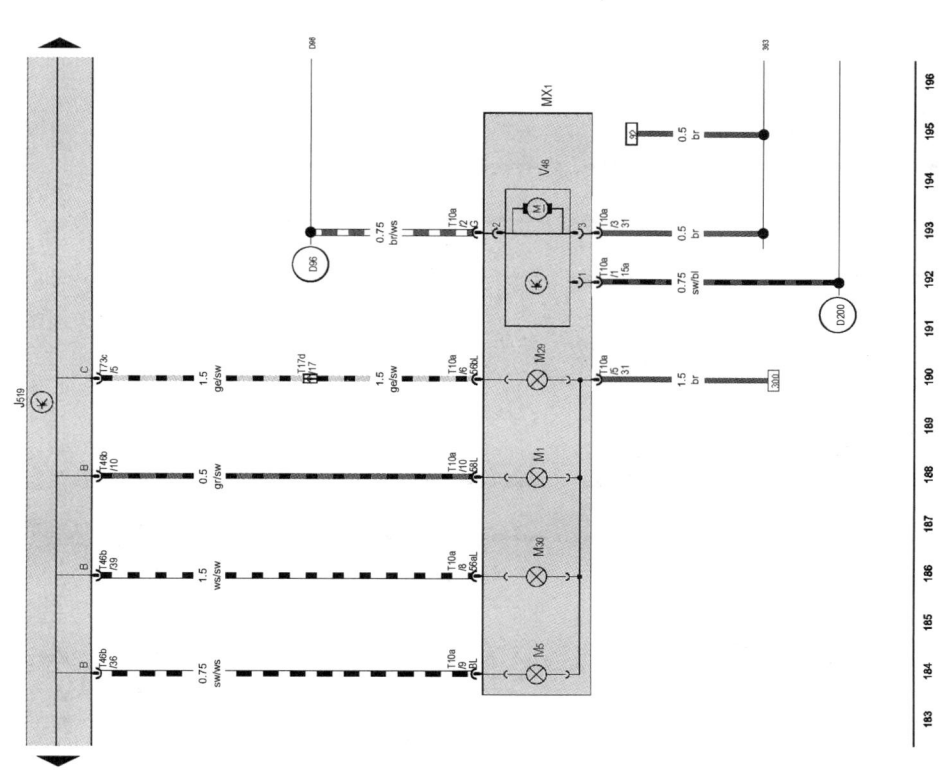

J519-车载电网控制单元 M1-左侧驻车示宽灯灯泡 MX1-左前大灯 M5-左前转向信号灯灯泡 M29-左侧近光灯灯泡 M30-左侧远光灯灯泡 T10a-10 芯插头连接 T17d-17 芯插头连接，黑色 T46b-46 芯插头连接，黑色 T73c-73 芯插头连接，黑色 V48-左侧大灯照明距离调节伺服电机 363-接地连接 8，在发动机舱导线束中 D96-连接（大灯照明距离调节），在发动机舱导线束中 D200-正极连接 3（15a），在发动机舱导线束中

图 5-5-14

车载电网控制单元，后窗玻璃刮水器电机，左侧牌照灯，右侧牌照灯

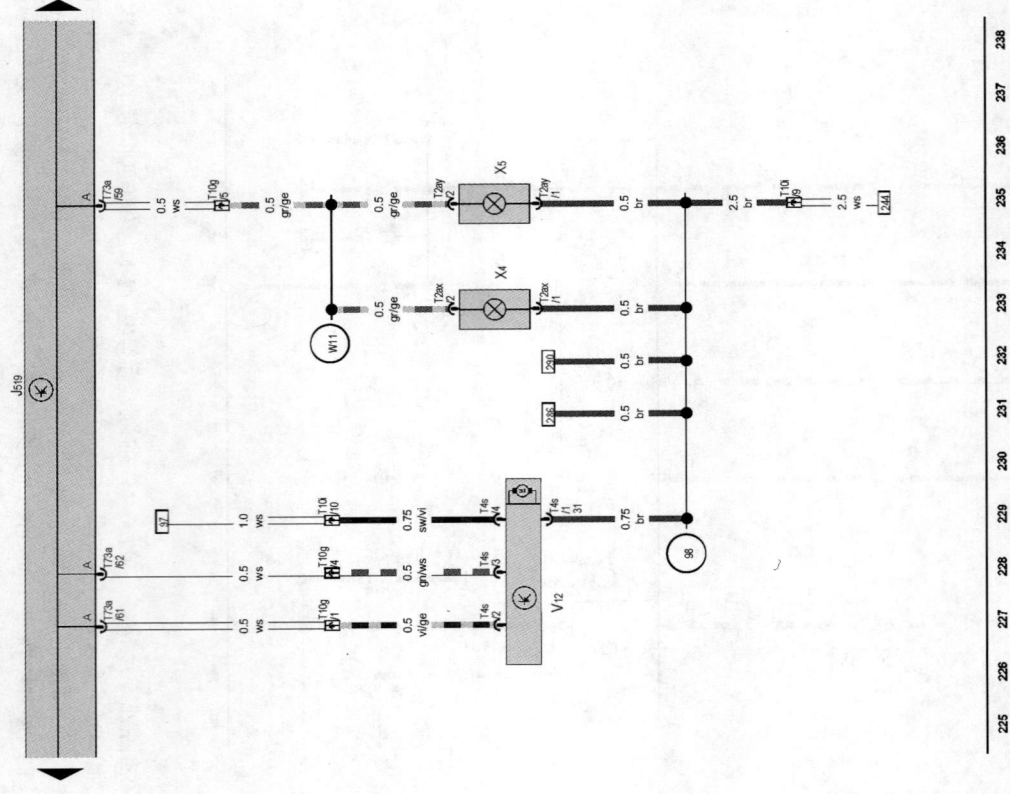

图 5-5-17

J519-车载电网控制单元 T2ax-2 芯插头连接，黑色 T2ay-2 芯插头连接，黑色 T4s-4 芯插头连接，黑色 T10g-10 芯插头连接，黑色 T10i-10 芯插头连接，棕色 T73a-73 芯插头连接，黑色 V12-后窗玻璃刮水器电机 X4-左侧牌照灯 X5-右侧牌照灯 98-接地连接，在行李箱盖导线束中 W11-行李箱盖导线束中的连接（58）

大灯照明距离调节器，车载电网控制单元，大灯照明距离调节设置器照明灯泡

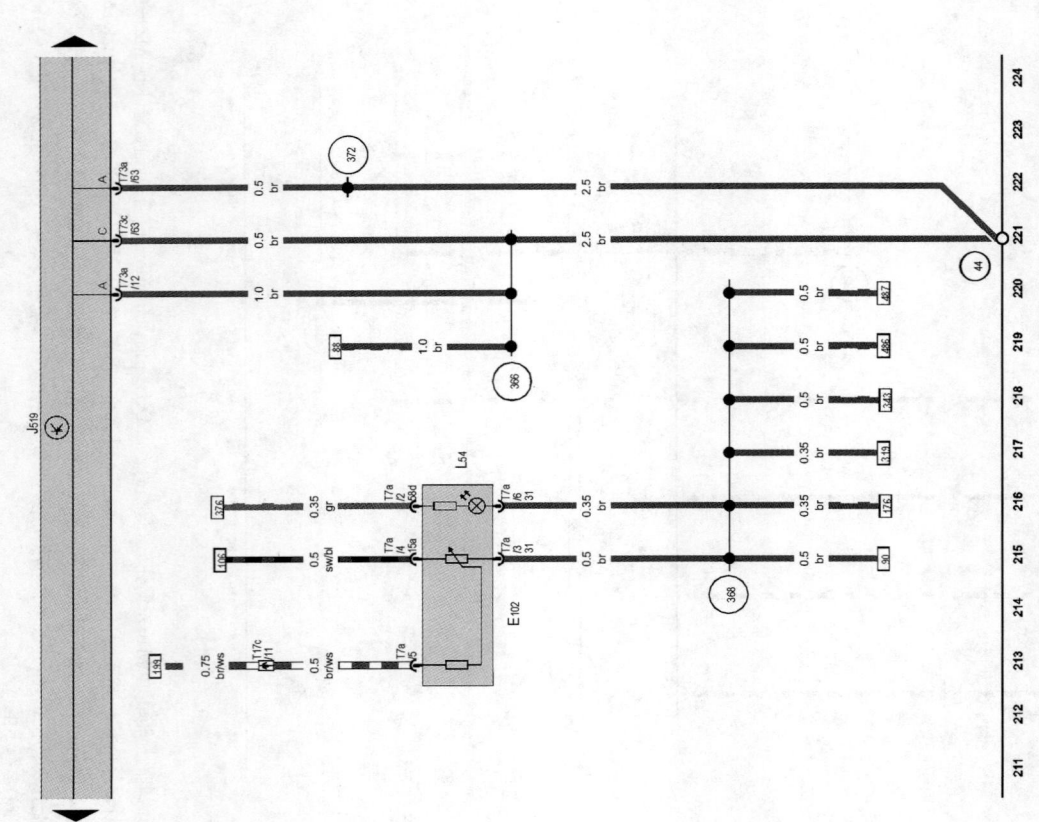

图 5-5-16

E102-大灯照明距离调节器 J519-车载电网控制单元 L54-大灯照明距离调节设置器照明灯泡 T7a-7 芯插头连接，黑色 T17c-17 芯插头连接，黑色 T73a-73 芯插头连接，黑色 T73c-73 芯插头连接，黑色 44-接地点，在 A 柱下部 366-接地连接 1，在主导线束中 368-接地连接 3，在主导线束中 372-接地连接 7，在主导线束中

718

车载电网控制单元，左侧尾灯，左侧尾灯灯泡，左后转向信号灯灯泡，左侧倒车灯灯泡，左侧制动信号灯灯泡，左侧制动信号灯和尾灯灯泡，12 V 插座

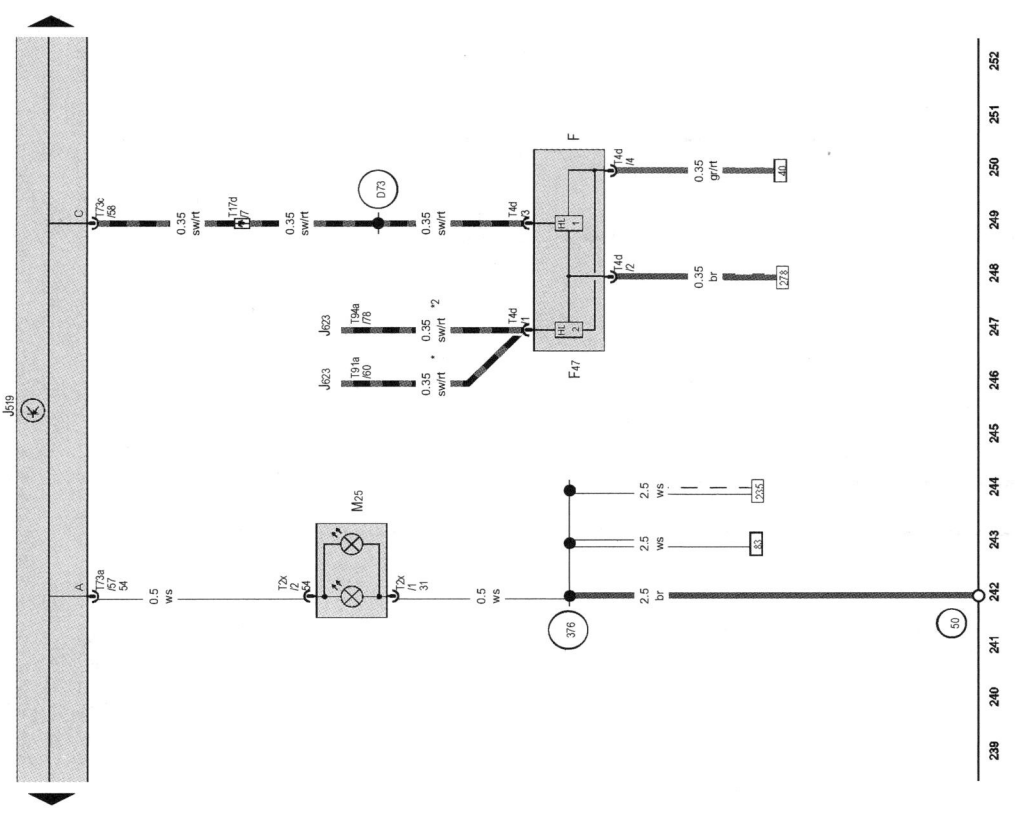

J519－车载电网控制单元 M9－左侧制动信号灯灯泡 M6－左后转向信号灯灯泡 M4－左侧尾灯 MX3－左侧尾灯 M21－左侧制动信号灯和尾灯灯泡 T3d－3 芯插头连接，白色 T8a－8 芯插头连接，黑色 T73a－73 芯插头连接，黑色 U5－12 V 插座 50－行李箱左侧接地点 377－接地连接 12，在主导线束中 *－仅用于不带 LED 尾灯的汽车 *2－仅用于带配备发光二极管（LED）尾灯的汽车

图 5-5-19

制动信号灯开关，制动踏板开关，车载电网控制单元，高位制动信号灯灯泡

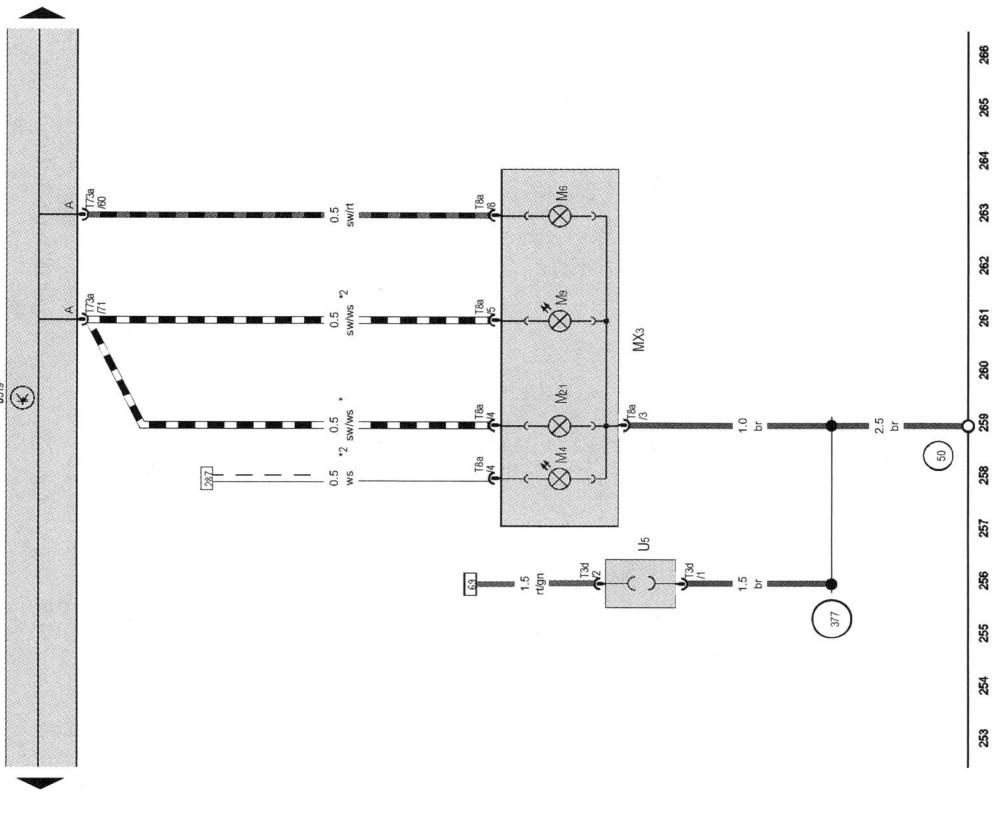

F－制动信号灯开关 F47－制动踏板开关 J519－车载电网控制单元 J623－发动机控制单元 M25－高位制动信号灯灯泡 T2x－2 芯插头连接 T4d－4 芯插头连接，黑色 T17d－17 芯插头连接，蓝色 T73a－73 芯插头连接，黑色 T73c－73 芯插头连接，黑色 T91a－91 芯插头连接，黑色 T94a－94 芯插头连接，黑色 50－行李箱左侧接地点 376－接地连接 11，在主导线束中 D73－正极连接（54），在发动机舱内线束中 *－仅用于带 1.8 L 发动机的汽车 *2－仅用于带 1.4 L 发动机的汽车

图 5-5-18

车载电网控制单元，左侧后雾灯灯泡，左侧尾灯 2，右侧尾灯 2，右侧倒车灯灯泡 2，左侧倒车灯灯泡 2，右侧尾灯灯泡 2，左侧尾灯灯泡，左侧尾灯灯泡 2

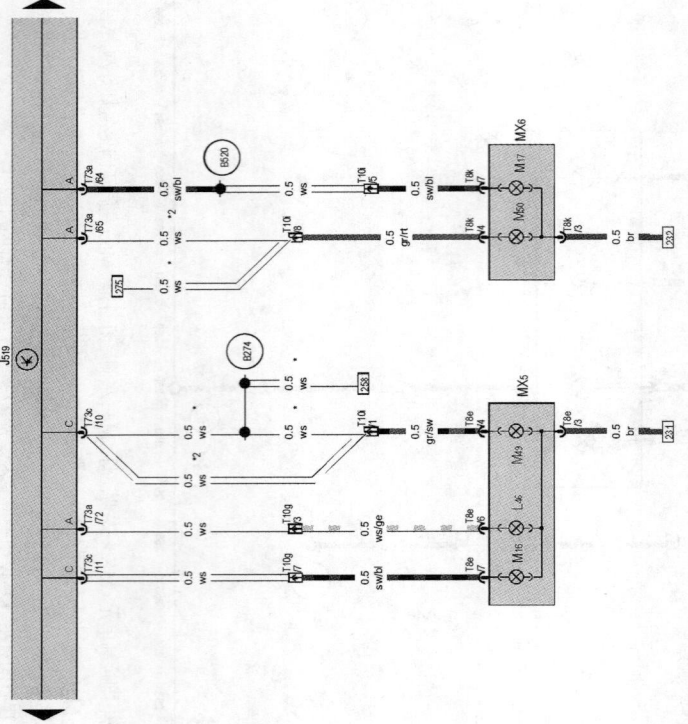

J519-车载电网控制单元 L46-左侧后雾灯灯泡 MX5-左侧尾灯 2 MX6-右侧尾灯 2 M16-左侧倒车灯灯泡 M49-右侧尾灯灯泡 2 M50-右侧倒车灯灯泡 2 T8k-8 芯插头连接，黑色 T8k-8 芯插头连接，黑色 T8c-8 芯插头连接，黑色 T10g-10 芯插头连接，黑色 T10h-10 芯插头连接，棕色 T73a-73 芯插头连接，黑色 T73c-73 芯插头连接，黑色 T73a-73 芯插头连接（58L），在主导线束中 B274-正极连接 B520-连接（RF），在主导线束中 *-仅用于带配备发光二极管（LED）尾灯的汽车 *2-仅用于不带 LED 尾灯的汽车

图 5-5-21

车载电网控制单元，右侧尾灯灯泡，右侧尾灯，右侧信号灯灯泡，右后转向信号灯灯泡，右侧制动信号灯灯泡，右侧制动信号灯和尾灯灯泡，左侧喷嘴加热电阻，右侧喷嘴加热电阻

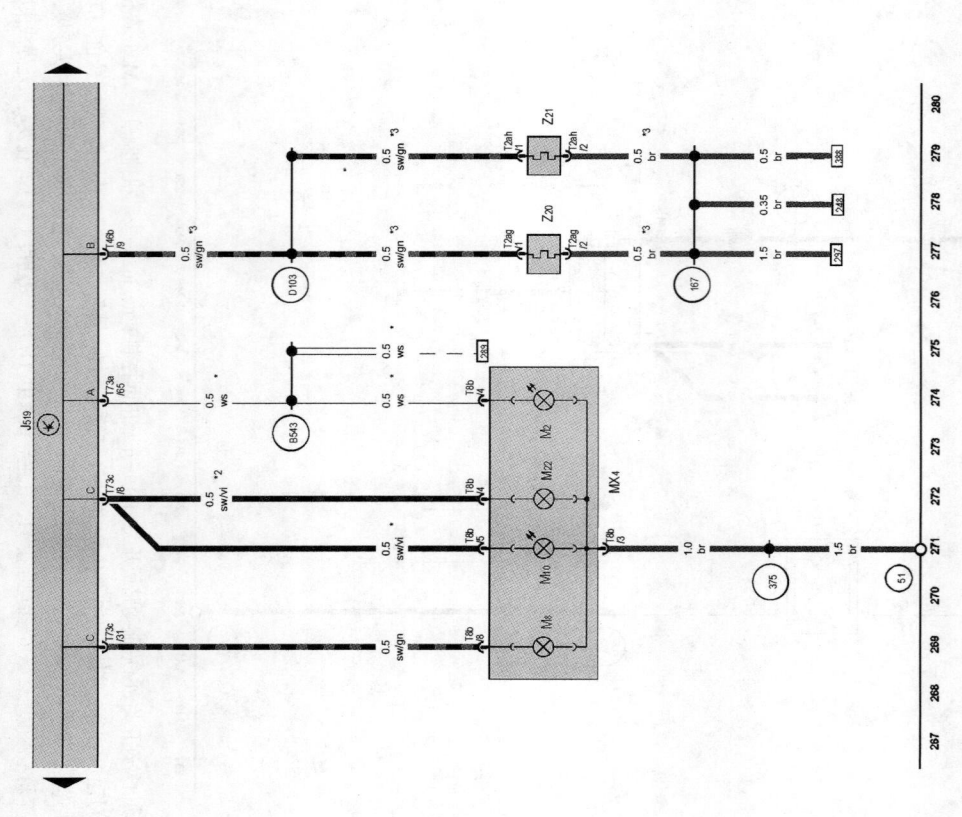

J519-车载电网控制单元 M2-右侧尾灯灯泡 MX4-右侧尾灯 M8-右后转向信号灯灯泡 M10-右侧制动信号灯灯泡 M22-右侧制动信号灯灯泡 T2ag-2 芯插头连接，黑色 T2ah-2 芯插头连接，黑色 T8b-8 芯插头连接，黑色 T46b-46 芯插头连接，黑色 T73a-73 芯插头连接，黑色 T73c-73 芯插头连接，黑色 Z20-左侧喷嘴加热电阻 Z21-右侧喷嘴加热电阻 51-行李箱内侧右侧接地点 167-接地连接 375-接地连接 10，在主导线束中 B543-正极连接（58R），在主导线束中 D103-连接 在主导机舱导线束中 *-仅用于带配备发光二极管（LED）尾灯的汽车 *2-仅用于喷嘴式喷嘴的汽车 *3-仅用于带可加热式喷嘴的汽车

图 5-5-20

刮水器电机控制单元，车载电网控制单元，前后窗玻璃清洗泵，前部车内照明灯

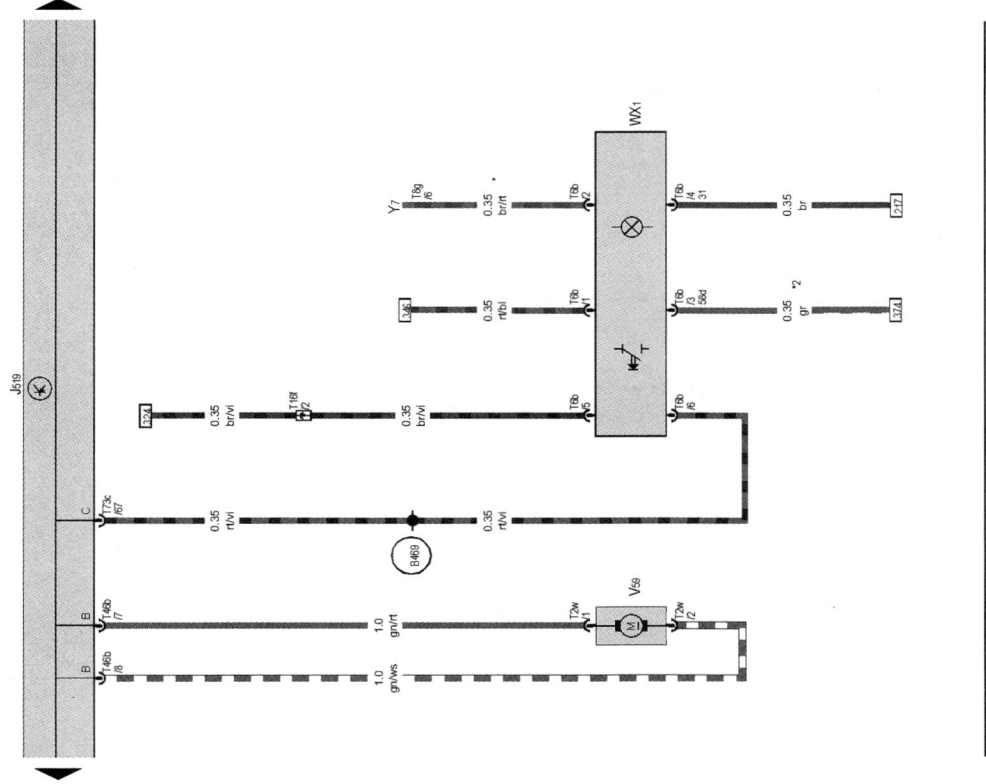

图 5-5-23

J519-车载电网控制单元 T2w-2 芯插头连接，黑色 T6b-6 芯插头连接，蓝色 T8g-8 芯插头连接，黑色 T16f-16 芯插头连接，黑色 T46b-46 芯插头连接，黑色 T73c-73 芯插头连接 V59-前后窗玻璃清洗泵 WX1-前部车内照明灯 Y7-自动防眩的车内后视镜 B469-连接 5，在主导线束中 *-仅用于带自动防眩车内后视镜的汽车 *2-仅用于带全景滑动天窗的汽车

刮水器电机控制单元，车载电网控制单元，左侧雾灯灯泡，右侧雾灯灯泡，左侧静态弯道灯，右侧静态弯道灯，右侧前雾灯灯泡，驾驶员侧车窗玻璃刮水器电机

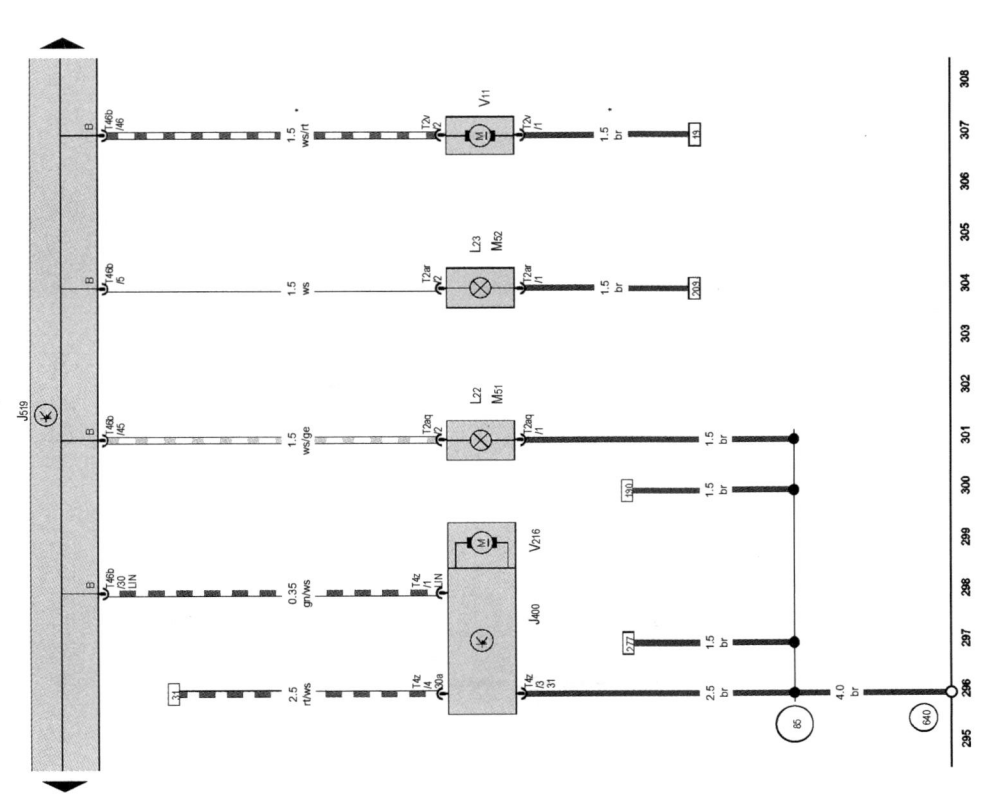

图 5-5-22

J400-刮水器电机控制单元 J519-车载电网控制单元 L22-左侧前雾灯灯泡 L23-右侧前雾灯灯泡 M51-左侧静态弯道灯 M52-右侧静态弯道灯 T2aq-2 芯插头连接 T2ar-2 芯插头连接，黑色 T2v-2 芯插头连接，黑色 T4z-4 芯插头连接，黑色 T46b-46 芯插头连接 V11-大灯清洗装置泵 V216-驾驶员侧车窗玻璃刮水器电机 85-接地连接 1，在发动机舱导线束中 640-接地连接 2，在发动机舱内左侧 *-仅用于带大灯清洗装置的汽车

721

驾驶员侧化妆镜接触开关，副驾驶员侧化妆镜接触开关，车载电网控制单元，副驾驶员侧
带照明功能的化妆镜，驾驶员侧带照明功能的化妆镜，右后车内照明灯

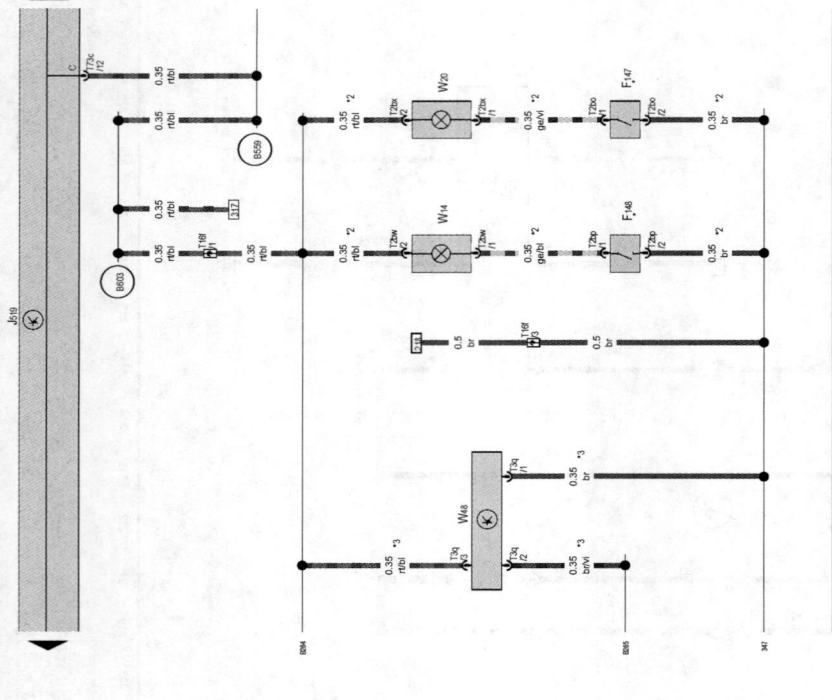

图 5-5-25

F147-驾驶员侧化妆接触开关 F148-副驾驶员侧化妆镜接触开关 J519-车载电网控制单元 T2bo-2 芯插
头连接，黑色 T2bp-2 芯插头连接，黑色 T2bw-2 芯插头连接，黑色 T2bx-2 芯插头连接，黑色 T3q-
3 芯插头连接，黑色 T16f-16 芯插头连接，黑色 T73c-73 芯插头连接，黑色 W14-副驾驶员侧带照明功
能的化妆镜 W20-驾驶员侧带照明功能的化妆镜 W48-右后车内照明灯 347-接地连接 在车顶导线束中
B264-连接 1，在车顶导线束中 B265-连接 2，在车顶导线束中 B559-正极连接 1（30g），在主导线束中
B603-正极连接 2（30g），在主导线束中 *-已预布先线的部件 *2-仅用于带照明式化妆镜的汽车 *3-仅
用于不带玻璃天窗的汽车

车载电网控制单元，左后车内照明灯，右后车内照明灯

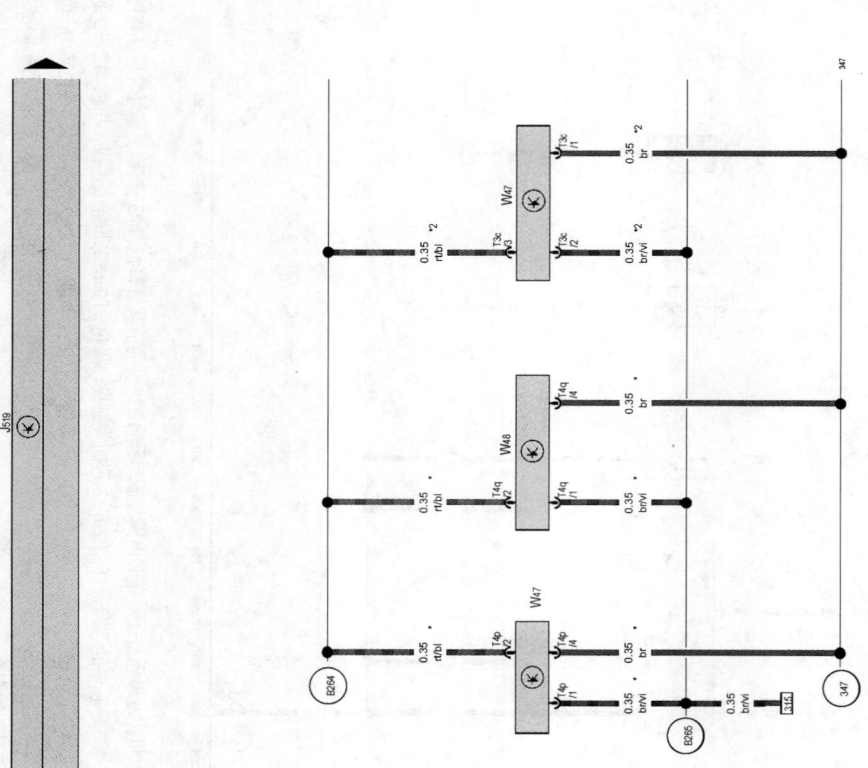

图 5-5-24

J519-车载电网控制单元 T3c-3 芯插头连接，黑色 T4p-4 芯插头连接，黑色 T4q-4 芯插头连接，棕色 T4q-4 芯插头连接，黑色
W47-左后车内照明灯 W48-右后车内照明灯 347-接地连接，在车顶导线束中 B264-连接 1，在车顶导
线束中 B265-连接 2，在车顶导线束中 *-仅用于带全景滑动天窗的汽车 *2-仅用于不带玻璃天窗的汽车

722

倒车灯开关，车载电网控制单元，插座照明灯泡，点烟器

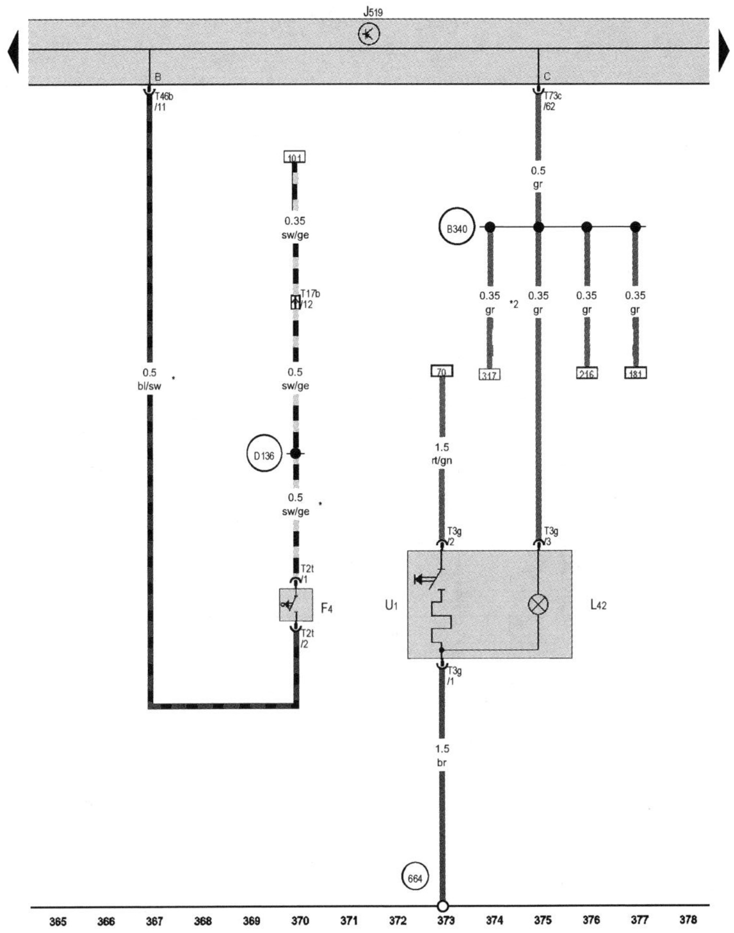

车载电网控制单元，左侧脚部空间照明灯，右侧伸腿部空间照明灯，左侧行李箱照明灯，右侧行李箱照明灯

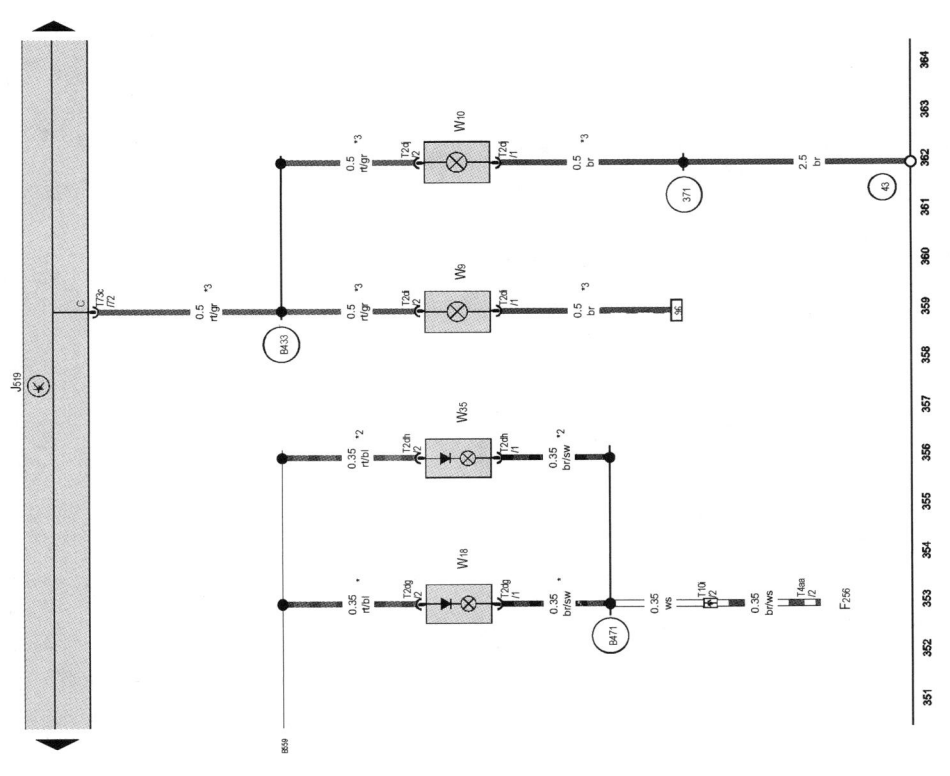

F4-倒车灯开关 J519-车载电网控制单元 L42-插座照明灯泡 T2r-2 芯插头连接，黑色 T3gr-3 芯插头连接，黑色 T3g-3 芯插头连接，黑色 T3c-73 芯插头连接，黑色 T17b-17 芯插头连接，白色 T46b-46 芯插头连接，棕色 U1-点烟器 664-左侧仪表板后面的接地点 B340-连接 1（58d），在主导线束中 D136-正极连接 2（15a），在发动机舱导线束中 *-仅用于手动变速器的汽车 *2-仅用于带全景滑动天窗的汽车

图 5-5-27

F256-行李箱盖闭锁单元 J519-车载电网控制单元 T2dg-2 芯插头连接，黑色 T2dh-2 芯插头连接，黑色 T2di-2 芯插头连接，黑色 T2dj-2 芯插头连接，棕色 T4aa-4 芯插头连接，黑色 T10i-10 芯插头连接，黑色 T73c-73 芯插头连接 W9-左侧脚部空间照明灯 W10-右侧伸腿部空间照明灯 W18-左侧行李箱照明灯 W35-右侧行李箱照明灯 43-接地点，右侧 A 柱下部 371-接地连接 6，在主导线束中 B433-连接（脚部空间照明），在主导线束中 B471-连接 7，在主导线束中 B559-正极连接 1（30g），在主导线束中 *-仅用于带七座车后排座椅的汽车 *2-仅用于带后排座椅的汽车（五座车）*3-仅用于带有脚部空间照明的汽车

图 5-5-26

制动液液位警告信号触点，发动机舱盖接触开关，车外温度传感器，车窗玻璃清洗液液位传感器，车载电网控制单元

防盗锁止系统识读线圈，仪表板中的控制单元，防盗锁止系统控制单元，车载电网控制单元，冷却液温度和冷却液不足显示指示灯，制动系统指示灯，电动驻车制动器和手制动器故障指示灯，数字时钟

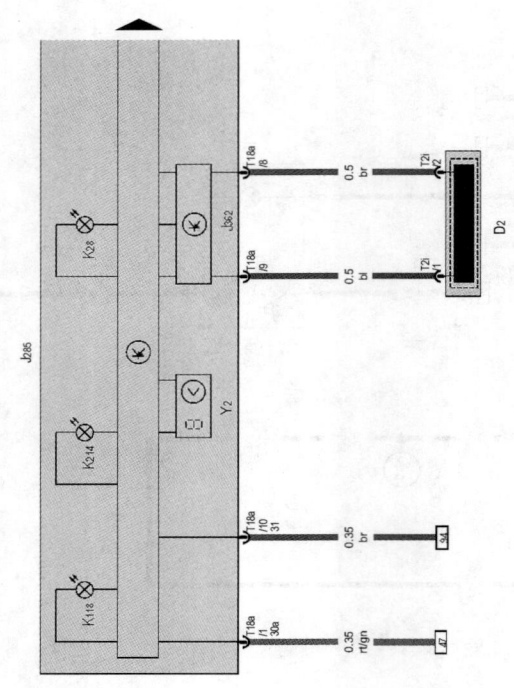

D2-防盗锁止系统识读线圈，J285-仪表板中的控制单元，J362-防盗锁止系统控制单元，J519-车载电网控制单元 K28-冷却液温度和冷却液不足液示指示灯 K118-制动系统指示灯 K214-电动驻车制动器和手制动器故障指示灯 T2n-2 芯插头连接，黑色 T18a~18 芯插头连接，黑色 Y2-数字时钟

图 5-5-29

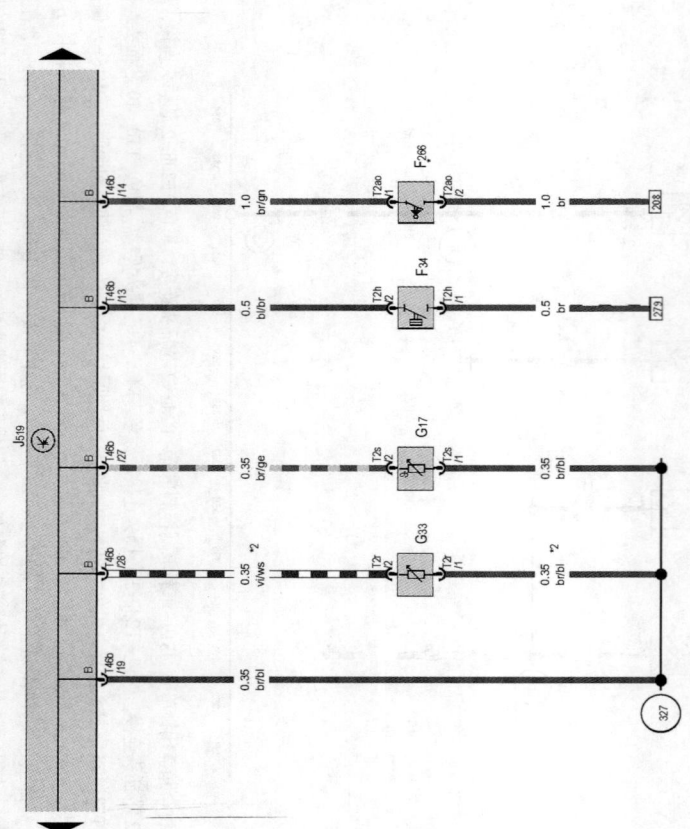

图 5-5-28

F34-制动液液位警告信号触点，F266-发动机舱盖接触开关，G17-车外温度传感器，G33-车窗玻璃清洗液位传感器，J519-车载电网控制单元 T2ao-2 芯插头连接，黑色 T2h-2 芯插头连接，黑色 T2r-2 芯插头连接，黑色 T2s-2 芯插头连接，黑色 T46b-46 芯插头连接，黑色 327-接地连接（传感器接地），在发动机舱导线束中 *2-仅用于带大灯清洗装置的汽车

仪表板中的控制单元，车载电网控制单元，后雾灯指示灯，GRA 指示灯，安全气囊指示灯，右侧转向信号指示灯，灯泡失灵指示灯，电子稳定程序和 ASR 指示灯 2，仪表板照明灯泡

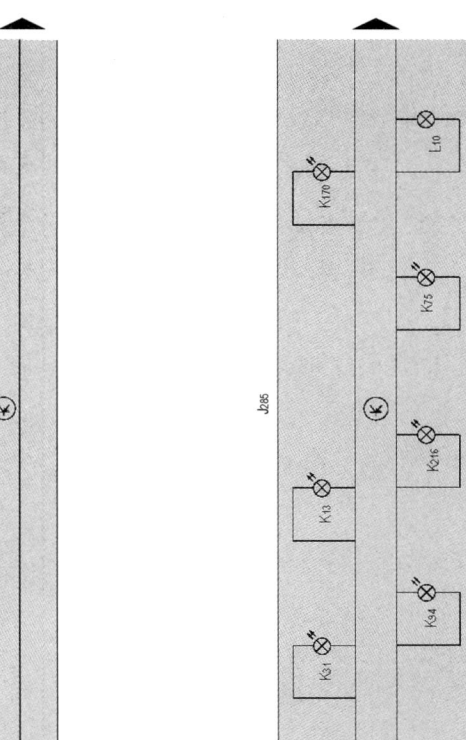

多功能显示器，仪表板中的控制单元，车载电网控制单元，远光灯指示灯，发电机指示灯，油位指示灯，ABS 指示灯，左侧转向信号灯指示灯，清洗液不足指示灯，电子稳定程序和 ASR 指示灯

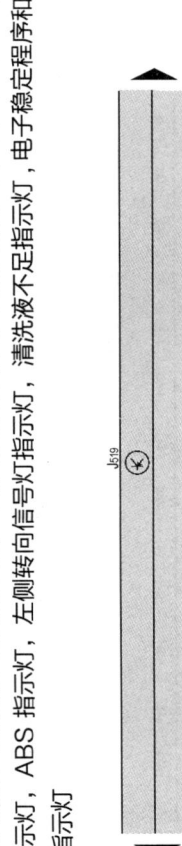
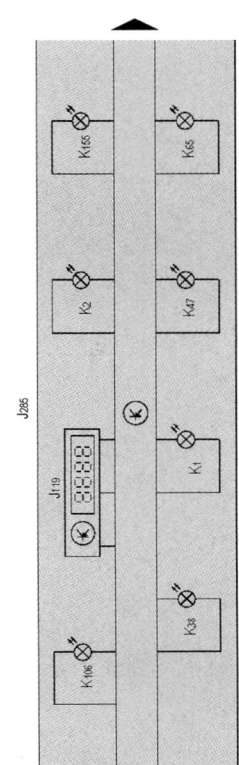

421	422	423	424	425	426	427	428	429	430	431	432	433	434

J285-仪表板中的控制单元 J519-车载电网控制单元 K13-后雾灯指示灯 K31-GRA 指示灯 K75-安全气囊指示灯 K94-右侧转向信号指示灯 K170-灯泡失灵指示灯 K216-电子稳定程序和 ASR 指示灯 2 L10-仪表板照明灯泡

图 5-5-31

407	408	409	410	411	412	413	414	415	416	417	418	419	420

J119-多功能显示器 J285-仪表板中的控制单元 J519-车载电网控制单元 K1-远光灯指示灯 K2-发电机指示灯 K38-油位指示灯 K47-ABS 指示灯 K65-左侧转向信号灯指示灯 K106-清洗液不足指示灯 K155-电子稳定程序和 ASR 指示灯

图 5-5-30

仪表板中的控制单元，车载电网控制单元，安全带警告指示灯，废气警告灯，行李箱盖打开指示灯，电子油门故障信号灯，电控机械式助力转向器指示灯，车门打开指示灯，选挡杆指示灯，轮胎压力监控显示指示灯

转速表，车速表，警报蜂鸣器和警报报音，仪表板中的控制单元，车载电网控制单元，里程表，选挡杆位置显示

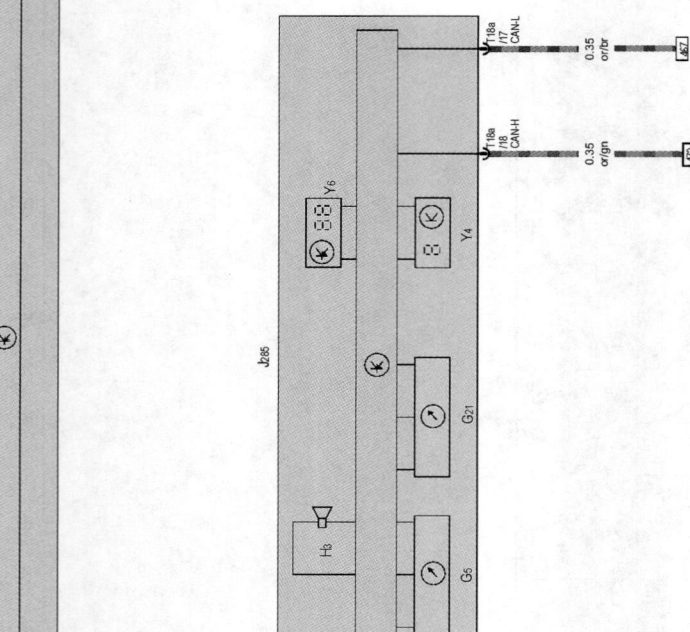

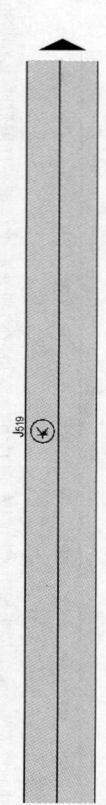
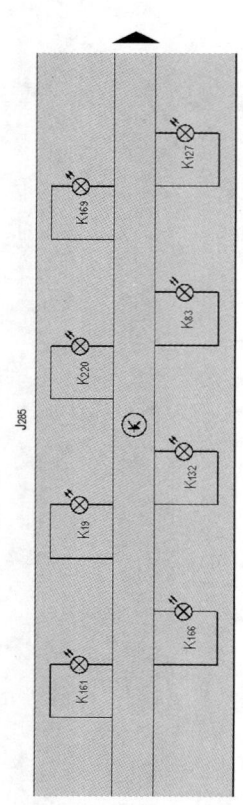

462 461 460 459 458 457 456 455 454 453 452 451 450 449

G5-转速表 G21-车速表 H3-警报蜂鸣器和警报报音 J285-仪表板中的控制单元 J519-车载电网控制单元 T18a-18 芯插头连接，黑色 Y4-里程表 Y6-选挡杆位置显示

图 5-5-33

448 447 446 445 444 443 442 441 440 439 438 437 436 435

J285-仪表板中的控制单元 J519-车载电网控制单元 K19-安全带警告指示灯 K83-废气警告灯 K127-行李箱盖打开指示灯 K132-电子油门故障信号灯 K161-电控机械式助力转向器指示灯 K166-车门打开指示灯 K169-选挡杆指示灯 K220-轮胎压力监控显示指示灯

图 5-5-32

数据总线诊断接口，诊断接口

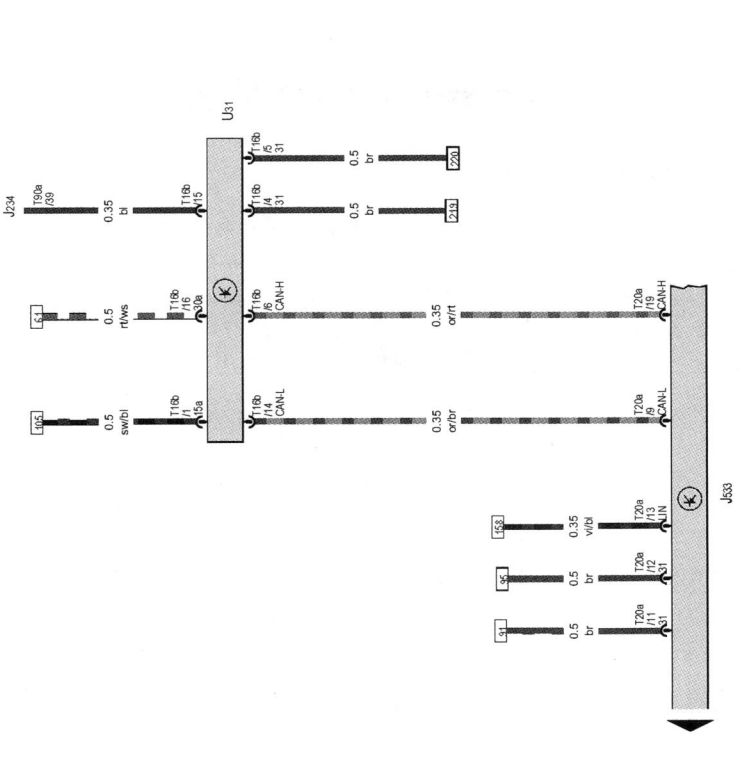

J234-安全气囊控制单元　J533-数据总线诊断接口　T16b-16 芯插头连接　T20a-20 芯插头连接，红色　T20a-20 芯插头连接，黑色　T90a-90 芯插头连接，黄色　U31-诊断接口

图 5-5-35

车载电网控制单元，数据总线诊断接口

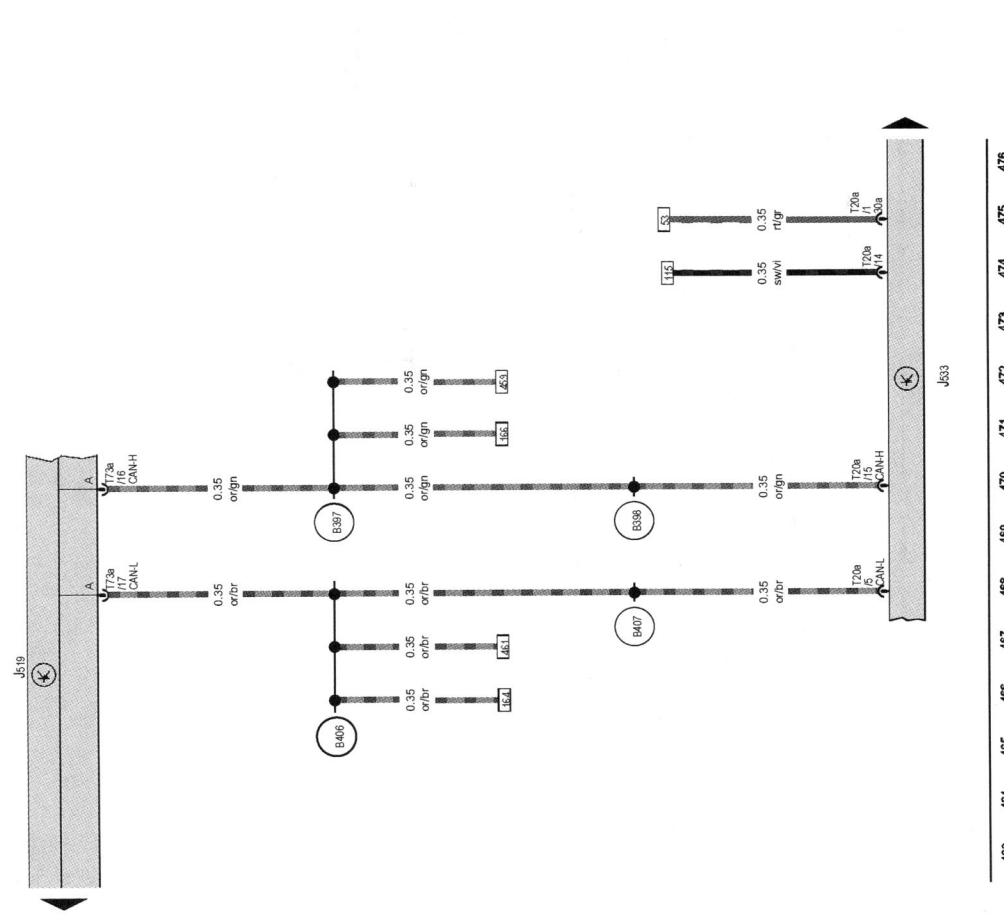

J519-车载电网控制单元　J533-数据总线诊断接口　T20a-20 芯插头连接　T73a-73 芯插头连接，红色　B397-连接 1（舒适/便捷系统 CAN 总线，High），在主导线束中　B398-连接 2（舒适/便捷系统 CAN 总线，High），在主导线束中　B406-连接 1（舒适/便捷系统 CAN 总线，Low），在主导线束中　B407-连接 2（舒适/便捷系统 CAN 总线，Low），在主导线束中

图 5-5-34

第六章　途观

第一节　发动机系统

发动机系统电路图的图号和图名对照表见表 6-1-1。

表 6-1-1　发动机系统电路图的图号和图名对照表

图号	图名
图 6-1-1~ 图 6-1-35	带自动启停系统的 2.0L 汽油发动机 DBFC 电控系统电路图
图 6-1-36、图 6-1-37	散热器风扇电路图
图 6-1-38~ 图 6-1-74	带自动启停系统的 1.8L 汽油发动机 CUFA 电控系统电路图
图 6-1-75~ 图 6-1-111	带自动启停系统的 2.0L 汽油发动机 CUGA 电控系统电路图

蓄电池，启动机，交流发电机，电压调节器，蓄电池调节控制单元

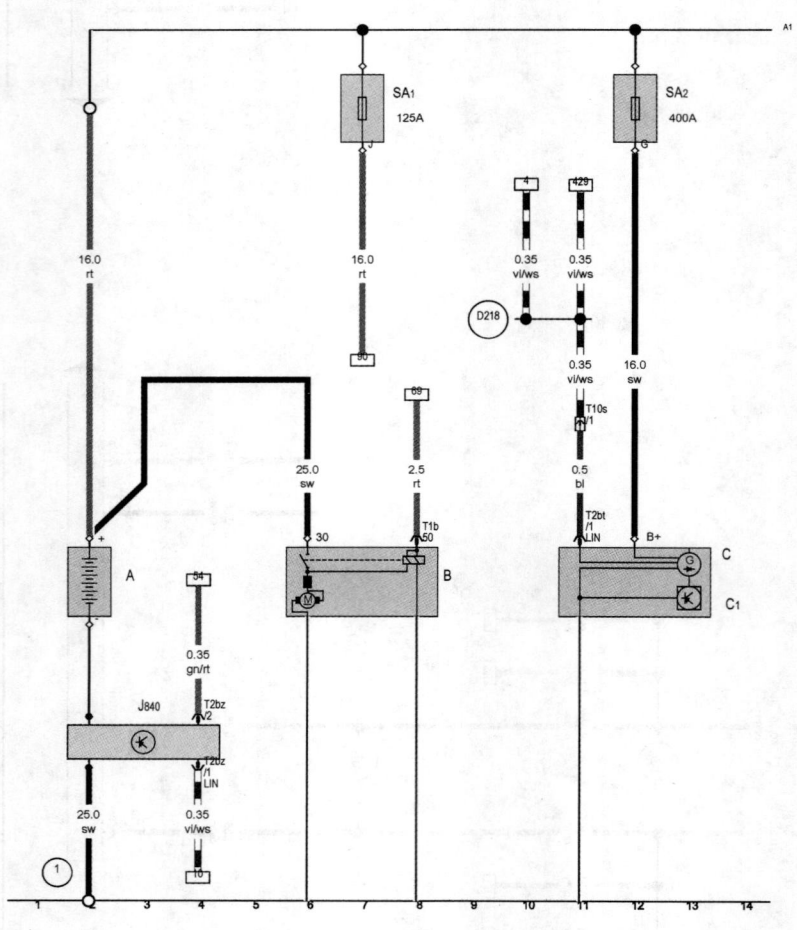

A-蓄电池　B-启动机　C-交流发电机　C1-电压调节器　J840-蓄电池调节控制单元　SA1-保险丝架A上的保险丝1　SA2-保险丝架A上的保险丝2　T1b-1芯插头连接，黑色　T2bt-2芯插头连接，黑色　T2bz-2芯插头连接，黑色　T10s-10芯插头连接，发动机舱内左前，黑色　1-接地带，蓄电池-车身　D218-连接1（LIN总线），在发动机舱导线束中

图6-1-1

保险丝架 B

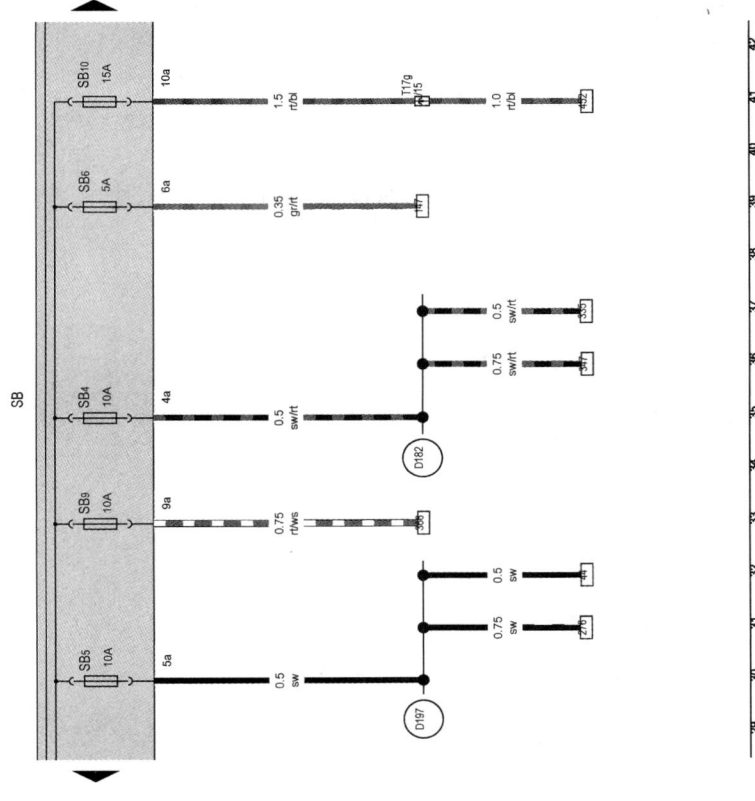

图 6-1-3

SB-保险丝架B　SB4-保险丝架B上的保险丝4　SB5-保险丝架B上的保险丝5　SB6-保险丝架B上的保险丝6
SB9-保险丝架B上的保险丝9　SB10-保险丝架B上的保险丝10　T17g-17芯插头连接，右侧A柱下部，红色
D182-连接3（87a），在发动机舱导线束中　D197-连接5（87a），在发动机舱导线束中

主继电器，保险丝架 B

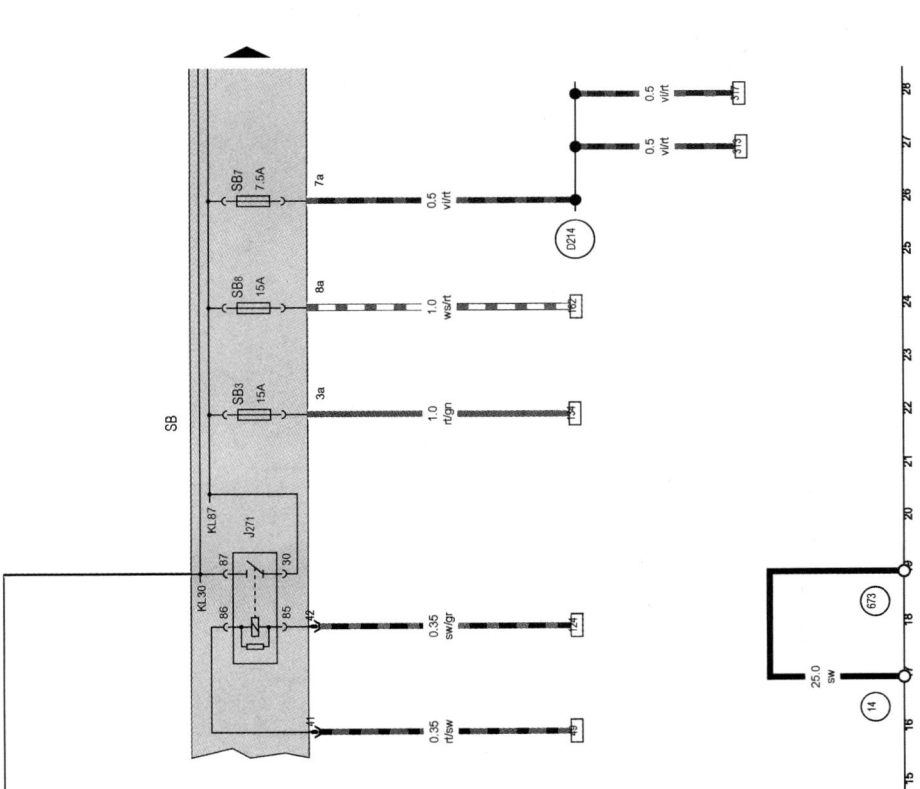

图 6-1-2

J271-主继电器　SB-保险丝架B　SB3-保险丝架B上的保险丝3　SB7-保险丝架B上的保险丝7　SB8-保险丝架
B上的保险丝8　14-变速器上的接地点3　673-左前纵梁上的接地点8（87a），在发动机舱导线
束中　D214-连接8（87a），在发动机舱导线束中

729

启动机继电器 1，启动机继电器 2，保险丝架 B

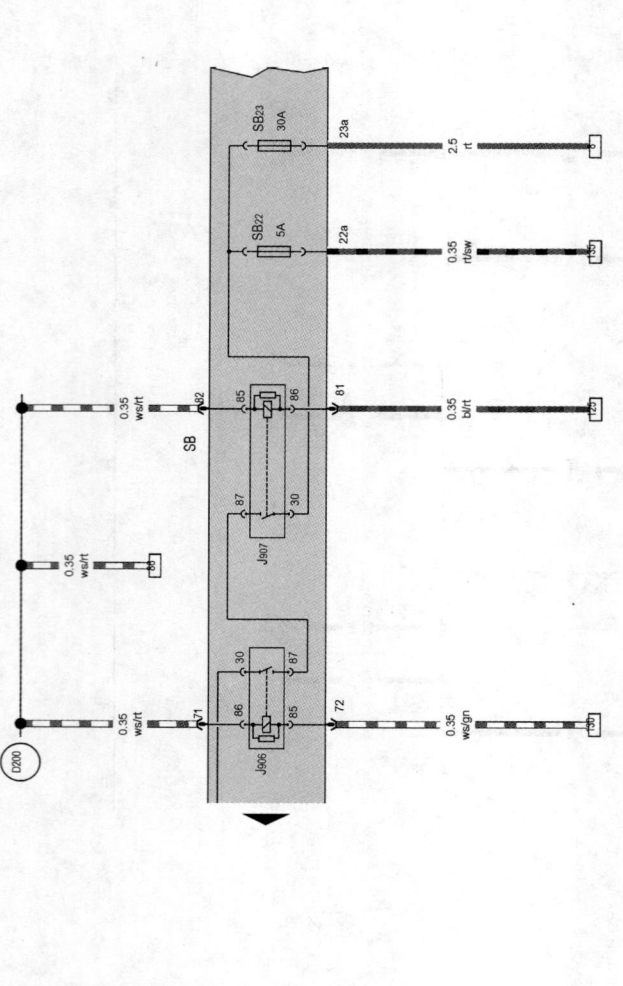

发动机部件供电继电器、保险丝架 B

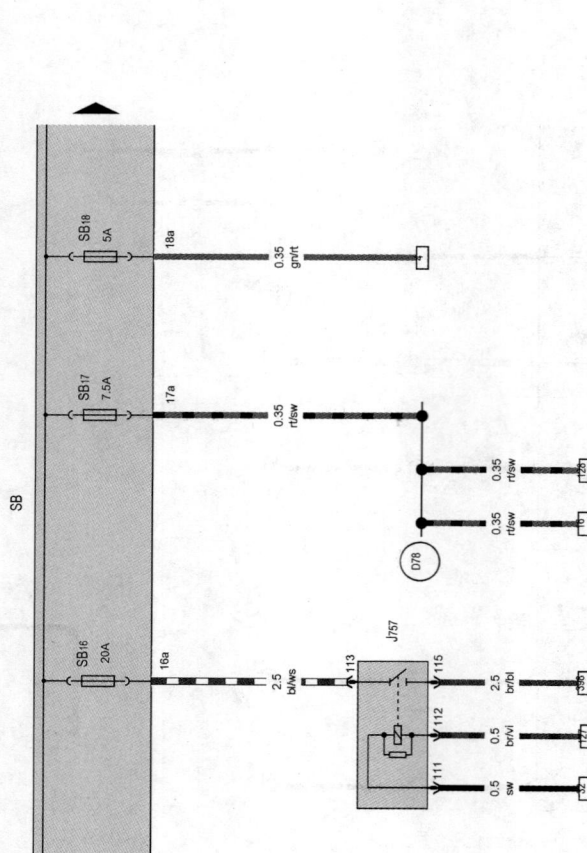

图 6-1-5

J906-启动机继电器1 J907-启动机继电器2 SB-保险丝架B SB22-保险丝架B上的保险丝22 SB23-保险丝架B上的保险丝23 D200-正极连接3（15a），在发动机舱导线束中

图 6-1-4

J757-发动机部件供电继电器 SB-保险丝架B SB16-保险丝架B上的保险丝16 SB17-保险丝架B上的保险丝17 SB18-保险丝架B上的保险丝18 D78-正极连接1（30a），在发动机舱导线束中

730

中控台开关模块 2，启动／停止模式按钮，冷却液不足显示传感器，车载电网控制单元，启动／停止运行模式指示灯，按钮照明灯泡

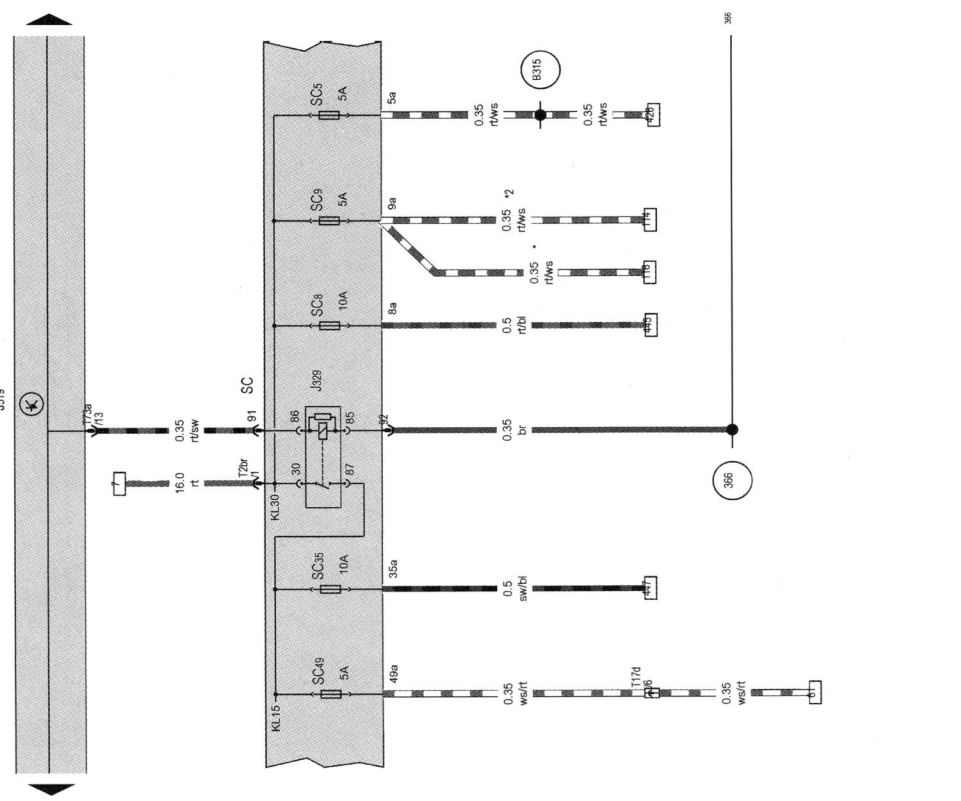

接线端 15 供电继电器，车载电网控制单元，保险丝架 C

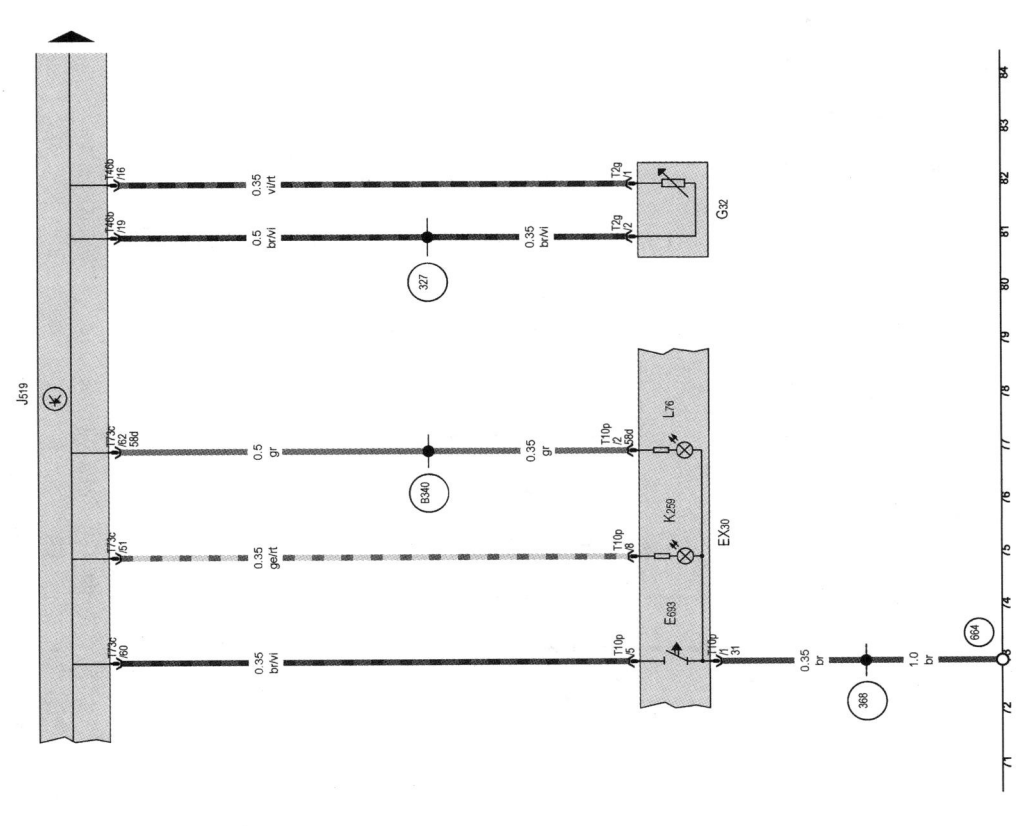

图 6-1-7

J329-接线端15供电继电器 J519-车载电网控制单元 SC-保险丝架 C SC5-保险丝架C上的保险丝5 SC8-保险丝架C上的保险丝8 SC9-保险丝架C上的保险丝9 SC35-保险丝架C上的保险丝35 SC49-保险丝架C上的保险丝49 T2br-2芯插头连接，黑色 T17d-17芯插头连接，左侧A柱下部，蓝色 T73a-73芯插头连接，黑色 366-接地连接 B315-正极连接1（30a），在主导线束中 366-接地连接1（30a），黑色 366-接地连接1（30a），黑色 *-用于带可加热式方向盘的汽车 *2-用于不带可加热式方向盘的汽车

图 6-1-6

EX30-中控台开关模块2 E693-启动/停止模式按钮 G32-冷却液不足显示传感器 J519-车载电网控制单元 K259-启动/停止模式指示灯 L76-按钮照明灯泡 T2g-2芯插头连接，黑色 T10p-10芯插头连接，红色 T46b-46芯插头连接，黑色 T73c-73芯插头连接，黑色 327-接地连接（传感器接地），在发动机舱导线束中368-接地连接3，在主导线束中 664-左侧插头连接 B340-连接1（58d），在主导线束中 368-接地连接，左侧仪表板下面的接地点B340-连接1（58d），在主导线束中

731

车载电网控制单元，转向柱电子装置控制单元，发动机控制单元

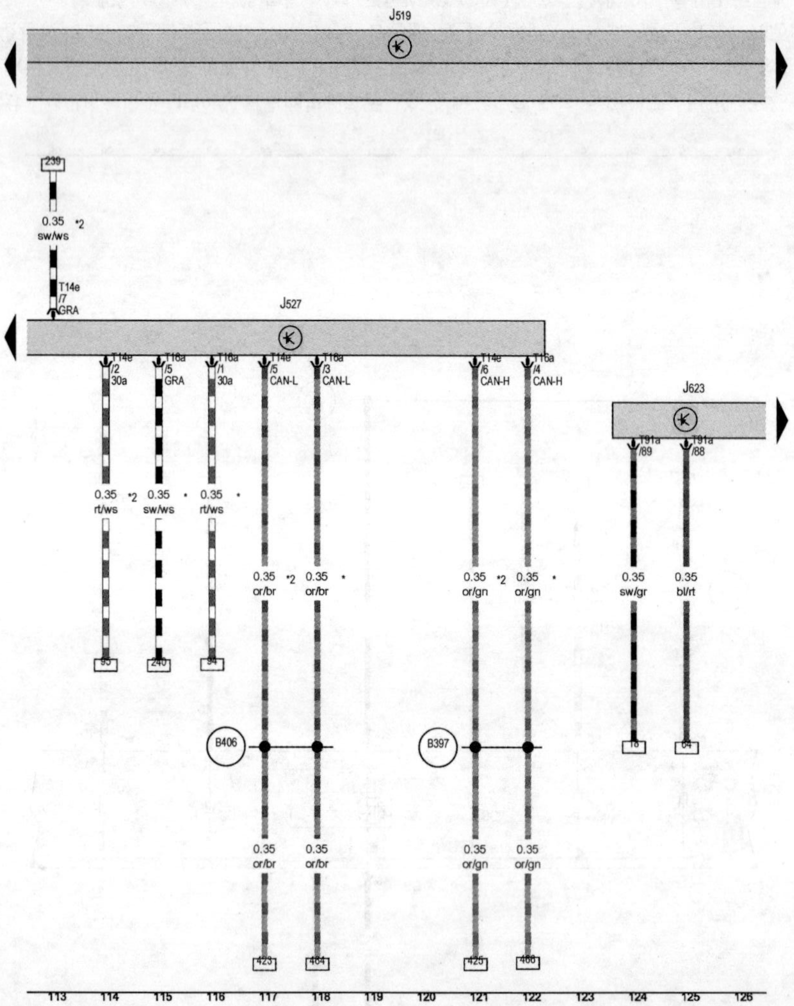

车载电网控制单元，转向柱电子装置控制单元

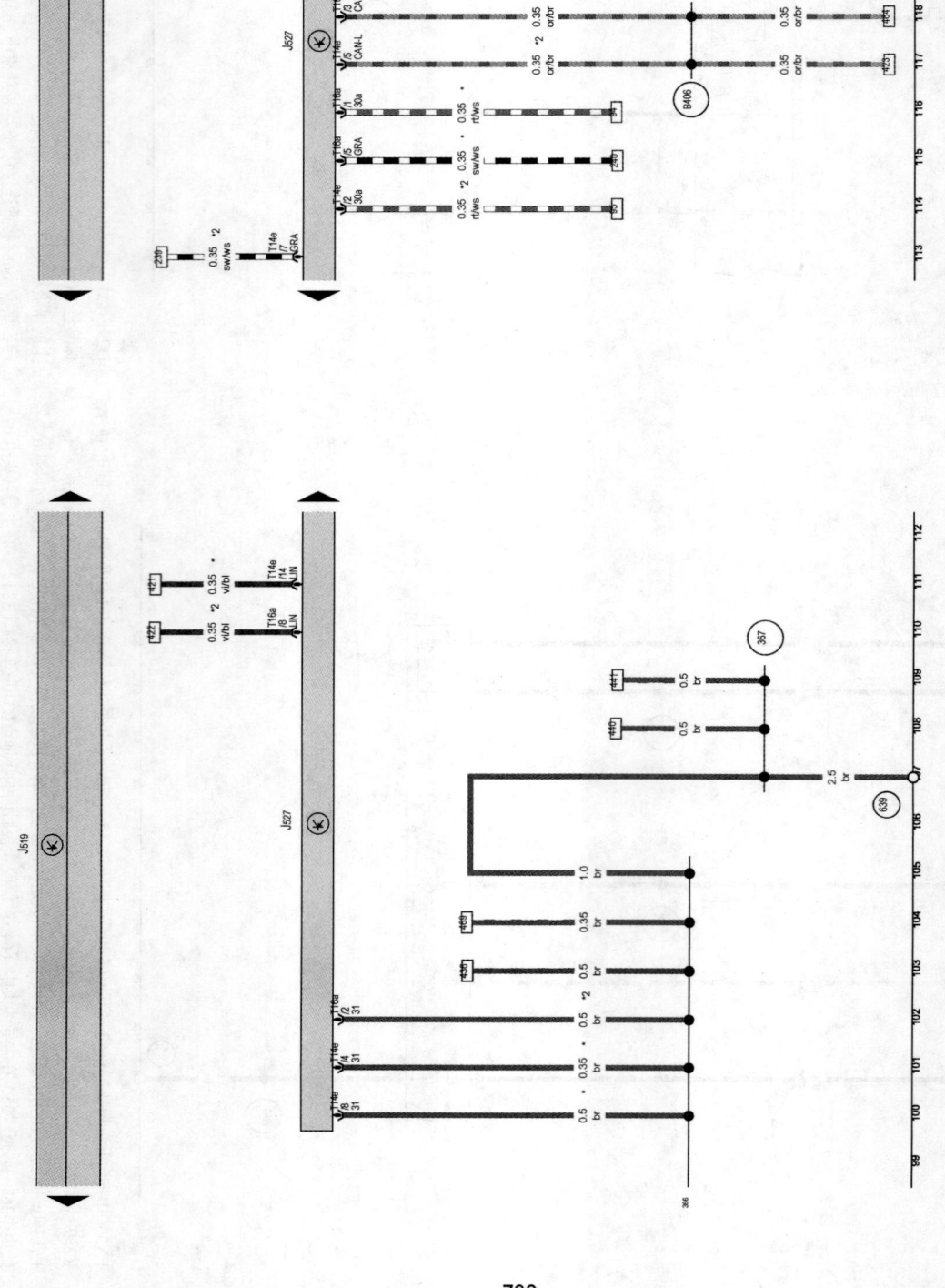

图 6-1-9

J519-车载电网控制单元 J527-转向柱电子装置控制单元 J623-发动机控制单元 T14e-14芯插头连接，黑色 T16a-16芯插头连接，黑色 T91a-91芯插头连接，黑色 B397-连接1（舒适CAN总线，High），在主导线束中 B406-连接1（舒适CAN总线，Low），在主导线束中 *-用于带可加热式方向盘的汽车 *2-用于不带可加热式方向盘的汽车

图 6-1-8

J519-车载电网控制单元 J527-转向柱电子装置控制单元 T14e-14芯插头连接，黑色 T16a-16芯插头连接，黑色 366-接地连接1，在主导线束中 367-接地连接2，在主导线束中 639-左A柱上的接地点 *-用于带可加热式方向盘的汽车 *2-用于不带可加热式方向盘的汽车

制动信号灯开关，制动踏板开关，霍尔传感器 2，车载电网控制单元，发动机控制单元

车载电网控制单元，发动机控制单元

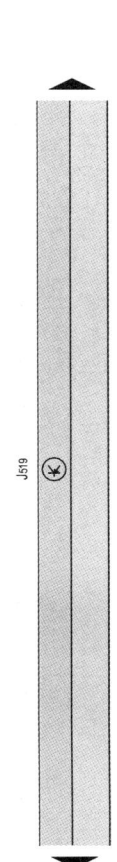

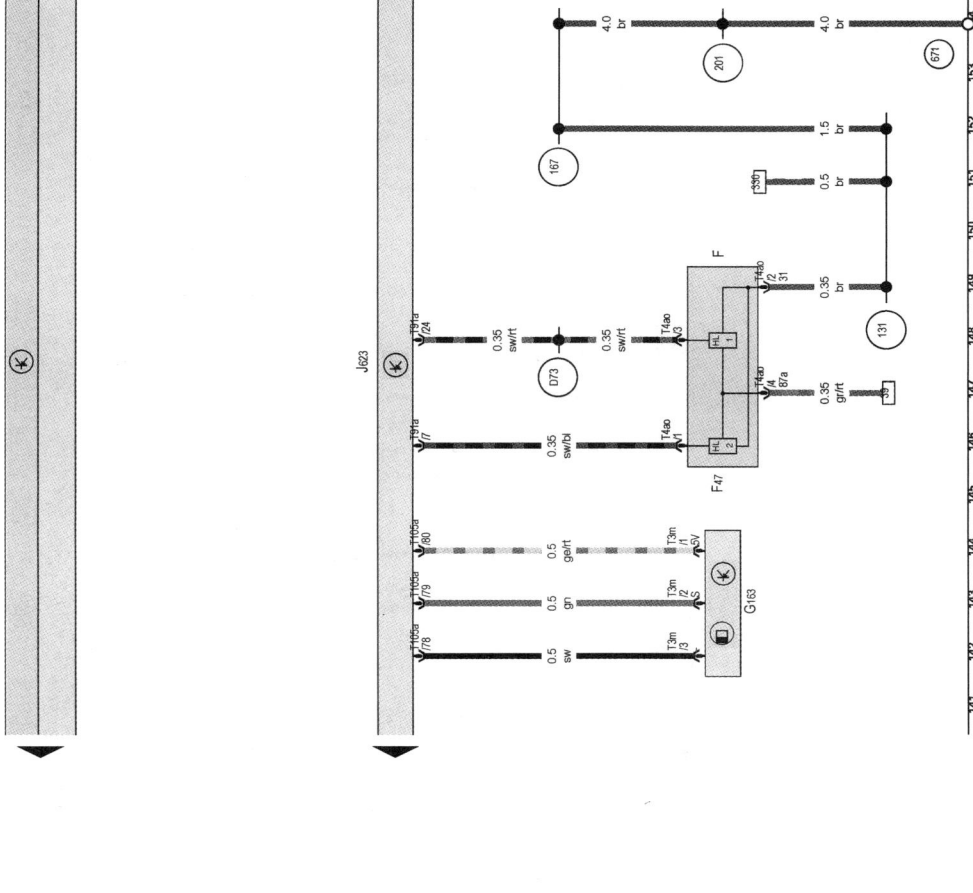

图6-1-11

图6-1-10

F–制动信号灯开关 F47–制动踏板开关 G163–霍耳传感器2 J519–车载电网控制单元 J623–发动机控制单元 T3m–3芯插头连接，黑色 T4ao–4芯插头连接，黑色 T91a–91芯插头连接，黑色 T105a–105芯插头连接 131–接地连接2，在发动机舱导线束中 167–接地连接4，在发动机舱导线束中 201–接地连接5，在发动机舱导线束中 671–左前纵梁上的接地点1 D73–正极连接（54），在发动机舱导线束中

J519–车载电网控制单元 J623–发动机控制单元 T91a–91芯插头连接，黑色 85–接地连接1，在发动机舱导线束中 672–左前纵梁上的接地点2 D180–连接（87a），在发动机舱导线束中

733

尾气催化净化器后氧传感器 1，尾气催化净化器前的氧传感器 1，氧传感器，尾气催化净化器后的氧传感器，车载电网控制单元，发动机控制单元，氧传感器加热，尾气催化净化器后的氧传感器 1 加热装置

油门踏板模块，油门踏板位置传感器，油门踏板位置传感器 2，车载电网控制单元，发动机控制单元，燃油定量阀

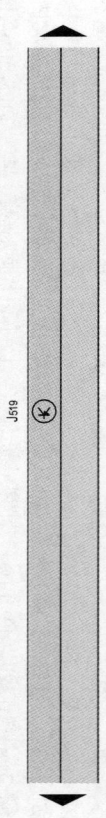

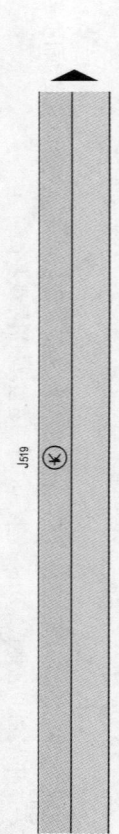

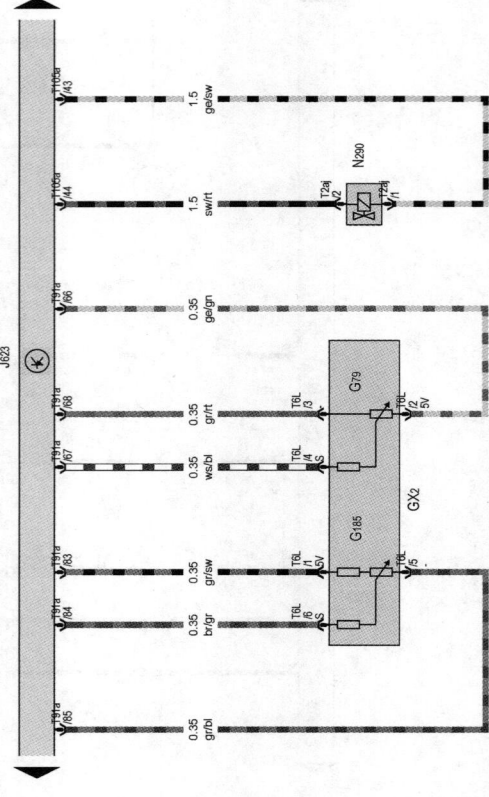

图 6-1-12

GX7-尾气催化净化器后的氧传感器 1 GX10-尾气催化净化器后的氧传感器 1 G39-氧传感器 G130-尾气催化净化器前的氧传感器 1 J519-车载电网控制单元 J623-发动机控制单元 T4n-4芯插头连接，黑色 T5v-5芯插头连接，灰色 T91a-91芯插头连接，黑色 Z19-氧传感器加热 Z29-尾气催化净化器后的氧传感器加热装置 D181-连接2（87a），在发动机舱导线束中

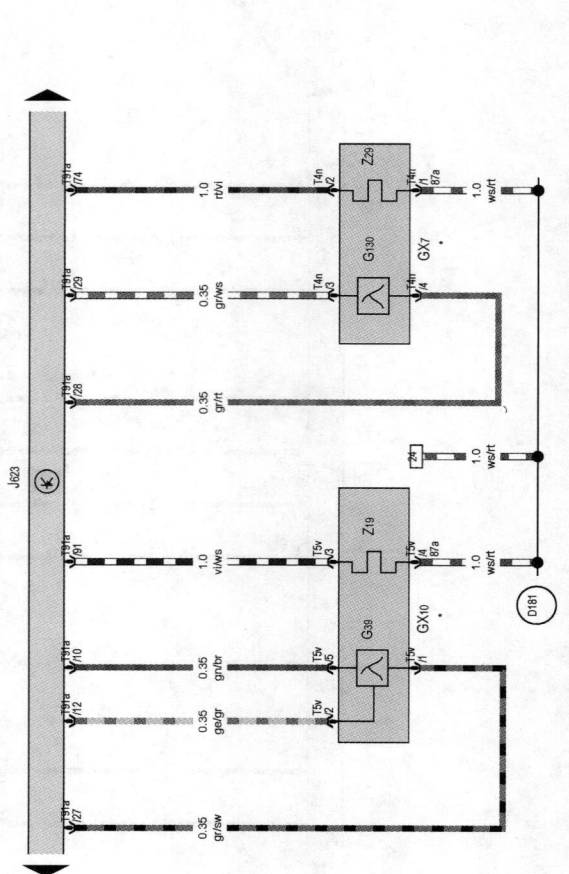

图 6-1-13

GX2-油门踏板模块 G79-油门踏板位置传感器 G185-油门踏板位置传感器 2 J519-车载电网控制单元 J623-发动机控制单元 N290-燃油定量阀 T2aj-2芯插头连接，黑色 T6L-6芯插头连接，黑色 T91a-91芯插头连接，黑色 T105a-105芯插头连接，黑色

空气质量流量计，电控油门操纵机构的节气门驱动
装置，电控油门操纵机构的节气门驱动装置角度传感器 1，电控油门操纵机构的节气门驱动
装置角度传感器，车载电网控制单元，发动机控制单元

进气歧管风门电位计，增压压力调节阀位置传感器，车载电网控制单元，发动机控制单元，增压压力调节器

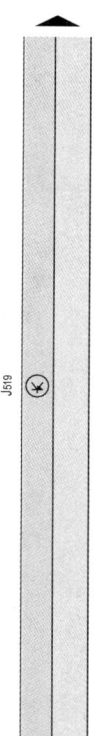

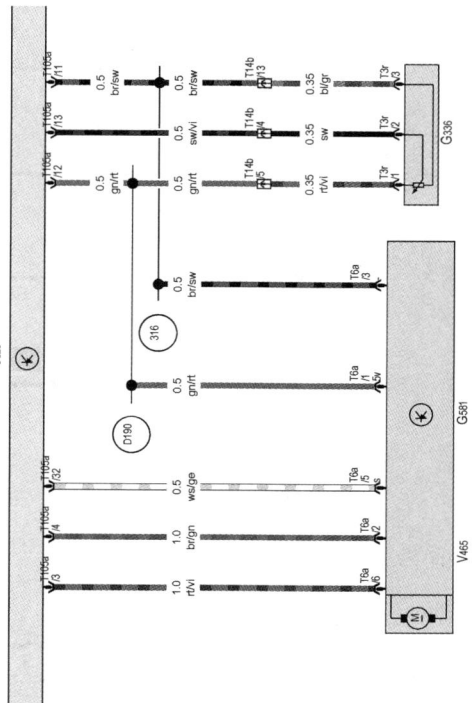

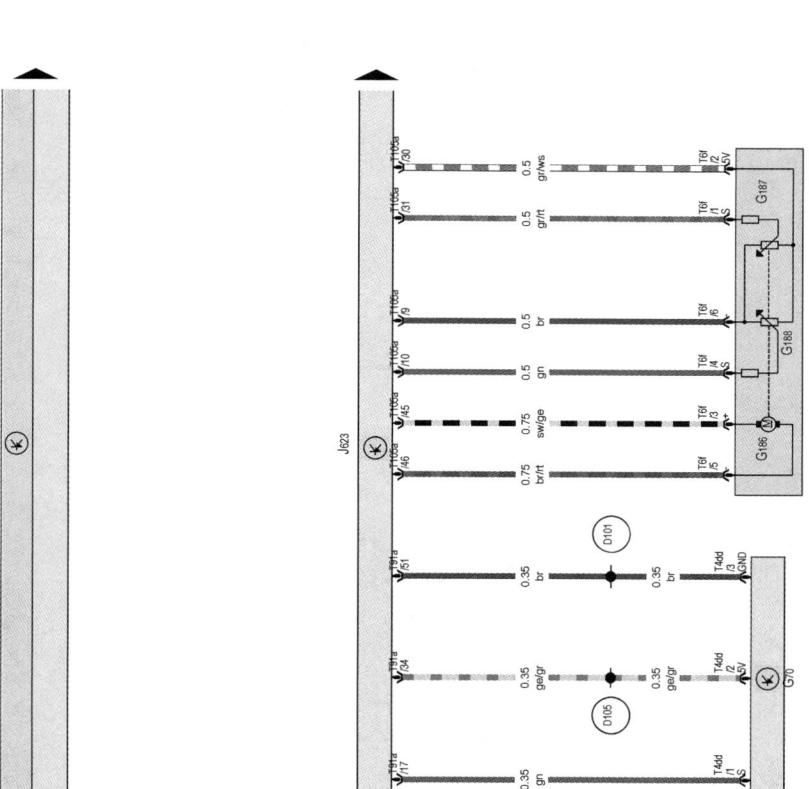

图6-1-14

图6-1-15

G70-空气质量流量计 G186-电控油门操纵机构的节气门驱动装置 G187-电控油门操纵机构的节气门驱动装置角度传感器1 G188-电控油门操纵机构的节气门驱动装置角度传感器2 J338-节气门控制单元 J519-车载电网控制单元 J623-发动机控制单元 T4dd-4芯插头连接，黑色 T6f-6芯插头连接，黑色 T91a-91芯插头连接，黑色 T105a-105芯插头连接，黑色 D101-连接1，在发动机舱导线束中 D105-正极连接3（58d），在发动机舱导线束中

G336-进气歧管风门电位计 G581-增压压力调节阀位置传感器 J519-车载电网控制单元 J623-发动机控制单元 T3r-3芯插头连接，黑色 T6a-6芯插头连接，黑色 T14b-14芯插头连接，进气歧管上，黑色 T105a-105芯插头连接，黑色 V465-增压压力调节器 316-接地连接，在发动机导线束中 D190-连接3（5V），在发动机/接线导线束中

735

车载电网控制单元，发动机控制单元，气缸2喷油嘴，气缸3喷油嘴，气缸4喷油嘴

发动机转速传感器，车载电网控制单元，发动机控制单元，气缸1喷油嘴

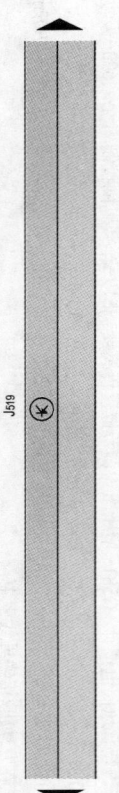

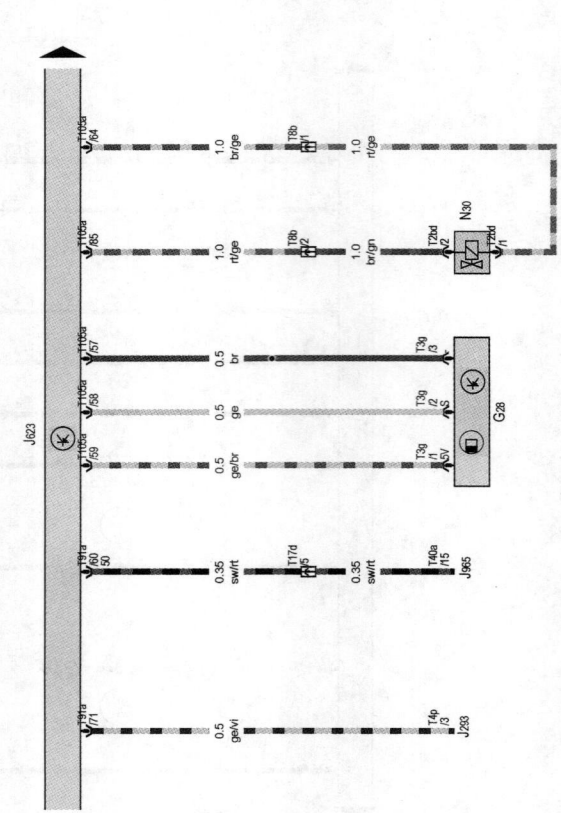

图 6-1-17

J519-车载电网控制单元，J623-发动机控制单元 N31-气缸2喷油嘴 N32-气缸3喷油嘴 N33-气缸4喷油嘴 T2be-2芯插头连接，黑色 T2bf-2芯插头连接，黑色 T2bg-2芯插头连接，黑色 T8b-8芯插头连接，黑色 T105a-105芯插头连接

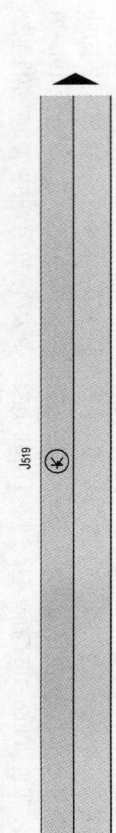

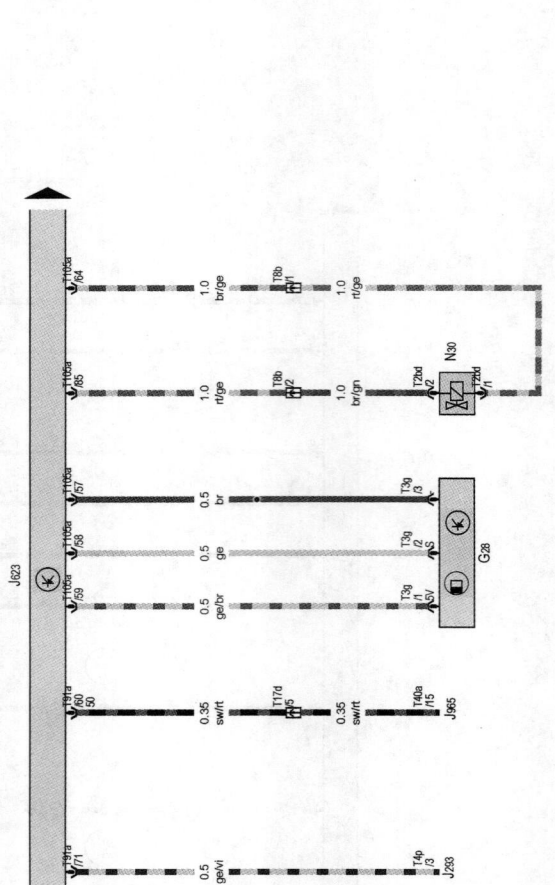

图 6-1-16

G28-发动机转速传感器 J519-车载电网控制单元 J623-发动机控制单元 J965-启动系统 N30-气缸1喷油嘴 T2bd-2芯插头连接，黑色 T3g-3芯插头连接，黑色 T4p-4芯插头连接，黑色 T8b-8芯插头连接，黑色 T91a-91芯插头连接，黑色 T17d-17芯插头连接，蓝色 T40a-40芯插头连接，左侧A柱下部，黑色 T105a-105芯插头连接，黑色

凸轮轴调节元件 1，凸轮轴调节元件 2，凸轮轴调节元件 3，凸轮轴调节元件 4，凸轮轴调节元件 5，车载电网控制单元，发动机控制单元

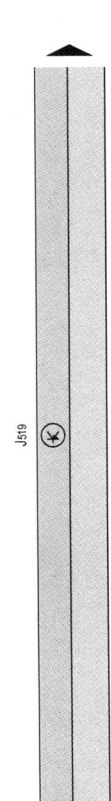

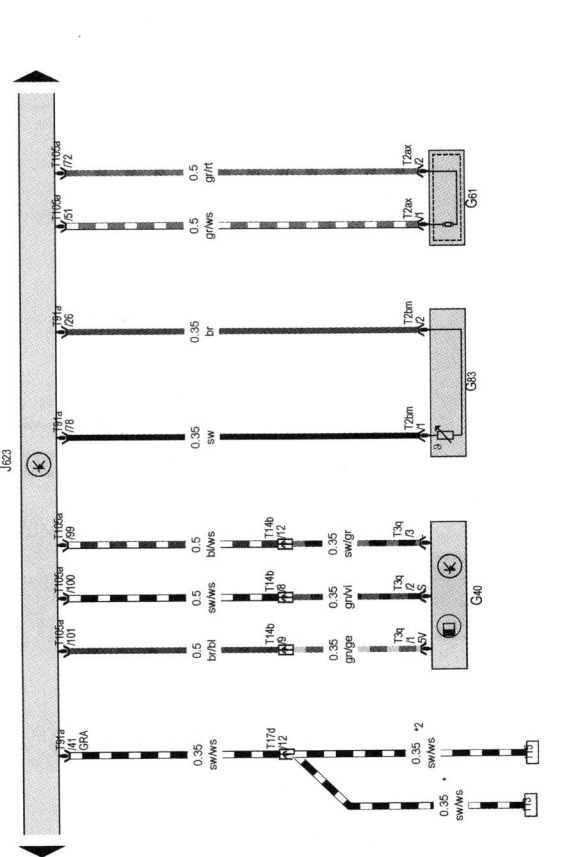

F366-凸轮轴调节元件1 F367-凸轮轴调节元件2 F368-凸轮轴调节元件3 F369-凸轮轴调节元件4 F370-凸轮轴调节元件5 J519-车载电网控制单元 J623-发动机控制单元 T2do-2芯插头连接，黑色 T2dp-2芯插头连接，黑色 T2dq-2芯插头连接，黑色 T2dr-2芯插头连接，黑色 T2ds-2芯插头连接，黑色 T105a-105芯插头连接，黑色 D206-连接4（87a），在发动机接线导线束中

图 6-1-19

霍耳传感器，爆震传感器 1，散热器出口处的冷却液温度传感器，车载电网控制单元，发动机控制单元

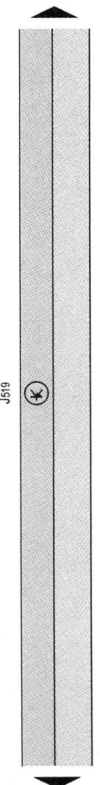

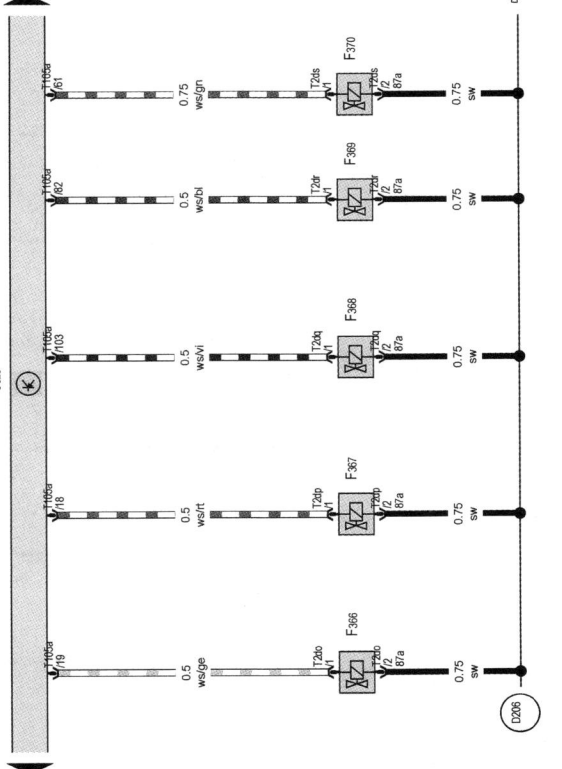

G40-霍耳传感器 G61-爆震传感器1 G83-散热器出口处的冷却液温度传感器 J519-车载电网控制单元 J623-发动机控制单元 T2ax-2芯插头连接，黑色 T2bm-2芯插头连接，黑色 T3q-3芯插头连接，黑色 T14b-14芯插头连接，进气歧管上，左侧A柱下部，蓝色 T17d-17芯插头连接，黑色 T91a-91芯插头连接，黑色 T105a-105芯插头连接，黑色 *-用于带可加热式方向盘的汽车 *2-用于不带可加热式方向盘的汽车

图 6-1-18

凸轮轴调节元件 6，凸轮轴调节元件 7，凸轮轴调节元件 8，车载电网控制单元，发动机控制单元，气缸 1 喷油嘴 2

车载电网控制单元，发动机控制单元，气缸 2 喷油嘴 2，气缸 3 喷油嘴 2，气缸 4 喷油嘴 2

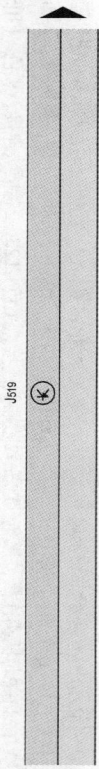

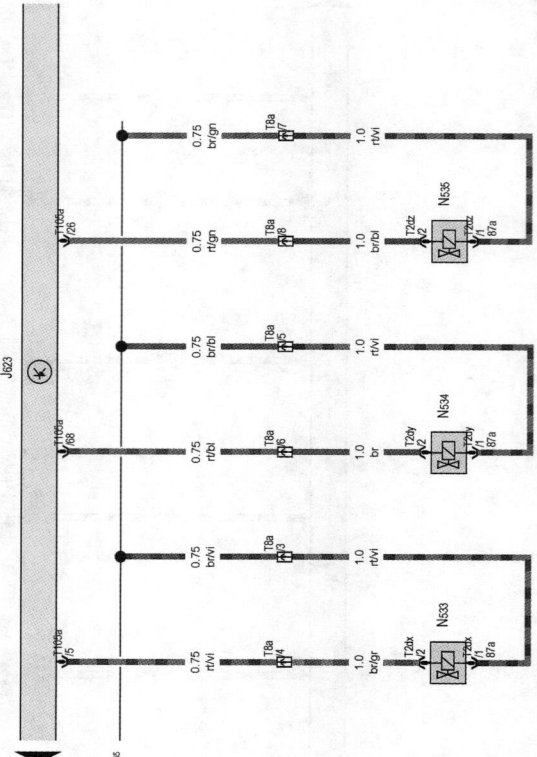

图 6-1-21

J519-车载电网控制单元 J623-发动机控制单元 N533-气缸1喷油嘴2 N534-气缸2喷油嘴2 N535-气缸3喷油嘴2 N535-气缸4喷油嘴2 T2dtz-2芯插头连接，黑色 T2dv-2芯插头连接，黑色 T8a-8芯插头连接，黑色 T105a-105芯插头连接，黑色 D245-连接6（87a），在发动机接线导线束中

接，发动机气缸盖上左侧，黑色 D245-连接6（87a），在发动机接线导线束中

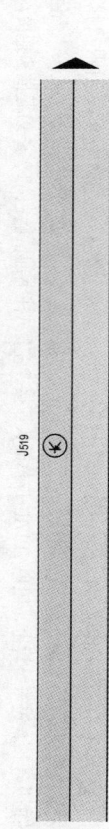

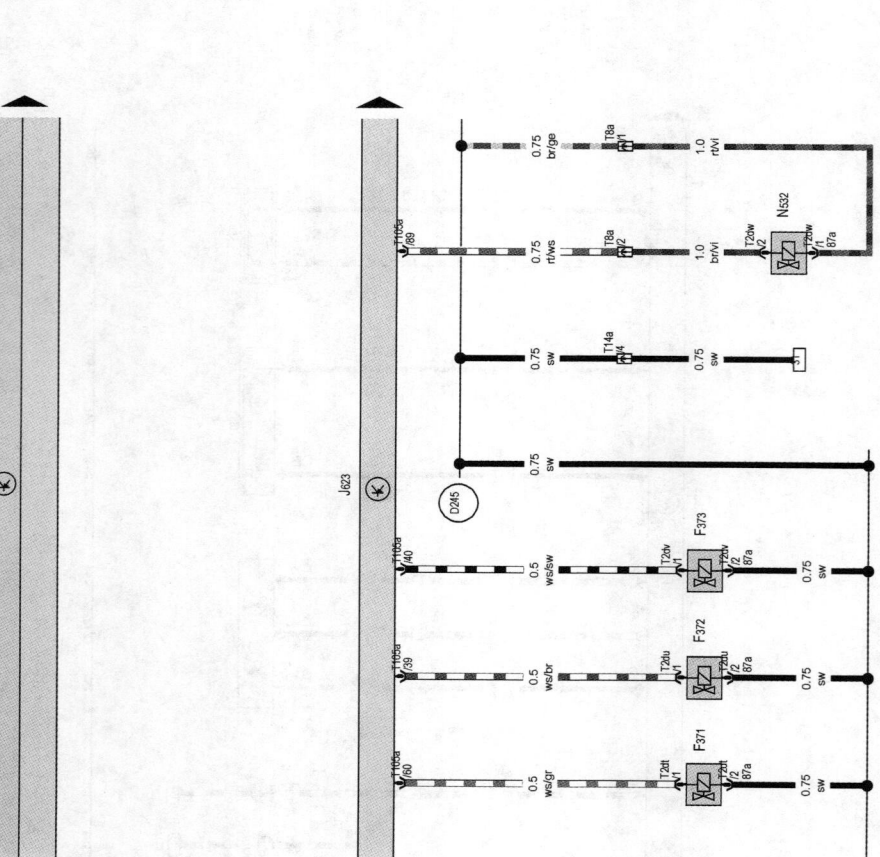

图 6-1-20

F371-凸轮轴调节元件6 F372-凸轮轴调节元件7 F373-凸轮轴调节元件8 J519-车载电网控制单元 J623-发动机控制单元 N532-气缸1喷油嘴2 T2dt-2芯插头连接，黑色 T2du-2芯插头连接，黑色 T2dv-2芯插头连接，黑色 T8a-8芯插头连接，黑色 T14a-14芯插头连接，黑色 T105a-105芯插头连接，灰色 D206-连接4（87a），在发动机舱内左侧，黑色 D245-连接6（87a），在发动机接线导线束中

插头连接，黑色 T2dw-2芯插头连接，气缸盖上左侧，黑色 T14a-14芯插头连接，黑色 T105a-105芯插头连接，灰色 D206-连接4（87a），在发动机舱内左侧，黑色 D245-连接6（87a），在发动机接线导线束中

燃油压力传感器，低压燃油压力传感器，车载电网控制单元，发动机控制单元，双离合器变速器机电装置

空调关闭热敏开关，冷却液温度传感器，车载电网控制单元，发动机控制单元，变速器冷却液阀

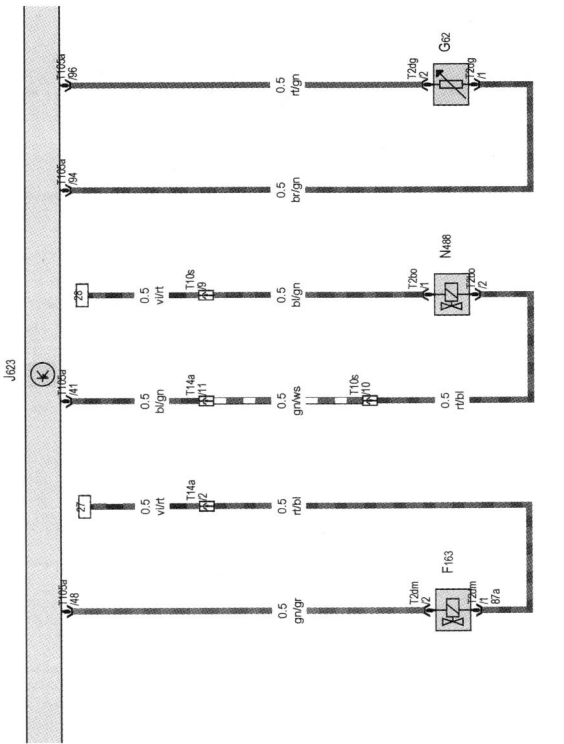

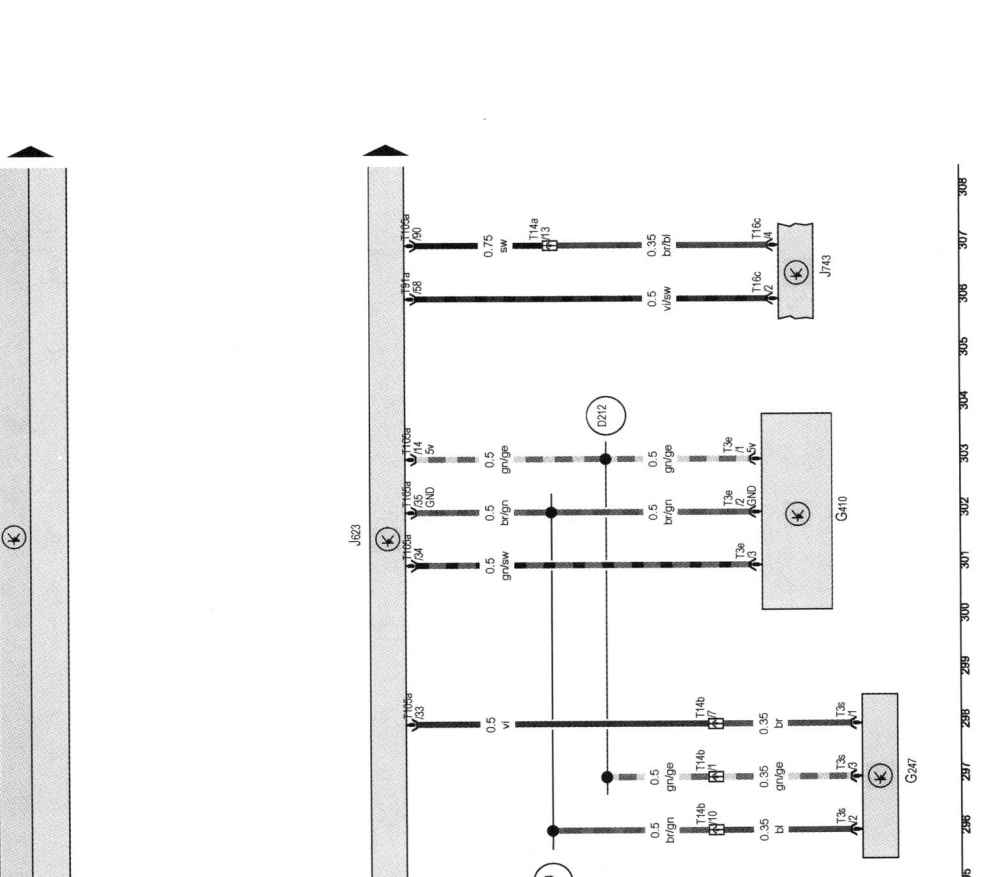

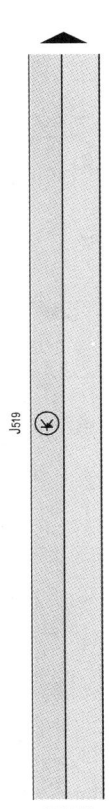

G247-燃油压力传感器 G410-低压燃油压力传感器 J519-车载电网控制单元 J623-发动机控制单元 J743-双离合器变速器机电装置 T3e-3芯插头连接，蓝色 T3s-3芯插头连接，黑色 T14a-14芯插头连接，发动机舱内左前 T14b-14芯插头连接，灰色 T16c-16芯插头连接上，黑色 T91a-91芯插头连接，黑色 T105a-105芯插头连接，灰色 T105a-105芯插头连接，黑色 474-接地连接 D212-连接4（5V）

图 6-1-22

F163-空调关闭热敏开关 G62-冷却液温度传感器 J519-车载电网控制单元 N488-变速器冷却液阀 T2bo-2芯插头连接，黑色 T2dg-2芯插头连接，黑色 T2dm-2芯插头连接，黑色 T10a-10芯插头连接，黑色 T14a-14芯插头连接，发动机舱内左前 T105a-105芯插头连接，灰色 T105a-105芯插头连接，黑色

图 6-1-23

进气温度传感器，进气歧管压力传感器，机油油位和机油温度传感器，车载电网控制单元，发动机控制单元

增压压力传感器，进气温度传感器 2，车载电网控制单元，涡轮增压器发动机控制单元，循环空气阀

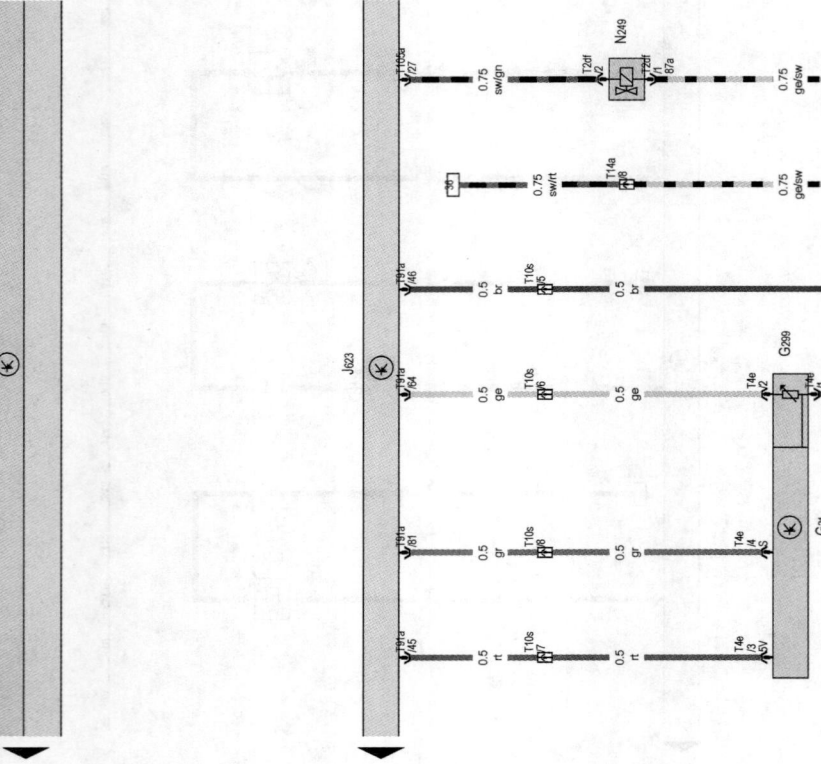

G31-增压压力传感器，G299-进气温度传感器 2，J519-车载电网控制单元，N249-涡轮增压器循环空气阀，T2df-2芯插头连接，T4e-4芯插头连接，T10s-10芯插头连接，发动机舱内左前，黑色 T14a-14芯插头连接，发动机舱内左前，灰色 T91a-91芯插头连接，黑色 T105a-105芯插头连接，黑色 D205-连接3（87a），在发动机接线导线束中

图 6-1-25

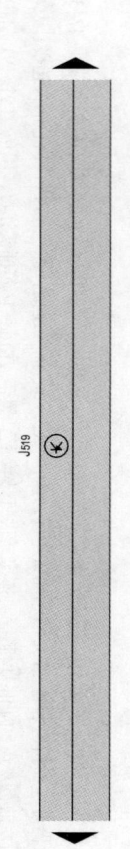

G42-进气温度传感器，G71-进气歧管压力传感器，G266-机油油位和机油温度传感器，J519-车载电网控制单元，J623-发动机控制单元 T3x-3芯插头连接，黑色 T4g-4芯插头连接，黑色 T6b-6芯插头连接，发动机舱内左前，黑色 T14a-14芯插头连接，发动机舱内左前，灰色 T105a-105芯插头连接，黑色机舱内左后部，黑色 T14a-14芯插头连接，发动机舱内左前，灰色 T105a-105芯插头连接，黑色

图 6-1-24

740

车载电网控制单元，发动机控制单元，活性炭罐电磁阀 1，凸轮轴调节阀 1，排气凸轮轴调节阀 1，冷却液继续补给泵

车载电网控制单元，发动机控制单元，进气歧管风门阀门，机油压力调节阀，发动机温度调节伺服元件，活塞冷却喷嘴控制阀

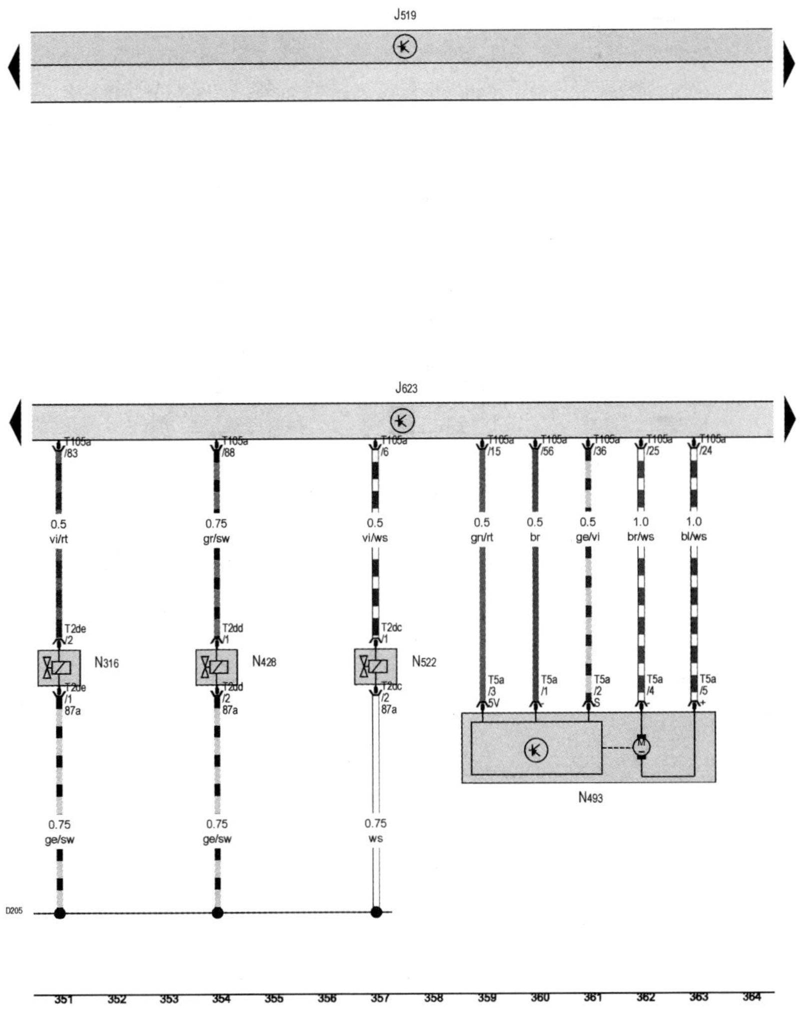

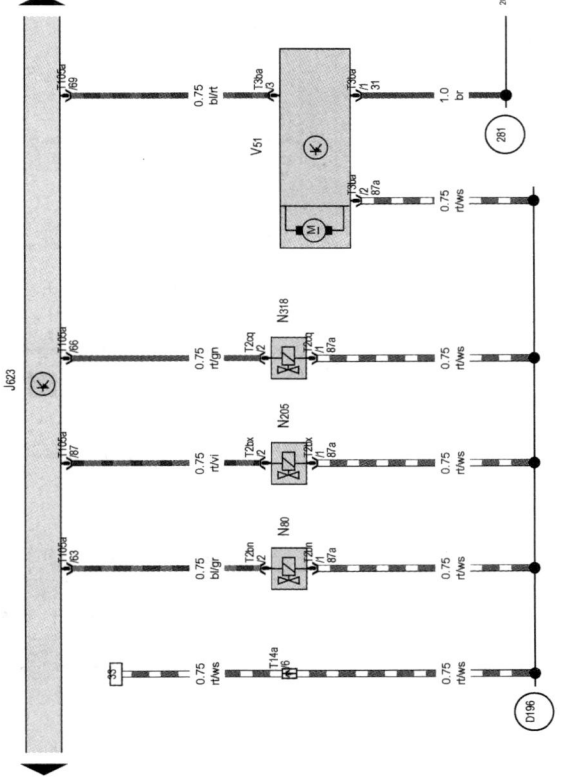

图 6-1-27

J519-车载电网控制单元，J623-发动机控制单元，N80-活性炭罐电磁阀1 N205-凸轮轴调节阀1 N318-排气凸轮轴调节阀1 T2bn-2芯插头连接，黑色 T2bx-2芯插头连接，黑色 T2cq-2芯插头连接，黑色 T3ba-3芯插头连接，黑色 T14a-14芯插头连接，发动机舱内左前，灰色 T105a-105芯插头连接，黑色 V51-冷却液继续补给泵 281-接地连接1，在发动机预接线导线束中 D196-连接2（87a），在发动机预接线导线束中

图 6-1-26

J519-车载电网控制单元，J623-发动机控制单元 N316-进气歧管风门阀门 N428-机油压力调节阀 N493-发动机温度调节伺服元件 N522-活塞冷却喷嘴控制阀 T2dc-2芯插头连接，黑色 T2dd-2芯插头连接，黑色 T2de-2芯插头连接，黑色 T5a-5芯插头连接，黑色 T105a-105芯插头连接，黑色 D205-连接3（87a），在发动机接线导线束中

车载电网控制单元，发动机控制单元，带功率输出级的点火线圈 1，带功率输出级的点火线圈 2，带功率输出级的点火线圈 3，火花塞插头，火花塞

车载电网控制单元，发动机控制单元，带功率输出级的点火线圈 4，火花塞插头，火花塞

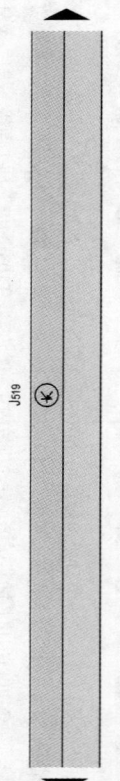
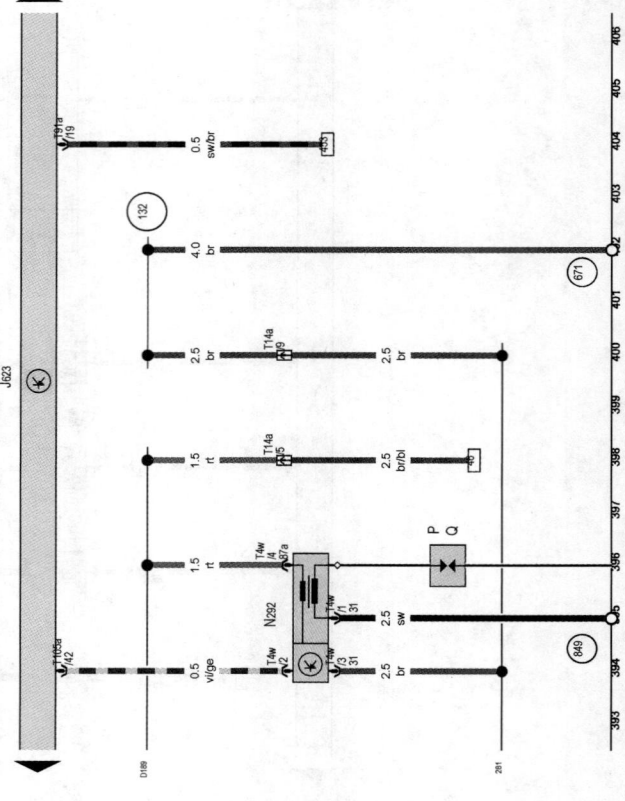
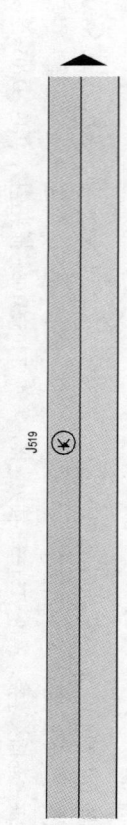
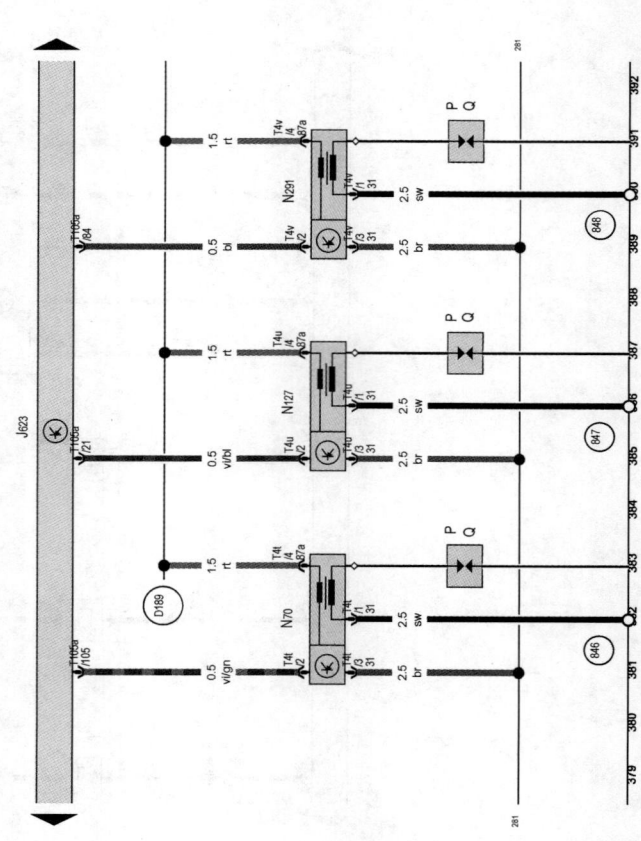

J519-车载电网控制单元 J623-发动机控制单元 N292-带功率输出级的点火线圈4 P-火花塞插头 Q-火花塞 T4w-4芯插头连接，发动机舱内左取，发动机舱内左前，灰色 T91a-91芯插头连接，黑色 T14a-14芯插头连接，发动机舱内左前 T91a-105芯插头连接，黑色 132-接地连接3，在发动机预装线导 T105a-105芯插头连接，黑色 281-接地连接1，在发动机舱导线束中 281-接地连接1，在发动机顶装线导 线束中 671-左前纵梁上的接地点 849-点火线圈4上的接地点 D189-连接（87a），在发动机预接线导接线 束中

图 6-1-29

J519-车载电网控制单元 J623-发动机控制单元 N70-带功率输出级的点火线圈1 N127-带功率输出级的点火线圈2 N291-带功率输出级的点火线圈3 P-火花塞插头 Q-火花塞 T4u-4芯插头连接，黑色 T4w-4芯插头连接，黑色 T4u-4点火线圈2 N291-带功率输出级的点火线圈3 P-火花塞插头 Q-火花塞插头连接3 P-火花塞插头连接3 Q-火花塞插头连接，黑色 T4u-4芯插头连接，在发动机顶芯插头连接，黑色 T105a-105芯插头连接，黑色 281-接地连接1，在发动机预接线导接线导线束中 846-点火线圈1上的接地点 847-点火线圈2上的接地点 848-点火线圈3上的接地点 D189-接线导线束中 846-点火线圈1上的接地点 847-点火线圈2上的接地点 848-点火线圈3上的接地点 D189-连接（87a），在发动机预接线导线束中

图 6-1-28

742

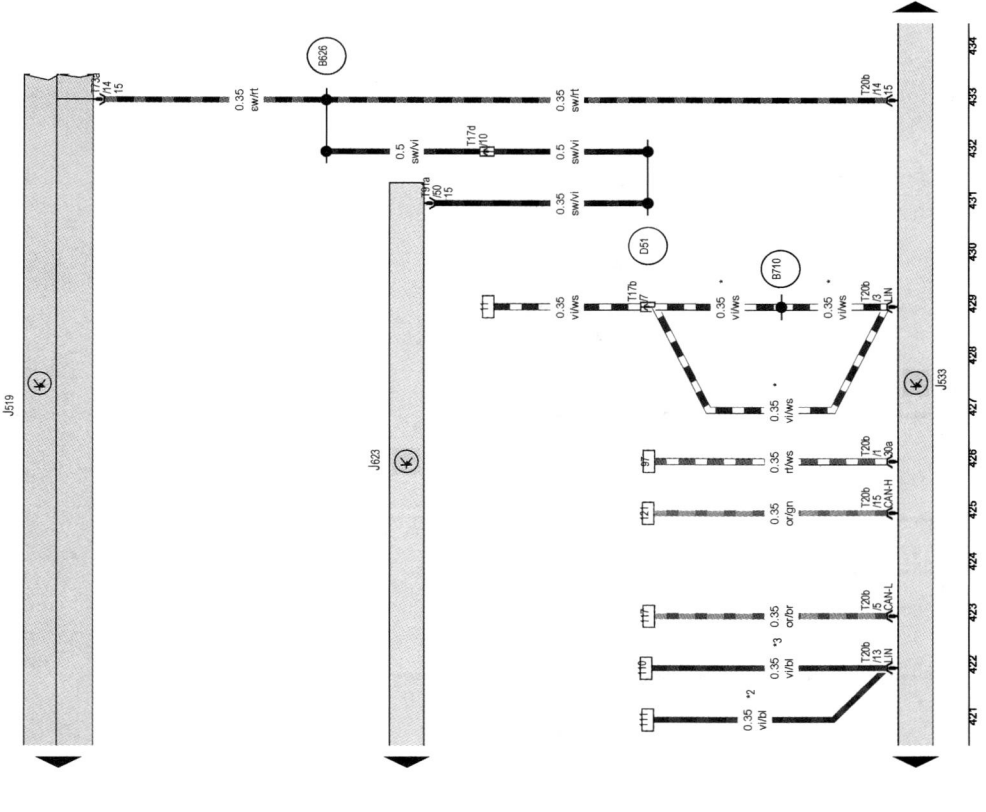

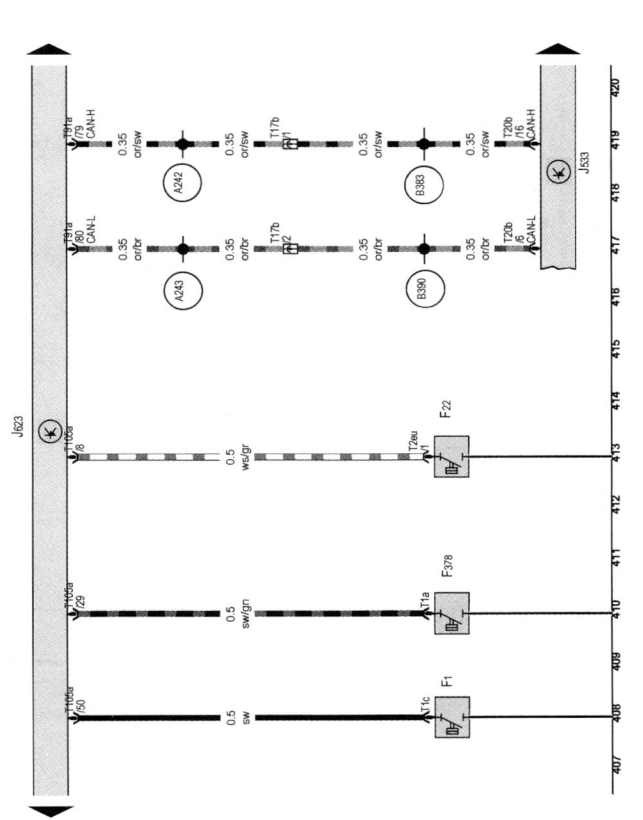

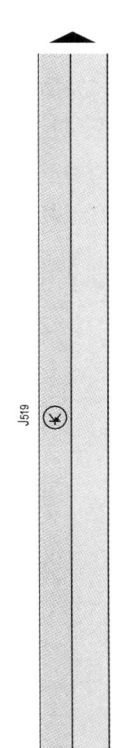

车载电网控制单元，数据总线诊断接口，发动机控制单元

图6-1-31

J519-车载电网控制单元 J533-数据总线诊断接口 J623-发动机控制单元 T17b-17芯插头连接，左侧A柱下部，棕色 T17d-17芯插头连接，左侧A柱下部，蓝色 T20b-20芯插头连接，红色 T73a-73芯插头连接，黑色 T91a-91芯插头连接，黑色 B626-正极连接2（15），在主导线束中 B710-连接5（LIN总线），在主导线束中 D51-正极连接1（15），在发动机舱导线束中

机油压力开关，机油压力降低开关，车载电网控制单元，数据总线诊断接口，发动机控制单元

图6-1-30

F1-机油压力开关 F22-机油压力开关 F378-机油压力降低开关 J519-车载电网控制单元 J533-数据总线诊断接口 J623-发动机控制单元 T1a-1芯插头连接，黑色 T1c-1芯插头连接，黑色 T2eu-2芯插头连接，蓝色 T17b-17芯插头连接，左侧A柱下部，棕色 T20b-20芯插头连接，红色 T91a-91芯插头连接，黑色 T105a-105芯插头连接，在发动机舱导线束中 A242-连接1，在发动机舱导线束中 A243-连接1，在发动机舱导线束中 B383-连接1，在主导线束中 B390-连接1，在主导线束中

743

数据总线诊断接口，诊断接口　　　　　　　　　燃油表传感器，燃油供给单元，预供给燃油泵，燃油泵控制单元

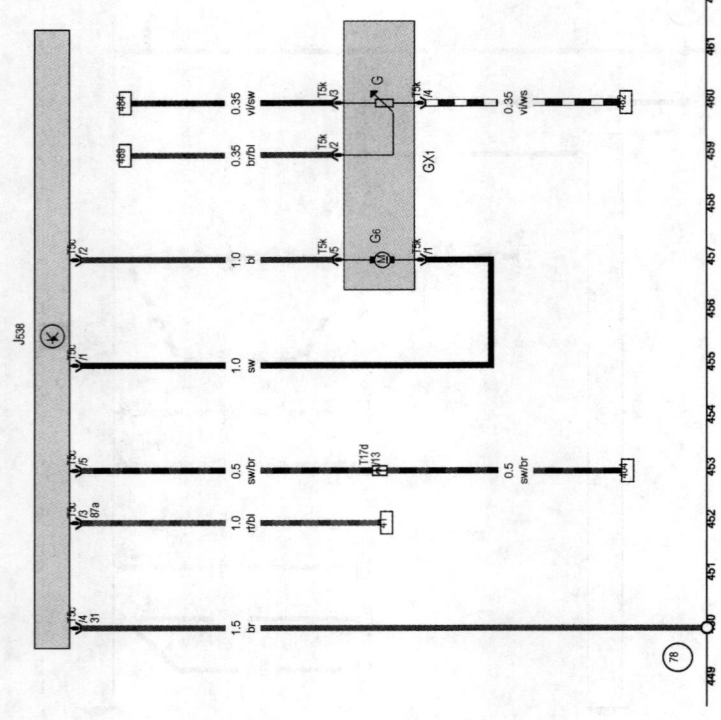

图 6-1-32　　　　　　　　　　　　　　　　　　　　　图 6-1-33

J234-数据总线控制单元　J533-数据总线诊断接口　T16b-16芯插头连接　T20b-20芯插头连接，红色　T90a-90芯插头连接，黄色　U31-诊断接口　B277-正极连接1（15a），在主导线束中　B317-正极连接3（30a），在主导线束中

G-燃油表传感器　GX1-燃油表传感器　G6-预供给燃油泵　J538-燃油泵控制单元　T5c-5芯插头连接，黑色　T5k-5芯插头连接，黑色　T17d-17芯插头连接，左侧A柱下部，蓝色　78-右侧B柱下部接地点

防盗锁止系统读出线圈，燃油，冷却液温度表，转速表，多功能显示器，组合仪表中的控制单元，防盗锁止系统控制单元，组合仪表中的发电机指示灯，组合仪表，燃油表指示灯

车速表，组合仪表中的控制单元，组合仪表，机油压力指示灯，冷却液温度和冷却液不足显示指示灯，定速巡航装置指示灯，废气警告灯，电子油门故障信号灯，里程表

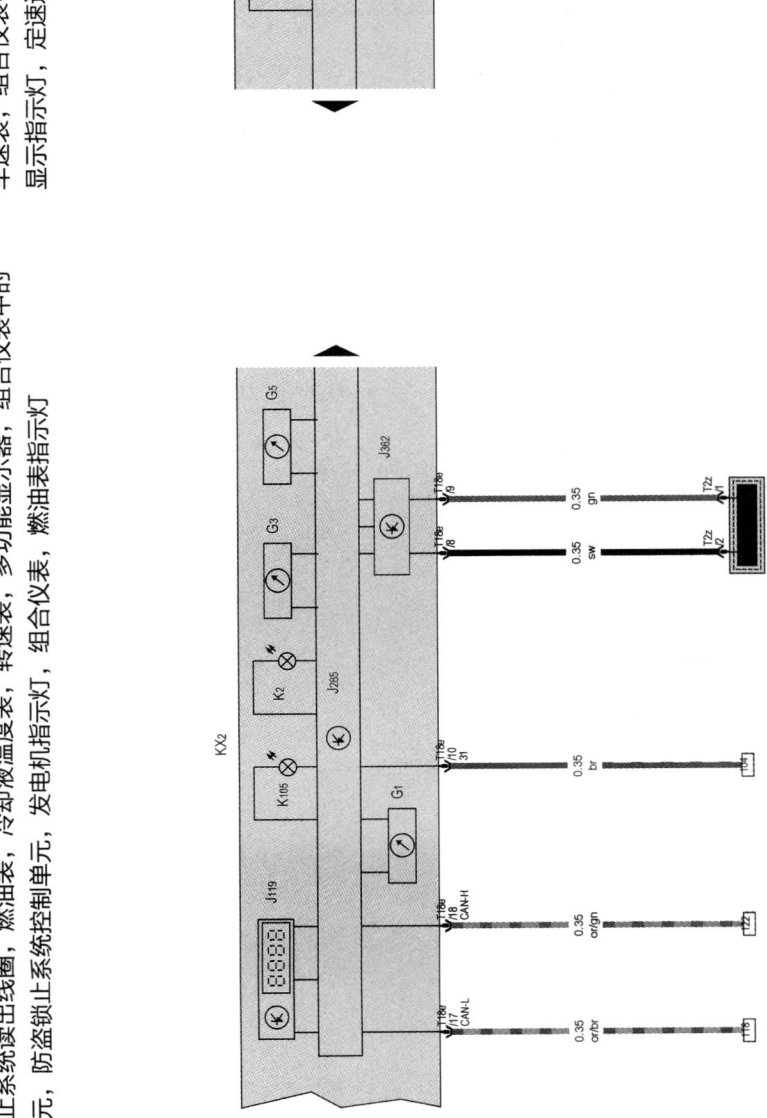

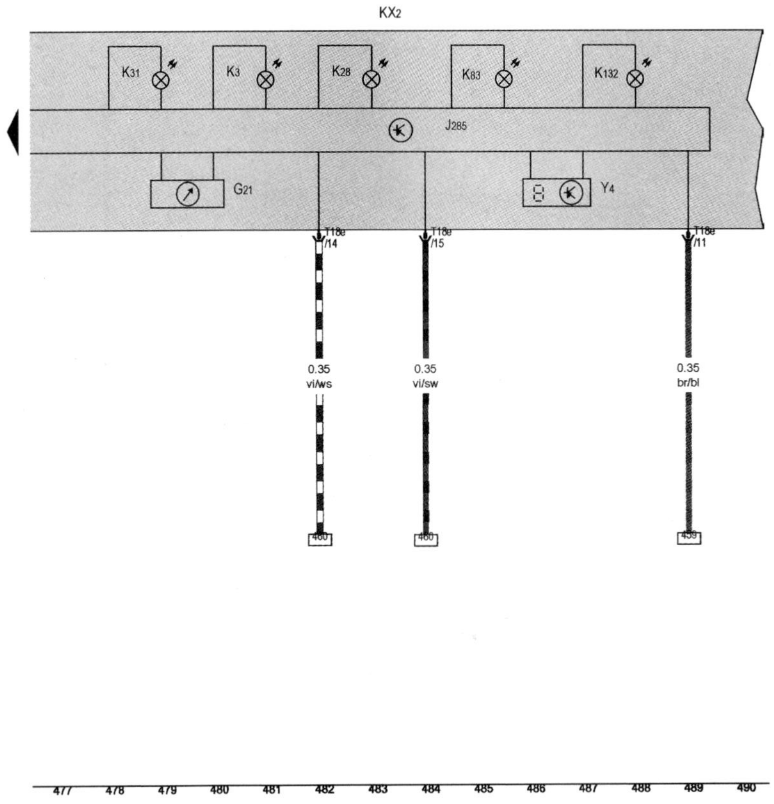

图6-1-34

D2-防盗锁止系统读出线圈 G1-燃油表 G3-冷却液温度表 G5-转速表 J119-多功能显示器 J285-组合仪表中的控制单元 J362-防盗锁止系统控制单元 K2-发电机指示灯 KX2-组合仪表 K105-燃油表指示灯 T2z-2芯插头连接，黑色 T18e-18芯插头连接，黑色

图6-1-35

G21-车速表 J285-组合仪表中的控制单元 KX2-组合仪表 K3-机油压力指示灯 K28-冷却液温度和冷却液不足显示指示灯 K31-定速巡航装置指示灯 K83-废气警告灯 K132-电子油门故障信号灯 T18e-18芯插头连接，黑色 Y4-里程表

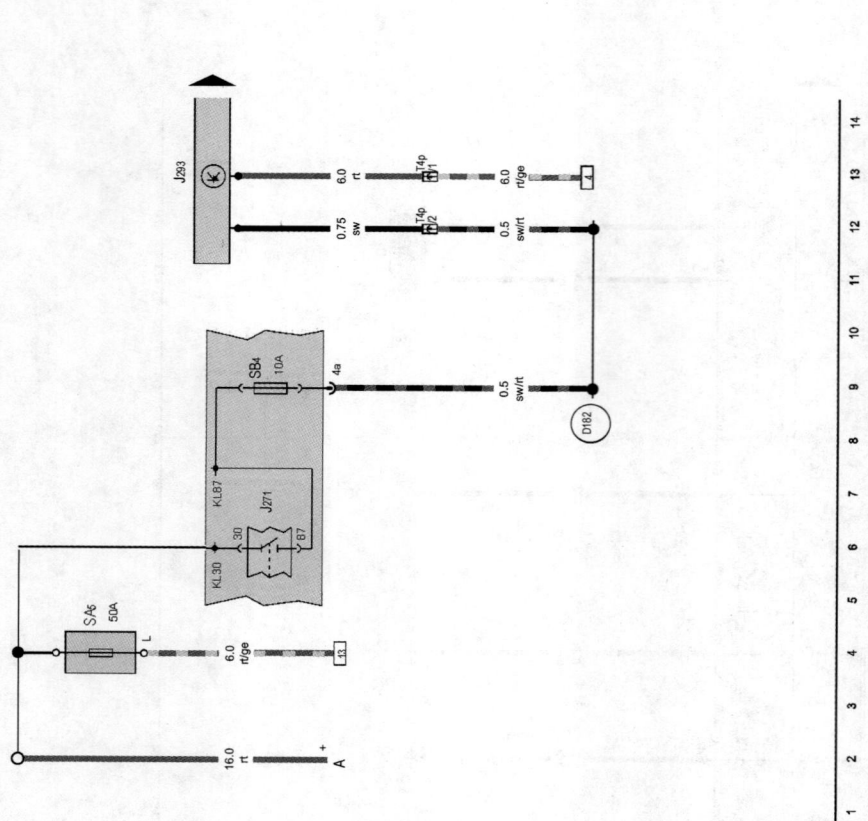

散热器出口处的冷却液温度传感器，散热器风扇控制单元，发动机控制单元，散热器风扇

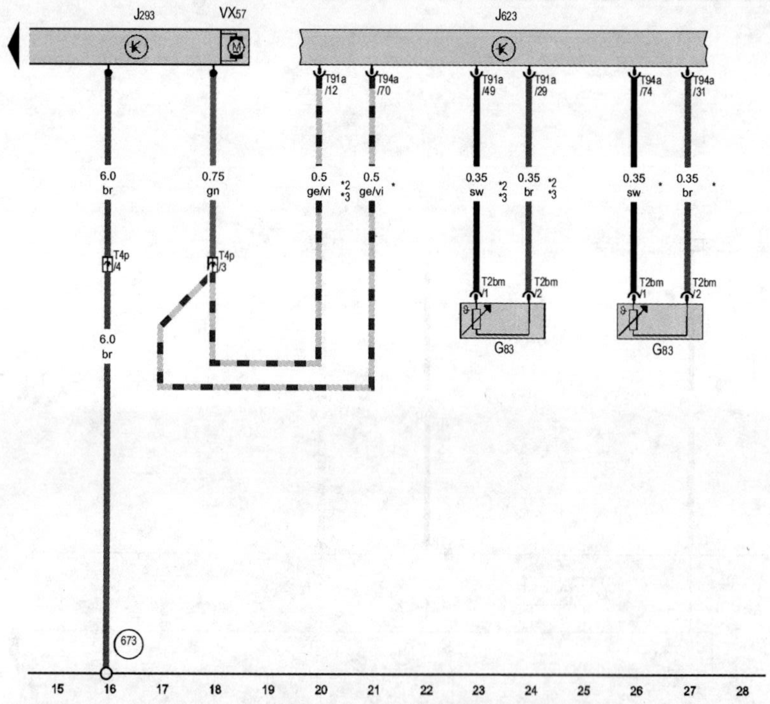

主继电器，散热器风扇控制单元

图 6-1-36

图 6-1-37

A-蓄电池 J271-主继电器 J293-散热器风扇控制单元 SB4-保险丝架B上的保险丝4 SA5-保险丝架A上的保险丝5 T4p-4芯插头连接，黑色 D182-连接3（87a），在发动机舱导线束中

G83-散热器出口处的冷却液温度传感器 J293-散热器风扇控制单元 J623-发动机控制单元 T2bm-2芯插头连接，黑色 T4p-4芯插头连接，黑色 T91a-91芯插头连接 T94a-94芯插头连接 VX57-散热器风扇 673-左前纵梁上的接地点3 *-仅用于带1.4L发动机的汽车 *2-仅用于带1.8L发动机的汽车 *3-仅用于带2.0L发动机的汽车

交流发电机，电压调节器，保险丝架 A 上的保险丝 2，保险丝架 A 上的保险丝 4

蓄电池，启动机，蓄电池调节控制单元，保险丝架 A 上的保险丝 1

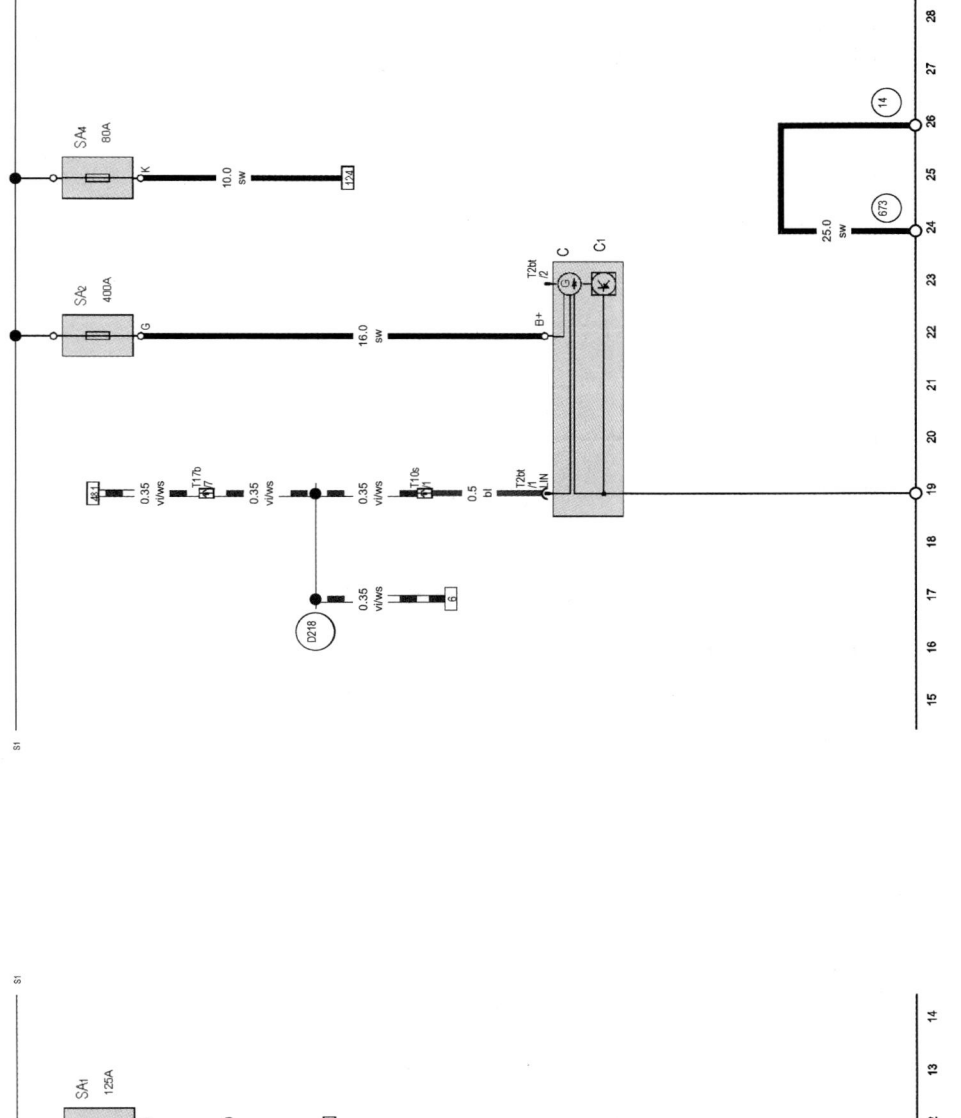

图 6-1-39

图 6-1-38

C-交流发电机 C1-电压调节器 SA2-保险丝架A上的保险丝2 SA4-保险丝架A上的保险丝4 T2br-2芯插头连接，黑色 T10s-10芯插头连接，发动机舱内左前，发动机舱内左前，黑色 T17b-17芯插头连接，左侧A柱下部，棕色 14-变速器上的接地点 673-左前纵梁上的接地点3 D218-连接1（LIN总线），在发动机舱导线束中

A-蓄电池 B-启动机 J840-蓄电池调节控制单元 SA1-保险丝架A上的保险丝1 T1b-1芯插头连接，黑色 T2bz-2芯插头连接，黑色 T2bz-2芯插头连接，蓄电池 1-接地带，蓄电池-车身

747

保险丝架 B

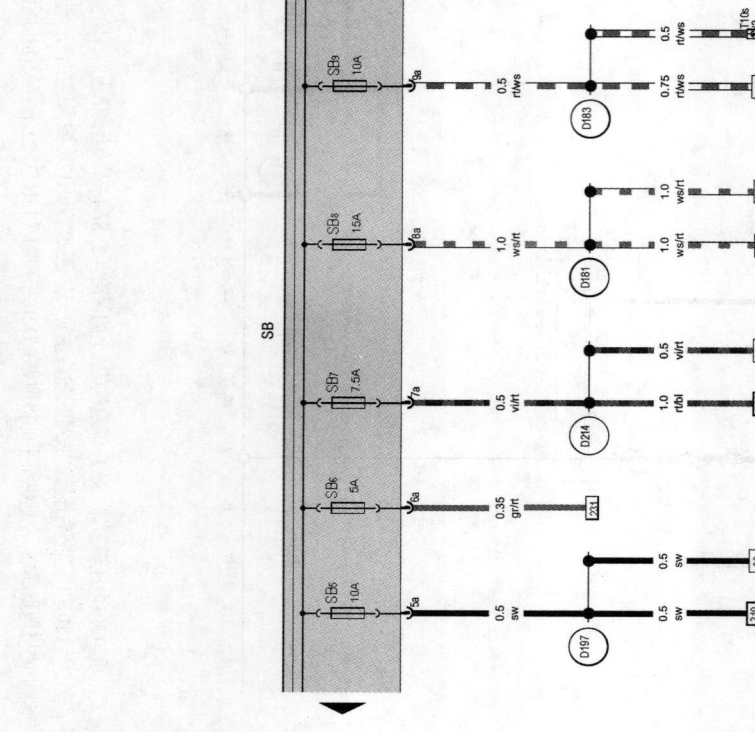

主继电器，保险丝架 B

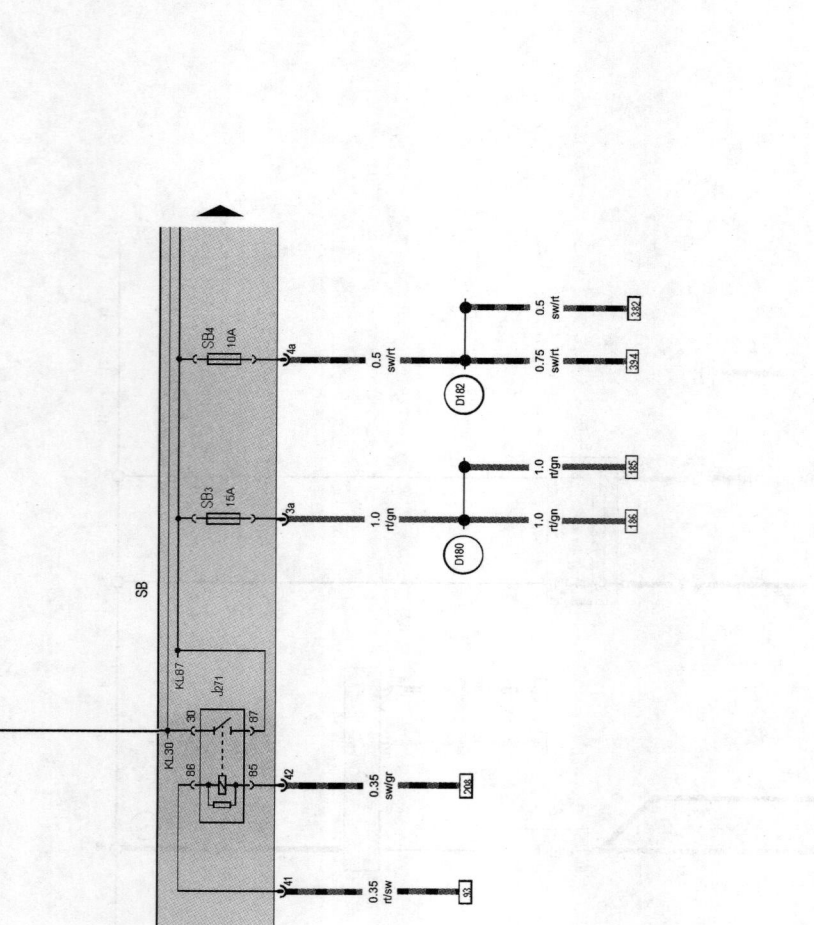

SB-保险丝架B　SB3-保险丝架B上的保险丝3　SB4-保险丝架B上的保险丝4　D180-连接
3（87a），在发动机舱导线束中　D182-连接3（87a），在发动机舱导线束中

图 6-1-40

SB-保险丝架B　SB5-保险丝架B上的保险丝5　SB6-保险丝架B上的保险丝6　SB7-保险丝架B上的保险丝
7　SB8-保险丝架B上的保险丝8　SB9-保险丝架B上的保险丝9　T10s-10芯插头连接，发动机舱内左前，黑
色　D181-连接2（87a），在发动机舱导线束中　D183-连接4（87a），在发动机舱导线束中　D197-连接5
（87a），在发动机舱导线束中　D214-连接8（87a），在发动机舱导线束中

图 6-1-41

748

启动机继电器 2, 保险丝架 B

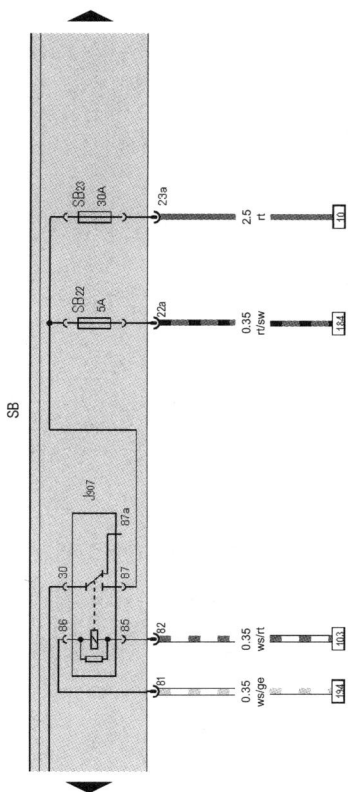

图 6-1-43

J907-启动机继电器 2 SB-保险丝架B SB22-保险丝架B 上的保险丝22 SB23-保险丝架B 上的保险丝23

启动机继电器 1, 保险丝架 B

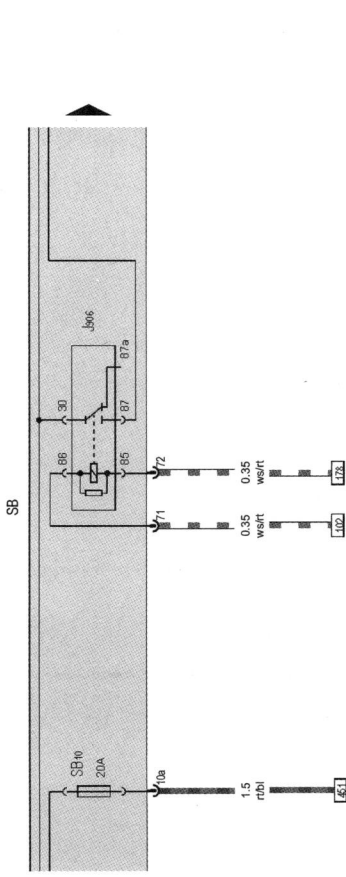

图 6-1-42

J906-启动机继电器1 SB-保险丝架B SB10-保险丝架B 上的保险丝10

接线端 15 供电继电器，车载电网控制单元，保险丝架 C

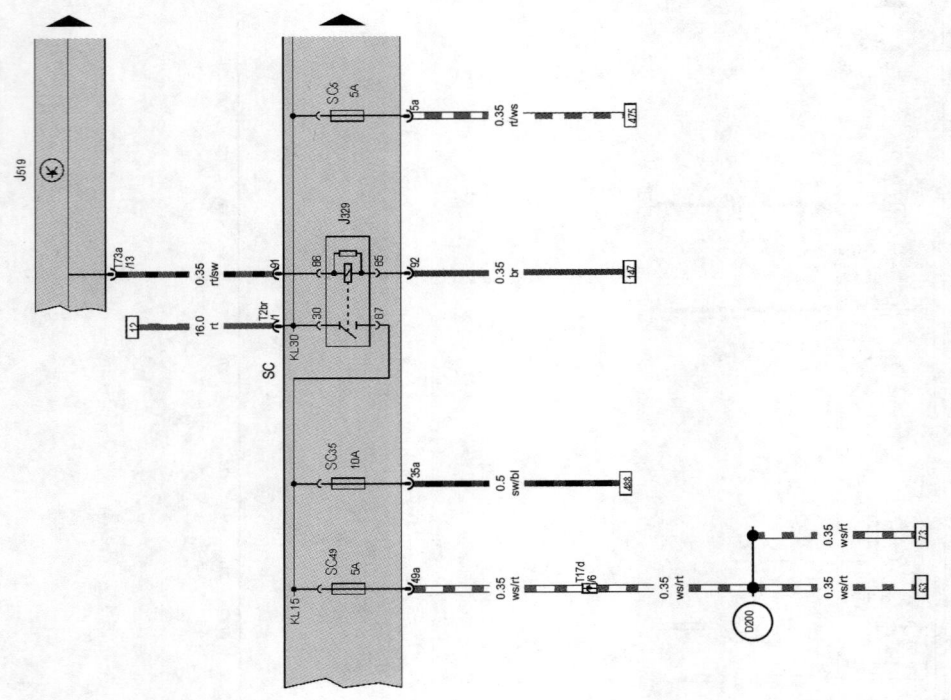

发动机部件供电继电器，保险丝架 B

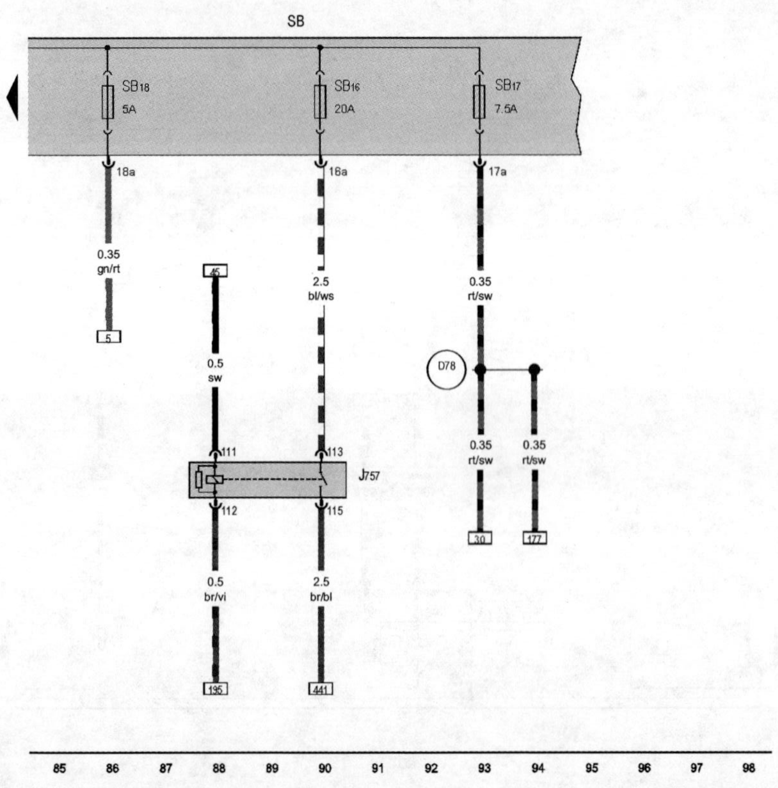

图 6-1-44

图 6-1-45

J757-发动机部件供电继电器 J519-车载电网控制单元 SB-保险丝架B SB16-保险丝架B上的保险丝16 SB17-保险丝架B上的保险丝17 SB18-保险丝架B上的保险丝18 D78-正极连接1（30a），在发动机舱导线束中

J329-接线端15供电继电器 J519-车载电网控制单元 SC-保险丝架C SC5-保险丝架C上的保险丝5 SC35-保险丝架C上的保险丝35 SC49-保险丝架C上的保险丝49 T2br-2芯插头连接，黑色 T17d-17芯插头连接，黑色 T73a-73芯插头连接，蓝色 D200-正极连接3（15a），在发动机舱导线束中接，左侧A柱下部，在发动机舱导线束中

750

车载电网控制单元，转向柱电子装置控制单元

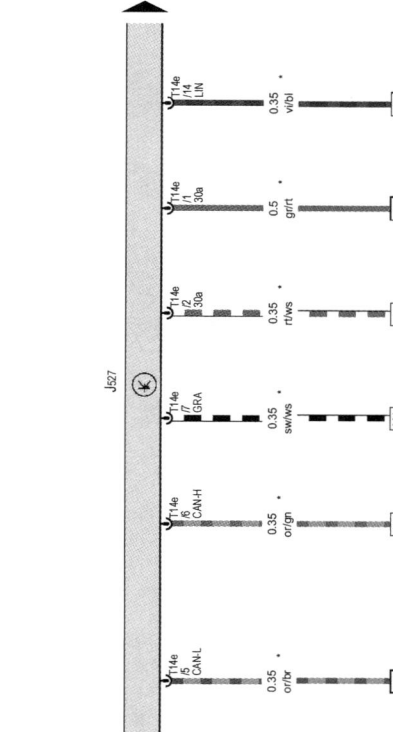

车载电网控制单元，保险丝架 C

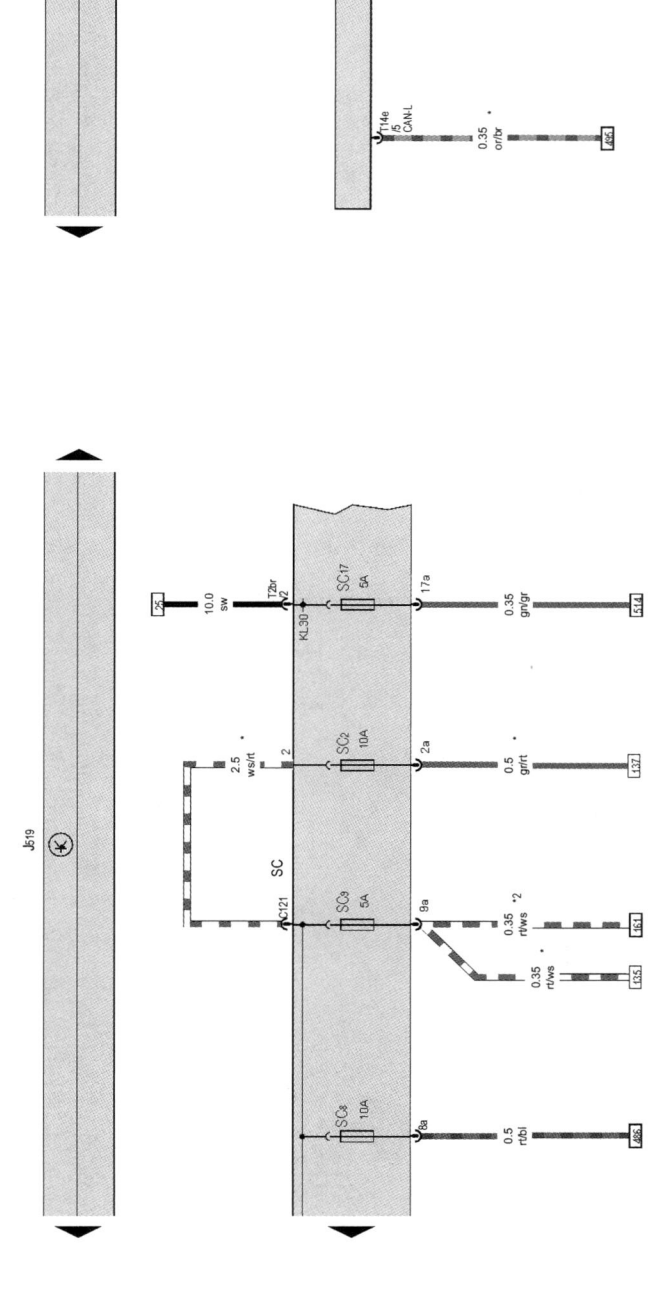

图 6-1-46

图 6-1-47

J519－车载电网控制单元　SC－保险丝架 C　SC2－保险丝架 C 上的保险丝 2　SC8－保险丝架 C 上的保险丝 8
SC9－保险丝架 C 上的保险丝 9　SC17－保险丝架 C 上的保险丝 17　T2br－2 芯插头连接，黑色　*－仅用于带可加
热式方向盘热式方向盘的汽车　*2－仅用于不带可加热式方向盘的汽车

J519－车载电网控制单元　J527－转向柱电子装置控制单元　T14e－14 芯插头连接，黑色　*－仅用于带可加热
式方向盘的汽车

751

冷却液不足显示传感器，车载电网控制单元，转向柱电子装置控制单元

车载电网控制单元，转向柱电子装置控制单元

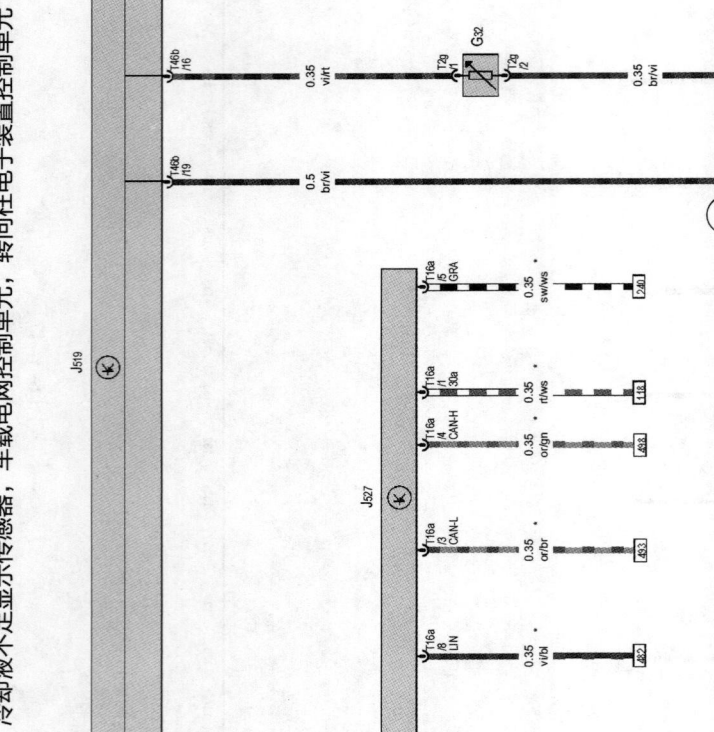

G32-冷却液不足显示传感器 J519-车载电网控制单元 J527-转向柱电子装置控制单元 T2g-2芯插头连接，黑色 T16a-16芯插头连接，黑色 T46b-46芯插头连接（传感器接地），黑色 327-接地连接，在发动机舱导线束中 *-仅用于不带可加热式方向盘的汽车

图 6-1-49

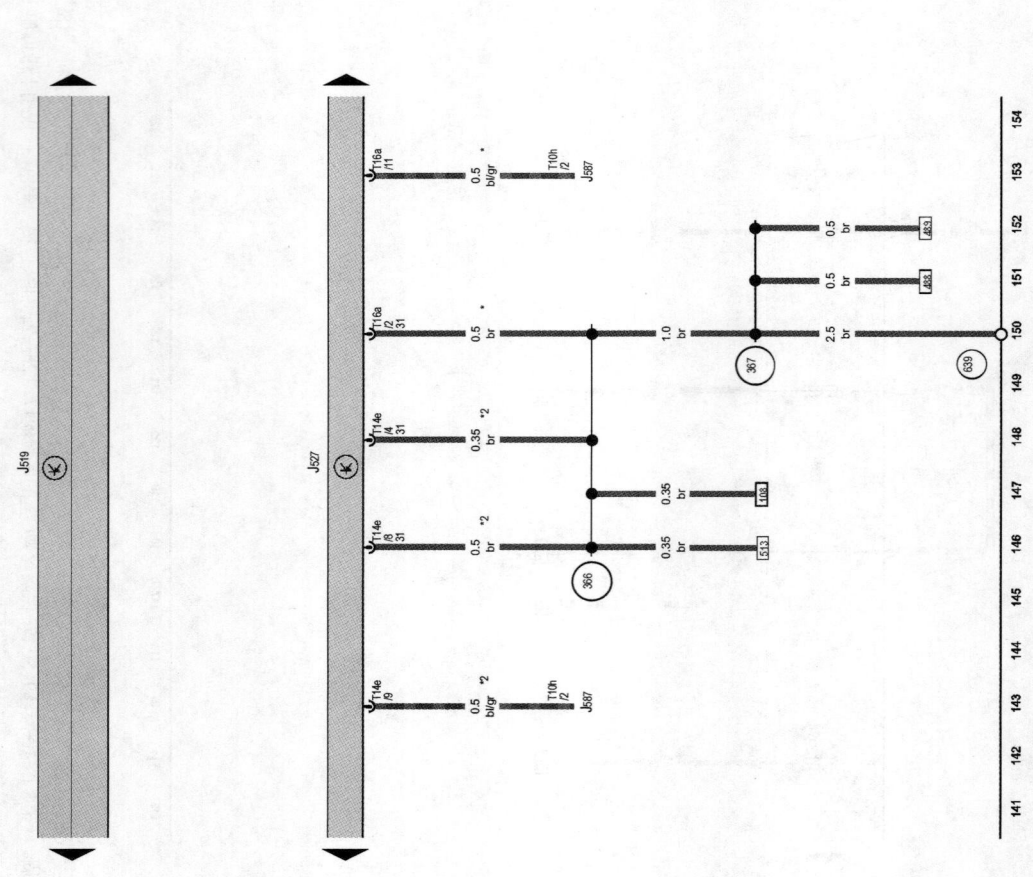

J519-车载电网控制单元 J527-转向柱电子装置控制单元 J587-换挡杆传感器控制单元 T10h-10芯插头连接，黑色 T14e-14芯插头连接，黑色 T16a-16芯插头连接，黑色 366-接地连接1，在主导线束中 367-接地连接2，在主导线束中 639-左A柱上的接地点 *-仅用于不带可加热式方向盘的汽车 *2-仅用于带可加热式方向盘的汽车

图 6-1-48

752

中控台开关模块 2，启动 / 停止模式按钮，车载电网控制单元，启动 /
停止运行模式指示灯，按钮照明灯泡，燃油定量阀

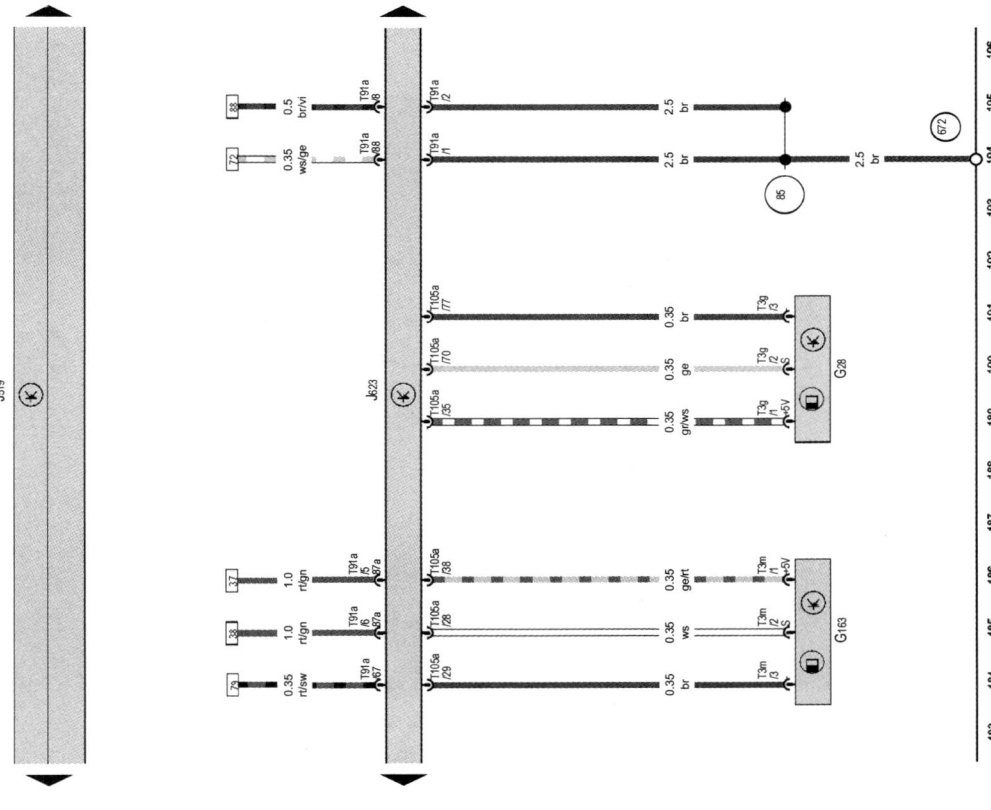

发动机转速传感器，霍耳传感器 2，车载电网控制单元，发动机控制单元

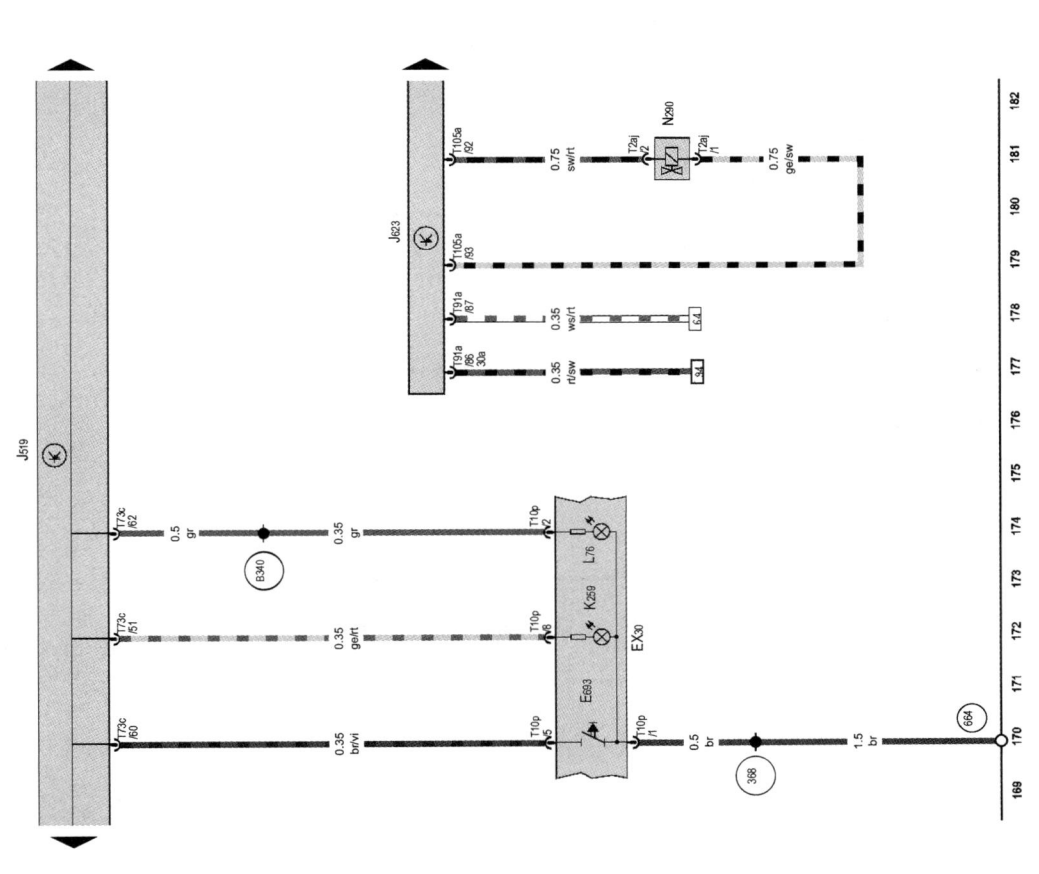

图 6-1-50

图 6-1-51

EX30-中控台开关模块2，E693-启动/停止模式按钮 J519-车载电网控制单元 J623-发动机控制单元
K259-启动/停止运行模式指示灯 L76-按钮照明灯泡 N290-燃油定量阀 T2aj-2芯插头连接，黑色 T10p-
10芯插头连接，红色 T73c-73芯插头连接，黑色 T91a-91芯插头连接，黑色 T105a-105芯插头连接，黑
色 368-接地连接3，在主导线束中 664-左侧仪表板后面的接地点 B340-连接1（58d），在主导线束中

G28-发动机转速传感器 G163-霍耳传感器2 J519-车载电网控制单元 J623-发动机控制单元 T3g-3芯插
头连接，黑色 T3m-3芯插头连接，黑色 T91a-91芯插头连接，黑色 T105a-105芯插头连接，黑色 85-接
地连接1，在发动机舱导线束中 672-左前纵梁上的接地点2

753

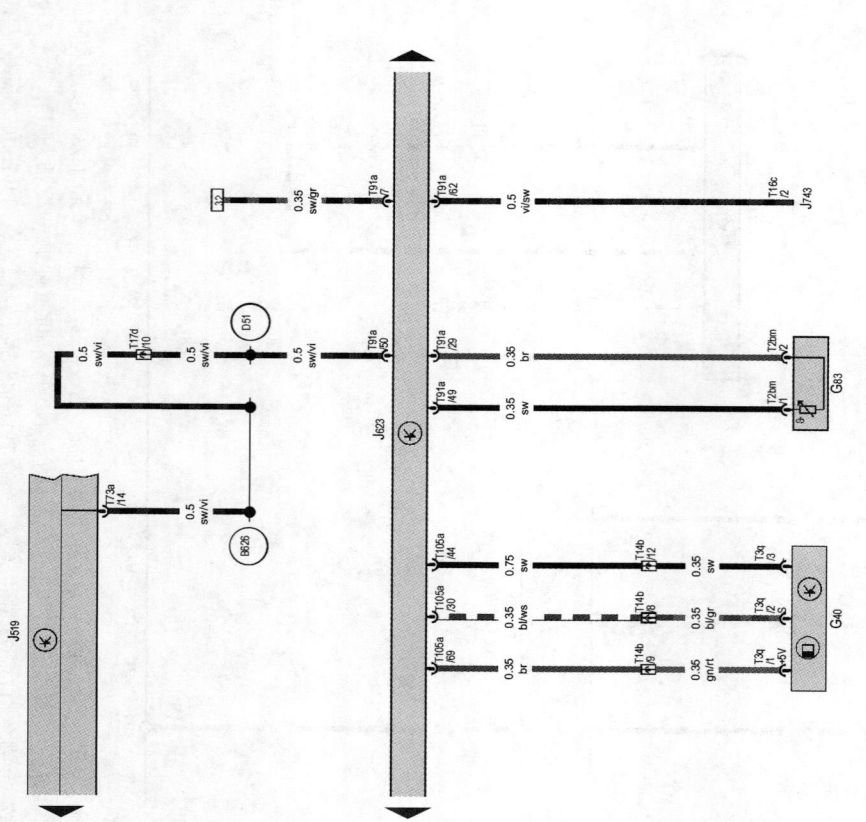

尾气催化净化器后的氧传感器 1，尾气催化净化器前的氧传感器 1，氧传感器，尾气催化净化器的氧传感器 1，氧传感器前的氧传感器 1，氧传感器后的氧传感器，氧传感器后装置，发动机控制单元，氧传感器后的氧传感器加热，尾气催化净化器后装置加热装置

霍耳传感器，散热器出口处的冷却液温度传感器，车载电网控制单元，发动机控制单元

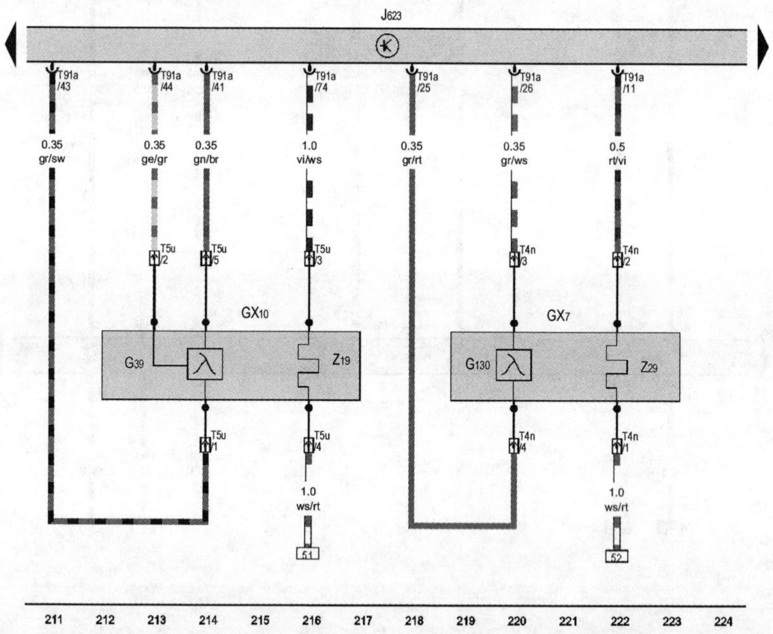

GX7-尾气催化净化器后的氧传感器1 GX10-尾气催化净化器后的氧传感器1 G39-氧传感器 G130-尾气催化净化器前的氧传感器1 J623-发动机控制单元 T4n-4芯插头连接，黑色 T5u-5芯插头连接，黑色 T91a-91芯插头连接，黑色 Z19-氧传感器加热，黑色 Z29-尾气催化净化器后的氧传感器1加热装置

图 6-1-53

G40-霍耳传感器 G83-散热器出口处的冷却液温度传感器 J519-车载电网控制单元 J623-发动机控制单元 J743-双离合器变速器机电装置 T2bm-2芯插头连接，黑色 T3q-3芯插头连接，黑色 T14b-14芯插头连接，黑色 T16c-16芯插头连接，黑色 T17d-17芯插头连接，左侧A柱下部，蓝色 T73a-73芯插头连接，黑色 T91a-91芯插头连接，黑色 T105a-105芯插头连接，黑色 B626-正极连接2（15），在主导线束中 D51-正极连接1（15），在发动机舱导线束中

图 6-1-52

油门踏板模块，油门踏板位置传感器，油门踏板位置传感器 2，发动机控制单元

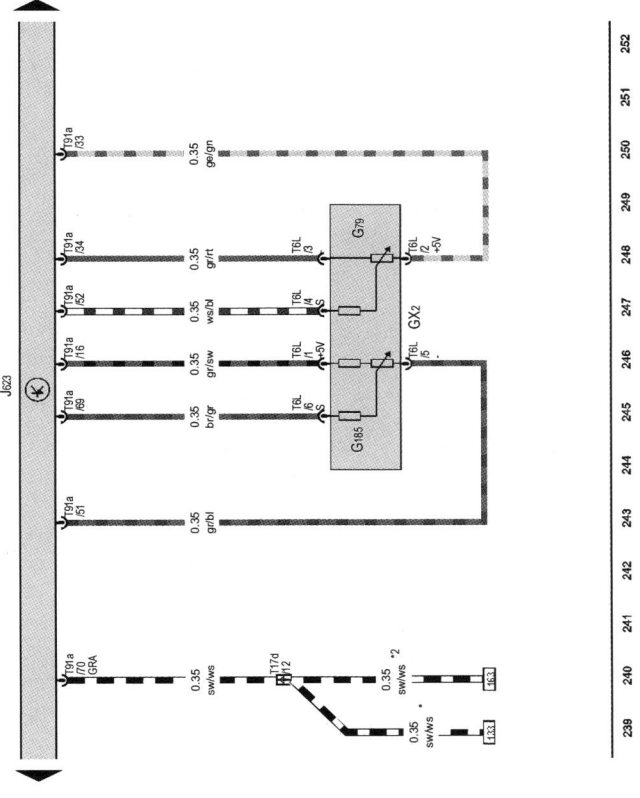

图 6-1-55

GX2-油门踏板位置模块 G79-油门踏板位置传感器 G185-油门踏板位置传感器 2 J623-发动机控制单元
T6L-6芯插头连接， 黑色 T17d-17芯插头连接，左侧A柱下部， 蓝色 T91a-91芯插头连接， 黑色 *-仅用
于带可加热式方向盘的汽车 *2-仅用于不带可加热式方向盘的汽车

制动信号灯开关， 制动踏板开关， 发动机控制单元

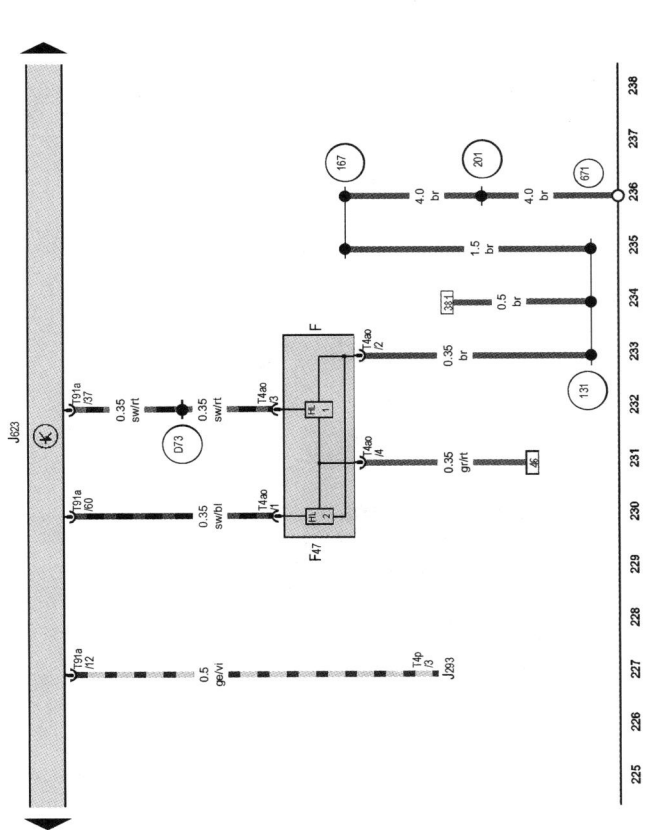

图 6-1-54

F-制动信号灯开关 F47-制动踏板开关 J293-散热器风扇控制单元 J623-发动机控制单元 T4ao-4芯插头
连接， 黑色 T4p-4芯插头连接， 黑色 T91a-91芯插头连接， 黑色 131-接地连接2，在发动机舱导线束中
167-接地连接4， 在发动机舱导线束中 201-接地连接5， 在发动机舱导线束中 671-左前纵梁上的接地点1
D73-正极连接（54）， 在发动机舱导线束中

爆震传感器 1，进气歧管风门电位计，发动机控制单元

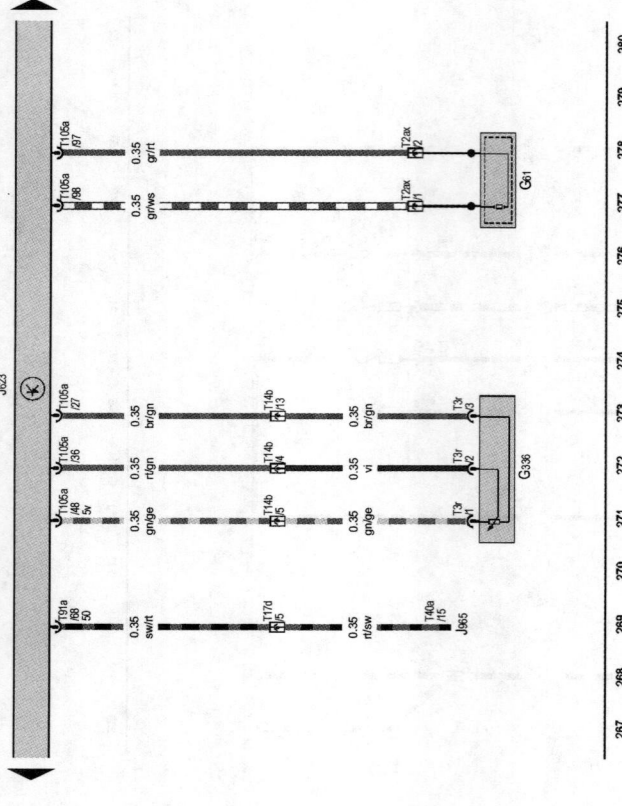

图 6-1-57

G61-爆震传感器1 G336-进气歧管风门电位计 J623-发动机控制单元 J965-进入及启动系统接口 T2ax-2
芯插头连接，黑色 T3r-3芯插头连接，黑色 T14b-14芯插头连接，进气歧管上，黑色 T17d-17芯插头连
接，左侧A柱下部，蓝色 T40a-40芯插头连接，黑色 T91a-91芯插头连接，黑色 T105a-105芯插头连接，
黑色

电控油门操纵机构的节气门驱动装置，电控油门操纵机构的节气门驱动装置角度传感器 1，
电控油门操纵机构的节气门驱动装置角度传感器 2，节气门控制单元，发动机控制单元

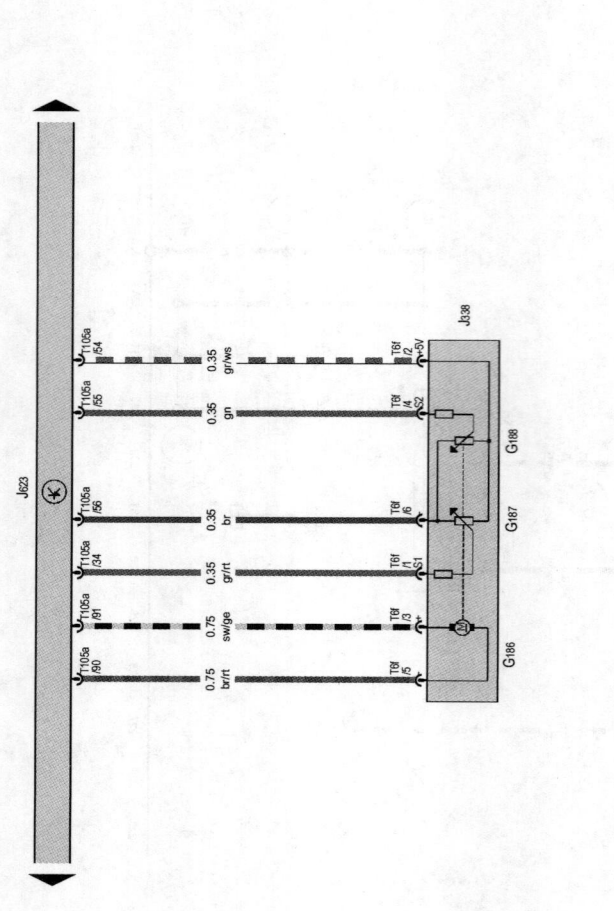

图 6-1-56

G186-电控油门操纵机构的节气门驱动装置 G187-电控油门操纵机构的节气门驱动装置角度传感器
1 G188-电控油门操纵机构的节气门驱动装置角度传感器 2 J338-节气门控制单元 J623-发动机控制单元
T6f-6芯插头连接，黑色 T105a-105芯插头连接，黑色

756

发动机控制单元，气缸 3 喷油嘴，气缸 4 喷油嘴

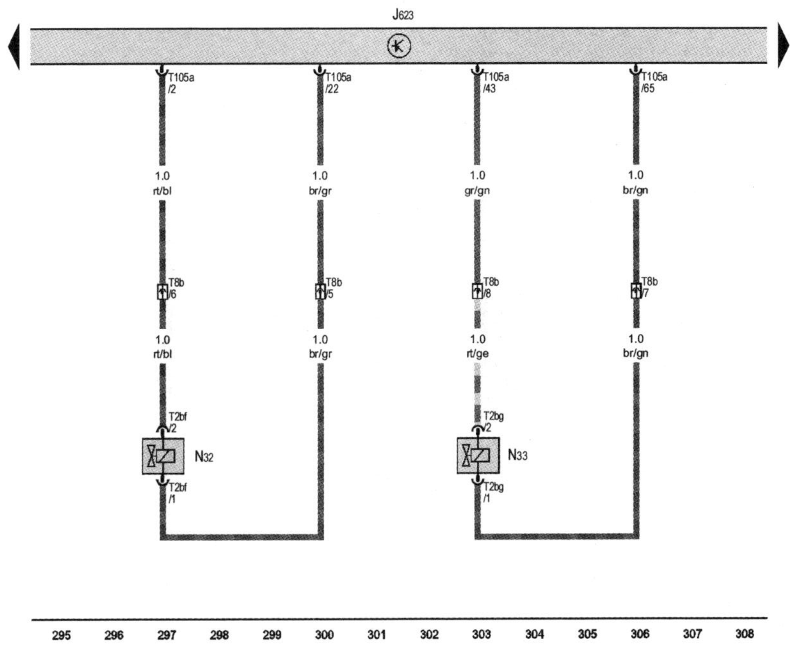

图 6-1-59

J623-发动机控制单元 N32-气缸3喷油嘴 N33-气缸4喷油嘴 T2bf-2芯插头连接，黑色 T2bg-2芯插头连接，黑色 T2bg-2芯插头连接，黑色 T8b-8芯插头连接，黑色 T105a-105芯插头连接，黑色

发动机控制单元，气缸 1 喷油嘴，气缸 2 喷油嘴

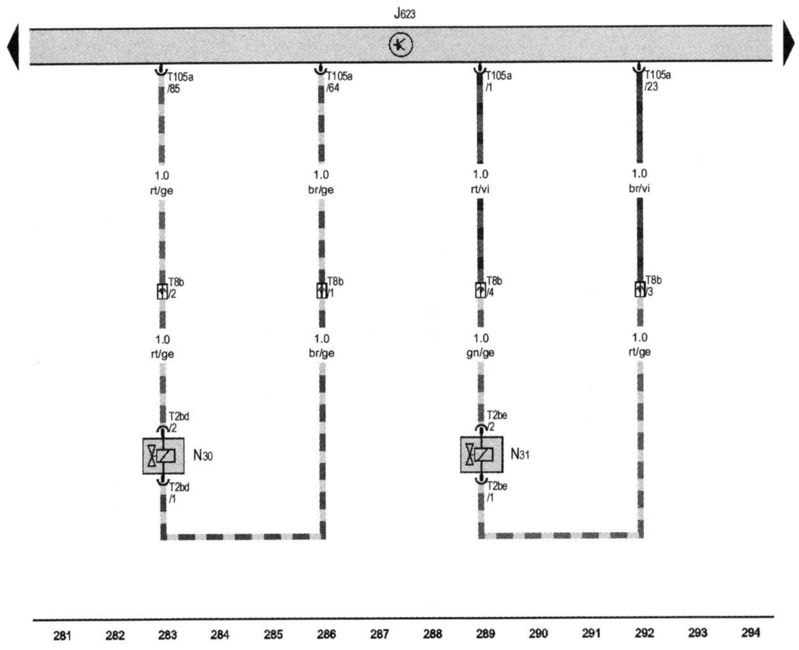

图 6-1-58

J623-发动机控制单元 N30-气缸1喷油嘴 N31-气缸2喷油嘴 T2bd-2芯插头连接，黑色 T2be-2芯插头连接，黑色 T8b-8芯插头连接，黑色 T105a-105芯插头连接，黑色

凸轮轴调节元件 4, 凸轮轴调节元件 5, 凸轮轴调节元件 6, 凸轮轴调节元件 7, 凸轮轴调节元件 8, 发动机控制单元

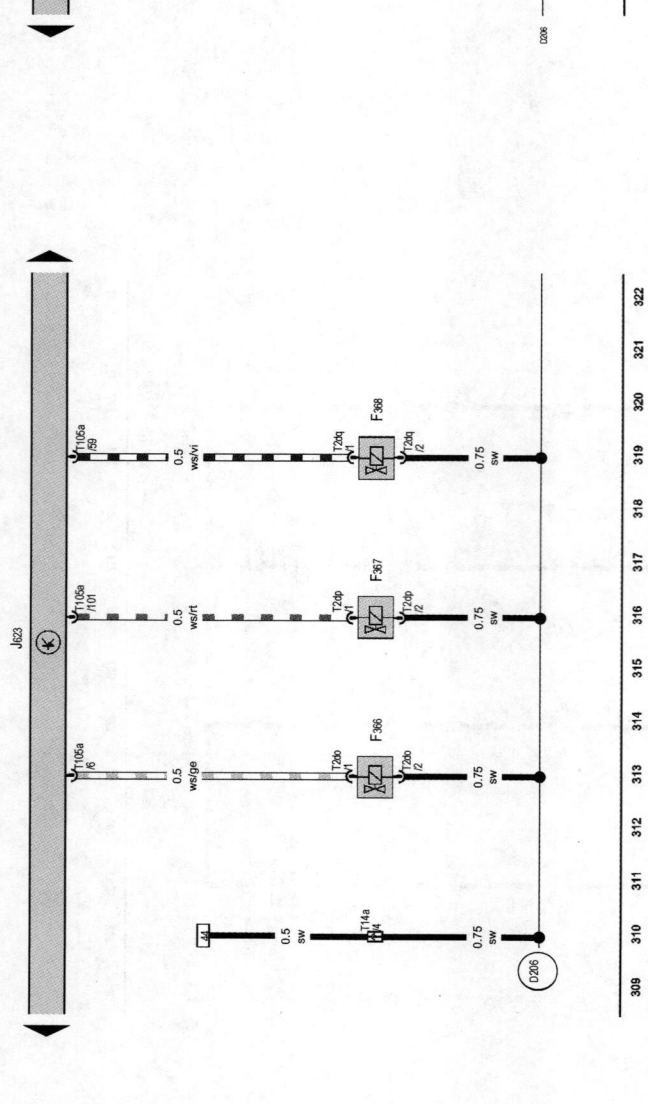

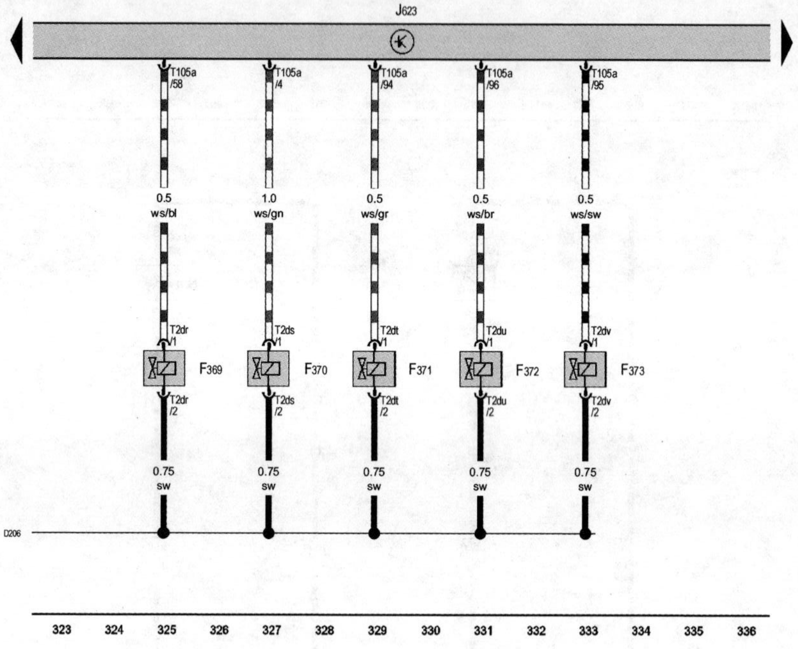

图 6-1-61

F369-凸轮轴调节元件4 F370-凸轮轴调节元件5 F371-凸轮轴调节元件6 F372-凸轮轴调节元件7 F373-凸轮轴调节元件8 J623-发动机控制单元 T2dr-2芯插头连接, 黑色 T2ds-2芯插头连接, 黑色 T2dt-2芯插头连接, 黑色 T2du-2芯插头连接, 黑色 T2dv-2芯插头连接, 黑色 T105a-105芯插头连接, 黑色 D206-连接4 (87a), 在发动机预接线导线束中

凸轮轴调节元件 1, 凸轮轴调节元件 2, 凸轮轴调节元件 3, 发动机控制单元

图 6-1-60

F366-凸轮轴调节元件1 F367-凸轮轴调节元件2 F368-凸轮轴调节元件3 J623-发动机控制单元 T2do-2芯插头连接, 黑色 T2dp-2芯插头连接, 黑色 T2dq-2芯插头连接, 黑色 T14a-14芯插头连接, 黑色 T105a-105芯插头连接, 灰色 D206-连接4 (87a), 在发动机舱内左前, 在发动机预接线导线束中

冷却液温度传感器，燃油压力传感器，发动机控制单元

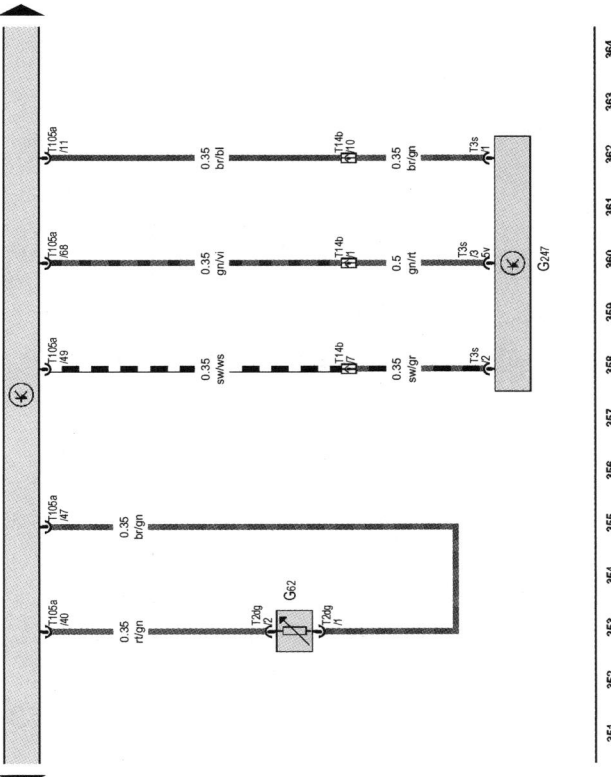

图 6-1-63

G62-冷却液温度传感器　G247-燃油压力传感器　J623-发动机控制单元　T2dg-2芯插头连接，黑色　T3s-3芯插头连接，黑色　T14b-14芯插头连接，黑色　T105a-105芯插头连接，黑色

空调器关闭热敏开关，发动机控制单元，变速器冷却液阀

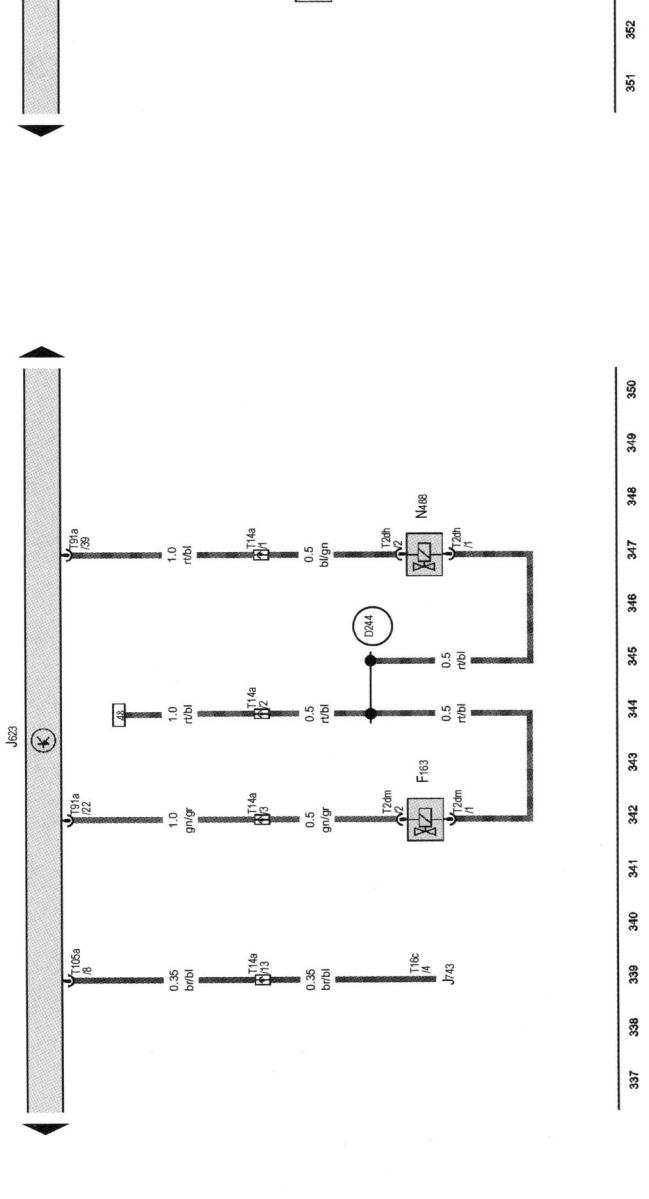

图 6-1-62

F163-空调器关闭热敏开关　J623-发动机控制单元　J743-双离合器变速器变速器机电装置　N488-变速器冷却液阀　T2dh-2芯插头连接，黑色　T2dm-2芯插头连接，黑色　T14a-14芯插头连接，发动机舱内左前，灰色　T16c-16芯插头连接，黑色　T91a-91芯插头连接，黑色　T105a-105芯插头连接，黑色　D244-连接5（87a），在发动机预接线束导线束中

759

进气温度传感器，进气歧管压力传感器，发动机控制单元，水泵

增压压力传感器，机油油位和机油油温传感器，进气温度传感器 2，发动机控制单元

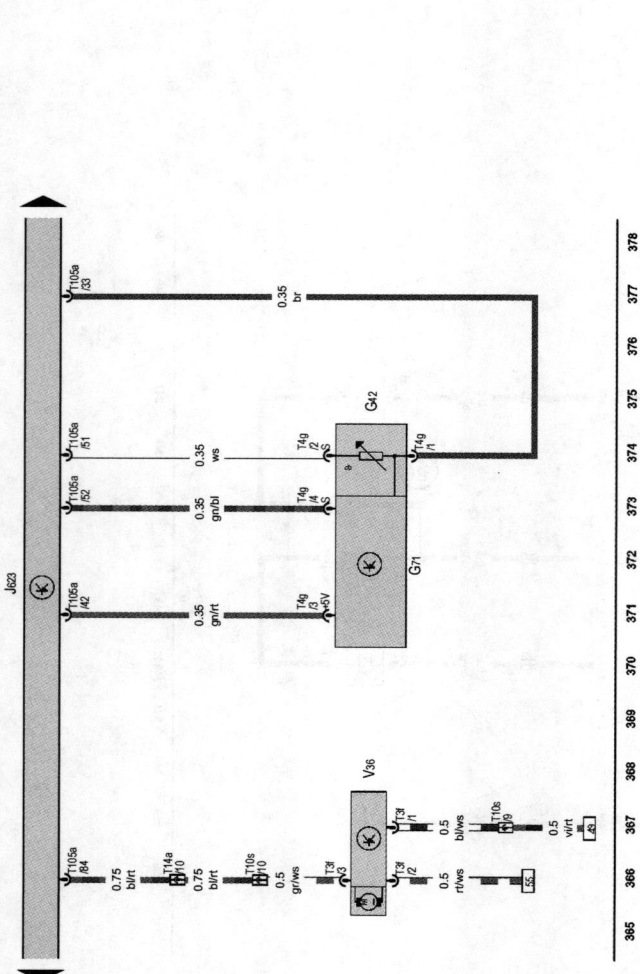

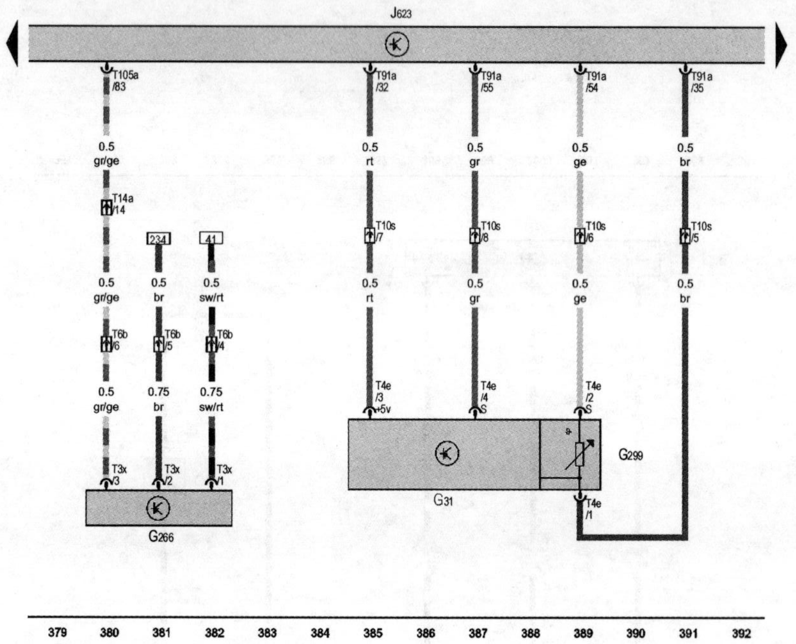

G42-进气温度传感器 G71-进气歧管压力传感器 J623-发动机控制单元 T3f-3芯插头连接，黑色 T4g-4芯插头连接，黑色 T10s-10芯插头连接，发动机舱内左前，黑色 T14a-14芯插头连接，发动机舱内左前，灰色 T105a-105芯插头连接，黑色 V36-水泵

图 6-1-64

G31-增压压力传感器 G266-机油油位和机油油温度传感器 G299-进气温度传感器2 J623-发动机控制单元 T3x-3芯插头连接，黑色 T4e-4芯插头连接，黑色 T6b-6芯插头连接，黑色 T4g-4芯插头连接，黑色 T10s-10芯插头连接，发动机舱内左后部，黑色 T10s-10芯插头连接，发动机舱内左前，黑色 T14a-14芯插头连接，发动机舱内左前，灰色 T91a-91芯插头连接，发动机舱内左前，灰色 T105a-105芯插头连接，黑色，黑色

图 6-1-65

760

发动机控制单元，涡轮增压器循环空气阀，进气歧管风门阀门，机油压力调节阀，活塞冷却喷嘴控制阀

发动机控制单元，增压压力限制电磁阀，活性炭罐电磁阀1，凸轮轴调节阀1，排气门凸轮轴调节阀1

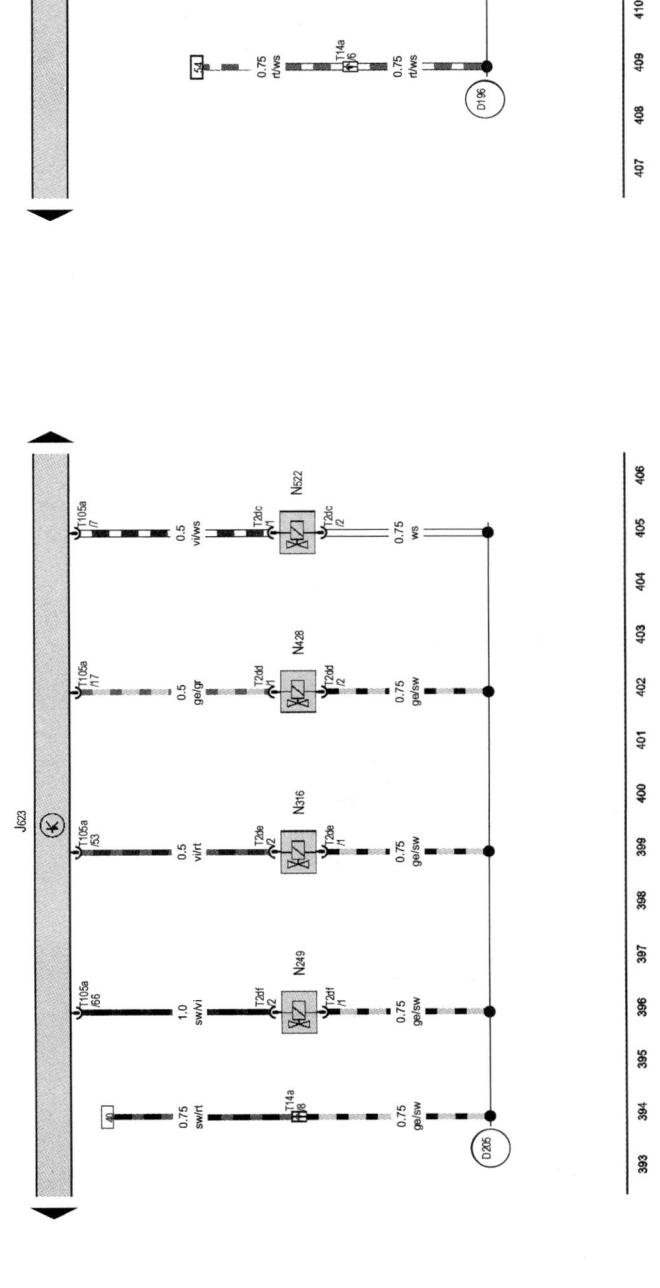

图6-1-66

J623-发动机控制单元 N249-涡轮增压器循环空气阀 N316-进气歧管风门阀门 N428-机油压力调节阀 N522-活塞冷却喷嘴控制阀 T2dc-2芯插头连接，黑色 T2dd-2芯插头连接，黑色 T2de-2芯插头连接，黑色 T2df-2芯插头连接，黑色 T14a-14芯插头连接，发动机舱内左前，灰色 T105a-105芯插头连接导线束中 D205-连接3（87a），在发动机预接线导线束中

图6-1-67

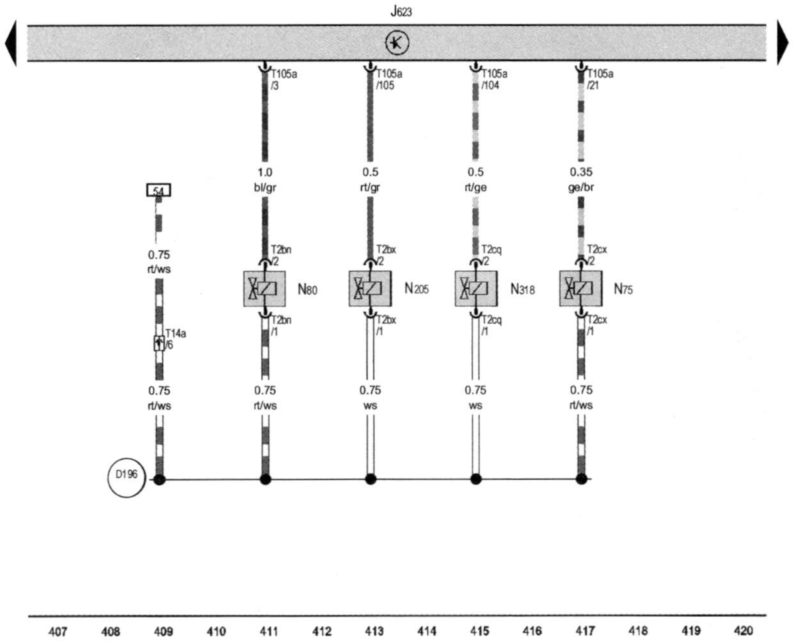

J623-发动机控制单元 N75-增压压力限制电磁阀 N80-活性炭罐电磁阀 N205-凸轮轴调节阀1 N318-排气门凸轮轴调节阀1 T2bn-2芯插头连接，黑色 T2bx-2芯插头连接，黑色 T2cq-2芯插头连接，黑色 T2cx-2芯插头连接，黑色 T14a-14芯插头连接，发动机舱内左前，灰色 T105a-105芯插头连接导线束中 D196-连接2（87a），在发动机预接线导线束中

发动机控制单元，带功率输出级的点火线圈 1，带功率输出级的点火线圈 2，带功率输出级的点火线圈 3，火花塞插头，火花塞

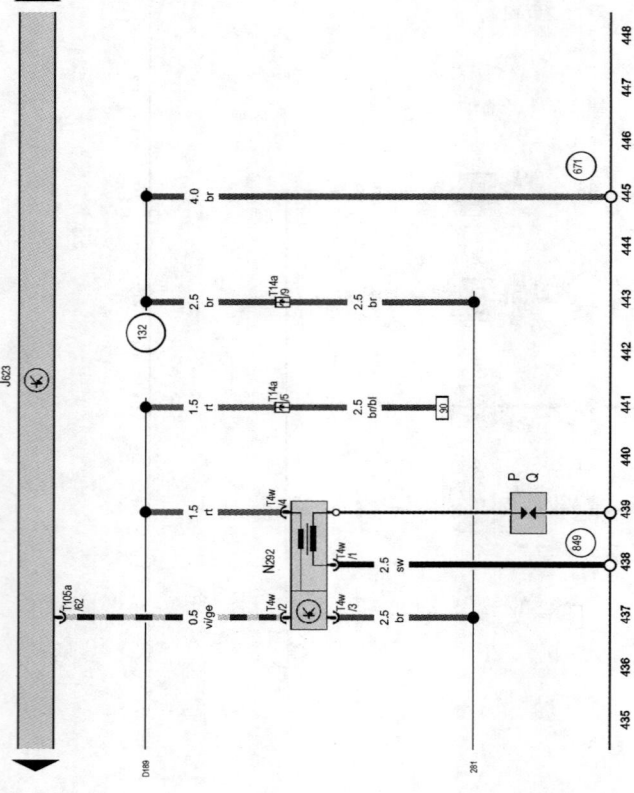

发动机控制单元，带功率输出级的点火线圈 4，火花塞插头，火花塞

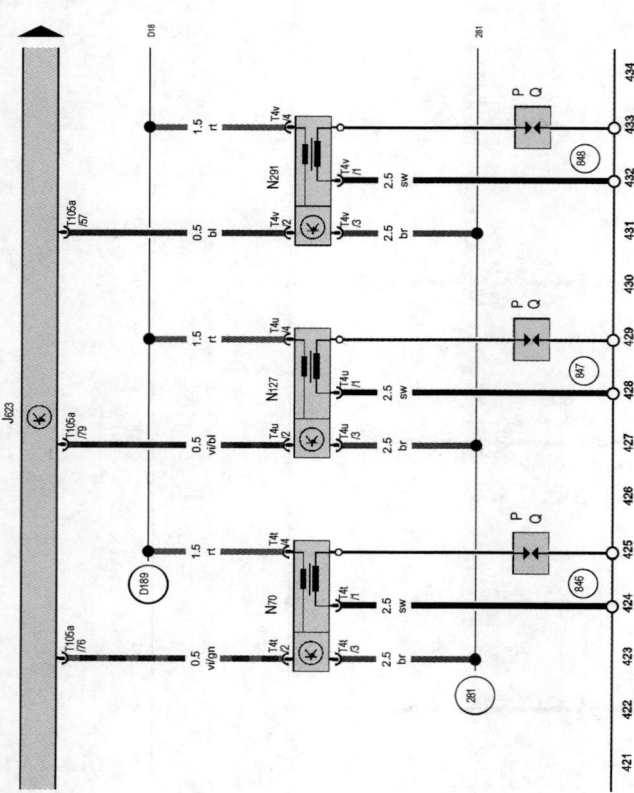

图 6-1-69

J623-发动机控制单元 N292-带功率输出级的点火线圈4 P-火花塞插头 Q-火花塞 T4w-4芯插头连接，黑色 T14a-14芯插头连接，发动机舱内左前，灰色 T105a-105芯插头连接，黑色 132-接地连接，在发动机舱导线束中 281-接地连接，黑色 671-左前纵梁上的接地点1 849-点火线圈4 圈1上的接地点 D189-连接（87a），在发动机预接线导线束中

图 6-1-68

J623-发动机控制单元 N70-带功率输出级的点火线圈1 N127-带功率输出级的点火线圈2 N291-带功率输出级的点火线圈3 P-火花塞插头 Q-火花塞 T4t-4芯插头连接，黑色 T4u-4芯插头连接，黑色 T4v-4芯插头连接，黑色 T105a-105芯插头连接，黑色 281-接地连接，黑色 846-点火线圈1上的接地点 847-点火线圈2上的接地点 848-点火线圈3上的接地点 D189-连接（87a），在发动机预接线导线束中

762

机油压力开关，机油压力降低开关，3挡，数据总线诊断接口，发动机控制单元

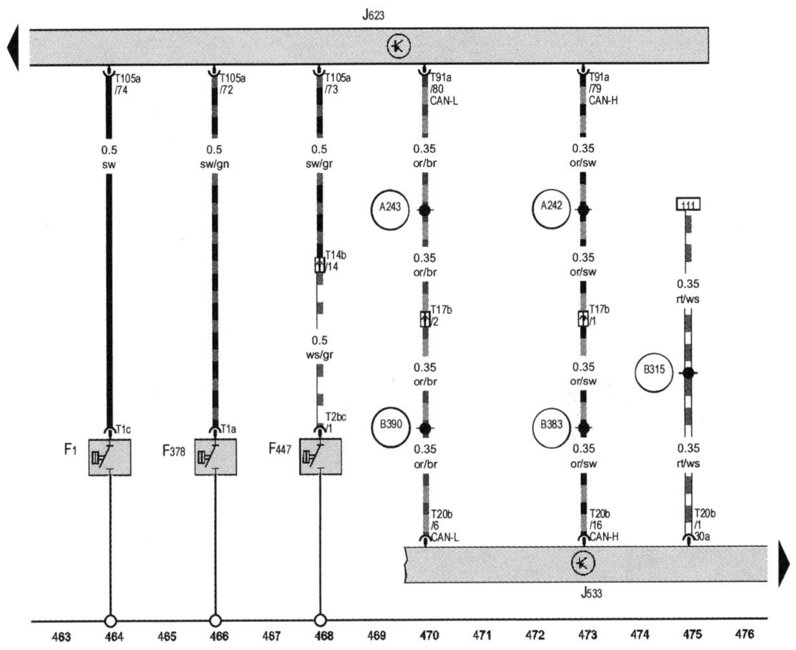

燃油表传感器，燃油供给单元，预供给燃油泵，燃油泵控制单元，发动机控制单元

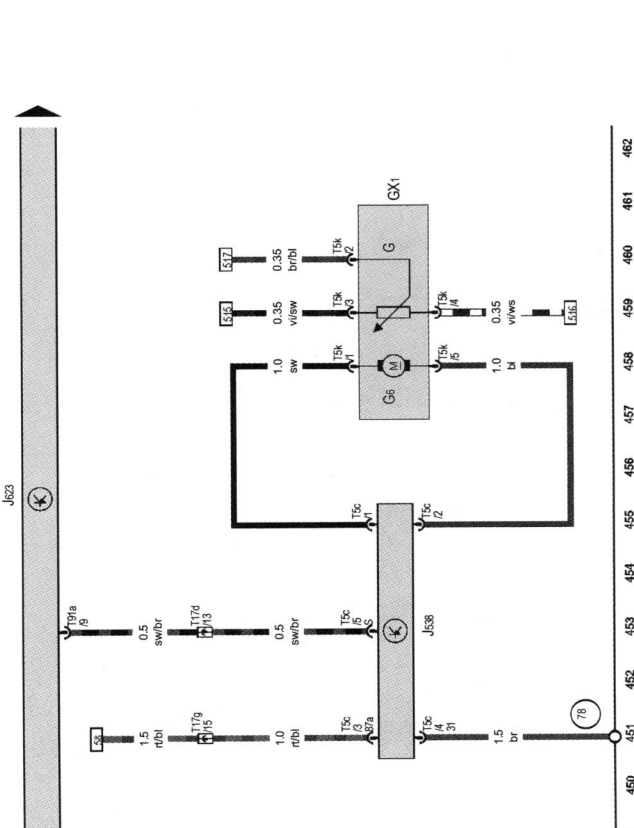

图6-1-71

F1-机油压力开关 F378-机油压力降低开关 F447-机油压力开关 J533-数据总线诊断接口 J623-发动机控制单元 机控制单元 T1a-1芯插头连接，黑色 T1c-1芯插头连接，蓝色 T2bc-2芯插头连接，黑色 T14b-14芯插头连接，黑色 T17b-17芯插头连接，左侧A柱下部，黑色 T20b-20芯插头连接，红色 T91a-91芯插头连接，进气歧管上，黑色 T105a-105芯插头连接，左侧A柱下部，黑色 A242-连接1（驱动CAN总线，High），在发动机舱导线束中 B315-正极连接1（30a），在发动机舱导线束中 A243-连接1（驱动CAN总线，Low），在发动机舱导线束中 B383-连接1（驱动CAN总线，Low），在主导线束中 B390-连接1（驱动CAN总线，High），在主导线束中

图6-1-70

G-燃油表传感器 GX1-燃油供给单元 G6-预供给燃油泵 J538-燃油泵控制单元 J623-发动机控制单元 T5c-5芯插头连接，黑色 T5k-5芯插头连接，黑色 T17d-17芯插头连接，黑色 T17g-17芯插头连接，右侧A柱下部，红色 T91a-91芯插头连接，黑色 78-右侧B柱下侧B柱下部接地点

防盗锁止系统读出线圈，燃油表，冷却液温度表，转速表，多功能显示器，组合仪表中的控制单元，防盗锁止系统控制单元，发电机指示灯，组合仪表，燃油表指示灯

数据总线诊断接口，诊断接口

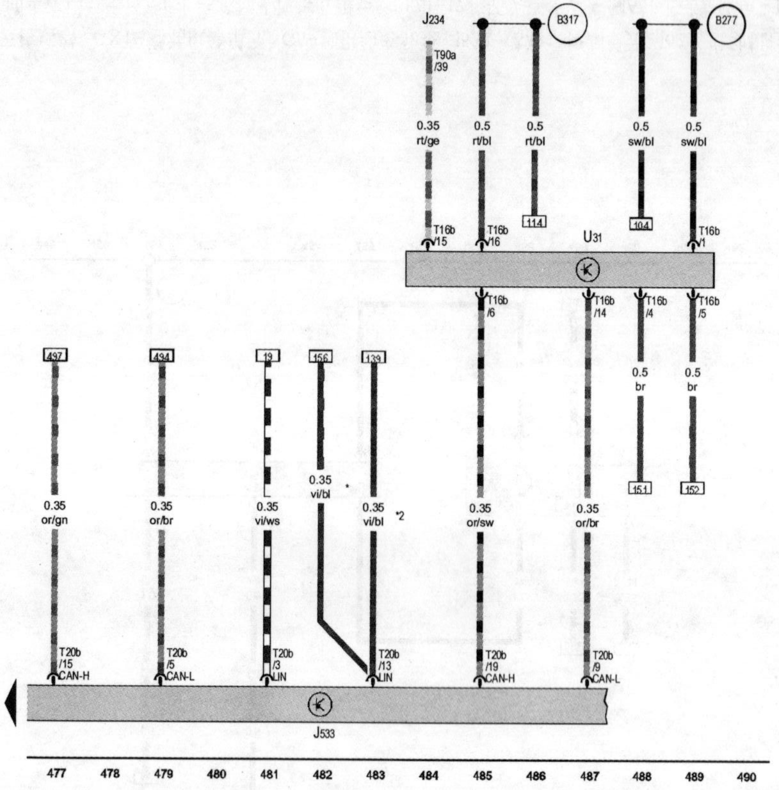

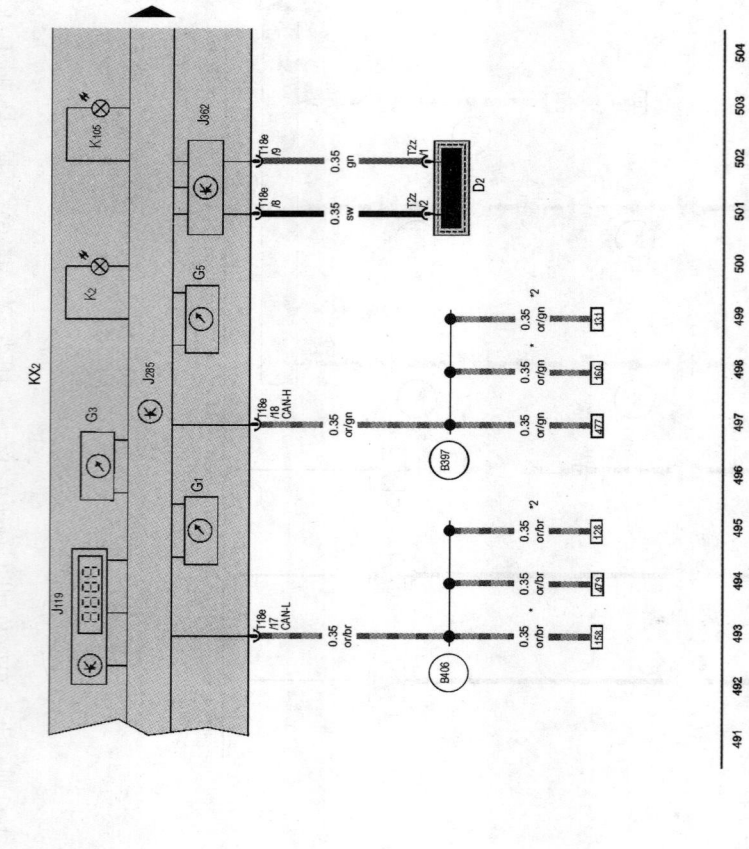

图6-1-72

图6-1-73

D2-防盗锁止系统读出线圈 G1-燃油表 G3-冷却液温度表 G5-转速表 J119-多功能显示器 J285-组合仪表中的控制单元 J362-防盗锁止系统控制单元 K2-发电机指示灯 K105-燃油表指示灯 KX2-组合仪表 T2z-2芯插头连接，黑色 T18e-18芯插头连接，黑色 B397-连接1（舒适CAN总线，High），在主导线束中 B406-连接1（舒适CAN总线，Low），在主导线束中 *2-仅用于不带可加热式方向盘的汽车

J234-安全气囊控制单元 J533-数据总线诊断接口 T16b-16芯插头连接 T20b-20芯插头连接，红色 T90a-90芯插头连接 U31-诊断接头连接 B277-正极连接1（15a），在主导线束中 B317-正极连接3（30a），在主导线束中 *-仅用于不带可加热式方向盘的汽车 *2-仅用于带可加热式方向盘的汽车

蓄电池，启动机，交流发电机，电压调节器，蓄电池调节控制单元

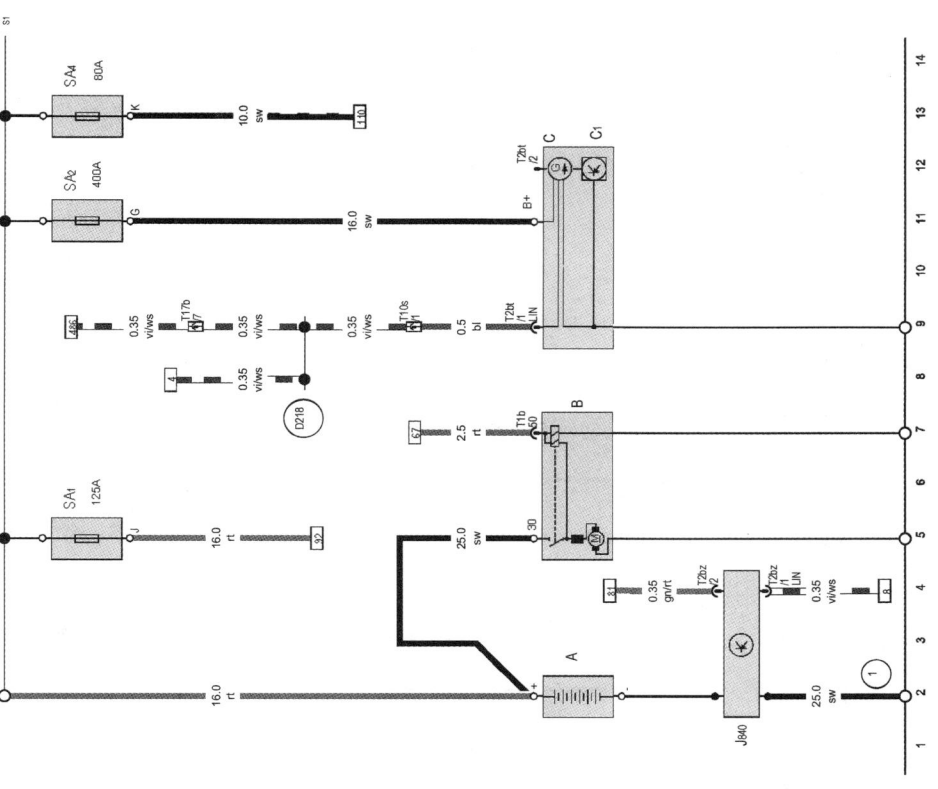

A-蓄电池 B-启动机 C-交流发电机 C1-电压调节器 J840-蓄电池调节控制单元 SA1-保险丝架A上的保险丝1 SA2-保险丝架A上的保险丝2 SA4-保险丝架A上的保险丝4 T1b-1芯插头连接，黑色 T2bt-2芯插头连接，黑色 T2bz-2芯插头连接，黑色 T10s-10芯插头连接，黑色 T17b-17芯插头连接，黑色 发动机舱内左侧，蓄电池-车身 D218-连接1（LIN总线），在发动机舱导线束中

图6-1-75

车速表，组合仪表中的控制单元，组合仪表，机油压力指示灯，冷却液温度和冷却液不足显示指示灯，定速巡航装置指示灯，废气警告灯，电子油门故障信号灯，里程表

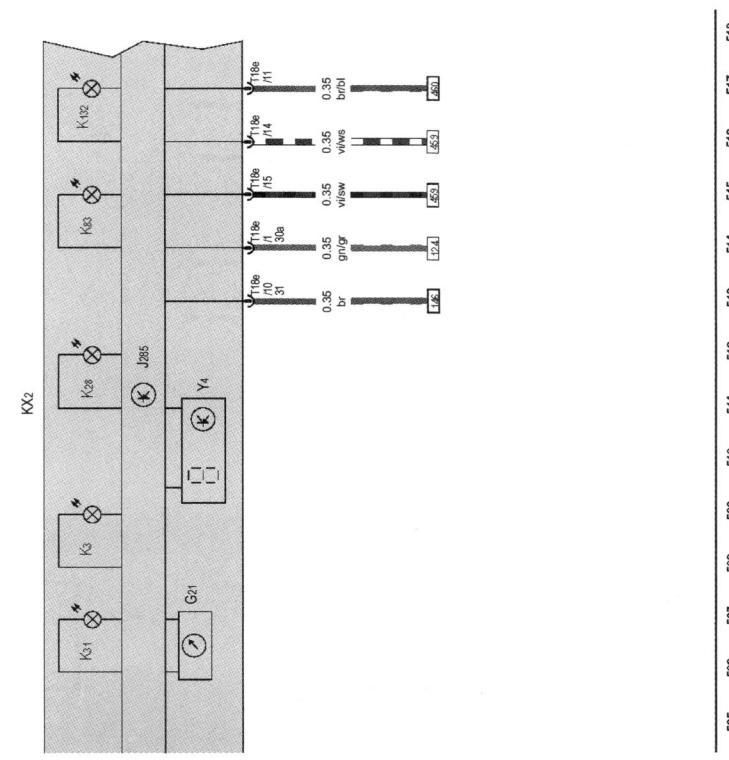

G21-车速表 J285-组合仪表中的控制单元 KX2-组合仪表 K3-机油压力指示灯 K28-冷却液温度和冷却液不足显示指示灯 K31-定速巡航装置指示灯 K83-废气警告灯 K132-电子油门故障信号灯 T18e-18芯插头连接，黑色 Y4-里程表

图6-1-74

主继电器，保险丝架 B

保险丝架 B

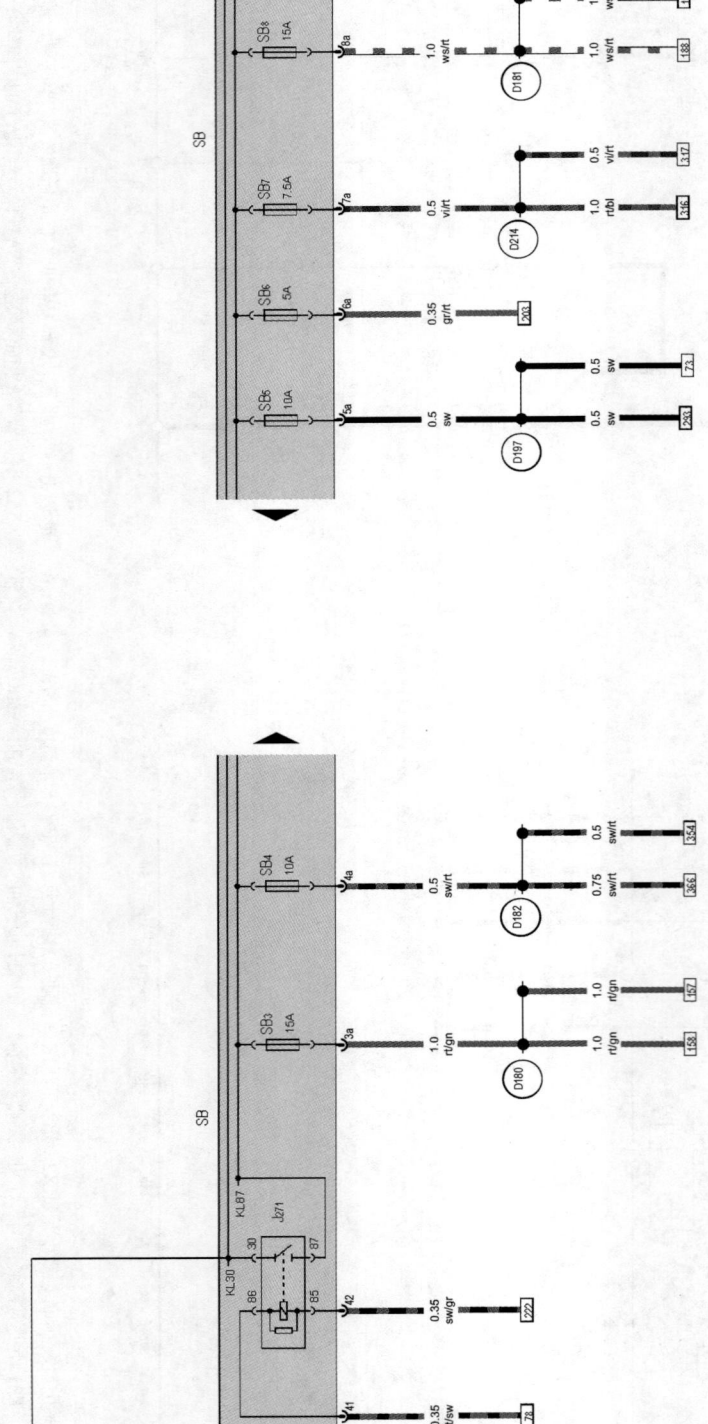

图 6-1-76

图 6-1-77

J271-主继电器 SB-保险丝架B SB3-保险丝架B上的保险丝3 SB4-保险丝架B上的保险丝4 14-变速器上的接地点3 673-左前纵梁上的接地点3 D180-连接（87a），在发动机舱导线束中 D182-连接3（87a），在发动机舱导线束中

SB-保险丝架B SB5-保险丝架B上的保险丝5 SB6-保险丝架B上的保险丝6 SB7-保险丝架B上的保险丝7 SB8-保险丝架B上的保险丝8 SB9-保险丝架B上的保险丝9 D181-连接2（87a），在发动机舱导线束中 D214-连接8（87a），在发动机舱导线束中 D197-连接5（87a），在发动机舱导线束中

766

启动机继电器 1, 保险丝架 B

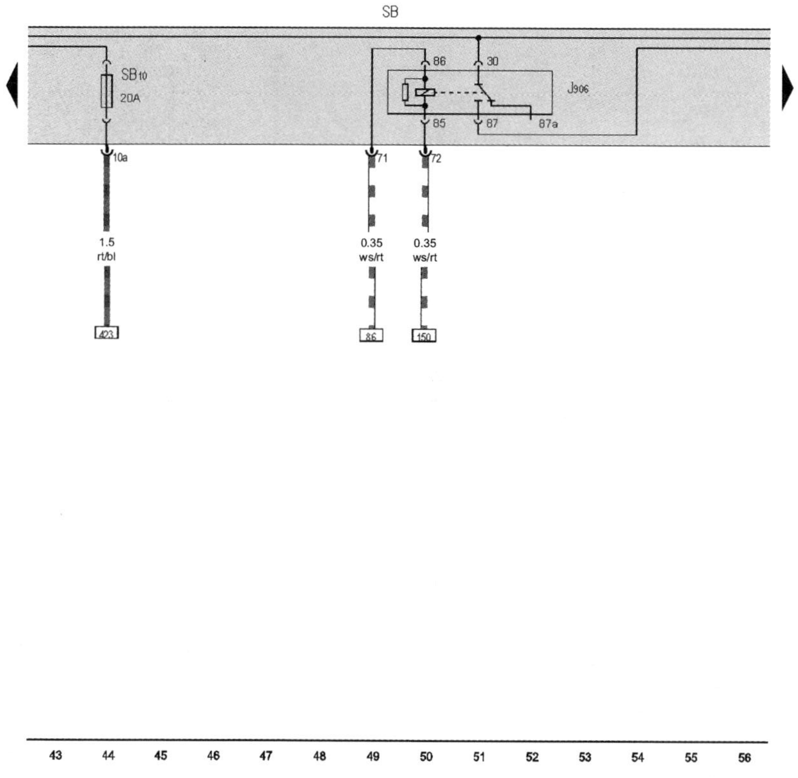

启动机继电器 2, 保险丝架 B

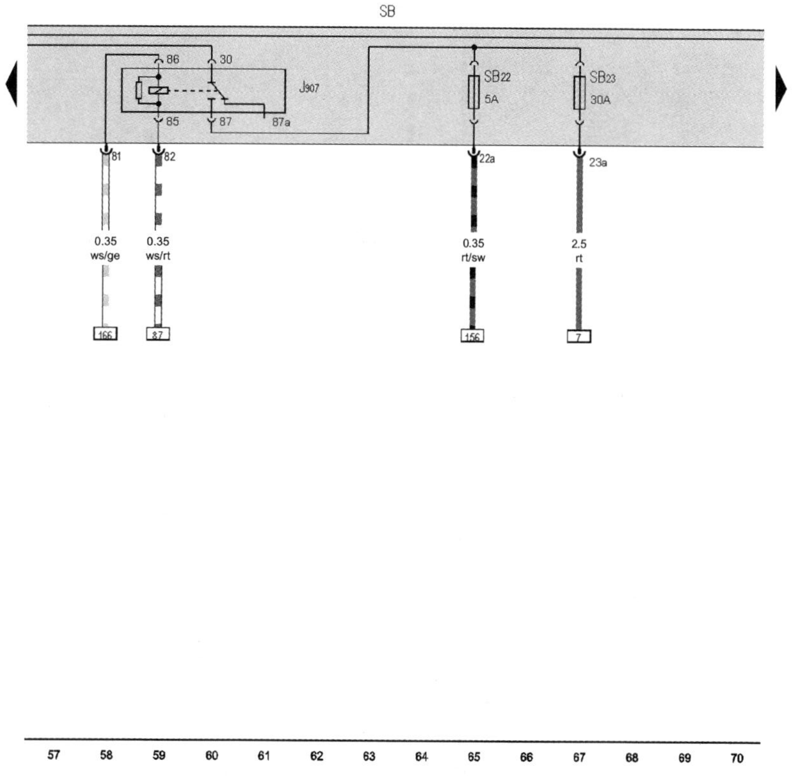

SB

J906

SB10
20A

SB23
30A

SB22
5A

J907

1.5
rt/bl

0.35
ws/rt

0.35
ws/rt

0.35
ws/ge

0.35
rt/sw

2.5
rt

J906-启动机继电器1 SB-保险丝架B SB10-保险丝架B上的保险丝10

图 6-1-78

J907-启动机继电器2 SB-保险丝架B SB22-保险丝架B上的保险丝22 SB23-保险丝架B上的保险丝23

图 6-1-79

接线端15供电继电器，车载电网控制单元，保险丝架C

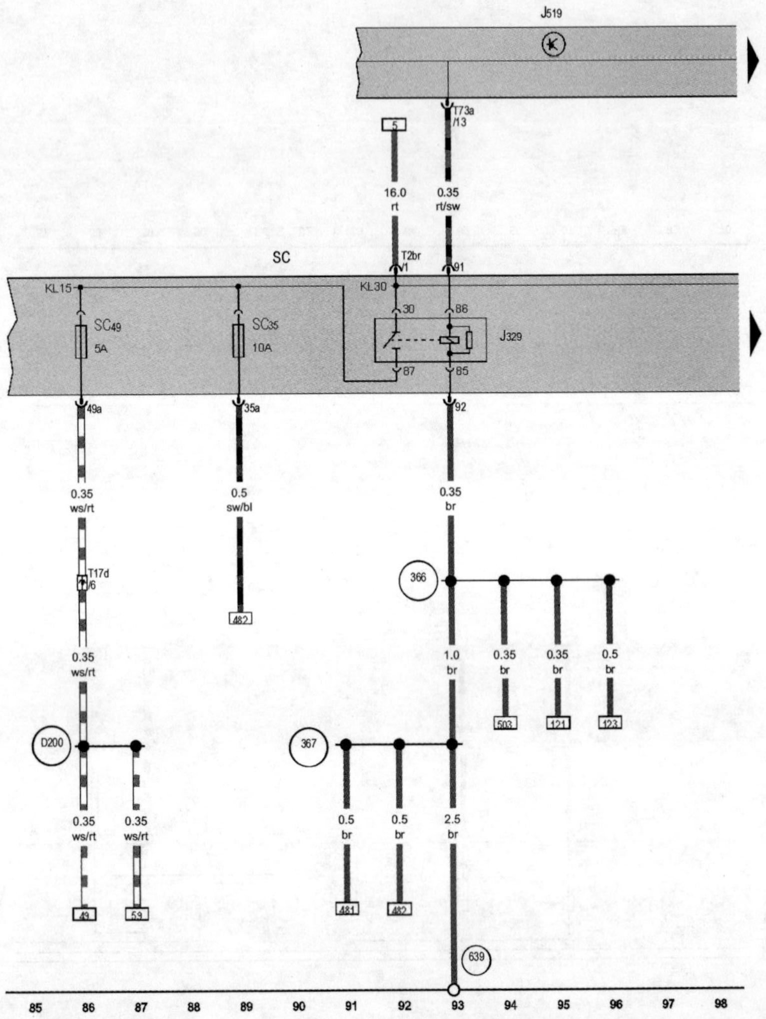

发动机部件供电继电器，保险丝架B

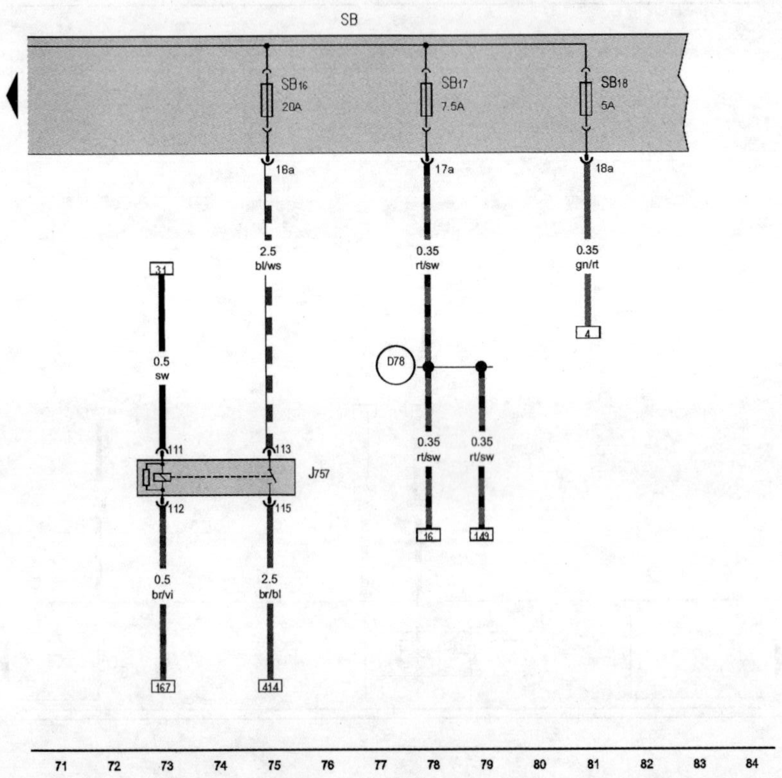

图6-1-81

J329-接线端15供电继电器 J519-车载电网控制单元 SC-保险丝架C SC35-保险丝架C上的保险丝35
SC49-保险丝架C上的保险丝49 T2br-2芯插头连接 T17d-17芯插头连接，左侧A柱下部，左侧A柱
T73a-73芯插头连接，黑色 366-接地连接1，在主导线束中 367-接地连接2，接地连接3（15a），在发动机舱导线束中 639-左A柱
上的接地点 D200-正极连接3（15a），在发动机舱导线束中

图6-1-80

J757-发动机部件供电继电器 SB-保险丝架B SB16-保险丝架B上的保险丝16 SB17-保险丝架B上的保险丝
17 SB18-保险丝架B上的保险丝18 D78-正极连接1（30a），在发动机舱导线束中

车载电网控制单元，转向柱电子装置控制单元

车载电网控制单元，保险丝架 C

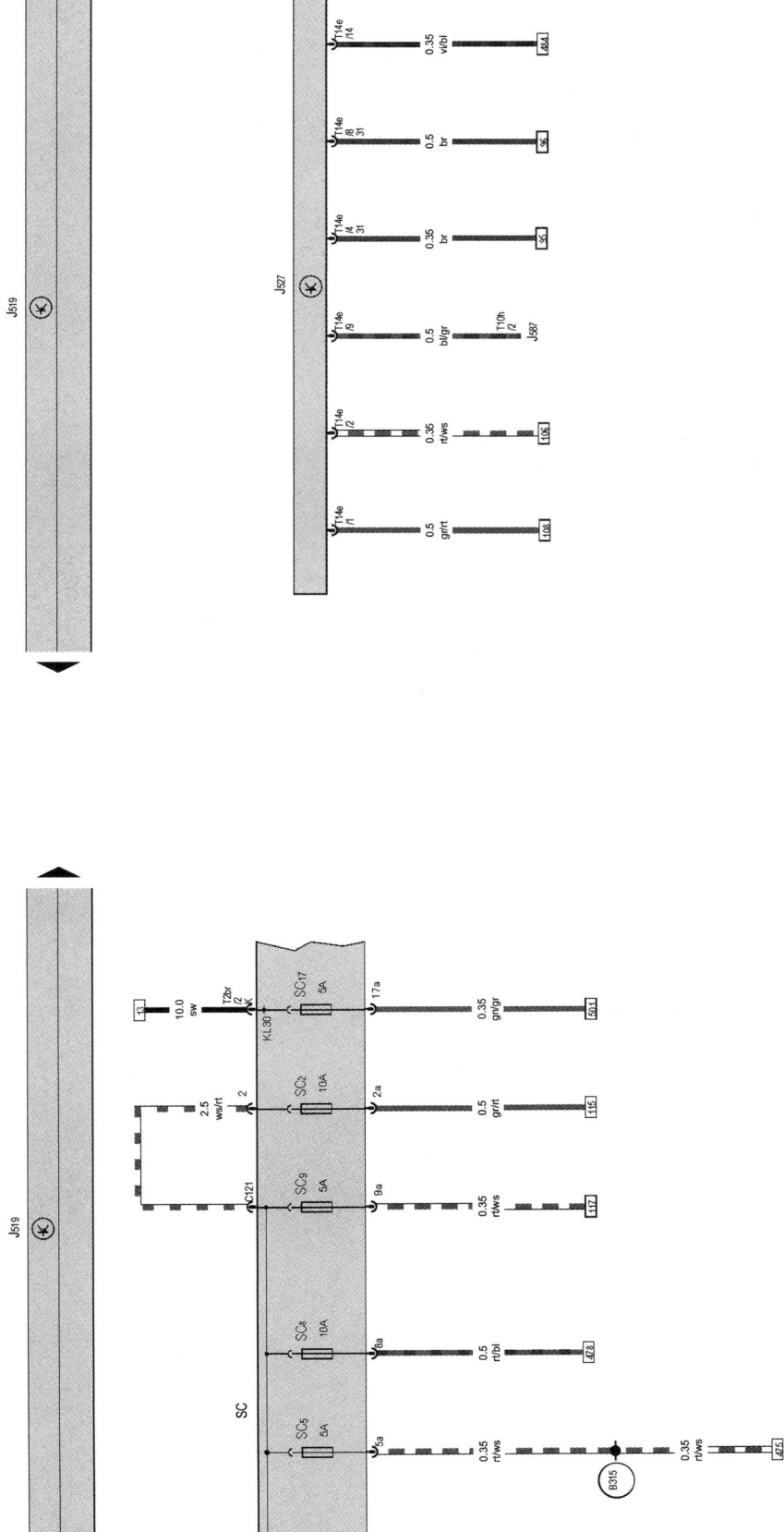

图 6-1-82

图 6-1-83

J519-车载电网控制单元 SC-保险丝架 C SC2-保险丝架 C 上的保险丝 2 SC5-保险丝架 C 上的保险丝 5
SC8-保险丝架 C 上的保险丝 8 SC9-保险丝架 C 上的保险丝 9 SC17-保险丝架 C 上的保险丝 17 T2br-2芯插
头连接，黑色 B315-正极连接1 (30a)，在主导线束中

J519-车载电网控制单元 J527-转向柱电子装置控制单元 J587-换挡杆传感器控制单元 T10h-10芯插头连
接，黑色 T14e-14芯插头连接，黑色

769

中控台开关模块 2，启动/停止模式按钮，车载电网控制单元，发动机控制单元，启动/
停止运行模式指示灯，按钮照明灯泡，燃油定量阀

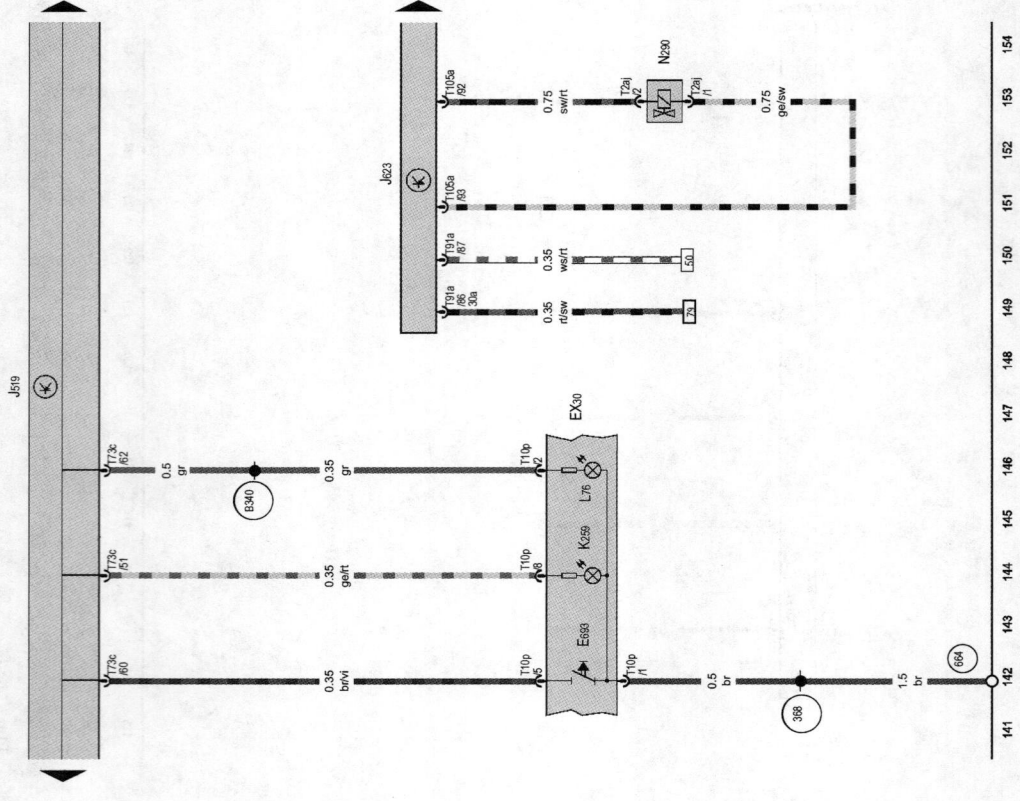

EX30-中控台开关模块2 E693-启动/停止模式按钮 J519-车载电网控制单元 J623-发动机控制单元
K259-启动/停止运行模式指示灯 L76-按钮照明灯泡 T2aj-2芯插头连接，黑色 T10p-
10芯插头连接，红色 T73c-73芯插头连接，黑色 T91a-91芯插头连接，黑色 T105a-105芯插头连接，黑
色 368-接地连接3，在主导线束中 664-左侧仪表板后面的接地点 B340-连接1（58d），在主导线束中

图 6-1-85

冷却液不足显示传感器，车载电网控制单元，转向柱电子装置控制单元

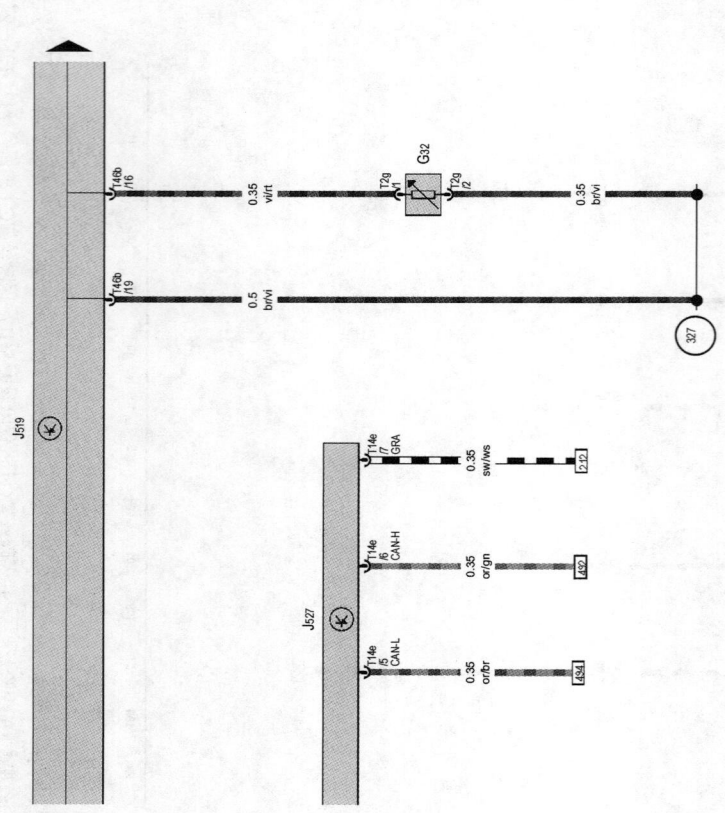

G32-冷却液不足显示传感器 J519-车载电网控制单元 J527-转向柱电子装置控制单元 T2g-2芯插头连
接 T14e-14芯插头连接，黑色 T46b-46芯插头连接，黑色 327-接地连接（传感器接地），在发动
机舱导线束中

图 6-1-84

霍耳传感器，散热器出口处的冷却液温度传感器，车载电网控制单元，发动机控制单元

发动机转速传感器，霍耳传感器2，车载电网控制单元，发动机控制单元

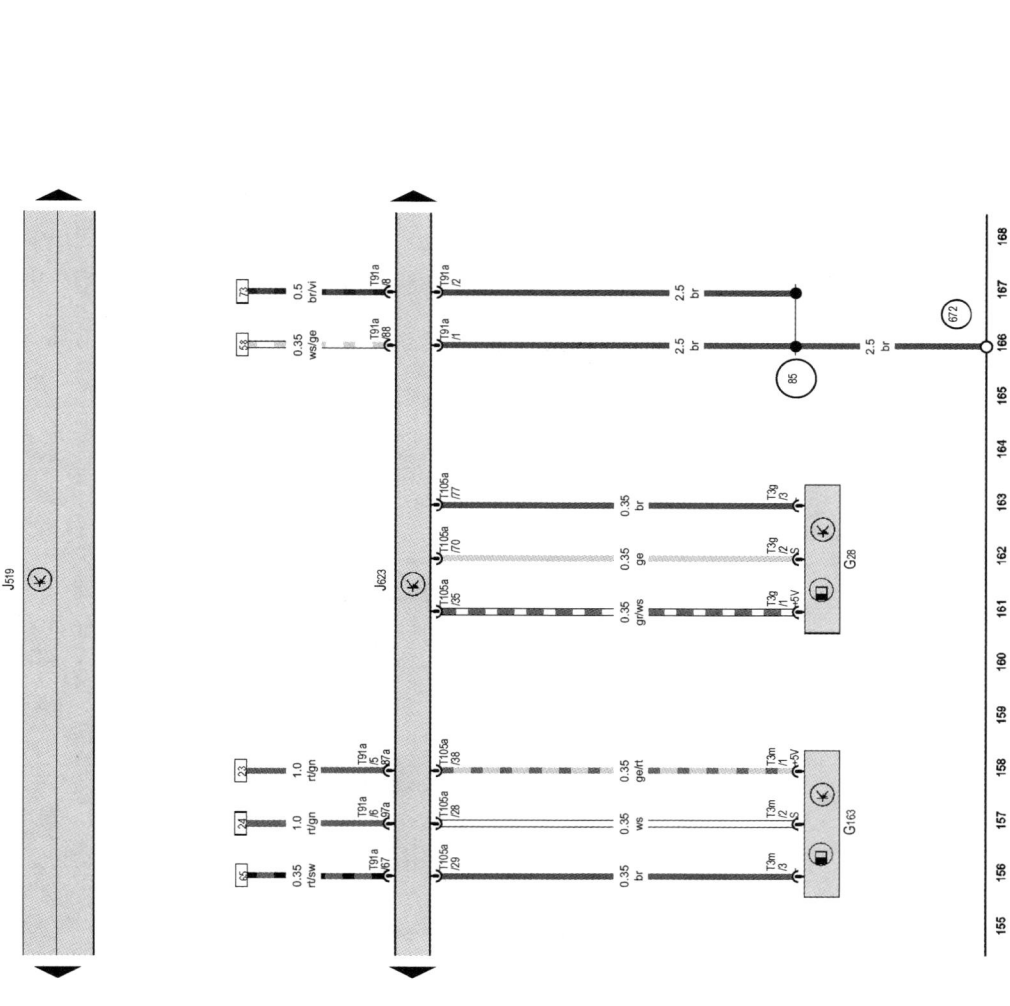

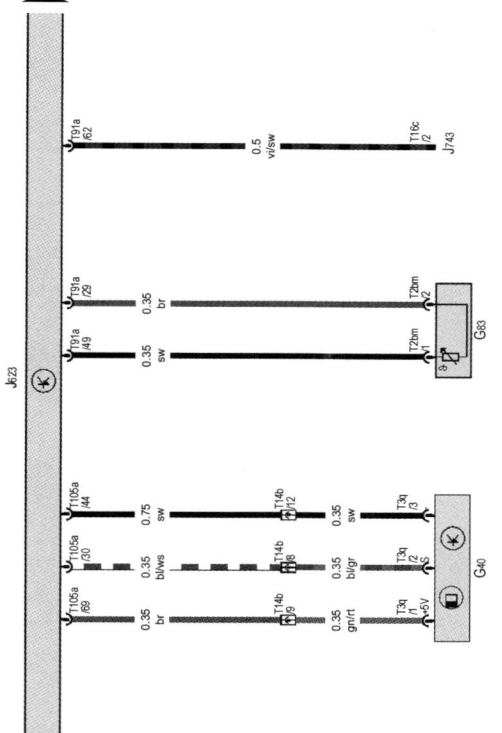

图6-1-87

图6-1-86

G40-霍耳传感器，G83-散热器出口处的冷却液温度传感器，J519-车载电网控制单元，J623-发动机控制单元，T3q-3芯插头连接，黑色 T3g-3芯插头连接，黑色 T14b-14芯插头连接，黑色，J743-双离合器变速器机电装置 T2bm-2芯插头连接，黑色 T16c-16芯插头连接，黑色 T91a-91芯插头连接，黑色 T105a-105芯插头连接，黑色，进气歧管上，T91a-91芯插头连接，黑色

G28-发动机转速传感器 G163-霍耳传感器2 J519-车载电网控制单元 J623-发动机控制单元 T3g-3芯插头连接，黑色 T3m-3芯插头连接，黑色 T91a-91芯插头连接，黑色 T105a-105芯插头连接，黑色 85-接地连接1，在发动机舱导线束中 672-左前纵梁上的接地点2

771

尾气催化净化器后的氧传感器1, 尾气催化净化器前的氧传感器1, 氧传感器, 尾气催化净化器后的氧传感器, 车载电网控制单元, 发动机控制单元, 尾气催化净化器后的氧传感器1加热装置

制动信号灯开关, 制动踏板开关, 车载电网控制单元, 发动机控制单元

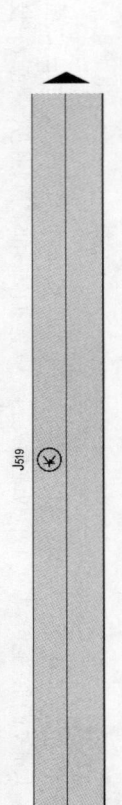
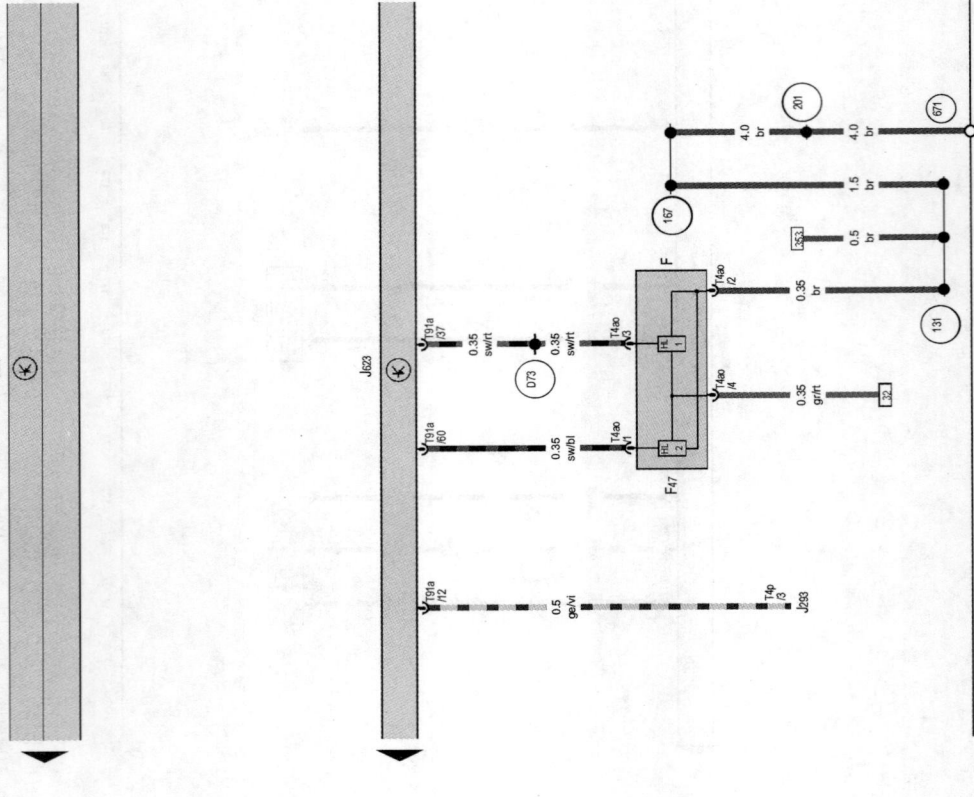

图6-1-89

F-制动信号灯开关 F47-制动踏板开关 J293-散热器风扇控制单元 J519-车载电网控制单元 J623-发动机控制单元 T4ao-4芯插头连接, 黑色 T4p-4芯插头连接, 黑色 T91a-91芯插头连接, 黑色 131-接地连接, 黑色 控制单元 T4ao-4芯插头连接, 黑色 T4p-4芯插头连接, 黑色 T91a-91芯插头连接, 黑色 131-接地连接, 黑色 接2, 在发动机舱导线束中 167-接地连接4, 在发动机舱导线束中 201-接地连接5, 在发动机舱导线束中 671-左前纵梁上的接地点1 D73-正极连接（54）, 在发动机舱导线束中

图6-1-88

GX7-尾气催化净化器后的氧传感器1 GX10-尾气催化净化器后的氧传感器1 G39-氧传感器 G130-尾气催化净化器前的氧传感器1 G130-尾气催化净化器前的氧传感器1 J519-车载电网控制单元 J623-发动机控制单元 T4n-4芯插头连接, 黑色 T5v-5芯插头连接, 灰色 T91a-91芯插头连接, 黑色 Z19-氧传感器加热 Z29-尾气催化净化器后的氧传感器加热 氧传感器1加热装置

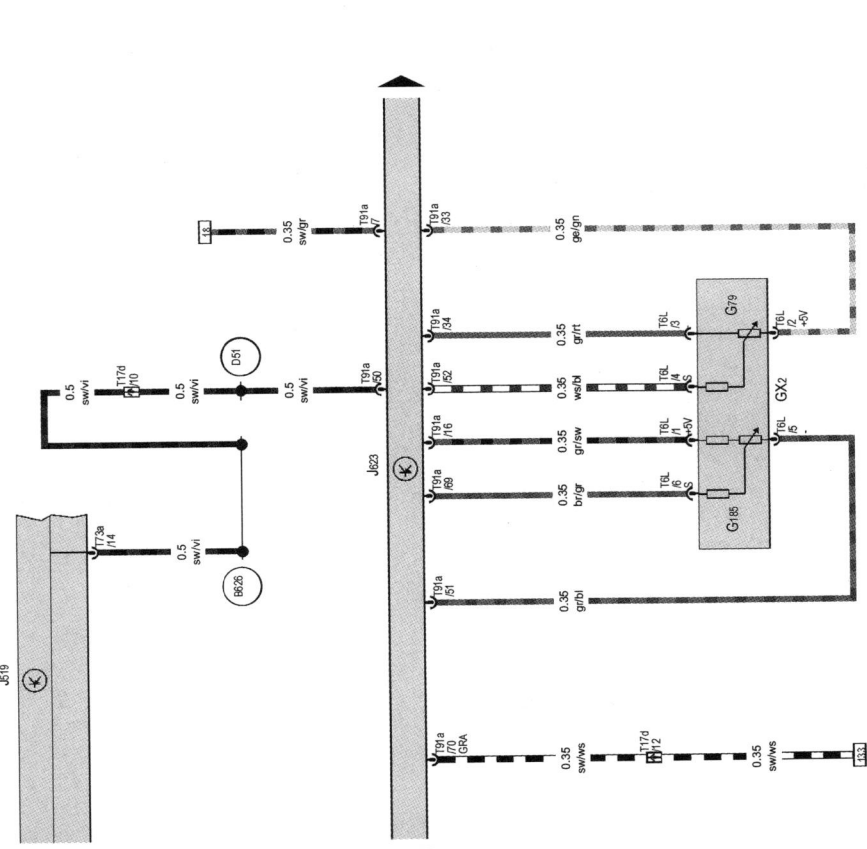

电控油门操纵机构的节气门驱动装置，电控油门操纵机构的节气门驱动装置角度传感器1，电控油门操纵机构的节气门驱动装置角度传感器2，节气门控制单元，发动机控制单元

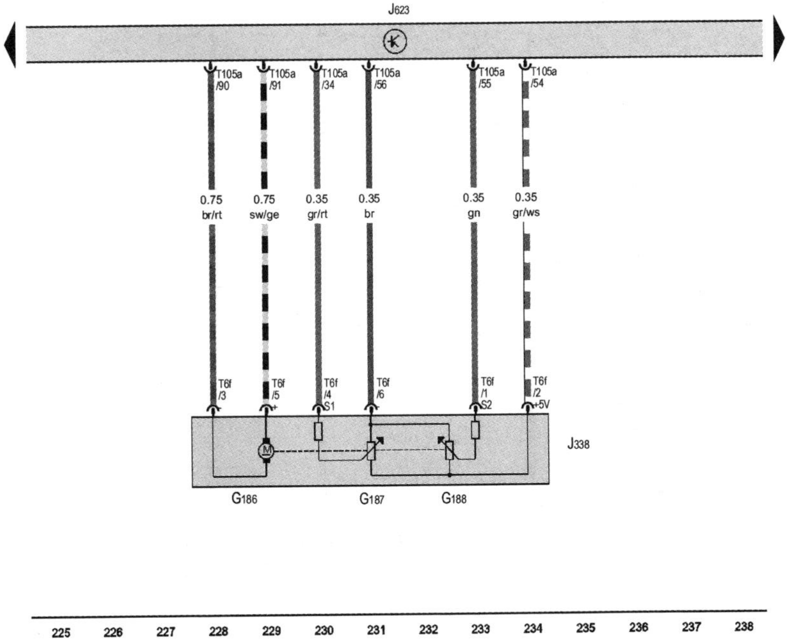

G186-电控油门操纵机构的节气门驱动装置　G187-电控油门操纵机构的节气门驱动装置角度传感器1　G188-电控油门操纵机构的节气门驱动装置角度传感器2　J338-节气门控制单元　J623-发动机控制单元　T6f-6芯插头连接，黑色　T105a-105芯插头连接，黑色

图 6-1-91

油门踏板模块，油门踏板位置传感器，油门踏板位置传感器2，车载电网控制单元，发动机控制单元

GX2-油门踏板模块　G79-油门踏板位置传感器　G185-油门踏板位置传感器2　J519-车载电网控制单元　J623-发动机控制单元　T6L-6芯插头连接，黑色　T17d-17芯插头连接，左侧A柱下部，蓝色　T73a-73芯插头连接　T91a-91芯插头连接，黑色　B626-正极连接2（15），在主导线束中　D51-正极连接1（15），在发动机舱导线束中

图 6-1-90

爆震传感器 1，进气歧管风门电位计，发动机控制单元

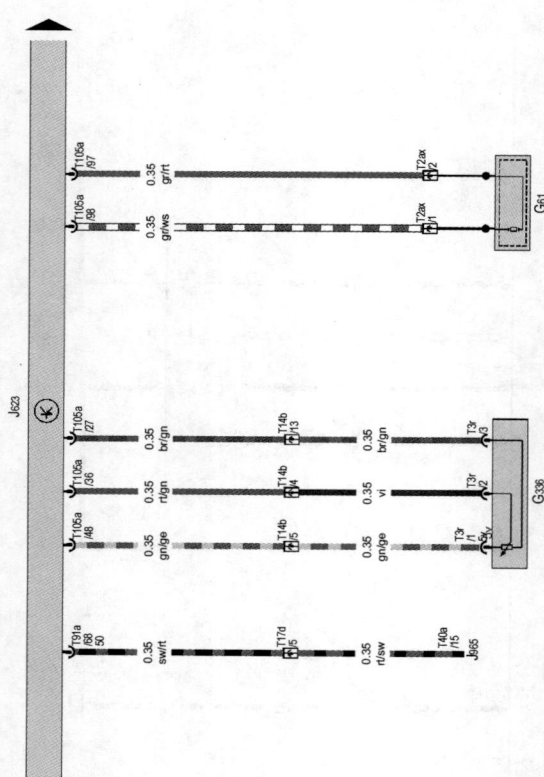

G61–爆震传感器1 G336–进气歧管风门电位计 J623–发动机控制单元 J965–进入及启动系统接口 T2ax–2芯插头连接，黄色 T3r–3芯插头连接，黑色 T14b–14芯插头连接，进气歧管上，黑色 T17d–17芯插头连接，左侧A柱下部，蓝色 T40a–40芯插头连接，黑色 T91a–91芯插头连接，黑色 T105a–105芯插头连接，黑色

图 6–1–92

发动机控制单元，气缸 1 喷油嘴，气缸 2 喷油嘴，气缸 3 喷油嘴，气缸 4 喷油嘴

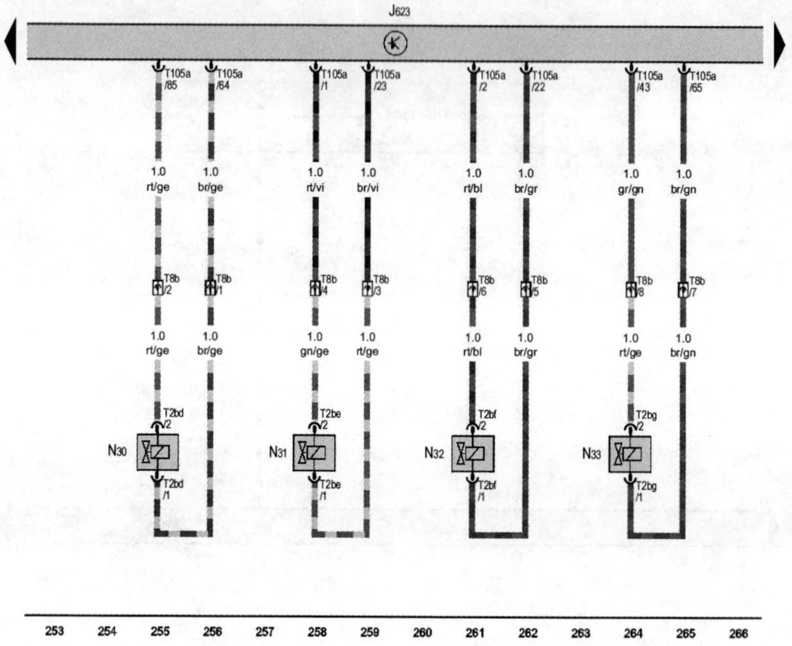

J623–发动机控制单元 N30–气缸1喷油嘴 N31–气缸2喷油嘴 N32–气缸3喷油嘴 N33–气缸4喷油嘴 T2bd–2芯插头连接，黑色 T2be–2芯插头连接，黑色 T2bf–2芯插头连接，黑色 T2bg–2芯插头连接，黑色 T8b–8芯插头连接，进气歧管上，黑色 T105a–105芯插头连接，黑色

图 6–1–93

凸轮轴调节元件 1，凸轮轴调节元件 2，凸轮轴调节元件 3，发动机控制单元

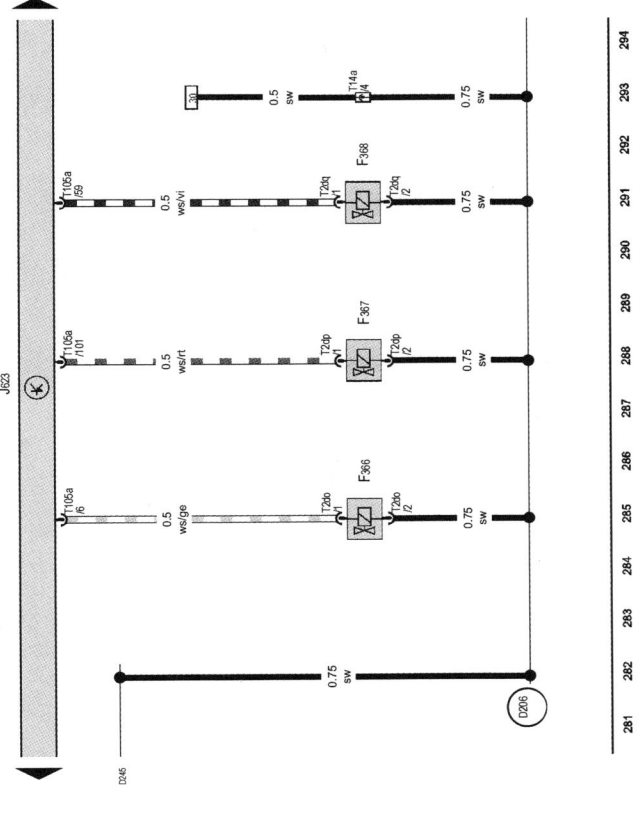

图 6-1-95

F366-凸轮轴调节元件1 F367-凸轮轴调节元件2 F368-凸轮轴调节元件3 J623-发动机控制单元 T2do-2芯插头连接，黑色 T14a-14芯插头连接，发动机舱 T2dp-2芯插头连接，黑色 T2dq-2芯插头连接，黑色 T206-连接4（87a），在发动机预接线导线束中 T105a-105芯插头连接，灰色 D206-连接，黑色 D245-连接内左前，气缸盖上左侧，黑色 D245-连接6（87a），在发动机预接线导线束中

发动机控制单元，气缸 1 喷油嘴 2，气缸 2 喷油嘴 2，气缸 3 喷油嘴 2，气缸 4 喷油嘴 2

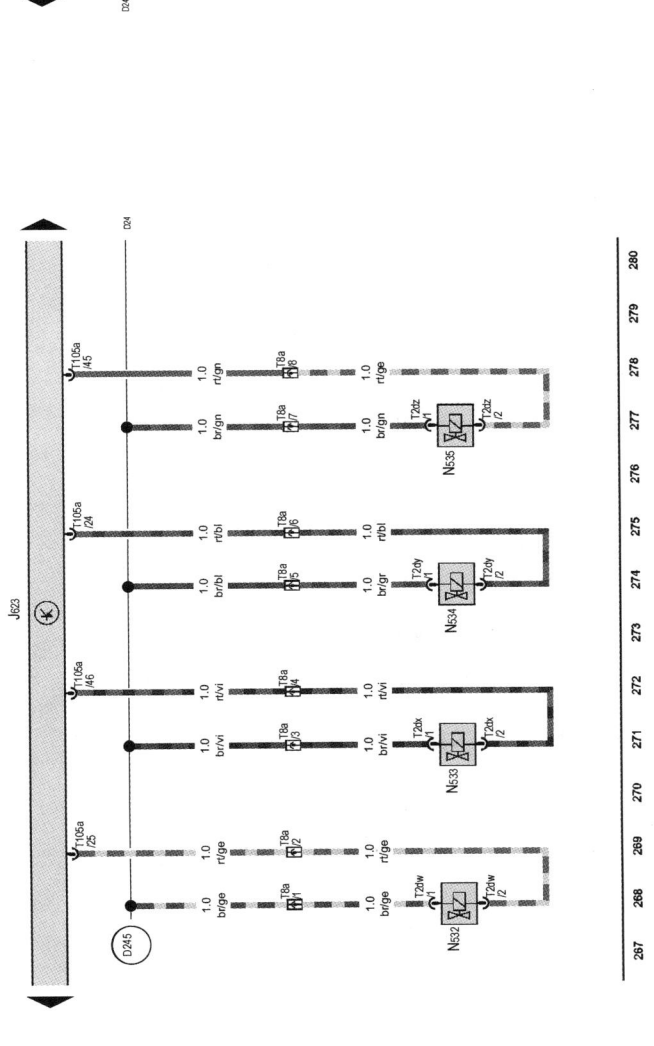

图 6-1-94

J623-发动机控制单元 N532-气缸1喷油嘴2 N533-气缸2喷油嘴2 N534-气缸3喷油嘴2 N535-气缸4喷油嘴2 T2dw-2芯插头连接，黑色 T2dx-2芯插头连接，黑色 T2dy-2芯插头连接，黑色 T2dz-2芯插头连接，黑色 T8a-8芯插头连接，气缸盖上左侧，黑色 T105a-105芯插头连接，灰色 D245-连接内左前，黑色 D245-连接6（87a），在发动机预接线导线束中

凸轮轴调节元件 4，凸轮轴调节元件 5，凸轮轴调节元件 6，凸轮轴调节元件 7，凸轮轴调节元件 8，发动机控制单元

空调器关闭热敏开关，发动机控制单元，变速器冷却液阀

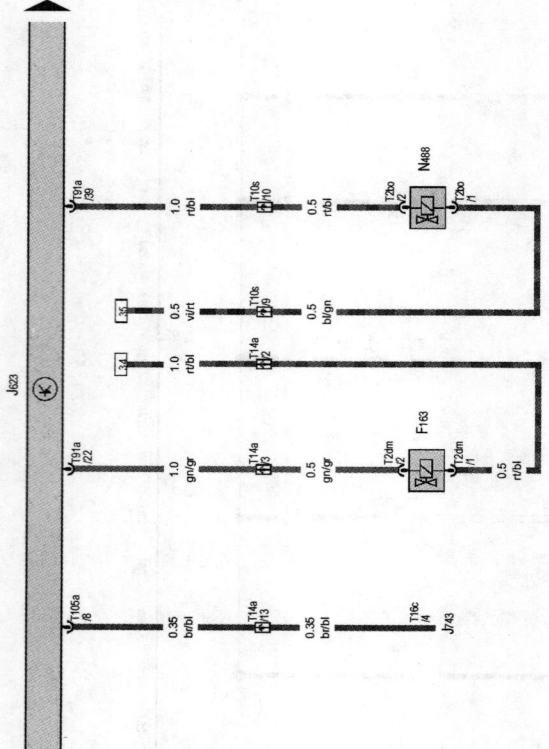

F163-空调器关闭热敏开关 J623-发动机控制单元 J743-双离合器变速器机电装置 N488-变速器冷却液阀 T2bo-2芯插头连接，黑色 T2dm-2芯插头连接，黑色 T10s-10芯插头连接，发动机舱内左前，黑色 T14a-14芯插头连接，发动机舱内左前，灰色 T16c-16芯插头连接，黑色 T91a-91芯插头连接，黑色 T105a-105芯插头连接，黑色

图 6-1-97

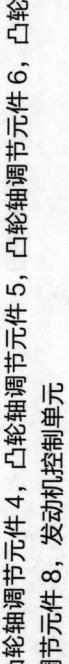
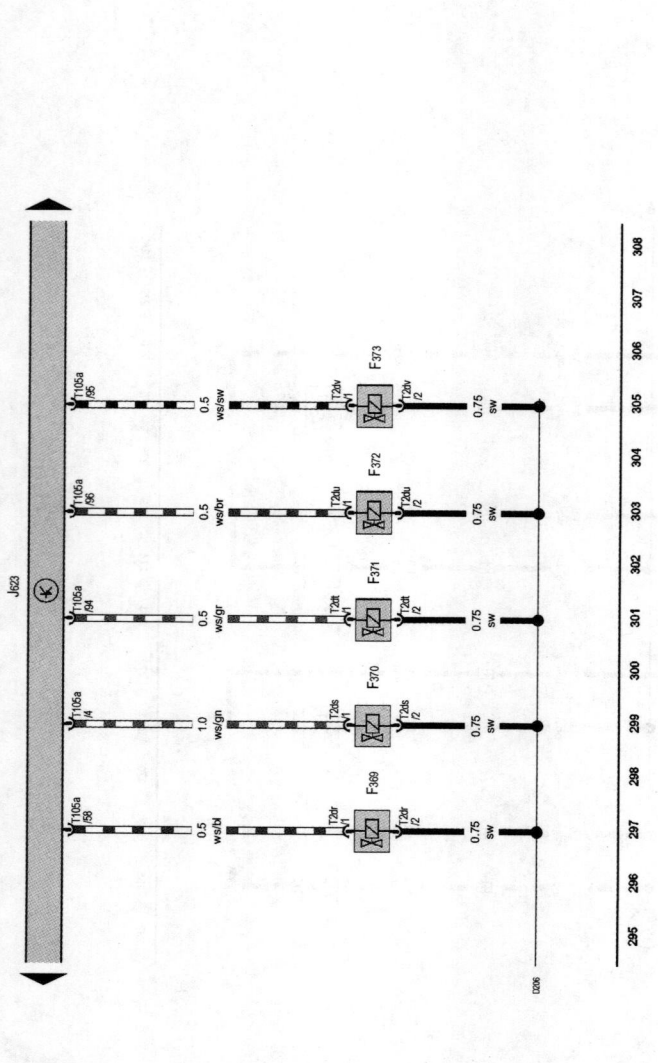

F369-凸轮轴调节元件4 F370-凸轮轴调节元件5 F371-凸轮轴调节元件6 F372-凸轮轴调节元件7 F373-凸轮轴调节元件8 J623-发动机控制单元 T2dr-2芯插头连接，黑色 T2ds-2芯插头连接，黑色 T2dt-2芯插头连接，黑色 T2du-2芯插头连接，黑色 T2dv-2芯插头连接，黑色 T105a-105芯插头连接，黑色 D206-连接4（87a），在发动机顶接线号线束中

图 6-1-96

进气温度传感器，进气歧管压力传感器，发动机控制单元，冷却液循环泵

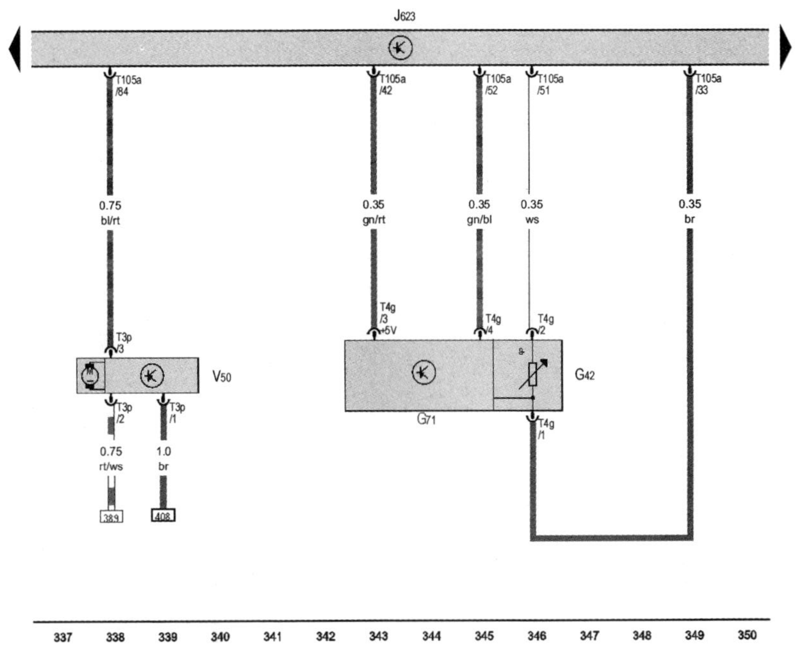

冷却液温度传感器，燃油压力传感器，发动机控制单元

G42-进气温度传感器 G71-进气歧管压力传感器 J623-发动机控制单元 T3p-3芯插头连接，黑色 T4g-4芯插头连接，黑色 T105a-105芯插头连接，黑色 V50-冷却液循环泵

图6-1-99

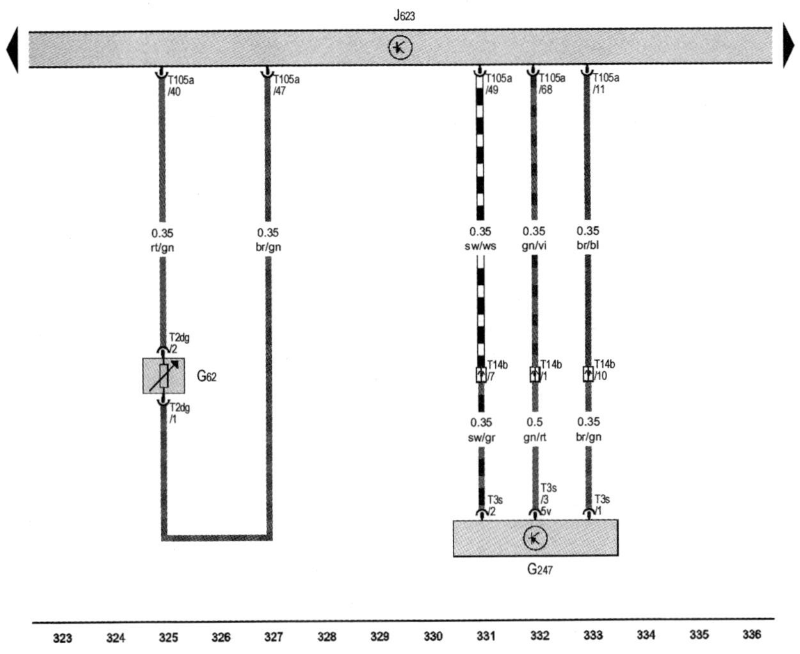

G62-冷却液温度传感器 G247-燃油压力传感器 J623-发动机控制单元 T2dg-2芯插头连接，黑色 T3s-3芯插头连接，黑色 T14b-14芯插头连接上，进气歧管上，黑色 T105a-105芯插头连接，黑色

图6-1-98

增压压力传感器，机油油位和机油油温度传感器，进气温度传感器 2，发动机控制单元

发动机控制单元，涡轮增压器循环空气阀，进气歧管风门阀门，机油压力调节阀，活塞冷却喷嘴控制阀

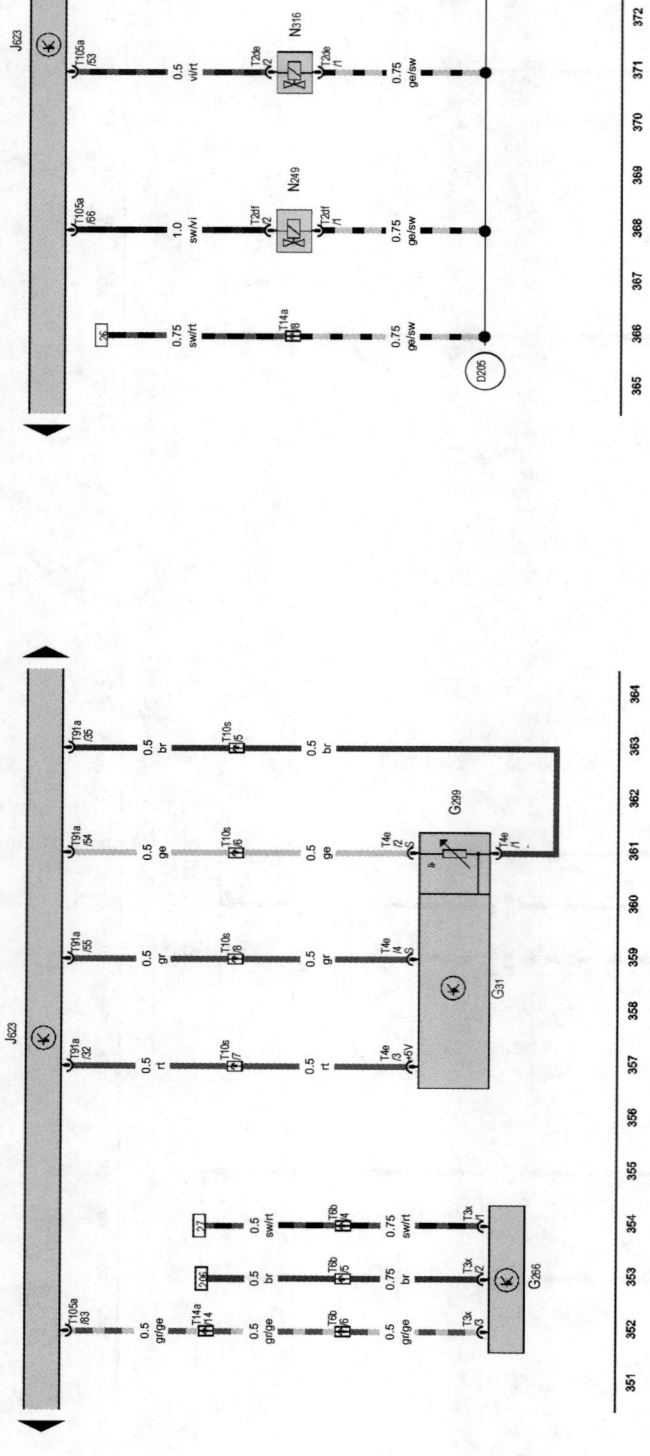

图 6−1−100

图 6−1−101

G31−增压压力传感器，G266−机油油位和机油油温度传感器，G299−进气温度传感器 2，J623−发动机控制单元，T3x−3芯插头连接，黑色，T4e−4芯插头连接，发动机舱内左后部，黑色，T6b−6芯插头连接，发动机舱内左前，黑色 T10s−10芯插头连接，发动机舱内左前，黑色 T14a−14芯插头连接，发动机舱内左前，黑色 T91a−91芯插头连接，黑色，黑色 T105a−105芯插头连接，黑色

J623−发动机控制单元，N249−涡轮增压器循环空气阀，N316−进气歧管风门阀门，N428−机油压力调节阀，N522−活塞冷却喷嘴控制阀 T2dc−2芯插头连接，黑色 T2dd−2芯插头连接，黑色，T2de−2芯插头连接，黑色 T2df−2芯插头连接，黑色 T14a−14芯插头连接，发动机舱内左前，灰色 T105a−105芯插头连接，黑色 D205−连接3（87a），在发动机预接线号线束中

发动机控制单元，活性炭罐电磁阀 1，凸轮轴调节阀 1，排气门凸轮轴调节阀 1

发动机控制单元，带功率输出级的点火线圈 1，带功率输出级的点火线圈 2，带功率输出级的点火线圈 3，火花塞插头，火花塞

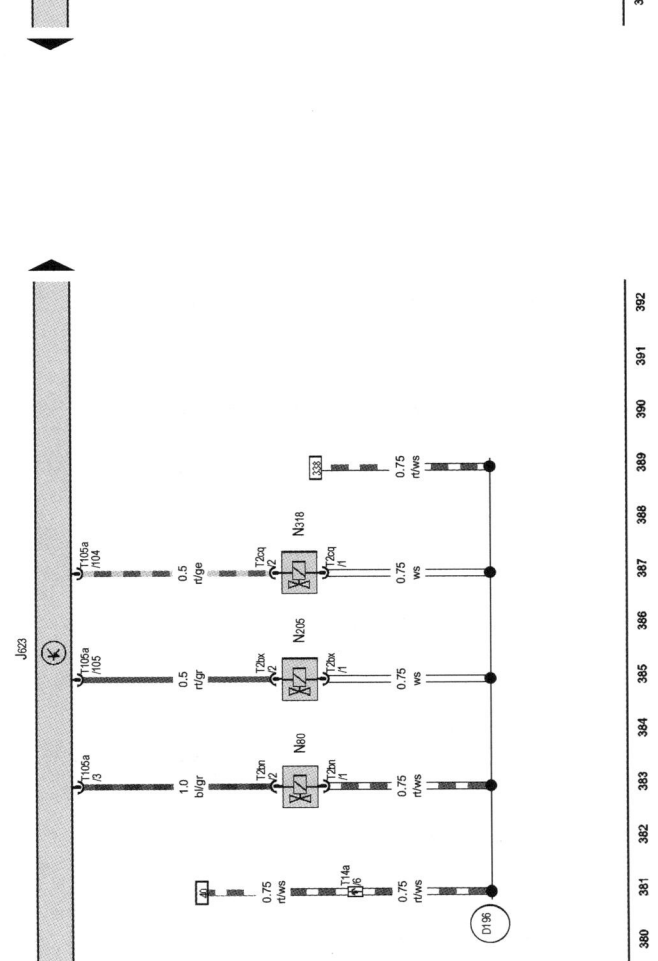

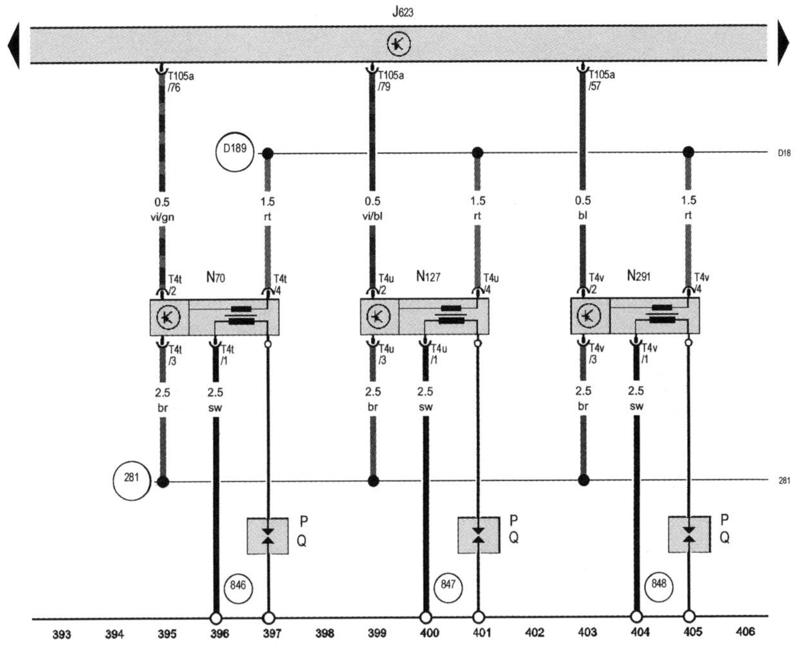

图 6-1-102

J623-发动机控制单元 N80-活性炭罐电磁阀1 N205-凸轮轴调节阀1 N318-排气门凸轮轴调节阀1 T2bn-2芯插头连接，黑色 T2bx-2芯插头连接，黑色 T2cq-2芯插头连接，黑色 T14a-14芯插头连接，发动机舱内左前，黑色 T105a-105芯插头连接，灰色 D196-连接2（87a），在发动机预接线导线束中

图 6-1-103

J623-发动机控制单元 N70-带功率输出级的点火线圈1 N127-带功率输出级的点火线圈2 N291-带功率输出级的点火线圈3 P-火花塞插头 Q-火花塞 T4t-4芯插头连接，黑色 T4u-4芯插头连接，黑色 T4v-4芯插头连接，黑色 T105a-105芯插头连接，黑色 281-接地连接1，在发动机预接线导线束中 846-点火线圈1上的接地点 847-点火线圈2上的接地点 848-点火线圈3上的接地点 D189-连接（87a），在发动机预接线导线束中

发动机控制单元，带功率输出级的点火线圈 4，火花塞插头，火花塞

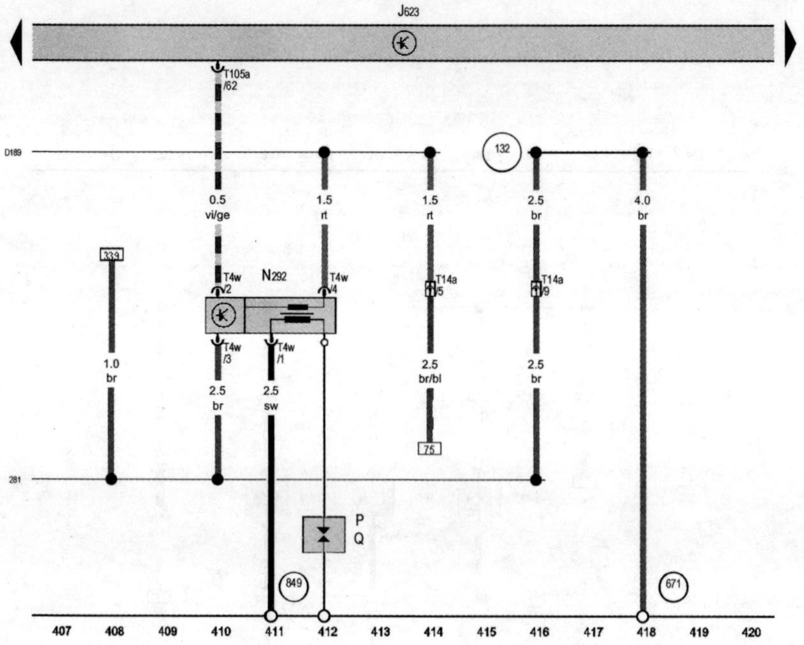

燃油表传感器，燃油供给单元，预供给燃油泵，燃油泵控制单元，发动机控制单元

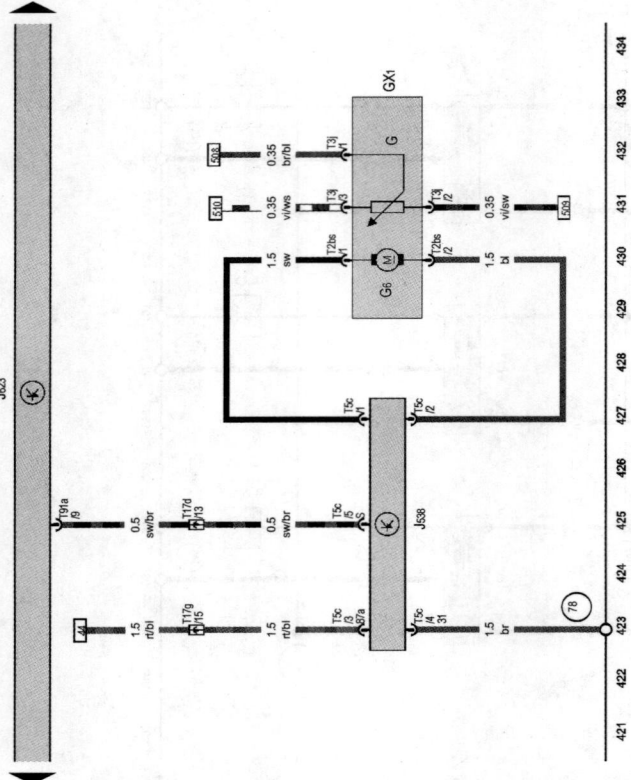

图 6-1-105

图 6-1-104

J623-发动机控制单元 J538-燃油泵控制单元 J623-发动机控制单元 G-燃油表传感器 GX1-燃油供给单元 G6-预供给燃油泵 T2bs-2芯插头连接，黑色 T3j-3芯插头连接，黑色 T5c-5芯插头连接，左侧 T17d-17芯插头连接，黑色 T17g-17芯插头连接，右侧A柱下部，红色 T91a-91芯插头连接 78-右侧B柱下部，黑色 A柱下部，蓝色 接地点

J623-发动机控制单元 N292-带功率输出级的点火线圈4 P-火花塞插头 Q-火花塞 T4w-4芯插头连接，黑色 T14a-14芯插头连接，发动机舱内左前 T105a-105芯插头连接，灰色 T132-接地连接3，在发动机舱导线束中 671-左前纵梁上的接地点1 849-点火线圈4上的接地点 281-接地连接1，在发动机预接线束中 D189-连接（87a），在发动机预接线导线束中

780

增压压力调节位置传感器，发动机控制单元，增压调节器

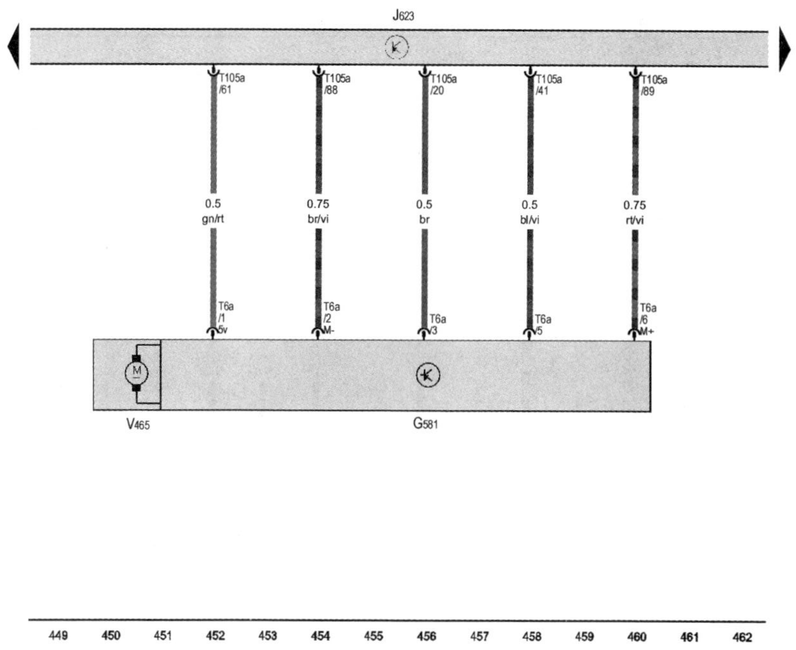

G581-增压压力调节位置传感器　J623-发动机控制单元　T6a-6芯插头连接，灰色　T105a-105芯插头连接，
黑色　V465-增压调节器

图 6-1-107

低压的燃油压力传感器，发动机控制单元，发动机温度调节伺服元件

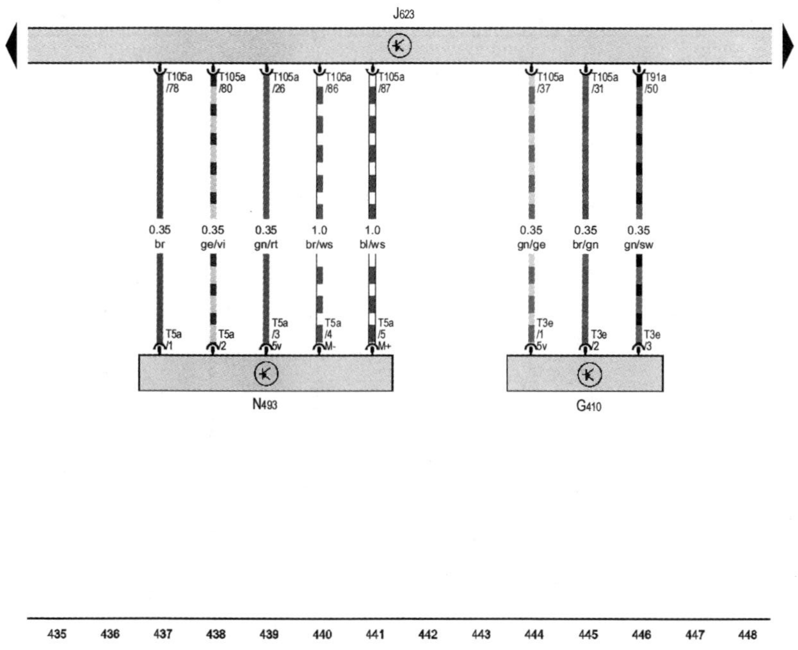

G410-低压的燃油压力传感器　J623-发动机控制单元　N493-发动机温度调节伺服元件　T3e-3芯插头连
接，蓝色　T5a-5芯插头连接，黑色　T91a-91芯插头连接，黑色　T105a-105芯插头连接，黑色

图 6-1-106

机油压力开关，机油压力降低开关，机油压力开关，3 挡，数据总线诊断接口，发动机机控制单元

数据总线诊断接口，诊断接口

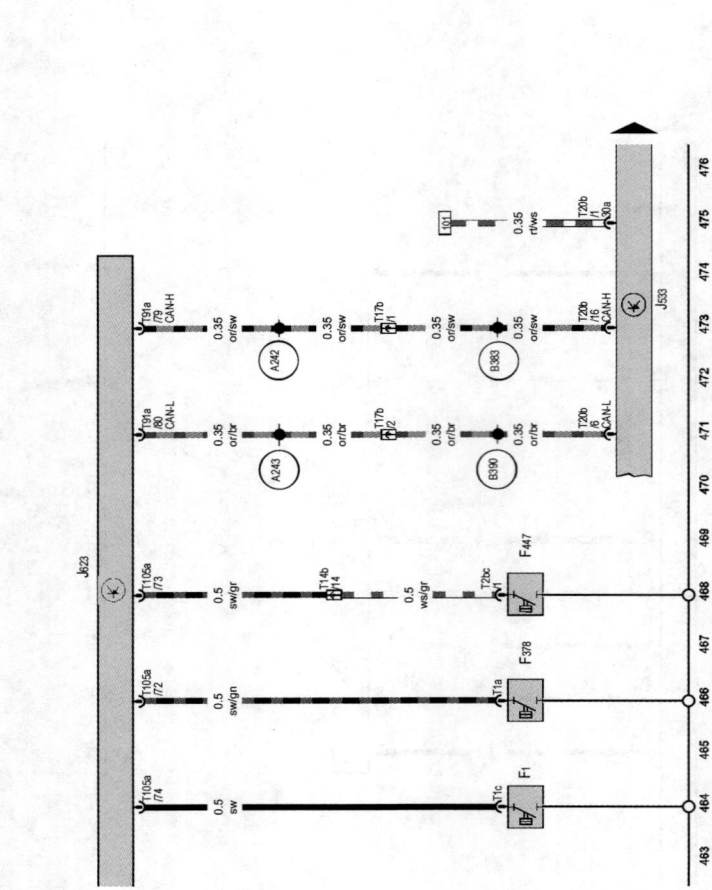

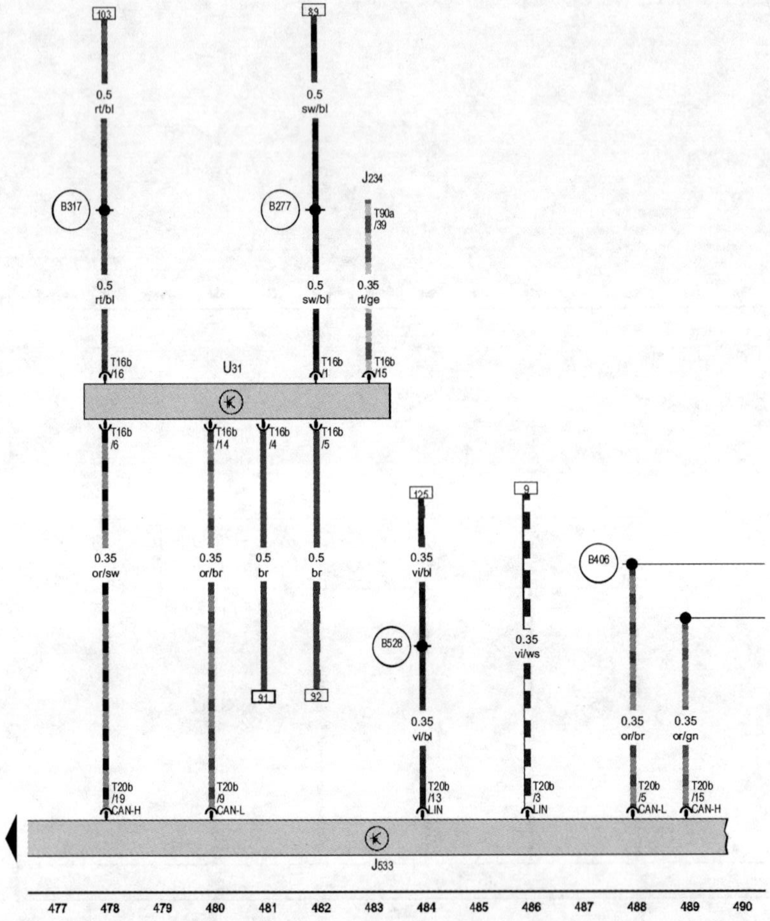

图 6-1-109

J234-安全气囊控制单元 J533-数据总线诊断接口 T16b-16芯插头连接口 T20b-20芯插头连接，黑色 T20b-20芯插头连接，红色 B277-正极连接口 B317-正极连接 T90a-90芯插头连接，黄色 U31-诊断接口 B277-正极连接1（15a），在主导线束中 B317-正极连接中 B406-连接1（舒适CAN总线3（30a），在主导线束中 B397-连接1（舒适CAN总线，High），在主导线束中 B406-连接1（舒适CAN总线，Low），在主导线束中 B528-连接1（LIN总线）总线，Low），在主导线束中 B528-连接1（LIN总线），在主导线束中

图 6-1-108

F1-机油压力开关 F378-机油压力降低开关 F447-机油压力降低开关 J623-发动机控制单元 J533-数据总线诊断接口 T1a-1芯插头连接 T1c-1芯插头连接，蓝色 T2bc-2芯插头连接，黑色 T14b-14芯插头连接，黑色 T17b-17芯插头连接，黑色 T17b-17芯插头连接，左侧A柱下部，进气波管上，黑色 T20b-20芯插头连接，红色 T91a-91芯插头连接，黑色 T105a-105芯插头连接，黑色 A242-连接1（驱动CAN总线，High），在发动机舱导线束中 A243-连接1（驱动CAN总线，Low），在发动机舱导线束中 B383-连接1（驱动CAN总线，High），在主导线束中 B390-连接1（驱动CAN总线，Low），在主导线束中

782

防盗锁止系统读出线圈，燃油表，冷却液温度表，转速表，多功能显示器，组合仪表中的控制单元，防盗锁止系统控制单元，发电机指示灯，组合仪表，燃油表指示灯

车速表，附加油箱的燃油表传感器，组合仪表中的控制单元，机油压力指示灯，冷却液温度和冷却液不足显示指示灯，定速巡航装置指示灯，废气警告灯，电子油门故障信号灯，里程表

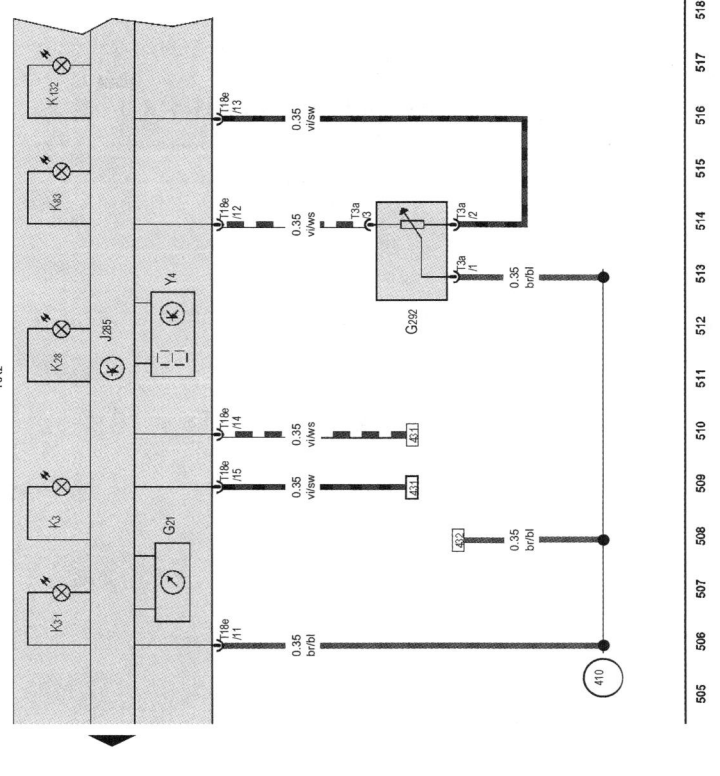

图 6-1-111

G21-车速表 G292-附加油箱的燃油表传感器 J285-组合仪表中的控制单元 KX2-组合仪表 K3-机油压力指示灯 K28-冷却液温度和冷却液不足显示指示灯 K31-定速巡航装置指示灯 K83-废气警告灯 K132-电子油门故障信号灯 T3a-3芯插头连接，黑色 T18e-18芯插头连接，黑色 Y4-里程表 410-接地连接1（传感器接地），在主导线束中

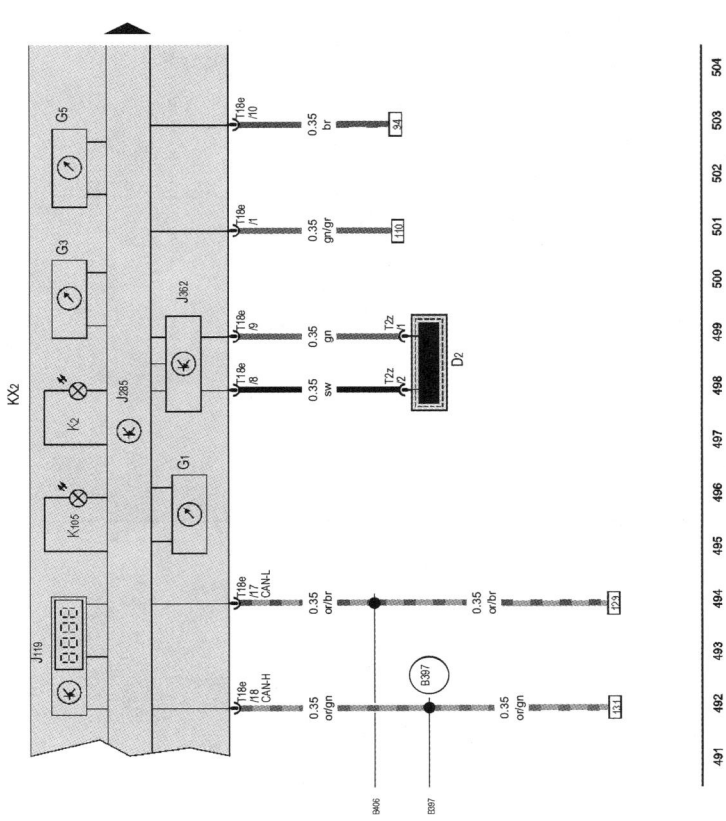

图 6-1-110

D2-防盗锁止系统读出线圈 G1-燃油表 G3-冷却液温度表 G5-转速表 J119-多功能显示器 J285-组合仪表中的控制单元 J362-防盗锁止系统控制单元 K2-发电机指示灯 K105-燃油表指示灯 KX2-组合仪表 T2z-2芯插头连接，黑色 T18e-18芯插头连接，黑色 B397-连接1（舒适CAN总线，High），在主导线束中 B406-连接1（舒适CAN总线，Low），在主导线束中

第二节　变速器系统

变速器系统电路图的图号和图名对照表见表 6-2-1。

表 6-2-1　变速器系统电路图的图号和图名对照表

图号	图名
图 6-2-1～图 6-2-8	双离合器变速器 DSG 电控系统电路图

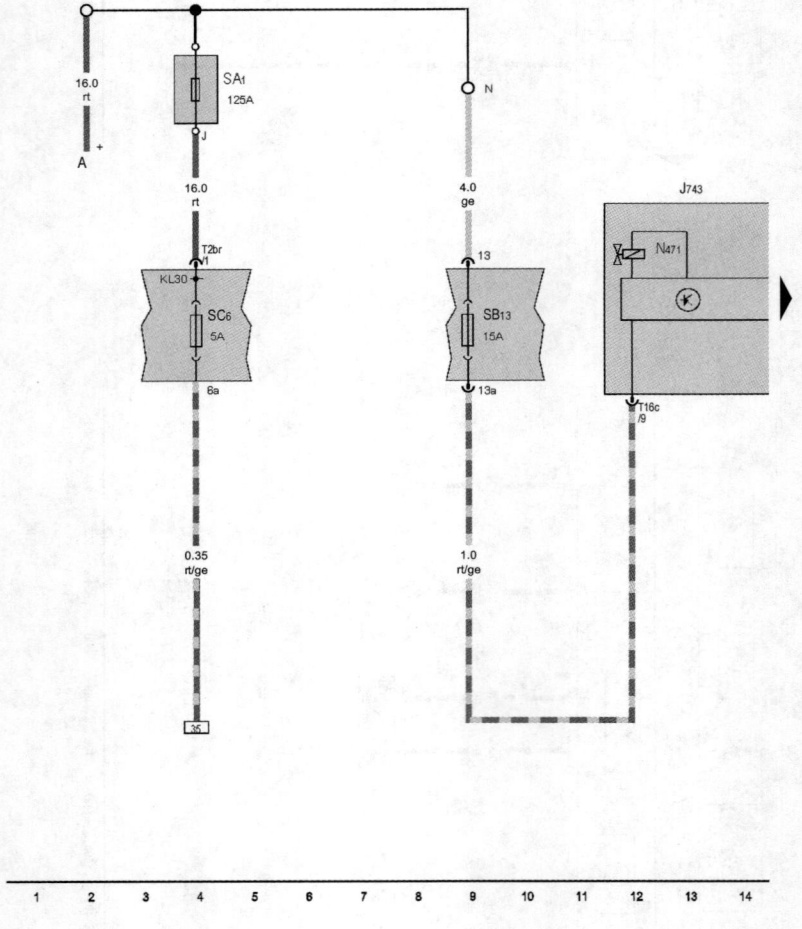

双离合器变速器机电装置，冷却油阀门

A-蓄电池　J743-双离合器变速器机电装置　N471-冷却油阀门　SA1-保险丝架A上的保险丝1　SC6-保险丝架C上的保险丝6　SB13-保险丝架B上的保险丝13　T2br-2芯插头连接，黑色　T16c-16芯插头连接，黑色

图 6-2-1

双离合器变速器机电装置，子变速器 1 中的阀门 1，子变速器 1 中的阀门 2，子变速器 2 中的阀门 1，主压力阀门，液压泵电机

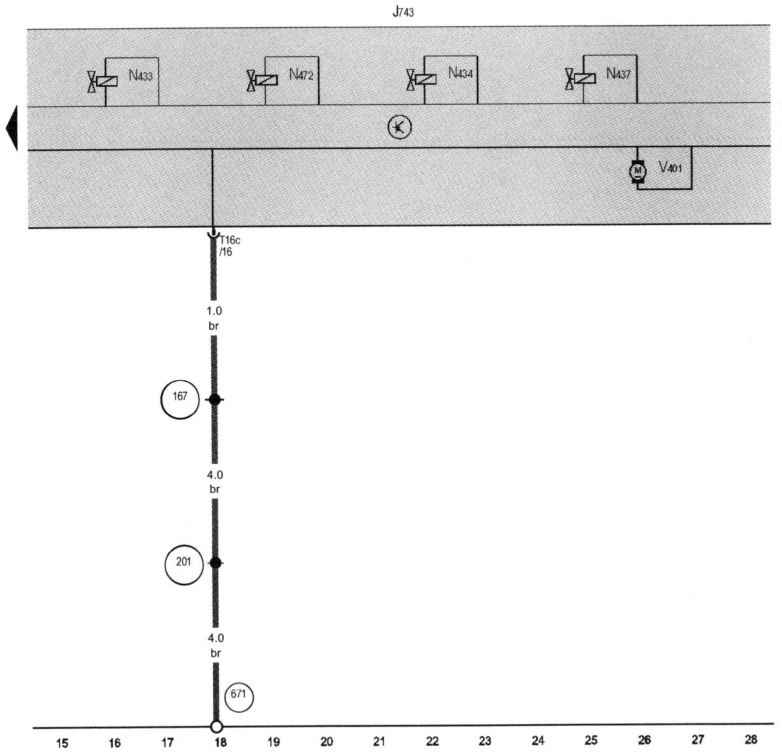

选挡杆挡位 P 锁止开关，换挡杆传感器控制单元，双离合器变速器机电装置，子变速器 1 中的阀门 3，子变速器 1 中的阀门 4，子变速器 2 中的阀门 2

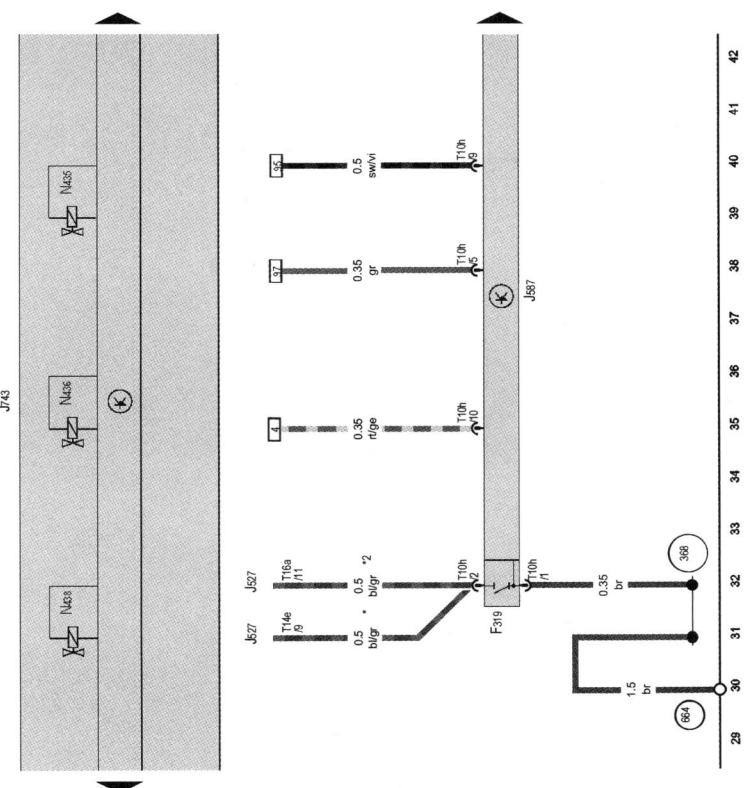

图6-2-2

J743-双离合器变速器机电装置 N433-子变速器1中的阀门1 N434-子变速器1中的阀门2 N437-子变速器2中的阀门1 N472-主压力阀门 T16c-16芯插头连接门 V401-液压泵电机，在发动机舱线束中 167-接地连接4，在发动机舱内 201-接地连接5，在发动机舱导线束中 671-左前纵梁上的接地点1

图6-2-3

F319-选挡杆挡位P锁止开关 J527-转向柱电子装置控制单元 J587-换挡杆传感器控制单元 J743-双离合器变速器机电装置 N435-子变速器1中的阀门3 N436-子变速器1中的阀门4 N438-子变速器2中的阀门2 T10h-10芯插头连接，黑色 T14e-14芯插头连接，黑色 T16a-16芯插头连接，黑色 368-接地连接3，在主导线束中 664-左侧仪表板后面的接地点 *2-仅用于带可加热式方向盘的汽车

换挡杆传感器控制单元，双离合器变速器机电装置，换挡执行器行程传感器 1，换挡执行器行程传感器 2，换挡执行器行程传感器 1，换挡执行器行程传感器 2，换挡执行器行程传感器，换挡执行器行程传感器 3，离合器温度传感器，控制单元温度传感器，换挡杆传感器控制单元，双离合器变速器机电装置，换挡杆锁磁铁

齿轮油温温度传感器，换挡执行器行程传感器 1，换挡执行器行程传感器 2，换挡执行器行程传感器 1，换挡执行器行程传感器 2，换挡执行器行程传感器，换挡执行器行程传感器 3，离合器温度传感器，控制单元温度传感器，换挡杆锁磁铁

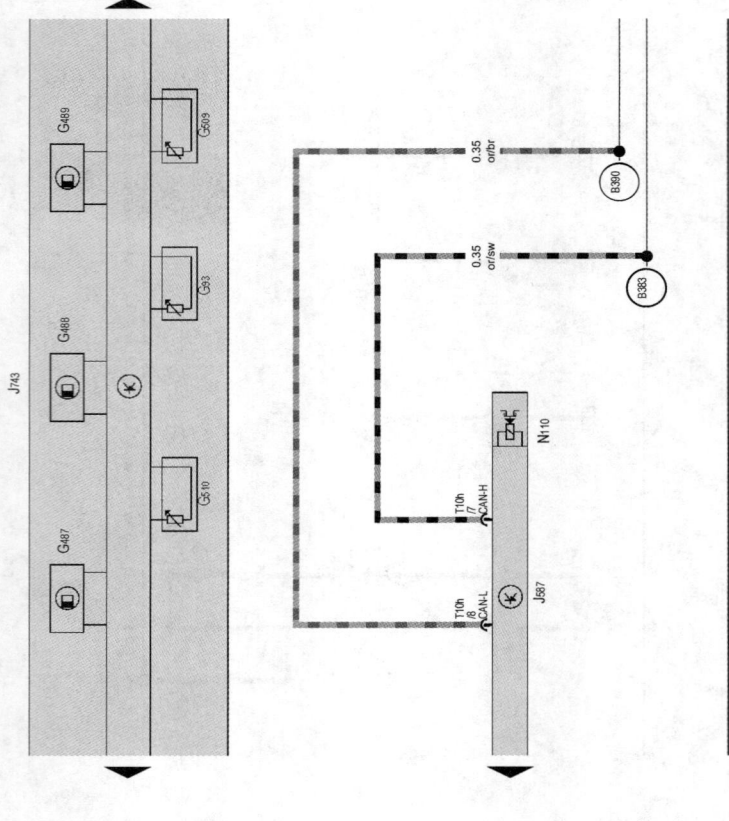

G93-齿轮油温度传感器　G487-换挡执行器行程传感器1　G488-换挡执行器行程传感器2　G489-换挡执行器行程传感器1　G488-换挡执行器行程传感器2　G489-换挡执行器行程传感器3　G509-离合器温度传感器　G510-控制单元温度传感器　J587-换挡杆传感器控制单元　J743-双离合器变速器机电装置　N110-换挡杆锁磁铁　T10h-10芯插头连接　B383-连接1（驱动CAN总线，High），在主导线束中　B390-连接1（驱动CAN总线，Low），在主导线束中

图6-2-5

换挡杆传感器控制单元，双离合器变速器机电装置，选挡杆位置 P/N 指示灯，排挡杆挡位指示照明灯，子变速器 2 中的阀门 3，子变速器 2 中的阀门 4

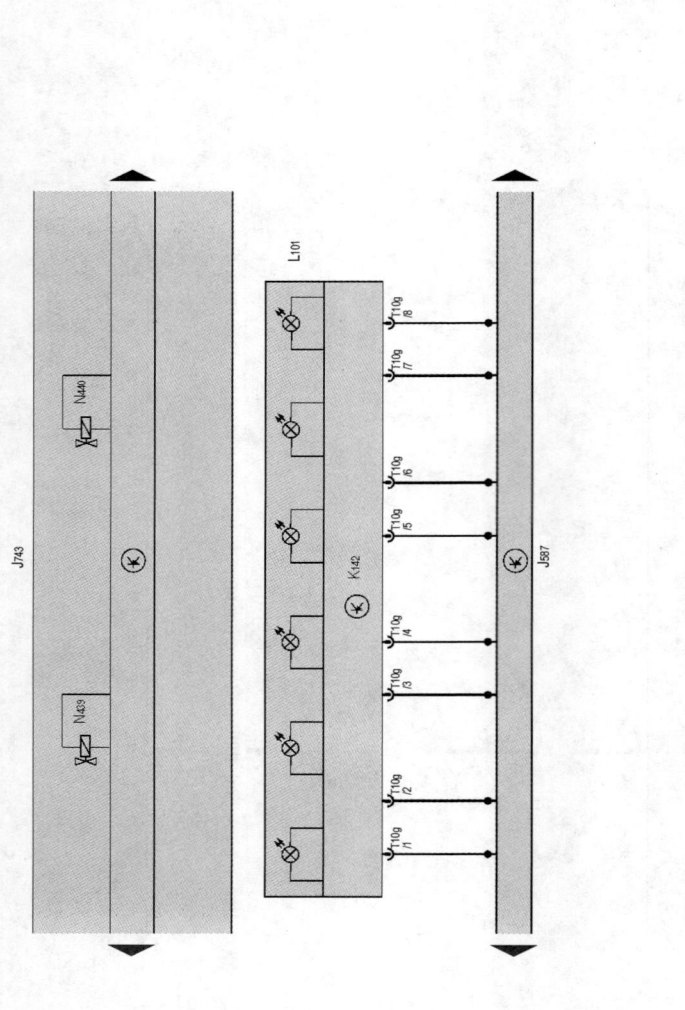

J587-换挡杆传感器控制单元　J743-双离合器变速器机电装置　K142-选挡杆位置P/N指示灯　L101-排挡杆挡位指示照明灯　N439-子变速器2中的阀门3　N440-子变速器2中的阀门4　T10g-10芯插头连接，黑色

图6-2-4

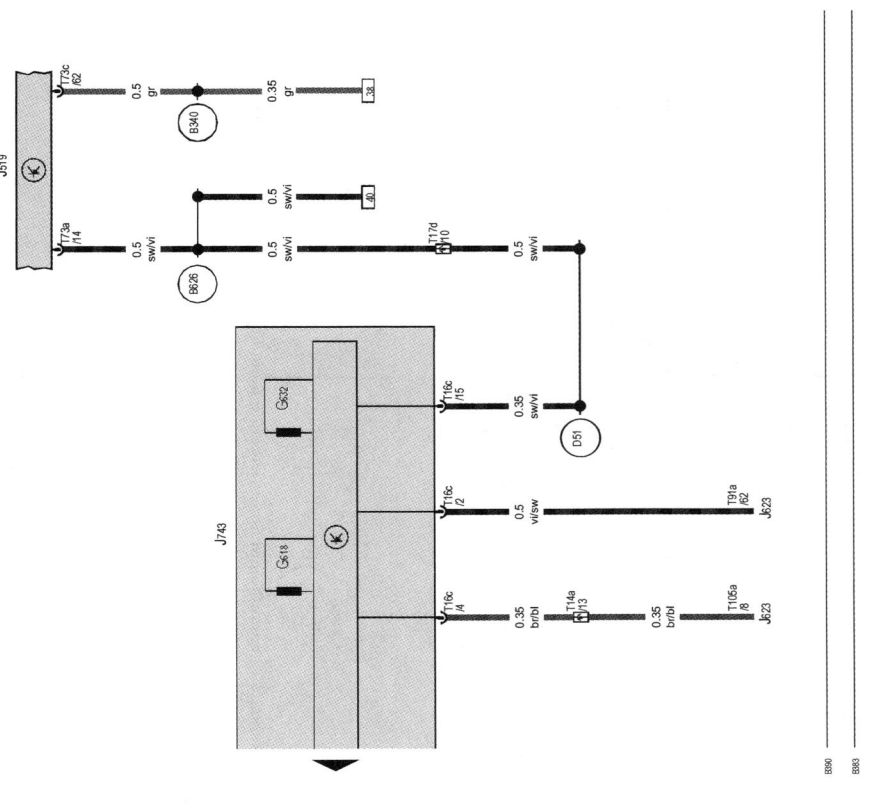

G618-离合器行程传感器2 G632-变速器输入转速传感器1 J519-车载电网控制单元 J623-发动机控制单元 J743-双离合器变速器机电装置 T14a-14芯插头连接，发动机舱内左前，灰色 T16c-16芯插头连接，黑色 T17d-17芯插头连接，左侧A柱下部，蓝色 T73a-73芯插头连接，黑色 T73c-73芯插头连接，黑色 T91a-91芯插头连接，黑色 T105a-105芯插头连接，黑色 B340-连接1（58d），在主导线束中 B383-连接1（驱动CAN总线，High），在主导线束中 B390-连接1（驱动CAN总线，Low），在主导线束中 B626-正极连接2（15），在主导线束中 D51-正极连接1（15），在发动机舱导线束中

图 6-2-7

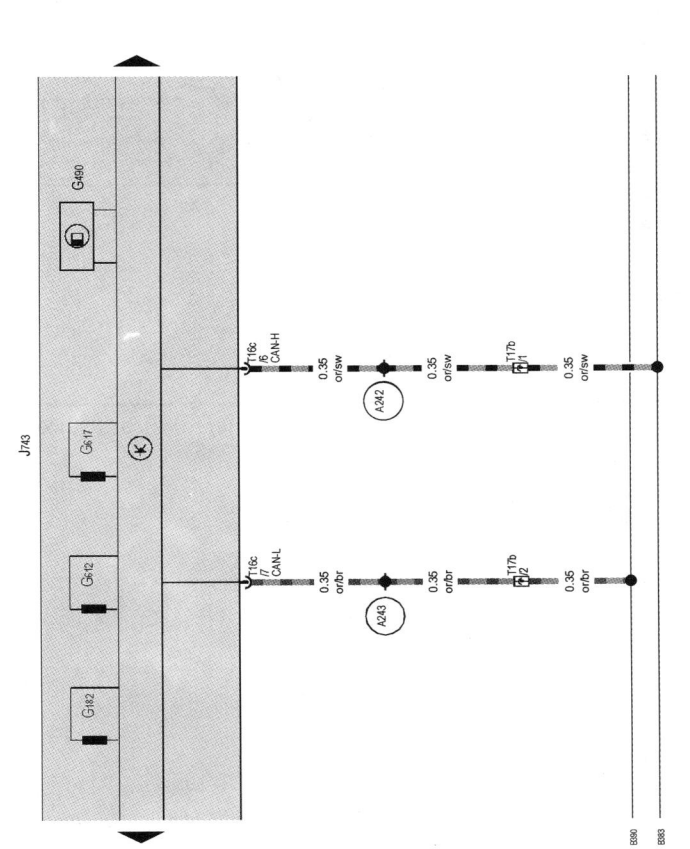

G182-变速器输入转速传感器1 J743-双离合器变速器机电装置 G490-换挡执行器行程传感器4 G612-变速器输入转速传感器2 G617-离合器行程传感器1 T16c-16芯插头连接，黑色 T17b-17芯插头连接，左侧A柱下部，棕色 A242-连接1（驱动CAN总线，High），在发动机舱导线束中 A243-连接1（驱动CAN总线，Low），在发动机舱导线束中 B383-连接1（驱动CAN总线，Low），在主导线束中 B390-连接1（驱动CAN总线，High），在主导线束中

图 6-2-6

组合仪表中的控制单元，数据总线诊断接口，组合仪表，选挡杆指示灯，选挡杆位置显示

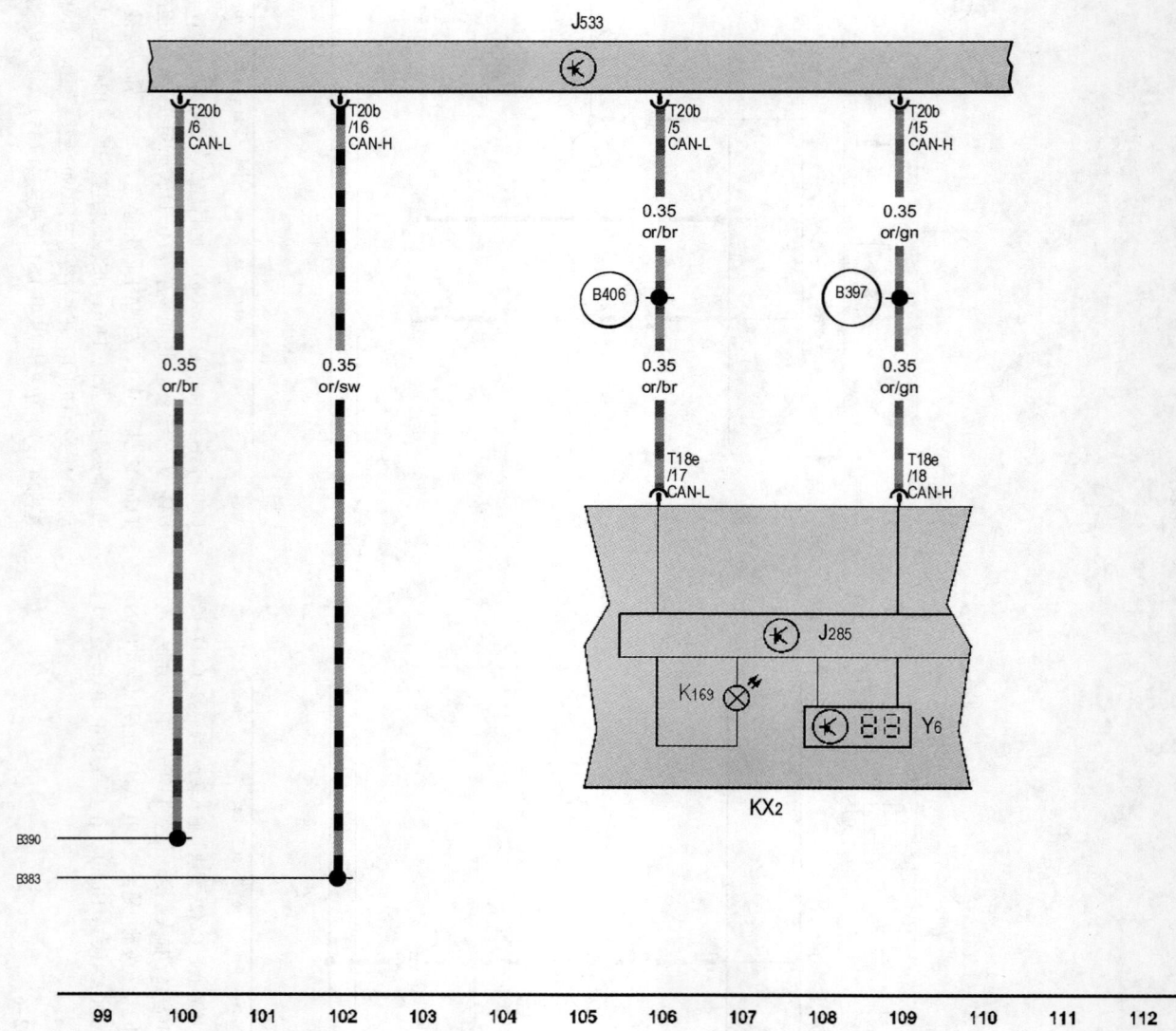

J285-组合仪表中的控制单元 J533-数据总线诊断接口 KX2-组合仪表 K169-选挡杆指示灯 T18e-18芯插头连接，黑色 T20b-20芯插头连接，红色 Y6-选挡杆位置显示 B383-连接1（驱动CAN总线，High），在主导线束中 B390-连接1（驱动CAN总线，Low），在主导线束中 B397-连接1（舒适CAN总线，High），在主导线束中 B406-连接1（舒适CAN总线，Low），在主导线束中

图 6-2-8

788

第三节 底盘系统

底盘系统电路图的图号和图名对照表见表 6-3-1。

表 6-3-1　底盘系统电路图的图号和图名对照表

图号	图名
图 6-3-1~图 6-3-9	防抱死制动系统（ABS）与电子稳定程序（ESP）电路图
图 6-3-10、图 6-3-11	机电式助力转向器电路图
图 6-3-12~图 6-3-16	多功能方向盘电路图
图 6-3-17、图 6-3-18	全轮驱动电路图

接线端 15 供电继电器，车载电网控制单元，保险丝架 A 上的保险丝 1

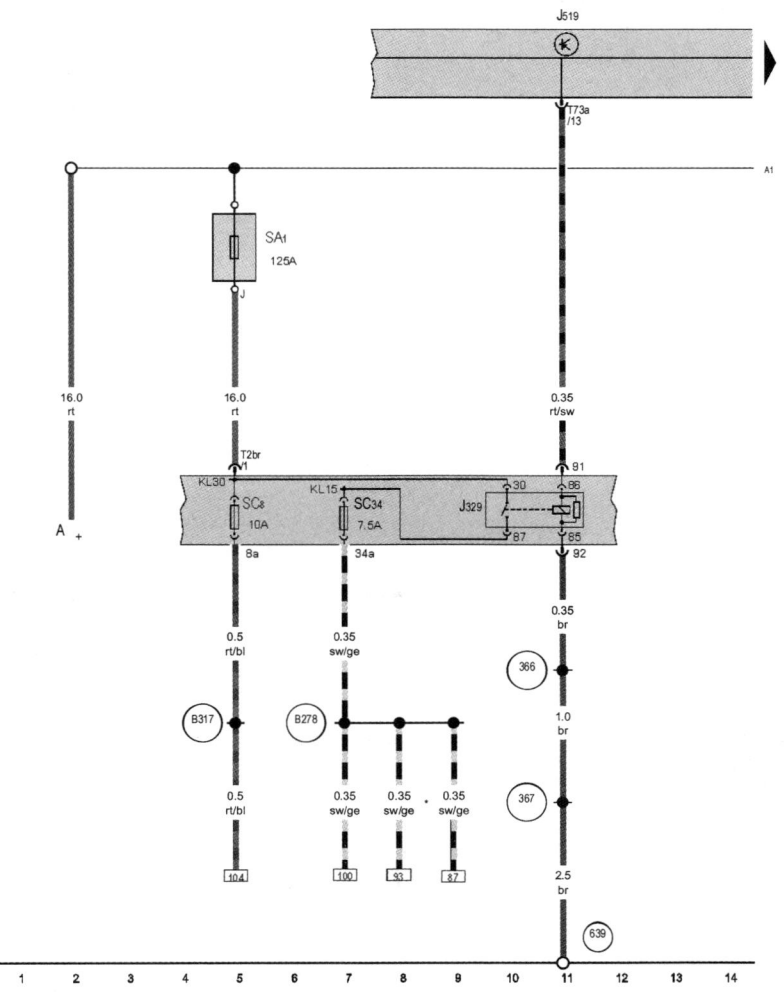

A-蓄电池　J329-接线端15供电继电器　J519-车载电网控制单元　SA1-保险丝架A上的保险丝1　SC8-保险丝架C上的保险丝8　SC34-保险丝架C上的保险丝34　T2br-2芯插头连接，黑色　T73a-73插头连接，黑色　366-接地连接1，在主导线束中　367-接地连接2，在主导线束中　639-左A柱上的接地点　B278-正极连接2（15a），在主导线束中　B317-正极连接3（30a），在主导线束中　*-仅用于带全轮驱动的汽车

图 6-3-1

制动液位警告信号触点，右前制动摩擦片磨损传感器，车载电网控制单元，保险丝架 B

ABS 控制单元，车载电网控制单元，右前 ABS 进气阀，右前 ABS 排气阀

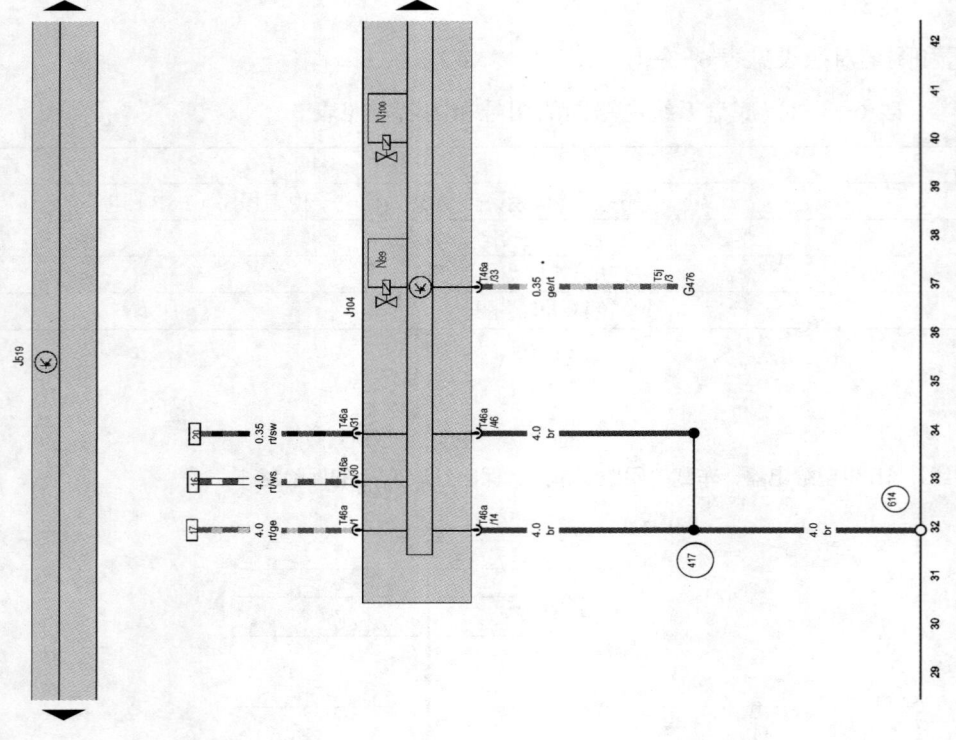

图 6-3-3

图 6-3-2

F34-制动液位警告信号触点 G35-右前制动摩擦片磨损传感器 J519-车载电网控制单元 SB-保险丝架 B SB1-保险丝架B上的保险丝1 SB2-保险丝架B上的保险丝2 SB17-保险丝架B上的保险丝17 T2cv-2芯插头连接，黑色 T2r-2芯插头连接，黑色 T46b-46芯插头连接，黑色 13-发动机舱内右侧的接地点 131-接地点2，在发动机舱导线束中 167-接地点4，在发动机舱导线束中 201-接地点5，在发动机舱导线束中 209-接地点6，在发动机舱导线束中 317-接地点7，在发动机舱导线束中 671-左前纵梁上的接地点1 D53-连接（右制动摩擦片磨损指示），在发动机舱导线束中 D54-连接（右制动摩擦片磨损指示），在发动机舱导线束中 D78-正极连接1（30a），在发动机舱导线束中

G476-离合器位置传感器 J104-ABS控制单元 J519-车载电网控制单元 N99-右前ABS进气阀 N100-右前ABS排气阀 T5j-5芯插头连接，黑色 T46a-46芯插头连接，黑色 T46a~46芯插头连接，黑色 417-接地连接9，在发动机舱导线束中 614-发动机舱内右侧接地点2 *-仅用于带手动变速器的汽车

790

右后转速传感器，右前转速传感器，左后转速传感器，左后转速传感器，ABS 控制单元，车载电网控制单元，
左后 ABS 进气阀，右后 ABS 进气阀，左后 ABS 排气阀，左后 ABS 排气阀

制动助力压力传感器，ABS 控制单元，车载电网控制单元，左前
ABS 进气阀，左前 ABS 进气阀，车载电网控制单元，ABS 控制单元，左前
ABS 排气阀，右后 ABS 进气阀，ABS 液压泵

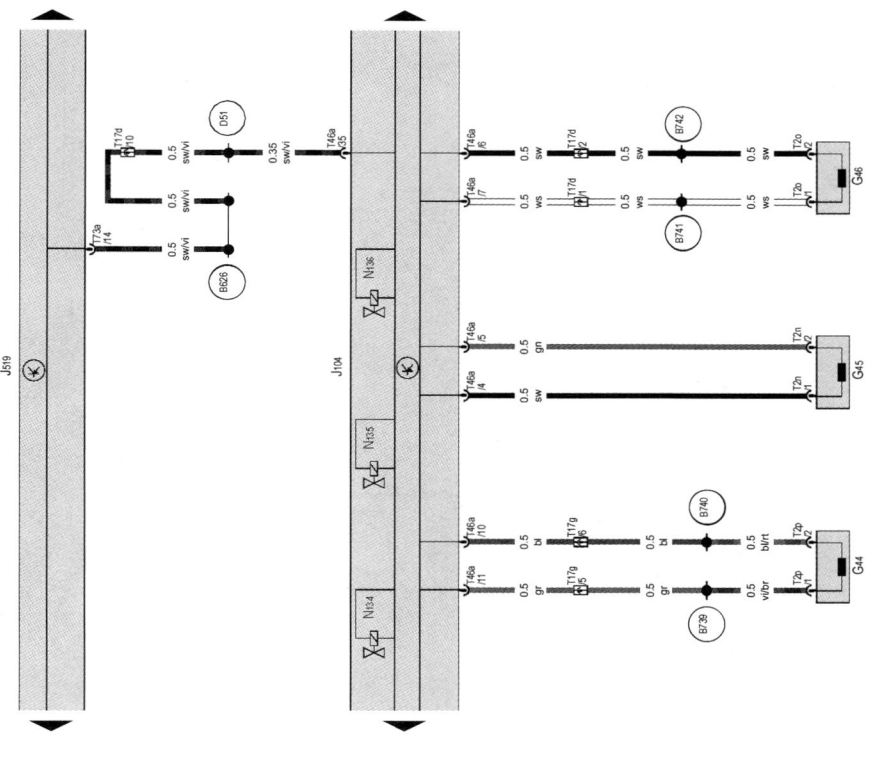

图 6-3-5

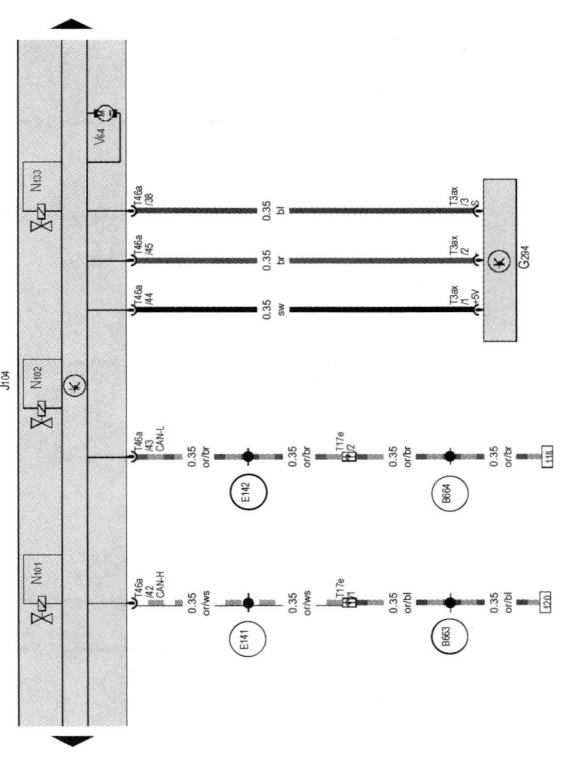

图 6-3-4

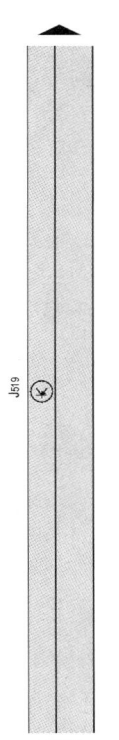

G44-右后转速传感器 G45-右前转速传感器 G46-左后转速传感器 J104-ABS控制单元 J519-车载电网
控制单元 N134-左后ABS进气阀 N135-右后ABS进气阀 N136-左后ABS排气阀 T2n-2芯插头连接，黑
色 T2o-2芯插头连接，黑色 T2p-2芯插头连接，黑色 T17d-17芯插头连接，左侧A柱下部，蓝色 T17g-
17芯插头连接，右侧A柱下部，黑色 T46a-46芯插头连接，黑色 T73a-73芯插头连接，黑色 B626-正极
连接2（15），在主导线束中 B739-连接（右后转速传感器+），在主导线束中 B740-连接（右后转速传
感器-），在主导线束中 B741-连接（左后转速传感器+），在主导线束中 B742-连接（左后转速传感
器-），在主导线束中 D51-正极连接1（15），在发动机舱导线束中

G294-制动助力压力传感器 J104-ABS控制单元 J519-车载电网控制单元 N101-左前ABS进气阀 N102-
左前ABS排气阀 N133-右后ABS进气阀 T3ax-3芯插头连接，黑色 T17e-17芯插头连接，右侧A柱下部，
黑色 T46a-46芯插头连接，黑色 V64-ABS液压泵 B663-连接（底盘传感器CAN总线，High），在主导
线束中 B664-连接（底盘传感器CAN总线，Low），在主导线束中 E141-连接（底盘传感器CAN总线，
High），在发动机舱导线束中 E142-连接（底盘传感器CAN总线，Low），在发动机舱导线束中

左前转速传感器，ABS 控制单元，车载电网控制单元，动态行驶控制转换阀 1，动态行驶
控制转换阀 2，动态行驶控制高压转换阀 1，左侧驻车电机，右侧驻车电机

中控台开关模块 1，中控台开关模块 2，轮胎压力监控按钮，ASR 和电子稳定程序按钮，
横向加速度传感器，ABS 控制单元，车载电网控制单元，按钮照明灯泡，动态行驶控制
高压转换阀 2

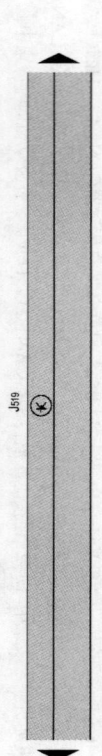

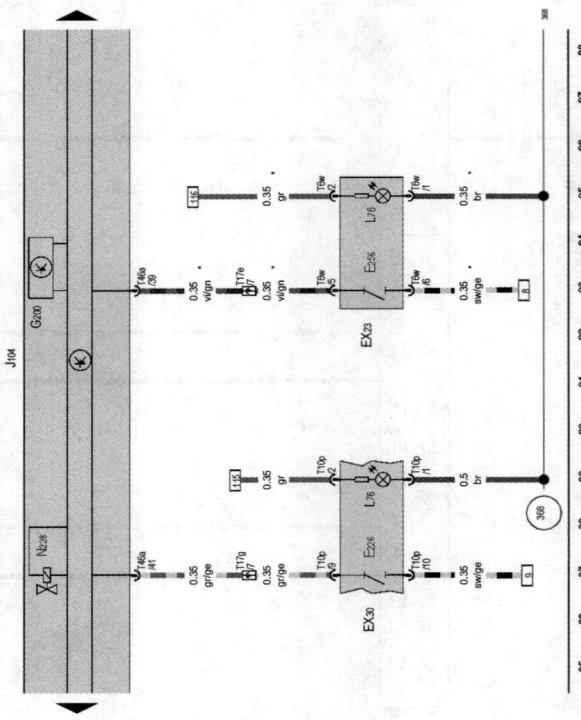

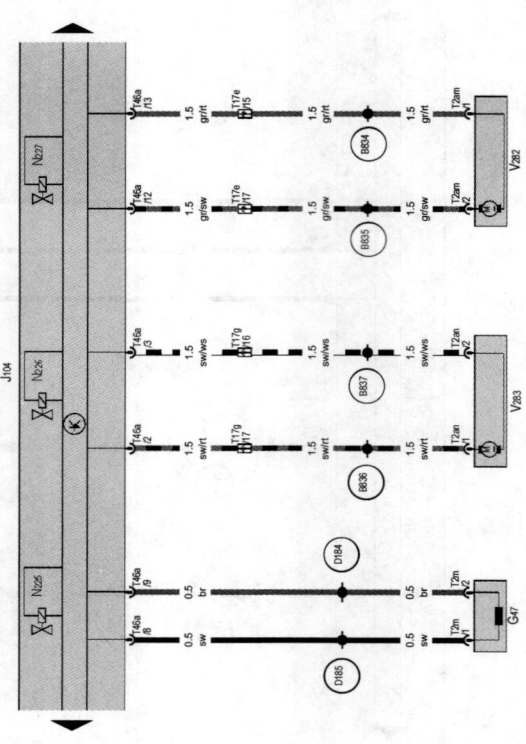

G47-左前转速传感器 J104-ABS控制单元 J519-车载电网控制单元 N226-动态行驶控制转换阀1 N226-
动态行驶控制转换阀2 N227-动态行驶控制高压转换阀1 T2am-2芯插头连接，黑色 T2am-2芯插头连接，
黑色 T2m-2芯插头连接，黑色 T17e-17芯插头连接，右侧A柱下部，黑色 T17g-17芯插头连接，右侧A
柱下部，红色 T46a-46芯插头连接，黑色 V282-左侧驻车电机，黑色 V283-右侧驻车电机 B834-连接1（驻车
电机），在主导线束中 B835-连接2（驻车电机），在主导线束中 B836-连接3（驻车电机），在主导线
束中 B837-连接4（驻车电机），在主导线束中 D184-连接（左前转速传感器+），在发动机舱内导线束中
D185-连接（左前转速传感器-），在发动机舱内导线束中

图 6-3-6

EX23-中控台开关模块1 EX30-中控台开关模块2 E226-轮胎压力监控按钮 E256-ASR和电子稳定程序按
钮 G200-横向加速度传感器 J104-ABS控制单元 J519-车载电网控制单元 L76-按钮照明灯泡 N228-动
态行驶控制高压转换阀2 T6w-6芯插头连接，黑色 T10p-10芯插头连接，黑色 T17e-17芯插头连接，右
侧A柱下部，黑色 T17g-17芯插头连接，右侧A柱下部，红色 T46a-46芯插头连接，黑色 368-接地连接
3，在主导线束中 *-仅用于带全轮驱动的汽车

图 6-3-7

792

机电式驻车制动器按钮，AUTO HOLD 按钮，制动压力传感器，车载电网控制单元，ABS 控制单元，车载电网控制单元，机电式驻车制动器控制单元，机电式驻车制动器指示灯，AUTO HOLD 指示灯

机电式驻车制动器按钮，组合仪表中的控制单元，车载电网控制单元，数据总线诊断接口，组合仪表，制动摩擦片指示灯，ABS 指示灯，制动系统指示灯，驻车制动器指示灯，电子稳定程序和 ASR 稳定程序和 ASR 指示灯，电动驻车制动器和手制动器故障指示灯，电子稳定程序和 ASR 指示灯 2，轮胎压力监控显示指示灯，开关照明灯泡

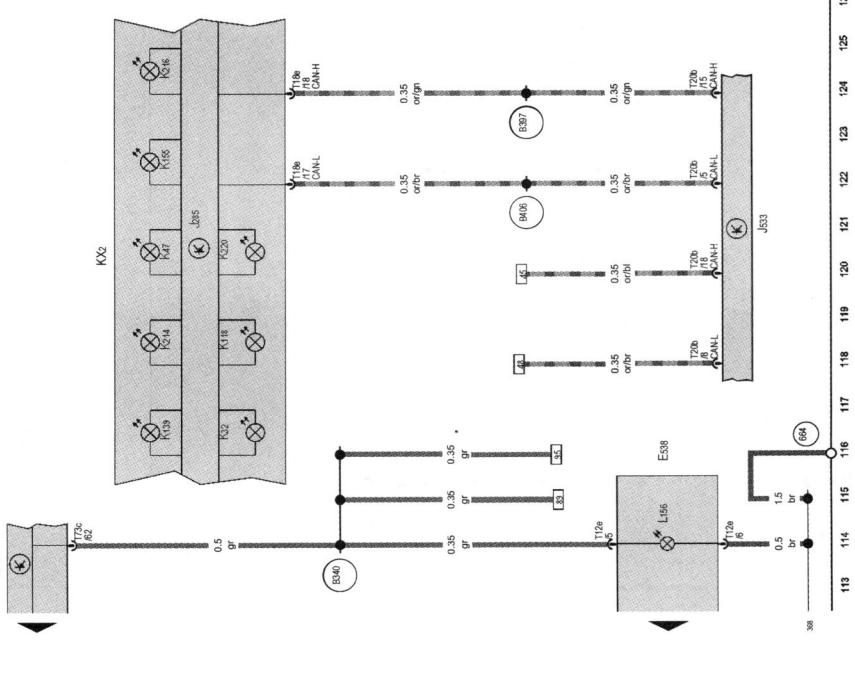

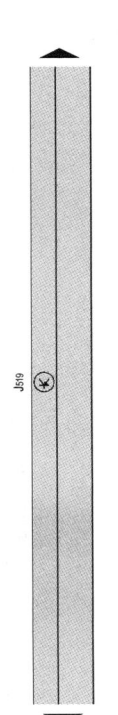

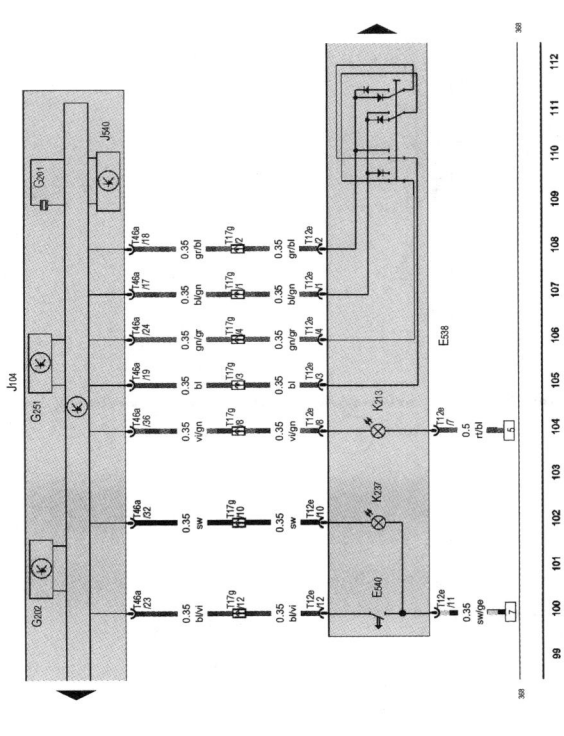

图6-3-8

图6-3-9

E538-机电式驻车制动器按钮 E540-AUTO HOLD按钮 G201-制动压力传感器1 G202-偏转率传感器 G251-纵向加速度传感器 J104-ABS控制单元 J519-车载电网控制单元 J540-机电式驻车制动器控制单元 K213-机电式驻车制动器指示灯 K237-AUTO HOLD指示灯 T12e-12芯插头连接，黑色 T17g-17芯插头连接，右侧A柱下部，红色 T46a-46芯插头连接，黑色 368-接地连接3，在主导线束中

E538-机电式驻车制动器按钮 J285-组合仪表线束 J519-车载电网控制单元 J533-数据总线诊断接口 KX2-组合仪表 K32-制动摩擦片指示灯 K47-ABS指示灯 K118-制动系统指示灯 K139-驻车制动器指示灯 K155-电子稳定程序和ASR指示灯 K214-电动驻车制动器和手制动器故障指示灯 K216-电子稳定程序和ASR指示灯2 K220-轮胎压力监控显示指示灯 L156-开关照明灯泡 T12c-12芯插头连接 T18e-18芯插头连接，黑色 T20b-20芯插头连接，黑色 T73c-73芯插头连接，红色 368-接地连接3，在主导线束中 664-左侧仪表板后面的接地点 B340-连接1（58d），在主导线束中 B397-连接1（舒适CAN总线，High），在主导线束中 B406-连接1（舒适CAN总线，Low），在主导线束中 *-仅用于带全轮驱动的汽车

转向角传感器，转向扭矩传感器，助力转向控制单元，数据总线诊断接口，组合仪表，机电式助力转向器指示灯

组合仪表中的控制单元，助力转向控制单元，数据总线诊断接口，组合仪表，机电式助力转向器指示灯

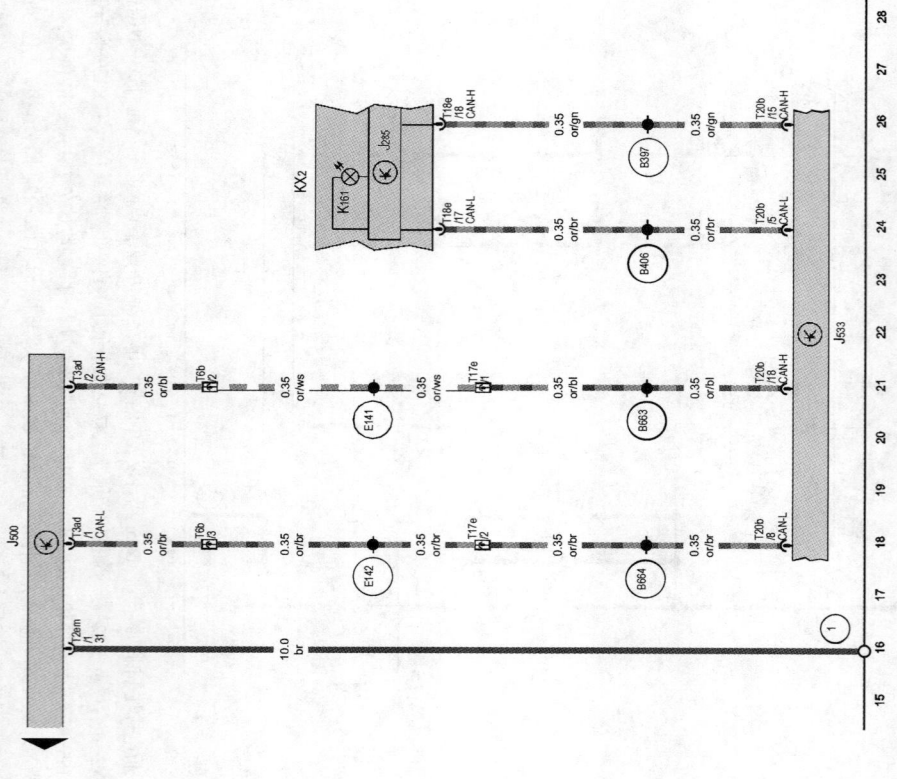

图 6-3-11

J285-组合仪表中的控制单元 J500-助力转向控制单元 J533-数据总线诊断接口 KX2-组合仪表 K161-机电式助力转向器指示灯 T2em-2芯插头连接，黑色 T3ad-3芯插头连接，发动机舱内左后部，黑色 T6b-6芯插头连接，发动机舱内左后部，黑色 T17e-17芯插头连接，右侧A柱下部，黑色 T18e-18芯插头连接，黑色 T20b-20芯插头连接，红色 1-接地带，蓄电池-车身 B397-连接1（舒适CAN总线，High），在主导线束中 B406-连接1（舒适CAN总线，Low），在主导线束中 B663-连接（底盘传感器CAN总线，High），在主导线束中 E141-连接（底盘传感器CAN总线，High），在发动机舱导线束中 E142-连接（底盘传感器CAN总线，Low），在发动机舱导线束中 B664-连接（底盘传感器CAN总线，Low），在主导线束中

转向角传感器，转向扭矩传感器，助力转向控制单元，保险丝架 A 上的保险丝 3，机电式伺服转向电机

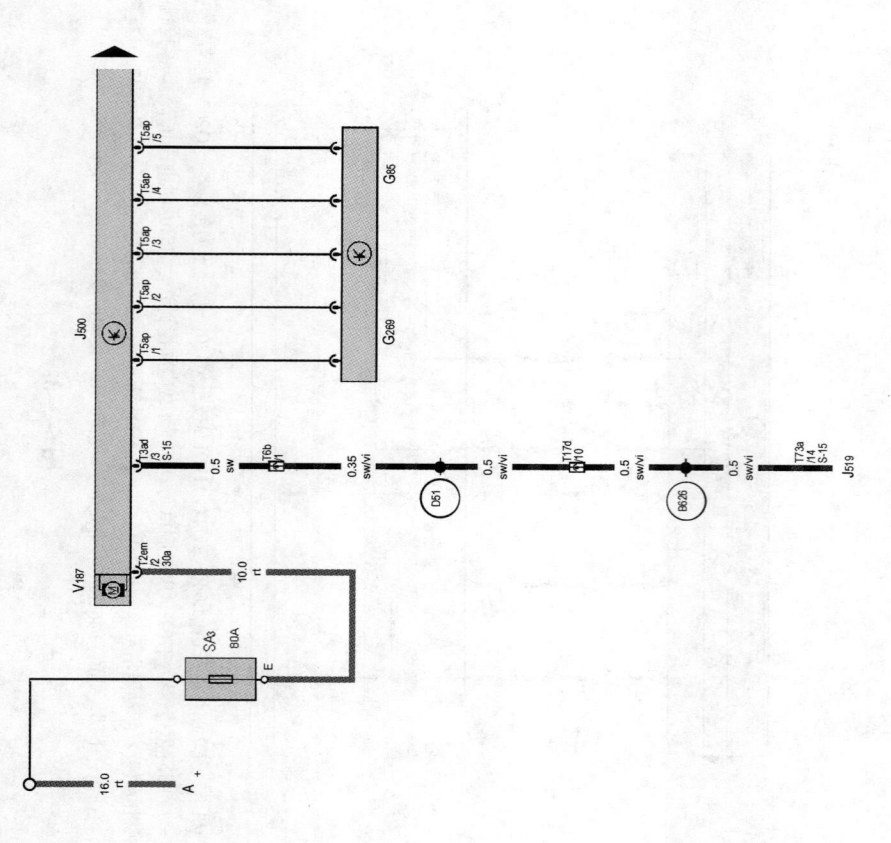

图 6-3-10

A-蓄电池 G85-转向角传感器 G269-转向扭矩传感器 J500-助力转向控制单元 J519-车载电网控制单元 SA3-保险丝架A上的保险丝3 T2em-2芯插头连接，黑色 T3ad-3芯插头连接，黑色 T5ap-5芯插头连接，黑色 T6b-6芯插头连接，发动机舱内左后部，黑色 T17d-17芯插头连接，左侧A柱下部，黑色 T73a-73芯插头连接，黑色 V187-机电式伺服转向电机 B626-正极连接2（15），在主导线束中 D51-正极连接1（15），在主导线束中

794

安全气囊卷簧和带滑环的复位环, 信号喇叭控制, 多功能方向盘控制单元, 转向柱电子装置控制单元

方向盘中 Tiptronic 开关 (降档), 方向盘中的左侧多功能按钮, 安全气囊卷簧和带滑环的复位环, 多功能方向盘控制单元, 转向柱电子装置控制单元, 可加热式方向盘

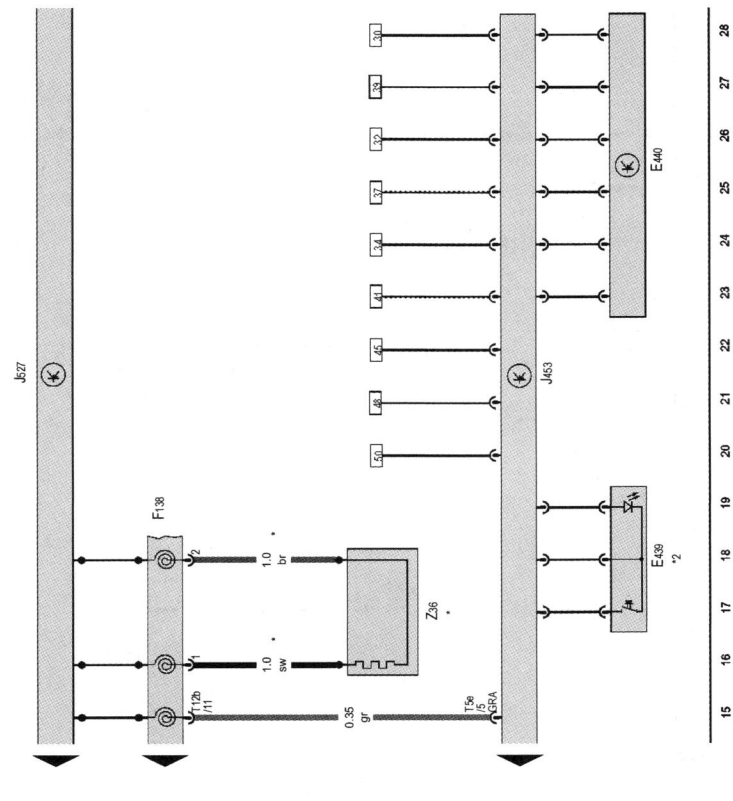

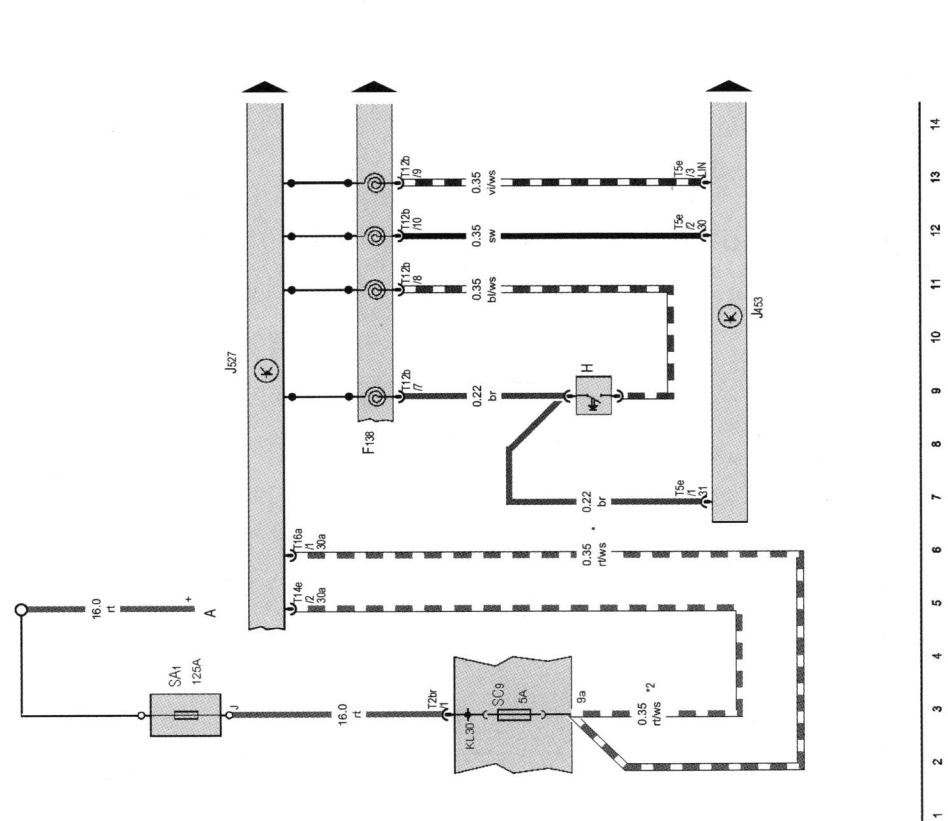

A-蓄电池 F138-安全气囊卷簧和带滑环的复位环 H-信号喇叭控制 J453-多功能方向盘控制单元 J527-转向柱电子装置控制单元 SA1-保险丝架A上的保险丝1 SC9-保险丝架C上的保险丝9 T2br-2芯插头连接, T5e-5芯插头连接, 黑色 T14e-14芯插头连接, 黄色 T12b-12芯插头连接的汽车 T16a-16芯插头连接, 黑色 *-仅用于不带可加热式方向盘的汽车 *2-仅用于带可加热式方向盘的汽车

图 6-3-12

E439-方向盘中Tiptronic开关 (降档) E440-方向盘中的左侧多功能按钮 F138-安全气囊卷簧和带滑环的复位环 J453-多功能方向盘控制单元 J527-转向柱电子装置控制单元 T5e-5芯插头连接, 黑色 T12b-12芯插头连接, 黄色 Z36-可加热式方向盘 *-仅用于带可加热式方向盘的汽车 *2-带Tiptronic手动电控换挡程序的方向盘

图 6-3-13

795

方向盘中 Tiptronic 开关（升挡），可加热方向盘的传感器，多功能方向盘控制单元，转向柱电子装置控制单元

方向盘中的右侧多功能按钮，多功能方向盘控制单元，转向柱电子装置控制单元

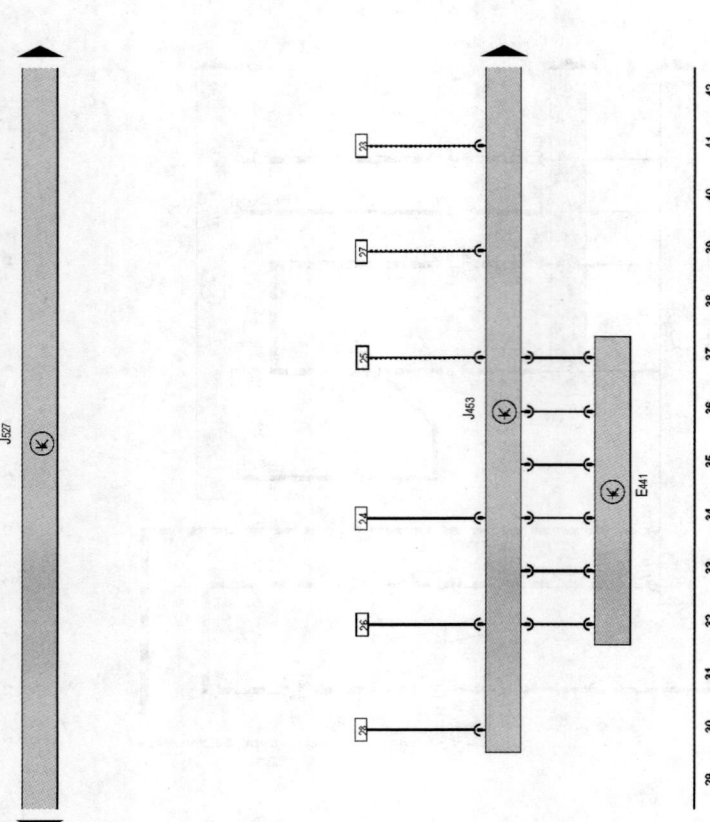

驾驶风格选择开关模块，保险丝架 A 上的保险丝 1，保险丝架 A 上的保险丝 4

方向盘加热按钮，全自动空调控制单元，转向柱电子装置控制单元，数据总线诊断接口

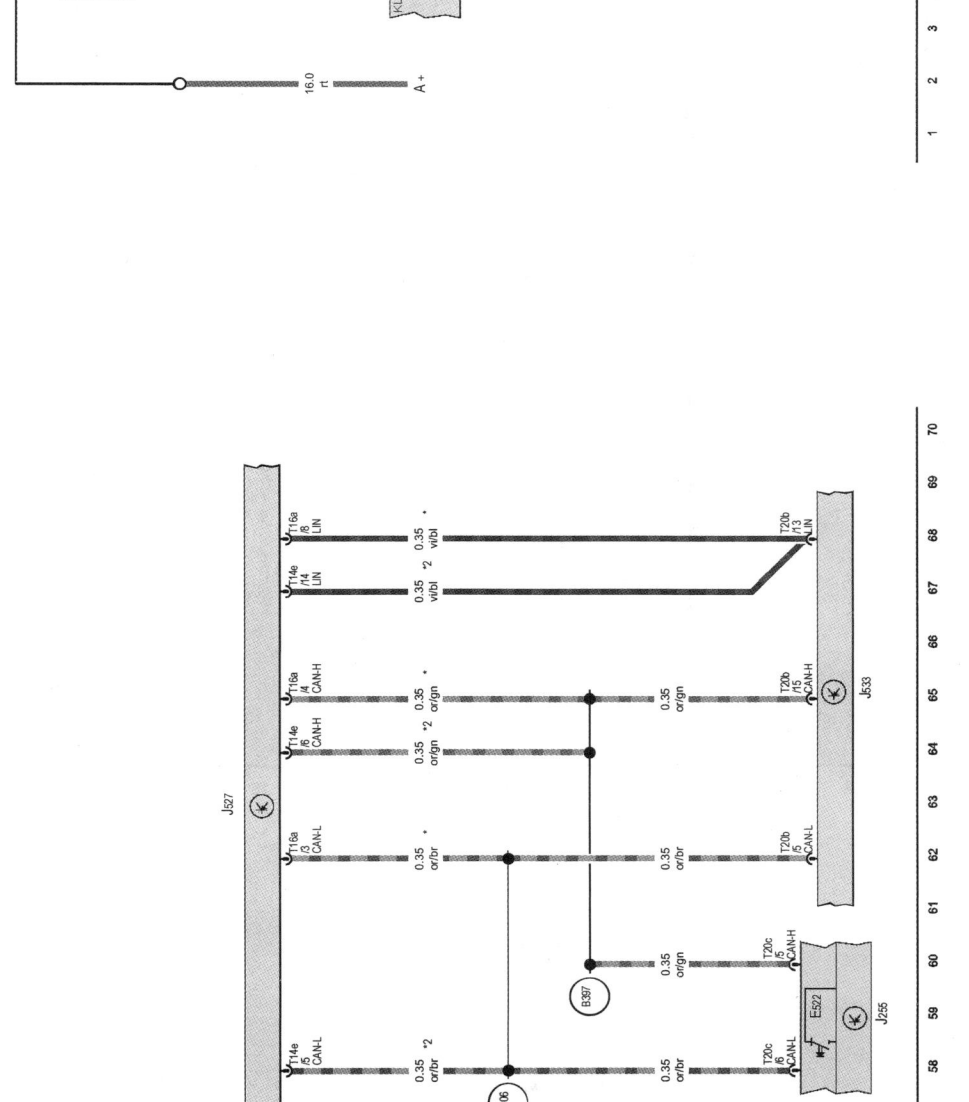

图 6-3-17

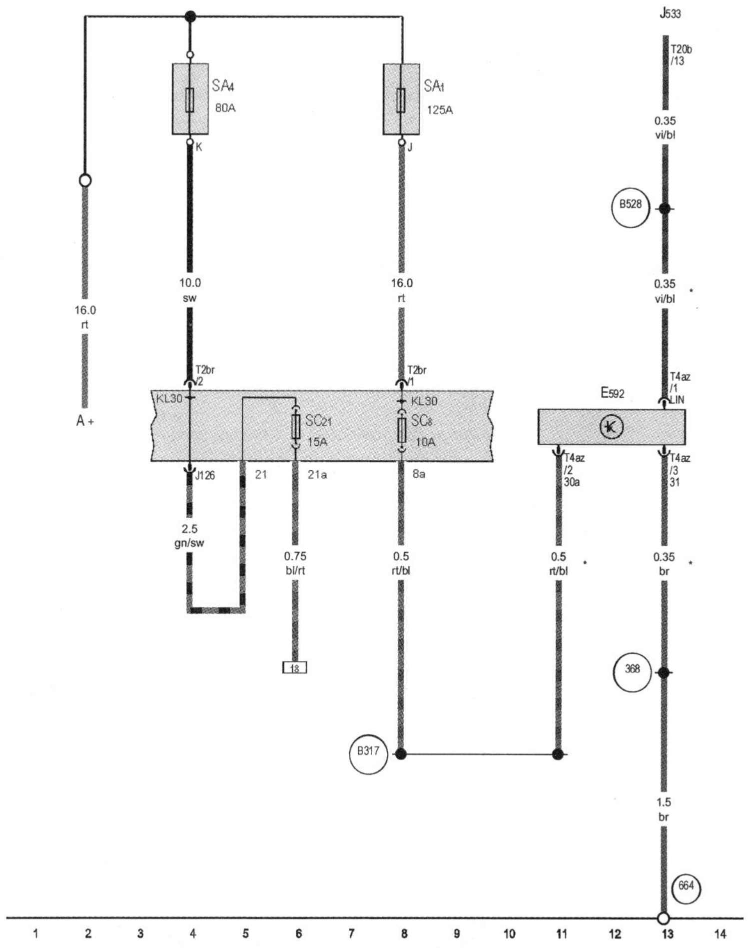

A-蓄电池 E592-驾驶风格选择开关模块 J533-数据总线诊断接口 SA1-保险丝架A上的保险丝1 SA4-保险丝架A上的保险丝4 SC8-保险丝架C上的保险丝8 SC21-保险丝架C上的保险丝21 T2b-2芯插头连接，黑色 T4az-4芯插头连接，黑色 T20b-20芯插头连接，红色 368-接地连接3，红色 368-接地连接，在主导线束中 664-左侧仪表板后面的接地点 B317-正极连接3（30a），在主导线束中 B528-连接1（LIN总线），在主导线束中 *-仅用于带驾驶模式选择操纵单元的汽车

图 6-3-16

E522-方向盘加热按钮 J255-全自动空调控制单元 J527-转向柱电子装置控制单元 J533-数据总线诊断接口 T14e-14芯插头连接，黑色 T16a-16芯插头连接，黑色 T20b-20芯插头连接，红色 T20c-20芯插头连接，黑色 B397-连接1（舒适CAN总线，High），在主导线束中 B406-连接1（舒适CAN总线，Low），在主导线束中 *-仅用于不带可加热式方向盘的汽车 *2-仅用于带可加热式方向盘的汽车

797

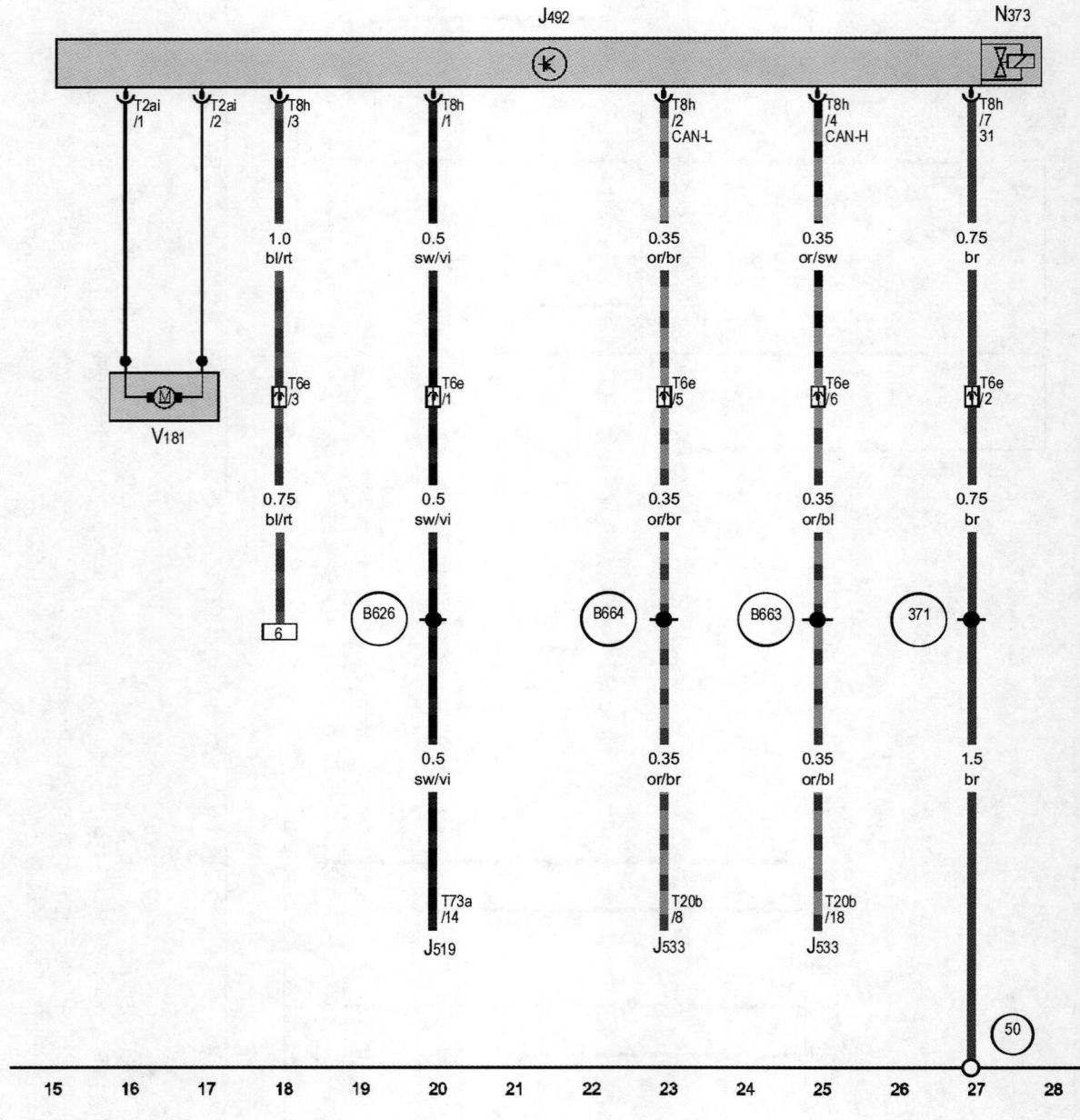

J492-全轮驱动控制单元 J519-车载电网控制单元 J533-数据总线诊断接口 N373-离合器开启角度控制阀 T2ai-2芯插头连接，黑色 T6e-6芯插头连接，左侧油箱上，黑色 T8h-8芯插头连接，黑色 T20b-20芯插头连接，红色 T73a-73芯插头连接，黑色 V181-全轮离合器泵 50-行李箱内左侧的接地点 371-接地连接6，在主导线束中 B626-正极连接2（15），在主导线束中 B663-连接（底盘传感器CAN总线，High），在主导线束中 B664-连接（底盘传感器CAN总线，Low），在主导线束中

图6-3-18

第四节 电气系统

电气系统电路图的图号和图名对照表见表 6-4-1。

接线端 15 供电继电器

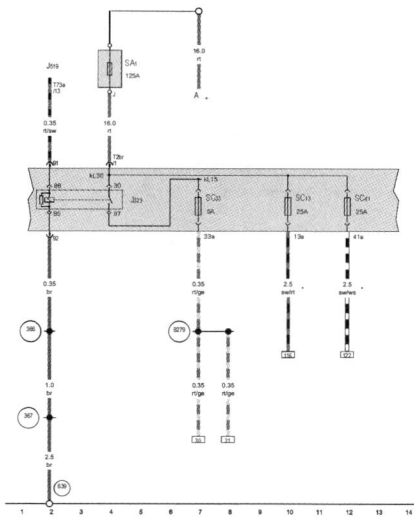

A-蓄电池 J329-接线端15供电继电器 J519-车载电网控制单元 SA1-保险丝架A上的保险丝1 SC13-保险丝架C上的保险丝13 SC33-保险丝架C上的保险丝33 SC41-保险丝架C上的保险丝41 T2br-2芯插头连接，黑色 T73a-73芯插头连接，黑色 366-接地连接1，在主导线束中 367-接地连接2，在主导线束中 639-左A柱上的接地点 B279-正极连接3（15a），在主导线束中 *-仅用于带可逆安全带拉紧器的汽车

图 6-4-1

安全气囊卷簧和带滑环的复位环，前部安全气囊碰撞传感器，安全气囊控制单元，转向柱
电子装置控制单元，驾驶员侧安全气囊引爆装置，驾驶员侧膝盖部安全气囊引爆装置

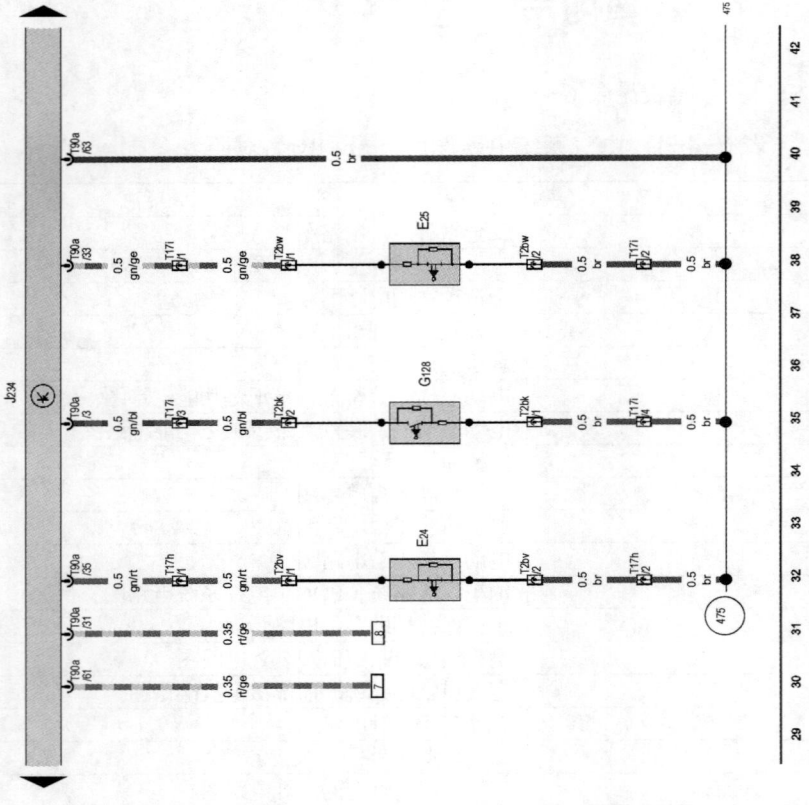

驾驶员侧安全带开关，副驾驶员侧安全带开关，副驾驶员侧座椅占用传感器，安全气囊控
制单元

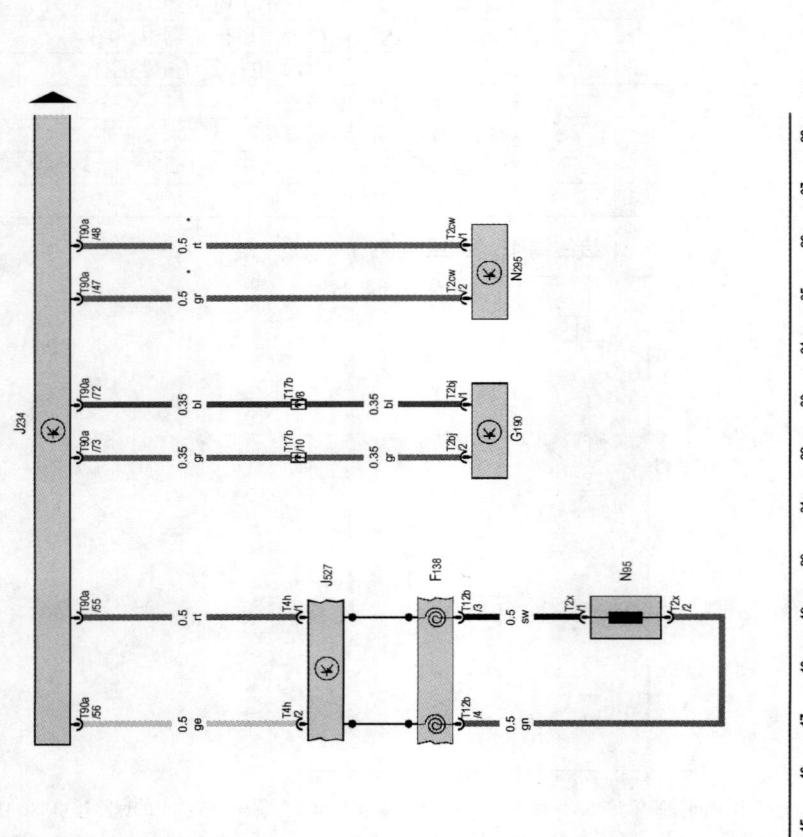

图6-4-2

F138-安全气囊卷簧和带滑环的复位环 G190-前部安全气囊碰撞传感器 J234-安全气囊控制单元 J527-
转向柱电子装置控制单元 N95-驾驶员侧安全气囊引爆装置 N295-驾驶员侧膝盖部安全气囊引爆装置
T2bj-2芯插头连接，黄色 T2cw-2芯插头连接，黄色 T2x-2芯插头连接，黄色 T4h-4芯插头连接，黄色
T12b-12芯插头连接，黄色 T17b-17芯插头连接，左侧A柱下部，棕色 T90a-90芯插头连接，左侧导线束中
用于带驾驶员侧膝盖部安全气囊的汽车

E24-驾驶员侧安全带开关 E25-副驾驶员侧安全带开关 G128-副驾驶员侧座椅占用传感器 J234-安全气
囊控制单元 T2bk-2芯插头连接，蓝色 T2bv-2芯插头连接，黑色 T2bw-2芯插头连接，黑色 T17h-17芯
插头连接，左前座椅的连接位置中，红色 T17r-17芯插头连接，右前座椅的连接位置中，红色 T90a-90芯
插头连接，黄色 475-接地连接（安全气囊），在主导线束中

图6-4-3

800

安全气囊控制单元，副驾驶员侧侧面安全气囊碰撞传感器，副驾驶员侧侧面安全气囊碰撞传感器，安全气囊控制单元，驾驶员侧后部安全带拉紧器引爆装置

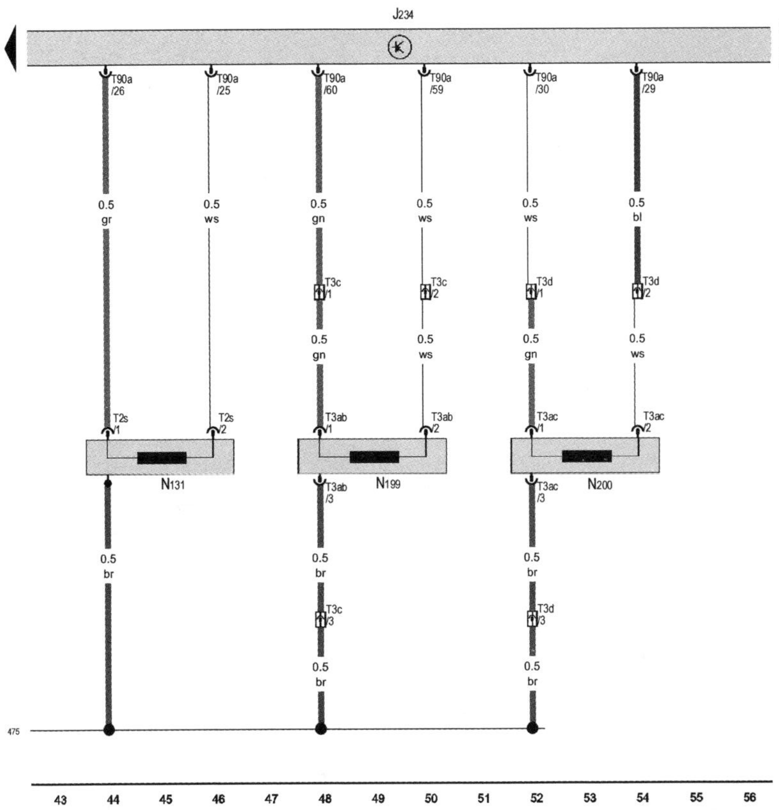

驾驶员侧侧面安全气囊碰撞传感器，副驾驶员侧侧面安全气囊碰撞传感器，安全气囊控制单元，驾驶员侧后部安全带拉紧器引爆装置

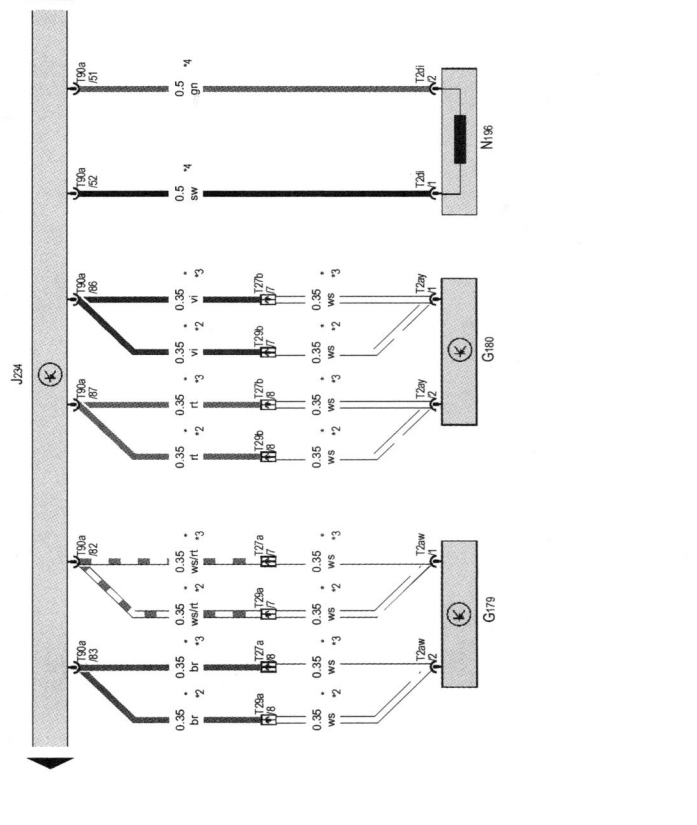

图 6-4-5

G179-驾驶员侧侧面安全气囊碰撞传感器 G180-副驾驶员侧侧面安全气囊碰撞传感器 J234-安全气囊控制单元 N196-驾驶员侧后部安全带拉紧器引爆装置 T2a w-2芯插头连接，黄色 T2a y-2芯插头连接，黄色 T2di-2芯插头连接，黄色 T27a-27芯插头连接，左侧A柱上，黑色 T27b-27芯插头连接，右侧A柱上，黑色 T29a-29芯插头连接，左侧A柱上，白色 T29b-29芯插头连接，右侧A柱上，白色 T90a-90芯插头连接，黄色 *1-仅用于带了前排侧面安全气囊且配备了头部侧面安全气囊的汽车 *2-仅用于带后部安全带拉紧器的汽车 *3-仅用于带周围环境摄像机的汽车 *4-仅用于不带周围环境摄像机的汽车

安全气囊控制单元，副驾驶员侧侧面安全气囊引爆装置1，驾驶员侧侧面安全气囊引爆装置，副驾驶员侧侧面安全气囊引爆装置

图 6-4-4

J234-安全气囊控制单元 N131-副驾驶员侧侧面安全气囊引爆装置1 N199-驾驶员侧侧面安全气囊引爆装置 N200-副驾驶员侧侧面安全气囊引爆装置 T2s-2芯插头连接，黄色 T3ab-3芯插头连接，黄色 T3ac-3芯插头连接，黄色 黄色 T3c-3芯插头连接，左前座椅的连接位置中，黄色 T3d-3芯插头连接，右前座椅的连接位置中，黄色 T90a-90芯插头连接，黄色 475-接地连接（安全气囊），在主导线束中

驾驶员侧侧面安全气囊碰撞传感器，副驾驶员侧侧面安全气囊碰撞传感器，安全
单元，副驾驶员侧后部安全带拉紧器引爆装置

驾驶员侧后部侧面安全气囊碰撞传感器，副驾驶员侧后部侧面安全气囊碰撞传感器，安全
气囊控制单元，驾驶员侧安全带拉紧器引爆装置 1

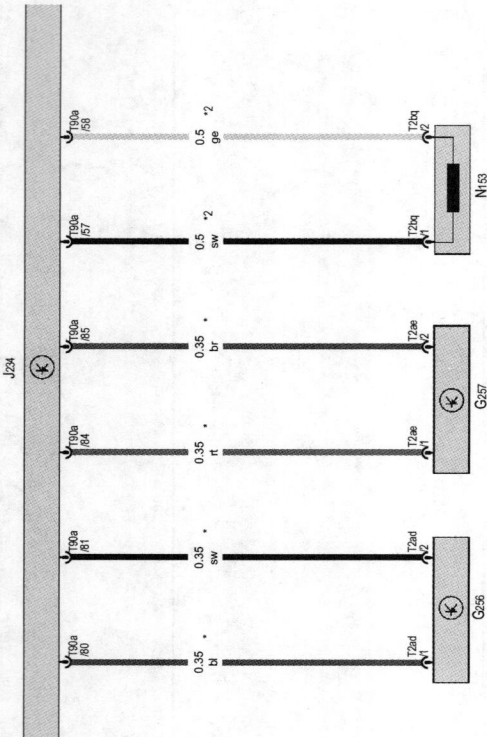

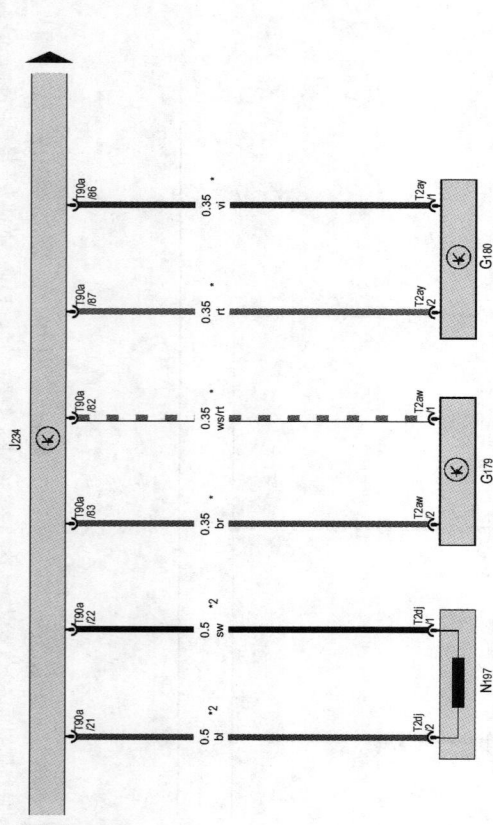

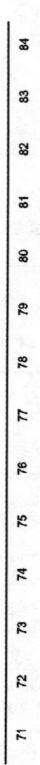

图 6-4-7

图 6-4-6

G256-驾驶员侧后部侧面安全气囊碰撞传感器 G257-副驾驶员侧后部侧面安全气囊碰撞传感器 J234-安全
气囊控制单元 N153-驾驶员侧安全带拉紧器引爆装置1 T2ad-2芯插头连接，黄色 T2ae-2芯插头连接，
黄色 T2bq-2芯插头连接，黄色 T90a-90芯插头头连接，黄色 *-仅用于带头部安全气囊的汽车 *2-仅用于
带安全带拉紧器的汽车

G179-驾驶员侧侧面安全气囊碰撞传感器 G180-副驾驶员侧侧面安全气囊碰撞传感器 J234-安全气囊控制
单元 N197-副驾驶员侧后部安全带拉紧器引爆装置 T2aw-2芯插头连接，黄色 T2ay-2芯插头连接，黄色
T2dj-2芯插头连接，黄色 T90a-90芯插头头连接，黄色 *-仅用于带侧面安全气囊的汽车 *2-仅用于带后部
安全带拉紧器的汽车

安全气囊控制单元，驾驶员侧安全带拉紧器引爆装置 1，副驾驶员侧安全带拉紧器引爆装置 1

安全气囊控制单元，副驾驶员侧安全带拉紧器引爆装置 1，驾驶员侧安全气囊引爆装置，驾驶员侧头部安全气囊引爆装置，副驾驶员侧头部安全气囊引爆装置

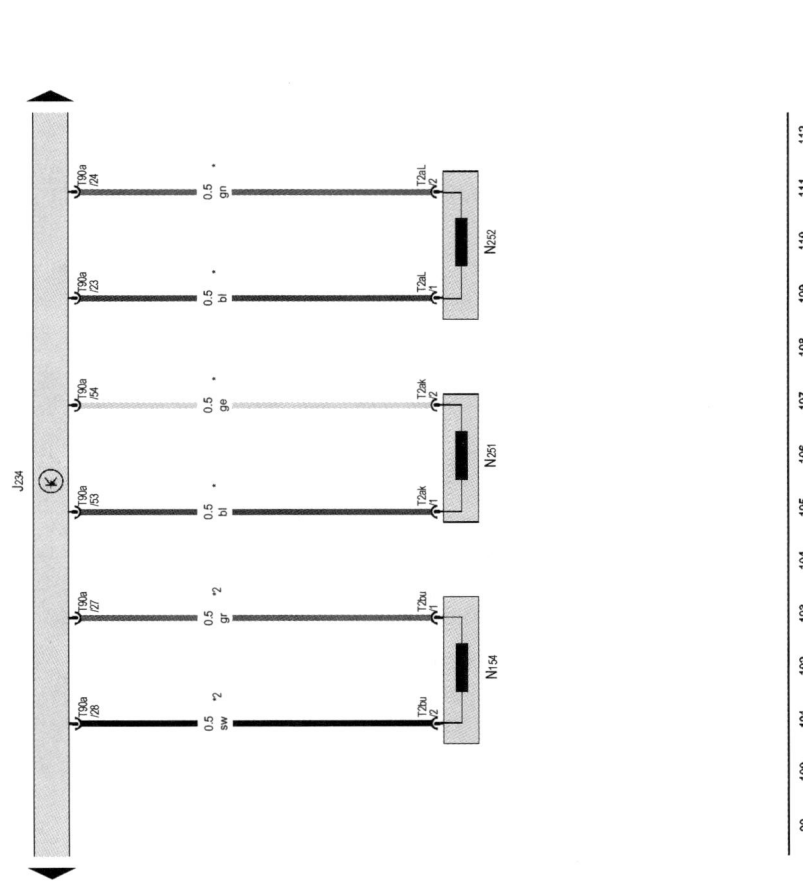

图 6-4-8

图 6-4-9

J234-安全气囊控制单元 N153-驾驶员侧安全带拉紧器引爆装置1 N154-副驾驶员侧安全带拉紧器引爆装
置1 T2bq-2芯插头连接，黄色 T2bu-2芯插头连接，黄色 T5p-5芯插头连接，白色 T5q-5芯插头连接，
白色 T90a-90芯插头连接，黄色 77-左侧B柱下部的接地点 78-右侧B柱下部接地点 B698-连接3（LIN总
线），在主导线束中 *-仅用于带可逆安全带拉紧器的汽车 *2-仅用于带头部安全气囊的汽车

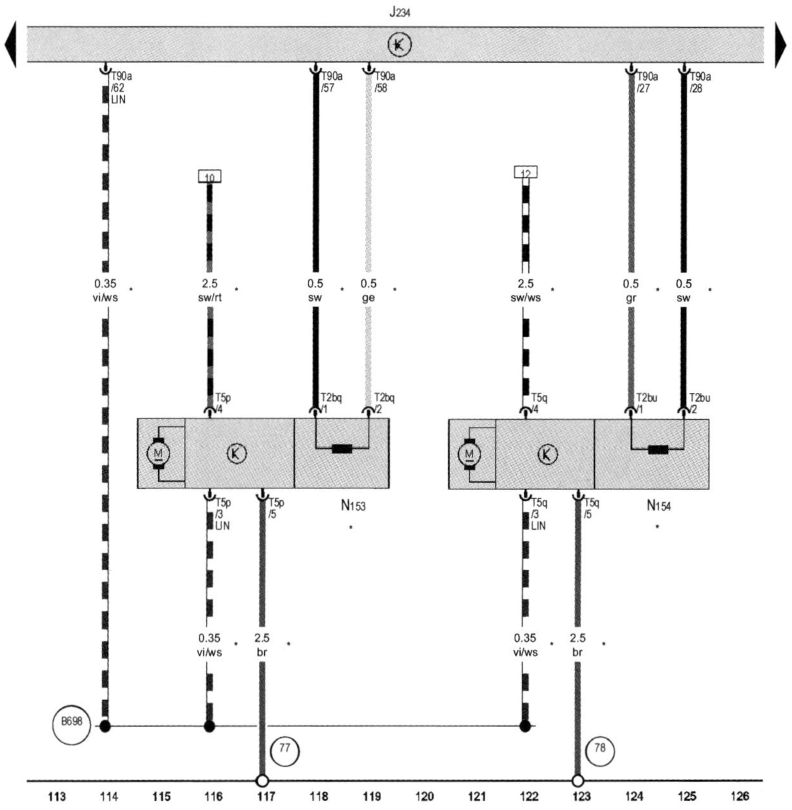

J234-安全气囊控制单元 N154-副驾驶员侧安全带拉紧器引爆装置1 N251-驾驶员侧头部安全气囊引爆
装置 N252-副驾驶员侧头部安全气囊引爆装置 T2ak-2芯插头连接，黄色 T2aL-2芯插头连接，黄色
T2bu-2芯插头连接，黄色 T90a-90芯插头连接，黄色 *-仅用于带头部安全气囊的汽车 *2-仅用于带安
全带拉紧器的汽车

803

安全气囊控制单元，组合仪表中的控制单元，数据总线诊断接口，组合仪表，安全带警告
指示灯，安全气囊指示灯

接线端 15 供电继电器

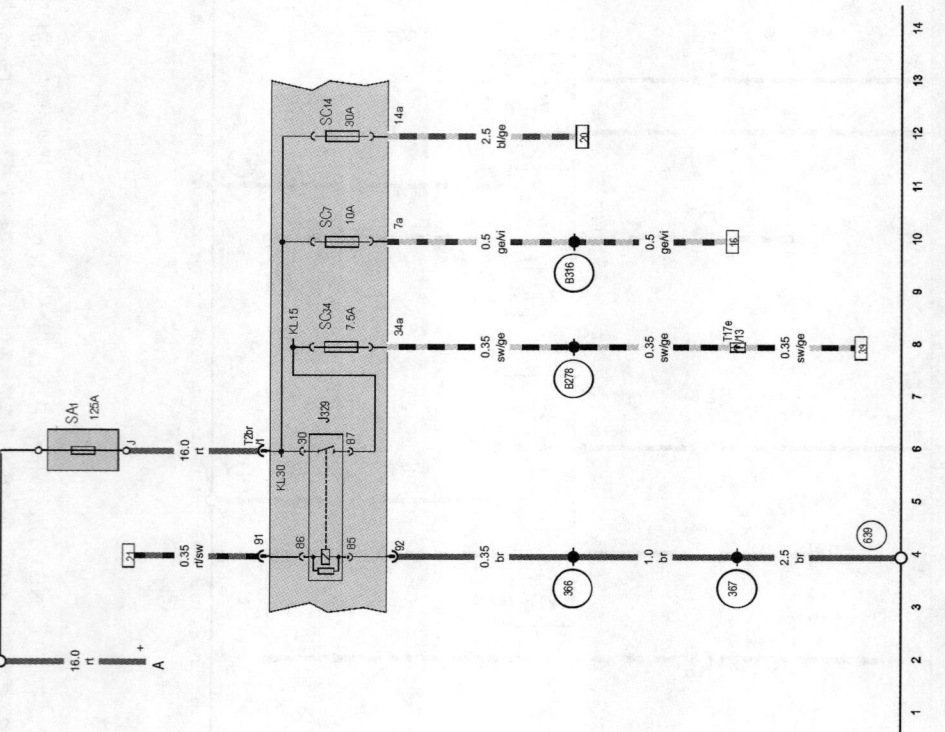

图 6-4-11

A-蓄电池 J329-接线端15供电继电器 SA1-保险丝架A上的保险丝1 SC7-保险丝架C上的保险丝7 SC14-
保险丝架C上的保险丝14 SC34-保险丝架C上的保险丝34 T2br-2芯插头连接 T17e-17芯插头连接 黑色 T17e~17芯插头连
接，右侧A柱下部，黑色 366-接地连接1，在主导线束中 367-接地连接2，在主导线束中 639-左侧A柱上
的接地点 B278-正极连接2（15a），在主导线束中 B316-正极连接2（30a），在主导线束中

安全气囊控制单元，组合仪表中的控制单元，数据总线诊断接口，组合仪表，安全带警告
指示灯，安全气囊指示灯

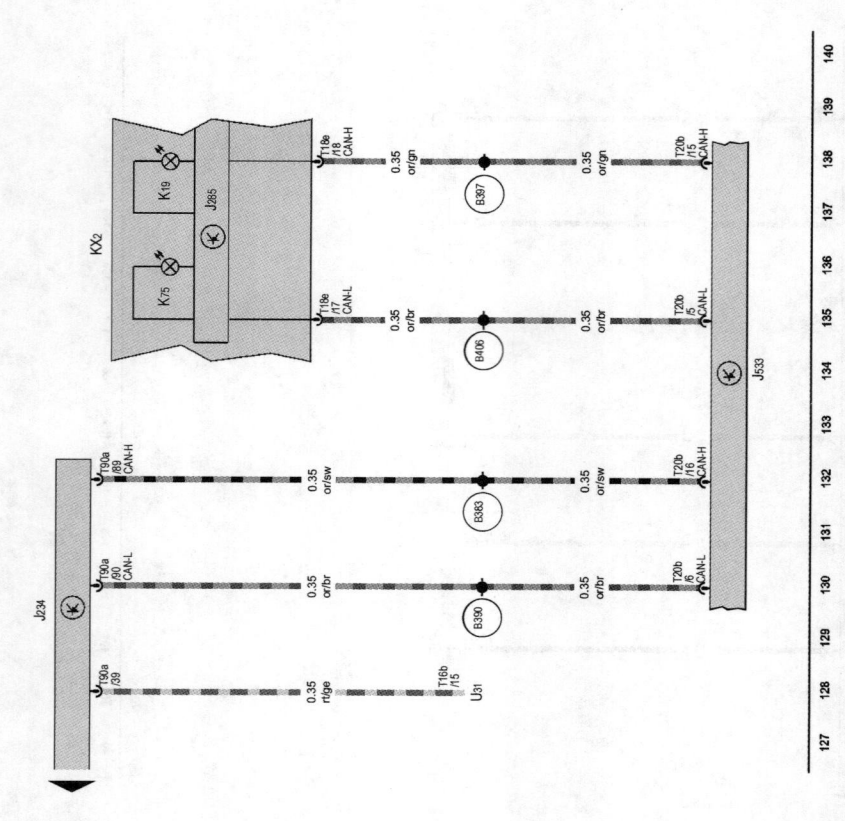

图 6-4-10

J234-安全气囊控制单元 J285-组合仪表中的控制单元 J533-数据总线诊断接口 KX2-组合仪表 K19-安全
带警告指示灯 K75-安全气囊指示灯 T16b-16芯插头连接 T18e-18芯插头连接，黑色 T20b-20芯
插头连接，红色 T90a-90芯插头连接，黄色 U31-诊断接口 B383-连接1（驱动CAN总线，High），在主
导线束中 B390-连接1（驱动CAN总线，Low），在主导线束中 B397-连接1（舒适CAN总线，High），
在主导线束中 B406-连接1（舒适CAN总线，Low），在主导线束中

暖风/空调操作，新鲜空气鼓风机控制单元，空调器控制单元，车载电网控制单元，新鲜
空气鼓风机

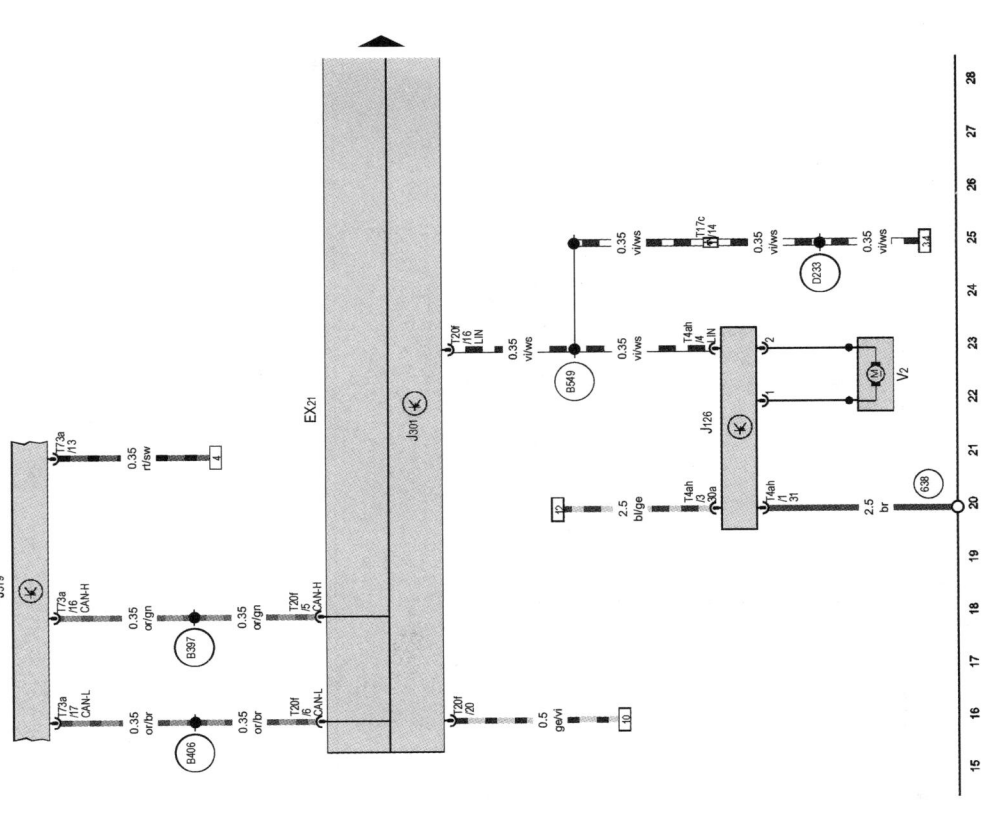

图 6-4-12

EX21-暖风/空调操作 J126-新鲜空气鼓风机控制单元 J301-空调器控制单元 J519-车载电网控制单元 T4ah-4芯插头连接，左侧A柱下部，左侧A柱下部连接，左侧A柱下部连接 T20f-20芯插头连接，黑色 T17c-17芯插头连接，黑色 V2-新鲜空气鼓风机 638-右A柱上的接地点 B397-连接1（舒适CAN总线，T73a-73芯插头连接，黑色 B406-连接1（舒适CAN总线，Low），在主导线束中 B549-连接2（LIN总线），High），在主导线束中 B406-连接2（LIN总线），在主导线束中 D233-连接2（LIN总线），在发动机舱导线束中

新鲜空气鼓风机开关，暖风/空调操作，温度选择旋钮电位计，冷却液循环管路压力传感器，
空调器控制单元，空调器开关照明灯泡

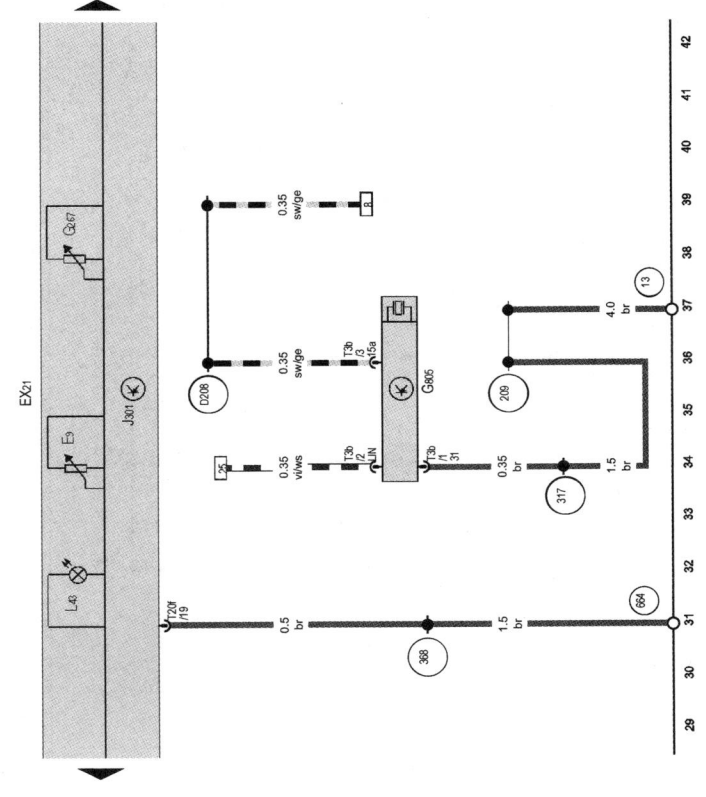

图 6-4-13

E9-新鲜空气鼓风机开关 EX21-暖风/空调操作 G267-温度选择旋钮电位计 G805-冷却液循环管路压力传感器 J301-空调器控制单元 L43-空调器开关照明灯泡 T3b-3芯插头连接，黑色 T20f-20芯插头连接，黑色 T4ah-4芯插头连接，黑色 13-发动机舱内右侧的接地点 209-接地连接6，在发动机舱导线束中 317-接地连接7，在发动机舱导线束中 368-接地连接3，在主导线束中 664-左侧仪表板后面的接地点 D208-正极连接5（15a），在发动机舱导线束中

805

暖风/空调操作，空调器开关，可加热后窗玻璃按钮，温度风门伺服电机电位计，蒸发器温度传感器，空调器控制单元，温度风门伺服电机

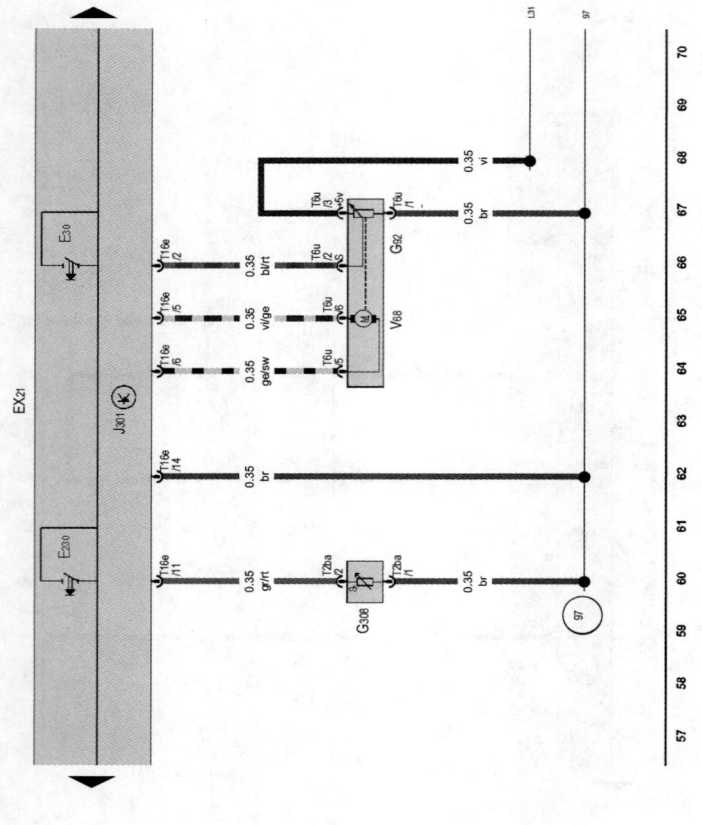

EX21-暖风/空调操作 E30-空调器开关 E230-可加热后窗玻璃开关 G92-温度风门伺服电机电位计 G308-蒸发器温度传感器 J301-空调器控制单元 V68-温度风门伺服电机 T16c-16芯插头连接，黑色 T2ba-2芯插头连接，黑色 T6u-6芯插头连接，蓝色 T16e-16芯插头连接，黑色 T17c-17芯插头连接，黑色 97-接地连接1，在空调器导线束中 L31-连接（5V），在空调器导线束中

图6-4-15

暖风/空调操作，新鲜空气和循环空气风门开关，空调器控制单元，可加热后窗玻璃指示灯，空调压缩机调节阀，车内空气循环风门伺服电机

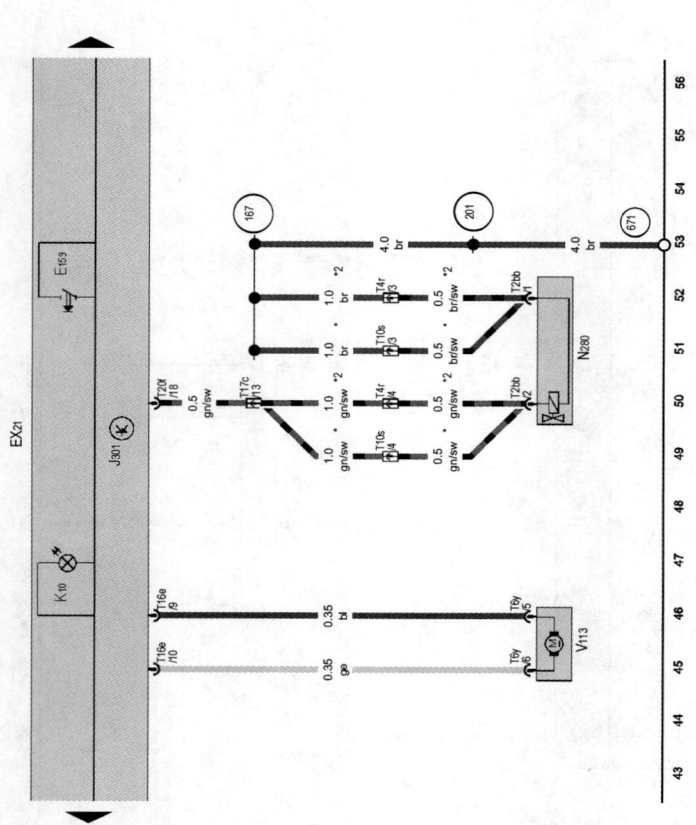

EX21-暖风/空调操作 E159-新鲜空气和循环空气风门开关 J301-空调器控制单元 K10-可加热后窗玻璃指示灯 N280-空调压缩机调节阀 T2bb-2芯插头连接，黑色 T4r-4芯插头连接，黑色 T10s-10芯插头连接，蓝色 T16e-16芯插头连接，发动机舱内左前，黑色 T16c-16芯插头连接，黑色 V113-车内空气循环风门伺服电机 T17c-17芯插头连接，左侧A柱下部，红色 T20f-20芯插头连接，黑色 在发动机舱导线束中 671-左前纵梁上的接地点1 167-接地连接4，在发动机舱导线束中 201-接地连接5，在发动机舱导线束中
*-仅用于带1.8L发动机的汽车 *2-仅用于带1.4L发动机的汽车

图6-4-14

暖风/空调操作，除霜器运行开关，气流分配风门伺服电机电位计，空调器控制单元，空调器指示灯，新鲜空气和车内空气循环运行模式指示灯，气流分配风门伺服电机。

接线端 15 供电继电器

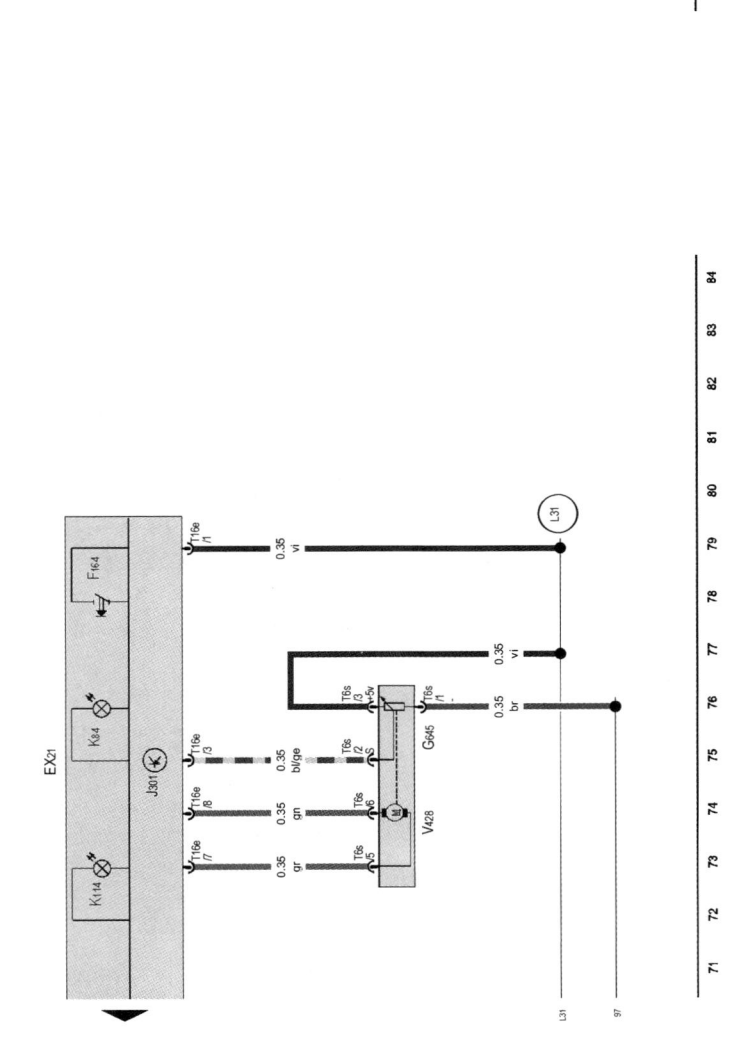

图6-4-17

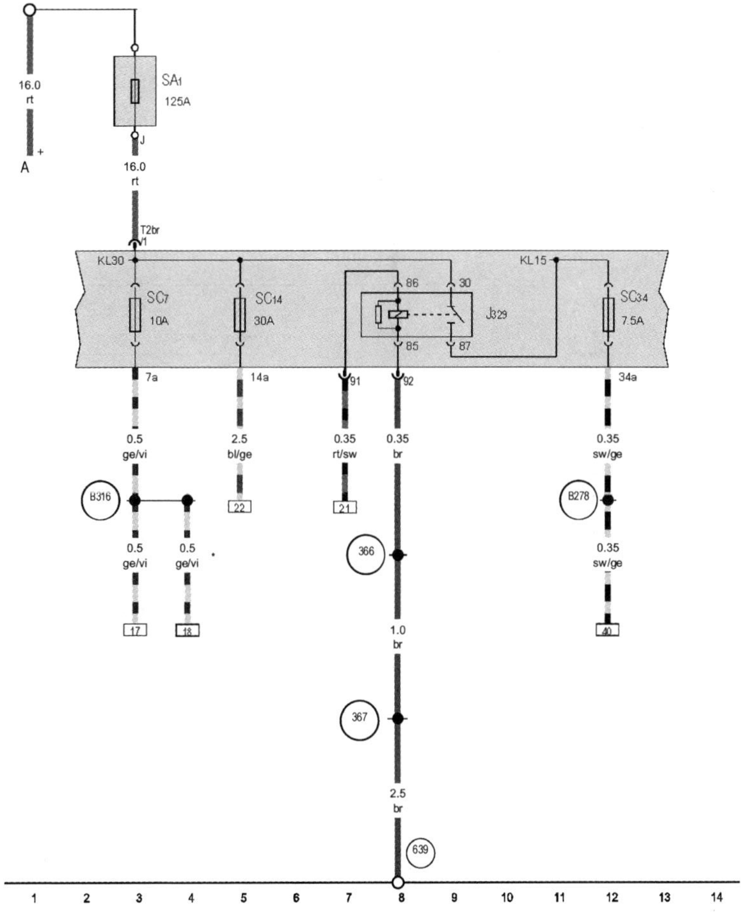

A-蓄电池　J329-接线端15供电继电器　SA1-保险丝架A上的保险丝1　SC7-保险丝架C上的保险丝7　SC14-保险丝架C上的保险丝14　SC34-保险丝架C上的保险丝34　T2br-2芯插头连接，黑色　366-接地连接1，在主导线束中　367-接地连接2，在主导线束中　639-左A柱上的接地点　B278-正极连接2（15a），在主导线束中　B316-正极连接2（30a），在主导线束中　*-仅用于后部带有全自动空调操作与显示单元的汽车

图6-4-16

EX21-暖风/空调操作　F164-除霜器运行开关　G645-气流分配风门伺服电机电位计　J301-空调器控制单元　K84-空调器指示灯　K114-新鲜空气和车内空气循环运行模式指示灯　T6s-6芯插头连接，蓝色　T16e-16芯插头连接，黑色　V428-气流分配风门伺服电机　97-接地连接1，在空调器导线束中　L31-连接（5V），在空调器导线束中

新鲜空气鼓风机开关，暖风／空调操作，空调器开关，新鲜空气和循环空气风门开关，可加热后窗玻璃按钮，空气质量传感器，冷却液循环管路压力传感器，全自动空调控制单元，全自动空调指示灯

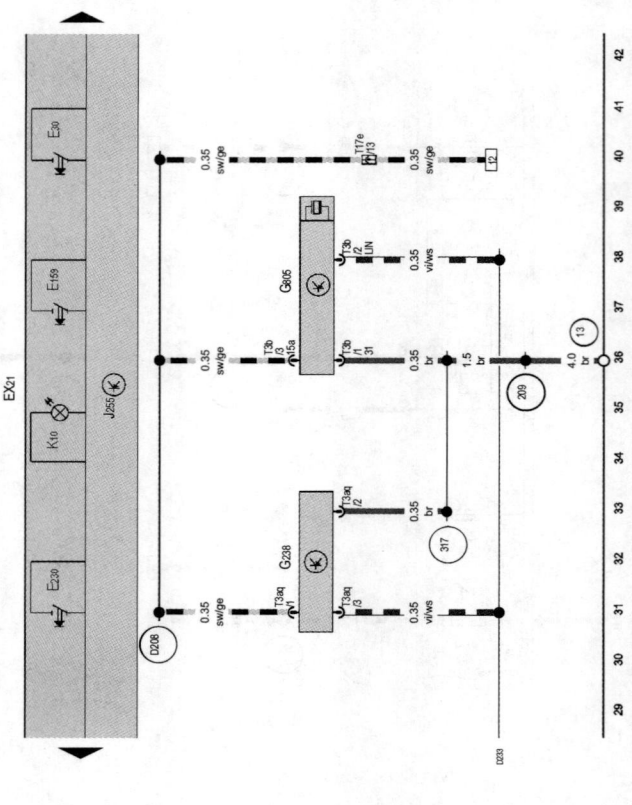

EX21-暖风/空调操作　E30-空调器开关　E159-新鲜空气和循环空气风门开关　E230-可加热后窗玻璃门开关　G238-空气质量传感器　G805-冷却液循环管路压力传感器　J255-全自动空调控制单元　K10-可加热后窗玻璃指示灯　T3aq-3芯插头连接　T3b-3芯插头连接，灰色　T17c-17芯插头连接，黑色　T17e-17芯插头连接，右侧A柱下部，黑色　209-接地点，在发动机舱内右侧的接地点　317-接地连接7，在发动机舱导线束中　13-发动机舱内右侧接地点　D208-正极连接5（15a），在发动机舱导线束中　D233-连接2（LIN总线），在发动机舱导线束中

图6-4-19

新鲜空气鼓风机控制单元，暖风／空调操作，后部空调操作和显示单元，新鲜空气鼓风机控制单元，新鲜空气鼓风机控制单元，车载电网控制单元，开关照明灯泡，全自动空调控制单元，新鲜空气鼓风机

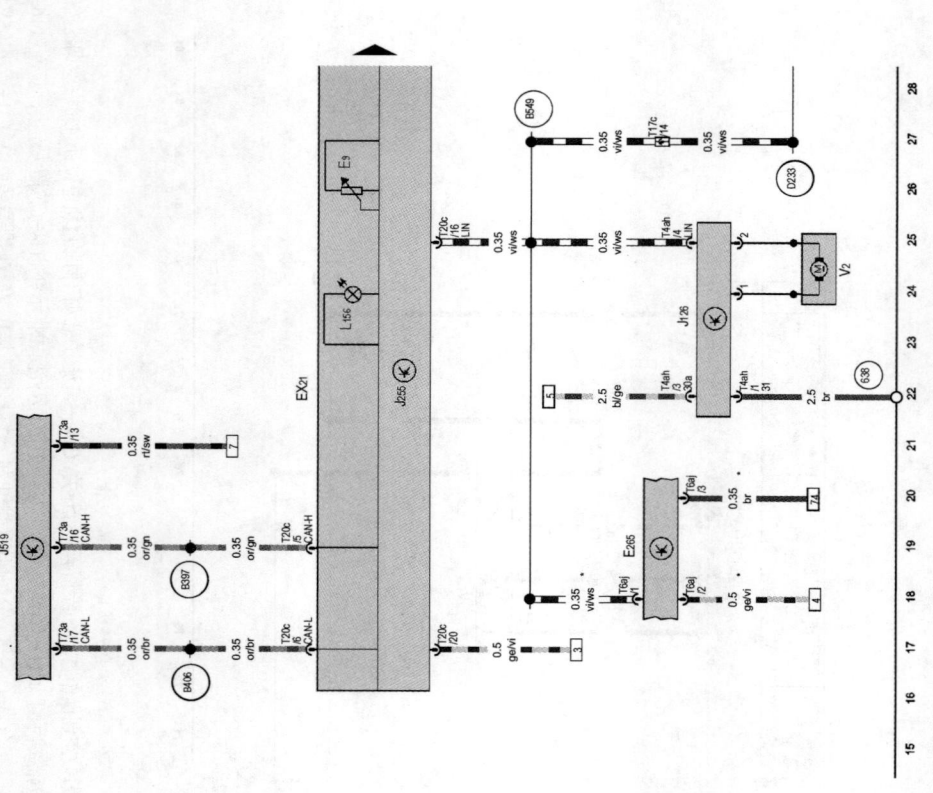

E9-新鲜空气鼓风机开关　EX21-暖风/空调操作　E265-后部空调操作和显示单元　J126-新鲜空气鼓风机控制单元　J255-全自动空调控制单元　J519-车载电网控制单元　L156-开关照明灯泡　T4ah-4芯插头连接，黑色　T6aj-6芯插头连接，黑色　T17c-17芯插头连接，左侧A柱下部，红色　T20c-20芯插头连接，黑色　T73a-73芯插头连接，黑色　V2-新鲜空气鼓风机　638-右A柱上的接地点　B397-连接1（舒适CAN总线），在主导线束中　B406-连接1（舒适CAN总线，Low），在主导线束中　B549-连接2（LIN总线），在主导线束中　D233-连接2（LIN总线），在发动机舱导线束中　*-仅用于后部带有全自动空调操作与显示单元的汽车

图6-4-18

暖风／空调操作，左侧出风口温度调节器，右侧出风口温度调节器，全自动空调控制单元，
暖风／空调操作，左侧出风口空气循环行模式指示灯，
新鲜空气和车内空气循环行模式指示灯，空调压缩机调节阀

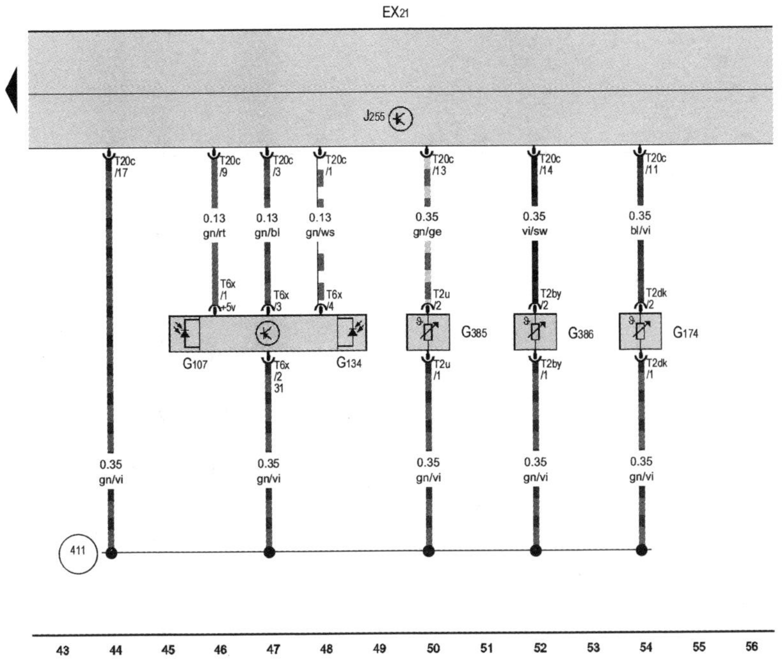

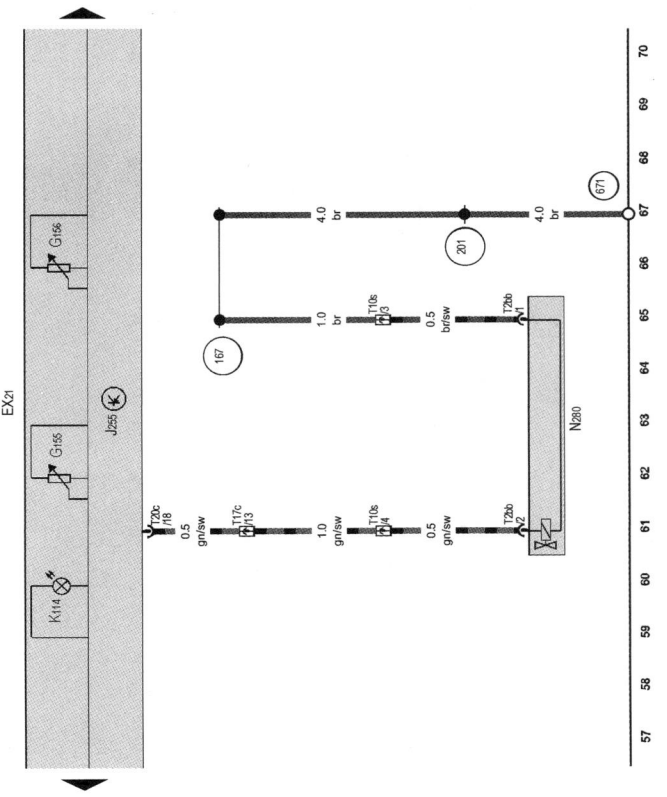

暖风／空调操作，阳光照射光电传感器，日照光光电传感器2，后部出风口温度传感器，左
侧出风口温度传感器，右前仪表板出风口温度传感器，全自动空调控制单元

EX21-暖风/空调操作 G155-左侧出风口温度调节器 G156-右侧出风口温度调节器 J255-全自动空调控制
单元 K114-新鲜空气和车内空气循环行模式指示灯 N280-空调压缩机调节阀 T2bb-2芯插头连接，黑色
T10s-10芯插头连接，发动机舱内左前，黑色 T17c-17芯插头连接，左侧A柱下部，红色 T20c-20芯插头连
接，黑色 167-接地连接4，在发动机舱导线束中 201-接地连接5，在发动机舱导线束中 671-左前纵梁上的
接地点1

图 6-4-21

EX21-暖风/空调操作 G107-阳光照射光电传感器 G134-日照光光电传感器2 G174-后部出风口温度传感
器 G385-左侧出风口温度传感器 G386-右侧出风口温度传感器 J255-全自动空调控制单
元 T2by-2芯插头连接，黑色 T2dk-2芯插头连接，黑色 T2u-2芯插头连接，黑色 T6x-6芯插头连接，黑色
T20c-20芯插头连接，黑色 411-接地连接2（传感器接地），在主导线束中

图 6-4-20

暖风／空调操作，左侧温度风门伺服电机电位计，新鲜空气－车内空气循环－速滞压力风
门伺服电机电位计，全自动空调控制单元，左侧温度风门伺服电机，新鲜空气／车内空气
循环／速滞压力风门伺服电机

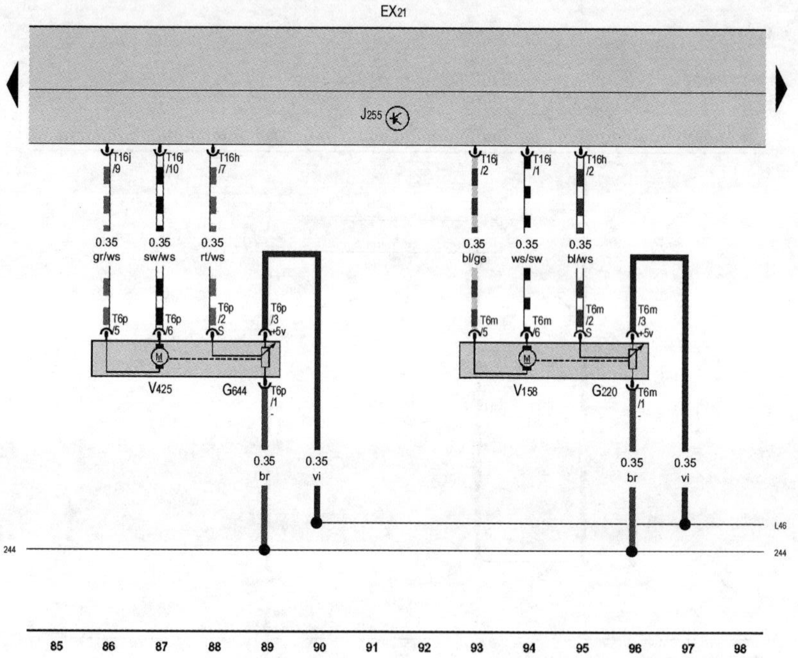

暖风／空调操作，前部空调操作和显示单元，除霜器运行开关，仪表板温度传感器，脚部
空间出风口温度传感器，蒸发器温度传感器，全自动空调控制单元

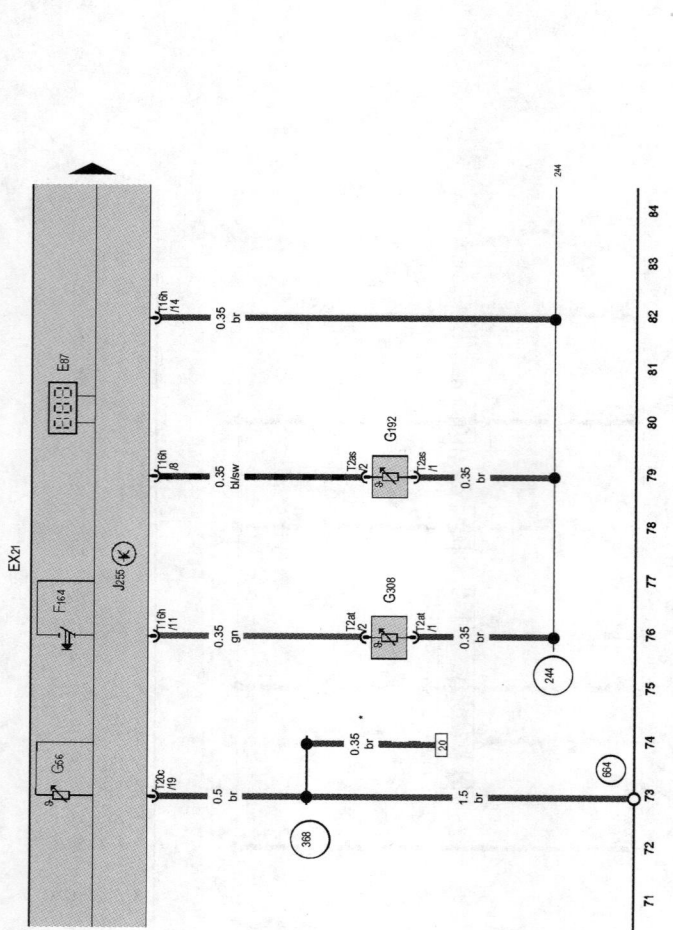

EX21－暖风/空调操作 G220－左侧温度风门伺服电机电位计 G644－新鲜空气－车内空气循环－速滞压力风
门伺服电机电位计 J255－全自动空调控制单元 T6m－6芯插头连接，蓝色 T6p－6芯插头连接，蓝色 T16h－
16芯插头连接，黑色 T16j－16芯插头连接，棕色 V158－左侧温度风门伺服电机 V425－新鲜空气/车内空气
循环/速滞压力风门伺服电机 244－接地连接（传感器接地），在全自动空调导线束中 L46－连接（5V），
在全自动空调操纵导线束中

图 6-4-23

EX21－暖风/空调操作 E87－前部空调操作和显示单元 F164－除霜器运行开关 G56－仪表板温度传感器
G192－脚部空间出风口温度传感器 G308－蒸发器温度传感器 J255－全自动空调控制单元 T2as－2芯插头连
接 T2at－2芯插头连接，黑色 T16h－16芯插头连接，黑色 T20c－20芯插头连接，黑色 244－接地连
接（传感器接地），在全自动空调导线束中 368－接地连接3，在主导线束中 664－左侧仪表板后面的接地
点 *－仅用于后部带有全自动空调操作与显示单元的汽车

图 6-4-22

暖风/空调操作，后部温度风门伺服电机电位计，前部气流分配风门伺服电机电位计，全自动空调控制单元，前部气流分配风门伺服电机，前侧气流分配风门伺服电机

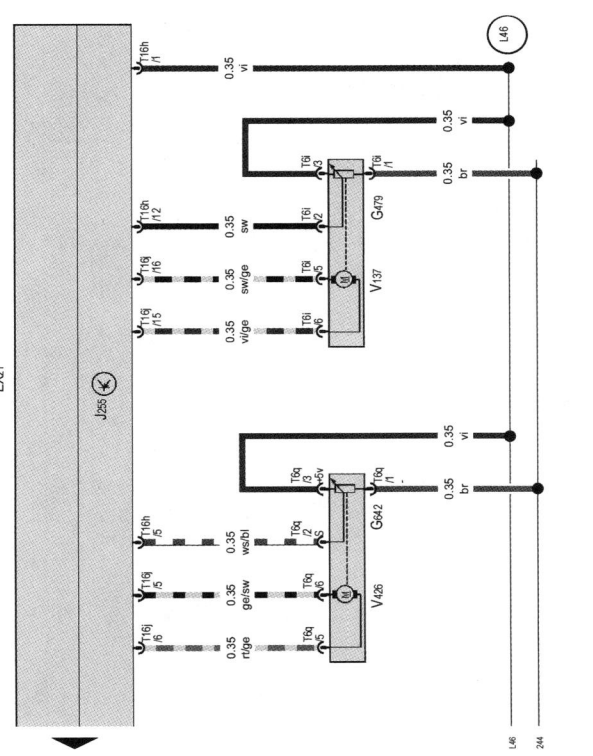

EX21-暖风/空调操作 G479-后部温度风门伺服电机电位计 G642-前部气流分配风门伺服电机电位计 J255-全自动空调控制单元 T6i-6芯插头连接，蓝色 T6q-6芯插头连接，黑色 T16h-16芯插头连接，蓝色 T16j-16芯插头连接 V137-后部温度风门伺服电机 V426-前侧气流分配风门伺服电机 244-接地连接 T16j-16芯插头连接（传感器接地），在全自动空调导线束中 L46-连接（5V），在全自动空调操纵导线束中

图6-4-25

暖风/空调操作，除霜风门伺服电机电位计，右侧温度风门伺服电机电位计，右侧温度风门伺服电机，全自动空调控制单元，除霜风门伺服电机，右侧温度风门伺服电机

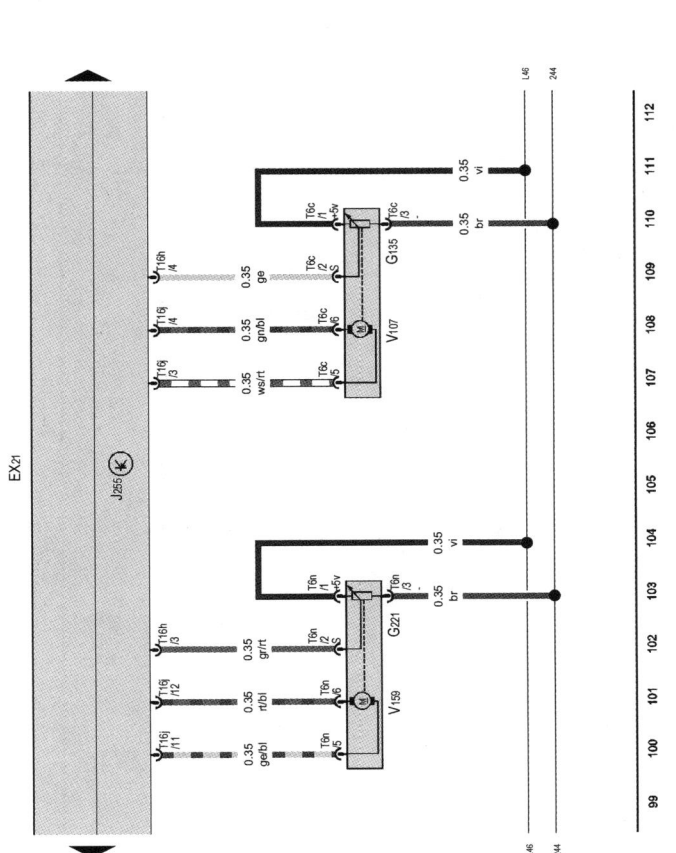

EX21-暖风/空调操作 G135-除霜风门伺服电机电位计 G221-右侧温度风门伺服电机电位计 J255-全自动空调控制单元 T6c-6芯插头连接，蓝色 T6n-6芯插头连接，蓝色 T16h-16芯插头连接，黑色 T16j-16芯插头连接 V107-除霜风门伺服电机 V159-右侧温度风门伺服电机 244-接地连接，棕色 T16j-16芯插头连接（传感器接地），在全自动空调导线束中 L46-连接（5V），在全自动空调操纵导线束中

图6-4-24

左前车门外把手接触传感器，进入及启动系统接口，进入及启动许可驾驶员侧天线

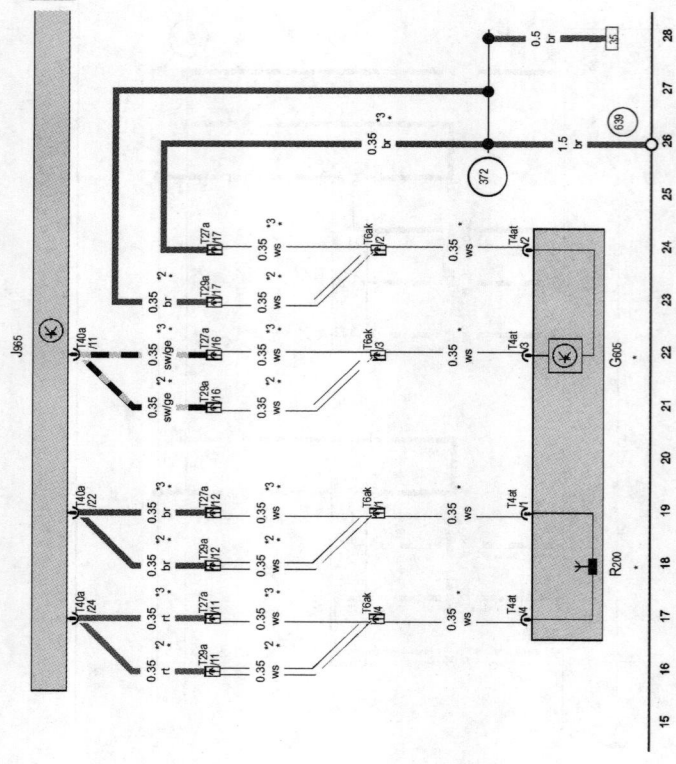

图6-4-27

G605-左前车门把手接触传感器　J965-进入及启动系统接口　R200-进入及启动许可驾驶员侧天线
T4at-4芯插头连接，黑色　T6ak-6芯插头连接，在驾驶员侧车门内，黑色　T27a-27芯插头连接，左侧A柱
上，黑色　T29a-29芯插头连接，左侧A柱上，白色　T40a-40芯插头连接，黑色　372-接地连接7，在A柱
线束中　639-左A柱上的接地点　*-仅用于带进入及启动许可的汽车　*2-仅用于带周围环境摄像机的汽车
*3-仅用于不带周围环境摄像机的汽车

转向柱联锁执行元件

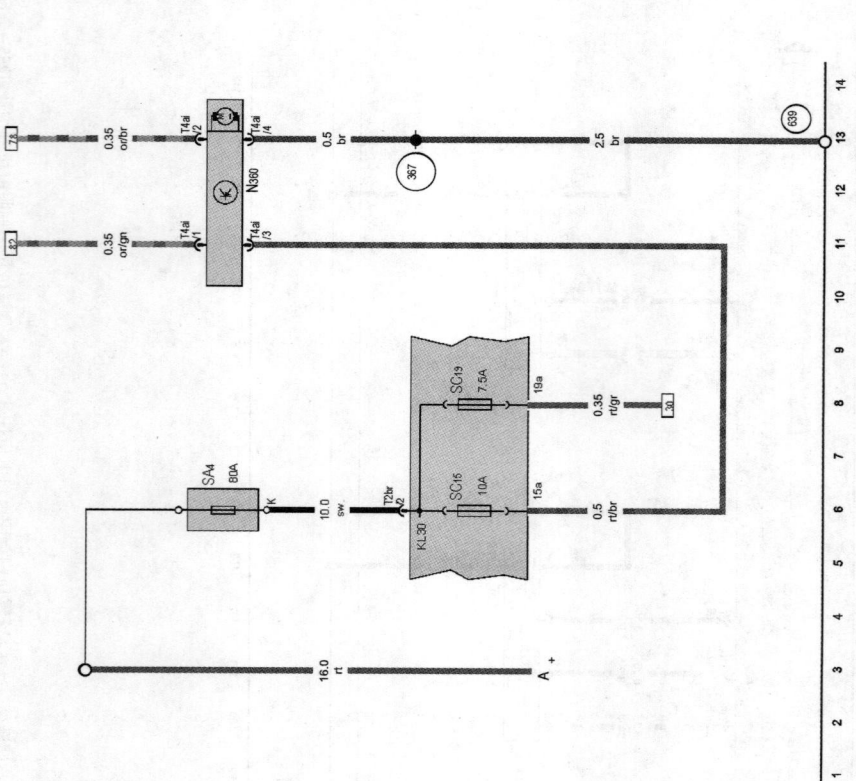

图6-4-26

A-蓄电池　N360-转向柱联锁执行元件　SA4-保险丝架A上的保险丝4　SC15-保险丝架C上的保险丝15
SC19-保险丝架C上的保险丝19　T2br-2芯插头连接，黑色　T4ai-4芯插头连接，在
主导线束中　639-左A柱上的接地点　367-接地连接2，在左侧A柱上　372-接地连接7，在
主导线束中　639-左A柱上的接地点

右前车门外把手接触传感器，进入及启动系统接口，右侧进入及启动许可天线

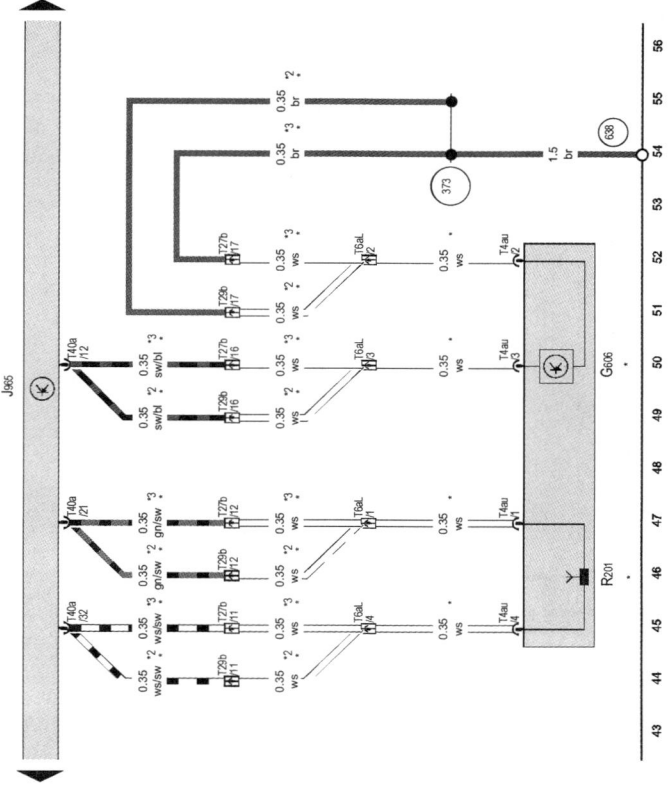

图 6-4-29

G606-右前车门外把手接触传感器 J965-进入及启动系统接口 R201-右侧进入及启动许可天线 T4au-4 芯插头连接，黑色 T6aL-6芯插头连接，副驾驶员车门内，黑色 T27b-27芯插头连接，右侧A柱上，黑色 T29b-29芯插头连接，右侧A柱上，白色 T40a-40芯插头连接，黑色 373-接地8连接，在主导线束中 638-右A柱上的接地点 *-仅用于带进入及启动许可的汽车 *2-仅用于带周围环境摄像机的汽车 *3-仅用于不带周围环境摄像机的汽车

启动装置按钮，车载电网控制单元，进入及启动系统接口，点火启动按钮照明灯泡

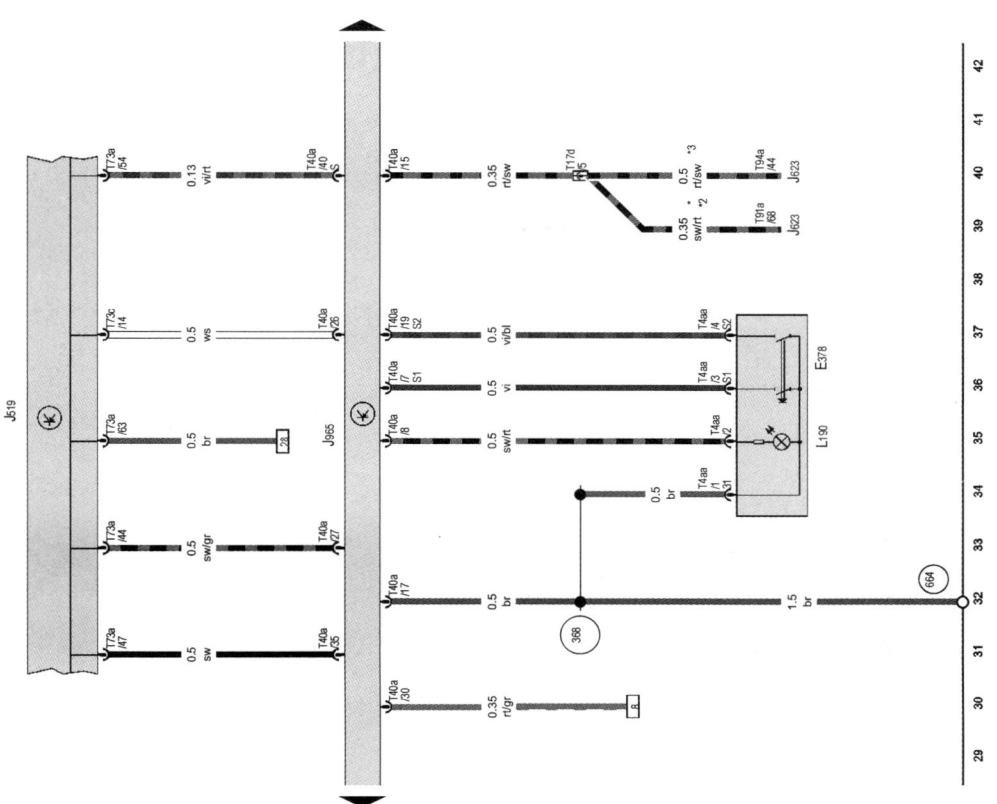

图 6-4-28

E378-启动装置按钮 J519-车载电网控制单元 J623-发动机控制单元 J965-进入及启动系统接口 L190-点火启动按钮照明灯泡 T4aa-4芯插头连接，左侧A柱下部，蓝色 T40a-40芯插头连接，黑色 T17d-17芯插头连接，左侧A柱下部，蓝色 T40a-40芯插头连接，黑色 T73a-73芯插头连接，黑色 T73c-73芯插头连接，黑色 T91a-91芯插头连接，黑色 T94a-94芯插头连接，黑色 368-接地连接3，在主导线束中 664-左侧仪表板后面的接地点 *-仅用于带2.0L发动机的汽车 *2-仅用于带1.4L发动机的汽车 *3-仅用于带2.0L发动机的汽车

813

进入及启动系统接口，后保险杠内的进入及启动系统天线，行李箱内的进入及启动系统天线，车内空间的进入及启动系统天线 1

进入及启动系统接口，车内空间的进入及启动系统天线 2

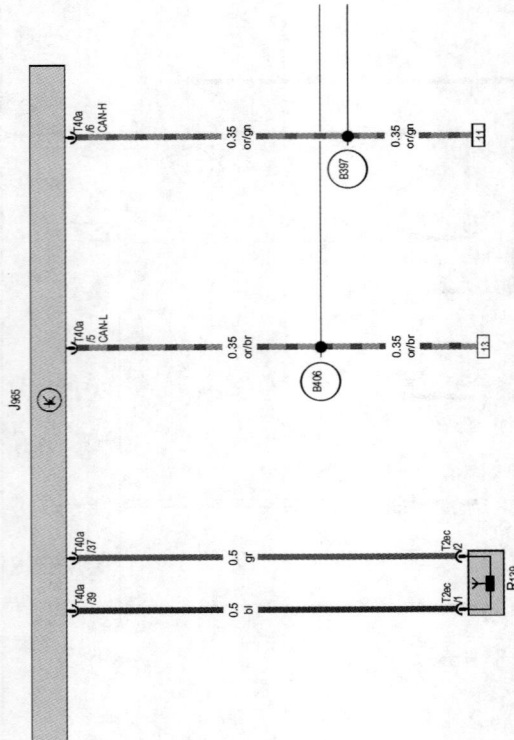

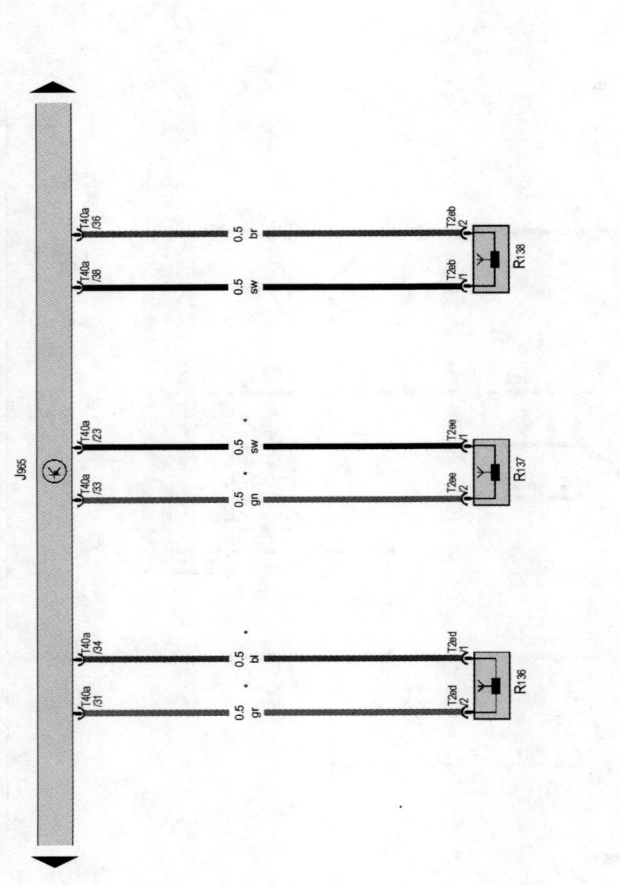

图 6-4-30

图 6-4-31

J965-进入及启动系统接口 R136-后保险杠内的进入及启动系统天线 R137-行李箱内的进入及启动系统天线 R138-车内空间的进入及启动系统天线 1 T2eb-2芯插头连接，黑色 T2ed-2芯插头连接，棕色 T2ee-2芯插头连接，黑色 T40a-40芯插头连接，黑色 *-仅用于带进入及启动许可的汽车

J965-进入及启动系统接口 R139-车内空间的进入及启动系统天线2 T2ee-2芯插头连接，黑色 T40a-40芯插头连接，黑色 芯插头连接，黑色 B397-连接1（舒适CAN总线，High），在主导线束中 B406-连接1（舒适CAN总线，Low），在主导线束中

814

保险丝架 C

防盗锁止系统读出线圈，多功能显示器，组合仪表中的控制单元，防盗锁止系统控制单元，数据总线诊断接口，组合仪表

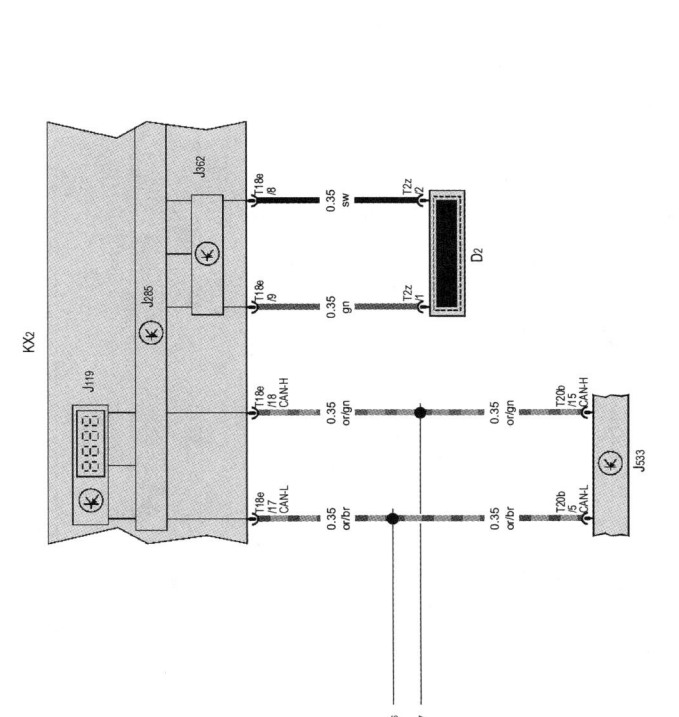

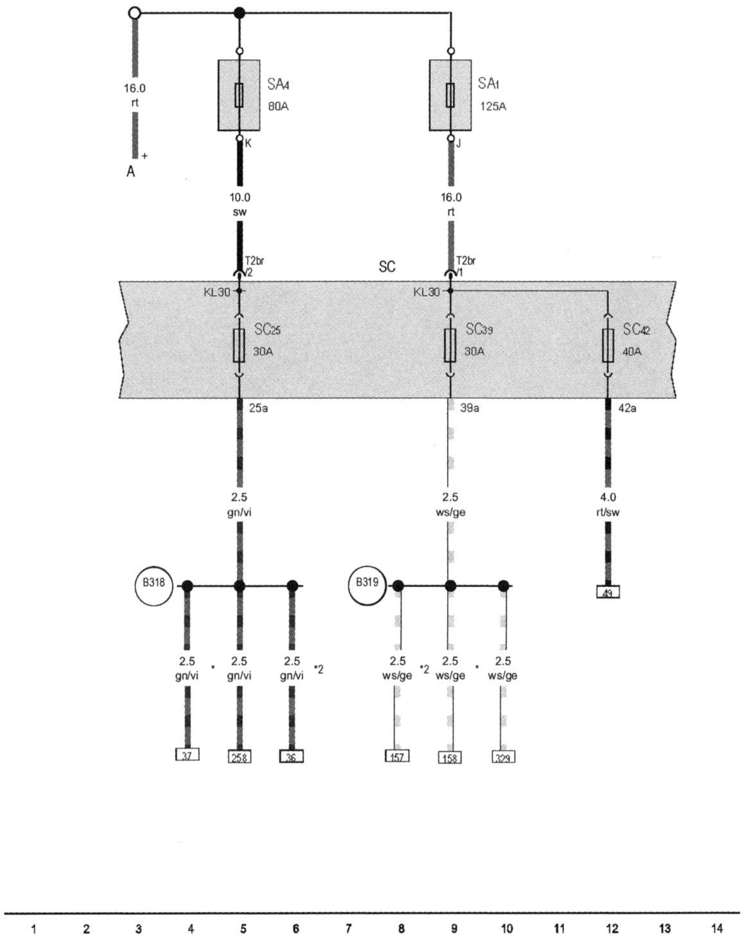

A-蓄电池 SA1-保险丝架A上的保险丝1 SA4-保险丝架A上的保险丝4 SC-保险丝架C SC25-保险丝架C上的保险丝25 SC39-保险丝架C上的保险丝39 SC42-保险丝架C上的保险丝42 T2br-2芯插头连接，黑色 T2br-2芯插头连接 B318-正极连接4（30a），B319-正极连接5（30a），在主导线束中 B319-正极连接5（30a），在主导线束中 *-仅用于带周围环境摄像机的汽车 *2-仅用于带周围环境摄像机的汽车

图 6-4-33

D2-防盗锁止系统读出线圈 J119-多功能显示器 J285-组合仪表中的控制单元 J362-防盗锁止系统控制单元 J533-数据总线诊断接口 KX2-组合仪表 T2z-2芯插头连接 T18e-18芯插头连接，黑色 T20b-20芯插头连接 B397-连接1（舒适CAN总线，High），在主导线束中 B406-连接1（舒适CAN总线，Low），在主导线束中

图 6-4-32

815

后部车窗升降器锁止开关，驾驶员车门中的车窗升降器中央开关，驾驶员侧前部车窗升降器电机，驾驶员电动升降器电机
器按钮，驾驶员侧后部车窗升降器按钮，在驾驶员车门中，副驾驶员侧后部车窗升降器按钮，
在驾驶员车门中，副驾驶员侧车窗升降器按钮，在驾驶员车门中，驾驶员侧车门控制单元，
后部车窗升降器锁止指示灯，开关照明灯泡

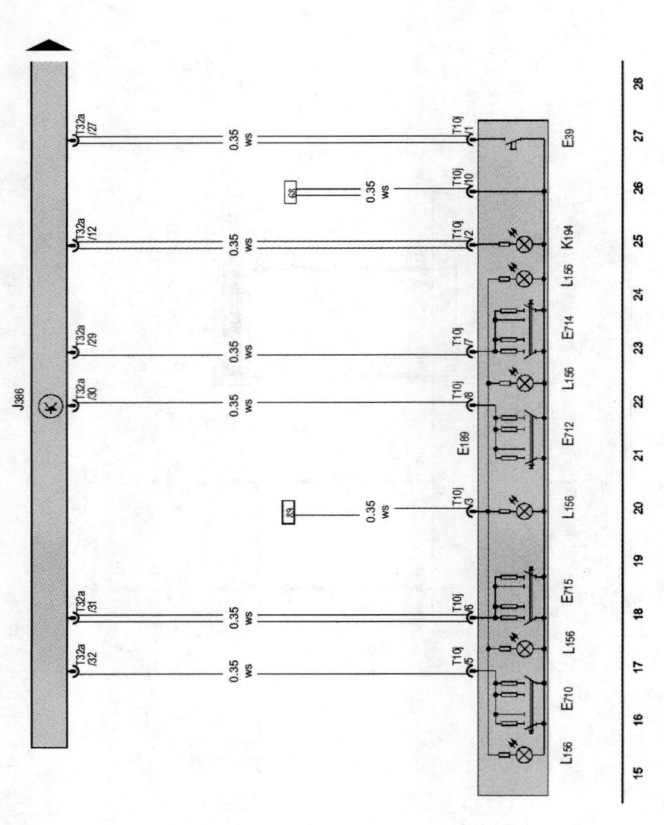

图 6-4-35

驾驶员侧车门控制单元，驾驶员电动升降器电机

J386-驾驶员车门侧车门控制单元 T3ae-3芯插头连接，蓝色 T6v-6芯插头连接，黑色 T20d-20芯插头连接，
黑色 T27a-27芯插头连接，左侧A柱上，黑色 T29a-29芯插头连接，左侧A柱上，白色 V147-驾驶员侧电
动升降器电机 *-仅用于带周围环境摄像机的汽车 *2-仅用于不带周围环境摄像机的汽车

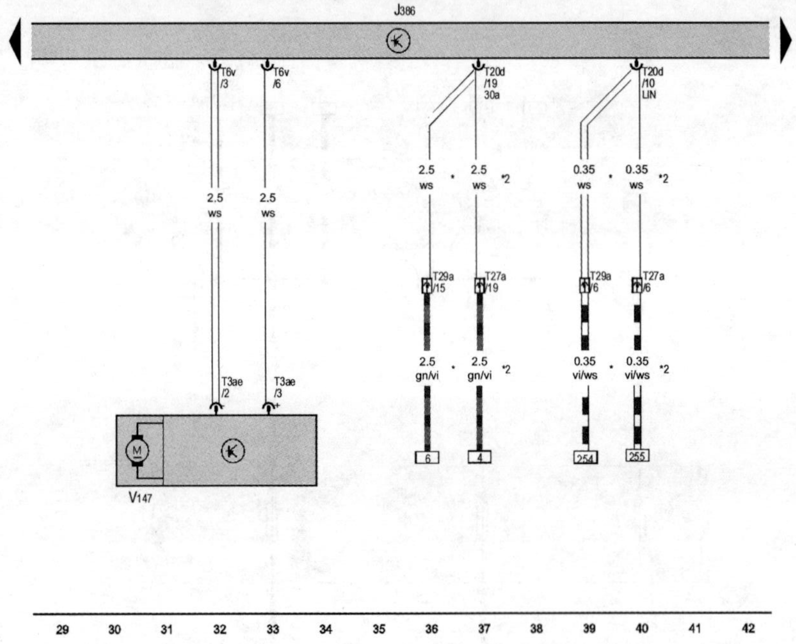

后部车窗升降器锁止开关，驾驶员车门中的车窗升降器中央开关，驾驶员侧前部车窗升降
器按钮，驾驶员侧后部车窗升降器按钮，在驾驶员车门中，副驾驶员侧后部车窗升降器按钮，
在驾驶员车门中，副驾驶员侧车窗升降器按钮，在驾驶员车门中，驾驶员侧车门控制单元，
后部车窗升降器锁止指示灯，开关照明灯泡

图 6-4-34

E39-后部车窗升降器锁止开关 E189-驾驶员车门中的车窗升降器中央开关 E710-驾驶员侧前部车窗升降器
按钮 E712-驾驶员侧后部车窗升降器按钮，在驾驶员车门中 E714-副驾驶员侧后部车窗升降器按钮，在驾
驶员车门中 E715-副驾驶员侧车窗升降器按钮，在驾驶员车门中 J386-驾驶员车门侧车门控制单元 K194-后部
车窗升降器锁止指示灯 L156-开关照明灯泡 T10j-10芯插头连接 T32a-32芯插头连接，蓝色

驾驶员侧车门接触开关，驾驶员侧中央门锁开关，驾驶员侧车门控制单元，车载电网控制单元，驾驶员车门闭锁单元

驾驶员侧车门控制单元，车载电网控制单元，左前车门背景照明灯 1，左前车门背景照明灯 2

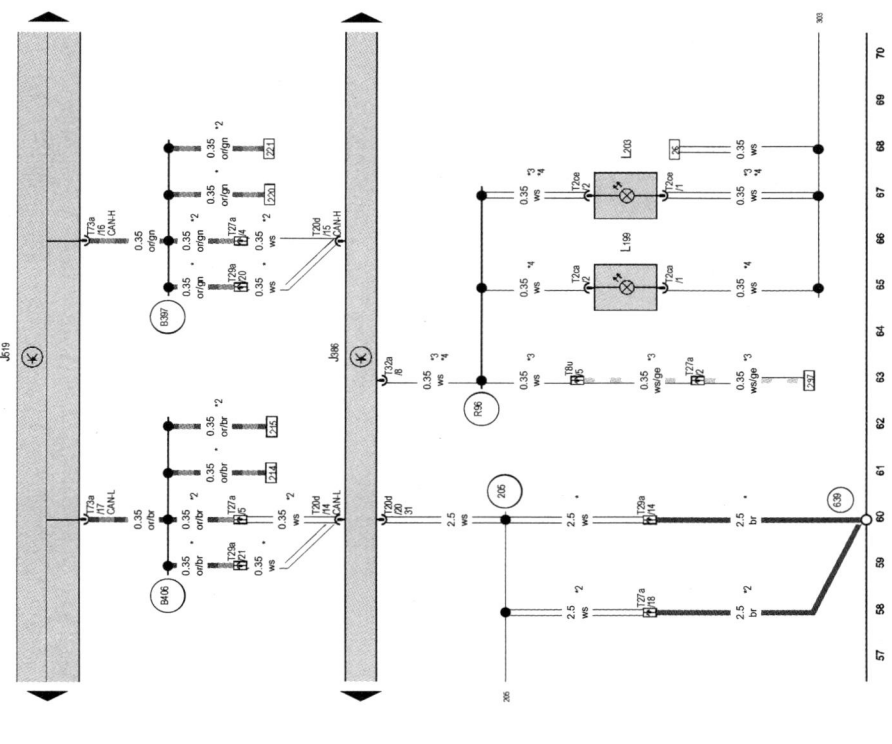

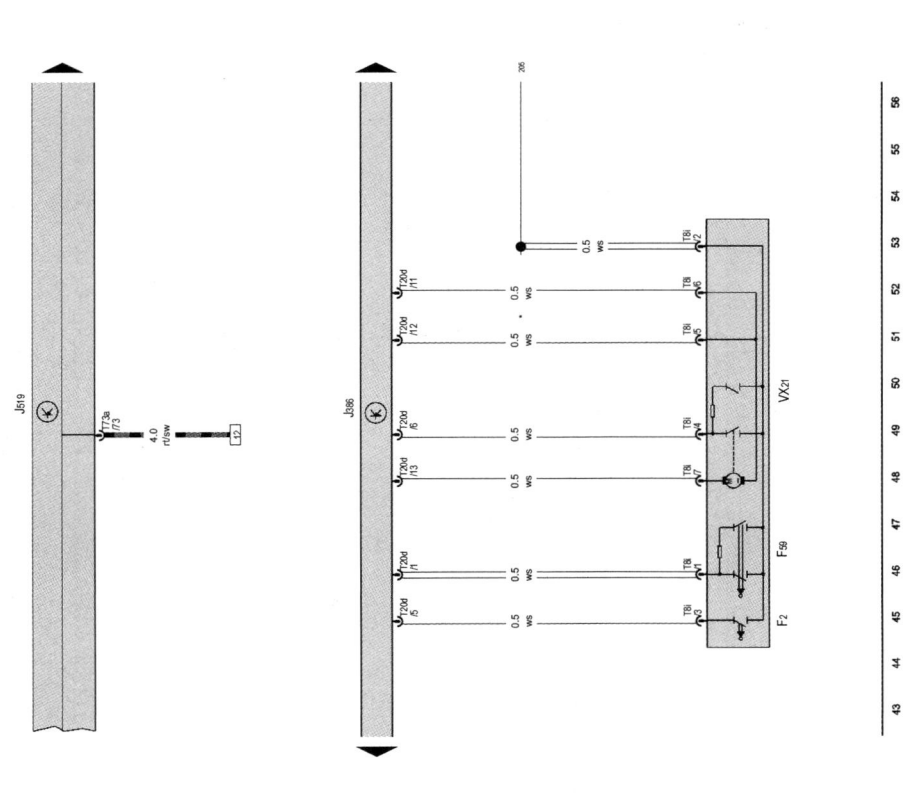

图6-4-37

图6-4-36

F2-驾驶员侧车门接触开关　F59-驾驶员侧中央门锁开关　J386-驾驶员侧车门控制单元　J519-车载电网控制单元　L199-左前车门背景照明灯1　L203-左前车门背景照明灯2　T2ca-2芯插头连接，黑色　T2ce-2芯插头连接，在驾驶员侧车门内，照明灯2　T2d-20芯插头连接，黑色　T8i-8芯插头连接，黑色　T20d-20芯插头连接，黑色　T27a-27芯插头连接，左侧A柱上，棕色　T8u-8芯插头连接，在驾驶员侧车门内，门闭锁单元　T20d-20芯插头连接，黑色　T73a-73芯插头连接，黑色　T29a-29芯插头连接，左侧A柱上，白色　T32a-32芯插头连接，蓝色　T73a-73芯插头连接，黑色　T20d-20芯插头连接，在驾驶员侧车门电缆导上，白色　VX21-驾驶员车门闭锁单元　205-接地连接，在驾驶员侧车门电缆导线束中　*-仅用于带进入及启动许可的汽车　205-接地连接，在驾驶员侧车门电缆导线束中　303-接地连接，在驾驶员侧车门电缆导线束中　639-左前A柱上的接地点　B397-连接1（舒适CAN总线，High），在主导线束中　B406-连接1（舒适CAN总线，Low），在主导线束中　R96-连接3，在驾驶员侧车门电缆导线束中　*-仅用于带周围环境摄像机的汽车　*2-仅用于不带周围环境摄像机的汽车　*3-仅用于带氛围灯型号2的汽车　*4-仅用于带氛围灯型号1的汽车

驾驶员侧车门控制单元，车载电网控制单元，中央门锁 Safe 功能指示灯，驾驶员侧车门内把手照明灯泡

行李箱遥控开锁按钮，中央门锁按钮，驾驶员侧车门控制单元，车载电网控制单元

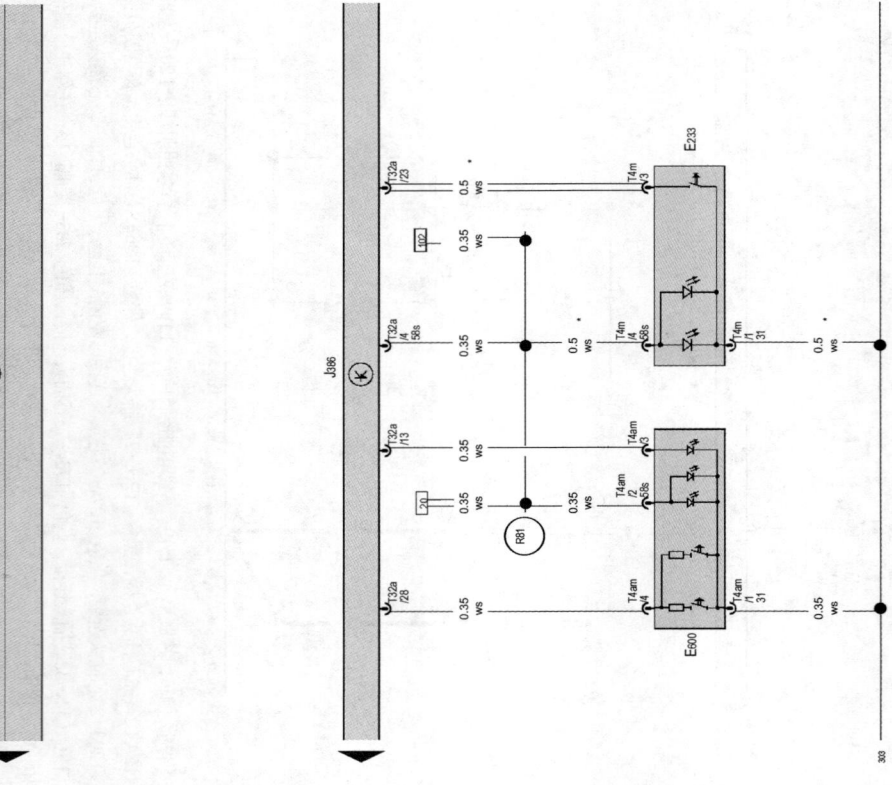

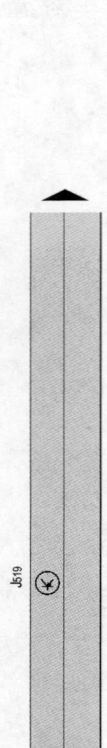

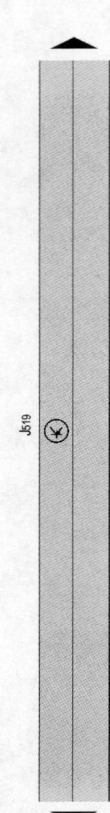

E233-行李箱盖遥控开锁按钮 E600-中央门锁按钮 J386-驾驶员侧车门控制单元 J519-车载电网控制单元 T4am-4芯插头连接，蓝色 T4m-4芯插头连接，黑色 T32a-32芯插头连接，蓝色 303-接地连接 R81-连接1（58d），在驾驶员侧车门电缆导线束中 *-仅用于带有行李箱盖电控开关启装置的汽车

图 6-4-39

J386-驾驶员侧车门控制单元 J519-车载电网控制单元 K133-中央门锁Safe功能指示灯 L146-驾驶员侧车门内把手照明灯泡 T2bp-2芯插头连接 T2cm-2芯插头连接，黑色 T8u-8芯插头连接，绿色 T32a-32芯插头连接，黑色 303-接地连接3，蓝色 T27a-27芯插头连接，左侧A柱上，左侧A柱内 R95-连接2，在驾驶员侧车门电缆导线束中 *-仅用于带氛围灯型号1的汽车
*2-仅用于带氛围灯型号2的汽车

图 6-4-38

车外后视镜调节，后视镜调节开关，后视镜调节转换开关，车外后视镜加热按钮，后视镜内折开关，驾驶员侧车门控制单元，车载电网控制单元，后视镜调节开关照明灯泡

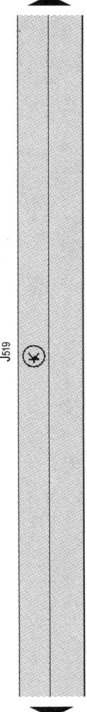

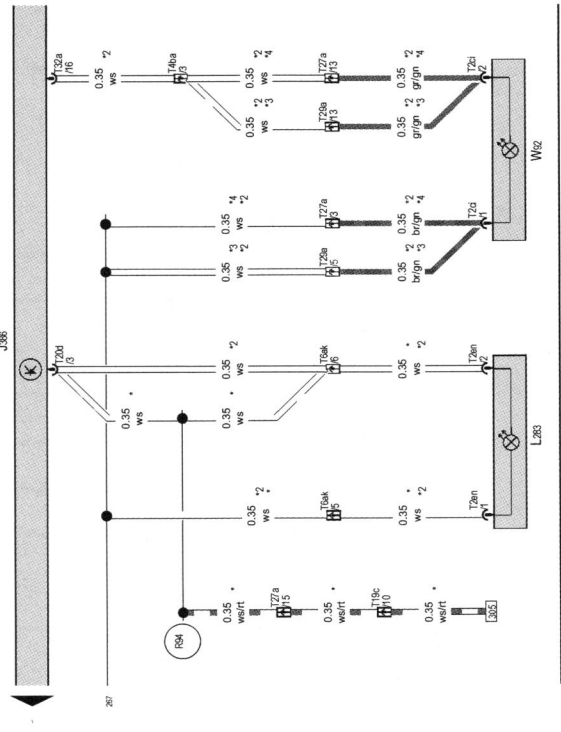

图6-4-40

EX11-车外后视镜调节　E43-后视镜调节开关　E48-后视镜调节转换开关　E231-车外后视镜加热按钮　E263-后视镜内折开关　J386-驾驶员侧车门控制单元　J519-车载电网控制单元　L78-后视镜调节开关照明灯泡　T4ba-4芯插头连接，在驾驶员侧车门内　T6r-6芯插头连接，黑色　T8u-8芯插头连接，棕色　T19c-19芯插头连接，在驾驶员侧车门内，黑色　T32a-32芯插头连接，黑色　267-接地连接2，在驾驶员侧车门电缆导线束中　303-接地连接3，在驾驶员侧车门电缆导线束中　*-仅用于带氛围灯型号1的汽车　*2-仅用于带氛围灯型号2的汽车

驾驶员侧车门控制单元，车载电网控制单元，驾驶员侧车门外把手照明灯，驾驶员侧登车照明灯

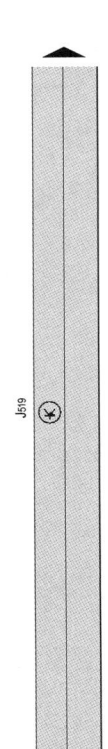

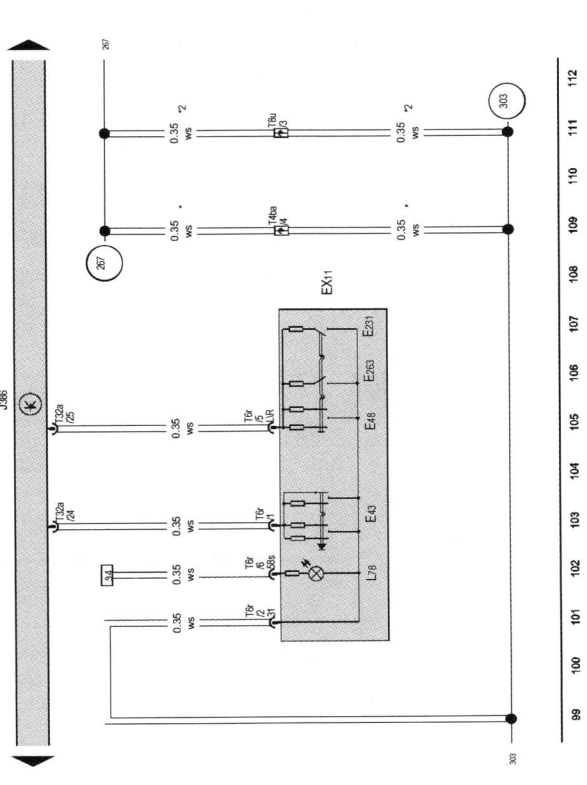

图6-4-41

J386-驾驶员侧车门控制单元　J519-车载电网控制单元　L283-驾驶员侧车门外把手照明灯　T2ci-2芯插头连接　T2cr-2芯插头连接　T2en-2芯插头连接，黑色　T4ba-4芯插头连接，在驾驶员侧车门内，黑色　T6ak-6芯插头连接，黑色　T27a-27芯插头连接，左侧A柱上，黑色　T29a-29芯插头连接，左侧B柱上，黑色　T32a-32芯插头连接，白色　T20d-20芯插头连接，蓝色　W92-驾驶员侧登车照明灯　267-接地连接2，在驾驶员侧车门电缆导线束中　R94-连接1，在驾驶员侧周围环境摄像电缆导线束中　*-仅用于带氛围灯型号2的汽车　*2-仅用于带氛围灯型号1的汽车　*3-仅用于带周围环境摄像机的汽车　*4-仅用于不带周围环境摄像机的汽车

819

驾驶员侧车门控制单元，车载电网控制单元，驾驶员侧外后视镜，驾驶员侧外后视镜警告灯泡，驾驶员侧车外后视镜，驾驶员侧后视镜调节电机 2，驾驶员侧后视镜调节电机，车外后视镜内的登车照明灯，驾驶员侧，驾驶员侧自动防眩车外后视镜，驾驶员侧可加热车外后视镜

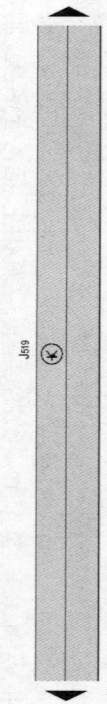
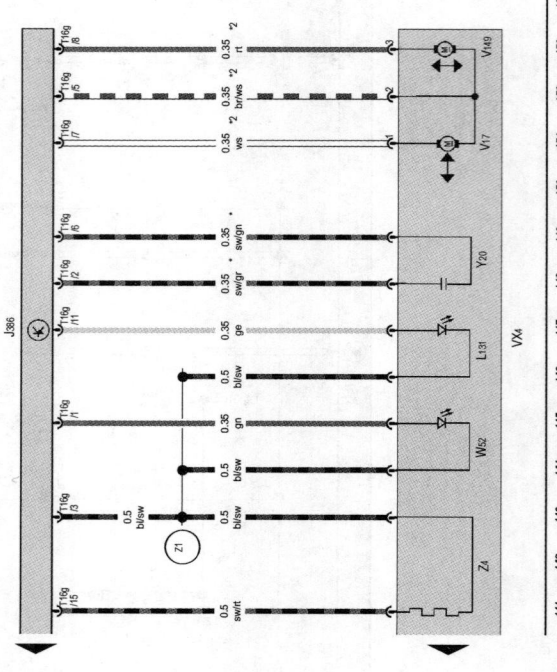

J386-驾驶员侧车门控制单元 J519-车载电网控制单元 L131-驾驶员侧外后视镜警告灯泡 T16g-16 芯插头连接，黑色 VX4-驾驶员侧车外后视镜 V17-驾驶员侧后视镜调节电机 2 V149-驾驶员侧后视镜调节电机 W52-车外后视镜内的登车照明灯，驾驶员侧 Y20-驾驶员侧后视镜自动防眩车外后视镜 Z4-驾驶员侧车外后视镜自动防眩灯，驾驶员侧 Z1-连接 1，在后视镜调节-后视镜加热导线束中 *-仅用于带有自动防眩车外后视镜的汽车 *2-仅用于带电动调节式车外后视镜的汽车

图6-4-43

驾驶员侧后视镜水平调节电位计，驾驶员侧后视镜垂直调节电位计，驾驶员侧车门控制单元，车载电网控制单元，驾驶员侧车外后视镜，驾驶员侧后视镜调节电机 2，驾驶员侧后视镜调节电机，车载电网控制单元，驾驶员侧车外后视镜，驾驶员侧后视镜调节电机，驾驶员内折电机，驾驶员侧后视镜调节电机

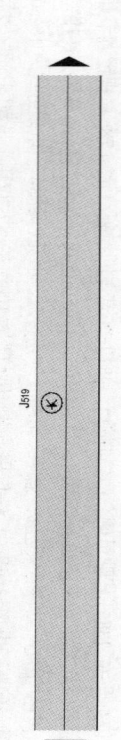
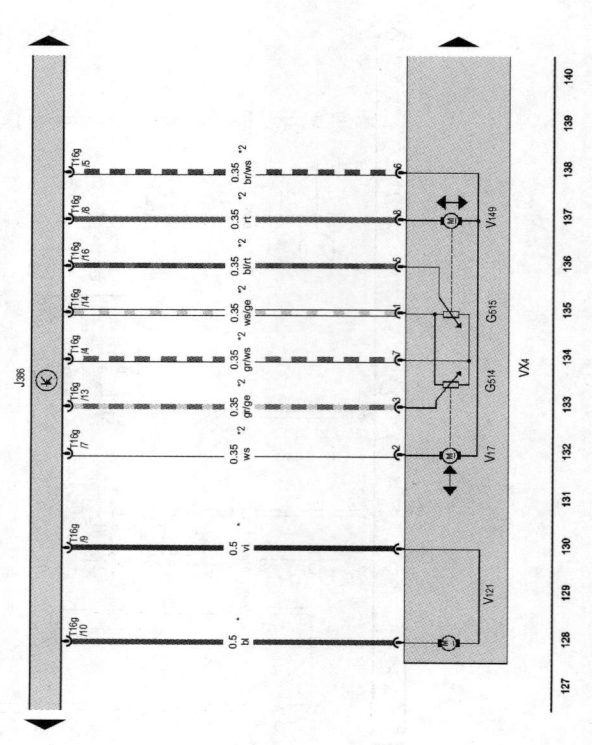

G514-驾驶员侧后视镜水平调节电位计 G515-驾驶员侧后视镜垂直调节电位计 J386-驾驶员侧车门控制单元 J519-车载电网控制单元 T16g-16 芯插头连接，黑色 VX4-驾驶员侧车外后视镜 V17-驾驶员侧后视镜折叠机 V121-驾驶员侧后视镜内折电机 V149-驾驶员侧后视镜调节电机 *-仅用于带后视镜折叠机构的汽车 *2-仅用于带电动座椅调节和记忆功能的汽车

图6-4-42

副驾驶员侧车门控制单元，车载电网控制单元，副驾驶员侧车门外把手照明灯，副驾驶员侧登车照明灯

副驾驶员侧车门中的车窗升降器开关，副驾驶员侧车门控制单元，车载电网控制单元，开关照明灯泡

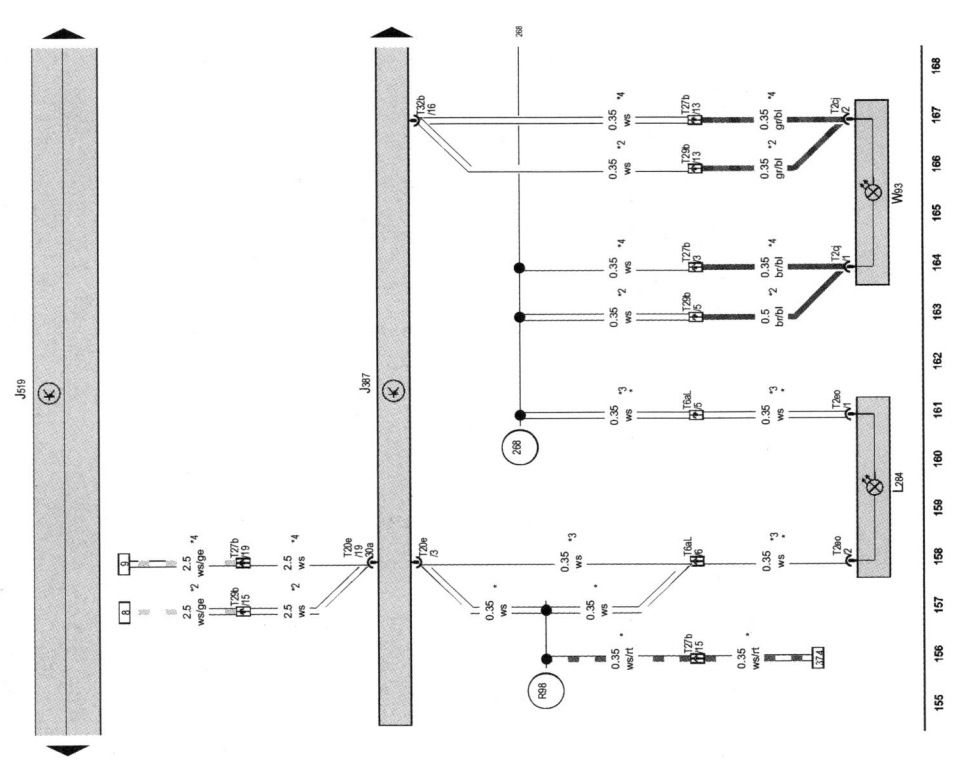

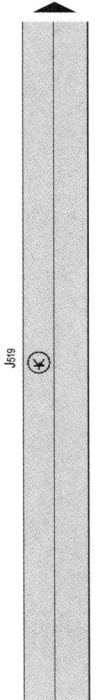

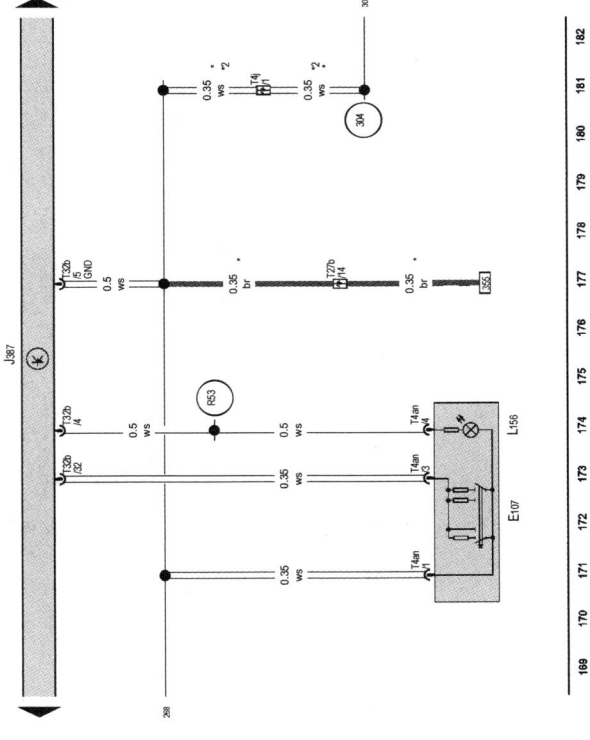

J387–副驾驶员侧车门控制单元 J519–车载电网控制单元 L284–副驾驶员侧车门外把手照明灯 T2cj–2 芯插头连接，黑色 T2eo–2 芯插头连接，黑色 T6aL–6 芯插头连接，副驾驶员侧车门内，黑色 T20e–20 芯插头连接，黑色 T27b–27 芯插头连接，右侧 A 柱上，黑色 T29b–29 芯插头连接，右侧 A 柱上，白色 T32b–32 芯插头连接，蓝色 W93–副驾驶员侧登车照明灯 268–接地连接 2，在副驾驶员侧车门电缆导线束中 束中 R98–连接 1，在副驾驶员侧车门电缆导线束中 *–仅用于带氛围灯型号 1 的汽车 *3–仅用于带氛围灯型号 1 的汽车 *4–仅用于不带周围环境摄像机的汽车 环境摄像机的汽车

图 6-4-44

E107–副驾驶员侧车门中的车窗升降器开关 J387–副驾驶员侧车门控制单元 J519–车载电网控制单元 L156–开关照明灯泡 T4an–4 芯插头连接，黑色 T4j–4 芯插头连接，黑色 T27b–27 芯插头连接，右侧 A 柱上，黑色 T32b–32 芯插头连接，蓝色 268–接地连接 2，在副驾驶员侧车门电缆导线束中 304–接地连接 3，在副驾驶员侧车门电缆导线束中 R53–连接 1 的汽车 *–仅用于带氛围灯型号 2 的汽车 *2–仅用于带氛围灯型号 1 的汽车

图 6-4-45

副驾驶员侧车门控制单元，副驾驶员车门接触开关，副驾驶员车门，车载电网控制单元，副驾驶员车门闭锁单元

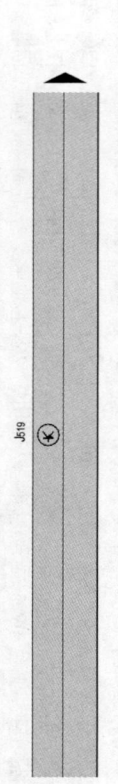

副驾驶员侧车门控制单元，车载电网控制单元，副驾驶员侧车门内把手照明灯泡，右前车门背景照明灯 1，右前车门背景照明灯 2

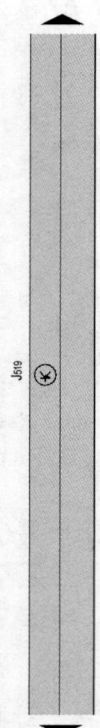

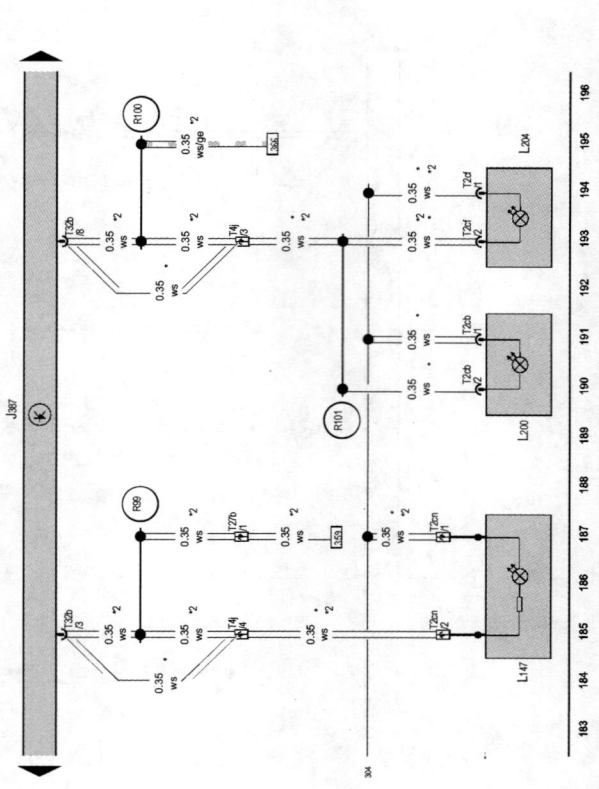

F3-副驾驶员侧车门接触开关 J387-副驾驶员车门控制单元 J519-车载电网控制单元 T8v-8 芯插头连接 T20e-20 芯插头连接 VX22-副驾驶员车门闭锁单元 206-接地连接，在副驾驶员侧车门电缆导线束中

前车门背景照明灯 1 L204-右前车门背景照明灯 2 T2cb-2 芯插头连接，黑色 T2cf-2 芯插头连接，右侧 A 柱上，黑色 T2cn-2 芯插头连接，绿色 T4j-4 芯插头连接，副驾驶员车门内，黑色 T27b-27 芯插头连接，在副驾驶员侧车门电缆导线束中 R99-连接 2，黑色 T32b-32 芯插头连接，蓝色 304-接地连接，在副驾驶员侧车门电缆导线束中 R100-连接 3，在副驾驶员侧车门电缆导线束中 R101-连接 4，在副驾驶员侧车门电缆导线束中 *-仅用于带氛围灯型号 1 的汽车 *2-仅用于带氛围灯型号 2 的汽车

J387-副驾驶员侧车门控制单元 J519-车载电网控制单元 L147-副驾驶员侧车门内把手照明灯泡 L200-右

图 6-4-47

图 6-4-46

822

副驾驶员侧车门控制单元，车载电网控制单元，副驾驶员外后视镜警告灯泡，副驾驶员侧车外后视镜，副驾驶员侧后视镜内折电机，车外后视镜内的登车照明灯，副驾驶员侧可加热式车外后视镜

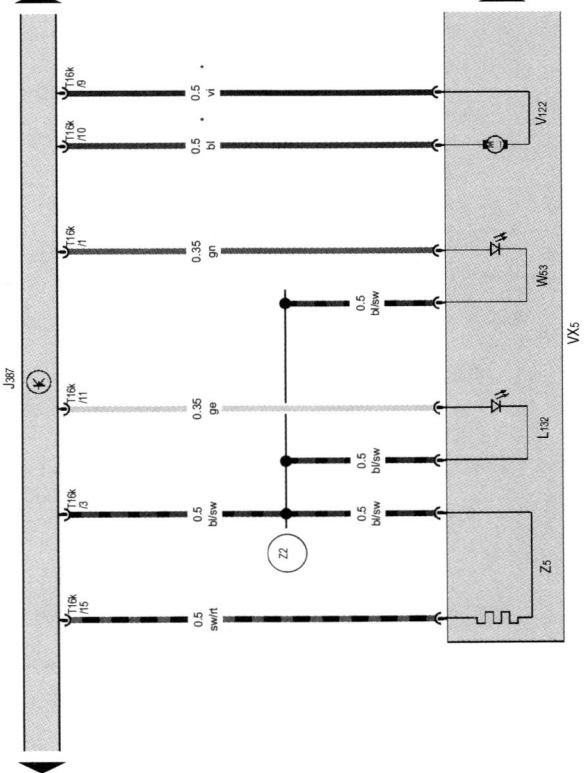

J387–副驾驶员侧车门控制单元，J519–车载电网控制单元，L132–副驾驶员外后视镜警告灯泡，T16k–16 芯插头连接，T20e–20 芯插头连接，VX5–副驾驶员侧车外后视镜，V122–副驾驶员侧后视镜内折电机，W53–车外后视镜内的登车照明灯，Z5–副驾驶员侧可加热式车外后视镜，Z2–连接 2，在后视镜调节–后视镜加热导线束中 *–仅用于带后视镜折叠机构的汽车

图 6-4-49

副驾驶员侧车门控制单元，车载电网控制单元，副驾驶员侧电动升降器电机

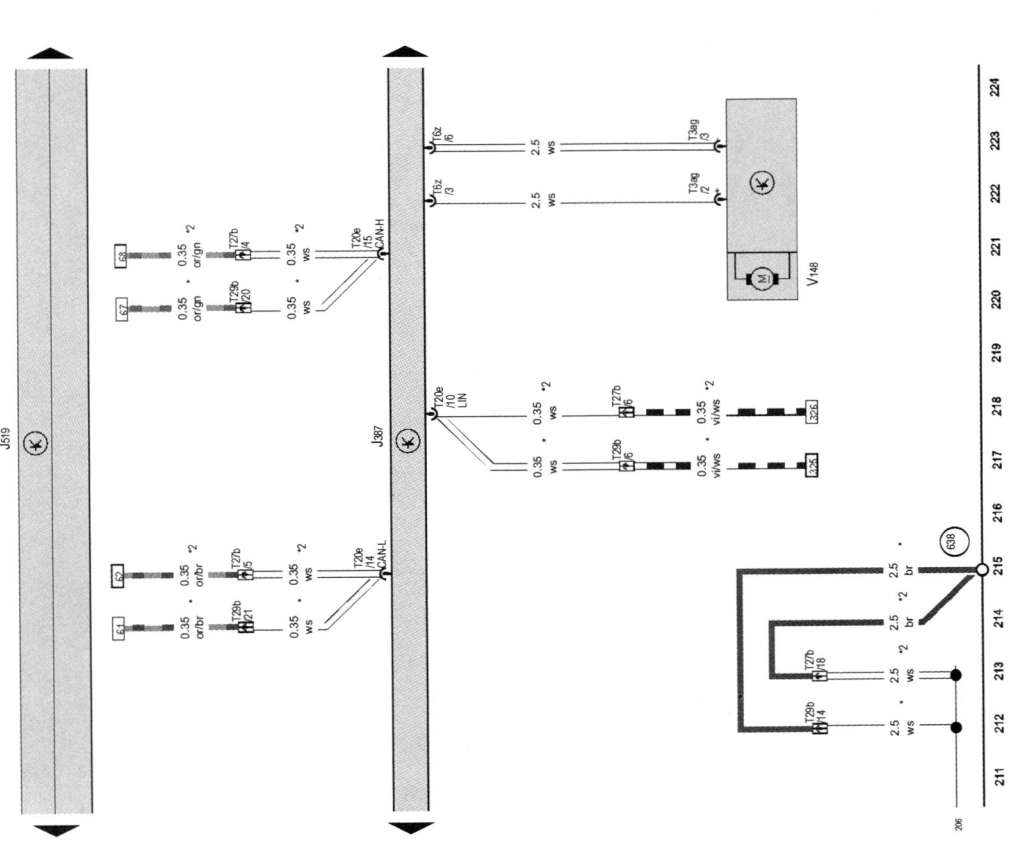

J387–副驾驶员侧车门控制单元，J519–车载电网控制单元，T3ag–3 芯插头连接，T6z–6 芯插头连接，蓝色 T6z–6 芯插头连接，黑色 T20e–20 芯插头连接，黑色 T27b–27 芯插头连接，右侧 A 柱上，黑色 T29b–29 芯插头连接，右侧 A 柱上，白色 V148–副驾驶员侧电动升降器电机，206–接地连接，在副驾驶员侧车门电缆导线束中 638–右 A 柱上的接地点 *–仅用于带周围环境摄像机的汽车 *2–仅用于不带周围环境摄像机的汽车

图 6-4-48

副驾驶员侧后视镜水平调节电位计，副驾驶员侧后视镜垂直调节电位计，副驾驶员侧车门控制单元，车载电网控制单元，副驾驶员侧车外后视镜，副驾驶员侧后视镜，副驾驶员侧后视镜调节电机 2，副驾驶员侧后视镜调节电机

左后车门内的车窗升降器开关，左后车门控制单元，车载电网控制单元，开关照明灯泡，后左车窗升降器电机

副驾驶员侧后视镜调节器开关，左后车门控制单元，车载电网控制单元，开关照明灯泡，

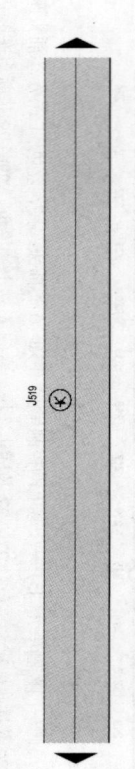

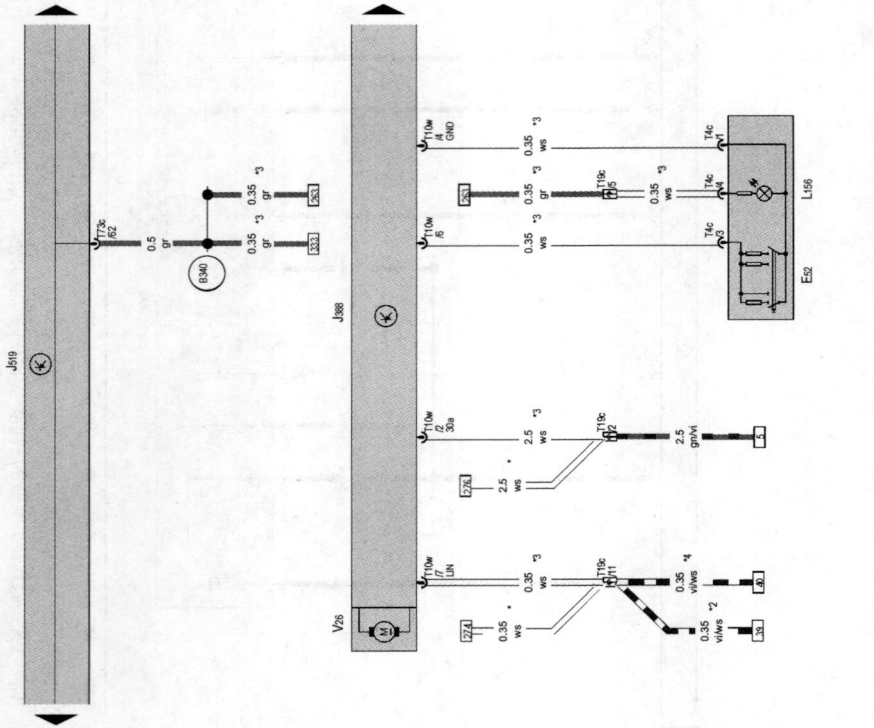

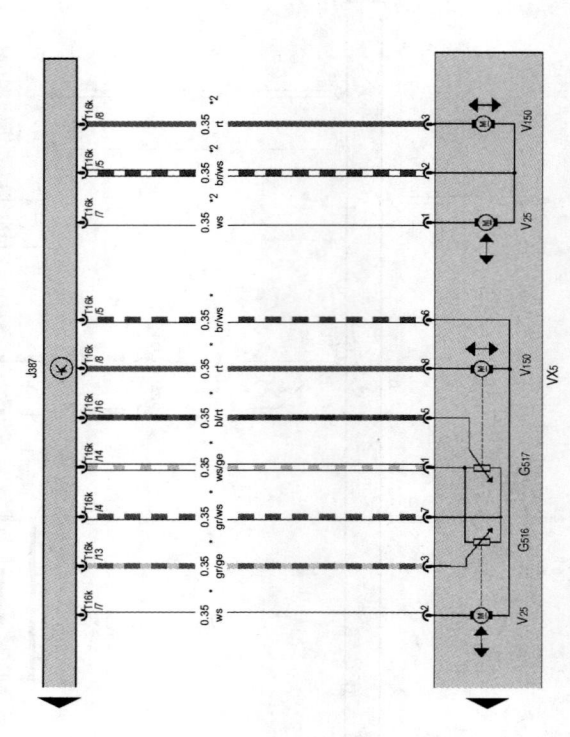

G516-副驾驶员侧后视镜水平调节电位计 G517-副驾驶员侧后视镜垂直调节电位计 J387-副驾驶员侧车门控制单元 J519-车载电网控制单元 T10w-10 芯插头连接，黑色 T16k-16 芯插头连接，黑色 V150-副驾驶员侧后视镜调节电机 2 V25-副驾驶员侧后视镜调节电机 VX5-副驾驶员侧车外后视镜 *-仅用于带电动调节和记忆功能的汽车 *2-仅用于带电动调节式带车外后视镜的汽车

图 6-4-50

E52-左后车门内的车窗升降器开关 J388-左后车门控制单元 J519-车载电网控制单元 L156-开关照明灯泡 T4c-4 芯插头连接 T10w-10 芯插头连接，黑色 T19c-19 芯插头连接，左侧 B 柱上，黑色 T73c-73 芯插头连接，黑色 V26-后左车窗升降器电机 B340-连接 1（58d），在主导线束中 *-仅用于带 氛围灯型号 1 的汽车 *2-仅用于带周围环境摄像机的汽车 *3-依汽车装备而定 *4-仅用于不带周围环境摄像机的汽车

图 6-4-51

824

左后车门控制单元，车载电网控制单元，后左车窗升降器电机

左右车门控制单元，车载电网控制单元，左后侧车门内把手照明泡，左登车照明灯

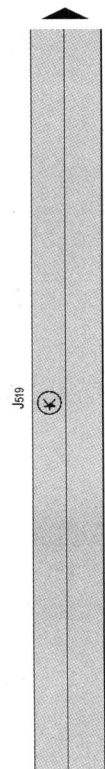

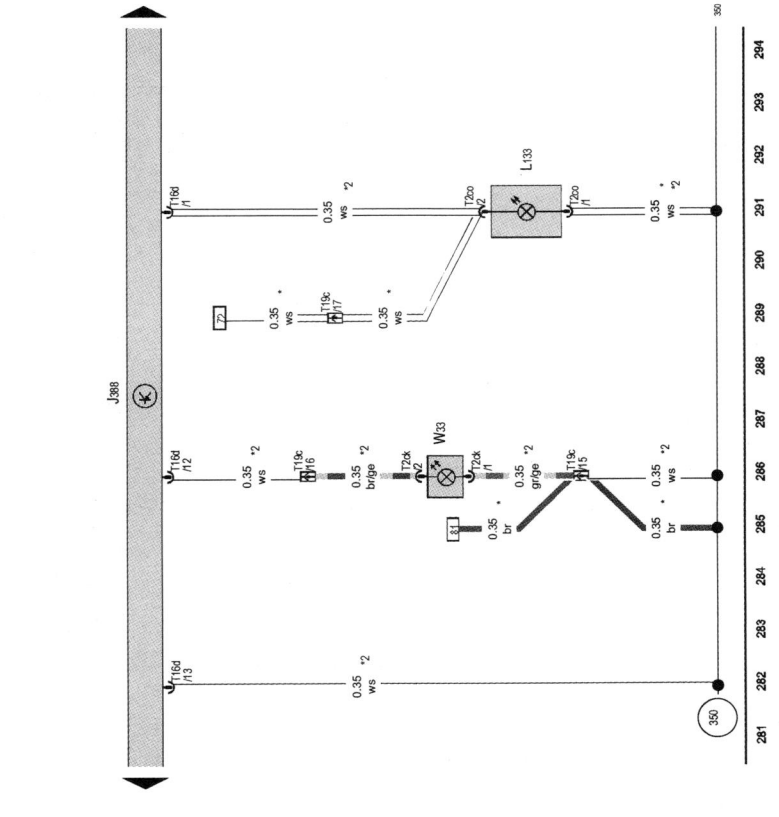

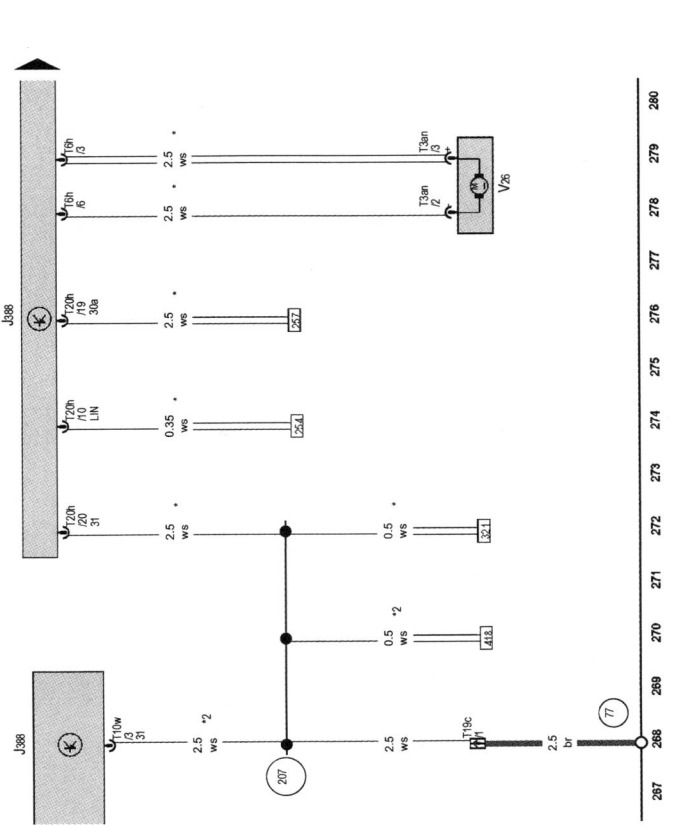

J388-左后车门控制单元 J519-车载电网控制单元 T3an-3 芯插头连接 T6h-6 芯插头连接，棕色 T10w-10 芯插头连接，黑色 T19c-19 芯插头连接，黑色 T20h-20 芯插头连接，左侧 B 柱上,黑色 V26-后左车窗升降器电机 77-左侧 B 柱下的接地点 207-接地连接，在左后车门电缆导线束中 *-仅用于带氛围灯型号 1 的汽车 *2-依汽车装备而定

图6-4-52

J388-左后车门控制单元，J519-车载电网控制单元 L133-左后侧车门内把手照明灯泡 T2ck-2 芯插头连接 T2co-2 芯插头连接，黑色 T16d-16 芯插头连接，绿色 T19c-19 芯插头连接，黑色 W33-左后登车照明灯 350-接地连接 2，在左后车门电缆导线束中 *-仅用于带氛围灯型号 2 的汽车 *2-仅用于带氛围灯型号 1 的汽车

图6-4-53

左后车门控制单元，车载电网控制单元，左后车门环境照明灯泡，左后车门背景照明灯 1，驾驶员侧后部车门外把手照明灯

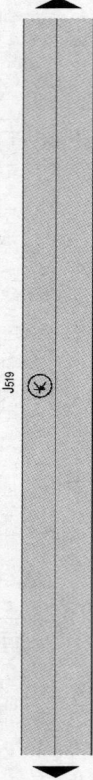

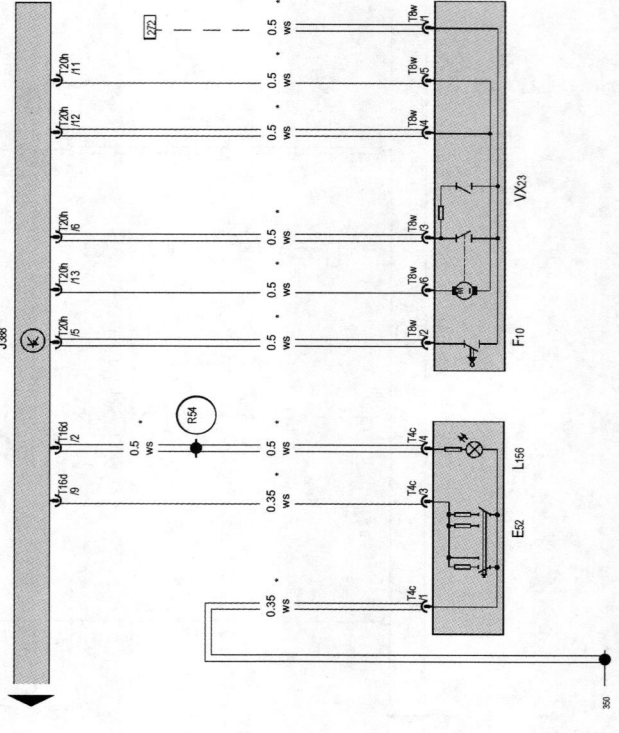

图 6-4-54

J388–左后车门控制单元 J519–车载电网控制单元 L166–左后车门顶环境照明灯泡 L201–左后车门背景照明灯 1 L285–驾驶员侧后部车门外把手照明灯 T2cc–2 芯插头连接，黑色 T2cg–2 芯插头连接，黑色 T2ej–2 芯插头连接，棕色 T2ep–2 芯插头连接，黑色 T16d–16 芯插头连接，黑色 T19c–19 芯插头连接，黑色 T20h–20 芯插头连接，黑色 350–接地连接，在左后车门电缆导线束中插头连接，左侧 B 柱上，黑色 350–接地连接，在左后车门电缆导线束中 R31–连接 1，在左后车门电缆导线束中 *–仅用于带氛围灯型号 1 的汽车 *2–仅用于带氛围灯型号 2 的汽车

左后车门内的车窗升降器开关，左后车门接触开关，左后车门控制单元，车载电网控制单元，开关照明灯泡，左后车门闭锁单元

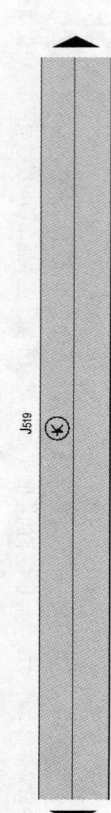

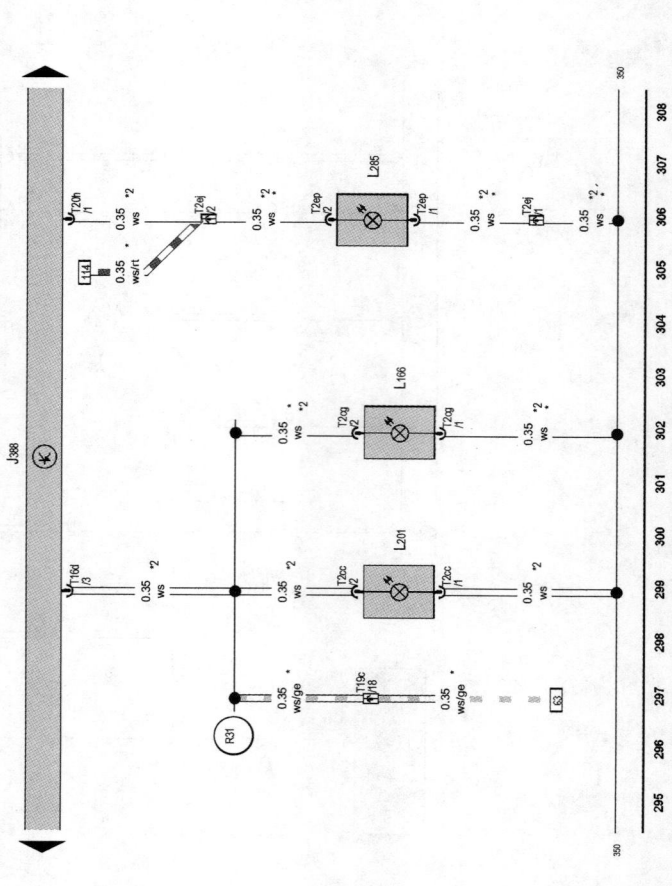

图 6-4-55

E52–左后车门内的车窗升降器开关 F10–左后车门接触开关 J388–左后车门控制单元 J519–车载电网控制单元 L156–开关照明灯泡 T4c–4 芯插头连接，黑色 T8w–8 芯插头连接，黑色 T16d–16 芯插头连接，黑色 T20h–20 芯插头连接，黑色 VX23–左后车门闭锁单元 350–接地连接，在左后车门电缆导线束中 R54–连接（58s），在左后车门电缆导线束中 *–仅用于带氛围灯型号 1 的汽车

826

右后车门车窗升降开关，右后车门控制单元，车载电网控制单元，开关照明灯泡，后右
车窗升降器电机。

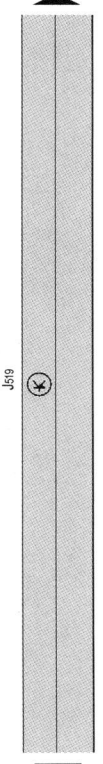

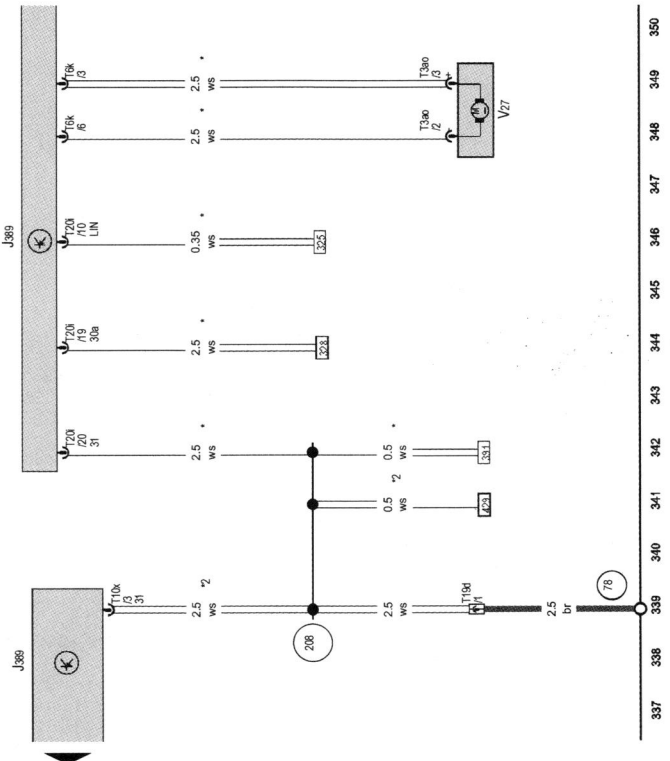

图 6-4-56

E54-右后车门车窗升降器开关，J389-右后车门控制单元，J519-车载电网控制单元，L156-开关照明灯泡 V27-
T4b-4 芯插头连接，黑色 T10x-10 芯插头连接，黑色 T19d-19 芯插头连接，右侧 B 柱上，黑色 V27-
后右车窗升降器电机 *-仅用于带氙围灯型号 1 的汽车 *2-仅用于带周围环境摄像机的汽车 *3-仅用于不
带周围环境摄像机的汽车 *4-依汽车装备而定

右后车门车窗升降器开关，车载电网控制单元，后右车窗升降器电机。

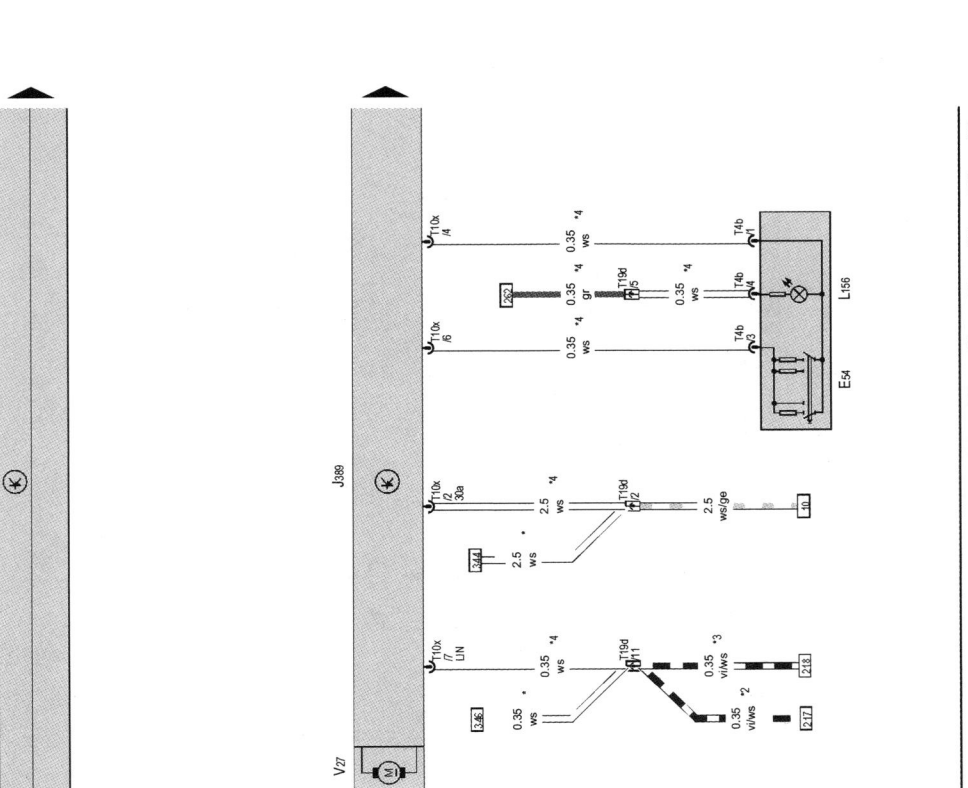

图 6-4-57

J389-右后车门控制单元 J519-车载电网控制单元 T3ao-3 芯插头连接，棕色 T6k-6 芯插头连接，黑色
T10x-10 芯插头连接，黑色 T19d-19 芯插头连接，右侧 B 柱上，黑色 T20i-20 芯插头连接，黑色 V27-
后右车窗升降器电机 78-右侧 B 柱下部接地点 208-接地连接，在右后车门电缆导线束中 *-仅用于带氙
围灯型号 1 的汽车 *2-依汽车装备而定

827

右后车门控制单元，车载电网控制单元，右后车门环境照明灯泡，右后车门背景照明灯 1，副驾驶员侧后部车门外把手照明灯

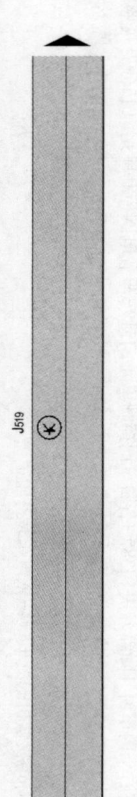
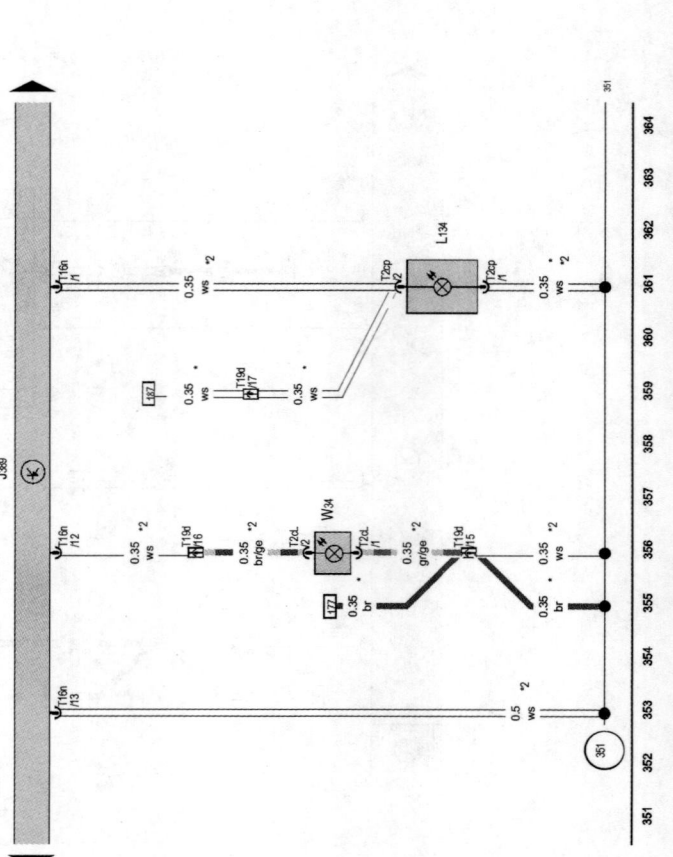

J389-右后车门控制单元 J519-车载电网控制单元 L167-右后车门环境照明灯泡 L202-右后车门背景照明灯 1 L286-副驾驶员侧后部车门外把手照明灯 T2cd-2 芯插头连接，黑色 T2ch-2 芯插头连接，棕色 T2ek-2 芯插头连接，在右后车门内，黑色 T2eq-2 芯插头连接，黑色 T16n-16 芯插头连接，黑色 T27b-27 芯插头连接 T19d-19 芯插头连接，右侧 B 柱上，黑色 T20i-20 芯插头连接，黑色 T20n-20 芯插头连接，右侧 A 柱上，黑色 351-接地连接，在右后车门电缆导线束中 R32-连接 2，在右后车门电缆导线束中 *-仅用于带氛围灯型号 2 的汽车 *2-仅用于带氛围灯型号 1 的汽车

图 6-4-59

右后车门控制单元，车载电网控制单元，右后侧车门内把手照明灯泡，右后登车照明灯

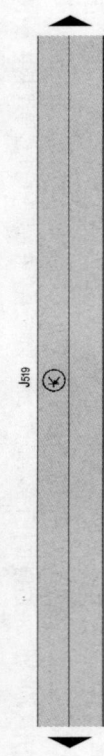
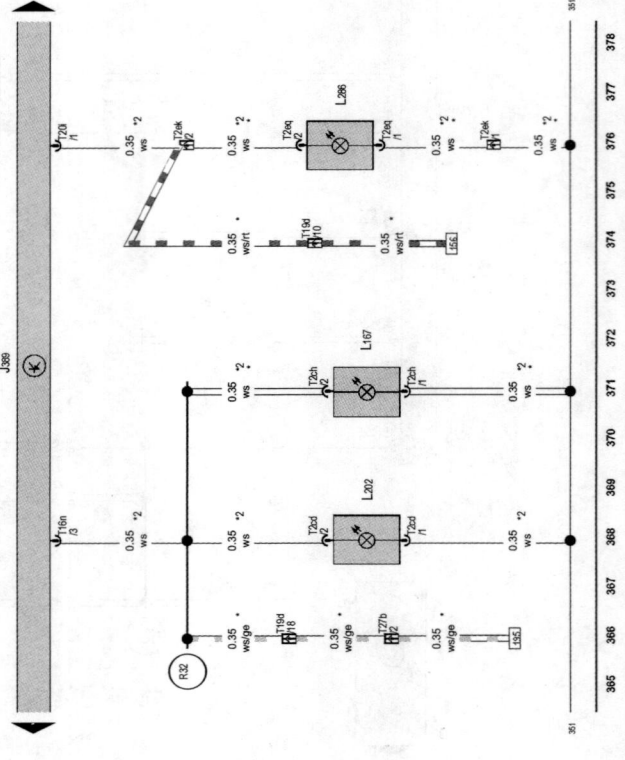

J389-右后车门控制单元 J519-车载电网控制单元 L134-右后侧车门内把手照明灯泡 T2cL-2 芯插头连接 T2cp-2 芯插头连接，绿色 T16n-16 芯插头连接，黑色 T19d-19 芯插头连接，右侧 B 柱上，黑色 W34-右后登车照明灯 351-接地连接，在右后车门电缆导线束中 *-仅用于带氛围灯型号 1 的汽车 *2-仅用于带氛围灯型号 2 的汽车

图 6-4-58

行李箱盖把手中的解锁按钮，行李箱盖闭锁单元，车载电网控制单元，行李箱盖中央门锁电机

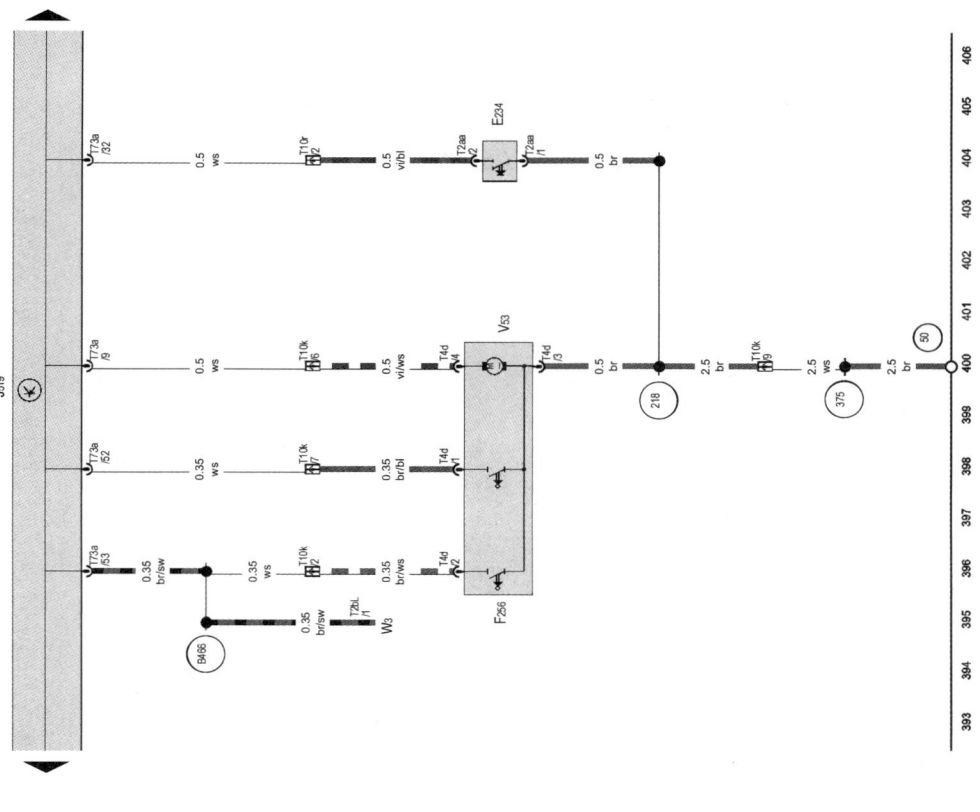

图 6-4-61

E234-行李箱盖把手中的解锁按钮 F256-行李箱闭锁单元 J519-车载电网控制单元 T2aa-2 芯插头连接，黑色 T2bL-2 芯插头连接，黑色 T4d-4 芯插头连接，行李箱盖中，黑色 T10k-10 芯插头连接，行李箱盖的连接位置，棕色 T10r-10 芯插头连接，行李箱盖的连接位置，黑色 T73a-73 芯插头连接，黑色 V53-行李箱盖中央门锁电机 W3-行李箱照明 50-行李箱内左侧的接地点 218-接地连接 1，在行李箱盖导线束中 375-接地连接 10，在主导线束中 B466-连接 2，在主导线束中

右后车门车窗升降器开关，右后车门接触开关，右后车门控制单元，车载电网控制单元，右后车门闭锁单元，右后车门照明灯泡，开关照明灯

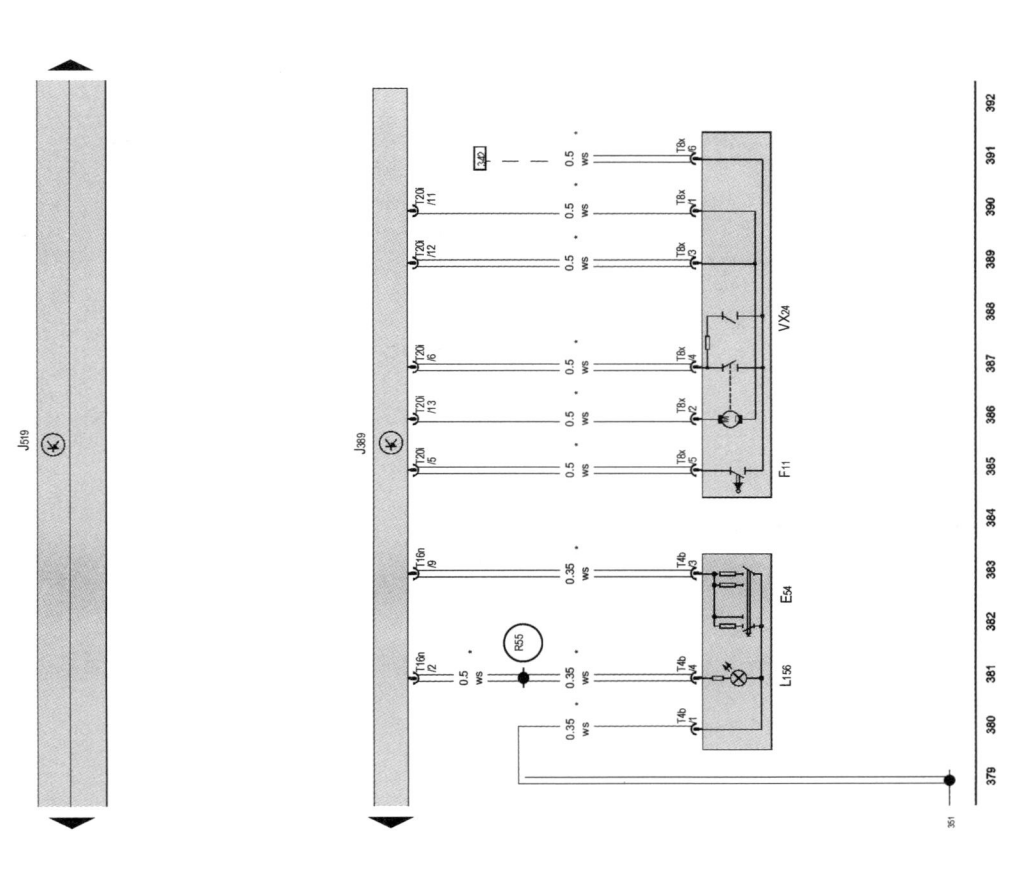

图 6-4-60

E54-右后车门车窗升降器开关 F11-右后车门接触开关 J389-右后车门控制单元 J519-车载电网控制单元 L156-开关照明灯泡 R55-右后车门电缆导线束中 T4b-4 芯插头连接，黑色 T8x-8 芯插头连接，黑色 T16n-16 芯插头连接，黑色 T20n-20 芯插头连接，黑色 VX24-右后车门闭锁单元 351-接地连接 2，右后车门电缆导线束中 *-仅用于带氛围灯型号 1 的汽车 (58s)，在右后车门电缆导线束中

油箱盖解锁装置，右后车门接触开关，车载电网控制单元，右后车门闭锁单元

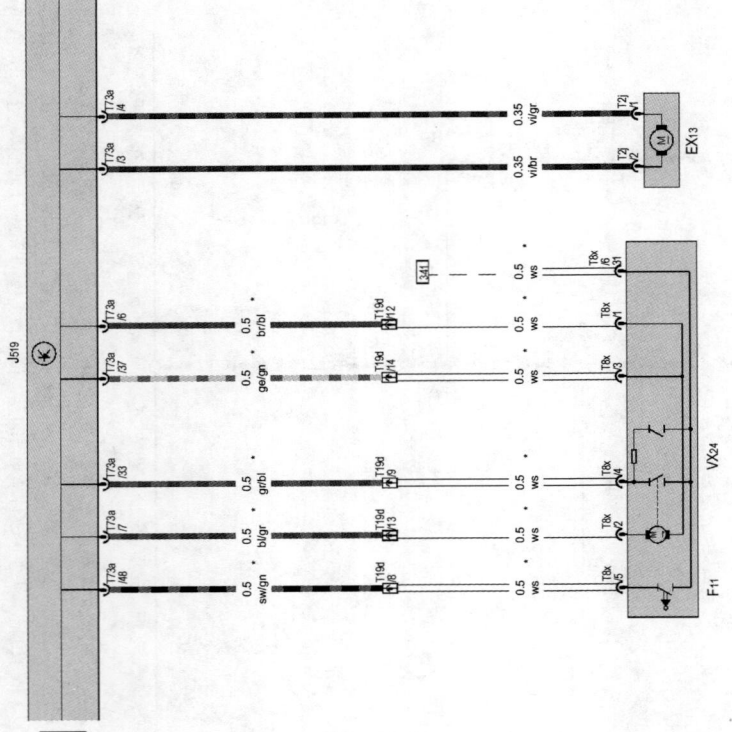

EX13-油箱盖解锁装置 F11-右后车门接触开关 J519-车载电网控制单元 T2j-2 芯插头连接，黑色 T8x-
8 芯插头连接，黑色 T19d-19 芯插头连接，右侧 B 柱上，黑色 T73a-73 芯插头连接，黑色 VX24-右后
车门闭锁单元 *-依汽车装备而定

图 6-4-63

左后车门接触开关，车载电网控制单元，左后车门闭锁单元

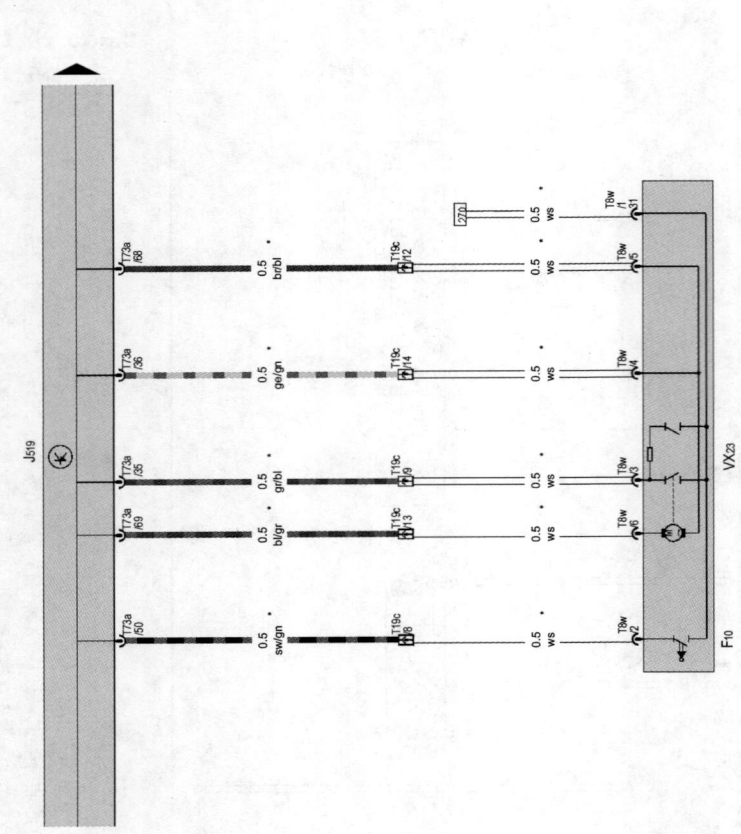

图 6-4-62

F10-左后车门接触开关 J519-车载电网控制单元 T8w-8 芯插头连接，黑色 T19c-19 芯插头连接，左侧
B 柱上，黑色 T73a-73 芯插头连接，黑色 VX23-左后车门闭锁单元 *-依汽车装备而定

左前侧腰部支撑调节开关、左前座椅调节控制单元

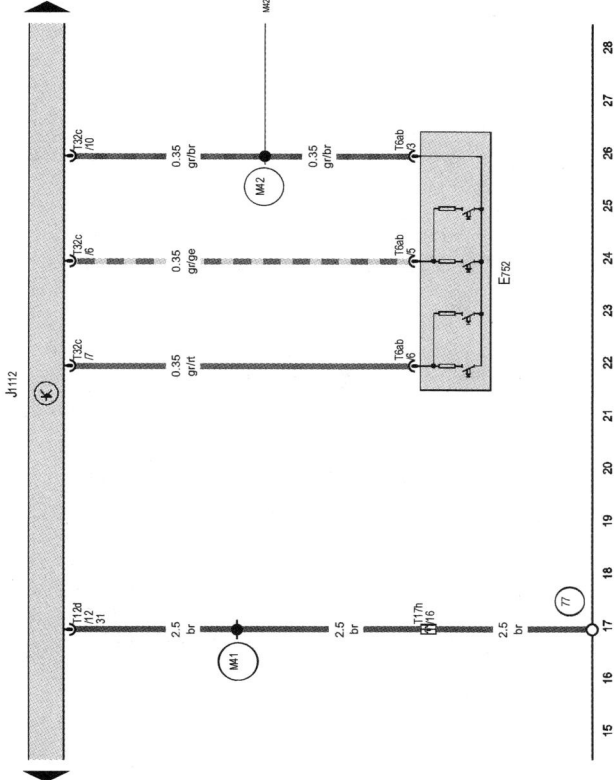

左前座椅调节控制单元

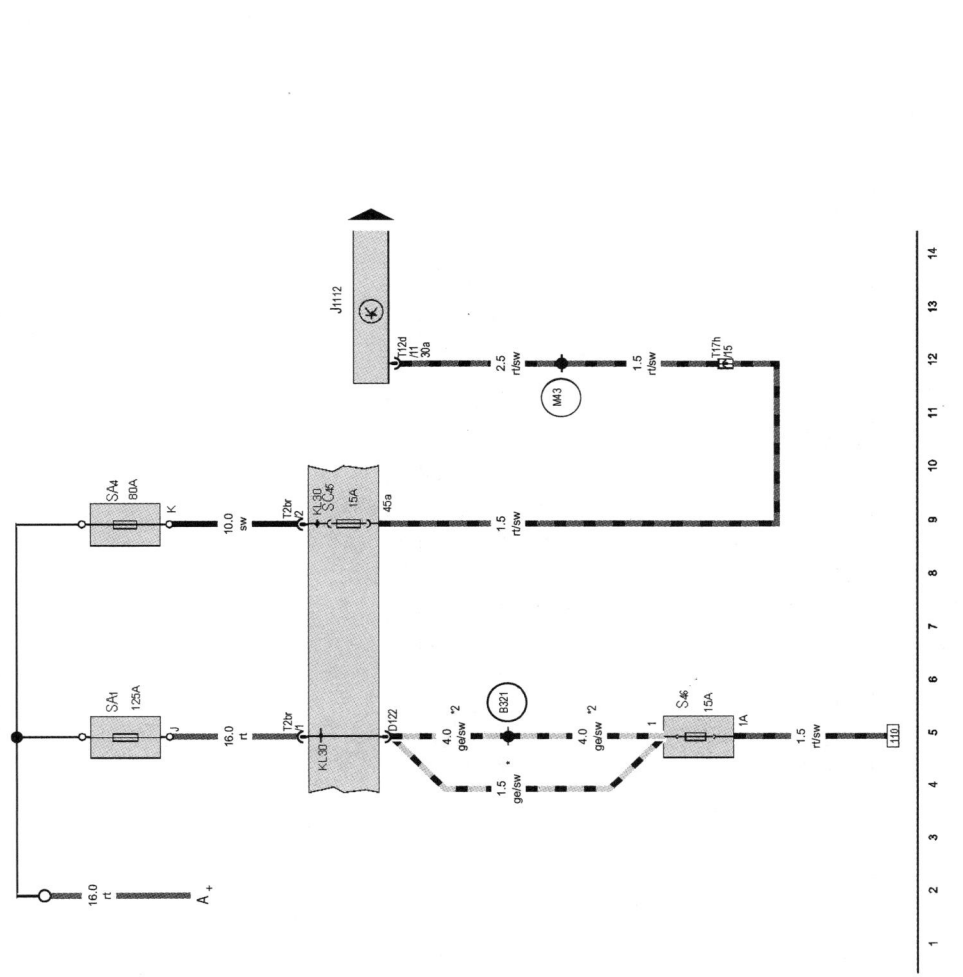

图6-4-64

A-蓄电池 J1112-左前座椅调节控制单元 SA1-保险丝架 A 上的保险丝1 SA4-保险丝架 A 上的保险丝 4 SC45-保险丝架 C 上的保险丝 45 S46-副驾驶员座椅调节装置的热敏保险丝 1 T2br-2 芯插头连接、黑色 T12d-12 芯插头连接、黑色 T17h-17 芯插头连接、黑色 B321-正极连接 7 色 T12d-12 芯插头连接、黑色 T17h-17 芯插头连接、黑色 M43-连接 3, 在驾驶员侧座椅导线束中 *-可加热式前座椅 *2-仅用于带可加热 (30a), 在主导线束中 M43-连接 3, 在驾驶员侧座椅导线束中 *-可加热式前座椅 *2-仅用于带可加热 式后座椅的汽车

图6-4-65

E752-左前侧腰部支撑调节开关 J1112-左前座椅调节控制单元 T6ab-6 芯插头连接、黑色 T12d-12 芯插 头连接、黑色 T17h-17 芯插头连接、左前座椅的连接位置中, 红色 T32c-32 芯插头连接、灰色 77-左 侧 B 柱下的接地点 M41-连接 1, 在驾驶员侧座椅导线束中 M42-连接 2, 在驾驶员侧座椅导线束中

831

带记忆功能的座椅按钮 1，带记忆功能的座椅按钮 2，带记忆功能的座椅按钮 3，座椅位置存储按钮，左前带记忆功能的座椅按钮，左前座椅调节控制单元

左前座椅调节操作单元，驾驶员座椅的前部高度调节开关，驾驶员座椅的后部高度调节开关，驾驶员座椅靠背调节开关，驾驶员座椅纵向调节单元，左前座椅调节控制单元

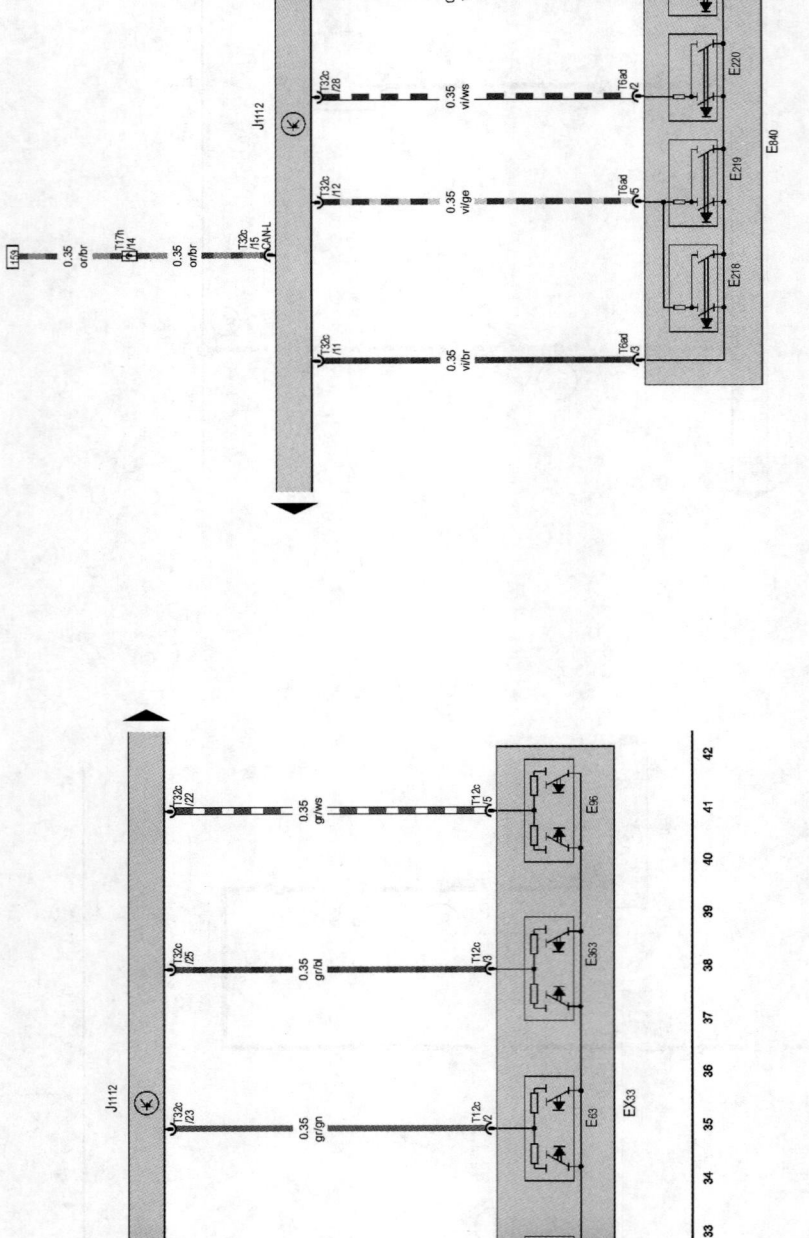

图 6-4-67

图 6-4-66

E218−带记忆功能的座椅按钮 1 E219−带记忆功能的座椅按钮 2 E220−带记忆功能的座椅按钮 3 E447−座椅位置存储按钮 E840−左前带记忆功能的座椅按钮 J1112−左前座椅调节控制单元 T6ad−6 芯插头连接，灰色 T17h−17 芯插头连接，黑色 T32c−32 芯插头连接，红色 T32c−32 芯插头连接位置中，左前座椅的连接线束中

EX33−左前座椅调节操作单元，E62−驾驶员座椅的前部高度调节开关，E63−驾驶员座椅的后部高度调节开关，E96−驾驶员座椅靠背调节开关，E363−驾驶员座椅纵向调节开关 J1112−左前座椅调节控制单元 T12c−12 芯插头连接，黑色 T32c−32 芯插头连接，灰色 M42−连接 2，在驾驶员侧座椅导线束中

832

前部座椅高度调节传感器,后部座椅高度调节传感器,座椅前后调节传感器,左前座椅调节控制单元,驾驶员座椅纵向调节电机,驾驶员座椅的前部高度调节电机,左前座椅槽

左前座椅调节控制单元,左前侧座椅靠背调节电机

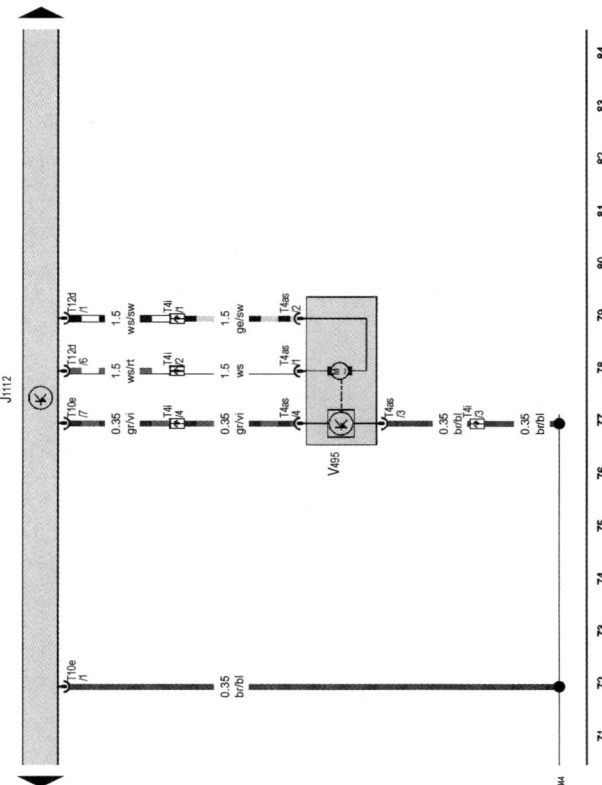

图 6-4-69

J1112-左前座椅调节控制单元 T4as-4 芯插头连接,黑色 T4i-4 芯插头连接,黑色 T12d-12 芯插头连接,黑色 T10e-10 芯插头连接,黑色 V495-左前侧座椅靠背调节电机 M44-连接 4,在驾驶员侧座椅导线束中

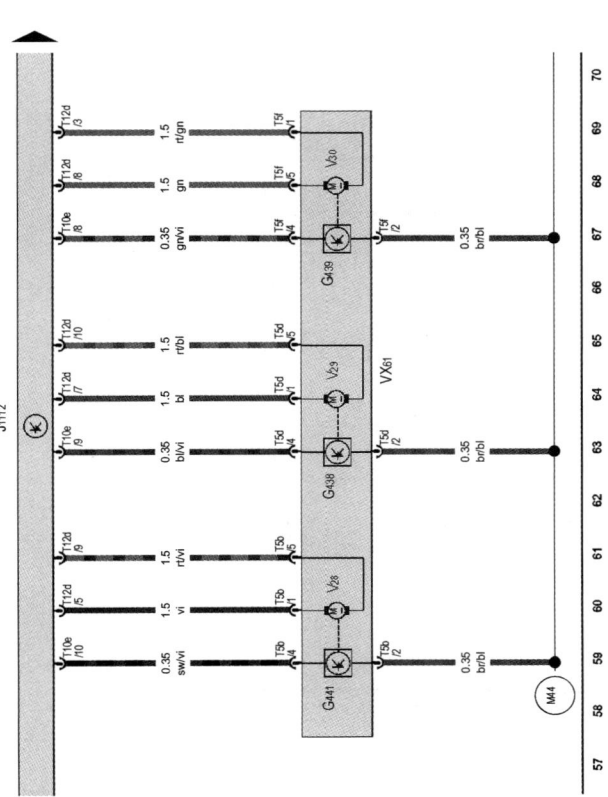

图 6-4-68

G438-前部座椅高度调节传感器 G439-后部座椅高度调节传感器 G441-座椅前后调节传感器 J1112-左前座椅调节控制单元 T5b-5 芯插头连接,黑色 T5d-5 芯插头连接,黑色 T5f-5 芯插头连接,黑色 T12d-12 芯插头连接,黑色 V28-驾驶员座椅纵向调节电机 V29-驾驶员座椅的前部高度调节电机 V30-驾驶员座椅的后部高度调节电机 VX61-左前座椅槽 M44-连接 4,在驾驶员侧座椅导线束中

腰部支撑高度调节传感器，腰部支撑前后调节传感器，左前座椅调节控制单元，驾驶员座椅腰部支撑纵向调节电机，驾驶员座椅腰部支撑高度调节电机

右前侧腰部支撑调节开关，副驾驶员座椅腰部支撑纵向调节电机，副驾驶员座椅腰部支撑高度调节电机

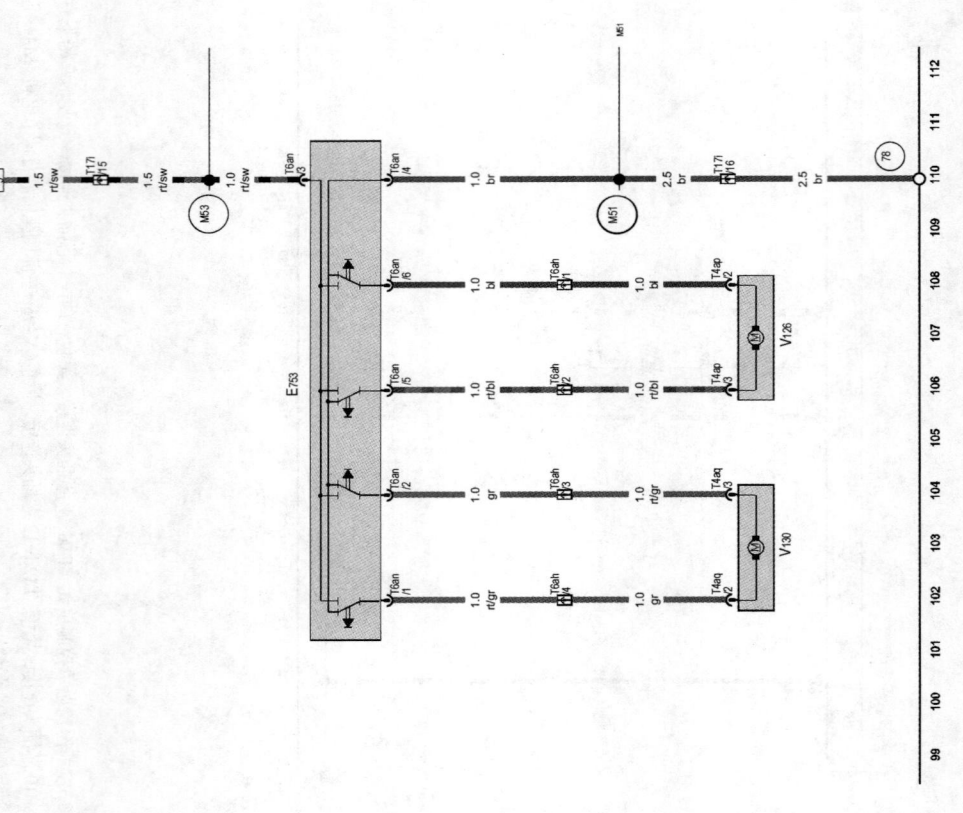

E753-右前侧腰部支撑调节开关，T4ap-4 芯插头连接，黑色 T4aq-4 芯插头连接，黑色 T6an-6 芯插头连接，黑色 T6ah-6 芯插头连接，黑色 T17i-17 芯插头连接，右前座椅的连接位置 V130-副驾驶员座椅腰部支撑纵向调节电机 V126-副驾驶员座椅腰部支撑纵向调节电机 M53-连接 1，在副驾驶员座椅侧壁导线束中 M51-连接 1，在副驾驶员座椅靠背到线束中 78-右侧 B 柱下部接地点 M53-连接 3，在副驾驶员座椅侧壁导线束中

图6-4-71

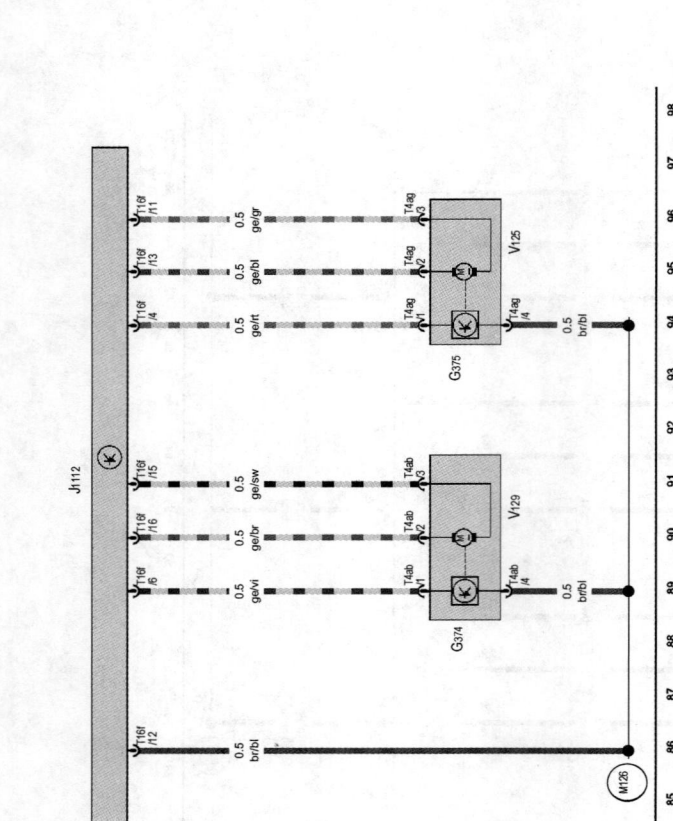

G374-腰部支撑高度调节传感器，G375-腰部支撑前后调节传感器，J1112-左前座椅调节控制单元 T4ab-4 芯插头连接，T4ag-4 芯插头连接，黑色 T16f-16 芯插头连接，黑色 V125-驾驶员座椅腰部支撑纵向调节电机 M126-连接 1，在驾驶员座椅靠背到线束中 V129-驾驶员座椅腰部支撑高度调节电机 V126-连接 1，在驾驶员座椅靠背到线束中

图6-4-70

右前座椅调节操作单元，副驾驶员座椅靠背调节开关，右前侧座椅靠背调节电机

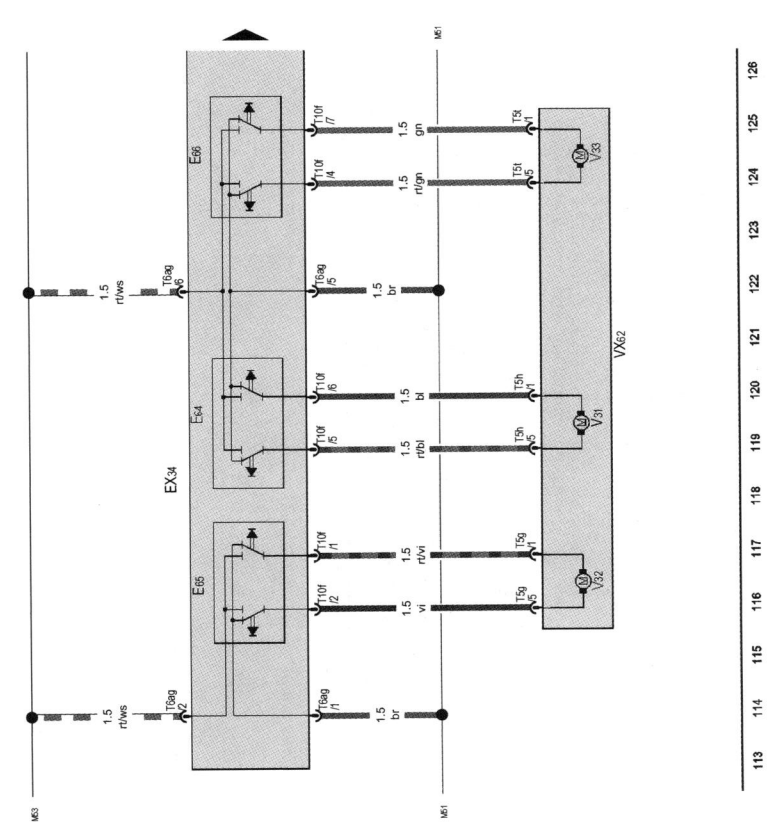

右前座椅调节操作单元，副驾驶员座椅纵向调节开关，副驾驶员座椅的前部高度调节开关，副驾驶员座椅的后部高度调节开关，副驾驶员座椅纵向调节电机，副驾驶员座椅的后部高度调节电机，副驾驶员座椅的前部高度调节电机，右前座椅座槽

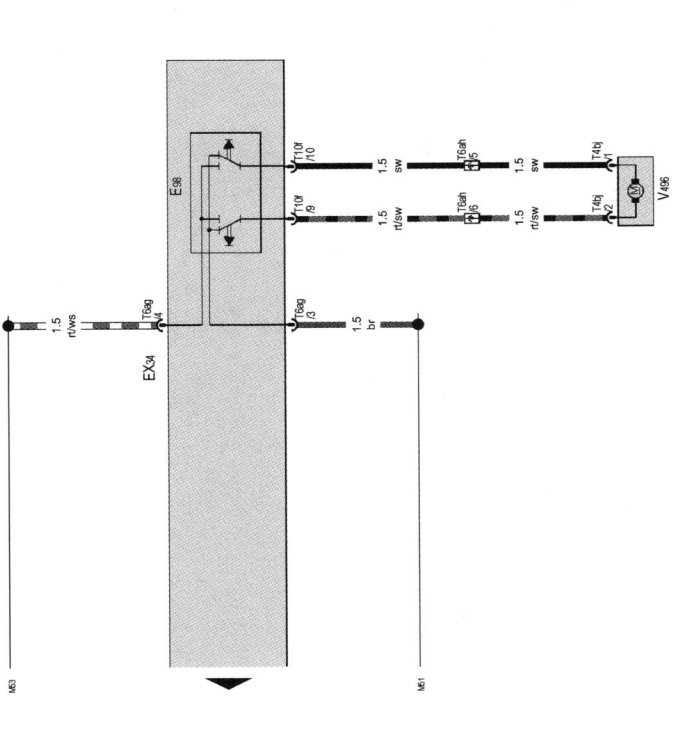

EX34-右前座椅调节操作单元 E98-副驾驶员座椅靠背调节开关 T4bj-4 芯插头连接，黑色 T6ag-6 芯插头连接，黑色 T6ah-6 芯插头连接，黑色 T10f-10 芯插头连接，黑色 V496-右前侧座椅靠背调节电机 M51-连接 3，在副驾驶员侧座椅导线束中 M53-连接 3，在副驾驶员侧座椅导线束中

图 6-4-73

EX34-右前座椅调节操作单元 E64-副驾驶员座椅纵向调节开关 E65-副驾驶员座椅的前部高度调节开关 E66-副驾驶员座椅的后部高度调节开关 T5g-5 芯插头连接，黑色 T5h-5 芯插头连接，黑色 T5t-5 芯插头连接，黑色 T10f-10 芯插头连接，黑色 V31-副驾驶员座椅纵向调节电机 V32-副驾驶员座椅的前部高度调节电机 V33-副驾驶员座椅的后部高度调节电机 VX62-右前座椅座槽 M51-连接 1，在副驾驶员侧座椅导线束中 M53-连接 3，在副驾驶员侧座椅导线束中

图 6-4-72

835

驾驶员侧后视镜水平调节电位计，驾驶员侧后视镜垂直调节电位计，驾驶员侧车门控制单元，车载电网控制单元，驾驶员侧车外后视镜，驾驶员侧后视镜调节电机 2，驾驶员侧后视镜内折电机，驾驶员侧后视镜调节电机

副驾驶员侧后视镜水平调节电位计，副驾驶员侧后视镜垂直调节电位计，副驾驶员侧车门控制单元，车载电网控制单元，副驾驶员侧车外后视镜，副驾驶员侧后视镜调节电机 2，副驾驶员侧后视镜内折电机，副驾驶员侧后视镜调节电机

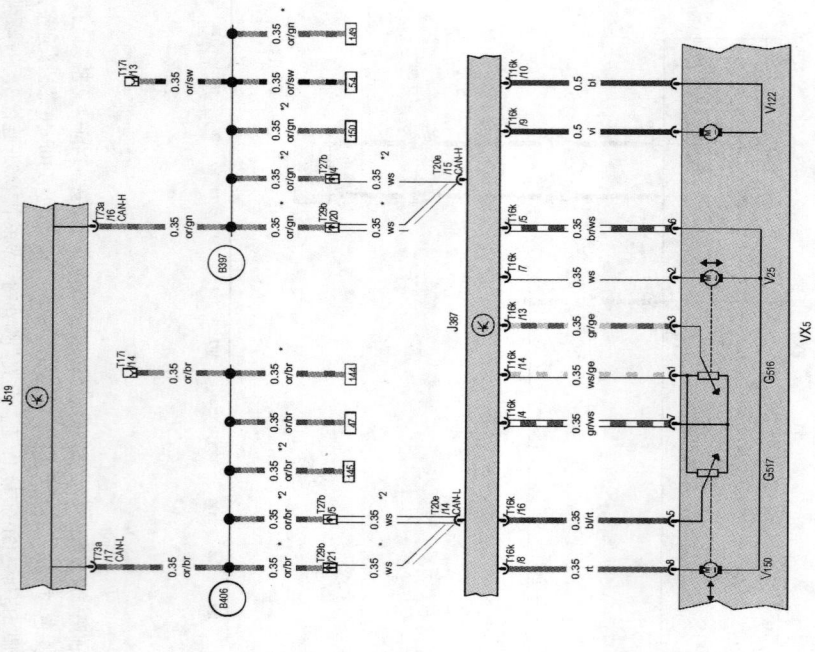

G516-副驾驶员侧后视镜水平调节电位计 G517-副驾驶员侧后视镜垂直调节电位计 J387-副驾驶员侧车门控制单元 J519-车载电网控制单元 T16k-16 芯插头连接，黑色 T17i-17 芯插头连接，右前座椅侧的连接位置中，红色 T20e-20 芯插头连接，黑色 T27b-27 芯插头连接，右侧 A 柱上，黑色 T29b-29 芯插头连接，右侧 A 柱上，白色 T73a-73 芯插头连接，黑色 VX5-副驾驶员侧车外后视镜 V25-副驾驶员侧后视镜调节电机 V122-副驾驶员侧后视镜内折电机 V150-副驾驶员侧后视镜调节电机 2 B397-连接 1（舒适 CAN 总线，Low），在主导线束中 B406-连接 1（舒适 CAN 总线，High），在主导线束中 *-仅用于带周围环境摄像机的汽车 *2-仅用于不带周围环境摄像机的汽车

图 6-4-75

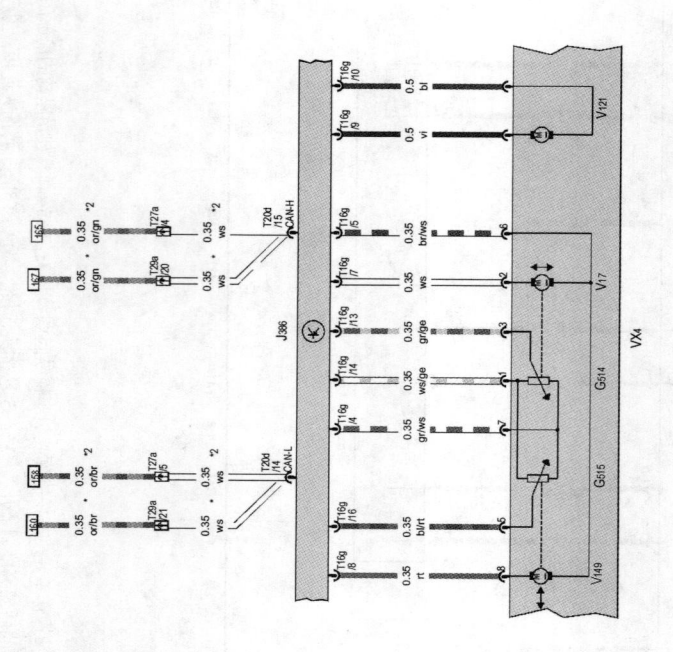

G514-驾驶员侧后视镜水平调节电位计 G515-驾驶员侧后视镜垂直调节电位计 J386-驾驶员侧车门控制单元 J519-车载电网控制单元 T16g-16 芯插头连接，黑色 T20d-20 芯插头连接，左侧 A 柱上，黑色 T27a-27 芯插头连接，左侧 A 柱上，黑色 T29a-29 芯插头连接，左侧 A 柱上，白色 VX4-驾驶员侧车外后视镜 V17-驾驶员侧后视镜调节电机 2 V121-驾驶员侧后视镜内折电机 V149-驾驶员侧后视镜调节电机 *-仅用于带周围环境摄像机的汽车 *2-仅用于不带周围环境摄像机的汽车

图 6-4-74

左前侧腰部支撑调节开关，驾驶员座椅腰部支撑纵向调节电机，驾驶员座椅腰部支撑高度调节电机。

保险丝架 A 上的保险丝 1，保险丝架 A 上的保险丝 4，副驾驶员座椅调节装置的热敏保险丝 1

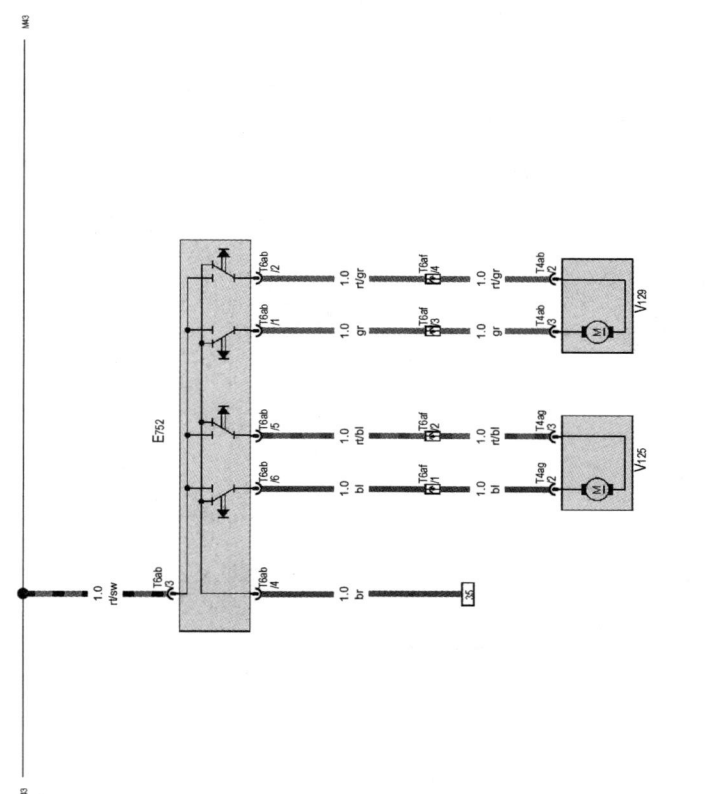

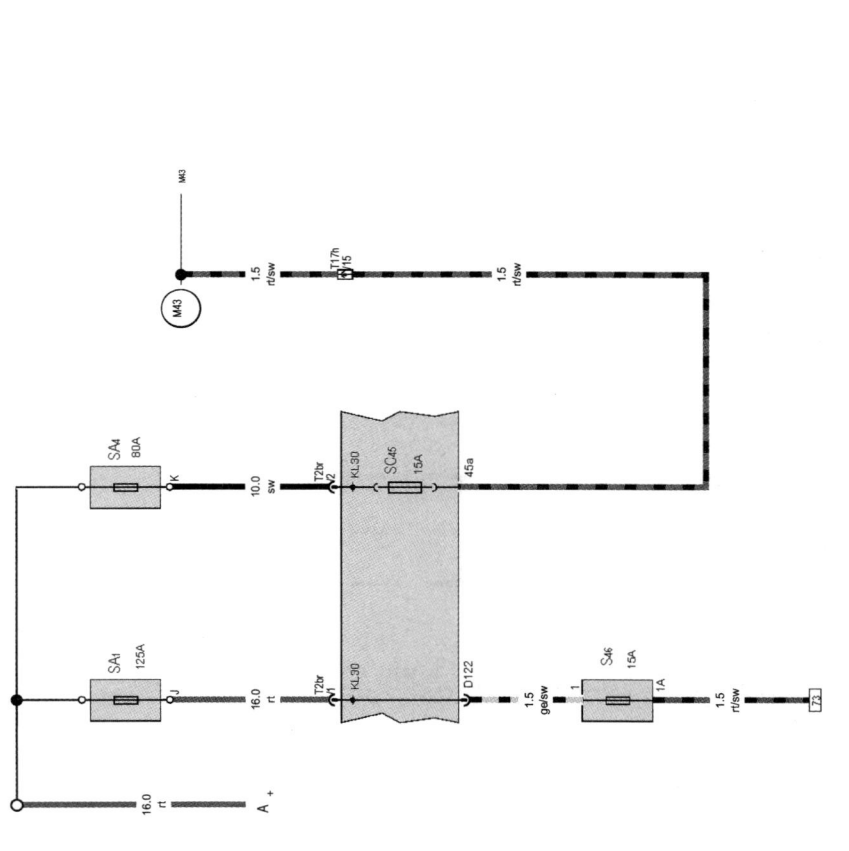

E752-左前侧腰部支撑调节开关 T4ab-4 芯插头连接，黑色 T4ag-4 芯插头连接，黑色 T6ab-6 芯插头连接，黑色 T6af-6 芯插头连接，黑色 V125-驾驶员座椅腰部支撑纵向调节电机 V129-驾驶员座椅腰部支撑高度调节电机 M43-连接 3，在驾驶员侧座椅导线束中

图 6-4-77

A-蓄电池 SA1-保险丝架 A 上的保险丝1 SA4-保险丝架 A 上的保险丝4 SC45-保险丝架 C 上的保险丝 45 S46-副驾驶员座椅调节装置的热敏保险丝 1 T2br-2 芯插头连接，黑色 T17h-17 芯插头连接，左前座椅的连接位置中，红色 M43-连接 3，在驾驶员侧座椅导线束中

图 6-4-76

左前座椅调节操作单元，驾驶员座椅的前部高度调节开关，驾驶员座椅的后部高度调节开关，驾驶员座椅纵向调节开关，驾驶员座椅的前部高度调节电机，驾驶员座椅的后部高度调节电机，左前座椅座槽

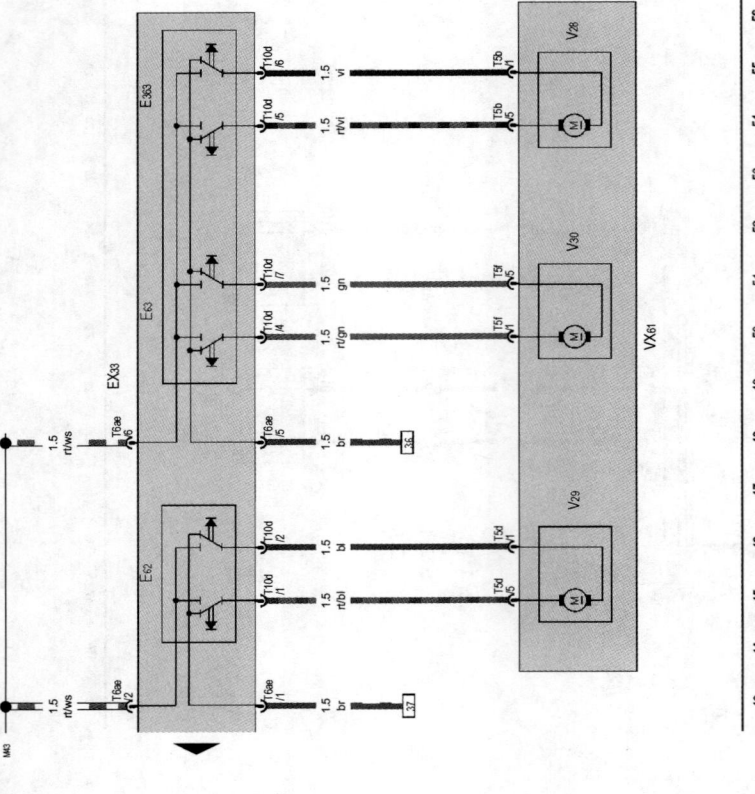

图 6-4-79

EX33-左前座椅调节操作单元 E62-驾驶员座椅的前部高度调节开关 E63-驾驶员座椅的后部高度调节开关 E363-驾驶员座椅纵向调节开关 T5b-5 芯插头连接，黑色 T5d-5 芯插头连接，黑色 T5f-5 芯插头连接，黑色 T6ae-6 芯插头连接，黑色 T10d-10 芯插头连接，黑色 V28-驾驶员座椅纵向调节电机 V29-驾驶员座椅的前部高度调节电机 V30-驾驶员座椅的后部高度调节电机 VX61-左前座椅座槽 M43-连接 3，在驾驶员侧座椅导线束中

左前座椅调节操作单元，驾驶员座椅靠背调节开关，左前侧座椅靠背调节电机，

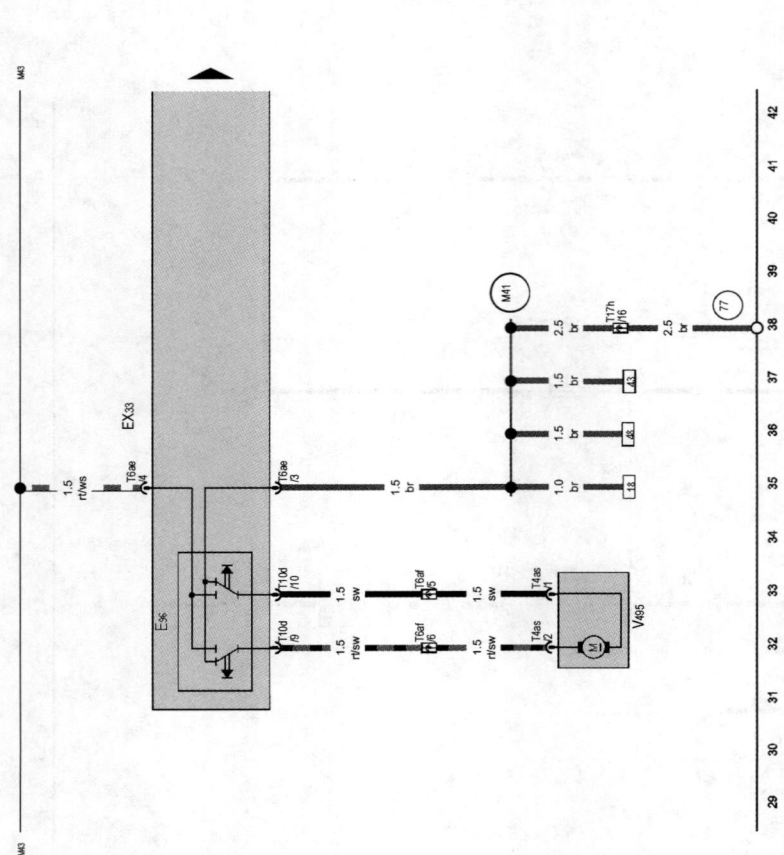

图 6-4-78

EX33-左前座椅调节操作单元 E96-驾驶员座椅靠背调节开关 T4as-4 芯插头连接，黑色 T6af-6 芯插头连接，黑色 T10d-10 芯插头连接，黑色 T17h-17 芯插头连接，黑色 T17h-左侧 B 柱下的接地点 M41-连接 1，在驾驶员侧座椅导线束中 V495-左前侧座椅靠背调节电机 77-左前座椅的接地位置中，红色 V495-左前座椅的连接位置中 M43-连接 3，在驾驶员侧座椅导线束中

右前侧腰部支撑调节开关，副驾驶员座椅腰部支撑纵向调节电机，副驾驶员座椅腰部支撑高度调节电机

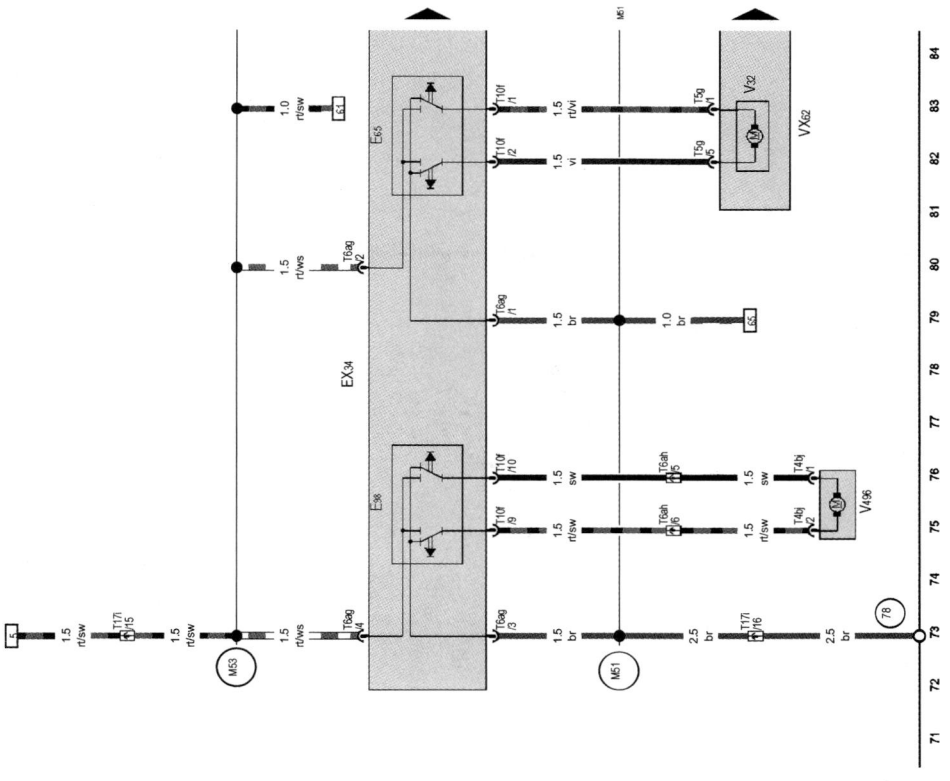

图 6-4-80

E753-右前侧腰部支撑调节开关 T4ap-4 芯插头连接，黑色 T4aq-4 芯插头连接，黑色 T6ah-6 芯插头连接，黑色 T6an-6 芯插头连接，黑色 V126-副驾驶员座椅腰部支撑纵向调节电机 V130-副驾驶员座椅腰部支撑高度调节电机

右前座椅调节操作单元，副驾驶员座椅的前部高度调节开关，副驾驶员座椅靠背调节开关，副驾驶员座椅的前部高度调节电机，右前座椅槽，右前侧座椅靠背调节电机

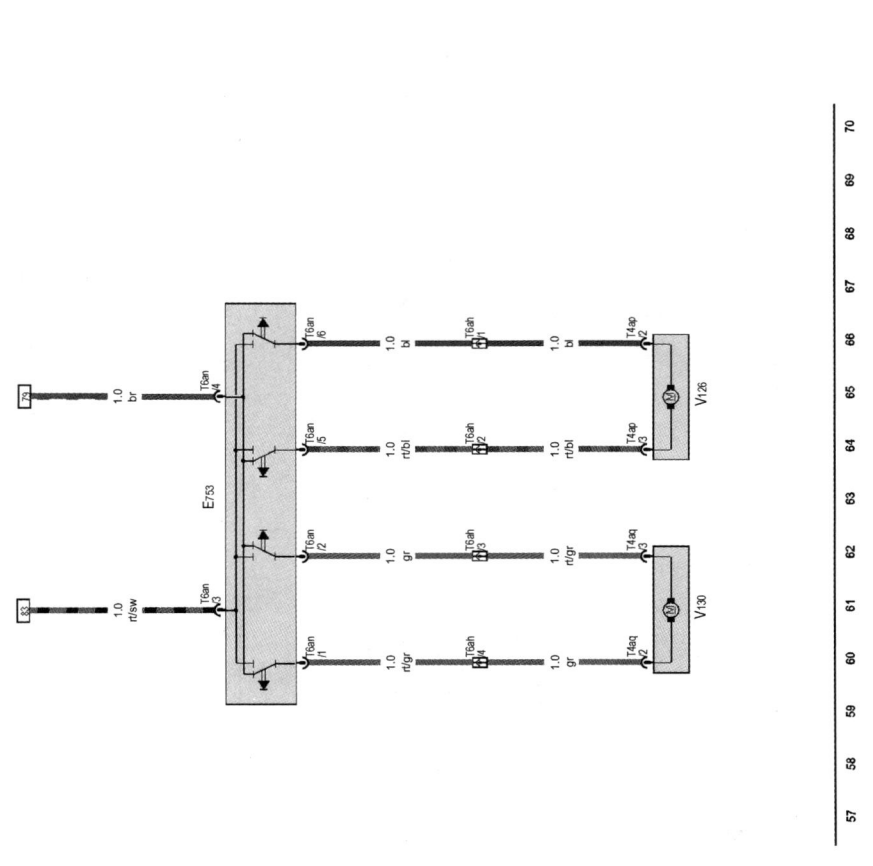

图 6-4-81

EX34-右前座椅调节操作单元 E65-副驾驶员座椅的前部高度调节开关 E98-副驾驶员座椅靠背调节开关 T4bj-4 芯插头连接，黑色 T5g-5 芯插头连接，黑色 T6ag-6 芯插头连接，黑色 T6ah-6 芯插头连接，副驾驶员座椅下方，黑色 T10f-10 芯插头连接，黑色 T17i-17 芯插头的连接位置中，右前座椅的连接位置中，红色 V32-副驾驶员座椅的前部高度调节电机 VX62-右前座椅槽 V496-右前侧座椅靠背调节电机 78-右侧 B 柱下部接地点 M51-连接 1，在副驾驶员侧座椅导线束中 M53-连接 3，在副驾驶员侧座椅导线束中

839

右前座椅调节操作单元，副驾驶员座椅纵向调节开关，副驾驶员座椅的后部高度调节开关，
副驾驶员座椅纵向调节电机，副驾驶员座椅的后部高度椅座椅槽，右前座椅槽

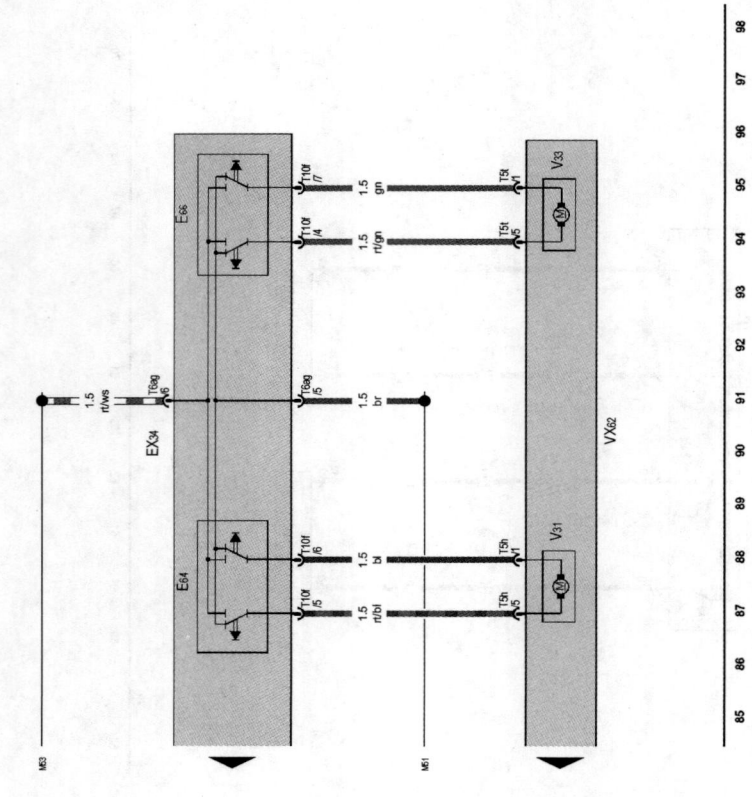

EX34-右前座椅调节操作单元 E64-副驾驶员座椅纵向调节开关 E66-副驾驶员座椅的后部高度调节开关
T5t-5 芯插头连接 T5h-5 芯插头连接，黑色 T6ag-6 芯插头连接，黑色 T10f-10 芯插头连接，黑
色 V31-副驾驶员座椅纵向调节电机 V33-副驾驶员座椅的后部高度调节电机 VX62-右前座椅槽 M51-
连接 1，在副驾驶员侧座椅导线束中 M53-连接 3，在副驾驶员侧座椅导线束中

图 6-4-82

右前座椅调节装   保险丝架 A 上的保险丝 1，保险丝 4，保险丝架 C，副驾驶员座椅调节装
置的热敏保险丝 1

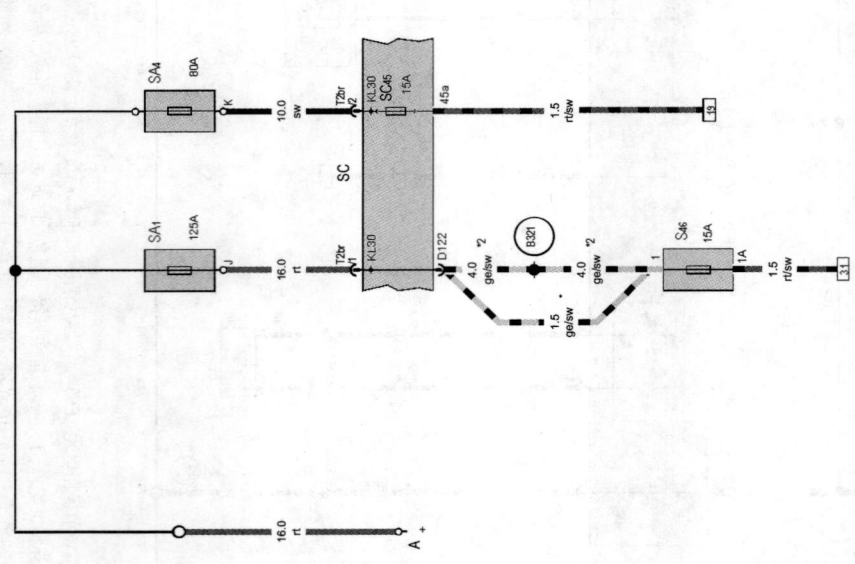

A-蓄电池 SA1-保险丝架 A 上的保险丝1 SA4-保险丝架 A 上的保险丝4 SC-保险丝架 C SC45-保险丝
架 C 上的保险丝 45 S46-副驾驶员座椅调节装置的热敏保险丝 1 T2br-2 芯插头连接，黑色 B321-正极连
接 7（30a），在主导线束中 *2-仅用于带可加热式后座椅的汽车

图 6-4-83

副驾驶员座椅靠背风扇，副驾驶员座椅座垫风扇

驾驶员座椅靠背风扇，驾驶员座椅座垫风扇

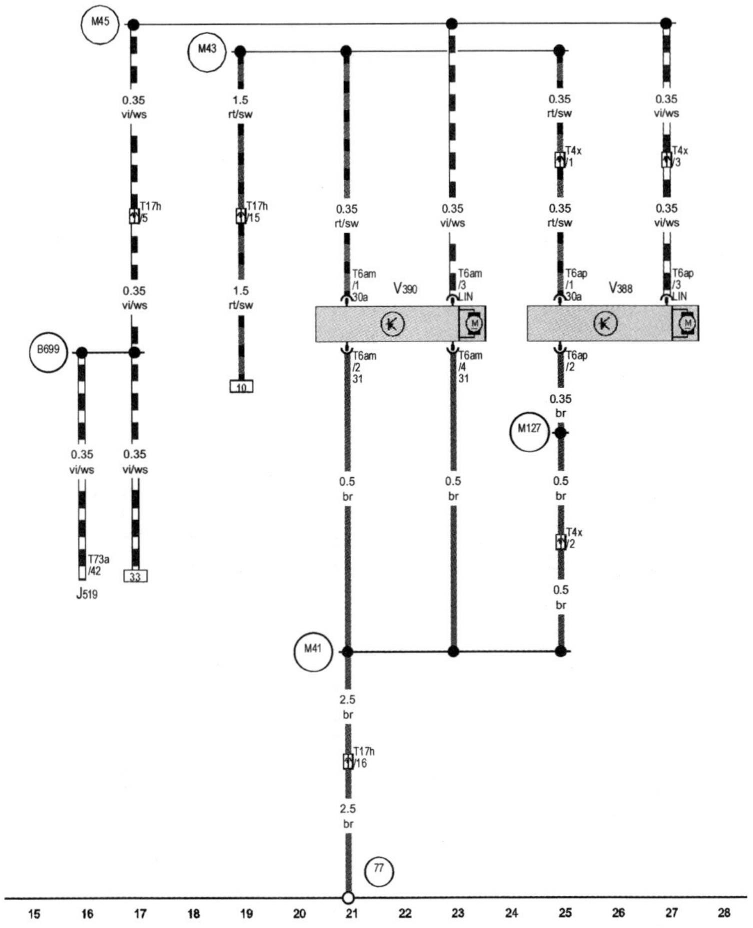

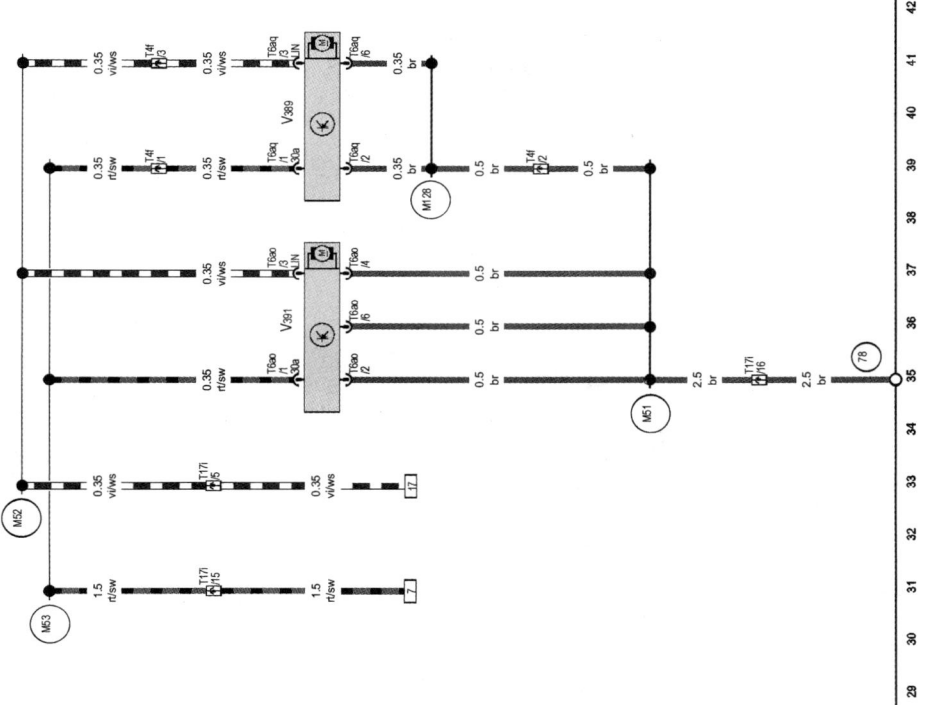

图 6-4-85

T4f-4 芯插头连接，副驾驶员座椅下方，白色 T6ao-6 芯插头连接，黑色 T6aq-6 芯插头连接，黑色 T17i-17 芯插头连接，右前座椅的连接位置中，红色 V389-副驾驶员座椅靠背风扇 V391-副驾驶员座椅靠背风扇 座垫风扇 78-右侧 B 柱下部接地点 M51-连接 1，在副驾驶员座椅导线束中 M52-连接 2，在副驾驶员侧座椅导线束中 M53-连接 3，在副驾驶员座椅侧座椅导线束中 M128-接地连接 1，在副驾驶员座椅靠背倒线中束中

图 6-4-84

J519-车载电网控制单元 T4x-4 芯插头连接，驾驶员座椅下方，白色 T6am-6 芯插头连接，黑色 T6ap-6 芯插头连接，黑色 T17h-17 芯插头连接，左前座椅的连接位置中，红色 T73a-73 芯插头连接，黑色 V388-驾驶员座椅靠背风扇 V390-驾驶员座椅座垫风扇 77-左侧 B 柱下的接地点 B699-连接 4（LIN 总线），在主导线束中 M41-连接 1，在驾驶员侧座椅导线束中 M43-连接 3，在驾驶员侧座椅导线束中 M45-连接 5，在驾驶员侧座椅导线束中 M127-接地连接 1，在驾驶员座椅靠背倒线中

841

滑动天窗开关，天窗卷帘按钮 1，滑动天窗控制单元

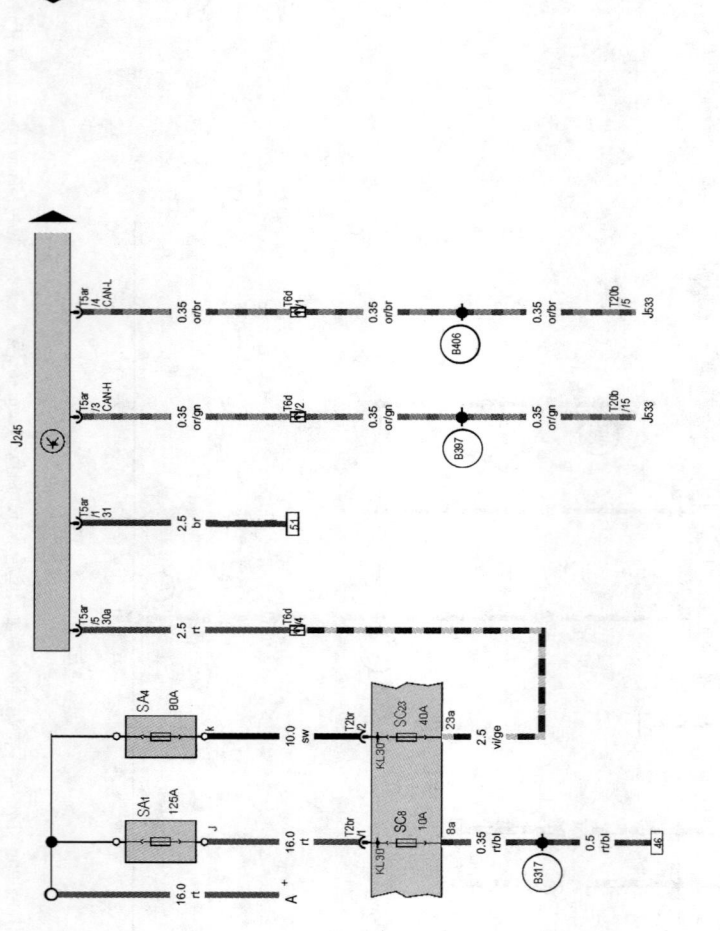

图 6-4-87

E8－滑动天窗开关 E584－天窗卷帘按钮 1 J245－滑动天窗控制单元 T4bd－4 芯插头连接，前部车内照明
灯附近，黑色 T4bg－4 芯插头连接，黑色 T5aq－5 芯插头连接，黑色 T16m－16 芯插头连接，棕色 438－
接地连接 3，在车顶导线束中 B718－连接 3，在车顶导线束中

滑动天窗控制单元

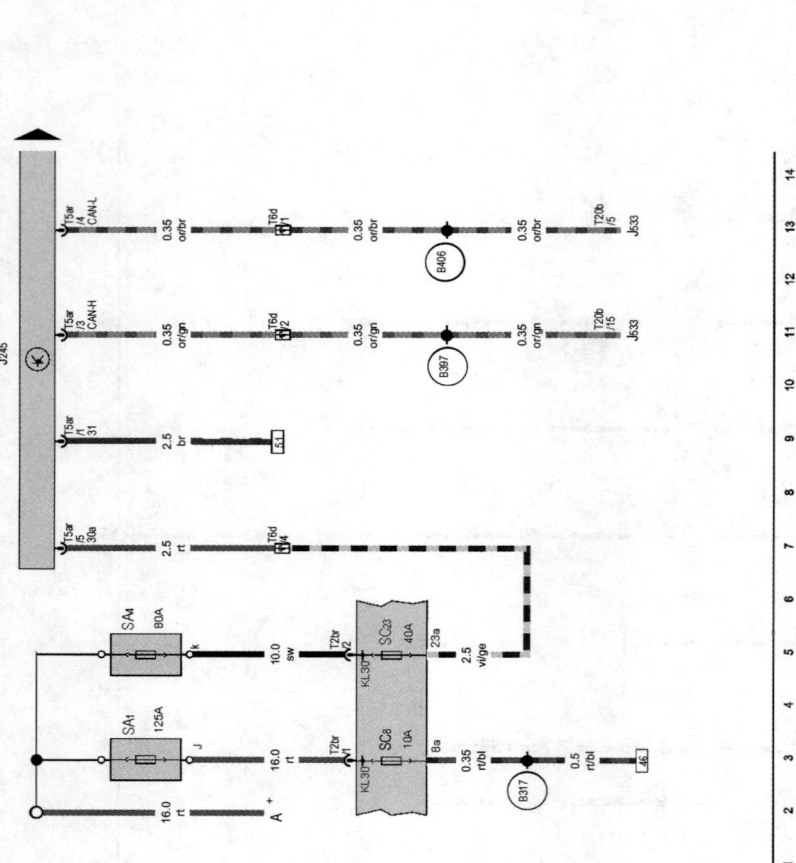

图 6-4-86

A－蓄电池 J245－滑动天窗控制单元 J533－数据总线诊断接口 SA1－保险丝架 A 上的保险丝1 SA4－保险丝
架 A 上的保险丝4 SC8－保险丝架 C 上的保险丝 8 SC23－保险丝架 C 上的保险丝 23 T2br－2 芯插头连接，
黑色 T5ar－5 芯插头连接，黑色 T6d－6 芯插头连接，前部车内照明灯附近，黑色 T20b－20 芯插头连接，在主导线束中
红色 B317－正极连接 3（30a），在主导线束中 B397－连接 1（舒适 CAN 总线，High），在主导线束中
B406－连接 1（舒适 CAN 总线，Low），在主导线束中

842

左侧车顶背景照明灯泡，右侧车顶背景照明灯泡

滑动天窗控制单元，滑动天窗电机，滑动天窗卷帘电机

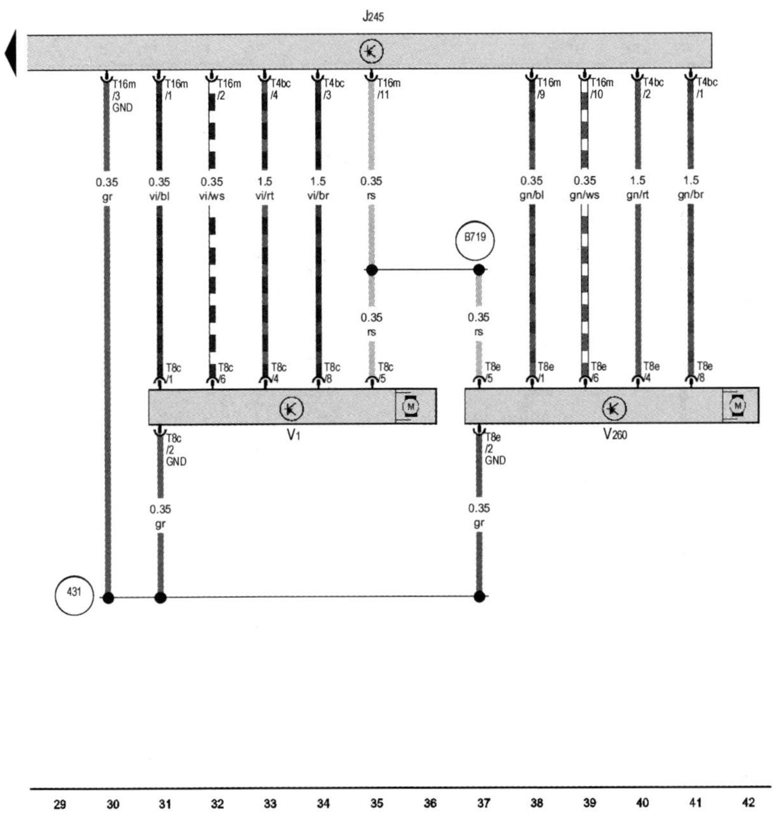

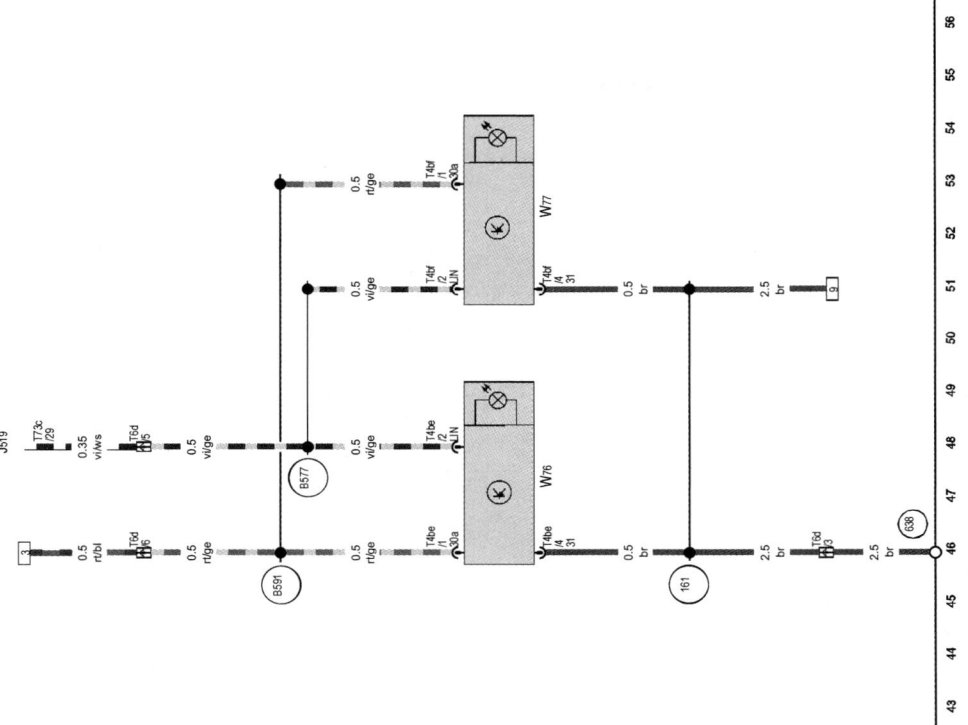

图 6-4-89

J519-车载电网控制单元 T4bc-4 芯插头连接，黑色 T4bf-4 芯插头连接，黑色 T6d-6 芯插头连接，前部
车内照明灯附近，黑色 T73c-73 芯插头连接，黑色 T73c-73 芯插头连接，在高车顶导线束中 W76-左侧车顶背景照明灯泡 W77-右侧车顶背景照
明灯泡 161-接地连接，在高车顶导线束中 638-右 A 柱上的接地点 B577-连接（LIN-Bus），在车顶导
线束中 B591-正极连接 1（30a），在车顶导线束中

图 6-4-88

J245-滑动天窗控制单元 T4bc-4 芯插头连接，黑色 T8c-8 芯插头连接，黑色 T8e-8 芯插头连接，黑色
T16m-16 芯插头连接，黑色 V1-滑动天窗电机 V260-滑动天窗卷帘电机 431-接地连接 2，在车顶导线
束中 B719-连接 4，在车顶导线束中

843

车载电网控制单元，保险丝架 A 上的保险丝 1，保险丝架 A 上的保险丝 4

暖风 / 空调操作，可加热驾驶员座椅调节器，可加热副驾驶员座椅调节器，全自动空调控制单元，车载电网控制单元，可加热驾驶员座椅指示灯，可加热副驾驶员座椅指示灯

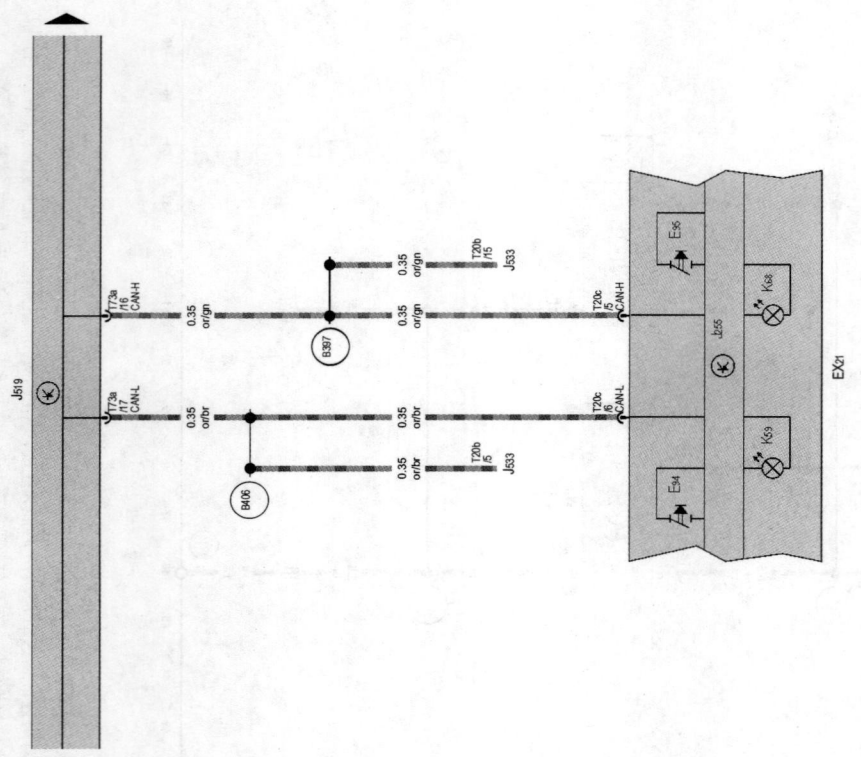

图 6-4-91

EX21-暖风/空调操作 E94-可加热驾驶员座椅调节器 E95-可加热副驾驶员座椅调节器 J255-全自动空调控制单元 J519-车载电网控制单元 J533-数据总线诊断接口 K59-可加热驾驶员座椅指示灯 K68-可加热副驾驶员座椅指示灯 T20b-20 芯插头连接，红色 T20c-20 芯插头连接，黑色 T73a-73 芯插头连接，黑色 B397-连接 1（舒适 CAN 总线，High），在主导线束中 B406-连接 1（舒适 CAN 总线，Low），在主导线束中

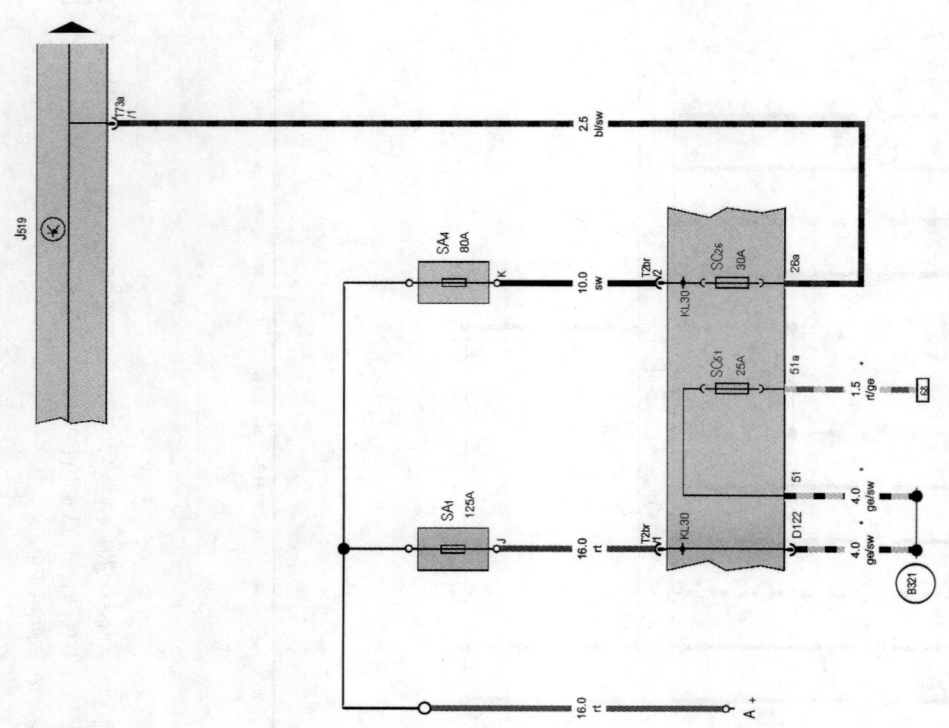

图 6-4-90

A-蓄电池 J519-车载电网控制单元 SA1-保险丝架 A 上的保险丝1 SA4-保险丝架 A 上的保险丝4 SC26-保险丝架 C 上的保险丝 26 SC51-保险丝架 C 上的保险丝 51 T2br-2 芯插头连接，黑色 T73a-73 芯插头连接，黑色 B321-正极连接 7（30a），在主导线束中 *-仅用于带可加热式后座椅的汽车

左前座椅温度传感器，车载电网控制单元，可加热式驾驶员座椅，可加热驾驶员座椅靠背

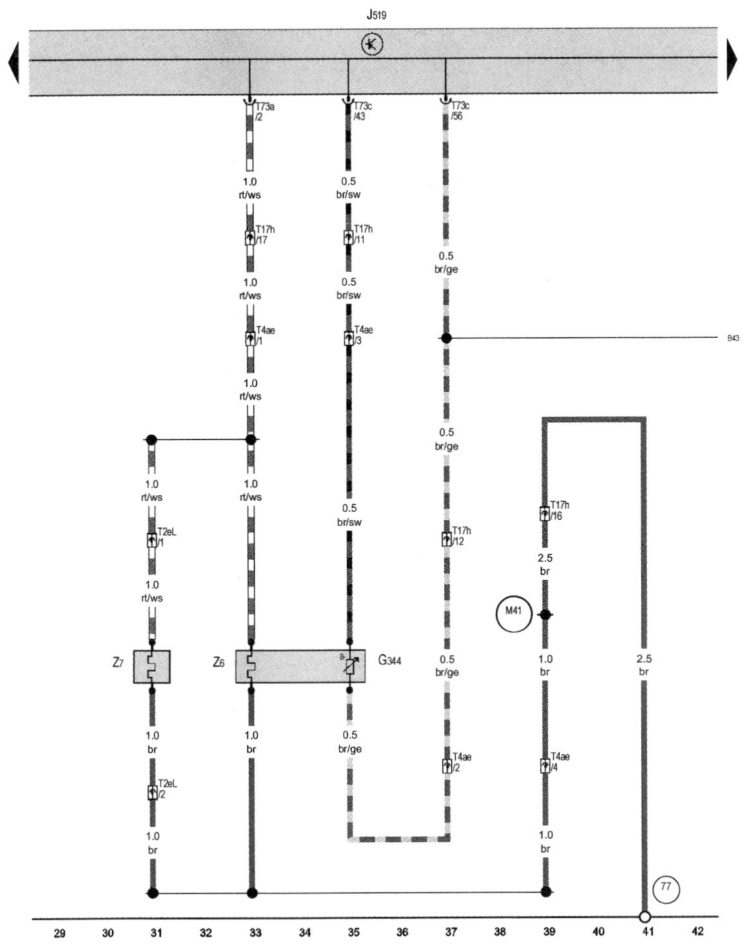

右前座椅温度传感器，车载电网控制单元，可加热式副驾驶员座椅，可加热副驾驶员座椅靠背

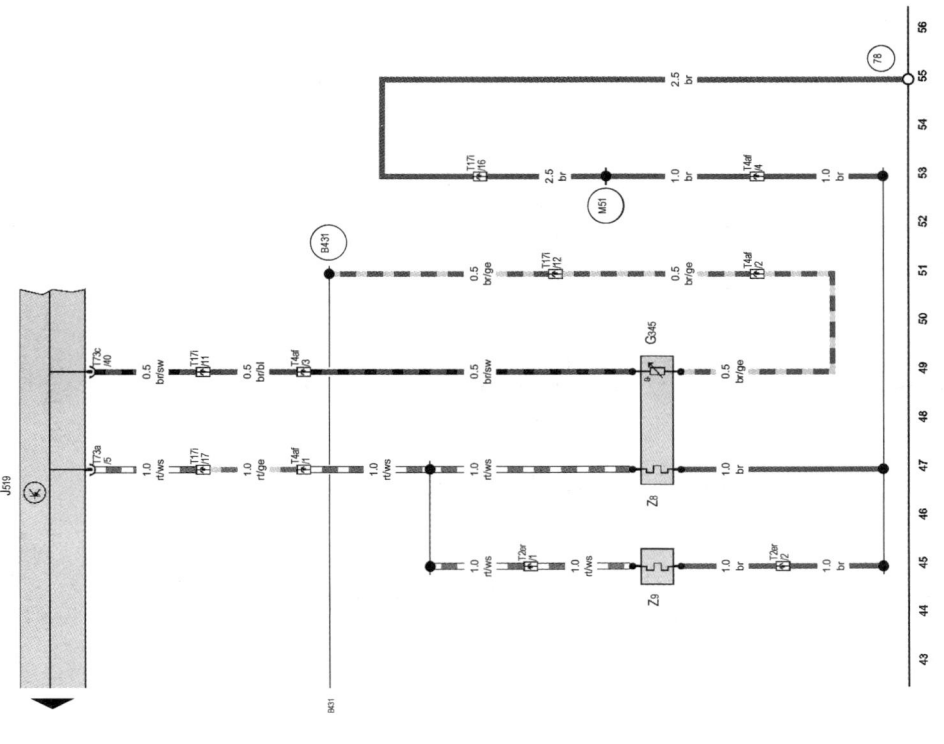

图 6-4-92

G344-左前座椅温度传感器 J519-车载电网控制单元 T2eL-2 芯插头连接，红色 T4ae-4 芯插头连接，黑色 T17h-17 芯插头连接，左前座椅的连接位置中，红色 T73a-73 芯插头连接，黑色 T73c-73 芯插头连接 Z7-可加热式驾驶员座椅靠背 77-左侧 B 柱下侧接地点 B431-连接 Z6-可加热式驾驶员座椅 在主导线束中 M41-连接 1，在驾驶员座椅导线束中 椅加热），在主导线束中 M41-连接 1，在驾驶员座侧座椅导线束中

图 6-4-93

G345-右前座椅温度传感器 J519-车载电网控制单元 T2er-2 芯插头连接，红色 T4af-4 芯插头连接，黑色 T17i-17 芯插头连接，右前座椅的连接位置中，红色 T73a-73 芯插头连接，黑色 T73c-73 芯插头连接 B431-连接 Z8-可加热式副驾驶员座椅 Z9-可加热式副驾驶员座椅靠背 78-右侧 B 柱下部接地点 B431-连接，黑色 Z8-可加热式副驾驶员座椅靠背 78-右侧 B 柱下部接地点 B431-连接，黑色 接（座椅加热），在主导线束中 M51-连接 1，在副驾驶员座侧座椅导线束中

845

左后可加热座椅调节开关，后部空调操作和显示单元，左侧后座椅温度传感器，左侧可加热式后座椅，可加热左侧后座椅靠背

右后可加热座椅调节开关，后部空调操作和显示单元，右后座椅温度传感器，右侧可加热式后座椅，可加热右侧后座椅靠背

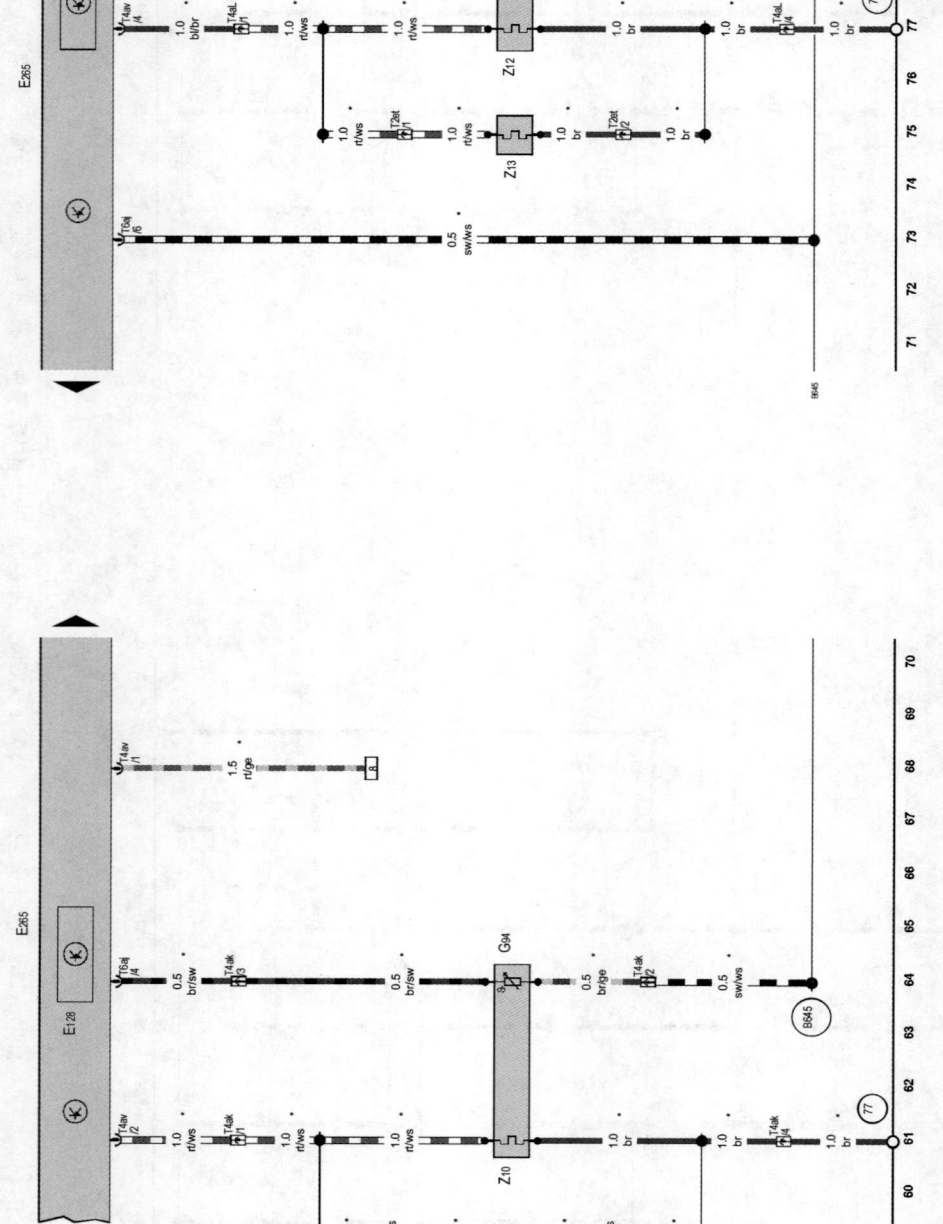

图 6-4-95

图 6-4-94

E128-左后可加热座椅调节开关，E265-后部空调操作和显示单元，G94-左侧后座椅温度传感器，T2es-2芯插头连接，红色 T4ak-4芯插头连接，黑色 T4av-4芯插头连接，黑色 T6aj-6芯插头连接，黑色 Z10-左侧可加热式后座椅靠背 Z11-可加热左侧后座椅 Z11-可加热左侧后座椅靠背 77-左侧可加热式后座椅靠背，在主导线束可带可加热式后座椅的汽车

E129-右后可加热座椅调节开关，E265-后部空调操作和显示单元，G95-右后座椅温度传感器，T2et-2芯插头连接，红色 T4aL-4芯插头连接，黑色 T4av-4芯插头连接，黑色 T6aj-6芯插头连接，黑色 Z12-右侧可加热式后座椅 Z13-可加热右侧后座椅靠背 78-右侧 B柱下部接地点 B645-连接2（座椅加热），在主导线束中 *-仅用于带可加热式后座椅的汽车

846

用于行李箱盖的警报蜂鸣器，行李箱盖控制单元，保险丝架 A 上的保险丝 4，保险丝架 C

A-蓄电池 H32-用于行李箱盖的警报蜂鸣器 J605-行李箱盖控制单元 SA4-保险丝架 A 上的保险丝4 SC-保险丝架 C SC50-保险丝架 C 上的保险丝 50 T2ab-2 芯插头连接，黑色 T2br-2 芯插头连接，黑色 T10q-10 芯插头连接，黑色 T10t-10 芯插头连接，左侧轮罩上，黑色 T32d-32 芯插头连接，黑色 50-行李箱内左侧的接地点

图 6-4-96

行李箱盖锁闭按钮，行李箱盖控制单元

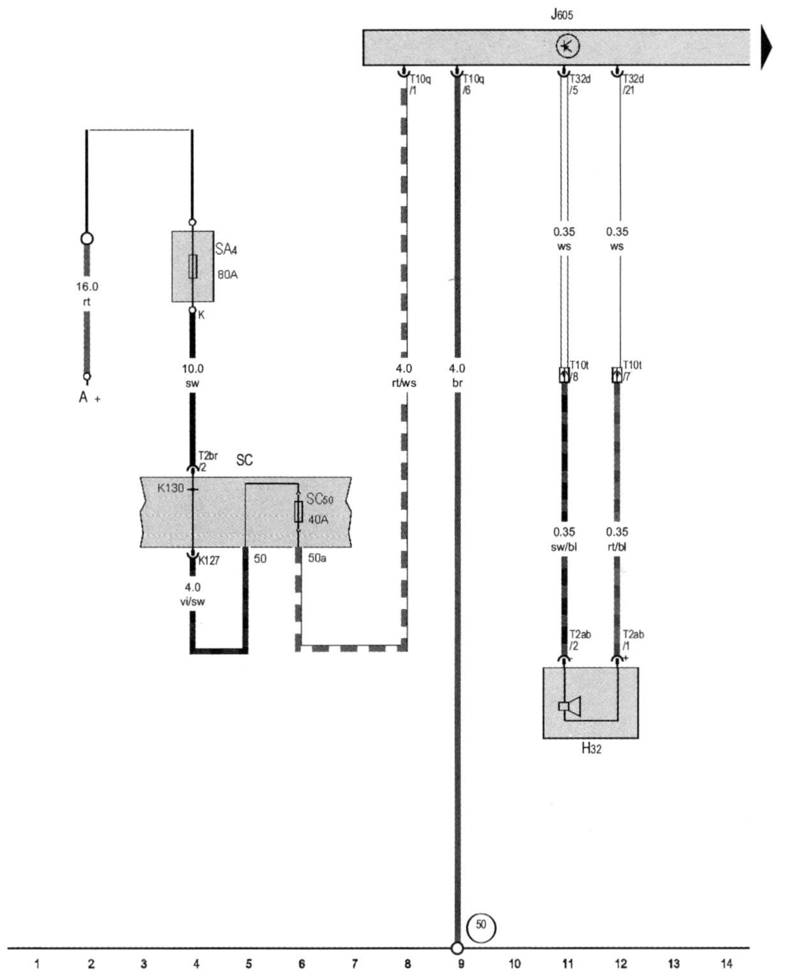

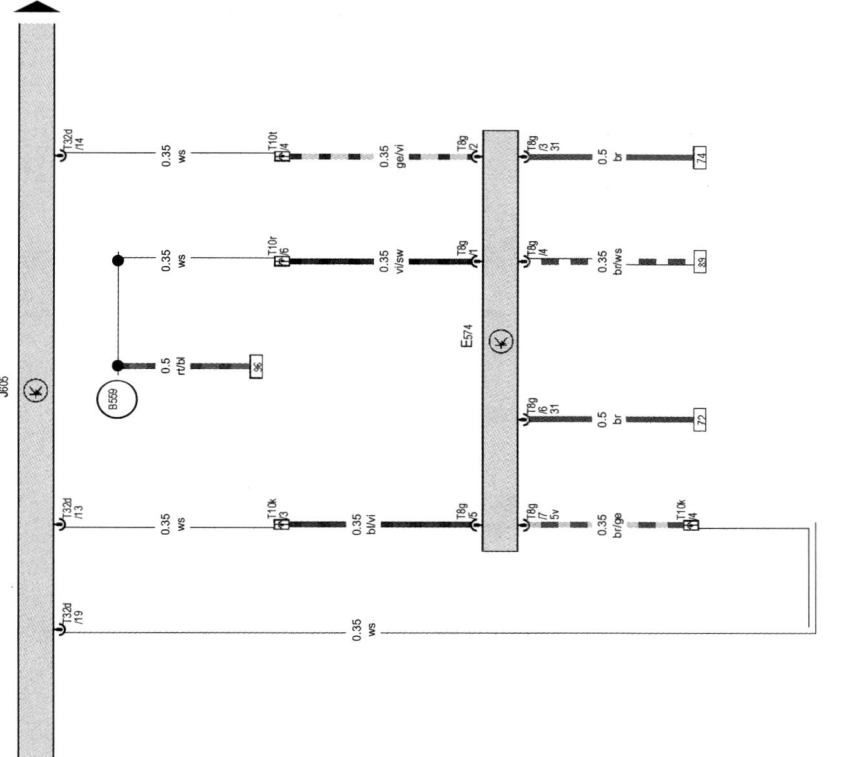

E574-行李箱盖锁闭按钮 J605-行李箱盖控制单元 T8g-8 芯插头连接，黑色 T10k-10 芯插头连接，行李箱盖的连接位置，棕色 T10r-10 芯插头连接，行李箱盖的连接位置，黑色 T10t-10 芯插头连接，左侧轮罩上，黑色 T32d-32 芯插头连接，黑色 B559-正极连接 1（30g），在主导线束中

图 6-4-97

电机 2 中的传感器，用于行李箱盖，行李箱盖控制单元，行李箱盖电机 2

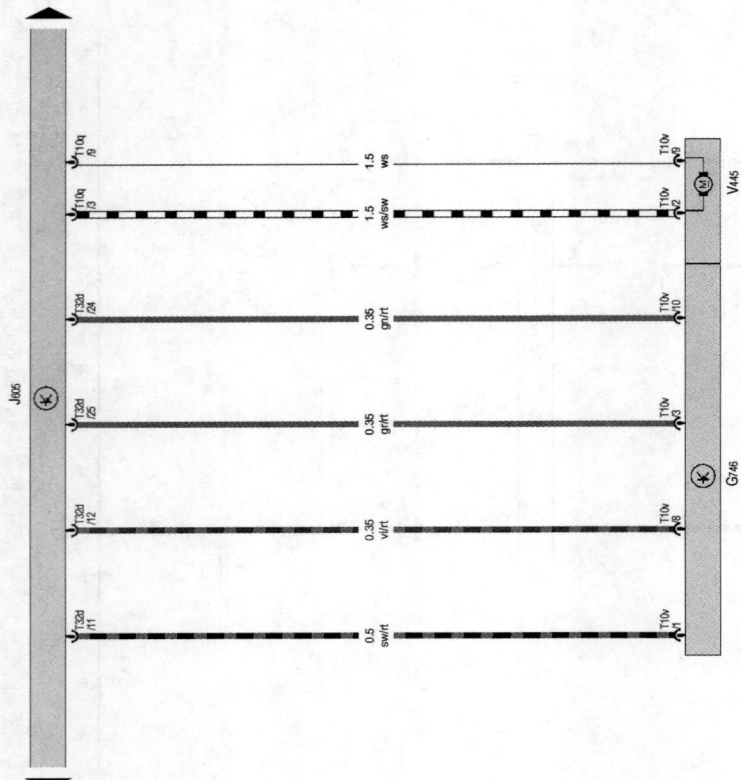
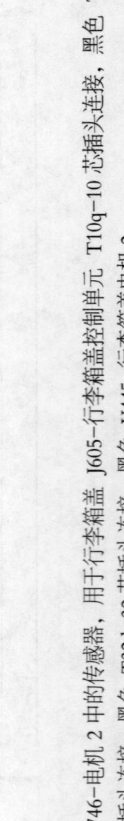

G746-电机 2 中的传感器，用于行李箱盖，J605-行李箱盖控制单元，T10q-10 芯插头连接，黑色 T10u-10
芯插头连接，黑色 T32d-32 芯插头连接，黑色 V445-行李箱盖电机 2

图 6-4-99

电机 1 中的传感器，用于行李箱盖，行李箱盖控制单元，行李箱盖电机 1

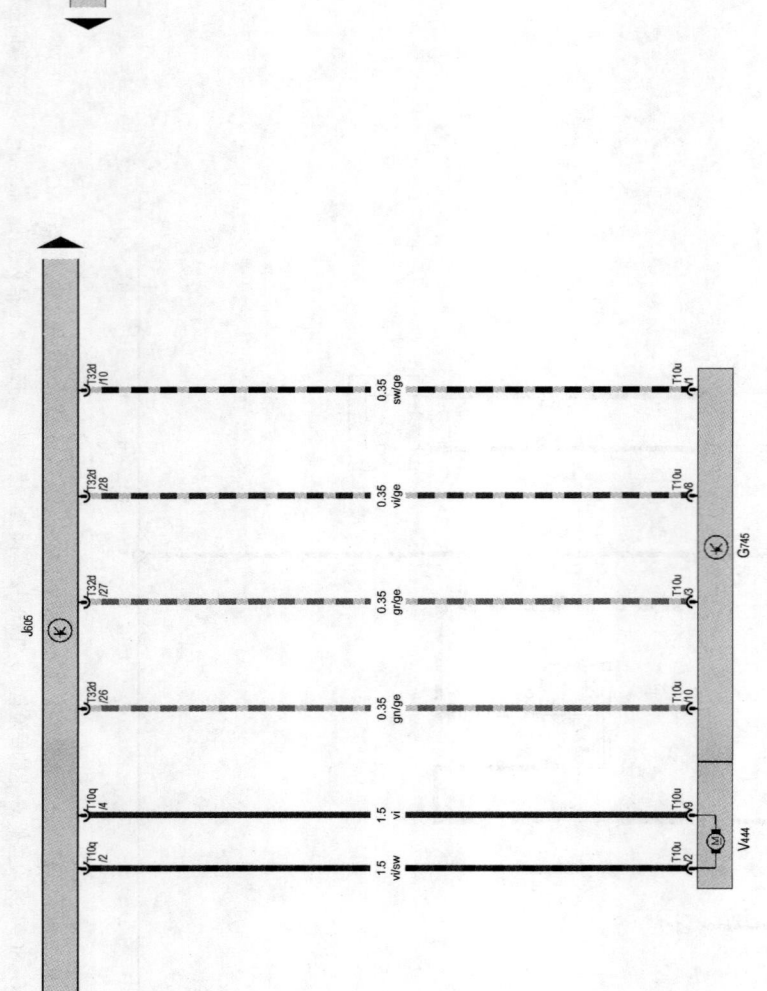

G745-电机 1 中的传感器，用于行李箱盖，J605-行李箱盖控制单元 T10q-10 芯插头连接，黑色 T10u-10
芯插头连接，黑色 T32d-32 芯插头连接，黑色 V444-行李箱盖电机 1

图 6-4-98

行李箱盖遥控开锁按钮，驾驶员侧车门控制单元，车载电网控制单元

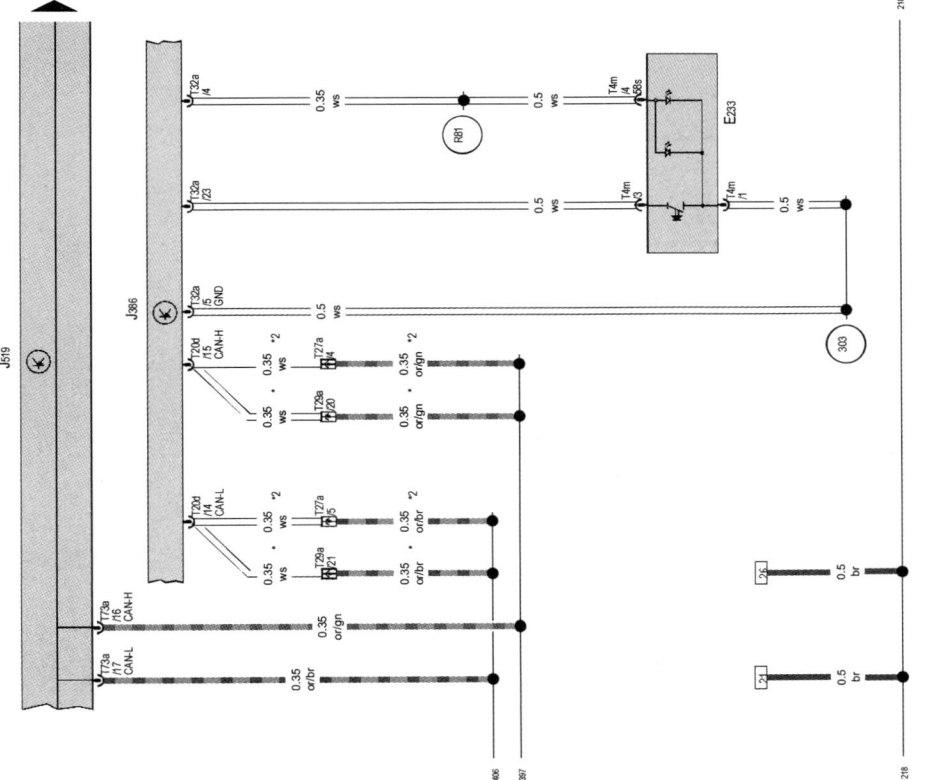

图 6-4-101

E233–行李箱盖遥控开锁按钮 J519–车载电网控制单元 T4m–4 芯插头连接，左侧 A 柱上，黑色 T29a–29 芯插头连接，黑色 T20d–20 芯插头连接，黑色 T27a–27 芯插头连接，左侧 A 柱上，黑色 T32a–32 芯插头连接，蓝色 T73a–73 芯插头连接，黑色 218–接地连接 1，在行李箱盖导线束中 303–接地连接 3，在驾驶员侧车门电缆导线束中 B397–连接 1（舒适 CAN 总线，High），在主导线束中 B406–连接 1（舒适 CAN 总线，Low），在主导线束中 R81–连接 1（58d），在驾驶员侧车门电缆导线束中 *2–仅用于不带周围环境摄像机的汽车

数据总线诊断接口，行李箱控制单元，行李箱盖关闭辅助功能

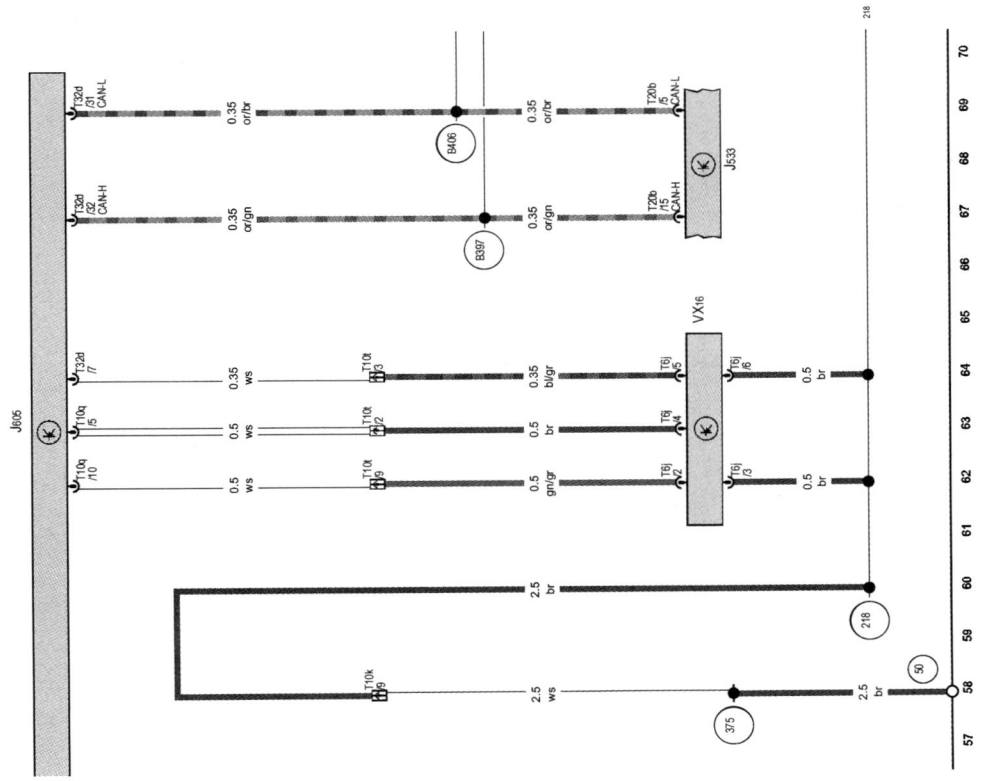

图 6-4-100

J533–数据总线诊断接口 J605–行李箱控制单元 T6j–6 芯插头连接，黑色 T10k–10 芯插头连接，行李箱盖的连接 T10q–10 芯插头连接，棕色 T10t–10 芯插头连接，左侧轮罩上，黑色 T20b–20 芯插头连接，红色 T32d–32 芯插头连接，黑色 VX16–行李箱盖关闭辅助功能 50–行李箱内左侧的接地点 218–接地连接 1，在行李箱盖导线束中 375–接地连接 10，在主导线束中 B397–连接 1（舒适 CAN 总线，High），在主导线束中 B406–连接 1（舒适 CAN 总线，Low），在主导线束中

849

行李箱盖把手中的解锁按钮，行李箱盖开启装置控制单元，进入
行李箱盖闭锁单元，车载电网控制单元，行李箱盖中中央门 行李箱盖开启装置的传感器 2，行李箱盖开启装置控制单元
锁电机 及启动系统接口

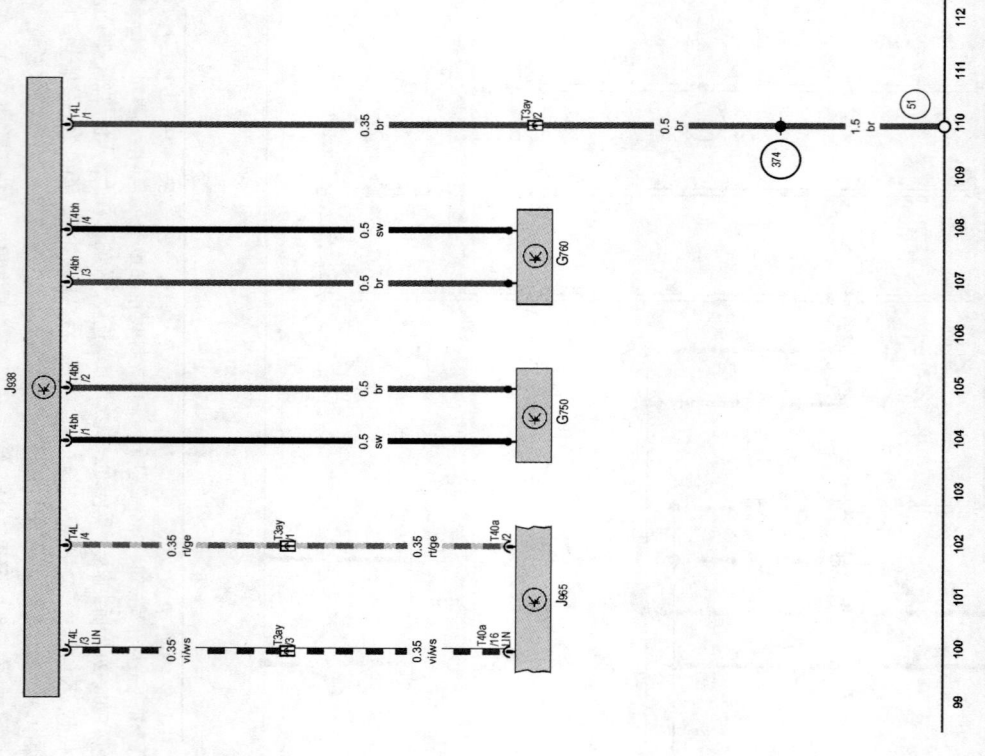

G750-行李箱盖打开传感器 G760-行李箱盖开启装置的传感器 2 J938-行李箱盖开启装置控制单元 J965-
进入及启动系统接口 T3ay-3 芯插头连接，右后保险杠下方，黑色 T4bh-4 芯插头连接，黑色 T4L-4
芯插头连接，黑色 T40a-40 芯插头连接，黑色 51-行李箱内右侧的接地点 374-接地连接 9，在主导线束
中

图 6-4-103

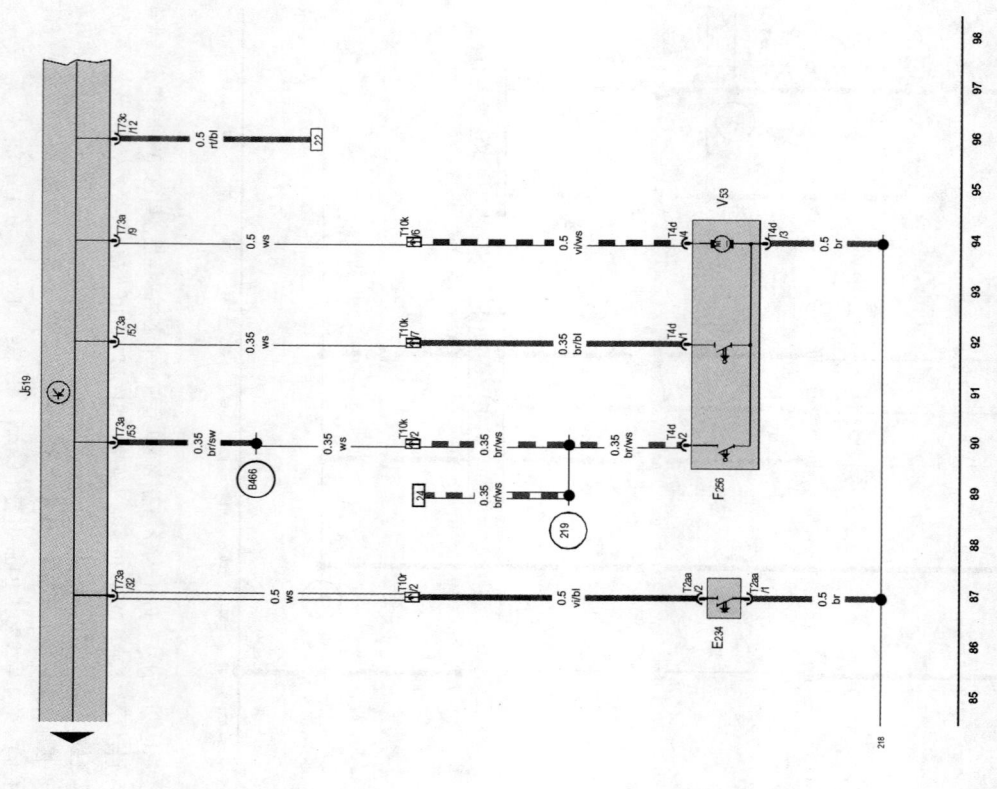

E234-行李箱盖把手中的解锁按钮 F256-行李箱盖闭锁单元 J519-车载电网控制单元 T2aa-2 芯插头连
接，T4d-4 芯插头连接，黑色 T10k-10 芯插头连接，行李箱盖的连接位置，棕色 T10r-10 芯插头
连接，行李箱盖的连接位置，黑色 T73a-73 芯插头连接，黑色 T73c-73 芯插头连接，黑色 V53-行李箱
盖中央门锁电机 218-接地连接 1，在行李箱盖导线束中 219-接地连接 2，在行李箱盖导线束中 B466-
连接 2，在主导线束中

图 6-4-102

850

接线端 15 供电继电器，泊车雷达系统绕控制单元，车载电网控制单元，泊车雷达系统绕控制单元，保险丝架 A 上的保险丝 1

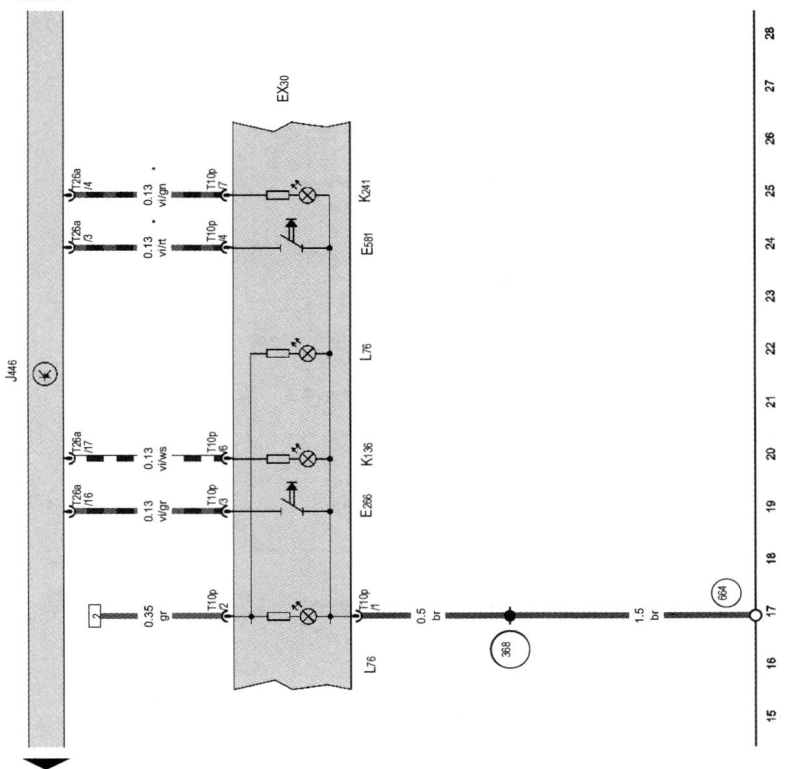

中控台开关模块 2，泊车雷达系统按钮，泊车转向辅助系统按钮，泊车雷达系统控制单元，泊车雷达系统指示灯，泊车转向辅助系统指示灯，按钮照明灯泡

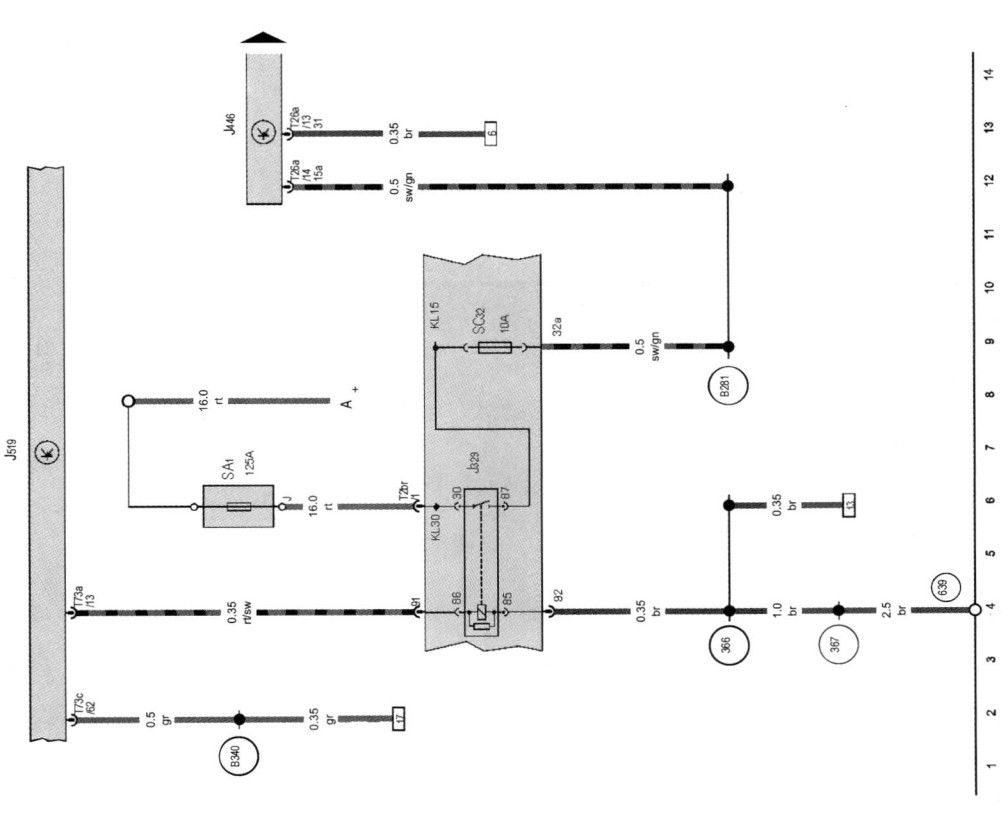

图 6-4-105

EX30-中控台开关模块 2 E266-泊车雷达系统控制单元 J446-泊车雷达系统按钮 E581-泊车转向辅助系统按钮 J446-泊车雷达系统控制单元 L76-按钮照明灯泡 K241-泊车转向辅助系统指示灯 L76-按钮照明灯泡 T10p-10 芯插头连接 T26a-26 芯插头连接，红色 T26a-26 芯插头连接，黑色 368-接地连接 3，在导线束中 664-左侧仪表板后面的接地点 *-仅用于带泊车转向辅助系统的汽车

图 6-4-104

A-蓄电池 J329-接线端 15 供电继电器 J446-泊车雷达系统控制单元 J519-车载电网控制单元 SA1-保险丝架 A 上的保险丝 1 SC32-保险丝架 C 上的保险丝 32 T2br-2 芯插头连接 T26a-26 芯插头连接，黑色 T73a-73 芯插头连接，黑色 T73c-73 芯插头连接，黑色 366-接地连接 1，在导线束中 367-接地连接 2，在导线束中 639-左 A 柱上的接地点 B281-正极连接 5（15a），在主导线束中 B340-连接 1 连接 2，在主导线束中（58d），在主导线束中

851

右前中部泊车雷达系统传感器，左前中部泊车雷达系统传感器，左前泊车雷达系统传感器，泊车雷达系统控制单元

后部泊车雷达系统报警蜂鸣器，前部泊车雷达系统报警蜂鸣器，泊车雷达系统控制单元

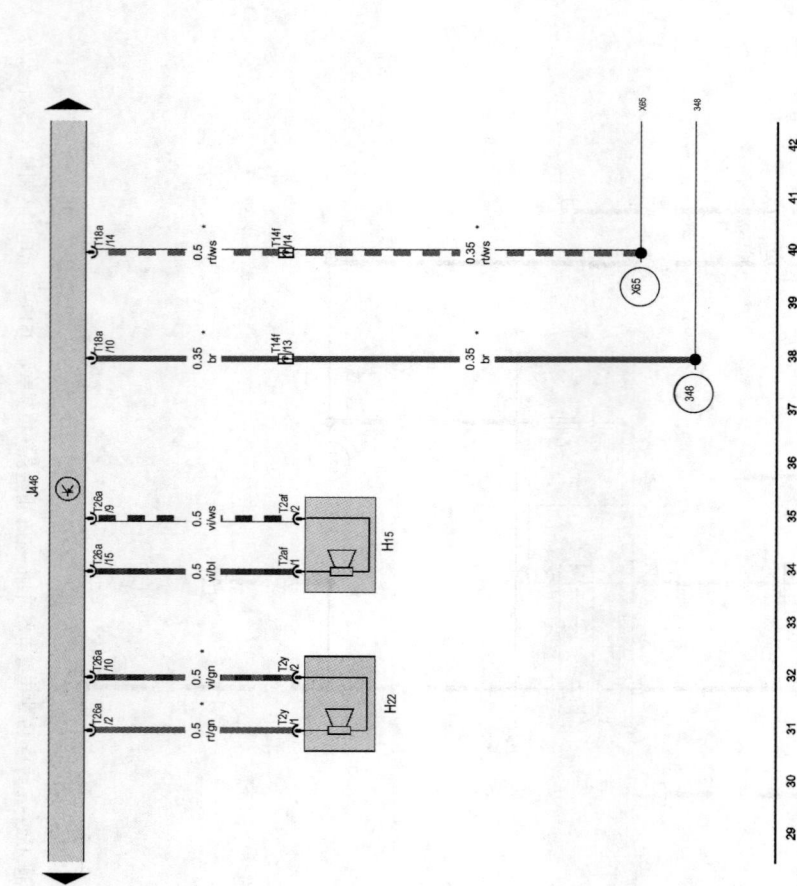

图 6-4-106

图 6-4-107

H15-后部泊车雷达系统报警蜂鸣器 H22-前部泊车雷达系统报警蜂鸣器 J446-泊车雷达系统控制单元 T2af-2 芯插头连接，黑色 T2y-2芯插头连接，黑色 T14f-14 芯插头连接，左前保险杠内，黑色 T18a-18 芯插头连接，黑色 T26a-26 芯插头连接 348-接地连接（泊车雷达系统），黑色，在前保险杠导线束里 X65-连接（泊车雷达系统），在前保险杠导线束中 *-仅用于带泊车转向辅助系统的汽车

G253-右前中部泊车雷达系统传感器 G254-左前中部泊车雷达系统传感器 G255-左前泊车雷达系统传感器 J446-泊车雷达系统控制单元 T3r-3 芯插头连接，黑色 T3u-3 芯插头连接，黑色 T3w-3 芯插头连接，黑色 T18a-18 芯插头连接，黑色 348-接地连接（泊车雷达系统），黑色，在前保险杠导线束里 X65-连接（泊车雷达系统），在前保险杠导线束中 *-仅用于带泊车转向辅助系统的汽车

右前泊车雷达系统传感器，泊车转向辅助系统的右侧传感器，汽车左侧，泊车转向辅助
系统的右前侧传感器，汽车右侧，泊车雷达系统控制单元

左后泊车雷达系统传感器，左后中部泊车雷达系统传感器，泊车雷达系统控制单元

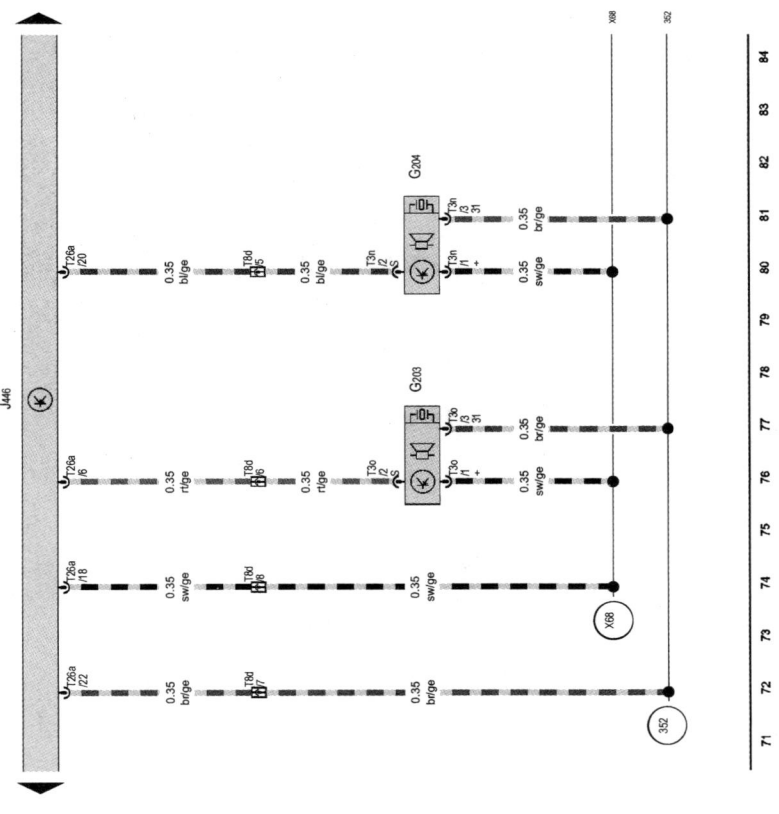

图 6-4-109

G203-左后泊车雷达系统传感器 G204-左后中部泊车雷达系统传感器 J446-泊车雷达系统控制单元 T3n-3 芯插头连接，黑色 T3o-3 芯插头连接，黑色 T8d-8 芯插头连接，右后保险杠下方，黑色 T26a-26 芯插头连接，黑色 352-接地连接（泊车雷达系统），在后保险杠导线束里 X68-连接 X68-连接（泊车雷达系统），在后保险杠导线束中

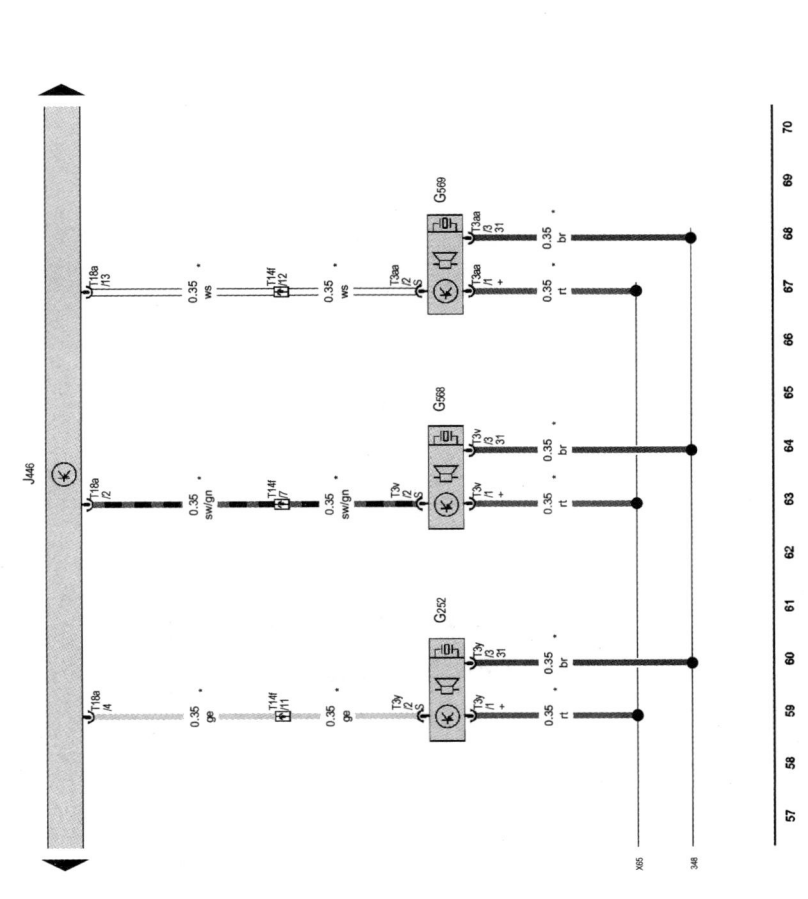

图 6-4-108

G252-右前泊车雷达系统传感器 G568-泊车转向辅助系统的左前侧传感器，汽车左侧 G569-泊车转向辅助系统的右前侧传感器，汽车右侧 J446-泊车雷达系统控制单元 T3aa-3 芯插头连接，黑色 T3v-3 芯插头连接，黑色 T3y-3 芯插头连接，黑色 T14f-14 芯插头连接，左前保险杠内，黑色 T18a-18 芯插头连接，在前保险杠导线束里 X65-连接 348-接地连接（泊车雷达系统），在前保险杠导线束中 *-仅用于带泊车转向辅助系统的汽车

右后泊车雷达系统传感器，右后泊车雷达系统传感器，泊车雷达系统控制单元　　　　　　　　左后泊车转向辅助系统传感器，右后泊车转向辅助系统传感器，泊车雷达系统控制单元

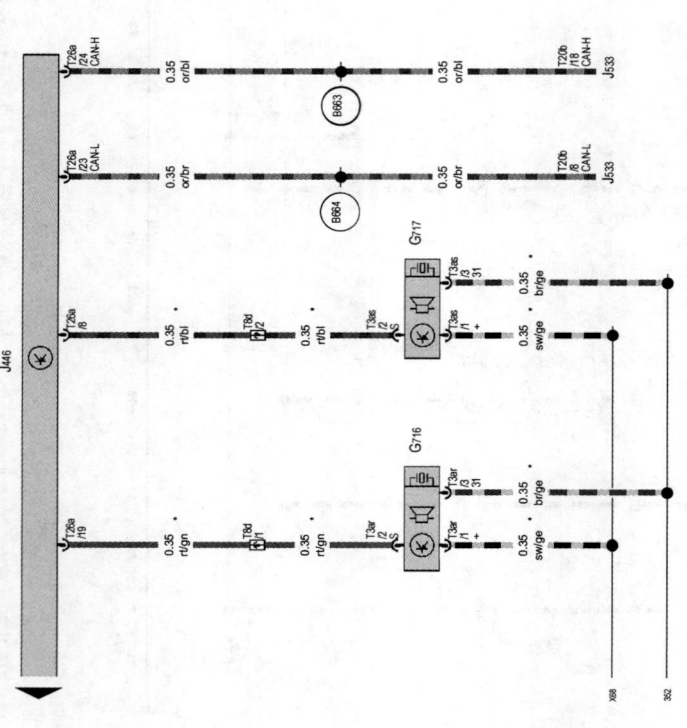

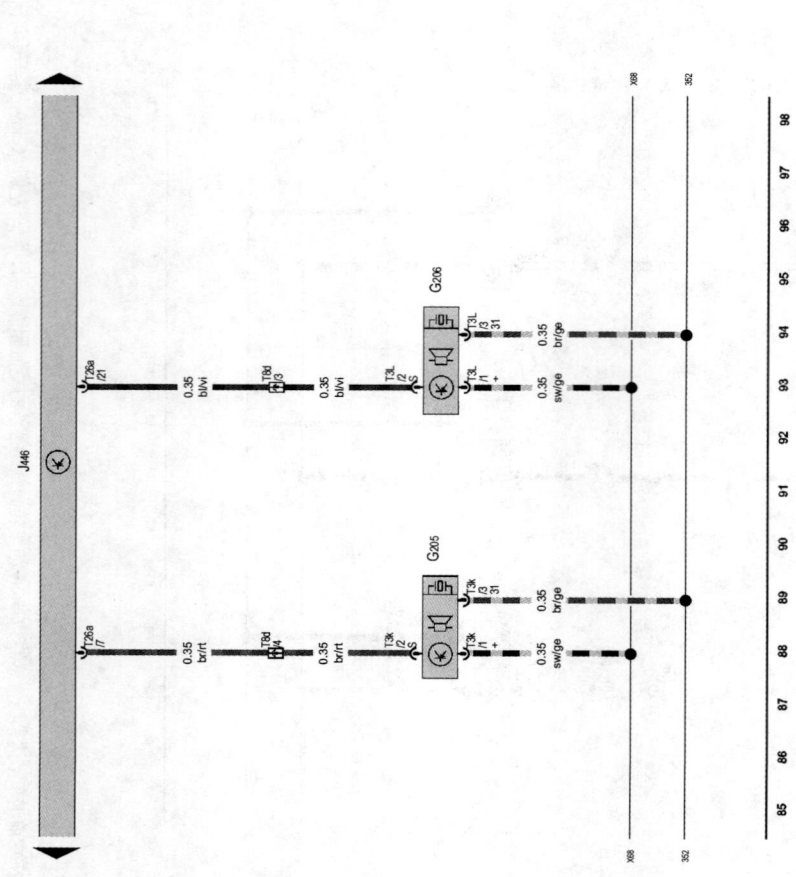

G205－右后中部泊车雷达系统传感器 G206－右后泊车雷达系统传感器 J446－泊车雷达系统控制单元 T3k－3 芯插头连接，黑色 T3L－3 芯插头连接，黑色 T8d－8 芯插头连接，右后保险杠下方，黑色 T26a－26 芯插头接地连接（泊车雷达系统），黑色 352－接地连接（泊车雷达系统），在右后保险杠导线束里

图6-4-110

G716－左后泊车转向辅助系统传感器 G717－右后泊车转向辅助系统传感器 J446－泊车雷达系统控制单元 J533－数据总线诊断接口 T3ar－3 芯插头连接，黑色 T3as－3 芯插头连接，右后保险杠下方，黑色 T20b－20 芯插头连接，红色 T26a－26 芯插头接地连接，黑色 352－接地连接（泊车雷达系统），在右后保险杠导线束里 B663－连接（底盘传感器 CAN 总线，High），在主导线束中 B664－连接（底盘传感器 CAN 总线，Low），在主导线束中 X68－连接（泊车雷达系统），在右后保险杠导线束中 ＊－仅用于带泊车转向辅助系统的汽车

图6-4-111

接线端 15 供电继电器，盲区识别控制单元，保险丝架 A 上的保险丝 1

盲区识别控制单元，驾驶员辅助系统的前部摄像机

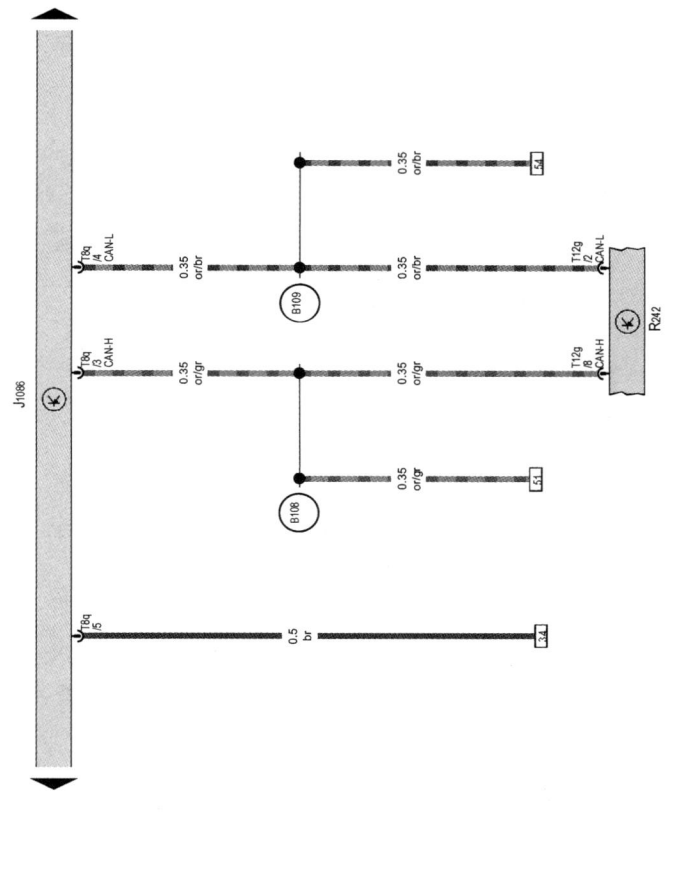

图 6-4-113

J1086-盲区识别控制单元 R242-驾驶员辅助系统的前部摄像机 T8q-8 芯插头连接，黑色，T12g-12 芯插头连接，黑色，B109-连接 1（扩展 CAN 总线，High），在主导线束中 B109-连接 1（扩展 CAN 总线，Low），在主导线束中 B108-连接 1（扩展 CAN 总线，High），在主导线束中 639-左 A 367-接地连接 2，在主导线束中

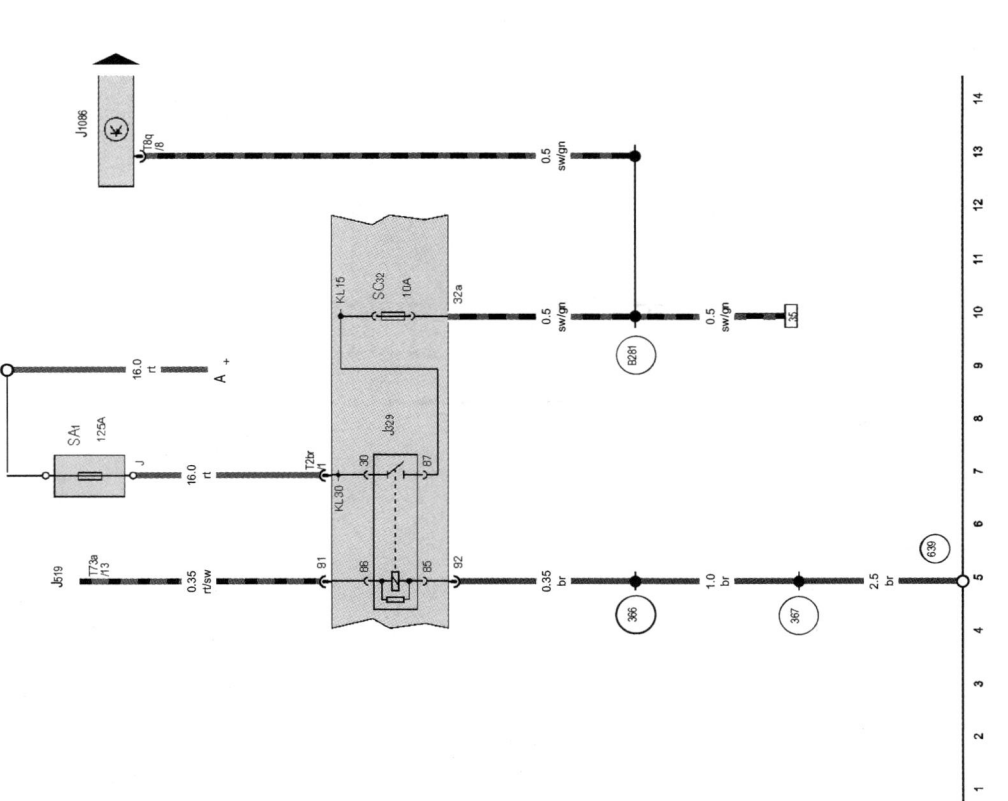

图 6-4-112

A-蓄电池 J329-接线端 15 供电继电器 J519-车载电网控制单元 J1086-盲区识别控制单元 SA1-保险丝架 A 上的保险丝 1 SC32-保险丝架 C 上的保险丝 32 T2br-2 芯插头连接，黑色 T8q-8 芯插头连接，黑色 T73a-73 芯插头连接，黑色 366-接地连接 1，在主导线束中 367-接地连接 2，在主导线束中 639-左 A 柱上的接地点 B281-正极连接 5（15a），在主导线束中

855

盲区识别控制单元，盲区识别控制单元 2，左侧车外后视镜中的盲区识别警告灯，右侧车
外后视镜中的盲区识别警告灯，驾驶员侧车外后视镜，副驾驶员侧车外后视镜

驾驶员辅助系统按钮，转向柱电子装置控制单元，数据总线诊断接口

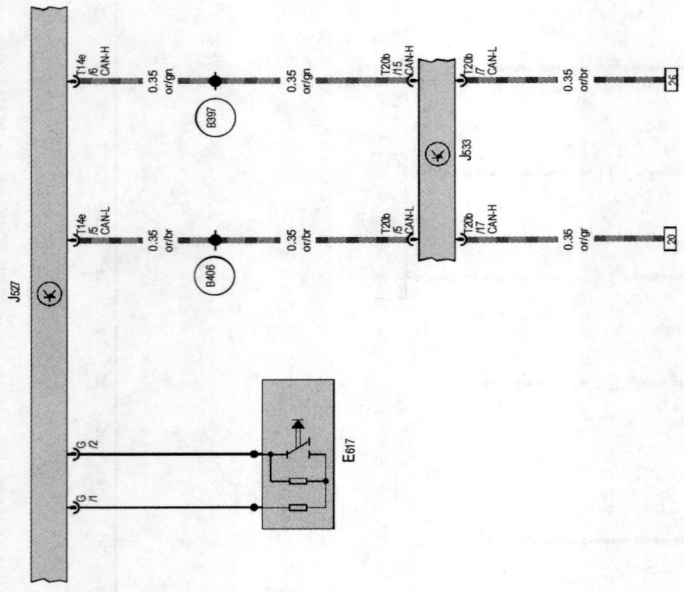

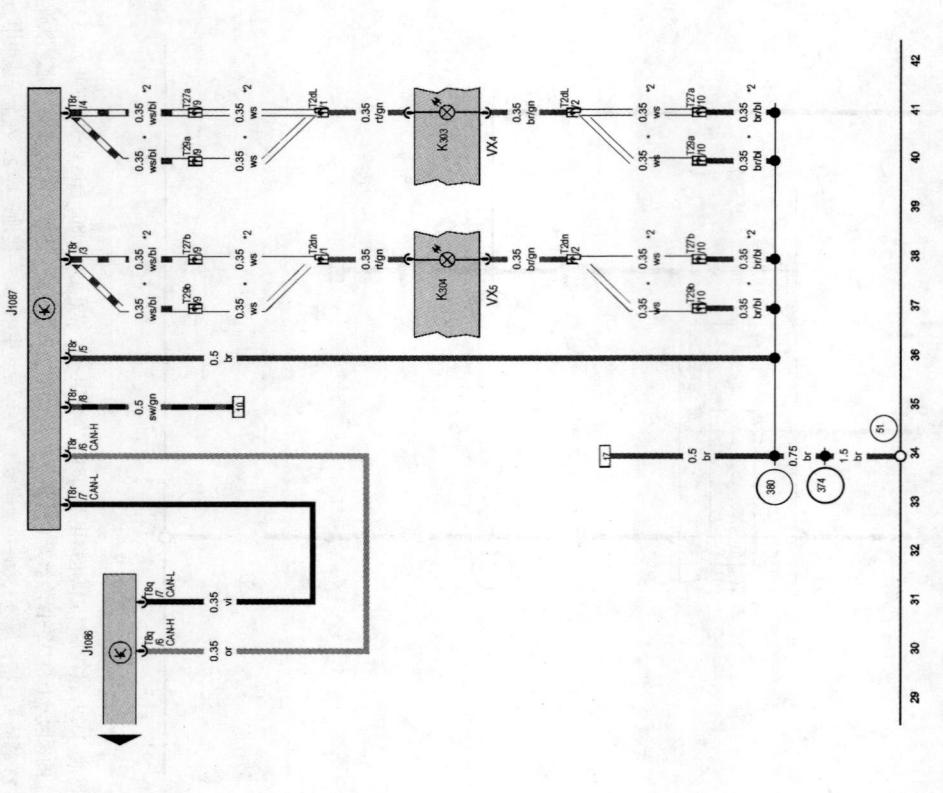

E617-驾驶员辅助系统按钮 J527-转向柱电子装置控制单元 J533-数据总线诊断接口 T14e-14 芯插头连
接，黑色 T20b-20 芯插头连接，红色 B397-连接，在主导线束中 B406-连
接 1（舒适 CAN 总线，Low），在主导线束中
接 1（舒适 CAN 总线，High），在主导线束中

图 6-4-115

J1086-盲区识别控制单元 J1087-盲区识别控制单元 2 K303-左侧车外后视镜中的盲区识别警告灯 K304-
右侧车外后视镜中的盲区识别警告灯 T2dL-2 芯插头连接，在驾驶员车门内，黑色 T2dn-2 芯插头连
接，副驾驶员车门内，黑色 T8q-8 芯插头连接，黑色 T8r-8 芯插头连接，黑色 T27a-27 芯插头连接，
左侧 A 柱上，黑色 T27b-27 芯插头连接，右侧 A 柱上，黑色 T29a-29 芯插头连接，左侧 A 柱上，白色
T29b-29 芯插头连接，右侧 A 柱上，白色 VX4-驾驶员侧车外后视镜 VX5-副驾驶员侧车外后视镜 51-
行李箱内右侧的盲区识别接地点 374-接地连接 9，在主导线束中 380-接地连接 15，在主导线束中 *-仅用于带周
围环境摄像机的汽车 *2-仅用于不带周围环境摄像机的汽车

图 6-4-114

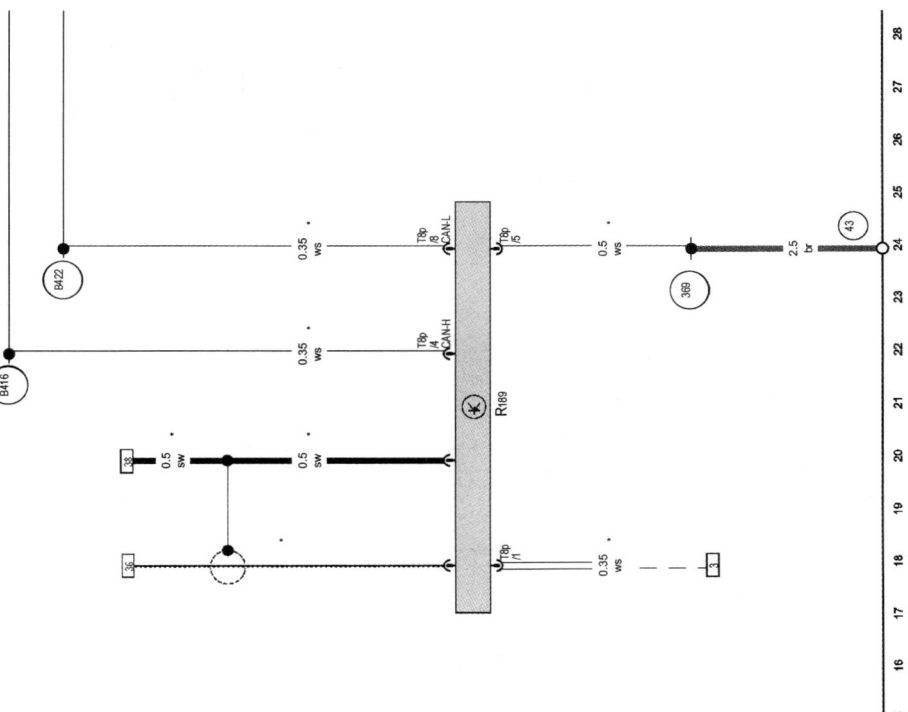

倒车摄像头

收音机，倒车摄像头，保险丝架 A 上的保险丝 4

R189-倒车摄像头 T8p-8 芯插头连接，黑色 43-右侧 A 柱下部的接地点 369-接地连接 4，在主导线束中 B416-连接 2（信息娱乐 CAN 总线，High），在主导线束中 B422-连接 2（信息娱乐 CAN 总线，Low），在主导线束中 *-仅用于带导航系统的汽车

图 6-4-117

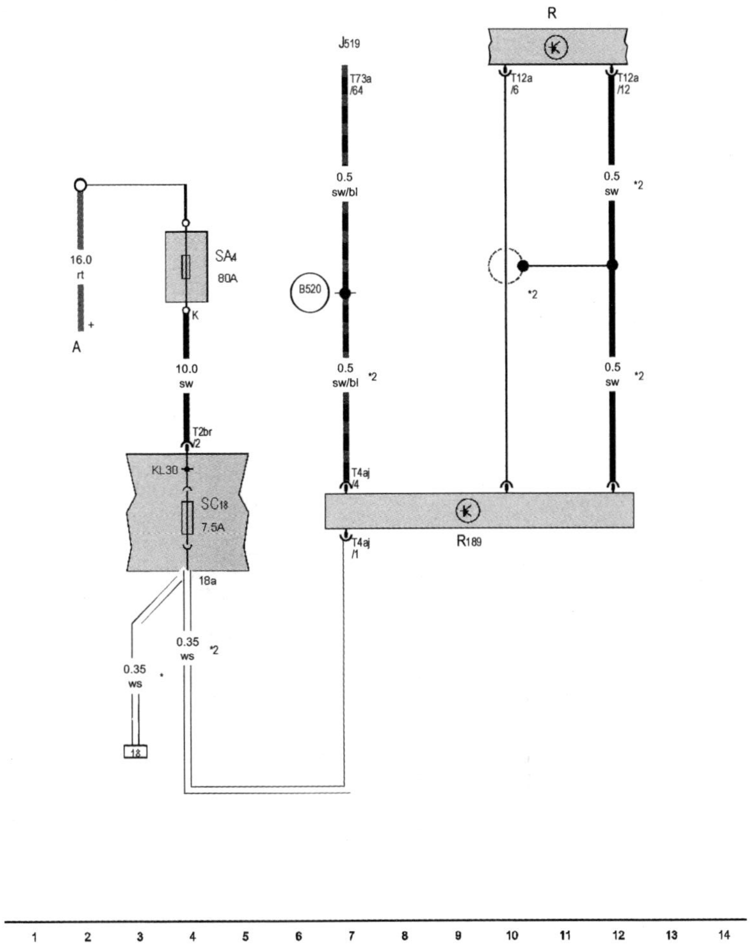

A-蓄电池 J519-车载电网控制单元 R-收音机 R189-倒车摄像头 SA4-保险丝架 A 上的保险丝 4 SC18-保险丝架 C 上的保险丝 18 T2br-2 芯插头连接，黑色 T4aj-4 芯插头连接，黑色 T12a-12 芯插头连接，蓝色 T73a-73 芯插头连接，黑色 B520-连接（RF），在主导线束中 *2-仅用于带导航系统的汽车 *-仅用于带收音机的汽车

图 6-4-116

接线端 15 供电继电器，保险丝架 A 上的保险丝 1

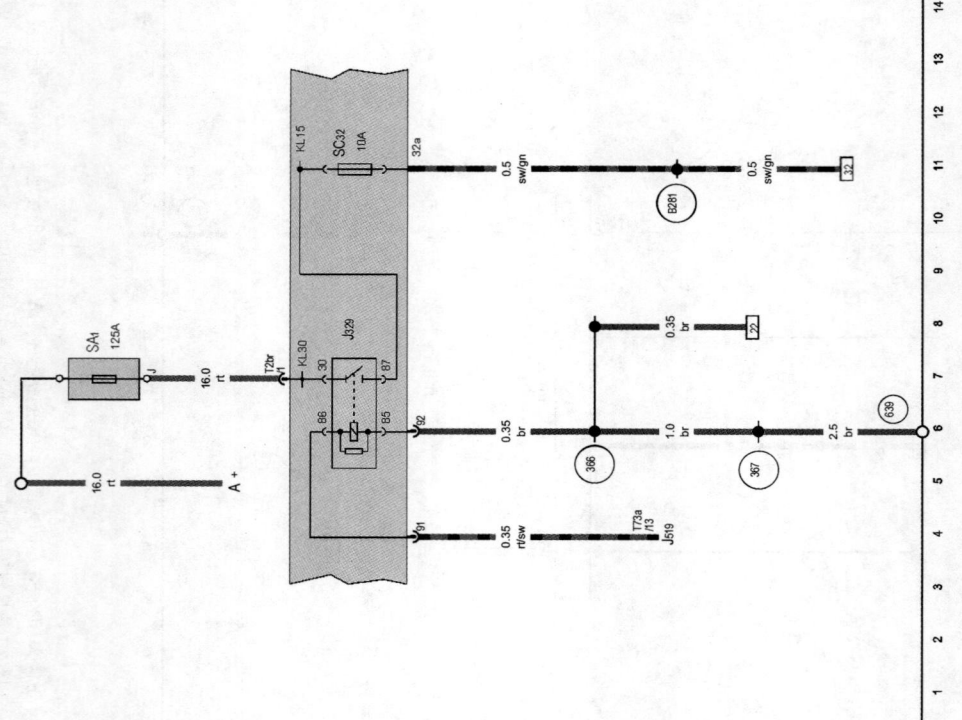

A-蓄电池 J329-接线端 15 供电继电器 J519-车载电网控制单元 SA1-保险丝架 A 上的保险丝1 SC32-保险丝架 C 上的保险丝 32 T2br-2 芯插头连接 T73a-73 芯插头连接，黑色 366-接地连接 1，在主导线束中 367-接地连接 2，在主导线束中 639-左-左 A 柱上的接地点 B281-正极连接 5（15a），在主导线束中

图 6-4-119

电子通信信息设备 1 控制单元

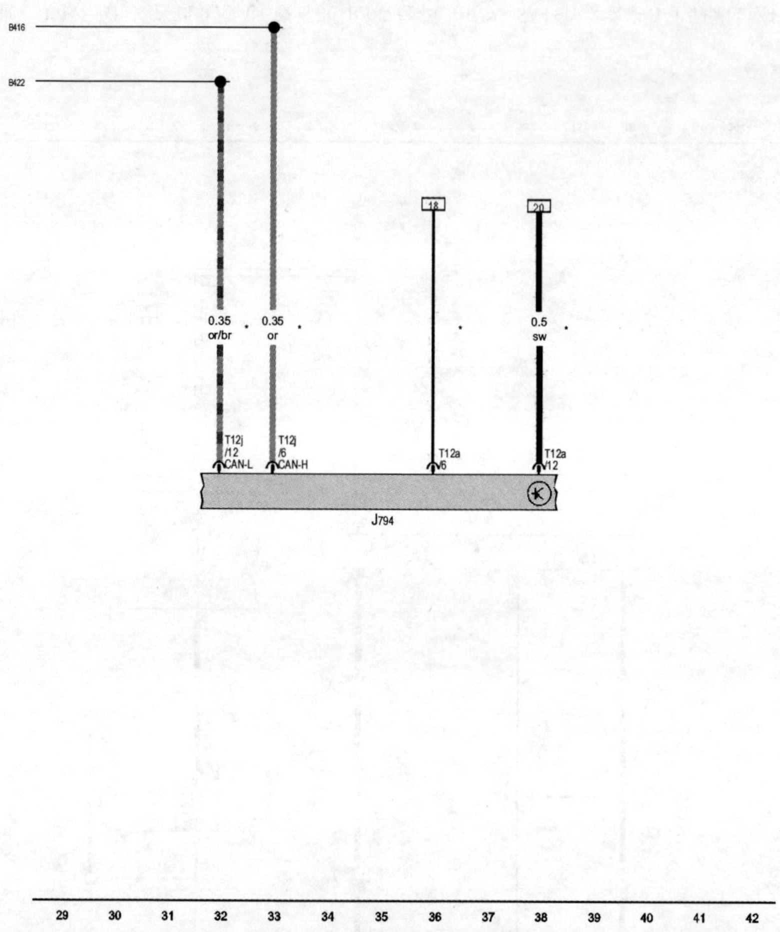

J794-电子通信信息设备 1 控制单元 T12a-12 芯插头连接，蓝色 T12j-12 芯插头连接，灰色 B416-连接 2（信息娱乐 CAN 总线，High），在主导线束中 B422-连接 2（信息娱乐 CAN 总线，Low），在主导线束中 *-仅用于带导航系统的汽车

图 6-4-118

数据总线诊断接口，驾驶员辅助系统的前部摄像机，用于车道保持辅助系统的前窗玻璃加热装置

车距调节控制单元，驾驶员辅助系统的前部摄像机

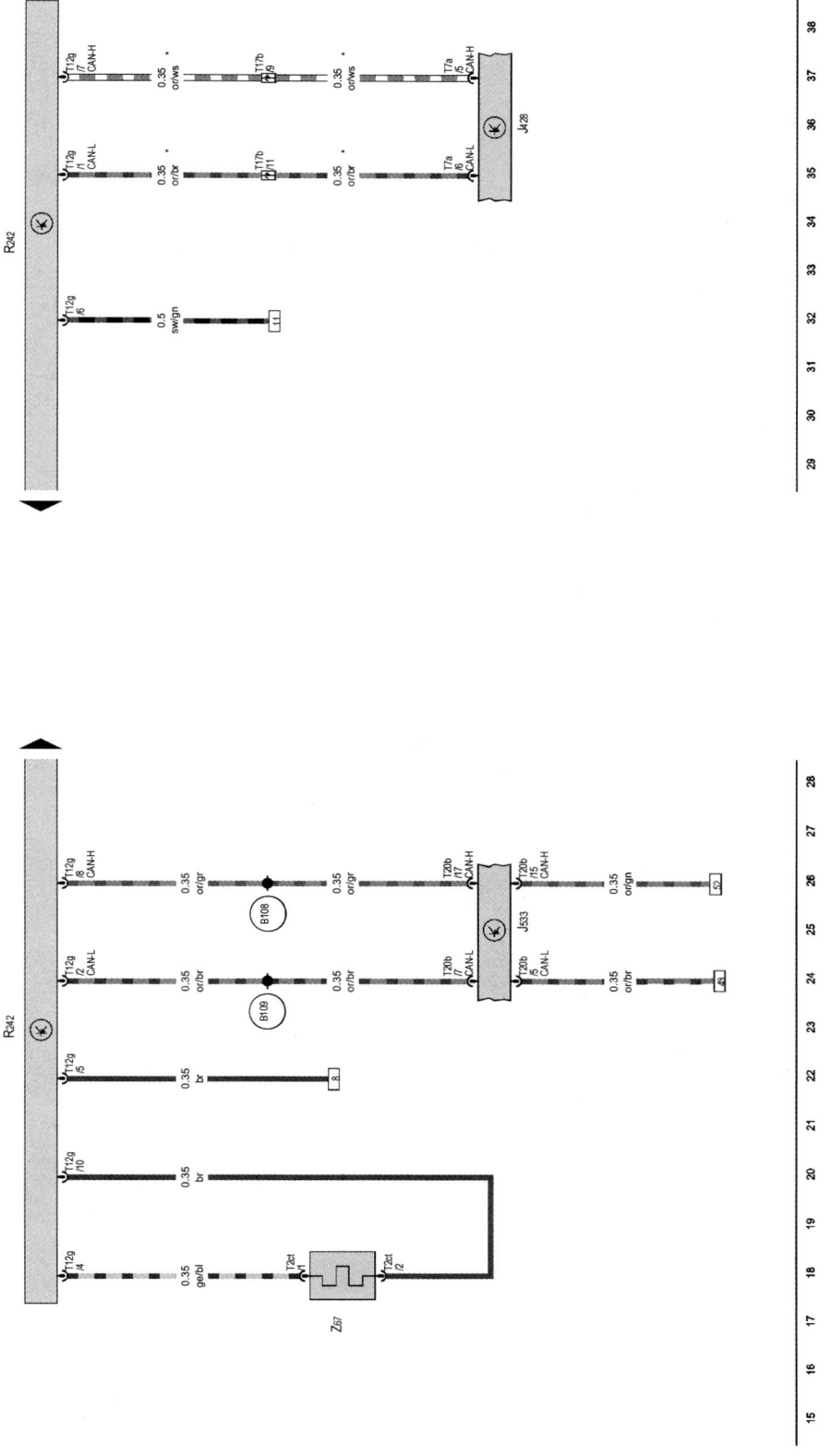

图6-4-120

图6-4-121

J533-数据总线诊断接口 R242-驾驶员辅助系统的前部摄像机 T2ct-2 芯插头连接，黑色 T12g-12 芯插
头连接，黑色 T20b-20 芯插头连接，红色 Z67-用于车道保持辅助系统的前窗玻璃加热装置 B108-连接
1（扩展 CAN 总线，High），在主导线束中 B109-连接 1（扩展 CAN 总线，Low），在主导线束中

J428-车距调节控制单元 R242-驾驶员辅助系统的前部摄像机 T7a-7 芯插头连接，黑色 T12g-12 芯插头
连接，黑色 T17b-17 芯插头连接，左侧 A 柱下部，棕色 *-仅用于带自动车距控制（ADR）的汽车

接线端 15 供电继电器

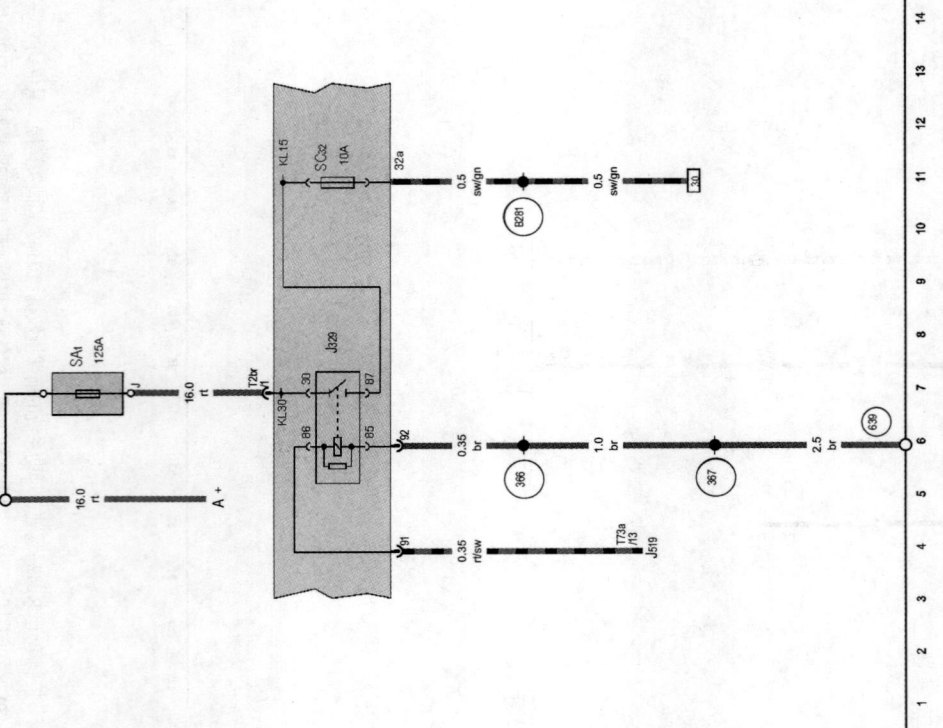

A-蓄电池 J329-接线端 15 供电继电器 J519-车载电网控制单元 SA1-保险丝架 A 上的保险丝1 SC32-保险丝架 C 上的保险丝 32 T2br-2 芯插头连接，黑色 T73a-73 芯插头连接，黑色 366-接地连接 1，在主导线束中 367-接地连接 2，在主导线束中 639-左 A 柱上的接地点 B281-正极连接 5 (15a)，在主导线束中

图6-4-123

驾驶员辅助系统按钮，转向柱电子装置控制单元

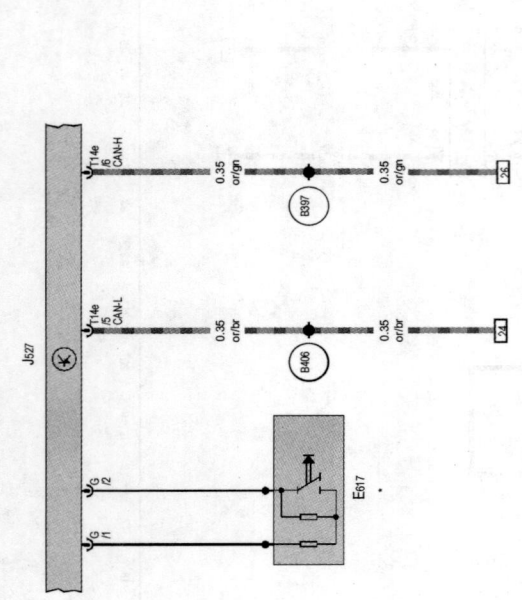

图6-4-122

E617-驾驶员辅助系统按钮 J527-转向柱电子装置控制单元 T14e-14 芯插头连接，黑色 B397-连接 1 (舒适 CAN 总线，High)，在主导线束中 B406-连接 1 (舒适 CAN 总线，Low)，在主导线束中 *-仅用于带自动车距控制 (ADR) 的汽车

驾驶员辅助系统按钮，车距调节控制单元，转向柱电子装置控制单元，数据总线诊断接口

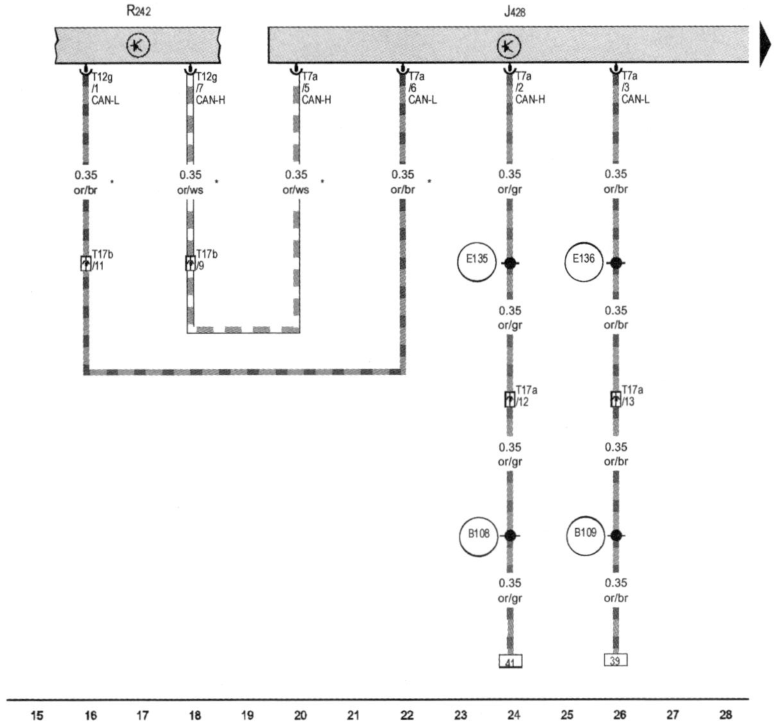

车距调节控制单元，驾驶员辅助系统的前部摄像机

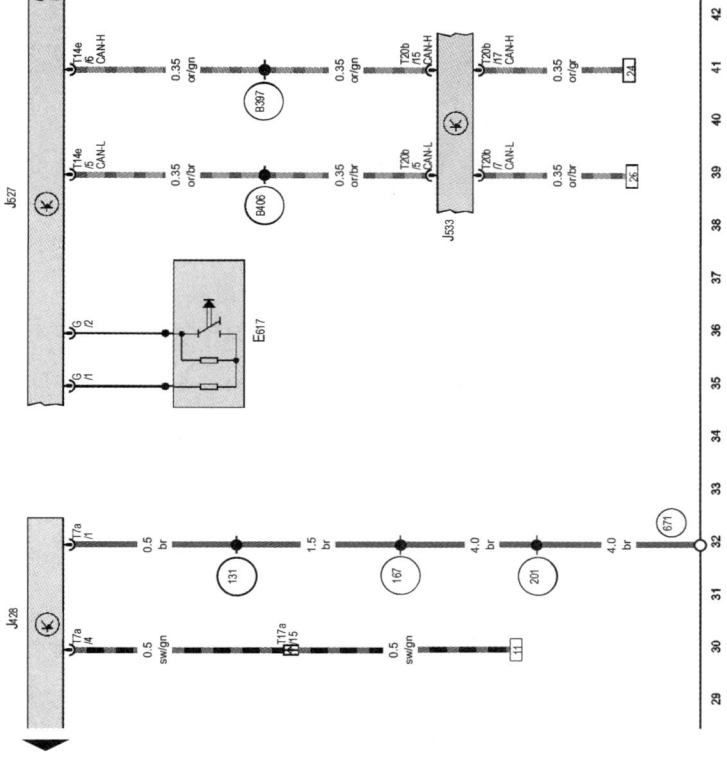

E617-驾驶员辅助系统按钮 J428-车距调节控制单元 J527-转向柱电子装置控制单元 J533-数据总线诊断接口 T7a-7 芯插头连接，黑色 T14e-14 芯插头连接，黑色 T17a-17 芯插头连接，左侧 A 柱下部，黑色 T20b-20 芯插头连接，红色 131-接地连接 2，在发动机舱导线束中 167-接地连接 4，在发动机舱导线束中 201-接地连接 5，在发动机舱导线束中 671-左前纵梁上的接地点 1 B397-连接 1 B406-连接 1 (舒适 CAN 总线，High)，在主导线束中 B406-连接 1 (舒适 CAN 总线，Low)，在主导线束中

图 6-4-125

J428-车距调节控制单元 R242-驾驶员辅助系统的前部摄像机 T7a-7 芯插头连接，黑色 T12g-12 芯插头连接，黑色 T17a-17 芯插头连接，左侧 A 柱下部，黑色 T17b-17 芯插头连接，左侧 A 柱下部，棕色 B108-连接 1 (扩展 CAN 总线，High)，在主导线束中 B109-连接 1 (扩展 CAN 总线，Low)，在主导线束中 E135-连接 1 (扩展 CAN 总线，High)，在发动机舱导线束中 E136-连接 1 (扩展 CAN 总线，Low)，在发动机舱导线束中 *-仅用于带驾驶员辅助特殊装备的汽车

图 6-4-124

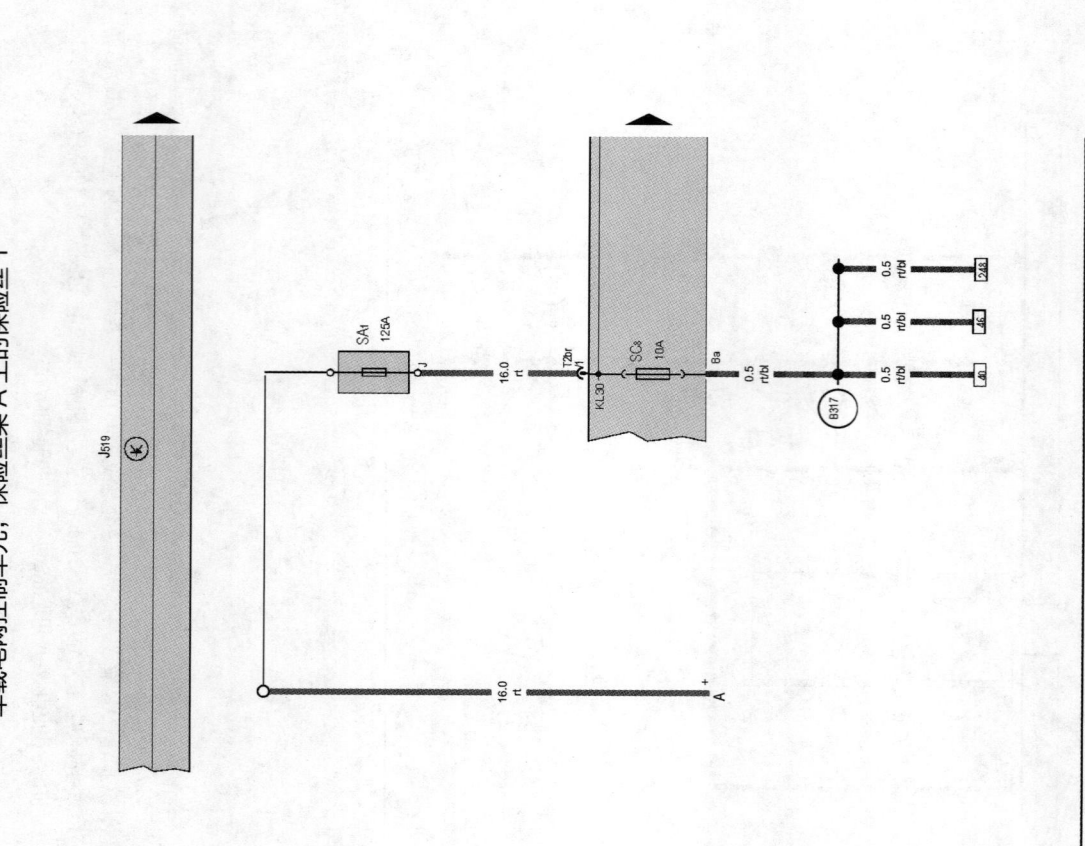

车载电网控制单元，保险丝架 A 上的保险丝 1

接线端 15 供电继电器，车载电网控制单元

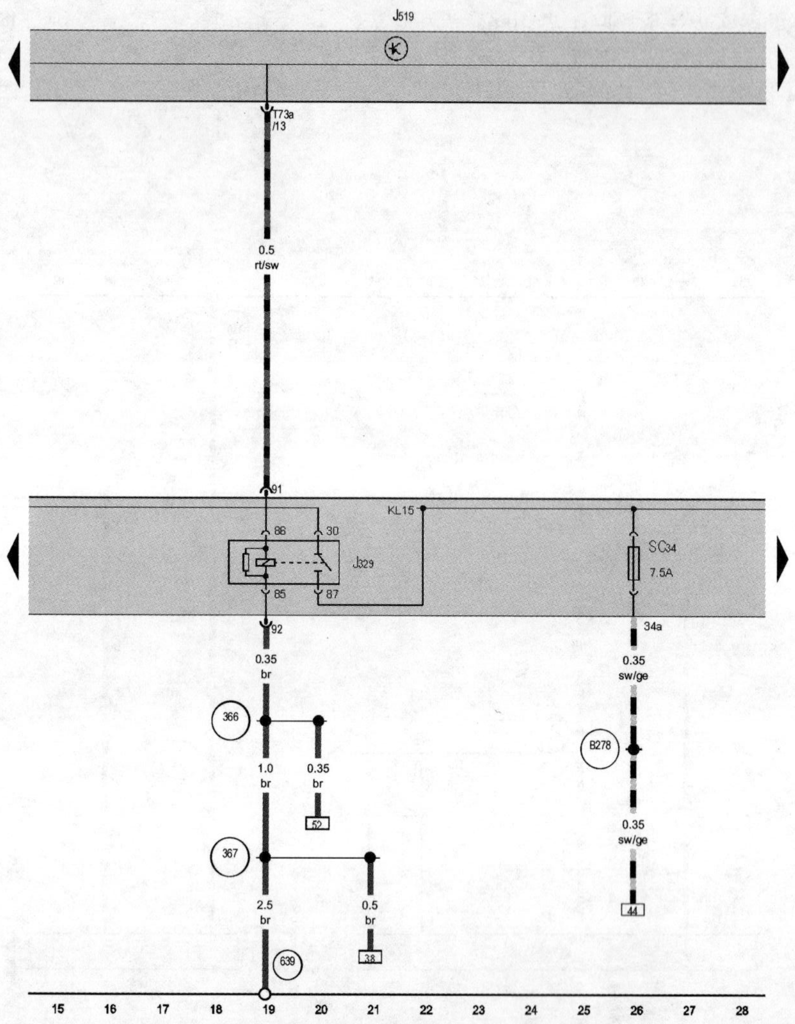

图 6-4-126

图 6-4-127

A-蓄电池 J519-车载电网控制单元 SA1-保险丝架 A 上的保险丝1 SC8-保险丝架 C 上的保险丝 8 T2br-2芯插头连接 B317-正极连接 3（30a），黑色 B317-正极连接 3（30a），在主导线束中

J329-接线端15 供电继电器 J519-车载电网控制单元 SC34-保险丝架 C 上的保险丝 34 T73a-73 芯插头连接，黑色 366-接地连接 1，在主导线束中 367-接地连接 2，在主导线束中 639-左导线束中 A 柱上的接地点 B278-正极连接 2（15a），在 A 柱上的接地点中

862

车灯开关，前雾灯和后雾灯开关，车载电网控制单元，大灯开关照明灯泡

左后汽车高度传感器，空气湿度、雨水与光线识别传感器，车载电网控制单元

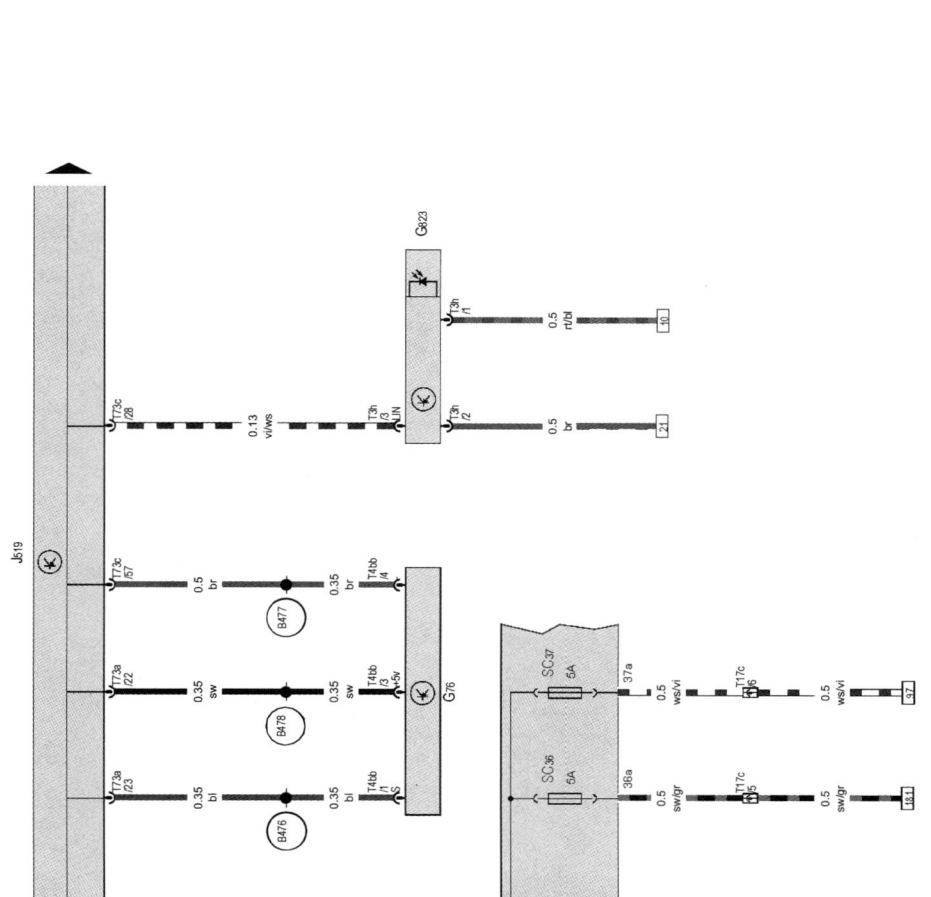
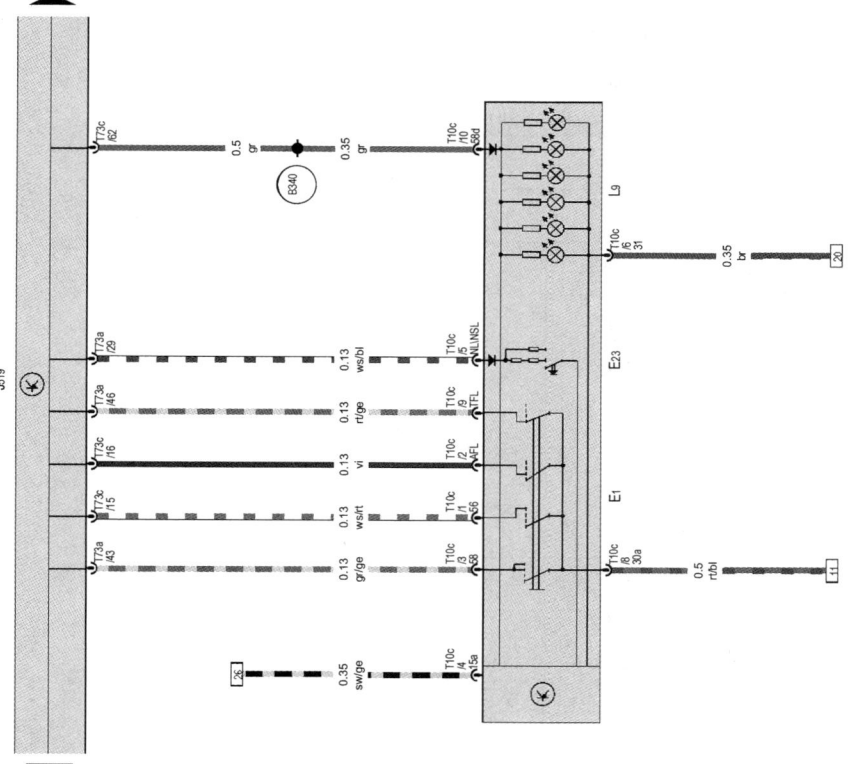

图 6-4-129

图 6-4-128

E1-车灯开关 E23-前雾灯和后雾灯开关 J519-车载电网控制单元 L9-大灯开关照明灯泡 T10c-10 芯插头 连接，红色 T73a-73 芯插头连接，黑色 T73c-73 芯插头连接，黑色 B340-连接 1（58d），在主导线束中

G76-左后汽车高度传感器 G823-空气湿度、雨水与光线识别传感器 J519-车载电网控制单元 SC36-保险丝架 C 上的保险丝 36 SC37-保险丝架 C 上的保险丝 37 T3h-3 芯插头连接，黑色 T4bb-4 芯插头连接，黑色 T17c-17 芯插头连接，左侧 A 柱下部，红色 T73a-73 芯插头连接，黑色 T73c-73 芯插头连接，黑色 B476-连接 12，在主导线束中 B477-连接 13，在主导线束中 B478-连接 14，在主导线束中

左侧 LED 大灯模块化电源 2，左侧大灯温度传感器 3，车载电网控制单元，左前大灯，
左侧大灯照明距离调节伺服电机

左侧 LED 大灯模块化电源 2，左侧大灯温度传感器 5，车载电网控制单元，左侧前雾灯灯泡，
日间行车灯和驻车灯左侧光电管模体，左前大灯

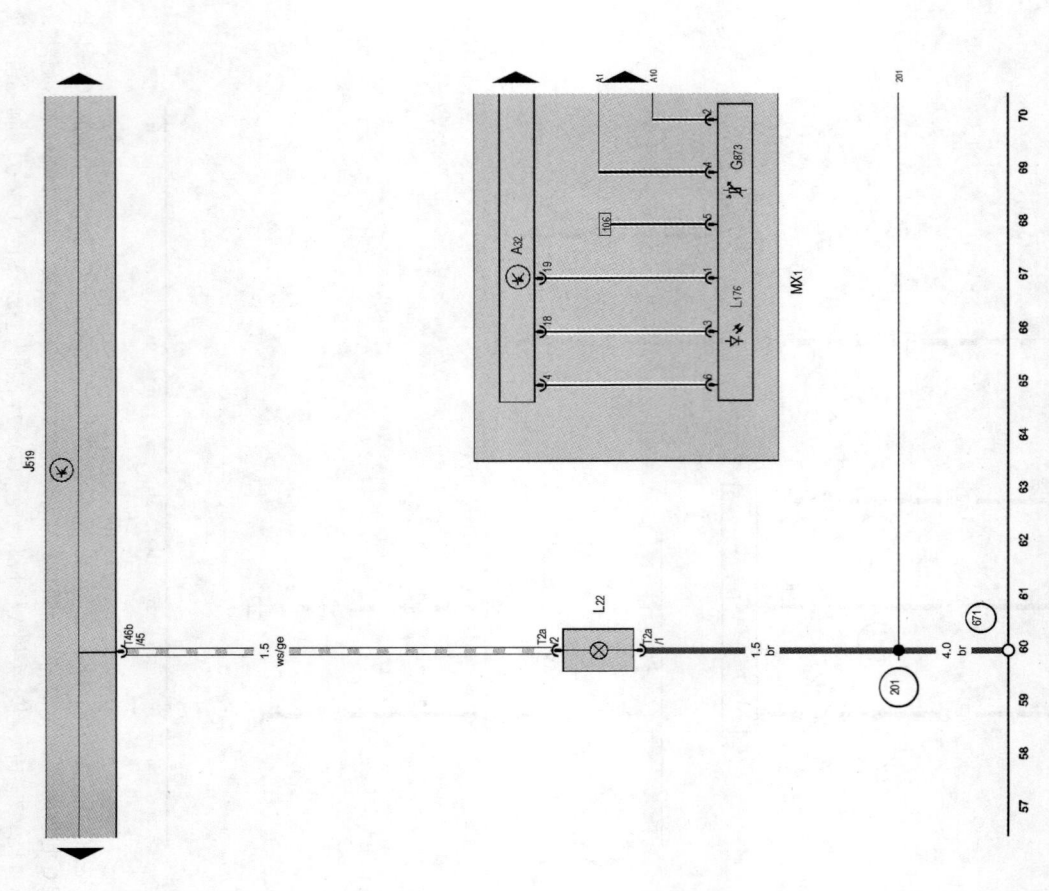

图 6-4-130

图 6-4-131

A32－左侧 LED 大灯模块化电源 2 G873－左侧大灯温度传感器 5 J519－车载电网控制单元 L22－左侧前雾
灯灯泡 L176－日间行车灯和驻车灯左侧光电管模体 MX1－左前大灯 T2a－2 芯插头连接，黑色 T46b－46
芯插头连接，黑色 201－接地连接 5，在发动机舱导线束中 671－左前纵梁上的接地点 1

A32－左侧 LED 大灯模块化电源 2 G832－左侧大灯温度传感器 3 J519－车载电网控制单元 MX1－左前大灯
M5－左前转向信号灯灯泡 T14c－14 芯插头连接，黑色 T46b－46 芯插头连接，黑色 V48－左侧大灯照明距
离调节伺服电机 201－接地连接 5，在发动机舱导线束中

864

左侧 LED 大灯模块化电源 1, 左侧大灯温度传感器 1, 车载电网控制单元, 日间行车灯
和驻车灯左侧光电管模体, 左前大灯, 左侧近光灯灯泡

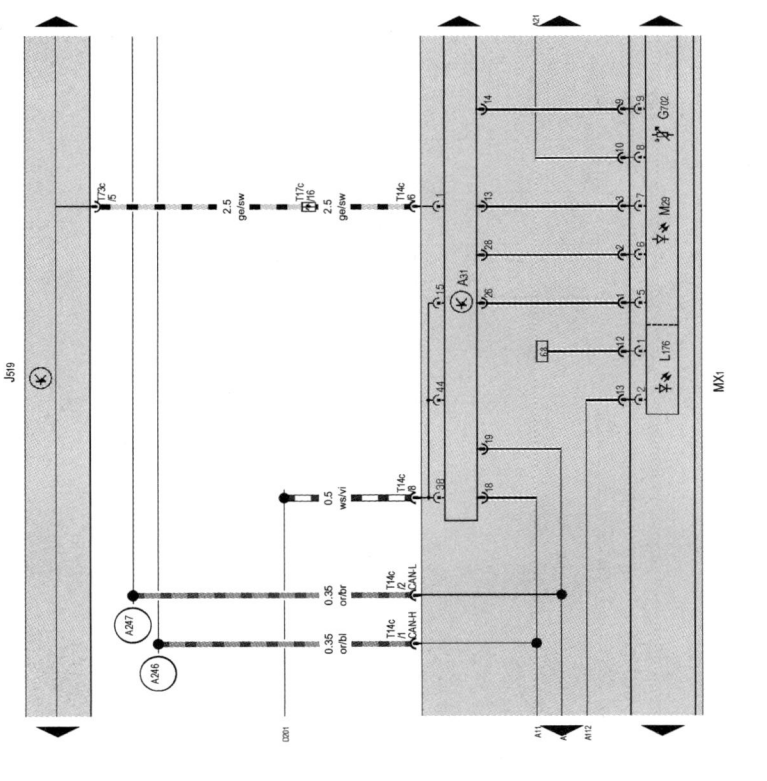

图6-4-133

A31-左侧 LED 大灯模块化电源 1 G702-左侧大灯温度传感器 1 J519-车载电网控制单元 L176-日间行车
灯驻车灯左侧光电管模体 MX1-左前大灯 M29-左侧正光灯灯泡 T14c-14 芯插头连接, 黑色 T17c-
17 芯插头连接, 左侧 A 柱下部, 红色 T73c-73 芯插头连接, 黑色 201-接地连接 5, 在发动机舱导线束
中 A246-连接 1 (CAN 总线, High), 在发动机舱导线束中 A247-连接 1 (CAN 总线, Low), 在发动
机舱导线束中 D201-正极连接 4 (15a), 在发动机舱导线束中

左侧 LED 大灯模块化电源 2, 左摆动模式定位传感器, 车载电网控制单元, 左前大灯,
左侧动态弯道灯同服电机

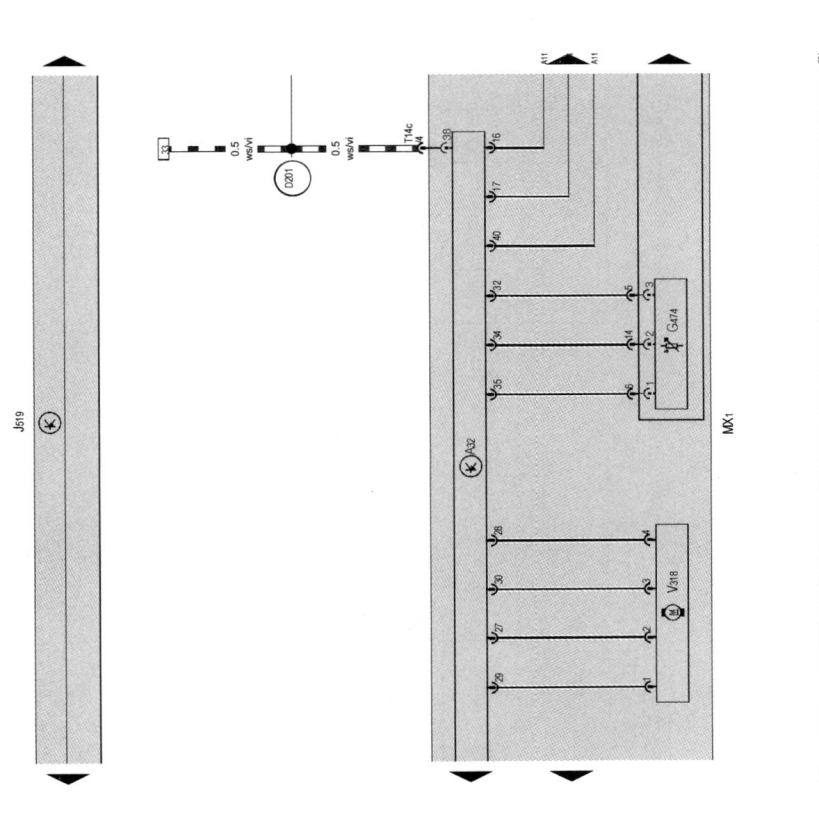

图6-4-132

A32-左侧 LED 大灯模块化电源 2 G474-左摆动模式定位传感器 J519-车载电网控制单元 MX1-左前大
灯 T14c-14 芯插头连接, 黑色 V318-左侧动态弯道灯同服电机 201-接地连接 5, 在发动机舱导线束中
D201-正极连接 4 (15a), 在发动机舱导线束中

865

左侧 LED 大灯模块化电源 1，左侧大灯温度传感器 2，车载电网控制单元，左前大灯，左侧远光灯灯泡

左侧 LED 大灯模块化电源 1，左侧大灯温度传感器 4，车载电网控制单元，左前大灯，左侧静态弯道灯

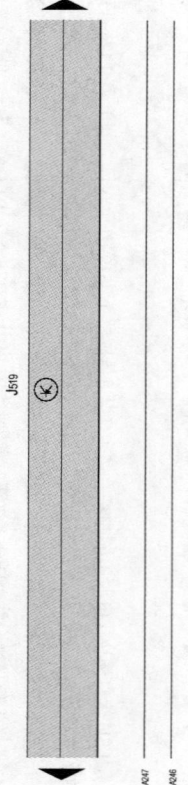

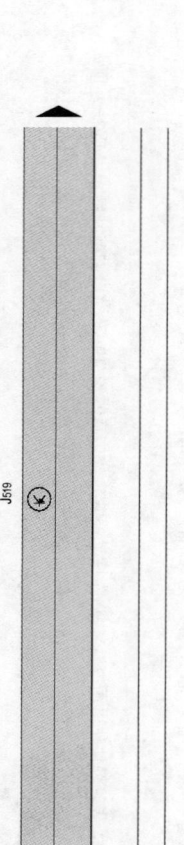

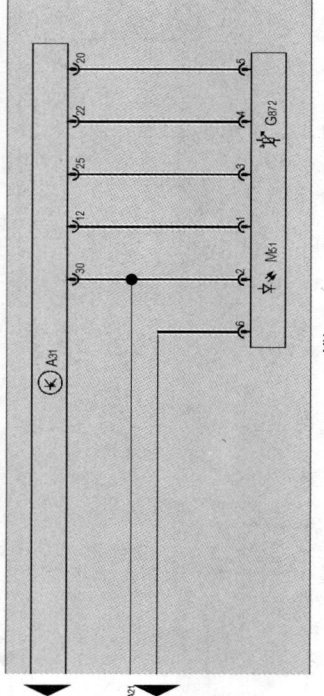

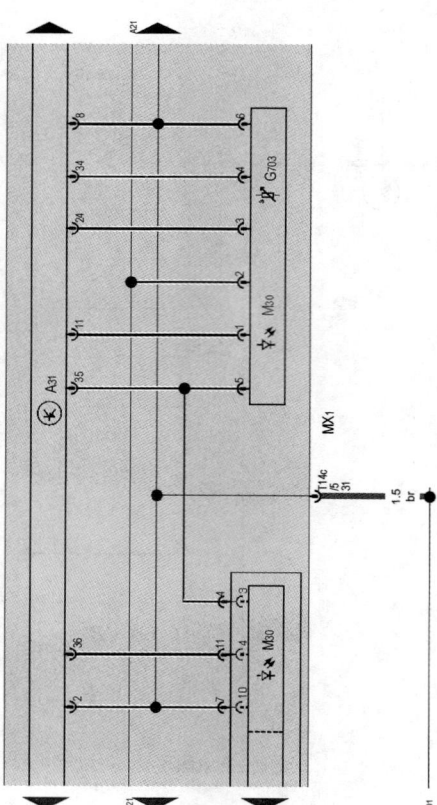

A31-左侧 LED 大灯模块化电源 1　G703-左侧大灯温度传感器 2　J519-车载电网控制单元　MX1-左前大灯　M30-左侧远光灯灯泡　T14c-14 芯插头连接，黑色　201-接地连接 5，在发动机舱导线束中　A246-连接 1（CAN 总线，High），在发动机舱导线束中　A247-连接 1（CAN 总线，Low），在发动机舱导线束中

图 6-4-134

A31-左侧 LED 大灯模块化电源 1　G872-左侧大灯温度传感器 4　J519-车载电网控制单元　MX1-左前大灯　M51-左侧静态弯道灯　A246-连接 1（CAN 总线，High），在发动机舱导线束中　A247-连接 1（CAN 总线，Low），在发动机舱导线束中

图 6-4-135

113　114　115　116　117　118　119　120　121　122　123　124　125　126

127　128　129　130　131　132　133　134　135　136　137　138　139　140

右侧 LED 大灯模块化电源 2，右侧大灯温度传感器 5，车载电网控制单元，右侧前雾灯灯泡，
右侧大灯模块化电源 2，右侧大灯温度传感器 5，车载电网控制单元，右侧前雾灯灯泡，
日间行车灯和驻车灯右侧光电管模体，右前大灯

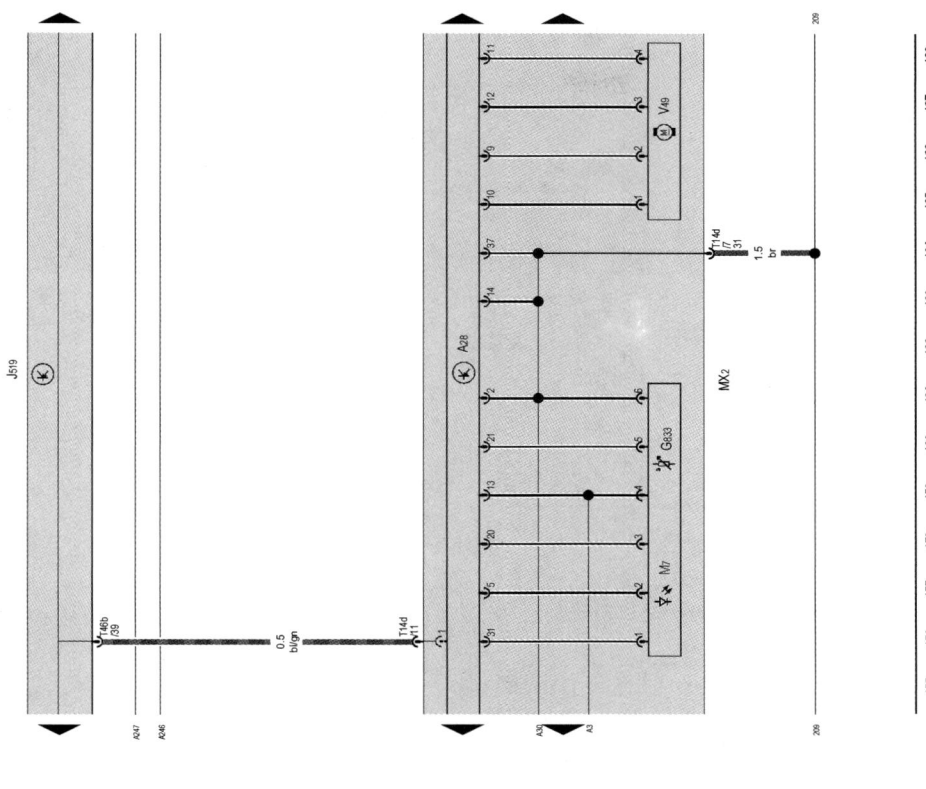

右侧 LED 大灯模块化电源 2，右侧大灯温度传感器 3，车载电网控制单元，右前大灯，
右侧大灯温度传感器 3，车载电网控制单元，右前大灯，
右前转向信号灯灯泡，右侧大灯照明距离调节伺服电机

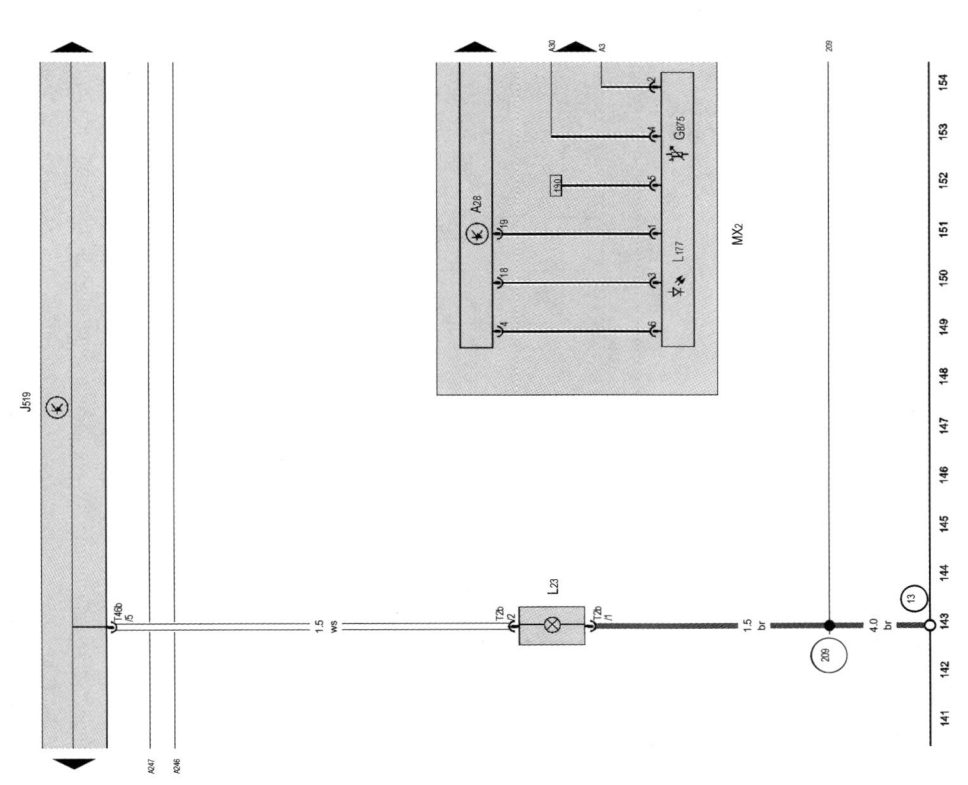

A28-右侧 LED 大灯模块化电源 2 G875-右侧大灯温度传感器 5 J519-车载电网控制单元 L23-右侧前雾
灯灯泡 L177-日间行车灯和驻车灯右侧光电管模体 MX2-右前大灯 T2b-2 芯插头连接，黑色 T46b-46
芯插头连接 13-发动机舱内右侧的接地点 209-接地连接 6，在发动机舱导线束中 A246-连接 1
（CAN 总线，High），在发动机舱导线束中 A247-连接 1（CAN 总线，Low），在发动机舱导线束中

图 6-4-136

A28-右侧 LED 大灯模块化电源 2 G833-右侧大灯温度传感器 3 J519-车载电网控制单元 MX2-右前大灯
M7-右前转向信号灯灯泡 T14d-14 芯插头连接，黑色 T46b-46 芯插头连接 V49-右侧大灯照明距
离调节伺服电机 209-接地连接 6，在发动机舱导线束中 A246-连接 1（CAN 总线，High），在发动机舱
导线束中 A247-连接 1（CAN 总线，Low），在发动机舱导线束中

图 6-4-137

867

右侧 LED 大灯模块化电源 1，右侧大灯温度传感器 1，车载电网控制单元，日间行车灯
和驻车灯右侧光电管模体，右前大灯，右侧近光灯泡

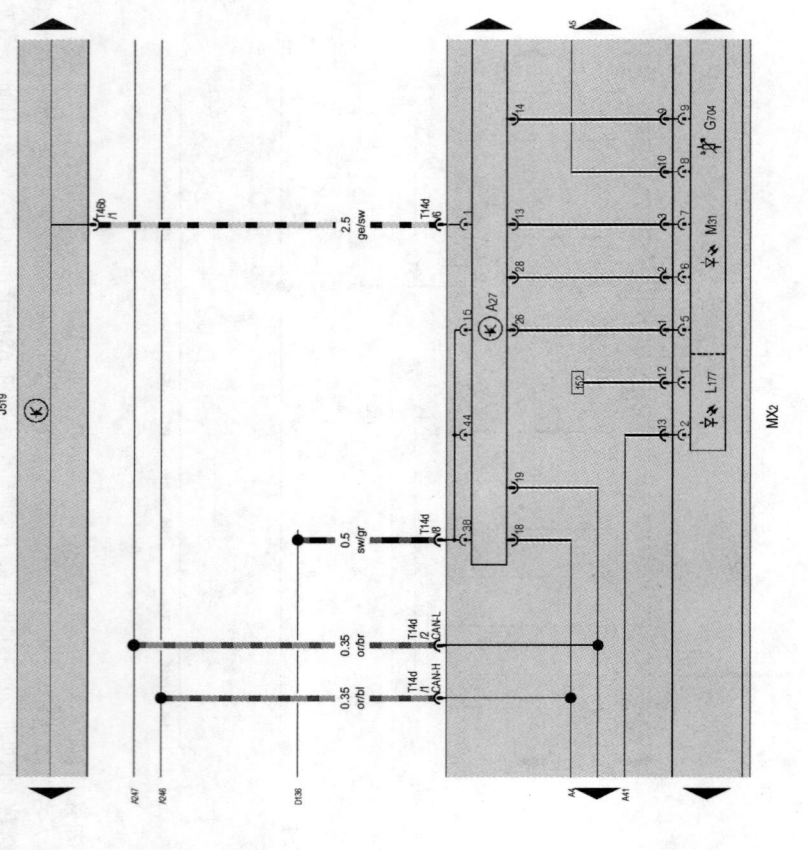

A27-右侧 LED 大灯模块化电源 1 G704-右侧大灯温度传感器 1 J519-车载电网控制单元 L177-日间行车
灯和驻车灯右侧光电管模体 MX2-右前大灯 M31-右侧大灯 T14d-14 芯插头连接，黑色 T46b-芯插头连接，黑色 209-接地连接 6，在发动机舱导线束中 A246-连接 1（CAN 总线，High），在发动
机舱导线束中 A247-连接 1（CAN 总线，Low），在发动机舱导线束中 D136-正极连接 2（15a），在发
动机舱导线束中

图 6-4-139

右侧 LED 大灯模块化电源 2，右摆动模式定位传感器，车载电网控制单元，右前大灯，
右侧动态弯道灯伺服电机

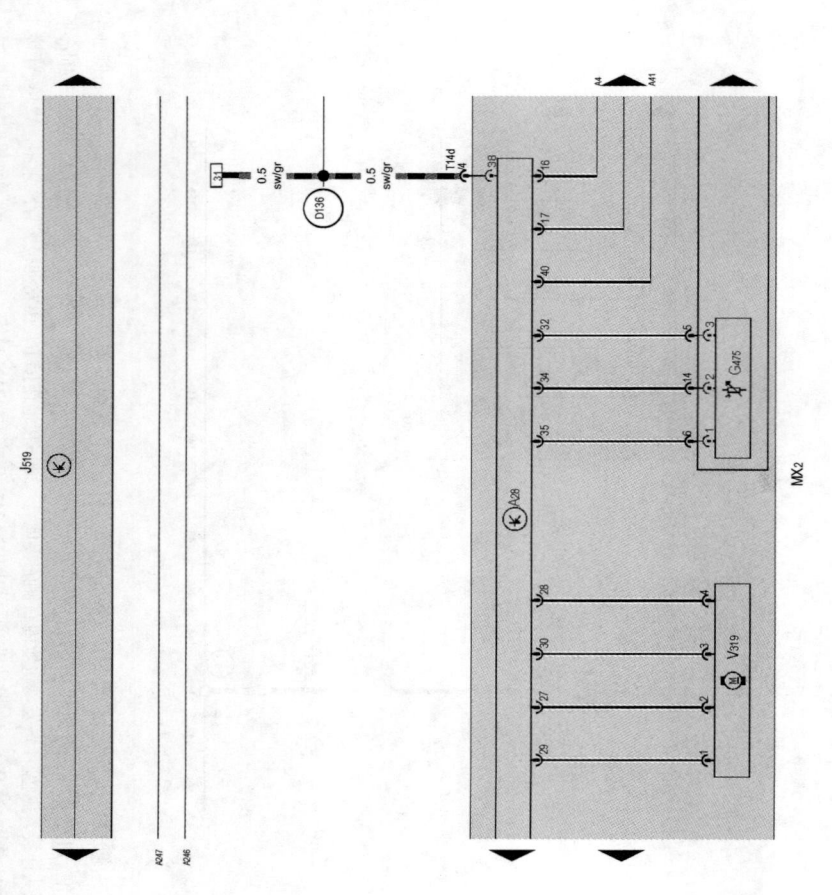

A28-右侧 LED 大灯模块化电源 2 G475-右摆动模式定位传感器 J519-车载电网控制单元 MX2-右前大
灯 T14d-14 芯插头连接，黑色 V319-右侧动态弯道灯伺服电机 209-接地连接 6，在发动机舱导线束中
A246-连接 1（CAN 总线，High），在发动机舱导线束中 A247-连接 1（CAN 总线，Low），在发动机
舱导线束中 D136-正极连接 2（15a），在发动机舱导线束中

图 6-4-138

右侧 LED 大灯模块化电源 1，右侧大灯温度传感器 2，车载电网控制单元，右前大灯，右侧大灯，右侧远光灯灯泡

右侧 LED 大灯模块化电源 1，右侧大灯温度传感器 4，车载电网控制单元，右前大灯，右侧大灯，右侧静态弯道灯

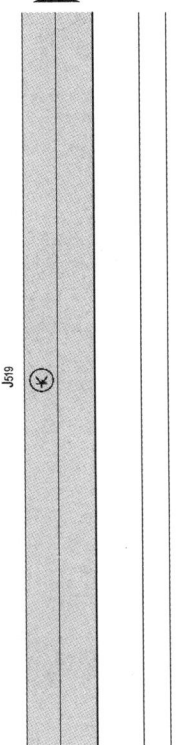

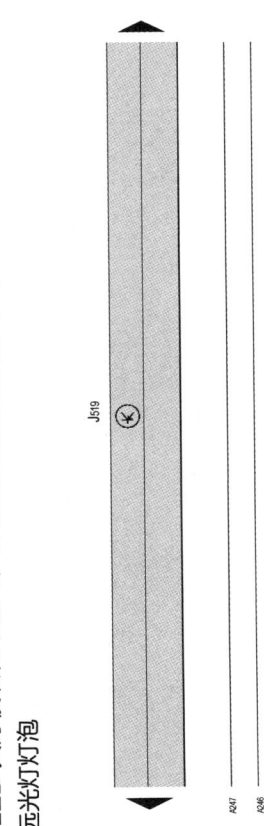

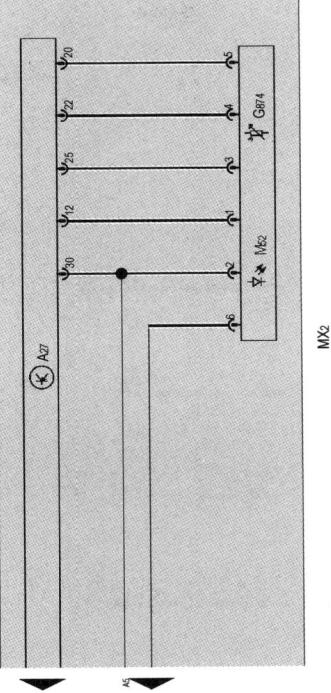

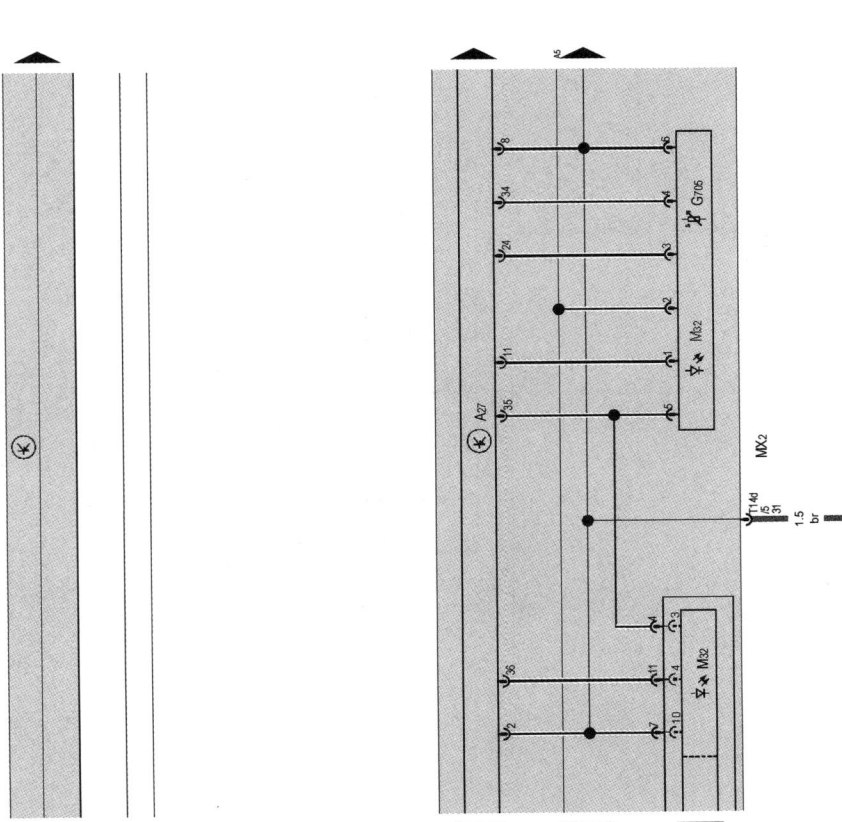

图 6-4-140

图 6-4-141

A27-右侧 LED 大灯模块化电源 1 G705-右侧大灯温度传感器 2 J519-车载电网控制单元 MX2-右前大灯 A247-连接 1（CAN 总线，High），在发动机舱导线束中 A246-连接 1 M32-右侧远光灯灯泡 T14d-14 芯插头连接，黑色 209-接地连接 6，在发动机舱导线束中（CAN 总线，Low），在发动机舱导线束中

A27-右侧 LED 大灯模块化电源 1 G874-右侧大灯温度传感器 4 J519-车载电网控制单元 MX2-右前大灯 A247-连接 1（CAN 总线，High），在发动机舱导线束中 M52-右侧静态弯道灯 A246-连接 1（CAN 总线，High），在发动机舱导线束中 M52-右侧静态弯道灯 A246-连接 1（CAN 总线，Low），在发动机舱导线束中

197 198 199 200 201 202 203 204 205 206 207 208 209 210
211 212 213 214 215 216 217 218 219 220 221 222 223 224

869

转向信号灯开关，手动远光灯功能和远光灯瞬时接通功能开关，车载电网控制单元，转向柱电子装置控制单元

车载电网控制单元，弯道灯和大灯照明距离调节控制单元

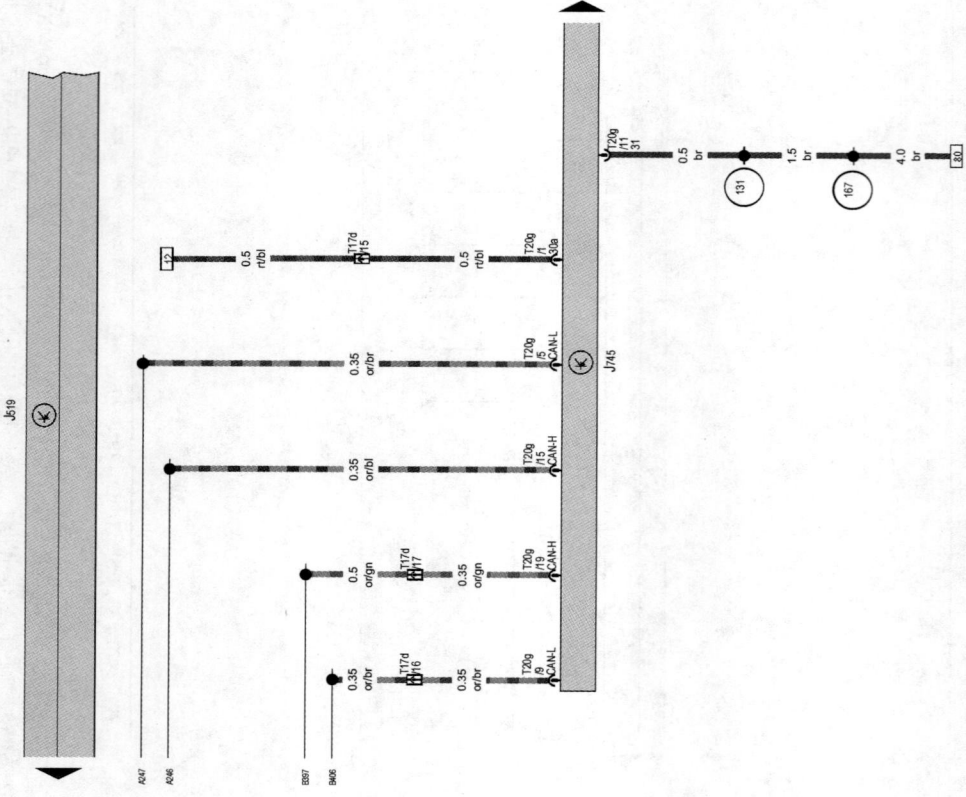

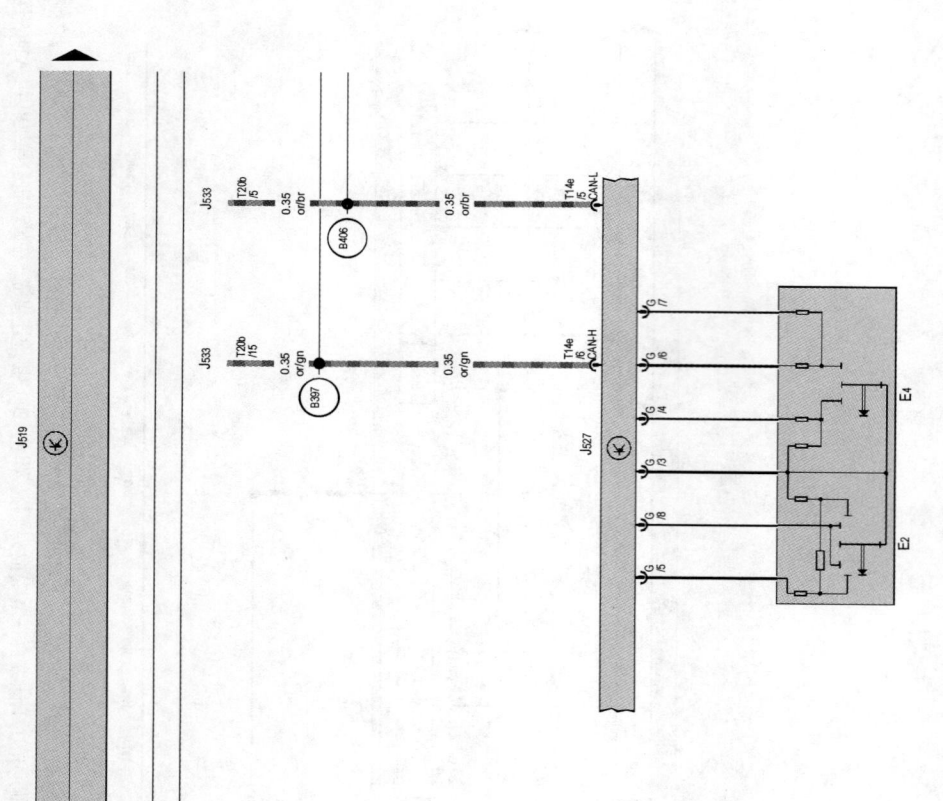

图 6-4-142

图 6-4-143

E2-转向信号灯开关 E4-手动远光灯功能和远光灯瞬时接通功能开关 J519-车载电网控制单元 J527-转向柱电子装置控制单元 J533-数据总线诊断接口 T14c~14 芯插头连接，黑色 T20b~20 芯插头连接，红色 A246-连接 1（CAN 总线，High），在发动机舱导线束中 A247-连接 1（CAN 总线，Low），在发动机舱导线束中 B397-连接 1（舒适 CAN 总线，High），在主导线束中 B406-连接 1（舒适 CAN 总线，Low），在主导线束中

J519-车载电网控制单元 J745-弯道灯和大灯照明距离调节控制单元 T17d~17 芯插头连接，左侧 A 柱下部，蓝色 T20g~20 芯插头连接，棕色 131-接地连接 2，在发动机舱导线束中 167-接地连接 4，在发动机舱导线束中 A246-连接 1（CAN 总线，High），在发动机舱导线束中 A247-连接 1（CAN 总线，Low），在发动机舱导线束中 B397-连接 1（舒适 CAN 总线，High），在主导线束中 B406-连接 1（舒适 CAN 总线，Low），在主导线束中

保险丝架 A 上的保险丝 1

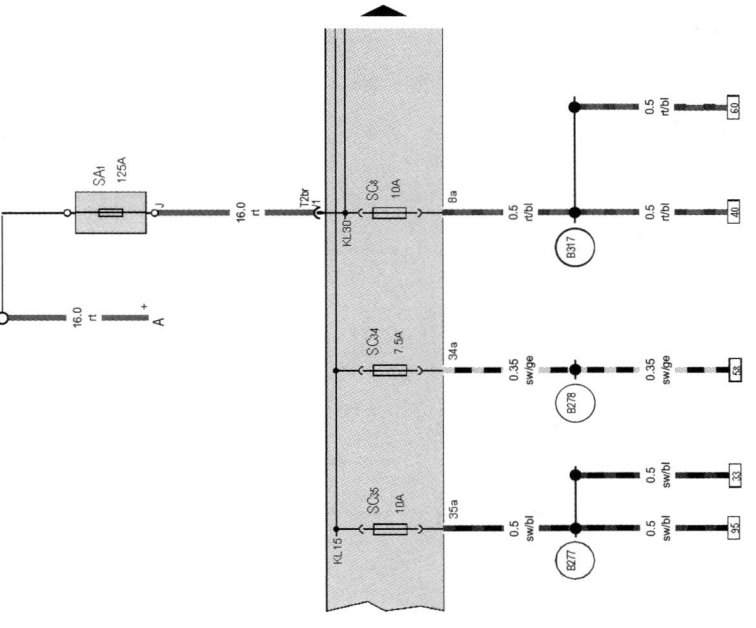

A－蓄电池 SA1－保险丝架 A 上的保险丝 1 SC8－保险丝架 C 上的保险丝 8 SC34－保险丝架 C 上的保险丝
34 SC35－保险丝架 C 上的保险丝 35 T2br－2 芯插头连接，黑色 B277－正极连接 1（15a），在主导线束中
B278－正极连接 2（15a），在主导线束中 B317－正极连接 3（30a），在主导线束中

图 6-4-145

弯道灯和大灯照明距离调节控制单元

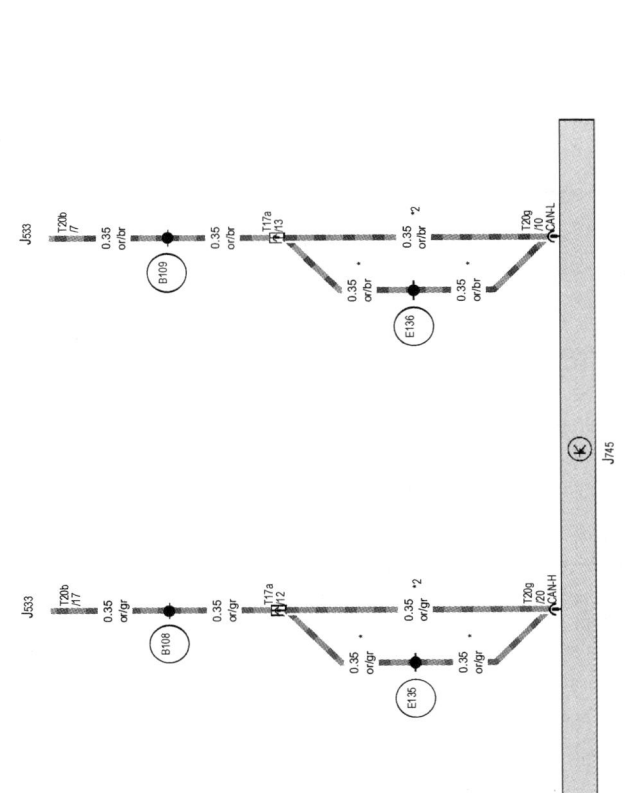

J533－数据总线诊断接口 J745－弯道灯和大灯照明距离调节控制单元 T17a－17 芯插头连接，左侧 A 柱
下部，黑色 T20b－20 芯插头连接，红色 T20g－20 芯插头连接，棕色 B108－连接 1（扩展 CAN 总线，
High），在主导线束中 B109－连接 1（扩展 CAN 总线，Low），在主导线束中 E135－连接（扩展 CAN
总线，High），在发动机舱导线束中 E136－连接（扩展 CAN 总线，Low），在发动机舱导线束中 *－仅
用于带自动车距控制（ADR）的汽车 *2－仅用于不带自动车距控制（ADR）的汽车

图 6-4-144

接线端 15 供电继电器, 车载电网控制单元

大灯照明距离调节器, 空气湿度, 雨水与光线识别传感器, 车载电网控制单元, 大灯照明距离调节器设置器照明灯泡

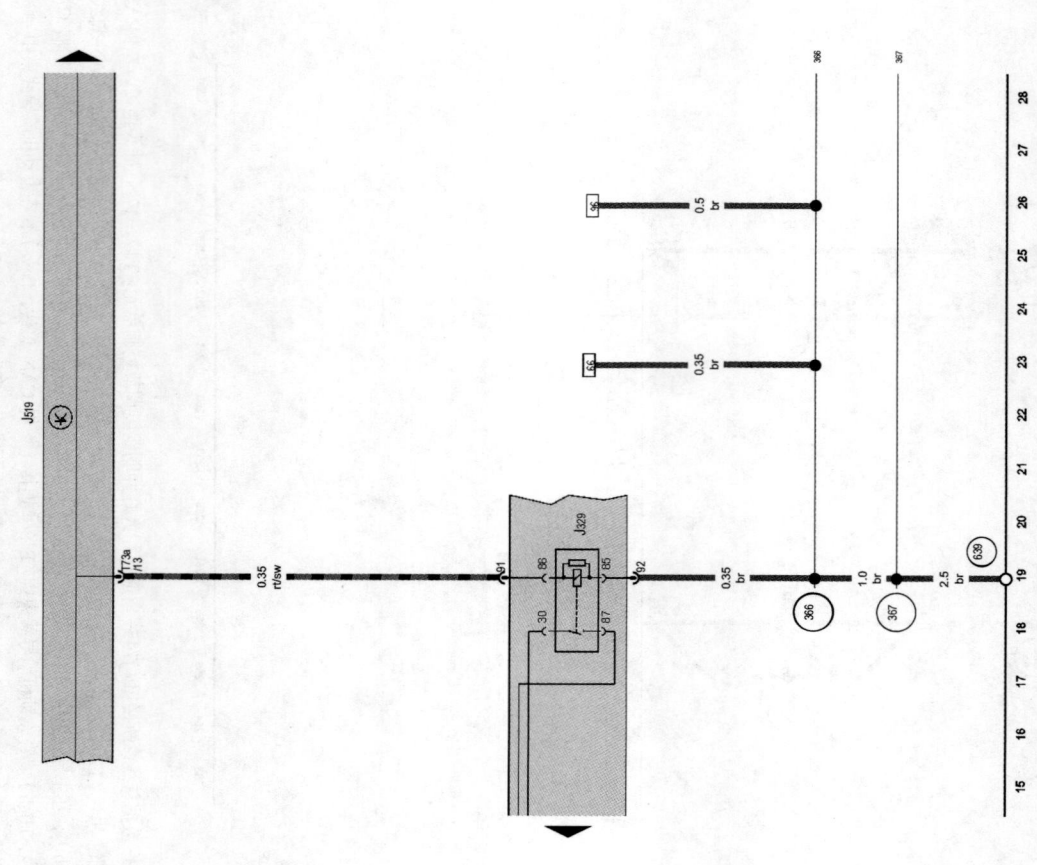

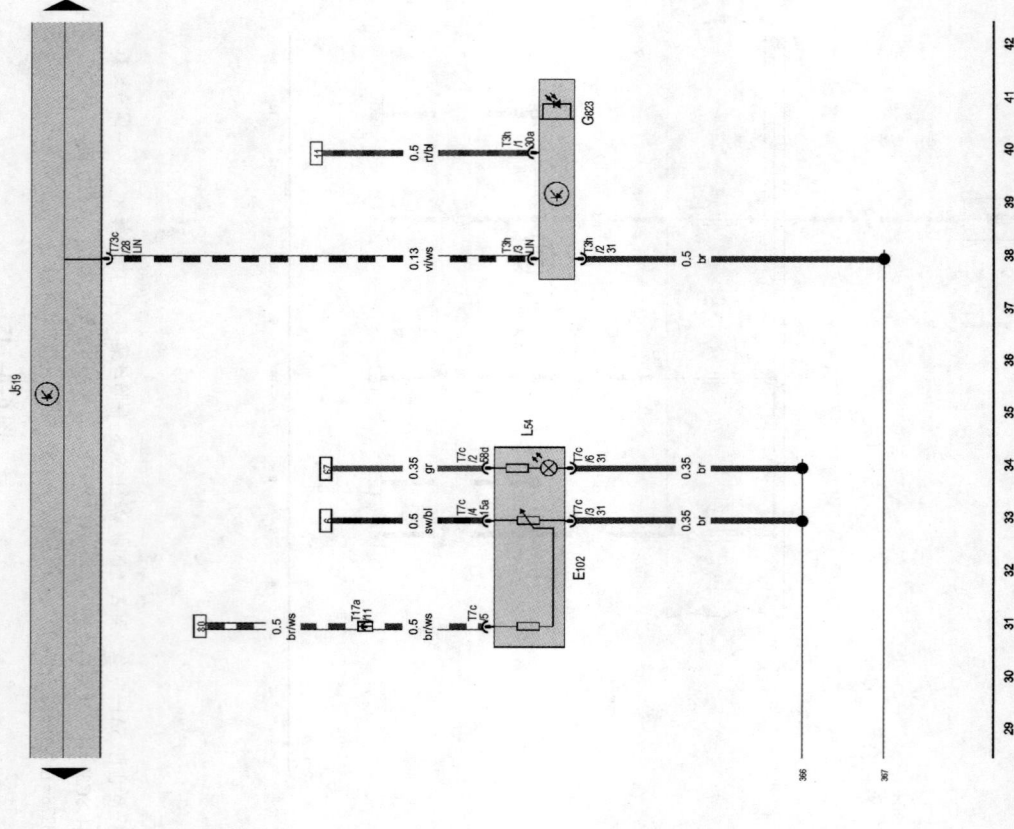

图 6-4-146

图 6-4-147

J329 -接线端15 供电继电器 J519-车载电网控制单元 T73a-73 芯插头连接, 黑色, 366-接地连接 1, 在主导线束中 367-接地连接 2, 在主导线束中 639-左 A 柱上的接地点

E102-大灯照明距离调节器 G823-空气湿度, 雨水与光线识别传感器 J519-车载电网控制单元 L54-大灯照明距离调节器设置器照明灯泡 T3h-3 芯插头连接, 黑色 T7c-7 芯插头连接 T17a-17 芯插头连接, 黑色 T7c-73 芯插头连接, 黑色 366-接地连接 1, 在主导线束中 367-接地连接 2, 在主导线束中

872

转向信号灯开关，前雾灯和后雾灯开关，车载电网控制单元，大灯开关照明灯泡

车灯开关，前雾灯和后雾灯开关，车载电网控制单元，大灯开关照明灯泡

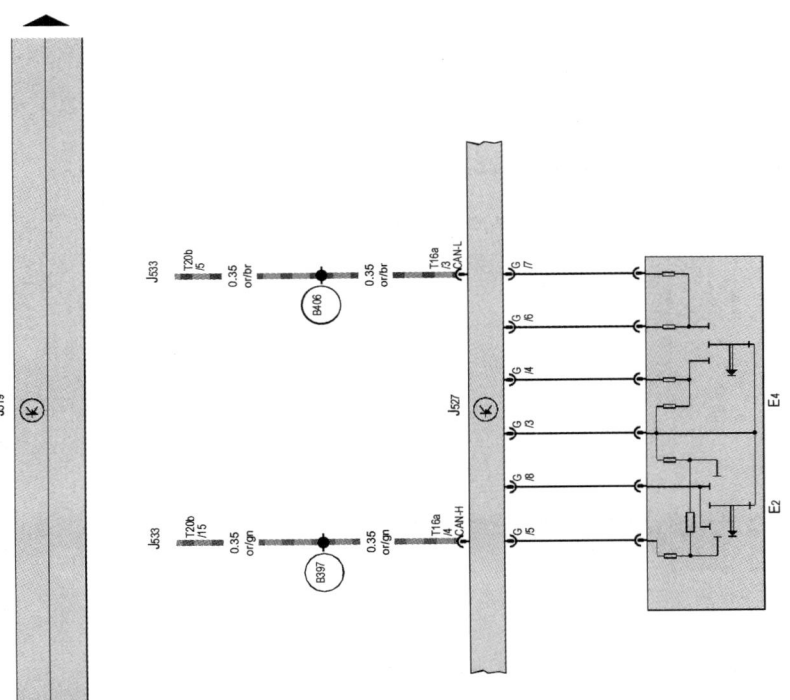

图 6-4-149

E1－车灯开关　E23－前雾灯和后雾灯开关　J519－车载电网控制单元　L9－大灯开关照明灯泡　T10c－10 芯插头　T10c－10 芯插头照明灯泡　T73a－73 芯插头连接，红色　T73c－73 芯插头连接，黑色　B340－连接 1（58d），黑色　B340－连接 1（58d），在主导线束中

转向信号灯开关，手动远光灯功能和远光灯瞬时接通功能开关，车载电网控制单元，转向柱电子装置控制单元

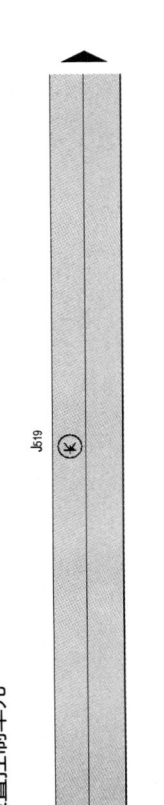

图 6-4-148

E2－转向信号灯开关　E4－手动远光灯功能和远光灯瞬时接通功能开关　J519－车载电网控制单元　J527－转向柱电子装置控制单元　J533－数据总线诊断接口　T16a－16 芯插头连接，黑色　T20b－20 芯插头连接，红色　T20b－连接 1（舒适 CAN 总线，Low），在主导线束中　B397－连接 1（舒适 CAN 总线，High），在主导线束中　B406－连接 1（舒适 CAN 总线，Low），在主导线束中

右侧气体放电大灯预接装置，车载电网控制单元，右侧气体放电灯泡，右侧前雾灯灯泡，
右侧驻车示宽灯泡，右侧转向信号灯灯泡，右侧大灯照明距离调节伺服电机，
右近光灯防眩目

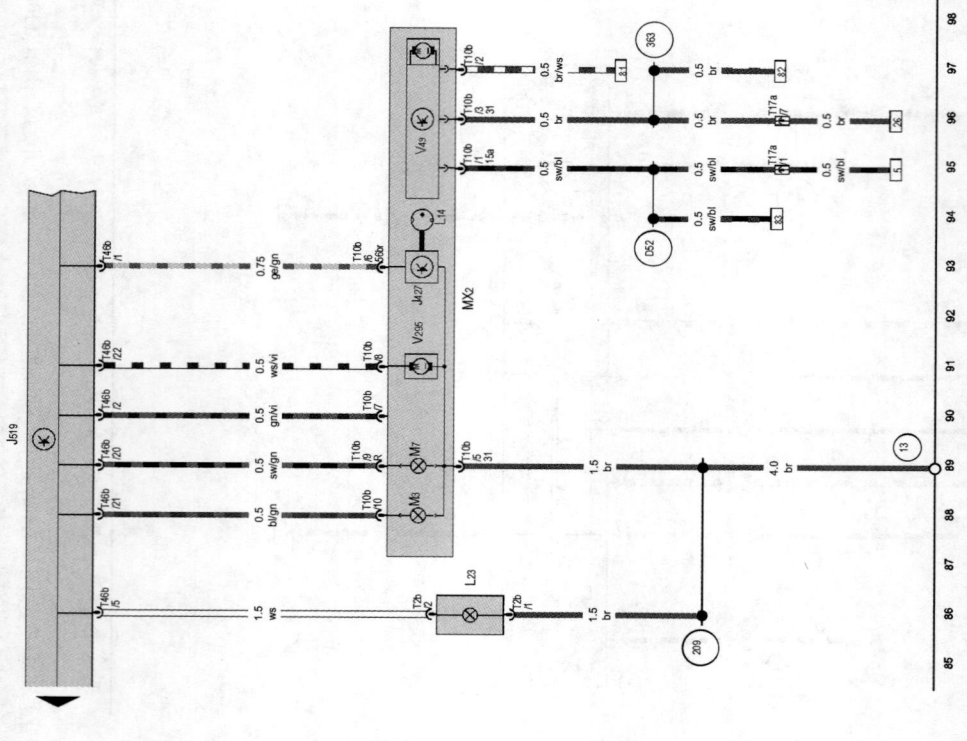

J427-右侧气体放电大灯预接装置 J519-车载电网控制单元 L14-右侧气体放电灯泡 L23-右侧前雾灯灯泡
MX2-右前大灯 M3-右侧驻车示宽灯泡 M7-右前转向信号灯灯泡 T2b-2芯插头连接，黑色 T10b-10
芯插头连接，黑色 T17a-17芯插头连接，左侧 A柱下部，黑色 T46b-46芯插头连接，黑色 V49-右侧大
灯照明距离调节伺服电机 V295-右近光灯防眩目遮闭 13-发动机舱内右侧内接地点 209-接地连接 6，在
发动机舱导线束中 363-接地连接 8，在发动机舱导线束中 D52-正极连接（15a），在发动机舱导线束中

图 6-4-151

左侧气体放电大灯预接装置，车载电网控制单元，左侧气体放电灯泡，左侧前雾灯灯泡，
左侧驻车示宽灯泡，左侧转向信号灯灯泡，左侧大灯照明距离调节伺服电机，
左近光灯防眩目

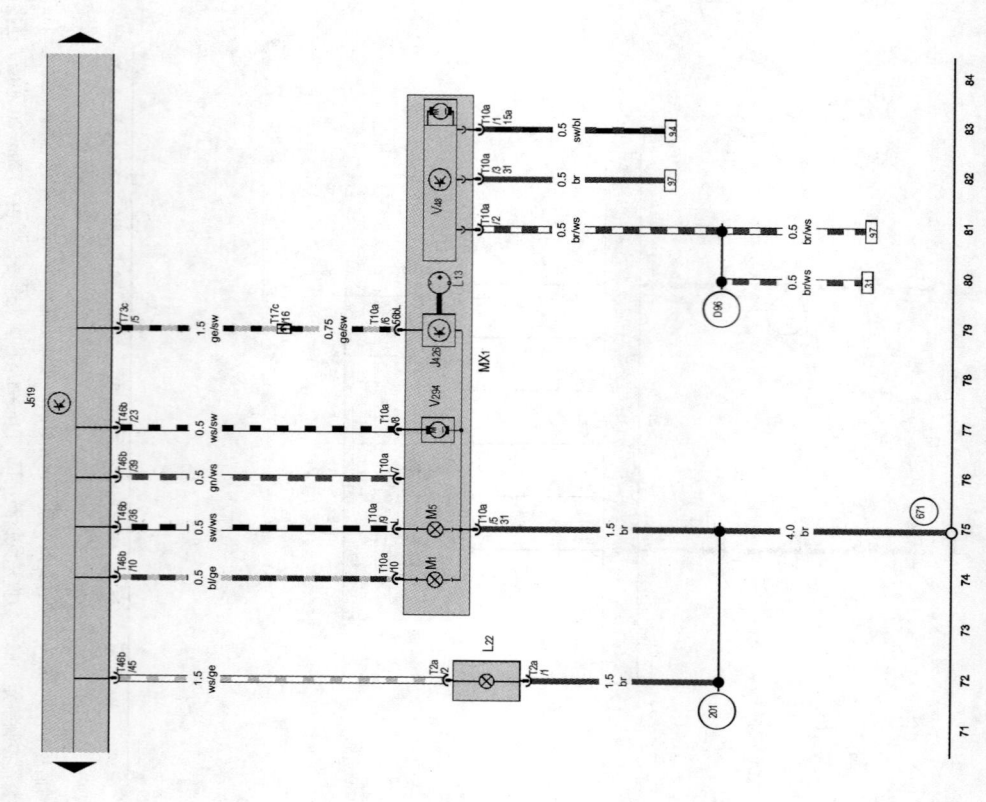

J426-左侧气体放电大灯预接装置 J519-车载电网控制单元 L13-左侧气体放电灯泡 L22-左侧前雾灯灯泡
M1-左前大灯 MX1-左前大灯 M5-左前转向信号灯灯泡 T2a-2芯插头连接，黑色 T10a-10
芯插头连接，黑色 T17c-17芯插头连接，左侧 A柱下部，红色 T46b-46芯插头连接，黑色 T73c-73芯
插头连接，黑色 V48-左侧大灯照明距离调节伺服电机 V294-左近光灯防眩目 201-接地连接 5，在发动
机舱导线束中 671-左前纵梁上的接地点 1 D96-连接（大灯照明距离调节），在发动机舱导线束中

图 6-4-150

数据总线诊断接口，电子通信信息设备 1 控制单元，内部话筒

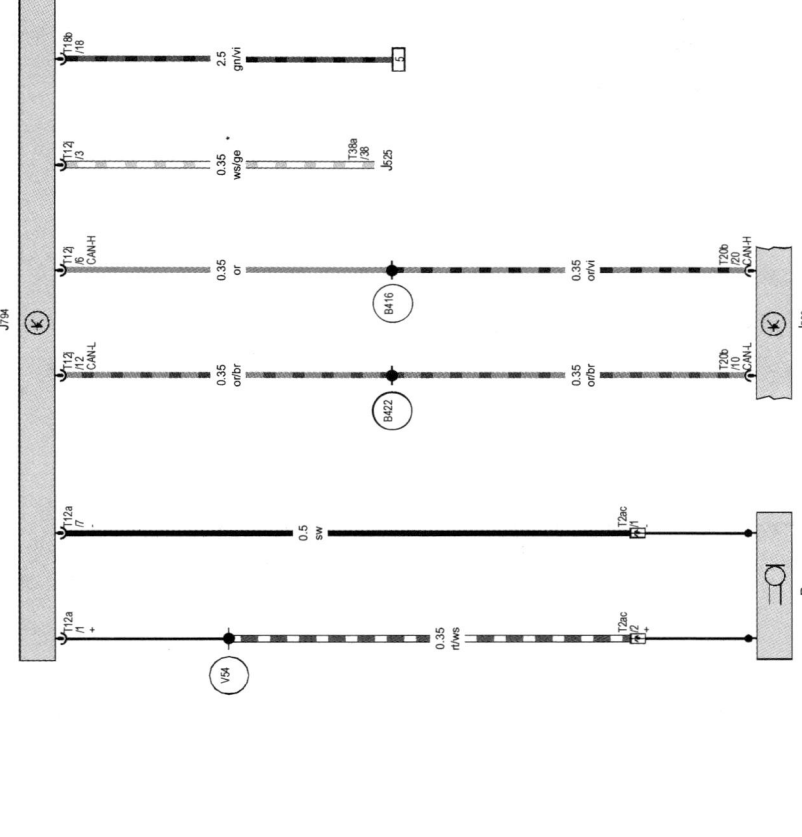

| | | | | | | | | | | | | | |
|15|16|17|18|19|20|21|22|23|24|25|26|27|28|

J525-数字式声音处理系统控制单元 J533-数据总线诊断接口 J794-电子通信信息设备 1 控制单元 R74-内部话筒 T2ac-2 芯插头连接，黑色 T12a-12 芯插头连接，蓝色 T12j-12 芯插头连接，灰色 T18b-18 芯插头连接 T20b-20 芯插头连接，红色 T38a-38 芯插头连接，黑色 B416-连接 2（信息娱乐 CAN 总线，High），在主导线束中 B422-连接 2（信息娱乐 CAN 总线，Low），在主导线束中 V54-连接 1（电话），在主导线束中 *-仅适用于带了音响系统的汽车

图 6-4-153

可加热后窗玻璃继电器，保险丝架 A 上的保险丝 1

| | | | | | | | | | | | | | |
|1|2|3|4|5|6|7|8|9|10|11|12|13|14|

图 6-4-152

A-蓄电池 J9-可加热后窗玻璃继电器 SA1-保险丝架 A 上的保险丝 1 SC10-保险丝架 C 上的保险丝 10 SC12-保险丝架 C 上的保险丝 12 SC53-保险丝架 C 上的保险丝 53 T2br-2 芯插头连接，黑色 T10r-10 芯插头连接，行李箱盖的连接位置，黑色 B320-正极连接 6（30a），在主导线束中

875

电子通信信息设备 1 控制单元，左前高音扬声器，右前高音扬声器，右前低音扬声器

电子通信信息设备 1 控制单元，左后高音扬声器，左后低音扬声器，右后高音扬声器，右后低音扬声器

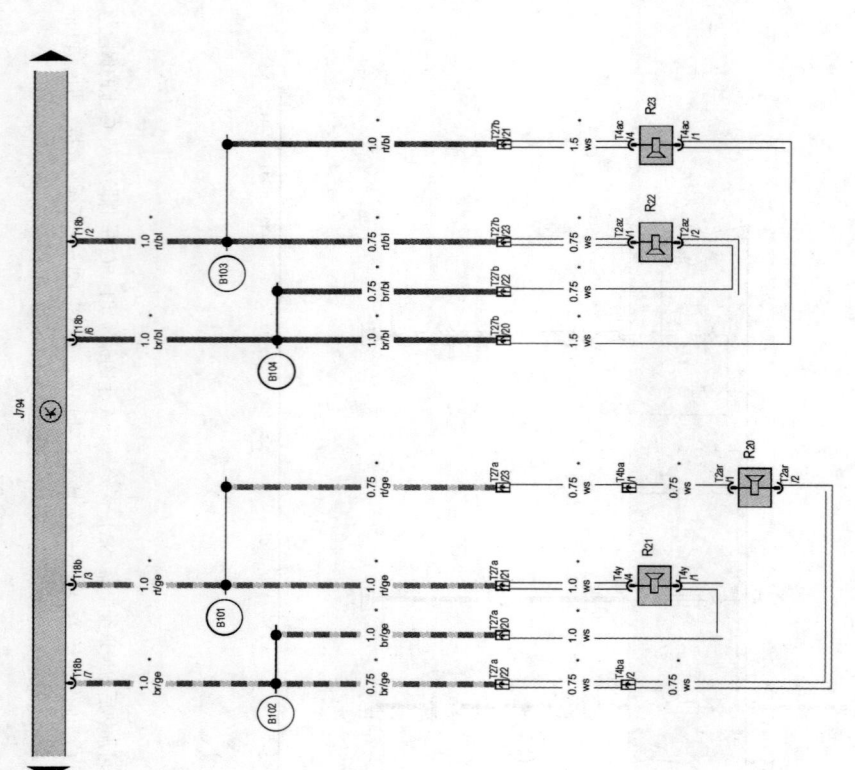

图 6-4-155

图 6-4-154

J794-电子通信信息设备 1 控制单元 R20-左前高音扬声器 R21-左前低音扬声器 R22-右前高音扬声器 R23-右前低音扬声器 T2ar-2 芯插头连接 T2az-2 芯插头连接 黑色 T4ac-4 芯插头连接，黑色 T4ba-4 芯插头连接，在驾驶员侧车门内 T4y-4 芯插头连接，黑色 T27a-27 芯插头连接，左侧 A 柱上，黑色 T27b-27 芯插头连接，右侧 A 柱上，黑色 B101-连接（正极，扬声器），左前侧 B102-连接（负极，扬声器），在主导线束中 B103-连接（正极，扬声器），在主导线束中 B104-连接（负极，扬声器），在主导线束中 *-仅用于带 8 个扬声器的汽车（8RM）

J794-电子通信信息设备 1 控制单元 R14-左后高音扬声器 R15-左后低音扬声器 R16-右后高音扬声器 R17-右后低音扬声器 T2au-2 芯插头连接，黑色 T2av-2 芯插头连接，黑色 T4s-4 芯插头连接，黑色 T4z-4 芯插头连接 T18b-18 芯插头连接 T19c-19芯插头连接 T19d-19 芯插头连接，右侧 B柱上，黑色 B柱上，左侧 B柱上，黑色 43-右侧 A柱下部的接地点，369-接地点 R71-连接，在主导线束中 R72-连接（负极，扬声器），在左后车门导线束中 R73-连接（正极，扬声器），在右后车门导线束中 R74-连接（负极，扬声器），在右后车门导线束中 *-仅用于带 8 个扬声器的汽车（8RM）

876

电子通信信息设备 1 控制单元，外部音频源接口，USB 接口 1

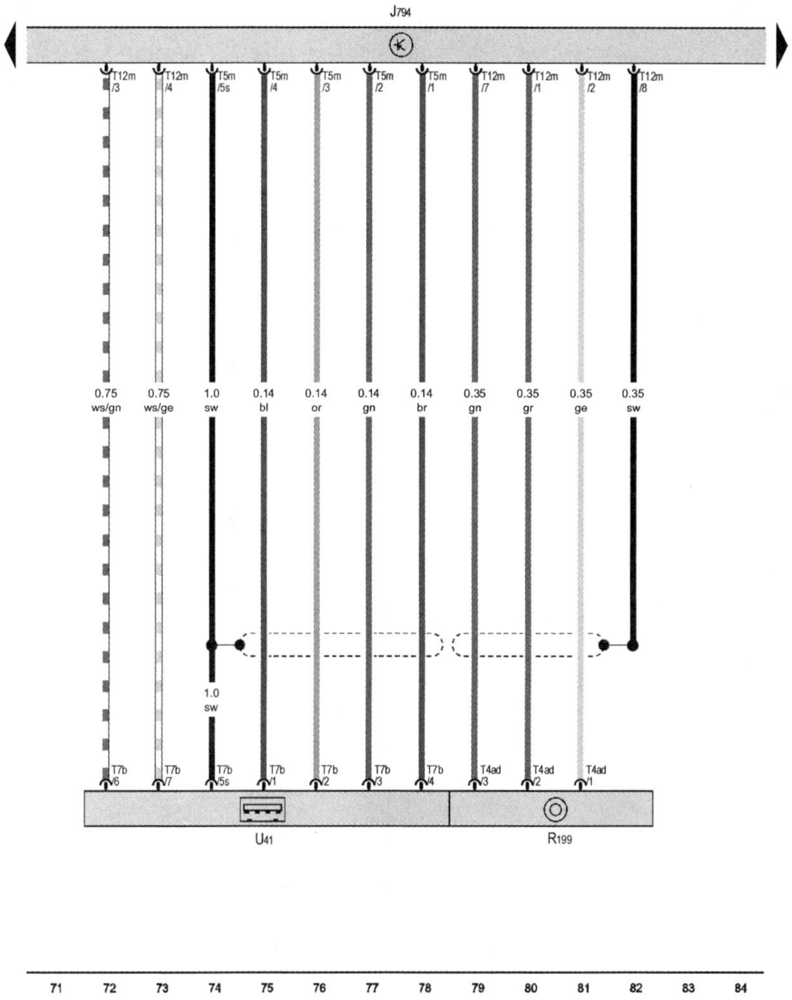

前部信息显示和操作单元控制单元的显示单元，电子通信信息设备 1 控制单元

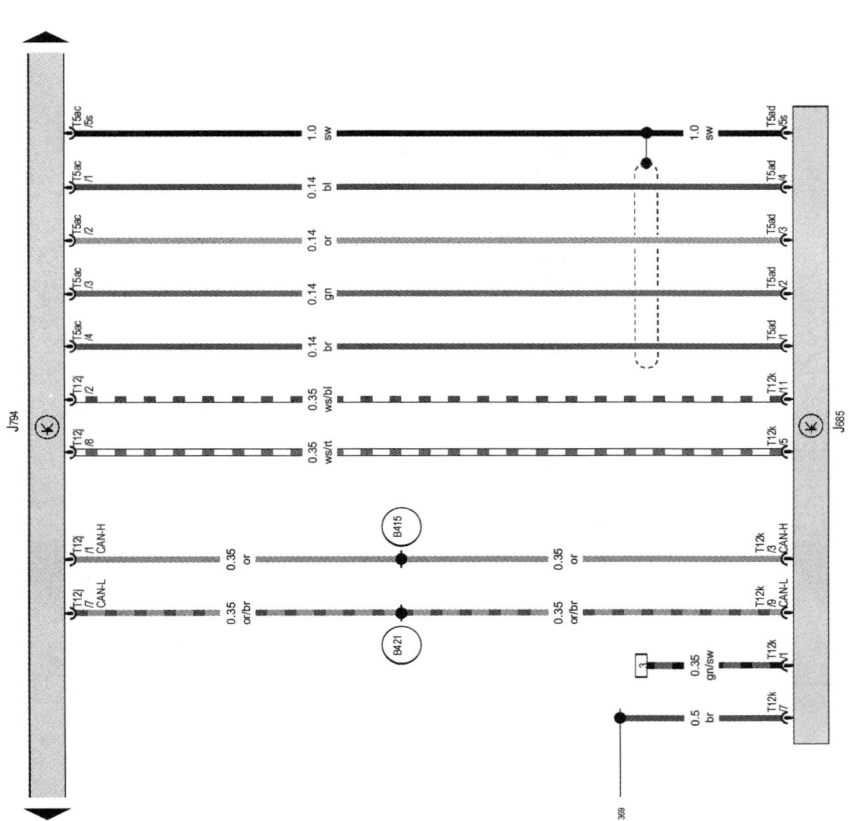

图 6-4-157

J794–电子通信信息设备 1 控制单元 R199–外部音频源接口 T4ad–4 芯插头连接，黑色 T5m–5 芯插头连接，黑色 T5m–5 芯插头连接，黄色 T7b–7 芯插头连接，绿色 T12m–12 芯插头连接，绿色 U41–USB 接口

图 6-4-156

J685–前部信息显示和操作单元控制单元的显示单元 J794–电子通信信息设备 1 控制单元 T5ac–5 芯插头连接，灰色 T5ad–5 芯插头连接，黑色 T12j–12 芯插头连接，灰色 T12k–12 芯插头连接，黑色 369–接地连接 4，在主导线束中 B415–连接 1（信息娱乐 CAN 总线，High），在主导线束中 B421–连接 1（信息娱乐 CAN 总线，Low），在主导线束中

877

电子通信信息设备 1 控制单元，GPS 天线，左侧天线模块，右侧天线模块

后窗玻璃天线 1，调幅（AM）滤波器，负导线中的调频率滤波器，正导线中的调频率滤波器，可加热式后窗玻璃

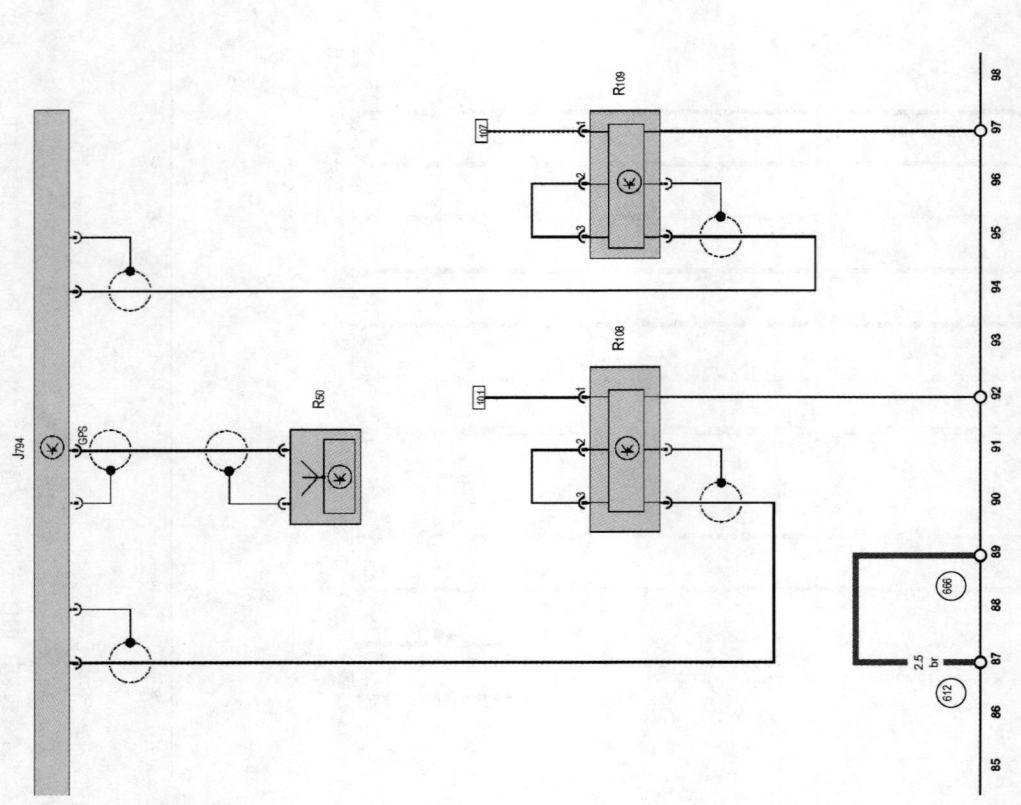

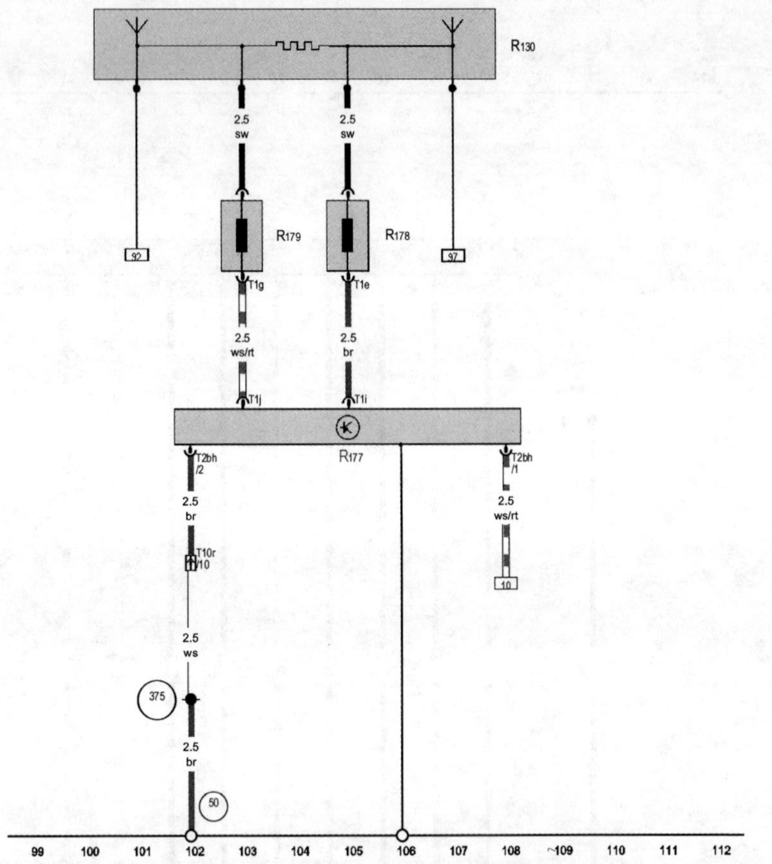

J794－电子通信信息设备 1 控制单元　R50－GPS 天线　R108－左侧天线模块　R109－右侧天线模块　612－行李箱盖中间的接地点　666－在车顶后右侧的接地点

图 6-4-158

R130－后窗玻璃天线 1　R177－调幅（AM）滤波器　R178－负导线中的调频率滤波器　R179－正导线中的调频率滤波器　T1e－1 芯插头连接，黑色　T1g－1 芯插头连接，黑色　T1i－1 芯插头连接，黑色　T1j－1 芯插头连接，黑色　T2bh－2 芯插头连接，黑色　T10r－10 芯插头连接，黑色　行李箱盖的连接位置，黑色　Z1－可加热式后窗玻璃　50－行李箱内左侧的接地点　375－接地连接 10，在主导线束中

图 6-4-159

878

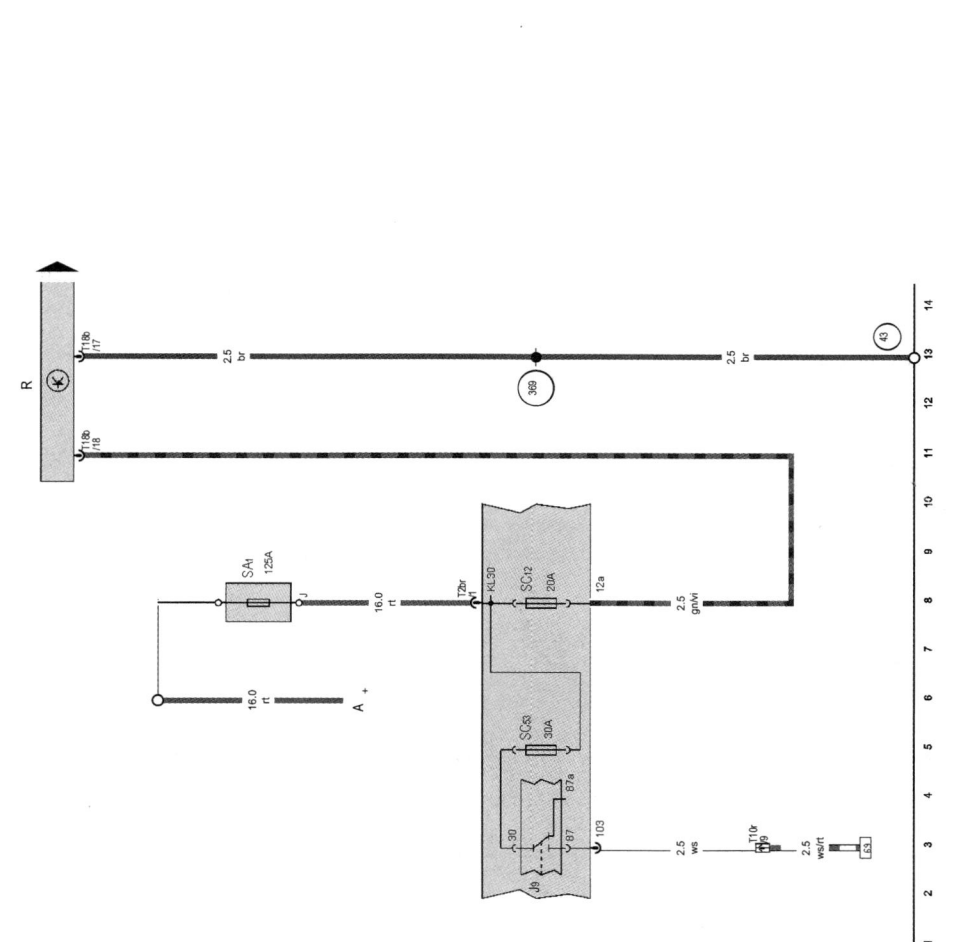

收音机，左前高音扬声器，左前低音扬声器

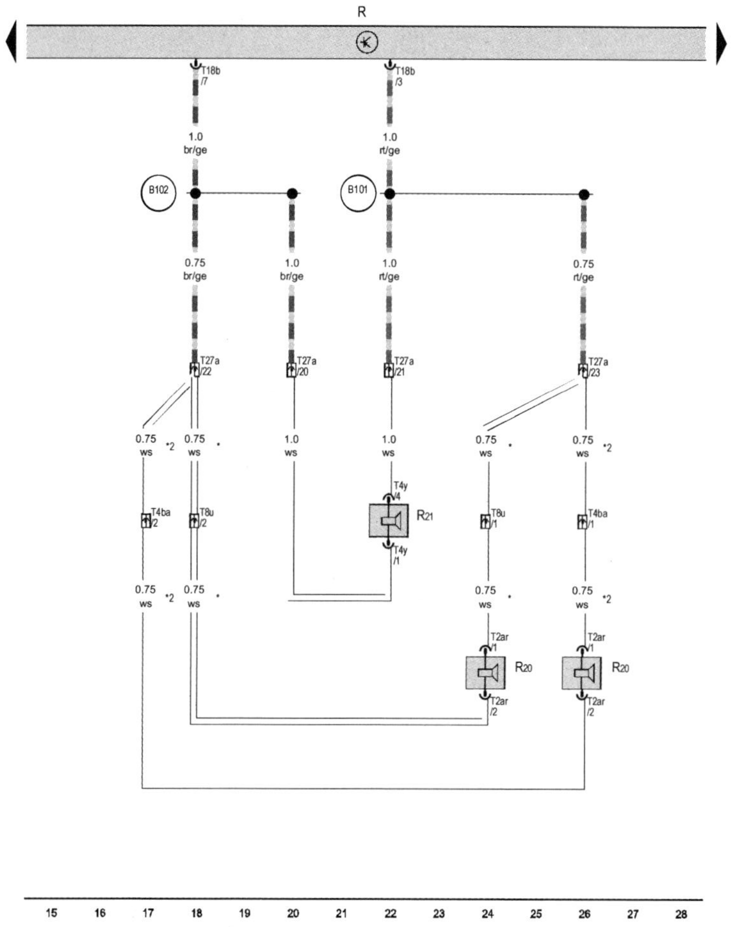

图 6-4-161

R— 收音机 R20—左前高音扬声器 R21—左前低音扬声器 T2ar—2 芯插头连接，黑色 T4ba—4 芯插头连接，黑色 在驾驶员侧车门内，在驾驶员侧车门内，黑色 T4y—4 芯插头连接，黑色 T8u—8 芯插头连接，在驾驶员侧车门内，黑色 T27a—27 芯插头连接，左侧 A 柱上，黑色 B101—连接（正极，左前侧扬声器），在 T18b—18 芯插头连接 T27a—27 芯插头连接，左侧 A 柱上，黑色 B101—连接（正极，左前侧扬声器），在主导线束中 B102—连接（负极，扬声器），在主导线束中型号 2 的汽车 *—仅用于带氛围灯型号 2 的汽车 *2—仅用于带氛围灯型号 1 的汽车

可加热后窗玻璃继电器，收音机，保险丝架 A 上的保险丝 1

图 6-4-160

A—蓄电池 J9—可加热后窗玻璃继电器 R—收音机 SA1—保险丝架 A 上的保险丝1 SC12—保险丝架 C 上的保险丝 12 SC53—保险丝架 C 上的保险丝 53 T2br—2 芯插头连接，黑色 T10r—10 芯插头连接，行李箱盖的连接位置，黑色 T18b—18 芯插头连接 43—右侧 A 柱下部的接地点 369—接地连接 4，在主导线束中

收音机，右后高音扬声器，左后高音扬声器，左后低音扬声器，右后高音扬声器，右后低音扬声器

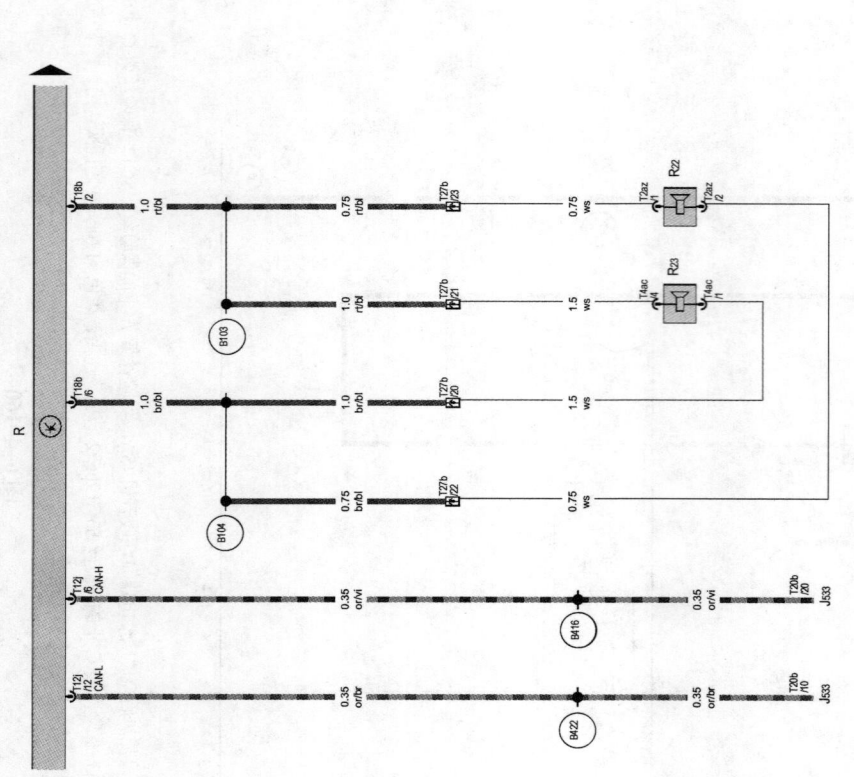

图6-4-163

R –收音机 R14–左后高音扬声器 R15–左后低音扬声器 R16–右后高音扬声器 R17–右后低音扬声器 T2au–2 芯插头连接，黑色 T2av–2 芯插头连接，黑色 T4s–4 芯插头连接，黑色 T4z–4 芯插头连接，黑色 T18b–18 芯插头连接，左侧 B柱上，黑色 T19c–19 芯插头连接，左侧 B柱上，黑色 T19d–19 芯插头连接，右侧 B柱上，黑色 R71–连接（正极，扬声器），在左后车门导线束中 R72–连接（负极，扬声器），在左后车门导线束中 R73–连接（正极，扬声器），在右后车门导线束中 R74–连接（负极，扬声器），在右后车门导线束中 *–仅用于带 8 个扬声器的汽车（8RM）

收音机，右前高音扬声器，右前低音扬声器

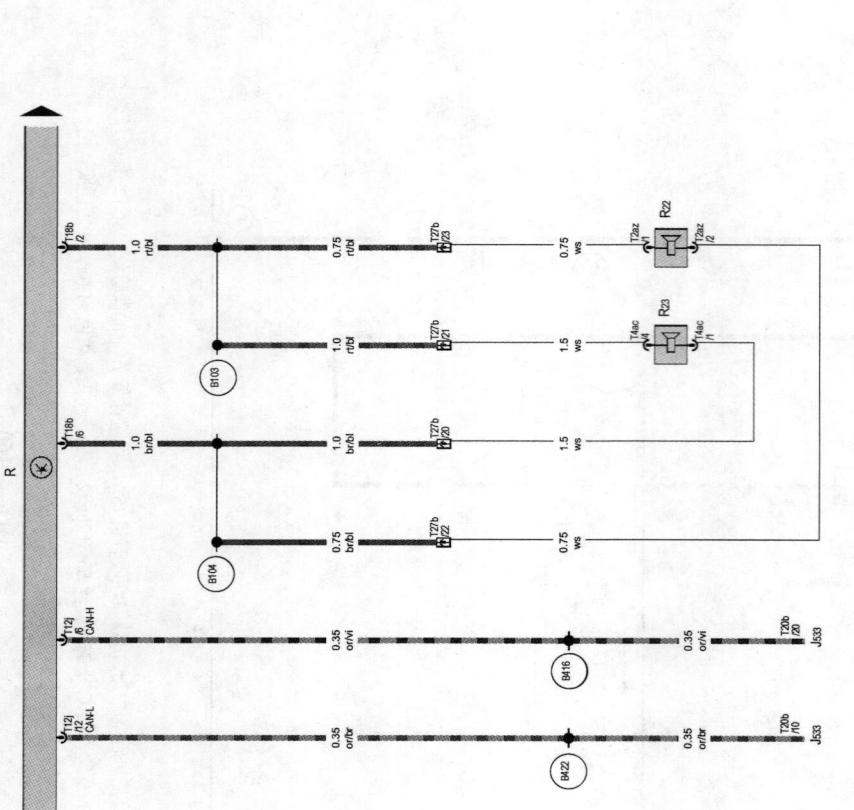

图6-4-162

J533 –数据总线诊断接口 R –收音机 R22–右前高音扬声器 R23–右前低音扬声器 T2az–2 芯插头连接 T4ac–4 芯插头连接，黑色 T12j–12 芯插头连接，灰色 T18b–18 芯插头连接，右侧 A柱上，黑色 T20b–20 芯插头连接，红色 T27b–27 芯插头连接，右侧 A柱上，黑色 B103–连接（正极，扬声器），在主导线束中 B104–连接（负极，扬声器），在主导线束中 B416–连接 2（信息娱乐 CAN 总线，High），在主导线束中 B422–连接 2（信息娱乐 CAN 总线，Low），在主导线束中

880

收音机，右侧天线模块，后窗玻璃天线 1，调幅（AM）滤波器，负导线中的调频频率滤波器，正导线中的调频频率滤波器，可加热式后窗玻璃

数字式声音处理系统控制单元，电子通信信息设备 1 控制单元，保险丝架 A 上的保险丝 4

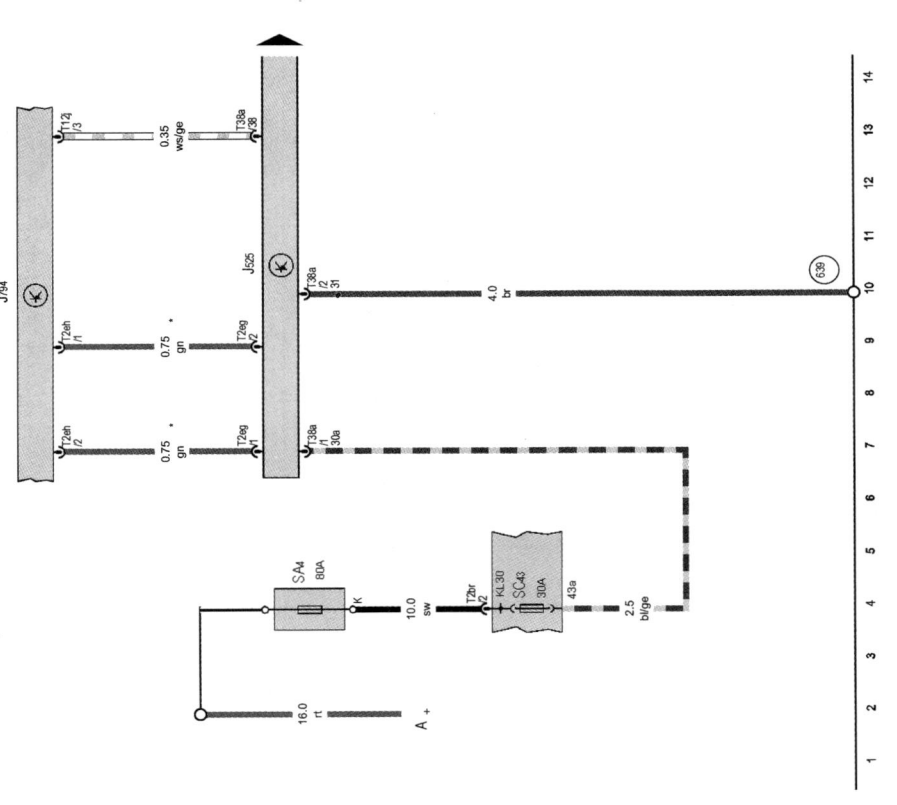

图 6-4-165

A-蓄电池 J525-数字式声音处理系统控制单元 J794-电子通信信息设备 1 控制单元 SA4-保险丝架 A 上的保险丝 4 SC43-保险丝架 C 上的保险丝 43 T2br-2 芯插头连接，黑色 T2ch-2 芯插头连接，黑色 T2eg-2 芯插头连接，黑色 T2br-2 芯插头连接，黑色 T38a-38 芯插头连接，灰色 639-左 A 柱上的接地点 *-光纤（LWL）

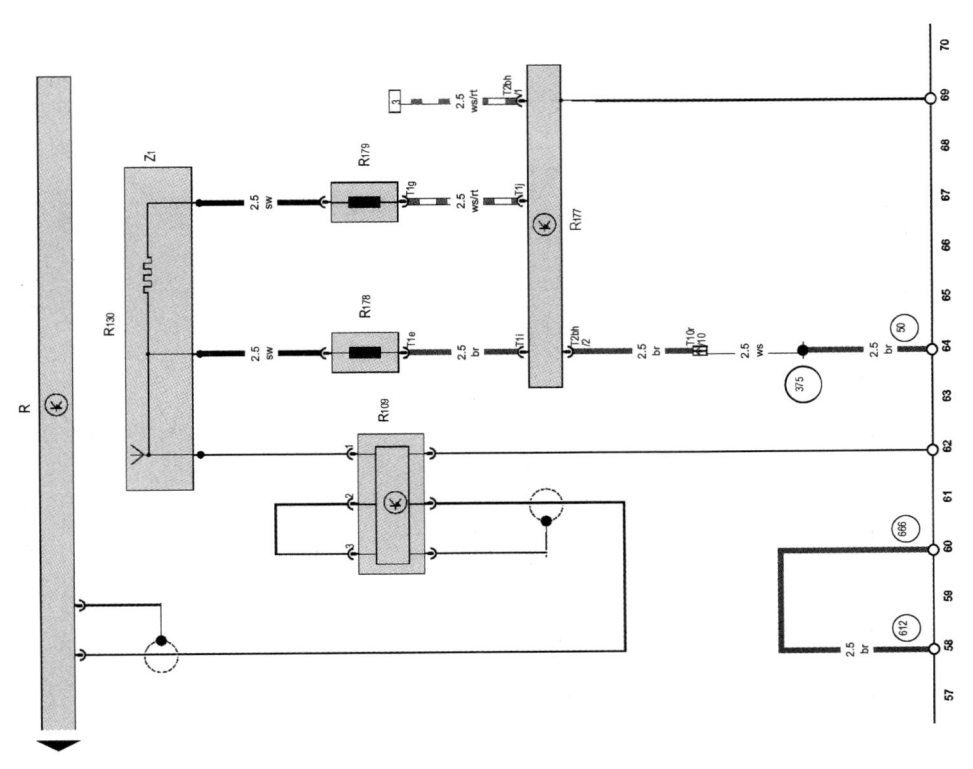

图 6-4-164

R-收音机 R109-右侧天线模块 R130-后窗玻璃天线 1 R177-调幅（AM）滤波器 R178-负导线中的调频频率滤波器 R179-正导线中的调频频率滤波器 T1e-1 芯插头连接，黑色 T1g-1 芯插头连接，黑色 T1i-1 芯插头连接，黑色 T1j-1 芯插头连接，黑色 T2bh-2 芯插头连接，棕色 T10r-10 芯插头连接，行李箱盖的连接位置，黑色 Z1-可加热式后窗玻璃 50-行李箱内左侧的接地点 375-接地连接 10，在主导线束中 612-行李箱盖中间的接地点 666-在车顶后右侧的接地点

881

数字式声音处理系统控制单元，左前高音扬声器，左前低音扬声器，右前高音扬声器，右前低音扬声器

数字式声音处理系统控制单元，左后高音扬声器，左后低音扬声器，右后高音扬声器，右后低音扬声器

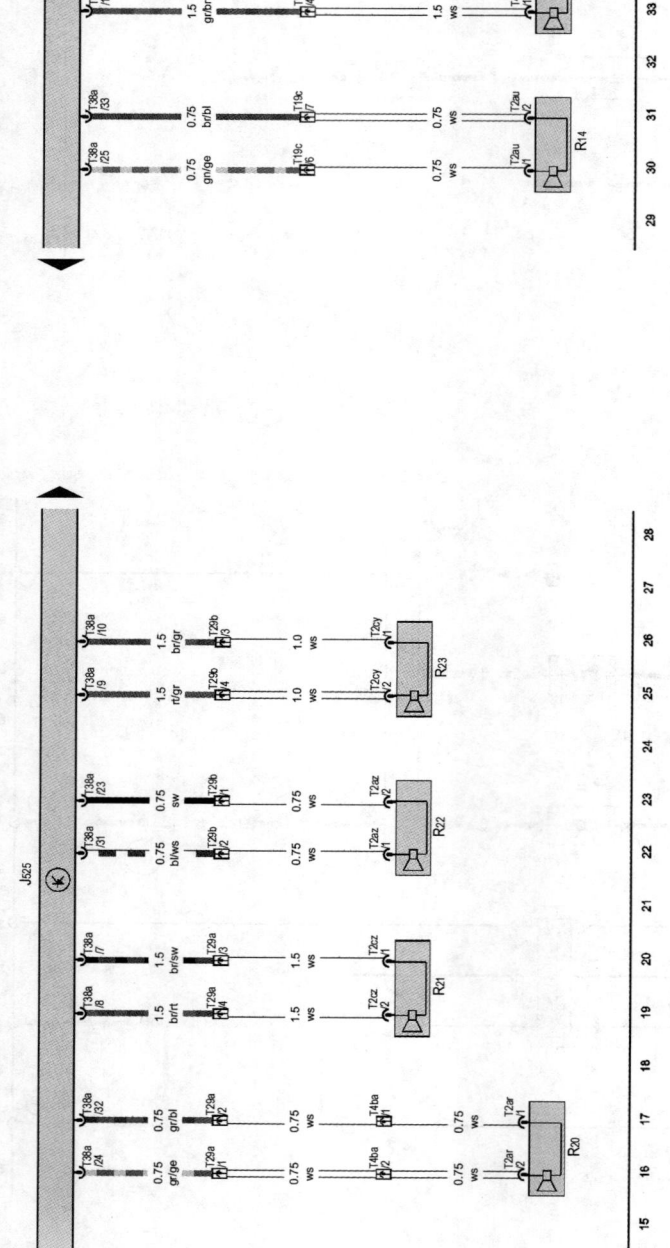

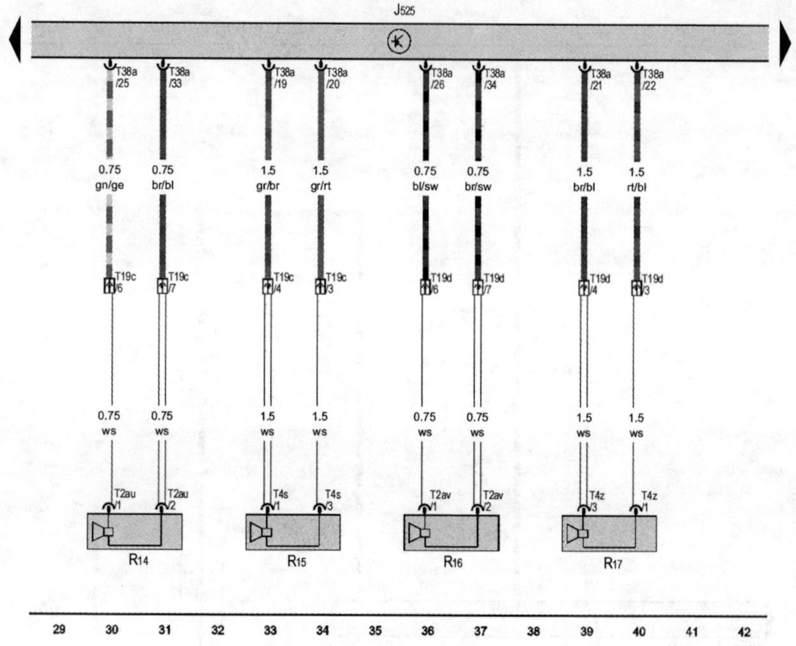

图 6-4-166

J525-数字式声音处理系统控制单元 R20-左前高音扬声器 R21-左前低音扬声器 R22-右前高音扬声器 R23-右前低音扬声器 T2ar-2 芯插头连接，黑色 T2az-2 芯插头连接，黑色 T2cy-2 芯插头连接，黑色 T2cz-2 芯插头连接，黑色 T4ba-4 芯插头连接，在驾驶员侧车门内，白色 T38a-38 芯插头连接，右侧 A 柱上，白色 T29a-29 芯插头连接，左侧 A 柱上，白色 T29b-29 芯插头连接，黑色

图 6-4-167

J525-数字式声音处理系统控制单元 R14-左后高音扬声器 R15-左后低音扬声器 R16-右后高音扬声器 R17-右后低音扬声器 T2ar-2 芯插头连接，黑色 T2av-2 芯插头连接，黑色 T4s-4 芯插头连接，黑色 T4z-4 芯插头连接，黑色 T19c-19 芯插头连接，左侧 B 柱上，黑色 T19d-19 芯插头连接，右侧 B 柱上，黑色 T38a-38 芯插头连接，黑色

882

前窗玻璃投影（平视显示器）控制单元，保险丝架 A 上的保险丝 1

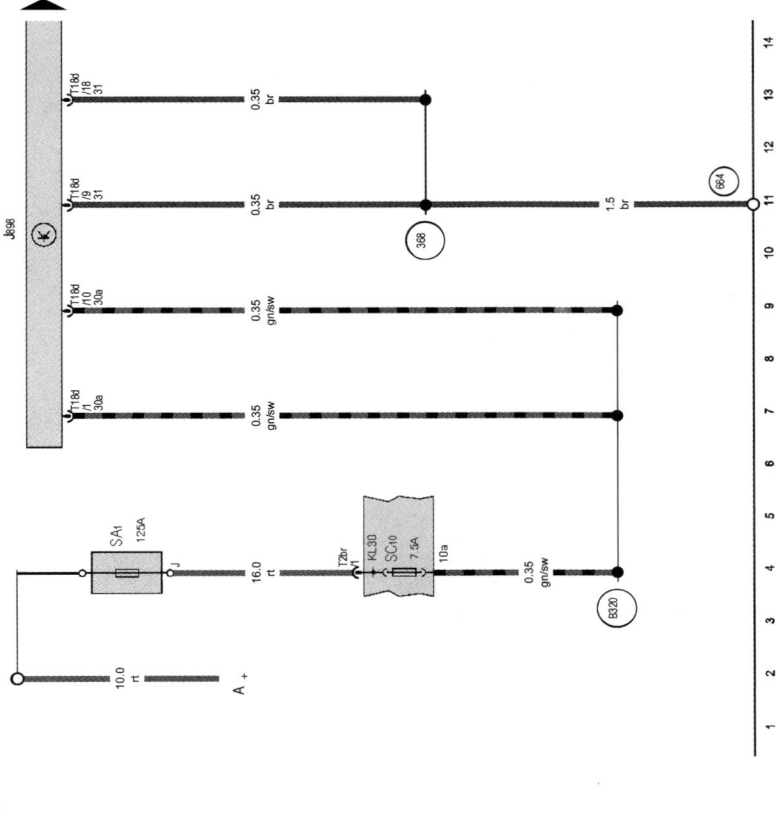

数字式声音处理系统控制单元，中央扬声器，重低音

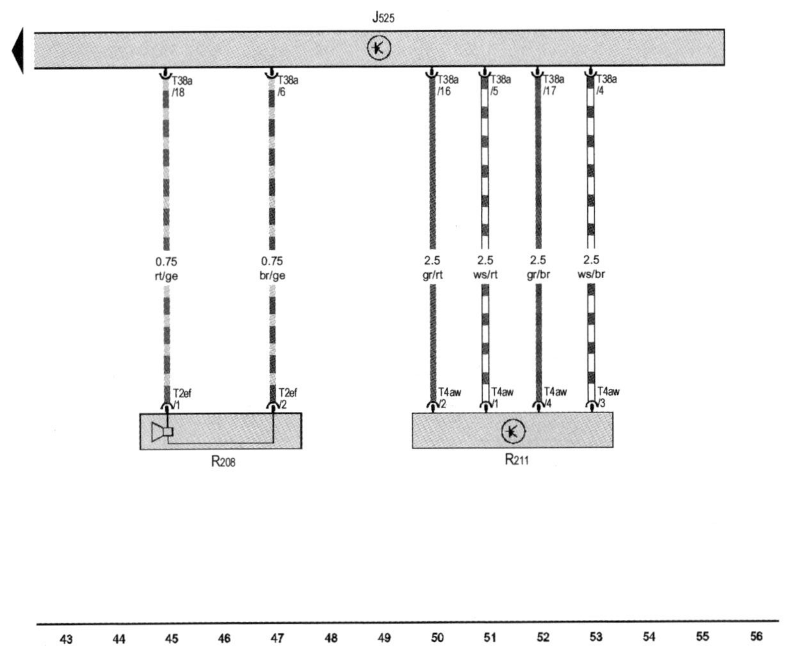

图 6-4-168

图 6-4-169

A-蓄电池 J898-前窗玻璃投影（平视显示器）控制单元 SA1-保险丝架 A 上的保险丝1 SC10-保险丝架 C 上的保险丝 10 T2br-2 芯插头连接，黑色 T18d-18 芯插头连接 T18d-18 芯插头连接，白色 368-接地连接 3，在主导线束中 664-左侧仪表板后面的接地点 B320-正极连接 6（30a），在主导线束中

J525-数字式声音处理系统控制单元 R208-中央扬声器 R211-重低音 T2ef-2 芯插头连接 T2ef-2 芯插头连接，黑色 T4aw-4 芯插头连接，黑色 T38a-38 芯插头连接，黑色

883

前窗玻璃投影（平视显示器）控制单元，显示屏打开/关闭电机

前窗玻璃投影（平视显示）按钮，前窗玻璃投影（平视显示器）控制单元

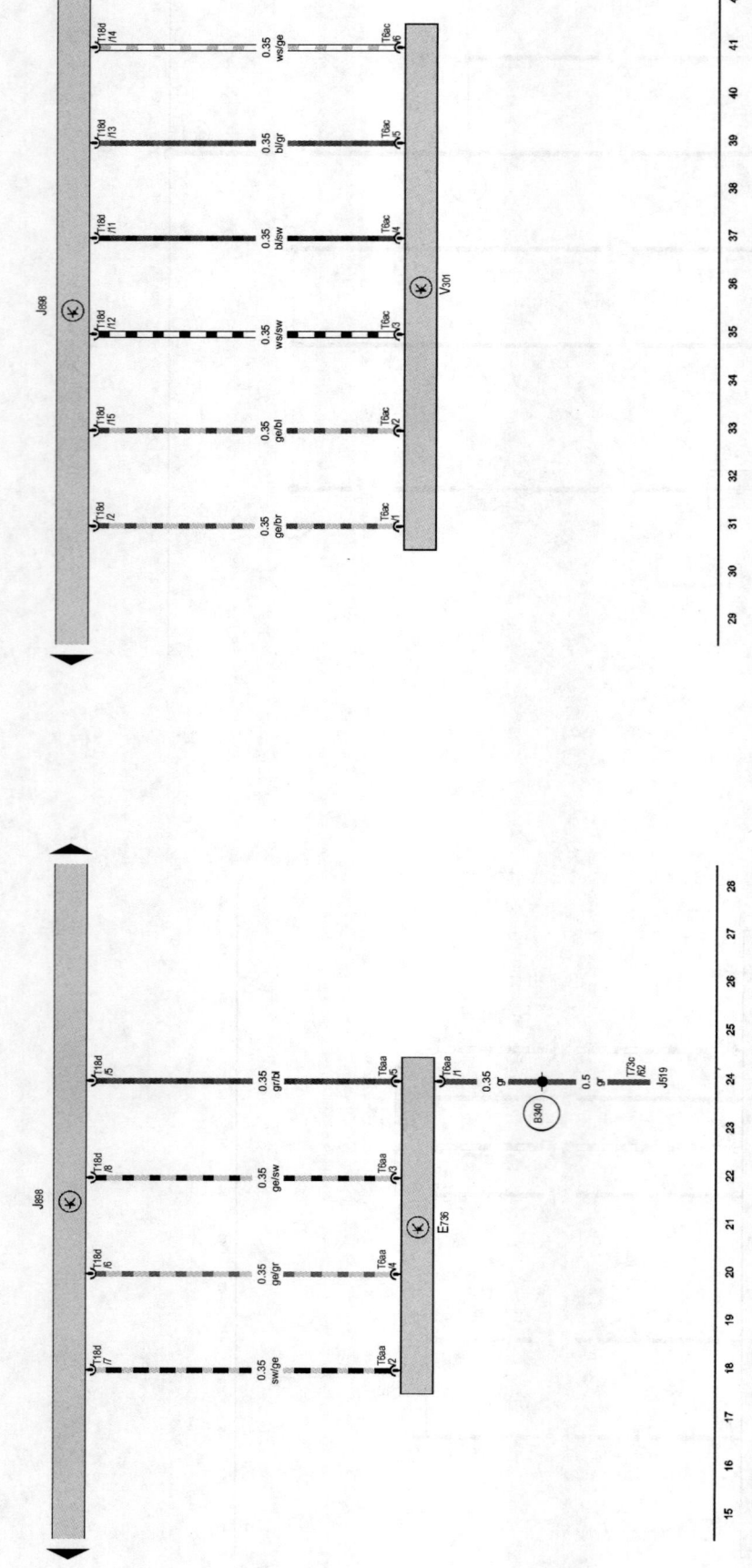

E736-前窗玻璃投影（平视显示）按钮 J519-车载电网控制单元 J898-前窗玻璃投影（平视显示器）控制单元 T6aa-6 芯插头连接，黑色 T73c-73 芯插头连接，白色 T18d-18 芯插头连接，绿色 T6aa-6 芯插头连接，白色 B340-连接 1 单元，在主导线束中

图 6-4-170

J898-前窗玻璃投影（平视显示器）控制单元 T6ac-6 芯插头连接，白色 T18d-18 芯插头连接，黑色 V301-显示屏打开/关闭电机

图 6-4-171

接线端 15 供电继电器，车载电网控制单元

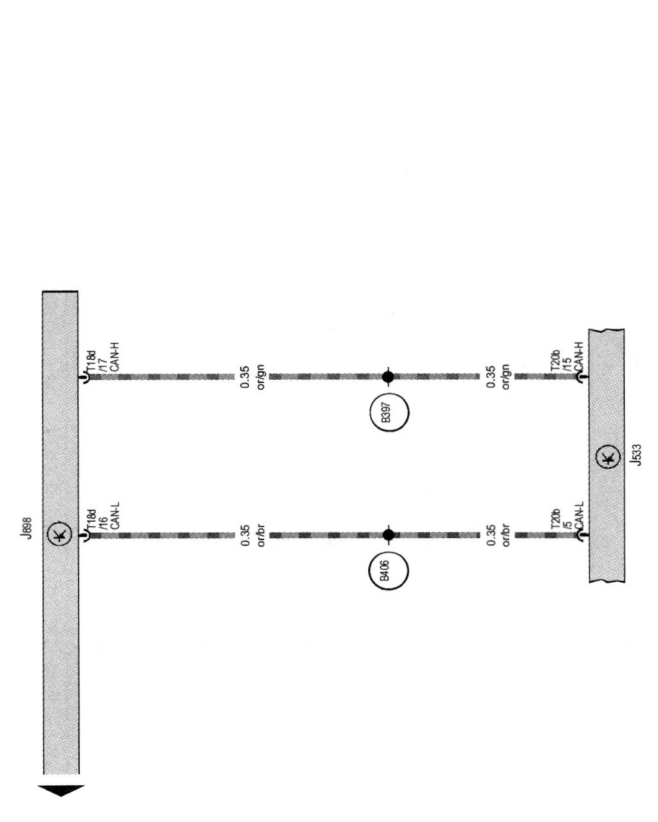

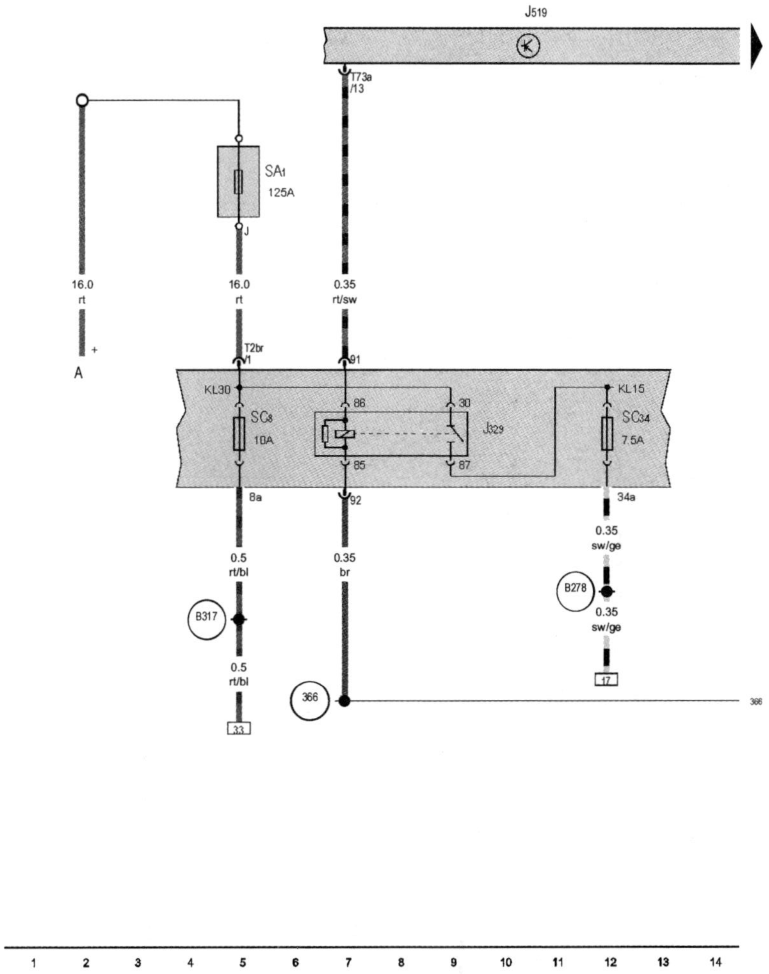

数据总线诊断接口，前窗玻璃投影（平视显示器）控制单元

图 6-4-173

A- 蓄电池 J329-接线端 15 供电继电器 J519-车载电网控制单元 SA1-保险丝座 A 上的保险丝1 SC8-保险丝座 C 上的保险丝1 SC34-保险丝座 C 上的保险丝34 T2br-2 芯插头连接，黑色 T73a-73 芯插头连接，黑色 B278-正极连接 2（15a），在主导线束中 B317-正极连接 3
接，黑色 366-接地连接 1，在主导线束中 B278-正极连接 2（15a），在主导线束中 B317-正极连接 3
（30a），在主导线束中

图 6-4-172

J533-数据总线诊断接口 J898-前窗玻璃投影（平视显示器）控制单元 T18d-18 芯插头连接，白色
T20b-20 芯插头连接，红色 B397-连接 1（舒适 CAN 总线，High），在主导线束中 B406-连接 3
CAN 总线，Low），在主导线束中

885

空气湿度、雨水与光线识别传感器、驾驶员侧车门控制单元、车载电网控制单元、驾驶员侧车外后视镜、驾驶员侧车外后视镜、驾驶员侧自动防眩车外外后视镜

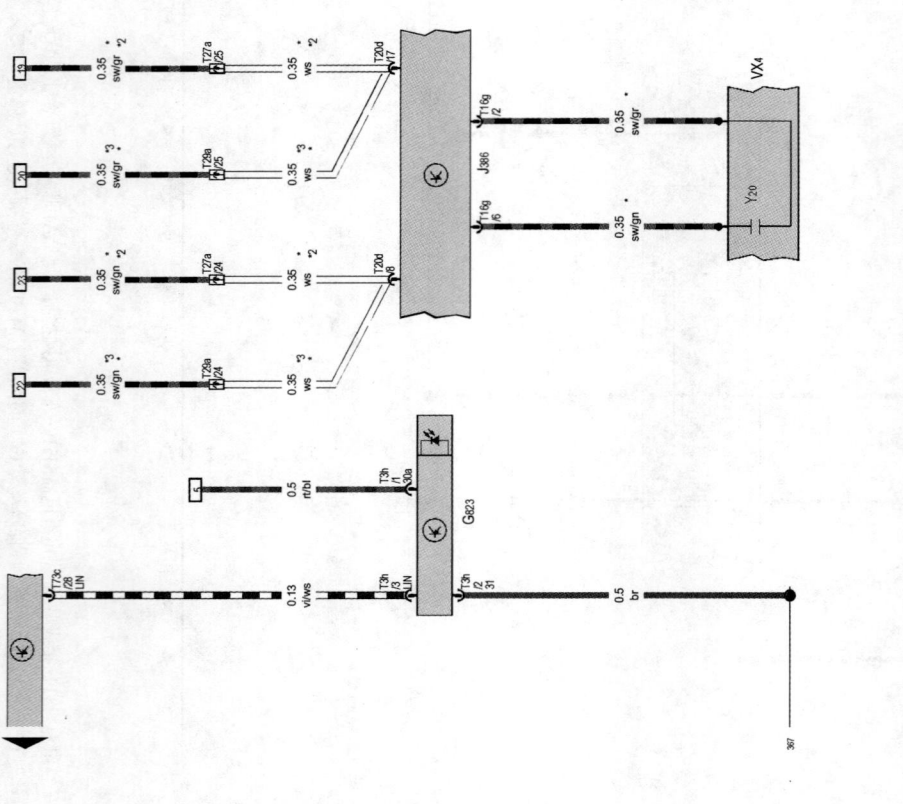

G823-空气湿度、雨水与光线识别传感器　J386-驾驶员侧车门控制单元　J519-车载电网控制单元　T3h-3 芯插头连接，黑色　T16g-16 芯插头连接，黑色　T20d-20 芯插头连接，黑色　T27a-27 芯插头连接，左侧 A柱上，黑色　T29a-29 芯插头连接，左侧 A柱上，白色　T73c-73 芯插头连接 2，黑色　VX4-驾驶员侧车外后视镜　Y20-驾驶员侧自动防眩车外后视镜　367-接地连接 2，在主导线束中　*-仅用于带有自动防眩车外后视镜的汽车　*2-仅用于不带周围环境摄像机的汽车　*3-仅用于带周围环境摄像机的汽车

图 6-4-175

车载电网控制单元、自动防眩车内后视镜

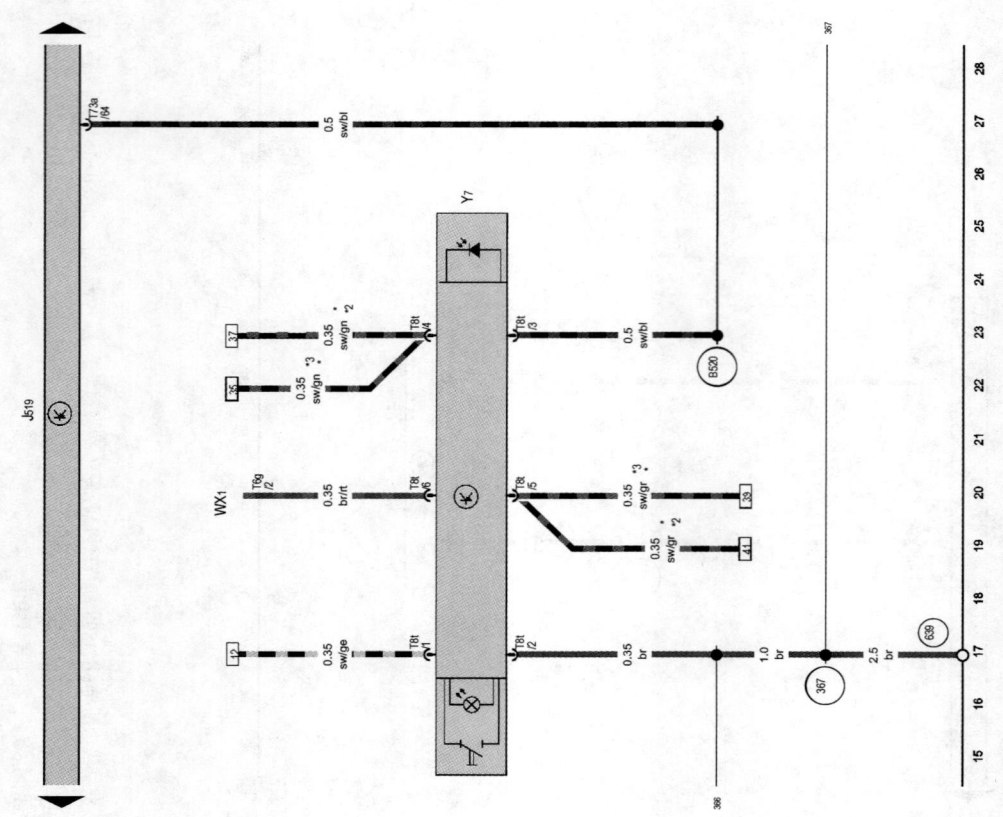

J519-车载电网控制单元　T6g-6 芯插头连接，蓝色　T8t-8 芯插头连接，黑色　T73a-73 芯插头连接，黑色　WX1-前内灯　Y7-自动防眩车内后视镜　366-接地连接 1，在主导线束中　367-接地连接 2，在主导线束中　639-左 A柱上的接地点　B520-连接（RF），在主导线束中　*-仅用于带有自动防眩车内后视镜的汽车　*2-仅用于不带周围环境摄像机的汽车　*3-仅用于带周围环境摄像机的汽车

图 6-4-174

周围环境摄像机控制单元，左侧周围环境摄像机，右侧周围环境摄像机

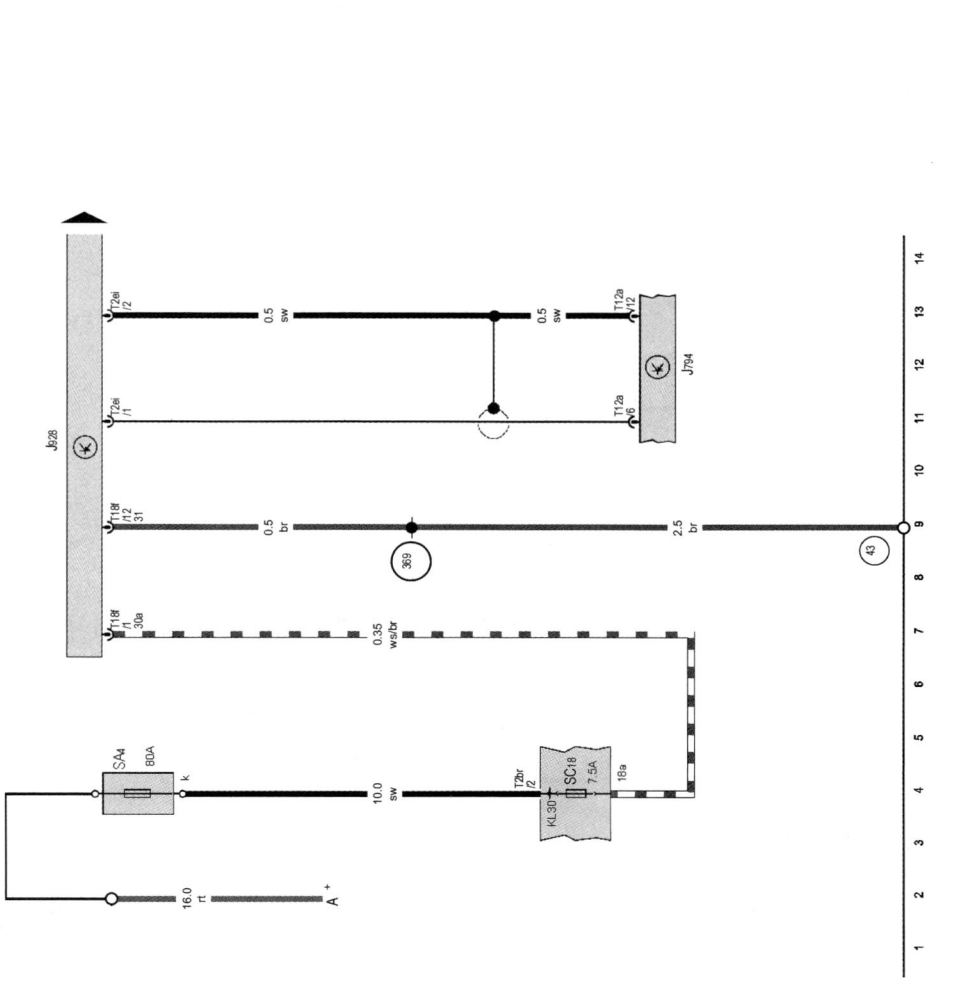

J928-周围环境摄像机控制单元 R244-左侧周围环境摄像机 R245-右侧周围环境摄像机 T5an-5 芯插头
连接，在驾驶员侧车门内，蓝色 T5ao-5 芯插头连接，副驾驶员侧车门内，蓝色 T5w-5 芯插头连接，绿
色 T5x-5 芯插头连接，左侧 A 柱上，白色 T29a-29 芯插头连接，左侧 A 柱上，白色 T29b-29 芯插头连接，
右侧 A 柱上，黑色 T29b-29 芯插头连接，右侧 A 柱
上，白色

图 6-4-177

电子通信信息设备 1 控制单元，周围环境摄像机控制单元

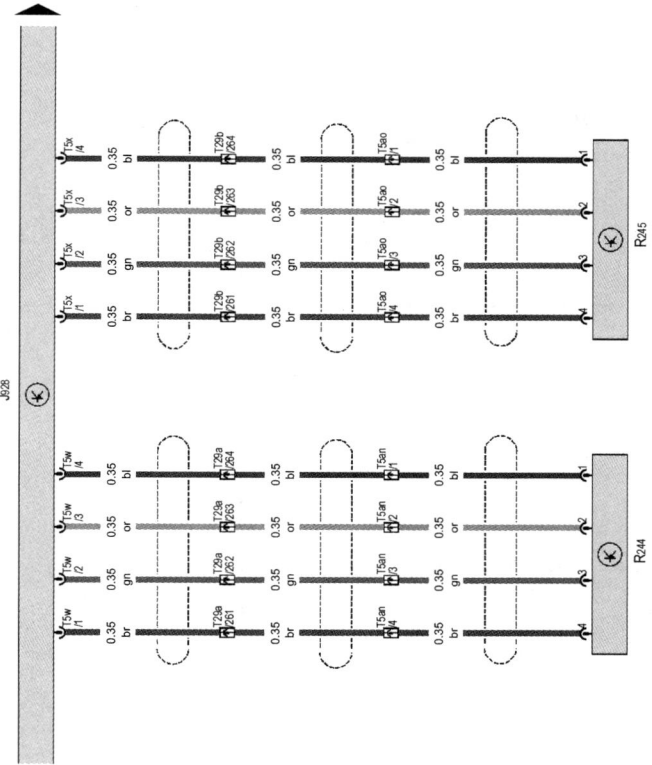

A-蓄电池 J794-电子通信信息设备 1 控制单元 J928-周围环境摄像机控制单元 SA4-保险丝架 A 上的保
险丝4 SC18-保险丝架 C 上的保险丝 18 T2br-2 芯插头连接，黑色 T2e1-2 芯插头连接，绿色 T12a-12
芯插头连接，黑色 T18-18 芯插头连接，右侧 A 柱下部的接地点 369-接地连接 4，在主导线束
中

图 6-4-176

887

数据总线诊断接口，周围环境摄像机控制单元

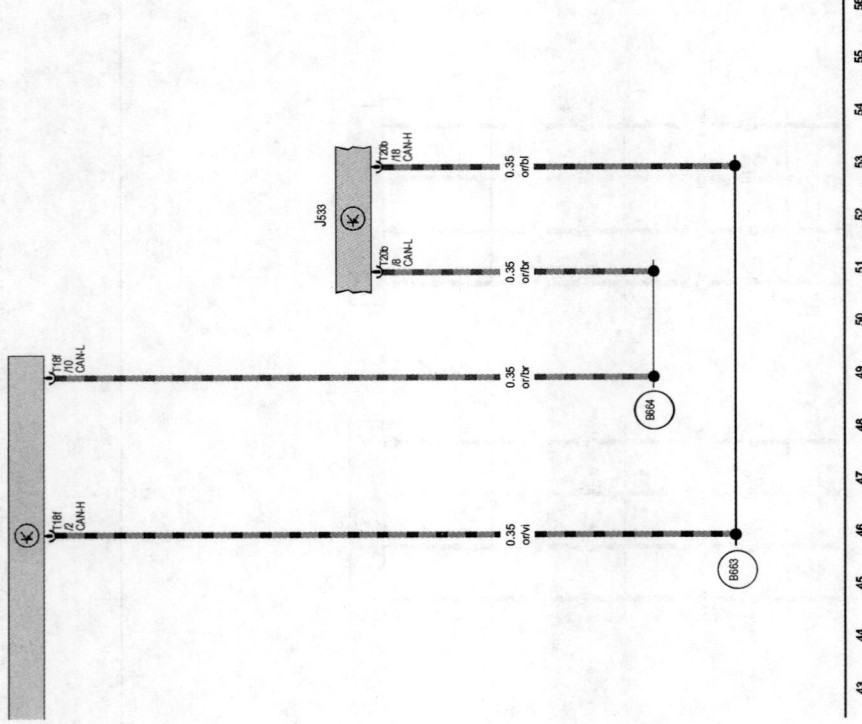

图 6-4-179

周围环境摄像机控制单元，前部周围环境摄像机，后部周围环境摄像机

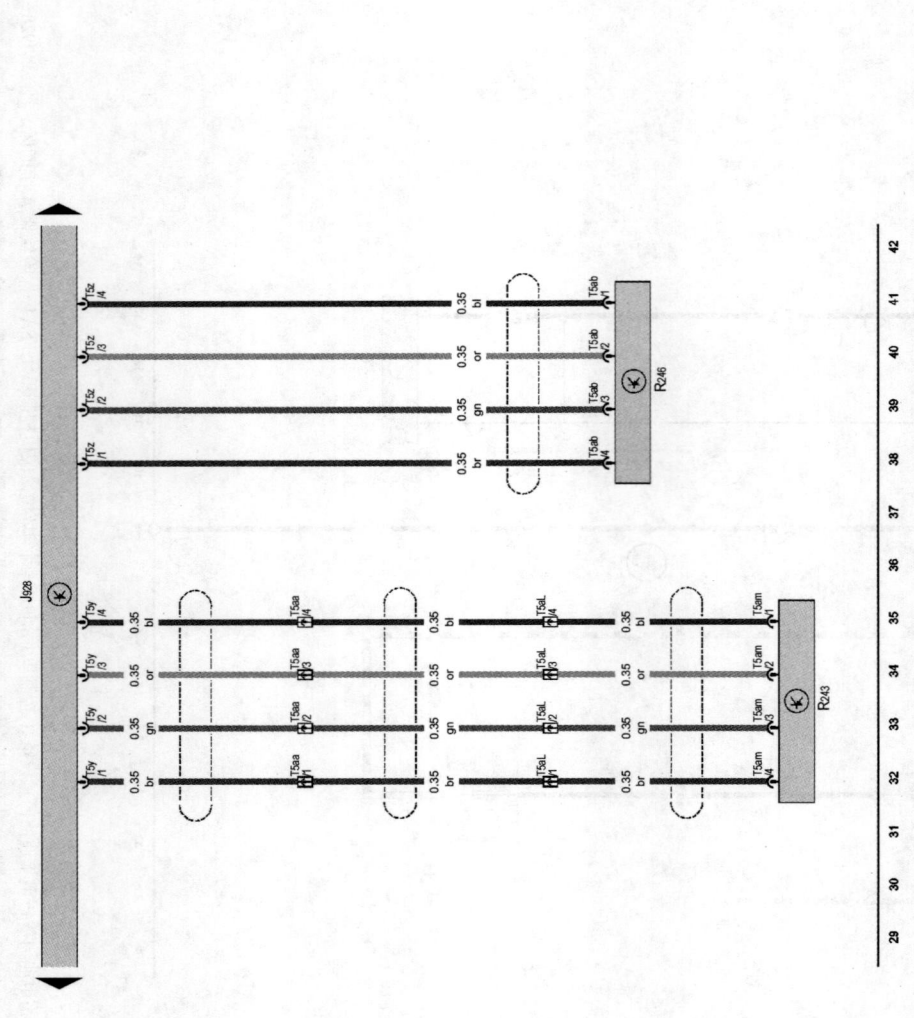

图 6-4-178

J928–周围环境摄像机控制单元 R243–前部周围环境摄像机 R246–后部周围环境摄像机 T5aa–5 芯插头连接，左侧 A 柱下部，黑色 T5ab–5 芯插头连接，黑色 T5aL–5 芯插头连接，左前保险杠内，蓝色 T5am–5 芯插头连接，黑色 T5y–5 芯插头连接，白色 T5z–5 芯插头连接，蓝色

J533–数据总线诊断接口 J928–周围环境摄像机控制单元 T18f–18 芯插头连接，黑色 T20b–20 芯插头连接，黑色 T20b–20 芯插头连接，红色 B663–连接（底盘传感器 CAN 总线，High），在主导线束中 B664–连接 CAN 总线，Low），在主导线束中

888

数据总线诊断接口、诊断接口

接线端 15 供电继电器，保险丝架 A 上的保险丝 1

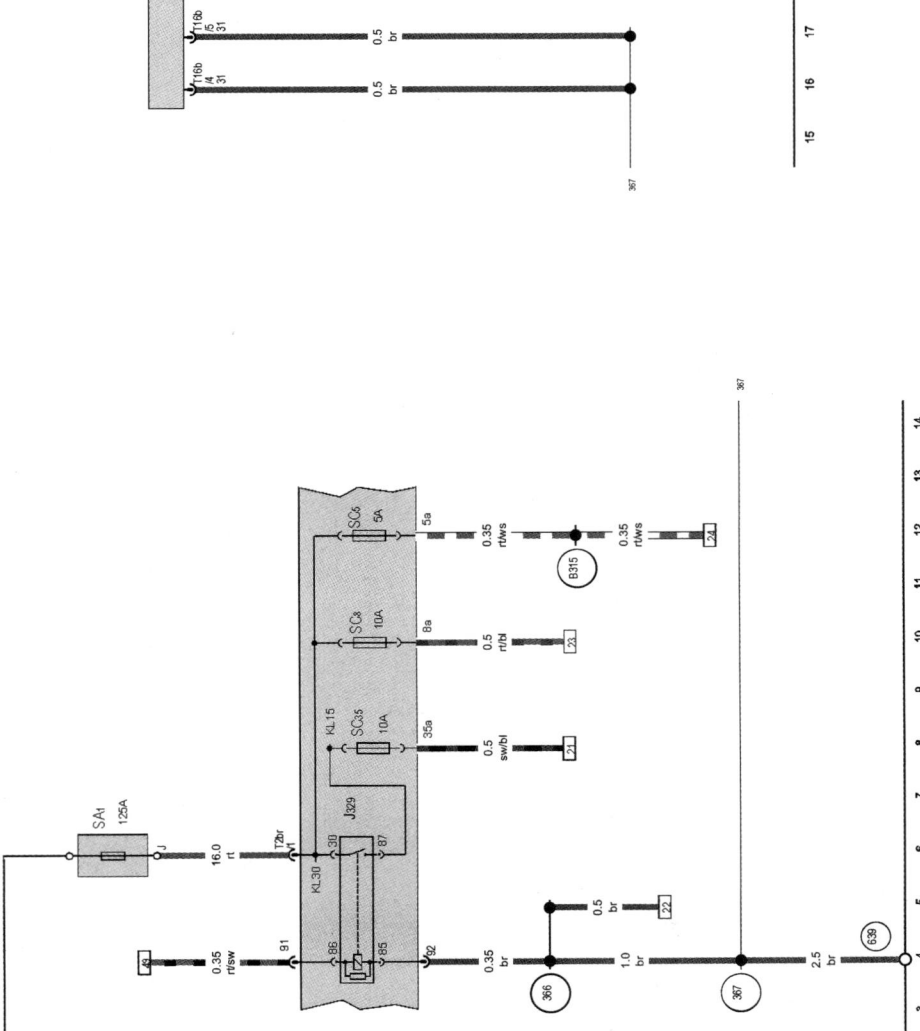

图 6-4-181

图 6-4-180

A-蓄电池 J329-接线端 15 供电继电器 SA1-保险丝架 A 上的保险丝1 SC5-保险丝架 C 上的保险丝
5 SC8-保险丝架 C 上的保险丝 8 SC35-保险丝架 C 上的保险丝 35 T2br-2 芯插头连接，黑色 366-接
地连接 1，在主导线束中 367-接地连接 2，在主导线束中 639-左 A 柱上的接地点 B315-正极连接 1
（30a），在主导线束中

J234-安全气囊控制单元 J533-数据总线诊断接口 T16b-16 芯插头连接，黑色 T20b-20 芯插头连接，
红色 T90a-90 芯插头连接，黄色 U31-诊断接口 367-接地连接 2，在主导线束中 B277-正极连接 1
（15a），在主导线束中 B317-正极连接 3（30a），在主导线束中

889

组合仪表中的控制单元，车载电网控制单元，转向柱电子装置控制单元，数据总线诊断接口

车载电网控制单元，数据总线诊断接口，行李箱盖控制单元，左前座椅调节控制单元，转向柱联锁执行元件

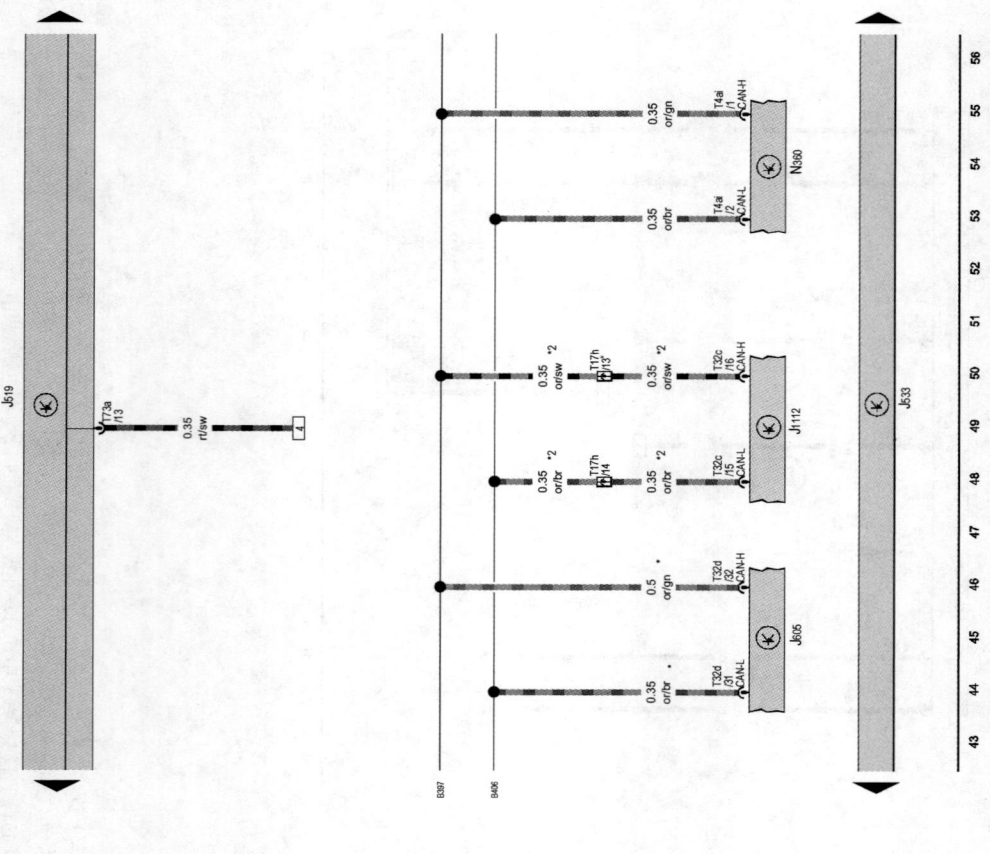

J519-车载电网控制单元 J533-数据总线诊断接口 J605-行李箱盖控制单元 J1112-左前座椅调节控制单元 N360-转向柱联锁执行元件 T4ai-4 芯插头连接，黑色 T17h-17 芯插头连接，左前座椅的接口位置中，红色 T32c-32 芯插头连接，灰色 T32d-32 芯插头连接，黑色 T73a-73 芯插头连接，黑色 B397-连接 1（舒适 CAN 总线，High），在主导线束中 B406-连接 1（舒适 CAN 总线，Low），在主导线束中 *2-带有记忆功能的驾驶员座椅 用于带有行李箱盖电控开启装置的汽车

图 6-4-183

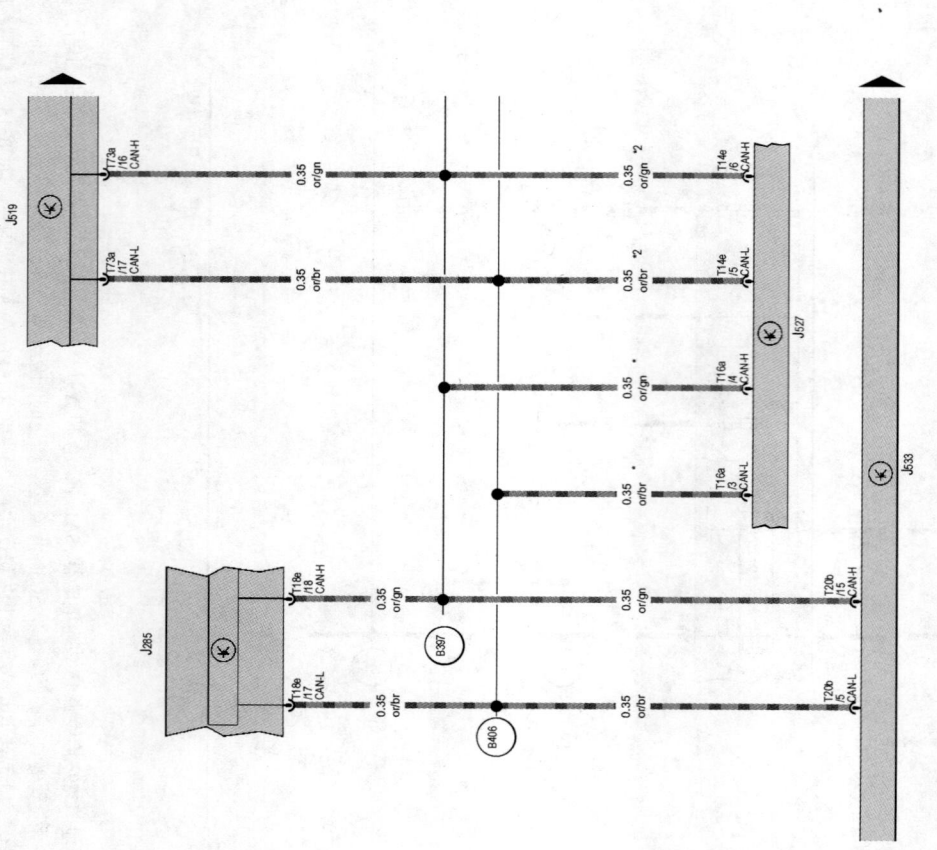

J285-组合仪表中的控制单元 J519-车载电网控制单元 J527-转向柱电子装置控制单元 J533-数据总线诊断接口 T14e-14 芯插头连接，黑色 T16a-16 芯插头连接，黑色 T18e-18 芯插头连接，黑色 T20b-20 芯插头连接，红色 T73a-73 芯插头连接，黑色 B397-连接 1（舒适 CAN 总线，High），在主导线束中 B406-连接 1（舒适 CAN 总线，Low），在主导线束中 *-仅用于带有不带可加热式方向盘的汽车 *2-仅用于带可加热式方向盘的汽车

图 6-4-182

890

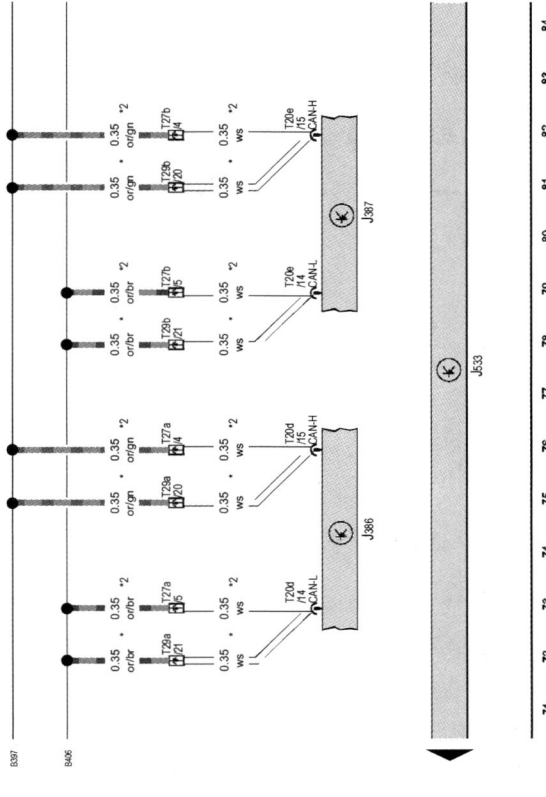

全自动空调控制单元，空调器控制单元，车载电网控制单元，数据总线诊断接口，进入及启动系统接口

驾驶员侧车门控制单元，副驾驶员侧车门控制单元，车载电网控制单元，数据总线诊断接口

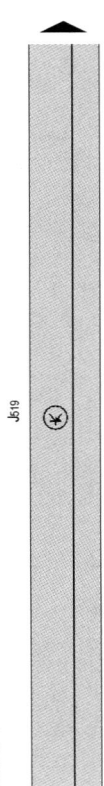

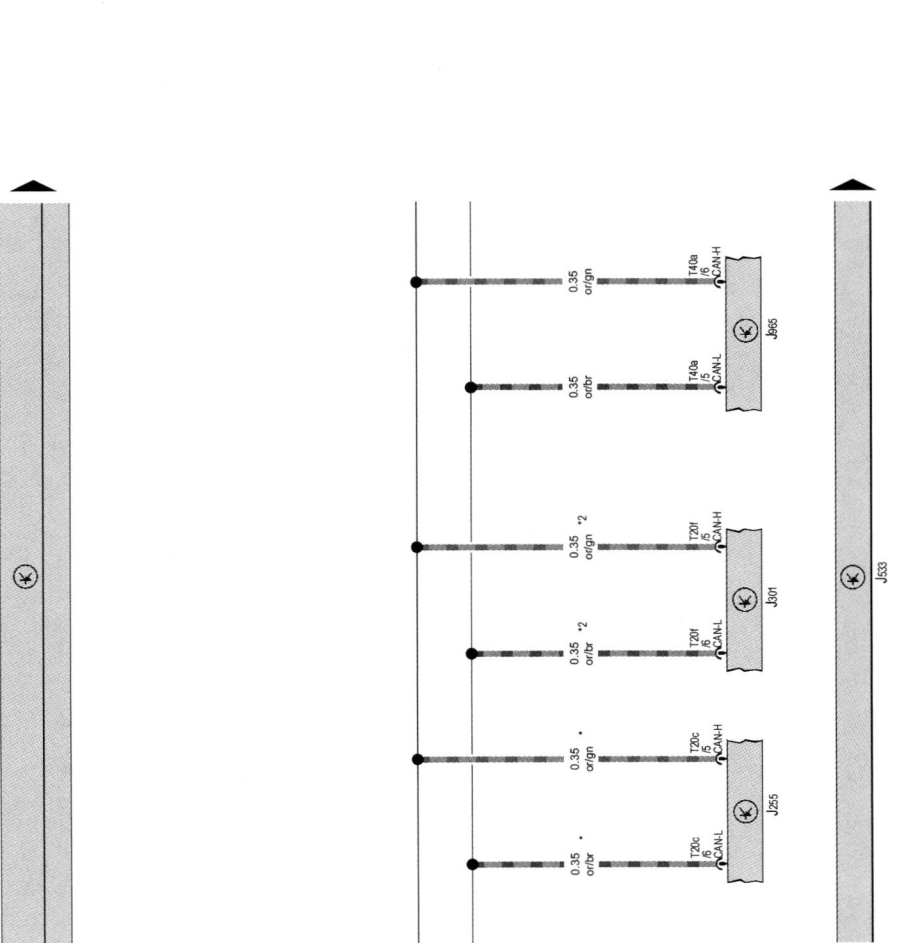

J255-全自动空调控制单元 J301-空调器控制单元 J519-车载电网控制单元 J533-数据总线诊断接口 J965-进入及启动系统接口 T20c-20 芯插头连接，黑色 T20f-20 芯插头连接，黑色 T40a-40 芯插头连接，黑色 B397-连接 1（舒适 CAN 总线，High），在主导线束中 B406-连接 1（舒适 CAN 总线，Low），在主导线束中 *-仅用于带全自动空调的汽车 *2-仅用于带电动调节风门的空调器

图 6-4-184

J386-驾驶员侧车门控制单元 J387-副驾驶员侧车门控制单元 J519-车载电网控制单元 J533-数据总线诊断接口 T20d-20 芯插头连接，黑色 A柱上，左侧 T27a-27 芯插头连接，黑色 T27b-27 芯插头连接，右侧 A柱上，黑色 T29a-29 芯插头连接，左侧 A柱上，白色 T29b-29 芯插头连接，右侧 A柱上，白色 B397-连接 1（舒适 CAN 总线，High），在主导线束中 B406-连接 1（舒适 CAN 总线，Low），在主导线束中 *-仅用于带周围环境摄像机的汽车 *2-仅用于不带周围环境摄像机的汽车

图 6-4-185

滑动天窗控制单元，车载电网控制单元，数据总线诊断接口，弯道灯和大灯照明距离调节控制单元，前窗玻璃投影（平视显示器）控制单元

车载电网控制单元，数据总线诊断接口，弯道灯和大灯照明距离调节控制单元，左前大灯

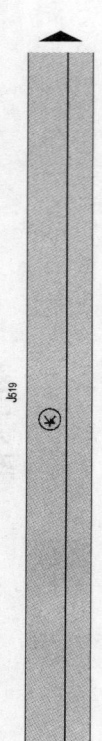

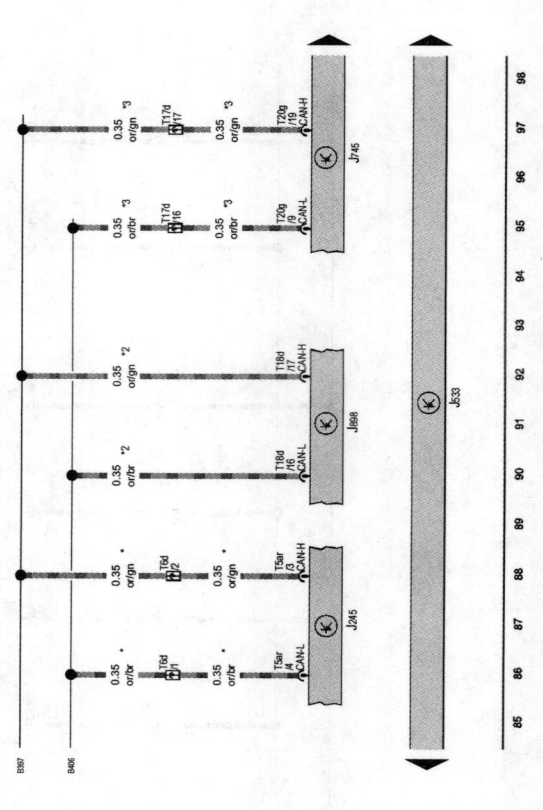

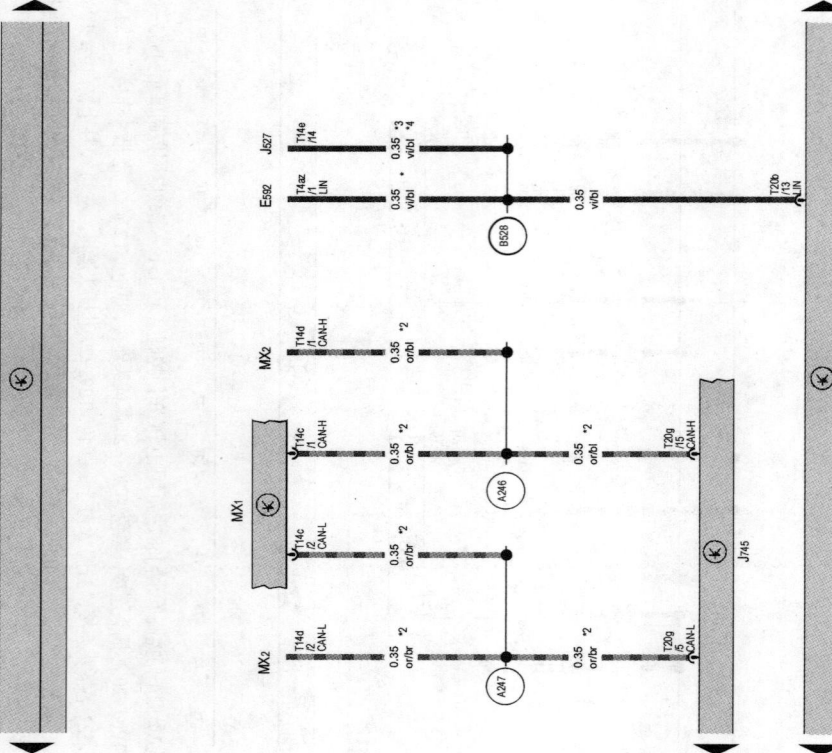

J245-滑动天窗控制单元 J519-车载电网控制单元 J533-数据总线诊断接口 J745-弯道灯大灯照明距离调节控制单元 J898-前窗玻璃投影（平视显示器）控制单元 T5ar-5 芯插头连接，黑色 T6d-6 芯插头连接 T17d-17 芯插头连接附近，黑色 T18d-18 芯插头连接，左侧 A 柱下部，蓝色 T20g-20 芯插头连接，棕色 B397-连接 1（舒适 CAN 总线，High），在主导线束中 B406-连接 1（舒适 CAN 总线，Low），在主导线束中 *-仅用于带全景滑动天窗的汽车 *2-仅用于带前窗玻璃投影的汽车 *3-仅用于带自动大灯照明距离调节的汽车

图 6-4-186

E592-驾驶风格选择开关模块 J519-车载电网控制单元 J527-转向柱电子装置控制单元 J533-数据总线诊断接口 J745-弯道灯和大灯照明距离调节控制单元 MX1-左前大灯 MX2-右前大灯 T4az-4 芯插头连接，黑色 T14c-14 芯插头连接，黑色 T14e-14 芯插头连接，黑色 T20b-20 芯插头连接，红色 T20g-20 芯插头连接，棕色 A246-连接 1（CAN 总线，High），在发动机舱内线束中 A247-连接 1（CAN 总线，Low），在发动机舱内线束中 B528-连接 1（LIN 总线），在主导线束中 *-仅用于带驾驶模式选择操纵单元的汽车 *2-仅用于带自动大灯照明距离调节的汽车 *3-仅用于带 2.0 L发动机的汽车 *4-仅用于带可加热式方向盘的汽车

图 6-4-187

安全气囊控制单元，车载电网控制单元，数据总线诊断接口，换挡杆传感器控制单元

车载电网控制单元，数据总线诊断接口

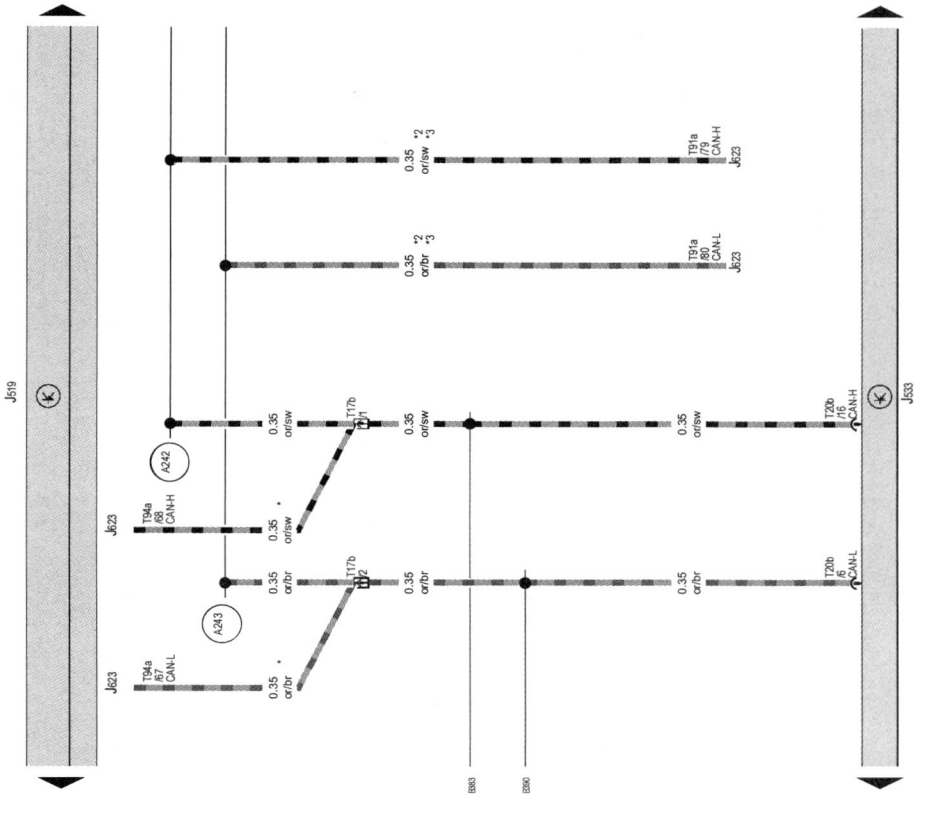

图 6-4-189

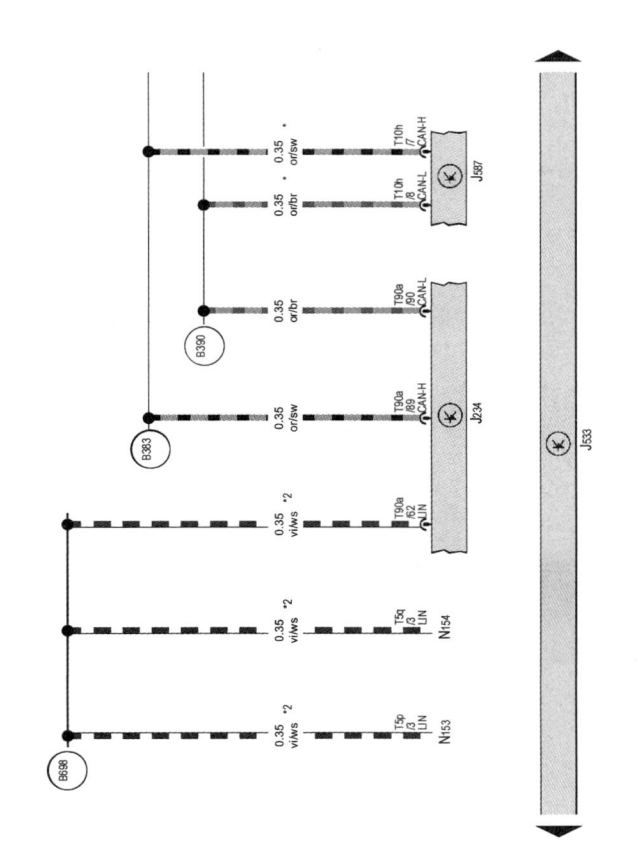

图 6-4-188

J234－安全气囊控制单元 J519－车载电网控制单元 J533－数据总线诊断接口 J587－换挡杆传感器控制单元 N153－驾驶员侧安全带拉紧器引爆装置 1 N154－副驾驶员侧安全带拉紧器引爆装置 1 T5p－5 芯插头连接，白色 T5q－5 芯插头连接，白色 T10h－10 芯插头连接，黑色 T90a－90 芯插头连接，黑色 B383－连接 1（驱动 CAN 总线，High），在主导线束中 B390－连接 1（驱动 CAN 总线，Low），在主导线束中 B698－连接 3（LIN 总线），在主导线束中 *－仅适用于带双离合器变速器的汽车 *2－仅用于带可逆安全带拉紧器的汽车

J519－车载电网控制单元 J533－数据总线诊断接口 J623－发动机控制单元 T17b－17 芯插头连接，左侧 A 柱下部，棕色 T20b－20 芯插头连接，红色 T91a－91 芯插头连接，黑色 T94a－94 芯插头连接，黑色 A242－连接 1（驱动 CAN 总线，High），在发动机舱导线束中 A243－连接 1（驱动 CAN 总线，Low），在发动机舱导线束中 B383－连接 1（驱动 CAN 总线，High），在主导线束中 B390－连接 1（驱动 CAN 总线，Low），在主导线束中 *－仅用于带 1.4 L 发动机的汽车 *2－仅用于带 1.8 L 发动机的汽车 *3－仅用于带 2.0 L 发动机的汽车

893

车载电网控制单元，数据总线诊断接口

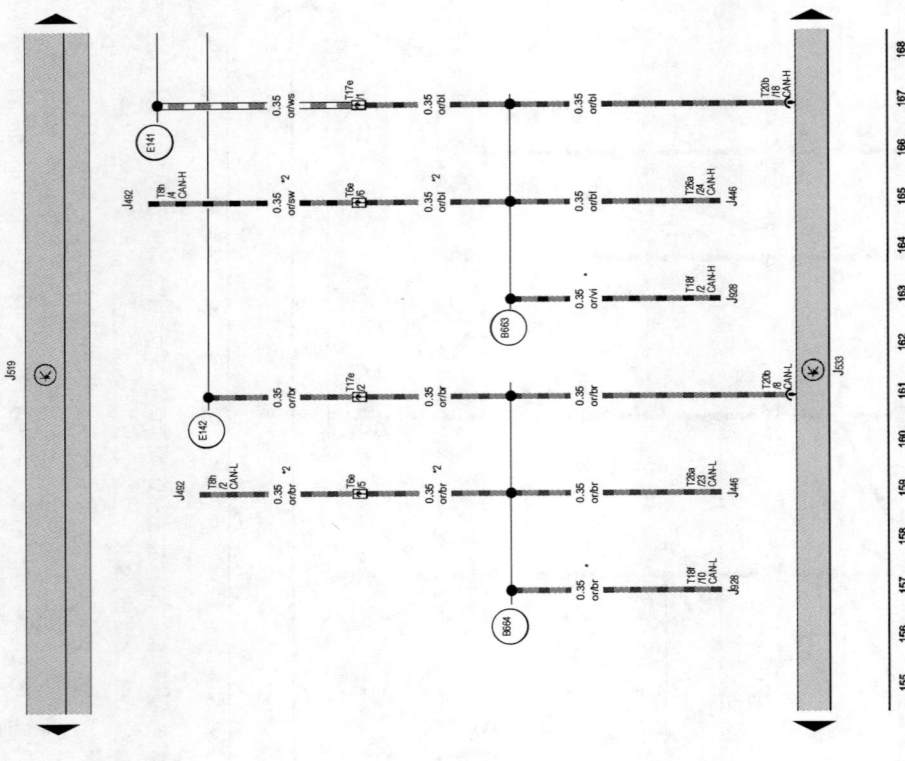

J519—车载电网控制单元 J492—全轮驱动控制单元 J519—车载电网控制单元 J533—数据总线诊断接口
J446—泊车雷达系统控制单元 J492—全轮驱动控制单元 J519—车载电网控制单元 J533—数据总线诊断接口
J928—周围环境摄像机控制单元 T6c—6 芯插头连接，左侧油箱上，左侧 T8h—8 芯插头连接，黑色 T8h—8 芯插头连接，红色 T17c—
17 芯插头连接，右侧 A 柱下部，黑色 T18f—18 芯插头连接，黑色 T20b—20 芯插头连接，红色 T26a—26
芯插头连接 A243—连接 1（底盘传感器 CAN 总线，High），在主导线束中 B664—连接（底盘传感
线束中 A243—连接 1（底盘传感器 CAN 总线，High），在主导线束中 B664—连接（底盘传感
器 CAN 总线，Low），在主导线束中 E141—连接（底盘传感器 CAN 总线，High），在发动机舱导线束
中 E142—连接（底盘传感器 CAN 总线，Low），在发动机舱导线束中 *—仅用于带周围环境摄像机的汽车
车 *2—仅用于带全轮驱动的汽车

图 6-4-191

车载电网控制单元，数据总线诊断接口，双离合器变速器机电装置

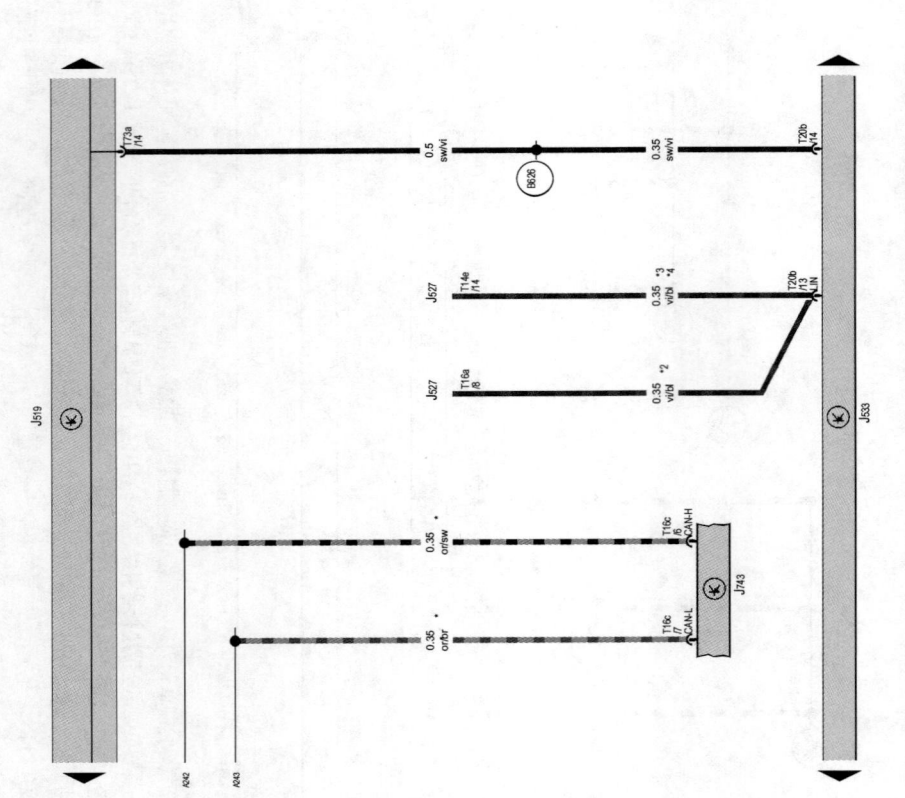

J519—车载电网控制单元 J527—转向柱电子装置控制单元 J533—数据总线诊断接口 J743—双离合器变速器
机电装置 T14c—14 芯插头连接，黑色 T16a—16 芯插头连接，黑色 T16c—16 芯插头连接，黑色 T20b—20
芯插头连接，红色 T73a—73 芯插头连接，黑色 A242—连接 1（驱动 CAN 总线，High），在发动机舱导
线束中 A243—连接 1（驱动 CAN 总线，Low），在发动机舱导线束中 B626—正极连接 2（15），在主导
线束中 *—仅适用于带双离合器变速器的汽车 *2—仅用于带不带加热式方向盘的汽车 *3—仅用于带 1.8 L
发动机的汽车 *4—仅用于带可加热式方向盘的汽车

图 6-4-190

894

ABS 控制单元，助力转向控制单元，车载电网控制单元，数据总线诊断接口

车载电网控制单元，数据总线诊断接口

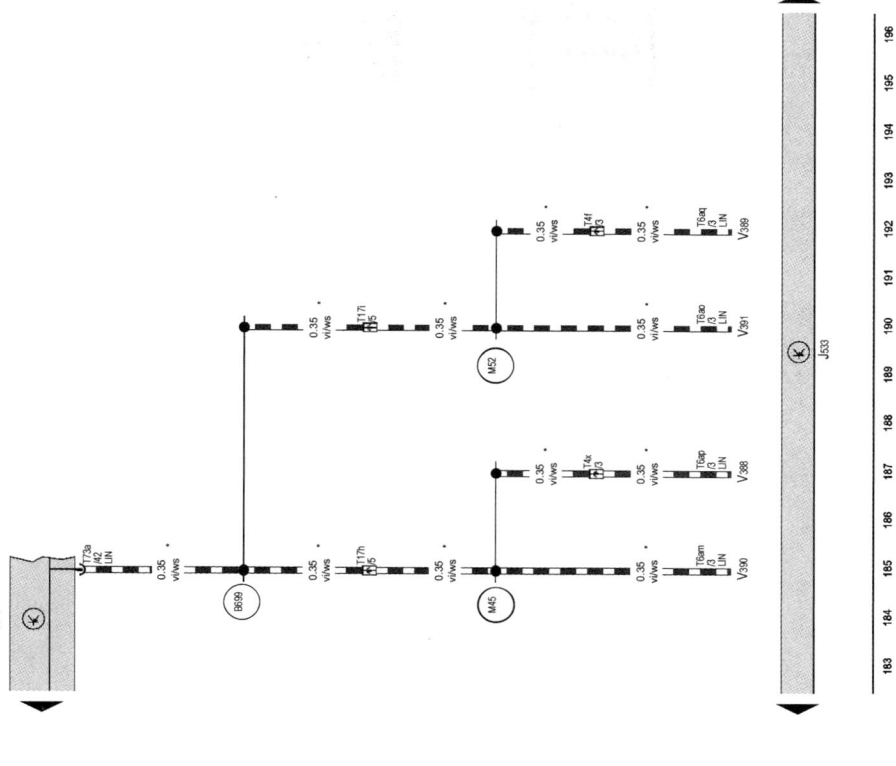

图 6-4-193

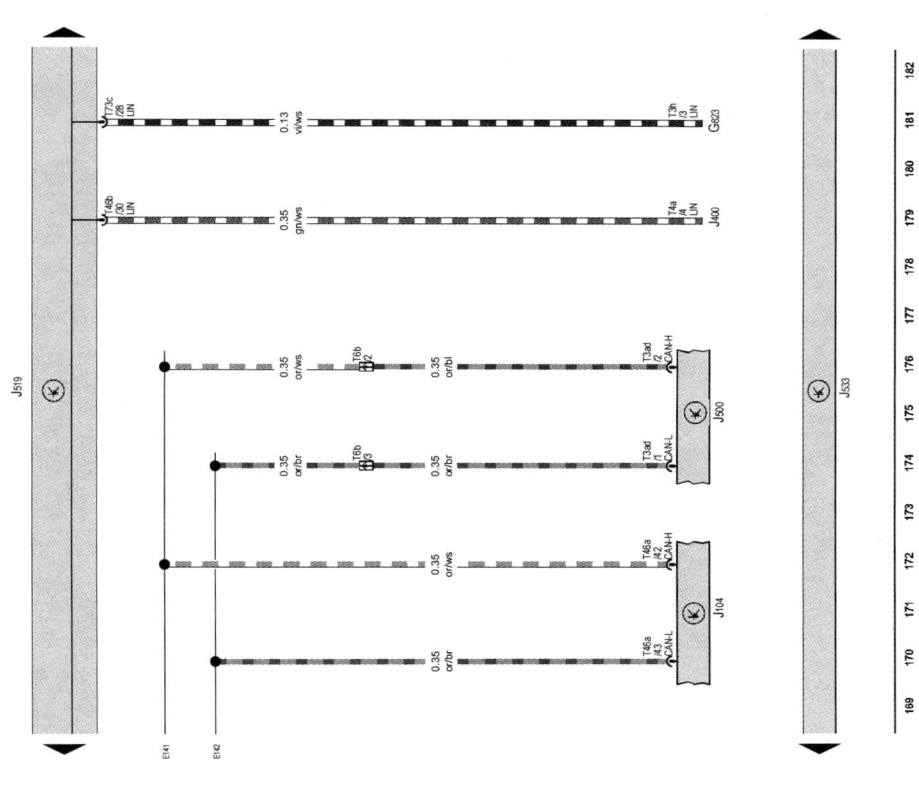

图 6-4-192

G823－空气湿度，雨水与光线识别传感器 J104－ABS 控制单元 J400－刮水器电机控制单元 J500－助力转向控制单元 J519－车载电网控制单元 J533－数据总线诊断接口 T3ad-3 芯插头连接，黑色 T3h-3 芯插头连接，黑色 T4a-4 芯插头连接 T4b-6 芯插头连接，黑色 T6b-6 芯插头连接，发动机舱内左后部，黑色 T46a-46 芯插头连接，黑色 T46b-46 芯插头连接，黑色 T73c-73 芯插头连接，黑色 E141-连接（底盘传感器 CAN 总线，High），在发动机舱导线束中 E142-连接（底盘传感器 CAN 总线，Low），在发动机舱导线束中

J519－车载电网控制单元 J533－数据总线诊断接口 T4f-4 芯插头连接，副驾驶员座椅下方，白色 T4x-4 芯插头连接，驾驶员座椅下方，白色 T6am-6 芯插头连接，黑色 T6ao-6 芯插头连接，黑色 T6ap-6 芯插头连接，黑色 T6aq-6 芯插头连接，右前座椅的连接位置中，红色 T17h-17 芯插头连接，黑色 T17h-17 芯插头连接，左前座椅的连接位置中，17 芯插头连接，右前座椅的连接位置中，红色 T73a-73 芯插头连接，黑色 V388－驾驶员座椅靠背风扇 V389－副驾驶员座椅靠背风扇 V390－驾驶员座椅座垫风扇 V391－副驾驶员座椅座垫风扇 B699－连接 4（LIN 总线），在主导线束中 M45-连接 5，在驾驶员侧座椅导线束中 M52-连接 2，在副驾驶员侧座椅导线束中 ＊－仅用于带座椅通风的汽车

895

数据总线诊断接口、盲区识别控制单元

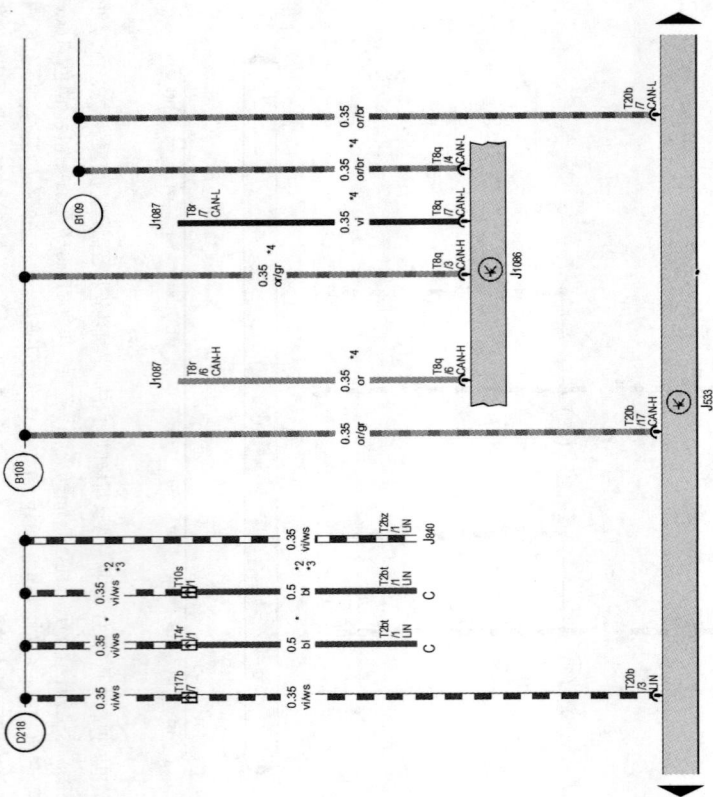

数据总线诊断接口、电子通信信息设备 1 控制单元

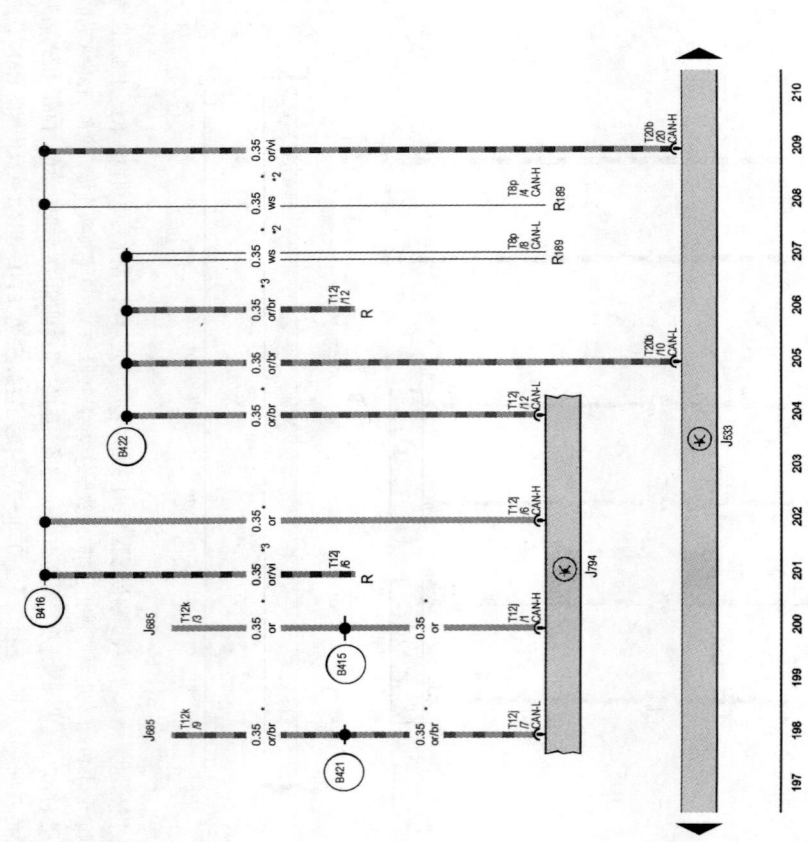

J533-数据总线诊断接口 J685-前部信息显示和操作单元控制单元的显示单元 J794-电子通信信息设备 1 控制单元 J1086-盲区识别控制单元 J1087-盲区识别控制单元 J840-蓄电池电调节控制单元 J1086-盲区识别控制单元 J1087-盲控制单元 R-收音机 R189-倒车摄像头 T8p-8 芯插头连接 T12j-12 芯插头连接 灰色 T12k-12 区识别控制单元 2 T2bt-2 芯插头连接 黑色 T4r-4 芯插头连接 发动机舱芯插头连接 黑色 T20b-20 芯插头连接 红色 B415-连接 1(信息娱乐 CAN 总线 High) 在主导线 芯插头连接 黑色 T8q-8 芯插头连接 黑色 T8t-8 芯插头连接 发动机舱内左束中 B416-连接 2(信息娱乐 CAN 总线 High) 在主导线束中 B421-连接 1(信息娱乐 CAN 总线 前 黑色 T17b-17 芯插头连接 左侧 A 柱下部 黑色 T10s-10 芯插头连接 黑色 T20b-20 芯插头连接 棕色 T20b-20 芯插头连接 红色 B108-连接 1(扩展 Low) 在主导线束中 B422-连接 2(信息娱乐 CAN 总线 Low) 在主导线束中倒车摄像头系统 *3-仅用于带导航系统 CAN 总线 High) 在主导线束中 B109-连接 1(扩展 CAN 总线 Low) 在主导线束中 D218-连接的汽车 *2-仅用于带倒车摄像机系统的汽车 *3-仅用于带收音机的汽车 1(LIN 总线) 在发动机舱导线束中 *-仅用于带 1.4 L 发动机的汽车 *2-仅用于带 1.8 L 发动机的汽车的汽车 *3-仅用于带 2.0L 发动机的汽车 *4-仅用于带车道保持辅助系统的汽车

图 6-4-194

图 6-4-195

896

安全气囊卷簧和带滑环的复位环

数据总线诊断接口，驾驶员辅助系统的前部摄像机

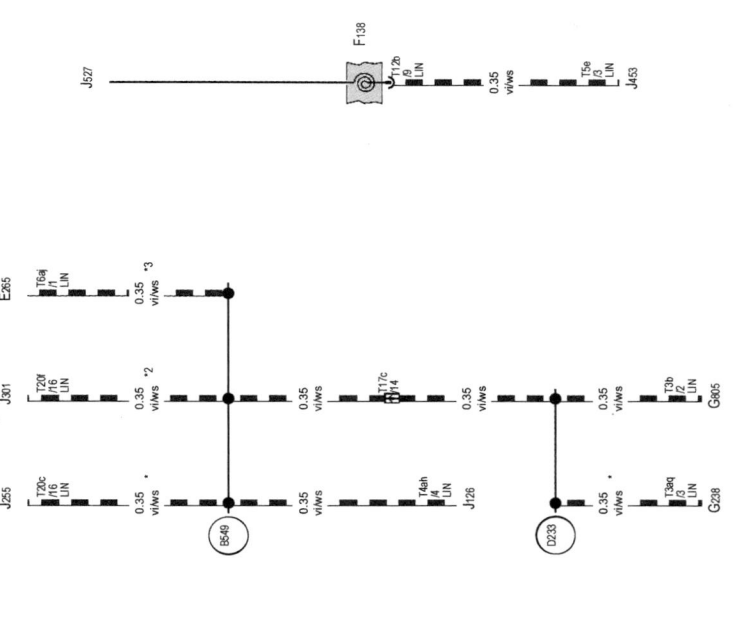

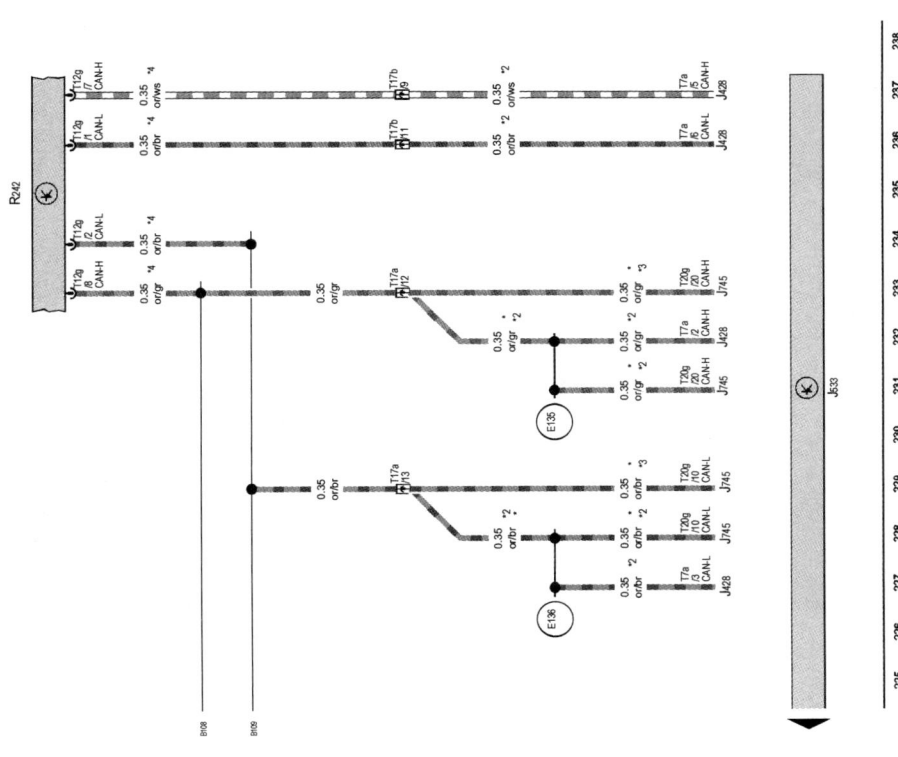

图6-4-197

E265-后部空调操作和显示单元　F138-安全气囊卷簧和带滑环的复位环　G238-空气质量传感器　G805-冷却液循环管路压力传感器　J126-新鲜空气鼓风机控制单元　J255-全自动空调控制单元　J301-空调器控制单元　J453-多功能方向盘控制单元　J527-转向柱电子装置控制单元　T3aq-3 芯插头连接，灰色　T3b-3 芯插头连接，黑色　T4ah-4 芯插头连接，黑色　T5e-5 芯插头连接，黑色　T6aj-6 芯插头连接，黑色　T12b-12 芯插头连接，黑色　黄色　T17c-17 芯插头连接，左侧 A 柱下部，左侧 A 柱下部，红色　T20c-20 芯插头连接，黑色　T20f-20 芯插头连接，黑色　B549-连接 2（LIN 总线），在主导线束中　D233-连接 2（LIN 总线），在左前动机舱导线束中　*3-仅用于后部带有全自动空调的汽车中　*-仅用于全自动空调的汽车　*2-仅用于带电动调节风门的空调器　*3-仅用于带全自动空调操作与显示单元的汽车

图6-4-196

J428-车距调节控制单元　J533-数据总线诊断接口　J745-弯道灯和大灯照明距离调节控制单元　R242-驾驶员辅助系统的前部摄像机　T7a-7 芯插头连接，左侧 A 柱下部，黑色　T12g-12 芯插头连接，左侧 A 柱下部，黑色　T17a-17 芯插头连接，黑色　T17b-17 芯插头连接，黑色　T20g-20 芯插头连接，棕色　B108-连接 1（扩展 CAN 总线，High），在主导线束中　B109-连接 1（扩展 CAN 总线，Low），在主导线束中　E135-连接（扩展 CAN 总线，High），在发动机舱导线束中　E136-连接（扩展 CAN 总线，Low），在发动机舱导线束中　*-仅用于带自动车距控制（ADR）的汽车　*2-仅用于带自动大灯照明距离调节的汽车　*3-仅用于带驾驶员辅助特殊装备的汽车　*3-仅用于带自动车距控制（ADR）的汽车　*4-仅用于不带自动大灯照明距离调节（ADR）的汽车

897

组合仪表中的控制单元，组合仪表，机油油位指示灯，驻车制动器指示灯，电动驻车制动器和手制动器制动器故障指示灯

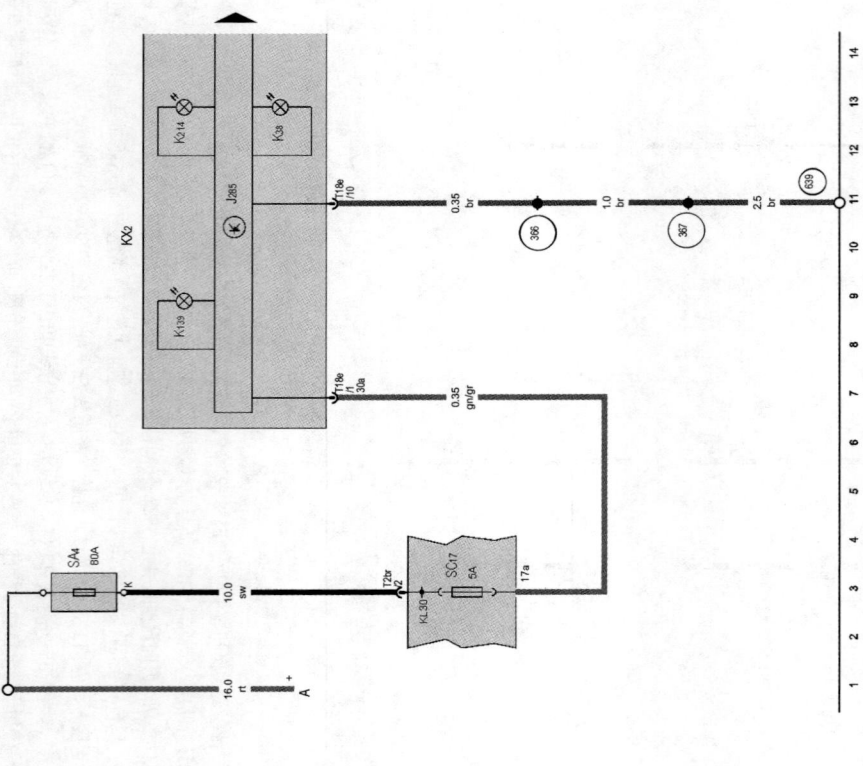

A-蓄电池 J285-组合仪表中的控制单元 KX2-组合仪表 K38-机油油位指示灯 K139-驻车制动器指示灯 K214-电动驻车制动器和手制动器故障指示灯 SA4-保险丝架 A 上的保险丝 4 SC17-保险丝架 C 上的保险丝 17 T2br-2 芯插头连接，黑色 T18e-18 芯插头连接，黑色 366-接地连接 1，在主导线束中 367-接地连接 2，在主导线束中 639-左侧 A 柱上的接地点

图 6-4-199

左后车门控制单元，右后车门控制单元

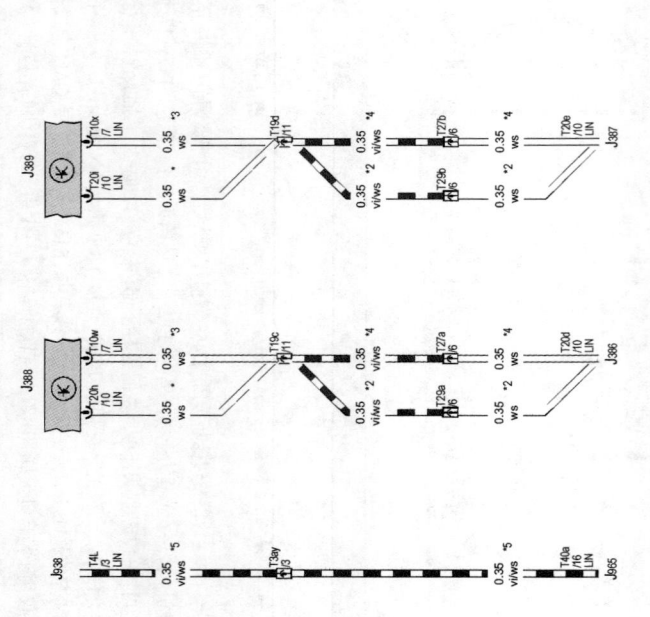

图 6-4-198

J386-驾驶员侧车门控制单元 J387-副驾驶员侧车门控制单元 J388-左后车门控制单元 J389-右后车门控制单元 J938-行李箱盖开启装置控制单元 J965-进入及启动系统接口 T3ay-3 芯插头连接，右后保险杠下方，黑色 T4L-4 芯插头连接，黑色 T10w-10 芯插头连接，左侧 B 柱上，黑色 T10x-10 芯插头连接，黑色 T19c-19 芯插头连接，左侧 B 柱上，黑色 T19d-19 芯插头连接，右侧 B 柱上，黑色 T20d-20 芯插头连接，黑色 T20e-20 芯插头连接，黑色 T20h-20 芯插头连接，黑色 T20i-20 芯插头连接，黑色 T27a-27 芯插头连接，左侧 A 柱上，黑色 T27b-27 芯插头连接，右侧 A 柱上，黑色 T29a-29 芯插头连接，左侧 A 柱上，白色 T29b-29 芯插头连接，右侧 A 柱上，白色 T40a-40 芯插头连接，黑色 *1-仅用于氛围灯型号 *2-仅用于带同环境摄像机的汽车 *3-依汽车装备而定 *4-仅用于不带周围环境摄像机的汽车 *5-仅用于带行李箱盖开启传感器的汽车

防盗锁止系统读出线圈，冷却液温度表，组合仪表中的控制单元，防盗锁止系统控制单元，组合仪表，清洗液不足指示灯，制动系统指示灯，电子油门故障信号灯，行驶换道辅助系统控制灯

燃油表传感器，燃油表，燃油供给单元，多功能显示器，组合仪表中的控制单元，远光灯指示灯，发电机指示灯，组合仪表，机油压力指示灯，冷却液温度和冷却液不足显示指示灯

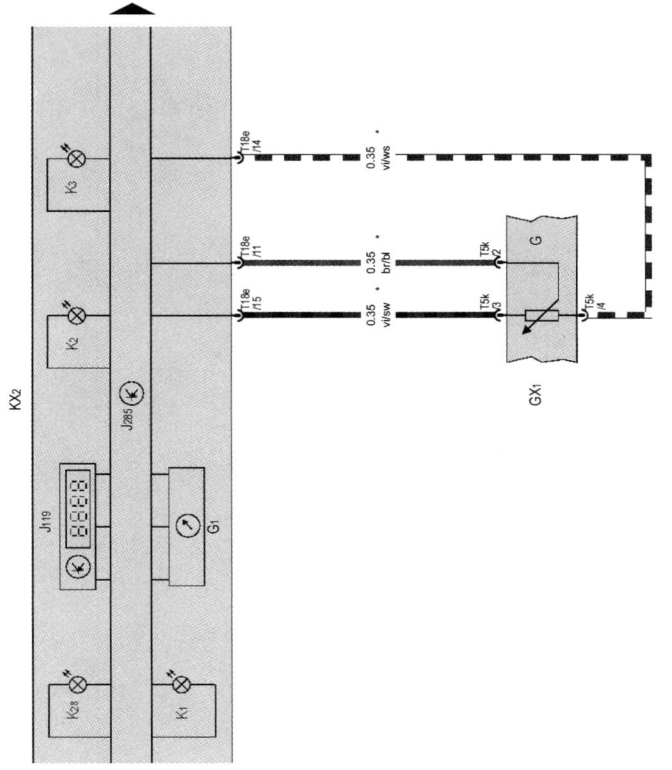

图6-4-201

G-燃油表传感器 G1-燃油表 GX1-燃油供给单元 J119-多功能显示器 J285-组合仪表中的控制单元 K1-远光灯指示灯 K2-发电机指示灯 KX2-组合仪表 K3-机油压力指示灯 K28-冷却液温度和冷却液不足显示指示灯 T5k-5 芯插头连接，黑色 T18e-18 芯插头连接，黑色 *-仅用于带前轮驱动的汽车

图6-4-200

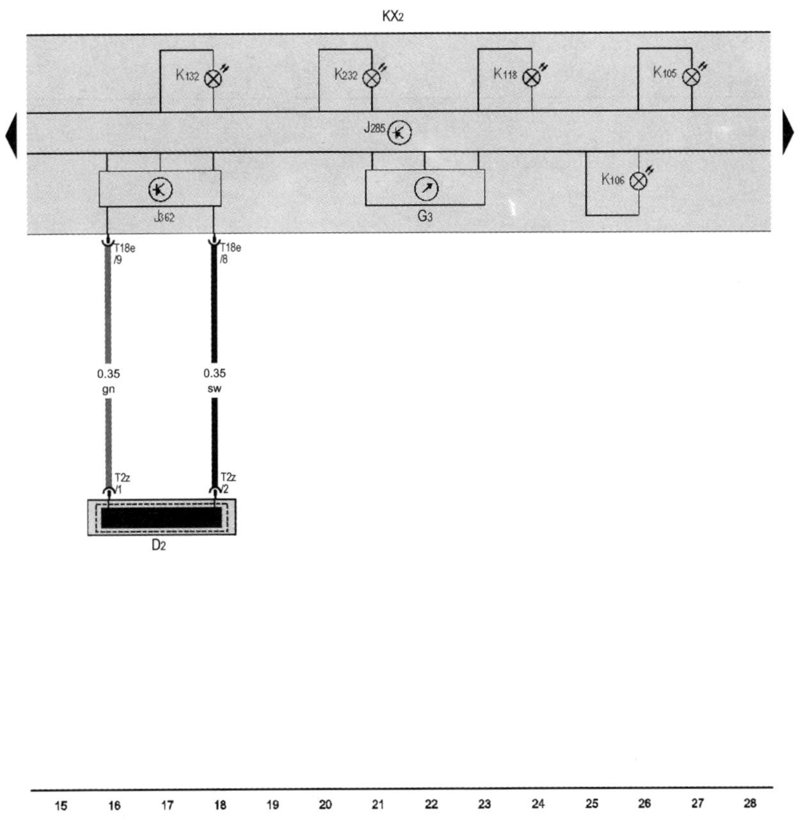

D2-防盗锁止系统读出线圈 G3-冷却液温度表 J285-组合仪表中的控制单元 J362-防盗锁止系统控制单元 KX2-组合仪表 K105-燃油表 K106-清洗液不足指示灯 K118-制动系统指示灯 K132-电子油门故障信号灯 K232-行驶换道辅助系统控制灯 T2z-2 芯插头连接，黑色 T18e-18 芯插头连接，黑色

组合仪表中的控制单元，组合仪表，后雾灯指示灯，定速巡航装置指示灯，ABS 指示灯，左侧转向信号灯指示灯，安全气囊指示灯，右侧转向信号指示灯，电子稳定程序和 ASR 指示灯，电子稳定程序和 ASR 指示灯 2

车速表，组合仪表中的控制单元，组合仪表，安全带警告指示灯，制动摩擦片指示灯，废气警告灯，机电式助力转向器指示灯，灯泡失灵指示灯，自动车距控制指示灯，组合仪表照明灯泡

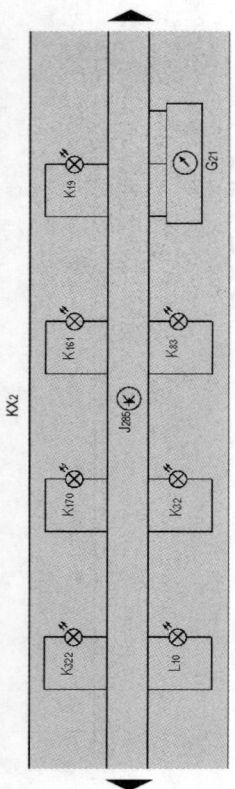

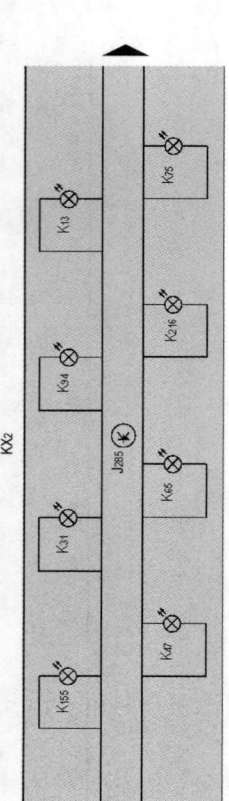

J285-组合仪表中的控制单元　KX2-组合仪表　K13-后雾灯指示灯　K31-定速巡航装置指示灯　K47 -ABS 指示灯　K65-左侧转向信号灯指示灯　K75-安全气囊指示灯　K94-右侧转向信号指示灯　K155-电子稳定程序和 ASR 指示灯　K216-电子稳定程序和 ASR 指示灯2

图 6-4-202

G21-车速表　J285-组合仪表中的控制单元　KX2-组合仪表　K19-安全带警告指示灯　K32-制动摩擦片指示灯　K83-废气警告灯　K161-机电式助力转向器指示灯　K170-灯泡失灵指示灯　K322-自动车距控制指示灯　L10-组合仪表照明灯泡

图 6-4-203

组合仪表中的控制单元，车载电网控制单元，组合仪表，车道保持辅助系统指示灯

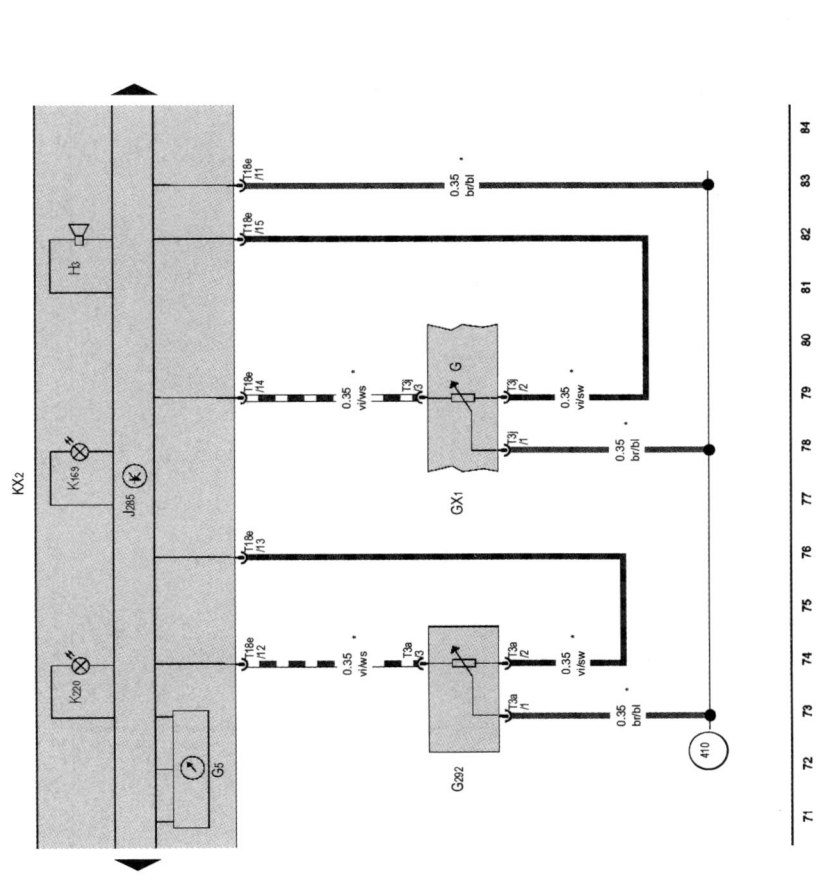

组合仪表中的控制单元 J519-车载电网控制单元 J533-数据总线诊断接口 KX2-组合仪表 K240-车道保持辅助系统指示灯 T18e-18 芯插头连接，黑色 T20b-20 芯插头连接，红色 T73a-73 芯插头连接，红色 B397-连接 1 (舒适 CAN 总线，High)，在主导线束中 B406-连接 1 (舒适 CAN 总线，Low)，在主导线束中

图 6-4-205

燃油表传感器，燃油快给单元，转速表，附加油箱的燃油表传感器，警报蜂鸣器和警报音，组合仪表中的控制单元，组合仪表，选挡杆指示灯，轮胎压力监控显示指示灯

G-燃油表传感器 GX1-燃油供给单元 G5-转速表 G292-附加油箱的燃油表传感器 H3-警报蜂鸣器和警报音 J285-组合仪表中的控制单元 KX2-组合仪表 K169-选挡杆指示灯 K220-轮胎压力监控显示指示灯 T3a-3 芯插头连接，黑色 T3j-3 芯插头连接，黑色 T18e-18 芯插头连接，黑色 410-接地连接 1 (传感器接地)，在主导线束中 *-仅用于带全轮驱动的汽车

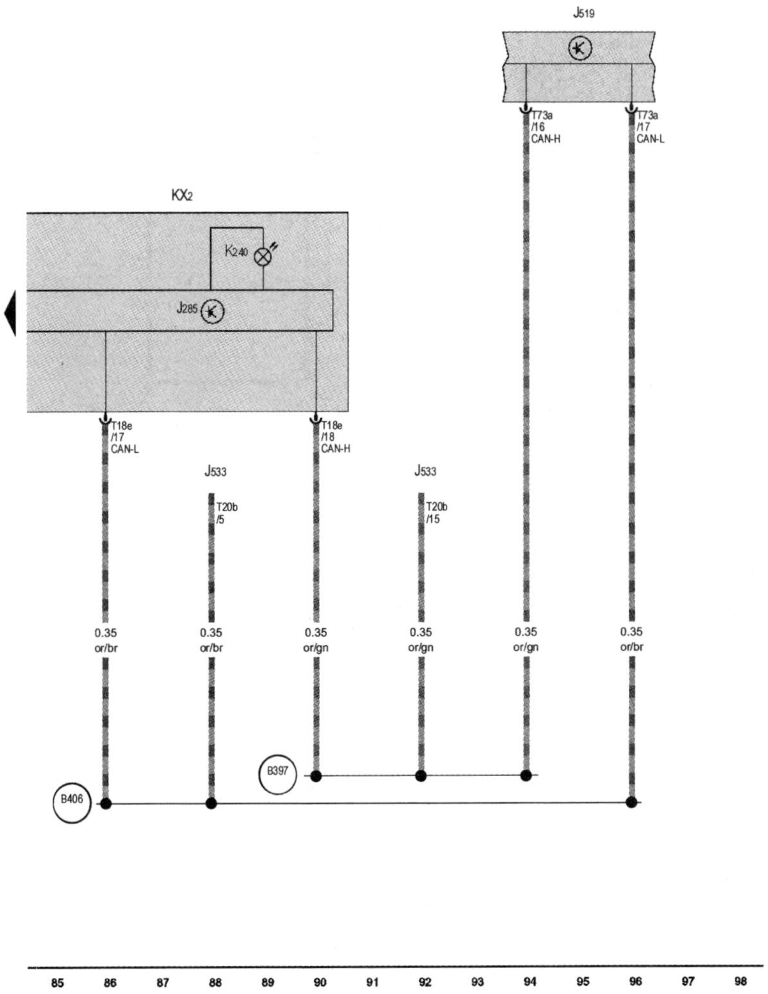

图 6-4-204

901

蓄电池，蓄电池调节控制单元，保险丝架 A 上的保险丝 1，保险丝架 A 上的保险丝 2，保险丝架 A 上的保险丝 3

保险丝架 B，保险丝架 A 上的保险丝 4，保险丝架 A 上的保险丝 5

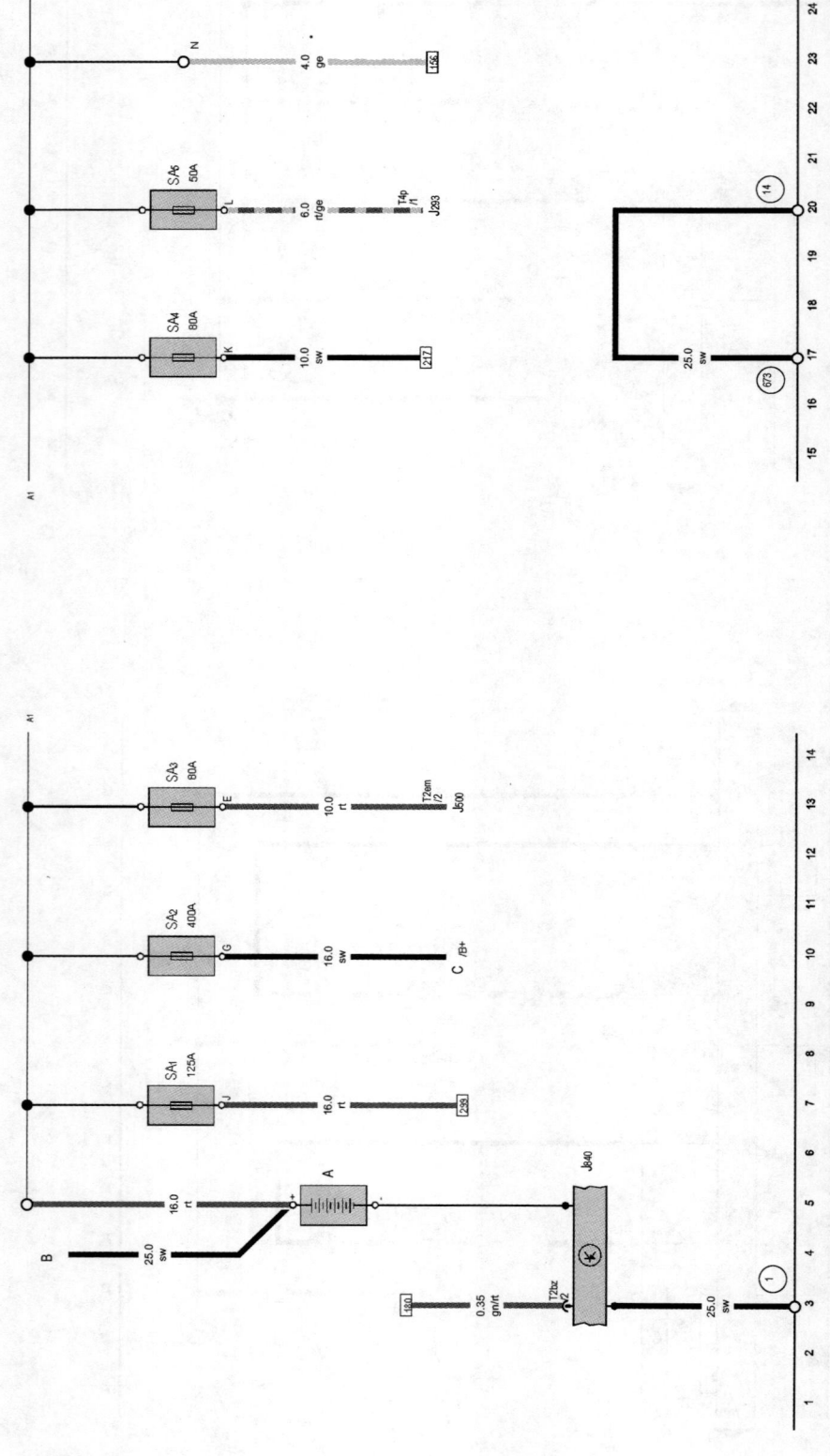

图 6-4-206

A-蓄电池 B-启动机 C-交流发电机 J500-助力转向控制单元 J840-蓄电池调节控制单元 SA1-保险丝架 A 上的保险丝1 SA2-保险丝架 A 上的保险丝2 SA3-保险丝架 A 上的保险丝3 T2bz-2 芯插头连接，黑色 T2em-2 芯插头连接，黑色 1-接地点连接，黑色 1-接地带，蓄电池-车身

图 6-4-207

J104 -ABS 控制单元 J293-散热器风扇控制单元 SB-保险丝架 B SB1-保险丝架 B 上的保险丝 1 SA4-保险丝架 A 上的保险丝4 SA5-保险丝架 A 上的保险丝5 T4p-4 芯插头连接，黑色 T46a-46 芯插头连接，黑色 T46a-46 芯插头连接，黑色 1-左前纵梁上的接地点 3 *-仅适用于带双离合器变速器的汽车

902

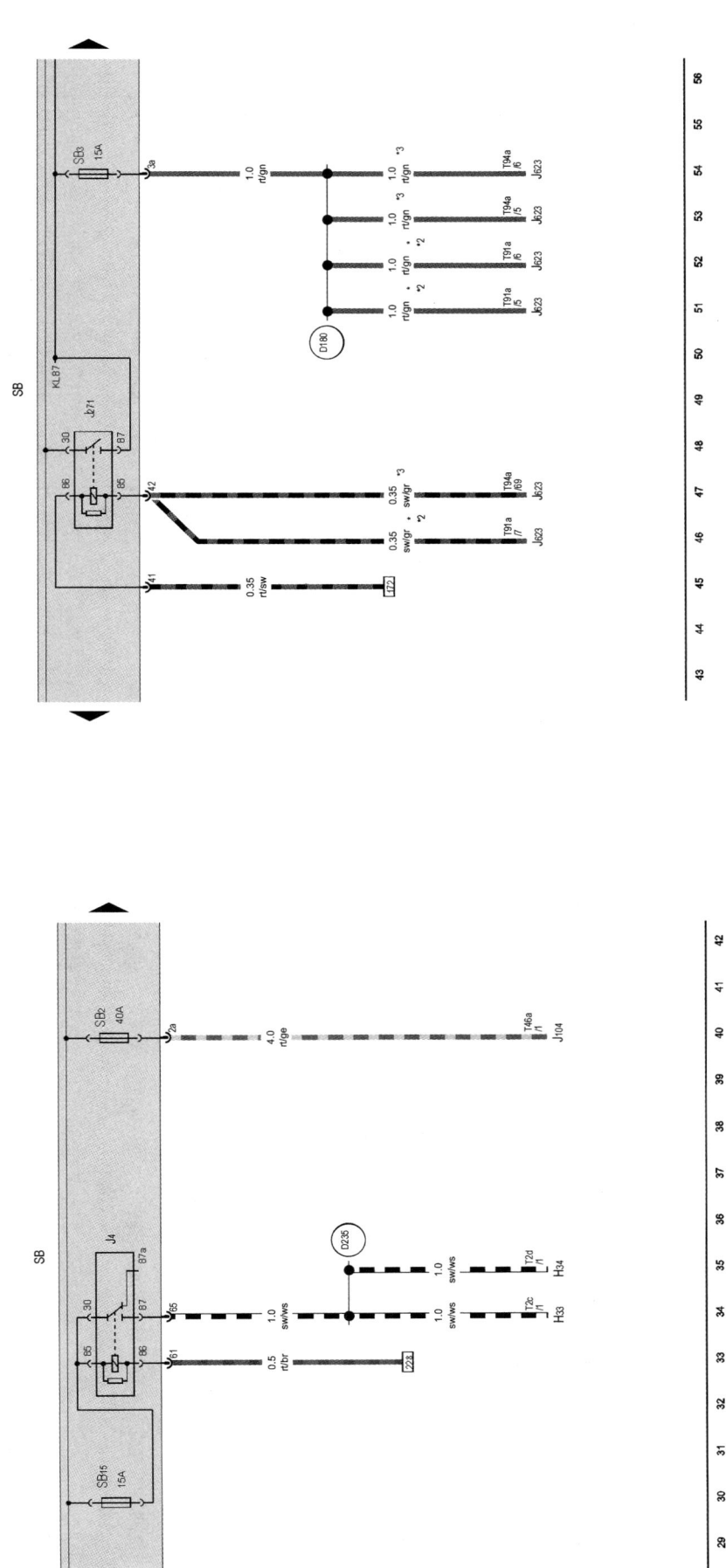

主继电器，保险丝架 B

双音喇叭继电器，保险丝架 B

H33-左侧信号喇叭 H34-右侧信号喇叭 J4-双音喇叭继电器 J104 -ABS 控制单元 SB-保险丝架 B SB2-保险丝架 B 上的保险丝 2 SB15-保险丝架 B 上的保险丝 15 T2c-2 芯插头连接，黑色 T2d-2 芯插头连接，黑色 T46a-46 芯插头连接，黑色 D235-连接 (双音喇叭)，在发动机舱导线束中

图 6-4-208

J271-主继电器 J623-发动机控制单元 SB-保险丝架 B SB3-保险丝架 B 上的保险丝 3 T91a-91 芯插头连接，黑色 T94a-94 芯插头连接，黑色 D180-连接 (87a)，在发动机舱导线束中 *-仅用于带 1.8 L 发动机的汽车 *2-仅用于带 2.0L 发动机的汽车 *3-仅用于带 1.4 L 发动机的汽车

图 6-4-209

903

保险丝架 C

图 6-4-211

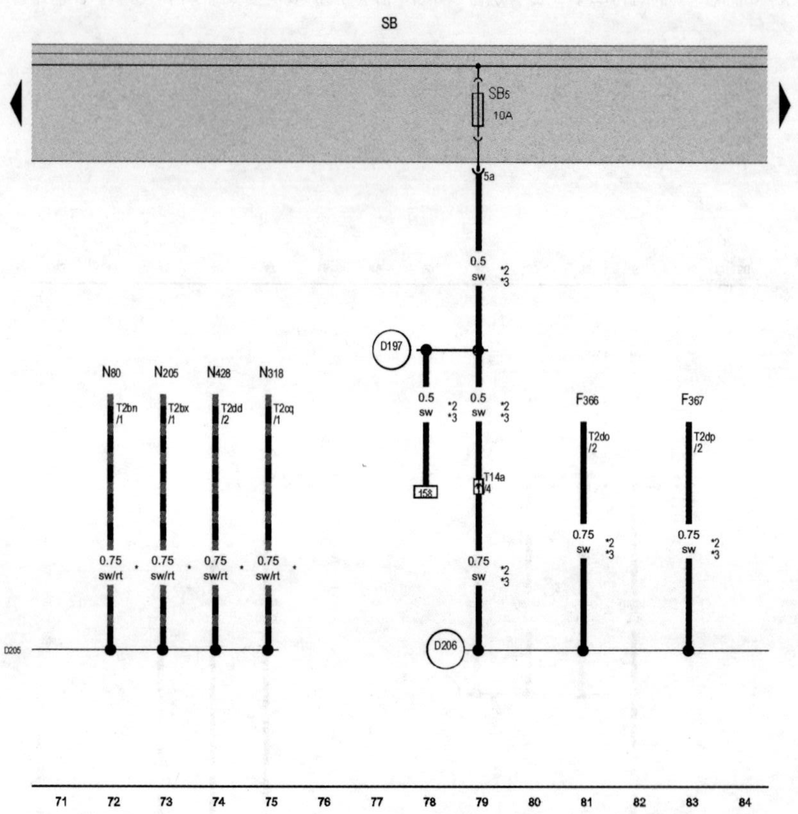

F366-凸轮轴调节元件 1 F367-凸轮轴调节元件 2 N80-活性炭罐电磁阀 1 N205-凸轮轴调节阀 1 N318-排气门凸轮轴调节阀 1 N428-机油压力调节阀 SB-保险丝架 B SB5-保险丝架 B 上的保险丝 5 T2bn-2 芯插头连接，黑色 T2bx-2 芯插头连接，黑色 T2cq-2 芯插头连接，黑色 T2dd-2 芯插头连接，黑色 T2do-2 芯插头连接，黑色 T2dp-2 芯插头连接，黑色 T14a-14 芯插头连接，发动机舱内左前，灰色 D197-连接 5 (87a)，在发动机预接线束中 D205-连接 3 (87a)，发动机舱预接线导线束中 D206-连接 4 (87a)，在发动机预接线导线束中 *-仅用于带 1.4 L 发动机的汽车 *2-仅用于带 1.8 L 发动机的汽车 *3-仅用于带 2.0 L 发动机的汽车

保险丝架 B

图 6-4-210

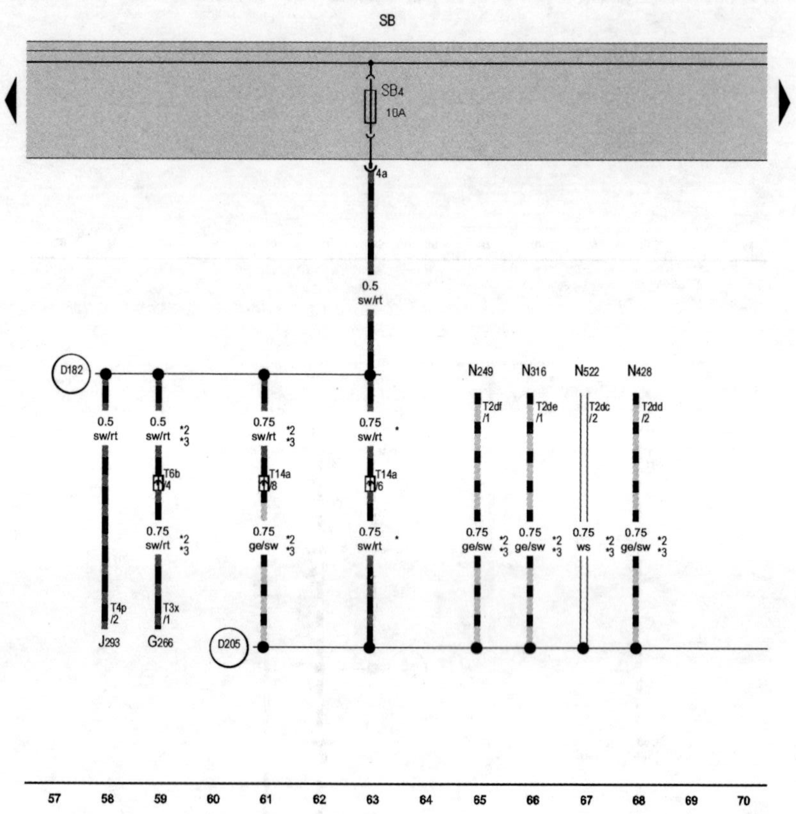

G266-机油油位和机油油温度传感器 J293-散热器风扇控制单元 N249-涡轮增压器循环空气阀 N316-进气歧管风门阀门 N428-机油压力调节阀 N522-活塞冷却喷嘴控制阀 SB-保险丝架 B SB4-保险丝架 B 上的保险丝 4 T2dc-2 芯插头连接，黑色 T2dd-2 芯插头连接，黑色 T2de-2 芯插头连接，黑色 T2df-2 芯插头连接，黑色 T3x-3 芯插头连接，黑色 T4p-4 芯插头连接，发动机舱内左后部，黑色 T6b-6 芯插头连接，发动机舱内左后部，黑色 T14a-14 芯插头连接，发动机舱内左前，灰色 D182-连接 3 (87a)，发动机舱预接线导线束中 D205-连接 3 (87a)，在发动机预接线导线束中 *-仅用于带 1.4 L 发动机的汽车 *2-仅用于带 1.8 L 发动机的汽车 *3-仅用于带 2.0 L 发动机的汽车

904

保险丝架 B

保险丝架 B

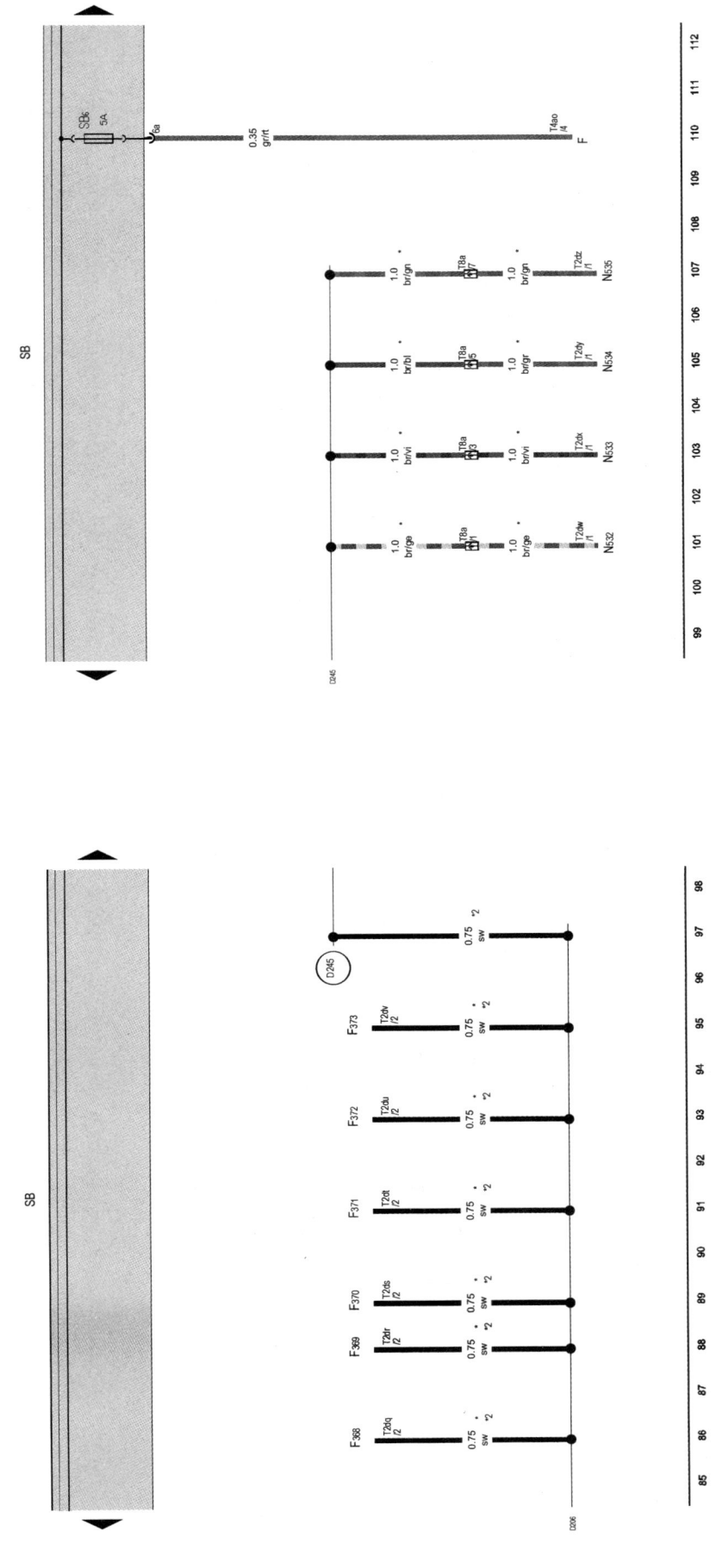

图 6-4-213

F-制动信号灯开关 N532-气缸 1 喷油嘴 2 N533-气缸 2 喷油嘴 2 N534-气缸 3 喷油嘴 2 N535-气缸 4 喷油嘴 2 SB-保险丝架 B SB6-保险丝架 B 上的保险丝 6 T2dw-2 芯插头连接，黑色 T2dx-2 芯插头连接，黑色 T2dy-2 芯插头连接，黑色 T2dz-2 芯插头连接，黑色 T4ao-4 芯插头连接，黑色 T8a-8 芯插头连接，黑色 D245-连接 6 (87a)，在发动机预接线导线束中 *-仅用于带 2.0 L 发动机的汽车

图 6-4-212

F368-凸轮轴调节元件 3 F369-凸轮轴调节元件 4 F370-凸轮轴调节元件 5 F371-凸轮轴调节元件 6 F372-凸轮轴调节元件 7 F373-凸轮轴调节元件 8 SB-保险丝架 B T2dq-2 芯插头连接，黑色 T2dr-2 芯插头连接，黑色 T2ds-2 芯插头连接，黑色 T2dt-2 芯插头连接，黑色 T2du-2 芯插头连接，黑色 T2dv-2 芯插头连接，黑色 D206-连接 4 (87a)，在发动机预接线导线束中 D245-连接 6 (87a)，在发动机预接线导线束中 *2-仅用于带 1.8 L 发动机的汽车 *-仅用于带 2.0 L 发动机的汽车

905

保险丝架 B

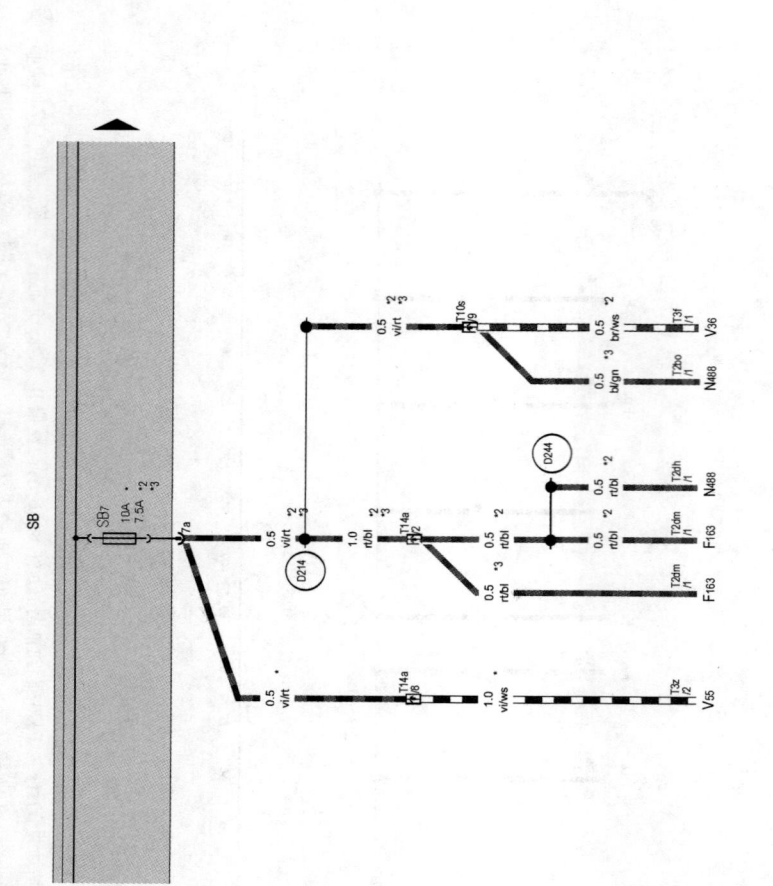

图 6-4-215

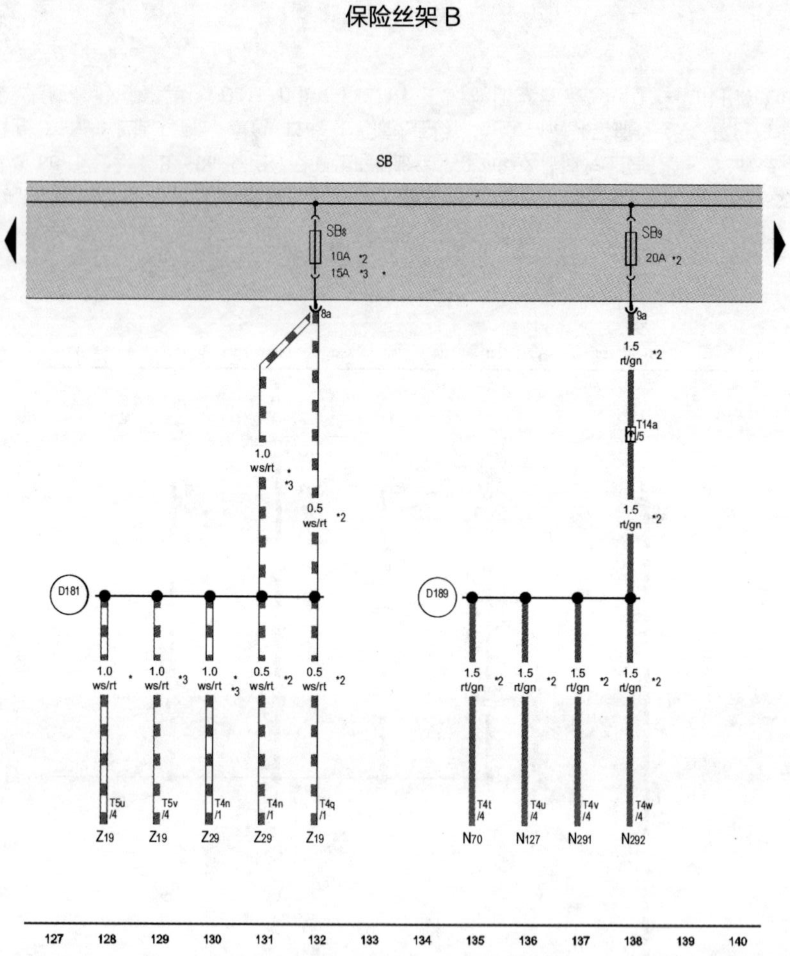

N70-带功率输出级的点火线圈 1 N127-带功率输出级的点火线圈 2 N291-带功率输出级的点火线圈 3 N292-带功率输出级的点火线圈 4 SB-保险丝架 B SB8-保险丝架 B 上的保险丝 8 SB9-保险丝架 B 上的保险丝 9 T4n-4 芯插头连接，黑色 T4q-4 芯插头连接，棕色 T4u-4 芯插头连接，黑色 T4v-4 芯插头连接，黑色 T4w-4 芯插头连接，黑色 T5u-5 芯插头连接，黑色 T5v-5 芯插头连接，黑色 T14a-14 芯插头连接，发动机舱内左前，灰色 Z19-氧气催化器加热 Z29-尾气净化器后的氧传感器 1 加热装置 D181-连接 2（87a），在发动机舱内左前 D189-连接中 *2-仅用于带 1.8 L发动机的汽车 *3-仅用于带 1.4 L发动机的汽车

保险丝架 B

图 6-4-214

F163-空调关闭热敏开关 N488-变速器冷却液阀 SB-保险丝架 B SB7-保险丝架 B 上的保险丝 7 T2bo-2 芯插头连接，黑色 T2dh-2 芯插头连接，黑色 T2dm-2 芯插头连接，黑色 T3f-3 芯插头连接，黑色 T3z-3 芯插头连接，黑色 T10s-10 芯插头连接，发动机舱内左前，黑色 T14a-14 芯插头连接，发动机舱内左前，灰色 V36-循环泵 V55-水泵 D214-连接 8（87a），发动机舱内左前 D244-连接 5 连接 *-仅用于带 1.4 L发动机的汽车 *2-仅用于带 1.8 L发动机的汽车 *3-仅用于带 2.0 L发动机的汽车

保险丝架 B

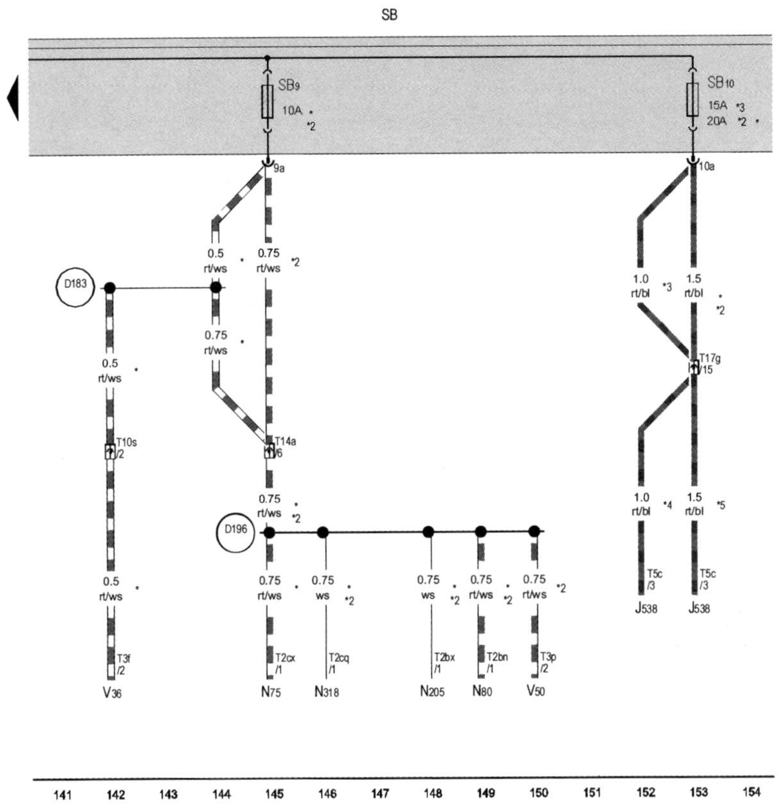

发动机部件供电继电器，保险丝架 B

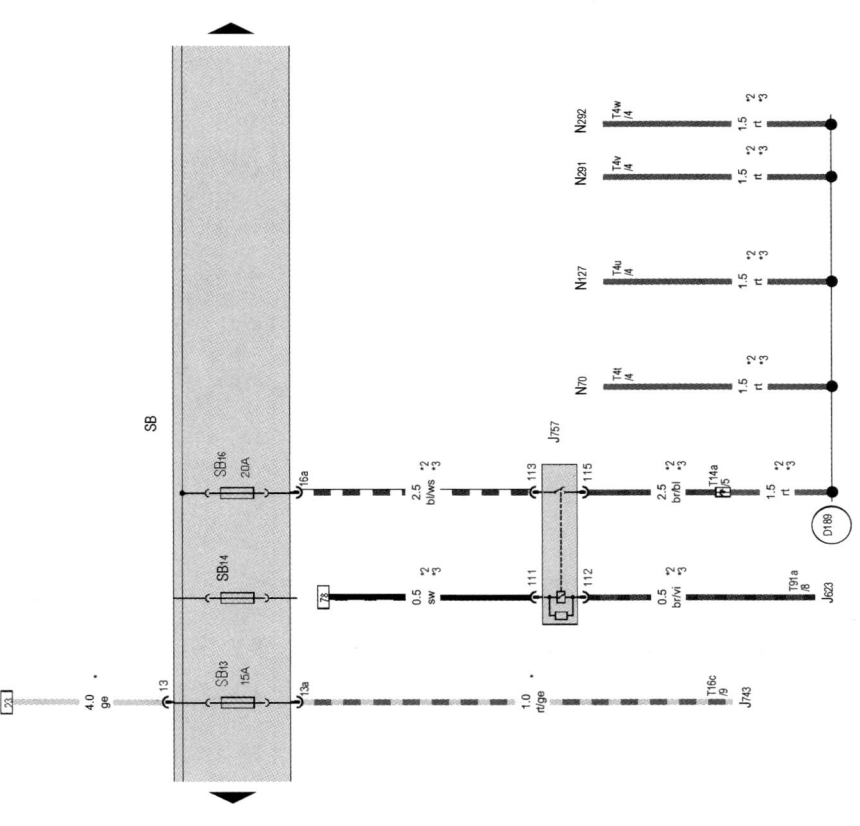

图6-4-216

J538-燃油泵控制单元 N75-增压压力限制电磁阀 N80-活性炭罐电磁阀 N205-凸轮轴调节阀 1 N318-排气门凸轮轴调节阀 1 SB-保险丝架 B SB9-保险丝架 B 上的保险丝 9 SB10-保险丝架 B 上的保险丝 10 T2bn-2 芯插头连接，黑色 T2bx-2 芯插头连接，黑色 T2cq-2 芯插头连接，黑色 T2cx-2 芯插头连接，黑色 T3f-3 芯插头连接，黑色 T3p-3 芯插头连接，黑色 T5c-5 芯插头连接，黑色 T10s-10 芯插头连接，黑色 T14a-14 芯插头连接，发动机舱内左前，T17g-17 芯插头连接，灰色 V36-水泵 V50-冷却液循环泵 D183-连接 4（87a），发动机舱导线束中 D196-连接 2柱下部，红色 V50-水泵 V36-冷却液循环泵 D183-连接 4（87a），在发动机预接线柱下部，红色 V50-水泵 *-仅用于带前轮驱动的汽车 *2-仅用于带 2.0 L 发动机的汽车 *3-发动机预接线束中 *-仅用于带 1.8 L 发动机的汽车 *4-仅用于带全轮驱动的汽车 *5-仅用于带 1.4 L 发动机的汽车

图6-4-217

J623-发动机控制单元 J743-双离合器变速器机电装置 J757-发动机部件供电继电器 N70-带功率输出级的点火线圈 1 N127-带功率输出级的点火线圈 2 N291-带功率输出级的点火线圈 3 N292-带功率输出级的点火线圈 4 SB-保险丝架 B SB13-保险丝 13 SB14-保险丝架 B 上的保险丝 14 SB16-保险丝架 B 上的保险丝 16 T4t-4 芯插头连接，黑色 T4u-4 芯插头连接，黑色 T4v-4 芯插头连接，黑色 T4w-4 芯插头连接，黑色 T14a-14 芯插头连接，发动机舱内左前，灰色 T16c-16 芯插头连接，黑色 T91a-91 芯插头连接，黑色 D189-连接（87a），在发动机预接线束中 *-仅适用于带双离合器变速器的汽车 *2-仅用于带 2.0 L 发动机的汽车 *3-仅用于带 1.8 L 发动机的汽车

907

保险丝架 B

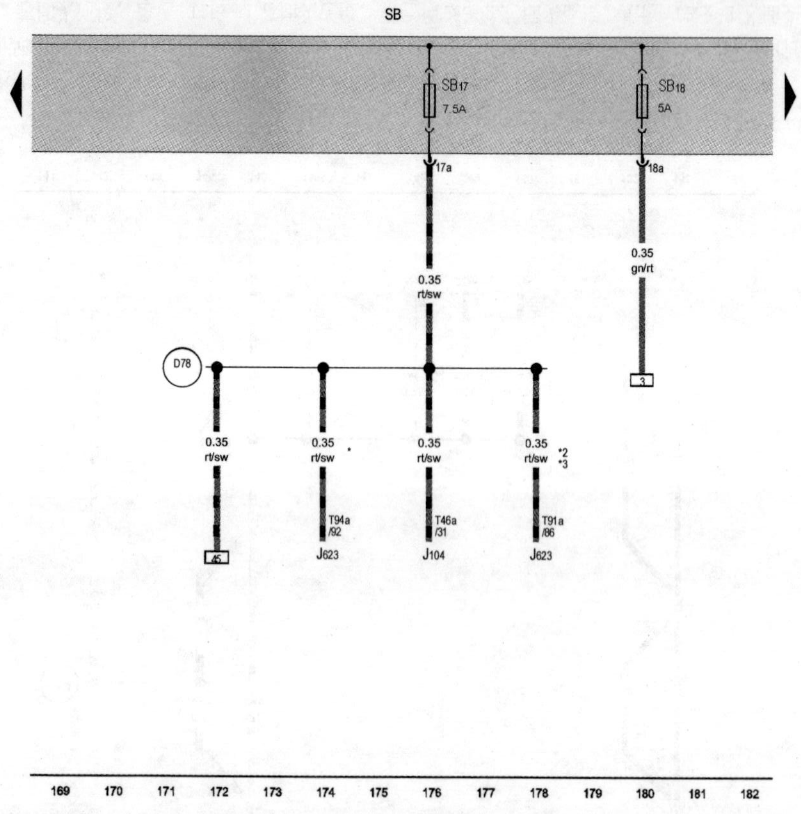

启动机继电器 1, 启动机继电器 2, 保险丝架 B

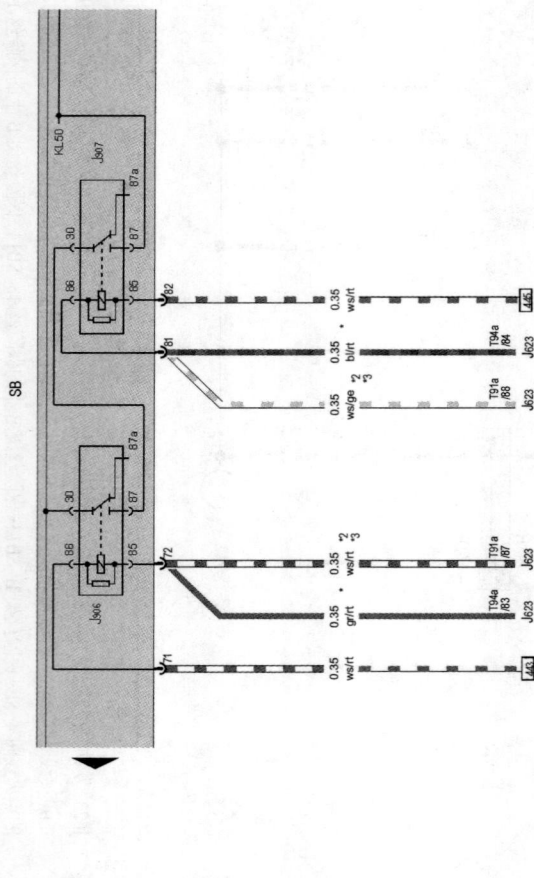
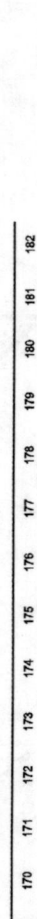

图 6-4-219

J623-发动机控制单元 J906-启动机继电器 1 J907-启动机继电器 2 SB-保险丝架 B T91a-91 芯插头连接, 黑色 T94a-94 芯插头连接, 黑色 *-仅用于带 1.4 L发动机的汽车 *2-仅用于带 1.8 L发动机的汽车 *3-仅用于带 2.0 L发动机的汽车

图 6-4-218

J104-ABS 控制单元 J623-发动机控制单元 SB-保险丝架 B SB17-保险丝架 B 上的保险丝 17 SB18-保险丝架 B 上的保险丝 18 T46a-46 芯插头连接, 黑色 T91a-91 芯插头连接, 黑色 T94a-94 芯插头连接, 黑色 D78-正极连接 1 (30a), 在发动机舱导线束中 *-仅用于带 1.4 L发动机的汽车 *2-仅用于带 1.8 L发动机的汽车 *3-仅用于带 2.0 L发动机的汽车

908

保险丝架 C

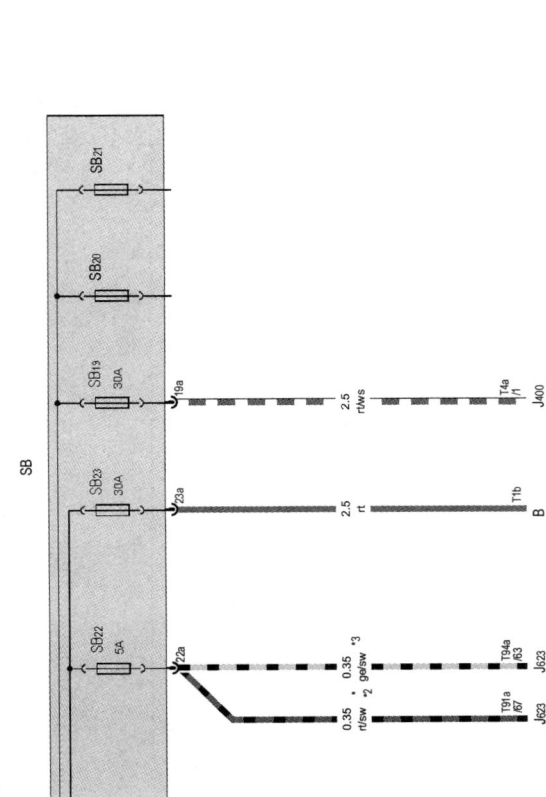

保险丝架 B

197	198	199	200	201	202	203	204	205	206	207	208	209	210

B-启动机 J400-刮水器电机控制单元 J623-发动机控制单元 SB-保险丝架 B SB19-保险丝架 B 上的保险丝 19 SB20-保险丝架 B 上的保险丝 20 SB21-保险丝架 B 上的保险丝 21 SB22-保险丝架 B 上的保险丝 22 SB23-保险丝架 B 上的保险丝 23 T1b-1 芯插头连接，黑色 T4a-4 芯插头连接，黑色 T91a-91 芯插头连接，黑色 T94a-94 芯插头连接，黑色 *-仅用于带 1.8 L 发动机的汽车 *2-仅用于带 2.0 L 发动机的汽车 *3-仅用于带 1.4 L 发动机的汽车

图 6-4-220

211	212	213	214	215	216	217	218	219	220	221	222	223	224

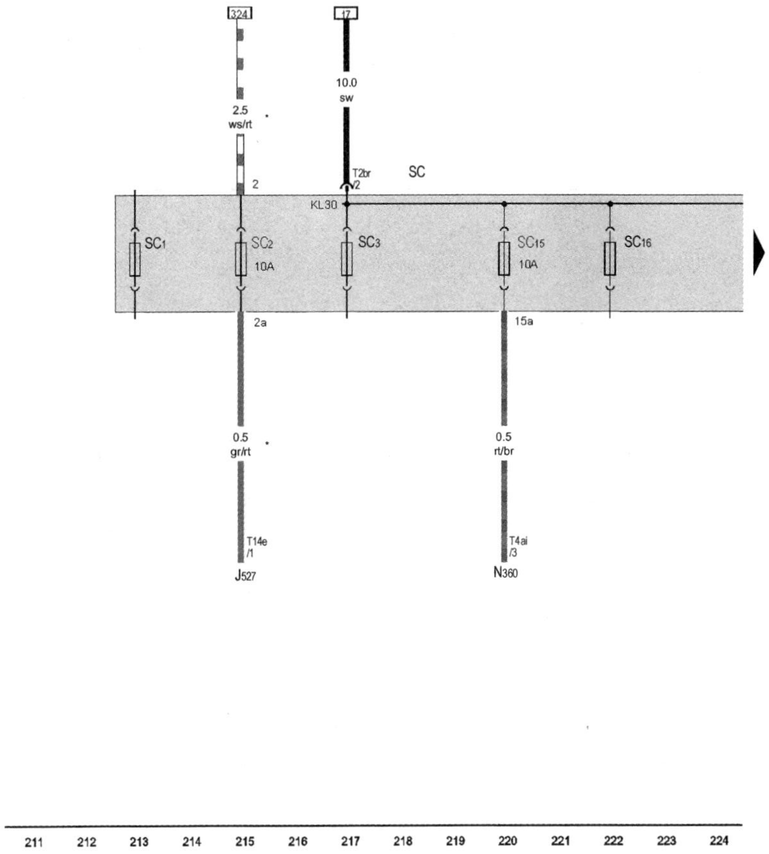

J527-转向柱电子装置控制单元 N360-转向柱联锁执行元件 SC-保险丝架 C SC1-保险丝架 C 上的保险丝 1 SC2-保险丝架 C 上的保险丝 2 SC3-保险丝架 C 上的保险丝 3 SC15-保险丝架 C 上的保险丝 15 SC16-保险丝架 C 上的保险丝 16 T2br-2 芯插头连接，黑色 T4ai-4 芯插头连接，黑色 T14e-14 芯插头连接，黑色 *-仅用于带可加热式方向盘的汽车

图 6-4-221

909

车载电网控制单元，保险丝架 C

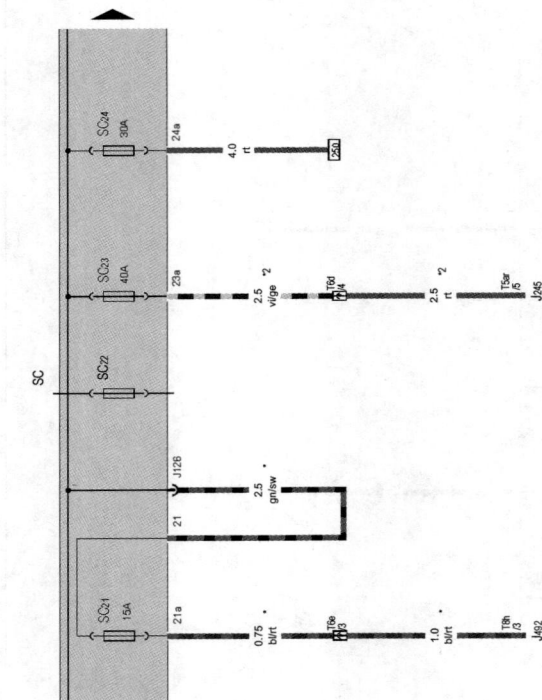

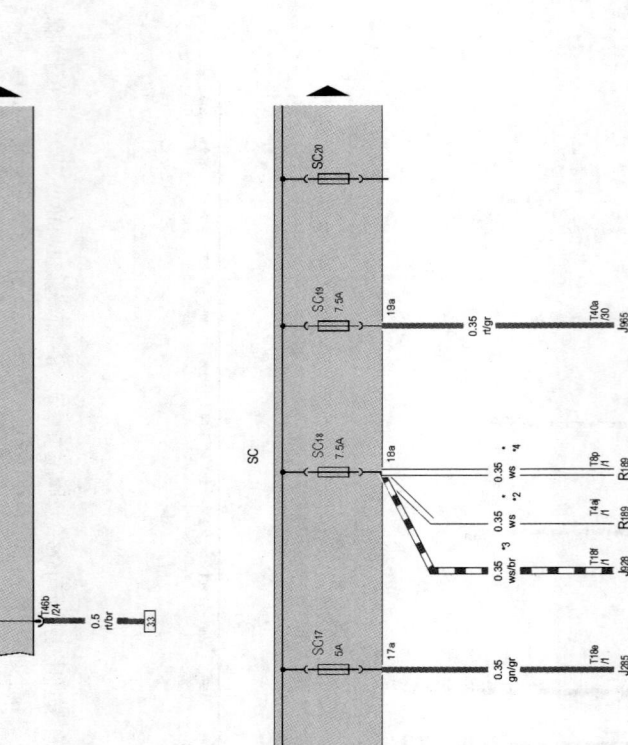

车载电网控制单元，保险丝架 C

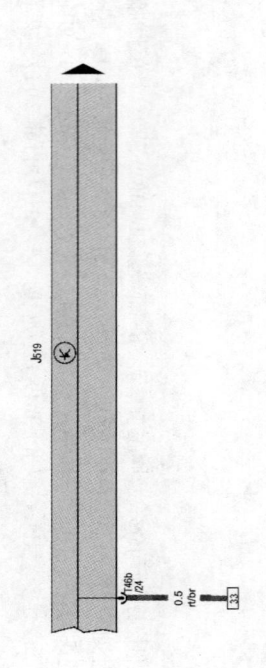

J285-组合仪表中的控制单元 J519-车载电网控制单元 J928-周围环境摄像机控制单元 J965-进入及启动系统接口 R189-倒车摄像头 SC-保险丝架 C SC17-保险丝架 C 上的保险丝 17 SC18-保险丝架 C 上的保险丝 18 SC19-保险丝架 C 上的保险丝 19 SC20-保险丝架 C 上的保险丝 20 T4aj-4 芯插头连接，黑色 T4a-40 芯插头连接，左侧油箱上，黑色 T8e-18 芯插头连接，黑色 T18e-18 芯插头连接，黑色 T18f-18 芯插头连接，黑色 T40a-40 芯插头连接，黑色 T46b-46 芯插头连接，黑色 T8p-8 芯插头连接，黑色 *-仅用于带倒车摄像机系统的汽车 *2-仅用于带导航系统的汽车 *3-仅用于带周围环境摄像机的汽车 *4-仅用于带收音机的汽车

图6-4-222

J245-滑动天窗控制单元 J492-全轮驱动控制单元 J519-车载电网控制单元 SC-保险丝架 C SC21-保险丝架 C 上的保险丝 21 SC22-保险丝架 C 上的保险丝 22 SC23-保险丝架 23 SC24-保险丝架 C 上的保险丝 24 T5ar-5 芯插头连接，黑色 T6d-6 芯插头连接，前部车内照明灯附近，黑色 T6e-6 芯插头连接，左侧油箱上，黑色 T8h-8 芯插头连接，黑色 T7a3a-73 芯插头连接，黑色 *-仅用于带全轮驱动的汽车 *2-仅用于带全景滑动天窗的汽车

图6-4-223

车载电网控制单元，保险丝架 C

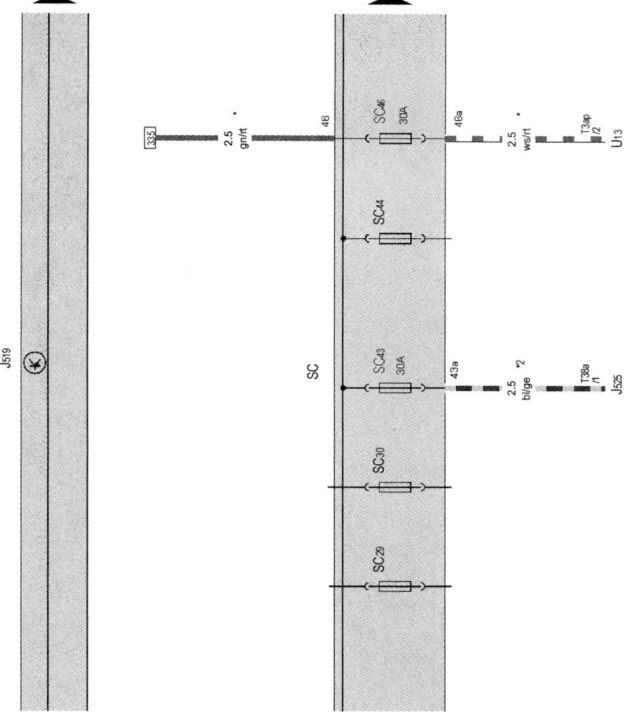

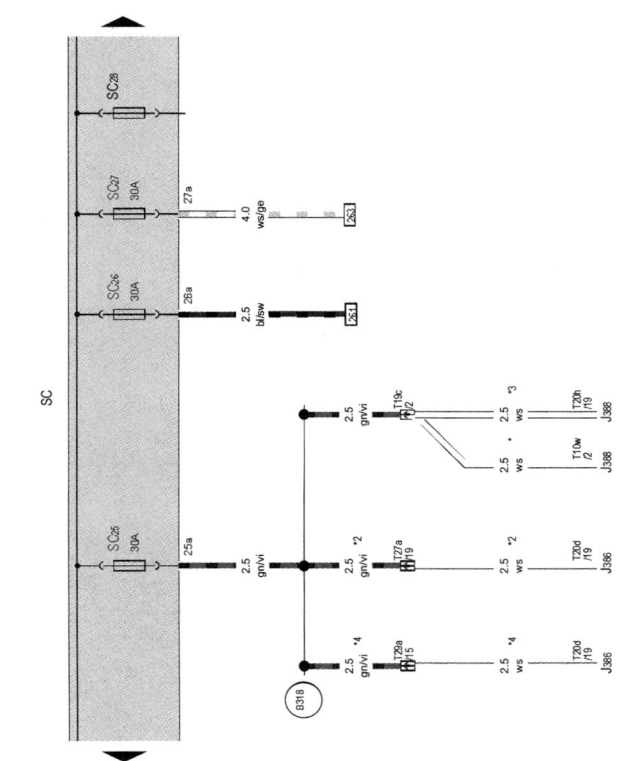

车载电网控制单元，保险丝架 C

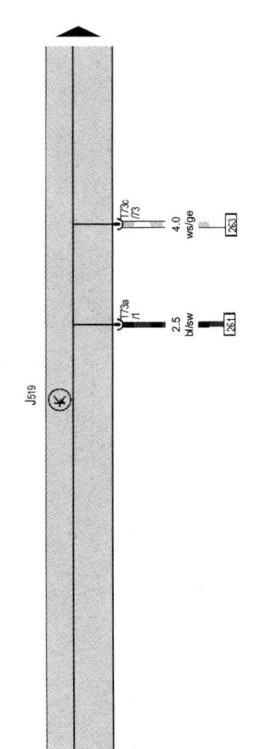

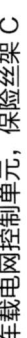

图 6-4-225

J519-车载电网控制单元 J525-数字式声音处理系统控制单元 SC-保险丝架 C SC29-保险丝架 C 上的保险丝 29 SC30-保险丝架 C 上的保险丝 30 SC43-保险丝架 C 上的保险丝 43 SC44-保险丝架 C 上的保险丝 44 SC46-保险丝架 C 上的保险丝 46 T3ap-3 芯插头连接，黑色 T38a-38 芯插头连接，黑色 U13-带插座的逆变器（12~230V） *-仅用于带 12~230 V/12~115 V 插座的逆变器的汽车 *2-仅适用于带了音响系统的汽车

图 6-4-224

J386-驾驶员侧车门控制单元 J388-左后车门控制单元 J519-车载电网控制单元 SC-保险丝架 C SC25-保险丝架 C 上的保险丝 25 SC26-保险丝架 C 上的保险丝 26 SC27-保险丝架 C 上的保险丝 27 SC28-保险丝架 C 上的保险丝 28 T10w-10 芯插头连接，黑色 T19c-19 芯插头连接，左侧 B 柱上，黑色 T20d-20 芯插头连接，黑色 T20h-20 芯插头连接，黑色 T27a-27 芯插头连接，左侧 A 柱上，黑色 T29a-29 芯插头连接，黑色 T73a-73 芯插头连接，白色 T73c-73 芯插头连接，黑色 B318-正极连接 4（30a），在主导线束中 *-依汽车装备而定 *2-仅用于不带周围环境摄像机的汽车 *3-仅用于带周围环境摄像机的汽车 *4-仅用于带氛围周围环境摄像机的汽车型号 1 的汽车

车载电网控制单元，保险丝架 C

车载电网控制单元，保险丝架 C

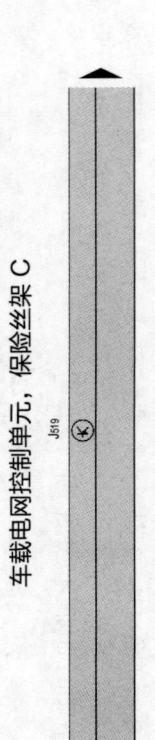

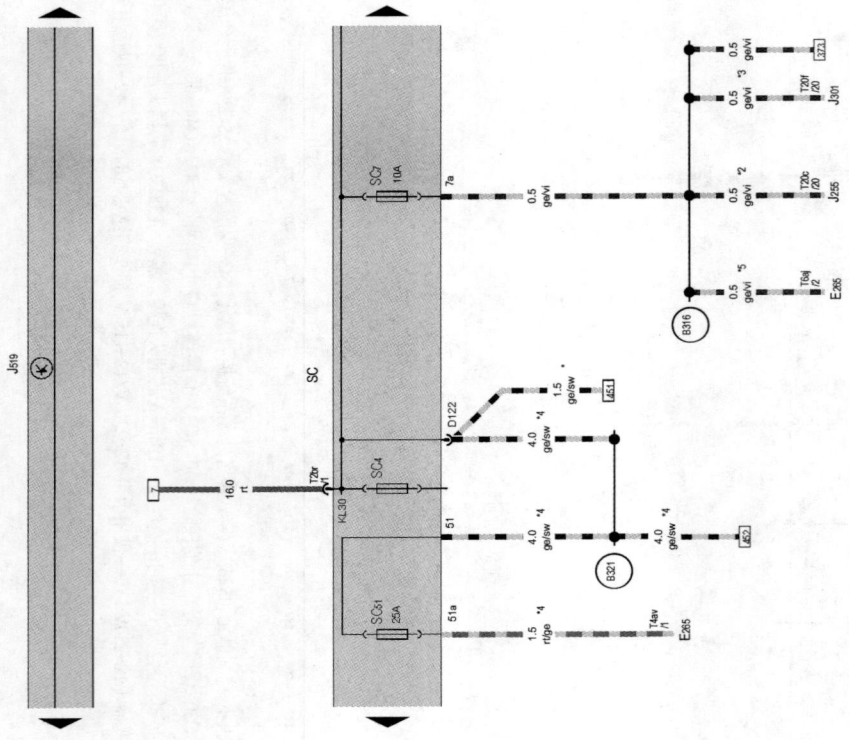

图 6-4-227

E265-后部空调操作和显示单元 J255-全自动空调控制单元 J301-空调器控制单元 J519-车载电网控制单元 J301-空调器控制单
元 SC-保险丝架 C SC4-保险丝架 C 上的保险丝 4 SC7-保险丝架 C 上的保险丝 7 SC51-保险丝架 C 上
的保险丝 51 T2br-2 芯插头连接，黑色 T4av-4 芯插头连接，黑色 T6aj-6 芯插头连接，黑色 T20c-20
芯插头连接，黑色 T20f-20 芯插头连接，黑色 B316-正极连接 2（30a），在主导线束中 B321-正极连接
7（30a），在主导线束中 *-可加热式前座椅 *2-仅用于带电动调节座椅的汽车 *3-仅用于后部带全自动空调
的空调器 *4-仅用于带可加热式后座椅的汽车 *5-仅用于后座椅有全自动空调操作与显示单元的汽车

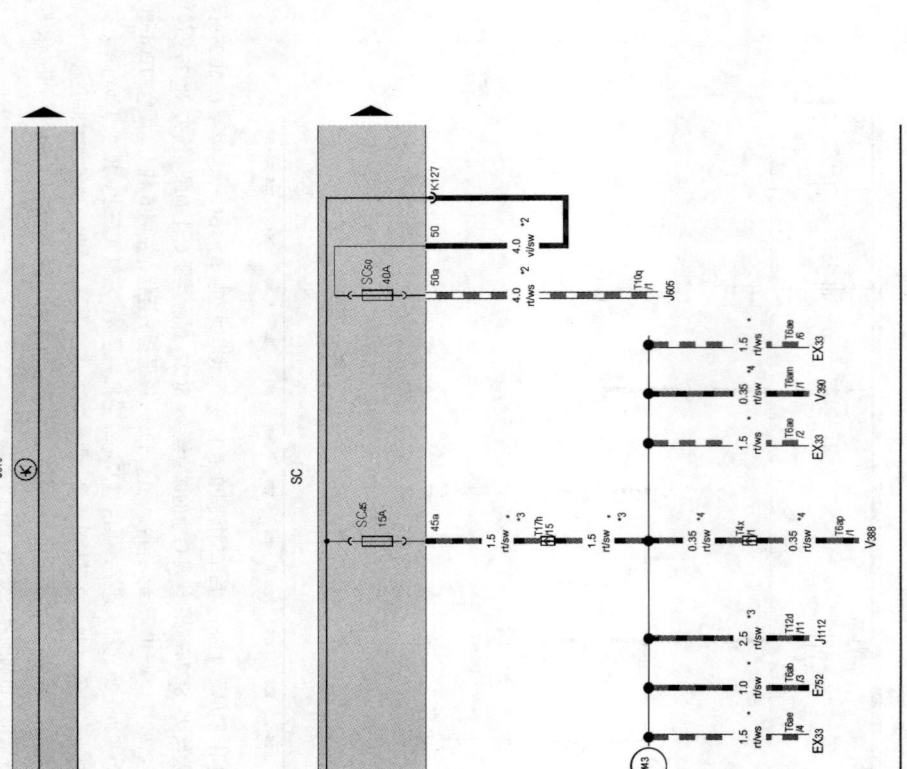

图 6-4-226

EX33-左前座椅调节操作单元 E752-左前座椅侧部支撑调节开关 J519-车载电网控制单元 J605-行李箱盖
控制单元 J1112-左前座椅调节控制单元 SC-保险丝架 C SC45-保险丝架 C 上的保险丝 45 SC50-保险丝
架 C 上的保险丝 50 T4x-4 芯插头连接，驾驶员座椅下方，白色 T6ab-6 芯插头连接，黑色 T6ae-6 芯插
头连接，黑色 T6am-6 芯插头连接，黑色 T6ap-6 芯插头连接 T10q-10 芯插头连接，黑色 T12d-
12 芯插头连接，黑色 T17h-17 芯插头连接，左前座椅的连接位置中 V388-驾驶员座侧电动座椅靠背风扇
V390-驾驶员座椅座垫风扇 M43-连接 3，在驾驶员侧座椅导线束中 *-仅用于带驾驶员座椅 *4-仅用于带座椅
的汽车 *2-仅用于带有行李箱盖电控开启装置的汽车 *3-带有记忆功能的驾驶员座椅
通风的汽车

912

车载电网控制单元，保险丝架 C

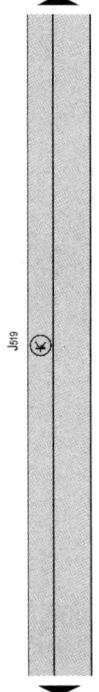

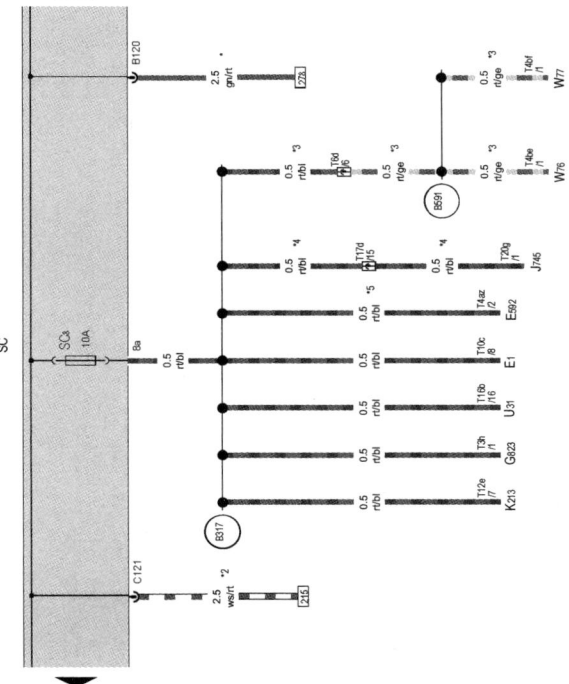

图 6-4-229

E1-车灯开关 E592-驾驶风格选择开关模块 G823-空气湿度、雨水与光线识别传感器 J519-车载电网控制单元 J745-弯道灯和大灯照明距离调节器离控制单元 K213-机电式驻车制动器指示灯 SC-保险丝架 C SC8-保险丝架 C 上的保险丝 8 T3h-3 芯插头连接，黑色 T4az-4 芯插头连接，黑色 T4be-4 芯插头连接，黑色 T4bf-4 芯插头连接，黑色 T6d-6 芯插头连接，前部车内照明灯附近，黑色 T10c-10 芯插头连接，黑色 T12e-12 芯插头连接，黑色 T16b-16 芯插头连接，黑色 T17d-17 芯插头连接，左侧 A 柱下部，红色 T20g-20 芯插头连接，棕色 U31-诊断接口 W76-左侧车顶背景照明灯泡 W77-右侧车顶背景照明灯泡 B317-正极连接 3 (30a)，在主导线束中 B591-正极连接 1 (30a)，在车顶导线束中 *-仅用于带 12 V 插座的逆变器的汽车 *2-仅用于带可加热式方向盘的汽车 *3-仅用于带全景天窗的汽车 *4-仅用于自动大灯照明距离调节的汽车 *5-仅用于带驾驶模式选择操纵单元的汽车 ~230 V/12~115 V

车载电网控制单元，插座继电器，插座 1 保险丝，插座 C，USB 充电插座 1

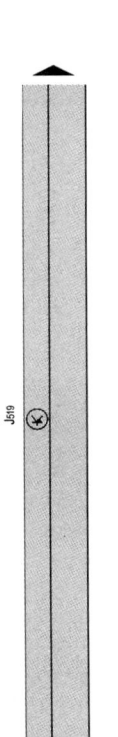

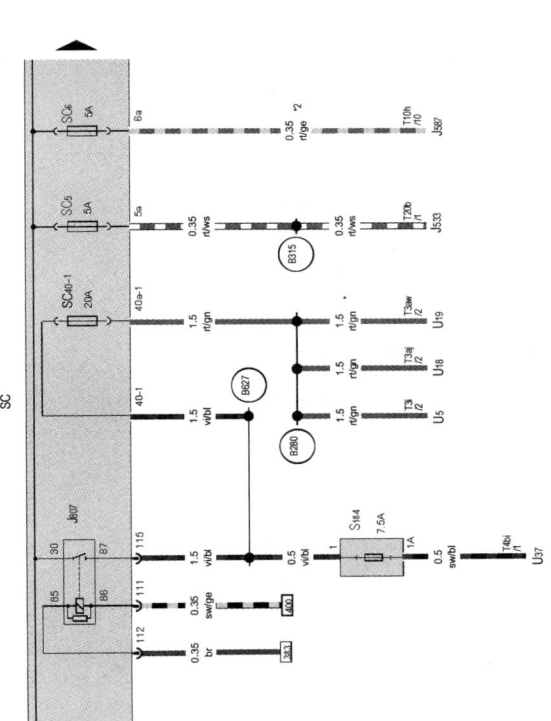

图 6-4-228

J519-车载电网控制单元 J533-数据总线诊断接口 J587-换挡杆传感器控制单元 J807-插座继电器 SC5-保险丝架 C 上的保险丝 5 SC6-保险丝架 C 上的保险丝 6 SC40-保险丝架 C 上的保险丝 40 S184-插座 1 保险丝 SC-保险丝架 C T3aj-3 芯插头连接，白色 T3aw-3 芯插头连接，白色 T3i-3 芯插头连接，白色 T4bi-4 芯插头连接，红色 T10h-10 芯插头连接，红色 T20b-20 芯插头连接，黑色 U5-12 V 插座 U18-12 V 插座 2 U19-12 V 插座 3 U37-USB 充电插座 1 B280-正极插座 1 B280-正极连接 4 (15a)，在主导线束中 B315-正极连接 3 (15)，在主导线束中 B627-正极连接 3 (30a)，在主导线束中 *-仅用于带前部 12V 插座的汽车 *2-仅适用于带双离合器变速器的汽车

保险丝架 C

车载电网控制单元，保险丝架 C

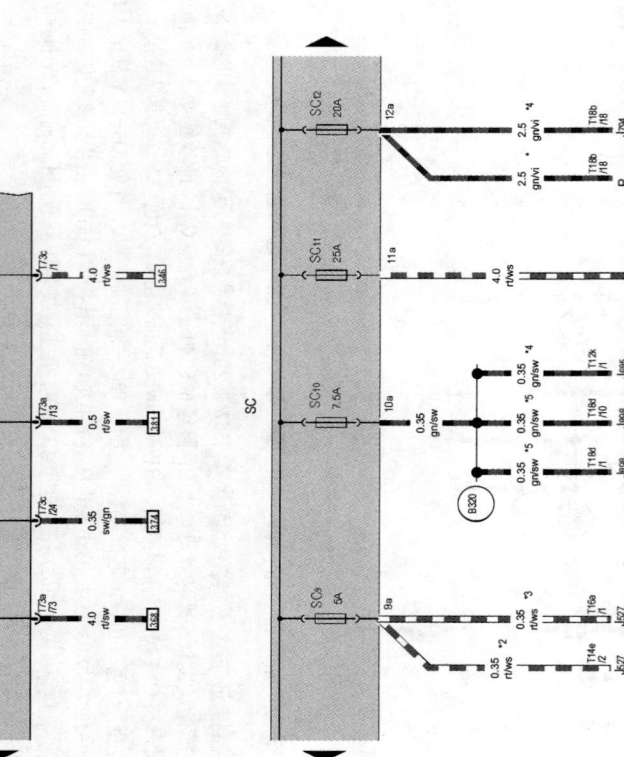

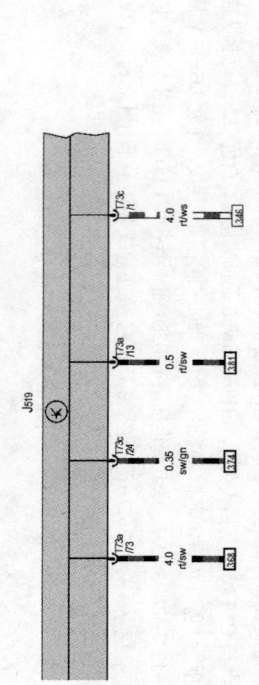

图 6-4-231

J126-新鲜空气鼓风机控制单元 J387-副驾驶员侧车门控制单元 J389-右后车门控制单元 N153-驾驶员侧安全带拉紧器引爆装置 1 SC-保险丝架 C SC13-保险丝架 C 上的保险丝 13 SC14-保险丝架 C 上的保险丝 14 SC31-保险丝架 C 上的保险丝 31 SC38-保险丝架 C 上的保险丝 38 SC39-保险丝架 C 上的保险丝 39 SC40-保险丝架 C 上的保险丝 40 T4ah-4 芯插头连接，右侧 B柱上 T5p-5 芯插头连接，白色 T10x-10 芯插头连接，黑色 T19d-19 芯插头连接，右侧 B柱上 T20e-20 芯插头连接，黑色 T20i-20 芯插头连接，黑色 T27b-27 芯插头连接，右侧 A柱上 T29b-29 芯插头连接，右侧 A柱上，白色 B319-正极连接 5 (30a)，在主导线束中 *1-仅用于带氙气前灯型号 1 的汽车 *2-仅用于带周围环境摄像机的汽车 *3-仅用于逆向安全带拉紧器的汽车 *4-仅用于带周围环境摄像机的汽车 *5-依车辆装备而定

图 6-4-230

J519-车载电网控制单元 J527-转向柱电子装置控制单元 J685-前部信息显示和操作单元控制单元的显示单元 J794-电子通信信息设备 1 控制单元 J898-前窗玻璃投影（平视显示器） R-收音机 SC-保险丝架 C SC9-保险丝架 C 上的保险丝 9 SC10-保险丝架 C 上的保险丝 10 SC11-保险丝架 C 上的保险丝 11 SC12-保险丝架 C 上的保险丝 12 T12k-12 芯插头连接 T14c-14 芯插头连接，黑色 T16a-16 芯插头连接，黑色 T18b-18 芯插头连接 T18d-18 芯插头连接，黑色 T73a-73 芯插头连接，黑色 T73c-73 芯插头连接，黑色 B320-正极连接 6 (30a)，在主导线束中 *2-仅用于带收音机的汽车 *3-仅用于不带氙气前灯的汽车 *4-仅用于带导航系统的汽车 *5-用于带可加热式方向盘的汽车 仅用于带前窗玻璃投影的汽车

接线端 15 供电继电器，保险丝架 C

可加热后窗玻璃继电器，保险丝架 C

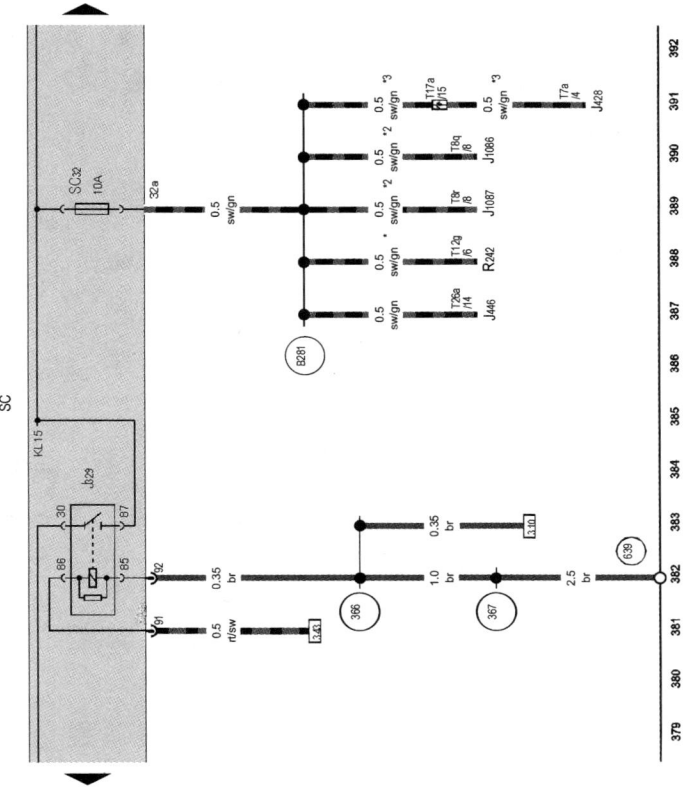

图 6-4-233

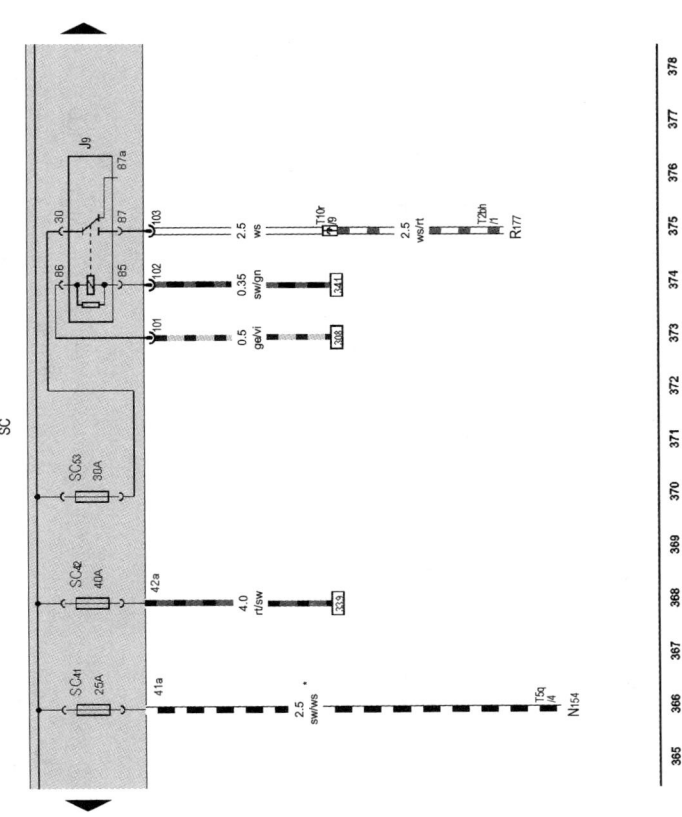

图 6-4-232

J329-接线端 15 供电继电器 J428-车距调节控制单元 J446-泊车雷达系统控制单元 J1086-盲区识别控制
单元 J1087-盲区识别控制单元 2 R242-驾驶员辅助系统的前部摄像机 SC-保险丝架 C SC32-保险丝架
C 上的保险丝 32 T7a-7 芯插头连接，黑色 T8q-8 芯插头连接，黑色 T8r-8 芯插头连接，黑色 T12g-
12 芯插头连接，黑色 T17a-17 芯插头连接，左侧 A 柱下部，黑色 T26a-26 芯插头连接，黑色 366-接
地连接 1，在主导线束中 367-接地连接 2，在主导线束中 639-左 A 柱上的接地点 B281-正极连接 5
（15a），在主导线束中 *-仅用于带驾驶辅助特殊装备的汽车 *2-仅用于带车道保持辅助系统的汽车
*3-仅用于带自动车距控制（ADR）的汽车

J9-可加热后窗玻璃继电器 N154-副驾驶员侧安全带拉紧器引爆装置 1 R177-调幅（AM）滤波器 SC-保
险丝架 C SC41-保险丝架 C 上的保险丝 41 SC42-保险丝架 C 上的保险丝 42 SC53-保险丝架 C 上的保
险丝 53 T2bh-2 芯插头连接，黑色 T5q-5 芯插头连接，白色 T10r-10 芯插头连接，行李箱盖的连接位
置，黑色 *-仅用于带可逆安全带拉紧器的汽车

915

保险丝架 C

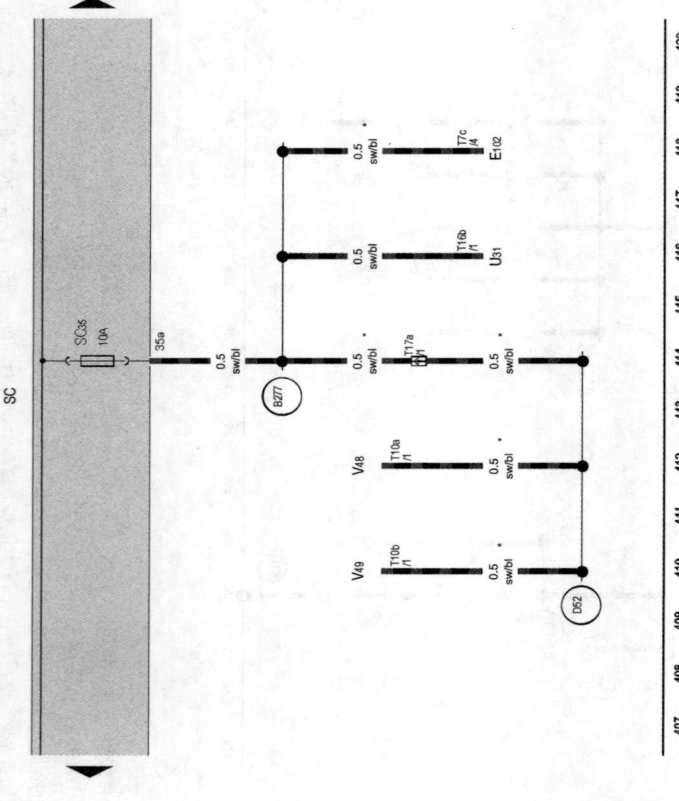

保险丝架 C

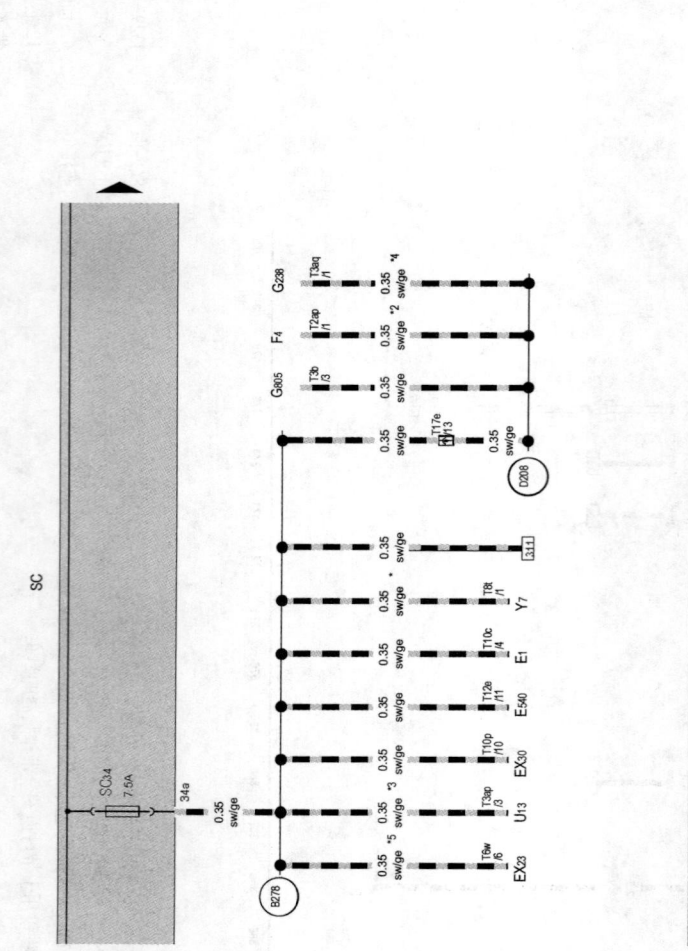

图 6-4-235

E102–大灯照明距离调节器 SC–保险丝架 C SC35–保险丝架 C 上的保险丝 35 T7c–7 芯插头连接，黑色 T10a–10 芯插头连接，黑色 T10b–10 芯插头连接，黑色 T16b–16 芯插头连接，黑色 T17a–17 芯插头连接，黑色 T17a–17 芯插头连接，黑色 U31–诊断接口 V48–左侧大灯照明距离调节伺服电机 V49–右侧大灯照明距离调节伺服电机 B277–正极连接 1（15a），在主导线束中 D52–正极连接（15a），在发动机舱导线束中

*–仅用于带机械式大灯照明距离调节的汽车

图 6-4-234

E1–车灯灯开关 EX23–中控台开关模块 1 EX30–中控台开关模块 2 E540 –AUTO HOLD 按钮 F4–倒车灯开关 G238–空气质量传感器 G805–冷却液循环管路压力传感器 SC–保险丝架 C SC34–保险丝架 C 上的保险丝 34 T2ap–2 芯插头连接，黑色 T2aq–2 芯插头连接，黑色 T3ap–3 芯插头连接，黑色 T3aq–3 芯插头连接，黑色 T3b–3 芯插头连接，黑色 T6w–6 芯插头连接，黑色 T8t–8 芯插头连接，黑色 T10c–10 芯插头连接，红色 T10p–10 芯插头连接，红色 T12e–12 芯插头连接，黑色 T17e–17 芯插头连接，黑色 U13–带插座的逆变器（12~ 230V） Y7–自动防眩车内后视镜 B278–正极连接 2（15a），在主导线束中 D208–正极连接 5（15a），在发动机舱导线束中 *–仅适用于带自动防眩的车内后视镜的汽车 *2–仅用于带自动空调的汽车 *3–仅用于带 12~230V/12~115V 插座的逆变器的汽车 *4–仅用于带全自动变速箱的汽车 *5–仅用于带全轮驱动的汽车

916

副驾驶员座椅调节装置的热敏保险保险丝 1

EX34 EX34 EX34 E753 V391

V389

保险丝架 C

SC

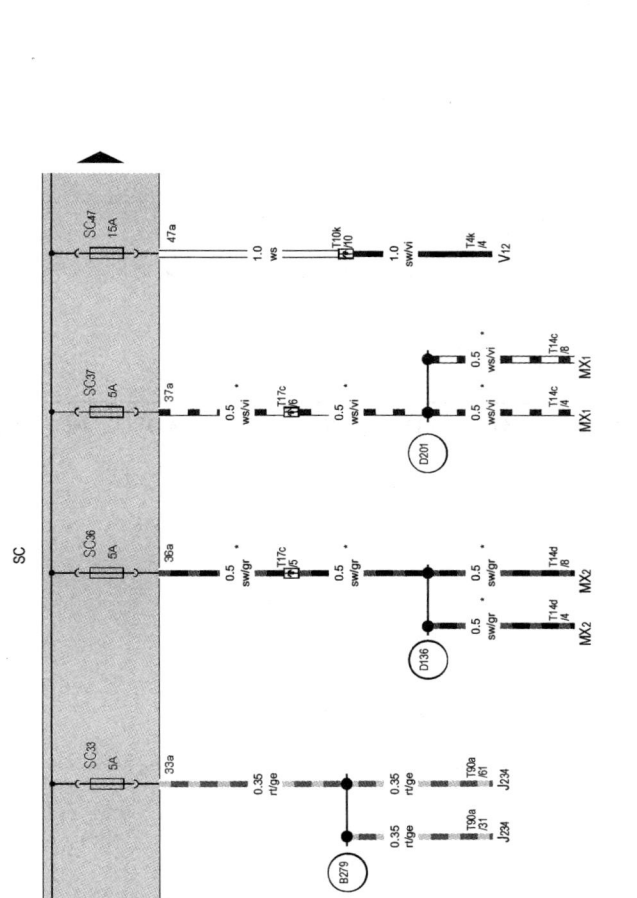

图 6-4-236

J234-安全气囊控制单元 MX1-左前大灯 MX2-右前大灯 SC-保险丝架 C SC33-保险丝架 C 上的保险丝 33 SC36-保险丝 36 SC37-保险丝架 C 上的保险丝 37 SC47-保险丝架 C 上的保险丝 47 T4k-4 芯插头连接, 黑色 T10k-10 芯插头连接, 行李箱盖的连接位置, 黑色 T14c-14 芯插头连接, 黑色 T14d-14 芯插头连接, 黑色 T17c-17 芯插头连接, 左侧 A 柱下部, 黄色 T90a-90 芯插头连接, 红色 B279-正极连接 3 (15a), 在侧 A 柱下部, 左侧 D136-正极连接 2 (15a), 在发动机舱导线束中 D201-正极连接 4 (15a), 在主导线束中 V12-后窗玻璃刮水器电机 *-仅用于带自动大灯照明距离调节的汽车

图 6-4-237

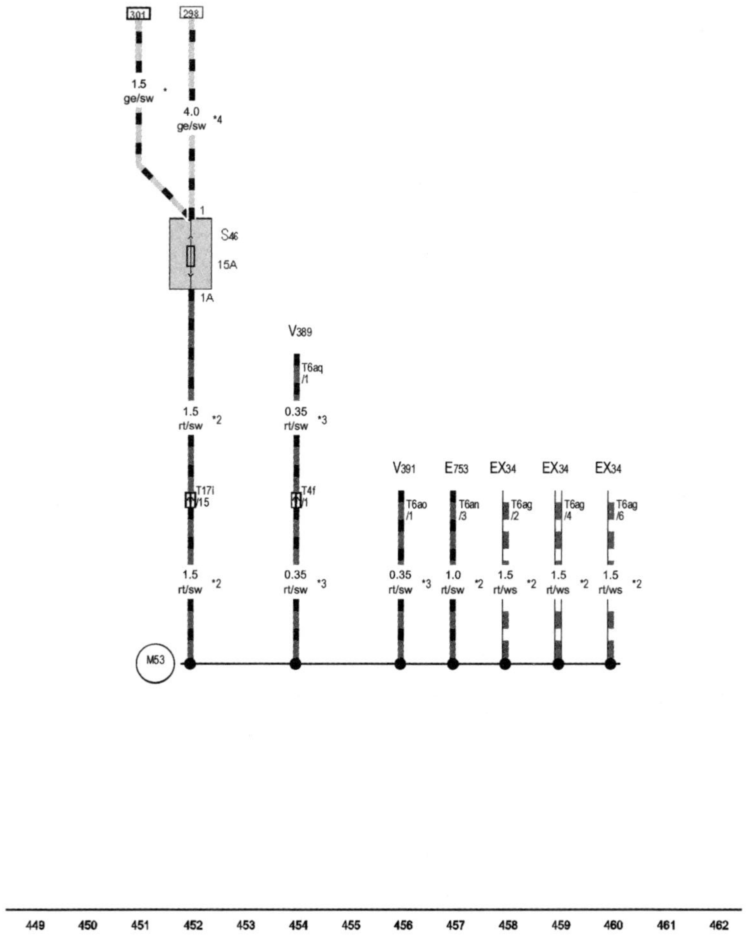

EX34-右前座椅调节操作单元 E753-右前侧腰部支撑调节开关 S46-副驾驶员座椅调节装置的热敏保险丝 1 T4f-4 芯插头连接, 副驾驶员座椅下方, 白色 T6ag-6 芯插头连接, 黑色 T6an-6 芯插头连接, 黑色 T6ao-6 芯插头连接, 黑色 T6aq-6 芯插头连接, 黑色 T17i-17 芯插头连接, 右前座椅的连接位置中, 黑色 V389-副驾驶员座椅靠背风扇 V391-副驾驶员座侧电动座椅调节的汽车 M53-连接 3, 在副驾驶员座侧座椅导线束 中 *-可加热式前座椅 *2-仅用于带加热式副驾驶员座侧座椅通风的汽车 *3-仅用于带座椅通风调节的汽车 *4-仅用于带可加热式后座椅的汽车

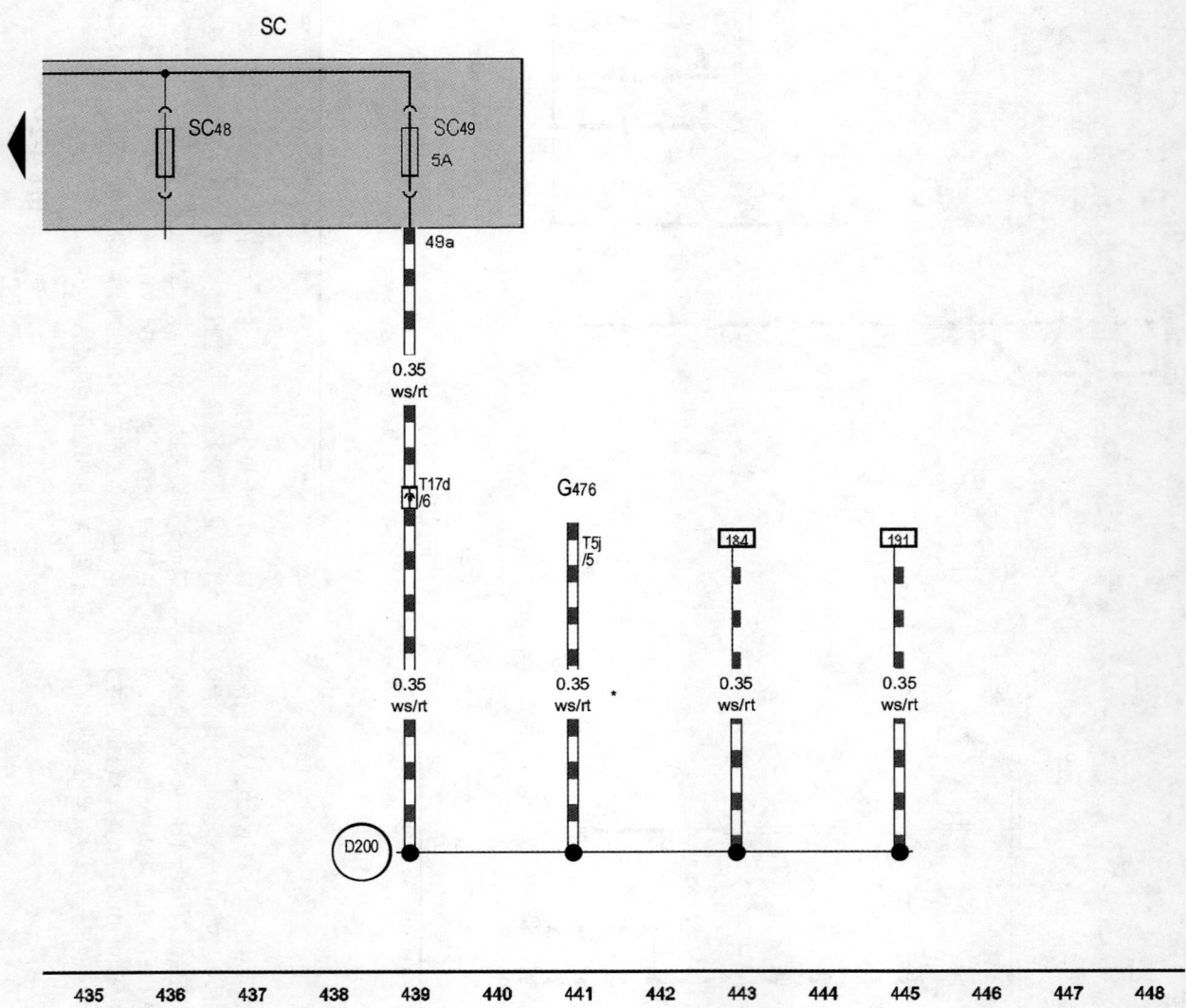

G476-离合器位置传感器 SC-保险丝架 C SC48-保险丝架 C 上的保险丝 48 SC49-保险丝架 C 上的保险丝 49 T5j-5 芯插头连接，黑色 T17d-17 芯插
头连接，左侧 A 柱下部，蓝色 D200-正极连接 3（15a），在发动机舱导线束中 *-仅用于带手动变速器的汽车

图 6-4-238

第五节　基本装备

基本装备电路图的图号和图名对照表见表6-5-1。

表 6-5-1　基本装备电路图的图号和图名对照表

图号	图名
图 6-5-1~图 6-5-35	基本装备电路图

蓄电池，蓄电池调节控制单元

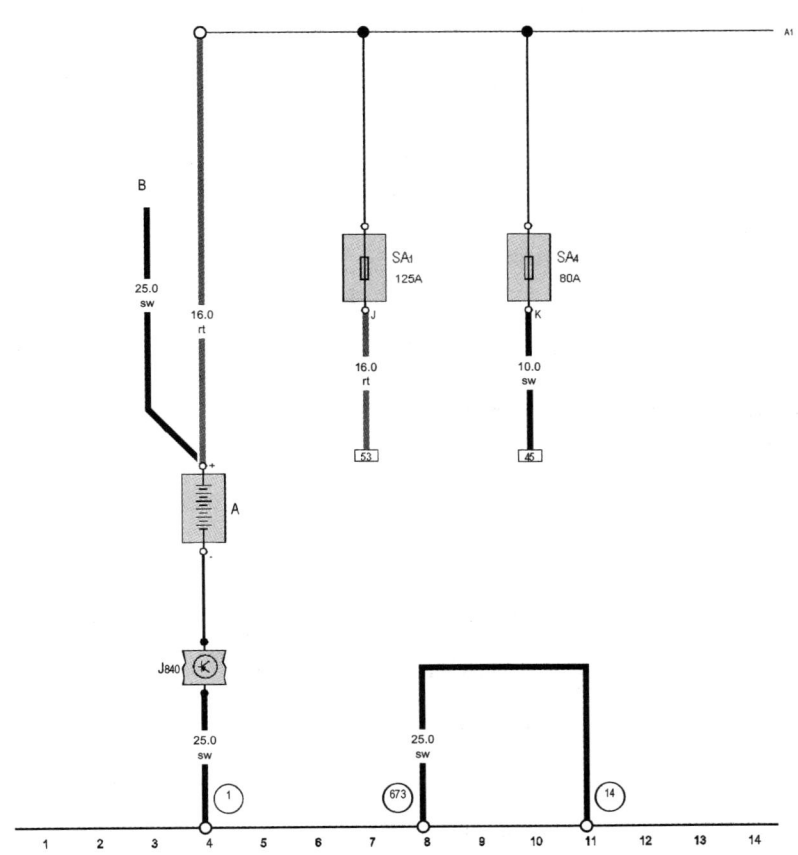

A-蓄电池　B-启动机　J840-蓄电池调节控制单元　SA1-保险丝架 A 上的保险丝1　SA4-保险丝架 A 上的保险丝4　1-接地带，蓄电池-车身　14-变速器上的接地点　673-左前纵梁上的接地点 3

图 6-5-1

发动机舱盖接触开关，左侧信号喇叭，右侧信号喇叭，双音喇叭继电器，车载电网控制单元

主继电器

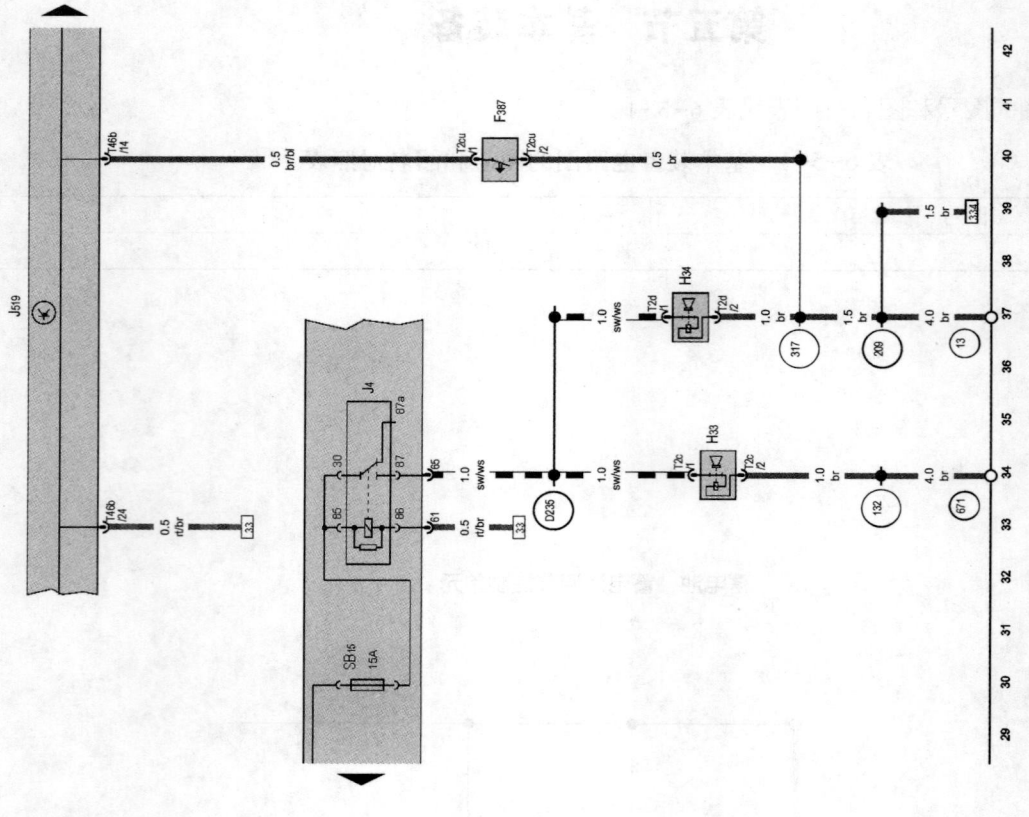

图6-5-3

图6-5-2

920

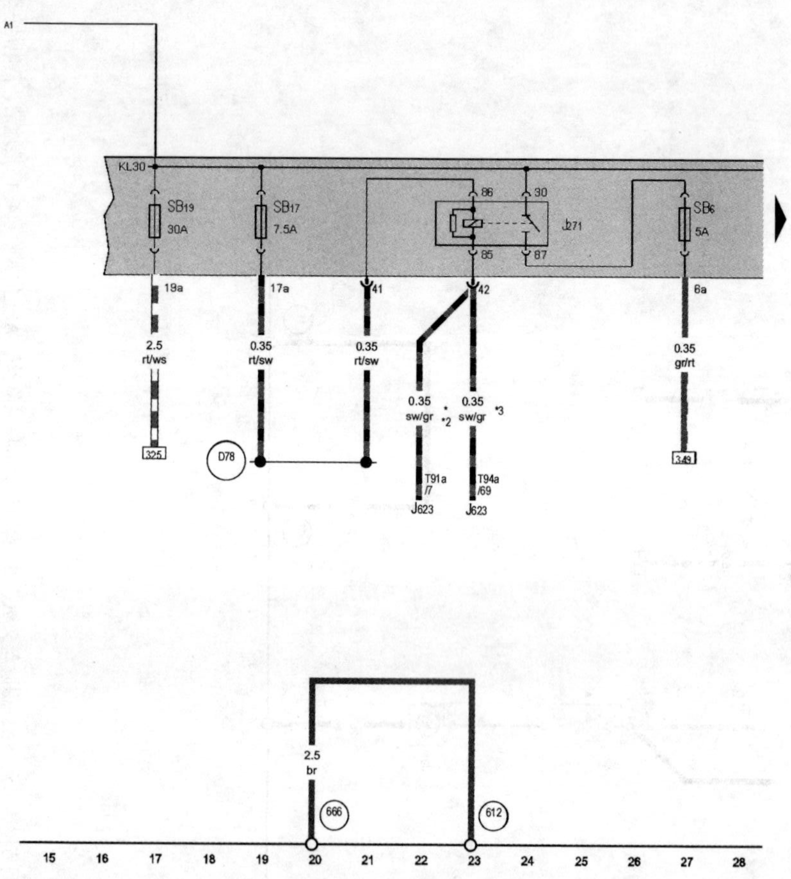

J271-主继电器 J623-发动机控制单元 SB6-保险丝架 B 上的保险丝 6 SB17-保险丝架 B 上的保险丝 17
SB19-保险丝架 B 上的保险丝 19 T91a-91 芯插头连接，黑色 T94a-94 芯插头连接，黑色 612-行李箱盖
中间的接地点 666-在车顶后右侧的接地点 D78-正极连接 1 (30a)，在发动机舱导线束中 *-仅用于带 1.8
L发动机的汽车 *2-仅用于带 2.0 L发动机的汽车 *3-仅用于带 1.4 L发动机的汽车

F387-发动机舱盖接触开关 H33-左侧信号喇叭 H34-右侧信号喇叭 J4-双音喇叭继电器 J519-车载电网
控制单元 SB15-保险丝架 B 上的保险丝 15 T2c-2 芯插头连接，黑色 T2d-2 芯插头连接，黑色 T2d-2
芯插头连接，黑色 T46b-46 芯插头连接，黑色 13-发动机舱内右侧的接地点 132-接地连接 3，在发动机
舱导线束中 209-接地连接 6，在发动机舱导线束中 317-接地连接 7，在发动机舱导线束中 671-左前纵
梁上的接地点 1 D235-连接（双音喇叭），在发动机舱导线束中

車載電網控制単元，插座繼電器，保險絲架 C

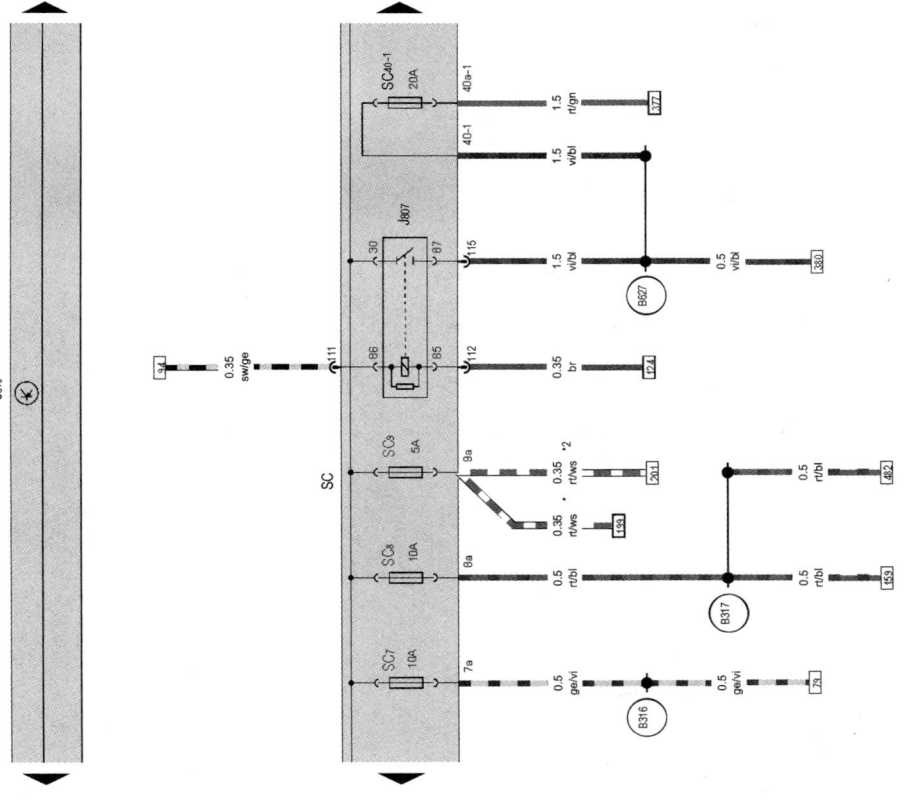

J519–車載電網控制単元 J807–插座繼電器 SC–保險絲架 C SC7–保險絲架 C 上的保險絲 7 SC8–保險絲
架 C 上的保險絲 8 SC9–保險絲架 C 上的保險絲 9 SC40–保險絲架 C 上的保險絲 40 B316–正極連接 2
（30a），在主導線束中 B317–正極連接 3（30a），在主導線束中 B627–正極連接 3（15），在主導線束
中 *–僅用于不帶可加熱式方向盤的汽車 *2–僅用于帶可加熱式方向盤的汽車

图 6-5-5

車載電網控制単元，保險絲架 C

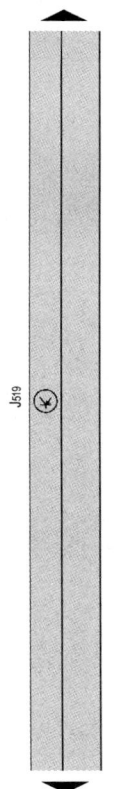

J519–車載電網控制単元 SC–保險絲架 C SC2–保險絲架 C 上的保險絲 2 SC5–保險絲架 C 上的保險絲
5 SC17–保險絲架 C 上的保險絲 17 SC24–保險絲架 C 上的保險絲 24 SC27–保險絲架 C 上的保險絲 27
T2br–2 芯插頭式連接，黑色 T73a–73 芯插頭式連接，黑色 T73c–73 芯插頭式連接 B315–正極連接 1
（30a），在主導線束中 *–僅用于帶可加熱式方向盤的汽車 *2–僅用于帶 12~230V/12~115V 插座的逆變
器的汽車

图 6-5-4

921

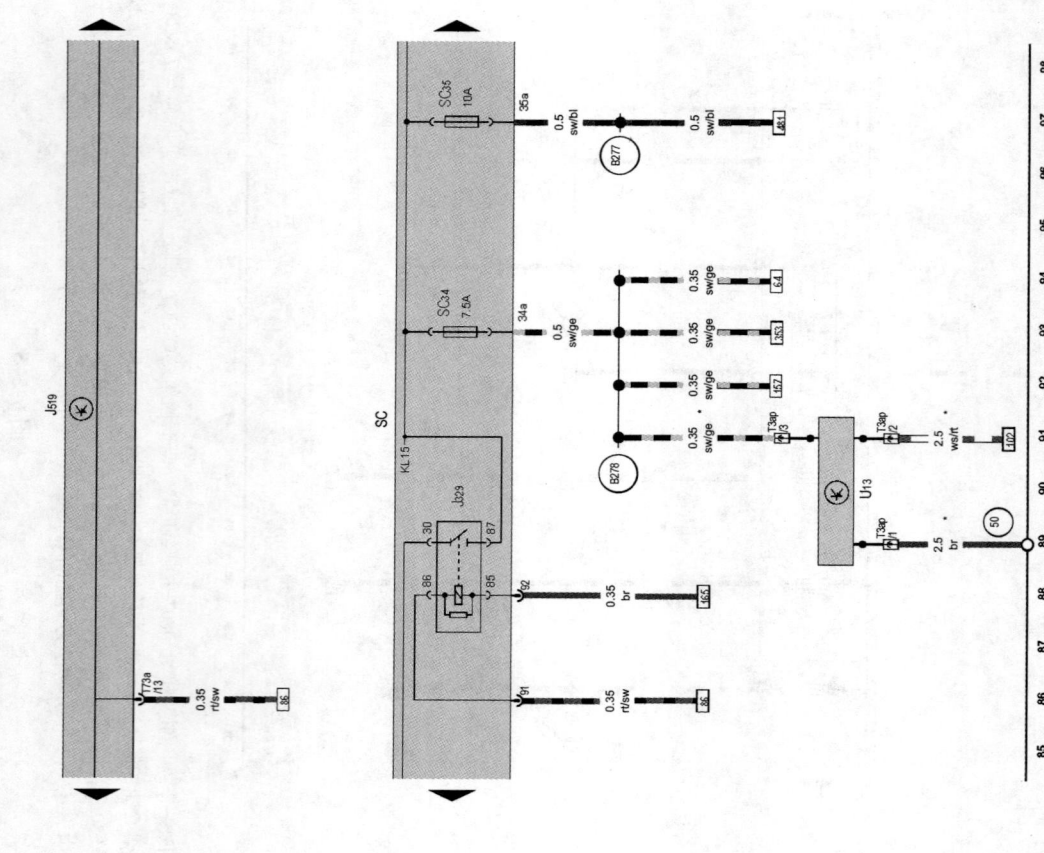

可加热后窗玻璃继电器，车载电网控制单元，保险丝架 C

接线端 15 供电继电器，车载电网控制单元，保险丝架 C，带插座的逆变器（12～230 V）

图6-5-7

J329-接线端 15 供电继电器 J519-车载电网控制单元 SC-保险丝架 C SC34-保险丝架 C 上的保险丝 34 SC35-保险丝架 C 上的保险丝 35 T3ap-3 芯插头连接，黑色 T73a-73 芯插头连接，黑色 U13-带插座的逆变器（12～230 V）50-行李箱内左侧的接地点 B277-正极连接点 1（15a），在主导线束中 B278-正极连接 2（15a），在主导线束中 ＊-仅用于带 12～230V/12～115V 插座的逆变器的汽车

图6-5-6

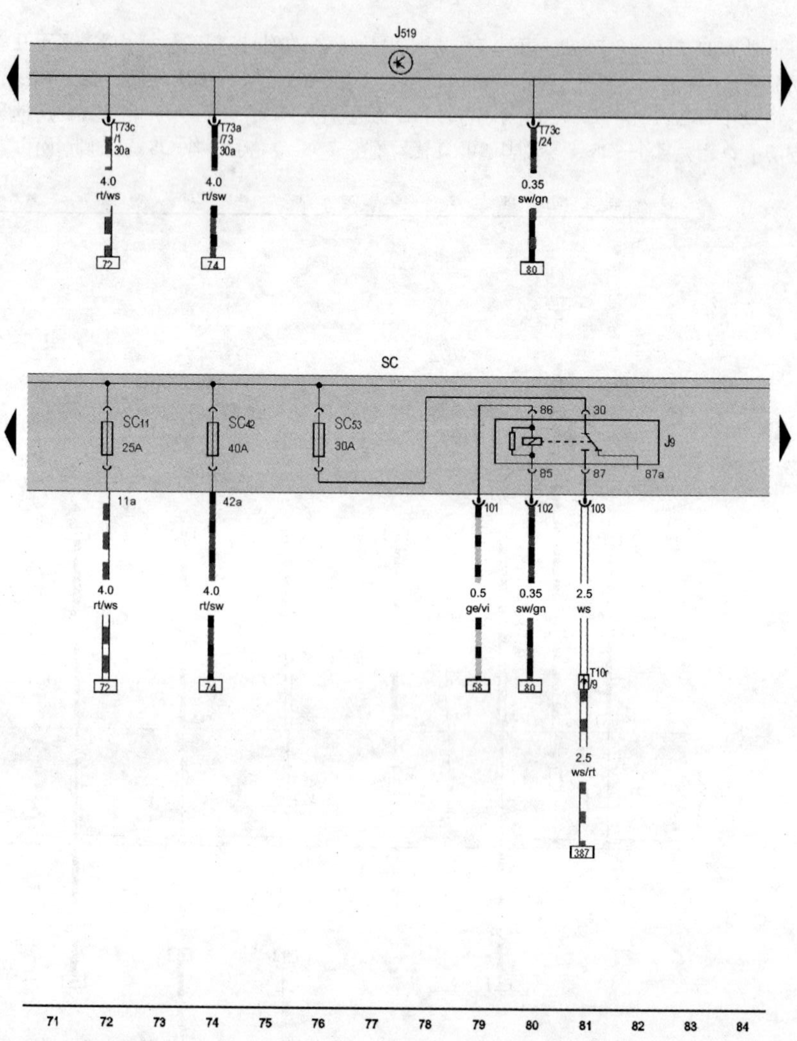

J9-可加热后窗玻璃继电器 J519-车载电网控制单元 SC-保险丝架 C SC11-保险丝架 C 上的保险丝 11 SC42-保险丝架 C 上的保险丝 42 SC53-保险丝架 C 上的保险丝 53 T10r-10 芯插头连接，行李箱盖的接位置，黑色 T73c-73 芯插头连接，黑色 T73a-73 芯插头连接，黑色 T73c-73 芯插头连接，黑色

922

车载电网控制单元，前内灯，左后脚部空间照明灯，右后脚部空间照明灯

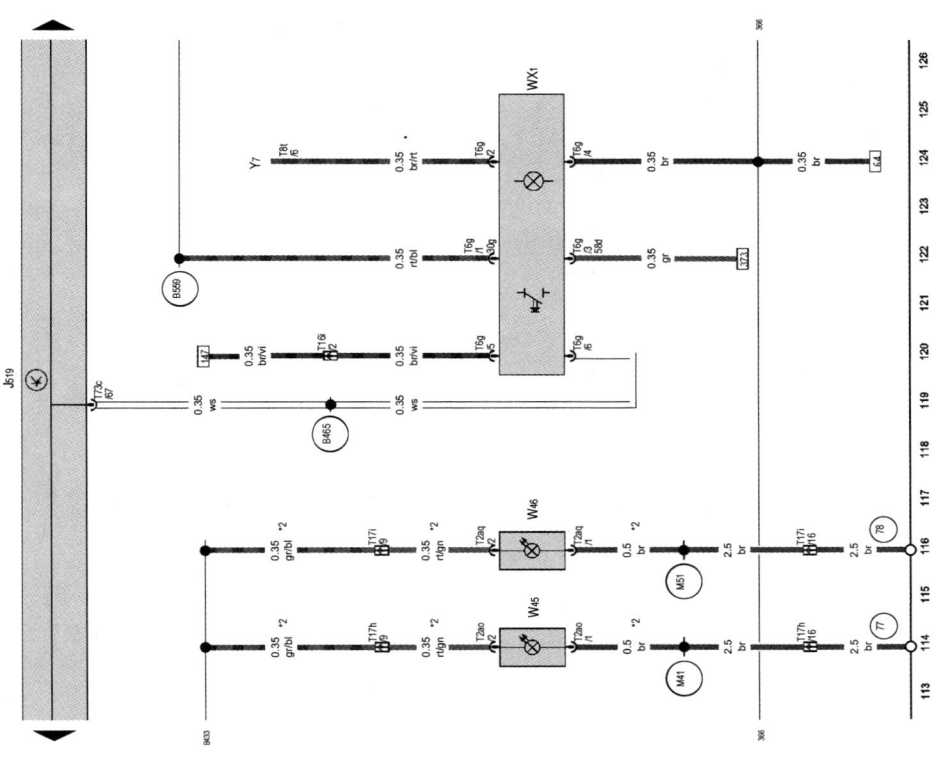

图 6-5-9

J519-车载电网控制单元 T2ao-2 芯插头连接，黑色 T2aq-2 芯插头连接，黑色 T6g-6 芯插头连接，蓝色 T8t-8 芯插头连接，前部车内照明灯附近，黑色 T16i-16 芯插头连接，前部照明灯的连接位置中，黑色 T17h-17 芯插头连接，左前座椅的连接位置中，红色 T17i-17 芯插头连接，右前座椅的连接位置中，红色 T73c-73 芯插头连接 77-色 WX1-前内灯 W45-左后脚部空间照明灯 W46-右后脚部空间照明灯 Y7-自动防眩车内后视镜 77-左侧 B 柱下的接地点 78-右侧 B 柱下部接地点 366-接地接地点 B433-连接（脚部空间照明），在主导线束中 B559-正极连接 1（30g），在主导线束中 M41-连接明），在主导线束中 B465-连接 1，在主导线束中 B559-正极连接 1（30g），在主导线束中 M41-连接 1，在驾驶员侧座椅导线束中 M51-连接 1，在副驾驶员侧座椅导线束中 *-仅用于带自动防眩车内后视镜的汽车 *2-仅用于带有脚部空间照明的汽车

车载电网控制单元，左前脚部空间照明灯，右前脚部空间照明灯，保险丝架 C

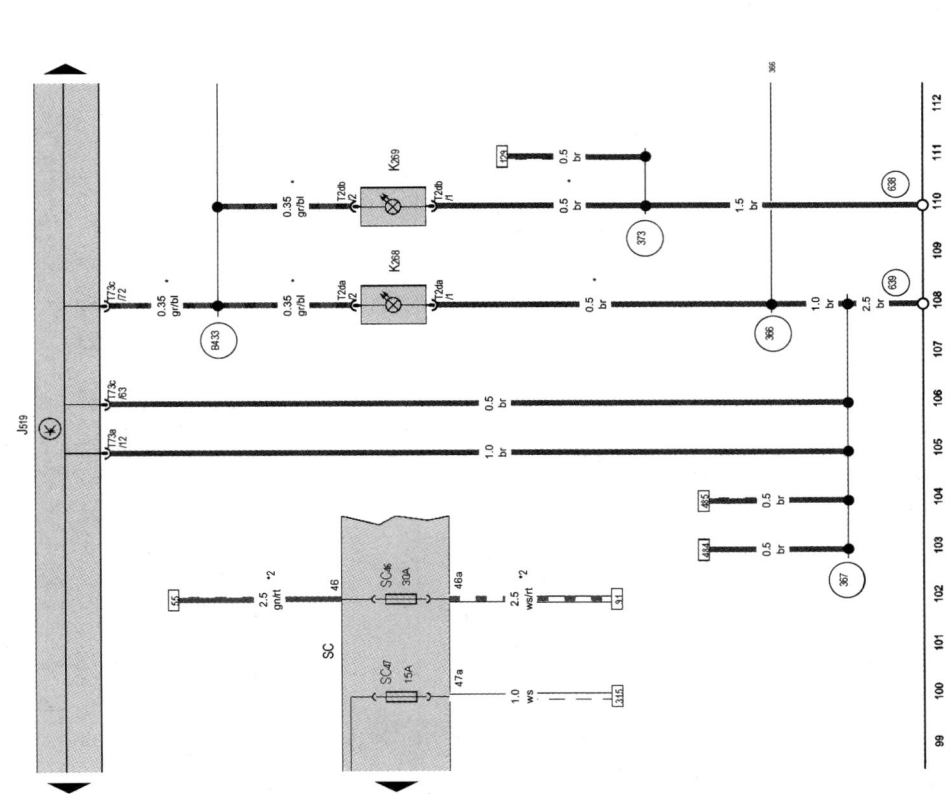

图 6-5-8

J519-车载电网控制单元 K268-左前脚部空间照明灯 K269-右前脚部空间照明灯 SC-保险丝架 C SC46-保险丝架 C 上的保险丝 46 SC47-保险丝架 C 上的保险丝 47 T2ab-2 芯插头连接，黑色 T2da-2 芯插头连接，棕色 T2db-2 芯插头连接，棕色 T73a-73 芯插头连接，棕色 T73c-73 芯插头连接，黑色 366-接地连接 1，在主导线束中 367-接地连接 2，在主导线束中 373-接地连接 8，在主导线束中 638-右 A 柱上的接地点 639-左 A 柱上的接地点 B433-连接（脚部空间照明），在主导线束中 *-仅用于带同照明的汽车 12~230V/12~115V 插座的逆变器的汽车 *2-仅用于带有脚部空间照明的汽车

923

手套箱照明灯开关，车载电网控制单元，行李箱照明，手套箱照明灯，车内灯　　　　　　　驾驶员侧化妆镜接触开关，副驾驶员侧化妆镜接触开关，车载电网控制单元，副驾驶员侧照明灯，带照明功能的化妆镜，驾驶员侧带照明照明的化妆镜，左后车内照明灯，右后车内照明灯

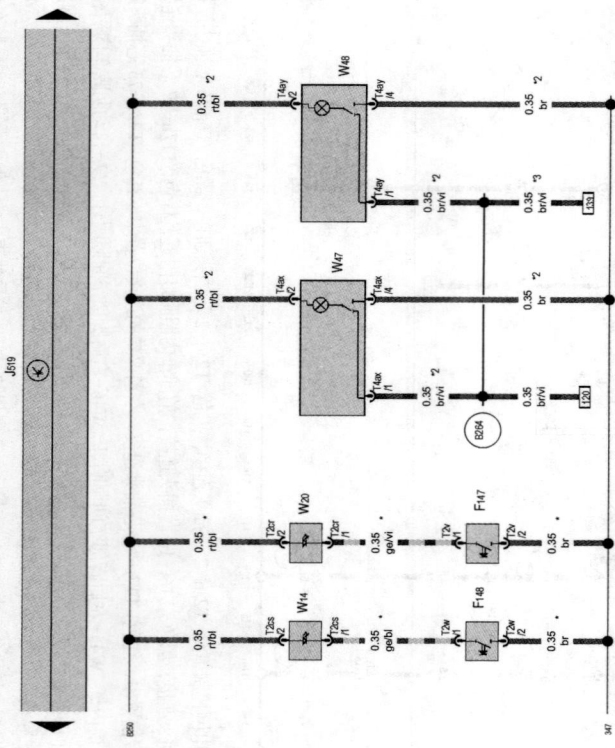

图 6-5-10

图 6-5-11

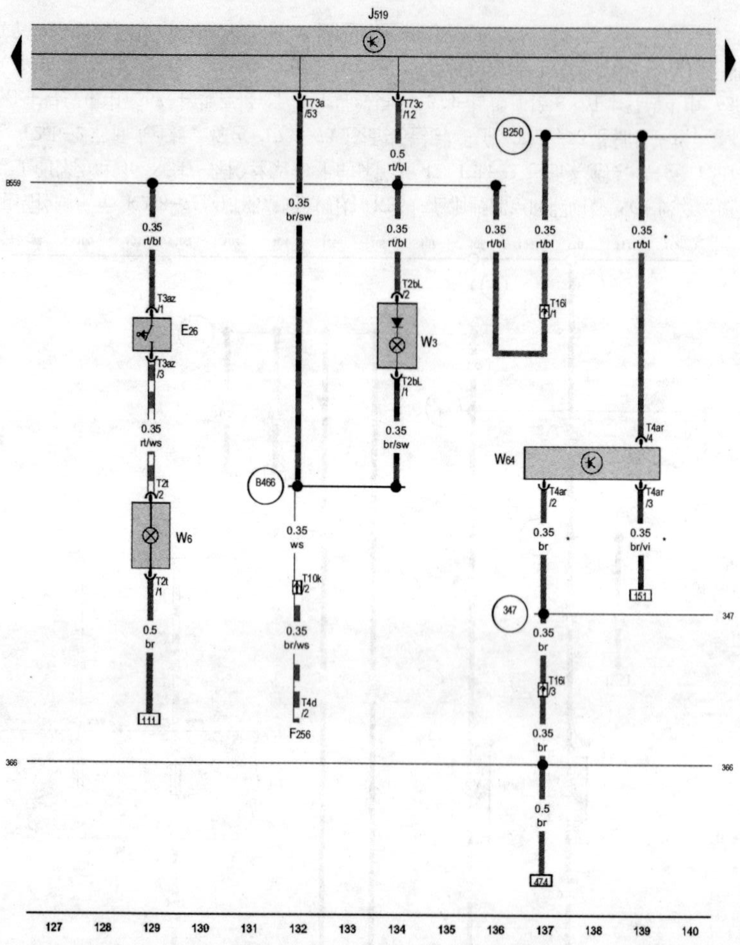

E26-手套箱照明灯开关　F256-行李箱盖闭锁单元　J519-车载电网控制单元　T2bL-2 芯插头连接，黑色 T2t-2 芯插头连接，黑色　T3az-3 芯插头连接，黑色　T4ar-4 芯插头连接，黑色　T4d-4 芯插头连接，黑色　T10k-10 芯插头连接，黑色　T16i-16 芯插头连接，棕色　前部车内照明灯附近，棕色　T73a-73 芯插头连接，黑色　T73c-73 芯插头连接，黑色　W3-行李箱照明　W6-手套箱照明　W64-车内灯　347-接地连接　366-接地连接 1，在车顶导线束中　B250-车顶导线束中的正极连接 1（30g），在主导线束中　B559-正极连接 1（30g），在主导线束中　B466-连接 2，在主导线束中　*-仅用于不带玻璃天窗的汽车

F147-驾驶员侧化妆镜接触开关　F148-副驾驶员侧化妆镜接触开关　J519-车载电网控制单元　T2cr-2 芯插头连接，黑色　T2cs-2 芯插头连接，黑色　T2v-2 芯插头连接，黑色　T2w-2 芯插头连接，黑色　T4ax-4 芯插头连接，黑色　T4ay-4 芯插头连接，棕色　W14-副驾驶员侧带照明功能的化妆镜　W20-驾驶员侧带照明功能的化妆镜　W47-左后车内照明灯　W48-右后车内照明灯　347-接地连接　366-连接 1，在车顶导线束中　B250-车顶导线束中的正极连接 1，在车顶导线束中　B264-连接 1，在车顶导线束中　*-仅用于带照明式化妆镜的汽车 *2-仅用于带全景滑动天窗的汽车 *3-仅用于不带玻璃天窗的汽车

车窗玻璃刮水器间歇运行调节器，车载电网控制单元，转向柱电子装置控制单元

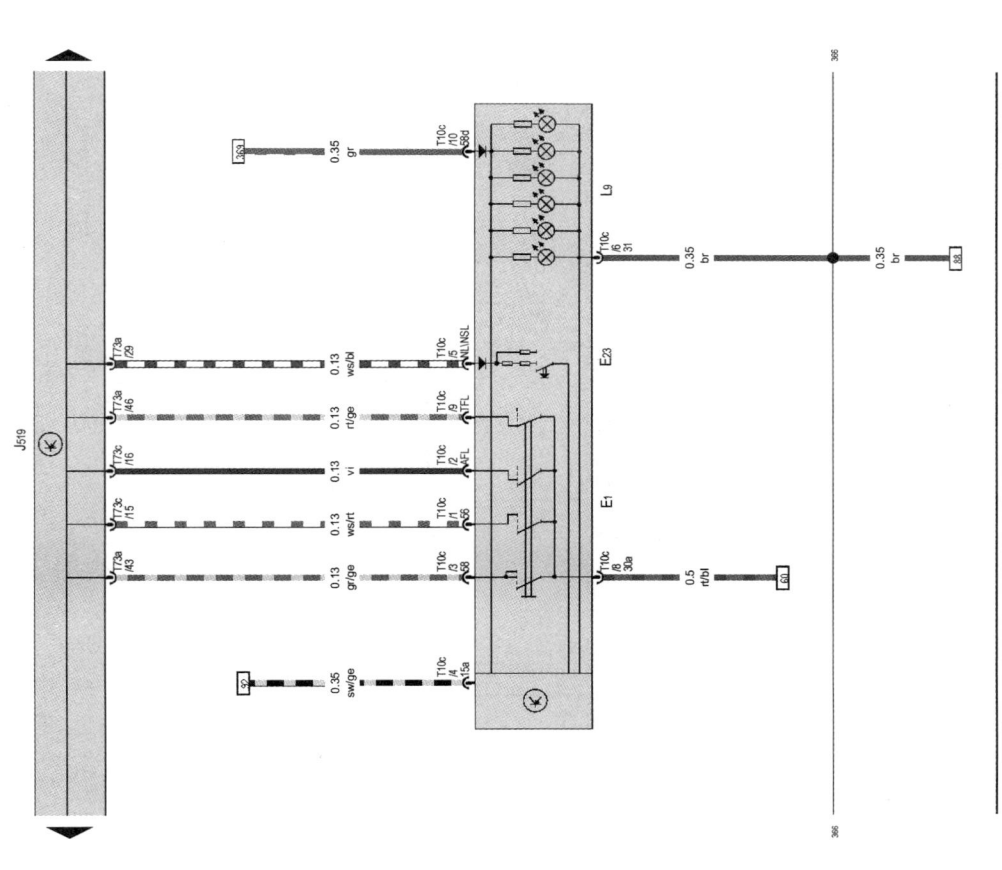

车灯开关，前雾灯和后雾灯开关，车载电网控制单元，大灯开关照明灯泡

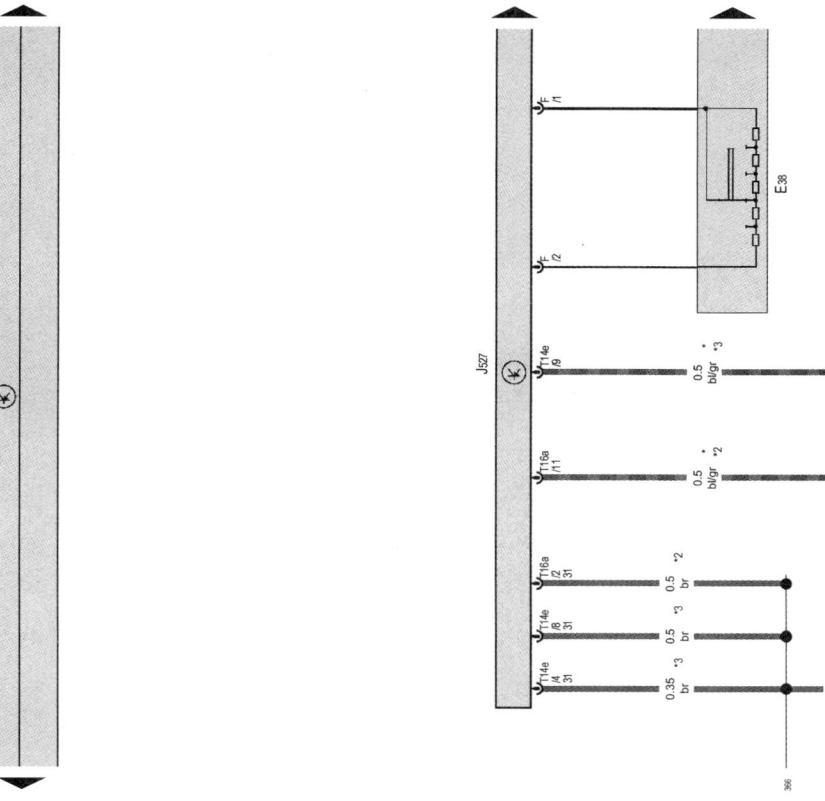

E1-车灯开关 E23-前雾灯和后雾灯开关 J519-车载电网控制单元 L9-大灯开关照明灯泡 T10c-10 芯插头
连接，红色 T73a-73 芯插头连接，黑色 T73c-73 芯插头连接，黑色 366-接地连接1，在主导线束中

图 6-5-12

E38-车窗玻璃刮水器间歇运行调节器 T10h-10 芯插头连接，黑色 T14e-14 芯插头连接，黑色 T16a-16 芯插头连接，黑色
杆传感器控制单元 T10h-10 芯插头连接，黑色 T14e-14 芯插头连接，黑色 T16a-16 芯插头连接，黑色 *2-仅用于不带可加热式方向盘的
366-接地连接1，在主导线束中 *-仅适用于带双离合器变速器的汽车 *2-仅用于不带可加热式方向盘的
汽车 *3-仅用于带可加热式方向盘的汽车

图 6-5-13

925

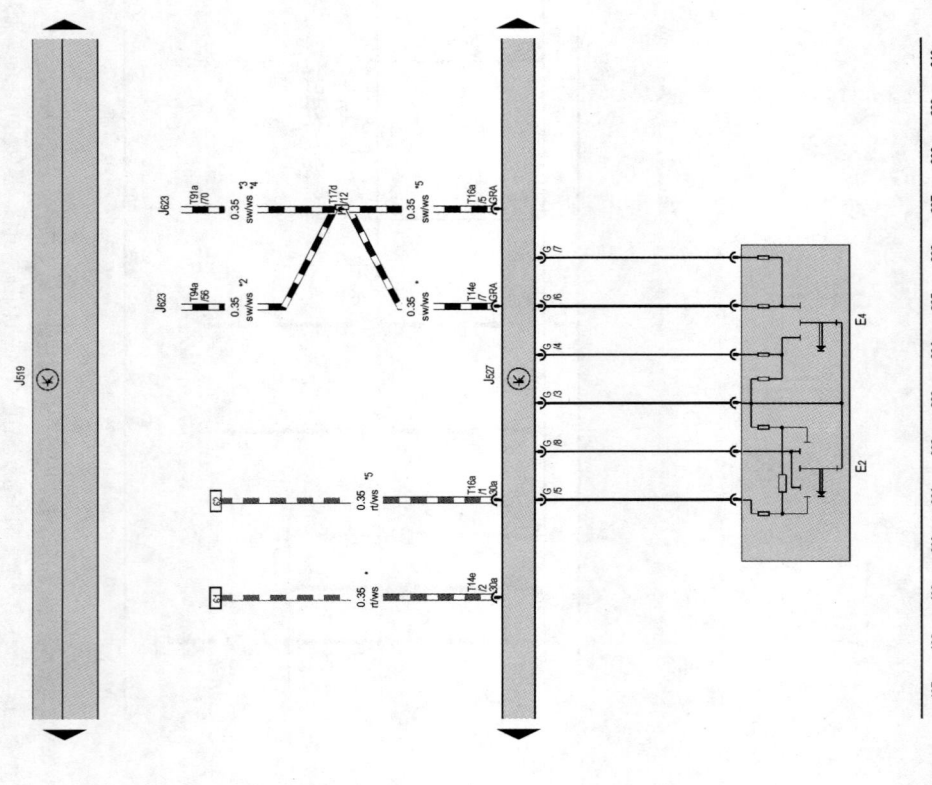

上半部分（图6-5-15）

转向信号灯开关，手动远光灯功能和远光灯瞬时接通功能开关，车载电网控制单元，转向柱电子装置控制单元

E2-转向信号灯开关　E4-手动远光灯功能和远光灯瞬时接通功能开关　J519-车载电网控制单元　J527-转向柱电子装置控制单元　J623-发动机控制单元　T14e-14 芯插头连接，黑色　T16a-16 芯插头连接，黑色　T17d-17 芯插头连接　T91a-91 芯插头连接，蓝色　T94a-94 芯插头连接，黑色　*1-仅用于带可加热式方向盘的汽车　*2-仅用于1.4 L发动机的汽车　*3-仅用于带1.8 L发动机的汽车　*4-仅用于带不带可加热式方向盘的汽车　*5-仅用于带2.0 L发动机的汽车

图 6-5-15

下半部分（图6-5-14）

前窗玻璃刮水器开关，间歇式刮水器运行开关，后窗玻璃刮水器开关，车窗玻璃清洗泵开关（自动刮水/清洗装置和大灯清洗装置），车载电网控制单元，转向柱电子装置控制单元

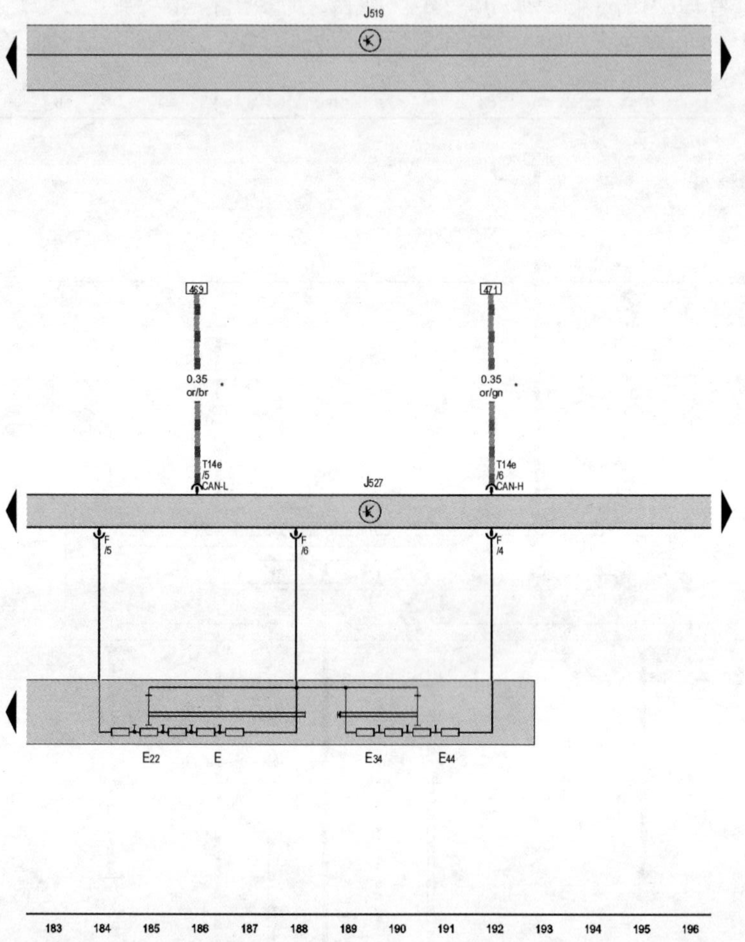

E-前窗玻璃刮水器开关　E22-间歇式刮水器运行开关　E34-后窗玻璃刮水器运行开关　E44-车窗玻璃清洗泵开关（自动刮水/清洗装置和大灯清洗装置）　J519-车载电网控制单元　J527-转向柱电子装置控制单元　T14e-14 芯插头连接，黑色　*-仅用于带可加热式方向盘的汽车

图 6-5-14

车载电网控制单元，左侧尾灯，右侧尾灯，左后转向信号灯灯泡，右后转向信号灯灯泡，右侧制动信号灯和尾灯灯泡，左侧制动信号灯和尾灯灯泡

车载电网控制单元，转向柱电子装置控制单元

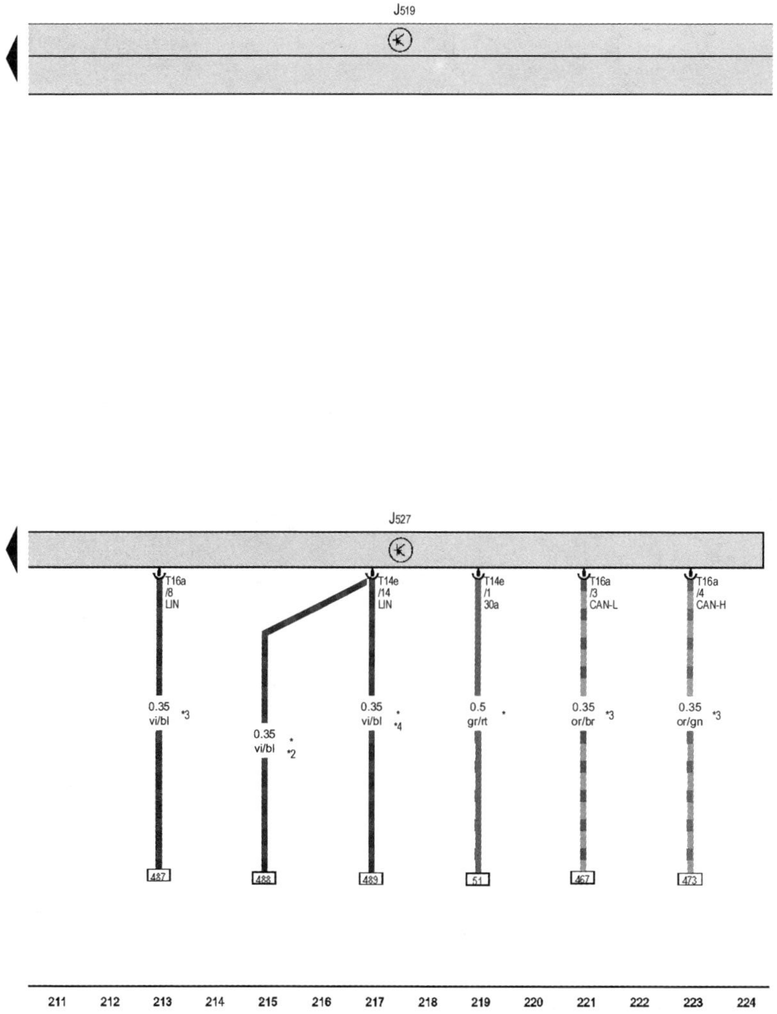

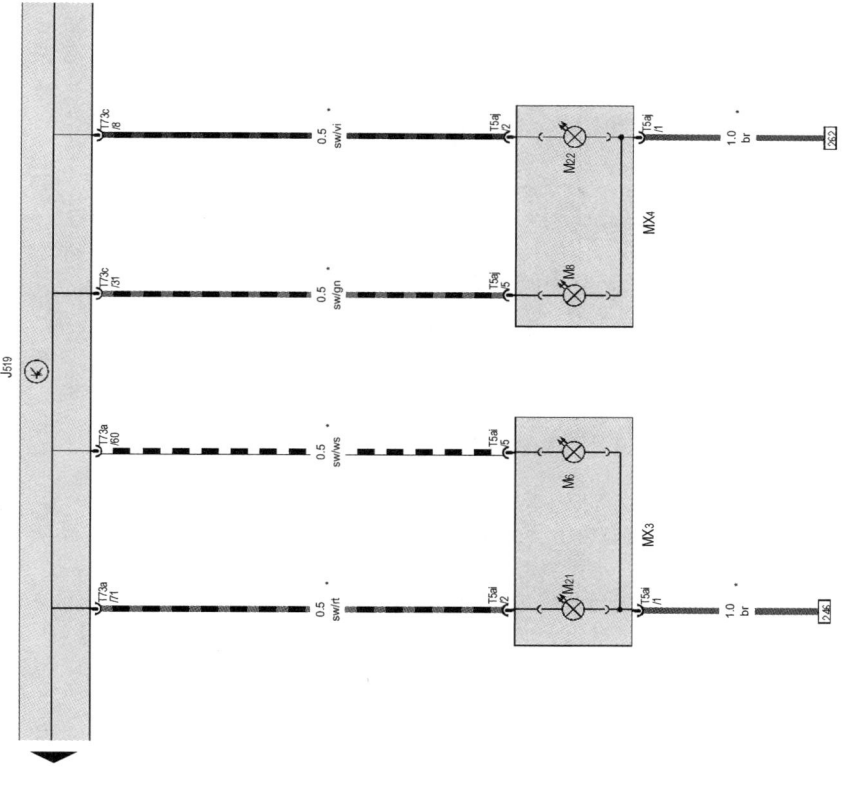

J519-车载电网控制单元 J527-转向柱电子装置控制单元 T14c-14 芯插头连接器 T14e-14 芯插头连接，黑色 T16a-16 芯插头连接，黑色 *-仅用于带可加热式方向盘的汽车 *2-仅用于带 1.8 L 发动机的汽车 *3-仅用于不带可加热式方向盘的汽车 *4-仅用于带 2.0 L 发动机的汽车

图 6-5-16

J519-车载电网控制单元 MX3-左侧尾灯 MX4-右侧尾灯 M6-左后转向信号灯灯泡 M8-右后转向信号灯灯泡 M21-左侧制动信号灯和尾灯灯泡 M22-右侧制动信号灯和尾灯灯泡 T5ai-5 芯插头连接 T5aj-5 芯插头连接，黑色 T73a-73 芯插头连接，黑色 T73c-73 芯插头连接，黑色 *-依汽车装备而定

图 6-5-17

车载电网控制单元，左侧尾灯，左侧尾灯灯泡，左后转向信号灯灯泡，左侧制动信号灯灯泡，左侧倒车灯灯泡

车载电网控制单元，右侧尾灯，右侧尾灯灯泡，右后转向信号灯灯泡，右侧制动信号灯灯泡，右侧倒车灯灯泡

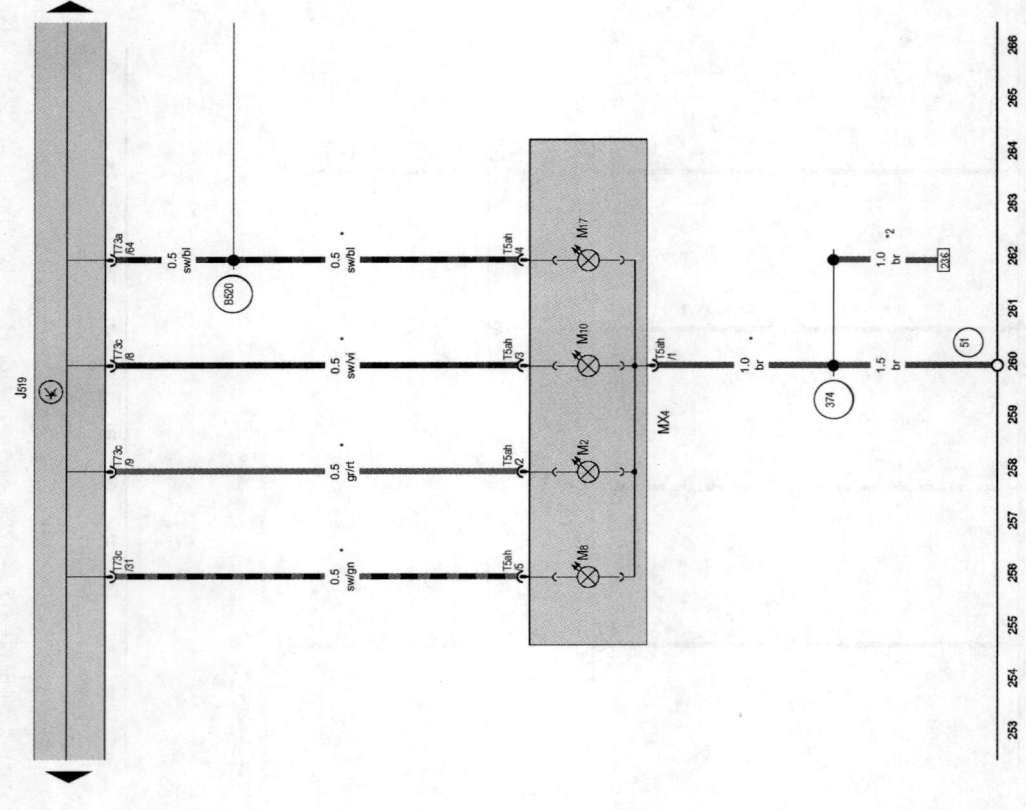

图 6-5-19

J519-车载电网控制单元 M2-右侧尾灯灯泡 MX4-右侧尾灯 M8-右后转向信号灯灯泡 M10-右侧制动信号灯灯泡 M17-右侧倒车灯灯泡 T5ah-5 芯插头连接 T73a-73 芯插头连接，蓝色 T73c-73 芯插头连接，黑色 51-行李箱内右侧的接地点 374-接地连接 9，在主导线束中 B520-连接（RF），在主导线束中 *-依汽车装备而定

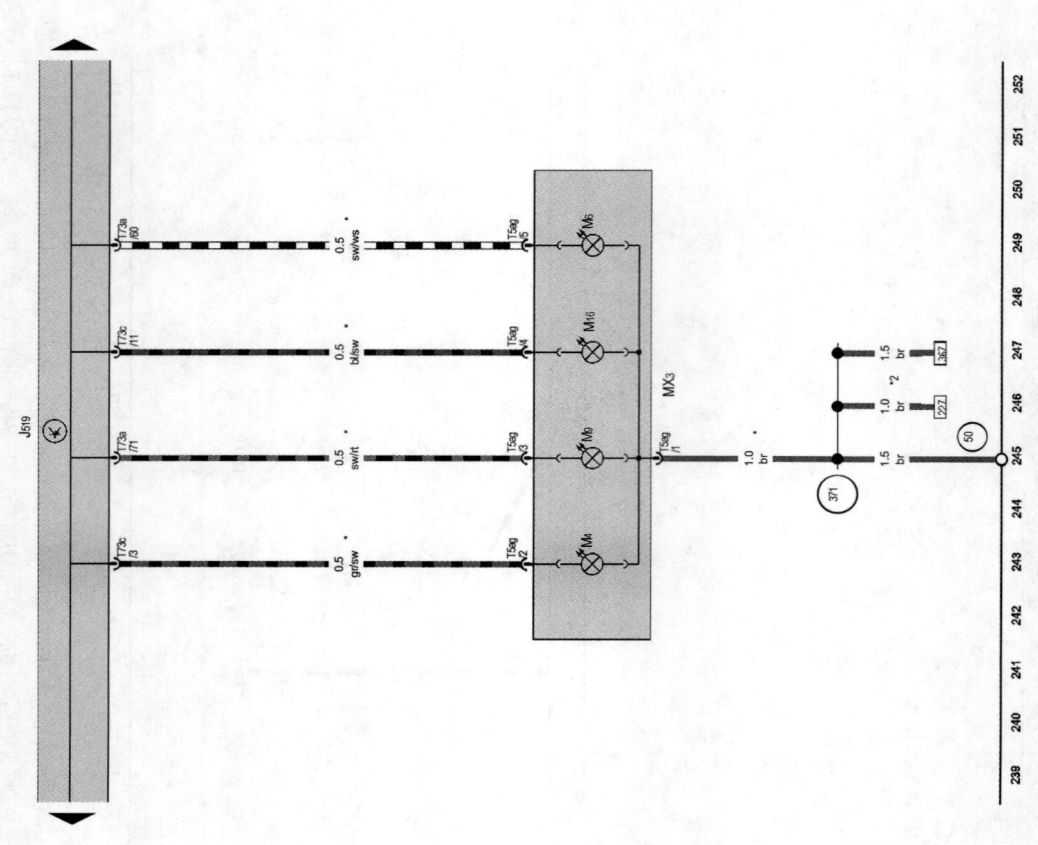

图 6-5-18

J519-车载电网控制单元 MX3-左侧尾灯 M4-左侧尾灯灯泡 M6-左后转向信号灯灯泡 M9-左侧制动信号灯灯泡 M16-左侧倒车灯灯泡 T5ag-5 芯插头连接 T73a-73 芯插头连接，蓝色 T73c-73 芯插头连接，黑色 50-行李箱内左侧的接地点 371-接地连接 6，在主导线束中 *-依汽车装备而定

车载电网控制单元，高位制动信号灯灯泡，左侧牌照灯，右侧牌照灯

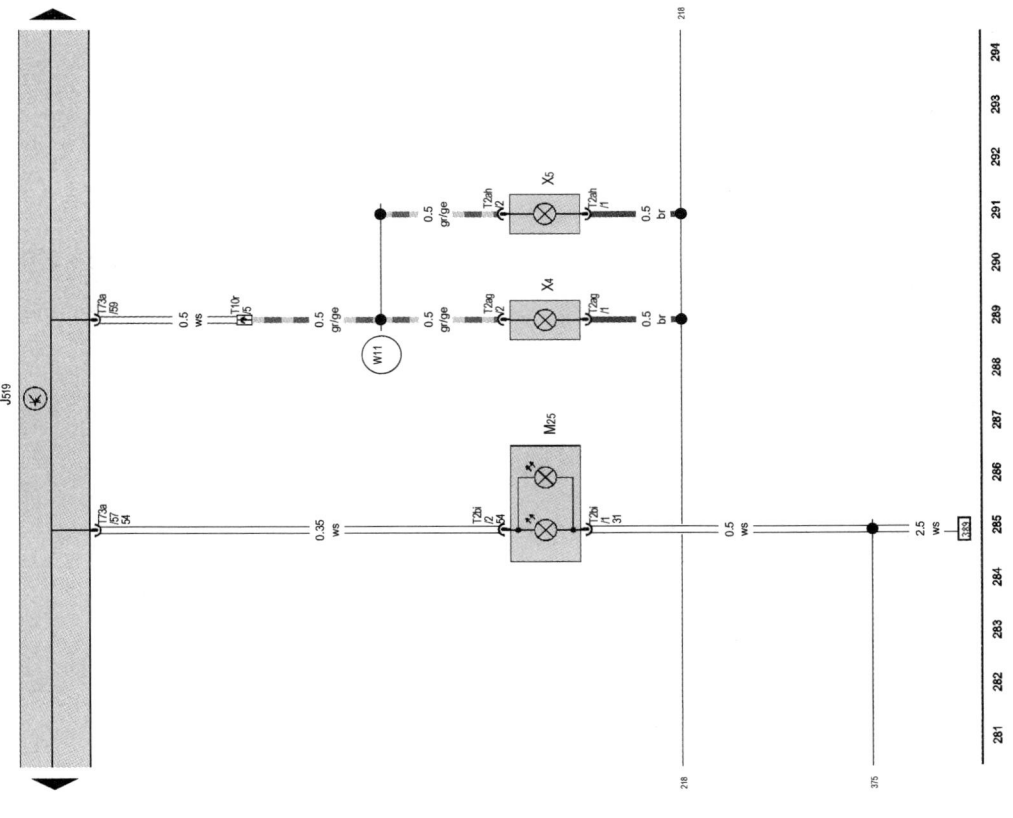

J519–车载电网控制单元 M25–高位制动信号灯灯泡 T2ag–2 芯插头连接，黑色 T2ah–2 芯插头连接，黑色 T2bi–2 芯插头连接，黑色 T10r–10 芯插头的连接位置，黑色 T73a–73 芯插头连接，黑色 X4–左侧牌照灯 X5–右侧牌照灯 218–接地连接点 1，在行李箱盖导线束中 375–接地连接 10，在主导线束中 W11–行李箱盖导线束中的连接（58）

图 6–5–21

车载电网控制单元，左侧后雾灯灯泡，左侧尾灯 2，右侧倒车灯灯泡，左侧尾灯灯泡 2，右侧尾灯灯泡 2

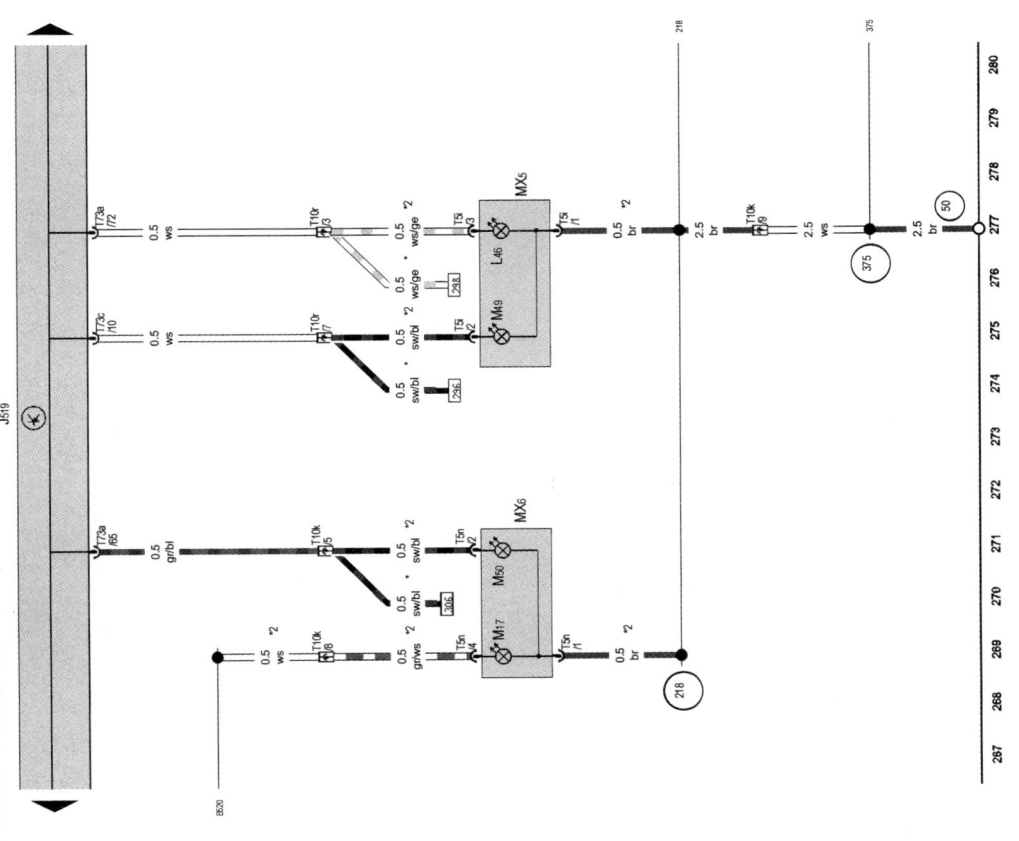

J519–车载电网控制单元 L46–左侧后雾灯灯泡 MX5–左侧尾灯 2 MX6–右侧尾灯 2 M17–右侧倒车灯灯泡 M49–左侧尾灯灯泡 2 M50–右侧尾灯灯泡 2 T5i–5 芯插头连接，黑色 T5n–5 芯插头连接，黑色 T10k–10 芯插头的连接位置，行李箱盖连接 T10r–10 芯插头的连接位置，行李箱盖连接 T73a–73 芯插头连接，黑色 T73c–73 芯插头连接，黑色 50–行李箱内左侧的接地点 218–接地连接 1，在行李箱盖导线束中 375–接地连接 10，在主导线束中 B520–连接（RF），在主导线束中 *–依汽车装备而定

图 6–5–20

929

车载电网控制单元，后窗玻璃刮水器电机，前后窗玻璃清洗泵

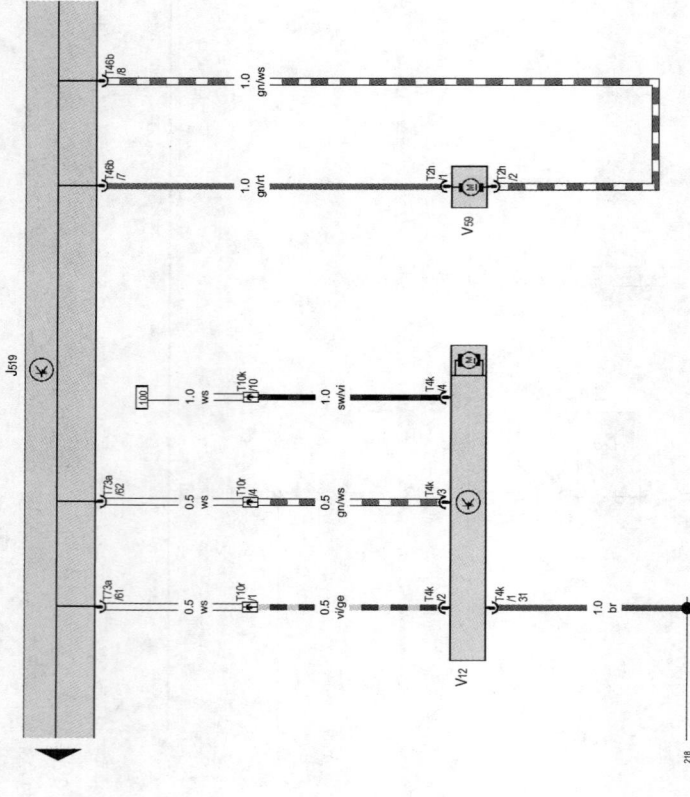

图 6-5-23

J519－车载电网控制单元 T2h－2 芯插头连接，黑色 T4k－4 芯插头连接，黑色 T10k－10 芯插头连接，行李箱盖的连接位置，棕色 T10r－10 芯插头连接，行李箱盖的连接位置，黑色 T46b－46 芯插头连接，黑色 T73a－73 芯插头连接，黑色 V12－后窗玻璃刮水器电机 V59－前后窗玻璃清洗泵 218－接地连接 1，在行李箱盖导线束中

车载电网控制单元，左侧后雾灯灯泡，左侧尾灯 2，右侧尾灯 2，左侧制动信号灯灯泡，右侧制动信号灯灯泡，左侧尾灯灯泡 2，右侧尾灯灯泡 2

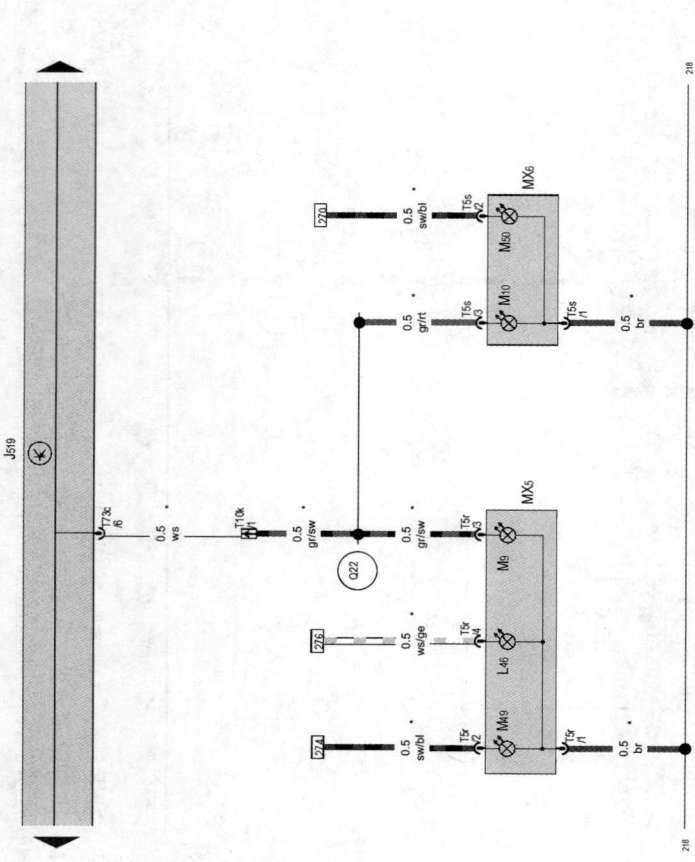

图 6-5-22

J519－车载电网控制单元 L46－左侧后雾灯灯泡 MX5－左侧尾灯 2 MX6－右侧尾灯 2 M9－左侧制动信号灯灯泡 M10－右侧制动信号灯灯泡 M49－左侧尾灯灯泡 2 M50－右侧尾灯灯泡 2 T5s－5 芯插头连接，蓝色 T5r－5 芯插头连接，行李箱盖的连接位置，蓝色 T10k－10 芯插头连接，行李箱盖的连接位置，棕色 T73c－73 芯插头连接，黑色 218－接地连接 1，在行李箱盖导线束中 Q22－连接 1，在行李箱盖导线束中 ＊－依汽车装备而定

930

制动信号灯开关，制动液液位警告信号触点，制动踏板开关，车载电网控制单元，左侧喷嘴加热电阻，右侧喷嘴加热电阻

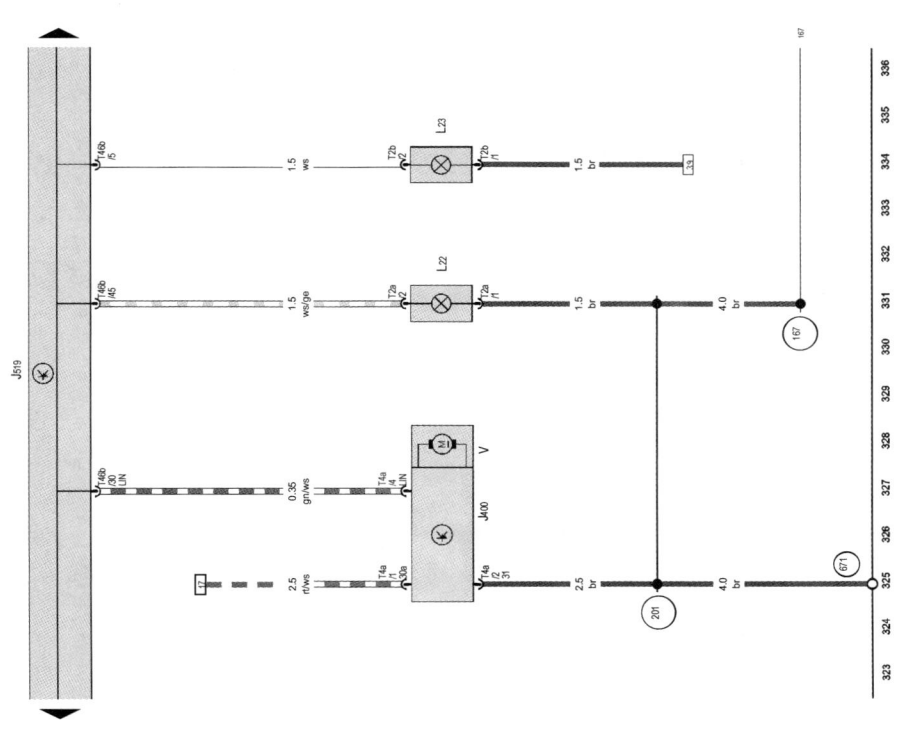

图 6-5-25

F—制动信号灯开关　F34—制动液液位警告信号触点　F47—制动踏板开关　J519—车载电网控制单元　J623—发动机控制单元　T2k—2 芯插头连接，黑色　T2L—2 芯插头连接，黑色　T2r—2 芯插头连接，黑色　T4ao—4 芯插头连接，黑色　T17d—17 芯插头连接，左侧 A 柱下部，蓝色　T46b—46 芯插头连接，黑色　T73c—73 芯插头连接，黑色　T91a—91 芯插头连接，黑色　T94a—94 芯插头连接，黑色　Z20—左侧喷嘴加热电阻　Z21—右侧喷嘴加热电阻　131—接地连接 2，在发动机舱导线束中　167—接地连接 4，在发动机舱导线束中　B335—连接 1（54），在主导线束中　D73—正极连接（54），在主导线束中　D102—连接 2，在发动机舱导线束中　*1—仅用于带 1.8 L 发动机的汽车　*2—仅用于带 2.0 L 发动机的汽车　*3—仅用于带 1.4 L 发动机的汽车　*4—仅用于带可加热式喷嘴的汽车

刮水器电机控制单元，车载电网控制单元，左侧前雾灯灯泡，右侧前雾灯灯泡，车窗玻璃刮水器电机

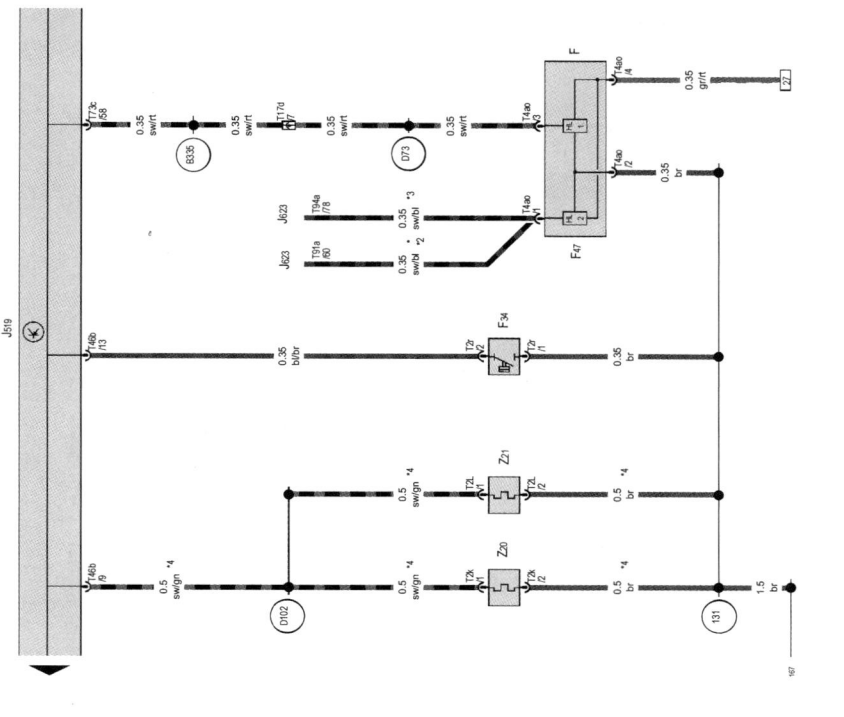

图 6-5-24

J400—刮水器电机控制单元　J519—车载电网控制单元　L22—左侧前雾灯灯泡　L23—右侧前雾灯灯泡　T2a—2 芯插头连接，黑色　T2b—2 芯插头连接，黑色　T4a—4 芯插头连接，黑色　T4a—4 芯插头连接，黑色　T46b—46 芯插头连接，黑色　V—车窗玻璃刮水器电机　167—接地连接 4，在发动机舱导线束中　201—接地连接 5，在发动机舱导线束中　671—左前纵梁上的接地点 1

931

车载电网控制单元，插座照明灯泡，12 V 插座，12 V 插座 2，12 V 插座 3

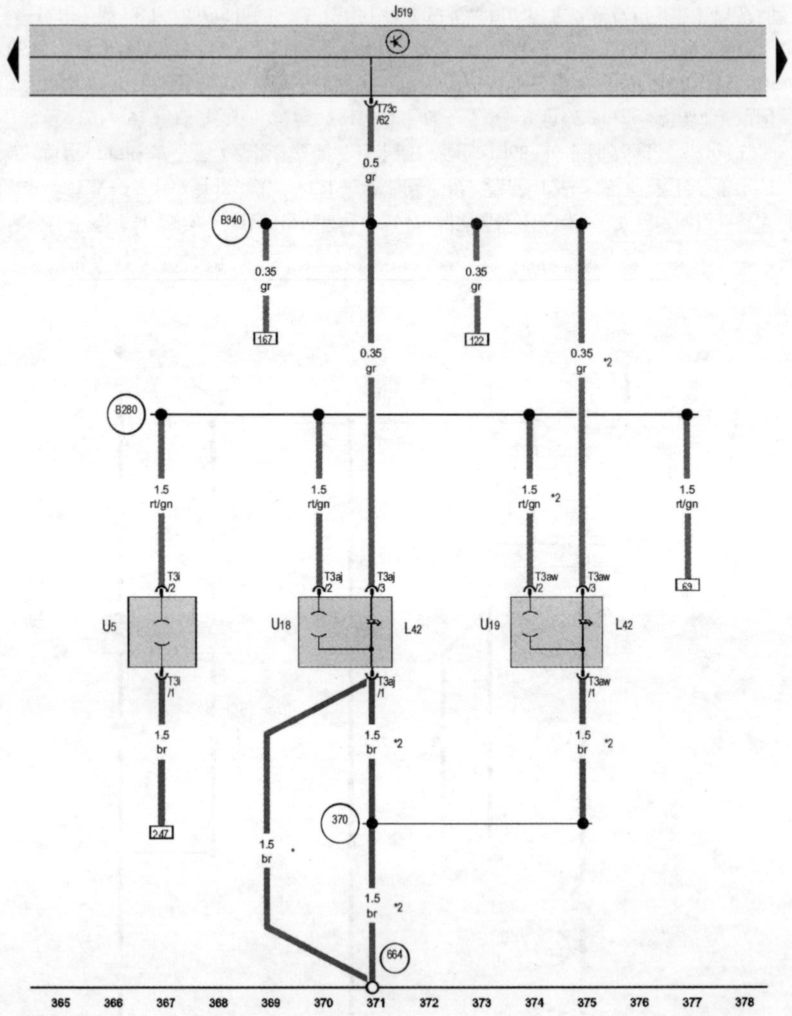

倒车灯开关，车外温度传感器，车窗玻璃清洗液液位传感器，车载电网控制单元

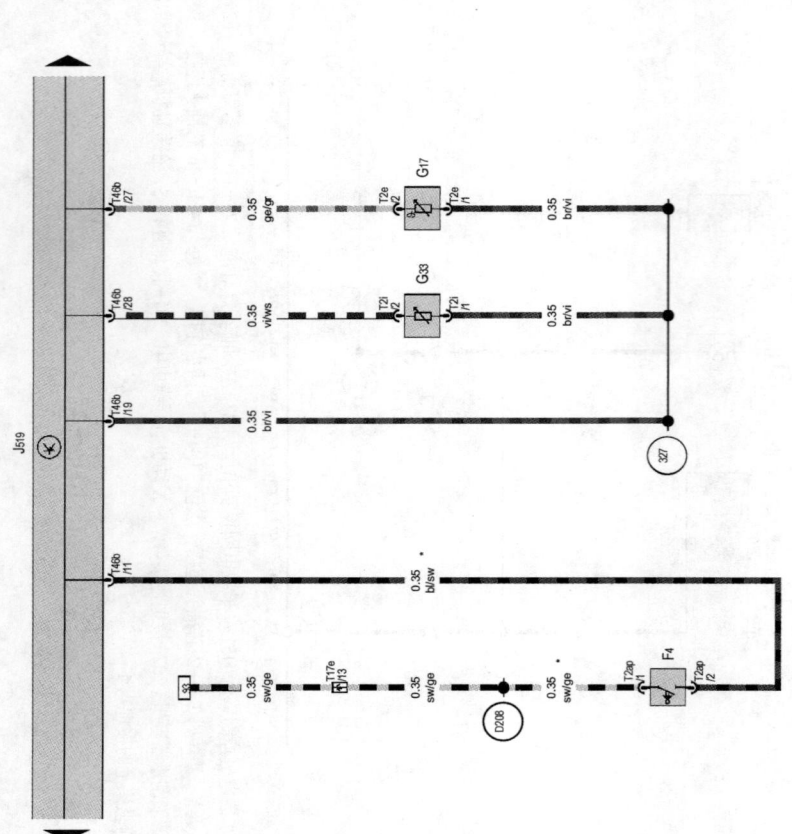

J519–车载电网控制单元 L42–插座照明灯泡 T3aj–3 芯插头连接，白色 T3aw–3 芯插头连接，白色 T3i–3 芯插头连接，白色 T3c–73 芯插头连接，黑色 U5–12 V 插座 U18–12 V 插座 2 U19–12 V 插座 3 370–接地连接 5，在主导线束中 664–左侧仪表板后面的接地点 B280–正极连接点 B340–连接 1 (58d)，在主导线束中 *2–仅汽车装备而定 *2–仅用于带前部 12V 插座的汽车

图 6-5-27

F4–倒车灯开关 G17–车外温度传感器 G33–车窗玻璃清洗液液位传感器 J519–车载电网控制单元 T2ap–2 芯插头连接，黑色 T2e–2 芯插头连接，黑色 T2i–2 芯插头连接，黑色 T17e–17 芯插头连接，右侧 A 柱下部，黑色 T46b–46 芯插头连接，黑色 327–接地连接（传感器接地），在发动机舱导线束中 D208–正极连接 5 (15a)，在发动机舱导线束中 *–仅用于带手动变速器的汽车

图 6-5-26

防盗锁止系统读出线圈，燃油表，组合仪表中的控制单元，防盗锁止系统控制单元，车载电网控制单元，组合仪表，冷却液温度和冷却液不足显示指示灯，制动系统控制单元，车载线路中的调幅频率滤波器，驻车制动器和手制动器故障指示灯

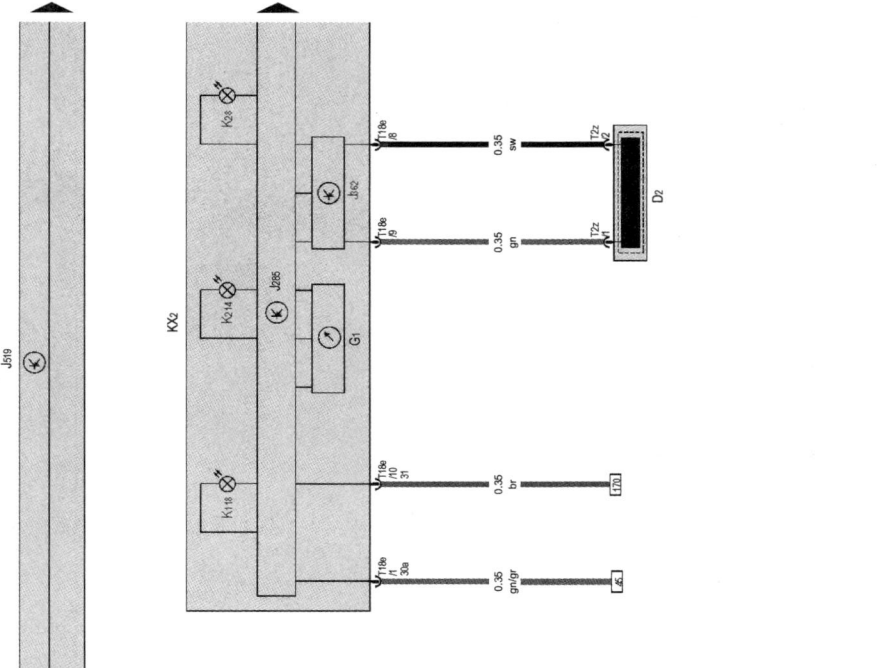

D2-防盗锁止系统读出线圈 G1-燃油表 J285-组合仪表中的控制单元 J362-防盗锁止系统控制单元 J519-车载电网控制单元 KX2-组合仪表 K28-冷却液温度和冷却液不足显示指示灯 K118-制动系统指示灯 K214-电动驻车制动器和手制动器故障指示灯 T2z-2芯插头连接，黑色 T18e-18芯插头连接，黑色

图 6-5-29

闪烁报警灯开关，车载电网控制单元，闪烁报警装置指示灯，调幅（AM）滤波器，负导线中的调幅频率滤波器，USB 充电插座 1，可加热式后窗玻璃

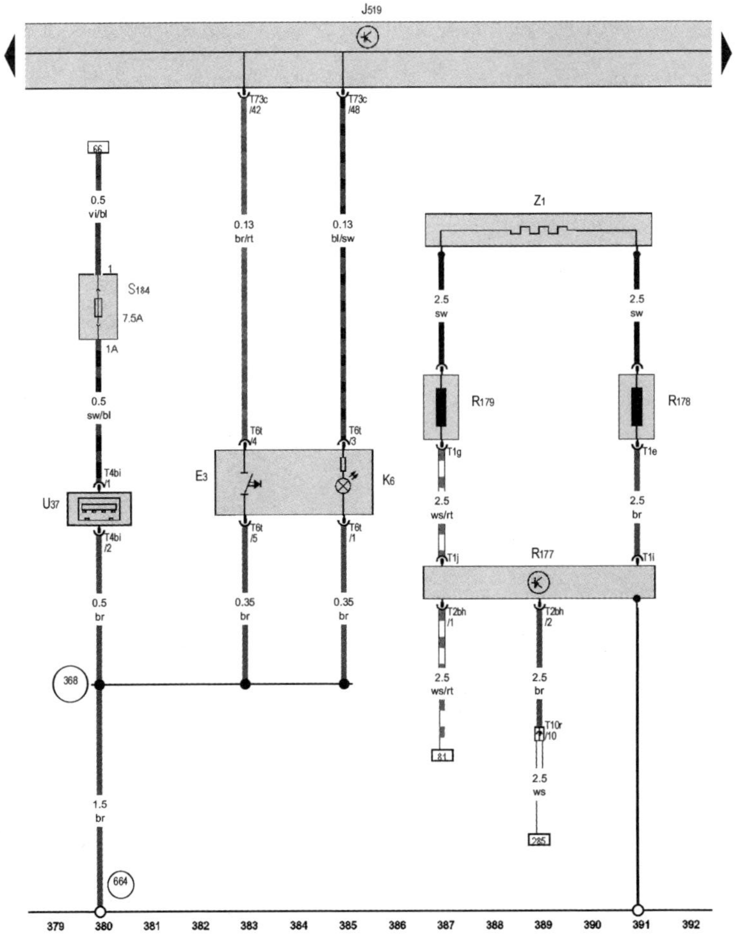

E3-闪烁报警灯开关 J519-车载电网控制单元 K6-闪烁报警装置指示灯 R177-调幅（AM）滤波器 R178-负导线中的调幅频率滤波器 R179-正导线中的调幅频率滤波器 S184-插座 1 保险丝 T1e-1 芯插头连接，黑色 T1g-1 芯插头连接，黑色 T1i-1 芯插头连接，黑色 T1j-1 芯插头连接，黑色 T2bh-2 芯插头连接，黑色 T4bi-4 芯插头连接，红色 T6t-6 芯插头连接，蓝色 T10r-10 芯插头连接，行李箱盖的连接位置，黑色 T73c-73 芯插头连接，黑色 U37-USB 充电插座 1 Z1-可加热式后窗玻璃 368-接地连接 3，在主导线束中 664-左侧仪表板后面的接地点

图 6-5-28

933

组合仪表中的控制单元，车载电网控制单元，组合仪表，后雾灯指示灯，定速巡航装置指示灯，安全气囊指示灯，右侧转向信号指示灯，燃油表指示灯，灯泡失灵指示灯，电子稳定程序和 ASR 指示灯 2，组合仪表照明灯泡

多功能显示器，组合仪表中的控制单元，车载电网控制单元

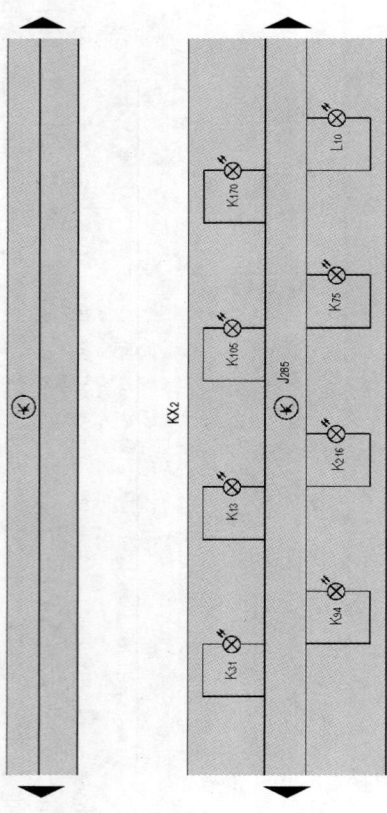

| 421 | 422 | 423 | 424 | 425 | 426 | 427 | 428 | 429 | 430 | 431 | 432 | 433 | 434 |

图 6-5-31

J285-组合仪表中的控制单元，J519-车载电网控制单元 KX2-组合仪表 K13-后雾灯指示灯 K31-定速巡航装置指示灯 K75-安全气囊指示灯 K94-右侧转向信号指示灯 K105-燃油表指示灯 K170-灯泡失灵指示灯 K216-电子稳定程序和 ASR 指示灯 2 L10-组合仪表照明灯泡

多功能显示器，组合仪表中的控制单元，车载电网控制单元，远光灯指示灯，发电机指示灯，组合仪表，ABS 指示灯，左侧转向信号指示灯，清洗液不足指示灯，电子稳定程序和 ASR 指示灯，行驶换道辅助系统控制灯

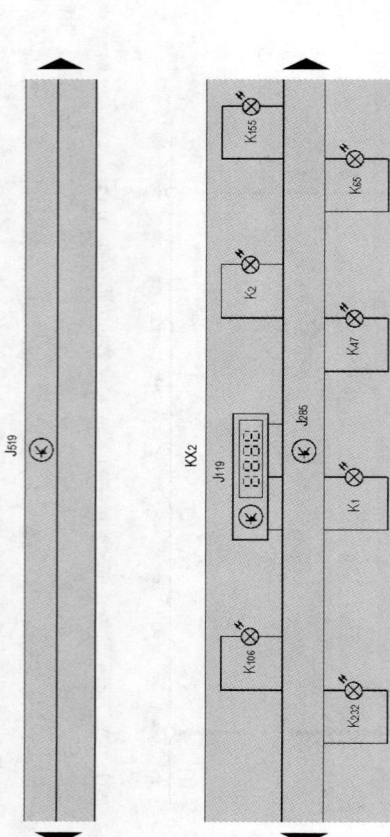

| 407 | 408 | 409 | 410 | 411 | 412 | 413 | 414 | 415 | 416 | 417 | 418 | 419 | 420 |

图 6-5-30

J119-多功能显示器 J285-组合仪表中的控制单元 J519-车载电网控制单元 K1-远光灯指示灯 K2-发电机指示灯 KX2-组合仪表 K47-ABS 指示灯 K65-左侧转向信号指示灯 K106-清洗液不足指示灯 K155-电子稳定程序和 ASR 指示灯 K232-行驶换道辅助系统控制灯

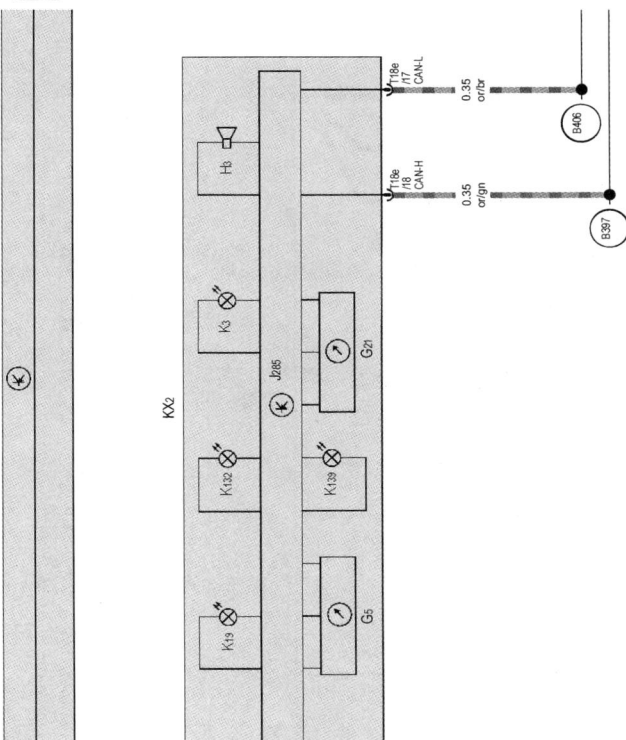

转速表，车速表，警报蜂鸣器和警报音，组合仪表中的控制单元，车载电网控制单元，组合仪表，机油压力指示灯，安全带警告指示灯，电子油门故障信号灯，驻车制动器指示灯

| 449 | 450 | 451 | 452 | 453 | 454 | 455 | 456 | 457 | 458 | 459 | 460 | 461 | 462 |

G5-转速表 G21-车速表 H3-警报蜂鸣器和警报报音 J285-组合仪表中的控制单元 J519-车载电网控制单元 KX2-组合仪表 K3-机油压力指示灯 K19-安全带警告指示灯 K132-电子油门故障指示灯 K139-驻车制动器指示灯 T18e-18 芯插头连接，黑色 B397-连接 1（舒适 CAN 总线，Low），在主导线束中 B406-连接 1（舒适 CAN 总线，High），在主导线束中

图 6-5-33

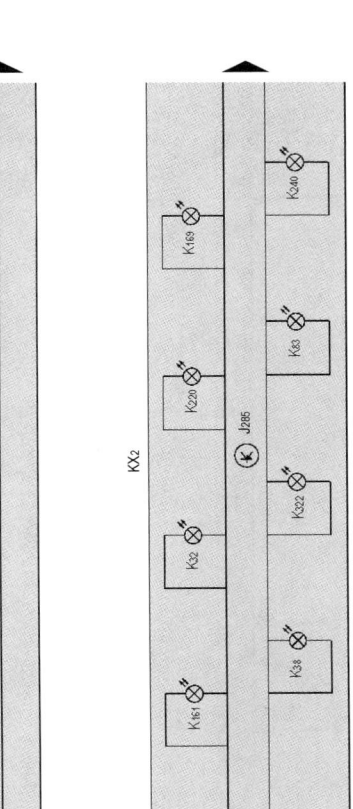

组合仪表中的控制单元，车载电网控制单元，组合仪表，制动摩擦片指示灯，机油油位指示灯，废气警告灯，机电式助力转向器指示灯，选挡杆指示灯，轮胎压力监控显示指示灯，车道保持辅助系统指示灯，自动车距控制指示灯

| 435 | 436 | 437 | 438 | 439 | 440 | 441 | 442 | 443 | 444 | 445 | 446 | 447 | 448 |

J285-组合仪表中的控制单元 J519-车载电网控制单元 KX2-组合仪表 K32-制动摩擦片指示灯 K38-机油油位指示灯 K83-废气警告灯 K161-机电式助力转向器指示灯 K169-选挡杆指示灯 K220-轮胎压力监控显示指示灯 K240-车道保持辅助系统指示灯 K322-自动车距控制指示灯

图 6-5-32

车载电网控制单元，数据总线诊断接口，诊断接口

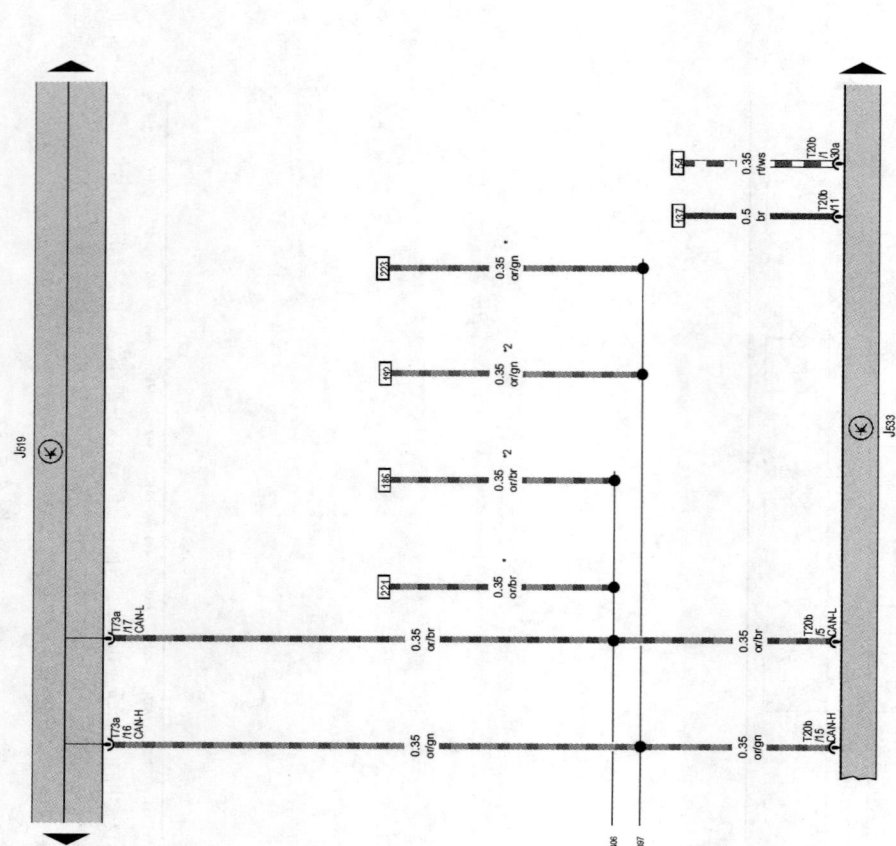

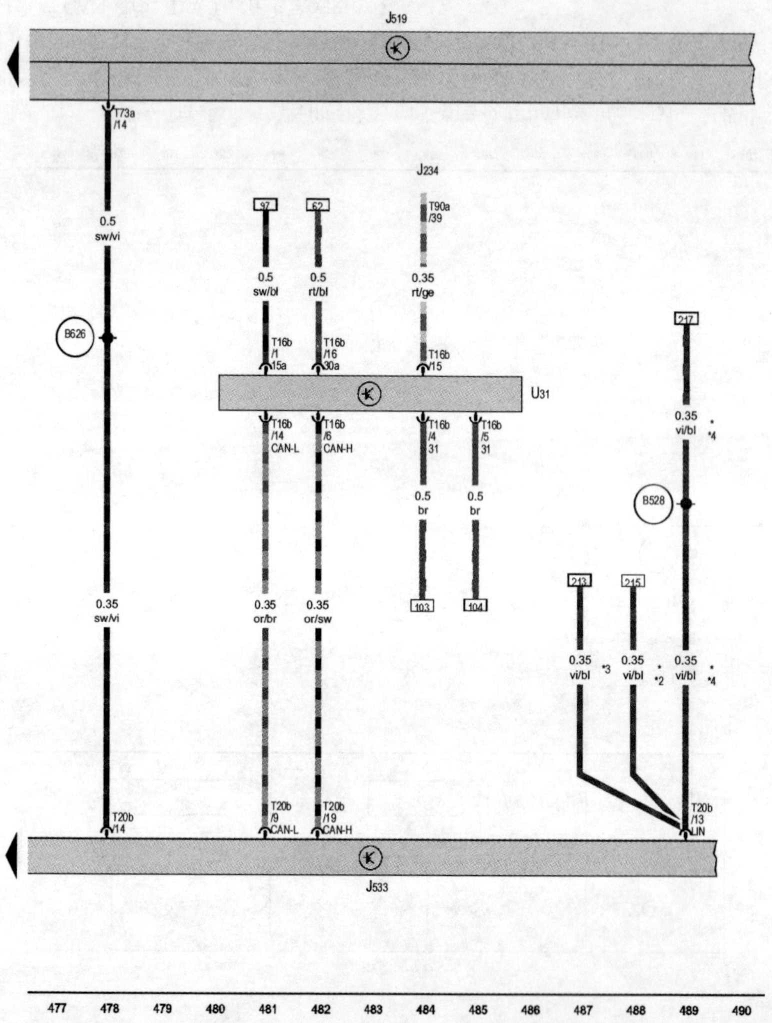

图 6-5-35

J234-安全气囊控制单元 J519-车载电网控制单元 J533-数据总线诊断接口 T16b-16 芯插头连接，黑色 T20b-20 芯插头连接 T73a-73 芯插头连接，红色 T90a-90 芯插头连接，黑色 U31-诊断接口 黄色 B626-正极连接 2 (15)，在主导线束中 B528-连接 1 (LIN 总线)，在主导线束中 *-仅用于不带可加热式方向盘的汽车 *2-仅用于带 1.8 L 发动机的汽车 *3-仅用于带可加热式方向盘的汽车 *4-仅用于带 2.0 L 发动机的汽车

车载电网控制单元，数据总线诊断接口

图 6-5-34

J519-车载电网控制单元 J533-数据总线诊断接口 T20b-20 芯插头连接 T73a-73 芯插头连接，红色 T73a-73 芯插头连接，黑色 B397-连接 1 (舒适 CAN 总线, High)，在主导线束中 B406-连接 1 (舒适 CAN 总线, Low)，在主导线束中 *-仅用于不带可加热式方向盘的汽车 *2-仅用于带可加热式方向盘的汽车

936

第七章 途昂

第一节 发动机系统

发动机系统电路图的图号和图名对照表见表7-1-1。

表 7-1-1 发动机系统电路图的图号和图名对照表

图号	图名
图 7-1-1 ～ 图 7-1-30	2.5L 汽油发动机 DDKA 电控系统电路图
图 7-1-31 ～ 图 7-1-33	散热器风扇电路图
图 7-1-34 ～ 图 7-1-65	带自动启停系统的 2.0L 汽油发动机 CUGA 电控系统电路图
图 7-1-66 ～ 图 7-1-100	带自动启停系统的 2.0L 汽油发动机 DBFC 电控系统电路图

蓄电池，启动机，交流发电机，电压调节器，蓄电池调节控制单元

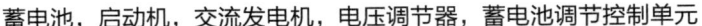
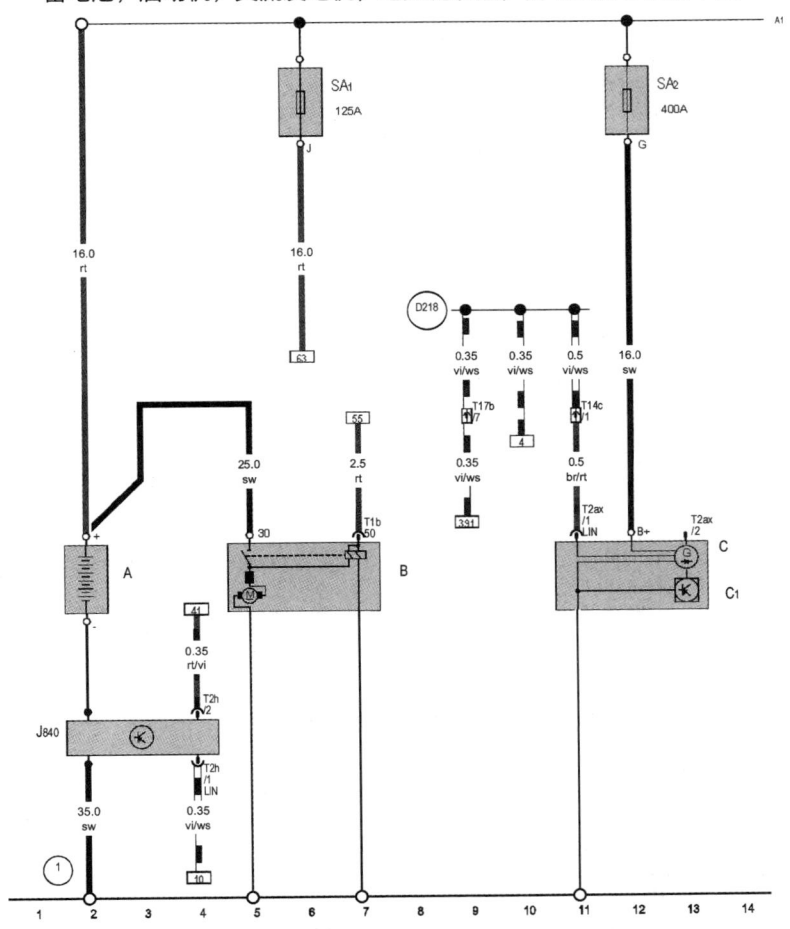

A-蓄电池 B-启动机 C-交流发电机 C1-电压调节器 J840-蓄电池调节控制单元 SA1-保险丝架A上的保险丝1 SA2-保险丝架A 上的保险丝2 T1b-1 芯插头连接，黑色 T2ax-2芯插头连接，黑色 T2h-2芯插头连接，黑色 T14c-14 芯插头连接，左前纵梁上，黑色 T17b-17芯插头连接，左侧A柱下部，棕色 1-接地带，蓄电池-车身 D218-连接1（LIN 总线），在发动机舱导线束中

图 7-1-1

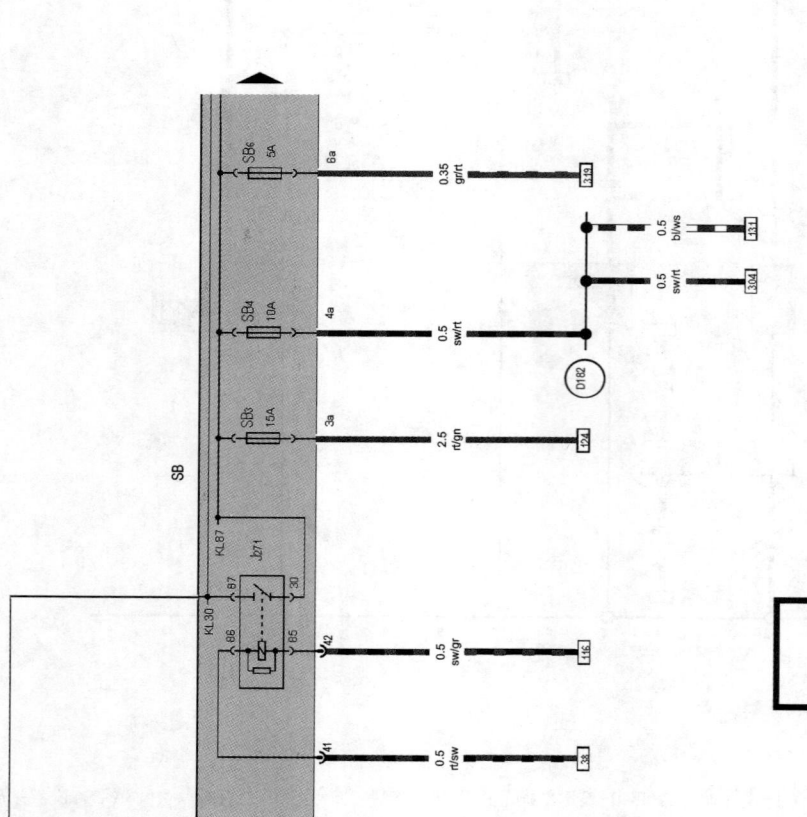

主继电器，保险丝架 B

保险丝架 B

图 7-1-2

图 7-1-3

J271－主继电器　SB－保险丝架B　SB3－保险丝架B上的保险丝3　SB4－保险丝架B上的保险丝4　SB6－保险丝架B上的保险丝6　14－变速器上的接地点　674－左前纵梁上的接地点4　D182－连接3（87a），在发动机舱导线束中

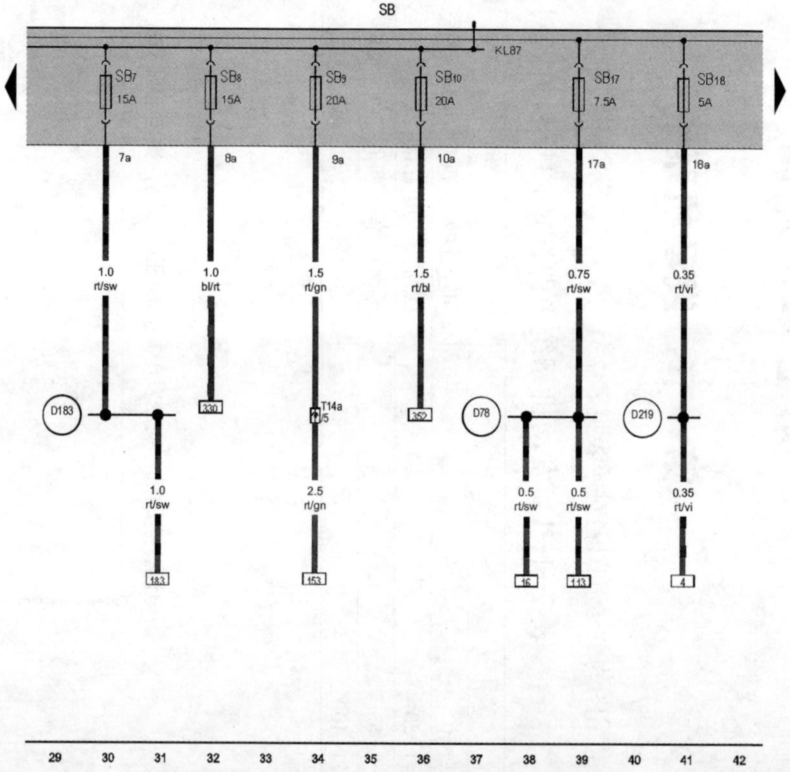

SB－保险丝架B　SB7－保险丝架B上的保险丝7　SB8－保险丝架B上的保险丝8　SB9－保险丝架B上的保险丝9　SB10－保险丝架B上的保险丝10　SB17－保险丝架B上的保险丝17　SB18－保险丝架B上的保险丝18　T14a－14芯插头连接，左前纵梁上，灰色　D78－正极连接1（30a），在发动机舱导线束中　D183－连接4（87a），在发动机舱导线束中　D219－正极连接7（30a），在发动机舱导线束中

接线端 15 供电继电器, 车载电网控制单元, 保险丝架 C

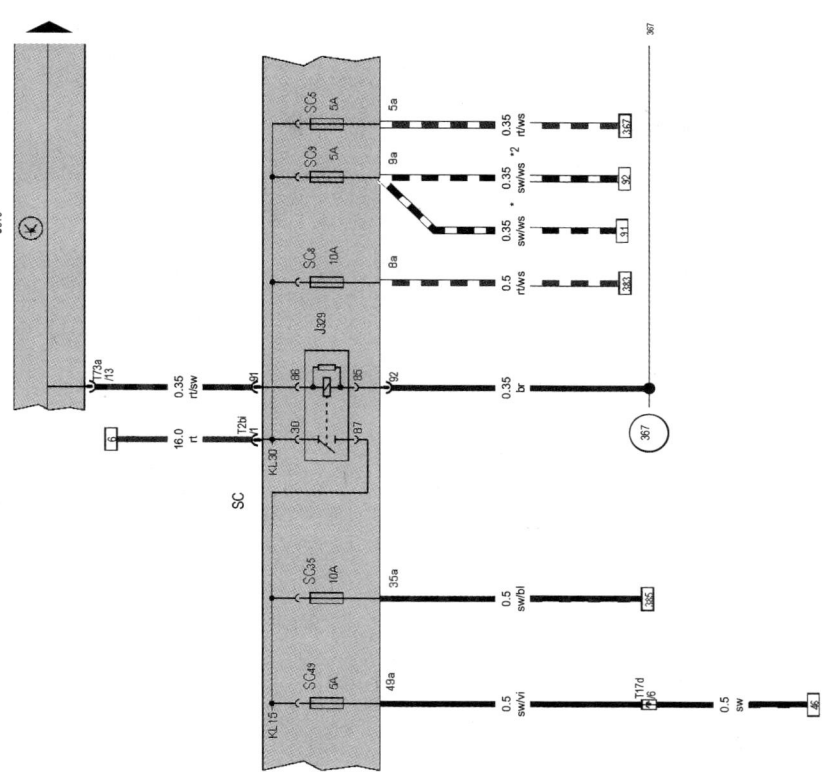

启动机继电器 1, 启动机继电器 2, 保险丝架 B

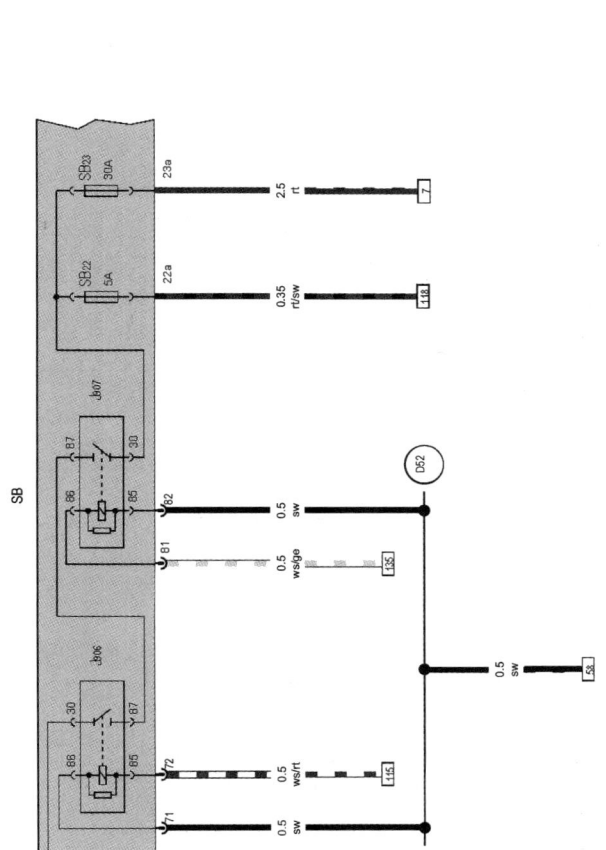

J906-启动机继电器1 J907-启动机继电器2 SB-保险丝架B SB22-保险丝架B上的保险丝22 SB23-保险丝架B上的保险丝23 D52-正极连接（15a），在发动机舱导线束中

图 7-1-4

J329-接线端15供电继电器 J519-车载电网控制单元 SC-保险丝架C SC5-保险丝架C上的保险丝5 SC8-保险丝架C上的保险丝8 SC9-保险丝架C上的保险丝9 SC35-保险丝架C上的保险丝35 SC49-保险丝架C上的保险丝49 T2b-2芯插头连接 T17d-17芯插头连接，黑色 T73a-73芯插头连接，蓝色 T73a-73芯插头连接，左侧A柱下部，蓝色 367-接地连接，黑色 367-接地连接，在主导线束中 *-仅用于带可加热式方向盘的汽车 *2-仅用于不带可加热式方向盘的汽车

图 7-1-5

冷却液不足显示传感器，车载电网控制单元，转向柱电子装置控制单元

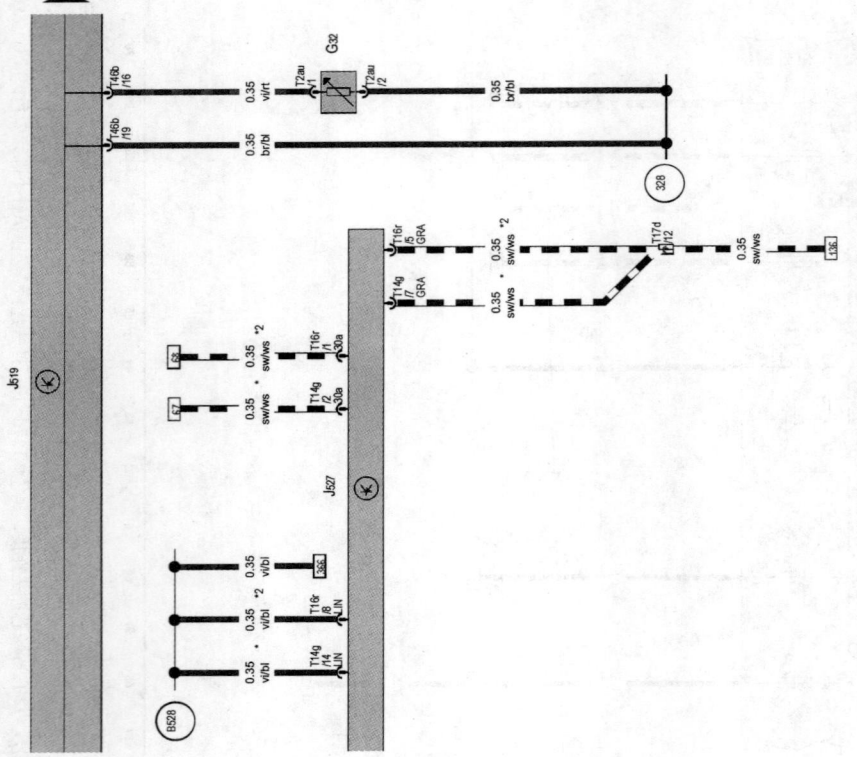

图 7-1-7

G32-冷却液不足显示传感器 J519-车载电网控制单元 J527-转向柱电子装置控制单元 T2au-2芯插头连接，黑色 T14g-14芯插头连接，黑色 T16r-16芯插头连接，黑色 T17d-17芯插头连接，黑色 T16r-16芯插头连接，左侧A柱下部，左侧A柱上连接，黑色 T46b-46芯插头连接，蓝色 328-接地连接2（传感器接地），在发动机舱导线束中 B528-连接 T46b-46芯插头连接 328-接地连接2（传感器接地），在发动机舱导线束中 *1-仅用于带可加热式方向盘的汽车 *2-仅用于不带可加热式方向盘的汽车（LIN总线），在主导线束中 *2-仅用于不带可加热式方向盘的汽车

车载电网控制单元，转向柱电子装置控制单元

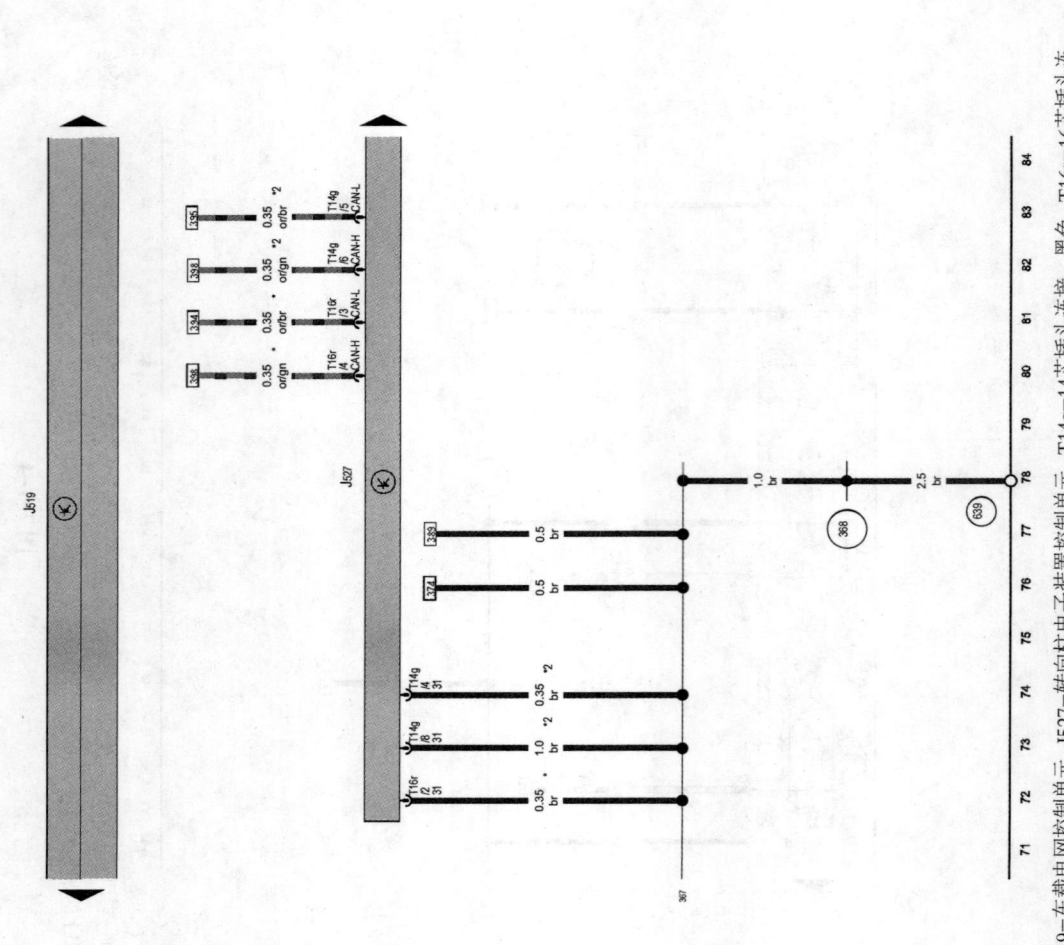

图 7-1-6

J519-车载电网控制单元 J527-转向柱电子装置控制单元 T14g-14芯插头连接 T16r-16芯插头连接，黑色 367-接地连接2，在主导线束中 368-接地连接3，在主导线束中 639-左侧A柱上的接地点 *-仅用于带可加热式方向盘的汽车 *2-仅用于不带可加热式方向盘的汽车

940

车载电网控制单元，发动机控制单元

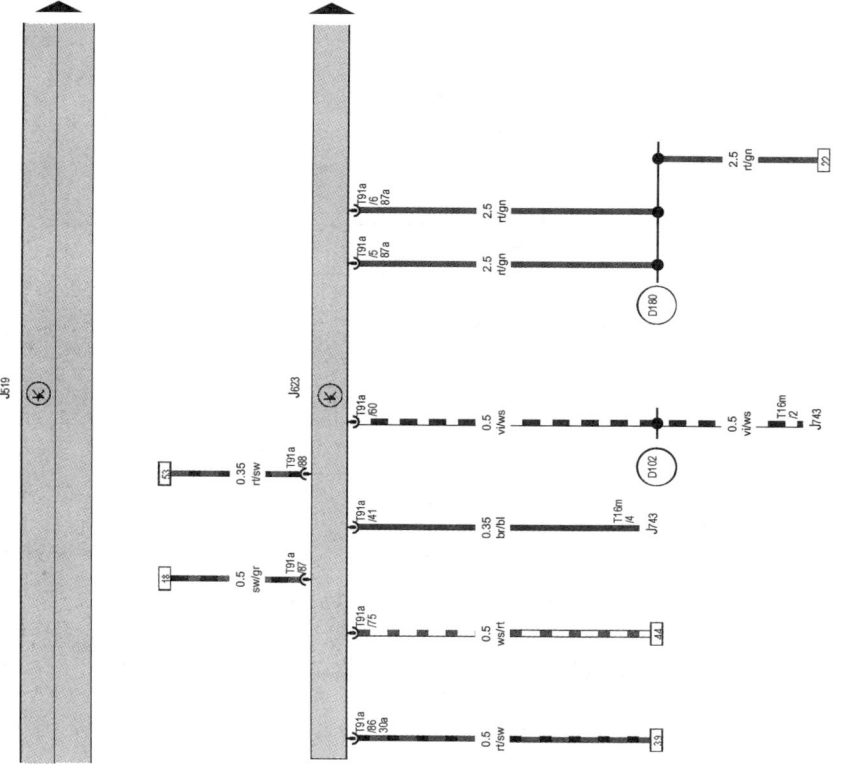

图 7-1-9

J519-车载电网控制单元 J623-发动机控制单元 J743-双离合器变速器机电装置 T16m-16芯插头连接，黑色 T91a-91芯插头连接，黑色 D102-连接2，在发动机舱导线束中 D180-连接（87a），在发动机舱导线束中

中部仪表板开关模块，启动／停止模式按钮，发动机舱盖接触开关，车载电网控制单元，启动／停止运行模式指示灯，按钮照明灯泡

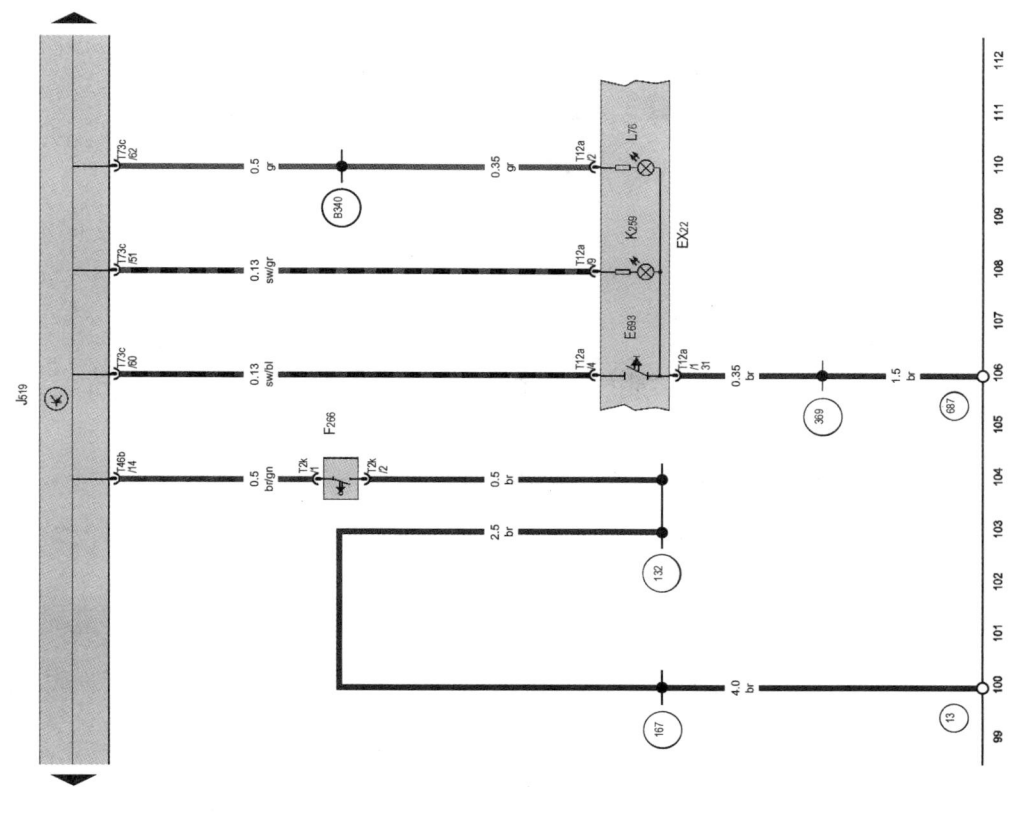

图 7-1-8

EX22-中部仪表板开关模块 E693-启动／停止模式按钮 E266-发动机舱盖接触开关 J519-车载电网控制单元 K259-启动／停止运行模式指示灯 L76-按钮照明灯泡 T2k-2 芯插头连接，黑色 T12a-12 芯插头连接，黑色 T46b-46 芯插头连接，黑色 T73c-73 芯插头连接，黑色 13-发动机舱内右侧的接地点 132-接地连接3，在发动机舱导线束中 167-接地连接4，在发动机舱导线束中 369-接地连接4，在主导线束中 687-中央通道上的接地点1 B340-连接1（58d），在主导线束中

941

车载电网控制单元、发动机控制单元、带功率输出级的点火线圈 1、带功率输出级的点火线圈 2、火花塞插头、火花塞

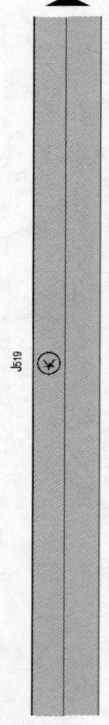

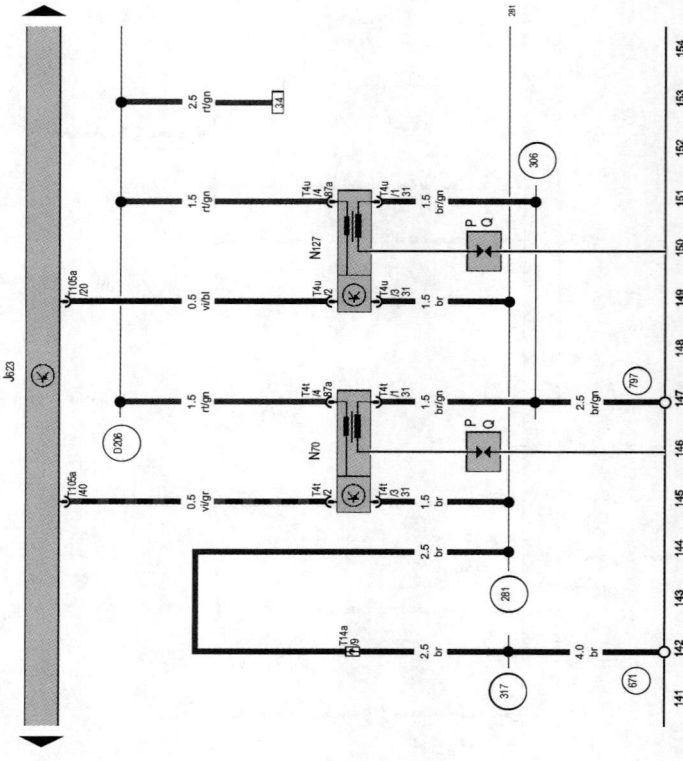

图 7-1-11

J519-车载电网控制单元 J623-发动机控制单元 N70-带功率输出级的点火线圈1 N127-带功率输出级的点火线圈2 P-火花塞插头 Q-火花塞 T4c-4芯插头连接，黑色 T4u-4芯插头连接，黑色 T14a-14芯插头连接，左前纵梁上，灰色 T105a-105芯插头连接，黑色 281-接地连接1，在发动机预接线束中 306-接地连接（点火线圈），在发动机预接线束中 317-接地连接7，在发动机舱导线束中 671-左前纵梁上的接地点1 797-气缸体上的点火线圈接地点，气缸 1 和 2 D206-连接 4（87a），在发动机预接线导线束中

机油油位和机油温度传感器、发动机控制单元、车载电网控制单元、发动机控制单元

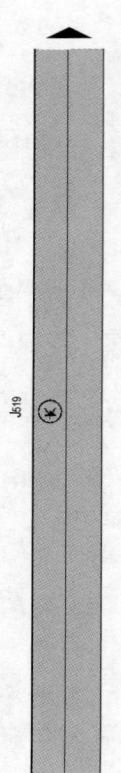

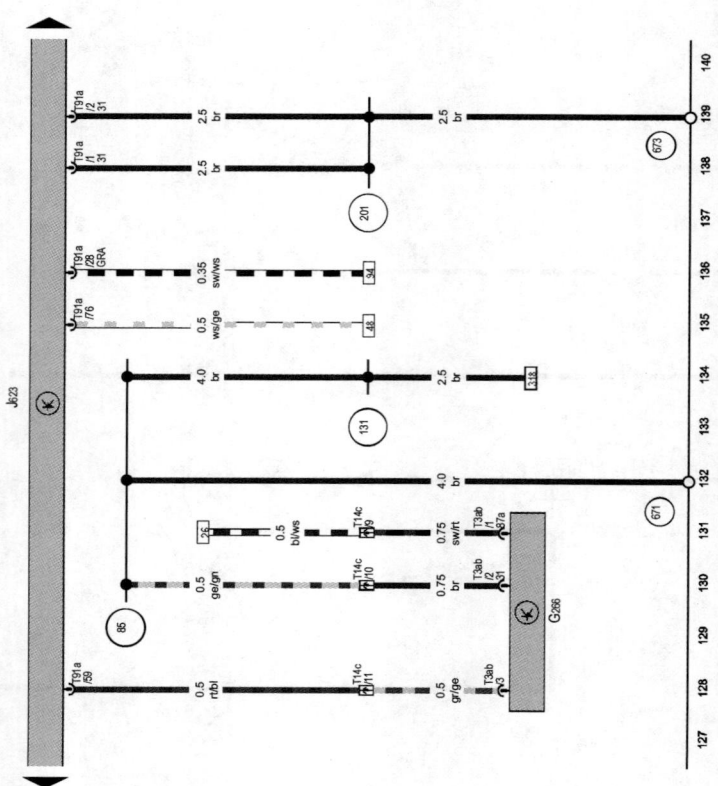

图 7-1-10

G266-机油油位和机油温度传感器 J519-车载电网控制单元 J623-发动机控制单元 T3ab-3芯插头连接，黑色 T14c-14芯插头连接，左前纵梁上，黑色 T91a-91芯插头连接，黑色 85-接地连接1，在发动机舱导线束中 131-接地连接2，在发动机舱导线束中 201-接地连接5，在发动机舱导线束中 671-左前纵梁上的接地点1 673-左前纵梁上的接地点3

942

车载电网控制单元，发动机控制单元，曲轴箱排气加热电阻，带功率输出级的点火线圈 5，火花塞插头，火花塞，用于高温回路的冷却液泵，用于低温回路的冷却液泵

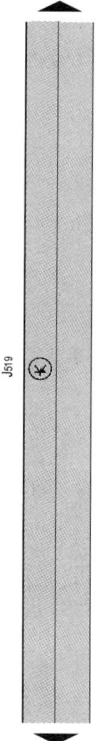

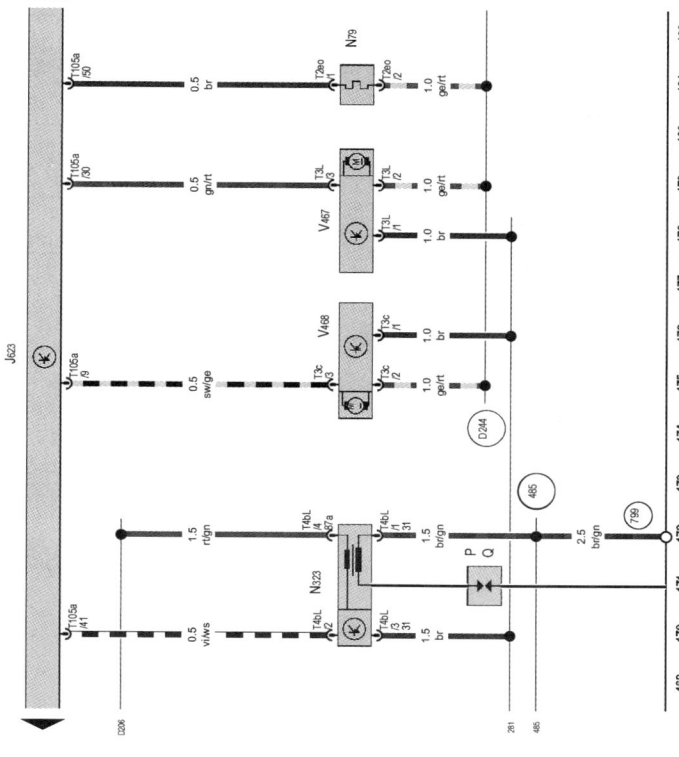

J519-车载电网控制单元 J623-发动机控制单元 N79-曲轴箱排气加热电阻 N323-带功率输出级的点火线圈 5 P-火花塞插头 Q-火花塞 T2eo-2芯插头连接，黑色 T3c-3芯插头连接，黑色 T3L-3芯插头连接，黑色 T4bL-4芯插头连接，黑色 T105a-105芯插头连接，黑色 V467-用于高温回路的冷却液泵 V468-用于低温回路的冷却液泵 281-接地连接，在发动机预接线导线束中 485-接地连接3（点火线圈），在发动机预接线导线束中 799-气缸体上的点火线圈接地点，气缸5和6 D206-连接4（87a），在发动机预接线导线束中 D244-连接5（87a），在发动机预接线导线束中

图7-1-13

车载电网控制单元，发动机控制单元，带功率输出级的点火线圈 3，带功率输出级的点火线圈 4，带功率输出级的点火线圈 6，火花塞插头，火花塞

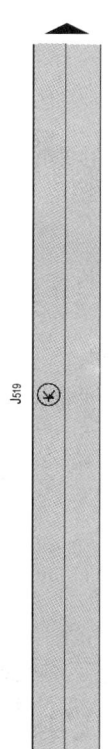

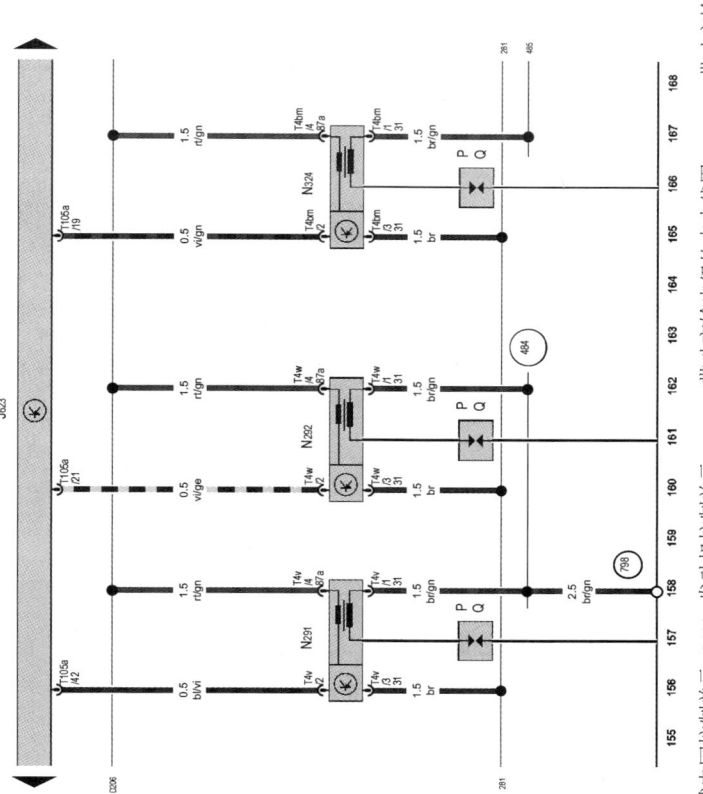

J519-车载电网控制单元 J623-发动机控制单元 N291-带功率输出级的点火线圈3 N292-带功率输出级的点火线圈4 N324-带功率输出级的点火线圈6 P-火花塞插头 Q-火花塞 T4v-4芯插头连接，黑色 T4w-4芯插头连接，黑色 T4bm-4芯插头连接，黑色 T105a-105芯插头连接，黑色 484-接地连接2（点火线圈），在发动机预接线导线束中 485-接地连接3（点火线圈），在发动机预接线导线束中 798-气缸体上的点火线圈接地点，气缸3和4 D206-连接4（87a），在发动机预接线导线束中

图7-1-12

发动机温度传感器，车载电网控制单元，发动机控制单元，涡轮增压器循环空气阀，气缸体冷却液阀

机油压力传感器，霍耳传感器，废气涡轮增压器转速传感器 1，车载电网控制单元，发动机控制单元

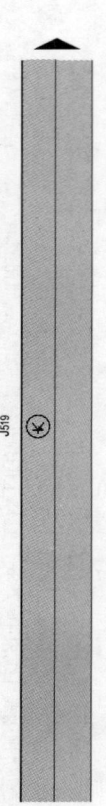

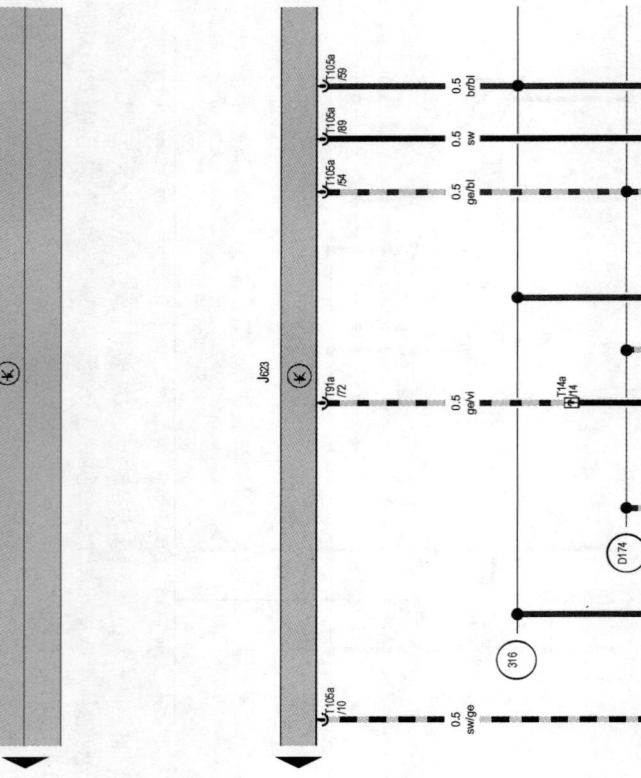

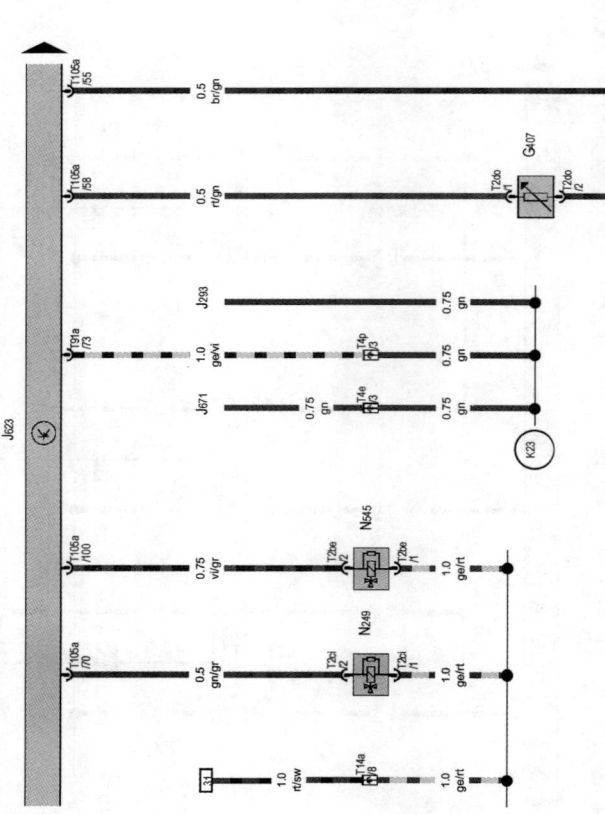

G407-发动机温度传感器 J293-散热器风扇控制单元 J519-车载电网控制单元 J623-发动机控制单元
J671-散热器风扇控制单元2 N249-涡轮增压器循环空气阀 N545-气缸体冷却液阀 T2bc-2芯插头连接，
黑色 T2ci-2芯插头连接 T2do-2芯插头连接，黑色 T4e-4芯插头连接，黑色 T4p-4芯插头连接，
黑色 T14a-14芯插头连接，左前纵梁上，灰色 T91a-91芯插头连接，黑色 T105a-105芯插头连接，黑色
D244-连接5（87a），在发动机预接线导线束中 K23-正极连接2（30），在散热器风扇导线束中

图 7-1-14

G10-机油压力传感器 G40-霍耳传感器 G688-废气涡轮增压器转速传感器 1 J519-车载电网控制单
元 J623-发动机控制单元 T3l-3芯插头连接，黑色 T3r-3芯插头连接，黑色 T3m-3芯插头连接，黑色
T14a-14芯插头连接，左前纵梁上，灰色 T91a-91芯插头连接，黑色 T105a-105芯插头连接，黑色 316-
黑色 T14a-14芯插头连接，左前纵梁上，灰色 T91a-91芯插头连接，黑色 T105a-105芯插头连接，黑色
接地连接（传感器接地 2），在发动机预接线导线束中 D174-连接 2（5V），在发动机预接线导线束中

图 7-1-15

944

进气歧管传感器，燃油压力传感器，低压的燃油压力传感器，车载电网控制单元，发动机
控制单元

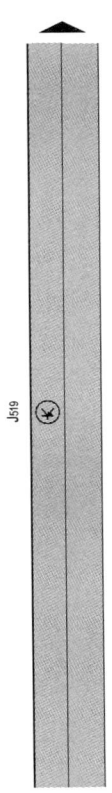

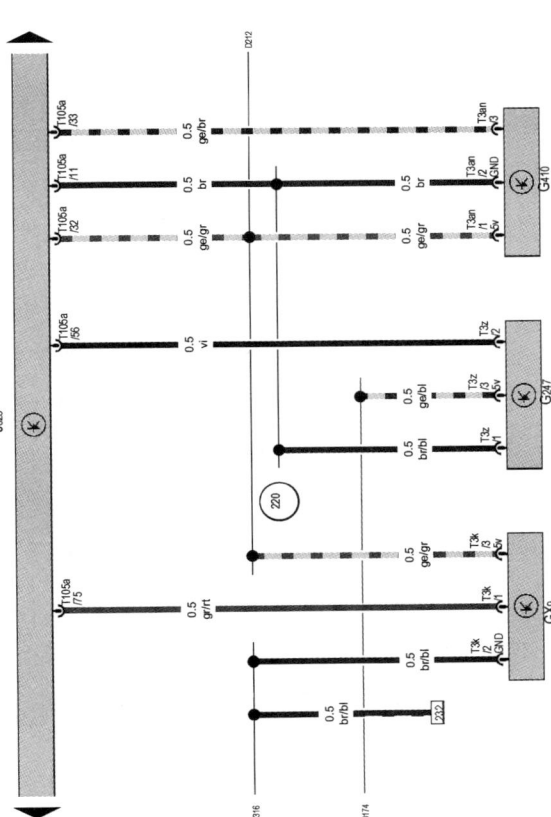

增压压力传感器，爆震传感器 1，霍耳传感器 2，车载电网控制单元，发动机控制单元

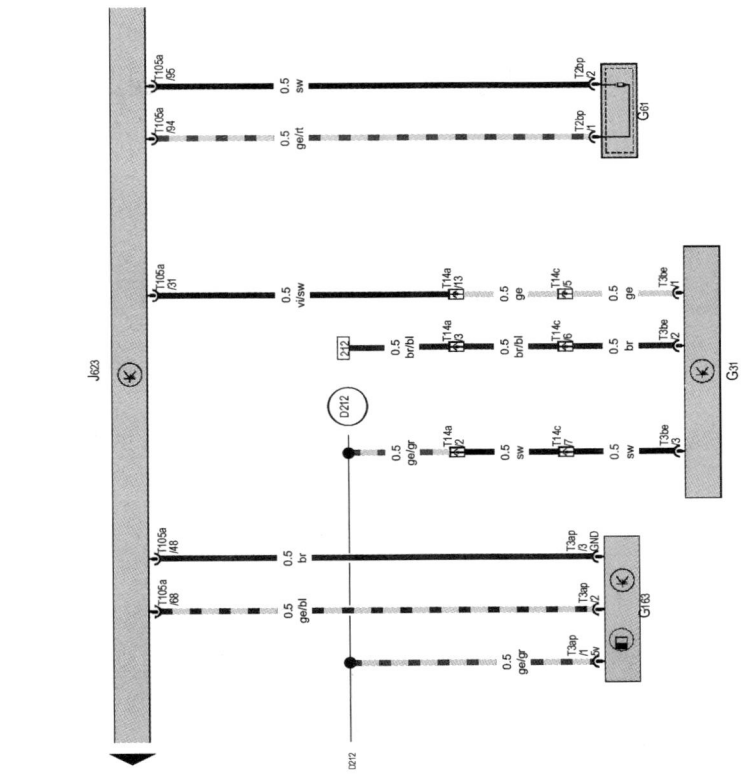

GX9-进气歧管传感器　G247-燃油压力传感器　G410-低压的燃油压力传感器　J519-车载电网控制单
元　J623-发动机控制单元　T3an-3芯插头连接，黑色　T3z-3芯插头连接，蓝色　T3k-3芯插头连接，黑色
T105a-105芯插头连接，黑色　220-接地连接（传感器接地），在发动机导线束中　316-接地连接（传感器
接地2），在发动机导线束中　D174-连接2（5V），在发动机预接线导线束中　D212-连接4（5V），在发
动机预接线导线束中

图 7-1-16

G31-增压压力传感器　G61-爆震传感器1　G163-霍耳传感器2　J519-车载电网控制单元　J623-发动机控制
单元　T2bp-2芯插头连接，黑色　T3ap-3芯插头连接，黑色　T3be-3芯插头连接，黑色　T14a-14芯插头连
接，左前纵梁上，灰色　T14c-14芯插头连接，左前纵梁上，黑色　T105a-105芯插头连接，黑色　D212-连
接4（5V），在发动机预接线导线束中

图 7-1-17

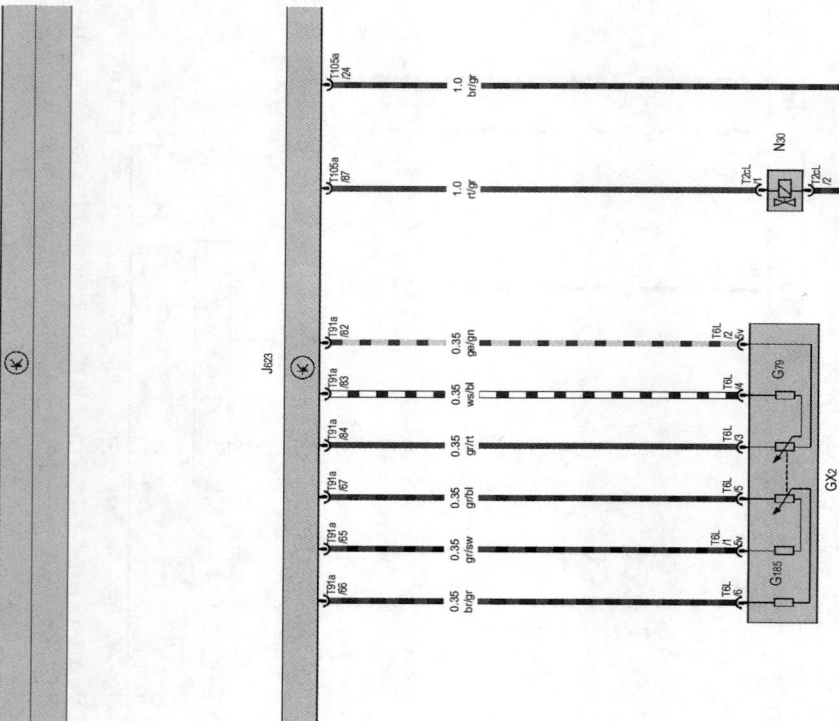

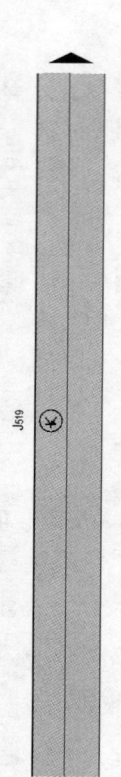

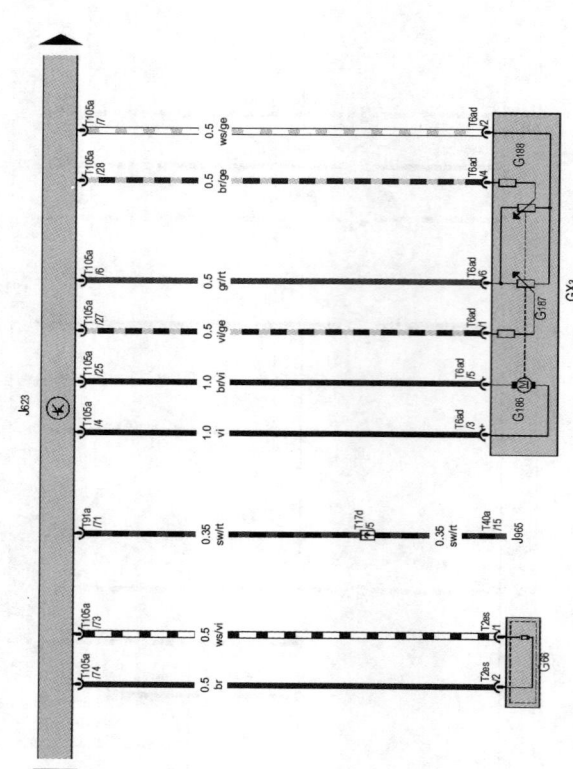

图7-1-19

GX2-油门踏板模块 G79-油门踏板位置传感器 G185-油门踏板位置传感器2 J519-车载电网控制单元 J623-发动机控制单元 N30-气缸1喷油嘴 T2cL-2芯插头油嘴 T6L-6芯插头连接，黑色 T91a-91芯插头连接，黑色 T105a-105芯插头连接，黑色

图7-1-18

GX3-节气门控制单元 G66-爆震传感器2 G186-电控油门操纵机构的节气门驱动装置 G187-电控油门驱动装置 G188-电控油门操纵机构的节气门驱动装置角度传感器1 J519-车载电网控制单元 J623-发动机控制单元 J965-进入及启动系统接口 T2es-2芯插头连接 T6ad-6芯插头连接，黑色 T17d-17芯插头连接，黑色 T40a-40芯插头连接，蓝色 T91a-91芯插头连接，黑色 T105a-105 芯插头连接，黑色

车载电网控制单元、发动机控制单元、气缸 2 喷油嘴、气缸 3 喷油嘴、气缸 4 喷油嘴

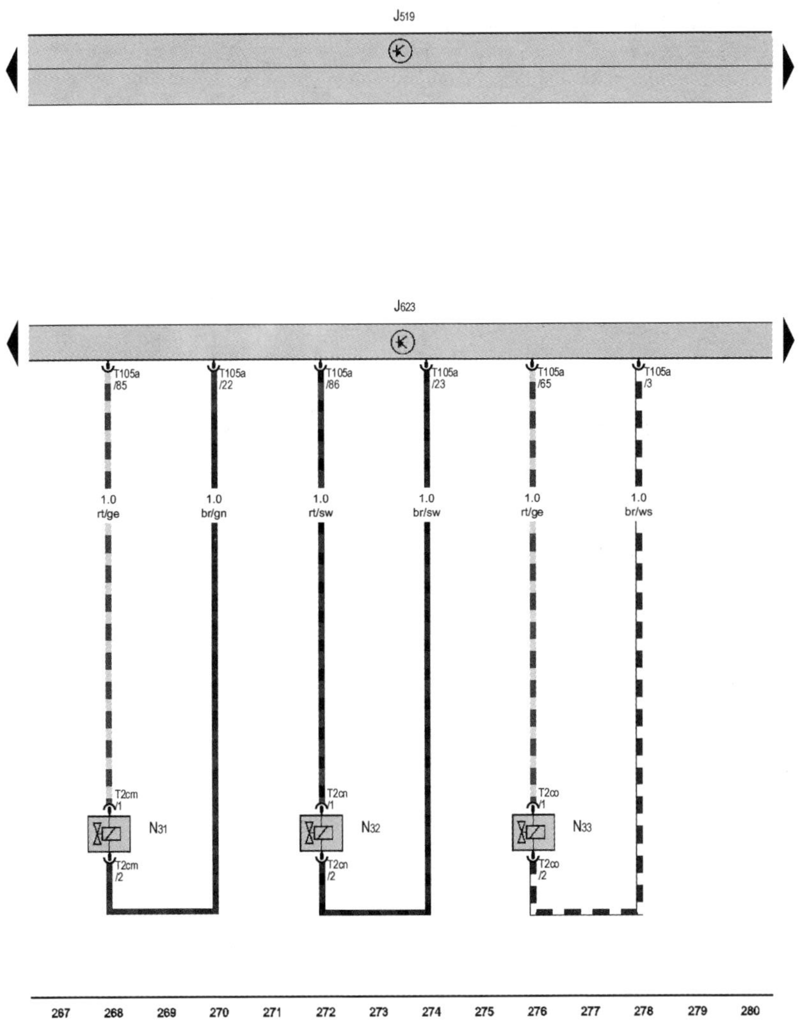

散热器出口处的冷却液温度传感器、车载电网控制单元、发动机控制单元、气缸 5 喷油嘴、气缸 6 喷油嘴、

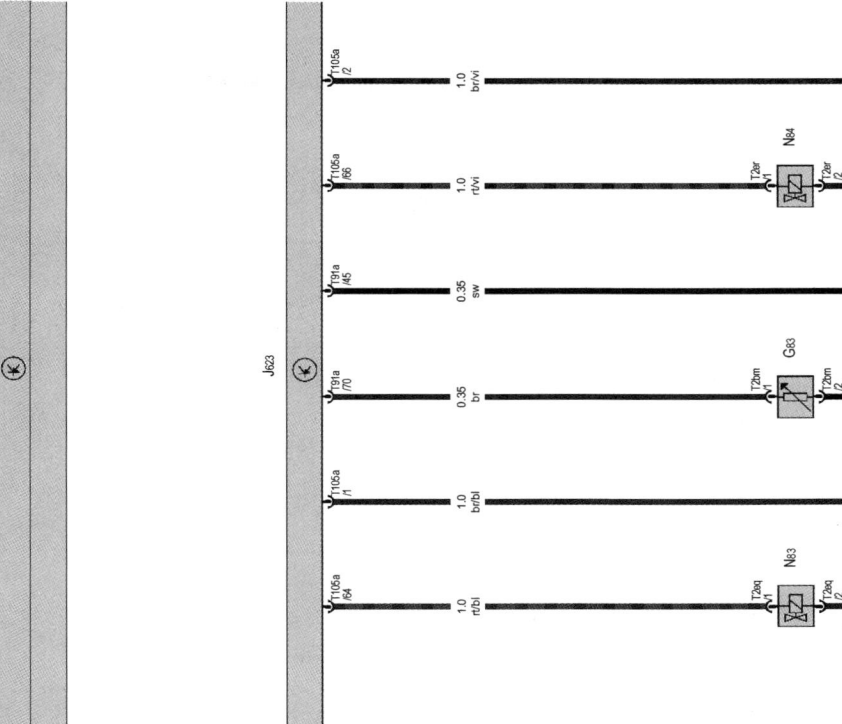

图 7-1-20

图 7-1-21

J519-车载电网控制单元 J623-发动机控制单元 N31-气缸1喷油嘴 N32-气缸2喷油嘴 N33-气缸3喷油嘴 N34-气缸4喷油嘴 T2cm-2芯插头连接，黑色 T2cn-2芯插头连接，黑色 T2co-2芯插头连接，黑色 T105a-105芯插头连接，黑色

G83-散热器出口处的冷却液温度传感器 J519-车载电网控制单元 J623-发动机控制单元 N83-气缸5喷油嘴 N84-气缸6喷油嘴 T2bm-2芯插头连接，黑色 T2eq-2芯插头连接，黑色 T2er-2芯插头连接，黑色 T91a-91芯插头连接，黑色 T105a-105芯插头连接，黑色

947

车载电网控制单元，发动机控制单元，空调器关闭热敏开关，空调踏板开关，受性线线控制的发动机冷却装置
的节温器，车载电网控制单元，发动机控制单元

车载电网控制单元，发动机控制单元，增压力限制电磁阀，活性炭罐电磁阀，凸轮轴
调节阀 1，冷却液循环阀，排气门凸轮轴调节阀 1

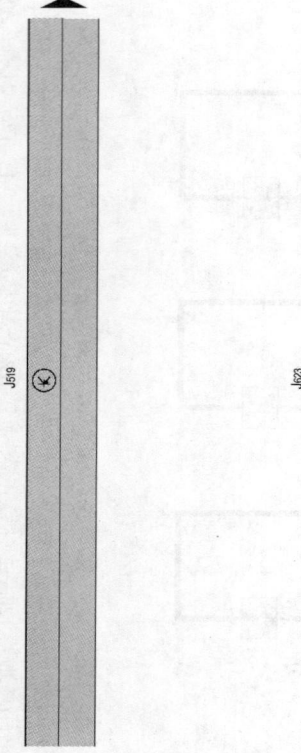
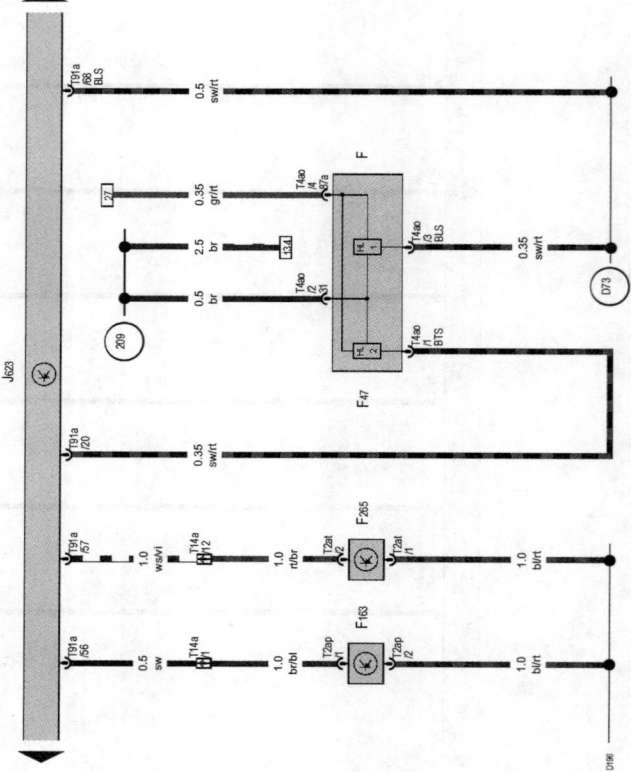

F—制动信号灯开关 F47—制动踏板开关 F163—空调器关闭热敏开关 F265—受特性线控制的发动机冷却
装置的节温器 J519—车载电网控制单元 J623—发动机控制单元 T2ap—2芯插头连接，黑色 T2at—2芯插头
连接，黑色 T4ao—4芯插头连接，黑色 T14a—14芯插头连接，黑色 T91a—91芯插头连接，灰色
黑色 209—接地连接，在发动机舱导线束中 D73—正极连接，在发动机舱导线束中 D196—连接2
（87a），在发动机预接线导线束中

图 7-1-23

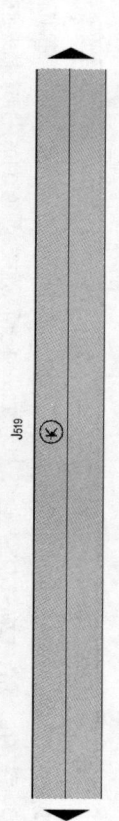
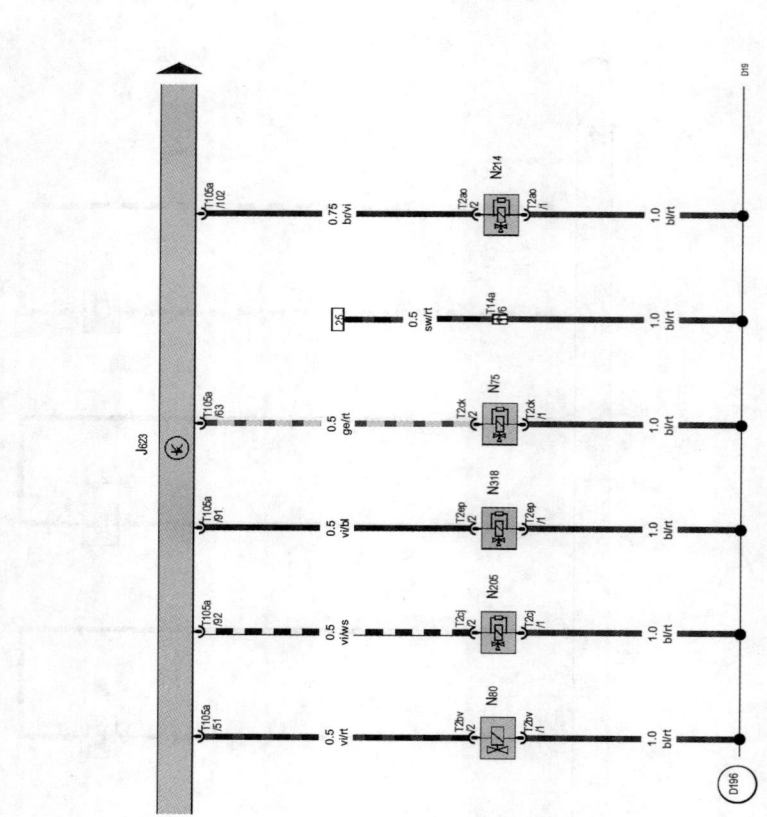

J519—车载电网控制单元 J623—发动机控制单元 N75—增压力限制电磁阀 N80—活性炭罐电磁阀
1 N205—凸轮轴调节阀1 N214—冷却液循环阀 N318—排气门凸轮轴调节阀1 T2ao—2芯插头连接，黑色
T2bv—2芯插头连接，黑色 T2cj—2芯插头连接，黑色 T2ck—2芯插头连接，黑色 T2ep—2芯插头连接，黑
色 T14a—14芯插头连接，左前纵梁上，灰色 T105a—105芯插头连接，黑色 D196—连接2（87a），在发动
机预接线导线束中

图 7-1-22

948

尾气催化净化器后的氧传感器 1，尾气净化器前的氧传感器 1，氧传感器，尾气催化净化器后的氧传感器，车载电网控制单元，发动机控制单元，氧传感器加热，尾气催化净化器后的氧传感器 1 加热装置

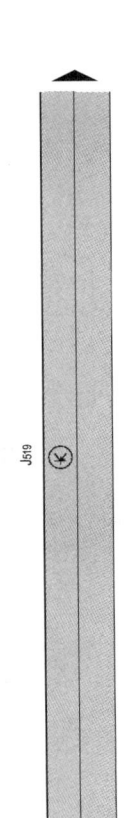

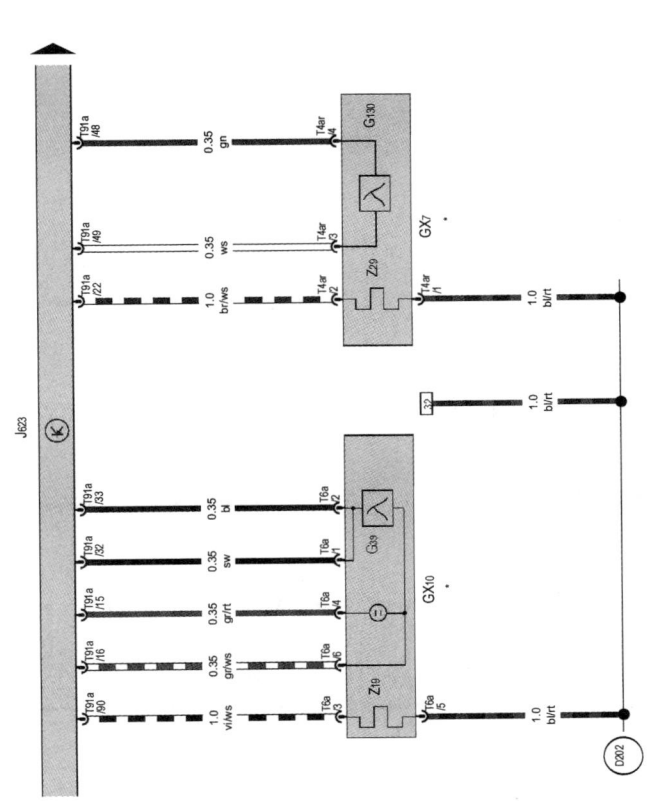

图 7-1-24

GX7-尾气催化净化器后的氧传感器 1 GX10-尾气催化净化器后的氧传感器1 G39-氧传感器 G130-尾气催化净化器后的氧传感器 J519-车载电网控制单元 J623-发动机控制单元 Z19-氧传感器加热 Z29-尾气催化净化器后的氧传感器加热 T4ar-4芯插头连接，黑色 T6a-6芯插头连接，黑色 T91a-91芯插头连接，黑色 D202-连接6（87a），在发动机舱导线束中 *-已预先布线的部件

323	324	325	326	327	328	329	330	331	332	333	334	335	336

发动机转速传感器，空气质量计，进气温度传感器 2，车载电网控制单元，发动机控制单元，燃油定量阀

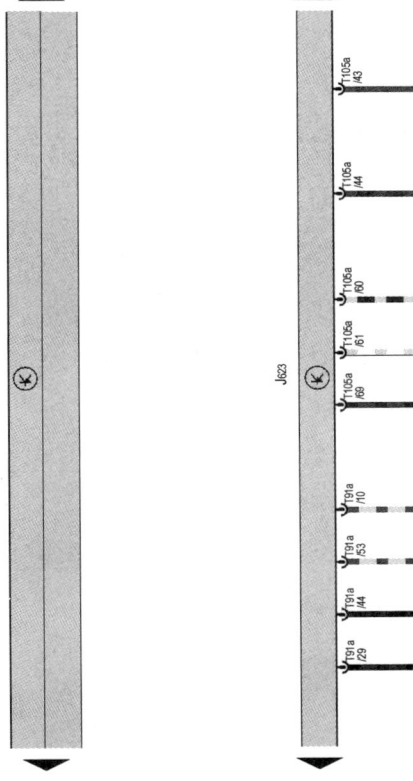

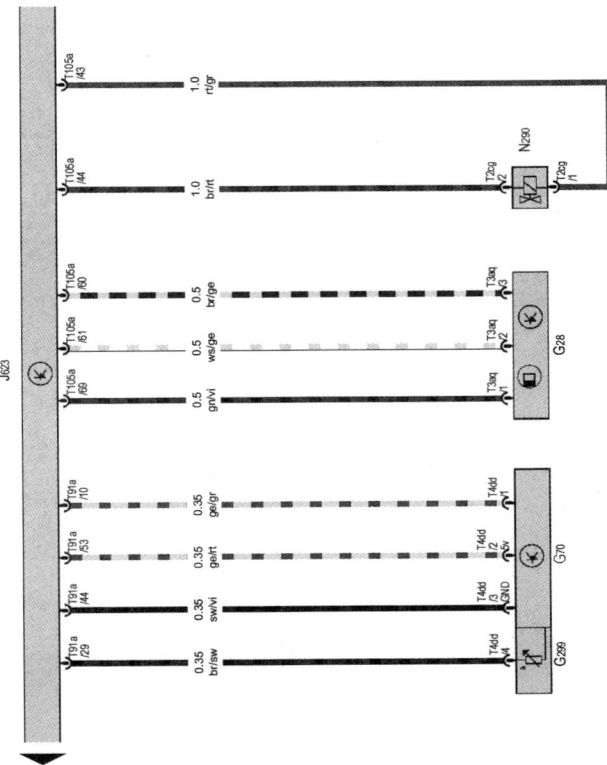

图 7-1-25

G28-发动机转速传感器 G70-空气质量计 G299-进气温度传感器2 J519-车载电网控制单元 J623-发动机控制单元 N290-燃油定量阀 T2cg-2芯插头连接，黑色 T3aq-3芯插头连接，黑色 T4dd-4芯插头连接，黑色 T2cg-2芯插头连接，黑色 T3aq-3芯插头连接，黑色 T105a-105芯插头连接，黑色 T91a-91芯插头连接，黑色

337	338	339	340	341	342	343	344	345	346	347	348	349	350

燃油表传感器，燃油供给单元，预供给燃油泵，车载电网控制单元，燃油泵控制单元，发动机控制单元

车载电网控制单元，数据总线诊断接口，发动机控制单元

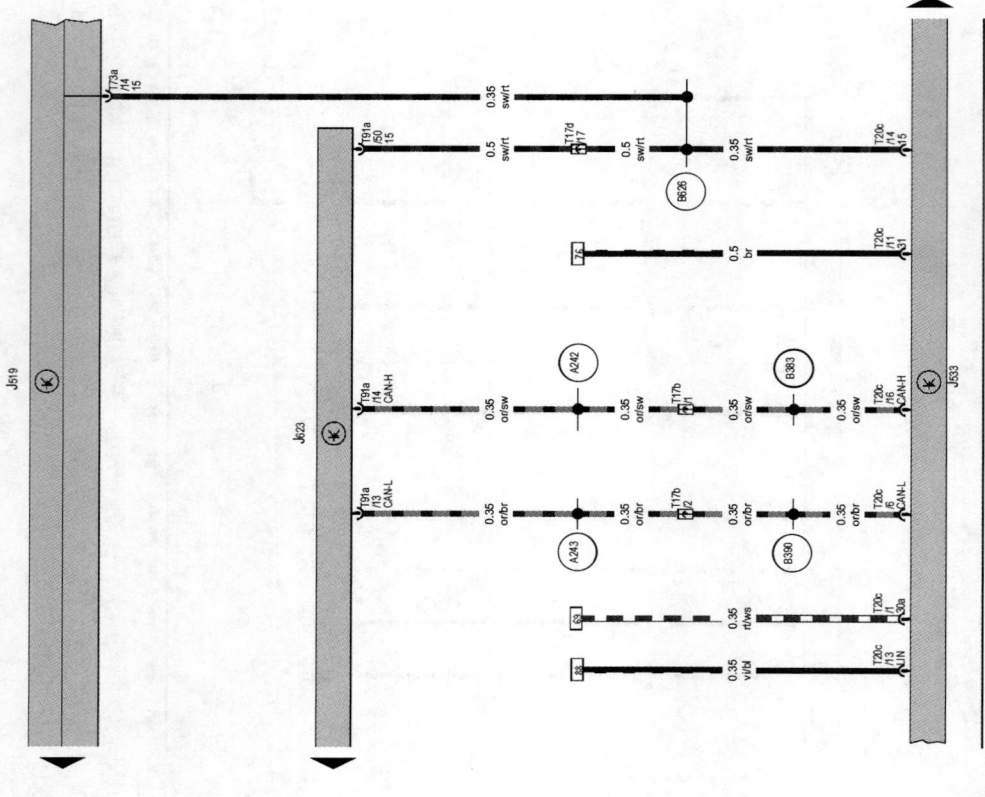

图 7-1-27

J519-车载电网控制单元 J533-数据总线诊断接口 J623-发动机控制单元 T17b-17 芯插头连接，左侧A柱下部，棕色 T17d-17 芯插头连接，左侧A柱下部，蓝色 T20c-20 芯插头连接，黑色 T73a-73 芯插头连接，黑色 T91a-91 芯插头连接，黑色 A242-连接 1（驱动 CAN 总线，High），在发动机舱导线束中 B383-连接 1（驱动 CAN 总线，High），在发动机舱导线束中 A243-连接 1（驱动 CAN 总线，Low），在发动机舱导线束中 B390-连接 1（驱动 CAN 总线，Low），在主导线束中 B626-正极连接 2（15），在主导线束中

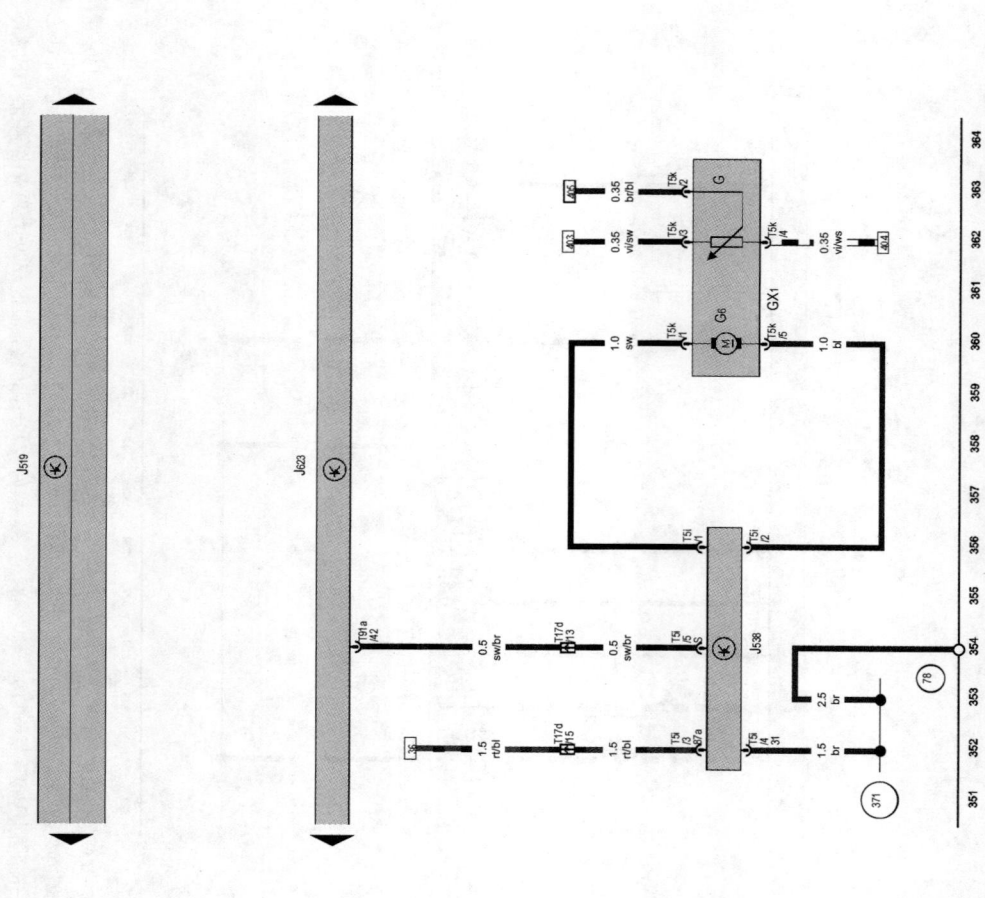

图 7-1-26

G-燃油表传感器 GX1-燃油供给单元 G6-预供给燃油泵 J519-车载电网控制单元 J623-发动机控制单元 J538-燃油泵控制单元 T5i-5芯插头连接，黑色 T5k-5芯插头连接，黑色 T17d-17芯插头连接，蓝色 T91a-91芯插头连接，黑色 78-右侧B柱下部搭铁点 371-接地连接6，在主导线束中

防盗止系读出线圈，燃油表，组合仪表中的控制单元，防盗锁止系统控制单元，数据总线诊断接口，组合仪表，燃油表指示灯

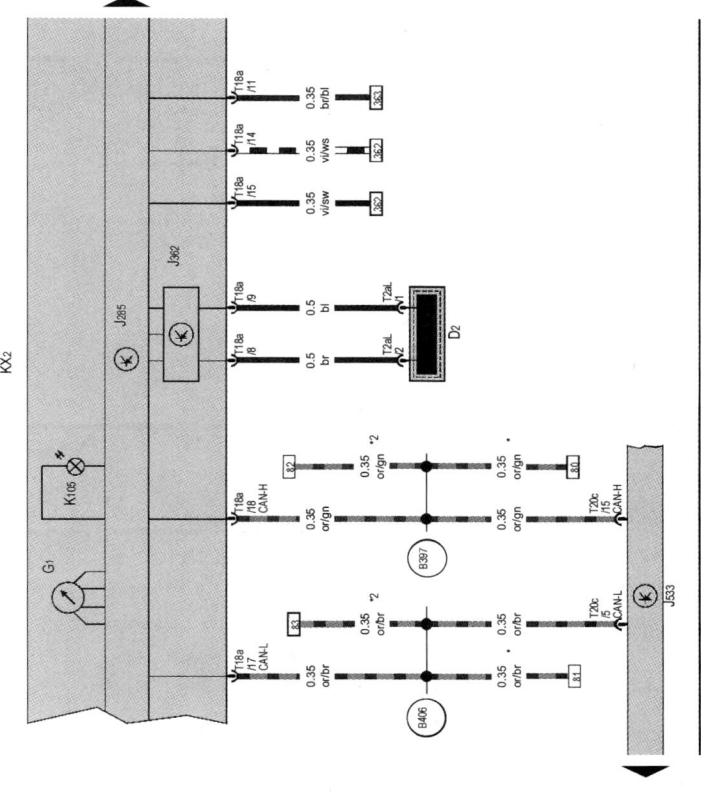

D2-防盗锁止系统读出线圈 G1-燃油表 J285-组合仪表中的控制单元 J362-防盗锁止系统控制单元 J533-数据总线诊断接口 K105-燃油表指示灯 KX2-组合仪表 T2aL-2芯插头连接 T18a-18芯插头连接，黑色 T20c-20芯插头连接，黑色 B397-连接1（舒适CAN总线，High），在主导线束中 B406-连接1（舒适CAN总线，Low），仅用于不带可加热式方向盘的汽车 *2-仅用于带可加热式方向盘的汽车

图7-1-29

数据总线诊断接口，诊断接口

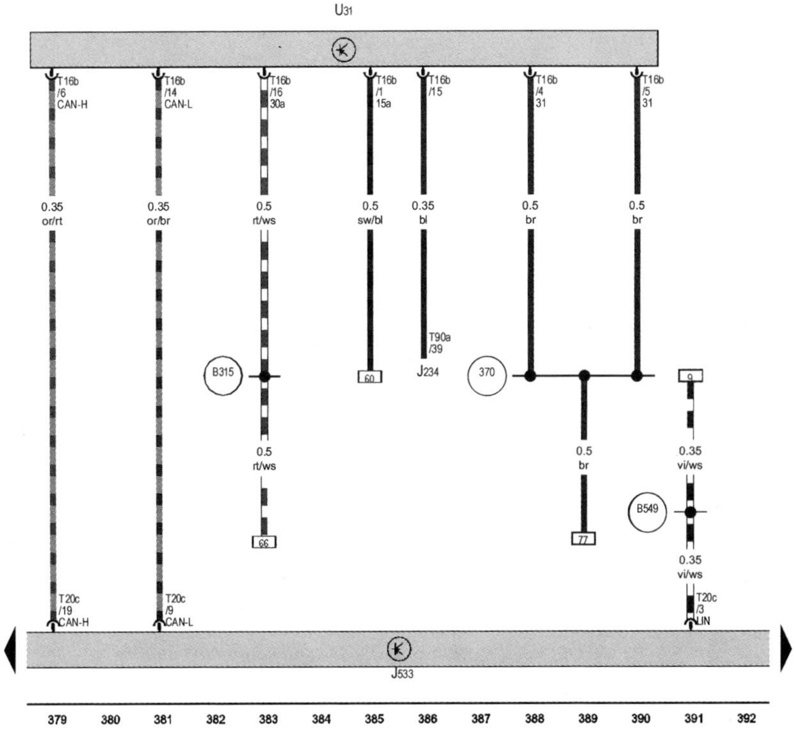

J234-安全气囊控制单元 J533-数据总线诊断接口 T16b-16芯插头连接，黑色 T20c-20芯插头连接，黑色 T90a-90芯插头连接，黄色 U31-诊断接口 370-接地连接5，在主导线束中 B315-正极连接1（30a），在主导线束中 B549-连接2（LIN总线），在主导线束中

图7-1-28

车速表，组合仪表中的控制单元，组合仪表，机油压力指示灯，冷却液温度和冷却液不足
显示指示灯，机油油位指示灯，废气警告灯，电子油门故障信号灯，里程表

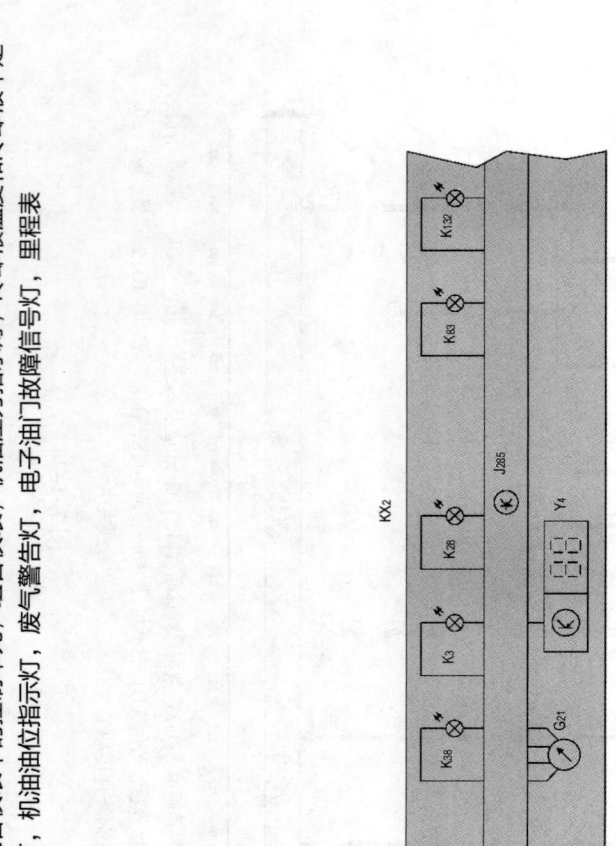

G21-车速表 J285-组合仪表中的控制单元 KX2-组合仪表 K3-机油压力指示灯 K28-冷却液温度和冷却液不足显示指示灯 K38-机油油位指示灯 K83-废气警告灯 K132-电子油门故障信号灯 Y4-里程表

图 7-1-30

主继电器，散热风扇风扇控制单元，散热器风扇风扇控制单元 2，保险丝架 A 上的保险丝 5

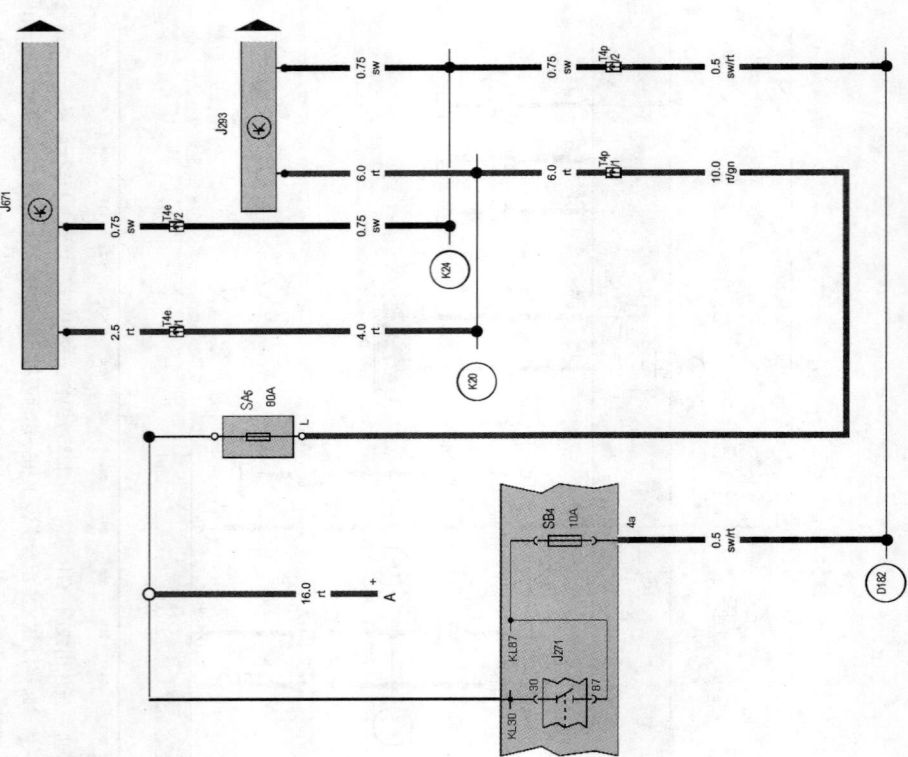

A-蓄电池 J271-主继电器 J293-散热器风扇风扇控制单元 J671-散热器风扇风扇控制单元 2 SB4-保险丝架 B 上的保险丝4 SA5-保险丝架 A 上的保险丝5 T4e-4芯插头连接，黑色 T4p-4芯插头连接，黑色 D182-连接3 保险丝4 SA5-保险丝架 A 上的保险丝5 T4e-4芯插头连接，黑色 T4p-4芯插头连接，黑色 D182-连接3（87a），在发动机舱导线束中 K20-正极连接1（30），在散热器风扇风扇导线束中 K24-连接3，在散热器风扇导线束中

图 7-1-31

散热器出口处的冷却液温度传感器，发动机控制单元

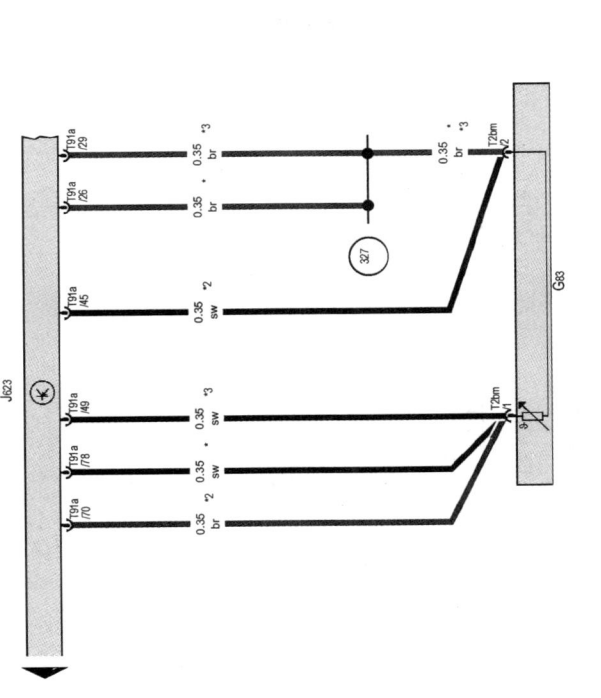

G83-散热器出口处的冷却液温度传感器 J623-发动机控制单元 T2bm-2芯插头连接，黑色 T91a-91芯插头连接，黑色 T91a-91芯插
头连接，黑色 327-接地连接（传感器接地），在发动机舱导线束中 *-仅用于带发动机型号代码DBFA
的汽车 *2-仅用于带 2.5 L汽油发动机的汽车 *3-仅用于带发动机型号代码CUGA 的汽车

图7-1-33

散热器风扇控制单元，发动机控制单元，散热器风扇，散热器风扇控制单元 2，散热器风扇，散热器风
扇 2

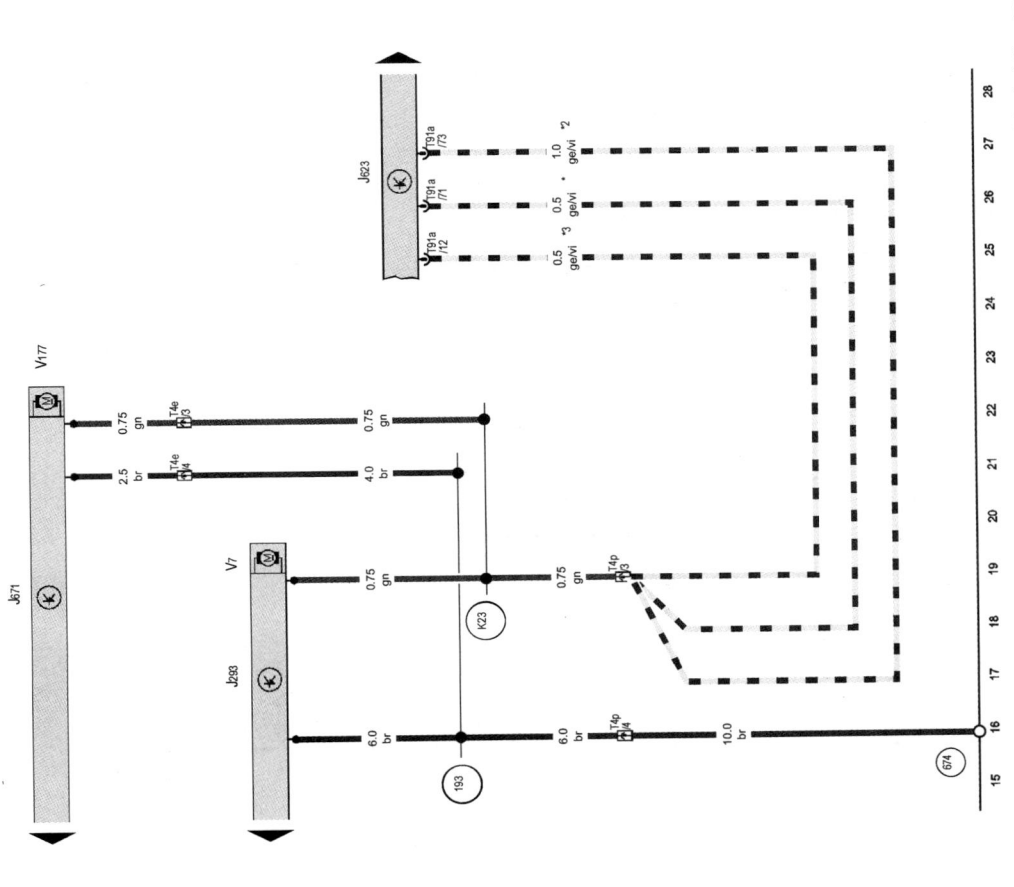

J293-散热器风扇控制单元 J623-发动机控制单元 J671-散热器风扇控制单元2 T4e-4芯插头连接，黑色
T4p-4芯插头连接，黑色 T91a-91芯插头连接，黑色 V7-散热器风扇 V177-散热器风扇2 193-接地连
接1，在散热器风扇导线束中 674-左前纵梁上的接地点4 K23-正极连接2（30），在散热器风扇导线束中
*-仅用于带发动机型号代码DBFA 的汽车 *2-仅用于带2.5L汽油发动机的汽车 *3-仅用于带发动机型号
代码CUGA 的汽车

图7-1-32

主继电器，保险丝架 B

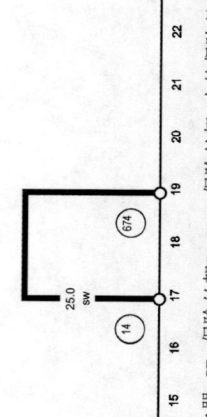

蓄电池，启动机，交流发电机，电压调节器，蓄电池调节控制单元

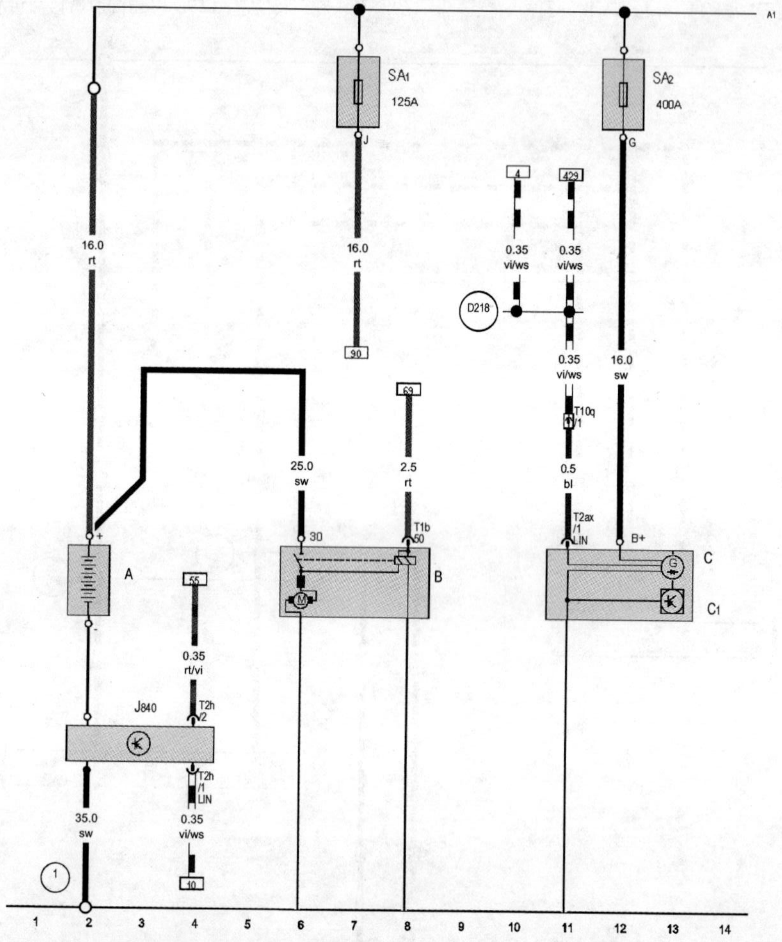

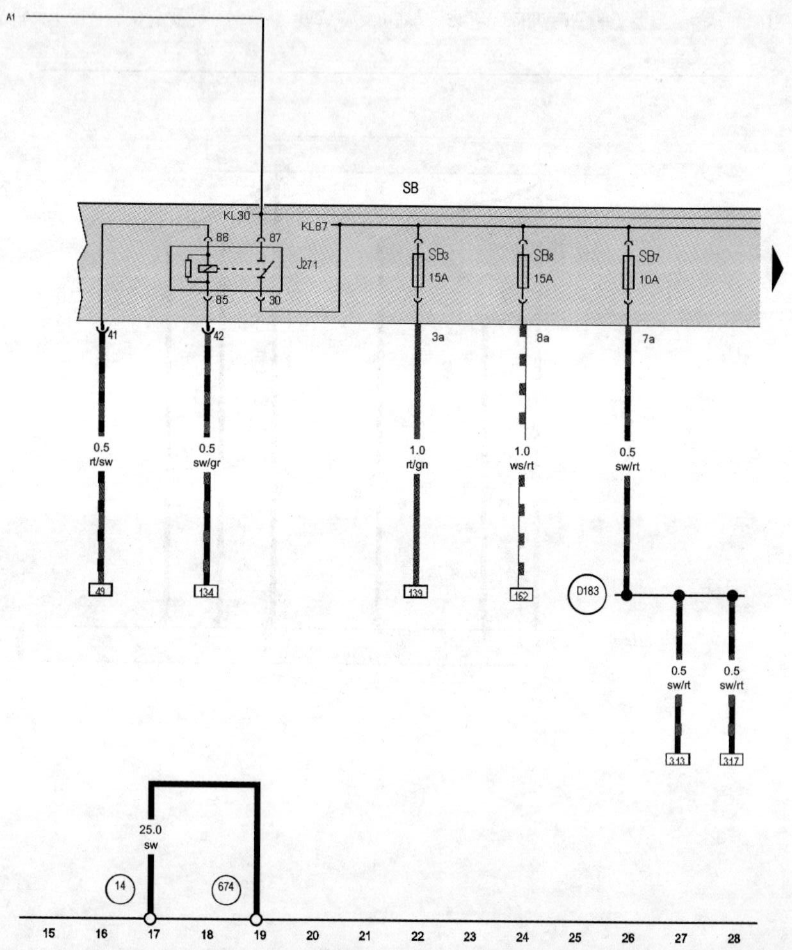

J271-主继电器 SB-保险丝架B SB3-保险丝架B上的保险丝3 SB7-保险丝架B上的保险丝7 SB8-保险丝架B上的保险丝8 14-变速器上的接地点 674-左前纵梁上的接地点 D183-连接4（87a），在发动机舱导线束中

图 7-1-35

A-蓄电池 B-启动机 C-交流发电机 C1-电压调节器 J840-蓄电池调节控制单元 SA1-保险丝架A上的保险丝1 SA2-保险丝架A上的保险丝2 T1b-1芯插头连接 T2ax-2芯插头连接，黑色 T2h-2芯插头连接，黑色 T10q-10芯插头连接，左前纵梁上，黑色 1-接地带，黑色 D218-连接1（LIN总线），在发动机舱导线束中

图 7-1-34

发动机部件供电继电器，保险丝架 B

保险丝架 B

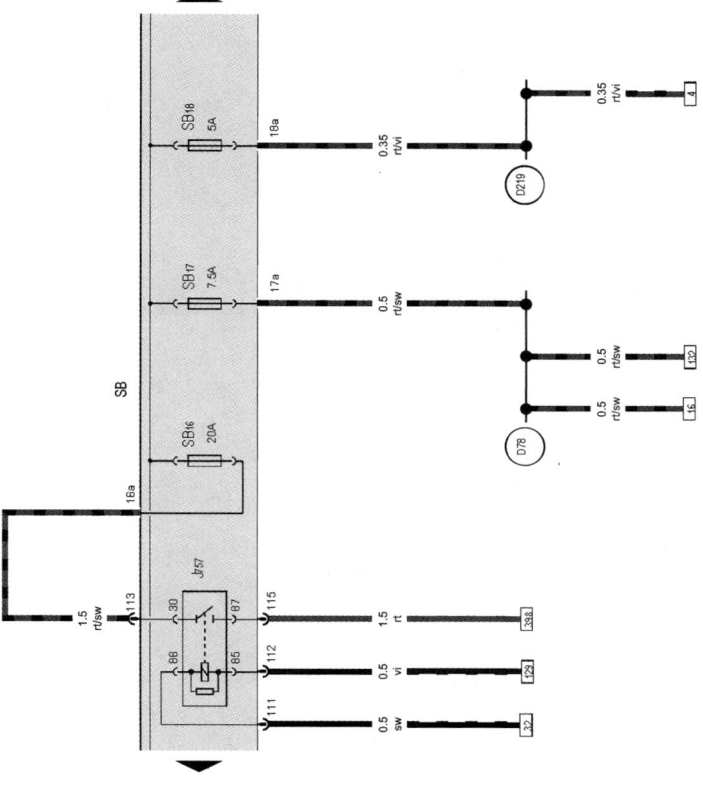

图 7-1-37

J757-发动机部件供电继电器 SB-保险丝架B SB16-保险丝架B上的保险 丝16 SB17-保险丝架B上的保险丝17-保险丝架B上的保险 丝17 SB18-保险丝架B上的保险丝18 D78-正极连接1（30a），在发动机舱导线束中 D219-正极连接7 （30a），在发动机舱导线束中

图 7-1-36

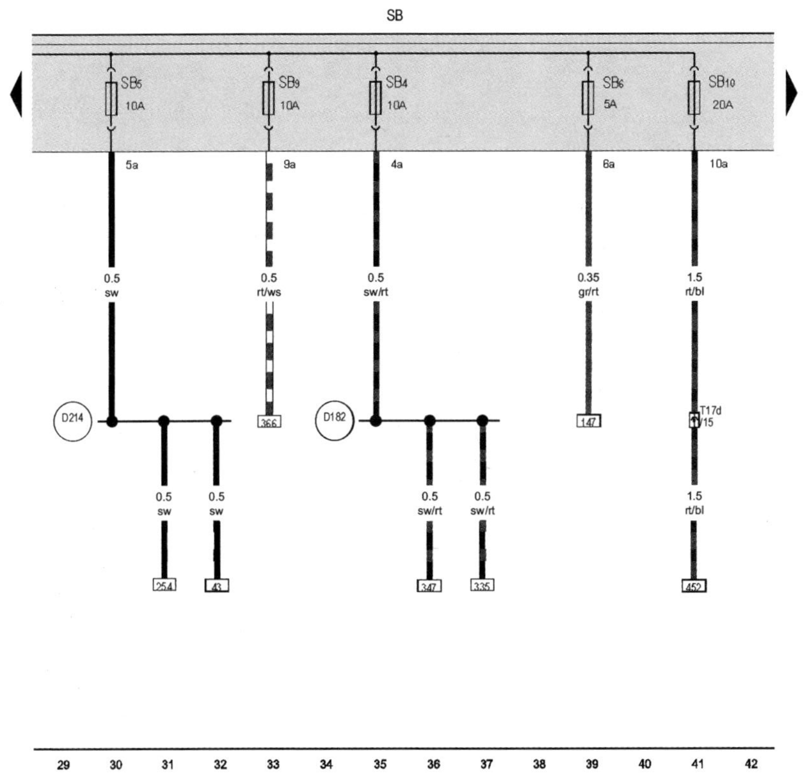

SB-保险丝架B SB4-保险丝架B上的保险丝4 SB5-保险丝架B上的保险丝5 SB6-保险丝架B上的保险丝6 SB9-保险丝架B上的保险丝9 SB10-保险丝架B上的保险丝10 T17d-17芯插头连接，左侧A柱下部，蓝色 D182-连接3（87a），在发动机舱导线束中 D214-连接8（87a），在发动机舱导线束中

955

中部仪表板开关模块，启动 / 停止模式按钮，发动机舱盖接触开关，车载电网控制单元，
启动 / 停止运行模式指示灯，按钮照明灯泡

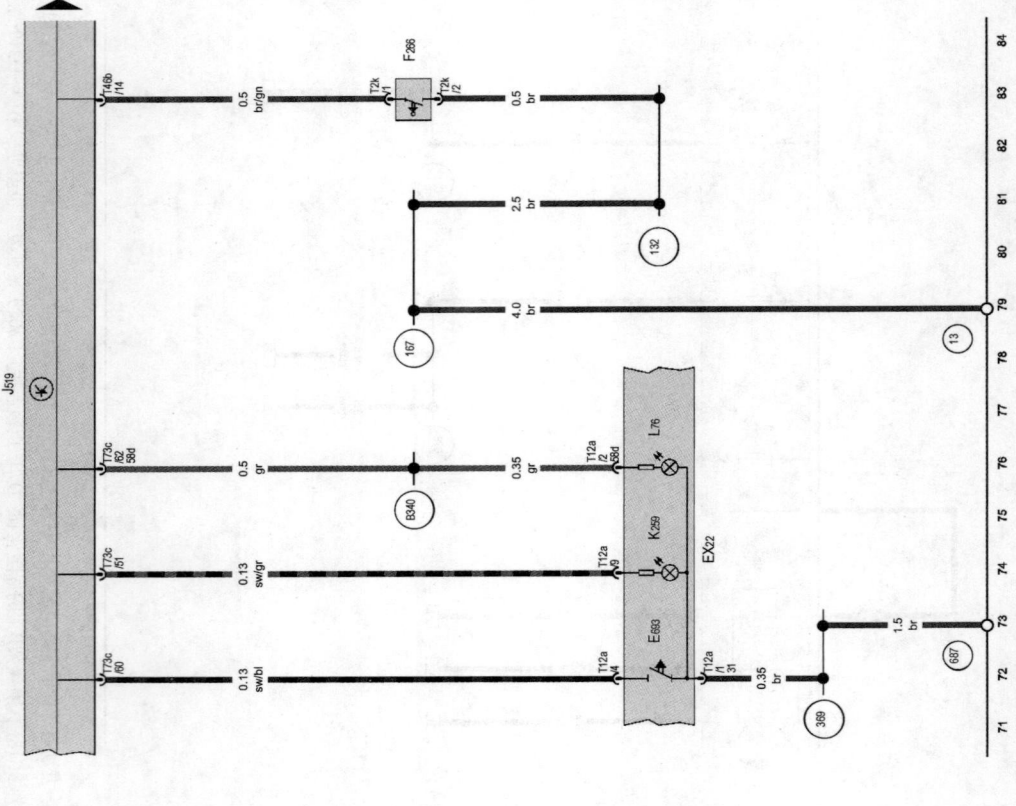

图 7-1-39

EX22－中部仪表板开关模块 E693－启动/停止模式按钮 F266－发动机舱盖接触按钮 J519－车载电网控制单
元 K259－启动/停止运行模式指示灯 L76－按钮照明灯泡 T2k－2芯插头连接，黑色 T12a－12芯插头连接，黑色，
黑色 T46b－46芯插头连接，黑色 T73c－73芯插头连接，黑色 13－发动机舱内右侧的接地点 132－接地连
接3，在发动机舱导线束中 167－接地连接4，在发动机舱导线束中 369－接地连接4，在主导线束中 687－
中央通道上的接地点1 B340－连接1 (58d)，在主导线束中

启动机继电器 1，启动机继电器 2，保险丝架 B

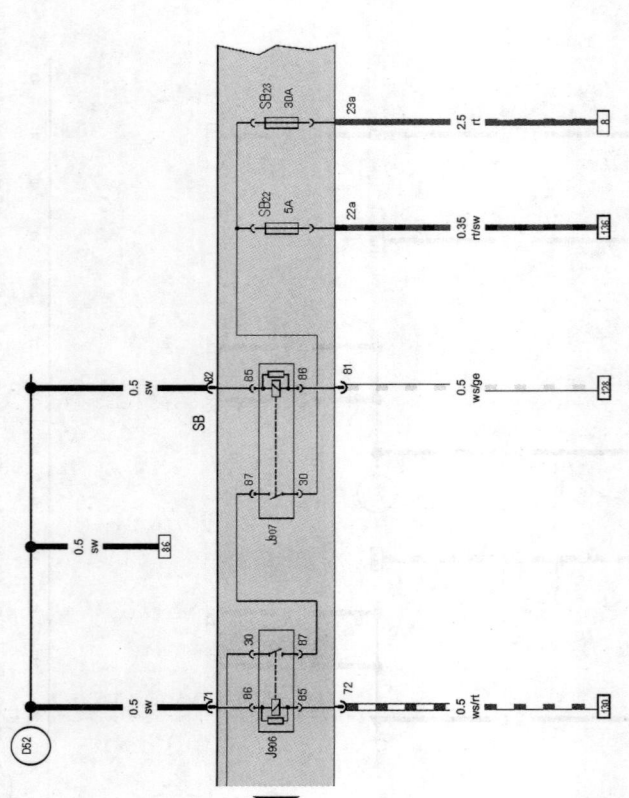

图 7-1-38

J906－启动机继电器1 J907－启动机继电器2 SB－保险丝架B SB22－保险丝架B上的保险丝22 SB23－保险丝
架B上的保险丝23 D52－正极连接 (15a)，在发动机舱导线束中

冷却液不足显示传感器，车载电网控制单元，转向柱电子装置控制单元

接线端15供电继电器，车载电网控制单元，保险丝架C

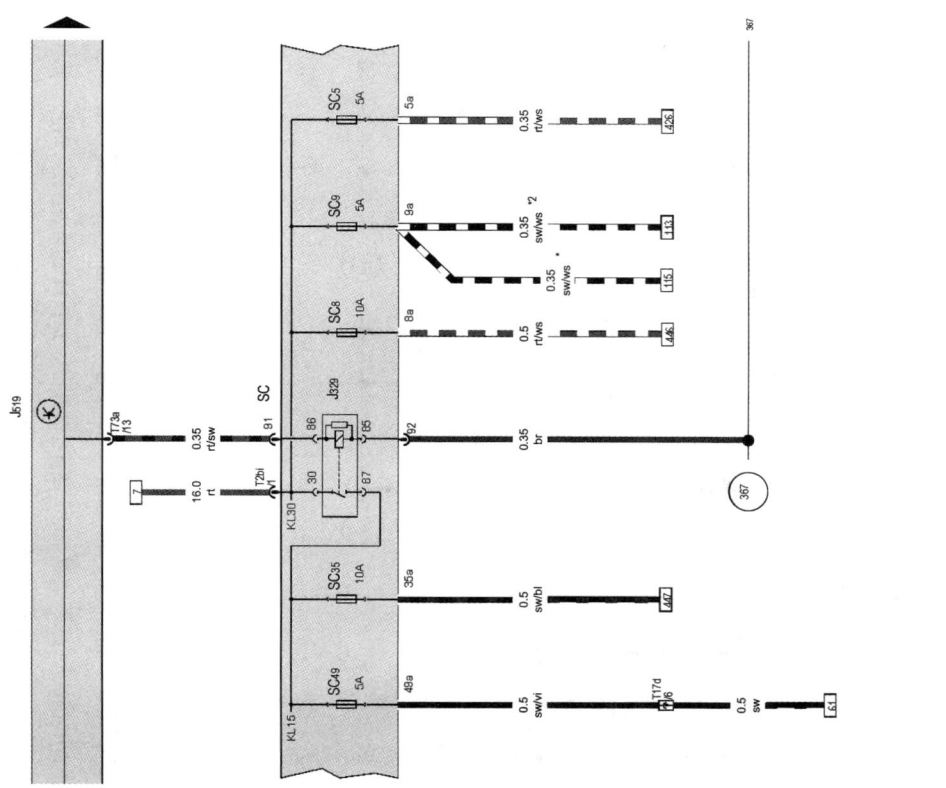

图 7-1-41

图 7-1-40

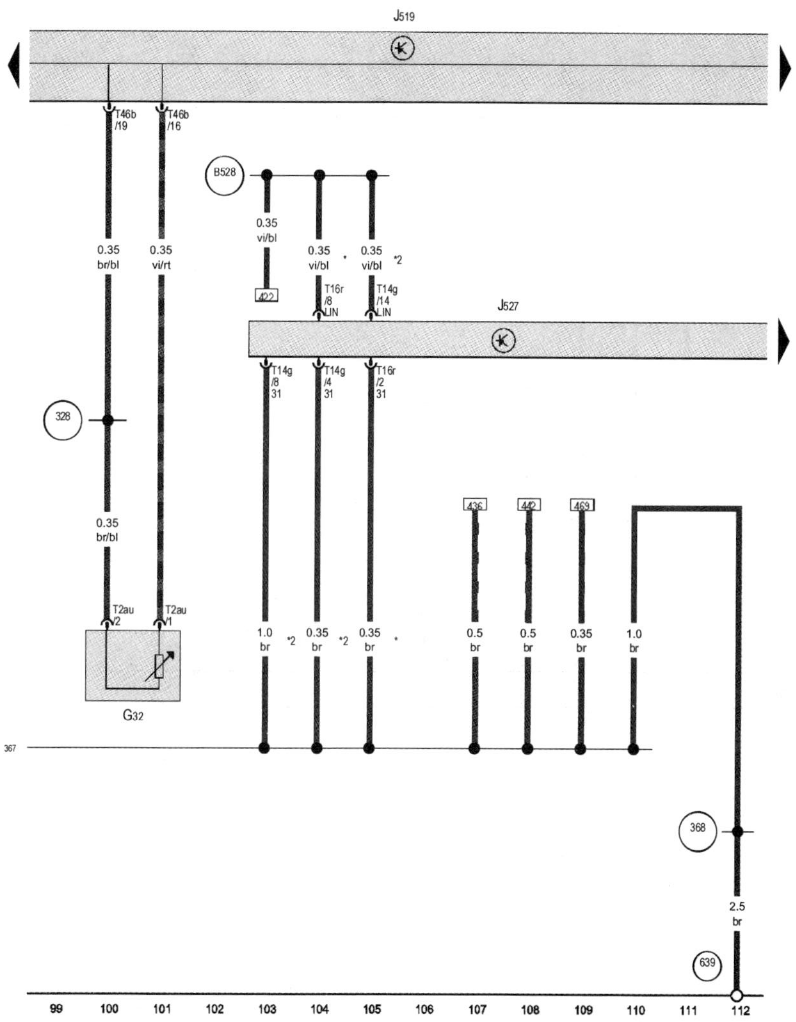

G32-冷却液不足显示传感器 J519-车载电网控制单元 J527-转向柱电子装置控制单元 T2au-2芯插头连接，黑色 T14g-14芯插头连接，黑色 T16r-16芯插头连接，黑色 T46b-46芯插头连接，黑色 328-接地连接2（传感器接地），在发动机舱导线束中 367-接地连接2，在主导线束中 368-接地连接3，在主导线束中 639-左A柱上的接地点 B528-连接1（LIN总线），在主导线束中 *-仅用于不带可加热式方向盘的汽车 *2-仅用于带可加热式方向盘的汽车

J329-接线端15供电继电器 J519-车载电网控制单元 SC-保险丝架C SC5-保险丝架C上的保险丝5 SC8-保险丝架C上的保险丝8 SC9-保险丝架C上的保险丝9 SC35-保险丝架C上的保险丝35 SC49-保险丝架C上的保险丝49 T2bi-2芯插头连接2 T17d-17芯插头连接，黑色 T73a-73 芯插头连接，蓝色 367-接地连接2，在主导线束中 *-仅用于不带可加热式方向盘的汽车 *2-仅用于带可加热式方向盘的汽车

车载电网控制单元，发动机控制单元

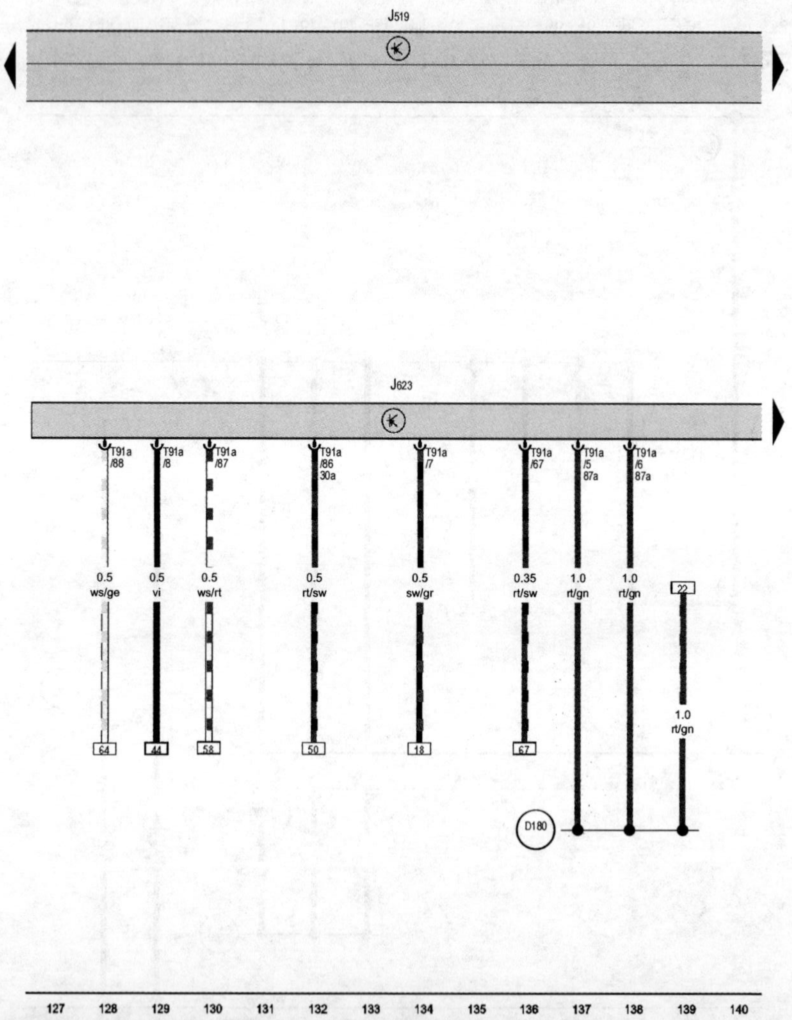

J519

J623

车载电网控制单元，转向柱电子装置控制单元

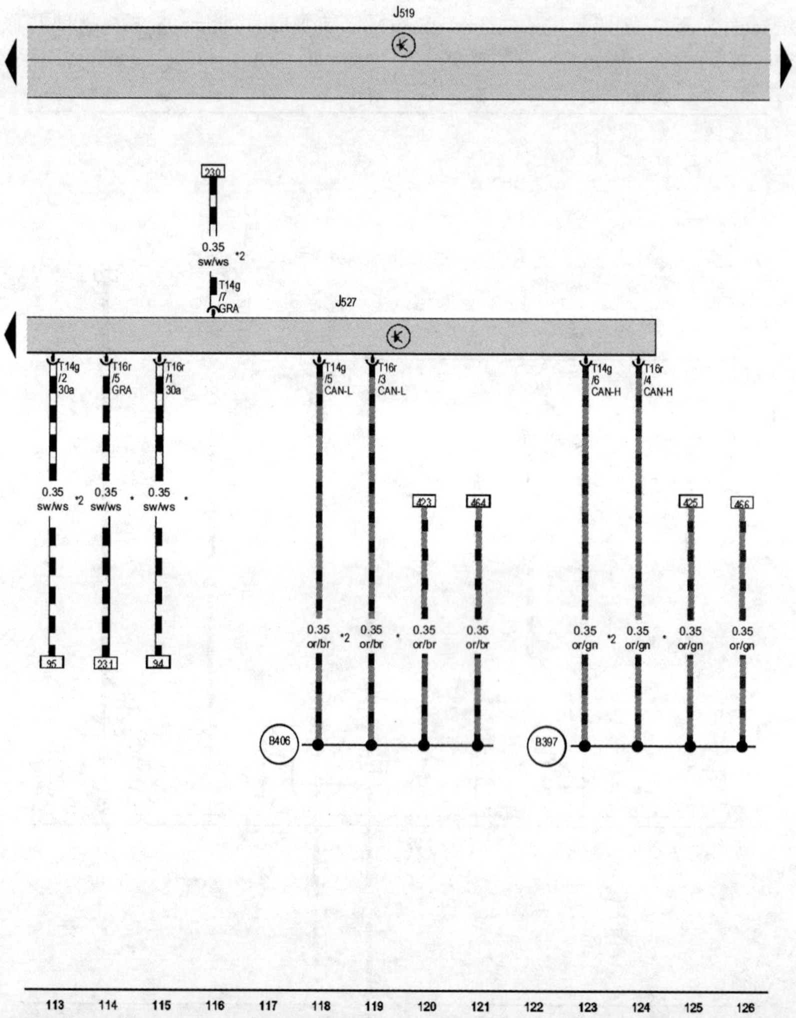

J519

J527

J519-车载电网控制单元 J623-发动机控制单元 T91a-91芯插头连接 T16r-16芯插头连接，黑色 D180-连接（87a），在发动
连接，黑色 B397-连接 1（舒适 CAN 总线，
机舱导线束中

图7-1-43

J519-车载电网控制单元 J527-转向柱电子装置控制单元 T14g-14 芯插头连接，黑色 T16r-16 芯插头
连接，黑色 B397-连接 1（舒适 CAN 总线，High），在主导线束中 B406-连接 1（舒适 CAN 总线，
Low），在主导线束中 *-仅用于不带可加热式方向盘的汽车 *2-仅用于带可加热式加热式方向盘的汽车

图7-1-42

113 114 115 116 117 118 119 120 121 122 123 124 125 126

127 128 129 130 131 132 133 134 135 136 137 138 139 140

958

尾气催化净化器后的氧传感器、尾气催化净化器前的氧传感器 1、尾气催化净化器前的氧传感器 1、氧传感器、尾气催化净化器后的氧传感器、车载电网控制单元、发动机控制单元、氧传感器加热、尾气催化净化器后的氧传感器 1 加热装置

制动信号灯开关、制动踏板开关、霍耳传感器 2、车载电网控制单元、发动机控制单元

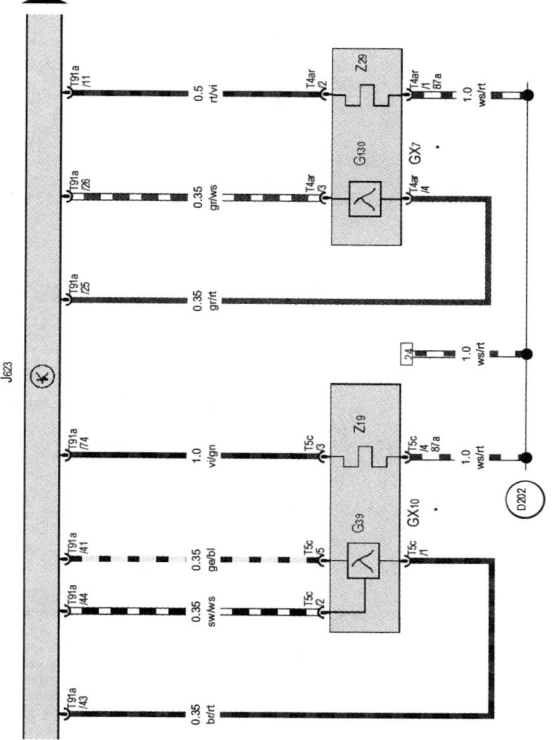

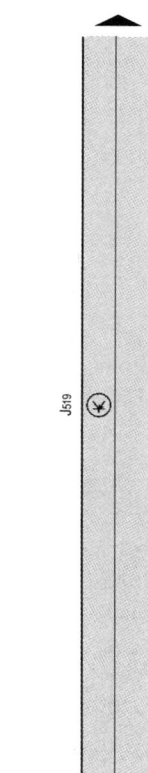

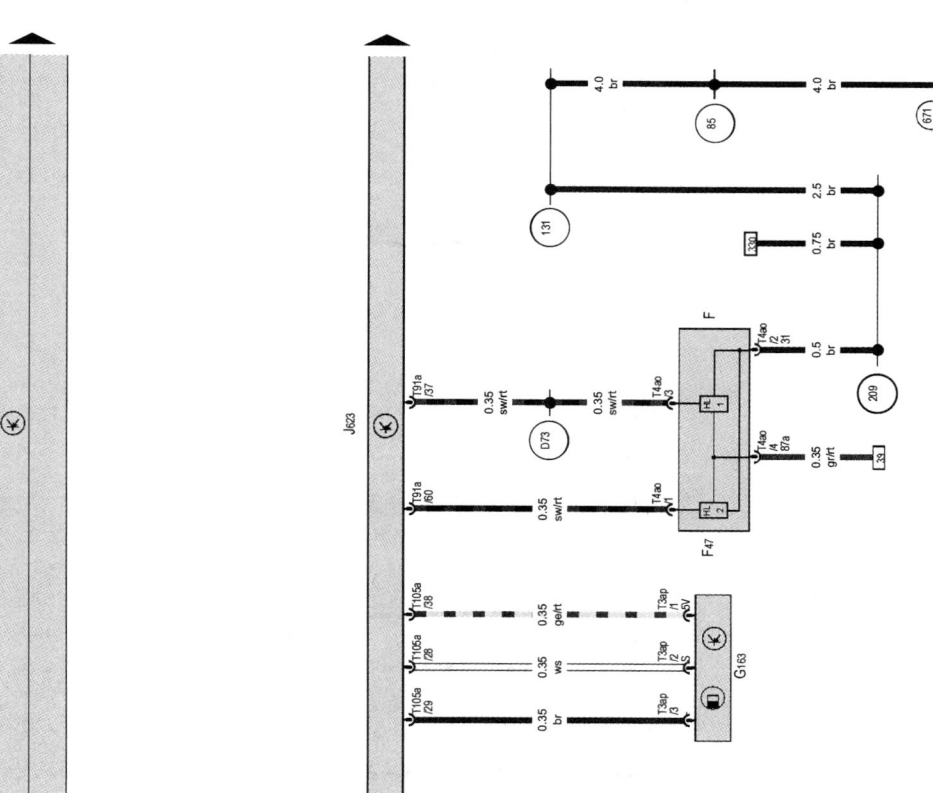

GX7-尾气催化净化器后的氧传感器1 GX10-尾气催化净化器前的氧传感器1 G39-氧传感器 G130-尾气催化净化器后的氧传感器 G39-氧传感器 G130-尾气催化净化器前的氧传感器 J519-车载电网控制单元 J623-发动机控制单元 T4ar-4 芯插头连接 T5c-5 芯插头连接 T91a-91 芯插头连接 Z19-氧传感器加热 Z29-尾气催化净化器后的氧传感器 D202-连接 6（87a），在发动机舱导线束中 *-已预先布线的部件

图 7-1-45

F-制动信号灯开关 F47-制动踏板开关 G163-霍耳传感器2 J519-车载电网控制单元 J623-发动机控制单元 T3ap-3芯插头连接，黑色 T4ao-4芯插头连接，黑色 T91a-91芯插头连接，黑色 T105a-105芯插头连接，黑色 85-接地连接1，在发动机舱导线束中 131-接地连接2，在发动机舱导线束中 209-接地连接6，在发动机舱导线束中 671-左前纵梁上的接地点1 D73-正极连接（54），在发动机舱导线束中

图 7-1-44

油门踏板模块，油门踏板位置传感器，油门踏板位置传感器 2，车载电网控制单元，发动机控制单元，燃油定量阀

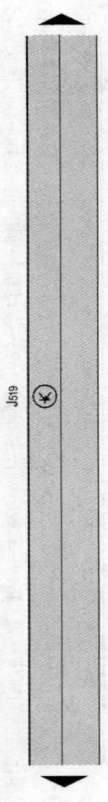

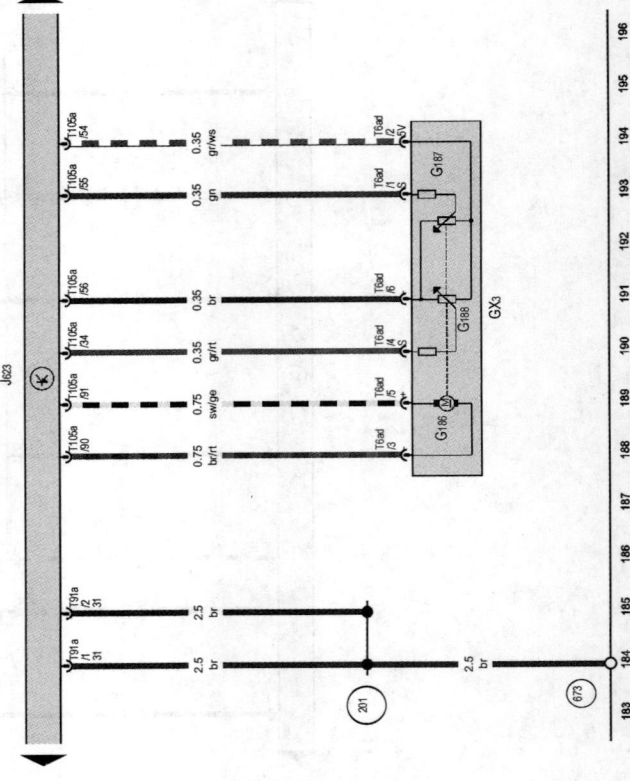

图 7-1-46

GX2-油门踏板模块 G79-油门踏板位置传感器 G185-油门踏板位置传感器 2 J519-车载电网控制单元 J623-发动机控制单元 N290-燃油定量阀 T2cg-2 芯插头连接 T6L-6 芯插头连接，黑色 T91a-91 芯插头连接，黑色 T105a-105 芯插头连接中 T105a-105 芯插头连接，黑色

节气门控制单元，电控油门操纵机构的节气门驱动装置，电控油门操纵机构的节气门驱动装置角度传感器 1，电控油门操纵机构的节气门驱动装置角度传感器 2，车载电网控制单元，发动机控制单元

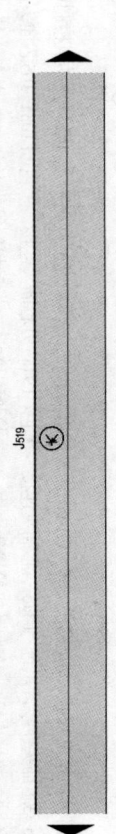

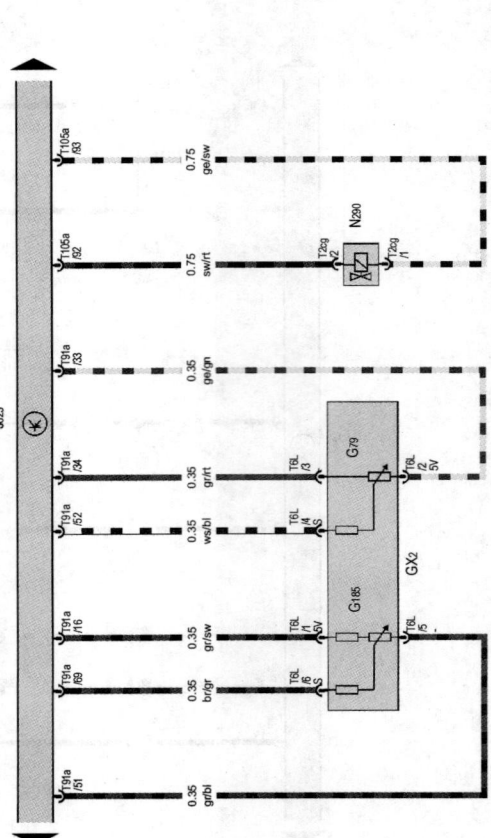

图 7-1-47

GX3-节气门驱动单元 G186-电控油门操纵机构的节气门驱动装置 G187-电控油门操纵机构的节气门驱动装置角度传感器 1 G188-电控油门操纵机构的节气门驱动装置角度传感器 2 J519-车载电网控制单元 J623-发动机控制单元 T6ad-6芯插头连接，黑色 T91a-91 芯插头连接，黑色 T105a-105芯插头连接，黑色 201-接地连接5，在发动机舱导线束中 673-左前纵梁上的接地点3

960

发动机转速传感器，进气歧管风门电位计，车载电网控制单元，发动机控制单元

车载电网控制单元，发动机控制单元，气缸 1 喷油嘴，气缸 2 喷油嘴，气缸 3 喷油嘴

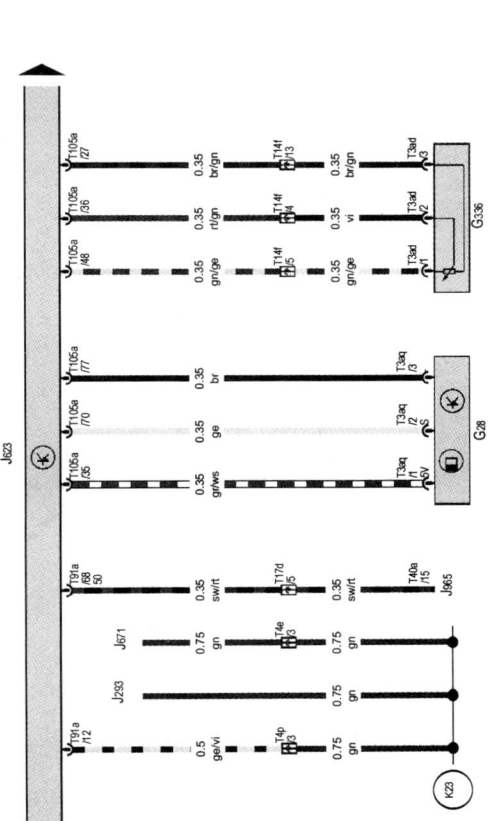

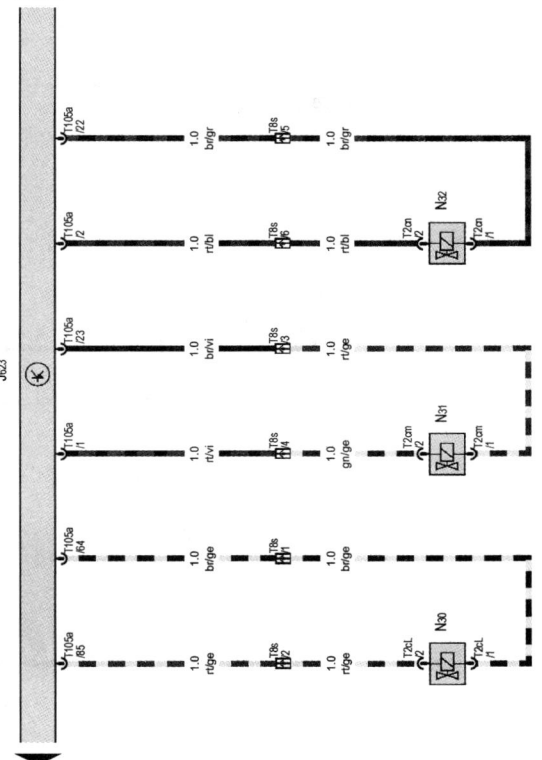

图 7-1-48

图 7-1-49

G28-发动机转速传感器 G336-进气歧管风门电位计 J293-散热器风扇控制单元 J519-车载电网控制单元
J623-发动机控制单元 J671-散热器风扇控制单元2 J965-进入及启动系统接口 T3ad-3芯插头连接，黑色
T3aq-3芯插头连接，黑色 T4e-4芯插头连接，黑色 T4p-4芯插头连接，黑色 T14f-14芯插头连接，发动
机上，黑色 T17d-17芯插头连接，左侧 A 柱下部，蓝色 T40a-40芯插头连接，黑色 T91a-91芯插头连
接，黑色 T105a-105芯插头连接，黑色 K23-正极连接 2（30），在散热器风扇导线束中

J519-车载电网控制单元 J623-发动机控制单元 N30-气缸 1 喷油嘴 N31-气缸 2 喷油嘴 N32-气缸 3 喷
油嘴 T2cL-2 芯插头连接，黑色 T2cm-2 芯插头连接，黑色 T2cn-2 芯插头连接，黑色 T8s-8 芯插头连
接，发动机上，黑色 T105a-105 芯插头连接，黑色

197   198   199   200   201   202   203   204   205   206   207   208   209   210

211   212   213   214   215   216   217   218   219   220   221   222   223   224

961

爆震传感器 1，散热器出口处的冷却液温度传感器，燃油压力传感器，车载电网控制单元，发动机控制单元

霍耳传感器，车载电网控制单元，发动机控制单元，气缸 4 喷油嘴

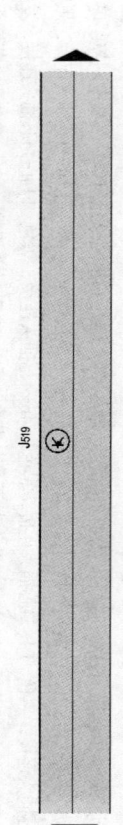

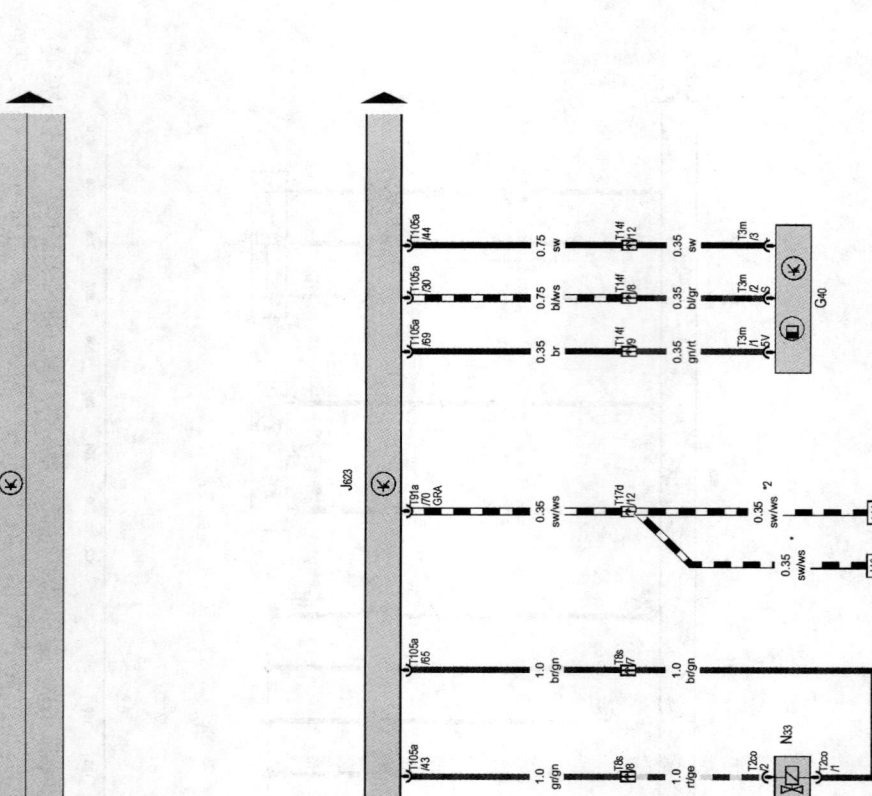

G61-爆震传感器1 G83-散热器出口处的冷却液温度传感器 G247-燃油压力传感器 J519-车载电网控制单元 J623-发动机控制单元 T2bm-2芯插头连接，黑色 T2bp-2芯插头连接，黑色 T3z-3芯插头连接，黑色 T14f-14芯插头连接，发动机上，发动机上，黑色 T91a-91 芯插头连接，蓝色 T105a-105 芯插头连接，黑色 327-接地连接（传感器接地），在发动机舱导线束中

图7-1-51

G40-霍耳传感器 J519-车载电网控制单元 J623-发动机控制单元 N33-气缸4喷油嘴 T2co-2芯插头连接，黑色 T3m-3芯插头连接，黑色 T8-8芯插头连接，黑色 T14f-14芯插头连接，发动机上，黑色 T17d-17 芯插头连接，左侧A柱下部，蓝色 T91a-91 芯插头连接，蓝色 T105a-105 芯插头连接，黑色 *-仅用于带可加热式方向盘的汽车 *2-仅用于不带可加热式方向盘的汽车

图7-1-50

凸轮轴调节元件 5，凸轮轴调节元件 6，凸轮轴调节元件 7，凸轮轴调节元件 8，车载电网控制单元，发动机控制单元，气缸 1 喷油嘴 2

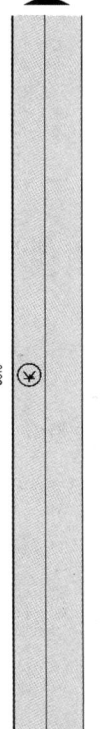
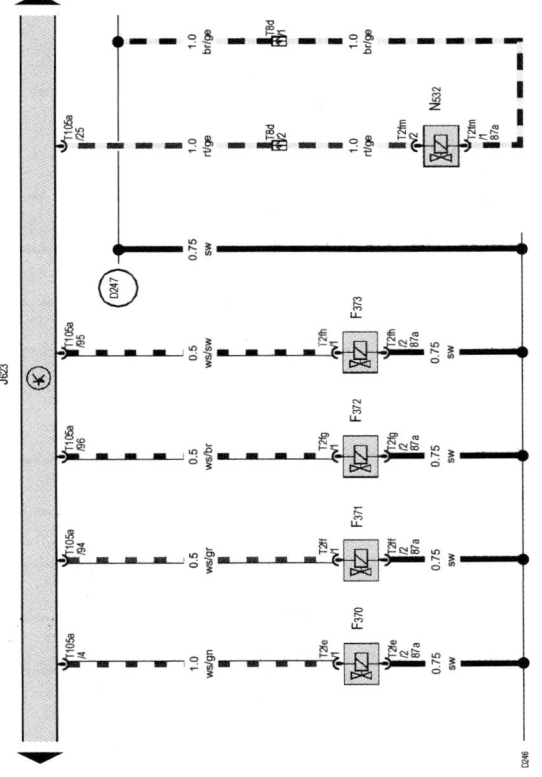

F370-凸轮轴调节元件5 F371-凸轮轴调节元件6 F372-凸轮轴调节元件7 F373-凸轮轴调节元件8 J519-车载电网控制单元 J623-发动机控制单元 N532-气缸1喷油嘴 T2fc-2芯插头连接，黑色 T2ff-2芯插头，黑色 T2fk-2芯插头连接，黑色 T2fm-2芯插头连接，黑色 T8d-8芯插头连接，黑色 T105a-105芯插头连接，黑色 D246-连接7 (87a)，在发动机预接线导线束中 D247-连接8 (87a)，在发动机预接线导线束中

图 7-1-53

凸轮轴调节元件 1，凸轮轴调节元件 2，凸轮轴调节元件 3，凸轮轴调节元件 4，车载电网控制单元，发动机控制单元

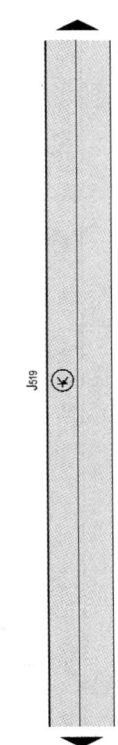
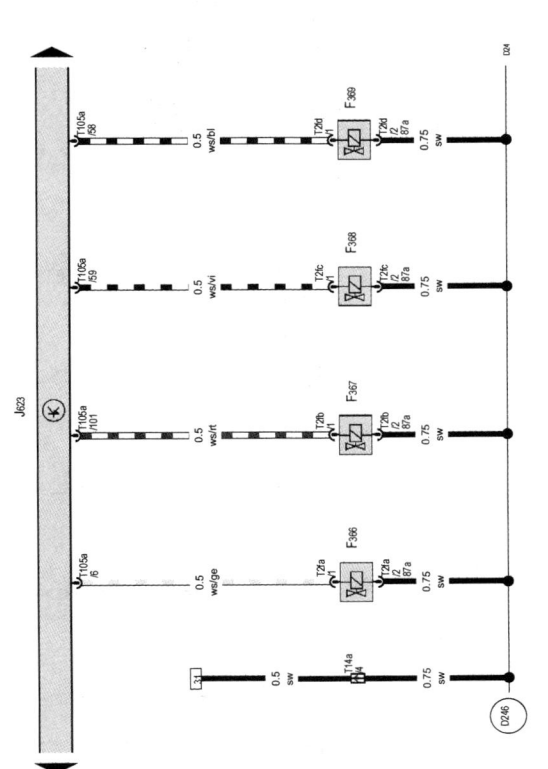

F366-凸轮轴调节元件1 F367-凸轮轴调节元件2 F368-凸轮轴调节元件3 F369-凸轮轴调节元件4 J519-车载电网控制单元 J623-发动机控制单元 T2a-2芯插头连接，黑色 T2b-2芯插头连接，黑色 T2c-2芯插头连接，黑色 T2d-2芯插头连接，黑色 T14a-14芯插头连接，黑色 T105a-105芯插头连接，灰色 左前纵梁上，D246-连接7 (87a)，在发动机预接线导线束中

图 7-1-52

车载电网控制单元，发动机控制单元，
气缸 2 喷油嘴 2，气缸 3 喷油嘴 2，气缸 4 喷油嘴 2，

低压的燃油压力传感器，增压压力调节位置传感器，车载电网控制单元，发动机控制单元，
增压调节器

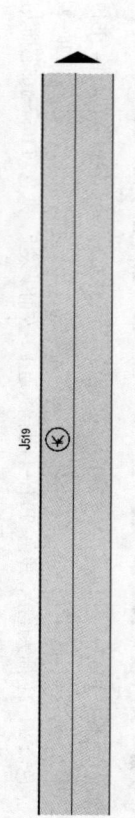

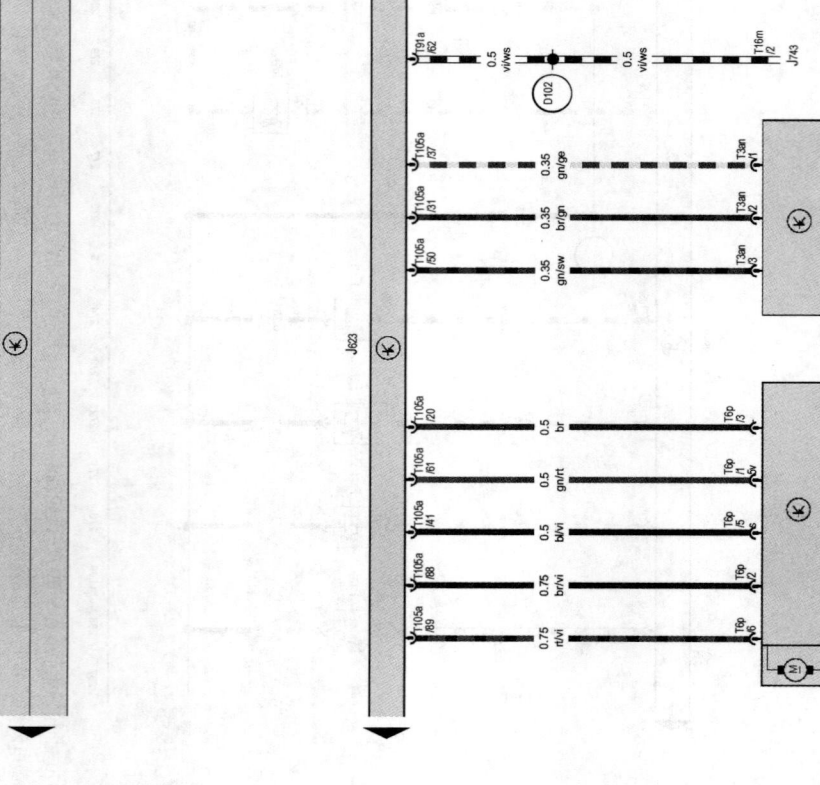

J519–车载电网控制单元，J623–发动机控制单元，N533–气缸1喷油嘴2，N534–气缸3喷油嘴2，N535–气缸4
喷油嘴2 T2m–2芯插头连接，黑色 T2fo–2芯插头连接，黑色 T2p–2芯插头连接，黑色 T8d–8芯插头连
接，黑色 T105a–105芯插头连接，黑色 D247–连接8（87a），在发动机预接线导线束中
接，发动机止，

图7-1-54

G410–低压的燃油压力传感器，G581–增压压力调节位置传感器，J519–车载电网控制单元，J623–发动机控制
单元 J743–双离合器变速器机电装置 T3an–3芯插头连接，蓝色 T6p–6芯插头连接，灰色 T16m–16芯插
头连接，黑色 T91a–91芯插头连接，黑色 T105a–105芯插头连接，黑色 V465–增压调节器 D102–连接
2，在发动机舱引线束中

图7-1-55

964

空调器关闭热敏开关，冷却液温度传感器，车载电网控制单元，发动机控制单元，变速器

冷却液阀

进气歧管传感器，进气温度传感器，进气歧管压力传感器，机油油位和机油温度传感器，车载电网控制单元，发动机控制单元

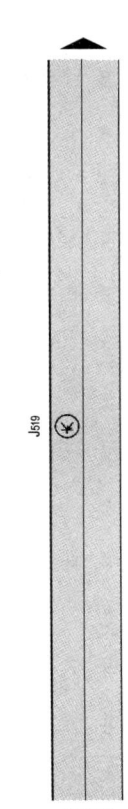

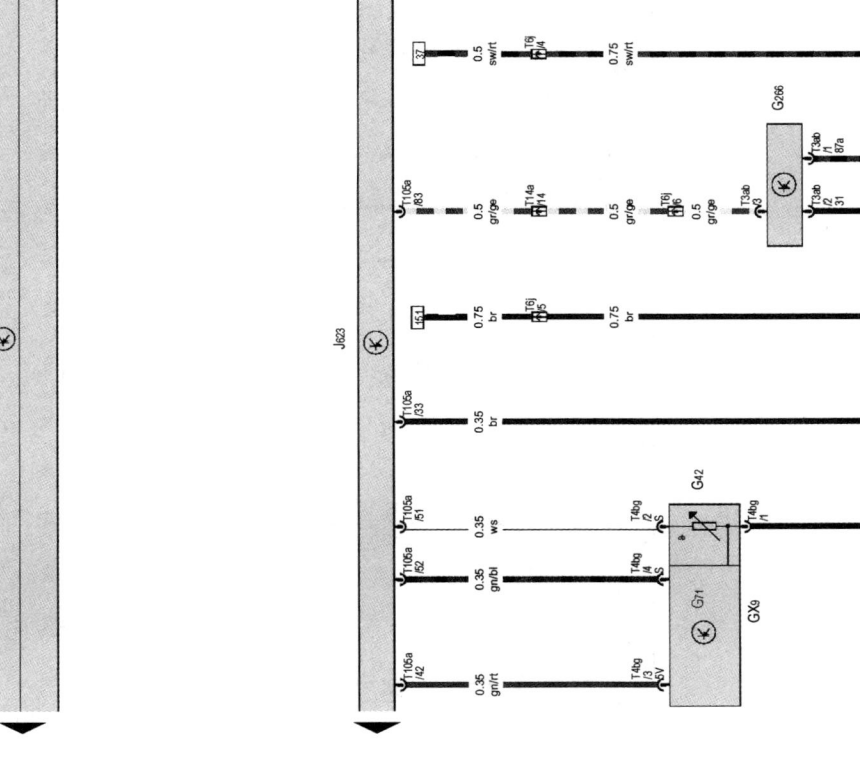

309 310 311 312 313 314 315 316 317 318 319 320 321 322

F163-空调器关闭热敏开关 G62-冷却液温度传感器 J519-车载电网控制单元 J623-发动机控制单元 J743-双离合器变速器机电装置 N488-变速器冷却液阀 T2ap-2 芯插头连接，黑色 T2cf-2 芯插头连接，黑色 T10q-10 芯插头连接，左前纵梁上，黑色 T14a-14 芯插头连接，左前纵梁上，黑色 T2ey-2 芯插头连接，黑色 T16m-16 芯插头连接，灰色 T91a-91 芯插头连接，黑色 T105a-105 芯插头连接，黑色

图 7-1-56

323 324 325 326 327 328 329 330 331 332 333 334 335 336

GX9-进气歧管传感器 G42-进气温度传感器 G71-进气歧管压力传感器 G266-机油油位和机油温度传感器 J519-车载电网控制单元 J623-发动机控制单元 T3ab-3 芯插头连接，黑色 T4bg-4 芯插头连接，黑色 T6j-6 芯插头连接，黑色 T14a-14 芯插头连接，左前纵梁上，黑色 T105a-105 芯插头连接，灰色 连接，黑色

图 7-1-57

增压压力传感器，进气温度传感器 2，车载电网控制单元，涡轮增压器
控制单元，车载电网控制单元，发动机控制单元，涡轮增压器
循环空气阀

车载电网控制单元，发动机控制单元，转换阀，机油压力调节阀，发动机温度调节伺服元件，
活塞冷却喷嘴控制阀

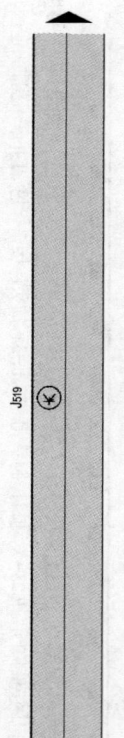

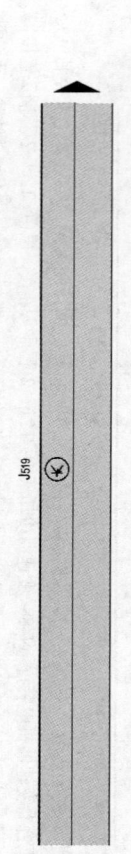

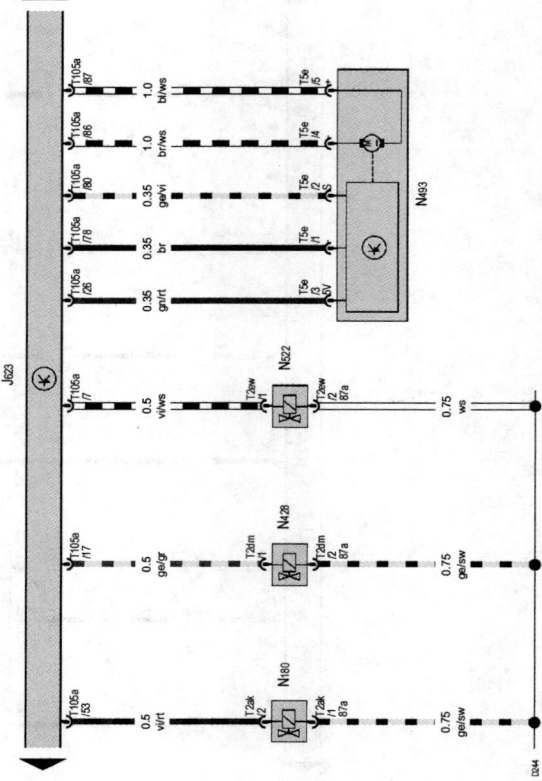

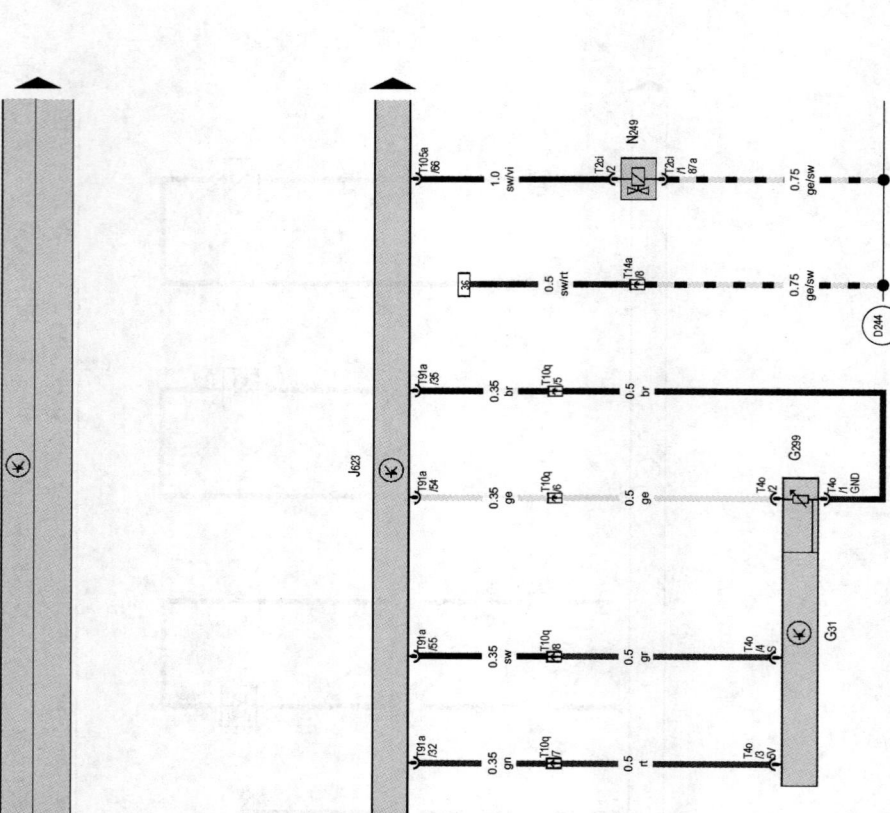

G31-增压压力传感器，G299-进气温度传感器2，J519-车载电网控制单元，J623-发动机控制单元，N249-涡轮增压器循环空气阀 T2ci-2芯插头连接，黑色 T4o-4芯插头连接，左前纵梁上，黑色 T14a-14芯插头连接，左前纵梁上，灰色 T91a-91芯插头连接，黑色 T10q-10芯插头连接，左前纵梁，黑色 T105a-105芯插头连接，黑色 D244-连接5（87a），在发动机顶部接线导线束中

J519-车载电网控制单元，J623-发动机控制单元，N180-转换阀 N428-机油压力调节阀 N493-发动机温度调节伺服元件 N522-活塞冷却喷嘴控制阀 T2ak-2芯插头连接，黑色 T2dm-2芯插头连接，黑色 T2ew-2芯插头连接，黑色 T5e-5芯插头连接，黑色 T105a-105芯插头连接，黑色 D244-连接5（87a），在发动机顶部接线导线束中

图 7-1-58

图 7-1-59

车载电网控制单元，发动机控制单元，带功率输出级的点火线圈 1，带功率输出级的点火
线圈 2，带功率输出级的点火线圈 3，火花塞插头，火花塞

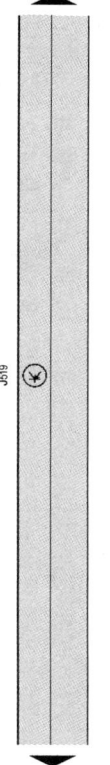

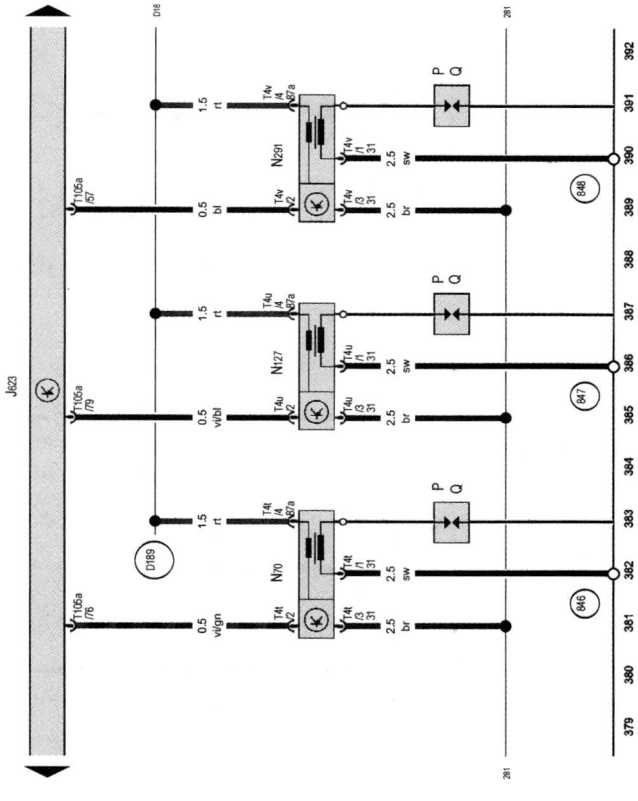

图 7-1-61

J519-车载电网控制单元 J623-发动机控制单元 N70-带功率输出级的点火线圈1 N127-带功率输出级的点
火线圈2 N291-带功率输出级的点火线圈3 P-火花塞插头 Q-火花塞 T4t-4芯插头连接，黑色 T4u-4芯
插头连接，黑色 T4v-4芯插头连接，黑色 T105a-105芯插头连接，黑色 281-接地连接，黑色 D189-
线束中，在发动机预接线束中 846-点火线圈1 上的接地点 847-点火线圈2 上的接地点 848-点火线圈3 上的接地点 D189-
连接（87a），在发动机预接线导线束中

车载电网控制单元，发动机控制单元，活性炭罐电磁阀 1，凸轮轴调节阀 1，凸轮轴调节阀 1，排气门凸轮
轴调节阀 1，冷却液循环泵

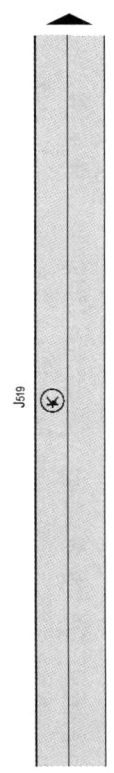

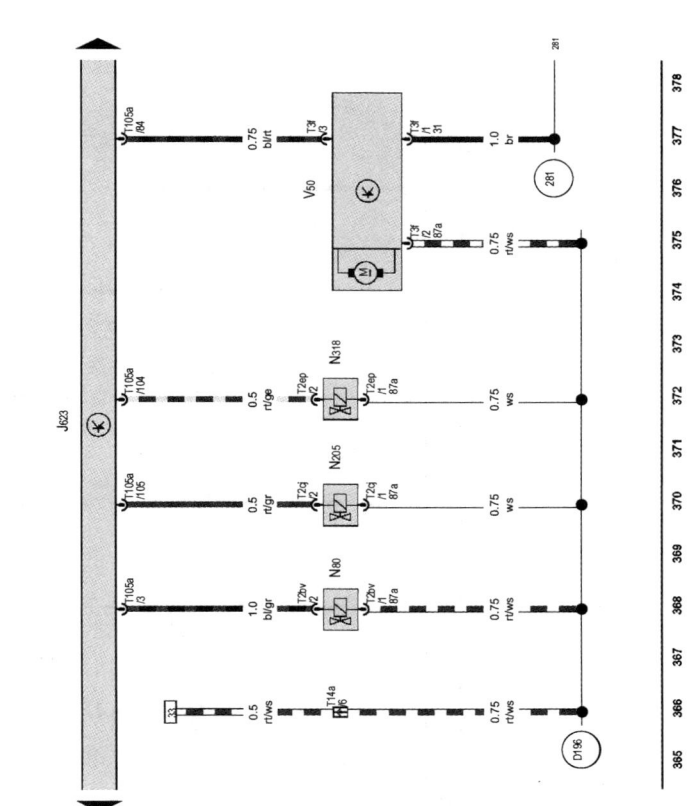

图 7-1-60

J519-车载电网控制单元 J623-发动机控制单元 N80-活性炭罐电磁阀1 N205-凸轮轴调节阀1 N318-排气
门凸轮轴调节阀1 T2bv-2芯插头连接，黑色 T2cj-2芯插头连接，黑色 T2ep-2芯插头连接，黑色 T3f-3
芯插头连接，黑色 T14a-14芯插头连接，左前纵梁上，T105a-105芯插头连接，灰色 V50-冷却液循
环泵 281-接地连接1，在发动机预接线束中 D196-连接2（87a），在发动机预接线导线束中

967

机油压力开关，机油压力降低开关，机油压力开关，3挡，车载电网控制单元，数据总线
诊断接口，发动机控制单元

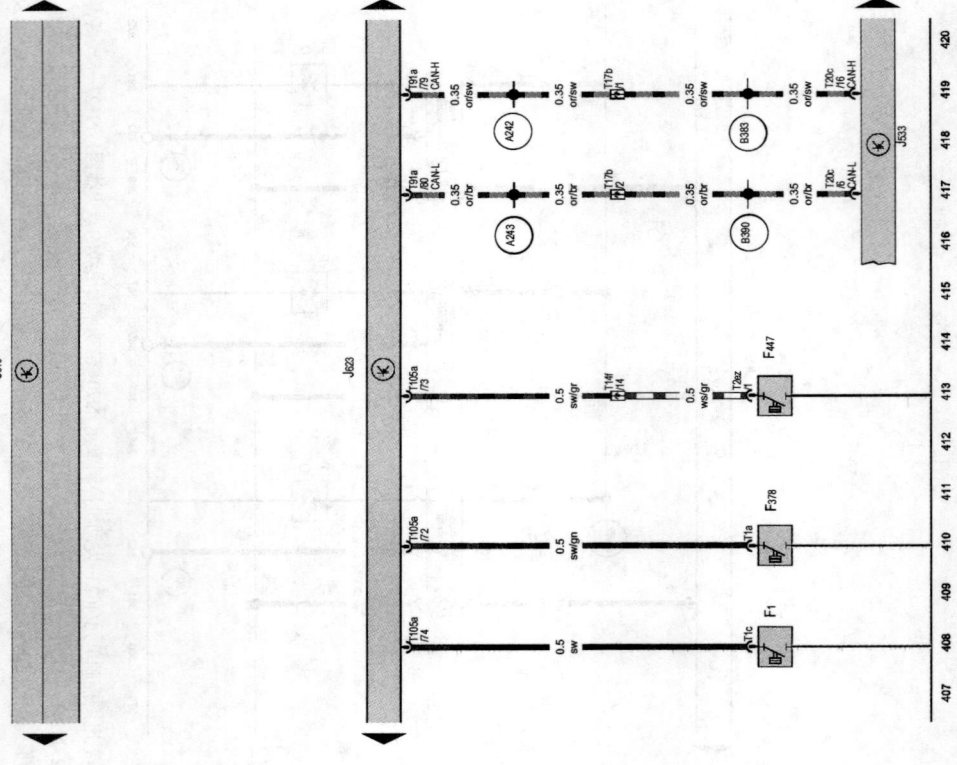

图 7-1-63

F1-机油压力开关　F378-机油压力降低开关　F447-机油压力开关，3挡　J519-车载电网控制单元　J533-数据总线诊断接口　J623-发动机控制单元　T1a-1芯插头连接，黑色　T1c-1芯插头连接，蓝色　T2ez-2芯插头连接，黑色　T14f-14芯插头连接，发动机止，黑色　T17b-17芯插头连接，左侧A柱下部，棕色　T20c-20芯插头连接，黑色　T91a-91芯插头连接，黑色　T105a-105芯插头连接，黑色　A242-连接1（驱动CAN总线，High），在发动机舱导线束中　A243-连接1（驱动CAN总线，Low），在发动机舱导线束中　B383-连接1（驱动CAN总线，High），在主导线束中　B390-连接1（驱动CAN总线，Low），在主导线束中

车载电网控制单元，发动机控制单元，带功率输出级的点火线圈4，火花塞插头，火花塞

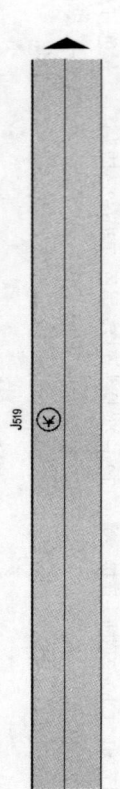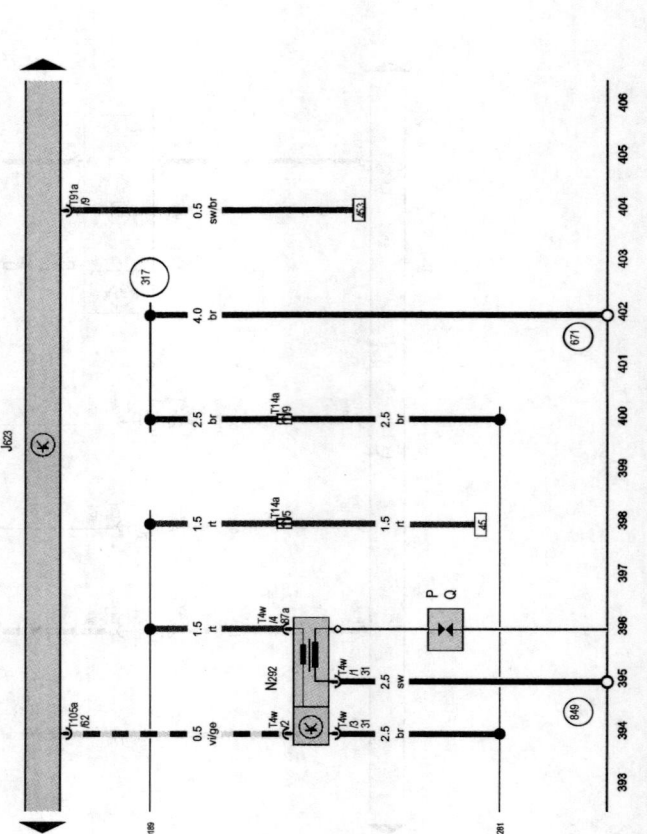

图 7-1-62

J519-车载电网控制单元　J623-发动机控制单元　N292-带功率输出级的点火线圈4　P-火花塞插头　Q-火花塞　T4w-4芯插头连接，黑色　T14a-14芯插头连接，黑色　T14b-14芯插头连接，黑色　T91a-91芯插头连接，灰色　T105a-105芯插头连接，黑色　281-接地连接1，在发动机顶部接线导线束中　317-接地连接7，在发动机舱导线束中　671-左前纵梁上的接地点　849-点火线圈4上的接地点1　D189-连接（87a），在发动机顶部接线导线束中

数据总线诊断接口，诊断接口

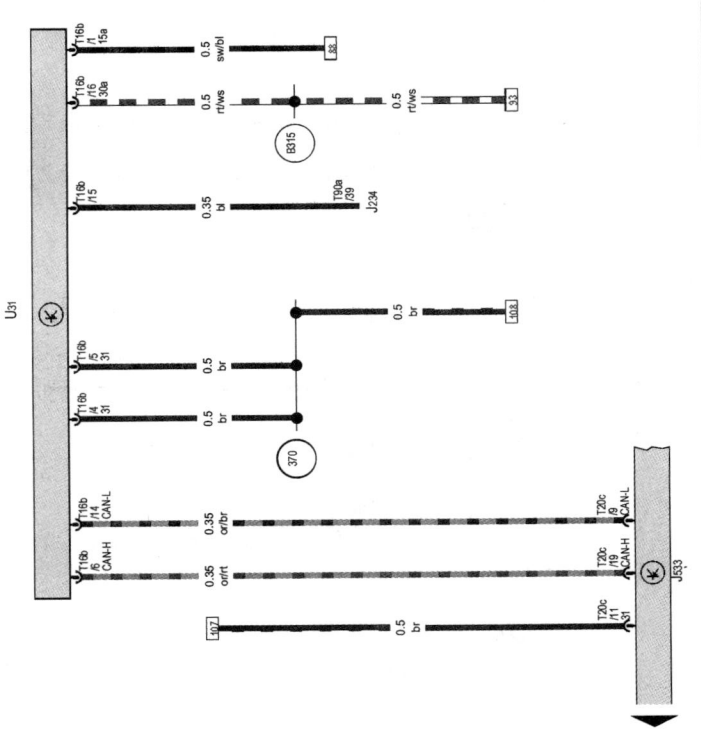

J234-安全气囊控制单元 J533-数据总线诊断接口 T16b-16芯插头连接，黑色 T20c-20芯插头连接，黑色 T90a-90芯插头连接，黑色 T16b-诊断接口 370-接地连接5，在主导线束中 B315-正极连接1（30a），在主导线束中

图 7-1-65

车载电网控制单元，数据总线诊断接口，发动机控制单元

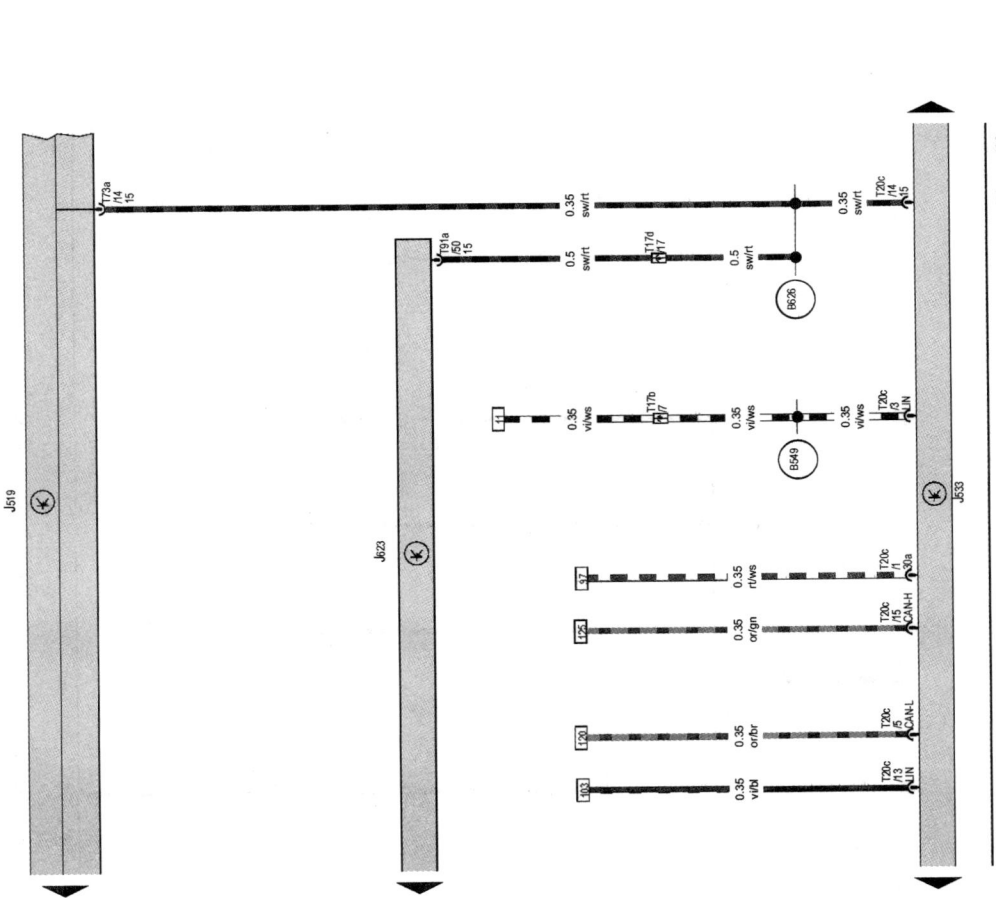

J519-车载电网控制单元 J533-数据总线诊断接口 J623-发动机控制单元 T17b-17芯插头连接，左侧A柱下部 T17d-17芯插头连接，左侧A柱下部，蓝色 T20c-20芯插头连接 T73a-73芯插头连接，黑色 T91a-91芯插头连接，黑色 B549-连接2（LIN总线），在主导线束中 B626-正极连接2（15），在主导线束中

图 7-1-64

防盗锁止系统读出线圈，转速表，多功能显示器，组合仪表中的控制单元，防盗锁止系统
控制单元，组合仪表，废气警告灯，燃油表指示灯，电子油门故障信号灯，组合仪表照明
灯泡，里程表

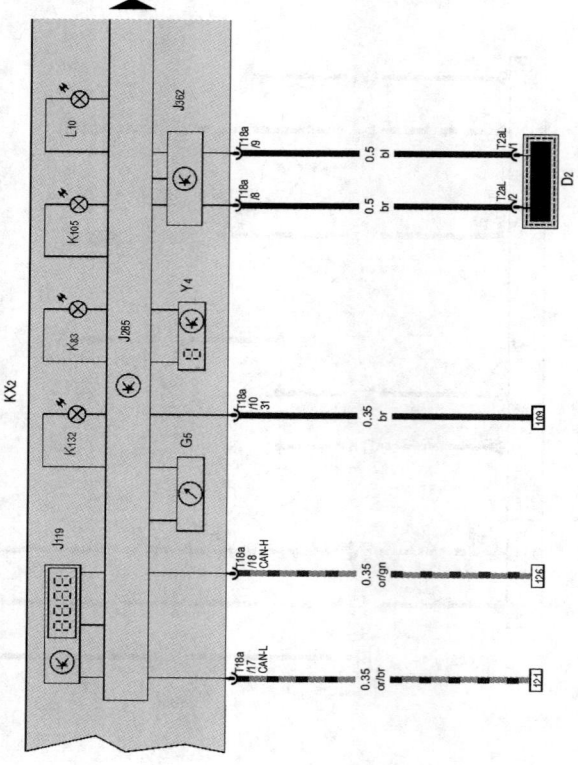

图7-1-67

D2-防盗锁止系统读出线圈 G5-转速表 J119-多功能显示器 J285-组合仪表中的控制单元 J362-防盗锁止
系统控制单元 KX2-组合仪表 K83-废气警告灯 K105-燃油表指示灯 K132-电子油门故障信号灯 L10-
组合仪表照明灯泡 T2aL-2芯插头连接，黑色 T18a-18芯插头连接，黑色 Y4-里程表

燃油表传感器，燃油供给单元，预供给燃油泵，燃油泵控制单元

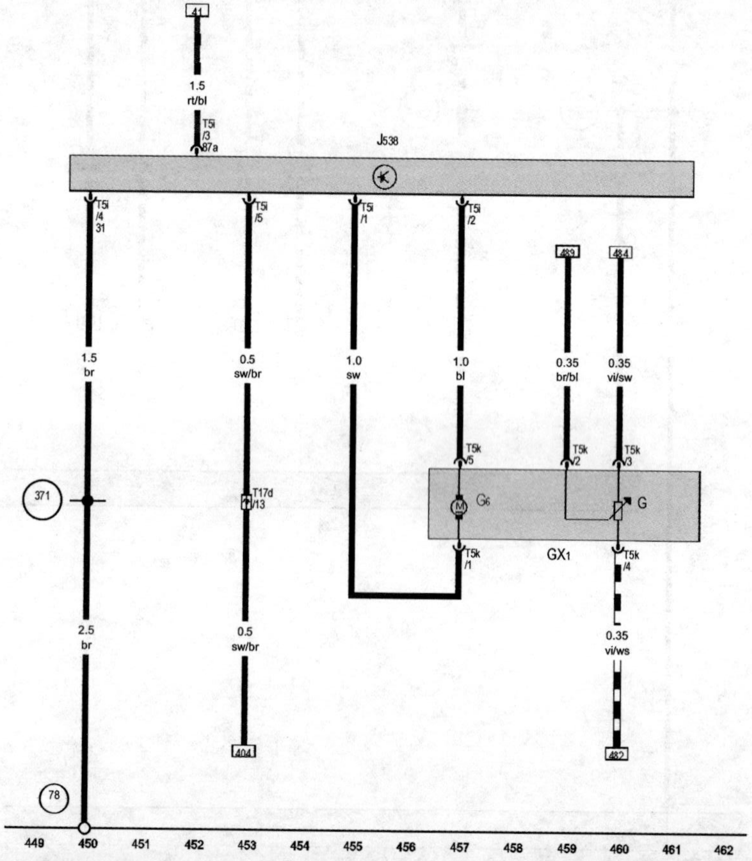

图7-1-66

G-燃油表传感器 GX1-燃油供给单元 G6-预供给燃油泵 J538-燃油泵控制单元 T5i-5芯插头连接，黑色
T5k-5芯插头连接，黑色 T17d-17芯插头连接，蓝色 78-右侧B柱下部，蓝色 B柱下部接地点 371-接地连
接6，在主导线束中

蓄电池，启动机，交流发电机，电压调节器，蓄电池调节控制单元

蓄电池，冷却液温度表，车速表，警报蜂鸣器和警报音，组合仪表中的控制单元，组合仪表，发电机指示灯，机油压力指示灯，冷却液温度和冷却液不足显示指示灯，定速巡航装置指示灯，机油油位指示灯

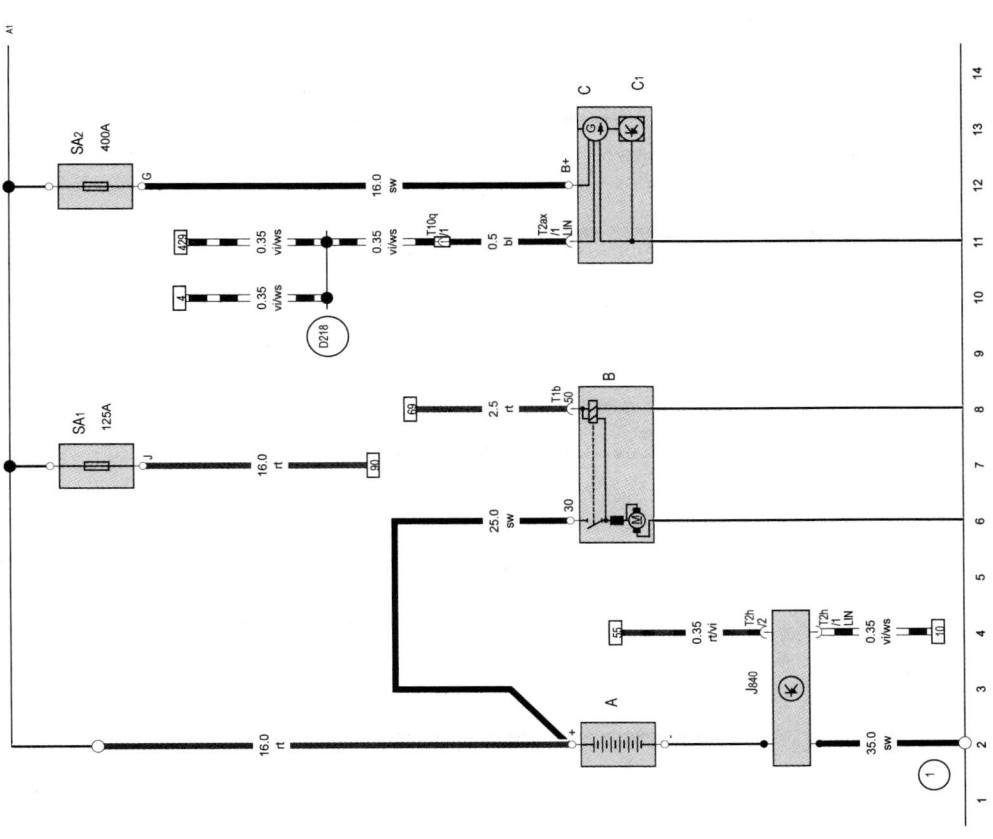

A-蓄电池 B-启动机 C-交流发电机 C1-电压调节器 J840-蓄电池调节控制单元 SA1-保险丝架A上的保险丝1 SA2-保险丝架A上的保险丝2 T1b-1 芯插头连接，黑色 T2ax-2 芯插头连接，黑色 T2h-2 芯插头连接，黑色 T10q-10 芯插头连接，黑色 T18a-18芯插头连接，黑色 1-接地带，左前纵梁上，蓄电池-车身 D218-连接1（LIN 总线），在发动机舱导线束中

图7-1-69

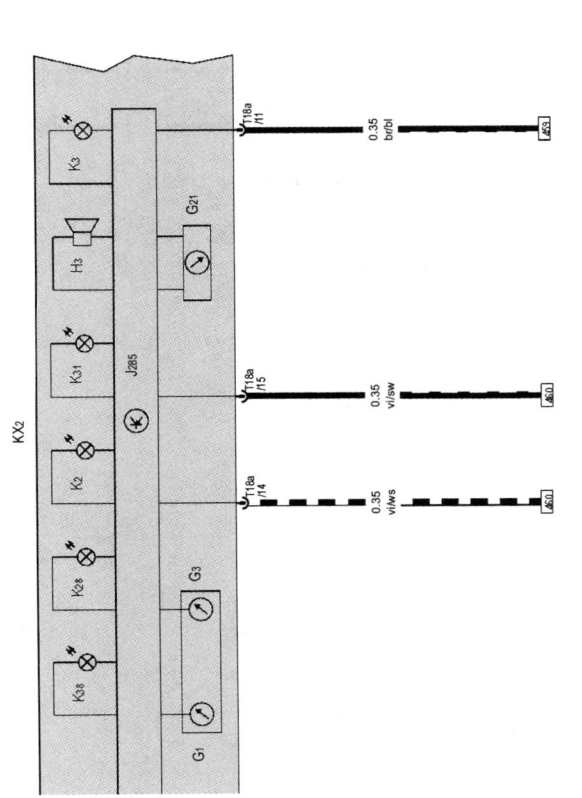

G1-燃油表 G3-冷却液温度表 G21-车速表 H3-警报蜂鸣器和警报音 J285-组合仪表中的控制单元 KX2-组合仪表 K2-发电机指示灯 K3-机油压力指示灯 K28-冷却液温度和冷却液不足显示指示灯 K31-定速巡航装置指示灯 K38-机油油位指示灯 T18a-18芯插头连接，黑色

图7-1-68

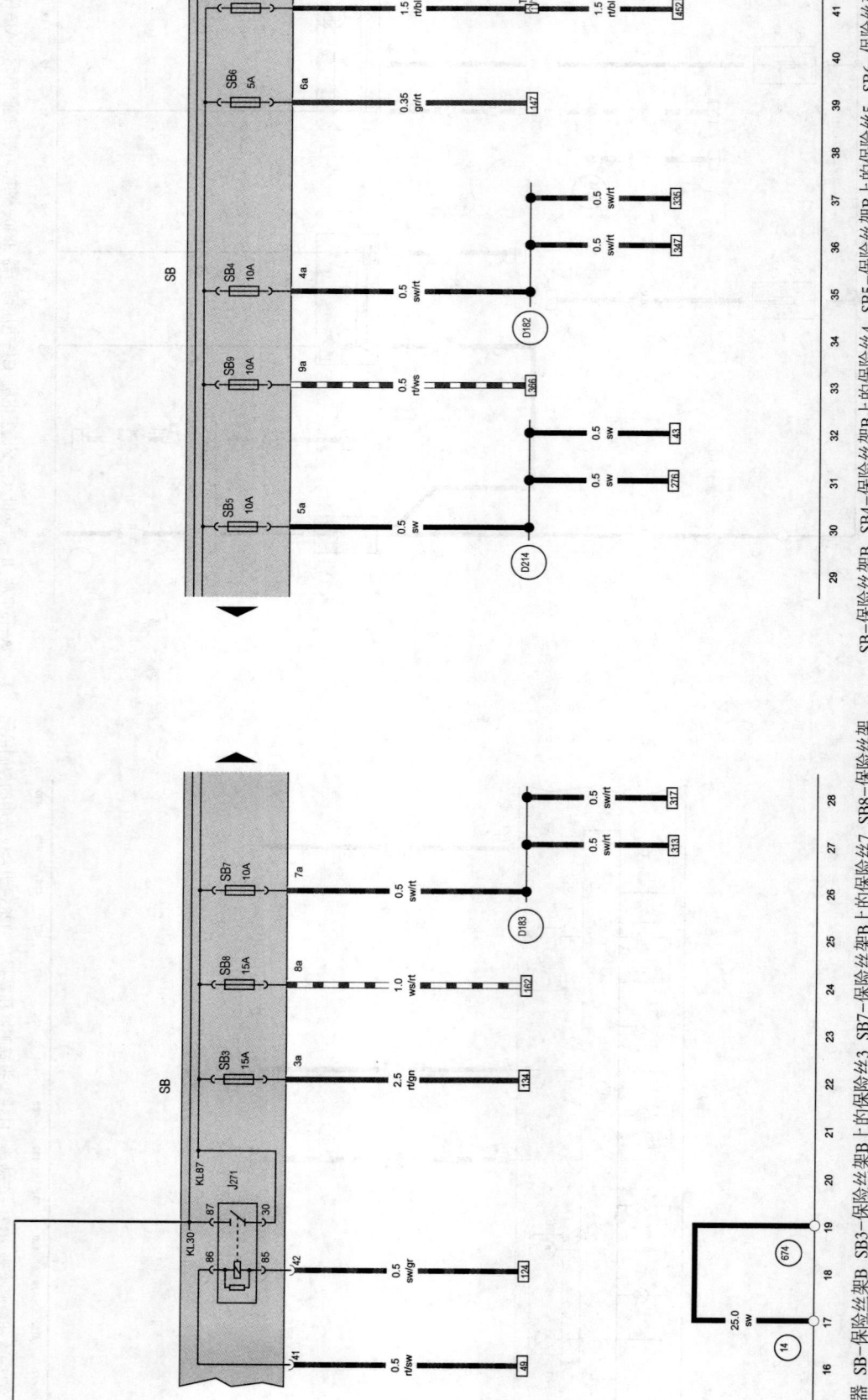

保险丝架 B

主继电器，保险丝架 B

图7-1-71

图7-1-70

J271-主继电器 SB-保险丝架B SB3-保险丝架B上的保险丝3 SB7-保险丝架B上的保险丝7 SB8-保险丝架B上的保险丝8 14-变速器上的接地点 674-左前纵梁上的接地点4 D183-连接4（87a），在发动机舱导线束中

SB-保险丝架B SB4-保险丝架B上的保险丝4 SB5-保险丝架B上的保险丝5 SB6-保险丝架B上的保险丝6 SB9-保险丝架B上的保险丝9 SB10-保险丝架B上的保险丝10 T17d-17芯插头连接，左侧A柱下部，蓝色 D182-连接3（87a），在发动机舱导线束中 D214-连接8（87a），在发动机舱导线束中

972

启动机继电器 1, 启动机继电器 2, 保险丝架 B

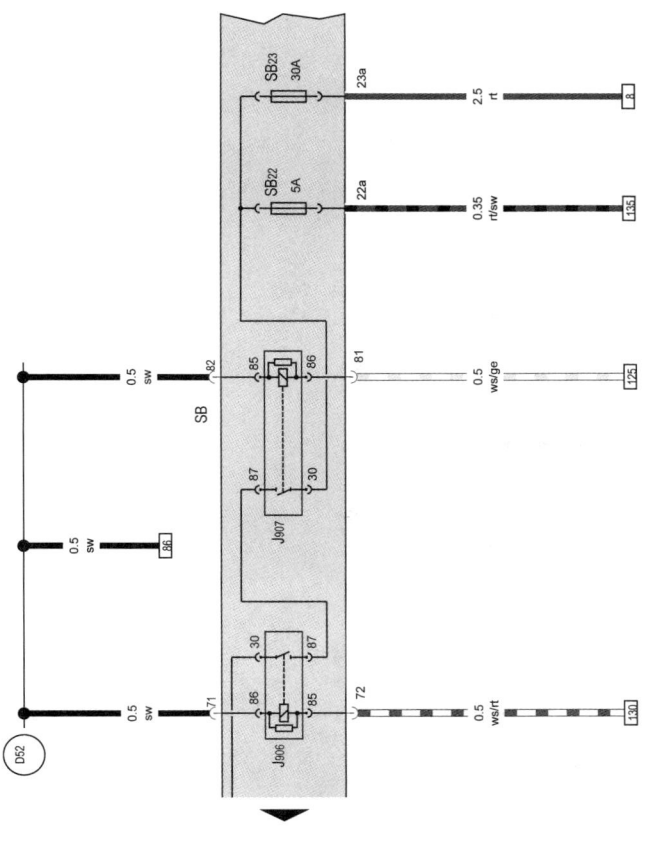

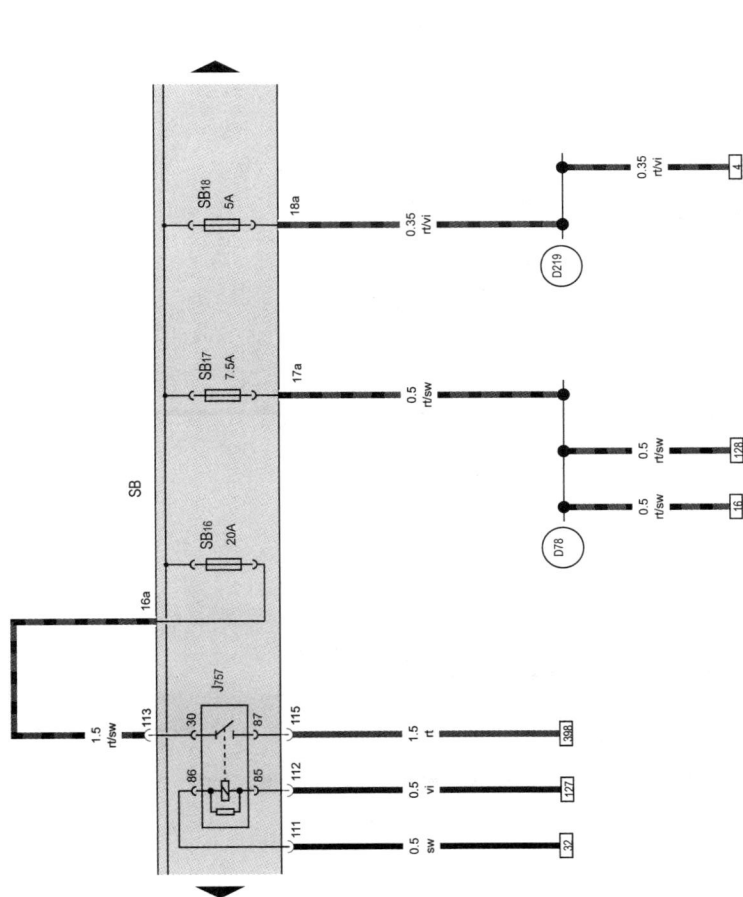

发动机部件供电继电器, 保险丝架 B

J906-启动机继电器1 J907-启动机继电器2 SB-保险丝架B SB22-保险丝架B上的保险丝22 SB23-保险丝
架B上的保险丝23 D52-正极连接 (15a), 在发动机舱导线束中

图 7-1-73

J757-发动机部件供电继电器 SB-保险丝架B SB16-保险丝架B上的保险丝16 SB17-保险丝架B上的保险
丝17 SB18-保险丝架B上的保险丝18 D78-正极连接1 (30a), 在发动机舱导线束中 D219-正极连接7
(30a), 在发动机舱导线束中

图 7-1-72

973

中部仪表板开关模块，启动 / 停止模式按钮，发动机舱盖接触开关，车载电网控制单元，启动 / 停止运行模式指示灯，按钮照明灯泡

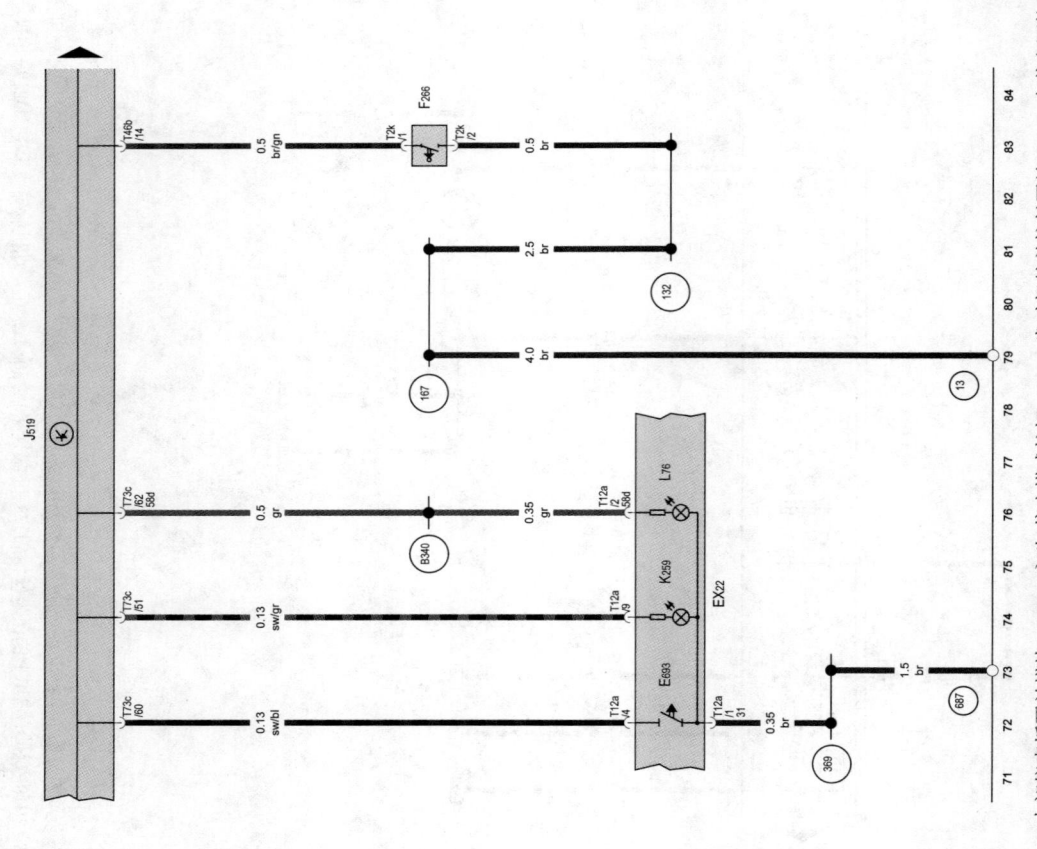

EX22-中部仪表板开关模块 E693-启动/停止模式按钮 F266-发动机舱盖接触开关 J519-车载电网控制单元 K259-启动/停止模式指示灯 L76-按钮照明灯泡 T2k-2芯插头连接，黑色 T12a-12芯插头连接，黑色 T46b-46芯插头连接，黑色 T73c-73芯插头连接，黑色 13-发动机舱内右侧的接地点 132-接地连接3，在发动机舱导线束中 167-接地连接4，在发动机舱导线束中 369-接地连接4，在发动机舱导线束中 687-中央通道上的接地点1 B340-连接1（58d），在主导线束中

图7-1-74

接线端 15 供电继电器，车载电网控制单元，保险丝架 C

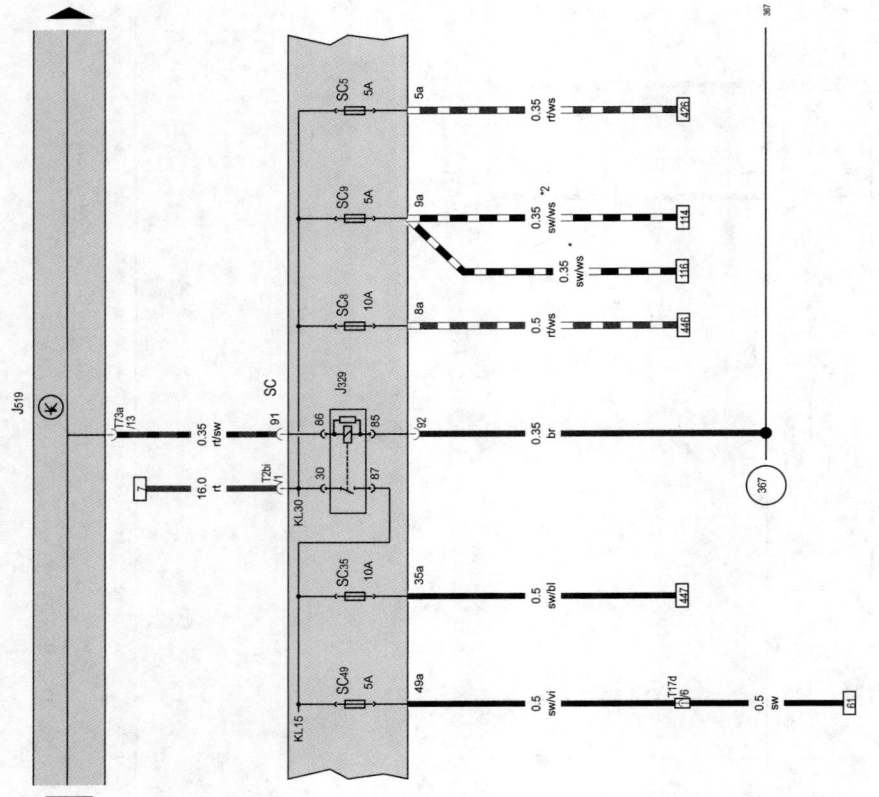

J329-接线端15供电继电器 J519-车载电网控制单元 SC-保险丝架C SC5-保险丝架C上的保险丝5 SC8-保险丝架C上的保险丝8 SC9-保险丝架C上的保险丝9 SC35-保险丝架C上的保险丝35 SC49-保险丝架C上的保险丝49 T2bi-2芯插头连接 T17d-17 芯插头连接，左侧A柱下部，蓝色 T73a-73 芯插头连接，左侧A柱下部，黑色 367-接地连接 2，在主导线束中 *-仅用于不带可加热式方向盘的汽车 *2-仅用于带可加热式方向盘的汽车

图7-1-75

车载电网控制单元，转向柱电子装置控制单元，发动机控制单元

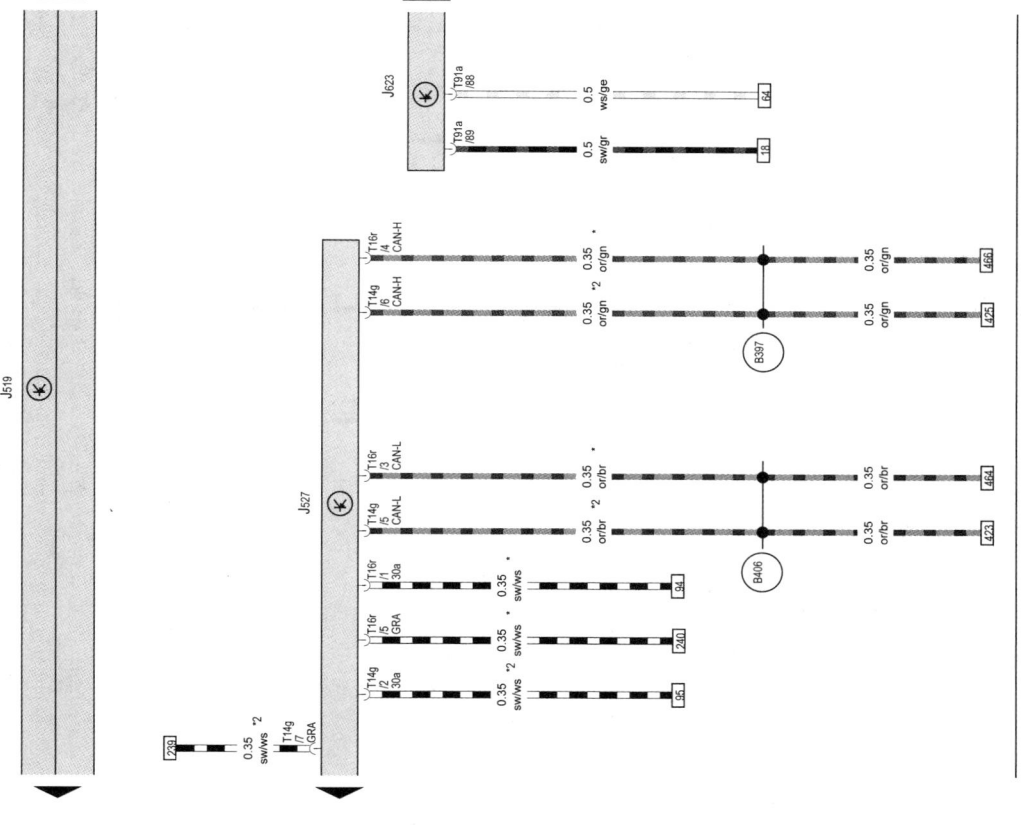

J519-车载电网控制单元 J527-转向柱电子装置控制单元 J623-发动机控制单元 T14g-14芯插头连接 T14g-14芯插头连接，黑色 T16r-16芯插头连接，黑色 T91a-91芯插头连接，黑色 B397-连接1（舒适 CAN 总线，High），在主导线束中 B406-连接1（舒适 CAN 总线，Low），在主导线束中 *-仅用于不带可加热式方向盘的汽车 *2-仅用于带可加热式方向盘的汽车

图 7-1-77

冷却液不足显示传感器，车载电网控制单元，转向柱电子装置控制单元

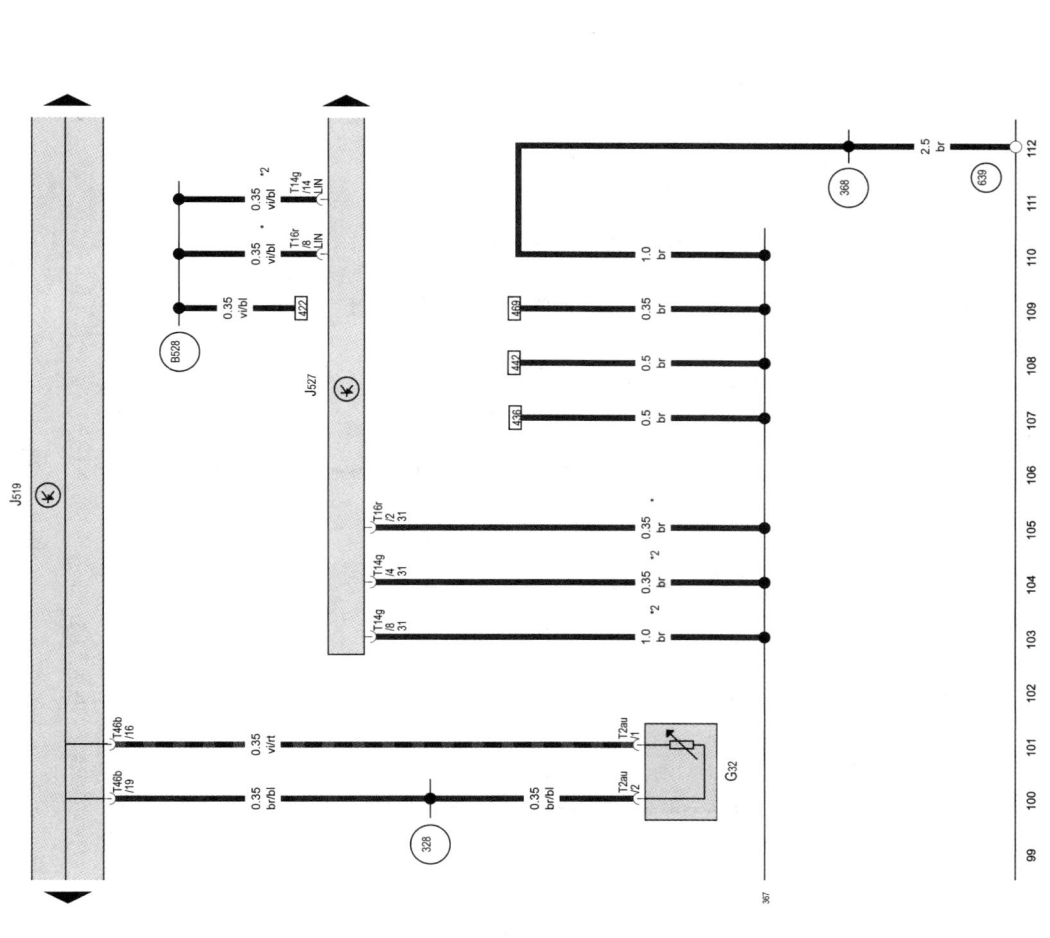

G32-冷却液不足显示传感器 J519-车载电网控制单元 J527-转向柱电子装置控制单元 T2au-2芯插头连接 T14g-14芯插头连接，黑色 T16r-16芯插头连接，黑色 T46b-46芯插头连接，黑色 328-接地连接2（传感器接地），在发动机舱导线束中 367-接地连接2，在主导线束中 368-接地连接3，在主导线束中 639-左A柱上的接地点 B528-连接1（LIN总线），在主导线束中 *-仅用于不带可加热式方向盘的汽车 *2-仅用于带可加热式方向盘的汽车

图 7-1-76

制动信号灯开关、制动踏板开关、霍耳传感器2、车载电网控制单元、发动机控制单元

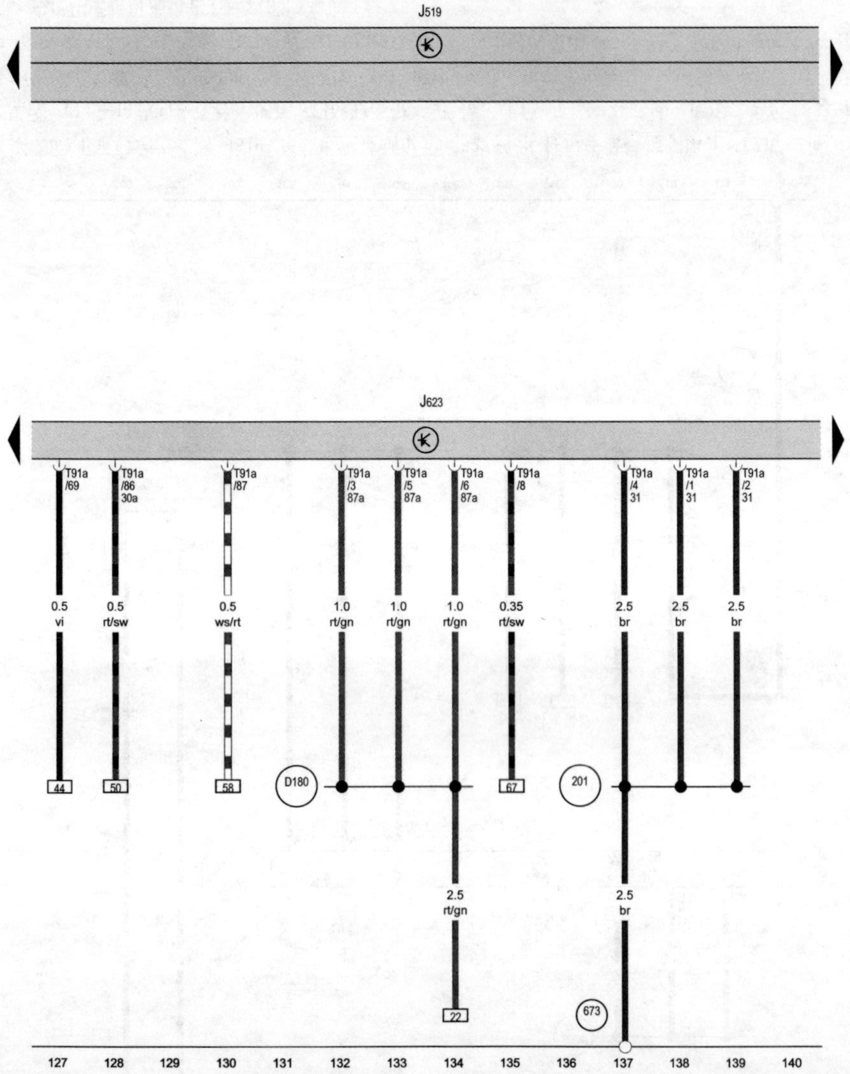

车载电网控制单元、发动机控制单元

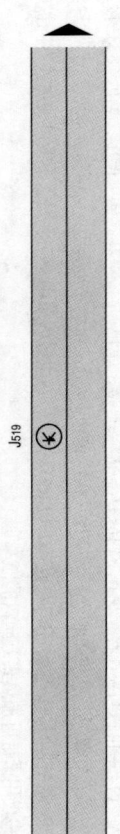

图7-1-78

图7-1-79

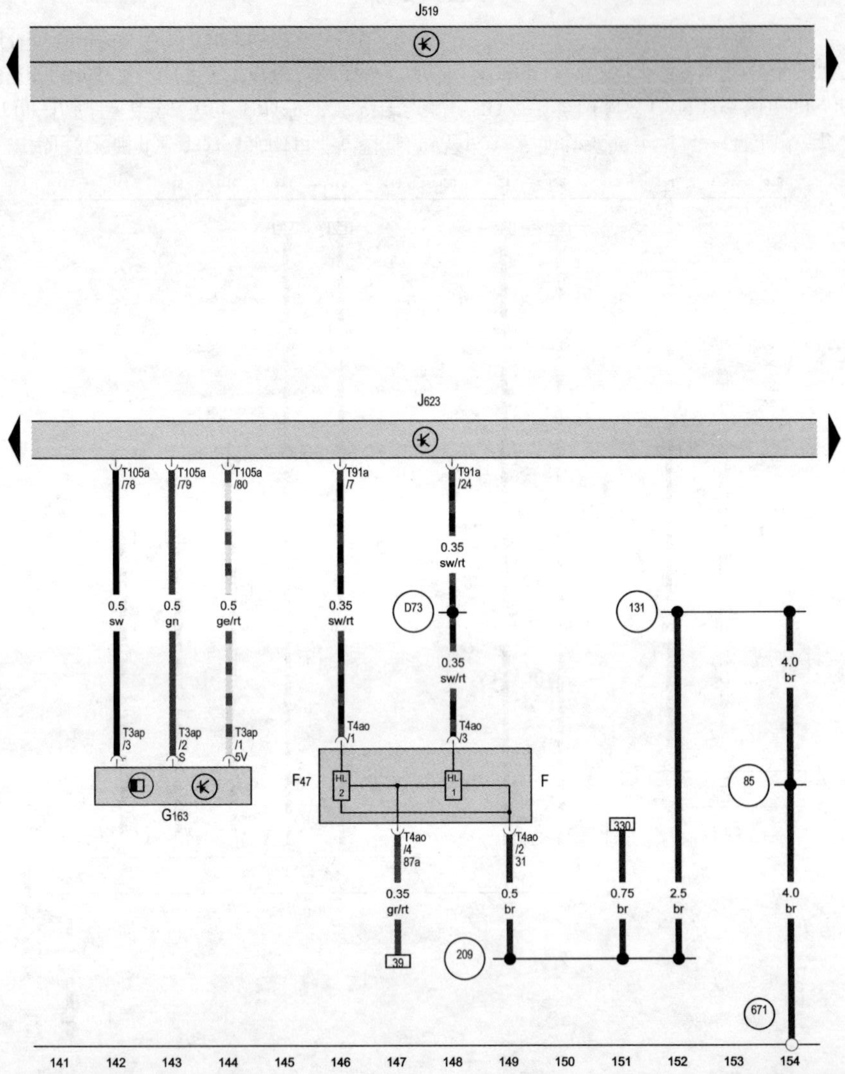

F—制动信号灯开关 F47—制动踏板开关 G163—霍耳传感器2 J519—车载电网控制单元 J623—发动机控制单元 T3ap—3芯插头连接，黑色 T4ao—4芯插头连接 T91a—91芯插头连接，黑色 T105a—105芯插头连接，黑色 85—接地连接1，在发动机舱导线束中 131—接地连接2，在发动机舱导线束中 209—接地连接，在发动机舱导线束中 671—左前纵梁上的接地点1 D73—正极连接（54），在发动机舱导线束中

J519—车载电网控制单元 J623—发动机控制单元 T91a—91芯插头连接，黑色 201—接地连接5，在发动机舱导线束中 673—左前纵梁上的接地点3 D180—连接（87a），在发动机舱导线束中

油门踏板模块，油门踏板位置传感器，油门踏板位置传感器 2，车载电网控制单元，发动机控制单元，燃油定量阀

尾气净化器后的氧传感器 1，尾气催化净化器前的氧传感器 1，氧传感器，尾气催化净化器后的氧传感器，车载电网控制单元，发动机控制单元，氧传感器加热，尾气催化净化器后的氧传感器 1 加热装置

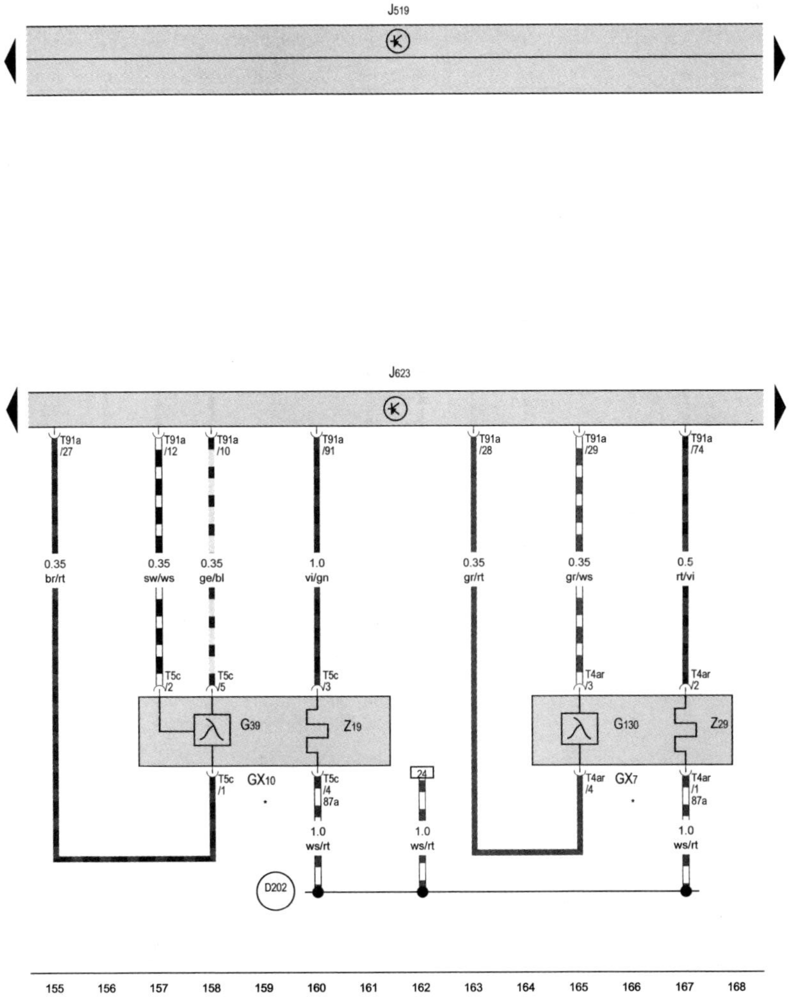

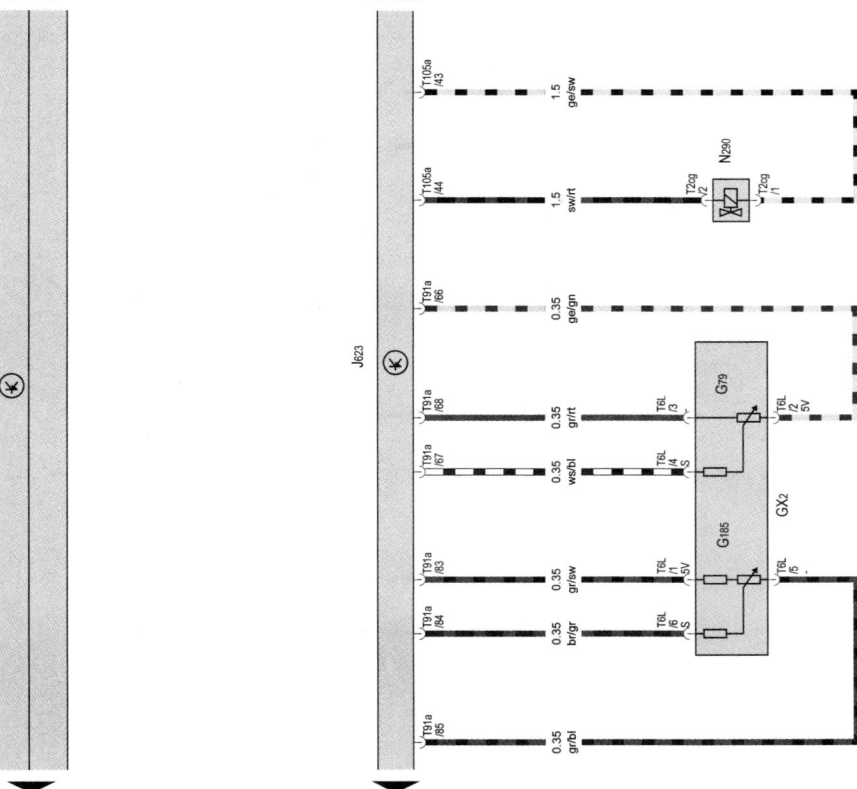

| 169 | 170 | 171 | 172 | 173 | 174 | 175 | 176 | 177 | 178 | 179 | 180 | 181 | 182 |

GX2-油门踏板模块 G79-油门踏板位置传感器 G185-油门踏板位置传感器 2 J519-车载电网控制单元 J623-发动机控制单元 N290-燃油定量阀 T2cg-2芯插头连接 T2g-2芯插头连接，黑色 T6L-6芯插头连接，黑色 T91a-91芯插头连接，黑色 T105a-105芯插头连接，黑色

图 7-1-81

| 155 | 156 | 157 | 158 | 159 | 160 | 161 | 162 | 163 | 164 | 165 | 166 | 167 | 168 |

GX7-尾气催化净化器后的氧传感器 1 GX10-尾气催化净化器前的氧传感器 1 G39-氧传感器 G130-尾气催化净化器后的氧传感器 J519-车载电网控制单元 J623-发动机控制单元 T4ar-4芯插头连接，黑色 T5c-5芯插头连接，灰色 T91a-91芯插头连接，黑色 Z19-氧传感器加热 Z29-尾气催化净化器后的氧传感器加热 D202-连接6（87a），在发动机舱导线束中 *-已预先布线的部件

图 7-1-80

节气门控制单元, 空气质量计, 电控油门操纵机构的节气门驱动装置, 电控油门操纵机构的节气门驱动装置角度传感器 1, 电控油门操纵机构的节气门驱动装置角度传感器 2, 车载电网控制单元, 发动机控制单元

进气歧管风门电位计, 增压压力调节位置传感器, 车载电网控制单元, 发动机控制单元, 增压调节器

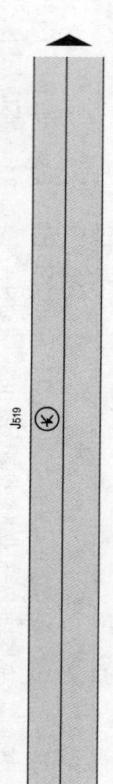

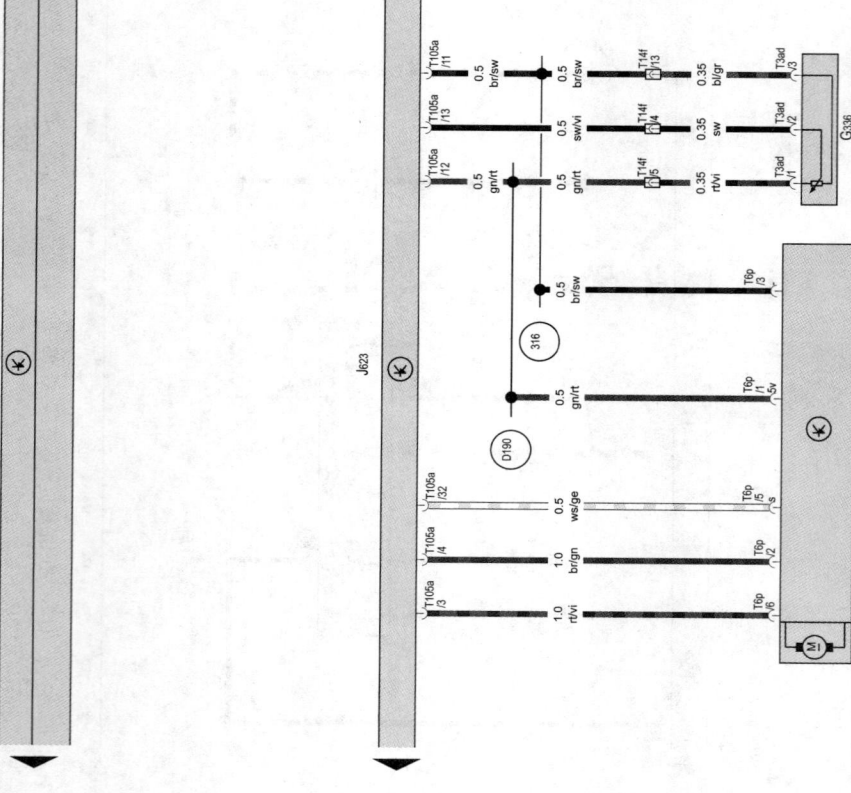

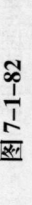

图 7-1-83

G336-进气歧管风门电位计 G581-增压压力调节位置传感器 J519-车载电网控制单元 J623-发动机控制单元 G336-进气歧管风门电位计, 黑色 T3ad-3芯插头连接, 黑色 T6p-6芯插头连接, 黑色 T14f-14芯插头连接, 发动机上, 黑色 T105a-105芯插头连接, 黑色 V465-增压调节器 316-接地连接 (传感器接地2), 在发动机导线束中 D190-连接 (5V), 在发动机预接线导线束中

图 7-1-82

GX3-节气门控制单元 G70-空气质量计 G186-电控油门操纵机构的节气门驱动装置 G187-电控油门操纵机构的节气门驱动装置角度传感器1 G188-电控油门操纵机构的节气门驱动装置角度传感器2 J519-车载电网控制单元 J623-发动机控制单元 T4dd-4芯插头连接, 黑色 T6ad-6芯插头连接, 黑色 T91a-91芯插头连接, 黑色 T105a-105芯插头连接, 黑色

发动机转速传感器，车载电网控制单元，发动机控制单元，气缸 1 喷油嘴

车载电网控制单元，发动机控制单元，气缸 2 喷油嘴，气缸 3 喷油嘴，气缸 4 喷油嘴

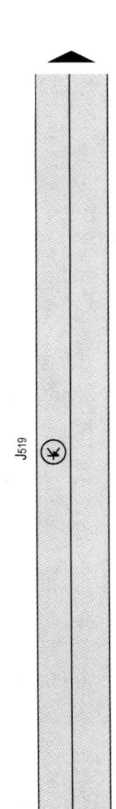

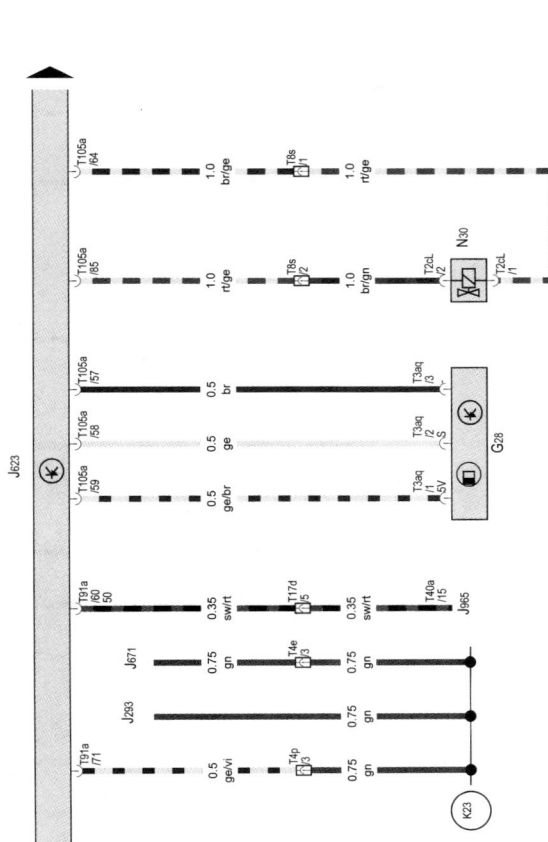

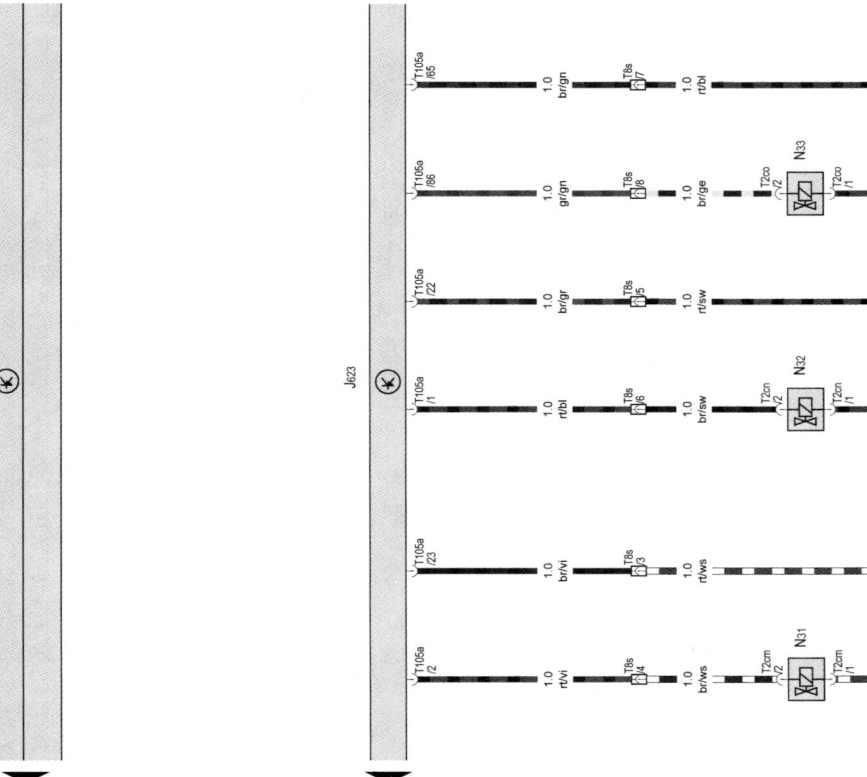

211 212 213 214 215 216 217 218 219 220 221 222 223 224

G28-发动机转速传感器 J293-散热器风扇控制单元 J519-车载电网控制单元 J623-发动机控制单元 J671-散热器风扇控制单元2 J965-进入及启动系统接口 N30-气缸1喷油嘴 T2cL-2芯插头连接，黑色 T3aq-3芯插头连接，黑色 T4c-4芯插头连接，黑色 T4p-4芯插头连接，黑色 T8s-8芯插头连接，发动机上，黑色 T91a-91芯插头连接，黑色 T17d-17芯插头连接，左侧 A 柱下部，黑色 T40a-40芯插头连接，蓝色 K23-正极连接2（30），在散热器风扇导线束中 T105a-105芯插头连接，黑色

图 7-1-84

225 226 227 228 229 230 231 232 233 234 235 236 237 238

J519-车载电网控制单元 J623-发动机控制单元 N31-气缸2喷油嘴 N32-气缸3喷油嘴 N33-气缸4喷油嘴 T2cm-2芯插头连接，黑色 T2cn-2芯插头连接，黑色 T2co-2芯插头连接，黑色 T8s-8芯插头连接，发动机上，黑色 T105a-105芯插头连接，黑色

图 7-1-85

霍耳传感器，爆震传感器 1，散热器出口处的冷却液温度传感器，车载电网控制单元，发
动机控制单元

凸轮轴调节元件 1，凸轮轴调节元件 2，凸轮轴调节元件 3，凸轮轴调节元件 4，凸轮轴
调节元件 5，车载电网控制单元，发动机控制单元

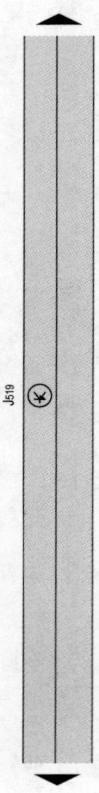

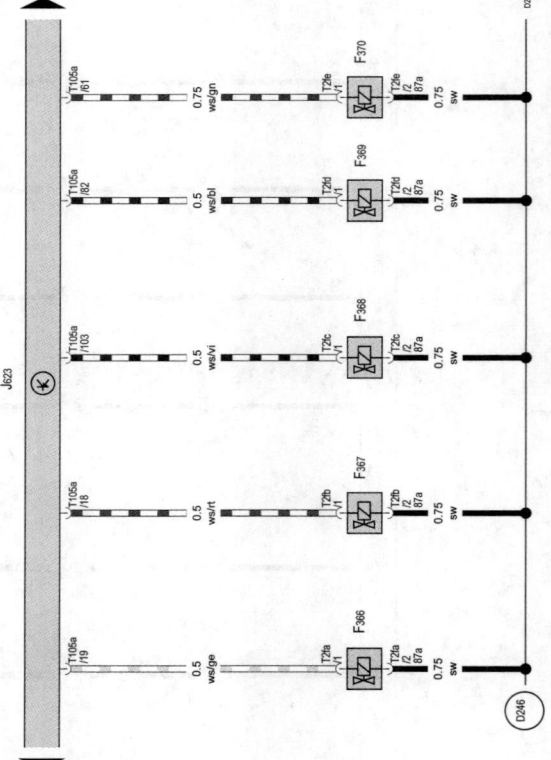

图 7-1-87

F366－凸轮轴调节元件1 F367－凸轮轴调节元件2 F368－凸轮轴调节元件3 F369－凸轮轴调节元件4 F370－
凸轮轴调节元件5 J519－车载电网控制单元 J623－发动机控制单元 T2fa－2芯插头连接，黑色 T2b－2芯插
头连接，黑色 T2fc－2芯插头连接，黑色 T2fd－2芯插头连接，黑色 T2fe－2芯插头连接，黑色 T105a－105
芯插头连接，黑色 D246－连接7（87a），在发动机舱预接线导线束中

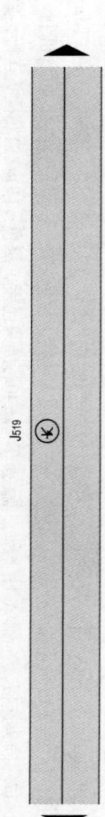

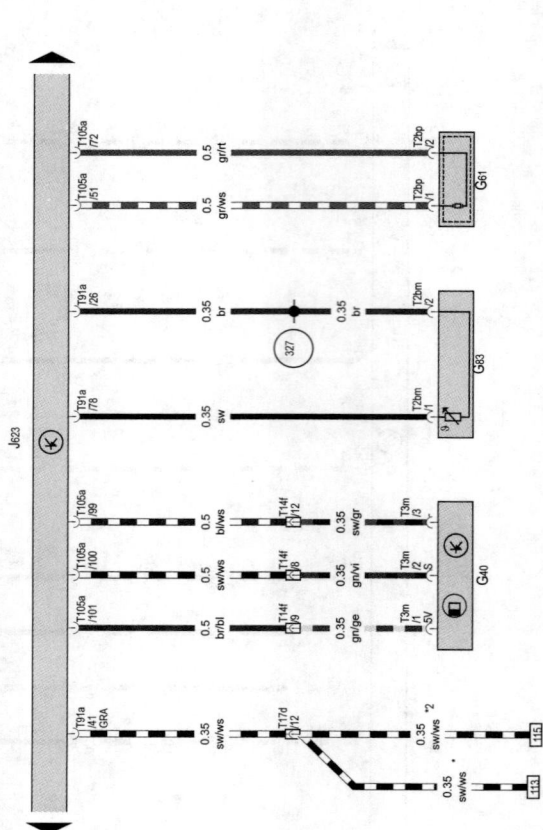

图 7-1-86

G40－霍耳传感器 G61－爆震传感器1 G83－散热器出口处的冷却液温度传感器 J519－车载电网控制单元
J623－发动机控制单元 T2bm－2芯插头连接，黑色 T2bp－2芯插头连接，黑色 T3m－3芯插头连接，黑色
T14f－14芯插头连接，发动机止，黑色 T17d－17芯插头连接，左侧A柱下部，蓝色 T91a－91芯插头连接，
黑色 T105a－105芯插头连接，黑色 327－接地连接（传感器接地），在发动机舱导线束中 *－仅用于带可
加热式方向盘的汽车 *2－仅用于不带可加热式方向盘的汽车

980

凸轮轴调节元件 6，凸轮轴调节元件 7，凸轮轴调节元件 8，车载电网控制单元，发动机控制单元，气缸 1 喷油嘴 2

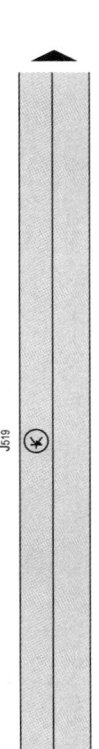

车载电网控制单元，发动机控制单元，气缸 2 喷油嘴 2，气缸 3 喷油嘴 2，气缸 4 喷油嘴 2

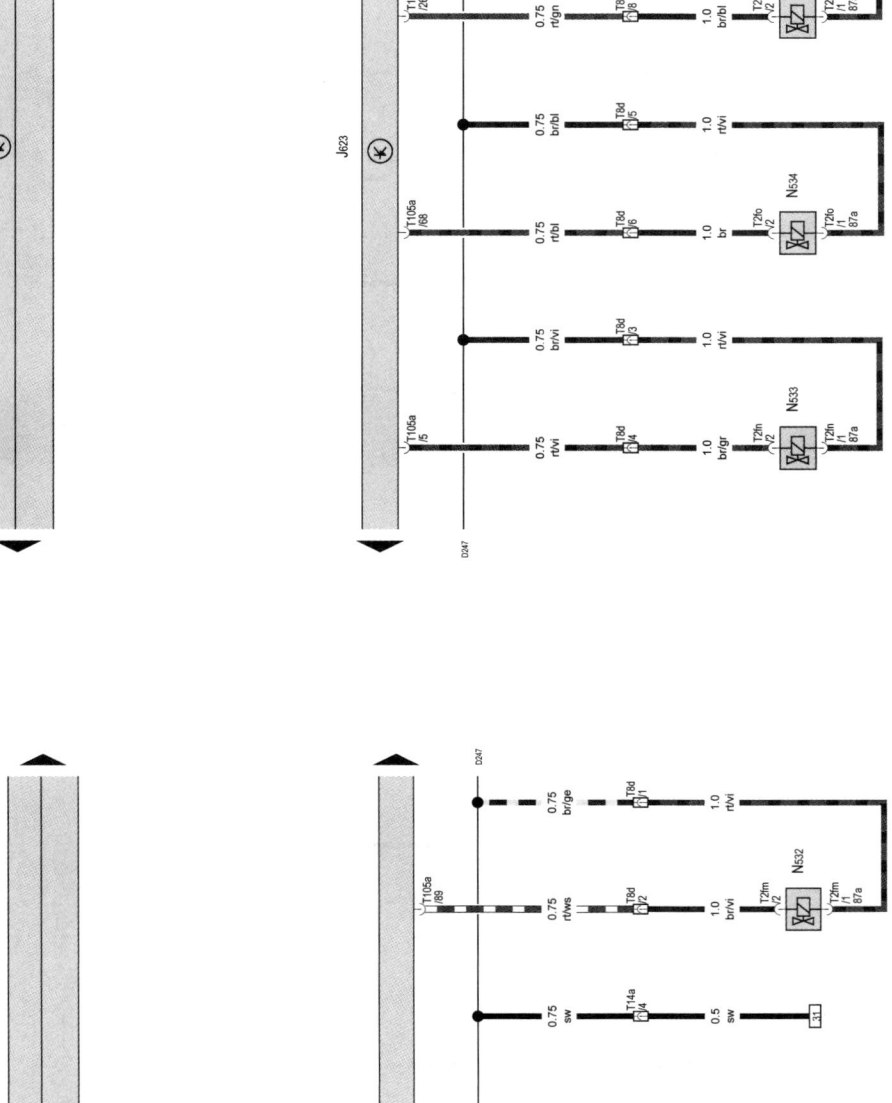

图 7-1-89

J519–车载电网控制单元 J623–发动机控制单元 N533–气缸2喷油嘴2 N534–气缸3喷油嘴2 N535–气缸4喷油嘴2 喷油嘴2 T2fo–2芯插头连接，黑色 T2fn–2芯插头连接，黑色 T2fp–2芯插头连接，黑色 T8d–8芯插头连接，黑色 T105a–105芯插头连接，黑色 D247–连接8（87a），在发动机预接线束导线束中

281　282　283　284　285　286　287　288　289　290　291　292　293　294

图 7-1-88

F371–凸轮轴调节元件6 F372–凸轮轴调节元件7 F373–凸轮轴调节元件8 J519–车载电网控制单元 J623–发动机控制单元 N532–气缸1喷油嘴2 T2fm–2芯插头连接，黑色 T2fg–2芯插头连接，黑色 T2fh–2芯插头连接，黑色 T14a–14芯插头连接，左前纵梁上，发动机上，左前 连接，黑色 T2fm–2芯插头连接，黑色 T8d–8芯插头连接，黑色 D246–连接7（87a），在发动机预接线束导线束中 8（87a），在发动机预接线束导线束中

267　268　269　270　271　272　273　274　275　276　277　278　279　280

空调器关闭热敏开关，冷却液温度传感器，车载电网控制单元，发动机控制单元，变速器，冷却液阀

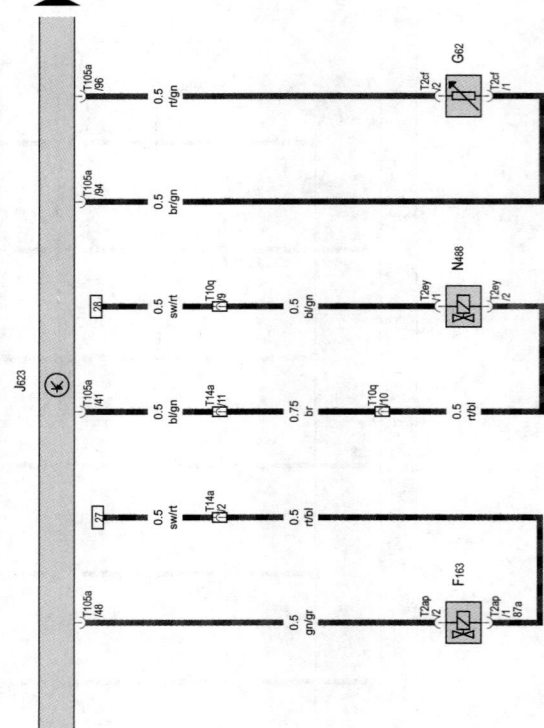

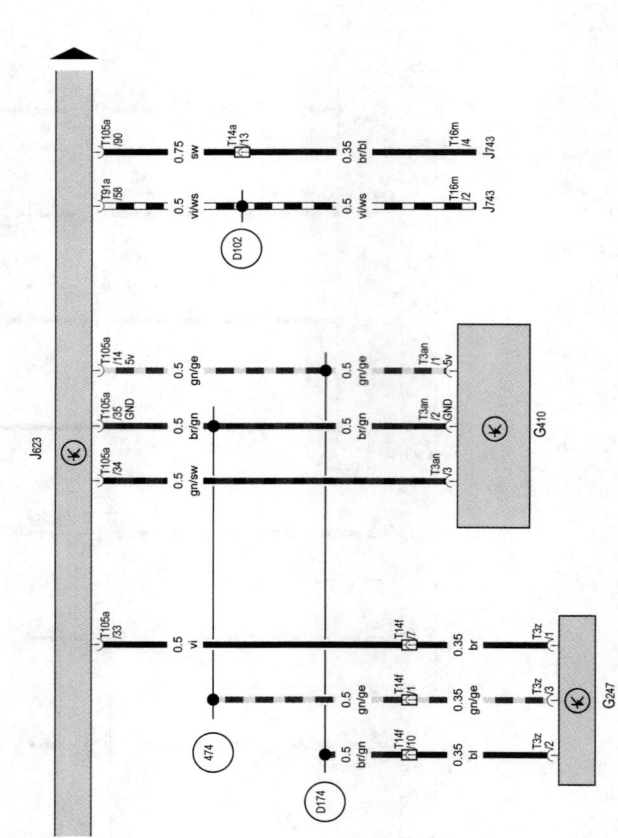

F163-空调器关闭热敏开关　G62-冷却液温度传感器　J519-车载电网控制单元　J623-发动机控制单元　N488-变速器冷却液阀　T2ap-2芯插头连接，黑色　T2cf-2芯插头连接，黑色　T2ey-2芯插头连接，黑色　T10q-10芯插头连接，左前纵梁上，黑色　T14a-14芯插头连接，左前纵梁上，黑色　T105a-105芯插头连接，灰色　T105a-105芯插头连接，黑色

图7-1-91

燃油压力传感器，低压的燃油压力传感器，车载电网控制单元，发动机控制单元

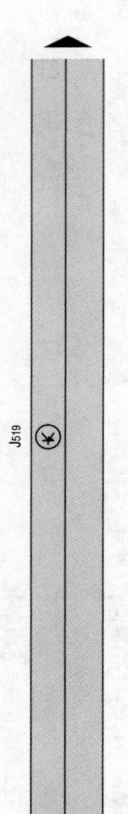

G247-燃油压力传感器　G410-低压的燃油压力传感器　J519-车载电网控制单元　J623-发动机控制单元　N488-变速器机电装置　T3an-3芯插头连接，蓝色　T3z-3芯插头连接，黑色　T14a-14芯插头连接，黑色　T91a-91芯插头连接，灰色　T14f-14芯插头连接，发动机上，黑色　T16m-16芯插头连接，黑色　T105a-105芯插头连接，黑色　474-接地连接（传感器接地），在发动机预接线导线束中　D174-连接2(5V)，在发动机舱导线束中　D102-连接2，在发动机舱导线束中

图7-1-90

涡轮增压器，发动机控制单元，车载电网控制单元 2，进气温度传感器，增压压力传感器，循环空气阀

进气歧管传感器，进气温度传感器，进气歧管压力传感器，机油油位和机油温度传感器，车载电网控制单元，发动机控制单元

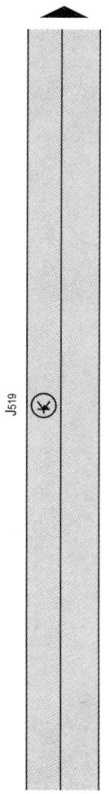

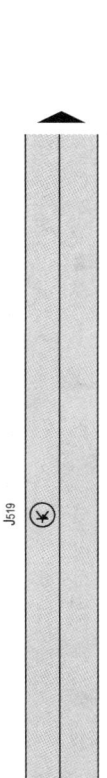

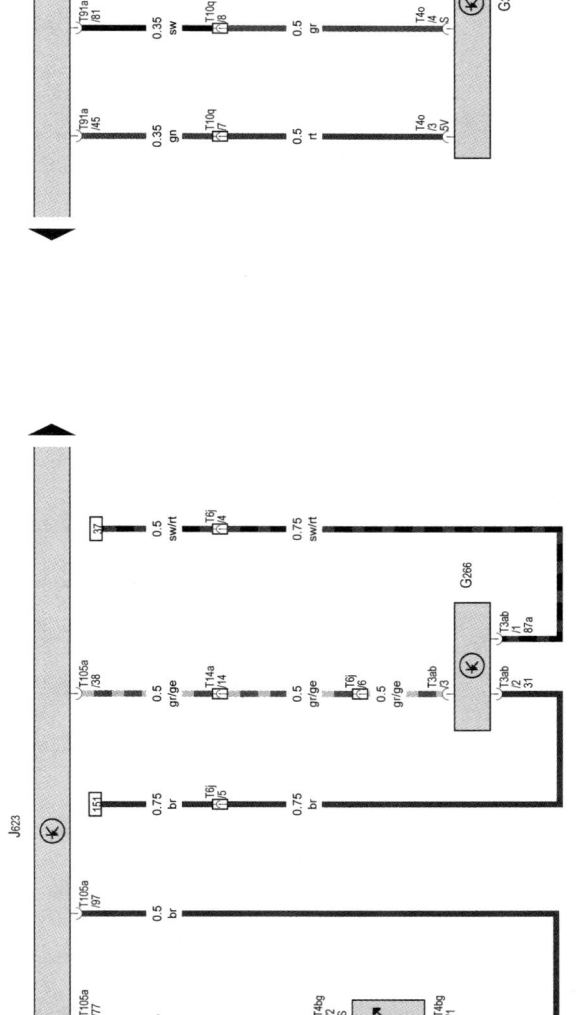

图 7-1-93

G31-增压压力传感器 G299-进气温度传感器 J519-车载电网控制单元 J623-发动机控制单元 N249-涡轮增压器循环空气阀 T2ci-2芯插头连接 T4o-4芯插头连接，黑色 T10q-10芯插头连接，黑色 T14a-14芯插头连接，左前纵梁上 T91a-91芯插头连接，灰色 T105a-105芯插头连接，黑色 D244-连接5（87a），在发动机预接线导线束中

图 7-1-92

GX9-进气歧管传感器 G42-进气温度传感器 G71-进气歧管压力传感器 G266-机油油位和机油温度传感器 J519-车载电网控制单元 J623-发动机控制单元 T3ab-3芯插头连接，黑色 T4bg-4芯插头连接，黑色 T6j-6芯插头连接，发动机舱内左后部，黑色 T14a-14芯插头连接，左前纵梁上，灰色 T105a-105芯插头连接，黑色

车载电网控制单元，发动机控制单元，活性炭罐电磁阀 1，凸轮轴调节阀 1，排气门凸轮轴调节阀 1，冷却液继续补给泵

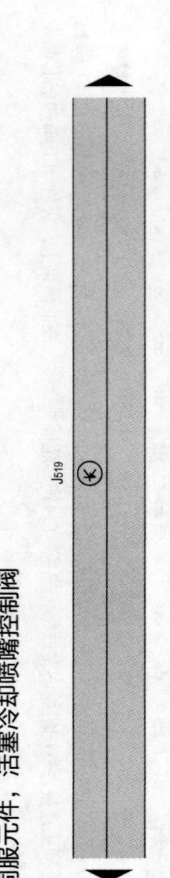

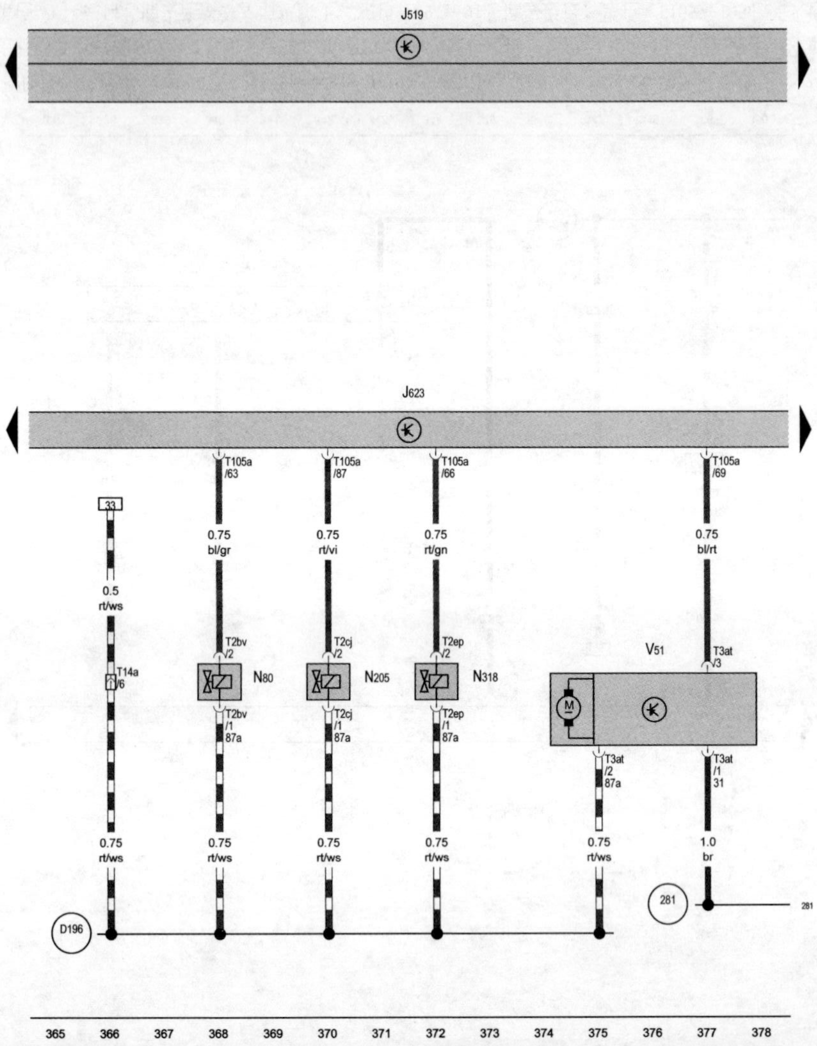

车载电网控制单元，发动机控制单元，进气歧管风门阀门，机油压力调节阀，发动机温度调节伺服元件，活塞冷却喷嘴控制阀

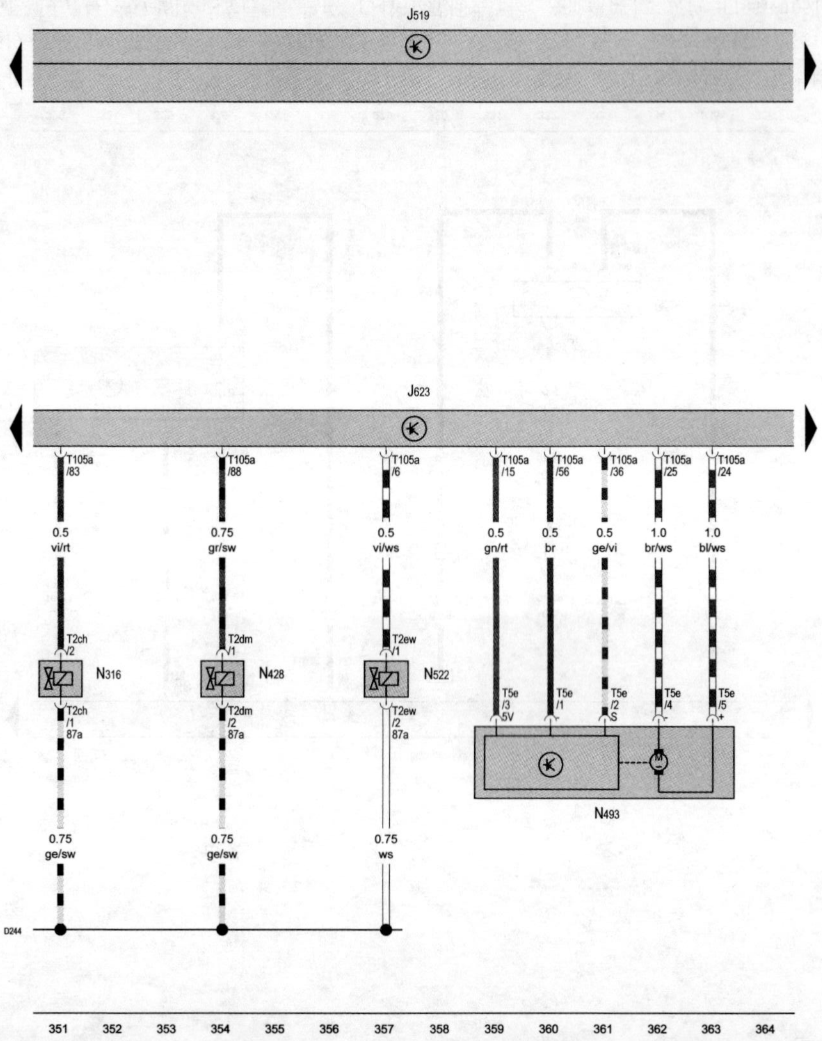

J519-车载电网控制单元 J623-发动机控制单元 N80-活性炭罐电磁阀1 N205-凸轮轴调节阀1 N318-排气门凸轮轴调节阀1 T2bv-2芯插头连接，黑色 T2cj-2芯插头连接，黑色 T2ep-2芯插头连接，黑色 T3at-3芯插头连接，黑色 T14a-14芯插头连接，左前纵梁上，灰色 T105a-105芯插头连接 2 (87a)，黑色 V51-冷却液继续补给泵 281-接地连接 1，在发动机预接线导线束中 D196-连接 2 (87a)，在发动机预接线导线束中

图 7-1-95

J519-车载电网控制单元 J623-发动机控制单元 N316-进气歧管风门阀门 N428-机油压力调节阀 N493-发动机温度调节伺服元件 N522-活塞冷却喷嘴控制阀 T2ch-2芯插头连接，黑色 T2dm-2芯插头连接，黑色 T2ew-2芯插头连接，黑色 T5e-5芯插头连接，黑色 T105a-105芯插头连接 D244-连接5 (87a)，在发动机预接线导线束中

图 7-1-94

车载电网控制单元、发动机控制单元、带功率输出级的点火线圈 4、火花塞插头、火花塞

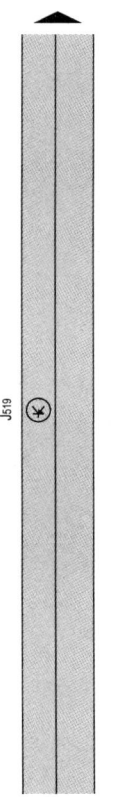

车载电网控制单元、发动机控制单元、带功率输出级的点火线圈 2、带功率输出级的点火线圈 1、带功率输出级的点火线圈 3、火花塞插头、火花塞

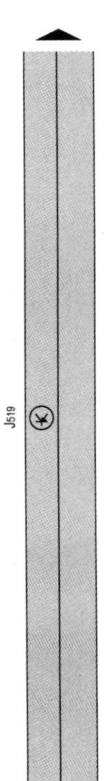

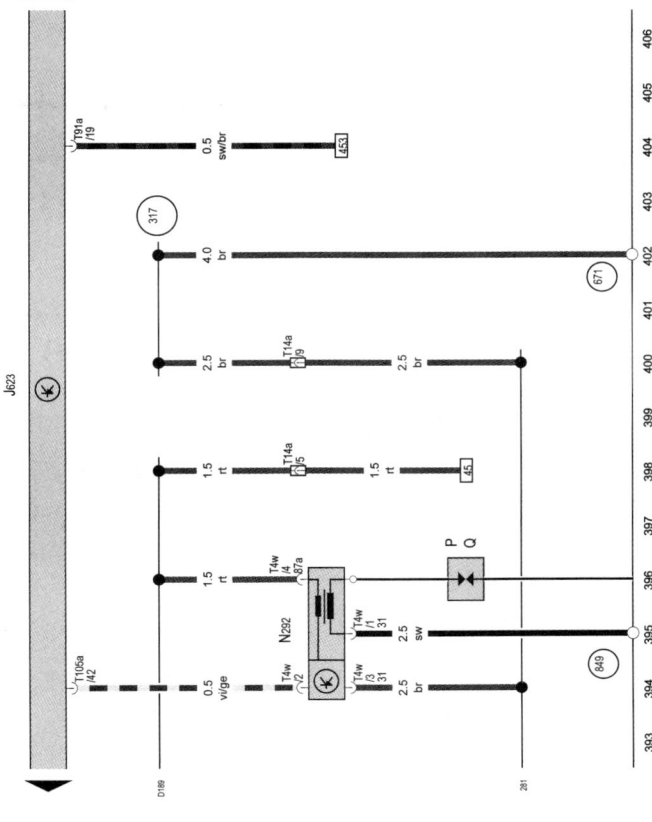

图 7-1-97

J519-车载电网控制单元 J623-发动机控制单元 N292-带功率输出级的点火线圈4 P-火花塞插头 Q-火花塞 T4w-4芯插头连接 T14a-14芯插头连接，左前纵梁上，灰色 T91a-91芯插头连接，黑色 T105a-105芯插头连接，黑色 281-接地连接 317-接地连接1，在发动机预接线导线束中 449-点火线圈4上的接地点 D189-连接（87a），在发动机预接线导线束中 671-左前纵梁上的接地点1 849-点火线圈4上的接地点1 T105a-105芯插头连接，黑色，在发动机预接线导线束中

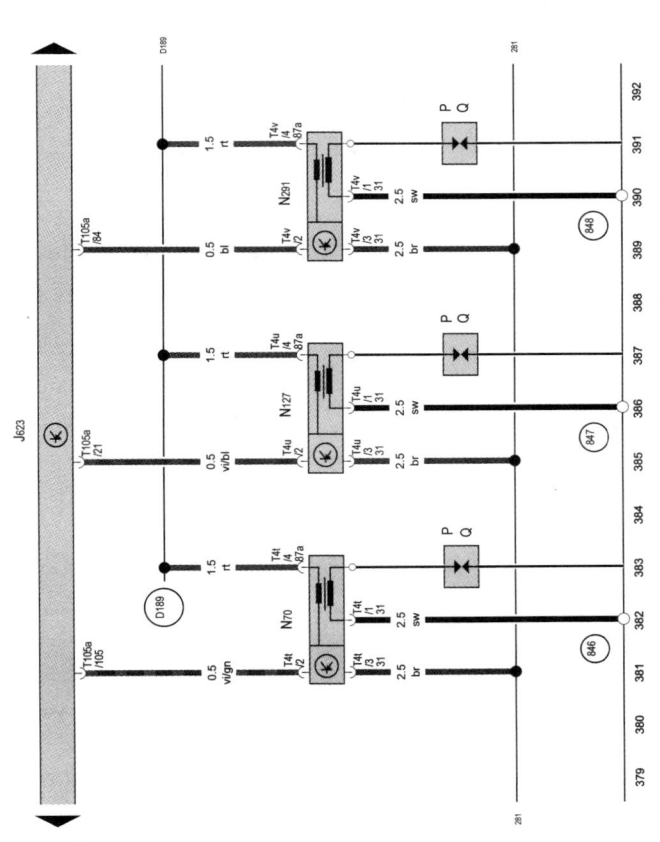

图 7-1-96

J519-车载电网控制单元 J623-发动机控制单元 N70-带功率输出级的点火线圈1 N127-带功率输出级的点火线圈2 N291-带功率输出级的点火线圈3 P-火花塞插头 Q-火花塞 T4t-4芯插头连接 T4u-4芯插头连接 T4v-4芯插头连接，黑色 T105a-105芯插头连接，黑色 281-接地连接，黑色 281-接地连接1，在发动机预接线导线束中 846-点火线圈1上的接地点 847-点火线圈2上的接地点 848-点火线圈3上的接地点 D189-连接（87a），在发动机预接线导线束中

985

机油压力开关，机油压力开关，机油压力降低开关，车载电网控制单元，数据总线诊断接口，发动机控制单元

车载电网控制单元，数据总线诊断接口，发动机控制单元

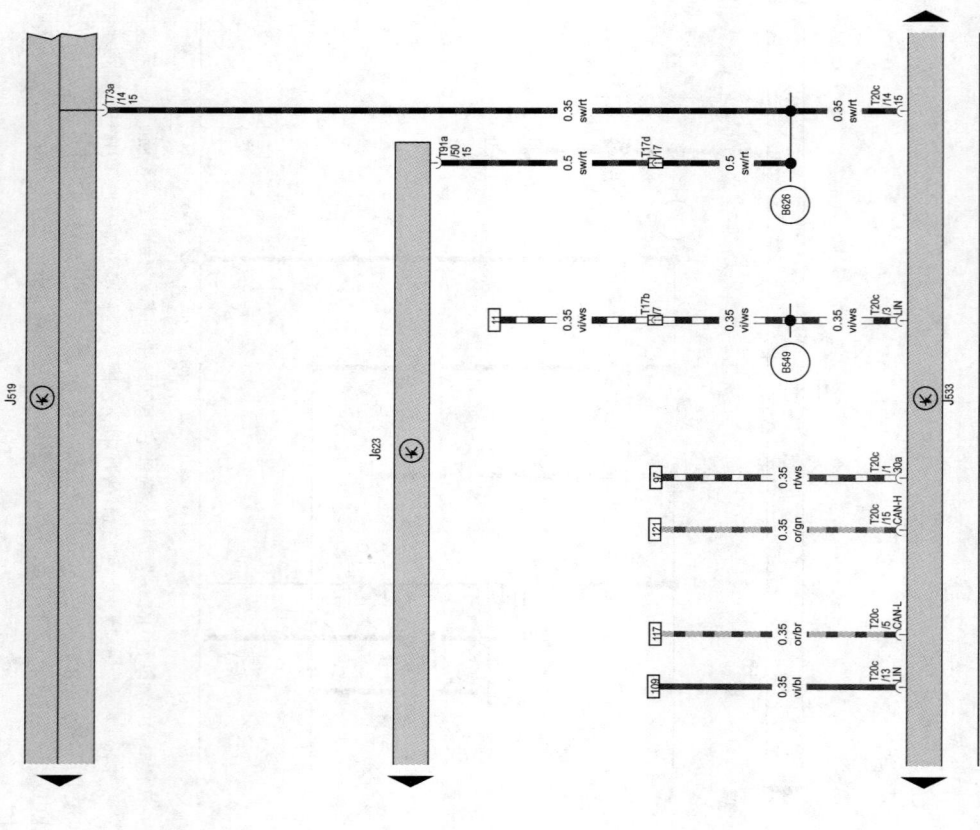

图 7-1-99

J519-车载电网控制单元 J533-数据总线诊断接口 J623-发动机控制单元 T17b-17芯插头连接，左侧A柱下部，棕色 T17d-17芯插头连接，左侧A柱下部，蓝色 T20c-20芯插头连接，黑色 T73a-73芯插头连接，黑色 T91a-91芯插头连接，黑色 B549-连接2（LIN 总线），在主导线束中 B626-正极连接2（15），在主导线束中

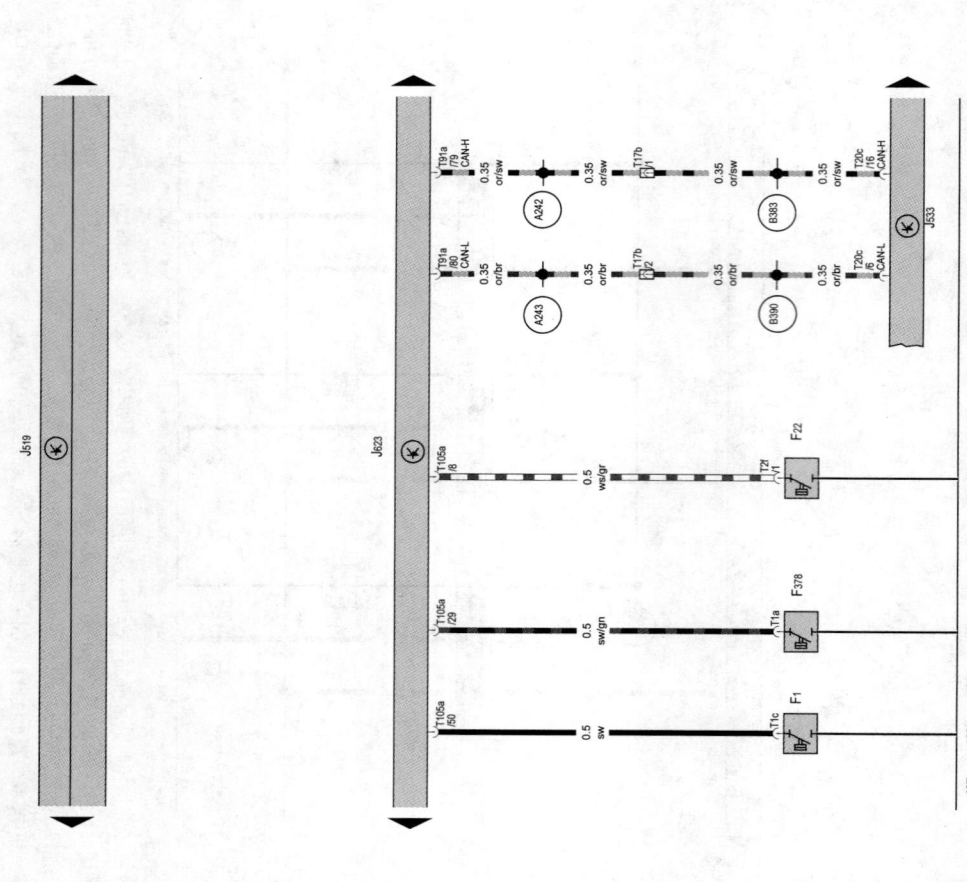

图 7-1-98

F1-机油压力开关 F22-机油压力开关 F378-机油压力降低开关 J519-车载电网控制单元 J533-数据总线诊断接口 J623-发动机控制单元 T1a-1芯插头连接 T1c-1芯插头连接，黑色 T2f-2芯插头连接，蓝色 T17b-17芯插头连接，左侧A柱下部，棕色 T20c-20芯插头连接，黑色 T91a-91芯插头连接，黑色 T105a-105芯插头连接 A242-连接1（驱动CAN总线，High），在发动机舱导线束中 A243-连接1（驱动CAN总线，Low），在发动机舱导线束中 B383-连接1（驱动CAN总线，High），在主导线束中 B390-连接1（驱动CAN总线，Low），在主导线束中

986

燃油表传感器，燃油供给单元，预供给燃油泵，燃油泵控制单元

数据总线诊断接口，诊断接口

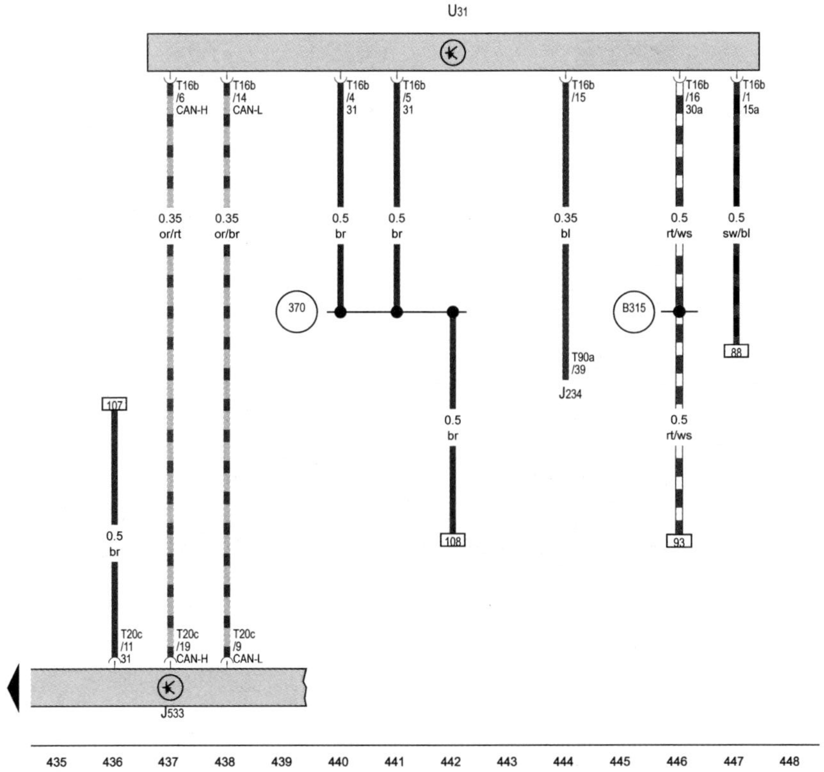

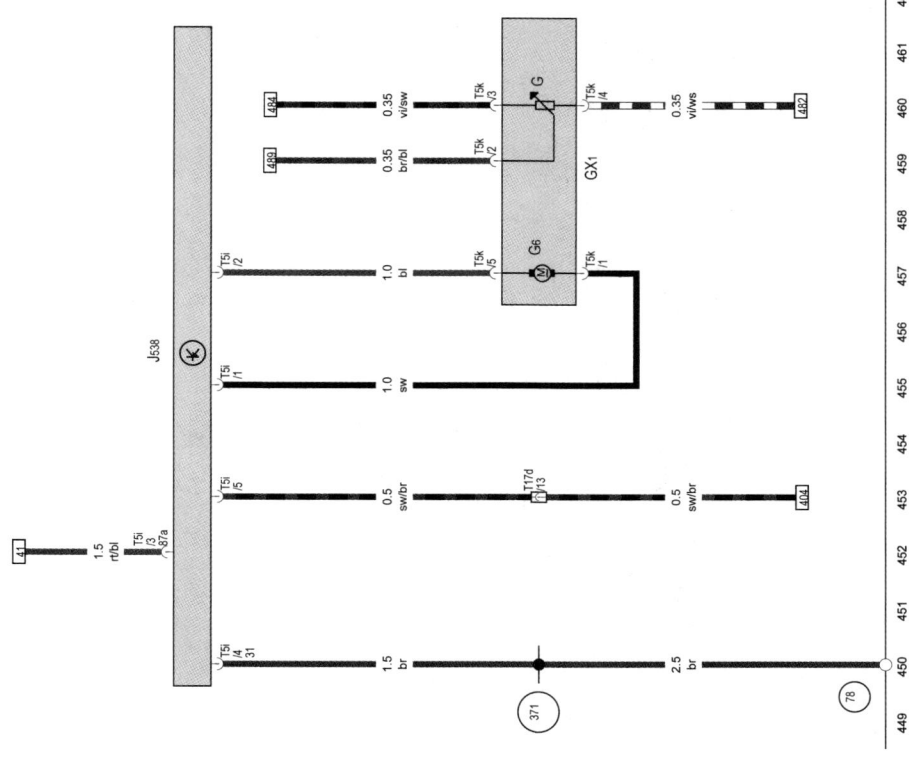

图 7-1-101

G-燃油表传感器 GX1-燃油供给单元 G6-预供给燃油泵 J538-燃油泵控制单元 T5i-5芯插头连接，黑色 T5k-5芯插头连接，黑色 T17d-17芯插头连接，左侧A柱下部， 左侧B柱下部接地点 371-接地连 接6，在主导线束中

图 7-1-100

J234-安全气囊控制单元 J533-数据总线诊断接口 T16b-16芯插头连接，黑色 T20c-20芯插头连接，黑色 T90a-90芯插头连接，黄色 U31-诊断接口 370-接地连接5，在主导线束中 B315-正极连接1（30a），在 主导线束中

987

防盗锁止系统读出线圈，转速表，多功能显示器，组合显示器，组合仪表中的控制单元，防盗锁止系统控制单元，组合仪表，废气警告灯，燃油表指示灯，电子油门故障信号灯，组合仪表照明灯泡，里程表

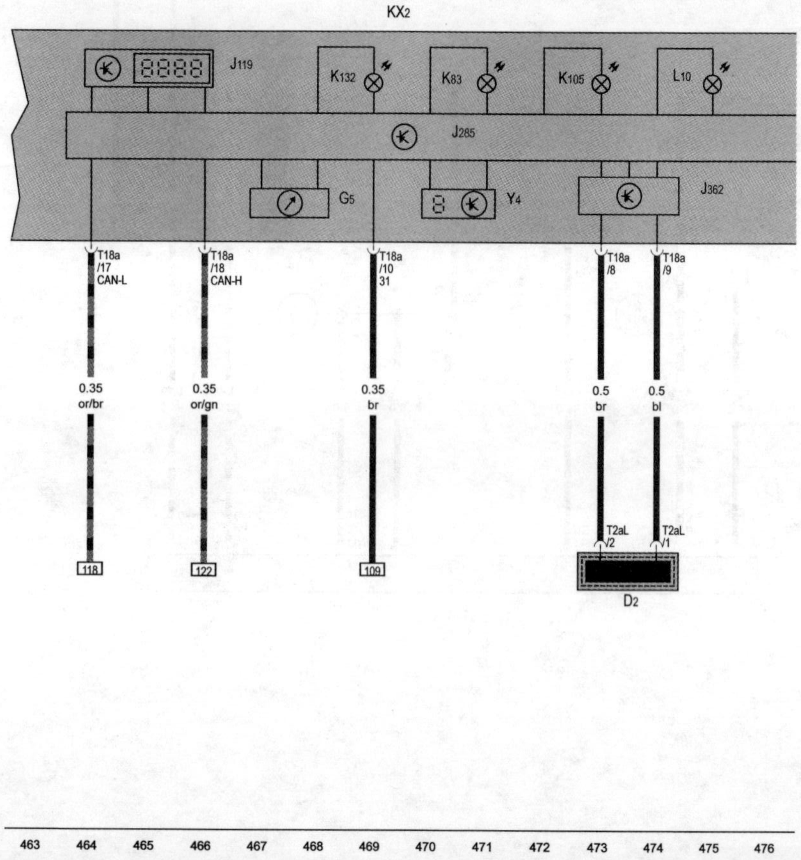

燃油表，冷却液温度表，车速表，警报蜂鸣器报警，组合仪表中的控制单元，组合仪表，发电机指示灯，机油压力指示灯，冷却液温度和冷却液不足显示指示灯，定速巡航装置指示灯，机油油位指示灯

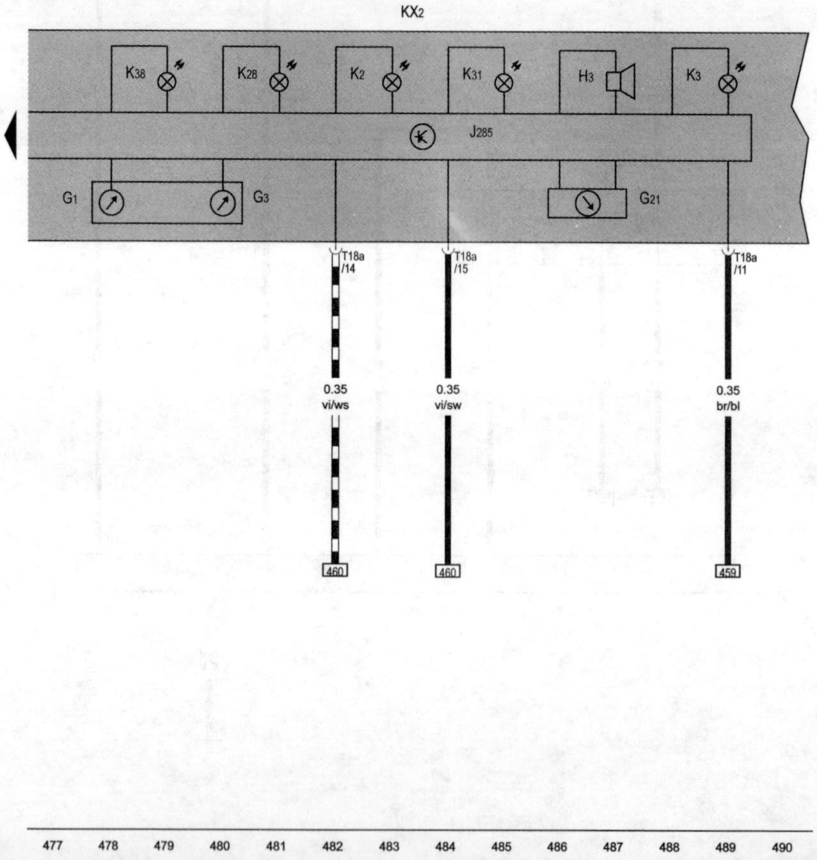

| 463 | 464 | 465 | 466 | 467 | 468 | 469 | 470 | 471 | 472 | 473 | 474 | 475 | 476 |

D2-防盗锁止系统读出线圈 G5-转速表 J119-多功能显示器 J285-组合仪表中的控制单元 J362-防盗锁止系统控制单元 KX2-组合仪表 K83-废气警告灯 K105-燃油表指示灯 K132-电子油门故障信号灯 L10-组合仪表照明灯泡 T2aL-2芯插头连接，黑色 T18a-18芯插头连接，黑色 Y4-里程表

图 7-1-102

| 477 | 478 | 479 | 480 | 481 | 482 | 483 | 484 | 485 | 486 | 487 | 488 | 489 | 490 |

G1-燃油表 G3-冷却液温度表 G21-车速表 H3-警报蜂鸣器和警报音 J285-组合仪表中的控制单元 KX2-组合仪表 K2-发电机指示灯 K3-机油压力指示灯 K28-冷却液温度和冷却液不足显示灯 K31-定速巡航装置指示灯 K38-机油油位指示灯 T18a-18芯插头连接，黑色

图 7-1-103

第二节 变速器系统

变速器系统电路图的图号和图名对照表见表 7-2-1。

表 7-2-1　变速器系统电路图的图号和图名对照表

图号	图名
图 7-2-1 ~ 图 7-2-8	双离合器变速器 DSG 电控系统电路图

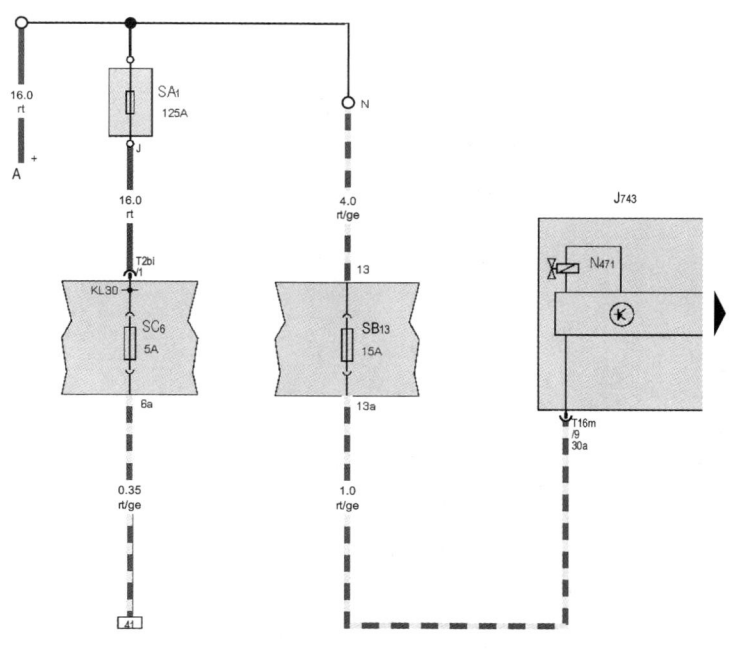

双离合器变速器机电装置，冷却油阀门

A-蓄电池　J743-双离合器变速器机电装置　N471-冷却油阀门　SA1-保险丝架A上的保险丝1　SC6-保险丝架C上的保险丝6　SB13-保险丝架B上的保险丝13　T2bi-2芯插头连接，黑色　T16m-16芯插头连接，黑色

图 7-2-1

双离合器变速器机电装置，子变速器 1 中的阀门 1，子变速器 1 中的阀门 2，子变速器 2 中的阀门 1，子变速器 1 中的阀门 3，子变速器 1 中的阀门 4，子变速器 2 中的阀门 1，主压力阀门，液压泵电机

换挡杆传感器控制单元，双离合器变速器机电装置，子变速器 1 中的阀门 3，子变速器 1 中的阀门 4，子变速器 2 中的阀门 2

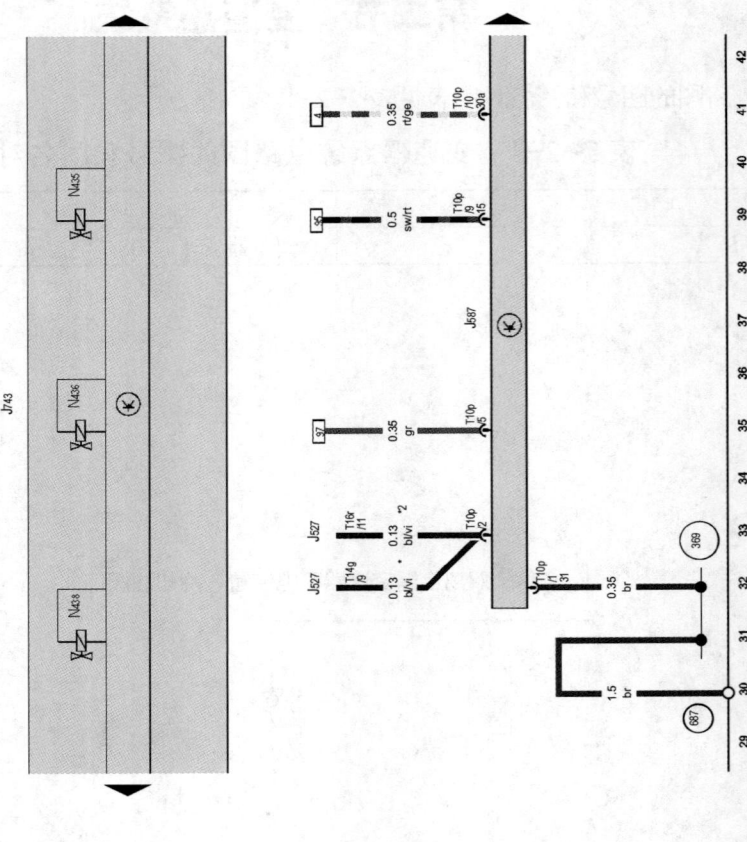

图 7-2-3

图 7-2-2

J527-转向柱电子装置控制单元 J587-换挡杆传感器控制单元 J743-双离合器变速器机电装置 N435-子变速器 2 中的阀门 1 N472-主压力阀门 T10p-10芯插头连接 T12-子变速器 2 中的阀门 2 T16r-16芯插头连接 T16m-16芯插头连接 T14g-14芯插头连接 369-接地连接4，在主导线束中 687-中央通道上的接地点1 *2-仅用于带可加热式方向盘的汽车

J743-双离合器变速器机电装置 N433-子变速器1中的阀门1 N434-子变速器1中的阀门2 N437-子变速器2中的阀门1 N438-子变速器2中的阀门2 T16m-16芯插头连接 V401-液压泵电机 85-接地连接1，在发动机舱导线束中 131-接地连接2，在发动机舱导线束中 671-左前纵梁上的接地点1 1219-接地连接12，在发动机舱导线束中

990

选挡杆挡位 P 锁止开关，换挡杆传感器控制单元，双离合器变速器机电装置，选挡杆位置 P/N 指示灯，排挡杆挡位指示照明灯，换挡杆锁磁铁，子变速器 2 中的阀门 3，子变速器 2 中的阀门 4

齿轮油温度传感器，换挡执行器行程传感器 1，换挡执行器行程传感器 2，换挡执行器行程传感器 3，离合器温度传感器，控制单元温度传感器，换挡杆传感器控制单元，双离合器变速器机电装置

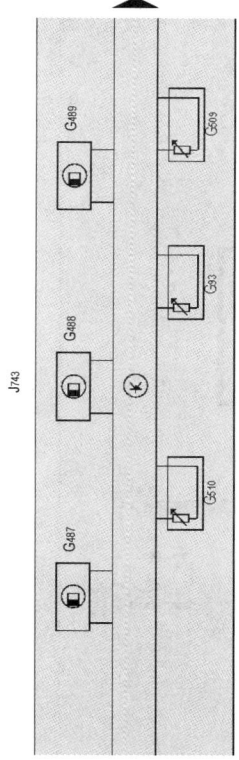

图 7-2-4

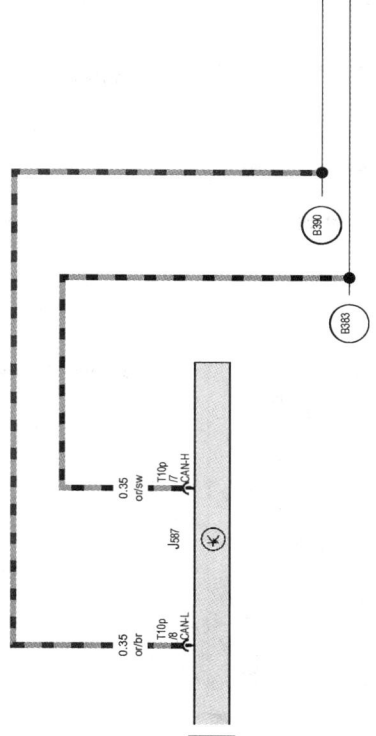

图 7-2-5

F319-选挡杆挡位P锁止开关 J587-换挡杆传感器控制单元 J743-双离合器变速器机电装置 K142-选挡杆位置P/N指示灯 L101-排挡杆挡位指示照明灯 N110-换挡杆锁磁铁 N439-子变速器2中的阀门3 N440-子变速器2中的阀门4 T10y-10芯插头连接 黑色

G93-齿轮油温温度传感器 G487-换挡执行器行程传感器1 G488-换挡执行器行程传感器2 G489-换挡执行器行程传感器3 G509-离合器温度传感器 G510-控制单元温度传感器 J587-换挡杆传感器控制单元 J743-双离合器变速器机电装置 T10p-10芯插头连接 黑色 B383-连接1（驱动CAN总线，High），在主导线束中 B390-连接1（驱动CAN总线，Low），在主导线束中

变速器输入转速传感器 1，双离合器变速器机
电装置

离合器行程传感器 2，变速器输入转速传感器 1，车载电网控制单元，双离合器变速机
电装置

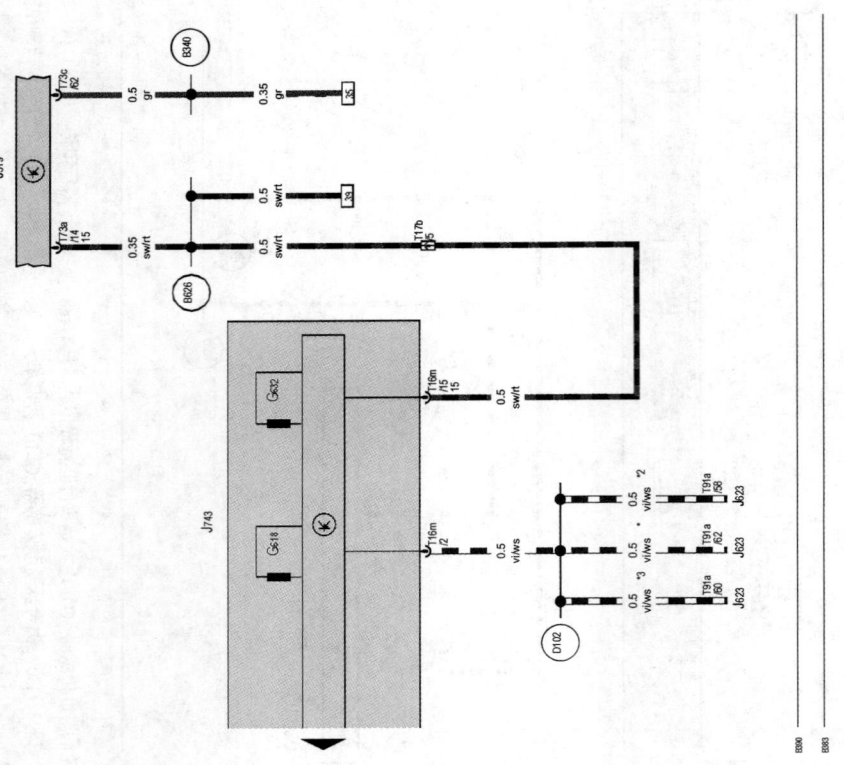

图 7-2-7

G618-离合器行程传感器2　G632-变速器输入转速传感器1　J519-车载电网控制单元　J623-发动机控制单元 J743-双离合器变速器机电装置　T16m-16芯插头连接，左侧A柱下部，棕色　T17b-17芯插头连接，黑色　B340-连接1（58d）， T73a-73芯插头连接，黑色　T73c-73芯插头连接，黑色　T91a-91芯插头连接，黑色　B390-连接1（驱动CAN总线，在主导线束中 B383-连接1（驱动CAN总线，High），在主导线束中　B390-连接1（驱动CAN总线 Low），在主导线束中　B626-正板连接2（15），在发动机舱导线束中 D102-连接2， 仅用于带发动机型号代码CUGA的汽车　*2-仅用于带发动机型号代码DBFA的汽车　*3-仅用于带2.5L汽油 发动机的汽车

变速器输入转速传感器，换挡执行器行程传感器 4，变速器输入转速传感器 2，离合器行
程传感器 1，双离合器变速器机电装置

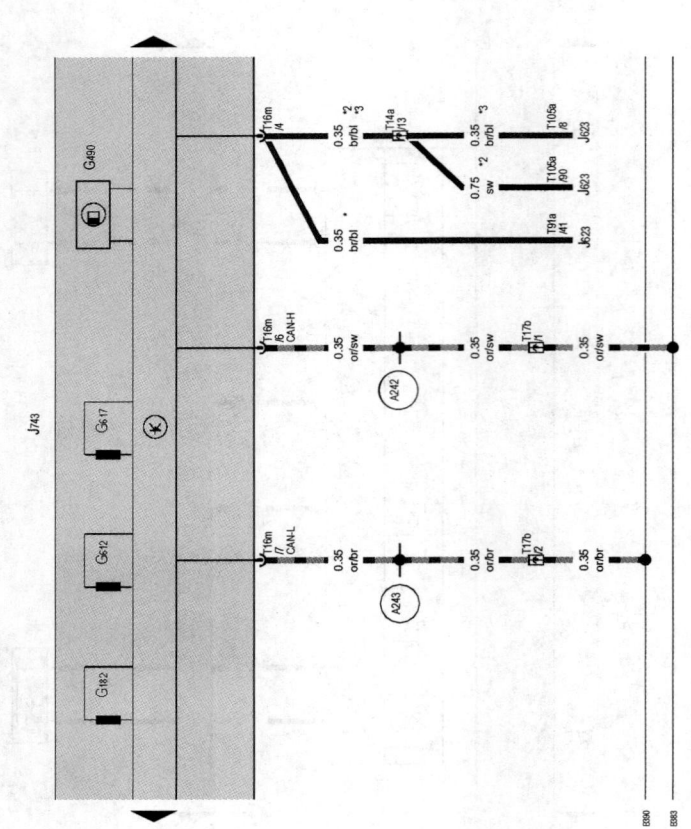

图 7-2-6

G182-变速器输入转速传感器1　G490-换挡执行器行程传感器　G612-变速器输入转速传感器2　G617-离 合器行程传感器1　J623-发动机控制单元　J743-双离合器变速器机电装置　T14m-14芯插头连接，左前纵梁 上，灰色　T16m-16芯插头连接，黑色　T17b-17芯插头连接，左侧A柱下部，棕色　T91a-91芯插头连接， 黑色　T105a-105芯插头连接，黑色　A242-连接1（驱动CAN总线，High），在发动机舱导线束中　A243- 连接1（驱动CAN总线，Low），在发动机舱导线束中　B383-连接1（驱动CAN总线，High），在主导线 束中　B390-连接1（驱动CAN总线，Low），在主导线束中　*-仅用于带2.5L汽油发动机的汽车　*2-仅用 于带发动机型号代码DBFA的汽车　*3-仅用于带发动机型号代码CUGA的汽车

992

组合仪表中的控制单元，数据总线诊断接口，组合仪表，选挡杆指示灯，选挡杆位置显示

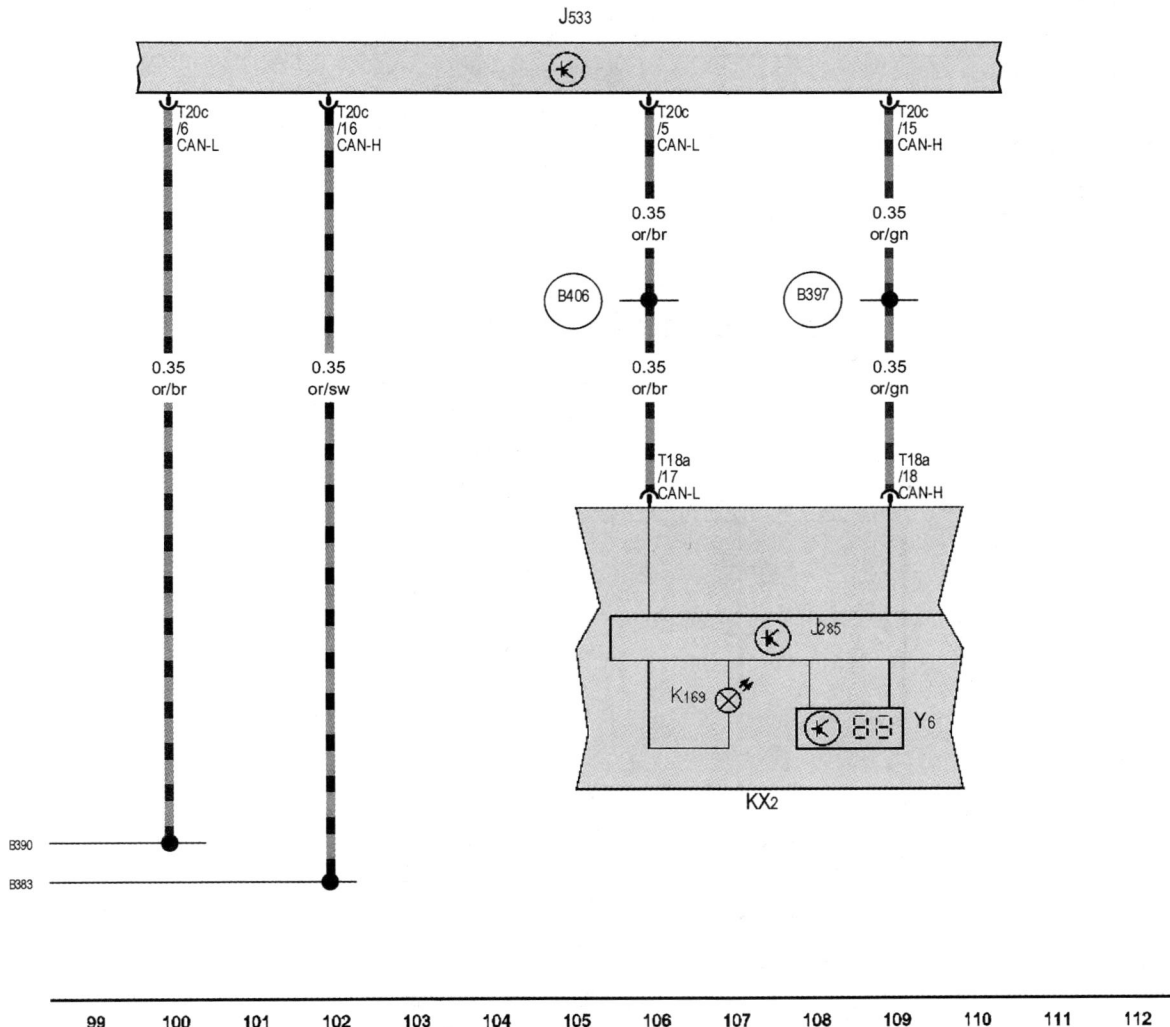

J285-组合仪表中的控制单元　J533-数据总线诊断接口　KX2-组合仪表　K169-选挡杆指示灯　T18a-18芯插头连接，黑色　T20c-20芯插头连接，黑色　Y6-选挡杆位置显示　B383-连接1（驱动CAN总线，High），在主导线束中　B390-连接1（驱动CAN总线，Low），在主导线束中　B397-连接1（舒适CAN总线，High），在主导线束中　B406-连接1（舒适CAN总线，Low），在主导线束中

图 7-2-8

第三节 底盘系统

底盘系统电路图的图号和图名对照表见表7-3-1。

表 7-3-1 底盘系统电路图的图号和图名对照表

图号	图名
图7-3-1～图7-3-9	防抱死制动系统（ABS）与电子稳定程序（ESP）电路图
图7-3-10～图7-3-15	多功能方向盘电路图
图7-3-16、图7-3-17	机电式助力转向器电路图
图7-3-18、图7-3-19	全轮驱动电路图
图7-3-20、图7-3-21	轮胎充气压力监控电路图
图7-3-22～图7-3-26	自适应底盘调节系统DCC电路图

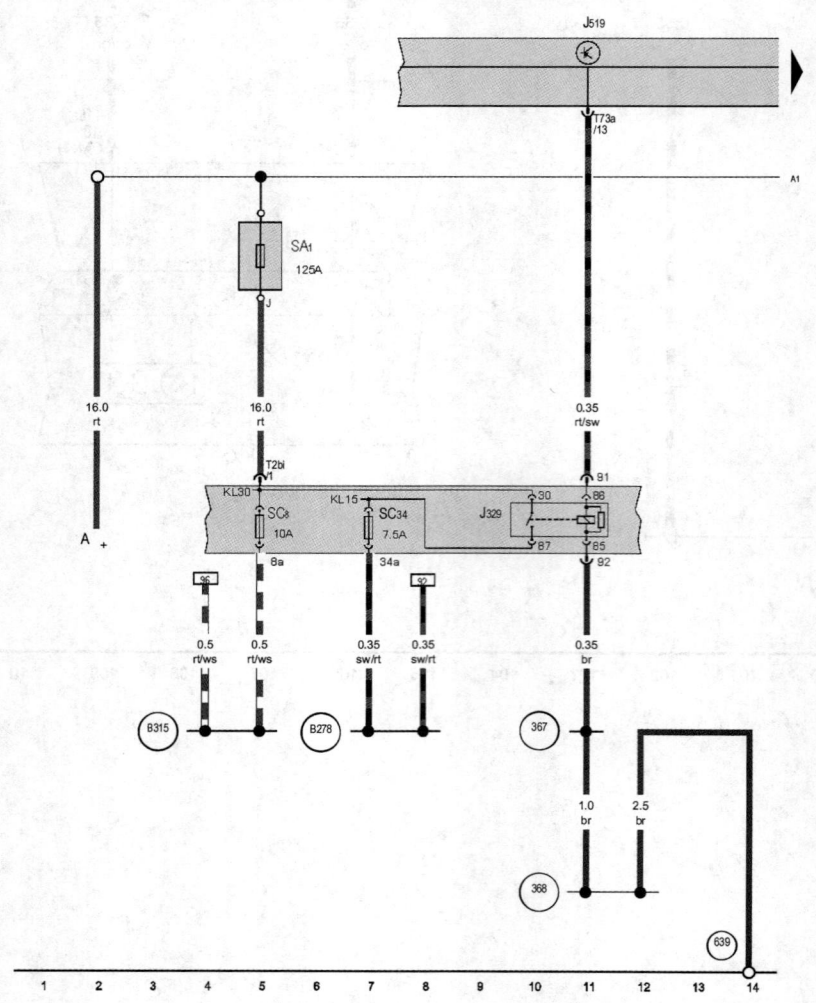

接线端 15 供电继电器，车载电网控制单元

A-蓄电池 J329-接线端15供电继电器 J519-车载电网控制单元 SA1-保险丝架A上的保险丝1 SC8-保险丝架C上的保险丝8 SC34-保险丝架C上的保险丝34 T2bi-2芯插头连接，黑色 T73a-73芯插头连接，黑色 367-接地连接2，在主导线束中 368-接地连接3，在主导线束中 639-左A柱上的接地点 B278-正极连接2（15a），在主导线束中 B315-正极连接1（30a），在主导线束中

图 7-3-1

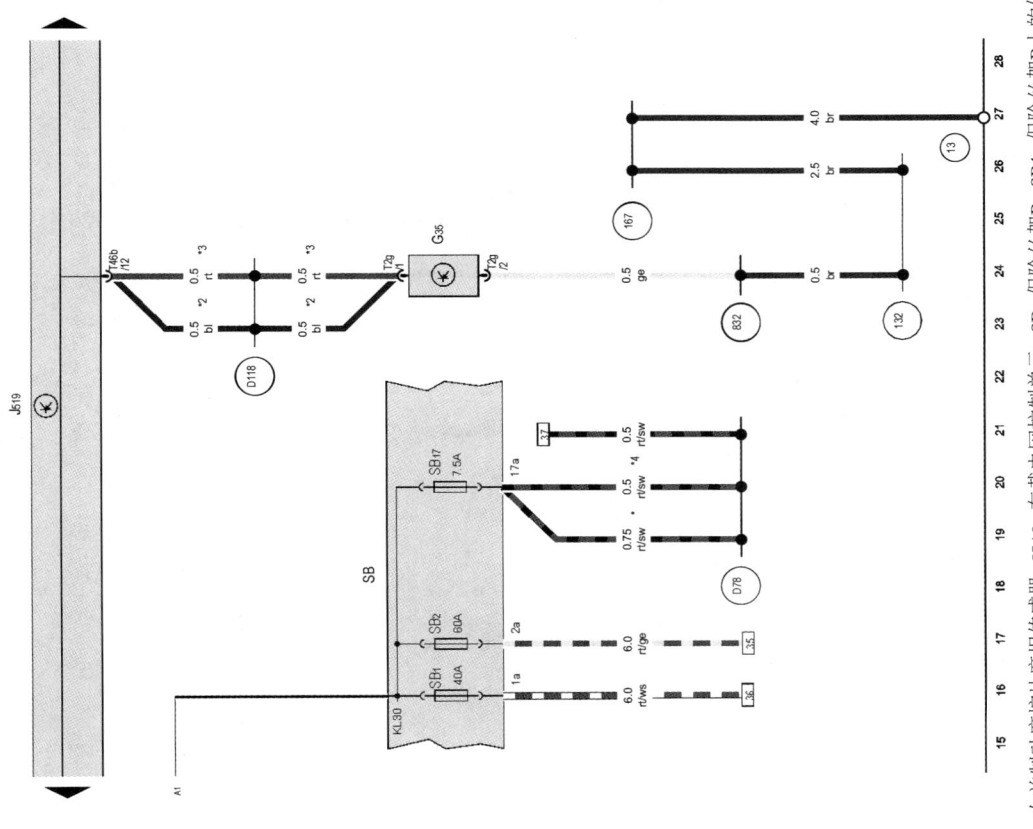

右前制动磨擦片磨损传感器，车载电网控制单元，保险丝架 B

制动液液位警告信号触点，ABS 控制单元，车载电网控制单元，右前 ABS 进气阀，右前 ABS 排气阀

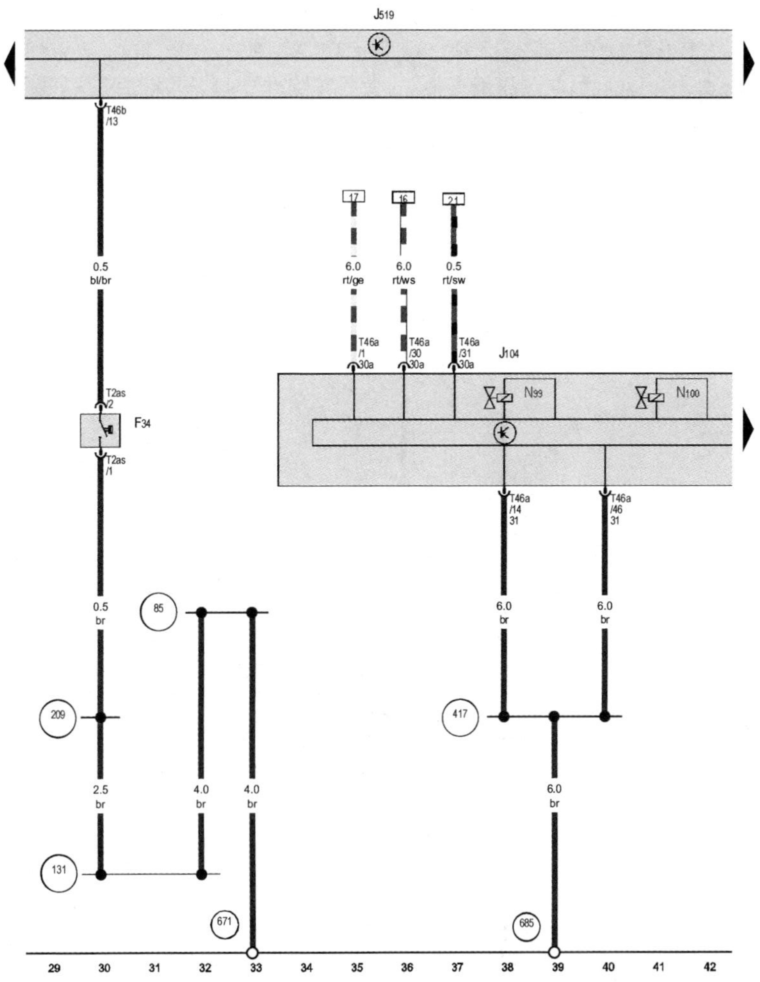

图 7-3-2

G35-右前制动磨擦片磨损传感器 J519-车载电网控制单元 SB-保险丝架B SB1-保险丝架B SB2-保险丝架B上的保险丝1 SB17-保险丝架B上的保险丝2 SB17-保险丝架B上的保险丝17 T2g-2芯插头连接，黑色 T46b-46芯插头连接，黑色 13-发动机舱内右侧的接地点 132-接地连接3，在发动机舱导线束中 167-接地连接4，在发动机舱导线束中 832-接地连接14，在发动机舱导线束中 D78-正极连接1（30a），在发动机舱导线束中 D118-连接16，在发动机舱导线束中 *-仅用于带有电控调节减振系统的汽车 *2-仅用于带2.5L汽油发动机的汽车 *3-仅用于带有电控调节减振系统的汽车 *4-仅用于带2.0L发动机的汽车

F34-制动液位警告信号触点 J104-ABS 控制单元 J519-车载电网控制单元 N99-右前ABS进气阀 N100-右前ABS排气阀 T2as-2芯插头连接，黑色 T46a-46芯插头连接，黑色 T46b-46芯插头连接，黑色 85-接地连接2，在发动机舱导线束中 131-接地连接 209-接地连接6，在发动机舱导线束中 417-接地连接9，在发动机舱导线束中 671-左前纵梁上的接地点1 685-右纵梁上的接地点1

图 7-3-3

右后转速传感器，右前转速传感器，ABS 控制单元，车载电网控制单元，左前 ABS 进气阀，左前 ABS 排气阀，ABS 液压泵

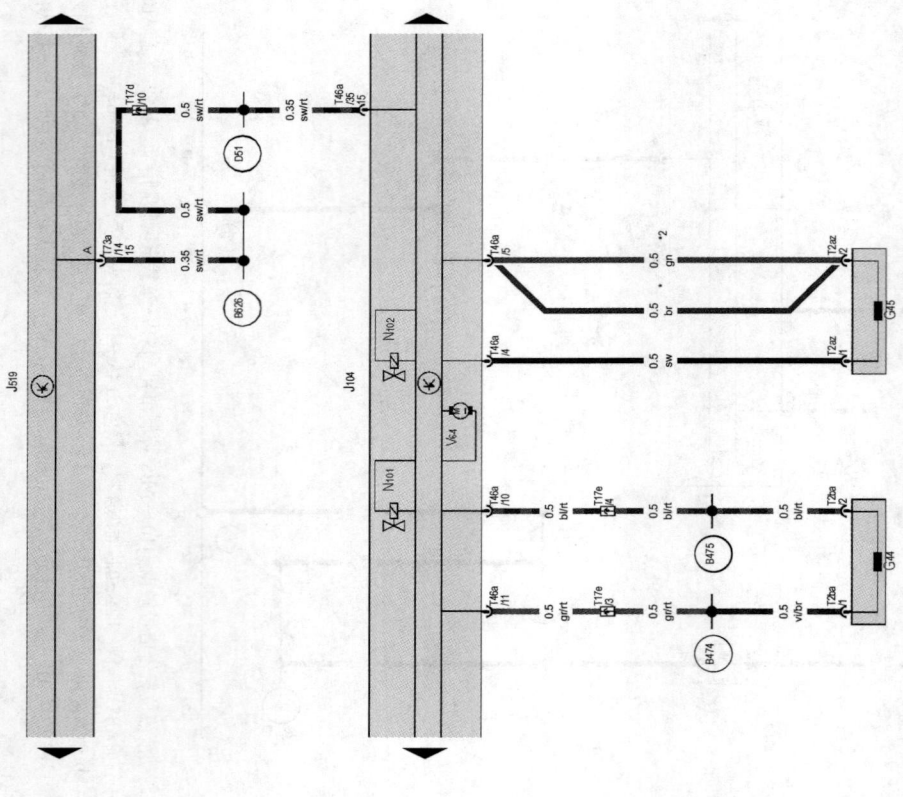

图 7-3-5

G44-右后转速传感器 G45-右前转速传感器 J104-ABS控制单元 J519-车载电网控制单元 N101-左前ABS进气阀 N102-左前ABS排气阀 T2a-2芯插头连接，黑色 T2ba-2芯插头连接，黑色 T17d-17芯插头连接，左侧 A 柱下部，蓝色 T17e-17芯插头连接，右侧 A 柱下部，棕色 T46a-46芯插头连接，黑色 T73a-73芯插头连接，黑色 V64-ABS液压泵 B474-连接10，在主导线束中 B475-连接11，在主导线束中 B626-正极连接 2（15），在主导线束中 D51-正极连接 1（15），在发动机舱导线束中 *-仅用于带有电控调节减振系统的汽车 *2-仅用于不带电控调节减振系统的汽车

制动助力压力传感器，ABS 控制单元，车载电网控制单元

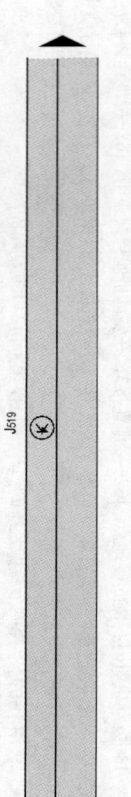

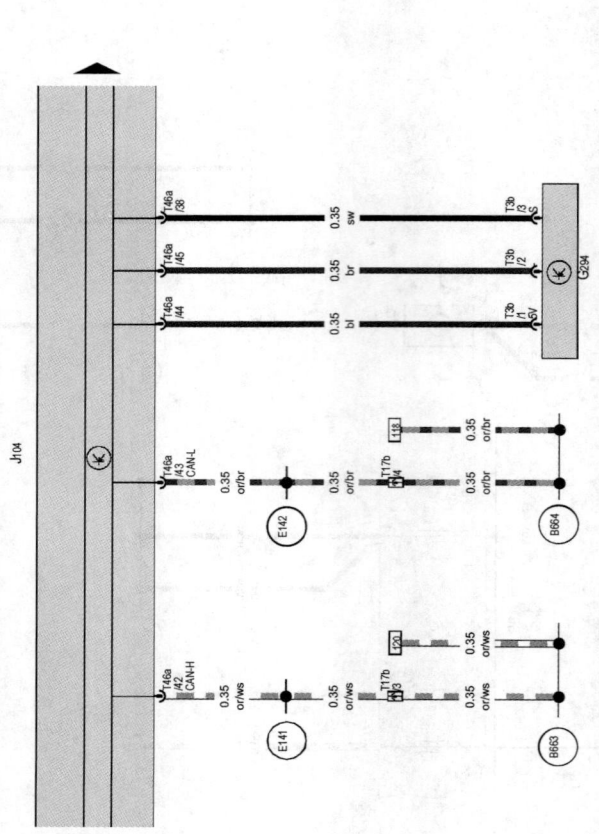

图 7-3-4

G294-制动助力压力传感器 J104-ABS 控制单元 J519-车载电网控制单元 T3b-3芯插头连接，黑色 T17b-17芯插头连接，左侧 A 柱下部，蓝色 T46a-46芯插头连接，黑色 B663-连接（底盘传感器CAN总线，Low），在主导线束中 B664-连接（底盘传感器CAN总线，High），在主导线束中 E141-连接（底盘传感器CAN总线，Low），在发动机舱导线束中 E142-连接（底盘传感器CAN总线，High），在发动机舱导线束中

AUTO HOLD 按钮，ABS 控制单元，车载电网控制单元，机电式驻车制动器指示灯，动态行驶控制转换阀 1，动态行驶控制转换阀 2，动态行驶控制高压转换阀，AUTO HOLD 指示灯，动态行驶控制转换阀 1，动态行驶控制转换阀 2，左侧驻车电机

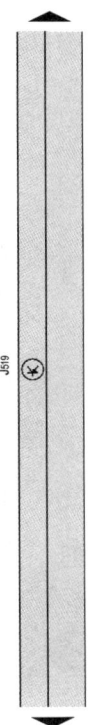

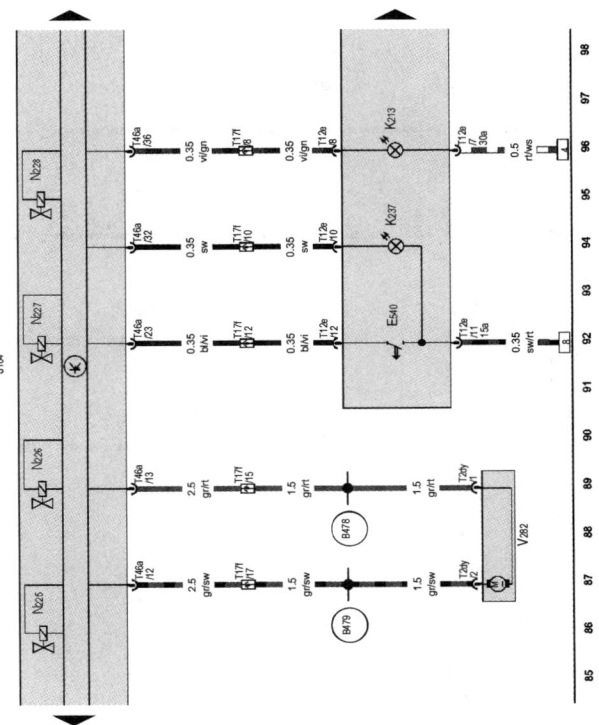

图 7-3-7

E540-AUTO HOLD 按钮 J104-ABS控制单元 J519-车载电网控制单元 K213-机电式驻车制动器指示灯 K237-AUTO HOLD指示灯 N225-动态行驶控制转换阀1 N226-动态行驶控制转换阀2 N227-动态行驶控制高压转换阀 N228-动态行驶控制高压转换阀 T2dy-2芯插头连接，黑色 T12e-12芯插头连接，黑色 V282-左侧驻车电机 B478-连接 T46a-46 芯插头连接，黑色 T17f-17芯插头连接，右侧A柱下部，黑色 T12a-15a，右侧A柱下部，黑色 T17e-17芯插头连接14，在主导线束中 B479-连接15，在主导线束中

左后转速传感器，左前转速传感器，ABS 控制单元，车载电网控制单元，右后 ABS 进气阀，左后 ABS 进气阀，右后 ABS 排气阀，左后 ABS 排气阀，右侧驻车电机

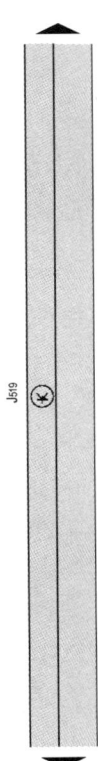

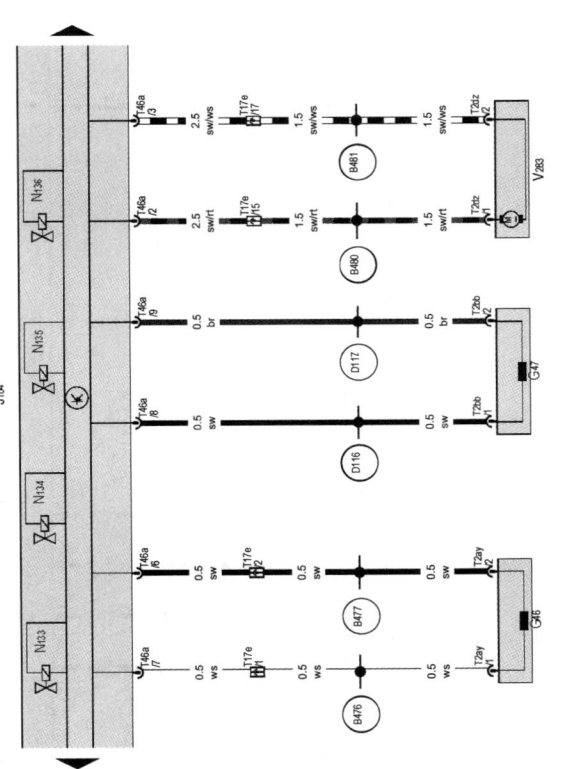

图 7-3-6

G46-左后转速传感器 G47-左前转速传感器 J104-ABS控制单元 J519-车载电网控制单元 N133-右后ABS进气阀 N134-左后ABS进气阀 N135-右后ABS排气阀 N136-左后ABS排气阀 T2ay-2芯插头连接，黑色 T2bb-2芯插头连接，黑色 T2dz-2芯插头连接，黑色 T17e-17芯插头连接，右侧 A 柱下连接，右侧 A 柱下部，黑色 T46a-46芯插头连接，黑色 V283-右侧驻车电机 B476-连接12，在主导线束中 B477-连接13，在主导线束中 B480-连接16，在主导线束中 B481-连接17，在主导线束中 D116-连接14，在发动机舱导线束中 D117-连接15，在发动机舱导线束中

机电式驻车制动器按钮，横向加速度传感器，制动压力传感器，偏转率传感器，纵向加
速度传感器，ABS 控制单元，车载电网控制单元，机电式驻车制动器控制单元，开关照
明灯泡

组合仪表中的机电控制单元，数据总线诊断接口，组合仪表，制动摩擦片指示灯，ABS 指示灯，
驻车制动系统指示灯，电子稳定程序和 ASR 指示灯，电动驻车制动器和
手制动器故障指示灯，电子稳定程序和 ASR 指示灯 2，轮胎压力监控显示指示灯

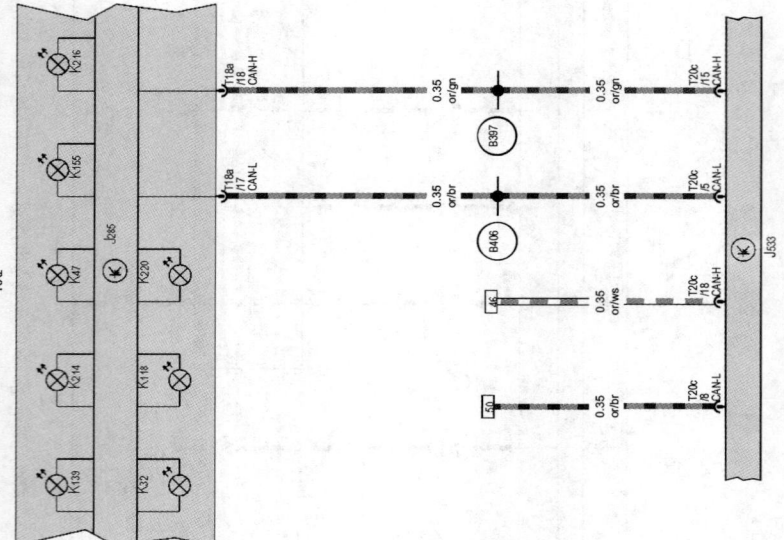

E538-机电式驻车制动器按钮 G200-横向加速度传感器 G201-制动压力传感器1 G202-偏转率传感器
G251-纵向加速度传感器 J104-ABS 控制单元 J519-车载电网控制单元 J540-机电式驻车制动器控制单元
L156-开关照明灯泡 T12e-12芯插头连接 T17c-17芯插头连接 T46a-46芯
插头连接 T73c-73芯插头连接 369-接地连接4，在主导线束中 687-中央通道上的接地点1
B340-连接1（58d），在主导线束中

图 7-3-8

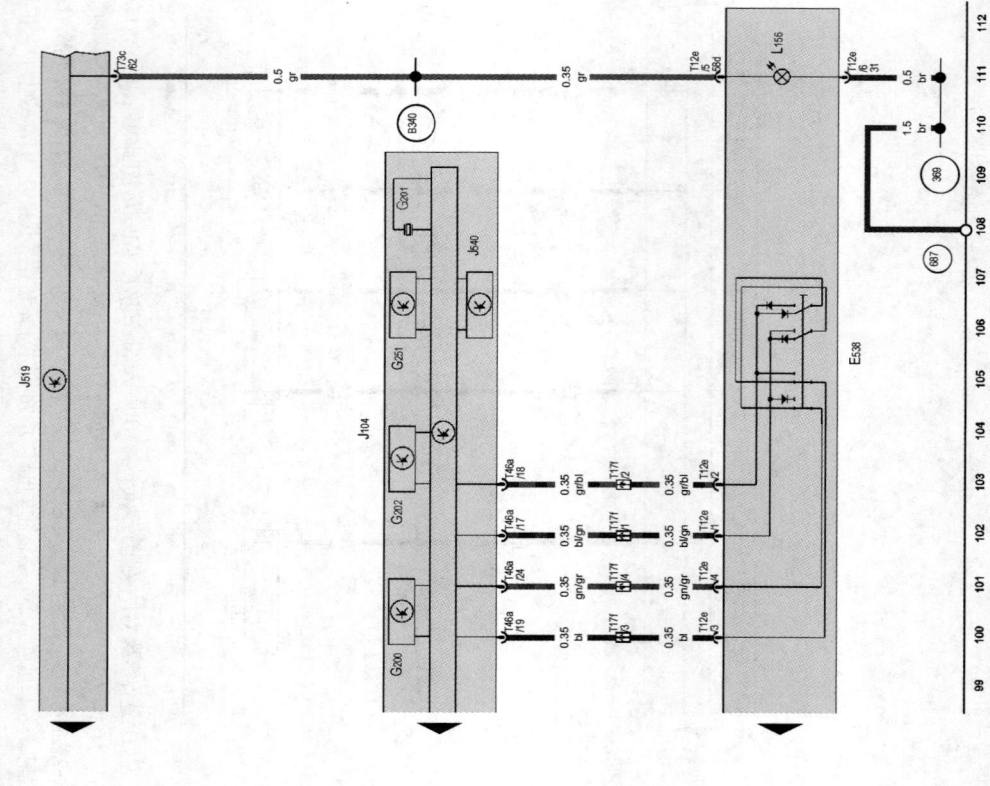

J285-组合仪表中的控制单元 J533-数据总线诊断接口 KX2-组合仪表 K32-制动摩擦片指示灯 K47-ABS
指示灯 K118-制动系统指示灯 K139-驻车制动指示灯 K155-电子稳定程序和 ASR 指示灯 K214-电动
驻车制动器和手制动器故障指示灯 K216-电子稳定程序和ASR指示灯2 K220-轮胎压力监控显示指示灯
T18a-18芯插头连接，黑色 T20c-20芯插头连接，黑色 B397-连接1（舒适 CAN 总线，High），在主导
线束中 B406-连接1（舒适 CAN 总线，Low），在主导线束中

图 7-3-9

安全气囊卷簧和带滑环的复位环，信号喇叭控制，多功能方向盘控制单元，转向柱电子装置控制单元，可加热式方向盘

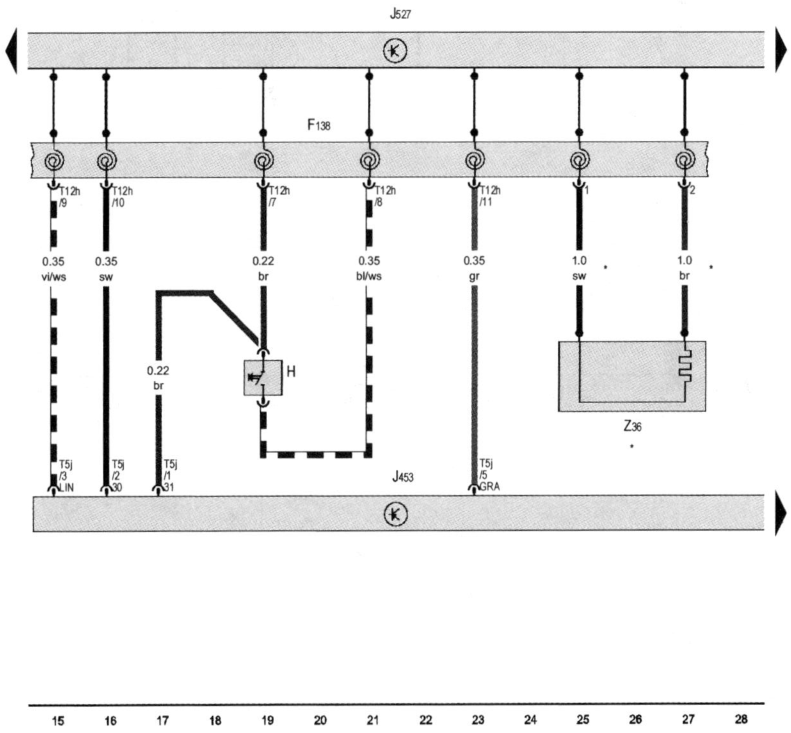

F138－安全气囊卷簧和带滑环的复位环 H－信号喇叭控制 J453－多功能方向盘控制单元 J527－转向柱电子装置控制单元 T5j－5芯插头连接，黑色 T12h－12芯插头连接，黄色 Z36－可加热式方向盘 *－仅用于带可加热式方向盘的汽车

图7-3-11

转向柱电子装置控制单元

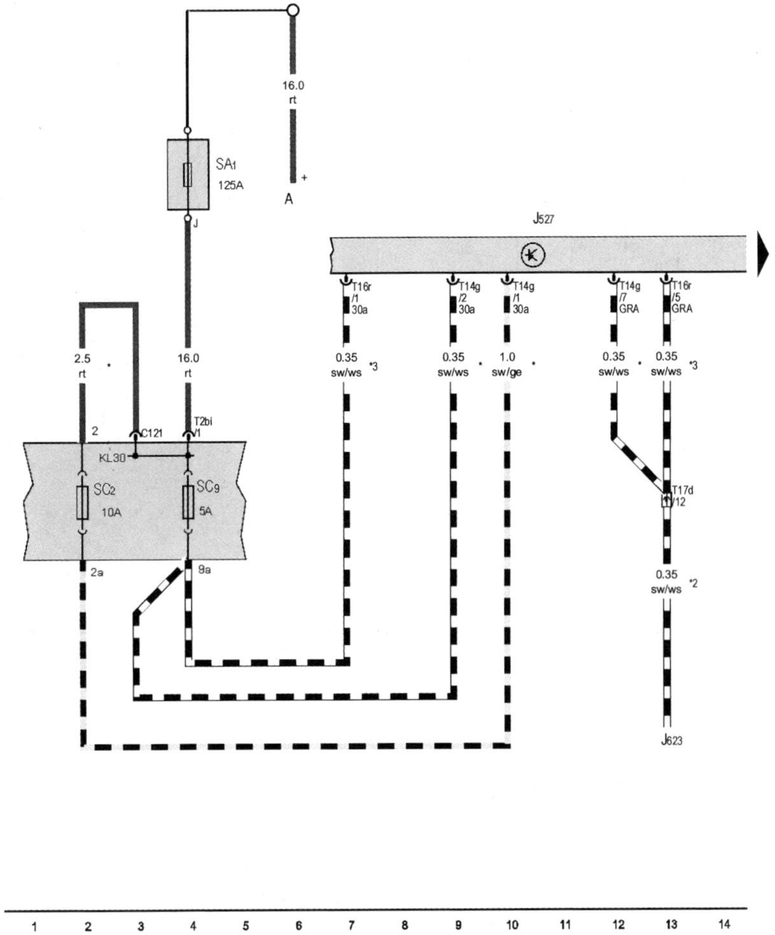

A－蓄电池 J527－转向柱电子装置控制单元 J623－发动机控制单元 SA1－保险丝架A上的保险丝1 SC2－保险丝架C上的保险丝2 SC9－保险丝架C上的保险丝9 T2bi－2芯插头连接 T14g－14芯插头连接，黑色 T16r－16芯插头连接，黑色 T17d－17芯插头连接，左侧A柱下部，蓝色 *－仅用于不带可加热式方向盘的汽车 *2－见发动机所适用的电路图 *3－仅用于带可加热式方向盘的汽车

图7-3-10

方向盘中 Tiptronic 开关（降挡），方向盘中的左侧多功能按钮，多功能方向盘控制单元，
转向柱电子装置控制单元

方向盘中 Tiptronic 开关（升挡），方向盘中的右侧多功能按钮，可加热方向盘的传感器，
多功能方向盘控制单元，转向柱电子装置控制单元

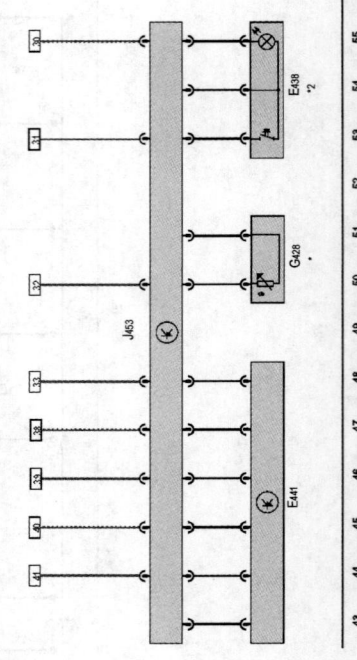

图 7-3-13

E438-方向盘中 Tiptronic 开关（升挡） E441-方向盘中的右侧多功能按钮 G428-可加热方向盘的传感器
J453-多功能方向盘控制单元 J527-转向柱电子装置控制单元 *-仅用于带可加热式方向盘的汽车 *2-带
Tiptronic 手动电控换挡程序的方向盘

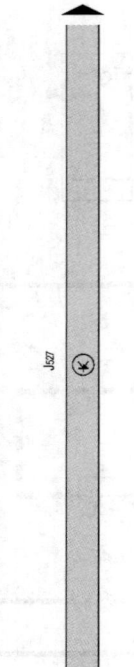

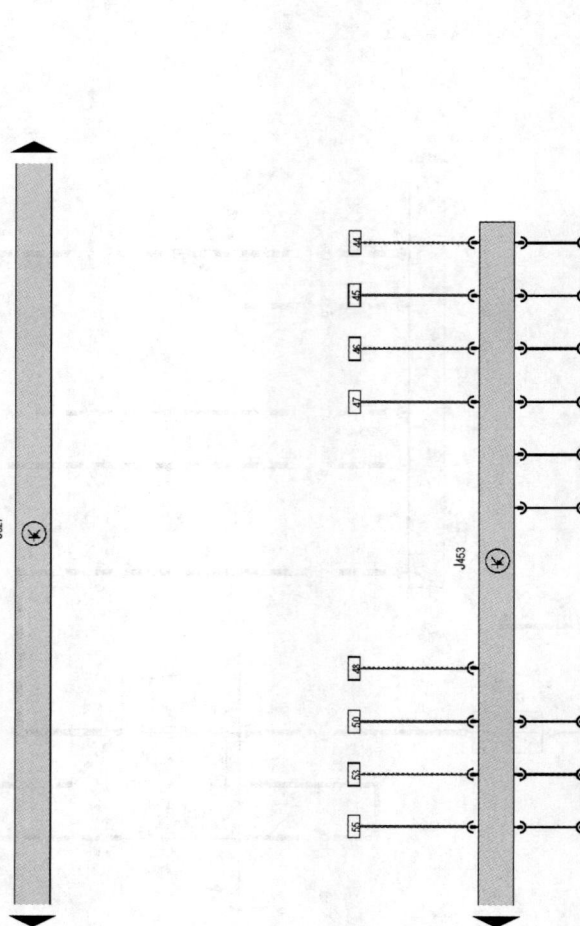

图 7-3-12

E439-方向盘中 Tiptronic 开关（降挡） E440-方向盘中的左侧多功能按钮 J453-多功能方向盘控制单元
J527-转向柱电子装置控制单元 *-带 Tiptronic 手动电控换挡程序的方向盘

1000

中部仪表板开关模块，方向盘加热按钮，车载电网控制单元，方向盘加热指示灯，开关照明灯泡

转向柱电子装置控制单元，数据总线诊断接口

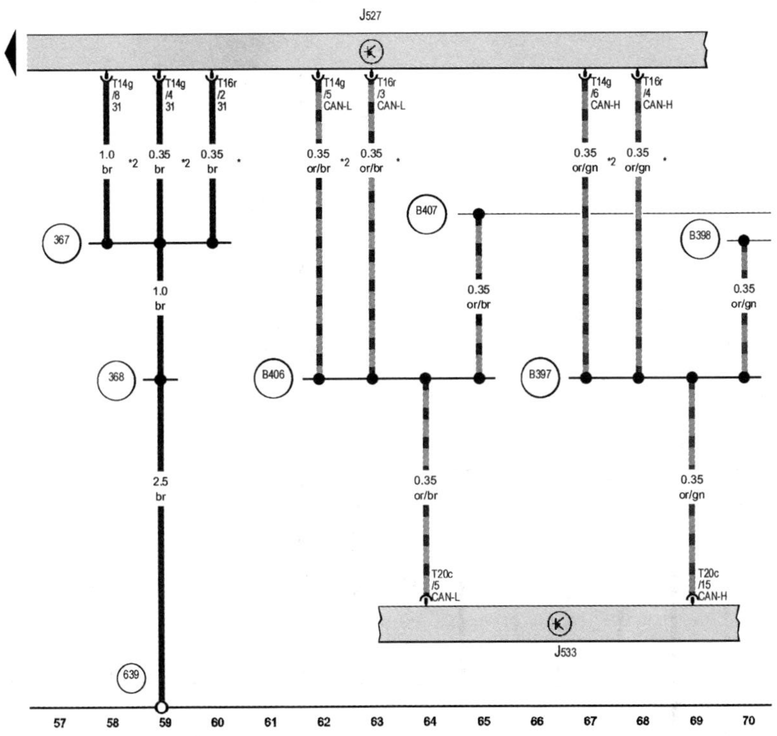

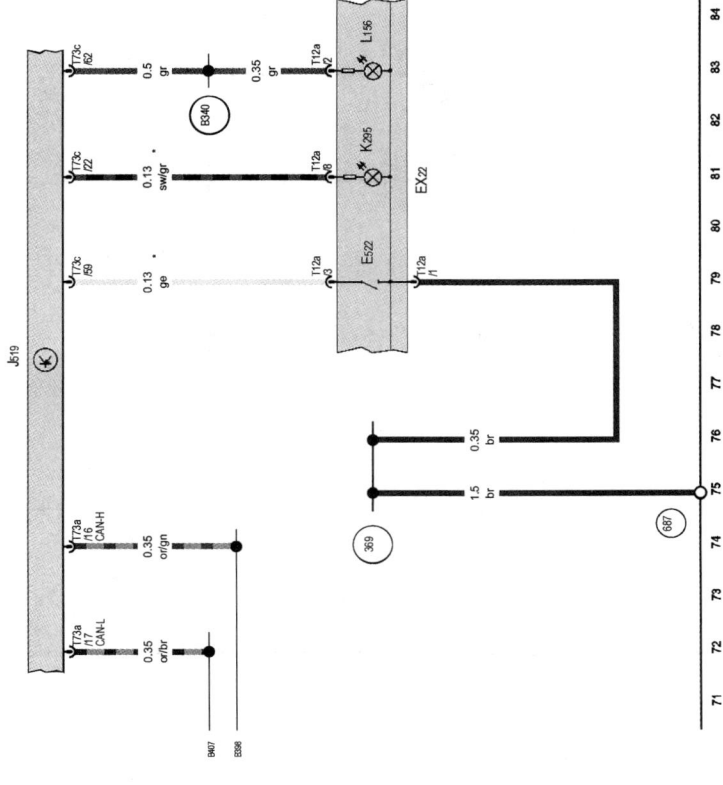

EX22-中部仪表板开关模块 E522-方向盘加热按钮 J519-车载电网控制单元 K295-方向盘加热指示灯 L156-开关照明灯泡 T12a-12芯插头连接 T73a-73芯插头连接，黑色 T73c-73芯插头连接，黑色 369-接地连接4，在主导线束中 687-中央通道上的接地点1 B340-连接1（58d），在主导线束中 B398-连接2（舒适CAN总线，High），在主导线束中 B407-连接2（舒适CAN总线，Low），在主导线束中 *-仅用于带可加热式方向盘的汽车 *2-仅用于带可加热式方向盘的汽车

图7-3-15

J527-转向柱电子装置控制单元 J533-数据总线诊断接口 T14g-14芯插头连接，黑色 T16r-16芯插头连接，黑色 T20c-20芯插头连接，黑色 367-接地连接2，在主导线束中 368-接地连接3，在主导线束中 639-左A柱上的接地点 B397-连接地点 B397-连接1（舒适CAN总线，High），在主导线束中 B398-连接2（舒适CAN总线，High），在主导线束中 B406-连接1（舒适CAN总线，Low），在主导线束中 B407-连接2（舒适CAN总线，Low），在主导线束中 *-仅用于不带可加热式方向盘的汽车 *2-仅用于带可加热式方向盘的汽车

图7-3-14

组合仪表中的控制单元，助力转向控制单元，数据总线诊断接口，组合仪表，机电式助力转向器指示灯

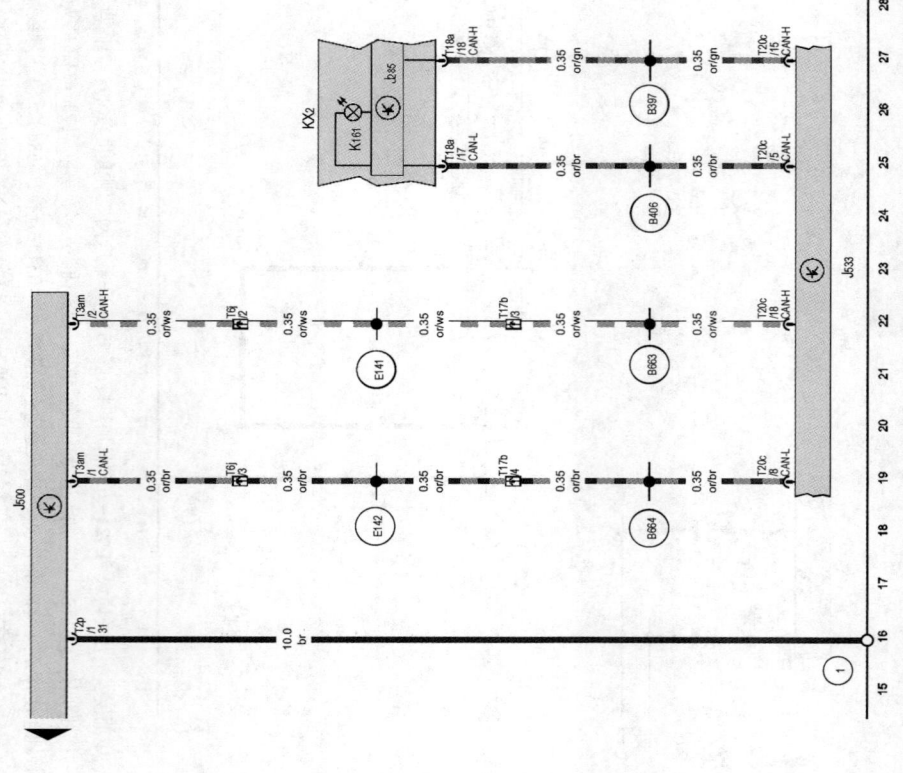

图7-3-17

J285-组合仪表中的控制单元 J500-助力转向控制单元 J533-数据总线诊断接口 KX2-组合仪表 K161-机电式助力转向器指示灯 T2p-2芯插头连接 T3am-3芯插头连接，黑色 T6j-6芯插头连接，发动机舱内左后部，黑色 T17b-17芯插头连接，左侧 A柱下部，棕色 T18a-18芯插头连接，黑色 T20c-20芯插头连接，黑色 1-接地带，蓄电池-车身 B397-连接1（舒适CAN总线，High），在主导线束中 B406-连接1（舒适CAN总线，Low），在主导线束中 B663-连接（底盘传感器CAN总线，High），在主导线束中 B664-连接（底盘传感器CAN总线，Low），在主导线束中 E141-连接（底盘传感器CAN总线，High），在发动机舱导线束中 E142-连接（底盘传感器CAN总线，Low），在发动机舱导线束中

转向角传感器，转向扭矩传感器，助力转向控制单元，机电式伺服转向电机

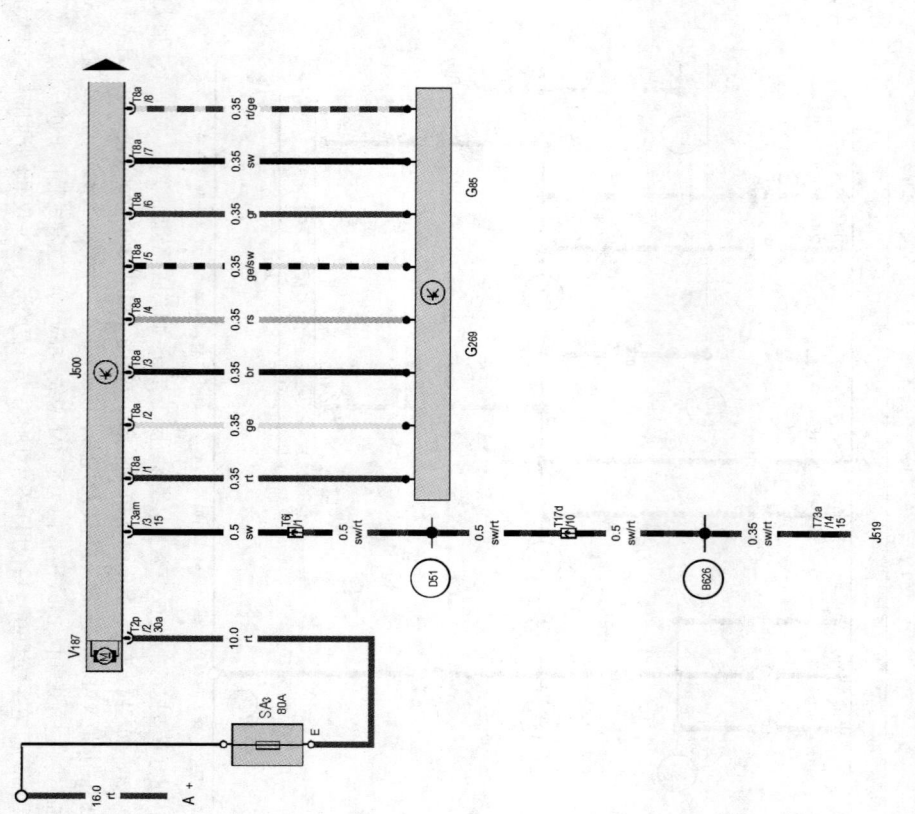

图7-3-16

A-蓄电池 G85-转向角传感器 G269-转向扭矩传感器 J500-助力转向控制单元 J519-车载电网控制单元 SA3-保险丝架A上的保险丝3 T2p-2芯插头连接，黑色 T3am-3芯插头连接，黑色 T6j-6芯插头连接，发动机舱内左后部，黑色 T8a-8芯插头连接，黑色 T17d-17芯插头连接，左侧A柱下部，蓝色 T73a-73芯插头连接，黑色 V187-机电式伺服转向电机 D51-正极连接1（15），在主导线束中 B626-正极连接2（15），在主导线束中

全轮驱动控制单元，离合器开启角度控制阀，全轮离合器泵

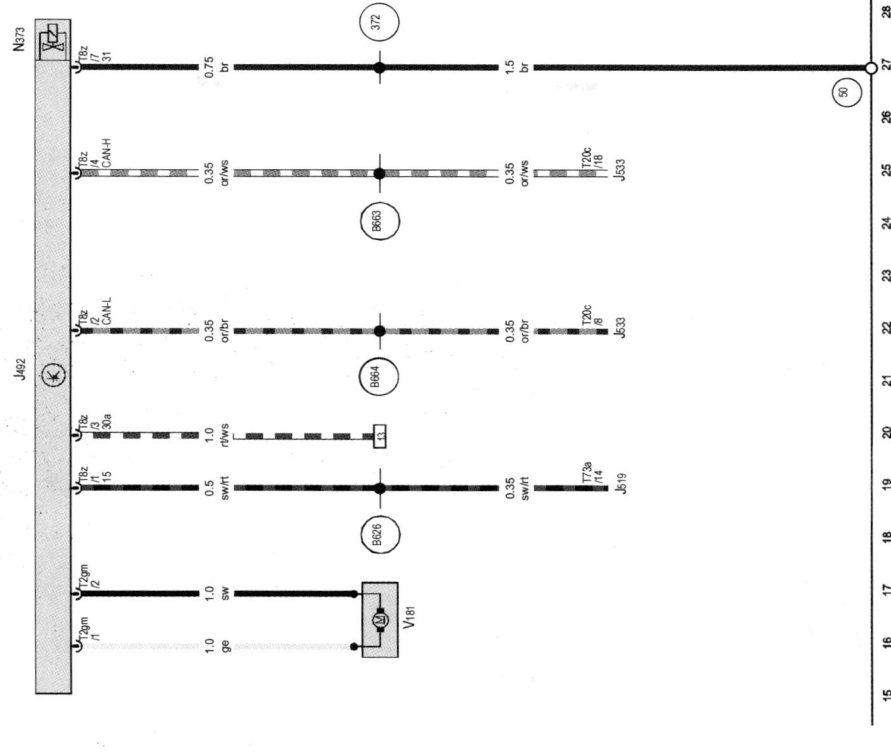

J492-全轮驱动控制单元 J519-车载电网控制单元 J533-数据总线诊断接口 N373-离合器开启角度控制阀
T2gm-2芯插头连接，黑色 T8z-8芯插头连接，黑色 T20c-20芯插头连接，黑色 T73a-73芯插头连接，
黑色 V181-全轮离合器泵 50-行李箱内左侧的接地点 372-接地连接7，在主导线束中 B626-正极接
（15），在主导线束中 B663-连接（底盘传感器CAN总线，High），在主导线束中 B664-连接（底盘传
感器CAN总线，Low），在主导线束中

图7-3-19

驾驶模式选择操纵单元，保险丝架 C

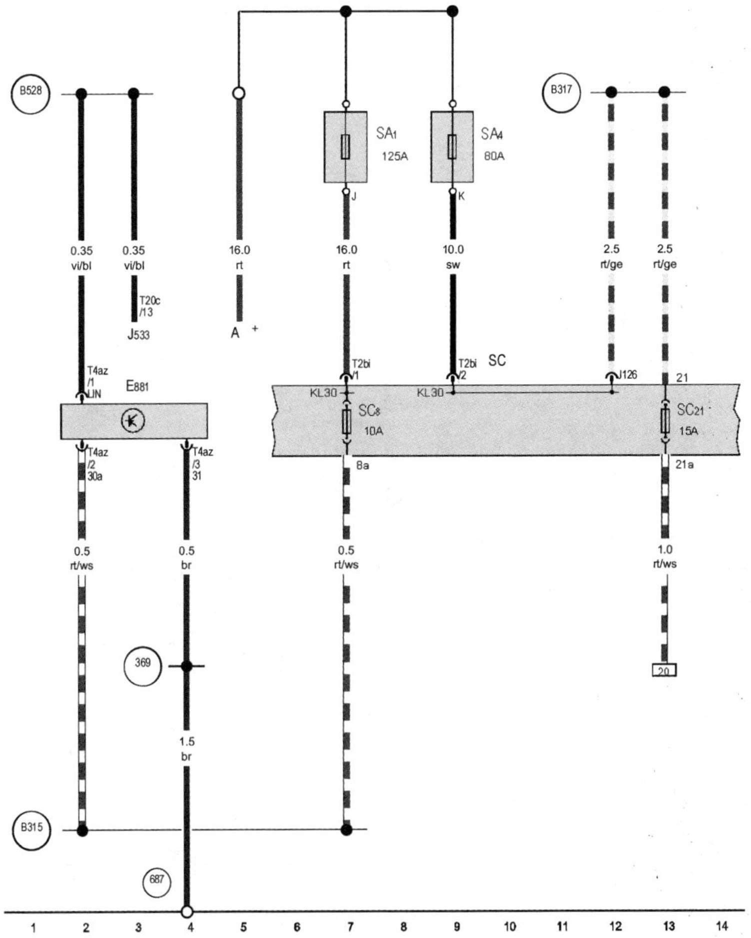

A-蓄电池 E881-驾驶模式选择操纵单元 J533-数据总线诊断接口 SA1-保险丝架A上的保险丝1 SA4-
保险丝架A上的保险丝4 SC-保险丝架C SC8-保险丝架C上的保险丝8 SC21-保险丝架C上的保险丝21
T2bi-2芯插头连接，黑色 T4az-4芯插头连接，黑色 T20c-20芯插头连接，黑色 369-接地连接4，在主导
线束中 687-中央通道上的接地点1 B315-正极连接1（30a），在主导线束中 B317-正极连接3（30a），
在主导线束中 B528-连接1（LIN总线），在主导线束中

图7-3-18

1003

左前轮胎压力传感器，右前轮胎压力传感器，轮胎压力监控控制单元，左前侧轮胎压力监控天线，右前侧轮胎压力监控天线，保险丝架 C

左后轮胎压力传感器，右后轮胎压力传感器，备胎轮胎压力传感器，轮胎压力监控控制单元，左后侧轮胎压力监控天线，右后侧轮胎压力监控天线，备用车轮轮胎压力监控天线

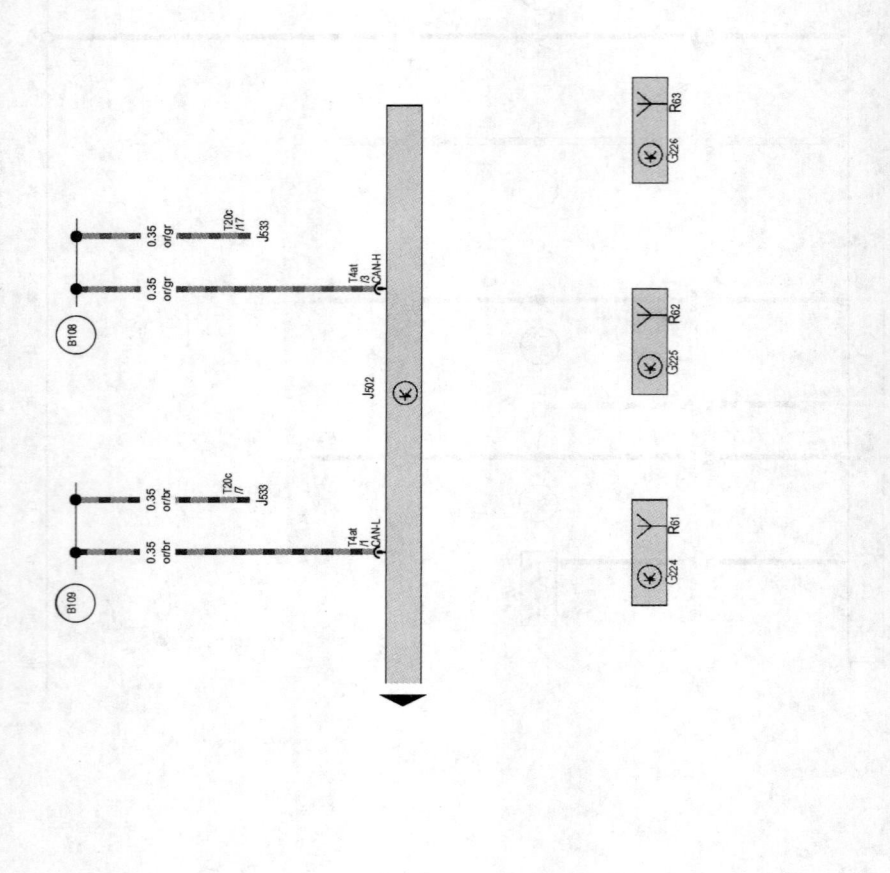

图 7-3-20

图 7-3-21

A-蓄电池 G222-左前轮胎压力传感器 G223-右前轮胎压力传感器 J502-轮胎压力监控控制单元 R59-左前侧轮胎压力监控天线 R60-右前侧轮胎压力监控天线 SA1-保险丝架 A 上的保险丝1 SC-保险丝架 C SC7-保险丝架 C 上的保险丝7 T2bi-2芯插头连接7 T4at-4芯插头连接，黑色 51-行李箱内右侧的接地点 374-接地连接9，在主导线束中 B316-正极连接2（30a），在主导线束中

G224-左后轮胎压力传感器 G225-右后轮胎压力传感器 G226-备胎轮胎压力传感器 J502-轮胎压力监控控制单元 J533-数据总线诊断接口 R61-左后侧轮胎压力监控天线 R62-右后侧轮胎压力监控天线 R63-备用车轮轮胎压力监控天线 T4at-4芯插头连接，灰色 T20c-20芯插头连接，灰色 B108-连接1（扩展CAN总线，Low），在主导线束中 B109-连接1（扩展CAN总线，High），在主导线束中

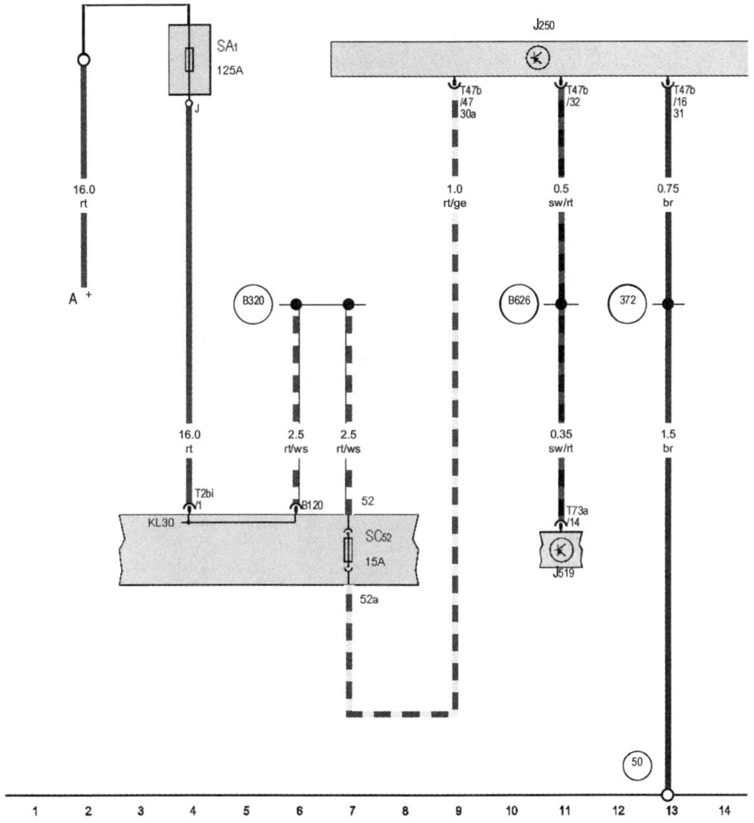

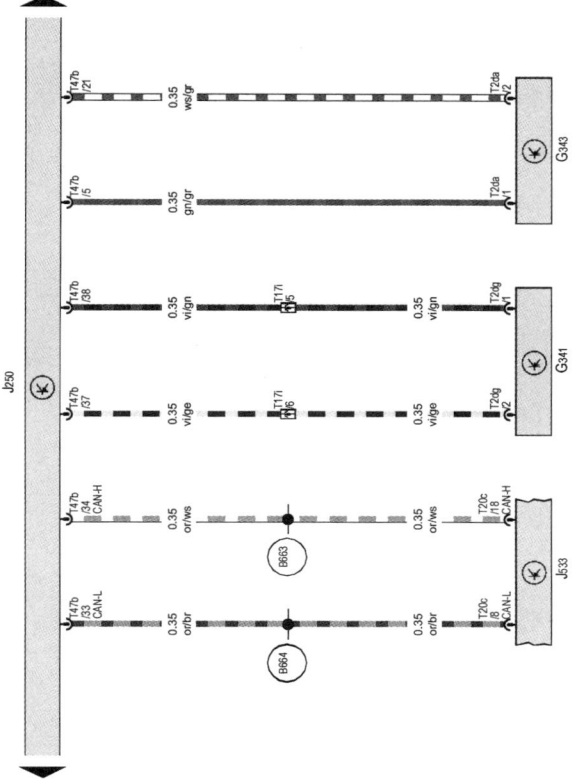

G341-前左车身加速传感器 J250-减振电子调节控制单元 G343-后部车身加速传感器 J250-减振电子调节控制单元 J533-数据总线诊断接口 T2da-2芯插头连接 T2dg-2芯插头连接，黑色 T17i-17芯插头连接，左侧A柱下部，白色 T20c-20芯插头连接，黑色 T47b-47芯插头连接，黑色 B663-连接（底盘传感器CAN总线，High），在主导线束中 B664-连接（底盘传感器CAN总线，Low），在主导线束中

图 7-3-23

减振电子调节控制单元，车载电网控制单元

A-蓄电池 J250-减振电子调节控制单元 J519-车载电网控制单元 SA1-保险丝架A上的保险丝1 SC52-保险丝架C上的保险丝52 T2bi-2芯插头连接 T47b-47芯插头连接，黑色 T73a-73芯插头连接，黑色 50-行李箱内左侧的接地点 372-接地连接7，在主导线束中 B320-正极连接6（30a），在主导线束中 B626-正极连接2（15），在主导线束中

图 7-3-22

左后汽车高度传感器，前右车身加速传感器，减振电子调节控制单元，左前减振调节阀

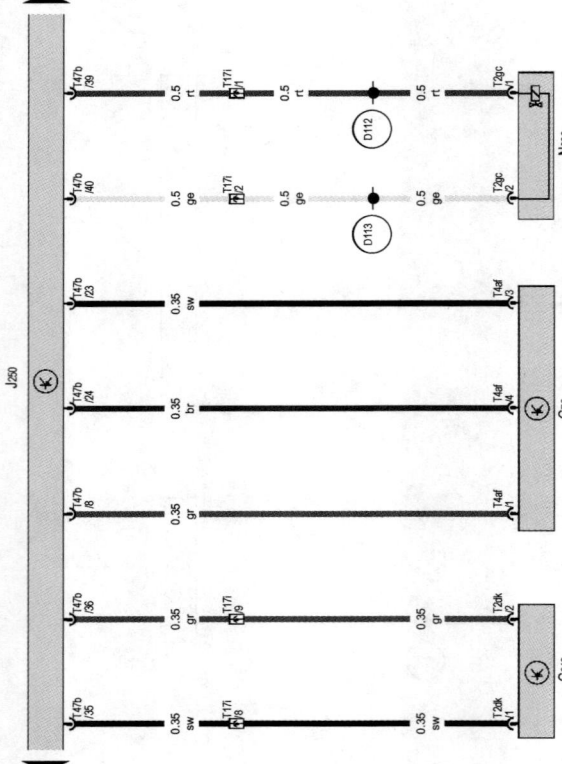

G76-左后汽车高度传感器 G342-前右车身加速传感器 J250-减振电子调节控制单元 N336-左前减振调节阀 T2ak-2芯插头连接，黑色 T2af-4芯插头连接，黑色 T17i-17芯插头连接，黑色 T2gc-2芯插头连接，黑色 T47b-47芯插头连接，白色 T47b-47芯插头连接，黑色 D112-连接10，在发动机舱导线束中 D113-连接11，在发动机舱导线束中

图7-3-25

左前汽车高度传感器，右前汽车高度传感器，减振电子调节控制单元

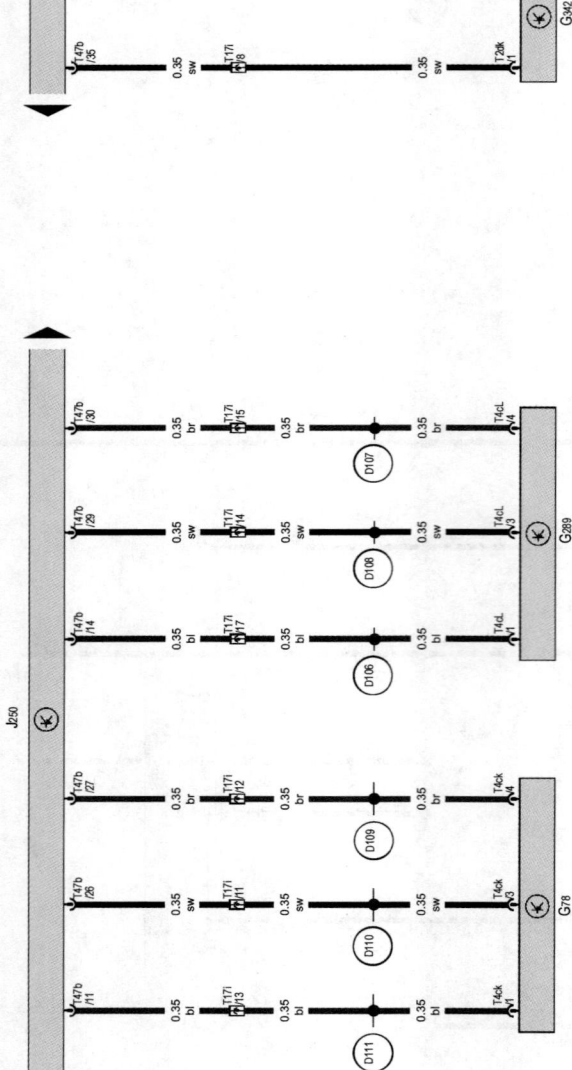

G78-左前汽车高度传感器 G289-右前汽车高度传感器 J250-减振电子调节控制单元 T4ck-4芯插头连接，黑色 T4cL-4芯插头连接，黑色 T17i-17芯插头连接，黑色 T47b-47芯插头连接，白色 T47b-47芯插头连接，黑色 D106-连接4，在发动机舱导线束中 D107-连接5，在发动机舱导线束中 D108-连接6，在发动机舱导线束中 D109-连接7，在发动机舱导线束中 D110-连接8，在发动机舱导线束中 D111-连接9，在发动机舱导线束中

图7-3-24

减振电子调节控制单元，右前减振调节阀，左后减振调节阀，右后减振调节阀

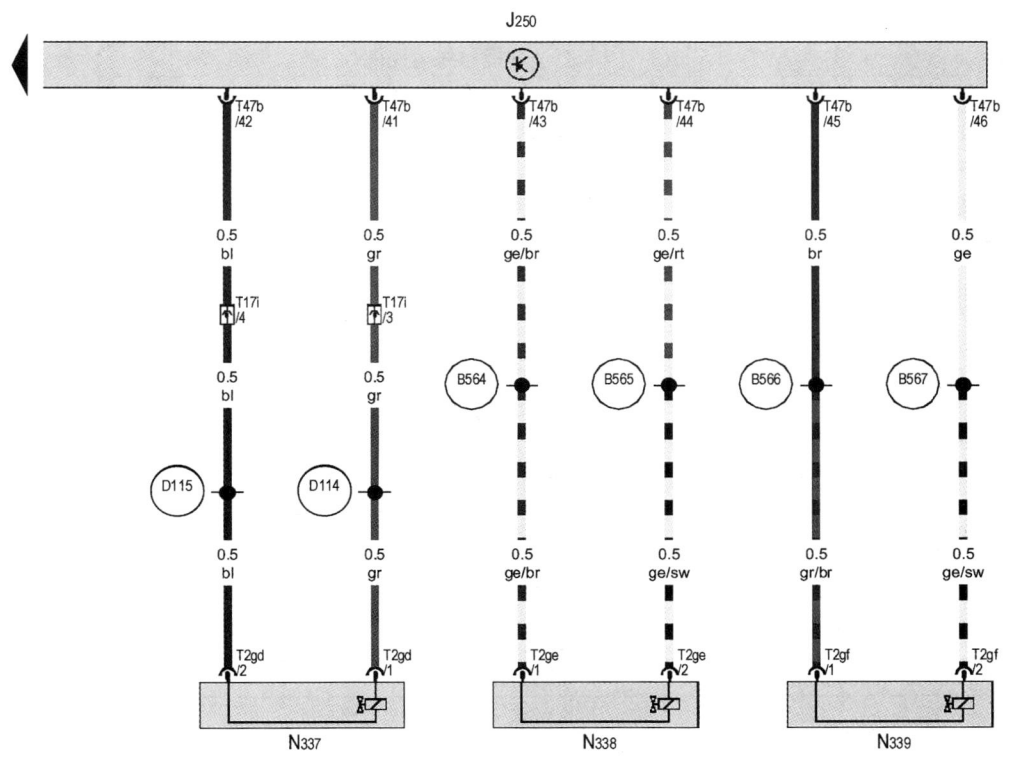

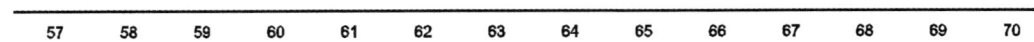

J250-减振电子调节控制单元 N337-右前减振调节阀 N338-左后减振调节阀 N339-右后减振调节阀 T2gd-2芯插头连接，黑色 T2ge-2芯插头连接，黑色 T2gf-2芯插头连接，黑色 T17i-17芯插头连接，左侧A柱下部，白色 T47b-47芯插头连接，黑色 B564-连接31，在主导线束中 B565-连接32，在主导线束中 B566-连接33，在主导线束中 B567-连接34，在主导线束中 D114-连接12，在发动机舱导线束中 D115-连接13，在发动机舱导线束中

图 7–3–26

第四节　电气系统

电气系统电路图的图号和图名对照表见表 7-4-1。

表 7-4-1　电气系统电路图的图号和图名对照表

图号	图名
图 7-4-1 ~图 7-4-10	安全气囊系统电路图
图 7-4-11 ~图 7-4-22	全自动空调电路图
图 7-4-23 ~图 7-4-35	进入及启动许可电路图
图 7-4-36 ~图 7-4-54	舒适便捷系统电路图
图 7-4-55 ~图 7-4-66	带记忆功能的座椅和后视镜调节装置电路图
图 7-4-67 ~图 7-4-71	座椅加热装置电路图
图 7-4-72 ~图 7-4-75	座椅通风电路图
图 7-4-76 ~图 7-4-81	电动座椅调节装置，不带记忆功能电路图
图 7-4-82 ~图 7-4-84	全景滑动天窗电路图
图 7-4-85 ~图 7-4-90	电动行李箱盖电路图
图 7-4-91 ~图 7-4-97	泊车雷达系统（PDC）电控系统电路图
图 7-4-98、图 7-4-99	倒车摄像机系统适配装置电路图
图 7-4-100 ~图 7-4-102	驾驶员辅助系统的前部摄像机电路图
图 7-4-103 ~图 7-4-106	车道保持辅助系统电路图
图 7-4-107 ~图 7-4-110	自动车距控制电路图
图 7-4-111 ~图 7-4-113	周围环境摄像机电路图
图 7-4-114、图 7-4-115	自动防眩车内及车外后视镜电路图
图 7-4-116 ~图 7-4-120	逆变器和插座电路图
图 7-4-121 ~图 7-4-135	LED 大灯，（8IT）电控系统电路图
图 7-4-136 ~图 7-4-157	LED 大灯，（8IU）电控系统电路图
图 7-4-158 ~图 7-4-170	氛围灯电路图
图 7-4-171 ~图 7-4-180	收音机 - 导航系统电路图
图 7-4-181 ~图 7-4-186	音响系统电路图
图 7-4-187 ~图 7-4-195	收音机电路图
图 7-4-196 ~图 7-4-217	数据总线联网电路图
图 7-4-218 ~图 7-4-226	组合仪表电路图
图 7-4-227 ~图 7-4-258	保险丝配置电路图

安全气囊卷簧和带滑环的复位环，前部安全气囊碰撞传感器，安全气囊控制单元，转向柱电子装置控制单元，驾驶员侧安全气囊引爆装置，驾驶员侧膝盖部安全气囊引爆装置

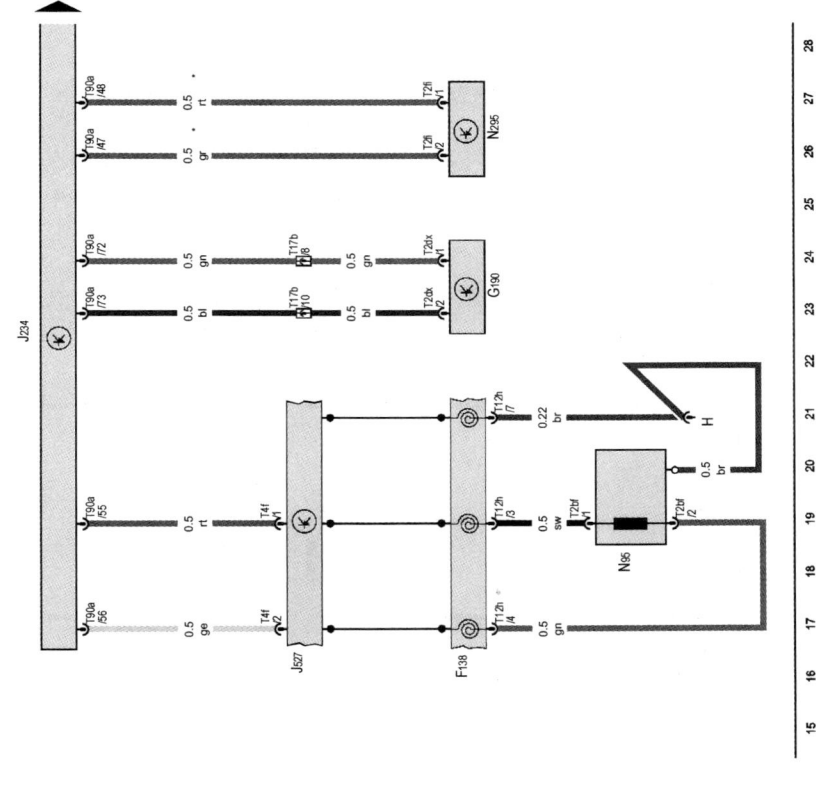

F138-安全气囊卷簧和带滑环的复位环 G190-前部安全气囊碰撞传感器 H-信号喇叭（按钮） J234-安全气囊控制单元 J527-转向柱电子装置控制单元 N95-驾驶员侧安全气囊引爆装置 N295-驾驶员侧膝盖部安全气囊引爆装置 T2bf-2 芯插头连接，黑色 T2dx-2 芯插头连接，黄色 T2h-2 芯插头连接，黄色 T4f-4 芯插头连接，黄色 T12h-12 芯插头连接，黄色 T17b-17 芯插头连接，黄色 T90a-90 芯插头连接，黄色 *-仅用于带驾驶员侧膝盖部安全气囊的汽车

图 7-4-2

接线端 15 供电继电器

A-蓄电池 EX22-中部仪表板开关模块 J329-接线端15供电继电器 J519-车载电网控制单元 SA1-保险丝架A上的保险丝1 SC13-保险丝架C上的保险丝13 SC33-保险丝架C上的保险丝33 SC34-保险丝架C上的保险丝34 SC41-保险丝架C上的保险丝41 T2bi-2芯插头连接，黑色 T12a-12芯插头连接，黑色 T73a-73芯插头连接，黑色 367-接地连接，在主导线束中 368-接地连接3，在主导线束中 639-左A柱上的接地点 B278-正极连接2（15a），在主导线束中 *-仅用于带可逆安全带拉紧器的汽车

图 7-4-1

1009

安全气囊控制单元，副驾驶员侧安全气囊引爆装置 1，驾驶员侧面安全气囊引爆装置，副驾驶员侧面安全气囊引爆装置

驾驶员侧安全带开关，副驾驶员侧安全带开关，副驾驶员侧座椅占用传感器，安全气囊控制单元

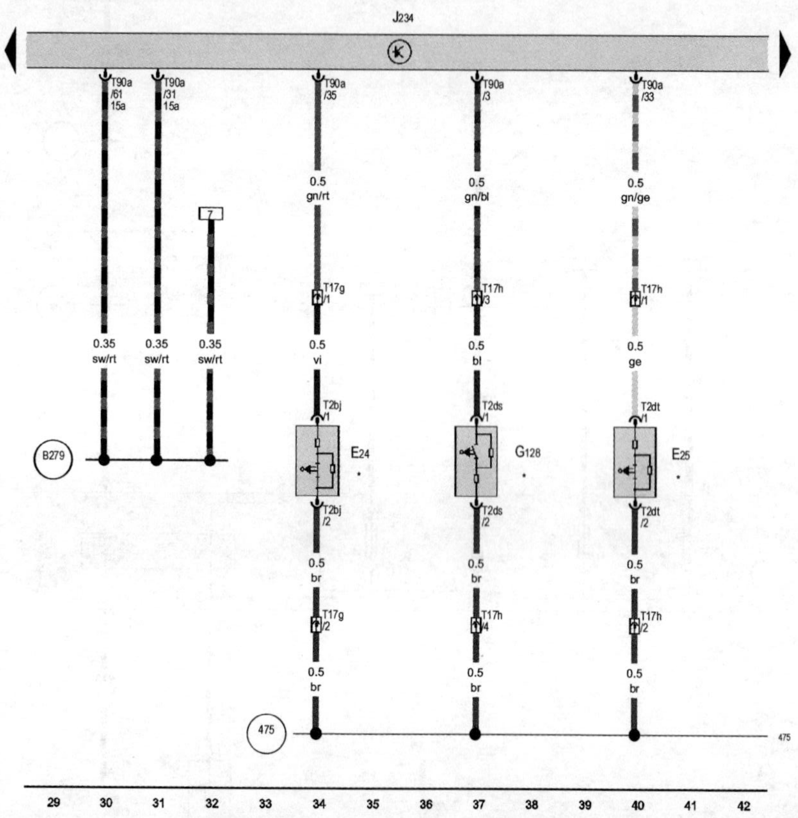

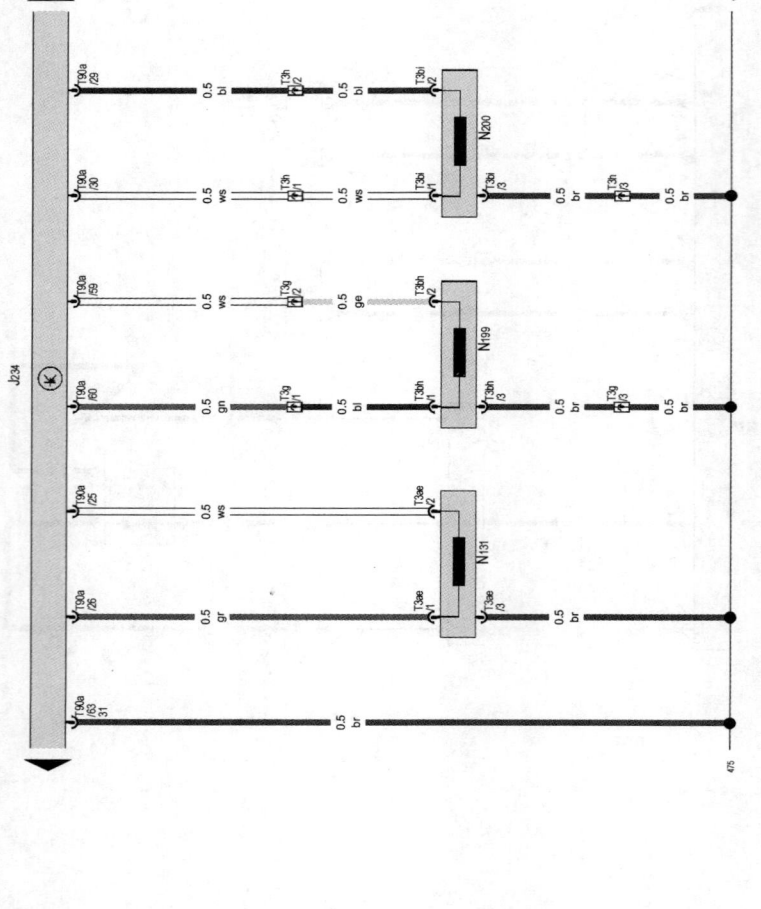

J234-安全气囊控制单元 N131-副驾驶员侧安全气囊引爆装置 1 N199-驾驶员侧面安全气囊引爆装置 N200-副驾驶员侧面安全气囊引爆装置 T3ae-3芯插头连接，黄色 T3bh-3芯插头连接，黄色 T3bi-3芯插头连接，黄色 T3g-3芯插头连接，驾驶员座椅下方，副驾驶员座椅下方，黄色 T3h-3芯插头连接，副驾驶员座椅下方，黄色 T90a-90芯插头连接（安全气囊），在主导线束中

图7-4-4

E24-驾驶员侧安全带开关 E25-副驾驶员侧安全带开关 G128-副驾驶员侧座椅占用传感器 J234-安全气囊控制单元 T2bj-2芯插头连接，黑色 T2ds-2芯插头连接，蓝色 T2dt-2芯插头连接，黑色 T17g-17芯插头连接，红色 T17h-17芯插头连接，红色 T90a-90 芯插头连接，副驾驶员座椅下方，黄色 475-接地连接（安全气囊），在主导线束中 B279-正极连接 3（15a），在主导线束中 *-已预先布线的部件

图7-4-3

安全气囊控制单元，驾驶员侧前部安全带拉紧器引爆装置，驾驶员侧侧面安全气囊引爆装置，副驾驶员侧后部侧面安全气囊引爆装置

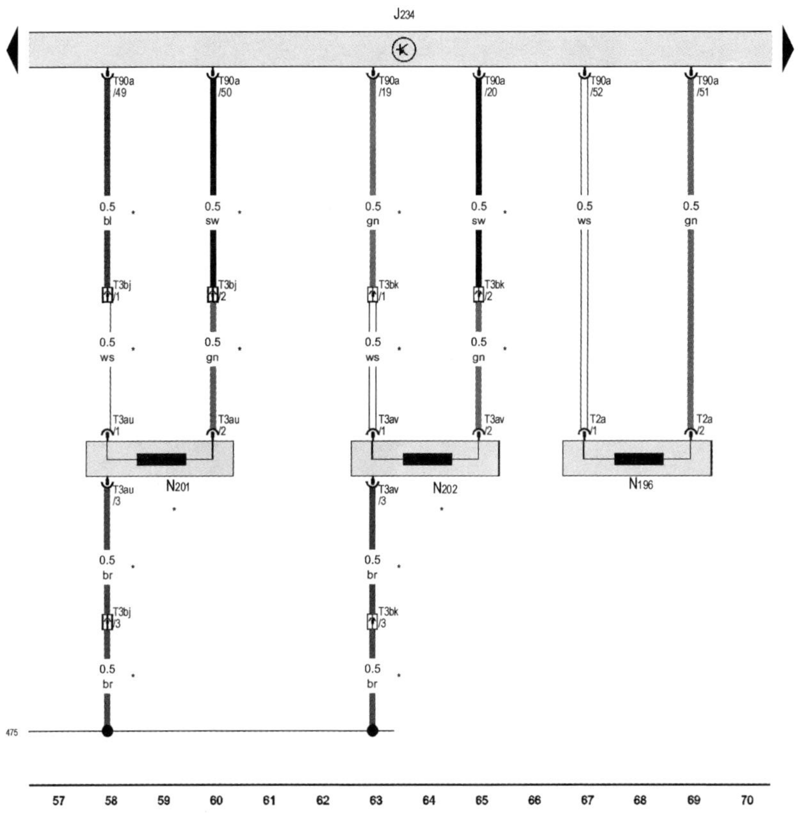

驾驶员侧侧面安全气囊碰撞传感器，副驾驶员侧侧面安全气囊碰撞传感器，安全气囊控制单元，副驾驶员侧后部安全带拉紧器引爆装置

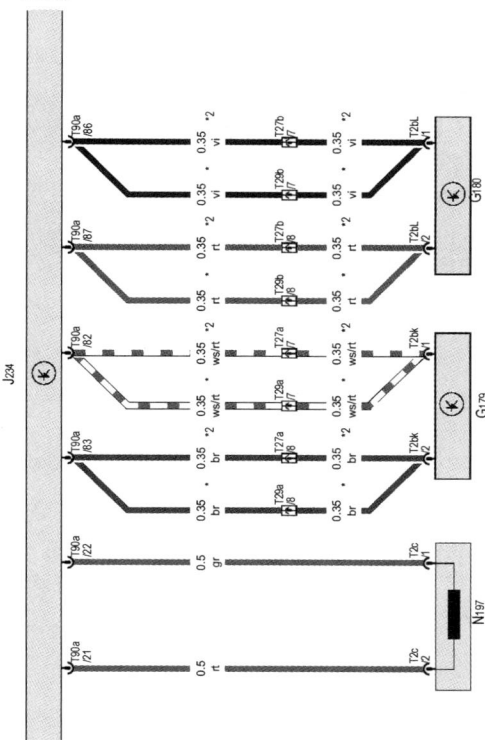

图 7-4-6

G179-驾驶员侧侧面安全气囊碰撞传感器　G180-副驾驶员侧侧面安全气囊碰撞传感器　J234-安全气囊控制单元　N197-副驾驶员侧后部安全带拉紧器引爆装置　T2a-2芯插头连接，黄色　T2aL-2芯插头连接，黄色　T2bL-2芯插头连接，黄色　T2c-2芯插头连接，黄色　T27a-27芯插头连接，左侧A柱上，黑色　T27b-27芯插头连接，右侧A柱上，黑色　T29a-29芯插头连接，左侧A柱上，白色　T29b-29芯插头连接，右侧A柱上，白色　T90a-90芯插头连接，黄色　*-仅用于带周围环境摄像机的汽车　*2-仅用于不带周围环境摄像机的汽车

图 7-4-5

J234-安全气囊控制单元　N196-驾驶员侧后部安全带拉紧器引爆装置　N201-驾驶员侧后部侧面安全气囊引爆装置　N202-副驾驶员侧后部侧面安全气囊引爆装置　T2a-2芯插头连接，黄色　T3au-3芯插头连接，黄色　T3av-3芯插头连接，黄色　T3bj-3芯插头连接，黄色　T3bk-3芯插头连接，黄色　T27a-27芯插头连接，左侧C柱附近，右侧C柱附近，黄色　T90a-90芯插头连接，黄色　475-接地连接（安全气囊），在主导线束中　*-仅用于带后排侧面安全气囊的汽车

1011

驾驶员侧后部侧面安全气囊碰撞传感器，副驾驶员侧后部侧面安全气囊碰撞传感器，安全气囊控制单元，驾驶员侧安全带拉紧器引爆装置 1

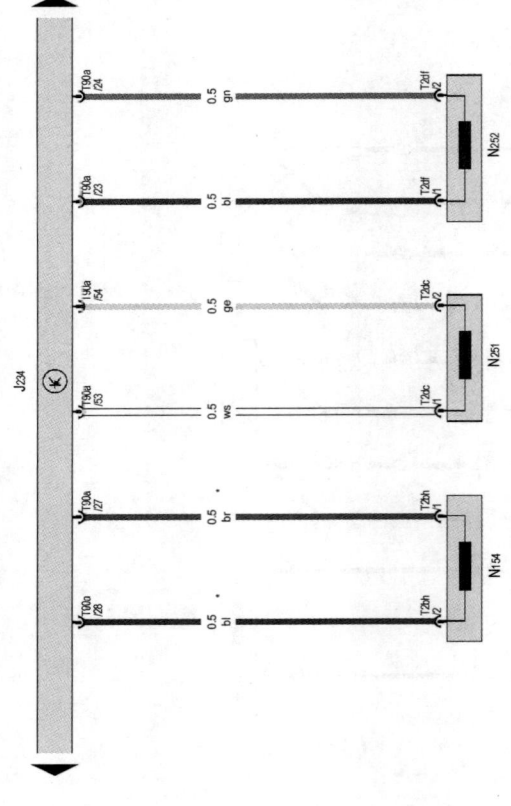

安全气囊控制单元，副驾驶员侧安全带拉紧器引爆装置 1，驾驶员侧头部安全气囊引爆装置，副驾驶员侧头部安全气囊引爆装置

J234-安全气囊控制单元 N154-副驾驶员侧安全带拉紧器引爆装置1 N251-驾驶员侧头部安全气囊引爆装置 N252-副驾驶员侧头部安全气囊引爆装置 T2bh-2芯插头连接，黄色 T2dc-2芯插头连接，黄色 T2df-2芯插头连接，黄色 T2dh-2芯插头连接，黄色 T90a-90芯插头连接，黄色 *-仅用于带安全带拉紧器的汽车

图 7-4-8

驾驶员侧后部侧面安全气囊碰撞传感器，副驾驶员侧后部侧面安全气囊碰撞传感器，安全气囊控制单元，驾驶员侧安全带拉紧器引爆装置 1

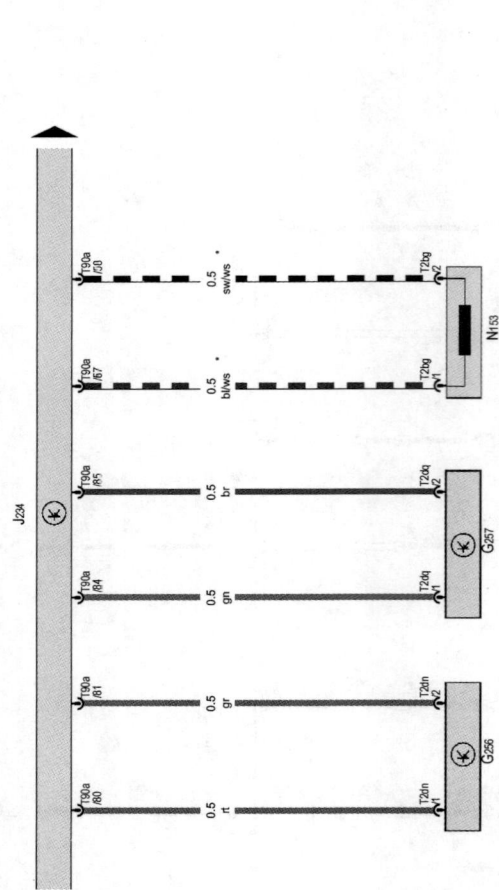

G256-驾驶员侧后部侧面安全气囊碰撞传感器 G257-副驾驶员侧后部侧面安全气囊碰撞传感器 J234-安全气囊控制单元 N153-驾驶员侧安全带拉紧器引爆装置1 T2bg-2芯插头连接，黄色 T2dn-2芯插头连接，黄色 T2dq-2芯插头连接，黄色 T90a-90芯插头连接，黄色 *-仅用于带安全带拉紧器的汽车

图 7-4-7

1012

安全气囊控制单元，组合仪表中的控制单元，数据总线诊断接口，组合仪表，安全带警告指示灯，安全气囊指示灯

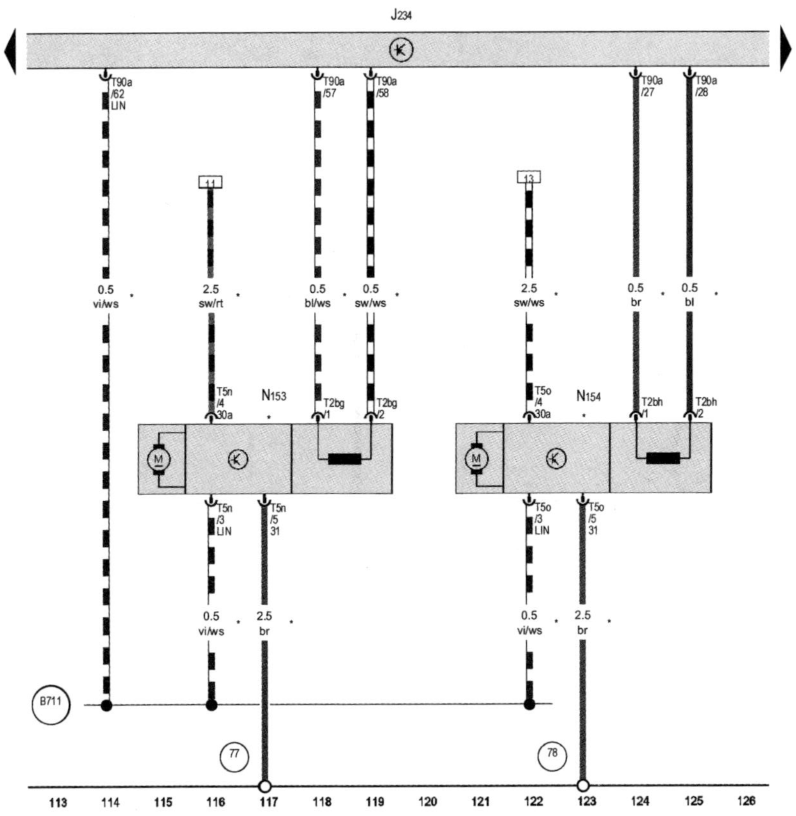

安全气囊控制单元，驾驶员侧安全带拉紧器引爆装置1，副驾驶员侧安全带拉紧器引爆装置1

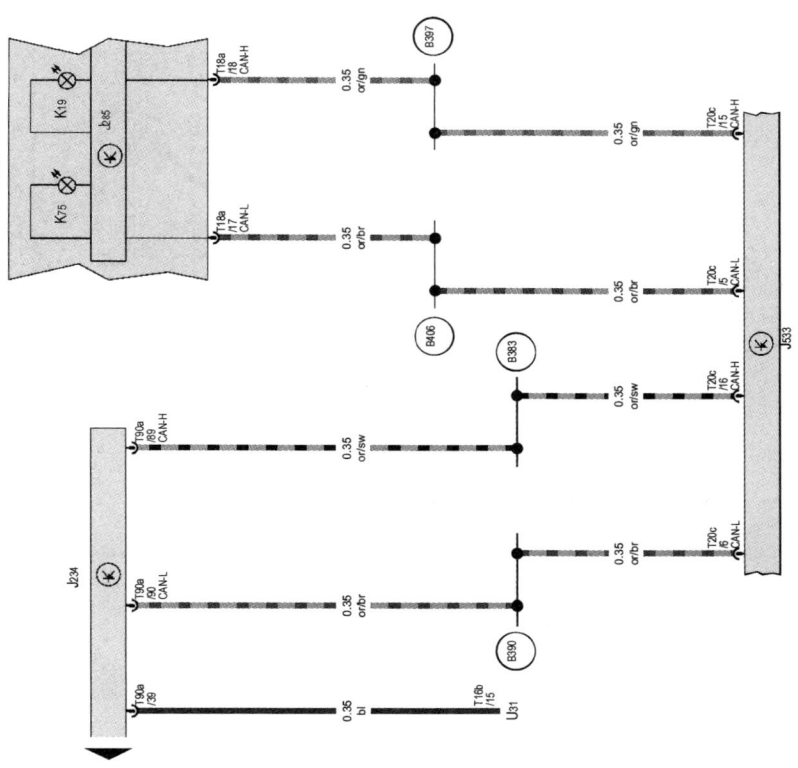

图7-4-10

J234-安全气囊控制单元　J285-组合仪表中的控制单元　J533-数据总线诊断接口　KX2-组合仪表　K19-安全带警告指示灯　K75-安全气囊指示灯　T16b-16芯插头连接，黑色　T18a-18芯插头连接，黑色　T20c-20芯插头连接，黑色　T90a-90芯插头连接，黄色　U31-诊断接口　B383-连接1（驱动CAN总线，High），在主导线束中　B390-连接1（驱动CAN总线，Low），在主导线束中　B397-连接1（舒适CAN总线，High），在主导线束中　B406-连接1（舒适CAN总线，Low），在主导线束中

图7-4-9

J234-安全气囊控制单元　N153-驾驶员侧安全带拉紧器引爆装置1　N154-副驾驶员侧安全带拉紧器引爆装置1　T2bg-2芯插头连接，黄色　T2bh-2芯插头连接，黄色　T5n-5芯插头连接，黄色　T5o-5芯插头连接，白色　T90a-90芯插头连接，黄色　77-左侧B柱下部的接地点　78-右侧B柱下部接地点　B711-连接6（LIN总线），在主导线束中　*-仅用于带可逆安全带拉紧器的汽车

1013

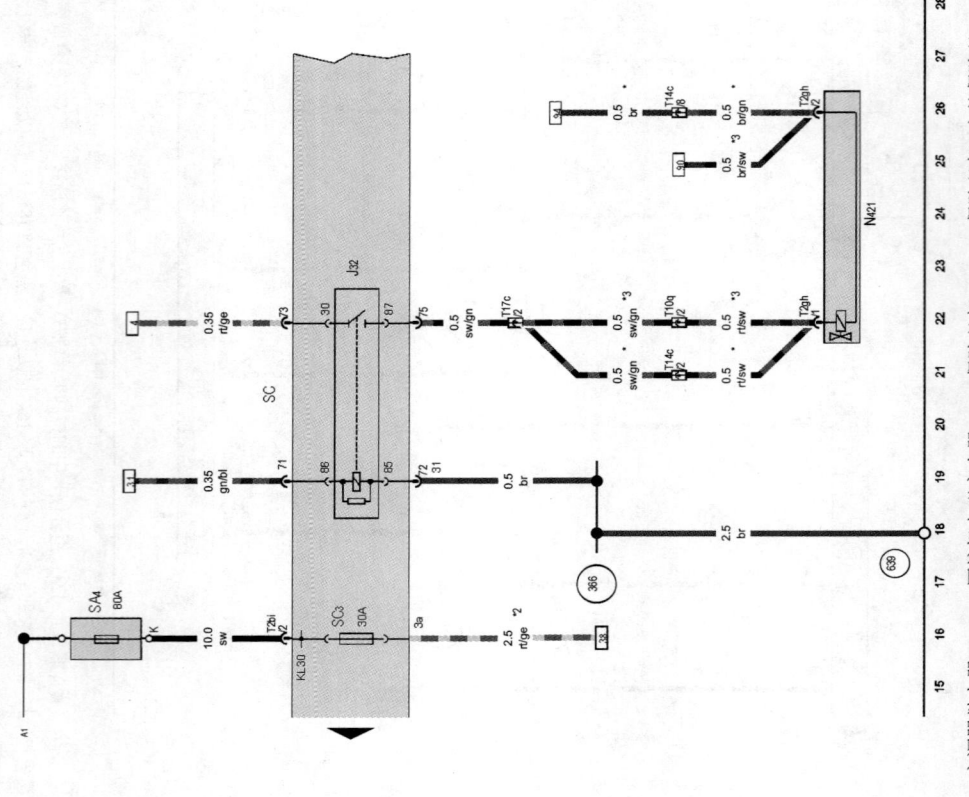

空调器继电器，压缩机电磁离合器，保险丝架 C

接线端 15 供电继电器，保险丝架 C

图7-4-11

图7-4-12

A–蓄电池 J329–接线端15供电继电器 SA1–保险丝架A上的保险丝1 SC–保险丝架C SC7–保险丝架C上的保险丝7 SC14–保险丝架C上的保险丝14 SC34–保险丝架C上的保险丝34 T2bi–2芯插头连接，黑色 367–接地连接2，在主导线束中 368–接地连接3，在主导线束中 639–左A柱上的接地点 B278–正极连接2 (15a)，在主导线束中 B316–正极连接2（30a），在主导线束中 *–仅用于后部带有全自动空调操作与显示单元的汽车

J32–空调器继电器 N421–压缩机电磁离合器 SC–保险丝架C SC3–保险丝架C上的保险丝3 SA4–保险丝架A上的保险丝4 T2bi–2芯插头连接，黑色 T2gh–2芯插头连接，黑色 T10q–10芯插头连接，左前纵梁上，黑色 T14c–14芯插头连接，左前纵梁上，黑色 T17c–17芯插头连接，左侧A柱下部，红色 366–接地连接1，在主导线束中 639–左A柱上的接地点 *–仅用于带2.5L汽油发动机的汽车 *2–仅用于后部带有全自动空调操作与显示单元的汽车 *3–仅用于带2.0L发动机的汽车

1014

新鲜空气鼓风机开关，暖风/空调操作，全自动空调控制单元，后部新鲜空气鼓风机控制
单元，开关照明灯泡，后部新鲜空气鼓风机

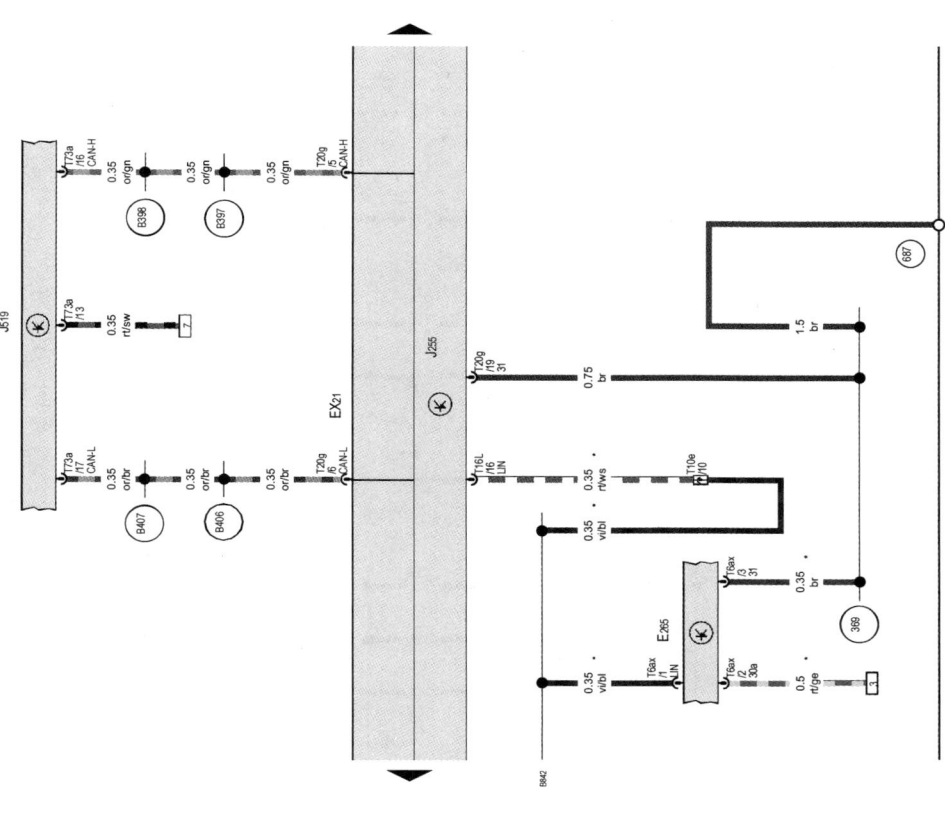

暖风/空调操作，后部空调操作和显示单元，全自动空调控制单元，车载电网控制单元

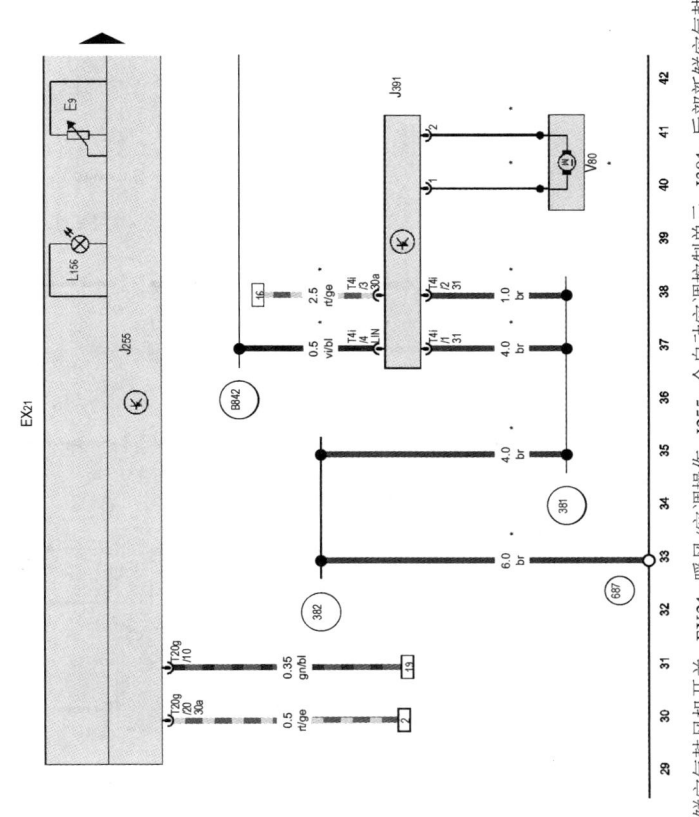

图7-4-14

EX21－暖风/空调操作和显示单元 E265－后部空调操作和显示单元 J255－全自动空调控制单元 J519－车载电网控制单元 T6ax－6芯插头连接 T10e－10芯插头连接，右侧仪表板内，黑色 T16L－16芯插头连接，黑色 T16L－16芯插头连接，黑色 T20g－20芯插头连接，黑色 T73a－73芯插头连接，黑色 369－接地连接，在主导线束中 687－中央通道上的接地点1 B397－连接1（舒适CAN总线，High），在主导线束中 B398－连接2（舒适CAN总线，High），在主导线束中 B406－连接1（舒适CAN总线，Low），在主导线束中 B407－连接2（舒适CAN总线，Low），在主导线束中 B842－连接8（LIN总线），在主导线束中 *－仅用于后部带有全自动空调操作与显示单元的汽车

图7-4-13

E9－新鲜空气鼓风机开关 EX21－暖风/空调操作 J255－全自动空调控制单元 J391－后部新鲜空气鼓风机控制单元 L156－开关照明灯泡 T4i－4芯插头连接 T20g－20芯插头连接，黑色 V80－后部新鲜空气鼓风机 381－接地连接16，在主导线束中 382－接地连接17，在主导线束中 687－中央通道上的接地点1 B842－连接8（LIN总线），在主导线束中 *－仅用于后部带有全自动空调操作与显示单元的汽车

暖风/空调操作，空调器开关，新鲜空气和循环空气风门开关，可加热后窗玻璃按钮，冷却液
气质量传感器，新鲜空气鼓风机控制单元，全自动空调控制单元，右前仪表板出风口温度传感器，冷却液
新鲜空气鼓风机

暖风/空调操作，左前仪表板出风口温度传感器，右前仪表板出风口温度传感器，冷却液
循环管路压力传感器，全自动空调控制单元

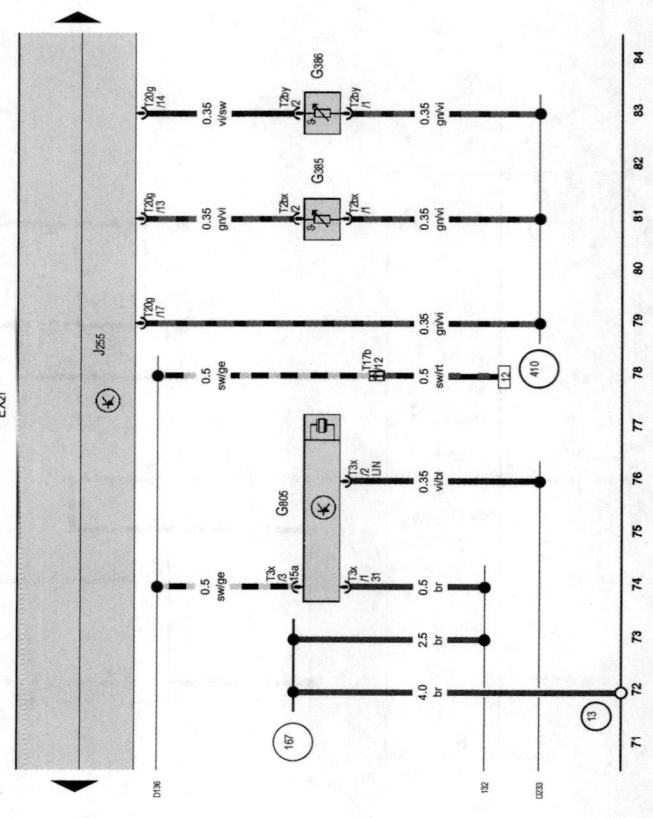

图7-4-16

EX21-暖风/空调操作 G385-左前仪表板出风口温度传感器 G386-右前仪表板出风口温度传感器 G805-
冷却液循环管路压力传感器 J255-全自动空调控制单元 T2bx-2芯插头连接，黑色 T2by-2芯插头连接，
黑色 T3x-3芯插头连接，黑色 T17b-17芯插头连接，左侧A柱下部，棕色 T20g-20 芯插头连接，黑
色 13-发动机舱内右侧的接地点 132-接地连接3，在发动机舱导线束中 167-接地连接4，在发动机舱导
线束中 410-接地连接1（传感器接地），在主导线束中 D136-正极连接2（15a），在发动机舱导线
束中 D233-连接2（LIN总线），在发动机舱导线束中

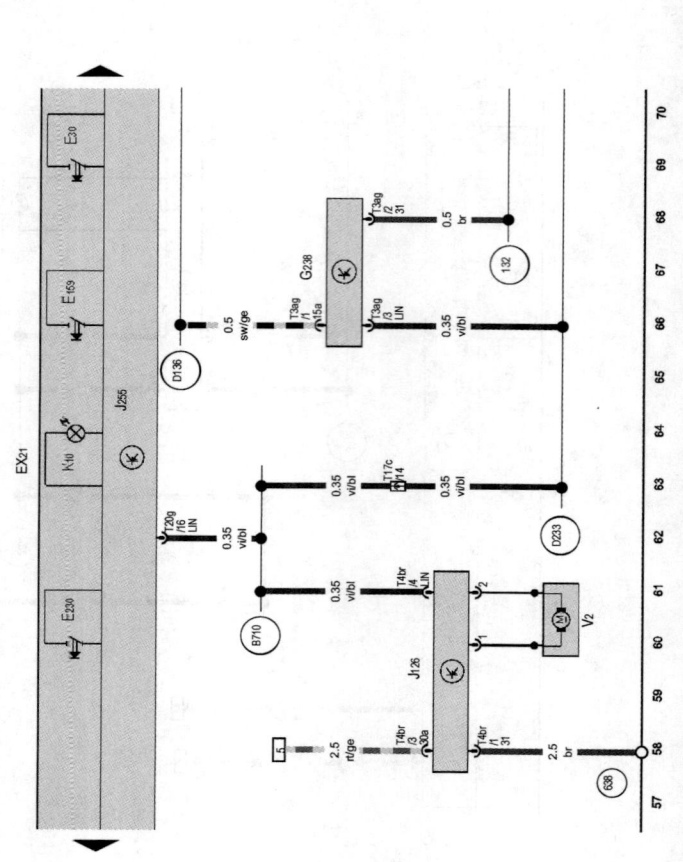

图7-4-15

EX21-暖风/空调操作 E30-空调器开关 E159-新鲜空气和循环空气风门开关 E230-可加热后窗玻璃按
钮 G238-空气质量传感器 J126-新鲜空气鼓风机控制单元 J255-全自动空调控制单元 K10-可加热后窗
玻璃指示灯 T3ag-3芯插头连接，黑色 T4br-4芯插头连接，黑色 T17c-17芯插头连接，左侧A柱下部，
红色 T20g-20芯插头连接，黑色 V2-新鲜空气鼓风机 132-接地连接3，在发动机舱导线束中 638-右A
柱上的接地点 B710-连接5（LIN总线），在主导线束中 D136-正极连接2（15a），在发动机舱导线束中
D233-连接2（LIN总线），在发动机舱导线束中

1016

暖风/空调操作，左侧出风口温度调节器，右侧出风口温度调节器，全自动空调控制单元，
新鲜空气和车内空气循环运行模式指示灯，空调压缩机调节阀

暖风/空调操作，前部空调操作和显示单元，除霜器运行开关，仪表板温度传感器，脚部
空间出风口温度传感器，新鲜空气－车内空气循环，蒸发器温度传感器，速滞压力风门风口门间
服电机电位计，全自动空调控制单元，新鲜空气/车内空气循环/速滞压力风门门间服电机

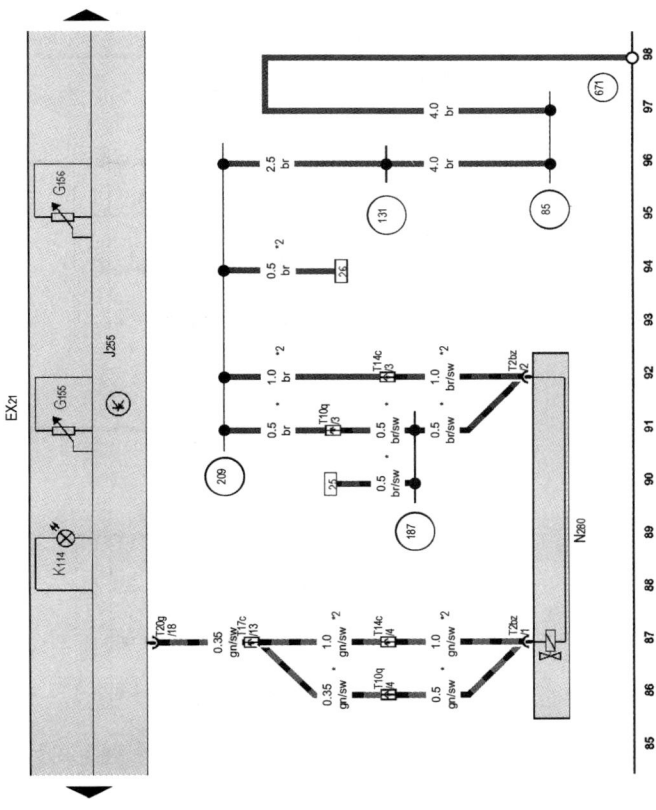

图 7-4-18

EX21-暖风/空调操作　E87-前部空调操作和显示单元　F164-除霜器运行开关　G56-仪表板温度传感器
G192-脚部空间出风口温度传感器　G308-蒸发器温度传感器　G644-新鲜空气-车内空气循环-速滞压力
风门间服电机电位计　J255-全自动空调控制单元　T2ca-2芯插头连接，黑色　T2cb-2芯插头连接，黑色
T6ai-6芯插头连接，蓝色　T16k-16芯插头连接，棕色　T16L-16芯插头连接，黑色　V425-新鲜空气/车内
空气循环/速滞压力风门间服电机　244-接地连接（传感器接地），在全自动空调导线束中　L46-连接（5
V），在全自动空调操纵导线束中

图 7-4-17

EX21-暖风/空调操作　G155-左侧出风口温度调节器　G156-右侧出风口温度调节器　J255-全自动空调控制
单元　K114-新鲜空气和车内空气循环运行模式指示灯　N280-空调压缩机调节阀　T2bz-2芯插头连接，黑
色　T10q-10芯插头连接，左前纵梁上，黑色　T14c-14芯插头连接，左前纵梁上，黑色　T17c-17芯插头连
接，左侧A柱下部，红色　T20g-20芯插头连接，黑色　T16k-16芯插头连接束中　131-接地连接
2，在发动机舱导线束中　187-接地连接2，在空调压缩机导线束中　209-接地连接，在发动机舱导线束中
671-左前纵梁上的接地点1　*-仅用于带2.0L发动机的汽车　*2-仅用于带2.5L汽油发动机的汽车

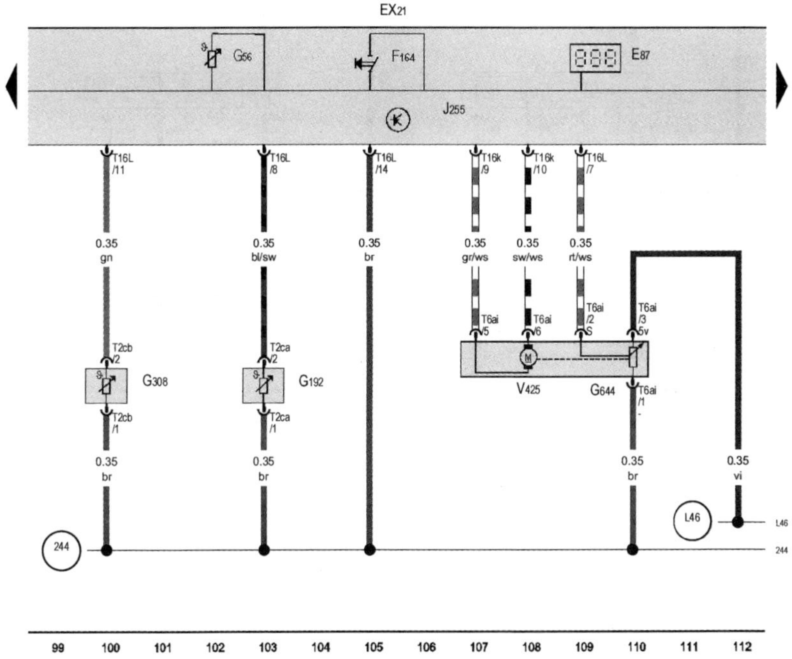

暖风/空调操作，左侧温度风门伺服电机电位计，右侧温度风门伺服电机电位计，全自动空调控制单元，左侧温度风门伺服电机，右侧温度风门伺服电机

暖风/空调操作，除霜风门伺服电机电位计，左前仪表板出风口电位计，全自动空调控制单元，除霜风门伺服电机，左前仪表板出风口伺服电机

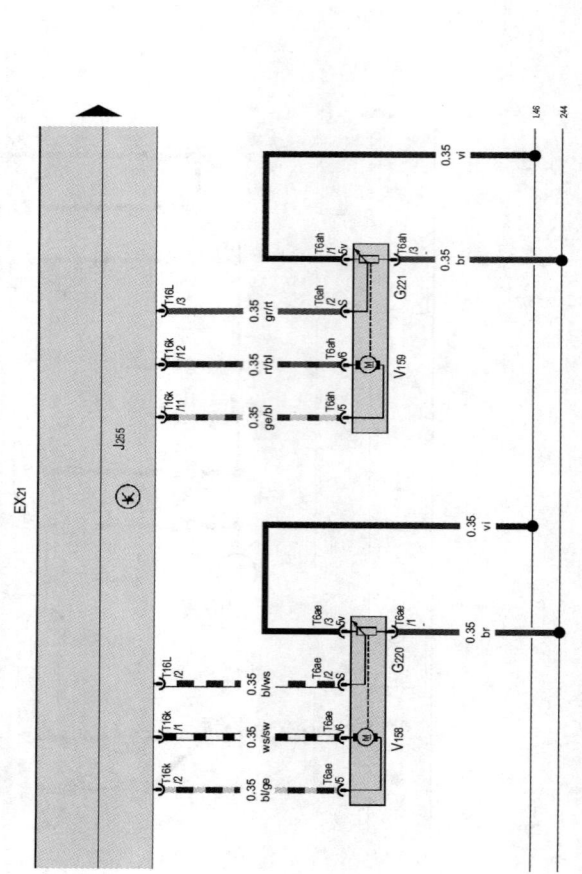

EX21-暖风/空调操作 G220-左侧温度风门伺服电机电位计 G221-右侧温度风门伺服电机电位计 J255-全自动空调控制单元 T6ae-6芯插头连接，蓝色 T6ah-6芯插头连接，蓝色 T16k-16芯插头连接，棕色 T16L-16芯插头连接，黑色 V158-左侧温度风门伺服电机 V159-右侧温度风门伺服电机 244-接地连接（传感器接地），在全自动空调导线束中 L46-连接（5V），在全自动空调操纵导线束中

图 7-4-19

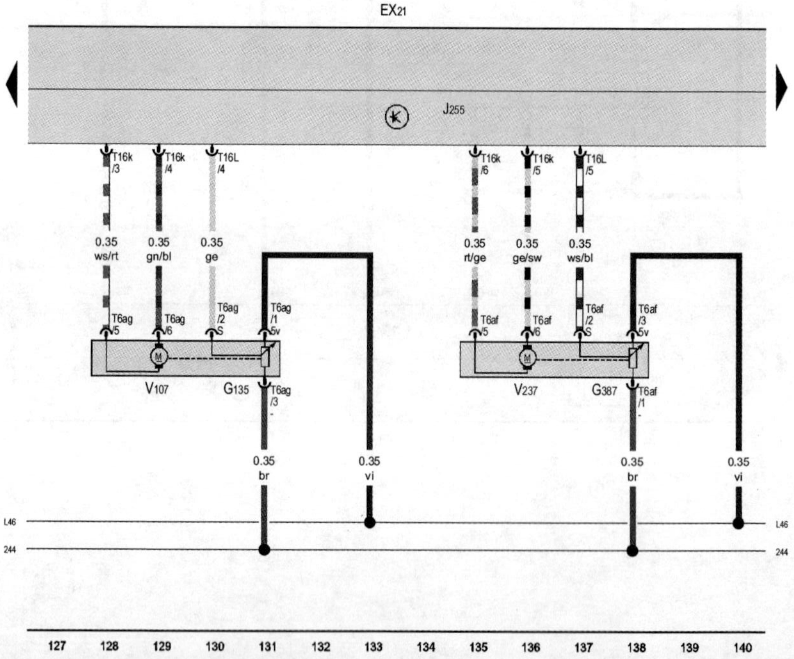

EX21-暖风/空调操作 G135-除霜风门伺服电机电位计 G387-左前仪表板出风口电位计 J255-全自动空调控制单元 T6af-6芯插头连接，蓝色 T6ag-6芯插头连接，蓝色 T16k-16芯插头连接，棕色 T16L-16芯插头连接，黑色 V107-除霜风门伺服电机 V237-左前仪表板出风口伺服电机 244-接地连接（传感器接地），在全自动空调导线束中 L46-连接（5V），在全自动空调操纵导线束中

图 7-4-20

暖风/空调操作，后部气流分配伺服电机电位计，后部温度风门伺服电机电位计，全自动空调控制单元，后部气流分配伺服电机，后部温度风门伺服电机

暖风/空调操作，后部出风口温度传感器，全自动空调控制单元

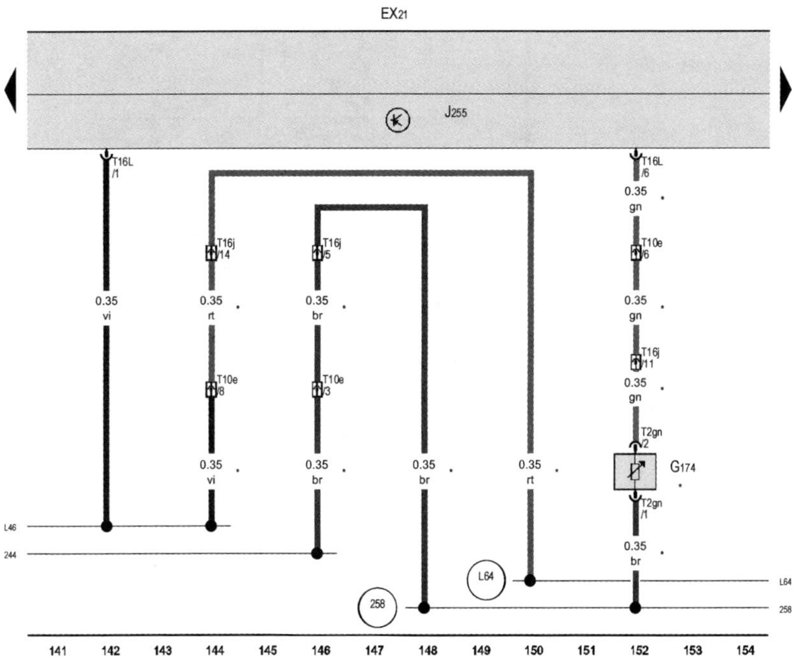

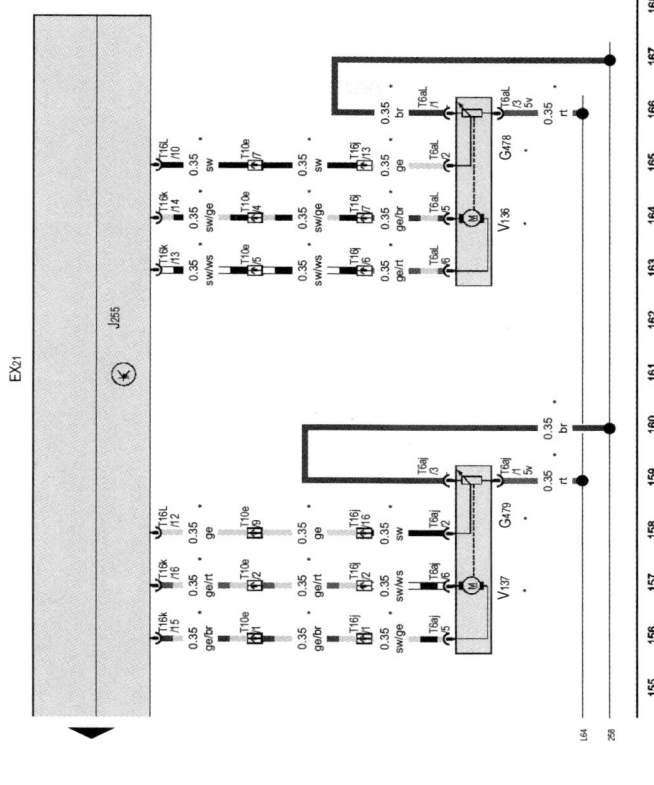

EX21-暖风/空调操作 G478-后部气流分流分配伺服电机电位计 G479-后部温度风门伺服电机电位计 J255-全自动空调控制单元 T6aj-6芯插头连接，蓝色 T6aL-6芯插头连接，蓝色 T10e-10芯插头连接，右侧仪表板内，黑色 T16j-16芯插头连接，前部扶手附近，棕色 T16k-16芯插头连接，棕色 T16L-16芯插头连接，黑色 V136-后部气流分配伺服电机 V137-后部温度风门伺服电机 258-接地连接，在后部全自动空调导线束中 L64-连接（伺服电机），在后部全自动空调导线束中 *-仅用于后部带有全自动空调操作与显示单元的汽车

图7-4-22

EX21-暖风/空调操作 G174-后部出风口温度传感器 J255-全自动空调控制单元 T2gn-2芯插头连接，黑色 T10e-10芯插头连接，右侧仪表板内 T16j-16芯插头连接，棕色 T16L-16芯插头连接，黑色 244-接地连接（传感器接地），在全自动空调导线束中 258-接地连接，在后部全自动空调导线束中 L46-连接（5V），在全自动空调操纵导线束中 L64-连接（伺服电机），在后部全自动空调导线束中 *-仅用于后部带有全自动空调操作与显示单元的汽车

图7-4-21

前窗玻璃刮水器开关，间歇式刮水器运行开关，后窗玻璃刮水器开关，车窗玻璃刮水器间歇运行调节器，车窗玻璃清洗泵开关（自动刮水/清洗装置和大灯清洗装置），转向柱电子装置控制单元

转向柱联锁执行元件

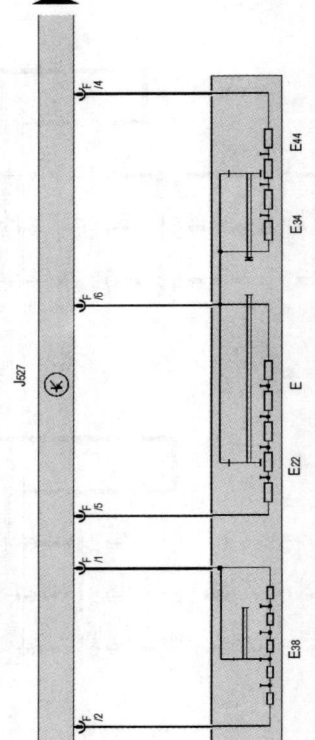

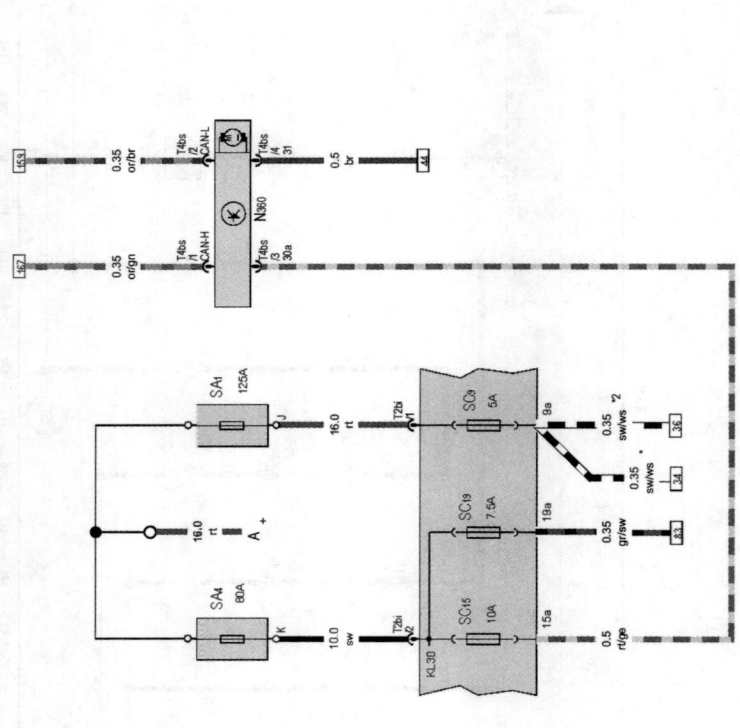

E-前窗玻璃刮水器开关　E22-间歇式刮水器运行开关　E34-后窗玻璃刮水器开关　E38-车窗玻璃刮水器间歇运行调节器　E44-车窗玻璃清洗泵开关（自动刮水/清洗装置和大灯清洗装置）　J527-转向柱电子装置控制单元

图7-4-24

A-蓄电池　N360-转向柱联锁执行元件　SA1-保险丝架A上的保险丝1　SA4-保险丝架A上的保险丝4　SC9-保险丝架C上的保险丝9　SC15-保险丝架C上的保险丝15　SC19-保险丝架C上的保险丝19　T2bi-2芯插头连接，T4bs-4芯插头连接，黑色　*-仅用于带可加热式方向盘的汽车　*2-仅用于不带可加热式方向盘的汽车

图7-4-23

安全气囊卷簧和带滑环的复位环，信号喇叭控制，转向柱电子装置控制单元

转向柱电子装置控制单元

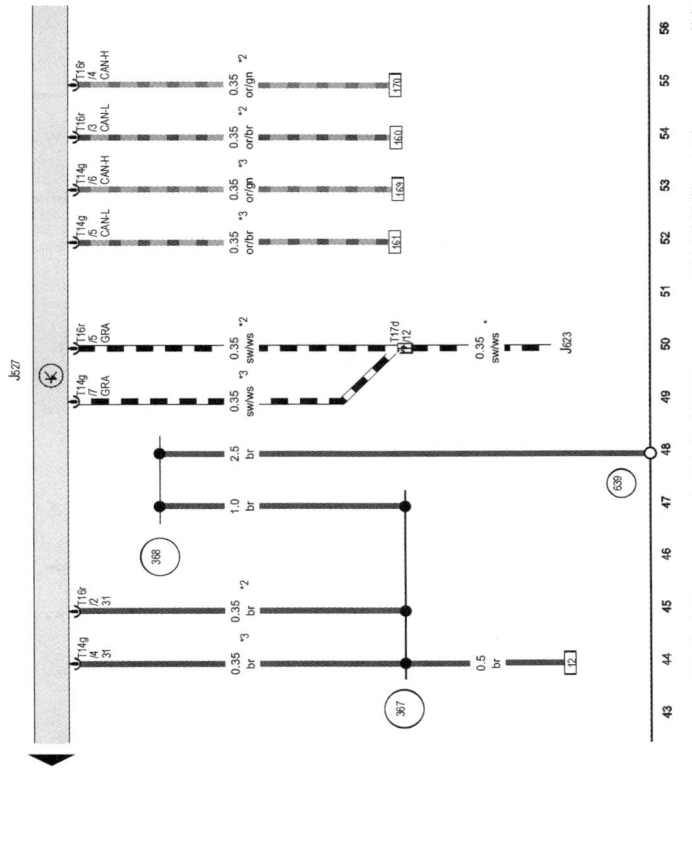

图 7-4-25

图 7-4-26

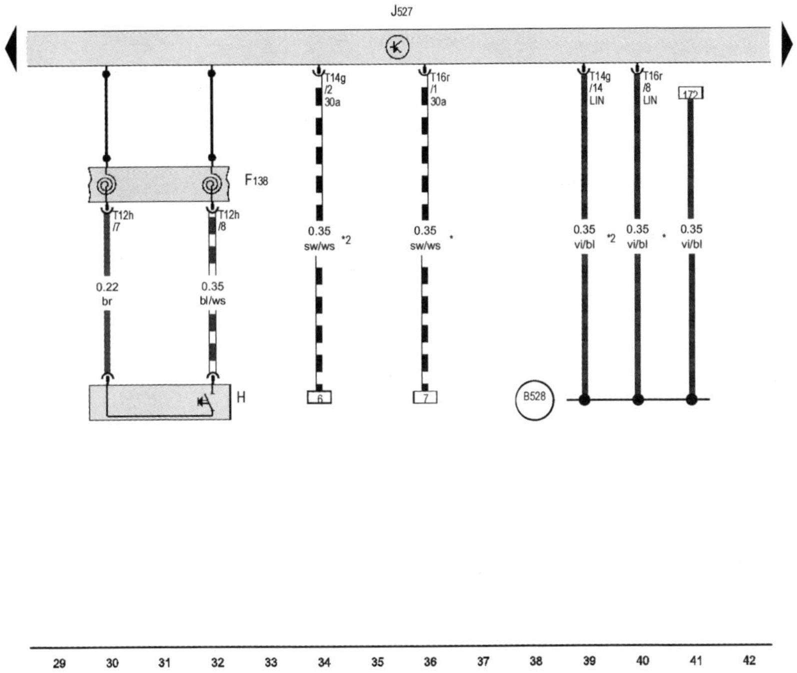

F138-安全气囊卷簧和带滑环的复位环 H-信号喇叭控制 J527-转向柱电子装置控制单元 T12h-12芯插头
连接，黄色 T14g-14芯插头连接，黑色 T16r-16芯插头连接，黑色 B528-连接1 (LIN总线)，在主导线
束中 *-仅用于不带可加热式方向盘的汽车 *2-仅用于带可加热式方向盘的汽车

J527-转向柱电子装置控制单元 J623-发动机控制单元 T14g-14芯插头连接，黑色 T16r-16芯插头连接，
黑色 T17d-17芯插头连接，左侧A柱下部，蓝色 367-接地连接2，左侧A柱连接 368-接地连接3，在主导
线束中 639-左侧A柱上的接地点 *-见发动机所适用的电路图 *2-仅用于带可加热式方向盘的汽车 *3-
仅用于不带可加热式方向盘的汽车

1021

转向信号灯开关，手动远光灯功能和远光灯瞬时接通功能开关，驾驶员辅助系统按钮，转向柱电子装置控制单元

驾驶员车门外把手，左前车门外把手接触传感器，进入及启动系统接口，驾驶员侧的进入及启动系统天线

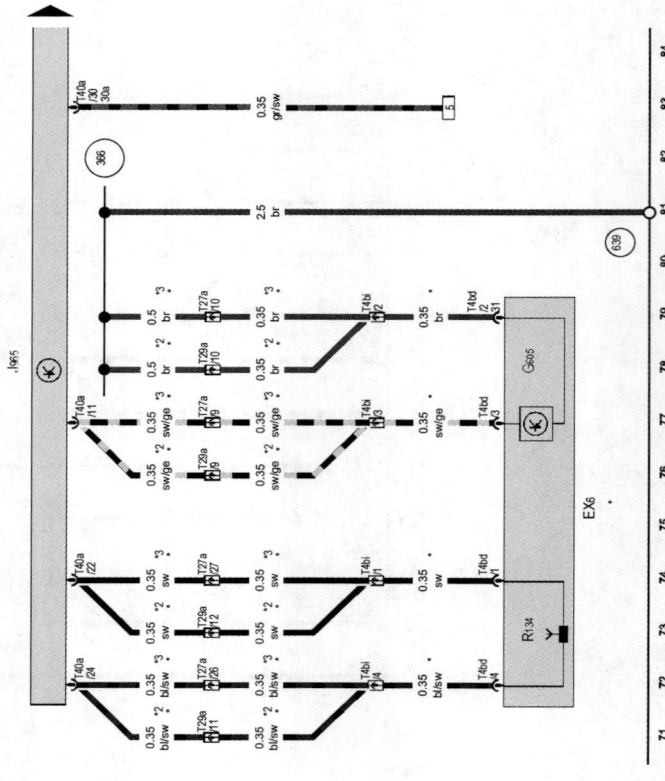

EX6-驾驶员车门外把手 G605-左前车门外把手接触传感器 J965-进入及启动系统接口 R134-驾驶员侧的进入及启动系统天线 T4bd-4芯插头连接，在驾驶员侧车门内，黑色 T27a-27芯插头连接，左侧 A 柱上，黑色 T29a-29芯插头连接，左侧 A 柱上，白色 T40a-40芯插头连接，黑色 366-接地连接1，在主导线束中 639-左侧 A 柱上的接地点 *-仅用于带无钥匙上下车系统"Keyless Access"的汽车 *2-仅用于不带周围环境摄像机的汽车 *3-仅用于带周围环境摄像机的汽车

图 7-4-28

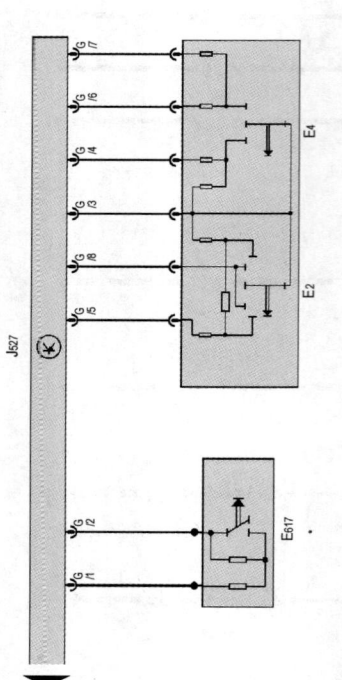

E2-转向信号灯开关 E4-手动远光灯功能和远光灯瞬时接通功能开关 E617-驾驶员辅助系统按钮 J527-转向柱电子装置控制单元 *-仅用于带自动车距控制（ADR）的汽车

图 7-4-27

右后车门外把手，右后车门外把手接触传感器，进入及启动系统接口，进入及启动许可副驾驶员侧后部天线

副驾驶员车门外把手，右前车门外把手接触传感器，进入及启动系统接口，副驾驶员侧的进入及启动系统天线

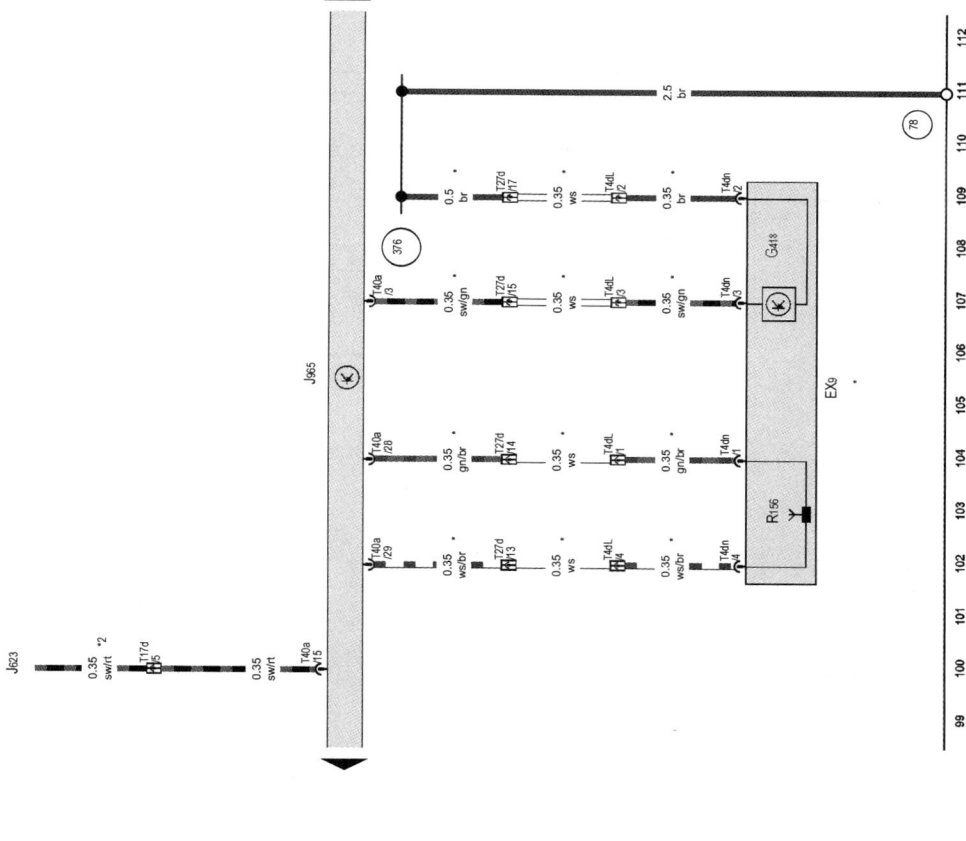

EX9-右后车门外把手 G418-右后车门外把手接触传感器 J623-发动机控制单元 J965-进入及启动系统接口 R156-进入及启动许可副驾驶员侧后部天线 T4dL-4芯插头连接，在右后车门内，黑色 T4dn-4芯插头连接，黑色 T17d-17芯插头连接，左侧A柱下部，蓝色 T27d-27芯插头连接，右侧B柱上，黑色 T40a-40芯插头连接，黑色 78-右侧B柱下部接地点 376-接地连接11，在主导线束中 *-仅用于带无钥匙上下车系统"Keyless Access"的汽车 *2-见发动机所适用的电路图

图7-4-30

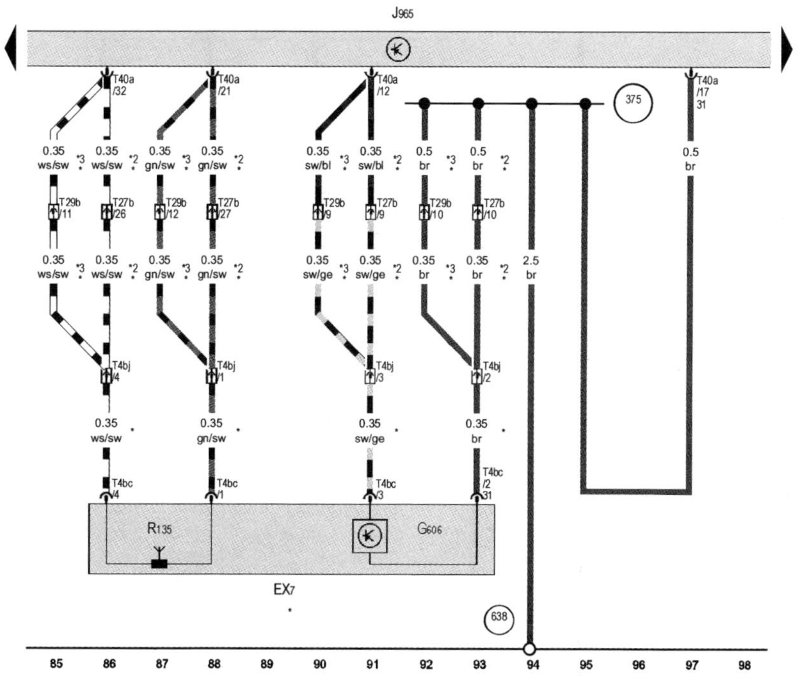

EX7-副驾驶员车门外把手 G606-右前车门外把手接触传感器 J965-进入及启动系统传感器 R135-副驾驶员侧的进入及启动系统天线 T4bc-4芯插头连接，黑色 T4bj-4芯插头连接，副驾驶货车门内，黑色 T27b-27芯插头连接，右侧A柱上，黑色 T29b-29芯插头连接，右侧A柱上，白色 T40a-40芯插头连接，右侧A柱上，黑色 375-接地连接10，在主导线束中 638-台A柱上的接地点 *-仅用于带无钥匙上下车系统"Keyless Access"的汽车 *2-仅用于不带周围环境摄像机的汽车 *3-仅用于带周围环境摄像机的汽车

图7-4-29

左车门外把手，左后车门外把手接触传感器，车载电网控制单元，进入及启动系统接口，进入及启动许可驾驶员侧后部天线

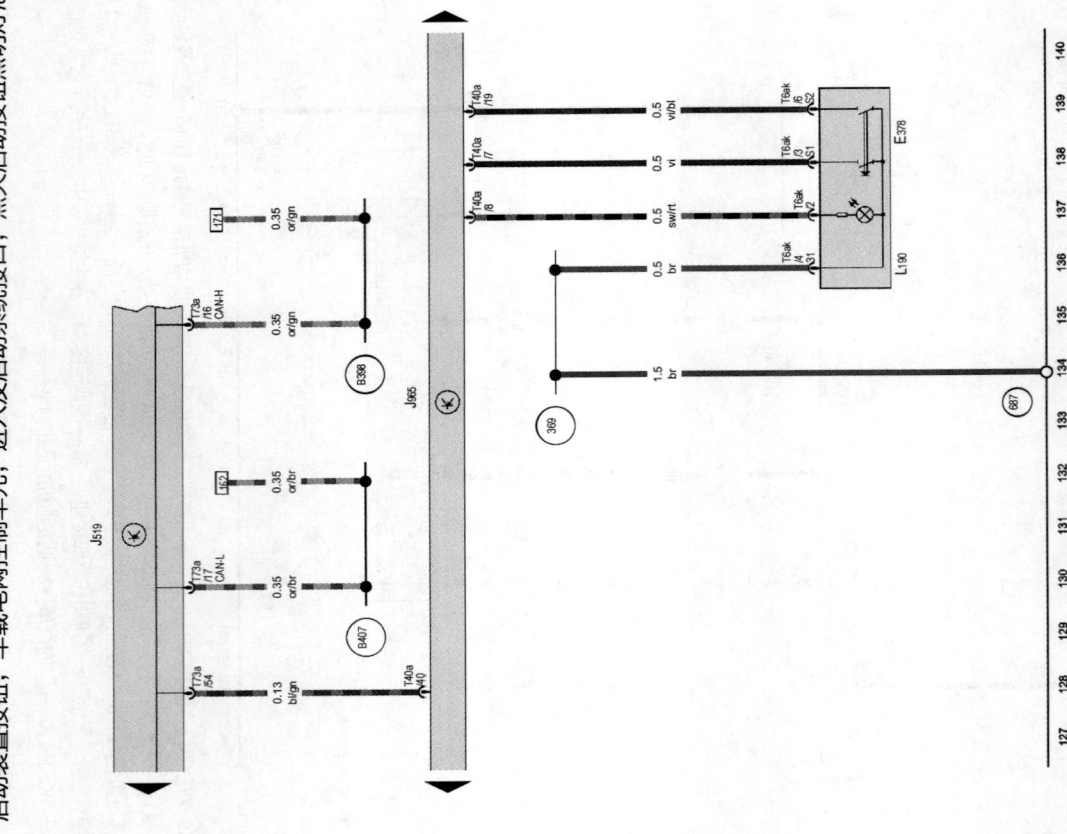

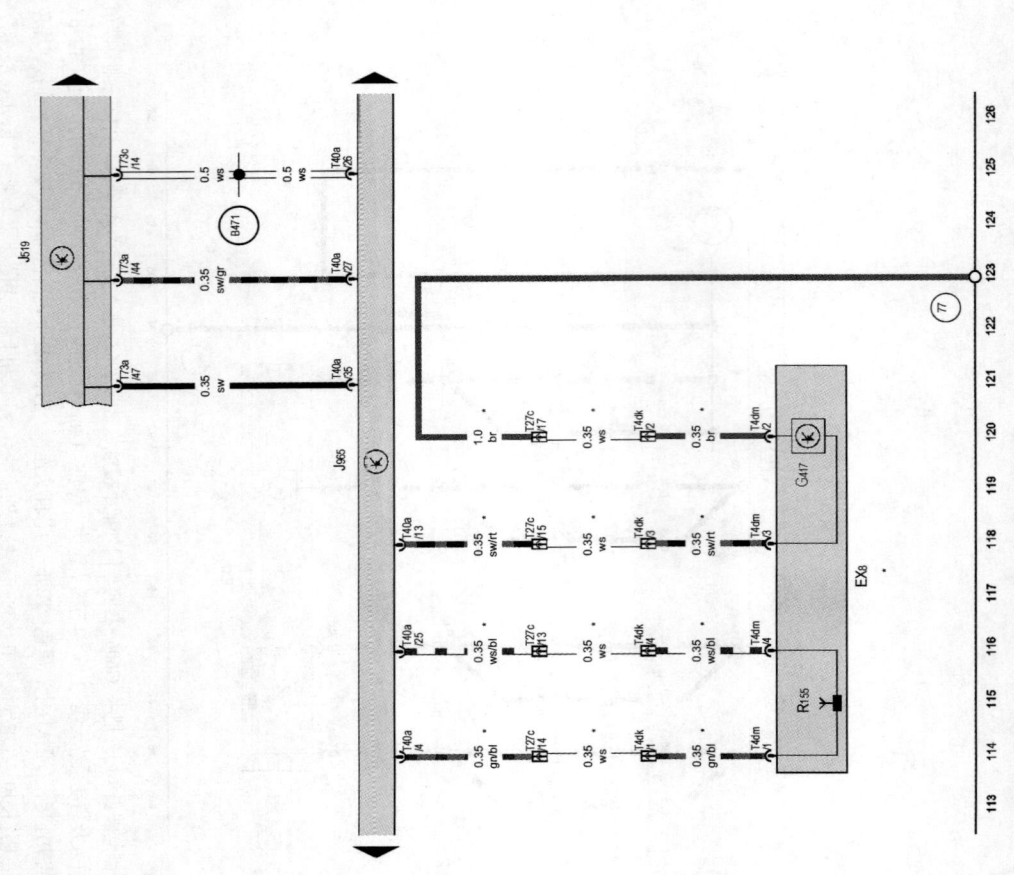

EX8-左后车门外把手 G417-左后车门外把手接触传感器 J519-车载电网控制单元 J965-进入及启动系统接口 R155-进入及启动许可驾驶员侧后部天线 T4dk-4 芯插头连接，在左后车门内，黑色 T4dm-4 芯插头连接，在左后车门，黑色 T27c-27 芯插头连接，左侧B柱上，黑色 T40a-40芯插头连接，黑色 T73a-73芯插头连接，黑色 T73c-73芯插头连接，左侧B柱下 B471-连接点，左侧B柱下侧B柱下可的接地点 77-左侧B柱下 77-连接7，在主导线束中 *-仅用于带无钥匙上下车系统 "Keyless Access" 的汽车

图 7-4-31

左后车门外把手，左后车门外把手，启动系统接口，点火启动按钮照明灯泡启动装置按钮，车载电网控制单元，进入及启动系统接口，点火启动按钮照明灯泡

E378-启动装置按钮 J519-车载电网控制单元 J965-进入及启动系统接口 L190-点火启动按钮照明灯泡 T6ak-6芯插头连接，黑色 T40a-40芯插头连接，黑色 T73a-73芯插头连接，黑色 369-接地连接，在主导线束中 687-中央通道上的接地点1 B398-连接点2（舒适CAN总线，High），在主导线束中 B407-连接2（舒适CAN总线，Low），在主导线束中

图 7-4-32

1024

进入及启动系统接口

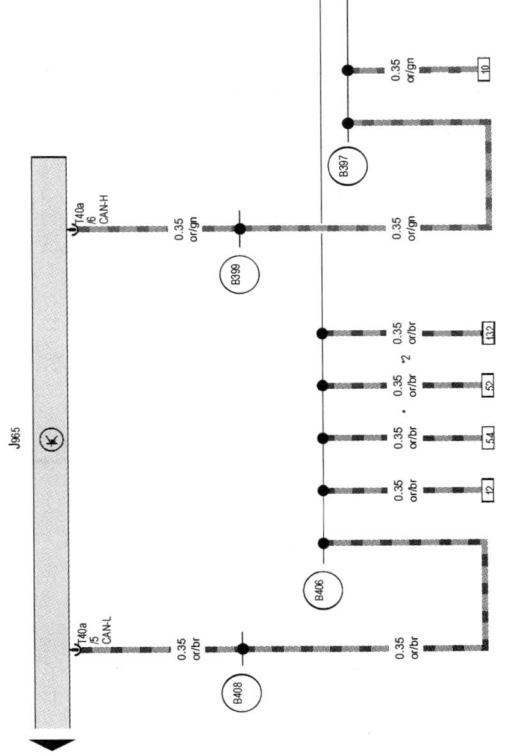

进入及启动系统接口，后保险杠内的进入及启动系统天线，行李箱内的进入及启动系统天线，车内空间的进入及启动系统天线 1，车内空间的进入及启动系统天线 2

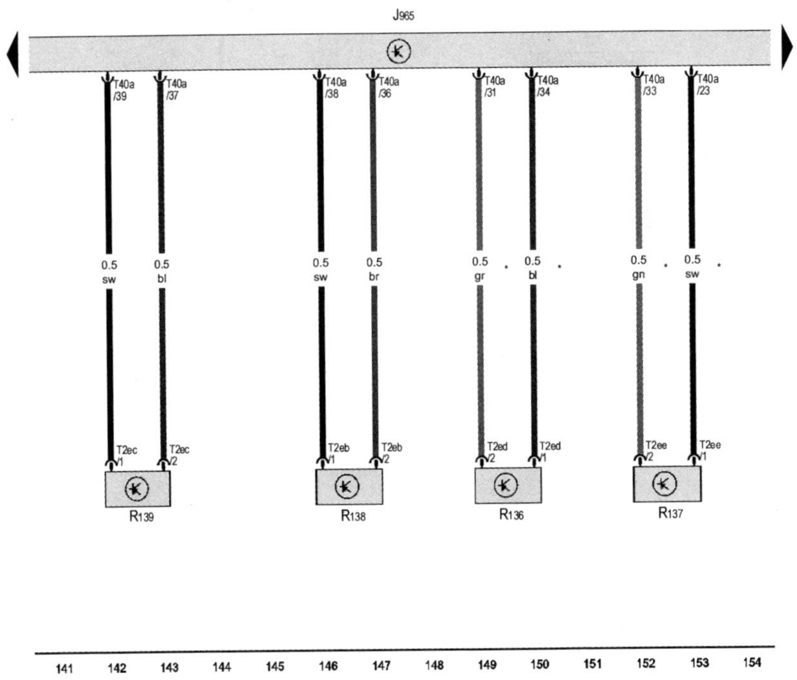

J965-进入及启动系统接口 T40a-40芯插头连接，黑色 B397-连接1（舒适CAN总线，High），在主导线束中 B399-连接3（舒适CAN总线，High），在主导线束中 B406-连接1（舒适CAN总线，Low），在主导线束中 B408-连接3（舒适CAN总线，Low），在主导线束中 *-仅用于带不带可加热式方向盘的汽车
*2-仅用于带可加热式方向盘的汽车

图 7-4-34

J965-进入及启动系统接口 T40a-40芯插头连接 R136-后保险杠内的进入及启动系统天线 R137-行李箱内的进入及启动系统天线 R138-车内空间的进入及启动系统天线1 R139-车内空间的进入及启动系统天线2 T2eb-2芯插头连接 T2ec-2芯插头连接，黑色 T2ed-2芯插头连接，棕色 T2ee-2芯插头连接，黑色 T40a-40芯插头连接，黑色 *-仅用于带无钥匙上下车系统 "Keyless Access" 的汽车

图 7-4-33

防盗锁止系统读出线圈，多功能显示器，组合仪表中的控制单元，防盗锁止系统控制单元，
数据总线诊断接口，组合仪表

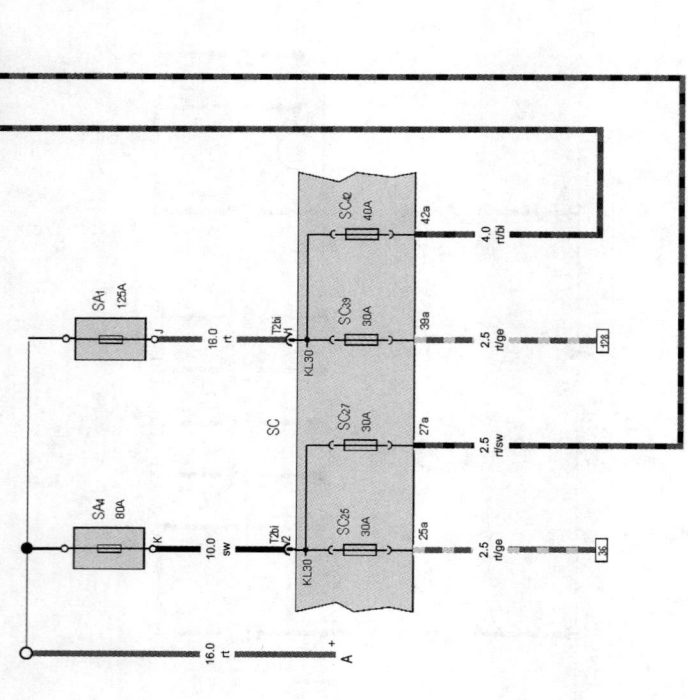

车载电网控制单元，保险丝架 C

A–蓄电池 J519–车载电网控制单元 SA1–保险丝架A上的保险丝1 SA4–保险丝架A上的保险丝4 SC–保险丝架C SC25–保险丝架C上的保险丝25 SC27–保险丝架C上的保险丝27 SC39–保险丝架C上的保险丝39 SC42–保险丝架C上的保险丝42 T2bi–2芯插头连接 T73a–73芯插头连接，黑色 T73c–73芯插头连接，黑色

图7-4-36

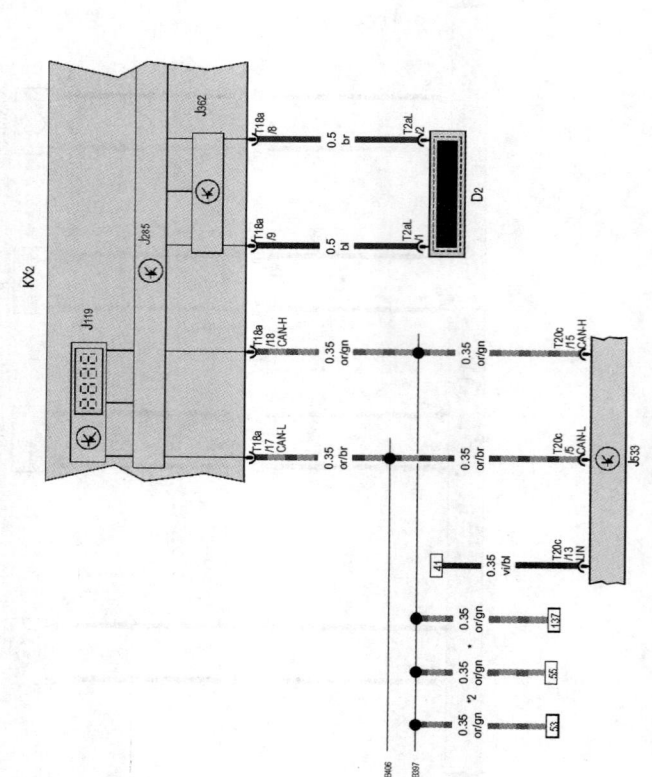

D2–防盗锁止系统读出线圈 J119–多功能显示器 J285–组合仪表中的控制单元 J362–防盗锁止系统控制单元 J533–数据总线诊断接口 KX2–组合仪表 T2aL–2芯插头连接，黑色 T18a–18芯插头连接，黑色 T20c–20芯插头连接 B397–连接1（舒适CAN总线，High），在主导线束中 B406–连接1（舒适CAN总线，Low），在主导线束中 *–仅用于不带可加热式方向盘的汽车 *2–仅用于带可加热式方向盘的汽车

图7-4-35

后部车窗升降器锁止开关，前左车窗升降器，驾驶员车门中的后左车窗升降器开关，驾驶员车门中的后右车窗升降器开关，驾驶员车门中的前右车窗升降器开关，驾驶员车门中的车窗升降器中央开关，驾驶员侧车门控制单元，车载电网控制单元，驾驶员车窗升降器锁止指示灯，开关照明灯泡

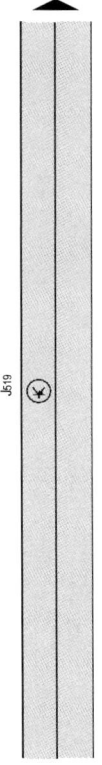

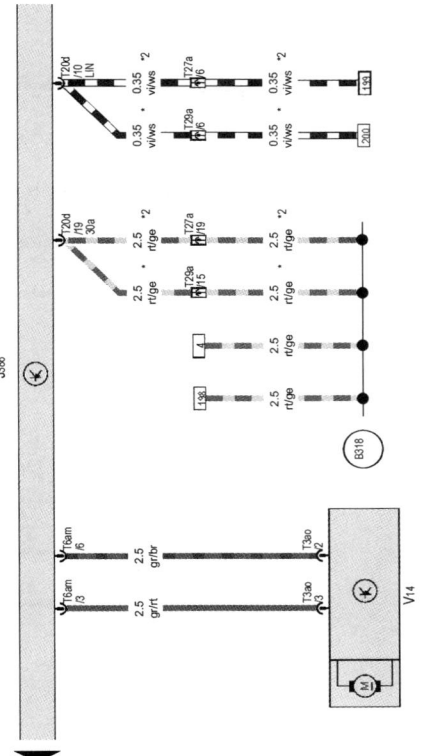

图7-4-37

E39-后部车窗升降器锁止开关 E40-前左车窗升降器 E53-驾驶员车门中的后左车窗升降器开关 E55-驾驶员车门中的后右车窗升降器开关 E81-驾驶员车门中的前右车窗升降器开关 E189-驾驶员车门中的车窗升降器中央开关 J386-驾驶员侧车门控制单元 J519-车载电网控制单元 K194-后部车窗升降器锁止指示灯 L156-开关照明灯泡 T10h-10芯插头连接，蓝色 R81-连接1（58d），在驾驶员侧车门电缆线束中 T32a-32芯插头连接，黑色 T32a-32芯插头连接，黑色 T32a-32芯插头连接，在驾驶员侧车门电缆线束中

驾驶员侧车门控制单元，车载电网控制单元，左侧车窗升降器电机

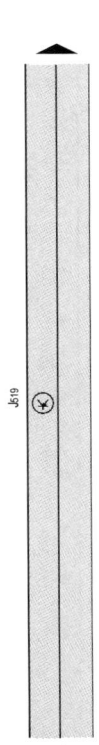

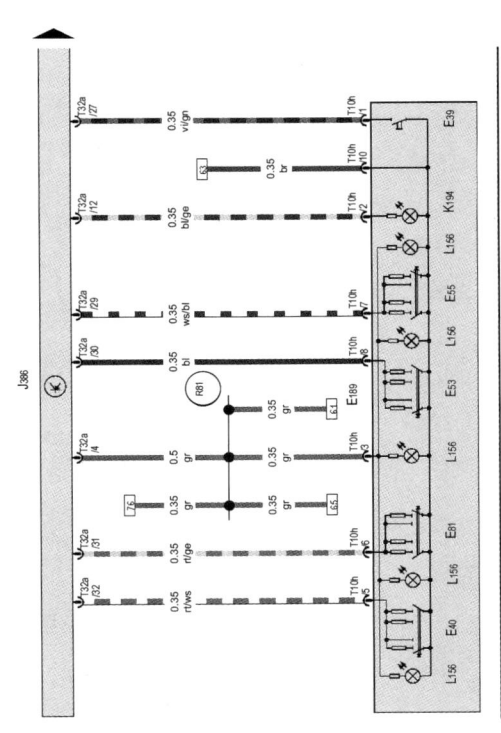

图7-4-38

J386-驾驶员侧车门控制单元 J519-车载电网控制单元 T3ao-3芯插头连接 T6am-6芯插头连接，蓝色 T6am-6芯插头连接，黑色 T20d-20芯插头连接，白色 V14-左侧车窗升降器电机 B318-正极连接4（30a），左侧A柱上，黑色 T27a-27芯插头连接，左侧A柱上，黑色 T29a-29芯插头连接，左侧A柱上，黑色 T29a-29芯插头连接，左侧A柱上 *-仅用于带周围环境摄像机的汽车 *2-仅用于不带周围环境摄像机的汽车

1027

驾驶员侧车门接触开关，驾驶员侧中央门锁开关，驾驶员侧车门控制单元，车载电网控制单元，驾驶员车门闭锁单元

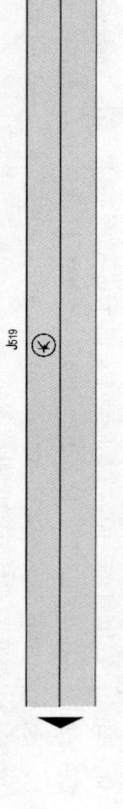

行李箱盖遥控开锁按钮，中央门锁按钮，驾驶员侧车门控制单元，车载电网控制单元，驾驶员侧车门内联锁指示灯，按钮照明灯泡

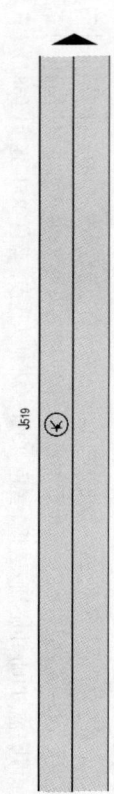

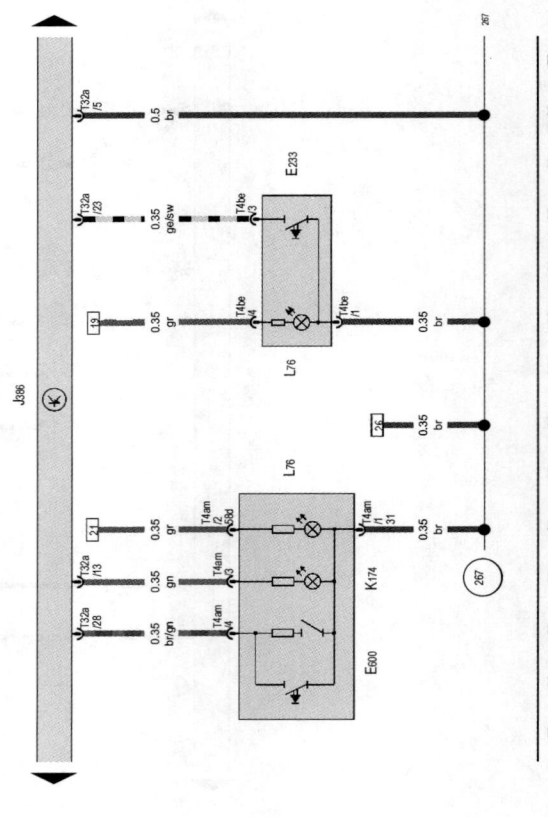

F2-驾驶员侧车门接触开关　F59-驾驶员侧中央门锁开关　J386-驾驶员侧车门控制单元　J519-车载电网控制单元　T8j-8芯插头连接，黑色　T20d-20芯插头连接，黑色　T20e-20芯插头连接，黑色　T27a-27芯插头连接，黑色　T29a-29芯插头连接，左侧A柱上　VX21-驾驶员侧车门闭锁单元　205-接地连接，在驾驶员侧车门电缆导线束中　366-接地连接1，在主导线束中　639-左侧A柱上的接地点　*-仅用于带周围环境摄像机的汽车　*2-仅用于不带周围环境摄像机的汽车

图7-4-39

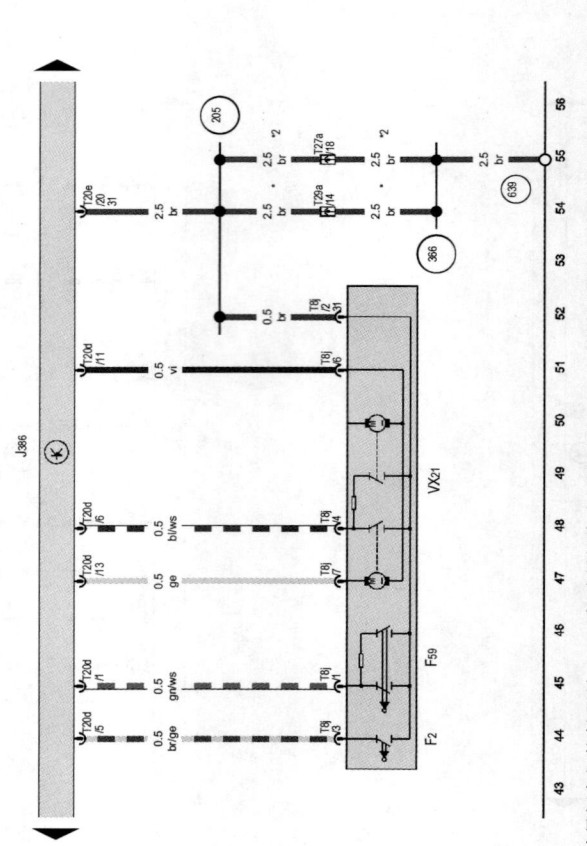

E233-行李箱盖遥控开锁按钮　E600-中央门锁按钮　J386-驾驶员侧车门控制单元　J519-车载电网控制单元　K174-驾驶员侧车内联锁指示灯　L76-按钮照明灯泡　T4am-4芯插头连接，蓝色　T4be-4芯插头连接，黑色　T32a-32芯插头连接，蓝色　267-接地连接2，在驾驶员侧车门电缆导线束中

图7-4-40

1028

车外后视镜调节，后视镜调节开关，后视镜调节转换开关，车外后视镜加热按钮，后视镜
内折开关，车载电网控制单元，驾驶员侧车门控制单元，后视镜调节开关照明灯泡

驾驶员侧车门控制单元，车载电网控制单元，驾驶员侧后视镜，驾驶员侧后视镜调节
电机 2，驾驶员侧后视镜内折电机，驾驶员侧后视镜调节电机

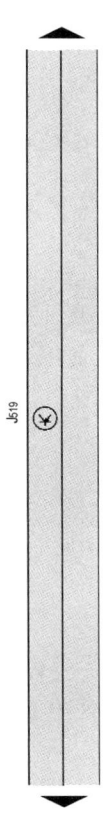

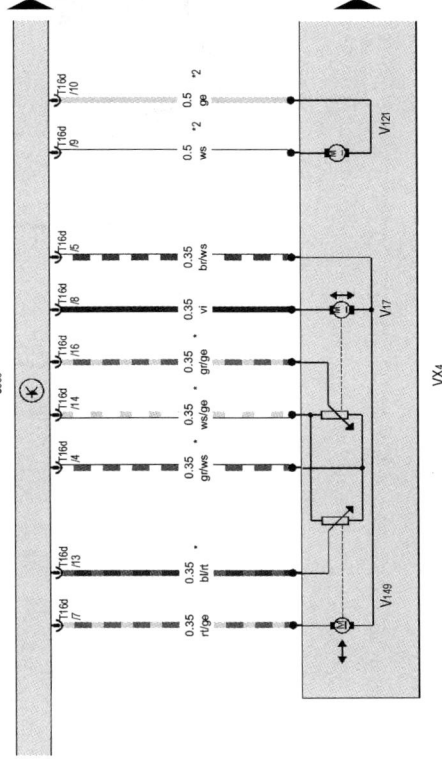

J386-驾驶员侧车门控制单元 J519-车载电网控制单元 T16d-16芯插头连接 黑色 VX4-驾驶员侧车外后视镜 V17-驾驶员侧后视镜调节电机2 V121-驾驶员侧后视镜内折电机 V149-驾驶员侧后视镜调节电机 *-仅用于带电动座椅调节和记忆功能的汽车 *2-仅用于带后视镜折叠机构的汽车

图 7-4-42

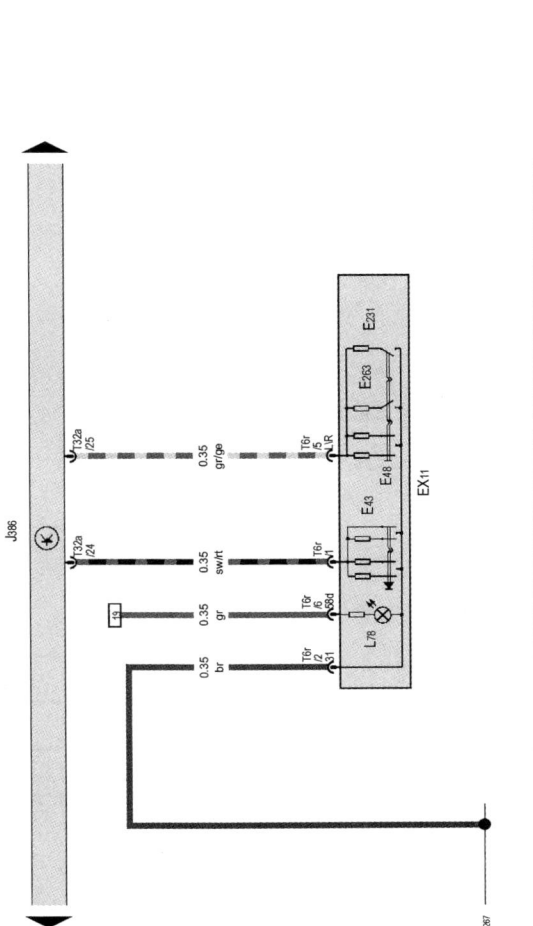

EX11-车外后视镜调节 E43-后视镜调节开关 E48-后视镜调节转换开关 E231-车外后视镜加热按钮
E263-后视镜内折开关 J386-驾驶员侧车门控制单元 J519-车载电网控制单元 L78-后视镜调节开关照明
灯泡 T6r-6芯插头连接 T32a-32芯插头连接 蓝色 267-接地连接，在驾驶员侧车门电缆导线束
中

图 7-4-41

驾驶员侧车门控制单元，车载电网控制单元，驾驶员侧外后视镜警告灯泡，驾驶员侧车外后视镜，车外后视镜内的登车照明灯，驾驶员侧，驾驶员侧可加热车外后视镜

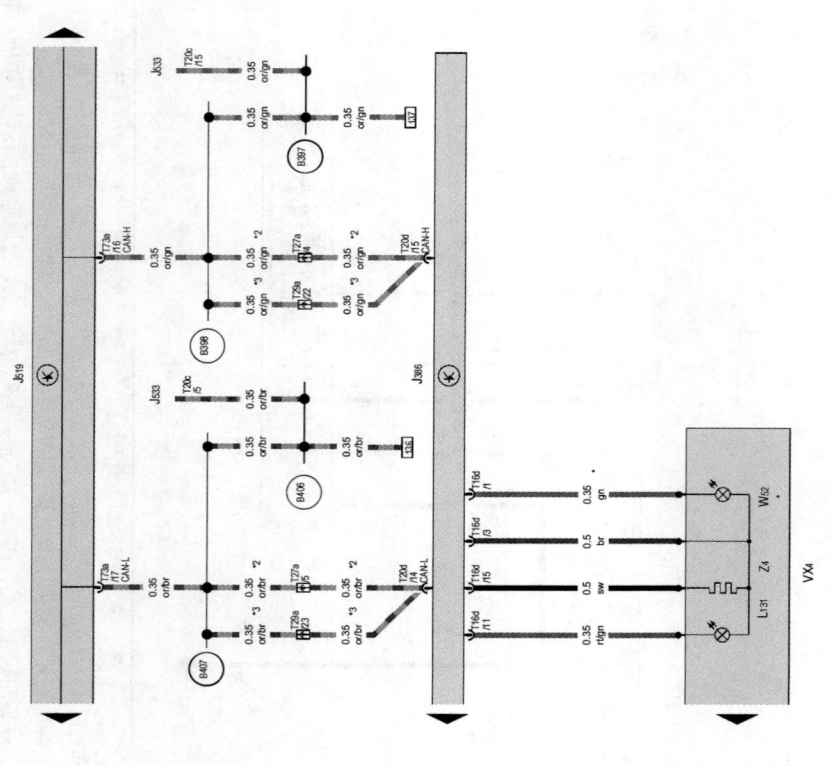

副驾驶员侧车门接触开关，副驾驶员侧车门控制单元，车载电网控制单元，副驾驶员侧后视镜，副驾驶员侧车门闭锁单元

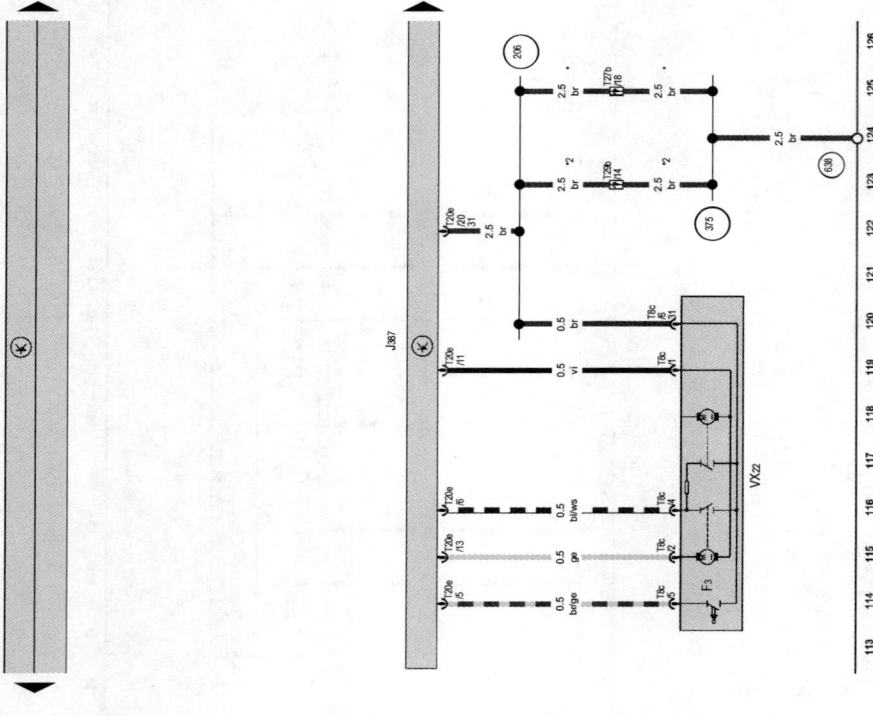

J386-驾驶员侧车门控制单元 J519-车电网控制单元 J533-数据总线诊断接口 L131-驾驶员侧外后视镜警告灯泡 T16d-16芯插头连接，黑色 T20c-20芯插头连接，黑色 T20d-20芯插头连接，黑色 T27a-27芯插头连接，黑色 T29a-29芯插头连接，左侧A柱上，白色 T73a-73芯插头连接，黑色 VX4-驾驶员侧车外后视镜 W52-车外后视镜内的登车照明灯，驾驶员侧 Z4-驾驶员侧可加热车外后视镜 B397-连接2（舒适CAN总线，High），在主导线束中 B398-连接2（舒适CAN总线，Low），在主导线束中 B406-连接1（舒适CAN总线，High），在主导线束中 B407-连接1（舒适CAN总线，Low），在主导线束中

*-仅用于驾驶员侧车外后视镜中带有登车照明灯的汽车 *2-仅用于不带周围环境摄像机的汽车 *3-仅用于带周围环境摄像机的汽车

图7-4-43

F3-副驾驶员侧车门接触开关 J387-副驾驶员侧车门控制单元 J519-车载电网控制单元 T8c-8芯插头连接 T20e-20芯插头连接，黑色 T27b-27芯插头连接，右侧A柱上，黑色 T29b-29芯插头连接，右侧A柱上，白色 VX22-副驾驶员侧车门电缆导线束中 375-接地连接10，在主导线束中 638-右A柱上的接地点 *-仅用于不带周围环境摄像机的汽车 *2-仅用于带周围环境摄像机的汽车

图7-4-44

1030

副驾驶员侧车门控制单元，车载电网控制单元

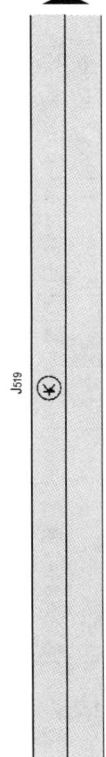

副驾驶员侧车内锁闭按钮，副驾驶员侧车门控制单元，车载电网控制单元，副驾驶员侧车内联锁指示灯，按钮照明灯泡

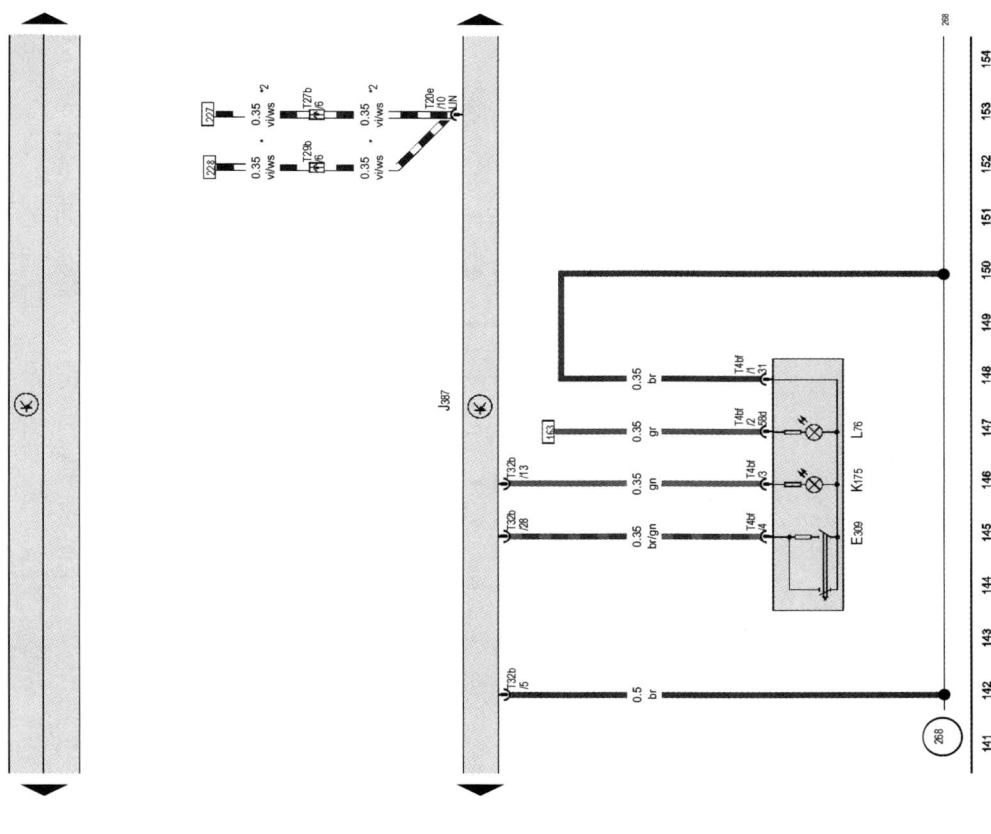

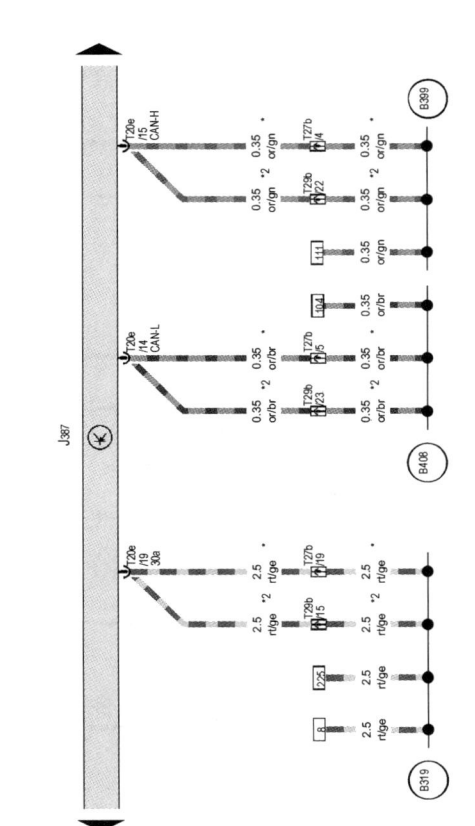

J387-副驾驶员侧车门控制单元 J519-车载电网控制单元 T20e-20芯插头连接，右侧 A 柱上，白色 T27b-27芯插头连接，黑色 T27b-27芯插头连接，黑色 T29b-29 芯插头连接，右侧 A 柱上，黑色 T29b-29芯插头连接，黑色 B319-正极连接 5（30a），在主导线束中 B399-连接 3（舒适 CAN 总线，High），在主导线束中 B408-连接 3（舒适 CAN 总线，Low），在主导线束中 ＊-仅用于不带周围环境摄像机的汽车 ＊2-仅用于带周围环境摄像机的汽车

图7-4-45

E309-副驾驶员侧车内锁闭按钮 J387-副驾驶员侧车门控制单元 J519-车载电网控制单元 K175-副驾驶员侧车内联锁指示灯 L76-按钮照明灯泡 T4bf-4芯插头连接，蓝色 T20e-20芯插头连接，黑色 T27b-27芯插头连接，右侧 A 柱上，黑色 T29b-29芯插头连接，右侧 A 柱上，白色 T32b-32芯插头连接，蓝色 268-接地连接2，在副驾驶员侧车门电缆导线束中 ＊-仅用于不带周围环境摄像机的汽车 ＊2-仅用于带周围环境摄像机的汽车

图7-4-46

1031

副驾驶员车门中的车窗升降器开关，副驾驶员侧车门控制单元，车载电网控制单元，开关照明灯泡，右侧车窗升降器电机

副驾驶员车门控制单元，车载电网控制单元，副驾驶员侧车外后视镜，副驾驶员侧后视镜调节电机 2，副驾驶员侧后视镜内折电机，副驾驶员侧后视镜调节电机

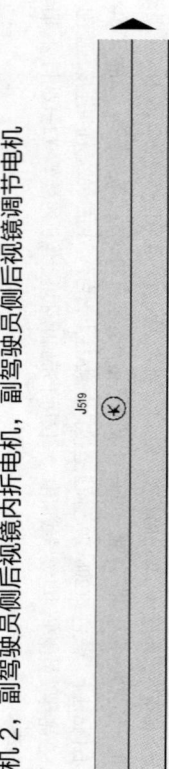

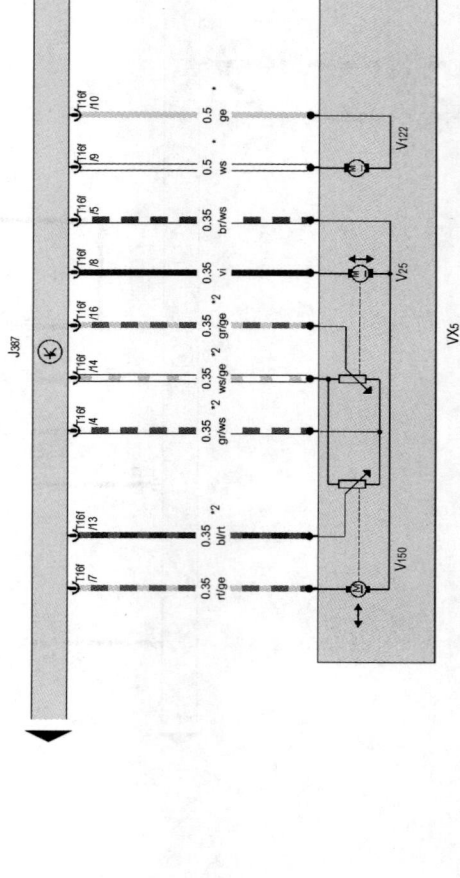

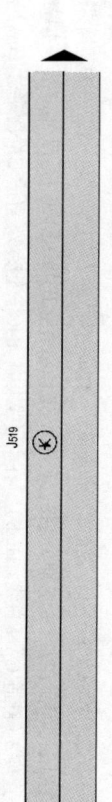

E107-副驾驶员车门中的车窗升降器开关 J387-副驾驶员侧车门控制单元 J519-车载电网控制单元 L156-开关照明灯泡 T3az-3芯插头连接，蓝色 T4an-4芯插头连接，黑色 T6an-6芯插头连接，黑色 T32b-32芯插头连接，蓝色 V15-右侧车窗升降器电机 268-接地连接2，在副驾驶员侧车门电缆导线束中 R100-连接3，在副驾驶员侧车门电缆导线束中

图 7-4-47

J387-副驾驶员侧车门控制单元 J519-车载电网控制单元 T16f-16芯插头连接，黑色 VX5-副驾驶员侧车外后视镜 V25-副驾驶员侧后视镜调节电机2 V122-副驾驶员侧后视镜内折电机 V150-副驾驶员侧后视镜调节电机 *-仅用于带后视镜折叠机构的汽车 *2-仅用于带电动座椅精确调节和记忆功能的汽车

图 7-4-48

油箱盖解锁装置，副驾驶员侧车门控制单元，左后车门控制单元，车载电网控制单元，副
驾驶员侧外后视镜警告灯泡，副驾驶员侧车外后视镜，后左车窗升降器电机，车外后视镜
内的登车照明灯，副驾驶员侧，副驾驶员侧车外后视镜可加热式车外后视镜

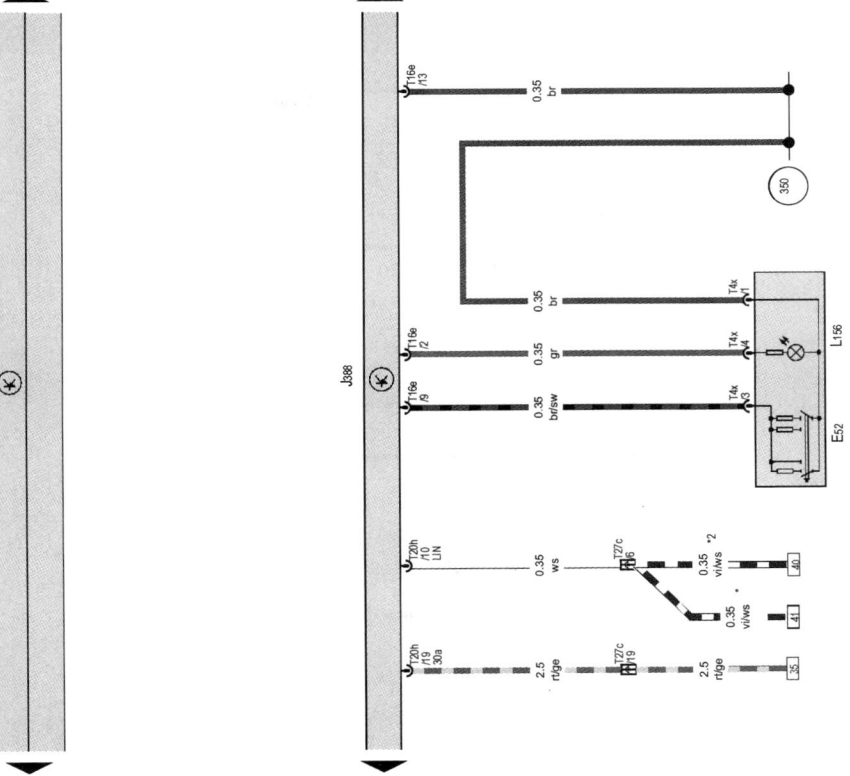

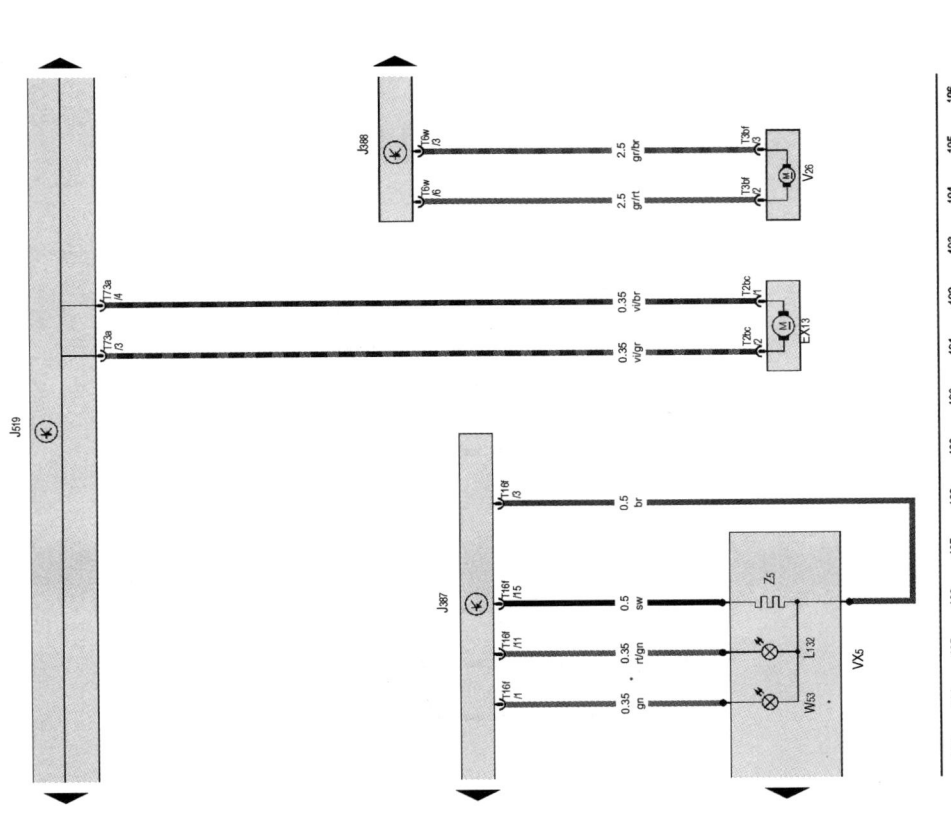

图7-4-49

EX13-油箱盖解锁装置 J387-副驾驶员侧车门控制单元 J388-左后车门控制单元 J519-车载电网控制单元
L132-副驾驶员侧外后视镜警告灯泡 T2bc-2芯插头连接，黑色 T3bf-3芯插头连接，黑色 T6w-6芯插头
连接，黑色 T16f-16芯插头连接，黑色 T73a-73芯插头连接，黑色 VX5-副驾驶员侧车外后视镜 V26-
后左车窗升降器电机 W53-车外后视镜内的登车照明灯，副驾驶员侧 Z5-副驾驶员侧车外后视镜可视
镜 *-仅用于副驾驶员侧车外后视镜中带有登车照明灯的汽车

左后车门内的车窗升降器开关，左后车门控制单元，车载电网控制单元，开关照明灯泡

图7-4-50

E52-左后车门内的车窗升降器开关 J388-左后车门控制单元 J519-车载电网控制单元 L156-开关照明灯
泡 T4x-4芯插头连接，黑色 T16e-16芯插头连接，黑色 T20h-20芯插头连接，黑色 T27c-27芯插头连
接，左侧 B 柱上，黑色 350-接地连接 2，在左后车门电缆导线束中 *-仅用于不带周围环境摄像机的汽车
*2-仅用于带有周围环境摄像机的汽车

1033

右后车门车窗升降器开关，右后车门控制单元，车载电网控制单元，开关照明灯泡，后右车窗升降器电机

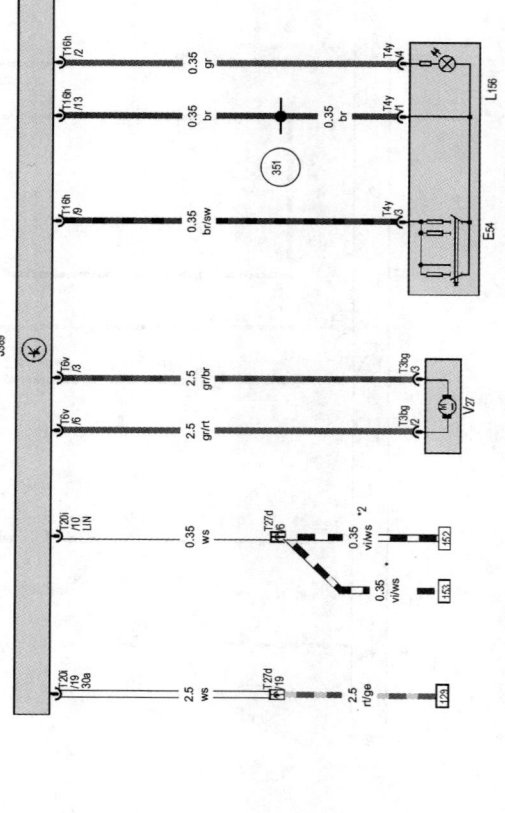

左后车门接触开关，左后车门控制单元，车载电网控制单元，左右车门闭锁单元

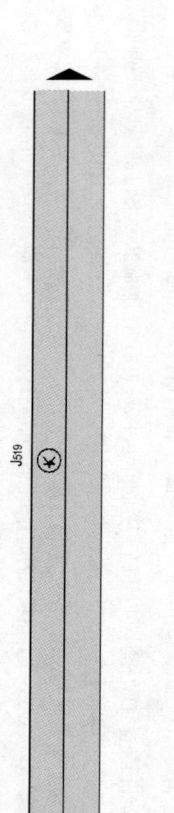

F10－左后车门接触开关 J388－左后车门控制单元 J519－车载电网控制单元 T8k－8芯插头连接，黑色 T20h－20芯插头连接，黑色 T27c－27 芯插头连接，左侧B柱上，黑色 VX23－左后车门闭锁单元 77－左侧B柱下的接地点 207－接地连接 在左后车门电缆导线束中 377－接地连接12，在主导线束中

图 7-4-51

E54－右后车门照明灯泡 L156－开关照明灯泡 J389－右后车门控制单元 J519－车载电网控制单元 T3bg－3芯插头连接，棕色 T4y－4芯插头连接 T6v－6芯插头连接，黑色 T16h－16芯插头连接，黑色 T27d－27芯插头连接，右侧B柱上，黑色 V27－后右车窗升降器电机 351－接地连接2，右后车门电缆导线束中 *－仅用于不带周围环境摄像机的汽车 *2－仅用于带周围环境摄像机的汽车

图 7-4-52

1034

右后车门接触开关，右后车门控制单元，车载电网控制单元，右后车门闭锁单元

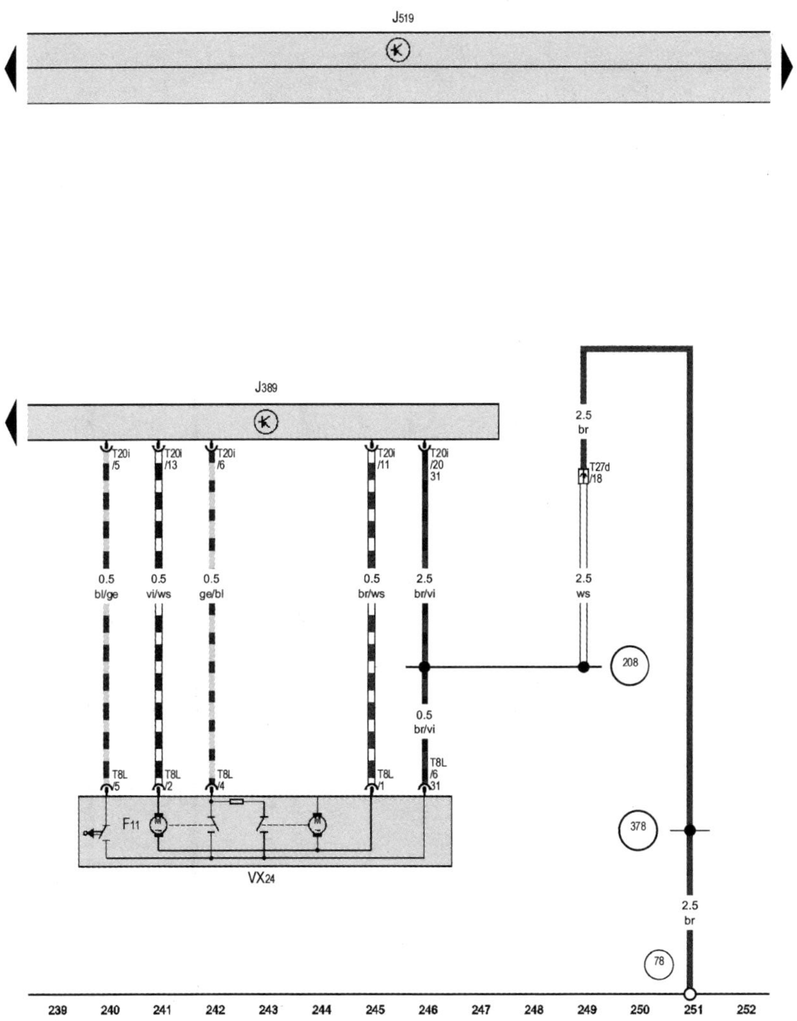

行李箱盖把手中的解锁按钮，行李箱盖闭锁单元，车载电网控制单元，行李箱盖中中央门锁电机

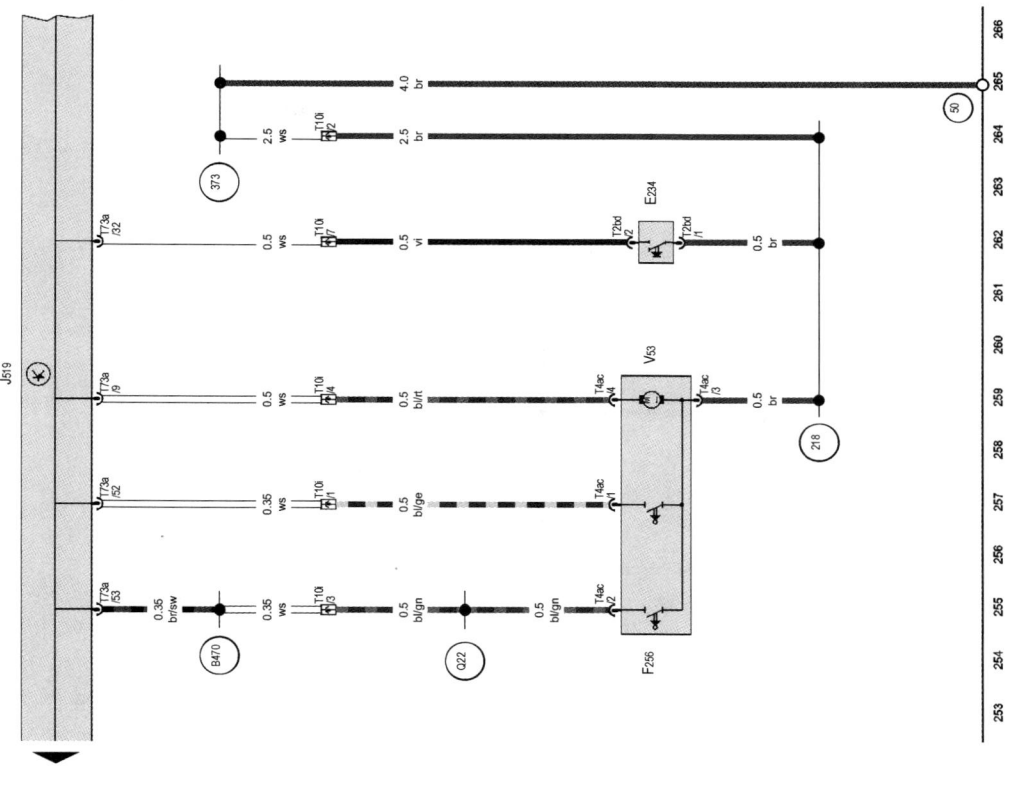

图7-4-53

F11–右后车门接触开关 J389–右后车门控制单元 J519–车载电网控制单元 T8L–8芯插头连接，黑色 T20i–20芯插头连接，黑色 T27d–27芯插头连接，右侧B柱上，黑色 VX24–右后车门闭锁单元 78–右侧B柱下部接地点 208–接地连接 378–接地连接13，在主导线束中 在右后车门电缆导线束中 378–接地连接，在主导线束中

图7-4-54

E234–行李箱盖把手中的解锁按钮 F256–行李箱闭锁单元 J519–车载电网控制单元 T2bd–2芯插头连接 T4ac–4芯插头连接 T10i–10芯插头连接，行李箱盖的连接位置，黑色 T73a–73芯插头连接，黑色 T73a–73芯插头连接，黑色 V53–行李箱盖中中央门锁电机 50–行李箱内左侧的接地点 218–接地连接1，在行李箱盖导线连接中 373–接地连接8，在主导线束中 B470–连接，在主导线束中 Q22–连接1，在行李箱盖导线束中

左前座椅调节操作单元，驾驶员座椅的前部高度调节开关，驾驶员座椅的后部高度调节开关，驾驶员座椅靠背调节开关，驾驶员座椅纵向调节开关，左前座椅调节控制单元

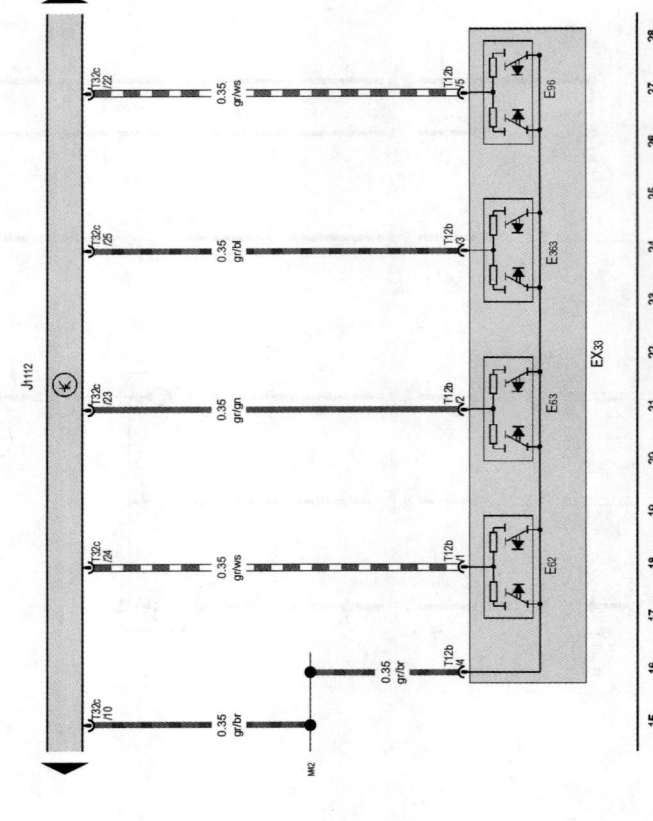

EX33-左前座椅调节操作单元 E62-驾驶员座椅调节的前部高度调节开关 E63-驾驶员座椅的后部高度调节开关 E96-驾驶员座椅靠背调节开关 E363-驾驶员座椅纵向调节开关 J1112-左前座椅调节控制单元 T12b-12芯插头连接 T32c-32芯插头连接，黑色 T6n-6芯插头连接，黑色 M42-连接2，在驾驶员侧座椅导线束中

图7-4-56

左前侧腰部支撑调节开关，左前座椅调节控制单元，保险丝架C

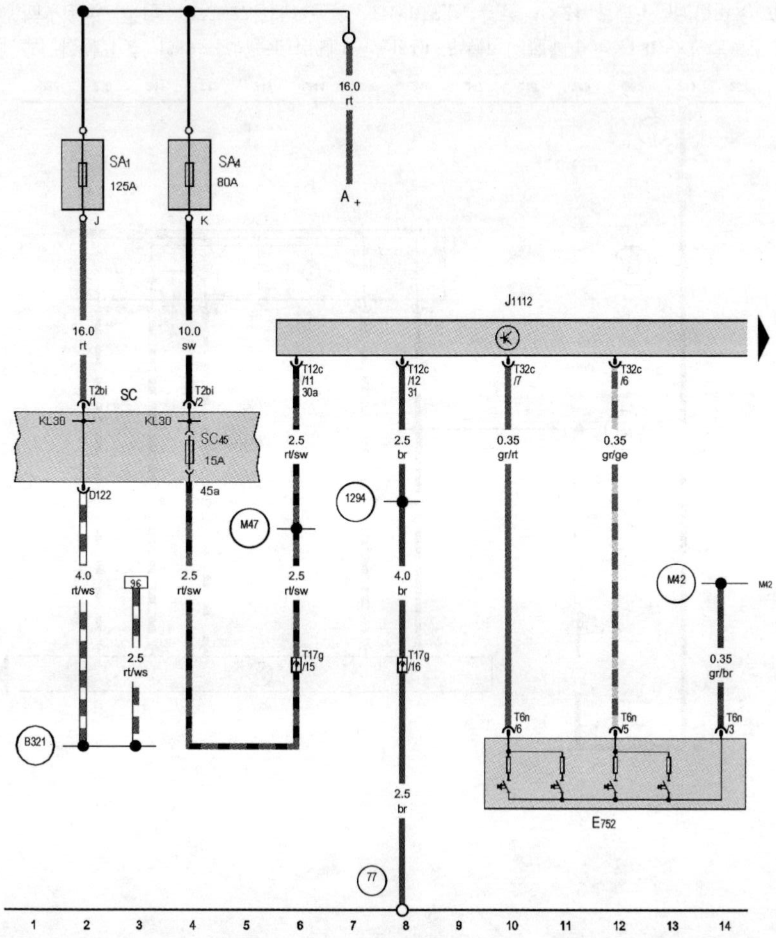

A-蓄电池 E752-左前侧腰部支撑调节开关 J1112-左前座椅调节控制单元 SA1-保险丝架A上的保险丝1 SA4-保险丝架A上的保险丝4 SC-保险丝架C SC45-保险丝架C上的保险丝45 T2bi-2芯插头连接，黑色 T6n-6芯插头连接，黑色 T12c-12芯插头连接，灰色 T17g-17芯插头连接，黑色 T32c-32芯插头连接，灰色 77-左侧B柱下的接地点，1294-接地连接2，在左前座椅导线束中 B321-正极连接7（30a），在主导线束中 M42-连接2，M47-连接7，在驾驶员侧座椅导线束中

图7-4-55

1036

前部座椅高度调节传感器，座椅前后调节传感器，左前座椅调节控制单元，驾驶员座椅纵
向调节电机，驾驶员座椅的前部高度调节电机，左前座椅槽

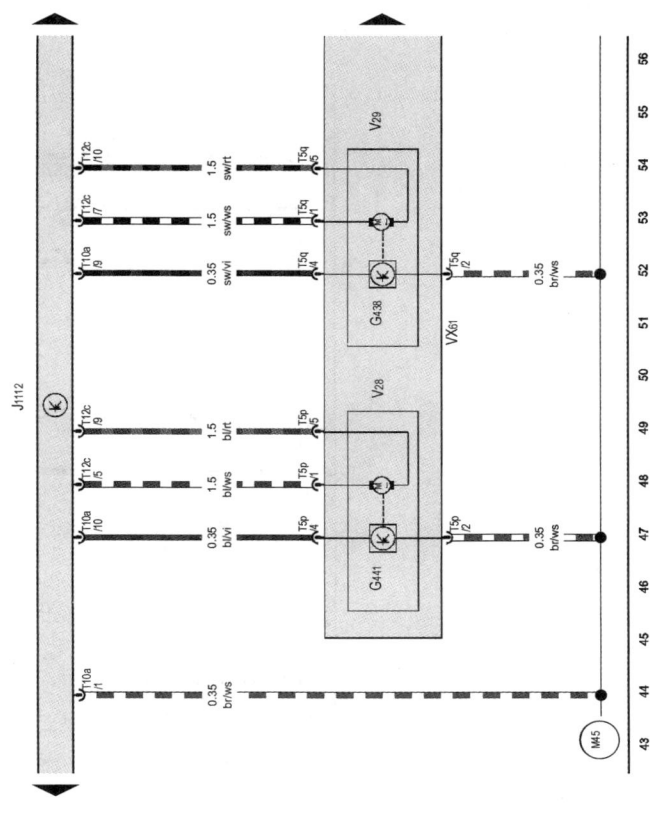

图 7-4-58

G438-前部座椅高度调节传感器 G441-座椅前后调节传感器 J1112-左前座椅调节控制单元 T5p-5芯插头
连接 T5q-5芯插头连接 黑色 T10a-10芯插头连接 黑色 T12c-12芯插头连接，黑色 V28-驾驶
员座椅纵向调节电机 V29-驾驶员座椅的前部高度调节电机 VX61-左前座椅槽 M45-连接 5，在驾驶员
侧座椅导线束中

带记忆功能的座椅按钮 1，带记忆功能的座椅按钮 2，带记忆功能的座椅按钮 3，座椅位
置存储按钮，左前带记忆功能的座椅调节控制单元

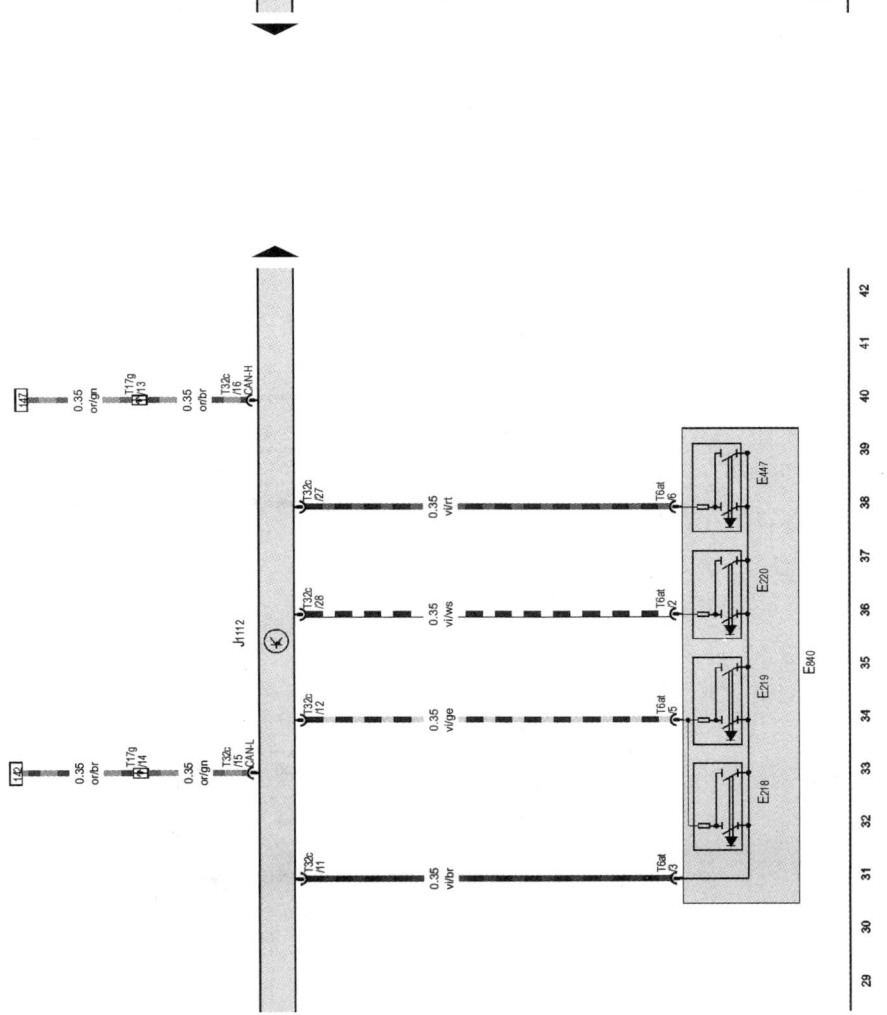

图 7-4-57

E218-带记忆功能的座椅按钮1 E219-带记忆功能的座椅按钮2 E220-带记忆功能的座椅按钮3 E447-座椅
位置存储按钮 E840-左前带记忆功能的座椅按钮 J1112-左前座椅调节控制单元 T6at-6芯插头连接，黑色
T17g-17芯插头连接，驾驶员座椅下方，红色 T32c-32 芯插头连接，灰色

后部座椅高度调节传感器，左前座椅调节控制单元，驾驶员座椅高度调节电机，左前侧座椅槽，左前侧座椅靠背调节电机

腰部支撑高度调节传感器，腰部支撑前后调节传感器，左前座椅调节控制单元，驾驶员座椅腰部支撑纵向调节电机，驾驶员座椅腰部支撑高度调节电机

腰部支撑高度调节传感器，腰部支撑前后调节传感器，左前座椅调节控制单元，驾驶员座椅腰部支撑纵向调节高度调节电机

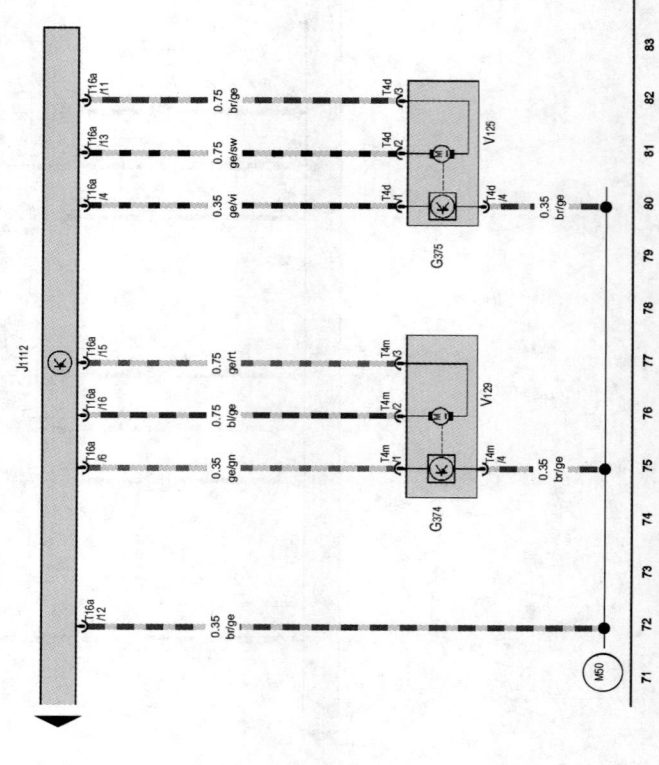

图7-4-60

G374-腰部支撑高度调节传感器，G375-腰部支撑前后调节传感器，J1112-左前座椅调节控制单元，T4d-4芯插头连接，黑色 T4m-4芯插头连接，黑色 T16a-16芯插头连接，黑色 V125-驾驶员座椅腰部支撑纵向调节电机 V129-驾驶员座椅腰部支撑高度调节电机，M50-连接10，在驾驶员侧座椅导线束中

图7-4-59

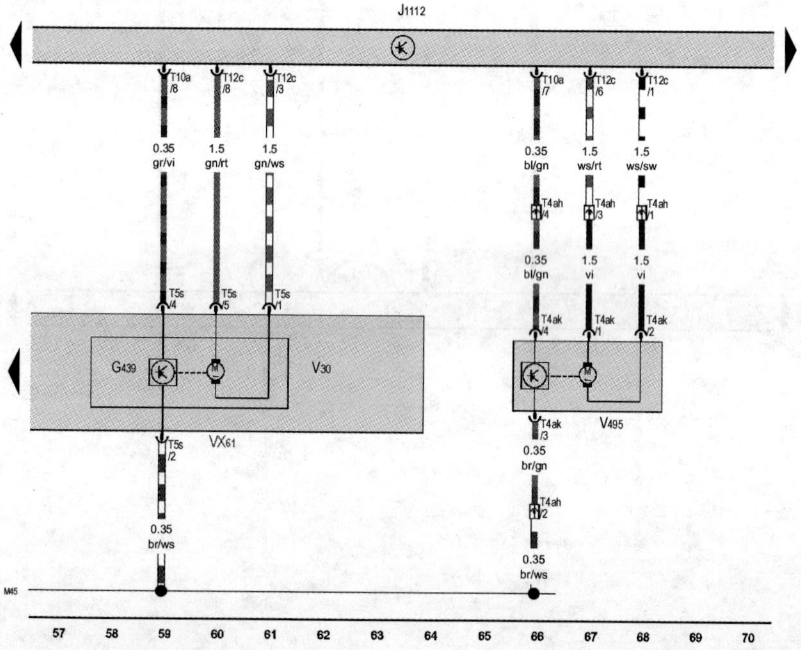

G439-后部座椅高度调节传感器，J1112-左前座椅调节控制单元，T4ah-4芯插头连接，驾驶员座椅内，黑色 T4ak-4芯插头连接，黑色 T5s-5芯插头连接，黑色 T10a-10芯插头连接，黑色 T12c-12芯插头连接，黑色 V30-驾驶员座椅高度调节电机，M45-连接5，在驾驶员侧座椅导线束中 VX61-左前座椅侧座椅槽 V495-左前侧座椅靠背调节电机

右前侧腰部支撑调节开关，副驾驶员座椅调节装置的热敏保险丝 1，副驾驶员座椅腰部支撑纵向调节电机，副驾驶员座椅腰部支撑高度调节电机

副驾驶员座椅调节功能开关，从后部操作，副驾驶员座椅纵向调节电机，右前座椅槽，右前侧座椅靠背调节电机

副驾驶员座椅调节功能开关，从后部操作，副驾驶员座椅纵向调节电机，右前座椅槽，右前侧座椅靠背调节电机

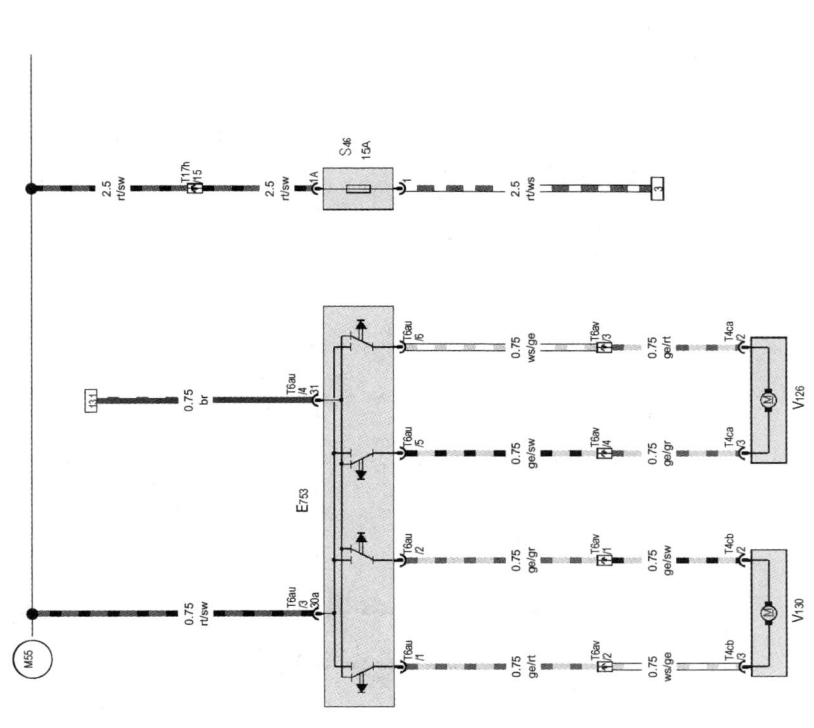

E753–右前侧腰部支撑调节开关　S46–副驾驶员座椅调节装置的热敏保险丝1　T4ca–4芯插头连接，黑色　T4cb–4芯插头连接，黑色　T6au–6芯插头连接，白色　T6av–6芯插头连接，副驾驶员座椅内，黑色　T17h–17芯插头连接，副驾驶员座椅下方，红色　V126–副驾驶员座椅腰部支撑纵向调节电机　V130–副驾驶员座椅腰部支撑高度调节电机　M55–连接5，在副驾驶员侧座椅导线束中

图 7-4-61

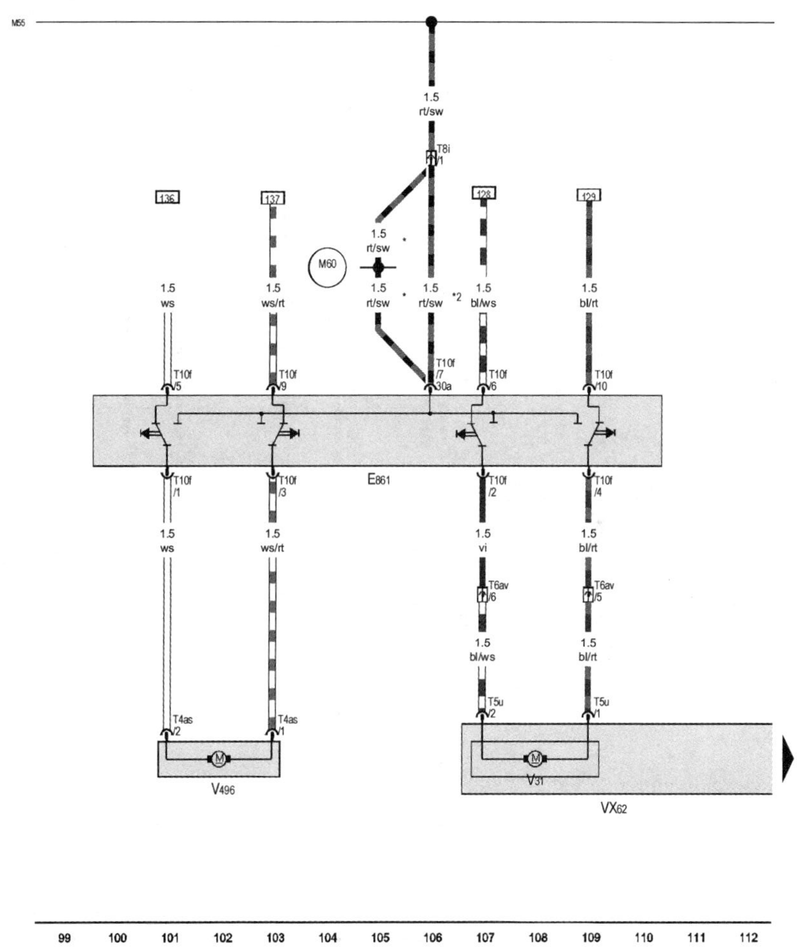

E861–副驾驶员座椅调节功能开关，从后部操作　T4as–4芯插头连接，黑色　T5u–5芯插头连接，黑色　T6av–6芯插头连接，副驾驶员座椅内，黑色　T8i–8芯插头连接，副驾驶员座椅内，黑色　T10f–10芯插头连接，棕色　T10f–10芯插头连接，副驾驶员座椅内，黑色　V31–副驾驶员座椅纵向调节电机　V496–右前侧座椅靠背调节电机　M55–连接，黑色，在副驾驶员侧座椅导线束中　M60–连接10，在副驾驶员侧座椅导线束中　*–仅用于带座椅通风的汽车　*2–仅用于不带座椅通风的汽车

图 7-4-62

1039

右前座椅调节操作单元，副驾驶员座椅的前部高度调节开关，副驾驶员座椅的后部高度调节开关，副驾驶员座椅的前部高度调节电机，副驾驶员座椅的后部高度调节电机，右前座椅槽

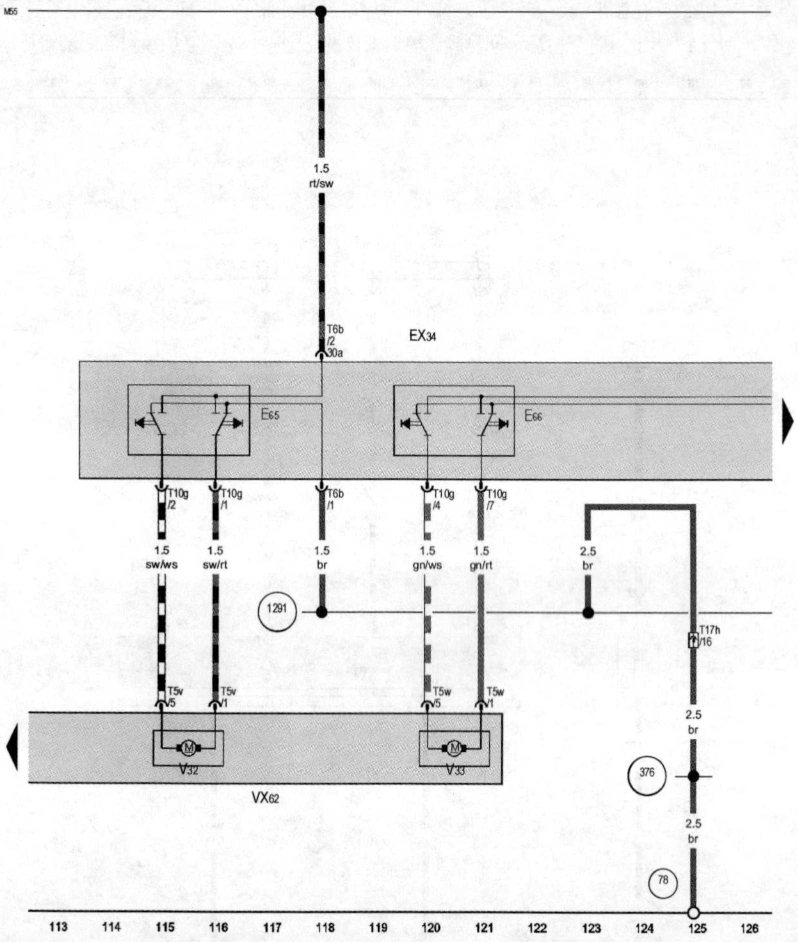

EX34–右前座椅调节操作单元 E65–副驾驶员座椅的前部高度调节开关 E66–副驾驶员座椅的后部高度调节开关 T5v–5芯插头连接，黑色 T5w–5芯插头连接，黑色 T6b–6芯插头连接，黑色 T10g–10芯插头连接，黑色 T17h–17芯插头连接，副驾驶员座椅下方，红色 V32–副驾驶员座椅的前部高度调节电机 V33–副驾驶员座椅的后部高度调节电机 VX62–右前座椅槽 78–右侧B柱下部接地点 376–接地连接11，在主导线束中 1291–接地连接1，在右前座椅导线束中 M55–连接5，在副驾驶员侧座椅导线束中

图 7–4–63

右前座椅调节操作单元，副驾驶员座椅纵向调节开关，副驾驶员座椅靠背调节开关

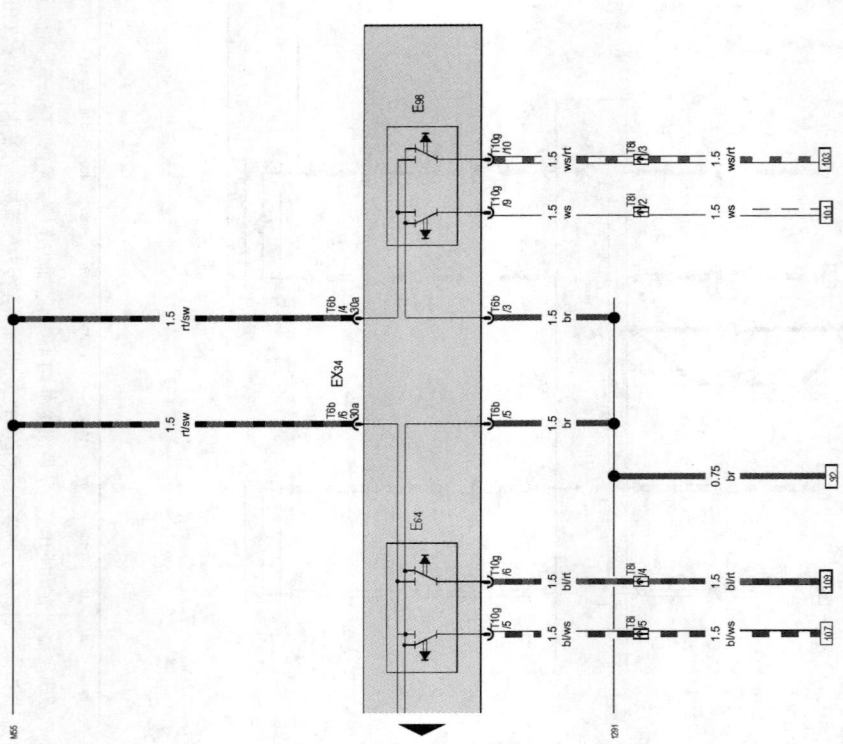

EX34–右前座椅调节操作单元 E64–副驾驶员座椅纵向调节开关 E98–副驾驶员座椅靠背调节开关 T6b–6芯插头连接，黑色 T8i–8芯插头连接，副驾驶员座椅内，棕色 T10g–10芯插头连接，黑色 1291–接地连接1，在右前座椅导线束中 M55–连接5，在副驾驶员侧座椅导线束中

图 7–4–64

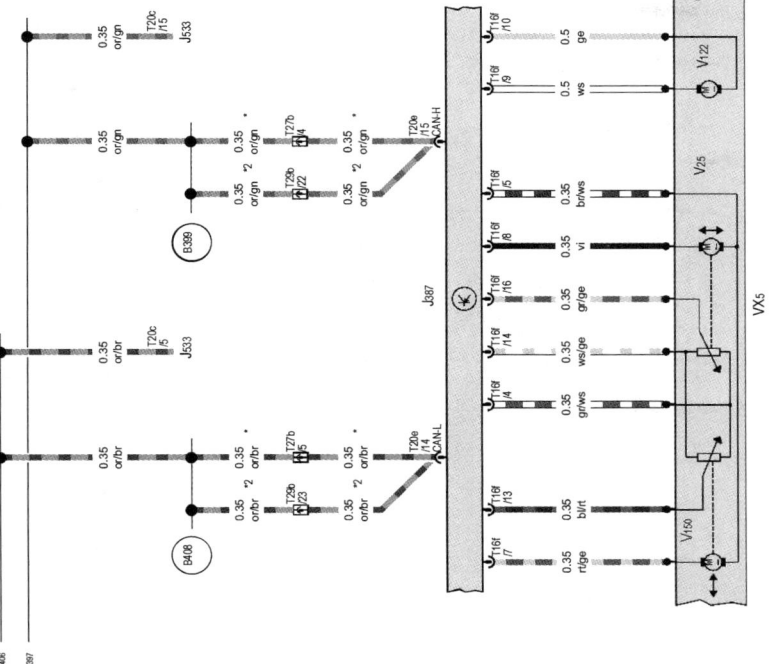

副驾驶员侧车门控制单元，副驾驶员侧车外后视镜，副驾驶员后视镜调节电机2，副驾驶员侧后视镜内折电机，副驾驶员侧后视镜调节电机

J387–副驾驶员侧车门控制单元 J533–数据总线诊断接口 T16f–16 芯插头连接，黑色 T20c–20 芯插头连接，黑色 T20e–20 芯插头连接，右侧A柱上，黑色 T27b–27 芯插头连接，右侧A柱上，白色 VX5–副驾驶员侧车外后视镜 V25–副驾驶员侧后视镜调节电机 V122–副驾驶员侧后视镜调节电机2 V150–副驾驶员侧后视镜内折电机 B397–连接1（舒适CAN总线，High），在主导线束中 B399–连接3（舒适CAN总线，Low），在主导线束中 B408–连接1 B406–连接1（舒适CAN总线，Low），在主导线束中 *–仅用于不带周围环境摄像机的汽车 *2–仅用于不带周围环境摄像机的汽车

图 7-4-66

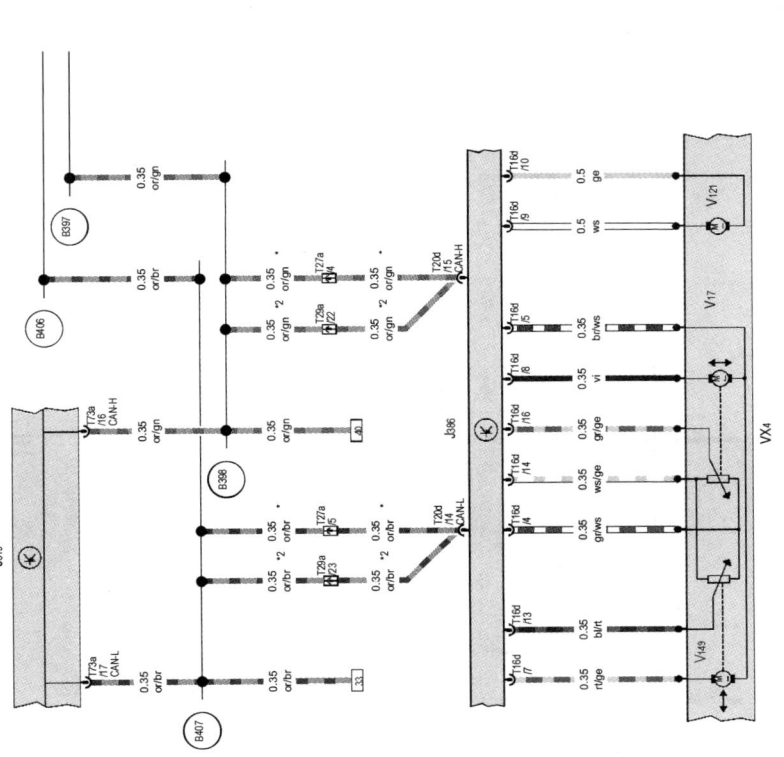

驾驶员侧车门控制单元，车载电网控制单元，驾驶员侧车外后视镜，驾驶员侧后视镜调节电机2，驾驶员侧后视镜内折电机，驾驶员侧后视镜调节电机

J386–驾驶员侧车门控制单元 J519–车载电网控制单元 T16d–16芯插头连接，黑色 T20d–20芯插头连接，黑色 T27a–27芯插头连接，左侧A柱上，黑色 T29a–29芯插头连接，白色 T73a–73芯插头连接 VX4–驾驶员侧车外后视镜 V17–驾驶员侧后视镜调节电机 V121–驾驶员侧后视镜调节电机2 V149–驾驶员侧后视镜内折电机 B397–连接1（舒适CAN总线，High），在主导线束中 B398–连接2（舒适CAN总线，Low），在主导线束中 B406–连接1（舒适CAN总线，High），在主导线束中 B407–连接2（舒适CAN总线，Low），在主导线束中 *–仅用于不带周围环境摄像机的汽车 *2–仅用于不带周围环境摄像机的汽车

图 7-4-65

暖风／空调操作，可加热驾驶员座椅调节器，可加热副驾驶员座椅调节器，全自动空调控制单元，车载电网控制单元，可加热驾驶员座椅指示灯，可加热副驾驶员座椅指示灯，全自动空调箱指示灯

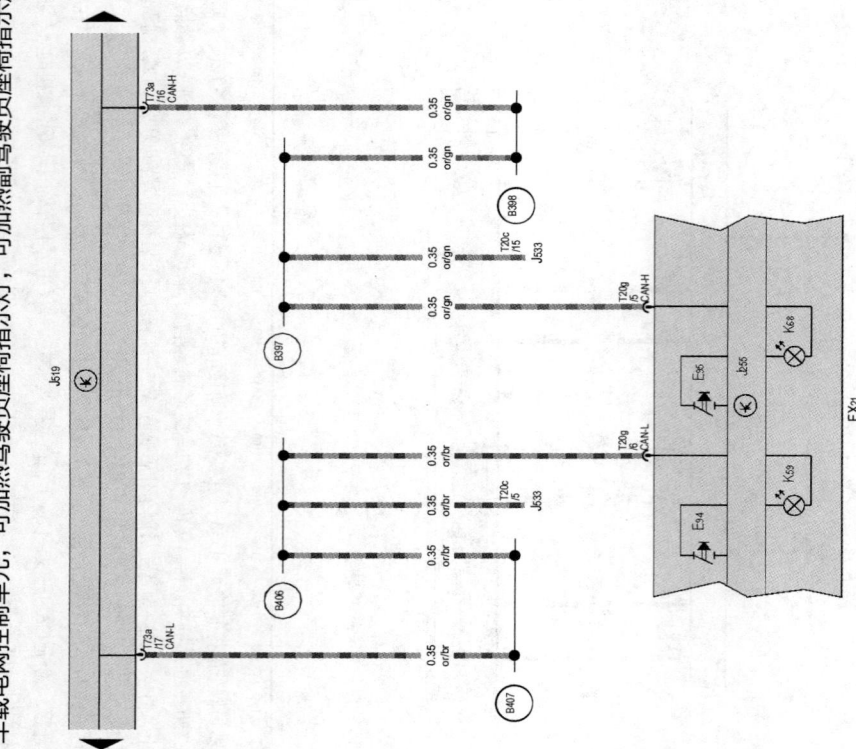

EX21-暖风／空调操作 E94-可加热驾驶员座椅调节器 E95-可加热副驾驶员座椅调节器 J255-全自动空调控制单元 J519-车载电网控制单元 J533-数据总线诊断接口 K59-可加热驾驶员座椅指示灯 K68-可加热副驾驶员座椅指示灯 T20c-20芯插头连接，黑色 T20g-20芯插头连接，黑色 T73a-73芯插头连接，黑色 B397-连接1（舒适CAN总线，High），在主导线束中 B398-连接2（舒适CAN总线，High），在主导线束中 B406-连接1（舒适CAN总线，Low），在主导线束中 B407-连接2（舒适CAN总线，Low），在主导线束中

图7-4-68

车载电网控制单元

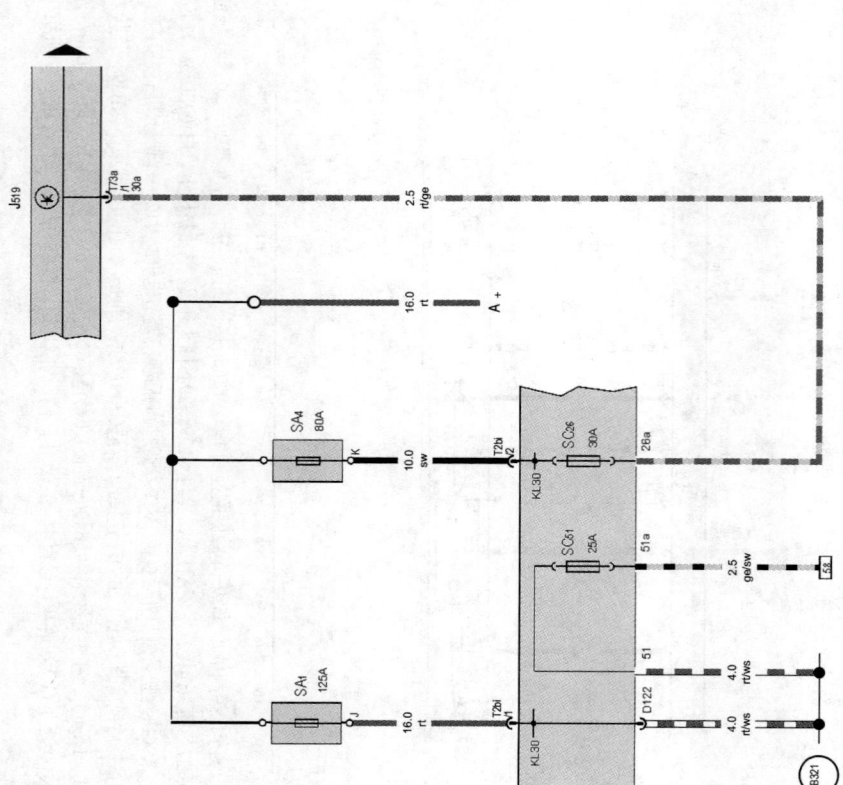

A-蓄电池 J519-车载电网控制单元 SA1-保险丝架A上的保险丝1 SA4-保险丝架A上的保险丝4 SC26-保险丝架C上的保险丝26 SC51-保险丝架C上的保险丝51 T2bi-2芯插头连接，黑色 T73a-73芯插头连接，黑色 B321-正极连接7（30a），在主导线束中

图7-4-67

1042

右前座椅温度传感器，车载电网控制单元，可加热副驾驶员座椅靠背，右前座椅靠背，右前座椅侧面加热，右前座椅靠背侧面加热装置
驾驶员座椅底座加热，右前座椅侧面加热装置，右前座椅靠背侧面加热装置

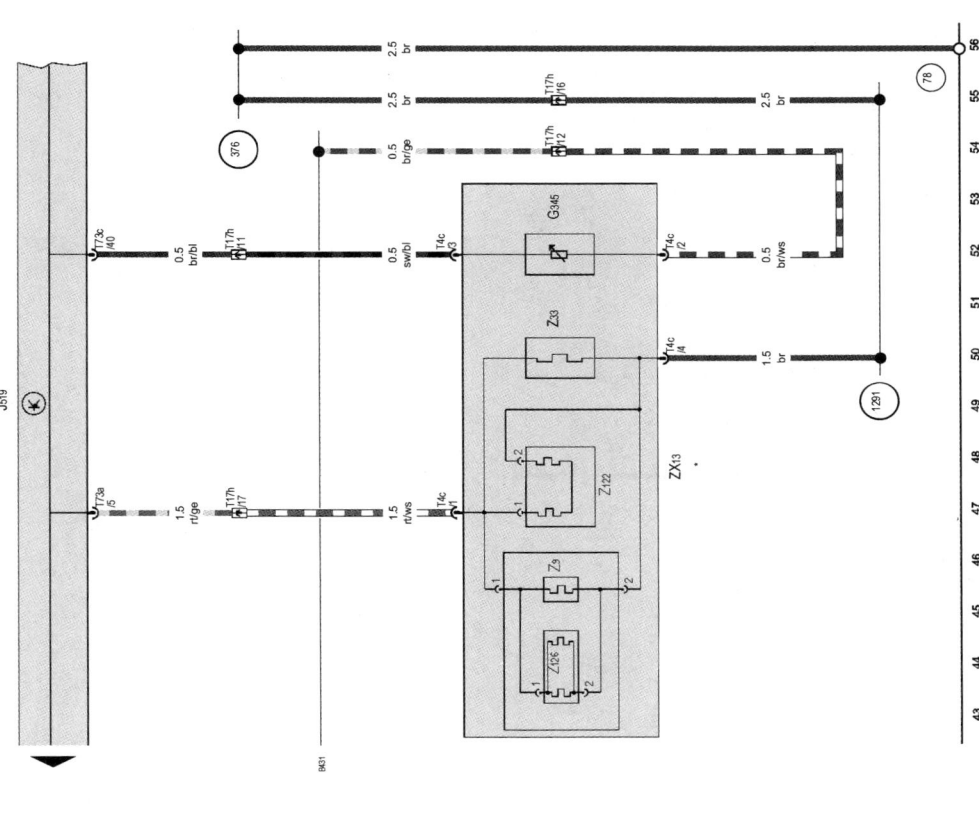

G345-右前座椅温度传感器 J519-车载电网控制单元 T4c-4芯插头连接，黑色 T17h-17芯插头连接，副驾驶员座椅下方，红色 T73a-73芯插头连接，黑色 T73c-73芯插头连接，黑色 Z9-可加热副驾驶员座椅靠背 ZX13-右前座椅加热，Z33-副驾驶员座椅底座加热，Z122-右前座椅侧面加热，Z126-右前座椅靠背侧面加热装置 78-右侧B柱下部接地点 376-接地连接11，在主导线束中 1291-接地连接1，在右前座椅导线束中 B431-连接（座椅加热），在主导线束中 *-已预先布线的部件

图7-4-70

左前座椅温度传感器，车载电网控制单元，可加热驾驶员座椅靠背，左前座椅加热，驾驶员座椅底座加热，左前座椅侧面加热装置，左前座椅靠背侧面加热装置

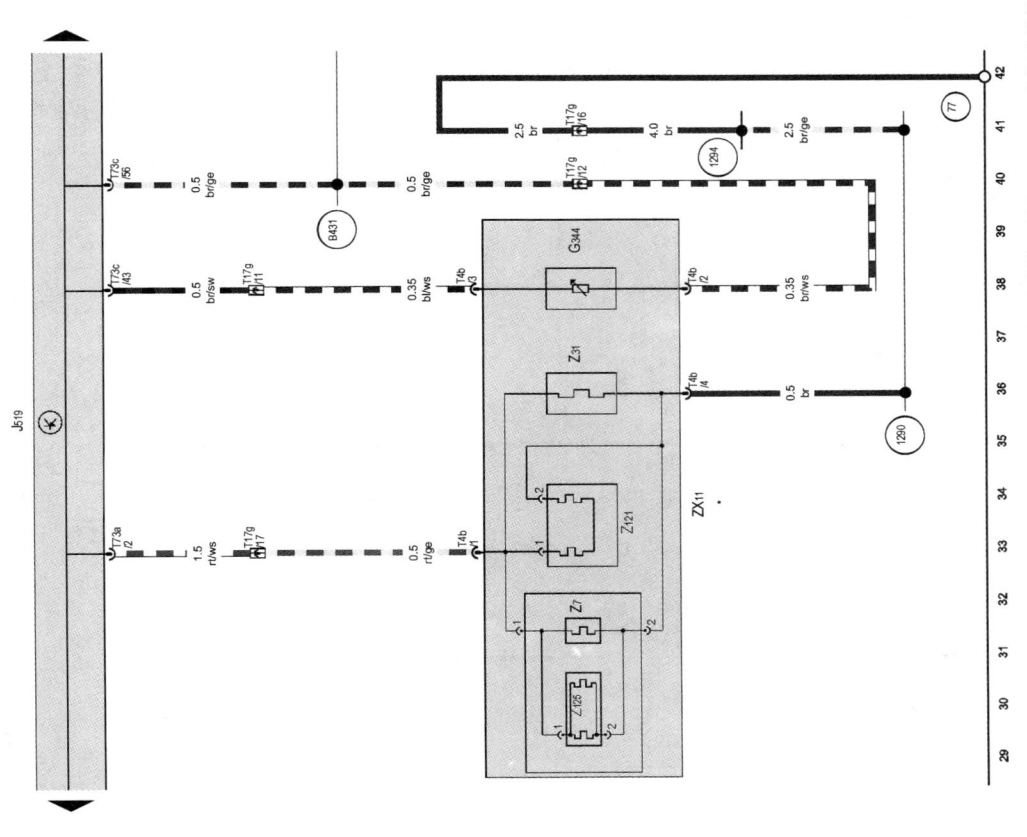

G344-左前座椅温度传感器 J519-车载电网控制单元 T4b-4芯插头连接，黑色 T17g-17芯插头连接，驾驶员座椅下方，红色 T73a-73芯插头连接，黑色 T73c-73芯插头连接，黑色 Z7-可加热驾驶员座椅靠背 ZX11-左前座椅加热，Z31-驾驶员座椅底座加热，Z121-左前座椅侧面加热装置 Z125-左前座椅靠背侧面加热装置 77-左侧B柱下部接地点 1290-接地连接1，在左前座椅导线束中 1294-接地连接2，在左前座椅导线束中 B431-连接（座椅加热），在主导线束中 *-已预先布线的部件

图7-4-69

1043

保险丝架 C

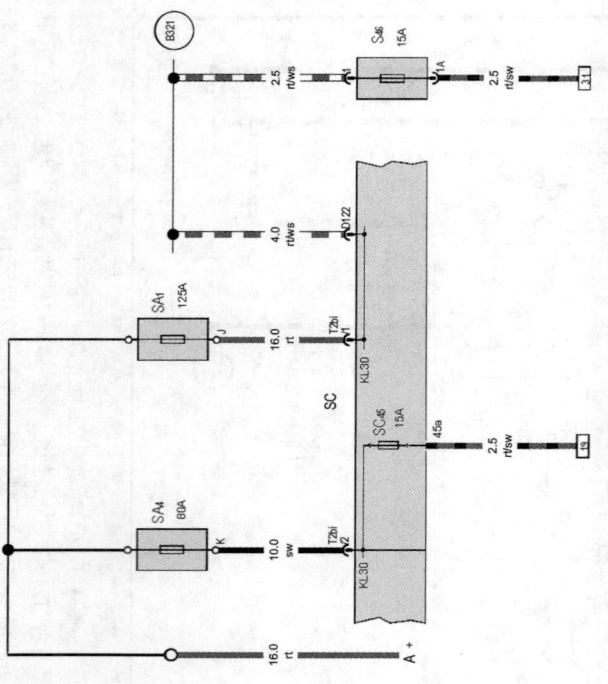

A-蓄电池 SA1-保险丝架A上的保险丝1 SA4-保险丝架A上的保险丝4 SC-保险丝架C SC45-保险丝架
C上的保险丝45 S46-副驾驶员座椅调节装置的热敏保险丝1 T2bi-2芯插头连接 B321-正极连接，黑色
(30a)，在主导线束中

图 7-4-72

左后可加热座椅调节开关，右后可加热座椅调节开关，后部空调操作和显示单元，左侧后
座椅温度传感器，右后座椅温度传感器，左后座椅加热，左侧可加热式后座椅，可加热左
侧后座椅靠背，右后座椅加热，右侧可加热式后座椅，右侧可加热右侧后座椅靠背

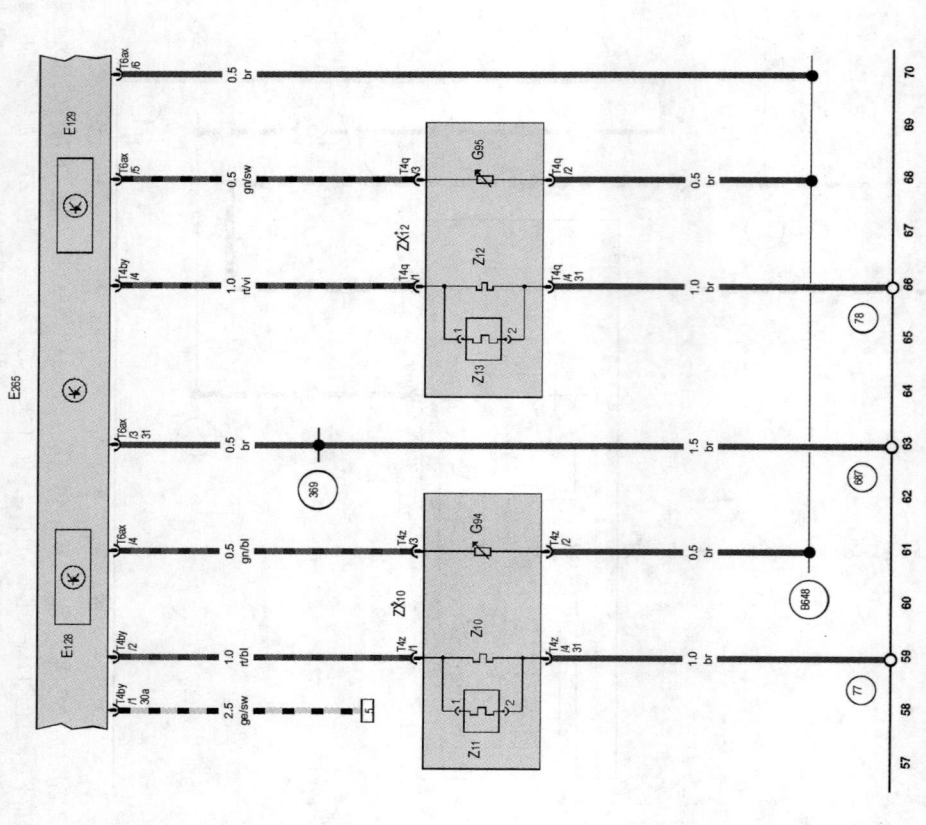

E128-左后可加热座椅调节开关 E129-右后座椅温度传感器开关 E265-后部空调操作和显示单元 G94-
左侧后座椅温度传感器 G95-右后座椅温度传感器 T4by-4芯插头连接，黑色 T4q-4芯插头连接，白
色 T4z-4芯插头连接 T6ax-6芯插头连接，黑色 ZX10-左后座椅加热 Z10-左侧可加热式后座椅
Z11-可加热左侧后座椅靠背 ZX12-右后座椅加热 Z12-右侧可加热右侧后座椅 Z13-可加热右侧后座椅靠
背 77-左侧B柱下部接地点 78-右侧B柱下部接地点 369-接地连接4，在主导线束中 687-中央通道上的
接地点1 B648-连接5（座椅加热），在主导线束中 *-已预先布线的部件

图 7-4-71

1044

右前部座椅靠背风扇 1，右前部座垫风扇 1

左前部座椅靠背风扇 1，左前部座垫风扇 1

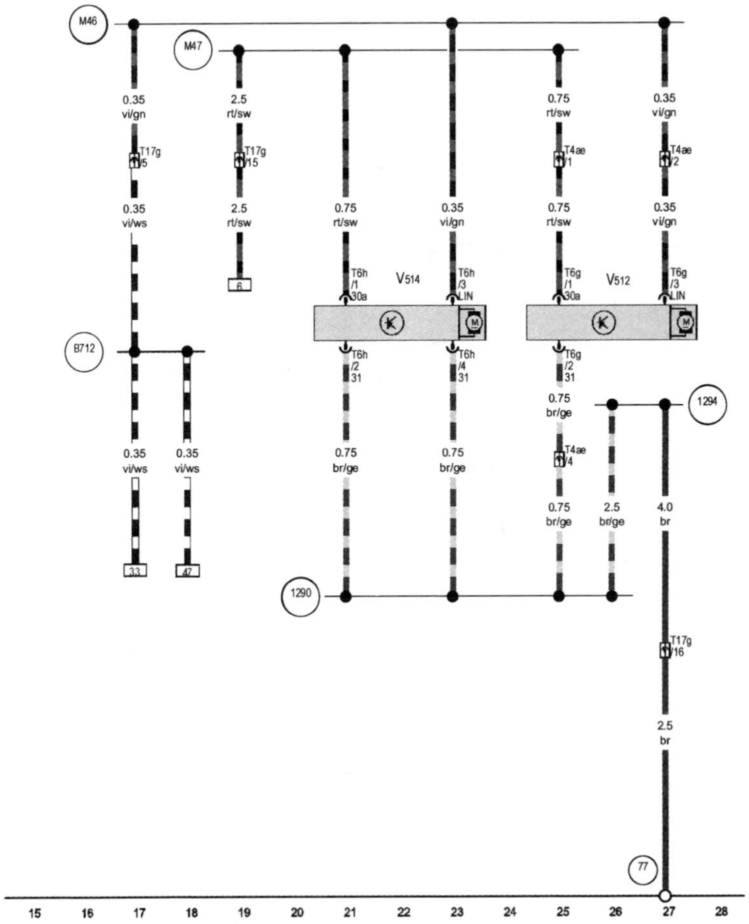

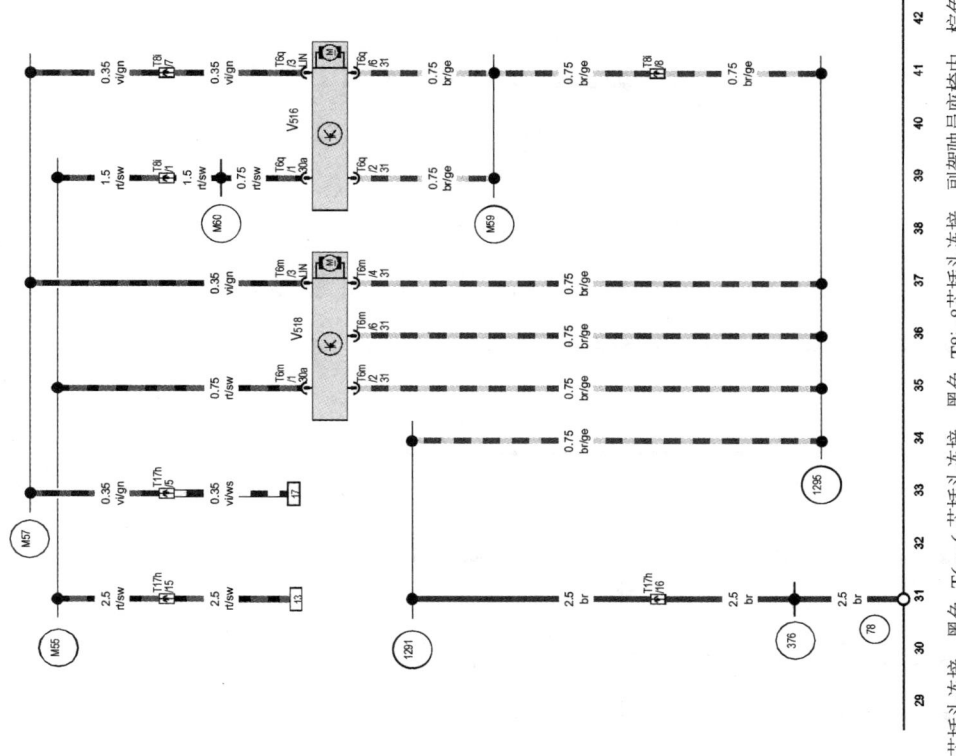

图 7-4-74

图 7-4-73

T6m-6 芯插头连接，黑色　T6q-6 芯插头连接，黑色　T8i-8 芯插头连接，棕色　T17h-17
芯插头连接，副驾驶员座椅内，副驾驶员座椅内，黑色　T8i-8 芯插头连接，黑色
芯插头连接，副驾驶员座椅下方，红色　V516-右前部座椅靠背风扇 1　V518-右前部座垫风扇 1　78-右侧 B
柱下部的接地点　1291-接地连接 1，在右前部座椅导线束中　1295-接地连接
2，在右前部座椅导线束中　M55-连接 5，在副驾驶员座侧座椅导线束中　M57-连接 7，在副驾驶员座侧座椅导线
束中　M59-连接 9，在副驾驶员座侧座椅导线束中　M60-连接 10，在副驾驶员座侧座椅导线束中

T4ae-4 芯插头连接，驾驶员座椅内，白色　T6g-6 芯插头连接，黑色　T17g-17
芯插头连接，驾驶员座椅内，黑色　T6h-6 芯插头连接，黑色　T17g-17
芯插头连接，驾驶员座椅下方，红色　V512-左前部座椅靠背风扇 1　V514-左前部座垫风扇 1　77-左侧 B 柱
下的接地点　1290-接地连接 1，在左前部座椅导线束中　1294-接地连接 2，在左前部座椅导线束中　B712-连接 7
（LIN 总线），在主导线束中　M46-连接 6，在驾驶员座侧座椅导线束中　M47-连接 7，在驾驶员座侧座椅导线
束中

暖风/空调操作，驾驶员侧座椅通风按钮，副驾驶员侧座椅通风按钮，全自动空调控制单元，车载电网控制单元

左前侧腰部支撑调节开关，保险架 C，驾驶员座椅腰部支撑纵向调节电机，驾驶员座椅腰部支撑高度调节电机

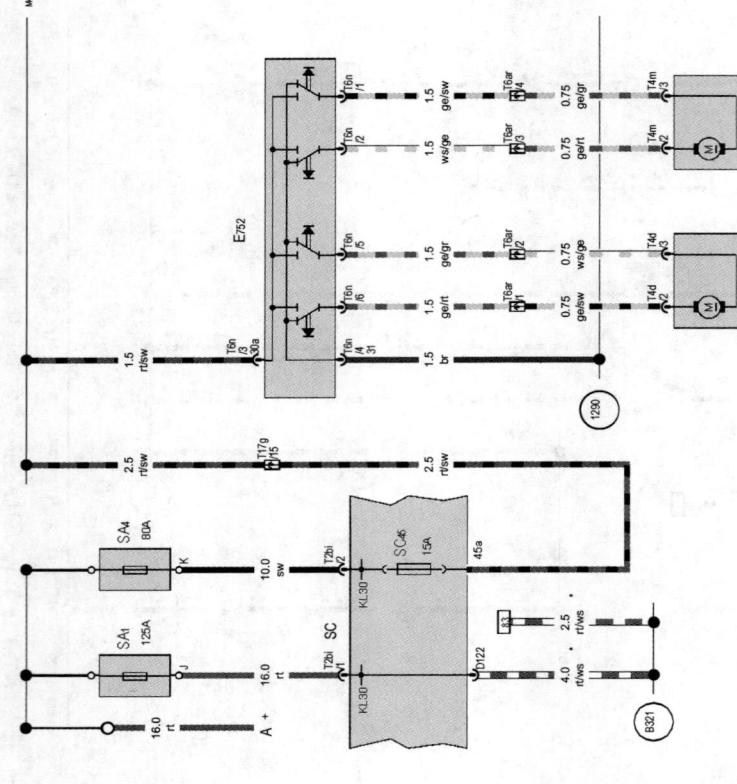

图 7-4-76

A－蓄电池 E752－左前侧腰部支撑调节开关 SA1－保险丝架A上的保险丝1 SA4－保险丝架A上的保险丝1 SC－保险丝架C SC45－保险丝架C上的保险丝45 T2bi－2芯插头连接，黑色 T4d－4芯插头连接，黑色 T4m－4芯插头连接，黑色 T6ar－6芯插头连接，驾驶员座椅内，黑色 T6n－6芯插头连接，黑色 T17g－17芯插头连接，驾驶员座椅下方，红色 V125－驾驶员座椅腰部支撑纵向调节电机 V129－驾驶员座椅腰部支撑高度调节电机 1290－接地连接1，在左前座椅号线束中 B321－正极连接7（30a），在主导线束中 M47－连接7，在驾驶员侧座椅号线束中 *－仅用于带副驾驶员侧座椅电动座椅调节的汽车

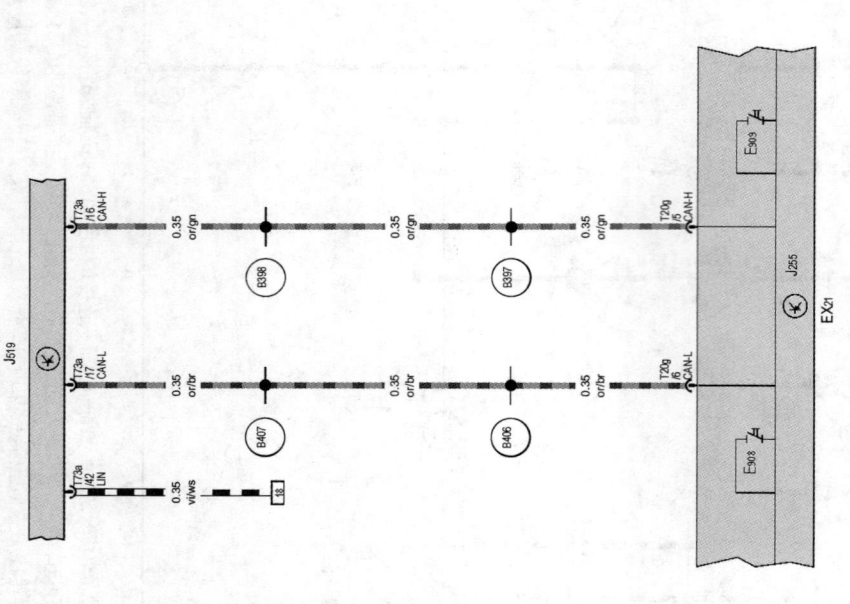

图 7-4-75

EX21－暖风/空调操作 E908－驾驶员侧座椅通风按钮 E909－副驾驶员侧座椅通风按钮 J255－全自动空调控制单元 J519－车载电网控制单元 T20g－20芯插头连接，黑色 T73a－73芯插头连接，黑色 B397－连接1（舒适CAN总线，High），在主导线束中 B398－连接2（舒适CAN总线，High），在主导线束中 B406－连接1（舒适CAN总线，Low），在主导线束中 B407－连接2（舒适CAN总线，Low），在主导线束中

左前座椅调节操作单元，驾驶员座椅的前部高度调节开关，驾驶员座椅靠背调节开关，驾驶员座椅的前部度调节高度调节电机，左前侧座椅槽，左前侧座椅靠背调节电机

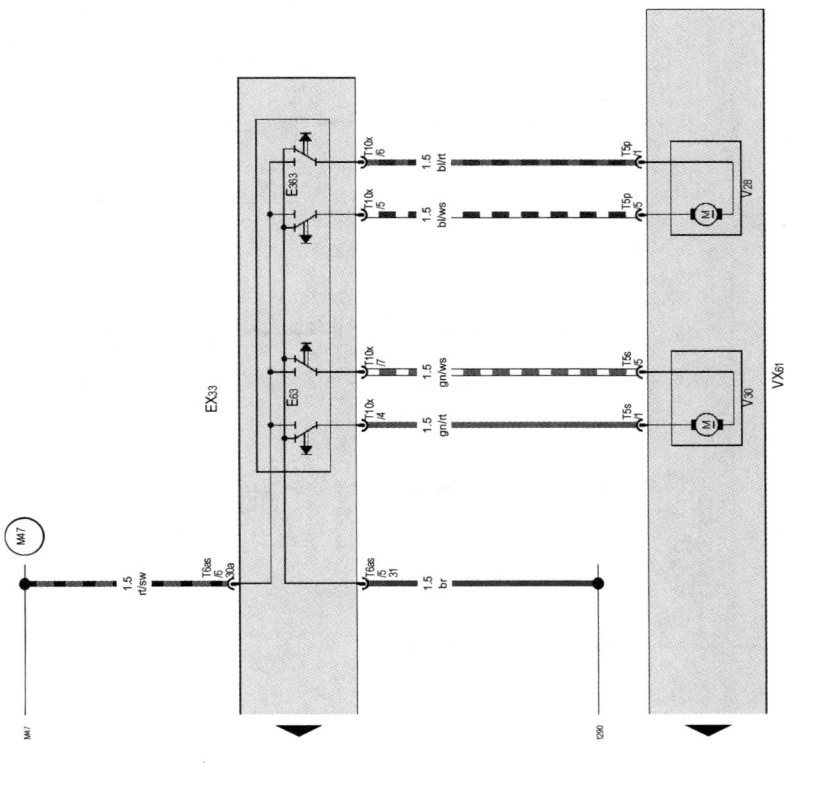

左前座椅调节操作单元，驾驶员座椅的后部高度调节开关，驾驶员座椅纵向调节开关，驾驶员座椅纵向调节电机，驾驶员座椅的后部高度调节电机，左前座椅槽

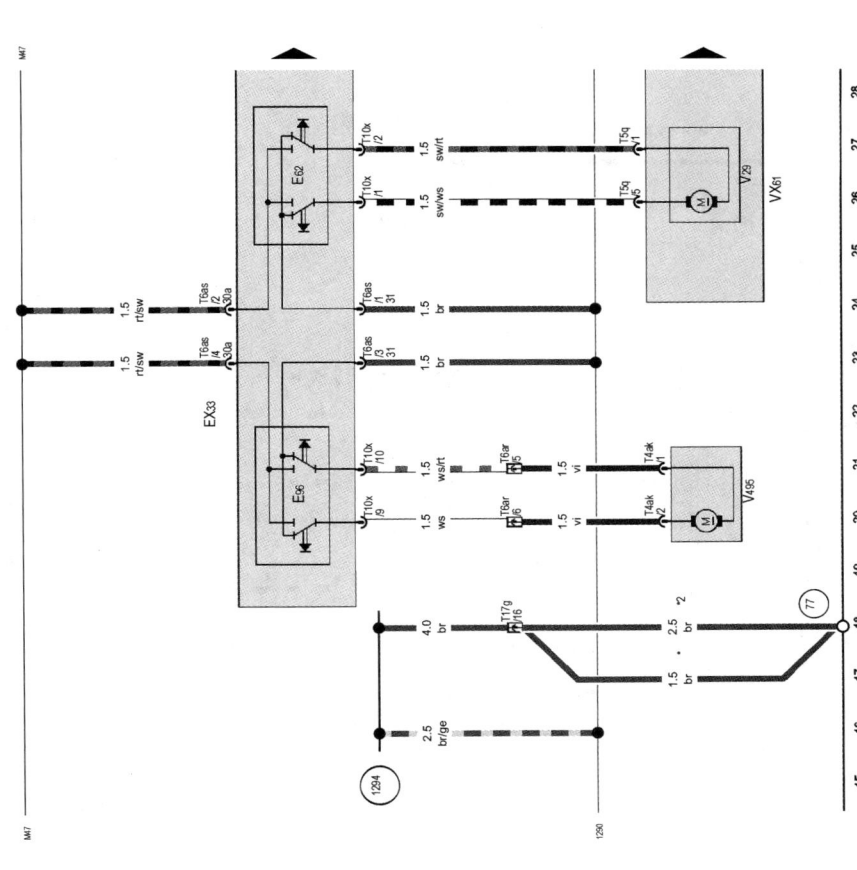

EX33-左前座椅调节操作单元 E62-驾驶员座椅的前部高度调节开关 E96-驾驶员座椅靠背调节开关
T4ak-4芯插头连接，黑色 T5q-5芯插头连接，黑色 T6ar-6芯插头连接，驾驶员座椅内，黑色 T6as-6芯
插头连接，黑色 T10x-10芯插头连接，黑色 T117g-17芯插头连接，驾驶员座椅下方，红色 V29-驾驶员
座椅的前部度调节高度调节电机 VX61-左前座椅槽 V495-左前侧座椅靠背调节电机 77-左前侧B柱下的接地点
1290-接地连接1，在左前座椅导线束中 1294-接地连接2，在左前侧座椅靠背导线束中 M47-连接7，在驾驶员侧
座椅导线束中 *-仅用于带座椅加热的汽车 *2-仅用于不带座椅加热的汽车

图7-4-77

EX33-左前座椅调节操作单元 E63-驾驶员座椅的后部高度调节开关 E363-驾驶员座椅纵向调节开关
T5p-5芯插头连接，黑色 T5s-5芯插头连接，黑色 T6as-6芯插头连接，黑色 T10x-10芯插头连接，黑色
V28-驾驶员座椅纵向调节电机 V30-驾驶员座椅的后部高度调节电机 VX61-左前座椅槽 1290-接地连接
1，在左前座椅导线束中 M47-连接7，在驾驶员座侧座椅导线束中

图7-4-78

1047

右前座椅调节操作单元，副驾驶员座椅的前部高度调节开关，副驾驶员座椅靠背调节开关，副驾驶员座椅靠背调节电机，副驾驶员座椅的前部高度调节电机，右前侧座椅靠背调节槽，右前侧座椅靠背调节电机

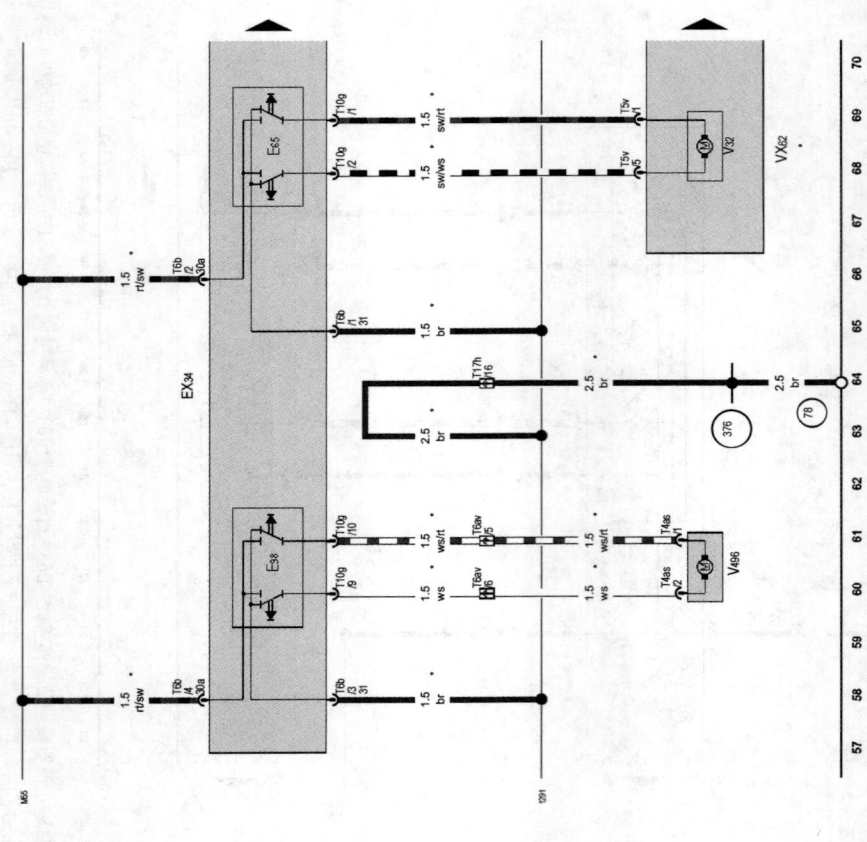

EX34–右前座椅调节操作单元　E65–副驾驶员座椅的前部高度调节开关　E98–副驾驶员座椅靠背调节开关　T4as–4芯插头连接，黑色　T5v–5芯插头连接，黑色　T6av–6芯插头连接，副驾驶员座椅内　T6b–6芯插头连接，黑色　T10g–10芯插头连接，黑色　T17h–17芯插头连接，副驾驶员座椅靠背调节电机　V32–副驾驶员座椅的前部高度调节电机　VX62–右前侧座椅槽　V496–右前侧座椅靠背调节电机　78–右侧B柱下部接地点　376–接地连接11，在主导线束中　1291–接地连接1，在右前座椅导线束中　M55–连接5，在副驾驶员侧座椅导线束中　＊–仅用于带副驾驶员侧电动座椅调节的汽车

图7–4–80

右前侧腰部支撑调节开关，副驾驶员座椅腰部支撑纵向调节电机，副驾驶员座椅腰部支撑部支撑高度调节电机

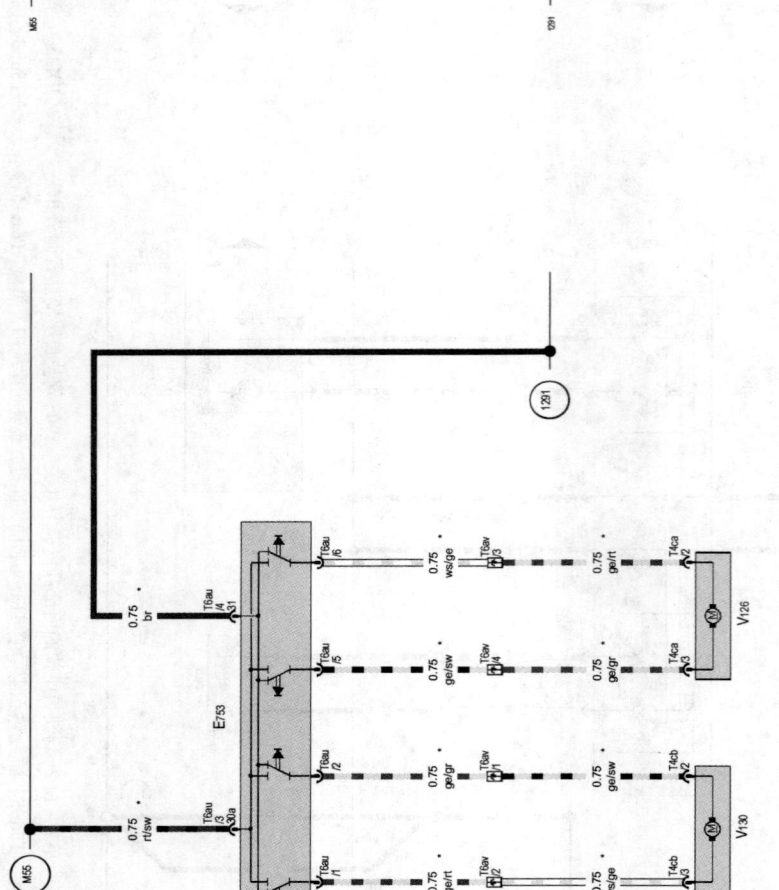

E753–右前侧腰部支撑调节开关　T4ca–4芯插头连接　T4cb–4芯插头连接，黑色　T6au–6芯插头连接，黑色　T6av–6芯插头连接，副驾驶员座椅内　V126–副驾驶员座椅腰部支撑纵向调节电机　V130–副驾驶员座椅腰部支撑部支撑高度调节电机　1291–接地连接1，在右前座椅导线束中　M55–连接5，在副驾驶员侧座椅导线束中　＊–仅用于带副驾驶员侧电动座椅调节的汽车

图7–4–79

滑动天窗控制单元

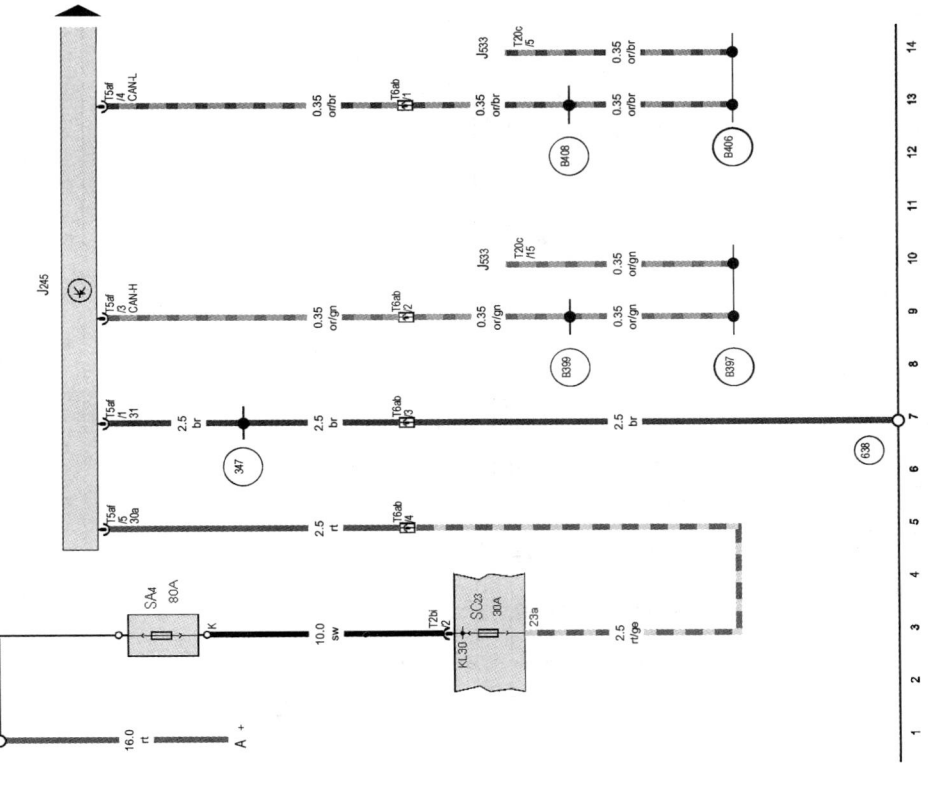

图 7-4-82

A-蓄电池 J245-滑动天窗控制单元 J533-数据总线诊断接口 SA4-保险丝架A上的保险丝4 SC23-保险丝架C上的保险丝23 T2bi-2芯插头连接 T5af-5芯插头连接，黑色 T6ab-6芯插头连接，前部车内照明灯附近，黑色 T20c-20芯插头连接，黑色 347-接地连接 638-右A柱上的接地点，在车顶导线束中 B397-连接1（舒适CAN总线，High），在主导线束中 B399-连接3（舒适CAN总线，High），在主导线束中 B406-连接1（舒适CAN总线，Low），在主导线束中 B408-连接3（舒适CAN总线，Low），在主导线束中

右前座椅调节操作单元，副驾驶员座椅纵向调节开关，副驾驶员座椅纵向调节开关，副驾驶员座椅的后部高度调节开关，副驾驶员座椅调节装置的热敏保险丝1，副驾驶员座椅纵向调节电机，副驾驶员座椅的后部高度调节电机，右前座椅槽

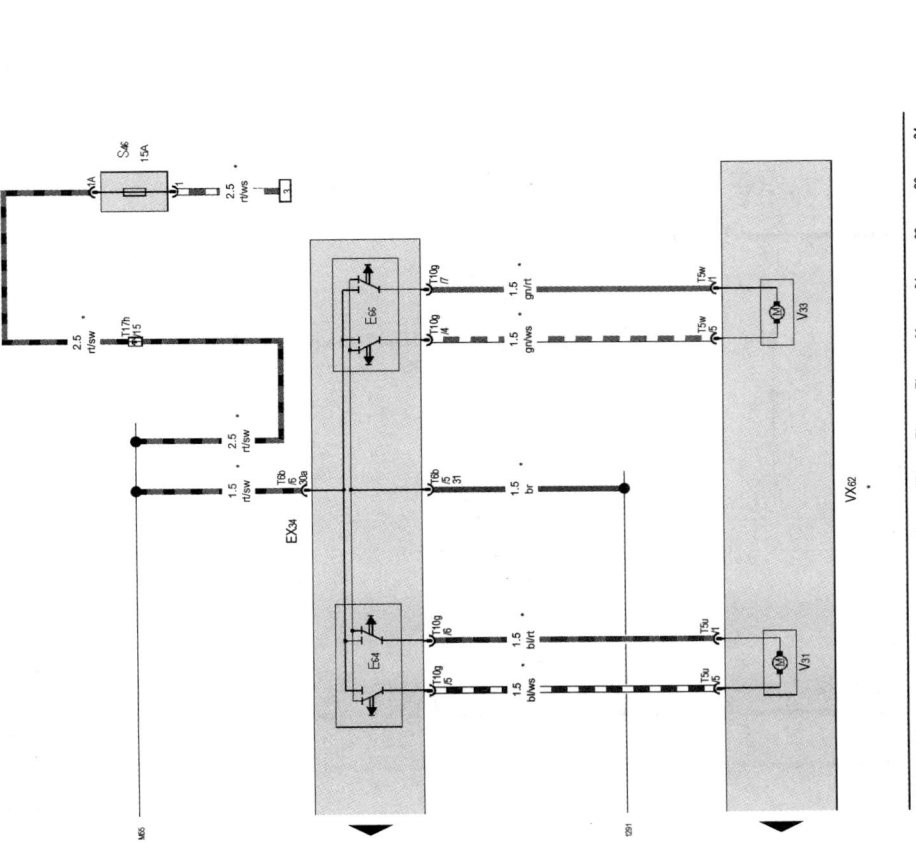

图 7-4-81

EX34-右前座椅调节操作单元 E64-副驾驶员座椅纵向调节开关 E66-副驾驶员座椅的后部高度调节开关 S46-副驾驶员座椅调节装置的热敏保险丝1 T5u-5芯插头连接，黑色 T6b-6芯插头连接，黑色 T10g-10芯插头连接，黑色 T17h-17芯插头连接，副驾驶员座椅下方，红色 V31-副驾驶员座椅纵向调节电机 V33-副驾驶员座椅的后部高度调节电机 VX62-右前座椅槽 1291-接地连接，在右前座椅导线束中 M55-连接5，在副驾驶员侧导线束中 *-仅用于带副驾驶员侧电动座椅调节的汽车

1049

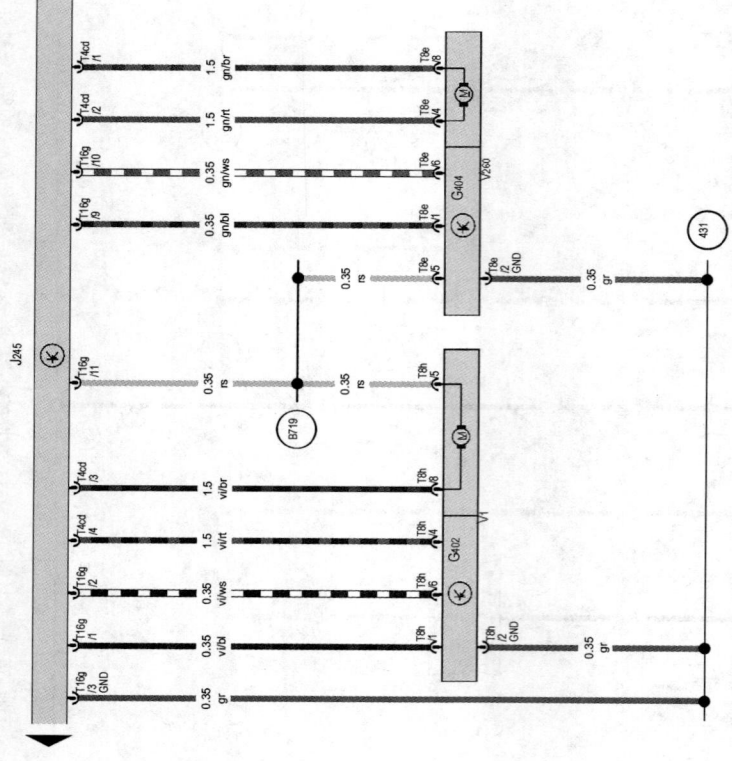

前部滑动天窗电机的霍耳传感器，滑动天窗卷帘电机的霍耳传感器，滑动天窗控制单元，滑动天窗电机，滑动天窗卷帘电机。

滑动天窗开关，天窗卷帘按钮1，滑动天窗控制单元

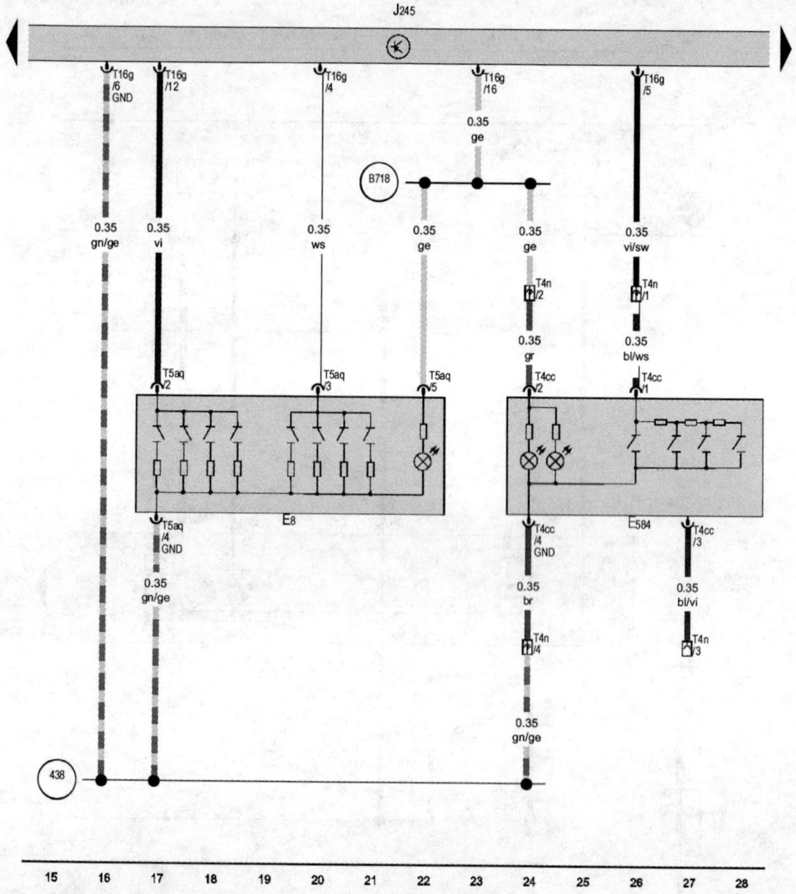

G402-前部滑动天窗电机的霍耳传感器，G404-滑动天窗卷帘电机的霍耳传感器，J245-滑动天窗控制单元 T4cd-4芯插头连接，黑色 T8e-8芯插头连接，黑色 T8h-8芯插头连接，黑色 T16g-16芯插头连接，黑色 V1-滑动天窗电机，V260-滑动天窗卷帘电机，431-接地连接，在车顶导线束中 B719-连接2，在车顶导线束中

图7-4-84

E8-滑动天窗开关 E584-天窗卷帘按钮1 J245-滑动天窗控制单元 T4cc-4芯插头连接，黑色 T4n-4芯插头连接，前部车内照明灯附近，黑色 T5aq-5芯插头连接，黑色 T16g-16芯插头连接，棕色 438-接地连接，在车顶导线束中 B718-连接3，在车顶导线束中

图7-4-83

电机 1 中的传感器，用于行李箱盖，电机 2 中的传感器，用于行李箱盖，行李箱盖控制单元，行李箱盖电机 1

数据总线诊断接口，行李箱盖控制单元，保险丝架 C

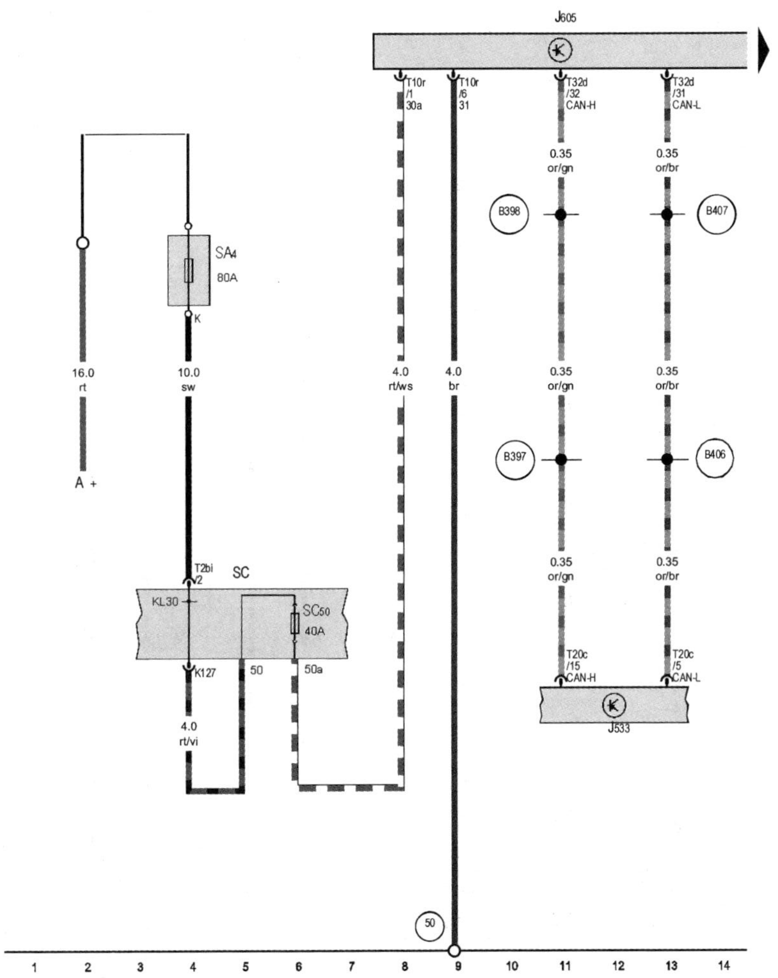

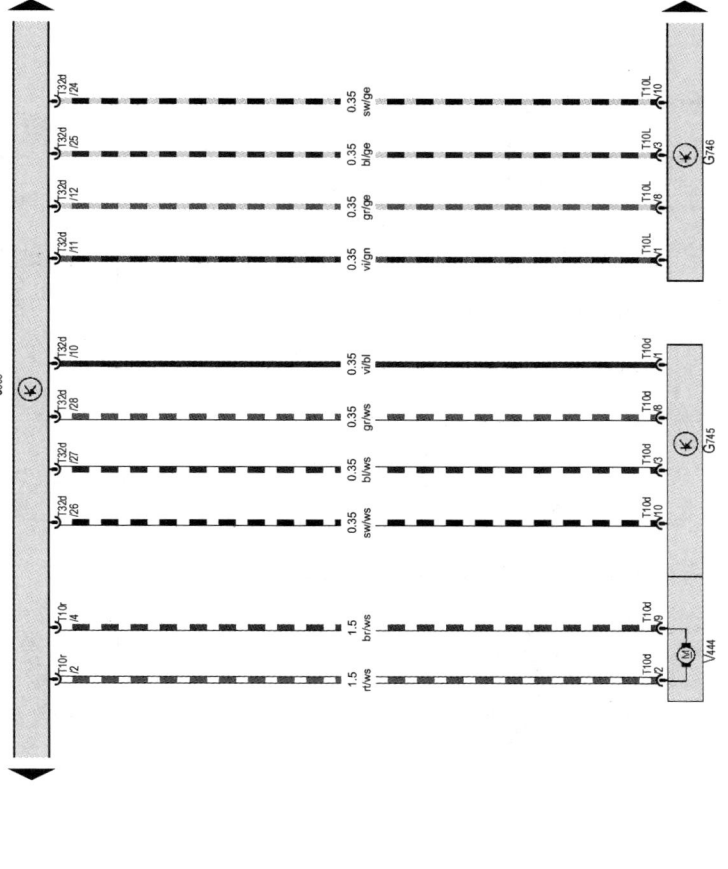

G745-电机1中的传感器，用于行李箱盖 G746-电机2中的传感器，用于行李箱盖 J605-行李箱盖控制单元 T10d-10芯插头连接，黑色 T10L-10芯插头连接，黑色 T10r-10芯插头连接，黑色 T32d-32芯插头连接，黑色 V444-行李箱盖电机1

图 7-4-86

A-蓄电池 J533-数据总线诊断接口 J605-行李箱盖控制单元 SA4-保险丝架A上的保险丝4 SC-保险丝架C SC50-保险丝架C上的保险丝50 T2bi-2芯插头连接 T10r-10芯插头连接 T20c-20芯插头连接 T32d-32芯插头连接，白色 50-行李箱内左侧的接地点 B397-连接1（舒适CAN总线，High），在主导线束中 B398-连接2（舒适CAN总线，High） B406-连接1（舒适CAN总线，Low），在主导线束中 B407-连接2（舒适CAN总线，Low），在主导线束中

图 7-4-85

行李箱盖遥控开锁按钮，用于行李箱盖的警报蜂鸣器，驾驶员侧车门控制单元，行李箱盖
控制单元，按钮照明灯泡，行李箱盖电机 2

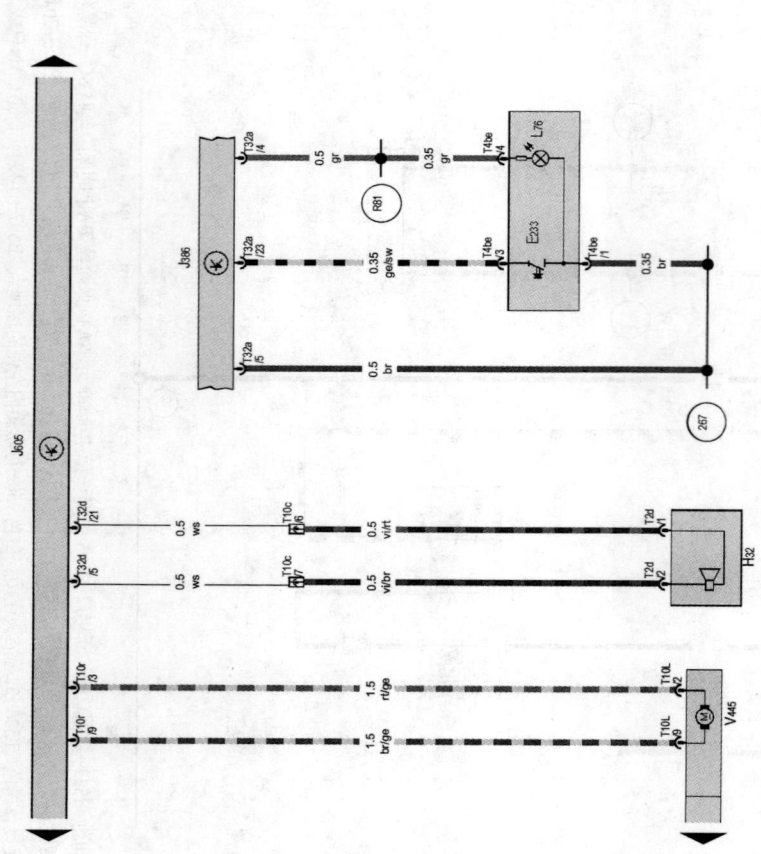

E233-行李箱盖遥控开锁按钮 H32-用于行李箱盖的警报蜂鸣器 J386-驾驶员侧车门控制单元 J605-行李
箱盖控制单元 L76-按钮照明灯泡 T2d-2芯插头连接，黑色 T4be-4芯插头连接，黑色 T10c-10芯插头连
接，行李箱盖的连接位置，黑色 T10L-10 芯插头连接，黑色 T10r-10 芯插头连接，黑色 T32a-32 芯插
头连接，蓝色 T32d-32 芯插头连接，白色 V445-行李箱盖电机2 267-接地连接2，在驾驶员侧车门电缆
导线束中 R81-连接1 (58d)，在驾驶员侧车门电缆导线束中

行李箱盖锁闭按钮，行李箱盖控制单元，行李箱盖关闭辅助功能，行李箱盖关闭辅助装置
电机

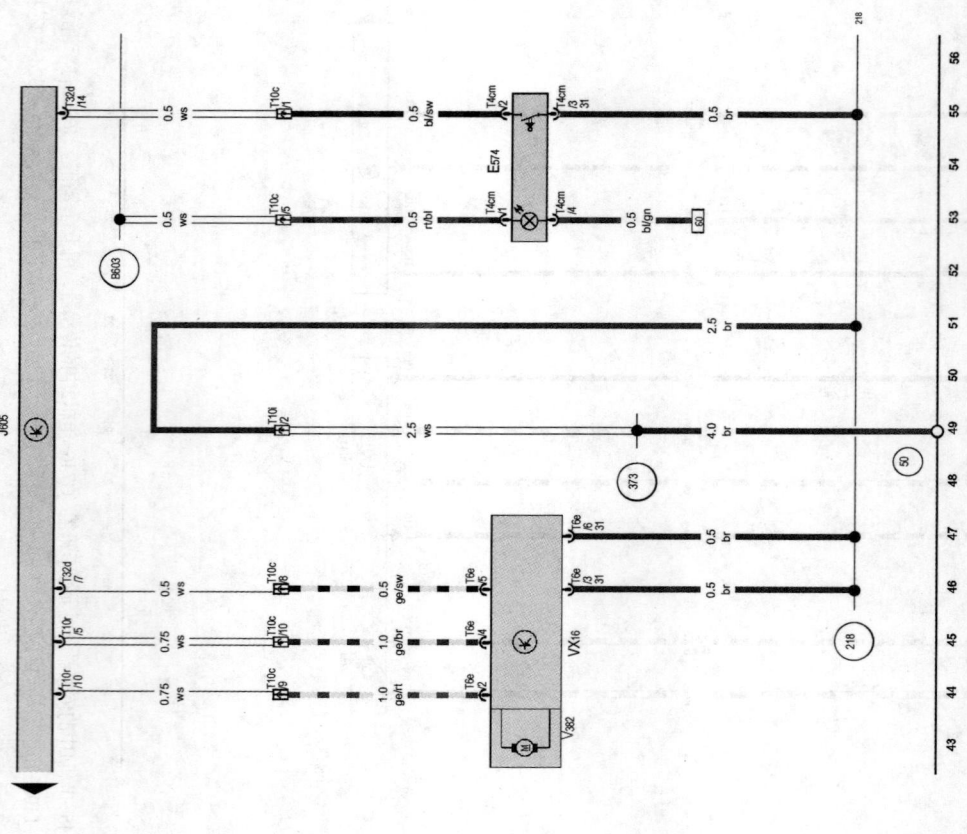

E574-行李箱盖锁闭按钮 J605-行李箱盖控制单元 T4cm-4 芯插头连接，黑色 T6e-6 芯插头连接，黑
色 T10c-10 芯插头连接，行李箱盖的连接位置，黑色 T10r-10 芯插头的连接，行李箱盖的连接位置，黑色
T10r-10 芯插头连接，黑色 T32d-32 芯插头连接，白色 VX16-行李箱盖关闭辅助功能 V382-行李箱盖
关闭辅助装置电机 50-行李箱内左侧的接地点 218-接地连接1，在行李箱盖导线束中 373-接地连接8，
在主导线束中 B603-正极连接2 (30g)，在主导线束中

行李箱盖开启装置控制单元，进
行李箱开启装置控制单元，
行李箱开启装置的传感器 2，
行李箱盖打开传感器，
入及启动系统接口

行李箱盖把手中的解锁按钮，行李箱盖中央
行李箱闭锁单元，车载电网控制单元，行李箱盖中中央
门锁电机

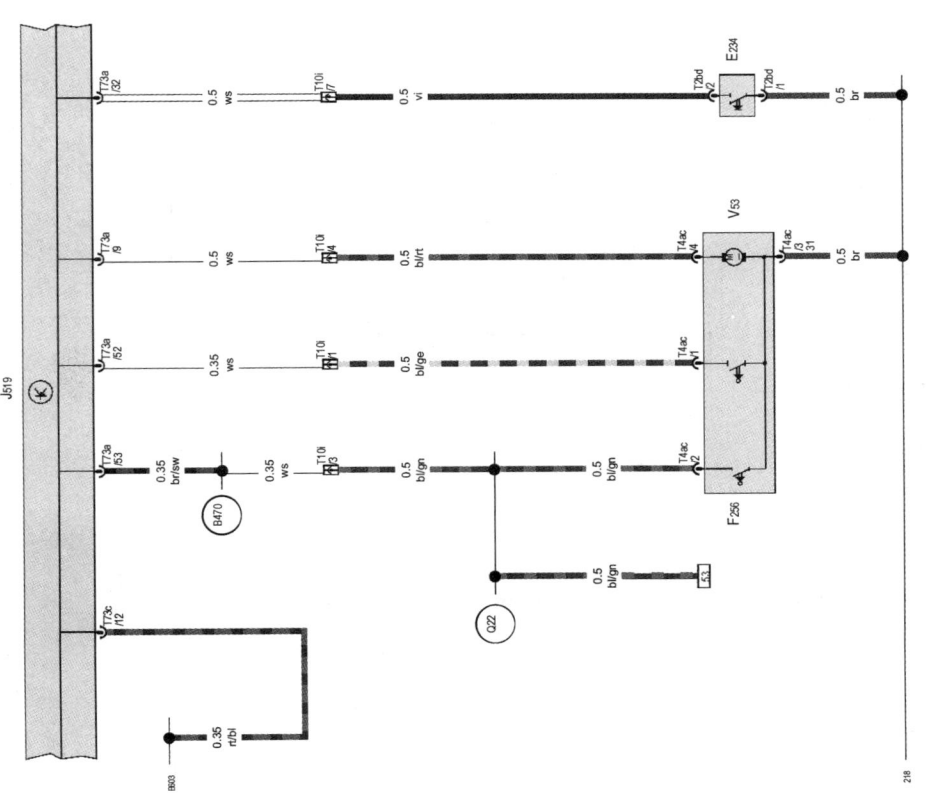

图 7-4-90

G750—行李箱盖开启装置打开传感器 G760—行李箱盖开启装置的传感器 J938—行李箱盖开启装置控制单元 J965—
进入及启动系统接口 T4cm—4芯插头连接 T4L—4芯插头连接，黑色 T14x—14芯插头连接，黑色，后部保
险杠内，黑色 T40a—40芯插头连接，黑色 51—行李箱内右侧的接地点 374—接地连接9，在主导线束中 *—
仅用于带传感器控制行李箱盖开启装置的汽车

图 7-4-89

E234—行李箱盖把手中的解锁按钮 F256—行李箱盖闭锁单元 J519—车载电网控制单元 T2bd—2芯插头连
接，黑色 T4ac—4芯插头连接，黑色 T10i—10芯插头连接，行李箱盖的连接位置，黑色 T73a—73芯插头连
接，黑色 T73c—73芯插头连接，黑色 V53—行李箱盖中中央门锁电机 218—接地连接1，在行李箱盖导线束
中 B470—连接6，在主导线束中 B603—正极连接2（30g），在主导线束中 Q22—连接1，在行李箱盖导线
束中

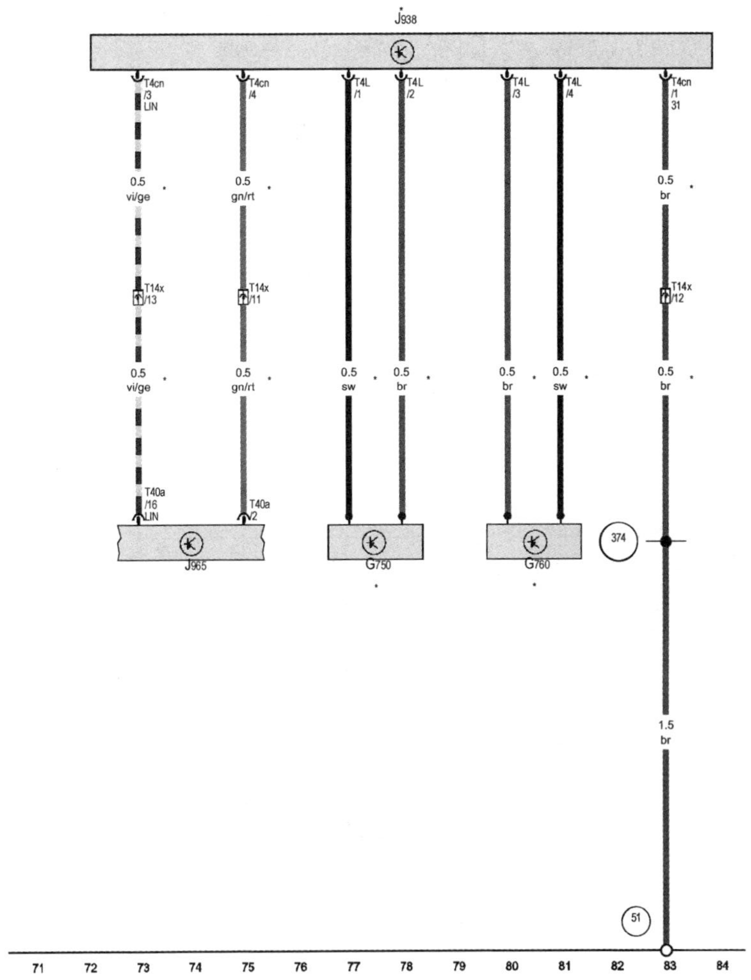

中控台开关模块 2，泊车雷达系统按钮，泊车转向辅助系统按钮，泊车雷达系统控制单元，
泊车雷达系统指示灯，泊车转向辅助系统指示灯，按钮照明灯泡

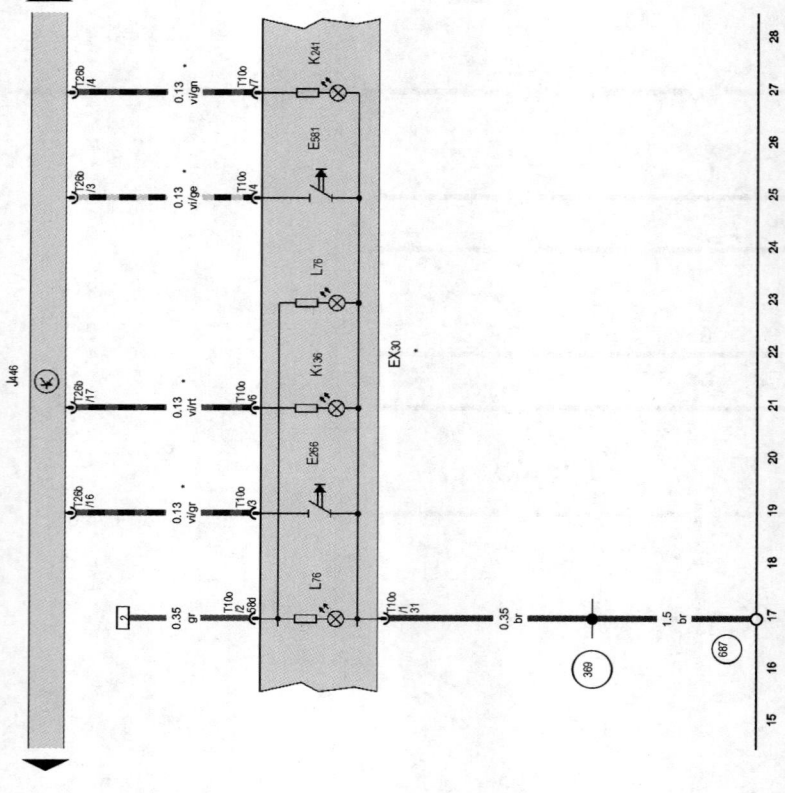

EX30-中控台开关模块2 E266-泊车雷达系统按钮 E581-泊车转向辅助系统按钮 J446-泊车雷达系统控制
单元 K136-泊车雷达系统指示灯 K241-泊车转向辅助系统指示灯 L76-按钮照明灯泡 T10o-10芯插头连
接、黑色 T26b-26芯插头连接 369-接地连接4，在主导线束中 687-中央通道上的接地点1 *-仅
用于带泊车转向辅助系统的汽车

图 7-4-92

接线端 15 供电继电器，泊车雷达系统控制单元，车载电网控制单元

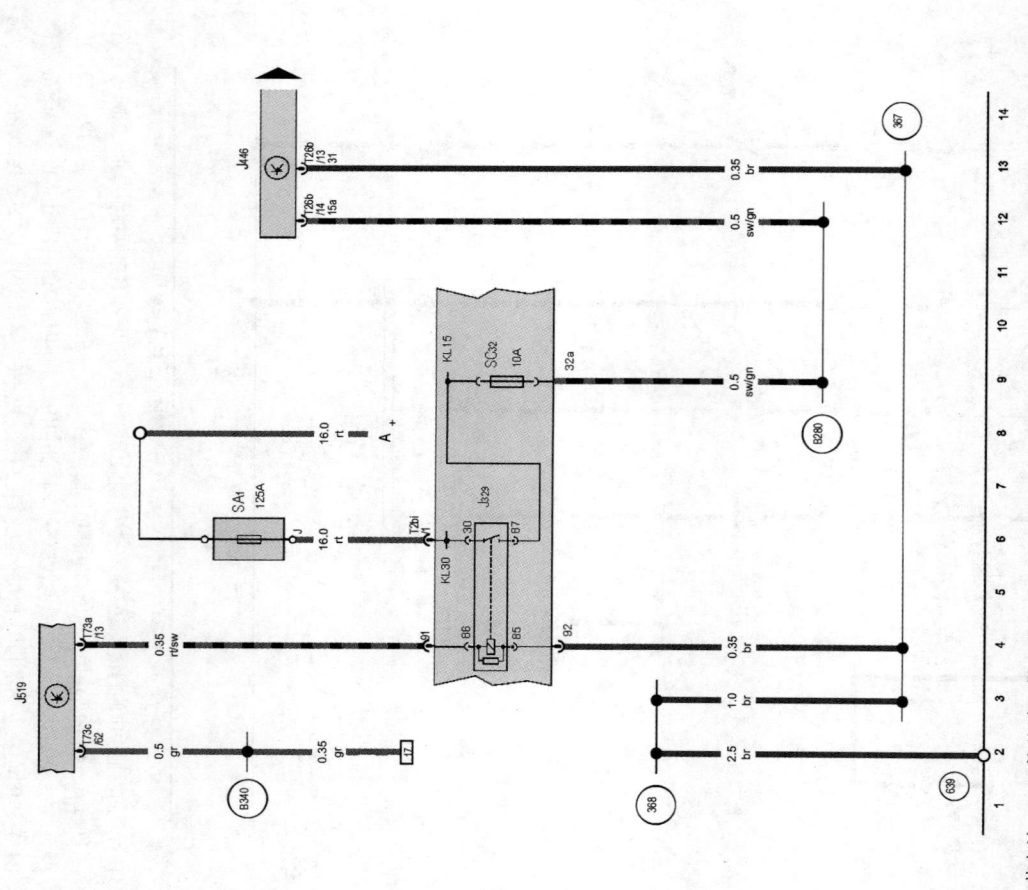

A-蓄电池 J329-接线端15供电继电器 J446-泊车雷达系统控制单元 J519-车载电网控制单元 SA1-保险丝
架A上的保险丝1 SC32-保险丝架C上的保险丝32 T2bi-2芯插头连接 T26b-26芯插头连接、黑色
T73a-73芯插头连接、黑色 T73c-73芯插头连接、黑色 367-接地连接2，在主导线束中 368-接地连接3，
在主导线束中 639-左A柱上的接地点 B280-正极连接4（15a），在主导线束中 B340-连接1（58d），在
主导线束中

图 7-4-91

1054

右前泊车雷达系统传感器，右前中部泊车雷达系统传感器，左前泊车雷达系统传感器，泊车转向辅助系统的左前侧传感器，泊车雷达系统控制单元

左前泊车雷达系统传感器，后部泊车雷达系统报警蜂鸣器，前部泊车雷达系统报警蜂鸣器，泊车雷达系统控制单元

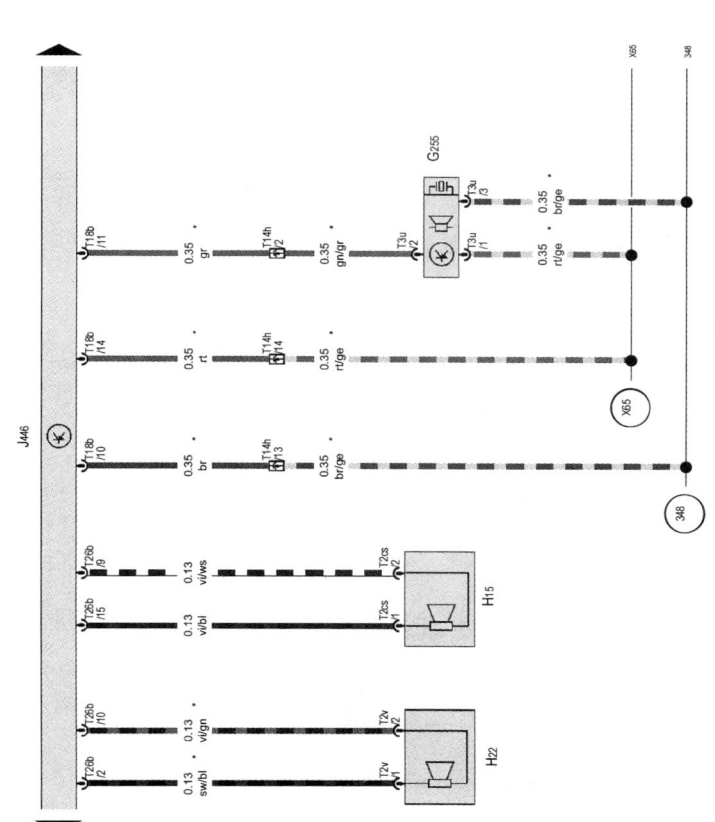

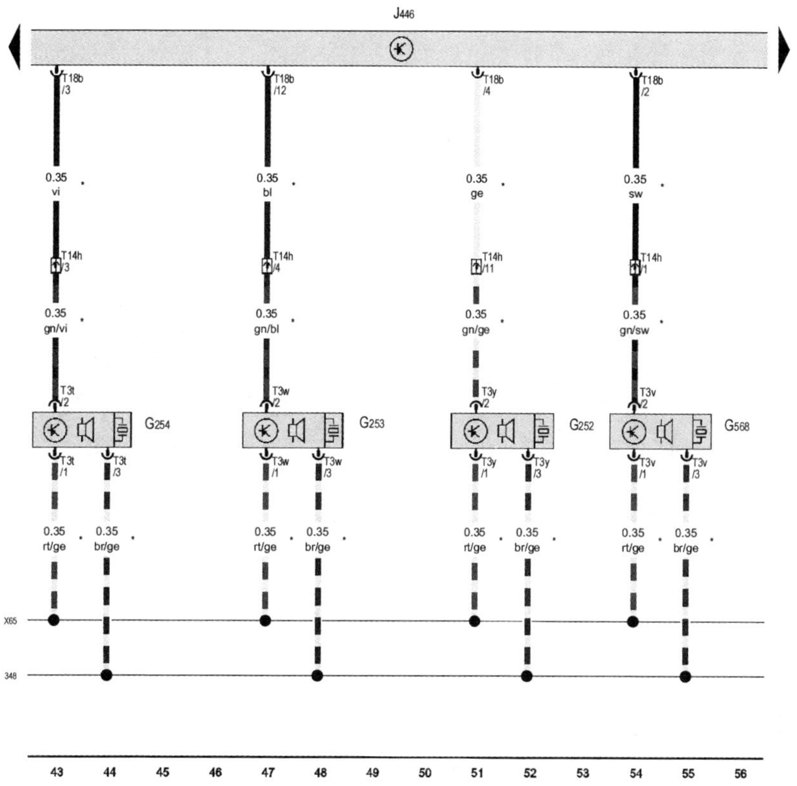

G252-右前泊车雷达系统传感器　G253-右前中部泊车雷达系统传感器　G254-左前中部泊车雷达系统传感器　感器　G568-泊车转向辅助系统的左前侧传感器，汽车左侧　J446-泊车雷达系统控制单元　T3r-3芯插头连接，黑色　T3v-3芯插头连接，黑色　T3y-3芯插头连接，黑色　T14h-14芯插头连接，黑色　连接　T18b-18芯插头连接，黑色　348-接地连接（泊车雷达系统），在前保险杠导线束里　X65-连接（泊车雷达系统），在前保险杠辅助系统的汽车　线束里 X65-连接（泊车雷达系统），在前保险杠辅助系统中 *-仅用于带泊车转向辅助系统的汽车

图7-4-94

G255-左前泊车雷达系统传感器　H15-后部泊车雷达系统报警蜂鸣器　H22-前部泊车雷达系统报警蜂鸣器　J446-泊车雷达系统控制单元　T2cs-2芯插头连接，黑色　T2v-2芯插头连接，黑色　T3u-3芯插头连接，黑色　T14h-14芯插头连接，左前保险杠内，黑色　T18b-18芯插头连接，黑色　T26b-26芯插头连接，黑色　348-接地连接（泊车雷达系统），在前保险杠导线束里　X65-连接（泊车雷达系统），在前保险杠导线束中 *-仅用于带泊车转向辅助系统的汽车

图7-4-93

左后泊车雷达系统传感器，泊车转向辅助系统的右前侧传感器，汽车右侧，泊车雷达系统控制单元

左后中部泊车雷达系统传感器，右后泊车雷达系统传感器，右后泊车雷达系统传感器，右后泊车雷达系统传感器，泊车雷达系统控制单元

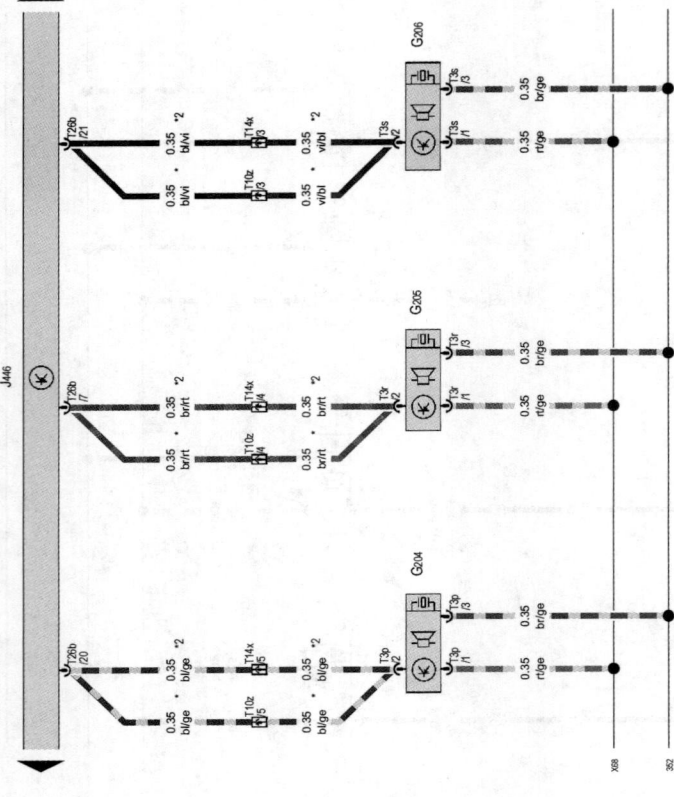

图 7-4-96

G204-左后中部泊车雷达系统传感器 G205-右后中部泊车雷达系统传感器 G206-右后泊车雷达系统传感器 J446-泊车雷达系统控制单元 T3p-3芯插头连接，黑色 T3r-3芯插头连接，黑色 T3s-3芯插头连接，黑色 T10z-10芯插头连接，后部保险杠内，黑色 T14x-14芯插头连接，后部保险杠内，黑色 T26b-26芯插头连接（泊车雷达系统），黑色 352-接地连接 X68-连接（泊车雷达系统），在后保险杠导线束里 X68-连接（泊车雷达系统），在后保险杠导线束里 *2-仅用于带传感器控制行李箱盖开启装置的汽车 盖开启装置的汽车

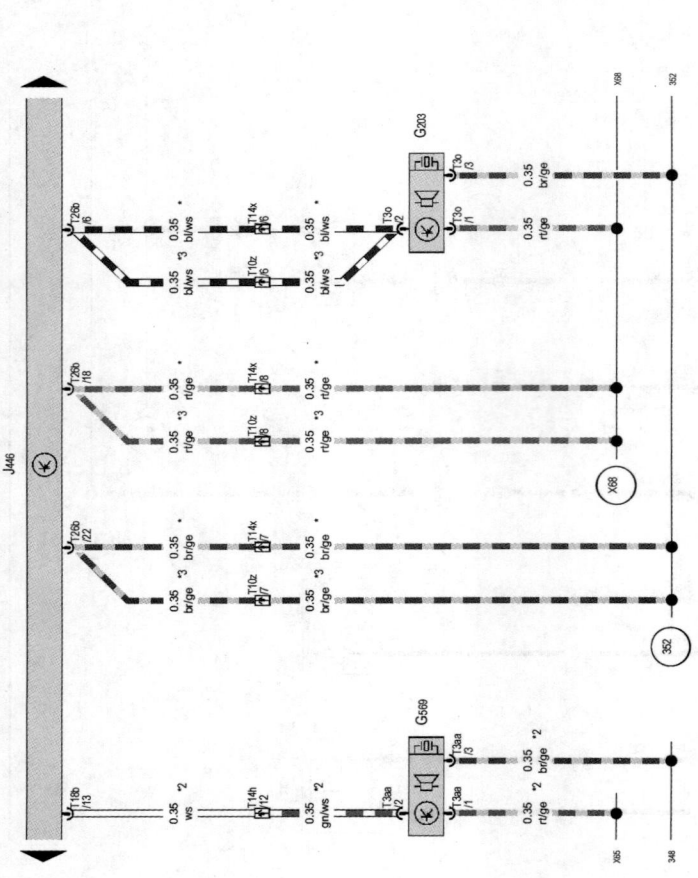

图 7-4-95

G203-左后泊车雷达系统传感器 G569-泊车转向辅助系统的右前侧传感器，汽车右侧 J446-泊车雷达系统控制单元 T3aa-3芯插头连接，黑色 T3o-3芯插头连接，黑色 T3p-3芯插头连接，后部保险杠内，黑色 T10z-10芯插头连接，左前保险杠内，黑色 T14n-14芯插头连接，左前保险杠内，黑色 T14x-14芯插头连接，后部保险杠内，黑色 T18b-18芯插头连接，黑色 T26b-26芯插头连接（泊车雷达系统），黑色 348-接地连接 352-接地连接（泊车雷达系统），在前保险杠导线束里 X65-连接（泊车雷达系统），在后保险杠导线束里 X68-连接（泊车雷达系统），在后保险杠导线束里 *-仅用于带传感器控制行李箱盖开启装置的汽车 *2-仅用于带泊车转向辅助系统的汽车 *3-仅用于不带传感器控制行李箱盖开启装置的汽车

1056

后部周围环境摄像机，保险丝架 C

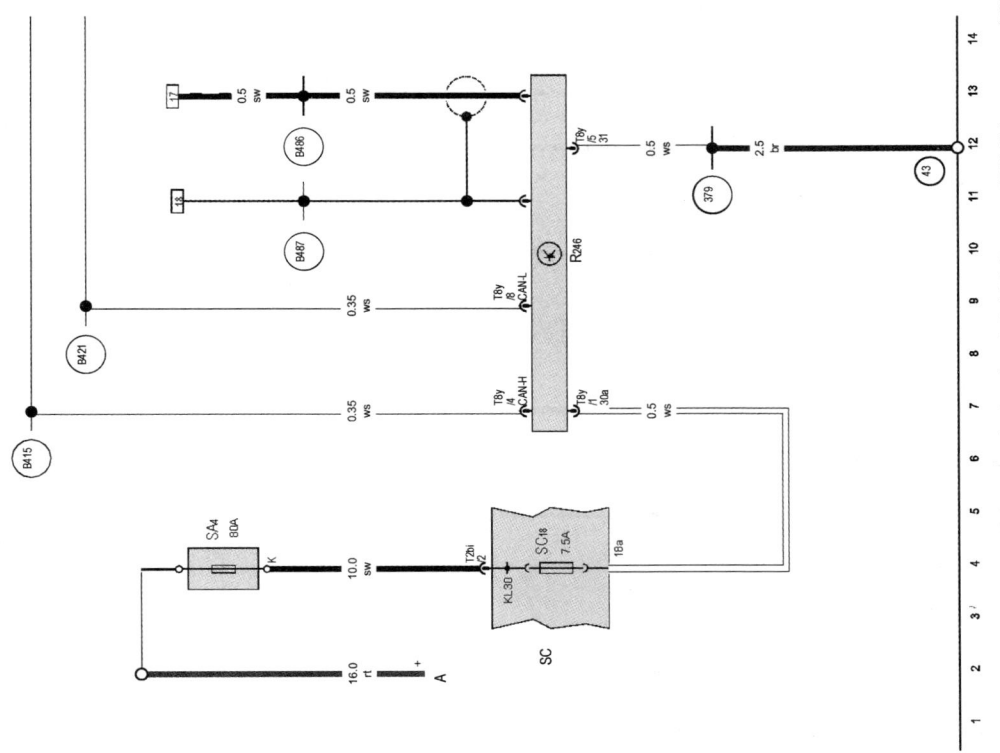

A-蓄电池 R246-后部周围环境摄像机 SA4-保险丝架A上的保险丝4 SC-保险丝架C SC18-保险丝架C上的保险丝18 T2bi-2芯捅头连接 T8y-8芯捅头连接，黑色 43-右侧A柱下部的接地点 379-接地连接14，在主导线束中 B415-连接1（信息娱乐CAN总线，High），在主导线束中 B421-连接1（信息娱乐CAN总线，Low），在主导线束中 B486-连接22，在主导线束中 B487-连接23，在主导线束中

图 7-4-98

左后泊车转向辅助系统传感器，右后泊车转向辅助系统传感器，泊车雷达系统控制单元

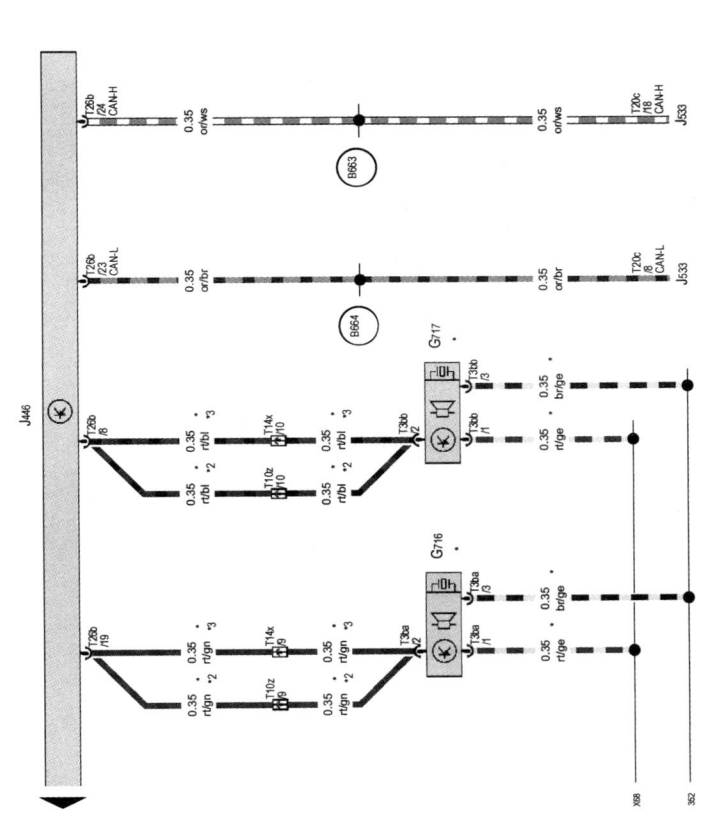

G716-左后泊车转向辅助系统传感器 G717-右后泊车转向辅助系统传感器 J446-泊车雷达系统控制单元 J533-数据总线诊断接口 T3ba-3芯捅头连接 T3ba-3芯捅头连接 T10z-10芯捅头连接 黑色 T3bb-3芯捅头连接，后部保险杠内，黑色 T14x-14芯捅头连接，后部保险杠内，黑色 T20c-20芯捅头连接 黑色 T26b-26芯捅头连接，黑色 352-接地连接（泊车雷达系统），在后保险杠导线束里 B663-连接（底盘传感器CAN总线，High），在主导线束中 B664-连接（底盘传感器CAN总线，Low），在主导线束中 X68-连接（泊车雷达系统），在后保险杠导线束中 *-仅用于带泊车转向辅助系统的汽车 *2-仅用于不带传感器的行李箱盖系统），在后保险杠导线束中 *3-仅用于带传感器控制行李箱盖开启装置的汽车

图 7-4-97

1057

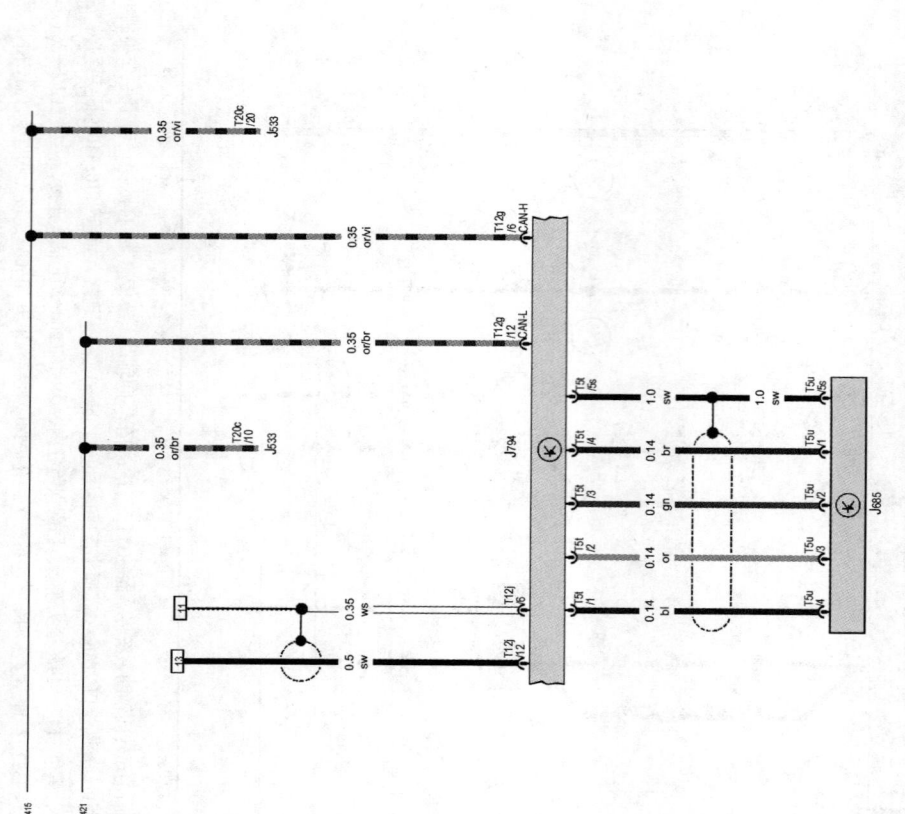

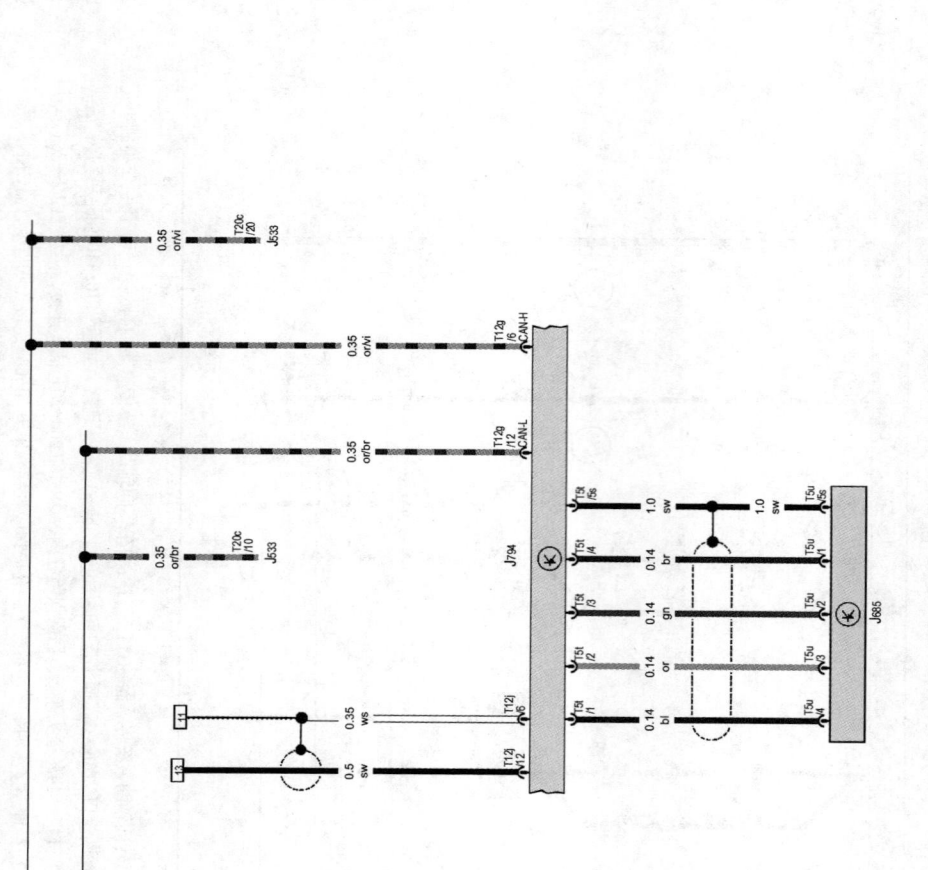

前部信息显示和操作单元控制单元的显示单元、电子通信信息设备 1 控制单元

接线端 15 供电继电器、驾驶员辅助系统的前部摄像机

图 7-4-100

A-蓄电池 J329-接线端15供电继电器 J519-车载电网控制单元 R242-驾驶员辅助系统的前部摄像机
SA1-保险丝架A上的保险丝1 SC32-保险丝架C上的保险丝32 T2bi-2芯插头连接 T12x-12芯插头
连接，黑色 T73a-73芯插头连接，黑色 367-接地连接2，在主导线束中 368-接地连接3，在主导线束中
370-接地连接5，在主导线束中 639-左A柱上的接地点 B280-正极连接4（15a），在主导线束中

图 7-4-99

J533-数据总线诊断接口 J685-前部信息显示和操作单元控制单元的显示单元 J794-电子通信信息设备1
控制单元 T5t-5芯插头连接 T5u-5芯插头连接，黑色 T12g-12芯插头连接，灰色 T12j-12芯
插头连接，蓝色 T20c-20芯插头连接，黑色 B415-连接1（信息娱乐CAN总线，High），在主导线束中
B421-连接1（信息娱乐CAN总线，Low），在主导线束中

1058

车距调节控制单元，数据总线诊断接口，驾驶员辅助系统的前部摄像机，用于车道保持辅助系统的前窗玻璃加热装置

驾驶员辅助系统按钮，转向柱电子装置控制单元

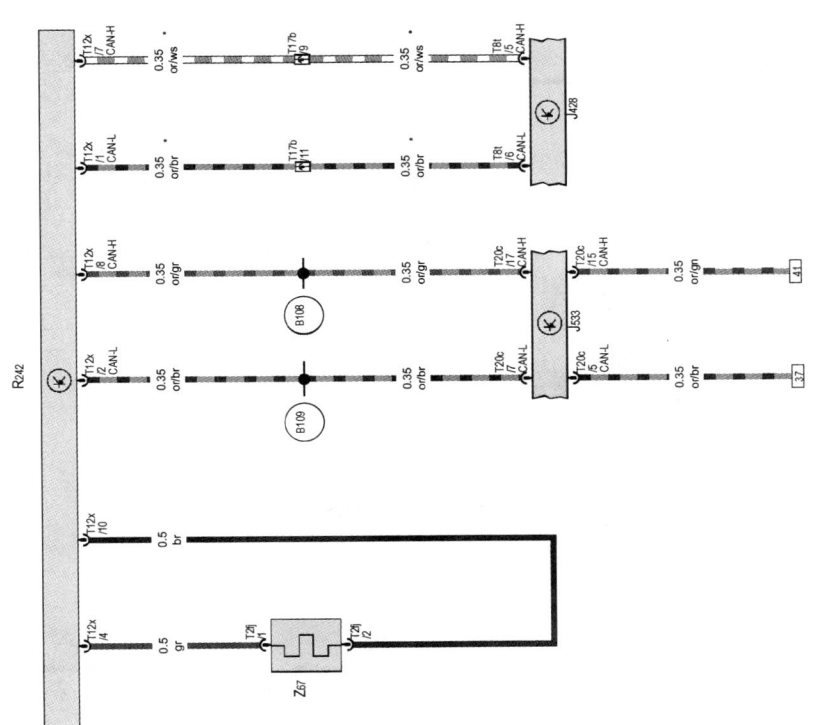

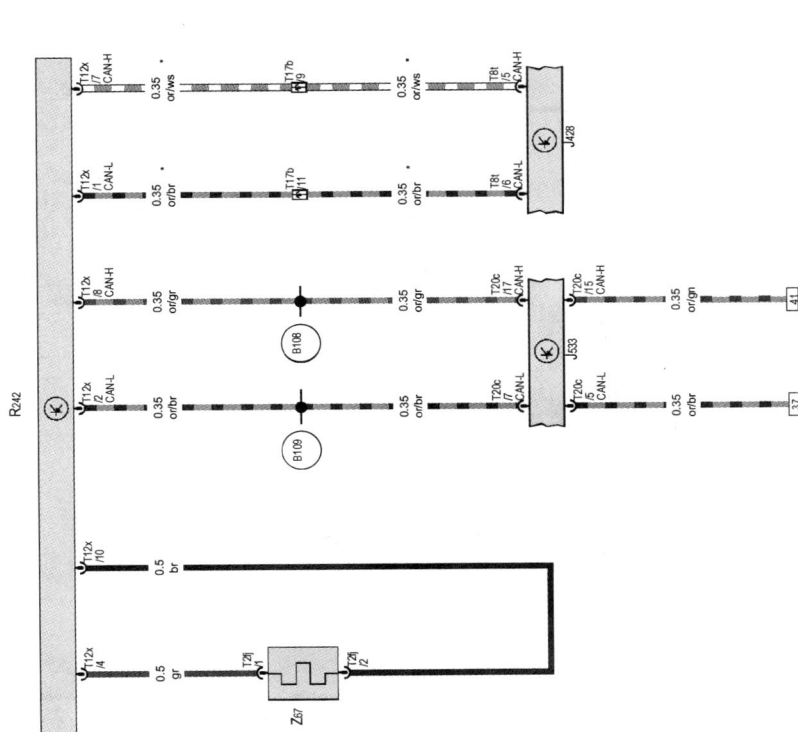

图7-4-101

图7-4-102

J428-车距调节控制单元 J533-数据总线诊断接口 R242-驾驶员辅助系统的前部摄像机 T2h-2芯插头连接，黑色 T8t-8芯插头连接，黑色 T12x-12芯插头连接，黑色 T17b-17芯插头连接，左侧A柱下部，棕色 T20c-20芯插头连接，黑色 Z67-用于车道保持辅助系统的前窗玻璃加热装置 B108-连接1（扩展CAN总线，High），在主导线束中 B109-连接1（扩展CAN总线，Low），在主导线束中 *-仅用于带自动车距控制（ADR）的汽车

E617-驾驶员辅助系统按钮 J527-转向柱电子装置控制单元 T14g-14芯插头连接，黑色 T16r-16芯插头连接，黑色 B397-连接1（舒适CAN总线，High），在主导线束中 B406-连接1（舒适CAN总线，Low），黑色，在主导线束中 *2-仅用于不带可加热式方向盘的汽车 *3-仅用于带可加热式方向盘的汽车

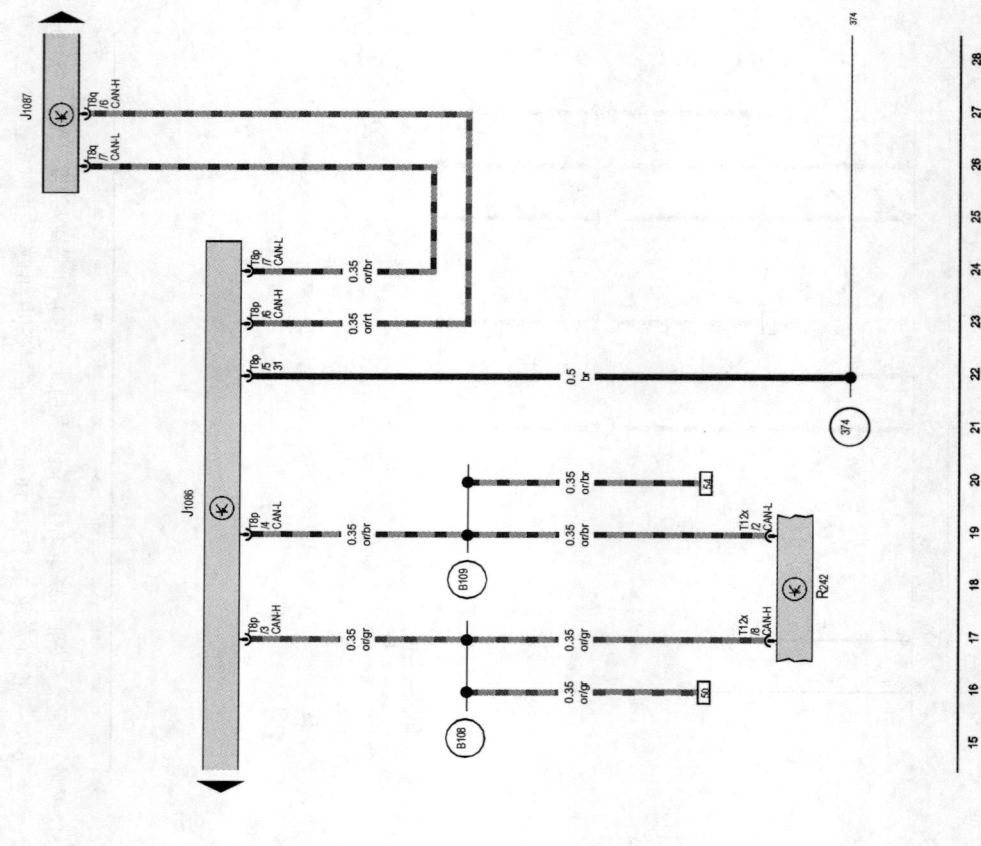

盲区识别控制单元、盲区识别控制单元2、驾驶员辅助系统的前部摄像机

图7-4-104

J1086-盲区识别控制单元 J1087-盲区识别控制单元2 R242-驾驶员辅助系统的前部摄像机 T8p-8芯插头连接，黑色 T8q-8芯插头连接，黑色 T12x-12芯插头连接，黑色 374-接地连接9，在主导线束中 B108-连接1（扩展CAN总线，High），在主导线束中 B109-连接1（扩展CAN总线，Low），在主导线束中

接线端15供电继电器、盲区识别控制单元

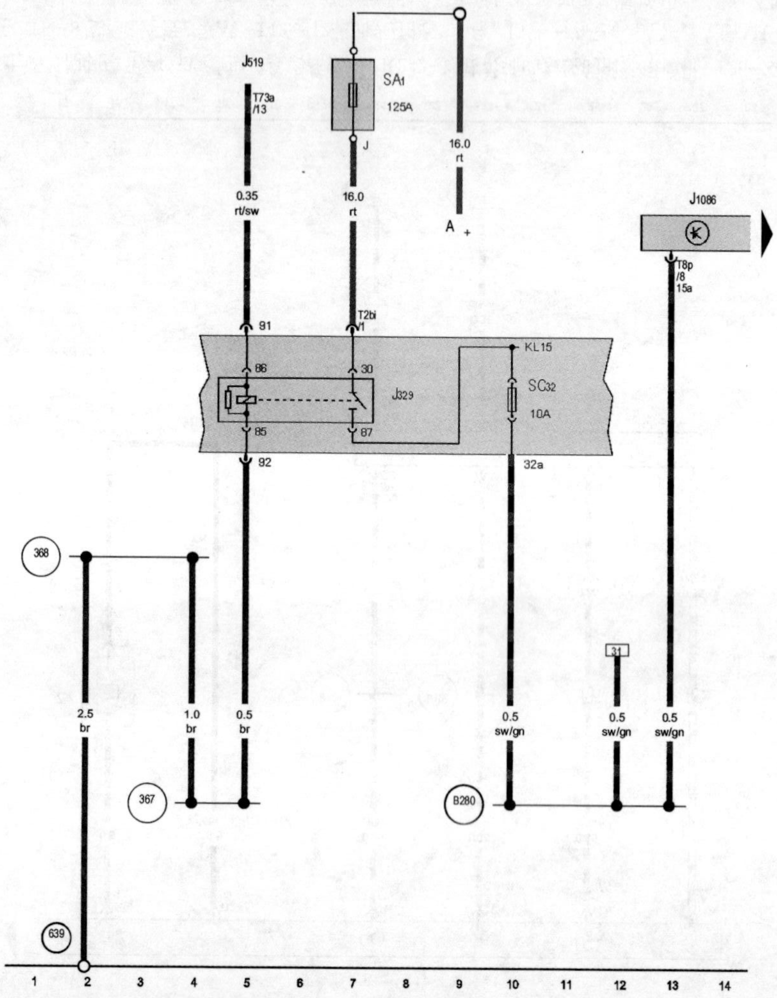

图7-4-103

A-蓄电池 J329-接线端15供电继电器 J519-车载电网控制单元 J1086-盲区识别控制单元 SA1-保险丝架A上的保险丝1 SC32-保险丝架C上的保险丝32 T2bi-2芯插头连接 T8p-8芯插头连接，黑色 T73a-73芯插头连接，黑色 367-接地连接2，在主导线束中 368-接地连接3，在主导线束中 639-左A柱上的接地点 B280-正极连接4（15a），在主导线束中

驾驶员辅助系统按钮，转向柱电子装置控制单元，数据总线诊断接口

盲区识别控制单元 2，左侧车外后视镜中的盲区识别警告灯，右侧车外后视镜中的盲区识别警告灯

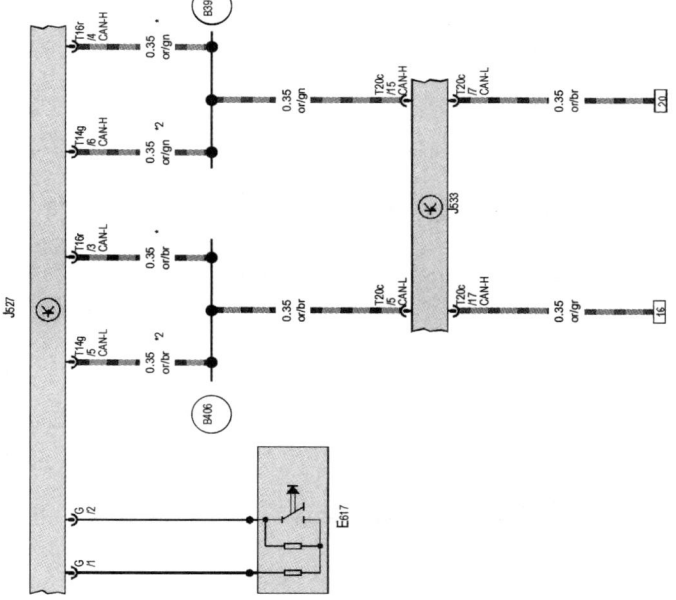

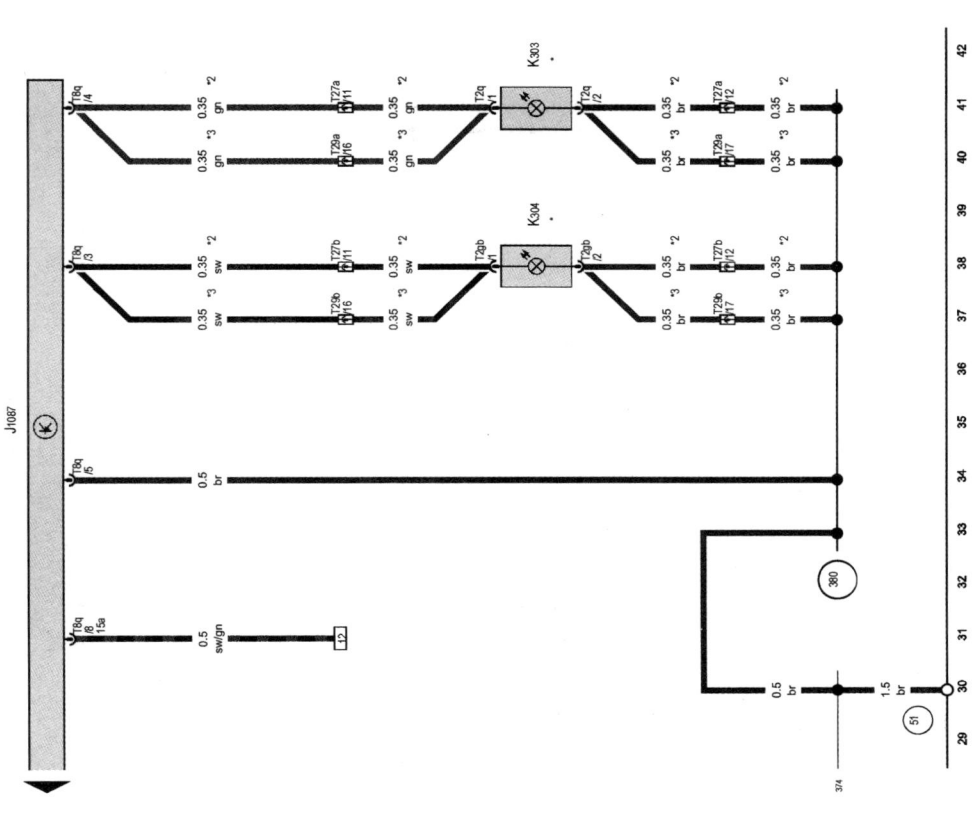

E617-驾驶员辅助系统按钮 J527-转向柱电子装置控制单元 J533-数据总线诊断接口 T14g-14芯插头 连接，黑色 T16r-16芯插头连接，黑色 T20c-20芯插头连接，黑色 B397-连接1（舒适CAN总线，High），在主导线束中 B406-连接1（舒适CAN总线，Low），在主导线束中 *-仅用于带可加热式方向盘的汽车 *2-仅用于带可加热式方向盘的汽车

图 7-4-106

J1087-盲区识别控制单元2 K303-左侧车外后视镜中的盲区识别警告灯 K304-右侧车外后视镜中的盲区识别警告灯 T2gb-2芯插头连接，黑色 T2q-2芯插头连接，黑色 T8q-8芯插头连接，黑色 T27a-27芯插头连接，左侧A柱上，黑色 T27b-27芯插头连接，右侧A柱上，黑色 T29a-29芯插头连接，左侧A柱上，白色 T29b-29芯插头连接，右侧A柱上，白色 51-行李箱内右侧的接地点 374-接地连接9，在主导线束中 380-接地连接15，在主导线束中 *-已预先布线的部件 *2-仅用于不带周围环境摄像机的汽车 *3-仅用于带周围环境摄像机的汽车

图 7-4-105

数据总线诊断接口，驾驶员辅助系统的前部摄像机，用于车道保持辅助系统的前窗玻璃加热装置

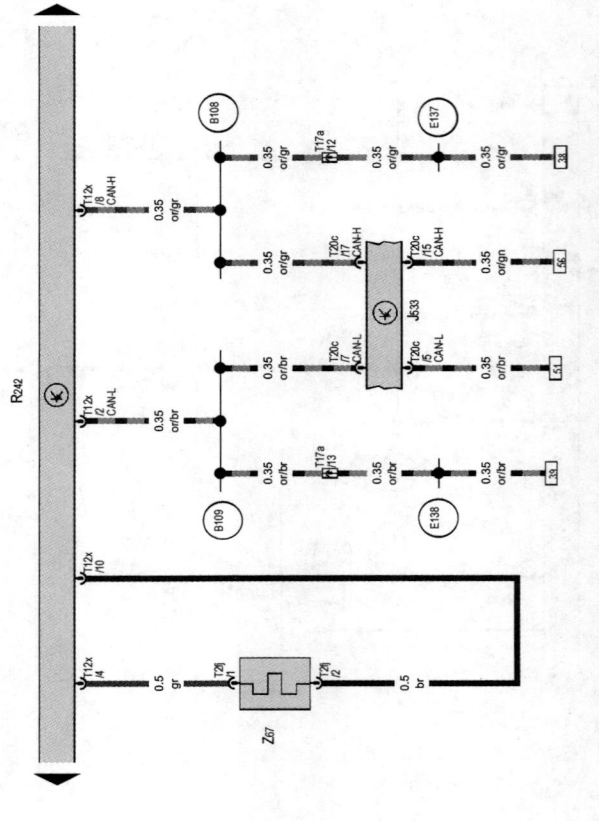

J533-数据总线诊断接口 R242-驾驶员辅助系统的前部摄像机 T26j-2芯插头连接，黑色 T12x-12芯插头连接，黑色 T17a-17芯插头连接，左侧 A 柱下部，黑色 T20c-20芯插头连接，黑色 Z67-用于车道保持辅助系统的前窗玻璃加热装置 B108-连接1（扩展CAN总线，High），在主导线束中 B109-连接1（扩展 CAN总线，Low），在主导线束中 E137-连接2（扩展CAN总线，High），在发动机舱导线束中 E138-连接2（扩展CAN总线，Low），在发动机舱导线束中

图7-4-108

接线端15 供电继电器，驾驶员辅助系统的前部摄像机

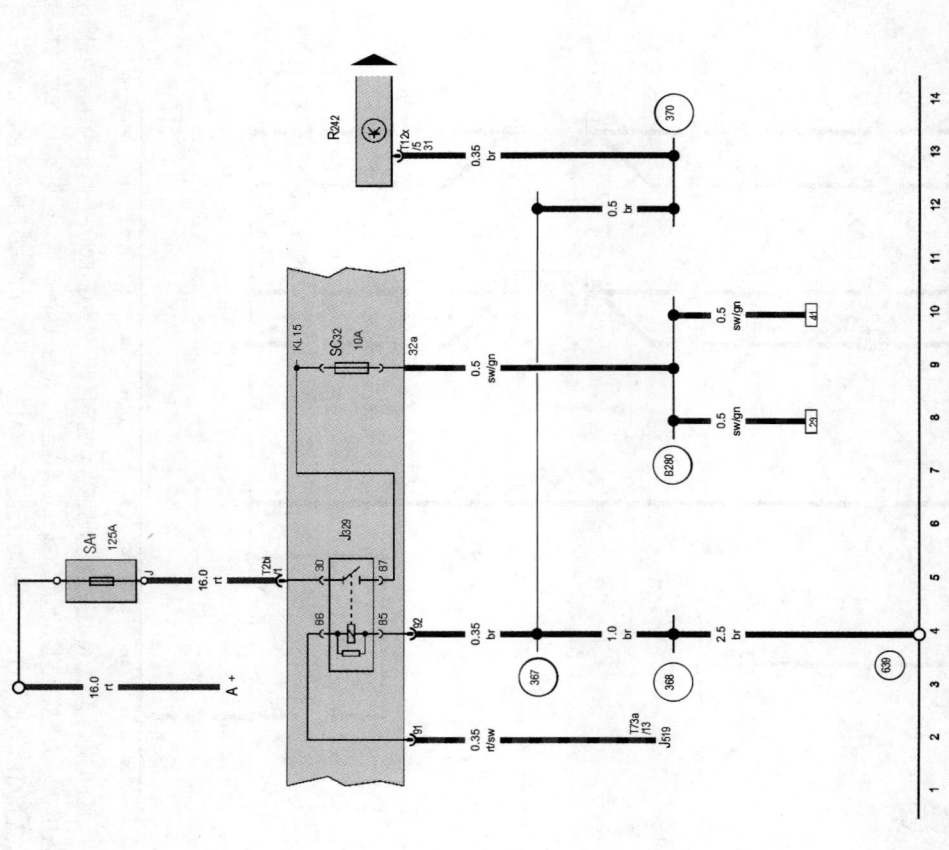

A-蓄电池 J329-接线端15供电继电器 J519-车载电网控制单元 R242-驾驶员辅助系统的前部摄像机 SA1-保险丝架A上的保险丝1 SC32-保险丝架C上的保险丝32 T2bi-2芯插头连接，黑色 T12x-12芯插头连接，黑色 T73a-73芯插头连接，黑色 367-接地连接2，在主导线束中 368-接地连接3，在主导线束中 370-接地连接5，在主导线束中 639-左侧A柱上的接地点 B280-正极连接4（15a），在主导线束中

图7-4-107

1062

驾驶员辅助系统按钮，车距调节控制单元，转向柱电子装置控制单元

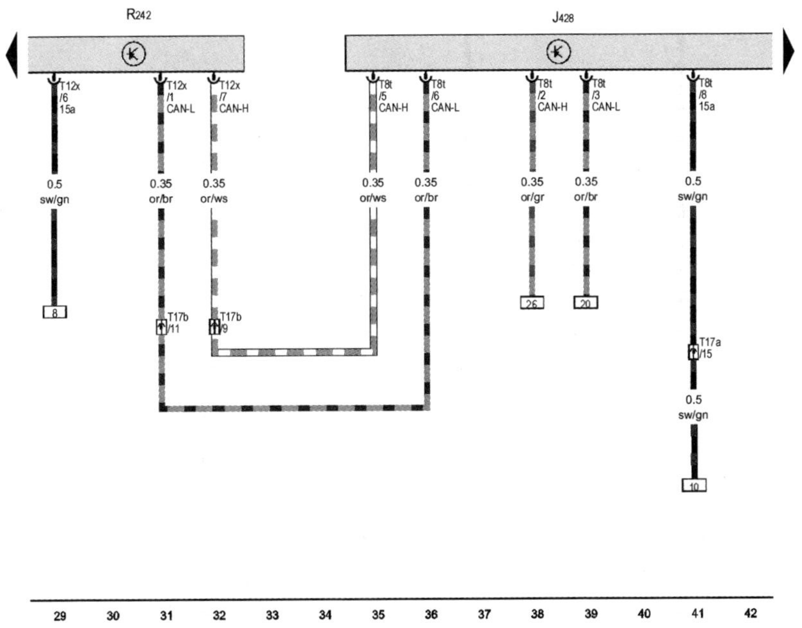

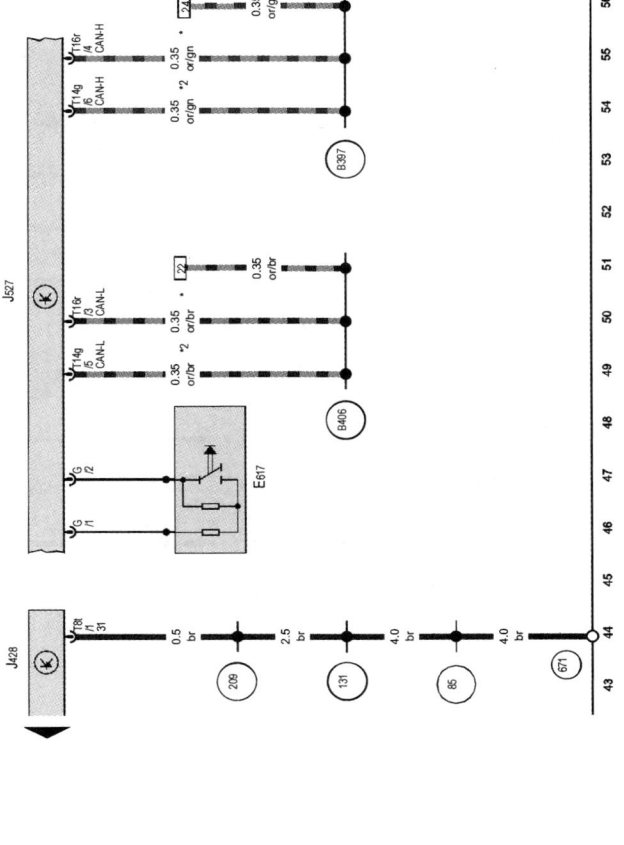

车距调节控制单元，驾驶员辅助系统的前部摄像机

图 7-4-109

图 7-4-110

E617-驾驶员辅助系统按钮　J428-车距调节控制单元　J527-转向柱电子装置控制单元　T8t-8芯插头连接　T8t-8芯插头连接，黑色　T14g-14芯插头连接，黑色　T16r-16芯插头连接，黑色　T17a-17芯插头连接，左侧A柱下部，黑色　T17b-17芯插头连接，左侧A柱下部，黑色　T12x-12芯插头连接，左侧A柱下部，棕色　85-接地连接1，在发动机舱导线束中　131-接地连接2，在发动机舱导线束中　209-接地连接6，在发动机舱导线束中　671-左前纵梁上的接地点1　B397-连接1（舒适CAN总线，High），在主导线束中　B406-连接1（舒适CAN总线，Low），在主导线束中　*-仅用于不带可加热式方向盘的汽车　*2-仅用于带可加热式方向盘的汽车

J428-车距调节控制单元　R242-驾驶员辅助系统的前部摄像机　T8t-8芯插头连接，黑色　T12x-12芯插头连接，左侧A柱下部，棕色　T17a-17芯插头连接，左侧A柱下部，黑色　T17b-17芯插头连接，左侧A柱下部，黑色

周围环境摄像机控制单元，左侧周围环境摄像机，右侧周围环境摄像机

电子通信信息设备 1 控制单元，周围环境摄像机控制单元，保险丝架 C

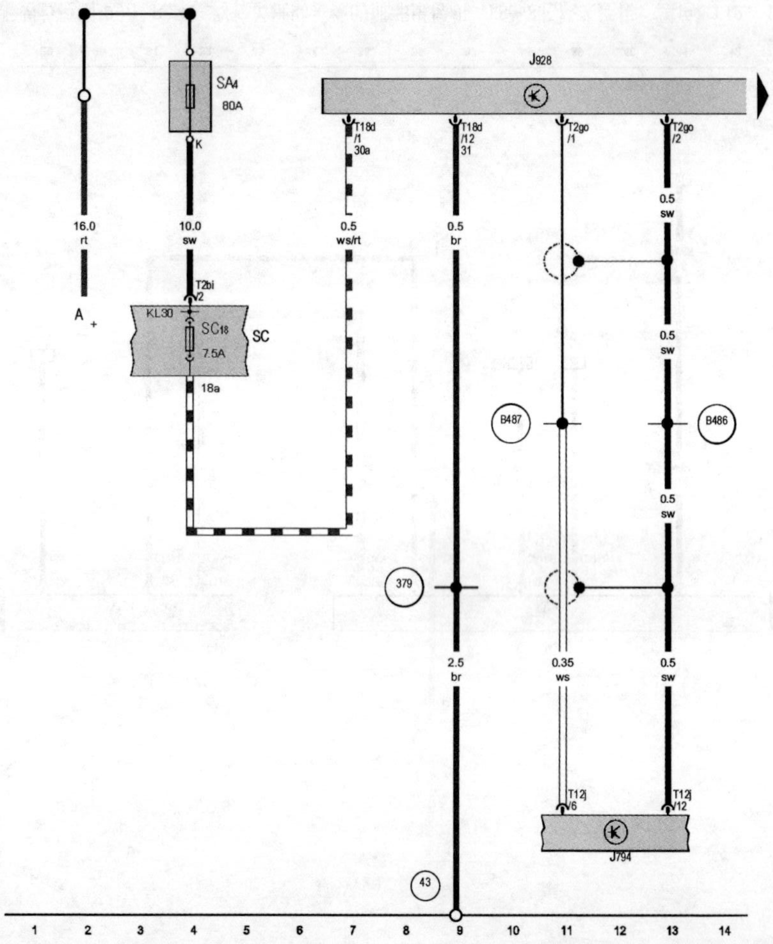

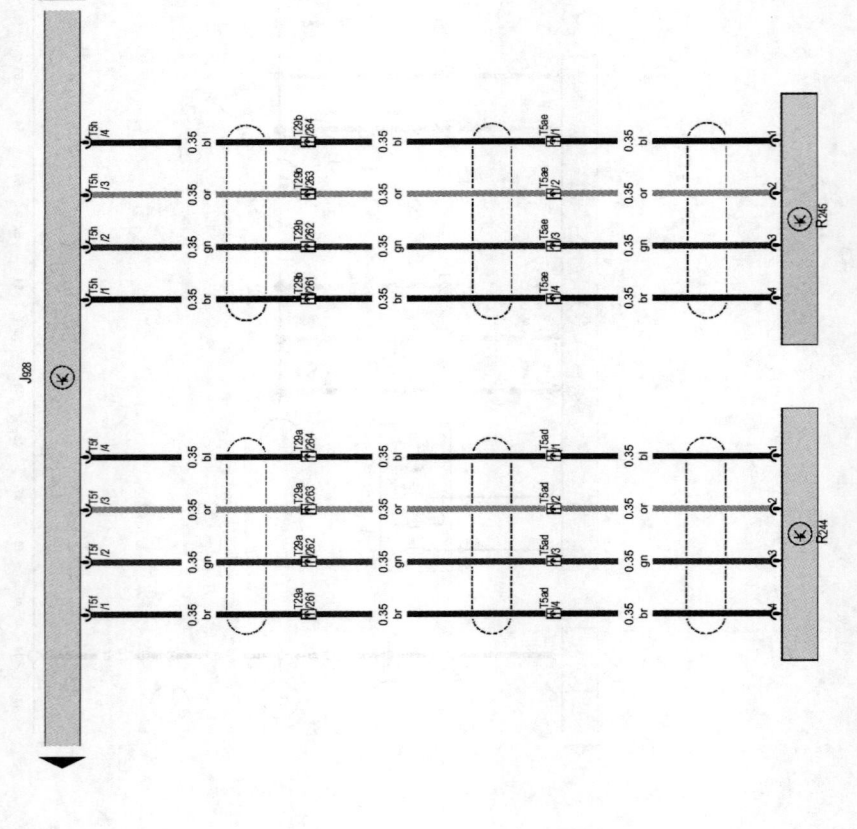

图7-4-112

图7-4-111

J928-周围环境摄像机控制单元 R244-左侧周围环境摄像机 R245-右侧周围环境摄像机 T5ad-5芯插头连接，在驾驶员侧车门内，蓝色 T5ae-5芯插头连接，副驾驶员侧车门内，蓝色 T5f-5芯插头连接，绿色 T5h-5芯插头连接，黑色 T29a-29芯插头连接，左侧A柱上，白色 T29b-29芯插头连接，右侧A柱上，白色

A-蓄电池 J794-电子通信信息设备 1 控制单元 J928-周围环境摄像机控制单元 SA4-保险丝架 A 上的保险丝4 SC18-保险丝架 C 上的保险丝18 T2bi-2芯插头连接，黑色 T2go-2芯插头连接，绿色 T12j-12芯插头连接，蓝色 T18d-18芯插头连接，黑色 43-右侧A柱下部的接地点 379-接地连接14，在主导线束中 B486-连接22，在主导线束中 B487-连接23，在主导线束中

1064

空气湿度、雨水与光线识别传感器，接线端 15 供电继电器，车载电网控制单元

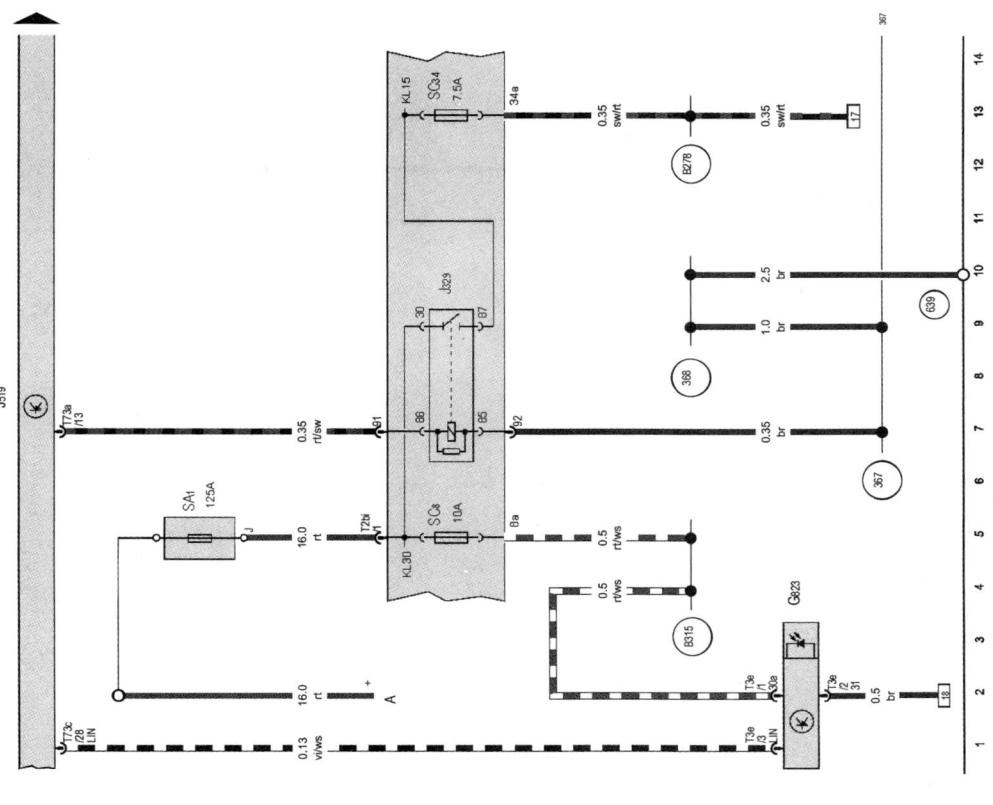

A-蓄电池 G823-空气湿度、雨水与光线识别传感器 J329-接线端15供电继电器 J519-车载电网控制单元 SA1-保险丝架A上的保险丝1 SC8-保险丝架C上的保险丝34 SC34-保险丝架C上的保险丝34 T2bi-2芯插头 连接、黑色 T3e-3芯插头连接 黑色 T73a-73芯插头连接、黑色 T73c-73芯插头连接、黑色 367-接地地 连接2、在主导线束中 368-接地连接3、在主导线束中 639-左前A柱上的接地点 B278-正极连接2（15a）、 连接、黑色（底盘传感器CAN总线、High），在主导线束 中 B315-正极连接1（30a），在主导线束中

图 7-4-114

周围环境摄像机控制单元、前部周围环境摄像机、后部周围环境摄像机

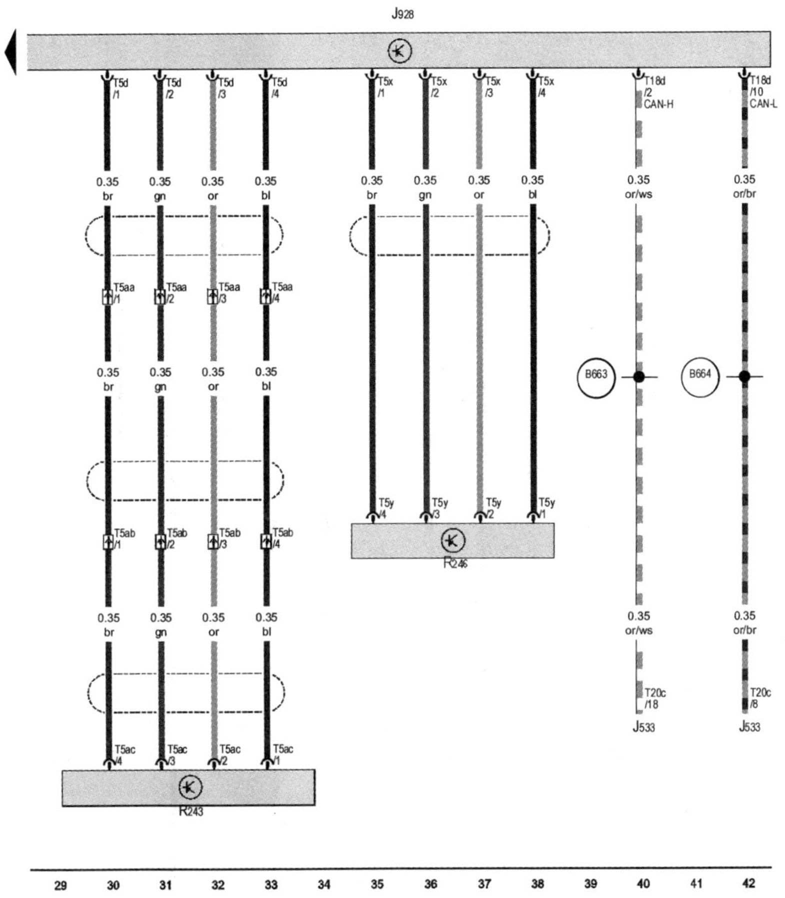

J533-数据总线诊断接口 J928-周围环境摄像机控制单元 R243-前部周围环境摄像机控制单元 R246-后部周围环 境摄像机 T5aa-5芯插头连接、左侧A柱 T5ab-5芯插头连接、左前保险杠内、蓝色 T5ac-5芯 插头连接 黑色 T5d-5芯插头连接、白色 T5x-5芯插头连接、蓝色 T5y-5芯插头连接、黑色 T18d-18 芯插头连接、黑色 T20c-20芯插头连接 黑色 B663-连接（底盘传感器CAN总线、High），在主导线束 中 B664-连接（底盘传感器CAN总线、Low），在主导线束中

图 7-4-113

1065

驾驶员侧车门控制单元，车载电网控制单元，驾驶员车外后视镜，自动防眩车内后视镜，
驾驶员侧自动防眩车外后视镜

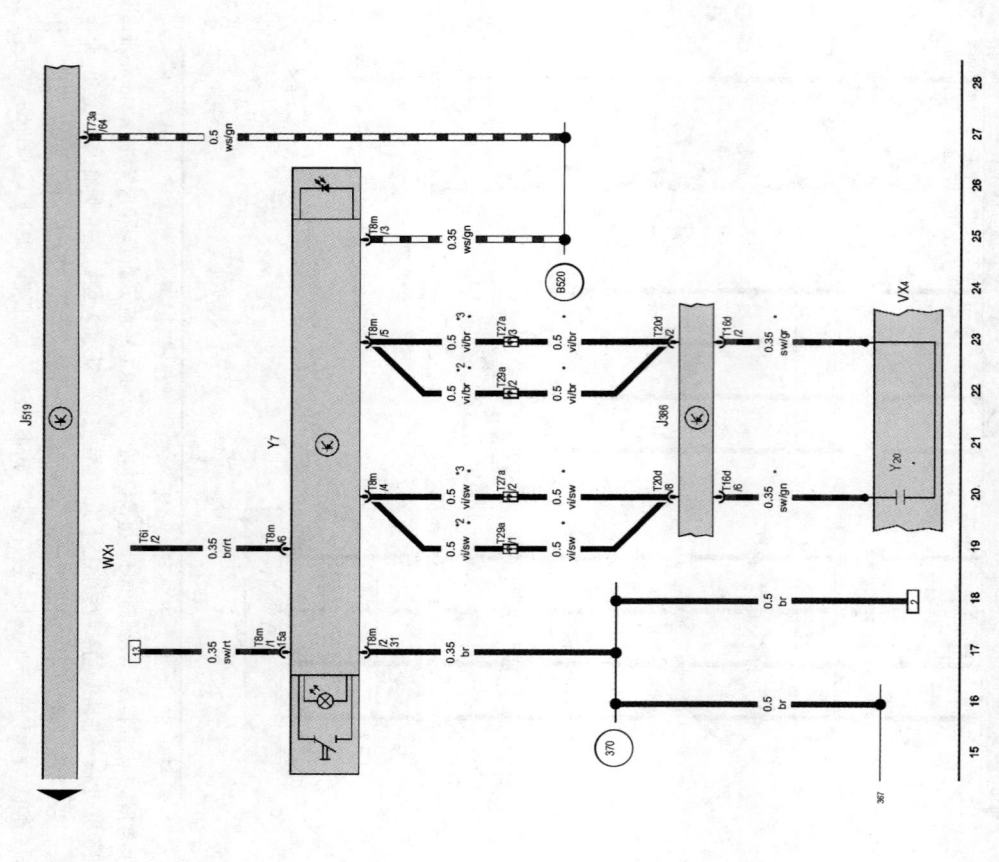

J386-驾驶员侧车门控制单元 J519-车载电网控制单元 T6i-6芯插头连接，黑色 T8m-8芯插头连接 T16d-16芯插头连接，黑色 T20d-20芯插头连接，黑色 T27a-27芯插头连接，黑色 T29a-29芯插头连接，左侧 A柱上，白色 T73a-73芯插头连接，黑色 VX4-驾驶员侧车外后视镜 WX1-驾驶员侧自动防眩车外后视镜 Y7-自动防眩车内后视镜 Y20-驾驶员侧车外后视镜 367-接地连接2，在主导线束中 370-接地连接5，在主导线束中 B520-连接（RF），在主导线束中 *-仅用于带有自动防眩车外后视镜的汽车 *3-仅用于不带周围环境摄像机的汽车 *2-仅用于带周围环境摄像机的汽车

图 7-4-115

插座继电器，保险丝架 A 上的保险丝 1，插座 1 保险丝，保险丝架 C
上的保险丝 1，插座 1 上的保险丝，保险丝，保险丝架 C

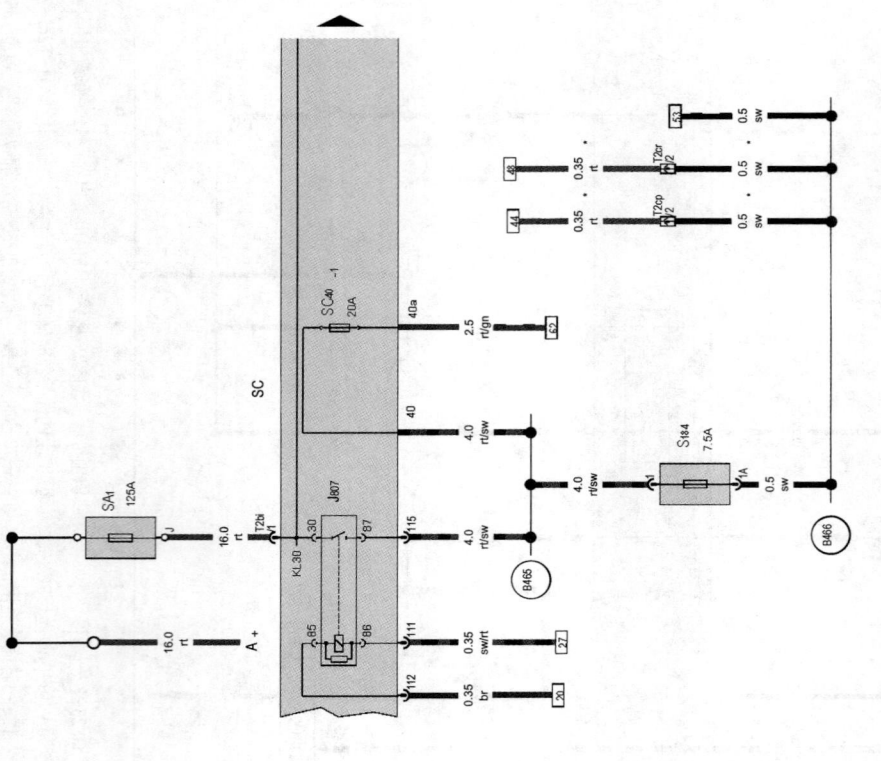

A-蓄电池 J807-插座继电器 SA1-保险丝架 A 上的保险丝1 S184-插座1保险丝 SC-保险丝架C SC40-保险丝架C上的保险丝40 T2bi-2芯插头连接 T2cp-2芯插头连接，黑色 T2cr-2芯插头连接，蓝色 T2zr-2芯插头连接，驾驶员座椅下方，副驾驶员座椅下方，蓝色 B465-连接1，在主导线束中 B466-连接2，在主导线束中 *-仅用于带后座区娱乐装置（RSE）适配装置的汽车

图 7-4-116

1066

接线端 15 供电继电器，保险丝架 C

保险丝架 C

保险丝架 C，带插座的逆变器（12 ～ 230 V）

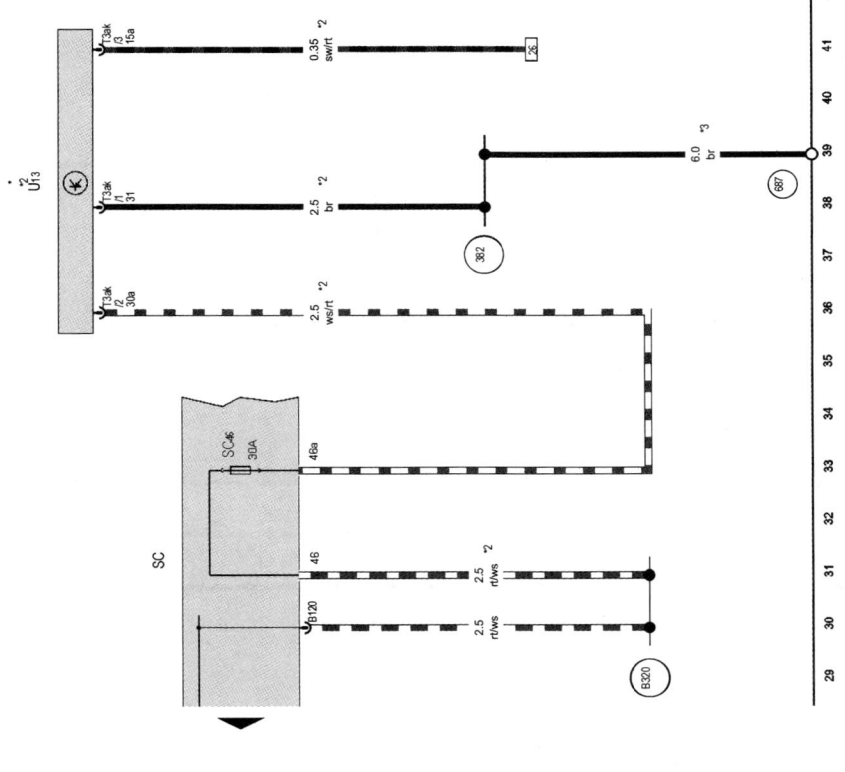

图 7-4-118

SC－保险丝架C　SC46－保险丝架C上的保险丝46　T3ak－3芯插头连接　黑色　U13－带插座的逆变器（12 ～ 230V）　382－接地连接17，在主导线束中　687－中央通道上的接地点1　B320－正极连接6（30a），在主导线束中　*－已预先布线的部件　*2－仅用于带逆变器的部件　*3－仅用于后部带有全自动空调操作与显示单元的汽车

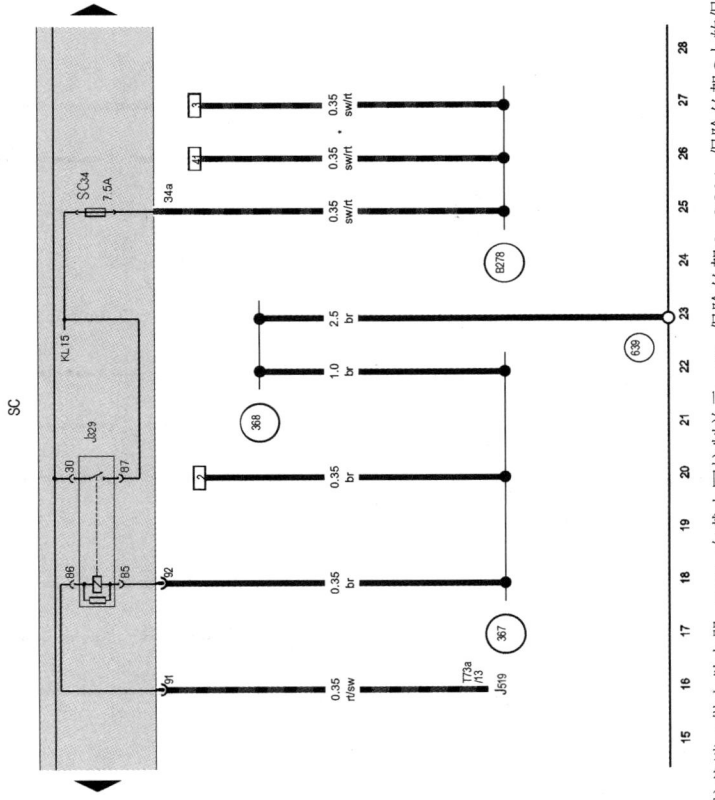

图 7-4-117

J329－接线端15供电继电器　J519－车载电网控制单元　SC－保险丝架C　SC34－保险丝架C上的保险丝34　SC46－保险丝架C上的保险丝46　T3ak－3芯插头连接　黑色　U13－带插座的逆变器　639－左A柱　T73a－73芯插头连接　367－接地连接2，在主导线束中　368－接地连接3，在主导线束中　382－接地连接17，在主导线束中　B278－正极连接2（15a），在主导线束中　*－仅用于带逆变器的汽车　上的接地点　B320－正极连接6（30a），在主导线束中

1067

12 V 插座, 12 V 插座 2

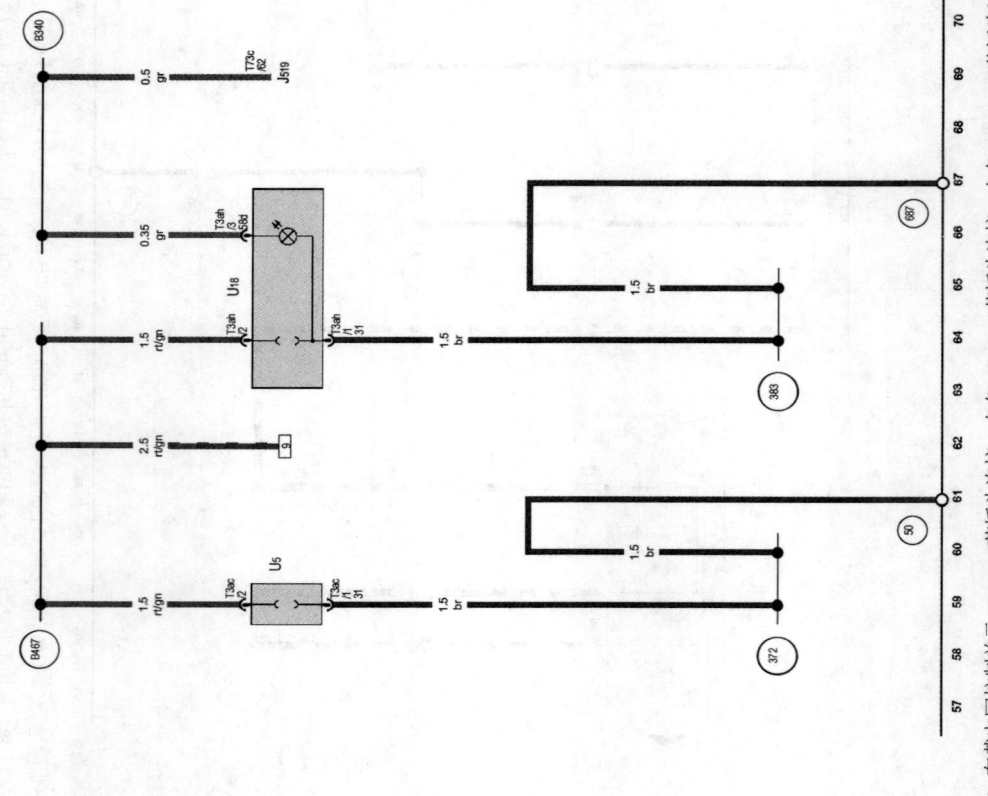

图 7-4-120

J519-车载电网控制单元 T3ac-3芯插头连接 白色 T3ah-3芯插头连接 黑色 T73c-73芯插头连接 白色 T3ah-3芯插头连接 黑色 T73c-73芯插头连接 黑色
U5-12 V插座 U18-12V插座2 50-行李箱内左侧的接地点 383-接地连接7 在主导线束中
18, 在主导线束中 687-中央通道上的接地点1 (58d) B340-连接1 (58d), 在主导
线束中

视频插座, USB 充电插座 1, 视频插座 2

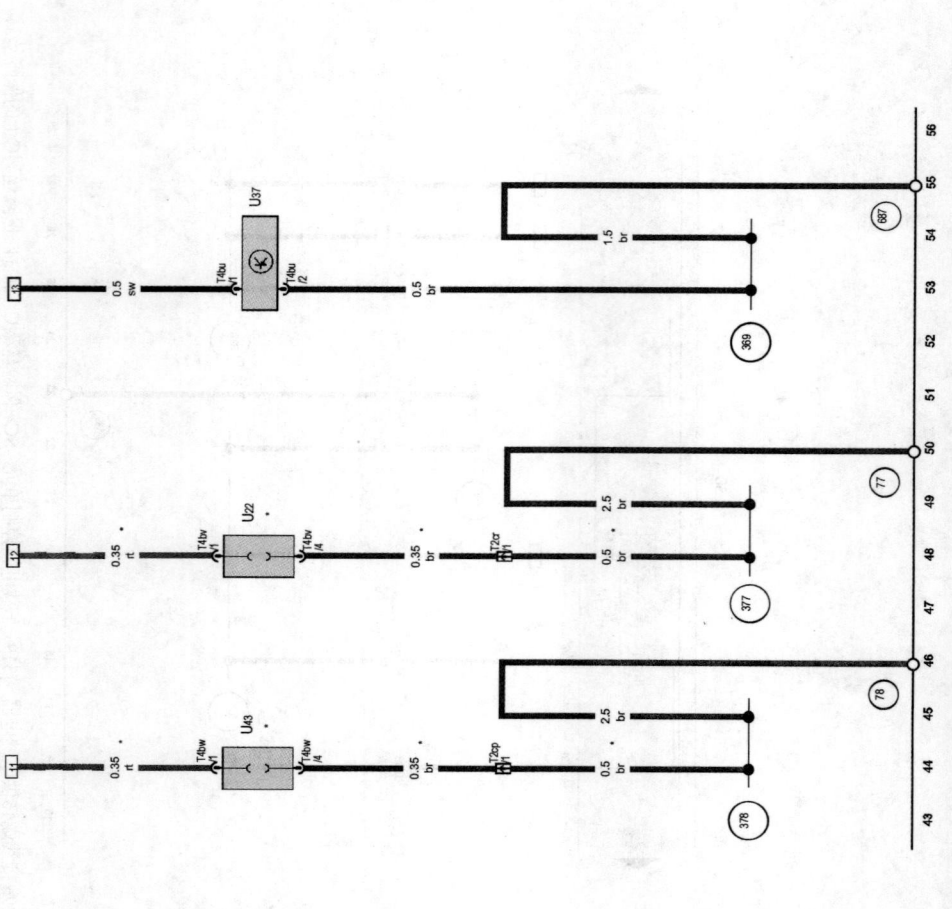

图 7-4-119

T2cp-2芯插头连接, 副驾驶员座椅下方, 蓝色 T2cr-2芯插头连接, 驾驶员座椅下方, 蓝色 T4bu-4芯插
头连接, 红色 T4bv-4芯插头连接, 棕色 T4bw-4芯插头连接, 棕色 U22-视频插座 U37-USB充电插座1
U43-视频插座2 77-左侧B柱下部的接地点 78-右侧B柱下部的接地点 369-接地连接4 377-
接地连接12, 在主导线束中 378-接地连接13, 在主导线束中 687-中央通道上的接地点1 *-仅用于带后
座区娱乐装置 (RSE) 适配装置的汽车

1068

接线端 15 供电继电器，保险丝架 C

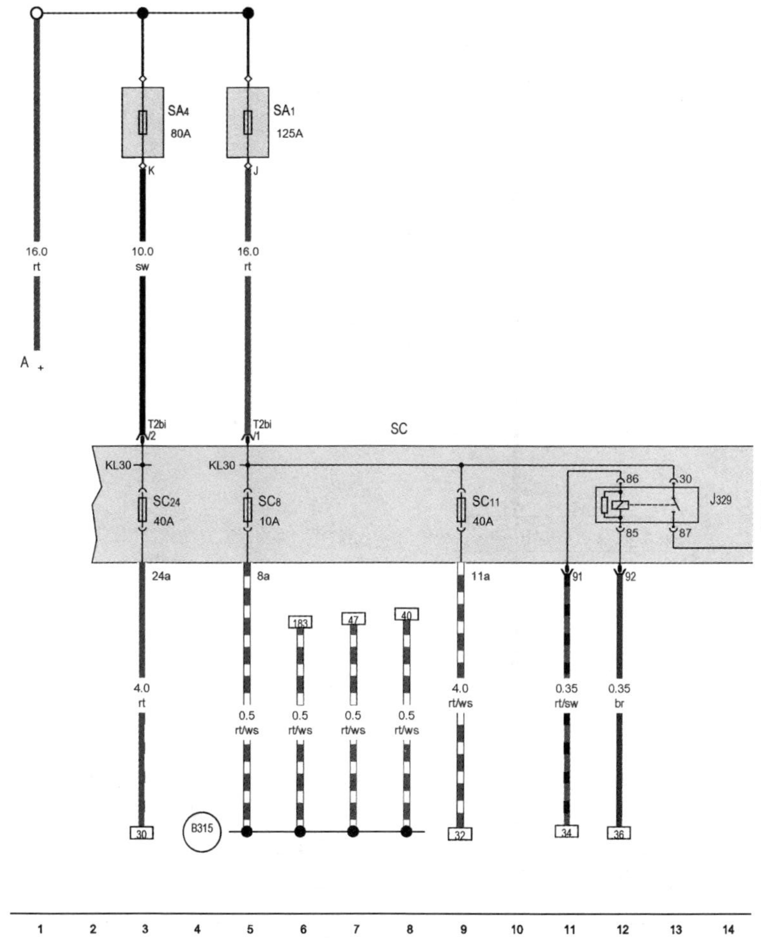

保险丝架 C

A-蓄电池 J329-接线端15供电继电器 SA1-保险丝架A上的保险丝1 SA4-保险丝架A上的保险丝4 SC-保险丝架C SC8-保险丝架C上的保险丝8 SC11-保险丝架C上的保险丝11 SC24-保险丝架C上的保险丝24 T2bi-2芯插头连接，黑色 B315-正极连接1（30a），在主导线束中

图 7-4-121

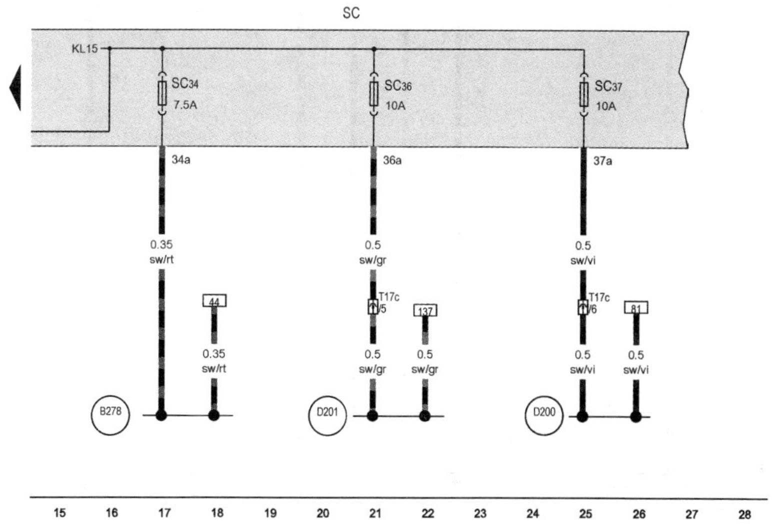

SC-保险丝架C SC34-保险丝架C上的保险丝34 SC36-保险丝架C上的保险丝36 SC37-保险丝架C上的保险丝37 T17c-17芯插头连接，左侧A柱下部，红色 B278-正极连接2（15a），在主导线束中 D200-正极连接3（15a），在发动机舱导线束中 D201-正极连接4（15a），在发动机舱导线束中

图 7-4-122

车灯开关、车灯旋转开关、前雾灯和后雾灯开关、车载电网控制单元、大灯开关照明灯泡

空气湿度、雨水与光线识别传感器、车载电网控制单元

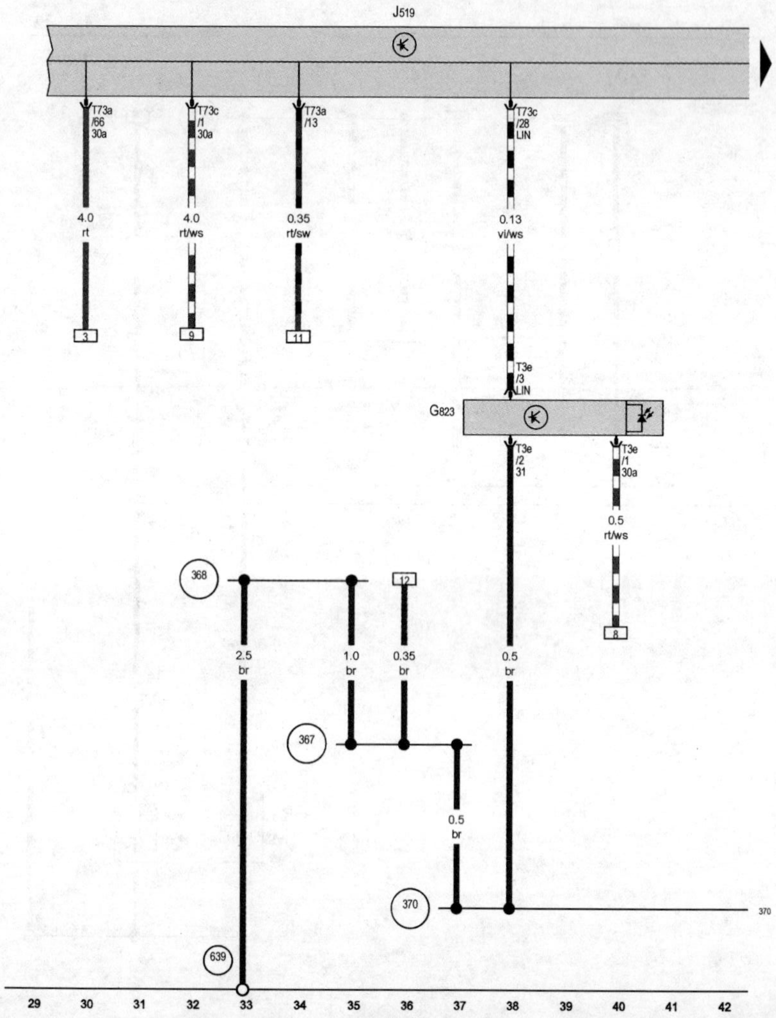

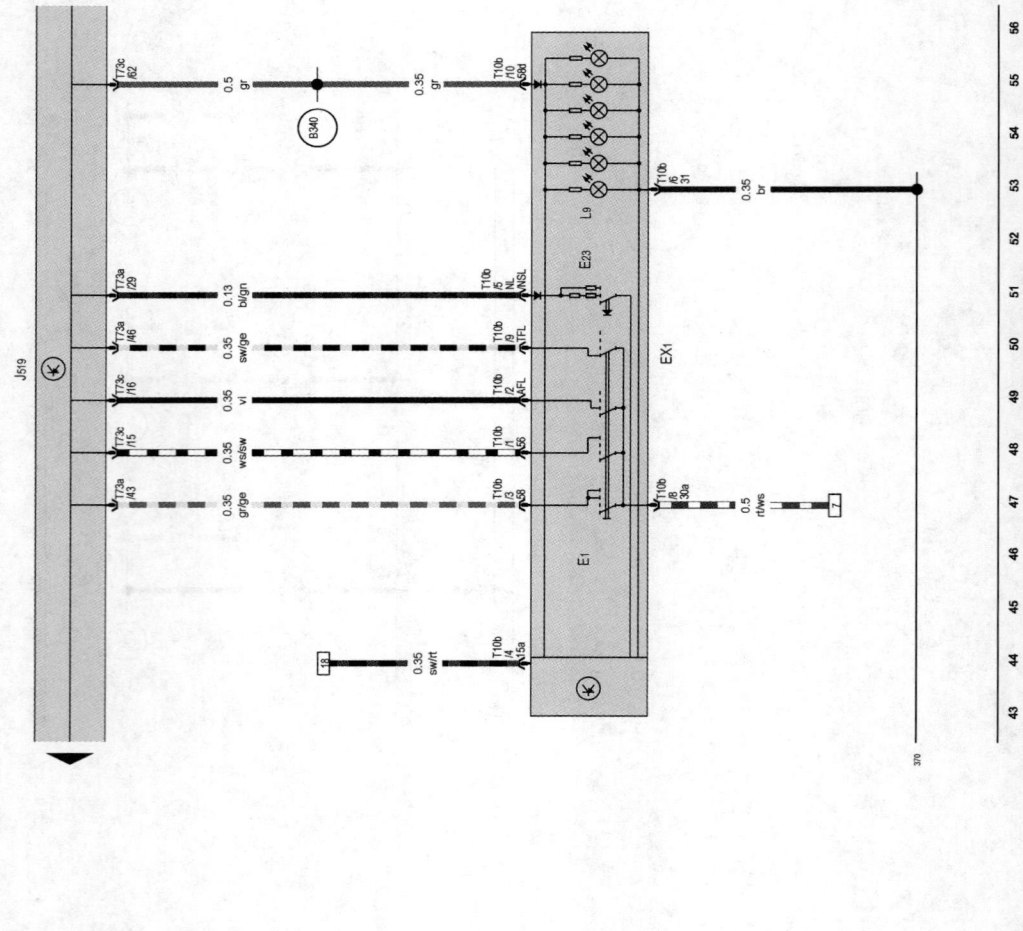

图7-4-124

E1-车灯开关 EX1-车灯旋转开关 E23-前雾灯和后雾灯开关 J519-车载电网控制单元 L9-大灯开关照明灯泡 T10b- 10芯插头连接，红色 T73a-73芯插头连接，黑色 T73c-73芯插头连接，黑色 370-接地连接5，在主导线束中 B340-连接1（58d），在主导线束中

图7-4-123

G823-空气湿度、雨水与光线识别传感器 J519-车载电网控制单元 T3e-3芯插头连接，黑色 T73a-73芯插头连接，黑色 T73c-73芯插头连接，黑色 367-接地连接2，在主导线束中 368-接地连接3，在主导线束中 370-接地连接5，在主导线束中 639-左A柱上的接地点

1070

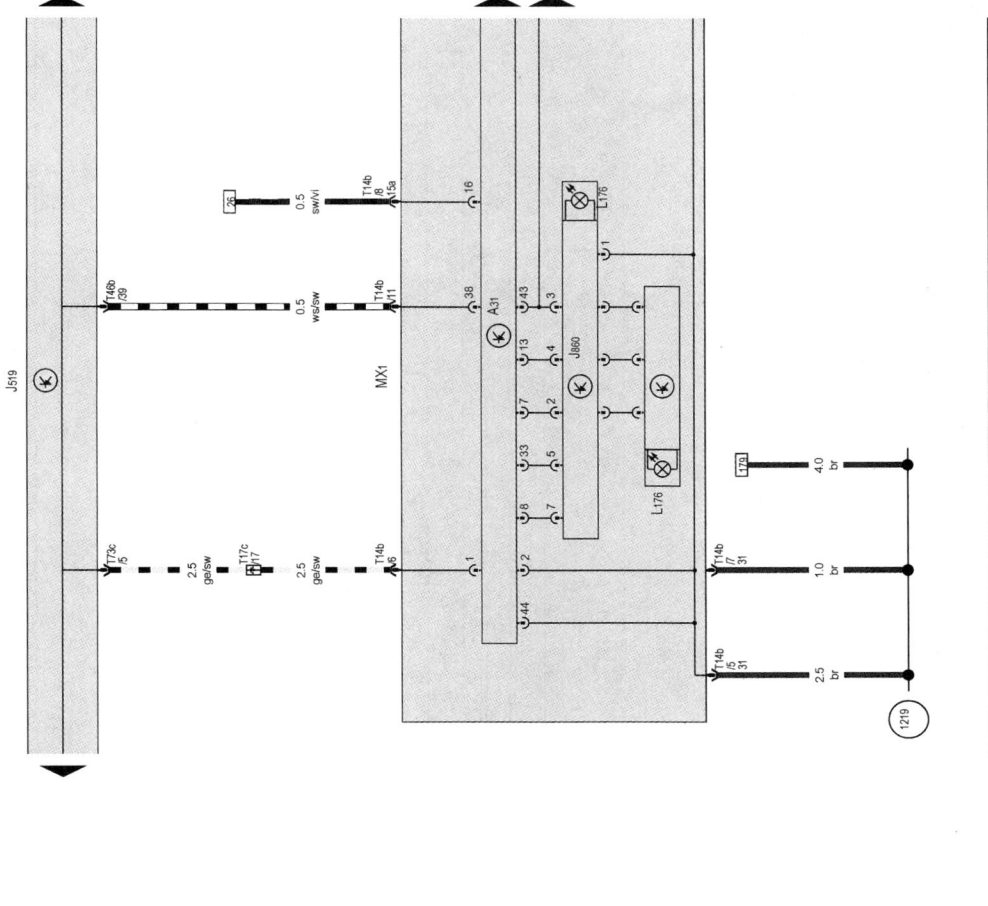

左侧 LED 大灯模块优化电源 1, 车载电网控制单元, 左侧日间行车灯和驻车示宽灯控制单元, 日间行车灯和驻车灯左侧光电管模体, 左前大灯

左后汽车高度传感器, 左前汽车高度传感器, 车载电网控制单元

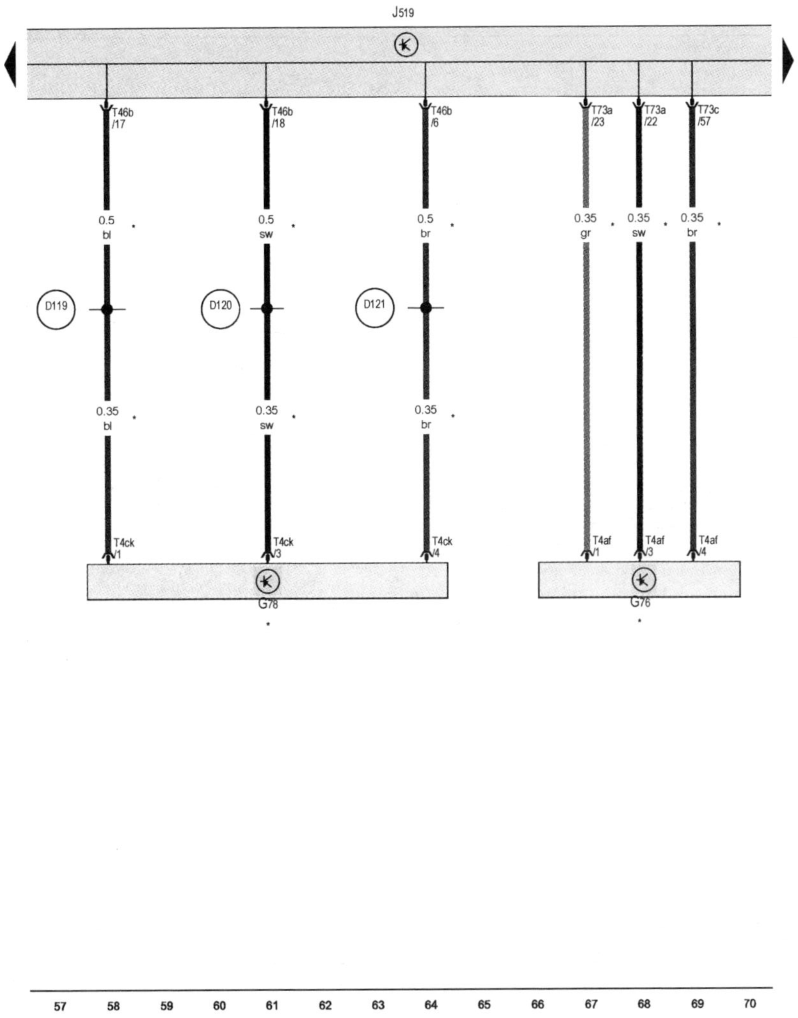

图 7-4-126

A31-左侧LED大灯模块优化电源1 J519-车载电网控制单元 J860-左侧日间行车灯和驻车示宽灯控制单元 L176-日间行车灯和驻车灯左侧光电管模块 MX1-左前大灯 T14b-14芯插头连接 T17c-17芯插头连接、左侧A柱下部, 红色 T46b-46芯插头连接, 黑色 T73c-73 芯插头连接, 黑色 1219-接地连接12, 在发动机舱导线束中

图 7-4-125

G76-左后汽车高度传感器 G78-左前汽车高度传感器 J519-车载电网控制单元 T4af-4芯插头连接、黑色 T4ck-4芯插头连接, 黑色 T46b-46芯插头连接, 黑色 T73a-73芯插头连接, 黑色 T73c-73芯插头连接, 黑色 D119-连接17, 在发动机舱导线束中 D120-连接18, 在发动机舱导线束中 D121-连接19, 在发动机 舱导线束中

左侧 LED 大灯模块化电源 1，左侧 LED 大灯模块化电源 2，车载电网控制单元，左前大灯，左侧转向信号灯灯泡，左侧近光灯灯泡

左侧 LED 大灯模块化电源 1，车载电网控制单元，左前大灯，左侧近光灯灯泡

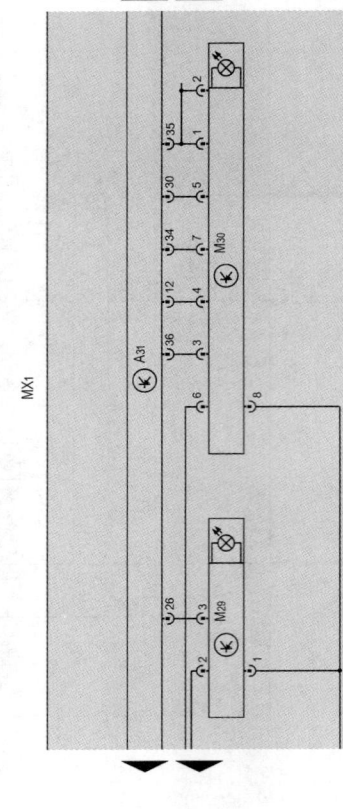

A31－左侧LED大灯模块化电源1 J519－车载电网控制单元 MX1－左前大灯
侧远光灯灯泡

图 7-4-128

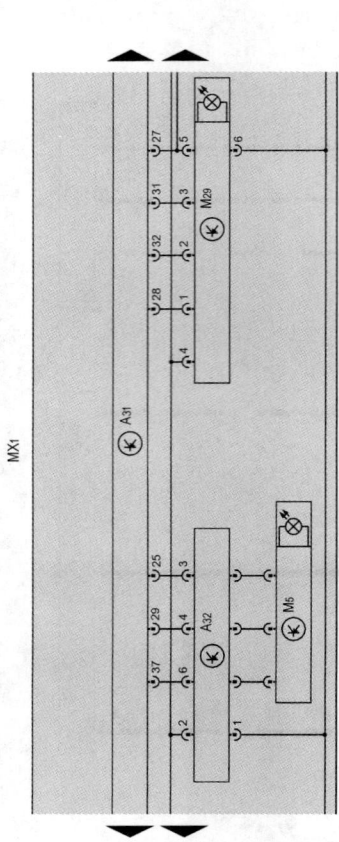

A31－左侧LED大灯模块化电源1 A32－左侧LED大灯模块化电源2 J519－车载电网控制单元 MX1－左前大灯
M5－左前转向信号灯灯泡 M29－左侧近光灯灯泡

图 7-4-127

右侧 LED 大灯模块化电源 1，车载电网控制单元，右侧日间行车灯和驻车示宽灯控制单元，右侧日间行车灯和驻车示宽灯控制单元，右侧日间行车灯和驻车示宽灯右侧光电管模体，右前大灯

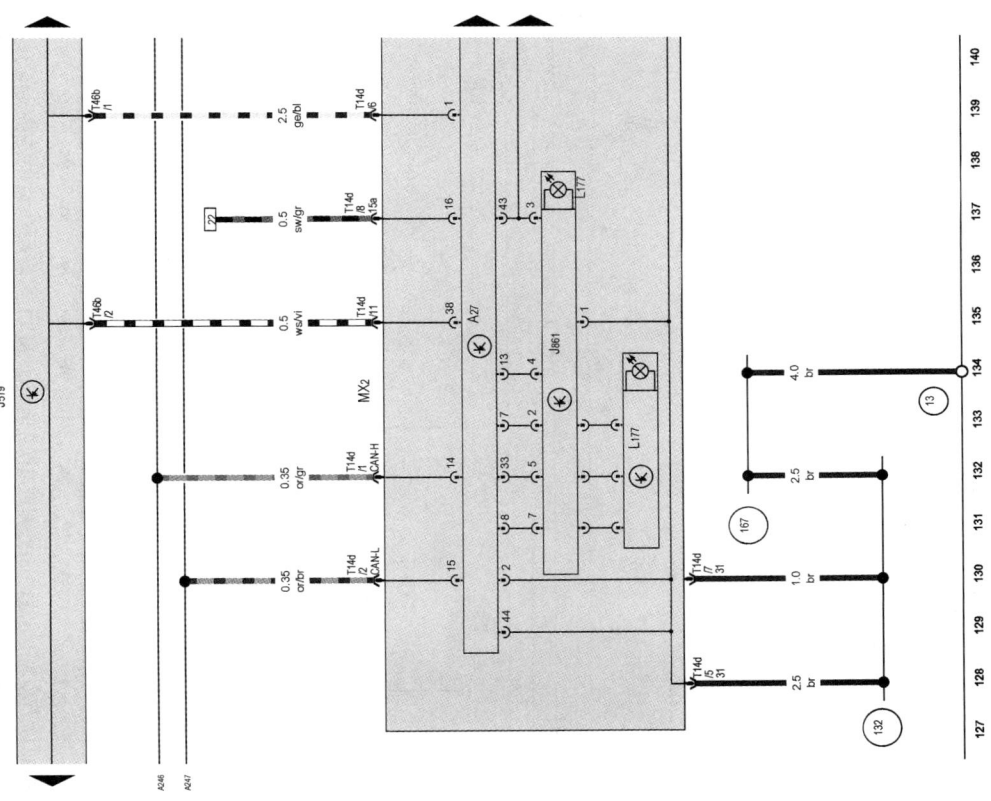

A27-右侧LED大灯模块化电源1 J519-车载电网控制单元 J861-右侧日间行车灯和驻车示宽灯控制单元
L177-日间行车灯和驻车示宽灯右侧光电管 MX2-右前大灯 T14d-14芯插头连接，黑色 T46b-46芯插头，黑色
连接，黑色 13-发动机舱的接地点 132-接地连接3，在发动机舱导线束中 167-接地连接4，在发动机舱
导线束中 A246-连接1（CAN总线，High），在发动机舱导线束中 A247-连接1（CAN总线，Low），在
发动机舱导线束中

图 7-4-130

左侧 LED 大灯模块化电源 1，车载电网控制单元，左侧大灯，左侧大灯照明距离调节伺服电机

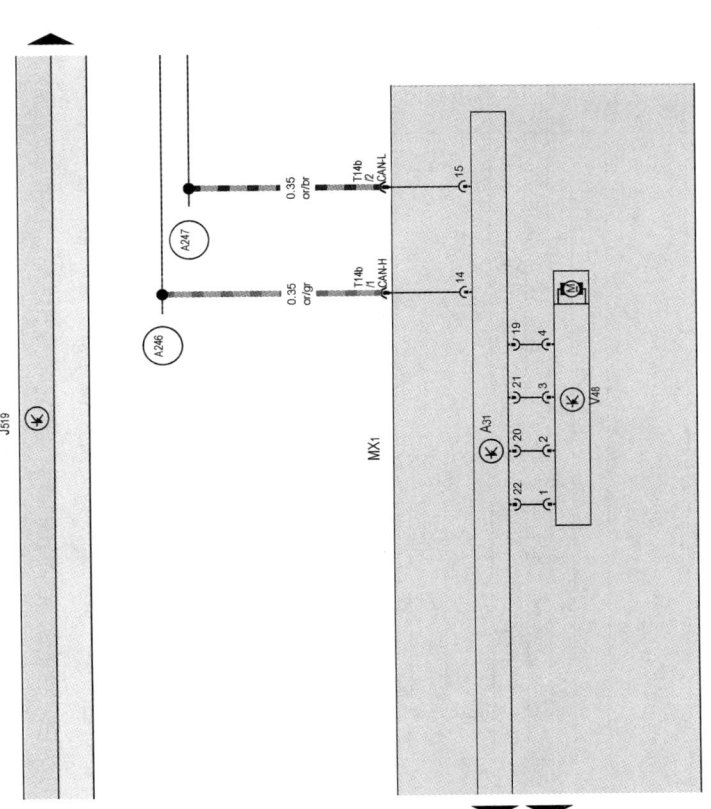

A31-左侧LED大灯模块化电源1 J519-车载电网控制单元 MX1-左前大灯 T14b-4 芯插头连接，黑色
V48-左侧大灯照明距离调节伺服电机 A246-连接1（CAN 总线，High），在发动机舱导线束中 A247-连
接1（CAN 总线，Low），在发动机舱导线束中

图 7-4-129

1073

右侧 LED 大灯模块化电源 1，车载电网控制单元，右前大灯，右侧近光灯灯泡，右侧远光灯灯泡

右侧 LED 大灯模块化电源 5，车载电网控制单元，右前大灯，右前转向信号灯灯泡，右侧近光灯灯泡

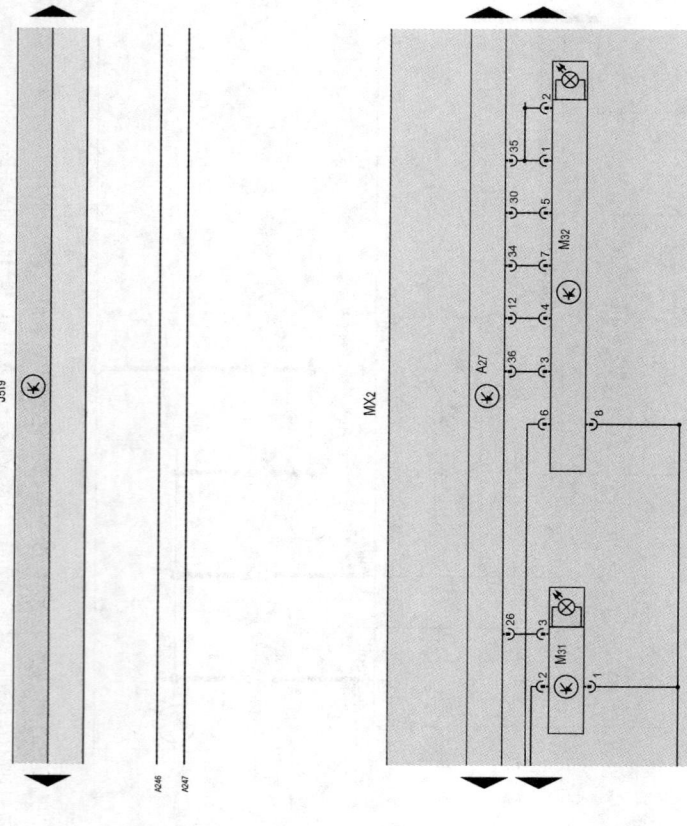

A27-右侧LED大灯模块化电源1 J519-车载电网控制单元 MX2-右前大灯 M31-右侧近光灯灯泡 M32-右侧远光灯灯泡 A246-连接1（CAN总线，High），在发动机舱导线束中 A247-连接1（CAN总线，Low），在发动机舱导线束中

图 7-4-132

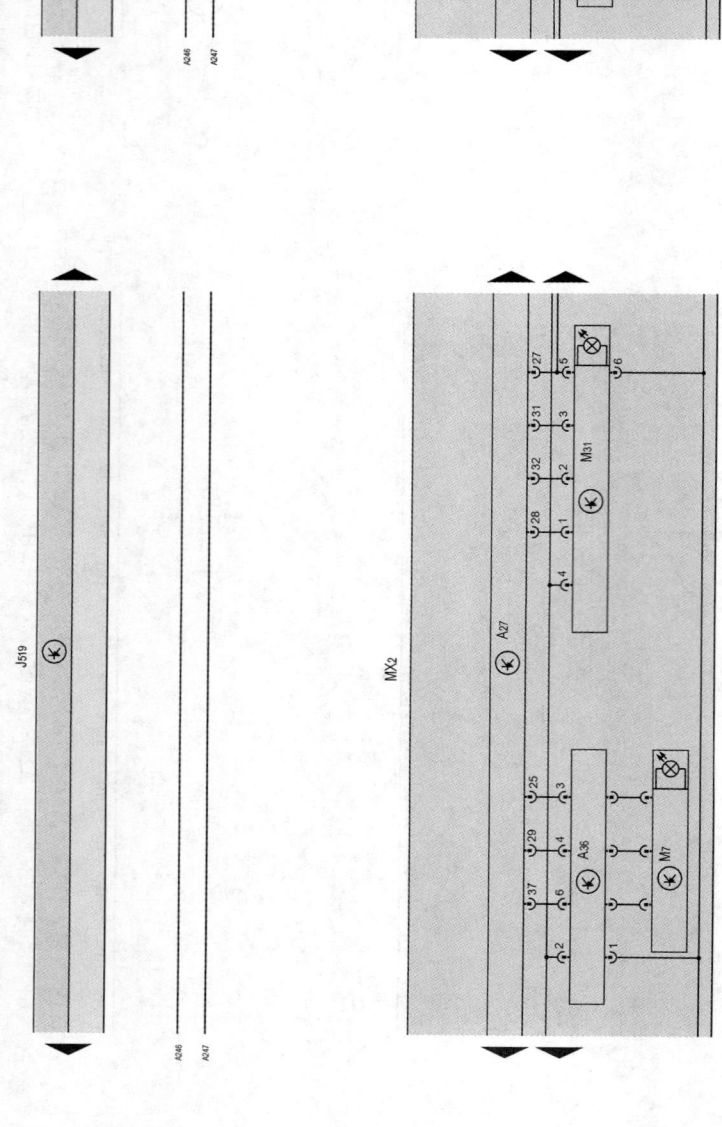

A27-右侧LED大灯模块化电源1 A36-右侧LED大灯模块化电源5 J519-车载电网控制单元 MX2-右前大灯 M7-右前转向信号灯灯泡 M31-右侧近光灯灯泡 A246-连接1（CAN总线，High），在发动机舱导线束中 A247-连接1（CAN总线，Low），在发动机舱导线束中

图 7-4-131

右侧 LED 大灯模块化电源 1，车载电网控制单元，弯道灯和大灯照明距离节控制单元，右前大灯，右侧大灯照明距离调节伺服电机

车载电网控制单元，弯道灯和大灯照明距离调节控制单元

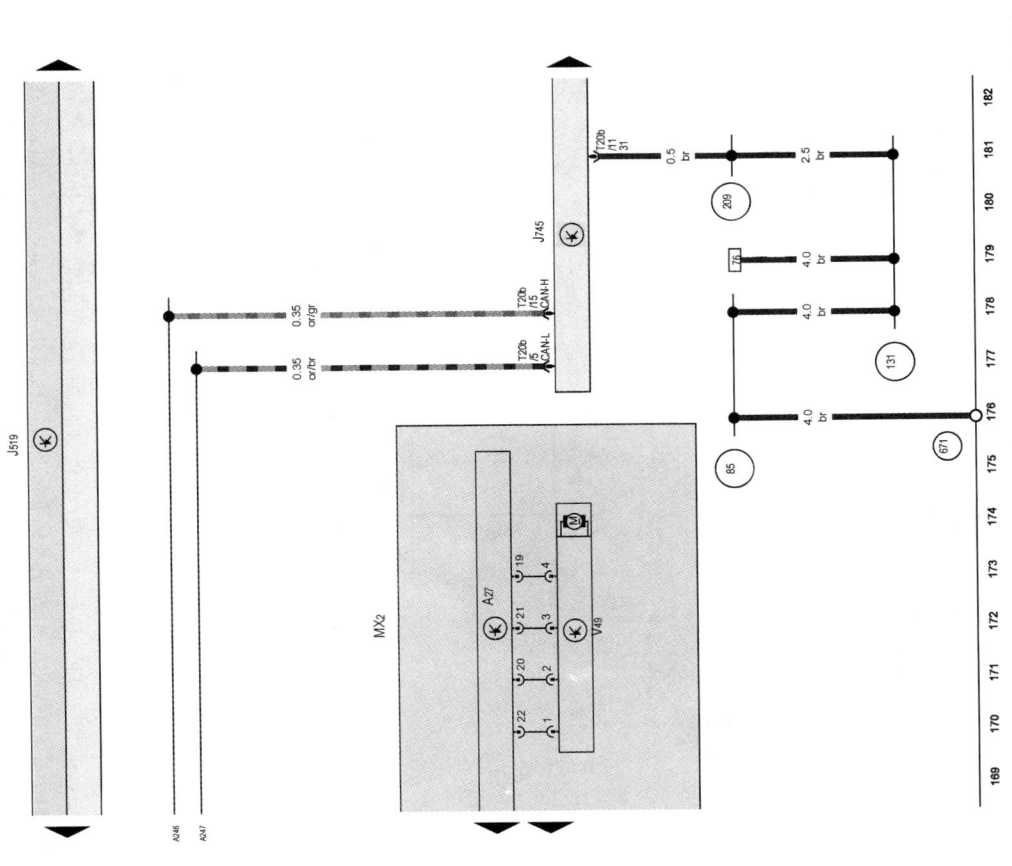

图 7-4-133

A27-右侧LED大灯模块化电源1 J519-车载电网控制单元 J745-弯道灯和大灯照明距离调节控制单元 MX2-右前大灯 T20b-20芯插头连接 V49-右侧大灯照明距离调节伺服电机 85-接地连接1，在发动机舱导线束中 131-接地连接2，在发动机舱导线束中 209-接地连接6，在发动机舱导线束中 671-左侧纵梁上的接地点1 A246-连接1（CAN总线，High），在发动机舱导线束中 A247-连接1（CAN总线，Low），在发动机舱导线束中

图 7-4-134

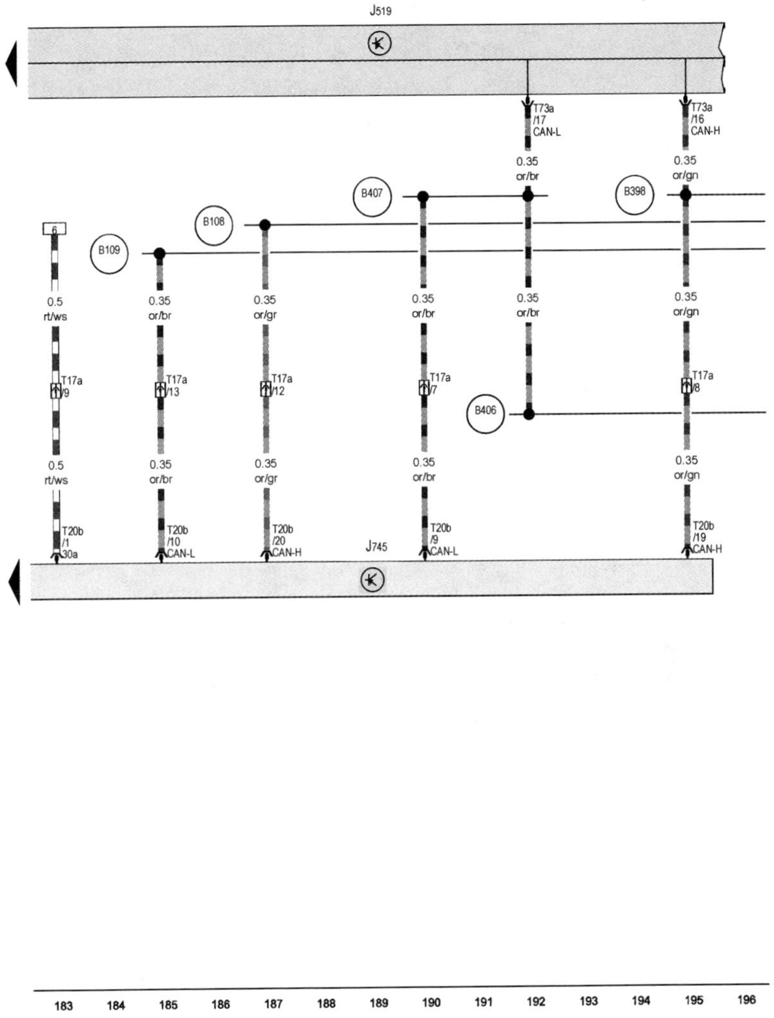

J519-车载电网控制单元 J745-弯道灯和大灯照明距离调节控制单元 T17a-17芯插头连接，左侧A柱下部，黑色 T20b-20芯插头连接，棕色 T73a-73芯插头连接，黑色 B108-连接1（扩展CAN总线，High），在主导线束中 B109-连接2（扩展CAN总线，Low），在主导线束中 B398-连接2（舒适CAN总线，High），在主导线束中 B406-连接1（舒适CAN总线，Low），在主导线束中 B407-连接2（舒适CAN总线，Low），在主导线束中

转向信号灯开关，手动远光灯功能和远光灯瞬时接通功能开关，
转向柱电子装置控制单元，
数据总线诊断接口

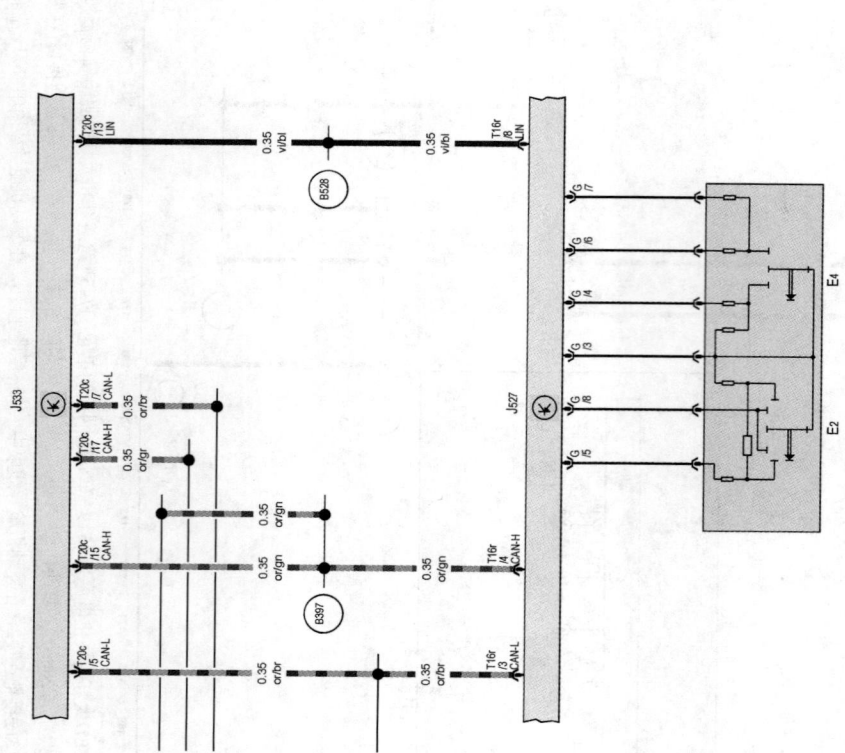

E2-转向信号灯开关 E4-手动远光灯功能和远光灯瞬时接通功能开关 J527-转向柱电子装置控制单元
J533-数据总线诊断接口 T16r-16芯插头连接 T20c-20芯插头连接 黑色 B108-连接1（扩展CAN
总线，High），在主导线束中 B109-连接1（扩展CAN总线，Low），在主导线束中 B397-连接1（舒适
CAN总线，High），在主导线束中 B398-连接2（舒适CAN总线，High），在主导线束中 B406-连接1
（舒适CAN总线，Low），在主导线束中 B528-连接1（LIN总线），在主导线束中

图 7-4-135

接线端 15 供电继电器，保险丝架 C

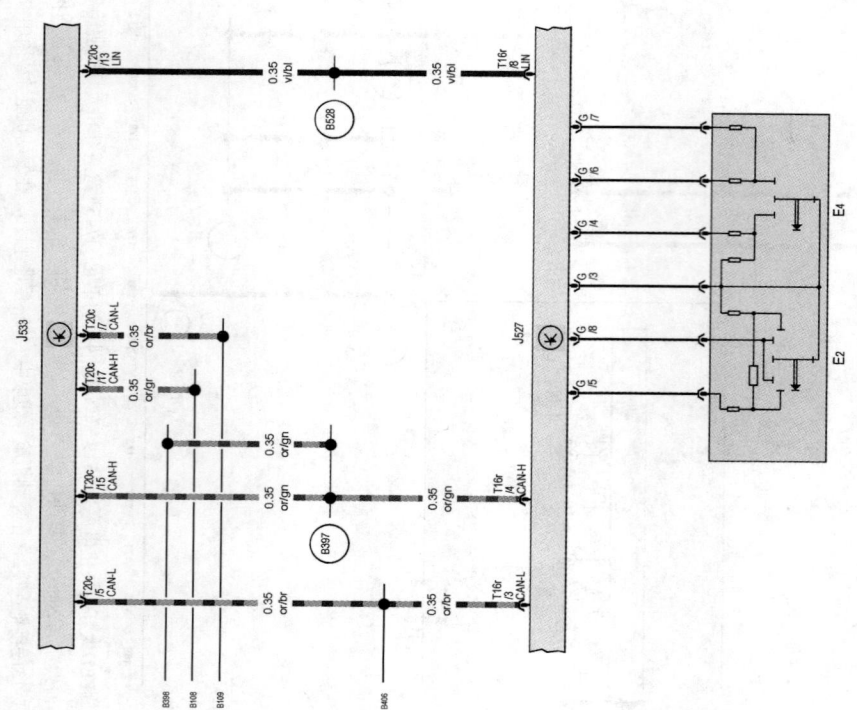

A-蓄电池 J329-接线端15供电继电器 SA1-保险丝架A上的保险丝1 SA4-保险丝架A上的保险丝4 SC-保
险丝架C SC8-保险丝架C上的保险丝8 SC11-保险丝架C上的保险丝11 SC24-保险丝架C上的保险丝24
T2bi-2芯插头连接，黑色 B315-正极连接1（30a），在主导线束中

图 7-4-136

空气湿度、雨水与光线识别传感器，车载电网控制单元

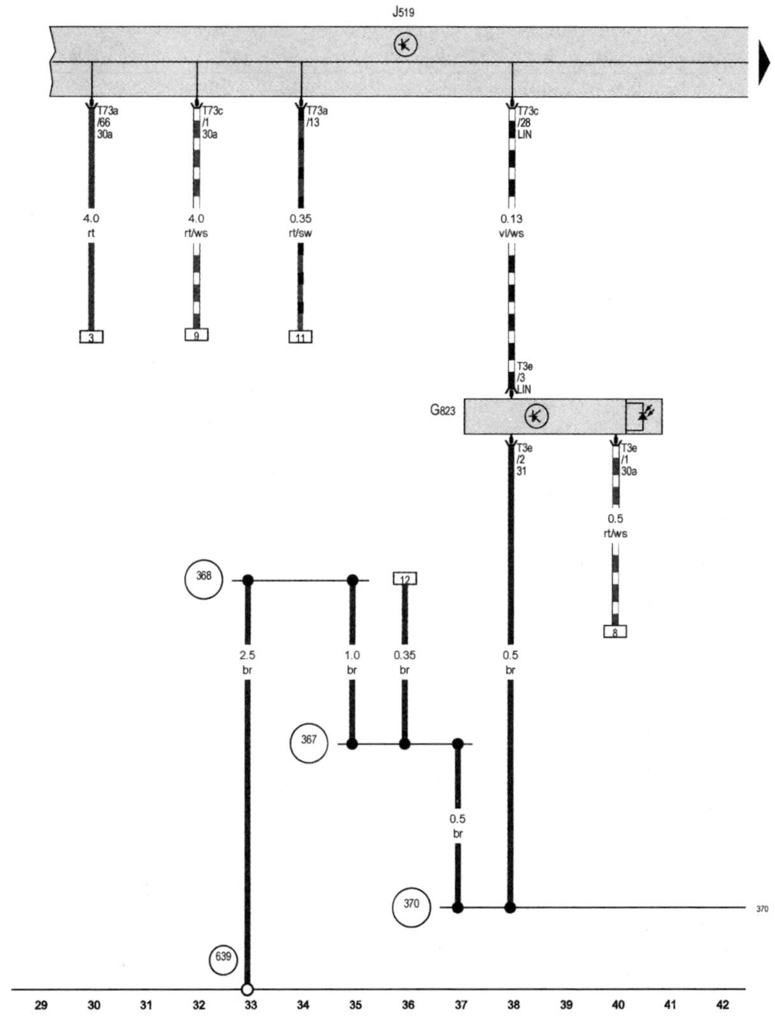

G823-空气湿度、雨水与光线识别传感器 J519-车载电网控制单元 T3e-3芯插头连接，黑色 T73a-73芯
插头连接，黑色 T73c-73芯插头连接，黑色 367-接地连接2，在主导线束中 368-接地连接3，在主导线
束中 370-接地连接5，在主导线束中 639-左侧A柱上的接地点

图 7-4-138

保险丝架 C

图 7-4-137

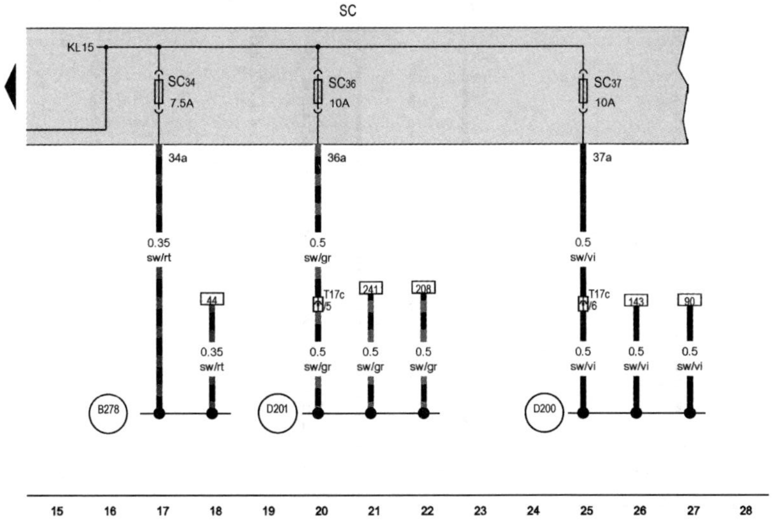

SC-保险丝架C SC34-保险丝架C上的保险丝34 SC36-保险丝架C上的保险丝36 SC37-保险丝架C上的保
险丝37 T17c-17芯插头连接，左侧A柱下部，红色 B278-正极连接2（15a），在主导线束中 D200-正极
连接3（15a），在发动机舱导线束中 D201-正极连接4（15a），在发动机舱导线束中

1077

左后车高度传感器，左前汽车高度传感器，车载电网控制单元

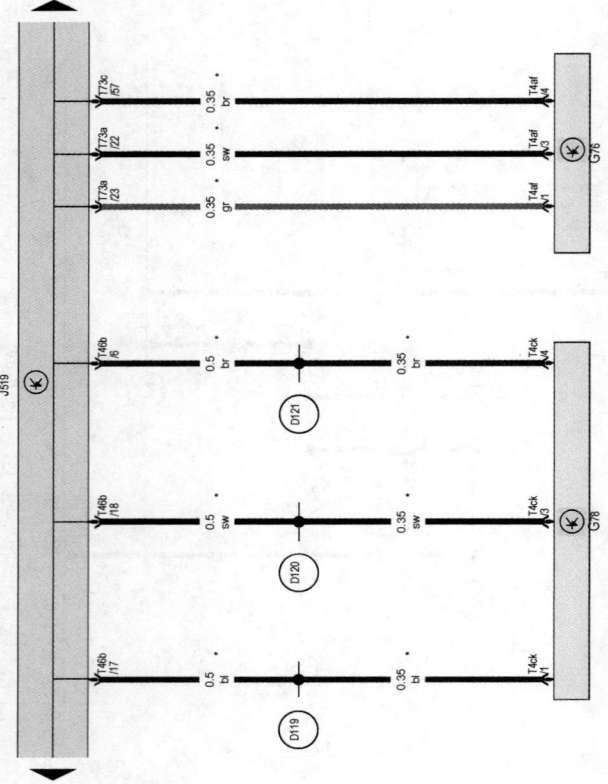

G76-左后汽车高度传感器 G78-左前汽车高度传感器 J519-车载电网控制单元 T4af-4芯插头连接，黑色
T4ck-4芯插头连接，黑色 T46b-46芯插头连接，黑色 T73a~73芯插头连接，黑色 T73c~73芯插头连接，
黑色 D119- 连接17，在发动机舱导线束中 D120-连接18，在发动机舱导线束中 D121- 连接19，在发动
机舱导线束中

图7-4-140

| 57 | 58 | 59 | 60 | 61 | 62 | 63 | 64 | 65 | 66 | 67 | 68 | 69 | 70 |

车灯开关，车灯旋转开关，前雾灯和后雾灯开关，车载电网控制单元，大灯开关照明灯泡

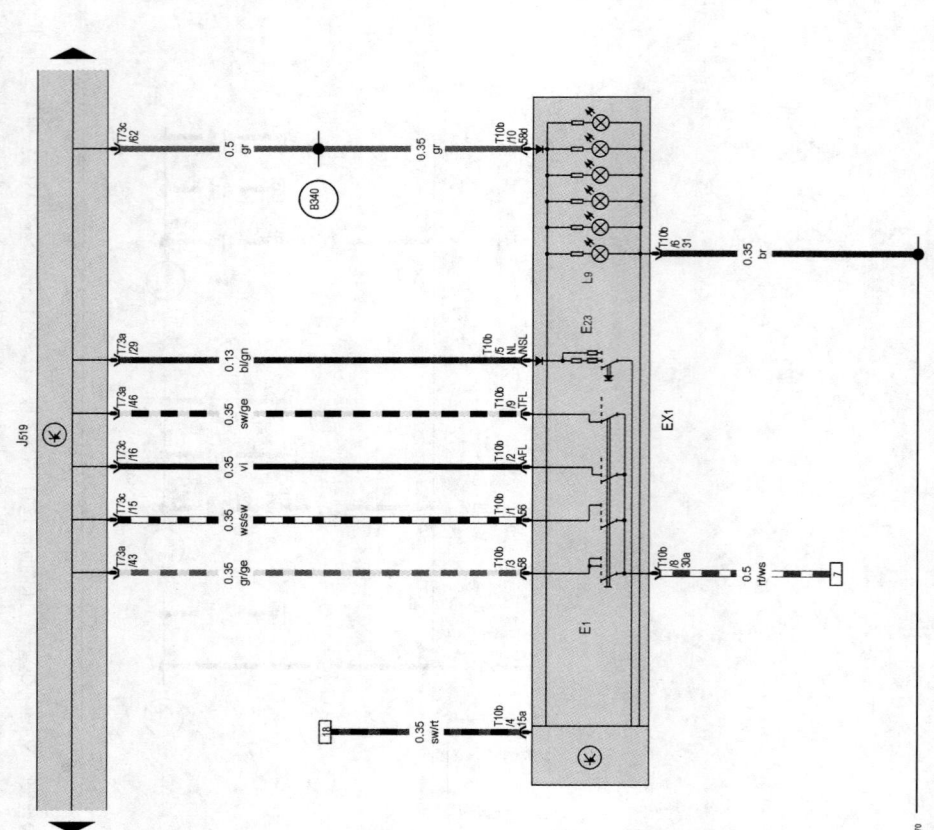

E1-车灯开关 EX1-车灯旋转开关 E23-前雾灯和后雾灯开关 J519-车载电网控制单元 L9-大灯开关照明
灯泡 T10b~10 芯插头连接，红色 T73a~73 芯插头连接，黑色 T73c~73芯插头连接，黑色 370-接地连接
5，在主导线束中 B340-连接1（58d），在主导线束中

图7-4-139

| 43 | 44 | 45 | 46 | 47 | 48 | 49 | 50 | 51 | 52 | 53 | 54 | 55 | 56 |

1078

车载电网控制单元，左侧大灯电源模块，左侧日间行车灯和驻车示宽灯控制单元，日间行
车灯和驻车灯左侧光电管模体，左前大灯

左侧 LED 大灯模块化电源 2，车载电网控制单元，左侧大灯电源模块，左前大灯，左前
转向信号灯灯泡，左侧大灯照明距离调节伺服电机

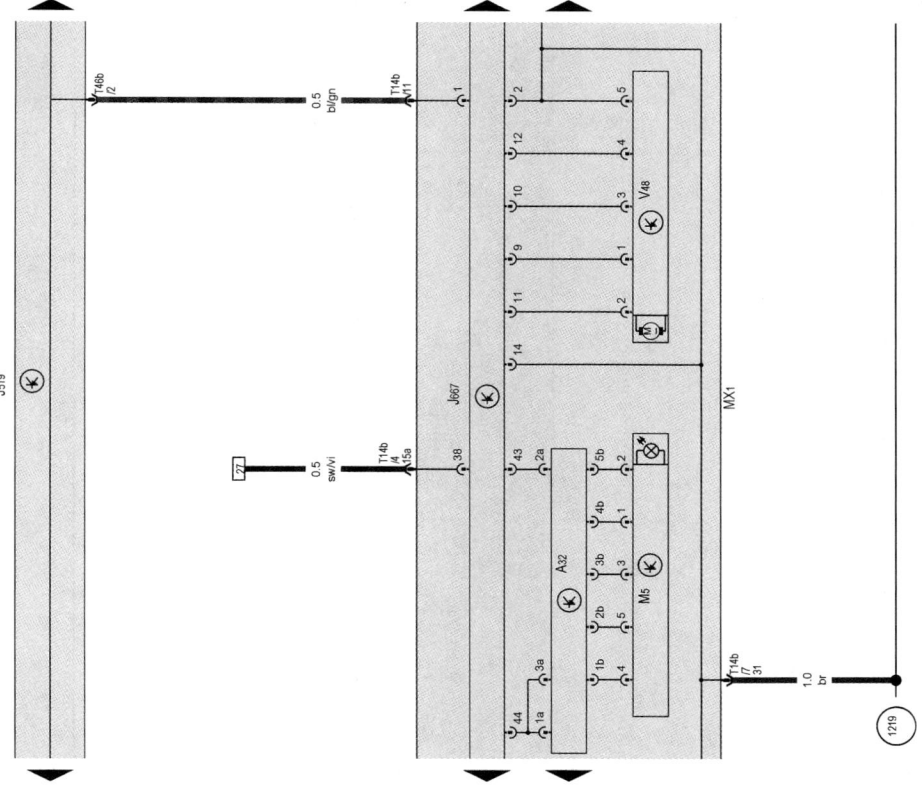

图 7-4-141

J519-车载电网控制单元 J667-左侧大灯电源模块 J860-左侧日间行车灯和驻车示宽灯控制单元 L176-日
间行车灯和驻车灯左侧光电管模体 MX1-左前大灯

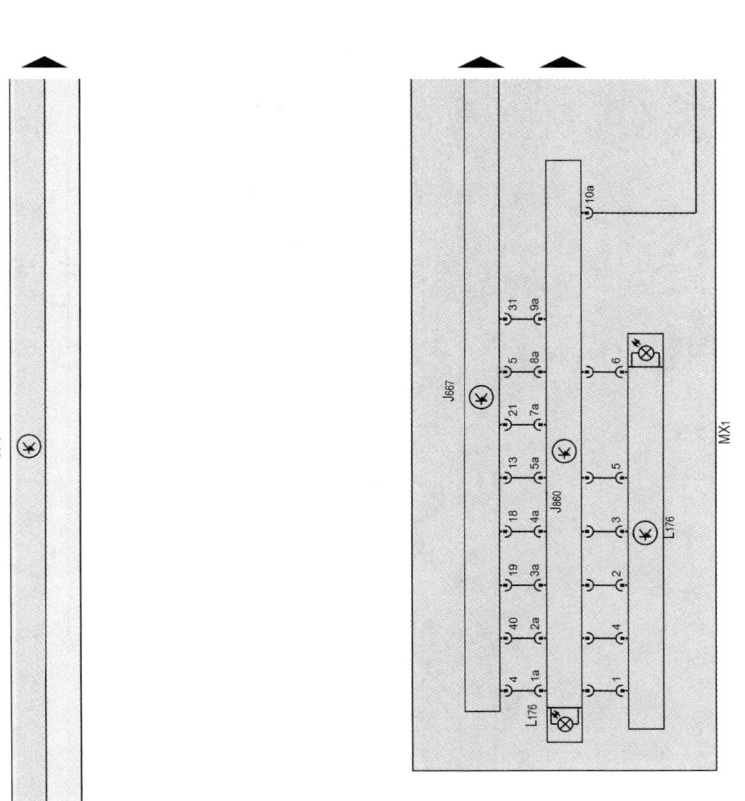

图 7-4-142

A32-左侧LED大灯模块化电源2 J519-车载电网控制单元 J667-左侧大灯电源模块 MX1-左前大灯 M5-
左前转向信号灯灯泡 T14b-14 芯插头连接 T46b-46 芯插头连接，黑色 V48-左侧大灯照明距离
调节伺服电机 1219-接地连接12，在发动机舱导线束中

左侧 LED 大灯模块化电源 3, 车载电网控制单元, 左侧大灯电源模块, 左侧大灯, 左前大灯, 左侧近光灯防眩目

左侧 LED 大灯模块化电源 3, 左摆动模式定位传感器, 车载电网控制单元, 左侧大灯电源模块, 左前大灯

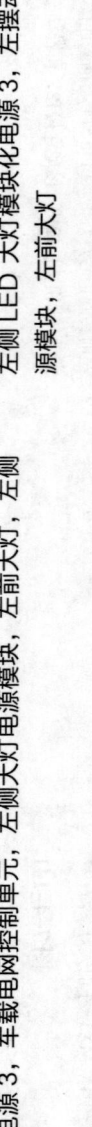
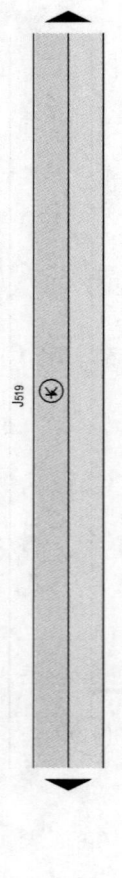
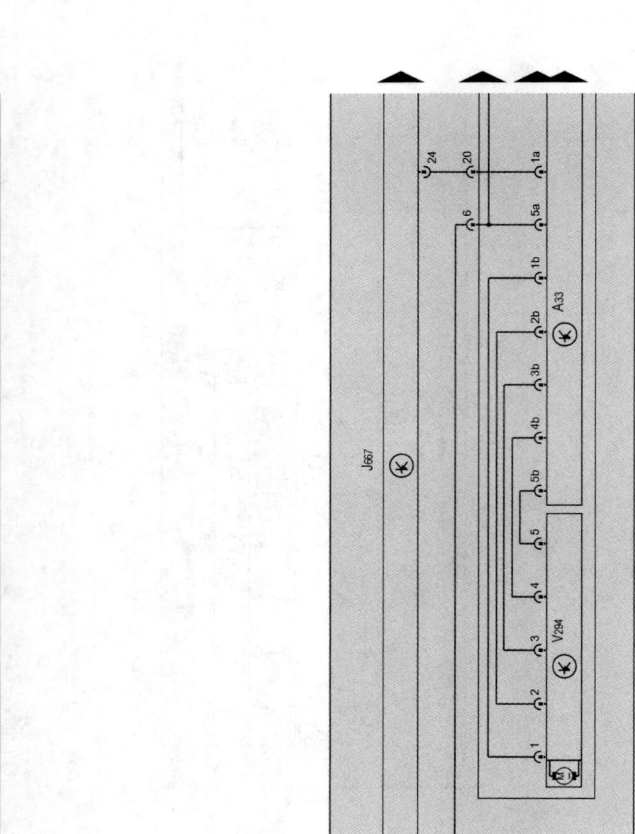

图 7-4-143

A33-左侧LED大灯模块化电源3 J519-车载电网控制单元 J667-左侧大灯电源控制单元 V294-左侧近光灯防眩目 MX1-左前大灯电源模块 1219-接地连接12, 在发动机舱导线束中

图 7-4-144

A33-左侧LED大灯模块化电源3 G474-左摆动模式定位传感器 J519-车载电网控制单元 J667-左侧大灯电源控制单元 MX1-左前大灯电源模块 1219-接地连接12, 在发动机舱导线束中

左侧 LED 大灯模块化电源 1, 车载电网控制单元, 左侧大灯, 左侧大灯电源模块, 左侧动态弯道灯伺服电机, 左侧大灯风扇

左侧 LED 大灯模块化电源 1, 车载电网控制单元, 左前大灯, 左侧近光灯灯泡, 左侧远光灯灯泡

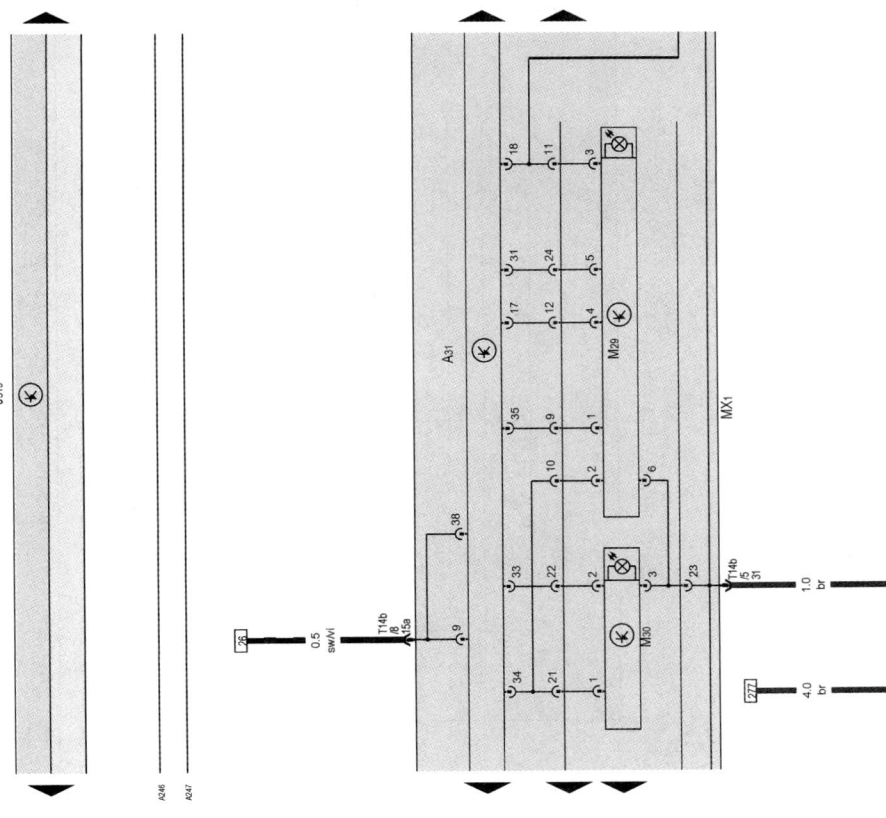

左侧 LED 大灯模块化电源 1, 车载电网控制单元, 左前大灯, 左侧近光灯灯泡, 左侧远光灯灯泡

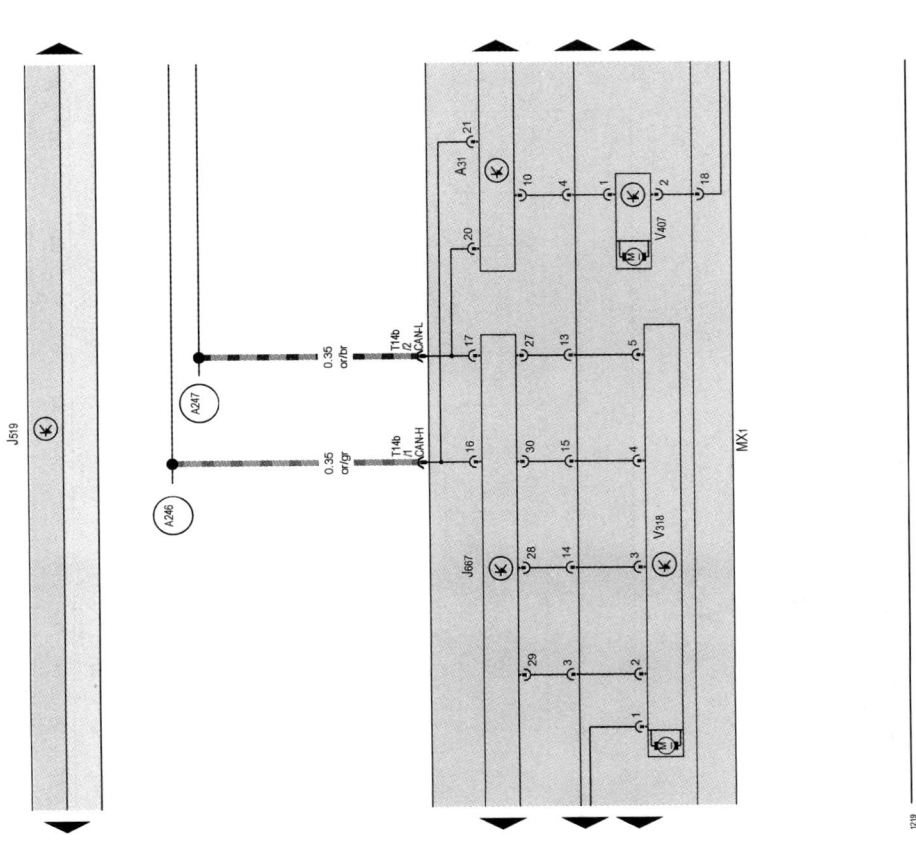

A31-左侧LED大灯模块化电源1 J519-车载电网控制单元 MX1-左前大灯 T14b-14芯插头连接 V407-左侧大灯风扇 1219-接地连接12, 在发动机舱导线束中 A246-连接1 (CAN总线, High), 在发动机舱导线束中

A31-左侧LED大灯模块化电源1 J519-车载电网控制单元 MX1-左前大灯 T14b-14芯插头连接 V318-左侧动态弯道灯伺服电机 1219-接地连接12, 在发动机舱导线束中 A247-连接1 (CAN总线, Low), 在发动机舱导线束中

图 7-4-145

A31-左侧LED大灯模块化电源1 J519-车载电网控制单元 MX1-左前大灯 M29-左侧近光灯灯泡 M30-左侧远光灯灯泡 T14b-14芯插头连接 1219-接地连接12, 在发动机舱导线束中 A246-连接1 (CAN总线, High), 在发动机舱导线束中 A247-连接1 (CAN总线, Low), 在发动机舱导线束中

图 7-4-146

左侧 LED 大灯模块化电源 1，车载电网控制单元，左前大灯，左侧近光灯灯泡

车载电网控制单元，右侧大灯电源模块，右侧日间行车灯和驻车示宽灯控制单元，日间行车灯和驻车灯右侧光电管模体，右前大灯

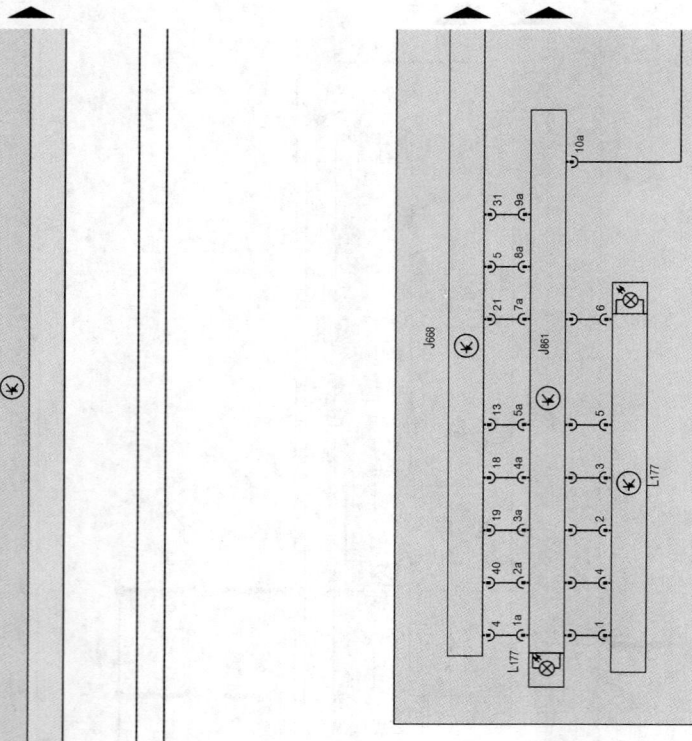

图 7-4-148

J519-车载电网控制单元　J668-右侧大灯电源模块　J861-右侧日间行车灯和驻车示宽灯控制单元　L177-日间行车灯和驻车灯右侧光电管模体　MX2-右前大灯　A246-连接1（CAN总线，High），在发动机舱导线束中　A247-连接1（CAN总线，Low），在发动机舱导线束中

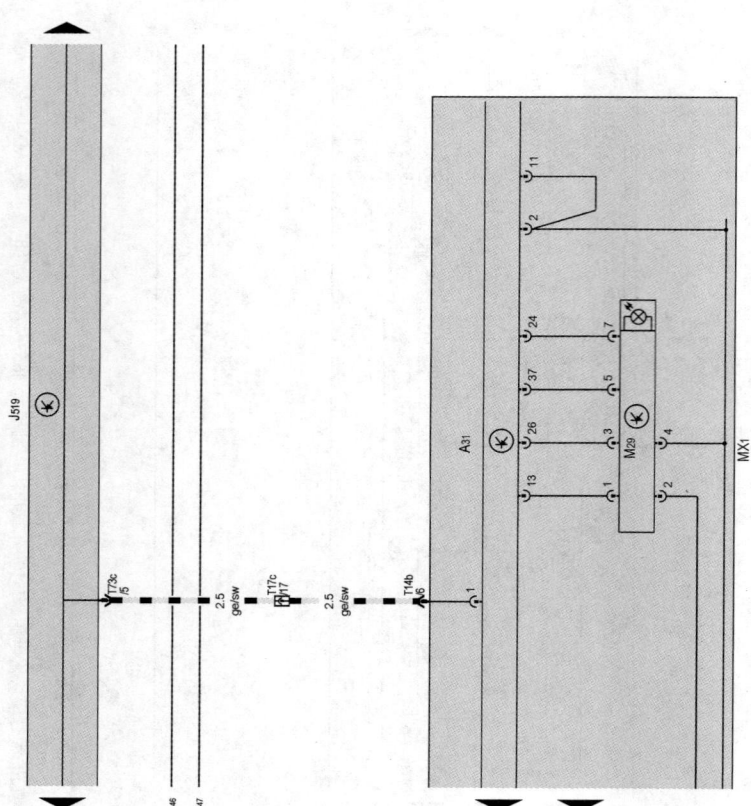

图 7-4-147

A31-左侧LED大灯模块化电源1　J519-车载电网控制单元　MX1-左前大灯　M29-左侧近光灯灯泡　T14b-14 芯插头连接，黑色　T17c-17 芯插头连接，红色　T73c-73 芯插头连接，左侧A柱下部，黑色　A246-连接1（CAN总线，High），在发动机舱导线束中　A247-连接1（CAN总线，Low），在发动机舱导线束中

右侧 LED 大灯模块化电源 3，车载电网控制单元，右侧大灯电源模块，右前大灯，右近
光灯防眩目遮蔽

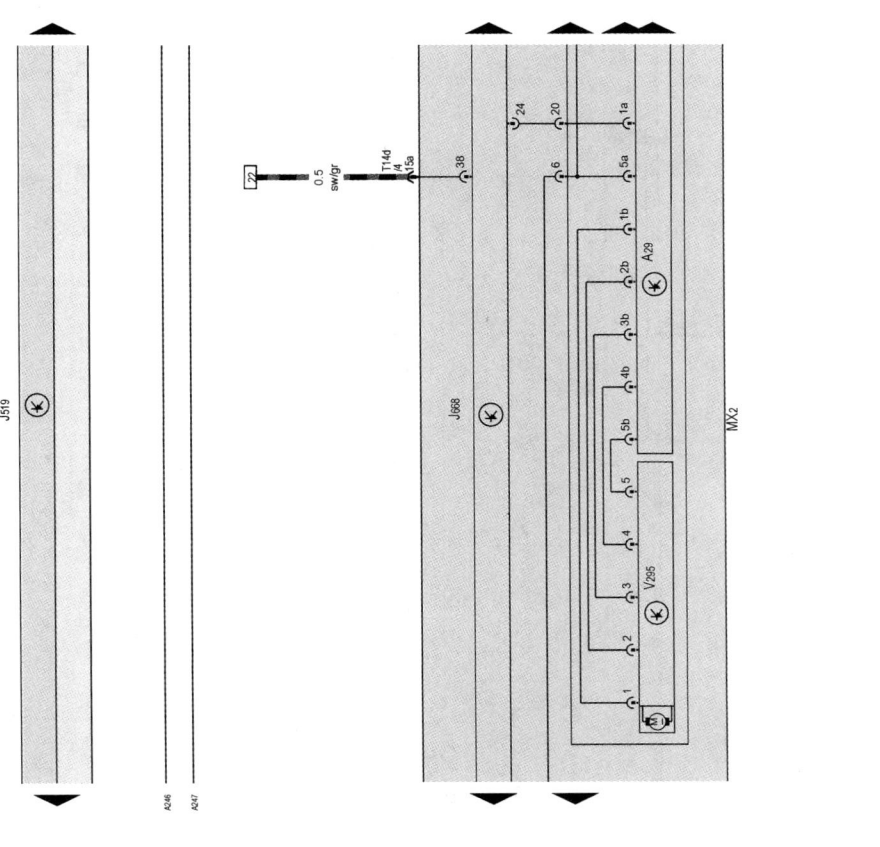

A29-右侧LED大灯模块电源3 J519-车载电网控制单元 J668-右侧大灯电源模块 MX2-前大灯 T14d-14芯
插头连接，黑色 V295-右近光灯防眩目遮蔽 132-接地连接3，在发动机舱导线束中 A246-连接1（CAN
总线，High），在发动机舱导线束中 A247-连接1（CAN总线，Low），在发动机舱导线束中

图 7-4-150

右前 LED 大灯模块化电源 5，车载电网控制单元，右侧大灯电源模块，右前大灯，右前
转向信号灯灯泡，右侧大灯照明距离调节伺服电机，右侧大灯防眩目遮蔽

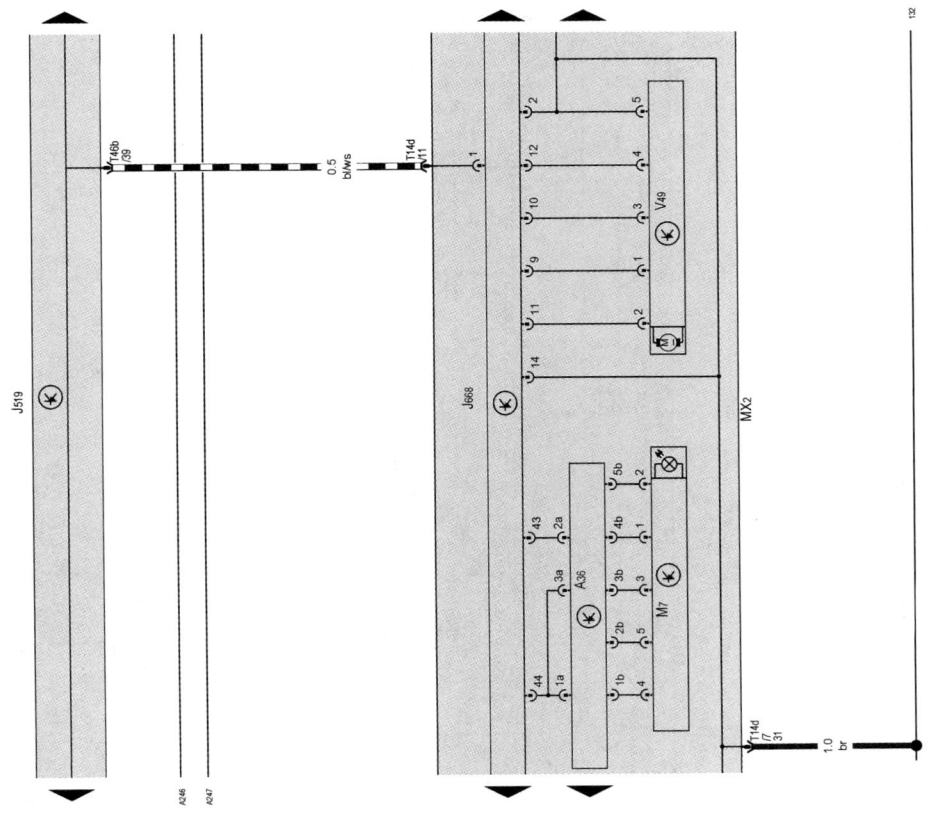

A36-右侧LED大灯模块化电源5 J519-车载电网控制单元 J668-右侧大灯电源模块 MX2-右前大灯 M7-
右前转向信号灯灯泡 T14d-14 芯插头连接 T14d-14 芯插头连接 T46b -46芯插头连接，黑色 V49 -右侧大灯照明距离
调节伺服电机 132-接地连接3，在发动机舱导线束中 A246-连接1（CAN总线，High），在发动机舱导线
束中 A247-连接1（CAN总线，Low），在发动机舱导线束中

图 7-4-149

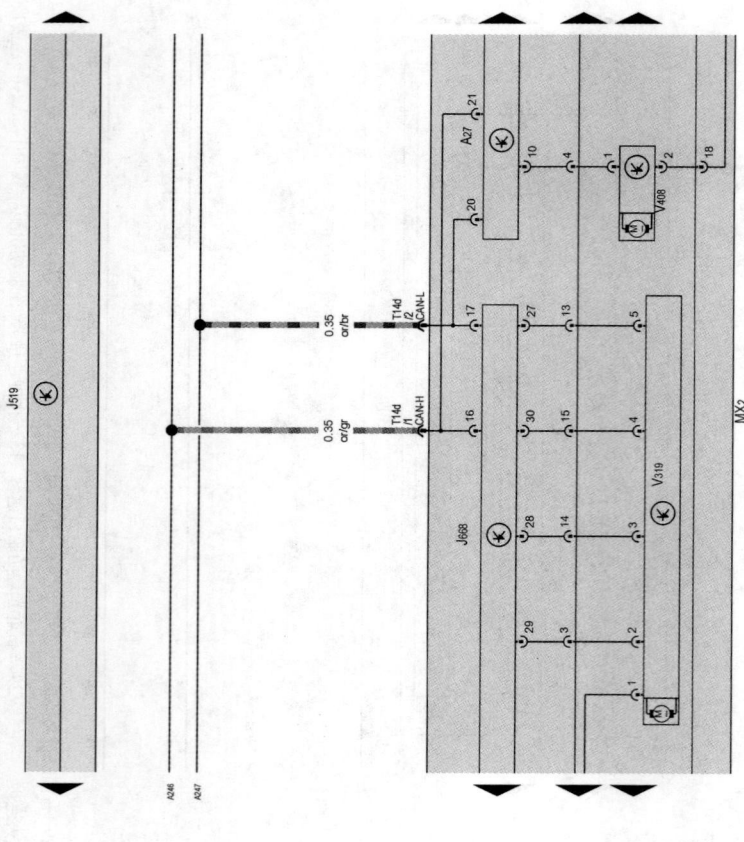

右侧 LED 大灯模块化电源 1，车载电网控制单元，右侧大灯电源模块，右前大灯，右侧大灯电源模块，右前大灯，动态弯道灯伺服电机，右侧大灯风扇

图 7-4-152

A27–右侧LED大灯电源模块化电源1 J519–车载电网控制单元 J668–右侧大灯电网控制单元 MX2–右侧大灯 T14d–14 芯插头连接，黑色 V319–右侧动态弯道灯伺服电机 V408–右侧大灯风扇 132–接地连接3，在发动机舱导线束中 A246–连接1（CAN总线，High），在发动机舱导线束中 A247–连接1（CAN总线，Low），在发动机舱导线束中

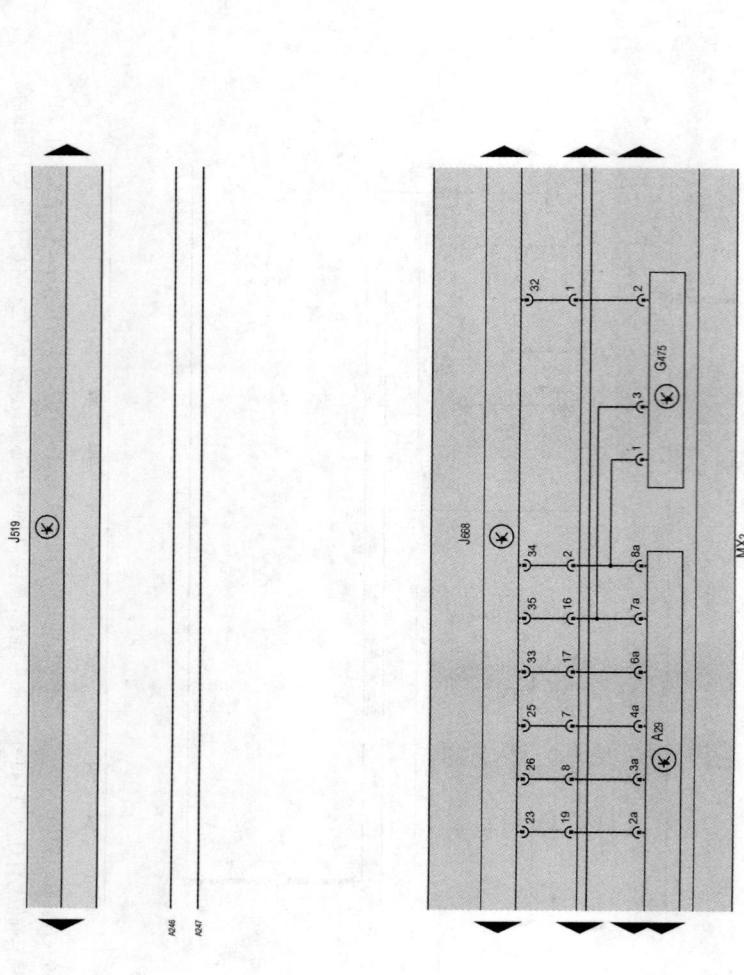

右侧 LED 大灯模块化电源 3，右摆动模式定位传感器，车载电网控制单元，右侧大灯控制单元，右侧大灯电源模块，右前大灯

图 7-4-151

A29–侧LED大灯模块化电源3 G475–右摆动模式定位传感器 J519–车载电网控制单元 J668–右侧大灯电网控制单元 MX2–右前大灯 132–接地连接3，在发动机舱导线束中 A246–连接1（CAN总线，High），在发动机舱导线束中 A247–连接1（CAN总线，Low），在发动机舱导线束中

1084

右侧 LED 大灯模块化电源 1，车载电网控制单元，右前大灯，右侧近光灯灯泡

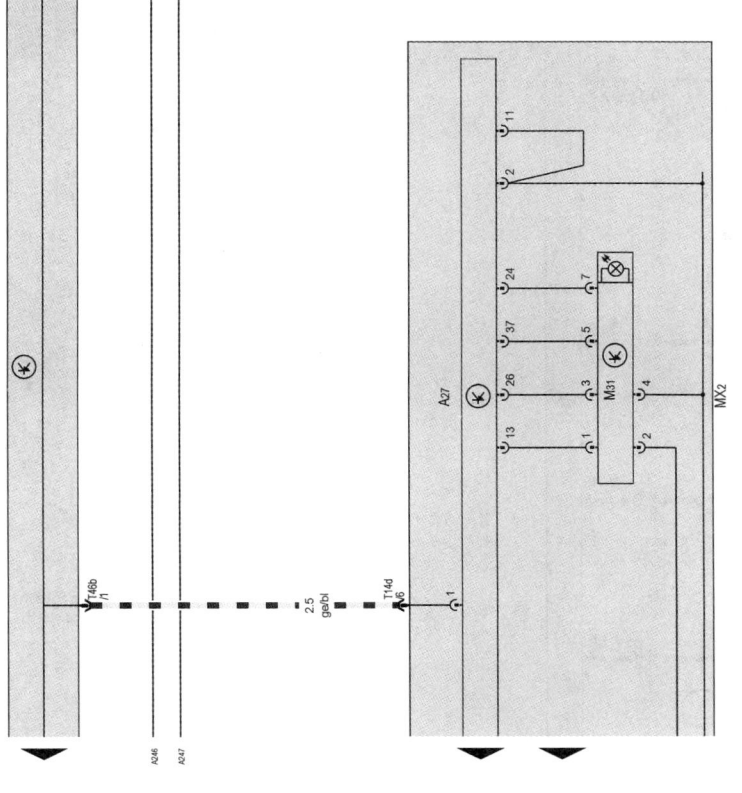

图 7-4-154

A27-右侧LED大灯模块化电源1 J519-车载电网控制单元 MX2-右前大灯 M31-右侧近光灯灯泡 T14d-14芯插头连接，黑色 T46b-46芯插头连接，黑色 A246-连接1（CAN总线，High），在发动机舱导线束中 A247-连接1（CAN总线，Low），在发动机舱导线束中

右侧 LED 大灯模块化电源 1，车载电网控制单元，右前大灯，右侧近光灯灯泡，右侧远光灯灯泡

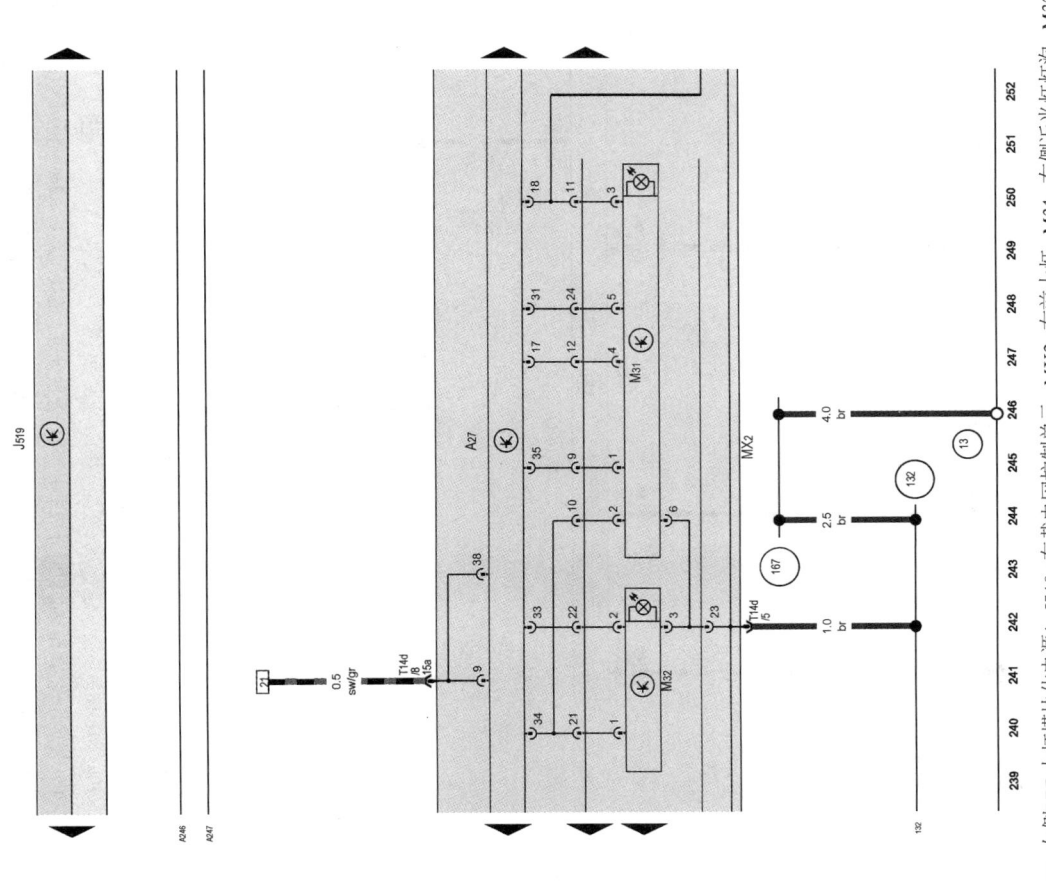

图 7-4-153

A27-右侧LED大灯模块化电源1 J519-车载电网控制单元 MX2-右前大灯 M31-右侧近光灯灯泡 M32-右侧远光灯灯泡 T14d-14芯插头连接，黑色 T46b-46芯插头连接，黑色 132-接地连接3，在发动机舱导线束中 13-发动机舱内右侧的接地点 167-接地连接4，在发动机舱导线束中 A246-连接1（CAN总线，High），在发动机舱导线束中 A247-连接1（CAN总线，Low），在发动机舱导线束中

1085

车载电网控制单元，弯道灯和大灯照明距离调节控制单元

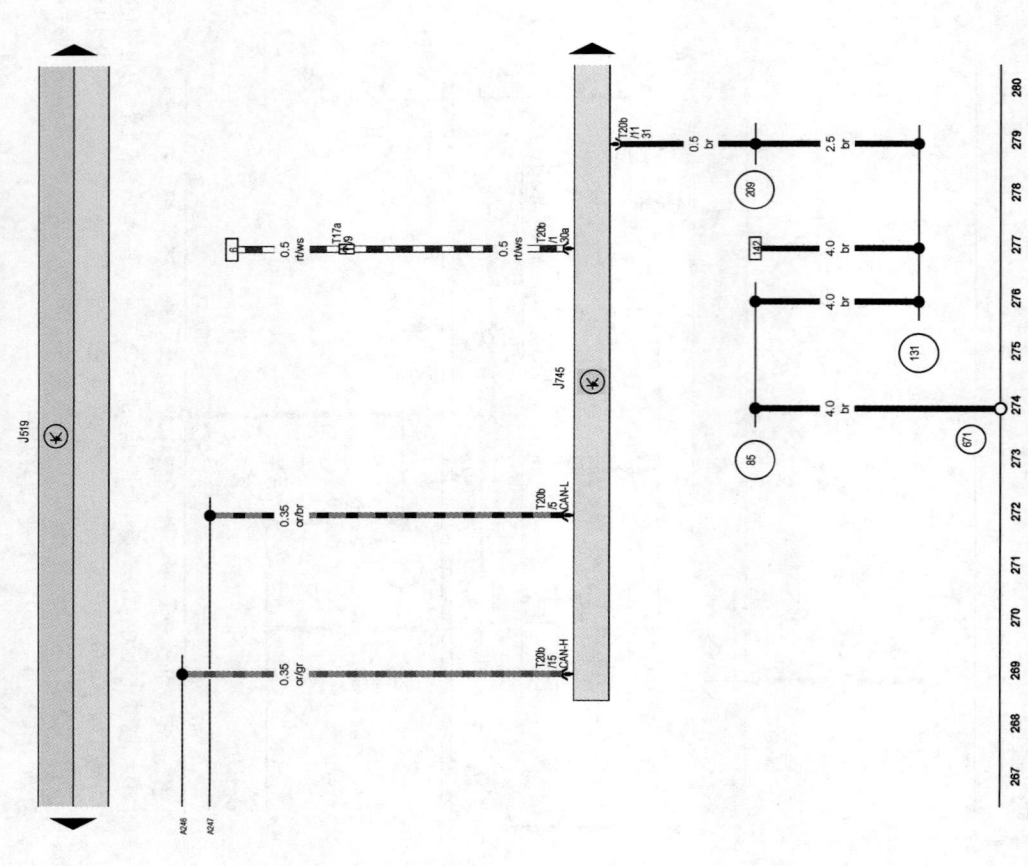

图7-4-156

J519–车载电网控制单元 J745–弯道灯和大灯照明距离调节控制单元 T17a–17芯插头连接，左侧A柱下部，左侧A柱下部，黑色 T20b–20芯插头连接，黑色 T73a–73芯插头连接，棕色 B108–连接1（扩展CAN总线，High），在主导线束中 B109–连接1（扩展CAN总线，Low），在主导线束中 B398–连接2（舒适CAN总线，High），在主导线束中 B406–连接1（舒适CAN总线，Low），在主导线束中 B407–连接2（舒适CAN总线，Low），在主导线束中 E137–连接2（扩展CAN总线，High），在发动机舱导线束中 E138–连接2（扩展CAN总线，Low），在发动机舱导线束中

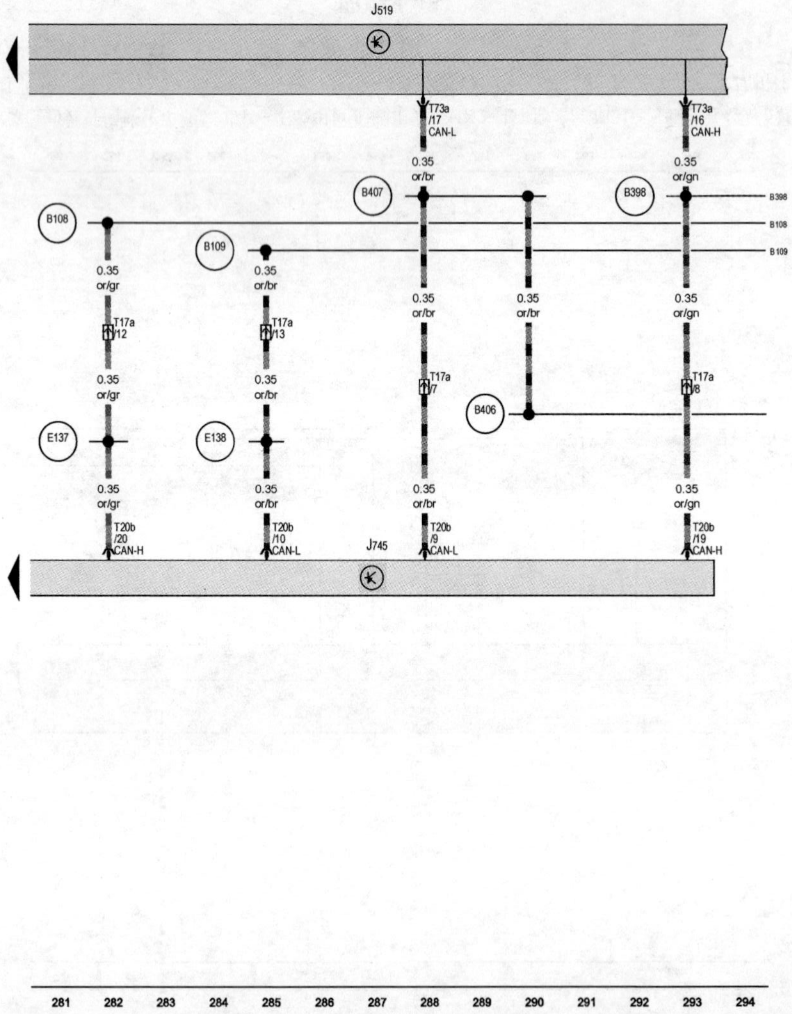

图7-4-155

J519–车载电网控制单元 J745–弯道灯和大灯照明距离调节控制单元 T17a–17芯插头连接，左侧A柱下部，黑色 T20b–20芯插头连接，棕色 85–接地连接1，在发动机舱导线束中 131–接地连接2，在发动机舱导线束中 209–接地连接6，在发动机舱导线束中 671–左前纵梁上的接地点1（CAN总线，Low），在发动机舱导线束中 A246–连接1（CAN总线，High），在发动机舱导线束中 A247–连接1（CAN总线，Low），在发动机舱导线束中

1086

左后车门背景照明灯 1，保险丝架 C

转向信号灯开关，手动远光灯功能和远光灯瞬时接通功能开关，转向柱电子装置控制单元，数据总线诊断接口

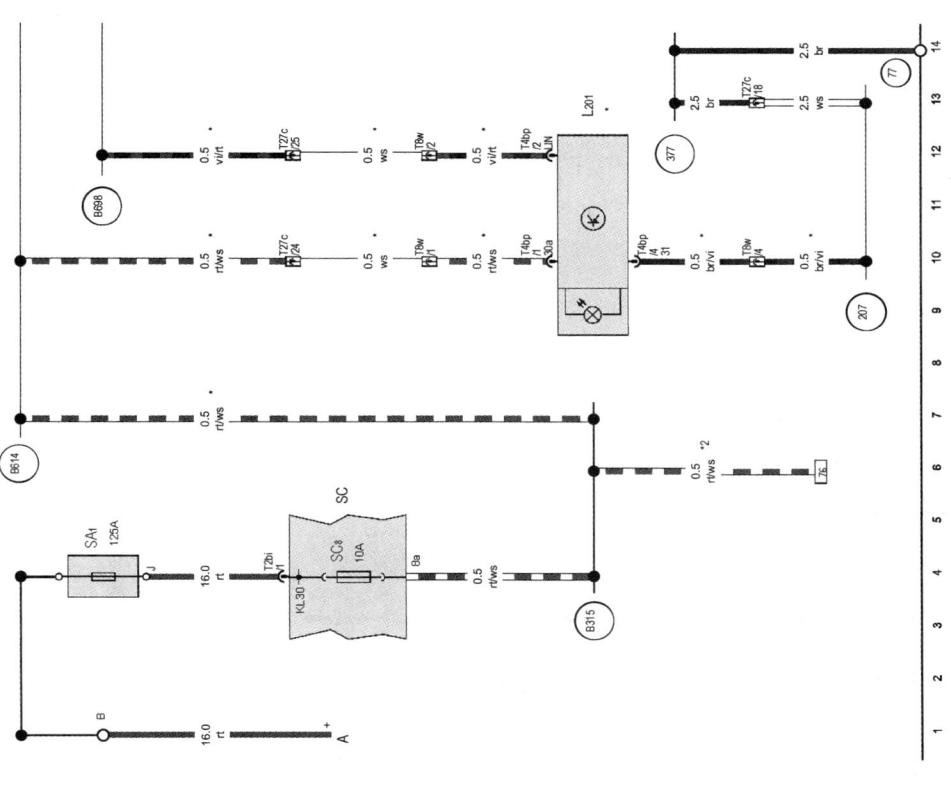

图 7-4-158

A-蓄电池　L201-左后车门背景照明灯1　SA1-保险丝架A上的保险丝1　SC-保险丝架C　SC8-保险丝架C上的保险丝8　T2bi-2芯插头连接　T4bp-4芯插头连接，黑色　T8w-8芯插头连接，在左后车门内，黑色　T27c-27芯插头连接，左侧B柱上，黑色　77-左侧B柱下的接地点　207-接地连接，在左车门电缆导线束中　377-接地连接12，在主导线束中　B315-正极连接1（30a），在主导线束中　B614-正极连接23（30a），在主导线束中　B698-连接3（LIN总线），在主导线束中　*-仅用于带多色氛围围灯的汽车　*2-仅用于带全景滑动天窗的汽车

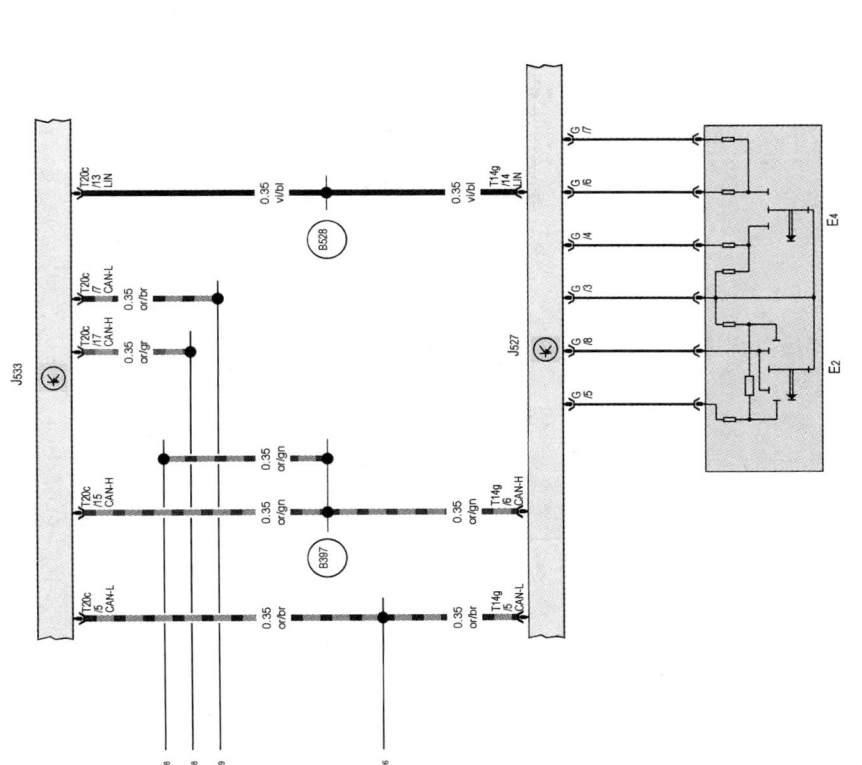

图 7-4-157

E2-转向信号灯开关　E4-手动远光灯功能和远光灯瞬时接通功能开关　J527-转向柱接电子装置控制单元　J533-数据总线诊断接口　T14g-14芯插头连接口　T20c-20芯插头连接，黑色　B108-连接1（扩展CAN总线，High），黑色　B109-连接1（扩展CAN总线，Low），在主导线束中　B397-连接1（舒适CAN总线，High），在主导线束中　B398-连接2（舒适CAN总线，High），在主导线束中　B406-连接1（舒适CAN总线，Low），在主导线束中　B528-连接3（LIN总线），在主导线束中

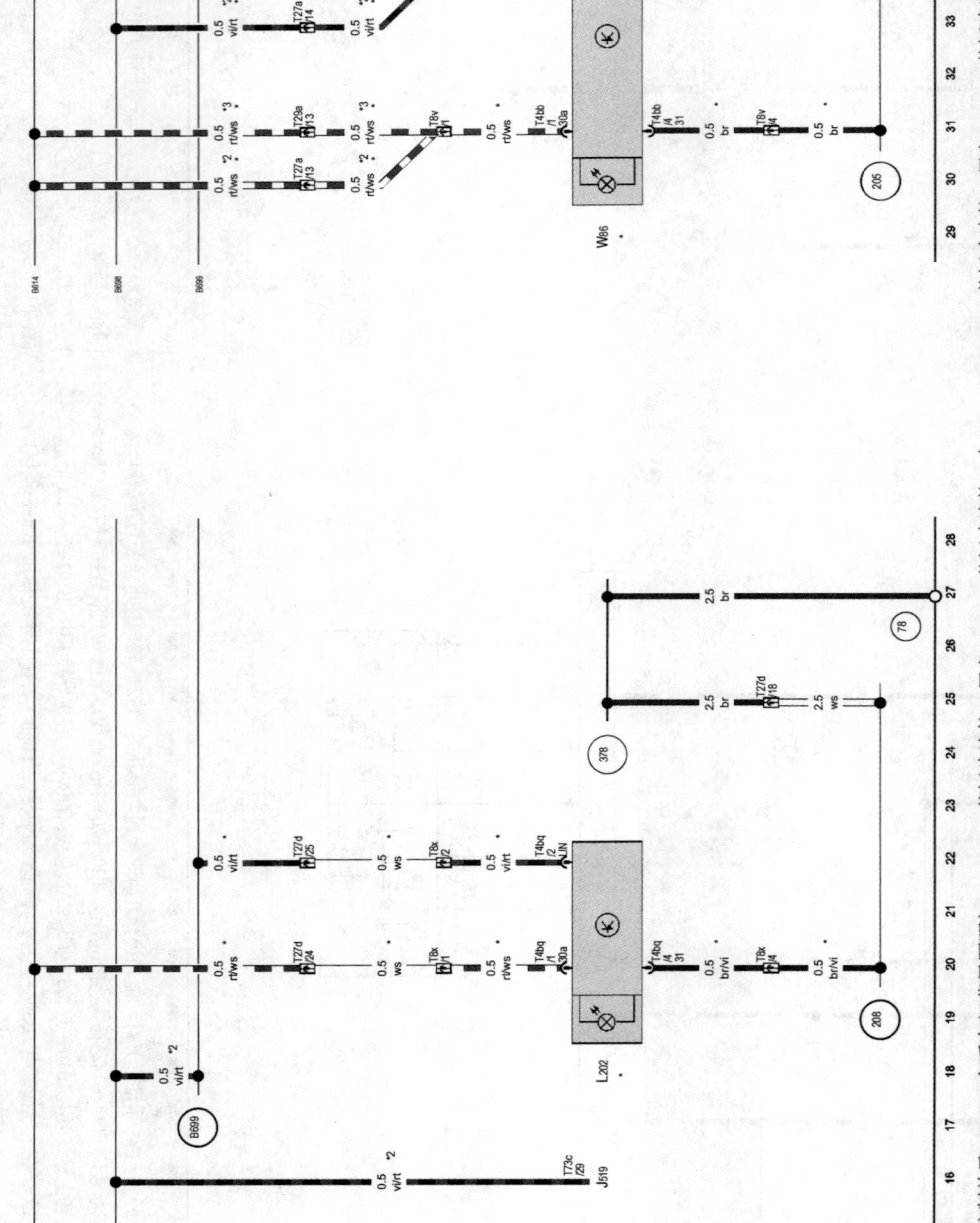

右后车门背景照明灯 1

驾驶员侧车门背景照明灯

图 7-4-159

图 7-4-160

J519-车载电网控制单元 L202-右后车门背景照明灯1 T4bq-4芯插头连接，黑色 T8x-8芯插头连接，在右后车门内，T27d-27芯插头连接，右侧B柱上，T73c-73芯插头连接，黑色 78-右侧B柱下部接地点 208-接地连接，在右后车门电缆导线束中 378-接地连接13，在主导线束中 B614-正极连接23（30a），在主导线束中 B698-连接3（LIN 总线），在主导线束中 B699-连接4（LIN 总线），在主导线束中 *-仅用于带多色氛围灯的汽车 *2-仅用于带全景滑动天窗的汽车

T4bb-4芯插头连接，黑色 T8v-8芯插头连接，在驾驶员侧车门内，黑色 T27a-27芯插头连接，左侧A柱上，T29a-29芯插头连接，左侧A柱上，白色 W86-驾驶员侧车门背景照明灯 205-接地连接，在驾驶员侧车门电缆导线束中 366-接地连接1，在主导线束中 639-左侧A柱上的接地点 B614-正极连接23（30a），在主导线束中 B698-连接3（LIN总线），在主导线束中 B699-连接4（LIN总线），在主导线束中 *-仅用于带不带周围环境摄像机的汽车 *2-仅用于带多色氛围灯的汽车 *3-仅用于带周围环境摄像机的汽车

仪表板轮廓照明灯 1，仪表板轮廓照明灯 2，仪表板轮廓照明灯 3

副驾驶员车门侧背景照明灯

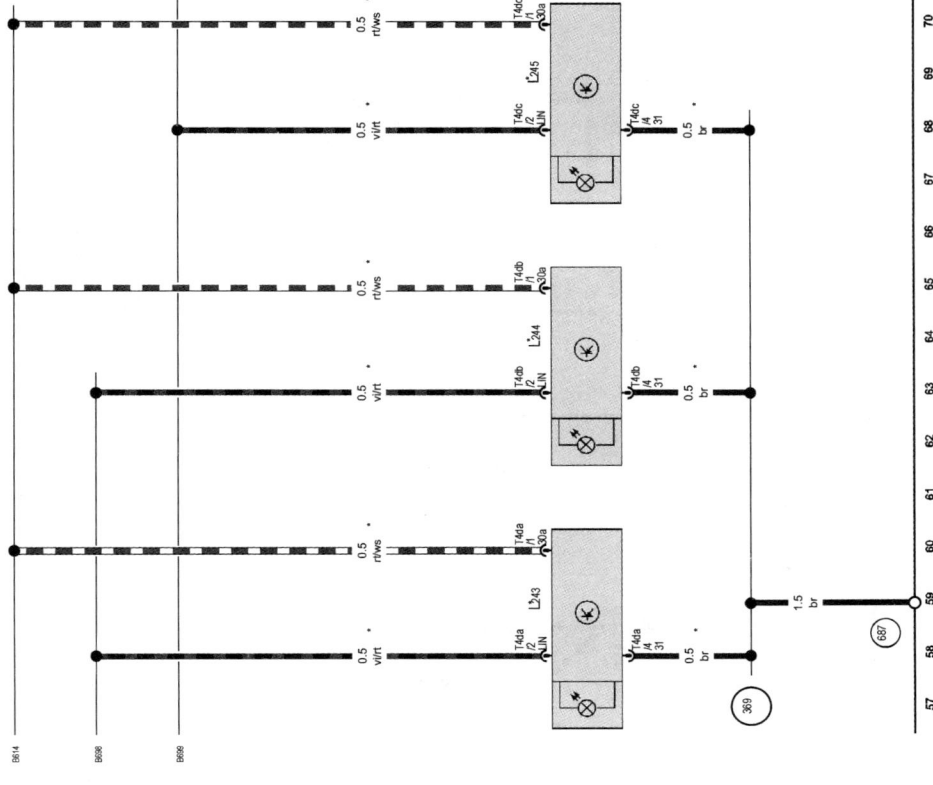

图 7-4-161

图 7-4-162

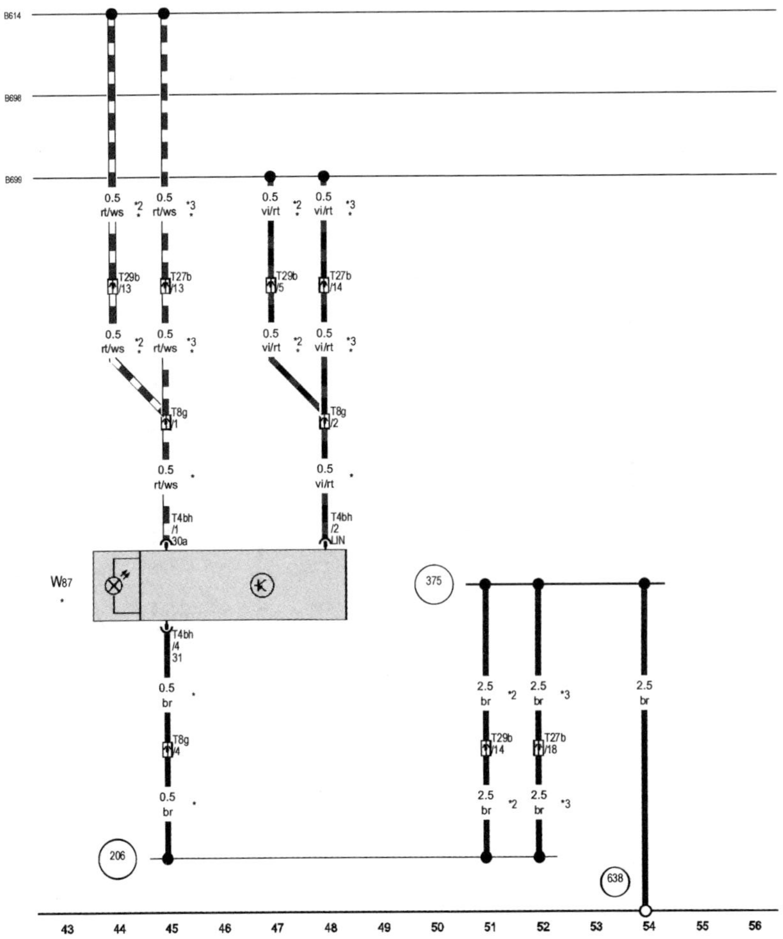

T4bh-4芯插头连接，黑色 T8g-8芯插头连接，副驾驶员车门内，黑色 T27b-27芯插头连接，右侧A柱上，黑色 T29b-29芯插头连接，右侧A柱上，白色 W87-副驾驶员车门背景照明灯 206-接地连接，在副驾驶员车门电缆导线束中 375-接地连接10，在主导线束中 638-右侧A柱上的接地点 B614-正极连接23（30a），在主导线束中 B698-连接3（LIN总线），在主导线束中 B699-连接4（LIN总线），在主导线束中 *2-仅用于带环境氛围灯的汽车 *3-仅用于不带周围环境摄像机的汽车

L243-仪表板轮廓照明灯1 L244-仪表板轮廓照明灯2 L245-仪表板轮廓照明灯3 T4da-4芯插头连接 T4db-4芯插头连接，黑色 T4dc-4芯插头连接，黑色 369-接地连接，在主导线束中 687-中央通道上的接地点1 B614-正极连接23（30a），在主导线束中 B698-连接3（LIN总线），在主导线束中 B699-连接4（LIN总线），在主导线束中 *-仅用于带多色氛围灯的汽车

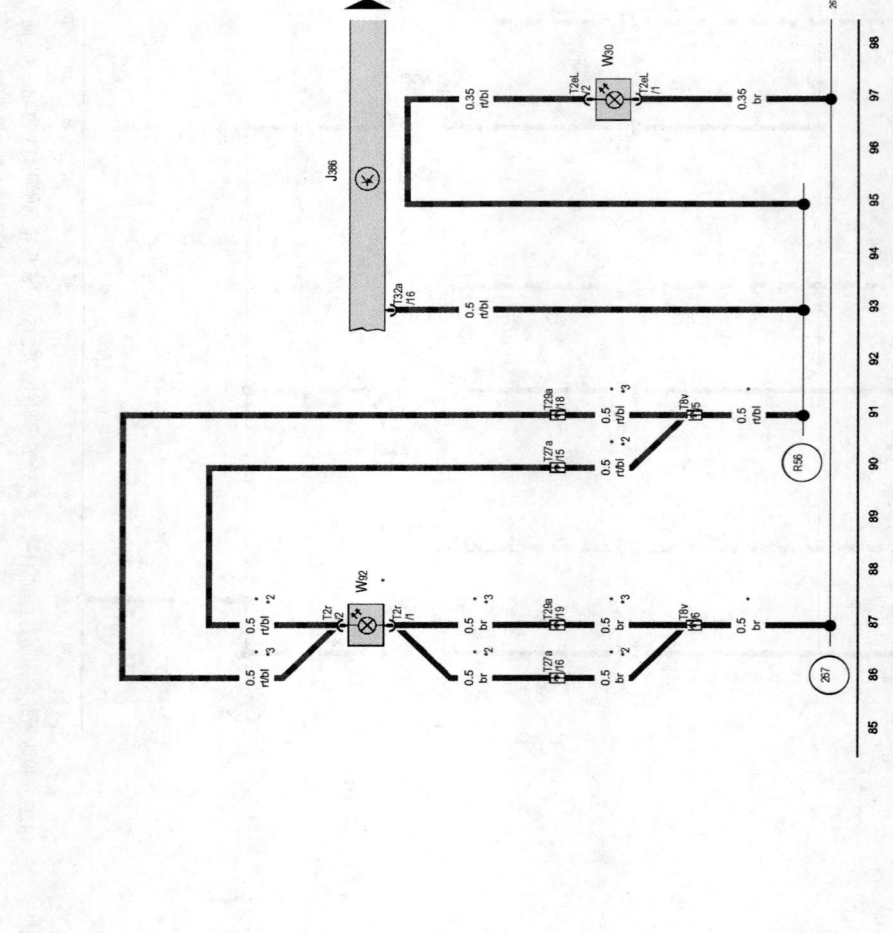

驾驶员侧车门控制单元，驾驶员侧车门警告灯，驾驶员侧登车照明灯

J386–驾驶员侧车门控制单元 T2eL–2芯插头连接，黑色 T2r–2芯插头连接，黑色 T8v–8芯插头连接，在驾驶员侧车门内，黑色 T27a–27芯插头连接，左侧A柱上，黑色 T29a–29芯插头连接，左侧A柱上，白色 T32a–32芯插头连接，蓝色 W30–驾驶员侧车门警告灯 W92–驾驶员侧登车照明灯 267–接地连接，在车顶导线束中 B591–正极连接 R56–连接（登车照明灯），在驾驶员侧车门电缆导线束中 *–仅用于带登车照明灯的汽车 *2–仅用于不带周围环境摄像机的汽车 *3–仅用于带周围环境摄像机的汽车

图7–4–164

左侧车顶背景照明灯泡，右侧车顶背景照明灯泡

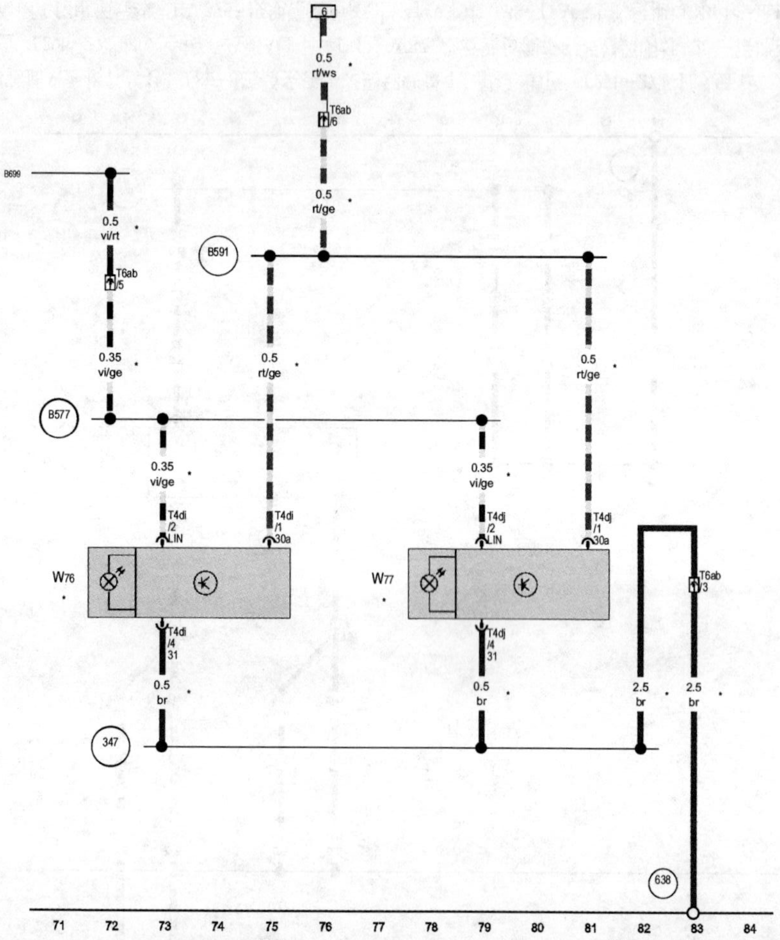

T4di–4芯插头连接 T4dj–4芯插头连接 T6ab–6芯插头连接，前部车内照明灯附近，黑色 W76–左侧车顶背景照明灯泡 W77–右侧车顶背景照明灯泡 347–接地连接，在车顶导线束中 638–一台A柱上的接地点 B577–连接（LIN–Bus），在车顶导线束中 B591–正极连接1（30a），在车顶导线束中 B699–连接4（LIN总线），在主导线束中 *–仅用于带全景滑动天窗的汽车

图7–4–163

1090

驾驶员车门控制单元，车载电网控制单元

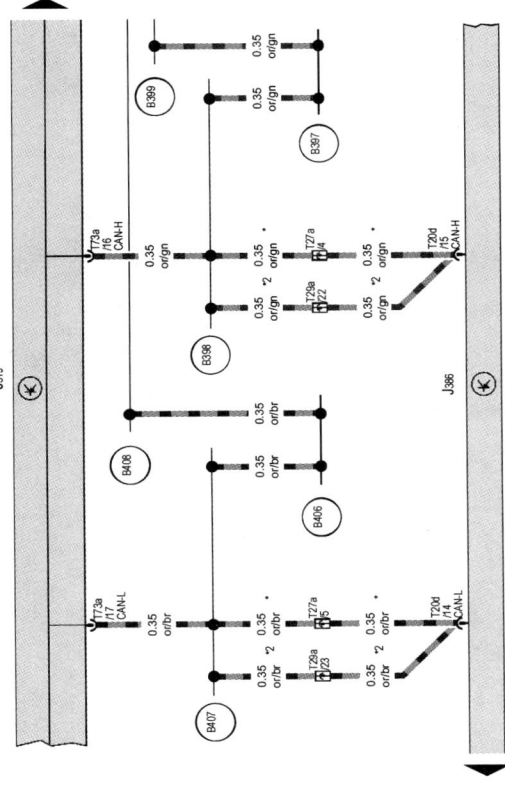

图 7-4-166

J386-驾驶员车门控制单元 J519-车载电网控制单元 T20d-20芯插头连接，黑色 T27a-27芯插头连接，黑色 左侧A柱上，黑色 T29a-29芯插头连接，左侧A柱上，白色 T73a-73芯插头连接，黑色 B397-连接1（舒适CAN总线，High），在主导线束中 B398-连接2（舒适CAN总线，High），在主导线束中 B399-连接3（舒适CAN总线，Low），在主导线束中 B406-连接1（舒适CAN总线，Low），在主导线束中 B407-连接2（舒适CAN总线，Low），在主导线束中 B408-连接3（舒适CAN总线，Low），在主导线束中 *-仅用于带周围环境摄像机的汽车 *2-仅用于不带周围环境摄像机的汽车

驾驶员车门控制单元，中央门锁 Safe 功能指示灯，驾驶员车门内把手照明灯泡，左前车门背景照明灯 2

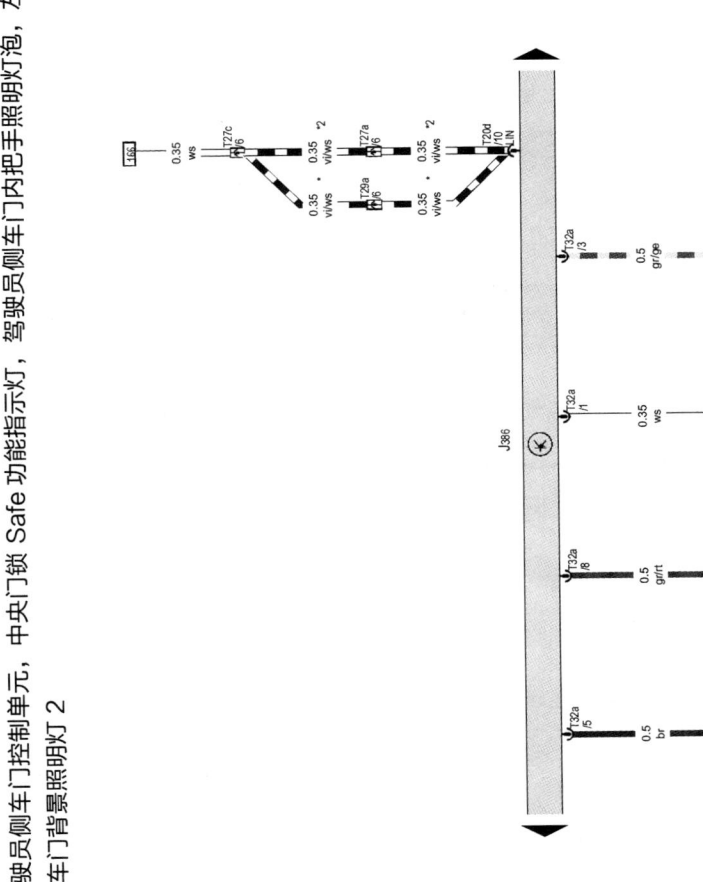

图 7-4-165

J386-驾驶员车门控制单元 K133-中央门锁Safe功能指示灯 L146-驾驶员车门内把手照明灯泡 L203-左前车门背景照明灯2 T2eh-2芯插头连接，绿色 T2u-2芯插头连接，黑色 T27a-27芯插头连接，黑色 T27c-27芯插头连接，左侧A柱上，黑色 T2fs-2芯插头连接，绿色 T20d-20芯插头连接，黑色 T29a-29芯插头连接，白色 T32a-32芯插头连接，蓝色 267-接地连接2，在驾驶员车门电缆导线束中 *-仅用于带周围环境摄像机的汽车 *2-仅用于不带周围环境摄像机的汽车

副驾驶员侧车门控制单元，车载电网控制单元，副驾驶员侧车门警告灯，副驾驶员侧登车照明灯

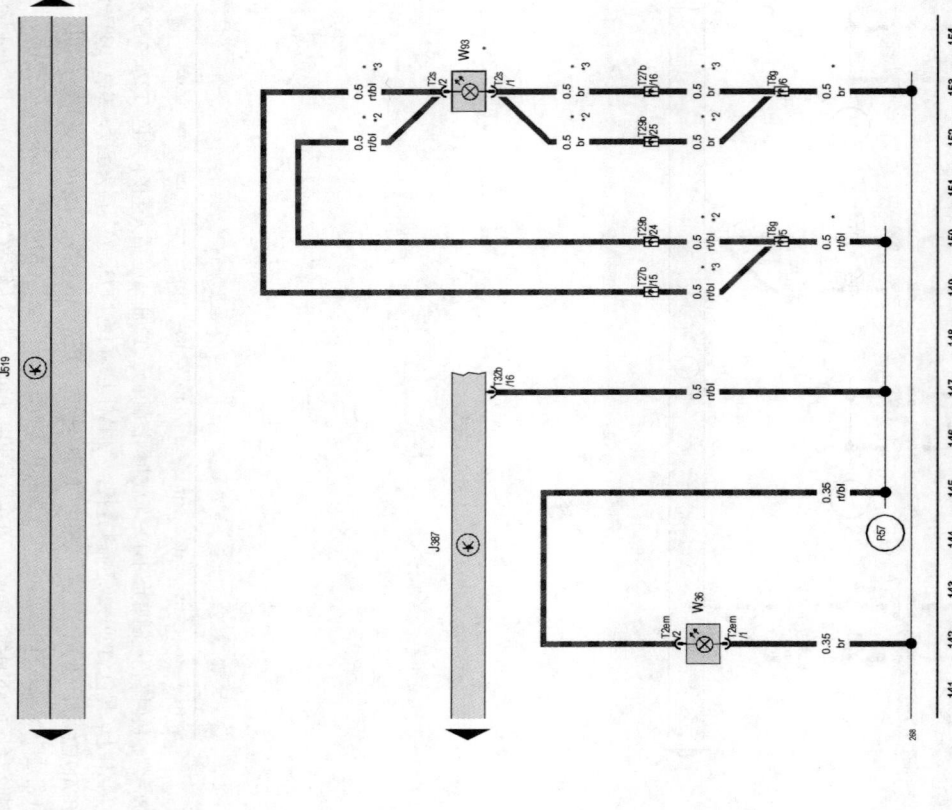

J387－副驾驶员侧车门控制单元 J519－车载电网控制单元 T2em－2芯插头连接，黑色 T2s－2芯插头连接，黑色 T8g－8芯插头连接，副驾驶员侧车门内，黑色 T27b－27芯插头连接，右侧A柱上，黑色 T29b－29芯插头连接 T27b－27芯插头连接，右侧A柱上，白色 T32b－32芯插头连接，蓝色 W36－副驾驶员侧车门警告灯 W93－副驾驶员侧登车照明灯 268－接地连接2，在副驾驶员侧车门电缆导线束中 R57－连接（登车照明灯），在副驾驶员侧车门电缆导线束中 R57－连接（登车照明灯），在副驾驶员侧车门电缆导线束中 *－仅用于带登车摄像机的汽车 *2－仅用于带周围环境摄像机的汽车 *3－仅用于不带周围环境摄像机的汽车

图 7-4-168

副驾驶员侧车门控制单元，车载电网控制单元，副驾驶员侧车门内把手照明灯泡，右前车门背景照明灯 2

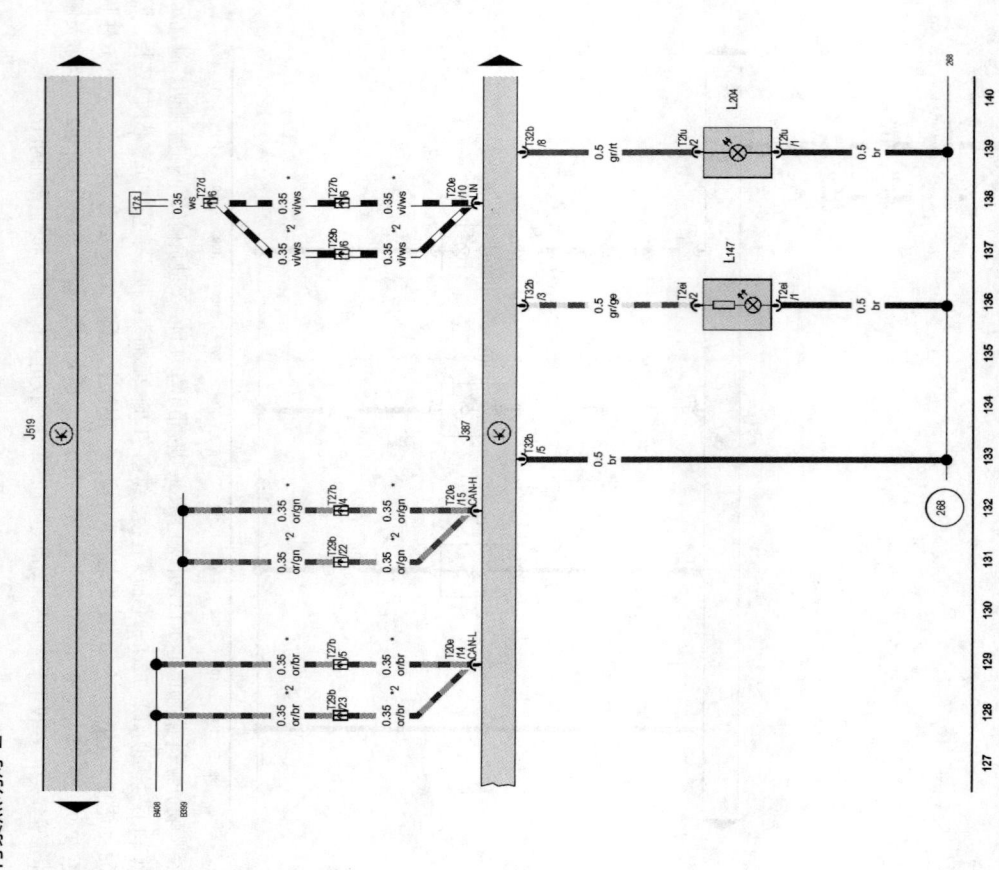

J387－副驾驶员侧车门控制单元 J519－车载电网控制单元 L147－副驾驶员侧车门内把手照明灯泡 L204－右前车门背景照明灯2 T2ei－2芯插头连接，绿色 T2o e－20芯插头连接，黑色 T2fu－2芯插头连接，绿色 T20e－20芯插头连接，黑色 T27b－27芯插头连接，右侧A柱上，黑色 T29b－29芯插头连接，黑色 T27d－27芯插头连接，右侧B柱上，黑色 T29b－29芯插头连接，黑色 T27d－27芯插头连接，右侧A柱上，白色 T32b－32芯插头连接，蓝色 B399－268－接地连接2，在副驾驶员侧车门电缆导线束中 268－接地连接2，在副驾驶员侧车门电缆导线束中 B408－连接3（舒适CAN总线，Low），在主导线束中 连接3（舒适CAN总线，High），在主导线束中 B408－连接3（舒适CAN总线，Low），在主导线束中 *－仅用于不带周围环境摄像机的汽车 *2－仅用于带周围环境摄像机的汽车

图 7-4-167

1092

右后车门控制单元，车载电网控制单元，右后车门环境照明灯泡，副驾驶员侧后部车门内把手照明，右后登车照明灯，右后车门警告灯

左后车门控制单元，车载电网控制单元，左后车门环境照明灯泡，驾驶员侧后部车门内把手照明，左后登车照明灯，左后车门警告灯

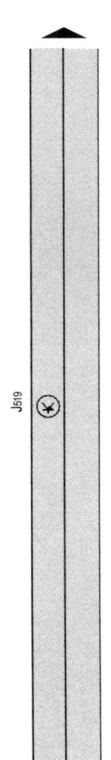

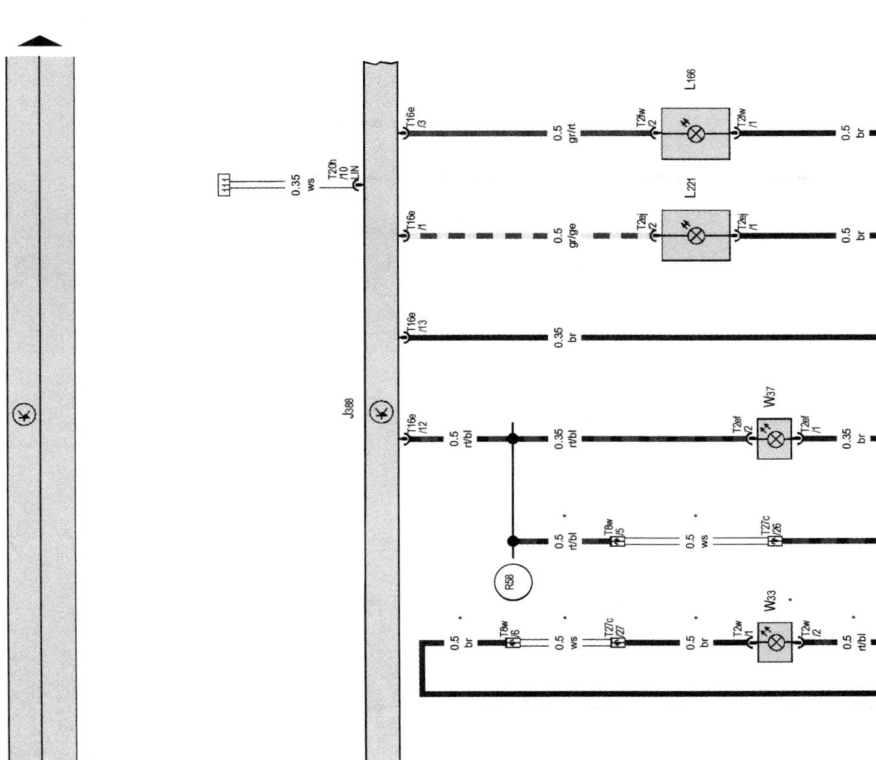

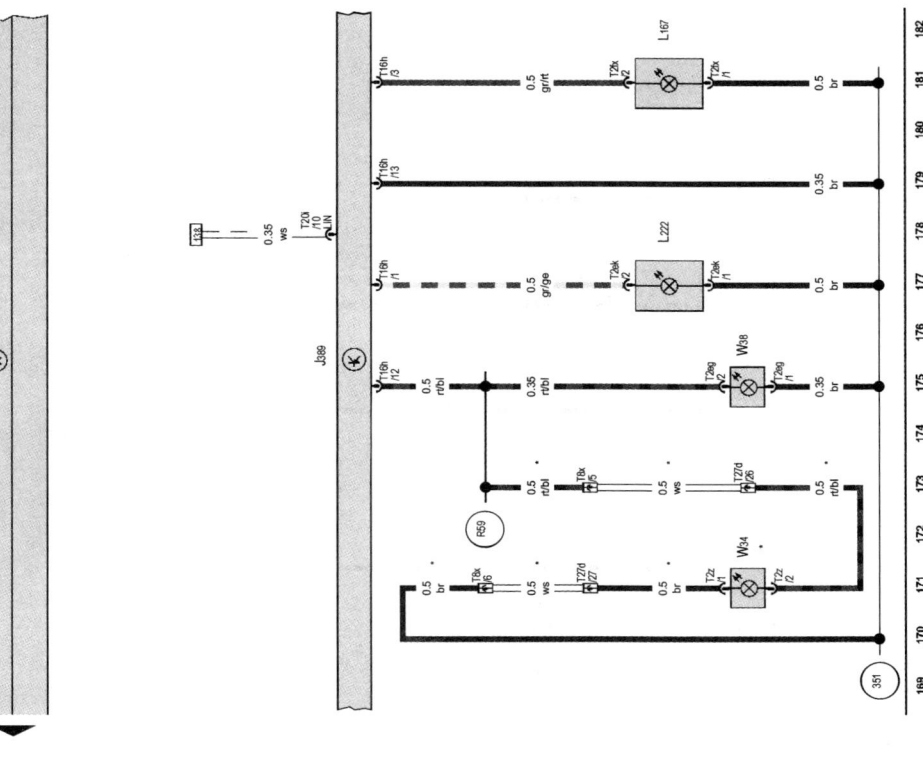

J389-右后车门控制单元 J519-车载电网控制单元 L167-右后车门环境照明灯泡 L222-副驾驶员侧后部车门内把手照明 T2eg-2芯插头连接 黑色 T2ek-2芯插头连接 绿色 T2fx-2芯插头连接 绿色 T2r-2芯插头连接 黑色 T8x-8芯插头连接 在右后车门内 黑色 T16h-16芯插头连接 黑色 T20i-20芯插头连接 黑色 T27d-27芯插头连接 右侧B柱上，黑色 W34-右后登车照明灯 W38-右后车门警告灯 351-接地连接2，右后车门电缆导线束中 R59-连接（登车照明灯），在右后车门电缆导线束中 *-仅用于带登车照明灯的汽车

图 7-4-170

J388-左后车门控制单元 J519-车载电网控制单元 L166-左后车门环境照明灯泡 L221-驾驶员侧后部车门内把手照明 T2ef-2芯插头连接 黑色 T2ej-2芯插头连接 黑色 T2fw-2芯插头连接 绿色 T2w-2芯插头连接 黑色 T8w-8芯插头连接 在左后车门内 黑色 T16e-16芯插头连接 黑色 T20h-20芯插头连接 黑色 T27c-27芯插头连接 左侧B柱上，黑色 W33-左后登车照明灯 W37-左后车门警告灯 350-接地连接2，左后车门电缆导线束中 R58-连接（登车照明灯），在左后车门电缆导线束中 *-仅用于带登车照明灯的汽车

图 7-4-169

1093

数据总线诊断接口，电子通信信息设备 1 控制单元，内部话筒

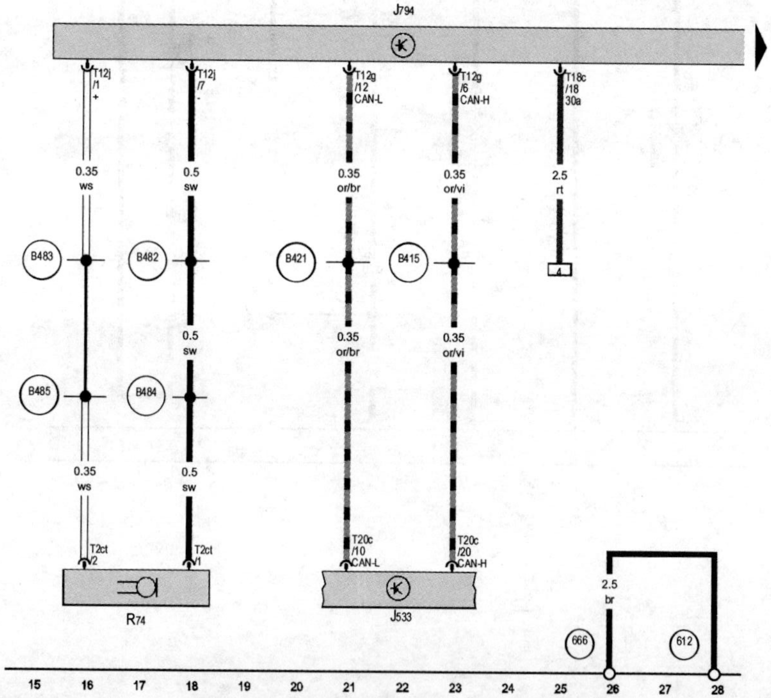

可加热后窗玻璃继电器，保险丝架 C

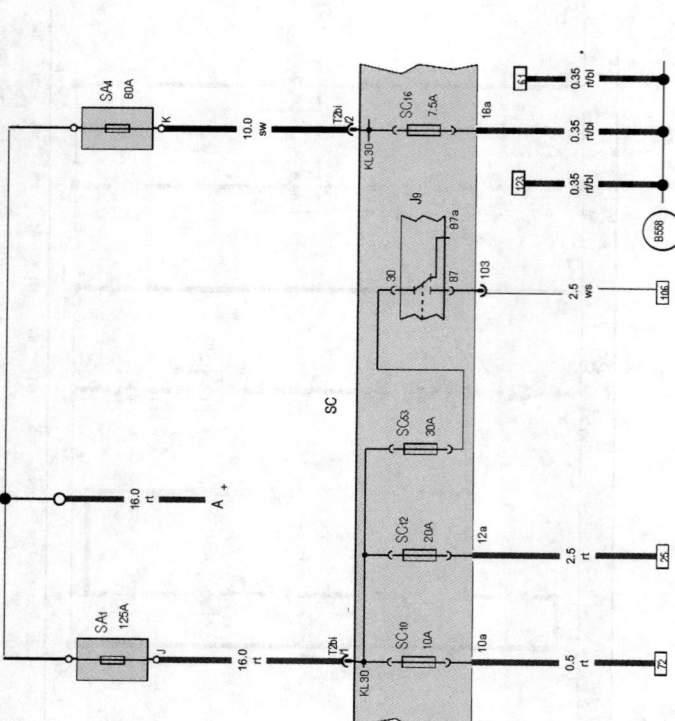

J533-数据总线诊断接口 J794-电子通信信息设备 1 控制单元 R74-内部话筒 T2cc-2芯插头连接 T2cc-2芯插头连接，黑色 T12g-12芯插头连接，灰色 T12j-12芯插头连接，蓝色 T18c-18芯插头连接 T20c-20芯插头连接，黑色 612-行李箱盖中间的接地点 666-在车顶后右侧的接地点 B415-连接1（信息娱乐CAN总线，High），在主导线束中 B421-连接1（信息娱乐CAN总线，Low），在主导线束中 B482-连接18，在主导线束中 B484-连接20，在主导线束中 B485-连接21，在主导线束中 B483-连接19，在主导线束中

图 7-4-172

A-蓄电池 J9-可加热后窗玻璃继电器 SA1-保险丝架A上的保险丝1 SA4-保险丝架A上的保险丝4 SC-保险丝架C SC10-保险丝架C上的保险丝10 SC12-保险丝架C上的保险丝12 SC16-保险丝架C上的保险丝16 SC53-保险丝架C上的保险丝53 T2bi-2芯插头连接 T2bi-2芯插头连接，黑色 B558-正极连接22（30a），在主导线束中 *-仅用于带电话充电座的汽车

图 7-4-171

电子通信信息设备 1 控制单元，左后高音扬声器，左后低音扬声器，右后高音扬声器，右后低音扬声器

电子通信信息设备 1 控制单元，左前高音扬声器，左前低音扬声器，右前高音扬声器，右前低音扬声器

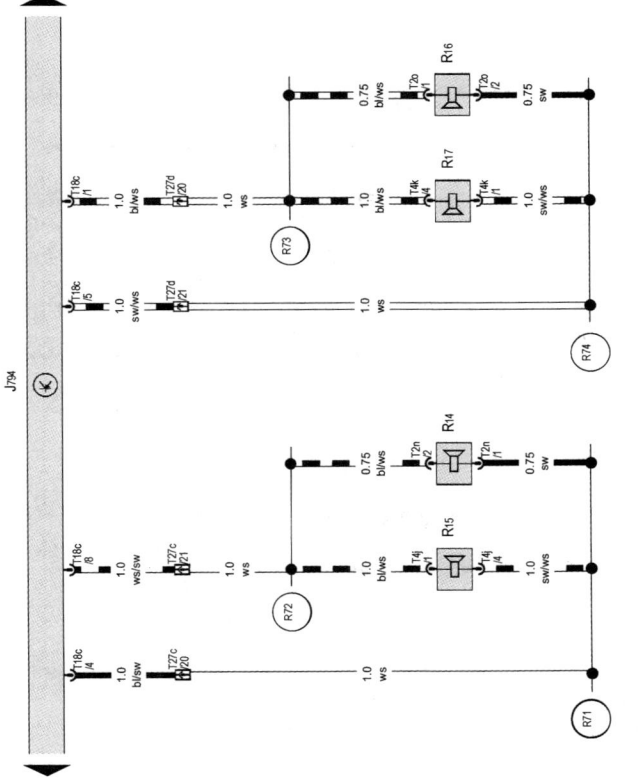

图 7-4-174

J794-电子通信信息设备 1 控制单元 R14-左后高音扬声器 R15-左后低音扬声器 R16-右后高音扬声器 R17-右后低音扬声器 T2n-2芯插头连接，黑色 T2o-2芯插头连接，黑色 T4j-4芯插头连接，黑色 T4k-4芯插头连接，黑色 T18c-18芯插头连接 T27c-27芯插头连接，左侧 T27d-27芯插头连接，右侧A柱上，黑色 T27d-27芯插头连接，右侧B柱上 R71-连接（正极，扬声器），在左后车门导线束中 R72-连接（负极，扬声器），在右后车门导线束中 R73-连接（正极，扬声器），在左后车门导线束中 R74-连接（负极，扬声器），在右后车门导线束中

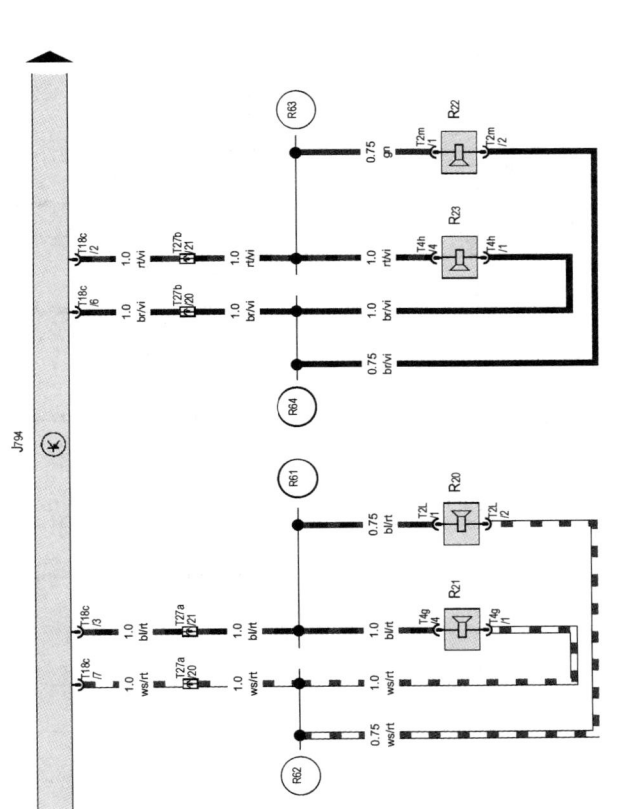

图 7-4-173

J794-电子通信信息设备1控制单元 R20-左前高音扬声器 R21-左前低音扬声器 R22-右前高音扬声器 R23-右前低音扬声器 T2L-2芯插头连接，黑色 T2m-2芯插头连接，黑色 T4g-4芯插头连接，黑色 T4h-4芯插头连接，黑色 T18c-18芯插头连接 T27a-27芯插头连接，左侧A柱上，黑色 T27b-27芯插头连接，右侧A柱上，黑色 R61-连接（正极，扬声器），在驾驶员侧车门电缆导线束中 R62-连接（负极，扬声器），在驾驶员侧车门电缆导线束中 R63-连接（正极，扬声器），在副驾驶员侧车门电缆导线束中 R64-连接（负极，扬声器），在副驾驶员侧车门电缆导线束中

多媒体系统操作单元，前部信息显示和操作单元控制单元的显示单元，电子通信信息设备 1 控制单元

图 7-4-176

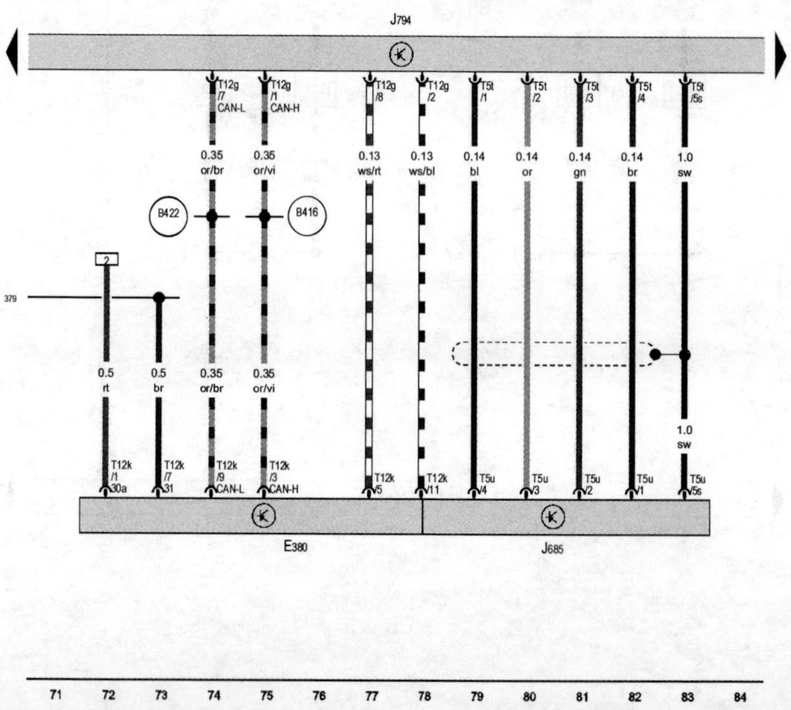

E380-多媒体系统操作单元，J685-前部信息显示和操作单元控制单元的显示单元，J794-电子通信信息设备1控制单元 T5t~5芯插头连接，淡紫色 T5u~5芯插头连接，黑色 T12g~12芯插头连接，灰色 T12k~12芯插头连接，黑色 379-接地点连接14，在主导线束中 B416-连接2（信息娱乐CAN总线，High）连接，黑色，在主导线束中 B422-连接2（信息娱乐CAN总线，Low），在主导线束中

电子通信信息设备 1 控制单元，带移动电话接口的储物箱

图 7-4-175

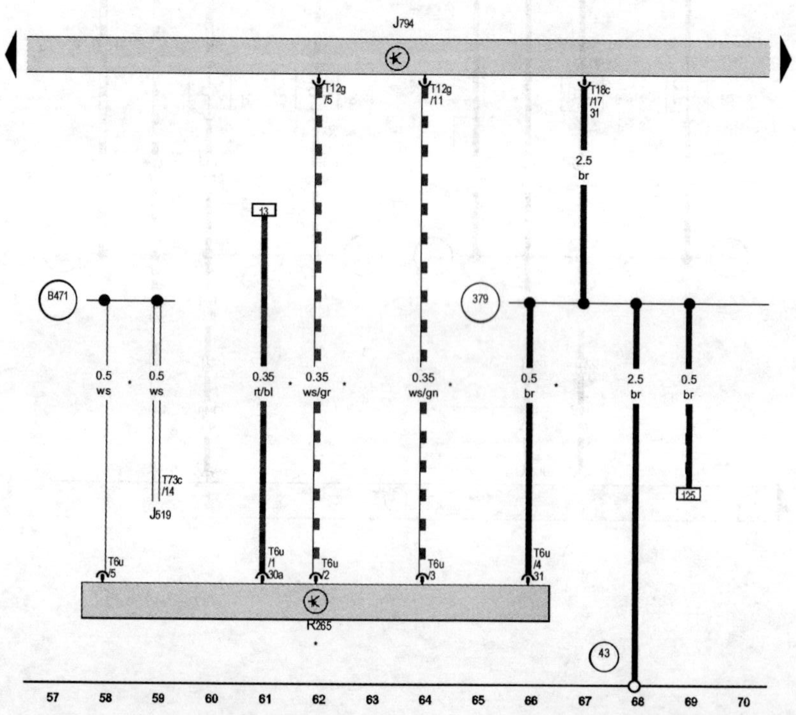

J519-车载电网控制单元，J794-电子通信信息设备1控制单元，R265-带移动电话接口的储物箱 T6u~6芯插头连接，黑色 T12g~12芯插头连接，灰色 T18c~18芯插头连接 T73c~73芯插头连接，黑色 43~右侧A柱下部的接地点 379-接地点连接14，在主导线束中 B471-连接7，在主导线束中 *~仅用于带电话充电座的汽车

电子通信信息设备 1 控制单元，后窗玻璃天线 1，调幅（AM）滤波器，负导线中的调频
频率滤波器，正导线中的调频频率滤波器，收音机天线，可加热式后窗玻璃

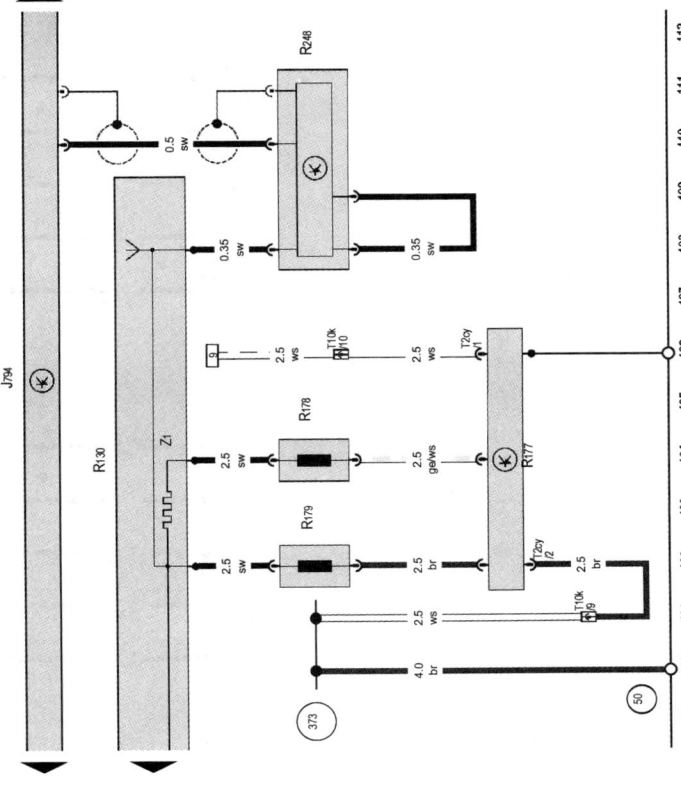

图7-4-178

J794-电子通信信息设备 1控制单元 R130-后窗玻璃天线1 R177-调幅（AM）滤波器 R178-负导线中的
调频频率滤波器 R179-正导线中的调频频率滤波器 R248-收音机天线 T2cy-2芯插头连接 T10k-
10芯插头连接，行李箱内左侧 Z1-可加热式后窗玻璃 50-行李箱盖的连接位置，棕色 Z1-可加热式后窗玻璃 50-行李箱内左侧的接地点 373-接地

连接8，在主导线束中

电子通信信息设备 1 控制单元，天线，后窗玻璃天线 1，收音机天线

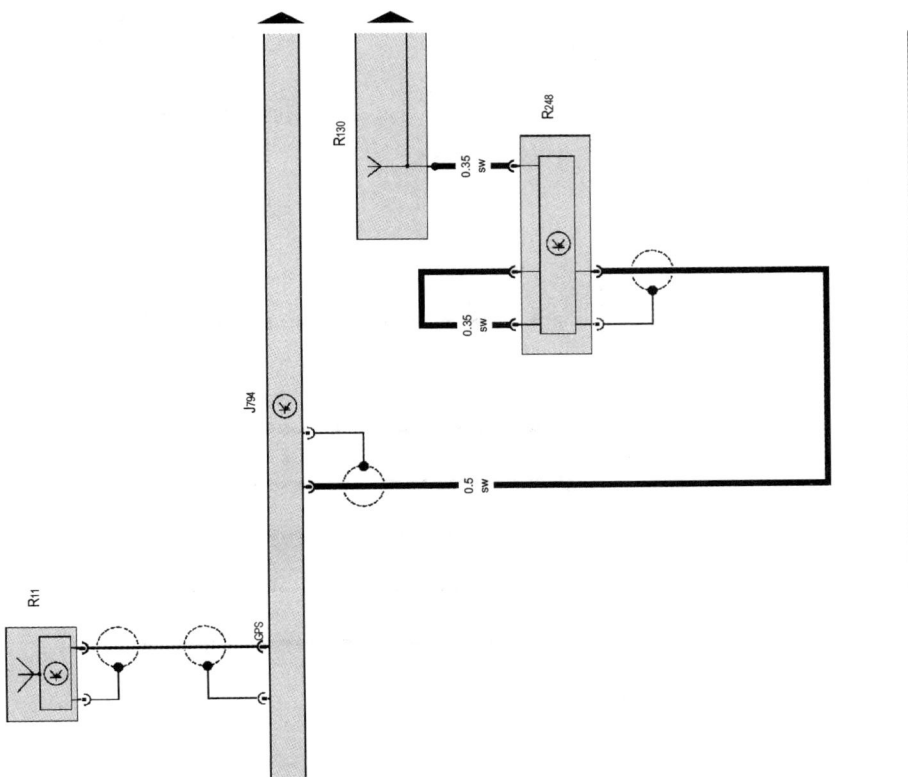

图7-4-177

J794-电子通信信息设备1控制单元 R11-天线 R130-后窗玻璃天线1 R248-收音机天线

电子通信信息设备 1 控制单元，USB 分线器

USB 分线器，USB 接口 1，USB 接口 2

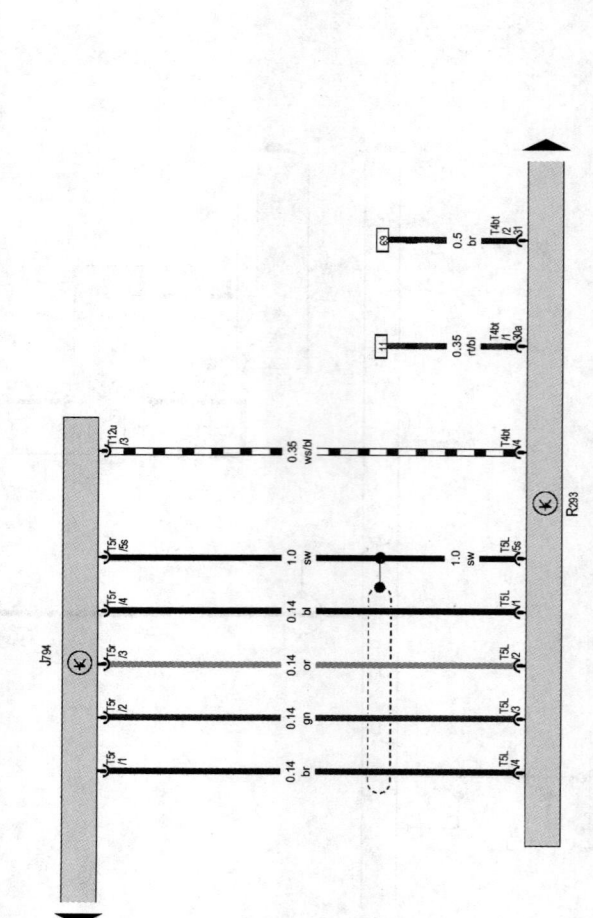

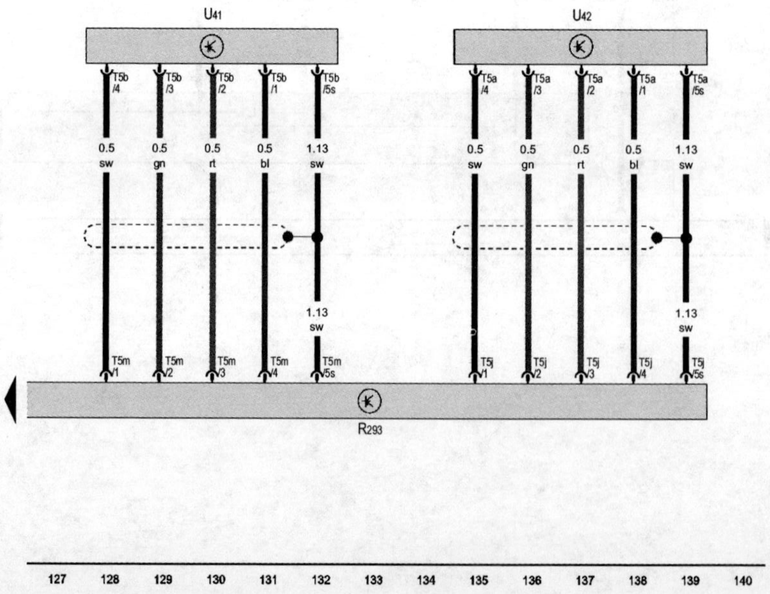

图 7-4-179

图 7-4-180

J794-电子通信信息设备1控制单元 R293 -USB分线器 T4bt-4芯插头连接，绿色 T5L-5芯插头连接，红色 T5L-5芯插头连接，绿色 T5r-5芯插头连接，黄色 T12u-12芯插头连接，绿色

R293-USB分线器 T5a-5芯插头连接，绿色 T5b-5芯插头连接，绿色 T5j-5芯插头连接，棕色 T5m-5芯插头连接，淡紫色 U41 -USB接口1 U42 -USB接口2

数字式声音处理系统控制单元，电子通信信息设备 1 控制单元

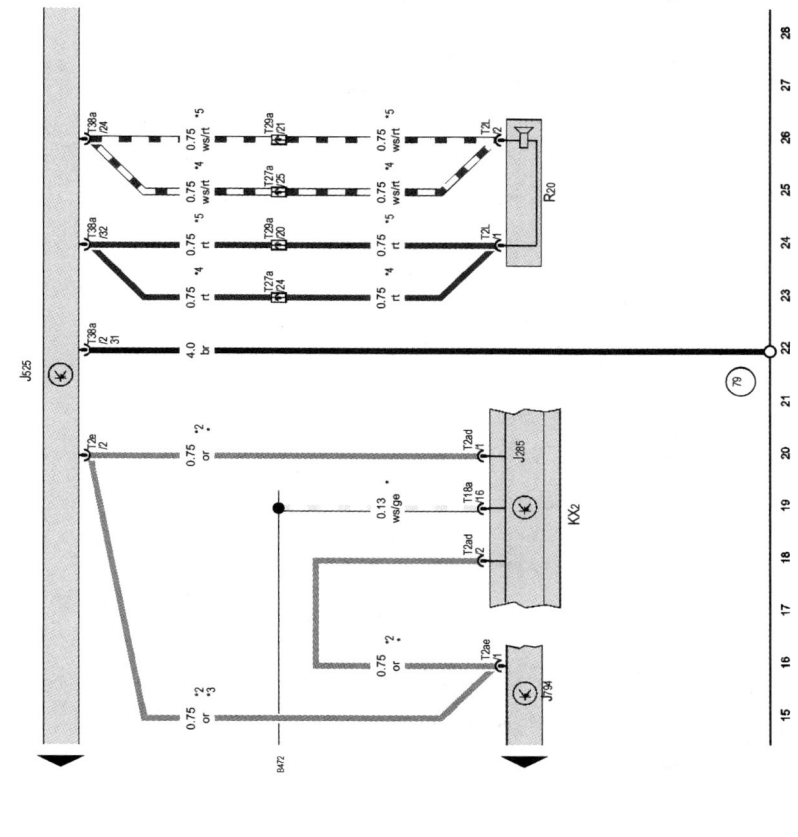

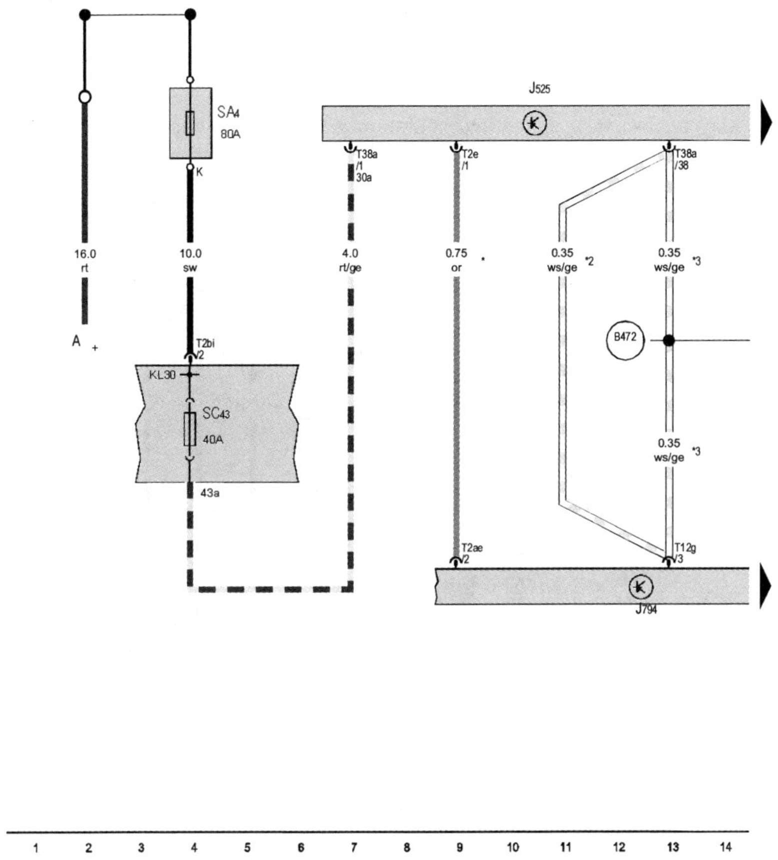

A–蓄电池 J525–数字式声音处理系统控制单元 J794–电子通信信息设备1控制单元 SA4–保险丝架A上的保险丝4 SC43–保险丝架C上的保险丝43 T2ae–2芯插头连接，黑色 T2bi–2芯插头连接，黑色 T2e–2芯插头连接，黑色 T12g–12芯插头连接，灰色 T38a–38芯插头连接，黑色 B472–连接8，在主导线束中 *–光纤（LWL） *2–仅用于不带Active Info Display的汽车 *3–仅用于带Active Info Display的汽车

图 7–4–181

组合仪表中的控制单元，数字式声音处理系统控制单元，电子通信信息设备 1 控制单元，组合仪表，左前高音扬声器

J285–组合仪表中的控制单元 J525–数字式声音处理系统控制单元 J794–电子通信信息设备1控制单元 KX2–组合仪表 R20–左前高音扬声器 T2ad–2芯插头连接，黑色 T2ae–2芯插头连接，黑色 T2e–2芯插头连接，黑色 T2L–2芯插头连接，黑色 T18a–18芯插头连接，黑色 T27a–27芯插头连接，左侧A柱上，黑色 T29a–29芯插头连接，左侧A柱上，白色 T38a–38芯插头连接，黑色 79–左侧B柱上的接地点 B472–连接8，在主导线束中 *–仅用于带Active Info Display的汽车 *2–光纤（LWL） *3–仅用于不带Active Info Display的汽车 *4–仅用于不带周围环境摄像机的汽车 *5–仅用于带周围环境摄像机的汽车

图 7–4–182

数字式声音处理系统控制单元，左后高音扬声器，左前低音扬声器，中央扬声器

数字式声音处理系统控制单元，右前高音扬声器，右前低音扬声器

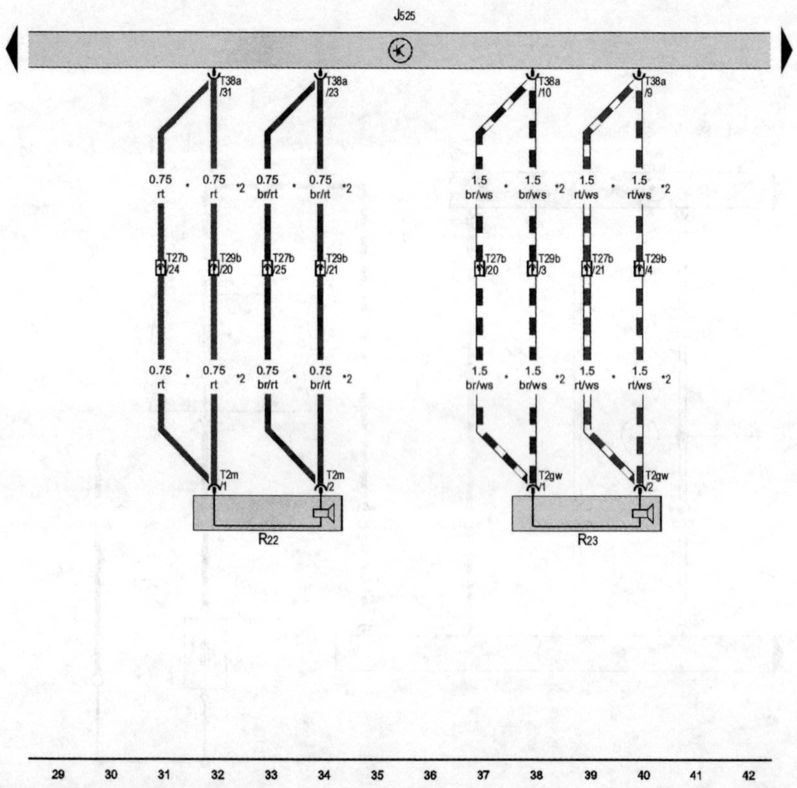

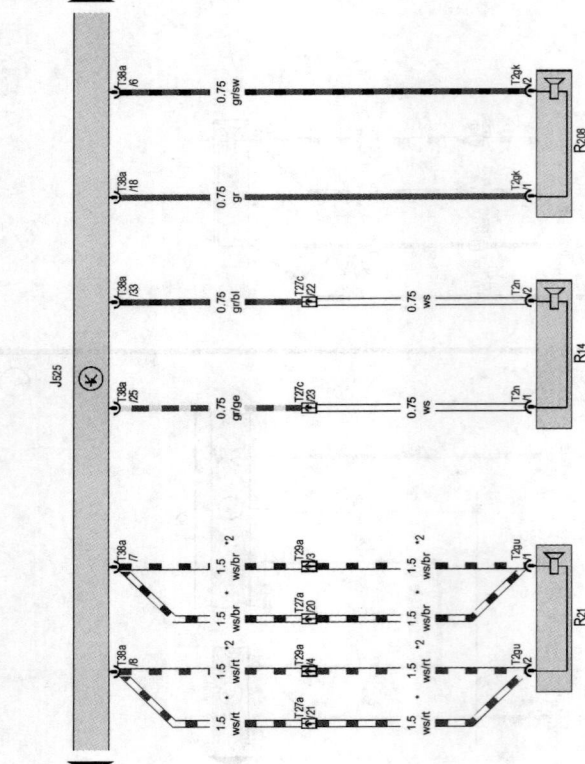

图 7-4-184

J525-数字式声音处理系统控制单元 R14-左后高音扬声器 R21-左前低音扬声器 R208-中央扬声器 T2gk-2芯插头连接，黑色 T2m-2芯插头连接，左 T2n-2芯插头连接，黑色 T27a-27芯插头连接，左侧A柱上，黑色 T27c-27芯插头连接，左侧B柱上，黑色 T29a-29芯插头连接，左侧A柱上，白色 T38a-38芯插头连接，黑色 *-仅用于不带周围环境摄像机的汽车 *2-仅用于带周围环境摄像机的汽车

图 7-4-183

J525-数字式声音处理系统控制单元 R22-右前高音扬声器 R23-右前低音扬声器 T2gw-2芯插头连接，黑色 T2m-2芯插头连接，黑色 T27b-27芯插头连接，右侧A柱上，黑色 T29b-29芯插头连接，右侧A柱上，黑色 T38a-38芯插头连接，白色 *-仅用于不带周围环境摄像机的汽车 *2-仅用于带周围环境摄像机的汽车

数字式声音处理系统控制单元，右后低音扬声器，左后中低音扬声器，右后中低音扬声器

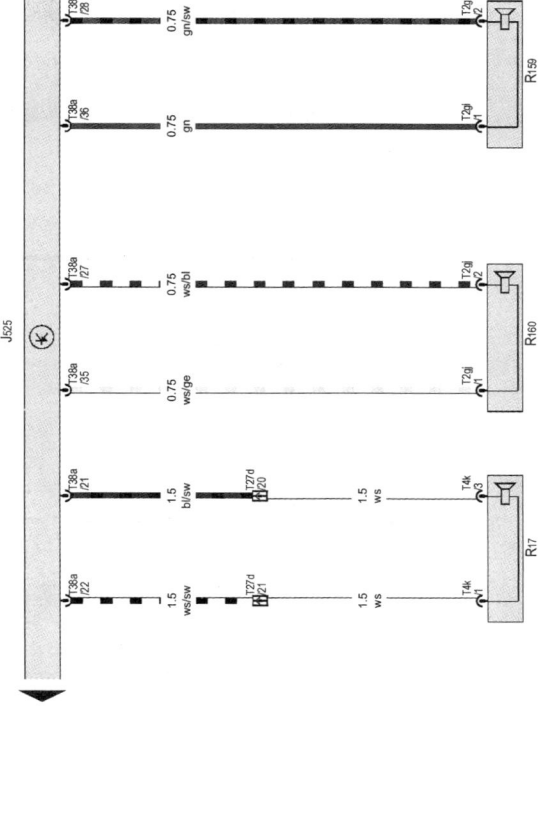

71	72	73	74	75	76	77	78	79	80	81	82	83	84

J525-数字式声音处理系统控制单元　R17-右后低音扬声器　R159-左后中低音扬声器　R160-右后中低音扬声器
扬声器　T2gr-2芯插头连接，黑色　T2gj-2芯插头连接，黑色　T4k-4芯插头连接，黑色　T27d-27芯插头连
接，黑色　T38a-38芯插头连接，黑色

右侧B柱上，

图7-4-186

数字式声音处理系统控制单元，左后低音扬声器，右后高音扬声器，重低音

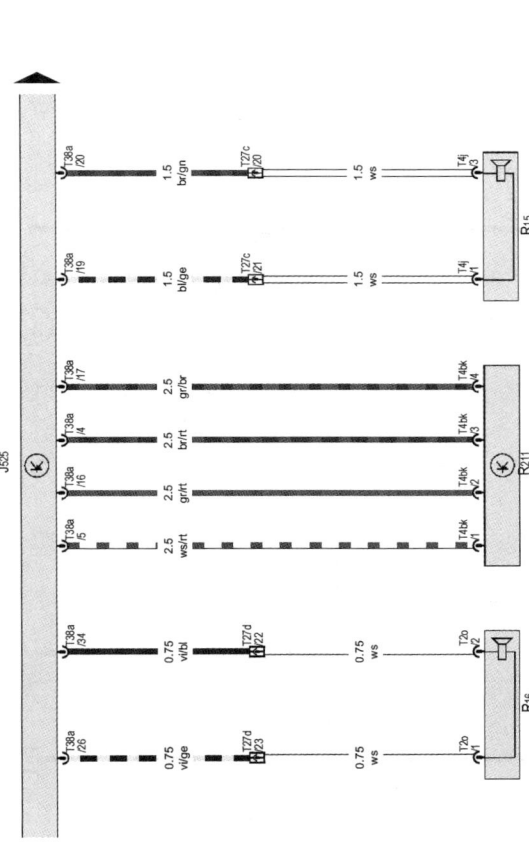

57	58	59	60	61	62	63	64	65	66	67	68	69	70

J525-数字式声音处理系统控制单元　R15-左后低音扬声器　R16-右后高音扬声器　R211-重低音　T2o-2芯
插头连接，黑色　T4bk-4芯插头连接，黑色　T4j-4芯插头连接，黑色　T27c-27芯插头连接，左侧B柱上，
黑色　T27d-27芯插头连接，右侧B柱上，黑色　T38a-38芯插头连接，黑色

图7-4-185

数据总线诊断接口，电子通信信息设备 1 控制单元，内部话筒

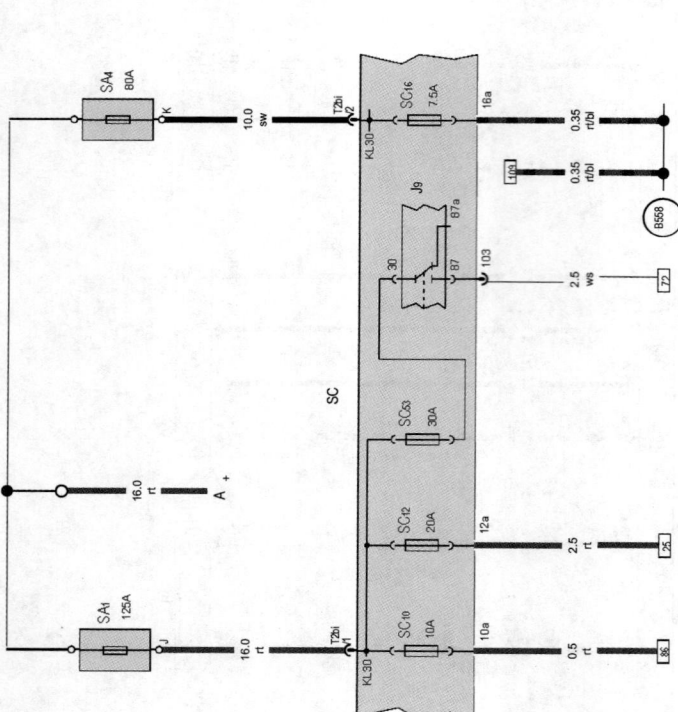

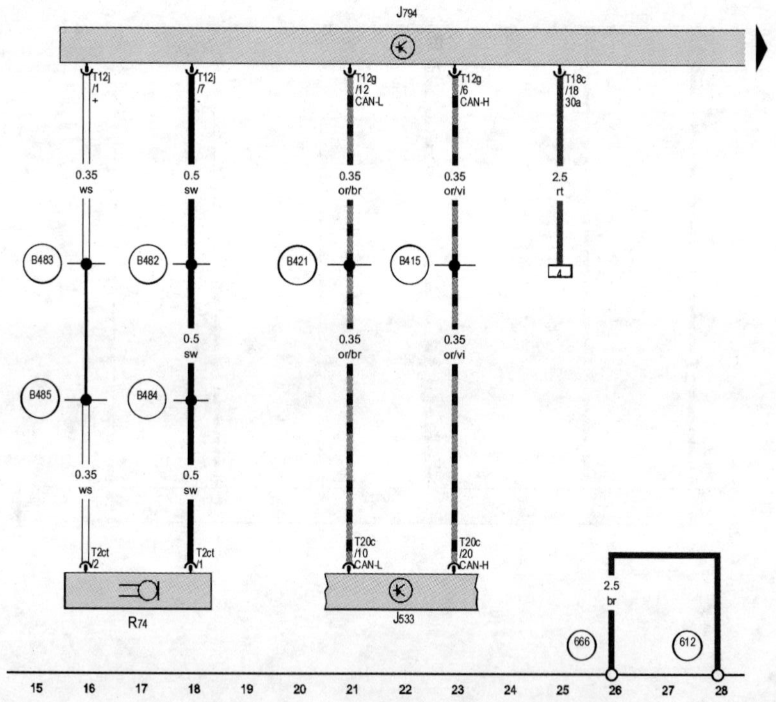

图 7-4-188

J533－数据总线诊断接口 J794－电子通信信息设备1控制单元 R74－内部话筒 T2ct－2芯插头连接，黑色 T12g－12芯插头连接，灰色 T12j－12芯插头连接，蓝色 T18c－18芯插头连接 T20c－20芯插头连接，黑色 612－行李箱盖中间的接地点 666－在车顶后右的接地点 B415－连接1（信息娱乐CAN总线，High），在主导线束中 B421－连接1（信息娱乐CAN总线，Low），在主导线束中 B482－连接18，在主导线束中 B483－连接19，在主导线束中 B484－连接20，在主导线束中 B485－连接21，在主导线束中

可加热后窗玻璃继电器，保险丝架 C

图 7-4-187

A－蓄电池 J9－可加热后窗玻璃继电器 SA1－保险丝架A上的保险丝1 SA4－保险丝架A上的保险丝4 SC－保险丝架C SC10－保险丝架C上的保险丝10 SC12－保险丝架C上的保险丝12 SC16－保险丝架C上的保险丝16 SC53－保险丝架C上的保险丝53 T2bi－2芯插头连接，黑色 B558－正极连接22（30a），在主导线束中

1102

电子通信信息设备 1 控制单元，左前高音扬声器，左前高音扬声器，右前高音扬声器，右前低音扬声器

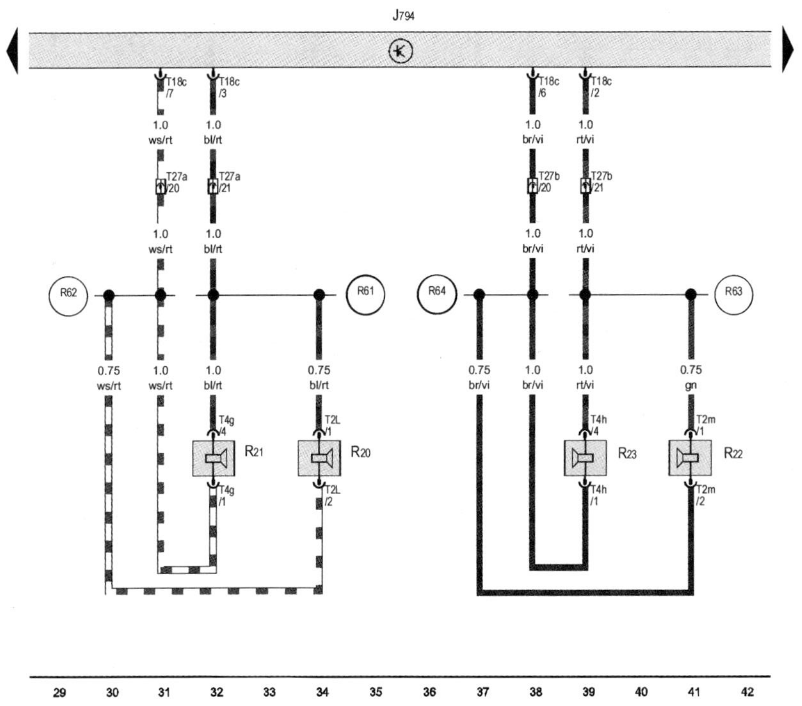

电子通信信息设备 1 控制单元，左后高音扬声器，左后高音扬声器，左后低音扬声器，右后高音扬声器，右后高音扬声器，右后低音扬声器

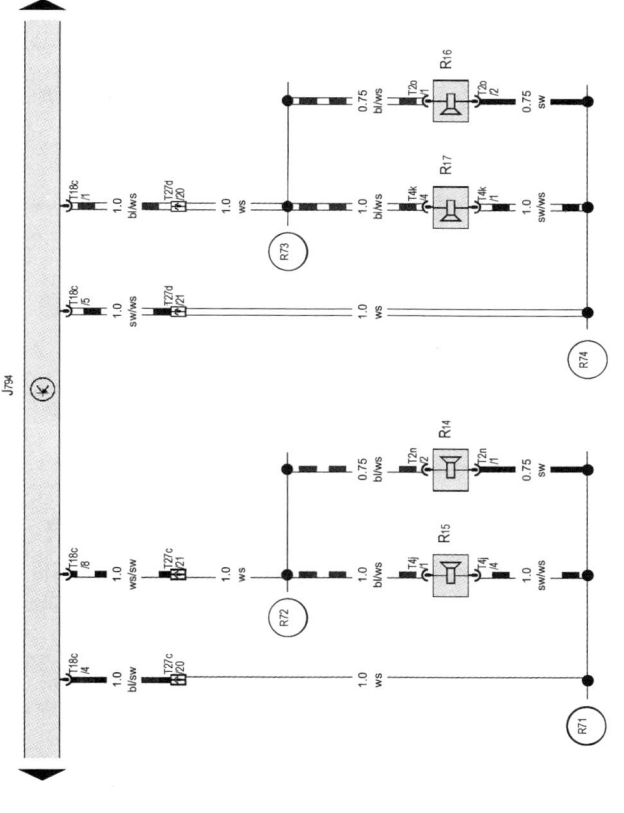

J794-电子通信信息设备1控制单元 R20-左前高音扬声器 R21-左前低音扬声器 R22-右前高音扬声器 R23-右前低音扬声器 T2L-2芯插头连接，黑色 T2m-2芯插头连接，黑色 T4g-4芯插头连接，黑色 T4h-4芯插头连接，黑色 T18c-18芯插头连接，左侧A柱上，黑色 T27a-27芯插头连接 T27b-27芯插头连接，左侧A柱上，黑色 R61-连接（正极），在驾驶员侧车门电缆导线束中 R62-连接（负极），扬声器 R63-连接（正极，扬声器），在副驾驶员侧车门电缆导线束中 R64-连接（负极，扬声器），在副驾驶员侧车门电缆导线束中

图 7-4-189

J794-电子通信信息设备1控制单元 R14-左后高音扬声器 R15-左后低音扬声器 R16-右后高音扬声器 R17-右后低音扬声器 T2n-2芯插头连接，黑色 T2o-2芯插头连接，黑色 T4j-4芯插头连接，黑色 T4k-4芯插头连接，黑色 T18c-18芯插头连接，左侧B柱上，黑色 T27c-27芯插头连接，左侧B柱上，黑色 T27d-27芯插头连接，黑色 R71-连接（正极，扬声器） R72-连接（负极，扬声器），在左后车门导线束中 R73-连接（正极，扬声器），在右后车门导线束中 R74-连接（负极，扬声器），在右后车门导线束中

图 7-4-190

电子通信信息设备 1 控制单元，后窗玻璃天线 1，调幅（AM）滤波器，收音机天线
频率滤波器，正导线中的调频频率滤波器

电子通信信息设备 1 控制单元，后窗玻璃天线1，调幅（AM）滤波器，收音机天线

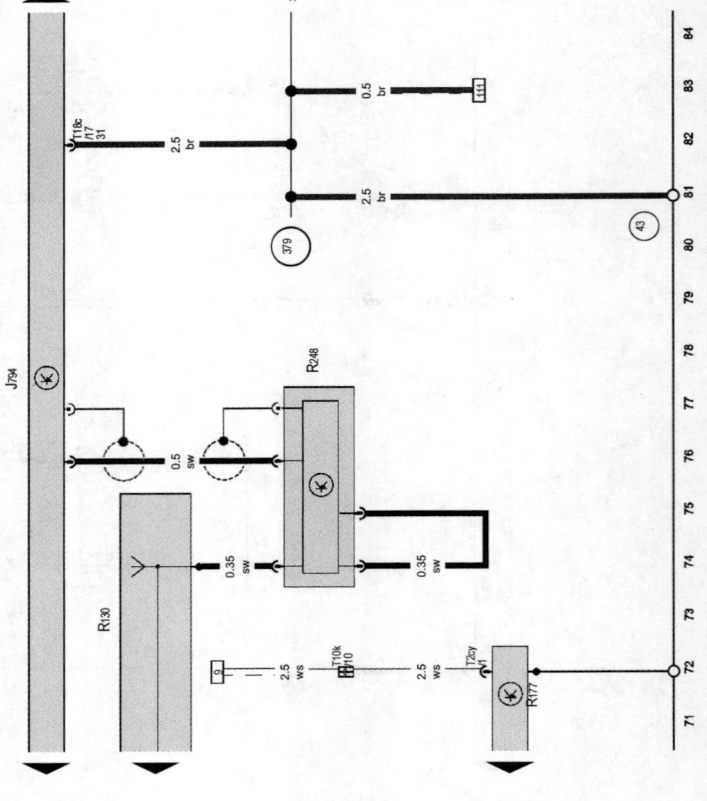

J794-电子通信信息设备1控制单元 R130-后窗玻璃天线1 R177-调幅（AM）滤波器 R248-收音机天线
T2cy-2芯插头连接 黑色 T10k-10芯插头连接 左后部车顶框架上，棕色 T18c-18芯插头连接 43-右侧
A柱下部的接地点 379-接地连接14，在主导线束中

图 7-4-192

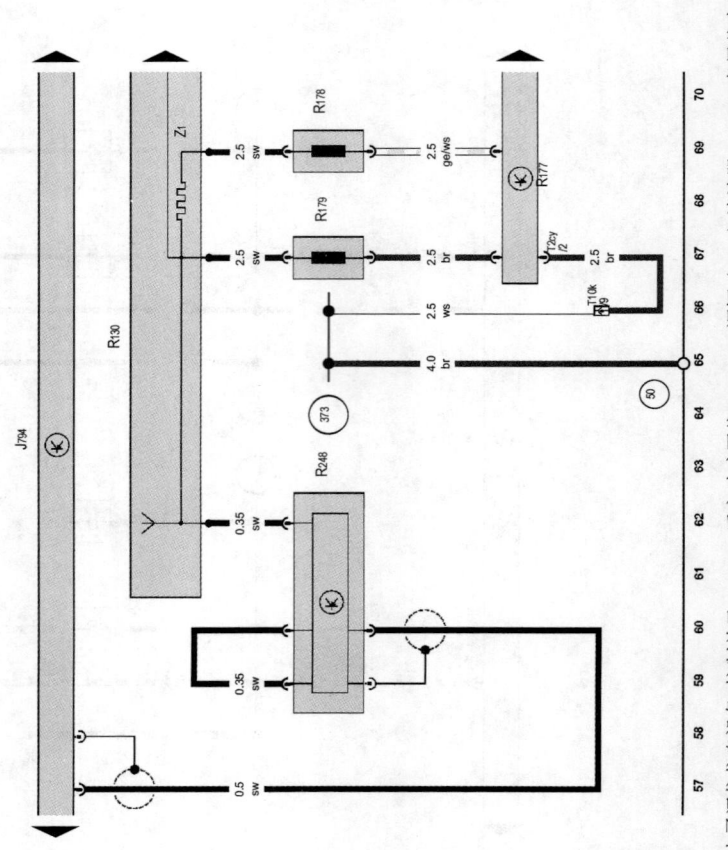

J794-电子通信信息设备 1控制单元 R130-后窗玻璃天线1 R177-调幅（AM）滤波器 R178-负导线中的
调频频率滤波器 R179-正导线中的调频频率滤波器 R248-收音机天线 T2cy-2芯插头连接 黑色 T10k-
10芯插头连接 左后部车顶框架上，棕色 Z1-可加热式后窗玻璃 50-行李箱内左侧的接地点 373-接地连
接8，在主导线束中

图 7-4-191

1104

多媒体系统操作单元，前部信息显示和操作单元控制单元的显示单元，电子通信信息设备
1 控制单元

电子通信信息设备 1 控制单元，USB 分线器

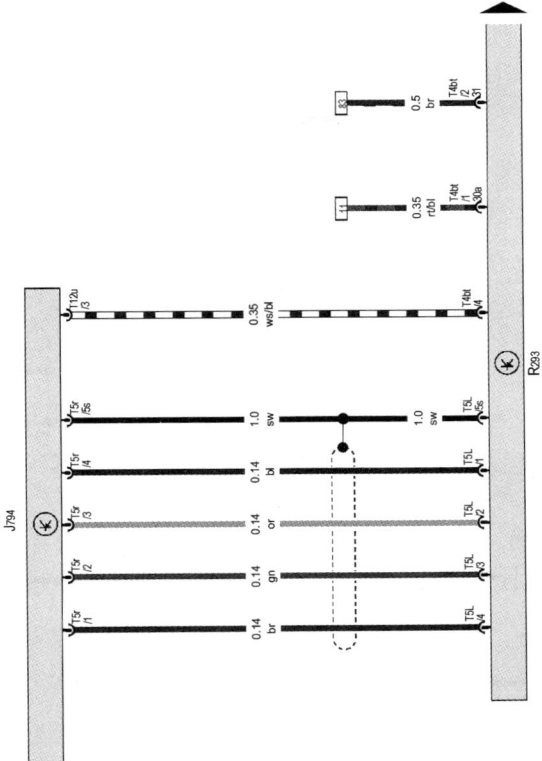

图 7-4-194

J794-电子通信信息设备 1 控制单元 R293 -USB分线器 T4bt-4芯插头连接，红色 T5L-5芯插头连接，绿色 T5r-5芯插头连接，黄色 T12u-12芯插头连接，绿色

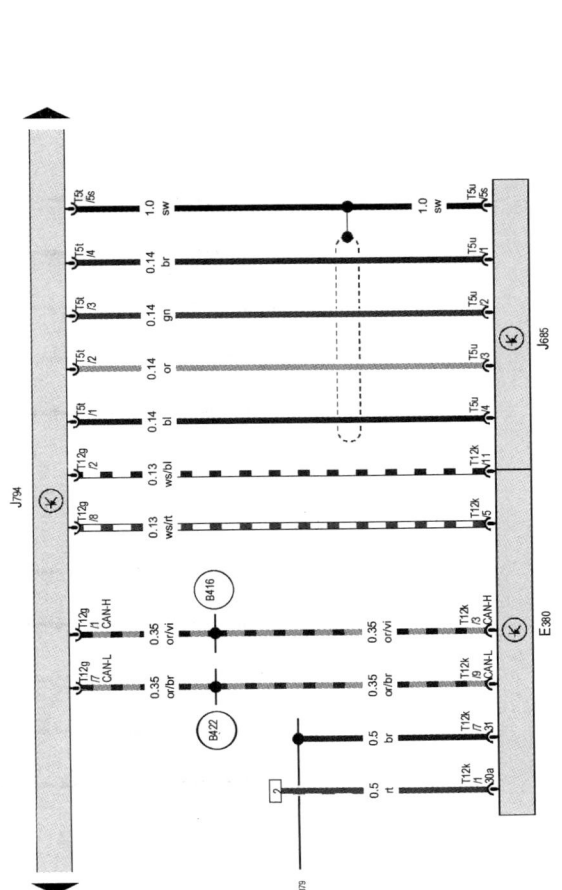

图 7-4-193

E380-多媒体系统操作单元 J685-前部信息显示和操作单元控制单元的显示单元 J794-电子通信信息设备 1 控制单元 T5r-5芯插头连接，淡紫色 T5u-5芯插头连接 T12g-12芯插头连接，黑色 T12k-12芯插头连接，灰色 T12u-12芯插头连接 379-接地连接14，在主导线束中 B416-连接2（信息娱乐CAN总线，High），在主导线束中 B422-连接2（信息娱乐CAN总线，Low），在主导线束中

1105

接线端 15 供电继电器

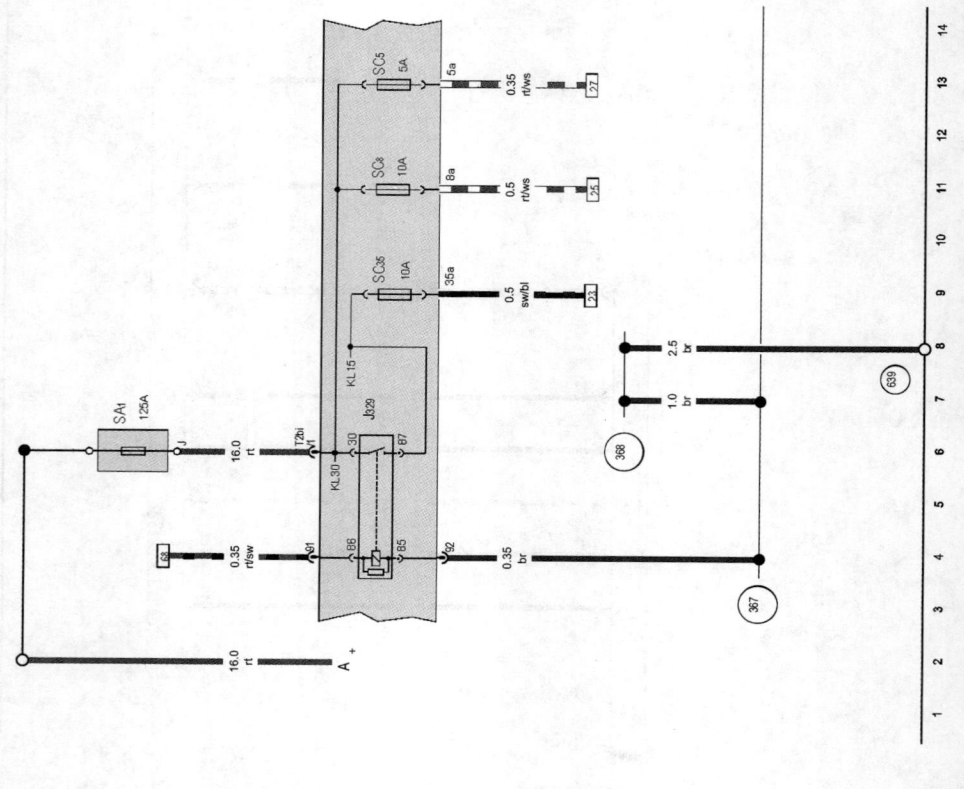

图 7-4-196

A-蓄电池 J329-接线端15供电继电器 SA1-保险丝架A上的保险丝1 SC5-保险丝架C上的保险丝5 SC8-保险丝架C上的保险丝8 SC35-保险丝架C上的保险丝35 T2bi-2芯插头连接，黑色 367-接地连接，在主导线束中 368-接地连接3，在主导线束中 639-左A柱上的接地点

USB 分线器，USB 接口 1，USB 接口 2

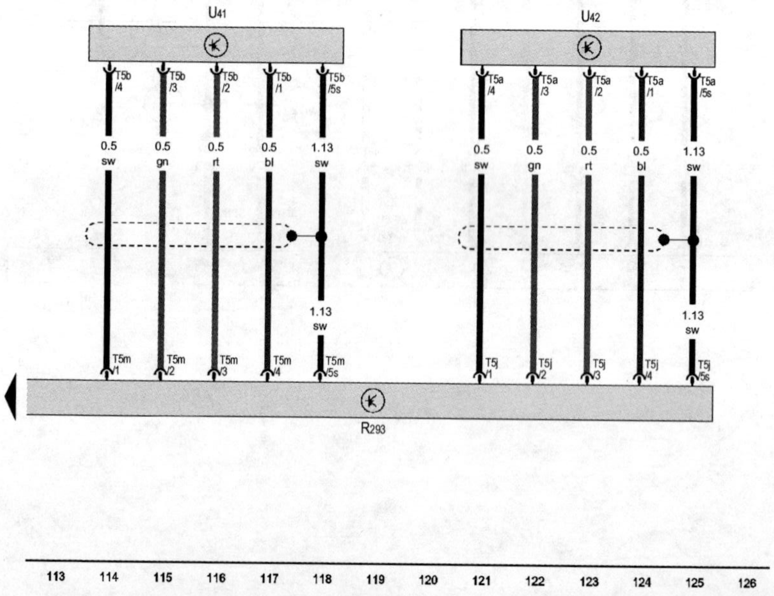

图 7-4-195

R293-USB分线器 T5a-5芯插头连接 T5b-5芯插头连接，绿色 T5j-5芯插头连接，棕色 T5m-5芯插头连接，淡紫色 U41-USB接口1 U42-USB接口2

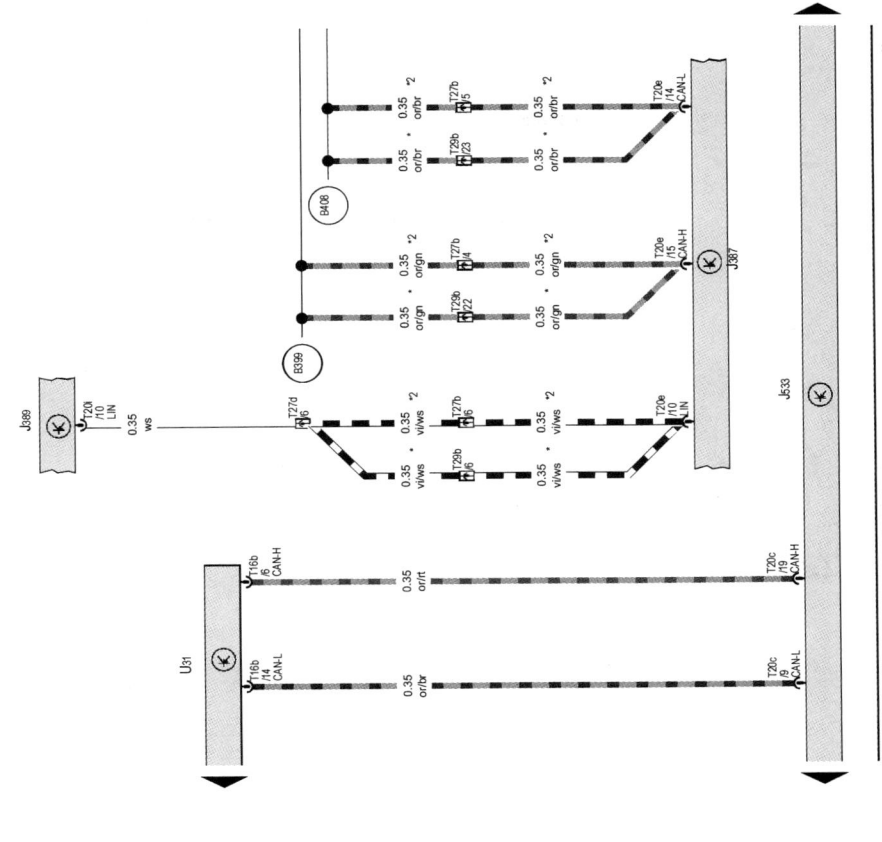

副驾驶员侧车门控制单元、右后车门控制单元、数据总线诊断接口、诊断接口

数据总线诊断接口、诊断接口

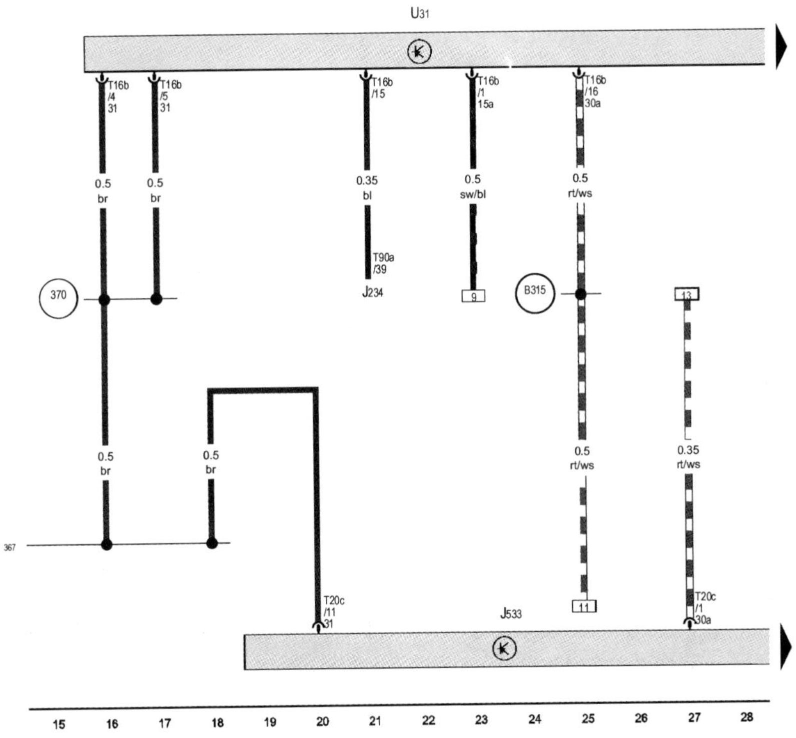

J234-安全气囊控制单元 J533-数据总线诊断接口 T16b-16芯插头连接、黑色 T20c-20芯插头连接、黑色 T90a-90芯插头连接、黄色 U31-诊断接口 367-接地连接2、在主导线束中 370-接地连接5、在主导线束中 B315-正极连接1（30a）、在主导线束中

图 7-4-197

J387-副驾驶员侧车门控制单元 J389-右后车门控制单元 J533-数据总线诊断接口 T16b-16芯插头连接 T16c-16芯插头连接、黑色 T20c-20芯插头连接、黑色 T20e-20芯插头连接、黑色 T20i-20芯插头连接、黑色 T27b-27芯插头连接、黑色 T27b-27芯插头连接、右侧A柱上、白色 连接、右侧A柱上、白色 T27d-27芯插头连接、右侧B柱上、黑色 T29b-29芯插头连接、右侧A柱上、白色 T29b-29芯插头连接、右侧A柱上、白色 B399-连接3（舒适CAN总线）、在主导线束中 B408-连接3（舒适CAN总线、High），在主导线束中 U31-诊断接口 B408-连接3（舒适CAN总线、Low），在主导线束中 *1-仅用于带周围环境摄像机的汽车 *2-仅用于不带周围环境摄像机的汽车

图 7-4-198

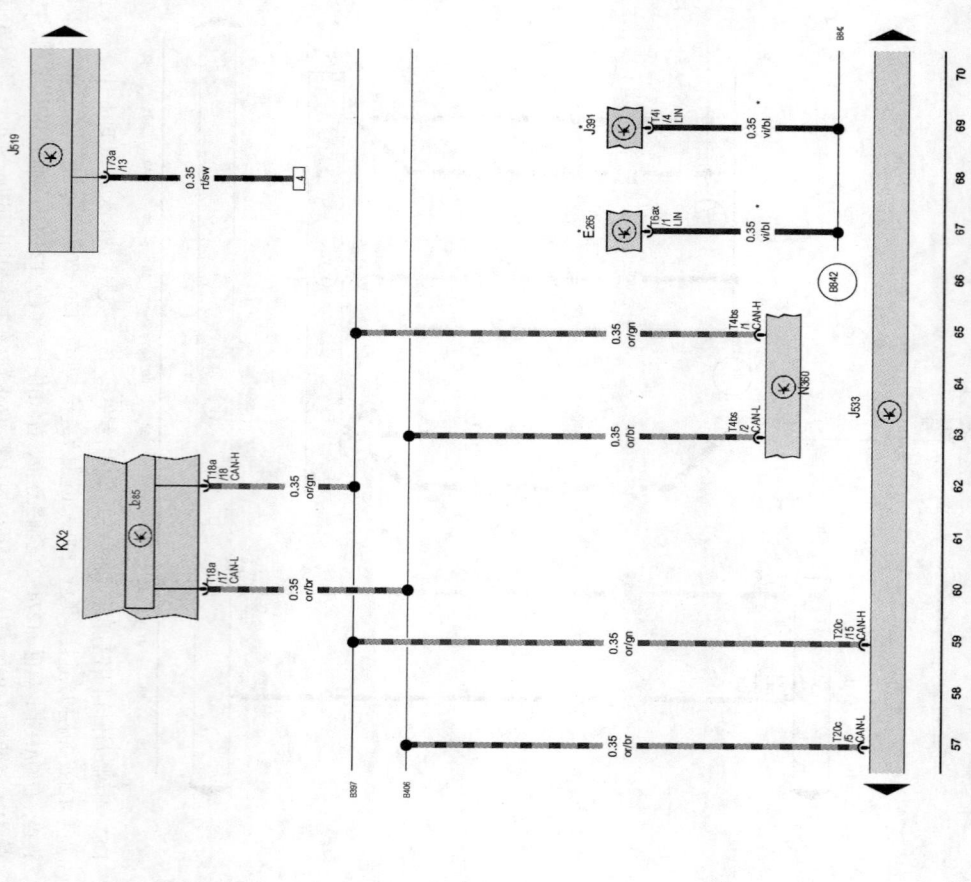

滑动天窗控制单元，数据总线诊断接口，行李箱盖开启装置控制单元，进入及启动系统接口

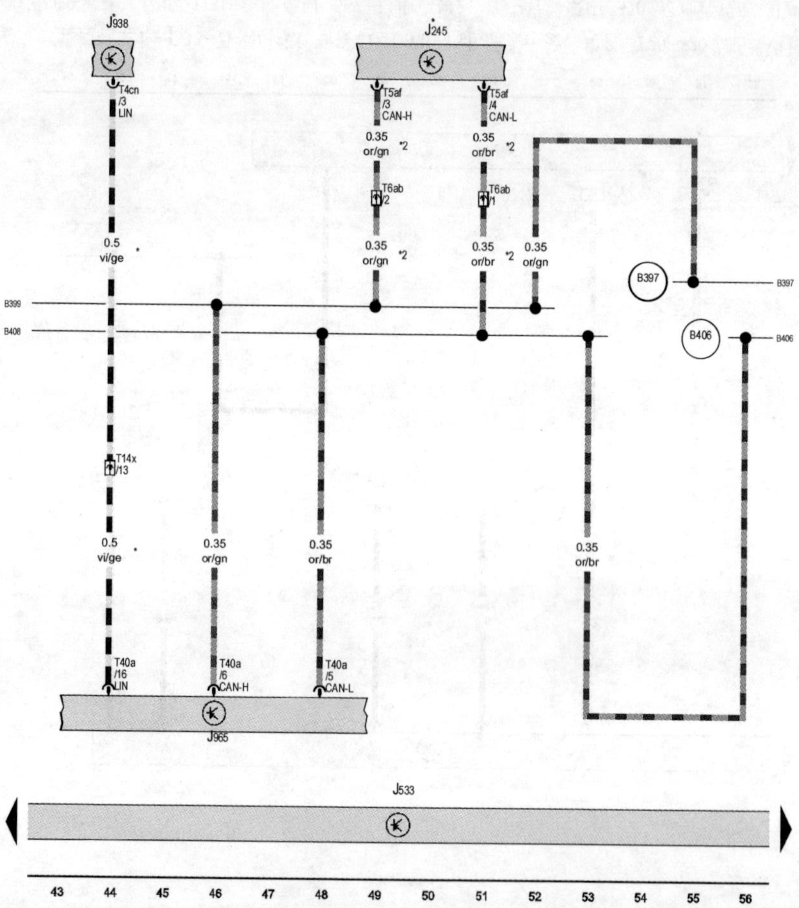

后部空调操作和显示单元，组合仪表中的控制单元，后部新鲜空气鼓风机控制单元，车载电网控制单元，数据总线诊断接口，组合仪表，转向柱联锁执行元件

图7-4-200

图7-4-199

1108

暖风/空调操作，空气质量传感器，冷却液循环管路压力传感器，新鲜空气鼓风机控制单元，全自动空调控制单元，车载电网控制单元，数据总线诊断接口

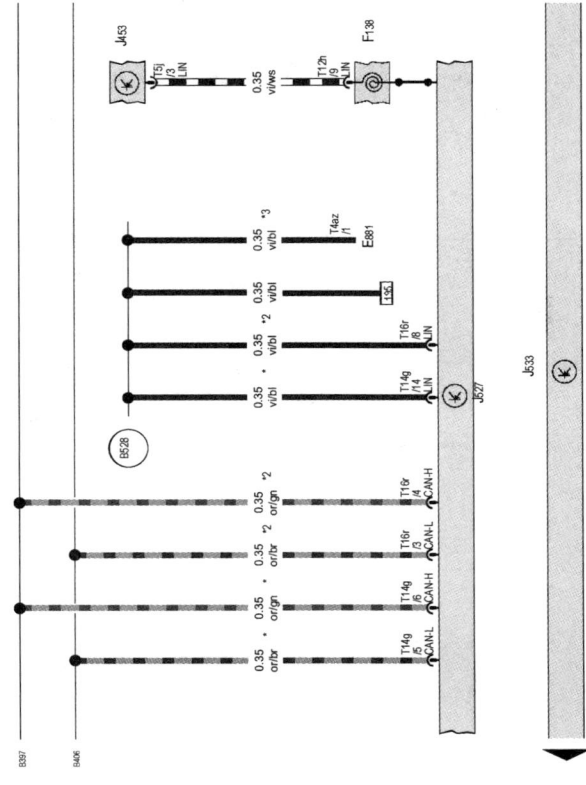

EX21-暖风/空调操作 G238-空气质量传感器 G805-冷却液循环管路压力传感器 J126-新鲜空气鼓风机控制单元 J255-全自动空调控制单元 J519-车载电网控制单元 J533-数据总线诊断接口 T3ag-3芯插头连接，黑色 T3x-3芯插头连接，黑色 T4br-4芯插头连接，黑色 T10e-10芯插头连接，右侧仪表板内 T16L-16芯插头连接，黑色 T17c-17芯插头连接，黑色 T20g-20芯插头连接，红色 左侧A柱下部，左侧A柱下部连接，黑色 B397-连接1（舒适CAN总线，High），在主导线束中 B406-连接1（舒适CAN总线，Low），在主导线束中 B710-连接5（LIN总线），在主导线束中 B842-连接8（LIN总线），在主导线束中 D233-连接2（LIN总线），在发动机舱导线束中 *-仅用于后部带有全自动空调操作与显示单元的汽车

图 7-4-201

安全气囊卷簧和带滑环的复位环，多功能方向盘控制单元，车载电网控制单元，转向柱电子装置控制单元，数据总线诊断接口

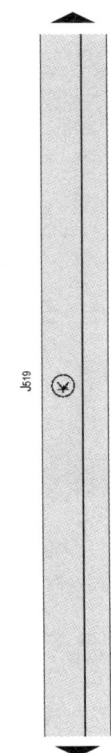
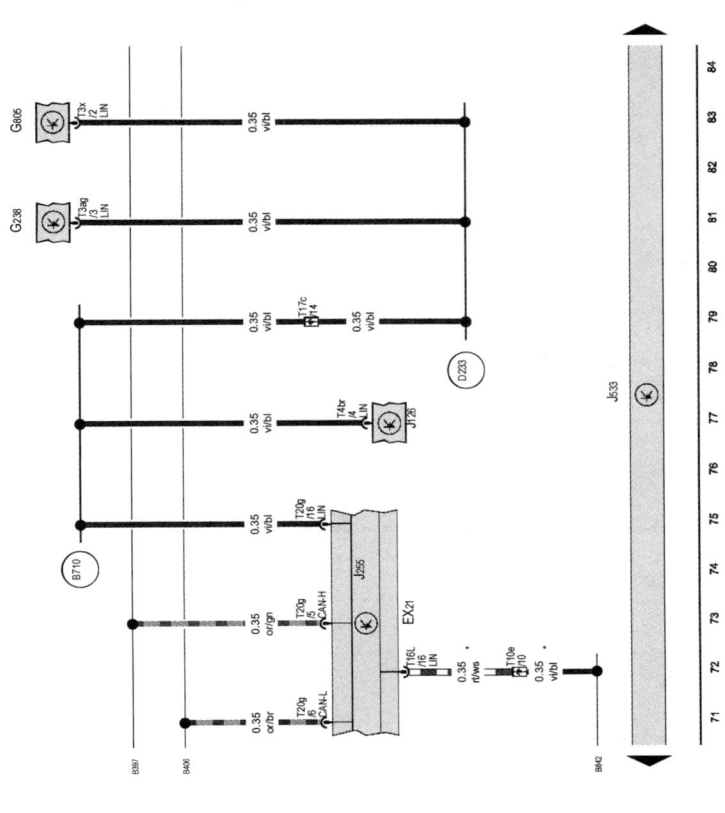

E881-驾驶模式选择操纵单元 F138-安全气囊卷簧和带滑环的复位环 J519-车载电网控制单元 J527-转向柱电子装置控制单元 J533-数据总线诊断接口 J453-多功能方向盘控制单元 T4az-4芯插头连接，黑色 T5j-5芯插头连接，黑色 T12h-12芯插头连接，黄色 T14g-14芯插头连接，黑色 T16r-16芯插头连接，黑色 B397-连接1（舒适CAN总线，High），在主导线束中 B406-连接1（舒适CAN总线，Low），在主导线束中 B528-连接1（LIN总线），在主导线束中 *-仅用于带不带加热式方向盘的汽车 *2-仅用于带有加热式方向盘的汽车 *3-仅用于全轮驱动的汽车

图 7-4-202

车载电网控制单元，数据总线诊断接口，行李箱盖控制单元，左前座椅调节控制单元

驾驶员侧车门控制单元，左后车门控制单元，车载电网控制单元，数据总线诊断接口，弯道灯和大灯照明距离调节控制单元

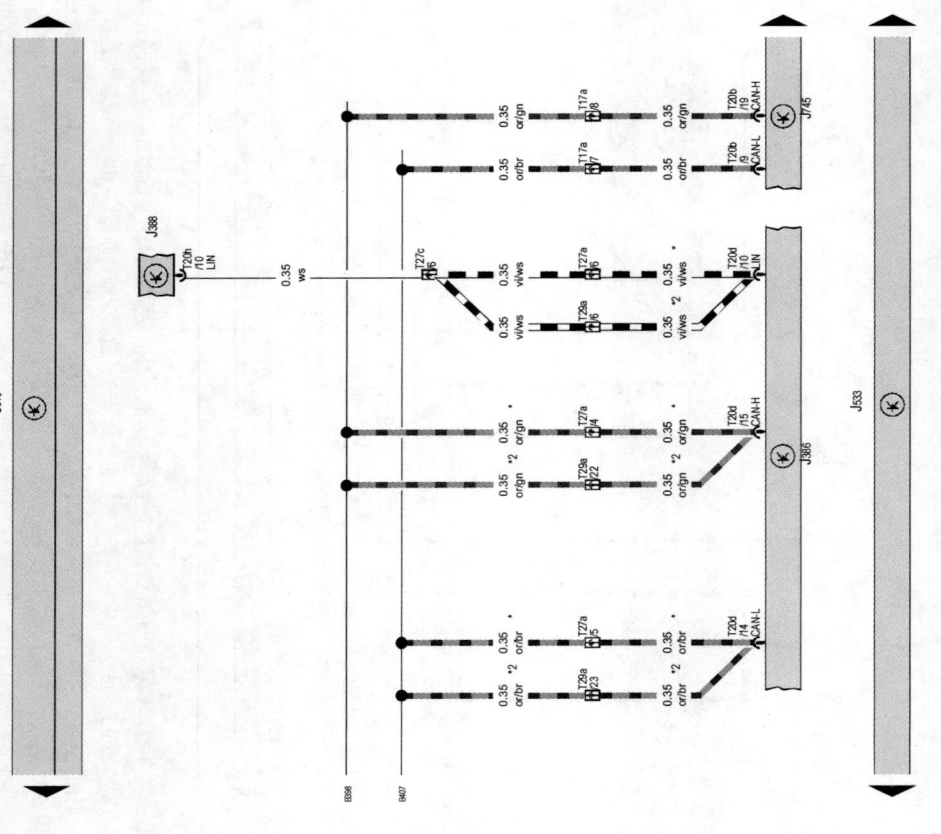

J386-驾驶员侧车门控制单元 J388-左后车门控制单元 J519-车载电网控制单元 J533-数据总线诊断接口 J519-车载电网控制单元 J533-数据总线诊断接口 J745-弯道灯和大灯照明距离调节控制单元 T17a-17芯插头连接，左侧A下部，黑色 T20b-20芯插头连接，左侧A下部，黑色 T20h-20芯插头连接，黑色 T27a-27芯插头连接，左侧A柱上，黑色 T27c-27芯插头连接，左侧B柱上，黑色 T29a-29芯插头连接，左侧A柱上，白色 B398-连接2（舒适CAN总线，High），在主导线束中 B407-连接2（舒适CAN总线，Low），在主导线束中 *-仅用于带周围环境摄像机的汽车 *2-仅用于不带周围环境摄像机的汽车

图7-4-204

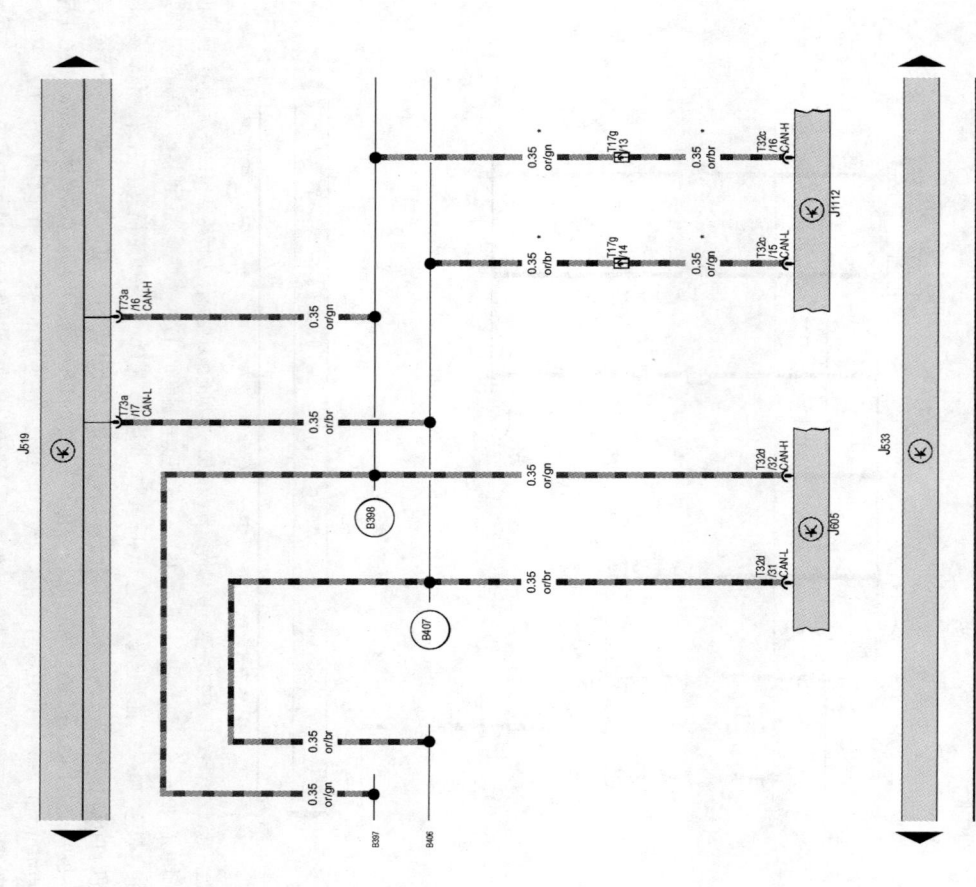

J519-车载电网控制单元 J533-数据总线诊断接口 J605-行李箱盖控制单元 J1112-左前座椅调节控制单元 T17g-17芯插头连接 T32c-32芯插头连接，红色 T32d-32芯插头连接，白色 T73a-73芯插头连接 B397-连接1（舒适CAN总线，High），在主导线束中 B398-连接2（舒适CAN总线，High），在主导线束中 B406-连接1（舒适CAN总线，Low），在主导线束中 B407-连接2（舒适CAN总线，Low），在主导线束中 *-仅用于带电动座椅调节和记忆功能的汽车

图7-4-203

车载电网控制单元，数据总线诊断接口，弯道灯和大灯照明距离调节控制单元，左前大灯，右前大灯

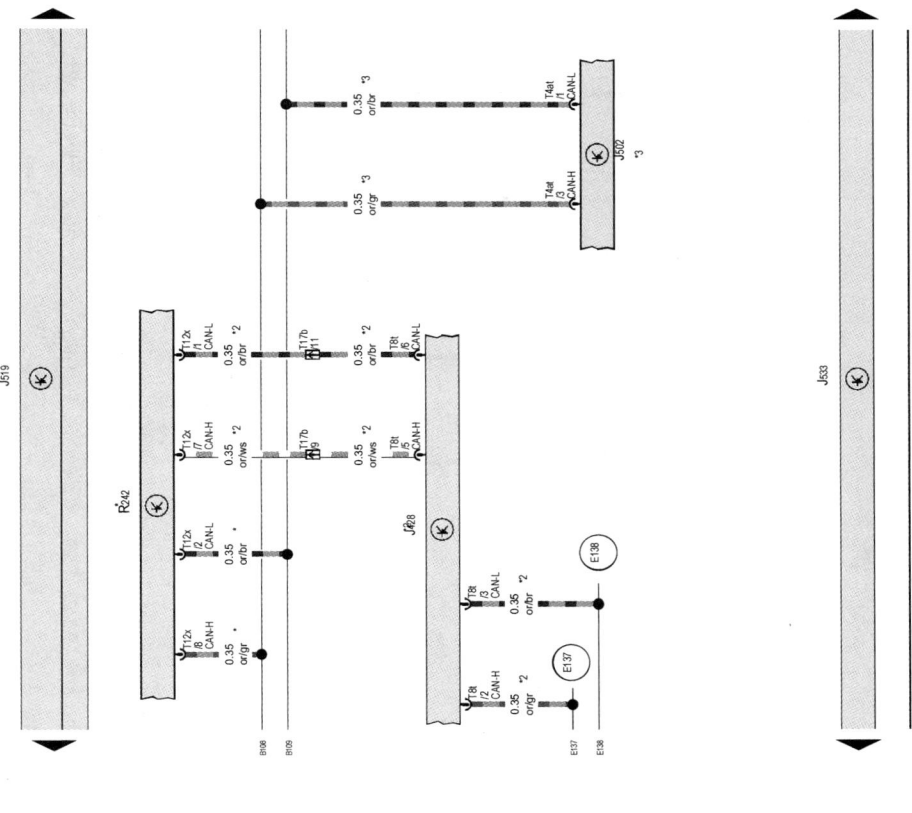

车距调节控制单元，轮胎压力监控控制单元，车载电网控制单元，数据总线诊断接口，驾驶员辅助系统的前部摄像机

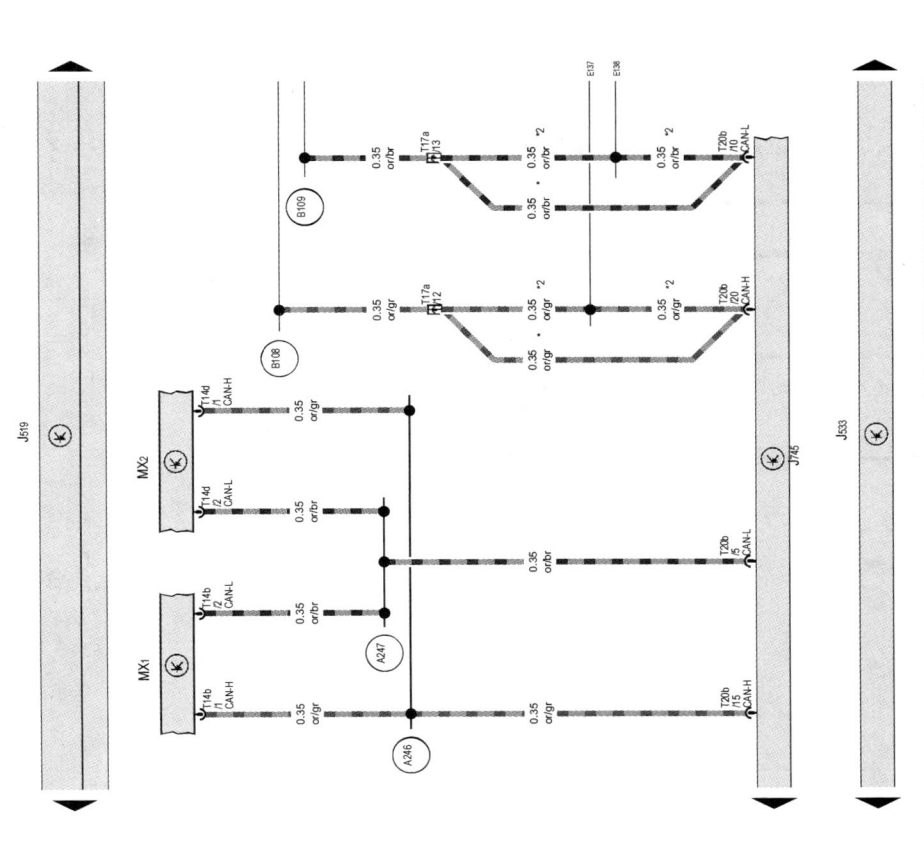

J519-车载电网控制单元，J533-数据总线诊断接口，J745-弯道灯和大灯照明距离调节控制单元，MX1-左前大灯，MX2-右前大灯，T14b-14芯插头连接，T14d-14芯插头连接，黑色，T17a-17芯插头连接，左侧A在下部，黑色，T20b-20芯插头连接，棕色，A246-连接1（CAN总线，High），在发动机舱导线束中，A247-连接1（CAN总线，Low），在发动机舱导线束中，B108-连接1（扩展CAN总线，High），在主导线束中，B109-连接1（扩展CAN总线，Low），在主导线束中，E137-连接2（扩展CAN总线，High），在发动机舱导线束中，E138-连接2（扩展CAN总线，Low），在发动机舱导线束中 *2-仅用于带自动车距控制（ADR）的汽车

图 7-4-205

J428-车距调节控制单元，J502-驾驶员辅助系统的前部摄像机，T4at-4芯插头连接，左侧A在下部，黑色，T8t-8芯插头连接，灰色，T12x-12芯插头连接，黑色，T17b-17芯插头连接，左侧A在下部，棕色，B108-连接1（扩展CAN总线，High），在主导线束中，B109-连接1（扩展CAN总线，Low），在主导线束中，E137-连接2（扩展CAN总线，High），在发动机舱导线束中，E138-连接2（扩展CAN总线，Low），在发动机舱导线束中 *-仅用于带驾驶辅助特殊装备的汽车 *2-仅用于带自动车距控制（ADR）的汽车 *3-仅用于带轮胎充气压力监控的汽车

J519-车载电网控制单元 J533-数据总线诊断接口 R242-驾驶员辅助系统的前部摄像机

图 7-4-206

1111

安全气囊控制单元、车载电网控制单元、数据总线诊断接口、换挡杆传感器控制单元

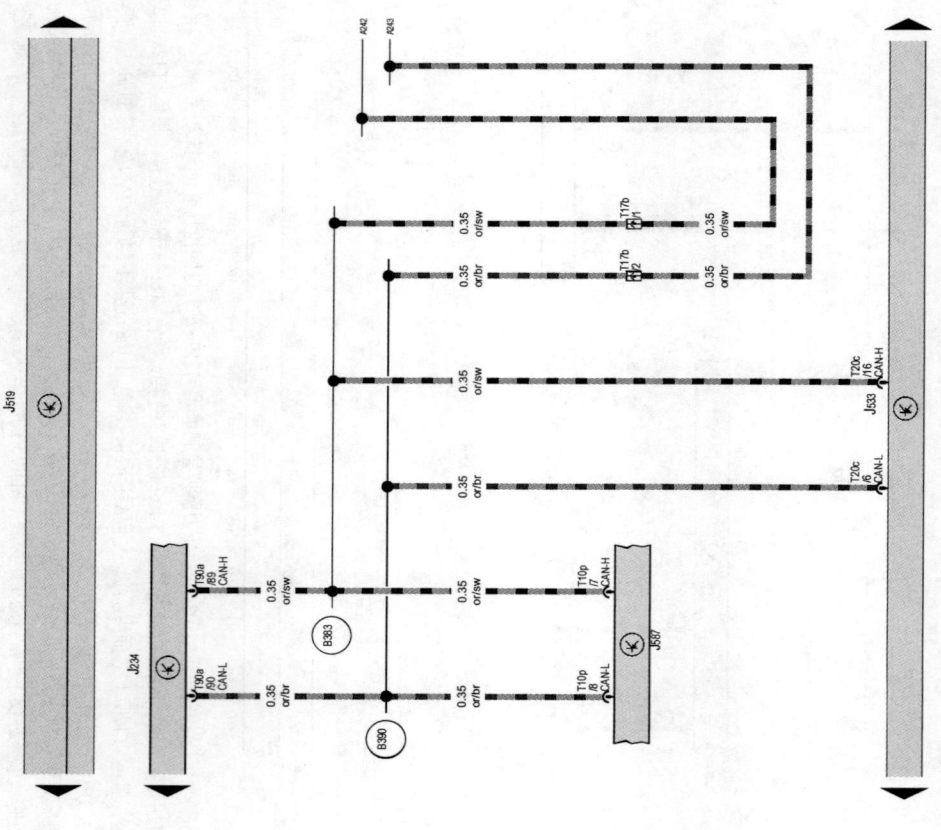

J234-安全气囊控制单元 J519-车载电网控制单元 J533-数据总线诊断接口 J587-换挡杆传感器控制单元 T10p-10芯插头连接，左侧A柱下部，黑色 T17b-17芯插头连接，黑色 T20c-20芯插头连接，黑色 T90a-90芯插头连接，黄色 A242-连接1（驱动CAN总线，High），在发动机舱导线束中 A243-连接1（驱动CAN总线，Low），在发动机舱导线束中 B383-连接1（驱动CAN总线，High），在主导线束中 B390-连接1（驱动CAN总线，Low），在主导线束中

图 7-4-208

安全气囊控制单元、车载电网控制单元、数据总线诊断接口、盲区识别控制单元、盲区识别控制单元2、驾驶员侧安全带拉紧器引爆装置1、副驾驶员侧安全带拉紧器引爆装置1

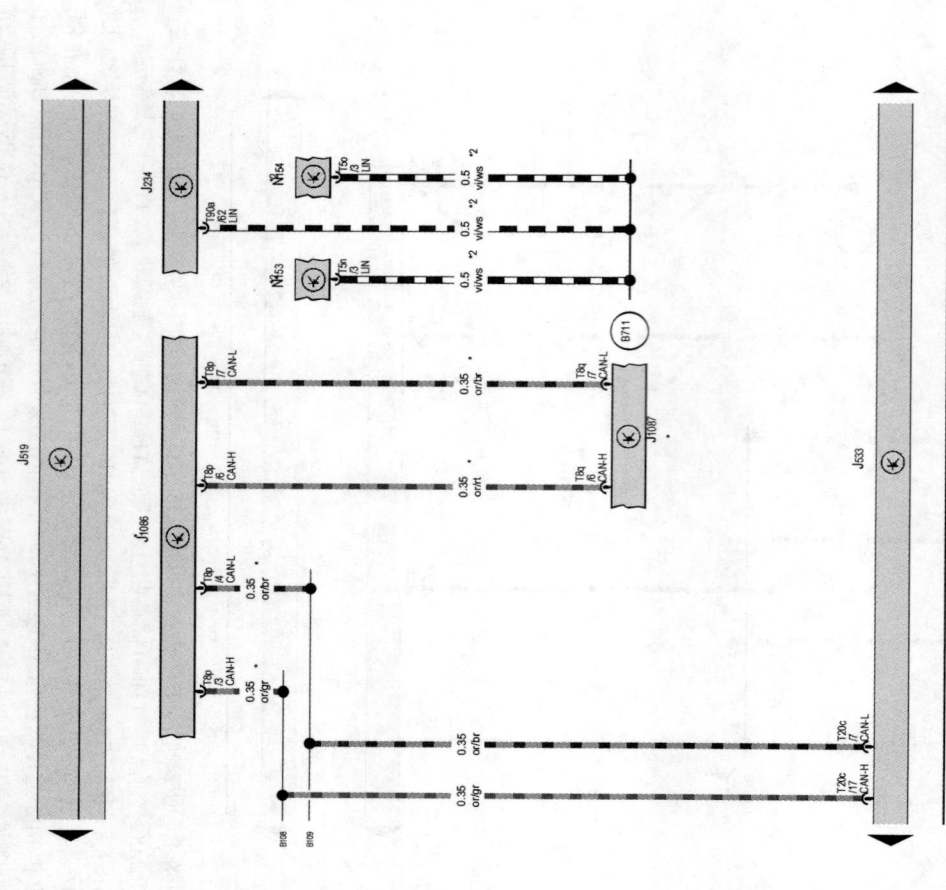

J234-安全气囊控制单元 J519-车载电网控制单元 J533-数据总线诊断接口 J1086-盲区识别控制单元 J1087-盲区识别控制单元2 N153-驾驶员侧安全带拉紧器引爆装置1 N154-副驾驶员侧安全带拉紧器引爆装置1 T5n-5芯插头连接，白色 T5o-5芯插头连接，白色 T8p-8芯插头连接，黑色 T8q-8芯插头连接，黑色 T20c-20芯插头连接，黑色 T90a-90芯插头连接，黄色 B108-连接1（扩展CAN总线，High），在主导线束中 B109-连接1（扩展CAN总线，Low），在主导线束中 B711-连接6（LIN总线），在主导线束中 *-仅用于带车道保持辅助系统的汽车 *2-仅用于带可逆安全带拉紧器的汽车

图 7-4-207

1112

车载电网控制单元，数据总线诊断接口，发动机控制单元，双离合器变速器机电装置

减振电子调节控制单元，全轮驱动控制单元，车载电网控制单元，数据总线诊断接口，周围环境摄像机控制单元

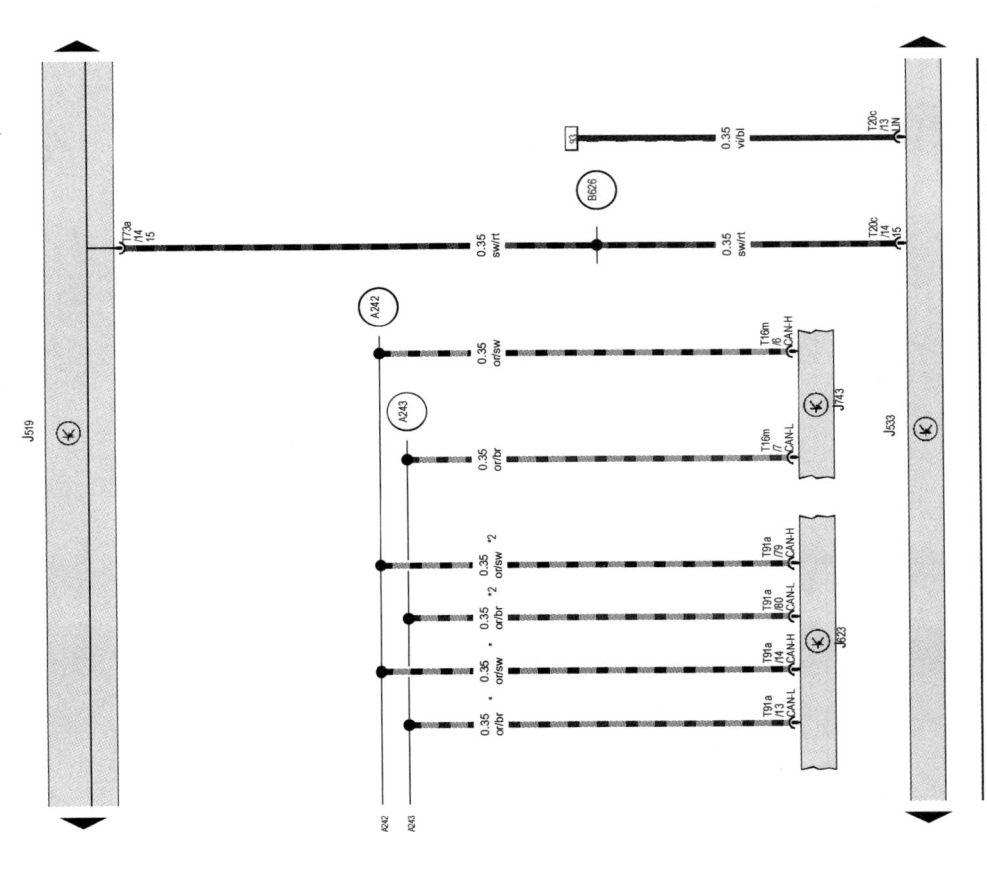

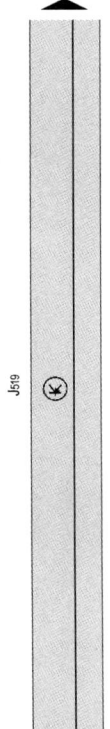

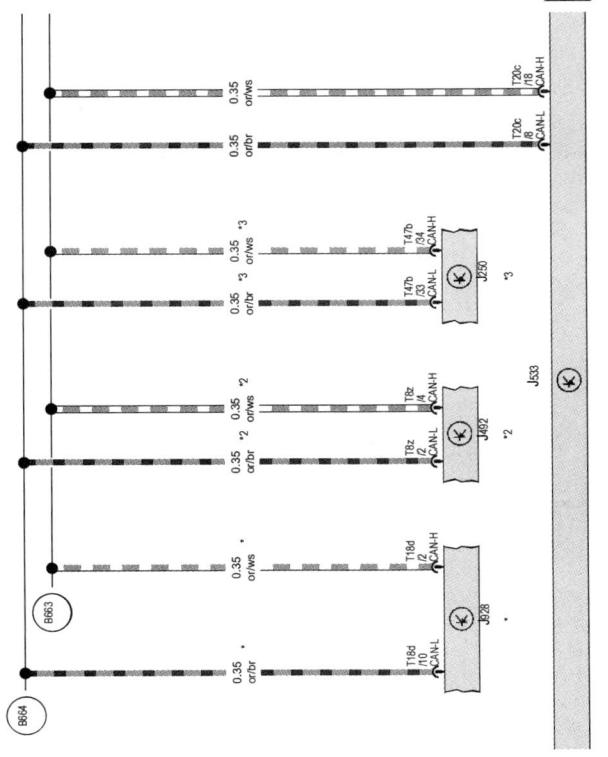

图 7-4-209

图 7-4-210

J519-车载电网控制单元 J533-数据总线诊断接口 J623-发动机控制单元 J743-双离合器变速器机电装置
T16m-16芯插头连接，黑色 T20c-20芯插头连接，黑色 T73a-73芯插头连接，黑色 T91a-91芯插头连接，黑色 T91a-73连接，黑色 A243-连接1（驱动CAN总线，High），在发动机舱导线束中 A243-连接1（驱动CAN总线，Low），在发动机舱导线束中 B626-正极连接2（15），在主导线束中 *-仅用于带2.5L汽油发动机的汽车 *2-仅用于带2.0L发动机的汽车

J250-减振电子调节控制单元 J492-全轮驱动控制单元 J519-车载电网控制单元 J533-数据总线诊断接口 J928-周围环境摄像机控制单元 T8z-8芯插头连接，黑色 T18d-18芯插头连接，黑色 T20c-20芯插头连接，黑色 T47b-47芯插头连接，黑色 B663-连接（底盘传感器CAN总线，High），在主导线束中 B664-连接（底盘传感器CAN总线，Low），在主导线束中 *-仅用于带周围环境摄像系统的汽车 *2-仅用于带电控调节减振系统的汽车 *3-仅用于全轮驱动的汽车

1113

ABS 控制单元、泊车雷达系统控制单元、车载电网控制单元、数据总线诊断接口

空气湿度、雨水与光色识别传感器、助力转向控制单元、车载电网控制单元、数据总线诊断接口、电子通信信息设备 1 控制单元、后部周围环境摄像机

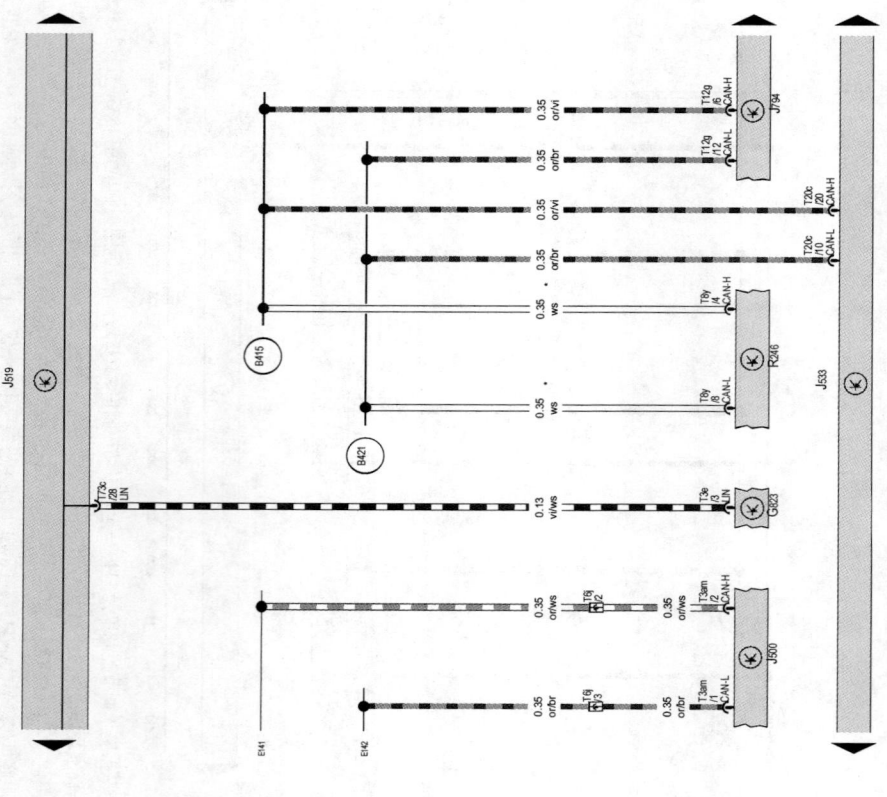

图 7-4-212

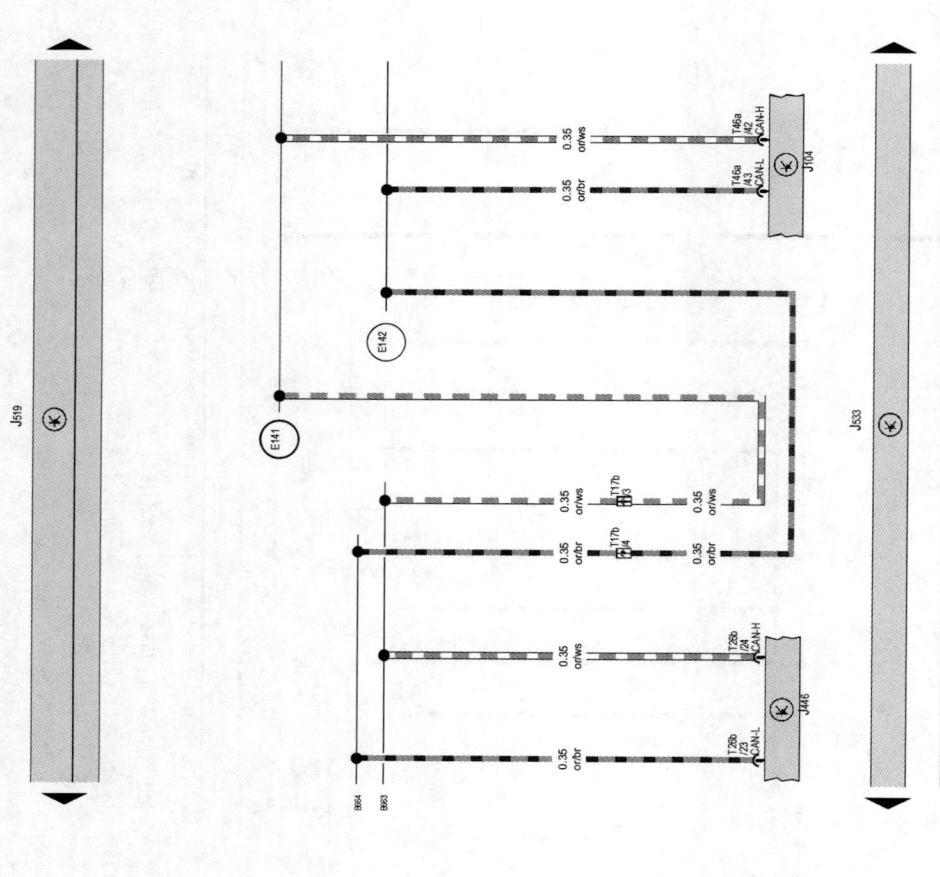

图 7-4-211

J104-ABS 控制单元 J446-泊车雷达系统控制单元 J519-车载电网控制单元 J533-数据总线诊断接口 T17b-17芯插头连接，左侧A柱下部，棕色 T26b-26芯插头连接，黑色 T46a-46芯插头连接，黑色 B663-连接（底盘传感器CAN总线，High），在主导线束中 B664-连接（底盘传感器CAN总线，Low），在主导线束中 E141-连接（底盘传感器CAN总线，High），在发动机舱导线束中 E142-连接（底盘传感器CAN总线，Low），在发动机舱导线束中

G823-空气湿度、雨水与光线识别传感器 J500-助力转向控制单元 J519-车载电网控制单元 J533-数据总线诊断接口 J794-电子通信信息设备1控制单元 R246-后部周围环境摄像机 T3am-3芯插头连接，黑色 T3c-3芯插头连接，发动机舱内左后部，黑色 T6j-6芯插头连接，黑色 T8y-8芯插头连接，黑色 T12g-12芯插头连接，黑色 T20c-20芯插头连接，灰色 T73c-73芯插头连接，黑色 B415-连接1（信息娱乐CAN总线，High），在主导线束中 B421-连接1（信息娱乐CAN总线，Low），在主导线束中 E141-连接（底盘传感器CAN总线，High），在发动机舱导线束中 E142-连接（底盘传感器CAN总线，Low），在发动机舱导线束中 *-仅用于带倒车摄像机系统的汽车

1114

车载电网控制单元，左后车门背景照明灯 1，仪表板轮廓照明灯 1，仪表板轮廓照明灯 2，信息设备 1 控制单元，左后车门背景照明灯 1，驾驶员侧车门背景照明灯

交流发电机，多媒体系统操作单元，车载电网控制单元，数据总线诊断接口，电子通信信息设备 1 控制单元，蓄电池调节单元

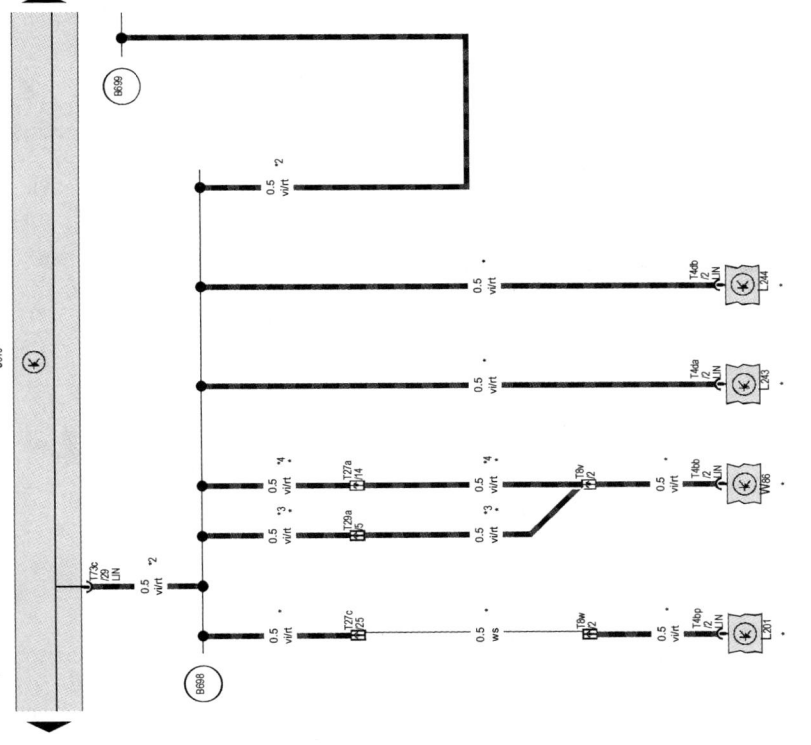

图 7-4-214

J519-车载电网控制单元 L201-左后车门背景照明灯1 L243-仪表板轮廓照明灯1 L244-仪表板轮廓照明灯2 T4bb-4芯插头连接，黑色 T4da-4芯插头连接，黑色 T4bp-4芯插头连接，黑色 T4db-4芯插头连接，黑色 T8v-8芯插头连接，在驾驶员侧车门内，黑色 T8w-8芯插头连接，在左后车门内，黑色 T27a-27芯插头连接，左侧A柱上，黑色 T27c-27芯插头连接，左侧B柱上，黑色 T29a-29芯插头连接，左侧A柱 T73c-73芯插头连接 B698-连接3（LIN 总线），在主导线束中 B699-连接4（LIN 总线），在主导线束中 *-仅用于带多色氛围灯的汽车 *2-仅用于带全景滑动天窗的汽车 *3-仅用于带周围环境摄像机的汽车 *4-仅用于不带周围环境摄像机的汽车

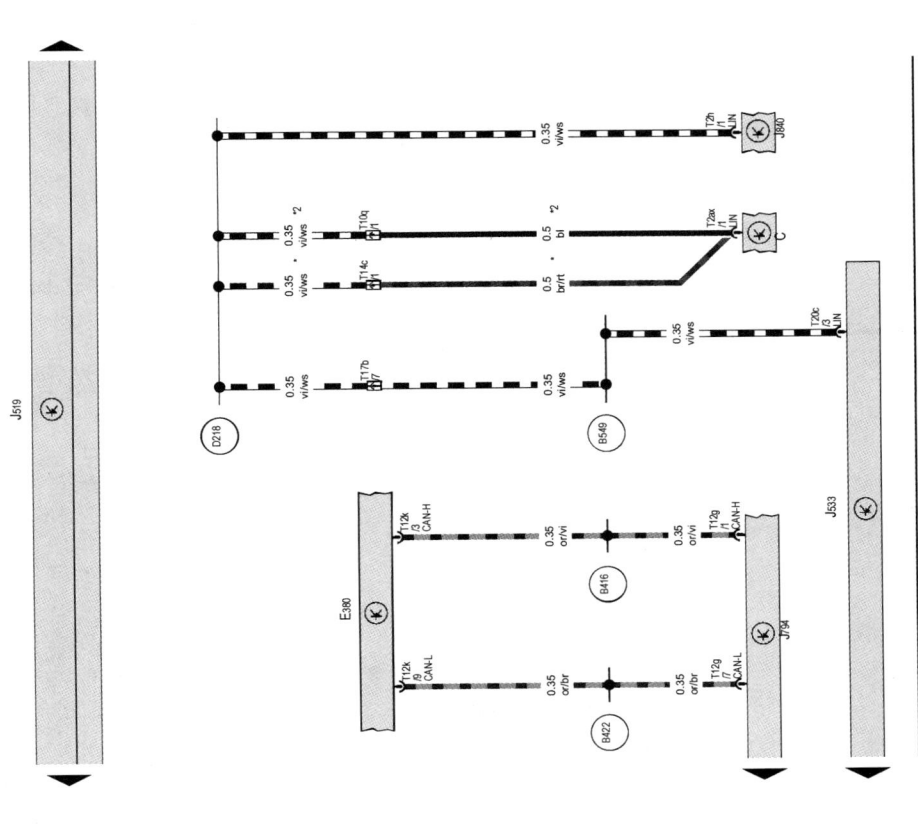

图 7-4-213

C-交流发电机 E380-多媒体系统操作单元 J519-车载电网控制单元 J533-数据总线诊断接口 J794-电子通信信息设备1控制单元 J840-蓄电池调节单元 T2ax-2芯插头连接，黑色 T2h-2芯插头连接，黑色 T10q-10芯插头连接，左前纵梁上，黑色 T12g-12芯插头连接，黑色 T12k-12芯插头连接，灰色 T14c-14芯插头连接，左前纵梁上，黑色 T17b-17芯插头连接，黑色 T20c-20芯插头连接，棕色 T20c-20芯插头连接，左侧A柱下部 B416-连接2（信息娱乐CAN总线，High），在主导线束中 B422-连接2（信息娱乐CAN总线，Low），在主导线束中 B549-连接2（LIN总线），在主导线束中 D218-连接1（LIN总线），在发动机舱导线束中 *-仅用于带2.5L汽油发动机的汽车 *2-仅用于带2.0L发动机的汽车

车载电网控制单元，左前部座椅靠背风扇 1，右后部座椅靠背风扇 1，右前部座椅靠背风扇 1，左前部座椅靠背风扇 1，右前部座垫座风扇 1

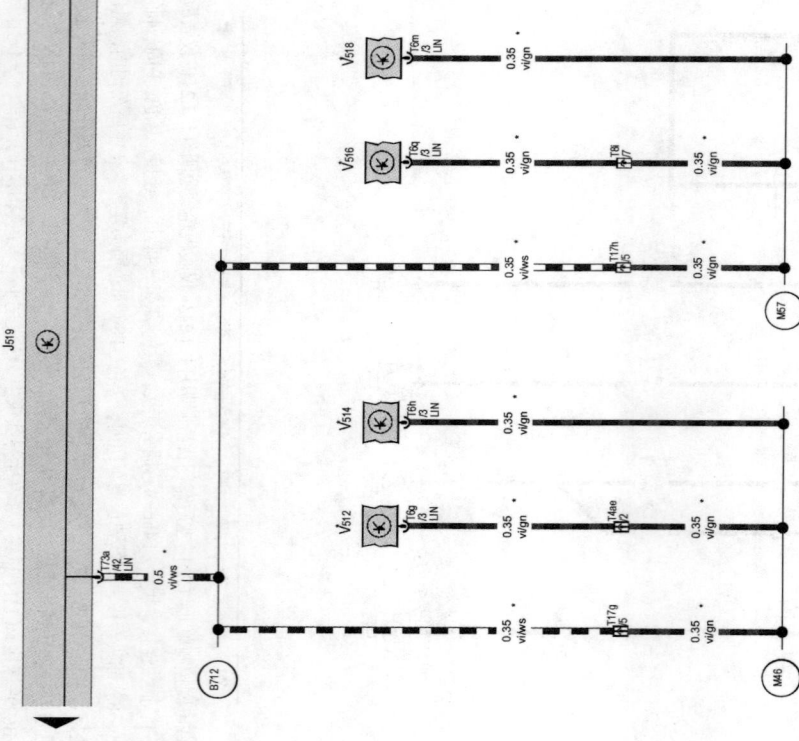

图7-4-216

J519－车载电网控制单元 T4ac－4芯插头连接，驾驶员座椅内，黑色 T6g－6芯插头连接，黑色 T6h－6芯插头连接，黑色 T6m－6芯插头连接，黑色 T6q－6芯插头连接，副驾驶员座椅内，棕色 T17g－17芯插头连接，驾驶员座椅下方，黑色 T8i－8芯插头连接，副驾驶员座椅下方，红色 T17h－17芯插头连接，副驾驶员座椅下方 V514－左前部座椅靠背风扇1 V516－右前部座椅靠背 T73a－73芯插头连接，黑色 V512－左前部座垫座风扇1 B712－连接7（LIN总线），在主导线束中 M46－连接6，风扇1 V518－右前部座垫座风扇7（LIN总线），在主导线束中 M57－连接7，在副驾驶员侧座椅导线束中 导线束中 M57－连接7，在副驾驶员侧座椅通风的汽车 *－仅用于带座椅通风的汽车

车载电网控制单元，右后车门背景照明灯 1，仪表板轮廓照明灯 3，左侧车顶背景照明灯泡，右侧车顶背景照明灯泡，副驾驶员侧车门背景照明灯

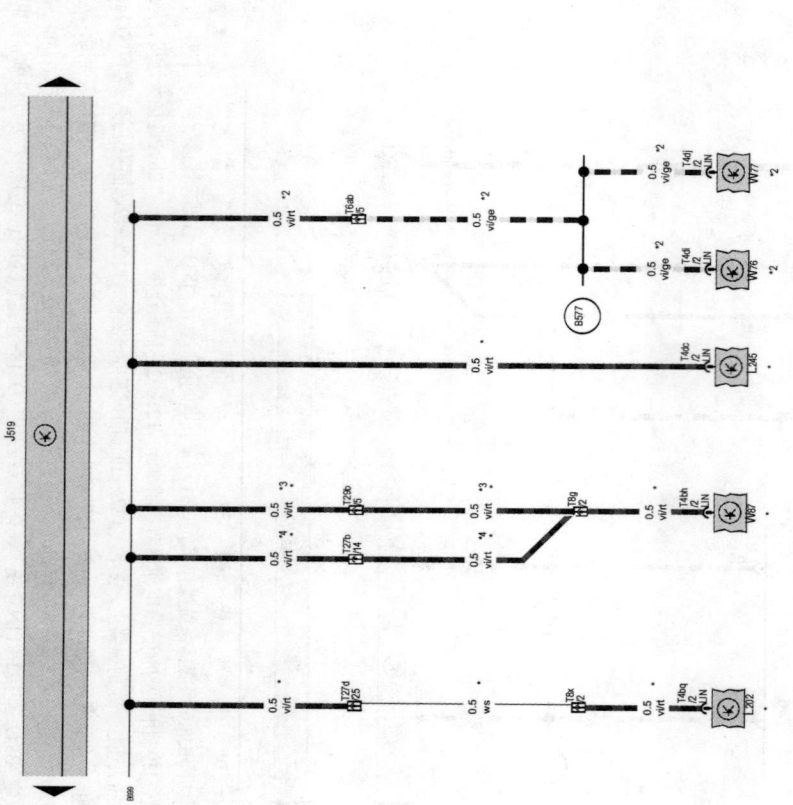

图7-4-215

J519－车载电网控制单元 L202－右后车门背景照明灯1 L245－仪表板轮廓照明灯3 T4bh－4芯插头连接，黑色 T4bq－4芯插头连接，黑色 T4dc－4芯插头连接，黑色 T4di－4芯插头连接，黑色 T4dj－4芯插头连接，黑色 T8x－8芯插头连接，前部车内照明灯附近 T8g－8芯插头连接，副驾驶员侧车门内，黑色 右侧B柱上，在右后车门内，黑色 T27b－27芯插头连接，右侧A柱上，黑色 T27d－27芯插头连接顶 背景照明灯泡 T29b－29芯插头连接，右侧A柱上，白色 W76－左侧车顶背景照明灯泡 W77－右侧车顶 风扇1 V518－右前部座垫座风扇7 W87－副驾驶员侧车门背景照明灯 B577－连接 B699－连接4 1 B712－连接7（LIN总线），在车顶导线束中 B577－连接（LIN-Bus），在车顶导线束中 B699－连接4 （LIN总线），在主导线束中 *－仅用于带多色氛围灯的汽车 *2－仅用于带全景滑动天窗的汽车 *3－仅用于带周围环境照明的汽车 *4－仅用于不带周围环境摄像机的汽车

1116

组合仪表中的控制单元，组合仪表，"红色三角形"（警告）标志指示灯，驻车制动器指示灯，电动驻车制动器和手制动器指示灯，组合仪表故障指示灯

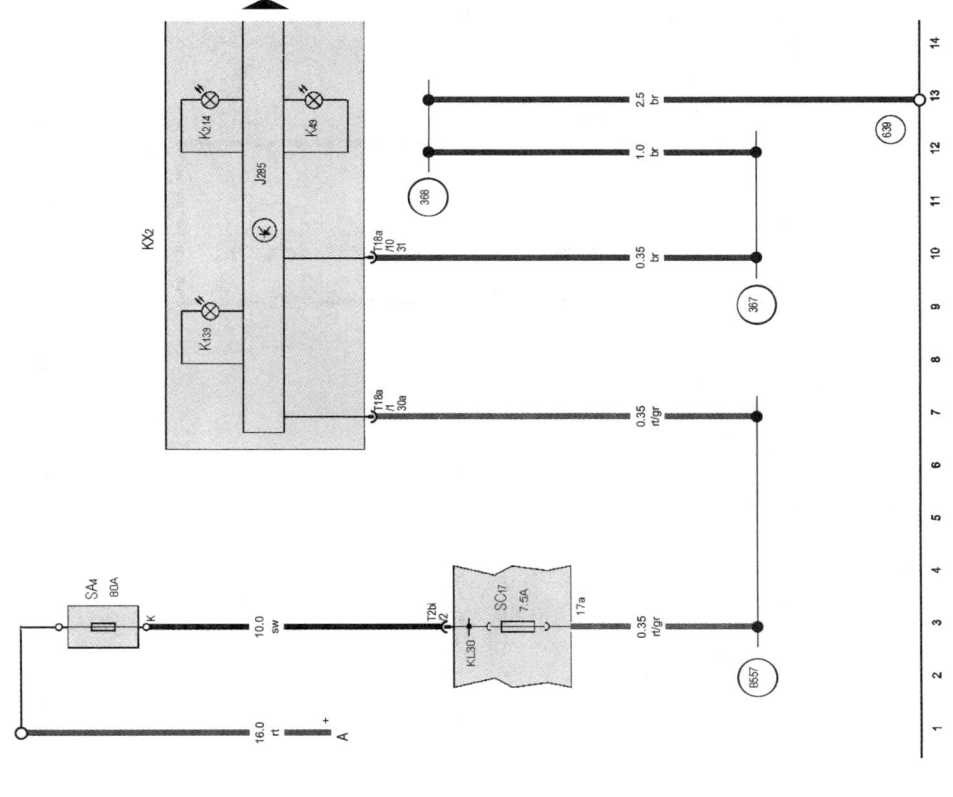

图 7-4-218

A－蓄电池 J285－组合仪表中的控制单元 KX2－组合仪表 K49－"红色三角形"（警告）标志指示灯 K139－驻车制动器指示灯 K214－电动驻车制动器和手制动器故障指示灯 SA4－保险丝架 A 上的保险丝 4 SC17－保险丝架 C 上的保险丝 17 T2bi－2 芯插头连接，黑色 T18a－18 芯插头连接，黑色 367－接地连接，黑色 2，接地连接 3，在主导线束中 368－接地连接 639－左 A 柱上的接地点 B557－正极连接 21（30a），在主导线束中 在主导线束中 2，在主导线束中

组合仪表中的控制单元，数字式声音处理系统控制单元，电子通信信息设备 1 控制单元，组合仪表

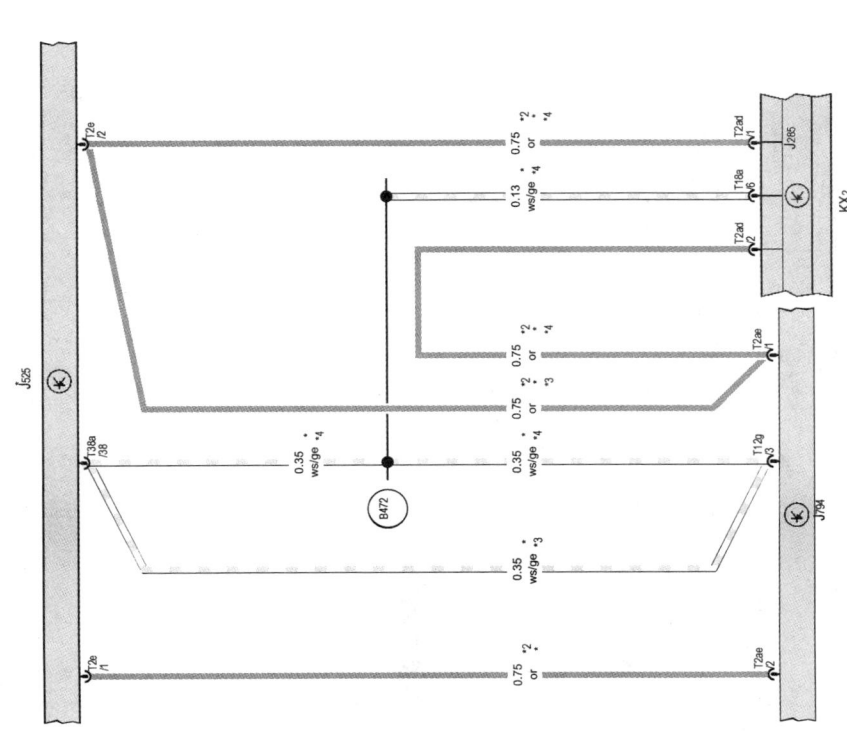

图 7-4-217

J285－组合仪表中的控制单元 J525－数字式声音处理系统控制单元 J794－电子通信信息设备 1 控制单元 KX2－组合仪表 T2ad－2 芯插头连接，黑色 T2ae－2 芯插头连接，黑色 T2e－2 芯插头连接，黑色 T12g－12 芯插头连接，灰色 T18a－18 芯插头连接，黑色 T38a－38芯插头连接，黑色 B472－连接 8，在主导线束中 *－仅适用于带了音响系统的汽车 *2－光纤（LWL）*3－仅适用于不带 Active Info Display的汽车 *4－仅适用于带 Active Info Display的汽车 带Active Info Display的汽车

1117

防盗锁止系统读出线圈，组合仪表，冷却液温度表，组合仪表操作按钮，组合仪表中的控制单元，防盗锁止系统控制单元，组合仪表，燃油表指示灯，组合仪表指示灯，清洗液不足指示灯，制动系统指示灯

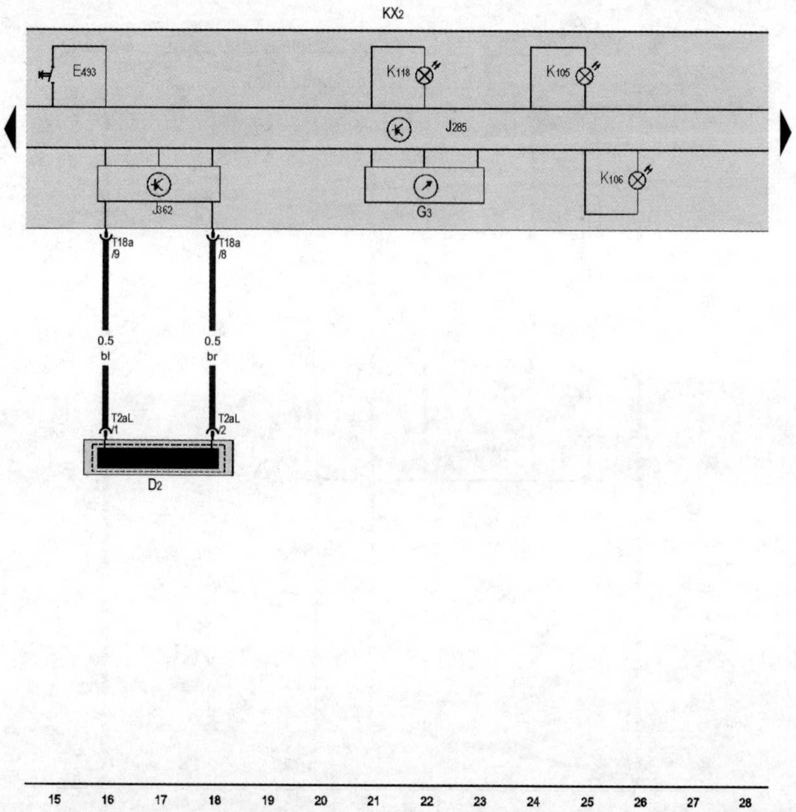

燃油表传感器，燃油表，燃油供给单元，多功能显示器，组合仪表中的控制单元，远光灯指示灯，发电机指示灯，组合仪表，机油压力指示灯，组合仪表，冷却液温度和冷却液不足显示指示灯

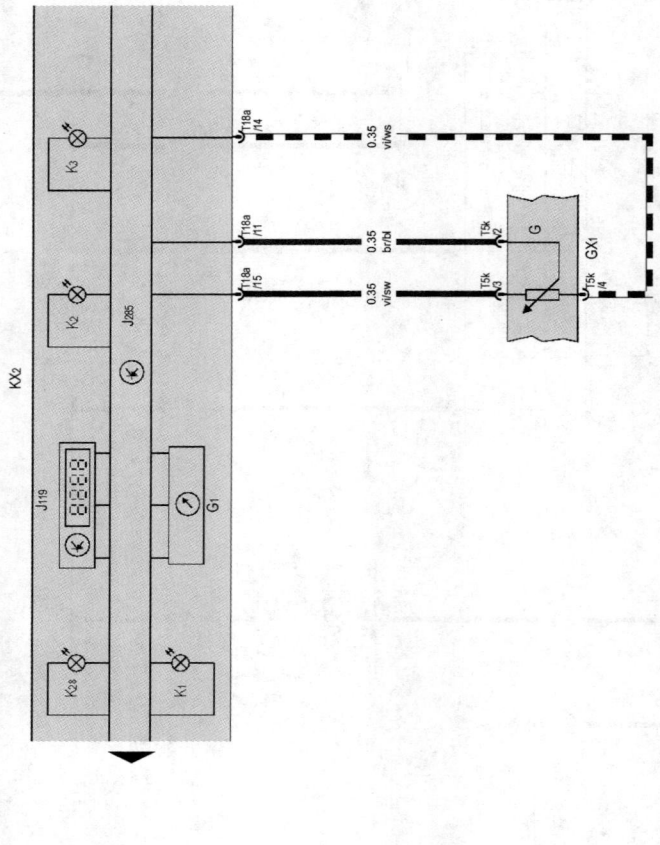

D2-防盗锁止系统读出线圈 E493-组合仪表操作按钮 G3-冷却液温度表 J285-组合仪表中的控制单元 J362-防盗锁止系统控制单元 KX2-组合仪表控制单元 K105-燃油表 K106-清洗液不足指示灯 K118-制动系统指示灯 T2aL-2芯插头连接，黑色 T18a-18芯插头连接，黑色

图7-4-219

G-燃油表传感器 G1-燃油表 GX1-燃油供给单元 J119-多功能显示器 J285-组合仪表中的控制单元 K1-远光灯指示灯 K2-发电机指示灯 KX2-组合仪表 K3-组合仪表 K28-冷却液温度和冷却液不足显示指示灯 T5k-5芯插头连接，黑色 T18a-18芯插头连接，黑色

图7-4-220

组合仪表中的控制单元，组合仪表，安全带警告指示灯，制动摩擦片指示灯，"黄色三角形"（注意）标志指示灯，带语音提示的全面自检系统，电子油门故障指示灯，电子油门指示灯，机电式助力转向器指示灯，灯泡失灵指示灯，组合仪表照明灯泡

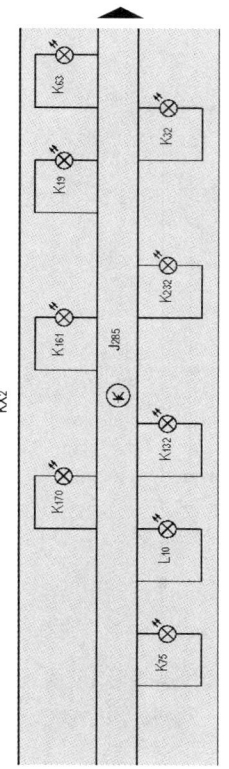

组合仪表中的控制单元，数字式声音处理系统控制单元，电子通信信息设备 1 控制单元，组合仪表，后雾灯指示灯，定速巡航装置指示灯，ABS 指示灯，左侧转向信号灯指示灯，右侧转向信号指示灯，电子稳定程序和 ASR 指示灯，电子稳定程序和 ASR 指示灯 2，数字时钟

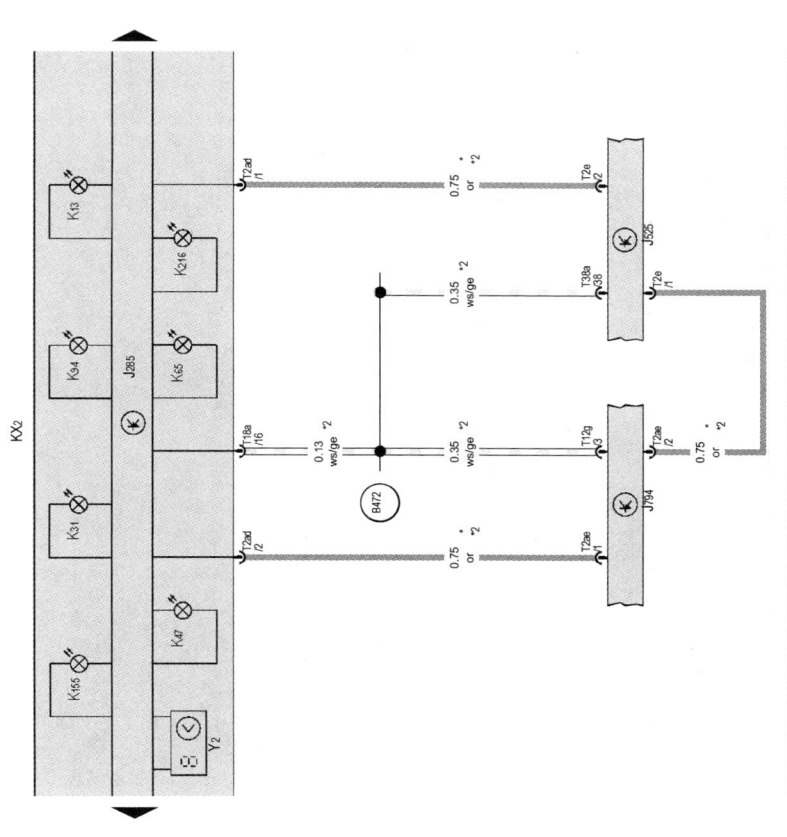

J285-组合仪表中的控制单元 J525-数字式声音处理系统控制单元 J794-电子通信信息设备1控制单元 KX2-组合仪表 K13-后雾灯指示灯 K31-定速巡航装置指示灯 K47 -ABS 指示灯 K65-左侧转向信号灯指示灯 K94-右侧转向信号指示灯 K155-电子稳定程序和 ASR 指示灯 K216-电子稳定程序和 ASR 指示灯2 T2ad-2芯插头连接，黑色 T2ae-2芯插头连接，黑色 T2e-2芯插头连接，黑色 T12g-12芯插头连接，黑色 Y2-数字时钟 B472-连接 8，在主导线束中 T18a-18芯插头连接，灰色 T38a-38芯插头连接，黑色 *1-光纤（LWL） *2-仅用于带 Active Info Display的汽车

图 7-4-221

J285-组合仪表中的控制单元 KX2-组合仪表 K19-安全带警告指示灯 K32-制动摩擦片指示灯 K63- "黄色三角形"（注意）标志指示灯，带语音提示的全面自检系统 K75-安全气囊指示灯 K132-电子油门故障信号灯 K161-机电式助力转向器指示灯 K170-灯泡失灵指示灯 K232-行驶换道辅助系统控制灯 L10-组合仪表照明灯泡

图 7-4-222

1119

转速表、车速表、警报蜂鸣器和警报音，组合仪表中的控制单元，车载电网控制单元，组合仪表，车道保持辅助系统指示灯

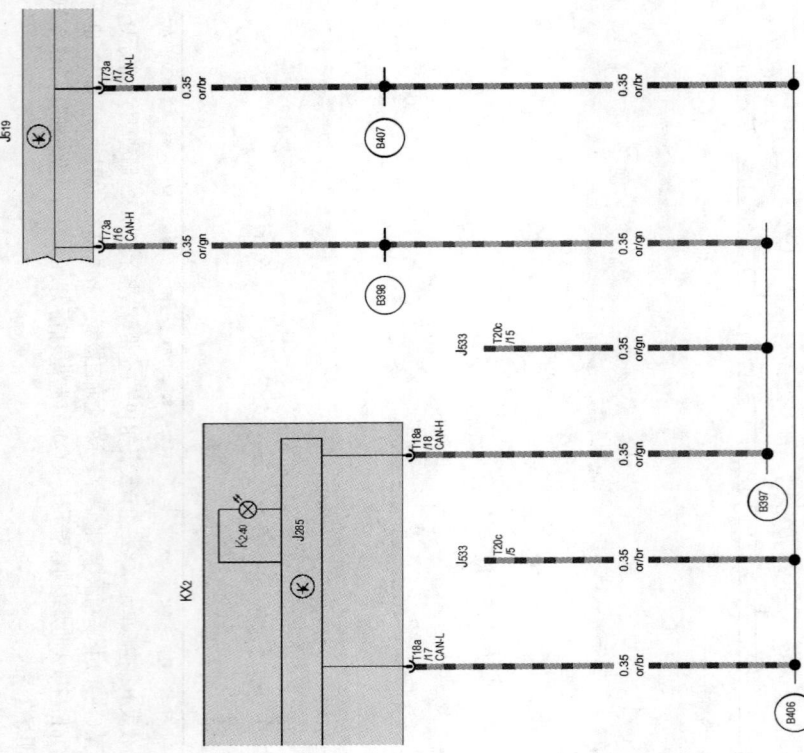

转速表、车速表、警报蜂鸣器和警报音，组合仪表中的控制单元，组合仪表，废气警告灯，选挡杆指示灯、轮胎压力监控显示指示灯，里程表，选挡杆位置显示

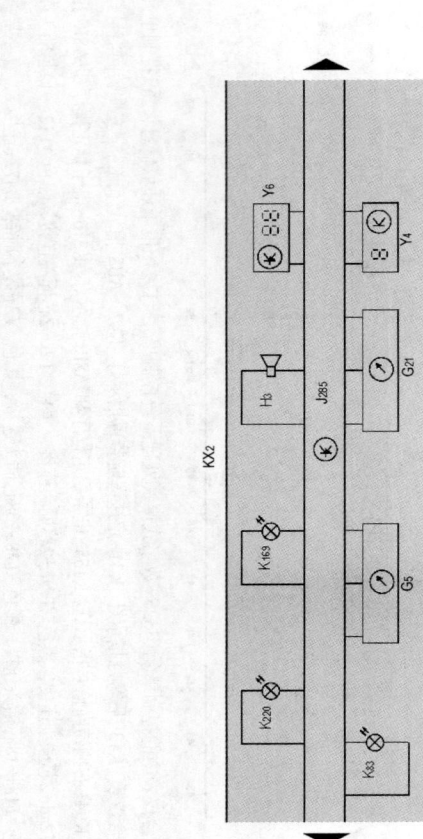

G5-转速表 G21-车速表 H3-警报蜂鸣器和警报音 J285-组合仪表中的控制单元 KX2-组合仪表 K83-废气警告灯 K169-选挡杆指示灯 K220-轮胎压力监控显示指示灯 Y4-里程表 Y6-选挡杆位置显示

图 7-4-223

J285-组合仪表中的控制单元 J519-车载电网控制单元 J533-数据总线诊断接口 KX2-组合仪表 K240-车道保持辅助系统指示灯 T18a-18芯插头连接 T20c-20芯插头连接 T73a-73芯插头连接 黑色 T18a-18芯插头连接、黑色 T20c-20芯插头连接，黑色 T73a-73芯插头连接，黑色 B397-连接1（舒适CAN总线，High），在主导线束中 B398-连接2（舒适CAN总线，High），在主导线束中 B406-连接1（舒适CAN总线，Low），在主导线束中 B407-连接2（舒适CAN总线，Low），在主导线束中

图 7-4-224

制动液液位警告信号触点，车外温度传感器，冷却液不足显示传感器，车窗玻璃清洗液位传感器，车载电网控制单元

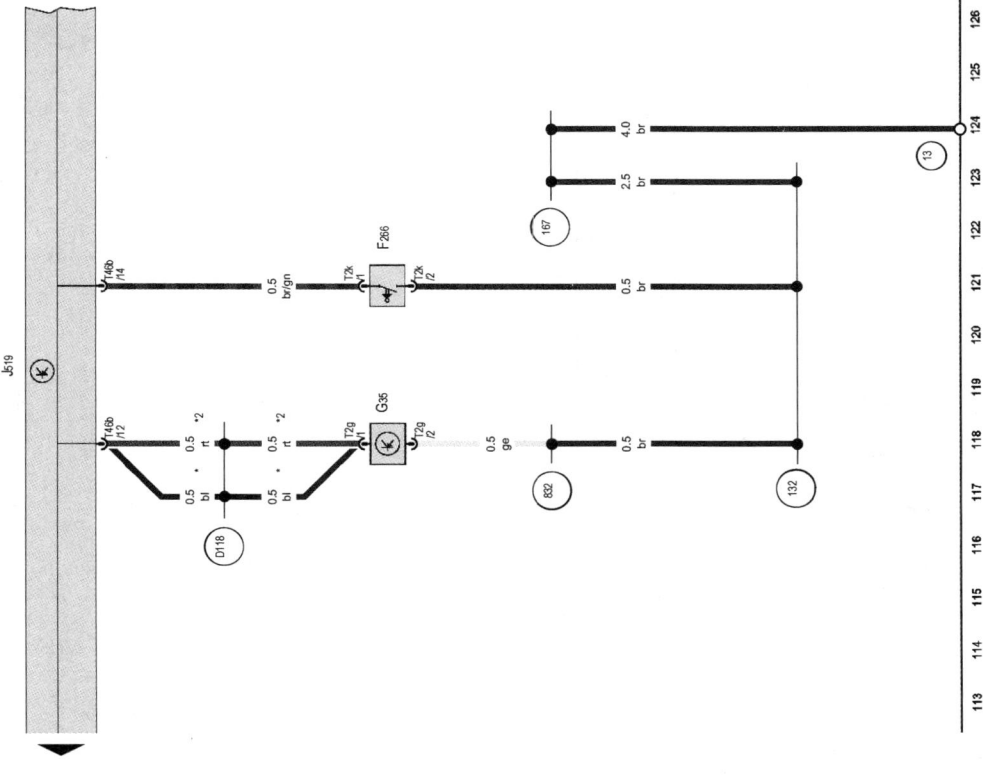

图 7-4-225

发动机舱盖接触开关，右前制动磨擦片磨损传感器，车载电网控制单元

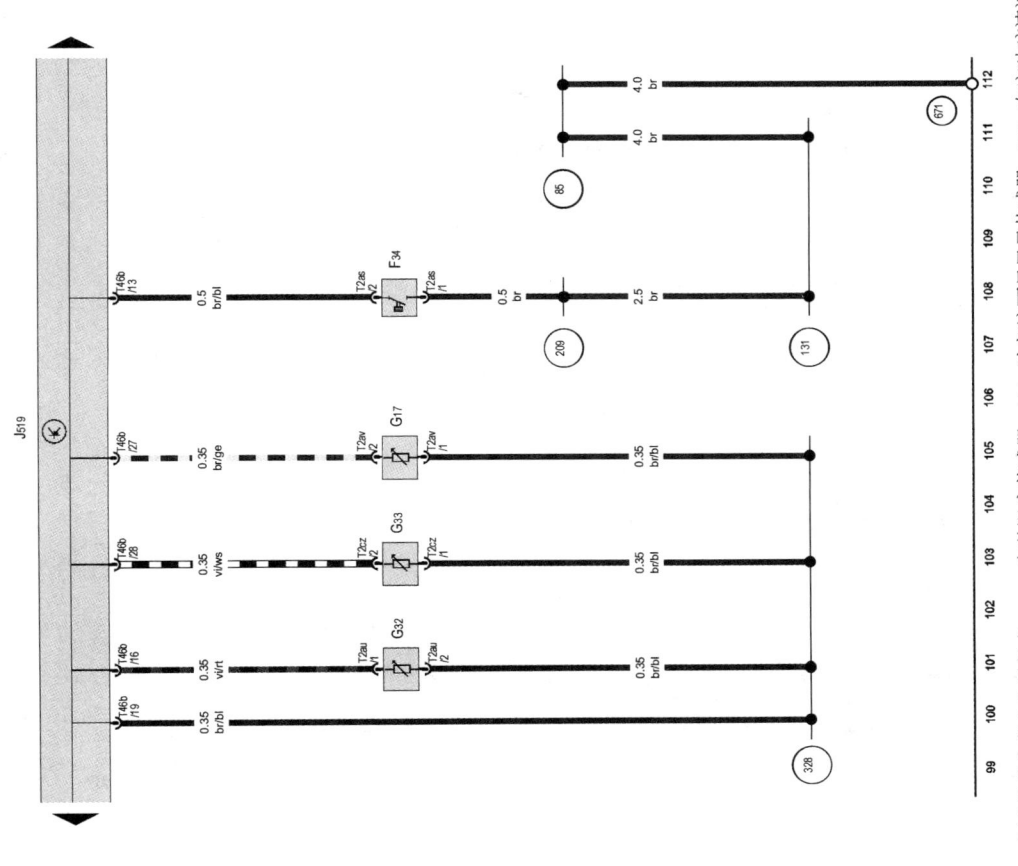

图 7-4-226

F34-制动液位警告信号触点 G17-车外温度传感器 G32-冷却液不足显示传感器 G33-车窗玻璃清洗液位传感器 J519-车载电网控制单元 T2as-2芯插头连接，黑色 T2au-2芯插头连接，黑色 T2av-2芯插头连接，黑色 T2cz-2芯插头连接，黑色 T46b-46芯插头连接，黑色 85-接地连接，在发动机舱导线束中 131-接地连接2，在发动机舱导线束中 209-接地连接6，在发动机舱导线束中 328-接地连接2（传感器接地），在发动机舱导线束中 671-左前纵梁上的接地点1

F266-发动机舱盖接触开关 G35-右前制动磨擦片磨损传感器 J519-车载电网控制单元 T2g-2芯插头连接，黑色 T2k-2芯插头连接，黑色 T46b-46芯插头连接，黑色 13-发动机舱内右侧的接地点 132-接地连接3，在发动机舱导线束中 832-接地连接4，在发动机舱导线束中 167-接地连接14，在发动机舱导线束中 D118-连接16，在发动机舱导线束中 *2-仅用于带有电控调节减振系统的汽车 *2-仅用于不带电控调节减振系统的汽车

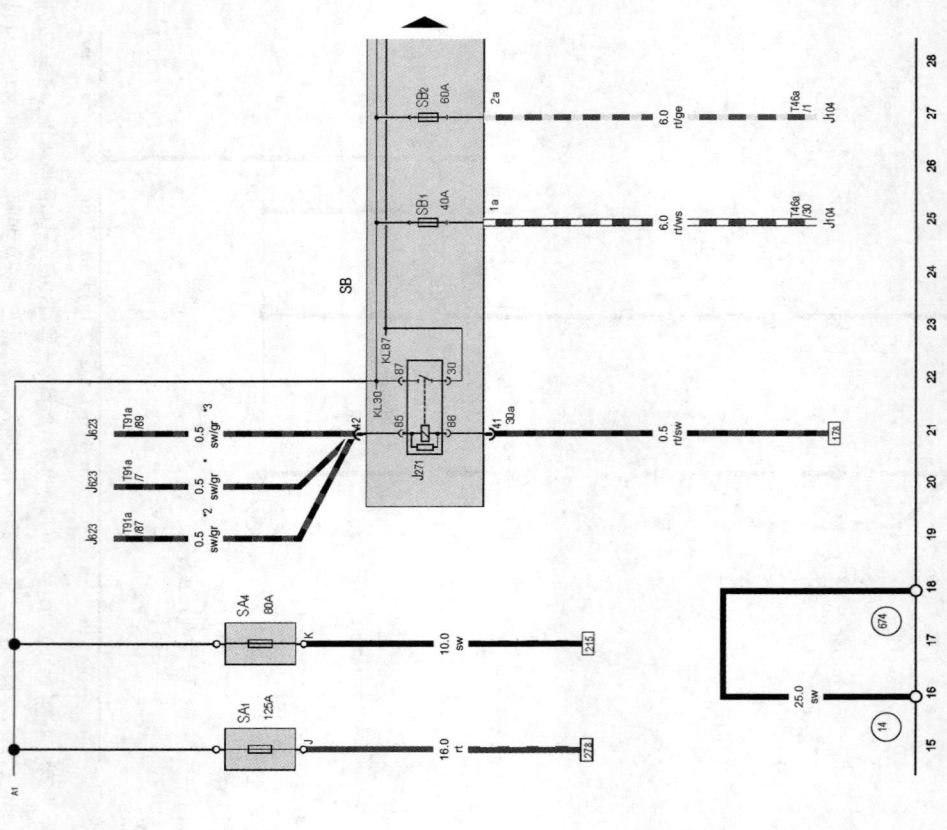

图 7-4-228

主继电器，保险丝架 A 上的保险丝，保险丝架 B

蓄电池，蓄电池调节控制单元，保险丝架 A 上的保险丝 1，保险丝架 A 上的保险丝 4，保险丝架 B 上的保险丝 5

J104-ABS 控制单元 J271-主继电器 J623-发动机控制单元 SB1-保险丝架B上的保险丝1 SA1-保险丝架A上的保险丝1 SB2-保险丝架B上的保险丝2 SA4-保险丝架B SB-保险丝架B T46a-46芯插头 上的保险丝4 连接，黑色 T91a-91芯插头连接，黑色 14-变速器上的插头连接，674-左前纵梁上的接地点 *-仅用于带发动机型号代码CUGA的汽车 *2-仅用于带2.5L汽油发动机的汽车 *3-仅用于带发动机型号代码DBFA的汽车

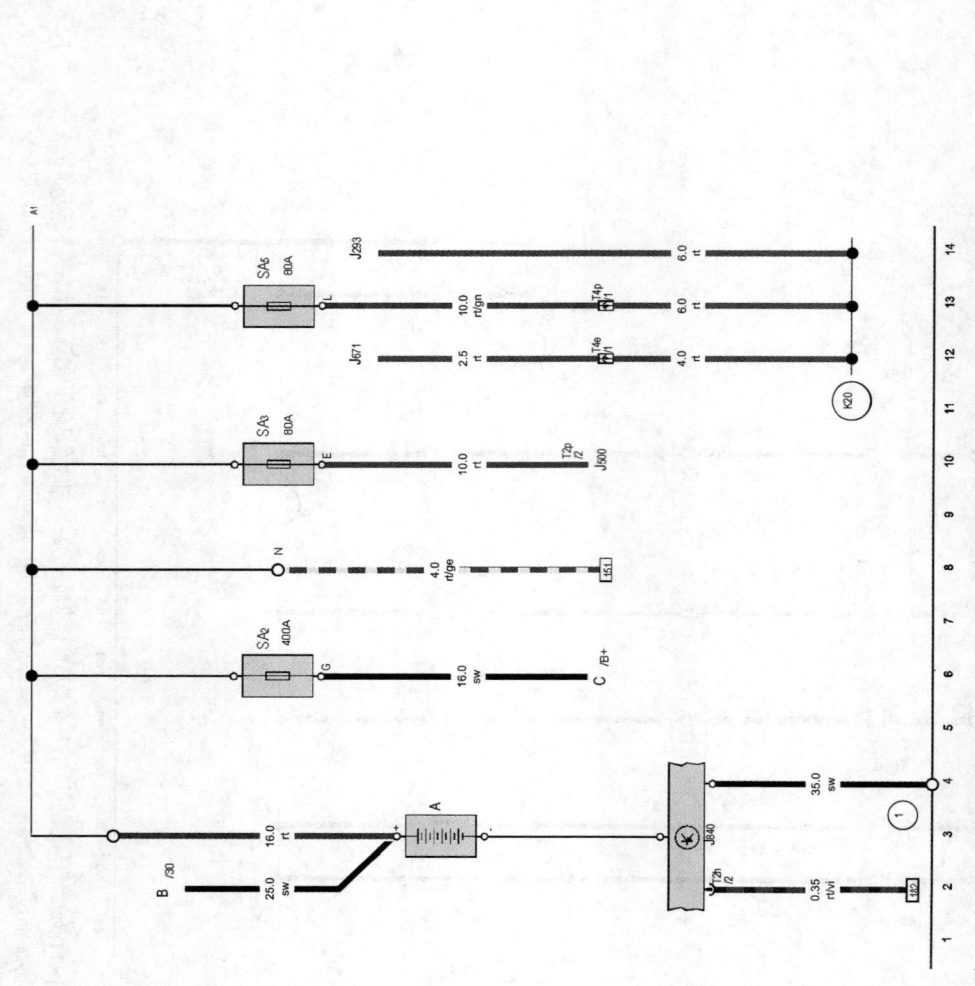

图 7-4-227

蓄电池，蓄电池调节控制单元，保险丝架 A 上的保险丝 2，保险丝架 A 上的保险丝 3，保险丝架 A 上的保险丝 5，保险丝架 A 上的保险丝 5

A-蓄电池 B-启动机 C-交流发电机 J293-散热器风扇控制单元 J500-助力转向控制单元 J671-散热器风扇控制单元2 J840-蓄电池调节控制单元 SA2-保险丝架A上的保险丝2 SA3-保险丝架A上的保险丝3 SA5-保险丝架A上的保险丝5 T2h-2芯插头连接 T2p-2芯插头连接 T4e-4芯插头连接，黑色 T4p-4芯插头连接，黑色 K20-正极连接1（30），在散热器风扇导线束中 1-接地带，蓄电池-车身 K20-正极连接 黑色

1122

保险丝架 B

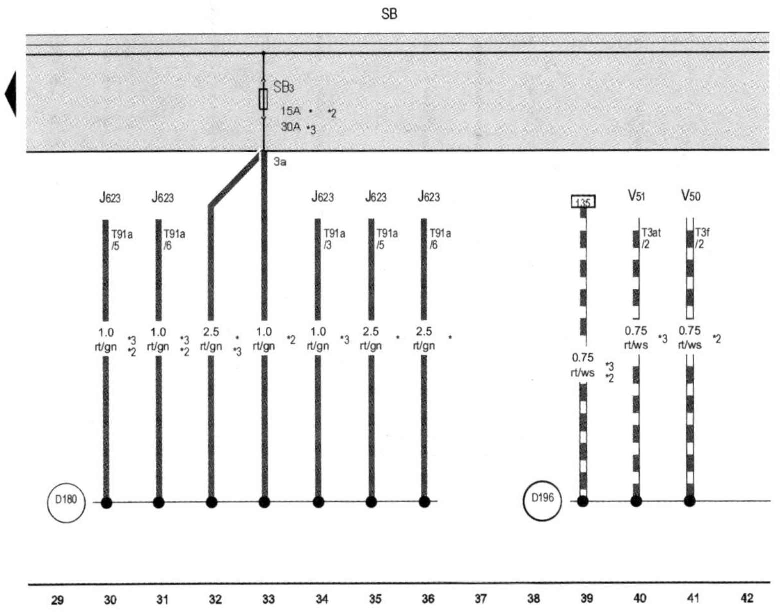

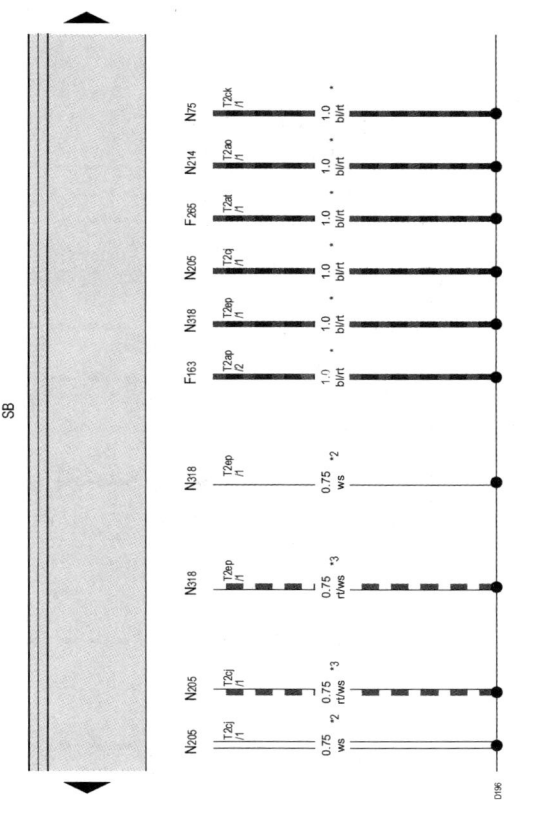

保险丝架 B

图 7-4-229

J623-发动机控制单元 SB-保险丝架B SB3-保险丝架B上的保险丝3 T3at-3芯插头连接，黑色 T3f-3芯插头连接，黑色 D180-连接
插头连接 T91a-91芯插头连接，黑色 V50-冷却液循环泵 V51-冷却液继续补给泵 D180-连接
（87a），在发动机舱导线束中 D196-连接2（87a），在发动机预接线导线束中 *-仅用于带2.5L汽油发动
机的汽车 *2-仅用于带发动机型号代码CUGA的汽车 *3-仅用于带发动机型号代码DBFA的汽车

图 7-4-230

F163-空调器关闭热敏开关 F265-受特性线控制的发动机冷却装置的节温器 N75-增压压力限制电磁阀
N205-凸轮轴调节阀1 N214-冷却液循环阀 N318-排气门凸轮轴调节阀1 SB-保险丝架B T2ao-2芯插头
连接，黑色 T2ap-2芯插头连接，黑色 T2at-2芯插头连接，黑色 T2cj-2芯插头连接，黑色 T2ck-2芯
插头连接，黑色 T2ep-2芯插头连接，黑色 D196-连接2（87a），在发动机预接线导线束中 *-仅用于
带2.5L汽油发动机的汽车 *2-仅用于带发动机型号代码CUGA的汽车 *3-仅用于带发动机型号代码DBFA
的汽车

1123

保险丝架 B

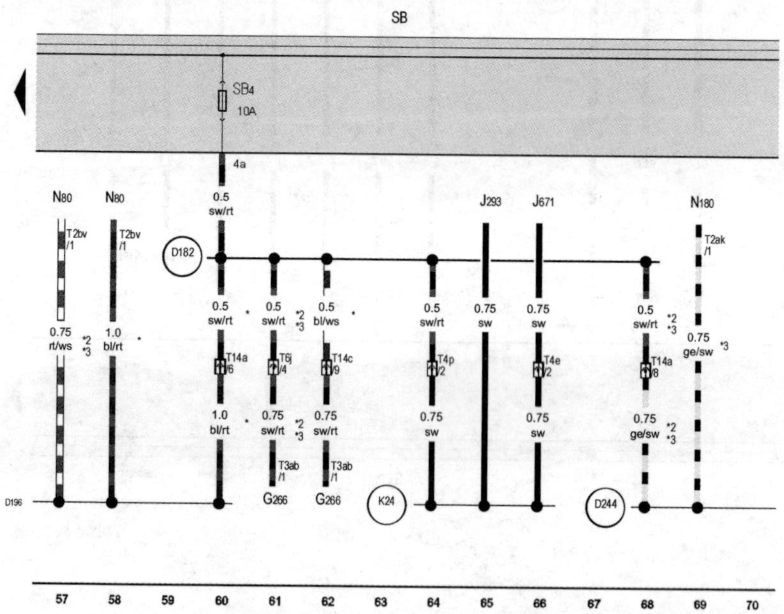

SB

保险丝架 B

SB

图 7-4-232

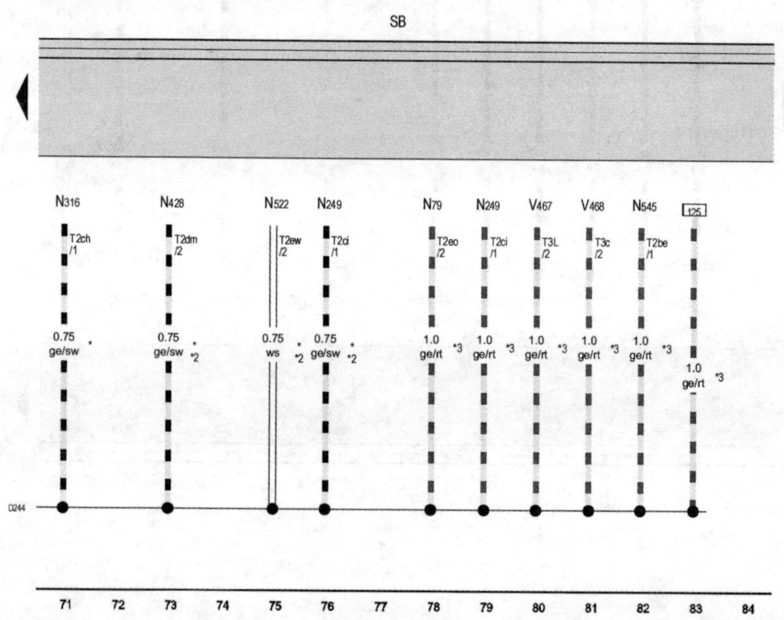

N79-曲轴箱排气加热电阻 N180-转换阀 N249-涡轮增压器循环空气阀 N316-进气歧管风门阀门门节阀 N522-活塞冷却喷嘴控制阀 N545-气缸体冷却液阀 SB-保险丝架B T2be-2芯插头连接，黑色 T2bo-2芯插头连接，黑色 T2ch-2芯插头连接，黑色 T2ci-2芯插头连接，黑色 T2dm-2芯插头连接，黑色 T2eo-2芯插头连接，黑色 T2ew-2芯插头连接，黑色 T3c-3芯插头连接，黑色 T3L-3芯插头连接，黑色 V467-用于高温回路的冷却液泵 V468-用于低温回路的冷却液泵 D244-连接 5 (87a)，在发动机预接线号线束中 *-仅用于带发动机型号代码CUGA的汽车 *2-仅用于带发动机型号代码DBFA的汽车 *3-仅用于带2.5L汽油发动机的汽车

图 7-4-231

G266-机油油位和机油温度传感器 J293-散热器风扇控制单元2 J671-散热器风扇控制单元2 N80-活性炭罐电磁阀1 N180-转换阀 SB-保险丝架B SB4-保险丝架B上的保险丝4 T2ak-2芯插头连接，黑色 T2bv-2芯插头连接，黑色 T3ab-3芯插头连接，黑色 T4e-4芯插头连接，黑色 T4p-4芯插头连接，黑色 T6j-6芯插头连接，发动机舱内左后部，左前纵梁上 T14a-14芯插头连接，左前纵梁上，发动机舱内左后部 T14c-14芯插头连接，灰色 D182-连接3 (87a)，在发动机预接线号线束中 D196-连接2 (87a)，在发动机预接线号线束中 D244-连接5 (87a)，在散热器风扇导线号线束中 K24-连接3，在发动机预接线号线束中 *-仅用于带发动机型号代码DBFA的汽车 *2-仅用于带2.5L汽油发动机的汽车 *3-仅用于带发动机型号代码CUGA的汽车

保险丝架 B

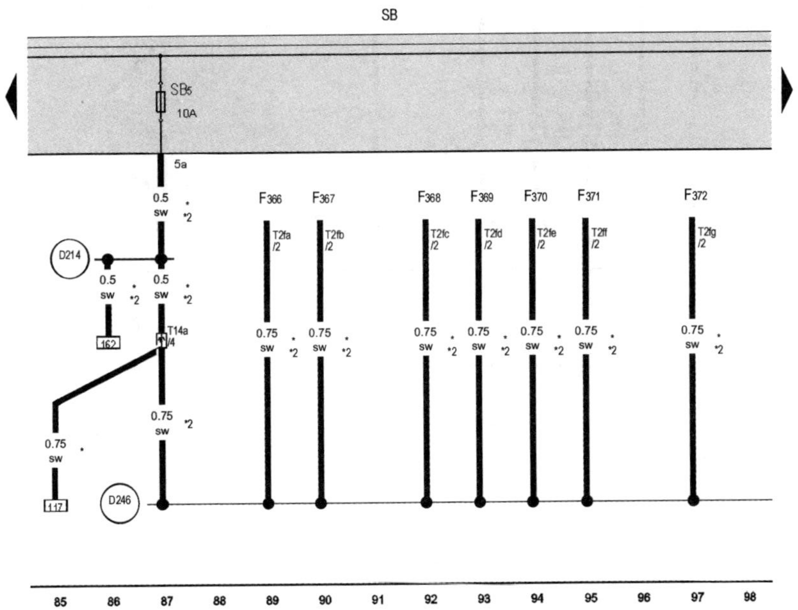

保险丝架 B

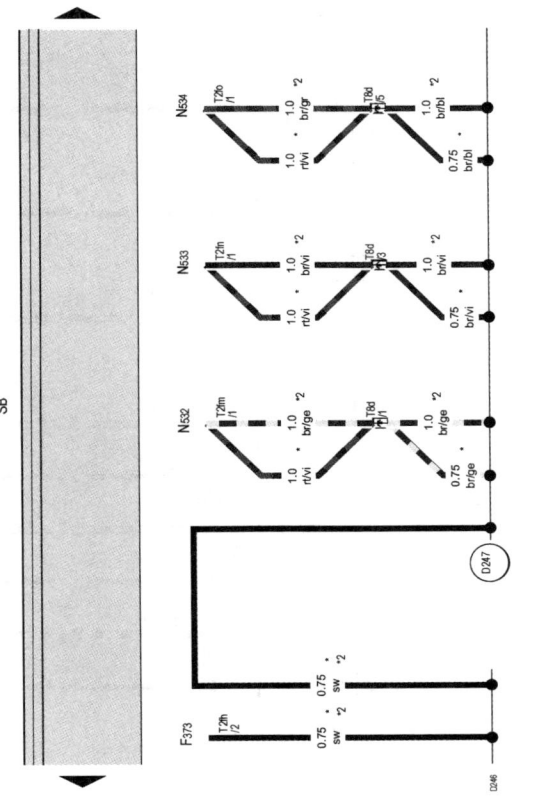

SB

SB

F366-凸轮轴调节元件1 F367-凸轮轴调节元件2 F368-凸轮轴调节元件3 F369-凸轮轴调节元件4 F370-
凸轮轴调节元件5 F371-凸轮轴调节元件6 F372-凸轮轴调节元件7 SB-保险丝架B SB5-保险丝架B 上的保
险丝5 T2fa-2芯插头连接，黑色 T2fb-2芯插头连接，黑色 T2fc-2芯插头连接，黑色 T2fd-2芯插头连
接，黑色 T2fe-2芯插头连接，黑色 T2ff-2芯插头连接，黑色 T2fg-2芯插头连接，黑色 T14a-14芯插
头连接，灰色 D214-连接8（87a），在发动机舱导线束中 D246-连接7（87a），在发动机
预接线导线束中 *-仅用于带发动机型号代码DBFA的汽车 *2-仅用于带发动机型号代码CUGA的汽车

图 7-4-233

F373-凸轮轴调节元件8 N532-气缸1喷油嘴2 N533-气缸2喷油嘴2 N534-气缸3喷油嘴2 SB-保险丝架B
T2fh-2芯插头连接，黑色 T2fm-2芯插头连接，黑色 T2fn-2芯插头连接，黑色 T2fo-2芯插头连接
黑色 T8d-8芯插头连接，发动机上，黑色 D246-连接7（87a），在发动机预接线导线束中 D247-连接8
（87a），在发动机预接线导线束中 *-仅用于带发动机型号代码DBFA的汽车 *2-仅用于带发动机型号代
码CUGA的汽车

图 7-4-234

保险丝架 B

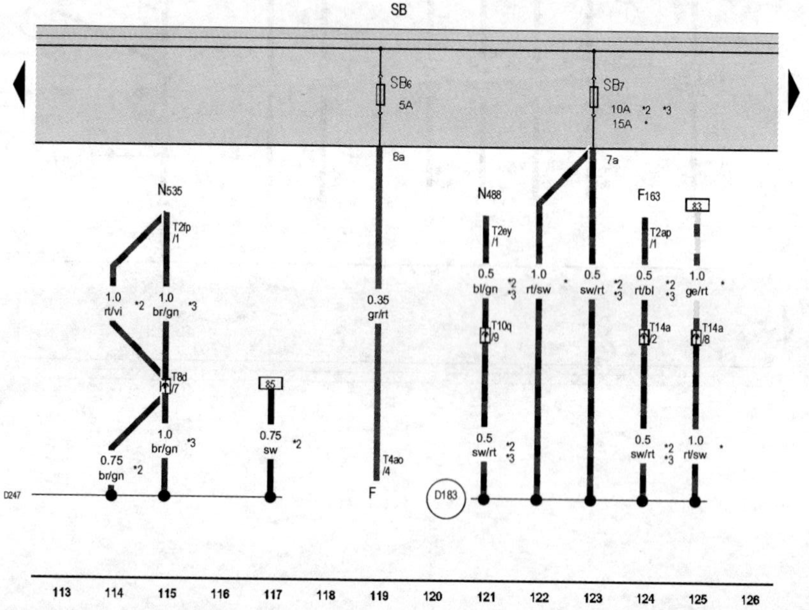

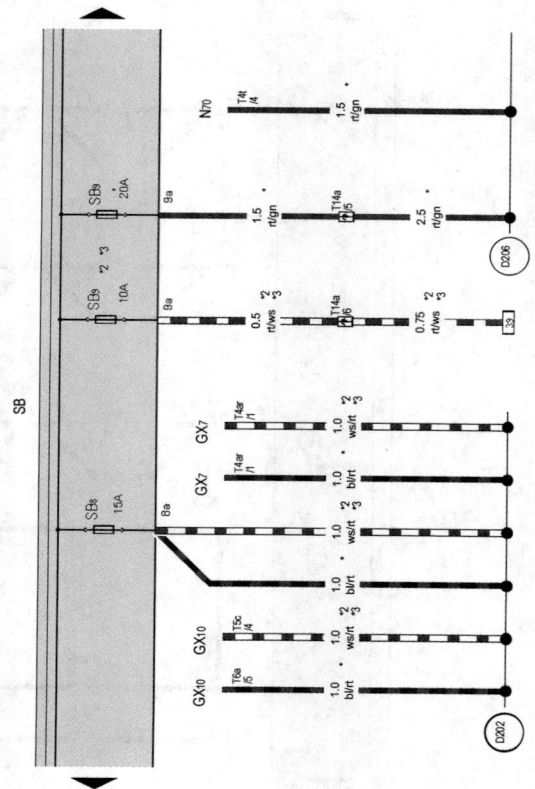

图 7-4-236

GX7-尾气催化净化器后的氧传感器1 GX10-尾气催化净化器前的氧传感器1 N70-带功率输出级的点火线圈1 SB-保险丝架B SB8-保险丝架B上的保险丝9 T4ar-4芯插头连接 SB9-保险丝架B上的保险丝8 T5c-5芯插头连接，黑色 T6a-6芯插头连接，黑色 T14a-14芯插头连接，左 T4t-4芯插头连接，灰色 D202-连接6（87a），在发动机舱导线束中 D206-连接4（87a），在发动机预接线导线 前纵梁上，灰色 束中 *-仅用于带2.5L汽油发动机的汽车 *2-仅用于带发动机型号代码DBFA的汽车 *3-仅用于带发动机 型号代码CUGA的汽车

保险丝架 B

图 7-4-235

F-制动信号灯开关 F163-空调器关闭热敏开关 N488-变速器冷却液阀 N535-气缸4喷油嘴2 SB-保险丝 架B SB6-保险丝架B上的保险丝6 SB7-保险丝架B上的保险丝7 T2ap-2芯插 头连接，黑色 T2fp-2芯插头连接，黑色 T2ey-2芯插 头连接，黑色 T4ao-4芯插头连接，黑色 T8d-8芯插头连接，发动机上， 黑色 T10q-10芯插头连接，左前纵梁上，黑色 T14a-14芯插头连接，左前纵梁上，灰色 D183-连接4 （87a），在发动机预接线导线束中 D247-连接8（87a），在发动机舱导线束中 *-仅用于带2.5L汽油发动机的汽车 *2-仅用于带发动机型号代码DBFA的汽车 *3-仅用于带发动机型号代码CUGA的汽车 机的汽车

双音喇叭继电器，车载电网控制单元，发动机部件供电继电器，保险丝架 B

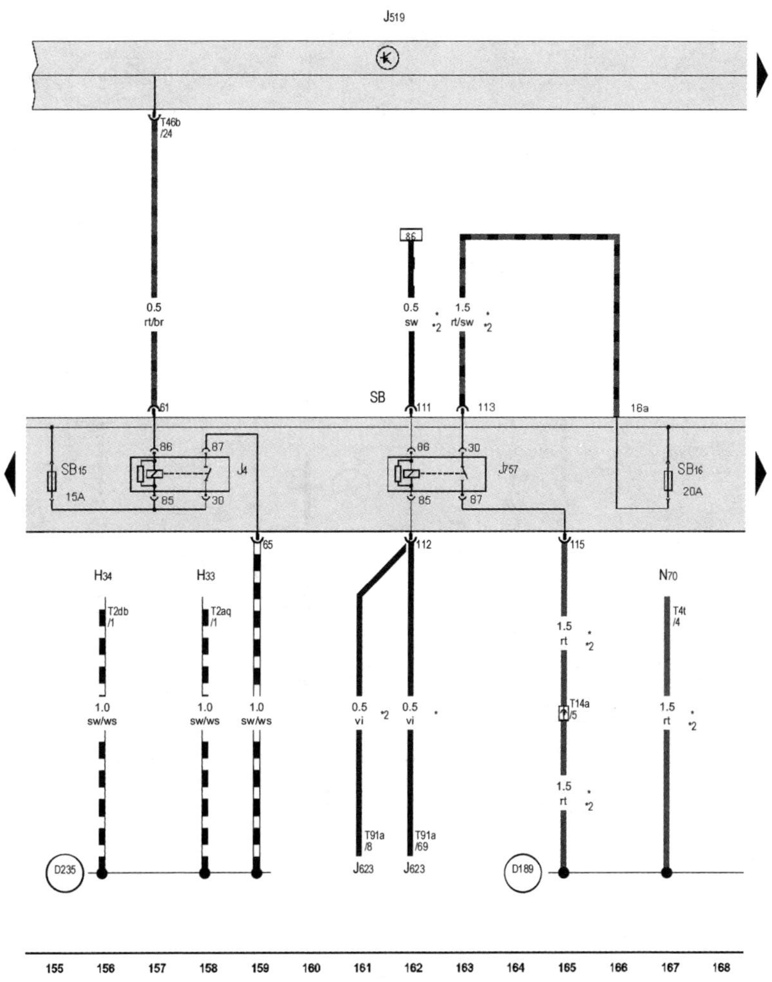

保险丝架 B

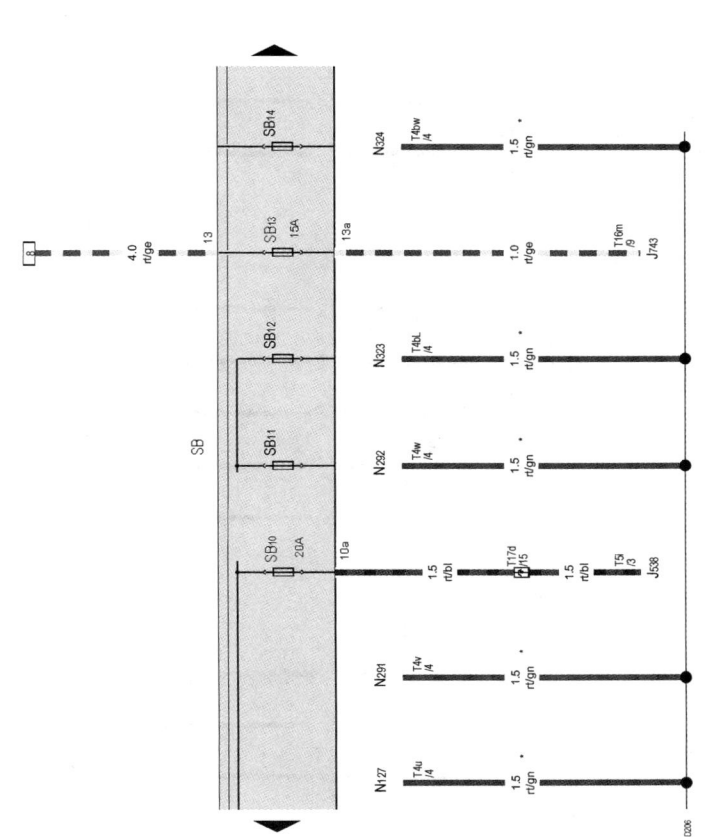

H33-左侧信号喇叭、H34-右侧信号喇叭、J4-双音喇叭继电器、J519-车载电网控制单元、J623-发动机控制单元、J757-发动机部件供电继电器、N70-带功率输出级的点火线圈1、SB15-保险丝架B上的保险丝15、SB16-保险丝架B上的保险丝16、T2aq-2芯插头连接、黑色 T2db-2芯插头连接、黑色 T4t-4芯插头连接、黑色 T14a-14芯插头连接、T46b-46芯插头连接、灰色 T91a-91芯插头连接，黑色 D189-连接（87a），在发动机纵梁上、左侧A柱下头插头连接，黑色 D235-连接（双音喇叭），在发动机舱号、线束中 *-仅用于带发动机型号代码DBFA的汽车 *2-仅用于带发动机型号代码CUGA的汽车

图 7-4-238

J538-燃油泵控制单元、J743-双离合器变速器机电装置 N127-带功率输出级的点火线圈2 N291-带功率输出级的点火线圈3 N292-带功率输出级的点火线圈4 N323-带功率输出级的点火线圈5 N324-带功率输出级的点火线圈6 SB-保险丝架B SB10-保险丝架B上的保险丝10 SB11-保险丝架B上的保险丝11 SB12-保险丝架B上的保险丝12 SB13-保险丝架B上的保险丝13 SB14-保险丝架B上的保险丝14 T4bL-4芯插头连接、T4bw-4芯插头连接，黑色 T4u-4芯插头连接，黑色 T4w-4芯插头连接，黑色 T17d-17芯插头连接，左侧A住下部，黑色 T5i-5芯插头连接，黑色 T16m-16芯插头连接，黑色 D206-连接4（87a），在发动机预接线导线束中 *-仅用于带2.5L汽油发动机的汽车

图 7-4-237

1127

车载电网控制单元，保险丝架 B

J519

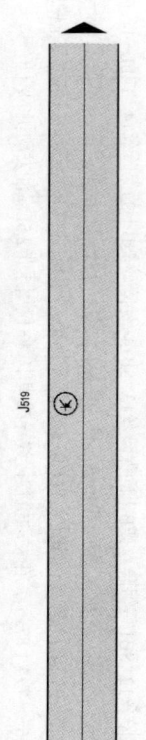

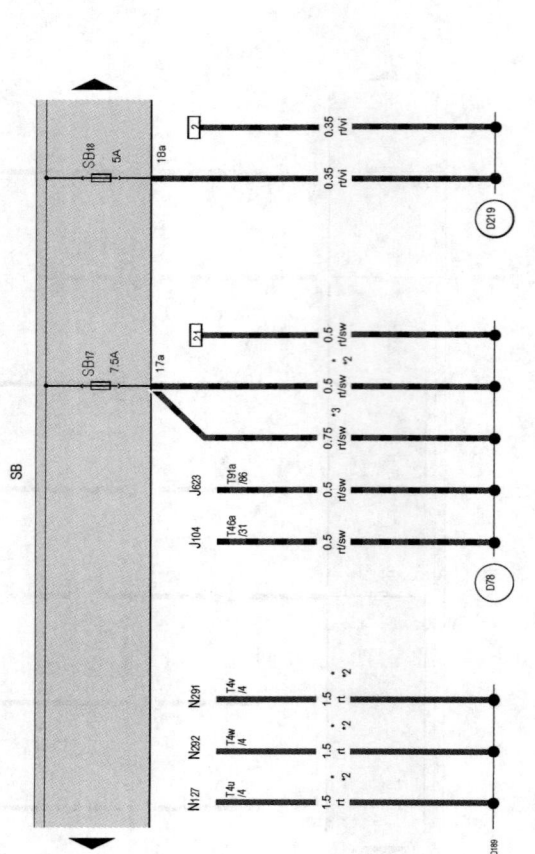

图 7-4-239

J104 –ABS 控制单元 J519–车载电网控制单元 J623–发动机控制单元 N127–带功率输出级的点火线圈2 N291–带功率输出级的点火线圈3 N292–带功率输出级的点火线圈4 SB–保险丝架B SB17–保险丝架B上的保险丝17 SB18–保险丝架B上的保险丝18 T4u–4芯插头连接，黑色 T4v–4芯插头连接，黑色 T4w–4芯插头连接，黑色 T46a–46芯插头连接，黑色 T91a–91芯插头连接，黑色 T91a–91芯插头连接 D78–正极连接 7（30a），在发动机舱导线束中 D189–连接（87a），在发动机顶搁线导线束中 D219–正极连接2（30a），在发动机舱导线束中 *–仅用于带发动机型号代码DBFA的汽车 *2–仅用于带发动机型号代码CUGA的汽车 *3–仅用于带2.5L汽油发动机的汽车

刮水器电机继电器 1，刮水器电机继电器 2，车载电网控制单元，保险丝架 B

J519

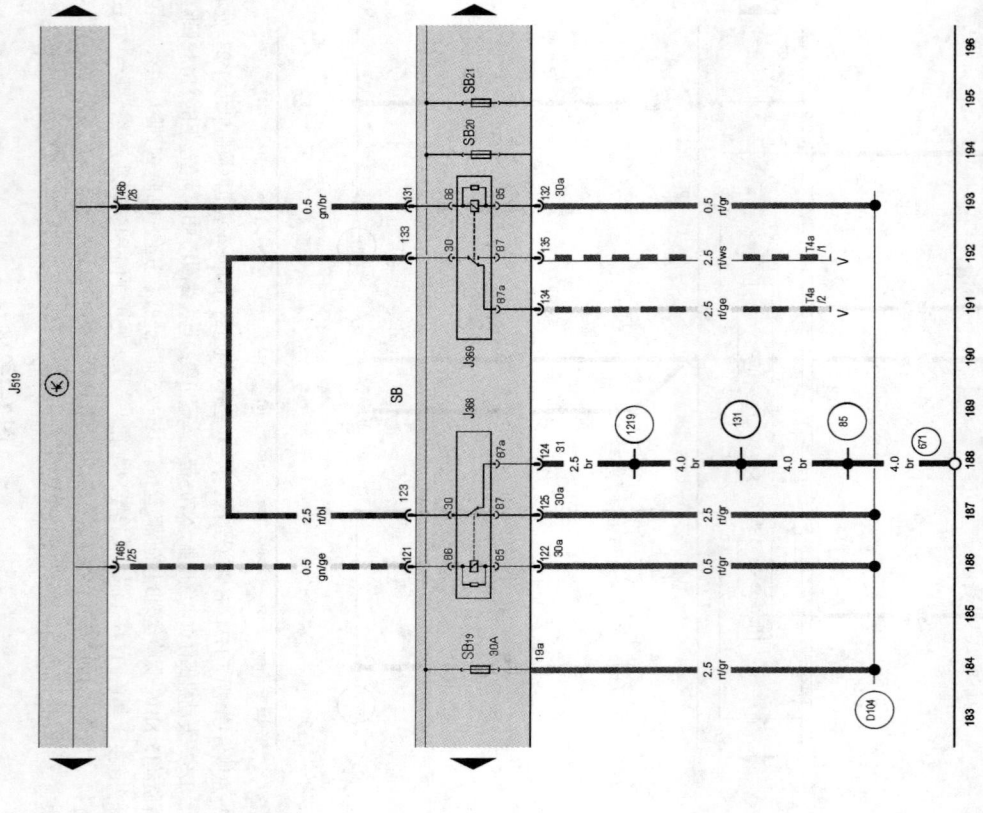

图 7-4-240

J368–刮水器电机继电器1 J369–刮水器电机继电器2 J519–车载电网控制单元 SB–保险丝架B SB19–保险丝架B上的保险丝19 SB20–保险丝架B上的保险丝20 SB21–保险丝架B上的保险丝21 T4a–4芯插头连接，在发动机舱导线束中 131–黑色 T46b–46芯插头连接1，在发动机舱导线束中 85–接地连接1，在发动机舱导线束中 V–车窗玻璃刮水器电机 671–左前纵梁上的接地点1 1219–接地连接12，在发动机舱导线束中 接地连接2，在发动机舱导线束中 D104–正极连接2（30a），在发动机舱导线束中

1128

车载电网控制单元，启动机继电器 1，启动机继电器 2，保险丝架 B

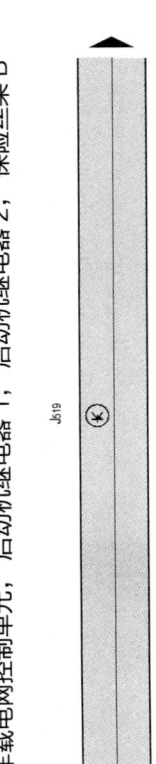
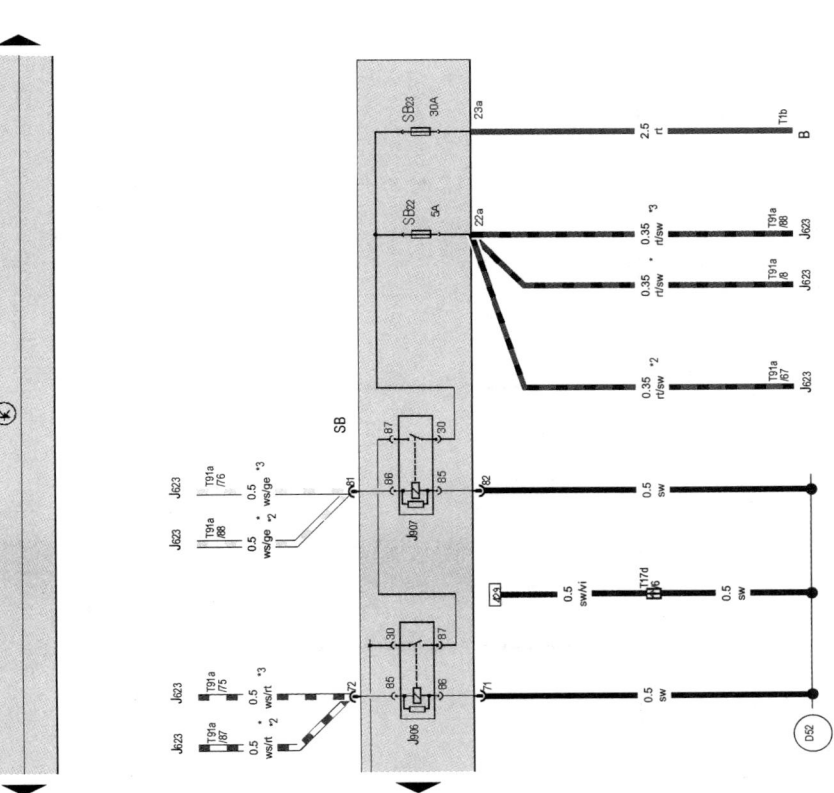

图7-4-241

B-启动机 J519-车载电网控制单元 J623-发动机控制单元 J906-启动机继电器1 J907-启动机继电器2
SB-保险丝架B SB22-保险丝架B上的保险丝22 SB23-保险丝架B上的保险丝23 T1b-1芯插头连接，黑色
T17d-17芯插头连接，左侧A柱下部，蓝色 T91a-91芯插头连接，黑色 D52-正极连接，黑色 *2-仅用于带发动机型号代码DBFA的汽车 *3-
机舱导线束中 *-仅用于带发动机型号代码CUGA的汽车 *2-仅用于带发动机型号代码DBFA的汽车 *3-
仅用于带2.5L汽油发动机的汽车

车载电网控制单元，保险丝架 C

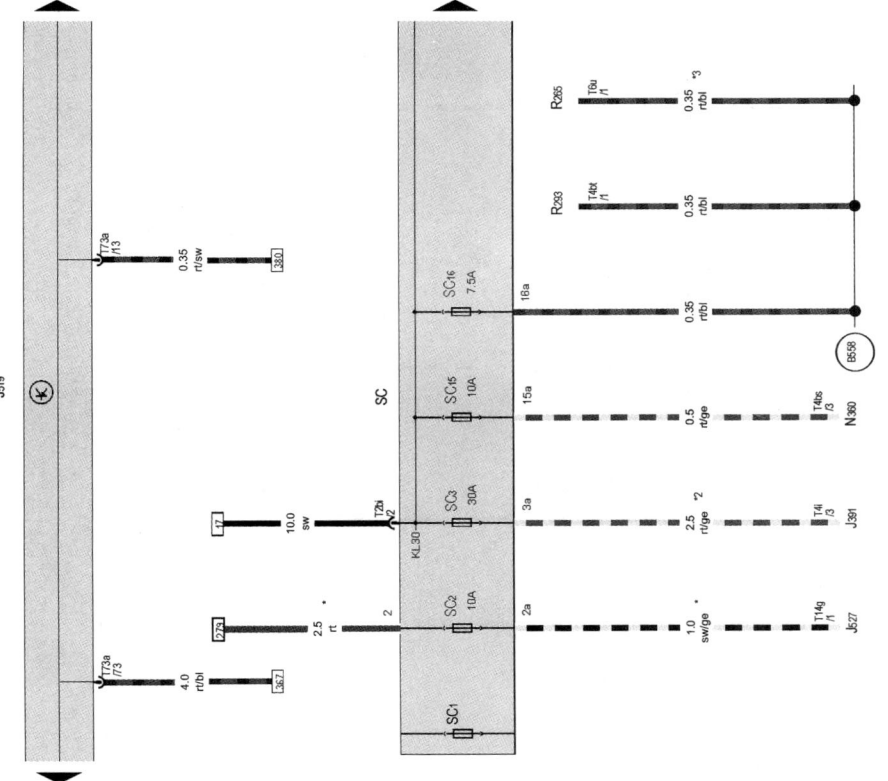

图7-4-242

J391-后部新鲜空气鼓风机控制单元 J519-车载电网控制单元 J527-转向柱电子装置控制单元 N360-转向
柱联锁执行元件 R265-带移动电话接口的储物箱 R293-USB分线器 SC-保险丝架C SC1-保险丝架C
上的保险丝1 SC2-保险丝架C上的保险丝2 SC3-保险丝架C上的保险丝3 SC15-保险丝架C上的保险丝15
SC16-保险丝架C上的保险丝16 T2bi-2芯插头连接 T4bs-4芯插头连接，黑色 T4bt-4芯插头连
接，红色 T4i-4芯插头连接，黑色 T6u-6芯插头连接 T14g-14芯插头连接，黑色 T73a-73芯插
头连接，黑色 B558-正极连接22（30a），在主导线束中 *-仅用于带可加热式方向盘的汽车 *2-仅用于
后部带有全自动空调操作与显示单元的汽车 *3-仅用于带电话充电座的汽车

1129

车载电网控制单元，保险丝架 C

J519

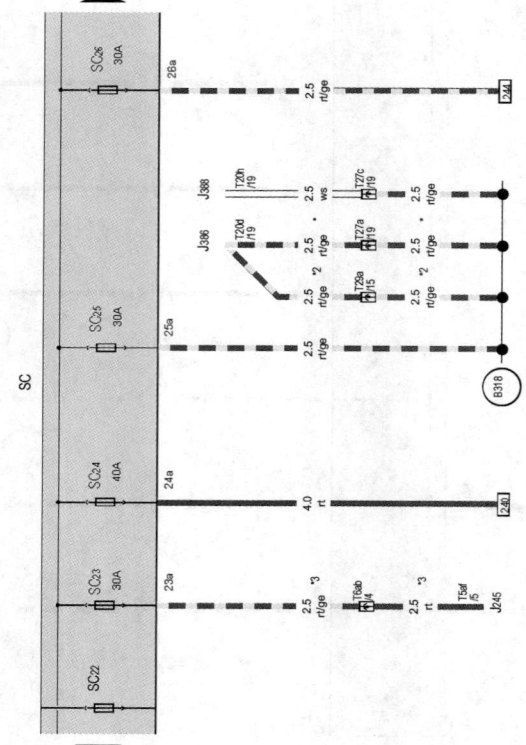

SC

SC26 30A
26a
2.5 rt/ge
244

SC25 30A
25a
2.5 rt/ge
246

J388
T20h /19
2.5 ws
J386
T20d /19
2.5 *2 rt/ge
T28a /15
2.5 *2 rt/ge

T27c /19
2.5 rt/ge
T27a /19
2.5 rt/ge
T27a /19
2.5 rt/ge
B318

SC24 40A
24a
4.0 rt
260

SC23 30A
23a
2.5 rt/ge
T6ab /4
2.5 rt
T5af /5
J245

SC22

T73a /1
2.5 rt/ge
251

T73a /66
4.0 rt
263

239 240 241 242 243 244 245 246 247 248 249 250 251 252

J245-滑动天窗控制单元 J386-驾驶员车门控制单元 J388-左后车门控制单元 J519-车载电网控制单元 J928-周围环境摄像机控制单元 J965-进入及启动系统接口 KX2-组合仪表 R246-后部周围环境摄像机 SC-保险丝架C SC17-保险丝架C上的保险丝17 SC18-保险丝架C上的保险丝18 SC19-保险丝架C上的保险丝19 SC20-保险丝架C上的保险丝20 SC21-保险丝架C上的保险丝21 SC22-保险丝架C上的保险丝22 SC23-保险丝架C上的保险丝23 SC24-保险丝架C上的保险丝24 SC25-保险丝架C上的保险丝25 SC26-保险丝架C上的保险丝26 T5af-5芯插头连接，黑色 T6ab-6芯插头连接，前部车内照明灯附近，黑色 T20d-20芯插头连接，黑色 T20h-20芯插头连接，黑色 T27a-27芯插头连接，左侧A柱上，黑色 T27c-27芯插头连接，左侧A柱上，黑色 T28a-15芯插头连接，左侧B柱上，黑色 T29a-29芯插头连接，左侧A柱上，白色 T73a-73芯插头连接，在主导线束中 B318-正极连接4（30a），在主导线束中 *-仅用于带全景滑动天窗的汽车 *2-仅用于带周围环境摄像机的汽车 *3-仅用于带全景滑动天窗的汽车 不带周围环境摄像机的汽车

图 7-4-244

车载电网控制单元，保险丝架 C

J519

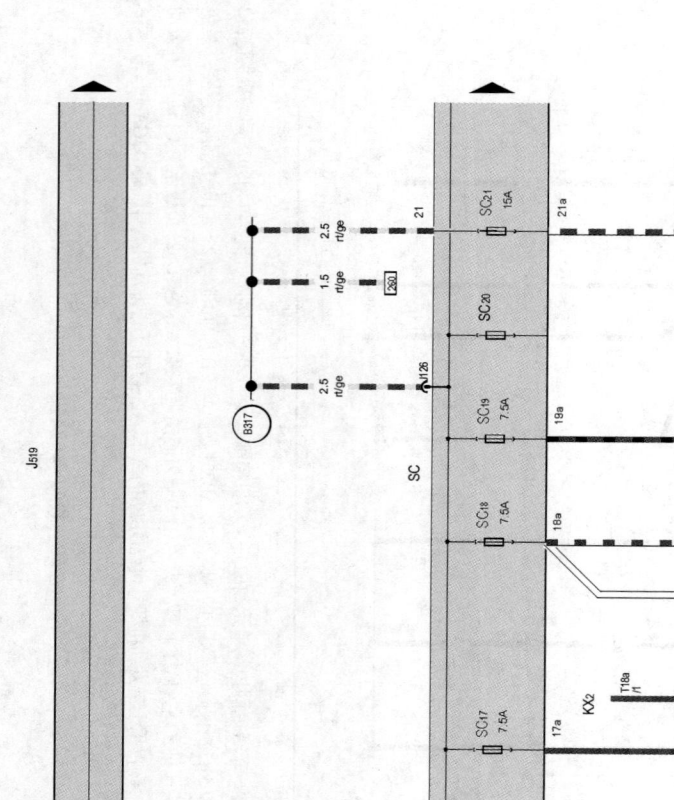

SC

B317
2.5 rt/ge
21
21
2.5 rt/ge
1.5 rt/ge
260
2.5 rt/ge
N126

SC21 15A
21a
1.0 rt/ws *2
T8z /3
J492

SC20
SC19 7.5A
19a
0.35 gr/sw
T40a /30
J965

SC18 7.5A
18a
0.5 ws/rt *3
T16d /11
J928
0.5 ws
T8y /1
R246

SC17 7.5A
17a
KX2
T18a /1
0.35 rt/gr
0.35 rt/gr
B557

225 226 227 228 229 230 231 232 233 234 235 236 237 238

J492-全轮驱动控制单元 J519-车载电网控制单元 J928-周围环境摄像机控制单元 J965-进入及启动系统接口 KX2-组合仪表 R246-后部周围环境摄像机 SC-保险丝架C SC17-保险丝架C上的保险丝17 SC18-保险丝架C上的保险丝18 SC19-保险丝架C上的保险丝19 SC20-保险丝架C上的保险丝20 SC21-保险丝架C上的保险丝21 T8y-8芯插头连接，黑色 T8z-8芯插头连接，黑色 T16d-18芯插头连接，黑色 T18a-18芯插头连接，黑色 T40a-40芯插头连接，黑色 B317-正极连接3（30a），在主导线束中 B557-正极连接21（30a），在主导线束中 *-仅用于带倒车摄像机的汽车 *2-仅用于带全轮驱动系统的汽车 *3-仅用于带周围环境摄像机的汽车

图 7-4-243

1130

保险丝架 C

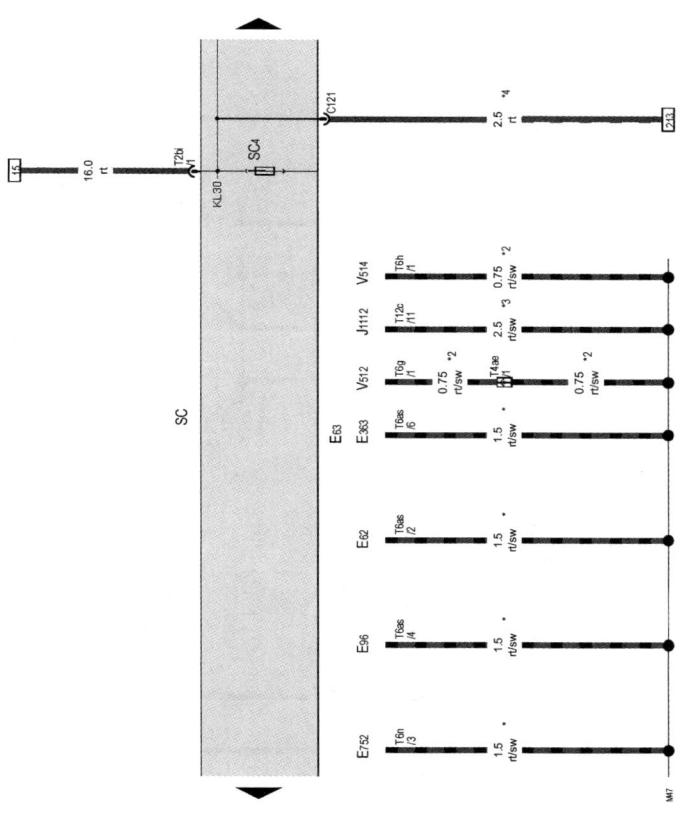

E62-驾驶员座椅的前部高度调节开关　E63-驾驶员座椅的后部高度调节开关　E96-驾驶员座椅靠背调节开关　E752-左前侧腰部支撑调节开关　J1112-左前座椅控制单元　SC-保险丝架C　SC4-保险丝架C上的保险丝4　T2bi-2芯插头连接　T4ae-4芯插头连接，驾驶员座椅内，白色　T6as-6芯插头连接，黑色　T6g-6芯插头连接，黑色　T6h-6芯插头连接，黑色　T6n-6芯插头连接，黑色　T12c-12芯插头连接，黑色　V512-左前部座椅靠背风扇1　V514-左前部座椅通风扇1　M47-连接7，在驾驶员侧座椅导线束中　*-仅用于不带记忆功能的汽车　*2-仅用于带座椅通风功能的汽车　*3-仅用于带电动座椅调节和记忆功能的汽车　*4-仅用于带可加热式方向盘的汽车

图7-4-246

车载电网控制单元，保险丝架 C

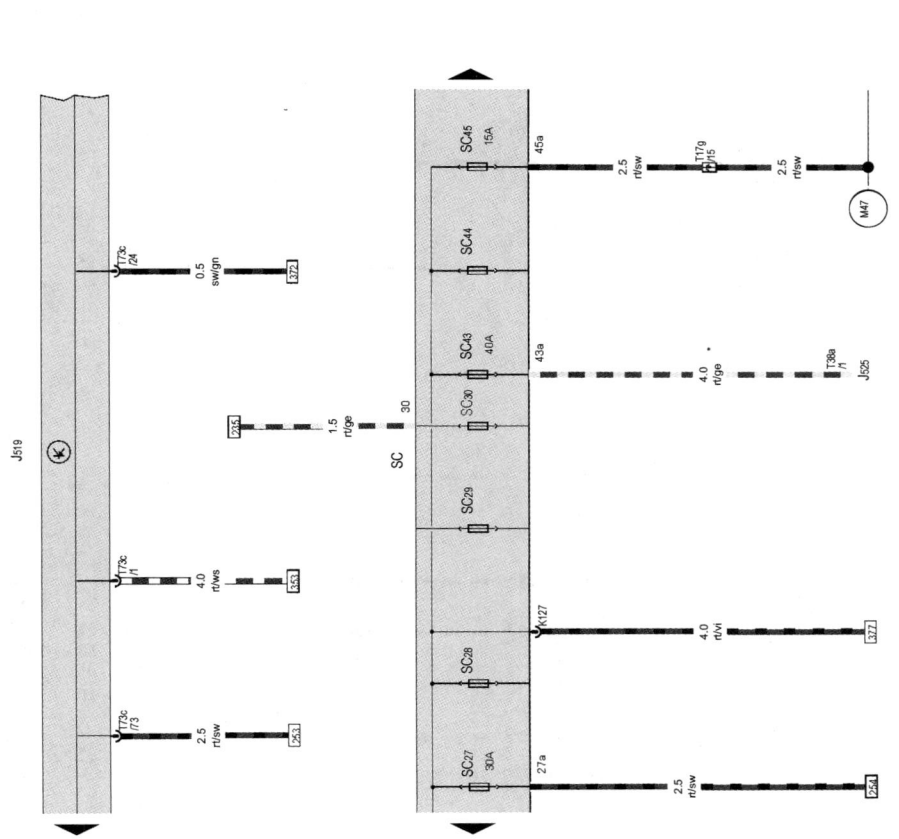

J519-车载电网控制单元　J525-数字式声音处理系统控制单元　SC-保险丝架C　SC27-保险丝架C上的保险丝27　SC28-保险丝架C上的保险丝28　SC29-保险丝架C上的保险丝29　SC30-保险丝架C上的保险丝30　SC43-保险丝架C上的保险丝43　SC44-保险丝架C上的保险丝44　SC45-保险丝架C上的保险丝45　T17g-17芯插头连接，驾驶员座椅下方，红色　T38a-38芯插头连接，黑色　T73c-73芯插头连接，黑色　M47-连接7，在驾驶员侧座椅导线束中　*-仅适用于带了音响系统的汽车

图7-4-245

1131

插座继电器，保险丝架 C，插座 1 保险丝

空调器继电器，保险丝架 C

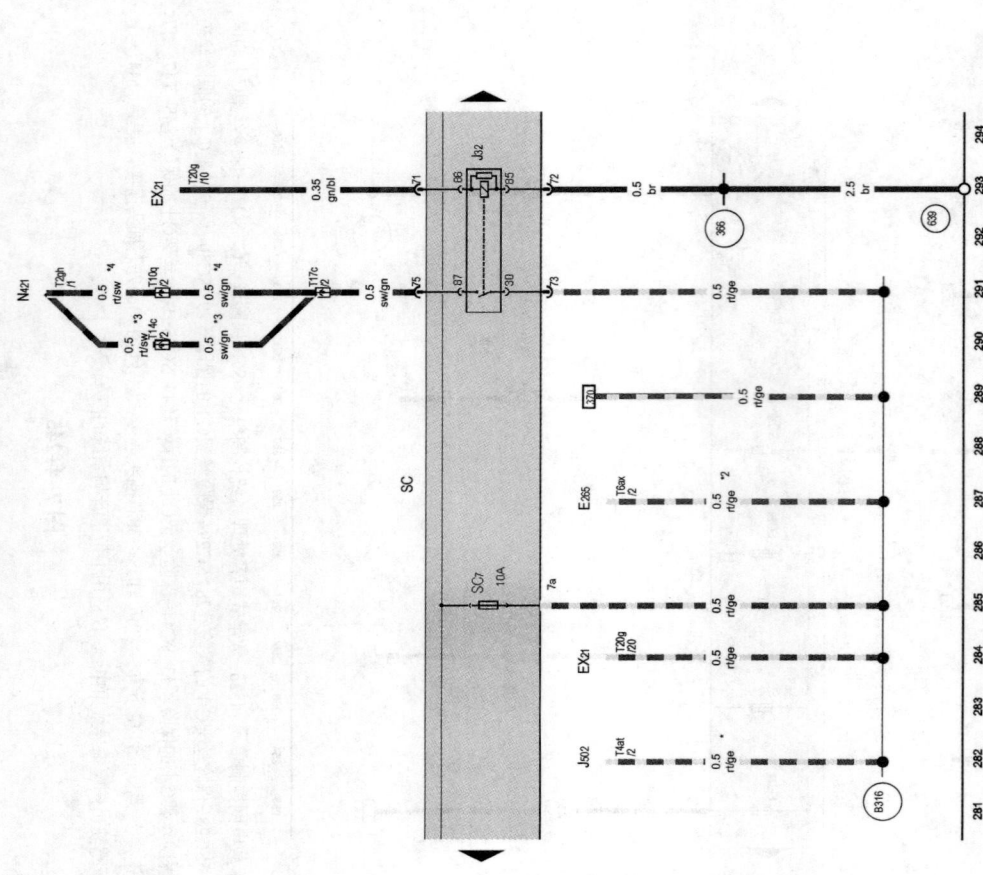

图 7-4-248

图 7-4-247

J807-插座继电器 SC-保险丝架 C SC40-保险丝架 C 上的保险丝 40 S184-插座 1 保险丝 T2cp-2芯插头连接 T2cr-2芯插头连接 保险丝 T3ac-3芯插头连接，蓝色 T2ac-3芯插头连接，白色 T3ah-3芯插头连接，红色 T4bu-4芯插头连接，棕色 T4bv-4芯插头连接 T4bw-4芯插头连接 U5-12V插座 U18-12V插座2 U22-视频插座 U37-USB充电插座 U43-视频插座1 U22-视频插座1 B465-连接 棕色 U5-12V插座 U18-12V插座2 U22-视频插座2 U37-USB充电插座 U43-视频插座装置 1，在主导线束中 B466-连接2，在主导线束中 B467-连接3，在主导线束中 *-仅用于带后座区娱乐装置 (RSE) 适配装置的汽车

EX21-暖风/空调操作 E265-后部空调操作和显示单元 J32-空调器继电器 J502-轮胎压力监控控制单元 N421-压缩机电磁离合器 SC-保险丝架 C SC7-保险丝架 C 上的保险丝7 T2gh-2芯插头连接，黑色 T4at-4芯插头连接，灰色 T6ax-6芯插头连接 T10q-10芯插头连接，左前纵梁上，黑色 T14c-14芯插头连接，左前纵梁上，黑色 T17c-17芯插头连接，左侧A柱下部，红色 T20g-20芯插头连接，黑色 366-接地连接 639-左A柱上的接地点 B316-正极连接2 (30a)，在主导线束中 *2-仅用于后部带有全自动空调操作与显示单元的汽车 *3-仅用于带轮胎充气压力监控的汽车 *4-仅用于带2.0L发动机的汽车 带2.5L汽油发动机的汽车

1132

保险丝架 C

保险丝架 C

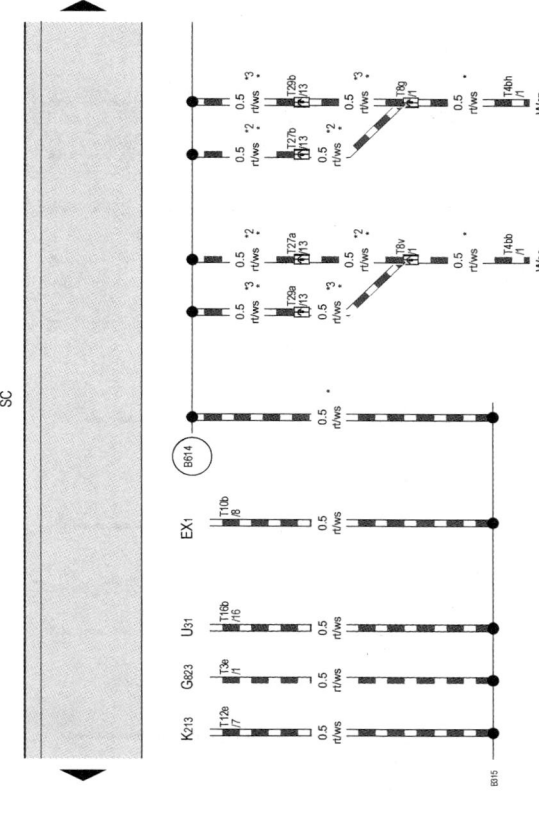

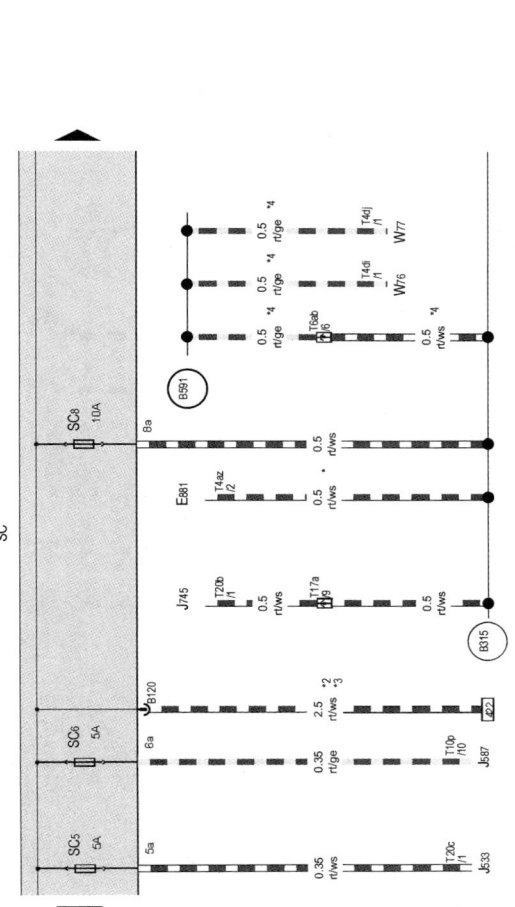

图 7-4-249

图 7-4-250

E881-驾驶模式选择操纵单元 J533-数据总线诊断接口 J587-换挡杆传感器控制单元 J745-弯道灯和大灯照明距离调节控制单元 SC-保险丝架 C SC5-保险丝架 C 上的保险丝 5 SC6-保险丝架 C 上的保险丝 6 SC8-保险丝架 C 上的保险丝 8 T4az-4芯插头连接，黑色 T4di-4芯插头连接，黑色 T4dj-4芯插头连接，黑色 T6ab-6芯插头连接，前部车内照明灯附近，黑色 T10p-10芯插头连接，黑色 T17a-17芯插头连接，左侧 A 柱下部，黑色 T20b-20芯插头连接，棕色 T20c-20芯插头连接，黑色 W76-左侧车顶背景照明灯泡 W77-右侧车顶背景照明灯泡 B315-正极连接1 (30a)，在主导线束中 B591-正极连接1 (30a)，在主导线束中减振系统的汽车 *-仅用于带顶背景照明的汽车 *2-仅用于带有电控调节减振系统的汽车 *3-仅用于带逆变器的汽车 *4-仅用于带全景精动天窗的汽车

EX1-车灯旋转开关 G823-空气湿度、雨水与光线识别传感器 K213-机电式驻车制动器指示灯 SC-保险丝架 C T3e-3芯插头连接，黑色 T4bb-4芯插头连接，黑色 T4bh-4芯插头连接，黑色 T8g-8芯插头连接，副驾驶员侧车门内，红色 T8v-8芯插头连接，在驾驶员侧车门内，黑色 T10b-10芯插头连接，红色 T12e-12芯插头连接，黑色 T16b-16芯插头连接，黑色 T27a-27芯插头连接，左侧 A 柱上，黑色 T27b-27芯插头连接，右侧 A 柱上，黑色 T29a-29芯插头连接，左侧 A 柱上，白色 T29b-29芯插头连接，右侧 A 柱上，黑色 U31-诊断接口 W86-驾驶员侧车门背景照明灯 W87-副驾驶员侧车门背景照明灯 B614-正极连接23 (30a)，在主导线束中 *-仅用于带多色氛围灯的汽车 *2-仅用于不带同围环境摄像机的汽车 *3-仅用于带同围环境摄像机的汽车

1133

保险丝架 C

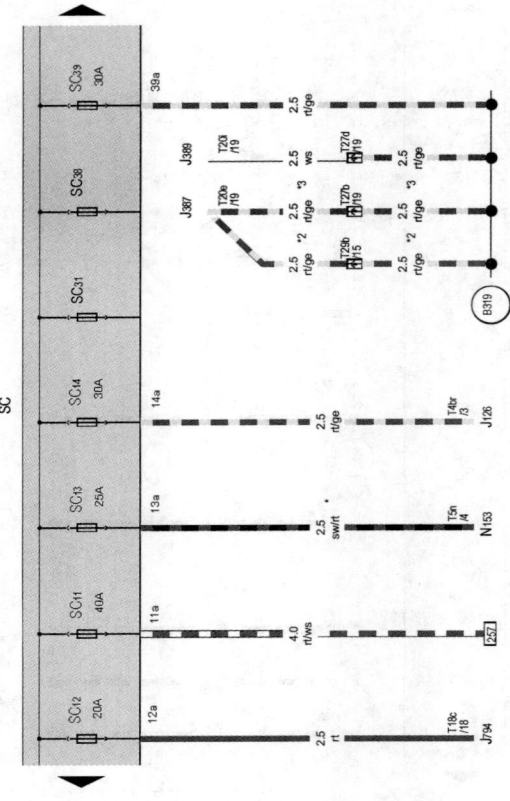

图 7-4-252

保险丝架 C

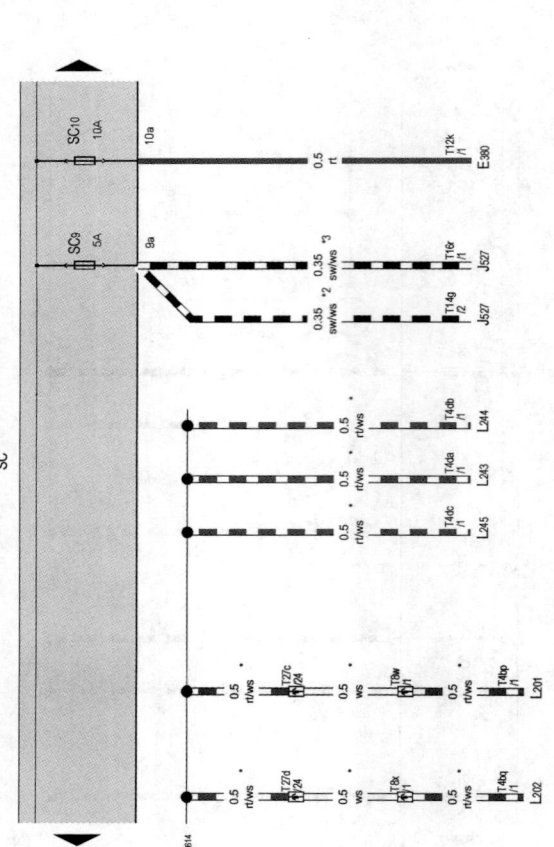

图 7-4-251

J126-新鲜空气鼓风机控制单元 J387-副驾驶员侧车门控制单元 J389-右后车门控制单元 J794-电子通信信息设备1控制单元 N153-驾驶员侧安全带拉紧器引爆装置1 SC-保险丝架C SC11-保险丝架C上的保险丝11 SC12-保险丝架C上的保险丝12 SC13-保险丝架C上的保险丝13 SC14-保险丝架C上的保险丝14 SC31-保险丝架C上的保险丝31 SC38-保险丝架C上的保险丝38 SC39-保险丝架C上的保险丝39 T4br-4芯插头连接,黑色 T5n-5芯插头连接,白色 T18c-18芯插头连接 T20e-20芯插头连接,黑色 T20n-20芯插头连接,黑色 T27b-27芯插头连接,右侧 B柱上,黑色 T27d-27芯插头连接,右侧 A柱上,黑色 B319-正极连接5(30a),在主导线束中 *2-仅用于带周围环境摄像机的汽车 *3-仅用于不带周围环境摄像机的汽车 逆安全带拉紧器装置的汽车

E380-多媒体系统操作单元 J527-转向柱电子装置控制单元 L201-左后车门背景照明灯1 L202-右后车门背景照明灯1 L243-仪表板轮廓照明灯1 L244-仪表板轮廓照明灯2 L245-仪表板轮廓照明灯3 SC-保险丝架C SC9-保险丝架C上的保险丝9 SC10-保险丝架C上的保险丝10 T4bp-4芯插头连接,黑色 T4bq-4芯插头连接,黑色 T4da-4芯插头连接,黑色 T4db-4芯插头连接,黑色 T4dc-4芯插头连接,黑色 T8w-8芯插头连接,在左后车门内,黑色 T8x-8芯插头连接,在右后车门内,黑色 T12k-12芯插头连接,黑色 T14g-14芯插头连接,黑色 T16r-16芯插头连接,黑色 T27c-27芯插头连接,左侧B柱上,黑色 T27d-27芯插头连接,右侧B柱上,黑色 B614-正极连接23(30a),在主导线束中 *2-仅用于带多色氛围灯的汽车 *3-仅用于带可加热式方向盘的汽车

可加热后窗玻璃继电器，调幅（AM）滤波器，正导线中的调频频率滤波器，保险丝架 C

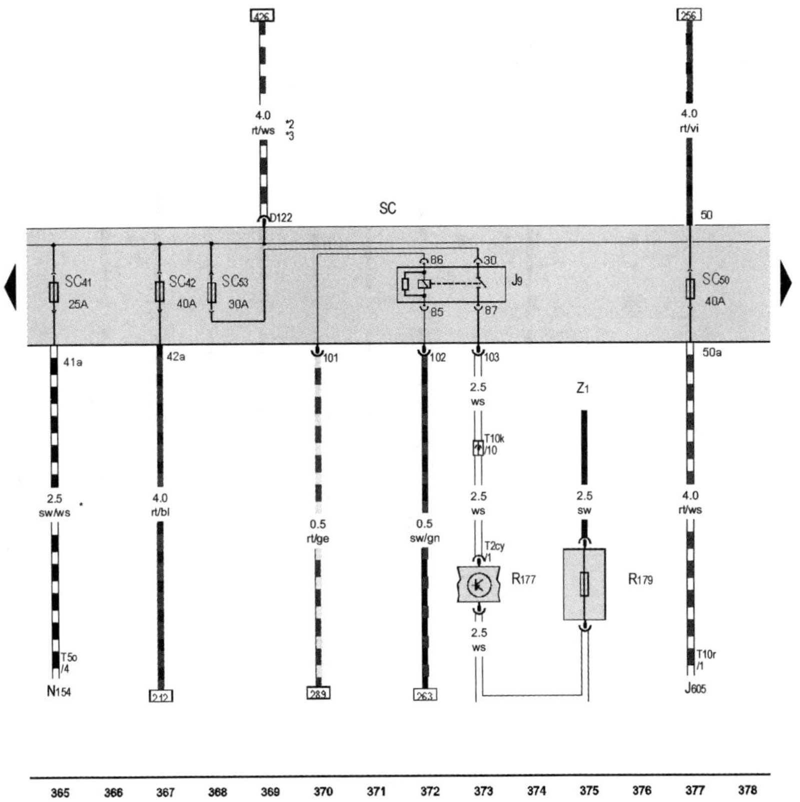

接线端 15 供电继电器，保险丝架 C

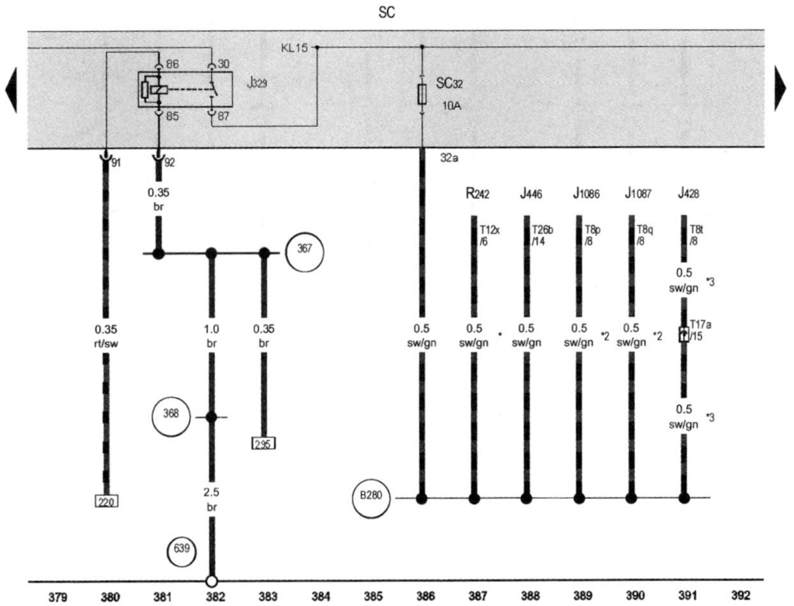

J9-可加热后窗玻璃继电器 J605-行李箱盖控制单元 N154-副驾驶员侧安全带拉紧器引爆装置1 R177-调幅（AM）滤波器 R179-正导线中的调频频率滤波器 SC-保险丝架C SC41-保险丝架C上的保险丝41 SC42-保险丝架C上的保险丝42 SC50-保险丝架C上的保险丝50 SC53-保险丝架C上的保险丝53 T2cy-2芯插头连接，黑色 T5o-5芯插头连接，白色 T10k-10芯插头连接，棕色 T10r-10芯插头连接，黑色 Z1-可加热式后窗玻璃 *-仅用于带可逆安全带拉紧器的汽车 *2-仅用于带驾驶员座椅加热的汽车 *3-仅用于带副驾驶员侧座椅加热调节的汽车

图7-4-253

J329-接线端15供电继电器 J428-车距调节控制单元 J446-泊车雷达系统控制单元 J1086-盲区识别控制单元 J1087-盲区识别控制单元2 R242-驾驶员辅助系统的前部摄像机 SC-保险丝架C SC32-保险丝架C上的保险丝32 T8p-8芯插头连接，黑色 T8q-8芯插头连接，黑色 T8t-8芯插头连接，黑色 T12x-12芯插头连接，黑色 T17a-17芯插头连接，黑色 T26b-26芯插头连接，黑色 367-接地连接2，在主导线束中 368-接地连接3，在主导线束中 639-左A柱上的接地点 B280-正极连接4（15a），在主导线束中 *-仅用于带驾驶员道路辅助保持辅助系统的汽车 *2-仅用于带特殊装备的汽车 *3-仅用于带自动车距控制（ADR）的汽车

图7-4-254

保险丝架 C

SC

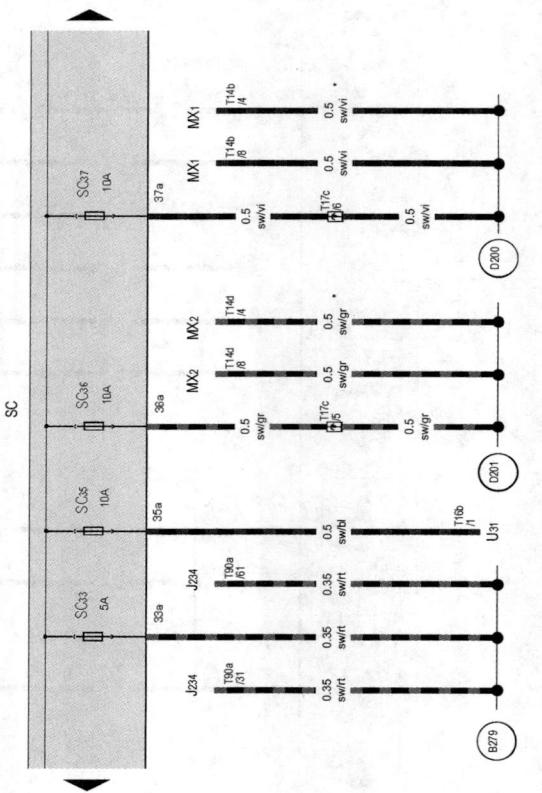

SC37 10A
SC36 10A
SC35 10A
SC33 5A

407	408	409	410	411	412	413	414	415	416	417	418	419	420

J234-安全气囊控制单元　MX1-左前大灯　MX2-右前大灯　SC-保险丝架C　SC33-保险丝架C上的保险丝33　SC35-保险丝架C上的保险丝35　SC36-保险丝架C上的保险丝36　SC37-保险丝架C上的保险丝37　T14b-14芯插头连接，黑色　T14d-14芯插头连接，黑色　T16b-16芯插头连接，黑色　T17c-17芯插头连接，黑色　U31-诊断接口　B279-正极连接3（15a），在主导线束中　D200-正极连接3（15a），在发动机舱导线束中　D201-正极连接4（15a），在发动机舱导线束中　T90a-90芯插头连接，黄色　T90a-90芯插头连接，红色　左侧A柱下部，*-仅用于带High-Line大灯的汽车

图 7-4-256

保险丝架 C

SC

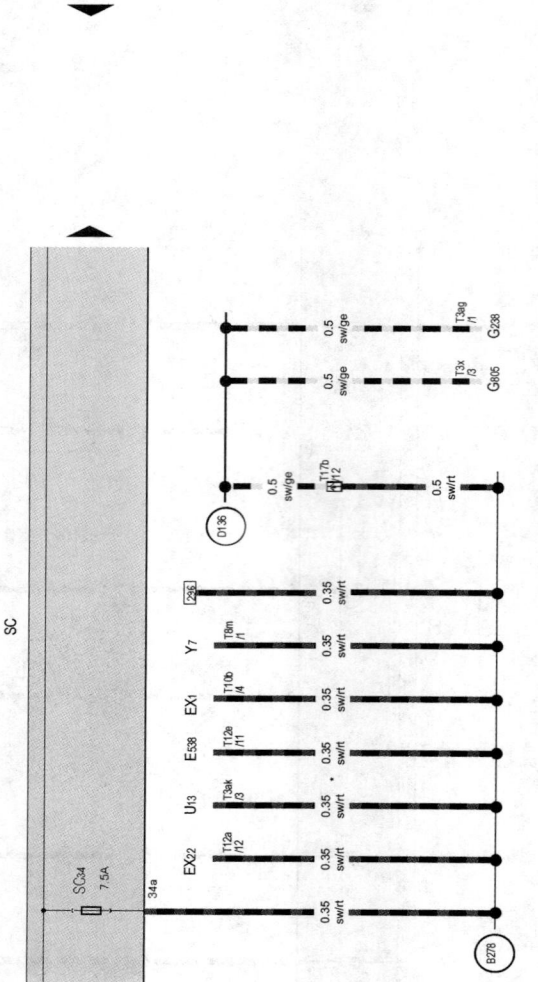

SC34 7.5A

393	394	395	396	397	398	399	400	401	402	403	404	405	406

EX1-车灯旋转开关　EX22-中部仪表板开关模块　E538-机电式驻车制动器按钮　G238-空气质量传感器　G805-冷却液循环管路压力传感器　SC-保险丝架C　SC34-保险丝架C上的保险丝34　T3ag-3芯插头连接，灰色　T3ak-3芯插头连接，黑色　T3x-3芯插头连接，黑色　T8m-8芯插头连接，黑色　T10b-10芯插头连接，红色　T12a-12芯插头连接，黑色　T12e-12芯插头连接，黑色　T17b-17芯插头连接，左侧A柱下部　U13-带插座的逆变器（12～230V）　Y7-自动防眩车内后视镜　B278-正极连接2（15a），在主导线束中　D136-正极连接2（15a），在发动机舱导线束中　*-仅用于带逆变器的汽车

图 7-4-255

副驾驶员座椅调节装置的热敏保险丝 1

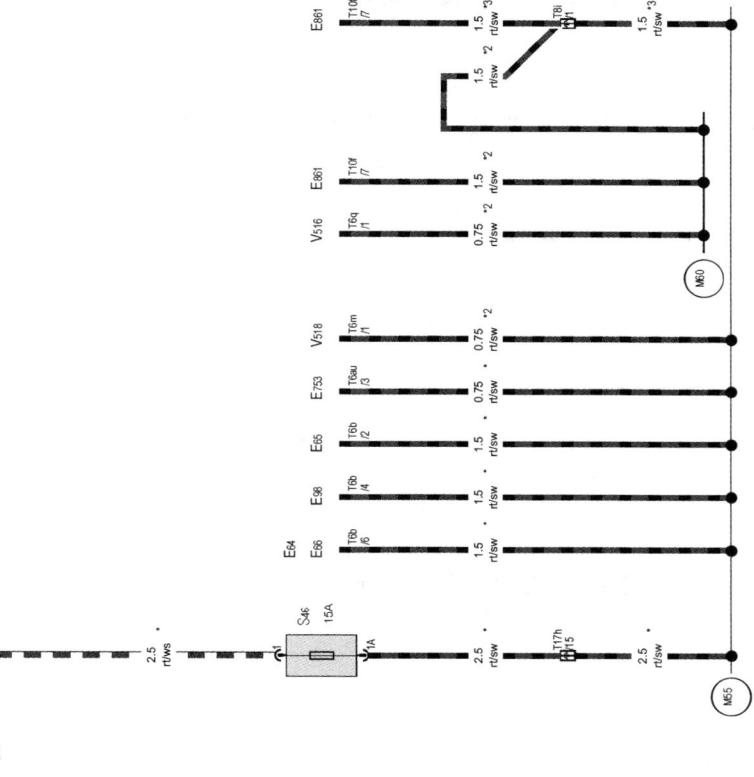

保险丝架 C

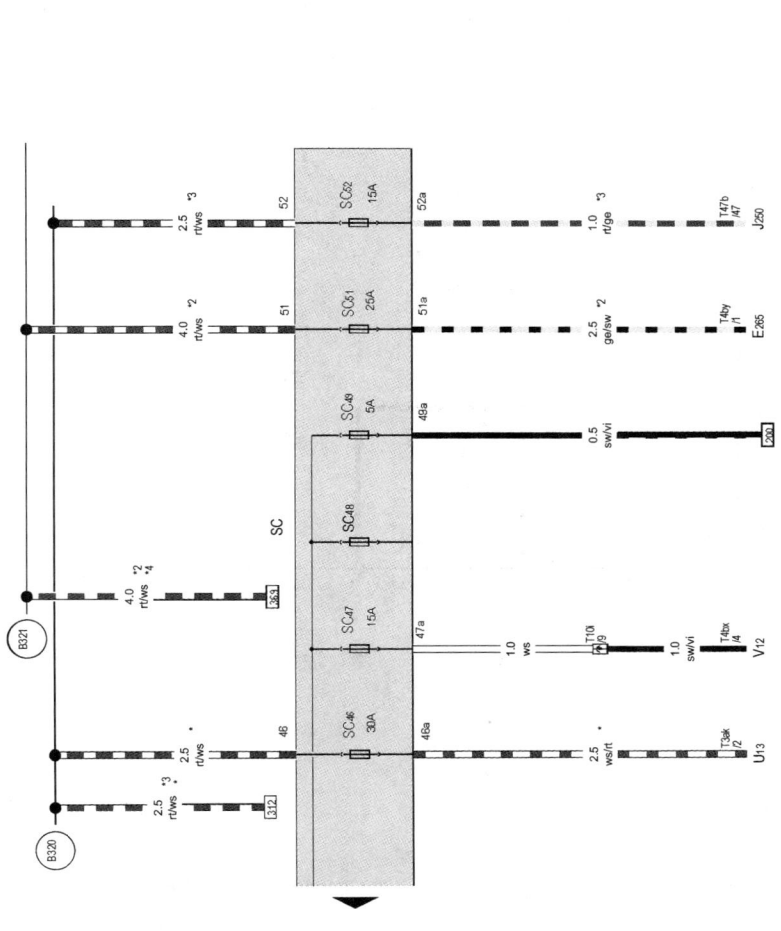

图 7-4-257

图 7-4-258

E265-后部空调操作和显示单元 J250-减振电子调节控制单元 SC-保险丝架 C SC46-保险丝架 C 上的保险丝 46 SC47-保险丝架 C 上的保险丝 47 SC48-保险丝架 C 上的保险丝 48 SC49-保险丝架 C 上的保险丝 49 SC51-保险丝架 C 上的保险丝 51 SC52-保险丝架 C 上的保险丝 52 T3ak-3芯插头连接，黑色 T4bx-4芯插头连接，黑色 T4by-4芯插头连接，黑色 T10i-10芯插头连接，行李箱盖的连接位置 T47b-47芯插头连接，黑色 U13-带插座的逆变器 (12～230V) V12-后窗玻璃刮水器电机 B320-正极连接 6 (30a)，在主导线束中 B321-正极连接 7 (30a)，在主导线束中 *1-仅用于带逆变器的汽车 *2-仅用于带副驾驶员侧电动座椅调节的汽车 *3-仅用于带电控调节减振系统的汽车 *4-仅用于带座椅加热的汽车

E64-副驾驶员座椅纵向调节开关 E65-副驾驶员座椅的前部高度调节开关 E98-副驾驶员座椅靠背调节开关 E753-右前侧腰部支撑调节开关 E861-副驾驶员座椅调节装置的热敏保险丝 1 T6au-6芯插头连接，白色 T6b-6芯插头连接，黑色 T6m-6芯插头连接，黑色 T6q-6芯插头连接，黑色 T6i-8芯插头连接，副驾驶员座椅内，副驾驶员座椅内，棕色 T10f-10芯插头连接，黑色 T17h-17芯插头连接，副驾驶员座椅下方，红色 V516-右前部座椅靠背风扇 1 V518-右前部座垫风扇1 B321-正极连接7 (30a)，在主导线束中 M55-连接5，在主导线束中 M60-连接10，在副驾驶员侧座椅通风的汽车 *1-仅用于带副驾驶员侧电动座椅调节功能的汽车 *2-仅用于带副驾驶员侧座椅通风的汽车 *3-仅用于带电动座椅调节和记忆功能的汽车

1137

第五节 基本装备

基本装备电路图的图号和图名对照表见表7-5-1。

表 7-5-1 基本装备电路图的图号和图名对照表

图号	图名
图 7-5-1 ~ 图 7-5-34	基本装备电路图

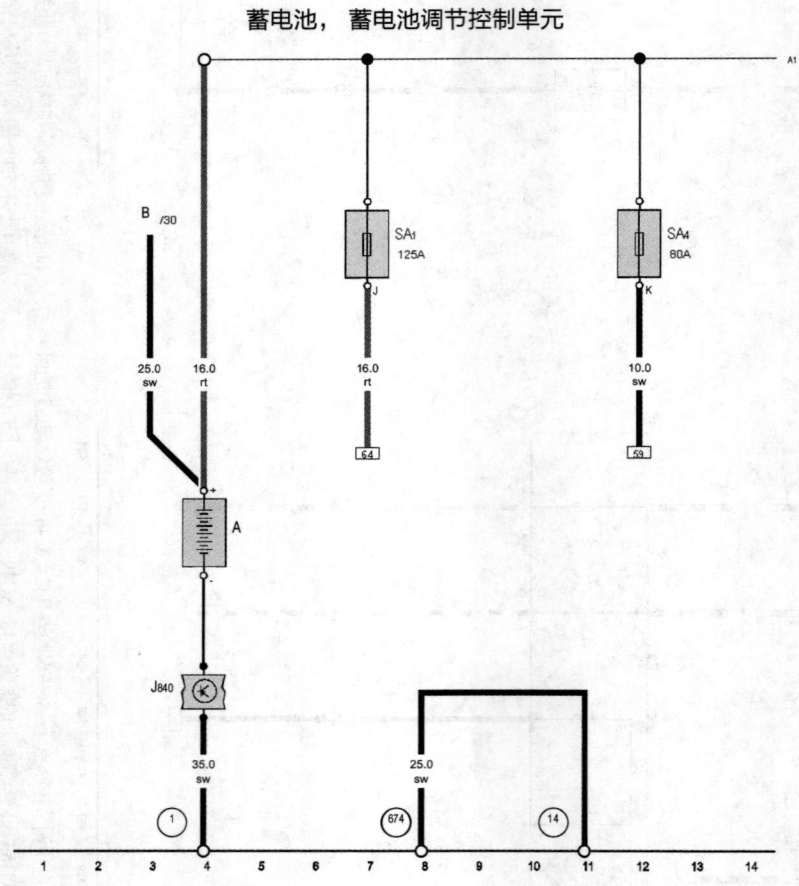

蓄电池，蓄电池调节控制单元

A-蓄电池 B-启动机 J840-蓄电池调节控制单元 SA1-保险丝架A上的保险丝1 SA4-保险丝架A上的保险丝4 1-接地带，蓄电池-车身 14-变速器上的接地点 674-左前纵梁上的接地点4

图 7-5-1

主继电器，车载电网控制单元，保险丝架 B

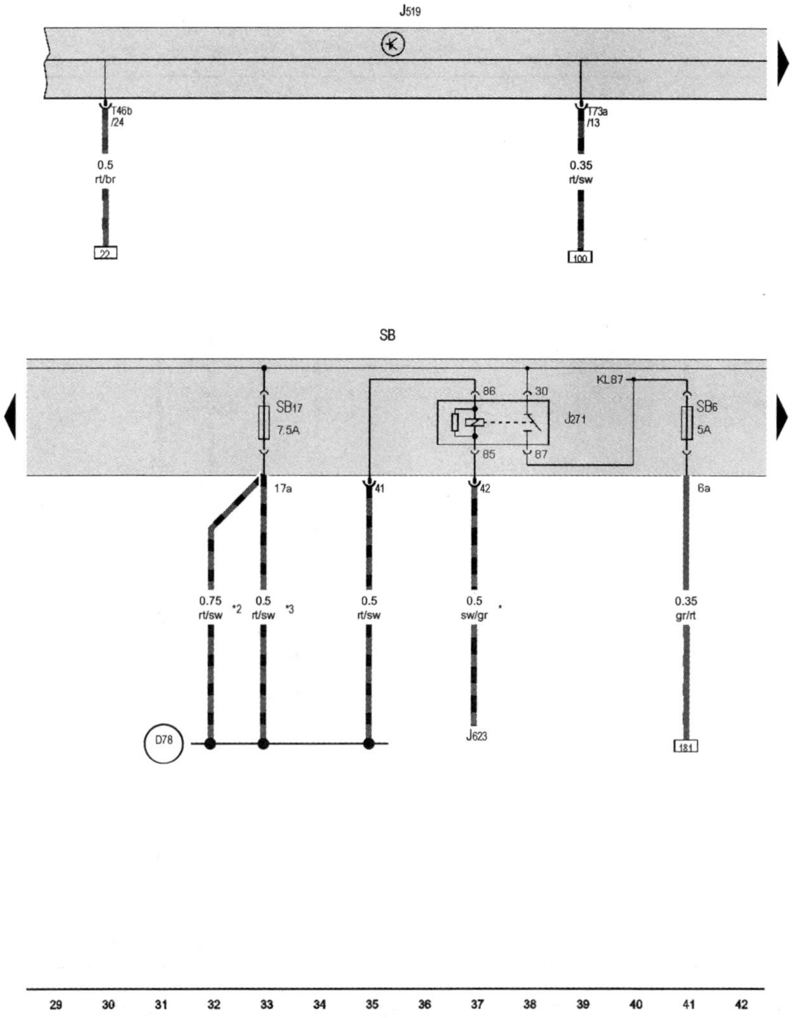

左侧信号喇叭，右侧信号喇叭，双音喇叭继电器，保险丝架 B

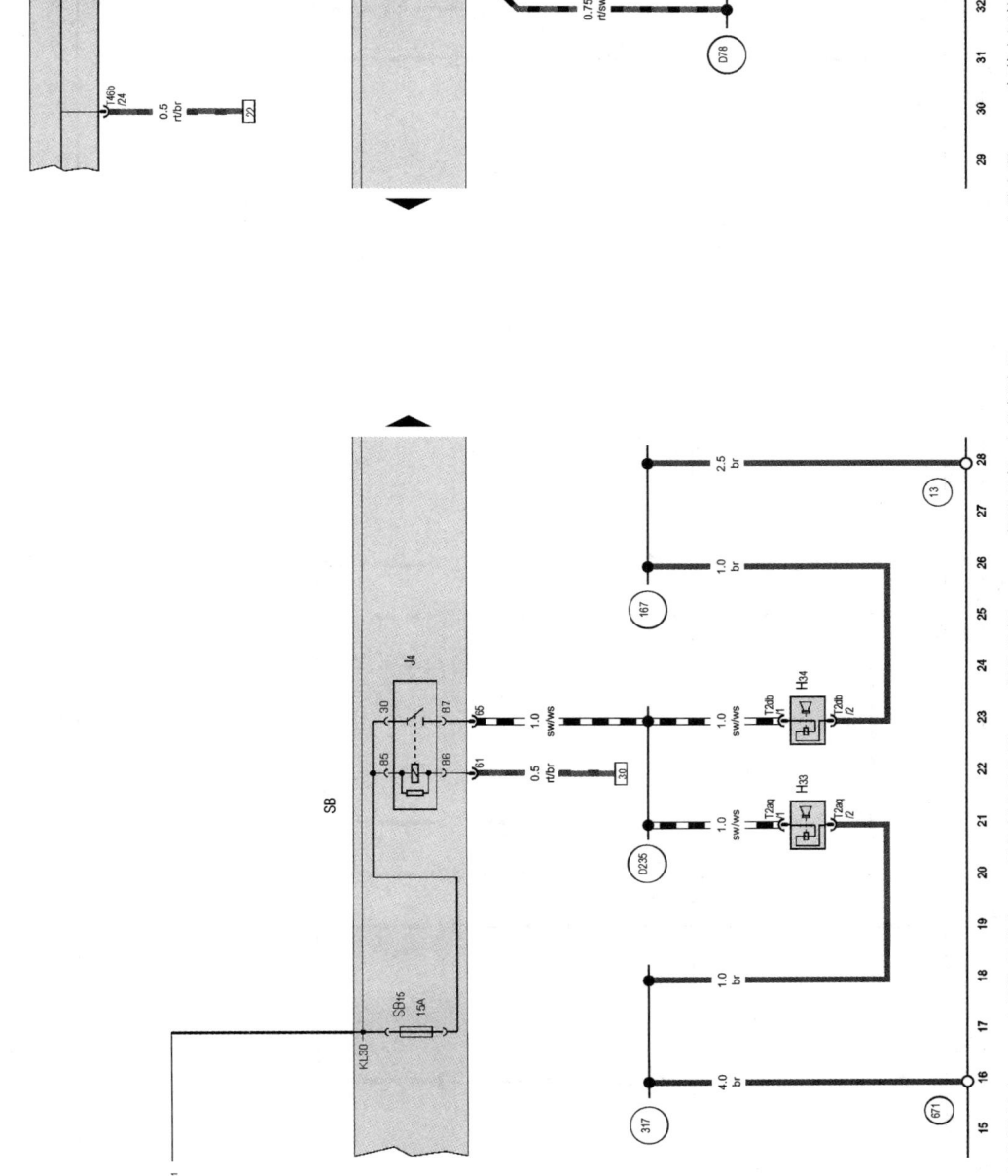

图 7-5-3

J271-主继电器　J519-车载电网控制单元　J623-发动机控制单元　SB-保险丝架B　SB6-保险丝架B上的保险丝6　SB17-保险丝架B上的保险丝17　T46b-46芯插头连接，黑色　T73a-73芯插头连接，黑色　D78-正极连接1（30a），在发动机舱导线束中　*-见发动机所适用的电路图　*2-仅用于带2.5L汽油发动机的汽车　*3-仅用于带2.0L发动机的汽车

图 7-5-2

H33-左侧信号喇叭　H34-右侧信号喇叭　J4-双音喇叭继电器　SB-保险丝架B　SB15-保险丝架B上的保险丝15　T2db-2芯插头连接，黑色　T2aq-2芯插头连接，黑色　13-发动机舱内右侧的接地点　167-接地连接4，在发动机舱导线束中　317-接地连接7，在发动机舱导线束中　671-左前纵梁上的接地点1　D235-连接（双音喇叭），在发动机舱导线束中

1139

刮水器电机继电器 1，刮水器电机继电器 2，车载电网控制单元，保险丝架 B

车载电网控制单元，保险丝架 C

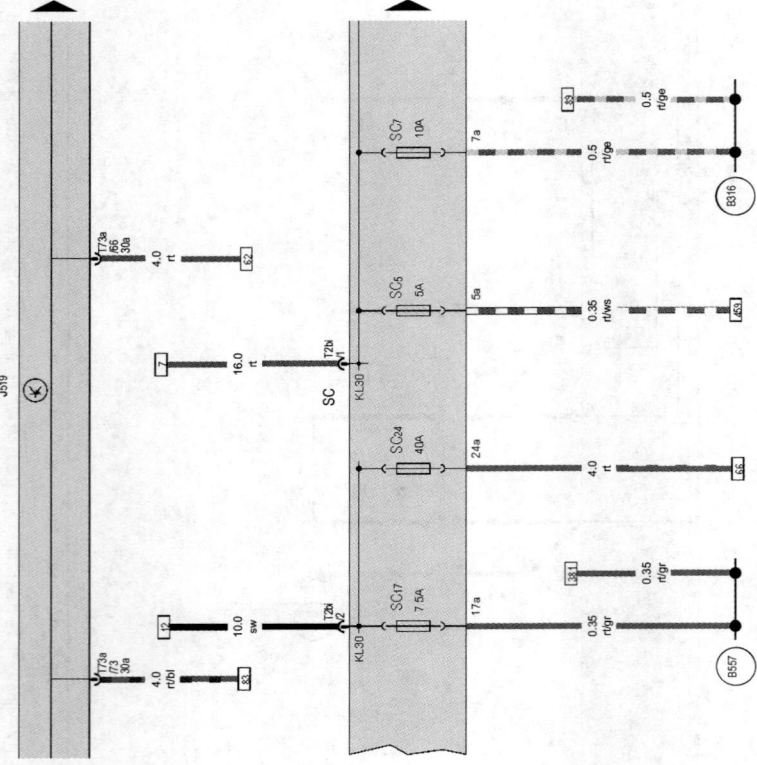

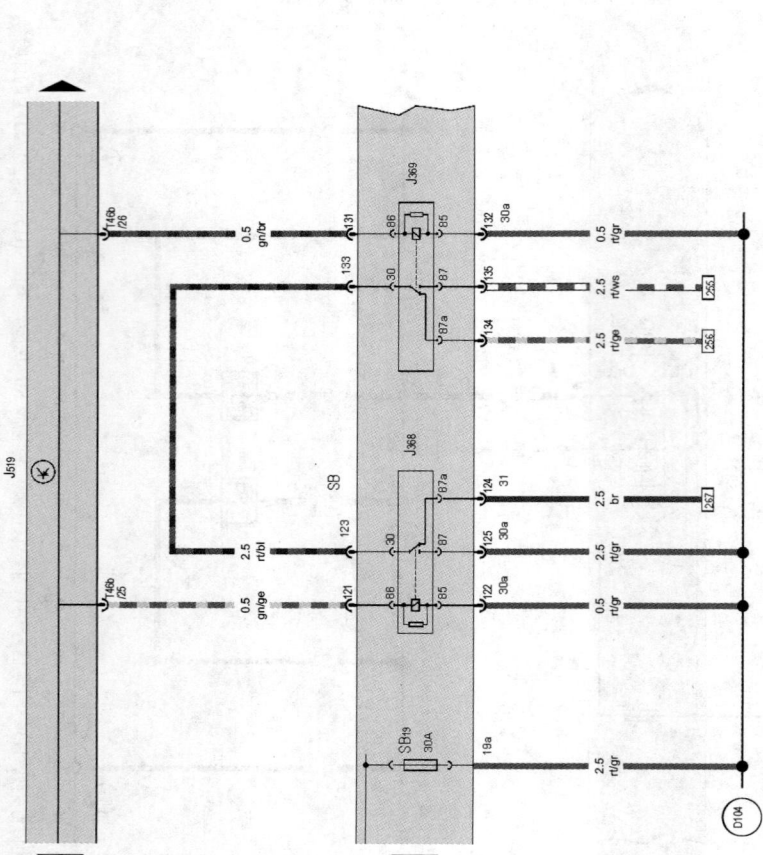

J368-刮水器电机继电器1 J369-刮水器电机继电器2 J519-车载电网控制单元 SB-保险丝架B SB19-保险
丝架B上的保险丝19 T46b-46芯插头连接，黑色 D104-正极连接2（30a），在发动机舱导线束中

图 7-5-4

43	44	45	46	47	48	49	50	51	52	53	54	55	56

J519-车载电网控制单元 SC-保险丝架C SC5-保险丝架C上的保险丝5 SC7-保险丝架C上的保险丝7
SC17-保险丝架C上的保险丝17 SC24-保险丝架C上的保险丝24 T2bi-2芯插头连接，黑色 T73a-73芯插
头连接，黑色 B316-正极连接2（30a），在主导线束中 B557-正极连接21（30a），在主导线束中

图 7-5-5

57	58	59	60	61	62	63	64	65	66	67	68	69	70

车载电网控制单元，保险丝架 C

可加热后窗玻璃继电器，车载电网控制单元，调幅（AM）滤波器，负号导线中的调频频率滤波器，正导线中的调频频率滤波器，保险丝架 C，可加热式后窗玻璃

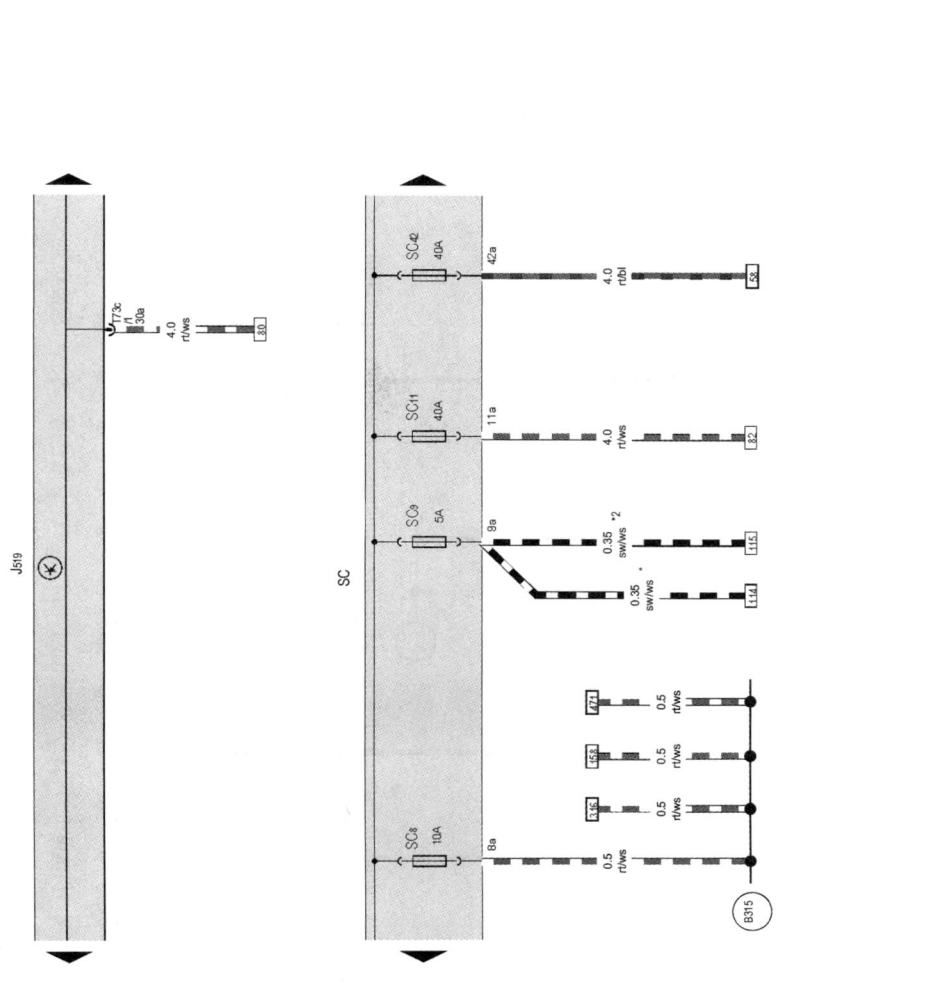

图 7-5-6

图 7-5-7

J519-车载电网控制单元 SC-保险丝架C SC8-保险丝架C上的保险丝8 SC9-保险丝架C上的保险丝9 SC11-保险丝架C上的保险丝11 SC42-保险丝架C上的保险丝42 T73c-73芯插头连接，黑色 B315-正极连接1（30a），在主导线束中 *-仅用于带可加热式方向盘的汽车 *2-仅用于不带可加热式方向盘的汽车

J9-可加热后窗玻璃继电器 J519-车载电网控制单元 R177-调幅（AM）滤波器 R178-负号导线中的调频频率滤波器 R179-正导线中的调频频率滤波器 SC-保险丝架C SC53-保险丝架C上的保险丝53 T2cy-2芯插头连接，黑色 T10k-10芯插头连接，行李箱盖的连接位置 T73c-73芯插头连接，棕色 Z1-可加热式后窗玻璃

1141

安全气囊卷簧和带滑环的复位环，信号喇叭控制，车载电网控制单元，转向柱电子装置控制单元

接线端 15 供电继电器，车载电网控制单元，保险丝架 C

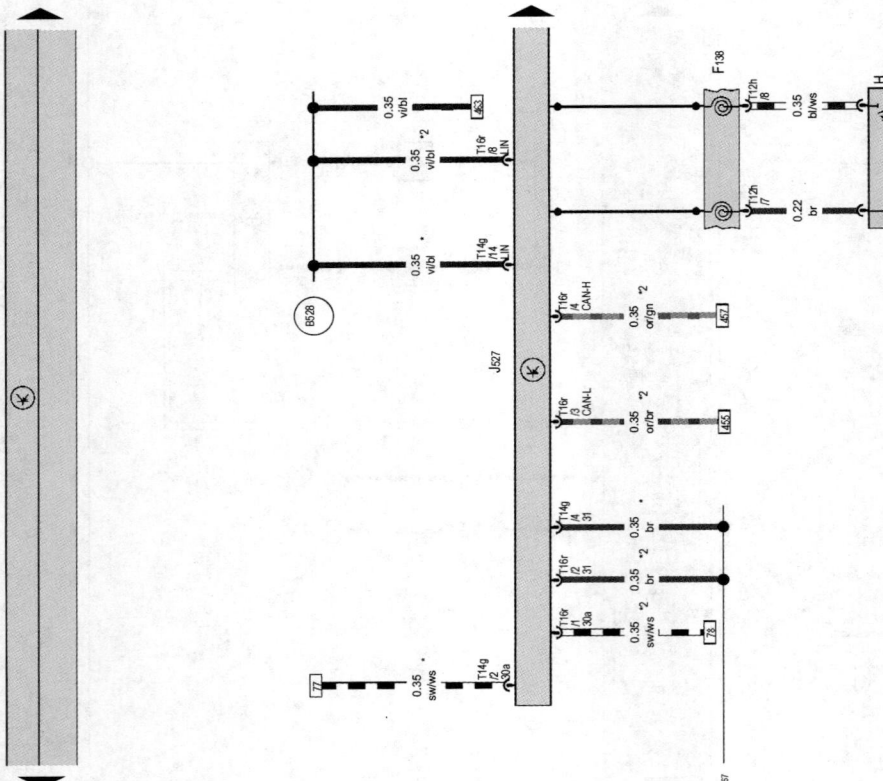

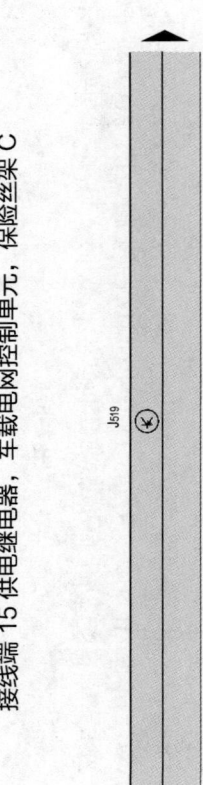

图 7-5-8

J329-接线端15供电继电器 J519-车载电网控制单元 SC-保险丝架C SC34-保险丝架C上的保险丝34 SC35-保险丝架C上的保险丝35 SC47-保险丝架C上的保险丝47 367-接地连接 *-在主导线束中 B278-正极连接2（15a），在主导线束中

图 7-5-9

F138-安全气囊卷簧和带滑环的复位环 H-信号喇叭控制 J519-车载电网控制单元 J527-转向柱电子装置控制单元 T12h-12芯插头连接，T16r-16芯插头连接 367-接地 T14g-14芯插头连接，黄色 T16r-14芯插头连接，黑色 连接2，在主导线束中 B528-连接1（LIN总线），在主导线束中 *-仅用于带可加热式方向盘的汽车 *2-仅用于不带可加热式方向盘的汽车

前窗玻璃刮水器开关，间歇式刮水器运行开关，后窗玻璃刮水器开关，车窗玻璃刮水器间歇运行调节器，车窗玻璃清洗泵开关（自动刮水/清洗装置和大灯清洗装置），车载电网控制单元，转向柱电子装置控制单元

转向信号灯开关，手动远光灯功能和远光灯瞬时接通功能开关，车载电网控制单元，转向柱电子装置控制单元

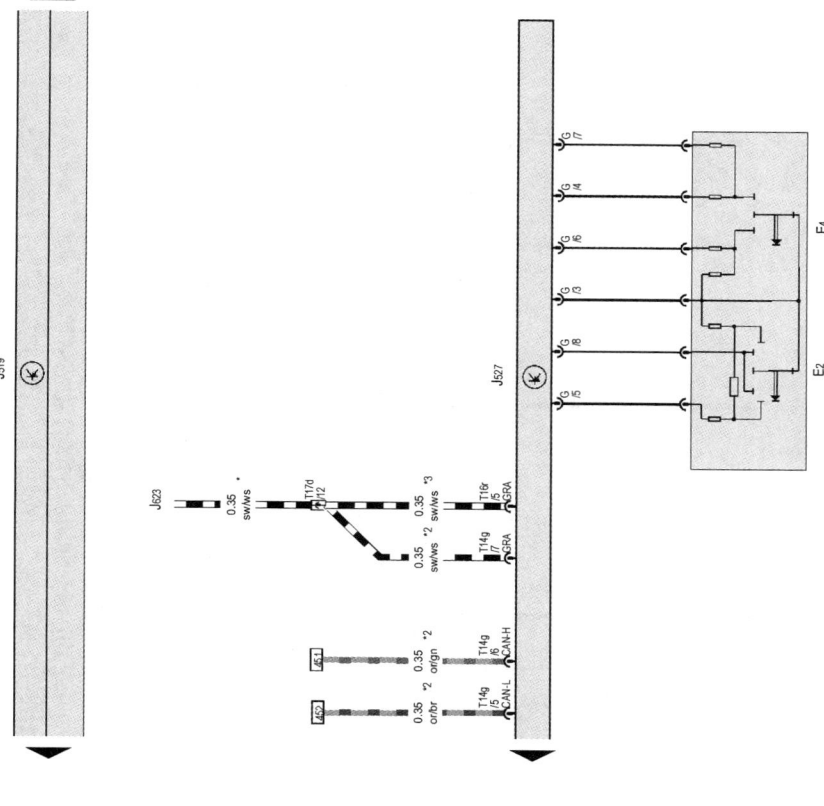

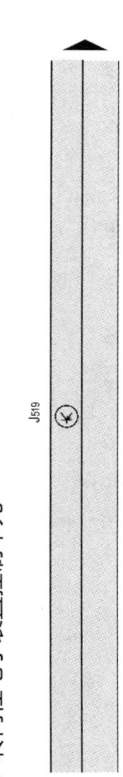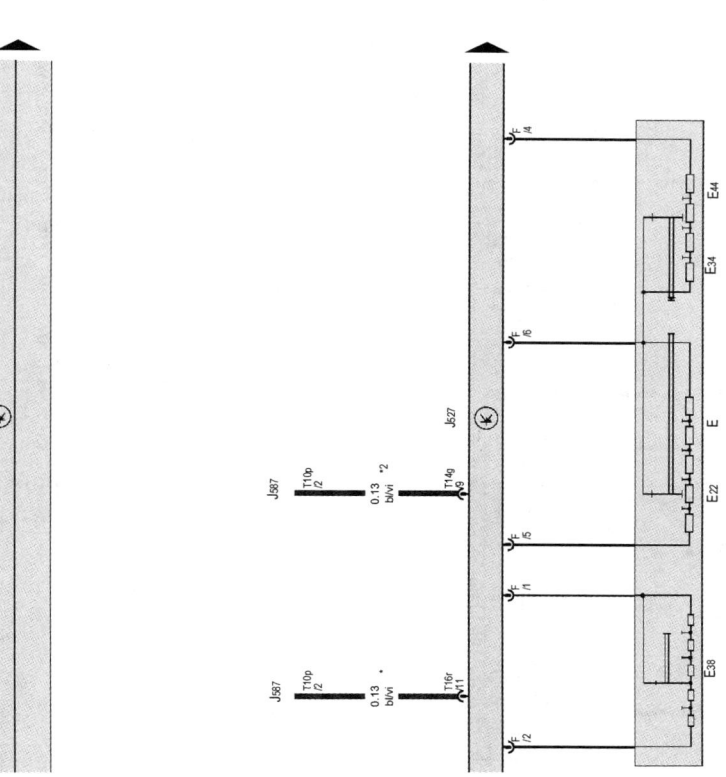

141 142 143 144 145 146 147 148 149 150 151 152 153 154

E2-转向信号灯开关 E4-手动远光灯功能和远光灯瞬时接通功能开关 J519-车载电网控制单元 J527-转向柱电子装置控制单元 J623-发动机控制单元 T14g-14芯插头连接，黑色 T16r-16芯插头连接，黑色 T17d-17芯插头连接，左侧A柱下部，蓝色 *-见发动机所适用的电路图 *2-仅用于带可加热式方向盘的汽车 *3-仅用于不带可加热式方向盘的汽车

图7-5-11

127 128 129 130 131 132 133 134 135 136 137 138 139 140

E-前窗玻璃刮水器开关 E22-间歇式刮水器运行开关 E34-后窗玻璃刮水器开关 E38-车窗玻璃刮水器运行开关 E44-车窗玻璃清洗泵开关（自动刮水/清洗装置和大灯清洗装置） J519-车载电网控制单元 J527-转向柱电子装置控制单元 J587-换挡杆传感器控制单元 T10p-10芯插头连接，黑色 T14g-14芯插头连接，黑色 T16r-16芯插头连接，黑色 *-仅用于不带可加热式方向盘的汽车 *2-仅用于带可加热式方向盘的汽车

图7-5-10

车灯旋转开关，车灯开关，前雾灯和后雾灯开关，车载电网控制单元，大灯开关照明灯泡

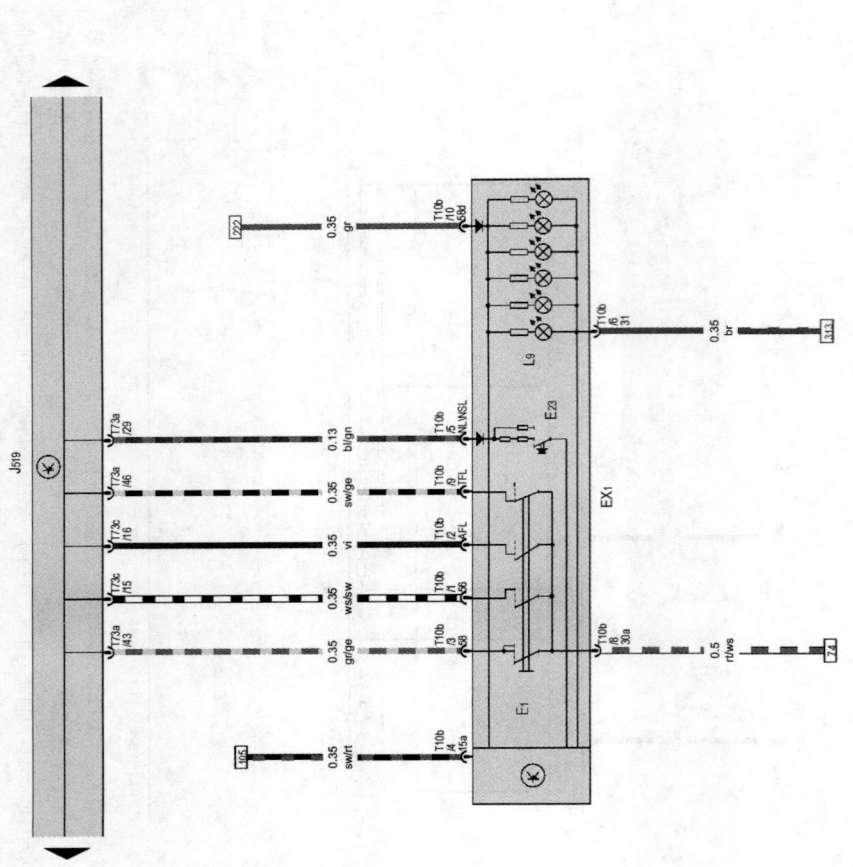

EX1-车灯旋转开关 E1-车灯开关 E23-前雾灯和后雾灯开关 J519-车载电网控制单元 L9-大灯开关照明
灯泡 T10b-10芯插头连接，红色 T73a-73芯插头连接，黑色 T73c-73芯插头连接，黑色

图 7-5-12

制动转灯开关，制动踏板开关，制动信号灯开关，车载电网控制单元

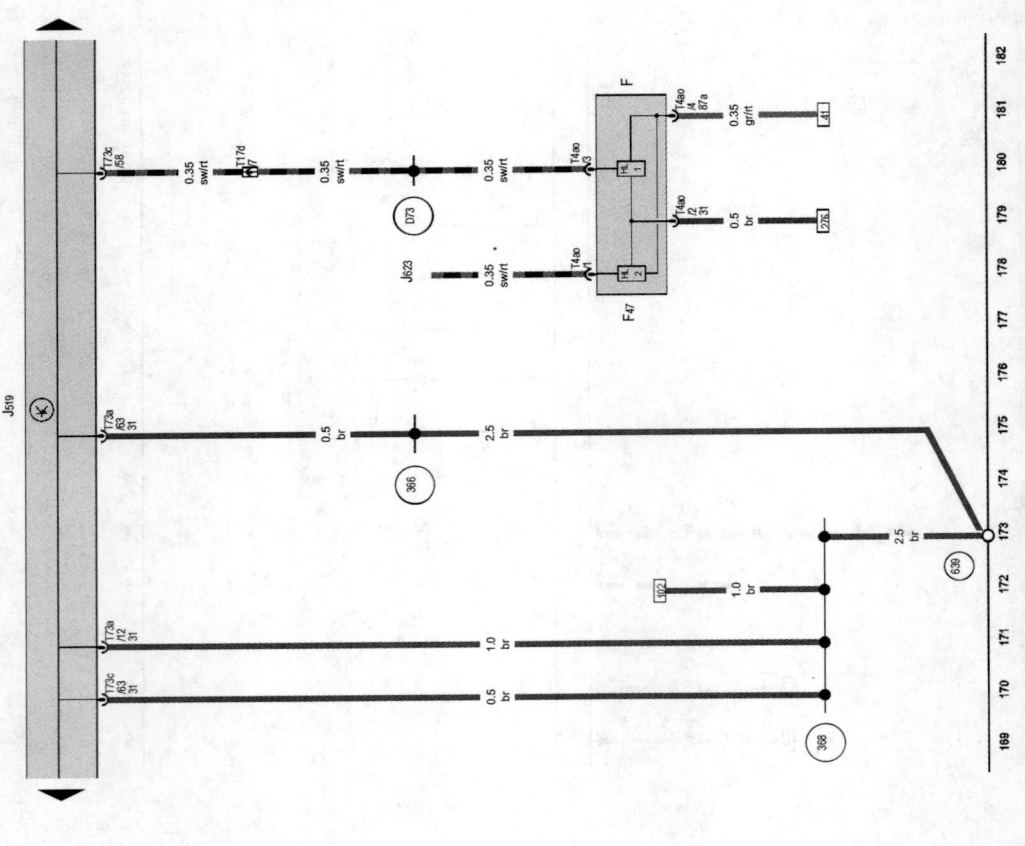

F-制动信号灯开关 F47-制动踏板开关 J519-车载电网控制单元 J623-发动机控制单元 T4ao-4芯插头连
接，黑色 T17d-17芯插头连接，左侧A柱下部，蓝色 T73a-73芯插头连接，黑色 T73c-73芯插头连接，
黑色 366-接地连接1，在主导线束中 368-接地连接3，在主导线束中 639-左侧A柱上的接地点 D73-正极
连接（54），在发动机舱导线束中 *-见发动机所适用的电路图

图 7-5-13

车载电网控制单元，高位制动信号灯泡，后窗玻璃刮水器电机

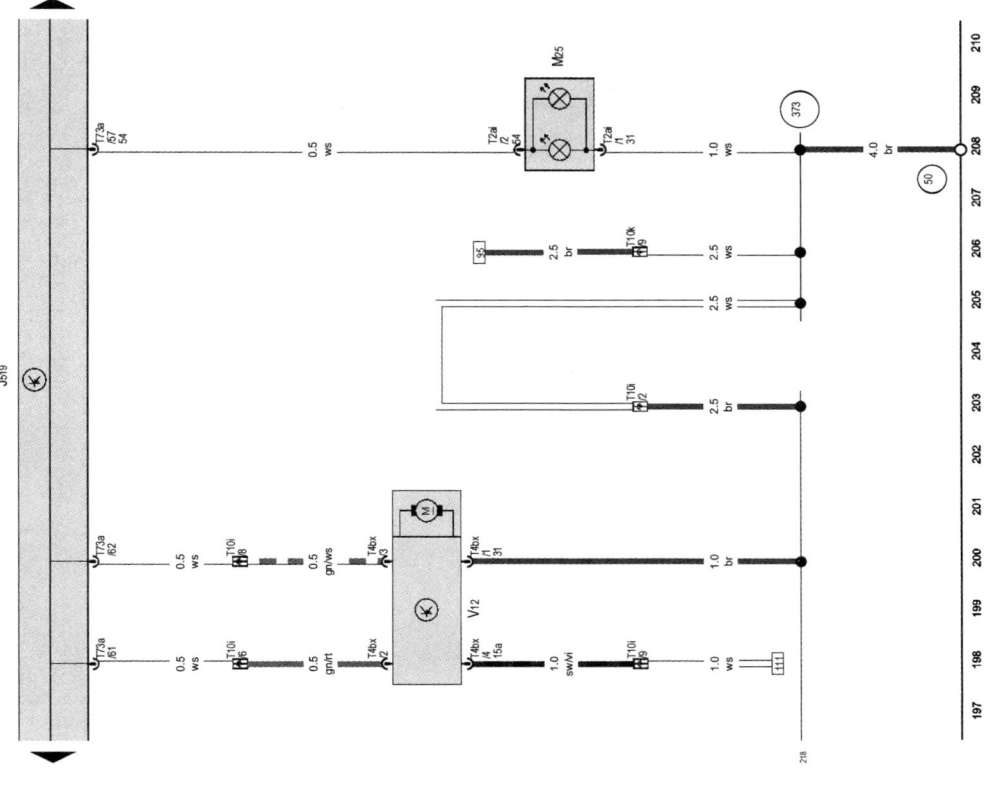

J519-车载电网控制单元 M25-高位制动信号灯泡 T2ai-2芯插头连接 T4bx-4芯插头连接，黑色 T10i-10芯插头连接，行李箱盖的连接位置，黑色 T10k-10芯插头连接，行李箱盖的连接位置，棕色 T73a-73芯插头连接，黑色 V12-后窗玻璃刮水器电机 50-行李箱内左侧的接地点 218-接地连接，在行李箱盖导线束中 373-接地连接，在主导线束中

图 7-5-15

车载电网控制单元，左侧尾灯 2，右侧尾灯 2，左侧制动信号灯泡 2，右侧尾灯灯泡 2，右侧制动信号灯泡 2，左侧制动信号灯泡 2，左侧牌照灯，右侧牌照灯

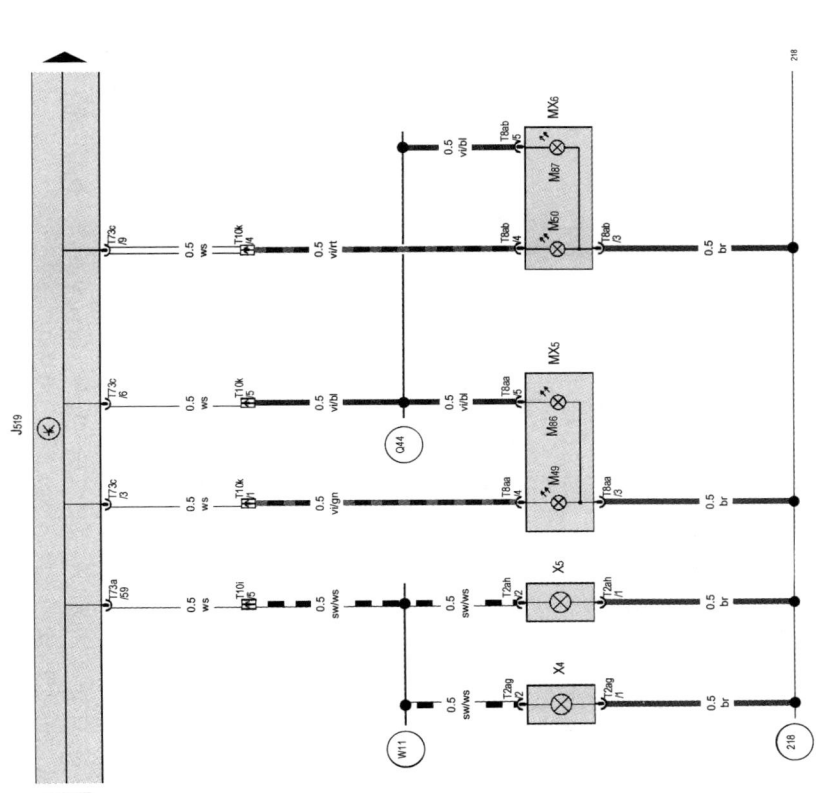

J519-车载电网控制单元 MX5-左侧尾灯2 MX6-右侧尾灯2 M49-左侧尾灯灯泡2 M50-右侧尾灯灯泡2 M86-左侧制动信号灯泡2 M87-右侧制动信号灯泡2 T2ag-2芯插头连接，黑色 T2ah-2芯插头连接，黑色 T8aa-8芯插头连接，蓝色 T8ab-8芯插头连接，黑色 T10i-10芯插头连接，行李箱盖的连接位置，黑色 T10k-10芯插头连接，行李箱盖的连接位置，棕色 T73a-73芯插头连接，黑色 T73c-73芯插头连接，黑色 X4-左侧牌照灯 X5-右侧牌照灯 218-接地连接1，在行李箱盖导线束中 Q44-连接2，在行李箱盖导线束中 W11-行李箱盖导线束中的连接（58）

图 7-5-14

闪烁报警灯开关，中部仪表板开关模块，车载电网控制单元，闪烁报警装置指示灯，杯架照明灯泡，中控台照明灯泡，开关照明灯泡

车载电网控制单元，左侧大灯双灯丝灯泡，左侧驻车灯示宽灯泡，左前大灯，左前转向信号灯灯泡，左侧大灯照明距离调节伺服电机

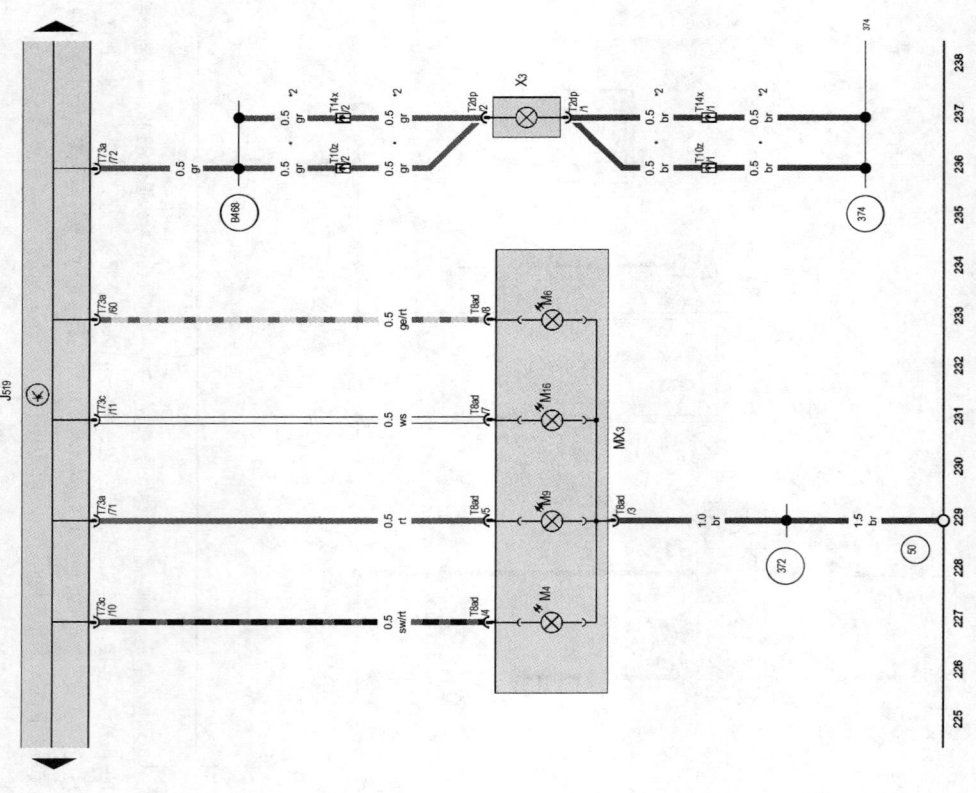

图 7-5-17

J519-车载电网控制单元 MX3-左侧尾灯 M4-左侧尾灯灯泡 M6-左后转向信号灯灯泡 M9-左侧制动信号灯灯泡 M16-左侧倒车灯灯泡 T2dv-2芯插头连接 T2dp-2芯插头连接，黑色 T8ad-8芯插头连接，蓝色 T10z-10芯插头连接，蓝色 T14x-14芯插头连接，后部保险杠内，黑色 T73a-73芯插头连接，黑色 T73c-73芯插头连接，黑色 X3-后雾灯 50-行李箱内左侧的接地点 372-接地连接7，在主导线束中 374-接地连接9，在主导线束中 B468-连接4，在主导线束中 *-仅用于不带传感器控制行李箱盖开启装置的汽车 *2-仅用于带传感器控制行李箱盖开启装置的汽车

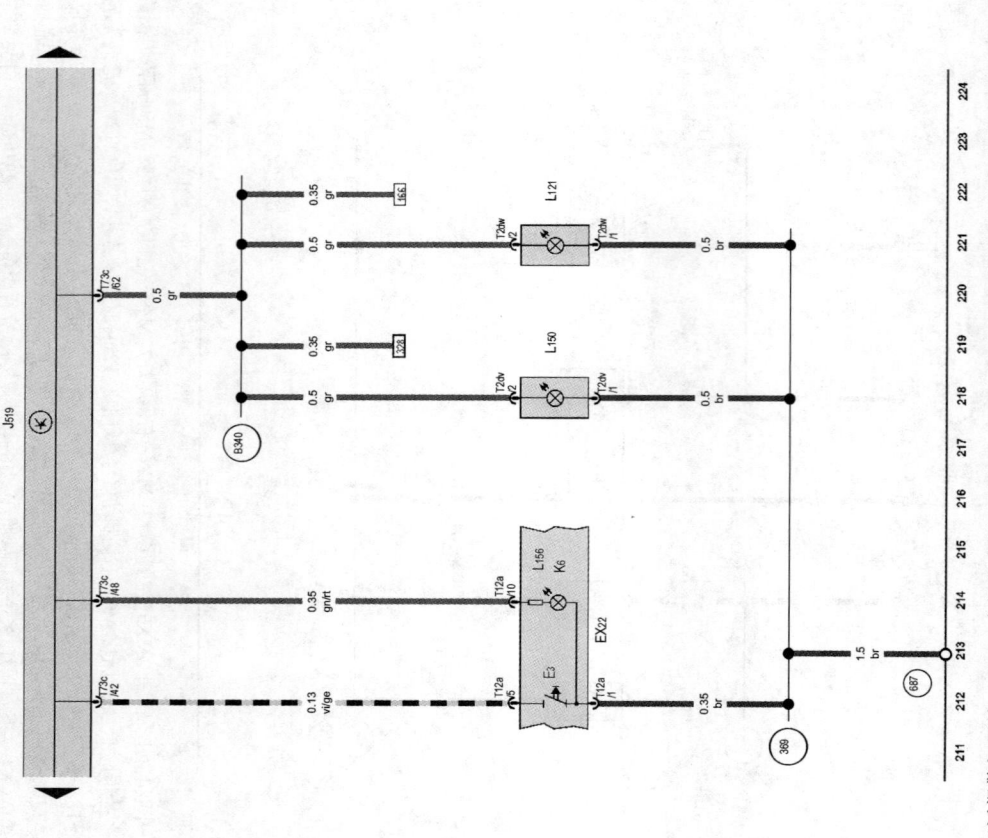

图 7-5-16

E3-闪烁报警灯开关 EX22-中部仪表板开关模块 J519-车载电网控制单元 K6-闪烁报警装置指示灯 L121-杯架照明灯泡 L150-中控台照明灯泡 L156-开关照明灯泡 T2dv-2芯插头连接，黑色 T2dw-2芯插头连接，黑色 T12a-12芯插头连接，黑色 T73c-73芯插头连接，黑色，369-接地连接，在主导线束中 687-中央通道上的接地点1 B340-连接点1 (58d)，在主导线束中

车载电网控制单元，左侧雾灯灯泡，右侧前雾灯灯泡，车窗玻璃刮水器电机

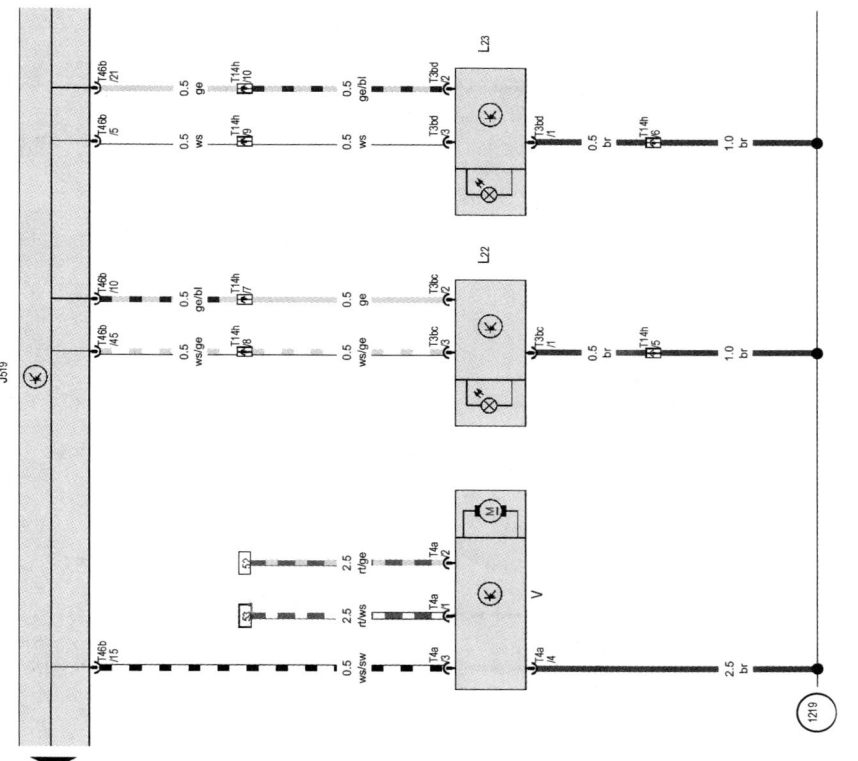

J519-车载电网控制单元 L22-左侧前雾灯灯泡 L23-右侧前雾灯灯泡 T3bc-3芯插头连接，黑色 T3bd-3
芯插头连接，黑色 T4a-4芯插头连接，黑色 T14h-14芯插头连接，黑色 T73c-73芯插头插入内，左前保险杠内，黑色 T46b-46芯插头
连接，黑色 V-车窗玻璃刮水器电机 1219-接地连接12，在发动机舱导线束中
连接，黑色，黑色 V-车窗玻璃刮水器电机 1219-接地连接12，在发动机舱导线束中

图 7-5-19

车载电网控制单元，右侧尾灯灯泡，右侧尾灯，右侧转向信号灯灯泡，右侧制动信号灯灯泡，
右侧倒车灯灯泡

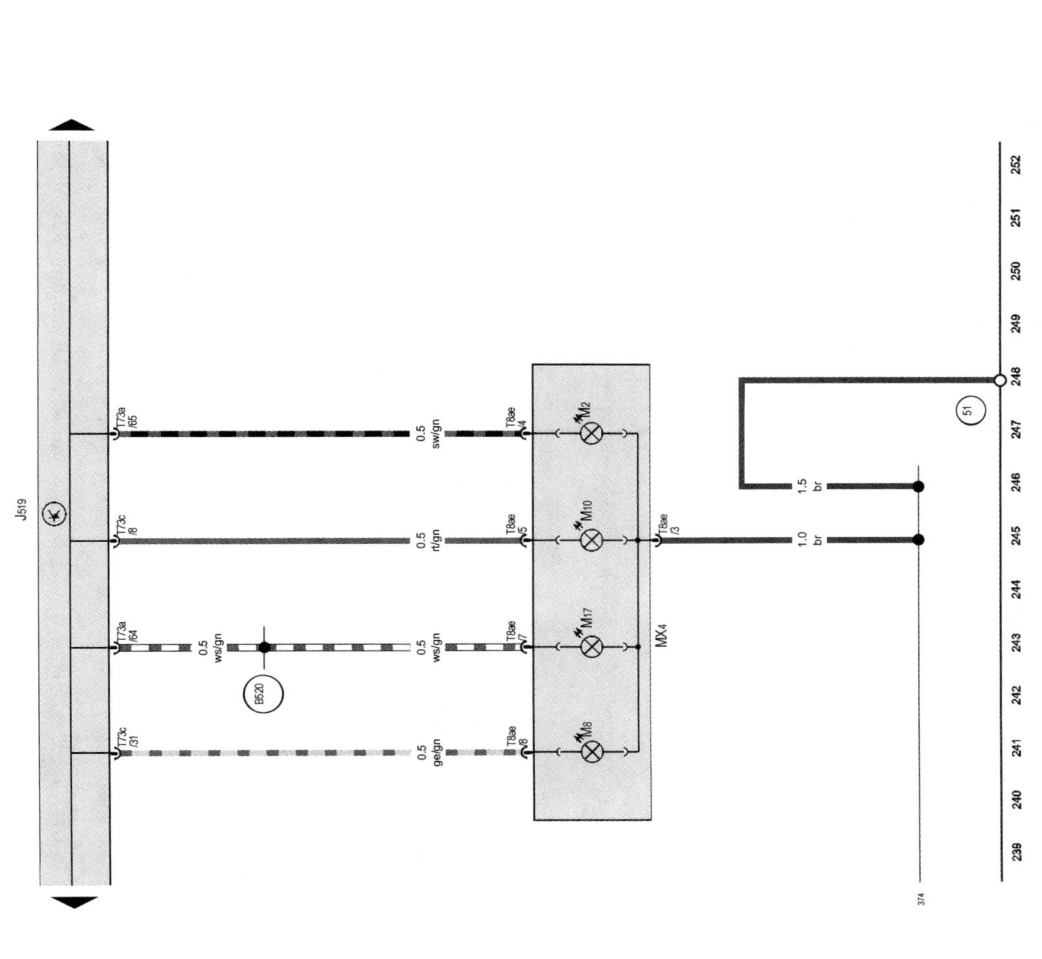

J519-车载电网控制单元 M2-右侧尾灯灯泡 MX4-右侧尾灯灯泡 M8-右后转向信号灯灯泡 M10-右侧制动信
号灯灯泡 M17-右侧倒车灯灯泡 T8ae-8芯插头连接，蓝色 T73a-73芯插头连接，黑色 T73c-73芯插头连
接，黑色 51-行李箱内右侧的接地点9，374-接地连接9，在主导线束中 B520-连接（RF），在主导线束中
接，黑色 51-行李箱内右侧的接地点9，374-接地连接9，在主导线束中 B520-连接（RF），在主导线束中

图 7-5-18

制动液液位警告信号触点，车载电网控制单元，左后车内照明灯，右后车内照明灯，车内灯

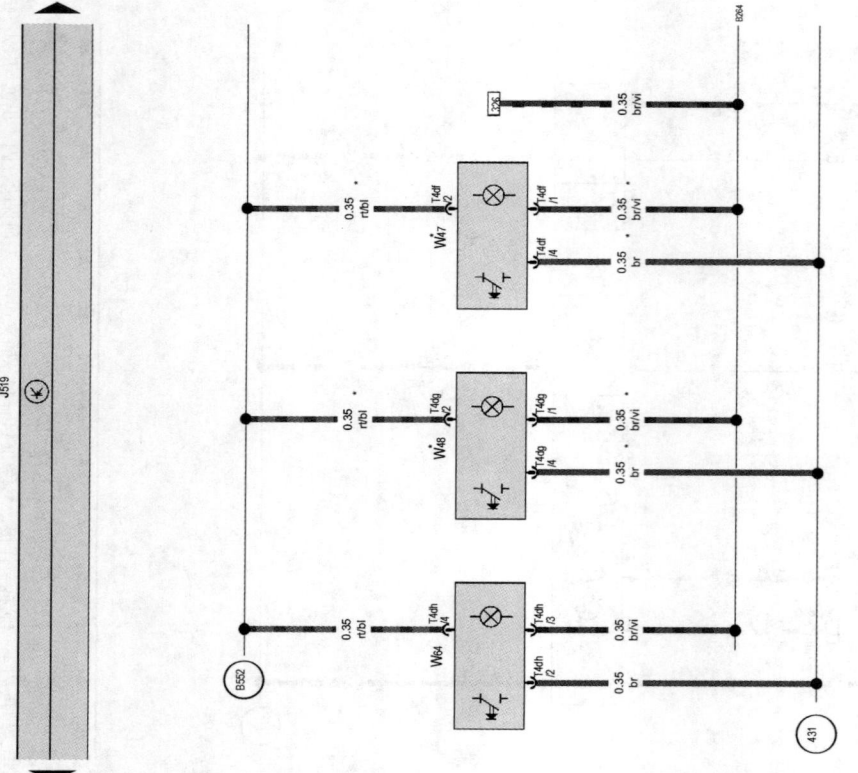

J519-车载电网控制单元 T4df-4芯插头连接，黑色 T4dg-4芯插头-4芯插头连接，棕色 T4dh-4芯插头连接，黑色 W47-左后车内照明灯 W48-右后车内照明灯 W64-车内灯 431-接地连接2，在车顶导线束中 B552-正极连接2，在车顶导线束中 B264-连接1，在车顶导线束中 *-仅用于带全景滑动天窗的汽车

图 7-5-21

制动液液位警告信号触点，车载电网控制单元，左侧喷嘴加热电阻，右侧喷嘴加热电阻

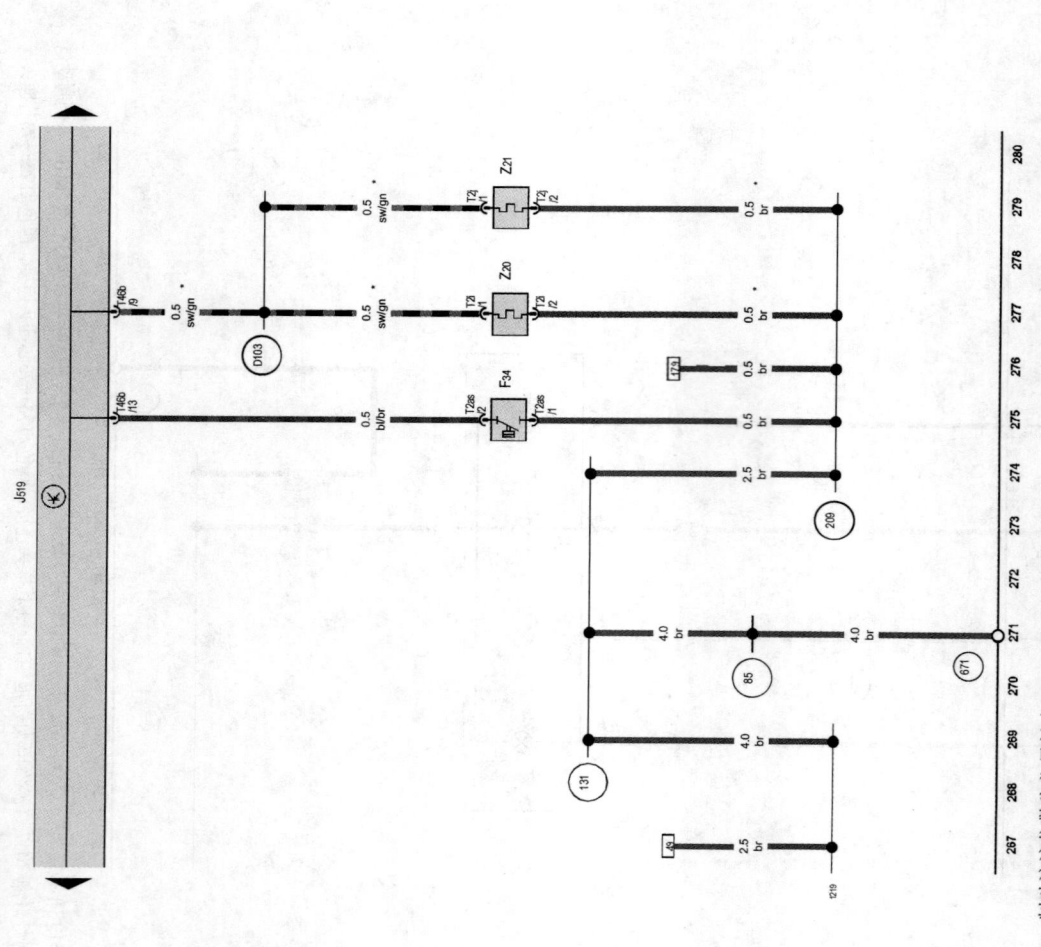

F34-制动液液位警告信号触点 J519-车载电网控制单元 T2as-2芯插头连接，黑色 T2i-2芯插头连接，黑色 T2j-2芯插头连接，黑色 T46b-46芯插头连接，黑色 Z20-左侧喷嘴加热电阻 Z21-右侧喷嘴加热电阻 85-接地连接1，在发动机舱导线束中 131-接地连接2，在发动机舱导线束中 209-接地连接6，在发动机舱导线束中 671-左前纵梁上的接地点1 1219-接地连接12，在发动机舱导线束中 D103-连接3，在发动机舱导线束中 *-仅用于带可加热式喷嘴的汽车

图 7-5-20

1148

驾驶员侧化妆镜接触开关，副驾驶员侧化妆镜接触开关，驾驶员侧化妆镜接触开关，副驾驶员侧化妆镜，车载电网控制单元，后部车内照明灯，副驾驶员侧带照明功能的化妆镜，驾驶员侧带照明功能的化妆镜

空气湿度、雨水与光线识别传感器，车载电网控制单元，车窗玻璃清洗泵

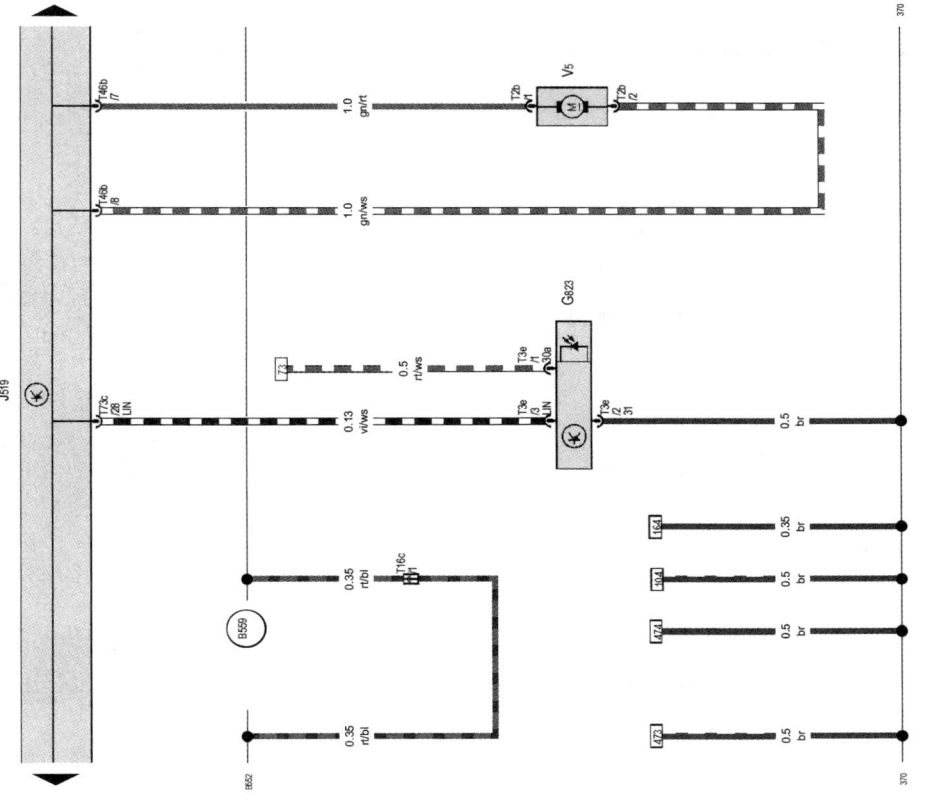

图7-5-23

G823-空气湿度、雨水与光线识别传感器 J519-车载电网控制单元 T2b-2芯插头连接，黑色 T3e-3芯插头连接，黑色 T16c-16芯插头连接，前部车内照明灯附近，棕色 T46b-46芯插头连接，黑色 T73c-73芯插头连接，黑色 V5-车窗玻璃清洗泵 370-接地连接5，在主导线束中 B552-正极连接2，在车顶导线束中 B559-正极连接1（30g），在主导线束中

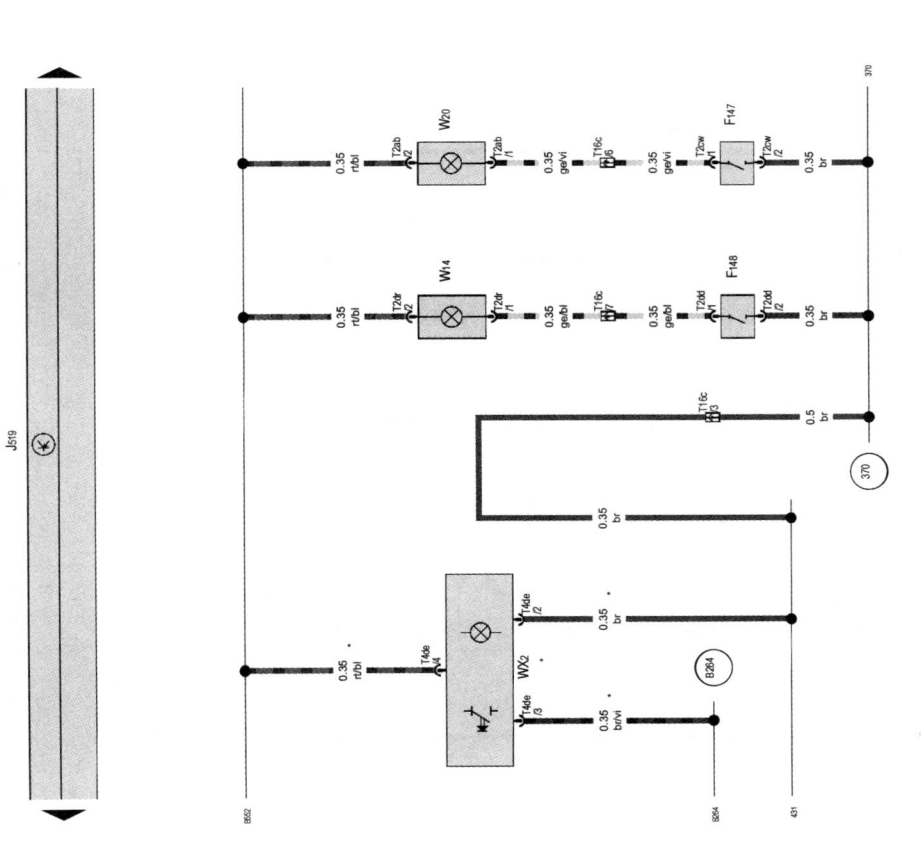

图7-5-22

F147-驾驶员侧化妆镜接触开关 F148-副驾驶员侧化妆镜接触开关 J519-车载电网控制单元 T2ab-2芯插头连接，黑色 T2cw-2芯插头连接，黑色 T2dd-2芯插头连接，黑色 T2dr-2芯插头连接，黑色 T4de-4芯插头连接，黑色 T16c-16芯插头连接，前部车内照明灯附近，棕色 WX2-后部车内照明灯 W14-副驾驶员侧带照明功能的化妆镜 W20-驾驶员侧带照明功能的化妆镜 370-接地连接5，在主导线束中 431-接地连接2，在车顶导线束中 B264-连接1，在车顶导线束中 B552-正极连接2，在车顶导线束中 *-仅用于不带滑动/外翻式天窗的汽车

手套箱照明开关，车载电网控制单元，手套箱照明灯

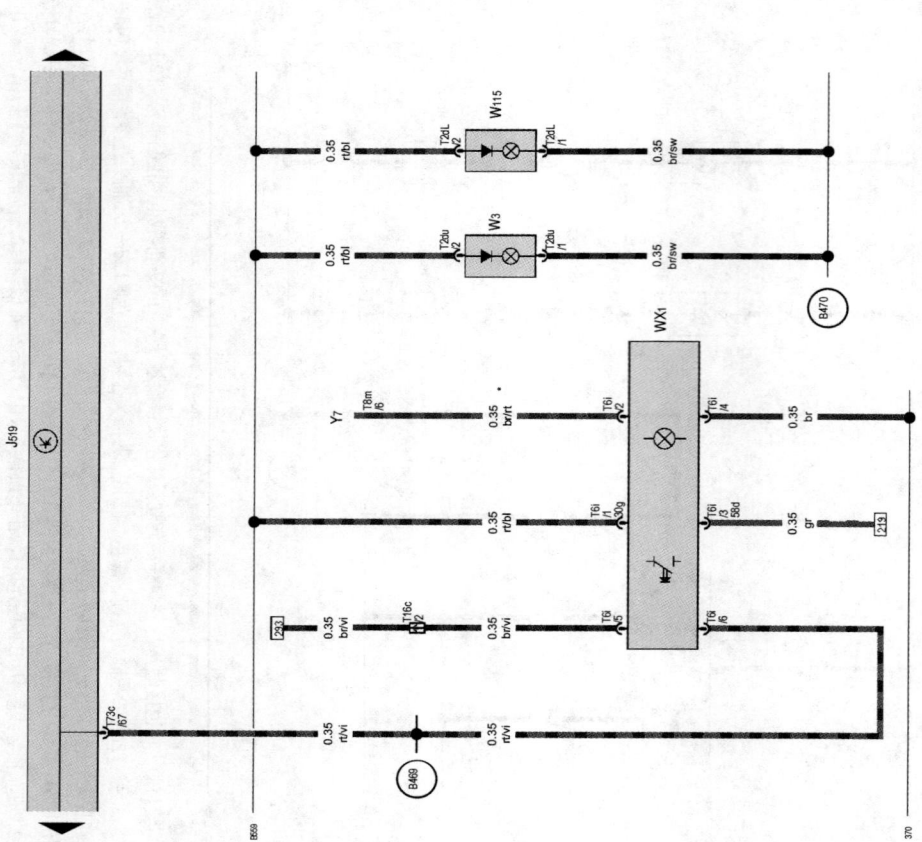

图7-5-25

E26-手套箱照明灯开关 F256-行李箱盖闭锁单元 J519-车载电网控制单元 T2an-2芯插头连接，黑色 T3q-3芯插头连接，黑色 T4ac-4芯插头连接，黑色 T10i-10芯插头连接，行李箱盖的连接位置，黑色 T73c-73芯插头连接，黑色 W6-手套箱照明灯 375-接地连接10，在主导线束中 B559-正极连接1（30g），在主导线束中 B603-正极连接2（30g），在主导线束中 Q22-连接1，在行李箱盖导线束中

J519-车载电网控制单元 T2dL-2芯插头连接，黑色 T2du-2芯插头连接，黑色 T6i-6芯插头连接，黑色 T8m-8芯插头连接，蓝色 T16c-16芯插头连接，前部车内照明灯附近，黑色 T73c-73芯插头连接，棕色 W3-行李箱照明 W115-行李箱照明 WX1-前内灯 Y7-自动防眩车内后视镜 370-接地连接5，在主导线束中 B469-连接5，在主导线束中 B470-连接6，在主导线束中 B559-正极连接1（30g），在主导线束中 *-仅用于带自动防眩车内后视镜的汽车

车载电网控制单元，前内灯，行李箱照明，行李箱照明灯

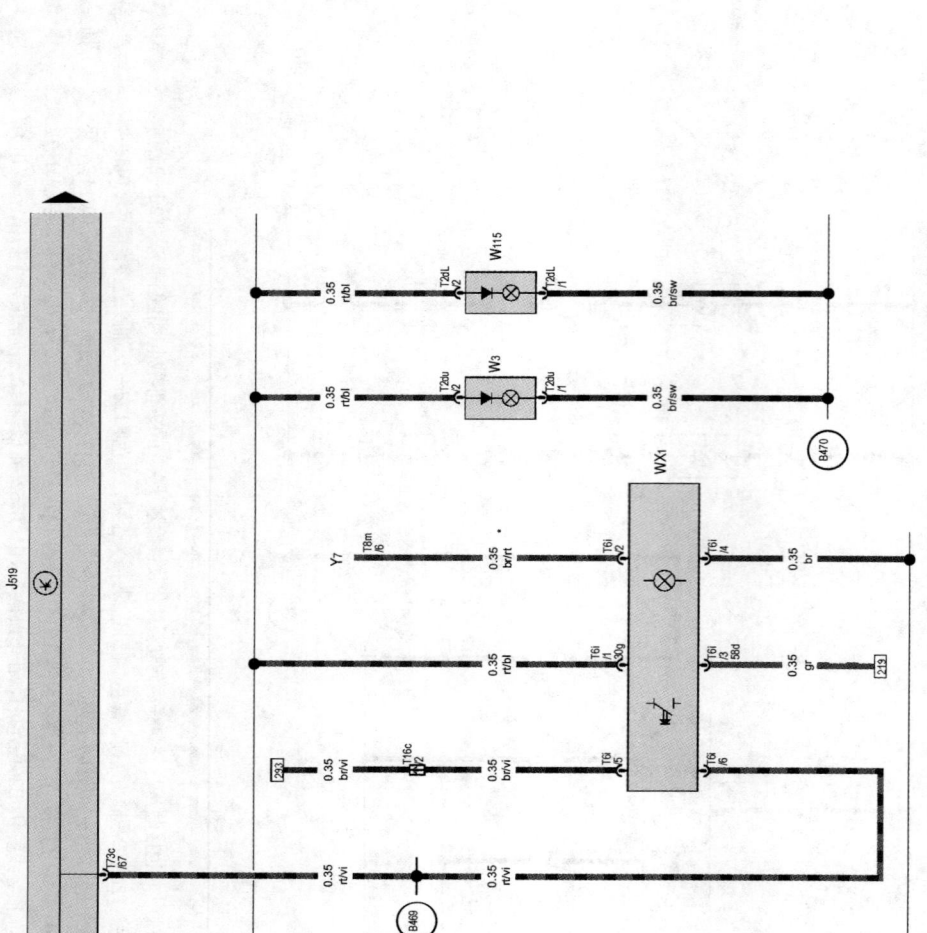

图7-5-24

车载电网控制单元，前内灯，行李箱照明 2

车外温度传感器，车窗玻璃清洗液液位传感器，车载电网控制单元，左后脚部空间照明灯

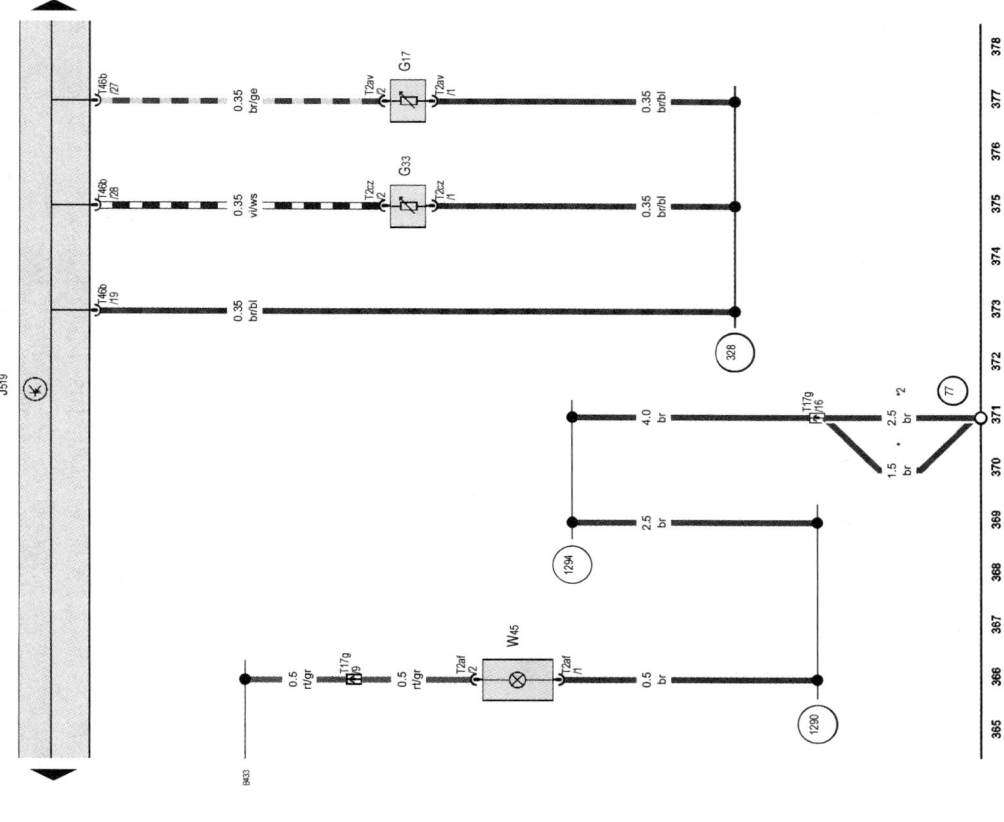

图 7-5-27

G17-车外温度传感器 G33-车窗玻璃清洗液液位传感器 J519-车载电网控制单元 T2af-2芯插头连接，黑色 T2av-2芯插头连接，黑色 T2cz-2芯插头连接，黑色 T17g-17芯插头连接，驾驶员座椅下方，红色 T46b-46芯插头连接，黑色 W45-左后脚部空间照明灯 77-左侧B柱下的接地点 328-接地连接2（传感器接地），在发动机舱导线束中 1290-接地连接1，在左前座椅导线束中 1294-接地连接2，在左前座椅导线束中 376-接地连接11，在主导线束中 B433-连接（脚部空间照明），在主导线束中 *-仅用于带座椅加热的汽车 *2-仅用于不带座椅加热的汽车的汽车

车载电网控制单元，左前脚部空间照明灯，右前脚部空间照明灯，右后脚部空间照明灯

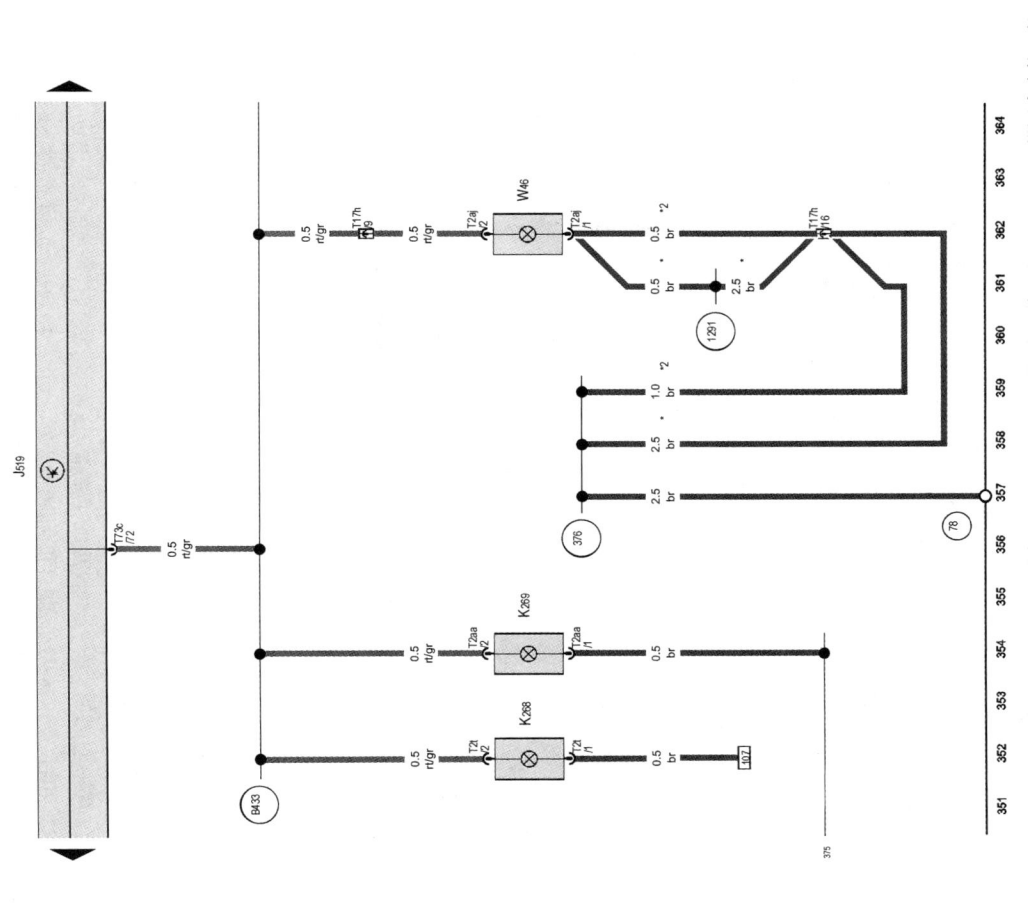

图 7-5-26

J519-车载电网控制单元 K268-左前脚部空间照明灯 K269-右前脚部空间照明灯 T2aa-2芯插头连接，棕色 T2aj-2芯插头连接，黑色 T2t-2芯插头连接，棕色 T17h-17芯插头连接，副驾驶员座椅下方，红色 T73c-73芯插头连接，黑色 W46-右后脚部空间照明灯 78-右侧B柱下部接地点 375-接地连接10，在主导线束中 376-接地连接11，在主导线束中 1291-接地连接1，在右前座椅导线束中 B433-连接（脚部空间照明），在主导线束中 *-仅用于带座椅加热的汽车 *2-仅用于不带座椅加热的汽车的汽车

1151

防盗锁止系统读出线圈，组合仪表中的控制单元，车载电网控制
单元，组合仪表，冷却液温度和冷却液不足显示单元指示灯，电动驻车制动
器和手制动器故障指示灯，数字时钟

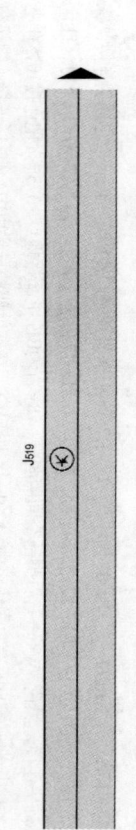

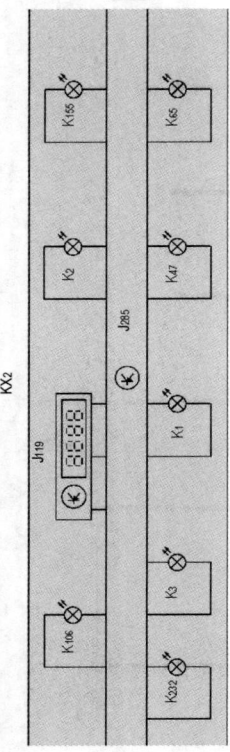

多功能显示器，组合仪表中的控制单元，车载电网控制单元，远光灯指示灯，发电机指示灯，
组合仪表，机油压力指示灯，ABS指示灯，左侧转向信号灯指示灯，清洗液不足指示灯，
电子稳定程序和 ASR 指示灯，行驶换道辅助系统控制灯

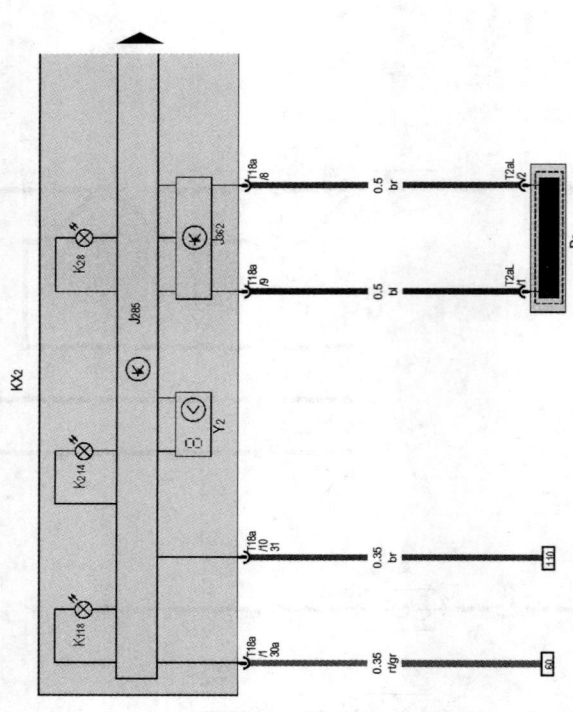

379 380 381 382 383 384 385 386 387 388 389 390 391 392

D2-防盗锁止系统读出线圈 J285-组合仪表中的控制单元 J362-防盗锁止系统控制单元 J519-车载电网控
制单元 KX2-组合仪表 K28-冷却液表 K214-电动驻
车制动器和手制动器故障指示灯 T2aL-2芯插头连接 T18a-18芯插头连接 黑色 Y2-数字时钟

图 7-5-28

393 394 395 396 397 398 399 400 401 402 403 404 405 406

J119-多功能显示器 J285-组合仪表中的控制单元 J519-车载电网控制单元 K1-远光灯指示灯 K2-发电机
指示灯 KX2-组合仪表 K3-机油压力指示灯 K47-ABS指示灯 K65-左侧转向信号灯指示灯 K106-清洗
液不足指示灯 K155-电子稳定程序和ASR指示灯 K232-行驶换道辅助系统控制灯

图 7-5-29

1152

组合仪表中的控制单元，车载电网控制单元，组合仪表，后雾灯指示灯，前雾灯指示灯，定速巡航装置指示灯，安全气囊指示灯，右侧转向信号指示灯，灯泡失灵指示灯，电子稳定程和ASR指示灯2，组合仪表照明灯泡

组合仪表中的控制单元，车载电网控制单元，组合仪表，安全带警告指示灯，制动摩擦片指示灯，"红色三角形"（警告）标志指示灯，废气警告灯，电子油门故障信号灯，驻车制动器指示灯，机电式助力转向器指示灯，轮胎压力监控显示指示灯，车道保持辅助系统指示灯

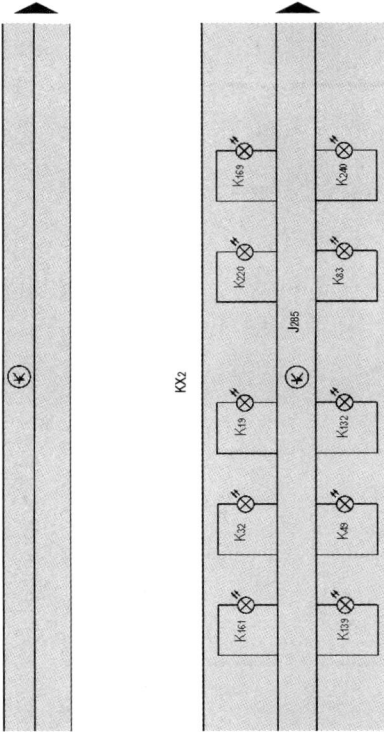

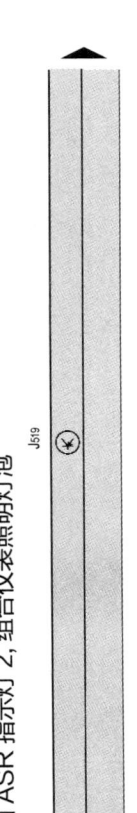

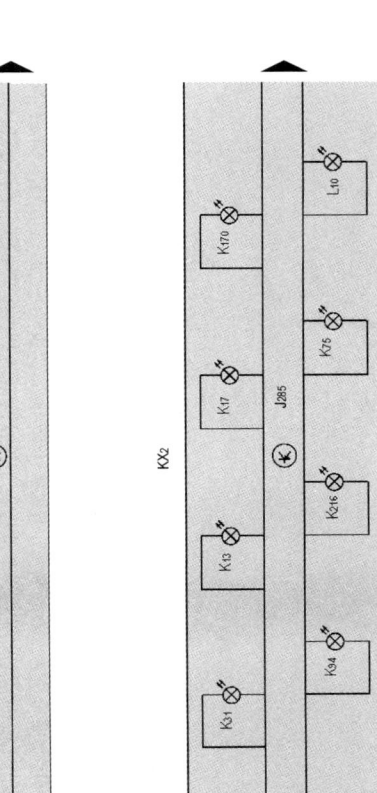

407	408	409	410	411	412	413	414	415	416	417	418	419	420

J285-组合仪表中的控制单元 J519-车载电网控制单元 KX2-组合仪表 K13-后雾灯指示灯 K17-前雾灯指示灯 K31-定速巡航装置指示灯 K75-安全气囊指示灯 K94-右侧转向信号指示灯 K170-灯泡失灵指示灯 K216-电子稳定程序和ASR指示灯2 L10-组合仪表照明灯泡

图 7-5-30

421	422	423	424	425	426	427	428	429	430	431	432	433	434

J285-组合仪表中的控制单元 J519-车载电网控制单元 KX2-组合仪表 K19-安全带警告指示灯 K32-制动摩擦片指示灯 K49-"红色三角形"（警告）标志指示灯 K83-废气警告灯 K132-电子油门故障信号灯 K139-驻车制动器指示灯 K161-机电式助力转向器指示灯 K169-选挡杆指示灯 K220-轮胎压力监控显示指示灯 K240-车道保持辅助系统指示灯

图 7-5-31

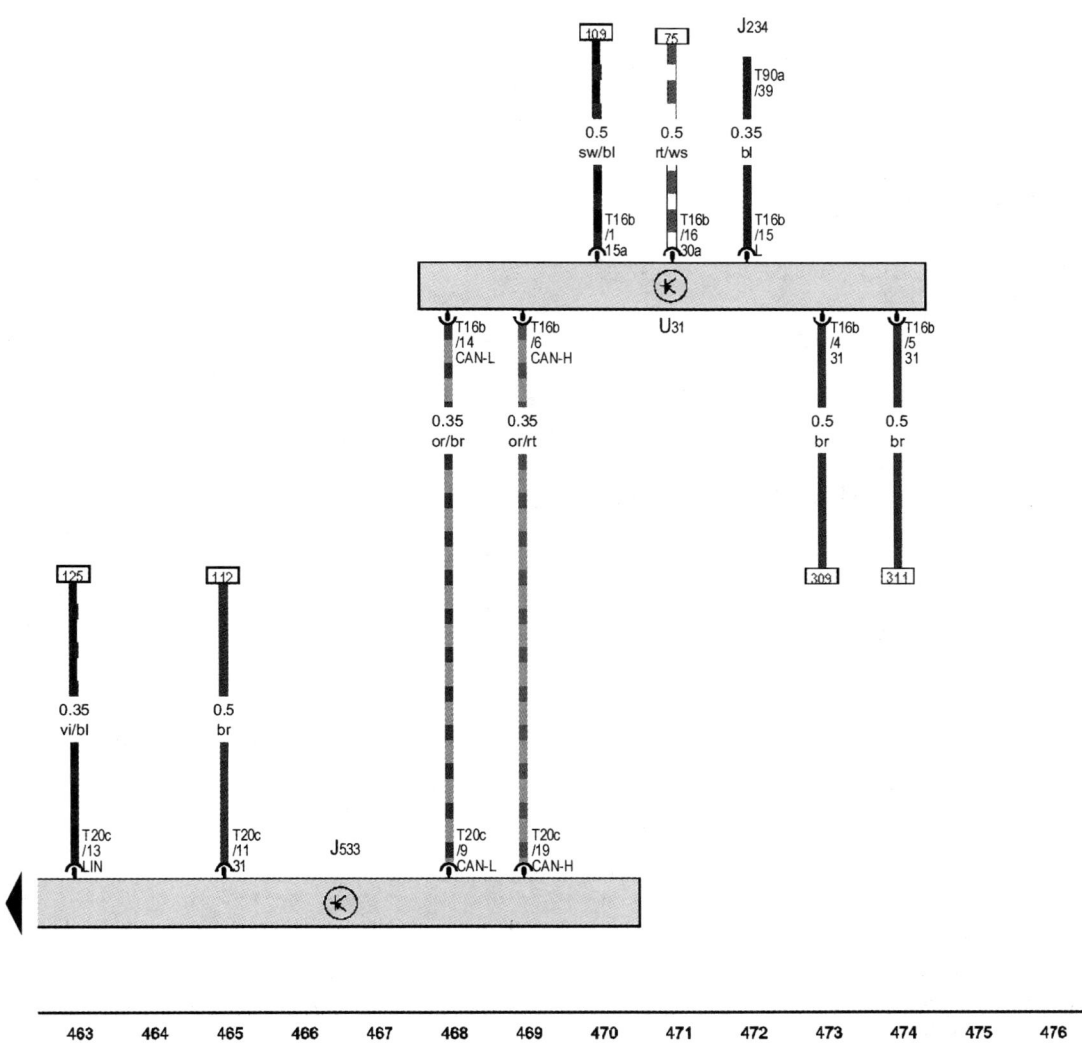

J234-安全气囊控制单元 J533-数据总线诊断接口 T16b-16芯插头连接,黑色 T20c-20芯插头连接,黑色 T90a-90芯插头连接,黄色 U31-诊断接口

图 7-5-34